Stefan Loose Travel Handbücher

Wir danken dem Team der Rough Guides
und allen, die uns mit Informationen versorgt
und geholfen haben.
Für die deutsche Auflage recherchierte Silvia Mayer.

Schreibt uns!
Wir sind auf Anregungen, Ergänzungen und Korrek-
turen angewiesen, wenn auch dieses Buch aktuell
bleiben soll. Es ist unmöglich, für die nächste Auflage
alle Orte erneut zu besuchen. Dieses Buch wurde im
Herbst 2002 fertig gestellt. Informationen, die von den
Lesern kommen, sind sicherlich aktueller.
Zuschriften bitte an:
Stefan Loose Travel Handbücher
Zossener Str. 52/2, 10961 Berlin
✉ info@loose-verlag.de

Kein Brief bleibt ungelesen, die brauchbarsten Zuschriften belohnen wir mit einem Freiexemplar aus
unserem Verlagsprogramm.

Bitte beachten: Informationen sollten so exakt wie
möglich sein, v.a. Ortsangaben, Adressen etc. Hotels
möglichst in einen Plan einzeichnen.
Vielen Dank!

Travel Handbuch

Südafrika

mit Lesotho und Swasiland

1. Auflage

**Barbara McCrea, Greg Mthembu-Salter,
Tony Pinchuck, Donald Reid**

Aktuelle Reisetipps auf 800 Seiten!

Südafrika mit Lesotho und Swasiland
Stefan Loose Travel Handbücher
© **Oktober 2002**
DuMont Reiseverlag

1. Auflage

Das Buch basiert auf der englischsprachigen Originalausgabe
South Africa, Lesotho & Swaziland von Barbara McCrea,
Greg Mthembu-Salter, Tony Pinchuck & Donald Reid,
ISBN 1-85828-460-0, © Rough Guides Ltd,
62–70 Shorts Gardens, London WC2H 9AH.

Gesamtredaktion und -herstellung:
Bintang Buchservice GmbH
Zossener Str. 55/2, 10961 Berlin
Übersetzung: Meike Grow, Günter Feigel,
Thomas Rach, Silvia Mayer, Meike Höpfner
Fotos: Bildnachweis s.S. 798
Karten: The Rough Guides, Klaus Schindler
Lektorat: Dorit Esser (lektorat plus), Susanne Kassung, Berlin
Layout: Britta Dieterle
Farbseitengestaltung: Matthias Grimm
Umschlaggestaltung: Gritta Deutschmann und Britta Dieterle

Druck & Weiterverarbeitung:
Westermann Druck Zwickau GmbH

ISBN 3-7701-6138-6

Inhalt

Wissenswertes im Kasten:

Land im Aubruch

Südafrika, so groß wie Frankreich und Spanien zusammen, ist ein faszinierendes Reiseziel voller Kontraste und grandioser Landschaften. Die Tatsache, dass es auch einer der spannendsten Schmelztiegel afrikanischer Kulturen ist, lag lange Zeit hinter dem „Eisernen Vorhang" des Apartheid-Regimes verborgen. Südafrika stellt seine Besucher immer wieder vor Rätsel: Einerseits lässt sich kein anderes afrikanisches Land so mühelos bereisen, andererseits ist es wahrscheinlich in keinem anderen Teil des Schwarzen Kontinents so schwierig, einen Blick hinter die Kulissen zu erhaschen. Südafrika ist noch dabei, sich von seiner Vergangenheit als international geächtetes Land zu befreien, und die „Regenbogennation" hat gerade erst begonnen, sich eine gemeinsam getragene Identität zu erschaffen.

Eine angenehme Überraschung stellt für viele Besucher die hervorragende Infrastruktur Südafrikas dar, die den europäischen Vergleich nicht zu scheuen braucht. Gute Verkehrsverbindungen und Transportmittel sowie eine im Ansteigen begriffene Zahl erstklassiger B&Bs und anderer Übernachtungsmöglichkeiten machen Südafrika zu einem hervorragenden und – nach dem dramatischen Kursverfall des Rand im Jahr 2001 – sehr preiswerten Reiseland. Low-Budget-Reisenden stehen zahlreiche preiswerte Backpacker-Hostels und Backpacker-Busse zur Verfügung.

Ausländische Besucher werden in erster Linie das „weiße" Südafrika zu sehen bekommen. Die Apartheid ist zwar offiziell abgeschafft, doch hat sie das Erscheinungsbild des Landes nachhaltig geprägt. Lange Zeit richteten sich die Strukturen des Landes nur nach den Bedürfnissen der weißen Einwohner aus. Nirgendwo wird dies deutlicher als in den Städten: Die afrikanischen Viertel gleichen oft Elendssiedlungen und liegen in der Regel weit außerhalb.

Touristen stellen oft mit Verwunderung fest, dass sich die Bevölkerung Südafrikas nicht einfach in Schwarz und Weiß unterteilen lässt. Die zahlenstärkste Gruppe sind die Schwarzafrikaner (77% der Gesamtbevölkerung), gefolgt von den Weißen mit 11%. Danach kommen die Coloureds (9%) – die Nachkommen weißer Siedler, asiatischer Sklaven und Afrikaner, die Englisch und Afrikaans sprechen und im Westkap die Bevölkerungsmehrheit stellen. Die Inder (3%), überwiegend in KwaZulu-Natal anzutreffen, kamen vor rund einem Jahrhundert als Gastarbeiter nach Südafrika.

Zwar werben einige Tourismusunternehmen mit Ethnokultur, doch Südafrika bezieht seine Einflüsse aus der ganzen Welt, und die meisten Afrikaner legen ihre traditionellen Gewänder nur zu besonderen Anlässen oder für Touristen an. Auf dem Gebiet der Musik jedoch hat Südafrika ganz eigene Stile hervorgebracht, die Einfluss auf die internationale Musikszene hatten und haben. In den Drakensbergen vermitteln die zahllosen, vor Tausenden von Jahren entstandenen Felsmalereien der San einen Eindruck von dem reichen künstlerischen Erbe des Landes.

Das Geisterhaus Die Schamanen der San, die frühesten Bewohner Südafrikas, verzierten vor rund 30 000 Jahren die Felswände mit religiösen Bildern. Die präzisen Malereien stellen u.a. Tiere und Menschen dar sowie Menschen, die sich in Tiere verwandeln; sie sind in allen Bergregionen Südafrikas anzutreffen. Archäologen gehen inzwischen davon aus, dass diese Zeichnungen Metaphern für spirituelle Erfahrungen sind. Zu den Wichtigsten gehört der Trance-Tanz zur Heilung Kranker, der auch heute noch in den wenigen letzten San-Gemeinschaften üblich ist. Felsen werden als Übergänge von der Welt der Menschen in die der Geistwesen betrachtet: Wenn wir San-Felskunst anschauen, blicken wir in das "Haus der Geister".

Kriminalität ist zwar nicht das alles beherrschende Thema des Landes, auch wenn sie in den Medien den ersten Platz einnimmt, aber sie darf dennoch nicht unterschätzt werden. Vorsicht ist angezeigt – Paranoia nicht. Statistisch gesehen ist die Innenstadt von Johannesburg am gefährlichsten. Auch in anderen Städten ist ein gewisses Risiko nie auszuschließen; viele ländliche Gebiete dagegen dürfen als ziemlich sicher betrachtet werden.

Reise-
vorbereitung

Ein- und Ausreiseformalitäten

Für alle drei Länder ist ein Reisepass erforderlich, der noch mindestens sechs Monate gültig sein sollte. Wer aus einem Gelbfieber-Gebiet Afrikas (z.B. Kenia oder Tansania) oder Südamerikas einreist, benötigt eine international gültige Bescheinigung über eine Gelbfieberimpfung. Andere Impfungen sind nicht obligatorisch, manche jedoch empfehlenswert (s.S. 27, Gesundheit). Vor der Abreise ist es ratsam, von allen wichtigen Papieren (Pass, Kreditkarten, Tickets, Führerschein etc.) zwei Kopien anzufertigen. Eine bleibt bei einer Vertrauensperson zu Hause, die andere geht mit auf die Reise.

Südafrika

Urlauber aus Deutschland, der Schweiz und Österreich erhalten bei der Einreise eine Aufenthaltsgenehmigung für bis zu **drei Monate**. Außerdem sollten sie im Besitz eines gültigen Rückflugtickets sein. Wer das nicht vorlegen kann, muss eventuell bei der Einreise eine Kaution in Höhe des Einzelflugticketpreises hinterlegen (das Geld wird nach Verlassen des Landes zurückerstattet). Bei der Ankunft fordert die Immigrationsbehörde eventuell den Nachweis ausreichender finanzieller Mittel für die Dauer des Aufenthaltes.

Wer sich längere Zeit in Südafrika aufhalten möchte, muss bei einem der Hauptbüros des Department of Home Affairs einen Antrag auf eine **Verlängerung** des vorübergehenden Aufenthaltsrechtes *(temporary residence permit)* beantragen und dort Auskunft über den Anlass sowie die Art der Finanzierung geben. In Kapstadt befindet sich das entsprechende Büro in der 56 Barrack Street, ☎ 021-462 4970; in Johannesburg an der Plein Street, Ecke Harrison Street, ☎ 011-836 3228; das Department unterhält auch Büros in anderen Städten – im Telefonbuch nachsehen und sich vergewissern, dass dort auch wirklich Verlängerungen ausgestellt werden.

Übrigens berechtigt ein Kurzbesuch in Swasiland oder Lesotho nicht zu einer erneuten dreimonatigen Einreiseerlaubnis für Südafrika – bei der Wiedereinreise gibt es oft nur eine beschränkte Aufenthaltsgenehmigung.

Botschaften und Konsulate von Südafrika

IN EUROPA
Botschaft in Deutschland
Friedrichstr. 60, 10117 Berlin
☎ 030-2207-0, 🖳 www.suedafrika.org

Konsulat in Deutschland
Sendlinger Torplatz 5, 80336 München
☎ 089-231 1630
✉ SAConsulateMunich@compuserve.com

Botschaft in Österreich
Sandgasse 33, 1190 Wien
☎ 01-320 6493, 📠 694351
🖳 www.southafrican-embassy.at
Honorarkonsulate in Graz, Innsbruck, Linz und Salzburg.

Botschaft in der Schweiz
Alpenstr. 29, 3006 Bern
☎ 031-3501313, 🖳 www.southafrica.ch
Honorarkonsulat in Genf

IN AFRIKA
Botswana
Plot 5131, Kopanyo House
Nelson Mandela Drive, Gaborone
☎ 304800

Malawi
British High Commission Building
Convention Drive, Capital Hill, Lilongwe
☎ 09265-783722

Mosambik
Avenida Eduardo Mondlane 41
Maputo, ☎ 01-491614

Namibia
RSA House, Jan Jonker Ave, Ecke Nelson Mandela Ave
Windhoek, ☎ 061-2057111

Zimbabwe
7 Elcombe St, Belgravia, Harare
☎ 04-753147

Ausländische Botschaften und Konsulate in Südafrika

Deutsche Botschaft
180 Blackwood St, Arcadia, Pretoria 0083
✆ 012-427 8900, 📠 343 9401
Postanschrift: PO Box 2023, Pretoria 0001
Dienststelle in Kapstadt:
825 St. Martins Gardens / 74 Queen Victoria St
Cape Town 8000
✆ 021-242410

Deutsches Generalkonsulat
16 Kapteijnstreet, Hillbrow
Johannesburg 2000, ✆ 011-725151
Honorarkonsulate in Durban und Port Elizabeth

Österreichische Botschaft
1109 Duncan St, 0181 Brooklyn
Pretoria, ✆ 012-452 9155
Generalkonsulat in Kapstadt, Honorarkonsulate
in Johannesburg und Durban

Schweizer Botschaft
818 George Ave, Arcadia 0083
Pretoria 0001, ✆ 012-436707, 📠 436771
Generalkonsulate in Johannesburg und
Kapstadt, Konsulat in Durban

Lesotho

Die Visabestimmungen für Lesotho ändern sich hin und wieder, doch Deutsche und Österreicher, die im Besitz eines gültigen Reisepasses sowie eines Rückreisetickets sind, können höchstwahrscheinlich ohne Visum einreisen, sofern sie nicht länger als 14 Tage bleiben wollen.

Wer sich länger im Land aufhalten möchte, wendet sich an das Department of Immigration and Passport Services, Kingsway, Maseru, ✆ 317339, oder an die Lesotho High Commission in Pretoria (s.S. 621).

Botschaften und Konsulate von Lesotho
IN EUROPA
Botschaft in Deutschland
Godesberger Allee 50, 53175 Bonn
✆ 0228-308430, 📧 lesoembger@aol.com
(auch für Österreich zuständig)

Botschaft in Belgien
45 Boulevard Général Wahis, 1030 Brüssel
✆ 02-705 3976, 📧 lesothobruemb@skynet.be
(auch für die Schweiz zuständig)

IN AFRIKA
Südafrika
1 T. Edison St, Menlo Park
Pretoria, ✆ 012-460 7648

Ausländische Botschaften und Konsulate in Lesotho

Die Bundesrepublik Deutschland, Österreich und die Schweiz unterhalten keine diplomatischen Vertretungen in Lesotho. Zuständig sind die jeweiligen Botschaften in Pretoria (s. Südafrika).

Swasiland

Deutsche, Schweizer und Österreicher, die im Besitz eines gültigen Reisepasses sowie eines Rückreisetickets sind, brauchen für einen Aufenthalt unter 60 Tagen kein Visum für Swasiland – sollte aus irgendwelchen Gründen doch eines erforderlich sein, so wird dieses kostenlos an der Grenze ausgestellt.

Botschaften und Konsulate von Swasiland

IN EUROPA
Botschaft in Belgien
188 Ave Winston Churchill, 1880 Brüssel
✆ 02-347 4771, 📠 347 4623
(auch für Deutschland zuständig)

Honorargeneralkonsulat in Deutschland
Worringerstr. 59, 40211 Düsseldorf
✆ 0211-350866, 📠 02133-770178
(ohne Visumerteilung)

Botschaftskanzlei in Dänemark
Kastelsvej 19, 2100 Kopenhagen
✆ 35-426111, 📠 35 42 63 00
(auch für Österreich zuständig)

Generalkonsulat in der Schweiz
Lintheschergasse 17, 8039 Zürich
✆ 01-211 5203, 📠 211 5086

Südafrika
715 Government Ave, Arcadia
Pretoria, ✆ 012-344 1910

Ausländische Botschaften und Konsulate in Swasiland
Österreichisches Konsulat
Hhelehle, Manzini (Matsapa)
✆ 54368, ✎ 54622

Deutschland
Die Bundesrepublik Deutschland unterhält keine diplomatische Vertretung in Swasiland, zuständig ist die Botschaft in Maputo.

Schweiz
Die Schweiz unterhält keine diplomatische Vertretung in Swasiland, zuständig ist das Generalkonsulat in Johannesburg (s. Südafrika).

Informationen
Touristeninformation in Südafrika
Südafrika erlebt derzeit einen Touristenboom, und man kann ausreichend Landkarten, Bücher und Broschüren vor der Abreise finden. *South African Tourism* (die staatliche Tourismusorganisation) ist sehr effizient: Falls sich eines ihrer Büros in der Nähe befindet, sollte man es aufsuchen und sich mit kostenlosen Karten sowie Informationsmaterial zu Hotels und organisierten Touren versorgen. Man kann aber auch ihre Website, 🖳 http://southafrica.net, anklicken oder die zahlreichen Internet-Informationsseiten aufrufen, die aktuelle Reisetipps und Kartenmaterial zum Ausdrucken bieten.

So gut wie jede Stadt in Südafrika, bis hin zum verschlafensten *dorp*, besitzt irgendeine Form von **Tourist Information Office** – manchmal unter dem Dach eines Museums, staatlichen Büros oder einer Bibliothek –, wo kostenlose Stadtpläne und B&B-Listen ausliegen und Reisende Informationen einholen können. In Großstädten wie Kapstadt und Durban gibt es gleich mehrere solcher Büros, in denen sich fast alles organisieren lässt, von Hotelreservierungen bis Safari-Trips.

Wo immer es möglich war, haben wir die Öffnungszeiten angegeben. Sie sind üblicherweise Mo–Fr 8.30–17 Uhr, und viele Büros sind inzwischen auch am Samstag und Sonntag für ein paar Stunden geöffnet. In kleineren Städten haben sie manchmal zwischen 13 und 14 Uhr geschlossen, in größeren dagegen können die Öffnungszeiten auch länger als bis 17 Uhr sein. Da Südafrika ein Land im Umbruch ist, werden die aktuellsten Informationen oft durch Mundpropaganda weitergegeben, und in dieser Hinsicht sind die Backpacker-Hostels eine wahre Fundgrube. Wer Südafrika mit eher schmaler Reisekasse bereisen möchte, darf davon ausgehen, dass die Anzeigenbretter, die vielen Traveller, die sich hier treffen, sowie die überwiegend hilfsbereiten Angestellten in den Hostels ganz erheblich zu einem geglückten Reiseverlauf beitragen.

Satour-Zweigstellen in Europa und Südafrika
Deutschland
An der Hauptwache 11, 60313 Frankfurt/M
✆ 069-9291 2918, ✎ 069-280950,
🖳 www.southafricantourism.de oder
Hotline (gebührenpflichtig) ✆ 01805-722 2255
(auch für Österreich zuständig)

Johannesburg
12 Rivonia Road, Illova, Johannesburg 2196
Postanschrift: Private Bag X10012, Sandton 2146
✆ 011-778 8000, 🖳 www.southafrica.net

Schweiz
Seestraße 42, 8802 Kilchberg
✆ 01-7151815, ✎ 715 1889

Touristeninformation in Lesotho und Swasiland
Lesotho
Lesotho Tourist Board, PO Box 1378
Maseru 100, ✆ 313760.

Swasiland
Ministry of Tourism, PO Box 2652, Mbabane
✆ 040-46420, ✉ mintour@realnet.co.sz

Landkarten
Nach den Wahlen von 1994 wurden viele Orte in Südafrika umbenannt – dieser Prozess ist noch im-

mer im Gange, daher empfiehlt es sich beim Kauf einer Landkarte vor der Abreise darauf zu achten, dass sie auch up to date ist.

Bartholomew gibt im Rahmen der Serie World Travel Map eine hervorragende Landkarte zu Südafrika, inkl. Lesotho und Swasiland, im Maßstab 1:2 000 000 heraus. Ebenfalls nützlich sind die vom *MapStudio* produzierten „Miniplan"-Stadtpläne größerer Städte wie Kapstadt, Durban und Pretoria: Sie sind nicht nur von der Größe her benutzerfreundlich, sondern es sind auch Hotels, Kinos, Postämter und Krankenhäuser usw. eingezeichnet. MapStudio erstellt außerdem gute Regionalkarten landschaftlich reizvoller Strecken und eine ausgezeichnete Natal Drakensberg-Karte, auf der Wanderwege, Picknickstellen, Campingplätze und Sehenswürdigkeiten ausgewiesen sind.

Die südafrikanische Automobilorganisation *Automobile Association* (AA) gibt zahlreiche Karten heraus, die in den AA-Büros gekauft werden können.

Informationen im Internet
Reiseinformationen

Das Netz gibt zahllose Anregungen für die nächste Tour, hilft bei der Reiseplanung und bietet konkrete Buchungsmöglichkeiten: Man kann Flüge, Mietwagen oder Zimmer reservieren, sich über das Zielgebiet informieren, den aktuellen Wetterbericht oder Wechselkurs abfragen, Geldautomaten ausfindig machen, die lokalen Tageszeitungen oder Reiseberichte anderer Traveller lesen, Post empfangen, Restaurants für jeden Geschmack finden und vieles mehr. Unschlagbar ist das Netz, wenn es darum geht, Reisepartner zu finden oder sich in einer Newsgroup mit Gleichgesinnten auszutauschen. Es empfiehlt sich, die Usenet-Archive in **Google Groups** (🖵 http://groups.google.com) zu sondieren und sich einer passenden Newsgroup in den Hierarchien rec.travel oder soc.culture anzuschließen. Wie bei allen Newsgroups gilt auch hier: Zuerst die FAQs lesen.

Air Travel Handbook
🖵 www.cs.cmu.edu/afs/cs/user/mkant/Public/
    Travel/airfare.html
Rec. Travel Library
🖵 www.travel-library.com

Suchmaschinen wie **Web.de** oder **Yahoo.de** vereinen unter dem übergeordneten Stichwort „Reisen" oder „Touristik" ein buntes Sammelsurium von mehr oder weniger brauchbaren Seiten zu verschiedenen Themen. Hier kann man Flüge buchen, Reiseinfos abfragen und Reisebüro-Seiten erkunden.

Reiseportale offerieren ein breites Angebot mit Links zu Airlines, Reise-Auktionen, Rezensionen von Reiseliteratur, Last-Minute-Angeboten diverser Reiseveranstalter, persönliche Beratung, Infos über verschiedene Länder, das Wetter, Wechselkurse oder Neuigkeiten aus der Branche. Zu den großen im deutschsprachigen Bereich (d) gehören:
Shell Geostar (d)
🖵 www.shell-geostar.de
Travel 24 (d)
🖵 www.travel24.com
Travelchannel (d)
🖵 www.travelchannel.de
TraXXX-Reisen (d)
🖵 http://focus.de/D/DR/dr.htm
Urlaubs.net (d)
🖵 www.urlaubs.net

Um Flüge online direkt zu buchen, muss man kein Reiseexperte sein. Allerdings werden auf den Seiten der Fluggesellschaften die meisten Tickets nur zum offiziellen IATA-Tarif angeboten, und Sonderangebote sind selten. **Fluginfos**, Buchungsmöglichkeiten und Links zu internationalen Fluggesellschaften unter:
🖵 www.flug.de

Nicht nur Flüge, sondern auch Schiffspassagen, Hotelzimmer und **alles rund ums Reisen** kann gebucht werden über:
Reiseplanung (d)
🖵 www.reiseplanung.de
Travel Select
🖵 www.travelselect.com
Travelocity
🖵 http://travelocity.com

In den endlosen, verwirrenden Listen hunderter Anbieter sind günstige Offerten eher selten. Auch der Service lässt zu wünschen übrig, so dass sich die Seiten vor allem zum Recherchieren eignen. Wer dann weiß, welche Airline zu welchem Preis die günstigste Route fliegt und zudem noch Plätze verfügbar hat, kann immer noch den Preis als Obergrenze nehmen und in Reisebüros nach günstigeren Angeboten fahnden. Zudem hat das Reisebüro den Vorteil, dass es dort einen Ansprechpartner gibt, der bei Problemen kontaktiert werden kann.

Wer flexibel ist oder schon bald losfahren möchte, findet auch **Last-Minute-Angebote** oder **Sondertarife** für Flüge, Hotelzimmer oder Tickets, die teils nur im Netz von Veranstaltern, Hotels oder Airlines offeriert werden.

1A-FLY.DE (d)
🖥 www.1a-fly.de
5 vor 12, Lastminute (d)
🖥 www.lastminute.de
Del Mundo (d)
🖥 www.delmundo.de
Deutsches Reisebüro (d)
🖥 www.der.de
Discount-Flug (d)
🖥 www.discount-flug.de
Expedia (d)
🖥 www.expedia.de
Flugbörse (d)
🖥 www.flugboerse.de
Mc Flight (d)
🖥 www.mcflight.de
Nix wie weg (d)
🖥 www.nix-wie-weg.de
Offerto (d)
🖥 www.offerto.de
Travel Overland (d)
🖥 www.traveloverland.de
TUI (d)
🖥 www.tui.de

Zudem gibt es **Auktionen** mit Reiseangeboten:
i trade (d)
🖥 http://itrade.de
Ricardo (d)
🖥 www.ricardo.de
yahoo (d)
🖥 http://de.auctions.yahoo.com/de

Die notwendige Ausstattung für Globetrotter und Outdoor-Fans bieten **Reiseausrüster** an wie:

Denart & Lechhart (d)
🖥 www.globetrotter.de
Lauche und Maas (d)
🖥 www.lauche-maas.de

Wer seine Reise mit einem **Festival** oder einer bestimmten **Veranstaltung** koordinieren möchte, geht am besten direkt zu:
What's Going On
🖥 www.whatsgoingon.com
What's on When
🖥 www.whatsonwhen.com

Informationen über Unterhaltung, Essen, Trinken und kulturelle Ereignisse liefern verschiedene **Stadtführer:**
Citysearch
🖥 www.citysearch.com
Time Out
🖥 www.timeout.co.uk
Wcities.com
🖥 www.wcities.com
Zagat
🖥 www.zagat.com

Art of Travel
🖥 www.artoftravel.com
Wie man für US$25 am Tag die Welt entdecken kann.

Bed & Breakfast
🖥 www.bedandbreakfast.com und
🖥 www.innsite.com
B&B-Angebote aus allen Erdteilen mit Preisangaben und Buchungsmöglichkeiten.

CIA The World Factbook
🖥 www.odci.gov/cia/publications/factbook/
Wesentliche Grunddaten aller Länder der Erde. Ideal für Geografielehrer und potenzielle Auswanderer.

Danger Finder
🖥 www.comebackalive.com/df/
Abenteuerurlaub, der ein ganzes Leben dauern kann.

Deutsche Zentrale für Globetrotter (d)
🖥 www.dzg.com

Der Verein, in dem bereits seit über 25 Jahren Globetrotter und Traveller ihre Reiseerfahrungen austauschen, nun auch online mit Reiseberichten und Tipps.

DuMont Reiseverlag (d)
🖥 www.dumontreise.de
Neben dem bewährten Reiseführerprogramm Zusatzangebote wie Länderlexikon, Reise-Quiz und internationaler Kulturkalender.

Fieldings Gefahrenzonen
🖥 www.fieldingtravel.com/df/
Abenteuertourismus für Lebensmüde.

Fit Reisen (d)
🖥 www.fitreisen.de
Über 1000 Angebote für einen gesunden Urlaub (Wellness, Kuren und mehr).

Geldautomaten
🖥 www.visa.de/tk/atm/
🖥 www.mastercard.com/atm/
🖥 www.eurocard.de/
Weltweite Standorte der für Nachschub sorgenden Geldautomaten.

Global Online Adventure
🖥 http://goals.com
Aktuelle Berichte von Expeditionen und Abenteuerreisen und viele Hintergrundinformationen.

Hostels weltweit
🖥 www.hostels.com
Jugendherbergen und unabhängige Hostels weltweit, nach Ländern sortiert (Deutschland unter /de.html) mit Links zu Adressen mit eigener Website.

Hotels günstig (d)
🖥 www.hrs.de
Weltweit werden 30 000 Hotels in 16 Sprachen angeboten und können direkt über den Reservierungsservice unverschlüsselt online gebucht werden.

60 000 Hotels in über 200 Ländern mit Buchungsmöglichkeiten listet
🖥 www.hotelguide.com.

Hotel Discount
🖥 www.hoteldiscount.com
🖥 www.hotelnet.co.uk
🖥 www.hotelwiz.com
Weltweite Hotelbuchungen möglich.

IgoUgo
🖥 www.igougo.com
Die mit Reisefotos und Reportagen voll gepackte Partner-Site von 🖥 www.roughguides.com liefert verlässliche Informationen aus erster Hand.

Infiltration
🖥 www.infiltration.org
Betreten verboten – aber nicht für diesen bekennenden Gesetzesbrecher.

International Home Exchange
🖥 www.homexchange.com
🖥 www.sunswap.com
🖥 www.homebase-hols.com
Wohnungstausch mit Fremden, bis das Heimweh zuschlägt.

International Student Travel Confederation
🖥 www.istc.org
Weltweit Geld sparen mit einem Internationalen Studentenausweis.

Karten und Atlanten
Über die folgenden Sites erhält man Straßen- und Flughafenkarten für die meisten Städte weltweit, außerdem Routenpläne für Nordamerika und Europa, US-Verkehrsnachrichten, Weltkarten und mehr.

Expedia	🖥 http://maps.expedia.com
MapBlast	🖥 www.mapblast.com
MapQuest	🖥 www.mapquest.com
Multimap	🖥 www.multimap.com (GB, EUR)

Weitere Landkarten sowie geografische und GPS- Informationen finden sich unter:
🖥 http://geography.about.com
🖥 http://dmoz.org/Reference/Maps/

Und wer gleich eine Karte bestellen möchte, findet bestimmt das Richtige unter:
🖥 www.geocenter.de
🖥 www.schropp.de.

Lonely Planet
🖥 www.lonelyplanet.com
Hier findet man nicht nur die Lonely Planet-Reiseführer, Updates der wichtigsten Titel und Erfahrungsberichte von Travellern, sondern auch spezielle Infos, Reisepartner und Ideen für die nächste Reise.

Michael Müller Verlag (d)
🖥 www.michael-mueller-verlag.de
Neuigkeiten, Reiseführer-Updates und Leseproben sowie Links zu vielen Reisezielen.

Mail2Web
🖥 www.mail2web.com
Ermöglicht das sofortige Senden und Empfangen von POP3-Mails über einen beliebigen Web-Browser. Schneller als Hotmail.

Mungo Park
🖥 http://mungopark.com
Expeditionen in abgelegene Flecken der Erde live miterleben, zudem ergänzende Features und Hintergrundinfos über die entsprechenden Länder.

No Shitting in the Toilet
🖥 www.noshit.com.au
Amüsantes – aufgeschnappt am Rande der üblichen Traveller-Routen und unterhaltsam präsentiert.

Private Dreams (d)
🖥 www.private-dreams.de
Reportagen und News aus der etwas exklusiveren Welt des Tourismus.

Reiseträume (d)
🖥 www.reisetraeume.de
Wer nach dem Lesen der Reiseberichte selbst weg möchte, erhält gleich noch die Adressen der Fremdenverkehrsämter dazu.

Rough Guides
🖥 www.roughguides.com
Interaktive Seite für Individualreisende mit Foren, Kleinanzeigen, Reisetipps und Berichten, plus Reiseführer online und besondere Angebote wie Reiseversicherung.

Schwarz auf Weiss (d)
🖥 www.schwarzaufweiss.de
Ein Internet-Reisemagazin, das auf 1000 Seiten über 50 Länder der Erde informiert und aktuelle Reisetipps gibt.

Stefan Loose Travel Handbücher (d)
🖥 www.loose-verlag.de
Jede Menge Tipps, die neben den praktischen Travel Handbüchern das Reisen erleichtern: monatliche Updates, ein Reiseplaner, das interaktive Globetrotter-Forum, Länderprofile und viele Hintergrundinformationen.

Survival (d)
🖥 www.survival.imweb.com
Survival-Training für Outdoor-Guides und Profi-Tipps für Naturfreaks und Abenteurer.

Tiefenrausch (d)
🖥 www.tiefenrausch.de
Hier kann man nicht nur auf der Oberfläche surfen, sondern in die Tiefen der Ozeane abtauchen. Weitere Tauchseiten:
🖥 www.moxter.de
🖥 www.tauchreisen.net

Travel (d)
🖥 www.travel.de
Wer seine Reise gern beim nächstgelegenen Reisebüro buchen möchte, findet hier eine umfassende Liste.

Tourism Offices Worldwide
🖥 www.towd.com
Wer eine regionale Touristeninformation anschreibt, wird möglicherweise mit der Zusendung einer kostenlosen Broschüre belohnt.

Travel Paperwork
🖥 www.travelpaperwork.com
Visa-Informationen und erforderliche Papiere für Reisen in alle Welt.

Travel Library
🖥 www.travel-library.com
Adressen aus allen Ecken der Welt, Packlisten, Infos über Frachtschiff-Reisen und viele lebensnotwendige Tipps für echte Globetrotter.

WebFlyer

🖳 www.webflyer.com

Damit Meilensammler den Überblick über die Frequent-Flyer-Angebote behalten.

Wechselkurse

🖳 www.oanda.com

🖳 http://quote.yahoo.com/m3?u

Tagesaktuelle Wechselkurse von über 160 wichtigen Währungen.

Weltkulturerbe

🖳 www.unesco.org/whc/

Liste mit Orten, die als Weltkulturerbe der UNESCO ausgewiesen sind.

Weltraumreisen (d)

🖳 www.spacetourism.de

Hier kann man sich auf die Wartelisten für die ersten All-inclusive-Touren zur ISS oder für den Abenteuertrip zum Mond setzen lassen. Eilige können jetzt schon einen Zero-Gravity-Flug in einer russischen Ilushin buchen.

Wie weit ist es nach ...?

🖳 www.indo.com/distance/

Berechnet die Entfernung zwischen zwei beliebigen Städten.

Websites zu Südafrika

Die Tourismusindustrie hat sich die Online-Technologie sehr schnell zunutze gemacht, und das Internet gibt zahlreiche Anregungen für die nächste Tour, hilft bei der Reiseplanung und bietet konkrete Buchungsmöglichkeiten. Die Bandbreite reicht von Privatpersonen, die Unterkunft mit Frühstück anbieten, bis zu sehr ausgefallenen Sites mit allen möglichen und unmöglichen Links. Die Mehrzahl der hier gelisteten Sites vermitteln praktische und Hintergrundinformationen, einige andere, z.B. die von Ananzi und *Mail & Guardian*, bieten eine ausgezeichnete Einführung in andere Südafrika spezifische Themen.

Nachstehend sind nur **allgemeine Websites** aufgeführt. Online-Zimmerbuchung s.S. 47 und Websites für schwule und lesbische Reisende s.S. 39. Websites bezüglich aktueller Veranstaltungen und andere für eine bestimmte Stadt oder Region zutreffende Informationen finden sich in den jeweiligen Ortskapiteln.

Portale und Suchmaschinen
Ananzi

🖳 www.ananzi.co.za

Südafrikas wichtigste Suchmaschine hat auch ein leicht zu handhabendes, nach Themenbereichen gegliedertes Verzeichnis.

Mweb

🖳 www.mweb.co.za

Die Site eines der größten südafrikanischen Internet-Providers bietet Nachrichten und Infos zu zahlreichen Sujets, darunter auch Reisen.

World Online Ö

🖳 www.wordlonline.co.za

Ebenfalls ein wichtiger lokaler ISP. Fachmännisch gestylt, hat Nachrichten- und Reiselinks.

Nationale und internationale Nachrichten
Daily Mail & Guardian

🖳 www.mg.co.za

Die Tagesnachrichten der anspruchsvollsten Zeitung Südafrikas, des *Mail & Guardian*, mit zahlreichen Links von ihrer „Jump"-Seite (www.mg.co.za/mg/za1/jump.html) zu einer Vielzahl von Sites, die sich mit Inlandsthemen beschäftigen.

IOL

🖳 www.iol.co.za

Der vielleicht beste Internet-Nachrichtenservice Südafrikas gehört Independent Newspapers, die in Südafrika, Großbritannien und Irland tätig sind.

Madiba's Legacy

🖳 www.mg.co.za/mg/mandela

Eine ganz passable, unabhängige Site zu Mandela und dessen Erbe, unter Federführung des Mail and Guardian, mit guten Links.

News 24

🖳 www.news24.co.za

Eine weitere gute Informationsquelle bezüglich nationaler und internationaler Nachrichten.

Kunst, Kultur und Veranstaltungskalender

Artzone

🖳 www.artzone.co.za

Die selbst ernannte Zentrale für südafrikanische Kunst, Kultur und Unterhaltung liefert eine gute Übersicht darüber, was sich im Kunstbereich tut, außerdem Rezensionen und einen Veranstaltungskalender.

Computicket

🖳 www.computicket.com

Online-Buchung von Karten für Kino, Live- und Sportveranstaltungen, Festivals sowie Bustickets, mit Programmhinweisen.

Museums online

🖳 www.museums.org.za

Die Gemeinschaftsseite aller wichtigen südafrikanischen Museen enthält Links zu ihren individuellen Websites und listet die Museen alphabetisch oder nach Regionen.

Rage

🖳 www.rage.co.za

Eine Suchmaschine zu südafrikanischer Straßenkultur. Umfasst Nachtleben, *kwaito* und aktuelle Veranstaltungshinweise zu Kapstadt, Durban und Gauteng.

Thunda

🖳 www.thunda.com

Clubkultur-Seite für ein Publikum von 18- bis 24-Jährigen, behandelt Gauteng, Durban und Kapstadt.

TicketWeb

🖳 www.ticketweb.co.za

Die Alternative zu Computicket bezüglich der Online-Buchung von Events, Shows und Festivals (keine Busfahrkarten).

ZA@Play

🖳 www.mg.co.za/mg/art/artmenu.htm

Rezensionen und aktuelle Veranstaltungshinweise für Kapstadt, Johannesburg, Durban und Pietermaritzburg.

Regionale südafrikanische Tourismusbehörden

Ostkap

🖳 www.ectourism.co.za

Freistaat

🖳 www.fstourism.co.za

Gauteng

🖳 www.gauteng.net

KwaZulu-Natal

🖳 www.tourism-kzn.org

Mpumalanga

🖳 www.mpumalanga.com

Nordwest-Provinz

🖳 www.tourismnorthwest.co.za

Nordkap

🖳 www.northerncape.org.za

Nord-Provinz

🖳 www.tourismboard.org.za

Westkap

🖳 www.capetourism.org

Tourismusbehörden von Lesotho und Swasiland

Lesotho

🖳 www.ltb.org.ls

Swasiland

🖳 www.mintour.gov.sz

Reisen

Coast to Coast

🖳 www.coastingafrica.com

Website von *Coast to Coast*, dem regelmäßig überarbeiteten Guide für Backpacker und Budget-Traveller für das südliche Afrika.

Getaway

🖳 www.getawaytoafrica.com

Übersichtliche Seite des größten südafrikanischen Reisemagazins mit Informationen zu Orten und Unterkünften.

Iafrica

🖳 www.iafrica.com

Eines der größten südafrikanischen Portale. Gute Reiseabteilung mit Stadt- und Regionalinfos sowie zu Spezialthemen wie surfen, Safaris und Budget-Reisen.

South African Weather Bureau

💻 www.weathersa.co.za

Aktuelle Temperaturangaben und kurz- sowie längerfristiger Wetterbericht für ganz Südafrika.

Spezielle Reisethemen
Prime Origins

💻 www.primeorigins.co.za

Hervorragende Medien- und Tourismusinitiative, die es sich zum Ziel gesetzt hat, über das beträchtliche prähistorische Erbe Südafrikas zu informieren. Die Website vermittelt ausgezeichnete Informationen zu den Ursprüngen der Menschheit auf dem Subkontinent sowie zu den Felsmalereistätten des Landes und wie man hingelangt.

Wildnet Africa

💻 www.wildnetafrica.com

Kommerzielle Website zu Wildlife und Safaris im südlichen Afrika, mit Hinweisen zu bestimmten Destinationen, Unterkünften und Safari-Lodges.

Klima und Reisezeiten

Südafrika ist ein überwiegend sonniges Land, aber wenn es einmal kalt wird, macht sich das empfindlich bemerkbar. Die meisten Häuser besitzen nämlich keine Heizung, und alles ist auf die normalerweise angenehm warme Witterung ausgerichtet. Beim Kofferpacken spielt das zu erwartende Wetter eine wichtige Rolle, vor allem im Winter. Die Jahreszeiten der südlichen Hemisphäre sind denen der nördlichen genau entgegengesetzt, d.h. im Juni und Juli herrscht in Südafrika Winter, und Hochsommer ist dort im Dezember und Januar. Dann ist das halbe Land in die Sommerferien.

Südafrika umfasst mehrere Klimazonen. In **Kapstadt** und am Küstenstrich der **Garden Route** herrscht mediterranes Klima, beeinflusst von den Winden, die über den Südatlantik heranwehen. Im Sommer ist das Wetter meistens warm, doch ein bisschen unbeständig, und die Temperaturen steigen normalerweise kaum über 27 °C. Mit Regen ist das ganze Jahr über zu rechnen, und im Winter kann es unangenehm kalt und nass werden. Eine

„Spezialität" von Kapstadt sind stürmische Winde, die oft tagelang über die Halbinsel fegen, insbesondere im Sommer. Viele Kapstädter sind der Meinung, dass die schönsten Monate im Jahr die von März bis Mai sind: Der Wind lässt nach, die Temperaturen sind mild – und die Touristen sind weg.

KwaZulu-Natal gleicht einer „tropischen Provinz": warme Winter, Korallenriffe und sanft plätschernde Meereswellen. Tatsache ist, dass sie in Wirklichkeit sogar weit südlich des Tropengürtels liegt und der subtropischen Zone angehört. Die Sommertemperaturen liegen im Durchschnitt nur ein, zwei Grad über denen Kapstadts, aber dann kann es unangenehm schwül werden. Die beste Reisezeit ist im Winter, wenn die durchschnittlichen Tagestemperaturen in Durban bei 22 °C liegen, verglichen mit Kapstadts 17 °C und Johannesburgs 16 °C. In den zu KwaZulu-Natal gehörenden Drakensbergen herrscht ein Klima ähnlich dem des Highveld, nur um ein paar Grad kühler. Im Winter schneit es oben auf den Bergen und im Sommer kann es neblig sein.

Johannesburg und **Pretoria** liegen auf einem Plateau und weisen ein nahezu perfektes Klima auf. Obwohl mehrere hundert Kilometer näher am Äquator gelegen als Durban, sind die Sommertemperaturen ähnlich hoch, jedoch herrscht längst nicht dieselbe Luftfeuchtigkeit. Für Abkühlung an heißen Sommertagen sorgen Nachmittagsgewitter mit heftigen Regengüssen. Im Winter ist es trocken und die Nächte sind kalt, allerdings klettert das Thermometer um die Mittagszeit normalerweise auf mindestens 15 °C.

Im **Lowveld**, dem östlich von Johannesburg befindlichen Tiefland entlang der Grenze zu Mosambik, in dem sich auch der Krüger-Nationalpark befindet, fällt im Sommer und Winter ähnlich viel Regen wie im Highveld, doch da es längst nicht so hoch liegt, sind die Temperaturschwankungen weitaus geringer. Im Winter fällt die Quecksilbersäule nachts durchschnittlich auf 6 °C, während die Tageshöchsttemperaturen bei 25 °C liegen. Im Hochsommer überschreiten die Temperaturen manchmal sogar die 30 °C-Grenze. Dennoch sollte man für eisige Winterabende und frostige Morgenstunden unbedingt eine dicke Jacke und einen warmen Schal im Gepäck haben.

DURCHSCHNITTLICHE MAX. TEMPERATUR (°C)

	Jan	Feb	März	Apr	Mai	Juni	Juli	Aug	Sep	Okt	Nov	Dez
Kapstadt	27	27	26	23	20	19	17	18	19	22	24	26
Durban	27	28	27	26	24	23	22	22	23	24	25	26
Johannesburg	26	26	24	22	19	16	16	20	23	25	25	26
Kimberley	33	31	28	25	21	19	19	22	25	28	30	32
Port Elizabeth	25	26	25	23	22	20	20	20	20	21	22	24
Skukuza (Kruger National Park)	31	31	30	29	27	25	25	26	29	29	30	30
Maseru (Lesotho)	20	17	14	11	9	7	7	9	11	14	17	20
Mbabane (Swasiland)	25	25	24	23	21	19	19	21	23	24	24	25

Reiseziele

Es ist zwar machbar, ganz Südafrika innerhalb weniger Wochen zu „bereisen", aber wer sich auf ein bestimmtes Gebiet beschränkt, hat mehr davon. Jede der neun Provinzen – plus Lesotho und Swasiland – besitzt mindestens zwei, drei absolute Highlights. Es ist also ratsam, sich je nach Jahreszeit und Interesse entweder auf den **Westen** oder den **Osten** des Landes zu beschränken.

Eine der Hauptsehenswürdigkeiten im **westlichen** Südafrika, das man vorzugsweise in der wärmeren Jahreszeit (November bis April) besuchen sollte, ist zweifellos **Kapstadt**, die in unvergleichlicher Kulisse am Fuß des Tafelbergs gelegene Stadt am Südzipfel des Kontinents. Nur eine halbe Tagesreise entfernt liegt das **Westkap**, eine Provinz, die sich durch ihr jahrhundertealtes Kolonialerbe hervorhebt. Kapholländische Architektur, Kolonialstädte und Weinberge sind das unverwechselbare Kennzeichen der **Winelands**, dem bewaldeten Landstrich entlang der **Garden Route**. Und der öde Landstrich der **Little Karoo** (Kleine Karoo-Wüste) ist mit winzigen Afrikaander-*dorps* übersät.

Reisende, denen der Westen Südafrikas zu „europäisch" vorkommt und die auf der Suche nach einem ursprünglicheren Afrika sind, sollten die **Ostteile** des Landes anstreben, am besten während der kühleren Monate Mai bis Oktober. Sie betreten südafrikanischen Boden höchstwahrscheinlich in **Johannesburg**, dessen chaotisches Straßentreiben, Wolkenkratzer und Völkergemisch sich vom Rest des Landes abhebt. Schon nach einer halbtägigen Autofahrt erreicht man die Nord-Provinz (inzwischen umbenannt in Limpopo) und Mpumalanga, innerhalb dessen Grenzen der riesige **Krüger-Nationalpark** liegt. Von den rund zwei Dutzend großen Tierreservaten zieht der Krügerpark mit Abstand die meisten Besucher an; kein anderes Reservat auf dem ganzen Kontinent kann mit so vielen verschiedenen Säugetierarten aufwarten. Vom Krügerpark bietet sich die Weiterfahrt Richtung Süden nach KwaZulu-Natal an. Eine lohnenswerte Abkürzung führt durch das winzige **Swasiland**, das über eine Reihe interessanter Besonderheiten wie die einzigartige Swasi-Kultur und Destinationen, darunter mehrere Gameparks, verfügt.

KwaZulu-Natal ist ein Paradies für alle, die gerne „wilde" Tiere und Vögel beobachten. Der **Hluhluwe-Umfolozi Park** ist der beste Ort der Welt, um die im Aussterben begriffenen Nashörner zu sehen. In der Nähe befinden sich weitere hervorragende, kleinere Parks wie die Itala, Mkuzi und Ndumo. Für Natur- und Wanderfreunde bieten sich Streifzüge durch das gewaltige Gebirgsmassiv der **Drakensberge** an.

Durban ist nach Kapstadt die einzige Stadt Südafrikas, in der man den ganzen Urlaub verbringen könnte, ohne sich zu langweilen: ein quirliger, kultureller Schmelztiegel mit einem exotischen indischen Viertel und einer belebten Uferpromenade am Sandstrand direkt vor der Haustür. Die Strände nördlich und südlich von Durban zählen zu den am dichtesten bebauten und erschlossenen des Landes, doch weiter nördlich, zur mosambikanischen Grenze hin, liegt der unberührteste **Küstenstreifen** Südafrikas.

Lange, nur stellenweise erschlossene Sandstrände sind das Charakteristikum eines Großteils der 2500 km langen Küstenlinie, die sich vom kalten Atlantik um das Nordkap herum bis zum subtropischen Indischen Ozean erstreckt, dessen Wellen an die Ufer von KwaZulu-Natal schlagen. Die schroffe Brandung entlang dieser Küste eignet sich überall hervorragend zum **Surfen**. Der begehrteste Surfertreff von allen ist **Jeffrey's Bay** am Ostkap. Der Großteil der Ostkap-Küste liegt vor einer wildromantischen Bergkulisse und ist auch für Spaziergänger und Sonnenanbeter sehr reizvoll.

Beim Tauchen, insbesondere an der Küste von KwaZulu-Natal, erschließt sich inmitten der Korallenriffe und bunt schillernden Fische eine ganz neue Welt. Die südöstlich der Weingüter des Westkaps gelegene **Whale Coast** ist eines der absoluten Highlights von Südafrika, denn hier lassen sich während der Saison direkt vom Ufer aus, oft in allernächster Nähe, **Wale** beobachten.

Wer über mehr Zeit verfügt, kann im Anschluss an die Großstädte, Strände und Tierreservate eine Fahrt ins karge, aber faszinierende **Landesinnere** mit seiner endlosen Weite, Bergpässen, bizarren Felsen, Buschlandschaften und abgeschiedenen *dorps* unternehmen.

Das **Nordkap** und die **Nord-Provinz** (Limpopo) stellen zwar keine so offensichtlichen Reiseziele wie der Krügerpark oder Kapstadt dar, doch sie halten ungeahnte Überraschungen bereit. Wenn genügend Regen gefallen ist, erblühen im August und September dort auf weiten Flächen inmitten der Wüste **Blumen** in unglaublicher Zahl und Farbenpracht.

Von der Afrikaander-Hochburg **Freistaat** aus bieten sich Abstecher in das weithin unerschlossene Königreich Lesotho in den Bergen zwischen der Provinz Freistaat und KwaZulu-Natal an. Von der einstigen Königspracht sind nur noch Spuren erhalten, aber die gebirgige Landschaft ist atemberaubend und lässt sich vom Rücken eines kräftigen, trittsicheren Lesotho-Ponys aus am besten genießen.

Anreise

Nur wenige Besucher gelangen auf dem Landweg oder mit dem Schiff nach Südafrika. Der normale Weg von Europa aus ist der Flug mit einer europäischen oder südafrikanischen Fluggesellschaft nach Johannesburg, Kapstadt oder Durban.

Mit dem Flugzeug

Die Airlines differieren beachtlich in ihrer Sicherheit, der Flugdauer (Anzahl und Dauer der Zwischenstopps) und dem Preis. Der seit Jahren tobende Preiskrieg hat auf diesen Routen zu einem Preisverfall geführt. Wer Wert auf Sicherheit und Service legt, bekommt ein „Graumarkt"-Ticket einer zuverlässigen Gesellschaft wie South African Airways bereits ab 1030 € zzgl. Steuer. Verschiedene Airlines des ehemaligen Ostblocks (z.B. Aeroflot) liegen mit ihren Preisen sogar darunter. Einigen von ihnen fehlt es allerdings an gut ausgebildeten Spezialisten für die Bedienung und Wartung des Fluggeräts, was auf Kosten der Sicherheit geht. Während der Hochsaison in den zwei, drei Wochen vor Weihnachten sowie in der Feriensaison im Januar, Februar und März wird ein beachtlicher Aufschlag erhoben. Zudem gibt es für die Abflugtermine zu Ferienbeginn und -ende schon Monate im Voraus keinen freien Platz, und viele Maschinen sind überbucht.

Da sich beim Flug nach Südafrika höchstens eine einstündige Zeitverschiebung ergibt, bleibt man vom Jet Lag verschont und kann sich daher recht schnell erholen (Direktflug Frankfurt/M. nach Johannesburg zehn Std.).

Die günstigsten Monate zum Fliegen sind der November und Anfang Dezember, gefolgt von der Nebensaison von April bis Mitte Juli. Inlandsflüge können unter Umständen als günstige Anschlussflüge gebucht werden. Bei einigen Fluggesellschaften, z.B. Britisch Airways, besteht auch die Möglichkeit, ohne Aufpreis einen Gabelflug zu buchen, z.B. Hinflug nach Kapstadt und Rückflug von Durban.

SAA-Büros (South African Airways)
Deutschland
Darmstädter Landstr. 125, 60598 Frankfurt/M.
☏ 069-299803-0, ✆ 299803-55
🖳 www.flysaa.com oder www.saa.co.za

Österreich
Opernring 1/R/8, 1010 Wien
 📞 01-587 1585, 📠 587 1489

Schweiz
Löwenstr. 29, 8023 Zürich
 📞 01-215 1111, 📠 215 1100

Von Europa nach Südafrika fliegen u.a. auch:

British Airways
🖥 www.british-airways.com
Iberia Airlines
🖥 www.iberia.com.
KLM
🖥 www.klm.com
LTU
🖥 www.ltu.de
Lufthansa
🖥 www.lufthansa.com
Virgin Atlantic Airways
🖥 www.virgin-atlantic.com

Normalerweise ist die Geltungsdauer von **Billigflugtickets** auf sechs Monate begrenzt. Zudem kann man mit ihnen nicht die Fluggesellschaft wechseln und bekommt kein Geld zurückerstattet, wenn der Flug nicht angetreten wird. Bei weniger strikter Handhabung ist zumindest eine Stornierungsgebühr fällig. Für die Umbuchung des Rückflugs müssen etwa 50 € bezahlt werden. Trotzdem sollte man keine open date tickets kaufen, da zu manchen Zeiten Flüge von und nach Südafrika bereits Monate im Voraus ausgebucht sind.

Gebuchte Flüge müssen bei einigen wenigen Airlines noch spätestens drei Tage vor Abflug **rückbestätigt** werden, was auch telefonisch geschehen kann. Nicht selten sind die Maschinen überbucht, und die Letzten kommen trotz Rückbestätigung nicht mehr mit. Es empfiehlt sich daher, rechtzeitig am Flughafen zu erscheinen.

Bei Auslandsflügen wird zwar eine **Airport Tax** (Flughafensteuer) erhoben, doch sie ist automatisch im Flugpreis enthalten.

Auf dem Landweg

Südafrika-Besucher, die nicht per Flugzeug anreisen, kommen meistens am Ende einer Transafrikareise – oft in einem umgebauten Lastwagen und mit Ausgangspunkt Ostafrika –, hierher.

Mehrere Reiseveranstalter bieten von Europa oder Kenia aus Fahrten durch Afrika bis hinab nach Kapstadt. Die begehrteste Strecke führt von Nairobi via Mount Kilimanjaro, den Victoria-Wasserfällen und Namibia zum Kap der guten Hoffnung und dauert acht Wochen. Es gibt aber auch kürzere, z.B. von Harare durch Zimbabwe, Botswana und Namibia.

Auf dem Seeweg

Es ist möglich, eine Koje auf einem Frachtschiff zu bekommen, das zwischen Europa und Südafrika verkehrt. Die Überfahrt dauert ein bis drei Wochen, je nach Route.

Das Royal Mail Ship *St Helena* ist halb Kreuzfahrt-, halb Handelsschiff und läuft die abgeschiedene Atlantikinsel St Helena an, die keinen Flughafen besitzt.

The Cruise People

 📞 020-7723 2450, 🖥 www.cruisepeople.co.uk.
Bietet Infos zu Schlafkojen auf Bananenfrachtern und Handelsschiffen, von denen viele in Südafrika vor Anker gehen.

Royal Mail Ship St Helena

 📞 01326-211466, 🖥 www.rms-st-helena.com
Auf dem letzten noch verbliebenen königlichen Postschiff der British Merchant Navy, das regelmäßig auf der Strecke zwischen England, den Azoren St Helena und Kapstadt verkehrt und jährlich einen Abstecher zum abgelegenen Tristan da Cunha unternimmt, lässt es sich recht angenehm reisen.

Safmarine

 📞 023-8033 4415, 🖥 www.safmarine.co.uk
Eine südafrikanische Handelsschifffahrtlinie, die auf Passagiertransport eingestellt ist.

Gesundheit

Gesundheitsvorsorge

Obwohl für Südafrika offiziell keine **Impfungen** vorgeschrieben sind, empfehlen Tropeninstitute abgesehen von einer Auffrischungsimpfung Polio/Tetanus/Diphtherie die Schluckimpfung gegen Typhus und eine Impfung gegen Hepatitis A, die durch verseuchte Lebensmittel und schmutziges Trinkwasser übertragen wird. Das Ansteckungsrisiko ist in Südafrika jedoch sehr gering. Eine Impfung gegen Hepatitis B ist eigentlich nur für Menschen erforderlich, die im Gesundheitswesen arbeiten, denn sie wird durch Blutkontakt, z.B. über gebrauchte Injektionsnadeln, übertragen – nichts, womit Reisende normalerweise in Berührung kommen.

Um die Impfungen sollte man sich ungefähr sechs Wochen vor der Abreise kümmern. Wer zuerst in ein anderes afrikanisches Land reist und dafür eine Gelbfieberimpfung benötigt, muss wissen, dass die Bescheinigung über eine Gelbfieberimpfung erst zehn Tage nach Verabreichung der Spritze gültig wird.

> **Informationen im Internet**
> 💻 **www.istm.org** Website der International Society for Travel Medicine, mit ausführlicher Liste von Kliniken, die auf internationale Reisemedizin spezialisiert sind.
>
> 💻 **www.travelclinic.co.za** Offizielle Website der SAA Netcare Travel Clinics, die Gesundheitstipps für die Weiterreise von Südafrika in andere afrikanische Länder gibt, die Adressen von Travel Clinics in SA aufführt und hervorragende Informationen bzgl. Malaria in Südafrika und zum aktuellsten Forschungsstand auf dem Gebiet der Malariaprophylaxe bietet.
> **Centrum für Reisemedizin**
> 💻 www.crm.de/
> **Die Reisemedizin (LTU)**
> 💻 www.die-reisemedizin.de
> **Tropeninstitut Freiburg**
> 💻 www.tropenmedizin.de
> **Tropeninstitut Hamburg**
> 💻 www.tropenmedizin.net/
> **Tropeninstitut München**
> 💻 www.fitfortravel.de

Tropenmedizinische Institute in Deutschland

Berlin	Spandauer Damm 130, Haus 10 14050, ☎ 030-301166
Dresden	Friedrichstr. 39, 01067 ☎ 0351-480 3801
Düsseldorf	Moorenstr. 5, 40225 ☎ 0211-811 7031
Göttingen	Werner-von-Siemens-Str. 10, 37077 ☎ 0551-307500
Hamburg	Seewartenstr. 10, 20459 ☎ 040-4281 8800 ✉ rmz@gesundes-reisen.de 💻 www.gesundes-reisen.de und Bernhard-Nocht-Institut für Tropenmedizin, Bernhard-Nocht-Str. 74, 20359, ☎ 040-438180
Heidelberg	Im Neuenheimer Feld 324, 69120 ☎ 06221-562925, Informationen vom Band über Afrika ☎ 565632
München	Leopoldstr. 5, 80802, ☎ 089-218 0135 00, Informationen vom Band über Afrika ☎ 218 0135 07
Rostock	Ernst-Heidemann-Str. 6-8, 15055 ☎ 0381-494 7583
Tübingen	Kepplerstr. 15, 72074 ☎ 07071-298 2364

Vorsichtsmaßnahmen

Die meisten gesundheitlichen Bedenken, die in anderen Teilen Afrikas sicherlich angemessen sind, kann man getrost über Bord werfen. Heruntergekommene Krankenhäuser und ausgefallene Tropenkrankheiten sind keine Merkmale Südafrikas. Allerdings stellt **HIV**, wie überall in Afrika, ein sehr großes Problem dar. Doch besteht für Touristen, die weder intravenös Drogen konsumieren noch ungeschützten Geschlechtsverkehr praktizieren, so gut wie keine Ansteckungsgefahr.

In allen Touristengebieten wird Hygiene groß geschrieben und das **Trinkwasser** ist sauber. Das einzige wirkliche Risiko, das viele Besucher stark unterschätzen, ist die **Sonnenbestrahlung**. In manchen Teilen des Landes besteht **Malaria**-Gefahr, der man durch die Einnahme bestimmter Medikamente begegnen kann (s.S. 30).

REISEVORBEREITUNG

Basisausstattung

✗ Verbandzeug (Heftpflaster, Leukoplast, Blasenpflaster, Mullbinden, elastische Binde, sterile Kompressen, Verbandpäckchen, Dreiecktuch, Pinzette)
✗ sterile Einmalspritzen und -kanülen in verschiedenen Größen (mit ärztlicher Bestätigung, dass sie medizinisch notwendig sind, damit man nicht für einen Fixer gehalten wird)
✗ Fieberthermometer
✗ Kondome
✗ Lärmstopp (gegen Lärmbelästigung)
✗ Beipackzettel

Malaria-Prophylaxe

✗ Chloroquin (z.B. Resochin*, nur für gefährdete Gebiete)
✗ Paludrine* (zusätzlich zu Chloroquin, nur für gefährdete Gebiete)
✗ Lariam* oder Halfan* zur Stand-by-Therapie
✗ MalaQuick Standby Malaria-Test
✗ Mückenschutz (Jaico oder Sketolene-Konzentrat 40%; für Kinder: Zanzarin)

Schmerzen und Fieber

✗ keine acetyl-salicylsäurehaltigen Medikamente, Benuron, Dolormin
✗ Buscopan (gegen krampfartige Schmerzen)
✗ Antibiotika* gegen bakterielle Infektionen (in Absprache mit dem Arzt)

Magen- und Darmerkrankungen

✗ Imodium akut (gegen Durchfall, v.a. vor längeren Fahrten)
✗ Elotrans (zur Rückführung von Mineralien; Kinder: Oralpädon Pulver)
✗ Dulcolax Dragees, Laxoberal Tropfen (gegen Verstopfung)
✗ Talcid, Riopan (gegen Sodbrennen)

Erkrankungen der Haut

✗ Desinfektionsmittel (Betaisodona Lösung, Hansamed Spray, Kodan Tinktur)

✗ Tyrosur Gel, Nebacetin Salbe RP (bei infizierten oder infektionsgefährdeten Wunden)
✗ Soventol Gel, Azaron Stift, Fenistil Tropfen, Teldane Tabletten (bei Juckreiz nach Insektenstichen oder allergischen Erkrankungen)
✗ Soventol Hydrocortison Creme, Ebenol Creme (bei starkem Juckreiz oder stärkerer Entzündung)
✗ Cortison- und antibiotikahaltige Salbe gegen Bläschenbildung nach Quallenkontakt
✗ Wund- und Heilsalbe (Bepanthen)
✗ Fungizid ratio, Canesten (bei Pilzinfektionen)
✗ Berberil, Yxin (Augentropfen bei Bindehautentzündungen)

Erkältungskrankheiten

✗ Olynth Nasenspray, Nasivin
✗ Dorithricin, Dolo Dobendan (bei Halsschmerzen)
✗ Silomat (Hustenstiller)
✗ Acc akut, Mucosolvan, Gelomyrtol (zum Schleim lösen)

Kreislauf

✗ Korodin, Effortil (Kreislauf anregend)

Reisekrankheit

✗ Superpep Kaugummis, Vomex

Sonnenschutz

✗ mit UVA- und UVB-Filter
✗ Ladival Milch bzw. Gel, Ilrido ultra Milch
✗ Sonnenschutzstift für die Lippen.

Bitte bei den Medikamenten Gegenanzeigen und Wechselwirkungen beachten und sich vom Arzt oder Apotheker beraten lassen (rezeptpflichtig in Deutschland).*

Gesundheitsrisiken

Die nachfolgend aufgeführten wichtigen Informationen vor einer Reise in die Tropen oder in andere Länder mit einem höheren gesundheitlichen Risiko (trifft für Südafrika nur begrenzt zu) sollte man zwar ernst nehmen, sie sollten einen jedoch nicht davon abhalten, die Welt zu entdecken.

AIDS und Geschlechtskrankheiten

Die größte Gefahr einer HIV-Infektion in Südafrika besteht bei ungeschütztem Geschlechtsverkehr. HIV/AIDS und Geschlechtskrankheiten sind im südlichen Afrika sowohl unter Männern als auch Frauen weit verbreitet, und die Wahrscheinlichkeit, sich durch sexuellen Kontakt mit dem Virus anzustecken, ist sehr hoch. Neben Abstinenz bieten ungefährliche Sexualpraktiken und der Gebrauch von Kondomen den sichersten Schutz. Ohne Bluttest lässt sich eine HIV-Infektion nicht nachweisen. Eine weitere Ansteckungsgefahr besteht durch nicht sterile Nadeln bei Injektionen und im Falle einer Bluttransfusion. Allerdings wird in den Krankenhäusern Südafrikas großer Wert auf Hygiene gelegt, und Blutkonserven werden sorgfältig untersucht. Wer in abgeschiedene Landesteile reist und auf Nummer Sicher gehen möchte, kann eine steril verpackte Nadel und ein Transfusionsset mitnehmen.

Bilharziose

Bilharziose stellt ein ernsthaftes Risiko in allen Gebieten Afrikas südlich der Sahara dar. Diese Wurmplage kommt in den meisten Süßwassergebieten, mit Ausnahme der Gebirgsflüsse und -seen vor. Bilharziose (Schistosomiasis) wird durch kleine Würmer übertragen, die sich in infizierten Süßwasserschnecken vermehren. Beim Menschen dringen die Würmer durch die Haut, insbesondere durch die Fußsohlen, in den Körper ein. Erste Symptome einer Infektion können Kribbeln und eine leichte Rötung an der Eintrittstelle sein. Schließlich setzt sich der Wurm im Darmbereich oder in der Blase fest, wo er unzählige Eier ablegt. Wochen später kann hohes Fieber auftreten. Allgemeines Unwohlsein ist bisweilen das erste feststellbare Symptom. Hat sich die Krankheit etabliert, kommen als weitere Anzeichen Unterleibsschmerzen sowie Blut im Urin und Stuhl hinzu.

Am besten lässt sich eine Infektion verhindern, indem man darauf verzichtet, in Stauseen und Flüssen zu baden. Wer mit dem Kajak gefahren ist oder aus irgendeinem anderen Grund die Berührung mit solchen Gewässern nicht vermeiden konnte, sollte sich nach der Reise beim Arzt einem Bilharziosetest unterziehen. Reißende Gewässer sind keine Sicherheitsgarantie. Zwar bevorzugen die Würmer ruhiges Wasser, doch sie können angeschwemmt werden.

Zum Glück lässt sich Bilharziose leicht und schnell mit Praziquantel kurieren, obwohl dieses Medikament dazu führen kann, dass man sich ein paar Tage unwohl fühlt. Einen entsprechenden Impfstoff gibt es nicht.

Blutegel und Zecken

Bei Trekkingtouren in feuchten Wäldern ist damit zu rechnen, dass sich Blutegel an der Haut festsetzen, vor allen an den Beinen oder in den Stiefeln. Mit Hilfe von Salz oder einer brennenden Zigarette fallen sie ab. Es ist nicht ratsam, sie durch Ziehen zu entfernen, da sich die Wunde dann leicht entzünden kann. Als vorbeugende Maßnahme hat es sich bewährt, Schuhe und Socken mit einem Insektenvernichtungsmittel einzusprühen.

Wer im Busch unterwegs war, vor allem in hohem Gras, sollte Körper und Kleidung sorgfältig nach Zecken untersuchen, da sie Zeckenfieber übertragen können. Die Symptome setzen eine Woche später ein – geschwollene Lymphdrüsen, Glieder- und Rückenschmerzen sowie Fieber. Die Krankheit heilt sich allerdings innerhalb von drei, vier Tagen von selbst aus. Die Zecken, die man bei sich am Körper findet, sind im Grunde nicht gefährlich, nur ein bisschen eklig. Man entfernt sie am besten, indem man mit einer Pinzette die Haut um den Zeckenkopf eindrückt, diesen packt und den ganzen Körper vorsichtig herauszieht (es tut nicht weh). Kleine Zecken fallen von selbst ab, wenn man Vaseline oder Fett darüber schmiert.

Cholera

Die Cholera tritt vor allem in übervölkerten Gebieten unter unhygienischen Bedingungen immer wieder auf. Der Impfschutz durch handelsüblichen Impfstoff ist umstritten, da Reaktionen häufig sind. Geimpft wird deshalb nur dann, wenn eine entsprechende Einreisebestimmung besteht, was für Südafrika nicht zutrifft. Solange man auf eine saubere, hygienische Umgebung achtet und nicht geschwächt ist, wird man kaum gefährdet sein.

Durchfallerkrankungen

Durchfallerkrankungen aufgrund von unsauberen Lebensmitteln kommen in Südafrika höchst selten vor. Rohkostsalate und Eiscreme – die gefährlichsten Lebensmittel wie in vielen anderen Dritte-Welt-Ländern, vor allem an Straßenständen – gibt es nur in Hotels, Restaurants und Lebensmittelgeschäften, und in allen herrschen normalerweise strengste Hygieneregeln. Selbstversorger dagegen sollten Lebensmittel nicht zu lange aufbewahren, Ost und Gemüse gründlich waschen und kurz nach der Ankunft im Land nicht allzu viel Obst essen, auch wenn es noch so verlockend aussieht.

Wer sich trotzdem einen Magenvirus eingefangen hat, braucht vor allem viel Flüssigkeit und Ruhe. Sowohl das Fleisch als auch die Kerne von Papayas sind ein bewährtes Naturheilmittel gegen Durchfall. Ansonsten gibt es aber auch in jeder Apotheke oder Drogerie Arzneimittel namhafter Hersteller, die aber auch nicht längerfristig eingenommen werden sollten.

Auf keinen Fall sollte man beim ersten Krankheitsanzeichen auf Antibiotika zurückgreifen, sondern sie für den echten Notfall aufbewahren. Eine Magen-Darmverstimmung reguliert sich normalerweise nach ein paar Tagen fettfreier Diät. Wenn nicht (oder falls außergewöhnliche Symptome hinzukommen), sollte so schnell wie möglich ein Arzt aufgesucht werden.

Die meisten Medikamente und medizinisches Zubehör sind überall in Südafrika in Apotheken erhältlich, daher besteht keine Notwendigkeit, sich mit einem großen Erste-Hilfe-Koffer zu belasten. Höchstens in sehr abgeschiedenen Ecken, in die kaum ein Besucher kommt, könnte es zu Engpässen kommen. Wer regelmäßig ein bestimmtes Arzneimittel einnehmen muss, sollte es mitbringen. Alle anderen Sachen sind unschwer zu bekommen.

Kinderlähmung

Selbst in Europa treten immer noch Epidemien auf. Wer während der letzten zehn Jahre die Impfungen versäumt hat, sollte sich vom Hausarzt den Impfstoff verschreiben lassen.

Malaria

Der größte Teil Südafrikas ist frei von Malaria, einer Krankheit, die tödliche Folgen haben kann. Ein Malariarisiko besteht im nördlichen und nordöstlichen Mpumalanga, insbesondere im Krüger-Nationalpark, sowie im nördlichen KwaZulu-Natal, in den Grenzgebieten der Nordwest- und Nord-Provinz sowie in tiefer gelegenen Gebieten von Swasiland. Wer vorhat, in diese Gebiete zu reisen, muss Schutzmaßnahmen treffen.

Die größte Erkrankungsgefahr besteht während der heißen, regenreichen Monate von November bis April. Geringer ist sie in den kühleren, trockenen Monaten von Mai bis Oktober, und manche Reisende entscheiden sich dafür, während dieser Zeit auf eine Malariaprophylaxe zu verzichten.

Die Mücke *Anopheles*, die den Malariaerreger *Plasmodium falciparum* übertragen kann, sticht während der Nacht, also zwischen Beginn der Dämmerung und Sonnenaufgang. Am Abend schützen helle Kleidung wie lange Hosen, langärmlige Hemden, engmaschige Socken (einige Reisende schwören dagegen nach Sonnenuntergang auf dunkle Kleidung) und ein Mücken abweisendes Mittel auf der Basis von *Deet*, das auf die Haut aufgetragen wird und die Geschmacksnerven stechender Insekten lähmt. Einige Apotheken bieten sanftere Mittel an, die auf Zitronella- und Nelkenöl basieren. In den USA hat sich der Wirkstoff *Permethrin* bewährt, mit dem Kleidung und Moskitonetz eingesprüht werden. Er geht eine Verbindung mit dem Gewebe ein, ohne zu ölen, und bleibt wochenlang wirksam, scheint aber in Deutschland nicht erhältlich zu sein. In Südafrika werden auch gute, im Land produzierte Insektenschutzmittel wie *Peaceful Sleep* verkauft. Einige Tropenerfahrene schwören auf die Einnahme von Vitamin B in hohen Dosen, bei anderen ist es wirkungslos.

Ist der Schlafraum nicht mückensicher (lückenlose Mückengitter an Fenstern und Türen), sollte man unter einem Moskitonetz schlafen. Am sichersten ist ein eigenes Netz. Löcher verschließt man am besten mit Klebeband. Bei niedrigen Temperaturen in klimatisierten Räumen sind die Mücken zwar weniger aktiv, aber keineswegs ungefährlich.

Notfalls verringern das Risiko auch *Coils*, grüne Räucherspiralen, die überall erhältlich sind, wie Räucherstäbchen abbrennen und für ca. acht Stunden die Luft verpesten. Die elektrischen Mosquito-vernichter, die man jeden Abend mit einem Pad füttert, riechen weniger unangenehm, doch ist für das Gerät eine Steckdose erforderlich.

Malaria ist nicht ansteckend, kann aber lebensgefährlich sein, wenn sie nicht behandelt wird. Die zuverlässigen SAA Netcare Travel Clinics, 🖳 www.travelclinic.co.za, die ständig die Malaria und ihre Resistenz gegen Medikamente im südlichen Afrika untersuchen, empfehlen die Einnahme von Mefloquin (unter den Markennamen Mefliam, Lariam u.a. erhältlich) oder Doxycycline als effektivsten Malariaschutz. Mefloquin soll allerdings nicht von Menschen eingenommen werden, die irgendwann unter neurologischen Problemen oder an Epilepsie gelitten haben. Doxycycline soll von Kindern und Schwangeren nicht eingenommen werden.

Reisende sollten auf jeden Fall Wochen vor der Abreise in ein Malariagebiet den Hausarzt oder einen Tropenmediziner konsultieren. Für welche Medikation man sich auch entscheidet, man muss sich immer der Tatsache bewusst sein, dass keines der im Handel erhältlichen Medikamente einen 100-prozentigen Schutz gewährt und die o.g. Vorsichtsmaßnahmen unbedingt eingehalten werden sollten.

Häufig wird noch die Einnahme von 2–3 Tabletten *Resochin* an zwei Tagen der Woche, eine Woche vor Einreise ins infizierte Gebiet und bis vier Wochen nach der Rückkehr, empfohlen; zumeist in Verbindung mit *Paludrine*, 2x täglich. Allerdings sind immer mehr Erreger der *Malaria tropica* gegen diese Präparate resistent. *Resochin* allein gilt jedoch weiterhin als wirksam gegen die Erreger der anderen, nicht tödlichen Formen von Malaria.

In Deutschland gibt es den Malaria-Schnelltest *MalaQuick*, mit dem Reisende im Notfall anhand eines Blutstropfens in acht Minuten selbst feststellen können, ob ihre Symptome durch den Malariaerreger *Plasmodium falciparum* ausgelöst wurden (in Apotheken erhältlich).

Wer aus Südafrika zurückkehrt und an einer nicht geklärten fieberhaften Erkrankung leidet, auch wenn es sich nur um leichtes Fieber und Kopfschmerzen handelt und erst Monate nach der Rückkehr auftritt, sollte dem Arzt unbedingt von dem Aufenthalt berichten und auf einen Bluttest bestehen. Die ersten Symptome einer Malaria können denen eines banalen grippalen Infektes ähneln und werden daher häufig verkannt, was schon nach wenigen Tagen das Leben bedrohen kann.

Pilzinfektionen

Frauen leiden im tropischen Klima häufiger unter Pilzinfektionen. Vor der Reise sollten sie sich entsprechende Medikamente verschreiben lassen. Eine Creme oder Kapseln sind besser als Zäpfchen, die bei der Hitze schmelzen. Ungepflegte Swimming Pools sind Brutstätten für Pilze aller Art.

Schlangenbisse und Skorpionstiche

Schlangen- und Spinnenbisse oder Skorpionstiche kommen in Südafrika vergleichsweise selten vor. Es gibt zwar Schlangen, aber die meisten verschwinden, sobald sich jemand nähert. Am gefährlichsten sind die Puff- und Bergottern. Sie sonnen sich oft auf Pfaden und machen sich nicht aus dem Staub, wenn ein Wanderer kommt. Aber kaum ein Besucher wird sie zu Gesicht bekommen. Wer gebissen wird, sollte sich das Aussehen der Schlange merken und auf dem schnellsten Wege einen Arzt aufsuchen – Ausschneiden oder Aussagen hilft nicht allein.

Wichtig ist: Keine Panik, denn selbst an giftigen Schlangenbissen stirbt man nicht augenblicklich, höchstens aus Angst.

Skorpione und Spinnen gibt es massenhaft, aber man sieht sie wahrscheinlich nur, wenn man Holzstücke aufhebt oder Steine umdreht. Wer Holz für ein Lagerfeuer sammelt, sollte es nicht gleich anfassen, sondern zuerst mit dem Schuh oder irgendeinem Gegenstand dagegen klopfen. Im Gegensatz zur landläufigen Meinung sind Skorpion- und Spinnenbisse zwar schmerzhaft, aber so gut wie nie tödlich. Die meisten dieser Tiere sind völlig harmlos und sollten nicht willkürlich getötet werden. Eine gute Vorsichtsmaßnahme beim Campen ist es, morgens vor dem Anziehen Kleidung und Schuhe auszuschütteln.

Sonnenbrand

Die Sonne ist wahrscheinlich das größte Gesundheitsrisiko, dem Reisende in Südafrika ausgesetzt sind, vor allem hellhäutige. Wie gefährlich eine Überdosis Sonne ist, hat sich selbst bei weißen Südafrikanern noch nicht herumgesprochen, und viele legen immer noch mehr Wert auf Bräune als auf ihre Gesundheit.

In der südlichen Hemisphäre sind die Sonnenstrahlen bei weitem intensiver und UV-haltiger als in der nördlichen, und es ist äußerst klug, sich diesem Hauptverursacher von Hautkrebs mit Vorsicht auszusetzen. Wer nach der Reise eine Veränderung eines Leberflecks feststellt, sollte zum Arzt gehen, denn bei Früherkennung kann ein Melanom entfernt werden.

Die Kurzzeitfolgen übermäßiger Sonnenbestrahlung sind Sonnenbrand, Übelkeit und Kopfschmerzen, meistens das Resultat eines zu lange ausgedehnten Sonnenbades, um möglichst schnell braun zu werden. Je heller die Haut, desto kürzer sollten die ersten Sonnenbäder und desto höher der Lichtschutzfaktor des Sonnenschutzmittels sein (mind. 15). Menschen mit sehr heller Haut und Sommersprossen sollten ganz besonders vorsichtig sein, zu Anfang eine Sonnenschutzcreme mit Faktor 25–30 benutzen und im weiteren Verlauf des Aufenthaltes nicht unter Lichtschutzfaktor 15 gehen. Es ist keine Schande, sensible Gesichtsstellen mit einem zinkhaltigen Sonnenblocker einzucremen, wie es auch Kricketspieler und Skifahrer tun.

Sind die Augen übermäßiger Sonne ausgesetzt, kann es zu einer Netzhautverbrennung oder Bindehautentzündung mit schweren Kurz- und Langzeitfolgen kommen. Eine gute Sonnenbrille kann die UV-Bestrahlung der Augen um bis zu 50% reduzieren und sollte nur im Fachgeschäft gekauft werden. Ein breitkrempiger Sonnenhut ist empfehlenswert.

Alle diese Vorsichtsmaßnahmen sind für Kinder unabdingbar, und Eltern sollten darauf achten, dass Kleinkinder am Strand von Kopf bis Fuß bekleidet sind. Selbst an wolkigen Tagen darf man sich nicht in Sicherheit wiegen, denn gerade dann kann die UV-Strahlung besonders hoch sein. UV-Strahlen undurchlässige Kleidung gibt es zwar in Südafrika zu kaufen, sollte aber besser mitgebracht werden. Am Strand sollten Kinder zumindest T-Shirts (möglichst engmaschige) tragen und oft und großzügig mit einem Sonnenschutzmittel Faktor 30 eingecremt werden.

Tollwut

Wo streunende oder auch verendete Hunde zu sehen sind, ist Vorsicht geboten. Wer von einem Hund, einer Katze oder einem Affen gekratzt oder gebissen wird, muss sich sofort impfen lassen, da eine Infektion sonst tödlich endet. Eine vorbeugende Impfung ist sehr teuer und nur bei längerem Aufenthalt sinnvoll.

Typhus / Paratyphus

Typhus-Symptome: über sieben Tage hohes Fieber einhergehend mit einem eher langsamen Puls und Benommenheit. Empfehlenswert ist die gut verträgliche Schluckimpfung mit *Typhoral L* für alle Reisende. Drei Jahre lang schützt eine Injektion des neuen Typhus-Impfstoffs *Typhim VI*, ehe er wieder aufgefrischt werden muss. Das Krankheitsrisiko ist in Südafrika allerdings sehr gering.

Wundstarrkrampf

Wundstarrkrampferreger findet man überall auf der Erde. Verletzungen kann man nie ausschließen, und wer evtl. noch keine Tetanusimpfung hatte, sollte sich unbedingt zwei Impfungen im 4-Wochen-Abstand geben lassen, die nach einem Jahr aufgefrischt werden müssen. Danach genügt eine Impfung alle zehn Jahre. Am besten ist die Impfung mit dem Tetanus-Diphtherie-(Td-)Impfstoff für Personen über fünf Jahre, um gleichzeitig einen Schutz vor Diphtherie zu erhalten.

Krankenhäuser und Ärzte

Die staatlichen Krankenhäuser in Südafrika sind ziemlich gut ausgestattet, doch aufgrund finanzieller Engpässe haben sie Schwierigkeiten, ihren Standard aufrechtzuerhalten. Daher ist mit langen Wartezeiten und manchmal etwas nachlässiger Behandlung zu rechnen. Reisende sind in Privatkrankenhäusern oder -kliniken, die dem europäischen Standard entsprechen, wahrscheinlich besser versorgt. Adressen von Privatkliniken sind in den Regionalkapiteln unter „Sonstiges" angegeben. Die Behandlung muss in jedem Fall bar bezahlt werden, daher ist der Abschluss einer Reisekrankenversicherung ratsam, die eventuell fällig gewordene Kosten ersetzt.

Die Adressen von Zahnärzten findet man im Telefonbuch unter „dentists". Zahnärzte gibt es in jeder größeren und kleineren Stadt, und ihr Niveau entspricht dem europäischen. Dasselbe gilt auch für Augenärzte und Optiker. Reinigungsflüssigkeit für Kontaktlinsen kann man in fast jeder größeren Ortschaft kaufen.

Versicherungen

Reiserücktrittskostenversicherung

Bei einer pauschal gebuchten Reise ist eine Rücktrittskostenversicherung meist im Preis inbegriffen (zur Sicherheit sollte man nachfragen). Wer individuell plant, muss sich um die Absicherung dieses Risikos selbst kümmern. Reisebüros bieten z.T. Versicherungen an oder vermitteln den Abschluss.

Viele Reiserücktrittskostenversicherungen müssen kurz nach der Buchung abgeschlossen werden (in der Regel bis 14 Tage danach). Bei Krankheit oder Tod eines Familienmitglieds oder Reisepartners ersetzt die Versicherung die Stornokosten der Reise. Eine Reiseunfähigkeit wegen Krankheit muss ärztlich nachgewiesen werden.

Die Kosten der Versicherung richten sich nach dem Preis der Reise und der Höhe der Stornogebühren. Sie liegen in der Regel zwischen 15 € und 90 € p.P. Zum Teil gibt es eine Selbstbeteiligung.

Reisegepäckversicherung

Viele Versicherungen bieten die Absicherung des Verlustes von Gepäck an, einige haben sich sogar darauf spezialisiert (z.B. *Elvia*). Allen Versicherungen ist gemein, dass die Bedingungen, unter denen das Gepäck abhanden kommen „darf", sehr eng gefasst sind. Deshalb ist es wichtig, die Versicherungsbedingungen genau zu studieren und sich entsprechend zu verhalten. Bei vielen Versicherungen ist z.B. das Gepäck in unbewacht abgestellten Kraftfahrzeugen zu keinem Zeitpunkt versichert. Kameras oder Fotoapparate dürfen wegen möglicher Moped-Räuber nicht über die Schulter gehängt werden, sondern müssen am Körper befestigt sein, sonst zahlt die Versicherung nicht (so Gerichtsurteile). Ohnehin sind Foto- und videotechnische Geräte meist nur bis zu einer bestimmten Höhe oder bis zu einem bestimmten Prozentsatz des Neuwertes versichert, auch Schmuck unterliegt Einschränkungen, ebenso wie Bargeld.

Entscheidet man sich für eine Reisegepäckversicherung, ist darauf zu achten, dass sie Weltgeltung hat, die gesamte Dauer der Reise umfasst und in ausreichender Höhe abgeschlossen ist. Wer eine wertvolle Fotoausrüstung mitnimmt, kann darüber nachdenken, eine Zusatzversicherung abzuschließen (s.u.).

Tritt ein Schadensfall ein, muss der Verlust sofort bei der Polizei gemeldet werden. Eine **Checkliste**, auf der alle Gegenstände und ihr Wert eingetragen sind, ist dabei hilfreich. Ansonsten sollte alles, was nicht ausreichend versichert ist, im Handgepäck transportiert werden.

Eine Reisegepäckversicherung mit einer Deckung von rund 2000 € kostet für 24 Tage ca. 30 €, als Jahresvertrag etwa 60–70 €. Anbieter sind u.a. *Elvia*, ✆ 089-624240, die *Europäische Reiseversicherung*, ✆ 089-41660 und die *Universa Allgemeine Versicherung*, ✆ 0911-53070.

Kameraversicherung

Um hochwertige Fotoausrüstung voll abzusichern, kann es sinnvoll sein, eine zusätzliche Fotoapparate-Versicherung abzuschließen. Diese ist zwar relativ teuer, aber die Geräte sind so gegen alle möglichen Risiken versichert. Die Kosten richten nach dem Wert der Ausrüstung bzw. der Versicherungssumme.

Reisekrankenversicherung

Es ist ratsam, auf alle Fälle eine Reisekrankenversicherung abzuschließen. Nur wenige private Krankenkassen schließen den weltweiten Schutz im Krankheitsfall ein. Die meisten Reisebüros und einige Kreditkartenorganisationen bieten aber derartige Versicherungen an. Bei Krankheit – speziell Krankenhausaufenthalten – kann sehr schnell eine erhebliche Summe zusammenkommen, die aus eigener Tasche bezahlt werden müsste. Ist man versichert, kann man die Kosten gegen Vorlage der Rechnungen zu Hause geltend machen. Einschränkungen gibt es natürlich auch hier, besonders bezüglich Zahnbehandlungen (nur Notfallbehandlung) und chronische Krankheiten (Bedingungen durchlesen).

Die später bei der Versicherung einzureichende **Rechnung** sollte folgende Angaben enthalten:

✗ Name, Vorname, Geburtsdatum, Behandlungsort und -datum
✗ Diagnose
✗ erbrachte Leistungen in detaillierter Aufstellung (Beratung, Untersuchungen, Behandlungen, Medikamente, Injektionen, Laborkosten, Krankenhausaufenthalt)
✗ Unterschrift des behandelnden Arztes
✗ Stempel

Wer im Ausland schwer erkrankt, wird zu Lasten der Versicherung heimgeholt, aber nur, wenn er plausibel darlegen kann, dass am Urlaubsort keine ausreichende Versorgung gewährleistet ist. Dann geht es mit Linienmaschinen oder auch mit einem eigens losgeschickten Ambulanzflugzeug nach Hause. Die meisten Versicherungen haben inzwischen den Passus „wenn medizinisch notwendig" in das Kleingedruckte aufgenommen. Aber gerade die medizinische Notwendigkeit ist nicht immer leicht zu beweisen. Ist der Passus „wenn medizinisch sinnvoll und vertretbar" formuliert, kann man wesentlich besser für eine Rückholung argumentieren.

Die *Europäische Reiseversicherung* versichert Reisende bis 64 Jahre für 10–93 Tage für 6–85 €. Die *Hanse-Merkur* bietet Reisenden bis 64 Jahre eine Krankenversicherung für Trips zwischen 10 und 62 Tagen für 6–45 € an. Wer länger verreisen möchte, sollte nach Langzeittarifen für bis zu drei Jahren fragen. Die *Universa* versichert Reisende für ein Jahr auf allen Reisen (auch Geschäftsreisen), die nicht länger als zwei Monate dauern, zu einem Preis von 8 € p.P. bzw. 17,50 € ab einem Eintrittsalter von 60. Der Auslandsschutzbrief des *ADAC* für Reisende bis 66 Jahre kostet für 45 Tage 12 €; Nicht-Mitglieder zahlen 13,30 €. Weitere Anbieter sind *Debeka*, *Europa* und *HUK-Coburg*.

Versicherungspakete

Von der *Europäischen Reiseversicherung*, von *Elvia*, *Hanse-Merkur* u.a. werden Versicherungspakete angeboten, die neben der Reisekrankenversicherung eine Gepäck-, Haftpflicht-, Unfall- und Rat & Tat-Versicherung einschließen. Mit der Rat & Tat-Versicherung erhält man über eine Notrufnummer Soforthilfe während der Reise. Krankenhauskosten werden direkt von der Versicherung beglichen, und bei ernsthaften Erkrankungen übernimmt sie den Rücktransport. Ist der Versicherte nicht transportfähig und muss länger als zehn Tage im Krankenhaus bleiben, kann eine nahe stehende Person auf Kosten der Versicherung einfliegen. Auch beim Verlust der Reisekasse erhält man über den Notruf einen Vorschuss.

Die Pakete sind jedoch, ebenso wie die günstigen Krankenversicherungs-Angebote, auf maximal fünf bis acht Wochen begrenzt. Da bei längeren Reisen bis zu einem Jahr nur Einzelversicherungen möglich sind, und Versicherungsschutz teurer

wird, sollte man in diesem Fall die Leistungen verschiedener Unternehmen vergleichen. Wer sich optimal absichern möchte, schließt eine separate Kranken-, Rat & Tat-, Unfall- und Gepäckversicherung ab. Bei häufigen Auslandsreisen können die Einzelversicherungen oder das Paket auch für ein ganzes Jahr abgeschlossen werden. Dann besteht auf allen Reisen Versicherungsschutz, sofern diese nicht länger als sechs Wochen dauern.

Bei *Elvia* kostet ein Versicherungspaket für eine 31-tägige Reise, die nicht teurer als 2500 € sein darf, rund 90 €. Die *Europäische Reiseversicherung* bietet ein ähnliches Paket für Reisen bis 31 Tage für 30–100 €, je nach Reisepreis, an. Die Tarife der *Hanse-Merkur* bewegen sich im selben Rahmen.

Rough Guide Travel Insurance Der Reisebuchverlag Rough Guides bietet Reisenden jeder Nationalität für jedes Land der Welt eine Reiseversicherung an. Vertragspartner ist eine Tochtergesellschaft von Lloyds.

Zur Auswahl stehen mehrere Versicherungspakete: **Essential**, das die grundlegendsten Bedürfnisse abdeckt; **Premier**, mit umfassenderem Schutz und die ein Jahr gültige Versicherung „**annual multi-trip insurance**" für eine unbegrenzte Zahl von Reisen (bei maximal 60 Tagen pro Reise). Im Unterschied zu vielen anderen Policen wird die Rough Guides-Versicherung pro Tag kalkuliert, d.h. wer nur 27 Tage und nicht einen ganzen Monat unterwegs ist, bezahlt auch nur für die tatsächliche Reisezeit. Und wer ein ganzes Jahr lang durch die Welt fährt, ist mit der „**adventurer policy**" 365 Tage lang versichert.

Zu jeder Police kann zusätzlich ein „hazardous activities premium" abgeschlossen werden, interessant für Reisende, die sich zu Sportarten wie Skilaufen, Tauchen oder Trekking hingezogen fühlen. Rough Guides hat auch interessante Angebote für ältere Reisende, und es besteht keine altersbedingte Versicherungsgrenze.

Nähere Auskünfte unter der Rough Guide Insurance Line, ☎ +44-1243-621046, oder aber im Internet, 🖥 www.roughguides.com/insurance, wo man auch ein Antragsformular herunterladen kann.

Gepäck

Rucksäcke, Koffer und Taschen

Wer überwiegend mit öffentlichen Verkehrsmitteln unterwegs ist und längere Strecken zu Fuß zurücklegen will, reist am Besten mit Rucksack. Beim Kauf probiert man ihn mit etwa 15 kg Inhalt an. Ein Kompromiss zwischen Koffer und Rucksack stellen die Koffer-Rucksäcke dar, die von der Vorderseite bepackt werden und bei denen das Tragegestell mit verstaut werden kann.

Wer sein Gepäck nicht weit tragen muss, kann auch mit Koffer reisen. Vorteil: Man wird nicht mit dem negativen Image belegt, das Rucksack-Touristen manchmal haben. Zudem sind sie in öffentlichen Verkehrsmitteln leichter zu verstauen als sperrige Rucksäcke.

Ein zusätzlicher Tages-Rucksack *(daypack)* oder eine Falttasche kann unterwegs bei Tagesausflügen oder Kurztrips das Gepäck aufnehmen und auf dem Heimflug für weiteren Stauraum sorgen. Notfalls gibt es überall billige Koffer und Reisetaschen zu kaufen.

Für Kameras benötigt man Fototaschen, die möglichst nicht schon von außen auf den wertvollen Inhalt schließen lassen. Sie sollten aus festem Material bestehen (nicht aufschlitzbar!), gut verschließbar sein und Platz für weiteres Handgepäck haben. Wertsachen, wie Geld, Pässe, Schecks und Tickets, lassen sich am besten nah am Körper in einem breiten Hüftgurt aus Baumwollstoff aufbewahren. Unter Hosen und locker fallenden Kleidern kann man ihn um die Hüfte gebunden unauffällig tragen. Alle Papiere – auch das Geld – werden zusätzlich durch eine Plastikhülle geschützt, denn Schweiß ist zerstörerisch, und unleserliche Bankbescheinigungen oder Flugtickets machen Ärger.

Checkliste

Die folgende Liste dient auch uns seit vielen Jahren als Hilfe beim Packen. Sie ist jedoch keineswegs vollständig und kann nach individuellen Bedürfnissen ergänzt werden. Alle genannten Gegenstände (abgesehen von Dokumenten und Geld natürlich) sind aber auch zu relativ günstigen Preisen in Südafrika erhältlich.

Garderobe

- ✗ **Feste Schuhe** (für Trekking-Touren reichen Turnschuhe meist aus)
- ✗ **Sandalen** (in die man leicht hinein und herausschlüpfen kann)
- ✗ **Gummi-** oder **Trekkingsandalen** (unter Duschen Pilzgefahr!)
- ✗ **Hosen** bzw. **Röcke** aus Baumwolle (die nicht zu eng sitzen sollten)
- ✗ **Kurze Hosen**
- ✗ **Hemden** oder **Blusen**
- ✗ **T-Shirts / Polo-Shirt** mit Ärmel (mit Kragen fürs Schnorcheln)
- ✗ **Jacke** (für die An- und Abreise, kalte Nächte und Morgenstunden)
- ✗ **Pullover**
- ✗ **Regenschirm** und/oder Regenjacke
- ✗ **Sonnenschutz:** Hut / Brille (in unzerbrechlicher Box) / Sonnencreme
- ✗ **Socken** (für den Abend dichte, nicht allzu kurze Socken als Moskitoschutz)
- ✗ **Unterwäsche** (aus Baumwolle)
- ✗ **Badekleidung**

Hygiene und Pflege

- ✗ **Zahnbürste**
- ✗ **Zahnpasta** in stabiler Tube
- ✗ **Shampoo** / Haarpflegemittel
- ✗ **Nagelschere** und Nagelfeile
- ✗ **Rasierer**
- ✗ **Kosmetika** und Hautpflegemittel
- ✗ **Papiertaschentücher**
- ✗ **Feuchties** (zur Hygiene unterwegs und wo es kein Wasser gibt)
- ✗ **Tampons**
- ✗ **Kondome**
- ✗ **Toilettenpapier** (in jedem Hotel und auf den meisten öffentlichen Toiletten vorhanden)
- ✗ **Plastiktüten** (für schmutzige Wäsche und als Nässeschutz, Nachschub vorhanden)
- ✗ **Nähzeug** (Zwirn / Nähseide / Nadeln / Sicherheitsnadeln)

Sonstiges

- ✗ **Adapter** (runde Dreipolstecker, da die meisten Steckdosen Flachstecker nicht aufnehmen, ansonsten gibt es keine Probleme mit Elektrogeräten)
- ✗ **Reisewecker** (oder Armbanduhr mit eingebautem Wecker)
- ✗ **Taschenlampe**
- ✗ **Taschenmesser** (z.B. Schweizer Messer)
- ✗ **Reiseapotheke** (s.S. 28)
- ✗ **Notizbuch** und Stifte
- ✗ **Reisepass** (evtl. Internationaler Studentenausweis und Personalausweis, der zum Geld abheben reicht, wenn der Pass hinterlegt wurde)
- ✗ **Impfpass** (oder zumindest eine Kopie davon für den Notfall)
- ✗ **Führerschein**
- ✗ **Geld** (Bargeld / Reiseschecks / Abrechnung über Schecks / Kreditkarte)
- ✗ **Flugtickets**
- ✗ **Kopien der Dokumente** (nach der Einreise wegen Einreisestempel anfertigen)
- ✗ **Reiseführer, Landkarten**
- ✗ **Reiselektüre**
- ✗ **Kleine Geschenke** (Postkarten, Briefmarken, Münzen, Fotos von daheim oder Sofortbildkamera für Fotos von den Gastgebern, Buntstifte und Schulhefte statt Bonbons für Kinder in den Townships … für weitere Anregungen sind wir dankbar)

Wer auf Campingplätzen oder in Ferienbungalows wohnen wird, braucht zudem

- ✗ **Seife** oder seifenfreie Waschlotion im bruchsicheren Behälter
- ✗ dünne **Handtücher**, die schnell trocknen (in allen Hotels vorhanden)
- ✗ **Waschmittel** in der Tube (für alle, die selbst Wäsche waschen)
- ✗ **Plastikbürste** (zum Reinigen von Wäsche und Schuhen)
- ✗ **Kordel** (als Wäscheleine oder zum Aufspannen des Moskitonetzes)
- ✗ **Klebeband** (um zu packen und Löcher im Moskitonetz zu verschließen)
- ✗ **kleine Nägel** oder Reißzwecken (zum Befestigen des Moskitonetzes)
- ✗ **Vorhängeschloss** (und kleine Schlösser fürs Gepäck)
- ✗ **Moskitonetz**
- ✗ **Schlafsack** (Leinenschlafsack, Bettbezug oder 2 dünne Tücher)

Geld

Besucher aus Europa werden feststellen, dass ihr Geld in Südafrika mehr wert ist als zuhause. Wie viel man ausgibt, hängt natürlich von der Art des Reisens ab. Wer in Backpacker-Herbergen logiert oder auf Campingplätzen übernachtet, öffentliche Verkehrsmittel oder Backpacker-Busse benutzt und sich preiswert ernährt, kommt schon mit rund 27 € pro Tag aus. Besucher, die in B&Bs und Guesthouses nächtigen und im Lokal essen, müssen mit bis zu 50 € pro Tag rechnen. Eine Nacht in einem Luxushotel und in Gamelodges schlägt mit mehr als 125 € zu Buche. Extras wie ein Mietwagen, tauchen und Safaris treiben die Ausgaben natürlich um einiges in die Höhe.

Eine gute Unterkunft findet sich fast überall für weniger als, 25, vor allem wenn man zu zweit reist. Backpacker-Lodges verlangen derzeit knapp 5 €

p.P., die meisten B&Bs rund 25 € p.P. für ein DZ. Ein Hotelzimmer, das 45 € oder mehr p.P. kostet, sollte schon etwas ganz Besonderes zu bieten haben. Eine Ausnahme von dieser Regel macht jedoch Kapstadt. Am höchsten liegen die Preise in den Weihnachts- und Osterferien, insbesondere an der Küste.

Essen und Getränke sind preiswert. Frischer Fisch und Pommes Frites, ein halbes Hähnchen oder ein Hamburger sind in einem Imbisslokal schon für rund 4 € zu haben. Die meisten **Restaurants** verlangen für ein sehr ordentliches Essen mit Vor- und Nachspeise um 8 €. Und ein exquisites Dinner in einem Gourmet-Restaurant kostet ca. 28 €.

Die öffentlichen Verkehrsmittel sind verglichen mit Europa preiswert. Angesichts der zumeist großen Entfernungen ist eine Fahrt selbst mit einem luxuriösen Reisebus günstig. Für einen Inlandsflug zwischen zwei Hauptdestinationen muss man rund 130 € rechnen, sofern er zwei Wochen im Voraus gebucht wurde. Wenn die Kosten durch zwei oder mehr Personen geteilt werden, stellt ein Mietwagen für 30–45 € pro Tag ein relativ billiges Transportmittel dar, und in vielen Teilen des Landes ist dies auch die einzig praktikable Art der Fortbewegung. Die Benzinpreise sind zwar im Ansteigen begriffen, mit rund 0,60 € pro Liter aber durchaus erschwinglich.

Wie teuer eine Safari wird, hängt in erster Linie davon ab, ob man einen staatlich verwalteten Nationalpark aufsucht, wo die Übernachtung in einem Rondavel nur knapp 15 € p.P. kostet, oder ein All-inclusive-Paket in einem luxuriösen Privat-Reservat vorzieht, das mit ca. 230 € pro Tag zu Buche schlägt.

Die meisten Museen und Kunstgalerien verlangen eine Eintrittsgebühr, die allerdings relativ bescheiden ist und nur selten über 0,8 € liegt.

Die Landeswährung Südafrikas ist der Rand (R), oft „buck" genannt. Es gibt Scheine im Wert von R10, 20, 50, 100 und 200 sowie Münzen zu 1, 2, 5, 10, 20 und 50 Cents sowie R1, 2 und 5.

Wechselkurse (Stand: Juli 2002)				
1 €	=	R9,89	R1 =	0,10 €
1 sFr	=	R6,75	R1 =	0,15 sFr
1 US$	=	R10,04	R1 =	0,10 US$

Banken

In jeder größeren Ortschaft gibt es eine **Bank**, wo man Geld wechseln kann. Die **Öffnungszeiten** sind Mo–Fr 9–15.30 und Sa 9–11 Uhr. Die Banken in Kleinstädten haben meistens über Mittag geschlossen. Einige Banken in Großstädten verfügen über ein *bureaux de change*, das bis 19 Uhr geöffnet ist.

Im Notfall kann man auch in manchen Hotels Geld tauschen, allerdings gegen eine saftige Bearbeitungsgebühr. Darüber hinaus wechseln auch die Filialen von American Express und Rennies Travel Bargeld und Reiseschecks.

Bei **Überweisungen** von Geld aus Europa schickt die Bank aus Südafrika ein Telex oder Fax (die Telex- bzw. Fax-Nummer notieren) an die Heimatbank und fordert den entsprechenden Betrag an. Eine telegrafische Anweisung kostet etwa 30–40 €. Der überwiesene Betrag wird zum Devisenkurs umgerechnet und bar oder in Travellers Cheques gegen eine Gebühr von etwa 10 € ausgezahlt.

Bargeld

Bargeld birgt das größte Risiko, da bei Diebstahl alles weg ist. Doch mit ein paar US$-Noten kann man schnell mal ein Taxi oder die Airport Tax bezahlen. Dollarscheine sind überall bekannt, €-Scheine dagegen kaum. 100-Dollar-Noten werden wegen zahlreicher im Umlauf befindlicher Fälschungen häufig nicht akzeptiert. In winzigen *dorps* und wenig erschlossenen Gegenden, wie die Wild Coast und das Nordkap, ist es jedoch wichtig, Bargeld in der Tasche zu haben, denn dort werden oft weder Reisechecks noch Kreditkarten angenommen.

Geldkarten

Im Gegensatz zu Bankschecks macht es Sinn, die Geldkarte der Bank oder Euroscheckkarte mitzunehmen, sofern sie das Maestro- oder Cirrus-Symbol trägt. Mit diesen Karten und der Geheimzahl kann man an vielen Geldautomaten mit dem entsprechenden Symbol Bargeld abheben, Standorte der Geldautomaten unter 🖳 www.maestrocard.com/wheretouse oder 🖳 www.mastercard.com. Umgerechnet wird zum Briefkurs, die Gebühr beträgt pro Transaktion nur knapp 2 €. Der Maximalbetrag kann bei der Hausbank erfragt werden und beträgt meist 500 € pro Tag.

Bei **Visa Travel Money**, 🖳 www.visa.com, handelt es sich um eine im Voraus bezahlte Geldkarte, die nach Aufbrauchen des Guthabens weggeworfen wird. Sie funktioniert an mehr als 457 000 Visa-Geldautomaten in 120 Ländern mit einer selbst gewählten PIN. Da man bis zu neun Karten mit Zugriff auf dasselbe Guthaben kaufen kann – besonders praktisch für Paare/Familien, die gemeinsam verreisen – ist es ratsam, für den Verlustfall der ersten Karte noch eine Reservekarte zu kaufen. Rund um die Uhr ist eine kostenlose Visa-Servicenummer geschaltet: Von Südafrika und den Nachbarländern aus ist das ✆ 410-581 9091 in Baltimore, USA.

Kreditkarten

Eine weitere Alternative sind Kreditkarten wie *American Express, Visa, Euro-/MasterCard* oder

Diner's Card. Mit der Karte kann man nicht nur Flugtickets, Mietwagen, Einkäufe, Hotel- und Restaurantrechnungen im oberen Preisniveau bargeldlos bezahlen, sondern auch Bargeld abheben. Auszahlungs- und Akzeptanzstellen sowie Geldautomaten (ATM) sind in Südafrika weit verbreitet. Für die Barauszahlung am Geldautomaten benötigt man die Kreditkarte und die Geheimzahl.

Es ist ratsam, eine bestimmte Summe als Guthaben auf dem Kreditkarten-Konto zu deponieren, denn sobald der vorgegebene Kreditrahmen überzogen ist, wird die Karte gesperrt. Auf vielen Kreditkarten-Konten werden sogar Zinsen gezahlt, die gar nicht unattraktiv sind. Hier lohnt es auf jeden Fall, sich vorher zu informieren. Verlust oder Diebstahl sind sofort zu melden, damit man gegen den Missbrauch der Karte abgesichert ist (max. Haftung ca. 50 €). Bei Mietwagen oder Flügen, die mit der Karte bezahlt werden, ist in der Regel automatisch eine Unfallversicherung inklusive.

Warnung: Die Kreditkarte darf beim Bezahlen nicht aus den Augen gelassen werden, damit kein zweiter Kaufbeleg erstellt werden kann, auf dem später die Unterschrift gefälscht wird! Sie darf auch niemals in einem Safe, der auch anderen zugänglich ist, verwahrt werden. Schon viele Reisende mussten zu Hause den Kontoauszügen entnehmen, dass während ihrer Abwesenheit hemmungslos „eingekauft" worden war.

Reiseschecks

Sicherheit bieten Reiseschecks (Travellers Cheques), die gegen 1% Provision bei jeder Bank erhältlich sind. US$-, €-, £- oder sFr-Reiseschecks von *AMEXCO (American Express), Visa* oder *Thomas Cook* werden in allen Touristenzentren eingelöst. Da die Gebühr beim Einlösen pro Scheck berechnet wird, sollte man lieber weniger Schecks mit einem höheren Wert mitnehmen. Bei Verlust oder Diebstahl werden sie im nächsten Vertragsbüro ersetzt. Wichtig ist, dass für den Nachweis die Kaufabrechnung an einer anderen Stelle aufbewahrt wird als die eigentlichen Schecks. Außerdem hilft eine Aufstellung aller bereits eingelösten Schecks, denn diese werden nicht ersetzt.

Frauen unterwegs

Die Vergewaltigungsrate in Südafrika ist erschreckend hoch, doch Touristinnen sind davon kaum betroffen. Es ist sogar äußerst selten, dass Frauen in die Situation kommen, unerwünschte männliche Annäherungsversuche abwehren zu müssen. Dennoch sollten sie besser nicht allein reisen, auf gar keinen Fall trampen oder ohne Begleitung Wanderungen in einsamen Gegenden unternehmen. Dies gilt sowohl für Städte als auch ländliche Gegenden und für alle Orte nach Einbruch der Dunkelheit.

Sobald es dunkel ist, sollte frau auch nicht mehr in einem Minibus-Taxi fahren, insbesondere auf unbekannten Strecken. Die Gefahr sexueller Belästigung ist gering, aber in dicht bevölkerten Ecken, wie die Minibus-Haltestellen großer Städte, ist trotzdem erhöhte Alarmbereitschaft geboten. Die Grundhaltung der meisten südafrikanischen Männer, egal welcher Hautfarbe, ist nach wie vor ziemlich chauvinistisch. Der Versuch, freundlich und entgegenkommend zu sein, kann manchmal als sexuelle Einladung fehlinterpretiert werden, daher sollten Frauen darauf achten, keine missverständlichen Signale (auch nicht in punkto Kleidung) auszusenden.

Lesben und Schwule

Das Grundgesetz Südafrikas ist das erste und bislang einzige wirklich schwulen- und lesbenfreundliche rund um den Globus. Außerdem weist die Republik die am breitesten gefächerte Homoszene Afrikas auf. Hier ist Homosexualität unter Menschen über 18 Jahren (bei gegenseitigem Einverständnis) nicht nur legal, sondern die Verfassung verbietet ausdrücklich eine Diskriminierung aufgrund sexueller Neigung. Soweit die Rechtslage.

Außerhalb der großen Städte ist Südafrika jedoch zumeist stockkonservativ, und die öffentliche Zurschaustellung erotischer Zuneigung ist nicht gern gesehen, schon gar nicht von Mann zu Mann oder Frau zu Frau. Viele Weiße halten das für „unchristlich", und viele Schwarze für „unafrikanisch". South African Tourism (die staatliche südafrikanische Tourismusbehörde) dagegen hat unlängst das Potenzial entdeckt, das in den Geldbörsen homosexueller Reisender schlummert, und eine Menge Broschüren speziell für diese Zielgruppe erstellt.

Vor Ort werden mehrere Gay-Publikationen produziert, darunter die Zeitung *Exit*, 🖳 www.exit.co.za und das Magazin *Rush*, 🖳 www.rush.co.za, beide in den Zeitungsläden größerer Orte erhältlich. Außerdem gibt es zahlreiche Online-Publikationen. In Kapstadt und Joburg finden jährliche Gay Pride Festivals statt, 🖳 www.sapride.org und in Kapstadt, Johannesburg und Durban wird jedes Jahr im Februar und März das Gay and Lesbian Film Festival, 🖳 www.oia.co.za, abgehalten.

Internetadressen für Lesben und Schwule in Südafrika
Gay and Lesbian Association of Cape Town Tourism: 🖳 www.galacttic.co.za. Listet die gay-freundlichen Kapstädter Unternehmen in der Tourismusindustrie, Einrichtungen (wie Zahnärzte, Ärzte und Rechtsanwälte), Unterkünfte, Clubs und Restaurants, Events und Partys sowie auch einen *gay chat room*.
Gay, Lesbian and Bisexual Helpline, ✆ 021-422 2500. Notrufdienst des Triangle Project mit Sitz in Kapstadt. Rat Suchende rufen den Pager an und jemand ruft zurück. Geschaltet tgl. 13–21 Uhr.
Gay South Africa, 🖳 www.gaysouthafrica.org.za. Gut organisiertes Portal mit Links zu allen möglichen Gay-Themen und einer Erotik-Abteilung.
Q, 🖳 www.q.co.za. Ausgezeichnete Gay-Site des Daily Mail & Guardian, bringt aktuelle Nachrichten und behandelt zahlreiche Themen, darunter gute Reisetipps.
Triangle Project, ✆ 021-448 3812, 🖳 www.triangle.org.za. In Kapstadt die älteste und am besten gemanagte Homosexuellenorganisation Südafrikas und eine gute erste Anlaufstelle für alle möglichen Auskünfte, von Infos zu Clubs und Bars bis zu Adressen von Ärzten und Beratern. ◷ Mo–Fr 13–16.30 Uhr.

Kapstadt

Kapstadt ist nicht nur die schwul-lesbische Hauptstadt Südafrikas, sondern ganz Afrikas. Das Visitors Centre von Cape Town Tourism in der Kapstädter Innenstadt bietet zahlreiche Informationen zu homofreundlichen Etablissements in der Stadt. Auf seiner Website 🖳 www.cape-town.org findet sich eine umfangreiche *gay section*. Aktuelle Veranstaltungstipps sind der Gay-Abteilung des Westkap-Infomagazins *Cape Review* oder der jeden letzten Donnerstag im Monat erscheinenden Gay-Beilage des *The Cape Argus*, der Abendzeitung Kapstadts, zu entnehmen, die beide im Zeitschriftenhandel erhältlich sind – oder den unter „Internetadressen für Lesben und Schwule in Südafrika" gelisteten Websites.

Immer mehr Geschäftszweige der Stadt richten sich speziell an Schwule und Lesben: B&Bs, Guesthouses, Pubs, Clubs, Ärzte, Zahnärzte usw. sowie Cruisebars, Videoshows, Restaurants mit Cabaret, Stripshows und Saunen. Das Gay Quarter konzentriert sich entlang der Vergnügungsmeilen Somerset Road und Main Road in den benachbarten Stadtvierteln Green Point und Sea Point unweit der Innenstadt. *The Pink Map*, herausgegeben von A&C Maps, ✆ 021-685 4260, 🖳 www.capeinfo.com, listet homofreundliche und von Schwulen/Lesben geleitete Unternehmen in Kapstadt. Sie ist im Visitors Centre in der Innenstadt, in dem Tourismusbüro im Clock Tower an der V&A Waterfront, am Flughafen und in Hotels erhältlich und wird auf Anfrage auch weltweit verschickt.

In Kapstadt findet auch jährliche eine Gay Party statt, die von Mother City Queer Projects, 🖳 www.mcqp.co.za, organisiert wird. Das sehr beliebte Event wird normalerweise Mitte Dezember im *River Club*, ✆ 021-448 6117, in Observatory von Teilnehmern in verrückter Kostümierung abgehalten und versteht sich als Konkurrenz zu Sydneys Mardi Gras.

Solange man sich in der Stadt aufhält, sollte man nicht vergessen, jeden Do 20–22 Uhr das Gay-Programme des Bush Radio (89,5 FM) *In the Pink* einzuschalten. Ebenso wie vieles andere in der Stadt wird auch die Homoszene Kapstadts von Weißen dominiert. Allerdings entstehen auch in den Townships di ersten schwulenfreundliche Clubs.

Im übrigen Land

In Johannesburg ist die Homoszene erheblich multirassischer als in Kapstadt, vor allem in den Clubs. Wer sich im September in der Nähe von Johannesburg aufhält, sollte sich die Pride Parade durch die

Straßen der Stadt nicht entgehen lassen. Die Schwulen- und Lesbenszene in Pretoria ist in den letzten Jahren ungeheuer angewachsen und mittlerweile größer als die von Johannesburg. Auch in Port Elizabeth und Durban sowie in kleineren Städten überall im Land nimmt die Zahl der von Schwulen/Lesben geführten oder homofreundlichen Einrichtungen zu.

Reisen mit Behinderungen

In Südafrika ist man auf behinderte Menschen vielleicht nicht ganz so gut eingestellt wie in Europa, doch im Allgemeinen ist das Angebot an behindertengerechten Einrichtungen sehr zufrieden stellend. Es ist eher dem Zufall als gezielter Planung zuzuschreiben, dass viele Gebäude gut mit einem Rollstuhl erreichbar sind, denn in Südafrika wird überwiegend niedrig gebaut. Da das Auto hier König ist, kann man oft bis vor die Tür einer Unterkunft fahren und den Wagen dort abstellen.

Die Zahl der südafrikanischen Hotels, die auf Bedürfnisse von Behinderten eingestellt sind, ist im Anstieg begriffen. South African Tourism publiziert einen *Accommodation guide*, erhältlich bei jedem Satour-Büro (s.S. 16), der aktuelle Infos zu behindertenfreundlichen Unterkünften enthält. Allerdings sollte man sich unbedingt im Voraus erkundigen, ob das gewählte Hotel auch wirklich auf die persönlichen Bedürfnisse zugeschnitten ist. Im Krüger-Nationalpark und im Karoo-Nationalpark stehen behindertengerechte Ferienhäuser zur Verfügung. Näheres zu entsprechenden Einrichtungen in anderen Parks ist bei South African National und KwaZulu-Natal Wildlife (Adressen s.S. 62) zu erfahren.

Insbesondere in den höheren Preisklassen dürfte es nicht schwierig sein, Unterkünfte und Tourveranstalter zu finden, die sich auf die jeweiligen Bedürfnisse einstellen können. Wichtig ist, dass man sich rechtzeitig vor der Reise bei den Veranstaltern, Hotels und Fluggesellschaften danach erkundigt, ob sie die notwendigen Einrichtungen besitzen. Organisationen, die Auskunft über zuverlässige, auf Behinderte eingestellte Reiseveranstalter und Fluggesellschaften geben, sind unten aufgeführt.

Eine wachsende Zahl beliebter Touristenziele wird auf die Bedürfnisse behinderter Besucher umgerüstet. Die Kirstenbosch Botanical Gardens in Kapstadt z.B. besitzen Braille- und Rollstuhlpfade.

Sämtliche großen Fluggesellschaften, die Südafrika anfliegen, stellen Hilfsmittel und Personal für behinderte Fluggäste bereit, doch schon bei der Buchung sollte angegeben werden, was genau gebraucht wird. Bei Inlandsflügen unterhält South African Airways auf allen maßgeblichen Flughäfen so genannte *passenger aid units*.

Einen Mietwagen mit kompletter Handschaltung kann man ohne Aufpreis in allen Touristenzentren bei Avis oder Budget (s.S. 57) reservieren, allerdings am besten einen Monat im Voraus. Viele Tankstellen an den Hauptreisestrecken, vor allem entlang der N1 zwischen Johannesburg und Kapstadt, besitzen rollstuhlgerechte Toiletten. Eine *Special Parking Disc,* die schwer behinderten Menschen das Sonderparkrechte gibt, ist für das Stadtgebiet von Johannesburg beim Independent Living Centre erhältlich und für das übrige Land über das jeweilige örtliche Verkehrsbüro *(local traffic department).* Es erleichtert die Formalitäten, wenn man den Behinderten-Parkausweis von zuhause mitbringt.

Wer über kein eigenes Fahrzeug verfügt, wird feststellen, dass das beste Transportmittel für weite Strecken das Flugzeug ist. Züge und Busse sind in der Regel nicht auf Behinderte ausgerichtet, und leider am wenigsten auf Rollstuhlfahrer.

Bei knapper Reisekasse und abseits der ausgetretenen Pfade findet man weniger behindertengerechte Einrichtungen, Rollstuhlrampen gibt es zum Beispiel selten. Und so hilfsbereit die Südafrikaner auch sind, darf man sich doch nicht darauf verlassen, dass immer eine helfende Hand zur Stelle ist. Wer gerne in Begleitung eines Nichtbehinderten reisen möchte und im Freundes- oder Familienkreis keinen passenden Partner findet, kann möglicherweise über eine der nachstehend genannten Organisationen jemanden finden.

In Südafrika werden immer mehr Freizeitaktivitäten und Touren angeboten, die den Bedürfnissen behinderter Besucher gerecht werden. Sie reichen von relativ anspruchslosen bis zu anspruchsvollen Unternehmungen. Im Rahmen organisierter Touren können Rollstuhlfahrer auf Safari gehen und an zahlreichen sportlichen Unternehmungen im Freien teilnehmen, darunter Rafting, Reiten und Parasailing. Die Ausflüge werden entweder für Selbstfahrer oder als voll organisierte Gruppenfahrten veranstaltet.

Internationale Behindertenorganisationen Bundesarbeitsgemeinschaft Hilfe für Behinderte, Kirchfeld Str. 149, 40215 Düsseldorf, ✆ 0211-31006-0, ✆ 31006-48, ✉ info@bagh.de, ▢ www.bagh.de. Gibt eine Liste von Telefonnummern und spezialisierten Reiseveranstaltern heraus.
Bundesverband Selbsthilfe Körperbehinderte, Altkrautheimer Str. 17, 74238 Krautheim/Jagst, ✆ 06294-68-0, ✆ 06294-68-155. Hilft mit Informationen und Ratschlägen für Reisen mit Behinderung weiter.
Mobility International USA, 451 Broadway, Eugene, OR 97401, USA, ✆ +1-541-343 1284 (auch TDD – per Tastatur und Modem zu bedienendes Telefon für Gehörlose und Stumme). Informationen und Empfehlungen, Reiseführer für Behinderte, Touren und Austauschprogramme. Die Jahresmitgliedschaft kostet US$35 inkl. vierteljährlicher Zeitschrift.
SATH, Society for the Advancement of Travelers with Handicaps, 347 5th Ave, Suite 610, New York, NY 10016, USA, ✆ +1-212-447 7284, ▢ www.sath.org. Gemeinnützige Studienorganisation, die seit 1976 aktiv die Interessen behinderter Reisender verfolgt.
Twin Peaks Press, PO Box 129, Vancouver, WA 98666, Kanada, ✆ 800-637 2256 oder 360-694 2462. Gibt die Publikationen *Travel for the Disabled, Wheelchair Vagabond* und das *Directory for Travel Agencies for the Disabled* heraus, die viele nützliche Tipps enthalten.
Travel Information Servic, Moss Rehabilitation Hospital, 1200 West Tabor Rd, Philadelphia, PA 19141, USA, ✆ +1-215-456 9600. Erteilt Telefonauskünfte und vergibt weitere Adressen.
Access-Able, ▢ www.access-able.com. Online-Infos für behinderte Reisende.

Hilfreiche Adressen in Südafrika
Eco-Access, PO Box 1377, Roosevelt Park 2129, ✆ 011-477 3676, ▢ www.eco-access.org. Gemeinnützige Organisation, die sich für eine Verbesserung der Einrichtungen für behinderte Menschen im Bereich des südafrikanischen Ökotourismus engagiert. Ansprechpartner: Rob und Julie Filmer.
Independent Living Centre, PO Box 248, Auckland Park 2006, Johannesburg, ✆ 011-482 5476, ✉ ilcentre@icon.co.za. Eine Organisation, die Einzelheiten zu rollstuhlgerechten Ferienunterkünften in Südafrika zusammenstellt, Informationen zu Ausrüstungen gibt und auch Behindertenparkplaketten für das Stadtgebiet von Johannesburg ausstellt.
KwaZulu-Natal Conservation Services, PO Box 13069, Cascades, Pietermaritzburg 3202, ✆ 033-845 1000, ▢ www.rhino.org.za. Bietet Infos über behindertengerechte Einrichtungen in den Game Reserves und Parks in Kwa-Zulu-Natal.
National Council for the Physically Disabled in South Africa, PO Box 426, Melville 2109, ✆ 011-726 8040, ▢ www.ncppdsa.co.za. Informiert darüber, wo es in den Großstädten Rollstühle usw. zu mieten gibt.
South African National Parks, PO Box 787, Pretoria 0001, ✆ 012-343 1991, ▢ www.parks-sa.co.za. Up-to-date-Informationen über behindertengerechte Einrichtungen in den Restcamps der Nationalparks.
Harvey World Travel Rondebosch Village, PO Box 671, Rondebosch 7700, Cape Town, ✆ 021-689 4151, ▢ www.titchtours.co.za. Reiseveranstalter für körper- und sehbehinderte Reisende.

Reisen mit Kindern

Südafrika ist ein ausgezeichnetes Reiseziel für Eltern und Kinder. Man kann Städte erkunden, am Strand faulenzen oder in der Abgeschiedenheit der Bergwelt zur Ruhe kommen. Die Menschen in Südafrika sind kinderfreundlich, hilfsbereit und verständnisvoll. Der nachstehende Text richtet sich vor allem an Familien mit Kindern unter fünf Jahren.

Die Anreise per **Flugzeug** ist immer beschwerlich, muss jedoch nicht in Stress ausarten. Am lästigsten sind die Wartezeiten auf den Flughäfen. Man kann sie allerdings nutzen, um sich und die Kinder in den überall vorhandenen Wasch- bzw. Mutter und Kind-Räumen in Ruhe zu waschen, die Zähne zu putzen und die Kleidung zu wechseln, was in den beengten Flugzeugtoiletten nur mit Mühe zu bewerkstelligen ist.

Der Komfort im Flugzeug selbst variiert je nach Fluggesellschaft. Die renommierten bieten „schwebende" Kinderbettchen für Säuglinge und Kinder-Menüs, die vor denen für Erwachsene ausgegeben werden, damit man den Kindern beim Essen behilflich sein kann. Meist gibt es Spiele, Bastelmaterial oder Ähnliches. Es kann aber passieren, dass es weder Milch noch eine Möglichkeit gibt, ein Fläschchen zu erwärmen, von Babynahrung ganz zu schweigen. Besonders mit einem Kind unter zwei Jahren, das noch keinen Anspruch auf einen Sitzplatz hat, sollte nur eine der großen Fluggesellschaften in Betracht gezogen werden. Der Service ist ungleich besser, und man wird beim Aus- und Einsteigen bevorzugt behandelt, was bei Billiganbietern nicht der Fall ist.

Eine Rückentrage für die Kleinsten hat sich bestens bewährt, man kann sie notfalls auch im Flugzeug aufstellen und dem Kind somit ein Minimum an Bewegungsfreiheit geben. Ein Krabbelkind gute zwölf Stunden auf dem Schoß zu halten, geht über die Kräfte eines einzelnen Menschen. Gerade als allein reisendes Elternteil sollte man sich nicht scheuen, Mitreisende und Flugpersonal um Hilfe zu bitten. In jedem Fall empfiehlt sich eine Ausrüstung mit Windeln, Babynahrung und Wechselwäsche wie für eine Dreitagereise, denn für einen unvorhergesehenen Aufenthalt sollte man immer gewappnet sein.

Für die weiten Wege auf den Flughäfen und auch nach der Ankunft ist ein leichter Klappbuggy sehr praktisch, der abgesehen vom üblichen Gepäck kostenlos befördert wird.

Für die ersten Nächte nach der Ankunft braucht man ein gutes, möglichst ruhiges **Hotel**, in dem sich niemand übermäßig durch ein weinendes oder aufgedrehtes Kind gestört fühlt. Ältere und Reise gewohnte Kinder kommen mit der Umstellung eher zurecht, dennoch sollte man auf großartige Unternehmungen gleich nach der Ankunft tunlichst verzichten. Für die Nacht muss unbedingt etwas zu essen und zu trinken bereitgehalten werden.

Angesichts der Größe des Landes wird man wahrscheinlich viel Zeit im **Auto** verbringen. Um den Stress gelangweilter, nörgelnder Kinder auf dem Rücksitz zu vermeiden, sollte man kurze Fahrten und Zwischenstopps einplanen – oder sich für eine Bahnfahrt bzw. einen Flug zwischen zwei größeren Anlaufstellen entscheiden. Die Garden Route z.B. ist eine ideale Strecke, denn hier gibt es zahlreiche Picknickstellen, insbesondere auf dem Abschnitt zwischen Mossel Bay und Storms River. Die Fahrt Johannesburg–Kapstadt dagegen bedeutet schon für Erwachsene eine Nervenzerreißprobe.

Eine **Tiersafari** kann für kleinere Kinder mehr Frust als Lust bedeuten, denn auch damit sind längere Autofahrten verbunden. Und es besteht keine Garantie, dass die versprochenen „wilden" Tiere sich tatsächlich blicken lassen. Außerdem hat ein Krabbelkind natürlich wenig Spaß daran, Tiere aus beträchtlicher Entfernung und durch die Scheiben eines Fahrzeugs zu betrachten. Kinder, die alt genug sind, um damit umgehen zu können, stattet man am besten mit einem eigenen Fernglas aus.

Es gibt zahlreiche **Familienunterkünfte**, und Hotels stellen gerne ein Extrabett oder zusammenhängende Zimmer zur Verfügung. Kinder zahlen meist den halben Preis. Eine gute Alternative sind Ferienapartments, zu denen oft auch ein Pool gehört. Viele Urlauberresorts richten sich speziell an Familien mit größeren Kindern und bieten ein Kinder-Freizeitprogramm. An oberster Stelle steht die Aventura-Kette mit Anlagen in herrlicher Lage, z.B. in Keurboomstrand nahe der Plettenberg Bay. Ausgezeichnet sind auch die Family Hotels mit VP, von denen sich einige entlang der Wild Coast (s.S. 414 ff.) befinden. Sie verfügen nicht nur über Spielplätze und Paddelboote, sondern zumeist auch über Babysitter, die sich während der Mahlzeiten der Erwachsenen oder einen ganzen Tag lang um die Kleinen kümmern, wenn gewünscht. Übrigens sind in vielen Safaricamps keine Kinder unter zwölf Jahren zugelassen.

Mit einem Baby oder Kleinkind außer Haus zu **essen**, ist kein Problem, vor allem nicht in den Freiluftrestaurants. Manche Lokale stellen auch Kinderstühle bereit und bieten Kinderportionen an. Und im Notfall gibt es immer noch die überall anzutreffenden, familienfreundlichen Ableger von Ketten wie Spur oder Wimpy.

Die meisten afrikanischen Mütter stillen an jedem Ort, doch bei weißen Südafrikanern ist das unüblich, daher ist etwas Diskretion angemessen. Alles, was Kinder brauchen, von Wegwerfwindeln bis zu Spielzeug, ist in Südafrika leicht erhältlich.

Die **Gesundheits- und Hygienestandards** sind hoch, und es gibt zahlreiche gute Ärzte und Kliniken. Malaria kommt nur in einem kleinen Teil des Landes vor (s.S. 27, Gesundheit). Wer diese Gebiete besuchen möchte, sollte sich das gut überlegen, denn die erforderliche Malariaprophylaxe wird für Kinder unter zwei Jahren nicht empfohlen, und selbst größere werden sich wahrscheinlich nur widerstrebend die tägliche Tablettendosis verabreichen lassen. Es ist besser, die meisten großen Tierreservate, insbesondere den Krüger-Nationalpark und die in KwaZulu-Natal, den Nordwest- und Nord-Provinzen sowie in Swasiland zu meiden und stattdessen die malariafreien am West- und Ostkap aufzusuchen, z.B. den Addo Elephant National Park. Im südafrikanischen Winter (Juli, August) verringert sich das Malariarisiko erheblich. Wer unbedingt mit der ganzen Familie dorthin möchte, sollte diese Zeit wählen und Moskitonetze mitnehmen, die Kinder zwischen Sonnenuntergang und Sonnenaufgang von Kopf bis Fuß bekleidet lassen und mit einem guten Insektenschutzmittel einreiben.

Tuberkulose (TB) ist in Südafrika weit verbreitet, vor allem (aber keineswegs ausschließlich) unter der armen Bevölkerung. Daher müssen Kinder unbedingt geimpft sein.

Ganz wichtig ist **Sonnenschutz**, Näheres s.S. 31.

Praktische Tipps

Übernachtung

Die Unterkünfte in Südafrika entsprechen überwiegend den europäischen Standards, und selbst in der einfachsten Backpacker-Lodge gibt es normalerweise frisch gewaschene Laken und saubere Zimmer. In jeder Preisklasse kann man tolle Schnäppchen machen, vor allem in den **B&Bs**. Mit Ausnahme der billigsten Zimmer verfügen fast alle über Bad oder Du/WC, und oft können die Gäste den Garten oder Swimming Pool benutzen. Wer etwas Ausgefallenes sucht, findet geschmackvolle Hotels, luxuriöse Guesthouses und Landgästehäuser in traumhafter Umgebung – und das zu Preisen, für die dies in Deutschland nicht möglich wäre.

Da Südafrika bei Rucksackreisenden zunehmend beliebter wird, gibt es in vielen Gegenden auch **Budget-Unterkünfte**, die teilweise hervorragend ausgestattet sind.

Campingplätze und **Ferienwohnungen** sind reichlich vorhanden, weil dies bei den Südafrikanern die beliebteste Art ist, die Ferien zu verbringen.

Wer in einem Nationalpark oder in Touristenzentren wie Kapstadt oder der Garden Route absteigen möchte, sollte unbedingt **im Voraus buchen**, dasselbe gilt während der Hauptreisezeit. **Hauptsaison** ist im Hochsommer während der Weihnachtsferien (ca. 4. Dezember–21. Januar). Neben den einheimischen Urlaubern kommen dann noch zahlreiche Ausländer auf der Flucht vor dem heimischen Winter. Die Osterferien sind kürzer (20. März–15. April) und nicht ganz so hektisch. Viele südafrikanische Familien ziehen dann mit Kind und Kegel an die Küste. Sowohl Weihnachten als auch zu Ostern können die **Preise** in der unteren und mittleren Preisklasse doppelt so hoch sein – das trifft jedoch nicht für Campingplätze und Backpacker-Lodges zu –, und die meisten Zimmer sind schon Monate im Voraus ausgebucht.

In der **Nebensaison** im Winter (Juni–August) kann man dagegen problemlos eine günstige Unterkunft finden, oft gegen einen erheblichen Preisabschlag. Dies ist auch die beste Zeit für eine Safari im Krüger-Park oder in KwaZulu-Natal: Die Preise sind extrem niedrig und die Temperaturen erträglich, den Malaria-Mücken ist es zu kalt und da viele Bäume und Sträucher ihre Blätter abgeworfen haben, stehen die Chancen für Tierbeobachtung sehr gut.

Hotels

Die meisten preiswerten Hotels sind Überbleibsel aus den 50er und 60er Jahren des 20. Jahrhunderts, die weit hinter den neueren Guesthouses und B&Bs zurückbleiben. Viele leben in erster Linie von den Umsätzen ihrer Bar. Eine Hotelübernachtung lohnt sich nur im mittleren bis oberen Preissegment, und auch nur dann, wenn man viele Einrichtungen unter einem Dach und einen gewissen Luxus sucht.

Am **unteren Ende** der Preisskala bekommt man schlichte Zimmer mit Du/WC für rund 18 € p.P. In kleineren Orten abseits der Touristenrouten findet man oft ein, zwei Hotels dieses Typs, die aber meistens das Geld nicht wert sind. Natürlich gibt es Ausnahmen wie bezaubernde Hotels in *dorps*, wo man sie am wenigsten erwartet. Viele von ihnen werden in diesem Buch genannt.

Mittelklassehotels verlangen normalerweise 25–40 € (p.P.). Sie bieten einen ordentlichen, manchmal ausgezeichneten Service und sind oft in alten, diskret modernisierten Gebäuden untergebracht. Viele Hotels dieser Kategorie unterscheiden sich preislich kaum von Guesthouses, sind jedoch eine Alternative für Reisende, die eine anonyme Hotelatmosphäre und Einrichtungen wie Zimmerservice und ein eigenes Telefon schätzen. Zahlreiche Mittelklassehotels, insbesondere an wichtigen Verkehrsstrecken im Landesinnern, sind unter der Woche mit Geschäftsreisenden belegt, am Wochenende dagegen werben sie nicht selten mit Sonderpreisen um Kundschaft. Entlang der Küstenferiengebiete – wie die Garden Route und das südliche KwaZulu-Natal sowie in allen größeren Badeorten dazwischen – finden sich zahlreiche Mittelklassehotels, oft direkt am Meer.

Die Übernachtungspreise in Hotels der **gehobenen** Klasse beginnen schon bei supergünstigen 45 € für echten Luxus und reichen bis 150 € oder darüber. Zu den größten Hotelketten Südafrikas zählen Holiday Inn, Protea, Southern Sun und Karos, die alle zuverlässige, moderne Unterbringung bieten. Für das gleiche Geld bekommt man aber auch ein Zimmer in einem der zahlreichen romantischen Country Hotels inmitten wunderbarer Grünanlagen und in den schönsten Ecken des Landes – wie an der Garden Route und in den Midlands KwaZulu-Natals. Übrigens gilt in vielen eleganteren südafrikanischen Hotels ab 18 Uhr eine Kleiderordnung, die so genannte *smart casual wear*. Sie richtet sich vornehmlich an Männer, die lange Hosen, ein ordentliches Hemd mit Kragen und geschlossene Schuhe tragen sollen.

Preiskategorien Zur besseren Übersicht haben wir die Unterkünfte in folgende Kategorien eingeteilt:

*	=	bis R150
**	=	bis R250
***	=	bis R300
****	=	bis R500

Bei Unterkünften, die mehr als R500 verlangen, ist die Preisspanne in Rand angegeben. Die Preise gelten normalerweise für eine Person im DZ während der Hauptreisezeit. In der Hochsaison (Dezember–Januar und Ostern) können die Preise in manchen Gegenden um einiges höher ausfallen, im Winter gibt es dagegen oft sehr günstige Sonderangebote.

Ungefähres Preis-Leistungs-Verhältnis
Bis zu R100
Schlafsaalbetten und DZ in Backpacker-Lodges, mit Gemeinschaftsbad und -küche; sehr einfache B&Bs abseits von Touristengebieten und manche Unterkünfte für Selbstversorger.

R100–150
Ordentliche Budget-Hotels, sehr gute Ferienwohnungen auf Bauernhöfen, in Resorts und Kleinstädten, und gute B&B-Zimmer in weniger touristischen Gebieten. Auch die billigsten Unterbringungsmöglichkeiten in Nationalparks wie Rondavels (Rundhütten) verfügen über Gemeinschaftsbad und -küche.

R150–200
Überdurchschnittliche B&Bs und Guesthouses in populären Gebieten und ausgezeichnete Unterkünfte abseits der touristischen Trampelpfade. Auch gute Mittelklassehotels, zumeist mit Garten und Swimming Pool.

Caravan Parks, Ferienanlagen und Zeltplätze

Früher machten viele südafrikanische Familien preiswert Ferien im Wohnwagen, daher die zahlreichen Caravan Parks im ganzen Land.

Die meisten mit Bad und Kochmöglichkeit. ausgestatteten Chalets für Selbstversorger in den Nationalparks fallen ebenfalls unter diese Kategorie.

R200–300
Stilvolle, komfortable Zimmer in Guesthouses, anspruchsvolle Hotels oder Country Lodges mit Garten, Swimming Pools, evt. Jacuzzi, hervorragendem Service und ebensolcher Verpflegung.

R300–500
Luxuriöse Landsitze in herrlicher Lage, außergewöhnliche Guesthouses und ein paar Luxushotels, von denen sich einige mit doppelt so kostspieligen Etablissements messen können.

R500–750
Exzellente Hotels oder Guesthouses sowie einige billigere Safari-Unterkünfte, gewöhnlich in weniger bekannten privaten Wildparks.

R750–1000
Ein paar außergewöhnlich hübsche kleine Hotels, außerdem einige wenige Safari-Lodges in den privaten Tierreservaten, die rund um den Krüger-Nationalpark liegen.

R1000–2000
Standardzimmer in absoluten Luxushotels und Mittelklasse-Unterkünften (allerdings recht luxuriöser Art) mit Vollverpflegung und Ausflügen in die Wildnis in Safari-Lodges der begehrteren privaten Tierreservate am Rande des Krüger-Nationalparks.

Über R2000
Luxus-Suiten in den Superluxushotels und Unterbringungen in den teuersten Privatreservaten im Umkreis des Krügerparks.

Allerdings hat ihre Beliebtheit nachgelassen und damit auch der Standard. Inzwischen sind viele **öffentliche Campingplätze** zu ziemlich trostlosen Flecken verkommen, nur in den ländlicheren Gebieten oder in der Nähe kleiner *dorps* findet man noch den einen oder anderen, der einladend wirkt. Es ist also nicht ratsam, auf einem öffentlichen Campingplatz in der Nähe größerer Städte zu übernachten, auch weil eine relativ große Gefahr besteht, bestohlen zu werden. Ein Stellplatz auf öffentlichen Campingplätzen kostet rund 7 €.

Empfehlenswerter sind im Allgemeinen die gepflegteren **privaten Campingplätze**, die für etwa denselben Preis ordentliche Waschräume und Kochmöglichkeiten, Ferienhütten für Selbstversorger, einen Minisupermarkt, Grillstellen und Swimming Pool bieten.

Unterkünfte online buchen Zimmerreservierung per Internet ist in Südafrika noch nicht so weit verbreitet, und es existiert keine Website, die den gesamten Markt abdeckt. Nachstehend genannte Sites gelten für bestimmte und sich manchmal überschneidende Bereiche. Viele der größeren Reiseveranstalter bieten Buchungsmöglichkeiten auf ihren individuellen Sites, die entsprechenden Internetadressen sind im vorliegenden Buch angegeben.
Book a Bed, ⌨ www.bookabed.co.za Ferienapartments und B&Bs;
Farm Stays, ⌨ www.farmstay.co.za;
MT Beds, ⌨ www.mtbeds.co.za;
Standard- und Sonderangebote von Hotels und B&Bs
Portfolio online, ⌨ www.portfoliocollection.co.za
Marktführer auf dem Unterkunftssektor mit Abteilungen zu B&Bs, Landgasthäusern (Country Places) und romantischen Unterkünften in verschwiegenen Ecken (Retreats);
South African Hotels, ⌨ www.sahotels.com
Hotels, B&Bs und Ferienwohnungen/-Bungalows nach Regionen oder alphabetisch sortiert;
Where to Stay ⌨ www.wheretostay.co.za
Eine der umfangreichsten Listen für Unterkünfte in jeder Preislage.

Nahezu jeder **Nationalpark** und viele Reservate verfügen über Campingplätze, und in manchen abgeschiedenen Gegenden wie in Teilen von Kwa-Zulu-Natal ist Zelten manchmal die einzige Möglichkeit, ein Dach über dem Kopf zu haben. Die Gebühr beträgt selten mehr als 7 €. Die Anlagen bieten neben sauberen Gemeinschaftsduschen/-toiletten und Möglichkeiten zum Wäschewaschen *(ablutions)* oft auch eine Koch- oder zumindest eine *braai*-Stelle.

Wildes Zelten ist nirgendwo in Südafrika ratsam und angesichts der zahlreichen Campingplätze, die es selbst in entlegenen Ecken gibt, auch nicht notwendig.

Backpacker-Lodges und Jugendherbergen

Backpacker-Lodges liegen derzeit in Südafrika voll im Trend und nicht nur ihre Zahl steigt, sondern auch ihre Qualität. Die meisten bieten eine einfache Unterbringung im Schlafsaal für weniger als 10 € p.P. an, und viele verfügen über ein paar DZ, die ein bisschen mehr kosten. Normalerweise sind Gemeinschaftsküche, Restaurant oder Café, TV, Internet-Zugang und Radverleih vorhanden.

Diese Lodges, die einen ständigen Strom an Reisenden beherbergen, stellen ausgezeichnete Travellertreffs und Informationsquellen dar. Viele veranstalten auch preisgünstige Touren in die Umgebung und holen Gäste nach telefonischer Anmeldung am Bahnhof oder Busbahnhof – insbesondere an den Haltestellen des Baz-Bus – ab. Einziger Nachteil ist, dass man unterwegs praktisch immer wieder dieselben Leute trifft.

Mittlerweile gibt es auch eine etwas **komfortablere** Variante von Backpacker-Herbergen. Sie richtet sich vornehmlich an Reisende ab 30, die eine einfache, preiswerte Unterkunft suchen, aber ein eigenes Zimmer einem Bett im Schlafsaal vorziehen. Ein ordentliches DZ ist schon für weniger als 10 € p.P. zu haben, und trotzdem muss nicht auf Geselligkeit verzichtet werden. Allerdings findet sich diese Art der Unterbringung noch längst nicht in jeder Stadt.

Jugendherbergen sind in Südafrika eher dünn gesät: Rund dreißig Backpacker-Lodges gehören der Hostelling International South Africa (HISA) an, die Teil des Internationalen Jugendherbergswerkes ist. Sie sind in allen großen Touristenzen-

Jugendherbergswerk in Südafrika
Hostelling International South Africa (HISA), 73 St George's Mall, Third Floor St Georges House, Cape Town, ☎ 021-424 2511, 🖳 www.hisa.org.za.

Die Jahresmitgliedschaft für R55 (ohne Altersgrenze) kann im Hauptbüro, bei jeder angeschlossenen Herberge oder über die Website erworben werden und ist weltweit gültig. Die Mitgliedschaft auf Lebenszeit ist Bürgern Südafrikas vorbehalten und kostet R250.

Jugendherbergswerke in Europa
Vom **Deutschen Jugendherbergswerk** ist das *Internationale Jugendherbergsverzeichnis für Übersee* erhältlich. Es enthält u.a. Adressen von mehr als 4200 Jugendherbergen in über 60 außereuropäischen Ländern. Man kann es für 9 € in allen Jugendherbergen kaufen oder im Internet unter 🖳 www.djh.de bestellen. Informationen über die nächstliegende Ausgabestelle erteilt der jeweilige Landesverband, bei dem man auch die Mitgliedschaft beantragen kann. Sie kostet bis zum Alter von 27 Jahren 10,50 €, für Familien und Partner 18 € pro Jahr. Eine Mitgliedschaft im Schweizer Jugendherbergsverband bekommt man bis zum Alter von 18 Jahren für 22 sFr pro Jahr,

ab 18 Jahren für 33 sFr, und Familien erhalten sie für 44 sFr. In Österreich ist die Mitgliedschaft im Jugendherbergsverband für Heranwachsende bis 18 Jahre kostenlos. Personen, die älter als 18 Jahre sind, zahlen 12 €.

Kontaktadressen:
DJH Service GmbH
Bismarckstr. 8, 32756 Detmold, ☎ 05231-74010, 📠 740174, ✉ service@djh.de.
Österreichisches Jugendherbergswerk
Helferstorfer Str. 4, 1010 Wien, ☎ 01-5331833, 📠 01-533 1833 85, ✉ oejhw@oejhw.or.at, 🖳 www.oejhw.or.at.
Schweizer Jugendherbergen
Schaffhauser Str. 14, 8042 Zürich, ☎ 01-360 1414, 📠 360 1460, ✉ marketing@youthhostel.ch, 🖳 www.youthhostel.ch.
Wer wissen will, ob es in einem bestimmten Land Jugendherbergen gibt, kann es unter 🖳 www.iyhf.org/intro_iyhf_hostels_gb.html herausfinden. Unter 🖳 www.iyhf.org gibt es auch eine Übersicht über **Rabatte**, die Besitzern eines Jugendherbergsausweises in 30 Ländern gewährt werden (z.B. Ermäßigungen auf Leihwagen, Shopping-Touren, Reisemedikamente u.Ä.).

tren zu finden, und in manchen kann man über das International Booking Network, über ein JH-Büro im Heimatland oder übers Internet im Voraus ein Bett/Zimmer buchen und bezahlen. Mitglieder des IJH genießen verschiedene Vorteile, Näheres unter 🖳 www.hisa.org.za.

Selbstversorger

Die zweitgünstigste Art der Unterbringung neben den Backpacker-Lodges sind Ferienbungalows oder -apartments. Das kostet bei Zweierbelegung pro Nacht selten mehr als 18 € p.P. In Apartments ist oft Platz für bis zu sechs Personen, und da die Preise zumeist pauschal und nicht pro Kopf berechnet werden, können Familien oder Gruppen sehr preiswert unterkommen. Das Frühstück ist normalerweise im Preis nicht inbegriffen, manchmal ist es gegen eine geringe Gebühr erhältlich. Allerdings hat es auch Vorteile, wenn man sich

selbst versorgt: Man kann eine Menge Geld sparen, hat mehr Privatsphäre und braucht sich an keine festen Frühstückszeiten zu halten, wie sie in Guesthouses oder B&Bs üblich sind.

Abgesehen von den Hütten in heruntergekommenen öffentlichen Caravan Parks sind die Unterkünfte für Selbstversorger vergleichsweise sehr gut in Schuss. In den Cottages oder Wohnungen ist gewöhnlich alles Notwendige wie Geschirr usw. vorhanden, die moderneren von ihnen sind sogar mit Mikrowelle und TV ausgestattet. Auch Bettwäsche und Handtücher werden in den meistes Fällen gestellt, allerdings sollte man sich vor dem Einchecken danach erkundigen.

Einer der Vorteile des *self-catering* ist die große Auswahl an entsprechenden Unterkünften – sie finden sich auf Farmen, in Strandnähe, in Wäldern und abgeschiedenen Naturgegenden sowie in praktisch jeder Klein- oder Großstadt.

B&Bs, Guesthouses und Farmstays

Immer mehr Südafrikaner entdecken die Zimmervermietung an Feriengäste als (zusätzliche) Einkommensquelle. Die einfachste Form von **B&B** besteht aus einem oder zwei Gästezimmern in einem Privathaus, wo das Bad mit den Gastgebern geteilt und rund 12 € p.P. verlangt wird. Meistens jedoch handelt es sich um effizient gemanagte Pensionen. Diese verfügen über Zimmer mit Bad, Elektrokocher und Tee-/Kaffeegeschirr in Gartenhäusern oder Nebengebäuden des Haupthauses, meistens mit Garten-/Terrassenbenutzung. Eine Übernachtung kostet hier ungefähr 15–25 €. Es ist ratsam, sich das Zimmer und die Räumlichkeiten zeigen zu lassen und erst eine Entscheidung zu treffen, wenn man ein gutes Gefühl dabei hat. Gastfreundlichkeit wird in Südafrika nämlich sehr groß geschrieben, und in manchen B&B wird man damit dermaßen überschüttet, dass selbst das Zimmer keine ungestörte Rückzugsmöglichkeit mehr bieten kann.

Jahrzehntelang war Touristen der Zugang zu den Privatwohnungen schwarzer Südafrikaner von staatlicher Seite aus verwehrt. Dies hat sich jedoch seit dem Aufkommen der Township-Touren grundlegend verändert. Seit Ende der 90er Jahre bieten Township-Bewohner Gästezimmer an, wodurch sich eine ganz neue Art eröffnet hat, Südafrika kennen zu lernen. Bislang ist die Zahl der **Township B&Bs** noch gering, aber sie wird auf jeden Fall steigen. Die Übernachtungspreise liegen bei 12–15 €.

Der Trennung zwischen einem B&B und einem **Guesthouse** ist nicht immer ganz klar definierbar. Laut des Tourism Grading Council of South Africa ist ein B&B „gewöhnlich in einem Familien-/Privathaus untergebracht, und der Besitzer/Manager lebt im Haus oder auf dem Grundstück", ein Guesthouse „ist entweder ein umgebautes Haus, Landgut o.Ä., um Gäste über Nacht zu beherbergen, oder es kann sich um eine speziell gebaute Einrichtung handeln". Was die Ausstattung, Atmosphäre und Preise anbelangt, liegen Guesthouses irgendwo zwischen B&Bs und besseren Hotels. Eine Übernachtung kostet ab ca. 17 E p.P. und oft wird HP angeboten.

Entlang vieler Straßen auf dem Land stehen häufig Schilder mit der Aufschrift „Bed en Ontbyt" (Afrikaans für „Übernachtung und Frühstück"), was so viel heißt wie **Übernachtung auf dem Bauernhof**. Ebenso wie in den städtischen Gebie-

ten kann man hier also ein Zimmer im Haupthaus oder in einem Gartenhaus mieten. Das Frühstück ist normalerweise deftig, und die Preise liegen ein wenig unter denen der städtischen B&Bs. Manche Farmstays bieten Wanderungen, Reitpferde oder andere Freizeitbetätigungsmöglichkeiten an. Unter diesen Unterkünften befinden sich ein paar wahre Schmuckstücke, die wir natürlich in den Reiseführer aufgenommen haben. In fast allen Touristeninformationsbüros sind Listen vorhanden, auf denen die Adressen von Bauernhöfen in der Umgebung vermerkt sind, die Zimmer oder Cottages vermieten.

Unterkünfte in Nationalparks

In den Nationalparks gibt es **Campingplätze**, die rund 8 € pro Stellplatz kosten, sowie **Rondavels**, bestehend aus einem Raum mit Gemeinschaftswasch- und Kochgelegenheiten, für 7–9 € p.P. In den Restcamps des Krügerparks sowie einiger Nationalparks in KwaZulu-Natal kann man in **Safari-Zelten** für ungefähr 10 € übernachten, **Chalets** mit Bad bzw. Dusche und Kochmöglichkeit für Selbstversorger gibt es in der Preislage 15–20 € p.P. **Family Cottages** mit Bad, Küche und vier Betten kosten rund 50 € und **Guest Cottages** mit sechs Schlafgelegenheiten 55–85 €.

In allen Nationalpark-Unterkünften – abgesehen von den Zeltplätzen – sind Bettwäsche, Handtücher, Kühlschrank und die notwendigsten Kochutensilien vorhanden. Am schönsten ist die Unterbringung in einem so genannten **Private Game Reserve**, die es vor allem in der Umgebung des Krüger-Nationalparks gibt. Billig es ist nicht, aber dafür ein Erlebnis, von dem man viele Jahre zehren kann, denn hier herrscht kein Massenbetrieb, sondern es wird Wert auf Stille und Naturerfahrung gelegt. Dabei muss mitten in der Wildnis keineswegs auf Luxus verzichtet werden. Übernachtet wird entweder in Zelten mit Du/WC, in denen man bequem aufrecht stehen kann, in kleinen strohgedeckten Rondavels, oder gar in komfortablen Zimmern mit Klimaanlage. Die Preise beginnen in einigen wenigen schon bei 140 € p.P. Üblicherweise ist jedoch mit mindestens 65 € zu rechnen, in den luxuriösesten Game-Lodges auch noch mit sehr viel mehr. Dabei darf allerdings nicht vergessen werden, dass in den Kosten sämtliche Mahlzeiten sowie Game Drives inbegriffen sind – es geht vielmehr um die außergewöhnliche Erfahrung, sich im afrikanischen Busch aufzuhalten (Näheres s.S. 682 ff.).

Essen und Trinken

So etwas wie eine typisch südafrikanische Küche existiert eigentlich nicht, obwohl Anstrengungen unternommen wurden, die Kap-Küche in diesen Status zu erheben. Das einzige gemeinsame Element scheint die Vorliebe für Fleisch zu sein, und Besucher werden feststellen, dass der südafrikanische Durchschnittsbürger ein fleischloses Essen verachtet. Tatsächlich kann man in Südafrika alle möglichen interessanten Fleischarten probieren, von Straußen- bis zu Giraffenfleisch, und bereits für wenig Geld bekommt man hervorragende Steaks so gut wie an jeder Ecke. Darüber hinaus hat Südafrika aber auch jede Menge Seafood zu bieten, darunter zahlreiche Fische, Hummer, Austern und Muscheln. Das im Land gedeihende Obst und Gemüse ist überwiegend von hochwertiger Qualität und auf Märkten sowie frisch vom Bauernhof erhältlich, z.B. im Westkap. Bei den alkoholischen Getränken bieten sich eine Hand voll mittelmäßiger Lagerbiere sowie die überwiegend süffigen südafrikanischen Weine an. In den größeren Städten gibt es zahlreiche fantastische Restaurants, die internationale Küche bieten.

Südafrikanische Küche

Auch wenn die afrikaanse Küche nicht allzu viele Gaumenfreuden aufzuweisen hat, müssen Besucher keineswegs darben, denn die Bandbreite – abhängig von der jeweiligen Region – kulinarischer Genüsse kann sich durchaus sehen lassen.

Kein Südafrikabesucher muss in jedem Speiselokal *boerewors* essen, aber wer ein solches Angebot im Rahmen eines abendlichen *braai* unter den Sternen des Südens sowie das dazugehörige Bier ablehnt, macht sich garantiert keine Freunde. Die traditionelle schwarz-südafrikanische Küche basiert überwiegend auf kohlenhydratreichen Mehlpuddings, *pap* (ähnlich der italienischen Polenta), begleitet von Soßen auf Fleisch- oder Gemüsebasis. In Afrikaander-Haushalten wird oft handfeste *boerekos* gekocht, Kasten s.S. 51. Sehr beliebt für

zwischendurch ist *biltong,* sonnengetrocknetes Fleisch.

Kap-Küche

Aus dem Kochstil der asiatischen Sklaven entwickelte sich die Cape Cuisine – manchmal fälschlicherweise Kap-Malayenküche genannt, denn nur ganz wenige Sklaven stammten aus Malaysia. Sie zeichnet sich durch süße, aromatische Currys aus, und vor allem wer Kapstadt besucht, innerhalb deren muslimischer Gemeinde sie entstand, sollte sie wenigstens einmal probiert haben. Die Kap-Küche ist zwar lecker, aber nicht besonders abwechslungsreich und nur wenige Restaurants haben sich darauf spezialisiert. Dennoch haben sich viele Gerichte, die aus der Cape Cuisine stammen, auf den allgemeinen südafrikanischen Küchenzettel geschlichen.

Andere ethnische und regionale Einflüsse

Zwar lässt sich die südafrikanische Küche nicht regional eingrenzen, aber Reisende werden feststellen, dass sich die Vorlieben für bestimmte Gerichte von Region zu Region unterscheiden. In **KwaZulu-Natal**, vor allem um Durban und Pietermaritzburg herum, kann man z.B. besonders gut indisch essen. Der Beitrag Südafrikas zu dieser vielfältigen Küche ist der bescheidene **bunny chow**, ein einfaches und preiswertes Imbissgericht, das aus einem halben, ausgehöhlten Laib Weißbrot besteht und ursprünglich mit Bohnencurry gefüllt war. Inzwischen kann die Füllung aus allem Möglichen sein – von Curryhuhn bis Sardinen.

Aufgrund der Nähe zu Mosambik hat in Südafrika schon früh die **portugiesische Küche** Einzug gehalten – insbesondere in Form der scharfen peri-peri-Gewürzmischung, die sich hervorragend für *braais* eignet. Am weitesten verbreitet ist das köstliche **peri-peri-chicken**. Auch die **italienische Küche** hat schon eine gewisse Tradition: Sie wurde von den Kriegsgefangenen aus der Nordafrika-Offensive mitgebracht, die auch nach dem Ende des Zweiten Weltkriegs hier blieben. In der ersten Hälfte des 20. Jahrhunderts kamen mit den Flüchtlingen auch die osteuropäischen **jüdischen Gerichte** – an Esstheken und in manchen Supermärkten gibt es Bagels, geschnetzelte Leber und geschnetzelten Hering zu kaufen.

Braai und Boerekos *Braai* ist die Abkürzung von *braaivleis*, dem afrikaansen Wort für „Fleisch vom Grill". Ein *braai* ist nicht einfach eine Angelegenheit, bei der im Freien Fleisch auf einem Rost gebraten wird, sondern eine Kulthandlung, die für die südafrikanische Identität womöglich noch prägender ist als ein Barbeque für die Australier. Ungeachtet der Tatsache, dass *braai* eine Erfindung der weißen Bevölkerung Südafrikas sind, hat sich diese Tradition inzwischen über alle Rassengrenzen hinweggesetzt.

Ein *braai* ist auch nicht einfach ein Essen, sondern ein gesellschaftliches Ereignis, normalerweise für Familienmitglieder und Freunde, begleitet von Unmengen Bier. Und ein *braai* ist wahrscheinlich auch die einzige Möglichkeit für Besucher aus Übersee, um weiße südafrikanische Männer beim Kochen zu ertappen. Es gibt so gut wie nichts, das nicht auf einem *braai*-Rost gebraten werden kann: Ein traditionelles Grillfest besteht aus riesigen Steaks, Lammkoteletts und **boerewors**, eine würzige südafrikanische Spezialität. Dazu werden normalerweise Gemüse und Kartoffeln in Alufolie gebackenen. *Braai*-Kenner zeichnen sich dadurch aus, dass sie genau wissen, wann die Grillkohlen heiß genug sind, außerdem können sie ausgezeichnete Marinaden und Salatsoßen zubereiten.

Eine Variation von *braai* ist **potjiekos** (wörtlich: „Topfessen"), wo das Essen, am liebsten im Freien auf einem offenen Feuer, in einem dreibeinigen, gusseisernen Kessel (dem *potjie*) gekocht wird. Ähnlich ist **boerekos** („Bauernkost"), die allerdings in der Küche und überwiegend in burischen Haushalten zubereitet wird. Sie zeichnet sich durch cholesterinreiche Deftigkeit aus, bei der sogar Gemüse mit Zucker und Butter „verfeinert" wird. Wer eine Nacht auf einer Afrikaander-Farm verbringt, darf sich nicht wundern, wenn zum Frühstück mehrere Eier, Steak, eine Riesenportion gebratener Speck und *boerewors* aufgetischt wird. Ganz groß ist *boerekos* im Bereich köstlicher Nachspeisen, z.B. *koeksisters* (mit Sirup durchtränktes Gebäck) und *melktert* (ein leckerer Pudding).

Vegetarier

Ein Vegetarierparadies ist Südafrika nicht, doch Anspruchslose finden zumindest *ein* fleischloses Gericht auf jeder Speisekarte. Und selbst Steakhäuser sind empfehlenswert, denn sie verfügen meistens über die allerbesten Salatbars weit und breit, an denen sich die Gäste schon für knapp 2 € unbegrenzt bedienen können. In größeren Städten finden Selbstversorger köstliche Snacks und andere leckere Sachen zum Mitnehmen bei Woolworth's und im Supermarkt Pick'n'Pay. Das einheimische Obst und Gemüse schmeckt hervorragend und ist im Vergleich zu Europa sehr preiswert.

Getränke

Südafrika ist zwar ein renommiertes Weinland, doch das Nationalgetränk ist unbestritten **Bier**. Bier ist das Wahrzeichen südafrikanischer Männlichkeit, ebenso wie das *braai* – doch im Unterschied zum *braai* kennt es weder Rassen- noch Klassenschranken. Man trinkt seltener in geselliger Runde in Kneipen und Bars, wie es in Europa üblich ist, obwohl die **shebeens** in den Townships diese Funktion erfüllen. Die Mehrzahl der Weißen geben sich dem Alkoholgenuss lieber in den eigenen vier Wänden hin. Die innerstädtischen **Bars** sind überwiegend raubeinige Männerdomänen, während die Frauen in steife Lounges oder in die den Hotels angegliederten Ladies' Bars verwiesen werden. Langsam verbreiten sich auch **Pubs** im irisch-englischen Stil, doch sie sind eigentlich in der südafrikanischen Kultur nicht verwurzelt. Bier, Wein und hochprozentigere alkoholische Getränke gibt es in Supermärkten und *bottle stores* zu kaufen, deren Öffnungszeiten normalerweise den landesüblichen entsprechen, allerdings haben manche auch bis 18.30 Uhr geöffnet. Nachts oder am Sonntag wird so gut wie nirgendwo Alkohol verkauft.

Bier

Jeder Südafrikaner schwört gewöhnlich auf seine Lieblingsbiersorte, obwohl weniger geübte Gaumen fast keinen Unterschied erschmecken. Am verbreitetsten ist **Lager**, ein relativ leichtes, dünnflüssiges Gebräu, das eisgekühlt an heißen Tagen recht erfrischend ist. Inzwischen gibt es auch ein paar Mikrobrauereien – die bekannteste davon ist Mitchell's in Knysna, die etwas ausgefallenere Biere produziert. Diese sind in einigen *bottle stores* und Bars zwischen Kapstadt und Port Elizabeth erhältlich. Langsam drängen auch **Importbiere** auf den Markt, sind jedoch verglichen mit den Erzeugnissen der einheimischen Großbrauereien ziemlich teuer.

Wein

Südafrikas **Weinindustrie** ist nach rund 350 Jahren davon abgekommen, französische Weine produzieren zu wollen und setzt jetzt auf frische, fruchtige Sorten nach kalifornischer und australischer Art. Die Produktion steigt ständig, um der Nachfrage des unaufhörlich wachsenden Exportmarktes gerecht werden zu können, und eine Reihe südafrikanischer Weingüter genießen internationales Renommee. Nicht alle Erzeugnisse erreichen bislang australische Standards, aber Weinfreunde dürfen sich auf einige himmlische Tropfen zu äußerst erschwinglichen Preisen gefasst machen.

Die Qualität südafrikanischer **Weißweine**, wie Sauvingon Blanc und Riesling, übertrifft in der Regel ein wenig die der **Rotweine**. Unter Letzteren sollte man Ausschau nach solchen aus **Pinotage-Trauben** halten, eine Rebsorte, die nur in Südafrika gedeiht. Der angebotene **Portwein** wird Kennern wahrscheinlich zu süß sein, dagegen sind ein paar hervorragende **Schaumweine** erhältlich.

Die **Preise** für eine genießbare Flasche Wein beginnen unter 4 €, die meisten Weine kosten weniger als 15 €. Wer doppelt so viel ausgibt, bekommt das absolut Beste vom Besten, aber ob in dieser Größenordnung das Preis-Leistungs-Verhältnis noch stimmt, muss jeder für sich entscheiden. Auf jeden Fall können Südafrikareisende sich ab und zu einen guten Tropfen gönnen, ohne ein Vermögen dafür auszugeben. Wein gibt es überall im Land zu kaufen, am preiswertesten am Westkap.

Die beste Möglichkeit sich einen Überblick über das Angebot zu verschaffen, bietet eine Weinprobe in einer der **Winzereien**. Manche von ihnen verlangen eine geringe Teilnahmegebühr, um zu verhindern, dass Besucher sich allzu reichlich bedienen. Die ältesten und besuchenswertesten Weingüter sind die **Constantia Estates** in Kapstadt (s.S. 139) sowie die so genannten **Winelands** in der Umgebung der Städte Stellenbosch (s.S. 206), Paarl (s.S. 215) und Franschhoek (s.S. 220), wo überall Weintouren angeboten werden. Weitere Weingebiete sind die Kleine Karoo (s.S. 224), Robertson (s.S. 228), Swartland (s.S. 294), die Ufer des Orange River (s.S. 325) und Walker Bay (s.S. 252).

Alkoholfreie Getränke

In Südafrika sind so gut wie alle in Mitteleuropa bekannten Erfrischungsgetränke erhältlich. Besondere Erwähnung verdienen allerdings die südafrikanischen **Obstsäfte** der Hersteller Liquifruit und Ceres, nicht nur der zahlreichen Geschmacksrichtungen wegen, sondern auch, weil sie ohne Zuckerzusatz sind.

Wo essen?

In südafrikanischen Restaurants kann man sehr preiswert essen. In jeder Stadt finden sich Lokale, die eine gute Hauptmahlzeit für weniger als 7 € anbieten, und wer 15 € hinblättert, darf mit erlesenen Gaumenfreuden rechnen. Jedes größere Touristenziel verfügt über Restaurants mit exquisiter Küche. **Franschhoek**, eine Kleinstadt in den Winelands, hat sich als kulinarisches Zentrum des Landes einen Namen gemacht und weist mehrere ausgezeichnete Etablissements auf engstem Raum auf. Normalerweise wird in allen Restaurants Alkohol ausgeschenkt, in den muslimischen Lokalen in Kapstadt ist Alkohol tabu.

Eine erfreuliche Erscheinung der letzten Jahre, insbesondere in Kapstadt, ist das Aufkommen von **Cafés** nach europäischem Vorbild. Man kann in ihnen nicht nur ebenso gut essen wie in einem Speiselokal, sondern auch genauso gemütlich bei einer Tasse Kaffee sitzen, ohne das Gefühl zu haben, den Platz schnell wieder räumen zu müssen. Ein ordentliches Essen in einem der Cafés, die bis spät abends geöffnet haben, bekommt man für rund 5 €. Allerdings dürfen diese Newcomer nicht mit einem der traditionellen südafrikanischen Cafés verwechselt werden, die es selbst im kleinsten Marktflecken gibt. Dabei handelt es sich mehr um einen Tante-Emma-Laden, der ein paar Zeitschriften, Limonaden, Knabberzeug und Konservendosen verkauft. Das einzige Angebot an zubereitetem Essen besteht normalerweise in Fleischpasteten, die schnell in der Mikrowelle erhitzt werden, oder Hähnchenschlegeln, die schon etwas zu lang im Ofen warm gehalten wurden.

Ganz oben auf der nationalen Beliebtheitsskala stehen die **Schnellrestaurants**, die in nahezu jeder

Stadt nahezu jeder Größe zu finden sind. Internationale Ketten wie KFC und Wimpy gibt es hier an jeder Ecke, sie können aber den in Südafrika nach amerikanischem Vorbild entstandenen Steakhausketten wie **Spurs**, **Steers** und **Saddles**, die bei Familien sehr begehrt sind, den Rang nicht ablaufen. Der südafrikanische Beitrag zur Fastfood-Welt ist **Nando's Chickenland**, in dessen Läden es hervorragende Grillhähnchen nach portugiesischem Rezept mit zahlreichen leckeren Soßen gibt. In all diesen Imbisslokalen bekommt man für rund 3 € einen sättigenden Burger oder ein halbes Hähnchen, jeweils mit Pommes frites, oder ein beachtliches Steak für ca. $5 €.

Verkehrsmittel

Ungeachtet der großen Entfernungen lässt sich der größte Teil Südafrikas gut auf dem Straßenweg erkunden – teilweise mit dem zuverlässigen Bus- oder Eisenbahnnetz, aber überwiegend am besten mit einem Mietwagen und den guten Fernstraßen. Wer schnell eine größere Inlandsstrecke zurücklegen möchte, kann das Flugzeug nehmen. Einzige Schwachstelle bildet der öffentliche Nahverkehr: Die innerstädtischen Transportmittel verkehren relativ selten, und die Benutzung ist oft nicht ungefährlich. Diejenigen Südafrikaner, die es sich leisten können, fahren normalerweise mit dem Auto, und Besucher, die mehr als ein, zwei Tage in einer größeren Stadt verbringen möchten, sollten es ihnen gleichtun. In die Nationalparks und zu abgelegenen Orten ohne eigenes Fahrzeug zu gelangen, ist ziemlich schwierig. Und ist man dort angekommen, lässt sich ohne eigenen Wagen meistens wenig ausrichten.

Busse

Die drei zuverlässigsten Busgesellschaften für Langstreckenfahrten sind Greyhound, Intercape und Translux. Sie verkehren zwischen nahezu allen größeren Städte des Landes. Diese Busse sind in der Regel sicher, bequem und dazu noch preiswert. Die Fahrkosten richten sich nach der Entfernung. Für die Strecke Johannesburg–Kapstadt (1434 km) ist während der Hauptreisezeit, d.h. während der Schulferien, mit ca. R375 zu rechnen, eine Fahrkarte Kapstadt–Durban (1639 km) kostet in etwa dasselbe. Außerhalb der Saison sind Tickets um bis zu 30% billiger.

Wer mehrere längere Busfahrten plant, sollte einen **Buspass** kaufen. Mit dem Greyhound Travel Pass (Antragsformulare gibt es in jedem Greyhound-Büro) bringt jede Fahrt Bonuspunkte, die am Ende vielleicht sogar eine Gratisfahrt ergeben. Greyhound bietet für rund R950 auch einen Pass an, mit dem man in einem Zeitraum von 30 Tagen sieben Tage lang unbegrenzt reisen kann. Ungefähr 15 Tage unbeschränkte Busfahrten innerhalb von 30 Tagen kosten R1825 und 30 Tage unbeschränkte Busfahrten innerhalb von zwei Monaten R2890. Translux erwägt die Einführung eines ähnlichen Pass-Systems.

Der **Baz Bus** ist eine ungemein praktische Einrichtung, vor allem für Backpacker und Budget-Traveller. Die Baz-Route verläuft in beide Richtungen entlang der Küste zwischen Kapstadt und Durban. Von Durban besteht eine Verbindung nach Johannesburg und Pretoria, entweder durch Swasiland oder alternativ über die Drakensberge. Der Bus hält an Backpacker-Lodges, wo Passagiere aus- und einsteigen können, allerdings nicht an weit vom Weg abgelegenen – in solchen Fällen werden angemeldete Gäste normalerweise von einem Angestellten der jeweiligen Herberge abgeholt. Der einzige Nachteil – abgesehen vom manchmal unzuverlässigen Fahrplan –ist, dass man im Baz Bus nur unter seinesgleichen ist und dort wahrscheinlich nie einen Einheimischen kennen lernt.

Außer den Bussen der großen Gesellschaften verkehren auch **billige Busse**, z.B. von der Translux-Tochter Transcity (manchmal Transtate genannt) und anderer kleinerer Privatbetriebe. Es ist mühsam, in Reisebüros und Tourismusbüros nähere Auskünfte in dieser Hinsicht zu bekommen, doch bei Translux müssten Informationen zum Transcity-Service erhältlich sein. Wer Genaueres dazu und zu den Fahrplänen anderer Privatbus-Gesellschaften herausfinden möchte, sollte sich einen Tag vor der geplanten Ab-/Weiterfahrt persönlich auf dem Busbahnhof erkundigen. Eine Fahrt mit diesen Bussen ist nicht nur günstig, sondern bietet auch die Möglichkeit, mit schwarzen Südafrikanern in Kontakt zu kommen, was in den Luxusbussen eher selten der Fall ist.

Überlandbus-Gesellschaften
Baz Bus, National, ☎ 021-439 2323,
🖷 021-439 2343. Buchung auch über Backpacker-Hostels oder bei den Baz-Büros in den Touristeninformationszentren von Kapstadt oder Durban. Infos zu Routen und Preisen unter 🖳 www.bazbus.com;
Greyhound, Kapstadt, ☎ 021-418 4310; Bloemfontein, ☎ 051-430 2361; Durban, ☎ 031-309 7830; Jo'burg, ☎ 011-830 1301; Port Elizabeth, ☎ 041-568 4879. Infos zu Kontaktstellen, Routen und Preisen unter 🖳 www.greyhound.co.za;
Intercape, Durban, ☎ 031-307 2115; Kapstadt, ☎ 021-386 4400; Port Elizabeth, ☎ 041-586 0055; Pretoria, ☎ 012-654 4114. Näheres unter 🖳 www.intercape.co.za;
Translux, Jo'burg, ☎ 011-774 3333; Durban, ☎ 031-308 8111; East London, ☎ 043-1700 1999; Kapstadt, ☎ 021-449 3333; Port Elizabeth, ☎ 041-507 1333. Infos zu Preisen, Pässen und Strecken unter 🖳 www.translux.co.za.

Minibus-Taxis

Diese Sammelbusse verkehren überall in Südafrika, auf relativ kurzen Strecken zwischen einer Stadt und der anderen, sie transportieren Pendler von und zu Townships, legen aber auch weitere Entfernungen zurück. Allerdings ist die Benutzung nicht ohne Risiko: schlecht gewartete Fahrzeuge, rücksichtslose Fahrer und gewalttätige Auseinandersetzungen zwischen konkurrierenden Betreibern. Es ist daher ratsam, bei Einheimischen nachzufragen, ob man sich einem Minibus-Taxi anvertrauen kann. Dies gilt insbesondere in Großstädten, wo die Sammeltaxistände in der Regel ein beliebtes Betätigungsfeld für Taschendiebe darstellen. Außerdem ist der Stauraum für Gepäck in diesen Kleinbussen äußerst beschränkt.

Nichtsdestotrotz sollten Reisende diese Form des Transports nicht gänzlich ausschließen. Nicht-

motorisierte Südafrika-Besucher, die entlegenere Ecken aufsuchen, werden feststellen, dass ein Minibus-Taxi oft das einzig mögliche und in der Regel gefahrlose Transportmittel ist. Allerdings muss mit langen Wartezeiten gerechnet werden. Die **Fahrkosten** sind minimal. Das Geld sollte möglichst passend bereit gehalten werden und wird von den hinteren Sitzen nach vorn an die Mitfahrgäste weitergegeben. Es landet schließlich beim Fahrer, der das Wechselgeld herausgibt.

Eisenbahn

Langsamer als per Bahn kann man das Land kaum bereisen: Die Zugfahrt von Johannesburg nach Kapstadt dauert z.B. 27 Std. – die Busfahrt dagegen nur 19 Std.

Die Abteile in den Waggons der 1. und 2. Klasse sind mit Waschbecken und Klappsitzen ausgestattet, die nachts in Schlafpritschen verwandelt werden. Der Unterschied zwischen den beiden Klassen besteht darin, dass sich in der 2. Klasse bis zu sechs Passagiere in einem Abteil befinden, während es in der 1. Klasse nur vier sind, außerdem gibt es dort in jedem Waggon eine Dusche. Coupés mit Abteilen, die in der 1. Klasse Platz für zwei Fahrgäste, in der 2. Klasse für drei bieten (man kann auch drei Plätze bezahlen, wenn man unter sich sein möchte), sind ideal für Paare. Die Waggons der 3. Klasse sind nicht zu empfehlen. Die Sitze in der 1. und 2. Klasse sind bequem, ebenso die Schlafgelegenheiten. Wer keinen Schlafsack mitbringt, kann gegen Gebühr frisch gewaschene Baumwolllaken und Decken ausleihen. Sie werden von dem Zugbegleiter ausgegeben, der abends durch die Abteile geht und die Betten herrichtet. Am besten kauft man den *bedding voucher* gleich bei der Fahrkartenreservierung.

Die meisten Intercity-Züge betreibt **Spoornet**, 🖳 www.spoornet.co.za. Die **Ticketpreise** für Sitzplätze in der 1. Klasse liegen ähnlich wie die Kosten einer Busfahrkarte für dieselbe Strecke, in der 2. Klasse sind sie allerdings erheblich niedriger. Bahnfahrkarten müssen im Voraus am Bahnhof bzw. in einem Spoornet-Büro (nur in größeren Städten vorhanden) reserviert werden.

Was die **Sicherheit** anbelangt sollten Passagiere ihre Wertsachen nie unbeaufsichtigt im Abteil liegen lassen. Die Fenster sollten geschlossen sein, bevor man das Abteil verlässt, denn Bahnhöfe sind

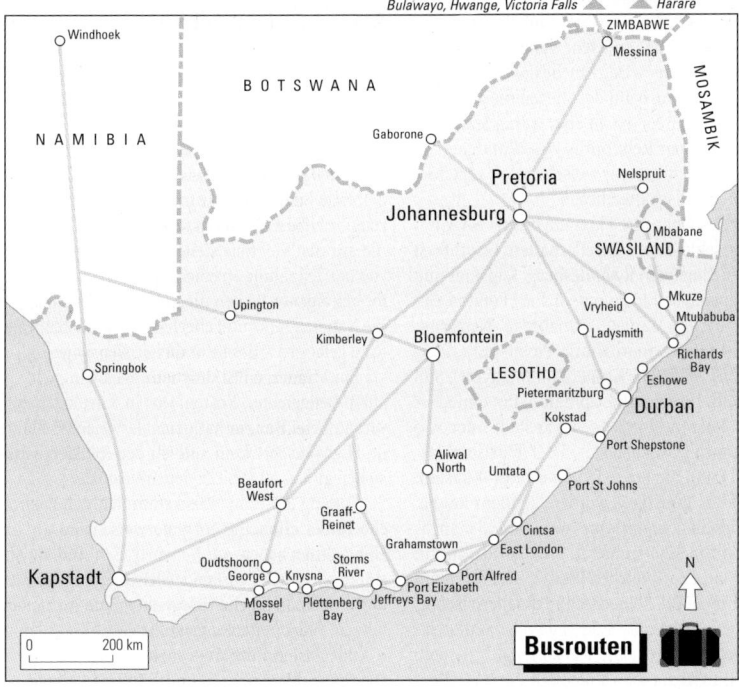

ein beliebtes Betätigungsfeld von Langfingern, insbesondere in Gauteng. Folglich sollten Einzelreisende vielleicht vorsichtshalber vom Besuch des Speisewagens absehen und sich mit Proviant eindecken, auch wenn für gewöhnlich ein- oder zweimal während der Fahrt ein Tee-/Kaffeeverkäufer durch den Zug geht.

In Südafrika verkehren auch ein paar **Luxuszüge**. Diese Art des Reisens bietet sich für Leute an, die in stilvollem Ambiente durch eine überwiegend traumhafte Landschaft befördert werden möchten und bereit sind, ein kleines Vermögen dafür auszugeben. Der berühmte **Blue Train** fährt von Pretoria nach Kapstadt sowie von Pretoria zu den Victoria-Fällen. Der Preis für die 29-stündige Reise von Pretoria nach Kapstadt liegt bei rund R4500. Die Kleiderordnung schreibt tagsüber *smart casual*-Bekleidung vor und während des Dinners Abendkleidung. Buchung über das Zentralbüro von Blue Train in Pretoria, ✆ 012-334 8459, ✉ bluetrain @transnet.co.za.

Eine gleichermaßen luxuriöse Alternative ist eine Fahrt mit **Rovos Rail**. Auskünfte: Pretoria, ✆ 012-315 8242; Kapstadt, ✆ 021-421 4020; 🖥 www.rovos.co.za. Rovos Rail fährt von Kapstadt nach Pretoria für rund R7500, nach George für R5000 oder zu den Victoria-Fällen in Zimbabwe für R8000.

Flüge

Wenn die Zeit knapp ist, lohnt sich ein Inlandsflug. Fliegen ist zwar nicht billig, doch die Kosten relativieren sich auf langen Strecken, verglichen mit den Ausgaben für einen Mietwagen plus die erforderlichen Übernachtungen. Die mit Abstand größte Fluggesellschaft, die Inlandsflüge anbietet, ist South African Airways (SAA) mit ihren beiden Töchtern SA Airlink und SA Express (Reservierung für alle drei über SAA). Daneben gibt es noch einige kleinere Anbieter, deren nennenswertester British Airways/Comair und dessen Internet-Budget-Ableger kulula.com ist.

PRAKTISCHE TIPPS

Je nach Auslastung lässt sich eine Preisreduzierung von bis zu 50% erzielen, wenn drei Wochen im Voraus gebucht wird. Am besten man bucht über ein Reisebüro, denn dort liegen die günstigsten Angebote vor. Es macht aber wenig Sinn, sich bei verschiedenen Reisebüros zu erkundigen, da die Preisunterschiede nur zwischen den verschiedenen Fluggesellschaften liegen.

Das weitreichendste Flugnetz besitzt **SAA** mit ihren angeschlossenen Gesellschaften. Es umfasst die großen Flughäfen Johannesburg, Kapstadt und Durban, aber auch Bloemfontein, East London, George, Kimberley, Margate, Mmabatho, Nelspruit, Phalaborwa, Pietermaritzburg, Pietersburg, Plettenberg Bay, Skukuza (Krüger-Nationalpark), Sun City, Ulundi, Umtata und Upington. Ein einfacher Flug von Johannesburg nach Kapstadt oder von Kapstadt nach Durban kostet in der Touristenklasse rund R1500. Die Route Johannesburg–Kapstadt ist besonders günstig geworden, seitdem kulula.com im Geschäft ist und One-Way-Tickets manchmal schon für R500 anbietet. SAA hat daraufhin ein paar Plätze zu ähnlichen Preisen ins Programm aufgenommen. Bei keiner Inlandsfluggesellschaft gibt es Sonderpreise für Studenten oder Senioren.

Wer beabsichtigt, mehr als vier Flüge innerhalb Südafrikas in Anspruch zu nehmen, kann mit dem **African Explorer Pass**, erhältlich auf internationalen und nationalen Flügen von SAA und SA Express, viel Geld sparen. Die Voraussetzung dafür ist ein internationales Flugticket nach Südafrika, dessen Nummer beim Reisebüro oder bei SAA eingetragen wird. Der Pass ist vom Ausstellungstag an 45 Tage gültig und berechtigt zu einer Ermäßigung von bis zu 60% bei einer Buchung von vier bis acht Flügen.

Airlines in Südafrika
British Airways/Comair, Büro tgl. 6–21 Uhr: Jo'burg, 011-921 0222; Durban, 031-450 7000; Kapstadt, 021-936 9000; Port Elizabeth, 041-508 8000; www.britishairways.com/regional/sa; **kulula.com,** 086-585852, www.kulula.com; **South African Airways,** Reservierungen tgl. 5–23 Uhr, 0861-359722, www.flysaa.com.

Auto und Wohnmobil

Südafrika lässt sich mühelos mit dem Auto bereisen, denn es verfügt über ein gut ausgebautes Schnellstraßennetz sowie zahlreiche Bundes- und Nebenstraßen, die asphaltiert und in der Regel in sehr ordentlichem Zustand sind. Einige der sehenswertesten Flecken abseits der touristischen Trampelpfade kann man nur mit einem eigenen Fahrzeug besuchen, denn Busse verkehren in erster Linie auf den viel befahrenen Strecken. Abgesehen von der Teilnahme an einer organisierten Tour, bietet ein eigener Wagen die einzige Möglichkeit, in die Nationalparks und abgelegeneren Küstengebiete zu gelangen – das Sicherheitsrisiko ist gering.

Ein Mietwagen ist durchaus erschwinglich, vor allem bei geteilten Kosten. Das in Küstengebieten verkäufliche **Benzin** hat normalerweise 97 Oktan, im Highveld 93 Oktan, und an den meisten Tankstellen gibt es auch bleifreien Treibstoff.

Entlang der Hauptstrecken finden sich zahlreiche **Tankstellen**, die normalerweise rund um die Uhr geöffnet haben. Auf Nebenstraßen sind die Abstände zwischen den Tankstellen allerdings größer, daher sollte man jede Gelegenheit zum Auftanken nutzen. Selbstbedienungstankstellen gibt es kaum – schlecht bezahlte Angestellte füllen den Tank, checken auf Wunsch Öl- und Kühlwasserstand sowie den Reifendruck und putzen oft auch die Scheiben, selbst wenn sie nicht darum gebeten werden. Über ein Trinkgeld freuen sie sich immer, auch wenn kein Gesetz eine solche Abgabe vorschreibt.

Südafrika-Besucher, die innerhalb relativ kurzer Zeit viel vom Land sehen möchten, sollten einen **Mietwagen** nehmen. Am preiswertesten lässt sich dies gleich bei der Reisebuchung im Reisebüro arrangieren. Wer glaubt, erst nach der Ankunft an einem südafrikanischen Flughafen ein Fahrzeug mieten zu können, muss sich auf eine Enttäuschung gefasst machen, denn die Wagen der Verleihfirmen sind meistens längst vergeben, vor allem unter der Woche.

Die durchschnittlichen Preise liegen bei einem Mietdauer von einer Woche bei R1400 aufwärts inkl. 90-prozentiger Unfall- und Diebstahlversicherung sowie rund 1400 Freikilometern. Die meisten Mietwagenfirmen verlangen, dass der Fahrer **mindestens 21 Jahre** alt ist.

Anbieter in Südafrika sind
Africamper, ✆ 011-6404823 (Johannesburg)
✆ 021-8522378 (Kapstadt),
🖳 www.africamper.com
Avis, ✆ 0861-021111, 🖳 www.avis.co.za;
Budget, ✆ 0861-016622, 🖳www.budget.co.za;
Europcar, ✆ 0800-011344,
🖳 www.europcar.co.za;
Hertz, ✆ 0861-600136, 🖳 www.hertz.co.za;
Imperial, ✆ 0800-131000,
🖳 www.imperial.ih.co.za, und
Tempest, ✆ 0800-031666,
🖳 www.tempestcarhire.co.za.

Verkehrsregeln und -tipps
Ein ausländischer **Führerschein** (sofern er auch in englischer Sprache ausgestellt ist) ist in Südafrika bis zu sechs Monate lang gültig, d.h. Besucher aus Deutschland, Österreich und der Schweiz benötigen nicht unbedingt einen internationalen Führerschein. Fahrer sollten ihren Führerschein und Reisepass stets griffbereit haben.
In Südafrika herrscht **Linksverkehr**. Die **Höchstgeschwindigkeit** liegt in Ortschaften bei 60 km/h, außerhalb von Ortschaften bei 100 km/h und auf Autobahnen sowie Schnellstraßen bei 120 km/h. Verkehrsampeln heißen in Südafrika übrigens **robots**.
Abgesehen vom Kreisverkehr, in dem jeweils das von rechts kommende Fahrzeug Vorfahrt hat, gibt es auch **four-way stops**, wo laut Verkehrsrecht das zuerst angekommene Fahrzeug auch als erstes die Kreuzung verlassen darf/muss – in diesem Fall muss das von rechts kommende Auto der Vorfahrt gewähren.
Die südafrikanische Verkehrsstatistik weist erschreckende Unfallzahlen auf. Ursache dafür sind rücksichtslose, oft **alkoholisierte Fahrer** und überladene, defekte Fahrzeuge. Man sollte unbedingt einen großen Sicherheitsabstand wahren, denn Massenunfälle sind keine Seltenheit. Außerdem ist es ratsam, den Gegenverkehr gut im Auge zu behalten, da überho-

lende Fahrzeuge aus derGegenrichtung oft selbstverständlich davon ausgehen, dass das entgegenkommende Fahrzeug auf den Randstreifen ausweicht, um einen Frontalzusammenstoß zu vermeiden. Auf dem Randstreifen zu fahren bedeutet zwar keinen Verstoß gegen die Straßenverkehrsordnung, ist jedoch nicht ungefährlich. Wer auf den Randstreifen ausweicht, um ein schnelleres Fahrzeug vorbeizulassen, bekommt als Dankeschön vielleicht ein kurzes Signal mit der Warnblinkleuchte. Das Warnblinksignal eines entgegenkommenden Fahrzeugs kann ein Hinweis auf eine bevorstehende Radarfalle sein. Eine weitere **Gefahrenquelle**, vor allem in ländlichen Gebieten, stellen Tiere auf der Fahrbahn dar. Damit ist insbesondere nach Einbruch der Dunkelheit zu rechnen: Nachts ist also erhöhte Alarmbereitschaft angezeigt. Aufgrund der erheblichen **Entfernungen** zwischen größeren Städten besteht das zunehmende Risiko am Steuer einzuschlafen – besonders auf langen Fahrten durch eine sich kaum verändernde Landschaft wie die der Karoo oder des Freistaats. Auf jeden Fall sollten Autofahrer generell sorgfältig und mit ausreichender Zeit für Erholungspausen und Übernachtungen geplant werden. In Johannesburg müssen Autofahrer besonders vorsichtig sein, denn dort besteht die Gefahr, Opfer von Autodieben zu werden, die auch vor Gewalt nicht zurückschrecken (Sicherheitshinweise s.S. 74).

Reservierungen ab Deutschland
Africamper, ✆ 0211-4379754,
🖳 www.africamper.de
Avis, ✆ 06171-681800,
🖳 www.avis.de;
Budget, ✆ 01805-244388,
🖳 www.budgetrentacar.de;
Europcar, ✆ 0180-58000,
🖳 www.europcar.com;
Hertz, ✆ 0180-533 3535, 🖳 www.hertz.de;
Sixt, ✆ 01805-252525, 🖳 www.sixt.com.

Der Vorteil einer Buchung über eine namhafte Agentur besteht darin, dass man den Wagen nicht dort zurückgeben muss, wo man ihn abgeholt hat, aber normalerweise wird dafür eine zusätzliche

Gebühr erhoben. Wer nach **Lesotho** und / oder **Swasiland** fahren möchte, sollte sich danach erkundigen, ob die Geschäftsbedingungen der jeweiligen Mietwagenverleihgesellschaft dies zulässt –

das ist nicht immer der Fall. Oft haftet die Versicherung nicht für Schäden, die beim Fahren auf ungeteerten Straßen (z.B. in Nationalparks) entstehen, – auch das unbedingt checken. Einheimische Firmen sind fast immer billiger, doch normalerweise schreiben sie vor, dass man mit dem Fahrzeug nur eine bestimmte Entfernung vom Ausgangspunkt zurücklegen darf.

Ein **Wohnmobil** ist praktisch für den Besuch abgelegener Ecken mit spärlichen Übernachtungsmöglichkeiten. Ein Fahrzeug mit Schlafgelegenheiten für drei Personen schlägt ungefähr mit R1000 pro Tag zu Buche. Manche Anbieter haben Standby-Preise, die bei kurzfristiger Buchung (eine Woche oder weniger im Voraus) 15–20% Ermäßigung bringen. Die so genannten Vans sind mit Koch- und Essgeschirr, Bettwäsche und normalerweise einer Toilette ausgestattet. Der Nachteil eines Campingwagens ist, dass er Berge nur im Schneckentempo bewältigt und viel Treibstoff schluckt (die kleineren brauchen 15 Liter auf 100 km, die größeren 20 Liter), wodurch sich die Ersparnis hinsichtlich der Übernachtungskosten einigermaßen relativiert.

Einer der größten **Wohnmobil-Verleiher** ist Britz Africa mit Hauptsitz in Johannesburg, ☎ 011-396 1860, 💻 www.britz.co.za, und Filialen in Kapstadt, ☎ 021-981 8947, sowie Durban, ☎ 031-702 9326. Angemeldete Kunden werden für rund R100 am Flughafen abgeholt und auch wieder dorthin zurückgebracht.

Fahrrad

Südafrika bietet sich durchaus zum Radfahren an, denn viele gute, verkehrsarme Straßen führen durch herrliche Landschaften, und in den meisten Städten gibt es Fahrradgeschäfte, die alles erforderliche Zubehör vorrätig haben. Allerdings muss man ziemlich fit sein, da Südafrika ein gebirgiges Land ist und viele Steigungen nur mit Mühe zu bewältigen sind. Auch das Wetter ist Radlern nicht immer wohlgesonnen: Wenn es nicht gerade regnet, kann es ganz schön heiß sein, also viel Flüssigkeit mitnehmen. Immer mehr Backpacker-Hostels verleihen Mountainbikes zu annehmbaren Preisen, wodurch sich die Möglichkeit bietet, viel mit dem Rad zu fahren, ohne das eigene von zu Hause mitbringen zu müssen. Viel befahrene Hauptstraßen sollten allerdings gemieden werden.

Trampen

Wir raten generell vom Trampen ab. Dies gilt für Südafrika insbesondere in größeren Städten, aber auch auf dem Land. Wer aus irgendeinem Grund per Anhalter fahren muss, sollte unbedingt gewisse Vorsichtsmaßnahmen einhalten: Nicht allein trampen und sich nicht in gottverlassenen Gebieten zwischen *dorps* absetzen lassen. Den Fahrer fragen, wohin er fährt, bevor man selbst sagt, wohin man möchte, und das Gepäck nicht im Kofferraum verstauen, denn das erschwert eine möglicherweise notwendige Flucht. Auf den Anschlagbrettern von Backpacker-Lodges finden sich manchmal Anzeigen von Leuten, die eine Mitfahrgelegenheit anbieten – auf diese Art kann man den Fahrer vorher kennen lernen.

Nationalparks und Reservate

Kein anderes afrikanisches Land besitzt so viele Parks, Landschaftsschutzgebiete und Tierreservate wie Südafrika – Hunderte von Reservaten und staatlich verwalteten Waldgebieten überziehen das Land. Darunter befinden sich auch einige Dutzend „Geheimtipps". Zu den begehrtesten Zielen zählen rund zwei Dutzend Parks, in denen die Fauna und Flora Südafrikas unter Schutz steht. Mit einigen wenigen Ausnahmen fallen sie unter die Zuständigkeit von KwaZulu-Natal Wildlife – eine Organisation, die für die meisten staatlichen Reservate in KwaZulu-Natal zuständig ist – und South African National Parks, die für das übrige Land verantwortlich ist. Wenn es um Tiere in freier Wildbahn geht, denken die meisten Leute an Landsäugetiere, doch in Südafrika sind auch verschiedene Meeressäuger beheimatet. Außerdem ist Südafrika eines der ganz wenigen Länder rund um den Globus, wo man von der Küste aus Wale beobachten kann.

Besucher sollten sich darüber im Klaren sein, dass nur manche Nationalparks gleichzeitig auch Schutzgebiete für gefährliche Tiere sind (eine Übersicht, was in welchem der größeren Parks zu erwarten ist, s.S. 60/61). Zwar zieht es die meisten Touristen der **wilden Tiere** wegen nach Südafrika, aber man sollte nicht die wunderbaren **Naturschutzgebiete** vergessen, die besondere Landschaften schützen und Tiere beherbergen, die vielleicht

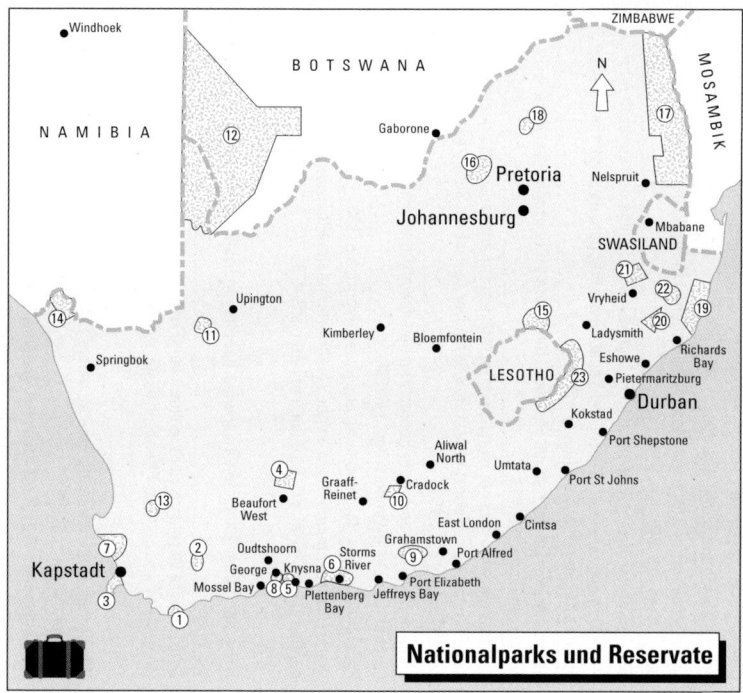

Nationalparks und Reservate

nicht ganz so werbewirksam, aber ebenso sehenswert sind wie die **Big Five** – Büffel, Elefant, Leopard, Löwe und Nashorn. Parks, in denen Meeres- und Feuchtgebiete, vom Aussterben bedrohte Pflanzenarten, Wälder, Wüsten und Bergregionen unter Schutz stehen, locken meist mit dem zusätzlichen Anreiz, dass sie von Tieren, Vögeln, Insekten, Reptilien oder Meeressäugetieren bewohnt werden.

Wer sich unter den drei begehrtesten Parks für einen entscheiden muss, wird wahrscheinlich den **Krügerpark** am Ostrand von Mpumalanga und der Nord-Provinz wählen, vor allem wegen seiner riesigen Ausdehnung, den vielen verschiedenen Vertretern der Fauna, der vielfältigen Lowveld-Habitate und der hervorragenden Möglichkeiten zur Tierbeobachtung. An zweiter Stelle rangiert in der Besuchergunst der **Tsitsikamma**: Er hat Waldgebiete mit altehrwürdigen Bäumen, Meeresklippen, den Storms River Mouth sowie den Otter Trail zu bieten, den beliebtesten **Wanderweg** Südafrikas. Im ganzen Land gibt es keine dramatischere Ge-

birgslandschaft als die des **Natal Drakensberg Parks**, der eine Reihe von Reservaten an der Grenze zwischen KwaZulu-Natal und Lesotho umfasst und gemächliche Wanderpfade entlang von Wasserläufen sowie anspruchsvollere Klettertouren für geübte Bergsteiger bereithält.

Der unangefochtene Status des Krüger-Nationalparks mit den meisten Elefanten, Löwen und Tausenden anderer Tiere führt dazu, dass die **Parks in KwaZulu-Natal** etwas ins Hintertreffen geraten – ganz zu Unrecht. Sie bieten nicht nur die weltweit besten Chancen, **Nashörner** zu sehen, sondern sie sind auch naturbelassener als der Krügerpark, haben bessere, aber nicht teurere Unterkünfte und lassen sich genauso gut wie der Krügerpark mit einem eigenen Auto erkunden. Sowohl im Krügerpark als auch in den KwaZulu-Natal-Parks kann man geführte **Wildniswanderungen** und **Night Drives** unternehmen – eine sehr beliebte Art, die scheuen Nachttiere zu sehen, die nach Einbruch der Dunkelheit durch den Busch schleichen.

Nr.	Park (Karte s.S. 59)	Schwerpunkt	Beschreibung und Highlights
Westkap			
1	Agulhas NP	Marine- und Küstenschutzgebiet	Gebirgiger Südzipfel Afrikas mit artenreicher Fauna und bedeutenden archäologischen Stätten, s.S. 258
2	Bontebok NP	Bedrohte Tierarten	Am Fuße schroffer Berge gelegenes Schutzgebiet für Antilopen und Kap-Bergzebras, s.S. 249
3	Cape Peninsula NP	Die Naturgegenden der Halbinsel	Eine außergewöhnlich vielfältige Flora und Fauna gedeiht in den ungezähmten Naturräumen, die einen Großteil um Kapstadt ausmachen, darunter der Tafelberg und das Kap der Guten Hoffnung, s.S. 151
4	Karoo NP	Wüstenreservat	Karge, bergige Landschaft mit Fossilien, Herbivoren (Pflanzenfresser) und Frühlingsblumen, s.S. 241
5	Knysna National Lake Area	Marine- und Küstenschutzgebiet / bedrohte Tierarten	Umfasst die Knysna Lagoon und die bizarren Felsformationen, die so genannten *heads* an der dem Meer zugewandten Seite. Der See ist ein Schutzgebiet für Seepferdchen, s.S. 279
6	Tsitsikamma NP	Marine- und Küstenschutzgebiet	Klippen, Gezeitenpools, tiefe Schluchten und immergrüne Wälder. Schnorcheln, tauchen und Waldwanderwege, s.S. 288
7	West Coast NP	Marine- und Küstenschutzgebiet	Feuchtgebiet. Vogelbeobachtung und Wassersport, s.S. 296
8	Wilderness NP	Marine- und Küstenschutzgebiet	Seen, Flüsse, Lagunen, Wald, Fynbos (sehr artenreiche Pflanzengesellschaft mit mediteranem Charakter), Strände und Meer, s.S. 270
Ostkap			
9	Addo Elephant NP	bedrohte Tierarten	Beherbergt über 200 Elefanten sowie Kapbüffel und zahlreiche Antilopenarten, s.S. 365
10	Mountain Zebra NP	bedrohte Tierarten	Spektakuläre Berglandschaft inmitten von Flachland, Lebensraum der seltenen Bergzebras und anderer Pflanzenfresser, s.S. 389
Nordkap			
11	Augrabies Falls NP	Wüstenreservat	Der Orange River schäumt durch eine tiefe Schlucht. Wüstenlandschaft, Antilopen und viele Vögel, s.S. 328
12	Kgalagadi Transfrontier Park NP	Wüstenreservat / Wildschutzgebiet	Abgeschiedene Wüste mit rostroten Dünen, Wüstenlöwen, scheuen Leoparden und Tausenden von Antilopen, s.S. 330

13	Namaqua NP	Marine- und Küstenschutzgebiet / Wildblumen	Berg- und Küstenregion, berühmt für ihre schätzungsweise 3500 verschiedenen Arten von Frühlingsblumen, s.S. 340
14	Richtersveld NP	Gebirgs- und Wüstenreservat	Schluchten, hohe Berge und dramatische Szenerie, erstreckt sich vom Orange River, dem Lebensraum zahlreicher Reptilien, Vögel, Säugetiere und Pflanzen, Richtung Binnenland, s.S. 349

Freistaat

15	Golden Gate Highlands National Park	Gebirgsenklave Wildblumen	Resort am Fuße bizarrer Sandsteinformationen inmitten der Maluti Mountains. Wanderwege, s.S. 558

Nordwest-Provinz

16	Pilanesberg NP	Tierreservat	Von Bergen eingerahmte Savanne, Heimat der Big Five, von Johannesburg her erreichbar, s.S. 634

Nord-Provinz / Mpumalanga

17	Krüger-Nationalpark	Tierreservat	Das größte und bekannteste Tierreservat des Subkontinents, s.S. 672
18	Marakele NP	Tierreservat	Herrliche Landschaft mit Gipfeln, Plateaus und schroffen Felsen, bewohnt von vielen Löwen, Elefanten, Nashörnern und anderen Säugetieren, s.S. 707

KwaZulu-Natal

19	Greater St Lucia	Küstenfeuchtgebiet	Ausgedehntes Gelände mit Feucht- und Wildnisgebieten, Küsten und Tierreservaten, s.S. 509
20	Hluhluwe Umfolozi GR	Tierreservat	Gebirgiger und kleiner als der Krügerpark, zählt zu den besten Parks Afrikas, um Nashörner zu sehen, s.S. 506
21	Itala GR	Tierreservat	Weniger bekanntes, ausgezeichnetes kleines Tierreservat in hügeligem Gelände, s.S. 527
22	Mkuze GR	Tier-/Vogelschutzgebiet	Hervorragend geeignet zum Beobachten von Vögeln, Nashörnern und anderen Pflanzenfressern. Waldwanderwege, s.S. 516
23	uKhahlamba-Drakensberg Park	Gebirgsreservat	Mehrere Parks überziehen die höchsten und eindrucksvollsten Berggipfel Südafrikas, s.S. 489

Parkeintritt, Reservierungen und Informationsquellen

Die **Eintrittsgebühren** sind von Park zu Park unterschiedlich. Manche berechnen den Preis pro Fahrzeug, andere pro Person. Am höchsten sind die Gebühren im Krüger-Nationalpark, wo R30 pro Fahrzeug plus R24 p.P. verlangt werden. Ansonsten ist normalerweise mit rund R20 p.P. zu rechnen. Die meisten größeren südafrikanischen Nationalparks verfügen über Unterkünfte, die im Voraus (in der Hochsaison sollten das mehrere Monate sein) über South African National Parks **gebucht** werden können, mit Ausnahme des Pilanesberg Parks, wo die Reservierung über Pilanesberg National Park erfolgt, und den Reservaten in KwaZulu-Natal, für die KwaZulu-Natal Conservation Services zuständig ist.

South African National Parks, PO Box 787, Pretoria 0001; Postanschrift: 643 Leyds St, Muckleneuk, Pretoria, ☏ 012-343 1991, 🖥 www.parks-sa.co.za.

KwaZulu-Natal Wildlife, Reservierungen PO Box 13069, Cascades, Pietermaritzburg 3202, ☏ 033-845 1000, 🖥 www.rhino.org.za.

Safaris

Wer **Tiere** in freier Wildbahn sehen möchte, könnte sich kaum ein geeigneteres Land dafür aussuchen als Südafrika. Es besitzt die am besten verwalteten **Nationalparks** in ganz Afrika, mit gut organisierten Restcamps, die im Laufe von vier Jahrzehnten ausgebaut wurden, um weißen südafrikanischen Familien preiswerte Ferien zu ermöglichen, und die über erschwingliche Unterkünfte, Campingplätze und gute Einrichtungen für Selbstversorger verfügen.

Eine Safari ist nicht gerade preiswert, und normalerweise gilt: Man bekommt das, wofür man bezahlt. Am **kostengünstigsten** ist es, mit einem Mietwagen durch den Nationalpark zu fahren, auf einem Campingplatz zu übernachten und sich selbst zu verpflegen. Oft bieten nahe gelegene Backpacker-Lodges – manchmal auch Hotels und B&Bs – **Safari-Ausflüge** an. Dabei versäumt man allerdings das wunderbare Erlebnis, in der Wildnis aufzuwachen und verbringt sehr viel Zeit auf der Straße. Während der südafrikanischen Schulferien,

wenn z.b. der Krügerpark völlig ausgebucht ist, bleibt aber vielleicht gar nichts anderes übrig. Eine andere preiswerte Alternative für den Krügerpark, vor allem für Einzelreisende ohne fahrbaren Untersatz, besteht darin, in einer Unterkunft außerhalb des Parks abzusteigen und mit einer Safari-Company Ausflüge in den Park zu unternehmen oder sich einer **Budgettour** von Johannesburg oder einer der Gateway-Städte aus anzuschließen.

Neben den staatlichen Parks gibt es auch kostspielige **Privatreservate**, die sich oft in direkter Nähe befinden und dieselben Tierarten beherbergen. Die Bedingungen sind wesentlich exklusiver: Die Unterbringung erfolgt in luxuriösen Lodges, und die Safaris werden in offenen Jeeps von gut informierten Rangern geführt. Wer zum ersten Mal den afrikanischen Busch und dessen Tierbewohner besucht, sollte die Ausgabe nicht scheuen und wenigstens zwei Nächte in einer Safari-Lodge in einem der zahlreichen Privatreservate im Umkreis des Krügerparks verbringen und danach auf eigene Faust losziehen. Wenn Geld keine Rolle spielt, sollte man sich gar nicht erst die Mühe machen, selbst durch den Park zu fahren.

Warnung: In der Umgebung des Krügerparks wird mit billigen Pauschalangeboten auf Safari-Farmen geworben. Sie sind meist in Ordnung, sofern man bereit ist, Tiere in einer Art großem Zoo zu betrachten, und eignen sich durchaus für eine Übernachtung auf dem Weg in den Krügerpark. Allerdings stellen sie keinen Ersatz für die authentische Wildniserfahrung dar – früher oder später stoßen die Besucher während des Game Drive auf Zäune und Schlagbäume. Einige der empfehlenswerteren Adressen in dieser Kategorie sind in den entsprechenden Kapiteln aufgeführt.

Tiere in freier Wildbahn **aufzuspüren**, erfordert Geschick und Erfahrung, und es passiert leichter als man denkt, dass man einen dicken Felsbrocken mit einem Nashorn verwechselt oder den König der Tiere im hohen, senffarbenen Gras übersieht. Schließlich ist die afrikanische Tierwelt von der Natur so ausgestattet, dass sie möglichst mit ihrer Umgebung verschmilzt. Wer in der Erwartung herkommt, all die Tiere zu Gesicht zu bekommen, die man aus Dokumentarfilmen kennt, vergisst, dass dort monatelange Filmaufnahmen auf Halbstundenlänge zusammengeschnitten wurden, und er wird zwangsläufig enttäuscht werden.

Tipps dazu, wie man bei der Tierbeobachtung am besten vorgeht und zum besseren Verständnis des gebotenen Naturschauspiels, finden sich im Kapitel Krüger-Nationalpark (s.S. 672). Weiterführende **Literatur** zum Thema Tierreservate s.S. 790.

Das begehrteste Ziel für Safaris in Südafrika ist unbestritten der Krügerpark – besonders wenn es darum geht, Ausflüge in den Busch unter Leitung erfahrener Tierhüter zu unternehmen. Doch auch die Tierreservate in KwaZulu-Natal, an erster Stelle **Hluhluwe-Umfolozi, Mkuzi** und **Itala**, wie u.a. auch das **Pilanesberg Game Reserve** in der Nordwest-Provinz, sind für Selbstfahrer äußerst lohnenswert. Der abgelegene **Kalahari-Gemsbok National Park** an der Grenze zu Botswana ermöglicht Selbstfahrern eine aufregende Fahrt durch unberührten afrikanischen Busch. Zahlreiche komfortable Privatreservate, wo Besucher ihr Fahrzeug auf dem Parkplatz abstellen und in Begleitung eines Guide zu Fuß oder im Wagen den Busch erkunden können, bieten Safari-Erlebnis pur. Zu den renommiertesten zählen **Phinda** in KwaZulu-Natal und **Tswalu** im Nordkap.

Safaris für Selbstfahrer

Der große Vorteil einer Fahrt durch die Nationalparks im eigenen Wagen besteht darin, dass es aufregender ist, die „wilden" Tieren selbst zu erspähen und nicht von einem entsprechend informierten Guide zu den Stellen gebracht zu werden, wo gerade Tiere gesichtet wurden. Außerdem kann man dann den zeitlichen Ablauf und die Dauer der Beobachtung selbst bestimmen. Für Reisende mit **Kindern** ist dies praktisch der einzige Weg, ein Tierreservat zu besuchen, denn die meisten Luxus-Lodges lassen keine Kinder unter zwölf Jahren zu. Außerdem können Selbstfahrer eine Route einschlagen, die sowohl Reservate von Mpumalanga als auch die nur wenige Stunden entfernten von KwaZulu-Natal umfasst.

Was die **Übernachtungsmöglichkeiten** in staatlichen Reservaten anbelangt, so besteht zumeist eine Auswahl an Campingplätzen, die über einfache Bungalows mit Gemeinschaftswaschräumen oder Safarizelte verfügen. Außerdem gibt es strohgedeckte, mit Du/WC ausgestattete Rondavels. Die billigeren besitzen normalerweise keine eigene Küchenzeile, doch meistens stehen ein Kühlschrank, ein Wasserkocher und ein Grill zur Verfügung. In mehreren Restcamps in den Parks von KwaZulu-Natal ist das Kochen untersagt, doch Besucher können ihre mitgebrachten Lebensmittel dem Küchenchef und seinen Mitarbeitern geben, die daraus ein leckeres Essen zaubern. Die Unterkunft in einem Nationalpark muss unbedingt **im Voraus gebucht** werden – besonders während der Schulferien.

In fast allen Restcamps gibt es einen **Laden**, in dem Lebensmittel verkauft werden – darunter die notwendigen Zutaten für ein *braai* – sowie ein **Restaurant**.

Wer eine Safari in Eigenregie plant, tut gut daran, etwas Geld in einen ausführlichen **Naturreiseführer** zu investieren, um im Park die verschiedenen Tiere und Pflanzen identifizieren und einordnen zu können. Dasselbe gilt für einen ordentlichen **Feldstecher** – um keine Streitigkeiten zu provozieren, sollten alle Beteiligten, auch Kinder, mit einem eigenen Fernglas ausgerüstet sein. Außerdem ist es ratsam, eine Thermoskanne mit Kaffee oder Tee und eine Kühltasche mitzunehmen.

Einziger Nachteil einer solchen Safari ist, dass man sich unter Umständen plötzlich inmitten einer Ansammlung von Fahrzeugen wiederfindet, die den Blick verstellen, vor allem wenn sich irgendwo eine Löwenfamilie niedergelassen hat. Wer also nicht in einem Minibus oder Jeep unterwegs ist, hat oft keine Möglichkeit, das weite *veld* zu überschauen.

Private Reservate und Lodges

Ein Aufenthalt in einem Privatreservat oder einer Privat-Lodge ermöglicht das ultimative Südafrika-Safari-Erlebnis. Hier verbringt man die Zeit in einer kleinen Gruppe, kann sich völlig entspannt dem Vergnügen hingeben und den gesamten organisatorischen Aufwand anderen überlassen. Da kein Massenbetrieb herrscht, ist die Naturerfahrung viel intensiver, als das in einem der großen Restcamps im Krügerpark möglich ist. Außerdem hat man einen sachkundigen Ranger zur Seite, der während der Ausflüge die Tier- und Pflanzenwelt erklärt und Fragen beantwortet – und abends kann man sich vielleicht auch noch bei einem Glas Wein in Ruhe weiter unterhalten.

Der Großteil der Privatreservate befindet sich am Westrand des Krügerparks, darunter sind einige der besten sowie auch ein paar, die keine Unsummen verlangen.

In kleineren privaten Reservaten logieren immer nur zehn bis sechzehn Gäste gleichzeitig. Dadurch herrscht eine sehr familiäre Atmosphäre. Größere Camps beherbergen hingegen zwei- bis dreimal so viele Menschen und gleichen einem Hotel mitten im Busch. Doch auch hier steht immer ein Ranger zur Verfügung, und man bekommt genauso viele Tiere zu Gesicht. Zahlreiche Safari-Lodges haben eigene Wasserstellen, an denen man bequem von der Bar aus Tiere beobachten kann.

Die **Unterbringung** erfolgt in luxuriösen Safari-Zelten mit eigenem Badezimmer, oder in Chalets, von denen einige aus Ziegelsteinen gemauert und mit Stroh gedeckt sind, andere wieder gleichen eleganten Luxusapartments. Ein paar der Camps besitzen *bush-showers* (eine aufgehängte, mit warmem Wasser gefüllte Gießkanne mit einer Düse) unter freiem Himmel, hinter einem Bambusverschlag, und es gibt kaum etwas Wildromantischeres als eine Dusche unter dem afrikanischen Sternenhimmel zu nehmen. Da es manchmal keinen Elektroanschluss gibt, werden einige Chalets oder Zelte mit Petroleumlampen beleuchtet. Die **Verpflegung** ist in der Regel gut und reichlich, und auf Wunsch wird auch vegetarisch gekocht.

Der Tagesablauf in einem typischen Privatcamp sieht so aus, dass die Gäste im Morgengrauen zum Tee-/Kaffeetrinken geweckt werden und danach eine geführte Buschwanderung oder einer Jeep-Fahrt machen, um Tiere zu beobachten. Nach einem vormittäglichen Brunch/Frühstück besteht die Möglichkeit, sich eine Weile auf einer Aussichtsplattform oder in einem Hochstand aufzuhalten und in aller Ruhe das Naturschauspiel zu betrachten. Am Spätnachmittag findet ein weiterer Ausflug statt, ähnlich dem am frühen Morgen, allerdings gekrönt von einem Sundowner. Oftmals schließt sich daran noch eine Nachtfahrt an. Die Jeeps sind mit starken Handscheinwerfern ausgestattet, mit deren Hilfe sich nachtaktive Tiere ausfindig machen lassen.

Die **Preise** sind immer Pauschalpreise, d.h. sie umfassen Unterkunft, Vollverpflegung und sämtliche Expeditionen in die Wildnis – dennoch ist die Bandbreite groß. Die Camps am obersten Ende der Preisskala bieten zwar den meisten Luxus und Stil, garantieren aber nicht unbedingt eine artenreichere Tierwelt. Manche Besucher gelangen zu der Überzeugung, dass billigere Camps den kostspieligeren in der gleichen Gegend vorzuziehen sind, da ihre schlichtere Atmosphäre besser im Einklang mit der Natur ringsum steht.

Aktivitäten

Südafrikas vielseitige Landschaft mit Bergen, Wäldern, Felsküsten und Sandstränden sowie endlosen Meilen weites Bushveld und die Nationalparks bieten hervorragende Möglichkeiten für sportliche Aktivitäten im Freien. Dies haben inzwischen auch die Südafrikaner entdeckt, und das Ergebnis ist eine hoch entwickelte Infrastruktur für Sportmöglichkeiten im offenen Terrain. Dazu gehören vor allem ein beachtliches nationales Netz an Wanderwegen und eine große Anzahl von kommerziellen Anbietern für Abenteuersport.

Wanderführer Es gibt viele Bücher und Broschüren, die Wanderungen in bestimmten Gegenden Südafrikas ausführlich und zuverlässig beschreiben, doch die folgenden zwei Wanderführer haben sich als besonders nützlich erwiesen: **Jaynee Levy**, *The Complete Guide to Walks & Trails in Southern Africa* (Struik). Levy war bei der Entwicklung der Wanderpfade und -wege in Südafrika einer der Initiatoren, und sein Werk ist der umfassendste Wanderführer für die gesamte Region. Das Buch bietet alle nötigen Informationen und Kontaktadressen.
Willie und Sandra Olivier, *Hiking Trails of Southern Africa* (Southern). Dieses Buch befasst sich „nur" mit den 44 wichtigsten Wanderwegen, beschreibt diese aber ausführlich und gibt für jede Wanderung hervorragende naturgeschichtliche Erklärungen.

Wanderwege

In den letzten 20 Jahren hat sich in Südafrika das Wandern zu einer der begehrtesten Freizeitsportarten entwickelt. Nirgendwo, selbst nicht im Zentrum von Johannesburg, ist man weit von einer Wandermöglichkeit entfernt. Die besten Pfade liegen natürlich in Wildnis-Gebieten. Dort finden sich markierte Wege für halbstündige Spaziergänge oder für größere und längere Expeditionen zu Fuß, die zu den landschaftlich reizvollsten Stellen des Landes führen.

Pfade für Mehrtagestouren mit Übernachtungen sind im Allgemeinen gut gekennzeichnet: mit farbigen Fußspuren oder anderen Markierungen, die die Route und die Zeltplätze oder Hütten am Weg anzeigen. Die Anzahl der Wanderer, die eine Route begehen dürfen, ist meistens begrenzt, und viele Touren sind so beliebt, dass sie schon mehrere Monate im Voraus ausgebucht sind. Manchmal ist es jedoch möglich, eine Wandererlaubnis zu bekommen, indem man einfach auftaucht – in der Hoffnung, dass vorangemeldete Wanderer abgesagt haben.

Wer viel wandern, sich aber nicht mit Sack und Pack auf eine längere Expedition begeben möchte, kann in Gegenden wie den **Drakensbergen** eine feste Unterkunft in einem Chalet buchen und von dort aus Tagestouren unternehmen.

In Südafrika gibt es **geführte Wandertouren durch die Wildnis**, bei denen man sich in Wildgebieten (wie dem Krüger-Nationalpark), begleitet von bewaffneten Wildhütern, bewegen kann. Allerdings vermitteln diese Wanderungen in erster Linie ein „Gefühl" für die Tierwelt – vom Auto aus lassen sich gewöhnlich viel mehr Tiere beobachten. Spezialtouren umfassen Unternehmungen mit Mountainbikes, in Kanus, auf Pferden oder Kamelen. Es gibt sogar ein paar Wanderwege für Behinderte, z.B. für Blinde oder für Rollstuhlfahrer.

Wassersport

Das Meer im Südafrika ist alles andere als ruhig: Von der 2500 km langen Küstenlinie sind nur die Strände von KwaZulu-Natal am Indischen Ozean und die nördlichen Küstengebiete der Provinz Westkap tropisch, und die gesamte Küste entlang schlagen westliche Wellen ans Ufer. Im Meer bei **Kapstadt** lässt es sich nur zwischen November und März angenehm baden. Allgemein gilt: Je weiter östlich man sich vom Kap der Guten Hoffnung befindet, desto wärmer ist das Wasser und desto länger die Badesaison. Wassertemperaturen, die kaum unter 18 °C fallen, erlauben an der Küste von **KwaZulu-Natal** ganzjähriges Schwimmvergnügen. Aber Vorsicht: Entlang der gesamten Küste gibt es

gefährliche Unterwasserströmungen und Strudel, daher ist es ratsam, nur unter Aufsicht von Rettungsschwimmern zu baden. Wenn keine da sind, sollte man auf den Rat von Einheimischen hören, niemals alleine schwimmen und die Gefahr des Meeres nie unterschätzen.

Die gewaltige Brandung macht Südafrika zu einem der angesagtesten **Surfertreffs** in der Welt. Dem perfekten Surf von **Jeffrey's Bay** wurde in dem Streifen *Endless Summer*, einem der Kultfilme der 60er Jahre, Unsterblichkeit verliehen. Aber jeder Surfer wird beteuern, dass es entlang der ganzen Küste – von der namibischen bis zur mosambikanischen Grenze – genauso gute oder gar bessere Surfstrände gibt. Surfer tendieren oft zu Cliquen-Bildung, doch die südafrikanische Surf-Gemeinde gilt als eine der freundlichsten, und Neuankömmlinge, die etwas können, werden schnell akzeptiert. Hervorragende Surfbretter gibt es hier für einen Bruchteil des europäischen Preises zu kaufen. Und wem es nichts ausmacht, von den Profis als *tea bag* oder *doormat* belächelt zu werden, der kann beim schlichten Bodysurfen viel Spaß haben. **Windsurfen** ist ein anderer populärer Sport, und in zahlreichen Badeorten wird die entsprechende Ausrüstung verliehen.

Tauchen ist ein Freizeitvergnügen, das zunehmend an Beliebtheit gewinnt, und Südafrika eines der preiswertesten Länder der Welt, um einen international anerkannten Tauchschein zu erwerben. Tauchkurse werden in allen Küstenstädten und in zahlreichen Urlauberresorts angeboten. Die besten Tauchmöglichkeiten bieten die Gewässer vor dem St Lucia Marine Reserve an der nördlichen Küste von KwaZulu-Natal, wo jährlich bis zu 100 000 Tauchgänge zu den Korallenriffen und ihrer farbigen Unterwasserwelt unternommen werden. Entlang der Küsten um das Kap der Guten Hoffnung gibt es zwar keine Korallenriffe, dafür kann man aber unzählige Schiffswracks und riesige Kelp-Wälder (Algen) erforschen.

KwaZulu-Natal ist auch bestens zum **Schnorcheln** geeignet. Weitere interessante Gebiete für Schnorchler gibt es z.B. im Tsitsikamma National Park.

Angeln ist eine weitere hoch spezialisierte Freizeitaktivität in Südafrika. Vor den Küsten gibt es etwa 250 verschiedene Fischarten, die vom Strand, von Felsen oder von Schiffen aus gefangen werden. Der

Zusammenfluss des warmen Indischen Ozeans und des kühleren Atlantiks östlich der Kap-Halbinsel führt zu einer der weltweit höchsten Konzentrationen von angelbaren Fischen (z.B. Longfin, Thunfisch und Schwertfisch). Im Landesinnern gibt es viele Flüsse und Stauseen mit Süßwasserfischen. Das Forellenangeln ist besonders beliebt in Mpumalanga, dem nördlichen Teil der Ostkap-Provinz sowie in den mittleren Regionen von KwaZulu-Natal.

Auf den Flüssen und Seen des Landes sind die südafrikanischen Touristen als kühne **Motorbootfahrer** bekannt, eine Aktivität, die eng mit dem **Wasserskilaufen** verbunden ist. **Kajaks** und **Kanus** sind ebenfalls sehr populär. Boote können in Ferienanlagen und in Nationalparks, die an Flüssen liegen, gemietet werden. Für Abenteuerlustige werden **Wildwasserfahrten** mit Kajaks oder **Rafting**, z.B. auf dem Tugela in KwaZulu-Natal und auf dem Orange River, angeboten.

Weitere Aktivitäten

Südafrika bietet eine ganze Reihe von Freizeitaktivitäten in der Luft: In den Winelands werden **Ballonfahrten** angeboten, und beim **Drachenfliegen** über Kapstadt kann man eine neue, spannende Sicht gewinnen. Los geht es am Lion's Head, und dann lässt man sich von den thermischen Aufwinden tragen.

Erdverbundenere Unternehmungen wie **Bergsteigen** und **Klettern** sind vielerorts möglich, denn sie haben sich in Südafrika mehr oder weniger zu Breitensportarten entwickelt. Wer in einem der wenigen Skigebiete im Ost- oder Westkap **Ski laufen** will, kann den Daheimgebliebenen von einer ziemlich „exotischen" Südafrika-Erfahrung berichten. Für Besucher, die sich nicht zwischen Himmel und Erde entscheiden können, bietet sich ein **Bungee-Sprung** von der Gouritz River Brücke bei Mossel Bay an. Es handelt sich dabei um den weltweit höchsten, kommerziell angebotenen Bungee-Jump.

In fast allen Ferienanlagen – an der Küste sowie im Landesinnern – stehen **Reitpferde** zur Verfügung, sei es stunden- oder tageweise. In den Drakensbergen werden Ausritte in den Natal-Nationalparks angeboten, und in Lesotho kann man an mehrtägigen Pony-Trekkingtouren teilnehmen. **Golf**-Enthusiasten können sich auf eine fantastische Zeit in Südafrika freuen. Es gibt zahlreiche Golfplätze, oft in wunderbarer Landschaft.

Zuschauersport

Südafrika ist eine sportbegeisterte Nation – Emotionen brechen auf, wenn sich lokale oder internationale Mannschaften auf dem Spielfeld gegenüberstehen. Gewonnene (oder verlorene) Spiele, kontroverse Mannschaftsaufstellungen und Skandale beherrschen die Schlagzeilen der Tageszeitungen und werden ausführlich über mehrere Seiten kommentiert. Der Dominanz des sportlichen Geschehens im Radio, Fernsehen und in der Werbung kann sich auch der Besucher kaum entziehen. Die wichtigsten Sportarten mit Massenpublikum sind **Fußball**, **Rugby** und **Kricket**, und es ist eine unglaublich intensive Erfahrung, wenn man ein „großes" Spiel zwischen Nationalmannschaften oder den bekanntesten Lokalvereinen live in einem Stadium miterleben kann. Die im Fernsehen übertragenen Spiele werden auch in den Bars und Kneipen meistens von einer lautstarken Menge verfolgt.

Fußball

Fußball ist die populärste Sportart des Landes. Er ist *der* Sport der Schwarzen und Farbigen und entwickelt sich momentan auch in finanzieller Hinsicht so, dass Südafrika bald zu den führenden Fußballnationen gehören könnte.

Die Saison der Profimannschaften in der **Premier Soccer League** (Liga) und in einigen Cup-Wettbewerben dauert von August–Mai. Im Gegensatz zum Rugby gehören die Stadien nicht den Vereinen, sondern müssen von ihnen für die jeweiligen Spiele gemietet werden. Das bedeutet, dass in Gauteng, der wichtigsten Fußballprovinz des Landes, alle großen Klubs dieselben Wettkampfstätten benutzen. Dies hat bislang das Entstehen einer echten Fan-Kultur und -Atmosphäre verhindert. Die Zuschauer sind gewöhnlich ausgelassener, aber fröhlicher Stimmung, und auch wenn die überwiegende Mehrheit schwarz ist, so können sich Weiße problemlos in der Menge tummeln.

Bei entscheidenden Spielen – gewöhnlich zwischen den beiden Topteams aus Johannesburg, den **Kaiser Chiefs** und den **Orlando Pirates** – gibt es zwar Spannungen, aber zu Ausschreitungen ist es bisher selten gekommen. Der tragische Unglücksfall bei einem Aufeinandertreffen dieser beiden Mannschaften im Jahr 2001 im Ellis Park in Johannesburg, bei dem Fans zu Tode getrampelt wurden, war auf Probleme beim Kartenverkauf zurückzuführen, nicht auf Schlägereien in der Menge. Die Chiefs und die Pirates sind zwar Mannschaften aus Soweto, besitzen aber Fans im ganzen Land, und ihre Derbys bilden die Höhepunkte der Fußballsaison.

Die Spiele werden wochentags gewöhnlich um 19.30 oder 20.30 Uhr und samstags um 15 Uhr ausgetragen, und der Eintritt beträgt rund R25. Die Nationalmannschaft, mit dem Spitznamen **Bafana Bafana** (wörtlich: „Jungs, Jungs", gemeint ist: „unsere Jungs"), ist eines der afrikanischen Topteams und hat sich sowohl 1998 wie auch 2002 für die Endrunde der Weltmeisterschaft qualifiziert. Bafana spielt typisch südafrikanischen Fußball: kreativ und athletisch spektakulär. Das bringt den Beifall der Menge ein, doch weniger überzeugend sind sie im taktischen Teamwork. Selbst Spiele, in denen Südafrika als haushoher Favorit gilt, besitzen da ein Element der Unvorhersagbarkeit und Spannung, und das macht ja Fußball so aufregend.

Rugby

Rugby ist nach wie vor bei Weißen und besonders bei den Afrikaandern populär, obwohl zunehmend Anstrengungen unternommen werden, das Spiel auch Schwarzen und einem schwarzen Publikum nahe zu bringen. Die Weltmeisterschaft von 1995, bei der Südafrika als Gastgeber auftrat, wurde im ganzen Land mit größter Spannung verfolgt, vor allem als dann die südafrikanische Nationalmannschaft, die Springboks, das Finale für sich entscheiden konnte, und Präsident Nelson Mandela bei der Übergabe des Weltpokals ein grünes Springbok-Jersey trug – ein Privileg, das vorher nur den weißen Spielern vorbehalten war. Inzwischen ist die Euphorie wieder verflogen und hat einem erbitterten Kampf Platz gemacht, in dem es darum geht (besonders nach der offiziellen Regierungsdirektive, in Nationalmannschaften eine „Rassenquote" einzuführen), die traditionell weißen Sportarten Rugby und Kricket für alle Südafrikaner zu öffnen.

Doch trotz dieser sportpolitischen Überreste des Apartheid-Regimes ist unumstößlich, dass Südafrika im Rugby hervorragend ist, und man kann sowohl auf nationaler wie internationaler Ebene erstklassige Spiele sehen. Der bekannteste Wettbewerb war bislang der **Currie Cup**, der an Wochenenden von März bis Oktober ausgetragen

wird. Der Eintritt kostet um R50. In den letzten Jahren haben allerdings die Spiele der **Super 12** einen noch höheren Beliebtheitsgrad erworben. Hier spielen jährlich von Ende Februar–Ende Mai regionale Teams aus Südafrika, Neuseeland und Australien in allen drei Topländern der „südlichen Rugby-Welt" gegeneinander. In Südafrika finden diese Spiele hauptsächlich in Johannesburg, Kapstadt und Durban statt, manchmal auch in kleineren Orten wie Port Elizabeth, East London, Bloemfontein und George. Die Springboks spielen u.a. gegen Mannschaften von der nördlichen Erdhalbkugel wie England oder Wales und nehmen am jährlichen Drei-Nationen-Cup der südlichen Rugby-Nationen teil. In diesem Turnier der gegenwärtig besten Rugby-Mannschaften der Welt bestreitet Südafrika Heim- und Auswärtsspiele gegen Australien und Neuseeland. Die Popularität dieser Treffen ist immens, und der Run auf die Tickets beginnt schon lange im Vorfeld.

Kricket

Ähnlich wie Rugby ist Kricket ein Relikt britischer Kolonialherrschaft, und es galt eine Zeit lang als die progressivste und innovativste jener Sportarten, die früher ausschließlich Weißen vorbehalten war. Mit Entwicklungs- und Unterstützungsprogrammen wollte man Kricket auch bei Schwarzen und Coloureds populär machen und dort Talente entdecken. Der Sport geriet jedoch im Jahre 2000 in eine tiefe Krise, als herauskam, dass der frühere südafrikanische Kricket-Kapitän Hansie Cronje von Wettsyndikaten Geld angenommen hatte, um die Ergebnisse in ihrem Sinne zu manipulieren. Cronje wurde zwar mit einer lebenslangen Sperre belegt, doch wurde die Glaubwürdigkeit der ganzen Sportart durch diese Affäre in Frage gestellt.

Die heimische Kricket-Saison dauert von Oktober–April, und das eintägige Top-Turnier ist der **Standard Bank Cup**. Die Eintrittspreise belaufen sich auf etwa R25 für einen Steh- und R35 für einen Sitzplatz. International gesehen, gehört Südafrika zu den besten Kricket-Teams, und wer zwischen November und März im Lande ist, hat durchaus die Chance, ein Länderspiel – im Kricket „Test Match" genannt – zu erleben. Früher bestanden die südafrikanischen Teams ausschließlich aus weißen Spielern, heute spielen auch ein paar Schwarze und Farbige für ihr Land.

Langstreckenlauf

Im Langstreckenlauf war Südafrika immer sehr gut, aber bei den Olympischen Spielen von Atlanta 1996 erreichte diese Tradition ihren Höhepunkt, als Josiah Thugwane den Marathon gewann. Er war der erste schwarze Südafrikaner, der eine olympische Goldmedaille errang. Am größten Laufereignis in Südafarika, dem **Comrades Marathon**, nehmen fast 15 000 Läufer teil, unter ihnen einige der führenden Ultra-Marathon-Athleten der Welt. Die 90 km lange Strecke mit einem Höhenunterschied von fast 800 m durchquert das Hügelland zwischen Durban und Pietermaritzburg. Das Rennen findet jährlich am 31. Mai statt und wird schon seit 1975 unter Beteiligung aller Rassen ausgetragen. Doch erst 1989 trug ein Südafrikaner, Samuel Tshabalala, den Sieg davon. Seitdem werden die vorderen Plätze von schwarzen Athleten belegt.

Pferderennen

Pferderennen sind in Südafrika bei Arm und Reich populär, und in allen größeren Städten gibt es Trab- und Galopprennbahnen. Die Beliebtheit dieser Sportart rührt vor allem daher, dass dies in Südafrika jahrzehntelang die einzige Möglichkeit öffentlichen „Glücksspiels" darstellte. Unter dem Vorwand, dass in Pferderennen das Geschick und nicht das Glück für Sieg und Niederlage entscheidend sei, erlaubten die puritanisch-kalvinistischen Afrikaander-Politiker diese Form des professionellen Wettens. Der Höhepunkt der Rennsaison ist das **Rothman's Durban July Handicap** vor einem Riesenpublikum, das nicht nur aus Interesse an Geld und Pferden teilnimmt, sondern auch um die Hüte und Kleider der Hautevolee zu bewundern.

Feste, Feiertage und Ferien

Die südafrikanischen **Schulferien** können die eigenen Reisepläne ziemlich durcheinander bringen, vor allem wenn man zelten, in Nationalparks oder in billigeren Quartieren übernachten will. Die meisten jener Unterkünfte sind schon lange im Voraus ausgebucht. Wer also in diesem Zeitraum eine Südafrikareise plant, sollte insbesondere in den Nationalparks so früh wie möglich eine Unterkunft reservieren.

Die längste und verkehrsreichste Ferienzeit liegt um **Weihnachten (Sommer)**. Die Schulen schließen dann etwa vom 4. Dezember–21. Januar. Flüge und Schlafwagenplätze sind zwischen dem 16. Dezember und 2. Januar, wenn viele Betriebe und Verwaltungsbüros dicht machen und ihre Angestellten in die Ferien entlassen, nur schwer zu bekommen. Wer Südafrika in der Weihnachtszeit besuchen möchte, sollte sowohl internationale als nationale Flüge bereits sechs Monate vorher buchen. Die Schulferien der verschiedenen Provinzen liegen nicht alle im gleichen Zeitraum, doch als Faustregel gelten folgende Termine: **Osterferien**, 20. März–15. Apr.; **Winterferien**, 20. Juni–21. Juli, und **Frühjahrsferien**, 19. Sept.–7. Okt.

Offizielle Feiertage
(Lesotho und Swasiland s.S. 725 und 762)

1. Januar Neujahrstag
21. März Tag der Menschenrechte
Karfreitag, Ostersonntag, Ostermontag
27. April Tag der Freiheit
1. Mai Tag der Arbeit
16. Juni Tag der Jugend
9. August Nationaler Frauentag
24. September Tag des Erbes
16. Dezember Tag der Versöhnung
25. Dezember Weihnachten
26. Dezember Tag der Versöhnung

Medien

Die südafrikanische Presselandschaft ist bis auf ein paar wenige Ausnahmen eher provinziell. Das liegt u.a. daran, dass es kaum ein landesweites Blatt, sondern viele Lokalzeitungen unterschiedlicher Qualität gibt. Die Fernsehsender zeigen eine Mischung aus importierten Programmen und hausgemachten Seifenopern nach US-Vorbild sowie einige Realityshows so nach hin und wieder einen sehenswerten Dokumentarfilm.

Im Bereich des Rundfunks wird Südafrika den breit gefächerten Interessen des multikulturellen Publikums am besten gerecht. Durch eine Neuregulierung der Kanalfrequenzen sind viele neue, kleine Radiostationen entstanden.

Zeitungen

Von den rund 20 meist auf Englisch oder Afrikaans erscheinenden Zeitungen können nur die Wochenzeitungen als überregional eingestuft werden, wozu der *Mail & Guardian*, die *Sunday Times* und der *Sunday Independent* gehören. Der *Mail & Guardian* ist landesweit erhältlich und profitiert enorm von seiner engen Verbindung zum Londoner *Guardian*, von dem er einen Großteil der internationalen Berichterstattung bezieht. Er ist fraglos die anspruchsvollste Zeitung des Landes.

Die *Sunday Times* darf sich der höchsten Verkaufszahlen rühmen – rund eine halbe Million –, die auf eine wohl dosierte Mischung aus solide recherchierten Reportagen, Klatschgeschichten und Material aus dem *London Telegraph*, gewürzt mit einer Portion Sex, zurückzuführen sind.

Der *Sunday Independent* gehört Tony O'Reilly, aus dessen Verlagshaus auch der Londoner *Independent* sowie dessen irisches Gegenstück kommen. Er gibt sich etwas gediegener als die *Sunday Times*, doch er überzeugt nicht mehr so recht und es wird behauptet, dass er fast alle Auslandsnachrichten von den anderen Blättern übernimmt.

Auch der *Sowetan*, der sich überwiegend an die schwarze Leserschaft von Johannesburg richtet, ist nahezu überall erhältlich. Er zeichnet ein weniger ausschließlich weiß gefärbtes Bild der südafrikanischen Verhältnisse, als andere Zeitungen dies tun.

Was die englischsprachigen Tageszeitungen angeht, so bringt der *Star* in Johannesburg weniger Interessantes, als man von *dem* Presseorgan des wirtschaftlichen Landeszentrums eigentlich erwartet. Der *Business Day* mit seiner umfassenden nationalen und internationalen Berichterstattung das südafrikanische Äquivalent der *Financial Times* oder des *Wall Street Journal*.

Die **Lokalblätter** sind vor allem wegen der Veranstaltungshinweise und Adressenangaben interessant. In Kapstadt gibt es die *Cape Times* und den *Cape Argus*, der „Bruder" des *Star*. In Durban erscheinen die *Daily News* sowie morgens und abends der *Natal Mercury*. In Port Elizabeth ist es der *Eastern Province Herald* – ein Boulevardblatt im Stil der *Bild*-Zeitung. In East London kommt der *Daily Dispatch* heraus, eine Ostkapzeitung, die in den 70ern aufgrund ihrer freundlichen Berichterstattung über den Schwarzenführer Steve Biko einiges Aufsehen erregte.

Zeitungen bekommt man am einfachsten in Gemischtwarenläden und Papierhandlungen, vor allem in den CNA-Filialen. Dort sind auch **internationale Presserzeugnisse**, allerdings überwiegend britische, erhältlich.

Fernsehen

Tagtäglich schalten rund 12 Millionen südafrikanische Zuschauer einen der drei staatlichen Sender ein, die einen Mix aus einheimischen Schwänken und Tierfilmen, Seifenopern und Dokumentarfilmen sowie ein paar importierten Allerweltsproduktionen zeigen. **SABC1**, **2** und **3** teilen sich die wenig beneidenswerte Aufgabe, ein Programm zu bieten, bei dem für jeden Zuschauer etwas dabei ist, wobei sie ihre Sendezeit zwischen den elf offiziellen Landessprachen ausloten müssen. Einer solchen Aufgabe wären selbst die Fernsehanstalten eines reichen Industrielandes nicht gewachsen. In der Praxis sieht es so aus, dass die meisten Sendungen in englischer Sprache sind: SABC 3 sendet sogar fast ausschließlich auf Englisch, während SABC 2 und SABC 1 sich sichtlich Mühe geben, die übrigen zehn Sprachen abzudecken, obwohl sich auch bei ihnen viel Englischsprachiges einschleicht.

Per Satellit ist **M-Net** zu empfangen, das in den meisten Hotels ausgestrahlt wird und Sport, Spielfilme und Nachrichten bringt. Südafrikas erster und einziger unabhängiger kommerzielle Kanal **e.tv** ging 1998 auf Sendung. Er ist unter der Prämisse gestartet, südafrikanischen Produktionen einen breiten Raum zu gewähren – ein Auftrag, der allerdings in keiner Weise erfüllt wird. Das Programm besteht in erster Linie aus banalen Importwerken.

Radio

Angesichts der Tatsache, dass es in Südafrika viele Menschen gibt, die weder schreiben noch lesen können und am Rande des Existenzminimums leben, ist es nicht verwunderlich, dass der Rundfunk das beliebteste Medium ist. Radiogeräte sind billig, und der Empfang ist selbst in den entlegensten Winkel des Landes möglich. Die SABC betreibt eine Rundfunkstation für jede der elf offiziellen Sprachgruppen. Der englischsprachige Sender **SAfm** ist durchweg hörenswert, und am besten sind die abendlichen und morgendlichen Nachrichtensendungen auf diesem Kanal. Wer wissen möchte, was den südafrikanischen Durchschnittsbürger bewegt, sollte die **Tim Modise Show** auf Safm (Mo–Fr 8.30–10 Uhr) einschalten, eine Hörersendung zu aktuellen Themen, in der Menschen aus dem ganzen Land anrufen und sich zu Wort melden. Seine Höflichkeit und Toleranz hat Modise den Respekt von Südafrikanern jeglicher Rasse eingebracht. Es ist eines der ganz wenigen Programme, wo Angehörige aller ethnischen Gruppen Südafrikas miteinander diskutieren, oder wo man einfach mal seine Meinung äußern und frei reden kann.

Unter der Regie der SABC laufen auch **5FM Stereo**, ein nationaler Popsender, der die Top 40 bringt, sowie **Radio Metro**, der sich vor allem an schwarze Stadtbewohner richtet. Neben den hier genannten Sendern, gibt es noch zahlreiche weitere regionale und kommerzielle, die ein breites Spektrum abdecken. Neue Radiostationen in Gauteng s. S. 597.

Post und Telekommunikation

Die meisten größeren und kleineren Städte verfügen über ein **Postamt**, das normalerweise Mo–Fr 8.30–16.30 und Sa 8–11.30 Uhr geöffnet hat (manche schließen auch schon früher). Allerdings ist der Service mit Vorsicht zu genießen, denn er ist nicht besonders schnell, und Geld oder andere Wertsachen können auf dem Postweg leicht abhanden kommen. Deshalb sollte man wichtige Sachen besser einem privaten Kurierdienst, wie Federal Express, anvertrauen. Das ist zwar teurer, aber bei weitem zuverlässiger.

Der inländische Briefversand von einer Stadt zur anderen dauert ungefähr eine Woche, und wenn der Absender/Adressat sich in einem abgeschiedenen Landesteil aufhält, kann die Sendung sogar noch länger unterwegs sein. **Internationale Luftpostsendungen** kommen oft schneller an. Das betrifft vor allem solche, die in Johannesburg, Kapstadt oder Durban aufgegeben werden, denn von dort aus starten Direktflüge nach Europa. Wer Briefe oder Pakete auf dem Landweg nach Deutschland, Österreich oder in die Schweiz schickt, muss mit einer Transportdauer von bis zu zwei Monaten rechnen. **Briefmarken** gibt es auf Postämtern sowie in Zeitungsgeschäften, z.B. in CNA-Filialen.

Poste restante bieten die meisten Hauptpostämter sowie zahlreiche Backpacker-Hostels an. Die **Briefkästen** sind übrigens – nach britischem Vorbild – rot und meistens säulenförmig.

Telefon
Fern- und Auslandsgespräche
Bei internationalen **Ferngesprächen** *(overseas calls)* kann von privaten wie öffentlichen Telefonen direkt gewählt werden. Am kostspieligsten sind Direktgespräche vom Hotelzimmer aus, die oft zum höchstmöglichen Tarif abgerechnet und dann noch mit einem saftigen Aufschlag versehen werden.

Die *Telekom* bietet die **T-Card** in Form einer **Kreditkarte** an, mit der man in über 80 Ländern von nahezu jedem Telefonanschluss aus telefonieren kann. Die Abrechnung erfolgt über die Telefonrechnung zu Hause, wobei eine jährliche Gebühr von 5 € berechnet wird. Das Gespräch wird über eine kostenfreie, länderspezifische Zugangsnummer vermittelt. Die Kartennummer sowie die gewünschte Rufnummer werden von einer automatischen „deutschsprachigen" Sprachbox abgefragt. Um Missbrauch vorzubeugen, sollte man den PIN-Code unbedingt geheim halten und ihn nicht in Hörweite eines Fremden durchgeben. Man kann die Karte auch zu Hause lassen und sich nur die Code-Nummer notieren.

Zudem bietet die Zugangsnummer die Möglichkeit, mit **Deutschland Direkt** R-Gespräche zu führen, sofern sich der Angerufene bereit erklärt, die Kosten zu übernehmen – ideal für Notfälle. Die Kosten für den Anruf betragen pro Vermittlung 2,50 € plus Gebühren von 1,46 € pro Minute.

T-Card / Deutschland Direkt der Telekom (erhältlich in allen Telekomläden)
Beratungshotline: T-Card ✆ 0800-330 0223;
Deutschland Direkt: ✆ 0800-330 0490,
🖳 www.detecardservice.de
Südafrika: 0800-990049 (Deutschland Direkt 1,46 € pro Minute)
Zugangsnummer für Deutschland: 0800-330 0222

In der Form einer **Guthabenkarte** oder *prepaid phone card* gibt es auch die **T-Card-Holiday** im Wert von 12,50 oder 25 €. Beide Varianten der T-Card sind auch in Deutschland benutzbar.

Auch mit **prepaid phone cards** anderer Gesellschaften oder mit **Kreditkarten** und Geheimzahl kann man bargeldlos telefonieren. Der Vorteil liegt in erster Linie in der bequemen Handhabung. Die Tarife sind jedoch nicht unbedingt günstiger als bei Gesprächen von einer öffentlichen Telefonzelle und können mit den (uhrzeitabhängigen) Sondertarifen vieler lokaler Anbieter nicht konkurrieren. Da Kreditkarteninhaber die Karten amerikanischer Gesellschaften kostenlos erhalten, sollte man sich zumindest für den Notfall damit ausstatten.

Das südafrikanische **Telefonsystem** unterliegt der Monopolgesellschaft Telkom und ist für afrikanische Verhältnisse geradezu vorbildlich. In jeder kleineren und größeren Ortschaft finden sich öffentliche Telefonapparate, und auch in weltabgeschiedenen *dorps* werden immer mehr Telefonzellen eingerichtet – greifbares Ergebnis der „neuen" Regierungspolitik, die sich zur Aufgabe gemacht hat, den Bedürfnissen aller Landesbewohner Rechnung zu tragen.

Die Telkom-Apparate in Südafrika sind Münz- oder Kartentelefone. Auslandsanrufe sind von fast allen öffentlichen Apparaten aus möglich. Einfacher ist es allerdings, wenn man über eine Telefonkarte verfügt, denn die Münzen rattern schneller durch als man sprechen kann. **Telefonkarten** zu R15, 20, 50, 100 und 200 werden in Telkom-Büros, auf Postämtern und in Zeitungsgeschäften verkauft.

In den Städten finden sich auch private **phone bureaus**, wo Kunden ein normales Telefon benutzen und anschließend bezahlen können. Dies ist zwar gemütlicher, da man hier im Sitzen telefonieren kann, aber die Gebühren sind wesentlich höher als von einem öffentlichen Telkom-Apparat aus. In manchen dieser Büros werden auch **Faxe** verschickt und entgegengenommen, was zwar auch nicht billig, jedoch oft preiswerter als ein Anruf ist. Diesen Service bieten auch einige Zeitungsläden an, was dann auf der Schaufensterseite angeschrieben steht.

Auslandsgespräche sind am preiswertesten Mo–Fr 20–8 Uhr sowie am Wochenende. **R-Gespräche** kann man von jeden Apparat aus über den International Operator Service, ℡ 0900, anmelden.

Südafrikanische Telefonnummern Seit 2001 bestehen sämtliche Telefonnummern in Südafrika aus einer zehnstelligen Zahl, die auch die Vorwahlnummer umfasst. Das bedeutet, dass man überall – ob innerhalb oder außerhalb des jeweiligen Vorwahlbereiches – die gesamte Nummer wählen muss. Wer sich z.B. in Kapstadt befindet und einen anderen Teilnehmer in der Stadt anrufen möchte, muss zuerst die Vorwahl 021 eingeben.

Mobiltelefone

In vielen außereuropäischen Ländern kann man mittlerweile mit dem eigenen Handy telefonieren. D1, D2, E-Plus und Viag Interkom kooperieren mit zahlreichen Netzwerkbetreibern in der ganzen Welt. Wer sein Mobiltelefon nach Südafrika mitnehmen möchte, sollte sich vor der Reise bei seiner Telefongesellschaft erkundigen, ob der Handy-Vertrag das so genannte „International Roaming" einschließt und über welches Netz das Mobiltelefon vor Ort betrieben werden kann. Für Handys mit Prepaid-Karten gelten Sonderregelungen.

Mobiltelefone – in Südafrika *cellular* oder *cell phones* – funktionieren in den GSM-Frequenzbereichen und sind extrem weit verbreitet: Mittlerweile gibt es in Südafrika mehr Mobil- als Festnetzanschlüsse. Das Netz der beiden konkurrierenden Betreiber Vodacom und MTN – ein dritter soll im Laufe des Jahres 2002 seine Dienste anbieten – überzieht alle wichtigen Landesteile sowie die dort hinführenden Hauptstraßen. Es gibt allerdings auch bestimmte „Funklöcher", wie z.B. den Addo Nationalpark.

Beim **Roaming** bucht sich das Handy automatisch ins Netz des ausländischen Mobilfunk-Anbieters ein, mit dem die heimische Handy-Gesellschaft zusammenarbeitet (der Name erscheint auf dem Display). Man ist dann im Ausland unter seiner regulären Handy-Nummer erreichbar. Geht ein Anruf ein, wird er von der Handy-Gesellschaft zu Hause in dessen Netz weitergeleitet. Doch die Erreichbarkeit hat ihren **Preis**: Bei eingehenden Anrufen aus Europa zahlt der Anrufer in der Regel nur den heimischen Tarif, während die Kosten, die für die Vermittlung ins fremde Netzes anfallen, zu Lasten der eigenen Rechnung gehen – je nach Land derzeit zwischen 0,70 € und 1,50 € pro Minute.

Zudem berechnen einige ausländische Netzbetreiber zusätzlich noch Gebühren von bis zu 1,50 € pro Minute. Ein Anruf von zu Hause kann also leicht 2–3 € pro Minute kosten. Ankommende SMS sind dagegen fast immer kostenlos.

Auch wer vom Ausland via Handy zu Hause anruft, muss sich auf hohe Kosten einstellen. Derzeit sind für eine Minute je nach Land bis zu 5 € zu zahlen (SMS bis zu 0,70 €). Bei Gesprächen innerhalb des fremden Netzes werden normalerweise die landesüblichen Tarife berechnet.

Wer nicht unbedingt unter der normalen Handynummer erreichbar sein muss, kommt mit einem „pay-as-you-go package", das aus einer **local SIM card** besteht, welche die eigene während des Südafrikaaufenthaltes ersetzt, viel billiger weg. Diese SIM-Karte enthält die neue, vorübergehend erreichbare südafrikanische Telefonnummer, und die Bezahlung erfolgt mit **Prepaid cards**, die in den zahlreichen südafrikanischen Mobiltelefon-Shops sowie in anderen Geschäften, darunter die CNA-Filialen und Supermärkte, verkauft werden. Allerdings muss man sich vor der Abreise danach erkundigen, ob das Handy dafür geeignet ist. Die originale SIM-Karte sollte an einem sicheren Ort aufbewahrt werden, da sie ja später wieder gebraucht wird.

Infos zu Tarifen, Prepaid-Handys und Netzwerk-Kooperationen unter
D1, ✆ 2202 (Handy) oder 01803-302202, 🖳 www.t-d1.de;
D2, ✆ 1212 (Handy) oder 0800-172 1212, 🖳 www.d2privat.de;
E-Plus, ✆ 1111 (Handy) oder 01803-177177, 🖳 www.eplus-online.de;
Viag Interkom, ✆ 0800-552 2255 oder 0800-109 0000, 🖳 www.viag-interkom.de

---

Übrigens gibt es auf den Flughäfen großer südafrikanischer Städte sowie in manchen Geschäften in den Städten auch Handys zu mieten.

Und noch ein Tipp: In manchen Ländern stehen mehrere Roaming-Netze zur Auswahl, doch nicht immer sucht sich das Handy in das günstigste Netz ein. In diesem Fall sollte man sich über die Tarife der Anbieter informieren und notfalls manuell unter dem Menüpunkt „Netze" oder „Netzwahl" ins preiswertere Netz wechseln.

Telefonauskunft und internationale Vorwahlen

Telkom hat eine ausgezeichnete Auskunft, ✆ 1023. Da allerdings Englisch für viele Angestellte nicht ihre Muttersprache ist, sollte man ein bisschen Geduld haben, langsam und deutlich sprechen und auf Englisch buchstabieren können.

Die Landesvorwahlen sind von Deutschland, Österreich und der Schweiz nach	
Südafrika	0027
Lesotho	00266
Swasiland	00268
Von Südafrika nach	
Deutschland	0949
Österreich	0943
Schweiz	0941
Von Lesotho und Swasiland nach	
Deutschland	0049
Österreich	0043
Schweiz	0041

Nicht vergessen, die Null in der nachfolgenden Ortsnetzkennzahl wegzulassen.

Notruf	
Polizei	10111
Krankenwagen	10177

Internet

Eine der besten Möglichkeiten auf Reisen mit anderen in Kontakt zu bleiben, ist per E-Mail. In Südafrika findet man selbst in relativ kleinen Ortschaften Cybercafés und die meisten **Backpacker-Hostels** verfügen über Internet- und E-Mail-Zugang.

Vor der Abreise sollte man sich bei seinem **E-Mail-Provider** danach erkundigen, ob er einen Web-Service anbietet, über den man seine E-Mails an jedem Internet-Terminal der Welt abrufen kann. Dies ist immer verbreiteter, sehr praktisch und einfach zu handhaben, funktioniert manchmal allerdings ein bisschen langsam. Andernfalls besteht auch die Möglichkeit, sich eine von überall zugängliche, **kostenlose E-Mail-Adresse** einrichten zu lassen, z.B. bei Yahoo oder Hotmail, unter 🖳 www.yahoo.com bzw. 🖳 www.hotmail.com. Sobald sie eingerichtet ist, kann man über diese Seiten in jedem Internet-Café oder Hotel mit Internet-Zugang

E-Mails erhalten und verschicken. 🖳 www.kropka.com ist eine gute Website, auf der ausführlich der Umgang mit einem Laptop in allen möglichen Ländern erklärt wird. Außerdem sind dort die Telefonvorwahlen sämtlicher Länder der Erde aufgelistet und Informationen zu den elektronischen Systemen verschiedener Länder abrufbar.

Kriminalität

Ungeachtet der erschreckenden Kriminalitätsstatistik bleibt der größte Teil der Südafrikabesucher jedoch gänzlich unbeschadet. Diese Aussage soll das wahrscheinlich größte Problem des Landes nicht herunterspielen. Allerdings können Reisende, die sich der Tatsache bewusst sind, dass Kriminalität demographischen Mustern folgt, das Risiko weithin eingrenzen. Die meisten Schwerverbrechen ereignen sich in den ärmeren Gebieten, vor allem in den Townships, in Behelfssiedlungen und in Johannesburg. Vorsicht ist selbstverständlich angemessen, Paranoia dagegen nicht.

Fast alle mittelständischen Wohnhäuser werden – wie unschwer erkennbar – von bewaffneten, privaten Sicherheitsorganisationen bewacht. Hinzu kommen Alarmanlagen, Gitter, hohe Zäune und elektronisch gesteuerte Eingangstore – selbst in manchen Townships. Die Sicherung ihres Besitzes stellt eine Art landesweiter Obsession dar, und es ist nur schwer vorstellbar, welches Thema die Dinnerpartys wohlhabender weißer oder schwarzer Südafrikaner in Zukunft beherrschen wird, falls das Problem sich jemals erledigt.

Nicht nur Polizisten, sondern auch Privatleute tragen in aller Öffentlichkeit **Feuerwaffen**. Besucher aus Europa werden in größeren Städten mit Erstaunen feststellen, dass in Geschäften am Rande der Hauptstraßen neben Bekleidung und Büchern auch Waffen verkauft werden, und dass sie manchmal vor Schildern stehen werden, auf denen darum gebeten wird, die Waffen vor dem Betreten abzugeben.

Wer Opfer eines **Raubüberfalls** wird, sollte unbedingt den allgemeinen Ratschlag beherzigen, keine Gegenwehr zu leisten und bereitwillig den Forderungen nachzukommen. Das Risiko, in eine solche Situation zu geraten, lässt sich erheblich

mindern, indem man seinen gesunden Menschenverstand einsetzt und ein paar simple Vorsichtsmaßnahmen trifft, s. Kasten, S. 000.

Polizei

Für viele schwarze Südafrikaner ist die **South African Police** (SAP) immer noch mit dem Stigma des Mittäters der Apartheid-Regierung behaftet, und es muss noch viel Werbung gemacht werden, ehe die Polizei als „Freund und Helfer" betrachtet wird. Die Polizisten sind schlecht bezahlt und ausgerüstet, sie werden nicht selten beschossen (und oft tödlich verletzt) und genießen wenig Respekt – entsprechend demoralisiert sind sie. Wer im Auto angehalten wird, z. B. von einer Straßenkontrolle, sollte ihnen höflich und freundlich begegnen und nicht vergessen, dass der Fahrer nach südafrikanischem Straßenverkehrsrecht verpflichtet ist, ständig den **Führerschein** bei sich zu haben. Reisende, die bestohlen wurden, dürfen nicht allzu viel kriminalistischen Eifer von Seiten der Ordnungshüter erwarten oder damit rechnen, ihre Habseligkeiten zurückzubekommen. Sie sollten aber eine Anzeige bei der Polizei machen, um zumindest einen Beleg für die Reiseversicherung zu bekommen.

> **Drogen, Alkohol und Auto fahren** Die in Südafrika am häufigsten hergestellte und genommene Droge ist **Dagga** (Cannabis in Form getrockneter Blätter). Die Qualität ist meistens gut, doch das ändert nichts an der Tatsache, dass sie illegal ist. **Ecstasy** ist im Zusammenhang mit der Rave-Kultur, die in Südafrika sehr angesagt ist, in erster Linie die Droge der weißen Mittelschicht. Den **Alkoholgenuss** in der Öffentlichkeit verbietet übrigens das südafrikanische Gesetz – auch wenn sich niemand daran zu halten scheint. Gegen das **Alkoholverbot am Steuer** wird häufig und leichtfertig verstoßen, worin die einzige wirklich große Gefahr auf Südafrikas Straßen liegt. Zumindest erklärt sich daraus teilweise, warum während der Weihnachtsferien alljährlich mehr als tausend Menschen bei Massenkarambolagen ihr Leben lassen.

SICHERHEITSTIPPS

Allgemein

- Sich möglichst wenig touristisch gebärden
- Unauffällige Kleidung tragen
- In Städten keine Fotoapparate oder Video-kameras offen herumtragen
- Keinen kostbaren Schmuck/Armbanduhren tragen
- Die teure Designer-Sonnenbrille zu Hause lassen – sie kann dem Träger vom Gesicht gerissen werden
- Wenn man überfallen wird, Ruhe bewahren und sich kooperativ zeigen

Zu Fuß unterwegs

- Taschen fest unter den Arm klemmen
- Keine großen Geldsummen mit sich führen – aber immer ein paar Scheine, um einen Dieb im Notfall zu besänftigen
- Die Brieftasche nicht in der hinteren Ho-sentasche aufbewahren
- Wertsachen im Lokal/der Bar nicht einfach auf den Tisch, Stuhl oder Fußboden legen/stellen
- Die anderen Passanten auf der Straße im Auge behalten
- Niemanden zu nahe an sich herankommen lassen – Gruppen aus dem Weg gehen
- Die öffentlichen Verkehrsmittel in großen Städten nur zu zweit oder in der Gruppe be-nutzen

Am Strand

- Nur das Allernotwendigste mitnehmen
- Manche Autofahrer befestigen den Auto-schlüssel mit einer Sicherheitsnadel an der Badebekleidung, oder man kann ihn in einer wasserdichten Brieftasche oder Box mit ins Wasser nehmen
- Wertsachen, insbesondere Kameras, nie unbeaufsichtigt lassen

Im Auto

- Sämtliche Türen verriegeln, vor allem in den Städten
- Die hinteren Wagenfenster nur einen Spalt öffnen, der zu klein ist, um eine Hand durchzustecken
- Auf Parkplätzen nie etwas offen im Auto liegen lassen, das auch nur im Entferntes-ten zum Stehlen einlädt

An Geldautomaten

- Geldautomaten sind ein beliebtes Betäti-gungsfeld einfallsreicher Diebe, die nicht mit Gewalt, sondern mit Köpfchen vorge-hen. Egal, wie freundlich oder hilfesuchend sich ein Fremder an einem Geldautomaten gebärdet – man sollte sich niemals auf irgendeine Form der Interaktion einlassen
- Wird man um Hilfe gebeten, weil jemand (angeblich) Probleme mit dem Automaten hat, nicht eingreifen – den Rat geben, sich an die Bank zu wenden
- Hat man selbst Probleme mit dem Automa-ten, nie die Hilfe Fremder annehmen
- Beim Geldabheben darauf achten, dass die anderen Kunden den Sicherheitsabstand einhalten
- Im Zweifelsfall einen anderen Automaten suchen
- Nie Fremde beim Eingeben der PIN zuse-hen lassen
- Wird die Karte geschluckt, sofort reklamie-ren

Sonstiges

Bettler

Da Arme und Reiche in unmittelbarer Nachbar-schaft leben und ein soziales Sicherheitsnetz fehlt, ist das Betteln in Südafrika ein gängiges und un-vermeidliches Phänomen. Wer um Geld oder gar Lebensmittel gebeten wird, muss jedes Mal aufs Neue sein Gewissen befragen, denn es ist schlicht-weg unmöglich, jedem Bettler etwas zu geben. Manche Reisende entscheiden sich dafür, Herz und Geldbörse ständig verschlossen zu halten, andere geben je nach Lust und Laune oder entscheiden sich für eine Spende bei einer der anerkannten Hilfsorganisationen, die das größte Elend zu lin-dern versuchen – ein Weg, den viele mittelständi-sche Südafrikaner wählen. Eine „elegante" Version des Bettelns sind ungewünscht angebotene Dienstleistungen: Weit verbreitet sind die selbst ernannten Autowächter, die sich in der Nähe von Parkplätzen aufhalten, Autofahrer einweisen und anbieten, während der Abwesenheit auf den Wagen aufzupassen – ein Angebot, das man nicht ausschlagen sollte. Am besten einigt man sich darauf, den Bewacher bei der Rückkehr zu entlohnen, wenn der Job erfolgreich erledigt wurde (R3–5 sind ausreichend). Das Angebot einer Wagenwäsche (üblicherweise für R10) kann man entweder annehmen oder aber ausschlagen. Dann ist es allerdings ratsam, ein Stück weiterzufahren, um sich nicht dem Zorn des Geprellten auszuliefern.

Einkaufen

In Südafrika ist es im Unterschied zu anderen Teilen Afrikas ganz und gar nicht üblich, auf Märkten und an Straßenständen um die Preise zu feilschen. Die meisten Straßenverkäufer versuchen, sich auf ehrliche Art und Weise ihren Lebensunterhalt zu verdienen und sind normalerweise nicht darauf aus, Kunden über den Tisch zu ziehen.

Elektrizität

Das Stromnetz ist für 220/230 V Wechselstrom und die meisten Steckdosen sind für dreipolige Rundstecker ausgelegt. Besucher aus Deutschland, Österreich und der Schweiz benötigen für ihre Elektrogeräte also einen Adapter. In den meisten Badezimmern der Hotels ist allerdings ein 110 V-Stecker für elektrische Rasierapparate vorhanden.

Empfängnisverhütung

Ungeachtet der brennenden HIV/Aids-Problematik ist der Umgang mit empfängnisverhütenden Mitteln in Südafrika mehr oder weniger ein Tabuthema, und Kondome gibt es fast nur in Apotheken. Die Pille ist lediglich in Apotheken und ausschließlich auf Rezept erhältlich. Es ist ratsam, einen ausreichenden Vorrat mitzubringen.

Filme und Fotografieren

Alle gängigen Filme sind in Südafrika problemlos erhältlich. Allerdings sollte man sich nicht weismachen lassen, dass Filme mit einer hohen DIN-Zahl überflüssig seien, weil die afrikanische Sonne ja so hell ist. Auch wer eine lichtempfindliche Kompaktkamera mit Schnellautomatik benutzt, sollte zumindest einen Film mit 400 ASA im Gepäck haben, um im Morgengrauen, in der Dämmerung und bei bewölktem Himmel oder im Busch gute Bilder schießen zu können.

Maße und Gewichte

In Südafrika gilt das metrische System.

Mehrwertsteuer

Auf fast alle Waren und Dienstleistungen wird eine Mehrwertsteuer von 14% geschlagen, die *value-added tax* (VAT). Diese ist normalerweise bereits im geforderten Preis enthalten. Ausländische Besucher können sich ab einem Betrag von mehr als R250 die VAT zurückerstatten lassen. Dafür müssen direkt vor dem Abflug am Flughafen die Quittung, versehen mit dem Namen des Käufers und Verkäufers sowie einem Stempel, der Reisepass und die erworbenen Sachen vorgelegt werden. Außerdem muss ein entsprechendes Formular, ein so genanntes VAT *refund control sheet* (VAT 255), ausgefüllt werden, das auf internationalen Flughäfen erhältlich ist.

Öffnungszeiten

Normalerweise haben alle Geschäfte Mo–Fr 8.30–15.30, Sa 8–11 Uhr geöffnet. Einige Geldwechselstuben in den Großstädten sind sogar bis mindestens 17 Uhr (s. unter „Sonstiges" der jeweiligen Stadt). **Postämter,** ⏲ Mo–Fr 8.30–16.30, Sa 8–11.30 Uhr. **Regierungs- und Verwaltungsgebäude,** ⏲ Mo–FR 8–16.

Trinkgeld

In Restaurants und für Taxis normalerweise bis zu 15%. Wer jedoch unwirsch und schlecht bedient wurde, gibt weniger. Allerdings sollten Touristen nicht vergessen, dass ein Großteil der Menschen, die das Zimmer reinigen oder schwer beladene Tabletts heranschleifen, „schwarz" arbeiten und auf ein Trinkgeld angewiesen sind, denn die kärglichen Löhne reichen kaum dafür aus, eine große Familie zu ernähren. Die übliche Entlohnung für Gepäckträger in Hotels beträgt rund R3 pro Gepäckstück. In Südafrika gibt es keine Selbstbedienungs-Tankstellen. Der Tankwart sollte für das Auftanken und Scheibenwischen R3–5 bekommen. In Hotels gehört es zum guten Ton, dem Zimmermädchen ein bisschen Geld zu hinterlassen. Viele Einrichtungen, insbesondere private Game-Lodges, nehmen von Gästen beim Auschecken ein (freiwilliges) Sammeltrinkgeld entgegen – mit Abstand das fairste System, das sicher stellt, dass auch die Angestellten, die nicht direkt mit den Besuchern zu tun haben, ihren Anteil erhalten.

Waschsalons

In den meisten Städten gibt es Waschsalons, wo man nicht nur selbst waschen, sondern gegen angemessene Bezahlung die Wäsche oft auch abgeben und schrankfertig wieder abholen kann.

Zeitdifferenz

Besucher aus Deutschland, Österreich und der Schweiz müssen je nach Jahreszeit nur mit einer Zeitverschiebung von höchstens zwei Stunden rechnen, d.h. ein Jetlag ist praktisch ausgeschlossen.

Südafrika und seine Bewohner

Flora und Fauna

Nirgendwo sonst bietet sich eine bessere Gelegenheit, mit afrikanischen Säugetieren auf Tuchfühlung zu kommen, als in Südafrika. Der Krüger-Nationalpark, der größte von mehreren großen Naturreservaten im äußersten Nordosten des Landes, rangiert angesichts seiner leichten Zugänglichkeit und der Vielzahl an Säugetieren unter den besten Wildnisgebieten der Welt. Neben den aufregenden Safariabenteuern, die die großen Parks bieten, sind sie ein Beispiel für den immensen Artenreichtum, der auf dem gesamten Subkontinent existierte, bevor die Gewehre europäischer Siedler die Tiere in die Randgebiete des Landes abdrängten. Abgesehen von Krüger-, Kalahari-Gemsbok-, Hluhluwe-Umfolozi- und Pilanesberg-Park, wo man den „Großen Fünf" (Löwe, Leopard, Büffel, Elefant und Nashorn) begegnen kann, gibt es Hunderte weitere Wildschutzgebiete, die zahllose kleinere Raubtiere und Dutzende Pflanzenfresser in beeindruckender Landschaft beherbergen.

Einen guten Überblick über die südafrikanische Tierwelt bietet der farbige Safari Guide. Verschiedene lohnende Naturführer sind in der Bücherliste aufgeführt.

Landschaftsräume

Südafrikas **Ökozonen** erstrecken sich über verschiedene klimatische, topografische und vegetative Landschaftsräume, die einer Vielzahl von Tieren einen Lebensraum bieten. Die Spanne reicht dabei von wüstenartigen Dornbusch-/Trockensavannen *(thornveld)* und kleineren Waldgebieten über dichte subtropische Vegetation und Grassavannen bis hin zu alpinen Regionen und unterschiedlich ausgeprägten Küstenhabitaten.

Geografisch wird Südafrika durch hintereinander verlaufende Gebirgszüge geteilt. Diese Gebirge erstrecken sich in einem riesigen Bogen von der Kap-Halbinsel bis nach Mpumalanga. Sie bilden die Große Randstufe, die das ausgedehnte, trockenere Plateau im Landesinnern von der feuchteren Randzone abgrenzt, die ihrerseits in den Küstengürtel übergeht. Das Plateau und der Küstengürtel setzen sich wiederum aus verschiedenen Ökozonen, oder Biomen, zusammen, die gemeinsame klimatische Bedingungen und eine ähnliche Vegetation aufweisen.

Lowveld

Das *lowveld*, auch *bushveld* genannt, ist die typische afrikanische Landschaft der weiten Ebenen, die Tausenden von Tieren als Lebensraum dient. Es bedeckt ein Drittel des afrikanischen Kontinents und reicht von Malawi bis nach Südafrika, wo es einen ausgedehnten, sichelförmigen Gürtel beschreibt, der parallel zum Limpopo verläuft, um sich dann zwischen den Drakensbergen und dem subtropischen Küstenstreifen von der Nordküste KwaZulu-Natals bis nach Port Elizabeth in der östlichen Kap-Provinz zu erstrecken. Gemischte **Savannenformen** und **trockenes Waldland** dominieren hier, in denen es sommergrüne Laubbäume wie beispielsweise Marulas gibt, deren Früchte ein begehrtes Mahl von Elefanten sind.

In den feuchteren subtropischen Gegenden des *lowveld* entlang der Grenzen von Mpumalanga und dem nördlichen KwaZulu-Natal wachsen dornenreiche **Akazienarten**, grün-berindete **Fieberbäume** und dickstämmige **Affenbrotbäume**, in den Flusstälern auch **Palmen**. Westlich davon erstrecken sich Übergangszonen, die an die trockene Zone grenzen und auf deren kargeren Böden Sukkulenten wie **Aloen** (darunter Fackellilien) und gewaltige **Euphorbien**-Gewächse wie Kandelaberwolfsmilch dominieren.

Subtropisches Tiefland

Südlich der mosambikanischen Grenze zieht sich bis zum Great Fish River in der östlichen Kap-Provinz ein schmaler Küstenstreifen entlang mit Höhen von unter 400 m. Einst bedeckte dichter Waldwuchs dieses Gebiet, inzwischen haben Zuckerrohr-Felder die alten Wälder ersetzt, insbesondere in KwaZulu-Natal. Eine der ursprünglichsten Landschaften ist jedoch in Maputaland erhalten geblieben: Ausgedehnte **Dünen** und **Feuchtareale** bilden dort eine ca. 21 unterschiedliche Ökosysteme umfassende Übergangszone zwischen den Tropen Mosambiks und den Subtropen KwaZulu-Natals.

Die Region zeichnet sich durch einen immensen Tierreichtum aus, darunter befinden sich auch zahlreiche am oder im Wasser lebende amphibische Arten wie Krokodile, Flusspferde, Schildkröten, Kap-Fingerotter, Riedböcke und Warane. In den riesigen Wäldern der geschützten Westflanke der Dünen leben Rotducker, Buschschweine, Grüne Meerkatzen und Weißkehlmeerkatzen.

Vom südlichen KwaZulu-Natal bis zur Wild Coast in der östlichen Kap-Provinz haben Dutzende große Flüsse tiefe Täler in das Land gegraben und schützen dort die Reste des schwindenden Waldbestands. Am beeindruckendsten präsentiert sich diese Landschaft im Oribi Gorge Nature Reserve, nahe Port Shepstone, mit einer 24 km langen und 5 km breiten Schlucht. Sie umfasst ein Teilgebiet des Naturreservats, dessen Gelände von **Grasebenen** auf felsigen Plateaus über **Sandsteinklippen** zu dichtem **Uferwald** am Fluss abfällt und Leoparden, Buschböcke, Grüne Meerkatzen, Weißkehlmeerkatzen sowie zwei der kleinen Duckerarten beherbergt.

Fynbos

Begrenzt auf ein kleines, flaches Gebiet in der südwestlichen Ecke Südafrikas dehnt sich die Fynbos-Region in einem parallel zur Küstenlinie verlaufenden Bogen vom Olifants River im Norden bis Port Elizabeth im Osten aus. Die Region, zu der auch die Kap-Halbinsel gehört, bildet das kleinste, aber auch artenreichste der sechs Florenreiche der Welt. **Heidekrautgewächse** dominieren den Pflanzenwuchs an den Hängen des Kap-Gebirges, das den Küstengürtel von der semiariden (halbtrockenen) Karoo im Hinterland abgrenzt. Trotz seiner Artenvielfalt ist der Fynbos äußerst arm an Nährstoffen, so dass hier keine größeren Organismen in hoher Zahl überleben können. Bei Ankunft der ersten Siedler lebte noch ein beachtlicher Querschnitt an Säugern in der Region, darunter Löwen und Elefanten, schon bald wurden sie jedoch abgedrängt. Eine Antilopenart, der Blaubock, ein größerer Verwandter der Rappenantilope, wurde gänzlich ausgerottet.

Zu den reizvollsten Säugetieren gehört hier der relativ populationsstarke, aber sich selten zeigende Leopard. Er gehört derselben Familie wie die anderen Leoparden im Land an, ist aufgrund der Anpassung an das knappe Nahrungsangebot jedoch kleiner. Weitere in der Region lebende Raubtiere sind u.a. Wüstenluchse, Falbkatzen und der Schakal. Das Cape of Good Hope Nature Reserve zählt zu den lohnendsten Plätzen, um einen Eindruck der Fynbos-Region zu erhalten, und ist eines der Gebiete, in denen neben Pavianen, Stachelschweinen und Kap-Bergzebras auch der gefährdete Buntbock noch zu finden ist. Mehr zum Fynbos im Kasten, s.S. 152.

Der aride Westen

Von Botswana aus schiebt sich hier eine aride (trockene) Zone von Norden in die nördliche Kap-Provinz und nimmt sowohl das gesamte Gebiet der Kalahari als auch die Sukkulenten-Karoo an der Westküste als auch die weite Nama-Karoo im Landesinnern ein. Dauerhafte Wasserreservoirs an der Oberfläche fehlen – der Oranje ist der einzige ganzjährig wasserführende Flusslauf in diesem riesigen Gebiet. Im Küstenbereich der Sukkulenten-Karoo gedeihen wasserspeichernde Pflanzen, die die Region im August und September nach dem Winterregen in ein farbenprächtiges Blütenmeer verwandeln. Die südafrikanische Kalahari ist ein einsames, von rotem **Sandveld** bestimmtes Gebiet mit vereinzelt wachsenden **Kameldornbäumen**, und in der Nama-Karoo besteht der Pflanzenwuchs überwiegend aus spindeligen **Zwergbüschen** in einem flachen, von niedrigen **Hügeln** gesäumten Land.

Der Kalahari-Gemsbok National Park ist das interessanteste Naturreservat im ariden Westen und wird von manchen wegen der unberührteren Atmosphäre und des Tierreichtums als echter Konkurrent des Krüger-Nationalparks bewertet. Er ist eine der wenigen Gegenden im Land, in denen man Oryxantilopen sehen und mitunter auch Löwen, Geparden, Schakalen und Löffelhunden begegnen kann, um nur einige der vielen im Park lebenden Säugetiere zu nennen. Lediglich Elefanten und Büffel fehlen.

Durch die Karoo zogen früher große Antilopenherden, darunter Springböcke und Buntböcke. Heute kann man sie nur noch hinter Zäunen sehen, wo sie neben Millionen von Schafen als Fleischlieferanten gezüchtet werden. Einige der Arten, die einst die Karoo durchstreiften, wie z.B. Oryxantilopen, Kuhantilopen und Weißschwanzgnus, sind inzwischen jedoch wieder im Nationalpark angesiedelt worden, wo sie sich mit Pavianen, Riedböcken, Klippspringern und Wüstenluchsen einen Lebensraum teilen.

Highveld

Das zentrale, sich in höheren Lagen ausdehnende Plateau Südafrikas, etwa 1200–1829 m, ist unter der Bezeichnung *highveld* bekannt. Es umfasst ein Gebiet, das südlich von Johannesburg beginnt und sich bis in den Freistaat östlich von Bloemfontein erstreckt. Im Süden und Osten wird es vom Great Escarpment (Große Randstufe) begrenzt. Die Landschaftsformen reichen von flachen grasbestandenen, baumlosen **Ebenen** bis hin zu den schroffen **Gipfeln** der Drakensberge, wo in Höhen über 3000 m eine alpine Vegetation vorherrscht. Der Großteil der Region ist heute von **Buschwerk** mit Halbwüstencharakter und **Maisfeldern** bedeckt – ursprüngliche Vegetationsformen finden sich nur noch in der Umgebung der Gipfel und in den zerklüfteten Flusstälern. Von den Säugetieren, die einst die Region bevölkerten, haben sich kleinere Arten wie Schakale, Mangusten und Wildhasen durch den massiven Eingriff der Landwirtschaft nicht vertreiben lassen. Im Suikerbosrand Nature Reserve können wenig südlich von Johannesburg einst gefährdete Arten wie Blessböcke in Augenschein genommen werden, daneben auch Geparden, Springböcke, Kuhantilopen, Oribis, Zebras, Bergriedböcke, Rehantilopen, Ducker, Steinböckchen, Kudus und Schabrackenhyänen. Inmitten der Felder lässt sich oftmals der Paradieskranich, der Nationalvogel Südafrikas, erspähen, der sich an den Samen der Feldfrüchte gütlich tut. In den Schutzgebieten der Drakensberge sind an die Bergwelt angepasste Antilopenarten wie Klippspringer und Bergriedbock, außerdem Paviane, Stachelschweine und Schakale verbreitet.

Afro-montaner Wald

Südafrika zählt weltweit zu den Ländern mit den geringsten Waldbeständen. Lediglich ein Prozent der Landesfläche wird von ursprünglichem Wald bedeckt. Afro-montaner Wald benötigt überdurchschnittlich hohe jährliche Niederschläge. Man findet ihn nur auf isolierten Vegetationsinseln. Am berühmtesten ist der Knysna Forest an den südlichen Hängen der Outeniqua Mountains in der westlichen Kap-Provinz. Neben imposanten Baumriesen wie *outeniqua-yellowwood* (lat. *Podocarpus*), *stinkwood* (lat. *Ocotea bullata*) und *ironwood* (lat. *Olea capensis macrocarpa*) findet man hier auch Leoparden, Buschschweine, Buschböcke, Wüstenluchse und Mangusten. In der Umgebung von Katberg-Hogsback, in der östlichen Kap-Provinz, gibt es ein ähnliches Waldgebiet. Dort sind häufig Paviane, Grüne Meerkatzen, Weißkehlmeerkatzen, Ducker, Buschböcke und Stachelschweine anzutreffen.

Geschichte

Es ist durchaus möglich, dass die Menschheitsgeschichte ihren Anfang in Südafrika nahm. Darauf deuten zumindest neuere Fossilienfunde hin, die beweisen, dass der *Homo sapiens* schon vor mehr als 50 000 Jahren an der Südküste Afrikas lebte. Die Nachkommen dieser nomadischen Steinzeitmenschen – das Jäger- und Sammlervolk der San und das Hirtenvolk der Khoikhoi, deren beider Hautfarbe ins Rötliche ging – lebten am Westkap, als im 15. Jahrhundert die ersten europäischen Seefahrer landeten. Etwa zur Entstehungszeit der ersten holländischen Siedlung am Kap in der Mitte des 17. Jahrhunderts war ein Großteil der östlichen Landeshälfte von hoch gewachsenen, dunkelhäutigen Menschen bewohnt, die seit der Zeit um Christi Geburt den Limpopo überquerten.

Damit war die Bühne für das vielschichtige Schauspiel der jüngeren südafrikanischen Geschichte bereitet, das in erster Linie im Kampf der verschiedenen einheimischen Völker und der europäischen Kolonialisten um die spärlichen Ressourcen bestand. Im 20. Jahrhunderts erlebte der Kolonialismus einen vorübergehenden Triumph, Südafrika vereinigte sich und die weiße Bevölkerung unterdrückte die Bürgerrechtsforderungen der Schwarzen, was zur unmenschlichsten Erfindung Südafrikas führte – der Apartheid. Aber am Ende stand schließlich der krönende Sieg der Rassengleichheit und Demokratie.

Frühzeit

Darf man immer weiteren, neu auftauchenden wissenschaftlichen Nachweisen glauben, stand die Wiege der Menschheit wahrscheinlich in Südafrika. 1924 wurden im Nordkap die **ältesten hominiden Überreste** der Welt und gleichzeitig der erste Nachweis, dass in Afrika menschenähnliche Kreaturen lebten, ausgegraben und als „Fossil eines Affenschädels" identifiziert. Professor Raymond Dart von der University of the Witwatersrand fand heraus, dass es sich bei diesem Aufsehen erregenden Fund um das Bindeglied zwischen Affe und Mensch handelte, eine Spezies mit wenig Gehirnmasse, die aber schon aufrecht ging und vor ca. 3 Mio. Jahren über die Ebenen Ost- und Südafrikas wanderte. Dart nannte ihn *Australopithecus africanus*. In den ungefähr 2 Mio. Jahren nach seinem Erscheinen perfektionierten die Hominiden den aufrechten Gang, stellten Werkzeuge her, bildeten eine Sprache heraus und bekamen große Köpfe (die Gehirnmasse nahm ungeheuer zu), bis sie schließlich ihr neues Erscheinungsbild als *Homo sapiens* erlangten. In Südafrika wurde auch der älteste versteinerte *Homo sapiens* in einer Höhle an der Mündung des Klasies, eines Flusses im Ostkap, ausgegraben, dessen Alter auf 50 000 bis 100 000 Jahre geschätzt wird.

Die ersten Südafrikaner

Felszeichnungen beweisen die fast 30 000 Jahre zurückgehende Existenz menschlicher Kultur auf dem Subkontinent. Sie sind gleichzeitig die älteste und dauerhafteste Kunstform Südafrikas, die von den Jägern und Sammlern vom Volk der **San** angefertigt wurden. „San" ist eine relativ neue Bezeichnung aus der Nama-Sprache (mit der Bedeutung „bewohnen oder bewandern", in der sich die Tatsache ausdrückt, dass dies die Ureinwohner Südafrikas waren), das den früheren, von den Europäern verwendeten Begriff „Buschmänner" ablöst. Es gibt noch einige wenige Angehörige der San – die direktesten Nachfahren der Steinzeitmenschen – vor allem in Namibia und Botswana. Damit ist ihre Kultur die am längsten andauernde auf dem gesamten Subkontinent. Wahrscheinlich bewohnten sie irgendwann einmal das gesamte Afrika südlich der Sahara. Sie waren **Nomaden** und ernährten sich von dem, was die Männer von der Jagd und die Frauen vom Sammeln mitbrachten. Daneben blieb ihnen aber viel Zeit für die Kunst und die Religion. Die San lebten in kleinen, lose miteinander verbundenen Familiengruppen, und es stand jedem Mitglied frei, sich einer anderen Sippe anzuschließen. In dieser egalitären Gesellschaft spielte Privatbesitz so gut wie keine Rolle, denn alles Lebensnotwendige lieferte die Natur.

Vor rund 2000 Jahren trat eine revolutionäre Veränderung ein, als einige Gruppen im nördlichen Botswana Schafe und Rinder aus Nordafrika einfingen und fortan als **Hirten** lebten. Das Gesellschaftsgefüge hatte nun eine Vorstellung von Besitztum und dessen Vermehrung. Das Vieh wurde zum Wohlstands- und Statussymbol und langsam entwickelten sich soziale Unterschiede. Die Kernverbände wurden größer und gruppierten sich um einen Häuptling, der Macht besaß, darunter die Zuteilung von Weideflächen.

Sie waren auch die ersten Südafrikaner, die die portugiesischen Seeleute antrafen, als sie im 15. Jahrhundert an der Kapküste landeten. Die so genannten **Khoikhoi** („Menschen von Menschen") unterschieden sich ethnisch nicht von den San – wie viele Anthropologen früher glaubten –, sondern hatten einfach nur eine andere Sozialstruktur. Heute geht man davon aus, dass es den Khoi, die ihr Vieh verloren hatten, offen stand, wieder San zu sein, und San, die in Besitz von Vieh gekommen waren, Khoi werden konnten, wodurch die Kollektivbezeichnung **Khoisan** entstand. Diese dynamische Geschichtsbetrachtung ist deshalb von erheblicher Bedeutung, da sie mit der im 19. Jahrhundert herrschenden Vorstellung aufräumt, die geschichtlichen und kulturellen Errungenschaften einer bestimmten Kultur würden schlichtweg durch die Rasse, in die ein Mensch hineingeboren wird, bestimmt – ein Konzept, das von den Apartheidsideologen begeistert aufgenommen wurde.

Bauern und Handwerker

Vor rund 2000 Jahren kamen große, dunkelhäutige Menschen über den Limpopo nach Südafrika. Sie waren sowohl Viehzüchter als auch Ackerbauern. Die San-Zeichnungen aus jener Periode zeigen kleine, ockerfarbene Menschen und größere schwarze in teils feindlichen, teils friedlichen Aktionen: Es muss also Kontakte zwischen den beiden Gruppen gegeben haben. Diese **bantu-sprachigen** Bauern (Vorfahren der meisten schwarzen Südafrikaner) zogen langsam nach Süden und besiedelten die gesamte Osthälfte des Subkontinents bis hinab zum Ostkap, wo sie im 16. Jahrhundert zum ersten Mal mit Europäern zusammentrafen.

Heute gibt es in Südafrika vier **Haupt-Bantu-Sprachgruppen**: Nguni (umfasst Zulu, Swazi und Xhosa) und Sotho (Sotho und Tswana) sind mit Abstand die größten, die beiden anderen sind Venda und Tsonga. Abgesehen davon, dass diese Bauern ausgezeichnete landwirtschaftliche Kenntnisse besaßen und sesshafter waren als die Khoisan, waren die Bantus auch hervorragende Handwerker, die sich im Fördern und Schmelzen von Metallen auskannten, darunter Gold, Kupfer und Eisen. Dies stellte einen wichtigen Faktor in dem ausgedehnten **Handelsnetz** dar, das sich damals entwickelte.

Das von den Briten verbreitete Bild der Bantus als blutrünstige, ständig auf dem Kriegspfad befindliche Wilde sagt wahrscheinlich mehr über die Weißen als über die Schwarzen aus. Ludwig Alberti, ein Reisender des 19. Jahrhunderts, berichtet von den Xhosa des Ostkaps, dass sie „nicht als kriegerisches Volk bezeichnet werden können; ihr vorherrschender Wunsch ist es, ein ruhiges Leben als Viehzüchter zu führen".

Das Kap wird holländisch

Die ersten Europäer, die ihren Fuß auf südafrikanischen Boden setzten, waren portugiesische Seeleute unter dem Kommando von **Bartolomeu Diaz**. Überall, wo sie sich aufhielten, hinterließen sie schreckliche Spuren: Zunächst warfen sie Männer und Frauen, die sie in Westafrika gefangen hatten, ans Ufer, um die Macht und Glorie Portugals zu demonstrieren. Ihre erste Begegnung mit den Khoi an der Küste der Garden Route begann damit, dass eine Gruppe von Khoi mit Steinen nach den Portugiesen warf, die ohne um Erlaubnis zu fragen an einer Quelle Wasser holten, und endete mit einem toten Khoi-Würdenträger.

Es sollten noch 170 Jahre vergehen, bevor eine europäische Siedlung in Südafrika gegründet wurde. 1652 ging ein Schiff mit einer Gruppe weißer Angestellter der **Niederländisch-Ostindischen Kompanie**, die eine Handelsroute zwischen Holland und Südostasien eingerichtet hatte, in der Tafelbucht vor Anker, um eine Versorgungsstation für die Handelsschiffe einzurichten. An eine feste Niederlassung dachte damals niemand, im Gegenteil: Das Kap war eher ein Strafposten, der dem Kommandanten **Jan van Riebeeck** zugeteilt wurde, nachdem er dabei ertappt worden war, in die eigene Tasche zu wirtschaften. Van Riebeeck machte einige Pläne, wie man die Kap-Halbinsel vom restlichen Afrika abschneiden könnte, darunter befand sich der Bau eines Kanals. Schließlich musste er sich jedoch damit zufrieden geben, eine Bittermandelhecke (die noch heute im Botanischen Garten von Kapstadt wächst) zu pflanzen, um die Einheimischen fernzuhalten – ein Ausdruck für das zwiespältige Gefühl, Europäer in Afrika zu sein, das vielen weißen Südafrikanern auch heute noch zu schaffen macht.

Ungeachtet der Meinung van Riebeecks, die Khoi, die schon am Kap lebten, wären „ein wildes Pack ohne Gewissen", waren die Holländer von Anfang an auf sie als Viehlieferanten angewiesen, die

mit wertlosem Zeug „bezahlt" wurden. Allmählich dehnte sich die Siedlung aus, und van Riebeeck benötigte mehr **Arbeitskräfte**. Er beklagte bitterlich, dass es ihm nicht gelang, die Khoi dazu zu überreden, ihr freies Leben als Viehhirten aufzugeben, um stattdessen seine Felder zu beackern. Zu seiner großen Empörung hatten die hohen Herren in Holland die Versklavung der Einheimischen untersagt und lehnten van Riebeecks Forderung nach Sklaven aus anderen Teilen des Handelsreiches ab.

Also mussten die Ländereien rings um die Festung kolonialisiert werden, und 1657 wurde eine Reihe holländischer Männer aus ihren Verträgen entlassen, um als freie Bürger das Land zu bewirtschaften, das ihnen die Kompanie zur Verfügung stellte. Im Gegenzug versprach die Kompanie, ihnen ihre Produkte zu festgelegten Preisen abzunehmen. Der einzige Haken an der Geschichte war jedoch, dass das Land gar nicht der Kompanie gehörte, und dieser Schritt führte zur ersten einer Reihe von **kriegerischen Auseinandersetzungen** zwischen den Khoikhoi und den Holländern. Zwar endete die erste unentschieden, doch auf Dauer waren die Khoikhoi den mit Pferden und Feuerwaffen ausgerüsteten Holländern unterlegen. Die Kämpfe dauerten von 1660 bis 1670 an und erwiesen sich für die holländischen Plünderer als recht profitabel: Bei einem Überfall im Jahr 1674 erbeuteten sie 800 Rinder und 4000 Schafe.

Unterdessen war es van Riebeeck im Jahr 1658 gelungen, eine Schiffsladung **Sklaven** aus Westafrika zu bekommen, wodurch sein unstillbarer Hunger nach diesen billigen Arbeitskräften noch angestachelt wurde. Die Niederländisch-Ostindische Handelskompanie selbst wurde der größte Sklavenbesitzer am Kap und importierte nun mit solcher Geschwindigkeit Sklaven, vor allem aus Ostasien, dass es gegen 1711 in der Kolonie mehr Sklaven als freie Bürger gab. Ende des 18. Jahrhunderts bevölkerten fast 15 000 Sklaven und knapp 14 000 Freie das Kap. Mit der erzwungenen Hilfe dieser Menschen expandierte die winzige Kapkolonie und überrannte die auf der Halbinsel lebenden Khoikhoi, die gegen 1713 alles verloren hatten. Fast ihr gesamter Viehbestand (annähernd 50 000 Tiere) und ein Großteil ihres Landes westlich der Hottentots Holland Mountains waren von der Kompanie geschluckt worden. Armut und Krankheiten wie Windpocken, die vorher in Südafrika unbekannt waren, dezimierten ihre Reihen und zerstörten ihr Gesellschaftssystem. Mitte des 18. Jahrhunderts fristeten die noch verbliebenen Khoi ein erbärmliches Dasein als Dienstboten der Kolonisten.

Auch **verarmten Weißen**, einer Randgruppe der Kolonialgesellschaft, boten sich wenig Möglichkeiten, doch dazu zählte immerhin die, aus der klassenbewussten kolonialen Enge auszubrechen. Viele packten ihre paar Habseligkeiten in einen Planwagen und zogen ins Landesinnere, wo sie sich entweder von den Erträgen durch die Jagd auf wilde Tiere ernährten oder den Khoi mit Waffengewalt das Vieh abnahmen. Diese nomadisierenden **Treckburen** entzogen sich der Kontrolle der Niederländisch-Ostindischen Kompanie und begannen, die frei gewordene Nische als Viehtreiber einzunehmen, die früher die Khoi innegehabt hatten. An der Wende zum 19. Jahrhundert waren die Trekburen bis weit ins Ostkap vorgerückt und hatten dabei die Khoi und San mit Gewalt zurückgedrängt. Doch als ihnen ihre herkömmliche Existenz geraubt und ihr Sozialgefüge zerstört worden war, verlegten sich die Khoisan darauf, den Trekburen Rinder und Schafe zu stehlen, woraufhin die Trekburen begannen, die San wie wilde Tiere zu jagen, männliche San abzuschlachten und Frauen und Kinder zu versklaven. Die San wurden in Südafrika praktisch ausgerottet.

Im Anschluss an die **britische Besetzung des Kaps** im Jahr 1795 nahm die Zahl der vom Kap wegstrebenden Trekburen zu. England war inzwischen zum unangefochtenen Beherrscher der Weltmeere aufgestiegen. In den Wirren nach der Französischen Revolution fürchtete die englische Krone um die Sicherheit der Kaproute nach Asien, woraufhin sie ein paar Kriegsschiffe in der Tafelbucht stationierte und die holländischen Beamten kurzerhand ihrer Ämter enthob.

Der Aufstieg der Zulu

Während im Westen des Landes die weißen Trekburen in Scharen die Kap-Kolonie verließen, ereigneten sich im Osten gleichermaßen bedeutsame Dinge. Im Laufe des 17. und 18. Jahrhunderts hatte die Anzahl der Nachkommen der nach Südafrika eingewanderten **bantu-sprachigen Menschen** erheblich zugenommen. Sie hatten sich über die gesamte Osthälfte des Landes ausgebreitet, wo genügend Regen für ihre gemischte Agrikultur fiel.

Um 1900 wimmelte es dort von Menschen und Vieh, das die Weiden aufzehrte, und die Expansionsgrenzen waren erreicht. Erschwerend hinzu kam eine lang anhaltende Dürreperiode.

Am ausgeprägtesten war das Problem in **Kwa-Zulu-Natal**, wo sich durch die Unterwerfung der Nachbarn und die Beschlagnahmung ihrer Weidegebiete zunehmend größere und mächtigere Fürstentümer herausgebildet hatten. Im frühen 19. Jahrhundert beherrschten zwei dieser starken Gruppen, die **Ndwandwe** und die **Mthethwa**, den östlichen Teil Südafrikas in der Umgebung des Tugela River. Ihre blutigen Auseinandersetzungen endeten um 1817 mit der Niederlage der Mthethwa.

Nun sollten die Zulu eine der mächtigsten Gruppierungen Südafrikas werden – ein relativ unbedeutender Clan, der vor der Niederlage der Mthethwa unter deren Herrschaft stand. Etwa 1816 nahm **Shaka** den Häuptlingssitz der Zulu ein und begann, ihre Kriegstechniken zu verändern. Er ersetzte den traditionellen langen Wurfspeer der Nguni durch den **Assegai**, einen kurzen, gut für den Nahkampf geeigneten Stichspeer. War der lange Speer, der sich ziemlich leicht mit einem Lederschild abwehren ließ, einmal geworfen, hatte der Krieger keine Waffe mehr, mit einem Stichspeer dagegen konnte er „endlos" weiterkämpfen. Shaka führte auch eine Strategie namens „Stierhörner" ein, bei der die feindliche Truppe von zwei hoch disziplinierten Formationen in die Zange genommen wurde. Diese Taktik wurde mit verheerendem Ergebnis für die Briten 1879 in der Schlacht von Isandlwana angewendet.

Um 1820 hatten die Zulu die letzten Mthethwa integriert und die Ndwandwe vernichtend geschlagen. 1825 bildeten sie einen **zentralisierten Militärstaat** mit einem 40 000 Mann starken Berufsheer. Die Kriegshandlungen im Osten erfuhren eine dramatische Wandlung: Aus den eher symbolischen Scharmützeln, v.a. die Raubüberfälle der Nguni bis Ende des 18. Jahrhunderts, wurden Entscheidungsschlachten, bei denen es auch zu Massakern an Frauen und Kindern kam. Dennoch lag die eigentliche Stärke dieses Systems in seiner Bereitschaft, die Überlebenden aufzunehmen und als vollwertige Mitglieder in den expandierenden Zulu-Staat einzugliedern. Jahrelang sandte Shaka seine Truppen aus, um die Nachbarn anzugreifen und ihr Vieh zu rauben, bis er 1828 von einem Diener und zwei seiner Halbbrüder erstochen wurde. **Dingane,** einer der beiden, trat Shakas Nachfolge an und setzte das Schreckensregime fort.

Der Aufstieg des Zulu-Reiches erschütterte das ganze südliche Afrika und führte nicht nur zur Bildung einer Reihe **zentralisierter Nguni-Staaten,** sondern bereitete auch den Weg für den Vormarsch der Buren im Landesinneren. Es kam zur so genannten **Mfecane** (Zwangsumsiedlung), in deren Verlauf riesige Landstriche brachgelegt und im ganzen Osten Südafrikas Menschen um ihr Hab und Gut gebracht und von ihrem Land vertrieben wurden. Jenseits der Nordgrenze des Zulu-Reiches lebte eine andere Nguni-Volksgruppe, die in kultureller und sprachlicher Hinsicht eng mit den Zulu verwandt war. Unter Sobhuza I. und dessen Sohn Mswati II., von dem der neu gegründete Staat **Swasiland** seinen Namen erhielt, wurden sie vereinigt.

Nach einem gescheiterten Aufstand gegen Shaka hatten einige hundert Zulu zusammen mit ihrem Anführer **Mzilikazi** Zuflucht in der Nordwest-Provinz gesucht. Bis 1829 war ihre Zahl auf rund 70 000 angewachsen. 1838 wurden sie jedoch von den herbeiströmenden Voortrekkern (Pioniere) eingekesselt, gegen deren Feuerwaffen sie keine Chance hatten. Sie konnten ins südwestliche Zimbabwe ausweichen und gründeten dort das Königreich der **Matabele.** In den Drakensbergen, am Westrand von KwaZulu-Natal, baute **Moshoeshoe I.,** ein weiterer aus einfachen Verhältnissen stammender Häuptling, mit diplomatischem Geschick und Sachkenntnis aus den Trümmern der *mfecane* ein neues Reich auf. Indem er Flüchtlingen eine neue Heimat bot, gelang es ihm, aus den versprengten Sotho-Clans einen ansehnlichen Staat zusammenzustellen. Getreu seiner Prämisse „peace is like the rain which makes the grass grow", unterhielt er kein festes Kriegerheer, sondern setzte auf gesunden Menschenverstand und gute nachbarliche Beziehungen als Existenzgrundlage.

Der Große Treck

Unterdessen waren am Kap viele Afrikaander (Buren) der selbstherrlichen britischen Vorherrschaft überdrüssig geworden, die ihnen weder Schutz vor den immer brutaler werdenden Auseinandersetzungen mit den Bantu-Völkern noch Entschädigungen für die angerichteten Schäden bot. Was sie aber besonders erbitterte, war die Art und Weise, wie die Kolonialbehörden sich an der „Arbeitsteilung" zu schaffen machten und die – nach Ansicht der Buren von Gott gewollten – Rassenschranken aufhoben. 1828 trat das **Cape Ordinance 50** in Kraft, ein Gesetz, das den unter die britische Gesetzbarkeit fallenden Khoi sowie den freigelassenen schwarzen Sklaven die Gleichstellung vor dem Gesetz garantierte. 1834 folgte die **Aufhebung der Sklaverei** durch die Briten.

Aus Protest verließen rund 15 000 Afrikaander, also ungefähr jeder zehnte Einwohner der Kolonie, das Kap, um dem Einflussbereich der Engländer zu entkommen. In der Osthälfte des Landes angelangt, fanden sie zu ihrer großen Freude weite, offenbar unbewohnte fruchtbare Landstriche. Doch sie waren direkt im Auge des *mfecane*-Wirbelsturms gelandet – in Gegenden, die nur vorübergehend geräumt waren, entweder aufgrund kriegerischer Aktivitäten oder von verängstigten Bewohnern, die sich versteckt hielten. Als die Buren sich in alle Richtungen ausbreiteten, stießen sie dabei auf die Nguni-Staaten und es kam zu mehreren bewaffneten Auseinandersetzungen. Etwa Mitte des 19. Jahrhunderts hatten die Voortrekker die beiden Boer-Republiken **Transvaal** (heute Mpumalanga, Nordwest- und Nord-Provinz) und **Oranje-Freistaat** (der heutige Freistaat) gegründet und es auch geschafft, diese zu kontrollieren. Kurze Zeit später haben die Briten ihre Unabhängigkeit anerkannt.

Im britischen Mutterland interessierte man sich wenig für die Vorgänge im südafrikanischen Landesinneren. Abgesehen von seiner strategisch wichtigen Position war Südafrika ein chaotisches, unzivilisiertes Anhängsel des Empire und für die Krone nicht weiter von Bedeutung. Damals wiesen die Vereinigten Staaten – die selbst, kaum 30 Jahre bevor die Holländer nach Südafrika kamen, von den Briten besiedelt worden waren –, mehr als 30 Millionen europäischstämmige Bewohner und ein 80 000 km umfassendes Schienennetz auf. Südafrika hingegen hatte 250 000 weiße Einwohner und 120 km Bahnschienen. Der Tatsache, dass in den 60er Jahren des 19. Jahrhunderts in der Umgebung des heutigen Kimberley **Diamanten** (das größte Depot der Welt) und in den 80er Jahren **Gold** in Witwatersrand (dem heutigen Gauteng) gefunden wurde, verdankte Südafrika seine Verwandlung von einer unbedeutenden Agrargesellschaft in eine urbanisierte Industriegesellschaft. In jener Zeit machten Kapitalisten wie **Cecil Rhodes** ein Vermögen, wurde das traditionelle afrikanische Gesellschaftsgefüge zerstört und der Unabhängigkeit der Burenrepubliken ein Ende bereitet.

Die **Goldfelder** von Gauteng waren zwar überreichlich mit Erz bestückt, aber besonders schwierig abzubauen. Es mussten tiefe Schächte gegraben werden, und dafür benötigte man viel Kapital: teure Maschinen und billige Arbeitskräfte. Die Gelder profithungriger Investoren aus Übersee flossen schnell, und bis zum heutigen Tag bestehen enge Verbindungen zwischen westlichen Firmen und den südafrikanischen Bergwerksbetreibern. Südafrika ist nach wie vor der größte Goldlieferant der Welt.

Die Entdeckung der Goldadern war jedoch auch einer der Hauptauslöser für den **2. Burenkrieg**. Durch die Ausbeutung der Goldminen war das wirtschaftliche Zentrum Südafrikas vom britisch regierten Kap in eine Burenrepublik gerückt, während gleichzeitig Großbritanniens europäischer Konkurrent Deutschland politische und wirtschaftliche Bande mit den Burenrepubliken zu knüpfen begonnen hatte. England fürchtete um den Verlust seiner wichtigen Marinebasis, aber noch drängender waren wahrscheinlich die Interessen der internationalen Hochfinanz und die erheblichen Summen, die England in die Minen gesteckt hatte. London stand im Mittelpunkt des Welthandels und war auf eine florierende Minenindustrie in Südafrika bedacht, doch die Buren schienen eher unwillig, ihre Infrastruktur zu modernisieren, um den Erzabbau zu erleichtern.

Was immer auch die Beweggründe waren – schon geraume Zeit hatten Stimmen in England die Vereinigung Südafrikas als einzige Möglichkeit zur Wahrung britischer Interessen auf dem Subkontinent gefordert. Daher erklärte das Empire unter einem hauchdünnen Vorwand dem letzten unabhängigen afrikanischen Königreich den Krieg und unterjochte es im **Zulu-Krieg** von 1879. Damit sicherte sich die Krone KwaZulu-Natal, was bedeutete, dass sämtliche südafrikanische Küstengebiete, von Namibia bis Mosambik, unter britischer Kontrolle standen. Jetzt fehlten nur noch die beiden Burenrepubliken im Union Jack.

Die Burenkriege

In den letzten Jahren des 19. Jahrhunderts verlangte Großbritannien von Transvaal, den im Land lebenden englischen Minenarbeitern das Wahlrecht zuzugestehen. Doch die Buren wiesen die Forderung zurück, und im Oktober 1899 brach der Krieg aus. Die britische Heeresleitung, daran gewöhnt Kolonialkriege gegen mit Speere bewaffnete Gegner zu führen, rechnete mit einem leichten Sieg. Lord Kitchener sprach von einem „teatime war", den die Soldaten so schnell gewinnen würden, dass sie rechtzeitig wieder zu Hause sein würden, um ihre Weihnachtsgeschenke zu öffnen.

Die Sache geriet jedoch zur kostspieligsten Unternehmung seit den napoleonischen Kriegen. Gleich in der Anfangsphase des Krieges überraschten die Buren die Imperialmacht mit einem Sturmangriff auf das britisch kontrollierte KwaZulu-Natal sowie das Nordkap und brachten ihr eine Reihe schmählicher Niederlagen bei. Im Juni gelang es den verstärkten englischen Truppen, die Buren zurückzudrängen, aber die Buren fochten noch weitere zwei Jahre einen erbitterten Partisanenkampf aus.

Lord Kitchener antwortete mit einer Politik der verbrannten Erde, die aus Feldern und Weiden eine qualmende Wüste und Tausende Frauen und Kinder zu Heimatlosen machten. Um diese Witwen und Waisen aufzufangen, erfanden die Briten das **Konzentrationslager**, in dem 26 370 Burenfrauen und -kinder ums Leben kamen. So mancher Afrikaander kann das den Engländern bis heute nicht verzeihen. Weniger bekannt ist, dass es auch afrikanische Konzentrationslager gab, in denen 14 000 Afrikaner qualvoll starben.

Anfang 1902 waren die Buren in zwei Lager gespalten: Eine Fraktion, die sich nicht mehr in der Lage sah, noch einen Winter am Rande des Hungertodes auszuhalten, und eine, die den Kampf nicht aufgeben wollte. Im Mai 1902 unterzeichneten die Burenrepubliken einen Vertrag, mit dem sie ihre Unabhängigkeit gegen das Versprechen der Briten zum Wiederaufbau eintauschten. Am Ende des so genannten „teatime war" hatte Großbritannien fast 500 000 Soldaten ins Feld geschickt und 22 000 von ihnen verloren. Von den 88 000 Burenkämpfern waren 7000 im Gefecht umgekommen. Nachdem nun die zwei Burenrepubliken und die beiden britischen Kolonien unter einer Herrschaft zusammengefasst waren, stand der Gründung der **südafrikanischen Union** nichts mehr im Wege. Sie erfolgte im Jahr 1910.

Wanderarbeiter und der Bambatha-Aufstand

In der Zeit zwischen Beendigung des Burenkrieges und der Gründung der Union machte sich in den Bergwerken ein empfindlicher Mangel an ungelernten Arbeitskräften breit. Die meisten Schwarzafrikaner lebten immer noch von der Landwirtschaft, entweder als Pachtbauern auf den Farmen weißer Besitzer oder in den von der Kolonialregierung eingerichteten Reservaten. Sie sahen keinen Grund, ihre herkömmliche Existenz als Ackerbauern und Viehzüchter für Schwerstarbeit und eine erbärmliche Unterkunft in einer Behelfssiedlung, weit weg von daheim aufzugeben. Bis die Regierung Maßnahmen ergriff, die sie dazu zwangen. Eine davon war die Einführung von **Steuerabgaben**. Dadurch sahen sich die Afrikaner gezwungen, von der Subsistenzwirtschaft in die Geldgesellschaft überzuwechseln, um an Bargeld zu kommen. 1906 weigerte sich eine Gruppe von Zulu, den Obulus zu entrichten. Daraufhin rief die Regierung das Kriegsrecht aus und ging brutal gegen die Unbotmäßigen vor: Sie verbrannten ihre Hütten und beschlagnahmten ihre gesamten Besitztümer. Dies rief einen gewaltigen Aufstand unter Anführung des Häuptlings Bambatha hervor, der von der Kolonialmacht gnadenlos niedergeschlagen wurde und 4000 Rebellen das Leben kostete. Danach war der bewaffnete Widerstand der Afrikaner für mehr als ein halbes Jahrhundert gebrochen.

Nach der Zerschlagung der **Bambatha-Rebellion** stieg die Zahl der aus Zululand stammenden schwarzen Arbeiter, die sich in den Minen von Gauteng verdingten, um 60% an. Gegen 1909 lebten 80% der erwachsenen männlichen Bevölkerung aus diesem Landstrich nicht mehr bei ihren Familien, sondern waren irgendwo im Land als Gastarbeiter tätig. In dieser Zeit entwickelte sich die Wanderarbeit, mit all ihren negativen Begleiterscheinungen für das Familiengefüge, zu einer der tragenden, ökonomischen und gesellschaftlichen Säulen Südafrikas, und damit war der Grundstein für die Apartheid gelegt.

Der rasante Aufstieg des Afrikaanderdoms

Parallel dazu vollzog sich zu Beginn des 20. Jahrhunderts eine weitere Migrationsbewegung, als zahlreiche Afrikaander ihre Bauernhöfe aufgeben

mussten. Dies ging teilweise auf die Auswirkungen der während des Burenkrieges angerichteten Schäden zurück, war aber auch das Resultat von Übervölkerung, Dürre und Schädlingsbefall. Viele Buren reihten sich in die wachsende Schar der weißen Arbeiterklasse ein, die sich in einer Zwickmühle befanden: auf der einen Seite ausgebeutet und verachtet von den englischsprachigen Kapitalisten, in deren Händen die wirtschaftliche Macht lag, und auf der anderen bedrängt von noch schlechter bezahlten Afrikanern, die mit ihnen um Jobs konkurrierten.

1918 gründete eine Gruppe von Afrikaandern den **Broederbond** („die Bruderschaft"), eine geheime Gesellschaft, die die Interessen der Afrikaander vertreten und in Südafrika eine Burenrepublik aufbauen wollte. Sie machte es sich zur Aufgabe, die Lebensbedingungen der verarmten Mitglieder des *volk* zu verbessern und ihren Stolz und ihr Selbstbewusstsein bezüglich ihrer Sprache, Religion und Kultur zu wecken. Der Broederbond bestimmte fast ein halbes Jahrhundert lang den südafrikanischen Alltag.

In den 30er Jahren bereisten mehrere junge, intellektuelle Afrikaander Europa und erlebten dort die Begeisterung, mit der der aufkommende **Faschismus** in Portugal, Spanien, Italien und Deutschland gefeiert wurde. Diese extreme Erscheinungsform von Nationalismus schien ihnen der Schlüssel zur Bildung einer Afrikaander-Nation sein. Zu jener Zeit begannen intellektuelle Afrikaander, den Begriff **Apartheid** zu verwenden.

Unter den „Großen" der Apartheid, die während der 30er Jahre in Nazideutschland die Hacken zusammenschlugen, befanden sich **Nico Diederichs**, der spätere Finanzminister unter der Regierung der National Party, **Hendrik Frensch Verwoerd**, Chefideologe der Apartheid und Premierminister (1958–66), sowie **Piet Meyer**, Chef des staatlichen Rundfunks, der seinen Sohn Izan (rückwärts buchstabiert „Nazi") nannte. 1939 trat der Broederbond in Aktion – mit einem Programm, das innerhalb von zehn Jahren 10 000 Afrikaander-Firmen ins Leben rief. Einige davon, z.B. Rembrandt Tobacco, Volkskas (drittgrößte Bank des Landes), die Versicherungsgesellschaft Santam und Gencor (eine der fünf bedeutendsten Bergbaugesellschaften) zählen nach wie vor zu den führenden Wirtschaftsorganisationen Südafrikas.

Afrikanischer Widerstand

Ungeachtet der Tatsache, dass sie ihren Sieg im Burenkrieg nicht zuletzt der Unterstützung der Afrikaner zu verdanken und vage Versprechungen gemacht hatten, den Schwarzen nach Kriegsende mehr Rechte zu geben, schlossen die Briten sie von dem Vertrag zwischen Afrikaandern und Engländern aus, der 1910 ein vereinigtes Südafrika als Ergebnis präsentierte. Im Gegenteil – es dauerte nicht lange, bis die weiße Unionsregierung die Rechte der Afrikaner zu beschneiden begann. Daraufhin gründete im Jahr 1912 eine Gruppe mittelständischer, in Missionsschulen ausgebildeter Afrikaner den **South African Native National Congress** (den späteren ANC). Es ging den Gründern nicht darum, die weiße Regierung abzuschaffen, sie wollten einfach mehr Anerkennung von Seiten der Weißen. Die schwarze Mittelschicht besaß bereits das Wahlrecht in der Kap-Provinz (das heutige West-, Nord- und Ostkap), basierend auf **Quoten-Wahlrecht** je nach Bildungsstand und Privatbesitz – die Begründer des SANNC wollten dieses System landesweit eingeführt sehen. Sie hatten den fortschreitenden Demokratisierungsprozess in Großbritannien vor Augen und hofften, dieser würde allmählich Gleichberechtigung für alle „Untertanen" bringen.

1914 reiste eine Delegation der SANNC-Anführer nach London, um gegen den **Natives' Land Act** von 1913 zu protestieren, der die Besitzrechte von Schwarzen empfindlich einschränkte. Sie kehrten unverrichteter Dinge zurück und der Land Act trat in Kraft. Damit war die gesetzliche Grundlage für die rund 35 Jahre später zementierte Apartheid geschaffen. Der Act sah die Teilung Südafrikas in getrennte Gebiete für Afrikaner und Weiße vor, wobei den Schwarzen – obwohl sie bei weitem die Bevölkerungsmehrheit stellten – weniger als 10% der Landesfläche zugestanden wurde.

Während der gesamten ersten Hälfte des 20. Jahrhunderts blieb der ANC eine konservative Organisation, die aktiven Protest ablehnte. Sie musste sich den Vorwurf gefallen lassen, ihre Anführer wären „brave Buben am Gängelband der weißen Liberalen". Dafür traten eine Reihe alternativer Massenorganisationen auf den Plan. Eine der größten war die **Industrial and Commercial Union**, eine 1919 gegründete afrikanische Arbeitergewerkschaft, die auf ihrem Höhepunkt im Jahr 1928 beachtliche 150 000 Mitglieder zählte. Doch in den 30er Jahren hatte sie ihr Pulver verschossen. Die erste rassenübergreifende politische Bewegung im Lande war die 1921 gegründete **South African Communist Party**, in deren Zentralkomitee Vertreter aller Hautfarben zu finden waren. Sie gewann nie eine signifikante Anhängerschaft, bildete jedoch später eine wichtige Triebkraft innerhalb des ANC.

Die gesamten 30er Jahre hindurch verfasste der ANC Reden und Bittschriften, die allesamt ungehört verhallten. 1936, anlässlich der **Abschaffung des Schwarzenwahlrechts** in der Kap-Provinz, musste er eine bittere Niederlage einstecken. Eine Protestdelegation des ANC hatte bei Premierminister Hertzog vorgesprochen, der sie verächtlich abfertigte und sie nicht einmal Platz nehmen ließ.

Am Zweiten Weltkrieg schieden sich die Geister der Afrikaander. Einige, wie Premierminister **Jan Smuts**, votierten mit Verve dafür, auf Seiten der Briten in den Krieg einzutreten. Für andere dagegen, wie **John Vorster**, war Großbritannien der Erzfeind, daher unterstützten sie Deutschland, und einige verschrieben sich dem **Ossewa Brandwag** („Ochsenwagen-Überfallkommando"), das Sabotageakte gegen die Regierung verübte. Nach Kriegsende setzten einige Südafrikaner ihre Hoffnung auf Reformen durch Premierminister Smuts, der zu jener Zeit eine führende Rolle bei der Gründung der **Vereinten Nationen** spielte. Smuts war sogar an der Präambel zur Menschenrechts-Charta beteiligt, doch während ihm sein Einsatz für abstrakte „Menschenrechte" eine Statue gleich neben Winston Churchill vor dem britischen Parlamentsgebäude einbrachte, hatte er es nicht eilig, der Mehrzahl der Südafrikaner diese Rechte einzuräumen. Allmählich verloren selbst konservative Schwarzenanführer die Geduld.

Die Schwarzen organisieren sich

1944 gründete ein junger Mann namens **Nelson Mandela** zusammen mit seinen Freunden **Oliver Tambo** und **Walter Sisulu** unter Führung von **Anton Lembede** die **ANC Youth League**. Strikt afrikanisch geprägt, lehnten sie die Zusammenarbeit mit irgendeiner anderen Organisation – z.B. dem Indischen Kongress – ab. In ihrer Gründungsschrift kritisierte die Liga die ANC-Führung als eine Gruppe, die sich für „Gentlemen mit sauberen Händen" hielt. Lembedes vertrat die radikale politische Meinung: „Afrika ist das Land der Schwarzen".

Auf ihrer Jahresversammlung von 1945 verabschiedete der ANC ein Papier mit dem Titel „Africans' Claims in South Africa", in dem sich eine zunehmende politische Bewusstwerdung widerspiegelt, zurückgehend auf die während des Krieges gewonnenen Erfahrungen und insbesondere der Zerschlagung des Faschismus'. In dem Dokument wurde das **allgemeine Wahlrecht** und ein Ende der **Rassenschranke** gefordert, die dafür sorgte, dass die meisten besser bezahlten Arbeitsposten Weißen vorbehalten waren. Die Youth League stand noch unter dem Eindruck der Arbeitskämpfe, deren Zeuge sie während des Krieges war. Trotz generellem Streikverbot hatte es zwischen 1942 und 1944 rund 60 Streiks gegeben. 1946 organisierte die African Mineworkers' Union aus Protest gegen den sinkenden Lebensstandard einen der größten Streiks in der Landesgeschichte. Praktisch in der gesamten Goldgrubenregion von Gauteng standen alle Räder still, als 100 000 Arbeiter ihre Geräte niederlegten. Smuts schickte ein Polizeiaufgebot, das die Arbeiter mit vorgehaltenem Karabiner in die Stollen zwang.

1947 wurde die ANC Youth League vom plötzlichen Tod Lembedes überrascht. **A.P. Mda** trat in seine Fußstapfen und Nelson Mandela machte seine ersten Schritte in die Öffentlichkeit, als er zum Generalsektretär der Organisation gewählt wurde. In diesem Jahr sah sich die Smuts-Regierung unter politischem Handlungszwang, denn inzwischen war die **europäische Entkolonialisierung** in vollem Gange, und Großbritannien hatte sich gerade aus Indien zurückgezogen. Es stand zu erwarten, dass dies Auswirkungen auf die Rechte der schwarzen Südafrikaner haben würde. Noch drängender war jedoch die demoskopische Entwicklung: Immer mehr Afrikaner strömten in die Städte und durchbrachen die herkömmliche Rollenvorstellung, in der sie nur als landwirtschaftliche Hilfskräfte zu dienen hatten.

Seit Jahren waren innerhalb der weißen Regierung Stimmen laut geworden, die auf eine Lockerung der Rassentrennung zielten, und selbst Smuts, der eher ein Hardliner war, hatte zugegeben, dass die Situation unhaltbar war und ein Ende finden müsste. Sein Abgeordneter **J.H. Hofmeyr** jedoch schlug alle Warnungen in den Wind und widmete sich der Aufgabe, besser dotierte Arbeitsplätze für Weiße zu reservieren. Die Regierung versuchte Zeit

zu gewinnen und rief die **Fagan Commission** ins Leben, die sich mit den **Passgesetzen** befassen sollte, die die Bewegungsfreiheit der Afrikaner einschränkten und jedem Schwarzen, der keine Arbeitsstelle vorweisen konnte, das Betreten weißer Städte untersagten. Aufgrund dieser Gesetze waren Millionen schwarzer Südafrikaner zu einer Ghettoexistenz in ländlichen Gegenden ohne Infrastruktur verdammt, in denen Armut und eine hohe Kindersterblichkeit herrschte.

Die Fagan Commission, die 1948 die Ergebnisse ihrer Untersuchungen vorlegte, kam zu dem Schluss, dass „der Trend zur Urbanisierung irreversibel ist und die Passgesetze gelockert werden sollten". Während einige Schwarze dies mit aufkeimender Hoffnung zur Kenntnis nahmen, war es so ziemlich das Letzte, was viele Weißen hören wollten. Insbesondere die Afrikaander gerieten in Panik und fürchteten, ihre Identität zu verlieren und von den Schwarzen überrannt zu werden. Die Gefahr, den Job an einen schlechter bezahlten schwarzen Arbeiter zu verlieren, war für weiße Arbeiter durchaus real, und Burenfarmer mussten befürchten, bald ohne Arbeitskräfte dazustehen, wenn die Schwarzen wegen besser bezahlter Stellen in die Städte abwandern würden.

Vor diesem Hintergrund aus Hoffnung und Furcht rief die Smuts-Regierung allgemeine Wahlen aus. Die oppositionelle **National Party** setzte im Wahlkampf auf das Thema *swart gevaar* („schwarze Gefahr") und versprach die Lösung zahlreicher Probleme. Mit Blick auf die Wählerstimmen der Afrikaander – überwiegend Arbeiter und Bauern – gelobten sie, die Welle der in die Städte drängenden Afrikaner zurückzudrängen und sie zurück in ihre Reservate zu schicken. Weißen Geschäftsleuten dagegen boten sie an, jede Menge billiger, schwarzer Arbeitskräfte in die Städte zu schaffen.

Am 28. Mai 1948 erwachten die Südafrikaner und stellten zu ihrem Erstaunen fest, dass die Mehrheit der *whites-only*-Wähler der National Party den Vorzug gegeben hatte. Der Parteichef **D.F. Malan** wurde vom Generalgouverneur nach Pretoria beordert, um ein Kabinett zusammenzustellen. Bei seiner Ankunft am Bahnhof von Pretoria erklärte er vor einer Gruppe begeisterter Anhänger: „Zum ersten Mal gehört Südafrika uns. Möge Gott dafür sorgen, dass es für immer unser ist. Wir

Afrikaander wurden nicht von Menschen erschaffen, sondern von Gott. Millionen barbarische Schwarze blicken auf uns, in der Hoffnung auf Führung, Gerechtigkeit und einen christlichen Lebenswandel."

Mittlerweile hatte sich innerhalb des ANC ein Machtwechsel ereignet. Angesichts der Tatenlosigkeit der alten Garde und des fanatischen D.F. Malan unternahm die Youth League einen Putsch, wählte ihre eigene Führung unter Vorsitz von Nelson Mandela und verabschiedete ein radikales **Aktionsprogramm** mit einem ganzen Arsenal an Taktiken, zu denen laut Mandela „die neuen Waffen Boykott, Streik, ziviler Ungehorsam und passiver Widerstand" zählten.

Die 50er Jahre: Friedlicher Protest

Im Verlauf der 50er Jahre verabschiedete die National Party eine ganze Reihe von Gesetzen, die schließlich die Struktur der Apartheid bestimmen sollten. Einige der ersten Anschläge auf die Bürgerrechte der Andersfarbigen waren: der **Coloured Voters Act**, das den Coloureds das Wahlrecht absprach; der **Bantu Authorities Act**, der in den afrikanischen Reservaten Marionettenregierungen einsetzte; der **Population Registration Act**, der jeden Südafrikaner bei der Geburt als „weiß, eingeboren oder farbig" einstufte; der **Group Areas Act**, der Südafrika in verschiedene ethnische Gebiete einteilte, und der **Suppression of Communism Act**, der jegliche Opposition gegen die Apartheid (ob kommunistisch oder nicht) unter Strafe stellte.

Der ANC reagierte 1952 darauf mit der **Defiance Campaign**, beginnend mit einem Brief an die Regierung, in dem für Schwarze die gleichen Bürgerrechte wie für Weiße gefordert wurden. Im Laufe der Kampagne begingen 8000 Freiweillige absichtliche Verstöße gegen die o.g. Apartheidgesetze und wurden verhaftet. Die friedlichen Proteste dauerten bis in den Oktober 1952 fort, doch dann provozierte die Polizei Gewalt, indem sie in East London das Feuer auf eine Gebetsversammlung eröffnete. Bei den anschließenden Tumulten wurden zwei Weiße getötet, woraufhin die Häuser der ANC-Anführer durchsucht und mehr als 100 ANC-Mitglieder festgenommen und unter Bann gestellt wurden. Ein Bann bedeutete eine Einschränkung der Bewegungsfreiheit und politischen Betätigung.

Der betreffenden Person war es verboten, zwei oder mehr Menschen gleichzeitig zu sehen oder mit einer anderen unter Hausarrest stehenden Person zu sprechen. Außerdem war ihr das Betreten bestimmter Gebäude untersagt, sie wurde überwacht, musste sich regelmäßig bei der Polizei melden und durfte weder publizieren noch zitiert werden.

Das geschichtsträchtigste Ereignis der Dekade war der 1955 in der Nähe von Johannesburg abgehaltene **Congress of the People**. Bei einer Massenversammlung von fast 3000 Delegierten, taten sich vier Organisationen, Vertreter der Afrikaner, Coloureds, Weißen und Inder, als Bündnispartner in der **Congress Alliance** zusammen. Die historische Bedeutung dieses Treffens brachte ANC-Führer **Albert Luthuli** mit den Worten zum Ausdruck: „Zum ersten Mal in der Geschichte unserer multirassischen Nation treffen sich ihre Angehörigen als Gleiche, ungeachtet von Rasse, Hautfarbe und Religionszugehörigkeit, um eine Freiheits-Charta für alle Menschen in unserem Lande zu formulieren". Die **Freedom Charter** (s.S. 89, Kasten), die während des Congress of the People abgesegnet wurde, stellt die Grundlage des ANC-Parteiprogrammes dar.

Der Regierung ging diese breite Bewegung und deren Prinzipien von Freiheit und Gleichheit zu weit, und 156 Oppositionsführer wurden von der Polizei abgeführt und des Hochverrats beschuldigt. Als Beweisstück im **Treason Trial** (Hochverratsprozess) diente die Freedom Charter, die als „Vorlage für eine gewaltsame kommunistische Revolution" bezeichnet wurde. Obwohl alle Beklagten schließlich freigesprochen wurden, hatte der vier Jahre dauernde Prozess negative Auswirkungen auf den ANC, und es begannen sich Meinungsverschiedenheiten aufzutun. Eine Gruppe Afrikanisten innerhalb der Organisation kritisierte die Freedom Charter, weil sie sich für die Zusammenarbeit mit weißen Aktivisten aussprach.

Beim ANC-Landestreffen 1958 versuchten sie die Führung zu stürzen. Als dies nicht gelang, traten sie aus und gründeten den **Pan Africanist Congress** unter Leitung des charismatischen **Robert Mangaliso Sobukwe**.

Um dem ANC zuvorzukommen, initiierte der PAC eine Antipass-Kampagne, zehn Tage vor jener vom ANC geplanten.

Die Freiheits-Charta
- Alle Regierung muss vom Volk ausgehen.
- Gleiche Rechte für alle Volksgruppen.
- Die finanziellen Einnahmen der Nation sollen allen Bewohnern zugute kommen.
- Der Grundbesitz soll unter all jenen aufgeteilt werden, die das Land bearbeiten.
- Gleichberechtigung vor dem Gesetz.
- Gleiche Menschenrechte für alle.
- Arbeit und Sicherheit für alle.
- Die Türen zu Bildungs- und Kulturstätten sollen geöffnet werden.
- Es soll Wohnraum und Sicherheit geben sowie ordentliche Lebensbedingungen herrschen.
- Frieden und Freundschaft sollen herrschen.

Sharpeville

Am 21. März 1960 erschienen Sobukwe und Tausende seiner Mitstreiter ohne Pässe bei Polizeidienststellen. Sobukwe gab strenge Anweisung, die Demonstrationen friedlich zu halten und sich nicht provozieren zu lassen. Die Aktion fand in Gauteng und im Westkap statt. Die Demonstranten zerstreuten sich anschließend, doch vor der Polizeistation in Sharpeville, südlich von Johannesburg, weigerte sich die Menge abzuziehen, obwohl Tiefflieger über sie hinwegjagten. Als sich die Menschenmenge in Bewegung setzte, gerieten die Polizisten in Panik und eröffneten das Feuer. 69 Menschen wurden getötet und fast 200 verletzt, die meisten durch Schüsse in den Rücken.

Am 27. März kam es im ganzen Land zu Demonstrationen und der ANC-Aktivist Oliver Tambo (bis zur Freilassung Mandelas der spätere ANC-Führer im Exil) verließ illegal das Land. Am nächsten Tag blieben Afrikaner in Massen ihren Arbeitsplätzen fern, und Tausende nahmen zusammen mit Nelson Mandela und Albert Luthuli an einer öffentlichen Passverbrennungsaktion teil. Einen Tag darauf erklärte die Regierung den **Ausnahmezustand** und ließ 22 000 Menschen verhaften. Am folgenden Tag forderte der Sicherheitsrat der Vereinten Nationen die Regierung in einer Resolution zur Abschaffung der Apartheid auf – die Antwort der südafrikanischen Regierung bestand darin, den ANC und PAC zu verbieten. Die Mitgliedschaft in einer der beiden Organisationen war jetzt illegal. Viele weiße Südafrikaner gerieten in Panik, als der Rand an Wert verlor und die Aktienkurse fielen. Einige glaubten sich am Vorabend einer blutigen Revolution.

Bald darauf schoss ein geistig verwirrter weißer Farmer Premierminister **Hendrik Verwoerd** zweimal in den Kopf, und viele Menschen hofften, sein Tod würde ein schnelles Ende der Apartheid bringen. Aber Dr. Verwoerd überlebte – und war fortan ein noch stärkerer Verfechter der Apartheid und mit höherem Prestige als zuvor. Kein anderer Politiker betrachtete die Apartheid so sehr als seine persönliche Errungenschaft wie Verwoerd, der daraus ein lückenloses System entwickelte, basierend auf der Einrichtung **unabhängiger Bantustans**, in denen Afrikaner weit weg von den Gebieten der Weißen sich selbst verwalteten. Dahinter stand die Absicht, die Afrikaner in unterschiedliche ethnische Gruppen aufzusplitten, d.h. die Schwarzen, die die größte Bevölkerungsgruppe stellten, in verschiedene kleine „Stämme" zu zergliedern und sie so zu schwächen.

Im Anschluss an das Oppositionsverbot von 1960 widmete sich Dr. Verwoerd mit Enthusiasmus seinem Traum von einer rein weißen **Afrikaander-Republik**, dessen Verwirklichung er mittels eines Referendums im März 1961 erleben durfte. Seine Anstrengungen „dankte" ihm die Premierministerkonferenz des Commonwealth in London mit dem Ausschluss der Republik aus dem Commonwealth, und Mandela forderte die Einberufung eine Nationalversammlung „zum Entwurf einer nicht-rassistischen demokratischen Verfassung". Doch stattdessen ernannte Verwoerd den ehemaligen Neonazi **John Vorster** zum Justizminister. Der gelernte Jurist machte sich mit Feuereifer daran, außerhalb der Normalwege der Gerichtsbarkeit eine Flut unerhört repressiver Gesetze zu verabschieden.

Einige Mitglieder des ANC erkannten, dass sich das Blatt der Geschichte unwiderruflich gewendet hatte. „Im Leben jeder Nation kommt ein Zeitpunkt, wo nur noch zwei Möglichkeiten bleiben: Unterwerfung oder Kampf. Südafrika steht jetzt an diesem Scheideweg. Wir werden uns nicht unterwerfen", erklärte Mandela der Weltöffentlichkeit, bevor er als Oberkommandierender von **Umkhonto We Sizwe** („Speer der Nation", alias MK), eines neugegründeten, bewaffneten Flügels unter Leitung einiger ANC- und KP-Führer in den Untergrund ging. Diese Oganisation hatte sich, unter der strikten Maßgabe, keine Menschen zu töten oder zu verletzen, wirtschaftlichen und symbolhaften Sabotageakten verschrieben. Mandela operierte ein Jahr lang im Geheimen, reiste währenddessen durchs Land, verließ es auf illegalen Wegen und tauchte plötzlich bei Versammlungen auf – was ihm den Spitznamen „Black Pimpernel" (Schwarze Pimpernelle) einbrachte. Doch im August 1962 wurde er festgenommen, verurteilt und ins Gefängnis geworfen. 1963 wurde er für kurze Zeit freigelassen, um seine Verteidigung gegen den Vorwurf des Hochverrats im **Rivonia Trial** vorzubereiten. Mandela und neun weitere ANC-Führer wurden schuldig gesprochen und zu lebenslänglicher Haft verurteilt.

Apartheid: Die finstersten Tage

Der Rivonia-Prozess kennzeichnete den Beginn einer Dekade, in der alles nach dem Willen der weißen Regierung zu verlaufen schien. Die Proteste waren verstummt, der Staat wurde immer mächtiger und für weiße Südafrikaner, Geschäftsleute und ausländische Investoren herrschten rosige Zeiten, jedenfalls vordergründig. Die Panik im Anschluss an das Massaker von Sharpeville verebbte schnell, und es herrschte wieder Ruhe im Land. Unter schwarzen Südafrikanern aber nahm die Armut zu – ein Resultat der Apartheidsgesetzgebung.

1966 wurde Dr. Verwoerd im Parlament von einem geistig gestörten Boten erstochen und stand diesmal nicht mehr von den Toten auf. Sein Nachfolger wurde **Balthazar John Vorster**, dessen Vorgehensweise zwar pragmatischer war als die von Verwoerd. Zum Schein schüttelte er die Hände „zahmer" Schwarzenführer wie Hastings Banda in Malawi, doch seine Regierungszeit war von einem zunehmenden Einsatz der **Polizei** als Repressionsinstrument geprägt: Bann, Inhaftierung ohne Gerichtsverhandlung, Hausarrest und der Tod politischer Gefangener in Polizeigewahrsam waren bald an der Tagesordnung.

Der ANC war machtlos, und ihr militanter Flügel MK leistete so gut wie keinen Widerstand mehr. Dies lag zum Teil daran, dass Südafrika bis Mitte der 70er Jahre von gleichgesinnten weißen Regimen im benachbarten Rhodesien und Mosambik umgeben war, die das Einschleusen von Kämpfern praktisch unmöglich machten. Am Anfang dieser Dekade war der wacklige Frieden ins Wanken geraten, als angesichts des sinkenden Lebensstandards der Schwarzen die Arbeiterschaft wieder in Aktion trat. **Gewerkschaften** begannen, das vom ANC hinterlassene Vakuum auszufüllen, und trotz des riesigen Repressionsapparates, der ihnen zur Verfügung stand, gelang es weder Vorster noch einem seiner Nachfolger aus der National Party, die einsetzenden Streikwellen einzudämmen.

Doch erst mit dem Aufstand von Soweto, am 16. Juni 1976, zeichnete sich eine Verlegung der Protestaktionen weg von den Fabriken und hinein in die Townships ab. Schwarze Jugendliche gingen aus Prostest gegen die Einführung des Afrikaans als Schulsprache auf die Straße. Nachdem die Polizei auf demonstrierende Schüler geschossen und dabei den 13-jährigen Hector Peterson ermordet hatte, breiteten sich die Proteste über das ganze Land aus. Ein Aufstand folgte dem anderen, und im Februar 1977 hatten sie 575 Menschenopfer (beinahe ein Viertel davon Kinder) gefordert.

Doch selbst angesichts der rohen Gewalt ließ sich eine Ausbreitung der Proteste bis in alle Winkel der Gesellschaft nicht mehr verhindern. Die Regierung musste immer mehr bewaffnete Polizei einsetzen, um die Ordnung aufrechtzuerhalten. Aber den zahlreichen neuen Befreiungsbewegungen war kein Einhalt mehr zu gebieten. Viele von ihnen machten einen Teil der weithin operierenden **Black Consciousness-Bewegung** aus. Als sich die Unruhen auch 1977 fortsetzten, ließ die Vorster-Regierung alle neuen Schwarzenorganisationen verbieten und ihre Anführer einsperren. Im September 1977 musste **Steve Biko** (einer der Verhafteten) als der 46. politische Häftling in Gewahrsam der Sicherheitspolizei sein Leben lassen.

Ende der 70er traten an die Stelle der verbotenen Organisationen zahlreiche neue. Von da an wurde die Regierung der in den 80er Jahren noch wachsenden **Opposition** nicht mehr Herr. Es kam zu Mietzahlungs-, Bus- und Schulboykotten und zu Streiks, die Farbigen und Schwarzen begannen, sich gegen Zwangsumsetzungen zur Wehr zu setzen. Gegen Ende der Dekade machte der Wirtschaftssektor deutlich, dass das Konzept der Apartheid nicht mehr tragfähig war, und die Regierung sah sich zum Einlenken gezwungen. Die Zahl der schwarzen Südafrikaner überstieg bei weitem die der weißen. Auf ihrem Höhepunkt im Jahr 1910 stellten Weiße immerhin 21% der Landesbevölkerung, nun war die Rate auf 16% gesunken. Prognosen besagten, dass diese Zahl gegen Ende des 20. Jahrhunderts auf 10% fallen würde. Die Rechnung der Apartheidsverfechter ging einfach nicht mehr auf.

Die General-Strategie

Nichts schien mehr an der Erkenntnis vorbeizuführen, dass kein noch so großes Polizeiaufgebot Vorsters Südafrika aus der Misere helfen konnte. 1978 musste er seinen Posten an seinen ehemaligen Verteidigungsminister **Pieter Willem (P.W.) Botha** abtreten. Während Vorsters Regierungszeit hatte Botha die **South African Defence Force** in die unerbittlichste Militärmaschinerie auf dem afrikanischen Kontinent verwandelt, die nach und nach sein Hauptinstrument zur Aufrechterhaltung der Herrschaft der Weißen bildete. Botha realisierte, dass die Tage der Apartheid nach herkömmlichem Muster gezählt waren, und er nahm ein zweigleisiges Programm in Angriff, bestehend aus Reformen auf der einen und noch nie dagewesenen Repressionen auf der anderen Seite. In dem Glauben, Südafrika werde sowohl von feindlichen Kräften innerhalb als auch außerhalb des Landes hochgradig bedroht, entwarf er seine so genannte **Total Strategy**.

Im Juni 1980 überfiel die MK, der militante Flügel des ANC, völlig unerwartet die strengstens bewachte, für die landesweite Versorgung ungeheuer wichtige Ölraffinerie von **Sasolburg** und legte sie vorübergehend lahm. Es folgten in den 80er Jahren eine Reihe von Sabotageakten gegen Einrichtungen des Apartheidsstaates. 1981 wurden über 90 **bewaffnete MK-Aktionen** auf Polizeiposten, Eisenbahnlinien, Kraftwerke und Militärbasen verzeichnet. Oft gingen die Überfälle Hand in Hand mit Protest- und Streikkampagnen. Botha begann, Reformen in Erwägung zu ziehen, und ließ **Nelson Mandela** und andere inhaftierte ANC-Führer von Robben Island ins Pollsmoor Prison auf das Kapstädter Festland verlegen.

Gleichzeitig schickte er immer stärkere Polizeitruppen in die afrikanischen Townships, um die Proteststimmen zu unterdrücken und versuchte, den Nachbarstaaten durch wirtschaftliche Anreize die Gründung einer „Zusammenarbeit südafrikanischer Staaten" unter südafrikanischer Oberherr-

schaft schmackhaft zu machen. Zwischen 1981 und 1983 griff er zu militärischen Mitteln und entsandte in jedes dieser Länder die südafrikanische Armee: Das aufstrebende Ölförderland Angola wurde in eine Ruinenwüste verwandelt, und das relativ arme Mosambik wurde vollends in die Knie gezwungen. Botha schreckte auch keineswegs davor zurück, Überfallkommandos über die Grenzen nach Botswana, Zimbabwe, Swasiland und Lesotho zu entsenden, um südafrikanische Flüchtlinge niederzumetzeln oder zu bombardieren.

Botha hoffte mittels einiger halbherziger Reformen eine schwarze Mittelschicht als Puffer gegen den ANC zu schaffen, die ihm den Rücken gegen die in- und ausländischen Proteste und Sanktionen stärken würde. Seine Rechnung ging nicht auf. Der Widerstand nahm zu, ebenso die Verhaftungen und Exekutionen politischer Aktivisten ungeachtet der Bestimmungen der Genfer Konvention, und bei politisch motivierten Straftaten wurden brutalste Strafen verhängt. Bothas „Politik" bestand nur noch darin, mit Waffengewalt die Kontrolle auszuüben. Trotzdem entwarf er 1983 einen seiner Ansicht nach genialen Plan, die so genannte **Neue Verfassung**, die Coloureds und Indern das Wahlrecht zugestehen würde. Aber noch bevor große Begeisterung aufkommen konnte, verkündete er, dass die Gruppen in getrennten Parlamentskammern ohne Exekutivgewalt vertreten sein würden.

Bothas Absicht war, durch eine Allianz aus Weißen, Coloureds und Indern die schwarze Opposition auszuschalten. Das Ganze erwies sich als ein gewaltiger Fehlschlag, der nur dazu führte, dass die Ultra-Rechten zu erzürnen, die darin eine Beschneidung der Privilegien der Weißen sahen. Als Botha diesen Plan dennoch in die Tat umsetzte, versammelten sich 15 000 Delegierte von Anti-Apartheidsgruppen auf dem Mitchell's Plain in Kapstadt und gründeten im Rahmen der größten Oppositionsversammlung seit dem Congress of the People von 1955 die **United Democratic Front** (UDF). In der UDF vereinigten sich unter der Schirmherrschaft einer Führung, der auch ANC-Veteranen angehörten, 575 Organisationen aller im Lande vertretenen Rassen. Sie bekräftigte die Freedom Charter und wurde zu einem Sprachrohr des ANC. Es folgten zwei Jahre, in denen es immer wieder zu Streiks, Protestaktionen und Boykotten kam. Dann erklärte **Mangosuthu Buthelezi**, Premierminister des *bantustan* KwaZulu und Anführer der nationalistischen Zulu-Bewegung **Inkatha**, vor aufständischen Wanderarbeitern in Soweto: „Die UDF scheint ein weiteres Instrument zur Spaltung zu sein und kann ohne Inkatha nichts ausrichten. Von jetzt an wird Inkatha nach dem Motto ‚Auge um Auge‘ vorgehen." Überfälle von Inkatha-Mitgliedern auf Anhänger der inzwischen aufgelösten UDF und des ANC waren bald an der Tagesordnung und dauern vereinzelt noch bis heute an.

Angesichts der zunehmenden Proteste suchte die Regierung nach Auswegen, und bot zwischen März und Dezember **Mandela** fünf Mal die **Freilassung** an, sofern er seiner Verbannung in das *bantustan* Transkei zustimmen würde. Er lehnte jedesmal ab und das Katz- und Mausspiel dauerte die gesamten 80er Jahre hindurch an. Währenddessen wurde der Druck immer stärker und die afrikanischen Townships unregierbar. Gegen Ende der 80er gingen regelmäßig Fernsehbilder um die Welt, auf denen Apartheid-Soldaten und Polizisten gezeigt wurden, wie sie unbewaffnete Afrikaner verprügelten und erschossen. Ungeachtet des heftigen Widerstandes der britischen Premierministerin Margaret Thatcher verfügte der **Commonwealth** den Ausschluss des Apartheidregimes. Die Vereinigten Staaten und Australien schränkten die Flugverbindungen ein und der US-Kongress verabschiedete gegen den Willen von Präsident Reagan den Anti-Apartheid Act, der sich für **Disinvestment** (Zurückziehung von Vermögenswerten) aussprach. 1985 kündigte die **Chase Manhattan Bank** an, Südafrika keine weiteren Kredite zu gewähren. Innerhalb der nächsten zwei Jahre schlossen 90 US-Firmen ihre südafrikanischen Filialen. Botha war gezwungen, seine Bedingungen für die Freilassung Mandelas zu modifizieren und bot an, „Mandela freizulassen, wenn er der Gewalt abschwört".

Mandelas Antwort wurde von seiner Tochter Zinzi vor einem Massenpublikum im Jabulani Stadium in Soweto verlesen: „Ich bin überrascht, welche Bedingungen mir die Regierung auferlegen will. Ich bin kein Mann der Gewalt. Erst als uns alle anderen Arten des Widerstandes verwehrt waren, griffen wir zu den Waffen. Soll Botha beweisen, dass er aus anderem Holz geschnitzt ist als Malan, Strijdom und Verwoerd. Soll er der Gewalt abschwören. Meine Freiheit ist mir lieb und teuer, aber noch wichtiger ist mir eure."

Langsam wurde offensichtlich, dass sich das Blatt gewendet hatte: Jetzt war Botha der Gefangene, dessen Freilassung von Mandela abhing. Der **schwarze Widerstand** ließ sich einfach nicht brechen und die **ultra-rechten Weißen** waren im Begriff, Botha rechts zu überholen. Bei jeder Nachwahl hatte die erzkonservative Conservative Party enorme Stimmenzuwächse zu verzeichnen. Die **Allgemeinwahlen von 1987** brachten der Regierung nur 52% der Wählerstimmen, während die noch weiter rechts außerhalb des politischen Spektrums stehende **Afrikaner Weerstand Beweging** (Afrikaander-Widerstandsbewegung, kurz AWB) Versammlungen der National Party störte und mit einem Bürgerkrieg drohte.

Krisenzeit

1986 verkündete Botha eine Fortsetzung des **Ausnahmezustandes** und ließ ein letztes Mal alle Höllenhunde der Tyrannei los. Wieder wurden Menschen unter **Bann** gestellt und Versammlungen verboten und die Polizei erhielt strikten **Schießbefehl**. **Massenverhaftungen**, **Hochverratsprozesse** und **Folterungen** waren an der Tagesordnung, und Auftragsmörder machten Jagd auf UDF-Führer. 1987 flog eine beunruhigte Gruppe südafrikanischer Geschäftsleute, überwiegend Afrikaander, in den Senegal, um sich mit ANC-Vertretern unter Leitung von **Thabo Mbeki** zu treffen. Sie unterzeichneten ein gemeinsames Papier mit der dringenden Forderung nach Verhandlungsgesprächen.

Einige Wochen nach dem riesigen, internationalen Fest, das im Juli 1988 anlässlich von **Mandelas 70. Geburtstag** im Londoner Wembley-Stadion abgehalten worden war, wurde Mandela mit Tuberkulose ins Tygerberg Hospital eingeliefert. Im Oktober hatte sich sein Zustand gebessert, doch er brauchte nicht mehr ins Pollsmoor Prison zurückkehren, sondern wurde in ein Wächterhäuschen des Victor Verster Prison in Paarl verlegt. Inzwischen drängten selbst die obersten Militärchefs auf politische Veränderung. Sie machten Botha unmissverständlich klar, dass ein endgültiger militärischer Sieg über die Apartheidsgegner unmöglich war und der nie offiziell erklärte Krieg gegen Angola den Staat in den Ruin zu treiben drohte.

Anfang 1989 forderte Mandela Botha in einem Brief zu Verhandlungsgesprächen auf. Aber Botha blieb stur. Nachdem er einen Schlaganfall erlitten hatte, enthoben seine Parteigenossen ihn seines Amtes und ersetzten ihn durch **Frederik Willem (F.W.) De Klerk**.

De Klerk gehörte dem konservativen Flügel der National Party an, und er machte von Anfang an keinen Hehl daraus, dass er die Macht im Lande nicht in den Händen der Bevölkerungsmehrheit sehen wollte. Sein Erbe war schwer: Mit der Wirtschaft ging es bergab. Die Aufrechterhaltung der Apartheid verschlang Unsummen. Der illegale Zustrom schwarzer Landflüchtlinge in die Städte floss unaufhaltsam. Die Schwarzen, die von Bothas Verfassungsreformen ausgeschlossen waren, begannen die Geduld zu verlieren. Im September 1989 forderte US-Präsident **George Bush** De Klerk auf, Mandela innerhalb von sechs Monaten auf freien Fuß zu setzen, ansonsten würden die Sanktionen gegen Südafrika erweitert.

De Klerk gelangte zu der Ansicht, dass der ANC aus mehreren Gründen keine Bedrohung mehr darstellte: Das Fehlen einer Basis im Land selbst, die gewaltsame Auflösung der Widerstandsnester in Angola und Sambia sowie der Fall des Eisernen Vorhangs. Im Vertrauen auf sein Geschick, den ANC ins Leere laufen zu lassen, ließ De Klerk im Februar 1990 das Verbot des ANC, des PAC, der Kommunistischen Partei sowie von 33 anderen Organisationen aufheben und verkündete gleichzeitig die **Freilassung Mandelas**. Am 11. Februar 1990 verließ Mandela gegen 16 Uhr das Victor Verster-Gefängnis und wurde zum Kapstädter Rathaus gefahren, wo er nach knapp drei Jahrzehnten zum ersten Mal wieder eine öffentliche Ansprache hielt. Bei dieser Gelegenheit teilte er seinen Anhängern mit, dass zwar die Gründe, die einen bewaffneten Widerstand notwendig machten, immer noch existierten, er jedoch der Überzeugung sei, dass „bald ein verhandlungsfreundliches Klima herrschen wird".

Im Mai 1990 unterzeichneten Mandela und De Klerk eine **Vereinbarung**, in der sich die Regierung zur Rücknahme repressiver Gesetze und der Entlassung politischer Häftlinge bereit erklärte, während Mandela den ANC zur Aufgabe des bewaffneten Widerstands bewegen sollte. Doch als die Verträge abgeschlossen werden sollten, wurde deutlich, dass De Klerk nach wie vor an rassistischen Vorbehalten festhielt. „Eine Mehrheitsregierung ist Südafrika nicht dienlich", verkündete er,

„denn sie führt zu einer Oberherrschaft von Minderheiten."

Verhandlungen

Der politische Verhandlungsprozess dauerte insgesamt von 1990 bis 1994. Eine der Widrigkeiten stellten die anhaltenden Gewaltakte der zwielichtigen **Third Force** (aus den Reihen der Sicherheitskräfte des Apartheid-Regimes) dar, die hinter den Kulissen damit beauftragt waren, den ANC zu unterminieren. Außerdem drohte die Gefahr eines **Bürgerkrieges**, ausgehend von schwer bewaffneten Rechtsradikalen und den gewaltsamen Auseinandersetzungen in KwaZulu-Natal zwischen Zulu-Nationalisten und ANC-Anhängern, die zwischen 1987 und 1990 annähernd 3000 Todesopfer gefordert hatten.

Nachdem im August 1990 auf schwarze Pendler in Vorortzügen geschossen worden war, schwappte die Welle der Gewalt auch auf die Townships von Johannesburg über. Im Juni 1992 wurden 40 Menschen während eines mitternächtlichen Überfalles auf eine Behelfssiedlung in der Nähe von Johannesburg ermordet. Laut Augenzeugenberichten waren zuvor ganze Lastwagen voller Inkatha-Anhänger dorthin befördert worden. Als Mandela am Ort des Geschehens ankam, empfing ihn eine Gruppe Jugendlicher mit einem Sprechgesang: „Mandela, du gebärdest dich als Lamm, während wir geschlachtet werden." Dies war Wasser auf die Mühlen der National Party, denn damit schien deutlich, dass der ANC weder in der Lage war, seine Anhänger zu beschützen noch ein Ende der Gewalttaten herbeizuführen. Mandela brach daraufhin die Verhandlungsgespräche ab und lancierte eine **Massenaktionskampagne**, um die Regierung unter Druck zu setzen. Am 3. und 4. August 1992 fand nach einem Aufruf des ANC der größte **Streik** in der südafrikanischen Geschichte statt. Diesmal legten 4 Mio. Menschen die Arbeit nieder. Es kam zu Verhandlungen zwischen der Regierung und dem ANC, und im Oktober 1992 räumte Präsident De Klerk erstmals ein, dass die Apartheidregierung sich einiges hatte zuschulden kommen lassen.

Die **Ermordung von Chris Hani**, der zweitbeliebteste ANC-Führer, im April 1993 durch einen Killer aus der rechten Szene ließ bei allen Südafrikanern alte Ängste wieder aufleben. Das Land stand unmittelbar am Rande eines Bürgerkrieges.

Drei Abende hintereinander verfolgten die Menschen in ganz Südafrika Mandelas Fernsehansprachen, in denen er die Bürger eindringlich aufforderte, Ruhe zu bewahren. Damit war ein Wendepunkt in der Geschichte erreicht, denn es zeigte sich, dass der ANC-Präsident in der Lage war, die Nation zusammenzuhalten, während De Klerk den Kopf in den Sand steckte. Mandela forderte die sofortige Festsetzung eines **Wahldatums**: Am 3. Juni 1993 stand der 27. April 1994 als Wahltag fest und Mandela verkündete: „Der Countdown bis zur Demokratie hat begonnen."

Als im Dezember 1993 die **Transitional Executive Authority** eingesetzt wurde, hatte Südafrika nach 350 Jahren die erste gemischt-rassige Landesverwaltung. Doch das bedeutete noch kein Ende der Gewalt, denn Chief Buthelezi und der rechte weiße Flügel drohten weiterhin mit Bürgerkrieg, sollte KwaZulu-Natal nicht die Autonomie und die Afrikaander einen *volkstaat* bekommen. Die Unruhen in KwaZulu-Natal dauerten an und es sah aus, als würden die Wahlen nicht zustande kommen. Im Februar 1994 führten die unterhandelnden Parteien neue Gespräche, um Chief Buthelezi und den Ultra-Rechten entgegenzukommen. Diese aber ließen sich nicht einmal durch das Zugeständnis ihrer Selbstbestimmung zur Teilnahme an den Wahlen bewegen.

Im März 1994 erschütterte ein Volksaufstand gegen die Regierung des *bantustan* **Bophuthatswana** Südafrika. Die dortigen Militär- und Polizeikräfte meuterten, und Chief Mangope versuchte an der Macht zu bleiben, indem er die weißen Ultra-Rechten um Hilfe bat. Hunderte bewaffneter AWB-Neonazis fielen in der Hauptstadt Mmabatho ein – und wurden von der Armee des *bantustan* mühelos besiegt. Die Fernsehbilder von bewaffneten Weißen, die den Schwarzen unterlagen, räumten mit der Vorstellung von der Unbesiegbarkeit der Weißen auf sowie mit der Furcht vor einer Rebellion der Rechtsradikalen.

Daraufhin erklärte sich die nicht ganz so extrem rechte **Afrikaner Volksfront** – eine Gruppierung Weißer, die einen eigenen, unabhängigen Kleinstaat wollten – zur Teilnahme an den Wahlen bereit, und Buthelezi stand nun allein da. Er beharrte aber nach wie vor auf einem Wahlboykott und drohte mit der Abspaltung KwaZulu-Natals

von Südafrika. Seine aufgeputschten Anhänger zogen durch die Provinz und hinterließen eine Spur von Gewalt, woraufhin die Übergangsregierung den **Ausnahmezustand** für KwaZulu-Natal erklärte und Truppen entsendete. Eine Woche vor den geplanten Wahlen lenkte der kriegerische Inkatha-Anführer ein und verkündete seine Mitwirkung.

Die Wahlen von 1994

Mit einem Bombenanschlag auf den Internationalen Flughafen von Johannesburg unternahmen die Rechtsradikalen einen letzten Versuch, die Wahlen zu verhindern, doch der Wahltag, der 27. April 1994, verlief ohne Zwischenfälle. Im Alter von 76 Jahren ging Mandela, neben Millionen anderer Südafrikaner, zum ersten Mal in seinem Leben zur Wahlurne. Am 2. Mai bekannte De Klerk seine Wahlniederlage, nachdem der ANC mit 62,7% der Stimmen einen Erdrutschsieg erzielt hatte. An zweiter Stelle in der Wählergunst rangierte die National Party mit 20,4%, gefolgt von der Inkatha Freedom Party mit 10,5%. Weit dahinter lagen die Freedom Front mit 2,2%, die Democratic Party mit 1,7% und der Pan Africanist Congress mit 1,2%. Mit Ausnahme zweier Provinzen gewann der ANC überall die Mehrheit: Die National Party war die stärkste Partei im **Westkap** und Buthelezis Inkatha errang mit 50,3% die knappe Mehrheit in **KwaZulu-Natal**. Allerdings musste der ANC enttäuscht feststellen, dass es ihm nicht gelungen war, eine breite Wählerschaft unter nicht schwarzen Gruppierungen für sich zu gewinnen. Seltsamerweise hatten zahlreiche Inder und Coloureds die National Party gewählt.

Der eigentliche Kampf stand dem ANC jetzt aber erst bevor. Er hatte ein Land mit 38 Millionen Menschen übernommen. Schätzungsweise sechs Millionen von ihnen waren arbeitslos, neun Millionen notleidend, zehn Millionen lebten in Behausungen ohne Wasser- und 20 Millionen ohne Stromversorgung. Rund 60% der erwachsenen Schwarzen waren Analphabeten und von den schwarzen Kindern unter 14 Jahren besuchten weniger als 50% eine Schule. Zwischen Schwarzen und Weißen klaffte immer noch ein Abgrund. Die Kindersterblichkeit bei den Afrikanern lag bei 80 pro Tausend, verglichen mit sieben pro Tausend bei den Weißen.

Die Regierung Mandela: 1994–99

An nur wenige Personen in der Geschichte waren so hohe Erwartungen geknüpft, noch weniger haben sie erfüllt, Mandela hat sie übertroffen. Wir wussten von seiner moralischen Stärke schon, bevor er das Gefängnis verließ. Seitdem erleben wir seine unerschöpfliche Güte, seinen Sinn für Humor und die Tiefe seiner menschlichen Reife. Als Gefangener bestimmte er praktisch das Datum seiner Freilassung. Als Präsident wählte er weise den Moment seines Abgangs. Jede andere Nation könnte sich glücklich schätzen, eine solche Persönlichkeit an der Spitze zu haben. Sein letztes volles Amtsjahr bietet uns noch einmal die Gelegenheit, die Tatsache zu würdigen, dass ihm die Zusammenführung und der Zusammenhalt unseres zersplitterten Landes zu verdanken ist.

Mail & Guardian, 24. Dezember 1998

Die ersten fünf Jahre südafrikanischer Demokratie sind unauslöschlich mit der Person Nelson Mandelas verbunden, der sich mit den Grausamkeiten und Ungerechtigkeiten der Apartheid auseinander setzen und gleichzeitig eine Versöhnung herbeiführen musste. Der auf der einen Seite die Ängste vieler Weißer ausräumen musste, die mit dem Verlust ihrer politischen Privilegien auch eine rapide Verschlechterung ihres Lebensstandards einhergehen sahen, und der auf der anderen Seite die schwarze Mehrheit beschwichtigen musste, die jetzt, nachdem ihr endlich die Bürgerrechte zugestanden worden waren, voller Ungeduld eine sofortige Verbesserung ihrer Lebenssituation erwartete.

Kurz nach seiner Amtsübernahme verkündete Mandela den **Reconstruction and Development Plan** (RDP), der den Bereichen Gesundheitswesen, Wohnungsbau, Bildung und ökonomisches Wachstum oberste Priorität beimaß. Im Laufe der kommenden Jahre sollten 350 000 Wohnhäuser ans Stromnetz angeschlossen und allen Kindern der Schulbesuch ermöglicht werden, und am Ende des Jahrzehnts sollten 2,5 Millionen neue Häuser gebaut sein. Doch als Mandela im August 1994 seinen Rechenschaftsbericht vorlegte, in dem er die während der ersten hundert Amtstage zu verzeichnenden Fortschritte der ANC-Regierung vorstellte, wurde er mit Protestaktionen von Industriearbeitern begrüßt, denen es mit den versprochenen Ver-

änderungen nicht schnell genug ging. Ende 1997 waren erst 350 000 neue Häuser fertig, doch mehr als eine Million Wohnungen waren inzwischen an die Trinkwasser- und Elektrizitätsversorgung angeschlossen worden.

Trotz des Sieges demokratischer Prinzipien, für die sich die Wählerschaft in der Wahl von 1994 ausgesprochen hatte, ließ sich Südafrika nicht über Nacht in einen friedlichen Rechtsstaat verwandeln. Im Land herrschte auch weiterhin **Kriminalität**, die tagtäglich in den Medien in Sensationsmeldungen aufbereitet wurde. Weniger Aufsehen erregend als die Zahl der Morde, Vergewaltigungen und Eigentumsdelikte war jedoch eine andere Form: Die Gepflogenheit, keine Staatsabgaben zu entrichten. Angefangen hatte dies in den 80er Jahren als eine Form des Protestes gegen das Apartheidregime. Doch nach dessen Auflösung war daraus praktisch ein Gewohnheitsrecht geworden und fast 80% der Township-Bewohner weigerten sich, für Staatsdienste zu bezahlen.

Um diesem Problem zu begegnen, forderte Mandela zu einem **neuen Patriotismus** auf und kritisierte die „Habsucht". Doch im Volk herrschte weithin die Ansicht, dass die Weißen zu wenig für eine gerechtere Verteilung der Güter taten, und dass vielen Staatsdienern inzwischen nicht mehr das Wohl der Allgemeinheit, sondern vor allem ihr persönlicher Vorteil am Herzen lag. Der damalige stellvertretende Präsident Thabo Mbeki prangerte dies öffentlich an und versprach eine Säuberungsaktion gegen „jene, die sich nicht um mehr Volk zu dienen, sondern um ihre eigenen Interessen zu verfolgen, in die Reihen des ANC geschmuggelt haben".

Hauptthema während Mandelas Präsidentschaft war das der **Versöhnung**. 1995 gab Mandela ein gemeinsames Essen für die Frauen der führenden Freiheitskämpfer sowie die der ehemaligen Premierminister und Präsidenten, außerdem lud er Betsie Verwoerd, die Witwe von Hendrik Verwoerd, zum Nachmittagstee. Einer der Höhepunkte der Versöhnungspolitik ereignete sich im Mai und Juni 1995, als in Südafrika der **Rugby-World Cup** ausgetragen wurde. Die Springboks – viele Jahre lang aufgrund ihrer Weigerung, farbige Spieler aufzunehmen, international geächtet – gewannen vor einem begeisterten Publikum, darunter auch Mandela, der das Springbok-Trikot trug. Es kam auch zu einer Aussöhnung mit der **Inkatha Freedom**

Party (IFP), woraufhin die politischen Zusammenstöße in KwaZulu-Natal abnahmen. Der bedeutungsvollste Nebenschauplatz jener Periode war die **Truth and Reconciliation Commission**, die 1996 ihre Tätigkeit aufnahm, um die entsetzlichen Menschenrechtsverletzungen aufzuarbeiten, die sich in Südafrika zwischen 1960 und 1993 ereignet hatten (s. Kasten).

Die im Mai 1996 verabschiedete **Neue Verfassung** schrieb fest, dass Südafrika weiterhin eine parlamentarische Demokratie unter Vorsitz eines Präsidenten bleiben würde. Es handelt sich um eine der progressivsten Verfassungen weltweit. Ihre Hauptpunkte sind das Verbot jeglicher Diskriminierung aufgrund von Rasse, Geschlecht, Schwangerschaft, ethnischer oder sozialer Herkunft, sexueller Neigung, Behinderung, Religion, Glauben, Kultur oder Sprache; die Garantie der freien Religions- und Glaubensausübung, Bewegungsfreiheit und ungehinderte Gründung von Organisationen, Pressefreiheit und freier künstlerischer Ausdruck; das Verbot der Sklaverei, Zwangsarbeit, Folter, Inhaftierung ohne gerichtliche Verurteilung, Gewalt oder grausame Bestrafung; das Recht auf Leben, aber auch auf Schwangerschaftsabbruch; das Verbot der Todesstrafe und die Einsetzung eines *public protector*, dessen Aufgabe es ist, Privatpersonen gegen behördliche Willkür zu beschützen.

Die Wahrheits- und Versöhnungskommission Als Südafrika 1994 zur Demokratie fand, herrschte weltweite Übereinstimmung darin, dass die Apartheid laut UN-Resolution „ein Verbrechen gegen die Menschlichkeit" gewesen war und in ihrem Namen Grausamkeiten begangen worden waren. Doch kein Außenstehender hatte eine Vorstellung davon, wie abscheulich diese Grausamkeiten waren und mit welcher Systematik sie begangen worden waren.

Ans Tageslicht kam dies erst bei den Anhörungen der Truth and Reconciliation Commission (TRC), die die während der Apartheid begangenen Menschenrechtsverletzungen zu untersuchen hatte. Unter Vorsitz des Friedensnobelpreisträgers Erzbischof Desmond Tutu beleuchtete die Kommission die Vorgänge von März 1960, als sich das Massaker von Sharpeville ereignete, bis zum 10. Mai 1994, dem Tag der Amtseinführung Mandelas.

Aufgabe der TRC war die Aufdeckung der geheimen Geschichte der Apartheid (nicht die Bestrafung der Schuldigen) und die Erlangung eines „so umfassenden Bildes wie möglich von Art, Gründen und Ausmaßen der Menschenrechtsverletzungen". Dies geschah hauptsächlich mithilfe von Zeugenaussagen der Opfer und Täter. Für ihre absolute Offenheit wurde den Tätern Amnestie zugesagt.

Vor Fernsehkamerateams aus aller Welt begannen die Sitzungen im April 1996. Die letzte Anhörung erfolgte am 31. Juli 1998 (die Untersuchungen dauerten noch bis Juni 2000). Im Unterschied zu allen anderen Wahrheitsfindungskommissionen des ausgehenden 20. Jahrhunderts waren die Sitzungen der südafrikanischen TRC öffentlich.

Unter den erschütternden Zeugenaussagen von mehr als 21 000 Menschen finden sich Berichte untröstlicher Angehöriger der Verschwundenen sowie solche, die grauenhafte Foltermethoden, Bombenangriffe und Massenmorde beschreiben.

Führende Mitglieder der ehemaligen Regierung und des ANC erschienen vor der TRC, unter ihnen auch Ex-Präsident F.W. De Klerk. Im Mai 1996 erklärte er der Kommission, er habe von den unter der Apartheid verübten Grausamkeiten nichts gewusst.

Die genauen Einzelheiten einer brutalen, systematisch durchgeführten Repressionskampagne, die im Auftrag der Regierung stattgefunden hatte, kamen im Verlauf einer Gerichtsverhandlung in September 1996 gegen den ehemaligen Polizeikommandanten Eugene De Kock ans Tageslicht, der auf Strafmilderung plädierte, obwohl er des Mordes in 89 Fällen angeklagt worden war. Laut seiner Aussage waren die unter seinem Kommando begangenen Verbrechen Bestandteil einer sorgfältig geplanten Aktion des Sicherheitsdienstes, die in Übereinstimmung mit der Regierungsspitze, d.h. den Präsidenten Botha und De Klerk, durchgeführt wurde.

Nach 2 1/2 Jahre dauernden Anhörungen in allen Teilen des Landes verabschiedete die TRC am 29. Oktober 1998 ihren 3500 Seiten umfassenden Abschlussbericht. Die Kommission kam zu dem Ergebnis, dass „die Regierung Südafrikas in der Zeit von 1960 bis 1994 in erschreckendem Ausmaß Menschenrechtsverletzungen in Südafrika begangen hat, und ab 1974 auch im südlichen Afrika". Unzählige Aussagen gegenüber der TRC bekräftigten, dass die Regierung seit den 70er bis in die 90er Jahre hinein an verbrecherischen Aktivitäten beteiligt war, darunter außergerichtliche Exekutionen politischer Gegner, Folter, Verschleppung, sexuelle Übergriffe und illegale Grenzüberschreitung zum Zweck der Ermordung von Südafrikanern im Exil. Die Kommission hatte aber gleichzeitig festgestellt, dass auch der ANC (sowie verschiedene andere Organisationen, darunter PAC und Inkatha) sich Menschenrechtsverletzungen schuldig gemacht hatte, allerdings bei weitem nicht in dem Ausmaße wie die Regierung.

Der Rechenschaftsbericht kam zu dem Schluss, dass der ANC einen gerechtfertigten Kampf gegen das Apartheid-Regime geführt, dabei aber eine Grenze zwischen „blindwütigem Krieg" und „angemessenen Mitteln" gezogen hatte.

Der TRC musste sich erhebliche Kritik aus allen Lagern gefallen lassen. Viele Südafrikaner waren der Ansicht, der Gerechtigkeit könne nur mittels Kriegsverbrechertribunalen nach dem Vorbild der Nürnberger Prozesse genüge getan werden. Doch Bischof Tutu hielt dagegen, dass dies für Südafrika nicht angemessen wäre, da keine Seite einen militärischen Sieg errungen hatte. Und was die Amnestieversprechen anbelangte, machte er deutlich, dass die „Angehörigen der Sicherheitsdienste sich niemals zu einer Aussage hätten überreden lassen, hätte ihnen ein Strafprozess gedroht."

Die südafrikanischen Medien stellten die Ergebnisse der Versöhnungskommission so dar, als ob die Rassenschranken innerhalb Südafrikas nun aufgelöst seien. Eine von *Business Day* im August 1998 durchgeführte Befragung ergab jedoch zwei völlig unterschiedliche Bewertungen der TRC: 80% der schwarzen Befragten waren der Ansicht, dass „die Menschen in Südafrika von nun an besser zusammenleben können", wohingegen 90% der weißen das Gefühl hatten, die Kommission habe die Rassen einander nicht näher gebracht.

Angesichts der mangelhaften Unterstützung, die die TRC erfuhr, und der teilweise sogar aktiven Behinderung ihrer Arbeit von Seiten weißer Politiker erklärte Tutu: „Die feindselige Haltung einiger führender Persönlichkeiten der weißen Gemeinde hat mich traurig gestimmt. Eigentlich sollten sie sagen: Wir können uns glücklich schätzen, dass diese Menschen uns nicht so behandeln wollen, wie wir sie behandelten. Was für ein Glück, dass sich, abgesehen von ein wenig politischem Machtverlust, für uns kaum etwas geändert hat."

Die Post-Mandela-Ära

Eine der weisesten Maßnahmen Mandelas war es, noch während seiner Amtszeit die Post-Mandela-Ära einzuläuten und den nahtlosen politischen Übergang an der Wende zum 21. Jahrhundert zu gewährleisten. Als etwa die Hälfte seiner Präsidentschaftszeit abgelaufen war, hatte sich sein Stellvertreter **Thabo Mbeki**, der 1993 Mandela als Vorsitzender des ANC abgelöst hatte, schon in die Amtsgeschäfte eingearbeitet. Bei der ANC-Nationalversammlung 1997 übernahm er Mandelas Amt des Parteichefs und nach den Allgemeinwah-

len von 1999, die der ANC haushoch gewann, wurde er Präsident.

Mbeki war bewusst, dass er kein zweiter Mandela war oder werden konnte. Viele Südafrikaner halten ihn für distanziert und kritisieren, dass er zu viel um die Welt reist, um sich mit **Dritte-Welt-Angelegenheiten** statt mit den Problemen im eigenen Land zu befassen. Doch Mbeki sieht die wirtschaftlichen Aussichten Südafrikas untrennbar mit denen der Dritten Welt verbunden.

Innenpolitisch verfolgen Mbeki und sein Kabinett eine **Wirtschaftspolitik** nach Thatcher-Vorbild, die mittels eingefrorener Löhne und Privatisierung auf einen Abbau der Haushaltsschulden abzielt. Die Zielstrebigkeit, mit der Südafrikas kompetenter Finanzminister **Trevor Manuel** diese Politik verfolgt, hat ihm den Beifall der internationalen und den der meisten Mitte-rechts stehenden Wirtschaftsexperten im eigenen Land eingebracht. Unter Beschuss steht er von Seiten der südafrikanischen Linken, die diese Wirtschaftspolitik für ein Land unangemessen hält, in dem eine riesige Kluft zwischen Arm und Reich besteht und das mit steigenden Arbeitslosenzahlen zu kämpfen hat. Dies führt immer wieder zu **Spannungen in der Dreiparteienallianz** – dem ANC und seinen beiden Juniorpartnern, der South African Communist Party und dem Congress of South African Trade Unions. Doch obwohl immer wieder von einer Abspaltung und der Gründung einer linksgerichteten Oppositionspartei die Rede ist, scheint die Umsetzung kaum wahrscheinlich.

In absehbarer Zukunft wird die stärkste Opposition gegen die Regierungspolitik wahrscheinlich aus den eigenen Reihen kommen, denn die parlamentarische Opposition ist schwach. Im Jahr 2000 veränderte sich die **offizielle Opposition**, ein Zusammenschluss von New National Party und Democratic Party – die Democratic Alliance (DA). Die New National Party mit ihrem Parteichef Marthinus van Schalkwyk war neu erstanden aus der National Party (die Apartheidpartei), deren Anhängerschaft überwiegend aus Coloureds und Afrikaans-sprachigen Weißen besteht. Die Democratic Party unter Tony Leon war die Nachfolgerin der liberalen Progressive Party, die jahrzehntelang die einzige innerparlamentarische Apartheids-Oppositionspartei gewesen war. Nach dem Scheitern dieser ungleichen Ehe ging die NNP eine noch abwegigere Beziehung mit dem ANC ein, dessen Mitglieder sie zuvor schikaniert, ermordet oder auf Robben Island inhaftiert hatte. Die DA hat keine breite Wählerschaft und erhält die meisten ihrer Stimmen von ein paar Coloureds sowie Englisch- und Afrikaans-sprachigen Weißen.

Mbekis Position zum Nachbarland **Zimbabwe**, wo Präsident Robert Mugabes Regierung einen ganzen Katalog von Gesetzen verabschiedete, die die Bürgerrechte beschneiden, und wo während des Wahlkampfes vor den Präsidentschaftswahlen 2002 mit Gewalt gegen die Landsleute vorgegangen

wurde, wird in Südafrika sehr kritisch gesehen. Mbekis Politik „stiller Diplomatie" statt offener Worte hat bislang kein positives Resultat erzielt.

Die **Währungskrise** im Jahr 2001, als der südafrikanische Rand in weniger als einem Jahr 40% seines Wertes gegenüber dem Dollar verlor, führten Wirtschaftswissenschaftler zunächst auf die Ereignisse in Zimbabwe und Mbekis lasche Reaktion darauf zurück. Die Investoren befürchteten, dass in Südafrika eine ähnliche Situation wie in Zimbabwe entstehen könnte. Experten prognostizierten eine baldige Stablisierung des Rand, da „die wirtschaftlichen Fundamente gesund sind". Als der Währungsverfall fortschritt, gaben sie u.a. den Ereignissen in Argentinien die Schuld. Schließlich aber mussten sie zugeben, dass es einfach keine Erklärung dafür gab, weshalb der Rand von Woche zu Woche an Kaufkraft verlor. Die Währung pendelte sich Ende 2001 bei rund R11 zum Dollar ein.

Das alles überschattende Thema mit unsicherem Ausgang für Südafrika ist inzwischen Mbekis Haltung zu **Aids**. Laut Angaben des South Africa's Medical Research Council ist Aids die Todesursache Nummer eins im Lande. Ungeachtet aller so dringlichen Appelle von allen Seiten – selbst aus den Reihen seiner eigenen Partei –, hielt der Präsident stoisch an seinen Ansichten fest und widersetzte sich der Bereitstellung von anti-retroviralen Medikamenten in staatlichen Krankenhäusern. Besondere Empörung rief die Verweigerung entsprechender Medikamente für Aids-infizierte Schwangere hervor, durch die sich eine Übertragung der Krankheit auf das Ungeborene verhindern ließe. Mbekis gravierendste politische Fehlentscheidung war, Aids als Gegenstand intellektueller Spiegelfechterei und nicht als eine Katastrophe für die Menschheit zu behandeln.

Seit 2000 werden in den staatlichen Kliniken der DA-regierten Provinz Westkap Aids-Medikamente verabreicht. 2002 folgte KwaZulu-Natal diesem Vorbild, und alles deutet darauf hin, dass zahlreiche ANC-regierte Provinzen sich dem anschließen werden.

Das Positive an dieser schwierigen Situation ist, dass in Südafrika eine lebhafte **demokratische Debatte** im Gang ist, selbst innerhalb der Regierungspartei. Südafrika hat weit mehr mit allen freiheitlich demokratischen Staaten der Welt gemein als mit dem schon fast diktatorisch regierten Nachbarland Zimbabwe. Zwar ging Südafrika mit einer großen Problemlast ins 21. Jahrhundert, doch die Chancen zur Bewältigung stehen besser als für jedes andere afrikanische Land südlich der Sahara.

Literatur

Manche Literaturkritiker behaupten, ohne die Apartheid wäre niemals eine moderne südafrikanische Literatur entstanden. Die weiße Minderheit ergeht sich vornehmlich in psychologischen und politischen Betrachtungen, während die schwarze Mehrheit sich in ihren Texten überwiegend mit sozialen Themen beschäftigt. Die Apartheid und die ihr vorangegangene Kolonialzeit hat literarischen Stoff geliefert, der die kühnsten Einfälle vieler Romanautoren übertrifft. Da sie von Menschen mit sehr unterschiedlicher sozialer und politischer Erfahrung verfasst wurde, lässt sich eine Differenzierung zwischen schwarzer und weißer südafrikanischer Literatur kaum vermeiden.

Die Geschichte der südafrikanischen Literatur

In vorkolonialer Zeit existierten im südlichen Afrika vielfältige mündlich überlieferte Literaturformen, auch **Oratur** genannt. Sie waren überwiegend eine Domäne der Männer, doch Frauen spielten eine wichtige Rolle beim Vortragen von **Epen**, die gleichbedeutend mit Volks- und Heldensagen waren. In der heutigen südafrikanischen Oratur sind die Grenzen zwischen Genre und Geschlechtern noch fließender. Frauen verfassen mittlerweile bei politischen Versammlungen orale Werke, was vorher nur den Männern vorbehalten war, und umgekehrt nehmen Männer inzwischen an den **toyi-toyi** teil, den ursprünglich nur von Frauen angestimmten Kriegsgesängen, mit denen die Krieger angespornt wurden. Während der Apartheid war *toyi-toyi* eines der Mittel des gewaltlosen schwarzen Widerstandes.

Frühe Siedler und Reisende

Seit dem 16. Jahrhundert lieferten Entdeckungsreisende wie Drake, Houtman und Hakluyt ausführliche Beschreibungen des Kaps, und im Jahr 1572 veröffentlichte der portugiesische Dichter **Luis de**

Camoens seinen (teilweise dem Reich der Mythologie entsprungenen) Reisebericht unter dem Titel *Die Lusiaden*. **Jan van Riebeeck**, Gouverneur der Niederländisch-Ostindischen Handelsstation verfasste ein *Daghregister* („Tagebuch"), ebenso **Adam Tas**, einer der rebellischeren Angestellten der VOC. Als das Land von holländischer in französische und schließlich englische Verwaltung überging, kamen immer wieder neue Siedler und Reisende. Einer davon war der Rousseau-Bewunderer **Francois La Valliant**, dessen *Travels* ein gutes Beispiel dafür sind, wie Reisende früher (und heute) ihre Vorurteile für sich und ihre Leserschaft bestätigt finden wollen.

Kolonialismus und Übergangsjahre

Die 1883 unter einem männlichen Pseudonym veröffentlichte *Geschichte einer südafrikanischen Farm* von **Olive Schreiner** gilt weithin als der erste in Südafrika entstandene Roman. Er unterscheidet sich merklich von den Pioniergeschichten eines **Percy Fitzpatrick** und dessen *Jock of the Bushveld* (1907) oder von **Henry Rider Haggards** Kolonialheldengeschichten wie *Kind des Sturms* (Orig. 1885) oder *Sie – ein Abenteuerroman* (Orig. 1887). Diese finden ihre direkten und indirekten Nachfolger in **Wilbur Smith**, dessen Unterhaltungsromane die Regale der Buchläden in den Flughafen-Abflughallen füllen, und dem inzwischen verstorbenen **Sir Laurens van der Post**.

In den christlichen Missionsschulen, der einzigen Bildungsmöglichkeit, die schwarzen Südafrikanern anfänglich offen stand, wurden männliche Schüler bevorzugt. In erster Linie wurden Übersetzungen von biblischen und religiösen Texten verwendet, wie z.B. John Bunyans *Pilgrim's Progress*, das ins Sesotho, Zulu und Xhosa übersetzt wurde. Schüler waren u.a. der Bühnenautor **H.I.E. Dhlomo**, der Schriftsteller **Thomas Mofolo**, dessen historischer Roman *Chaka Zulu* (Orig. 1925) ursprünglich auf Sesotho erschien und ins Englische, Französische, Italienische, Deutsche, Yoruba und Afrikaans übersetzt wurde, oder der Journalist, Übersetzer und Romancier **Sol Plaatje**. Plaatje war ein Mitbegründer des ANC. Seine bekanntesten Werke sind *Mhudi* (1930) und *Native Life in South Africa* (1916). Das Erstere erzählt die Geschichte der sich unter dem Eindruck des großen Trecks und dem Aufkommen des kriegerischen Zulu-Staates wandelnden afrikanischen Gesellschaft. In *Native Life* dokumentiert Plaatje die grausamen Auswirkungen des 1913 verabschiedeten Land Act, ein Gesetz, das den Afrikanern das Betreten ihres Geburtslandes untersagte.

Jim-comes-to-Jo'burg

Die Entdeckung wertvoller Erze sowie die damit einhergehende zunehmende Verstädterung und Industrialisierung hatte weit reichende Auswirkungen auf die bäuerliche Gesellschaft der Afrikaner und Afrikaander. Aus der Sicht der Weißen stellte es eine Bedrohung der „natürlichen" Rassenverhältnisse dar, die befürchtete Gefahr erwies sich jedoch als unbegründet. Dennoch bestimmten von nun an vier Aspekte die Arbeit der weißen Schriftsteller: Das literarische Interesse verschob sich von Problemen der Bauern hin zu jenen der Arbeiterklasse, die Angst vor Rassenvermischung machte sich breit, das Afrikaander-Bild musste neu definiert werden, und die veränderte Situation eröffnete neue Möglichkeiten des literarischen Ausdrucks.

Die Massenflucht in die Städte bildete den Ausgangspunkt für eine Erzählform, die Nadine Gordimer später als „Jim-comes-to-Jo'burg" bezeichnete: Der Protagonist ist immer ein naiver Jüngling vom Lande, der sich in der Großstadt zahllosen neuen Erfahrungen und Verlockungen ausgesetzt sieht.

Peter Abrahams' *Xuma* (Orig. 1946), der diesem Genre zuzuordnen ist, gilt weithin als erster proletarischer Roman Südafrikas. Nach Ansicht von **Alan Paton** war die eigentliche afrikanische Kultur ausschließlich auf dem Lande und im Status quo ante zu finden. Sehr viel später griff **Mtutuzeli Matshoba** in seiner Kurzgeschichte *Three Days in the Land of a Dying Illusion* (1979) diese Literaturgattung auf, um sie zu parodieren.

Rassenmischung / Rassentrennung

Roy Campbell, Autor von *Adamastor* (1930), der in späteren Jahren dem spanischen Faschismus sehr verbunden war, ist der berühmteste südafrikanische Poet aus der Zeit zwischen den beiden Weltkriegen. Ebenso wie **Guy Butler** nach ihm, tendierte er dazu, Europa mit Geschichtsbewusstsein, Fortschritt und Rationalität gleichzusetzen, Afrika dagegen als starre, unveränderliche Urform zu sehen. Die während jener Zeit entstandenen Romane von **Sarah Gertrude Millin**, insbesondere *God's Stepchildren* (1924), beschreiben am nachdrücklichsten die Unterschiede zwischen Europa und Afrika und die Ängste der Weißen hinsichtlich einer Rassenvermischung. **Ethelreda Lewis** verfasste eine kompliziertere Variante zum Thema Blut und Zivilisation in *Wild Deer* (1933), der Geschichte eines schwarzen amerikanischen Sängers nach dem Vorbild von Paul Robeson, der auf der Suche nach spiritueller Erneuerung Südafrika besucht. Er beschließt, den Wert des „unverfälschten", vorindustriellen Afrika zu erhöhen, indem er „eine sorgfältig ausgesuchte Jungfrau" schwängert und somit die Vorzüge seiner Zivilisation an Afrika weitergibt, während er gleichzeitig die „Keimzelle des primitiven Lebens" bewahrt.

Nach der Abschaffung des so genannten Immorality Act im Jahr 1985, der sexuelle Beziehungen zwischen Angehörigen unterschiedlicher Rassen untersagte, hatte die Frage der Rassenvermischung ihre politische und literarische Bedeutung verloren. Sie wurde jedoch anschließend in zahlreichen theoretischen Abhandlungen aufgearbeitet.

Stephen Grays *Time of our Darkness* (1988) ist wahrscheinlich der letzte ernst gemeinte Roman in einer ganzen Reihe zum Thema „Rassenschande": **William Plomer** *Turbott Wolfe* (1926), **Peter Abrahams** *Reiter der Nacht* (Orig. 1948), **Alan Paton** *Aber das Wort sage ich nicht* (Orig. 1953), **Nadine Gordimers** Kurzgeschichte *The Country Lovers* (1967) und **Athol Fugard**, einer der berühmtesten südafrikanischen Bühnenautoren, *Statements After an Arrest Under the Immorality Act* (1974).

Zwischen Enteignung und Apartheid

Die Zeit, als den **Afrikaandern** „ihr" Land weggenommen und sie sich gezwungen sahen, ins überwiegend von englischsprachigen Südafrikanern dominierte Industriezeitalter überzuwechseln, veranlasste einige von ihnen zu recht pathetischen Werken.

Die Romane von **Pauline Smith**, *The Beadle* (1926), und ihre Kurzgeschichtensammlung *The Little Karoo* (1925) beschreiben die Buren als Opfer, denen nicht nur ihr Grund und Boden, sondern auch ihre Sprache und Kultur geraubt wurde. Die erdverbundenen Afrikaander stehen zwar ebenfalls im Mittelpunkt der Kurzgeschichten von **Herman Charles Bosman**, *Mafeking Road* (1947) und *A*

Cask of Jerepigo (1964), doch hier wird er mit erheblich mehr Ironie behandelt.

Die Originalausgabe von **Alan Patons** *Denn sie sollen getröstet werden* erschien 1948, im Jahr der Machtübernahme der nationalistischen Regierung, und wurde seither zweimal verfilmt. Eindringlicher als jeder andere südafrikanische Roman geißelte Patons Krimi die Politik der Rassentrennung. Aus heutiger Sicht kann das Buch als Vorwegnahme einer Wahrheits- und Versöhnungskommission gelesen werden, in dem Paton das von der weißen Herrschaft in Südafrika angerichtete Unheil beschreibt und gleichzeitig eine Zukunftsvision entwirft, die von Gerechtigkeit und Liebe geprägt ist.

Die Drum-Generation

Im Mittelpunkt der von Männern dominierten „schwarzen" Literatur und **journalistischen Beiträge** in den 50er Jahren stand das in Johannesburg publizierte, von weißen Apartheidsgegnern finanzierte **Drum Magazine**. Dieses Magazin war eines der wenigen Foren für schwarze Schriftsteller wie **Can Themba, Es'kia Mphahalele, Bloke Modisane** und **Todd Matshikiza**, die überwiegend Kurzgeschichten oder autobiographische Romane verfassten. Bis heute ist die Kurzgeschichte eine bei schwarzen und weißen südafrikanischen Autoren bevorzugte Stilrichtung, da sie unter den unsicheren Lebensbedingungen während der Apartheid am leichtesten realisierbar war. Zentrales Thema der so genannten Drum Generation waren die Erfahrungen und Hoffnungen schwarzer Stadtbewohner, die oft ihren Ausdruck in journalistischen Beiträgen, Fiktion und Drama nach amerikanischem B-Movie-Stil fanden, z.B. in *King Kong*, einem Musical, basierend auf der Lebensgeschichte eines authentischen Boxer-Gangsters, dem Thandi Klaasen, Dolly Rathebe und Miriam Makeba den Beginn ihrer Gesangskarrieren verdankten. In **Z.B. Molefes** *A Common Hunger to Sing* (1997) erfahren sie und spätere Nachfolger wie Brenda Fassie, Sibongile Khumalo und Yvonne Chaka Chaka ihre verdiente Anerkennung.

Für **Journalistinnen** und **Schriftstellerinnen** war damals in Südafrika wenig Raum. **Bessie Heads** posthum veröffentlichtes Werk *The Cardinals* (1993), das ihre Erfahrungen im heutigen Botswana beschreibt, berichtet von den Problemen, mit denen die wenigen schwarzen Journalistinnen jener Zeit zu kämpfen hatten.

Viele Schriftsteller der Drum Generation verstarben relativ jung im Exil – nicht so **Esekiel Mphahlele**. Sein *Pretoria Zweite Avenue* (Orig. 1959) wird oft als *das* Werk einer Ära angesehen, deren Charakteristikum die Autobiografien schwarzer männlicher Schriftsteller sind, wie z.B. *Dort, wo die weißen Schatten fallen* (1954) von **Peter Abrahams**, **Bloke Modisanes** *Blame me on History* (1963) und **Todd Matshikizas** *Chocolates for my Wife* (1961). Mphahleles spätere Romane *The Wanderers* (1971) und *Afrika my Music* (1984) erzählen vom Exil, diesem „die Seele verstümmelnden Prozess" und jenen so leidvollen Erfahrungen zahlreicher Südafrikaner.

Das Herz der Drum Generation schlug in Sophiatown, dem letzten Viertel in Johannesburg, wo Afrikanern noch Grundbesitz erlaubt war. Die Fotos von **Jurgen Schadeburg** sowie die Reminiszenzen verschiedener Autoren an Drum und Sophiatown – von **Anthony Sampson** in *Drum: An African Adventure and Afterwards* bis zu **Father Trevor Huddlestons** *Naught for your Comfort* – zeugen von der Faszination dieses Bezirks.

Ähnlich war es mit dem District Six in Kapstadt, ein multikultureller, überwiegend „farbiger" Innenstadtbezirk, der die Kulisse für die frühen Werke dreier Kapstädter Schriftsteller bildete: **Richard Rive** *(Buckingham Palace* und *District Six,* 1986), **Alex La Guma** *(A Walk in the Night,* 1962) und **Achmat Dangor** *(Waiting for Leila,* 1981). Jüngeren Datums sind **Nomvuyo Ngcelwanes** *Sala Kahle, District Six* (1998), in dem das Leben der afrikanischen Bewohner des Viertels geschildert wird, und **Linda Fortunes** *The House in Tyne Street* (1996), das eine idyllischere Beschreibung der damaligen Verhältnisse gibt. In den 60ern spielt der autobiographische Roman *The Party is Over* (1997) von **James Matthews**, der von den Frustrationen eines schwarzen Schriftstellers in einer Welt erzählt, deren künstlerische Szene von überheblichen Weißen beherrscht wird. Lesenswerte Gedichtbände aus jener Zeit sind *Sirens, Knuckles, Boots* (1963) und *Letters to Martha* (1968) von **Dennis Brutus** sowie *Dead Roots* (1973) von **Arthur Nortje**. Ähnlich wie **Zoe Wicomb** in ihrer Kurzgeschichtensammlung *In Kapstadt kannst du nicht verloren gehen* (Orig. 1987), behandelte Nortje die weniger offensichtlichen politischen Aspekte des südafrikanischen Lebens, indem er vor allem das Innenleben seiner handelnden Personen beschreibt – im Gegensatz zu **Mphahlele** in *Man Must Live* (1947) und **Njabulo Ndebele** in *Fools and Other Stories* (1983), denen es mehr um die landespolitische Struktur und deren Auswirkungen auf den Alltag in afrikanischen Townships ging.

Rive verfasste auch mehrere in Kapstadt spielende Romane wie *Emergency* (1964), der sich mit den Zuständen von 1960 beschäftigt, als der Ausnahmezustand ausgerufen wurde. Die Romane mehrerer anderer Autoren spielen ebenfalls in dieser und weiteren Perioden der Repression: in den 60ern **Jonty Drivers** *Elegy for a Revolutionary* (1969), **Lewis Nkosis** *Weiße Schatten* (1964) und **Alex La Gumas** *Im Spätsommernebel* (Orig. 1972); in der Zeit des Aufstandes von Soweto **Sipho Sepamlas** *A Ride on the Whirlwind* (1981), **Mongane Serotes** *Neues Leben in Blut geboren* (Orig. 1981) und **Miriam Tlalis** *Amandla* (1981); in den späten 80ern **Menan du Plessis'** *Von der Schwelle der Angst* (Orig. 1983), **Hein Grosskopfs** *Artistic Graves* (1993), **Mandla Langas** *A Rainbow on the Paper Sky* (1989) und **Bridget Pitts** *Unbroken Wing* (1998).

Gefängnisliteratur

Während der Apartheid wurden zahlreiche Intellektuelle und Schriftsteller inhaftiert. **Albie Sachs'** *Jail Diary* (1966) und **Ruth Firsts** *Gefangener Mut: 117 Tage in einem afrikanischen Gefängnis* (Orig. 1982) sind Berichte über ihre Gefängnisaufenthalte ohne vorherige Gerichtsverhandlung in den frühen 60ern, während *Insel in Ketten* (Orig. 1982) von **Indres Naidoo** die zehn Jahre schildert, die er wegen Sabotage auf Robben Island verbringen musste. Die meisten Gefangenen verbüßten ihre volle Haftstrafe, doch Tim Jenkin, Alex Moumbaris und Stephen Lee gelang der Ausbruch aus dem Pretoria Central Prison, wo die meisten weißen politischen Häftlinge gefangen gehalten wurden. **Tim Jenkins** *Escape from Pretoria* (1987) liest sich wie ein Thriller. In *The True Confessions of an Albino Terrorist* (1983) gelingt **Breyten Breytenbach** eine Mischung aus politischer Anklage und Galgenhumor. Fiktive Gefängniserzählungen, wie z.B. **Alex La Gumas** *The Stone Country* (1974) und **D.M. Zwelonkes** *Robben Island* (1973), beruhen zwar

auf den persönlichen Erfahrungen ihrer Verfasser, sind aber komplexe Werke. Was den Bereich der nicht-politischen Gefängnisgeschichten angeht, stellt **Herman Charles Bosmans** *Cold Stone Jug* (1971) ein witziges und hervorragend geschriebenes Gegenstück zu den oft tragisch-ernsten „korrekten" Berichten dar.

Südafrikanische Schriftsteller unterliegen dem, was Mphahlele als „die Tyrannei des Ortes" bezeichnet. Mit einer einzigen Ausnahme spielen alle fünf Romane von **Alex La Guma** in Kapstadt, und wie ein roter Faden durchzieht sie das Thema der politischen Bewusstwerdung. Der Journalist und Schriftsteller, der seit den 60ern politisch aktiv war, starb 1985 auf Kuba, wo er Botschafter des ANC war. In seinen ersten Romanen *A Walk in the Night* (1962) und *And a Threefold Cord* (1964) geht es um den Widerstand Einzelner gegen die Staatsmacht. Seine späteren Werke *Im Spätsommernebel* (Orig. 1972) und *Time of the Butcherbird* (1979) weisen komplexere Erzählstrukturen auf und handeln vom kollektiven Widerstand.

Weiße liberale Literatur

Während **La Guma** eher leidenschaftlich die Angelegenheiten der Unterdrückten behandelt, stellen die Romane und Kurzgeschichten von **Nadine Gordimer** analytisch kühle Chroniken der „inneren Stimme" liberaler und radikaler weißer Apartheidsgegner dar. Im Laufe der Jahre ging Gordimer von „bekennender", allerdings nicht unbedingt autobiographischer Literatur, wie *The Lying Days* (1953), zu vielschichtigeren, tiefer schürfenden zeitgenössischen und psychologischen Untersuchungen über, z.B. in *Julys Leute* (Orig. 1991). Ihr jüngster Roman *The House Gun* (1998) ist eine brillante Darstellung des Bewusstseins- und Gewissenszustandes weißer Liberaler nach der „südafrikanischen Wende".

Gordimer ist nicht die einzige weiße Schriftstellerin, die sich mit dem Dilemma „Privileg versus Bewusstsein" auseinander setzt. In den 60ern machten die **Sestigers** von sich reden, eine innovative Gruppe Afrikaans-sprachiger Autoren, darunter Breyten Breytenbach und **André Brink**, die sich als die unverblümtesten weißen Apartheidsgegner im literarischen Bereich einen Namen machten. Brink setzt sich in seinen Romanen wie *Stimmen im Wind* (Orig. 1976), *Die Nilpferdpeitsche*

(Orig. 1982), *Die Pestmauer* (Orig. 1984), *Zeit des Terrors* (Orig. 1991) und *Devil's Valley* (1998) mit den Themen Wahrheit, Geschichte und Freiheit während der Kolonialzeit auseinander. Eine ganz ähnliche Thematik behandelt der erste Roman des Booker Prize-Trägers und Literaturkritiker **J.M. Coetzee**, *Eiserne Zeit* (Orig. 1974), der Vergleiche zwischen der US-Intervention in Vietnam und dem Verhalten eines gewissen Jacobus Coetzee im südafrikanischen Grenzkrieg von 1760 zieht. Auch in mehreren seiner Folgeromane benutzt J.M. Coetzee die Person eines unter Verfolgungswahn leidenden Menschen, um die politischen und psychologischen Schäden aufzuzeigen, die durch Kolonialismus und Apartheid angerichtet wurden. Seine Protagonistin von *Im Herzen des Landes* (Orig. 1976) ist eine weltabgeschiedene „alte Jungfer". Die Persiflage auf die Bauernromane in der Tradition von Olive Schreiner, u.a. *Warten auf die Barbaren* (Orig. 1980), dessen Titel vom gleichnamigen Gedicht Cavafys übernommen wurde, geht mehr in Richtung Allegorie.

Coetzee, ein scharfsinniger postmoderner Kritiker der Apartheid, hat sich immer gegen die Forderung gewehrt, eine „Waffe im Befreiungskampf" sein zu müssen. Obwohl er sich selbst voller Ironie in *Dusklands* als „einer der 10 000 Coetzees, ... die Jacobus Coetzee ins Leben rief" bezeichnet, weisen seine Arbeiten Parallelen mit dem Selbsthass und den Gewissensbissen auf, die Kennzeichen von Rian Malans *Mein Verräterherz* (Orig. 1990) sind, mit dem sich sein Autor selbst in der siebten Generation noch als im calvinistischen Sinn schuldbeladener Nachkomme seiner sündigen Vorväter zu erkennen gibt.

Während die Druckerzeugnisse der Weißen immer mehr zur Nabelschau tendierten und die Themen sich mehr und mehr von geografischen hin zu psychologischen verschoben, gingen die Publikationen der Schwarzen in eine völlig andere Richtung, das heißt, es gab sie so gut wie gar nicht mehr. Die meisten schwarzen Schriftsteller waren vom Ende der 60er bis Anfang der 70er Jahre ins Exil gezwungen, unter Arrest gestellt oder sonstwie mundtot gemacht worden. In jener Zeit gewann die schwarze Befreiungsbewegung immer mehr an Zulauf, angefangen bei der zunehmend einflussreicher werdenden Gewerkschaftsbewegung schwarzer Industriearbeiter, gefolgt von den Aufständen in Soweto und schließlich die Unabhängigkeit Angolas und Mosambiks.

Jenseits des sozialen Realismus

Anfang der 70er Jahre begannen sowohl schwarze als auch weiße Schriftsteller die Grenzen des sozialen Realismus zu überschreiten, allerdings aus völlig unterschiedlichen Motivationen. Die weißen Autoren begegneten dem sich abzeichnenden politischen Machtwechsel, indem sie sich auf die psychologisch-traumatischen Aspekte dieser Trendwende zu konzentrieren begannen. Schwarze Schriftsteller hingegen sahen endlich eine Möglichkeit, ihre **Gedichte** und andere literarische Formen des (politischen) Ausdrucks an die Öffentlichkeit zu bringen. An vorderster Front dieser Zeit stehen die Namen von **Oswald Mtshali** sowie der *drum*-Überlebenden **Casey Motsisi**, **Mafika Gwala**, **Don Mattera**, **Njabulo Ndebele**, **Mongane Serote**, **Mandla Langa**, **Gladys Thomas** und **James Matthews** aus Kapstadt. Viele von ihnen verfassten später noch zahlreiche Kurzgeschichten und Romane.

Oswald Mtshali arbeitete als Motorradkurier, als im Jahr 1971 sein bahnbrechender Roman *Sounds of a Cowhide Drum* erschien. Mtshali und viele seiner Zeitgenossen sahen in einem kulturellen Nationalismus, der „weiße" Standards ablehnte und eine rein „schwarze" Ästhetik und Identität propagierte, den Wegbereiter des politischen Nationalismus'. Sie kritisierten die selbstzerstörerische Art der blutigen Auseinandersetzungen innerhalb der Townships und benutzten als erzählerisches Mittel die Perspektive von Kindern, um die Ungerechtigkeiten der Apartheid anzuprangern. Wie viele ihrer Vorgänger sahen sich Ndebele, Serote und Langa zum Verlassen ihres Heimatlandes gezwungen, doch James Matthews blieb, und sein zusammen mit Gladys Thomas geschriebener Gedichtband *Cry Rage* (1972) zählt nach wie vor zu den ergreifendsten Zeugnissen schwarzer Oppositionslyrik. Zusammen mit **Gcina Mhlope** und **Jennifer Davids** gelang es Gladys Thomas, das traditionelle Bild der schwarzen Frau einer zweitrangigen Kraft innerhalb der Befreiungsbewegung zu modifizieren und den Typus der starken schwarzen Frau und Mutter zu kreieren.

Anfang der 70er kamen auch wieder **Bühnenwerke** auf. Eskapistische Musicals wie *Ipi Tombi*, nostalgische und utopische Stücke wie **Credo Mutwas** *uNosilimela* und **Gibson Kentes** *Too Late* und *Survival*, beide mit starker politischer Aussage, wurden aufgeführt. Auf internationaler Ebene ist immer noch **Athol Fugard** der prominenteste südafrikanische Bühnenautor. Manche von Fugards Stücken wurden unter Workshopbedingungen in Zusammenarbeit mit hervorragenden Schauspielern wie John Kani und Winston Ntshona produziert, deren Ansichten und Erfahrungen in *Sizwe Bansi ist tot* einflossen, einem Stück über Strategien zur Umgehung von Passkontrollen. Ebenfalls in Gemeinschaftsarbeit entstand *Ubu and the Truth Commission* (1998), unter Mitwirkung der Autorin Jane Taylor, des Künstlers William Kentridge und den Puppenspielern Basil Jones und Adrian Kohler. Es behandelt einige der Schattenseiten Südafrikas – brutale Gewalt, Feigheit und Selbstmitleid – und bezieht sich auf die Konsequenzen der Truth and Reconciliation Commission. Diese ist auch Gegenstand von **Antjie Krogs** *Country of My Skull* (1998), einer vielschichtigen Schilderung der mehr als zwei Jahre dauernden Arbeit der Kommission.

People's History

Das 1977 ins Leben gerufene **Staffrider Magazine** war die wichtigste literarische Neuerscheinung der späten 70er Jahre. Es bezog seinen Namen von einem Township-Slangwort für zumeist junge, schwarze Fahrgäste, die die sich an die Fensterbretter der nach Rassen getrennten Pendelzüge und deren überfüllten Abteile für Schwarze klammerten oder auf dem Dach sitzend mitfuhren. Das Magazin hatte sich zwei Hauptziele gesetzt: Erstens den Selbsthilfeorganisationen und den jungen Schriftstellern, Zeichnern und Fotografen in den Townships eine Publikationsmöglichkeit zu verschaffen und sich zweitens gegen die offiziell abgesegnete staatliche und Establishment-Kultur zu stellen. Einige Veröffentlichungen aus der Zeit zwischen 1978 und 1988 wurden in *Ten Years of Staffrider* (1988) zusammengefasst. Ursprünglich verzichteten die Herausgeber des Magazins, dessen Schwerpunkt people's history, d.h. die Verbreitung von wenig bekannten Fakten aus der südafrikanischen Vergangenheit war, gänzlich auf redaktionelle Änderungen. Die Tradition von *Staffrider* wird noch immer fortgeführt. Charles van Onselens Werk *The Seed is Mine* (1996) und Isabel Hofmeyers *We Spend Our*

Years as a Tale That is Told (1994) lieferten ausgezeichnete Beiträge.

Das Magazin belebte auch die Tradition der Oratur (siehe unter Musik), wie in **Nongenile Zenani** und **Harold Scheubs** *The World and the Word* (1992) und **Sandile Dikenis** *Guava Juice* (1992) zu erkennen ist. Letzterer trug seine Werke meistens bei Protest- und Gewerkschaftsveranstaltungen vor. **Mongane Wally Serotes** erste Veröffentlichung nach der Rückkehr aus dem Exil *Third World Express* (1992) hat zwar Verbindungen zur mündlichen Überlieferung, ist jedoch introspektiver als Dikenis Gedichte. Bei der Amtseinführung von Präsident Mandela und der ersten Sitzung des demokratisch gewählten Parlaments wurden solche Lobgedichte vorgetragen.

Ab den 80ern wurde die politische Relevanz der Dichtkunst noch heftiger in Zweifel gezogen als die der Prosa. Zu den politisch engagierteren Dichtern zählen **Kelwyn Sole** *(Blood of Our Silence*, 1988) und **Jeremy Cronin**, dessen Anthologie *Inside* (1983) die Leser auffordert „Das Sprechen (zu) lernen / Mit den Stimmen des Landes". In *Even the Dead* (1997) sucht Cronin nach einer moralisch einwandfreien Gesellschaft, die sowohl die Vergangenheit als auch das „hübsche Regenbogentum" des neuen Südafrika umfasst. Andere, wie **Christopher van Wyk** mit *It is Time to Go Home* (1979) und **Achmat Dangor** in *Bulldozer* (1983), sind streitbare Schriften, durchsetzt mit dem bissigen Kapstädter Slang.

Die 80er und 90er Jahre

Mitte der 80er Jahre erlebte Südafrika neben der internationalen Ächtung der Apartheid, gepaart mit einer zunehmenden Unterstützung für die Befreiungsbewegung, eine Ausweitung **feministisch** geprägter Publikationen. Das politische und gesellschaftliche Klima war nun der Veröffentlichung von Autobiografien schwarzer Frauen zuträglich, z.B. **Ellen Kuzwayos** *Call Me Woman* (1985) und **Emma Mashininis** *Strikes Have Followed me All my Life* (1989). Diese Stilform hat sich seit dem Erscheinen von **Noni Jabavus** *Drawn in Colour* (1960) und *The Ochre People* (1963) allerdings kaum weiterentwickelt, und die beiden autobiografischen Romane von **Sindiwe Magona** *To My Children's Children* (1990) und *Forced to Grow* (1992) orientieren sich stark an Amerika. In

Mother to Mother (1998) behandelt sie die auf Tatsachen beruhende Geschichte der amerikanischen Schülerin Amy Biehl, die in einer Township durch schwarze südafrikanische Jugendliche brutal ermordet wurde, „weil sie weiß" war. In den späten 80ern erschienen zahlreiche Gedichte schwarzer Südafrikanerinnen in Anthologien wie *Siren Songs* (1989) und *Breaking the Silence* (1990) sowie in Einzelbänden, z.B. **Sobhna Poonas** *In Search of Rainbows* (1990).

In den 90er Jahren jedoch war angesichts des relativ friedlichen Machtwechsels kämpferische, politisch geprägte Literatur nicht mehr opportun, und zwischen dem ANC und einigen seiner internationalen Anhänger taten sich kulturelle Meinungsverschiedenheiten auf. In diesem Kontext sind **Phyllis Ntantalas** Buch *A Life's Mosaic* (1992) zu sehen, das persönliche Ängste zum Ausdruck bringt, **Mamphela Rampheles** *A Life* (1995), eine Kritik an der chauvinistischen Haltung der Freiheitskämpfer, und **Barbara Schreiners** *A Snake with Ice Water* (1992), eine Sammlung von Interviews, Geschichten und Gedichten, in denen Widerstandskämpferinnen von ihren traumatischen Gefängniserfahrungen berichten.

Mehrere Schriftsteller haben sich mit dem Thema **Exil** und **Rückkehr** beschäftigt. **Breyten Breytenbachs** *Mischlingsherz* (1998) erzählt von der Gegenwart und Vergangenheit in Bonnievale, dem Dorf, in dem er zur Welt kam. In *The Naked Song and Other Stories* (1996) analysiert **Mandla Langa** den Übergangsprozess zwischen Exil und „Heimat", während **Barry Feinbergs** *Gardens of Struggle* (1992) die Jahre von 1961 bis 1991 umspannt, die der Dichter im Exil verbringen musste.

Aufschlussreiche Einblicke in die Psyche weißer südafrikanischer Männer in der Zeit der politischen Wende bieten z.B. **Ivan Vladislavics** Kurzgeschichtensammlung *Missing Persons* (1989), seine Romane *Der Plan des Baumeisters* (Orig. 1993) und *Die Terminal-Bar und andere endgültigen Geschichten* (Orig. 1996), **Etienne van Heerdens** *Mad Dog and Other Stories* (1992) und *Casspirs and Camparis* (1993; *casspirs* sind bewaffnete persönliche Kuriere im Dienst der Polizei und Armee) und **Mark Behrs** *Krokodile weinen nicht* (Orig. 1995), ein Roman, in dem der Autor seine fiktive, gemeinsam mit Hendrik Verwoerd, dem „Erfinder" der Apartheid, verbrachte Kindheit beschreibt. Später

bekannte Behr, während seiner Studentenzeit, als er ein aktives Mitglied der Widerstandsbewegung war, gleichzeitig als Polizeispitzel tätig gewesen zu sein.

Politische Biografien und Autobiografien

Zahlreiche südafrikanische Persönlichkeiten des politischen Lebens haben mittlerweile ihre Autobiografien veröffentlicht. *Let my People Go* (1962), die Lebensgeschichte des verstorbenen, ehemaligen ANC-Führers **Albert Luthuli** liest sich ebenso faszinierend wie die Autobiografie von Nelson Mandela, *Der lange Weg zur Freiheit* (Orig. 1994). Die dramatischen politischen Veränderungen haben einige kurz- oder längerfristige politische Vorreiter zum Verfassen von Lebensbeichten veranlasst, denen man Glauben schenken mag oder auch nicht, darunter Untergrundkämpfer wie **Ronnie Kasrils** *(Armed and Dangerous: My Undercover Struggle Against Apartheid*, 1993), **Joe Slovo** *(Unfinished Autobiography*, 1995) und **Natoo Babenia** *(Memoirs of a Saboteur: Reflections on my Political Activity in India and South Africa*, 1995), die unter dem Apartheidsregime niemals hätten publizieren können. **Helen Joseph**, die Generalsekretärin der rassenübergreifenden Vereinigung südafrikanischer Frauen in den 50er Jahren, wurde vier Mal unter Bann gestellt und inhaftiert, und sie war vier Jahre lang in Untersuchungshaft. Ihre Autobiografie *Allein und doch nicht einsam* erschien 1986. Der Bericht des Rechtsanwaltes **George Bizos** *No one to Blame?* (1998), der zahlreiche Fälle von politischen Häftlingen untersuchte, die in südafrikanischen Gefängnissen zu Tode kamen, bildet eine schreckliche, aber aufschlussreiche Ergänzung zu den Lebensgeschichten jener, die Folter und Verschleppung überlebten. Einer derjenigen, die eines qualvollen Todes sterben mussten, war **Bram Fischer**, Sohn einer angesehenen Afrikaander-Familie, Mitglied der damals verbotenen kommunistischen Partei Südafrikas und Rechtsanwalt von Mandela und Sisulu während der Rivonia-Anhörung. Stephen Clingmans Buch *Bram Fischer: Afrikaner Revolutionary* (1998) ist eine Reminiszenz an diesen tapferen Mann.

Post-Apartheid-Literatur

Nachdem Südafrika zu politischer Respektabilität gefunden hatte, stand den Schriftstellern des ehemals weltweit geächteten Staates, wie Michael Ondaatje es ausdrückte, die Möglichkeit offen, „internationale Bastarde" zu werden. Denn in dieser Zeit fanden die Postmoderne und der magische Realismus, manchmal gepaart mit autobiografischen Erfahrungen, ein größeres Interesse unter der Leserschaft und eine politische Akzeptanz. Einer der Autoren, der unverzüglich diesen Freiraum nutzte, war **Ashraf Jamal** mit seinen *Love Themes for the Wilderness* (1996). In den Bereich des **magischen Realismus'** fallen auch die Romane von **Zakes Mda**, einem damals schon anerkannten Bühnenautor, *She Plays with the Darkness* (1995) und *Ways of Dying* (1995). Ersterer behandelt Aspekte traditioneller afrikanischer Kultur, die vielen urbanisierten schwarzen Südafrikanern fremd sind. Letzterer befasst sich mit seltsamen Todesarten, dargestellt aus der Perspektive eines selbst ernannten „professionellen Klageweibes". Angesichts der ständigen Debatten über die Unterschiede zwischen offizieller und persönlicher Geschichtsschreibung plädiert **Mike Nicols** *Seit Jahr und Tag* (Orig. 1992) für die Integration des magischen Realismus' und **postmoderner** Erzähltechniken, um eine neue Sichtweise auf die Geschichte Südafrikas zu erzielen. **Rayda Jacobs'** Roman *The Slave Book* (1998) spielt am Vorabend der Sklavenbefreiung. Er berichtet von einer vergangenen Zeit politischer und persönlicher Freiheit und lädt zum Vergleich mit der Gegenwart ein. Die Kulisse für **Etienne van Heerdens** *Kikuyu* (1999) bildet ein Ferienbauernhof in der Karoo. In *On Soebatsfontein* von **Fabian Latsky** sehen sich die exzentrischen, weltfremden Protagonisten mit den Wirren eines zunehmend instabilen Südafrika konfrontiert. **Tony Spencer-Smiths** *The Stooping of Aquila* (1999) ist ein erotischer Thriller vor dem Hintergrund der Kapstädter Hout Bay.

Musik

Südafrika verfügt über die größte Musikindustrie Afrikas und produziert unterschiedlichste Musik. Nach dem zu urteilen, was aus den Clubs und Autoradios tönt, scheint allerdings ein Großteil der Bevölkerung amerikanischer Musik den Vorzug zu geben. Afroamerikanische Musik ist seit über

100 Jahren bei schwarzen Südafrikanern beliebt, und Jazz, R'n'B, Hip-Hop und Chicago House flossen in die hiesigen Musikstile ein. Dreißig Jahre später hat die kongolesische Musik nun auch in Südafrika Einzug gehalten, denn inzwischen gibt es keine Apartheid-Bürokraten mehr, die Radiopolizei spielen. Trotz einiger hervorragender lokaler Bands holen sich viele weiße Südafrikaner ihre Inspiration im Ausland, d.h. in der britischen und amerikanischen Rock- und Housescene. Doch nach wie vor gilt: „local is *lekker*", und ungeachtet aller Unkenrufe ist die südafrikanische Musik innovativ und keineswegs zum Untergang verurteilt.

Die mit Abstand beliebteste Musik ist der Gospel. Die schwarzen Jugendlichen in den Städten hören am liebsten *kwaito*, Südafrikas *house music*, gefolgt von Hip-Hop und Reggae. Ältere Leute favorisieren meistens die großen südafrikanischen Jazzmusiker, z.B. Abdullah Ibrahim und Winston „Mankunku„ Ngozi, oder Künstler wie Jabu Khanyile, die eine Art zeitgenössische Folkmusic, durchsetzt von Jazz und *mbaqanga*, spielen. Auf dem Lande und in den Hostels ist immer noch viel neo-traditionelle Musik zu hören, d.h. Songs begleitet von Akkordeon, Gitarre und einem dröhnendem Bass. Junge Weiße ziehen alternative Rockbands vor, wie z.B. die inzwischen aufgelösten Springbok Nudegirls, oder die „munki-punkige" Gruppe Boo!

Gospel

Die vielleicht größte Gabe der südafrikanischen Schwarzen sind Chorgesänge, und nirgendwo klingen sie besser als in **Kirchen**. In den meisten katholischen, evangelischen und methodistischen Gemeinden entstand eine Kirchenchortradition, basierend auf den klassischen europäischen Kirchenliedern, jedoch aufgelockert durch afrikanischen Rhythmus und Tanzbewegungen. Diese Chöre sind ungeheuer populär, und unter den prächtig ausstaffierten Gruppen, von denen manche aus über hundert Mitgliedern bestehen, werden regelmäßig Gesangswettbewerbe ausgetragen. Wer keine Gelegenheit hat, eine solche Veranstaltung live zu erleben, kann jeden Sonntag im Fernsehen auf SABC 1 Auftritte von Chören verfolgen.

Die Musik in den **Wiedertäufer**-Kirchen weist einen stärkeren US-Einfluss auf, doch die Rhythmen und Melodien sind unverkennbar südafrikanisch und sehr bewegend. Diese Art der Gospelmusik ist die am meisten verkaufte, und es lohnt sich, Ausschau nach CDs von Gruppen wie den **Lord Comforters** oder von **Rebecca Malope** Ausschau zu halten.

> **Rebecca Malope** Die zierliche Rebecca Malope ist seit Jahren der mächtigste Gospel-Star Südafrikas. Nur Stadien können bei ihren Auftritten ihre riesige, fast ausschließlich schwarze Fangemeinde fassen. Jedes ihrer Alben wurde zu Gold oder Platin, und jeder kennt ihre Liedtexte. In ganz Afrika erfreut sie sich einer wachsenden Fangemeinde, doch in Europa und den USA hat sie wenig Erfolg zu verzeichnen.
>
> Malopes musikalisches Konzept stammt von ihrem Keyboarder und Produzenten **Zako**. Ihre Lieder sind Lobgesänge, untermalt von Keyboardwirbeln und begleitet von ausgezeichneten Backgroundstimmen, und sie trägt sie mit einer klangvollen, hohen, manchmal verführerisch rauchigen Stimme vor.
>
> Rebecca wurde 1969 als Tochter eines Sotho-Vaters und einer Swazi-Mutter in Nelspruit, Mpumalanga geboren und sang schon als Kind im Chor der dortigen Kirche, in der ihr Großvater Pastor war. Ihre ersten Plattenaufnahmen bestanden überwiegend aus albernen Popsongs, doch dann wurde sie in Johannesburg von Zako „entdeckt". Unter seiner Anleitung kehrte Rebecca 1990 zum Gospel zurück – ein Schritt, der sich mehr als auszahlte. Rebecca tritt manchmal auch bei politischen Veranstaltungen auf, mit Texten, die die Politiker ihrer Ansicht nach hören müssen.
>
> Inzwischen konzentriert sie sich verstärkt auf die Talentsuche und -förderung. Das Resultat sind eine Reihe stark von ihr beeinflusster neuer Stars wie **Vuyo** und **Lundi**.

Sehr schön klingt auch der **zionistische Gospel**. Die zionistischen Gemeinden haben mehr Mitglieder als jede andere Kirche in Südafrika. Die Gläubigen müssen 10% ihres Einkommens an die Kirche abführen, sich eines absolut untadeligen Le-

benswandels befleißigen und an sämtlichen Gottesdiensten und Veranstaltungen teilnehmen. Bei diesen Gelegenheiten tragen sie bodenlange Gewänder, oft mit Schärpen verziert. Die zionistische Musik besteht aus einer eigentümlichen Mischung aus Wehklage und Inbrunst, die besonders gut zu den Nachtwachen vor einer Beerdigung passt, aber auch bei normalen Gottesdiensten zu hören ist. Letztere werden im Freien, oft in Parks, abgehalten. Zuhörer sind willkommen, sofern sie sich respektvoll verhalten. Die zionistischen Musikkassetten und CDs erkennt man unschwer an den Covers, auf denen immer alle Chormitglieder in den langen Roben abgebildet sind, oft mit dem Prediger im Vordergrund.

Kwaito

Kwaito, der definitive Sound der schwarzen südafrikanischen Jugend, existiert seit rund zehn Jahren. Anscheinend begann alles damit, dass DJs in den frühen 90ern feststellten, dass Chicago House in weißen Clubs nicht ankam und die Singles in schwarzen Nachtclubs ausprobierten. Dort zeigte sich, dass das Publikum die Platten am liebsten hörte, wenn die Geschwindigkeit von 45 auf 33 gedrosselt wurde. Schon bald schufen Produzenten eigene Versionen, wobei sie der Musik den blechernen Klang gaben, der den Township-Bewohnern vom **Bubblegum** her vertraut war – die seichte südafrikanische Disco-Popmusik der 80er. Dann kamen südafrikanische Melodien hinzu und die neuesten, saftigsten Ausdrücke der *tsotsi taal* – der unverblümte Slang der männlichen Ghetto-Jugend. Dieser Trend setzte sich fort, und inzwischen wird Kwaito in mehreren Studios produziert, mit dröhnenden Bässen, die ohrenbetäubend sind, wenn die Lautstärke einer guten Stereoanlage ordentlich aufgedreht wird. In Kwaito spiegelt sich die depressive, nihilistische Stimmung vieler Township-Jugendlicher, und die Musik wird oft mit Bandenwesen und hemmungsloser Sexualität in Verbindung gebracht. Viele ältere, gottesfürchtige Südafrikaner lehnen Kwaito ab, doch das lässt die jungen Fans in den Township kalt. Für sie drückt sich in Kwaito der Stil und *groove* des neuen Südafrika aus.

Die Karrieren der meisten Kwaito-Interpreten sind kurzlebig. Einer der wenigen, die sich länger halten konnten, ist **Arthur**, da er sich gleichzeitig als Produzent betätigt. Zu den wichtigsten Vertretern dieser Musikrichtung zählen die funkigen **Trompies** und der als zahnstocherkauender Gangster aufgemachte **Zola**. Zola spielte in der erfolgreichen südafrikanischen Serie **Yizo Yizo** mit, in der es um die Beziehung zwischen Schülern einer Township-Schule und jungen Township-Gangstern geht.

Brenda Fassie *Kwaito* hat den Karrieren zahlreicher Bubblegumstars ein Ende gemacht. Brenda Fassie ist es gelungen, auf dieser neuen Welle mitzuschwimmen. Sie ist *die* Popkönigin Südafrikas und die einzige einheimische Künstlerin, deren Musik in den Tanzclubs überall im Lande gespielt wird. Brendas Karriere begann in den 80er Jahren als Leadsängerin von **Brenda and the Big Dudes** mit einer Reihe Bubblegumhits, darunter „Weekend Special". Brenda hat sich nie politisch engagiert, brachte jedoch im spannungsgeladenen Jahr 1989 auf dem Album „Too Late for Mama" den südafrikanischen Zeitgeist mit ihrem bewegenden Song „Good Black Woman", der die brutale Polizeigewalt anprangert, zum Ausdruck.
In den 90ern, als ihre Zeitgenossen, darunter ihre ehemals größte Konkurrentin **Yvonne Chaka Chaka**, leichte Unterhaltung für ein überwiegend älteres Mittelschichtspublikum produzierten, verlegte sich Brenda darauf, Freundschaften mit Jugendlichen in Soweto und Hillbrow, dem härtesten und gefährlichsten Innenstadtviertel Johannesburgs, anzuknüpfen. Daraus resultierten eine lesbische Liebesaffäre, Drogenabhängigkeit (Crack) und ein Hang auf der Bühne völlig den Faden zu verlieren. Brenda mixte in ihrem Sound *kwaito*, *mbaqanga* und Gospel mit ihren ureigenen Schöpfungen und erzielte mit Liedern wie „Vul'Indlela" und „Nomakanjani" Riesenerfolge. Ihr neuestes Album heißt „Mina Nawe".

Rap und Reggae

Insbesondere bei „Farbigen" sind Rap und Reggae sehr beliebt, aber wirklich gute einheimische Interpreten sind eher Mangelware. Die mit Abstand beste südafrikanische Rapgruppe ist immer noch **Prophets of Da City**, deren Mitglieder aus den Coloureds-Townships von Kapstadt stammen und deren Liedtexte eindeutig politisch gefärbt sind. Eine vielversprechende Band ist **Max Normal** unter dem Bandleader **Watkin Tudor Jones**.

Seit über zehn Jahren darf **Lucky Dube** als unumstrittener König der südafrikanischen Reggaeszene gelten. Er verdiente sich seine Sporen als Township-Jivesänger, ging Anfang der 90er erfolgreich zum Roots-Reggae im Stil von Peter Tosh über, und sein Album *Prisoner* wurde das meistverkaufte südafrikanische Album aller Zeiten.

Neo-traditionelle Musik

Wer die neo-traditionelle Musik Südafrikas nicht live hören kann, sollte einmal *Ezodumo* auf SABC TV Channel 1 einschalten, der dieser Musikrichtung vorbehalten ist. Die Mitglieder der Bands, die normalerweise aus einem Sänger, Backgroundsängerinnen und ein paar Musikern, darunter oft ein Klarinettenspieler, bestehen, treten in recht traditionellen Gewändern auf. Wie bei *kwaito* ist die Instrumentalmusik dem Text – zumeist stakkatoartig abgefeuert – sowie den elegant und präzise ausgeführten Tanzschritten untergeordnet.

Einer der erfolgreichsten Interpreten neo-traditioneller Musik, untermalt von Keyboard und elektrischer Gitarre, ist der Shanga-Sänger **Thomas Chauke**, der regelmäßig in *Ezodumo* auftritt. Die neo-traditionelle Stilrichtung, die sich im Laufe der Zeit am wenigsten verändert hat, ist **Sotho**, was vor allem daran liegt, dass Radio Sotho während der Apartheid eine besonders streng-konservative Richtung verfolgte. Aber der Bassrhythmus ist toll, und die anfeuernden Rufe sind einfach hinreißend. Empfehlenswert sind hier die Aufnahmen von Gruppen wie **Tau Oa Matshela** und **Tau Oa Linare**.

Xhosa- und Tswana neo-traditionelle Musik ist auf dem Markt kaum vertreten, ganz im Gegensatz zur **Zulu-Musik**, die es sowohl in Instrumental- als auch A-cappella-Form gibt und auf Zulu *iscathamiya* (s.S. 110, Kasten) heißt. Besonders hörenswerte Erzeugnisse sind die Kassetten und CDs von **Phuz'khemisi** sowie des verstorbenen **Mfaz' Omnyama**. Ein weiterer Star der neo-traditionellen Musikszene, der ebenfalls regelmäßig in *Ezodumo* erscheint, ist die *Queen of Ndebele music*, **Nothembi**.

Ladysmith Black Mambazo und der Iscathamiya-Sound Die bekannteste südafrikanische neo-traditionelle Musik ist *iscathamiya* oder *mbube* aus der Zulu-Tradition. *Iscathamiya*, ein Chorgesang ohne instrumentale Begleitung, wurde im Westen durch Ladysmith Black Mambazo bekannt und nahm seinen Anfang nach dem Ersten Weltkrieg in den Hostels der Wanderarbeiter. Den ersten großen Hit landete Solomon Linda and the Original Evening Birds, deren Song *Mbube* 100 000 mal verkauft und seitdem viele Male gespielt wurde, darunter im Disney-Film *The Lion King*, wo er als Grundlage für das Lied *The Lion Sleeps Tonight* diente.

Obwohl *iscathamiya* in den 40er und 50er Jahren ethnienübergreifend beliebt war, fiel der Sound in den 60ern wieder dahin zurück, wo er herkam. Radio Zulu machte sich das zu Nutze, um die Apartheidskonzepte von rigider ethnischer Identität und Bauerntum zu propagieren, und der Sender spielte mit Vorliebe Lieder, die von der Zulu-Identität und der Notwendigkeit handelten, die Städte zu verlassen und wieder aufs Land zurückzukehren. 1973 nahm Ladysmith Black Mambazo das erste Album *Amabutho* auf, von dem im Handumdrehen 25 000 Stück verkauft waren. Inzwischen hat die Gruppe rund 40 weitere Alben produziert, von denen jedes die Goldene Schallplatte erhielt. Im Anschluss an ihre Zusammenarbeit mit Paul Simon auf dem Album *Graceland* produzierte er ihr Album *Shaka Zulu*, das 100 000 mal rund um den Globus verkauft wurde und *iscathamiya* international bekannt machte.

Ende der 80er flirtete Ladysmith Black Mambazo mit der Zulu-nationalistischen Politik der Inkhatha Freedom Party, aber heute zieht die Gruppe religiöse Themen und Friedensappelle vor. Wer des Zulu nicht mächtig ist, kann zwar die fließenden Tanzbewegungen, den makellosen Gesang und die Vokalarrangements würdigen, doch für die Zulu liegt die eigentliche Größe in der wunderbaren Lyrik aus der Feder von **Joe Shabalala**, dem Leadsänger der Black Mambazos, der zweifellos einer der begnadetsten lebenden Dichter Südafrikas ist.

Jazz

Seitdem seine Hauptvertreter in den 60er Jahren ins selbstgewählte Exil gingen, ist der südafrikanische Jazz die Musik, die am stärksten mit dem Widerstand gegen die Apartheid in Verbindung gebracht wird. In musikalischer Hinsicht jedoch bedeutete der Sound der Exilanten eine Abkehr vom einheimischen *marabi*-Jazz der 50er und einen Schritt in Richtung amerikanische Avantgarde, personifiziert durch Thelonious Monk, Sonny Rollins und John Coltrane. Die beiden bekanntesten Vorreiter dieser neuen Fusion waren die **Jazz Epistles** mit Hugh Masekela, Jonas Gwangwa, Abdullah Ibrahim (damals Dollar Brand) und Kippie Moeketsi sowie die **Blue Notes**, zu denen u.a. Chris McGregor und Dudu Pukwana gehörten. Die meisten Mitglieder der Epistles verließen Südafrika 1960, die Blue Notes gingen 1964. Im Exil versuchten die südafrikanischen Jazzmusiker, südafrikanische Stile, insbesondere *mbaqanga*, wieder in ihr Repertoire aufzunehmen. Mittlerweile sind die Künstler, darunter auch **Miriam Makeba** und **Hugh Masekela**, aus dem Exil zurückgekehrt und erfahren in ihrer Heimat ihre verdiente Anerkennung. Manche, wie **Ibrahim** und **Winston „Mankunku" Ngozi**, geben noch regelmäßig Konzerte, und man sollte die Chance, einen ihrer Auftritte zu erleben, ergreifen.

Seltsamerweise ist **marabi-Jazz** viel öfter zu hören als der alte New-wave, was in erster Linie auf die Unermüdlichkeit der zwar schon betagten, aber höchst aktiven **African Jazz Pioneers** und **Elite Swingsters**, oft mit der Sängerin Dorothy Rathebe, zurückgeht. *Marabi* entstand in den 20er Jahren in den schwarzen Slums von Johannesburg und wurde in *shebeens* auf dem Piano gespielt. Basierend auf einer schlichten Dreiklangstruktur erfuhr *marabi* in den 30ern unter Hinzunahme von Gitarre, Banjo und Klarinette eine Weiterentwicklung. In den 40ern kam der amerikanische Swing-Jazz nach Südafrika, und aus der Verbindung von Swing und *marabi* ging der *marabi*-Jazz hervor.

Inzwischen ist in Südafrika eine neue Generation von Jazzmusikern herangewachsen, die nach unverbrauchteren Ausdrucksformen sucht, über *marabi* und den Stil der 60er hinaus, und sich oft von der American West Coast Fusion inspirieren lässt. Während die Klaviervirtuose **Bheki Mseleku** in London blieb, sind Künstler wie der talentierte junge Bassist **Sipho Gumede** und der seidenweiche Keyboardspieler **Don Laka** in der Heimat tätig. Der Pianist **Moses Taiwa Molelekwa**, der sich Anfang 2001 das Leben nahm, vermischte auf höchst interessante Weise Jazz mit Techno. In Johannesburg, Pretoria oder Kapstadt werden praktisch jedes Wochenende und manchmal auch mitten in der Woche Jazzveranstaltungen geboten. Einzelheiten sind der Lokalpresse zu entnehmen.

Politische Lieder

Seit dem Sturz der Apartheid und der Machtübernahme des ANC sind die Hochzeiten des südafrikanischen politischen Liedes passé. Lieder mit Texten zum Lob von Umkhonto weSizwe (dem bewaffneten Flügel des ANC) oder schonungslosen Aussagen wie *„uMama uyajabula uma ngibulala iBhunu“* („Meine Mutter freut sich, wenn ich einen Buren töte“) wurden während Demonstrationen, Massenversammlungen und bei zahlreichen Beerdigungen ermordeter Aktivisten gesungen, normalerweise begleitet von *toyi-toyi*. Diese Kombination aus Marsch und Tanz wird entweder auf ein und derselben Stelle an im Gehen ausgeführt und ist immer noch weit verbreitet. Wohingegen die alten Lieder nicht mehr so recht in die Zeit passen und kaum mehr zu hören sind.

Mzwakhe Mbuli machte sich in den 80er Jahren einen Namen als „Poet des Volkes“, der seine wortgewandten, anklagenden Politgedichte bei zahllosen Protestveranstaltungen im ganzen Land vortrug. Die Staatsmacht ließ sein Haus mit Brandbomben beschießen, und Mzwakhe selbst wurde schikaniert und eingesperrt. Doch seine Gedichte blieben kämpferisch, mit Titeln wie *Unbroken Spirit* und *Now is the Time*. 1989 erkannte Mzwakhe die Zeichen der Zeit und er schrieb in einem Gedicht: „Endlich liegt der Stier im Sterben, er tritt nur noch wild um sich“, und ein Jahr darauf, bei der Feier anlässlich Mandelas Freilassung, äußerte er prophetisch: „Wenn du wählst und gewählt wirst, denke an die, die starben.“

Nach den Wahlen von 1994 forderte Mzwakhe in seinen Gedichten ein Ende gesellschaftlicher Übel wie Kriminalität und Drogensucht. Heute verbüßt er eine lange Haftstrafe in einem Hochsicherheitsgefängnis in der Gesellschaft von Apartheid-Massenmördern wie Eugene de Kock, nachdem er des bewaffneten Raubüberfalls für schuldig befunden wurde. Mzwakhe beteuert, er sei einem Komplott zum Opfer gefallen. Die meisten seiner ehemaligen Mitstreiter haben es vermieden, ihn im Gefängis zu besuchen, und angeblich hat er für sie ein paar bissige Gedichte verfasst, die nach seiner Entlassung veröffentlicht werden sollen.

Boeremusiek

Boeremusiek ist ein Überrest burischer Folklore, deren Ursprünge in der holländischen und französischen Volksmusik liegen. Allerdings wurde sie im Laufe der Jahre auch stark von der amerikanischen Country- und Hillbillymusic beeinflusst. Einer der ganz Großen dieser Szene ist der legendäre **Jim Reeves**. Die heutige *Boeremusiek* zeichnet sich durch viel Sentimentalität aus. Ihr erfolgreichster Interpret ist **Bles Bridges**. Durchaus interessant klingen die jazzigen Klarinettentöne des Musikveteranen **Nico Carstens**, vor allem seine experimentellen Fusionen mit *mbaqanga*, die er *Boereqanga* nennt. **Koos Kombuis** produziert eine Mischung aus Rock und Burenmusik. Das wirklich Hörenswerte sind die Texte, und wer kein Afrikaans versteht, kann mit der eher durchschnittlichen Instrumentalqualität wahrscheinlich nicht viel anfangen.

Weiße Rockmusik

Lange Zeit beklagten weiße südafrikanische Rockmusiker, dass ihre Musik weder in Europa noch Amerika wirklichen Anklang fand und dass 95% der südafrikanischen Musikliebhaber sich in keinster Weise für ihre Kompositionen interessierten. Doch dann gelang es der inzwischen aufgelösten Gruppe **Springbok Nude Girls** auch im Ausland eine zahlenstarke Fangemeinde aufzubauen, und vor nicht allzu langer Zeit hat die Hardrocksängerin **Saron Gas** in den USA einen lukrativen Plattenvertrag unterzeichnet. Ebenfalls viel versprechend sind die funkigen **Wonderboom**, die einen Pearl Jam-artigen Sound produzierenden **Zen Arcade**, die in Gauteng beheimateten Punkrocker **Diesel Arcade** sowie eine der besten experimentellen Bands des Landes, die „munki-punkers“ **Boo!** In den großen Städten tauchen ständig neue Gruppen auf, und obwohl die meisten ihrer musikalischen Erzeugnisse aus zweiter Hand stammen und nicht besonders professionell dargeboten werden, ist doch der eine oder andere Hit darunter.

Kapstadt und die Kap-Halbinsel

HIGHLIGHTS

Golden Lion – Der goldene Löwe ist das Highlight des *The Gold of Africa Museums*, einer der bedeutendsten afrikanischen Kunstsammlungen

Die Long Street bei Nacht – In den Cafés, Kneipen und Nachtclubs entlang der Vergnügungsmeile im Zentrum der Stadt geht es bis in die frühen Morgenstunden hoch her

Robben Island – Ein Muss ist der Besuch der berüchtigten Gefängnisinsel, inzwischen von der UN zum Weltkulturerbe der Menschheit erklärt, wo Nelson Mandela fast zwei Jahrzehnte lang festgehalten wurde

Die Tafelberg-Schwebebahn – Von den rotierenden Gondeln aus bieten sich unvergessliche Ausblicke

Ein Sundowner am Atlantic Seaboard – Am besten kauft man eine Flasche Kapwein und begibt sich nach Clifton, Camps Bay oder Llandudno

Eine Bahnfahrt nach Simon's Town – Die Metrorail fährt von Muizenberg dicht an der False Bay entlang, fast in Reichweite der Brandung und mit sagenhafter Aussicht auf die Berge am jenseitigen Ufer

Mit Pinguinen schwimmen – Boulders Beach, Teil des Cape Peninsula National Park, beherbergt nicht nur herrliche Badestrände, sondern auch eine Kolonie putziger afrikanischer Pinguine

Eine Radtour ans „Ende der Welt" – Zum Cape Point, dem spektakulären Südzipfel der Kap-Halbinsel

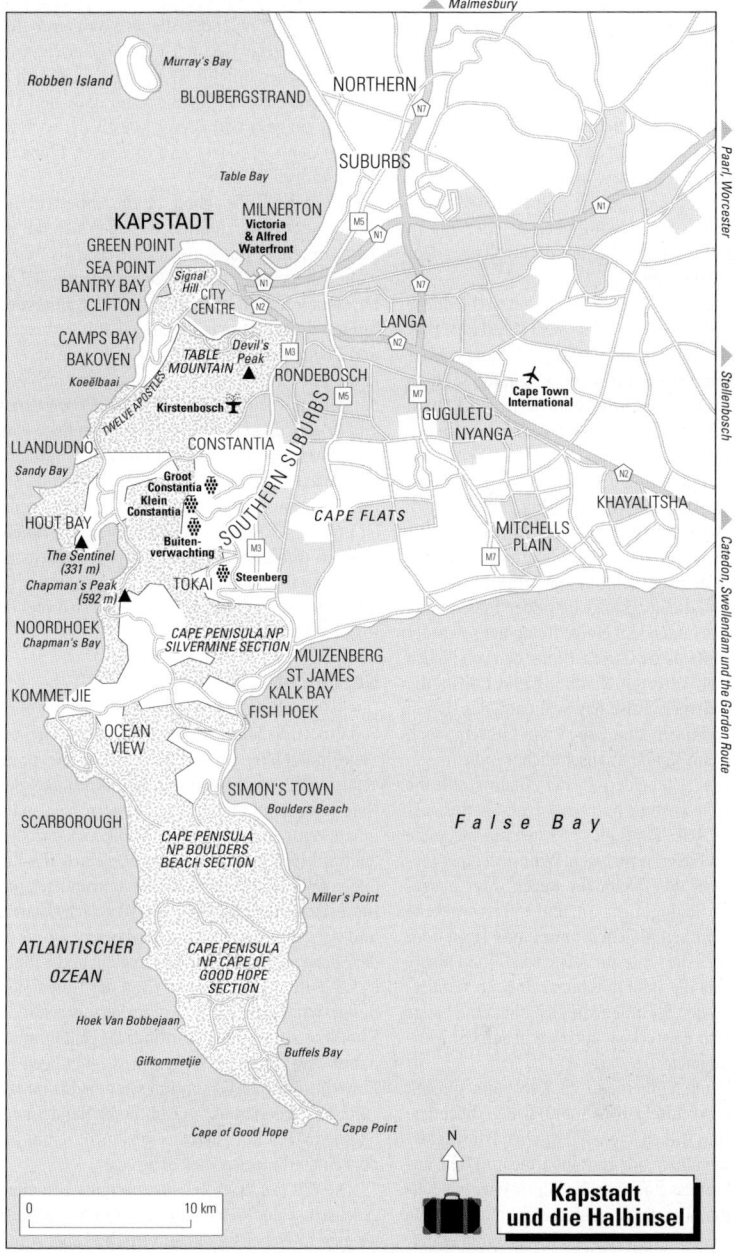

Kapstadt
und die Halbinsel

Kapstadt, Cape Town oder Kaapstad – wie immer man sie auch nennen will – ist zweifellos die schönste, romantischste und am meisten besuchte Stadt Südafrikas. Nur wenige urbane Siedlungen rund um den Globus dürften sich einer so wunderbaren Lage rühmen wie das auf dem Grat der gebirgigen, in den Atlantik hineinreichenden Kap-Halbinsel gelegene Kapstadt. Seine überwältigende, berühmte Sehenswürdigkeit ist der oft in Wolken gehüllte Tafelberg, der machtvoll über dem Zentrum empor ragt.

Der Tafelberg, der die Stadt in unterschiedliche Bezirke teilt, bildet das solide Herz Kapstadts. Hier gibt es Parkanlagen, unberührte Wildnis, Wälder und Wanderwege, und seine Ausläufer säumen Weingärten und begehrte Wohnviertel. Blickt man von seinem Gipfel aus nach Norden, sieht man das Stadtzentrum und den von spielzeuggroßen Schiffen wimmelnden Hafen. Nach Westen hin, an den Spitzen der Twelve Apostles vorbei, fällt der Blick auf einen schroffen Steilhang und über das teuerste Wohngebiet von ganz Afrika, das sich einer traumhaften Aussicht auf den Atlantik erfreut. Nach Süden hin sind die Berghänge bewaldet. In den tieferen Lagen befinden sich einige Weingüter sowie der herrliche Botanische Garten. Hinter den von Eichen beschatteten Vororten Newlands und Constantia liegt das wärmere False Bay Seaboard, das sich in vielen Windungen zum Cape Point hinzieht. Nach Osten hin, am Rande unansehnlicher Industriegebiete dehnen sich beiderseits der Zufahrtstraße die „farbigen" Townships und schwarzen Ghettos aus.

Wer die Reize Kapstadt auskosten möchte, sollte viel Zeit im Freien verbringen. Windsurfer aus aller Welt steuern die Tafelbucht wegen ihrer ausgezeichneten Bedingungen an, und Unerschrockene springen am Seil gesichert vom Lion's Head oder gleiten durch die Lüfte zur Küste von Clifton hinab. Daneben hat die Stadt mit ihren zahllosen Wanderwegen und den Stränden, die sich über eine Länge von 150 km erstrecken, auch geruhsamere Aktivitäten zu bieten.

Das bunte Völkergemisch Kapstadts spiegelt sich in der **Architektur** (s. S. 140) wider. Vollendete Beispiele des frühen kapholländischen Baustils zieren die Weingüter von Constantia, die im 17. Jh. unter dem Einfluss französischer Flüchtlinge zur Blüte gelangten. Im 19. Jh. freigelassene muslimische Sklaven bereicherten das Stadtbild durch Mina-

rette, und die Engländer, die jene Sklaven befreit hatten, errichteten Gebäude im georgianischen und viktorianischen Stil. Im 20. Jh. entwickelte sich im dicht bevölkerten Bo-Kaap und im „farbigen" District Six ein ganz besonderer Jazzstil, der nach wie vor auf den Cape Flats und in einigen Clubs der Innenstadt zu hören ist.

Die meisten Besucher, die die unbestrittenen Vorzüge der Stadt rühmen, beziehen sich nur auf das „vornehme" Kapstadt, d.h. die ehemals Weißen vorbehaltenen Viertel. Der überwiegende Teil der Kapstädter jedoch lebt in überfüllten **Armensiedlungen** und sieht sich Tag für Tag mit Verbrechen und Bandenterror konfrontiert. Seit Ende der 90er Jahre tobt ein blutiger Krieg zwischen „farbigen" Banden und Pagad *(People Against Gangsterism and Drugs)*, einer Organisation auf den Cape Flats, die sich angeblich der Ausrottung der Kriminalität verschrieben hat. Dieser Konflikt beschränkt sich jedoch fast ausschließlich auf die Cape Flats und es ist unwahrscheinlich, dass Touristen mit hineingezogen werden. Allerdings ist in der Innenstadt Vorsicht vor Kleinkriminalität geboten; unter Beachtung einiger einfacher Regeln lässt sich aber das Risiko erheblich verringern (s. S. 74).

Geschichte

Über viele Jahrhunderte zogen die ersten Bewohner Südafrikas, die **San**, als Jäger und Sammler frei und ungehindert über die Kap-Halbinsel, bis sie vor ungefähr 2000 Jahren von den **Khoikhoi**, aus dem Norden einwandernden Schafzüchtern, ins Landesinnere verdrängt wurden. Die Khoikhoi kontrollierten rund 1600 Jahre lang die Weidegebiete des Kap. Gegen Ende des 15. Jahrhunderts umrundeten **portugiesische** Seefahrer auf dem Weg nach Ostafrika und Ostindien zum ersten Mal das Kap, wo sie auf der Suche nach Verpflegung anlegten, und nannten es Cabo de Boa Esperanza (Kap der Guten Hoffnung). Schon bald gaben sie ihre Versuche, mit den Khoikhoi zu handeln, auf. Über lange Zeit unternahm kein Europäer weitere Anstrengungen zur Einrichtung einer Versorgungsstation, bis im Jahr 1652 die Niederländisch-Ostindische Handelskompagnie (VOC) Kurs auf die Tafelbucht nahm und dort einen Handelsposten errichtete.

Die VOC, zu jener Zeit die mächtigste Handelsgesellschaft der Welt, plante am Kap nichts weiter als eine Zwischenstation, um frische Lebensmittel und Trinkwasser an Segelschiffe zu liefern, die auf der Suche nach Gewürzen, Sklaven und Profit zwischen Europa und dem Osten verkehrten. Das kleine Häuflein Männer, das unter der Führung von **Jan van Riebeeck** an Land ging, erbaute an der Stelle der heutigen Grand Parade eine Festung aus Lehm und legte **Gemüsefelder** an, die sie von Khoikhois bearbeiten lassen wollten.

Verständlicherweise waren die Khoikhoi jedoch nicht geneigt, ihre traditionelle Lebensweise gegen die Einschränkungen einer von Fremden aufgezwungenen Arbeit einzutauschen, daher ging van Riebeeck 1658 dazu über Sklaven zu importieren. Die Khoikhoi verfolgten das Anwachsen der holländischen Siedlung mit Besorgnis und versuchten 1659 mit kriegerischen Mitteln die Europäer zu vertreiben. Doch sie erlitten eine Niederlage und mussten die Halbinsel den Kolonisten überlassen.

Anfang des 18. Jahrhunderts zerfiel die Khoikhoi-Gesellschaft am Westkap, **deutsche** und **französische** Religionsflüchtlinge verstärkten den Anteil der europäischen Bevölkerung und die Sklaverei wurde zur wirtschaftlichen Basis der Kolonie, mittlerweile ein Dorf mit Kanälen und niedrigen, weißgetünchten Häusern. Um 1750 zählte Kapstadt bereits mehr als 1000 Gebäude und 2500 Einwohner.

1795 besetzten die **Briten** Kapstadt, da sie den wichtigen Seehandel mit dem Osten durch den napoleonischen Expansionismus bedroht sahen. Die calvinistischen holländischen Bürger waren davon keineswegs erbaut, doch für die überwiegend muslimischen Sklaven bedeutete dies das **Ende der Sklaverei**. Die Briten führten zudem die **Religionsfreiheit** ein, und bald hatten ehemalige Sklaven in der Dorp Street im Viertel Bo-Kaap die erste Moschee Südafrikas errichtet.

Anfang des 19. Jahrhunderts war Kapstadt zu einer der kosmopolitischsten Orte der Welt und einer der wichtigsten Hafenstädte avanciert. 1819 war das Gebäude der Commercial Exchange fertig gestellt, gefolgt von Kaufhäusern, Banken und Gebäuden von Versicherungsgesellschaften. In den 60er Jahren des 19. Jahrhunderts wurde mit der Anlage des Hafens begonnen, die Victoria Road von der Innenstadt bis nach Sea Point gebaut und die Bahngleise bis in den Vorort Wynberg gelegt. Da die Sklaverei abgeschafft war, erbauten das viktorianische Kapstadt zur Zwangsarbeit verurteilte Sträflinge und Kriegsgefangene aus dem Grenzgebiet der Kolonie am Ostkap. In dieser Zeit bahnte sich die Rassentrennung an, und als im Jahr 1901 die Beulenpest ausbrach, lieferte dies den Stadtvätern einen willkommenen Vorwand zur Errichtung von **Ndabeni**, dem ersten schwarzen Viertel Kapstadts in der Nähe von Maitland.

1910 wurde Kapstadt zum **Parlamentssitz** der neu gegründeten Union Südafrika (s.S. 85) ernannt. Die Afrikaner und Coloured „Farbige" waren von dem Deal zwischen Buren und Briten ausgeschlossen und sahen sich gezwungen, ihrer politischen Überzeugung am Arbeitsplatz Ausdruck zu verleihen. 1919 organisierten sie sich in der einflussreichen **Industrial and Commercial Union**, die zeitweilig 200 000 Mitglieder zählte.

Mit fortschreitender Industrialisierung nahm die Nachfrage nach schwarzen Arbeitskräften zu, die in den 1945 erbauten Satellitenstädten **Guguletu** und **Nyanga** untergebracht wurden. Drei Jahre später gelangte die National Party an die Macht, die einer verängstigten weißen Wählerschaft versprach, dem Zustrom der Afrikaner in die Städte einen Riegel vorzuschieben. In Kapstadt bewirkte diese Politik, dass auf dem Arbeitsmarkt Coloureds bevorzugt wurden, nur noch afrikanische Männer eine Anstellung erhielten und der Bau von Wohnungen für afrikanische Familien verboten wurde.

Die Township Langa entwickelte sich zu einer Bastion des **Pan Africanist Congress** (PAC), der am 8. April 1960 in Kapstadt eine friedliche Demonstration gegen die Passgesetze organisierte. Polizisten feuerten in die Menge, töteten drei Menschen und verwundeten zahlreiche weitere. Daraufhin rief die Regierung den Ausnahmezustand aus und erließ ein Verbot von Anti-Apartheid-Gruppierungen, darunter auch PAC und ANC.

1966 wurde der berüchtigte **Group Areas Act** angewandt, um den District Six dem Erdboden gleich zu machen und altansässige, gemischtrassige Coloured- Gemeinden auf die desolaten **Cape Flats** umzusiedeln. Dort bildeten sich die brutalen Banden, die bis heute eines der größten Probleme Kapstadts darstellen. Um die Opposition mundtot zu machen, ließ die National Party im Jahr 1972 alle „farbigen" Volksvertreter aus dem Stadtrat verbannen.

Elf Jahre später, während einer gewaltigen Versammlung auf den Cape Flats, vereinigte sich die außerparlamentarische Opposition ungeachtet staatlicher Repressionen in der **United Democratic Front** und läutete eine intensive Periode des Anti-Apartheid-Kampfes ein. 1986 geriet ein fundamentaler Stützpfeiler der Apartheid ins Wanken, als sich die Regierung gezwungen sah, die Zuzugskontrolle aufzuheben. Daraufhin strömten immer mehr Arbeit suchende Schwarze in die Stadt, errichteten Slums und machten Kapstadt zu einer der am schnellsten wachsenden Städte der Welt. Am 11. Februar 1990, nur ein paar Stunden nach seiner Freilassung aus dem Gefängnis, hielt **Nelson Mandela** vom Balkon der City Hall aus seine erste öffentliche Rede vor einer begeisterten Menge, die sich in der Grand Parade drängte. Vier Jahre danach zog er als erster demokratisch gewählter Präsident Südafrikas in das 500 m entfernte Parlamentsgebäude (Parliament) ein, das bis dato Weißen vorbehalten war.

Ungeachtet der fünf Jahre nicht-rassistischer Demokratie war Kapstadt zur Zeit der Wahlen von 1999 immer noch eine geteilte Stadt. Die Weißen erfreuten sich nach wie vor ihrer angenehmen Existenz in den schattigen Vororten entlang der Küste und der Ausläufer des Tafelbergs. Auf den öden Cape Flats war zwar ein gewisser Fortschritt zu verzeichnen, als sie an das Stromnetz angeschlossen wurden, doch die provisorischen Hütten waren immer noch da und breiteten sich unaufhaltsam aus. Obwohl die Weißen in ständiger Furcht vor Verbrechen lebten, wurden meist Schwarze und Coloureds Opfer krimineller Aktivitäten, vor allem bei Auseinandersetzungen zwischen den Banden.

Dennoch wurden einige Versuce zur Förderung kultureller Interaktion und der Integration unternommen. 1999 startete die *Cape Times* eine erfolgreiche Kampagne unter dem Motto: „One City, Many Cultures" und veröffentlichte regelmäßig Artikel, die sich mit der bunten Vielfalt der ethnischen und religiösen Gruppen der Stadt beschäftigten. Aus dem gleichen Grund wurde eine Umstrukturierung der Stadtverwaltung in Angriff genommen; die 69 nach Rassen getrennten städtischen Behörden wurden in sechs Verwaltungsbezirken zusammengefasst und so eingeteilt, dass Reiche und Arme, Schwarze, Weiße und Coloureds unter ein und dieselbe Zuständigkeit fielen.

Wie gespalten Kapstadt jedoch immer noch war, zeigte sich bei den Kommunalwahlen von 2000. Der ANC hatte damit gerechnet, dass ihm seine Bemühungen zur Verbesserung der Infrastruktur in ärmeren Vierteln die Stimmen der afrikanischen und coloured Bewohner einbringen würde und somit die Gelegenheit, der National Party die Kontrolle des Westkaps und Kapstadts abspenstig zu machen. Die National Party, die sich zur **New National Party** (NNP) gemausert hatte, um von ihrer unrühmlichen Apartheid-Vergangenheit Abstand zu nehmen, präsentierte sich hingegen mit „farbigen" Kandidaten in vorderster Front. Während des Wahlkampfs schlug sich die liberale Democratic Party, die Jahrzehnte lang die einzige ernstzunehmende parlamentarische Opposition zur Apartheid-Regierung gebildet hatte, auf die Seite ihres ehemaligen Gegners NNP und bildete mit ihm zusammen die **Democratic Alliance** (DA), die dann in der Stadt und Provinz die Stimmenmehrheit erhielt. **Gerald Morkel** und **Peter Marais**, beide von der NNP, wurden Ministerpräsident der Provinz Westkap bzw. Bürgermeister von Kapstadt. Marais erwies sich als populistisch und unzuverlässig, und sein eigenmächtiges Handeln, insbesondere im Verlauf der Debatte um die Straßenumbenennung (s. S. 119, Kasten), führte 2001 zu seiner Amtsenthebung durch DA-Parteichef Tony Leon. Daran zerbrach die Allianz; Marais blieb in der NNP, während Morkel sich der Democratic Party verschrieb.

In einer kuriosen Umkehrung der Verhältnisse ging nun die NNP eine Koalition mit dem ANC ein. Die ehemaligen Erzfeinde – immerhin hatten ehemalige Mitglieder der NNP die gesamte Führungsriege des ANC ins Gefängnis auf Robben Island gebracht – bildeten ein seltsames Gespann. Im Anschluss an das Fiasko hinsichtlich der Straßenumbenennung erlangte die NNP im Verein mit dem ANC die Kontrolle über die Provinz zurück, in Kapstadt jedoch blieb die DA, unter der Führung von Morkel und Marais, an der Regierung. Ende 2001 bekleidete Marais das Amt des Ministerpräsidenten der Provinz und Morkel das des Bürgermeisters von Kapstadt. Daraus lässt sich zumindest ersehen, welchen Einfallsreichtum Westkap-Politiker an den Tag legen, wenn es darum geht, hochdotierte Posten zu behalten. Ob diese Fähigkeit auch dafür ausreicht, Kapstadt erfolgreich zu regieren, wird sich zeigen.

Die Sprache der Farbe(n) Besucher aus anderen Teilen der Welt werden mit Erstaunen feststellen, dass Kapstadt sich ganz und gar „unafrikanisch" anfühlt und anhört. Die dominierende Stadtsprache ist **Afrikaans** (eng verwandt mit dem Niederländischen), übrigens die einzige „europäische" Sprache, die sich außerhalb Europas eigenständig weiterentwickelte. Englisch wird zwar überall gesprochen und verstanden, doch Afrikaans ist die Muttersprache eines Großteils der „farbigen" Stadtbewohner sowie einer beträchtlichen Anzahl der weißhäutigen Kapstädter. Die Bezeichnung „coloured" (farbig) bezieht sich im Unterschied zum britischen, amerikanischen und deutschen Sprachgebrauch, wo „farbig" als eine taktvolle Umschreibung für Menschen dunkler Hautfarbe gilt, auf gemischtrassige Südafrikaner – in Abgrenzung zur Volksgruppe der indigenen Schwarzafrikaner bzw. der weißen Abkömmlinge europäischer Zuwanderer. Besucher, die bisher glaubten, dass Menschen in Südafrika entweder schwarz oder weiß seien, stellen überrascht fest, dass die Bandbreite ethnischer und sprachlicher Varianten sehr groß ist.

Die meisten dunkelhäutigen Kapstädter (über 50% der Einwohner) sowie viele andere Menschen im Land sind Coloureds. Unter ihren Ahnen befinden sich zwischen dem 17. und frühen 19. Jh. schwarzafrikanische Sklaven oder Nachkommen der Khoikhoi. Dieser Ort an der Schnittstelle der westlichen und östlichen Welt vereint Menschen aus Afrika, Asien und Europa gleichermaßen, und so finden sich unverkennbare Spuren aller drei Kontinente in den Genen, der Sprache, Kultur, Religion und Küche Südafrikas.

Ende des 19. Jahrhunderts versuchten die weißen Afrikaans-sprechenden Südafrikaner in ihrem Streben nach einer eigenständigen Identität eine „reinrassige" Kultur zu schaffen, indem sie einen Keil zwischen sich und die *coloured* Afrikaans-Sprachigen trieben. Sie schufen Afrikaans als „Sprache des weißen Mannes" neu und bereinigten sie von den ihrer Ansicht nach unfeinen „farbigen" Verbindungen, indem sie Bezeichnungen asiatischer oder afrikanischer Herkunft durch holländische Wörter ersetzten. 1925 wurde Afrikaans neben Englisch zur Amtssprache erhoben, und die bei den Coloureds gebräuchlichen Dialekte wurden überheblich als vom korrekten Sprachgebrauch abweichend betrachtet.

Den Nationalisten unter den Afrikaandern (Buren) reichte das noch nicht aus, und nach der Einführung der Apartheid im Jahr 1948 machten sie sich daran, die Rassenunterschiede genauer zu etikettieren. Im Zuge des **Population Registration Act** wurden alle Südafrikaner als weiß, coloured oder Bantu (die Apartheid-Bezeichnung für Afrikaner) eingestuft. Die Erfinder gingen von der Vorstellung aus, die Unterschiede ließen sich an Hand objektiver Kriterien bestimmen. Den Apartheid-Behörden schien es ziemlich eindeutig zu sein, wer als weiß oder als „Bantu" zu gelten hatte, doch bei den Coloureds wurde es problematisch, da sie keine homogene Gruppe darstellten. Um Abhilfe zu schaffen, wurde 1959 der **Coloured Proclamation Act** erlassen, der die „Farbigen" in acht Kategorien einteilte: Kap-Coloured, Malaien (Moslems), Griqua, Chinesen, Inder, Andere Inder, Andere Asiaten und Andere Coloured. Aus wirtschaftspolitischen Erwägungen erhielten Japaner den Ehrentitel „honorary white" (ehrenhalber weiß).

Eine weitere Schwierigkeit stellte die Tatsache dar, dass das Aussehen der Coloureds die ganze Bandbreite umfasst: von „Farbigen", die von Weißen nicht zu unterscheiden sind, bis zu Farbigen, die wie Schwarzafrikaner aussehen. Einige Coloureds „frisierten" ihre Herkunft und gingen als Weiße durch, und die Apartheid-Gesetzgebung bot die Möglichkeit der individuellen rassischen Reklassifizierung. Zwischen 1983 und 1990 wurden fast 5000 „Cape Coloureds" zu „Weißen" umgestuft und mehr als 2000 Afrikaner zu „Cape Coloured". Die Feststellung der Rassenzugehörigkeit geschah mittels ominöser Tests – einer z.B. bestand darin, dass der Testperson ein Bleistift um eine Haarsträhne gewickelt wurde; rollte sich das Haar in die Ursprungslage zurück, galt die Person als farbig, blieb es in der Form, war sie weiß.

Diese Klassifizierungen bedeuteten jedoch sehr viel mehr als bloße Semantik; von ihnen hing die gesamte Lebensperspektive eines Menschen ab. In zahlreichen Familien wurde das eine Mitglied als farbig eingestuft, während das andere als weiß deklariert wurde und die Möglichkeit bekam, in hübschen Weißensiedlungen zu wohnen, eine gute Arbeitsstelle zu finden (viele Jobs waren ausschließlich Weißen vorbehalten) und seine Kinder auf bessere Schulen und Universitäten zu schicken.

Zahlreiche besser gestellte farbige Hausbesitzer dagegen mussten ihre Wohnhäuser in angenehmen Vororten wie Claremont räumen, die über Nacht zu „weißen" Vierteln deklariert wurden.

Seit der Abschaffung der Apartheid verändern sich die Nachbarschaft und die Einstellung zum ethnischen Sprachgebrauch. Manche Südafrikaner lehnen den Terminus *coloured* inzwischen ab, da er Assoziationen mit der Apartheid weckt, und vermeiden jegliche rassenbezogene Definition; andere dagegen benutzen den Begriff mit Stolz und sehen darin einen Ausdruck ihrer eigenständigen Kultur, die auf das Sklaven- und Khoikhoi-Erbe zurückgeht.

Orientierung

Vom Hafen ausgehend erstreckt sich durch das Zentrum und zwischen zwei Flanken am Berghang hinauf die **City Bowl** (bestehend aus den Upper und Lower City Centres und der Waterfront). Sie umfasst belebte Gegenden wie die Long Street, Bo-Kaap und Gardens sowie die Viertel der Neureichen Tamboerskloof und Oranjezicht. Vom Zentrum nach Süden hin, entlang des östlichen Ausläufers des Tafelberges, reihen sich die zunehmend wohlhabender wirkenden, überwiegend von Weißen bewohnten **südlichen Vororte**, vom künstlerisch angehauchten Observatory über die hübschen Viertel der Mittelklasse Rondebosch und Newlands bis zu den Winzereien von Constantia.

Das **Atlantic Seaboard** entlang der Küste ist trockener und sonniger; hier erstrecken sich am Hang mit Aussicht aufs Meer die vornehmen Viertel Clifton und Camps Bay. Die Küste der **False Bay** ist regenreicher und grüner; hier ist das Meer normalerweise um ein paar Grad wärmer als an der Westküste der Halbinsel, daher sind Muizenberg, Fish Hoek und Boulder's Beach in Simon's Town die beliebtesten Badestrände Kapstadts.

Die **nördlichen Vororte** Parow, Milnerton und Bloubergstrand, die sich im Nordosten an der Tafelbucht aneinanderreihen, sind ausgesprochen langweilig. Südlich von ihnen erstrecken sich entlang der N2 in Richtung Binnenland die endlosen „farbigen" **Cape Flats Townships** und die desolaten **afrikanischen Ghettos** Nyanga, Langa und Guguletu.

Upper City Centre

Im Upper City Centre zwischen der Strand Street und den südlichen Berghängen findet sich ein Sammelsurium georgianischer, kapholländischer, viktorianischer und neuzeitlicher Architektur (s.S. 140); in seinen Märkten, Gassen und Moscheen begegnen sich Europa, Asien und Afrika. Hier stehen zudem das **Parlamentsgebäude**, der **Botanische Garten** und zahlreiche interessante **Museen**.

Die **Strand Street** verlief früher entlang der Küste, was heute kaum vorstellbar ist, da das gesamte bebaute Land weiter nördlich dem Meer abgewonnen wurde. Südlich der Strand Street in Richtung Tafelberg befinden sich die Überreste des bezaubernden, 350 Jahre alten historischen **Stadtkerns**.

Zur Orientierung eignet sich hervorragend die **Adderley Street**, die vom Bahnhof im Norden bis zu den Gardens im Süden mitten durch die Upper City führt. Östlich von ihr konzentrieren sich nahe der Strand Street das **Castle of Good Hope**, das Gelände des **District Six**, die **Grand Parade** und die **City Hall**. Das Viertel westlich der Adderley Street mutet mit seinen Cafés, Buchläden und Antiquitätengeschäften im Umkreis der Fußgängerzone **St George's Mall** und des **Greenmarket Square** sehr europäisch an. Das **Bo-Kaap** oder muslimische Viertel, drei Querstraßen weiter westlich, jenseits der Buitengragt (wörtlich: äußerer Kanal, ist jedoch eine Straße), mit seinen Minaretten und Gewürzläden bildet dazu einen malerischen Kontrast.

Südlich der Stelle, wo Adderley Street und Wale Street aufeinander treffen, schlägt das „politische" Herz Kapstadts: Dort liegen rings um den Botanischen Garten das **Parliament**, Museen, die Stadtarchive und De Tuynhuys, der Sitz des amtierenden Präsidenten des Westkaps.

Adderley Street

Die von einigen schönen Bauten aus mehreren Jahrhunderten gesäumte Adderley Street war früher die renommierte Einkaufsmeile der Stadt. Zwar verunstalten eine Reihe von Einkaufszentren aus den 60er Jahren das Straßenbild, doch nur ein paar Minuten vom Gewimmel entfernt, in den Straßen und Gassen rings um den Greenmarket Square, hat sich noch etwas historisches Flair erhalten.

Ursprünglich war die Adderley Street keine Straße, sondern ein Kanal, die Heerengracht, der vom Botanischen Garten ins Meer führte. Ganz Kapstadt war von Grachten mit Brücken und Schleusen durchzogen und wurde daher auch Klein-Amsterdam genannt. Im 19. Jh. wurden die Kanäle zugeschüttet und die Heerengracht 1850 in Adderley Street umbenannt (s.S. 119, Kasten). Von den Kanälen ist heute kaum noch etwas zu sehen, nur einige Bezeichnungen deuten noch auf sie hin – so trägt noch immer ein Straßenabschnitt den Namen Heerengracht und eine Parallelstraße weiter westlich heißt Buitengragt (auch Buitengracht geschrieben).

Die architektonische Zerstörung des alten Kapstadt dauerte bis weit ins 20. Jh. hinein an, und viele alte Gebäude fielen der Abrissbirne zum Opfer. Eines der unansehnlichsten Gebäude, die an ihre Stelle traten, ist der in den 70er Jahren erbaute Geschäftskomplex und Verkehrsknotenpunkt **Golden Acre** am Nordende (Hafenseite) der Adderley Street.

Wie die Adderley Street zu ihrem Namen kam Zwar nutzten die Holländer Robben Island (s.S. 132) als Gefängnisinsel für politische Häftlinge, doch auch das südafrikanische Festland wäre um ein Haar ebenso wie Australien eine **Sträflingskolonie** der Briten geworden, wohin sie ihre Verbrecher und Staatsfeinde verbannt hätten können. Gegen 1840 forderten „rechtschaffene Australier" die Einstellung der Transporte von Kriminellen nach Downunder, woraufhin die britische Regierung versuchte, Gesetzesbrecher ans Kap abzuschieben.

Im Jahre 1848 setzte das mit 282 Gefangenen beladene britische Schiff *Neptune* vor Bermuda die Segel mit Kurs auf Kapstadt. Dort löste die Nachricht helle Empörung aus. 1849 lauschten 5000 Bürger auf der Grand Parade den Protestreden prominenter Liberaler gegen die britische Regierung, ein Ereignis, das auf dem Gemälde *The Great Meeting of the People at the Commercial Exchange* von Johan Marthinus Carstens Schonegevel festgehalten ist, das im Rust-en-Vreugd Museum hängt.

Als das Schiff im September 1849 anlegte, ließ Gouverneur Sir Harry Smith keinen einzigen Sträfling an Land, zudem setzte sich der Politiker **Charles Adderley** in London vor dem House of Commons (Unterhaus) erfolgreich für das Anliegen der Kap-Kolonisten ein. Im Februar 1850 segelte die *Neptune* weiter nach Tasmanien, und die dankbaren Kapbewohner gaben der größten Durchgangsstraße der Stadt den Namen **Adderley Street**.

2001 fand diese Geschichte eine Fortsetzung, als Bürgermeister **Peter Marais** von der National Party verkündete, er werde die Adderley Street in **Nelson Mandela Street** und die durch das Bo-Kaap verlaufende Wale Street zu Ehren des letzten südafrikanischen Präsidenten (und Anhänger der National Party) in **F.W. de Klerk Street** umbenennen.

Die meisten „farbigen" Bewohner des Bo-Kaap waren alles andere als begeistert von der Idee, dass ihre Hauptstraße den Namen eines ehemaligen Verfechters der Apartheid tragen sollte. Marais, selbst ein Coloured, inszenierte eine „Volksbefragung", die eine überwältigende Zahl von Unterschriften zugunsten der Namensänderung hervorbrachte. Als sich später herausstellte, dass viele der Unterschriften aus ein und derselben Hand stammten, wurde die Umbenennung gestoppt und Marais seines Amtes enthoben.

Im Golden Acre ist für viele Verkehrsmittel Endstation, hier konzentrieren sich die Metrorail, der Bahnhof, Busbahnhof, Taxihaltestellen und Parkgaragen, die durch ein abweisendes Netz aus Fußgängerunter- und -überführungen miteinander verbunden sind.

Im Zentrum stehen die **Golden Acre Ruins**, die Überreste des ältesten Kolonialbaus Südafrikas: ein von den Holländern 1663 erbauter Wasserturm. Ein kleines Mauerstück hinter Glas ist das Einzige, was davon erhalten blieb; und wer nicht im Bilde ist, geht sicherlich achtlos daran vorüber. Auf den Bürgersteigen und Fußgängerzonen zwischen dem Einkaufskomplex und dem Bahnhof findet meist ein **Flohmarkt** statt – ein beliebtes Arbeitsfeld von Taschendieben.

Ein Stückchen weiter südlich verkaufen Bewohner des muslimischen Viertels Bo-Kaap auf einem **Blumenmarkt** bunte Sträuße. Beiderseits der Adderley Street stehen zwei eindrucksvolle Bankgebäude. Das prächtigere, von einer hohen Kuppel gekrönte, beherbergt die **Standard Bank**, die man durch ein Portal mit korinthischen Säulen betritt. Die 1913 fertig gestellte **First National Bank** war das letzte südafrikanische Bauwerk des Architekten Sir Herbert Baker.

Am Übergang der Adderley Street in die Wale Street steht die **Slave Lodge**, das ehemalige Cultural History Museum. Die Lodge beherbergt neben interessanten Ausstellungsstücken vom Kap Kostbarkeiten aus aller Welt. Das Museum wurde 1998 am Heritage Day umgetauft und hat seither seinen Schwerpunkt auf südafrikanische Sozialgeschichte verlagert, insbesondere die blutige Geschichte der Sklaverei.

Fast zwei Jahrhunderte lang – mehr als die Hälfte ihrer Siedlungsgeschichte – gründeten sich die wirtschaftlichen und sozialen Strukturen Kapstadt auf der Sklaverei. Die Slave Lodge wurde 1679 für die Niederländisch Ostindische Kompagnie zur Unterbringung ihrer menschlichen Ware erbaut. Um 1770 war die Kompagnie der größte Sklavenbesitzer am Kap, und in der Lodge wurden fast tausend Sklaven gehalten. Unter Aufsicht der Kompagnie diente die Lodge auch als größtes Bordell der Kapkolonie, dessen Türen sich allabendlich eine Stunde lang für jedermann öffneten. Nach der britischen Übernahme und der Freilassung der Sklaven war die Lodge von 1810–1914 Sitz des

Sklaverei am Kap Offiziell wurde die Sklaverei am Kap im Jahr 1838 abgeschafft, doch ihr Erbe ist in Südafrika immer noch spürbar. Die meisten dunkelhäutigen Landesbewohner, die rund 50% der Einwohner Kapstadts ausmachen, stammen von Sklaven ab, und manche Historiker sind der Ansicht, die Apartheid sei eine „natürliche" Fortsetzung der Sklaverei unter anderen Vorzeichen. Tatsächlich liegen die Wurzeln der Hausbediensteten, die in Südafrika immer noch weit verbreitet sind, und bestimmter Arbeitsregelungen wie das „dop system", wonach die Arbeiter ihren Lohn teilweise in billigem Fusel erhalten, in der Sklavenzeit. Im ausgehenden 18. Jh. übertraf die Zahl der versklavten Bevölkerung mit fast 26 000 Mitgliedern die der freien Bürger am Kap. Ungeachtet der damit einhergehenden tiefgreifenden Auswirkungen auf die Entwicklung des südafrikanischen Gesellschaftssystems blieb dieses Thema bis zur Veröffentlichung einiger Studien zur Sklaverei in den 80er Jahren des 20. Jahrhunderts einer der am wenigsten erforschten Aspekte der Geschichte des Landes. Bis heute fällt es vielen Coloureds schwer, ihre Abstammung von ehemaligen Sklaven zu akzeptieren.

Am Kap selbst wurden paradoxerweise so gut wie keine Sklaven eingefangen. Während auf dem gesamten Kontinent Menschen für den Export nach Amerika gejagt wurden, musste die Kapverwaltung, der es nach Vorschrift der VOC verboten war, die Urbevölkerung der Region zu versklaven, ihren Bedarf andernorts decken. Von den 63 000 vor 1808 in die Kapregion importierten Sklaven stammten die meisten aus Ostafrika, Madagaskar, Indien und dem indonesischen Archipel, wodurch eine kulturelle Vielfalt entstand wie in kaum einer anderen Sklavengesellschaft. Anfänglich verhinderte dies die Entwicklung einer eigenen Identität, doch im Laufe der Zeit bildete sich eine Mischkultur heraus, die u.a. eine maßgebliche Rolle in der Weiterentwicklung des Afrikaans spielte.

Obersten Gerichtshofes, beherbergte anschließend Verwaltungsbüros und wurde 1966 als Museum umgebaut.

Im Erdgeschoss, links von der Eingangshalle, gibt es zwei kleine, aber sehenswerte Ausstellungen. Die erste über die Khoisan, die frühesten Einwohner des Kaps (und Südafrikas), betrachtet schwerpunktmäßig ihr Wissen über Kräuter und Heilpflanzen. Im angrenzenden Raum ist rund um das Modell der Lodge von vor 300 Jahren die Ausstellung „186 Years of Slavery" zu sehen. Auf einer Wandkarte sind die Orte der Geschichte der Sklaven der Stadt markiert: Wo sie arbeiteten, beteten, verkauft, bestraft und exekutiert wurden. ☉ Mo–Sa 9.30–16.30 Uhr; Eintritt R7.

Hinter der Slave Lodge, auf einer Verkehrsinsel in der Spin Street, kennzeichnet ein schlichter, leicht zu übersehender Sockel die Stelle, an der früher der **Old Slave Tree** stand, unter dem Sklaven gekauft und verkauft wurden.

Castle of Good Hope

Von außen erscheint das älteste Gebäude Südafrikas nicht besonders attraktiv und seine Lage an der Darling Street, hinter dem Bahnhof und Busbahnhof, macht es auch nicht gerade besser. Dennoch lohnt das Castle of Good Hope (☉ tgl. 9–16 Uhr; Eintritt R15) die bescheidene Eintrittsgebühr. Nach umfangreichen zehnjährigen Restaurierungsarbeiten erstrahlt das Innere jetzt wieder im Glanz des 1798 eingeführten British Regency-Stils.

The Castle, wie es landläufig genannt wird, wurde in dem bei Europäern beliebten Stil einer Festung des 17. Jahrhunderts erbaut mit Außenmauern, die wuchtige Wehrtürme mit Schießscharten schützen. Das 1679 fertig gestellte Bauwerk ersetzte van Riebeecks früheres Fort aus Lehm und Holz, das an der Stelle stand, wo sich nun die Grand Parade befindet.

Der Bau des Castle dauerte mehr als 13 Jahre, da die Arbeit immer wieder aus Mangel an Arbeitskräften oder Material eingestellt werden musste. Außerdem musste der ursprünglich zum Meer hin gelegene Eingang landeinwärts verlegt werden, da manchmal die Wellen der Springflut bis ans Festungstor rollten, was heute kaum noch vorstellbar ist. Der neuere Eingang ist ein schönes Beispiel für den holländischen Klassizismus des 17. Jahrhun-

derts. Im Turm über dem Eingang hängt immer noch an den ursprünglichen Holzbalken die 1679 von Claude Fremy in Amsterdam gegossene Glocke.

150 Jahre lang bildete das Castle das Zentrum der Kapverwaltung und das Herz des gesellschaftlichen und wirtschaftlichen Lebens. Ende des 19. Jahrhunderts, als die Kolonie weit über die Mauern des Castle hinausgewachsen war, wollten die Behörden es mehrmals abreißen lassen, da die Instandhaltungskosten bei Weitem seinen Nutzen überstiegen.

Im Castle sind drei interessante Ausstellungen zu besichtigen: Das Military Museum behandelt die kriegerischen Konflikte aus den Anfangszeiten der Niederlassung; im Secunde's House sind Möbel, Gemälde und Kunstgegenstände aus den Wohnräumen des stellvertretenden Gouverneurs zu sehen, und die William Fehr Collection, eine der renommiertesten Kunstsammlungen des Landes, umfasst bildliche Darstellungen der Siedlung, holländisches und indonesisches Mobiliar aus dem 18. und 19. Jh. sowie chinesisches und japanisches Porzellan aus dem 17. und 18. Jh. Die kostenlosen Führungen (tgl. um 11, 12 und 14 Uhr) eignen sich zur Orientierung und beinhalten eine Besichtigung der Gefängniszellen und Folterkeller. Im Castle ist auch die Schutztruppe der West-Provinz untergebracht; manchmal sieht man bewaffnete Soldaten über den eleganten Innenhof marschieren. Im Hof gibt es zudem einen gemütlichen Tea shop mit Blick auf den Tafelberg.

Grand Parade und City Hall

Auf der westlich des Castle gelegenen Grand Parade hielten ursprünglich die Bewohner des District Six ihren **Markt** ab. Mittwochs und samstags ist immer noch Markttag, dann wird alles Mögliche, von Secondhand-Kleidung bis zu gut gewürzten Snacks verkauft. Die Grand Parade stand am 11. Februar 1990 weltweit im Zentrum des politischen Geschehens, als sich hier 100 000 Menschen versammelten, um die erste öffentliche Ansprache Nelson Mandelas zu hören, die er nach seiner Freilassung aus dem Gefängnis auf dem Balkon der City Hall hielt. Dieses Gebäude im edwardianischen Baustil hebt sich wirkungsvoll von der Kulisse des Tafelbergs ab.

District Six

Südlich des Castle, im Schatten des Devil's Peak, liegt ein unbebautes Gelände, das auf Stadtplänen mit Zonnebloem (Sonnenblume) bezeichnet wird. Bevor die Apartheid-Regierung vor rund zwei Jahrzehnten daran ging, es dem Erdboden gleichzumachen, war dies der District Six, ein ärmliches, aber lebhaftes Viertel mit 55 000 überwiegend „farbigen" Einwohnern. Mit seiner multikulturellen Vielfalt in den schmalen Gassen galt der Bezirk als die Seele Kapstadts. Das bunte Treiben von District Six inspirierte Schriftsteller, Dichter und Jazzmusiker und bildete die Grundlage für den Kassenschlager von David Kramer: *District Six: The Musical*, der Ende der 80er Jahre für ausverkaufte Vorstellungen sorgte und eine Reihe von Hits hervorbrachte.

Im Jahr 1966 erklärten die Apartheidsideologen den District Six zur **White Group Area** und ließen die Bulldozers anrollen, die immerhin 15 Jahre brauchten, um das Viertel aus dem Stadtbild zu entfernen. Nur die Moscheen und Kirchen blieben stehen. Allerdings rief diese Willkür sowohl im Ausland als auch im eigenen Land solche Empörung hervor, dass sich trotz der günstigen Grundstückspreise kaum jemand bereit fand, hier ein Haus zu bauen. So stehen am Rande des Viertels nur ein paar luxuriöse Mietshäuser und das Cape Technikon, eine Ausbildungsstätte, die fast ein Viertel des ehemaligen Districts einnimmt. Nach langjährigen Verhandlungen wurde inzwischen erreicht, dass auf Staatskosten preiswerte Wohnungen gebaut werden und die früheren Bewohner zurückkehren können.

Am Nordende des District Six, an der 25a Buitenkant St, Ecke Albertus St, befindet sich das ergreifende **District Six Museum**. Es ist in der ehemaligen Central Methodist Mission Church untergebracht, wo die Opfer der Zwangsräumung bis in die 80er Jahre hinein Unterstützung fanden, und die ein Treffpunkt für Apartheidsgegner wurde. Im einstigen Kircheninneren sind u.a. Haushaltsgegenstände, Handwerkszeug und Fotos zu sehen, die ein anschauliches Bild vom Alltag der früheren Bewohner vermitteln. Einen Großteil des Bodens bedeckt ein Plan des alten District Six, auf dem die Vertriebenen schriftlich ihre Erinnerungen an vom Erdboden verschwundene Orte und Gebäude festgehalten haben. Beachtung verdient auch die fast komplette Sammlung von Original-Straßenschildern; die einem Mitarbeiter der Stadtreinigung zu verdanken ist, der eigentlich den Auftrag hatte, die Schilder in der Tiefe der Tafelbucht verschwinden zu lassen. Es gibt nur wenige Orte in Kapstadt, die auf so bewegende Art und Weise die Auswirkungen der Apartheid auf das tägliche Leben der „kleinen Leute" verdeutlichen, wie dieses Museum. ☉ Mo–Sa 10–16.30 Uhr; Spende.

Long Street

Die Long Street durchzieht parallel zur Adderley Street in ganzer Länge die Innenstadt und geht dann in die verkehrsreiche Kloof Street über, die durch die City Bowl bis Kloofnek führt. Von hier gelangt man zur Lower Cable Station, nach Sea Point, zum Atlantic Seaboard und zum Signal Hill. Die belebte Straße ist eine der abwechslungsreichsten Verkehrsadern Kapstadts. Sie eignet sich hervorragend für einen Bummel mit Ausblicken auf den Tafelberg, Signal Hill und Lion's Head sowie hin und wieder auf ein wenig Ozean.

Als sich hier vor rund 300 Jahren Moslems niederließen, bildete die Long Street die Stadtgrenze Kapstadts; um 1960 war sie zu einer schäbigen Kneipen- und Bordell-Meile verkommen. Erstaunlicherweise blieb von der wechselhaften Vergangenheit noch einiges erhalten, wenn auch mit einem Hauch der mittlerweile besseren Gesellschaft durchsetzt. Hier findet man in friedlicher Nachbarschaft Moscheen, Bars, Leihhäuser, Waffen- und Delikatessengeschäfte, Kunstgewerbeläden, Bordelle und Cafés. Außerdem hervorragende Secondhand- und Africana-Buchhandlungen sowie mehr **Backpacker Lodges** pro Quadratmeter als in jeder anderen Ecke Kapstadts. In ihrem Gefolge tauchen natürlich immer mehr Studentenreisebüros und preiswerte Mietwagenanbieter auf.

Die **Long Street Baths** am Nordende der Long Street, dort, wo sie auf den Buitensingel (äußeren halben Stadtring) stößt, ist seit 1906 eine feste Institution der Stadt. Die Bäder sind für Frauen am Mo, Do und Sa geöffnet, für Männer am Di, Mi, Fr und Sonntagmorgen. Die Eintrittskarte (R55), die vier Std. gilt, schließt ein Handtuch, die Benutzung der Trocken- oder Dampfsauna sowie eine Kurzmassage ein. Das Schwimmbecken (R7) steht Frauen und Männern gleichermaßen offen, ☉ Mo–Fr 7–20, Sa 7–19, So 8–18 Uhr.

Weiter nördlich, an der Long Street Nr. 185, ragt hinter einer einsamen Palme unübersehbar die **Palm Tree Mosque** (kein Zutritt) auf. Es ist das einzige in dieser Straße noch erhaltene Gebäude aus dem 18. Jh. und wurde 1780 von Carel Lodewijk Schot als Privathaus erbaut. 1807 ging es in die Hände von Frans van Bengal über, einem Mitglied der muslimischen Gemeinde. Jan van Boughies, ein ehemaliger Sklave, der als Imam eingesetzt wurde, verwandelte das Obergeschoss in eine Moschee und bewohnte das Erdgeschoss.

Schräg gegenüber, in der Wale Street Nr. 76, befindet sich ein hervorragender Kunstgewerbemarkt, der **Pan African Market**. Hier bieten Verkäufer auf drei Stockwerken vielerlei Kunst und Kunstgewerbe aus dem gesamten Kontinent an, darunter tolle Masken, Textilien und Musikinstrumente, aber auch moderne Waren wie CDs.

Am dem Hafen zugewandten Ende der Long Street steht das **South African Missionary Meeting-House Museum**, Long Street Nr. 40, ein ungewöhnliches Bauwerk mit einer wunderbaren, von vier schlanken korinthischen Säulen geschmückten Fassade. Im Inneren, hoch über den Kirchenbänken, thront auf zwei Pfeilern eine kunstvoll aus Holz geschnitzte neoklassizistische Kanzel. Die 1804 im Auftrag der South African Missionary Society fertig gestellte Kirche war die erste Missionskirche des Landes; hier erhielten Sklaven Unterricht im Lesen, Schreiben und Unterweisungen im christlichen Glauben.

Die Society wurde 1799 von Reverend Vos gegründet, der besorgt darüber war, dass viele Sklavenhalter die religiöse Erziehung ihres Eigentums vernachlässigten. Die Besitzer glaubten, dass Sklaven, wenn sie getauft würden, freigelassen werden müssten – eine falsche Auslegung des Gesetzes, das nur den Verkauf christlicher Sklaven untersagte. Vos, selbst Sklavenbesitzer, sah die Bekehrung der Leibeigenen als Christenpflicht an und sorgte sogar dafür, dass das Verkaufsverbot für christliche Sklaven aufgehoben wurde, da dieses seiner Meinung nach die Besitzer davon abhielt, ihren menschlichen Besitz taufen zu lassen und so dem Christentum zuzuführen. ☉ Mo–Fr 9–16 Uhr; Eintritt frei.

Greenmarket Square und Umgebung

Biegt man von der Long Street nach Osten in die Shortmarket Street ein, streift man den Rand des Greenmarket Square, der mit seinem Kopfsteinpflaster und den Cafés europäisch anmutet. Der Platz nahm seinen Anfang als Gemüsemarkt, diente aber lange Jahre als Parkplatz. Inzwischen haben ihn sich die Menschen zurückerobert, und jetzt findet hier ein Flohmarkt statt. Zudem ist dies einer der wenigen Orte in Kapstadt, wo kongolesische Händler Masken und Malachit-Schnitzereien verkaufen. An der Westseite des Platzes steht das von der Longmarket Street her zugängliche **Old Town House**. Dieses ausgezeichnete Beispiel kapholländischer Architektur wurde Mitte des 18. Jahrhunderts erbaut (s. S. 140). Heute beherbergt das ehemalige Rathaus die Michaelis-Sammlung, eine interessante Ausstellung von Landschaftsgemälden weniger bekannter holländischer und flämischer Maler. Abends finden oft gute klassische Konzerte statt; das Programm ist dem Newsletter zu entnehmen, der im Haus ausliegt. Die Eintrittskarten werden vor Beginn der Veranstaltung am Eingang verkauft. ☉ Feb–Dez tgl. 10–17 Uhr; Eintritt frei.

Östlich des Platzes verläuft die **St George's Mall**, eine Fußgängerzone, vom Thibault Square beim Bahnhof nach Südwesten zur Wale Street. Mit ihren Coffeeshops, Snackbars, den Straßenkünstlern und Ständen stellt sie zwischen dem Bahnhof und den Company's Gardens die angenehmere Alternative zur parallel verlaufenden Adderley Street dar. In der **Church Street** (eine Querstraße nahe dem südlichen Ende der Mall) und ihrer Umgebung wimmelt es von Antiquitätengeschäften. Auf ihrem verkehrsberuhigten nordöstlichen Abschnitt wird inoffiziell ein Antiquitätenmarkt abgehalten. Die **St George's Cathedral** am Südende der Mall, an der Kreuzung Queen Victoria Street und Wale Street, ist mehr von historischem als architektonischem Interesse: Am 7. September 1986 hämmerte **Desmond Tutu** in einer symbolischen Geste an ihre Pforte und verlangte, als erster schwarzer Erzbischof Südafrikas eingesetzt zu werden. Drei Jahre später läutete er die letzten Tage der Apartheid ein, als er an der Spitze von 30 000 Menschen von der Kathedrale zum Rathaus marschierte, wo er das Leitmotiv des neuen Südafrika prägte: „We are the rainbow people!" rief er dem Menge zu, „We are the new people of South Africa!"

Wer – wieder zurück am Greenmarket Square – auf der Shortmarket Street Richtung Nordosten geht und die Long Street überquert, gelangt nach drei Querstraßen zum sehenswerten **Cape Heritage Square**, dem größten Restaurierungsprojekt, das Kapstadt jemals in Angriff nahm. Den Platz säumen neben dem Cape Heritage Hotel eine Reihe von Restaurants, Weinhandlungen, Kunstgalerien und Modegeschäften, von denen viele in einem von 1771 datierenden Komplex untergebracht sind.

Government Avenue und Company's Gardens

Ein Spaziergang auf der Government Avenue, der südwestlichen Verlängerung der Adderley Street, zählt zu den gemütlichsten, die im Zentrum Kapstadts möglich sind. Dieser von Eichen und Bänken gesäumte Boulevard verläuft an der Rückseite des Parlaments vorbei durch die Gardens.

Am nördlichen Ende der Straße erhebt sich rechts die **South African Library** mit einer ausgezeichneten Sammlung von historischen und naturwissenschaftlichen Werken über das südliche Afrika. Sie wurde mit den Geldern aus einer Weinsteuer erbaut und öffnete 1822 ihre Pforten. ☉ Mo–Fr 9–18, Sa 9–13 Uhr; Eintritt frei.

Die Company's Gardens, die sich von hier bis zum South African Museum erstrecken, bildeten die eigentliche *raison d'étre* der holländischen Niederlassung am Kap. Die Gärten wurden 1652 angelegt, um die zwischen den Niederlanden und dem Osten verkehrenden Segelschiffe der Niederländisch-Ostindischen Handelskompanie mit frischem Gemüse zu versorgen. Anfänglich verrichteten importierte Sklaven die Arbeit, doch bald wurde das zu kostspielig, denn die Sklaven mussten herbeigeschafft und ernährt werden. Daher vergab die Kompanie das Ackerland an freie Bürger und kaufte bei ihnen die Produkte ein. Ende des 17. Jahrhunderts wurden die Gemüsefelder zur Erbauung der sich allmählich herausbildenden Kolonialelite in einen Botanischen Garten mit Teichen, Wiesen und schattigen Wegen verwandelt.

In den Gardens, die nach wie vor ein angenehmer Ort zum Spazierengehen sind, lädt ein Gartencafé zur Rast ein. Eine Statue von Rhodes erinnert daran, dass er hier beim Lustwandeln den Plan für die Invasion von Matabeleland und Mashonaland ausarbeitete (die beiden Länder, die Rhodesien werden sollten und jetzt Zimbabwe genannt werden).

Wer von der South African Library auf der Government Avenue am rückwärtigen Teil des Parlaments vorbeispaziert, kann durch ein Eisentor einen Blick auf die eleganten Gebäude und Blumenrabatten von **De Tuynhuys** werfen, dem Büro (nicht die Residenz) des Präsidenten. Ein Stückchen weiter endet der baumbestandene Weg an einem Platz mit Zierteichen und Statuen, die an der Ostseite von der South African National Gallery, dem Jewish Museum und der Great Synagogue und an der Westseite vom South African Museum und dem Planetarium eingerahmt werden.

South African National Gallery

Am südlichen Endes der Government Avenue, wo sie mit der winzigen Gallery Lane zusammentrifft, befindet sich die South African National Gallery, unverzichtbare Anlaufstelle jedes Besuchers, der sich für die hiesige Kunstszene interessiert. Neben einer kleinen, hervorragenden Sammlung zeitgenössischer südafrikanischer Kunst sind auch traditionelle Arbeiten aus dem Südosten des Kontinents zu sehen, in deren Mittelpunkt eine kleine Sammlung (ein Geschenk der deutschen Regierung) steht. Die Ausstellungsstücke, darunter Perlen und Schnitzereien, wurden nach ihrer ästhetischen Qualität und Seltenheit ausgesucht und repräsentieren die Absicht der Galerie, das Augenmerk auf vernachlässigte Aspekte des südafrikanischen Erbes zu lenken. In einem Raum sind weniger berühmte Arbeiten verschiedener britischer Künstler ausgestellt. In der Galerie gibt es auch ein gutes Café und einen hervorragenden *gallery shop*. ☉ Di–So 10–17 Uhr; Eintritt R5.

South African Jewish Museum

Das südafrikanische jüdische Museum liegt neben der Nationalgalerie, aber sein Eingang befindet sich in der 84 Hatfield St. Ein Teil der Ausstellung ist in der ältesten Synagoge Südafrikas aus dem Jahre 1863 untergebracht. Das Museum erzählt die Geschichte der südafrikanischen Juden von den Anfängen vor mehr als 150 Jahren bis zur Gegenwart. Der Rundgang beginnt in der Old Synagogue, von wo aus der Besucher ins Obergeschoss eines neuen, zweistöckigen Gebäudes über eine Laufplanke gelangen – ein Symbol für die Ankunft der ersten jüdischen Immigranten mit Schiffen, die in den 40er Jahren des 19. Jahrhunderts in der Tafelbucht anlegten. Die Ausstellung verfolgt drei Erzählstränge: „**Memories**" befasst sich mit den Ursprüngen und Erlebnissen der Zuwanderer; „**Reality**" berichtet von ihrer Integration in Südafrika und „**Dreams**" beleuchtet die Rolle der Juden in Südafrika, ihre Beziehung zu Israel und ihre Position in der Welt. Weitere Ausstellungsthemen sind Antisemitismus, Apartheid und jüdischer Widerstand dagegen sowie Nelson Mandelas Verbindung zur jüdischen Gemeinde.

In der Abteilung „**Culture among Cultures**" werden Parallelen zwischen Judaismus und den Riten und Glaubenspraktiken anderer südafrikanischer Gemeinschaften gezogen. Im Erdgeschoss befindet sich die begehbare Nachbildung eines *shtetls*, eines litauischen Dorfes (die Vorfahren der meisten südafrikanischen Juden stammen aus Litauen) und das **Discovery Centre**, ein Computer mit einer Datenbank zu jüdischer Genealogie, Lebensweise und Kultur sowie einem „glimpse into Israel". Der Museumskomplex beherbergt auch ein Restaurant, einen Laden und ein Auditorium. ☉ Mo–Do und So 10–17, Fr 10–14 Uhr; Eintritt R20.

Holocaust Centre und Great Synagogue

Die 1999 eröffnete Holocaust-Ausstellung im Obergeschoss des **Holocaust Centre** (unter einem Dach mit dem Jüdischen Museum) zählt zu den anschaulichsten und bewegendsten Museen Kapstadts. Sie ist in einem Land mit rassistischer Vergangenheit von besonderer Eindringlichkeit. Mittels Texten, Fotografien, Gegenständen (z.B. eine KZ-Häftlingsuniform), Filmclips, Soundtracks und Video wird dem Besucher das komplexe Thema nahegebracht und der Eindruck durch wechselnde Beleuchtung, Kopfsteinpflaster, wie es in den Ghettos üblich war, Stacheldraht und Bahngleisen, als Symbolen der Vernichtungslager, verstärkt.

Die Ausstellung behandelt die Geschichte des Antisemitismus in Europa bis hin zur „Endlösung" der Nazis und befasst sich zudem mit den südafrikanischen *Greyshirts*, die sich in den 30er Jahren von der Nazi-Ideologie anstecken ließen und später in der National Party aufgingen. Anhand von Einzelschicksalen werden heroische und oft tragische Begebenheiten erzählt und auf einem Touch Screen Menschen gezeigt, die in Europa während der Nazizeit ihr Leben aufs Spiel setzten, um Verfolgte zu schützen oder zu retten. Die Besichtigung wird von einem 20 Minuten dauernden Video abgerundet, das von Überlebenden berichtet, die sich schließlich in Kapstadt niederließen. ☉ Mo–Do und So 10–17, Fr 10–13 Uhr; Eintritt frei.

Jüdische Immigranten in Südafrika Rund 20 000 Juden leben heutzutage in Kapstadt; die überwiegende Mehrzahl sind Abkömmlinge osteuropäischer Flüchtlinge, die Ende des 19. oder zu Beginn des 20 Jahrhunderts in Südafrika Zuflucht vor Diskriminierung und / oder Verfolgung suchten.

Seitdem die britische Okkupationsmacht 1795 am Kap die Glaubensfreiheit ausrief, sahen sich die bereits in Südafrika lebenden Juden in geringem Maße mit einschränkenden Gesetzen konfrontiert. Allerdings machten sich im 20. Jh. hin und wieder antisemitische Strömungen breit, insbesondere in den 40er Jahren unter den Anhängern der damaligen Oppositionspartei, der Nationalist Party.

Vor Ausbruch des zweiten Weltkrieges verfielen einige Kreise dieser Partei dem Einfluss der deutschen Nazi-Ideologie und der Vorstellung, sämtliche Widrigkeiten, mit denen die Afrikaander sich konfrontiert sahen, wären einer „britisch-jüdischen Kapitalistenverschwörung" zuzuschreiben. 1941 machte sich die Partei dafür stark, keine jüdischen Flüchtlinge mehr aufzunehmen und forderte sogar die Repatriierung „unerwünschter Einwanderer", zusammen mit strengeren Bestimmungen bezüglich der Erlangung der Staatsbürgerschaft. Überdies verlangte sie regulierende Gesetze zur „Berufsausübung" zum Schutz der „einheimischen weißen Bevölkerung vor unlauterem Wettbewerb."

Kurz vor ihrem Wahlsieg im Jahr 1947 legte die Apartheidspartei plötzlich ihre antisemitische Überzeugung ab: Einer ihrer ersten politischen Schritte nach der Machtübernahme von 1948 bestand in der offiziellen Anerkennung des Staates Israel, mit dem sie bis zu ihrer Machtaufgabe im Jahr 1994 gute Beziehungen unterhielt.

Eine Tür weiter, mit Blick auf die Gardens, steht die **Great Synagogue**, die von den schottischen Architekten Parker & Forsyth entworfen und 1905 fertig gestellt wurde. Mit ihrer mächtigen Kuppel und den beiden hohen Türmen erinnert ihr Baustil an mitteleuropäische Barockkirchen. Wer das Innere besichtigen möchte, muss im Holocaust Centre (s.S. 125) die Erlaubnis einholen und vielleicht einen Ausweis vorlegen.

South African Museum und Planetarium

Das wichtigste Naturkundemuseum des Landes, das South African Museum and Planetarium, befindet sich in der 25 Queen Victoria St, westlich der Government Avenue gegenüber der National Gallery. In der **ethnographischen Abteilung** sind sehr interessante traditionelle Kunstgegenstände und Handarbeiten verschiedener afrikanischer Gruppen und ungewöhnliche Felszeichnungen zu sehen. Die **naturkundliche Abteilung**, eine Treppe höher, umfasst präparierte Tiere, Dioramen prähistorischer Karoo-Reptilien und Beispiele der Flora und Fauna des Tafelbergs. Das Highlight ist der vierstöckige „whale well": wie ein ein gewaltiges Mobile von der Decke baumelnde Wal-Skelette, untermalt vom sphärisch klingenden Walgesängen.

Wer sich von Fachleuten über den Sternenhimmel der südlichen Hemisphäre informieren lassen möchte, sollte ins angrenzende Planetarium gehen; Vorführungen Mo–Fr 13, Sa und So 12, 13, 14.30 und Di 20 Uhr. Es werden auch wechselnde Vorstellungen zu Themen wie z.B. den Himmelsmythen der San gezeigt. Aktuelle Programmhefte liegen im Museum aus. Außerdem werden Pläne verkauft, auf denen die Planetenkonstellation innerhalb eines bestimmten Monats eingezeichnet ist. ⏱ tgl. 10–17 Uhr; Eintritt Museum R7, Planetarium R10, für beide R15.

Bertram House

Am Südende der Government Avenue steht das Bertram House, ein Museum, dessen schöne, zweistöckige Backsteinfassade auf einen duftenden Kräutergarten hinausgeht. Das in 40er Jahren des 19. Jahrhunderts erbaute Gebäude ist das einzige in Kapstadt noch erhaltene Backsteinhaus im georgianischen Stil. Es ist mit Möbeln und Haushaltsgegenständen ausgestattet, die bei wohlhabenden britischen Familien in der ersten Hälfte des 19. Jahrhunderts üblich waren.

John Barker, ein Anwalt aus Yorkshire, der 1823 ans Kap gekommen war, kaufte das Grundstück im Jahr 1839. Das Haus benannte er nach seiner 1828 verstorbenen Frau Ann Bertram Findlay, nach deren Entwurf es erbaut wurde. Das 1962 zum National Monument ernannte Bertram House wurde zwischen 1983 und 1984 umfassend im ursprünglichen Stil restauriert. ⏱ Di–Sa 9.30–16.30 Uhr; Eintritt R5.

Houses of Parliament

Das südafrikanische Parlament, östlich der Government Avenue an der Parliament Street, besteht aus einer ganzen Reihe miteinander verbundener Gebäude mit einem Labyrinth aus Korridoren, Hunderten von Büros und Konferenzräumen. Viele stammen aus der Reformphase des Apartheidregimes in den 80er Jahren, als im Interesse der Rassentrennung drei verschiedene Verwaltungsabteilungen mit nach Rassen getrennter Zuständigkeit eingerichtet wurden.

Im ursprünglichen, 1885 fertig gestellten imposanten viktorianisch-neoklassizistischen Flügel tagte anfänglich die gesetzgebende Versammlung der Kapkolonie. Nach dem 1910 erfolgten Zusammenschluss von Burenrepubliken und britischen Kolonien wurde er Sitz des Parlamentes der Union Südafrika, jenes alte Parlament, das mehr als 70 Jahre lang repressive Gesetze, darunter auch die Apartheidsgesetze, verabschiedete. Hier fand auch **Hendrik Verwoerd**, geistiger Vater der Apartheid, sein gewaltsames Ende, nicht aus der Hand eines politischen Gegners, sondern durch die Messerstiche von Dimitri Tsafendas, einem Parlamentsboten, der plötzlich den Verstand verlor. Er begründete seine Tat gegenüber der Polizei mit den Worten: „Ein Bandwurm befahl mir, es zu tun". Aufgrund seiner geistigen Verfassung entging der Mörder dem Galgen und erlebte sogar noch das Ende der Apartheid – allerdings in einer Anstalt. Verwoerds Porträt zierte noch bis 1996 den Haupteingang zum Speisesaal, dann wurde es zusammen mit Gemälden ganzer Generationen weißer Parlamentarier zwecks „Reinigung" entfernt.

Die neue Kammer wurde 1983 als Teil des **Dreikammernparlaments** erbaut, P.W. Bothas Versuch, eine Mehrheitsregierung abzuwenden, indem er versuchte, Inder und Coloureds zu vereinigen – allerdings in getrennten Sitzungssälen. Die „tricameral" Kammer, in der gelegentlich die drei nichtafrikanischen „Rassen" zusammentraten, ist heute die **National Assembly**, wo Besucher Parlamentsdebatten beiwohnen dürfen. Im Rahmen einer einstündigen Führung kann man die alten Räumlichkeiten und den neuen Sitzungssaal, die Bücherei und das Museum besichtigen. Kostenlose Führungen stdl. Mo–Fr 9–13 Uhr; Anmeldung bei der Tours Section, ✆ 403 2201, unbedingt erforderlich. Sie gibt auch Tageskarten aus, die zum Eintritt bei Parlamentsdebatten berechtigen – am interessantesten ist die Fragestunde (Mi ab 15 Uhr), wenn Minister während der Sitzungsperiode den Parlamentsabgeordneten Frage und Antwort stehen müssen. Wer sich für eine Führung angemeldet hat, begibt sich zum Parlamentseingang an der Plein Street, gegenüber dem Receiver of Revenue (der südlichere der beiden Eingänge in dieser Straße) und geht durch die Sicherheitskontrolle. Bei dieser Gelegenheit sollte man sich nach dem Eingang zum Poorthuis erkundigen. Dort weisen Pfeile den Weg zum Ausgangspunkt der Besichtigungstouren.

Die Abgeordneten des ANC sitzen rechts vom Sprecher, und wer sie sehen möchte, sollte den Saal durch den rechten Eingang an der Rückseite betreten. Die gegenüberliegende Ränge nehmen die Vertreter von Minderheitsparteien ein. Der Präsident ist kein Mitglied des Parlaments und erscheint selten zu den Sitzungen. Wenn er anlässlich der Parlamentseröffnung oder des Besuches eines auswärtigen Würdenträgers doch einmal zugegen ist, sind die Zuschauerplätze unweigerlich ausgebucht.

Bo-Kaap

Ein paar Minuten vom Parlamentskomplex entfernt, an den Ausläufern des Signal Hill, liegt das Bo-Kaap, eines der ältesten und faszinierendsten Wohnviertel Kapstadts. Farbenfroh getünchte Häuser aus dem 19. Jh. in holländischem und georgianischem Stil säumen seine Straßen und das Gewirr aus Gassen und Pfaden, das die Heimat der **muslimischen Gemeinde** bildet. Das Bo-Kaap besitzt seine ganz eigene, unverkennbare Identität, die nach der Zerstörung des District Six, mit dem es viel gemeinsam hatte, umso deutlicher hervortritt. Hier wird noch ein besonderer Dialekt des Afrikaans gesprochen, der allerdings zunehmend vom

Englischen verdrängt wird, das höheres Ansehen genießt und weniger Assoziationen mit der Apartheid weckt.

Die Einwohner des Bo-Kaap sind Abkömmlinge von ehemaligen Regierungsgegnern und Sklaven, die im 16. und 17. Jh. von den Holländern hierher verschleppt wurden. Man belegte sie mit dem irreführenden Sammelbegriff „Kap-Malaien", ein Terminus, der immer noch gebräuchlich ist, obwohl weniger als 1% der Sklaven wirklich aus dem malaiischen Raum (v.a. dem indonesischen Archipel) kam; die meisten stammten aus Afrika, Indien, Madagaskar und Sri Lanka.

Das Bo-Kaap lässt sich am einfachsten zu Fuß über die Wale Street erreichen, die vom südlichen Ende der Adderley Street über die Buitengragt hinauf führt und die Hauptverkehrsader des Bo-Kaap bildet. Abseits der Wale Street jedoch mutet das Viertel nicht unbedingt vertrauenerweckend an und sollte besser nicht im Alleingang erkundet werden.

Ein lohnendes Ziel ist das **Bo-Kaap Museum**, 71 Wale St, kurz vor dem Ende der Buitengragt. Es besteht in erster Linie aus dem Wohnhaus und den Besitztümern des religiösen Oberhaupts Abu Bakr Effendi, den die Briten 1862 als Vermittler zwischen verfeindeten muslimischen Fraktionen aus der Türkei kommen ließen. Er gründete eine arabische Schule und verfasste ein Buch in der Sprache der Region – einem Vorläufer des heutigen Afrikaans, und wahrscheinlich das erste eingebundene Druckerzeugnis in dieser Sprache. Das Museum ist zudem eine Informationsquelle bezüglich der lokaltypischen Ausprägungen des Islam, die eigenständige Traditionen und annähernd zwei Dutzend über die Halbinsel verstreute *kramats* (Schrein eines muslimischen Heiligen) hervorbrachten. ⏰ Mo–Sa 9.30–16.30 Uhr; Eintritt R5.

Eine Querstraße südlich des Museums, an der Dorp Street, erhebt sich die **Auwal**, die erste offizielle Moschee Südafrikas, die 1795 auf Betreiben von Tuan Guru, einem islamischen Gelehrten, gegründet wurde. Inzwischen zählt das 10 000 Einwohner starke Viertel zehn weitere Moscheen.

Moderne, mit geringem Kostenaufwand gebaute Mietskasernen, die von den Anhöhen des Signal Hill auf das malerische Bo-Kaap herabschauen, haben zwar erheblich dazu beigetragen, die Wohnungsnot zu verringern, jedoch dem architektonischen Reiz des denkmalgeschützten Ortskerns zwischen der Dorp und Strand, Buitengragt und Pentz Street nichts annähernd Vergleichbares hinzugefügt.

Das Bo-Kaap lässt sich am besten im Rahmen einer **Tour** mit Museumsbesuch und Rundgang besichtigen. Die empfehlenswerteste (und preiswerteste) ist der zweieinhalbstündige Stadtrundgang für R55, veranstaltet von *Bo-Kaap Guided Tours*, ✆ 422 1554 oder 082-423 6932. Die Fremdenführer sind Ortsansässige, deren Kenntnisse weit über das Sightseeing-Standardprogramm hinausreichen.

Strand Street und Lower City Centre

Die Strand Street, eine wichtige Verkehrsader, die den Freeway N2 mit dem innerstädtischen Geschäftsviertel verbindet, bildet die Trennlinie zwischen dem respektableren Upper und dem ärmlicheren Lower City Centre. Aufgrund ihrer Nähe zum Hafen war die Strand Street von der Mitte des 18. bis zur Mitte des 19. Jahrhunderts eine der renommiertesten Straßen Kapstadts, doch das Einzige, was noch darauf hindeutet, sind eine Hand voll eleganter, unter Denkmalschutz stehender Gebäude inmitten des Verkehrslärms: das Martin Melck House, in dem das Gold of Africa Museum untergebracht ist, die Evangelisch Lutherische Kirche und das Koopmans-De Wet House.

Die Lower Long Street teilt das vom Hafen landeinwärts gelegene Stadtgebiet fein säuberlich in zwei Teile. Im Osten liegt Foreshore, ein ziemlich hässliches, nach dem 2. Weltkrieg erbautes Viertel, wo sich das Artscape Centre befindet, der Kapstädter Vorzeige-Kunstkomplex. Einen schroffen Gegensatz dazu bildet die im Westen gelegene, dicht bebaute Vergnügungsmeile der Stadt.

Gold of Africa Museum

Seitdem im ausgehenden 19. Jh. in der Nähe von Johannesburg Gold entdeckt wurde, verbindet man in der westlichen Welt den Begriff Südafrika mit diesem wertvollen Metall und den Reichtümern, für die es steht. Das hervorragende Gold of Africa Museum, 96 Strand St, unweit der Buitengragt, zeigt jedoch eine neue Seite des Goldes – in Form der erlesenen Kunstgegenstände, die afrikanische

Goldschmiede aus Mali, Senegal, Ghana und von der Elfenbeinküste im 19. und 20. herstellten. Diese vielleicht wichtigste Sammlung ihrer Art wurde im Jahr 2001 dem Barbier-Meuller Museum in Genf abgekauft und in dem liebevoll restaurierten **Martin Melck House** untergebracht. Sie umfasst mehrere hundert wunderbare Stücke – Masken, eine Krone sowie Figuren von Menschen und Tieren. Das absolute Highlight aber ist der **Goldene Löwe** aus Ghana, das Symbol des Museums. Zum Museum gehört auch ein kleiner Vorführraum, in dem ständig ein Film gezeigt wird, eine Weinstube mit hübschem Garten, wo Snacks, Kaffee und Kapwein erhältlich sind, eine Goldschmiede und ein Souvenirladen, der Postkarten, Goldblättchen und geschmackvolle kleine Mitbringsel verkauft. ☉ tgl. 10–17 Uhr; Eintritt R20.

Evangelisch Lutherische Kirche

Direkt neben dem Gold of Africa Museum, an der Buitengragt, Ecke Strand Street, steht die Evangelisch Lutherische Kirche. Anton Anreith (s. S. 140, Kasten) baute 1785 den ehemalige Schuppen in ein Gotteshaus mit Uhrturm und gotischen Elementen, wie Bogenfenstern, um. Die auf den Schultern zweier lebensgroßer Atlanten ruhende **Kanzel** im Kirchenschiff stellt eines der Meisterwerke Anreiths dar. Er schuf auch den weißen Schwan im Giebelfeld über dem Altar, ein Symbol von Martin Luther.

Der Bau der lutherischen Kirche in Kapstadt stellte einen erheblichen Fortschritt dar, denn unter der VOC herrschte extreme religiöse Intoleranz. Vor 1771, als den Lutheranern das Recht zur Bildung einer Religionsgemeinschaft zugesprochen wurde, war der Protestantismus nicht nur die einzige erlaubte Form der Religionsausübung, sondern die Holländisch Reformierte Kirche besaß das alleinige Monopol auf die Errettung der Seelen. Die meisten Angehörigen der lutherischen Gemeinde waren deutsche Soldaten und Bauern, die damals 28% der freien Bürger ausmachten. ☉ Mo, Mi und Fr 9–12 Uhr; Eintritt frei.

Koopmans-De Wet House

Das zwischen zwei Büroblocks eingeklemmte Koopmans-De Wet House, 35 Strand St, ist ein wunderbares Beispiel für ein neoklassizistisches Stadthaus des 18. Jahrhunderts und beherbergt ei-

Sunbird und Protea

Pincushion

Blick vom Tafelberg

Kneipenmeile in Kapstadt

Boschendal Estate, Franschhoek

Simons' Town

Richtersveld National Park

Kamieskroon

Abend in Johannesburg

Zululand, KwaZulu Natal

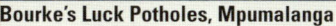

Bourke's Luck Potholes, Mpumalanga

Der riesige Diamantenkrater von Phalaborwa

ne erlesene Sammlung antiker Möbel und kostbares Porzellan. Interessante Hintergrundinformationen über das Haus und seine Geschichte stehen in einer preiswerten Broschüre, die ebenso wie eine andere, die sich mit der Sammlung befasst, am Eingang erhältlich ist.

Die ersten Gebäudeteile wurden 1701 von **Reyner Smedinga** gebaut, einem wohlhabenden Goldschmied, der die Baumaterialien aus Holland kommen ließ. Im Laufe der nächsten zwei Jahrhunderte wechselte das Haus mehr als ein Dutzend mal den Besitzer; zwischen 1774 und 1790 wurde es um ein Stockwerk erweitert. 1806 ging es in die Hände der Familie de Wet über und wurde schließlich die Heimstatt von **Marie Koopmans-De Wet** (1834–1906), einer prominenten Persönlichkeit des sozialen und politischen Lebens am Kap.

Die Fassade wurde lange Zeit Louis Thibault und Anton Anreith (s.S. 140, Kasten) zugeschrieben, doch gibt es dafür keine Belege. Wer immer auch der Architekt war, er brachte eine gelungene Synthese von holländischen Stilelementen (Schiebefenster, große Haustüren) und einer von der südafrikanischen Witterung diktierten Bauweise zustande. Hohe Zimmerdecken und Fensterläden boten Schutz vor der Sommerhitze. Die **Laterne** in der Lünette über dem Eingang war im 18. und frühen 19. Jh. fester Bestandteil aller Stadthäuser der Kapregion. Sie diente dazu, die Straße zu beleuchten und somit Sklaven daran zu hindern, im Schutze der Nacht verschwörerische Versammlungen abzuhalten. ⊙ Di–Sa 9.30–16.30 Uhr; Eintritt R5.

Lower City Centre

Jahrhunderte lang war das Lower City Centre ein „Zonenrandgebiet" zwischen Kapstadt und dem Meer. Dieses Gebiet erstreckt sich nördlich der Strand Street bis an die Küste und umschließt das Duncan Dock sowie den größten Einkaufs- und Vergnügungskomplex der Stadt an der Victoria and Alfred Waterfront. Um die Mitte des 19. Jahrhunderts betrachtete die städtische Mittelklasse das Viertel und sein zwielichtiges Treiben mit einer Mischung aus Furcht und Neugier – und das ist bis heute so geblieben.

Östlich der Lower Long Street liegt das Viertel Foreshore mit dem Theaterkomplex Artscape. Hier wird derzeit das **Cape Town International Convention Centre** gebaut, das Ende 2003 seine Pforten öffnen und Kapstadt um ein längst fälliges Messegelände bereichern soll. Vom Ende der Heerengracht werden auf einem Kanal, der gleichzeitig mit dem Konferenzzentrum fertig gestellt werden soll, Wassertaxis und Wasserbusse verkehren und das Convention Centre mit der V&A Waterfront verbinden. Zwischen sechs Plätzen – Grand Parade, Greenmarket Square, Bahnhofsgelände, Artscape und Convention Centre – sowie dem geplanten Harbour Square am Duncan Dock sollen Fußwege angelegt werden.

Westlich des Foreshore, begrenzt von der Innenstadt im Westen und V&A Waterfront im Norden, erstreckt sich die Vergnügungsmeile, die auch De Waterkant umfasst, das selbsternannte „gay village" der Stadt. Der ehemalige Rotlichtbezirk war früher ein hartes Pflaster jenseits aller Apartheid. Hier wurde der heißeste Jazz gespielt, und Polizeirazzien gehörten zur Tagesordnung. Heute ist die Gegend rund um die **Somerset Road**, die vom Zentrum nach Green Point hineinführt, mit ihren zahlreichen Nachtclubs und Pubs die beste Ecke für Nachtschwärmer und eine der wenigen in der Stadt, wo garantiert jeden Abend etwas los ist. Die beiden zwischen der Somerset Road und dem Signal Hill parallel verlaufenden Straßen Jarvis und Waterkant bieten Zugang zu den kleineren Straßen Hudson Street und Dixon Street, die den „harten Kern" des Kapstädter Nachtlebens umschließen. Näheres zum Nachtleben s.S. 178.

The Foreshore, ein Viertel östlich der Lower Long Street, das sich nördlich der Strand Street bis zum Hafen hin ausdehnt, steht auf Land, das nach dem 2. Weltkrieg dem Meer abgewonnen wurde. Es sollte den Hafen Kapstadts zum attraktiven Zugangstor nach Afrika werden lassen, doch was dabei herauskam war eine Reihe großer Betonklötze zwischen öden Parkflächen, über die der Wind fegt.

Die **Heerengracht**, eine zweispurige Verkehrsader zwischen der Adderley Street und dem Hafen, wird an beiden Enden von einer Verkehrsinsel mit der Statue von Jan van Riebeeck bzw. Bartholomeu Dias begrenzt. Eigentlich sollte sie als Prachtstraße die Stadt mit dem Meer verbinden, aber irgendwie erreichte sie nie das Wasser und gab am äußeren Hafenring, wo sie unter den Überführungen der N1 und N2 verschwindet, ihren Geist auf.

Das einzige sehenswerte Bauwerk ist der **Artscape Complex** (früher nach dem hochrangigen

Funktionär der National Party und Apartheidsverfechter Nico Malan Theatre Complex benannt), der namhafteste Bühnenkomplex Kapstadts, in der DF Malan Street, östlich der Heerengracht. Er beherbergt neben dem großen Main Theatre auch das kleinere Arena Theatre sowie ein Opernhaus. Seit 1999 ist – zum Missfallen traditioneller Opern-, Ballet- und Theaterbesucher – im Hause auch ein Zentrum für lokale Künstler untergebracht.

Nördlich von The Foreshore liegt **Duncan Dock**, der betriebsame Hafen Kapstadts; ein Industriegelände mit hohen Löschkränen, das durch eine wuchtige Mauer vom städtischen Treiben abgeschirmt wird. Auf dem Gelände kann man tolle Fotos von Ozeanriesen vor der Kulisse des Tafelbergs schießen oder ein hervorragendes Essen in dem taiwanesischen Restaurant *Jewel Tavern* (s. S. 173) zu sich nehmen, aber zu einem längeren Aufenthalt lädt es nicht ein.

Die Hafenanlage wurde 1938 in Betrieb genommen, um die Victoria and Alfred Docks zu entlasten, die dem Ansturm der Supertanker nicht mehr gewachsen waren.

Die V&A Waterfront

Die Victoria and Alfred Waterfront, meistens kurz *The Waterfront* genannt, schließt im Westen an das Duncan Dock an und ist die ursprüngliche Hafenanlage Kapstadts. Nach zwei Jahrzehnten der Stagnation wurde sie in den 90er Jahren von Grund auf umgebaut und stellt inzwischen die größte Sehenswürdigkeit der Halbinsel dar. Hier befinden sich das innerstädtische Einkaufszentrum, die meisten angesagten Restaurants und Kneipen, ein ausgezeichnetes Aquarium und der Nelson Mandela Gateway – die Anlegestelle der Touristenboote zur Robben Island. Zwischen Restaurants, Straßencafés, Pubs, Clubs, Kinos und Museen stehen authentische Gebäude aus dem 19. Jh. neben pseudo-viktorianischen Einkaufszentren. Von den Piers aus bietet sich eine herrliche Sicht auf den Tafelberg.

Aufgrund der tückischen Witterung galt das Kap als das **Kap der Stürme**, und die Tafelbucht war oft mit Schiffwracks übersät. Die Debatte darüber, ob eine Hafenanlage gebaut werden sollte, bestimmte die erste Hälfte des 19. Jahrhunderts. Immer wieder wurden zaghafte Versuche gemacht,

wie der Bau eines Leuchtturms im Jahr 1823. Am unteren Ende der Bree Street begannen 1832 die Arbeiten an einer Anlegestelle. Um 1850, als immer mehr Schiffe das Kap anliefen, wurde die Nachfrage nach einem sicheren Hafen immer lauter und erreichte 1860 seinen Höhepunkt, als die Versicherungsgesellschaft Lloyds sich weigerte, weiterhin Schiffe zu versichern, die in der Tafelbucht vor Anker gingen.

Die britische Kolonialregierung verhielt sich angesichts der zu erwartenden Kosten zögerlich, gab jedoch schließlich nach. An einem stürmischen Septembertag im Jahr 1860 warf der damals noch minderjährige Prinz Alfred im Rahmen einer pompösen Zeremonie die erste Schaufel Erde in die Tafelbucht und legte damit den Grundstein für Breakwater, den westlichen Hafenarm, der anschließend von Zwangsarbeitern ausgebaut wurde. 1869 war das Dock mit zwei Hauptbecken fertig.

Kaum ein anderer Teil Kapstadts lässt sich mit öffentlichen Transportmitteln so leicht erreichen wie die Waterfront. Waterfront-Shuttlebusse fahren vor dem Bahnhof an der Adderley Street tgl. von 6.30– 22 Uhr alle 10 Min. ab und von der Beach Road in Sea Point tgl. von 6.30–22 Uhr alle 20 Min. Ihre Endstation befindet sich an der Dock Road an der Rückseite des Waterfront Visitor Centre. Auch für Autofahrer ist gut gesorgt: Es gibt mehrere Parkplätze und Parkhäuser.

Wer die Waterfront per Taxi verlassen möchte, findet einen Taxistand am Breakwater Boulevard. An der V&A Waterfront-Filiale des Cape Town Tourism Visitor Centre am Clock Tower fahren außerdem Shuttlebusse zu den wichtigsten touristischen Anlaufstellen ab, darunter Lower Cableway Station und Kirstenbosch.

Die Marina und die Victoria und Alfred Basins

Das Victoria Basin mit dem kleineren Alfred Basin im Westen und der angrenzenden Marina nimmt die nordwestliche Hälfte der Landungsstege und Kais der Waterfront ein. Das **Waterfront Visitor Centre**, vom Victoria Basin etwas zurückversetzt an der Dock Road, ✆ 408 7600, 🖥 www.waterfront.co.za, vergibt Stadtpläne und bucht Touren und Taxis. ◷ tgl. 9–21 Uhr. Es unterhält ebenso wie Cape Town Tourism auch ein Büro im Clock Tower am Nelson Mandela Gateway.

Die Schwebebahn am Tafelberg

Nördlich des Visitor Centre finden auf dem **Market Square** und im **Agfa Amphitheatre** Veranstaltungen unter freiem Himmel statt, oft sind es kostenlose Rock, Jazz oder traditionelle afrikanische Musikveranstaltungen, manchmal spielt auch das Cape Town Symphony Orchestra (Näheres im Visitor Centre). Das beliebteste Einkaufsparadies der Waterfront ist die schicke, zweistöckige **Victoria Wharf**, die sich nordöstlich des Amphitheaters entlang des Quays Five und Six erstreckt. Die Geschäfte unterscheiden sich um nichts von denen ähnlicher Einrichtungen in allen Großstädten der Welt, doch von den Freiluft-Restaurants und Cafés aus fällt der Blick auf den grandiosen Tafelberg. An der Westseite der Victoria Wharf befindet sich der **Red Shed Craft Workshop**, unter dessen hohem Dach Kunsthandwerker, wie Glasbläser und Goldschmiede, arbeiten. ⊕ Mo–Sa 9–21, So 10–21 Uhr.

Wer vom Market Square landeinwärts nach Westen spaziert, gelangt zur Dock Road. 100 m weiter nördlich, im BMW Pavilion an der Kreuzung Dock Road und Portswood Road, liegt das **Imax Cinema**, Information ✆ 419 7365, Reservierung via Computicket, ✆ 083 915 8000, 🖥 www.computicket.com; Tickets am Eingang. Es zeigt die üblichen Dokumentarfilme zu Themen wie Safari, Grand Canyon und Amazonas.

Vaughan Johnson's, eine der besten Weinhandlungen Kapstadts, findet sich gleich neben dem Visitor Centre. Im Union Castle Building etwas weiter westlich verbirgt sich das **Telkom Exploratorium**, ein kleines Naturkundemuseum mit Exponaten zum Anfassen, das möglicherweise Kinder begeistert. Geht man von hier aus am Alfred Basins North Quay nach Südwesten, stößt man auf das **Alfred Mall Shopping Centre**, eine Ansammlung von Souveniergeschäften, Boutiquen und Restaurants. Weiter westlich liegt das Two Oceans Aquarium.

Das Hafengelände östlich der Alfred Shopping Mall wird vom **Old Port Captain's Office** beherrscht, einem imposanten, 1904 errichteten Gebäude, in dem Werkstätten von Künstlern und Handwerkern untergebracht waren. Heute dient es der Victoria and Alfred Waterfront Company als Zentrale.

Two Oceans Aquarium

Das lohnende Two Oceans Aquarium in der Dock Road an der North Wharf veranschaulicht die einzigartige Unterwasserwelt am Kap, wo der warme Indische Ozean auf den kalten Atlantik trifft. Die ausgeschilderte Tour, von der man abweichen kann, führt durch neun große Ausstellungsräume. Ausgangspunkt ist die Ausstellung **Indian Ocean** im Erdgeschoss, wo sich hinter Glas zahllose buntschillernde Fische tummeln. In der **Diversity Hall**, dem letzten Raum im Erdgeschoss, ist eine unglaubliche Vielzahl seltsamer Meeresbewohner zu sehen, darunter riesige Spinnen- oder Dreiecks-krabben, Tintenfisch, Seepferdchen und Flügel-rochen. Im Erdgeschoss befindet sich auch das Ag-fa Auditorium, wo Videos über die südafrikanische Unterwasserwelt sowie verwandte Themen (z.B. Unterwasserfotografie) gezeigt werden.

Im Untergeschoss liegt das **Alpha Activity Centre**, das vor allem Kinder anspricht. Hier finden kostenlose Veranstaltungen statt, wie Puppenthea-ter und Schminken. Außerdem können sich die Kleinen an Computern betätigen und etwas über die Meeresbewohner erfahren. Zum Centre gehört auch die Abteilung Diving Animals, ein Grüppchen von am Kap beheimateten Bärenrobben, die sich mit Vorliebe unter Wasser tummeln.

Eines der Highlights ist die **Fütterung der Haie** jeden Sonntag um 15.30 Uhr. Besucher kön-nen dann hautnah miterleben, wie die Sägehaie *(raggies – raggedtooth sharks)* Tauchern buchstäb-lich aus der Hand fressen. Kleinere Haie, Stachel-rochen und Schildkröten werden am Mo, Mi und Fr um 15.30 Uhr gefüttert.

Im dem über eine Rampe erreichbaren Oberge-schoss wird die **Story of Water** gezeigt, die perfek-te Rekonstruktion eines Flusses von der Quelle bis zur Mündung. Die im Aquarium beheimatete klei-ne Schar afrikanischer Pinguine erfreut nicht jeden Besucher, denn ihre freilebenden Verwandten kann man besser in ihrer natürlichen Umgebung in Boulders, s.S. 151, betrachten, wo sie sich sichtlich wohler fühlen.

Aber zurück zum Museum: Der angrenzende **Kelp Forest**, ein undurchdringlicher Dschungel aus Meergras, schwingt im Rhythmus der Meeres-wellen. Wer sich ein bisschen Muse gönnt, kann vom **Amphitheater** aus die ständig wechselnden Eindrücke auf sich wirken lassen. Von hier aus geht es in einer weiten Spirale nach unten zur **Raub-fischausstellung**. In einem massiven, zum Meer hin offenen Becken schwimmen neben Rochen und Riesenschildkröten ein paar Sägehaie, die zum Greifen nah hinter der Scheibe des Unterwasser-tunnels an den Besuchern vorbeigleiten.

Im Souvenirladen des Aquariums neben der Eingangshalle gibt es außer eher banalen Souvenirs auch interessante naturkundliche Fachbücher, CDs und Videos. ◷ tgl. 9.30–18 Uhr; Eintritt R45, Kin-der R20.

Clock Tower Precinct und Nelson Mandela Gateway to Robben Island

Vom Pierhead führt eine Drehbrücke zum Fish Quay, zum Clock Tower Precinct und zum Nelson Mandela Gateway to Robben Island, einem Mu-seum und gleichzeitig die Anlegestelle der Fähren nach Robben Island (s.S. 132). Die Brücke wird ge-öffnet, wenn ein Schiff den schmalen Kanal zwi-schen dem Victoria und Alfred Basin passieren will. Am Fish Quay steht der **Clock Tower**, in dem eine Filiale des Waterfront Information Centre untergebracht ist. Das achteckige Bauwerk mit sei-nen gotischen Fenstern wurde 1882 als Büro des Hafenmeisters erbaut und hat drei durch eine Treppe miteinander verbundene Zimmer. Das Spiegelzimmer im zweiten Stock erlaubte es dem Hafenmeister, die Vorgänge im gesamten Hafen zu überwachen, ohne das Haus verlassen zu müssen. Das **Clock Tower Centre** neben dem Clock Tower, ein zweistöckiges Einkaufszentrum, beherbergt auch ein großes Büro des Cape Tourism Visitor Centre.

Das **Nelson Mandela Gateway to Robben Is-land**, ein zweigeschossiges Gebäude mit herrlicher Aussicht auf die Insel, umfasst ein Restaurant und ein kleines Museum mit interaktiven Displays über die Geschichte von Robben Island und Aufzeich-nungen von Berichten der Gefangenen sowie Wi-derstandsliedern. ◷ tgl. 7.30–21 Uhr; Eintritt frei.

Robben Island

Nur ein paar Kilometer vom Trubel der Waterfront entfernt herrscht auf der flachen, windigen Rob-ben Island eine fast unheimliche Stille. Eigentlich sollten hier die nationalen Kritiker des Apartheid-regimes zum Schweigen gebracht werden, doch stattdessen geriet die Insel in den Mittelpunkt des internationalen Protestes gegen die südafrikani-sche Willkürherrschaft. Die nur sechs Quadrat-kilometer große, spärlich mit Gestrüpp bewachse-ne Insel war fast 20 Jahre lang die „Heimat" Nelson Mandelas.

Verschiedene Anbieter an der Waterfront ver-kaufen Tickets für Bootsfahrten zur Insel, aber Vor-sicht: Die Schiffe fahren zwar tatsächlich *zur* Insel, doch nur mit den offiziellen Tickets des *Nelson Mandela Gateway* darf Robben Island auch betre-ten werden.

Geschichte Nelson Mandela ist wahrscheinlich der berühmteste Strafgefangene von Robben Island, aber er war keineswegs der erste. Schon im 17. Jh. diente die Insel als Straflager für politische Gegner (zuerst der Holländer, dann der Briten und schließlich der Afrikaander-Nationalisten). Der erste Sträfling, der auf die Insel verbannt wurde, war der Khoikhoi-Häuptling **Autshumato**, der zu Beginn des 17. Jahrhunderts die englische Sprache erlernte und sich mit den Briten verbündete. Nachdem sich die holländische Niederlassung fest etabliert hatte, ließ ihn Jan van Riebeeck 1658 auf der Insel festsetzen. Das restliche 17. Jh. wurden eine Reihe politischer Gefangener aus Südostasien und moslemischer Würdenträger wegen ihres Widerstandes gegen die holländische Kolonialregierung hierher verbannt.

Im 19. Jh. nutzten die **Briten** Robben Island als Lager für Desserteure, Kriminelle und politische Gefangene. Der gefangen genommene **Xhosa-Anführer**, die während der Grenzkriege von Anfang bis Mitte des 19. Jahrhunderts das Empire bekämpften, wurden auf dem Seeweg vom Ost- ans Westkap transportiert, für viele endete die Reise auf Robben Island. 1846 ging man dazu über, auch Angehörige **sozialer Randgruppen** auf die Insel zu verfrachten. Zu den Verbrechern und politischen Häftlingen gesellten sich nun kleine Gauner, Prostituierte, Geisteskranke und Behinderte. Sie alle waren der gleichen Bruatalität und Misshandlung unterworfen, sogar im Krankenhaus. In den 90er Jahren des 19. Jahrhunderts etablierte sich zudem eine Leprakolonie. 1921 wurden die Geisteskranken von der Insel weggeholt, die Leprakranken erst 1930. Während des 2. Weltkriegs besetzte die **Defence Force** die Insel und stellte Abwehrgeschütze gegen eine befürchtete Invasion der Achsenmächte auf, die allerdings nie erfolgte.

Robben Island wurde eigentlich erst bekannt, als 1961 das **Prisons Department** das Regime übernahm. Bei ihrer Ankunft wurden die Sträflinge am Tor von einem Schild mit der Aufschrift: „Welcome to Robben Island: We Serve with Pride." begrüßt. Um 1963, als Nelson Mandela hierherkam, war die Anlage zu einem Hochsicherheitsgefängnis umgebaut worden. Nicht ein Wächter noch ein einziger Gefangener war weiß. Die Häftlinge durften nur alle sechs Monate einen einzigen Brief verschicken und erhalten. Gewöhnliche Kriminelle und politische Gefangene waren bis 1971 gemeinsam untergebracht. Die brutalen Haftbedingungen, zu denen routinemäßig Prügelstrafen und schwere Zwangsarbeit gehörten, wurden durch die geographische Lage noch verschlimmert. Zwischen der Insel und dem Südpol liegt nichts als Wasser, so dass eisige Winde über den Atlantik fegen. Die Gefangenen aber mussten kurze Hosen und dünne Pullover tragen. Wie alle anderen schlief auch Mandela auf einer dünnen Matte auf dem Fußboden (erst 1973 bekam er ein Bett, weil er krank war) und war 16 Stunden pro Tag in einer zwei Quadratmeter winzigen Einzelzelle eingesperrt.

Erstaunlicherweise fanden die Häftlinge Möglichkeiten des **Protestes** durch Hungerstreiks, öffentliche Anprangerung der Missstände (z.B. bei Besuchen von Vertretern des Internationalen Roten Kreuzes) und forderten erstaunlicherweise sogar auf legalem Weg von der Gefängnisleitung die Abschaffung der Prügelstrafe. Im Laufe der Jahre erkämpften sie einige Verbesserungen, und die Insel wurde zu einer Universität hinter Gittern, wo sich Menschen unterschiedlicher politischer Ansichten und Generationen austauschten. Nicht selten gaben Gefangene ihren Wächtern Nachhilfeunterricht. 1991 wurden die letzten politischen Häftlinge von Robben Island freigelassen und 1996 die verbliebenen Gefangenen aufs Festland verbracht. Am 1. Januar 1997 ging die Verwaltung von Robben Island vom *Department of Correctional Services* an das *Department of the Arts, Culture, Science and Technology* über, die daraus ein Museum machte. Im Dezember 1999 wurde die gesamte Insel von der UN zum Weltkulturerbe der Menschheit erklärt.

Fähren, ✆ 419 1300, ✉ bookings@robben-island.org.za, fahren tgl. jede volle Stunde zwischen 9 und 15 Uhr ab; die Tour dauert 3 1/2 Std. und kostet inkl. Transport und Eintritt R100. Der Katamaran braucht rund eine halbe Stunde bis zu diesem mächtigen Symbol der Apartheid, wo ehemalige Häftlinge und Bewacher nun als Fremdenführer tätig sind.

Die **Tour** führt u.a. in die Section B des Gefängnisses, wo sich Mandelas Zelle und die Gemeinschaftszellen befinden, in denen 60–70 Gefangene unter menschenunwürdigen Bedingungen leben mussten. Stationen der obligatorischen Busrundfahrt sind Robert Sobukwes Haus (s.S. 134), der Friedhof und die Kirche der Leprakranken sowie der Kalksteinbruch, wo Mandela und andere Häftlinge Zwangsarbeit leisteten.

Die Insel

Nach der Ankunft am winzigen Hafen der Murray's Bay erwartet die Besucher eine Busfahrt über die Insel und ein Gefängnisrundgang. Der Bus hält an mehreren historisch bedeutsamen Stätten, zuerst am **Kramat**, der zum Gedenken an Tuan Guru erbaut wurde, einem moslemischen Gelehrten aus dem indonesischen Archipel, den die Holländer im 18. Jh. nach Robben Island verbannten. Nach seiner Freilassung engagierte er sich bei der Verbreitung des Islam unter den Sklaven in Kapstadt. Die Busfahrt führt auch am **Friedhof** und der **Kirche der Leprakranken** vorbei, die daran erinnern, dass im frühen 20. Jh. Leprakranke aus der Gesellschaft ausgegrenzt und ins Exil geschickt wurden.

Das einsame Haus von **Robert Sobukwe** ist vielleicht das traurigste, ergreifendste Relikt aus der Vergangenheit der Gefängnisinsel. Sobukwe, der Vorsitzende des *Pan Africanist Congress* (einer radikalen Abspaltung des ANC; s.S. 87) wurde hier neun Jahre lang in Einzelhaft gehalten. Ursprünglich zu drei Jahren Gefängnis verurteilt, galt er bei den Machthabern als so gefährlich, dass sie sogar ein Sondergesetz erließen – die *Sobukwe Clause,* um ihn weiterhin auf Robben Island festzuhalten. Kein anderer politischer Häftling durfte mit ihm sprechen, doch manchmal brachte er seine Solidarität mit anderen Kindern der afrikanischen Erde zum Ausdruck, indem er Sand durch seine Finger rieseln ließ, wenn sie vorbeimarschierten. Nach seiner Haftentlassung 1969 stand Sobukwe bis zu seinem Krebstod 1978 in Kimberley unter Hausarrest.

Der Bus hält u.a. beim **Kalksteinbruch**, wo Nelson Mandela und seine Mithäftlinge unzählige Stunden harter Arbeit ableisteten. Unter der Sommersonne blendet der helle Stein so sehr, dass Mandela und andere Ex-Gefangene später Sehstörungen bekamen. Im Laufe der Zeit entwickelte sich der Steinbruch mit Hilfe freundlich gesonnener Wachleute zu einem geheimen Studienort.

Die Bustour führt auch an einem Küstenabschnitt vorbei, wo zahlreiche Schiffe auf Grund liefen und viele Seevögel nisten. Mit etwas Glück erblickt man vielleicht Antilopen (Springbock, Elenantilope und Bontebok), denn ihre Zahl ist in den letzten Jahren angestiegen.

Das Hochsicherheitsgefängnis

Die Besichtigung des Maximum Security Prison, ein finsterer Komplex am Rand der Insel, beginnt mit der **Footsteps of Mandela**-Tour unter der Führung eines ehemaligen Gefängnisinsassen durch den berühmten **B-Trakt**. Danach können sich die Besucher auf eigene Faust umsehen. Der aus winzigen Zellen bestehende B-Trakt erlangte in der Geschichte Südafrikas Bedeutung, denn ausgerechnet hier, wo die Widerstandsbewegung zerschlagen werden sollte, formierten und konzentrierten sich die Kräfte der Befreiung. **Mandelas Zelle** wurde genauso belassen, wie sie war, ohne irgendwelche Verschönerungsmaßnahmen, doch die anderen Zellen sind abgeschlossen und leer.

In der nahe gelegenen **A-Trakt** dokumentiert die Ausstellung „Cell Stories" die ganze Ärmlichkeit des Gefängnisdaseins. Die winzigen Isolationszellen enthalten persönliche Gegenstände ehemaliger Häftlinge (darunter ein aus Abfällen zusammengebasteltes, funktionierendes Saxophon), Dokumente und Fotos.

Gegen Ende der 80er Jahre wurden Kameras auf die Insel geschmuggelt, und die Häftlinge machten Schnappschüsse, die jetzt vergrößert in der **Smuggled Camera Exhibition** in den Gemeinschaftszellen des D-Traktes hängen. Aus den fröhlichen Mienen der Gefangenen lässt sich das Ende der Apartheid ablesen, darüber hinaus aber auch die warme Kameradschaft, die sie verband und die erklärt, wie es überhaupt möglich war, die langen Jahre der Haft zu überstehen. Die **Living**

Legacy Tour durch den F-Trakt wird von Ex-Gefangenen geführt, die von ihrer Haft berichten und Fragen beantworten. Es ist geplant, Übernachtungsmöglichkeiten für Besucher einzurichten.

Die südlichen Vororte

Vom Tafelberg und der Innenstadt erstrecken sich die Wohnviertel Kapstadts Richtung Osten bis weit ins Binnenland hinaus. Hier liegen die ehemals überwiegend Weißen vorbehaltenen südlichen Vororte, die vom östlichen Ausläufer des Tafelbergs bis kurz vor Muizenberg an der False Bay reichen. Alle großen Touristenattraktionen außerhalb der Innenstadt befinden sich in dieser Gegend, ebenso wie die besten Einkaufsmöglichkeiten und Kinos.

Von jeder Ecke der südlichen Vororte aus ist der Tafelberg zu sehen, und der Weg in die Wälder, Parks und Weingärten an seinem Osthang und seinem Ausläufer, dem Constantiaberg, nicht weit.

Woodstock, Salt River und Observatory

Wer vom Zentrum aus nach Osten fährt, erreicht zuerst Woodstock, den ältesten und kahlsten Vorort, der aber ein paar hübsche viktorianische Häuser aufzuweisen hat, die ursprünglich „farbige" Arbeiter beherbergten und neuerdings bei Yuppies in Mode kommen.

Östlich davon liegt Salt River, ein vorwiegend von Coloureds bewohntes Arbeiterviertel, und im Süden Observatory, das allgemein als Zentrum der einheimischen Bohème gilt. Diesen Ruf verdankt es nicht zuletzt seiner Nähe zur **University of Cape Town** in Rondebosch und deren Studenten. Viele Häuser dienen als Studentenunterkünfte, aber in den schmalen viktorianischen Straßen wohnen auch junge Aufsteiger, Hippies und (Lebens-) Künstler. Unter den zur Abwechslung einmal nicht aufgemotzten Arkaden an der Hauptstraße Lower Main Road und in den Seitenstraßen gibt es eine Hand voll netter Cafés und Kneipen, außerdem Bioläden und ein paar Antiquitätengeschäfte. Im riesigen **Groote Schuur Hospital**, das sich über der Schnellstraße, die durch Observatory führt, erhebt, wurde 1967 die erste erfolgreiche Herztransplantation der Menschheitsgeschichte durchgeführt.

Mowbray und Rosebank

Fährt man auf der Station Road von Observatory nach Süden, gelangt man nach Mowbray. Es hieß ursprünglich Drie Koppen (Drei Köpfe), nach den abgeschlagenen Köpfen dreier Sklaven, die hier im Jahr 1724 auf Pfählen zur Schau gestellt wurden, aber um 1840 besann man sich eines Besseren und nannte den Ort um. Der berühmteste ehemalige Einwohner von Mowbray ist der Philologe Willem Bleek, der im 19. Jh. mit San-Sträflingen zusammenlebte, die ihm von der Kolonialverwaltung überlassen worden waren, damit er ihre Sprache und Verhaltensweisen studieren konnte. Bleeks Pionierarbeit bildet immer noch die Grundlage eines Großteils dessen, was wir über die traditionelle Lebensweise der Khoisan wissen.

In Rosebank, südlich von Mowbray, wohnen viele Studenten, einige in den so genannten Tampax Towers, den nicht zu übersehenden Rundbauten an der Hauptstraße. Dahinter steht das **Baxter Theatre**, eines der wichtigsten Kunstzentren Kapstadts (s. S. 181).

Irma Stern Museum

Irma Stern gilt als eine Vorreiterin der südafrikanische Künstlerszene des 20. Jahrhunderts, weniger dank ihres eher bescheidenen Beitrages zur internationalen Kunstwelt, sondern aufgrund der Tatsache, dass sie moderne europäische Ideen in die Kolonien brachte. Das **UCT Irma Stern Museum** in der Cecil Road, Rosebank, war 38 Jahre lang, bis zu ihrem Tod im Jahr 1966, die Wohnstätte der Künstlerin. Das lohnenswerte Museum enthält eine erstaunliche, von Irma Stern zusammengetragene Sammlung iberischer, afrikanischer, orientalischer und antiker Gegenstände. Im Grunde spiegelt das ganze Haus die Faszination der Künstlerin für alles Exotische wider, angefangen von ihren eigenen, an Gauguin erinnernden Gemälden mit „Eingeborenen"-Darstellungen, über die mit wunderbaren Schnitzereien versehenen Holztüren, die sie von einer Reise nach Sansibar mitbrachte, bis zu dem für südafrikanische Verhältnisse völlig untypischen Garten mit seinem Bambusdickicht und den Palmen.

Irma Stern wurde 1894 in einer südafrikanischen Kleinstadt als Tochter deutsch-jüdischer Eltern geboren und absolvierte ein Studium an der Kunstakademie in Weimar. Sich auflehnend gegen

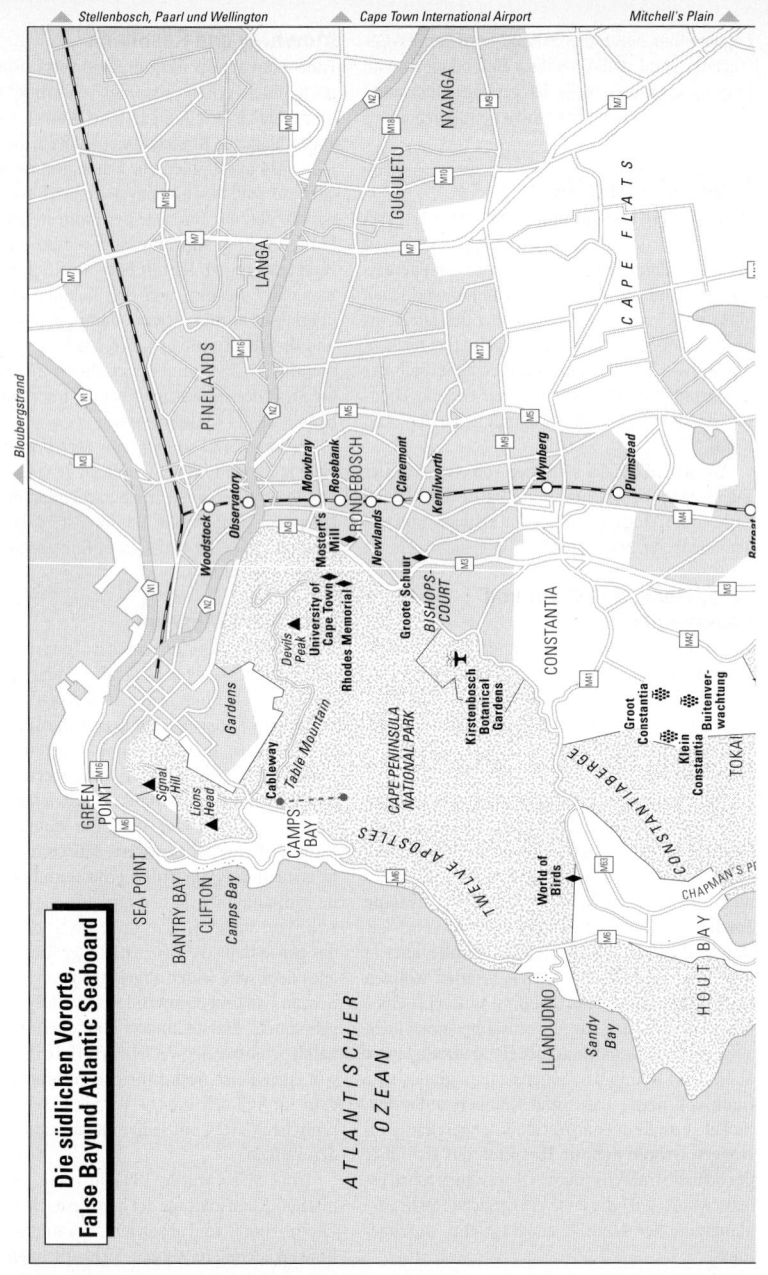

Stellenbosch, Paarl und Wellington Cape Town International Airport Mitchell's Plain

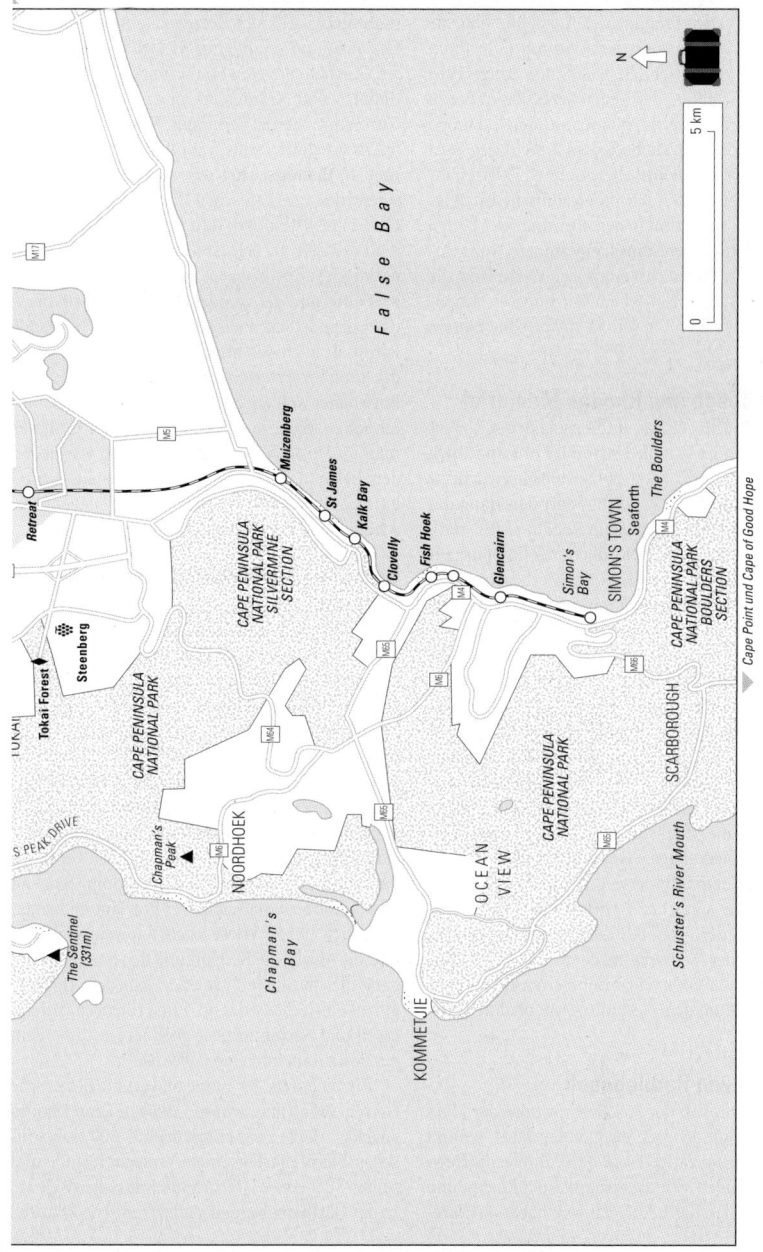

Cape Point und Cape of Good Hope

KAPSTADT UND DIE KAP-HALBINSEL

die konservative Prägung der Akademie ging sie dazu über, expressionistische Stilmittel in ihren Gemälden zu verwenden, von denen einige 1918 auf der Ausstellung der Neuen Sezession in Berlin gezeigt wurden. Sterns Arbeiten wurden in Europa geschätzt, doch als sie nach dem 2. Weltkrieg nach Südafrika zurückkehrte, behaupteten Kritiker, ihr Stil verberge einfach nur ihre technische Unfähigkeit. Stern unternahm in den 40er und 50er Jahren mehrere Expeditionen ins Landesinnere, wo sie Inspiration für ihre höchst erotischen Werke fand, die bei ihren südafrikanischen Zeitgenossen Empörung hervorriefen. ⏰ Di–Sa 10–17 Uhr; Eintritt R7.

Rondebosch und Rhodes Memorial

Südlich von Rosebank, im benachbarten Rondebosch, befindet sich die **University of Cape Town** (UCT), deren mit Kletterpflanzen überwucherte Gebäude aus dem 19. Jahrhundert den Hang des Tafelbergs oberhalb der Main Road und der Autobahn M3 überziehen. Nördlich des Campus, zur Stadt hin, steht das im Stil eines griechischen Tempels errichtete **Rhodes Memorial**, das sich eindrucksvoll von der Kulisse des Devil's Peak abhebt. Die Statue eines sich aufbäumenden Pferdes steht als Symbol für Cecil Rhodes' Energie. Zur Büste des Empire-Gründers führt eine Reihe von Treppen hinauf. Sein großes Anwesen **Groote Schuur**, an der Main Road, dient als offizielle Kap-Residenz des Premierministers. Vom **Tea Garden** aus hat man einen herrlichen Blick auf Kapstadt. Zudem bietet sich die Möglichkeit, zum King's Blockhouse, einer ehemaligen Signalstation, zu spazieren und auf einem Wanderweg am Osthang entlang oberhalb der südlichen Vororte bis zum Constantia Nek zu wandern (s. S. 142 Tafelberg-Wanderwege). Unterhalb des Memorial, an der M3, steht die **Mostert's Mill**, die vor zwei Jahrhunderten erbaut wurde, als noch auf dem Gelände der Autobahnen Weizen wuchs.

Südlich von Rondebosch

Wer auf dem Van der Stel Freeway oder der Main Road von Rondebosch nach Süden fährt, kommt durch einige prestigeträchtige Stadtteile. In **Newlands** befinden sich die bekanntesten Rugby- und Cricketstadien Kapstadts. Das wohlhabende **Clare**mont entwickelt sich derzeit zu einem begehrten Einkaufs- und Vergnügungsviertel. Vor den eleganten Geschäften bieten Straßenverkäufer Kleidung, Gemüse und Kräuter an, und in der Nähe der Claremont Station bruzzeln Frauen auf *skottel braais* („Schüttelgrills") im Freien leckere *boerewors*. In **Bishopscourt**, etwas weiter, steht die Residenz des anglikanischen Bischofs von Kapstadt. Erzbischof Desmond Tutu bewohnte sogar während der Zeit, als Schwarze aus „weißen" Vierteln praktisch verbannt waren, hier eine Villa. Nicht zuletzt aufgrund der wunderbaren Lage – von manchen Grundstücken aus sind sowohl der Newlands Forest als auch das Meer zu sehen – ist dies eine der renommiertesten Ecken der Stadt. Mehrere Botschafter wohnen hier auf riesigen Anwesen hinter hohen Mauern, die so ziemlich alles sind, was man im Vorbeifahren sieht. **Wynberg** wartet mit dem bekannten Maynardville Shakespearean-Freilufttheater (s. S. 181) und ein paar ausgefallene Geschäften und Restaurants auf.

Kirstenbosch National Botanical Gardens

Die Kirstenbosch National Botanical Gardens an der Rhodes Avenue, 5 km südlich von Rondebosch, ☏ 762 1166, stellen nach der Waterfront und der Fahrt auf den Tafelberg die drittgrößte Touristenattraktion Kapstadts dar. Die wunderbare Anlage überzieht einen Großteil des felsigen Osthangs und der bewaldeten Schluchten des Tafelbergs. Die Lage ist atemberaubend – ein herrlicher Ort zum Teetrinken und Spazierengehen oder für eine Wanderung auf den steilen Pfaden, die auf den Gipfel hinauf führen. Im Sommer finden am Sonntagabend Freiluftkonzerte statt, und wer Proviant mitbringt, kann sich auf die Wiese legen, Kapwein schlürfen und die Musik, die Bergluft und den Sonnenuntergang gleichermaßen genießen. Auf dem Gelände gibt es ein Teehaus, das tgl. zum Frühstück, Mittagessen und Nachmittagstee geöffnet hat, außerdem ein Restaurant und eine *Coffee bar*.

Kirstenbosch, der älteste und größte Botanische Garten Südafrikas, wurde 1895 von Cecil Rhodes angelegt. Heute zieht er mit über 22 000 einheimischen Pflanzenarten, einem Versuchsgelände und seiner Bücherei Wissenschaftler aus aller Welt an. In der Gärtnerei werden südafrikanische Pflanzen

verkauft und an den Berghängen die am Kap endemischen Pflanzen gezüchtet. Auf befestigten, ausgeschilderten Pfaden gelangt man zu den Highlights. Am interessantesten ist der für Blinde eingerichtete und in Blindenschrift ausgezeichnete
Garten mit stark duftenden und interessant struk-
turierten Gewächsen.

Der Garten geht nahtlos in die natürliche Berg-
flora über, denn kein Zaun versperrt den Weg zum
Gipfel. Zwei beliebte Wanderwege beginnen beim
Contour Path oberhalb des Botanischen Gartens,
einer zur Nursery Ravine und ein anderer zur
Skeleton Gorge (s. S. 145). Frauen sollten die höher
gelegenen, abgeschiedenen Teile des Kirstenbosch
sicherheitshalber nicht allein besuchen. ☉ tgl.
Apr–Aug 8–18; Sept–März 8–17 Uhr; Eintritt
R15.

Wer kein Fahrzeug hat und sich nicht einer organisierten Tour anschließen möchte, gelangt am
besten mit einem der Busse von *Cape Town Tourism,* ✆ 426 4266, für R35 nach Kirstenbosch, die
bei Bedarf während der Öffnungszeiten des Visitor
Centres abfahren. Autofahrer nehmen die M5 und
biegen an der Abfahrt Rhodes Avenue ab.

Constantia und die Winelands (Weingüter)

Südlich von Kirstenbosch liegen die eleganten Vororte Constantia und die ältesten Weingüter des
Kaps. Mit dem Auto lässt sich das Weingebiet an
den Ausläufern des Tafelbergs und Constantiabergs
leicht erreichen. Vom Van der Stel Freeway (M3),
der zwischen der Innenstadt und Muizenberg verläuft, sind es noch knapp zehn Minuten Fahrt.

Der Weinanbau nahm 1685 auf dem Hof von
Simon van der Stel seinen Anfang, dem Gouverneur, der den Auftrag hatte, die junge holländische
Kolonie zu erweitern. Er machte sich mit Feuereifer
ans Werk und sicherte sich einen riesigen Teil des
fruchtbarsten Landes am Constantiaberg unmittelbar südlich des Tafelbergs. Das Anwesen benannte
er nach seiner Tochter Constancia, und dies ist
heute noch (mit einer kleinen Änderung der
Schreibweise) der Name von Kapstadts ältestem
und begehrtestem Wohnviertel. Constantia ist ein
hübscher, grüner Bezirk mit Eichenhainen, Bau-
ernhäusern, Reitschulen, im kapholländischen Stil
gestylten Einkaufszentren und – natürlich – Weingütern.

Aus den Constantia-Reben wird seit van der
Stels erster Ernte im Jahr 1705 Wein gekeltert. Als
van der Stel 1712 starb, wurde der Besitz aufgeteilt
und verkauft, dadurch entstanden das heutige
Groot Constantia, Klein Constantia und **Buitenverwachting**. 1990 kaufte ein großer Minenkon-
zern aus Johannesburg die nahe gelegene Steenberg Estate auf. Alle vier Winzereien stehen Besuchern offen und bieten Weinproben an. Wer nicht
ins eigentliche Weingebiet weiterfahren kann oder
will, sollte sich einen Abstecher nach Constantia
keinesfalls entgehen lassen.

Mit öffentlichen Verkehrsmitteln ist Constantia
nicht zu erreichen, doch Groot Constantia steht auf
dem Programm fast aller Sightseeingtouren. Autofahrer nehmen von der M3 die ausgeschilderte Abfahrt Ladies Mile Extension und folgen den Wegweisern nach Groot Constantia. Buitenverwachting
und Klein Constantia liegen an der Klein Constantia Road, unweit der Ladies Mile Extension, und
sind dank zahlreicher Hinweisschilder nicht zu verfehlen.

Groot Constantia

Das größte und am meisten auf Touristen ausgerichtete Weingut ist Groot Constantia. Sein besonderer Reiz besteht darin, dass hier noch van der
Stels Originalgebäude stehen. Ansonsten gibt es ein
recht durchschnittliches **Museum** mit alten Möbeln, ☉ tgl. 10–17 Uhr; Eintritt R8, einen Souvenirladen, eine Kunstgalerie und zwei Restaurants.
Kellerführungen (nur nach Anmeldung unter ✆
794 5128) finden zu jeder vollen Stunde von
Apr–Sep tgl. zwischen 11 und 15, von Okt–März
zwischen 10 und 16 Uhr statt; Teilnahme R20.
Weinproben für R14 von Mai–Nov tgl. 10–16.30;
Dez–Apr tgl. 9–18 Uhr.

Ein Besuch von Groot Constantia lohnt, auch
wenn seine Darstellung des Lebens in dem kolonialen Schlösschen des 17. Jahrhunderts weitgehend die Sklavenarbeit außer Acht lässt, auf der
sein Reichtum basierte. Das typisch kapholländische **Herrenhaus,** ursprünglich van der Stels
Wohnhaus, wurde Ende des 18. Jahrhunderts von
dem Architekten Thibault umgebaut und nach einem Brand originalgetreu wieder aufgebaut. Eine
Eichenallee verläuft vom Eingang zum Herrenhaus, hinter dem die oberirdischen Weinkeller liegen.

Kapholländische Architektur

Der kapholländische Baustil, der sich zwischen dem 17. und frühen 19. Jh. am Westkap entwickelte, ist so untrennbar mit den Winelands verbunden, dass er praktisch einen Teil der Landschaft ausmacht. Die blendend weiß getünchten Mauern bilden einen wunderbaren Kontrast zu den grünen Weingärten, und die Reetdächer und geschwungenen Giebel scheinen die Linien der sie umgebenden Berge nachzuzeichnen. Im 20. Jh. wurde dieser Baustil als Ausdruck weißer südafrikanischer Identität angenommen, und seine Elemente zieren die Fassaden vieler Wohnhäuser.

Das **Posthuys** (1673) an der Main Road in Muizenberg gilt als das älteste Kolonialgebäude Südafrikas. Das schlichte, reetgedeckte Cottage besteht aus einem einzigen, rechteckigen Raum. Die winzigen Fenster sollten sowohl vor befürchteten Überfällen der Khoikhoi als auch vor den stürmischen Winden schützen, die über die Halbinsel fegen. Als eines der wenigen noch erhalten gebliebenen Exemplare eines so genannten **„Langhauses"** repräsentiert es den schlichten Ausgangspunkt, aus dem sich im Laufe von zweihundert Jahren kolonialer Niederlassung die kunstvolle kapholländische Architektur entwickelte, deren auffälliges Element der **Giebel** ist. End-Giebel waren im mittelalterlichen Nordeuropa, insbesondere in Holland, üblich, doch die in die lange Seite des Daches eingelassenen Mittelgiebel waren selten und wurden zum Wahrzeichen des kapholländischen Stils. Im 18. Jh. besaßen viele Gebäude in der Kapstädter Innenstadt Giebel, doch sie verschwanden um 1830 aus dem Stadtbild und wichen Gebäuden mit Flachdächern.

Der Hauptgrund dafür war wahrscheinlich Brandstiftung. Es gab eine Reihe von Bränden, für die Sklaven verantwortlich gemacht wurden; 1710 wütete ein Brand in Stellenbosch, und in den Jahren 1736 und 1798 verwüsteten Feuersbrünste Kapstadt. Die daraufhin getroffenen Maßnahmen veränderten das Kapstädter Stadtbild. Alle Gebäude der VOC mussten mit feuerfesten Flachdächern versehen werden, z.B. das **Town House** (1755) beim Greenmarket Square. Nach dem Brand von 1798 wurden Brandschutzgesetze erlassen: Um die Gefahr einer Ausbreitung von Flammen zu vermindern wurden schmale Gassen zwischen den Häusern angelegt und Strohdächer sowie jegliche Vorsprünge an Außenwänden – auch Fensterläden – verboten. Daraus resultieren die glatten Fassaden und innen angebrachten Fensterläden der im frühen 19. Jh. gebauten Kaphäuser. Mit dem Ende der spitzen Dächer verschwanden von den Stadthäusern auch die Giebel und überlebten in Ausnahmefällen eher symbolisch als kleine Dachverzierung. Ein gutes Beispiel ist das **Bo-Kaap Museum** (1763–1768) in der Wale Street.

Die **Bauernhäuser**, die sich aus dem einfachen Langhaus entwickelten, wurden im Laufe der Zeit immer größer und prunkvoller, eine Folge des zunehmenden Wohlstandes der Landbesitzer. Auf dem flachen Land bestand kaum die Gefahr eines sich ausbreitenden Feuers, daher kümmerte man sich wenig um die Bauvorschriften der VOC, so dass die Spitzdächer ebenso wie der Giebel bestehen blieben. Der Giebel wurde zum Wahrzeichen der Landhäuser und war direkt über der Vordertür ein wichtiges Element in der Fassadengestaltung, denn durch das eingelassene Fenster gelangt Licht ins Haus. Der Giebel entwickelte sich zu einem sichtbaren Wohlstandssymbol, und die Besitzer wetteiferten darum, den größten, schönsten und modernsten zu haben.

Kapholländische Architekten

Zwischen 1750 und 1850 – dem goldenen Zeitalter der Kapholland-Architektur – machten besonders drei Männer von sich reden.

Anton Anreith (1754–1822) wurde in der Nähe von Freiburg im Breisgau geboren und ging wahrscheinlich bei einem Rokoko-Bildhauermeister in die Lehre. 1776 trat er in die Armee der Niederländisch-Ostindischen Kompanie ein, fand jedoch schnell Arbeit als Schreiner und bekam später den Auftrag zur Rekonstruktion der Fassade der Lutherischen Kirche in der Strand Street. 1786 wurde er Oberbaumeister der VOC und zeichnet möglicherweise für das Relief am Balkon des Castle verantwortlich.

Hermann Schutte (1761–1844), geboren in Bremen, absolvierte eine 7-jährige Lehre bei einem Architekten in Deutschland. Er trat der Niederländisch-Ostindischen Kompanie als Steinmetz bei, kam 1790 ans Kap und arbeitete im Steinbruch auf Robben Island, wo er bei einem Sprengunfall ein Auge und eine Hand verlor. Er wurde aus der VOC entlassen und betätigte sich als privater Baumeister, wobei er von seiner Freundschaft mit dem einflussreichen Louis Michel Thibault profitierte, der ihm zahlreiche Aufträge verschaffte. Schutte entwarf die Groote Kerk in der Adderley Street und wahrscheinlich auch das Green Point Lighthouse, den ersten Leuchtturm an der südafrikanischen Küste.

Louis Michel Thibault (1750–1815), ein hervorragend ausgebildeter Architekt, wurde in der Nähe von Amiens in Frankreich geboren. Er erhielt eine Auszeichnung als bester Schüler der l'Academie Royale d'Architecture in Paris und trat der Niederländisch-Ostindischen Kompanie als Pionierleutnant bei, wurde dadurch Staatsbaumeister und entwarf in dieser Funktion die meisten öffentlichen Gebäude von Kapstadt.
Er baute die Good Hope Masonic Lodge, die derzeitige Fassade der Slave Lodge sowie die eindrucksvollen Giebel von Groot Constantia.

Klein Constantia und Buitenverwachting

Klein Constantia und Buitenverwachting, beide kleiner als Groot Constantia, bieten kostenlose Weinproben in weniger förmlicher Atmosphäre. Die Gebäude sind zwar längst nicht so großartig, aber die Lage ist genauso schön. **Klein Constantia**, Klein Constantia Road, ✆ 794 5188, kostenlose Weinprobe und Verkauf Mo–Fr 9–17, Sa 9–13 Uhr, produziert ein paar erlesene Weine, darunter den *Vin de Constance*, Nachfolger eines Constantia-Weines aus dem 18. Jh., ein Lieblingswein Napoleons, Friedrichs des Großen und Bismarcks. Der köstliche Dessertwein, abgefüllt in Flaschen, die so aussehen wie die Originalflaschen, ist ein originelles Souvenir.

Buitenverwachting, ebenfalls an der Klein Constantia Road, ✆ 794 5190, bietet seinen Angestellten vorbildliche Arbeitsbedingungen. Zwei Sozialarbeiter stehen zur Verfügung, einmal in der Woche hält ein Arzt Sprechstunde in der Farmklinik ab, und bei der Einstellung neuer Kräfte haben die Arbeiter Mitspracherecht. ⏰ Mo–Fr 9–17, Sa 9–13 Uhr; Eintritt und Weinprobe frei. Buitenverwachtings gleichnamiges Restaurant der gehobenen Preisklasse wird regelmäßig zu einem der zehn besten in Südafrika gekürt. ⏰ Di–Fr 12–15 und Di–Sa 19–24 Uhr. Besuchern, die einen Tag auf der Farm mit Kühen und Pferden verbringen möchten, wird auf Wunsch von Nov–Apr Mo–Sa 12.30–14.30 Uhr für R65 ein Schlemmer-Picknick geboten, das man im herrlichen Garten unter Eichen verzehren kann; Vorbestellung erforderlich unter ✆ 794 2122 oder 082 973 8543.

Tokai

Tokai, die südliche Verlängerung von Constantia, ein herrliches schattiges, windgeschütztes Ausflugsziel, lockt mit ein paar gemütlichen, kinderfreundlichen Lokalen. Die nahe gelegenen **Steenberg Vineyards**, zu denen auch ein luxuriöses Golfresort gehört, bieten Weinproben an. Auf der gegenüberliegenden Straßenseite liegt das Pollsmoor Prison, wo während der Apartheid politische Gefangene einsaßen, gegen Ende seiner Haftzeit auch Nelson Mandela. Wer von der Innenstadt nach Tokai fahren möchte, nimmt die M3 Richtung Süden und die nördliche Abfahrt zur Ladies Mile Road; nach 100 m biegt man nach Süden auf die Spaanschemat River Road ab, die durch Tokai verläuft. Ein Besuch von Tokai lässt sich gut mit einem Abstecher ans Meer verbinden, denn mit dem Auto sind es nur 15 Minuten bis zur False Bay.

Die meisten Besucher locken gut ausgeschilderte Wanderwege und Mountainbike-Strecken in den Kiefernwald **Tokai Forest**. Die Anreise erfolgt über die M3 oder Spaanschemat River Road (die in die Orpen Road übergeht). Von beiden kann man direkt auf die Richtung Westen in den Wald führende Tokai Road abbiegen. Rund 1,2 km hinter der Abzweigung von der M3 oder 500 m von der Spaanschemat River Road entfernt verläuft die

Straße durch einen Wald mit Picknicktischen, der allerdings nicht der schönste Platz zum Picknicken ist. Es empfiehlt sich, zum Arboretum weiterzufahren.

Hinter dem Picknickgelände steht auf einer Lichtung das **Tokai Manor House** (kein Zutritt). Das von Louis Michel Thibault (s. S. 141) entworfene und um 1795 erbaute National Monument, das kapholländische Elemente mit französisch-neoklassizistischen verbindet, ist ein Schmuckstück kapholländischer Architektur.

100 m weiter westlich liegt der Eingang zu einem weiteren National Monument, das **Tokai Arboretum,** eine altehrwürdige Anpflanzung. Das Arboretum ist das Werk von Joseph Storr Lister, der im 19. Jh. *Conservator of Forests* der Kapkolonie war. 1885 pflanzte er hier versuchshalber 150 Baumarten aus gemäßigten Klimazonen an. Am besten gediehen Eichen und Eukalyptusbäume sowie einige herrliche Redwoodbäume aus Kalifornien. Storr fand heraus, dass Koniferen für das Kapklima am besten geeignet waren, so dass die Pflanzung im Westteil des Arboretum überwiegend aus Kiefern besteht.

Einfache Wanderwege und Mountainbike-Pfade (Rad mitbringen) durchziehen das Arboretum. Es gibt auch einige längere, darunter die knapp dreistündige Wanderstrecke vom Eingangstor zur **Elephant's Eye Cave** (6 km). Sie dauert keine drei Stunden und führt durch einen herrlichen, feuchten Wald, der in den *fynbos* übergeht, der die Hänge des Constantiabergs bedeckt. Bei der Höhle am Ende des Weges eröffnet sich eine wunderbare Aussicht. Eine nützliche Wanderkarte ist am Eingangstor erhältlich, oder aber, falls das Tor nicht besetzt ist, im Café gleich daneben. ⊙ tgl. von Sonnenaufgang bis Sonnenuntergang; Spende R2.

Steenberg Vineyards

Die Steenberg Vineyards, in traumhafter Lage am Fuß des Steenberg, umfassen ein schönes kapholländisches Haupthaus und drei weitere Farmgebäude innerhalb einer großen, gepflegten Grünanlage aus dem Jahr 1695. Dieses ist das älteste Weingut in Südafrika: Governor Simon van der Stel übergab 1682 der fünffachen Witwe Catherina Michelse die Grundstücksurkunde, 1695 wurde es an Frederik Roussouw verkauft. Nach seinem Tod verwandelte seine Witwe Christina Diemer das Anwesen in ein florierendes Unternehmen, indem sie Reisenden Obdach bot und die Handelsflotte mit Proviant versorgte. Heute besitzt Steenburg in den restaurierten Gebäuden, die 1996 zum National Monument ernannt wurden, eines der besten Land-Hotels von Kapstadt. Die herausragendsten Weine des Guts sind der Merlot, Sauvignon Blanc und Semillon. ⊙ März–Aug Mo–Fr 8.30–16.30, Sep–Feb Mo–Fr 8.30–16.30, Sa 9–13 Uhr; Eintritt frei.

Der Tafelberg

Das 1087 m hohe, abgeflachte Massiv des Tafelbergs, das Seefahrern seit Hunderten von Jahren aus Hunderten von Kilometern Entfernung den rettenden Hafen Kapstadt ankündigt, beherrscht mit seinen schroffen Felshängen und tiefen Schluchten die Nordspitze der Halbinsel. Die Nordwand, mit dem **Lion's Head** und **Signal Hill** im Westen und dem **Devil's Peak** im Osten, überragt die Innenstadt. Den westlichen Bereich des Berges prägen eine Reihe zackiger Formationen, die so genannten **Twelve Apostles**; die südwestliche schaut auf die Hout Bay herab und die östliche über die südlichen Vororte.

Der Berg, eine Wildnis inmitten der Stadt, beherbergt neben vielen Tieren 1400 **Pflanzenarten**. Zu den einheimischen Säugetieren zählen Paviane, Klippschliefer (s. S. 143, Kasten) und Stachelschweine. Ursprünglich aus dem Himalaya stammen die Tahre, Wildziegen, die aussehen wie Bergziegen. Ihre Vorfahren hielt Cecil Rhodes auf seinem Anwesen; doch sie suchten das Weite und vermehrten sich auf dem Berg.

Der Tafelberg, eines der bei Bergsteigern begehrtesten Massive der Welt, hat unter dem fortwährenden Ansturm von **Wanderern** und Vandalen sehr gelitten, auch wenn die Schäden nicht auf den ersten Blick erkennbar sind, schon gar nicht vom Gipfel aus. Aber der Berg wehrt sich und fordert jedes Jahr seine Opfer. Die meisten Unglücksfälle ereignen sich, wenn Leute vom Weg abkommen (oft aufgrund plötzlich aufziehenden Nebels). Wer wandern oder klettern möchte, sollte sich gut vorbereiten und eventuell einen Guide (s. S. 143) anheuern.

Sicherheitsmaßnahmen für die Besteigung des Tafelbergs

Wichtige Regeln:

- Nicht allein losgehen.
- Bei Freunden oder im Hotel eine Beschreibung der geplanten Route hinterlassen und die Abmarschzeit sowie den ungefähren Zeitpunkt der Rückkehr angeben.
- Früh genug aufbrechen, so dass genügend Zeit für das Erreichen des Gipfels bleibt.
- Nicht versuchen, querfeld einen Weg zu finden. Hat man sich bei schlechtem Wetter verlaufen, einen Unterschlupf suchen, sich warmhalten und auf Hilfe warten.
- Unterwegs nicht einmal kleinste Mengen Abfall hinterlassen.
- Kein Feuer machen. Kochen, auch auf Campingkochern, ist verboten.

Bekleidung:

- Gut eingelaufene, widerstandsfähige und wasserabweisende Wanderschuhe.
- Hut mit breiter Krempe.

Mitnehmen:

- Rucksack
- Mindestens 2 Liter Wasser pro Person
- Genügend Proviant: belegte Brote, Müsliriegel, Nüsse, Rosinen, Obstsaft
- Warmer Pullover
- Windjacke
- Regenschutz
- Sonnenbrille
- Sonnenschutzcreme mit hohem UV-Schutzfaktor
- Geld für die Schwebebahn
- Blasenpflaster
- Landkarte (erhältlich im Cape Union Mart an der Waterfront oder im Cavendish Square Shopping Centre in Claremont)

Die Schwebebahn

Die einfachste, aber aufgrund der faszinierenden Aussicht keinesfalls langweiligste Art auf den Tafelberg zu gelangen, ist die Fahrt mit der Schwebebahn. Die 1997 installierte Bahn Schweizer Herkunft transportiert pro Jahr eine halbe Million Besucher zum Gipfel am Rand des westlichen Tafelbergs. Die Kabinen sind so konstruiert, dass sie sich unterwegs einmal um ihre eigene Achse drehen und den Passagieren einen Rundblick ermöglichen. Die Talstation **Lower Cable Station** befindet sich an der Tafelberg Road, ☎ 424 5148 oder 424 8181, (Abfahrt tgl. alle 10–20 Min. von Mai–Okt 8.30–18; Nov 7.30–21; Dez–Jan 8–22; Feb–März 8.30–21; Apr 8.30–19.30 Uhr; Rückfahrkarte Mai–Okt R68; Nov–Apr R85.

Wer kein Auto hat, nimmt den Shuttlebus, der am Cape Town Tourism Visitor Centre abfährt, oder eines der Minibustaxis, die ständig zwischen der Adderley Street und der Talstation verkehren (rund R10 einfach). Autofahrer finden Parkplätze an der zur Lower Cable Station führenden Tafelberg Road, müssen aber in der Hauptsaison mit einem längeren Fußweg rechnen – die Reihe der parkenden Fahrzeuge kann sich über eine erhebliche Länge hinziehen.

Klippschliefer Die knuddeligen Pelztiere, die aussehen wie übergroße Meerschweinchen und den Gipfel des Tafelbergs bevölkern, sind Dassies oder Klippschliefer *(Procavia capensis)* und trotz ihrer äußeren Erscheinung keine Nagetiere, sondern die nächsten überlebenden Verwandten der Elefanten. Ihr Name leitet sich vom afrikaansen *dasje* „kleiner Dachs" her, den ihnen die ersten holländischen Siedler gaben. Dassies sind überall in Südafrika in felsigen Lagen anzutreffen und sehr weit verbreitet, da ihre natürlichen Feinde so gut wie ausgerottet wurden.

Wie die Reptilien sind Dassies sehr empfindlich gegen Temperaturschwankungen und müssen sich vor Hitze und Kälte schützen. Wenn sie morgens frierend aufwachen, suchen sie zunächst ein von der Morgensonne beschienenes Plätzchen auf – um diese Zeit sind sie am besten zu beobachten. Ein erwachsenes Tier steht Wache und stößt bei Gefahr einen spitzen Warnruf aus. Dassies leben in Familien mit einem erwachsenen Männchen und acht oder mehr Weibchen samt Nachkommen zusammen.

Bergsteigen und Wandern

Eine Bergbesteigung ist zwar eine größere Herausforderung als die Fahrt mit der Schwebebahn, darf aber nicht leichtfertig angegangen werden: Selbst wenn es beim Abmarsch ein sonniger, klarer Tag zu werden scheint, kann es oben am Berg ganz anders aussehen. Das Wetter ändert sich schnell, und die größten Gefahren sind Sonne, Nebel und Sturmböen. Wer nicht in Begleitung eines erfahrenen Bergführers loszieht, sollte sich auf die einfachen Strecken, die nachstehend beschrieben werden, beschränken.

Signal Hill und Lion's Head

Vom Kreisverkehr oben am Kloofnek führt eine Straße am Signal Hill hinauf zu einem Parkplatz und einem Aussichtspunkt mit herrlichem Blick auf die Tafelbucht, den Hafen und die Innenstadt. Die Kanone hier diente früher dazu Schiffen, die in der Bucht vor Anker lagen, Signale zu geben. Noch heute wird täglich die Noon Gun abgefeuert, deren Donner das darunterliegende Bo-Kaap erschüttert. Auf halber Höhe der Straße befindet sich ein islamischer *kramat* (Heiligenschrein), einer von mehreren auf der Halbinsel, die die Stadt „beschützen". Man kann von hier aus auch gemächlich zum Lion's Head hinauf wandern, was bei Vollmond ungefähr die halbe Stadtbevölkerung zu tun scheint.

Platteklip Gorge und Maclear's Beacon

Den ersten überlieferten Versuch der Besteigung des Tafelbergs unternahm der portugiesische Kapitän Antonio de Saldanha im Jahr 1503. Er wählte dafür den Weg durch die Platteklip Gorge, die Schlucht, die vom Front Table (der Nordseite) aus zu sehen ist, und sich als die leichteste Strecke erwies. Nach einem kurzen, einfachen Anstieg erreicht man Maclear's Beacon, mit 1086 m die höchste Erhebung des Berges. Die Platteklip-Route hat den zusätzlichen Vorteil, an der Upper Cable Station zu enden, so dass der „Abstieg" mit der Bahn erfolgen kann.

Der Weg beginnt an der **Lower Cable Station**. Von hier aus geht es auf der Tafelberg Road nach Osten bis zu einem hohen, mit Draht befestigten steinernen Damm. Gleich dahinter, links eines kleinen Steinwalls, zeigt ein Wegweiser zur Platteklip Gorge. Nach einer steilen, 15-minütigen Klettertour

ist der **Upper Contour Path** erreicht. Nach rund 25 m auf diesem Pfad Richtung Osten biegt man auf den als „Contour Path / Platteklip Gorge" geschilderten Pfad ein. Dieser Weg geht im Zickzack weiter und ist deutlich zu erkennen. Der Weg durch diese Schlucht, die größte Einkerbung des Berges, führt direkt und sicher bis zum Gipfel hinauf. Allerdings ist der Anstieg sehr steil und dauert bei durchschnittlicher Kondition zwei bis drei Stunden. Oben angekommen wendet man sich nach rechts und erklimmt die letzte kurze Anhöhe zum **Front Table**, wo sich ein atemberaubender Ausblick auf die Stadt eröffnet. Ein Schild weist den Weg zur **Upper Cable Station** – 15 Minuten zu Fuß auf einem betonierten Weg, der von vielen Besuchern genutzt wird.

Maclear's Beacon liegt rund 35 Minuten vom oberen Ende der Platteklip Gorge entfernt an einem Pfad Richtung Osten; weiße Quadrate auf gelben Fußabdrücken weisen den Weg. Der Wanderpfad mit ständigem Blick auf Maclear's Beacon überquert den Front Table. Vom Gipfel bieten sich Ausblicke auf die False Bay und die Hottentots Holland Mountains im Osten.

Der Pipe Track

Einer der schönsten und einfachsten Wanderwege am Bank ist der Pipe Track, eine Straße für Versorgungsfahrzeuge, die entlang der Wasserleitung vom Bergreservoir zum Kloofnek verläuft. Der ebene Weg folgt rund 7 km den Konturen der Westflanke des Tafelbergs unterhalb der „Zwölf Apostel" und bietet herrliche Ausblicke auf den Atlantik. Allerdings endet der Pipe Track in einer Sackgasse, so dass man ebenso gut jederzeit umdrehen kann. Für die gesamte Strecke (hin und zurück) sind sechs Stunden einzuplanen.

Ausgangspunkt sind die Steintreppen am Kloofnek gegenüber der Haltestelle der Seilbahnbusse, westlich der Abzweigung zur Tafelberg Road (Autofahrer stellen das Fahrzeug an der Tafelberg Road ab). An Häusern der Waldarbeiter vorbei führen Stufen nach oben bis zu einer Stelle unter einigen Kiefern, wo die gerade Straße beginnt. Die Versorgungsstraße kreuzt mehrere Pfade nach oben, an denen man erkennen kann, wo man sich befindet. Der erste ist nach rund 45 Minuten erreicht. Hier steht ein Wegweiser zur Blinkwater Ravine (wegen Steinschlags für Wanderer geschlossen).

Nach einer weiteren knappen Viertelstunde kommt der Kasteelspoort-Anstieg (unter Eukalyptusbäumen ausgeschildert), gefolgt vom Woody Ravine und schließlich, rund 25 Minuten nach dem Kasteelspoort, die Slangolie Ravine, wo der Weg endet. Das Felsenbett der Slangolie ist steil und sollte nicht betreten werden; es besteht Absturzgefahr. Wanderer sollten umdrehen, sobald die Woodhead Tunnel-Warnschilder in Sicht kommen.

Skeleton Gorge und Nursery Ravine

Ein Besuch des Botanischen Gartens lässt sich mit der Besteigung des Tafelsbergs und dem Abstieg über einen anderen Weg mit anschließendem Nachmittagstee im Restaurant des Kirstenbosch verbinden. Man beginnt beim Restaurant und folgt den Wegweisern zur **Skeleton Gorge**, die zum **Contour Path** hinaufführen. Eine Gedenktafel am Contour Path weist darauf hin, dass dies der **Smuts' Track** ist, die von Jan Smuts, dem Burenführer und südafrikanischen Premierminister (s.S. 87) bevorzugte Wanderstrecke. An der Tafel beginnt der Aufstieg durch die Skeleton Gorge über Treppenstufen, Holzleitern und lose Steinblöcke. Wanderer sollten sich auf steile Abschnitte und schwieriges Klettern durch Felsen gefasst machen und unter keinen Umständen vom Weg abweichen. Die Strecke erfordert einiges an Fitness, kann jedoch schon innerhalb einer Stunde zurückgelegt werden. Der Abstieg durch Skeleton ist anstrengend, vor allem in der Regenzeit, wenn es gefährlich rutschig wird.

Ratsamer ist es, den Weg durch die **Nursery Ravine** zu nehmen. Oben an der Skeleton Gorge angekommen geht man ein paar Meter nach rechts bis zum Wegweiser mit der Aufschrift **Kasteelspoort**. Auf diesem Weg sind es nur 35 Minuten vom Ende der Skeleton bis zum oberen Ende der Nursery Ravine. Durch die Nursery gelangt man wieder auf den 310 m hohen Contour Path, und auf diesem zurück zum Kirstenbosch. Der gesamte Fußmarsch dauert ungefähr fünf Stunden.

Atlantic Seaboard

Da der Tafelberg fast auf ganzer Länge der westlichen Halbinsel steil ins Meer abfällt, klammert sich entlang des **Atlantic Seaboard** ein Gürtel aus Vororten mühsam an seine Hänge. Die Meeresbrandung an der Westseite der Halbinsel kann eisig sein, viel kälter als das Wasser der False Bay. Zum Baden ist der Atlantik nicht ideal, dafür bieten sich von den traumhaften Küstenstraßen sagenhafte Ausblicke, insbesondere hinter Sea Point. Die Küste an sich besteht aus einer Reihe von Buchten und weißen Sandstränden vor der Kulisse der Zwölf Apostel. Die Strände eignen sich hervorragend zum Sonnenbaden und Betrachten des Sonnenuntergangs.

Mouille Point und Green Point

Die Vororte **Mouille Point**, westlich der V&A Waterfront, und sein Nachbar Green Point, liegen der Innenstadt am nächsten. Das bekannteste Bauwerk ist der in den 20er Jahren des 19. Jahrhunderts erbaute viktorianische **Leuchtturm**, der mit seinen roten und weißen Streifen direkt aus einem Kinderbilderbuch entnommen sein könnte. Vor kurzem angelegte direkte Verbindungen von Mouille Point zur Waterfront haben zu einer Neubelebung des Viertels beigetragen und die Waterfront enger an ihre Nachbarbezirke angebunden.

Mouille Point geht in das erheblich größere **Green Point** über, das sich sowohl landeinwärts als auch nach Westen hin entlang der zerklüfteten Atlantikküste erstreckt. Dank seiner Nähe zur Waterfront – rund zehn Minuten Fußweg – und der Nähe zum Meer hat sich Green Point im Laufe der letzten Jahre von einem schäbigen Viertel zu einem respektablen Stadtteil mit ausgezeichneten Unterkünften, Restaurants und Clubs gemausert.

An der dem Meer abgewandten, an das Bo-Kaap angrenzenden Seite liegt am Fuß des Signal Hill **De Waterkant**, ein Viertel mit terrassenförmig angelegten Kap-Cottages, die im 18. Jh. für freigelassene Sklaven und Kunsthandwerker erbaut wurden. Der rund dreimal drei Straßenzeilen umfassende Bezirk ist inzwischen *trendy,* und in seinen Gassen konzentrieren sich moderne Gästehäuser und Cafés. In der Somerset Road, die die Ostgrenze des Viertels bildet, und ihrer Verlängerung, der Main Road in Green Point, signalisiert die Regenbogenfahne an zahlreichen Etablissements, dass dieses ein beliebter *gay strip* von Kapstadt ist.

Sea Point und Bantry Bay

Wer von Green Point auf der Main Road nach Südwesten fährt, kommt nach **Sea Point**, einem altbewährten Ziel der Feinschmecker. Die anfänglich nicht ganz geheure Mischung aus mittelständischer Respektabilität und Zwielichtigkeit verschwindet, sobald man nach Bantry Bay und den wohlhabenderen Vierteln am Atlantic Seaboard gelangt.

Die der Innenstadt am nächsten gelegene Küste, eine Querstraße unterhalb der Main Road, ist allerdings so felsig, dass Schwimmen dort nicht in Frage kommt. Am östlichsten Ende, auf halbem Wege entlang der kilometerlangen Strandpromenade, ist neben der Beach Road ein Stückchen von **Graaff's Pool** zu sehen, einem ausschließlich Männern vorbehaltenen FKK-Strand. Am Westende von Sea Point liegt **Bantry Bay**, dessen schicke Hotelanlagen und Ferienwohnungen zwar weit genug vom schäbigen Sea Point entfernt liegen, damit sich Urlauber wohlfühlen, aber doch nah genug für einen Spaziergang zu einem der Sea Point-Restaurants. Die einzige Möglichkeit zum Schwimmen bietet der **Salzwasserpool** von olympischen Ausmaßen direkt am Meer (s.S. 192).

Von Clifton zur Sandy Bay

Die Randbezirke beginnen eigentlich erst so richtig südlich von Sea Point bei Bantry Bay. Das schicke **Clifton**, eine Bucht weiter, liegt im Schutz des Lion's Head. Die hiesigen Grundstückspreise zählen nicht grundlos zu den höchsten von ganz Afrika, denn Clifton umfasst vier wunderbare, über steile Treppen erreichbare Sandstrände. Hier kann man hervorragend surfen und schwimmen; das Wasser ist allerdings eiskalt. Am First Beach (die Strände sind durchnummeriert) tummeln sich überwiegend muskelgestählte und makellos gebräunte Ballspieler und Surfer. Der Second und Third Beach ist Teenies und bestens erhaltenen Endzwanzigern vorbehalten. Wer sich nicht eindeutig einer dieser Gruppen zuordnen lässt, begibt sich am besten zum Fourth Beach, dem über die kürzeste Treppe erreichbaren „Familienstrand". Clifton ist innerhalb von 30 Min. mit einem der 12x tgl. von der Innenstadt aus nach Hout Bay fahrenden Busse erreichbar.

Etwas weiter südlich, an den Ausläufern des Tafelbergs, liegt **Camps Bay**, aufgrund der unvergleichlichen Lage einer der begehrtesten Vororte Kapstadts. Seine Hauptstraße, die von namhaften Restaurants gesäumte Victoria Road, führt direkt entlang der Küste. Der lange Sandstrand ist per Bus erreichbar und daher Ziel von Familien sämtlicher Größen und Hautfarben. Dank seiner Schatten spendenden Palmen zieht der Strand von Camps Bay vor allem in den Weihnachts- und Osterferien viele Besucher an. Er ist allerdings den eisigen Südostwinden und manchmal auch tückischen Strömungen ausgesetzt.

Das Gelände zwischen Camps Bay und der wunderschönen Höhle von **Llandudno**, 20 km von der Innenstadt entfernt und über die Victoria Road (auf der keine öffentlichen Transportmittel verkehren) erreichbar, ist größtenteils unbebaut. Eine steile, schmale Straße windet sich an teuren Villen vorbei hinab zum felsendurchsetzten Ufer. Hier kann man ausgezeichnet sonnenbaden und den Sonnenuntergang genießen. Der kleine Parkplatz ist zur Saison dem Ansturm nicht gewachsen, so dass dann auch die angrenzenden Straßen zugeparkt werden.

Sandy Bay, der größte FKK-Strand von Kapstadt, lässt sich nur nach einer 20-minütigen Wanderung von Llandudno aus erreichen. Während der Apartheid war die Polizei angewiesen, alle nur erdenklichen Anstrengungen zu unternehmen, um Nacktbadende dingfest zu machen, doch heutzutage kann sich hier jeder so an- oder ausgezogen wie gewünscht in die Sonne legen. Zwischen den Dünen und dem Fynbos (s.S. 152, Kasten) gibt es keine Versorgungseinrichtungen, daher muss alles Erforderliche mitgebracht werden. Der Strand ist auf dem Weg erreichbar, der vom südlichen Ende des Parkplatzes von Llandudno durch Fynbos und ein paar Felsen zum Wasser hinabführt. Er ist relativ gut begehbar, doch wer barfuß läuft, sollte sich vor Glassplittern in Acht nehmen.

Hout Bay

Hout Bay ist zwar kein ruhiges Fischerdorf mehr, besitzt aber immer noch einen Fischerhafen und bildet das Zentrum der regionalen Krabbenindustrie. Zwar streifen längst keine Leoparden mehr über die *kranses* und *koppies*, doch zumindest erinnert noch eine Bronzestatue am Chapman's Peak Drive daran, dass diese herrliche, mittlerweile durch hässliche Wohnbauten verunstaltete Landschaft ursprünglich ihr Lebensraum war. Unter dem Dach der kleinen **Mariner's Wharf** neben der Hafenanlage und dem Parkplatz wird im Seafood Emporium frischer Fisch verkauft. Im Obergeschoss gibt es ein gutes Restaurant, das fang-frischen *snoek* zubereitet, eine Westkap-Spezialität, die auch roh im Emporium probiert werden kann.

Das Meer vor dem langen, schmalen Strand eignet sich nicht zum schwimmen; es ist zu kalt, und der Hafen mit den oft darin treibenden Fischabfällen liegt zu nah. Das Dorf abseits vom Hafen hat sich noch ein bisschen historisches Ambiente erhalten, z.B. im **Hout Bay Museum**, 4 St Andrews Rd, ℡ 790 3270, das interessante Ausstellungsstücke über die ehemaligen Strandloper (Strandräuber) und die lokale Fischindustrie beherbergt. ☉ Di–Fr 8.30–16.30 Uhr; Eintritt R5. Für die Betrachtung der mehr als 3000 Vögel und Kleintiere, die in großzügigen Volieren in der nahe gelegenen **World of Birds**, Valley Rd, gehalten werden, braucht man mindestens zwei Stunden. Die Pinguine werden Di–Do, Sa und So um 11.30 und 15.30 Uhr gefüttert, Pelikane um 12.30 Uhr und Raubvögel um 16.10 Uhr. Zu den Bewohnern einer großen, begehbaren Voliere, ☉ tgl. 11.30–13 und 14–15.30 Uhr, zählen u.a. niedliche Totenkopfäffchen. Es ist erlaubt, sie zu streicheln und mit ihnen zu spielen. Im hauseigenen Café und Restaurant werden kleine Gerichte serviert; wer Proviant mitbringt, kann ihn auf der Flamingo Terrace verzehren. ☉ tgl. 9–17 Uhr; Eintritt R30.

Hout Bay liegt an einer wichtigen Straßenkreuzung der Halbinsel und besitzt die dichteste Konzentration von Übernachtungsmöglichkeiten südlich von Sea Point, darunter das luxuriöse *Hout Bay Manor*. Vom Zentrum Kapstadts sind es 20 km – entweder entlang der Küste oder weiter landeinwärts via Constantia. Notfalls lässt sich der Vorort mit einem der beiden Stadtbusse (s.S. 197) erreichen, die tgl. an der Adderley Street abfahren und die Strecke über Constantia nehmen, oder mit einem Minibustaxi. Von Simon's Town über das Rückgrat der Halbinsel (auf dem Glencairn Expressway) sind es 26 km.

Vom Chapman's Peak Drive nach Scarborough

Die Fahrt auf dem nach Süden an der Küste entlangführenden Chapman's Peak Drive ist atemberaubend. Über eine Strecke von 10 km windet sich die Straße am hunderte von Metern zum Ozean abfallenden Steilhang entlang. Dramatische Ausblicke eröffnen sich von der Straße, die am Rande der

Hout Bay zu einem 331 m hoch auf einem Felsvorsprung gelegenen Wachposten führt. Am Straßenrand gibt es mehrere Aussichtsplattformen, doch bei Sturm ist Vorsicht geboten, es kann zudem zu Steinschlag kommen.

Noordhoek, eine unscheinbare Siedlung am unteren Ende des Chapman's Peak Drive, besteht aus bescheidenen Gehöften in einem sanften Tal, gesäumt von einer langen, ungezähmten Küste, die sich über eine Länge von 3 km über die Chapman's Bay bis Kommetjie erstreckt. Man kann hier wunderbare Strandwanderungen unternehmen oder reiten, aber wenn der Südwestwind bläst, ist es die reinste Sandwüste. Schwimmen kann man nur unter Lebensgefahr, doch Surfer wissen die raue Brandung bei den weiter nördlich gelegenen Felsen zu schätzen. Das einzige Lokal weit und breit ist das hervorragenden Restaurant *Red Herring* (s.S. 176) abseits der Küste, rund 10 Minuten zu Fuß vom Parkplatz am Wasser entfernt.

Obwohl **Kommetjie** nur ein paar Kilometer Küstenlinie südlich von Noordhoek liegt, ist der Ort nur auf einem 15 km langen Umweg auf der durchs Binnenland führenden Noordhoek Road zu erreichen, der von einer Abzweigung nach Westen, die Kommetjie Road, wieder zum Meer hinabführt. Die Wassertemperaturen in dem kleinen Meeresbecken *(kommetjie)* liegen immer ein paar Grad über denen der umgebenden Gewässer, daher ist es ein herrliches Plätzchen zum Schwimmen. Unmittelbar nördlich davon befindet sich der **Long Beach**, selbst während der kalten Wintermonate ein begehrtes Surferziel.

Das Dorf **Scarborough**, fast zehn Straßenkilometer von Kommetjie entfernt, ist der entlegenste Vorort auf der Halbinsel. Der lange, weiße Sandstrand südlich der Ortschaft, gleich hinter der Schusters River Lagoon, sieht sehr einladend aus, doch die Brandung ist tückisch, und Badende sollten mit der Lagune vorlieb nehmen.

False Bay Seaboard

Im Sommer ist das Wasser der False Bay um einige Grade wärmer als das des Atlantik, daher zieht es die meisten Strandurlauber bereits seit langem auf diese Seite der Halbinsel. Eine Reihe dörflicher Vororte am Fuß der Berge, jeder mit der Metro Rail erreichbar, erstreckt sich Richtung Süden von Muizenberg über St James, Kalk Bay, Fish Hoek bis nach Simon's Town. Jede Siedlung besitzt ihren eigenen Charakter, doch allen gemeinsam sind die Restaurants, Geschäfte und Übernachtungsmöglichkeiten. Simon's Town, eine der ältesten Niederlassungen Südafrikas, eignet sich für einen Tagesausflug mit einem Abstecher zum Cape of Good Hope Nature Reserve und Cape Point.

Muizenberg

Früher war Muizenberg, das an der Bahnlinie nahe den übervölkerten Cape Flats liegt, der eleganteste Badeort Südafrikas. Mittlerweile ist er ziemlich heruntergekommen, soll jedoch demnächst aufgefrischt werden. Farbenfrohe Umkleidekabinen erinnern an seine Glanzzeit als Ziel gut betuchter Sommerfrischler, darunter bekannte Persönlichkeiten wie Agatha Christie.

Die sanft geschwungene, sandige Bucht von Muizenberg ist immer noch die beliebteste der Halbinsel; im seichten, überwiegend warmen Wasser kann man gefahrlos baden, und die Wellen eignen sich zum Surfen. Mit seinen Teashops im Pavillonkomplex rings um den Parkplatz, einer Wasserrutsche und einem Minigolfplatz ist er auch der am besten erschlossene Strand der Kap-Halbinsel. Entlang der Uferstraße und der Main Road gibt es außerdem kleine Geschäfte, Cafés und Restaurants.

Muizenberg erreicht man von der Innenstadt am besten mit der Bahn in 45 Minuten – es ist die erste Haltestelle am Meer. Autofahrer nehmen die M3 durch die schicken Vororte oder die etwas schnellere M5 über die Cape Flats, doch in der Hochsaison ist es fast unmöglich, einen Parkplatz zu bekommen.

Historical Mile

Südlich von Muizenberg verlaufen die Main Road und die Bahnlinie entlang der Küste nach Simon's Town. Ein kurzer Spaziergang führt vom Bahnhof in Muizenberg durch die **Historical Mile** mit ihren sehenswerten Gebäuden. Das **Bahnhofsgebäude**,

---

Whale-watching am Kap   Zum Wale beobachten eignet sich bei Kapstadt am besten die **False Bay**, wo sich die Meeressäuger von August bis November tummeln, aber um sie gut sehen zu können, benötigt man ein Fernglas. Hinweisschilder kennzeichnen geeignete Aussichtspunkte. Die hier am häufigsten anzutreffende Art ist der südliche Glattwal. Allerdings gibt es weiter östlich, vor allem bei Hermanus (s.S. 251), noch erheblich bessere Möglichkeiten.

Eine hervorragende Sicht bietet sich vom **Boyes Drive**, der hinter Muizenberg und Kalk Bay am Berg entlang verläuft. Wer mit dem Auto unterwegs ist, fährt auf der M3 von der Innenstadt nach Muizenberg und biegt in Lakeside scharf rechts auf den Boyes Drive ab. Hier steigt die Straße an und führt über eine Anhöhe zwischen Kalk Bay und Fish Hoek wieder zur Main Road hinab. Man kann aber ebenso an der Küste entlang auf der Main Road bleiben: Besonders empfehlenswert ist der Abschnitt zwischen **Fish Hoek** und **Simon's Town**. Dort gibt es eine ausgesprochen hübsche Aussichtsstelle oberhalb der Felsen am Südende des Fish Hoek Beach, wenn man nach Süden, Richtung Glencairn spaziert. Am **Boulders Beach**, am südlichen Ende von Simon's Town, steht eine Informationstafel über Wale, und von den flachen Felsausläufern bietet sich ein Ausblick aufs Meer. Noch bessere Aussichtspunkte befinden sich weiter unten an der Küste, zwischen Simon's Town und **Smitswinkel Bay**, wo die Straße höher am Berg verläuft.

Wer auf öffentliche Verkehrsmittel angewiesen ist, nimmt den Zug nach Fish Hoek oder Simon's Town und hält vom Uferweg Jager's Walk, der unterhalb der Bahnlinie am Ufer entlang von Fish Hoek zur Sunny Cove führt, Ausschau nach Walen.

Während einer Sightseeingtour über die Halbinsel lassen sich mit etwas Glück vom **Chapman's Peak** Richtung Hout Bay sowie zwischen **Llandudno** und **Sea Point** Wale beobachten. Die besten Plätze außerhalb Kapstadts sind **Hermanus** (1 1/2 Std. Fahrt) und die anderen Kleinstädte entlang der Walker Bay. Informationen über die Stellen, an denen während der vergangenen 24 Std. Wale gesichtet wurden, bietet die kostenlose **Whale Watch Hotline**, ☎ 0800 22 8222.

---

ein 1913 fertig gestelltes Bauwerk im edwardianischen Stil, steht unter Denkmalschutz. Ein Stück weiter, Richtung Simon's Town, steht das **Posthuys**, ein weißgetünchtes, strohgedecktes Gebäude aus dem Jahr 1673 und ein wunderbares Beispiel kapholländischer Architektur. Das **Rhodes' Cottage Museum**, ✆ 788 1816, ist in dem Haus untergebracht, das der Millionär und Politiker 1899 kaufte und in dem er 1902 verstarb, bevor seine pompösere Villa (kein Zutritt) gleich daneben fertig gestellt war. Die im Rhodes' Cottage ausgestellten Memorabilien zeichnen ein besonders positives Bild dieses Mannes und umfassen Fotos, ein Modell des Big Hole in Kimberley (wo Rhodes durch Diamantenschürfen sein Vermögen machte) und ein Diorama von World's View in Matopos Hills (Zimbabwe), wo er begraben wurde. ☉ Di–So 10–17 Uhr; Eintritt frei.

Ein ausgefallenes, im venezianischen Stil des 18. Jahrhunderts erbautes Gebäude an der historischen Meile Richtung St James ist das **Natale Labia Museum**, ✆ 788 4106. Es wurde 1930 als die Residenz des italienischen Konsuls fertig gestellt und ist heute Teil der National Gallery. Es beherbergt eine kleine Gemäldesammlung, Kunstgegenstände und Möbel. Zum Museum gehört auch ein ausgezeichnetes Restaurant mit Patio, das Frühstück, leichte Mahlzeiten und Nachmittagstee serviert. ☉ Di–So 10–17 Uhr; Eintritt R5.

St James

St James, 2 km und nur eine Metrostation südlich von Muizenberg, ist malerischer als seine nördlicheren Nachbarn und lädt förmlich zu einer Stippvisite ein. Die in leuchtenden Grundfarben gestrichenen viktorianischen Badehäuschen am Strand, die sowohl vom Zug als auch von der Straße aus zu sehen sind, stellen ein beliebtes Fotomotiv dar. Zum Schwimmen eignen sich allerdings die felsigen, windgeschützten Stände nicht besonders gut, doch im **Gezeitenpool** können normalerweise sogar Kleinkinder gefahrlos baden. Erwachsene haben wahrscheinlich am meisten Spaß, wenn bei Flut hohe Wellen hereinbrechen. Am Wochenende und während der Schulferien ist St James meistens überlaufen, und wer den Massen entgehen möchte, begibt sich besser zum Danger Beach zwischen St James und Kalk Bay. Ein geteerter, 1 km langer **Küstenweg**, unterbrochen von Zugängen zur His-

torical Mile, erstreckt sich am Meer entlang von Muizenberg nach St James. Er bietet nicht nur wunderschöne Ausblicke über die Bucht, sondern führt auch direkt zum Labia Museum.

Kalk Bay

Südlich von Muizenberg liegt Kalk Bay, einer der südlichsten und kleinsten Vororte Kapstadts, ein betriebsamer **Hafen** mit Fischerbooten, Ausblicken auf den Berg und einem schicken Einkaufszentrum.

Irgendwie gelang es Kalk Bay durch die Maschen des *Group Areas Act* zu schlüpfen, denn es ist eine der wenigen Ansiedlungen auf der Halbinsel mit einer intakten „farbigen" Gemeinde, und – abgesehen vom größeren Hout Bay – die einzige Niederlassung „farbiger" Fischer. Am Wochenende, wenn die Kapstädter hier frischen Fisch für ein Braai einkaufen oder zum Mittagessen im *Kalkies* einfallen, einem zwanglosen Fish'n'chips-Restaurant inmitten des Hafengetümmels, herrscht Hochbetrieb. An der vor Wellen umspülten Hafenmauer des Bahnhofsgeländes steht das beliebte Restaurant *Brass Bell*, eine der Hauptattraktionen von Kalk Bay und eines der wenigen Esslokale der Halbinsel, das direkt am Meer liegt (s.S. 177).

Im Rücken der Kalk Bay liegt das **Silvermine Nature Reserve**, das sich auf der höchsten Erhebung der Halbinsel fast bis zur Westseite bei Chapman's Peak erstreckt. Dieser Teil der Tafelbergkette offeriert Wanderwege sowie Straßen mit traumhaften Ausblicken auf die False Bay, die Berge, Wälder und Fynbos (s.S. 152, Kasten). Am einfachsten lässt sich das Naturschutzgebiet über den Ou Kaapseweg (die Old Cape Road, M64) via Tokai erreichen. Am Rande des Silvermine verläuft der **Boyes Drive**, eine höher gelegene Alternative zur Hauptverkehrsstraße zwischen Fish Hoek und Muizenberg, mit unvergesslicher Aussicht über die False Bay bis zu den Hottentots Holland Mountains an der Ostseite der False Bay.

Fish Hoek

Der Strand von Fish Hoek, südlich der Kalk Bay, wird vor allem von Familien bevorzugt, denn an seinem Südende kann man im relativ warmen, ruhigen Wasser gut und ziemlich gefahrlos schwimmen. Hier gibt es u.a. Umkleidekabinen, Toiletten und ein erstaunlich gutes Restaurant direkt am

Strand, das *Fish Hoek Galley Seafood Restaurant*. Davon abgesehen handelt es sich allerdings um einen der langweiligsten Vororte der gesamten False Bay. Ob es daran liegt, dass ein obskures Gesetz den Verkauf von Alkohol in den hiesigen Super- und Getränkemärkten verbietet?

An der Rückseite des Restaurants beginnt ein landschaftlich reizvoller, geteerter Spazierweg, der **Jager's Walk**, der am Steilufer über dem Meer entlang nach Sunny Cove (1 km) führt und von dort aus, allerdings nicht mehr asphaltiert, weitere 6 km bis Simon's Town. Zur entsprechenden Jahreszeit kann man von diesem Weg aus draußen auf dem Ozean Wale beobachten.

Die Vorortzüge von Kapstadt nach Simon's Town halten am Bahnhof von Fish Hoek, gegenüber vom Strand. Motorisierten Besuchern bietet sich Fish Hoek als Ausgangspunkt für einen Abstecher zum Atlantic Seaboard oder zu den Weingütern von Constantia an. Unmittelbar südlich des Vororts nimmt man den nach Westen führenden Glencairn Expressway (M6) oder die gleichermaßen reizvolle Kommetjie Road (M65), rund 4 km weiter südlich (für Autofahrer, die von Simon's Town kommen praktischer als die M6). Beide Straßen kreuzen sich ungefähr auf halber Höhe der Halbinsel bei Sun Valley, wo die Kommetjie Road weiter bis nach Noordhoek führt. Die M6 dagegen zweigt bei Sun Valley nach Norden ab und gabelt sich rund 1 km hinter der Kreuzung. Der nordwestliche Straßenabschnitt trifft bei Chapman's Point auf die Küste und geht in den atemberaubenden Chapman's Peak Drive über, der schließlich in die City Bowl mündet. Der nordöstliche führt als Ou Kaapseweg (M64, übergehend in die M42) durch das Silvermine Nature Reserve und die Winelands.

Simon's Town

Simon's Town, wichtigster Stützpunkt der südafrikanischen Marine, ist keineswegs der befürchtete oder erhoffte raubeinige Hafen. Die nur 40 km von Kapstadt entfernte, drittälteste europäische Siedlung, ist ein ausgesprochen hübscher Ort mit einem nahezu perfekt erhaltenen Straßenbild. Der Anblick der Ozeanriesen und der Matrosen in tadellos weiße Uniformen verleiht Simon's Town zusätzlichen Charme.

Da es ungefähr auf halbem Weg entlang der Küste zum Cape Point liegt, eignet sich Simon's Town wunderbar als Übernachtungsort und Ausgangspunkt für Tagesausflüge mit dem Zug nach Kapstadt. Nur ein paar Kilometer südlich befindet sich Boulders Beach mit seiner großen Kolonie putziger afrikanischer Pinguine, deren Besuch man sich auf gar keinen Fall entgehen lassen sollte.

Simon's Town wurde 1687 als Winterhafen der VOC gegründet und von **Gouverneur Simon van der Stel** in aller Bescheidenheit nach sich selbst benannt. Der berühmteste Besucher war Lord Nelson, der sich 1776 hier als Leutnant zur See auf dem Heimweg aus dem Osten erholte. 19 Jahre später besetzten brititsche Kriegsschiffe Simon's Town und nutzten es als Brückenkopf für die erste britische Invasion des Kaps. Nach sieben Jahren zogen die Briten ab, kehrten aber 1806 wieder zurück. Simon's Town blieb bis 1957 britischer Marinestützpunkt und wurde erst dann Südafrika übergeben.

Ein paar Zeichen, wie die eine oder andere Moschee, deuten darauf hin, dass es hinter dem rein „weißen" Erscheinungsbild eine weitere Welt gibt. Im frühen 18. Jahrhundert kamen die ersten Moslems, Sklaven aus aus dem indonesischen Archipel, die den holländischen Kriegshafen bauen mussten. Nachdem die Briten 1807 den Sklavenhandel verboten hatten, wurden die Schiffe angehalten, ihre menschliche Fracht in Simon's Town zu löschen, wo bald ein ganzer Bezirk zur so genannten Black Town wurde. 1967, als Simon's Town zur White Group Area erklärt wurde, gab es hier 1200 mittelständische „farbige" Familien, Nachkommen jener Sklaven. In den frühen 70er Jahren waren die meisten von ihnen aufgrund des *Group Areas Act* (s.S. 89) in die desolate Township **Ocean View** (ironischerweise eine der wenigen Stellen der Halbinsel ohne Meeresblick) zwangsumgesiedelt worden. Nach ihrer Deportation wurden ihre Häuser abgerissen oder waren dem Verfall preisgegeben, wodurch die Stadt einige historisch bedeutsame Bauten verlor.

Südlich des Bahnhofs führt von der King George's Street, der Hauptstraße, eine ausgeschilderte Straße nach links zu den Museen. Das **Simon's Town Museum**, Court Rd, ✆ 786 3046, ist in der Old Residency untergebracht, die 1772 für den Gouverneur der VOC erbaut wurde. Das Gebäude diente gleichzeitig als Sklavenquartier (die Zellen befinden sich im Keller) und städtisches

Bordell. Die Ausstellung zum Thema Seefahrt umfasst eine Menge Informationen über Able Seaman Just Nuisance, einen dänischen Seefahrer, der im 2. Weltkrieg das Maskottchen der Royal Navy war. ⏰ Mo–Fr 9–16, Sa ab 10, So ab 11 Uhr; Eintritt R5.

Das **South African Naval Museum**, ✆ 797 4653, eine Tür weiter, zeigt u.a. das Innere eines U-Boots, eine (künstlich) schaukelnde Schiffsbrücke und viele Porträts südafrikanischer Marinekommandeure. ⏰ tgl. 10–15 Uhr; Eintritt frei.

Im Zentrum von Simon's Town, etwas mehr als 1 km südlich des Bahnhofs, erstreckt sich der **Jubilee Square**, ein von Palmen beschatteter Parkplatz nahe der Hauptverkehrsstraße St George's Street. Er ist umgeben von ein paar guten Cafés und Geschäften, darunter einem ausgezeichneten Fish'n'chips-Restaurant. An der Hafenseite steht an der Promenade eine Statue des unvermeidlichen Able Seaman Just Nuisance. Treppen führen zur **Marina** hinab, wo sich direkt am Wasser bescheidene Läden und zwei gute Restaurants befinden.

Long Beach und Seaforth Beach

Der am nächsten beim Bahnhof gelegene Long Beach ist schattenlos und daher nicht besonders begehrt. An windstillen Tagen kann man hier aber schöne, ausgedehnte Spaziergänge mit Blick auf die Hottentots Holland Mountains unternehmen und im Gezeitenpool gefahrlos baden. Zugang bieten ein paar Lücken in einer Ziegelsteinmauer an der Hauptstraße sowie eine lange Treppe, ungefähr auf halber Höhe des Strandes (gegenüber dem Hopkirk Way). Am Strand gibt es kostenlose Umkleidekabinen und Toiletten.

Der Seaforth Beach ist einer der besten, wenn auch nicht gerade schönsten Strände zum Schwimmen, denn er wird an einer Seite von der grauen, wuchtigen Marinebasis begrenzt. Das die Felsen umspielende Wasser ist sauber und tief, ruhig und geschützt, und es gibt ausgedehnte Wiesen unter schattigen Palmen.

Boulders

Zwei Kilometer vom Bahnhof Richtung Cape Point liegt Boulders, der beliebteste Strand der Region, an dem mehrere Unterkünfte zu finden sind. Das Gebiet wurde nach den riesigen, von Wind und Wellen abgeschliffenen Felsbrocken benannt, die eine Reihe kleiner Buchten mit Sandstränden und Badetümpeln bilden. Die meisten Besucher kommen jedoch wegen der **afrikanischen Pinguine** (Brillenpinguine; früher *jackass penguins,* d.h. Eselpinguine genannt, denn sie geben erstaunlich laute, schnarrende Geräusche von sich) im Boulders-Abschnitt des **Cape Peninsula National Park**, einem umzäunten Reservat am Boulders Beach. Früher machten Seeleute Jagd auf die Vögel und ihre Eier, und in jüngerer Zeit wurden sie Opfer von Tierquälern und einigen Anwohnern, die sie als Belästigung empfinden, aber jetzt stehen sie unter dem Schutz eines offiziellen Tierwächters. Das eigentliche Habitat der afrikanischen Pinguine sind die Inseln vor der südafrikanischen Westküste, und die Boulders-Kolonie ist eine der beiden einzigen Festlandskolonien von Pinguinen auf der ganzen Welt.

Dieser einzige Ort, wo sich die Zahl dieser vom Aussterben bedrohten Tierart wieder vermehrt, bietet die äußerst seltene Gelegenheit, sie aus nächster Nähe zu betrachten. ⏰ rund um die Uhr; von 8–17 Uhr Eintritt R10. Zu erreichen mit einem Rikki's-Taxi vom Bahnhof in Simon's Town.

Miller's Point und Smitswinkelbaai

Rund 5 km weiter südlich befindet sich der beliebte Urlaubsort **Miller's Point**, der eine Reihe kleiner Sandstrände und einen vor dem Südostwind geschützten Gezeitenpool besitzt. Vom Zeltplatz des Caravanparks bieten sich sogar Ausblicke aufs Meer. Das berühmte *Black Marlin* Seafood-Restaurant an der Main Road zieht Busladungen voller Touristen an, und auf den Felsblöcken rund um die Landspitze tummeln sich Eidechsen, Salamander und Dassies.

Der letzte Ort vor dem Cape of Good Hope Nature Reserve ist die **Smitswinkelbaai**. Das Wasser vor dem winzigen Strand der kleinen Felsenbucht erlaubt zwar gefahrloses Schwimmen, ist jedoch ungeschützt dem Südostwind ausgesetzt. Mit dem Auto ist die Stelle nicht erreichbar. Wer hier baden möchte, muss den Wagen am Straßenrand abstellen und eine fast endlose Reihe von Treppen hinabsteigen.

Cape of Good Hope Nature Reserve

Die meisten Touristen besuchen das Cape of Good Hope Nature Reserve, ℡ 780 9100, um den südlichsten Zipfel Afrikas und die Stelle zu sehen, wo am Cape Point der Indische Ozean und der Atlantik aufeinander treffen. In Wirklichkeit befindet sich hier weder das Eine noch das Andere, aber dennoch ist es ein atemberaubender Ort, dessen Besuch man auf gar keinen Fall auslassen sollte. Das Reservat umfasst gewaltige Felsklippen mit sagenhafter Aussicht, umspült von tosenden Wellen und einem brüllenden Wind ausgesetzt, der den Besuchern auf dem Aussichtspunkt oben am alten Leuchtturm die Mützen vom Kopf und die Sonnenbrillen von der Nase fegt. ☉ tgl. Apr–Sep 7–17; Okt–März 6–18 Uhr; Eintritt R25.

Die tatsächliche Südspitze des Kontinents bildet das Cape Agulhas, über 200 km weiter südöstlich, doch Cape Point ist wesentlich leichter erreichbar als Agulhas und weitaus aufregender.

Anreise

Zum Naturschutzgebiet fahren keine öffentlichen Verkehrsmittel, aber Nichtmotorisierte können in Simon's Town ein Rikki's Taxi, ℡ 786 2136, für den Hin- und Rückweg mieten. Wer einen fahrbaren Untersatz besitzt, nimmt die M3 nach Muizenberg und weiter die M4 via Simon's Town bis zum Eingangstor des Reservates, wo man zusammen mit der Eintrittskarte eine übersichtliche Landkarte erhält, auf der die wichtigsten Straßen und Wanderwege sowie die Gezeitenpools und andere Einrichtungen eingezeichnet sind.

Vom Parkplatz führt ein kurzer, steiler und von Touristen wimmelnder Fußweg zum beliebten Aussichtspunkt beim jahrhundertealten Leuchtturm hinauf. Weniger Energiegeladene nehmen die Bergbahn (Rückfahrkarte R24) nach oben, wo sich ein Souvenirladen befindet. Zudem gibt es am Parkplatz unten ein schlichtes, recht gutes Restaurant, das *Two Oceans*, mit Tischen im Freien (normalerweise ist es aber zu windig zum gemütlichen Draußensitzen) und großen Fenstern, die eine Aussicht aufs Meer bieten. Die meisten Besucher kommen im Rahmen einer Sightseeingtour zum Point. Die Busse fahren über Kommetjie und den landschaftlich besonders reizvollen Chapman's Peak Drive nach Kapstadt zurück. Zahlreiche Veranstalter ha-

Fynbos Die ersten holländischen Siedler suchten vergeblich nach Bauholz, denn die Hänge der Kaphalbinsel waren mit unscheinbarem Gestrüpp überwuchert, das die Neuankömmlinge als *fijn bosch* („dünner Busch") bezeichneten und das heute unter seinem Afrikaans-Name **fynbos** bekannt ist. Daher pflanzten die Siedler Exoten wie Eichen an, die heute noch in der kapstädter Innenstadt Schatten spenden, und im Laufe der Jahrhunderte legten ihre Nachfahren an den Flanken des Tafelbergs Kiefernwälder an, um eine malerische Landschaft gemäß ihrer europäischen Vorstellung zu schaffen. Erst vor relativ kurzer Zeit gingen die Kapbewohner dazu über, den Fynbos mit Stolz als Teil des kulturellen Erbes der Halbinsel zu betrachten.

Der Fynbos zeichnet sich durch eine erstaunliche Pflanzenvielfalt aus, die 80% der gesamten **Capensis** (Kapflora), dem kleinsten Florenreich der Welt, ausmacht. Mit rund 8500 Arten ist der Fynbos eine der vielfältigsten Vegetationszonen der Erde. Nur die südamerikanischen Regenwälder können sich annähernd mit diesem Artenreichtum messen.

Allein auf der Kaphalbinsel, deren Fläche weniger als 500 km^2 beträgt, finden sich 2256 Pflanzenarten (fast doppelt so viele wie in Großbritannien, das 5000 mal größer ist). Während die anderen fünf Florenreiche riesige Gebiete, wie Australien oder die Nordhalbkugel umfassen, erstreckt sich das Kap-Florenreich über einen relativ schmalen Bogen entlang der Küste von Niewoudville im Westen über Kapstadt bis nach Grahamstown im Osten.

Die vier Grundarten des Fynbos sind: **Protea** (die Landesblume Südafrikas); die rund 600 Heidekrautarten umfassende **Erika** (im Rest der Welt kommen nur 26 Arten vor); **Gräser** und **Geophyten** (im Boden überwinternde oder wachsende Pflanzen), darunter Lilien und die feuerroten Roten isas, die im Spätsommer am Tafelberg blühen.

ben Tagestouren zu den Highlights der Halbinsel im Programm; *Day Trippers,* ✆ 531 3274, veranstaltet *fun tours* für R265 (inkl. Mittagspicknick), einige davon mit der Möglichkeit, einen Teil der Strecke mit dem Fahrrad zurückzulegen. Näheres zu Sightseeingtouren, die auch einen Abstecher in das Reservat vorsehen, s.S. 193 f.

> **Kapfauna** Abgesehen von den einheimischen Pflanzen bekommen Besucher sicher die einen oder anderen Tiere, die im Fynbos der Cape of Good Hope Nature Reserve leben, zu Gesicht. **Paviane** turnen überall am felsigen Ufer herum und können sich als wahre Plagegeister entpuppen; Autofahrer sollten unbedingt die Fenster geschlossen halten und beim Ein- und Aussteigen sehr vorsichtig sein, denn die Affen scheuen keineswegs davor zurück, in Fahrzeuge einzudringen und sind unheimlich gewiefte Lebensmittel-Diebe. Außerdem gibt es **bontebok**, **Elenantilopen** und **Kuhantilopen**, und an den Hängen grasen **Greisböckchen**. Mit sehr viel Glück lässt sich vielleicht sogar eines der äußerst seltenen **Kap-Bergzebras** erblicken.
> **Strauße** schreiten durch den niedrigen Fynbos, und manchmal kommen **afrikanische Pinguine** an Land. Eine auffällige Erscheinung an Felsküsten ist der **schwarze Austernfischer**, der mit seinem knallroten Schnabel Napfschnecken von den Felsen pickt. An Stränden und auf Felsen lassen sich gern Scharen von **Kapkormoranen** nieder, die oft ihre Schwingen zum Trocknen ausgebreitet haben. Bei den geschäftig am Ufer hin und her trippelnden Vögeln handelt es sich um **Regenpfeifer** und **Sanderlinge** auf der Suche nach verdaulicher Kost, die von den Wellen herangetragen wird.

Cape Point und Umgebung

Cape Point ist der gefährliche, windgepeitschte Felsvorsprung mit tückischen Strömungen, der die Navigationskünste von Seeleuten auf eine harte Probe stellt, seitdem die Portugiesen im 15. Jh. zum ersten Mal „das Kap umrundeten". Vor seiner Küste liegen zahlreiche Schiffswracks; zwei davon lassen sich zu

Fuß besichtigen und liegen bei **Olifantsbos** an der Westseite: Das eine ist ein 1942 gesunkenes US-Schiff, das andere ein südafrikanisches Küstenschiff, das 1965 auf Grund lief. Das 1860 erbaute **Old Lighthouse** lag zu häufig im Nebel, um Schiffe erfolgreich von den Felsen fernzuhalten, daher wurde 1914 weiter unten ein neuer Leuchtturm errichtet, dem es zwar auch nicht immer gelang, Katastrophen zu verhindern. Es ist jedoch immer noch die stärkste Lichtquelle an der Küste Südafrikas.

Das Meer und die Berglandschaft des Naturschutzgebietes sind Grund genug, um die 66 km von der kapstädter Innenstadt bis hierher zurückzulegen. Viele Besucher begnügen sich mit dem Blick vom Cape Point und sehen das übrige Reservat nur durch das Wagenfenster, doch die Kapflora lässt sich erst während eines Spaziergang wirklich wahrnehmen. Auf den ersten Blick scheint die Landschaft mit den kurzen, vom Wind verkrüppelten Pflanzen steinig und nichtssagend, aber bei näherem Hinsehen erweist sich die Vegetation als ungemein vielfältig. Übrigens sind viele in Europa verbreitete Zierpflanzen, wie Geranien, Fresien, Gladiolen, Gänseblümchen und Lilien veredelte Arten der am Kap beheimateten Flora.

Wandern und schwimmen

Im Cape of Good Hope Nature Reserve gibt es mehrere markierte **Wanderwege**. Wer eine lange Wanderung plant, sollte möglichst früh aufbrechen, denn Schatten ist rar, und der Wind kann sehr unangenehm werden, vor allem im Sommer, und oft nimmt seine Stärke im Laufe des Tages zu. Eine der einfachsten Strecken ist der ausgeschilderte, 40-minütige Spaziergang vom Parkplatz am **Cape Point** zum weiter westlich gelegenen **Cape of Good Hope**. Wer am Ufer entlangwandern möchte, kann den ausgetretenen Pfad vom Hoek van Bobbejaan entlang der Atlantikküste nehmen. Ein guter Zugang zu diesem Weg befindet sich bei **Gifkommetjie**; nach dem entsprechenden Wegweiser an der Cape Point Road Ausschau halten. Vom Parkplatz führen verschiedene sandige Pfade ziemlich steil über Felsen und durch Büsche und Wolfsmilchgewächse zur Küste hinab, an der man sowohl in der einen als auch in der anderen Richtung weiterwandern kann. Für gewagtere Unternehmungen ist die Landkarte von *Government Printer's map 3318 C.D. Cape Town* im Maßstab 1:50 000 sehr nützlich. Wanderer sollten auf jeden Fall auch auf kürzeren Strecken Trinkwasser mitnehmen.

Am Rande der Cape Point Road, die vom Eingangstor zum Cape Point-Parkplatz durch das Naturschutzgebiet verläuft, weisen Schilder den Weg über Nebenstraßen zu **Stränden**. Schwimmen im Meer ist viel zu gefährlich, aber in der angrenzenden **Buffels Bay** und **Bordjiesrif**, auf halber Höhe der Ostküste, gibt es sichere Gezeitenpools. Beide Buchten haben Grillstellen, doch die weiter südlich gelegene Buffels Bay ist der hübschere Ort, denn am Rand der großen Wiesen gibt es ein paar geschützte Plätzchen zum Picknicken.

Tafelbucht und die nördlichen Vororte

Die nördlichen Vororte, eine Domäne mittelständischer Afrikaander, erstrecken sich über den Rand der Tafelbucht. Sie umfassen das Gebiet nördlich des Duncan Dock und säumen nach Osten hin die Autobahn N2. Nur wenige Touristen sehen von dieser Ecke der Stadt mehr als den Küstenabschnitt zwischen Milnerton und Blouberg, und das aus gutem Grund: Die Hauptattraktion hier ist der Blick über die Bucht auf den Tafelberg, ein begehrtes Fotomotiv. Ansonsten bestehen die nördlichen Vororte überwiegend aus einer öden Ansammlung von Einfamilienhäusern und Neubauten (dies ist eine der wenigen Gegenden Kapstadts, wo noch Platz für Neubauten ist).

Nichtsdestotrotz eignen sich die langen Sandstrände hervorragend für einen Spaziergang bei Sonnenuntergang, wenn der rote Feuerball in der Nähe von Robben Island (s. S. 132) im Ozean versinkt. Das Wasser ist kalt, und meistens bläst ein stürmischer Wind, aber Windsurfer und Drachenflieger sind hier in ihrem Element. Big Bay (Grootbaai), unweit des großen Urlauberresorts Bloubergstrand (meistens kurz Blouberg genannt), zieht alljährlich wettkampflustige Windsurfer aus aller Welt an.

Autofahrer nehmen von der Innenstadt die N1 und die Abfahrt Milnerton / Paarden Island, um auf den Marina Drive zu gelangen, der am Meer entlang nach Milnerton, Tableview, Blouberg, Melkbosstrand und zum Atomkraftwerk Koeberg und dann immer die Westküste hinauf bis zur Grenze zu Namibia führt.

Von Milnerton nach Melkbosstrand

Die Hafenpromenade von Milnerton, dem der Innenstadt am nächsten gelegenen nördlichen Vorort, ist ein banaler, neonbeleuchteter Fast-Food-Strip, der in erster Linie hartgesottene Surfer anzieht, die ungeachtet der Hafenabwässer auf den Brechern vor dem Leuchtturm ihrem Sport frönen.

Westlich von Milnerton liegt **Table View**, bekannt für seinen direkten Strandzugang und seine sagenhafte Aussicht auf den Tafelberg. Das nahe gelegene **Bloubergstrand**, 25 km vom Stadtzentrum entfernt, ist der einzige Ort, der zum Besuch der Tafelbucht verlockt. Das ehemalige Fischerdorf ist ein hübsches Fleckchen zum Spaziergehen und hat ein paar Restaurants mit Tischen im Freien.

Erst wenn man in Melkbosstrand durch staubtrockenes Buschland fährt, hat man das Gefühl, Kapstadt hinter sich gelassen zu haben. **Melkbos**, 30 km von Kapstadt entfernt, besitzt einen Caravanplatz und ein, zwei Unterkünfte, doch nur wenige Reisende machen hier Halt, was vielleicht damit zusammenhängt, dass der Ort dicht bei Koeberg liegt, dem einzigen **Kernkraftwerk** des Landes, von dem das Westkap seine Stromversorgung bezieht. Angeblich ist das Wasser bei Melkbos um einige Grade wärmer als im Umkreis, erhitzt durch das Reaktorkühlwasser. Die radioaktiven Abfälle werden derzeit 600 km weiter nördlich bei Vaalputs gelagert, doch die staatliche Elektrizitätsgesellschaft Eskom bemüht sich um die Erlaubnis, ausgediente Brennstäbe hier an Ort und Stelle deponieren zu dürfen.

Cape Flats und afrikanische Townships

Östlich der nördlichen und südlichen Vororte, zwischen dem Industriegelände mit seinen rauchenden Schloten und den windgepeitschten Cape Flats, bis weit über den Flughafen hinaus, erstreckt sich das weitaus größte Wohngebiet Kapstadts. Es umfasst die **„farbigen" Bezirke**, die **„schwarzen" Townships** und **Elendssiedlungen**, die Besucher nur im Rahmen organisierter Township-Touren zu Gesicht bekommen.

Die Cape Flats sind, wie der Name besagt, flach, aber auch staubig und unfruchtbar. Sie erstrecken sich von den einst Weißen vorbehaltenen südlichen Vororten jenseits der M5 nach Osten. Ein Besuch der jeweils ausschließlich von Schwarzafrikanern oder Coloureds bewohnten Flats-Siedlungen ist sowohl erschütternd als auch ermutigend, denn inmitten tiefster Armut herrscht ein spürbarer Geist unerschütterlicher Tatkraft und Gelassenheit.

Die „schwarzen" Townships wurden als „Schlafstädte" für die im „weißen" Kapstadt benötigten Arbeitskräfte eingerichte. Es waren keine Orte, um sich eine Existenz aufzubauen und ohne jegliche Infrastruktur geplant. In den ausschließlich Männern vorbehaltenen Massenunterkünften, eine „Erfindung" des Apartheidregimes, liegen die Wurzeln zahlreicher sozialer Spannungen. In den 50er Jahren verabschiedete die Regierung ein Gesetz, das den Zustrom von Menschen afrikanischer Herkunft nach Kapstadt eindämmte. Kein Afrikaner durfte sich am Kap westlich einer Linie, die unweit des Fish River verlief, der alten, über 1000 km langen Begrenzung Kapstadts, permanent niederlassen. Frauen durften sich in der Stadt keine Arbeit suchen, und Männern war es untersagt, ihre Ehefrauen mitzubringen. Um 1970 war in Langa das Verhältnis von Frauen zu Männern eins zu zehn.

Im Endeffekt gelang es der Apartheidregierung aber doch nicht, Kapstadt ganz und gar gegen die Massen verzweifelter Arbeitssuchender abzuriegeln. Dort, wo die Menschen keine legale Unterkunft finden konnten, errichteten sie **Notunterkünfte** aus Wellblech, Pappkartons und Plastikfolie. In den 70er und 80er Jahren des 20. Jahrhunderts versuchte der Staat, dem Problem Herr zu werden, indem die Behausungen dem Erdboden gleich gemacht wurden, doch kaum waren Polizei und Bulldozer abgezogen, erstanden die Lager aufs Neue. Sie bilden mittlerweile einen festen Bestandteil der Cape Flats.

Eine der bekanntesten illegalen Siedlungen Südafrikas ist **Crossroads**, deren Bewohner wiederholt Opfer brutaler, organisierter Übergriffe wurden, bei denen Handlanger des Apartheidregimes und Polizisten auch vor Mord nicht zurückschreckten, und immer wieder Abrisskommandos anrückten. Mit dem Mut der Verzweiflung hielten die Besetzer stand und bekamen schließlich das Bleiberecht zugesprochen. Die heutige Regierung unternimmt Anstrengungen zur Verbesserung der Lebensbedingungen in den Elendssiedlungen, indem Wasserleitungen und sanitäre Anlagen gebaut

werden. Inzwischen siedeln sich auch Familien und Kleinhändler dort an.

Township-Touren und Township-stays
Im Rahmen mehrerer Projekte wird derzeit versucht, Touristen zum Besuch der Townships zu ermutigen, doch da die meisten der fast 2000 Morde, die jährlich in Kapstadt begangen werden, sich hier ereignen, ist es ratsam, sich einer der **Township-Touren, s.S. 194,** anzuschließen. Alle dort aufgeführten Touren werden von Einwohnern der Cape Flats oder in Zusammenarbeit mit dortigen Gemeindeeinrichtungen durchgeführt und bemühen sich schwerpunktmäßig um den direkten Kontakt zu den Anwohnern. Sie umfassen z.B. den Besuch von *shebeens,* Nachtclubs und eines Township-Restaurants, ermöglichen Gespräche mit Bewohnern der Barackensiedlungen und der Hostels in Langa sowie Treffen mit traditionellen Heilern und Musikern, Künstlern und Kunsthandwerkern. Manche Touren führen auch zu „sites of political struggle", wo wichtige Ereignisse im Kampf gegen die Apartheid stattfanden. Die beste Möglichkeit, das Leben in den Townships hautnah kennen zu lernen, bietet jedoch ein Aufenthalt bei einer Familie in einem der **Township-B&Bs,** s.S. 171.

Langa und Mitchell's Plain

Langa, die älteste und zentralste Township, liegt unmittelbar östlich des „weißen" Vororts Pinelands und nördlich der N2. An diesem erbarmungslos grauen Ort ohne das winzigste Bisschen Grün sieht man Frauen, die Schafs- und Ziegenköpfe verkaufen und daneben öffentliche Telefonbüros, die von einfallsreichen Township-Geschäftsleuten im Inneren ausgedienter Frachtcontainer eingerichtet wurden. Kleinfamilien wohnen in hübschen, neuen Häusern hinter Mauern, während sich in den ehemaligen Männer-Hostels bis zu drei Familien ein einziges Zimmer teilen.

Südlich der afrikanischen Ghettos liegt **Mitchell's Plain**, eine „farbige" Siedlung, die bis zur Küste der False Bay hinab reicht. Wer auf der M5 nach Muizenberg fährt, kommt daran vorbei. Mitchell's Plain ist längst nicht so armselig wie die afrikanischen Townships, was zeigt, dass hellere Haut während der Apartheid automatisch bessere Lebensbedingungen ermöglichte. Doch für die Coloureds war die Zwangsumsiedlung nicht weniger tragisch, denn viele wurden von ihrem eigenen Grund und Boden vertrieben, weil ihr Wohnviertel zur White Group Area erklärt wurde. Zahlreiche Familien mussten Mitchell's Plain als ihre neue Heimat akzeptieren, als der District Six (s.S. 122) dem Erdboden gleichgemacht wurde. Unter den zwangsumgesiedelten Bewohnern konnte sich nie mehr das frühere Gemeinschaftsgefühl entwickeln – die gewalttätigen Jugendbanden, die zum Alltag von Mitchell's Plain gehören, sind ein Resultat dieser Entwurzelung.

Übernachtung

Kapstadt bietet Übernachtungsmöglichkeiten sämtlicher Preislagen, doch wer sich ein Bett in der gewünschten Kategorie sichern möchte, sollte rechtzeitig buchen, insbesondere um die Weihnachtsferien herum (Mitte Dez bis Mitte Jan). Die dichteste Konzentration von Unterkünften findet sich im Zentrum, von der City Bowl und der Atlantic Seaside bis nach Sea Point. Die City Bowl, die bis zu den Ausläufern des Tafelbergs reicht, umfasst die Innenstadt, die Kloof Nek Road, den einfacheren Vorort Gardens sowie die begehrten innerstädtischen Viertel Tamboerskloof und Oranjezicht, nah am Zentrum, aber mit Meeresblick und nur 10 Min. Fahrt vom Atlantik entfernt.

Bei Bedarf kann man sich an ein paar Unterkunftsvermittlungen wenden.

Cape Town Tourism, 🖥 www.cape-town.org, unterhält ein *Hotel and Accommodation Booking Desk*;

Bed'n'Breakfast, PO Box 2739, Claireinch 7740, Claremont, ✆ 683 3505, ✉ holtz@intekom.co.za, hat Zimmer ab R160–200 pro Person.

Wer im Dezember und Januar eine Unterkunft für Selbstversorger sucht, kann sich an

A–Z Holiday Accommodation, 15 Winton Crescent, Woodbridge Island 7441, ✆ 551 2785, 🖥 www.a-zholidayhomes.co.za, wenden. Das Angebot reicht von einem 2-Personen-Apartment für R500 pro Tag bis zu einem Superluxushaus für R8000.

Roger and Kay's Travel Selection, ✆ 715 7130, 🖥 www.travelselection.co.za, publiziert einen *South African Accommodation Guide*, in dem zahlreiche Privatleute in Kapstadt aufgeführt sind, die Zimmer für R100–200 pro Person vermieten – Interessenten suchen sich das Passende aus und buchen direkt beim Gastgeber. Die Broschüre ist weltweit in jedem Büro von *South African Tourism* erhältlich und kann gegen Portoerstattung zugestellt oder auf der Satour-Website eingesehen werden.

INNENSTADT – Die meisten Unterkünfte liegen an der betriebsamen Long Street und vier Querstraßen weiter östlich im Viertel Company's Gardens. Einige Übernachtungsmöglichkeiten finden sich auch am erheblich ruhigeren Rand der City, rund fünf Blocks östlich der Long Street und westlich der Company's Gardens bis Zonnebloem (District Six) sowie nach Norden, von der Strand Street bis The Foreshore. Die meisten ruhigeren Gebiete liegen nur 5 Min. zu Fuß von der Long Street und allen innerstädtischen Einrichtungen entfernt, und wer nicht unbedingt die Nacht zum Tag machen möchte, zieht sie vielleicht der Long Street vor.

Folgende Unterkünfte sind auf dem Plan s.S. 159 eingezeichnet.

Long Street und Company's Gardens: *Cape Gardens Lodge Hotel****, 88 Queen Victoria St, Gardens, ✆ 423 1260, 🖥 www.capegardenslodge.com. Hübsches, mehrstöckiges Hotel, 56 Zimmer mit Bad, ac und Kabel-TV im Zentrum, gegenüber des Gardens, 2 Min. vom South African Museum und der Art Gallery.

Carnival Court Backpackers*, 255 Long St, ✆ 423 9003, ✉ carnivalcourt@freemail.absa.co.za. Sauber, geräumig und freundlich, in einem viktorianischen Gebäude mit gut besuchter Bar. 12 Dorms, die meisten mit 4–6 Betten; 8 DZ und 4 EZ.

Cat & Moose*, 305 Long St, ✆ 423 7638, ✉ cat&moose@hotmail.com. Stilvollste der Unterkünfte an der Long Street, in einem Gebäude aus dem 18. Jh., unweit des Freibads am Südrand der Innenstadt. Holzdielen, Erdfarben und afrikanische Masken verleihen einen warmen Ethnotouch. 6 Dorms, 2 3-Bett-Zimmer und 5 DZ rund um einen kleinen, schattigen Hof.

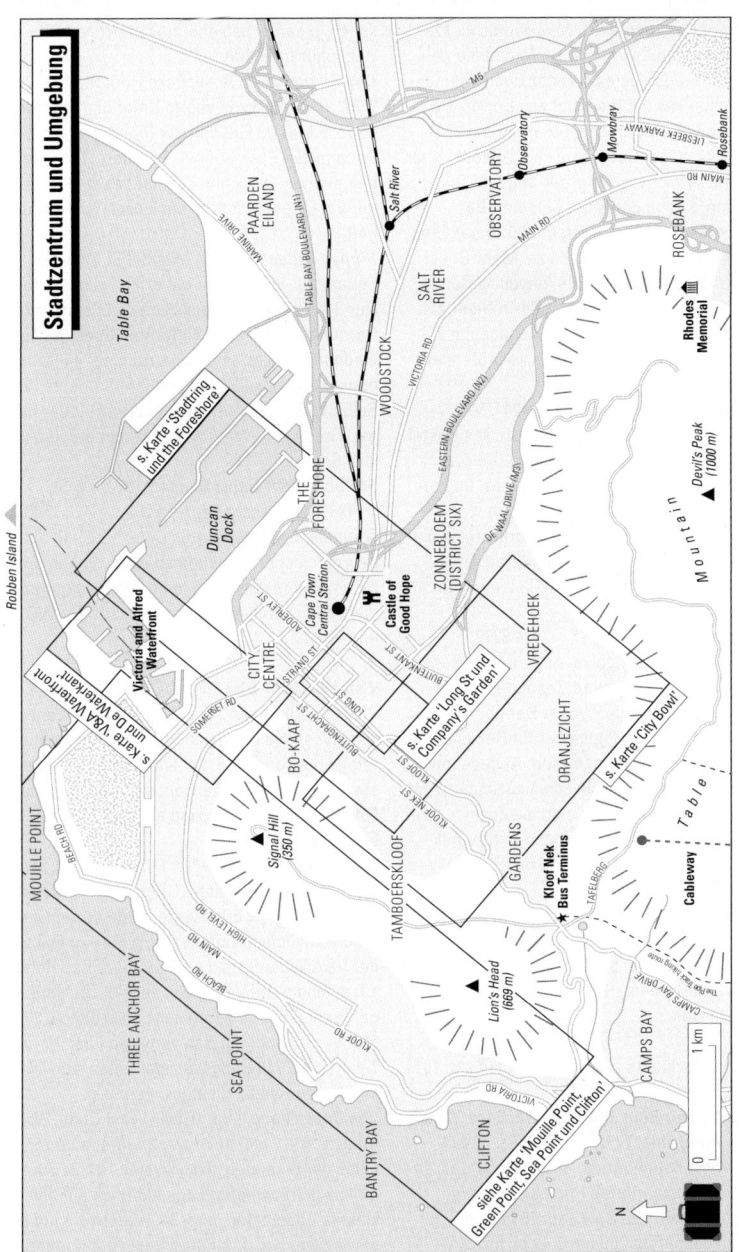

Stadtzentrum und Umgebung

Table Bay

Robben Island

Duncan Dock

THE FORESHORE

s. Karte 'Stadtring und the Foreshore'

Victoria and Alfred Waterfront

s. Karte 'V&A Waterfront und De Waterkant'

MOUILLE POINT

THREE ANCHOR BAY

SEA POINT

BANTRY BAY

CLIFTON

CAMPS BAY

BEACH RD

MAIN RD

HIGH LEVEL RD

KLOOF RD

VICTORIA RD

The Glen Drive

Camps Bay Drive

Lion's Head (669 m)

Signal Hill (350 m)

TAMBOERSKLOOF

BO-KAAP

CITY CENTRE

SOMERSET RD

STRAND ST.

LONG ST.

BUITENGRACHT ST.

ADDERLEY ST.

Cape Town Central Station

Castle of Good Hope

BUITENKANT ST.

ZONNEBLOEM (DISTRICT SIX)

VREDEHOEK

ORANJEZICHT

GARDENS

KLOOF NEK RD

KLOOF ST.

s. Karte 'Long St und Company's Garden'

Kloof Nek Bus Terminus

TAFELBERG

s. Karte 'City Bowl'

Cableway

T a b l e   M o u n t a i n

Devil's Peak (1000 m)

ROSEBANK

Rhodes Memorial

OBSERVATORY

Observatory

Mowbray

Rosebank

MAIN RD

LIESBEEK PARKWAY

M5

MAIN RD

WOODSTOCK

SALT RIVER

Salt River

VICTORIA RD

EASTERN BOULEVARD (N2)

DE WAAL DRIVE (M3)

SALT RD

TABLE BAY BOULEVARD (N1)

MARINE DRIVE

PAARDEN EILAND

siehe Karte 'Mouille Point, Green Point, Sea Point und Clifton'

N

0   1 km

KAPSTADT UND DIE KAP-HALBINSEL

Long Street Backpackers*, 209 Long St, ℡ 423 0615, ✉ longstbp@mweb.co.za. Nimmt die beiden oberen Etagen eines dreistöckigen ehemaligen Wohnhauses mit Innenhof ein. Dorms, DZ und EZ; ruhiger als manche der anderen Unterkünfte in der Nähe. Gut organisiert, einfach, aber sauber, mit Wäscherei, Internet-Zugang, Tourvermittlung, Küche und einer belebten Bar.

Overseas Visitors' Club Hostel*, 230 Upper Long St, ℡ 424 6800, 🖳 www.ovc.co.za. Mehr Guesthouse als Hostel, 3 Schlafsäle (jeweils 6 Betten) mit Balkon. Dank der fehlenden Bar ruhiger als die umliegenden Herbergen. TV-Lounge mit Zugang zu einem rund um das Haus verlaufenden Balkon.

Simply the Best*, 187 Long St, ℡ 424 8223, 🖳 www.backpackerslodge.co.za. Großes Hostel mit Party-Atmosphäre in den beiden Obergeschossen eines unscheinbaren Hauses. Im Erdgeschoss befindet sich eine Bar/Bistro. Ende 2001 von Grund auf renoviert; 12 Dorms (maximal 6 Betten) und 5 DZ mit Küchen und Bad. Gute, preiswerte Unterbringung für Selbstversorger im Zentrum.

Travellers' Inn*, 208 Long St, ℡ 424 9272, 🖳 www.travellers-inn.co.za. Angenehme Budget-Herberge in einem alten Gebäude. Im Erdgeschoss ein Cybercafé. Weder Bar noch Backpackerszene, somit gut geeignet für Reisende, die ihre Ruhe zu schätzen wissen. Abgesehen von den hellen, geräumigen Familienzimmern mit Doppelbett und Etagenbett, sind die Zimmer klein und spärlich möbliert, aber sauber und zweckmäßig; Gemeinschafts-Du/WC. Ermäßigte Wochen- und Monatstarife.

Tudor Hotel*, 153 Longmarket St, Greenmarket Square, ℡ 424 1335, 🖳 www.tudorhotel.co.za. Das zentral gelegene, preisgünstige Hotel mit Blick auf den Greenmarket Square hat 30 B&B-Zimmer mit Bad.

Folgende Unterkünfte sind auf dem Plan s.S. 161 eingezeichnet.

Innerstädtischer Ring und The Foreshore: **Cape Heritage Hotel**, über R500, 90 Bree St, ℡ 424 4646, 🖳 www.capeheritage.co.za. Elegantes, geschmackvoll restauriertes Hotel am Heritage Square, unterhalb von Bo-Kaap. 15 geräumige, individuell gestaltete Zimmer, z.B. im afrikani-

schen, japanischen oder holländischen Stil. Hübscher Innenhof.

City Slickers*, 25 Rose, Ecke Hout St, ℡ 422 2357, 📠 422 2355. Lebhafte Unterkunft im Bo-Kaap, 5 Min. zu Fuß von der Innenstadt; vom Dachgarten Blick auf den Tafelberg. Die Eisenbahnwagen ähnlichen Zimmer besitzen jeweils nur ein Etagenbett oder ein Einzel- bzw. Doppelbett.

IKhaya Lodge***–****, Wandel St, Dunkley Square, ℡ 461 8880, 🖳 www.ikhayalodge.co.za. Nur 3 kurze Häuserblocks von den Company's Gardens und Museen entferntes Guesthouse nahe dem Zentrum. 11 Standardzimmer im Haupthaus, 5 luxuriöse Suiten und 2 Apartments für Selbstversorger, entweder mit Berg- (oder billiger) Stadtblick. Vom Patio Aussicht auf den Dunkley Square.

St Paul's B&B Guest House*, 182 Bree St, ℡ 423 4420, geschaltet 7–14 Uhr, 📠 423 1580. Freundliches, preiswertes Guesthouse in einem georgianischen Gebäude an einer ruhigen Straße am Rande der Innenstadt. Große, angenehme, helle Zimmer mit Gemeinschafts-Du/WC und -küche.

V&A WATERFRONT UND DE WATERKANT –

Die Unterkünfte an der schicken Waterfront sind zumeist etwas teurer, doch es gibt auch ein paar relativ preisgünstige, vor allem in der Gegend südlich der V&A Waterfront und De Waterkant. Folgende Unterkünfte sind auf dem Plan s.S. 163 eingezeichnet.

Breakwater Lodge**–***, Portswood Rd, Waterfront, ℡ 406 1911 (nach *„Lodge Reservations"* fragen), 🖳 www.breakwaterlodge.co.za, ist die erschwinglichste Unterkunft, 5 Min. zu Fuß von der V&A Waterfront. Leuchtend-weißes Hotel, z.T. in einem Gefängnis aus dem 19. Jh. untergebracht. Zwar unpersönlich, aber die ca. 200 Standardzimmer mit Bad verfügen über TV und Telefon; die 110 Budgetzimmer teilen sich jeweils ein Bad zu zweit. Frühstück nicht inkl.

The Cape Grace, über R1000, West Quay, Waterfront, ℡ 410 7100, 🖳 www.capegrace.co.za. Eines der teuersten, exklusivsten Hotels Südafrikas in traumhafter Lage mit Blick auf den kleinen Bootshafen der V&A Waterfront auf der einen Seite und das Alfred Basin auf der ande-

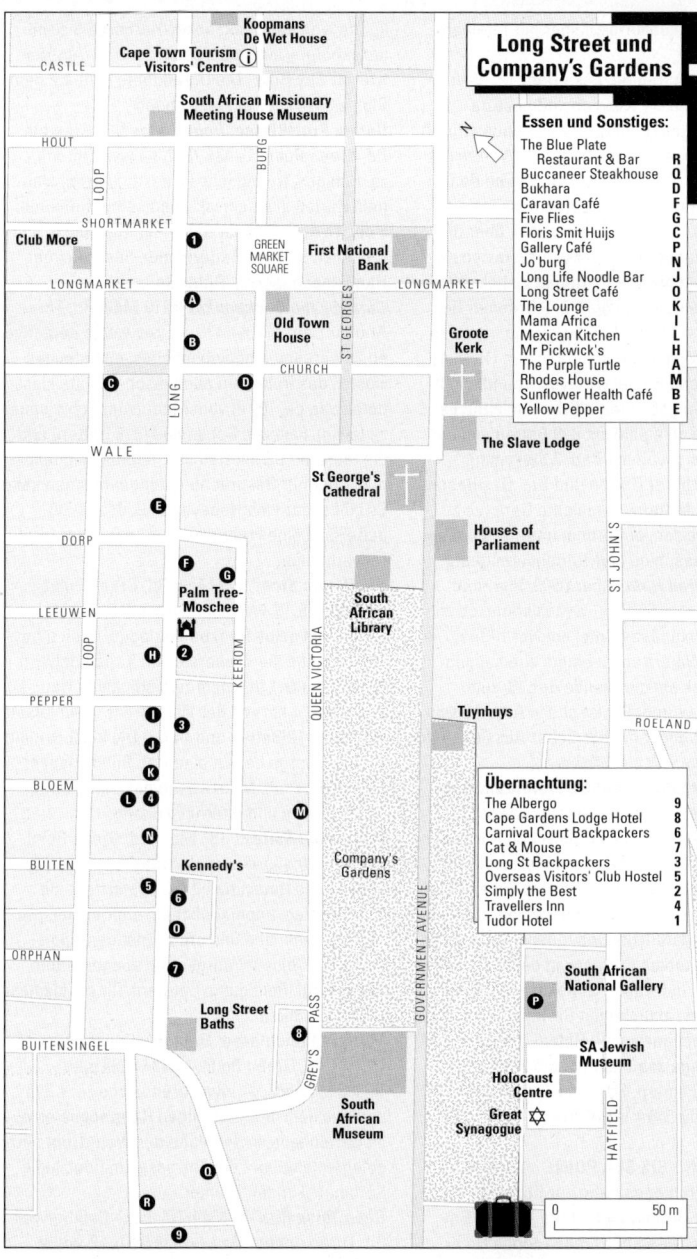

Long Street und Company's Gardens

Essen und Sonstiges:

The Blue Plate Restaurant & Bar	R
Buccaneer Steakhouse	Q
Bukhara	D
Caravan Café	F
Five Flies	G
Floris Smit Huijs	C
Gallery Café	P
Jo'burg	N
Long Life Noodle Bar	J
Long Street Café	O
The Lounge	K
Mama Africa	I
Mexican Kitchen	L
Mr Pickwick's	H
The Purple Turtle	A
Rhodes House	M
Sunflower Health Café	B
Yellow Pepper	E

Übernachtung:

The Albergo	9
Cape Gardens Lodge Hotel	8
Carnival Court Backpackers	6
Cat & Mouse	7
Long St Backpackers	3
Overseas Visitors' Club Hostel	5
Simply the Best	2
Travellers Inn	4
Tudor Hotel	1

Koopmans De Wet House
Cape Town Tourism Visitors' Centre (i)
South African Missionary Meeting House Museum
CASTLE
HOUT
LOOP
BURG
SHORTMARKET
Club More
GREEN MARKET SQUARE
First National Bank
LONGMARKET
ST GEORGES
LONGMARKET
Old Town House
Groote Kerk
CHURCH
LONG
WALE
St George's Cathedral
The Slave Lodge
DORP
Houses of Parliament
ST JOHN'S
LEEUWEN
Palm Tree-Moschee
South African Library
KEEROM
QUEEN VICTORIA
LOOP
PEPPER
Tuynhuys
ROELAND
BLOEM
BUITEN
Kennedy's
Company's Gardens
GOVERNMENT AVENUE
ORPHAN
South African National Gallery
BUITENSINGEL
Long Street Baths
GREY'S PASS
South African Museum
SA Jewish Museum
Holocaust Centre
Great Synagogue
HATFIELD

0   50 m

ren. 102 stilvoll möblierte Zimmer mit Tafelberg- oder Hafensicht.

City Lodge*, Alfred Rd, Ecke Dock Rd, Waterfront, ℡ 419 9450, 🖳 www.citylodge.co.za. Schmuckloses, aber völlig ausreichendes Hotel einer landesweiten Kette, zwischen Waterfront und Innenstadt, weniger als 1 km von beiden entfernt. Zimmer mit TV, außerdem ein kleiner Swimming Pool. Von Fr–So günstiger, über die Internet-Auktionsseite 🖳 www.bid2stay.co.za, sind Zimmer mit bis zu 75% Rabatt zu bekommen.

St John's Waterfront Lodge*, 4–6 Braemar Rd, Green Point, ℡ 439 1404, 🖳 www.stjohns.co.za. Das der V&A Waterfront am nächsten (15 Min. zu Fuß) gelegene Hostel wird von freundlichen, hilfsbereiten Angestellten effizient geleitet. Es beherbergt 4 Schlafsäle mit 8–9 Betten und ein paar DZ, eines davon mit Bad. 2 Swimming Pools, wunderbarer Garten und Bar. Das Restaurant bietet bis Mitternacht leichte Gerichte zu moderaten Preisen, außerdem Internet-Zugang, Münzwaschmaschine und Tourenvermittlung.

Victoria & Alfred Hotel, über R500, Pierhead, Waterfront, ℡ 419 6677, 🖳 www.vahotel.co.za. Makelloses, luxuriöses Hotel am North Quay, im Zentrum der Waterfront in einem ehemaligen Lagerhaus, das um die Wende des 19. zum 20. Jh. erbaut wurde. Blick auf das Alfred Basin; die teureren Zimmer mit herrlicher Aussicht auf den Tafelberg.

De Waterkant Village und ***De Waterkant House******, 1 Loader St, De Waterkant, ℡ 422 2721, 🖳 www.dewaterkant.co.za. 65 schön restaurierte Cottages in einem dörflichen Viertel des im 18. Jh. erbauten Waterkant-Bezirks Green Point, der ans Bo-Kaap angrenzt und weniger als 1 km von der V&A Waterfront und Innenstadt entfernt ist. Die komfortablen Cottages in der Waterkant, Loader, Dixon und Napier St besitzen 1, 2 oder 3 Schlafzimmer; manche mit Garage, Swimming Pools oder Dachgarten mit Hafen- oder Bergblick. Zur Anlage zählt auch das De Waterkant House mit 9 Zimmern, Pool und Terrasse mit Aussicht auf die V&A Waterfront.

MOUILLE POINT BIS SEA POINT – Unten am Atlantic Seaboard liegen nahe der Küste die Viertel Mouille Point, Green Point, Three Anchor Bay und Sea Point. Hier gibt es jede Menge Unterkünfte, von der Backpacker-Herberge bis zum Luxushotel – eine gute, recht zentrale Alternative zur City Bowl. Die Unterkünfte sind auf dem Plan s.S. 164/165 eingezeichnet.

Untere Preisklasse: ***Itona Lodge****, 19 Croxteth Rd, Green Point, ℡ 434 2572, 🖳 www.altona.co.za. Ruhiges, freundliches Guesthouse mit kleinem Garten in einem viktorianischen Gebäude. 5 der 17 B&B-Zimmer haben ein Bad, die billigeren teilen sich im Badezimmer, besitzen aber Handwaschbecken. Guter Service.

Carnaby the Backpacker*, 219 Main Rd, Three Anchor Bay, ℡ 439 7410, 🖳 www.web.netactive.co.za/carnaby. Ungewöhnliches, einladendes Hostel, das früher ein altmodisches Mittelklassehotel war, ca. 100 m vom Meer (zum Schwimmen zu felsig). Fast alle Schlafsäle (3–6 Betten) und die teureren DZ mit Bad und Telefon, mit dem man aber nur Gespräche entgegennehmen kann. Es gibt sogar eine Honeymoonsuite mit TV, außerdem eine Freiterrasse, Bar, Pool und Tourenvermittlung.

Sunflower Stop*, 179 Main Rd, Green Point, ℡ 434 6535, 🖳 www.sunflowerstop.co.za. Leuchtend gelbe Backpackerlodge, nach eigener Aussage die sauberste von Kapstadt (wird 2x tgl. geputzt), in einem zweistöckigen Haus aus den 40ern, 1 km von der Waterfront. 2 Schlafsäle mit 9 bzw. 12 Betten und 14 DZ. Die kinderfreundliche Herberge besitzt eine Bar, Billardzimmer, Swimming Pool, Münzwaschmaschine, Safe, Travel Centre und Internet-Zugang.

Waterfront Suites*, 153 Main Rd, Green Point, ℡ 439 5020, 🖳 www.waterfront-suites.co.za. 4-stöckiges Haus unweit der Waterfront mit 26 modernen, unpersönlichen, aber ausgesprochen gemütlichen und preisgünstigen Apartments für Selbstversorger. Gut ausgestattete Küchen, tgl. Reinigung; Cafeteria für ein kleines Frühstück (nicht inkl.).

Mittlere Preisklasse: ***Brenda's Guest House******, 14 Pine Rd, Green Point, ℡ 434 0902 oder ℡ 083 627 5583, 🖳 www.brendas.co.za. 4 Zimmer in einem altehrwürdigen Haus sowie eines im Gartenhaus, in der Nähe der Waterfront. Sitzgelegenheiten auf der Terrasse am Pool; helle Korbmöbel in den Zimmern.

Cape Town Ritz***, Main Rd, Ecke Camberwell Rd, Three Anchor Bay, ℡ 439 6010, 🖳 www.

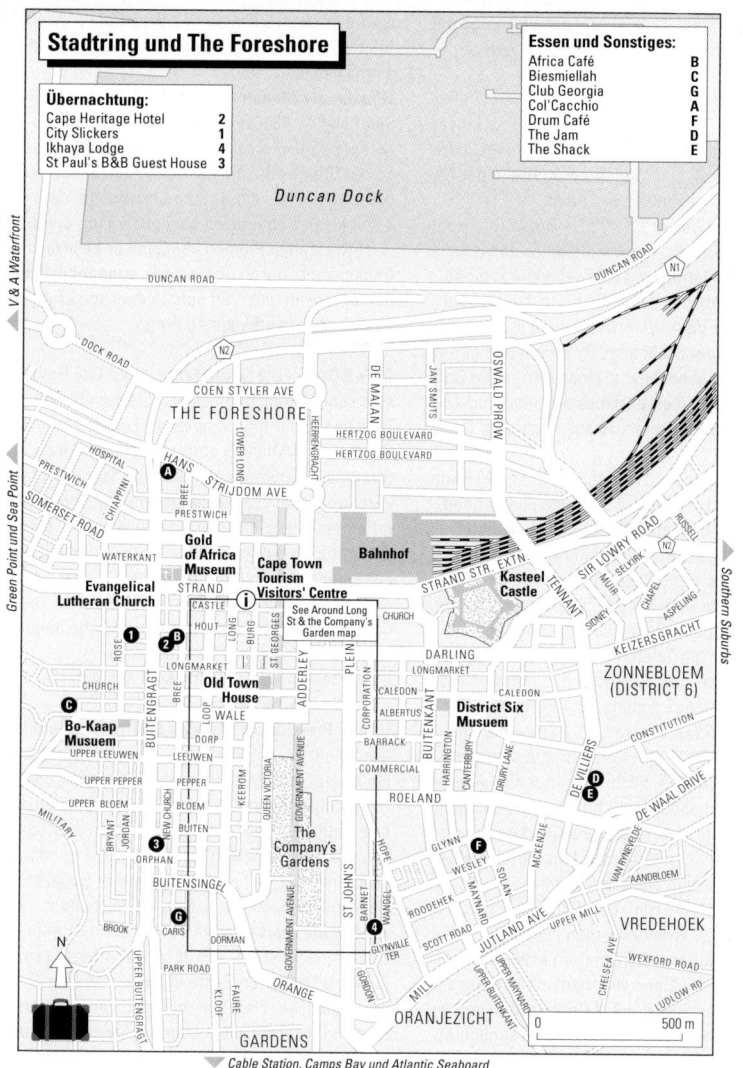

Stadtring und The Foreshore

Übernachtung:
Cape Heritage Hotel 2
City Slickers 1
Ikhaya Lodge 4
St Paul's B&B Guest House 3

Essen und Sonstiges:
Africa Café B
Biesmiellah C
Club Georgia G
Col'Cacchio A
Drum Café F
The Jam D
The Shack E

See Around Long St & the Company's Garden map

Cable Station, Camps Bay und Atlantic Seaboard

gk-hotels.co.za. Hotelturm mit 222 Zimmern auf 27 Stockwerken und einem rotierenden Restaurant im 22. Stock. Weniger als 2 km von der V&A Waterfront, im Restaurantviertel von Sea Point. **Don Suite Hotel*****, 249 Beach Rd, Sea Point,

434 1083, www.don.co.za. 5-stöckiger Block mit 27 Apartments für Selbstversorger, gegenüber der Hafenpromenade, 300 m vom Restaurantstrip der Main Road und 4 km von der V&A Waterfront. Die Studios und Wohnungen

mit 1 oder 2 Schlafzimmern sind modern und gut ausgestattet; Preise sind abhängig vom Ausblick.

Dungarvin House*, 163 Main Rd, Green Point, 📞 434 0677, 🖥 www.kom.co.za. Elegante edwardianische Villa mit einladenden, gut ausgestatteten Zimmern an einer belebten Straße in der Nähe der Restaurants von Sea Point.

Jambo Guest House*–****, 1 Grove Rd, Green Point, 📞 439 4219, 🖥 www.jambo.co.za. Kleines, stilvolles Gästehaus mit 4 DZ, an einer ruhigen Sackgasse abseits der Main Road, knapp über 1 km von der V&A Waterfront entfernt. Obwohl es mitten in der Stadt liegt, ist es von üppiger Vegetation umgeben, besitzt einen herrlichen Garten mit Teich und eine Luxussuite mit Jacuzzi und Glastür zum Garten. Ausgezeichneter Service.

Lion's Head Lodge*, Conifer Rd, Ecke 319 Main Rd, Sea Point, 📞 434 4163, 🖥 www.lions-head-lodge.co.za. Schlichte, aber sehr gemütliche Zimmer mit Bad, trotz des mitgenommenen Äußeren des 4-stöckigen Hauses sauber und ordentlich. Ruhiger als die Zimmer zur verkehrsreichen Hauptstraße hin sind die mit Blick auf den Hof. Alle mit Telefon und TV; Swimming Pool, Bar, Biergarten und Restaurant, außerdem voll ausgestattete Apartments für 2 Personen.

Stonehurst Guest House*–**, 3 Frere Rd, Sea Point, 📞 434 9670, ✉ stonehurstguesthouse@absafreemail.co.za. Viktorianisches Wohnhaus mit entsprechender Einrichtung, Kapmöbeln und hübschem Vorgarten, Küche und Gäste-Lounge. Manche Zimmer mit Balkon, 11 mit Bad, die 3 billigeren teilen sich ein Badezimmer.

Villa Rosa*, 277 High Level Rd, Sea Point, 📞 434 2768, 🖥 www.villa-rosa.com. Freundliches Guesthouse mit 8 Zimmern in einem lachsfarbenen, 2-stöckigen viktorianischen Haus am Ausläufer des Signal Hill, 2 Querstraßen von der Uferpromenade. Die geschmackvoll schlichten Zimmer verfügen über TV, Telefon und Safe, doch nur einige im Obergeschoss haben Meeresblick.

Obere Preisklasse: **Olaf's Guest House****, 24 Wisbeach Rd, Sea Point, 📞 439 8943, 🖥 www.olafs.co.za. Sauberes, schön möbliertes viktorianisches Haus, freundlicher Besitzer, 5 Min. von der Hafenpromenade und 3 km von der Innenstadt. 8 Zimmer mit Bad, Kabel-TV und Telefon; Frühstück auf Wunsch im Patio neben dem Swimming Pool.

Winchester Mansions Hotel**, 221 Beach Rd, Sea Point, 📞 434 2351, 🖥 www.winchester.co.za. Kolonial-Hotel aus den 20ern in bester Lage an der Uferstraße und mit einer Atmosphäre wie aus einem Krimi von Agatha Christie. Vor dem 3-stöckigen Gebäude im kapholländischen Revival-Stil stehen Palmen, die Zimmer besitzen Deckenventilatoren und auf das angenehm kühle Restaurant im Innenhof schaut man von efeuüberwachsenen Balkonen herab.

CITY BOWL – Die Unterkünfte in der City Bowl sind sehr beliebt, denn die südlichsten Randbezirke liegen nur fünf Minuten zu Fuß von den Gardens und Museen entfernt. An der Kloof Street, der Verlängerung der Long Street, gibt es vereinzelte Backpackerlodges. In den höheren, grüneren Lagen am Tafelberg findet man B&Bs, Guesthouses mit Ausblick auf die Innenstadt und das Duncan Dock. Mit öffentlichen Verkehrsmitteln sind die City Bowl-Viertel nicht zu erreichen, doch die meisten genannten Unterkünfte liegen weniger als 3 km vom Bahnhof entfernt.
Die genannten Unterkünfte sind auf dem Plan s.S. 167 eingezeichnet.

Untere Preisklasse: **African Sun***, 3 Florida Rd, Vredehoek, 📞 461 1601, ✉ afpress@iafrica.com. Ein kleines, zum Wohnhaus einer Familie gehörendes Apartment (Selbstverpflegung) mit eigenem Eingang, rund 1 km von der Innenstadt. Geschmackvoll „ethnisch" eingerichtet; freundliche, interessante und gut informierte Besitzer. Hervorragendes Preis-Leistungs-Verhältnis.

Ambleside Guesthouse*, 11 Forest Rd, Oranjezicht, 📞 465 2503, 📠 465 3814. Beherbergt seit mehr als 50 Jahren Gäste in seinen 8 netten, wenn auch ein bisschen muffigen Zimmern mit Bad und toller Aussicht über die Stadt; vom Patio hinter dem Haus Blick auf die Schwebebahn. Das englische Frühstück wird aufs Zimmer gebracht, und wer möchte, kann in der Gemeinschaftsküche kochen.

Ashanti Lodge and Guest House*, 11 Hof St, Gardens, 📞 423 8721, 🖥 www.ashanti.com. Mit Abstand die beste Backpackerlodge der Stadt, eine wunderbar restaurierte viktorianische Villa,

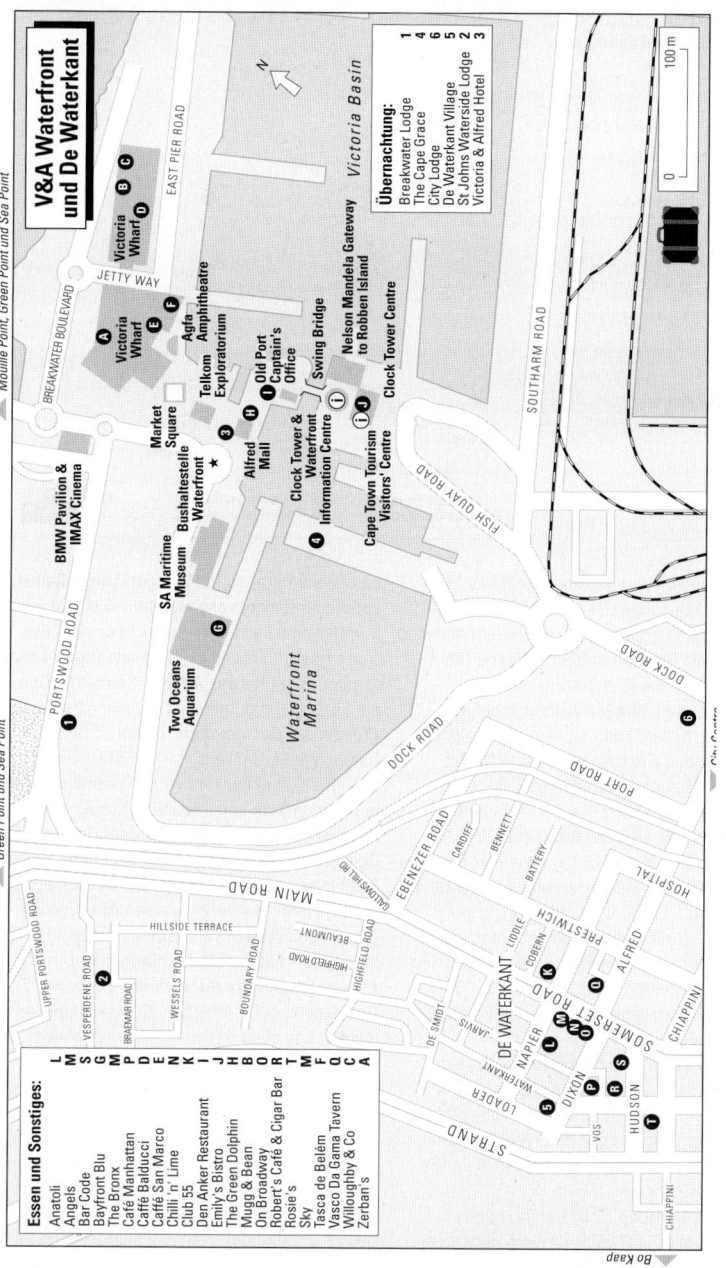

V&A Waterfront und De Waterkant

Mouille Point, Green Point und Sea Point

Victoria Basin

East Pier Road

Jetty Way

Breakwater Boulevard

Portswood Road

BMW Pavilion & IMAX Cinema

Market Square

Bushaltestelle Waterfront

SA Maritime Museum

Victoria Wharf

Agfa Amphitheatre

Telkom Exploratorium

Old Port Captain's Office

Swing Bridge

Nelson Mandela Gateway to Robben Island

Clock Tower & Waterfront Information Centre

Alfred Mall

Cape Town Tourism Visitors' Centre

Clock Tower Centre

Two Oceans Aquarium

Waterfront Marina

Fish Quay Road

Southarm Road

Dock Road

Port Road

Dock Road

Main Road

Upper Portswood Road

Hillside Terrace

Vesperdene Road

Braemar Road

Wessels Road

Boundary Road

Highfield Road

Beaumont

Ebenezer Road

Caledon Village

Cardiff

Bennett

Battery

Prestwich

Hospital

De Waterkant

Strand

Loader

Waterkant

Napier

Dixon

Hudson

Cobern

Somerset Road

Alfred

Chiappini

Vos

Jarvis

De Smidt

Chiappini

Bo-Kaap

Essen und Sonstiges:
Anatoli	L
Angels	M
Bar Code	S
Bayfront Blu	G
The Bronx	M
Caffé Manhattan	P
Caffé Balducci	D
Caffé San Marco	E
Chilli 'n' Lime	N
Club 55	K
Den Anker Restaurant	I
Emily's Bistro	J
The Green Dolphin	H
Mugg & Bean	B
On Broadway	O
Robert's Café & Cigar Bar	R
Rosie's	T
Sky	M
Tasca de Belém	F
Vasco Da Gama Tavern	Q
Willoughby & Co	C
Zerban's	A

Übernachtung:
Breakwater Lodge	1
The Cape Grace	4
City Lodge	6
De Waterkant Village	5
St Johns Waterside Lodge	2
Victoria & Alfred Hotel	3

0 — 100 m

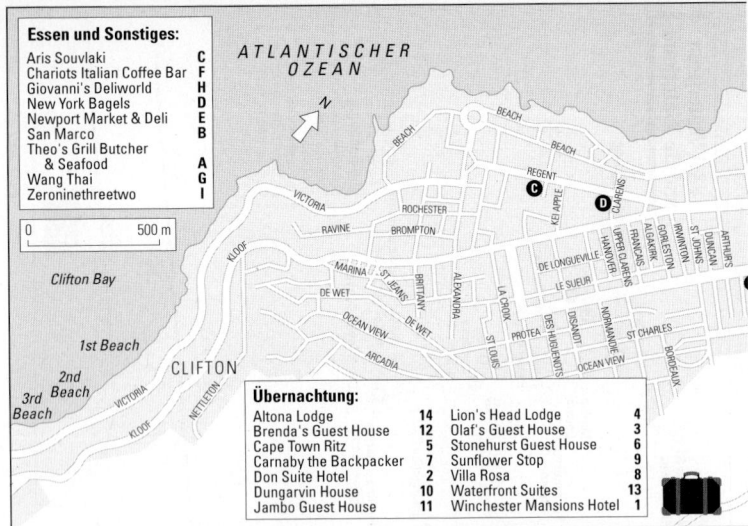

Essen und Sonstiges:

Aris Souvlaki	C
Chariots Italian Coffee Bar	F
Giovanni's Deliworld	H
New York Bagels	D
Newport Market & Deli	E
San Marco	B
Theo's Grill Butcher & Seafood	A
Wang Thai	G
Zeroninethreetwo	I

ATLANTISCHER
OZEAN

0   500 m

Clifton Bay

1st Beach

2nd Beach

3rd Beach

CLIFTON

Übernachtung:

Altona Lodge	14	Lion's Head Lodge	4
Brenda's Guest House	12	Olaf's Guest House	3
Cape Town Ritz	5	Stonehurst Guest House	6
Carnaby the Backpacker	7	Sunflower Stop	9
Don Suite Hotel	2	Villa Rosa	8
Dungarvin House	10	Waterfront Suites	13
Jambo Guest House	11	Winchester Mansions Hotel	1

5 Gehminuten von den Gardens. Viel Holz, Marmor und afrikanisches Dekor, hohe Decken, gepflegter Vorgarten, gemütliches Fernsehzimmer und Swimming Pool mit Sonnenterrasse. Die 12 DZ und 10 Dorms (6–8 Betten) sind mit schmiedeeisernen (Etagen-)Betten möbliert. Um die Ecke, in der Union St, liegt das ruhigere Guesthouse, das 7 extrem preiswerte DZ mit Bad, TV und Gemeinschaftsküche beherbergt.

The Backpack*, 74 New Church St, Tamboerskloof, ✆ 423 4530, 🖥 www.backpackers.co.za. Ausgezeichnetes Hostel in 3 miteinander verbundenen Häusern in Spaziernähe der City Bowl und Innenstadt. Effizient und freundlich, geschmackvoll-zurückhaltend eingerichtet, viel Freifläche, darunter eine Poolterrasse im Garten zwischen Bananenpflanzen. 4 Dorms (6–10 Betten) und 11 Privatzimmer, manche mit Bad und für Familien geeignet.

Belmont House*–**, 10 Belmont Ave, Oranjezicht, ✆ 461 5417, 🖥 www.capeguest.com. Hübsch restauriertes Haus aus den 20ern; 7 kühle Zimmer mit Dusche oder Badewanne. Je nach Wunsch B&B oder Selbstverpflegung in der Gemeinschaftsküche.

Blencathra*, De Hoop, Ecke Cambridge Ave, Tamboerskloof, ✆ 424 9571, 🖥 www.geocities.

com/blencathra_ct. Ruhige, geräumige Selbstverpfleger-Zimmer, eins mit Bad, in einem großen Haus mit herrlicher Aussicht am Fuß des Lion's Head, 2 km von der Innenstadt und 4 km von den Strändes des Atlantic Seaboard. Garten mit Sitzgelegenheiten und Swimming Pool.

Cloudbreak Backpackers' Lodge*, 219 Upper Buitenkant St, Gardens, ✆ 461 6892, 🖥 www.cloudbreakbackpackers.co.za. Freundliche, nette Unterkunft in einer belebten Straße unweit des Einkaufszentrums von Gardens. Im Haus mit Garten 8 DZ und im gegenüberliegenden Haus 3 Schlafsäle mit 6 Betten. Besonders beliebt bei Surfern, denn jeden Tag werden Ausflüge zu guten Surfständen veranstaltet. Kostenlose Abholung vom Flughafen; Tourvermittlung.

Flower Street Villa Guest House*, 3 Flower St, Oranjezicht, ✆/✆ 465 7517. 20 geräumige Zimmer mit und ohne Bad in einem ehemaligen Krankenhaus. Gegen geringen Aufpreis Frühstück; es steht aber auch eine Küche zur Verfügung.

Oak Lodge*, 21 Breda St, Gardens, ✆ 465 6182, 🖥 www.oaklodge.co.za. Mehr Event als Lodge – das sehr empfehlenswerte Hostel ist in einem viktorianischen Gebäude aus den 60er Jahren des 19. Jahrhunderts mit einem gruseligen Keller

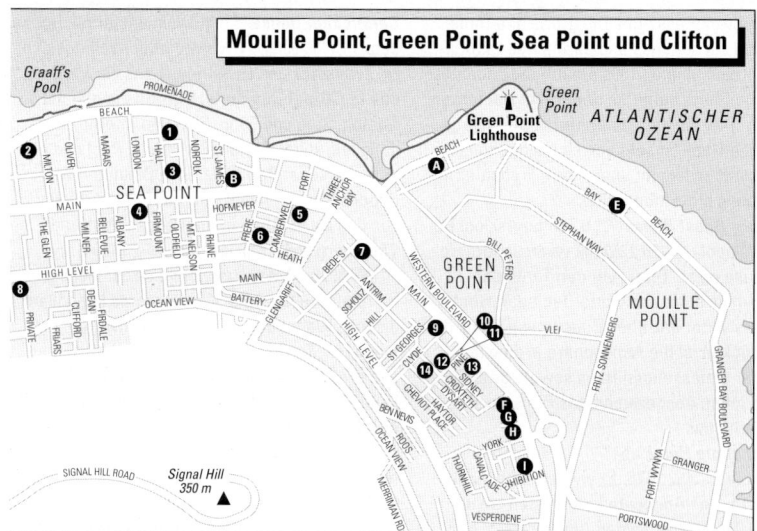

untergebracht. Lebhafte Atmosphäre, geräumig, gut gemanagt, makellos saubere Küche. 4 Schlafsäle und 16 Privatzimmer, eines davon mit Bad.

Saasveld Lodge*, 73 Kloof St, Tamboerskloof, ✆ 424 6169, ✉ saasveld@icon.co.za. Sauberes, etwas unpersönliches 4-stöckiges Gästehaus an einer verkehrsreichen Durchgangsstraße mit zahlreichen guten Esslokalen, weniger als 1 km von der Innenstadt entfernt. Zimmer mit TV und Telefon; Frühstück nicht inkl.

Zebra Crossing*, 82 New Church St, ✆ 422 1265, ✉ zebracross@intekom.co.za. Kapstadts einzige Backpackerlodge, die mit geruhsamer Atmosphäre wirbt. Am Nordrand der City Bowl und in Spaziernähe der Restaurants und Kneipen an der Kloof Street sowie denen der Innenstadt. Das Café mit Bar serviert warme Mahlzeiten und ordentlichen Kaffee, außerdem 2 angenehme Terrassen unter Weinranken. Unterbringung in 3 geräumigen Dorms (8 Betten), 11 DZ und 3 EZ; die besten Zimmer sind die 3 DZ im Anbau draußen, die über einen Balkon mit Bergblick verfügen. Kinderfreundlich.

Mittlere bis obere Preisklasse: *Cape Milner Hotel*****, 2a Milner Rd, Tamboerskloof, ✆ 426 1101, 🖳 wwwcapemilner.co.za, am Fuß des Sig-

nal Hill, rund 1 km vom Stadtzentrum. Schickes Hotel, teilweise in einem Gebäude aus dem frühen 18. Jh., das 2001 komplett renoviert wurde. 59 helle, gut belüftete Zimmer mit Blick auf den Tafelberg, gutes Preis-Leistungs-Verhältnis. Swimming Pool, Restaurant und Bar.

Lezard Bleu***–****, 30 Upper Orange St, Oranjezicht, ✆ 461 4601, 🖳 www.lezardbleu.co.za. Freundliche deutsche Besitzer. 7 komfortable, stilvolle Zimmer mit Bad in einem geräumigen Haus aus den 60ern. Von jedem Zimmer führt eine Schiebetür in den Garten. In einem hübschen Stadtteil gelegen, 1 km vom Zentrum und ungefähr halb so weit von einem Naturschutzgebiet am Ausläufer des Tafelbergs entfernt. Schattiger Garten mit Aussicht über die Stadt, Swimming Pool und reichhaltiges Frühstück.

Leeuwenvoet House***, 93 New Church St, Tamboerskloof, 🖳 www.leeuwenvoet.co.za, ✆ 424 1133. Ruhiges, restauriertes viktorianisches Guesthouse, 11 Zimmer mit Bad, TV, Telefon, Fan und Radiowecker. An einer großen Durchgangsstraße, 15 Min. zu Fuß von der Innenstadt. Bewachter Parkplatz, auf Wunsch Flughafentransfer.

Mount Nelson Hotel, über R1000, 76 Orange St, Gardens, ✆ 423 1000, 🖳 www.mountnelsonhotel.orient-express.com. Die große alte Dame Kapstadts: Ein schönes und berühmtes viktorianisches Kolonialhotel, 1899 erbaut und Ende des 20. Jahrhunderts aufgrund der hohen Nachfrage erweitert. Das inmitten einer herrlichen Anlage befindliche Hotel ist sehr von sich eingenommen und verkauft sich nicht unter Wert; Frühstück im Zimmerpreis nicht inbegriffen.

Underberg Guest House***, 6 Tamboerskloof Rd, Tamboerskloof, ✆ 426 2262, 🖳 www.underberg-guesthouse.co.za. Direkt vor den Toren der Innenstadt im schicken Viertel Tamboerskloof gelegenes viktorianisches Guesthouse. Dank der hohen Decken ist die Atmosphäre in dem nur 11 Zimmer umfassenden Haus sowohl großzügig als auch intim. Ausgezeichnetes Preis-Leistungs-Verhältnis.

Villa Belmonte Hotel, ab****, 33 Belmont Ave, Oranjezicht, ✆ 462 1576, 🖳 www.villabelmonte-hotel.co.za. Das Ambiente im kleinsten Luxushotel des Westkaps, an den Ausläufern des Tafelbergs, 1 km von der Innenstadt, ist das eines eleganten italienischen Landsitzes. Die 15 Zimmer, von denen einige auf einen herrlichen Garten hinausgehen, sind individuell gestaltet; der Preis richtet sich nach der Größe. Angesichts des Gebotenen unglaublich preiswert.

Welgelegen Guest House****, 6 Stephen St, Gardens, ✆ 426 2373, 🖳 www.welgelegen.co.za. Die 8 Zimmer des viktorianischen Gästehauses mit Bergblick sind ausgesprochen stilvoll gestaltet – der Besitzer ist Innenarchitekt. Obwohl an einer stillen Sackgasse gelegen, sind es nur ein paar Minuten bis zu den Restaurants und Bars der Kloof Street. Auch die Sehenswürdigkeiten der Innenstadt lassen sich mühelos zu Fuß erreichen.

SÜDLICHE VORORTE – Die ehemals Weißen vorbehaltenen, am dichtesten beim Berg gelegenen Stadtviertel säumen die Bahnstrecke nach Simon's Town. Mit dem Zug sind von hier aus sowohl die Innenstadt als auch die Küste der False Bay gut zu erreichen. Observatory (s.S. 135) das Viertel, das der Innenstadt am nächsten liegt, kann sich bezüglich seiner Restaurants und des Nachtlebens durchaus mit der City messen. Die weiter südlich befindlichen Vororte Rosebank, Claremont, Newlands und Rondebosch sind vegetationsreicher und ruhiger.

Carmichael House***, 11 Wolmunster Rd, Rosebank, ✆ 689 8350, 🖳 www.carmichaelhouse.co.za. Zweistöckiges Guesthouse aus der Wende des 19./20. Jahrhunderts, 6 große Zimmer mit Telefon, Safe und Föhn. Fax- und Internet-Zugang, ein stiller Garten, Swimming Pool und abgeschlossener Parkplatz. 10 Fußminuten vom Rhodes Memorial und Contour Path und 1 km von den Geschäften in Rondebosch entfernt.

The Courtyard****, Liesbeek Ave, Mowbray, ✆ 448 3929, 🖳 www.citylodge.co.za. Viel Luxus für relativ wenig Geld. Wunderbares kapholländisches Wohnhaus aus dem frühen 19. Jh. mit Rieddach, Terrakotta-Böden, Messingleuchtern und großzügigen Rasenflächen in fast ländlicher Lage. Gegen Bezahlung Transport im Hotel-Minibus; Frühstück nicht inkl.

Gloucester House Bed & Breakfast***, 54 Weltevreden Ave, Rondebosch, ✆/🕾 689 3894. Gästehaus mit 2 Schlafzimmern und Wohn-/Esszimmer für Selbstversorger. Der große Garten, der Swimming Pool und die Grillstelle stehen Gästen zur Verfügung. Ganz in der Nähe liegt der Bahnhof Rondebosch. Frühstück nicht inkl.

The Green Elephant*, 57 Milton Rd, Observatory, ✆ 448 6359, 🖳 www.hostels.co.za. 5 einfache Schlafsäle und 6 DZ in einem großen, lebhaften Haus unweit der Main Road, mit Jacuzzi, *Braai,* solarbeheiztem Pool und Internet-Zugang. Im Garten darf gezeltet werden. Der Besitzer veranstaltet geführte Touren auf den Tafelberg und Lion's Head.

Ivydene***, abseits der Glebe Rd, Rondebosch, ✆ 685 1747, ✉ ivydene@mweb.co.za. 5 Ferienwohnungen in einem hübschen alten Kap-Bauernhaus, nahe der Universität, mit Garten, Swimming Pool und freundlicher Atmosphäre. Preisnachlass bei einem Aufenthalt von einer Woche oder länger. Falls ausgebucht, nennt der hilfsbereite Besitzer empfehlenswerte Adressen in der Nachbarschaft.

Koornhoop Manor House**, Wrensch Rd, Ecke Nuttal Rd, Observatory, ✆ 448 0595, 🖳 www.geocities.com/koornhoop. Gemütliche Zimmer in einem geräumigen viktorianischen Haus mit ruhigem Garten, kleinem Spielplatz und sicherem Parkplatz in Bahnhofsnähe. Abgesehen von dem B&B in 7 DZ, von denen zwei Platz für eine Familie bieten, gibt es auch eine Suite für Selbstver-

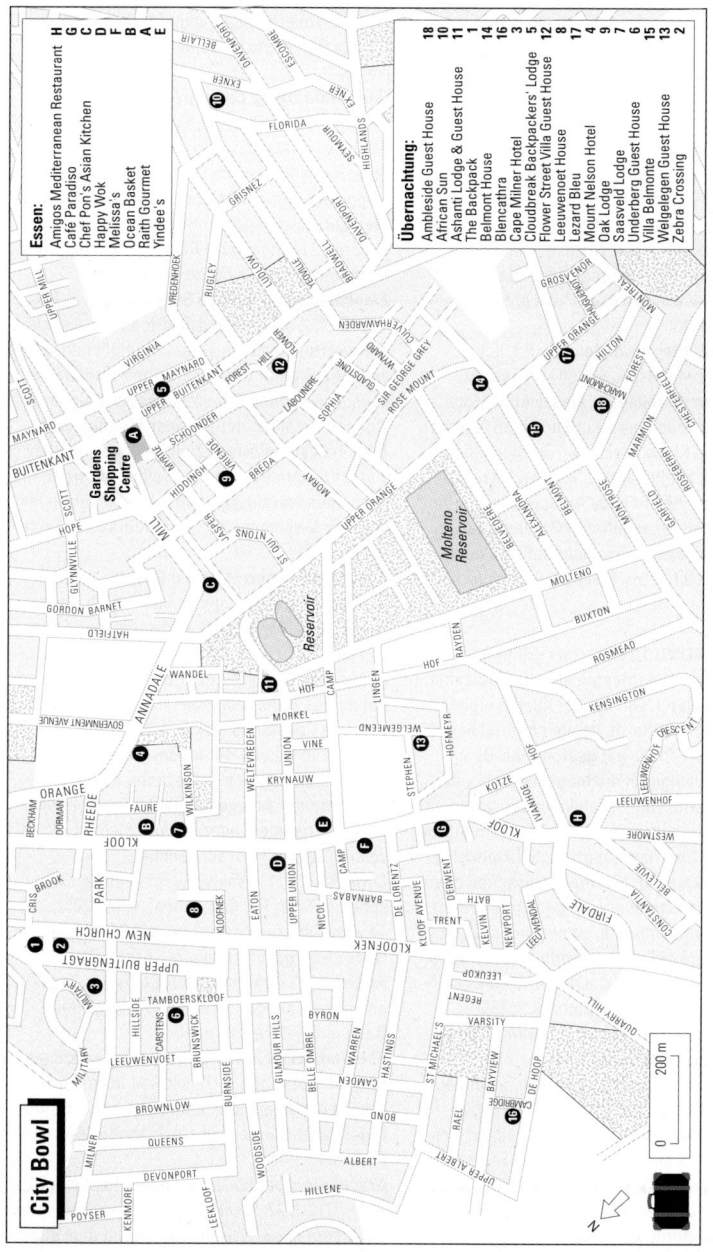

City Bowl

Essen:

Amigos Mediterranean Restaurant	H
Café Paradiso	G
Chef Pon's Asian Kitchen	D
Happy Wok	F
Melissa's	B
Ocean Basket	A
Raith Gourmet	A
Yindee's	E

Übernachtung:

Ambleside Guest House	18
African Sun	10
Ashanti Lodge & Guest House	11
The Backpack	1
Belmont House	14
Blencathra	16
Cape Milner Hotel	3
Cloudbreak Backpackers' Lodge	5
Flower Street Villa Guest House	12
Leeuwenoet House	8
Lezard Bleu	17
Mount Nelson Hotel	4
Oak Lodge	9
Saasveld Lodge	7
Underberg Guest House	6
Villa Belmonte	15
Welgelegen Guest House	13
Zebra Crossing	2

KAPSTADT UND DIE KAP-HALBINSEL

sorger mit 3 Schlafzimmern und eigenem Eingang.

Riverview Lodge*, 5 Anson Rd, Ecke Station Rd, Observatory, ✆ 447 9056, ✉ info@riverview.co. za. Große, professionell geführte Herberge mit 43 EZ, DZ und Mehrbettzimmern in einem 2-stöckigen, umgebauten ehemaligen Mietshaus, 2 Min. zu Fuß vom Bahnhof Observatory. Beherbergt oft größere Gruppen, besitzt aber mehrere kleine Aufenthaltsräume, Sitzplätze im Freien und stille Ecken für Ruhebedürftige. Besonders hervorhebenswert ist das im Preis enthaltene Riesenfrühstück.

The Vineyard, über R500, Colinton Rd, Ecke Protea Rd, Newlands, ✆ 683 3044, ▭ www.vineyard.co.za. Exzellentes, klassisches Hotel, das seine hochnäsigeren Konkurrenten in jeder Beziehung um Klassen schlägt. Es ist in einem restaurierten, kapholländischen Landsitz untergebracht, der 1799 für Lady Anne Barnard erbaut wurde. Von der ausgedehnten Grünanlage hat man eine wunderbare Aussicht auf den Tafelberg. Ausgezeichnetes Preis-Leistungs-Verhältnis.

CONSTANTIA UND TOKAI – Das grüne Constantia ist einer der elegantesten Vororte Kapstadts, nur 20 Autominuten von beiden Küsten und der V&A Waterfront entfernt. Im gleichen Tal liegt auch der Vorort Tokai, gut geeignet für Besucher, die es weniger in die Innenstadt als vielmehr in die Natur zieht. Man kann durch den nahen Wald wandern oder in 10 Min. zum Strand hinab. Billige Übernachtungsmöglichkeiten findet man hier kaum, doch wer ein bisschen mehr Geld für eine ausgefallene, romantische Unterkunft auszugeben möchte, ist hier richtig. Constantia lässt sich nicht mit öffentlichen Verkehrsmittel erreichen, daher ist ein Mietwagen erforderlich; entsprechende Anbieter s.S. 195.

Mittlere Preisklasse: **Allandale Holiday Cottages*****, 72 Zwaanswyk Rd, Tokai, ✆ 715 3320, ▭ www.allandale.co.za. Die 16 aus Ziegelstein erbauten Häuschen mit 1, 2 oder 3 Schlafzimmern für Selbstversorger liegen auf einem kleinen Grundstück am Rande des Tokai Forest an den Ausläufern des Constantiaberg, 2 Autominuten von der Autobahn und 20 Minuten von der Innenstadt entfernt. Zu jedem Cottage gehört ein

Gärtchen mit Grillstelle und Sitzplatz im Freien. Für alle Gäste gibt es einen Pool und Tennisplätze.

Constantia Uitsig Country Hotel, über R500, Spaanschemat River Rd, Constantia, ✆ 794 6500, ▭ www.constantiauitsig.co.za. Umfasst 16 luxuriöse, kapholländische Cottages in einer Grünanlage auf dem Gelände des Constantia Uitsig-Weinguts, gleich neben Steenberg. Zum Hotel gehören 2 renommierte Restaurants, das *Constantia Uitsig* und *La Colombe* (s.S. 176).

Elephant Eye Lodge**, 9 Sunwood Drive, Tokai, ✆ 715 2432, ✉ orsmond@iafrica.com. 6 recht preiswerte Zimmer in einem freundlichen, privaten B&B unter dem Dach eines umgebauten kapholländischen Bauernhauses auf einem weitläufigen Gelände, nur ein paar Minuten vom Tokai Forest entfernt. 2 Zimmer verfügen über einfache Einrichtungen für Selbstversorger; man kann auch warme Abendmahlzeiten liefern lassen. Der Swimming Pool ist kindersicher eingezäunt.

Houtkapperspoort***, Hout Bay Rd, ✆ 794 5216, ▭ www.houtkapperspoort.co.za. Sehr empfehlenswerte Anlage mit 24 rustikalen, aus Stein und Ziegeln erbauten Ferienbungalows für Selbstversorger mit 1 oder 2 Schlafzimmern am Rande des Table Mountain Nature Reserve, unweit von Constantia Nek (rund 5 km von der Hout Bay und 15 km von der Innenstadt). Wer sich sportlich betätigen möchte, kann einen der direkt von der Anlage ausgehenden Bergwanderwege nehmen, oder Tennis spielen bzw. im solarbeheizten Pool schwimmen.

Little Ruo***, 11 Willow Rd, abseits der Spaanschemat River Rd, Constantia, ✆ 794 2052, ▭ www.littleruo.co.za. 2 nette B&B-Zimmer im Haus eines gastfreundlichen Architekten. Außerdem 3 Apartments für Selbstversorger in einem weitläufigen Park mit Weiden, einem Bach und Salzwasserpool.

The Stables***, Chantercler Lane, Constantia, ✆ und ✆ 794 3653. 5 DZ mit Bad in umgebauten Ställen mit eigenem Eingang und Patio. Hervorragendes 6-Gänge-Frühstück; großer Garten mit Swimming Pool.

Steenberg, über R500, Steenberg Rd, Ecke Tokai Rd, ✆ 713 2222, ✆ 713 2221, ▭ www.steenberghotel.com. Luxuriöse Unterkunft auf dem ältesten Weingut Südafrikas am Fuß des Steenberg Mountain. Unterbringung auf einem alten Gut von 1682 und in 3 Farmgebäuden, die als perfekte Beispiele kapholländischer Architektur unter Denkmalschutz stehen. Die Gebäude rings um eine gepflegte Gartenanlage sind mit Kap-Antiquitäten aus dem 17. und 18. Jh. möbliert.

ATLANTIC SEABOARD – Südlich von Sea Point, am Victoria Drive, nicht weit von der Innenstadt entfernt, liegt am Berghang der luxuriöse Vorort Camps Bay mit herrlicher Aussicht auf den Atlantik und zahlreichen Restaurants und Geschäften. Das benachbarte Llandudno hat ähnliche Ausblicke, weder Geschäfte noch Restaurants, aber einen traumhaft schönen Strand. Hout Bay ist die größte Ansiedlung der unteren Halbinsel und der einzige Ort hinter Camps Bay, der mit öffentlichen Verkehrsmitteln erreichbar ist. Südlich von Hout Bay liegt das eher ländliche Noordhoek, unweit des Cape of Good Hope Nature Reserve.

Bay Hotel, R750–2000, Victoria Rd, ✆ 438 4444, 🖥 www.thebay.co.za. Elegantes Luxushotel an der schicken Uferpromenade. Das Ende der 80er erbaute Gebäude vereinigt neo-kapholländische mit mediterranen Elementen und erzeugt dadurch den Eindruck eines verwunschenen Kolonialschlösschens. Die „billigsten" Zimmer mit Bergblick, die teuren und die Luxussuiten gehen aufs Meer hinaus.

*Beach House***, Royal Ave, Hout Bay, ✆ 790 4228, 🖥 www.wk.co.za/beachhouse. Modernes, freundliches Guesthouse, 5 Min. zu Fuß von der Mariner's Wharf und dem Strand, 7 Zimmer mit Bad; Patio mit Tischen und Stühlen.

*Chapman's Peak Hotel***, Main Rd, Hout Bay, ✆ 790 1036, 📠 790 1089. In herrlicher Lage mit Blick über den Strand, doch nicht alle der eher durchschnittlichen Zimmer bieten Meeresblick.

*Leeukop***–****, 25 Sedgemoor Rd, Camps Bay, ✆ 438 1361, ✉ leukopbb@hotmail.com. Das preiswerteste B&B in Camps Bay, in der Nähe des Strandes und der Cafés: 2 stilvolle, gemütliche Apartments neben dem Haus des Besitzers. Beide sind voll ausgestattet, die Gäste können entweder selbst kochen oder das B&B wählen. Das kleinere „Studio" ist billiger als das große.

*Monkey Valley Resort****, Mountain Rd, Noordhoek, ✆ 789 1391, 🖥 www.monkeyvalleyresort. com. Hübsche zweistöckige Ferienbungalows, zumeist aus Holz und strohgedeckt, auf einem weitläufigen Gelände am Chapman's Peak mit Blick auf den 7 km langen Noordhoek Beach, 40 km südlich der Innenstadt inmitten ursprünglicher Natur und ohne andere Häuser in Sichtweite. Ein deutlicher Schwerpunkt liegt auf Naturprodukten. Verpflegung entweder im Restaurant, auf B&B-Basis oder in Eigenregie. Die Bungalows bieten Platz für 6–8 Personen; für Gruppen recht preiswert.

FALSE BAY SEABOARD – Die Metrorail Cape Town–Simon's Town führt durch die südlichen Vororte und erreicht bei Muizenberg, dem ältesten Küstenvorort Kapstadts, das Meer. Südlich von Muizenberg erstreckt sich eine Reihe von Niederlassungen, darunter das hübsche St James, Kalk Bay mit seinem Fischerhafen und guten Cafés, und Fish Hoek, wo sich der zum Schwimmen am besten geeignete Strand der False Bay befindet. Das letzte Glied in der Kette ist das jahrhundertealte Dorf Simon's Town (s. S. 150).

*The Avenue Hotel***, 7 First Ave, Fish Hoek, ✆ 782 6026, 🖥 www.inside.co.za. Schlichtes zweistöckiges Hotel in Spaziernähe des Strandes und der Geschäfte, aber ohne Meeresblick. Dank seiner preiswerten, mit allem Erforderlichen ausgestatteten Zimmern ist es bei Reisegruppen begehrt. Pool mit Liegestühlen und Sonnenschirmen.

Chartfield Guest House–**, 30 Gatesville Rd, Ecke Norman Rd, Kalk Bay, ✆ 788 3793, 🖥 www. chartfield.co.za. Einfache, renovierte Unterkunft 100 m vom Bahnhof Kalk Bay, ein gut geführtes, weitläufiges Haus am Hang auf halber Höhe über dem Hafen, sagenhafte Aussicht auf die Hottentots Holland Mountains. Die besten Zimmer sind das im Loft mit Balkon und die beiden Eckzimmer mit 180-Grad-Ausblick. Das preisgünstige Guesthouse hat ein eigenes Bistro und liegt nur 3 Min. zu Fuß von der Restaurantmeile entfernt.

Harbourside Backpackers, 136 Main Rd, Kalk Bay, ✆ 788 2943, 📠 788 6452. Beliebtes, geselliges Hostel mit Hafenblick beim Bahnhof. In der gleichen Straße mehrere Cafés und interessante Antiquitätenläden, 10 Gehminuten vom herrlichen Dalebrook Tidal Pool.

The Inn at Castle Hill***–****, 37 Gatesville Rd, Kalk Bay, ☎ 788 2554, 🖥 www.castlehill.co.za. Geschmackvoll restauriertes edwardianisches Guesthouse am Hang mit Blick auf die False Bay, Whale-watching in der Saison. 5 große Zimmer mit hohen Decken und Holzfußböden. Die besten sind das Orca Whale und das Humpback Whale-Zimmer, deren Glastüren sich auf die Veranda im Obergeschoss öffnen; die kleinen Zimmer ohne Aussicht besser meiden.

Nautilus Lodge, 39 Simon's Town Rd, Fish Hoek, ☎ 782 4168, 🖥 www.nautiluslodge.co.za. 3 Apartments neben dem Tudor House am Jager's Walk, der zum Fish Hoek Beach führt. Jedes mit traumhaftem Meeresblick und Patio zum Draußensitzen. Wohnung mit 2 Schlafzimmern R750, mit 3 R850.

Sunny Cove Manor***, 72 Simon's Town Rd, Fish Hoek, ☎ 782 2274, ✉ sunnycovemanor@yahoo.com. Freundliches B&B, 3 Gehminuten vom Bahnhof Sunny Cove, mit herrlicher Aussicht aufs Meer (außer von den hinteren Zimmern) und bewachtem Parkplatz. 4 Suiten, 3 davon mit 2 Schlafzimmern. Wenn man die Straße und die Bahnlinie überquert, gelangt man auf den zum Fish Hoek Beach führenden Jager's Walkway.

Tudor House by the Sea****, 43 Simon's Town Rd, Fish Hoek, ☎ 782 6238, 🖥 www.tudorhouse.co.za. Einladende Apartments für Selbstversorger mit Balkon oder Garten und wunderbarer Sicht auf die Bay. Nur 2 Minuten vom Bahnhof Sunny Cove, wo Züge in die Innenstadt (35 km) und nach Simon's Town (5 km) fahren. Nach 5 Minuten auf dem Uferpfad ist der breite, sichere Sandstrand von Fish Hoek erreicht. So früh wie möglich reservieren.

SIMON'S TOWN – Simon's Town (s.S. 150) wird von den meisten Kapstädtern als eigenständige Ortschaft betrachtet, was sie ursprünglich auch war, doch heute gehört sie definitiv zum Großraum Kapstadt. Tagsüber warten bei der Ankunft der Züge Rikki's Taxis, die Besucher in jede Ecke von Simon's Town und Umgebung bringen.

Ark Studio***, 4 Grant Ave, Boulders, ☎ 786 2526 oder ☎ 082 777 5562, ✆ 786 3512. 2 voll aus-

gestatte Ferienwohnungen mit 2–4 Betten und wunderbarer Aussicht auf die False Bay, nur ein paar Minuten vom Boulders Beach entfernt. Gästen stehen der Garten, ein kleiner, beheizter Pool und Parkplätze abseits der Straße zur Verfügung. Frühstück auf Wunsch.

Boulders Beach Guest House***, 4 Boulders Place, Boulders Beach, ☎ 786 1758, ✆ 786 1825, ✉ boulders@iafrica.com. 13 B&B-Zimmer und 2 voll ausgestattete Apartments oberhalb des Parkplatzes von Boulders Beach, 2 Min. vom Boulders Coastal Park und der Pinguinkolonie. Die Apartments mit Platz für 2–6 Personen besitzen Patios zum Frühstücken im Freien und eine Grillstelle; warme Mahlzeiten im angrenzenden Restaurant, 🕐 Mo–So 8–21 Uhr.

British Hotel Apartments***, 90 St George's St, ☎ 786 2214, 🖥 www.british-hotel.co.za. Ferienapartments mit 3 Schlafzimmern in einem eleganten viktorianischen Haus, Baujahr 1898. Es ist Teil einer höchst malerischen Hauptstraße und mehr ein Erlebnis als nur einfach ein Platz zum Übernachten: Viktorianisches Dekor, hohe Decken und riesige Balkons mit Aussicht auf die Straße und den Hafen. Es gibt auch schlichtere DZ mit Bad. Das Restaurant *Victorian Rose* serviert von 9–12 Uhr Frühstück und Tee im Hof.

Kijabe Lodge*, 32 Disa Rd, Murdock Valley, ☎/✆ 786 2433. 2 Zimmer mit Bad im modernen Wohnhaus freundlicher belgischer Besitzer, 5 Autominuten vom Zentrum Simon's Towns und 10 Minuten zu Fuß vom Boulders Beach entfernt. Die sehr preiswerten Zimmer am Hang, eines für Eltern mit einem Kind geeignet, haben Meeresblick; großer Pool mit Tischen und Stühlen ringsum, und eine Braai-Stelle.

Lord Nelson Inn**, 58 St George's St, ☎ 786 1386, 🖥 www.simonstown/hotels/lordnelson. Angenehmes und gut besuchtes kleines Hotel an der Hauptstraße mitten im Ort. Es beherbergte Lord Nelson während seiner Rekonvaleszenzzeit. Die besten der kompakten, im Landhausstil möblierten Zimmer besitzen Balkon und Hafenblick. Sehr preisgünstig.

Oatlands Holiday Village**, Froggy Pond, ☎ 786 1410, 🖥 www.caraville.co.za/oatlands.htm. Ferienanlage gegenüber der Strandstraße in der Nähe eines Golfplatzes, 3 km von Simon's Town und 1 km von der Pinguinkolonie. Mehr als 20 Fe-

African Township Homestays Es gibt kaum eine bessere Möglichkeit eine Vorstellung vom Alltag in afrikanischen Townships zu bekommen, als eine oder mehrere Nächte dort zu verbringen.

Die Zahl der Townshipbewohner, die in ihren Privathäusern **B&B** anbieten, ist zwar noch gering, aber im Ansteigen begriffen. Wer bei einer Familie wohnt, nimmt meistens mit ihr gemeinsam das Frühstück und Abendessen ein und erlebt *ubuntu*, die traditionelle warme afrikanische Gastfreundlichkeit. Normalerweise werden die Gäste auch in *shebeens*, zu Musikveranstaltungen oder einfach auf ein Schwätzchen zu den Nachbarn mitgenommen.

Eine telefonische Anmeldung ist erforderlich. Viele Besucher lassen sich von Tourveranstaltern hinbringen, und einige B&Bs schicken auch jemanden zum Flughafen, der die Gäste in Empfang nimmt. Autofahrer erhalten genaue Wegbeschreibungen oder werden an einem günstigen Treffpunkt, z.B. einer Tankstelle oder Polizeistation, abgeholt. Informationen zu anderen als den hier genannten B&Bs in Townships bietet das

Sivuyile Tourism Centre in Guguletu, ✆ 637 8449, 🖳 www. sivuyile.co.za, 🕐 Mo–Fr 8–17, Sa 8.30–14, So 8.30–13 Uhr; oder

Thuthuka Tours, ✆ 439 2061 oder ✆ 082 979 5831, 🖳 www.townshipcrawling.com, ein Veranstalter, der nicht nur Townshiptouren durchführt, sondern auch bei der Suche nach einer Township-Unterkunft behilflich ist.

Kopanong**, Khayelitsha, ✆ 361 2084 oder 082 476 1278. Eines der dynamischsten B&B-Unternehmen in den Townships, geleitet von der unermüdlichen Thope Lekau, deren Herzensanliegen es ist, verständnislos gaffende Bustouristen in Gäste zu verwandeln, die am Township-Leben teilnehmen. Ihr Haus hat 3 Zimmer, und die ehemalige NGO-Mitarbeiterin erzählt die Geschichte der Townships, gibt eine Einführung in hiesige Musik und

tischt ein traditionelles Familienfrühstück auf. Wenn gewünscht, kocht sie auch ein traditionelles Abendessen oder bietet eine Führung an. B&B.

Majoro's**, Khayelitsha, ✆ 361 3412 oder ✆ 082 537 6882. Die Gastgeberin des 2 Zimmer mit Gemeinschaftsdusche/WC umfassenden Hauses ist die reizende Maria Maile. Das Abendessen besteht u.a. aus traditionellen Gerichten, wie *mielie pap* (Maismehlbrei), und das englische Frühstück, vielleicht Rührei und Schinken, wird mit afrikanischen Leckerbissen wie Fischbouletten oder frisch gebackenem Brot angereichert. Halbpension.

Malebo's**, Khayelitsha, ✆ 361 2391. 3 Zimmer mit Gemeinschafts-Du/WC im gastfreundlichen Haus von Lydea Masoleng und ihrem Ehemann. Morgens gibt es ein kleines Frühstück; auf Wunsch ist ein Abendessen erhältlich, eine Kombination aus westlichen und traditionellen afrikanischen Speisen. Die Gäste sind eingeladen, ihre Gastgeber in eine *shebeen* (Kneipe) oder am Sonntag in die Kirche zu begleiten.

Maneo**, Langa, ✆ 694 2504. B&B in der ältesten und dem Stadtzentrum am nächsten gelegenen Township Kapstadts, mit 2 Zimmern außerhalb und einem im Haupthaus. Die freundliche Gastgeberin Thandi Peter begleitet Gäste zu einigen der Township-Highlights, darunter eine *shebeen*, in der oft gesungen und getanzt wird. Essen kann man bei *Eziko Catering*, einem Lieferservice, bestellen. Da Langa nicht weit von der Innenstadt entfernt ist, kommen die meisten Gäste mit dem Auto.

Vicky's**, Khayelitsha, ✆ 387 7104 oder ✆ 082 225 2986. Die liebenswürdige Besitzerin Vicky Ntozini unterhält dieses gemütliche B&B mit 3 Zimmern; es war einer der ersten Township Homestays. Vicky unternimmt mit ihren Gäste Spaziergänge in die Umgebung und macht sie mit Anwohnern bekannt. Halbpension.

rienhäuser unterschiedlicher Größe für 2–6 Personen, die billigsten ohne Teppichboden und TV haben Etagenbetten, die besten besitzen alles,

was für einen angenehmen Familienurlaub erforderlich ist. Weitläufiges Gelände mit Swimming Pool, Spielplatz, Trampolin, Pub und Restaurant.

Simon's Town Quayside Lodge****, St George's St, abseits des Jubilee Square, ☎ 786 3838, 💻 www.quayside.co.za. Luxuriöses Hotel mit 28 Zimmern, die mitten in der Stadt und in einem Gebäude oberhalb der Post zu finden sind. Von den Balkonen der dem Meer zugewandten Zimmer Aussicht auf die von Bergen umgebene False Bay, die Bootsanlegestelle und den Marinehafen.

Essen

In Kapstadt kann man hervorragend essen, es gibt zahlreiche gemütliche, gut besuchte Restaurants, die fantasievolle und qualitativ hochwertige Gerichte servieren. Das Angebot ist breit und umfasst praktisch alle internationalen Küchen. Die Abwertung des südafrikanischen Rand bedeutet für viele Touristen, dass sie hier in erstklassigen Restaurants innovative Gerichte renommierter Küchenchefs zu einem Preis bekommen, den sie zuhause für eine bessere Pizza bezahlen.

Es gibt zwar so etwas wie eine typische Kap-Küche, doch bei der Restaurantwahl sollte sie nicht unbedingt den Ausschlag geben. Auf den Speisekarten von Restaurants der gehobenen Preisklasse finden sich oft sehr gelungene Gerichte, die Kap- und afrikanische Elemente vereinen. Ein paar Esslokale in der Stadt haben sich gänzlich der Kap-Küche verschrieben, eine gute Mischung der aus Europa nach Südafrika gelangten Kochstile, beeinflusst von den Lieblingsgerichten der überwiegend aus Asien und Madagaskar verschleppten Sklaven. Vorherrschend sind milde, leicht gesüßte Curries mit starkem indonesischem Einfluss, z.B. *bredie* (Eintopf), darunter *waterblommetjiebredie*, ein Spezialgericht, bei dem Wasserhyazinthen Verwendung finden; *bobotie*, ein überbackener Curry-Lammfleischauflauf unter einer würzigen Kruste, und *sosaties*, Fleischspieße mit Hammel- oder Rindfleisch. Mit Mandeln gefüllte Datteln sind ein köstlicher Nachtisch; kalorienreicher ist *malva* Pudding aus Milch, Zucker, Sahne und Aprikosenmarmelade.

Wer **Seafood** liebt, kann in jedem Restaurant, das etwas auf sich hält, davon ausgehen, dass es frisch ist. Aus den Gewässern um Kapstadt stammen Meeresfische wie Kingklip, Hake und Snoek. Das kalte Meerwasser an der Westküste liefert Krebse und Muscheln, zudem werden frischer Fisch, Austern und Krabben aus wärmeren Gewässern eingeflogen, auch aus Mozambique. Als Getränk zum Essen bietet sich natürlich ein **Kapwein** an.

Was die **Preise** anbelangt, so ist für ein Hauptgericht in einem billigen Restaurant mit weniger als R40 zu rechnen, in der Mittelklasse mit bis zu R60 und in einem kostspieligen ab R60.

INNENSTADT – Das Stadtzentrum erlebt seit einiger Zeit eine Renaissance, und zu den **Restaurants** gesellen sich zahlreiche **Cafés** im europäischen Stil, die zumeist bis gegen 23 Uhr geöffnet haben.

Long Street und Company's Gardens: Die genannten Lokale sind auf dem Plan s.S. 161 eingezeichnet.

Africa Café, 108 Shortmarket St, Heritage Square, ☎ 422 0221. Vielleicht das beste Restaurant in Kapstadt, was die afrikanische Küche betrifft, mit einer fantastischen Auswahl an Gerichten aus allen Teilen des Kontinents. Angesichts eines Festschmauses aus 16 Gerichten bei unbegrenztem Nachschlag ist der Preis von R105 p.P. durchaus angemessen. Reservierung erforderlich. Abendessen Mo–Sa. Untere bis mittlere Preislage.

Bukhara, 33 Church St, ☎ 424 0000. Beliebtes, schickes nordindisches Restaurant, wo man den Köchen bei der Arbeit zusehen kann. Das Essen ist köstlich, aber nicht billig. Um abends einen Tisch zu bekommen, ist eine Reservierung unumgänglich. Mo–Sa Mittag- und Abendessen, So nur Abendessen. Erschwinglich bis teuer.

Caravan Café, 167 Long St, ☎ 426 4671. Kleine, preiswerte Vorspeisen, gefolgt von riesigen Portionen Couscous und Hauptgerichten wie Fisch in Ingwer- und Orangensoße. Rauchern steht sogar eine *hookah* (Wasserpfeife) zur Verfügung. ◷ Mo–Sa zum Mittag- und Abendessen. Mittlere Preisklasse.

Five Flies, 14-16 Keerom St, ☎ 424 4442. Einfallsreiche Gerichte mit einem Touch allerfeinster Weltküche – eine gelungene Verbindung. Die Gerichte auf dem Teller sind eine Augenweide, das Ambiente ist elegant, aber nicht steif. Vielleicht das beste Restaurant von ganz Kapstadt. Mo–Fr Mittag- und Abendessen, Sa und So nur Abendessen. Moderat bis teuer.

Floris Smit Huijs, 55 Church St, ✆ 423 3414. Das Lokal in einem Gebäude aus dem 18. Jh. besticht nicht nur durch stilvolle Architektur, sondern auch durch erlesene internationale Küche, darunter lokale Spezialitäten wie *Malay chicken salad* und Kudu-Geschnetzeltem mit köstlicher Apfelsoße. ◷ tgl. bis 22.30 Uhr, So geschlossen, Mo nur Mittagessen. Mittlere Preislage.

Gallery Café, South African National Gallery, Government Ave. Frühstück, Mittagessen und Nachmittagstee; kleines, aber leckeres Angebot, darunter Pasta, Salate und Sandwiches in einem gemütlichen Lokal unter dem Dach der Galerie. ◷ Di–So 10–17 Uhr. Preiswert.

Long Life Noodle Bar, 192 Long St, ✆ 426 5805. Einfaches Lokal mit langen Sitzbänken, serviert vielerlei Nudelgerichte, von thailändischen Nudelsuppen bis zu japanischen Ramen. ◷ Mo–Sa zum Abendessen. Untere bis mittlere Preislage.

Long Street Café, 259 Long St. In der angesagtesten Straße der Innenstadt werden im geschmackvoll eingerichteten, kühlen Bar & Deli-Restaurant knackfrische Gerichten aus der europäischen Küche serviert. Auch Gäste, die nur etwas trinken möchten, sind willkommen. ◷ Mo–Sa 9.30–24, So 6–23 Uhr. Preiswert.

Mama Africa, 178 Long St, ✆ 424 8634. Spezialitäten aus ganz Afrika, darunter Kap-Köstlichkeiten und Karoo-Lammgerichte, in entspannter Atmosphäre. Das Highlight ist eine 12 m lange Theke in der Form einer grünen Mamba. Abendessen Mo–Sa. Bezahlbar.

Mexican Kitchen Café, 13 Bloem St, ✆ 423 1541. Ausgezeichnetes, einfaches Restaurant, serviert preiswerte Burritos, Enchiladas, Nachos und Calamari-Fajitas, auch leckere vegetarische und Gerichte zum Mitnehmen. ◷ tgl. bis Mitternacht. Billig.

Mr Pickwick's,158 Long St. Herzhafte und billige „Kantinen-"Gerichte, darunter eine große Auswahl riesiger Sandwiches. ◷ Mo, Di 8–14, Mi–Sa 8–16 Uhr. Preiswert.

Sunflower Health Café, 111 Long St. Vegetarisches Restaurant unter dem Dach eines Ökoladens. Es serviert zwei warme Mahlzeiten pro Tag, z.B. Linsenauflauf oder Gemüse-Lasagne,

außerdem Salate und schmackhafte kalte Gerichte. ◷ Mo–Fr 9.45–17.30, Sa 9–14 Uhr. Preiswert.

Yellow Pepper, 138 Long St. Empfehlenswertes Restaurant in der Nähe der Innenstadt mit großen Fenstern zur betriebsamen Long Street hin; gute Pasta. ◷ Mo–Sa 8.30–17, Fr und Sa auch zum Mittagessen. Billig bis moderat.

Periphery und Foreshore: Die genannten Lokale sind auf dem Plan s.S. 161 eingezeichnet.

Biesmiellah, Upper Wales, Ecke Pentz St, ✆ 423 0850. Eines der ältesten und bekanntesten Restaurants für traditionelle Kap-Küche; besonders lecker sind die gut gewürzten Stews und der verführerische *malva* Pudding aus Aprikosenmarmelade und Sahne. Keine alkoholischen Getränke. ◷ tgl. außer So, 12–13 und 18–23 Uhr. Mittlere Preislage.

Col'Cacchio, Seeff House, 42 Hans Strijdom Ave. Außergewöhnliche Pizzeria, die an den Tischen im Freien auch Pasta und Salate serviert. Mehr als 40 Pizzabeläge, von Räucherlachs über Sour Cream bis zu Kaviar. Keine Reservierung erforderlich. Mo–Fr Mittagessen, tgl. Abendessen. Preiswert.

Jewel Tavern, abseits der Vanguard Road, Duncan Docks, ✆ 448 1977. Schlichtes taiwanesisches Matrosen-Lokal, das inzwischen bei kapstädter *bon viveurs* hoch im Kurs steht. Das Restaurant auf dem Hafengelände serviert ausgezeichnetes Essen, darunter köstliche Sauerscharf-Suppe und Frühlingsrollen, deren Zubereitung die Gäste verfolgen können. ◷ tgl. ab vormittags bis 22 Uhr. Erschwinglich.

V&A WATERFRONT UND DE WATERKANT –

Die **V&A Waterfront** bietet viele Möglichkeiten, mit entsprechendem Budget gut zu essen, während **De Waterkant** ein paar nette Restaurants im historischen Viertel aufzuweisen hat, dessen Atmosphäre urtümlicher ist als die der Waterfront. Die genannten Lokale sind auf dem Plan s.S. 163 eingezeichnet.

V&A Waterfront: Bayfront Blu, Two Oceans Aquarium, ✆ 419 9068. Serviert den ganzen Tag über Frühstück und guten Kaffee in herrlicher Lage beim Aquarium. Von den Tischen auf der Veranda bietet sich eine Aussicht aufs Wasser und die Wolken, die über den Tafelberg ziehen.

Für den größeren Appetit gibt es z.B. traditionelle afrikanische als auch kalifornische Gerichte, gute vegetarische Mahlzeiten und einige ausgefallene Seafood-Teller, wie *Swahili prawn curry*. ⏰ tgl. 9–13.30 Uhr. Moderat bis kostspielig.

Caffé Balducci, Quay 6, V&A Waterfront, ✆ 421 6002. Schicker Coffeeshop & Restaurant mit schöner Aussicht und interessanter, südafrikanisch beeinflusster kalifornisch-italienischer Küche. ⏰ tgl. 9–24 Uhr. Preisgünstig.

Caffé San Marco, Piazza level, Victoria Wharf, V&A Waterfront, ✆ 418 5434. Coffeeshop & Bar mit Sonnenschirmen auf der Piazza, serviert ganztags Frühstück, gute Sandwiches, gegrillte Gemüse und frische Salate, warmes Essen und ausgezeichneten Tintenfisch mit Knoblauch und Chilli. Außerdem 18 verschiedene Sorten Eis und Sorbet. ⏰ tgl. 9–24 Uhr. Preiswert.

Emily's Bistro, Shop 202, Clock Tower Centre, V&A Waterfront, ✆ 421 1133. Eines der renommiertesten Restaurants des Westkap mit ausgefeilten südafrikanischen Kreationen und veredelten traditionellen Gerichten aus der Afrikaans-Küche. Von jedem Tisch aus Meeresblick. tgl. Mittagessen, Mo–Sa Abendessen. Gehobene Preisklasse.

Mugg & Bean, Ground Level, Victoria Wharf. Kaffeespezialitäten und kleine Gerichte, wie getoastete Sandwiches und Salate; da innerhalb eines Einkaufszentrums gelegen, müssen Gäste auf die ansonsten an der Waterfront übliche schöne Aussicht verzichten. ⏰ tgl. 9–24 Uhr. Billig.

Tasca de Belem, Shop 154, Piazza Level, Victoria Wharf, Waterfront, ✆ 419 3009. Portugiesische Spezialitäten, z.B. auf offener Flamme gegrillte Hühnchen; im Sommer begehrte Sitzgelegenheiten im Freien. ⏰ tgl. 12.30–14.30 und 18.30–22.30 Uhr. Mittlere Preislage.

Willoughby & Co, Lower Level, Victoria Wharf, ✆ 418 6115. Hervorragende Sushi, zubereitet von Sushi-Meisterköchen. Wer selber kocht, kann in der Delikatessenabteilung frisches Seafood kaufen oder sich im Restaurant an namibischen Austern oder einem Seafood-Teller laben. ⏰ tgl. zum Mittag- und Abendessen (Sushibar von 15–18 Uhr geschlossen). Moderat.

Zerban's, Victoria Wharf. Der Waterfront-Ableger einer kapstädter Institution, früher für ihre Kuchen, Brotsorten und Kaffee nach europäischer Art bekannt, hat jedoch inzwischen das Angebot erfolgreich auf warme Gerichte erweitert. ⏰ tgl. 8–23 Uhr. Preiswert.

De Waterkant: *Anatoli*, 24 Napier St, ✆ 419 2501. Gut besuchtes türkisches Restaurant in einer umgebauten Lagerhalle, serviert u.a. ausgezeichnete *meze* und sündhaft gute Desserts, wie getrocknete Datteln mit Sahne. ⏰ Di–So bis 23 Uhr. Bezahlbar.

Vasco da Gama Tavern, 3 Alfred St, ✆ 425 2157. Das einfache Esslokal mit dem lauten Fernseher, bei Einheimischen als die „Portuguese embassy" bekannt, ist eine echte Arbeiterkneipe. Gegrillte Rinderzunge mit Brot, dazu ein Mixgetränk aus Wein und Cola – eine portugiesische „Spezialität" namens *catemba* – sind Standard. Es ist aber auch ein hervorragendes Seafood-restaurant, nur halb so teuer und besser als viele der herausgeputzteren Lokale. ⏰ tgl. 10.45–19.30 Uhr. Preiswert.

MOUILLE POINT BIS SEA POINT – Die genannten Lokale sind auf dem Plan s.S. 164 eingezeichnet.

Mouille Point und Green Point: *Chariots Italian Coffee Bar*, 107 Main Rd, Green Point. Stilvolle Einrichtung und ausgezeichnetes, preiswertes Essen machen es zu einem bevorzugten Ziel kapstädtischer Yuppies. ⏰ tgl. bis 23, So bis 17 Uhr. Preisgünstig.

Giovanni's Deliworld, 103 Main Rd, Green Point. Freundliches italienisches Deli & Coffeeshop mit ein paar Tischen drinnen und draußen, bietet Kaffee, leckere Sandwiches mit Belag nach Wunsch, italienische Gerichte sowie Salate, Dips und warme Speisen zum Mitnehmen. ⏰ tgl. 8–21 Uhr. Untere bis mittlere Preisklasse.

Newport Market and Deli, 47 Beach Rd, Mouille Point. Helles Deli mit Blick auf die Tafelbucht, serviert Kaffee, ausgezeichnete Sandwiches, Salate und ein paar warme Gerichte. ⏰ tgl. 19 Uhr bis spät. Untere Preisklasse.

Theo's Grill Butcher and Seafood, Beach Rd, Mouille Point. *Theo's,* stilvoll und direkt am Wasser gelegen, bietet hervorragende Steaks und Seafood nach griechischer Zubereitungsart. Mo–Fr Mittagessen, Mo–Sa Abendessen. Mittlere Preisklasse.

Wang Thai, 105 Main Rd, Green Point, ☎ 439 6164. Die Speisekarte im besten Thai-Restaurant Kapstadts umfasst z.B. scharfe Tom Yam-Suppe, Rindfleischsalat, gedämpften Fisch mit Limonensaft und Chilli sowie die Spezialität des Hauses: hauchdünn geschnittene gebratene Filets. So–Fr Mittagessen, tgl. Abendessen. Mittlere Preislage.

Zeroninethreetwo, 79 Main Rd, Exhibition Building, Green Point, ☎ 439 6306. Belgische Küche und Bier; Muscheln, knackig-dünne Pommes und Salate in bewusst minimalistischem Ambiente. ☉ tgl. bis spät. Moderat.

Sea Point: Aris Souvlaki, 83a Regent Rd, Sea Point, ☎ 439 6683. Bewährtes griechisches Terrassenrestaurant, serviert u.a. *shwarma* und *souvlaki;* auch Straßenverkauf. ☉ tgl. bis 23 Uhr. Billig.

New York Bagels, 51 Regent Rd, Sea Point. Ein fantastischer Deli-Supermarket mit Sitzgelegenheit. Überwältigende Auswahl an Bagels, gefüllt mit allem Möglichen, von geschnetzelter Leber bis Hering; außerdem Pfannengerichte, Pasta und Gebäck. ☉ tgl. von früh bis spät. Preiswert.

Pizzeria Napoletana, 178 Main Rd, Sea Point. Familienbetrieb seit 1956, die beste Pizzeria von Kapstadt und überdies preiswert. Mo geschlossen. Mittlere Preislage.

San Marco, 92 Main Rd, Sea Point, ☎ 439 2758. Wunderbares italienisches Seafood sowie Pasta. Die gegrillten Tintenfische mit Chilli und Knoblauch sind köstlich, und Vegetariern sei besonders die Antipasto-Platte empfohlen. So Mittagessen, Mi–Mo Abendessen. Moderat bis teuer.

CITY BOWL – Die genannten Lokale sind auf dem Plan s.S. 167 eingezeichnet.

Amigos Mediterranean Restaurant, 158 Kloof St, Gardens, ☎ 423 6805. Schmackhafte Mischung aus griechischen *meze* und italienischen und spanischen Gerichten. Gut besuchtes Lokal mit ein paar Tischen im Freien. ☉ zum Mittag- und Abendessen tgl. bis 24 Uhr. Mittlere Preislage.

Buccaneer Steakhouse, 64 Orange St, Gardens, ☎ 424 4966. Bietet ordentliche Steaks und tolle Soßen. Die Atmosphäre ist ein bisschen nachlässig, aber dafür kann man hier einen entspannten, preiswerten Abend verbrin-

gen. ☉ Mo–Fr zum Mittagessen, tgl. zum Abendessen. Billig.

Café Paradiso, 110 Kloof St, Gardens, ☎ 423 8653. Gute griechische und mediterrane Spezialitäten, darunter nach Gewicht abgerechnete Leckerbissen von der *meze*-Bar. Die Terrasse bietet Ausblick auf den Berg, über die City und den Hafen. ☉ tgl. zum Mittag- und Abendessen. Mittlere Preislage.

Chef Pon's Asian Kitchen, 12 Mill St, Gardens, neben dem *Holiday Inn,* ☎ 465 5846. Das laute, sehr beliebte Esslokal serviert thailändische, vietnamesische, japanische und chinesische Gerichte. ☉ Mo–Sa zum Mittag- und Abendessen. Erschwinglich.

Happy Wok, 62a Kloof St, Gardens. In dem schlichten Selbstbedienungsrestaurant gibt es eine ansehnliche Auswahl von Gerichten aus China, Japan und Vietnam plus Jasmintee. ☉ tgl. 17.30–spät, Mo–Fr auch mittags. Preiswert.

Melissa's, 94 Kloof St, Gardens. Die Lebensmittelabteilung verkauft frisch zubereitete Mittelmeer-Spezialitäten, und das kleine Café bietet Snacks und leckere Desserts. ☉ Mo–Fr 7.30–21, Sa und So ab 8 Uhr. Preiswert.

Ocean Basket Southern Africa, 75 Kloof St, Gardens, ☎ 422 0322. Die langen Warteschlangen und verlockenden Düfte sind deutliche Hinweise auf die besonderen Gaumenfreuden – von Fish 'n'chips bis Calamari – die in diesem Ableger der Fastfood-Kette zu haben sind. ☉ Mo–Sa zum Mittagessen, tgl. Abendessen. Mittlere Preislage.

Raith Gourmet, Gardens Centre, Mill St, Gardens. Deli mit Schwerpunkt auf Fleischgerichten und einem außergewöhnlichen Angebot. An den Tischen zwischen appetitlichen Auslagen kann man z.B. ein köstlich belegtes Sandwich essen. Es gibt auch deutsche Spezialitäten, darunter Sauerkraut mit Schäufele. ☉ Mo–Fr 8.30–18, Sa bis 13 Uhr. Mittlere Preisklasse.

The Blue Plate Restaurant and Bar, 35 Kloof St, Gardens, ☎ 424 1515. Geräumiges Restaurant in einem eleganten viktorianischen Gebäude; internationale Küche, zuvorkommender Service und ein paar Tische auf dem Bürgersteig. ☉ tgl. zum Abendessen bis spät, nur am Fr Mittagessen. Moderat.

Yindees, 22 Camp St, Tamboerskloof, ☎ 422 1012. Gut besuchtes Thai-Restaurant mit hervorragender Küche, aber mürrischer Bedienung. ☉ Mo–Sa zum Mittagessen, Mo–Sa zum Abendessen. Erschwinglich.

SÜDLICHE VORORTE – Observatory, Wynberg und Newlands: *Café Carte Blanche*, 42a Trill Rd, Observatory. Kleines, exotisches, asiatisch dekoriertes Lokal, wo man unter einem persischen Wandteppich Wein oder auf einem mongolischen Betttuch Bier trinken kann. Preiswert.
Enrica Rocca, 19 Wolfe St, Wynberg, ✆ 762 3855. Authentisches italienisches Restaurant mit einem großen Angebot an Vorspeisen und einigen interessanten Pasta-Kreationen. Wer ordentlich zulangen möchte, ist mit einem Tagesmenü gut bedient: Antipasta, Pasta, Hauptgericht und Nachspeise. ☉ Mo–Sa zum Mittag- und Abendessen. Mittlere bis obere Preislage.
Gardener's Cottage, 31 Newlands Ave, Montebello Estate, Newlands. Das Lokal in einem Komplex alter Farmgebäude unter alten Kiefern serviert herzhaftes Frühstück und Mittagessen, Tee und Kaffee. In der Nachbarschaft gibt es interessante Kunst- und Kunstgewerbe-Werkstätten.
☉ Di–Fr 8–16.30, Sa und So 8.30–16.30 Uhr. Preiswert.
Obz Café, 115 Lower Main Rd, Observatory. Angesagtes Deli mit Café und Bar, leckere Fastfood-Gerichte, Schinken-und Ei-Frühstück und Gebäck. ☉ tgl. bis spät. Preiswert.
Pancho's Mexican Kitchen,127 Lower Main Rd, Observatory, ✆ 447 4854. Sehr begehrtes, schlichtes Lokal mit mexikanischer Küche.
☉ tgl. bis spät. Billig.
Constantia: *Buitenverwachting*, Buitenverwachting Estate, Klein Constantia Rd, ✆ 794 3522. Eines der absoluten Top-Restaurants von Südafrika in wunderbarer Lage auf dem Weingut Buitenverwachting. Innovative Küche, eine Verschmelzung von internationalen und kap-typischen Gaumenfreuden. ☉ Di–Fr zum Mittag- und Abendessen, Sa nur zum Mittagessen. Kostspielig.
Jonkershuis, Groot Constantia Wine Estate, von der Ladies Mile Extension zurückversetzt, Constantia. Rustikales, zwangloses Lokal mit traditioneller Kap-Küche, umgeben von Weinbergen. Neben den Tischen im Freien liegt ein Kinder-spielplatz, daher gut geeignet für einen Familienausflug. ☉ tgl. zum Frühstück, Mittagessen und Nachmittagstee, Di–Sa zum Abendessen. Untere bis mittlere Preislage.
La Colombe, Constantia Uitsig Wine Estate, Spaanschemat River Rd, Constantia, ✆ 794 2390. Das luftige Restaurant mit Blick auf einen Swimming Pool und eine herrliche Parkanlage gilt als eines der besten im ganzen Land. Das fantasievolle Menü, das der französische Küchenchef jeden Tag neu kreiert, basiert auf frischen Lebensmitteln der Saison. Die Tische müssen lange im Voraus reserviert werden. ☉ Mi–Mo zum Mittag- und Abendessen, So nur Mittagessen. Kostspielig.

ATLANTIC SEABOARD – Fish on the Rocks, hinter der Mariner's Wharf, Hout Bay. Knackfrische Fish'n'chips, aufgetischt unter Sonnenschirmen oder zum Mitnehmen und Verzehr auf den Felsen über der Bucht. Während der Saison auch ein hervorragender Ort, um Wale zu beobachten.
☉ tgl. 9–19 Uhr.
La Cuccina Food Store, Victoria Mall, Victoria Rd, Hout Bay. Frühstücks- und Mittags-Buffet, zwischendurch auch Tee und Kuchen. Ausgezeichnetes Essen, allerdings kein Ausblick auf die wunderbare Umgebung. ☉ tgl. 8–19 Uhr. Billig bis moderat.
Mariners Wharf Bistro, The Harbour, Hout Bay. Gemütliches Seafood-Restaurant mit Freiterrasse und Hafenblick, auch Essen zum Mitnehmen. ☉ tgl. 10–18 Uhr. Preiswert.
Primi Piatti, 9 Victoria Rd, Camps Bay, ✆ 438 3120. Pizza, Pasta und Salate in einem lauten, gut besuchten Restaurant am Wasser. ☉ tgl. zum Mittag- und Abendessen. Bezahlbar.
Red Herring, Beach Rd, Ecke Pine Rd, Noordhoek. Auf der Dachterrasse mit herrlicher Aussicht auf Meer und Berg gibt es Snacks und Getränke, und im Speisesaal des ländlichen Restaurants gegrilltes Fleisch, z.B. von Springbok und Kudu sowie vegetarische Speisen und frischen Fisch. ☉ Di–So zum Mittag- und Abendessen. Mittlere Preisklasse.
Theo's Grill Butcher and Seafood, Promenade Building, Victoria Rd, Camps Bay, ✆ 438 3120. Ausgezeichnete Steaks, deren Preis sich nach Gewicht bemisst, und Seafood. Sehr beliebt,

Café in Kaptstadt

auch Tische im Freien. ⏲ tgl. zum Mittag- und Abendessen. Moderat.

Vilamoura, 9 The Broadway, Victoria Rd, Camps Bay, ✆ 438 1850. Das beste Seafood-Restaurant von Kapstadt ist nicht billig – etwas für besondere Anlässe. In moderner Eleganz gehalten, mit wunderbarem Ausblick und makellosem Service; bietet auch traditionelle portugiesische Fisch- und Fleischgerichte. ⏲ tgl. 12–24 Uhr oder länger. Kostspielig.

FALSE BAY SEABOARD – Muizenberg und Kalk Bay: **Artvark Gallery and Café**, Main Rd, Kalk Bay. Einladendes Café mit Meeresblick und Dachgarten. ⏲ tgl. 9–17 Uhr. Billig.

Brass Bell, im Kalk Bay-Bahnhofsgebäude, Main Rd, Kalk Bay. Eine unscheinbare Kneipe in traumhafter Lage. Die Wellen der False Bay schlagen an die Mauern der Terrasse, und die Aussicht auf die Berge der Halbinsel und die Spitzen der Hottentots Holland ist unschlagbar. Das aufgetischte Seafood ist allerdings nicht so hervorragend wie die Lage. ⏲ tgl. bis spät. Mittlere Preislage.

Gaylords Indian Cuisine, 65 Main Rd, Muizenberg, ✆ 788 5470. Die schäbige Einrichtung lässt nicht vermuten, welche kulinarischen Genüsse zu erwarten sind, eine Verbindung nordindischer Küche und lokaler Zutaten, die etwas ganz Ungewöhnliches hervorbringt. Die Zubereitung dauert allerdings ziemlich lang. ⏲ Mi–So Mittag- und Abendessen, am Mo nur Abendessen. Untere bis mittlere Preislage.

Harbour House Restaurant, Kalk Bay Harbour, ✆ 788 4133. Seafood frisch aus dem Wasser und Mittelmeer-Küche in wunderschöner Lage am Meer. Bei der Reservierung einen Tisch mit *bay views* bestellen. In den Wintermonaten gibt es sehr preisgünstige Winterspezialitäten bei Kaminfeuer. ⏲ tgl. zum Mittag- und Abendessen. Moderat bis teuer.

Kalky's, Kalk Bay Harbour. Produziert die besten traditionellen Fish'n'chips der Halbinsel sowie sehr preiswerte Seafood-Teller; der Fisch kommt vom Boot direkt in die Pfanne. Das einfache Esslokal mit Holzbänken erfreut sich seit vielen Jahren großer Beliebtheit. Auch Straßenverkauf. ⏲ tgl. Billig.

The Olympia Café & Deli, Main Rd, Kalk Bay. Eine der wenigen Lokalitäten, die Kapstädter aus Uptown zur False Bay locken. Das *Olympia* bietet Blick auf den Hafen, morgens köstlichen Kaffee, frisch gepressten Orangensaft und ofenfrische Backwaren. Die jeweils angebotenen Gourmet-Tagesgerichte, darunter Fisch aus der Region, stehen auf einer Schiefertafel angeschrieben. ⏲ Di–Sa 7–19, So 7–15 Uhr. Preiswert.

VegiTable, 138 Main Rd, Kalk Bay. Geräumiges, freundliches vegetarisches Café mit Hafenblick. Auch begrenzter Lebensmittelverkauf und manchmal am Wochenende abends Live-Musik. ◷ tgl. 8–18, Do, Fr und Sa bis 21 Uhr. Preiswert.

SIMON'S TOWN UND UMGEBUNG – *Black Marlin*, Main Rd, Miller's Point, ✆ 786 1621. Bietet leckeres Seafood, insbesondere Krebse oder Fischspieße. ◷ tgl. zum Mittag- und Abendessen. Sonntagabend geschlossen. Mittlere Preislage.

The Meeting Place, 98 St Georges St, Simon's Town, ✆ 786 1986. Auf dem Balkon des netten Cafés an der Hauptstraße von Simon's Town's mit Hafenblick werden kleine Gerichte aus dem Mittelmeerraum serviert. ◷ Mo–Mi und So 9–17; Do–Sa 9–21 Uhr. Preiswert.

Unterhaltung und Kultur

Verglichen mit Johannesburg war das Nachtleben von Kapstadt lange Zeit eher provinziell, doch zeichnet sich in dieser Hinsicht eine Änderung ab. Nicht zuletzt aufgrund tausender afrikanischer und europäischer Zuwanderer präsentiert sich die Stadt inzwischen offener und kosmopolitischer und somit auch für Nachtschwärmer erheblich auf- und anregender.

PUBS UND CLUBS – Die Stadt ist verrückt nach Musik. *Mainstream house* ist sehr populär, aber auch Drum'n'bass, Trance, Hip Hop, Dub und Latin Grooves sowie **Kwaito** (s.S. 108), der Tanzstil des jungen, schwarzen Jo'burg.

Viele **Tanzclubs** sind kurzlebig – und das angesagteste Lokal von heute ist morgen vielleicht schon völlig out. Nachstehend sind einige der langlebigeren Clubs aufgeführt, doch es ist ratsam, sich in der lokalen Presse nach dem aktuellen Stand zu informieren. Die Tageszeitungen *Cape Argus* und *Cape Times* enthalten am Donnerstag bzw. Freitag Club-Kolumnen, und auch ein Blick ins Monatsmagazin *Cape Review* lohnt sich. Die beste Party-Informationsquelle sind oft die Hostels – man sollte die Ohren offen halten, denn nicht selten werden die besten Partys gar nicht groß angekündigt. Die Eintrittspreise reichen von R20 bis über R100 für große Events mit internationalen DJs. An dieser Stelle soll noch einmal darauf hingewiesen werden, dass Dro-gen aller Art in Südafrika illegal und Polizeirazzien in Clubs keine Seltenheit sind.

In Kapstadt gibt es jede Menge **Bars**, von schick über exzentrisch bis zu schmuddlig. Die meisten Alkohollizenzen schreiben zwar vor, dass die letzte Runde morgens um 2 Uhr serviert wird, doch das wird nicht allzu ernst genommen. Wenn Live-Musik geboten wird, muss normalerweise Eintritt gezahlt werden.

Innenstadt und City Bowl: *Club More*, 74 Loop St, ✆ 422 0544. Spritzige, *funky house music* in einem Club im New-Yorker-Stil. ◷ Mi, Fr und Sa 22 Uhr bis spät, Eintritt R40.

Club Georgia, 30 Georgia St, abseits des Buitensingel, ✆ 422 0261. Vor allem bei über 25-Jährigen sehr begehrter Club, wo Musik aus ganz Afrika gespielt wird, darunter Kwassa-kwassa, Kwaito, Ndombolo, Rai, Kizamba und Makossa. ◷ Di–Sa 21.30 Uhr bis spät.

Drum Café, 32 Glynn St, Gardens, ✆ 461 1305. Gäste können eine Trommel ausleihen und an einer Session teilnehmen. Jeden Mo und Mi um 21 Uhr findet unter Leitung eines süd- oder westafrikanischen Trommellehrers eine Trommelrunde für Teilnehmer mit mehr oder weniger guten Vorkenntnissen statt; absolute Anfänger sind in der kleineren Montagsgruppe besser aufgehoben. Die Sa um 15 Uhr abgehaltene Session ist Familien vorbehalten. Für Besucher, die das Trommeln lieber den Fachleuten überlassen, finden am Wochenende oft Partys statt; das Programm bitte telefonisch erfragen. Snacks und alkoholische Getränke sind erhältlich. Eintritt R30, Trommel R20. ◷ Mo, Mi, Fr und Sa 20 Uhr bis spät.

The Jam, 43 De Villiers St, District Six, ✆ 465 2106. Das geräumige, minimalistische Veranstaltungslokal bietet hervorragende Live-Musik und Underground Hip-Hop-Partys. Das Programm folgt keiner festen Regel, doch fast jeden Abend gibt es ein Event – Näheres ist der Presse zu entnehmen.

Jo'burg, 218 Long St, City Centre, ✆ 422 0142. Tolles Dekor, und ein guter Platz, um bei eingängiger Musik aus der Konserve in Gesellschaft von Kunststudenten und Medienleuten Stehblues zu tanzen. So abends Live-Musik. ◷ tgl. 17–4 Uhr.

Popmusik und Cape Jazz Der Hinreißendste, was Kapstadt in musikalischer Hinsicht hervorgebracht hat, ist **Cape Jazz**, eine Variation des südafrikanischen Town-ship-Jazz. Sein berühmtester Vertreter ist der international gefeieierte Abdullah Ibrahim (vor seinem Übertritt zum Islam unter dem Namen Dollar Brand bekannt). Ibrahim, geboren und aufgewachsen im District Six, ist ein begnadeter Pianist und Komponist, der seit Jahrzehnten eine geradezu hypnotische Fusion aus afrikanischem, amerikanischem und kap-muslimischem Sound kreiert. Auf seinen besten Alben *Mannenberg* und *African Marketplace* kombiniert er die schmeichelnden Rhythmen der *goema* – traditionelle Karnevalsklänge vom Kap – mit den an- und abschwellenden Wechselgesängen der afrikanischen Gospelmusik.

Weitere kapstädter Jazzlegenden sind der verstorbene Basil Coetzee, ein phänomenaler Tenorsaxophonist, der auf *Mannenberg* zu hören ist; Robbie Jansen, ebenfalls ein Saxophonspieler, mit einem feurigen Stil, der bei den Afro-pop-Größen Juluka spielte, und der Altsaxophonist Winston „Ngozi" Mankunku, ein Stimmungsmacher der alten Schule. Sowohl Jansen als auch Mankunku treten manchmal in der Stadt auf – die Veranstaltungshinweise der Presse verfolgen. Weitere hörenswerte Veteranen der Musikszene sind der Gitarrist Errol Dyers, der Pianist Hotep Galeta und der Bassist Spencer Mbadu.

Zwei junge, talentierte Vertreter der Cape Jazz-Tradition sind der supercoole Gitarrist Jimmy Dludlu und der sanfte Pianist Paul Hanmer; ihre Live-Auftritte sind ein echtes Erlebnis. Das Gleiche gilt für die stimmgewaltige Sängerin Judith Sephuma und die in Jo'burg beheimateten Virtuosen Moses Molelekwa, McCoy Mrubata und Sipho Gumede.

In Kapstadt sind auch zahlreiche charismatische **Rock-**, **Reggae-** und **Pop**bands vertreten. Zu ihnen gehören der Township Bubblegum-Star Brenda Fassie, die radikale Hip-Hop-Crew Prophets Of Da City und der R'n'B-Schnulzensänger Jonathan Butler. Die besten Bühnenshows bieten die Springbok Nude Girls, die Funkband The Honeymoon Suites, die Funk-Reggae-Truppe Firing Squad und die innovativen Colorfields.

Kennedy's Restaurant and Cigar Lounge, 251 Long St, City Centre, ℡ 424 1212. Witzige Raucherkneipe, in der Zigarren aus aller Welt verkauft werden. Mehr oder weniger nikotinabhängige Kunden können sich auch an köstlichen Martinis und Margaritas laben, gut speisen und inmitten eines den Kinderschuhen entwachsenen Publikums abends Live-Jazz hören. ◷ Mo–Fr 12 Uhr bis spät, Sa 19 Uhr bis spät.

The Lounge, 194 Long St, City Centre, ℡ 424 7636. Altbewährt und immer noch im Trend; eine Anlaufstelle der oberen Zehntausend von Kapstadt. Von den Balkontischen aus hat man eine gute Aussicht auf das Treiben in der Long Street. Die Klänge aus der Hifi-Anlage sind zumeist *house* und *jungle*. ◷ Mo–Sa 20–2 Uhr.

Mama Africa, 178 Long St, City Centre, ℡ 424 8634. Lässige, geräumige Restaurant-Bar im Zentrum der Vergnügungsmeile an der Long Street mit einer 12 m langen Bartheke in Form einer grünen Mamba. Regelmäßig Auftritte traditioneller Percussion-Gruppen; beliebt bei europäischen und nordamerikanischen Besuchern. ◷ Mo–Sa 20.30 Uhr bis spät.

The Purple Turtle, Shortmarket St, Ecke Long St, City Centre. Düstere, ein bisschen schäbige Bar, frequentiert von Goths, Metalheads und anderen Nachtgestalten. Am Samstagaben Live-Musik, allerdings bei erheblicher Geräuschkulisse. ◷ tgl. 11 Uhr bis spät.

Rhodes House, 60 Queen Victoria St, ℡ 424 8844. Geschniegelter, aber lässiger und modebewusster Laden mit French und Deep-house-Sounds. Veranstaltet manchmal Themenabende mit Kleidungsvorschriften – das jeweilige Abendprogramm telefonisch erfragen. ◷ Mi–Sa 22 Uhr bis spät.

The Shack, 45b De Villiers St, District Six, ℡ 465 2106. Ein offener Veranstaltungsort mit Restaurant, Bar und Billardsaal. Hier wird Musik aus den 60ern bis 80ern gespielt, im angrenzenden *Blue Lizard* dagegen Acid Jazz House Music und Trip Hop. ◷ Mo–Sa von 13 Uhr bis in die frühen Morgenstunden, So ab 18 Uhr bis frühmorgens.

V&A Waterfront und De Waterkant: Abgesehen von den schicken Restaurants bietet die V&A Waterfront auch ein recht ordentliches, nicht besonders aus dem Rahmen fallendes Nachtleben in sicherer Umgebung.

Chilli'n'Lime, 23 Somerset Rd, De Waterkant, ☎ 426 4469. Extrem durchgestylter Club mit 2 Tanzflächen und 4 Bars, der Ort für House und Hip-Hop-Partys. Die meisten Besucher sind Studenten in den 20ern. ⏱ Di–Sa 8–16 Uhr.

Den Anker Restaurant and Bar, Victoria and Alfred Pierhead. Schickes, belebtes Bistro-Restaurant an der Waterfront, das überwiegend von Touristen und besser betuchten Einheimischen bevölkert wird. Seine Spezialität sind belgische Importbiere vom Fass oder aus der Flasche. ⏱ tgl. 11–24 Uhr.

Green Dolphin, Victoria and Alfred Pierhead, ☎ 421 7471. Ausgezeichnete, wenn auch etwas kühle Jazz-Kneipe; köstliches Seafood und jeden Abend um 20.15 Uhr Live-Jazz vom Feinsten.

On Broadway, 21 Somerset Rd, De Waterkant, ☎ 418 8338. Cabaret mit Restaurant & Bar am Rande der Innenstadt, Mittelmeerküche und allabendliche Live-Unterhaltung für ein gemischtes Publikum. So und Di Travestieshows, Mi–Sa Cabaret. Mo präsentiert sich der Satiriker Pieter Dirk Uys. ⏱ tgl. 19 Uhr bis spät.

Südliche Vororte: **Observatory** eignet sich gut für nicht-motorisierte Kneipengänger, denn das Gebiet an und unweit der Lower Main Road ist übersichtlich und gilt als sicher. Zwischen den hübschen, alten Gebäuden herrscht eine warme, lockere Multikulti-Atmosphäre, und es gibt hier zahlreiche lässige Restaurants und Bars. Das benachbarte Viertel **Woodstock** ist ganz ähnlich, während die beiden anderen, eleganteren Nachbarn **Newlands** und **Constantia** ein etwas gesetzteres Publikum anlocken.

Café Ganesh, 66 Lower Main Rd, Ecke Trill Rd, Observatory, ☎ 448 3435. Das Café ist das kosmopolitische Herz von Observatory und *der* Treffpunkt von Künstlern, Schriftstellern, Schauspielern und Studenten. ⏱ Di–So 18 Uhr bis spät; im Juli geschlossen.

Boer and Brit Pub, Alphen Hotel, Alphen Drive, von der M41 zurückversetzt, Constantia. Altes kapholländisches Hotel mit Tischen und Sonnen-

schirmen unter Eichen; serviert Kneipenessen im gemütlichen Pub nach englischem Vorbild, an kalten Abenden knistern die Holzscheite im Kamin. ⏱ tgl. 10–23 Uhr.

Don Pedros, 113 Roodebloem Rd, Woodstock, ☎ 447 4493. Seit den 80ern, als sich hier regelmäßig Apartheidsgegner trafen, steht *Don Pedros* für gutes, billiges Essen und kapstädtische Ungezwungenheit – auch wer sich den ganzen Abend an einem Glas Bier festhält, wird nicht schief angesehen. Raucher- und Nichtraucherabteilung; gay-freundlich. ⏱ tgl. 9 Uhr bis spät.

Bar 89 Woodstock, 89 Roodebloem Rd, Woodstock. Freundliche, intime Bar, geschmackvolle Einrichtung und im Winter Kaminfeuer; gay-freundlich. ⏱ Di–So 18–2 Uhr.

Foresters' Arms, 52 Newlands Ave, Newlands. Studenten und Menschen, die ihr Studium längst hinter sich haben, drängen sich im beliebten „Forries" mitten im grünen Newlands bei Bier vom Fass. Das große, holzgetäfelte Pub besitzt einen herrlichen, von einer Hecke umgebenen Innenhof, wo man auf Holzbänken gemütlich ein Bierchen schlürfen kann. ⏱ Mo–Sa 10–23, So 9–16 Uhr.

Independent Armchair Theatre, 135 Lower Main Rd, Observatory, ☎ 447 1514. Weitläufiger Club mit mehreren Lounges; ein stil- und fantasievoller Veranstaltungsort inkl. kleiner Kunstgalerie. Unter der Woche werden abends Kult- und Arthouse-Filme gezeigt, außerdem treten hier ständig namhafte Bands auf.

Pedlars on the Bend, Spaanschemat River Rd, Constantia. Schicke Bar in einem der eleganteren Restaurants des angesagten Viertels, mit einem angenehmen, von Eichen beschatteten Hof. ⏱ tgl. 11–23 Uhr.

Atlantic Seaboard: *Dizzy Jazz Café*, 41 Camps Bay Drive, Camps Bay, ☎ 438 2686. Gut besuchtes Lokal mit großer Veranda und Meeresblick. Bier vom Fass, ausgezeichnetes Seafood und jeden Abend unterschiedliche Live-Musik. Eintritt R20. ⏱ tgl. 12–4 Uhr (Musik ab 20.30 Uhr).

La Med Bar and Restaurant, Glen Country Club, Victoria Rd, Clifton, ☎ 438 5600. Ein hübsches Plätzchen für einen Drink bei Sonnenuntergang, beliebter Treffpunkt eines sportbegeisterten

Mainstream-Publikums. Live-Musik am Mi, Fr und Sa. ⏲ tgl. 12 Uhr bis spät.

Red Herring, Pine Rd, Ecke Beach Rd, Noordhoek. Pub über einem eleganten Restaurant mit Dachterrasse und Blick auf das reizvolle Noordhoek Valley. Sehr begehrt an warmen Nachmittagen am Wochenende. ⏲ Di–So 11–24 Uhr.

Cape Flats: **Club Vibe**, Rigel Rd, Ecke Castor Rd, Lansdowne, ✆ 762 8962. Großer Nachtclub, der ein überwiegend gut gekleidetes, „farbiges" Publikum anzieht. 2 Tanzflächen (Mainstream und Uplifting House), hundert Fernsehbildschirme sowie eine mark- und beinerschütternde Soundanlage namens „The Earthquake". Strenge Eingangskontrolle: „Ordentliche" Kleidung erforderlich, absolut kein Zutritt für Besucher unter 18. ⏲ Fr und Sa ab 21 Uhr bis spät.

West End & Club Galaxy, College Rd, Rylands, ✆ 637 9132. Mit Abstand das beste Veranstaltungslokal auf den Flats, von Zeit zu Zeit Auftrittsort internationaler Musiker. Beherbergt zwei Nachtclubs unter einem Dach, zwischen denen man pendeln kann. *West End* ist ein hervorragendes Jazzlokal mit gehobenem Ambiente. Jeden letzten Sonntag im Monat Auftritte verschiedener Gruppen (Programm telefonisch erfragen). Besucher sollten sich in Schale werfen und, sofern gewünscht, sich einen Tisch mit Blick auf die Bühne reservieren lassen. *Club Galaxy* ist ein reiner Tanzclub, wo für ein schickes, junges Publikum R'n'B und Mainstream House gespielt wird. ⏲ Do, Fr und Sa 20 bis spät.

THEATER UND VERANSTALTUNGSORTE – Trotz knapper Finanzen (die Staatsgelder werden in anderen Bereichen dringender gebraucht) unternimmt die südafrikanische Kulturszene große Anstrengungen zu einer Neubelebung des Theaters. Das politisch-oppositionelle Theater, ein fruchtbares Genre während der 70er und 80er Jahre, hat sich überholt, inzwischen gilt es nicht mehr als „unmoralisch", wenn ein Theaterstück eher persönliche als politische Probleme behandelt. In Kapstadt werden ständig neue Stücke produziert, darunter sehr innovative, die Themen auf den Punkt bringen. Bislang gibt es noch keinen echten Nachfolger für den weltberühmten Bühnenautoren Athol Fugard, von

dessen Werken einige hier uraufgeführt wurden, doch Namen von Autoren und Dramaturgen, die man sich merken sollte, sind z.B. Brett Bailey, Marthinus Basson, Reza de Wet, Fiona Coyne, Roy Sargeant und das Duo Heinrich Rosehofer und Oscar Petersen.

Im Bereich des **Musicals** haben David Kramer und Taliep Petersen mit mehreren Shows, eine Hommage an die Geschichte und Kultur Kapstadts, von sich reden gemacht. Ihre jüngste Produktion, *Kat and the Kings*, eroberte den Broadway und das Londoner West End im Sturm. Auch **Comedy** ist im Aufwind, und während des alljährlichen Smirnoff International Comedy Festivals, das um den Oktober herum im Baxter Theatre stattfindet, präsentieren sich in- und ausländische Talente. Der wahrscheinlich berühmteste südafrikanische Satiriker ist Pieter Dirk Uys, dessen Charakter Evita Bezuidenhout seit Apartheidstagen die südafrikanische Gesellschaft gnadenlos karikiert. Neuere, begabte Komödianten sind z.B. Marc Lottering, ein „farbiger" Kapstädter, der seine „farbigen" Mitmenschen aufs Korn nimmt, und der Afrikaner David Kau, der sich über schwarze und weiße Südafrikaner gleichermaßen spöttisch auslässt.

Artscape, DF Malan St, ✆ 421 5470. Das ehemalige Flaggschiff staatlich geförderter, „weißer" Bühnenkunst präsentiert sich heute weniger elitär. Hier werden immer noch hochrangige Ballett- und Opernaufführungen geboten, daneben aber auch aufsehenerregende neue Stücke.

Baxter Theatre Centre, Main Rd, Rondebosch, ✆ 685 7880. Ein Mammut-Komplex, dessen Design dem Moskauer Zentralbahnhof nachempfunden wurde. Das erlesene Programm umfasst alle erdenklichen Bühnenshows, von modernen Stücken über Comedy-Festivals bis zu Jazzkonzerten und Kindertheater.

Little Theatre, University of Cape Town, Orange St, ✆ 480 7129. Hier kommen die in der Schauspielschule der Universität produzierten Stücke zur Aufführung; sie reichen von egozentrischer Nabelschau bis atemberaubend gut.

Maynardville Open Air Theatre, Church St, Ecke Wolfe St, Wynberg. Ticketreservierung über *Artscape*, ✆ 421 5470. Jedes Jahr wird im Januar und Februar unter dem Sternenhimmel im Maynardville Park eine Shakespeare-Komödie

aufgeführt. Die Kulisse könnte nicht romantischer sein, und die Stücke werden von den renommiertesten Schauspielern und Bühnenbildnern Kapstadts sehr gekonnt in Szene gesetzt. *Theatre On The Bay*, Link St, Camps Bay, ✆ 438 3300. Das elegante Theater richtet sich an ein eher älteres Publikum und bietet u.a. zeitgenössische Mainstream-Stücke, Musicals und Revuen – nicht besonders ausgefallen, aber fast durchweg von guter Qualität.
The Warehouse, 6 Dixon Rd, Green Point, ✆ 421 0777. Ein bewusst schlicht gehaltener Veranstaltungsort mit 280 Sitzplätzen. Eine der wenigen Bühnen Kapstadts, auf der vor einem überwiegend jungen Publikum wirklich anspruchsvolles, modernes Drama geboten wird.

KINOS – Obwohl Kapstadt eine boomende Filmindustrie besitzt, sind einheimische Produktionen eher selten. Verschiedene kommerzielle Kinos zeigen Hollywood-Filme. Das aktuelle Programm ist den Tageszeitungen *Cape Times* und *Cape Argus* zu entnehmen. Daneben gibt es noch ein paar freie Kinos und kleine Filmtheater, die Kunstfilme – oder was als solche durchgehen können – auf die Leinwand bringen, aber allzu hoch sollten die Erwartungen nicht sein.
Die für Besucher am günstigsten gelegenen **Mainstream-Kinos** sind: das *Nu-Metro*, ✆ 419 9700, und das *Ster-Kinekor Cinema Nouveau* an der V&A Waterfront, ✆ 425 8222; das *Ster-Kinekor Cavendish Commercial*, im Cavendish Square Shopping Centre, Claremont, ✆ 0860 300 222, und das im gleichen Einkaufszentrum untergebrachte *Ster-Kinekor Cinema Nouveau*, ✆ 683 4063. Für Reisende, die eine Unterkunft an der False Bay gewählt haben, ist der *Ster-Kinekor-Komplex* in der Blue Route Mall in Tokai, ✆ 713 1280, am leichtesten erreichbar.
Freie Kinos sind nachstehend aufgeführt. Eintrittskarten kosten ca. R26, und viele Kinos reduzieren einmal in der Woche am Kinotag ihre Preise; entsprechende Hinweise sind der Tagespresse zu entnehmen.
The Labia, 69 Orange St, und das **Labia on Kloof**, Kloof Street Gardens, ✆ 424 5927. Das ehemalige abgewetzte Plüschkino beherbergte früher ein Alternativ-Kino, wurde jedoch unlängst auf-

gemöbelt und eröffnete im Jahr 2002 eine Filiale gleich um die Ecke. Es bietet auf 3 Leinwänden ein ansprechendes Programm aus Kunst-, Kultfilmen und Neuerscheinungen, das Programm findet sich in der Tagespresse.
Independent Armchair Theatre, 135 Lower Main Rd, Observatory, ✆ 447 1514. Abenteuerlicher Kinoclub, der Videos von Kult- und Kunstfilmen zeigt – die Zuschauer können es sich während der Vorstellung auf Sofas bequem machen und etwas trinken. Vorführungen Mo–Fr abends; Näheres telefonisch erfragen.

Kapstadt für Kinder

Kapstadt ist ein herrliches Reiseziel für Eltern mit Kindern. Das Klima ist meistens sehr angenehm, und in den zahlreichen Naturschutzgebieten, Parks und alten Anwesen können die Kleinen gefahrlos ein bisschen überschüssige Energie abbauen. Viele Aktivitäten für Kinder sind entweder kostenlos oder preiswert, doch angesichts der unzureichenden öffentlichen Verkehrsmittel lässt sich die Ausgabe für einen Mietwagen kaum umgehen.
Sofern nicht anders angegeben, beziehen sich die genannten ermäßigten Preise auf Kinder unter 16 Jahren.

SEHENSWÜRDIGKEITEN – *Cable Car*, Lower Cable Station, Tafelberg Rd; 🖥 www.tablemountain.co.za, zu erreichen mit einem Shuttlebus von Cape Town Tourism. Rückfahrticket für die Seilbahn: Nov–Apr R85, Kinder R45; Mai–Okt R68, Kinder R35, unter 4 Jahren frei. Die Fahrt ist ein spannendes Erlebnis, und oben auf dem Berg gibt es Aussichtspunkte, Wanderwege und eine Cafeteria mit Tischen drinnen und draußen. Die niedlichen Dassies (s.S. 143) gefallen Kindern ganz besonders, sollten aber nicht gefüttert werden, da sie vielleicht beißen.
Groot Constantia, Groot Constantia Wine Estate, abseits der Ladies Mile Extension, Constantia, ✆ 794 5128, 🖥 www.museums.org.za/grootcon. 🕐 Museum tgl. 10–17 Uhr; Eintritt R8. Kellerführungen und Weinproben (nur nach Anmeldung unter ✆ 794 5128): Apr–Sep tgl. um 11 und 15 Uhr; Okt–März tgl. jede volle Stunde 10–16 Uhr; Eintritt R20. Nur Weinprobe: Mai–Nov tgl.

10–16.30 Uhr; Dez–Apr tgl. 9–18 Uhr; Teilnahme R14; Eintritt zum Gelände frei. Das große Gelände des kinderfreundlichen Weinguts eignet sich gut für einen Spaziergang, und neben den Restauranttischen im Freien liegt ein Spielplatz.

SA Museum and Planetarium, 25 Queen Victoria St, ✆ 424 3330, 🖥 www.museums.org.za/sam, Cape Town Central Station. ⊙ tgl. 10–17 Uhr; Eintritt für Erwachsene: Museum R8, Planetarium R10, beide zusammen R15; für Kinder: Museum frei, Planetarium R5. Das Museum ist ein tolles Ausflugsziel an Regentagen, besonders für 5–12-Jährige. Im museumseigenen Discovery Room, ⊙ Mo–Fr 10–15, Sa und So 11–16.30 Uhr, sind lebende Ameisen und Riesenspinnen sowie eine Ausstellung über Krokodile zu sehen. Außerdem stehen 10 PCs mit preiswertem Internet-Zugang (R8 für 30 Min.) mit Bookmarks versehene naturkundliche Websites und interaktive CD-ROMs zur Verfügung. Im Planetarium werden am Wochenende sowie während der Schulferien Kindervorstellungen angeboten, und im dazugehörigen Park gibt es eine Menge zutraulicher Eichhörnchen.

Telkom Exploratorium, Union Castle Building, V&A Waterfront, 🖥 www.exploratorium.co.za. Zu erreichen mit Waterfront-Shuttlebussen. ⊙ tgl. 9–21 Uhr; Eintritt R15, Besucher unter 18 Jahren R9. Interaktives naturkundliches Museum, wo Kinder über 4 Jahren dazu ermuntert werden, alle möglichen Knöpfe und Tasten auszuprobieren. An Aktivitäten wird z.B. eine simulierte Fahrt bei 315 km/h in einem Ferrari geboten, darüber hinaus auch Rummelplatzfavoriten wie Zerrspiegel.

Two Oceans Aquarium, V&A Waterfront, ✆ 418 3823, 🖥 www.aquarium.co.za. Zu erreichen mit Waterfront-Shuttlebussen. ⊙ tgl. 9.30–18 Uhr; Eintritt R45, Kinder R20. Dies ist eines der lohnenswertesten Museen Kapstadts (s.S. 131) mit zahlreichen Betätigungsmöglichkeiten für Kinder, ganz abgesehen von den faszinierenden, eigentümlichen Meereslebewesen. Im Touch Pool können ein paar Tiere gestreichelt werden – vielleicht sogar ein kleiner Hai oder Seeigel – und im Apha Activity Centre lockt meistens ein Puppentheater oder der Schminktisch, außerdem Computerterminals, wo ältere Kinder etwas über Meeresbiologie erfahren können.

VERGNÜGUNGSPARKS – Ratanga Junction, N1 nach Bellville, Exit 10 (Ausfahrt Sable Street), ✆ 0861 200-300, 🖥 www.ratanga.co.za. Attraktionen ⊙ Mi–Fr 10–17, Sa 10–18, So 10–17 Uhr; unbegrenzte Fahrten R75, unbegrenzte Fahrten für Kinder unter 1,30 m R39; Eintritt frei. Karusselfahrten für Kinder unter 2 Jahren frei. Ein spektakulärer Themenpark, die romantische Nachbildung einer Minenstadt des ausgehenden 19. Jahrhunderts, mit zahlreichen Aktivitäten und Restaurants. Die 24 Fahrattraktionen umfassen Geisterbahnen, von Dampflokomotiven gezogene Bähnchen und Bootsfahrten. Highlight ist die Cobra, eine schwindelerregende Berg-und-Talbahn. Bestimmte Attraktionen sind Erwachsenen und Kindern über 1,30 m vorbehalten.

Scratch Patch and Mineral World, Dido Valley Rd, von der Main Rd zurückversetzt, Simon's Town, ✆ 786 2020; und V&A Waterfront, ✆ 419 9429. ⊙ Mo–Fr 9–16.45, Sa und So 9–17.15 Uhr; Eintritt R10–32, je nach Containergröße. Besucher über 3 Jahren dürfen sich einen Beutel mit den polierten Edelsteinabfällen füllen, die praktisch den Boden bedecken. Anschließend kann man einen Steg überqueren und Mo–Fr eine der größten Maschinen beim Abbau des edelsteinhaltigen Gesteins beobachten.

Spier, 50 km von Kapstadt an der R310, ✆ 809 1100, 🖥 www.spier.co.za. ⊙ tgl. 9–17 Uhr, Eintritt frei. Hervorragendes Ziel für einen Familienausflug, lässt sich gut mit einem Besuch der Weingüter verbinden. Spier ist ein altes Gutshaus auf einem weitläufigen Gelände mit einem großen See und ein hübsches Fleckchen zum Picknicken. Hier gibt es einen Kinderspielplatz und genügend Auslauf, außerdem Ponyreiten (Sa und So 11–16 Uhr; R10 für 10 Min.). Ein weiteres Highlight ist der *cheetah park,* Teil eines Aufzuchtprogramms, den man betreten kann, um ein schnurrendes Kätzchen zu streicheln (anschauen kostenlos; Gepard-Anfassen R40, Kinder R20). Es ist nicht erlaubt, Lebensmittel mitzubringen, doch im Stall der Farm und Coffeeshop gibt es köstliches, frisch gebackenes Brot und Gebäck sowie Käse, Wurst und Dips zu kaufen, aus denen man sich ein Picknick zusammenstellen kann. Außerdem stehen 5 Restaurants auf dem Gelände zur Wahl: *Jonkershuis Restaurant, Spier Café, Taphuis Grill, Riverside Pub* und *Figaro's* im Hotel.

World of Birds, Valley Rd, Hout Bay, ☎ 790 2730. ⏱ tgl. 9–17 Uhr, Eintritt R30, Kinder R20, unter 3 Jahren frei. Der Park beherbergt mehr als 3000 Vögel und Kleingetier.

STRÄNDE – Kapstadt ist praktisch von Stränden umgeben. Im Sommer ist ein Ausflug an den Strand ein Vergnügen für die ganze Familie, zumindest solange die Kinder das Teenageralter noch nicht erreicht haben. Die meisten Strände sind relativ wenig erschlossen, daher ist es ratsam, genügend Essen und Getränke mitzunehmen. Die aktuellen Meerwasser- und Swimming Pool-Temperaturen werden tgl. in der *Cape Times* veröffentlicht. Möglichst früh aufbrechen, denn gegen 10, 11 Uhr strahlt die Sonne zu intensiv, zudem kommt oft ein starker Wind auf.

False Bay Seaboard: Die wärmeren Gewässer der False Bay sind von der Innenstadt aus per Metro Rail erreichbar. Autofahrer nehmen die M3 Richtung Muizenberg; vom Stadtzentrum bis Fish Hoek sind es rund 40 Minuten.

Boulders Beach, 39 km südlich der Innenstadt; Eintritt R10, Kinder R5. Einer der wenigen Strände, die man auch aufsuchen kann, wenn der Südostwind bläst, denn das von Felsen umrahmte Wasser ist flach und kindersicher. Außerdem gibt es hier eine Pinguinkolonie. Vor allem während der Schulferien im Dezember ist der Andrang groß, daher so früh wie möglich aufbrechen. Beim Parkplatz vor dem Strand gibt es ein nettes Café, am Strand selbst aber keine Verpflegungsmöglichkeit.

Fish Hoek, 30 km südlich der Innenstadt, ist einer der schönsten Strände der Halbinsel mit einem langen Sandstreifen. Das seichte Wasser ist im Sommer angenehm warm. Am Strand gibt es einen Spielplatz und ein Café. Der asphaltierte Jager's Walk entlang der felsigen Küste mit herrlicher Sicht auf die Hottentots Holland Mountains ist auch mit Kinderwagen begehbar. Die beste windgeschützte Ecke ist die Wiese neben den Duschen.

St James, 38 km südlich der Innenstadt. Ein zum Plantschen geeigneter Gezeitenpool mit einem kleinen Sandstrand und bunten Badehäuschen. Mit einem Kinderwagen kann man auf einem geteerten Küstenpfad nach Muizenberg spazieren. Am Wochenende kann St James sehr voll werden, und die Parkmöglichkeiten sind beschränkt. Am Strand gibt es keine Geschäfte, doch im Labia Museum an der Main Rd, zwischen St James und Muizenberg, werden Tee und Scones serviert, und auf der Straßenseite gegenüber der St James Station befindet sich ein italienisches Restaurant.

Atlantic Seaboard: Zum Schwimmen ist das Wasser an der Atlantikküste zu kalt, aber hier gibt es einladende Fleckchen mit Sand, Felsen und Pools im Felsen – sowie einer herrlichen Aussicht. An den Stränden kann man hervorragend picknicken und an windstillen Sommerabenden bei einem Sundowner den Sonnenuntergang betrachten. Im Sommer bläst der Wind hier weniger stark als an der False Bay, doch nachmittags wird es oft glühend heiß. Alles, was südlich von Hout Bay liegt, ist mit öffentlichen Verkehrsmitteln nicht zu erreichen.

Camps Bay, 8 km südwestlich der Innenstadt. Ein sandiger, vom Stadtzentrum aus gut per Bus oder Auto erreichbarer Strand mit kleinen Rasenflächen und schattigen Palmen unterhalb der mächtigen Twelve Apostles. Hier gibt es einen Gezeitenpool und kleine Pools im Felsen. Die Straßenseite gegenüber vom Strand säumen Straßencafés, Restaurants und Bars.

Noordhoek und **Kommetjie**, 41 km südwestlich der Innenstadt. Der 8 km lange weiße Sandstrand zwischen Noordhoek und Kommetjie mit herrlicher Aussicht auf den Chapman's Peak lädt zum Spazierengehen, Drachenfliegen und Reiten ein. Das bewaldete Noordhoek-Gebiet beherbergt ein paar gute Restaurants und Gehöfte; in Kommetjie kann man auf Kamelen reiten und angenehme Spaziergänge unternehmen. Nur mit eigenem Fahrzeug erreichbar.

Sea Point Promenade, 4 km westlich der Innenstadt. Die geteerte, von Wiesen, Hotels und Ferienapartments gesäumte Uferpromenade erstreckt sich auf einer Länge von 3 km vom Leuchtturm bei Mouille Point bis zum Sea Point Pavilion. Dieser Küstenstreifen liegt dem Stadtzentrum am nächsten. Am Ende der Promenade befinden sich mehrere Parkplätze. Der Weg ist für Kinderwagen und Rollerblades geeignet und bietet den zusätzlichen Anreiz von Spielplätzen und Eisverkäufern. Die beiden kleinen, mit schleimigem Seetang überzogenen Strände sind weder einladend noch sicher. Wer schwimmen möchte, sollte den Pool beim Sea Point Pavilion ansteuern.

SWIMMING POOLS – *Long Street Baths*, Long St, Ecke Buitensingel, ℅ 400 3302. ☉ Mo–Fr 7–20, Sa 7–19, So 8–18 Uhr. Eintritt R7, Kinder R4. Das einzige beheizte Hallenbad Kapstadts ist sehr zentral gelegen. Ein Besuch bietet sich vor allem bei schlechtem Wetter an.

Newlands Pool, Main Rd, Ecke Sans Souci Rd, Newlands, ℅ 674 4197. ☉ Apr–Sep tgl. 9–17; Okt–März tgl. 7–18.30 Uhr; Eintritt R7, Kinder R4. Unbeheiztes Schwimmbad mit Becken in Olympiagröße, umgeben von Rasenflächen. Im Sommer erreicht das Wasser eine Höchsttemperatur von 24 °C, im Winter dagegen kann es 15 °C kalt sein.

Sea Point Pool, Sea Point Pavilion, Beach Rd, ℅ 434 3341. 5 km westlich der Innenstadt. ☉ Apr–Sep tgl. 9–17; Okt–März tgl. 7–18.45 Uhr; Eintritt R7, Kinder R4. Ein tolles Freibad am Meer mit einem riesigen Meerwasserbecken und 2 Plantschbecken.

IM GRÜNEN – *The Barnyard Farmstall*, Steenberg Rd (M42), neben dem Steenberg Estate, zwischen der Tokai Rd und dem Ou Kaapse Weg. Einladendes Plätzchen für ein Picknick im Freien oder eine Tasse Kaffee auf dem kleinen Hof der Farm mit frei herumlaufenden Enten und Hühnern sowie einem besonders netten Kinderspielplatz. Auf dem Bauernhof werden auch leckeres Brot, Dips und allerlei ländliche Delikatessen verkauft – ein guter Abstecher auf dem Weg von oder zu den Weingütern von Constantia.

Imhoff Farm, Kommetjie Rd, gegenüber der Abzweigung Ocean View, ℅ 783 4545 oder ℅ 083 735 5227. Bietet tgl. zwischen 12 und 16 Uhr Ausritte auf Kamelen für R50 pro halbe Std. Kleinkinder dürfen mit einem Elternteil zusammen im Sattel sitzen; Kinder über 4 Jahren können auf Wunsch alleine losschaukeln. Wanderwege führen durch die umliegenden Wälder und Dünen, nicht jedoch zum Strand.

Kirstenbosch National Botanical Garden, Rhodes Drive, ℅ 799 8999. ☉ Apr–Aug tgl. 8–18, Sep–März tgl. 8–19 Uhr; R15, Kinder R5. Steht ganz oben auf der Liste der beliebtesten Familienausflüge, denn die großen Rasenflächen bieten viel Platz zum Austoben, und es gibt Bäume und Felsen zum Klettern. Kein Müll, keine Hunde und kinderwagengeeignete Spazierwege; auch herrlich für ein Picknick oder zum Kaffeetrinken an Tischen im Freien. Mit größeren Kindern kann man den ausgeschilderten Stinkwood oder Yellowwood Trail (1,2 km bzw. 2,5 km) oder den Bergpfad entlang der Skeleton Gorge begehen (s.S. 145). Empfehlenswert sind auch im Sommer die Konzerte zum Sonnenuntergang (s.S. 138).

Newlands Forest, 9 km südlich der Innenstadt, abseits der M3 Richtung Muizenberg. ☉ von Sonnenauf- bis Sonnenuntergang, Eintritt frei. Einfache Wanderwege in und um Kiefernwälder und Bäche am bewaldeten Südhang des Tafelbergs, auch ein nicht besonders abschüssiger Pfad, der sich gut mit einem Kinderwagen bewältigen lässt. Ein nettes Picknick- und Naherholungsziel für alle, die schnell von der Stadt in die Natur gelangen möchten. Am sichersten ist das Gelände am Wochenende und nachmittags, wenn Jogger und Anwohner unterwegs sind, die ihre Hunde ausführen. Autofahrer finden Parkmöglichkeiten an der Ausfahrt der M3, die mit „Forestry Office" ausgeschildert ist.

Noordhoek Farm Village, Noordhoek Main Rd, kurz bevor die Straße zum Chapman's Peak hinaufführt, ℅ 789 1317. ☉ Mo–So 8.30–17.30 Uhr. Beliebte Anlaufstelle der Sightseeingbusse, die über den Chapman's Peak zum Cape Point fahren, dennoch ein erholsames Plätzchen unter Eichen, wo frische Lebensmittel, Souvenirs und Schnitzereien aus Zimbabwe erhältlich sind. Eltern, die den Chapman's Peak erkunden möchten, aber auch den auf dem Rücksitz quengelnden Kindern einen Gefallen tun möchten, werden wahrscheinlich den schattigen Spielplatz neben dem Café mit Tischen im Freien am besten zu schätzen wissen.

Silvermine Nature Reserve, (s.S. 149) Ou Kaapse Weg (M64). ☉ von Sonnenauf- bis Sonnenuntergang, Eintritt R10, Kinder R5. Ein wunderbares Naturschutzgebiet an den Bergen oberhalb von Muizenberg und Kalk Bay, rund 25 km von der Innenstadt entfernt. Die ausgeschilderte Zufahrt zum Eingangstor befindet sich am oberen Ende des Ou Kaapseweg (M64). Hier kann man auch mit Kleinkindern den berühmten Fynbos aus nächster Nähe betrachten, durch die Kiefernwälder oder am Ufer kleiner Seen entlangstreifen und picknicken. Allerdings ist das Gelände Wind und Nebel ausgesetzt und sollte bei schlechtem Wetter gemieden werden. Mit älteren Kindern kann man auch ein paar relativ leichte Bergwanderwege mit wundervollen Ausblicken bewältigen. Die *Friends of Silvermine,* ✆ 782 5079 oder ✆ 785 1477, veranstalten mehrmals in der Woche kostenlose geführte Wanderungen.

Tokai Forest Arboretum, Tokai Rd; Autofahrer nehmen auf der M3 Richtung Muizenberg die Ausfahrt Tokai und fahren dann auf die Berge zu bis ans Ende der Tokai Rd. Alternativ können sie auch die entsprechend ausgewiesene Abfahrt von der M42 nehmen. ☉ von Sonnenauf- bis Sonnenuntergang, Eintritt R2. Geruhsamer Wald mit einem Bach und Bäumen aus allen Erdteilen, der 1885 an den Hängen des Constantiabergs angelegt wurde. Ein herrliches Ausflugsziel, v.a. wenn der Südostwind weht, außerdem sehr gut geeignet für Spaziergänger, Mountainbiker und kleinere Kinder. Hier gibt es auch einen Teashop mit Tischen im Freien.

Schwule und Lesben

Kapstadt ist nicht nur Südafrikas Homo-Hauptstadt, sondern die des gesamten afrikanischen Kontinents. Die Stadt erfreute sich immer schon einer lebhaften Homo-Szene und zieht neuerdings schwul-lesbische Besucher aus aller Welt an. Das **Gay Quarter** der Stadt mit B&Bs, Guesthouses, Pubs, Clubs, Cruisebars, Videoshows, Restaurants mit Cabaret, Stripshows und Saunen konzentriert sich entlang der Vergnügungsmeilen der Somerset Road und Main Road in den miteinander verbundenen Vierteln Green Point, Sea Point und De Waterkant am Rande der Innenstadt, wo an zahlreichen Gebäuden unübersehbar die Regenbogenfahne flattert.
In Kapstadt findet jedes Jahr eine **Gay Party** statt, organisiert von *Mother City Queer Projects,* 🖳 www.mcqp.co.za, ein immens populäres Event, das meistens Mitte Dezember im *River Club,* ✆ 448 6117, in Observatory abgehalten wird. Die Veranstaltung steht jeweils unter einem Motto (frühere hießen z.B. „auf Safari"

und „unter Wasser"), und die Teilnehmer ziehen sich dem Motto entsprechend so verrückt wie nur möglich an. Außerdem gibt es einmal im Jahr ein **Gay Pride Festival,** 🖳 www.sapride.org.

CLUBS UND PUBS – *Bar 89 Woodstock,* 89 Roodebloem Rd, Woodstock, ✆ 447 0982. Eleganter, schwulenfreundliches Pub in einem viktorianischen Haus im zunehmend trendigen Woodstock. Eine erfrischende Mischung aus intimer Bar und „ein bisschen anderem", kosmopolitischem Treffpunkt. ☉ Di–So 18–2 Uhr.
Bar Code, 16 Hudson St, Green Point, ✆ 421 5305. Eine Leder- und Jeansbar für ein überwiegend älteres Publikum mit Tischen im Freien. ☉ tgl. 21 Uhr bis spät.
The Bronx, Angels und *Sky,* 35 Somerset Rd, Green Point, ✆ 419 9216. Mehrere Clubs, die sich einen Innenhof sowie die Reputation als *der* Mittelpunkt von Kapstadts homoerotischem Nachtleben teilen. *Angels* und *Sky* sind 2 düstere Tanzlokale, und Bronx ist eine ungemein beliebte, lebhafte Bar. Das Publikum ist gemischt, unkompliziert und wild entschlossen Spaß zu haben. ☉ tgl. bis spät.
Café Manhattan, 74 Waterkant St, Green Point, ✆ 421 6666. Kultivierte, lässige Restaurant-Bar mit gutem, erschwinglichem Essen. Jeden Donnerstagabend Live-Musik bei freiem Eintritt. Besitzt auch eine Gartenterrasse unter Eichen. Hetero-freundlich. ☉ Mo–So 12 Uhr bis spät.
Club 55, 22 Somerset Rd, Green Point, ✆ 425 2739. Junges, lockeres Theater-Bistro mit kosmopolitischen Besuchern. Die Innenausstattung lässt sich am besten als „warehouse chic" beschreiben. Zu den regelmäßigen Live-Veranstaltungen gehören Travestieshows (Mi) und Revuen (Do) – Eintritt R35. Am Fr und Sa kommen vor allem Clubmitglieder. ☉ tgl.10 Uhr bis spät.
On Broadway, 21 Somerset Rd, Green Point, ✆ 418 8338. Tolles Cabaret und Restaurant-Bar mit mediterraner Küche, allabendlich Live-Auftritte. Eine der wenigen Bühnen für die kleine, aber freche Cabaretszene der Stadt. Jeden Montagabend tritt der Topkomiker und Satiriker Pieter Dirk Uys auf, außerdem gibt es Mi–So thematische Shows und am So und Di Travestieshows. Alle Vorstellungen beginnen um 21 Uhr und kosten R45 Eintritt. Man kann auch schon

früher zum Abendessen hingehen, muss aber unbedingt einen Tisch reservieren. Gemischtes Publikum, definitiv hetero-freundlich. ☉ tgl. 19 Uhr bis spät.

Robert's Café and Cigar Bar, 74 Waterkant St, De Waterkant, ✆ 425 2478. Ein freundliches, entspanntes Lokal in De Waterkant mit guter Küche und kommunikationsfreundlicher Bar. Ein netter Ort zum Essen bei sexy, bluesey angehauchter Atmosphäre. ☉ tgl. 12 Uhr bis sehr spät/früh.

Rosie's, 125a Waterkant St, De Waterkant, gegenüber dem *Manhattan*, ✆ 250 7621. Kleine, intime Billardbar, die bärenstarke Männer und Lederboys anzieht. Das dazugehörige Restaurant ist ein beliebter after-work-Treff von Angels und Demons. ☉ Di–Fr 16 Uhr bis spät, Sa und So 14 Uhr bis spät.

SAUNEN – **The Hothouse Steam and Leisure**, 18 Jarvis St, Green Point. ✆ 418 3888, ✉ info@hothouse.co.za. Luxuriöses Etablissement mit Jacuzzis, Sauna, Sonnendeck, einer Bar, an der ein paar Gerichte erhältlich sind, Videolounge, Kamin und Satelliten-TV. Luxuskabinen R50. Eintritt R35–50, je nach Tag und Tageszeit. ☉ Mo–Fr 12–2 Uhr, Sa und So rund um die Uhr.

Steamers, Wembley Rd, Ecke Solan Rd, Gardens, ✆ 461 6210, ✉ info@steamers.co.za. Der ultimative Cruise-Treff, mit Swimming Pool, Dampfsauna, Trockensauna, Jacuzzi usw. ☉ Feb–Nov tgl. 12–15; Dez und Jan Mo–Fr 12–20 Uhr, Sa und So 24 Std.

Einkaufen

Die beliebteste Einkaufsgegend ist die V&A Waterfront: Hier befinden sich zahlreiche Geschäfte in wunderbarer Lage, außerdem gibt es eine große Auswahl an Restaurants; allerdings sind die Preise etwas höher als anderswo. Die Innenstadt bietet ebenfalls zahlreiche – nach Ansicht mancher Leute interessantere – Einkaufsmöglichkeiten, vor allem für Sammler, Liebhaber von Antiquitäten und Secondhand-Büchern. Die Vorortbewohner kaufen meistens in der näheren Umgebung ein, in der schicken Cavendish Square Mall in Claremont oder einem der anderen Einkaufszentren, darunter die riesigen Tygerberg Mall und der pseudo-venezianische Venice Canal Walk in den nördlichen Vororten. Wer in den innerstädtischen Randbezirken Green und Sea Point, angrenzend an die V&A Waterfront, abgestiegen ist, findet Supermärkte und andere Geschäfte entlang der Main Road, und in der City Bowl gibt es das Gardens Shopping Centre. Weitere kleinere Einkaufszentren sind in allen Vororten zu finden.

Die **Geschäftszeiten** waren lange Zeit Mo–Fr 8.30–17, und Sa 8.30–13 Uhr, doch inzwischen haben viele Supermärkte, Buchläden und Spezialgeschäfte auch am Sonntag und unter der Woche länger als bis 17 Uhr geöffnet.

EINKAUFSZENTREN – Einkaufen in Südafrika folgt mehr dem nordamerikanischen als dem europäischen Muster: Weit verbreitet sind große Einkaufszentren, in denen es vom Buchladen über Banken bis zu Kleider- und Lebensmitteln alles gibt, außerdem ein Kino sowie mehrere Cafés und Restaurants.

Cavendish Square, Vineyard Rd, Claremont Station, Claremont. Ein aufwendiger, vielstöckiger Komplex, das Hauptgeschäftszentrum der südlichen Vororte. ☉ Mo–Do 9–18, Fr 9–21, Sa 9–18, So 10–16 Uhr.

Gardens Shopping Centre, Mill St, Gardens. Kleines Einkaufszentrum in der City Bowl, in der Nähe der Company's Gardens und der Innenstadt, mit einem großen Supermarket, ausgezeichnetem Delikatessenladen und den meisten Geschäften für den täglichen Bedarf. ☉ Mo–Fr 9–18, Sa 9–15 Uhr; manche Geschäfte So 10–14 Uhr.

Golden Acre, Adderley St, Cape Town Station. Düsterer, nicht besonders einladender Komplex, über einen Fußweg mit dem Bahnhof verbunden. Praktisch als letzte Einkaufsgelegenheit vor Abfahrt eines Zuges, ansonsten jedoch besser zu meiden. ☉ Mall 6–24; die meisten Geschäfte 8.30–17 Uhr.

Blue Route Mall, Tokai Rd, Tokai. Schlichtes, einstöckiges Einkaufszentrum, günstig gelegen für Reisende, die eine Unterkunft in Constantia oder an der False Bay gewählt haben, mit Filialen von Pick'n'Pay (Lebensmittelmarkt) und Woolworths. ☉ Mo–Fr 9–17.30, Sa und So 9–17 Uhr.

V&A Waterfront, man könnte Kapstadt besuchen, ohne jemals den Waterfront-Komplex zu verlassen, dessen Victoria Wharf Shopping Centre eine Vielzahl gut sortierter Geschäfte beherbergt, darunter Filialen aller namhaften südafrikanischen Ladenketten, in denen Bücher, Kleidung, Lebensmittel und Kunsthandwerk verkauft werden. ⏰ Mo–Sa 9–21, So 10–21 Uhr.

KUNST UND KUNSTGEWERBE – Kapstadt ist nicht so bekannt für einheimisches **Kunsthandwerk** wie Durban, und viele der hier angebotenen Waren stammen aus anderen Teilen Afrikas, insbesondere Zimbabwe und Zambia. In der Innenstadt und an der V&A Waterfront gibt es mehrere Kunstgewerbeläden, doch oft finden sich dieselben Sachen für erheblich weniger Geld auf den **Straßenmärkten** überall in der Stadt.

Geschäfte: *Africa Nova,* Main Rd, Hout Bay, ✆ 790 4454. Überdurchschnittlich gute Auswahl an ethnischem Kunsthandwerk sowie zeitgenössischen afrikanischen Textilien und Kunstgegenständen, mit Schwerpunkt auf handgefertigten Einzelstücken. ⏰ Mo–Fr 9–17, Sa und So 10–14 Uhr.

African Image, Filialen an der Church St, Ecke Burg St, ✆ 423 8385, ⏰ Mo–Fr 9–17, Sa 9–13.30 Uhr, und im Shop 6228, Victoria Wharf, V&A Waterfront, ✆ 419 0382, ⏰ tgl. 9–21 Uhr. Einer der besten Läden für authentische, traditionelle und moderne afrikanische Kunst und Kunsthandwerk, von Textilien und antiken Skulpturen bis Perlarbeiten; allerdings etwas überteuert.

Ethno Bongo, Mainstream Shopping Centre, Main Rd, Hout Bay, ✆ 790 0802. Ein reizendes Geschäft im wichtigsten Einkaufszentrum von Hout Bay, das zu günstigen Preisen wunderbares Kunstgewerbe, Schmuck und Zubehör aus recyceltem Metall und Holz sowie traditionelle afrikanische Bekleidung bietet – sehr empfehlenswerte Geschenke und Souvenirs. ⏰ Mo–Fr 9.30–18, Sa 9.30–16, So 10–16 Uhr.

Kalk Bay Gallery, 62 Main Rd, Kalk Bay, ✆ 788 1674. Verkauft Grafiken, Drucke, afrikanische Kunst und Kunsthandwerk zu angemessenen Preisen, und es besteht die Chance, ein interessantes Sammlerstück aufzustöbern. ⏰ Mo–Fr 9–17, Sa und So 9.30–17 Uhr.

Out of Africa, Shop 125, Victoria Wharf, V&A Waterfront, ✆ 418 5505. Teure Körbe, Perlen sowie afrikanische Kunstgegenstände und Antiquitäten. ⏰ tgl. 9–21 Uhr.

Rose Korber Art Consultancy, 48 Sedgemoor Rd, Camps Bay, ✆ 438 9152. Dies sollte die erste Anlaufstelle ernsthafter Kunstsammler sein, denn hier findet man eine außergewöhnliche Auswahl zeitgenössischer Kunst und Kunstgewerbe, z.B. Keramiken und Perlenstickereien aus allen Teilen Afrikas. ⏰ Mo–Fr 9–17 Uhr.

Yellow Door, Upper Floor, Gardens Centre, Gardens, ✆ 465 4702. Bietet mit die größte Auswahl an südafrikanischem Kunsthandwerk, darunter Keramiken, Schmuck und Flechtarbeiten. ⏰ Mo–Fr 9–18, Sa 9–16, So 10–14 Uhr.

MÄRKTE – *Cape Town Station,* Forecourt, Adderley St. An vielen Reihen von Ständen werden Radios, Lederwaren und afrikanisches Kunsthandwerk verkauft. Nicht in erster Linie auf Touristen ausgerichtet, daher ziemlich authentisch. ⏰ Mo–Fr 8–17, Sa 8–14 Uhr.

Constantia Craft Market, Alphen Common, Spaanschemat River Rd, Ecke Ladies Mile Rd, Constantia. Großer Flohmarkt unter freiem Himmel, wo man interessantes lokales Kunsthandwerk und Gegenstände aus ganz Afrika kaufen, auf einem Kamel oder Pony reiten und Tee trinken kann. ⏰ am ersten und letzten Sa und ersten So im Monat.

Greenmarket Square, Burg St. Wer farbenfrohe, handgeschnitterte Strandkleidung kaufen möchte, von T-Shirts über Shorts bis zu Sandalen, sollte diesen im Freien abgehaltenen Markt aufsuchen. ⏰ Mo–Fr 8–17, Sa 8–14 Uhr.

The Pan African Market, 76 Long St. Kunstgegenstände, Raritäten und Kunsthandwerk, Live-Musik, ein auf afrikanische Küche spezialisiertes Café, einen Bücherstand und die Werkstatt eines Zöpfchenflechters aus Kamerun sowie die eines westafrikanischen Schneiders. ⏰ Mo–Fr 9–17, Sa 9–15 Uhr.

The Red Shed Craft Workshop, Victoria Wharf, V&A Waterfront. Ein Markt, auf dem rund zwei Dutzend Kunsthandwerker Keramiken, Textilien, Kerzen und Schmuck herstellen und verkaufen, außerdem kann man Glasbläsern bei der Arbeit zusehen. ⏰ Mo–Sa 9–21, So ab 10 Uhr.

Sivuyile Craft Centre, NY1, Ecke NY4, Guguletu, Cape Flats. Ein Township-Markt unter dem Dach eines *Information Centre* unweit der N2, wo Kunsthandwerker aus Perlen, Draht und anderen Materialien traditionelle und moderne Gegenstände herstellen. ⏰ Mo–Fr 8–17, Sa 8–14, So 9–13 Uhr.

Victoria Road Market, 1 km südlich von Bakoven an der Küstenstraße gelegener Markt auf einer Klippe über dem Atlantik, bietet tgl. eine Auswahl an Holzschnitzereien, Perlen, Textilien und Körbe.

BÜCHER – Angesichts der eher begrenzten Leserschaft werden in Südafrika erstaunlich viele Bücher veröffentlicht, darunter Romane einheimischer Autoren sowie dicke Bände zur Geschichte, Politik und Naturwissenschaft. In den Vororten oder an der Waterfront gibt es ein paar nette Buchläden zum Herumstöbern, und an der Upper Long Street nah beieinander über ein halbes Dutzend Secondhand-Buchläden und Comicshops.

Clarke's Bookshop, 211 Long St, ☎ 423 5739. Beste Adresse in Kapstadt für Bücher über Südafrika; große Auswahl an Titeln zur Literaturwissenschaft, Geschichte, Politik, Naturkunde und Kunst; zudem gut informiertes Personal. Auch seltene Bücher über Südafrika. ⏰ Mo–Fr 8.45–17, Sa 9–13 Uhr.

Exclusive Books, Filialen in der Victoria Wharf, V&A Waterfront, ☎ 419 0905, ⏰ Mo–Fr 9–22.30, Sa 9–23, So 10–21 Uhr; Lower Mall, Cavendish Square, Claremont, ☎ 674 3030, ⏰ Mo–Do 9–21, Fr und Sa 9–22.30, So 9.30–21 Uhr; im Constantia Village Shopping Centre, Spaanschemat River Rd, Constantia, ☎ 794 7800, ⏰ Mo–Sa 9–20, So 9–17 Uhr. Hervorragend zum Stöbern geeignete, wohlsortierte Buchhandlung; verkauft auch Magazine und wunderschöne Bildbände.

Kirstenbosch Shop, Kirstenbosch National Botanical Garden, ☎ 762 2510. Ausgezeichnete Auswahl an Naturkundebüchern, Nachschlagewerken zur Tier- und Pflanzenbestimmung sowie Südafrika-Reiseführern; auch einige Kinderbücher. ⏰ tgl. 9–19 Uhr.

The Travellers Bookshop, King's Warehouse, Victoria Wharf, V&A Waterfront, ☎ 425 6880. Das einzige auf Reisebücher spezialisierte Geschäft Kapstadts bietet ein gutes Sortiment an Fachliteratur, in erster Linie zu Südafrika und ins-

besondere auf das Kap bezogen, in den Themenbereichen Geschichte, Politik, Naturwissenschaft und Kunst – und natürlich Reiseführer. ⏰ tgl. 9–21 Uhr.

MUSIK – Musik ist meist auf CDs erhältlich. Die überall anzutreffenden Ableger von Ladenketten wie CNA und Musica verkaufen fast nur britische und amerikanische Allerweltshits; wer afrikanische und südafrikanische Produktionen sucht, begibt sich besser zu einem der hier aufgelisteten Geschäfte.

African Music Store, 90a Long St, City Centre ☎ 426 0867. Kleiner, zentral gelegener, auf afrikanische Musik spezialisierter Laden. ⏰ Mo–Fr 9–17, Sa 9–14 Uhr.

Look & Listen, Shop F14, Upper Level, Cavendish Square, Claremont, ☎ 683 1810. Der erste Musik-Megastore Afrikas, 7 Tage die Woche bis spät abends geöffnet. Riesenangebot an Musik jeder Stilrichtung, darunter lokaler Jazz, und ein respektables Sortiment an Tonträgern aus allen Teilen Afrikas. ⏰ tgl. 9–22.30 Uhr.

Sessions Music, Lower Level, Victoria Wharf, V&A Waterfront, ☎ 419 7892. Eines der besten Musikgeschäfte Kapstadts mit einer umfangreichen Auswahl südafrikanischer und afrikanischer Klänge; hilfsbereite Angestellte. ⏰ Mo–Do und So 9–21, Fr und Sa 9–22 Uhr.

LEBENSMITTEL UND PROVIANT – Selbstverpflegung ist am billigsten und kann durchaus Spaß machen. Abgesehen vom Kochen in einer Unterkunft mit entsprechender Ausstattung und von den **Braais**, die immer und überall veranstaltet werden, gibt es zahllose Stellen an den Stränden, in den Wäldern und am Tafelberg, die sich hervorragend für ein Picknick eignen. An der Kloof Street sowie in Green Point und Sea Point finden sich jede Menge Delis. Die mit Abstand reizvollsten Orte, um Seafood einzukaufen, sind die Häfen von Hout Bay und Kalk Bay (s.S. 146 und 149).

Supermärkte: Lebensmittel kauft man am besten in den großen Supermärkten, denn hier gibt es alles unter einem Dach.

Woolworths, Filialen in der Adderley St, ⏰ Mo–Fr 8.30–17.30, Sa 8–14 Uhr; V&A Waterfront, ⏰ tgl. 9–21 Uhr; Cavendish Square Mall, Claremont, ⏱ Mo–Do 9–18, Fr 8.30–20, Sa 8–18, So 9–17 Uhr; Blue Route Mall, Tokai, ⏱ Mo–Do 9–17.30, Fr 8.30–19, Sa 8.30–17, So 9–14 Uhr. Ausgezeichnete Fertiggerichte von der heißen Theke, frische Lebensmittel und kalte Delikatessen wie Oliven, Houmus und verschiedene Dips: allerdings nicht billig.

Pick'n'Pay, V&A Waterfront, ⏱ tgl. 9–20 Uhr; Gardens Shopping Centre, Mill Street, Gardens, ⏱ Mo–Do 8–19, Fr 8–21, Sa 8–17, So 9–14 Uhr; Main Rd, Camps Bay, ⏱ tgl. 9–19 Uhr; Main Rd, Observatory, ⏱ Mo–Do 7–20.30, Fr 7–22, Sa 7–22, So 8–14 Uhr; Main Rd, Ecke Campground Rd, Claremont, ⏱ Mo–Do 8–18, Fr 8–19, Sa 8–16, So 9–14 Uhr; Blue Route Mall, Tokai, ⏱ Mo–Do 8.30–18, Fr 8.30–19, Sa 8–14, So 9–14 Uhr. Ähnlich wie Woolworths, aber viel größer und billiger, mit einer ausgezeichneten Imbisstheke, wo u.a. Grillhähnchen verkauft werden. Eine der besten Lebensmittelketten.

Delis und Hofverkäufe: Dank der kosmopolitischen Stadtbevölkerung gibt es zahlreiche hervorragende, wenn auch etwas kostspielige Imbisse, z.B. entlang der Main Rd in Green Point und Sea Point. Außerdem findet man in den größeren Bauernhöfen Stände oder Läden, wo köstliche hausgemachte Speisen sowie Obst und Gemüse verkauft werden.

The Barnyard Farm Stall, Steenberg Rd, direkt neben dem gut ausgeschilderten Steenberg Wine Estate, Tokai, ☎ 712 6934. Einer der besten Hofverkäufe von Kapstadt, bietet ausgezeichneten Käse, Brot, Kuchen, Wein und andere Delikatessen. Hier befindet sich auch ein sehr gutes Gartencafé und gleich daneben ein Kinderspielplatz. ⏱ tgl. 8.30–17.30 Uhr.

Giovanni's, 103 Main Rd, Green Point, ☎ 434 6893. Frisch gebackenes Brot und wunderbare italienische Gerichte zum Mitnehmen. Wer sehr hungrig ist, kann sich auch bei Kaffee und einem Snack an einen Tisch setzen. ⏱ Mo–So 8.30–21 Uhr.

Melissa's, 94 Kloof St, Gardens, ☎ 424 5540. Teure importierte und einheimische Delikatessen, entweder zum Verzehr vor Ort oder zum Mitnehmen. ⏱ Mo–Fr 7.30–21, Sa und So 8–21 Uhr.

New York Bagel Deli, 51 Regent Rd, Sea Point, ☎ 439 7523. Hat die besten Bagels der Stadt sowie eine erstaunliche Auswahl an Aufstrich – von Rindfleisch über Leber bis eingelegtem Hering – sowie leckeres Gebäck. ⏱ tgl. 7–21 Uhr.

Old Cape Farm Stall, Abzweigung Groot Constantia an der Constantia Nek Rd, ☎ 794 7062. Hier kann man sich einen tollen Picknickkorb mit Dips und zubereiteten Sachen wie Olivenbrot, Couscous und Salaten sowie frischem Obst und Gemüse zusammenstellen. ⏱ tgl. ab 8.15 Uhr.

Das „gesunde" Kapstadt

Kapstadt ist die Hauptstadt Südafrikas, was Alternativkultur und Gesundheitsbewusstsein angeht. Entsprechende Informationen bieten z.B. *Link-Up*, ein kostenloses Anzeigenmagazin, und das aufwändigere *Odyssey* (R15), das auch Adressen von Geschäften veröffentlicht, die südafrikanische Kristalle, Halbedelsteine und Aromaöle verkaufen. Beide Zeitschriften sind in Reformgeschäften und Ökoläden erhältlich.

Fields Health Store, 84 Kloof St, Gardens, ☎ 423 9587. Verkauft Gesundheits- und Kosmetikprodukte und verfügt über eine Saftbar, wo tgl. ein vegetarisches Mittagessen vom Bufett und Vollkorngebäck verkauft werden. Im Obergeschoss gibt es Massage, Shiatsu, Akupunktur u.ä., allerdings nur nach Reservierung. ⏱ Mo–Fr 8–19, Sa 8.30–16 Uhr.

Natural Remedies, Pearce St, Claremont, ☎ 674 1692. Bester Laden in den südlichen Vororten für homöopathische Mittel und Heilkräuter, Aromaöle, Körperpflegeprodukte und eine Reihe von Lebensmitteln aus ökologischem Anbau. ⏱ Mo–Fr 9–17.15, Sa 8.30–13 Uhr.

Sunflower Health Café, 111 Long St, City Centre. Ökoladen und vegetarisches Restaurant; gute Auswahl an Naturheilmitteln, Vollwert- und Biokost. ⏱ Mo–Fr 9.45–17.30, Sa 9–13 Uhr.

White's Chemist, 77 Plein Park, Plein St, City Centre, ☎ 465 3332. Altbewährter Hersteller und Händler für homöopatische Heilmittel, Puder, Tinkturen und Bücher. Verkauft auch homöopatische Erste-Hilfe-Koffer und Kräuterprodukte. ⏱ Mo–Fr 7.30–17, Sa 8–12.30 Uhr.

Frischer Fisch: *Kalk Bay Harbour,* Harbourside, Kalk Bay. Die Käufer suchen sich den Fisch direkt beim Fischer aus und lassen ihn dort ausnehmen. Das Angebot hängt von der Saison ab. *Fish Market,* Mariner's Wharf, Hout Bay Harbour. Hier gibt es ebenfalls Seafood frisch aus dem Meer, allerdings in weniger urtümlicher Atmosphäre wie am Kalk Bay Harbour. ☉ Mo–Fr 9–19.30, Sa und So 9–18 Uhr.

Wein: Die meisten Supermärkte bieten ein recht gutes Weinsortiment zu günstigen Preisen, doch wer etwas Ausgefalleneres sucht und sich fachmännisch beraten lassen möchte, begibt sich in eine der erstklassigen Weinhandlungen der Stadt.
Vaughan Johnson's, Dock Rd, the V&A Waterfront, ✆ 419 2121. Eines der renommiertesten Weingeschäfte Kapstadts mit einer Riesenauswahl an erlesenen südafrikanischen Tropfen, die allerdings ihren Preis haben. ☉ Mo–Fr 9–18, Sa 9–17, So 10–17 Uhr.
Enoteca, 125c Buitengragt St, Ecke Bloem St, ☉ Mo–Fr 9–20, Sa 9–18 Uhr; sowie im Castle Building, Kildare Lane, Ecke Main Rd, Newlands, ☉ Mo–Fr 10–21, Sa 9–19 Uhr. Ausgezeichnetes Angebot an südafrikanischen und ausländischen Weinen; freundliche, fachmännische Bedienung.
Woolworths, Adderley Street, ☉ Mo–Fr 8.30–17.30, Sa 8–14 Uhr; V&A Waterfront, ☉ tgl. 9–21 Uhr; Cavendish Square Mall, Claremont, ☉ Mo–Do 9–18, Fr 8.30–20, Sa 8–18, So 9–17 Uhr; Blue Route Mall, Tokai, ☉ Mo–Do 9–17.30, Fr 8.30–19, Sa 8.30–17, So 9–14 Uhr. Die Zeiten, als man die Hausweine dieser namhaften südafrikanischen Supermarktkette verschämt dekantierte, um keinen Blick auf das Etikett zu erlauben, gehören längst der Vergangenheit an. Inzwischen präsentieren Weinkenner diese qualitativ hochwertigen und dabei sehr preiswerten Erzeugnisse eher mit Stolz.

Eine der bemerkenswertesten Besonderheiten Kapstadts ist der nahtlose Übergang von der Stadt zum Nationalpark der Kap-Halbinsel; Berge, Wälder und Strände liegen praktisch vor der Haustür. Es gibt sicherlich wenige Großstäd-

te in der Welt, in der sportliche Aktivitäten im Freien so leicht durchzuführen und so preiswert sind wie hier. Dies gilt z.B. fürs Bergsteigen und Tauchen oder für Paddeltouren entlang der Küste. Und wer sich nicht selbst anstrengen möchte, kann ein Bierchen trinken und dabei ein Fußball- oder Rugby-Spiel verfolgen.

ABSEILEN UND KLETTERN – *Abseil Africa,* ✆ 424 1580, bietet halbtägige Kletter- und Abseiltouren für etwa R200 und zweimal wöchentlich Ganztagestouren zum Kamikaze Canyon für R395 an.
Felsklettern am Tafelberg kann man bei der *Cape Town School of Mountaineering,* ✆ 685 6972, lernen. Für einen 2-Tages-Kurs (gewöhnlich am Wochenende) werden R600 verlangt. Auch Bergführer (für erfahrenere Bergsteiger) werden vermittelt.

CRICKET – Wie in vielen anderen der ehemals britischen Kolonie, wird auch am Kap Cricket gespielt. Das Cricket-Stadion in Newlands, 61 Campground Rd, Newlands, ✆ 674 4146, 🖳 www.cricket.org, von ehrwürdigen Eichenbäumen umgeben, gilt als eines der schönsten Cricket-Stadien der Welt. Eintrittskarten kosten R25–45 für Lokalderbys und R60–175 für Länderspiele – vielleicht findet sich ja ein einheimischer Cricket-Fan, der die etwas komplizierten Regeln erklärt.

DRACHEN – *The Kite Shop,* ✆ 421 6231, Shop 110, Ground Floor, Main Shopping Complex, V&A Waterfront, verkauft Flugdrachen in sämtlichen Formen, Farben und Größen.

FITNESS-STUDIOS – *Virgin Active Clubs,* gut organisierte Studios, die sich in fast allen Gegenden Kapstadts finden. Ihr Call Center, ✆ 0860 200 911, 🖳 www.virginactive.co.za, informiert über das nächstgelegene Studio und den Preis einer Tageskarte.

FUSSBALL – Vor allem als Sport der Schwarzen und Coloureds emanzipiert sich Fußball gegenüber den eher traditionellen Ballspielen wie Cricket und Rugby. Die staubigen Straßen und Plätze der Cape Flats haben hervorragende Fußballer hervorgebracht – wie z.B. Benni McCarthy (Ajax Amsterdam, Celta Vigo) and Quinton Fortune (Atletico Madrid, Manchester United). Der ambitionierteste Verein der Stadt ist Ajax, Cape Town, ✆ 930 6001, 🖵 www.ajaxct.org, der übrigens zur Hälfte Ajax Amsterdam gehört. Die für Zuschauer aufregendsten Spiele sind die zwischen den lokalen Clubs und den Spitzenteams aus Soweto (Orlando Pirates oder Kaizer Chiefs). Spielstätten sind das Green Point Stadium, Beach Road, das Athlone Stadium, Klipfontein Road, Athlone und Newlands Rugby Stadium (s.o.). Tickets für Ligaspiele sind mit R20 relativ billig.

GLEITSCHIRMFLIEGEN – *Fun 2 Fly*, ✆ 557 9735, veranstaltet ein- und 1 1/2-tägige Flugaktivitäten sowie Paragliding-Einführungskurse; Teilnahme R350–2500.

GOLF – Der *Milnerton Golfplatz*, Bridge Road, Milnerton, ✆ 552 1047, liegt zwischen einer Lagune und der Tafelbucht versteckt und bietet eine geradezu klassisch zu nennende Aussicht auf den Tafelberg.
Andere populäre Golfplätze sind der *Rondebosch Golf Club*, Klipfontein Road, Rondebosch, ✆ 689 4176, und *Royal Cape Golf Club*, 174 Ottery Rd, Wynberg, ✆ 761 6551. Die Preise belaufen sich auf R160/260 für 9/18 Löcher; Schläger können für R80 gemietet werden; ein Caddy kostet R70. Voranmeldung erforderlich.

INLINESKATING – wird immer beliebter und ist besonders an der langen Strandpromenade zwischen Mouille Point und Sea Point populär. Blades können bei *Rent'n'Ride*, 1 Park Rd, Mouille Point, ✆ 434 1122, für R40 pro 2 Std. ausgeliehen werden.

MOUNTAINBIKES – *Downhill Adventures*, ✆ 082 459 2422, Kloof St, Ecke Orange St, im Stadtzentrum, organisiert Mountain-Bike-Ausflüge den Tafelberg hinab, rund um das Kap der Guten Hoffnung und durch die Weinanbaugebiete (ab R350 für einen ganzen, R250 für einen halben Tag).
Day Trippers, ✆ 531 3274, 🖵 www.daytrippers.co.za bietet ähnliche Halbtagestouren an, u.a. eine von Scarborough nach Cape Point.

RADFAHREN – (Fahrradvermietungen s.S. 195) ist auf der gesamten Halbinsel populär und ist natürlich eine fantastische Art, die Landschaft kennenzulernen. Nähere Auskünfte zur **Cape Argus Pick'n'Pay Cycle Tour**, dem größten Einzelzeitfahren der Welt, vermittelt *Pedal Power Associates*, ✆ 689 8420. Diese Radfahrorganisation führt von September bis Mai auch Radtouren durch.

REITEN – *Indicator Lodge*, Skaapskraal Road, Ottery, ✆ 082 575 5669, bietet hoch zu Ross Ausflüge durch die Dünen von Strandfontein und Muizenberg an.
Sleepy Hollow Horse Riding, Sleepy Hollow Lane, Noordhoek, ✆ 789 2341, organisiert Ausritte am Strand von Noordhoek. Beide verlangen etwa R130 für 1 1/2 Std., eine zweistündige Tour bei Sonnenuntergang kostet R160.

RUGBY – Die westliche Kap-Provinz kann als eine der Top-Rugby-Gegenden der Welt bezeichnet werden. Das Spiel – ebenfalls ein Relikt britischer kolonialer Tradition, das jedoch von den Buren begeistert übernommen wurde – wird auch eine Dekade nach dem Ende der Apartheid fast ausschließlich von kräftigen jungen Weißen betrieben und vom Publikum mit fast religiösem Fanatismus verfolgt. Das Herz des Kapstädter Rugby-Sports schlägt auf dem heiligen Rasen des *Newlands Rugby Stadium*, Boundary Road, Newlands, ✆ 689 4921. Eintrittspreise liegen zwischen R40 und R75. Da Rugby dem Fußball nicht unähnlich ist, ist es auch für Nichteingeweihte durchaus reizvoll, sich ein Match anzusehen.

SCHWIMMEN – Rettungsschwimmer bewachen die Strände von Milnerton, Camps Bay, Llandudno, Muizenberg und Fish Hoek. Was Schwimmbäder betrifft, so empfehlen sich der Long Street Swimming Pool, Long Street, ✆ 400 3302, Kapstadts einziges beheiztes Hallenbad, sowie der Newlands Swimming Pool, Main Rd, Ecke San Souci Rd, Newlands, ✆ 467 4197, mit einem 50-m-Becken.
Ein fantastischer, riesiger Salzwasserpool befindet sich an der Beach Rd, Sea Point, ✆ 434 3341.

SEEKAYAK – *Real Cape Adventures,* ✆ 790 5611 oder ✆ 082 556 2520, 🖥 www.seakayak.co.za, bietet eine ganze Reihe für Halbtags- oder Tages-Paddeltouren an, z.B. rund um das Kap der Guten Hoffnung, zur Pinguinkolonie am Strand von Boulders und in der Hout Bay. Außerdem werden mehrtägige Ausflüge um die Kap-Halbinsel organisiert, bei denen man in Gästehäusern nächtigt, und längere Kanusafaris in ganz Südafrika. Die billigsten Halbtagestouren kosten ab R180 pro Person.

SURFEN – Die Topstrände zum Surfen sind die Big Bay in Bloubergstrand, wo jeden Sommer Wettkämpfe abgehalten werden, sowie Llandudno, Muizenberg, Kalk Bay und Long Beach bei Kommetjie und Noordhoek. Weitere Auskünfte bei *Surfing South Africa,* ✆ 674 2972, oder im Internet auf der hervorragenden Website 🖥 www.wavescape.co.za, wo es die besten Informationen zu allem gibt, was mit Surfen in Südafrika zu tun hat.

TAUCHEN – Die Gewässer am Kap sind zwar kalt, besitzen jedoch jede Menge attraktiver Schiffwracks und Korallenbänke. Da es zum Indischen Ozean hin wesentlich wärmer ist als an der Atlantikküste, wird im Winter in der False Bay getaucht. Tauchgänge kosten von R180 (vom Ufer aus) bis etwa R220 (von einem Boot). Diese Preise schließen die Miete für die Tauchausrüstung ein. Ein Internationaler Tauchschein kann für etwa R1700 erworben werden.
Näheres zu Tauchkursen und Ausrüstung geben *Ian's Scuba School,* Master Mariners Sports Club, Stephan Way, Mouille Point, ✆ 39 9322, *Orca Industries,* Herschel Rd, Ecke Bowwood Rd, Claremont, ✆ 671 9673, und *Time Out Adventures,* Avalon Building, 8 Mill St, Gardens, ✆ 461 2709.

WANDERN – Die besten Möglichkeiten für leichtere Wanderungen bieten der Newlands Forest, oberhalb des Rhodes-Denkmals, und die Strände. Für längere Unternehmungen empfehlen sich der Tafelberg (s.S. 142), der Tokai Forest sowie die Naturschutzgebiete Silvermine Nature Reserve oder Cape Point Nature Reserve.

WINDSURFEN UND DRACHENSURFEN – Während sich die meisten Kapstädter im Sommer über den ständig wehenden Südwestwind beklagen, kommt dieser den Windsurfern natürlich sehr gelegen. Langebaan, 75 Fahrminuten nördlich der Innenstadt, ist geradezu ideal. Näheres beim *Cape Sport Centre,* Langebaan, ✆ 022 772 1114, 🖥 www.capesport.co.za, wo auch Drachensurfen angeboten wird. Preise für Windsurfen beginnen bei R31 für 2 Std. Miete von Surfbrett und Segel. Unterricht für Anfänger kostet fürs Windsurfen ab R195 und fürs Drachensurfen ab R220, Ausrüstung und Anleitung inkl. Die andere Top-Windsurf-Lage ist Bloubergstrand.
The Blouberg Windsurf and Leisure, ✆ 554 1663 oder ✆ 082 420 2990, ✉ blouwind@mweb.co.za, vermietet Surfausrüstung, bietet Unterkunft in Bloubergstrand und berät seine Kunden in allgemeinen Windsurfer-Fragen, z.B. darin, welche Fluggesellschaften kostenlos Surfausrüstungen transportieren.

Touren

Geführte Touren bieten eine ausgezeichnete Gelegenheit, sich schnell zurechtzufinden und mit einem Minimum an organisatorischem Aufwand die Highlights zu Gesicht zu bekommen. Eine im Ansteigen begriffene Zahl kleinerer Veranstalter führen thematische Touren mit kulturellen Schwerpunkten durch. Am beliebtesten sind die **Townships Touren,** die es Besuchern ermöglichen, ungefährdet die „schwarzen" und „farbigen" Gebiete kennen zu lernen, die unter dem Apartheidsregime eingerichtet wurden.

INNENSTADT UND HALBINSEL – *Cape Town Explorer,* Cape Town Tourism, ✆ 426 4260; Topless Tours, ✆ 556 0700, 🖥 www.ticketweb.co.za. Die offizielle Stadtrundfahrt von Cape Town Tourism dauert 2 Std. und wird in einem offenen Doppeldeckerbus durchgeführt, der einer festgelegten Route folgt und die wichtigsten Sehenswürdigkeiten der Innenstadt anläuft. Details s.S. 198; R60. Zudem eine Tagesfahrt über die Halbinsel bis zum Kap der guten Hoffnung, Abfahrt am innerstädtischen Büro an der Burg St, Ecke Castle St, Di, Do und Sa um 9.30 Uhr,

Rückkehr gegen 18 Uhr. Reservierung erforderlich; R210.

City Walking Tour, ✆ 426 4260. Veranstaltet von Cape Town Tourism, beginnt Mo–Fr um 11 Uhr am Visitor Centre, Burg St, Ecke Castle St. Bei den rund 2-stündigen Spaziergängen kann man die Sehenswürdigkeiten nur von außen besichtigen, doch sie bieten eine gute Möglichkeit, sich die Anlage der Innenstadt für weitere Erkundung auf eigene Faust zu erschließen. R50.

Day Trippers, ✆ 531 3274, 🖥 www.daytrippers. co.za. Organisiert Radtouren von Scarborough ins Cape of Good Hope Nature Reserve mit Wanderungen zum Cape Point. Außerdem Touren zu den üblichen Touristenzielen wie den Winelands. R265.

Hylton Ross Tours, ✆ 511 1784, 🖥 www.hyltonross.co.za. Deckt alle namhaften Sehenswürdigkeiten der Kap-Halbinsel ab und veranstaltet Mi und So auch geführte Tagestouren nach Hermanus, die mit R260 zu Buche schlagen.

Mother City Tours, ✆ 448 3817, 📠 448 3844. Touren durch die Stadt, zum Cape Point, Tafelberg und den Weingütern. Halbtagstour R245, Tagestour R335. Während der Saison, d.h. meistens von Aug–Okt, auch Whale-watching für R350.

KULTURELLE UND TOWNSHIP TOUREN – ***AfriCultural Tours***, ✆ 423 3321. Bietet Einblick in „die andere Seite" Kapstadts und führt nicht nur in die Townships, sondern auch entlang der Sklavenroute, die einen Abstecher zu San-Felsmalereien und Besuche bei traditionellen Musikern, Tänzern und Künstlern beinhaltet. Wer das „zahmere" Nachtleben auf den Cape Flats kennen lernen möchte, sollte sich der „Vibey Jazz"-Tour anschließen. Halbtagstour R200, Tagestour R280.

Grassroute Tours, ✆ 706 1006, 🖥 www.grassroutetours.co.za. Eine ausgezeichnete Alternative zu herkömmlichen Touren unter engagierter Leitung. Schließt u.a. den Besuch von afrikanischen und Coloured-Townships ein und berücksichtigt nach vorheriger Absprache auch Sonderwünsche. Veranstaltet außerdem geführte Spaziergänge durch das Bo-Kaap. Halbtagstour R220, Tagestour R380.

Kukummi Travel, ✆ 083 267 7330, 🖥 www. kukummi.com. Bietet ein- oder zweitägige Ausflüge zu den Felsmalereien des Westkap in sachkundiger Begleitung der Archäologin und Umweltpädagogin Catherine Price. Tagestour rund R600 p.P., Transport und Verpflegung inkl.; mindestens 2 Teilnehmer.

Muse-Art Journeys, ✆ 919 9168 oder ✆ 082 921 1126, ✉ muse-art@iafrica.com. Bietet ausgefallene Touren u.a. für Musikbegeisterte (Montag- und Freitagabend; R350) zu zwei, drei Nachtclubs oder für Kunstgewerbe-Liebhaber, die Besuche bei Township-Kunsthandwerkern vorsieht. Auch Sonderwünsche werden berücksichtigt.

Our Pride, ✆ 531 4291 oder 082 446 7974, ✉ ourpride@mweb.co.za. Sehr emfpehlenswerte, kommunikative Touren, bei denen Touristen und Einwohner des Bo-Kaap, District Six sowie „schwarzer" Townships und illegaler Siedlungen miteinander ins Gespräch kommen. Organisiert auch Jazz-Ausflüge in zwei Clubs sowie eine „Township by Night"-Tour inkl. Abendessen in einem Township-Restaurant und Besuch einer *shebeen*. Halbtagstour R220.

Thuthuka Tours, ✆ 439 2061 oder 082 979 5831, 🖥 www.townshipcrawling.com. Außergewöhnliches Angebot an Township Touren nach individuellem Zuschnitt, darunter Miterleben von Xhosa-Ritualen, authentische Sprechstunden bei einem traditionellen Heilkundigen und abendliche Musikveranstaltungen. Halbtagstour Mo–Fr 9–12.30 und 13.30–16.30 Uhr; R180. Die Tagestour, die Mo–Fr von 13.30–22 Uhr für R360 durchgeführt wird, beinhaltet auch ein bisschen Nachtleben, z.B. den Besuch eines Clubs oder einer *shebeen*. Im Rahmen der am Samstagnachmittag stattfindenden Xhosa-Folklore-Tour kann man traditionellen Riten beiwohnen, wie sie in den Townships nach wie vor durchgeführt werden.

Western Cape Action Tours, ✆ 461 1371, 🖥 www.dacpm.org. Im Mittelpunkt der Touren unter Leitung ehemaliger Umkhonto weSizwe (militanter Flügel des ANC)-Aktivisten aus Kapstadt steht der Anti-Apartheidskampf und die darauf folgende innenpolitische Entwicklung. Die Teilnehmer besuchen nicht nur Townships und Stätten des politischen Widerstandes, sondern auch traditionelle Medizinmänner oder -frauen, Wohnprojekte und Township-Märkte

und werden zu Gesprächen ermutigt. Halbtagstour R200, Tagestour R400.

APOTHEKEN – Apotheken mit verlängerten Öff-
nungszeiten sind z.B.:
Hypermed Pharmacy, York Rd, Ecke Main Rd,
Green Point, ℡ 434 1414, ◐ Mo–Sa 8.30–21, So
9–21 Uhr;
Sunset Pharmacy, Sea Point Medical Centre,
Kloof Rd, Sea Point, ℡ 434 3333, ◐ tgl. 8.30–21
Uhr;
Tamboerskloof Pharmacy, 16 Kloof Nek Rd, Tam-
boerskloof, ℡ 424 4450, ◐ tgl. 9.30–18 Uhr.

AUTOVERMIETUNGEN – Einer der preiswertes-
ten Anbieter ist
Discount Drive Car Hire, ℡ 511 6802, der bei ein-
wöchiger Mietzeit Fahrzeuge schon ab R160 pro
Tag (200 km pro Tag frei) verleiht.
Berea Car and Bakkie Hire, ℡ 386 4054, verlangt
R260 pro Tag bei einer Mietdauer von 3–6 Tagen,
inkl. kostenfreie 250 km pro Tag.
One-way rental bieten nur die größeren Gesell-
schaften, wie
Avis, ℡ 0861 111, ▭ www.avis.co.za;
Budget, ℡ 0861 016 622, ▭ www.budget.co.za;
Europcar, ℡ 0800 011 344,
▭ www.europcar.co.za;
Hertz, ℡ 0861 600 136, ▭ www.hertz.co.za;
Imperial, ℡ 0800 131 000,
▭ www.imperial.ih.co.za und
Tempest, ℡ 0800 031 666,
▭ www.tempestcarhire.co.za.
Sie verlangen zwar mehr Geld, sind aber welt-
weit vertreten und buchbar. Mietwagen gibt es
nur nach Vorlage einer Kreditkarte.

BILDUNGSREISEN – Bezüglich Kulturaustausch
oder Bildungsreisen gibt es in Kapstadt kaum einen besseren Veranstalter als *Ida Cooper Associates*, ℡ 683 4648, ✉ idaca@iafrica.com, eine
Organisation, die Kontakte mit zahlreichen südafrikanischen Bildungsstätten, Künstlern,
Schriftstellern und Ministerien herstellt.

FAHRRÄDER – *Rent 'n' Ride*, Park Rd, Mouille
Point, ℡ 434 1122, verleiht Mountainbikes für R75

pro Tag, Helm und Fahrradschloss inkl.; verlangt
R1000 Kaution auf Kreditkarte.
Downhill Adventures, ℡ 422 0388, ▭ www.
downhilladventures.co.za, hat ähnliche Angebote für R95 pro Tag oder R570 pro Woche.

GELD – Banken findet man im Geschäftszentrum
der Innenstadt, in den Mittelklasse-Vororten und
an der Waterfront, ◐ Mo–Fr 8.30–15.30, Sa 8–11
Uhr. Alle Banken verfügen über Geldautomaten,
die Karten mit dem Cirrus- und Maestro-Symbol
akzeptieren.
Wer außerhalb der üblichen Bankstunden Geld
wechseln möchte, kann dies bei:
American Express, Shop 11a, Alfred Mall,
Waterfront, ◐ Mo–Fr 9–19, Sa und So 9–17 Uhr;
℡ 419 3917; im Thibault House, Thibault Square,
City Centre, ℡ 421 5586, sämtliche Amex-Ange-
bote, darunter Ersatz für abhanden gekommene
Karten.
Rennies Foreign Exchange, Victoria Wharf,
V&A Waterfront, ℡ 418 3744, ◐ Mo–Sa 9–21, So
10–21 Uhr;
Rennies Travel, Riebeeck St, City Centre, ℡ 425
2370, ◐ Mo–Do 8.30–17, Fr 9–11.30, Sa 9–12 Uhr;
Absa Bank, Cape Town International Airport,
℡ 934 0223, ◐ Mo 7–20, Di 6–20, Mi 7–20, Do
7–20, Fr 7–21, Sa 7–20, So 6–21 Uhr.

GEPÄCKAUFBEWAHRUNG – Fast alle Backpacker-Hostels besitzen eine Gepäckaufbewahrung,
und in den meisten anderen Unterkünften kann
man problemlos ein, zwei Tage Gepäck zur Aufbe-
wahrung abgeben. Die Gepäckaufbewahrung
(left-luggage) auf dem Zentralbahnhof an Bahnsteig 24 ist preiswert und sehr praktisch für Besucher, die mit einem Überlandbus oder der Bahn
ankommen bzw. eine Flughafenshuttlebus in die
Innenstadt genommen haben, ◐ Mo–Fr 7–16 Uhr.

INFORMATIONEN – Die beste Informationsquelle ist *Cape Town Tourism*, ▭ www.cape-
town.org, das 2 hervorragende Informationsbüros unterhält: das innerstädtische *Visitors'
Centre*, Burg St, Ecke Castle St, ℡ 426 4260,
📠 426 4266, 5 Min. zu Fuß nordwestlich des
Bahnhofs, ◐ März–Nov Mo–Fr 8–18, Sa 8.30–
13 und So 9–13 Uhr; Dez–Feb Mo–Fr 8–19, Sa
8.30–13 und So 9–13 Uhr.

Clocktower Precinct Visitors' Centre, ✆ 405 4500, ⊙ tgl. 9–21 Uhr, in einem bestens ausgestatteten Büro an der V&A Waterfront neben dem Nelson Gateway to Robben Island.

Beide Büros vermitteln preiswerte Unterkünfte, Sightseeing- und thematische Touren, verfügen über eine Cafeteria und ein Cybercafé und bieten billige Stadtpläne sowie jede Menge Informationsmaterial.

Die beste Informationsbroschüre, was aktuelle Ereignisse angeht, sind das Wochenmagazin *Top of the Times*, eine Beilage der Freitagsausgabe der *Cape Times*, und die Beilage *Good Weekend* der *Saturday Argus*, sowie die Beilage des *Mail & Guardian* (Fr). *Cape Review*, ein Monatsmagazin, enthält zahlreiche Infos bzgl. Restaurants, Wein, Gay-Treffs usw.

MEDIZINISCHE HILFE – entsprechende Einträge in den Gelben Seiten unter „Medical" bzw. „Hospitals and Associated Institutions".

Das größte Krankenhaus ist die **Groote Schuur**, Hospital Drive, Observatory, ✆ 404 9111, unmittelbar an der M3.

Das **Somerset Hospital**, Beach Rd, Mouille Point, ✆ 402 6911, näher bei der Innenstadt, hat eine Notaufnahme und Ambulanz und liegt günstig für Reisende, die in der City Bowl oder am Atlantic Seaboard abgestiegen sind. Es ist allerdings meistens überfüllt, das Personal ist knapp und die Ausstattung nicht besonders gut.

Wer eine Auslandskrankenversicherung abgeschlossen hat, begibt sich vielleicht lieber in eines der Privatkrankenhäuser, deren Adressen im Telefonbuch stehen.

Die beiden größten Krankenhausgruppen sind **Netcare**, Notruf ✆ 082911, und **Medi-clinic**, die überall auf der Halbinsel Kliniken unterhalten. Zentral liegt das **Chris Barnard Memorial Hospital** von Netcare in der Loop St, ✆ 480 6111.

MOBILTELEFONVERLEIH – Bei **Cellucity**, Shop 6193, Victoria & Alfred Waterfront, ✆ 418 1306, für rund R13 pro Tag; Gespräche kosten rund R2,50 pro Min. Handys werden aus Sicherheitsgründen nur an Kreditkartenbesitzer vergeben.

MOTORRÄDER – *Le Cap Motorcycle Hire*, 3 Carisbrook St, ✆ 423 0823, vermietet alles erforderliche Zubehör sowie Motorräder (ab R220 pro Tag, plus 80 Cent pro km).

African Buzz, 220 Long St, City Centre, ✆ 423 0052, verleiht 100cc-Mopeds und allem erforderlichen Zubehör für R160 pro 24 Std. Erhältlich ist außerdem ein Landkarte für die Kap-Halbinsel, auf der empfehlenswerte Routen und Sehenswürdigkeiten eingezeichnet sind.

Eine der beliebtesten und haarsträubendsten Strecken für Motorradfahrer führt über den Capman's Peak Drive.

NOTFALL – **Krankenwagen** ✆ 10177; **Polizei**, ✆ 10111; **Rape Crisis**, ✆ 447 9762.

POLIZEI – Zentrale: Caledon Square, Buitenkant St, ✆ 467 8000.

POST – Das Hauptpostamt an der Parliament St, City Centre, ✆ 464 1700, ⊙ Mo–Di, Do–Fr 8–16.30, Mi 8.30–16.30, Sa 8–12 Uhr; hat einen poste restante- und Informationsschalter

REISEBÜROS – Das renommierteste Reisebüro Südafrikas ist **Sure Travel**, das rund 2 Dutzend Filialen in Kapstadt besitzt. Wo sich das am nächsten gelegene befindet, ist unter ✆ 0800 221 656 zu erfahren.

STA, 31 Riebeeck St, ✆ 418 6570, ist ebenfalls empfehlenswert.

VORVERKAUF – **Computicket**, ✆ 915 8000, 🖥 www.computicket.com, und **Ticketweb**, 🖥 www.ticketweb.co.za, reserviert Eintrittskarten für die meisten Theater, Kinos und Sportveranstaltungen sowie Flug- und Bustickets.

VORWAHL – 021

WÄSCHEREIEN – Die meisten Backpacker-Hostels verfügen über Münzwaschmaschinen, und Guesthouses, Hotels und B&Bs waschen normalerweise gegen eine geringe Gebühr. Davon abgesehen gibt es in der Innenstadt sowie in den meisten Vororten Waschsalons.

ZAHNÄRZTE – Die Adressen gut ausgebildeter und ausgestatteter Zahnärzte findet man unter „Dentists" in den Gelben Seiten.

Die Innenstadt ist zwar kompakt genug, um zu Fuß zu erkunden, doch viele interessante Attraktionen befinden sich außerhalb der Innenstadt auf der Halbinsel. Wer Kapstadt wirklich kennen lernen und von den wenigen Nahverkehrsmitteln unabhängig sein möchte, benötigt ein Transportmittel, sei es ein Taxi oder ein Mietwagen, oder sollte sich zumindest einer Sightseeingtour anschließen. Die Viertel westlich der Innenstadt sind zwar noch ein bisschen besser mit Stadtbussen erreichbar als die anderen Viertel im Umkreis des Zentrums, doch Richtung Norden kommt man nur mit einem eigenen Fahrzeug an die Atlantikküste. Allerdings gibt es eine Zugverbindung durch die südlichen Vororte bis nach Simon's Town. Sie ist ziemlich zuverlässig und wird viel benutzt, doch die Waggons sind recht mitgenommen – manche Fahrgäste nehmen die Sitze auseinander, um sie als Gebrauchtmöbel zu verkaufen. Derzeit ist ein Programm im Gange, die Ausstattung zu erneuern und „vandalensicher" zu machen.

Besucher sollten daran denken, dass es riskant ist, öffentliche Transportmittel nach Einbruch der Dunkelheit zu benutzten. Nachts sollte man besser ein Taxi (mit Taxameter) nehmen. Wer dennoch gezwungen ist, mit öffentlichen Verkehrsmitteln zu reisen, sollte bestimmte Vorsichtsmaßnahmen einhalten, z.B. nur in einer Gruppe reisen (insbesondere Frauen) und die 3.-Klasse-Waggons der Stadtbahn meiden.

STADTBUSSE – In Kapstadt gibt es 2 Busbahnhöfe: An der **Cape Town Station**, Adderley St, fahren die Busse zur Waterfront ab und am **Golden Acre Bus Terminus**, abseits der Strand St, zwischen dem Golden Acre Shopping Centre, dem Bahnhof und der Grand Parade, die Busse nach Green Point, Sea Point, Camps Bay und Hout Bay.

Da die Busse nicht nummeriert sind, müssen Passagiere den Zielort auf der Windschutzscheibe ablesen. Abgesehen von den Stadtbussen mit Zielrichtung Waterfront sind alle anderen Stadtbusse für den Transport nicht-motorisierter Einheimischer gedacht. Sie sind ab 6.30 Uhr im Einsatz und fahren bis 18.30 Uhr. Die Waterfront-

Busse fahren sogar bis 22.30 Uhr und verkehren in kurzen Abständen. Es ist ratsam, sich beim Fahrer rückzuversichern, ob er das gewünschte Ziel ansteuert. Bezahlt wird beim Einsteigen.

Von der Innenstadt nach:
Sea Point Golden Acre Terminal: Mouille Point – Main Rd Green Point – Main Rd Sea Point. Mo–Sa mindestens 13x tgl.

Waterfront Cape Town Station: Riebeeck St – Buitengragt St – Waterfront. Mo–Fr alle 10 Min. Sa und So alle 15 Min.

Hout Bay Golden Acre Terminal: Lower Plein St – Darling Rd – Adderley St. Mo–Sa 6x tgl., So 3x tgl. nach Hout Bay. Die Busse fahren via Green Point, Sea Point und Camps Bay zum Strand und Hafen; die gesamte Fahrt dauert 1 Std.

Von der V&A Waterfront in die / nach:
City V&A Waterfront – Cape Town Station. Mo–Sa alle 10 Min, So alle 15 Min.

Sea Point V&A Waterfront – Mouille Point – Green Point – Three Anchor Bay –Beach Road Sea Point. Tgl. alle 20 Min.

Die einzigen zuverlässigen häufig verkehrenden Busse sind die von der Innenstadt zur Waterfront und nach Sea Point. In weniger regelmäßigen Abständen fahren auch Busse entlang der Atlantikküste nach Camps Bay und Hout Bay. Der Versuch, einen Bus in die südlichen Vororte zu finden, macht wenig Sinn, denn die Stadtbahn ist schneller und verkehrt öfter. Alle wichtigen Abfahrts- und Endhaltestellen der Busse befinden sich im Umkreis der Adderley Street und des Golden Acre (s.S. 119).

Fahrkarten gibt es im Bus beim Fahrer. Ein Einzelfahrschein vom Zentrum nach Sea Point kostet rund R3, nach Camps Bay rund R5. Besucher, die öfter mit dem Bus fahren wollen, können sich eine **Ten-Ride Clip Card** zulegen, die für die Fahrt von der Innenstadt nach Sea Point R22 kostet und nach Camps Bay R35. Sie ist 14 Tage lang gültig und bringt eine Ersparnis von rund 25% gegenüber einem Einzelfahrschein.

Fahrplaninformationen gibt es bei der *Golden Arrow Information Booth* kostenlos unter ℡ 801 212 111, 🖵 www.gabs.co.za, am Zentralbusbahnhof an der Grand Parade. Man sollte sich vorsichtshalber immer an diesem Kiosk nach den aktuellen Busfahrzeiten und Abfahrtsstellen erkundigen, da sich diese jederzeit ändern können.

KAPSTADT UND DIE KAP-HALBINSEL

Sehr praktisch, um zu den Sehenswürdigkeiten in der Innenstadt und zu den Atlantikstränden zu gelangen, ist eine Fahrt mit dem offenen Sightseeingbus von Cape Tourism, dem **Cape Town Explorer** – mit R60 p.P. pro Tag allerdings etwas teuer. Es sind 2 Busse im Einsatz, und die Fahrgäste können den ganzen Tag über an jedem gewünschten Punkt entlang der Route aus- und einsteigen (sollten dem Fahrer allerdings Bescheid sagen, wo sie abgesetzt bzw. abgeholt werden möchten). Abfahrt stündl. (Nov–Feb 9.40–16.40, Apr–Sep 9.40–13.40, Okt und März 9.40–14.40 Uhr) hinter dem V&A Waterfront Visitor Centre an der Dock Rd. Ankunft 15 Min. später am Büro von Cape Town Tourism an der Burg St, Ecke Castle St. Von dort aus fährt der Bus an der City Hall, dem Castle of Good Hope, am District Six, Parliament, South African Museum, Bo-Kaap, der Kloofnek Road, dem Signal Hill und Sea Point vorbei zu den Stränden des Atlantic Seaboard bis nach Camps Bay.

STADTBAHN – Die Stadtbahn, Fahrplanauskunft unter ✆ 0800 656 463, ist relativ zuverlässig, wenn auch etwas schäbig. Sie fährt vom innerstädtischen Hauptbahnhof durch die südlichen Vororte nach Simon's Town. Diese Fahrt ist ein Erlebnis, das man sich nicht entgehen lassen sollte. Die Trasse erreicht bei Muizenberg die Küste der False Bay und verläuft nah am Meer entlang nach Süden. Mit Abstand am angenehmsten reist es sich im **Biggsy's buffet car** (Mo–Fr 5x tgl. in beide Richtungen, Sa und So 4x tgl.), wo Snacks, Bier und Erfrischungsgetränke erhältlich sind.

Die Züge verkehren oberirdisch, und die Bahnhöfe sind an den Straßen nicht ausgeschildert. Wer in einem der südlichen Vororte Quartier bezogen hat, sollte sich in der Unterkunft nach dem nächsten Bahnhof erkundigen, auf dem Stadtplan nachsehen oder Passanten fragen. Tickets müssen vor dem Einsteigen am Bahnhof gekauft werden. Am empfehlenswertesten ist eine durchaus erschwingliche Fahrt in der 1. Klasse; eine 2. Klasse existiert seltsamerweise nicht, und die Waggons der 3. Klasse sind nicht besonders geheuer. Ein Einzelfahrschein 1. Klasse von Kapstadt nach Muizenberg kostet R10. Die Stadtbahn hält sich ziemlich genau an den Fahrplan. Die Züge zu den südlichen Vororten bis nach Retreat verlassen den Hauptbahnhof während der Hauptverkehrszeiten (Mo–Fr 5.10–8.40 und 15.30–18 Uhr) ungefähr alle 10 Min. Nicht ganz so oft fahren die Züge bis nach Fish Hoek (ca. alle 20 Min. Mo–Fr 5.10–19.30 und Sa 5.20–18 Uhr; So stündl. 7.30–18.30 Uhr) und Simon's Town (Mo–Fr 5.10–19.30 und Sa 5.20–18 Uhr ungefähr alle 40 Min.; So stündl. 7.30–18.30 Uhr). Von Mitte Dezember bis Ende März verkehren sonntags zusätzliche Züge. Am Bahnhof von Simon's Town warten Rikki's, ✆ 786 2136, die man auch für einen Ausflug zum Cape Point und nach Boulders mieten kann.

3 weitere Bahnlinien führen von Kapstadt Richtung Osten nach Strand (durch Bellville) und zu den benachbarten Städten Stellenbosch und Paarl. Diese Fahrten sind jedoch nicht zu empfehlen, denn sie führen durch einige Teile der Flats, die als gefährlich gelten.

TAXIS – Der Begriff „Taxi" ist in Südafrika weit gefasst, da macht Kapstadt keine Ausnahme: Unter diesen Begriff fallen sowohl Taxis mit Taxameter als auch vollgestopfte Minibusse sowie deren etwas luxuriösere Verwandte, die Rikki's. **Taxis mit Taxameter** werden von der Stadtverwaltung kontrolliert und halten nicht überall. Fahrgäste müssen sich zu einer der offiziellen Haltestellen begeben, die sich z.B. an der Waterfront, am Bahnhof und am Greenmarket Square befinden. Man kann sie zudem telefonisch bestellen. Der Name und Ausweis des Fahrers sowie der Gebührenzähler müssen im Fahrzeuginneren deutlich erkennbar sein. Der Fahrpreis liegt bei ca. R10 pro km.
Zuverlässige Anbieter sind:
Marine Taxi Hire, ✆ 434 0434,
Sea Point Radio Taxis, ✆ 434 4444,
Unicab, ✆ 448 1720, und
Rikki's, ✆ 423 4892.
Minibus-Taxis sind billig und befahren ständig in atemberaubendem Tempo die Hauptstraßen. Abgesehen von der Gefahr für Leib und Leben besteht auch die Gefahr, von Taschendieben um Wertsachen erleichtert zu werden. Minibus-Taxis kann man an ihrer zentralen Sammelstelle beim Bahnhof besteigen oder überall anhalten – sie machen sich durch Hupen, laute Musik und

Ausrufer bemerkbar. Bezahlt wird beim *guardjie* (Helfer), der neben dem Fahrer sitzt und dem man auch das Fahrziel mitteilt. Der Fahrpreis liegt für die meisten Strecken unter R5.

Shuttlebusse unterscheiden sich äußerlich nicht von Minibus-Taxis, müssen jedoch gebucht werden und holen Fahrgäste auf Wunsch vom Hotel etc. ab. Manche verkehren nach Fahrplan oder können für längere Fahrten gemietet werden. Sie sind in der Regel billiger als Taxis mit Taxameter, aber teurer als Minibus-Taxis. Einer der nützlichsten steht in Kooperation mit den Visitor Centres von Cape Town Tourism in der Innenstadt sowie an der Waterfront während der Bürozeiten auf Abruf bereit. Er fährt von den beiden Büros zu den Kirstenbosch National Botanical Gardens (R35 einfach), zur Lower Cable Station und anderen touristischen Anlaufstellen. Bewährte Anbieter sind z.B.:

Sun Tours & Shuttle, ☎ 696 0596 oder ☎ 083 270 5617, ✉ suntours@iafrica.com, mit einem 24-Stunden-Service zwischen zwei beliebigen Orten der Halbinsel, z.B. zwischen der Innenstadt und dem Flughafen (R140 für die ersten 3 Passagiere, jeder weitere R30).

Ähnliche Preise verlangt **Boogey Bus,** ☎ 082 495 5698, der darauf spezialisiert ist, Nachtclub-Besucher zu transportieren, auch zu und von den Cape Flats.

Rikki's sind eine freundlichere Version der Minibus-Taxis, die nicht mehr als 8 Passagiere aufnehmen und überwiegend für den Transport von Touristen gedacht sind. Die kleinen, von einer Plane überdachten, hinten offenen Fahrzeuge müssen telefonisch angefordert werden. In Kapstadt dürfen die Rikki's, erreichbar von 7–19 Uhr unter ☎ 423 4888, nur in der City Bowl, an der Waterfront und dem Atlantic Seaboard bis Camps Bay verkehren – aber nicht in die Vororte. Es gibt auch einen Rikki's-Service in Simon's Town, der auf Anfrage zwischen dem Bahnhof und anderen Zielen in der Kleinstadt verkehrt. Da unterwegs Fahrgäste ein- und ausgeladen werden, sind die Fahrpreise erschwinglich (R6–15). Rikki's bieten auch kurze Touren zu bestimmten Zielen, wie Cape Point und Stellenbosch an; der Preis liegt bei rund R85 pro Std. für das ganze Fahrzeug (maximal 6 Passagiere).

Transport

An Bord eines Luxusdampfers in die Tafelbucht einzulaufen, ist sicher ein unvergessliches Ereignis, das allerdings nur wenigen vergönnt ist. Die Ankunft per Flugzeug oder Mietwagen dagegen mag manchen Besucher schockieren, denn der Weg in die Stadt führt unweigerlich an den grauen Industrie- und Elendssiedlungen am Rande der N2 vorbei.

SELBSTFAHRER – Auf den guten Straßen und mehreren Stadtautobahnen Kapstadts kommt man außer während der Rushhour (7–9 und 16–18.30 Uhr) zügig voran. Bei der Auffahrt auf die Schnellstraßen ist Vorsicht geboten: Die Zufahrten gehen oft direkt in die Autobahn über, und die Kapstädter nehmen es mit der Geschwindigkeitsbegrenzung von 100 km/h (Freeway) und 120 km/h (Highway) nicht so genau. Die Abfahrten sind in den Vororten nicht immer gut gekennzeichnet, und manchmal ist nur der Endpunkt der Schnellstraße ausgeschildert, daher ist es ratsam, sich vorher an Hand des Stadtplans sachkundig zu machen. Der Tafelberg stellt immer einen guten Orientierungspunkt dar. Übrigens soll der Chapman's Peak frühestens Mitte 2003 für Fahrzeuge wieder geöffnet werden. Bis dahin ist er nur Fußgängern oder Radfahrern zugänglich.

Die für ganz Südafrika empfohlene Regel, sich einer defensiven Fahrweise zu befleißigen, gilt auch in Kapstadt. Ein ungeschriebenes Gesetz der Halbinsel lautet: Minibus-Taxis haben immer Vorfahrt. Autofahrer sollten sie ihnen nicht streitig machen, denn ihr Fahrzeug ist größer, außerdem sind die Fahrer vielleicht bewaffnet und betrachten es als ihr gutes Recht, auch noch bei Dunkelgelb über die Kreuzung zu rasen.

Parkplätze gibt es überall in dieser autofreundlichen Stadt. An den Straßenrändern im Zentrum stehen zahlreiche Parkautomaten, doch kaum hat man einen Parkhafen angesteuert, tauchen selbst ernannte Autowächter auf, die gegen ein Trinkgeld das Fahrzeug bewachen oder die Scheiben wischen, vor allem auf der Grand Parade und in der Loop St sowie Church St. Wer lieber ungestört parken möchte, begibt sich in eines der vielstöckigen Parkhäuser; eines befindet sich im Golden Acre-Komplex, ein anderes steht am Nordende der Lower Burg St.

BUSSE – Die zahlreichen **Intercity-Expressbusse** von *Greyhound*, ☏ 418 4310, *Intercape*, ☏ 386 4400, und *Translux*, ☏ 449 3333, sind zuverlässig und preiswert. Sie verbinden Kapstadt mit allen größeren Destinationen des Nord-, West- und Ostkaps und KwaZulu-Natals. Alle bieten gute Busverbindungen über Johannesburg nach Pretoria.

Neben den o.g. Überlandbussen gibt es auch die Baz-Busse, das billigste öffentliche Transportmittel für lange Strecken. Der *Baz Bus*, ☏ 439 2323, fährt tgl. von Kapstadt an der Küste entlang nach Port Elizabeth (14 Std.), von dort bestehen 5x wöchentl. Baz-Verbindung nach Durban (14 Std.).

Die Endhaltestellen der Busse von Greyhound, Intercape und Translux befinden sich in der Innenstadt nahe dem Betonkomplex an der Strand St, Ecke Adderley St, in dem auch der Bahnhof und das Einkaufszentrum Golden Acre untergebracht sind. Intercape und Translux halten auf dem Busparkplatz an der Nordostseite des Bahnhofs, abseits der Adderley St, Greyhound dagegen an der Nordwestseite in der Adderley. Der Golden Acre-Komplex ist ziemlich chaotisch, aber hier laufen alle Bahn- und Buslinien zusammen (sowohl die städtischen als auch die aus anderen Landesteilen), und auch die Minibus-Taxis warten hier, so dass jeder, der öffentliche Verkehrsmittel benutzt, hier früher oder später unweigerlich landet. Alles was Reisende brauchen, befindet sich im Umkreis von zwei bis drei Querstraßen, inkl. der Touristeninformation.

Busse nach:
BLOEMFONTEIN (5–6x tgl.; 13 Std.);
CRADOCK (1x tgl.; 10 Std.);
DURBAN (3x tgl.; 20 Std.);
EAST LONDON (3x tgl.; 15 3/4 Std.);
GEORGE (4x tgl.; 6 Std.);
GRAAFF REINET (1–2x tgl.; 9 Std.);
GRAHAMSTOWN (1x tgl.; 12 1/2 Std.);
JOHANNESBURG (4x tgl.; 17 Std.);
KIMBERLEY (1x tgl. außer Mi; 11 3/4 Std.);
KNYSNA (4x tgl.; 6 3/4 Std.);
MONTAGU (3x wöchentl; 4 Std.);
MOSSEL BAY (4x tgl.; 5 1/4 Std.);
OUDTSHOORN (3x wöchentl.; 6 1/4 Std.);
PIETERMARITZBURG (2x tgl.; 18 3/4 Std.);
PLETTENBERG BAY (4x tgl.; 7 1/2 Std.);
PORT ELIZABETH (4x tgl.; 10 Std.);
PRETORIA (4x tgl.; 18 Std.);
SEDGEFIELD (4x wöchentl.; 6 3/4 Std.);
STELLENBOSCH (1–2x tgl.; 1 Std.);
STORMS RIVER (4x tgl.; 10 1/4 Std.);
UMTATA (1x tgl.; 18 Std.);
UPINGTON (4x wöchentl.; 10 1/2 Std.);
WILDERNESS (4x tgl.; 6 1/2 Std.);
WINDHOEK (4x wöchentl.; 16 1/2 Std.).

EISENBAHN – Alle Züge der Stadt- und Fernbahnen halten am Bahnhof beim Betonkomplex an der Strand St, Ecke Adderley St. Am Bahnsteig 24 gibt es eine **Gepäckaufbewahrung**, ◷ Mo–Fr 7–16 Uhr. Obwohl die Fernzüge langsam sind, lassen sich mit der Bahn größere Entfernungen angenehmer zurücklegen als mit dem Bus. Vor allem für Familien ist die 24-stündige Fahrt von Kapstadt nach Johannesburg durchaus eine Überlegung wert, denn Kinder reisen kostenlos und Familien bekommen ein eigenes Abteil. Außerdem kann man für R900 einen Wagen im Zug befördern lassen und erspart sich so eine sehr lange Autofahrt. Infos unter ☏ 0860 008 888. Die 36 Std. dauernde Bahnfahrt nach Durban erfordert allerdings eine Menge Aushaltevermögen.

Züge nach:
BLOEMFONTEIN (Mo in 23 Std.);
DURBAN (Mo in 36 1/2 Std.);
JOHANNESBURG (1x tgl. in 25 Std.);
KIMBERLEY (1x tgl. in 16 1/2 Std.);
PIETERMARITZBURG (Mo in 34 Std.);
PRETORIA (1x tgl. in 26 1/2 Std.).

FLÜGE – Der **Cape Town International Airport**, ☏ 934 0407, liegt auf den Cape Flats, 22 km östlich der Innenstadt. **Shuttlebusse** von *Legend Tours*, ☏ 936 2814, und *Dumalisile*, ☏ 934 1660, bringen Passagiere zu jeder gewünschten Adresse auf der Halbinsel. Sie haben Schalter in den internationalen Ankunftshallen neben der Gepäckausgabe. Es gibt keinen festen Fahrplan, sondern man versucht, 3 oder 4 Fahrgäste zusammenzubringen, die den gleichen Weg nehmen wollen. Dennoch muss man normalerweise nicht länger als eine Viertelstunde warten. Der Fahrpreis vom Flughafen in die Innenstadt beträgt für die erste Person R110 und für jeden weiteren Passagier R20; nach Fish Hoek im Südteil der Kap-Halbinsel sind es R220 für die erste und R20 für jede weitere Person. Eine andere Möglichkeit stellt der **Magic Bus**, ℅ 934 5455, dar, der ähnliche Preise verlangt, aber einen Tag im Voraus gebucht werden muss. Er wartet am Flughafen und bringt den Gast zu jedem gewünschten Ziel auf der Halbinsel.

Vor beiden Terminals warten die **Taxis mit Taxameter** von **Touch Down Taxis**, einer Gesellschaft, die die offizielle Transporterlaubnis vom Flughafen hat. Die Fahrt in die Innenstadt kostet pro Person rund R150.

Im internationalen Terminal befinden sich Schalter aller namhaften **Mietwagenanbieter**. Eine vorherige Buchung ist ratsam, vor allem unter der Woche, wenn viele einheimische Geschäftsleute unterwegs sind, die einen Mietwagen benötigen, sowie während der Hochsaison von Mitte Dezember bis Mitte Januar und über Ostern.

Es gibt keine Bahnverbindung zum / vom Flughafen.

Bei der Ankunft internationaler Flüge ist ein **Wechselschalter** geöffnet.

Flüge nach:
BLOEMFONTEIN (2–3x tgl.; 2 1/2 Std.);
DURBAN (10x tgl.; 2 Std.);
EAST LONDON (4x tgl.; 2 Std.);
GEORGE (3–4x tgl.; 1 Std.);
JOHANNESBURG (16x tgl.; 2 Std.);
KIMBERLEY (1x tgl.; 3 Std.);
PORT ELIZABETH (4x tgl.; 1 1/2 Std.);
UPINGTON (6x wöchentl.; 1 3/4 Std.);
WALVIS BAY (2x wöchentl.; 2 Std.);
WINDHOEK (5x wöchentl.; 2 Std.).

Fluggesellschaften:
British Airways, ℅ 936 9000,
🖥 www.britishairways.com/regional/sa;
KLM, ℅ 0860-247 747, 🖥 www.klm.com;
Lufthansa, ℅ 934 8534,
🖥 www.lufthansa.com;
Nationwide, ℅ 936 2050,
🖥 www.nationwideair.co.za;
Olympic Airways, ℅ 423 0260,
🖥 www.olympic-airways.co.uk;
Qantas, ℅ 011 441 8550,
🖥 www.qantas.com.au;
SA Airlink, ℅ 936–1111,
🖥 www.saairlink.co.za;
South African Airways, ℅ 936 1111,
🖥 www.flysaa.com;
Virgin Atlantic, ℅ 011 340 3400,
🖥 www.virgin-atlantic.com.

Westkap

HIGHLIGHTS

Weinland – auf den schönsten Weingütern Südafrikas beste Jahrgänge genießen

Franschhoek – die kulinarische Hauptstadt des Westkaps

Pässe der Kleinen Karoo – spektakuläre Pässe der Kap-Berge aus viktorianischer Zeit

Wale und Delphine – am besten im De Hoop Nature Reserve zu beobachten

Ozeansafaris – alles über Wale und Delphine um Plettenberg Bay

Storms River Mouth – dramatischer Küstenabschnitt, wo die bewaldeten Hänge zur Felsküste abfallen und der Storms River in den tosenden Ozean mündet

Sevilla Bushman Painting Trail – Wanderung zu neun Felswänden mit 6000 Jahre alten San-Malereien

Die bergigste und vielleicht schönste Provinz Südafrikas, das Westkap, gilt als beliebtestes Touristenziel des Landes. Selbst mehrwöchige Aufenthalte reichen kaum aus, um sämtliche Attraktionen der Gegend zu bewundern. Viele Besucher zeigen sich jedoch angesichts des fehlenden afrikanischen Flairs etwas enttäuscht: Von den neun südafrikanischen Provinzen sind das Westkap und das Nordkap die einzigen, die keine afrikanische Mehrheit aufweisen. Die mit 55% größte Bevölkerungsgruppe besteht aus „Coloureds", Menschen gemischter Herkunft. Sie stammen von weißen Siedlern, den einheimischen Khoisan und Sklaven aus dem Osten ab.

Unter der schönen Oberfläche des Weinlandes und der Garden Route verbirgt sich eine harte Realität: Die Armut der Dritten Welt offenbart sich in den **Squatter Camps** am Rande der wohlhabenden Städte und auf einigen Farmen, wo trotz dem Ende der Apartheid noch immer Arbeitspraktiken aus dem 19. Jahrhundert vorherrschen.

In jedem Fall üben die schönen Berge, Täler und Strände der Provinz eine unglaubliche Faszination aus. Das **Weinland** liegt weniger als eine Stunde von Kapstadt entfernt und bietet reichlich Gelegenheit zum Essen, Trinken und Genießen der Landschaft. In dieser Provinz erreicht das holländische koloniale Erbe seinen Höhepunkt: Zahllose Giebel-Anwesen kauern inmitten der Weinberge vor einer Kulisse von schieferfarbenen Felsspitzen.

Im Nordosten liegt das **Breede River Valley**, eine Region, die man auf der N1 Richtung Johannesburg passiert. Zwischen den gesichtslosen Obstbausiedlungen verbergen sich beliebte Wochenendziele der Kapstädter, z.B. Greyton und McGregor. Das von Besuchern in der Vergangenheit ignorierte Gebiet fand durch kreatives Marketing seinen Weg auf die Landkarte – als faszinierende **Route 62** (R62) und Nebenstrecke, die sich durch das Hinterland schlängelt und die Städte der **Kleinen Karoo** zwischen Kapstadt und Port Elizabeth miteinander verbindet. An keiner anderen Stelle sind die zeitlosen Landschaften der Kleinen Karoo – Auftakt zur Halbwüste, die ein Drittel von Südafrika bedeckt – lohnenswerter und leichter zugänglich. Die wenig bereiste Kleine Karoo wird im Norden von der N1 und im Süden von der N2 gesäumt. Geprägt ist die Region von dramatischen **Passstraßen**, die sich durch eine Reihe von Gebirgszügen winden.

Südöstlich des Weinlands erstreckt sich zwischen Arniston und Mossel Bay die Region **Overberg**, die entlang der Küste und landeinwärts bis Swellendam verläuft. Auf einer eiligen Fahrt Richtung Osten bleibt diese Gegend hinter den Bergen allerdings unentdeckt. Die **Walküste** im Süden, ein wilder Abschnitt des Indischen Ozeans, der bereits das Schicksal Hunderter von Schiffen besiegelte, gilt als beste Stelle des Landes für **Walbeobachtungen**. Außerdem reihen sich hier abseits der Hauptstrecken einige schöne Küstenorte aneinander.

Bekanntester Anziehungspunkt des Westkaps ist die **Garden Route**, ein Abschnitt der N2, der in **Mossel Bay** beginnt. Hier trifft der Freeway auf die Küste und führt anschließend 185 km weiter nach Osten bis **Storms River**. Sie wird als Teilstrecke zwischen den Verkehrszentren Kapstadt und Port Elizabeth genutzt. Die Garden Route selbst lässt sich innerhalb eines halben Tages bewältigen. Allerdings geht in der Eile der eigentliche Reiz verloren, der abseits der Straßen in den Küstenstädten, Lagunen, Bergen und Wäldern zu finden ist. Den Glanzpunkt bildet der **Tsitsikamma National Park**, wo der dunkle Storms River auf spektakuläre Weise in den Indischen Ozean mündet. Die Garden Route bietet bessere **öffentliche Verkehrsverbindungen** als irgendein anderer Landesteil. In Anbetracht der leichten Zugänglichkeit und des natürlichen Charmes der Gegend wurde an der Garden Route kürzlich damit begonnen, die Strecke in ein Paradies für Pauschalurlauber mit der Vorliebe für **Abenteuersport** und **Freiluftaktivitäten** zu verwandeln.

Die weniger populäre, abgelegene und windige **Westküste** nördlich von Kapstadt wird gerne während der Wildblumenzeit im August und September bereist. Besucher steuern meist den **West Coast National Park** an. Ein weiterer Hauptanziehungspunkt ist der Gebirgszug **Cederberg**, 200 km nördlich von Kapstadt an der N7, eine felsige Wildnis mit Wanderwegen und verborgenen Felskunststätten.

Abgesehen von der explosionsartigen Ausbreitung von Wildblumen im Norden bietet das Westkap – Südafrikas **Fynbosprovinz** – die vielleicht reichste Wildnis und Pflanzenwelt. Aus der Ferne bilden die Pflanzen an der Küste und an den Berghängen einen verschwommenen grau-grünen

WESTKAP

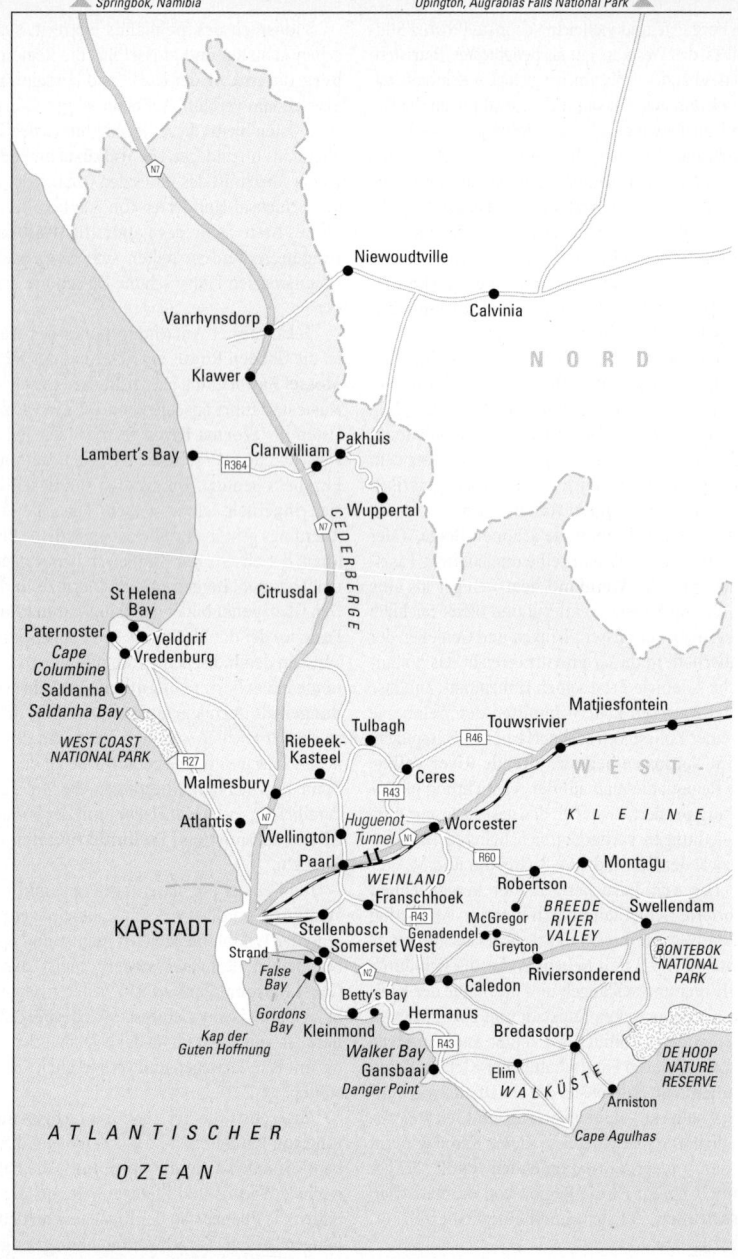

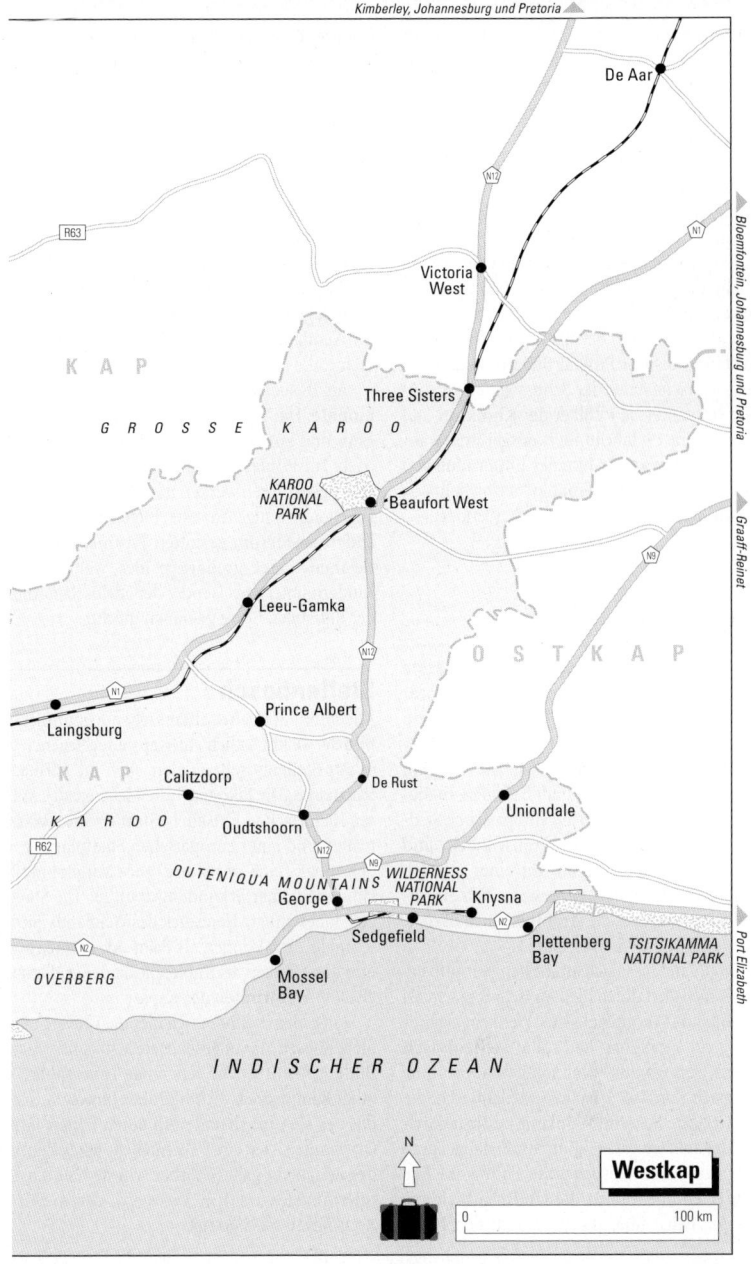

Westkap

Flecken Vegetation. Bei näherem Hinsehen jedoch offenbart sich ein üppiges Blumenparadies, das der biologischen Vielfalt des Amazonas-Regenwaldes durchaus Konkurrenz macht.

Mehrere Nationalparks und Naturschutzgebiete eignen sich – genauso wie die in diesem Kapitel erwähnten Wanderrouten – hervorragend zur Erforschung der Fynbosvegetation. Allerdings bekommt man dabei von der afrikanischen Tierwelt nicht allzu viel zu Gesicht. In den meisten Reservaten leben Zebras und Antilopen. Das Großwild verschwand schon vor vielen Jahren von der Bildfläche und das Westkap bekam als die am längsten besiedelte kolonisierte Provinz Südafrikas als erste die zerstörerische Kraft der Schusswaffen zu spüren: Die einheimischen Völker der **Khoikhoi** und **San** wurden im 19. Jahrhundert ausgerottet, während sich die **Afrikaner** in einer Entfernung von 1000 km an der „Eastern Frontier" aufhielten, was ihre relativ geringe Anzahl am Westkap erklärt.

Das Weinland

Durch Südafrika ziehen sich zahlreiche beliebte Weinrouten bis in die Karoo und tief in das Nordkap hinein. Die als „Weinland" bekannte Gegend beschränkt sich jedoch nur auf die ältesten Weinkellereien vor der Halbinsel, die sich alle in einem Umkreis von 60 km um Kapstadt befinden. In diesem Gebiet liegen die frühesten europäischen Siedlungen Stellenbosch, Paarl, Franschhoek und Somerset West – jede davon mit einer eigenen Weinroute. An den Hängen präsentiert sich die traditionelle kapholländische **Architektur** in perfekter Harmonie mit der Landschaft.

Das Weinland lässt sich am besten per Auto erkunden – die Fahrt durch die Landschaft macht einen Großteil des Vergnügens aus. Wer kein eigenes Fahrzeug zur Verfügung hat, sollte **Stellenbosch** ansteuern, von wo aus regelmäßige Bahnverbindungen nach Kapstadt bestehen. Stellenbosch, die lohnenswerteste Stadt im Weinland, besticht durch lässige Eleganz, wunderschöne Straßenzüge, gute Museen und viele Besuchereinrichtungen. Für Autofahrer empfiehlt sich die landschaftlich ansprechende Fahrt über die R310 und den **Hels-**hoogte Pass zwischen Stellenbosch und Paarl (auch zu erreichen mit der Metrorail von Kapstadt). Die landwirtschaftlich geprägte Gemeinde Paarl gilt als Geburtsstätte des Afrikaans, und so finden sich hier ein Afrikaans-Denkmal und ein Museum. Die kleinste Stadt des Weinlands, **Franschhoek**, ist am schönsten gelegen, an der Spitze eines schmalen Tals. Sie hat sich inzwischen zur kulinarischen Hauptstadt des Kaps entwickelt. Im Gegensatz dazu verfügt **Somerset West** lediglich über einen, aber hervorstechenden Trumpf: **Vergelegen**, das atemberaubendste aller Anwesen im Weinland, das sich leicht in die Stellenbosch-Weinroute integrieren lässt.

Als Besuchszeit empfehlen sich die **Sommermonate**: Die Tage sind länger, die Weinreben sind grün und auf den Weingütern herrscht reger Betrieb. Im Winter ist der Wein bereits hergestellt, und Kellertouren werden nur in geringerer Anzahl angeboten. Einige Anwesen bieten Mittagessen an, andere wiederum gestatten Picknicks auf ihrem Gelände – eine großartige Idee, wenn man mit Kindern unterwegs ist oder den idyllischen Anblick der dunstigen Berge genießen möchte.

Stellenbosch

Alleen mit 300 Jahre alten Eichen bestimmen das Bild der 46 km östlich von Kapstadt gelegenen Ortschaft Stellenbosch – daher auch ihr Afrikaans-Spitzname „Die Eikestad" (die Eichenstadt). Mit ihren historischen Fassaden, Straßencafés, Wasserrinnen und einer europäischen Stadtplanung, das den Braak (eine Dorfwiese) zum Mittelpunkt hat, lädt sie zu einer Erkundungstour ein. Die Stadt ist das unbestrittene Herzstück des Weinlands. Sie bietet mehr Attraktionen als Paarl oder Franschhoek und dient zudem als Knotenpunkt der größten und ältesten **Weinrouten** des Kaps.

Außerdem befindet sich hier die Universität von Stellenbosch, das angesehenste afrikaanssprachige Bildungsinstitut. Die lebendige Atmosphäre der Stadt kann jedoch nicht darüber hinwegtäuschen, dass es sich im Grunde um einen konservativen Ort handelt, der einst als intellektuelles Zentrum der Apartheid galt: Gefördert wurde hier u.a. Premierminister Dr. H.F. Verwoerd, der die *Grand Apartheid* ins Leben rief.

Auf ins Weinland! Bei über 100 Anwesen im Weinland fällt die Auswahl nicht leicht. Unsere Liste umfasst Weinkellereien von allgemeinem Interesse – mit einer schönen Architektur und Umgebung oder einem großen Unterhaltungsangebot wie z.B. Restaurants, Picknicks und Reitgelegenheiten – sowie einige mit Weinen der Spitzenklasse. Man sollte sich für eine Gegend entscheiden und nicht zu viele Weinkellereien an einem Tag besichtigen. Das Personal in den Kellereien informiert gerne und kenntnisreich über die Charakteristiken der verschiedenen Weine. Die meisten Anwesen verlangen zwischen R2 und R8 für eine Weinprobe.

Als besonders hilfreich und zuverlässig für eine Weintour erweist sich John Platters *South African Wine Guide* mit aktuellen Bewertungen aller Weinerzeugnisse des Landes.

Die monatlich erscheinende Zeitschrift *Wine* enthält nützliche Berichte über Weinkellereien und Lokale, Weinkritiken, Informationen über die letzten Abfüllungen sowie einen Event-Zeitplan.

Bevorzugte Marken
ALTE FAVORITEN
Backsberg, Paarl; Weiß- und Rotweine;
Blaauwklippen, Stellenbosch; Weiß- und Rotweine;
Kanonkop, Stellenbosch; Rotweine;
Lievland, Stellenbosch; Rotweine;
Meerlust, Stellenbosch; Weiß- und Rotweine;
Overgaauw, Paarl; Rotweine;
Rust en Vrede, Stellenbosch; Rotweine;
Simonsig, Stellenbosch; Weiß- und Rotweine;
Villiera, Paarl; Weiß- und Rot weine.

Bevorzugte Anwesen
Boschendal Estate, Franschhoek (s.S. 220), am besten organisiert, bietet Führungen an. Wunderschöne Gebäude, Geschäfte und eine Auswahl von Restaurants.
Delaire, Stellenbosch (s.S. 214), mit dem besten Blick über den Helshoogte Pass.
Cabrière Estate, Franschhoek (s.S. 221), präsentiert eine höchst ungewöhnliche Art der Entkorkung – fein säuberlich wird der Flaschenhals mit einem Säbel durchtrennt.
Fairview Estate, Paarl (s.S. 218), großartige Anlaufstelle für Familien, mit berühmtem Ziegenturm, Pfauen, Käse und Wein.
La Motte Estate, Franschhoek (s.S. 222), beste Probierstube, ausgestattet mit Marmor, Glas und Fässern aus Eichenholz.
Rhebokskloof Estate, Paarl (s.S. 218), mit einem sehr angesagten Restaurant und Blick auf einen Schwanensee.
Rustenburg Estate, Stellenbosch (s.S. 213), in idyllischer Umgebung, mit einem historischen, gegiebelten Melkschuppen.
Vergelegen, Somerset West (s.S. 214), dieses Anwesen bietet einfach alles: wunderschöne Gebäude, ein kleines Museum, hübsche Gärten, gute Weine zum Probieren und eine Reihe von Restaurants.

Heisse Tipps
Brampton, Rustenburg Estate, Stellenbosch; Weiß- und Rotweine;
Fairview, Paarl; Weiß- und Rotweine;
Glen Carlou, Paarl; Weiß- und Rotweine;
Hartenberg, Stellenbosch; Rotweine;
Klawervlei, Stellenbosch; Rotweine;
Klein Constantia, Constantia; Weiß- und Rotweine;
Morgenhof, Stellenbosch; Weiß- und Rotweine;
Plaisir de Merle, Simonsberg; Weiß- und Rotweine;
Saxenburg, Stellenbosch; Rotweine;
Veenwouden, Paarl; Rotweine.

WESTKAP

Geschichte

Als **Simon van der Stel** im November 1679 am Kap eintraf, um die Funktion des Kommandeurs der Niederländischen Ostindischen Kompanie zu übernehmen, begann er, die Gegend entlang des Eerste River (erster Fluss) zu erforschen. Er entdeckte ein reizvolles kleines Tal. Weniger als einen Monat später war es als Stellenbosch (Stels Busch) auf der Landkarte verzeichnet – der erste von mehreren über das Kap verteilten Orten, darunter auch die Siedlung Simonsberg mit Blick über die Stadt, die vom Gouverneur nach ihm selbst bzw. anderen Mitgliedern seiner Familie benannt wurde.

Von der Leitung der Niederländischen Ostindischen Kompanie im Heimatland wurde van der Stel mit der Erschließung des Hinterlandes des Kaps beauftragt, und schon bald siedelte er die ersten **Free Burghers** (Freien Bürger) in Stellenbosch an. Binnen acht Jahren nahm er 60 Eigentumsübertragungen vor und während der folgenden zwei Jahrzehnte etablierte sich Stellenbosch als wohlhabende, teils feudalistische, von Großgrundbesitzern dominierte Gemeinde. Im Jahre 1702 bewunderte der dänische Reisende Abraham Bogaert die „Entstehung der schönen Wohnstätten sowie die großartigen Schätze an Wein und Getreide". Zum Ausklang des Jahrhunderts gab es bereits über 1000 Häuser und einige beträchtliche *burgher*-Anwesen in und um Stellenbosch, von denen viele bis heute erhalten geblieben sind.

Orientierung

Seine Attraktivität verdankt Stellenbosch in erster Linie der Umgebung und den schönen Straßenzügen. Hier kann man wunderbar herumschlendern. Das **Tourist Information Bureau** im Rhenish Complex, Market St, dient als guter Ausgangspunkt für eine Erkundungstour. In östlicher Richtung erreicht man kurz danach einen weißen Häuserblock – das einst als Waffen- und Munitionslager der Niederländischen Ostindischen Kompanie erbaute **VOC Kruithuis**. Heute ist hier eine kleine, kaum sehenswerte Sammlung mit vier britischen Uniformen, einigen Gewehren, faszinierenden, nicht näher erläuterten Mini-Kanonen sowie Pulverfässern untergebracht, ☉ Jan.–Mai, Aug.–Dez. Mo–Fr 9.30–13.30, 14–17 Uhr. Biegt man hier rechts ab und läuft am **Braak**, der großen Wiese im Ortszentrum, entlang nach Süden, passiert man die **Rhenish Church**, Bloem St, aus dem Jahre 1823, die früher als Schule für Sklaven und Coloureds diente.

Village Museum

Folgt man der Ryneveld St Richtung Norden, trifft man auf Stellenboschs Highlight, das unterhaltsame Village Museum, 18 Ryneveld St, ✆ 887 2902. Anhand einer Vierergruppe historischer Wohnhäuser aus unterschiedlichen Perioden gibt es einen repräsentativen Überblick über das architektonische und gesellschaftliche Erbe der Stadt. Die Gebäude sind wunderschön erhalten und ausgestattet. Außerdem sieht man Arbeiter in historischer Kleidung. Das älteste Gebäude ist das schlichte **Shreuderhuis**, ein volkstümliches Cottage aus dem Jahre 1709 mit einem kleinen Hofgarten voller aromatischer Kräuter, Granatapfelsträucher und mit Reben behangenen Pergolen, das an die europäische Ästhetik der frühen Besiedlung des Kaps erinnert. Auf der anderen Seite des Gartens steht das **Blettermanhuis**, ein typisch kapholländisches Haus mit Giebeln aus dem 18. Jahrhundert, das 1789 für den letzten Magistrat der Niederländischen Ostindischen Kompanie von Stellenbosch nach einem H-förmigen Grundriss erbaut wurde. Die aktuelle Form des **Grosvenor House** gegenüber stammt aus dem Jahre 1803 und zeugt vom wachsenden Einfluss des englischen Stils nach der britischen Besetzung des Kaps 1795. Die neoklassizistische Fassade mit kannelierten Pilastern, die einen Eingang mit Giebeldreieck stützen, orientiert sich am damaligen Geschmack des expandierenden Imperiums. Das bescheidenere **O.M. Bergh House** auf der anderen Straßenseite präsentiert sich als typisch viktorianisches Gebäude. Früher ähnelte es dem Blettermanhuis, bevor es Mitte des 19. Jahrhunderts nach einem rechteckigen Plan „modernisiert" wurde und seitdem nur noch eine vereinfachte Fassade ohne Giebel aufweist. ☉ Mo–Sa 9–16.45, So 14–16.45 Uhr, R10.

Dorp Street und Umgebung

Nach einem Besuch im Village Museum lohnt ein Spaziergang zurück nach Süden zur Dorp St, Stellenboschs schön erhaltener historischer Achse. Zu bestaunen sind hier die Gebäude, Giebel, Eichen und Wasserrinnen am Straßenrand. Folgt man der Dorp St in westlicher Richtung, erblickt man nach

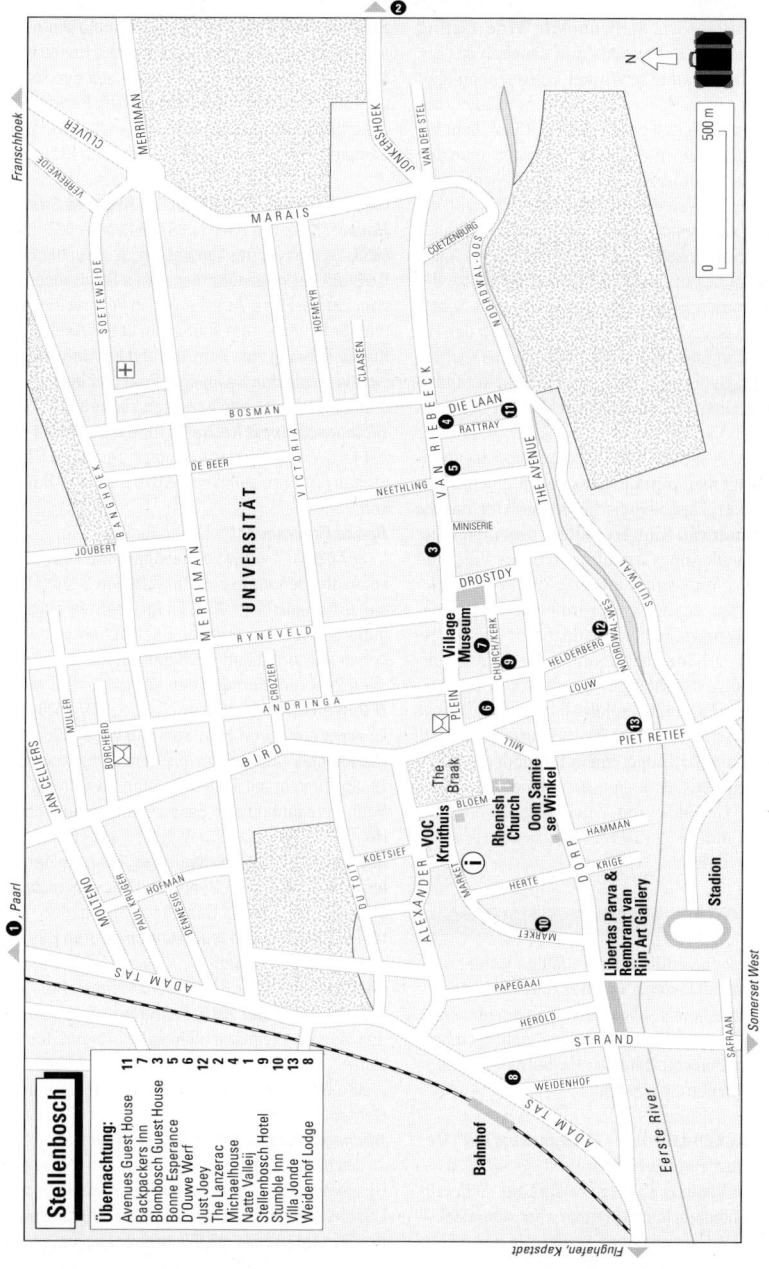

Stellenbosch

Übernachtung:

Avenues Guest House	11
Backpackers Inn	7
Blombosch Guest House	3
Bonne Esperance	5
D'Ouwe Werf	6
Just Joey	12
The Lanzerac	2
Michaelhouse	4
Natte Vallej	1
Stellenbosch Hotel	9
Stumble Inn	10
Villa Jonde	13
Weidenhof Lodge	8

WESTKAP

kurzer Distanz das **Stellenbosch Wine Tasting Centre** auf der linken Seite und daneben das berühmte **Oom Samie se Winkel**. Letzteres entpuppt sich als touristischer Gemischtwarenladen mit allerhand Schnickschnack, Antiquitäten, Lebensmitteln und Weinen – in jedem Fall sollte man den Fisch-*biltong* probieren. Auf der rechten Seite fallen zwischen Aan-die-Wagen-Weg und Krige St die **Kriges Cottages**, Nr. 37–51, historische Stadthäuser mit einer ungewöhnlichen Terrasse, ins Auge. Die Gebäude entstanden in der ersten Hälfte des 19. Jahrhunderts im kapholländischen Stil. Später wurden viktorianische Elemente ergänzt, das Ergebnis sind interessante Mischungen aus Giebeln mit viktorianischen Dachfenstern und Veranden mit filigranem Eisendekor vor schlichten eleganten kapholländischen Fassaden.

Links, in Richtung Süden, die Strand St hinunter, gelangt man zum **Libertas Parva**, einem schönen Beispiel kapholländischer Architektur, das die **Rembrandt van Rijn Art Gallery** beherbergt. Der Name ist allerdings irreführend: In der Villa sind nicht etwa Werke alter niederländischer Künstler zu erwarten, das Museum wird vielmehr vom Tabakgroßkonzern Rembrandt finanziert. Die Galerie zeigt eine schöne kleine Sammlung südafrikanischer Kunst, darunter ein wundervolles Rundgemälde von Kapstadt von Josephus Jones in Tusche und Wasserfarben (1808), *The Conservationists Ball* von William Kentridge, einem führenden südafrikanischen Künstler der jüngeren Generation, sowie mehrere Gemälde und Zeichnungen von Irma Stern. ⏲ Mo–Fr 9–12.45, 14–17, Sa 10–13, 14–17 Uhr, Eintritt frei.

Übernachtung

Stellenbosch verfügt über vielfältige Unterkunftsmöglichkeiten – von Backpacker-Lodges bis zu Luxushotels. Abgesehen von einigen Zimmern auf Farmen außerhalb der Stadt und dem feudalen *Lanzerac* sind alle Herbergen zu Fuß vom Stadtzentrum erreichbar.

BACKPACKER-LODGES – *Backpackers Inn**, De Wet Centre, Bird, Ecke Church St, ✆ 887 2020, ✉ bacpac1@global.co.za, zentralste Lage. Blitzsauberes Ambiente, lockt Urlauber aller Altersklassen, für Familien geeignet. Schlafsäle und DZ.

Stumble Inn*, 12 Market St, ✉ stumble@iafrica.com, ✆ 887 4049, bestes und ältestes Hostel der Stadt. Unterbringung in 2 Häusern aus der Zeit um 1900, freundliches, aufgewecktes Personal, entspannte Atmosphäre. DZ, Schlafsäle und Camping. Bekannt für gute Touren (s.S. 212).

GÄSTEHÄUSER UND HOTELS – *Avenues Guest House****, 32 The Ave, ✆ 887 1843 oder 082-390 6659, ✉ theavenues@mweb.co.za, freundliches B&B auf der gegenüberliegenden Straßenseite vom Eerste-Fluss. Ausstattung in Yellowwood und Kiefer mit einem Touch von Laura Ashley. Kurzer Fußweg zum Zentrum und zur Universität, wo die Gäste den Swimming Pool und die 3-stöckige Sporthalle benutzen können.

Blombosch Guest House*, 61 Plein St, ✆ 883 3674, ✉ ernieb@netactive.co.za, zentrales Gästehaus mit 8 preiswerten B&B-DZ, z.T. mit Balkon.

Bonne Esperance***, 17 Van Riebeeck St, ✆ 887 0225, 🖥 www.bonneesperance.com, koloniale Eleganz in einer prächtigen 2-stöckigen viktorianischen Villa. Einige größere Zimmer, guter Service, Veranda mit Blick auf einen hübschen Vorgarten und ein Hinterhof mit Swimming Pool rechtfertigen den Preis.

D'Ouwe Werf****, 30 Church St, ✆ 887 1608, 🖥 www.ouwewerf.com, zentrale Lage. Südafrikas ältestes *Country Inn* aus dem ausgehenden 19. Jh. Zimmer mit TV und Telefon, Swimming Pool, Gelegenheit zum Essen in einem hübschen Hof (s.S. 211).

Just Joey***, 13 Noordwal-Wes, Ecke Helderberg St, ✆ 887 1799, ✉ justjoey@mweb.co.za, pfirsichrosafarbenes Gästehaus mit komfortablen Zimmern und leuchtend rosaroten Rüschen und Vorhängen.

The Lanzerac, über R1000, Jonkershoek Rd, ✆ 887 1132, 🖷 887 2310, 🖥 www.lanzerac.co.za, an Luxus im Weinland nicht zu überbietendes Hotel, 1 km östlich der Stadt. Wunderschöne weiße Gebäude, umgeben von Weinfeldern und Bergen.

Michaelhouse**–***, 29 Van Riebeeck St, ✆ 886 6343, Gästehaus mit modernem Dekor aus Gusseisen, leicht ethnischer Touch. Zimmer mit Dusche oder Bad. Sommerliches Frühstück auf der Gartenterrasse mit Weinrebenspalier.

Natte Valleij**, R44 Klapmuts Rd, ✆ 875 5171, ✉ milner@intekom.co.za, 12 km nördlich der Stadt, ein großes Cottage mit 6 Betten und 1 kleinere, billigere Familieneinheit, angeschlossen an ein altes weißes Anwesen. Pool und großes Gartengelände im Herzen des Weinlandes. Frühstück auf der Veranda.

Stellenbosch Hotel****, Dorp, Ecke Andringa St, ✆ 887 3644, 🖳 www.stellenbosch.co.za/hotel, elegantes Hotel in zentraler Lage. Restauriertes Gebäude aus dem 19. Jh. (inzwischen zum Nationaldenkmal ernannt) mit Messingbetten, großzügigen Sofas, gestärkten Leintüchern und steifer Atmosphäre.

Villa Jonde*, 27 Noorwal-Wes, ✆ 883 3568, verwinkeltes edwardianisches Haus mit exzentrischer Ausstattung, alles in allem aber unprätentiös. Inmitten eines riesigen wilden Gartens gelegen. Gutes Preis-Leistungs-Verhältnis.

Weidenhof Lodge*, 24 Weidenhof St, ✆ 886 4679, 887 2397, ✉ thys_haupt@hotmail.com, gute Wahl, kompakte Apartments zur Selbstversorgung mit Dusche und voll ausgestatteter Küche, TV und Bettwäsche für 2–4 Personen.

Essen

Stellenbosch bietet eine reiche Auswahl an guten Lokalen. Diese sind sowohl im Stadtzentrum als auch auf den umliegenden Anwesen zu finden. Meist kann man draußen sitzen und am Abend herrscht eine entspannte, teilweise feuchtfröhliche Atmosphäre.

De Akker, 90 Dorp St, serviert leckeres Pub-Essen, außerdem gut besuchter Nachtclub mit lauter Musik, kommt nach 23 Uhr so richtig in Schwung, sowohl studentisches als auch älteres Publikum.

Decameron, 50 Plein St, ✆ 883 3331, eines der besten Restaurants der Stadt, serviert italienische Speisen (Pasta, Pizza und Gnocchi) und erstklassiges Seafood. Tische hinter Glas auf dem Bürgersteig eignen sich zur Beobachtung des Straßenlebens, ◷ tgl. 11–23 Uhr.

The Fishmonger, Sanlam Building, Ryneveld St, ✆ 887 7835, Seafood-Restaurant der Spitzenklasse in zentraler Lage mit Sitzgelegenheit draußen. Nicht gerade billig, aber angemessene Preise, ◷ tgl. mittags bis abends.

La Masseria, Blaauwklippen Rd, hinter R44, ✆ 880 0266, umgewandelte Weinkellerei, Kombination aus Delikatessengeschäft und Restaurant, gutes italienisches Essen in lockerem Ambiente, entsprechend geeignet für Kinder. Sonntägliche Mahlzeiten werden manchmal von Live-Gesang begleitet, ◷ Di–So 12.30–17 Uhr, Fr und Sa Abendessen (nur mit Reservierung).

Lanzerac Manor & Winery, Lanzerac Hotel, Jonkershoek Rd, ✆ 887 1132, steifes Restaurant auf diesem erhabenen Anwesen inmitten von Weinbergen am Stadtrand, serviert leichtes Mittagessen auf der Terrasse oder im Pub. Besonders zu empfehlen: *Cream Teas* um den gemütlichen Kamin.

D'Ouwe Werf, 30 Church St, ✆ 887 1608, Restaurant in einem schönen Hof mit Weinreben. Kap-Küche, darunter Spezialitäten wie: Karoo-Lamm, *bobotie* und Ochsenschwanz in Rotweinsauce. Besonders zu empfehlen: Tee draußen. Nach Einbruch der Dunkelheit steifere Atmosphäre.

Rustic Café, 43a Bird St, ✆ 883 3545, gemütliches, beliebtes Café mit Sesseln, Sofas und Musik, serviert erschwingliche Pizza, Nachos und Salate, ◷ tgl. abends.

Spice Café, Church St, ✆ 883 8480, zentrales Café in einem Garten mit freundlicher Bedienung und Kinderspielplatz. Zu empfehlen: Brunch am Wochenende, frisch gebackener Kuchen, Sandwiches, Salate und mediterrane Speisen, ◷ Mo–Fr 9–17, Sa 9–14, So 10–14 Uhr.

The Terrace, Shop 12, Drostdy Centre, ✆ 887 1942, zentrale Bar/Restaurant mit Blick auf den Braak, serviert Pub-Essen, Burger und leichte Mahlzeiten. Junges Publikum. ◷ Vormittags bis frühmorgens des darauffolgenden Tages.

Volkskombuis & De Oewer, Aan-de-Wagenweg, hinter Dorp St, ✆ 887 2121, Lokal am Ufer des Eerste-Flusses mit 2 Bereichen: mediterrane Speisen und Garten-Buffet bei *De Oewer* und erschwingliche einheimische Platten bei *Volkskombuis,* ◷ tgl. mittags bis abends, So nur abends.

Sonstiges

INFORMATIONEN – **Tourist Information Bureau**, 36 Market St, 🖳 www.istellenbosch.org.za, ✆ 883 3584, etwa 1 km vom Bahnhof entfernt, bietet Informationen über die Attraktionen vor Ort. Außerdem erhält man hier die Broschüre *Discover Stellenbosch on Foot* mit der Beschreibung einer Wandertour, die 62 Sehenswürdigkeiten einschließt. ⊙ Mo–Fr 8–18, Sa 9–17, So 9.30–16.30 Uhr.

TOUREN – *Easy Rider Wine Tours* mit Sitz in der Backpacker-Lodge *Stumble Inn* (s.S. 210), bieten Tagespauschaltouren zu 5 Kellereien an, 10.30–17 Uhr, R180. Außerdem erschwingliche Touren durch 5 Nachtlokale der Stadt.

VORWAHL – 021

Transport

BUSSE – Stellenbosch wird selten von (teuren) **Intercity-Bussen** aus Kapstadt und Port Elizabeth passiert, die hier am Zugbahnhof halten, Fahrzeit: ca. 1 Std.

EISENBAHN – Die Züge der *Metro Rail*, ✆ 449 2991, verkehren tagsüber etwa alle 2 Stunden zwischen Kapstadt und Stellenbosch, Fahrzeit: ca. 1 Std.

TUK-TUKS – Das überschaubare Zentrum von Stellenbosch lässt sich problemlos zu Fuß erforschen. Wer abgelegenere Ziele ansteuern möchte, kann sich an *Tazzis*, ✆ 072-210 7882, wenden, die Transporte in Tuk-Tuks anbieten. Daneben organisieren sie Ausflüge zu den Weinkellereien, ca. R25 p.P. pro Farm.

Die Weingüter um Stellenbosch

Stellenbosch erkannte als erste Gegend das Marketing-Potenzial einer **Weinroute**, wo man von einem Gut zum nächsten fährt, um Weine zu probieren. Umgesetzt wurde die Idee im Jahre 1971. Die Strategie hat sich als äußerst erfolgreich erwiesen, und heute locken die Weinkellereien des Gebiets zehntausende von Besuchern aus aller Welt an. Die Region verzeichnet mehr Besucher als irgendeine andere im Weinland.

Obwohl die Region nur 15% der südafrikanischen Weinanbaugebiete ausmacht, ist ihre Weinroute die längste des Landes. Außerdem werden hier einige der besten Rotweine des Kaps und insgesamt die größte Vielfalt an Weinen angeboten. Die Weinkellereien liegen allesamt an einer Reihe von Straßen, die sich von Stellenbosch strahlenförmig ausbreiten. Die nachstehende Auswahl umfasst drei dieser Straßen, wobei die Kellereien von Stellenbosch weg angeordnet sind. Jede Route kann problemlos innerhalb eines Tages bewältigt werden. Schilder an der Hauptstraße weisen den Weg zu den Anwesen.

Wer mit dem Auto nach Stellenbosch kommt, kann die umliegenden Weinkellereien in Ruhe erkunden. Die Anfahrt von Kapstadt dauert sowohl über die N1 als auch über die N2 weniger als eine Stunde.

Entlang R44

Nördlich von Stellenbosch Richtung N1 erreicht man über die Klapmuts Rd (R44) nach ca. 4 km den **Morgenhof**, ✆ 889 5510. In diesem schlossähnlichen Komplex, der einen französischen Besitzer hat, erwartet die Gäste vor dem mit Reben bedeckten Simonsberg eine helle Probierstube mit Bar. Draußen wird ein vorzügliches leichtes Mittagessen und zum Dessert eine Portion Eis serviert. Zu den vielen erstklassigen Weinen zum Probieren zählen Merlot, Cabernet Sauvignon, Pinotage, Sauvignon Blanc, Chardonnay und Chenin Blanc. ⊙ Mai–Okt. Mo–Fr 9–16.30, Sa 10–15 Uhr; Nov.–Apr. Mo–Do 9–17.30, Fr 9–17, Sa und So 10–17 Uhr, R10.

Folgt man der Klapmuts Rd weiter nach Norden, gelangt man nach rund 4 km zur Linksabzweigung nach **Simonsig**, ✆ 888 4900 (rund 2 km die Kromme Rhee Rd hinunter). Die Weine werden hier unter mit Reben geschmückten Pergolen dargeboten. Besucher genießen einen prächtigen Blick in Richtung Stellenbosch auf dunstige bläuliche Berge und Weinfelder. Zu den Spitzenweinen der Kellerei zählen ein hervorragender Pinotage Red Hill, der Sekt Kaapse Vonkel und ein erstklassiger Chardonnay. ⊙ Mo–Fr 8.30–17, Sa 8.30–16 Uhr, Kellertouren Mo–Fr 10, 15, Sa 10 Uhr, R5.

Zurück auf der Hauptstraße erreicht man 4,5 km nördlich von der Abfahrt nach Simonsig **Lievland**, ✆ 875 5226, die letzte Weinkellerei von Stellenbosch auf diesem Abschnitt der R44. Alle dahinter gehören zu Paarl (s.S. 215). Lievland zeichnet sich durch eine zwanglose Atmosphäre und eine

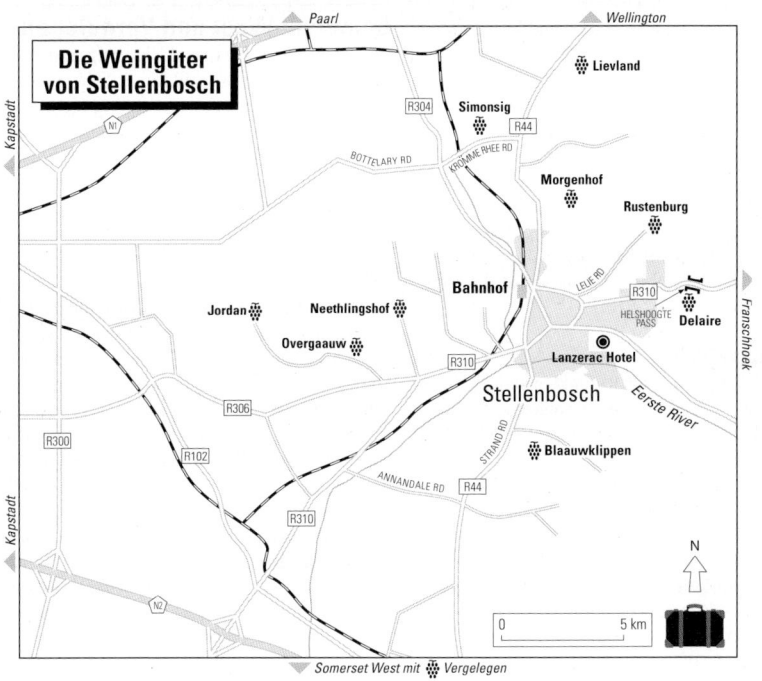

Die Weingüter von Stellenbosch

Paarl Wellington

Kapstadt

N1

BOTTELARY RD

R304 Simonsig

KROMME RHEE RD

R44

Lievland

Morgenhof

Rustenburg

Bahnhof

LELIE RD

R310

HELSHOOGTE PASS

Delaire

Jordan Neethlingshof

Overgaauw

R310

Lanzerac Hotel

Stellenbosch

Eerste River

Franschhoek

R306

R300

R102

ANNANDALE RD

R44

Blaauwklippen

STRAND RD

R310

N

0   5 km

N2

Kapstadt

Somerset West mit ⚘ Vergelegen

WESTKAP

---

kapholländische Probierstube aus dem Jahre 1823 aus. Die kleine Auswahl an Weinen umfasst einen erstklassigen Shiraz und eine DVB Bordeaux-Stil-Mischung. Zu empfehlen ist der preislich angemessene Lievlander *Red Blend* (Mischung aus verschiedenen roten Trauben). ◷ Mo–Fr 9–17, Sa 9–13 Uhr.

Fährt man wieder zurück durch Stellenbosch hindurch, trifft man 4 km hinter der Stadt an der Strand Rd auf **Blaauwklippen**, ✆ 880 0133, am Fuße des Stellenboschbergs. Das große Anwesen ist von übermäßiger Kommerzialisierung verschont geblieben. Neben den üblichen kapholländischen Gebäuden kann man hier ein Museum mit antiken Pferdekutschen besichtigen. In einem kleinen Geschäft wird Alkoholfreies und Schnickschnack angeboten und auf der Veranda wird „Coachman's Lunch" (Kutscheressen) serviert (Mo–Sa). Die meisten Weine hier sind mittelmäßig, allerdings rühmt sich Blaauwklippen mit dem namhaften Zinfandel, einer Rarität in der Gegend. ◷ Mo–Fr 9–17, Sa 9–13 Uhr, R10.

Über die R44 weiter Richtung Süden erreicht man schließlich Somerset West, das Zentrum der Helderberg-Weinroute mit dem Highlight **Vergelegen** (s. S. 214).

Entlang R310

Rustenburg Wines, ✆ 809 1200, ist eines der vom Stadtzentrum am schnellsten zu erreichenden Weingüter und gleichzeitig eines der verlockendsten. Die Anfahrt führt zuerst über die R44 Richtung Paarl, dann auf die R310 unmittelbar nördlich der Stadt, nach knapp 2 km entlang der R310 Richtung Franschhoek auf die Lelie Rd in das Ida's Valley einbiegen und dieser wieder 2 km folgen. Nach der Fahrt durch Obstplantagen, Schafsweiden und Alleen erreicht man schließlich das Anwesen. Die romantisch ländliche Atmosphäre der bescheidenen Farm Rustenburg steht im Gegensatz zu ihrer Hightech-Probierstube. Obwohl die ersten Reben hier bereits im Jahre 1692 angepflanzt wurden, ist die Weinherstellung hoch technisiert. Die meisten

Weine der Rustenburg-Marke sind lohnenswert, daneben sind auch die Weine der Marke Brampton zu empfehlen, die zudem preiswerter sind. ☉ Mo–Fr 9–16.30, Sa 9–12.30 Uhr, Eintritt frei.

Das **Delaire**, ✆ 885 1756, am Helshoogte Pass, liegt 6 km östlich von Stellenbosch an der R310 Richtung Franschhoek. Das Restaurant von Delaire eröffnet wunderbare Ausblicke auf Eichenwälder, Groot Drakenstein und die Simonsig-Berge bis hinunter in die zerklüfteten Täler. In der Probierstube gilt der Merlot als Aushängeschild des Guts. ☉ Mo–Sa 10–17 Uhr, R10.

Entlang R306

Die Moddergat Rd (R310) führt in südwestlicher Richtung an den Bahngleisen entlang aus Stellenbosch heraus. Nach 5,5 km zweigt die Polkadraai Rd (R306) ab. Nach 0,5 km erreicht man die Zufahrt nach **Neethlingshof**, ✆ 883 8988, mit seinem wunderschön restaurierten kapholländischen Herrenhaus von 1814 und zwei guten Restaurants. Die ersten Reben wurden hier 1692 angepflanzt. Neethlingshof produziert hervorragende Weine, und seine erstklassigen süßen Dessertweine *Noble Late Harvest* erhalten regelmäßig die besten Noten. ☉ Mo–Fr 9–19, Sa, So 10–18 Uhr, Proben R20, inkl. einem Glas zum Mitnehmen.

Nach weiteren 500 m entlang R306 gelangt man zu einer Abzweigung nach Norden und kurz darauf zu **Overgaauw**, ✆ 881 3815. Bemerkenswert sind die elegante Probierstube im viktorianischen Stil, der Pioniercharakter des Anwesens und seine hervorragenden Rot- und Portweine. Overgaauw produzierte als erstes Gut im Land Merlot und stellt heute noch als einziges den Sylvaner, einen preiswerten, schmackhaften Weißwein, her. ☉ Mo–Fr 9–12.30, 14–17, Sa 10–12.30 Uhr.

An der gleichen Straße weiter nördlich liegt **Jordan Vineyards**, ✆ 881 3441. Dieses Anwesen zählt zu einer Reihe von neuen Weingütern am Kap mit Hightech-Kellern, modernen Probierstuben und freundlichem Service. Schon die Fahrt hierher hat einen hohen Erlebniswert: Sie führt in eine von Weinbergen gesäumte *kloof* (Schlucht). Die Trauben genießen eine Meeresbrise von der False Bay und Tafelbucht, was offensichtlich die Qualität des Chardonnay und Blanc Fumé begünstigt. ☉ Mo–Fr 10–16.30, Sa 9.30–14.30 Uhr, R7,50 (wird bei Einkauf zurückerstattet).

Somerset West und Vergelegen

Der einzig zwingende Grund, die wenig verlockende Stadt Somerset West, 50 km östlich von Kapstadt, über die N2 anzusteuern, ist Vergelegen, Lourensford Rd, ✆ 021-847 1334, ein architektonisches Schmuckstück und gleichzeitig eine Produktionsstätte hervorragender Weine. Offiziell gehört Vergelegen zur Helderberg-Weinroute, allerdings lässt sich das Anwesen auch problemlos an einen Besuch in Stellenbosch, nur 14 km nördlich davon, anhängen.

Vergelegen erinnert an die berüchtigten ersten Herrschaftsjahre der Niederländischen Ostindischen Kompanie am Kap, die von Korruption und Machtmissbrauch geprägt waren. Das Gut wurde von Willem Adriaan van der Stel, Gouverneur seit 1699, im Renaissance-Stil erbaut und vermittelte einen prächtigen Eindruck inmitten des wilden rückständigen Kaps um 1700. Van der Steel erwarb das Land auf illegalem Weg, ließ Vergelegen von Sklaven der Kompanie errichten und bediente sich der Ressourcen der Kompanie, um ausgedehnte Landstriche in der Umgebung zu bebauen. Parallel missbrauchte er seine Macht als Gouverneur, um die meisten bedeutenden Märkte des Kaps zu monopolisieren. Als die Niederländische Ostindische Kompanie in Holland davon erfuhr, wurde van der Steel gefeuert und man ordnete an, Vergelegen zu zerstören, um zukünftige Gouverneure gar nicht erst auf falsche Gedanken zu bringen. Man geht davon aus, dass die Zerstörung nicht vollständig erfolgte und dass das heutige Gebäude auf dem Fundament des ursprünglichen steht.

Vergelegen war das einzige Weingut, das von der britischen Königin während ihres Aufenthalts in Südafrika 1995 besucht wurde. Das Besucherzentrum gegenüber dem Geschäft am Gebäudeeingang liefert Hintergrundinformationen zum Anwesen. Das Weinprobierzentrum nebenan bietet professionelle Proben mit kurzen Erläuterungen zu jeder Marke, ☉ tgl., im Winter So geschlossen. Daneben empfiehlt sich eine Besichtigung des Gehöfts, das 1917 von Lady Florence Phillips, der Ehefrau eines Johannesburger Bergbaumagnaten, restauriert wurde. Die blasse Fassade mit dem klassischen Giebeldreieck und dem mit Pilastern geschmückten Eingang erreicht man durch einen achteckigen Garten, wo sich im Sommer zahlreiche Schmetterlinge tummeln. Dank der vielen Teiche und schönen, mit Kastanien- und Kampferbäumen bepflanzten Flächen gilt Vergelegen als einer der erholsamsten Orte am Kap. ⊙ Tgl. 9.30–16 Uhr, Eintritt R10, Weinprobe R5 für 5 Weine.

Übernachtung und Essen

Zur Übernachtung sei an dieser Stelle das weitaus schönere **Stellenbosch** empfohlen.
Lady Phillips Tea Garden, ✆ 021-847 1346, hübsches Café, serviert Tee und mittags ländliche Küche mit internationalem Touch, z.B. Pies, Quiches und Pasta. Reservierung notwendig.
Rose Terrace, lockt mit leichtem Mittagessen und Sandwiches, selbst gebackenem Brot, Käseplatten und Wein in zwangloser Atmosphäre.

Transport

SELBSTFAHRER – Vergelegen ist am besten mit dem Auto zu erreichen. Von Kapstadt gelangt man über die N2 nach Osten, vorbei am International Airport, Abfahrt 43 vom Freeway Richtung Somerset West (die R44 führt in die Stadt). Sobald man auf die Main St trifft, biegt man in die Lourensford Rd ein und folgt dieser 3 km, bis Vergelegen auf der rechten Seite auftaucht.

EISENBAHN – Züge sind nicht zu empfehlen: Zwar gibt es regelmäßige **Metro Rail**-Verbindungen zwischen Kapstadt und Somerset West, aber das Weingut liegt zu weit außerhalb (einzige Option per Autostopp).

Paarl und Umgebung

Obwohl Paarl attraktiv in ein fruchtbares Tal voller historischer Monumente eingebettet ist, bleibt es im Grunde ein engstirniges *dorp*, das sowohl die Kultiviertheit von Stellenbosch als auch den trendigen Flair von Franschhoek vermissen lässt. Seinen Wohlstand verdankt dieses Farmzentrum den Leichtindustrien – Getreidesilos, Konservenfabriken und Mehlmühlen – an der Nordseite der Stadt sowie einer reichen Auswahl an Trauben, Guaven, Oliven, Orangen und Mais auf den umliegenden Farmen. Trotzdem ist Paarl die größte Gemeinde im Weinland. Als exklusive Gegend gelten die mit

Weinreben bestandenen Hänge des **Paarl Mountain**, der über der Stadt thront. Im Gegensatz zum cliquenhaften Konservatismus des vorherrschend weißen Zentrums tragen die von Coloureds bewohnten Townships am Stadtrand bekannt klingende afro-amerikanische Namen, z.B. Chicago und New Orleans.

Geschichte

Im Jahre 1657, nur fünf Jahre nach Errichtung der Erfrischungsstation der Niederländischen Ostindischen Kompanie auf der Kap-Halbinsel, fand sich **Abraham Gabbema** mit einer Gruppe von Männern im Berg River Valley ein, um die Handelsmöglichkeiten mit den Khokhoi zu testen und nach dem legendären Gold von Monomotapa zu suchen. Ganz offensichtlich träumten sie von einem Schatz, denn als sie nach einer regnerischen Nacht erwachten und die Silberkuppel aus Granit über dem Tal erblickten, tauften sie diese Peerlbergh (Perlberg). In abgewandelter Form – Paarl – wurde dies zum Namen der Stadt.

Dreißig Jahre später vergab Simon van der Stel, der Kommandeur des Kaps, Landstriche der Khoikhoi an den Hängen des Paarl Mountain an französische Hugenotten und holländische Siedler. Als Paarl 1847 offiziell Stadtstatus erhielt, diente es weiter als Vorposten am Rand der Drakenstein Mountains, Wagenbauzentrum und letzter Versorgungsstopp. Die Stellung des Ortes verbesserte sich, als es 1863 durch die erste **Bahnstrecke** des Kaps mit der Halbinsel verbunden wurde. Während des Diamantrausches in den 70er und des Goldfiebers in den 80er Jahren des 19. Jahrhunderts lockte Paarl – als Tor zum Hinterland – tausende von Schatzsuchern an.

Für die beiden gegnerischen politischen Kräfte, die das moderne Südafrika prägten, hat die Stadt historische Bedeutung: Das **Afrikanerdom** betrachtete Paarl als heilige Stätte, wo ihre Sprachbewegung 1875 ins Leben gerufen wurde (s.S. 216). Der **ANC** (und die internationale Gemeinschaft) verbindet Paarl dagegen mit der Entlassung Nelson Mandelas aus dem **Victor Verster Prison** 1990.

Die Stadt

Während sich Stellenbosch hervorragend zum Herumschlendern eignet, lohnt ein Spaziergang durch Paarl kaum. Die schönste Sightseeing-Tour

Afrikaans   Die dritte Sprache des Landes – Afrikaans – sprechen 15% der Bevölkerung in Südafrika, die nur von Zulu und Xhosa übertroffen wird. Dagegen sprechen nur 9% der Südafrikaner Englisch, das somit den fünften Rang unter den elf Amtssprachen einnimmt.

Anzeichen für das Aufkommen eines neuen südafrikanischen Dialekts gab es bereits 1685, als H.A. van Rheede, ein Funktionär der Niederländischen Ostindischen Kompanie aus Europa, die „verzerrte und unverständliche" Version des im Drakenstein Valley – in der Gegend des heutigen Paarl – gesprochenen Holländisch bemängelte.

Durch die Ergänzung englischer, französischer, deutscher, malaiischer und einheimischer Wörter und Ausdrücke entfernte sich die Sprache immer mehr vom Hochholländischen.

Im 19. Jahrhundert fand sie sowohl unter den Weißen als auch unter den Coloureds des Kaps breite Anwendung. Von der Elite wurde Afrikaans allerdings als minderwertiges Kreolisch abgetan, ungeeignet für Literatur und offizielle Kommunikation. Auch die Bemühungen des Geistlichen **Stephanus du Toit** und der Genootskap van Regte Afrikaners (Vereinigung wahrer Afrikaander), Afrikaans als eigene Sprache anerkennen zu lassen, sowie ihre Herausgabe der ersten weißen afrikaanssprachigen **Zeitung** Die Patriot 1875 zeigten außerhalb von Paarl kaum Wirkung.

Ironischerweise löste schließlich der Sieg der Briten im zweiten Burenkrieg um 1900 eine weiße Afrikaans-Massenbewegung aus. Aufgrund der britischen Politik der verbrannten Erde mussten viele Buren ihr Land verlassen, und es bildete sich eine demoralisierte Unterschicht von Buren heraus, die kaum lesen und schreiben konnten. Gleichzeitig begünstigte die britische Anglisierungspolitik eine Verbündung weißer proletarischer Afrikaander mit der Elite – gegen den gemeinsamen englischen Feind.

Im Jahre 1905 begann **Gustav Preller**, ein junger Journalist aus dem Arbeitermilieu der Buren, Afrikaans als „Sprache der Weißen" wieder zu entdecken. Die Assoziation mit den Coloureds wurde abgeschwächt, indem man die nicht-europäischen Wörter durch holländische ersetzte. Preller veranlasste die Herausgabe der ersten einer Reihe von populistischen afrikaanssprachigen Zeitschriften sowie eine Verherrlichung der Geschichte und Kultur der Buren.

Im Zuge dieses **Second Language Movement** übernahmen die Weißen die geistige Kontrolle über Afrikaans, und der Druck hinsichtlich einer Anerkennung als Amtssprache – die schließlich 1925 erfolgte – wuchs.

Im Jahre 1948 kam die National Party an die Macht. Ihre Apartheidspolitik ging Hand in Hand mit einer Förderung der Interessen ihrer afrikaanssprachigen Anhänger, und ein gemeinsames Programm zur **Förderung der armen Weißen** wurde in Angriff genommen. Bald bekleideten Afrikaander die Großzahl der Stellen im öffentlichen Dienst und in den öffentlichen Versorgungsbetrieben. Obwohl es mehr farbige als weiße Afrikaanssprachige gab, entwickelte sich die Sprache schnell zum Fundament des entstehenden **Apartheidsystems**, und in den 70er Jahren unternahm die Regierung gar den Versuch, Afrikaans als einzige Sprache in Schulen vorzuschreiben.

Diese Maßnahme führte unmittelbar zum **Aufstand von Soweto** (1976), der den Anfang vom Ende der Afrikaander-Hegemonie in Südafrika bedeutete. Die Repressionen der 70er und 80er Jahre und die Vertreibungen unter dem Group Areas Act veranlassten viele afrikaanssprachige Coloureds ihrer mit Apartheid behafteten Muttersprache den Rücken zu kehren und Englisch vorzuziehen. Unter der neuen Verfassung sind bestehende **Sprachrechte** nicht gefährdet, sodass Afrikaans genauso weit verbreitet bleiben wird wie bisher. Die Zukunft der taal (Sprache) liegt heute sowohl in den Händen der Coloureds als auch in denen der Weißen.

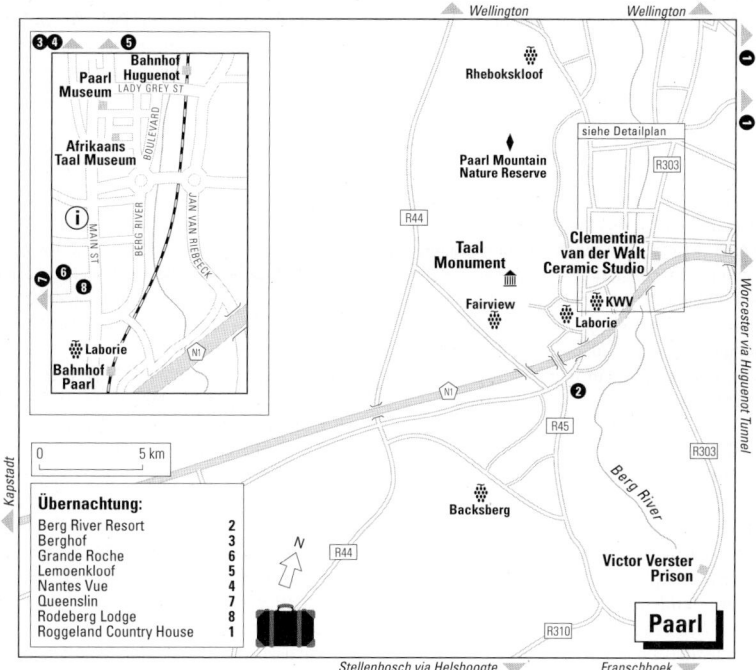

Übernachtung:

Berg River Resort	2
Berghof	3
Grande Roche	6
Lemoenkloof	5
Nantes Vue	4
Queenslin	7
Rodeberg Lodge	8
Roggeland Country House	1

Paarl

im Zentrum führt durch die von Eichen gesäumte **Main Street** mit ihren historischen Fassaden.

Das **Paarl Museum**, 303 Main St, ist in einem hübschen, strohbedeckten kapholländischen Gebäude mit einem der ältesten, noch intakten Giebeln (1787) im „neuen Stil" untergebracht. Die Innenräume können mit dem äußeren Erscheinungsbild kaum konkurrieren, allerdings sind hier interessante Informationstafeln über die Architektur der Stadt sowie Glasschaukästen mit exzentrischem, viktorianischem Allerlei zu bewundern. Die „Alibi-Ausstellung" *Road to Reconciliation* (Weg zur Aussöhnung) umfasst regionale Zeitungsausschnitte aus der Zeit der Apartheid – u.a. wird beiläufig erwähnt, dass Nelson Mandela einst als „Gast" in der Stadt weilte, womit seine letzten Jahre im Gefängnis gemeint sind. ☉ Mo–Fr 10–17, Sa 9–13 Uhr, R5.

Folgt man der Main St vom Museum Richtung Osten, biegt dann links in die Van der Lingen St und danach rechts in die Pastorie St ein, so gelangt man zum **Afrikaans Taal Museum**, ☎ 872 3441, das eine weiße nationalistische Version von der Entwicklung des Afrikaans aufzeigt (s.S. 216, Kasten). Das Museum befindet sich im Haus von Gideon Malherbe (1833–1921), einem der Gründer der Vereinigung der wahren Afrikaander, und die Erläuterungen sind in Afrikaans. Die am Eingang erhältliche Broschüre liefert eine englische Zusammenfassung. Einige kurze Dokumente vermitteln ein alternatives Bild von der Sprachentwicklung – mit einem Schwerpunkt auf der Rolle der Sklaven und Coloureds. ☉ Mo–Fr 8–17 Uhr, R5.

An der Ostseite der Stadt liegt das **Clementina van der Walt Ceramic Studio**, Jan van Riebeeck St, ☎ 872 3420, einer der besten Kunsthandwerksläden im Weinland. Angeboten werden Geschirr, Besteck und Gläser aus dem Atelier von Clementina van der Walt, die für ihren hübschen pseudoethnischen Stil bekannt ist. Außerdem hat das Geschäft ausgewähltes Besteck, wundervolle Stoffe aus ganz Afrika und Holzschalen vorrätig – allesamt erschwinglich und von guter Qualität. ⊙ Mo–Fr 9–17, Sa 9–16, So 10–16 Uhr.

Die andere Sehenswürdigkeit in Paarl selbst ist das grandiose **Taal Monument**, das umstrittene Afrikaans-Denkmal unmittelbar vor dem Stadtzentrum auf der Spitze des Paarl Mountain. Das Monument von 1973 gilt als ebenso bedeutsame Pilgerstätte für Afrikaander wie das Voortrekker Monument in Pretoria. Vom Coffeeshop und Kuriositätenladen genießt man einen wunderschönen Panoramablick über die Halbinsel und False Bay in der einen und über das Weinland in der anderen Richtung. Anfahrt über Main St nach Süden, vorbei am Hauptsitz der KWV, danach den Schildern rechts den Berghang hinauf folgen. ⊙ Tgl. 9–17 Uhr, Eintritt frei.

Groot Drakenstein (Victor Verster Prison)

Etwa 9 km südlich der N1 auf der Höhe von Paarl an der R303, der südlichen Verlängerung der Jan van Riebeeck St, steht das Victor Verster Prison, das 2000 in Groot Drakenstein umbenannt wurde. Hier war **Nelson Mandela** zuletzt eingesperrt. Durch die Tore von Victor Verster (nicht etwa Pollsmoor in Kapstadt oder Robben Island, wie von vielen angenommen) erblickte Mandela am 11. Februar 1990 das Licht der Freiheit. Und von hier wurden auch die ersten Bilder von ihm nach 27 Jahren um die Welt geschickt – gemäß dem Prisons Act durften während seiner 27-jährigen Inhaftierung noch nicht einmal alte Aufnahmen veröffentlicht werden. Mit dem Rugby-Feld an seiner Vorderseite und der Kulisse aus dunstigen Bergen wirkt das Gefängnis eher wie eine Jungenschule. Die unbekümmert inmitten der Weinberge und Weinroutenwegweiser angebrachten Gefängnisschilder vermitteln einen etwas bizarren Eindruck. Das Gefängnis kann nicht besichtigt werden.

Die Weinkellereien

Fährt man dieselbe Strecke wieder zurück in die Stadt, biegt links in die Langenhoven St und danach wieder links in die Main St ein, so erreicht man **Laborie**, Taillefert St, ℘ 807 3390, eines der eindrucksvollsten Weingüter von Paarl. Besonders bemerkenswert ist auch seine Lage direkt in der Stadt. Vor der schönen Villa erstrecken sich ein Rosengarten, gepflegter Rasen, historische Gebäude

und Eichen, die allesamt vom Taal Monument überragt werden. Ein prächtiger Balkon, auf dem die Weinproben stattfinden, thront über den Weinfeldern, die es sich am Paarl Mountain hinaufziehen. Zu empfehlen sind Chardonnay, Sauvignon Blanc und Pineau de Laborie, das weltweit erste gänzlich aus Pinotage-Trauben hergestellte Eau de Vie – vorzüglich und erschwinglich. Außerdem wird hier ein guter Cap Classique und ein champagnerartiger Sekt produziert. ⊙ Mo–So 9–17 Uhr, R8. Auf der anderen Straßenseite serviert das *Laborie Wine House*, ℘ 807 3095, ein traditionelles Kap-Menü und viele andere saisonale Speisen à la carte. ⊙ Di–So 12–15 Uhr.

Zurück im Stadtzentrum, entlang dem Jan Philips Drive (Hauptstraße), beschreibt einen Sandweg einen Umweg über den Hang am **Paarl Mountain Nature Reserve** vorbei und trifft 11 km dahinter am Nordende der Stadt wieder mit der Hauptstraße zusammen. Biegt man vom Jan Philips Drive links ab, erreicht man nach etwa 2 km **Rhebokskloof**, ℘ 863 8386, ein äußerst fotogenes Weingut mit Blick auf eine flache *kloof* am Rande des Naturschutzgebiets. Besonders zu empfehlen sind der Cabernet Sauvignon, Pinotage und Merlot. Vom dazugehörigen berühmten Restaurant (s.S. 220) genießt man einen Blick auf einen künstlichen Schwanensee. ⊙ Mo–So 9–17 Uhr, Probe R7, inkl. Kellertour.

Fairview, ℘ 863 2450, am südlichen Stadtrand, verspricht neben den üblichen Weinproben mehr Unterhaltung als die anderen Anwesen von Paarl. Anfahrt über die R101 (die Südwestverlängerung der Hauptstraße) aus der Stadt heraus, am Schild rechts abbiegen und der kleinen Straße 2,5 km bis zum Eingang des Anwesens folgen. Bei der Ankunft fällt sofort das Wahrzeichen des Guts ins Auge: ein Wendelturm, der von den allseits bekannten Fairview-Ziegen erklommen wird. In einem Delikatessengeschäft werden Würstchen und Aufschnitt für ein Picknick und daneben hausgemachter Ziegen-, Schafs- und Kuhkäse zum Probieren und Verkauf angeboten. Fairview gilt als innovativer Familienbetrieb. Sobald die großen Tourenbusse anrollen, geht es etwas hektisch zu, und es lohnt sich, vorher anzurufen. Zu den besten Weinen zählen Shiraz-Merlot, Merlot und Chardonnay – allesamt qualitativ wertvoll. ⊙ Mo–Fr 8.30–17, Sa 8.30–13 Uhr, R10.

WESTKAP

Das **Backsberg** Estate, ℡ 875 5141, liegt südlich der R101 an der winzigen WR1. Anfahrt von Fairview zurück, rechts in die R101 und kurz danach links abbiegen, an der T-Kreuzung hinter der Simonsvlei-Kellerei links in die WR1 einbiegen und schon findet man sich unmittelbar vor dem Eingang wieder. Auf dem lebhaften Weingut mit Sitzplätzen draußen und Blick auf einen Rosen- und Weingarten kann man sich schön die Zeit vertreiben. Die Weine, z.B. Cabernet Sauvignon, Merlot, Shiraz und Pinotage, sind von guter Qualität. Wer etwas Außergewöhnliches probieren möchte, sollte es mit Malbec und dem hauseigenen preisgekrönten Brandy versuchen. ☉ Mo–Fr 8.30–17, Sa 9–13, R10.

Übernachtung

Die meisten Unterkünfte der Stadt liegen entweder an oder direkt hinter der Hauptstraße. Viele davon sind in historischen Gebäuden untergebracht. Die Campingplätze und Chalets unmittelbar außerhalb der Stadt gelten als billigste Optionen. Am anderen Ende der Preisskala bietet sich das herausragende *Roggeland Country House* unweit des Zentrums an.

Berg River Resort*, R45, ℡ 863 1650, ✆ 863 2583, verschachteltes, heruntergekommenes Familienurlaubsresort, 5 km südlich der Stadt am Ufer des Berg River. Campingmöglichkeiten und Chalets (eigene Handtücher mitbringen), Swimming Pool und Restaurant, daneben Minigolf und Kanufahrten auf dem Fluss.

Berghof**, Monte Christo Ave, ℡ 871 1099, ✉ afrikamail@aol.com, großes modernes Gästehaus auf einer Bergspitze mit 22 Zimmern. Ausstattung in Marmor und Glas, unpersönliches Motelmobiliar, schöner Swimming Pool mit prächtiger Aussicht über die Stadt und auf die Drakenstein Mountains.

De Waenhuis*, 8 Patriot, Ecke Second St, ℡ 872 6643, 872 7921, kleines, aber voll ausgestattetes Cottage zur Selbstverpflegung in sehr zentraler Lage. Zimmer mit TV, Swimming Pool und Privateingang.

Grande Roche, über R500, Plantasie St, ℡ 863 2727, 🖵 www.granderoche.com, steifes, feudales Hotel im Stadtzentrum, umgeben von Weinbergen am Paarl Mountain, perfekter Service.

Sehr gutes, aber entsprechend teures Restaurant (s.S. 220).

Lemoenkloof***, 396a Main St, ℡ 872 3782, ✉ lemkloof@adept.co.za, komfortables, gut geführtes, zum Nationaldenkmal ernanntes Gästehaus mit kapholländischen und viktorianischen Stilelementen von 1820. Swimming Pool, Zimmer mit TV und Kühlschrank.

Nantes Vue**, 56 Mill St, ℡ 872 7311, 🖵 www. nantesvue.com. DZ mit Du/WC und einer künstlerisch angehauchten Einrichtung in einem zum Nationaldenkmal ernannten kapholländischen Gästehaus. Freundliche Atmosphäre, Frühstück auf der Veranda mit Blick auf einen kleinen Garten.

Queenslin*, 2 Queen St, ℡ 863 1160 oder 082-577 0635, in einem ruhigen Stadtteil, umgeben von Weinbergen und überragt vom Paarl Rock. 2 Zimmer mit Du/WC mit eigenem Eingang und Gartenbereich in einem Familienhaus auf 2 Ebenen, daneben 2 frei stehende Gartenzimmer. Eingeschränkte Selbstverpflegung mit Kühlschrank, Kessel, Toaster, Mikrowelle und Besteck, aber kein Herd. Frühstück extra. Gute Wahl.

Rodeberg Lodge**, 74 Main St, ℡ 863 32 02, 🖵 www.rodeberglodge.co.za, großes, zentral gelegenes viktorianisches Stadthaus mit schlichter historischer Einrichtung in kühler, geräumiger Atmosphäre. Zimmer hinten raus ohne Verkehrslärm.

Roggeland Country House, über R500, Roggeland Rd, Dal Jospehat Valley, ℡ 868 2501, 🖵 www.roggeland.co.za, hoch geschätzter Familienbetrieb mit gutem Service und hervorragendem Essen (s.S. 220) in zwangloser Atmosphäre. Gehört mit Zimmern in Nebengebäuden, Meisterwerk der kapholländischen Architektur aus dem 18. Jh., Abendessen und Weinprobe inkl., Mai–Juli 1/3 Ermäßigung.

Essen

Ein Feinschmeckerparadies ist Paarl nicht gerade, dafür befindet sich hier eines der besten Restaurants, *Bosman's*, von Südafrika sowie einige hervorragende Lokale in der ländlichen Umgebung mit wunderschönen Aussichten auf Weingärten und Berge. An der Hauptstraße reihen sich Coffeeshops und kleinere Restaurants aneinander.

Bosman's Restaurant, *Grande Roche Hotel,* Plantasie St, ✆ 863 2727, eines der besten und teuersten Restaurants im Land, wird Jahr um Jahr mit Lob und Anerkennung überschüttet und genießt u.a. den *Relais Gourmand*-Status. Haute Cuisine samt ausgezeichnetem Service in einem schönen Herrenhaus, eher steife Atmosphäre. Auch Frühstück und Essen im Freien möglich. ☉ tgl.

I Campanelli, 62 Breda St, ✆ 872 4397, unauffälliges, bei Einheimischen beliebtes italienisches Restaurant. ☉ So geschlossen.

Kostinrichtung Coffee Shop, 19 Pastorie St, günstige Lage in der Nähe der Museen, serviert leckeren Tee, Kuchen, getoastete Sandwiches und Salate.

Laborie Restaurant & Wine House, Taillefert St, ✆ 808 7429, saisonale Speisen à la carte und traditionelle Kap-Menüs. ☉ tgl. mittags–abends, Mo und So geschlossen.

Rhebokskloof Restaurant, Rhebokskloof Minor Rd, ✆ 863 8606, intimes viktorianisches Lokal mit Seeblick und schattiger Terrasse im Sommer, Feinschmeckergerichte mit aufregenden Geschmackskombinationen – sowohl einheimische als auch internationale Küche. Zu empfehlen: Tee. ☉ tgl., Di und Mi abends geschlossen.

Roggeland Country House, Roggeland Rd, Dal Jospehat Valley, ✆ 868 2501, fantasievolle Speisen, inspiriert von regionalen Erzeugnissen aus Paarl, verwertet Gemüse und Kräuter aus eigenem Garten, schön angerichtete Speisen zu ausgewählten Weinen mit Erläuterungen. Reservierung notwendig.

Wagon Wheels Steakhouse, 57 Lady Grey St, ✆ 872 5265, außergewöhnliches Steakhouse mit überraschend leckeren Saucen und Fischgerichten, besondere Spezialität: in Brandy flambiertes Pfeffersteak mit Sahnehäubchen. ☉ Di–Sa, Sa mittags geschlossen.

INFORMATIONEN – *Tourist Information Bureau*, 216 Main St, ✆ 872 3829, ✉ 872 9376. Gute Auswahl an Karten, hilft bei der Unterkunftssuche. ☉ Mo–Fr 9–17, Sa 9–13, So 10–13 Uhr.

VORWAHL – 021

BUSSE – *Greyhound*- und *Intercape*-Intercity-Busse halten an der Shell-Tankstelle an der Hauptstraße am Südende der Stadt, etwa 2 km vom *Tourist Information Bureau* entfernt.

EISENBAHN – *Metro Rail*- und *Spoornet*-Züge aus Kapstadt fahren die Huguenot Station in der Lady Grey St am Nordende der Stadt in der Nähe der zentralen Geschäfte an.

Franschhoek

Es ist noch gar nicht lange her, dass sich das 33 km von Stellenbosch und 29 km von Paarl entfernt liegende Franschhoek von einem unansehnlichen *dorp* im Weinland zu einer kulinarischen Hauptstadt des Westkaps entwickelt hat. Seine späte viktorianische Architektur und farblosen modernen Bungalows können mit Stellenboschs Eleganz kaum mithalten, aber die prächtige Lage inmitten eines schönen Tals, die zahlreichen Weingärten und eine kräftige Werbung haben ein beliebtes Wochenendziel für trendige Kapstädter entstehen lassen. Während die Bewohner aus Kapstadt hier dinieren, sind Designer, Investoren und Banker aus Johannesburg eifrig dabei, die Stadt aufzukaufen.

Geschichte

Zwischen 1688 und 1700 akzeptierten rund 200 **französische Hugenotten** in dem verzweifelten Versuch, der religiösen Verfolgung in Frankreich zu entkommen, ein Angebot der Niederländischen Ostindischen Kompanie: Man gewährte ihnen Überfahrten zum Kap und Ländereien. Sie nahmen Kontakt mit frühen Siedlergruppen in der Gegend, den **Khoi-Hirten**, auf. Der folgende Konflikt zwischen den französischen Neuankömmlingen und den Khoi nahm wohl bekannte Züge an: Ganz allmählich verdrängten die weißen Siedler die Hirten und trieben sie entweder tiefer ins Hinterland oder in eine Knechtschaft auf ihren Farmen. Die weiße Hegemonie etablierte sich rasch und bereits 1713 hieß die Gegend **De France Hoek**. Die Strategie der Kompanie ließ der französischen Sprache allerdings keine Chance, und sie starb innerhalb einer einzigen Generation aus. Viele Anwesen sind trotz-

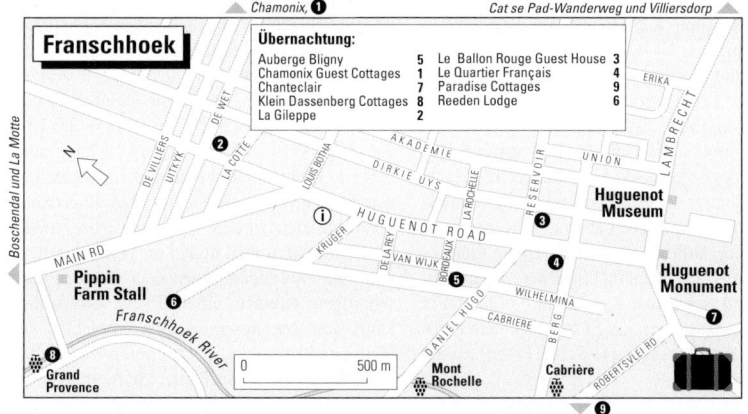

dem heute noch unter ihrem ursprünglichen französischen Namen bekannt. Die Stadt selbst entstand 1833 um eine Kirche herum und umfasst Teile der früheren Farmen La Cotte und Cabrière.

Die Stadt

Abgesehen vom Weintrinken und Speisen beschränken sich Franschhoeks Attraktionen auf das Wandern, Reiten oder Radfahren im Tal bzw. auf den Besuch des Huguenot Monument und des angrenzenden Museums, die beide an der Spitze der Huguenot Rd zu finden sind (an der T-Kreuzung mit der Lambrecht St). Das **Huguenot Monument** besteht aus drei mageren, zusammengefügten Bögen, die die Dreifaltigkeit symbolisieren, während das **Huguenot Museum** einen guten Überblick über die Geschichte und Kultur der Hugenotten sowie über deren Beitrag zum modernen Südafrika vermittelt. ⏰ Mo–Fr 9–17, Sa 9–13, 14–17, So 2–17 Uhr, R4.

Als bester **Wanderweg** der Umgebung gilt der „Catse Pad" (Katzenpfad). Er beginnt weniger als 1 km vom Museum entfernt, stadtauswärts am Franschhoek Pass hinauf links. Die schöne Wanderung führt durch eine Proteen-Landschaft direkt in die Berge, die das Tal einrahmen. Nach den ersten 2 km gelangt man zur Spitze des Passes. Von dort kann man 10 km weiter in Richtung Villiersdorp laufen (auch wenn man den Ort nicht ganz erreicht). Um wieder zum Anfangspunkt zu kommen, muss man einfach denselben Weg zurückgehen.

Die Weingüter

Franschhoeks Weingüter sind klein und nahe genug beieinander, um zwei oder drei davon zu Fuß, per Mountainbike oder sogar mit dem Pferd zu besuchen. Vom Huguenot Monument durch die Stadt Richtung Norden finden sich praktisch alle Weinkellereien an Nebenstrecken, die von der Huguenot Rd und ihrer Verlängerung, der Main Rd, ausgeschildert sind.

Unweit des Denkmals trifft man auf das **Cabrière Estate**, Berg Rd, ☎ 876 2630. Der Weg zum Anwesen und zur Probierstube führt durch Obsthaine. Bekannt ist die Kellerei für ihren Pinot Noir und den Winzer Achim von Arnim, dessen Anwesenheit samstags jeden Besuch zu einem Erlebnis werden lässt. Spektakulär trennt er mit einem Säbel den oberen Hals vom Rest der Schampusflasche, woraufhin der im Glasring feststeckende Korken in hohem Bogen durch den Raum fliegt. ⏰ Mo–Fr 8.30–17, Sa 11–13 Uhr, Kellertouren Mo–Fr 11 und 15, Sa 11 Uhr.

Nebenan präsentiert das wunderschön gelegene Anwesen **Mont Rochelle**, Daniel Hugo Rd, ☎ 876' 3000, einen außergewöhnlichen Keller in einem umgewandelten Obstverpackungsschuppen aus dem 19. Jahrhundert. Gesäumt wird dieser von mit Laubsägearbeiten, Buntglasfenstern und Kronleuchtern geschmückten Dachgesimsen. Vielversprechend sind die Weine der Spitzenmarke Mont Rochelle – die ersten südafrikanischen Weine, die ausschließlich von Frauen in Flaschen abgefüllt werden. ⏰ Mo–Sa 10–16 (Jan–Apr, Sept–

Dez 11– 13 Uhr), Kellertouren Mo–Sa 11, 12.30 und 15 Uhr.

Über die Huguenot Rd Richtung Norden erreicht man, nachdem man einmal rechts in die Uitkyk St abgebogen ist, **Chamonix**, ✆ 876 2498. Die Weinproben hier finden im gemütlichen Blacksmith's Cottage, wo man auch leichte Mahlzeiten bekommt, statt. Zu den zuverlässigsten Weinen des Anwesens zählen Cabernet Sauvignon und Chardonnay, außerdem produzieren sie Chamonix-Schnaps aus Birnen, Pfirsichen, Pflaumen, Äpfeln und Nektarinen sowie Eau de Chamonix für Abstinenzler. Den Gästen steht auch ein gutes Restaurant zur Verfügung (s.S. 223, Essen). ◷ tgl. 9.30–16 Uhr.

Wenn man denselben Weg zur Huguenot Rd zurückverfolgt und direkt hinter dem Pippin Farm Stall, wo die Straße mit der Main Rd zusammentrifft, links abbiegt, gelangt man zu **Grand Provence**, ✆ 876 3195, auf der anderen Seite der Bahngleise. Das Anwesen stellt Agusta-Weine her und gilt als eines der zwanglosesten und freundlichsten: Hier kann man es sich in den Sesseln der Probierstube mit traditionellem *rietdak* (Rohr- und Schlammdecke) gemütlich machen. Bekannt ist das Gut für „Angels' Tears", eine fruchtige Mischung aus Chenin-Blanc- und Muscat-d'Alexandrie-Trauben. Die Bezeichnung stammt von der Legende eines französischen Dorfes, in dem sich nachts Engel einfanden, um den neuen Jahrgang zu probieren und dessen Brillanz sie zum Weinen brachte. ◷ tgl. 10–18 Uhr.

Im Gegensatz zum angenehmen Ambiente von Grand Provence bietet **La Motte Estate**, ✆ 876 3119, ein Stück weiter, ebenfalls an der Main Rd (hier R45), einen eher kühlen Anblick. Von einer fantastischen Designer-Probierstube blickt man durch eine Glaswand in den Keller. La Motte bereitete der Annahme, Franschhoek sei eine schlechte Gegend für Rotweine, ein Ende: Angeboten werden hier ein guter Shiraz und Cabernet Sauvignon sowie eine hervorragende, schnell ausverkaufte Mischung namens „Millennium". ◷ Mo–Fr 9–16.30, Sa 9–12 Uhr.

Wer nur Zeit für ein Anwesen hat, sollte sich zweifellos für **Boschendal**, ✆ 874 1031, entscheiden. Das von Franschhoek und Stellenbosch gleich weit entfernte Gut an der Kreuzung von R45 und R310 ist auf Busladungen von Touristen eingerichtet, die sich auf die eindrucksvollen kapholländischen Gebäude, Alleen, zahlreichen Restaurants und Cafés und natürlich auf die Weine stürzen. Boschendal zählt zu den ältesten Weingütern der Neuen Welt. Es entstand 1685, als man das Land dem hugenottischen Siedler Jean Le Long überließ. Das kapholländische Herrenhaus wurde 1812 von Paul de Villiers und seiner Ehefrau errichtet, deren Initialen auf dem vorderen Giebel zu lesen sind. Die Weinproben finden im Taphuis statt, wo man sich entweder drinnen oder draußen unter schattigen Bäumen einen Drink genehmigen kann. Von den Reserveweinen empfehlen sich Merlot und Shiraz und aus der umfassenden regulären Serie Sauvignon Blanc, Chardonnay sowie der trockene Boschendal-Schampus. ◷ Sommer Mo–Sa 8.30–16.30, Winter Mo–Fr 8.30–16.30, Sa 8.30–12.30 Uhr.

Weinproben kann man auch zu **Pferde** erleben: Das *Mont Rochelle Equestrian Centre*, ✆ 083-300 4368, bietet einen Ritt über drei Weinfarmen – Clos Cabrière und Grand Provence, wo jeweils ein Wein angeboten wird, und schließlich Mont Rochelle, wo man die ganze Palette durchprobieren kann (etwa 2 1/2 Std., ca. R150). Auch längere Ritte oder reine Landschaftstouren lassen sich organisieren.

Übernachtung

Die Zimmer in den Gästehäusern von Franschhoek sind eher teuer, dafür aber tadellos.

Auberge Bligny**, 28 Van Wijk St, ✆ 876 3767, ✉ bligny@mweb.co.za, zentral gelegenes viktorianisches Haus, ausgestattet im *Country*-Stil, mit schöner Gäste-Lounge.

Le Ballon Rouge Guest House**, 7 Reservoir Rd, ✆ 876 2651, ⌨ www.ballon-rouge.co.za, B&B-Zimmer in einem kleinen viktorianischen Stadthaus mit Zugang zur Veranda an einer Seitenstraße, Bettgestelle aus Messing und Stoffe mit Blumenmuster.

Chamonix Guest Cottages**, Uitkyk St, ✆ 876 2498, ⌨ www.chamonix.co.za, voll ausgestattete Cottages zur Selbstverpflegung auf einer Weinfarm, umgeben von Weinbergen.

Chanteclair**, Lambrecht Rd, ✆ 876 3685, ✉ chanteclair@mweb.co.za, ausgeschildert direkt westlich vom Huguenot Monument. Gästehaus auf einem riesigen Grundstück mit ländlicher Atmosphäre in nächster Nähe zur Stadt, einfache Zimmer im englischen *Country*-Stil und Frühstück auf der Veranda mit Blick auf einen hübschen Garten und eine Obstplantage.

Klein Dassenberg Cottages*, hinter Main Rd, ✆ 876 2107 oder 082-442 3278, ✉ kleindassenberg@kingsley.co.za, 4 Cottages zur Selbstverpflegung in schöner, friedlicher Umgebung, 4 Zimmer à 2–4 Betten.

La Gileppe**–***, Huguenot Rd, Ecke De Wet St, ✆ 876 2146, 🖥 www.lagileppe.co.za, sehr gutes B&B in einem restaurierten, tadellos gepflegten viktorianischen Haus, zentrumsnah. Mit reinen Baumwolleintüchern und frisch gepresstem Orangensaft zum Frühstück, jedes Zimmer mit hübschem Gartenbereich.

Le Quartier Français, über R500, Berg, Ecke Wilhelmina St, ✆ 876 2151, 🖥 www.lequartier.co.za, feudalste Unterkunft in Franschhoek mit 2 Suiten (1 mit eigenem Pool) und 15 Zimmern mit sonnigen Stoffen, dicken Federbetten und Kamin für den Winter. Zentraler Kräuter- und Blumengarten sowie Swimming Pool, kinderfreundlich und teuer, aber lohnenswert für spezielle Anlässe. Außerdem gutes Restaurant (s.S. 224).

Paradise Cottages*, Robertsvlei Rd, ✆ 876 2160, mit die billigste Übernachtungsmöglichkeit im Tal, einfache Cottages zur Selbstverpflegung auf einer Farm, 5 km vom Zentrum entfernt.

Reeden Lodge*, hinter Cabrière St, ✆ 876 3174, ✉ reeden@telkomsa.net, 4 hübsche Cottages zur Selbstverpflegung auf einer Farm am Flussufer, von der Stadt zu Fuß erreichbar. Sehr erschwinglich, Mindestpreis basiert auf 3 Personen, im Winter Ermäßigungen.

Essen

Essen und Trinken zählen zu den Hauptbeschäftigungen in Franschhoek. Man sollte also zumindest eines der **exzellenten Restaurants** – die teilweise zu den besten des Kaps gehören – aufsuchen. Die Restaurants der Stadt finden sich entlang der Huguenot Rd, und einige erstklassige Alternativen auf den Weingütern der Umgebung. **Reservierungen** sind notwendig. Franschhoeks Küche zeugt vom französischen Einfluss, schließt aber die Lachsforelle als lokale Spezialität mit ein. Kaffee und Sandwiches erhält man

in den zahlreichen **Cafés** der Stadt. Außerdem kann man auf den Weingütern **Picknickkörbe** ordern und es sich in nächster Nähe zu den Weinbergen bequem machen.

RESTAURANTS – *Le Ballon Rouge*, 12 Reservoir St, ✆ 876 2651, viktorianisches Haus mit einer Brasserie, Cocktail-Bar und einem Bereich im Freien. Spezialität: geräucherte Lachsforelle, außerdem Pasta und Gegrilltes, ⏰ tgl. morgens bis abends.

Boschendal, an der Kreuzung von R45 und R310 Richtung Stellenbosch, ✆ 874 1252, legendäres, teures, aber üppiges Lunch-Buffet mit Suppen, Austern, Kalimari, Braten, Kasserolle-Salaten, Kap-Spezialitäten, Käsebroten und Desserts.

Bread & Wine, Môreson Farm, Happy Valley Rd, von der R45 ausgeschildert, ✆ 876 3692, freundliches Lokal neben einem Springbrunnen in einem Hof, umgeben von Plantagen und Weinbergen, serviert ausgezeichnetes mediterranes Farmhaus-Lunch und dazu hauseigenen Wein, ⏰ im Sommer tgl. mittags, außerhalb der Saison telefonisch erfragen.

Chez Michel, Huguenot Rd, ✆ 876 2671, unmittelbar nördlich von *Le Quartier Français* und gegenüber der Post, ältestes Restaurant von Franschhoek in einem viktorianischen Haus. Angenehmes und bei Einheimischen sehr beliebtes Bistro, Mittelklasse-Angebot mit europäischer Orientierung: Steaks, Seafood sowie hervorragende hausgemachte Torten. ⏰ Di–So mittags, Di–Sa abends.

Haute Cabrière, Franschhoek Pass, ✆ 876 3688, kellerähnliche Lokalität mit interessant gemischter Speisekarte und dazugehörigen Cabrière-Weinen im Glas oder in der Flasche. Keine Vor- und Hauptspeisen, dafür kleine Portionen Lachsforelle, Lamm, Ratatouille, wunderbare Desserts und hausgemachte Pralinen. Hubschrauberlandeplatz auf dem Dach. ⏰ tgl. mittags, im Sommer auch abends.

La Maison de Chamonix, Uitkyk St, ✆ 876 2393, Möglichkeiten zum Drinnen- und Draußenessen auf dem Chamonix-Anwesen, Aussicht über das Tal, französisch angehauchte Speisen, z.B. Austern und geräucherte Lachsforelle. ⏰ tgl. mittags bis abends, außer Mo.

Polfyntjies Country Restaurant, Main Rd, ✆ 876 3217, Unterbringung in einem Farmhaus von ca. 1860, serviert südafrikanische Feinschmecker-spezialitäten, wie z.B. *boerewors, bredie* und *bobotie,* sowie einheimische Lachsforelle, kalte Suppen und Salate. Die Weinliste gehört zu den besten in Franschhoek. ⊙ Di geschlossen.

Le Quartier Français, 16 Huguenot Rd, ✆ 876 2151, ausgezeichnete Abendessen in formeller Atmosphäre oder zwanglose, fantasievolle Mittagessen mit einheimischem Touch. Vegetarische Alternativen und leckere Desserts. Im Winter Plätze am Kamin, an schönen Tagen zur Mittagszeit Tische auf dem Bürgersteig. Im Voraus reservieren.

SNACKS UND DELIKATESSEN – Boschendal, an der Kreuzung von R45 und R310 Richtung Stellenbosch, ✆ 874 1252, *Le Café* bietet leichtes Mittagessen am Tisch, *Le Pique Nique* dagegen Luxuspicknickkörbe zum Schlemmen unter schattenspendenden Kiefern. Reservierung in beiden Fällen notwendig, Kinder erhalten ein Spezialpicknick – in ein Tuch eingepackt und an einem Stock befestigt.

Frandeli, Co-op Building, Huguenot Rd, ✆ 876 3054, Delikatessengeschäft mit Lizenz, serviert leckere gefüllte Focaccias und Bagels, dazu Bier oder Wein, auch zum Mitnehmen. Picknickkörbe werden zur Verfügung gestellt.

Gideon's Famous Pancake House, 50 Huguenot Rd, ✆ 876 2227, bietet schmackhafte salzige oder süße Pfannkuchen im muslimischen Kap-Stil, daneben Sandwiches und Salate an Tischen im Freien.

Mont Rochelle, hinter Main Rd, ✆ 876 3000, jeden Tag Picknickkörbe auf einem der schönsten Weingüter von Franschhoek, einen Tag im Voraus bestellen.

Pippin Farm Stall, Main Rd, u.a. leckere Franschhoek-Forelle, eigenes preiswertes Picknick zum Zusammenstellen.

Ralf's Country Restaurant & Village Pub, 3 Main Rd, ✆ 876 3360, entspanntes und preiswertes Bistro mit gutem Pub und Biergarten, serviert Pizzen, Forellen und andere Spezialitäten des Hauses.

INFORMATIONEN – Tourist Information Bureau, Main Rd, nahe Kruger St, ✆ 876 3603. Informationen über hiesige Unterkünfte sowie Wanderkarten. ⊙ Sommer tgl. 8.30–18, Winter Mo–Fr 8.30–17, Sa und So 10–13 Uhr.

VORWAHL – 021

Da es nach bzw. in Franschhoek keine öffentlichen Verkehrsmittel gibt, ist die Stadt nur mit dem **Auto** zu erreichen.

Breede River Valley und Kleine Karoo

Eine der lohnenswertesten Strecken des Westkaps ist das Pendant zur Garden Route (s.S. 261) durchs Landesinnere (wenn auch weniger bekannt): die **Bergroute** von Kapstadt nach Port Elizabeth über die **R62.** Sie führt über dramatische Pässe und *poorts* (Talstrecken) sowie durch *dorps* und *dryland* (Trockengebiet).

Hinter dem Weinland von Paarl und Stellenbosch breitet sich ein riesiges Hinterland fächerförmig von Kapstadt aus. Unmittelbar hinter Paarl gräbt sich der Huguenot Tunnel durch den Dutoitsberg-Gebirgszug und taucht im **Obst- und Weingebiet** des Breede River Valley wieder auf, wo die Berge einem Puzzle aus unterschiedlichen Tälern weichen. Die meisten Kalenderfotos von einsamen weißen, hinter Weinbergen versteckten Gehöften entstehen hier und nicht im eigentlichen Weinland.

Das Breede River Valley deckt einen Teil der Strecke zum Ostkap über Oudtshoorn ab. Seine Städte gelten als beliebte Ausflugsziele der Kapstädter. **Worcester,** das große Zentrum der Region, ist nur 110 km von Kapstadt entfernt. Bis zu dem Ort **Tulbagh,** nördlich davon, mit seinen schön restaurierten kapholländischen Straßenzügen sind dagegen 130 km zurückzulegen. Südlich von Worcester folgt die R60 dem Hain des Breede River und führt zur eher farblosen Kleinstadt **Robertson,** dem Mittelpunkt einer weiteren Weinroute. Etwa

WESTKAP

19 km südlich befindet sich **McGregor**, eine erholsame Kleinstadt mit ländlicher Atmosphäre – ein hervorragendes Ziel für Wochenendurlauber. Ganz in der Nähe wird der hübsche historische Badeort **Montagu** unweit der Kap-Halbinsel von steilen rot gestreiften Kliffs überragt, die ehrgeizige Bergsteiger aus dem ganzen Land anlocken.

Von Montagu schlängelt sich die R62 Richtung Osten in den „Hinterhof" der Garden Route, die Kleine Karoo (oder Klein Karoo) – ein ausgedehntes, leicht khakifarbenes Hinterland (*karoo* ist ein Khoi-Begriff und bedeutet soviel wie „hart und trocken"). Die Kleine Karoo bietet den einfachsten Zugang zur Halbwüste, die ein Drittel von Südafrikas Fläche bedeckt. Offene baumlose Ebenen mit vereinzelten niedrigen, drahtigen Büschen und stumpfen Hügeln gehen schließlich in die Große Karoo über, die sich bis in den südlichen Freistaat und weit in die Provinzen des Ost- und Nordkaps hinein erstreckt. Die Große Karoo umfasst das raue Grenzland, das eine Reihe von Südafrikanern abwechselnd besetzten: San-Jäger, Khoi-Hirten, Griqua- (coloured) Farmer und afrikaanische Trekker. Das von Weißen und Coloureds gesprochene Afrikaans ist die heute vorherrschende Sprache, die Coloureds haben zudem Überreste des Khoi integriert.

Pässe und Poorts der Kleinen Karoo Die Kleine Karoo wird im Norden von der Langebergkette und im Süden von der Outeniqua-Gebirgskette (Abgrenzung zur Garden Route) gesäumt. In der Mitte erstreckt sich ein Landstrich aus Bergen und Tälern, der diese Gegend für Räderfahrzeuge jahrhundertelang unpassierbar machte. Im 19. Jahrhundert nahmen sich die Briten des Problems an und errichteten dutzende von Pässen über die Berge des Kaps. 34 davon sind dem herausragenden Straßenbauer Andrew Geddes Bain und seinem Sohn Thomas zu verdanken. Im Jahre 1878 sagte Anthony Trollope, der **Outeniqua-Pass**, unmittelbar nördlich von George Richtung Oudtshoorn, gleiche den Bergstraßen in den Pyrenäen – eine Beschreibung, die heute noch auf praktisch alle Pässe in der Kleinen Karoo zutrifft. In der Tat entschädigen diese thronenden viktorianischen Meisterwerke für jegliche Versäumnisse in den Museen und Kunstgalerien der Kleinen Karoo.
In **Afrikaans** gibt es zwei Begriffe für Pass: *pas* bedeutet „Strecke über die Berge" und *poort* bedeutet „Talstrecke" (oftmals entlang eines Flusses). Die meisten Pässe sind eng, windig, steil und größtenteils ungeteert, sodass man hier nur langsam vorankommt – aber wer will schon an den fantastischen Ausblicken vorbeirauschen! Es empfiehlt sich demnach, Essen und Trinken mitzubringen und die zahlreichen Picknickplätze am Wegesrand zu nutzen. Nachfolgend sind einige der besten Pässe und *poorts* aufgelistet:
Meiringspoort, unmittelbar nördlich von De Rust, führt eine geteerte Straße durch eine der Swartberg-Schluchten, die mehrfach einen hellbraunen Fluss überquert, während zu beiden Seiten riesige gefaltete und gezackte Felsplatten in die Höhe ragen. An jeder Furt gibt es einen Picknickplatz und an Furt 17 (sie sind alle nummeriert) einen Wasserfall. Von hier kann man 12 km in das Gebirge hineinwandern.
Swartberg Pass, zwischen Oudtshoorn und Prince Alfred, Pendant zu Meiringspoort über den Swartberg mit einem Gefälle von 1:7 über schmale, ungeteerte, kurvige Straßen. Bei schlechtem Wetter und Höhenangst nicht zu empfehlen.
Cogman's Kloof Pass, 5 km lange Strecke zwischen Ashton und Montagu, der dramatischste Teil windet sich durch eine Felswand in das Monatgu-Tal (s.S. 230).
Gamkaskloof Pass, auch als „Die Hel" (The Hell) bekannt, zu erreichen vom Gipfel des Swartberg-Passes. Dieser wohl eindrucksvollste Pass führt in ein spektakuläres, einsames Tal. Da es keinen Rundweg gibt, muss man dieselbe Strecke wieder zurück (s.S. 238).
Prince Alfred's Pass, zwischen der N2 unmittelbar östlich von Knysna und Avontuur an der R62. Eine abenteuerliche unbefestigte Straße, die sich durch die Berge an ein paar einsamen Farmen vorbeiwindet.
Du Toit's Kloof Pass, zwischen Paarl und Worcester, aufregendere Alternative zum Huguenot-Toll-Tunnel mit einem Gefälle von 1:9 (siehe unter Worcester, S. 226).

Als unangekündigte Überraschung entlang des Weges entpuppt sich **Calitzdorp**, ein kleines ländliches *dorp*, mit dem Auto gut fünf bis sechs Stunden von Kapstadt entfernt. Bescheidene Weinfarmen in den Seitenstraßen des Ortes produzieren einige der besten Portweine Südafrikas. In den vernachlässigten Tälern der Gegend ist noch etwas vom Lebensgeist der alten Karoo zu spüren. Zwischen den Gehöften und den verstreuten, verblichenen Cottages der farbigen Arbeiter besteht eine fast feudalistische Beziehung. **Oudtshoorn** (eine halbe Stunde entfernt) dagegen bietet wohl bekannte Touristenattraktionen: die Straußenfarmen und massiven **Cango Caves**. In Oudtshoorn, das über sehr gute Verkehrsanbindungen verfügt und weniger als 70 km von der Küste entfernt liegt, treffen Berg- und Küstenstraße zusammen. Der Ort ist ein beliebtes Ziel für Tagesausflüge von der Garden Route.

Die N1 windet sich auf ihrem Weg nach Johannesburg durch das nördlichste Drittel der Kleinen Karoo, vorbei an **Matjiesfontein**, einer wunderschön erhaltenen viktorianischen Eisenbahnerstadt, und dem **Karoo National Park**. Beide liegen unmittelbar hinter der Hauptstraße und sind auf jeden Fall einen Stopp wert.

Worcester

Von Paarl aus gesehen erstreckt sich das Breede River Valley auf der anderen Seite der Berge. Am schnellsten ist es durch den direkten **Huguenot Toll Tunnel** zu erreichen. Allerdings verpasst man auf diese Weise die prächtige Landschaft, die sich bei einer Fahrt über den **Du Toit's Kloof Pass** präsentiert. Die viel langsamere, aber weitaus interessantere Passstraße bahnt sich ihren Weg durch eine Reihe wunderschöner Gebirgszüge mit Blick auf abgelegene Farmen und Taldörfer.

In Worcester, einer für diesen Teil der Welt relativ großen Stadt, 31 km von Paarl entfernt (durch den Tunnel), sind einige reizvolle **historische Fassaden** in der Church St zu bewundern. Als landwirtschaftliches Zentrum mit einer Reihe von Fabriken inmitten eines Weinanbaugebiets besteht Worcester zum Großteil aus Winzergenossenschaften, die etwa ein Fünftel der landesweiten Weinmenge herstellen. Zu den wenigen Sehenswürdigkeiten vor Ort zählt das faszinierende **Kleinplasie**

Living Open Air Museum, das das Leben an der Karoo-Grenze zwischen 1690 und 1900 dokumentiert. Es setzt sich aus zwei Dutzend nachgebildeten Gebäuden und alten Werkstätten zusammen, in denen Kunsthandwerk hergestellt wird. Besonders bemerkenswert ist eine Hirtenhütte aus Kragstein, die den einzigartigen volkstümlichen Stil der Karoo veranschaulicht: gewölbte Steindächer und keine Balken-und-Sturz-Konstruktionen, aus Mangel an Holz in der baumlosen Weite.

Auf dem Gelände gibt es auch ein **Restaurant** und ein **Café**, und der Weinladen nebenan bietet eine gute Auswahl aus den Worcester-Kellereien an. Das Museum befindet sich direkt außerhalb des Zentrums. Anfahrt über High St nach Osten, dann rechts in die Straße nach Robertson abbiegen. ⊙ Mo–Sa 9–16.30, So 10.30–16.30 Uhr, R12.

Tulbagh

Das lohnenswerteste Ziel im nördlichen Teil des Breede River Valley ist die Ortschaft Tulbagh, die man von Kapstadt aus innerhalb eines Tages besichtigen kann. Da Tulbagh nicht von öffentlichen Verkehrsmitteln angefahren wird, gelangt man nur mit dem Auto hierher – entweder über die R43 von Worcester oder über die R301 von Paarl. Einen Höhepunkt bildet dabei die Überquerung des schönen **Bain's Kloof-Passes**, der diese beiden Strecken verbindet.

Bei einer einfachen Ortsdurchfahrt – die Van der Stel St entlang – gewinnt man den Eindruck, Tulbagh sei nichts weiter als ein eintöniges *dorp*. Dabei präsentiert sich ein Block weiter westlich an der **Church Street** ein perfekt restaurierter Straßenzug aus dem 18. und 19. Jahrhundert. Obwohl es kaum noch Originalfassaden gibt (die Stadt wurde 1969 bei einem Erdbeben zerstört), erscheinen die wunderschönen Gebäude durchaus authentisch. Nach dem Erdbeben verwendete man zur **Restaurierung** Material aus den Ruinen und stützte sich dabei auf fotografische und handgezeichnete Vorlagen. Entlang der kurzen Straße sind mindestens sechs unterschiedliche Stile vertreten. **Paddagang** (Froschpassage), Nr. 23, ein früheres *taphuis* (Weinhaus), beherbergt heute ein Restaurant mit dazugehörigem Weinhaus (s.S. 227): Die Flaschen überzeugen eher mit den lustigen Comic-Fröschen auf den Etiketten als durch das Getränk selbst. Im Innern der gegiebelten Old Church, 2 Church St, aus dem Jahre 1743 befindet sich das **Oude Kerk Volksmuseum** mit einer bunten Sammlung, ☉ Mo–Fr 9–17 Uhr, R10. Das Museum verfügt noch über drei weitere Anbauten, Nr. 4, 14 und 22. Im Haus Nr. 4 werden Fotografien von Tulbaghs alten Häusern vor dem Erdbeben gezeigt und die Geschichten der Familien, die hier lebten, dokumentiert. ☉ Mo–Fr 9–13, 14–17 Uhr, Eintritt inkl. der Besichtigung aller Häuser.

4 km nördlich der Stadt liegt an der Verlängerung der Van der Stel St das **De Oude Drostdy Museum**, ein eindrucksvolles kapholländisches Meisterwerk des französischen Architekten Louis-Michel Thibault. Neben sehr schönen Möbelstücken und einer angenehm entspannten Atmosphäre bietet es vor allem spektakuläre Blicke auf die umliegenden Berge und das Farmland. ☉ Mo–Sa 10–12.50, 14–16.30, So 14.30–16.50 Uhr.

Übernachtung

In Tulbagh gibt es eine gute Auswahl an Unterkünften: preiswerte Zimmer im Museum in der Church St, Familien-Cottages auf den umliegenden Farmen und Luxuszelte in einem Buschcamp.

Hunter's Retreat**, Main Rd, ✆ 230 0582, 🖳 www.lando.co.za, 1,5 km nördlich der Stadt, luftige B&B-Zimmer und geräumige 2-stöckige Cottages mit Schilfdach und Lounge, auf einer Farm mit Zuchtvieh, Straußen und Schafen.

Kleinfontein*, ✆ 230 0731 oder 083-235 7832, 13 km nördlich der Stadt, unauffällige Unterkunft unter der Leitung des früheren Opernsängers Michael Kenny, auf einer Bergfarm am Rande von Tulbagh gelegen. 2 an das Farmhaus angrenzende Zimmer, außerdem das *Kliphuisie*, ein komfortables, aber dennoch schlichtes, voll ausgestattetes Cottage mit Blick auf die Winterhoek-Berge, und die *Berghut*, eine rustikale Berghütte mit Matratzen auf dem Boden. Wahlweise Selbstverpflegung oder B&B-Service. Der „singende Chefkoch" serviert Speisen im Restaurant.

Kliprivier Park Holiday Resort*, ✆ 230 0506, preiswerteste Unterkunft, in einem der schönsten öffentlichen Caravanparks auf dem Land gelegen, mit Stellplätzen zum Campen und sehr einfachen Chalets, einige davon am Rande eines Damms mit hervorragendem Bergblick.

De Oude Herberg**, 6 Church St, ✆ 230 0260, ✉ oudeherberg@hotmail.com, Herberge in guter Lage mit komfortablen Zimmern, französische Türen führen auf eine gemeinsame Veranda.

Oude Kerk Kombuis*, ✆ 230 0428, neben dem *Tourist Information Bureau*, 2 kuriose Zimmer in einem Hausmuseum. Während der Öffnungszeiten des Museums wandern Besucher durch die Lounge, danach hat man die Unterkunft aber ganz für sich allein.

Waterval Country Lodge*–**, hinter der R46 nach Wolseley, ✆ 230 0807, 🖳 www.waterval.co.za, feudalste Unterkunft in Tulbagh, in einer restaurierten Lodge inmitten einer riesigen Kiefernanpflanzung am südlichen Stadtrand. 5 B&B-Zimmer mit Du/WC und eigener Veranda, außerdem luxuriöse Zelte oder Blockhütten mit Du/WC, entweder mit B&B-Service oder Selbstverpflegung.

Wild Olive Farm*, ✆ 230 1160, familienfreundliche Unterkunft auf einer Farm 6 km südlich der Stadt, 5 voll ausgestattete Cottages zur Selbstverpflegung mit Bergblick. Gäste erhalten Milch und Eier. Bademöglichkeiten in einem Bergbach und Gelegenheit zum Mountainbiken auf dem großen Gelände. Anfahrt in Richtung Wolseley, nach einer ausgeschilderten Abzweigung über eine unbefestigte Straße nach 2 km.

Essen

Le Midi, *Witzenberg Country Inn,* 13 Piet Retief St, leichte Mahlzeiten. ☉ Mo–Sa.

De Oude Herberg, 6 Church St, traditionelle Currys und Spezialitäten vom Land drinnen oder draußen auf der Terrasse, auch Frühstück und Tee. ☉ tgl. außer Mo.

Paddagang Restaurant and Wine House, 23 Church St, ✆ 230 0242, eine der größten Attraktionen Tulbaghs. 1821 als eine der ersten Schenken des Kaps erbaut, serviert erschwingliche traditionelle Speisen und dazu vor Ort hergestellte Weine, Sitzgelegenheiten draußen im Garten unter Weinreben, auch Frühstück und Tee. ☉ tgl.

Readers, 12 Church St, ✆ 230 0087, kleines, aber elegantes Lokal mit Kunstgalerie in einem Cottage aus dem 18. Jh. Mittags und abends ländliche Küche mit Raffinesse, eine Spezialität: Lamm mit Zitrus gekocht und geröstetem Knoblauch serviert oder Gaspaccio mit Avocado-Sorbet. ☉ Di geschlossen.

INFORMATIONEN – *Tourist Information Bureau,* 14 Church St, ✆ 230 1348, ▭ www.tulbagh.com. Auskunft über Aktivitäten und Übernachtungsmöglichkeiten in der Gegend, ☉ Mo–Fr 9–17, Sa 10–16, So 11–16 Uhr.

VORWAHL – 023

Robertson und McGregor

Robertson, eine Obstanbausiedlung 77 km hinter der N2, ist die größte Stadt im schönen Abschnitt des Breede River Valley zwischen Worcester und Oudtshoorn. Die Größe kann allerdings nicht darüber hinwegtäuschen, dass Robertson nur wenig Abwechslung bietet und hier am Wochenende so gut wie nichts los ist. Einzige Attraktion ist die Robertson Winery direkt hinter der R60, die gute Chardonnays und Colombards anbietet, die billiger sind als in den Geschäften. ☉ Mo–Do 8–17, Fr 8–16.30, Sa 9–13 Uhr. Das Robertson Valley hat seine eigene **Weinroute**, die sich bis nach McGregor und Bonnievale im Süden erstreckt (s.S. 229, Kasten).

Wer sich nicht für Wein begeistert, kann geradewegs nach McGregor weiterfahren, 15 Minuten weiter südlich am Ende einer kleinen Straße, die von der R60 ausgeschildert ist. Obwohl McGregor als das am besten erhaltene viktorianische Karoo-Dorf von Südafrika gilt, sollte man hier keinesfalls einen malerischen englischen Weiler erwarten – diese Beschreibung trifft allenfalls auf Greyton, auf der gut bewässerten Seite der Berge, zu (s.S. 244). Trotz Trockenheit präsentiert sich McGregor als attraktiver Ort mit strahlend weißen Cottages und ruhiger, entspannter Atmosphäre, der zahlreiche Spirituelle und Alternative anlockt. Im Schatten der holländischen Reformierten Kirche an der Hauptstraße befinden sich das **Temenos Retreat Centre** und eine Waldorfschule. Die schönsten Fotos lassen sich bei untergehender Sonne machen, wenn die Landschaft in tiefe satte Farben eintaucht.

Im 19. Jahrhundert gelangte McGregor als Zentrum der Peitschenstiel-Industrie zu bescheidenem Wohlstand. Fuhrmänner und Transportreiter haben hier ihre langen Bambusstöcke zum Antreiben der Ochsen gekauft. Heute sind Ochsenwagen rar und neben der Landwirtschaft entwickelt sich der bisher noch begrenzte Tourismus in zunehmendem Maße. Um den Charakter der Stadt zu bewahren, soll im Einklang mit dem bereits vorhandenen Stil gebaut werden.

Abgesehen von der Schönheit der Landschaft lockt vor allem die Wanderstrecke über die **Boesmanskloof Traverse** (s.S. 245), die nach Greyton auf der anderen Bergseite führt.

Sämtliche zentral gelegenen Unterkünfte versammeln sich in der Voortrekker St oder sind von dort aus ausgeschildert. Außerdem gibt es einige schöne Übernachtungsmöglichkeiten in der stimmungsvollen Karoo-Halbwüste, darunter *Whipstock Farm* – ein guter Ausgangspunkt auf dieser Seite der Berge für eine Wanderung von Greyton über die Boesmanskloof Traverse.

Dove Cottage*, Rhebokskraal Farm, ✆ 625 1951, ✉ villagersmc@hotmail.com, oder Nachfragen bei *Villagers Art and Coffee Shop,* Voortrekker St. Restauriertes, gemütliches Cottage auf einer wunderschönen Obst- und Traubenfarm 2 km südlich der Stadt mit Blick auf die Berge und die Karoo sowie guten Wandermöglichkeiten. Genaue Wegbeschreibung erfragen, Reservierung erfoderlich.

Green Gables Country Inn**, Voortrekker St, ✆ 625 1626, ✉ grgables@telcomsa.net, einladende Unterkunft mit 6 geschmackvoll eingerichteten Zimmern, alle mit Zugang zum französisch-englischen Garten, zeugt vom Wohlstand der 30er Jahre des 19. Jhs., hohe Qualität. Pub und gutes Restaurant.

McGregor Country Cottages*, Voortrekker St, ✆ 625 1816, ✉ countrycottages@lando.co.za. Ruhiger Komplex von 8 Arbeiterwohnungen mit traditionellen Schilfdecken, umgeben von Gärten, Plantagen und Gemüseackern. Mit Selbstversorgung und Pool.

Mc Gregor Country House B&B**, Voortrekker St, ✆ 625 1656, ✆ 625 1617, freundliches Gäste-

WESTKAP

haus mit 3 hübschen B&B-Zimmern mit Du/WC, eines davon zur Selbstverpflegung, außerdem kräftiges europäisches oder warmes Country-Frühstück.

Mr Oosthuizen*, ✆ 625 1735, billige Option für Wanderer über die Boesmanskloof Traverse, die Unterbringung erfolgt in nur teilweise ausgestatteten Hütten auf der McGregor-Seite der Wanderstrecke. Man muß einen eigenen Schlafsack, Handtücher und Vorräte mitbringen.

Old Mill Lodge***, Voortrekker St, ✆ 625 1841, ✉ mcgregor@lando.co.za, Gruppe von Cottages am südlichen Stadtrand. Umgeben von Weinbergen und Gärten, Swimming Pool und gutes Restaurant. B&B**, Halbpension***.

Temenos Retreat Centre*, Voortrekker, Ecke Bree St, ✆ 625 1871, ✉ temenos@lando.co.za, billigste Unterkunft der Stadt, nicht-konfessionell ausgerichteter Rückzugsort mit 10 Zwei-Perso-nen-Cottages. 2x Meditation am Tag, Bibliothek, Swimming Pool und 2 Seen in hübschen Gartenanlagen.

Whipstock Farm**, an der südlichen Verlängerung der Voortrekker St, ✆ 625 1733, 8 km vom Zentrum entfernt, restaurierte Cottages auf einer alten Zitrus-, Mandel- und Traubenfarm in den Bergen, 5 km von der McGregor-Seite der Boesmanskloof Traverse (s.S. 245). Kostenloser Abholservice vom Wanderweg, Gelegenheiten zum Schwimmen, Rad- und Kanufahren sowie erschwingliche Reitmöglichkeiten. Vollpension.

Weingüter im Robertson Valley Etwa 10% der südafrikanischen Weinberge liegen im Robertson Valley. Der Boden weist einen für den Traubenanbau idealen Säurewert auf. Aufgrund der Hitze und Trockenheit ist jedoch eine intensive Bewässerung nötig. Zu den besten hiesigen Weinen zählen Chenin Blancs, Colombards und Muscadels. Nachstehend findet sich eine Auswahl der besten von etwa zwei Dutzend hiesigen Weingütern:

Entlang der R317 von Robertson nach Bonnievale

Bon Courage, ✆ 626 4178, ca. 8 km südöstlich von Robertson auf der rechten Seite, Probierstube in einem wunderschönen alten Gehöft am Breede River, bekannt für süße Weißweine, insbesondere Muscadel. ⏰ Mo–Fr 8.30–17, Sa 9.30–13 Uhr, Eintritt frei.

Van Loveren, ✆ 615 1505, etwa 8 km südlich von Bon Courage auf der rechten Straßenseite. Weinproben in einem hübschen Garten auf einem freundlichen Anwesen, das für seine hochwertigen Weine, insbesondere den River Red (vorzüglicher, preiswerter Mischwein), bekannt ist. ⏰ Mo–Fr 8.30–17, Sa 9.30–13 Uhr, Eintritt frei.

De Wetshof, ✆ 615 1853, 500 m südlich von Van Loveren auf der linken Straßenseite, fantastisches Anwesen mit Blick auf fotogene Berge und Weinfelder, produziert einige vorzügliche Weine, darunter das Flagschiff Bateleur Chardonnay, mehrere Variationen vom Rhein-Riesling. ⏰ Mo–Fr 8.30–16.30, Sa 9.30–12.30 Uhr, Eintritt frei.

Entlang der R60 von Robertson nach Worcester

Graham Beck, ✆ 626 1214, etwa 7 km nördlich von Robertson, erfolgreiches Anwesen mit internationalen Ambitionen und großartigen Zukunftsperspektiven dank der Aufträge von britischen Supermarkt-Riesen. Gewagt moderne Probierstube mit großer Auswahl an Rot- und Weißweinen, viele davon erstklassig. ⏰ Mo–Fr 9–17, Sa 10–15 Uhr, Eintritt frei.

Nuy, ✆ 347 0272, Abzweigung 53 km nördlich von Robertson, nicht direkt an der Robertson Valley-Weinroute gelegen, aber eine der erfolgreichsten Winzergenossenschaften in Südafrika, die problemlos in die Route zu integrieren ist. Neben einem Besuch der Weinkellerei kann man ihre preiswerten Weine beim Pitkos Wyne Stall, ca. 32 km von Robertson entfernt, direkt hinter der Nuy-Abzweigung, zwar kaufen, aber nicht probieren. Geboten werden ein sehr guter Colombard und eine Besonderheit namens Chant de Nuit, der u.a. aus den ungewöhnlichen Ferdinand-de-Lesseps-Trauben hergestellt wird. ⏰ Mo–Fr 8.30–16.30, Sa 8.30–12.30 Uhr, Eintritt frei.

Essen

Cafe Temenos, Voortrekker St, reizvolles Café unter der Leitung von 2 Holländern, vorzüglicher Kaffee, leckere Kekse und Baguettes. ☉ Mi–So 9–17 Uhr.

Malmani Craft Shop, Voortrekker St, Tee, Kaffee und getoastete Sandwiches, ☉ Mi–So 9–17 Uhr.

Villagers, Voortrekker St, Snacks und Tee auf einer Veranda mit Blick auf das Geschehen ringsum, ☉ tgl.

Old Mill Lodge (s.S. 229), leichtes Mittagessen und üppiges Abendessen mit 4 Gängen, Reservierung für Letzteres bis zur Mittagszeit.

Green Gables Country Inn, vorzügliche 3-Gänge-Menüs, Miteigentümerin Jill sorgt mit gebratenem Lamm und mediterraner Gemüsebeilage für das leibliche Wohl, ☉ abends.

Unterhaltung

McGregor Country House B&B, serviert Guinness und Caffrey's vom Fass von der Emerald Isle sowie eine Auswahl an Magenbittern aus England.

Overdraught Pub, an der Hauptstraße, Irish-Pub, Fr und Sa bis 22 Uhr heißeste Bar der Stadt – buchstäblich, da es nur 15 Leute fasst und immer brechend voll ist, äußerst beliebt.

Sonstiges

INFORMATIONEN – **Tourist Information Bureau**, Voortrekker St, ✆ 625 1954, 🖳 www.mcgregor.org.za. Kleines, in der Hauptdurchfahrtsstraße von McGregor gelegenes Info Centre. ☉ Mo–Sa 9–16, So 9–15 Uhr.

VORWAHL – 023

Montagu

Als bestes Ziel im Breede River Valley gilt Montagu, und die Anreise aus südlicher Richtung durch die Cogman's Kloof Gorge zählt zu den spektakulärsten Fahrten im Land. Eine kurze 5 km lange Straße windet sich durch eine Felswand hindurch in ein schmales Tal, das sich dramatisch in Richtung Montagu öffnet. Der Ort ist so klein, dass man ihn auf einen Blick erfassen kann. Hoch aufragende Berge erheben sich in Form von riesigen Bögen mit Schichten in Rot- und Ockertönen. Von September bis Oktober durchfluten die sanfteren Farben der Pfirsich- und Aprikosenblüten das Tal. Dank der vorherrschend viktorianischen Architektur bewahrt sich das schöne Montagu seinen historischen Charakter.

Benannt wurde die Stadt 1851 nach dem vorausschauenden britischen Minister des Kaps, **John Montagu**. Dieser erkannte, dass sich die Kolonie ohne vernünftige Verkehrsanschlüsse nie entwickeln würde, und gab die ersten Bergpässe zur Verbindung der abgelegeneren Gegenden mit Kapstadt in Auftrag. Die dankbaren Farmer von Agter Cogman's Kloof (hinter Cogman's Kloof) ergriffen die Chance, ihrem Dorf einen neuen Namen zu geben, und benannten ihn nach John Montagu.

Das malerische Montagu lässt sich hervorragend zu Fuß besichtigen. Bei einem Spaziergang durch den Ort fallen interessante Gebäude sowie die schöne Kulisse aus Bergen, Tälern und Farmen ins Auge. Daneben gibt es einige – wenn auch keine herausragenden – Museen. Der beste Teil des in einer schönen alten Kirche untergebrachten **Montagu Museum**, 41 Long St, ist sein Kräuterprojekt, das sich mit dem traditionellen Wissen der Khoi über die medizinischen Heilkräfte der Pflanzen befasst. Es besteht eine Zusammenarbeit mit der pharmakologischen Fachschaft der Universität von Kapstadt, Näheres über die Untersuchungsergebnisse erfährt man in der Broschüre *Herbal Remedies: Montagu Museum*. ☉ Mo–Fr 9–13, 14–17, Sa und So 10–12.30 Uhr, Eintritt R3.

Die Kräuter werden auch zum Verkauf angeboten und einige davon im Garten des **Joubert House Museum**, 25 Long St, einen Block weiter westlich, angebaut. Errichtet wurde dieses Museum 1853 als eines der ersten Häuser auf einem weiten Stück Land – einer ursprünglichen Stadtfarm. Zu beachten sind die für die Gegend typischen, mit Bienenwachs befestigten Pfirsichkernböden und antiken Möbel in jedem Raum. ☉ Mo–Fr 9.30–13, 14–17, Sa 10–12, So 10–12 Uhr.

Montagus Hauptattraktion ist das **Montagu Springs Resort**, ca. 3 km nordwestlich der Stadt an der R318 (zu Fuß erreichbar, entlang des Keisie River am Nordrand der Stadt folgen). Mehrere gechlorte Pools im Freien mit unterschiedlichen Temperaturen und Whirlpools sammeln sich spektakulär am Fuße der Kliffs. Die Atmosphäre wird durch die Neonlichter eines Hotelkomplexes und Fastfood-Lokale etwas beeinträchtigt. Das Resort ist für Kinder geeignet, an Wochenenden und in den Schulferien allerdings extrem überlaufen. Etwas ruhiger geht es ganz früh morgens bzw. spät in der Nacht zu.

Besonderer Beliebtheit erfreuen sich die Quellen bei farbigen und indischen Familien, die unter dem Apartheidsystem ausgeschlossen waren. Dies hat einige weiße Rassisten veranlasst, eine nur für weiße Mitglieder zugängliche Quelle auf einer Farm außerhalb der Stadt zu errichten. ☉ tgl. 8–11 Uhr, Eintritt R23.

Übernachtung

Avalon Springs Hotel****, ✆ 614 1150, ▭ www.avalonsprings.co.za, relativ geschmackloses, rosafarbenes Hotel mit B&B-Zimmern und billigeren Apartments zur Selbstverpflegung.

Cynthia's*, 3 Krom St, ✆ 614 2760, ▭ ecyncots@lando.co.za, 9 Cottages zur Selbstverpflegung am Westrand der Stadt, allesamt alte Häuser mit Gärten und *braai*-Plätzen in der Nähe der Anfangspunkte der Wanderwege.

John Montagu Victorian Guest House**, 30 Joubert St, ✆ 614 1331, ▭ www.johnmontagu.co.za, 2 Straßen hinter der Bath St. Schönes historisches Ambiente mit altem Mobiliar und Schnickschnack, Zimmer mit Du/WC.

Kingna Lodge***–****, 11 Bath St, ✆ 614 1066, ▭ www.kingnalodge.co.za, Nelson Mandelas Unterkunft, als er 1995 hierher kam. Großes altes Haus mit viktorianischer Atmosphäre und 3 unterschiedlich luxuriösen Zimmern. Gutes Essen und hervorragender Service. Dahinter Veranda zum Teetrinken, Swimming Pool und Whirlpool.

Mimosa Lodge****, Church St, ✆ 614 2351, ▭ www.mimosa.co.za, hübsches 2-stöckiges edwardianisches Haus direkt hinter der Bath St. Zimmer mit WC und Du/ Bad, die besten sind oben. Einheimische Speisen und Halbpension.

Aktivitäten in Montagu Neben den **Thermalquellen** kommen auch ernsthafte **Kletterer** an den Felswänden, die zu den anspruchsvollsten des Landes zählen, auf ihre Kosten. Außerdem kann man auf einer Reihe von Wegen die Berge erkunden – die bequemste Option ist eine Traktorfahrt zu einem Gipfel mit einem atemberaubenden Panoramablick. Montagu dient zudem als guter Ausgangspunkt für Ausflüge entlang der Robertson- und Klein Karoo-**Weinroute** (s.S. 229).
Drei **Wanderwege** beginnen an der *Old Mill* am Nordende der Tanner St, wo sich am Fuße der Kliffs auch ein kleiner Park erstreckt. Wanderkarten erhält man im *Tourist Information Bureau* von Montagu. Der Lover's Walk, die mit 2 km kürzeste Strecke, führt durch Bath Kloof (oder Badkloof) am Keisie River entlang bis zu den Thermalquellen, ☉ 7–18 Uhr. Der anstrengendere 12 km lange Cogman's Kloof Hiking Trail kann innerhalb von drei bis sechs Stunden bewältigt werden. Steil sind lediglich die ersten 2 km, danach genießt man schöne Aussichten auf Montagu, die Schluchten und Berge. Für ambitionierte Besucher empfiehlt sich der Bloupunt Hiking Trail mit ca. 15,5 km Länge, der bis auf über 1000 m ansteigt und sechs bis neun Stunden in Anspruch nimmt. Die Strecke führt durch ein Gelände von Schluchten, Bergbächen, zerklüfteten Kliffs und schönen Felsformationen. Vom Gipfel des Bloupunt schließlich eröffnet sich ein Blick bis nach McGregor und Robertson. Das ganze Jahr über begegnet man Dassies (Klippschliefer) und Klippspringern und dank beständig rieselnder Bäche ist eine reiche Vielfalt an Wildblumen zu bestaunen. Die Fynbosvegetation besteht aus Proteen, Erikas, Aloen, Lilien, Watsonien und wilden Orchideen. Wasserflaschen können an einer Wasserstelle auf halbem Wege den Berg hinauf aufgefüllt werden.
Wer sich nicht fit genug fühlt, die Langeberg Mountains zu Fuß zu erklimmen, kann den Gipfel innerhalb von 3 Stunden per **Traktor** erreichen, Mi 10, Sa 9.30, 14 Uhr, Reservierung im *Tourist Information Bureau* von Montagu, von der Protea Farm aus, 29 km entlang der Straße am Koo/Touws River (R318). Warme Kleidung nicht vergessen.

Montagu Caravan Park*, Bath St (westliches Ende über dem Keisie River), ☎ 614 2675, schöner Platz in persönlicher Atmosphäre. Stellplätze und einfache Holzhütten für 4 Personen, Einheiten mit Herd und Kühlschrank, gemeinsame sanitäre Anlagen, Bettzeug wird vermietet, aber eigene Handtücher mitbringen.

Montagu Rose Guest House**, 19 Kohler St, ☎ 614 2681, ✉ benvr@lantic.net, gut geführtes Gästehaus in modernem Gebäude mit sehr persönlichem Service (Dankesbriefe und Postkarten schmücken den Gang). Alle Zimmer mit Bad und Bergblick.

Montagu Springs*–***, ☎ 614 1050, ✇ 614 2235, Resort mit 120 voll ausgestatteten Chalets zur Selbstverpflegung für 4 Personen (einige luxuriöser als andere). Preisermäßigungen von So–Do und außerhalb der Schulferien, So–Do*–**, Fr und Sa **–***.

Seven Church Street***, ☎ 614 1186, ✉ mwjones@yebo.co.za, hübsches, zentral gelegenes viktorianisches Haus, romantischste Unterkunft der Stadt mit bestickten Bauwollleintüchern. Antikes Bad, wunderschöner Garten und Sonnenterrasse.

Squirrel's Corner*–**, Bloem, Ecke Jouberts St, ☎ 614 1081, eines der erschwinglichsten B&Bs der Stadt, 4 bequeme Zimmer mit Du/WC in einem freundlichen Familienhaus, 2 Blocks von der Hauptstraße entfernt.

Essen

Airlie's Tea Garden & Guest House, 38 Bath St, ☎ 614 2943, schönes Lokal, Tee und *scones* mit Rosenmarmelade in einem wunderschönen Garten, ⏱ tgl. tagsüber.

Four Oaks, 46 Long St, ☎ 614 2778, erstklassiges Restaurant unter der Leitung von 2 deutschen Köchen, die sich auf italienische Speisen spezialisiert haben – darunter hausgemachte Gnocchi, toskanisches Kaninchen, Strauß und gefüllte Feigen. Wunderschöner, schattiger Hof, ⏱ tgl. mittags–abends, Mo geschlossen.

Jessica's, 28 Bath St, ☎ 614 1805, kleines freundliches Lokal, benannt nach dem Boxer des Besitzers und geschmückt mit alten Drucken von Hunden. Kosmopolitisches Bistro-Essen mit einer hervorragenden Auswahl an Robertson-Weinen.

Spezialität: *cajun*-Babyhuhn auf Wildreis mit Peri-Peri-Sahne. ⏱ tgl. abends.

Kingna Lodge, 11 Bath St, ☎ 614 1066, etwas steife Atmosphäre, zu empfehlen ist das 5-Gänge-Menü (mit vegetarischen Optionen) mit Silberbesteck und im Kerzenlicht. Reservierung bis mittags erforderlich.

Montagu Dry Fruit Farmstall, Bath St, Snacks und Vorräte zur Selbstverpflegung, Verkauf von getrockneten Früchten, *biltong, boerewors,* Brot, Milch und Käse, ⏱ Mo–Fr 7–18, Sa 8–14, So 7–13 Uhr.

Preston's Restaurant & Thomas Bain Pub, Bath St, ☎ 614 1633, kleines intimes Nachtlokal, Spezialitäten: Seezunge und Ochsenschwanz. ⏱ bis spät nachts.

Romano's Continental Restaurant, Church St, erschwingliche Pasta und Pizza, ⏱ tgl. mittags bis abends, So geschlossen.

Sonstiges

INFORMATIONEN – **Tourist Information Bureau**, 24 Bath St, ☎ 614 2471, nützliche Infos zu lokalen Sehenswürdigkeiten und Übernachtungsmöglichkeiten, ⏱ Mo–Fr 8.45–16.45, Sa 9–17, So 9.30–12.30,14–17 Uhr.

VORWAHL – 023

Transport

Der Intercity-Busservice nach Montagu beschränkt sich auf die **Munniks-Busse**, ☎ 021-637 1850, Verbindung von Kapstadt (2 Std.), Abfahrt: Mi, Fr, Sa und So von Belville, Stopp auf Anfrage im Zentrum von Montagu an der OK-Haltestelle.

Oudtshoorn und Umgebung

Oudtshoorn wurde zur „Straußenhauptstadt der Welt" ernannt. Kein Wunder – in der Umgebung finden sich unzählige Straußenfarmen, einige davon kann man besichtigen. In den örtlichen Souvenirläden gibt es die Tiere in allen nur erdenklichen Form. Aber Oudtshoorn hat zwei weitere Vorzüge: Zum einen ist der Ort ein geeigneter Ausgangspunkt zu den **Cango Caves**, zum anderen wartet er mit einem angenehmen Klima und viel Sonnenschein auf. Lediglich 63 km trennen Oudtshoorn von der wilden Küste, aber das Wetter könnte nicht unterschiedlicher sein. Das macht sich besonders im Winter bemerkbar, wenn die kalten Regengüsse entlang der Garden Route die Vorstellung vom „sonnigen Südafrika" zunichte macht.

Das etwa 50 km westlich von Oudtshoorn gelegene hübsche, unauffällige viktorianische Dorf **Calitzdorp** lässt sich gut in eine Rundfahrt durch das landschaftlich ansprechende **Groenfontein Valley** integrieren. Die hiesigen Weinkellereien und zwei Teeläden kann man aber auch auf einer Fahrt durch die Kleine Karoo über die R62 ansteuern. **De Rust**, mit ähnlichen Ursprüngen wie Calitzdorp, liegt 35 km in der entgegengesetzten Richtung. Der Ort profitiert erheblich von seiner Lage an der Nationalstraße zwischen der N1 und der Garden Route, dennoch ist er kaum mehr als ein „Boxenstopp" auf der Reise Richtung Norden.

Geschichte

Seinen Anfang nahm Oudtshoorn als kleines Dorf, das nach Geesje Ernestina Johanna van Oudtshoorn, der Frau des ersten Bürgerbeauftragten von George, benannt wurde. In den 60er Jahren des 19. Jahrhunderts wurden wilde **Strauße** erstmals unter den idealen Bedingungen des Oudtshoorn Valley aufgezogen. In dem warmen Klima und auf dem lehmigen Boden gediehen Luzernen, das Lieblingsfutter dieser flugunfähigen Vögel. Die bizarre viktorianische Vorliebe für lange Federn machte die Strauße zu einer Quelle beachtlichen Wohlstands und schon um 1880 begann man, Tausende von Kilogramm Federn zu exportieren. Für bis zu £1000 wechselten die Vögel den Besitzer – eine für damalige Verhältnisse unvorstellbare Summe. Im Zuge dieses Booms machten gerissene Geschäftsleute auf Kosten von unwissenden Farmern und Arbeitern ein Vermögen. Die Gruppe der Arbeiter bestand großteils aus farbigen Nachkommen der Outeniqua- und Attaqua-Khoikhoi sowie Trekburen, die lächerliche, durch Essens-, Wein-, Schnaps- und Tabakrationen aufgebesserte Löhne erhielten. Auch heute noch wird auf einigen Farmen nach diesem Prinzip verfahren. Anfang des 20. Jahrhunderts bauten sich erfolgreiche Farmer und Händler ihre eigenen „Federpaläste", prunkhafte edwardianische Gebäude aus Sandstein, die sich zum charakteristischen Merkmal von Oudtshoorn entwickelten.

Die Stadt und die Straußenfarmen

Das schlichte, überschaubare Stadtzentrum von Oudtshoorn hat nur ein paar Museen zu bieten. Glanzpunkte des Ortes sind die viktorianischen und edwardianischen Sandsteinhäuser, einige davon sind für ein Karoo-*dorp* überraschend elegant und erhaben.

Das **C.P. Nel Museum**, Baron van Reede St, Ecke Voortrekker Rd, dient als guter Ausgangspunkt für eine Erkundungstour. Das hübsche Sandsteingebäude wurde 1906 als Jungenschule erbaut und beherbergt heute eine außergewöhnliche Sammlung zum Thema Strauße, ⏱ Mo–Sa 8–17, Sa 9–17 Uhr, R8. Das nahe gelegene, tadellos erhaltene **Le Roux Town House**, Loop St, Ecke High St, bietet die einmalige Gelegenheit, einen Blick ins Innere der viel gepriesenen Federpaläste zu werfen. Die wunderschönen, traditionellen Einrichtungsgegenstände wurden allesamt zwischen 1900 und 1920 aus Europa importiert, ⏱ Mo–Fr 9–13, 14–17 Uhr.

Viele Leute kommen nach Oudtshoorn, um Strauße zu sehen oder gar auf ihnen zu reiten. Afrikas größter Vogel ist nicht nur auf den Straußenfarmen zu bewundern, sondern auch auf der Durchreise sieht man ganze Scharen in der Nähe der Farmen oder auf Lastwagen, die sich auf dem Weg zum Schlachter befinden – Federn sind inzwischen aus der Mode gekommen, dafür erfreut sich nun das Straußenfleisch mit seinem niedrigen Cholesteringehalt größter Beliebtheit. Eine Reihe von Farmen bieten **Touren**, 45–90 Min., ca. R20 p.P., inkl. Erläuterungen, an und außerdem die Chance, auf einem Strauß zu sitzen und spektakuläre Straußenrennen mitzuerleben. Am beliebtesten ist die *Cango Ostrich and Butterfly Farm*, ✆ 272 4623, 🖷 272 8241, an der Hauptstraße zwischen Oudtshoorn und den Cango Caves, die nur eine Besuchergruppe (oder Einzelpersonen) pro Tour zulässt.

In Oudtshoorn gibt es eine Reihe großer Hotels, die vor allem von Tourenbussen angefahren werden, viele gute B&Bs und Gästehäuser, einen zentralen Campingplatz mit Chalets und eine der besten Backpacker-Lodges des Landes. Die Preise sinken in den Wintermonaten nach dem Kunstfestival erheblich. Die nachstehenden Preise gelten für den Sommer außerhalb der Monate Dez/Jan.

Adley House***, 209 Jan von Riebeeck Rd, ℡ 272 4533, ✆ 272 4554, 🖥 www.adleyhouse.co.za, Sandsteingebäude von 1905 aus der Zeit des Straußenbooms. 12 Zimmer mit Du/WC und TV, Swimming Pool und Garten.

Backpackers Paradise, 148 Baron Van Reede St, ℡ 272 3436, ✆ 272 0877, ✉ jubilee@pixie.co.za, freundliches, gut geführtes 2-stöckiges Hostel an der Hauptstraße, Dreiviertelbetten, DZ und Familienzimmer mit Du/WC sowie 18 Schlafsaal-Betten – je nach Saison ein Straußenei zum Frühstück.

Bedstop*, 69 van der Riet St, ℡ 272 4746, ✆ 272 2528, ✉ bedstop@mail.com, bescheidene B&B-Zimmer, mit Garten zum Draußensitzen und braai.

Bisibee*, 171 Church St, ℡ 272 4784, ✆ 279 2373, 🖥 www.africasa.net/oudtshoorn/bisibee, nettes B&B einige Blocks vom Zentrum entfernt, sehr gastfreundlicher Besitzer, 5 gute Zimmer in kolonialem Haus mit Veranden, großem Garten, Swimming Pool und braai-Platz.

De Oude Meul**, von der R328 Richtung Cango Caves ausgeschildert, ℡ 272 7190, ✉ deoudemeul@mweb.co.za, schöne Zimmer und einige Familieneinheiten mit Blick auf einen kleinen See und Hügel in Schoemanspoort, 18 km nördlich von Oudtshoorn auf einer Straußenfarm. B&B und Selbstverpflegung, außerdem sehr gutes Abendessen.

Kannaland Lodge*, 126 St John St, ℡ 279 2685, ✆ 279 2686, moderne Zimmer, zentrale Lage, verkauft Fleischpakete für braai im Garten, Mitbenutzung der Küche.

Kleinplaas Holiday Resort*, 171 Baron van Reede St, ℡ 272 5811, ✆ 279 2019, ✉ pls@mweb.co.za, Resort mit schattigen Campingmöglichkeiten und voll ausgestatteten Chalets aus Backstein für 4 Personen in Stadtnähe, Swimming Pool und Waschküche.

Old Parsonage*, 141 High St, ℡ 279 1751, ✉ gvs@xsinet.co.za, sehr preiswerte Zimmer mit Du/WC oder gemeinsamem Bad in einem fantastischen, zentral gelegenen, 2-stöckigen Pfarrhaus einer holländischen Reformierten Kirche aus Sandstein. Sehr schöner Garten.

Oue Werf*, von der R328 Richtung Cango Caves ausgeschildert, ℡ 272 8712, ✉ ouewerf@mweb.co.za, Farmhaus-B&B in einem alten Gehöft des Schoemanshoek Valley, 15 km nördlich von Oudtshoorn, mit guten Möglichkeiten zum Wandern und Vögelbeobachten. Gute Basis auf dem Land für einen Ausflug zu den Höhlen. Swimming Pool.

Queen's Hotel****, Baron van Reede St, ℡ 272 2101, ✆ 272 2104, ✉ queens@xsinet.co.za, schönstes, elegantes Hotel des Ortes mit allem nötigen Komfort in zentraler Lage neben dem Museum. Bietet Stil und kühle Erholung im Sommer, mit Marmorfußböden, Springbrunnen, Swimming Pool. Dazu das teuere Colony-Restaurant mit Dachterrasse, Gerichte mit Straußenfleisch.

Rosenhof Country Lodge****, 264 Baron van Reede St, ℡ 272 2232, ✆ 272 3021, ✉ rosenhof@xsinet.co.za, schickste Unterkunft in Oudtshoorn, 12 weiße Cottages um ein restauriertes viktorianisches Haus am Stadtrand, umgeben von einem schönen Rosengarten mit Kräutern, gepflegtem Rasen, Springbrunnen und Swimming Pool. Das dazugehörige gute, aber teure Restaurant serviert Cordon Bleu mit einheimischen Zutaten.

Essen

Bernard se Taphuis, Baron van Reede St, ℡ 272 3208, großes, zentrales Restaurant gegenüber dem Tourist Information Bureau mit schöner Dachterrasse. Strauß, Wild, Steak und Afrikaander-Gerichte zu moderaten Preisen. ◷ tgl. abends, So geschlossen.

Fijne Keuken Restaurant, Baron van Reede St, ℡ 272 6403, gemütliches Lokal in einem umgewandelten Wohnhaus mit Tischen in verschiedenen Räumen sowie auf der Veranda. Schönstes Lokal der Stadt für einen Drink oder eine erschwingliche Mahlzeit (enorme Salate, Pasta oder den obligatorischen Strauß). ◷ Mo–Sa 12–22 Uhr.

Godfather Restaurant, 61 Voortrekker Rd, ℡ 272 5404, beliebtes Lokal mit riesiger Speisekarte, bekannt für seine preiswerten Pizzen, Hirsch- und Straußensteaks. Hervorragend im Winter mit loderndem Feuer, auch geeignet für einen Drink. ◷ So geschlossen.

Friedl's, Baron van Reede St, ✆ 272 6244, zentraler Coffeeshop gegenüber vom Museum, gute Salate, Taremezzini, Burger, Pitta-Taschen – dazu leckerer Kaffee. ⊙ Tgl. 8.30–22 Uhr.

Headlines, Baron van Reede, Ecke St John's St, ✆ 272 3434, guter Coffeeshop und Restaurant, serviert schmackhafte Sandwiches, Straußen-Kebabs, Speisen im Steakhouse-Stil und Fisch, empfiehlt sich für ein schnelles Mittagessen.

Jemima's, 94 Baron Reede St, ✆ 272 0808, zweifellos das beste Lokal der Stadt, fantasievolle, erstklassige Speisekarte mit vielen leckeren Spezialitäten, Mittag- und Abendessen. ⊙ So abends und Mo geschlossen.

The Rock Art Café, Baron van Reede St, ✆ 279 1927, einziges Lokal der Stadt, das stets bis nach Mitternacht geöffnet hat. 4 schmetternde TV und erschwingliche, abwechslungsreiche Speisen: Fleisch, vegetarische und einheimische Spezialitäten. ⊙ Mo–Sa 11–2, So 18–2 Uhr.

Sonstiges

AKTIVITÄTEN – *Backpackers Paradise* (s.S. 234, Übernachtung) verleiht Fahrräder nicht nur an eigene Gäste, organisiert außerdem spektakuläre Abenteuerradtouren den Swartberg-Pass hinunter, in Begleitung eines Motorfahrzeuges.

INFORMATIONEN – *Tourist Information Bureau*, Baron van Reede St, ✆ 279 2532, 🖳 www.oudtshoorn.com, neben dem *Queens Hotel*. Infos zu Höhlen, Straußenfarmen und örtlichen Unterkünften mit kostenlosem Reservierungsservice. ⊙ Sept–Apr Mo–Fr 8–18, Sa 9–13, 14–18, So 10–13, 14–18 Uhr; Mai–Aug etwas früher geschlossen.

INTERNET – *Internet@café*, 150 Baron van Reede St, ✆ 279 3025, ✉ netcafe@mweb.co.za, sehr günstig gelegen.

VORWAHL – 044

Transport

Von den Intercity-Bussen hält *Intercape* bei Stanmar Motors, 187 Langenhoven Rd, und *Translux* an der Queens River Mall, hinter der

Voortrekker St. Wer mit dem *Baz Bus* oder dem *Outeniqua Choo-Tjoe* nach George reist (s.S. 267) und das *Paradise Backpackers* in Oudtshoorn ansteuert, kann von deren kostenlosem Abholservice Gebrauch machen (allerdings bezahlt man für die Strecke in die andere Richtung).

Cango Caves

Die Cango Caves zählen zu den zehn beliebtesten Attraktionen von Südafrika. Jährlich kommen 250 000 Besucher, die die höhlenartigen Räume, die tropfenden Felsen und aufragenden Säulen aus Kalzit bestaunen. In den letzten zwei Jahrhunderten wurden die Höhlen allerdings durch menschliche Eingriffe stark in Mitleidenschaft gezogen. Dennoch präsentieren sie nach wie vor eine atemberaubende Landschaft im Innern der Swartberg-Ausläufer. Wer ein ruhiges, besinnliches Erlebnis erwartet, wird allerdings enttäuscht: Die Höhlen erreicht man nur im Rahmen einer Tour, die von lautstarken Erläuterungen begleitet wird.

Cango ist ein Khoi-Begriff und bedeutet so viel wie „feuchter Platz" – sehr zutreffend, denn die eindrucksvollen Formationen der Höhlen sind durch Wasser entstanden, das stetig durch den Fels sickert und dabei den Kalkstein auflöst, der von der Decke der Höhlen an den Wänden hinuntertropft, sodass es zu den Kalziumkarbonat-Ablagerungen kommt. Obwohl die Höhlen einige Millionen Jahre alt sind, reichen die geologischen Formationen nur ca. 100 000 Jahre zurück.

Schon Jahrtausende vor Ankunft der weißen Siedler suchten San-Jäger und -Sammler Schutz in den Eingangshöhlen, allerdings sind sie wohl kaum bis zu den lichtlosen unterirdischen Kammern vorgedrungen. **Jacobus van Zyl**, ein Karoo-Farmer, war vermutlich der erste, der dorthin gelangte, als er sich im Juli 1780 mit einer Lampe bewaffnet in die Dunkelheit hinabgleiten ließ.

Während der nächsten zwei Jahrhunderte fand sich eine wachsende Anzahl von Besuchern und Pilgern hier ein, die eine Menge der Kalkstein-Säulen wegschleppten. In den 70er Jahren wurden die Höhlen den Massen schmackhaft gemacht – ein Restaurant und Kuriositätenkomplex entstanden, der steinige Boden wurde betoniert, Leitern und

WESTKAP

Fußwege wurden errichtet und die Höhlen verwandelten sich in eine kitschige Attraktion mit farbigen Lichtern, Flötenmusik und Erläuterungen. Bis hierher fand die Apartheidpolitik ihren Weg: Unter Premierminister Dr. Hendrik Verwoerd, dem Erzideologen der Rassentrennung, hackte man einen separaten „Non-Whites"-Eingang in die Wand, was zu einem verheerenden Durchzug führte, der die Höhlen auszutrocknen begann. Glücklicherweise haben die schlimmsten Exzesse inzwischen ein Ende gefunden: Konzerte in den Höhlen sind nicht mehr erlaubt und die farbigen Lichter wurden auch wieder entfernt.

Pro Stunde werden drei **Touren** angeboten, tgl. 9–16 Uhr. Die halbstündige *Scenic Tour* führt durch die zwei größten und spektakulärsten Höhlen, ist allerdings zu kurz, um einen richtigen Eindruck vom ganzen System zu vermitteln (jew. zur halben Std., R 16,50). Die meisten Besucher entscheiden sich für die einstündige *Standard Tour* durch die ersten sechs Kammern, jew. zur vollen Std., R33.

Abenteuerlustige kommen bei der 90-minütigen *Adventure Tour* auf ihre Kosten (jew. zur vollen Std., R44). Letztere lockt die Besucher in die tiefsten zugänglichen Abschnitte, wo die Öffnungen immer kleiner werden. Übergewichtige sowie Menschen mit Herzschwäche oder Platzangst sollten sich lieber nicht durch die engen Öffnungen – mit Namen wie Lumbago Walk, Devil's Chimney und The Letterbox – zwängen. Außerdem sind alte Kleidung und Schuhe mit rutschfester Sohle unbedingt zu empfehlen.

Zum **Besucherkomplex** gehört ein Souvenirladen, ein Kuriositätenladen, ein Besucherzentrum mit interessanten Ausstellungen über die Geologie, die Menschen und die Tierwelt in den Höhlen sowie Videopräsentationen.

Marimba, gutes Restaurant, das zum Besucherkomplex gehört, mit schönem Berg- und Talblick. Unterhalb des Komplexes finden sich schattige **Picknickplätze** am Ufer des Flusses, der sich seinen Weg durch die Berge und entlang der Wanderwege bahnt.

Wilgewandel, 2 km von den Höhlen entfernt an der Straße zurück Richtung Oudtshoorn. Preiswertes Lokal, serviert Burger, Steaks und Sandwiches. Bietet außerdem **Kamelritte** auf dem dazugehörigen Gelände an.

Anfahrt von Oudtshoorn mit dem **Auto** über die Baron van Reede St Richtung Norden, danach 32 km über die R328.

Calitzdorp

Nur 50 km westlich von Oudtshoorn liegt das kleine friedliche Karoo-Dorf Calitzdorp. Nach dem Trubel in der „Straußenhauptstadt" bietet es mit seinen attraktiven, unaufdringlichen viktorianischen Straßen und einigen Weingütern eine willkommene Abwechslung. Zu tun gibt es hier nicht allzu viel – abgesehen von Weinproben und Tee trinken und natürlich einem Spaziergang durch die Straßen.

Hervorragende Portweine werden in drei einfachen **Weinkellereien** einige 100 m vom Zentrum entfernt, von Nebenstraßen ausgeschildert, hergestellt. Wärmstens empfohlen wird das *Die Krans Estate*, ✆ 213 3314, wo man Portweine und andere Weine probieren und sich die Beine bei einem 30-minütigen Spaziergang durch die reizvolle Landschaft vertreten kann. Ihr hervorragender Reserveportwein zählt zu den drei besten des Landes, ⏰ Mo–Fr 8–17, Sa 9–15 Uhr, Eintritt frei. Das *Boplaas Estate*, ✆ 213 3326, 📠 213 3750, bringt ebenfalls gute Portweine hervor. Außerdem lohnt sich hier ein Blick auf die massive Strohdecke der Probierstube, welche an eine Cantina aus einem Western erinnert, ⏰ Mo–Fr 8–17, Sa 9–15 Uhr, kostenlose Weinproben.

Cango Mountain Resort*, ✆ 044-272 4506, von R328 ausgeschildert, 27 km nördlich von Oudtshoorn, 3 km hinter der Hauptstraße auf dem Weg zu den Höhlen. Nächste, wunderschön am Fluss gelegene, sehr gute Unterkunft mit Selbstverpflegung in besonders schönen Chalets aus Holz. Kleines Geschäft für das Notwendigste.

Wer etwas Zeit übrig hat, kann noch den *Calitzdorp Wine Cellar*, ✆ 213 3301, ☎ 213 3110, aufsuchen, der in erster Linie einen atemberaubenden Blick auf das Gamka River Valley bietet, ⏰ Mo–Fr 8–13, 14–17 Uhr, Sa 8–12 Uhr, Eintritt frei.

Die Dorpshuis*, 4 Van Riebeeck St, ✆ 213 3453, ✉ dorphuis@mweb.co.za, preiswerte, luftige B&B-Zimmer mit Veranden in zentraler Lage gegenüber der Kirche. Angeschlossenes, gutes Lokal mit erschwinglichen Sandwiches, Tee, leichten Mahlzeiten und traditionellen Karoo-Spezialitäten, z.B. *stews* und Lamm. ⏰ So Mahlzeiten nur nach vorheriger Reservierung.

Port-Wine Guest House***, Queen, Ecke Station St, ✆ 213 3131, ✉ portwine@mweb.co.za, etwas teurere Variante, dafür beste Unterbringung der Stadt in einem renovierten Gehöft aus dem frühen 19. Jh. mit Blick auf das *Boplaas Estate*.

Welgevonden Guest House*, St Helena Rd (ca. 300 m westlich von Queen St, zu erreichen über den Fluss und die Voortrekker St), ✆ 213 3642, gemütliches Gästehaus im Country-Stil auf einer kleinen Chardonnay-Farm.

Sonstiges

INFORMATIONEN – *Tourist Information Bureau, JS Motors,* Voortrekker St, ✆ 213 3312, erstklassige Broschüren zum Dorf und seiner Umgebung sowie Infos zu Weingütern und Unterkünften.

VORWAHL – 044

Groenfontein Valley

Verlässt man den Ort in östlicher Richtung, so führt die geteerte R62 unverzüglich nach Oudtshoorn zurück. Allerdings verpasst man auf diese Weise das landschaftlich wunderschöne Groenfontein Valley, zu erreichen etwas umständlich über eine Nebenstraße, die direkt hinter Calitzdorp abgeht. Die schmale unbefestigte Straße schlängelt sich durch die Swartberg-Ausläufer, über Bäche und an weißen Karoo-Cottages und Farmen vorbei, und trifft schließlich mit der R328 Richtung Oudtshoorn zusammen.

Übernachtung und Essen

An der Nebenstrecke ins Groenfontein Valley befindet sich das schöne **The Retreat Guest House****, ✆ 044-213 3880, 20 km hinter Calitzdorp und 59 km vor Oudtshoorn. 5 komfortable Zimmer mit Du/WC und Kamin. Preislich angemessenes Mittag- und Abendessen nach vorheriger Bestellung, ebenso vegetarische Gerichte. Die außerordentlich freundlichen Gastgeber informieren auch über einfache Unterkünfte zur Selbstverpflegung und Wanderwege im Tal. Das Gästehaus ist in einem einsamen viktorianisch-kolonialen Gehöft auf einer Farm untergebracht, das an das 2300 km^2 große Swartberg Nature Reserve angrenzt, durch das sich Schluchten, Flüsse und unbefestigte Straßen ziehen.

De Rust

Die von Bergen gesäumte Ortschaft De Rust, 35 km nordöstlich von Oudtshoorn gelegen, durchquert man auf der N12, die sich zwischen der Garden Route und der N1 nach Johannesburg zieht. Die meisten Gebäude an der kleinen Straße der Stadt scheinen etwas zum Verkauf anzubieten: Tee, Kunsthandwerk, *biltong* und Straußenprodukte in Hülle und Fülle. Ein Sprachführer bzw. das Glossar (s.S. 790) erweist sich in diesem von Afrikaans geprägten Dorf als sehr nützlich. Mit seinen schönen Gärten stellt das idyllische De Rust einen strahlenden Kontrast zu den steinigen, trockenen Hügeln der Umgebung dar und eignet sich zum Ausspannen.

Übernachtung

Avondrust B&B*, 1 Vrede St, ✆ 241 2459, 5 Zimmer mit Du/WC in einem 2-stöckigen Haus, einige Straßen hinter der Hauptstraße. Außerdem 1 Apartment zur Selbstverpflegung im hinteren Garten.

Oulap Country House****, hinter der R341 Richtung Uniondale, ✆ 241 2250, ✉ oulap@mweb.co.za, außergewöhnliche Unterkunft 15 km östlich der Stadt. Eine Karoo-Farm in den Swartberg Mountains unter der Leitung des Filmproduzenten und Erzählers Jans Rautenbach und seiner Frau. Interessant eingerichtete Zimmer mit Antiquitäten, Kunstobjekten und südafrikanischen Gemälden. Ausgezeichnetes Abendessen.

Essen

Die Groen Bliktrommel, an der Hauptstraße, serviert frisches Brot, Zwieback, Kuchen und Tee sowie leichte Mahlzeiten drinnen. Empfehlenswert.

Herries, an der Hauptstraße, zu erkennen an einem lilafarbenen Elefanten draußen. Angenehme Sitzplätze unter schattigen Bäumen.

Mulberry Inn, an der Hauptstraße, akzeptabler Teegarten.

Sonstiges

INFORMATIONEN – **Tourism Office,** 29 Schoeman St, ✆ 241 2109, Infos zu Übernachtungsmöglichkeiten auf den nahe gelegenen Farmen und in der Stadt, ☉ Mo–Fr 8.30–17.30, Sa 8.30–12.30 Uhr, So geschlossen.

VORWAHL – 044

Transport

Translux-Intercity-Busse aus Gauteng halten auf ihrem Weg nach Knysna am **De Rust Hotel,** während **Intercape** einen Stopp an der Shell Garage einlegt (beide zentral).

Prince Albert und Umgebung

Aufgrund seiner Abgeschiedenheit und Armut hat sich Prince Albert, das auf der Spitze zwischen Kleiner und Großer Karoo liegt, eine traditionelle, ländliche Architektur bewahrt. Die attraktive Kleinstadt 70 km nördlich von Oudtshoorn ist über die Schleifen und Grate des Schwartberg-Passes zu erreichen und fest im *thirstland* (Durstland) des südafrikanischen Hinterlandes verankert. Umso erwähnenswerter ist die kleine beständige Quelle des Ortes, deren Wasser durch die Straßen rinnt und zahlreiche Obstbäume und Gärten nährt.

Prince Albert kann man problemlos zu Fuß ablaufen, und die altmodischen Schaufensterauslagen machen einen Bummel durch die Stadt zu einem wahren Erlebnis. Die Besonderheit von Prince Al-

bert liegt in dem typischen Flair eines Karoo-*dorp*: Der silberne Kirchturm der holländischen Reformierten Kirche ragt in den tiefblauen Himmel empor, und die Einwohner schlendern durch die Straßen oder bewegen sich gemächlich auf quietschenden Rädern fort. Die meisten Besucher steuern die beiden südlichen Tore des Ortes – den **Swartberg Pass** und **Meiringspoort** – an. Außerdem dient der Ort als hervorragender Ausgangspunkt für Wanderungen und Fahrten durch die Berge, der ultimative Ausflug führt nach **Die Hel.**

Fahr zur Hölle! Prince Albert gilt als einer der besten Ausgangspunkte für einen Trip zu „Die Hel" (auch „Hell", „The Hell" oder „Gamkaskloof"). Obwohl es auf der Karte gar nicht so weit aussieht, sind per Auto für die spektakuläre, anstrengende Expedition in das Tal 2 1/2 Std. (einfacher Weg) einzuplanen. Trotz unbefestigter Straße ist Vierradantrieb nicht unbedingt erforderlich, allerdings sollte man einen Ausflug hierher in der brütenden Januar- und Dezemberhitze unbedingt vermeiden. Zu Fuß hat man mit abenteuerlichen zwei bis drei Tagen zu rechnen. Relativ günstige **geführte Wanderungen** werden von den Besitzern der *Prince Albert of Saxe-Coburg Lodge* in Prince Albert (s.S. 239) angeboten, allerdings nur für Gruppen von min. 4 Leuten.

Die Lodge organisiert auch **Unterkünfte** in primitiven Hütten* mit Selbstverpflegung. Strom gibt es nicht im Tal, zum Wasserkochen verwendet man einen Brennholzkessel. Da keine Geschäfte oder andere Einrichtungen zur Verfügung stehen, sollte Essensvorräte und sonstiger Nachschub mitgebracht werden.

Übernachtung

Bijlia Cana Wellness Centre*, De Beer St, ✆ 541 1872, ausgezeichnete Unterkunft in der Karoo, 3 Zimmer mit Du/WC, bietet Gästen auch Aromatherapie, Reiki und Reflexzonen-Massage sowie Spaziergänge und Ausflüge zu örtlichen Sehenswürdigkeiten an. Speisen mit/ohne Fleisch, europäisches Frühstück, hausgemachtes Brot und Karoo-Lamm.

WESTKAP

Collins House**, 63 Church St, ☎ 541 1786, Top-Unterkunft der Stadt, 3 klimatisierte Zimmer mit Du/WC in einem 2-stöckigen viktorianischen Haus mit Swimming Pool.

Dennehof Guest House*, hinter Christina de Wit St, ☎ 541 1227 oder 082-412 6505, 🖳 www. home.intekom.com/dennehof, 3 allein stehende Cottages und Suiten in einem zum Nationaldenkmal ernannten Gehöft am Stadtrand, Selbstverpflegung und B&B.

Hoogenoeg Holiday Houses*, ☎ 541 1455, billigste Unterkunft der Stadt, unter der Leitung von Tannie (Tante) Alta, die einige spärlich eingerichtete, aber völlig ausreichende alte Häuser zu Schleuderpreisen vermietet.

Onse Rus*, 47 Church St, ☎ 541 1380, ✉ lisass@ intekom.co.za, kühle, strohgedeckte B&B-Zimmer, angeschlossen an ein restauriertes kapholländisches Haus, Touren nach Gamkaskloof und ins Swartberg-Gebirge. Kinder sind willkommen.

Saxe-Coburg Lodge*, 60 Church St, ☎ 541 1267, 🖳 www.saxecoburg.co.za, guter Tipp für Wanderer, die Besitzer wandern regelmäßig im Swartberg-Gebirge und organisieren Trips zu Die Hel (s.S. 238, Kasten). B&B-Zimmer, die besten davon mit Zugang zum hinteren Garten mit Ententeich.

Swartberg Hotel***, 77 Church St, ☎ 541 1332, ☏ 541 1383, viktorianisches 2-stöckiges Nationaldenkmal. Traditionelles Karoo-Abendessen in stimmungsvollem Speiseraum. Swimming Pool.

Cannibal's, 109 Church St, ☎ 083-674 3365, Lokal mit zweifelhaftem Namen, Spezialitäten: Lamm, Wild und andere Lokalgerichte. ⊙ Do-Di mittags.

CJ's, Church St, ein paar Häuser vom Hotel entfernt, gutes einfaches Essen, z.B. Lamm, *fish and chips* und andere tiefgefrorene Leckereien, wenig Flair.

Die Ou Kelder, ☎ 541 1908, traditionelles Afrikaans-Essen, darunter *braaivleis* und kaltes Buffet, für mind. 6 Leute nach vorheriger Vereinbarung in einem 100 Jahre alten Schuppen auf einer Farm 5 km außerhalb der Stadt.

Karoo Kombui (Karoo-Küche), 18 Droedrift St, empfehlenswertes Abendlokal, es werden tradi-tionelle, lokale Speisen serviert. ⊙ So geschlossen.

Sampie se Plaasstal, am südlichen Ende der Hauptstraße, vorzügliche Snacks, z.B. getrocknete Früchte und Zwieback sowie einheimische Oliven. Frühstück, Tee und leichtes Mittagessen.

EISENBAHN – Die meisten Reisenden gelangen mit dem Auto durch die Berge nach Prince Albert. Als Alternative kann man den Zug Kapstadt-Jo'burg nehmen, der an der Prince Albert Rd Station, 45 km vom Dorf, entfernt hält. Eine Abholung ist über das B&B *Onse Rus* möglich.

VORWAHL – 023

Die N1 von Worcester nach Beaufort West

Die N1 stellt die Hauptverbindung zwischen Kapstadt und Johannesburg dar. Da die meisten Flugzeuge in Johannesburg landen, fahren die Besucher in der Regel von dort an der Küste entlang. In dieser Beschreibung beginnt die Reise dagegen in Kapstadt und geht weiter Richtung Norden, da sie direkt in die **Karoo**, die ausgedehnte Halbwüste im mittleren Westen von Südafrika, führt. Die Strecke dorthin ist nicht besonders faszinierend und zeigt nur wenig von der Vielfalt des Landes. Die Städte unterwegs schmücken interessante historische Gebäude und ihr Straßenbild zeugt vom Flair der isolierten Karoo. Zu den schönsten Zielen der Gegend zählen das viktorianische Dorf Matjiesfontein und der Karoo National Park unmittelbar hinter Beaufort West.

Matjiesfontein

Das kleine, kuriose viktorianische Dorf Matjiesfontein (Aussprache „maikies") ist ein Überbleibsel aus der Kolonialzeit und liegt 54 km östlich von Touwsrivier. Die Ortschaft bietet kaum mehr als zwei staubige Straßen hinter einem Bahngleis und erinnert eher an eine Filmkulisse als an ein Karoo-*dorp*: Sämtliche Gebäude, auch der großartige Bahnhof, stammen aus alten Zeiten und sind mit Weißblechdächern, pastellfarbenen Wänden, gepflegten Gärten und viktorianischem Beiwerk versehen. Der Glanzpunkt befindet sich am östlichen

Ende der Hauptstraße: das Hotel *Lord Milner* mit Türmchen, Balkonen und Springbrunnen am Eingang. An der Hauptstraße reihen sich ein *Tea Room,* ein Souvenirladen und eine Post in attraktiven viktorianischen Gebäuden aneinander.

Die Ursprünge dieses seltsamen Ortes liegen in der Tatkraft des jungen schottischen Unternehmers **Jimmy Logan** begründet. Dieser kam nach Kapstadt, um bei der Bahn zu arbeiten, und erhielt die Konzession, Passagiere zwischen Kapstadt und Bulawayo (im heutigen Zimbabwe) mit Erfrischungen zu versorgen. Er errichtete den Kurort Matjiesfontein wegen der besonders sauberen Karoo-Luft, und das Dorf entwickelte sich um 1900 zu einem Treffpunkt für Wohlhabende und Einflussreiche. Heute treibt Matjesfontein als ehrwürdiges Relikt regen Handel.

> **Von Kapstadt nach Johannesburg über die N1** via Bloemfontein sind es etwas mehr als 1400 km, die Fahrt dauert ca. 15–20 Stunden. Auf halber Strecke liegt das kleine Dorf **Hanover** und unweit davon **Colesberg** mit einem reichen Angebot an Unterkünften. Eine Alternativroute zweigt unmittelbar nördlich von Three Sisters nach Westen auf die **N12** ab. Der Umweg beträgt gerade mal 20 km und führt durch das sehenswerte **Kimberley** (s.S. 311). Ansonsten finden sich hier kaum Ortschaften, die einen Zwischenstopp lohnen. Nach etwa einem Drittel der Strecke erreicht man Beaufort West und nach zwei Dritteln Bloemfontein und Kimberley. Alle drei großen **Intercity-Bus**-Unternehmen, *Greyhound, Intercape* und *Translux,* befahren die N1 (18 Std.), die letzten beiden zudem die N12.

Übernachtung und Essen

Lord Milner**, ☎ 023-551 3011, 🖥 www.matjiesfontein.com, prächtige, mit Antiquitäten ausgestattete Zimmer im Hotel oder in einem der angegliederten Häuser. Im Hotel finden sich riesige Porträts an den Wänden, polierte Messinggegenstände, aber ein eher mürrisches Personal, in Schwarz und Weiß gekleidete Kellnerinnen mit Spitzenhäubchen auf dem Kopf. Essen und Trinken werden im schwach beleuchteten

Essraum und an der wundervoll alten Bar serviert. *Tea Room*, an der Hauptstraße.

Transport

SELBSTFAHRER – Von Kapstadt aus ist das sehenswerte Dorf mit dem Auto innerhalb von 3 Std. zu erreichen und eignet sich also auch für einen **Kurztrip**.

EISENBAHN – Noch immer kann man den Ort mit dem traditionsreichen Zug zwischen Kapstadt–Jo'burg/Pretoria erreichen, der die Strecke eher gemächlich zurücklegt.

Laingsburg und Leeu-Gamka

Laingsburg, eine Stadt nur 27 km weiter an der N1, bietet kaum Anlass für einen Halt. Sie markiert den Beginn der einsamen Weiten der Karoo. In der Nähe des Buffels River gibt es eine Tankstelle. Bei der Durchfahrt sollte man Ausschau nach einem Schild auf dem Mittelstreifen halten, das den Wasserstand während der **Überschwemmungskatastrophe** von 1981 anzeigt: Dieser reichte etwa bis auf die Höhe der Autodächer. Unmittelbar hinter Laingsburg steht am Straßenrand ein weitgehend intaktes **Blockhaus** aus der Zeit des Burenkriegs, es gehört zu einem der besterhaltenen Exemplare seiner Art. Erbaut wurden diese Blockhäuser von den Briten in kurzen Abständen entlang der Bahnlinie, um ihre Hauptversorgungsstrecke zu schützen. Insgesamt errichteten sie 8000 Stück davon, was den Burengeneral Christiaan de Wet damals zu einer bissigen Bemerkung über das britische „Blockhead"-(Dummkopf)-System veranlasste.

Einer der längsten öden Abschnitte erstreckt sich über die nächsten 124 km bis nach Leeu-Gamka. Hier gibt es eine Tankstelle und einen winzigen Friedhof aus dem Burenkrieg, der gerade Platz genug für den Soldaten Schultz, den sprichwörtlich größten Mann der britischen Armee, bietet. Beide Teile der Ortsbezeichnung bedeuten „Löwe", der erste ist Afrikaans, der zweite Khoi. Allerdings besiegelten Gewehre vor langer Zeit das Ende der Bekanntschaft des Dorfes mit seinem Namensvetter.

In der Nähe des Buffels River, in Laingsburg, gibt es einige unscheinbare **Hotels**, direkt hinter der Tankstelle, sowie einen gemütlichen **Caravanpark** mit kleinen Rondavels*.

Beaufort West

Ein wahres Erlebnis ist das Auftauchen der **Nieuwveld Mountains** direkt hinter Beaufort West inmitten einer ansonsten fernen, unscharfen Landschaft. Davon abgesehen präsentiert sich Beaufort West als eher unansehnliche Siedlung, durch die der rege Verkehr über die N1 rollt (auf Geschwindigkeitskontrollen achten und an den Ampeln anhalten!). Die größte Aufmerksamkeit gilt hier der Versorgung müder Reisender.

Wie es sich für die älteste Gemeinde von Südafrika gebührt, zeugen die meisten alten Gebäude von einer „kommunalen" Hartnäckigkeit. An erster Stelle steht das **Stadtmuseum**, 87 Donkin St, ✆ 415 2308, im alten Rathaus. Untergebracht ist hier eine Ausstellung über das glamouröse Leben und die Errungenschaften des einheimischen Professors Christiaan Barnard, der 1967 im Groote Schuur Hospital von Kapstadt die weltweit erste Herztransplantation durchführte. Er starb 2001. Sein Grab im Garten des Pfarrhauses ist Teil des Museums. ☉ Mo–Fr 8.30–12.45, 13.45–16.45, Sa 9–12 Uhr, Eintritt R5.

Übernachtung

Bessere Campingplätze als jener an der Donkin St stehen im Karoo National Park, einige Kilometer außerhalb der Stadt, zur Verfügung (s. S. 242).

Donkin House*, 14 Donkin St, ✆ 414 4287, einfaches Gästehaus, ideal für Rucksacktouristen, Zimmer mit Du/WC, TV und Kühlschränken, Swimming Pool und Gemeinschaftsräume.

Hotel Formula 1*, 144 Donkin St, ✆ 415 2421, 🖥 www.hotelformula1.co.za, Teil einer Kette mit glänzend modernen, billigen Zimmern im Stil von Schiffskabinen.

Matoppo Inn**–***, Bird, Ecke Meintjies St, ✆ 415 1055, ✉ matoppoinn@telkomsa.net, elegante Unterkunft mit „antiken", standardmäßigen und luxuriösen Zimmern im alten *drostdy* der Stadt.

The Wagon Wheel Country Lodge*, hinter N1, ✆ 414 2145, 🖥 www.wagonwheel.co.za, saubere Motelzimmer mit Du/WC am Nordrand der Stadt.

Essen

Clyde House, Donkin St, Coffeeshop neben der Kunsthandwerksgalerie mit passablem Frühstück und Mittagessen.

Matoppo Inn, bestes Frühstück der Stadt (für Nicht-Gäste von 7–9 Uhr). Außerdem Abendmenü im Karoo-Stil nach vorheriger Reservierung am gleichen Tag.

Mac Young's, hinter einer Caltex-Tankstelle. Exklusives, schottisches Restaurant, bei Afrikaandern beliebt.

Saddles Steakhouse, gegenüber vom *Formula 1*. Gewöhnliches, aber zuverlässiges Angebot.

Sonstiges

INFORMATIONEN – *Tourist Information Bureau*, 63 Donkin St, ✆ 415 1160, ein Block vom Museum entfernt, ☉ Mo–Fr 8–16.45 Uhr.

VORWAHL – 023

Transport

Die **Intercity-Busse** halten allesamt vor dem *Oasis Hotel,* Donkin St.

Karoo National Park

Der unauffällige, weithin unterschätzte Karoo National Park hat sich in den letzten Jahren als Naturschutzgebiet hervorgetan, das weit mehr bietet, als es auf den ersten Blick vermuten lässt. Obwohl der erste Eindruck nicht unbedingt *karoo*-typisch ist (dafür gibt es hier zu viele Berge), beginnt der Park mit Halbwüstencharakter und nach einer Nacht unter einem überwältigenden Himmel oder einem Tag mit Erläuterungen zur unerwartet vielfältigen Pflanzenwelt, langsam seinen besonderen Reiz zu entfalten. Die glanzlosen Einrichtungen stehen denen anderer südafrikanischer Nationalparks in nichts nach. Immerhin hat man hier das Gefühl, dass sich die Verwaltung um das Wohl der Besucher bemüht.

Die größten Vorzüge sind die Landschaft und die erholsame Atmosphäre. Trotz der kürzlichen Einführung von **Schwarzen Nashörnern** bleibt der Großwildbestand beschränkt. Allerdings leben hier einige eindrucksvolle Raptoren, z.B. der **Schwarzadler**. Die markierten Strecken durch einen begrenzten Teil des 600 km² großen Parks sind nicht besonders aufregend. Inzwischen bietet sich jedoch eine neue Herausforderung: ein weitreichenderer Weg für Fahrzeuge mit Vierradantrieb, Übernachtungsmöglichkeit in einer abgelegenen **Berghütte** im *veld*, ca. R200 p.P., Reservierungen bei South African National Parks.

In der Nähe des Hauptcamps gibt es ein **Besucherzentrum** und drei Wege: eine 11 km lange Tagesroute, einen kurzen, aber informativen Baumweg und einen fantasievollen Fossilienweg (auch für Rollstuhlfahrer geeignet, mit Tafeln in Blindenschrift), der die faszinierende 250 Millionen Jahre alte Geologie der Gegend dokumentiert und mit Fossilien ungewöhnlicher Tiere aufwartet. Informationen hierzu sind an der Rezeption des Camps erhältlich. ⊕ tgl. 5–22 Uhr, Eintritt R10.

Das Eingangstor zum Karoo National Park befindet sich direkt an der N1, 2 km südlich von Beaufort West. Die **Rezeption** und das Camp befinden sich einige Kilometer weiter im Parkinneren – versteckt zwischen reizvoll stumpfen Hügel, sodass Stadt und Highway meilenweit entfernt scheinen. An der Rezeption gibt es auch einen **Laden** mit den wichtigsten Nahrungsmitteln, ebenso gibt es einen nahe gelegenen **Pool**.

Übernachtung und Essen

Als Übernachtungsmöglichkeiten empfehlen sich die voll ausgestatteten **Bungalows*** für 3 Pers. zu beiden Seiten des Hauptkomplexes (mind. 2 Pers.), Frühstück im Restaurant inkl. Der **Campingplatz** liegt hinter einer Erhebung. **Restaurant**, ⊕ Mo–Sa 8–20.30, Sa 8–19 Uhr, direkt an der Rezeption.

Sonstiges

INFORMATIONEN – Mehr Informationen über den Park unter ✆ 023-415 2828. Reservierung von Unterkünften bei *South African National Parks*, Pretoria, ✉ reservations@parks-sa.co.za, ✆ 012-343 1991.

Das Overberg-Hinterland und die Walküste

Östlich des Weinlands erstreckt sich die vage eingegrenzte Region Overberg („über dem Berg" in Afrikaans). Im 17. Jahrhundert, als Stellenbosch, Franschhoek und Paarl noch abgelegene Außenposten waren, betrachteten die holländischen Siedler alles dahinter als verschwommenes Hinterland, das sich bis in die trockenen Sandbänke der Karoo hineinzog. Heute reicht das Gebiet bis zu einer unbestimmten Grenze zwischen Arniston und Mossel Bay an der Küste und bis irgendwo östlich von Swellendam im Landesinneren.

Von den beiden Ha014uptrouten durch den Overberg führt die **N2** durch das weniger interessante Hinterland. Die Fahrt dauert vier bis fünf Stunden und wird von den meisten Reisenden eher ertragen als genossen, um zur Garden Route zu gelangen. Allerdings kann man sich die Strecke anhand einiger ausgewählter Stopps etwas angenehmer gestalten. Nördlich der N2 liegt **Greyton**, ein hübsches Dorf, das von Kapstädtern als Wochenendziel genutzt wird und gleichzeitig Anfangspunkt der **Boesmanskloof Traverse** – ein sagenhafter eintägiger Wanderweg über die Berge bis in die Karoo – ist. Die historische Moravian (Mährische) Missionsstation **Genadental**, fünf Minuten von Greyton die Straße hinunter, ist von einem seltsam afrogermanischen Ambiente geprägt. Hier kann man schön ein paar Stunden spazieren gehen. An der N2 selbst lohnen sich nur zwei Zwischenstopps: zum einen **Caledon** mit seinen Thermalquellen, zum anderen **Swellendam** mit seinen schön erhaltenen Straßenzügen sowie einem der besten Landesmuseen in Südafrika.

Der Anziehungspunkt der Gegend ist die Walküste, die nahe genug für einen Ausflug von Kapstadt und doch überraschend unberührt ist. Eine Ausnahme bildet die gut besuchte Ortschaft **Hermanus**, die „Walbeobachtungs-Hauptstadt" von Südafrika. In der Tat eignet sich die gesamte Südküste des Kaps hervorragend zur Walbeobachtung vom Land aus. An diesem Küstenabschnitt befindet sich auch **Cape Agulhas**, die südlichste Stelle des Kontinents, die ihrer geografischen Besonderheit leider nicht ganz gerecht wird. In der Nähe liegt das lohnenswertere **Arniston**, eines der am besten erhaltenen Fischerdörfer des Landes, und etwas weiter östlich das **De Hoop Nature Reserve**, eine aufregende Wildnis mit gebleichten Dünen, Felsküsten und noch mehr Walen.

Caledon

Der erste Eindruck von Caledon wird von den großen, kirchenähnlichen Getreidesilos bestimmt, die selbst die Kirchentürme in die Schatten stellen. Als unauffällige Farmerstadt, 111 km östlich von Kapstadt gelegen, verdankte Caledon seinen früheren Wohlstand dem Weizen-, Gerste- und Malzhandel. Heute verdient die Stadt ihren Reichtum spielend: Ein Kasino und ein Unterhaltungszentrum für Familien säumen die einzige natürliche Attraktion der Stadt – die Thermalquellen.

Caledon Spa gilt als bestes Kurbad in Südafrika. Im 19. Jahrhundert errichteten die Viktorianer eine schmiedeeiserne Struktur um den größten rechteckigen Pool, die 2001 durch eine hölzerne, originalgetreue ersetzt wurde. Als die Holländer im 18. Jahrhundert eintrafen, lagen die Khoi bereits in den dampfenden Löchern, die man in den Boden gegraben hatte – eine Praxis, die von den Siedlern übernommen wurde.

Heute bietet das Kurbad eine reiche Palette an körperlichen Wohltaten in einer ungewöhnlich geschmackvollen Umgebung: Beim Khoi-San-Spa ergießt sich ein Wasserfall von einem Berghang in eine Reihe von felsigen Becken. Der heißeste davon erreicht 40 °C, mit abnehmender Höhe wird es immer kühler. Im Preis inbegriffen ist die Nutzung von Sauna, einem Dampfraum, Frigidarium (Kaltwasserbad) und einer Turnhalle. Handtücher werden bereitgestellt und Bademäntel verliehen. Das Behandlungszentrum lockt mit Massagen und Schönheitsbehandlungen, von Aromatherapie-Massage bis Thalassotherapie (Seetangtherapie). ☉ tgl. 6–24 Uhr, Eintritt Mo, Mi–So R50, Di R25.

Das **Kasino** gehört zu einer kleinen Mall mit einigen Familienrestaurants und Geschäften. Risikofreudige können ihr Glück an einer der Automaten in der großen Spielhalle versuchen, es stehen auch eine Reihe von Spieltischen zur Verfügung. Tagesbesucher des Spas oder Kasinos müssen auf dem Hotelgelände parken, R10 pro Fahrzeug.

Neben dem Thermalbad und Kasino hat Caledon noch einige andere Attraktionen zu bieten: Das **House Museum**, 11 Constitution St, ist in einem sorgfältig restaurierten Gebäude in „viktorianisch-kaledonischem Stil" (1837–1901) untergebracht und beherbergt größtenteils häusliche Exponate. Im Rahmen einer unterhaltsamen **Führung** stellt der Kurator Tizzie Mangiagalli (Reservierung über *Tourist Information,* R10) anhand kundiger Kommentare einen Zusammenhang zwischen den scheinbar trivialen Haushaltsgegenständen und dem geschichtlichen Hintergrund her. Über den Kurator kann man auch landwirtschaftliche Touren organisieren. Die Fotoausstellung des Museums befindet sich zusammen mit dem *Information Bureau* im alten Rathaus. Im **Museum Shop**, 22 Plein St, kann man sich selbst verpflegen, es gibt gute hausgemachte Backwaren, z.B. frisches Brot, jeden Freitag. ☉ Museum Mo–Fr 8–13, 14–17, Sa 9–13 Uhr, Eintritt R2.

Zu Caledons Freiluftattraktionen zählt das **Wildflower Garden and Nature Reserve**, wo man durch Fynbos, Aloen und Sukkulenten an einer felsigen, bewaldeten *kloof* entlang in die Berge hineinwandern kann. Als Alternative empfiehlt sich der 10 km lange Meiring Trail, der tief in das Naturschutzgebiet hineinführt.

Übernachtung

Caledon Hotel***, 1 km östlich des Zentrums, ✆ 214 1271, 🖷 214 1270, 🖵 www.caledoncasino. co.za, luxuriöseste Herberge der Stadt für Wochenendurlauber und Konferenzteilnehmer, komfortable Zimmer mit schöner Aussicht über die Stadt auf Weizenfelder und Berge. Halbpension. Außerdem elegantestes Restaurant mit Speisen à la carte und Snacks.
Kelkiewyn*, 22 Prince Alfred St, preiswertes B&B mit 5 Zimmern.
Libanon**, 21 Krige St, ✆ 214 1096, 🖷 214 1166, schickstes B&B der Stadt, ruhige Umgebung, historisches Haus mit 5 Schlafplätzen und kleinem Garten.
Nana Cottage*, 41 Meul St, 2 Zimmer.
Oom Barrie se Huisie*, von der R406 Richtung Greyton deutlich ausgeschildert, ✆ 214 1080 oder 214 8903, ländliches Cottage für 6 Personen in welligem Weizenland mit einem DZ und Platz für 4 Personen auf dem Speicher. Kein Strom oder Telefon, aber heißes und kaltes fließendes Wasser und voll ausgestattete Küche, Bett-

wäsche auf Nachfrage. An Wochenenden mehr als doppelter Preis, dennoch gutes Preis-Leistungs-Verhältnis, insbesondere ab 4 Personen.
The Painted Lady*, 3 Donkin St, ✆ 083-468 8192, billigste Betten der Stadt in 2 viktorianischen Cottages zur Selbstverpflegung und billiges B&B mit 5 Zimmern.

Essen

Ounooi se Kuierplek, Cathcart St, lockeres Lokal mit ähnlichem Angebot wie das *Venster*, ☺ Mo–Fr 10–17 Uhr.
Venster Restaurant, Wildflower Garden, Snacks und traditionelle Afrikaander-Speisen, z.B. *bobotie* und *bredie*. ☺ tagsüber.

Sonstiges

INFORMATIONEN – *Tourist Information Bureau*, 22 Plein St, ✆ 212 1511, im alten Rathaus mit angegliedertem Kunsthandwerkgeschäft bietet Literatur zur Gegend sowie nähere Einzelheiten zu Unterkünften. ☺ Mo–Fr 8–13, 14–17, Sa 9–13 Uhr.

VORWAHL – 028

Transport

SELBSTFAHRER – Caledon ist über einen kleinen Umweg von der N2 erreichbar: Wer zum Spa möchte, folgt dem Schild mit Hotel- und Spa-Symbol. Es befindet sich von Kapstadt aus gesehen ein Stück hinter dem Wegweiser zum Stadtzentrum.

BUSSE – Sämtliche Intercity-Busse halten am *Alexandra Hotel*, Market Square im Zentrum.

Greyton und die Boesmanskloof Traverse

Greyton ist ein kleines von georgianischen und viktorianischen Gebäuden geprägtes Dorf, das 46 km nördlich von Caledon liegt und dessen Straßenbild von Urlaubern und Ruheständlern geprägt ist. Es zeichnet sich durch die unberührten Riviersonderend Mountains aus, Industrie gibt es hier keine. Doch hinter der ruhigen, idyllischen Atmosphäre unter schattigen Eichenbäumen verbirgt sich ein Kinflikt zwischen den Einwohnern, die das schläfrige Ambiente bewahren und auf ökonomische Entwicklungen verzichten möchten, und denjenigen, die die Notwendigkeit sehen, Arbeitsplätze für die 500 farbigen Gemeindemitglieder zu schaffen, welche nicht das Privileg genießen, hier eine goldene Renten- oder Urlaubszeit zu verbringen.

Abgesehen von den Tätigkeiten der Grundstücksmakler, die den ländlichen Traum an städtische Unternehmer veräußern, spielt Geld hier eine derart geringe Rolle, dass es noch nicht einmal eine Bank gibt. Großer Anziehungspunkt der Stadt ist die Boesmanskloof Traverse (s.S. 245, Kasten), die über die Berge nach McGregor führt. Ansonsten kann man hier lediglich einige kürzere **Wanderwege** nutzen, durch die Straßen spazieren und in den Antiquitäten- und Teeläden herumstöbern.

Übernachtung

Die Winter können in diesem bergigen Gebiet sehr kalt werden, daher lohnt es sich nach einer Unterkunft mit Kamin zu suchen. Achtung: Die Gemeindeverwaltung von Greyton hat 1997 viele Anwesen mit neuen Nummern versehen, aber nicht alle. Die Nummerierung geht ein wenig durcheinander.
Bullocks*, Main Rd, ✆ 254 9948, separate Einheit, mit 2 Zimmern und eigenem Bad und Küche. Ab 2 Nächten R400 pro Einheit.
Greyton Lodge*–****, 46 Main Rd, ✆ 254 9876, ✉ 254 9672, elegantes Unterkunft der Stadt und ausgezeichnete Wahl, sofern Geld keine Rolle spielt. Feudale Standard-Zimmer und eine „Royal-Suite" mit eigener Lounge und Himmelbett.
Greyton Nurseries*, 1 Main Rd, ✆ 254 9998, Apartment mit 2 Zimmern für 4 Personen, an das Haus angegliedert, Mitbenutzung des Hofes. Eine der wenigen kinderfreundlichen Unterkünfte in Greyton.
Guinea Fowl**, Ds Botha St, ✆ 254 9550, preiswertes, freundliches Gästehaus mit 6 Zimmern mit Du/WC, umfassendes englisches Frühstück inkl.

Die Boesmanskloof Traverse Einer der besten Gründe für einen Ausflug nach Greyton ist die 14 km lange Wanderung über die Boesmanskloof Traverse, die von den mit Eichen geschmückten Straßen von **Greyton** über die Riviersonderendberge bis zum glitzernden Karoo-Buschland um die Stadt **McGregor** führt. Die scharfen Kontraste auf einer so kurzen Strecke erweisen sich als atemberaubend. Das Erlebnis ist umso schöner, da die beiden Städte nicht direkt miteinander verbunden sind.

Die klassische Route über die Traverse beschreibt eine Wanderung von Greyton zu **Die Galg** (14 km von McGregor entfernt), wo die meisten die Nacht verbringen, um dann am folgenden Tag nach Greyton zurückzukehren. Obwohl einige Anstiege zu bewältigen sind, kann man die gesamte Strecke problemlos innerhalb eines Tages zurücklegen. Wer die gesamte Länge des Weges scheut, kommt auch auf einer Teilstrecke auf seine Kosten und kann bereits am gleichen Tag nach Greyton zurückkehren. Zu empfehlen ist eine Tageswanderung zu den **Oak Falls**, 9 km von Greyton entfernt, dem Glanzpunkt der Strecke. Vor einem Ensemble mit mehreren Wasserfällen breitet sich ein eindrucksvoller, großer dunkler Pool aus. Hier kann man sich ausruhen oder im tanninfarbenen Wasser schwimmen.

Den Wanderer erwarten über 50 verschiedene Arten des wundervollen Bergfynbos und zur entsprechenden Jahreszeit fantastische Haine mit blühenden Proteen. Zu den hier lebenden Säugern zählen kleine Antilopen, Karakale, Paviane und Dassies (Klippschliefer), allerdings bekommt man diese nur selten zu Gesicht. Man sollte sich demnach mehr auf die Landschaft mit ihren zerklüfteten Riviersonderendbergen, *kloofs,* Bächen, Wasserfällen und Becken konzentrieren.

Praktische Informationen

Für die ersten 5 km des Wegs und zurück gibt es keinerlei Auflagen. Wer allerdings die gesamte Strecke von Greyton zu Die Galg zurücklegen möchte, braucht eine **Erlaubnis**. Die Anzahl der Wanderer ist pro Tag auf 50 beschränkt. An Wochenenden ist der Weg extrem überlaufen und die Genehmigungen müssen im Voraus beim Verwalter erworben werden, *Vrolijkheid Nature Reserve*, Private Bag X614, 6705 Robertson, ✆ 625 1621. Während der Woche erwirbt man am Tag der Wanderung eine Erlaubnis (1 Tag R32 p.P., 2 Tage R50) bei *Greyton Municipal Offices*, Ds Botha St, ✆ 254 9620, ⏰ Mo–Fr 8.15–13, 14–15.30 Uhr. Mit der Erlaubnis erhält man auch eine **Karte**, obwohl diese angesichts der guten Beschilderung der Traverse nicht unbedingt erforderlich ist. Eine Broschüre bietet Erläuterungen zum Lehrpfad auf der McGregor-Hälfte der Strecke. Sie orientiert sich an den nummerierten Stellen entlang der Route und lenkt die Aufmerksamkeit auf die Umgebung. Die Wanderung ist nicht besonders anstrengend, gute Schuhe sind jedoch ratsam. Die Winter hier sind regnerisch und das Gelände zu der Zeit sehr feucht, die Sommer dagegen sind heiß und trocken.

Es gibt zwei **Übernachtungsmöglichkeiten** auf der McGregor-Seite: die *Wander-Dorms**, Die Galg, ✆ 023-625 1735, mit Kühlschrank, Herd und Betten (aber kein Bettzeug), nach Mr. Oosthuizen fragen, oder *Whipstock Farm* (s.S. 229), 4 km hinter Die Galg, von dort kostenloser Abholservice durch die Besitzer.

High Hopes**, 89 Main Rd, ✆ 254 9898, eines der besten B&Bs in einem schönen Landhaus, 1 Zimmer mit Du/WC, 2 Luxus-Suiten sowie 1 separate Einheit mit Küche (wahlweise Selbstverpflegung oder auf B&B-Basis). Wundervoller Garten mit einem riesigen Zierteich und Swimming Pool. Tee und Gebäck am Nachmittag, vorzügliches, nicht-englisches Frühstück inkl.

Städtischer Campingplatz, von der Main Rd ausgeschildert, ✆ 254 9620, 2,5 km außerhalb der Stadt, hübsche Umgebung am Rand der Riviersonderendberge, Einrichtungen beschränken sich auf sanitäre Anlagen mit warmem und kaltem Wasser.

Post House**–***, Main Rd, ✆ 254 9995, ✉ 254 9920, 🖳 www.posthouse.co.za, Zimmer mit Du/WC und edwardianischen und ländlichen Möbeln. Mo–Fr billiger.

Essen

Blue Mountain, 21 Ds Botha St, ℘ 254 9325, in erste Linie Sportbar und Pub, ☉ tgl. 21.30–2 Uhr; Essen tgl. 12–15, 18–22 Uhr, Mo nur Mittagessen.
Greyton Lodge, 46 Main Rd, ℘ 254 9876, schickstes Restaurant am Ort, ländliche Küche mit Stil, neben mehrgängigem Candlelight-Dinner auch Frühstück und Mittagessen.
Oak and Vigne Café, Ds Botha St, ℘ 254 9037, sehr beliebt, Unterbringung in einem alten Cottage mit von Eichen beschatteter Terrasse, tgl. erschwinglich mediterranes Landfrühstück, Tee und Mittagessen.
Post House, Main Rd, für Nicht-Gäste bis 19 Uhr.
Rosie's, High St (auf dem Hügel), hinter Main Rd, ℘ 254 9640, gute Steaks, Pasta und Pizza.
The Terrace, 14 Main Rd, ℘ 254 9164, gute hausgemachte Pasta und Burger sowie frische Fischgerichte und Steaks, ☉ im Sommer tgl. außer Mo.

Sonstiges

INFORMATIONEN – **Tourist Information Bureau**, 32 Main St, ℘ 254 9414, ▭ www.greyton.net, Infos und Unterkunftsvermittlung, ☉ Mo–Sa 10–16, So 10–13 Uhr.

VORWAHL – 028

Transport

Greyton wird nicht von öffentlichen Verkehrsmitteln angefahren. Zu erreichen ist der Ort mit dem **Auto**, am besten über die geteerte R406 direkt westlich von Caledon. Die ungeteerte Route von Riviersonderend erweist sich als echte Strapaze für die Federung.

Genadendal

Die Ortschaft Genadendal („anmutiges Tal") existiert seit 1737 und ist Südafrikas älteste Missionsstation. Gegründet wurde sie von Moravians. Teile der ocker- und erd-rosafarbenen Architektur zeugen von mitteleuropäischem Einfluss. Den Mittelpunkt von Genadendal bildet der **Church Square**, der von einem germanischen Kirchenbau aus dem Jahre 1891 beherrscht wird. Die alte Glocke stammt aus dem 18. Jahrhundert und stand damals im Zentrum heftiger Auseinandersetzungen zwischen den örtlichen Farmern und der Missionsstation. Als der Missionar Georg Schmidt mit den verarmten Khoi, die unmittelbar vom Niedergang bedroht waren, eine kleine christliche Gemeinde gründete und den schlecht behandelten Arbeitern der hiesigen Farmen Zuflucht bot, eskalierte der Konflikt. Die Farmer waren erbost, zumal Schmidt den Schwarzen, die sie als unzivilisiert betrachteten, das Lesen und Schreiben beibrachte, während sie selbst als weiße Christen Analphabeten blieben. Die Niederländische Reformierte Kirche unter der Kontrolle der Niederländischen Ostindischen Kompanie griff ein, als Schmidt sich anschickte, die neuen Anhänger der Religion zu taufen: Sie untersagte der Mission das Läuten der Glocke, das die Gläubigen zum Gebet rief.

Im 18. Jahrhundert war Genadendal nach Kapstadt die größte Siedlung Südafrikas. Obwohl es über seinen Dorfstatus nie hinauskam, erlebte Genadendal im 19. Jahrhundert eine goldene Ära mit einer florierenden Wirtschaft, die auf einheimischen Industrien basierte. Im Jahre 1838 errichtete man hier das erste Ausbildungsinstitut des Landes für Lehrer, welches 1926 von der Regierung wieder geschlossen wurde – mit der Begründung, dass Coloureds keinen tertiären Bildungsbereich bräuchten und stattdessen als Arbeiter auf den örtlichen Farmen beschäftigt werden sollten. Diese Politik führte die Gemeinde geradewegs in die Armut. Im Jahre 1995 taufte Nelson Mandela seinen offiziellen Sitz in Kapstadt als Anerkennung für die Bedeutung der Mission in „Genadendal" um.

Heute zählt diese in erster Linie farbige Stadt ca. 4000 Einwohner, die verschiedenen christlichen Sekten angehören und nicht mehr nur dem Moravianismus. Das **Mission Museum** am Church Square ist von bescheidenem Interesse und liefert Hintergrundinformationen über die Ankunft der Moravians, ☉ Mo–Do 9–13, 14–17, Fr 9–15.30, Sa 9–12 Uhr, Eintritt R7. Für einen Museumsbesuch und einen Spaziergang durch die Stadt, z.B. zum ländlichen Friedhof mit Grabsteinen aus dem frühen 19. Jahrhundert, sind bis zu zwei Stunden einzuplanen.

Genadendal bietet nur wenige Besucherattraktionen, aber im *Tea Room* direkt hinter dem Church Square kann man sich eine Erfrischung gönnen.

Das Dorf lässt sich im Rahmen eines Ausflugs von Greyton, 6 km weiter westlich, besuchen.

Der Genadendal Trail

Während eines Aufenthalts lohnt sich die kurze Wanderung vom Dorf ins Umland über den Genadendal Trail. Der 25 km lange, zweitägige Rundweg erfordert ein beachtliches Maß an Fitness, insbesondere auf den ersten 2 km des zweiten Tages. Der Rest ist zum Großteil leicht zu bewältigen und führt durch Bergfynbos, der von kleinen Antilopen, Karakalen und gelegentlich Leoparden bevölkert wird. Da nur 24 Leute gleichzeitig den Weg benutzen können, ist eine Reservierung unerlässlich. **Reservierung** und **Erlaubnis**, R49, arrangiert man per Post über *Vrolijkheid Nature Reserve*, Private Bag X614, Robertson 6705, ☎ 023-625 1621. Vor dem Einsenden des Antrags (per Scheck oder Postanweisung ausgestellt auf Vrolijkheid Nature Conservation) unbedingt anrufen, um die Verfügbarkeit zu überprüfen.

Hester Dorothea Conference Centre*, Church Square, ☎ 251 8346, einfache, preiswerte Übernachtung in Schlafsälen und Privatzimmern mit gemeinsamen sanitären Anlagen und Kücheneinrichtungen – insbesondere für Wanderer des Genadendal Trail.
De Hoek*, ☎ 023-626 2176, Cottage für Wanderer des Genadendal Trail zur Selbstverpflegung auf einer Blumenfarm, ungefähr auf halbem Weg. Auf der Farm leben Antilopen und viele Vögel. Außerdem lädt der Farmdamm zum Schwimmen ein. Vorherige Buchung über die Eigentümer Mr. und Mrs. Okes.

INFORMATIONEN – *Tourist Information Bureau*, ☎ 251 8291, zentral am Church Square, ⊙ Mo–Do 8.30–17, Fr 8.30–16, Sa 10–14 Uhr.

VORWAHL – 028

Swellendam

Swellendam, 97 km östlich von Caledon, präsentiert sich als attraktive historische Stadt am Fuße des Langeberg. Mit einem der besten Landmuseen von Südafrika eignet sich der Ort gut für einen Zwischenstopp entlang der N2 auf halber Strecke zwischen Kapstadt und der Garden Route. Angesichts der reichen Auswahl an Unterkünften und der schönen Lage – zwischen dem De Hoop Nature Reserve an der Küste im Süden und den Bergen um Montagu im Norden – stellt er einen guten Ausgangspunkt für eine mehrtägige Erkundung der Overberg-Region dar.

Swellendam, Südafrikas **drittälteste weiße Siedlung**, wurde 1745 von Baron Gustav van Imhoff gegründet. Als hoher Vertreter der Niederländischen Ostindischen Kompanie zeigte er sich nach seinem Besuch zutiefst besorgt über die „moralische Degeneration" der *burgher*, die immer weiter von Kapstadt weg und somit aus dem Kontrollbereich der Kompanie zogen. Des Weiteren beunruhigte ihn der Verlust der Einkünfte durch diese „Vagabunden", die keine Steuerabgaben an die Kompanie für ihren Landbesitz zahlten. Der Ausruf einer „freien Republik" der *burghers* 1795 wurde von den Briten schnell unterbunden, als sie das Kap besetzten. Die Stadt wuchs zu einem blühenden ländlichen Zentrum heran und war bekannt als Wagenbaustandort sowie als letzter „zivilisierter Hafen" für die Trekburen auf ihrem Weg ins Landesinnere.

Mit den erzielten Gewinnen errichteten die Bewohner zahlreiche erhabene Häuser, die jedoch größtenteils dem Feuer von 1865 zum Opfer fielen. Nichtsdestotrotz hat sich Swellendam ausreichend Charme bewahrt, um Reisende von der Nationalstraße anzulocken.

Das Stadtzentrum ist problemlos zu Fuß zu bewältigen (öffentliche Verkehrsmittel gibt es keine). Das einzige Gebäude, das hier die Zeichen der Zeit überdauert hat, ist das kapholländische **Oefeningshuis**, 36 Voortrek St. Heute ist hier das *Tourist Information Bureau* untergebracht. Erbaut wurde es 1838 und fungierte zunächst als religiöse Wirkungsstätte, später als Schule für befreite Sklaven. Bemerkenswert sind seine surreal wirkenden Uhren. Schräg gegenüber, etwas weiter östlich, befindet sich die **Niederländische Reformierte Kirche**, Hausnr. 11, aus dem Jahre 1910 mit gotischen Fenstern, einer barocken Turmspitze, Portikus-Elementen im Renaissance-Stil und kapholländischen Giebeln.

Auf der Ostseite der Stadt, unweit des Zentrums, liegt das ausgezeichnete **Drostdy Museum**, 18 Swellegrebel St, eines der schönsten Landmuseen in Südafrika. Es besteht aus einer Ansammlung historischer Gebäude, die um ein ausgedehntes Gelände angeordnet sind, und einem Kap-Garten aus dem 19. Jahrhundert. Kernstück ist der **Drostdy** selbst, der 1747 als Sitz des Landdrost (eine Art Landvogt) erbaut wurde. Dieser war von der Niederländischen Ostindischen Kompanie entsandt worden, um das Gebiet zu kontrollieren. Das Gebäude entspricht dem getünchten, strohgedeckten und mit Läden versehenen kapholländischen Stil des 18. Jahrhunderts, während die Einrichtung aus dem 19. Jahrhundert stammt. ☉ Mo–Fr 9–16.45, Sa und So 10–15.45 Uhr, Eintritt R10.

Vom Hintergarten des Drostdy gelangt man über einen Weg und die Drostdy St zu **Mayville**, einem bürgerlich viktorianischen Anwesen aus der Mitte des 19. Jahrhunderts mit einem alten Rosengarten. Einen weiteren Teil des Komplexes bilden das **Old Gaol**, das Cottage des Gefängniswärters, sowie eine interessante Ausstellung von Farmgeräten und Werkzeugen aus dem 18. und 19. Jahrhundert. Sehenswert ist außerdem die runde Tenne mit niedrigen Wänden, in der die Pferde einst den Weizen stampften.

Übernachtung

Liebhaber von atmosphärischen, historischen Häusern haben in Swellendam eine große Auswahl: Es gibt zahllose kapholländische und georgianische Häuser, die zudem noch erschwinglich sind.

Braeside B&B*, 13 van Oudtshoorn Way, ☎ 514 3325 oder 083-261 1923, ☏ 514 1899, 🖥 www.braeside4u.homestead.com, großes, erschwingliches, kinderfreundliches edwardianisches Haus. 4 Zimmer mit Du/WC und separaten Eingängen. Veranda am Haus mit Bergblick und Swimming Pool.

The Coachman**–****, 14 Drostdy St, ☎ 514 2294, ☏ 514 3349, 🖥 www.coachman.co.za, alte Remise in der Nähe des Drostdy Museum. 3 komfortable Zimmer mit Du/WC und Privat-

eingang sowie 2 neue, teurere strohgedeckte Luxus-Cottages im Garten.

Cypress Cottage*, 3 Voortrek St, ☎ 514 3296, eines der billigsten B&Bs der Stadt, zentrale Lage und gute Qualität in 5 bescheidenen Zimmern in einem der ältesten Häuser der Stadt.

Eenuurkop Huisie*, ☎ 514 1447, 8 km von der Stadt entfernt, 2 Cottages zur Selbstverpflegung à 1 bzw. 3 Zimmern in atemberaubender Umgebung mit Zugang zu Bergwanderwegen.

Hermitage Huisies*, an der R60 nach Ashton, ☎ 514 2308, 3 km von der Stadt entfernt, 2 wundervolle Cottages zur Selbstverpflegung à 1 bzw. 2 Zimmern auf einem landwirtschaftlichen Kleinbetrieb mit Ententeich und Schafsweiden.

Klippe Rivier Homestead, über R500, hinter dem westlichen Ende der Voortrek St, ☎ 514 3341, ☏ 514 3337, ✉ krh@sdm.dorea.co.za, direkt außerhalb des Zentrums, formellste und feudalste Unterkunft des Ortes in einer schönen Villa von 1825 mit 6 Luxuszimmern. 1 abgeschiedenes Cottage und Salzwasser-Pool. Keine Kinder unter 10 Jahren.

Moolmanshof*, 217 Voortrek St, ☎ 514 3258, ☏ 514 2384, ✉ hhmodels@intekom.co.za, 3 Zimmer mit Du/WC in einem komfortablen, ländlichen kapholländischen Anwesen am Stadtrand aus dem Jahre 1798. Großer Garten und Swimming Pool, kinderfreundlich.

The Old Mill*, 241–243 Voortrek St, ☎ 514 2790, 4 malerische B&B-Cottages, eines davon in der alten Mühle, alle 2001 aufpoliert. Kleines Restaurant.

Roosje Van De Kaap*, 5 Drostdy St, ☎ 514 3001, ✉ roosje@dorea.co.za, beliebtes B&B in einem schönen Haus, erstklassiger Service, einige Zimmer sind sehr klein.

Swellendam Backpackers, 5 Lichtenstein St, ☎ 514 2648, ✉ backpack@dorea.co.za, einziges Hostel vor Ort, freundliche Herberge mit Camping, Schlafsälen und DZ. Personal organisiert auch Aktivitäten, z.B. Reiten, Mountainbiken und Kanufahren.

Essen

Möglichkeiten zum Essengehen bieten sich in Swellendam ausreichend. Die Palette reicht von Snack-Bars bis hin zu formellen Restaurants mit romantischen Candlelight-Dinnern. Viele davon sind in hübschen Gebäuden untergebracht.

La Belle Alliance, Swellengrebel St, ✆ 514 2252, Sandwiches und leichte Speisen in einer spektakulären alten Kirche mit hübschem Außenbereich unter Bäumen, in Museumsnähe am Fluss. ◷ tagsüber.

The Connection, 132 Voortrek St, ✆ 514 1988, Restaurant in einem Stadthaus aus dem 18. Jh., serviert schmackhafte leichte Mahlzeiten, z.B. getoastete Sandwiches und Hauptgerichte wie Wildgeflügel und Hirsch. ◷ Di–Do mittags bis abends.

The Old Mill, 241-243 Voortrek St, ✆ 514 2790, schönes, preiswertes Lokal im Freien mit freilaufenden Enten und Hühnern, bietet Tee, Kaffee und leichte Mahlzeiten. ◷ Tgl. tagsüber.

Roosje Van de Kaap, 5 Drostdy St, ✆ 514 3001, sehr angesehenes Restaurant mit traditionellem Kap-Essen und großartiger Weinliste, schöne romantische Candlelight-Dinner. ◷ Di–So 19–23 Uhr.

Zanddrift, Swellengrebel St, ✆ 514 1789, Lokal in einem rekonstruierten historischen Farmhaus. Interessante Speisekarte, z.B. wilde Pilze von den hiesigen Bergen und Hirschfleisch. ◷ tagsüber.

Sonstiges

TOUREN – **Two Feathers Horse Trails,** ✆ 514 3797 oder 082-494 8279, 🖥 www. twofeathers.co.za, bietet **Reitmöglichkeiten** im Western- oder englischen Stil, im Stundentakt oder als Tagesausflug inkl. Lunch. Außerdem werden das Zusammentreiben von Vieh und 5-tägige Wildnis-**Wanderungen** mit Übernachtung in Tipis oder Blockhütten zur Selbstverpflegung angeboten.
Die Landschaft ist vielfältig und reicht von Waldwegen an Wasserfällen und Bergbächen vorbei bis hin zu Flusspfaden, kurvigen Landstraßen und offenen Grasebenen.

INFORMATIONEN – **Tourist Information Bureau,** 36 Voortrek St, ✆ 514 2770, ✉ infoswd@sdm. dorea.co.za, Infos zu örtlichen Attraktionen und Zimmerreservierung. ◷ Mo–Fr 8–13, 14–17, Sa 9–12.30 Uhr.

Transport

BUSSE – Die zwischen Kapstadt und Port Elizabeth pendelnden Intercity-Busse von **Greyhound**, **Intercape** und **Translux** halten allesamt schräg gegenüber dem *Swellengrebel Hotel,* 91 Voortrek St, im Stadtzentrum, während der **Baz Bus** die Fahrgäste an den zentralen Unterkünften absetzt.

Bontebok National Park

Nur 6 km südlich von Swellendam am Breede River zwischen Kapstadt und der Garden Route lädt der Bontebok National Park, ✆ 028-514 2735, ein kompaktes 28 km^2 großes Naturschutzgebiet am Fuße der Langebergkette, zu einer erholsamen Pause mit Übernachtung ein. Den Park errichtete man 1931, um den schwindenden Bestand der Buntböcke (eine Antilopenart mit braun-weißen Markierungen auf der Stirn und dem Hinterteil) zu schützen. Im Jahre 1930 hatte sich die Zahl der Tiere durch die Jagd auf 30 verringert. Ihr Fortbestand wurde inzwischen gesichert und heute sind 300 Buntböcke im Park und noch mehr in weiteren Wild- und Naturparks der Provinz. Große Katzen kommen hier nicht vor, dafür trifft man unter Umständen auf andere **Säuger,** wie das seltene Kap-Bergzebra, die rote Kuhantilope und die Rehantilope, sowie auf 126 **Vogelarten.** Auch die **Fynbosvegetation** zeigt sich mit nahezu 500 Arten vielfältig, darunter Erika, Gladiolen und Proteen. Neben der **Wildbeobachtung** kann man im Park noch anderen Aktivitäten nachgehen: **Schwimmen** im Breede River, **Wandern** auf einigen kurzen Naturwegen und **Fischen.** ◷ Okt–Apr 8–19; Mai– Sept 8–18 Uhr, Tagesbesucher R12 inkl. Übernachtung.

Für Tagesbesucher stehen **Picknickplätze** mit Grillgelegenheit und sanitären Anlagen bereit. In einem **Geschäft** am Parkeingang sind Fleisch und Alkohol erhältlich, frisches Obst und Gemüse dagegen nur in Swellendam, Benzin im Park.

Übernachtung

Übernachtungsmöglichkeiten mit Selbstverpflegung bieten sich in preiswerten **Caravans*** mit 6 Betten und Vorräumen aus Holz entlang des

WESTKAP

Flusses an. Zur Verfügung stehen eine Basis-Küchenausstattung, Bettzeug, Handtücher und Seife sowie sanitäre Anlagen. Außerdem kann man im eigenen Zelt **campen**. Reservierungen erfolgen über die zentrale Reservierungsstelle *SA National Parks* in Pretoria, ✆ 012-343 1991, ✉ 012-343 0905, 🖵 www.parks-sa.co.za.

Von Strand bis Cape Hangklip

Die meisten nehmen die Küstenstraße am Ostufer der False Bay entlang, um nach Hermanus zu gelangen. Landschaftlich gesehen hat die Strecke aber weit mehr zu bieten, insbesondere hinter den Pendlersiedlungen am Rande von Kapstadt. Verlässt man die N2 hinter Kapstadt bei Somerset West, trifft man zunächst auf den Küstenort Strand, ein enormes Industriezentrum. Der schöne Strand hier ist nicht unbedingt ein Grund, um einen Zwischenstopp einzulegen. Die R44 führt weiter zur Pendlergemeinde **Gordon's Bay** – für einige Zeit die letzte vernünftige Möglichkeit im Meer zu baden. Dahinter fallen die Berge zum Meer ab und die Straße schlängelt sich durch das Faltgebirge. Unterhalb krachen die Wellen gegen die Felsen. Kein einziger Baum ist in dieser karge, dramatischen Landschaft zu entdecken. Seinen Namen verdankt Cape Hangklip, die Spitze von False Bay, der Tatsache, dass viele portugiesische Seefahrer glaubten, sie würden das Kap der Guten Hoffnung umsegeln. Nach Hangklip führt eine unbefestigte Straße, wo sich seit über 20 000 Jahren die verschiedensten Bewohner ansiedeln. Im 19. Jahrhundert lebten Gesetzlose in den abgelegenen Höhlen von Hangklip, allerdings wurden sie 1852 aufgespürt und die Gegend blieb danach den Pavianen überlassen.

Betty's Bay und Umgebung

Grob gesagt kennzeichnet Cape Hangklip die Stelle, an der die Pendler zu Urlaubern werden. Direkt um die Ecke weiter westlich entwickelte sich Betty's Bay zum Meeresresort für Kapstädter, die dem Stadtleben entfliehen wollen. Benannt wurde das Gebiet nach Betty Youlden, der Tochter des Direktors der ersten Kompanie, die an einer Erschließung der Gegend beteiligt war. Heute präsentiert sich Betty's Bay als eher langweilige Ansammlung von Ferien-Cottages mit einer Kolonie von

African (Jackass) Pinguinen. Die besten Möglichkeiten zum Vögelbeobachten bieten sich morgens und abends von April– Juni. African Pinguine paaren sich hier und kehren jedes Jahr zum gleichen Nest zurück. Betty's Bay ist kaum auf Besucher eingestellt, essen kann man aber dennoch im Harold Porter Botanical Garden.

Harold Porter National Botanical Garden

Direkt oberhalb von Betty's Bay erstreckt sich am Berg der Harold Porter National Botanical Garden, ein Wildschutzgebiet mit Küsten- und Bergfynbos, das sich gut als Zwischenstopp entlang der R44 eignet – und sei es nur, um zu picknicken oder das Café zu besuchen.

Verlockend sind die landschaftlichen Reize und Blicke aufs Meer auf dem Weg die *kloof* hinauf. Der relativ kompakte botanische Garten dehnt sich von den Bergen durch Sumpfland hinunter zu den Dünen an der Küste über 2 km² aus. Je höher man kommt, desto häufiger sieht man das Meer sowie landeinwärts die zerklüftete Bergwelt.

Sehen kann man **Antilopen**, **Paviane** und **Leoparden**, letztere allerdings nur selten. Lohnenswerter ist es, nach Vögeln und Blüten Ausschau zu halten. Im Januar zeigen sich die roten Disa-Orchideen in all ihrer Pracht, während die rosafarbenen Nerinen im März zu bewundern sind. Neben den bunten Nektarvögeln kommen noch jede Menge anderer **Vogelarten** vor. Vier Wege zwischen einer und drei Stunden führen durch den Garten. Ebenso empfehlenswert ist ein improvisierter Spaziergang an den rotgefärbten Gewässern (verursacht durch Phenol und Tannin aus dem Fynbos) der Disa Kloof entlang.

Kleinmond

Aufgrund seiner Isolation diente Kleinmond, 12 km nordöstlich von Betty's Bay, rund 200 Jahre lang als Hochburg der Gesetzlosen. Im 20. Jahrhundert verwandelte sich die relativ leicht zugängliche Stadt dann in ein Reiseziel für Kapstädter und Farmer aus der umliegenden Gegend. Ein eindrucksvolles Ensemble aus Meer, Dünen, Mündung und Gebirgswasserfällen wird durch einen 10 km langen halbmondförmigen **Strand** ergänzt, der sich über den Bot River Mouth bis Mudge Point erstreckt. Ein Bad im Meer ist in der Nähe des *Beach House Hotel* am sichersten, allerdings sollte man sich nicht zu weit aufs Wasser hinauswagen. Einen neueren Abschnitt von Kunsthandwerkläden und Coffeeshops mit einem Delikatessengeschäft, einer Sportbar und einer der Öffentlichkeit zugänglichen Zuchtstation für Seeohren (R8) erreicht man über eine Seitenstraße der Hauptküstenstrecke, indem man einfach dem Schild „Harbour" folgt.

Übernachtung und Essen

Beach House****, Beach Rd, ✆ 271 3130, ✉ 271 4022, feudalste Unterkunft des Ortes, kleines Hotel mit großen Zimmern und extra großen Betten, weißen Korbmöbeln und geschmackvollen Blumenstoffen. Blick über Sandown Bay, die Lagune und Berge. Besonders lohnenswert sind die Luxuszimmer mit direktem Blick auf die rauschende Meeresbrandung. Außerdem bestes Restaurant vor Ort, teuer und formell, Fisch- und Fleischgerichte.

Palmiet, ✆ 271 4050, von der Hauptstraße ausgeschildert, der bessere von insgesamt 2 Caravanparks. Ruhig und in der Nähe der sicheren Badestellen des Flusses. Möglichkeiten zum Campen.

VORWAHL – 028

Hermanus, Walker Bay und Umgebung

Am Nordzipfel der sich nach Süden hin zum Landzipfel von Danger Point erstreckenden Walker Bay, 112 km östlich von Kapstadt, liegt Hermanus. Hinter dem Städtchen ragt eine eindrucksvolle Bergkulisse empor, und in den Gewässern vor der schroffen Felsenküste der geschützten Bucht halten sich in den Wintermonaten Wale auf, die dort ihre Jungen zur Welt bringen. Daher bezeichnet sich Hermanus stolz als die **Wal-Metropole** Südafrikas, und hat zum Beweis dafür den wohl einzigen offiziellen Wal-Ausrufer angestellt, der mit einem Handy und einem Muschelhorn durch den Ort zieht und die Stellen ausruft, an denen gerade Wale gesichtet werden. In der Umgebung der alten Hafenmole ist noch ein Hauch des ehemaligen friedlichen Fischerdorfes zu verspüren, ansonsten besteht Hermanus aus schmucken, neuen Häusern, Hotels, Supermärkten und Souvenirgeschäften.

Unglaublich viele Walbeobachter zieht es zur Walker Bay, denn kaum eine andere Gegend der Welt bietet die Möglichkeit, direkt vom Meeresufer aus Wale zu Gesicht zu bekommen. Etwa ab Juli halten die Südkaper (*Eubalaena australis*, aus der Familie der Glattwale) und so genannten „Southern Right Whales" ihren Einzug in die wärmeren, geschützten Buchten des Westkaps. Abgesehen von den Walen hat Hermanus aber auch hübsche Strände sowie ein paar ausgezeichnete Weingüter zu bieten, und es stellt eine angenehme Ausgangsbasis für Abstecher in die anderen Teile des Overberg dar.

Gleich östlich der Walker Bay, am Ufer des Klein River, befindet sich der Weiler **Stanford**, der sich seinen alten Dorfkern bewahrt hat. Es liegt nahe genug bei Hermanus, um als Ausweichquartier zu dienen. Die Kleinstadt **De Kelders**, südöstlich von Hermanus und ebenfalls direkt am Wasser, ist noch besser zum Walebeobachten geeignet, hat jedoch vergleichsweise so gut wie keine Annehmlichkeiten zu bieten. Landeinwärts erstreckt sich das herrliche, gepflegte **Grootbos Nature Reserve**, eine der besten Stellen des Landes, um Genaueres über den Fynbos zu erfahren. Weiter unten in der Bucht liegt der Fischerort **Gansbaai** (Gänsebucht), heute mehr für seine Hai-Käfig-Tauchgelegenheiten als für Federvieh bekannt. Danger Point an der Spitze der Landzunge ist der Südzipfel der Walker Bay – hier erlitt die HMS *Birkenhead* Schiffbruch.

An der R316, nicht weit von Hermanus entfernt, liegt **Bredasdorp**, von wo Straßen nach **Cape Agulhas**, dem südlichsten Zipfel Afrikas, zum Missionsstädtchen **Elim** und zum Fischerdorf **Arniston** abzweigen.

Hermanus

Die **Main Road**, die Verlängerung der R43, windet sich durch Hermanus, heißt dort ein Weilchen Seventh St und geht anschließend wieder in die R43 über. Als Ortszentrum gilt der **Market Square**, der gleich oberhalb des alten Hafens südlich der Main St liegt und die dichteste Konzentration von Restaurants, Souvenirgeschäften und Flohmärkten aufzuweisen hat.

Am unteren Rand des Market Square steht das **Old Harbour Museum**, dessen einzige wirkliche

Attraktion die Live-Übertragung per Unterwasser-mikrofon von Walgesängen ist. Außerhalb der Saison muss man sich mit den Stimmen vom Band begnügen. Die Ausstellungsstücke bestehen vor allem aus Fischereigerätschaften und ein paar Haifischgebissen. Draußen vor dem Museum liegen einige bunte, ausrangierte Fischerboote. ⊙ Mo–Sa 9–13, 14–17, So 12–16 Uhr, Eintritt R2.

Ein fast 5 km langer Pfad führt durch Küstenfynbos am Felsufer entlang vom alten Hafen bis zum Grotto Beach am Ostrand der Stadt. Ein kurzes Stück führt der Weg von der Küste weg und folgt der Main St, biegt dann aber wieder Richtung Meeresufer ab. Östlich des Old Harbour, am Fuß des *Marine Hotel*, wurde ein geräumiges **Meeresschwimmbecken** angelegt. Wer einen **Badestrand** sucht, muss sich am Mossel River entlang zu den östlichen Vororten begeben. Am nächsten zur Stadt liegt die geschützte **Langbaai**, eine Höhle unter Felsüberhängen am unteren Ende der Sixth Ave. Dort gibt es einen schmalen Strandstreifen und ausgezeichnete Möglichkeiten zum Schwimmen. **Voelklip**, am Fuß der Eighth Ave, verfügt über Grasflächen, Toiletten und ein Café. Die angrenzende **Kammabaai** bietet die besten Surfbedingungen rund um Hermanus. Nur 1 km weiter östlich liegt **Grotto Beach** – hier beginnt ein 12 km langer, blendend weißer Sandstreifen, der sich in einem sanften Bogen bis nach De Kelders erstreckt.

Ebenfalls am Ostrand der Stadt liegt das **Fernkloof Nature Reserve**, ein 15 km^2 großes hügeliges Gelände mit großartigem Ausblick auf die Walker Bay. Ein Besuch ist sehr zu empfehlen, denn das Naturschutzgebiet besitzt ein rund 40 km umfassendes Netz an markierten **Wanderwegen**, darunter einen insgesamt 4,5 km langen Naturlehrpfad. Bei einem Spaziergang kann man aus nächster Nähe die Artenvielfalt des Küstengebirgsfynbos (im Reservat: rund 1000 Spezies) bewundern, und die zahlreichen Blütenpflanzen ziehen Scharen bunter Vögel an. ⊙ Sonnenaufgang bis Sonnenuntergang, Eintritt frei.

Der von steilen Felshängen eingerahmte **New Harbour**, ein paar Kilometer westlich der Stadt an der Westcliff Rd gelegen, ist ein betriebsamer Fischereihafen. Manchmal schwimmen die Wale ins Hafenbecken hinein, und dann gibt es keine angenehmere Aussichtsstelle als das *Harbour Rock* (s.S. 255) oder *The Gecko Bar*.

Hemel-en-Aarde Valley: Die Weingüter der Walker Bay

Am Ostrand von Hermanus geht der **Rotary Way** ab, ein herrliches, 10 km langes Straßenstück, das über den Bergrücken durch Fynbosgelände führt und weite Ausblicke über die Stadt, das Hemel-en-Aarde Valley („Himmel- und Erde-Tal") sowie die Walker Bay von Kleinmond bis nach Danger Point zulässt. Von der Stadt her kommend biegt man gleich hinter dem Sportplatz nach rechts ab und folgt dem Pfad, der mit zwei weißen Schranken versehen ist, auf denen „Rotary Way" steht. Die Straße ist anfangs asphaltiert, geht dann in eine Karrenspur über und endet schließlich im Nichts, d.h. Wanderer müssen auf dem gleichen Weg wieder zurückkehren.

Aus dem angrenzenden Hemel-en-Aarde Valley, rund 15 Autominuten westlich von Hermanus, stammen ein paar südafrikanische Spitzenweine. Drei kleine Weingüter mit gemütlichen Probierstuben liegen nahe beieinander an der Schotterstraße R320 Richtung Caledon, die 2 km westlich von Hermanus von der Hauptstraße nach Kapstadt abgeht.

Die erste Winzerei ist **Whale Haven Winery**, ☎ 312 1585, ✉ whwines@itec.co.za, ein paar hundert Meter hinter der Straßenabzweigung. 1995 wurden hier die ersten Weine gekeltert und ihre Reputation wird seither immer besser. Ein besonders köstlicher Tropfen ist der Oak Valley Pinot Noir, gefolgt vom Oak Matured Chardonnay. ⊙ Mo–Fr 9.30–17, Sa 10.30–13 Uhr, Eintritt frei.

Wine Village, auf der Whale Haven gegenüberliegenden Straßenseite in Hemel-en-Aarde Village, ist vielleicht die beste Weinhandlung von ganz Südafrika. Das Angebot umfasst Produkte aus allen Weinanbaugebieten des Landes. ⊙ Mo–Sa 9–19, So 10–18 Uhr.

Das älteste Weingut der Walker Bay ist **Hamilton Russell**, ☎ 312 3595, ✉ hrv@hermanus.co.za. Seine Spitzenerzeugnisse sind Chardonnays und Pinot Noirs, die zu den kostspieligsten Weinen Südafrikas zählen. Wer darauf erpicht ist, eine ganz bestimmte Weinsorte zu kosten, sollte unbedingt vorher anrufen, denn manche Jahrgänge sind schnell ausverkauft. Hamilton Russell füllt auch einige Weine unter dem bei Sammlern begehrten Southern Right-Label in Flaschen ab. Diese werden nicht im Weingut, sondern im Geschäft *Wine Villa-*

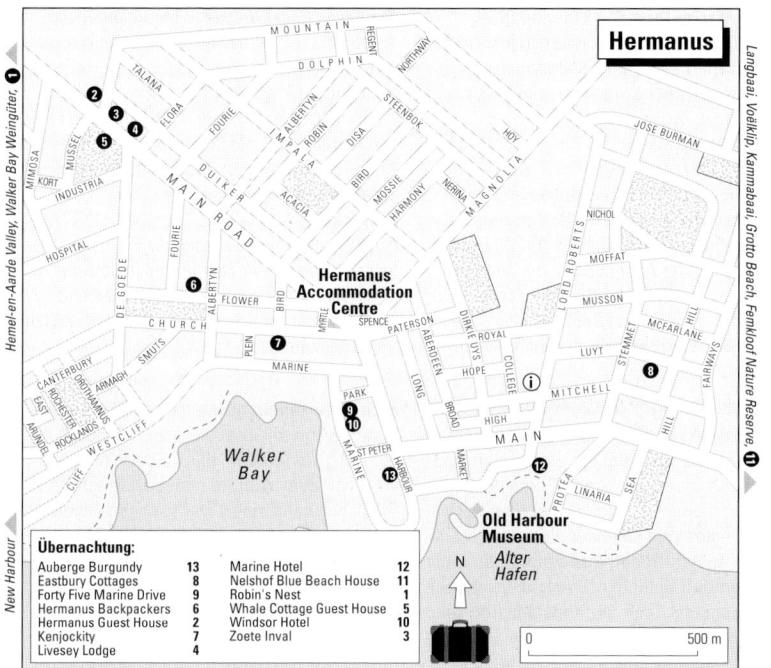

Langbaai; Voëlklip, Kammabaai; Grotto Beach, Fernkloof Nature Reserve,

Hemel-en-Aarde Valley, Walker Bay Weingüter,

New Harbour

WESTKAP

Walker Bay

Old Harbour Museum
Alter Hafen

N

0   500 m

Übernachtung:

Auberge Burgundy	13	Marine Hotel	12
Eastbury Cottages	8	Nelshof Blue Beach House	11
Forty Five Marine Drive	9	Robin's Nest	1
Hermanus Backpackers	6	Whale Cottage Guest House	5
Hermanus Guest House	2	Windsor Hotel	10
Kenjockity	7	Zoete Inval	3
Livesey Lodge	4		

ge oder in den Liquor Stores von Hermanus verkauft. Allerdings ist auch hier die Nachfrage größer als das Angebot. ☉ Mo–Fr 9–17, Sa 9–13 Uhr, Eintritt frei.

Neben Hamilton Russell, Richtung Caledon, liegt **Bouchard Finlayson**, ✆ 312 3515, 🖳 www.bouchardfinlayson.co.za, das ebenfalls einen ausgezeichneten Ruf genießt und ein größeres Weinsortiment anzubieten hat als sein Nachbar. Seine Pinot Noirs und Chardonnays erzielen regelmäßig Bestnoten. ☉ Mo–Fr 9–17, Sa 10.30–12.30 Uhr.

Die neueste und am weitesten von der Stadt entfernte Winzerei ist **Cape Bay**, knapp 7 km von der Abzweigung nach Hemel-en-Aarde entfernt, ungefähr 500 m nach dem Ende der Teerstrecke. Unter dem Gütesiegel Newton Johnson wird hier ein bemerkenswerter Cabernet Sauvignon, Pinotage, Chardonnay und Sauvignon Blanc produziert, und auch die Marken Cape Bay und Sandown Bay sind nicht zu verachten. ☉ Mo–Fr 9–16, im Sommer auch So 9–12 Uhr.

Übernachtung

Am begehrtesten, v.a. in der Walsaison, sind die B&Bs, Hotels und Ferienapartments an der Küste, die natürlich teurer sind als die Unterkünfte, die nicht direkt am Wasser liegen. Bei einer Belegung ab 3 Personen lohnt es sich, beim *Hermanus Accommodation Centre*, Church, Ecke Myrtle Lane, ✆ 313 0004 oder 083-651 0001, ✉ 313 0005, 🖳 www.adept.co.za/hermanus, ein Ferienhaus/-wohnung zu mieten.

Auberge Burgundy****, 16 Harbour Rd, ✆ 313 1201, ✉ 313 1204, 🖳 www.auberge.co.za. Einem französischen Landhaus nachempfundene Unterkunft im Stadtzentrum. Frühstück im *Burgundy*-Restaurant (gleicher Besitzer) auf der anderen Straßenseite.

Eastbury Cottages*, 36 Luyt St, ✆ 658 4945; Kontaktperson: Jenny Bowes Meyer. 2 sehr preiswerte, voll ausgestattete Cottages mit 1 bzw. 2 Schlafzimmern.

Forty Five Marine Drive**, 45 Marine Drive, ✆ 312 3610, 📠 313 1125, 💻 www.windsor-hotel. com. Luxusapartments mit 2 Schlafzimmern, 2 Badezimmern, Küche und traumhafter Aussicht über die Bucht, neben dem Windsor Hotel.
Hermanus Backpackers*, 26 Flower St, ✆ 312 4293, 📠 313 2727, 💻 www.hermanus.com. Helles, sauberes 2-stöckiges Gebäude, 2 Querstraßen vom Ufer entfernt, mit Schlafsälen und DZ. Großer Pool, Bar und Garten. Auf Wunsch Frühstück und/oder Abendessen. Buchung von Haifischkäfig-Tauchen und Walbeobachtung per Boot möglich, Shuttle zum Bot River, der Haltestelle des *Baz Bus* (Reservierung empfohlen).

Hermanus Guest House*, 8 Mountain Drive, ✆ 313 0212, 📠 313 0224, 💻 wheretostay.idws. com/wc/ow/17/hermanusguesthouse. Ferienwohnung mit Platz für 4 Personen, außerdem 2 angenehme, preiswerte B&B-Zimmer in einem Vorort-Bungalow, ein Stück vom Meer entfernt. Zahlreiche Extras, z.B. Bademäntel, kostenlose Getränke und Wäscheservice.
Kenjockity*–**, 15 Church St, ✆/📠 312 1772. Zentral gelegenes, freundliches B&B, kein Meeresblick, aber in der Saison sind nachts die Wale zu hören. Die teureren Zimmer mit Bad und Wohnzimmer, die billigeren sind kleiner und mit Gemeinschaftsbad.

Walbeobachtung   In kaum einer anderen Gegend der Welt lassen sich Wale so gut beobachten wie am Südkap, wozu auch Kapstadt zählt. In der richtigen Saison sind die Wale mit bloßem Auge oder noch besser mit dem Fernglas vom Land aus zu sehen.
An den Küsten Südafrikas ziehen alle neun Walarten der südlichen Hemisphäre vorbei. Am häufigsten rings um Kapstadt trifft man auf die Southern Right Whales. Die Südkaper aus der Antarktis sind schwarz und an ihren hellen, bräunlichen Verhornungen gut zu erkennen. Das Muster dieser Flecken an Kopf und Maul ist bei jedem Tier anders, dies hilft Walforschern, den Werdegang einzelner Wale zu verfolgen.
Die Weibchen suchen geschützte Meeresbuchten auf, wo sie ihre Jungen zur Welt bringen, die sie dort bis zu drei Monate lang säugen und alleine aufziehen. Die beste Zeit zum Walebeobachten ist von **August bis Oktober**, doch die ersten kommen schon im Juni und manche bleiben bis Anfang Dezember. Wenn die Kälber groß genug sind, ziehen die Wale wieder nach Süden, in die kälteren, stürmischeren Gewässer, wo sie Unmengen Plankton vertilgen, denn während der Säugezeit nehmen die Weibchen keinerlei Nahrung zu sich. Seltener bekommt man hingegen die Männchen zu Gesicht, doch zu Beginn der Saison sieht man manchmal einen, der mit viel Getöse um die Weibchen herumplantscht. Männliche Wale gehen keine längerfristige Bindung zu einem Weibchen ein. Wale „verraten" ihre Anwesenheit durch die hohe Wasserfontäne, die sie beim Ausatmen kurz vor dem Auftauchen ausstoßen. Wer Glück hat, kann einen Wal springen sehen.

Die besten Walbeobachtungsstellen in Overberg
Die besten Aussichtspunkte direkt in Hermanus befinden sich auf den Klippen, die das felsige Ufer von New Harbour bis Grotto Beach einrahmen. An den drei begehrtesten Beobachtungsstellen (Gearing's Point, Die Gang und Bientang's Cave) sind Informationstafeln aufgestellt. Wenn es ganz hoch her geht, stehen die Betrachter in Zweier- oder Dreierreihen, und es herrscht meistens eine fast feierliche Stille.
Hermanus ist zwar der berühmteste und am besten auf die Bedürfnisse von Touristen eingestellte Ort zum Walebeobachten, gleichzeitig aber auch der mit dem höchsten Massenandrang. Doch es gibt überall entlang der Walker Bay weitere, genauso gute – wenn nicht bessere – Aussichtspunkte. Manche Kenner der Szene schwören auf **De Kelders** (s.S. 257), 39 km östlich von Hermanus, andere dagegen auf das **De Hoop Nature Reserve** (s.S. 260), östlich von Arniston, wo angeblich mehr Südkaper beim „Tanzen" zu sehen sind als an jedem anderen Ort Südafrikas.
Während der Saison ist die **Whale Information Hotline**, ✆ 083-212 1074, geschaltet.

*Livesey Lodge**, 13 Main Rd, ☎/📠 313 0026, 🖥 www.liveseylodge.co.za. Nettes, schlichtes B&B, zahlreiche Zimmer mit Bad, die meisten rund um einen hübschen Garten mit großem Pool.

Marine Hotel, R500–2000, Marine Drive, ☎ 313 1000, 📠 313 0160, 🖥 www.marine-hermanus.co.za. Elegantes Hotel am Meer, eines der besten im ganzen Land. Rechtzeitig vorbuchen und das Zimmer mit Meeresblick ist sein Geld wert. Jacuzzi und Hallenbad.

*Nelshof Blue Beach House***–****, 37 Tenth St, ☎ 314 0201. Viktorianisches Haus direkt am Voelklip Beach, das einzige B&B in Hermanus, wo man vom Bett oder Jacuzzi aus Wale beobachten kann. Luxuriös und stilvoll, ausgezeichnetes Frühstück auf der Veranda.

*Robin's Nest**, Meadow Ave, ☎ 893 9911 (Kontaktperson: Trixie Krum), 📠 313 2139, ✉ robinsnest@hermanus.co.za. 3 voll ausgestattete Ferienstudios für jeweils 2 Personen auf dem grünen Gelände der ehemaligen Rheezicht Farm, 4 km westlich der Innenstadt. Zu erreichen am ehem Weg durch das Hemel-en-Aarde Shopping Village.

*Whale Cottage Guest House***, 20 Main Rd, ☎ 313 0929, 📠 313 0912, 🖥 www.whalecot.co.za. Einfaches, hübsch möbliertes Guesthouse mit 5 unterschiedlich großen Zimmern, leider nicht am Meer.

*Windsor Hotel***–****, Marine Drive, ☎ 312 3727, 📠 312 2181, 🖥 www.windsor-hotel.com. Zweitbestes Hotel am Ort in bester Lage direkt am Ufer. Die Extraausgabe für ein Zimmer mit Meeresblick lohnt sich unbedingt, manchmal sind die Wale sogar vom Restaurant aus zu sehen. Reservierung erforderlich.

Zoete Inval, 23 Main Rd, ☎/📠 312 1242, 🖥 www.zoeteinval.co.za. Einladendes, sehr preisgünstiges B&B, Zimmer mit/ohne Bad, auch Backpacker-Schlafsäle und -DZ. Die Gastgeberin Marilyn van der Velden (Satour-Fremdenführerin und engagierte Umweltschützerin) hat jede Menge Vorschläge für **Freizeitaktivitäten** parat. Besucher werden auf Wunsch per Taxi an der *Baz Bus*-Haltestelle abgeholt.

Essen

RESTAURANTS – *B'S Steakhouse*, Hemel-en-Aarde Village, ☎ 316 3625. Ein echtes Steakhouse mit hervorragenden Rindfleischstücken (keine Burger) und einer sagenhaften Weinkarte. Kinderfreundlich. ☉ Di–So mittags, Fr und So auch abends.

The Burgundy, Marine Drive, ☎ 312 2800. Ziemlich teure Mittelmeerküche, überwiegend Seafood, in einem der ältesten Gebäude der Stadt oberhalb des alten Hafens. Schattige Tische im Freien. Auch Nachmittagstee. ☉ tgl. mittags bis abends.

Fisherman's Cottage, Lemms Corner, ☎ 312 3642. Betagtes Cottage abseits des Market Square mit Veranda, ein hübsches Plätzchen für einen Drink. Das Essen ist nur mäßig. ☉ Di–Sa 11–23 Uhr, So nur Lunch.

Harbour Rock Seagrill & Bar, New Harbour, ☎ 312 2920. Ausgezeichnetes, unprätentiöses Lokal, serviert *fish and chips* sowie andere Seafoodgerichte zu annehmbaren Preisen. Wer mag, kann aber auch auf der Holzveranda mit sagenhafter Aussicht einfach nur etwas trinken. ☉ tgl. morgens bis abends.

Marimba Café, 108d Main Rd, ☎ 312 2148. Beliebter Abendtreff, ständig wechselndes Menü mit Spezialitäten aus ganz Afrika. Mittlere Preisklasse. Tischreservierung erforderlich. ☉ tgl. abends.

Milkwood Restaurant, Atlantic Drive, Onrus, ☎ 316 1516. Nettes Familienrestaurant im Freien, 15 Fahrmin. westlich von Hermanus in herrlicher Lage am Wasser. Serviert erschwingliche Steaks und ausgezeichneten frischen Fisch.

Mogg's Country Cookhouse, Hemel-en-Aarde Valley, 12 km von Hermanus an der R320 Richtung Caledon, ☎ 312 4321. Gehört zu einem Bauernhof im Hinterland mit wunderbarem Blick übers Tal. Gemütlich, nicht allzu teuer und immer voll. Das köstliche Angebot richtet sich danach, was den Köchinnen Jenny Mogg und Tochter Julia gerade in den Sinn kommt, es stehen regelmäßig 3 Vorspeisen, Hauptspeisen und Desserts zur Auswahl. ☉ Mi–So mittags, Fr und Sa auch abends (Reservierung erforderlich).

Rossi's Italian Restaurant, 10 High St, ✆ 312 2848. Billiges, kinderfreundliches Lokal, serviert jeden Abend gute Pasta und Steinofenpizza.
The Greek's Coffee Shop & Restaurant, Royal St, ✆ 312 3707. Winzige Fischerhütte mit authentischer griechischer Küche auch Frühstück. ⏲ tgl. morgens bis mittags, Sa auch abends.

ESSEN ZUM MITNEHMEN – Bei gutem Wetter gibt es eigentlich nichts Schöneres, als ein Picknick auf den Klippen oder der alten Hafenmauer. Zahlreiche Lebensmittelgeschäfte verkaufen fertige Speisen von der Imbisstheke, und jeden Samstagmorgen werden auf dem Market Square Käse, hausgemachte Pasta, Pesto, Gebäck und andere Leckerbissen angeboten.
Chi Deli, Shopping Centre, Main Rd, Onrus. Mix aus Müsli-Laden und italienischem Delikatessengeschäft, bietet fertige Nudel- und vegetarische Gerichte, Sushi und Snacks. ⏲ Di geschlossen.
Ethne's Epicure, Copes Centre, Long St. Winziges Café, berühmt für leckere Fertiggerichte (auch vegetarische) zum Aufwärmen, Sandwiches und Kaffee zum Mitnehmen.
Hemel-en-Aarde Food, Broad, Ecke Mitchell St. Eines der besten Geschäfte für Käse, Brot, Kuchen und Bio-Waren.
Hermanus Fish Shoppe, Market Square. Ausgezeichnetes, preiswertes *Fish and chips* zum Mitnehmen, Seafood-Salate und rohes Seafood.
Pick'n' Pay Family Supermarket, 81 Main St. Gut sortierte Filiale der größten südafrikanischen Supermarktkette.

Sonstiges

APOTHEKEN – *Hermanus*, 145 Main Rd, ✆ 312 4039, ✎ 312 2335. ⏲ Mo–Fr 8–18.30, Sa 8–13, So 10–12, 18.30–19.30 Uhr.

INFORMATIONEN – Die **Touristeninformation** im alten Bahnhofsgebäude an der Mitchell St, ✆ 312 2629, ✎ 313 0305, ▯ www.hermanus.co. za/info, vergibt Landkarten und nützliche Broschüren.
Außerdem **Internet-Café**, kostenlose Zimmernachweise und Buchung von Walbeobachtungs-

touren zu Wasser und aus der Luft sowie für Haifischkäfig-Tauchtrips. ⏲ Mo–Sa 9–17 Uhr.

MEDIZINISCHE HILFE – *Hermanus Private Hospital*, Hospital St, abseits der Main Rd, ✆ 313 0168. ⏲ 24-Std.-Notaufnahme.

NOTFALL – **Auskunft**, ✆ 312 2626;
Feuerwehr, ✆ 361 0000;
Krankenwagen, ✆ 10177.

VORWAHL – 028

Transport

SELBSTFAHRER – Die meisten Besucher kommen mit dem Auto. Die Fahrt von Kapstadt dauert auf der N2 ungefähr 1 1/2 Std. und via Gordon's Bay ca. 2 Std.

BUSSE – Das einzige öffentliche Verkehrsmittel nach Hermanus ist der *Splash Bus*, ✆ 658 5375, ✉ splash@hermanus.co.za, der mind. 1x tgl. zwischen Hermanus und dem Hauptbahnhof von KAPSTADT verkehrt. Der *Baz Bus* hält in Bot River, 28 km nördlich von Hermanus an der N2. Besucher können sich nach vorheriger Anmeldung dort mit dem Shuttle von *Hermanus Backpackers* (s.S. 254) abholen lassen – notfalls lässt sich das auch über das Handy des *Baz* von unterwegs arrangieren. *Bernardus Shuttleservice*, ✆ 316 1093, unterhält Busse, die zwischen Hermanus und Kapstadt verkehren (R135 p.P., einfache Fahrt) und befördert Passagiere innerhalb des **Stadtgebiets** von Hermanus.

Stanford

Östlich von Hermanus führt die R43 um die Klein River Lagoon herum landeinwärts, vorbei an dem malerischen, am Flussufer gelegenen Stanford. Das alte Dorf aus dem Jahre 1857 ist zur Zufluchtstätte für Ruhe suchende Künstler geworden. Um den noch Kundschaft zu bekommen, haben sie eine **Arts and Crafts Route** eingerichtet, die mehr als ein dutzend Künstlerwerkstätten umfasst. Den eigentlichen Reiz von Stanford macht seine schlichte viktorianische Architektur aus: Dorfstraßen mit den strohgedeckten, weiß getünchten Häusern und aus Sandstein erbauten Cottages sowie die anglikanische Kirche.

Die **Birkenhead Brewery** (⏰ Verkostung tgl. 11–17, Mittagessen tgl. 11–15, kostenlose Führungen Mo–Fr 11 und stdl. 13–16 Uhr), jenseits der R43 gegenüber vom Dorf, bezeichnet sich zwar als „craft brewery estate", ist jedoch ein blitzsauberer, moderner Betrieb. Hier kann man ein zünftiges Kneipenessen verspeisen oder verschiedene hervorragende Biersorten probieren und kaufen, die denen der SAB keineswegs nachstehen.

Übernachtung

B's Cottage*–**, Morton St, ✆ 341 0430, ✉ milkwood@hermanus.co.za, hübscheste Übernachtungsmöglichkeit für Selbstversorger, ein Häuschen mit Reetdach und 2 Betten in einer gepflegten Rasenanlage.

Stanford House****, Queen Victoria, Ecke Church St, ✆ 341 0300, bestes Haus am Platz, 20 DZ mit Bad in viktorianischen Cottages.

Essen

Marianne's Bistro and Home Deli, Du Toit St, ✆ 341 0272. Die liebevoll präsentierten Spezialitäten des Hauses und die hervorragenden Mittagsmenüs ziehen sogar Feinschmecker aus Kapstadt an. ⏰ Fr–So 9–16 Uhr.

Paprika, Shortmarket St, ✆ 341 0662, sehr zu empfehlen. ⏰ Di–Sa köstliche Abendgerichte mit mediterranem Touch, So auch Mittagessen.

Sonstiges

INFORMATIONEN – Die **Touristeninformation** neben der Bücherei, gegenüber dem *Spar* Minisupermarkt mitten im Ort, ✆/✉ 341 0340, hat Informationsmaterial zu Stanford und hilft bei der Zimmersuche. ⏰ Mo–Fr 8–16, Sa 10–12 Uhr.

VORWAHL – 028

Grootbos und De Kelders

Das private **Grootbos Nature Reserve**, 33 km von Hermanus entfernt, 🖥 www.grootbos.com, ✆ 384 0381, ist etwas ganz Besonderes. Mindestaufenthalt

zwei Tage, im Preis von rund R1000–2000 sind sämtliche Aktivitäten sowie zwei Mahlzeiten inbegriffen. Dieses luxuriöse Reservat inmitten von Fynbosgelände wird als „Fynbos Lodge" betrieben, d.h. die Gäste werden von Experten in die Geheimnisse des einzigartigen Florenreichs des Westkaps eingeweiht. Die Ausflüge erfolgen in Jeeps, zu Fuß oder zu Pferde. Die Unterbringung erfolgt in Steinbungalows mit Küchenzeile, Dusche, Sonnendach und Aussicht auf das Meer und den Berg. Das dreigängige Abendessen wird im Haupthaus serviert, das Frühstück im Bungalow.

Das am nächsten gelegene Küstenstück befindet sich ein paar Kilometer weiter östlich bei De Kelders, ein baumloses Dorf auf nackten Felshängen über der Walker Bay mit Blick nach Hermanus. Obwohl ein besserer Ort zum Walebeobachten als Hermanus und mit einem langen Sandstrand gesegnet, ist De Kelders irgendwie dem touristischen Interesse entgangen und die kleine Ansammlung von Ferienhäusern hat außer ein paar Gästezimmern nichts zu bieten.

Am Ende der Cliff Rd befindet sich ein Parkplatz, von wo aus man zu den **Klipgat Strandloper Caves** hinunterklettern kann. Diese Höhlen wurden Anfang der 90er Jahre freigelegt, wobei sich herausstellte, dass sie schon vor 80 000 Jahren als menschliche Behausungen dienten. Dann standen sie ein paar tausend Jahre leer, bis vor 20 000 Jahren Angehörige des Volkes der Khoisan sie bewohnten. Einige der ausgegrabenen Muscheln, Werkzeuge und Knochen sind im South African Museum in Kapstadt (s.S. 126) ausgestellt.

Übernachtung

Die preiswertesten Gästezimmer sind jene von **Liesje's Lodge*–****, 77 Main Rd, ✆ 384 1277 oder 072-222 0885. Komplett ausgestattete Studios für Selbstverpfleger, auf Wunsch auch mit Frühstück, manche mit Meeresblick. Die freundliche Besitzerin Liesje van Voorkom nimmt Besucher gern zum Whale-watching mit.

Gansbaai und Danger Point

Von den Klipgat-Höhlen führt der 7 km lange, ausgeschilderte **Duiwelsgats Hiking Trail** durch eine wunderbare Küstenlandschaft nach Osten bis

Gansbaai. Gansbaai ist ein Ort, der überwiegend von Fischereiwirtschaft und der Seafood-Konservenfabrik am Hafen lebt. Besucher kommen eigentlich nur hierher, um an einer Hai-Safari teilzunehmen, der so genannten **Great White Shark Safari**, die Gansbaais zweites wirtschaftliches Standbein ist. Entsprechend liefern sich mindestens vier Anbieter heftige Konkurrenzkämpfe. Die Boote fahren von Gansbaai nach Dyer Island, östlich des Danger Point, Heimat einer Pelzrobbenkolonie, von denen sich weiße Haie besonders gern ernähren. Die Haie werden mit Ködern angelockt, doch es gibt keine Garantie, wirklich einen zu Gesicht zu bekommen, insbesondere im Dezember und Januar, wenn die zahlreichen Robbenbabys leichte Beute sind. Und selbst wenn ein Raubfisch erscheint, bleibt er vielleicht nicht so lange, bis alle Bootspassagiere eine Chance hatten, den Aussichtskäfig zu besteigen (es passen immer nur zwei Personen gleichzeitig hinein). Genauere Informationen bietet das **Tourist Information Bureau** von Gansbaai, ℡ 028-384 1439, ◷ Mo–Fr 9–16 und Sa 9–12 Uhr.

Am Danger Point, dem Südzipfel der Walker Bay, wurde britische Schiffsgeschichte geschrieben. Getreu seines Namens lockte er am 26. Februar 1852 die HMS *Birkenhead* auf seine verborgenen Felsblöcke. Der Kapitän gab Order: „Rette sich, wer kann!" Mit wahrhaft britischer Disziplin stellten sich die Soldaten stockstein in einer Reihe an Deck auf, wohl wissend, dass wenn auch nur ein Mann ausschären würde, es kein Halten mehr gäbe und die Rettungsboote, die die Frauen und Kinder in Sicherheit brachten, gestürmt werden würden. Damit war die Losung „Frauen und Kinder zuerst", der spätere **Birkenhead Drill**, geboren. Die Katastrophe forderte 445 Menschenleben.

Cape Agulhas

Die felsigen Untiefen entlang der Ostflanke des Danger Point mit ihrer schweren Brandung und den tückischen Unterströmungen zählen zu den gefährlichsten Küsten Südafrikas – hier versanken mehr als 250 Schiffe und rund 2500 Menschen wurden vom Meer verschlungen. Das felsenreiche Gelände ist auch der Grund dafür, dass es von Gansbaai und Danger Point keine Küstenstraße

nach Cape Agulhas, der Südspitze Afrikas, gibt.

Die Hochebene rund um den Südzipfel wurde zum **Agulhas National Park** erklärt, eine Schutzzone für schätzungsweise 2000 Arten einheimischer Pflanzen, die maritime Fauna und Flora sowie das kulturelle Erbe, zu dem Schiffswracks und archäologische Fundstellen zählen. Riaan Pienaar von *Coastal Safaris*, ℡ 435 7148 oder 082-331 6819, 🖳 members.ncbi.com/coastalsafaris, bietet hoch interessante, dreistündige Touren unter fachmännischer Leitung entlang der Küste und durch Fynbos an.

Die einzige Einrichtung für Besucher stellt der schlichte **Teashop** im **Agulhas Lighthouse** dar, dem Leuchtturm, der 1849 eingeweiht wurde. Wer erst einmal die Wendeltreppe erklommen hat, wird mit einer atemberaubenden Aussicht belohnt. ◷ Di–Sa 9.30–16.45, So 10–15.30 Uhr, Eintritt R2.

Agulhas Guest House***–****, Main Rd, ℡ 435 7650, 🖳 www.agulhas.de. Luxuriöseste Unterkunft vor Ort in einem schicken Haus auf halber Höhe des Hanges. 8 unterschiedliche Zimmer, manche nur mit Dusche, andere mit Wohn- und Schlafzimmer, geräumigen Badezimmern und Meeresblick. Köstliche Seafood-Dinners.

Oupos**, 258 Main Rd, ℡ 435 6132. Gemütliche Zimmer mit Meeresblick. Die Gastgeber sind ein sehr entgegenkommendes, kinderfreundliches Ehepaar.

Sea House B&B**, Van Breda St, ℡ 435 6542, ✉ pfm@isat.co.za. Eher unpersönliche Unterkunft am Meeresufer, mit 3 Zimmern in einem 2-stöckigen Reetdachhaus.

The Southernmost*, Van Breda, Ecke Lighthouse St, ℡ 435 6565, ✉ cowper@isat.co.za, B&B-Zimmer und Backpacker-Unterbringung. Kinder, Haustiere und Handys unerwünscht.

Essen

Die einzige Möglichkeit, in L'Agulhas an etwas Essbares zu kommen, bieten die 3 Lebensmittelgeschäfte, das *Guest House* oder die Fischhandlung im Dorf, wo leckerer Fisch und Pommes frites verkauft werden.

Von Hermanus nach L'Agulhas gelangt man nur mit einem eigenen Fahrzeug auf der R316 landeinwärts bis nach Bredasdorp. Dort gabelt sich die Straße und bringt Reisende entweder auf der westlichen Abzweigung nach Agulhas (43 km) oder auf der östlichen nach Arniston (24 km).

VORWAHL – 028

Elim

Ein lohnender Grund, sich auf einer der zahlreichen Schotterstraßen, die das Landesinnere der **Whale Coast** durchziehen, durchschütteln zu lassen, ist die Besichtigung von Elim, einer moravischen Missionsstation, 40 km nordwestlich von Agulhas, die 1824 gegründet wurde. Das gesamte Dorf mit seinen strohgedeckten, weiß angestrichenen Häusern und Feigenbäumen steht unter **Denkmalschutz**. Der Ort ist kein Touristenziel im herkömmlichen Sinn – hier gibt es noch nicht einmal einen Spirituosenladen.

INFORMATIONEN – Nähere Auskünfte und Hilfe bei der Zimmersuche bietet die **Touristeninformation**, unweit der Kirche, Church St, ✆ 082-1806 002, ⊙ Mo–Sa 9–12.30,13.30–17 Uhr.

VORWAHL – 028

Arniston

Wer nach einer Umrundung des Kaps in der Gegend übernachten möchte, kann in Arniston ein Bett für die Nacht finden. Die Einheimischen kennen das Städtchen eher unter seiner afrikaansen Bezeichnung „Waenhuiskrans" (Planwagen-Klippe), die auf eine große Höhle 1,5 km südlich des Ortes zurückgeht, die aus der Ansicht der Voortrekker geräumig genug war, um einen Ochsenwagen samt Gespann aufzunehmen. Der englische Name stammt von dem britischen Schiff *Arniston*, das 1815 hier auf den Felsen strandete.

Die seichten Gewässer um Arniston, die sich für Schiffe als so tückisch erweisen, bieten gleichzeitig die ungefährlichsten Schwimmgelegenheiten entlang der gesamten Whale Coast. Die größte Sehenswürdigkeit von Arniston ist **Kassiesbaai**, eine Reihe wunderschöner, inzwischen unter Denkmalschutz stehender weiß gekalkter Dorfhäuser. In ihnen leben hier seit Generationen Fischerfamilien. In den Cottages kann man nicht übernachten, alle Unterkünfte für Besucher befinden sich im angrenzenden neuen Teil der Stadt, der sich gut dem alten Dorfgeist angepasst hat. Die Fischer an der Mole in der Nähe des Hotels *Warenhuis* verkaufen frisch gefangenen Fisch.

An Freizeitbetätigungsmöglichkeiten bieten sich Schwimmen und Strandwanderungen an. Zum Schwimmen geeignet ist die Stelle neben der Bootsrampe und vor allem der **Roman Beach**, der Hauptstrand, gleich an der Küste südlich des Hafens. In der entsprechenden Jahreszeit lassen sich hier auch **Wale** beobachten.

Bei Ebbe kann man durch Kassiesbaai nach Norden 5 km weit an einem unbebauten Strand entlang bis zu einem Zaun laufen, hinter dem eine militärische Sperrzone, ein Langstreckenwaffen-Testgelände, beginnt. Wer vom Hafen aus nach Süden wandert, gelangt nach 1,5 km zu der **Höhle**, nach der die Stadt benannt ist. Der Spaziergang lohnt sich schon wegen der mit Fynbos bewachsenen Dünen, die den Weg säumen. Vom Parkplatz nahe der Höhle führt ein kurzer, markierter Weg zu den Dünen und der Höhle, die nur bei Ebbe zugänglich ist. Die Felsen sind manchmal schlüpfrig und stellenweise scharfkantig, daher ist es wichtig, feste Schuhe zu tragen. John Midgely von *Southwinds B&B* (s. S. 260) bietet **Dünenfahrten** in einem Jeep an.

Während der Schulferien und am Wochenende sind die Unterkünfte schnell ausgebucht. ***Arniston Hotel********, ✆ 445 9000, 🖥 www. arnistonhotel.com. Luxuriöses, gut geführtes Hotel in zentraler Lage am Wasser, einzige Unterkunft vor Ort mit Meeresblick (nicht alle Zimmer). ***Arniston Seaside Cottages*****, entsprechende Wegweiser an der Nationalstraße, ✆ 445 9772, ✉ cottages@arniston-online.co.za. Voll ausgestattete Feriencottages, außerhalb der Saison wird p.P. bezahlt, in der Saison (Dez–Jan, Ostern, Schulferien) pro Cottage.

Southwinds**, Huxham St, gleich hinter dem Hotel, ☎ 445 9303, ✉ southwinds@kingsley.co.za. 3 B&B-DZ um einen grünen Innenhof.

Waenhuis Caravan Park*, an der Hauptzufahrtsstraße nach Arniston, ☎ 445 9620. Besucher können entweder ein eigenes Zelt aufstellen oder in kleinen Bungalows mit Bad und 4 Betten unterkommen. Nur ein paar Minuten zu Fuß vom Strand entfernt. Gegen geringe Gebühr wird Kochgeschirr ausgeliehen, Bettzeug und Handtücher müssen mitgebracht werden.

Waenhuis, Du Preez St (Verlängerung der Landstraße), preiswertestes Restaurant und beste Alternative von insgesamt 3 mit viel frischem Fisch. Die beiden anderen Esslokale befinden sich im Hotel *Warenhuis:* In der Hotelbar gibt es Kneipen-Mittagessen, im eleganteren Speisesaal kostspieligere Dinners.

Transport

Arniston ist nur mit einem eigenen Fahrzeug zu erreichen.

VORWAHL – 028

De Hoop Nature Reserve

Überraschenderweise wurde De Hoop „nur" zum Naturschutzgebiet erkoren, obwohl es das absolute Wildnis-Highlight des Westkaps darstellt. Es lässt sich von Hermanus aus relativ leicht im Rahmen eines Tagesausflugs erreichen, doch wer wirklich von dem Besuch profitieren möchte, sollte mindestens eine Übernachtung einplanen.

Die atemberaubende Küstenlinie säumen bis zu 90 m hohe Sanddünen und Felsformationen, die an einer Stelle ein mächtiges Tor zum Ozean hinaus bilden. Auch die Flora und Fauna dieses herrlichen Landstriches ist beeindruckend. Es werden 86 Säugetierarten gezählt, 260 verschiedene Vögel, 1500 Pflanzenarten und obendrein gilt er als der beste Ort in ganz Südafrika, um **Südkaper** zu beobachten. In den hiesigen Küstengewässern tummeln sich zur rechten Jahreszeit manchmal dutzende von Walen gleichzeitig. Auf der Ebene in der Nähe der reservatseigenen Unterkünfte grasen die nur noch selten vorkommenden Bergzebras, Bontebok und andere **Antilopen**. Abgesehen von einem Sprung

ins Meer und Strandwanderungen stehen Besuchern auch Wander- und Mountainbike-Pfade zur Verfügung. Das Bike muss allerdings mitgebracht werden. Im Jahr 2001 wurde im Reservat ein 70 km langer Wanderweg freigegeben, der im Rahmen eines dreitägigen Küsten-Fußmarsches, gefolgt von einem zweitägigen an den Potberg Mountains entlang, zu bewältigen ist. Zum Übernachten stehen Hütten bereit. Die Anzahl der Wanderer ist auf jeweils zwölf begrenzt. Reservierung über De Hoop. ☉ Reservat tgl. 7–18 Uhr, Eintritt R13.

Übernachtung

Zum Übernachten stehen ein **Campingplatz** und **Ferienbungalows*** mit 2 Zimmern und einer voll ausgestatteten Küchenzeile zur Verfügung. Bettwäsche muss mitgebracht oder im Büro ausgeliehen werden. Am schönsten sind die 3 luxuriösen, strohgedeckten **Cottages**** am Rande des Geländes, die ebenfalls über 2 Zimmer sowie 1 geräumiges Wohnzimmer verfügen. Reservierungen sollten rechtzeitig über den Manager, De Hoop Nature Reserve, Private Bag X16, 7280 Bredasdorp, ☎ 542 1126, ✆ 542 1679 erfolgen. Übernachtungsgäste müssen sich bis spätestens 16 Uhr im Verwaltungsbüro, rund 4 km hinter dem Eingang, melden. Es ist ratsam, Lebensmittel mitzubringen, denn das nächste Geschäft befindet sich 15 km weiter im Dörfchen Ouplaas. De Hoop ist ein sehr beliebtes, am Wochenende meistens ausgebuchtes Ausflugsziel, doch unmittelbar vor dem Eingangstor gibt es ein gutes privates B&B, das **Buchu Bushcamp****, ☎ 542 1602, ✉ bushcamp@sdm.dorea.co.za, mit 6 strohgedeckten Ferienhütten aus Holz sowie einem **Restaurant** für Hausgäste. Der Besitzer ist ein engagierter Umweltschützer, der sich bestens in der hiesigen Flora und Fauna auskennt und entsprechende Touren veranstaltet.

Transport

De Hoop ist nur mit einem eigenen fahrbaren Untersatz über eine ausgeschilderte, unbefestigte Straße erreichbar, die von der R319, 50 km westlich von Bredasdorp, abzweigt.

VORWAHL – 028

Die Garden Route

Die Garden Route, ein schmaler, flacher Küstenstreifen zwischen Mossel Bay und Storms River Mouth, gilt als das Paradies von Südafrika – davon zeugen Ortsnamen wie **Garden of Eden** und **Wilderness**. Mehrere Flüsse, deren Ursprung in den nördlich gelegenen Bergen liegt, durchschneiden diesen grünen, bewaldeten und rund 200 km langen Landstrich.

Das Hirtenvolk der **Khoi**, das diese Gegend früher besiedelte, nannte sie „Outeniqua" (mit Honig beladener Mensch). Doch ihr gesegnetes Land, wo Milch und Honig flossen, wurde rasch verwüstet, als im 18. Jahrhundert die holländischen **Holzfäller** Einzug hielten, um nach der Abholzung der Wälder um Kapstadt Outeniqua seines Baumbestandes zu berauben und gleichzeitig die Khoi und San, die ihnen dabei im Wege waren, zu töten oder zu vertreiben. Das Gelände wurde wieder aufgeforstet, doch die meisten der einheimischen Bäume wurden durch Hölzer aus anderen Teilen der Erde, z.B. Kiefern, ersetzt.

Die meisten Südafrikabesucher betrachten die Garden Route nur als die am einfachsten befahrbare Strecke zwischen Kapstadt und Port Elizabeth und nehmen sich höchstens einen Tag Zeit für Shopping oder Sightseeing. Ihre Schönheiten enthüllt die Garden Route jedoch nur dem, der sich die Mühe macht, von der ausgezeichneten N2 auf die Nebenstraßen abzubiegen und aus dem Auto auszusteigen, um zu Fuß die verschwiegenen Ecken, Wälder und **Gebirgspässe** der Karoo zu erkunden.

Garden Route: Die Highlights Die Garden Route gilt längst nicht mehr nur als das Ziel von Leuten, die faul in der Sonne liegen oder sich im Gleichklang mit der Natur befinden möchten. Inzwischen sind Adrenalinstöße und Abenteueraktivitäten angesagt, und viele kommen in der Absicht, von Brücken zu springen, tief in den Rachen eines weißen Haies zu schauen und auf zwei Rädern haarsträubende Passstraßen hinabzusausen. Das Angebot ist breit gefächert, darunter:

Bungeejumping Der größte kommerziell angebotene Sprung in den Abgrund ist jener von der Bloukrans Bridge bei The Crags (s.S. 287). Eine Alternative ist Bungeeswinging, ein Kreiselsprung von der Gouritz River Bridge nahe Mossel Bay (s.S. 263).

Rad fahren In rasender Fahrt den Swartberg-Pass hinabfahren, Start ist in Oudtshoorn (s.S. 232), weniger nervenzerreißend ist der Homtini Trail im Knysna Forest.

Wandern Ein langer Fußmarsch auf dem ältesten und begehrtesten Wanderweg Südafrikas, dem Otter Trail, der am Storms River Mouth (s.S. 291) beginnt. Es gibt aber auch einen herrlichen, eintägigen Rundwanderweg am Rande der Robberg Peninsula (s.S. 282), der die Chance bietet, Wale, Delphine und Robben zu sehen. Gemächlicher geht es auf den ausgeschilderten Pfaden im Goudveld State Forest oder Diepwalle bei Knysna (s.S. 280 und 281) zu.

Reiten Freiheit und Abenteuer in Cowboy-Manier mit Nachtlager im Wald, oder ein kurzer Ausritt von der Southern Comfort Western Horse Ranch, zwischen Knysna und Plettenberg Bay (s.S. 276). Oder im Damensattel durch die afrikanische Landschaft bei Plettenberg Bay, auf Fynbos- und Waldwegen (s.S. 282).

Motorisierte Landschaftsausflüge Die Fahrt mit der Dampfeisenbahn Outeniqua Choo-Tjoe über die Knysna Lagoon durch eine wunderbare Szenerie nach George (s.S. 267). Wer über ein Fahrzeug verfügt, sollte die alte Straße gleich östlich von The Crags nehmen, die sich durch die traumhafte Landschaft zum Nature's Valley (s.S. 289) hinabschlängelt.

Whalewatching Ein Bootsausflug von Plettenberg Bay in Begleitung führender südafrikanischer Meeresbiologen (s.S. 282).

Wildlife Ökotour auf dem Wasser unter fachmännischer Führung und der Möglichkeit, Wale und Delphine zu beobachten, ausgehend von Plettenberg Bay (s.S. 282), oder Haifischkäfig-Tauchen in Mossel Bay (s.S. 263). Ein eher familienorientiertes Vergnügen an Land ist ein Ausflug nach Monkeyland (s.S. 287).

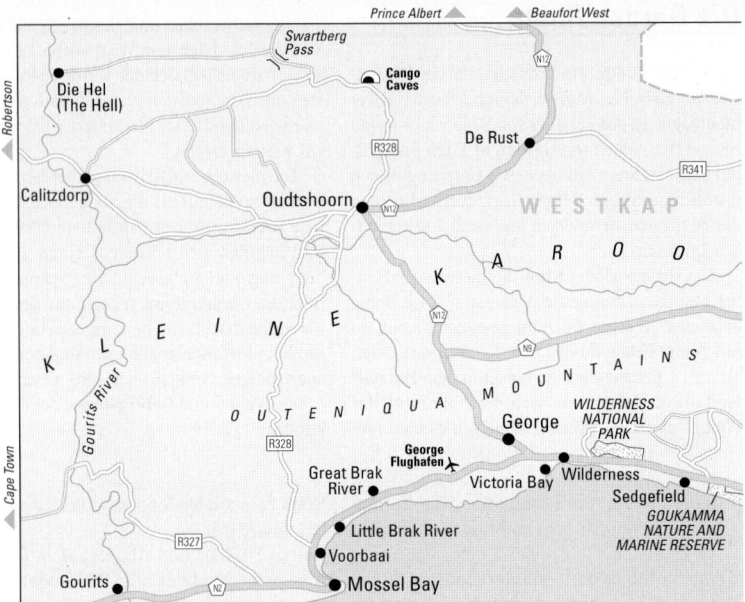

Das Meer hat sich an drei Stellen der Garden Route einen Weg ins Landesinnere gebahnt – in Form der Mossel Bay, Knysna Lagoon und Plettenberg Bay – an deren Ende jeweils eine Stadt errichtet wurde. Die älteste und Kapstadt am nächsten gelegene ist **Mossel Bay**, gefolgt von **Knysna**, das zwar auf keine ganz so alte Geschichte zurückblicken darf, und **Plettenberg Bay**.

Zwischen den Küstenstädten liegen ein paar nicht besonders einladende moderne Feriensiedlungen, aber auch der eine oder andere unerschlossene weiße Sandstrand sowie kleine Höhlenbuchten wie **Victoria Bay**, **Buffels Bay** und **Nature's Valley**. Das Schönste jedoch ist der **Tsitsikamma National Park**, der alles hat – urafrikanischen Küstenwald, traumhafte Meereskulissen, die aufregende **Mündung des Storms River** und den begehrtesten Wanderweg Südafrikas, den **Otter Trail**.

Transport

BUSSE – Der benutzerfreundlichste öffentliche Bus ist der **Baz Bus**, ☎ 021-439 2323, 📠 021-439 2343, 🖥 www.bazbus.co.za. Er verkehrt zwischen Kapstadt und Port Elizabeth und holt Passagiere tgl. 7.15–8.30 Uhr bei ihren Unterkünften entlang der gesamten Strecke samt schwererem Gepäck, wie Surfbrettern oder Mountainbikes ab. Besonders zu empfehlen für Reisende, die entlang der Garden Route nach Lust und Laune aus- und zusteigen. Sofern Platz ist, können auch unangemeldete Fahrgäste mitfahren, doch eine Reservierung ist ratsam.

Die Intercity-Busse von **Intercape**, **Greyhound** und **Translux**, die in Kapstadt und Port Elizabeth abfahren, halten nur in Mossel Bay, George, Wilderness, Sedgefield, Knysna und der Ortschaft Storms River (nicht an der Flussmündung Storms River Mouth). Allerdings fahren diese Busse nicht immer bis ins Stadtzentrum, sondern laden die Passagiere oft an Tankstellen in der Nähe der Hauptstraße (relativ weit entfernt von der Innenstadt) ab.

Busse verkehren nach
DURBAN (1x tgl.; 18 Std.);
JO'BURG (1–2x tgl.; 15 Std.);

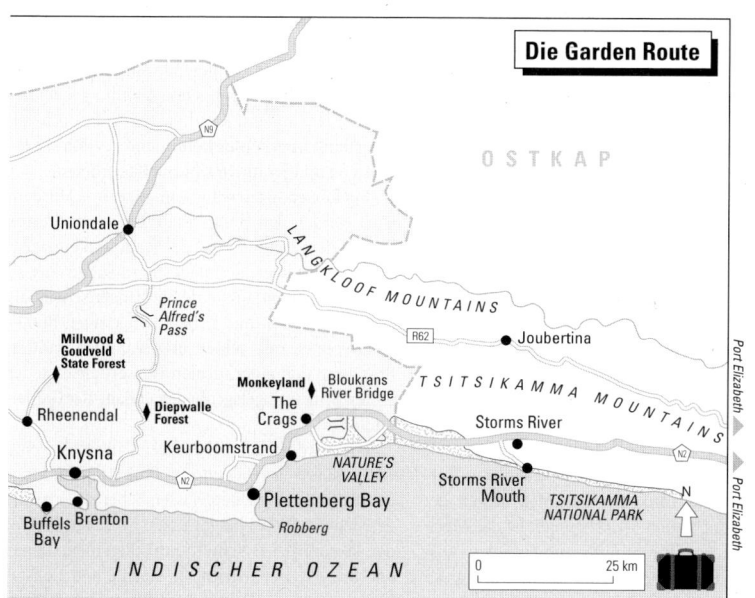

OSTKAP

Uniondale

Prince Alfred's Pass

LANGKLOOF MOUNTAINS

Millwood & Goudveld State Forest

R62

Joubertina

Monkeyland
The Crags

Bloukrans River Bridge

TSITSIKAMMA MOUNTAINS

Storms River

Rheenendal

Diepwalle Forest

Keurboomstrand

Knysna

NATURE'S VALLEY

Storms River Mouth

TSITSIKAMMA NATIONAL PARK

Plettenberg Bay

Buffels Bay

Brenton

Robberg

INDISCHER OZEAN

0   25 km

N

Port Elizabeth

Port Elizabeth

KAPSTADT (6–7x tgl.; 6 Std.);
KNYSNA (6–7x tgl.; 1 Std.);
MOSSEL BAY (6–7x tgl.; 3/4 Std.);
OUDTSHOORN (3–4x tgl.; 1 1/2 Std.);
PLETTENBERG BAY (6–7x tgl.; 1 1/2 Std.);
PORT ELIZABETH (6–7x tgl.; 4 1/2 Std.);
PRETORIA (1–2x tgl.; 16 Std.).

EISENBAHN – Der *Outeniqua Choo-Tjoe,* ein Güterzug mit ein paar Passagierwagen, befährt 2x tgl. die rund 30 km zwischen George und Knysna.

FLÜGE – **George,** am Westende der Garden Route, hat regelmäßige Flugverbindungen von/nach DURBAN, JO'BURG, KAPSTADT und PORT ELIZABETH. Ansonsten gibt es nur Linienflüge nach **Plettenberg Bay** von JO'BURG und KAPSTADT aus.

Mossel Bay

Unter vielen Südafrikanern gilt Mossel Bay, 397 km östlich von Kapstadt, als wenig attraktives Reiseziel, was vor allem an der Industriefassade liegt, die sich am Rande der N2 präsentiert. Besucher sollten sich davon jedoch nicht abschrecken lassen – die Stadt besitzt einen noch gut erhaltenen historischen Kern und einen der besten Strände zum Schwimmen an der südlichen Kapküste sowie ein interessantes Museum. Um Weihnachten herum fallen ganze Scharen afrikaaner Karoo-Bauernfamilien im Ort ein. Mossel Bay hat gute Übernachtungsmöglichkeiten und ein Firstclass-Restaurant und bietet sich durchaus für einen Zwischenstopp vor der eigentlichen Erkundung der Garden Route an.

Geschichte

In Mossel Bay ereignete sich der erste blutige Zusammenstoß zwischen den einheimischen Khoi-Viehhirten und den Europäern. Portugiesische Seeleute waren im August 1487 unter Kapitän **Bartholomäus Dias** auf der Suche nach einem Wasserweg zu den Reichtürmern Indiens von Portugal aus in See gestochen und umrundeten Monate später das Kap der Guten Hoffnung. Im Februar 1488 setzten sie als die ersten Europäer den Fuß auf südafrikanischen Boden, um ihre Trinkwasservorräte aufzufüllen. Die kleine Bucht, in der sie ankerten, nannten sie Aguado de Sao Bras (Wasserstelle des Hl. Blasius), das spätere Mossel Bay.

Die **Khoikhoi** waren in verschiedenen Gruppen organisiert, jede mit ihrem Oberhaupt und klar abgegrenzten Weide- und Wasserrechten. Die Portugiesen, die gegen geltendes Gesetz verstießen, waren empört über die „schlechten Manieren" der Khoikhoi, die sie vom Brunnen vertreiben wollten. Im Laufe der Auseinandersetzung und ohne gemeinsame Sprache begannen die Khoi die Portugiesen mit Steinen zu bewerfen, die daraufhin das Schrotfeuer eröffneten und einen Hirten töteten.

Die Stadt

Mossel Bays größte innerstädtische Attraktion bildet der in historischen Gebäuden beheimatete **Bartholomeu Dias Museum Complex** unweit der Touristeninformation. Das Highlight ist das **Maritime Museum**, eine spiralförmig angelegte Ausstellung zu europäischer, vorwiegend portugiesischer Seefahrtsgeschichte, rings um eine lebensgroße Replik der Karavelle, mit der Dias nach Südafrika kam. Das Schiff wurde in Portugal gebaut und segelte anlässlich des 500. Jahrestages der historischen Seereise im Jahr 1987 von Lissabon nach Mossel Bay. Welchen Mut es erfordert haben muss, sich mit einem so kleinen Segelschiff dem wilden, noch völlig unbekannten Ozean auszusetzen, wird erst beim Betrachten deutlich – erst recht, wenn man bedenkt, dass die Crew auf Deck untergebracht war und zum Schutz gegen die Naturgewalten nichts anderes als Segeltuch besaß. ◷ Mo–Fr 9–16.45, Sa und So 10–16 Uhr, Eintritt R3 bzw. R10 inkl. Schiffsbesichtigung.

Die zweite Sehenswürdigkeit Mossel Bays, die fast alle Südafrikaner kennen, stellt der **Post Office Tree** vor dem Maritime Museum dar. Im 16. Jahrhundert pflegten Matrosen in einem alten Boot unter einem Wolfsmilchbaum, der hier irgendwo stand, Nachrichten für andere vorbeikommende Schiffe zu hinterlassen, und auf der Hinweistafel steht, dass es sich dabei („may well be") um diesen Baum gehandelt haben könnte. Besucher können ihre Post in einen großen, schiffsförmigen Briefkasten werfen und mit einem Sonderstempel versehen lassen.

Ansonsten lohnt noch das **Shell Museum and Aquarium** neben dem Post Office Tree einen Besuch. Dort gibt es faszinierende Muscheln aus aller Welt zu sehen. Die spannende Abteilung lebender Schalentiere umfasst Kaurimuscheln, die noch von Porzellanschnecken bewohnt sind. ◷ Mo–Fr 9–16.45, Sa und So 10–16 Uhr, Spende erbeten.

Ein kurzer Spaziergang vom Maritime Museum nach Norden den Hang hinab führt zum **Santos Beach**, dem Hauptstrand der Stadt und einzigen, nach Norden liegenden Badestrand Südafrikas, so dass die Nachmittagssonne hier länger scheint als anderswo. Der Strand neben dem kleinen Bootshafen bietet mit seiner ungewöhnlich sanften Brandung und einer idealen Wassertiefe eine der besten Schwimmgelegenheiten entlang der Garden Route.

Östlich des Hafens beschreibt die Küste eine sanfte Kurve nach Süden zum **Point**, wo sich mehrere Restaurants niedergelassen haben. Hier befindet sich ein 500 m langer Kanal zwischen Felsen, der als natürliches **Schwimmbecken** dient. Daneben hat das Department of Marine and Coastal Management ein kleines **Aquarium** eingerichtet, in dem Hummer, Garnelen und Fische aus hiesigen Gewässern sowie zwei Piranhas aus dem Amazonasbecken zu sehen sind. ◷ Mo–Fr 9–13, 14–16.30, Sa und So 9–13 Uhr, Spende erbeten.

Ein paar hundert Meter weiter südlich steht auf einem Felsvorsprung das 1864 erbaute und noch betriebene **St Blaize Lighthouse**. Zu Füßen des Leuchtturms liegt **Cape St Blaize Cave**, ein toller Aussichtspunkt und gleichzeitig eine historische und archäologische Ausgrabungsstätte. Vorbei an drei Informationstafeln zur Geschichte der Höhle führt eine Hängebrücke durch die Höhle hindurch. 1801 behauptete ein gewisser Sir John Barrow, die hier gefundenen Muschelschalen wären von Möwen hergebracht worden, doch andere Wissenschaftler waren der Ansicht, es handele sich um Hinterlassenschaften einer menschlichen Ansiedlung. Sie sollten Recht behalten, doch erst 1888 wurden bei Ausgrabungen Werkzeuge gefunden, die belegten, dass die Höhle vor rund 100 000 Jahren bewohnt war. Der Pfad hinauf zur Höhle mündet in den Cape St Blaize Trail, s.S. 266.

Mossel Bay hat Unterkünfte in fast jeder Preisklasse, darunter einige B&Bs, die im Tourismusbüro gebucht werden können.

Allemans Dorpshuis***, 94 Montagu St, ✆ 690 3621. Komfortables B&B in einem Haus aus dem 18. Jh. an einem Hang, drei Querstraßen von der Touristeninformation entfernt.

Barnacles Econo Lodge*, 112 High St, ✆ 690 4584 oder 082-670 5259, ✉ bismos@mweb.co.za. Blitzsauberes, überdurchschnittliches Backpacker-Hostel mit bestens ausgestatteter Küche, Schlafsälen, DZ und einem Adventure Desk für Buchungen.

De Bakke*, George Rd, ✆ 691 2915. Superbilliger, öffentlicher Campingplatz in Strandnähe mit Aussicht aufs Meer. Auch gute Ferienhütten für bis zu 4 Personen.

Edward Charles**, 1 Sixth Ave, ✆ 691 2152 oder 082-441 7242, ✇ 691 1759. Angenehmes Guesthouse mit 15 Zimmern, beheiztem Pool und Jacuzzi.

Huijs te Marquette*, 1 Marsh St, ✆/✇ 691 3182, ✉ marquette@pixie.co.za. Nettes, einfaches B&B unweit des Point. Gemütlicher Innenhof.

Mossel Bay Backpackers*, 1 Marsh St, ✆ 691 3182, ✉ marquette@pixie.co.za. Sehr billige Zimmer in einem kleinen Haus neben *Huijs te Marquette*, günstige Lage zwischen Innenstadt und Point. Schlafsäle und DZ mit/ohne Bad.

Mossel Bay Guest House**, 61 Bruns Rd, ✆ 691 2000, ✇ 690 4900. Freundliche Zimmer in einem Wohnhaus am Stadtrand.

Old Post Office Tree Manor****, Bartholomeu Dias Museum Complex, Market St, ✆ 691 3738, ▭ www.oldposttree.co.za. Gegenüber dem Tourismusbüro, unweit vom Santos Beach und Museum gelegenes Guesthouse in einem alten kapholländischen Herrenhaus. Mit Abstand beste Herberge der Stadt. Frühstück im *Café Gannet*, Mossel Bays schönstem Restaurant.

Point Caravan Park*, Bland St, ✆ 690 3501. Am felsigen Point gelegen, nicht ganz so gut wie der Hauptstrand zum Baden geeignet, aber nahe beim Ausgangspunkt des St Blaize-Wanderweges.

Santos Beach Protea Hotel**–****, Santos Rd, ✆ 690 7103, ▭ www.proteahotels.com. Kostspieligste Unterkunft vor Ort in wunderbarer Lage mit Meeresblick (nicht alle Zimmer). Frühstück im Preis nicht inbegriffen, aber *weekend specials* möglich.

Santos Express*, Santos Beach, ✆ 691 1995. Die Unterbringung erfolgt in einem ausrangierten Zug, nur ein paar Meter vom Wasser entfernt am Strand. 4-Personenabteile, Paare oder Familien erhalten jeweils ein eigenes. Morgens wird Kaffee serviert, kleines Frühstück inkl.

The Point***, Point Rd, ✆ 691 3512, ▭ www.pointhotel.co.za. Bestes Hotel der Stadt in wunderschöner Lage über dem Meer, sehr luxuriös und äußerst preisgünstig. Jedes der 50 geräumigen Zimmer mit Meeresblick und vielen Annehmlichkeiten, darunter Internet-Anschluss. Rollstuhlfreundlich. Frühstück nicht inkl.

Valhalla Guest House*, 86 Montague St, ✆ 691 1075 oder 082-658 2532, ✉ cranbar@yebo.co.za. Preiswertes B&B mit 6 Zimmern, zwar nicht am Meer, doch Hanglage mit Aussicht aufs Wasser.

Abgesehen vom *Gannet* ist **The Point** das hübscheste Fleckchen zum Essengehen oder um etwas zu trinken, v.a. wegen des Meeresblicks. In dem kleinen Einkaufszentrum Point Village am Nordende gibt es 2 familienfreundliche Restaurants (untere bzw. mittlere Preislage), ◷ morgens bis 23 Uhr.

Annie's Kitchen, 25 Marsh St, im Zentrum. Sandwiches und billige Mittagsmahlzeiten.

Café Baruch, Liberty Centre, Bland St, in Museumsnähe. Serviert leckere, getoastete Sandwiches, Salate und ordentlichen Kaffee.

Café Gannet, Market St, ✆ 691 1885. Mossel Bays' Toprestaurant, unweit des Bartholomew Dias Museum Complex. Mittags und abends liebevoll zubereitetes Seafood zu moderaten Preisen in einem stilvollen Garten.

Delfino's, Point Village, ✆ 690 5247. Italienische Küche und schöne Aussicht.

King Fisher, Point Village, ✆ 690 6390, gemütliches Lokal oberhalb von *Delfino's*. Köstliches Seafood und herrlicher Ausblick.

Tidals Waterfront Tavern & Pub, in herrlicher Lage am Südrand von The Point. Beliebtester Kneipentreff von Mossel Bay.

Aktivitäten

Angesichts der Tatsache, dass weiße Haie auf die Pelzrobben von **Seal Island** rund 10 km nordwestlich von Santos Beach Jagd machen, wird rund um die Insel vom Tauchen abgeraten. Trotzdem ereigneten sich seit 1990 in den Gewässern vor Mossel Bay einige, z.T. tödliche Unfälle. Es gibt allerdings gute **Tauchgebiete** und entsprechende Einrichtungen bei Mossel Bay: *Electro Dive*, ✆/📠 698 1976 oder ✆ 082-561 1259, im *Santos Protea Hotel,* Santos Rd, bietet Tauchkurse an (Padi R1400, Naui R1100), verleiht Ausrüstungen (R100 pro Tag) und führt Tauchgänge an der Küste sowie vom Boot aus (R60–130) durch. Warm ist das Wasser nicht – auch wenn hier die Temperaturen normalerweise höher sind als in anderen Resorts an der Garden Route. Doch aufgrund einer Sichtweite von ungefähr 4–10 m bestehen gute Chancen, Tintenfische, Seesterne, Korallen und Korallenfische zu sehen. Wer einem Weißhai begegnen möchte, hat einige **Haifischkäfig**-Tauchanbieter zur Auswahl. Die besten Monate dafür sind von März–Nov, die schlechtesten von Jan–Feb Eine Garantie gibt es natürlich nicht. Einer der bewährtesten Anbieter ist *Infante Shark Cage Diving*, Upper Cross, Ecke Kloof St, ✆ 691 3796 oder 082-455 2438, Beobachtung entweder vom Boot (R300) oder Käfig (R750) aus. Lässt sich kein Hai blicken, gibt es die Hälfte des Geldes zurück. Wer beim ersten Mal kein Glück hatte und es an einem anderen Tag nochmal probieren möchte, zahlt nur den halben Preis.

Bootsfahrten rund um Seal Island zum Betrachten afrikanischer Pinguine und Robben sind mit der *Romonza*, ✆/📠 690 3101, möglich, einer mittelgroßen Jacht, die am Jachthafen ablegt. Der landschaftlich sehr reizvolle **St Blaize Hiking Trail** auf dem Festland ist ein leicht zu begehender, 15 km langer Wanderweg (ca. 4 Std. pro Strecke) entlang der Südküste der Mossel Bay. Er beginnt am Cape St Blaize Cave, direkt unterhalb des Leuchtturms am Point, und führt nach Westen bis zur Dana Bay. Eine Wanderkarte ist bei der Touristeninformation erhältlich.

Wer **Bungeejumping** machen möchte, kann dies von der alten Gouritz River Bridge, rund 40 km westlich von Mossel Bay an der N2, tun. Hier ist es zwar erheblich billiger als von der Bloukrans Bridge (s.S. 287) bei Nature's Valley, allerdings kann man sich hinterher nicht rühmen, den tiefsten Bungeejump der Welt absolviert zu haben (R150). Gouritz bietet jedoch auch einen Bungeeswing (Single R100, Tandem R120). Näheres bei *Gouritz Bungy* an der Brücke, ✆ 697 7161, oder im Hauptbüro in Kapstadt, *Face Adrenalin*, 156 Long St, ✆ 021-424 8114.

Sonstiges

INFORMATIONEN – Touristeninformation, Church, Ecke Market St, ✆ 691 2202, 📠 690 3077, 🖥 www.gardenroute.net/mby, mitten im Zentrum, stapelweise Broschüren über Mossel Bay und die restliche Garden Route sowie ein kleiner, völlig ausreichender Stadtplan. ⏰ Mo–Fr 9–17, Sa 9–13 Uhr.

VORWAHL – 044

Nahverkehrsmittel

TAXI – Innerhalb der Stadt lässt sich alles zu Fuß erreichen, doch wer ein Transportmittel braucht, kann den Taxidienst *Jordaan*, ✆ 691 1191, anrufen.

Transport

Die N2 macht einen Bogen um Mossel Bay, und der einzige Bus, der die Innenstadt anfährt und Passagiere an jeder gewünschten Adresse aussteigen lässt, ist der **Baz Bus**. Die großen **Intercity-Busse** halten an der Shell Voorbaai Service Station, 7 km vom Stadtzentrum, an der Kreuzung der Nationalstraße und der Zufahrtsstraße in die Stadt.

Intercity-Busse von Mossel Bay nach
DURBAN (1x tgl.; 18 1/2 Std.);
GEORGE (6–7x tgl.; 3/4 Std.);
JO'BURG (1–2x tgl.; 14 Std.);
KAPSTADT (6–7x tgl.; 5 1/2 Std.);
KNYSNA (6–7x tgl.; 1 1/4 Std.);
OUDTSHOORN (1–2x tgl.; 1 1/4 Std.);
PLETTENBERG BAY (6–7x tgl.; 2 1/4 Std.);
PORT ELIZABETH (6–7x tgl.; 4 1/2 Std.);
PRETORIA (1–2x tgl.; 15 Std.).

George

George, 66 km nordöstlich von Mossel Bay, lohnt einen Besuch nur als Ausgangs- oder Endpunkt einer Fahrt mit dem Zug *Outeniqua Choo-Tjoe*. Die große, von Bergen eingerahmte Industriestadt liegt 5 km abseits der N2 und ist 9 km von der Küste entfernt. Im 19. Jahrhundert muss sie ein malerisches, von Wäldern umgebenes Dorf gewesen sein.

Doch davon zeugen nur noch ein paar historische Gemäuer, an erster Stelle die in den frühen 40er Jahren des 18. Jahrhunderts fertig gestellte **Dutch Reformed Church** in der Davidson St, am oberen Ende der Meade St. Die **St Mark's Cathedral** in der Cathedral St wurde 1850 eingeweiht und ist ebenfalls betrachtenswert. Letztere kann jedoch nur nach vorheriger Absprache besichtigt werden.

Präsident Botha: Steuermann der Apartheid

Pieter Willem Botha gilt als Erfinder der autokratischen „Imperial-Präsidentschaft" in Südafrika. Doch rückblickend gesehen war er der erste Steuermann der Apartheid, der glaubte, die hereinbrechende Demokratie-Woge mit drohend erhobenem Zeigefinger (seine Lieblingsgeste) stoppen zu können.

Botha trat mit 20 Jahren in die National Party ein und wurde 1948, bei Machtantritt der ersten Apartheidsregierung, zum Parlamentsmitglied gewählt. Er wurde Chef der National Party in der Kap-Provinz, Verteidigungsminister und 1978 sogar Premierminister. Botha wandelte dieses Amt, in dem dem Parlament Rechenschaft geschuldet wird, nach britischem Vorbild in das eines eigenmächtigen Präsidenten um, der unter Ausschluss der Öffentlichkeit weitreichende Beschlüsse innerhalb eines Präsidentschaftsrates traf, dem überwiegend hohe Armeefunktionäre angehörten.

Jene Funktionäre machten ihm deutlich, dass der Status quo der Apartheid mit brutaler Gewalt allein nicht aufrechtzuerhalten war. Daher entwickelte Botha seinen Generalplan, der darin bestand, Randaspekte der Apartheid zu reformieren und riesige Summen aufzuwänden, damit die Nachbarländer dem ANC ihre Unterstützung entziehen. Den Sicherheitskräften innerhalb Südafrikas ließ er freie Hand, Apartheidgegner zu ermorden, zu verfolgen und zu foltern. Das ganze Ausmaß ihrer Gräueltaten kam erst zwischen 1996 und 1998 im Zuge der Untersuchungen der Wahrheits- und Versöhnungskommission zutage. Bothas Unnachgiebigkeit erwies sich 1985, als er unter dem Druck der Weltöffentlichkeit andeutete, anlässlich eines Parteikongresses signifikante Regierungsreformen bekannt zu geben. Als die Stunde der Wahrheit kam und er seine „Rubicon speech" hielt, stellte sich heraus, dass Botha nicht das Rückgrat besaß, sich den weißen Rechtsextremen entgegenzustellen. In seiner Ansprache enthielt er sich jeglicher Zugeständnisse an die elementaren Menschenrechte der schwarzen Südafrikaner, woraufhin die internationalen Sanktionen verschärft wurden.

Den größten Schlag für das Apartheidregime bedeutete der Beschluss der Chase Manhattan Bank, den Kreditvertrag mit Südafrika nicht zu verlängern – das Land geriet in eine schwere Finanzkrise.

Botha änderte seinen Kurs nicht, sondern steuerte das Staatsschiff stur bis Ende der 80er auf den Abgrund zu. Selbst seine engsten Parteigenossen erkannten, dass diese Politik nicht mehr haltbar war, und als Botha 1989 einen Schlaganfall erlitt, setzten sie unverzüglich F.W. De Klerk an seine Stelle. De Klerk leitete sofort die vier Jahre zuvor versprochenen Reformen in die Wege.

Botha verbringt jetzt seinen Ruhestand in der Nähe von George und hegt anscheinend immer noch einen tiefen Groll gegen seine Parteifreunde, von denen er sich schmählich betrogen fühlt. Er hat es abgelehnt, sich für die unter seiner Führung begangenen Verbrechen zu entschuldigen und weigerte sich, trotz gerichtlicher Vorladung, vor der Truth and Reconciliation Commission zu erscheinen.

Diese sprach ihn 1998 schuldig und verurteilte ihn. 1999 wurde seinem Widerspruch stattgegeben.

George war der Parlamentssitz des ehemaligen Staatspräsidenten **P.W. Botha** (s. Kasten), dem letzten überzeugten Vertreter der Apartheidpolitik und Vorgänger von F.W. De Klerk, der den Übergang von der Minderheits- zur Mehrheitsregierung aushandelte. Das George Museum beherbergte früher eine P.W. Botha-Sammlung, die den übelsten Drahtzieher der Apartheid verherrlichte. Sie wurde in den 90er Jahren als unpassend für ein Museum des „Neuen Südafrika" empfunden und entfernt. Doch bei genauem Hinsehen lässt sich noch das eine oder andere Überbleibsel ausmachen, das der Säuberungsaktion entging.

Übernachtung

10 Caledon St**, ✆ 873 4983, ✆ 874 6503, 🖳 www.10caledon.co.za, in einer ruhigen Straße gleich um die Ecke vom Museum. Bestes der Mittelklasse-B&Bs, makellose Zimmer mit Balkon, Garten.

Arbour Lodge*, Davidson, Ecke Arbour Rd, ✆ 874 7592 oder 082-412 4114, 🖳 www.ashmole. com, modernes Wohnhaus in Zentrumsnähe. 3 große B&B-Zimmer mit Bad und Küchenzeile. Aufmerksame, kinderfreundliche Gastgeber.

George Backpacker Hostel*, 29 York St, 1 km südlich der Innenstadt, ✆ 874 7807. Schlafsaalbetten, DZ in einem Anbau im Garten.

George Tourist Resort*, York St, ✆ 874 5205, ✆ 874 4255. Campingmöglichkeiten und Bungalows mit Bad in gepflegter Anlage. Pool, Minisupermarkt, Münzwaschmaschinen und Kinderspielplatz.

King George Protea Hotel***, King George Drive, ✆ 874 7659, ✆ 874 7664, 🖳 www.protea-hotels. co.za, ein Stück außerhalb vom Zentrum im ruhigen Westteil der Stadt. Gut ausgestattete Zimmer mit eigener Veranda.

Essen

Copper Pot, 12 Montagu St, ✆ 870 7378, intimes, stilvolles Lokal im Westen der Stadt und eines der besten Restaurants von George. Die Küche bezieht ihre Inspiration aus allen Teilen der Welt. ⏰ tgl. 12–14.30, 18.30 Uhr bis spät.

Fong Ling Taiwanese, York, Ecke Fichat St, ✆ 884 0088. Authentische chinesische Gerichte

unter Verwendung frischer, lokaler und importierter Zutaten. Schnelle Bedienung, mittlere Preislage. ⏰ tgl. mittags bis abends.

Herman's Pub and Grill, in 2 ausrangierten Eisenbahnwaggons neben dem Museum. Serviert preiswerte Tagesgerichte. Zentral gelegen, daher auch gut geeignet für einen Absacker. Einige Tische im Freien mit Blick auf die belebte Hauptstraße. ⏰ tgl. mittags bis abends.

King Fisher, 1 Courtenay St, Ecke N12, ✆ 873 3127, gegenüber dem Sportplatz der Outeniqua High School. Ausgezeichnetes Seafood-Restaurant.

Red Rock Café, Red River Centre, Arbour Rd, ein paar Querstraßen von der Innenstadt. Sehr preiswertes, abends gut besuchtes Lokal. Bietet auch im Sommer mittags warme Küche. Pizza, Seafood, Rippchen und verschiedene vegetarische Gerichte. Rasenfläche und kleiner Kinderspielplatz.

Sonstiges

INFORMATIONEN – Touristeninformation, 124 York St, ✆ 801 9295, ✆ 873 5228, 🖳 www. georgetourism.co.za, Stadtpläne und Hilfe bei der Zimmerreservierung. Buchungen auch unter ✉ reservations@georgetourism.co.za. ⏰ Mo–Fr 8–16.30, Sa 9–12 Uhr.

VORWAHL – 044

Transport

BUSSE – Intercape, Translux und **Greyhound** halten an der George Station neben dem Railway Museum. Der **Baz Bus** fährt das George Backpacker Hostel an.

EISENBAHN – Der **Outeniqua Choo-Tjoe** hält am Outeniqua Railway Museum, ✆ 801 8202, 2 Mission Rd, unweit der Knysna Rd.

FLÜGE – Flugzeuge landen auf dem kleinen **George Airport**, 10 km westlich der Stadt an der N2. Zwischen Flughafen und Innenstadt verkehren keine öffentlichen Transportmittel. Die meisten Touristen, die per Flugzeug herkommen, nehmen am Flugplatz einen Miet-

wagen, um die Garden Route zu befahren.
Von George nach DURBAN (tgl.; 2 1/4 Std.);
JO'BURG (2x tgl.; 1 1/2 Std.);
KAPSTADT (2–4x tgl.; 1 Std.);
PORT ELIZABETH (3x wöchentl.; 1 Std.).

Victoria Bay

Rund 9 km südlich von George und 3 km abseits der N2 liegt Victoria Bay, einer der schönsten Orte der Garden Route. In der Bucht gibt es einen kleinen, unter einem Felsvorsprung und von Felsblöcken eingerahmten Sandstrand mit einem grasbewachsenen Abschnitt, der sich hervorragend zum Sonnenbaden eignet, und darüber hinaus eine ungefährliche Schwimmgelegenheit in einem abgegrenzten Meerwasserpool bietet. In den Weihnachtsferien wimmelt es hier von Tagesausflüglern, und außerdem ist dies eine der begehrtesten Anlaufstellen von **Surfern** in ganz Südafrika.

Übernachtung und Essen

Von **Weihnachten bis Ostern** ziehen in den Unterkünften die Preise empfindlich an. Einzige Verpflegungsmöglichkeit bietet ein kleiner **Kiosk** am Strand, der Erfrischungsgetränke und ein paar Snacks verkauft. Die B&Bs werden von dem **Lieferservice** *Mr Delivery* bedient, der fertige Speisen aus rund zehn verschiedenen Fastfood-Lokalen in George abholt. Auf Wunsch werden auch frische Lebensmittel und sogar Videos gebracht.

Lands End Guest House***, Beach Rd, ☎ 889 0123, 🖨 889 0141, 🖥 www.vicbay.com. 2 hübsche Ferienstudios mit Meeresblick am Ende der Straße für jeweils 2 Selbstversorger, außerdem 2 B&B-Apartments.

Palm Cottage**–****, nur für Selbstversorger.

Sea Breeze Holiday Resort*, an der Hauptstraße zur Siedlung, ☎ 889 0098, 🖨 889 0104. Verschiedene preiswerte Ferienwohnungen, darunter auch moderne 2-stöckige Ferien- und Holzhäuser mit Platz für bis zu 6 Personen. Nicht alle mit Aussicht aufs Meer, aber in Spaziernähe zum Strand.

Sea Shells**–***, Beach Rd, ☎ 889 0051. Ferienwohnungen mit Bad, im Unter-/Obergeschoss, direkt am Wasser.

Tidals B&B**–****, Beach Rd, 1 Suite.

Victoria Bay Caravan Park*, linker Hand der Strandzufahrt, ☎ 889 0081. Wunderbar auf den Klippen über dem Strand gelegener Campingplatz.

The Waves**–****, Beach Rd, ☎/🖨 889 0166. 2 Apartments mit Meeresblick in einem viktorianischen Haus in traumhafter Lage, direkt am Wasser.

Transport

Victoria Bay ist mit öffentlichen Transportmitteln nicht zu erreichen, doch viele Leute legen die wenigen Kilometer von der N2 per **Autostopp** zurück.

Wer mit dem **eigenen Pkw** kommt, stößt unten an der Straße auf eine Metallschranke und muss den Wagen auf dem Parkplatz abstellen, der vor allem im Sommer oft voll ist. Wer in einem der B&Bs nächtigt, erhält dort einen Schlüssel zu der Schranke, mit der die private Strandstraße abgesperrt ist.

VORWAHL – 044

Wilderness

Der Strand von Wilderness, östlich von Victoria Bay jenseits des Kaaimans River, liegt so nah bei der N2, dass man fast im Vorbeifahren ein schnelles Bad nehmen könnte. Angeblich erhielt das Dorf Wilderness seinen Namen von einem jungen Mann namens Van den Berg, der 1830 bei einer Auktion in Kapstadt das Gelände für £183 erstand, ohne es gesehen zu haben. Bei der Verlobung bestand seine spätere Frau darauf, das erste Ehejahr außerhalb der Stadt in der Wildnis zu verbringen, entsprechend taufte er seinen Grundbesitz und baute darauf eine Hütte.

Sollte die Hütte noch existieren, lässt sie sich zwischen den zahllosen Rentnerwohnsitzen, Ferienhäusern und tausenden von Urlaubszimmern, die hier angeboten werden, wohl schwerlich ausfindig machen. Der lange Sandstrand wird von hohen, dicht bebauten Dünen gesäumt. Badende sollten in Ufernähe bleiben, denn dieser Küstenabschnitt ist für seine tückischen Strömungen bekannt.

Fairy Knowe Backpackers*, ✆/✉ 877 1285, ✉ fairybp@mweb.co.za. Ein Hostel mit Schlafsaalbetten und DZ im Wald unweit des Touws River, aber ein gutes Stück vom Meer entfernt. Der *Baz Bus* hält hier.

Fairy Knowe Hotel***, an der Dumbleton Rd, von der N2 her ausgeschildert, ✆ 877 1100, 🖳 www.fairyknowe.co.za. Altmodisches Etablissement mit annehmbaren Preisen, allerdings nicht am Strand gelegen. Die besten der B&B-Zimmer gehen auf den Touws River hinaus, die billigeren liegen zum Garten.

Island Lake Holiday Resort*, Lakes Rd, 2 km von der Abzweigung Hoekwil/Island Lake an der N2, ✆/✉ 877 1194. Campingplatz und Ferienbungalows mit 4 Betten; eine der schönsten und ruhigsten Unterkünfte an den Seen.

Mes-Amis Homestead**, Buxton Close, entsprechender Wegweiser an der Küstenseite der N2, direkt gegenüber der Nationalparkabfahrt, ✆ 877 1928, ✉ 877 1830, ✉ mesamis@mweb.co.za. 9 DZ mit eigener Terrasse und Schiebeglastür, wunderbare Aussicht.

The Tops**, Hunts Lane, rund 500 m von der Touristeninformation an einem Hang, ✆/✉ 877 0187. 3 der 4 Zimmer mit Bad, Meeresblick und Glastüren, die auf eine Sonnenterrasse führen.

Trails End Holiday Resort*, am Swartvlei Lake, ✆ 343 1914, ✉ 343 2006. Relativ teure Campingplätze und preiswerte, voll ausgestattete Blockhütten. Gute Badestelle.

King Fisher, George Rd, ✆ 877 0288, Restaurant im Dorfzentrum. Ausgezeichnetes Seafood, außerdem Rippchen und Straußenfleisch, mittlere Preislage. ⏲ tgl. mittags–abends.

Palms, im *Palms Wilderness Guest House*, Owen Grant Rd, ✆ 877 1420. Bestes und kostspieligstes Lokal vor Ort mit einer köstlichen Mischung aus mitteleuropäischen und afrikanischen Kreationen. Unbedingt reservieren, ⏲ tgl. mittags (Juni bis Juli geschlossen).

Reel 'n Rustic Wilderness Grille, George Rd, ✆ 877 0808. Gemütliche Grillstube mit Kamin. Tische im Freien. ⏲ tgl. morgens bis abends.

INFORMATIONEN – Im winzigen Dorfzentrum an der Nordseite der N2 gibt es außer einer Tankstelle, ein paar Geschäften und Restaurants auch eine **Touristeninformation** in der Leila's Lane, ✆ 877 0045, 🖳 www.wildernessinfo.co.za. ⏲ Okt–Apr Mo–Fr 8–18, Sa 8–13, So 15–17; Mai–Sept. Mo–Fr 8–17, Sa 9–13 Uhr.

VORWAHL – 044

Wilderness National Park

Östlich von Wilderness erstreckt sich der Wilderness National Park, ✆ 044-877 1197, ✉ 044-877 0366. Bettenreservierung über *South African National Parks*, Pretoria, ✆ 012-343 1991, ✉ 343 0905, 🖳 www.parks-sa.co.za. Zum Park gehört zwar auch ein Stück Strand, doch lohnend sind in erster Linie die **Wälder** sowie die insgesamt 16 km langen Wasserwege. Die vielfältigen Habitate umfassen Küsten- und Bergfynbos sowie Feuchtgebiete, die 250 **Vogelarten** anziehen.

Bei der Rezeption befinden sich **Münzwaschmaschinen** und ein **Kinderspielplatz**. Rezeption ⏲ Feb.–Nov. tgl. 8–13 und 14–17, Dez. und Jan. 7–20 Uhr, Tagesgebühr R12.

Im Park gibt es 2 **Rest Camps**, beide im westlichen Teil und durch Wegweiser an der N2 deutlich gekennzeichnet. Bei der Rezeption befindet sich ein kleiner **Laden**, der u.a. Milch und Brot verkauft.

Ebb and Flow North*, direkt am Fluss, billig, altmodisch und etwas abseits vom Getümmel. Zeltplätze, voll ausgestattete 2-Personen-Bungalows mit eigener Dusche sowie billigere Hütten mit gemeinschaftlichen Sanitäranlagen.

Ebb and Flow South*, ganz in der Nähe, ausgeschildert, Campingmöglichkeiten und moderne, geräumige Blockhäuser auf Stelzen sowie Ziegelbungalows, die ab 2 Personen sehr preiswert sind. Die mit allem Erforderlichen ausgestatteten Familien-Ziegelhäuser kosten R400, die Blockhütten auf Pfählen R420. Zudem gibt es billigere Hütten im Wald mit 2 Betten, Bad und Gemein-

WESTKAP

schaftsküche sowie noch preiswertere mit Gemeinschaftstoilette. Abgesehen von den Waldhütten und Campingstellen wird von Mitte Jan–Mitte März und von Mai–Nov ein 20-prozentiger **Preisnachlass** gewährt.

Aktivitäten

An der Rezeption werden **Kanus** und **Tretboote** ausgeliehen. Außerdem sind Wanderkarten für mehrere markierte, 1–4-stündige **Wanderwege** erhältlich. Sowohl zu Wasser als auch zu Fuß kann man dem Trubel entlang der N2 entkommen und in die lokale Fauna eintauchen. Der **Giant Kingfisher Trail** ist ein leicht begehbarer, 7 km langer Pfad, der am *Ebb and Flow North Camp* seinen Ausgang nimmt und durch den Wald am Ostufer des Touw River zu einigen Tümpeln mit zahllosen kleinen Wassertieren führt. Der gesamte Spaziergang dauert ca. 3 Std. Ebenfalls runde 3 Std. sind für den 6 km langen **Cape Dune Molerat Trail** zu veranschlagen, ein Rundwanderweg entlang der Dünen, der den Rondevlei vom Swartvlei Lake trennt. Unterwegs kann man viele Vögel beobachten. Im Winter und Frühling blühen überall bunte Blumen. Zu dem Trail gelangt man auf der N2, 16 km weit nach Osten Richtung Sedgefield, über die Abzweigung nach Swartvlei und weiter auf der unbefestigten Straße, bis zu einem Weg, der nach 2,8 km rechts abzweigt, von hier aus sind es noch rund 1 km bis zur Conservation Station und dem Ausgangspunkt des Wanderweges.

Sedgefield und Goukamma Reserve

Während der Fahrt von Wilderness nach Sedgefield schimmern linker Hand der Straße zahlreiche dunkelblaue Seen auf. Sie münden nach etwa 21 km in einer breiten Lagune ins Meer. An dieser Lagune liegt Sedgefield, ein wenige Kilometer abseits der Straße gelegenes Feriendorf mit einem schönen **Badestrand**. Zur Jahrtausendwende entdeckten jedoch die Stadtväter das wirtschaftliche Potenzial dieses unberührten Sandstreifens, und es entstehen mehr und mehr Gebäude dort.

Sedgefield eignet sich als mögliche Ausgangsbasis für einen Abstecher in das Goukamma Nature and Marine Reserve am Westausläufer des **Groenvlei**, ein Süßwassersee innerhalb des Reservatsgrenzen. Das rund 220 km^2 große Naturschutzgebiet reicht nach Westen hin bis zu dem kleinen Seebad Buffels Bay, umfasst 14 km Strand, einige der höchsten bewachsenen Dünen des Landes und ein begehbares Gelände, das mit Küstenfynbos und Dickichten aus Wolfsmilch-, Yellowwood- und Balsambäumen überzogen ist.

Im Groenvlei kommen sechs verschiedene **Fischarten** vor. Mit etwas Glück bekommen Wanderer das eine oder andere auf dem Festland beheimatete **Säugetier** zu Gesicht, darunter Buschbock, Greisböckchen, Mungos, Meerkatzen, Karakale und Kap-Fingerotter. Dank der Küsten- und Feuchtgebiete leben hier mehr als 220 **Vogelarten**, u.a. Fischadler, Knysna Louries, Eisvögel und die seltenen schwarzen Austernfischer. Von August bis Dezember sind draußen auf dem Meer oft **Südkaper** zu sehen, und das ganze Jahr über tummeln sich dort **Delphine**.

Abgesehen vom Fischen und von der Vogelbeobachtung sind im Goukamma noch einige andere, in Eigenregie durchgeführte Freizeitaktivitäten möglich, nicht zuletzt gefahrloses **Baden** im Groenvlei. Es gibt mehrere eintägige **Wanderpfade**, die durch unterschiedliche Lebensräume führen – Wanderer sollten sich im *Lake Pleasant Hotel* die nützliche *Cape Nature Conservation Map* holen. Ein Strandwanderweg (pro Strecke ca. 4 Std.) säumt das 14 km lange Küstenstück aus bröckelnden Felsen und Sand zwischen dem Parkplatz von Platbank an der Westseite und dem gegenüberliegenden von Rowwehoek. Ein kleines bisschen länger dauert die Wanderung über die Dünen, ebenfalls von einem Ende des Reservates zum anderen, allerdings auf einer Binnenlandroute. Ein kürzerer Rundweg durch einen Wolfsmilchbaumwald beginnt beim Reservatsbüro.

Übernachtung

SEDGEFIELD – Zahlreiche gute Unterkünfte, eine der preiswertesten ist das ***Landfall Resort****, ✆/✉ 343 1804, eine schlichte Anlage mit **Zeltplatz** und Übernachtungsmöglichkeit in festen **Wohnwagen** mit Küchenzeile und Du/WC. Außerdem geräumigere, mit allem Notwendigen ausgestattete **Cottages** für bis zu 6 Personen.

GOUKAMMA NATURE RESERVE – Besucher sollten möglichst früh unter *Goukamma Nature and Marine Reserve,* PO Box 331, Knysna 6570, ✆ 383 0042, 🖵 www.capenature.co.za, reservieren. Zur Auswahl stehen ein schlichtes **Bushcamp** (Wochenende R440, unter der Woche R240) mit 8 Betten am Südufer des Sees, zu erreichen über eine Straße, die vorbei an der Abzweigung zum Hotel führt und auf der Buffels Bay-Seite zu drei strohgedeckten **Rondavels** sowie einer **River-Lodge** (Wochenende R300; unter der Woche R200) mit Aussicht auf den Goukamma River. Alle mit voll ausgestatteter Küche, Bettzeug muss jedoch mitgebracht werden.

LAKE PLEASANT – *Lake Pleasant Hotel*,* am Westrand des Reservates, ✆ 343 1313, 🖷 343 2040, 🖵 www.lakepleasanthotel.com, rustikale Gemeinschaftsanlagen, hübscher Garten und einfache Zimmer mit Blick auf den See, leider in Hörweite der viel befahrenen N2. Das hauseigene *Swan Pub* serviert Kneipen-Mittagessen zu annehmbaren Preisen.
Lake Pleasant Chalets & Lodges*, ✆/🖷 343 1985, 🖵 www.lake-pleasant.co.za, preiswerte Übernachtungsmöglichkeit für Angler und/oder Familien. Schattige Zeltstellplätze, Ferienhütten für bis zu 3 Pers. und etwas kleinere, billigere Lodges. Außerdem ein **Speiserestaurant**, ein Pub, ein Minisupermarkt und ein hervorragend sortierter Laden für Angelsportbedarf. Auch Verleih von Mountainbikes, Ruderbooten und Kanus.

BUFFELS BAY – *Buffels Bay Caravan Park*,* direkt am Point, 10 km hinter einer Abzweigung, die 13 km östlich von Sedgefield von der N2 abgeht, ✆ 383 0045. Billigste Unterkunft in der Gegend.
Wild Side Backpackers*, Buffels Bay, 15 km westlich von Knysna, ✆/🖷 383 0609 / ✆ 082-871 9458, begehrtes Backpacker-Hostel in den Dünen, mit Schlafsaalbetten, DZ und kostenlosem Surfbrettverleih. Es können allerlei Abenteueraktivitäten organisiert werden.
Buffalo Bay Apartments*, 160 Walker Drive, ✆ 383 0218, ✉ buffalobay@xsinet.co.za, sehr empfehlenswert. 2 geräumige, voll ausgestattete Ferienwohnungen mit Meeresblick.

Von der N2 gehen zwei Straßen in das Naturschutzgebiet ab. Am westlichsten Punkt zweigt eine unbefestigte Straße zum Platbank Beach ab, vorbei an dem Weiler Lake Pleasant am Südufer des Groenvlei, der eigentlich nur aus einem Hotel und einer Ferienanlage besteht. Die östliche Zufahrt erfolgt auf der Buffels Bay Rd. Ungefähr auf halbem Wege dieser Straße befindet sich das Büro des Goukamma Reservates. Innerhalb des Schutzgebietes gibt es keine Straßen, die von Privatfahrzeugen befahren werden dürfen.

VORWAHL – 044

Knysna

Als Südafrika in den 90er Jahren ein begehrtes Touristenziel wurde, erwachte Knysna („Naissnaah" ausgesprochen) jäh aus seinem jahrzehntelangen Dornröschenschlaf als Rückzugsgebiet für Aussteiger und Künstler. Die 102 km östlich von Mossel Bay gelegene Stadt wird inzwischen von Besuchern, die die Garden Route befahren, geradezu überrannt. Sie liegt zwar nicht am Ozean, doch ihre wunderschöne Lage inmitten von Bergen und am Ufer einer Lagune ist wirklich bezaubernd. Zum Meer hin hat die Lagune einen landschaftlich äußerst reizvollen, schmalen Durchgang, die so genannten **The Heads**, deren Westseite von einem privaten Naturschutzgebiet und deren Ostseite von einem exklusiven Wohngebiet begrenzt wird.

Das besondere Flair von Knysna ist seinem historischen Ortskern mit den georgischen und viktorianischen Gebäuden zu verdanken, durch die sich die Stadt von den meisten anderen Ansiedlungen entlang der Garden Route abhebt. Zusätzlichen Reiz verleihen die gemütlichen Coffeeshops, Kunstgalerien und bunten Straßenstände. Und da es sogar so etwas wie ein Nachtleben gibt, bleibt mancher Besucher länger als nur einen Tag, trotz der vielen Sightseeing-Busse und des Verkehrschaos auf der Main St.

Geschichte

Zu Beginn des 19. Jahrhunderts bestanden die einzigen „weißen" Siedlungen außerhalb von Kapstadt

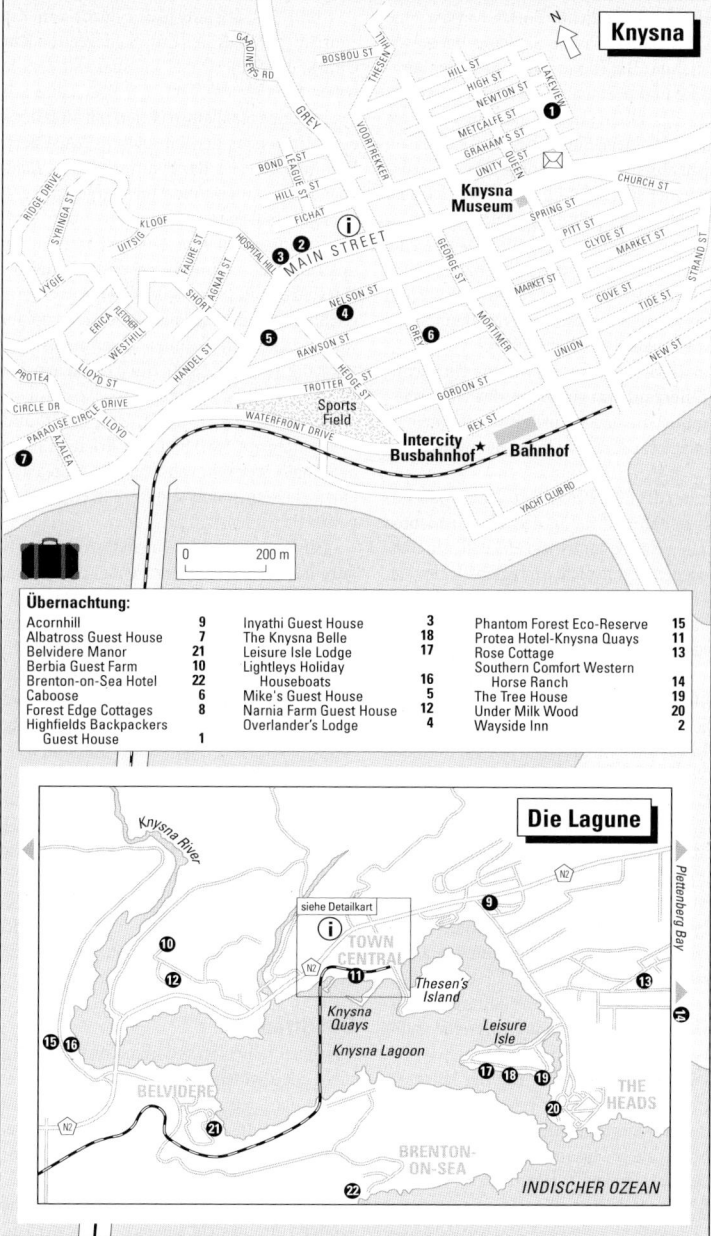

Knysna

Übernachtung:

Acornhill	9	Inyathi Guest House	3	Phantom Forest Eco-Reserve	15
Albatross Guest House	7	The Knysna Belle	18	Protea Hotel-Knysna Quays	11
Belvidere Manor	21	Leisure Isle Lodge	17	Rose Cottage	13
Berbia Guest Farm	10	Lightleys Holiday		Southern Comfort Western	
Brenton-on-Sea Hotel	22	Houseboats	16	Horse Ranch	14
Caboose	6	Mike's Guest House	5	The Tree House	19
Forest Edge Cottages	8	Narnia Farm Guest House	12	Under Milk Wood	20
Highfields Backpackers		Overlander's Lodge	4	Wayside Inn	2
Guest House	1				

Die Lagune

in einer Hand voll ärmlicher Dörfer. Knysna, eine wahrhaft hinterwäldlerische Siedlung bildete da keine Ausnahme. Der Name stammt aus der Sprache der Khoi und bedeutet „schwer zu erreichen", und genau das blieb Knysna noch bis weit ins 20. Jahrhundert hinein. Eine Person ließ sich davon jedoch nicht abschrecken – **George Rex**, ein Kolonialbeamter, der sich über die moralischen Regeln der Kolonialgesellschaft hinwegsetzte und sich zu seiner farbigen Geliebten bekannte. Das brachte ihn ins gesellschaftliche Abseits, und um die Wende zum 19. Jahrhundert brach er nach Knysna auf, um sein Glück mit der Verschiffung von Bauhölzern aus der Knysna Lagoon zu versuchen.

Als Rex 1839 starb, war aus Knysna ein wichtiges **Holzfällerzentrum** geworden, das viele weiße Arbeiter anzog, die sich mit primitiven Geräten für einen Hungerlohn daran machten, den Wald abzuholzen.

Zu Beginn des 20. Jahrhunderts lag Knysna immer noch weitab und tief in den Wäldern lebten die verarmten Nachkommen der Holzfäller in weltabgeschiedenen, von Inzucht geprägten kleinen Gemeinschaften. Noch bis 1914 musste jeder, der von Knysna nach George reiste, auf der 75 km langen Karrenspur 58 Gatter öffnen und wieder schließen.

Die Stadt

Knysna liegt an einer Meereslagune und die ältesten Stadtteile, die den Ortskern bilden, befinden sich am Nordufer. Zu den exklusiven Wohnvierteln zählen **Leisure Isle**, das über einen schmalen Dammweg mit dem Festland verbunden ist, und The Heads, dessen verschlungenes Straßennetz sich über die Hänge mit Blick auf den Indischen Ozean erstreckt.

Die Hauptverkehrsstraße der Innenstadt ist die von Kunsthandwerksgeschäften gesäumte Main St. Das **Knysna Museum**, Queen, Ecke Main St, beherbergt ein paar nicht besonders aufregende Ausstellungsräume, die kaum mehr als eine halbe Stunde in Anspruch nehmen.

Eines der Highlights ist das **Angling Museum**, darunter vor allem der präparierte Quastenflosser, eine der südafrikanischen Fischarten, die längst als ausgestorben galten – bis im Jahr 1939 einer in einem Fischernetz landete. ☉ Mo–Fr 9.30–16.30, Sa 9.30–12 Uhr, Spende erbeten.

Rund 500 m südlich des Büros von Knysna Tourism, am Ende der Grey St, liegen die **Knysna Quays**, die „Waterfront" Knysnas mit dem Jachthafen. Die elegante, Ende der 90er Jahre erbaute zweistöckige Stahlkonstruktion mit Holzstegen ist eine Miniversion der Kapstädter V&A Waterfront. Hier befinden sich das luxuriöse *Protea Hotel*, ein paar Bekleidungs- und Souvenirgeschäfte sowie zwei gute Esslokale.

Ein Stückchen vom Zentrum entfernt, im Industriegebiet, befindet sich die **Mitchell's Brewery**, Arend Rd, abseits des George Rex Drive, erreichbar über die Vigilance Rd und Sandpiper Rd, wo Besucher im Rahmen einer halbstündigen Führung (Mo–Fr 10.30 Uhr) gegen ein kleines Entgeld die Brauereierzeugnisse kosten können, darunter *Foresters Draught,* ein Pilsner, und *Bosun's Bitter*, ein Starkbier. Die Brauerei liegt weit außerhalb. Wer kein Fahrzeug hat, sollte entweder ein Taxi nehmen oder die Biere in einer der Kneipen in der Innenstadt probieren.

Der Hauptgrund für einen Abstecher nach **Leisure Isle** sind die hervorragenden Schwimmgelegenheiten in der Lagune und die Aussicht aufs Meer, die sich zwischen The Heads eröffnet. Die besten Badestellen finden sich am Südufer der Insel, insbesondere im westlichen Abschnitt entlang des Bayswater Drive. Allerdings sollte man vorher die Gezeitentabelle studieren, denn richtig gut schwimmen kann man nur bei Flut und das auch nur im Sommer.

Auf dem George Rex Drive Richtung Süden geht es zu den Straßengewirr der Vororte The Heads und Coney Glen zum Gipfel des **Eastern Head**. In der Umgebung des Restaurants *Paquitas* (s.S. 277) bieten sich fantastische Ausblicke aufs Meer. Fast noch schöner ist die Aussicht von dem Ausguck am Ende des kurzen Fußweges, der beim Restaurant beginnt und am Felsrand entlang führt.

Die Strände

Für einen reinen Strandurlaub bietet sich Knysna nicht an: Abgesehen von ein paar Badestellen am Rande der Lagune liegen die nächsten Sandstrände 20 km entfernt am Westrand der Lagune bei **Brenton-on-Sea**. Die winzige Siedlung an der schönen Buffels Bay besitzt ein nicht weiter bemerkenswertes Hotel, das aber an einem besonders schönen Strand steht. Ein paar Kilometer landeinwärts befindet sich der malerische Ort **Belvidere**, der nur den Fahrzeugen der Anwohner offen steht. Besucher müssen ihn zu Fuß erkunden. Zwar ist **Buffels Bay**, der nächste Strand im Westen, am gleichen, ununterbrochenen Sandstreifen beheimatet wie Brenton-on-Sea, doch es führt keine direkte Straße hin. Autofahrer müssen auf die N2 zurückfahren und die dortige Abzweigung nehmen. Auf der gegenüberliegenden Seite von Knysna sieht es auch nicht besser aus: Das nächste Fleckchen Sand findet sich im Osten bei **Noetzie**, einer Stadt, die vor allem für ihre exzentrischen Ferienhäuser bekannt ist.

Übernachtung

Knysna hat zahlreiche Unterkünfte für Backpacker, aber nur wenige billige B&Bs. Die besten Übernachtungsmöglichkeiten sind die abseits der Hauptstraße, mit Blick auf The Heads oder die Lagune. Wer etwas Ausgefalleneres sucht, kann ein **Hausboot** mieten und damit die Lagune befahren. Zimmerreservierungen erledigt *Knysna Booking Services* (s.S. 278).

INNENSTADT UND KNYSNA QUAYS – ***Albatross Guest House****, Albatross Rd, Ecke Paradise Circle, ✆/☎ 382 4498, 🖳 www.123.co.za/knysna/albatross, eine Querstraße von der Lagune entfernt in ruhiger Lage. Preiswerte, rustikale Zimmer mit Bad rings um einen Garten mit Pool. Der Besitzer ist ein versierter Taucher.
Caboose*, Gray, Ecke Trotter St, ✆ 382 5850, ☎ 382 5224, ✉ caboose.kny@pixie.co.za. Superbillige Betten in makellos sauberen, aber sehr winzigen Schlafeinheiten, Teil eines riesigen, modernen Komplexes mit Gemeinschaftseinrichtungen wie Lounge, Pool und Sonnendach.
Highfields Backpacker Guest House*, 2 Graham St, ✆ 382 6266, ☎ 382 5799. Beste Backpacker-Herberge, stilvoll eingerichtet, freundlich, Schlafsaalbetten und DZ. Pool und Sonnenterrasse. Günstige Touren zu The Heads, in die Mitchells Brewery und nach Brenton.
Inyathi Guest Lodges**, 52 Main Rd, ✆/☎ 382 7768, 🖳 www.inyathi-sa.com. Fantasievolle Unterkunft in der Innenstadt. 10 individuell gestaltete Blockhütten mit Bad und Terrasse für

Selbstversorger um einen hübschen Innenhof. Sehr zu empfehlen.
Mike's Guest House*, 67 Main Rd, ✆/☎ 382 1728 oder ✆ 082-784 4599, ✉ dolphins@mweb.co.za. 4 preiswerte Zimmer mit Bad in einem schlichten Wohnhaus mit kleinem Garten, außerdem 2 Gartenhäuschen. Freundlich, oft ausgebucht.
Overlander's Lodge*, 11 Nelson St, ✆/☎ 382 5920, ✉ info@gardenroute.co.za. Beliebte Backpacker-Lodge mit Campingmöglichkeit, 18 sauberen Schlafsaalbetten und DZ. Bar und Lagerfeuerstelle im Freien. Organisiert zahlreiche Freizeit- und Abenteueraktivitäten.
Protea Hotel – Knysna Quays****, Waterfront Drive, ✆ 382 5005, ☎ 382 5006, ✉ knysnaq@mweb.co.za. Luxuriöses Hotel am Wasser, die meisten Zimmer mit Blick auf die Lagune.
Wayside Inn***, Pledge Square, ✆/☎ 382 6011. Sauber und einladend, mitten im Zentrum, allerdings ohne Garten oder Gemeinschaftsräumlichkeiten. (Kleines) Frühstück aufs Zimmer.

ÖSTLICHE VORORTE, LEISURE ISLE UND THE HEADS – ***Acornhill****, 26 Heron Way, ✆/☎ 382 6054 oder ✆ 082-770 1729, 🖳 www.knysna.co.za/acornhill. 4 preiswerte, angenehme Ferienwohnungen unterschiedlicher Größe in einem Garten unweit der Hauptstraße in die Stadt.
The Knysna Belle***, 75 Bayswater Drive, Leisure Isle, ✆ 384 0511, ☎ 384 0881, 🖳 www.knysnabelle.co.za. Komfortables Guesthouse mit 4 DZ und einer Suite am Rande der Lagune. Herrlicher Blick auf The Heads und die Outeniqua Mountains.
Leisure Isle Lodge****, 87 Bayswater Drive, Leisure Isle, ✆ 384 0462, ☎ 384 1027, 🖳 www.leisureislelodge.co.za. Eines der besten Guesthouses von Knysna, direkt an einer guten Badestelle der Lagune. Entspannte Atmosphäre, beheiztes Schwimmbecken im Freien, 9 geräumige Zimmer mit Fußbodenheizung, die teureren mit Aussicht auf die Lagune.
Rose Cottage*, 34 Wilson St, ✆ 384 0255, ☎ 382 7075, ✉ rosecottage@mtco.co.za. Kleine, aber makellose Zimmer mit Bad sowie ein großes, preisgünstiges Selbstverpfleger-Cottage mit Platz für 2 Erwachsene und 1 Kind. Veranda, Pool und Garten.

The Tree House*, 37 Cearn Drive, Leisure Isle, ☎/📠 384 0777 oder ☎ 082-432 5180, ✉ saltdog @mweb.co.za. Schönes Ferienhaus an der Lagune, ausgezeichnete Badestelle. 2 Schlaf- und 2 Badezimmer, TV, Videorecorder und geräumiges, von einem hohen Baum beschattetes Sonnendach.

Under Milk Wood**–****, George Rex Drive, The Heads, ☎ 384 0745, 📠 384 0156, 🖥 www. milkwood.co.za. Luxuriöse Unterbringung für Selbstversorger an der Lagune unterhalb The Heads, mit Privatstrand (gefahrloses Schwimmen) und sagenhaftem Blick. 16 Ferienwohnungen mit 2 Zimmern und eigener Sonnenterrasse. Der Preis richtet sich danach, ob die Unterkunft an der Lagune, am Hang oder dazwischen liegt. Auch 3 B&B-Zimmer.

WESTLICH DER STADT – **Berbia Guest Farm****, Welbedacht Lane, 6 km außerhalb von Knysna abseits der N2 Richtung George, ☎/📠 382 5429. 4 in warmen Farben gestaltete Zimmer mit Bad, Swimming Pool, von dem aus die Lagune und The Heads zu sehen sind. Einzige Verpflegungsmöglichkeit bieten die *braai*-Stellen.

Narnia Farm Guest House**–***, abseits der Welbedacht Lane, 3 km von Knysna, ☎ 382 1334, 📠 382 2881, 🖥 www.narnia.co.za. Schönes Bauernhaus inmitten einer bezaubernden Protea-Plantage an einem Hang mit Blick auf die Lagune. 2 B&B-Zimmer im Obergeschoss mit Bad und Balkon sowie liebevoller Einrichtung, ebenso wie die Ferienwohnung im Erdgeschoss, zu der 2 Schlafzimmer, 1 Wohnzimmer, Kamin und Küchenzeile gehören. Mountainbike-Verleih, Baumhaus und Kinderspielplatz.

Phantom Forest Eco-Reserve, HP R1000–2000, Phantom Pass Rd, von der N2 zurückversetzt, ☎ 386 0046, 🖥 www.phantomforest.com. Kostspielige, aber atemberaubende Luxusunterkunft in Bungalows mitten im Wald mit traumhaftem Blick. In den Hauptgebäuden befinden sich Speisesaal, Whirlpool (unter freiem Himmel), Massageräume und Jacuzzi. Außerdem ein von üppiger Vegetation umgebener Pool am Hang.

Lightleys Holiday Houseboats, Ankerplatz an der Straßenkreuzung Belvidere und N2, ☎ 386 0007, 📠 386 0018, 🖥 www.knysna.co.za/lightleys. Die mit allen erforderlichen Einrichtungen versehe-

nen Wohnboote verfügen über 4 Schlafpritschen und bieten die Möglichkeit, auf eigene Faust die insgesamt 20 km lange schiffbare Fläche der Lagune zu erkunden. Ein Boot kostet R695 pro Tag.

THE FOREST – **Forest Edge Cottages***, Rheenendal, ☎ 388 4704 oder 082-965 5765, 📠 388 4778, ✉ forest.edge@knysna.co.za. In Waldnähe, Unterbringung in traditionellen Cottages mit 2 Schlafzimmern und Veranda oder in komplett ausgestatteten Bungalows für Selbstversorger mit 4 Betten. Ausgangspunkt zahlreicher Wander- und Radwege, Mountainbike-Verleih.

Southern Comfort Western Horse Ranch*, 17 km östlich von Knysna Richtung Plettenberg Bay, nach 3 km entlang der Fisanthoek Rd erreichbar, ☎ 532 7885. Budget-Unterkunft in DZ mit Stockbetten auf einer Farm in unmittelbarer Nähe des Ostabschnittes des Knysna Forest. Verpflegung auf Wunsch. Nach Voranmeldung Abholung von der N2. Reitausflüge möglich, 1 Std.–2 Tage mit Übernachtung in „Indianerzelten" im Wald (R60 bzw. R350 all-inclusive).

BELVIDERE UND BRENTON-ON-SEA – **Belvidere Manor******, Duthie Drive, Belvidere Estate, ☎ 387 1055, 📠 387 1059, 🖥 www.belvidere.co. za. 34 pseudo-viktorianische Cottages in herrlicher Lage auf weitläufigem Gelände, das bis zur Lagune hinabreicht, wo Ruderboote zur Verfügung stehen.

Brenton-on-Sea Hotel***–****, C.R. Swart Drive, Brenton Beachfront, ☎ 381 0081, 📠 381 0026, 🖥 www.brentononsea.co.za. Einziges am Meer gelegenes Hotel der Gegend. Alle Zimmer mit Meeresblick. Die billigeren befinden sich im älteren Teil des Hotels, die neueren sind größer und verfügen über Whirlpool und Balkon. Auch Ferienbungalows für bis zu 6 Selbstversorger (R800).

Essen

Nicht zuletzt wegen der hiesigen Knysna Oyster Company, eine der größten Austernfarmen der Welt, führt eigentlich kein Weg um ein **Austernmahl** herum, aber zahlreiche gute Restaurants bedienen auch andere Geschmäcker. Angesichts der vielen Wälder, Wasserwege

Die Lagune von Knysna

und Strände bietet sich auch **Picknicken** an. Zutaten sind in hervorragenden Delikatessengeschäften erhältlich, und *Farmhouse Picnics* liefert einen fertig gepackten Picknickkorb ins Haus.

34° South, Knysna Quays, ☎ 382 7331. Herausragender Delikatessenladen und Speiselokal mit Blick auf die Zugbrücke. ☉ tgl. 9–18 Uhr.

The Anchorage, Garden Route Shopping Centre, Main St, ☎ 382 2230. Seafood- und Steakrestaurant in der Innenstadt. Tgl. garantiert fangfrischer Fisch. ☉ Mo–Fr mittags bis abends.

Coffee Connection, Main Rd. Ausgezeichnete Kaffeespezialitäten und Snacks.

Changes, Pledge Square, 48 Main St, ☎ 382 0456. Von Schwulen geführtes Restaurant, bietet köstliche, innovative Speisen (auch vegetarische) zu angemessenen Preisen. ☉ Di–Sa ab 19 Uhr.

The Drydock Food Co, Knysna Quays, ☎ 382 7310. Gutes Seafood-Lokal mittlerer Preislage. ☉ tgl. mittags bis abends.

Farmhouse Picnics, ☎ 356 2707 oder 083-448 1616, ✆ 356 2710, ✉ farmhouse@dodeca.co.za. Liefert Picknickkörbe für 2 Personen an jede Adresse in Wilderness, Sedgefield oder Knysna für R100. Enthalten sind eine große Auswahl leckerer Speisen, Bier oder Wein, Besteck und ein Tischtuch. 12 Std. im Voraus bestellen.

La Loerie, 57 Main St, ☎ 382 1616. Knysnas Toprestaurant, hervorragend und intim, serviert frische Austern und hat mit den besten Fisch entlang der Garden Route. ☉ Mo–Sa, nur abends.

Ocean Basket, Memorial Square. Ableger der renommierten Seafood-Restaurantkette mit umfangreicher Speisekarte.

Paquitas, Knysna Heads, ☎ 384 0408. Restaurant in wunderbarer Lage auf den Felsen unter The Heads. Standardgerichte wie Burger, Rippchen und Pizza ziehen die Stadtjugend an. ☉ tgl. mittags bis abends.

Persello Pizzeria, Main Rd, ☎ 382 2665. Von einer italienischen Familie geführtes Lokal. Ausgezeichnete Pizza, auch zum Mitnehmen.

Phantom Forest Eco-Reserve, Phantom Pass Rd, ☎ 386 0046. Liegt an einem der bezauberndsten Flecken Südafrikas: Lokal am Wald mit sagenhaftem Ausblick. Kostspielige pan-afrikanische Küche. ☉ tgl. Dinner.

The Oyster Tavern, Thesen's Jetty, Thesen's Island, ☎ 382 6941. Die Probierstube der Knysna Oyster Company serviert Muscheln oder Austern mit Brot und Dips sowie eingelegten Fisch. Verkauf von Austern im Dutzend. ☉ Mo–Do 8–17, Fr 8–16, Sa und So 9–15 Uhr.

Tin Roof Blues, St George, Ecke Main Rd. Gute Live-Auftritte lokaler Musiker und Gastspielbands.

Bootstouren Eine Fahrt durch die Lagune zu The Heads gehört zum touristischen Pflichtprogramm. *Knysna Waterfront Ferries,* ✆ 382 5520 oder 082-555 7902, bietet mehrmals tgl. 1 1/4 Std. dauernde Rundfahrten von den Knysna Quays zu The Heads (R50) und durch einen Wald mit vielen Vögeln auf dem Fluss (R30) an, außerdem einen 90-minütigen Katamarantrip durch The Heads ins offene Meer hinaus (R50) und eine 2 1/2-stündige *Sunset Cruise* (R150) durch The Heads, inkl. Sekt, Austern und Snack.

Das Doppeldeckerschiff MV *John Benn* hat nicht nur eine Bar an Bord, sondern stellt auch die einzige Möglichkeit eines Besuchs in dem privaten Featherbed Nature Reserve im Westteil der Heads dar. Der Ausflug mit der MV *John Benn* kostet R60, dauert 4 Std. und umfasst die Jeepfahrt zum Gipfel des Head. Wer möchte, kann den 2 km langen Rückweg auch zu Fuß zurücklegen, um die Landschaft zu genießen. Reservierung erforderlich unter ✆ 382 1693 oder 382 1697 (kann beim Kiosk an der Nordseite der Knysna Quays erledigt werden). Ablegestelle ist die John Benn Jetty, Remembrance Ave, 400 m westlich der Quays.

Sonstiges

APOTHEKEN – Marine Pharmacy, Main, Ecke Grey St, ✆ 382 5614, ⏰ Mo–Fr 8–21, Sa 8–13, 15–21, So 9.30–13, 17–21 Uhr;
Village Pharmacy, Spar Centre, 41 Main St, ⏰ Mo–Fr 8–18, Sa und So 8–14 Uhr.

AUTOVERMIETUNGEN – Avis, 68 Main Rd, ✆ 382 2222, ✆ 382 0222.

INFORMATIONEN – Knysna Tourism, 40 Main, Ecke Gray St, ✆ 382 5510, ✆ 382 1646, 🖳 www. knysna-info.co.za, Landkarten und Informationsmaterial, ⏰ Mo–Fr 8–17, Sa 9–13 Uhr; etwas längere Öffnungszeiten in der Hochsaison.
Unterhält auch einen kostenlosen **Zimmerreservierungsservice,** ✆ 382 6960, ✆ 382 1609, ✉ booking@mweb.co.za und bucht Abenteueraktivitäten in der Umgebung von Knysna.

MEDIZINISCHE HILFE – Knysna Private Hospital, Hunters Drive, ✆ 382 7165, ✆ 382 7280, zuverlässige ärztliche Versorgung, auch Notfallstation.
SAA Netcare Travel Clinic, Unit 5 Quayside Office Park, Gordon, Ecke Hedge St, ✆ 382 6366 oder 083-416 3048, auf ausländische Patienten vorbereitet, verschreibt Malariaprophylaxe, verfügt über Impfstoffe und informiert über den aktuellsten Stand bzgl. Gesundheitsvorsorge in Afrika. ⏰ Mo–Do 8–16.30, Fr 8–16 Uhr.

NOTFALL – Feuerwehr, ✆ 825066; **Krankenwagen,** ✆ 10177; **Polizei,** ✆ 10111.

VORWAHL – 044

WÄSCHEREIEN – The Knysna Wash Tub, 20 Gray St, ⏰ Mo–Fr 7.30–17.30, Sa 7.30–13 Uhr; *The Laundry Bin,* 12 Main St, ⏰ Mo–Fr 7.30–17.30, Sa 8–13 Uhr.

Nahrverkehrsmittel

TAXI – Glory's Cab, ✆ 382 4223 oder 083-226 4720, und **Benwill Shuttle,** ✆ 083-728 5181, außerhalb der Geschäftszeiten ✆ 384 0103, befördern Passagiere innerhalb der Stadt. Vor dem Einsteigen sollte man sich aber über den Fahrpreis einigen.

Transport

BUSSE – Die Intercity-Busse von **Greyhound** und **Intercape** halten an *Bern's Service Station,* Main St, mitten in der Stadt, die von **Translux** am Bahnhof, Remembrance Ave, gegenüber Knysna Quays. Der **Baz Bus** bringt Passagiere zu jeder gewünschten Unterkunft der Stadt.
Intercity-Busse von Knysna nach
DURBAN (1x tgl.; 17 Std.);
GEORGE (6–7x tgl.; 1 Std.);
JO'BURG (1–2x tgl.; 16 Std.);
KAPSTADT (6–7x tgl; 7 Std.);
MOSSEL BAY (6–7x tgl.; 1 1/4 Std.);
OUDTSHOORN (1–2x tgl.; 2 Std.);
PLETTENBERG BAY (6–7x tgl.; 1 1/2 Std.);
PORT ELIZABETH (6–7x tgl.; 4 1/2 Std.);
PRETORIA (1–2x tgl.; 17 Std.).

EISENBAHN – Der *Outeniqua Choo-Tjoe,*
✆ 382 1361, letzter in Südafrika noch verkehrender Güter- und Passagierzug (im Sommer Mo–Sa 2x tgl.) zwischen GEORGE und Knysna via GOU-KAMMA, SEDGEFIELD und WILDERNESS (im Winter seltener). Die rund 2 3/4 Std. dauernde Fahrt kostet einfach R50, hin und zurück R60.

Die Umgebung von Knysna

Der eigentliche Grund für einen Besuch von Knysna sind seine **Waldgebiete**, auch wenn von den rauschenden Wäldern – einst Heimstatt der **Khoi** und einer Vielzahl „wilder" Tiere, darunter gewaltige Elefantenherden – nur noch kärgliche Überreste blieben. Jene Wälder waren Ziel früher europäischer Entdecker und Naturforscher, und ihnen folgten Holzfäller, Geschäftsleute wie George Rex und Goldgräber, alle auf der Suche nach dem großen Geld.

Einer der ersten **Europäer**, der die hiesigen Wälder betrat, war der französische Abenteuerreisende Francois Le Vaillant, der im 18. Jahrhundert in Begleitung von Khoi-Trappern durch das Gelän-

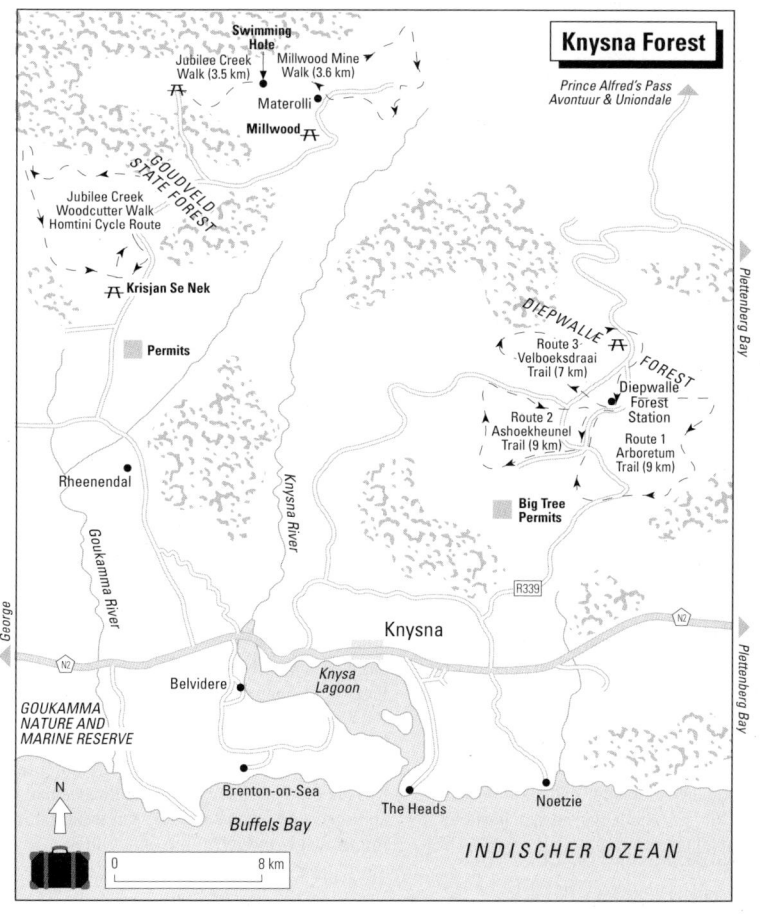

de streifte. Als seine einheimischen Führer einen Elefanten erlegten und verzehrten, kam der Franzose zu dem Schluss, er habe nie etwas Köstlicheres gegessen als Elefantenfüße. 200 Jahre später waren die Elefanten vom Aussterben bedroht und von dem Volk der Khoi nur noch ein paar Ortsnamen übrig geblieben.

Die Elefanten von Knysna Warnschilder entlang der N2 zwischen Knysna und Plettenberg Bay kündigen Elefanten an, die die Straße überqueren, doch das entspringt wohl mehr einem Wunschdenken als der Realität. 1995 waren hier nur noch zwei frei lebende Dickhäuter zu verzeichnen, und dem ist wahrscheinlich heute noch so. Um die Knysna-Elefanten ranken sich viele Mythen und die Einheimischen äußern sich nicht klar dazu. Um 1860 betrug ihre Anzahl noch 500, und um 1920 (zwölf Jahre, nachdem sie von Staats wegen unter Schutz gestellt worden waren) war sie auf 20 geschrumpft. Der Hauptgrund dafür scheint aber eher im Verlust ihres Lebensraumes und der daraus resultierenden Nahrungsknappheit gelegen zu haben, und weniger darin, dass sie von Menschen gejagt wurden.
1995 wurden drei junge Elefantenkühe aus dem Krüger-Nationalpark geholt, die mit dem „einsamen Waldbullen" eine neue Herde aufbauen sollten. Der „Bulle" stellte sich jedoch als ehrwürdige Elefantendame heraus, die erschrocken die Flucht ergriff, als sie sich mit den drei Teenagern konfrontiert sah. Dabei starb ein junger Elefant an Lungenversagen aufgrund von Stress. Etwa 1997 waren die beiden verbliebenen jungen Elefantenkühe nach Osten gezogen und verwüsteten das Farmland bei Plettenberg Bay. Daraufhin beschlossen South African National Parks im Verein mit örtlichen Tierschutzorganisationen, sie ins Shamwari Game Reserve (s.S. 366) zu bringen, rund 300 km weiter östlich in der Nähe von Port Elizabeth, wo sie sich jetzt bester Gesundheit erfreuen.

In letzter Minute erfolgten **Schutzmaßnahmen,** sodass immerhin einige Waldbestände erhalten bleiben konnten. Naturliebhaber können sie inzwischen auf zahlreichen Wanderpfaden in Augenschein nehmen. Für die Anreise ist ein eigenes Fahrzeug erforderlich.

Goudveld State Forest

Der herrliche Goudveld State Forest, knapp 30 km nordwestlich von Knysna, besteht aus einem Mischwald mit importierten und heimischen Bäumen. Sein Name stammt aus der Zeit des Goldrausches, der in den 80ern des 19. Jahrhunderts hunderte Goldsucher in das Minenstädtchen **Millwood** zog. Den 600 Glücksrittern, die im Jahr 1886 hier ihre kleinen Claims abgesteckt hatten, in den Bergen nach Gold schürften und im Jubilee Creek Gold wuschen, folgten rasch die größeren Gesellschaften. Schnell entstand eine blühende Stadt mit sechs Hotels, drei Tageszeitungen und einer Music-Hall.

Dies war jedoch nicht von Dauer. 1890 hatten die meisten Minenbetreiber bereits aufgegeben und die Goldsucher machten sich auf den Weg in die gerade entdeckten Goldminen bei Johannesburg. Aus Millwood wurde eine **Geisterstadt.** Im Laufe der Zeit wurden die Häuser zerstört oder abgetragen, und das einzige noch erhaltene Gebäude ist ein ehemaliger Krämerladen namens Materolli. Die Stadt ist völlig überwuchert, nur ein paar alte Straßenschilder stehen noch.

Im **Jubilee Creek,** einem hübschen, schattigen Wandergelände am Ufer eines plätschernden Baches, sind die in den Hang gegrabenen oder gesprengten Löcher noch gut zu sehen. Einige der alten Minenanlagen wurden restauriert und können besichtigt werden.

Der Wald mit seinen hohen Bäumen und dem hübschen Tal ist ein reizvolles Ausflugsgelände, das über zahlreiche Bade- und Picknickstellen verfügt. ⊙ tgl. Sonnenaufgang bis Sonnenuntergang, R4. Wenn kein Wärter anwesend ist, kommt man kostenlos hinein. **Anfahrt** von Knysna über die N2 nach Westen Richtung George, gleich hinter dem Knysna River nach rechts auf die Rheenendal Rd abbiegen und auf ihr rund 25 km weiterfahren, immer den Wegweisern zum Goudveld nach.

Wandern im Goudveld

Zahlreiche gut gekennzeichnete Wanderwege führen durch das Goudveld. Am schönsten (und einfachsten) ist eine Wanderung entlang des **Jubilee Creek**, der 3,5 km weit am Bachufer durch den Wald zu einem tiefen Felsenteich führt, wo man sich mit einem erfrischenden Bad belohnen kann. Hier besteht auch eine gute Chance, einen Knysna Lourie zu Gesicht zu bekommen: Ausschau nach ihren karmesinroten Schwingen halten, die im Baumgeäst aufblitzen, wenn die Vögel dort nach Beeren picken! Mit etwas Übung lassen sich ihre schrilleren Rufe aus den melodischeren Stimmen der übrigen Vogelwelt heraushören. Eine **Karte** mit einer Wegbeschreibung zum Creek liegt am Eingangstor zum Reservat aus und darf mitgenommen werden. Der markierte Pfad endet an der Badestelle, d.h. man muss auf dem gleichen Weg wieder zurück. Am Flussufer, kurz nach Beginn des Wanderweges, liegt eine einladende **Picknickstelle**.

Der Rundwanderweg **Woodcutter Walk** ist anstrengend, es stehen auch eine 3 km oder 9 km lange Version zur Wahl. Ausgangspunkt ist **Krisjan se Nek**, eine Picknickstelle unweit des Goudveld-Einganges. Dann windet sich der Pfad durch dichten Wald hinunter und wieder hoch zum Anfangspunkt. An der Picknickstelle beginnt auch die 19 km lange **Homtini Cycle Route** durch Wald und Fynbos mit wunderbaren Ausblicken. Aber Vorsicht: Die Tour ist harte Arbeit, und auf einem Wegstück beträgt die Steigung innerhalb von nur 3 km über 300 m.

Sehr empfehlenswert sind die hervorragenden **geführten Wanderungen** von Judith Hopley, ✆ 389 0102, tgl. 7–9, 18–21 Uhr, R35. Sie kennt nicht nur die Ökologie der ganzen Gegend, sondern auch viele Goudveld-Anekdoten. Hopley bietet auch eine Führung (2 Std.) durch eine Möbelfabrik an, in der Knysna-Hölzer verarbeitet werden. Treffpunkt für alle Touren ist das *Rheenendal Post Office*, ☉ Mi, Do 10 Uhr. Man gelangt dorthin von Knysna auf der N2 nach Westen Richtung George, wenn man gleich hinter dem Knysna River nach rechts auf die Rheenendal Rd abbiegt. Wer lieber auf eigene Faust loszieht, kann sich bei der Touristeninformation in Knysna und verschiedenen anderen Stellen der Garden Route Hopley's *On Foot in the Garden Route* besorgen, eine nützliche Broschüre, in der 50 relativ leicht zu bewältigende Wanderungen in der Umgebung beschrieben werden.

Diepwalle Forest

Die einzigen Elefanten, die sich im Diepwalle Forest, rund 20 km nordöstlich von Knysna blicken lassen, sind auf die Wegweiser gemalt. Sie kennzeichnen die drei wichtigsten Wanderwege durch das Waldgebiet, dem letzten Rückzugsort der fast ausgestorbenen Elefantenpopulation Knysnas. Sich still verhaltende, aufmerksame Wanderer können jedoch vielleicht Meerkatzen, Buschböcke und Kronenducker sehen.

Diepwalle ist einer der schönsten Flecken in der gesamten Knysna-Gegend, bekannt für seine zahlreichen Baumriesen und insbesondere für seine **Yellowwood-Bäume**. Früher lieferte der Yellowwood-Baum das Billigholz Südafrikas, das dem Holz importierter Kiefern als weit unterlegen galt. Es wurde in tausenden, oft recht bescheidenen Gebäuden des 19. Jahrhunderts am West- und Ostkap in Fußböden, Fensterrahmen und Türen verbaut. Heutzutage ist das sattgoldene Holz so begehrt, dass es bei den jährlichen Verkaufsauktionen regelmäßig Höchstpreise erzielt.

Die **drei Hauptwanderwege** sind zwischen 7 und 9 km lang und führen über ein flaches, teilweise leicht hügeliges sowie mit Urwald und Fynbos bewachsenes Terrain. Wer einigermaßen fit ist, darf pro Pfad zwei bis zweieinhalb Stunden veranschlagen. Ausgangspunkt ist jeweils die Forest Station, wo auch entsprechende Wanderkarten erhältlich sind. Anfahrt von Knysna auf der N2 nach Osten Richtung Plettenberg Bay, nach 7 km links auf die R339 und auf ihr rund 16 km weiter in Richtung Avontuur und Uniondale. Wo die Teerstraße in Schotter übergeht, sind es noch 10,5 km bis zur Forest Station.

Der 9 km lange **Arboretum Trail**, mit schwarzen Elefanten gekennzeichnet, beginnt ein kurzes Stück weiter hinten an der Zufahrtsstraße und führt zu einem von Riesenfarnen bestandenen Wasserlauf. Am jenseitigen Ufer steht der **Big Tree**, ein 600 Jahre alter Goliath. Der leichte, 9 km lange und mit weißen Elefanten markierte **Ashoekheuwel Trail** überquert den Gouna River, wo sich ein großer Teich befindet, der angeblich als Elefantenbadestelle dient. Der anstrengendste der drei Wege ist der lohnenswerte, 7 km lange **Velboeksdraai Trail**, zu erkennen an den roten Elefanten. Er verläuft entlang der hügeligen Ausläufer der Outeniquas. Es ist ratsam, sich an die Wegweiser zu halten, denn streckenweise überschneidet sich der Weg mit dem Outeniqua Trail, der an aufgemalten Fußstapfen zu erkennen ist. Kurz vor der Picknickstelle Veldboeksdraai steht ein weiterer mächtiger Yellowwood-Baum – angeblich der schönste Baum im ganzen Wald. ⊙ tgl. 6–18 Uhr, geringe Eintrittsgebühr.

Plettenberg Bay und Umgebung

In den Weihnachtsferien erstürmen rund 40 000 wohlhabendere Johannesburger Plettenberg Bay (meistens „Plett" genannt), 33 km östlich von Knysna gelegen und der angesagteste Badeort der Garden Route. Dann verdoppeln sich die Preise und sämtliche Betten sind belegt. Außerhalb der Saison jedoch kann man geruhsam an einer Bartheke sitzen, Sekt und Austern schlürfen und den Sonnenuntergang genießen. Die dunkelblauen **Tsitsikamma Mountains** fallen schroff zur sanft gebogenen, von einem mehrere Kilometer langen, weißen Sandstrand gesäumten Bucht hinab. Zwischen dem Meeresufer und den Bergen erstreckt sich ein dichter Waldstreifen. Dank der günstigen Lage ist das Klima gemäßigt, und regelmäßige Regenfälle sorgen dafür, dass die Landschaft das ganze Jahr über grün bleibt.

Jeden Winter tummeln sich **Südkaper** vor der Küste, und zu jeder Zeit des Jahres sind spielende oder nach Nahrung schnappende **Delphine** zu sehen, oft in beträchtlicher Anzahl. Das Meer eignet sich zum gefahrlosen **Schwimmen**. Die Wassertemperaturen erreichen natürlich nie tropische Temperaturen, aber zwischen November und April sind sie durchaus angenehm. Einer der schönsten, kurzen **Wanderwege** der Garden Route beschreibt einen Zirkel rund um die herrliche Robberg Peninsula am Westrand der Bucht.

Die Stadt und die Strände

Die Innenstadt von Plett liegt auf einem Hügel und besteht vor allem aus Supermärkten, Badebekleidungsgeschäften und Touristenrestaurants. Daneben gibt es aber auch das **MTN Centre for Dolphin Studies**, 26 Main St, unter Leitung von Dr. Vic Cockroft, einem weltweit anerkannten Experten für Meeressäuger. Das Centre beherbergt u.a. ein Wal- und Delphin-Informationszentrum, eine Video-Bibliothek und einen Laden. In Zusammenarbeit mit *Ocean Safaris* führt das Zentrum die begehrtesten Walbeobachtungs-Bootsfahrten Südafrikas durch (s. S. 284).

Die meisten Besucher kommen der Strände wegen nach Plett – und die Auswahl ist gut. Südöstlich der Innenstadt, auf einem Felsausläufer, liegt **Beacon Island** mit einem hässlichen, in den 70ern erbauten Hotel. Vor dem Beacon Island Beach bzw. **Main Beach** ankern kleine Fischerboote. Dank der sanften Wellen ist dieser Strand gut für Familien mit Kindern geeignet. Im Osten liegt **Lookout Rocks**, der vor allem bei Surfern beliebt ist. Östlich davon befindet sich der **Lookout Beach**, einer der hübschesten Sandstreifen, der überdies ein wunderbar gelegenes Restaurant aufzuweisen hat, von dem aus oft **Delphine** zu sehen sind. Vom Lookout Beach kann man mehrere Kilometer weit Richtung Keurbooms und **Keurbooms Lagoon** wandern.

Wal- und Delphinbeobachtung

Plettenberg Bay ist ein ausgezeichneter Ort, um in der Zeit zwischen Juni und Oktober die **Südkaper** zu beobachten, die in den Küstengewässern ihre Jungen zu Welt bringen. Auskunft darüber, wo sie gerade gesichtet werden, unter **Whale Hotline**, ✆ 533 3743, *Whale Shop*, Boekenhout Centre, Piesangs Valley Rd. Eine besonders empfehlenswerte Aussichtsstelle ist das Gelände zwischen dem Wrack der *Athene* am Südende des Lookout Beach und dem Keurbooms River. Auch die Robberg Peninsula mit ihrem weiten Blick über die Bucht bietet hervorragende Beobachtungsmöglichkeiten. Weitere gute Punkte innerhalb der Stadtgrenzen sind die Beachy Head Rd bei Robberg Beach; Signal Hill in der San Gonzales St, hinter der Post und der Polizeiwache; das *Beacon Isle Hotel* sowie die Terrasse des Restaurants *Lookout* am Lookout Beach. Ebenso gut ist der Kranshoek *Viewpoint* außerhalb von Plett, und auch vom Kranshoek-Wanderweg aus bestehen hervorragende Beobachtungsgelegenheiten. Autofahrer gelangen dorthin, indem sie auf der Straße nach Knysna die Abfahrt Harkerville neh-

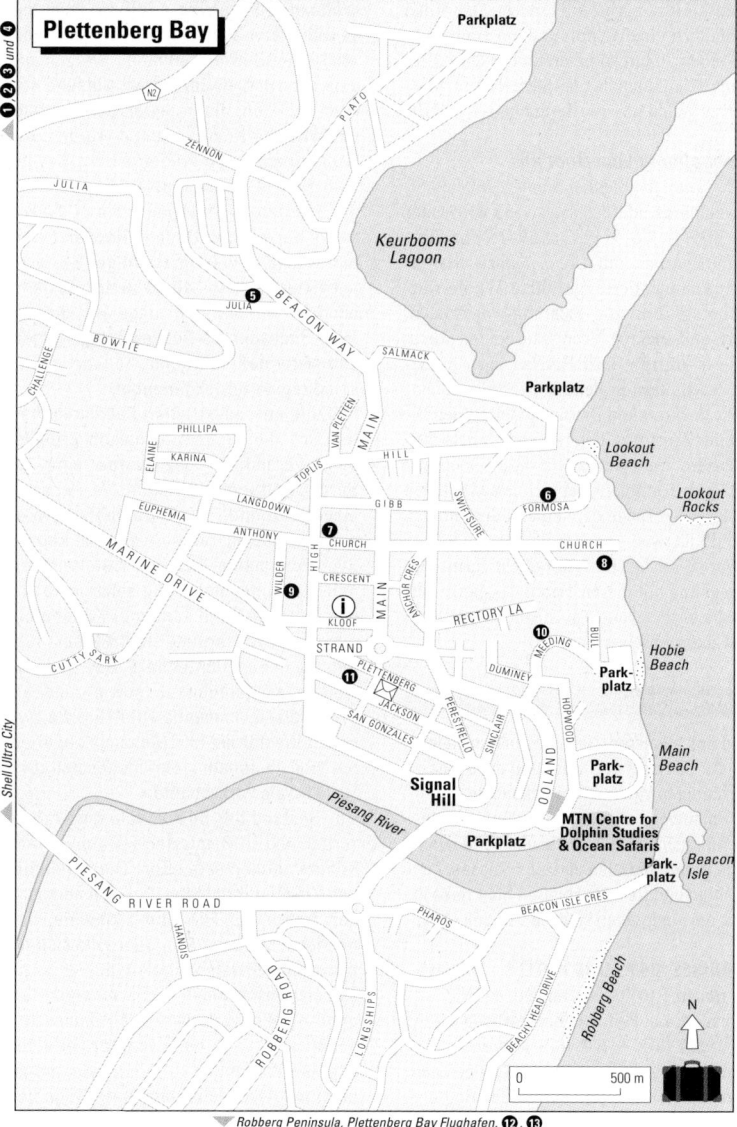

Plettenberg Bay

Parkplatz

Keurbooms Lagoon

Parkplatz

Lookout Beach

Lookout Rocks

Hobie Beach

Main Beach

Signal Hill

Piesang River

Parkplatz

MTN Centre for Dolphin Studies & Ocean Safaris

Beacon Isle

Parkplatz

Shell Ultra City

Robberg Peninsula, Plettenberg Bay Flughafen, ,

men, Kranshoek ist nach 7 km erreicht. Manchmal kann man auch eine Walkuh und ein Walkalb in Nature's Valley, 20 km von Plett an der R102, und am Storms River Mouth beobachten. Nähere Informationen zu Walen s. S. 251, Hermanus.

Walbeobachtung vom Boot aus

Das *MTN Centre for Dolphin Studies*, 26 Main St, 🖳 www.dolphinstudies.co.za, ✆ 533 6185 oder 082-784 5729, 🕘 Mo–Fr 9–16, Sa 9–13 Uhr, führt in Zusammenarbeit mit *Ocean Safaris* wissenschaftlich kommentierte, **geführte Whale-watching-Bootstouren** zur Sichtung von Walen, Delphinen und anderen Meeressäugetieren durch. Interessierte können auch Fahrten nach individuellem Zuschnitt in Begleitung der Meeresbiologen Dr. Vic Cockroft und Dr. Debbie Young, den Direktoren des Zentrums, unternehmen. Abgesehen von Südkapern begegnet man bei diesen Bootsausflügen oft auch Tümmlern, Langschnabeldelphinen und Buckelwalen sowie dem einen oder anderen Mink- und Killerwal.

Der Vorteil solcher Fahrten besteht darin, dass eine Begegnung mit diesen Tieren das ganze Jahr über möglich ist, darunter auch solchen, die vom Land aus kaum zu sehen sind.

Übernachtung

Aufgrund des hügeligen Geländes bieten viele Unterkünfte Blick auf das Meer und die Berge. **Plett** verfügt über zahlreiche Backpacker-Lodges, Campingmöglichkeiten und preiswerte Übernachtungsmöglichkeiten sowie Ferienwohnungen in **Keurbooms**, jenseits des Flusses. Zu Weihnachten und Ostern schießen die Preise in die Höhe, am niedrigsten sind sie von Juli–Aug.

GUESTHOUSES, B&Bs UND HOTELS – *Hunter's Country House*, R1000–2000, abseits der N2, 10 km westlich von Plett an der Straße nach Knysna, ✆ 532 7818, ✉ 532 7878, 🖳 www. hunterhotels.co.za. In einem Waldstück gelegen, eines der besten Häuser an der Garden Route mit ländlichem Charme und nur halb so teuer wie ähnliche in Plettenberg. Unterbringung in strohgedeckten Cottages inmitten einer gepflegten Anlage, jedes mit offenem Kamin und eigener Veranda.

Walfang in Südafrika Auf der Insel gab es früher eine Walverarbeitungsfabrik, die 1806 ihren Betrieb aufnahm. Sie war nur eine von rund einem halben Dutzend solcher Fabriken, die in jenem Jahr entlang der Westkap-Küste errichtet wurden. Auf Walfang ging man in Plettenberg Bay bis 1916. Man machte hauptsächlich Jagd auf die *Southern Right Whales*, die Südkaper, da sie am meisten Öl und Knochen lieferten – letzterer war ein wichtiger Bestandteil viktorianischer Korsette. Im 19. Jahrhundert wurden hier ungefähr dreimal mehr Südkaper als Buckelwale gefangen, und Mitte des Jahrhunderts war ihr Bestand rapide zurückgegangen.

Im Zuge der industriellen Revolution hatten sich die Walfangtechniken grundlegend verändert. 1852 wurde eine Art Sprengstoffharpune *(explosive harpoon)* eingeführt, und fünf Jahre später gab es das Dampfschiff. Der norwegische Kapitän Sven Foyn baute 1863 den ersten modernen Walfangdampfer und setzte eine von ihm erfundene und von einer Kanone abgeschossene Harpune ab 1868 ein. 1913 gab es neben Plettenberg Bay noch 17 weitere Küstenfabriken sowie rund ein Dutzend schwimmende Fabriken, die zwischen Westafrika und Mosambik operierten und in jenem Jahr insgesamt rund 10 000 Wale verarbeiteten.

Der Bestand der Buckelwale ging rapide zurück und 1918 mussten bis auf vier alle Küstenfabriken schließen. Die verbliebenen Walfänger richteten ihre Aufmerksamkeit fortan auf Fin- und Blauwale, und nachdem Mitte der 60er Jahre die südafrikanische Finwalpopulation auf 20% zusammengeschrumpft war, machten sie Jagd auf Pottwale. Als auch dieses Geschäft sich nicht mehr lohnte, verlegten sich die Walfänger auf Minkwale, die jedoch mit durchschnittlich 9 m Länge keinen lohnenden Fang darstellten. Zu Beginn der 70er Jahre war die südafrikanische Walfangindustrie völlig am Boden, und schließlich verbot die Regierung 1979 den Walfang.

Little Sanctuary***, 14 Formosa St, ☎533 1344 oder 083-741 6259, ✉ phroan@mweb.co.za. B&B direkt am Strand. Zimmer mit Bad, Veranda und Meeresblick.

Pat's Place**, 4 Meeding St, ☎ 533 3180. Eines der preiswertesten B&Bs in Plett, nur 3 Fußminuten vom Hobie Beach. 2 liebevoll eingerichtete Zimmer mit Gemeinschaftsbad in einem alten Holzhaus.

The Plettenberg, R750–2000, 40 Church St, Lookout Rocks, ☎ 533 2030, ✆ 533 2074, 🖳 www.plettenberg.com. Das Vorzeige-Etablissement der Stadt ist groß und luxuriös und bietet eine unschlagbare Aussicht auf den Ozean (nicht alle Zimmer!).

The Lodge on the Bay, ab ****, 77 Beachy Head Drive, ☎ 533 4724, ✆ 533 2681, 🖳 www.thelodge.co.za. Die ausgefallenste Unterkunft an der Garden Route, eine Mischung aus Coolness und Komfort. Wunderbare Aussicht auf die Robberg Peninsula, bewusst reduzierte Innenausstattung, individueller Service. Jede der 3 Luxussuiten, darunter die geräumige Zen-Suite mit eigener Terrasse und Pool, ist mit besonderen Materialien gestaltet, ebenso die 3 kleineren „Standardzimmer". Die Atmosphäre ist wunderbar entspannt. Massageraum und Sauna. Heißer Tipp für Flitterwochen.

Room with a View****–****, 5 Julia Ave, ☎ 533 1836 oder 083-261 7587, ✆ 533 4208, 🖳 www.roomwithaview.com. Luxuriöse B&B-Zimmer mit TV, Video und Sektfrühstück, das auf der eigenen Veranda serviert wird. Nicht direkt am Strand, aber mit toller Aussicht. Standard-Zimmer und teurere *executive suite*.

Weldon Kaya****, an der N2, 1 km westlich der Tankstelle Shell Ultra City, ☎ 533 2437, ✆ 533 4364, 🖳 www.weldonkaya.co.za. Mehrfach preisgekrönte Unterkunft innerhalb einer großzügigen Anlage, derzeit sehr begehrt im Umkreis von Plett. Allerdings nicht direkt am Strand. Zimmer im „African magical style". Restaurant mit ausgezeichnetem Ruf. Pub und Pool.

BACKPACKER-LODGES UND SELBSTVERSOR-GER – **Albergo for Backpackers****, 8 Church St, ☎ 533 4434. Mitten im Zentrum gelegene Unterkunft mit Schlafsaalbetten und ein paar DZ. Ka-

nu-, Rad- und Surfbrettverleih, zahlreiche Infos zu Aktivitäten in und um Plett.

Bright Water**, 15 Jackson St, ☎/✆ 533 0467, 🖳 www.brightwater.co.za. 3 DZ mit Bad, einzeln oder komplett zu mieten, mit Küchenbenutzung in zentral gelegenem, gemütlichem Wohnhaus.

Coral Tree Cottages**–**, abseits der N2, 11 km westlich von Plettenberg Bay, ☎ 532 7822, ✆ 532 7668, 🖳 www.coraltree.net. Hervorragende, geräumige Cottages für bis zu 4 Personen, leider in Hörweite der N2.

Masescha Self-Catering Cottages**–**, 1 km nördlich der N2, 12 km westlich von Plettenberg Bay ausgeschildert, ☎ 532 7647, ✆ 532 7645. 3 preisgünstige, schlichte Cottages für Selbstversorger auf einer Farm, umgeben von Wald, Sitzgelegenheiten im Freien. Gut geeignet für Familien oder Paare. Pool und Gewächshaus. Frühstück gegen Aufpreis.

Nothando Backpackers**, 3 Wilder St, ☎ 533 0541, ✆ 533 0220. Budget-Unterkunft in einem kleinen Haus mitten in der Stadt und in Spaziernähe des Lookout und Main Beach. Schlafsaalbetten und DZ.

Robberg Holiday Resort**, Robberg Rd, ☎/✆ 533 2571. Unweit des Robberg Nature Reserve und Robberg Beach gelegene, preiswerte Unterkunft, allerdings nur für Motorisierte geeignet. Camping und Ferienbungalows mit/ohne Bad.

Essen

Blue Bay Café, Lookout Centre, Main St, ☎ 533 1390. Frühstück, tagsüber leckere Speisen in einem zwischen Bäumen versteckten Patio, der aber Aussicht aufs Meer bietet. ◷ tgl. morgens bis mittags.

The Blue Chilli, 1 Plett, Marine Drive, ☎ 533 5104. Esslokal mit kleiner, aber erlesener Auswahl mexikanischer Speisen zu annehmbaren Preisen. Tequila (mit oder ohne Wurm). ◷ Mo–Sa mittags bis abends.

The Boardwalk, Yellowwood Centre, Main, Ecke Crescent St, ☎ 533 1420. Gemütliches Restaurant, bietet köstliches Seafood, Steaks und gebackene Kartoffeln, auch Frühstück. Moderate Preise. ◷ tgl.

Brothers Restaurant and Terrace, Melville's Corner, Main, Ecke Marine St, ☎ 533 5056. Englische

Küche mit Pfiff und herrlichem Blick auf den Ozean. Besonders lecker sind die Süßspeisen zum Nachmittagstee/-kaffee. ☺ tgl.

The Cave, im Hotel *Arches*, Marine Drive, abseits der N2, ✆ 533 2118. Überwiegend von jungen Leuten bevölkerter Club, besonders am Wochenende und während der Weihnachtsferien. ☺ und Veranstaltungen telefonisch erfragen.

Cornuti al Mare, Shop 1, Seaview Properties, Perestrella St, ✆ 533 1277. Serviert die beste Pizza entlang der Garden Route, aber auch leckere Pasta. Moderate Preise. ☺ tgl. 12 –23 Uhr.

Islander Eating Place, an der N2 zwischen Plett und Knysna, ✆ 532 7776. Begehrtes, hervorragendes Seafood-Restaurant, traumhaftes Meeresfrüchte-Büffett zum Festpreis. Reservierung erforderlich. Frühstück und Tee. ☺ tgl.

Lavender and Limes Coffee Bistro, Hutchinson House, Hill St, ✆ 533 2899. Bistro mit kleiner, aber ausgesuchter Speisekarte, darunter Pasta und Quiches. Frühstück und Tee. ☺ tgl.

The Lookout, Lookout Beach, ✆ 533 1379. Unprätentiöses Restaurant/Kneipe direkt am Strand mit großartiger Aussicht. Serviert frischen Fisch und Meeresfrüchte. Wal- und Delphinbeobachtung. ☺ tgl. 9.30 Uhr–spät.

Moby Dick's Seafood Bistro, Main Beach, ✆ 533 3682. Nettes Lokal, wo man auch einfach nur etwas trinken kann, v.a. im Sommer sehr gut besucht. Von der Veranda toller Ausblick auf den Central Beach. ☺ tgl. 9 Uhr–spät.

Ralth's on the Bitou, am Bitou River, unweit der N2 zwischen Plettenberg Bay und Keurbooms, ✆ 535 9445. Angenehmes Pub mit Tischen im Freien an einer stillen Lagune. Besonders zu empfehlen: *fish and chips*. ☺ tgl. 11–22 Uhr.

Redbourne Lodge, Piesang Valley Rd, Ecke Country Rd, ✆ 533 5037. Ungewöhnliches, stilvolles Restaurant mit erlesenen Speisen. Tischreservierung erforderlich, auch Frühstück. ☺ tgl., im Juni geschlossen.

INFORMATIONEN – **Touristeninformation**, Victoria Cottage, Kloof St, ✆ 533 4065, ✉ 533 4066, ⌨ www.plettenbergbay.co.za, Stadtpläne und Hilfe bei Zimmerreservierung. ☺ Mo–Fr 8.30–17, Sa 9–13 Uhr.

VORWAHL – 044

BUSSE – Die Intercity-Busse von *Intercape* und *Greyhound* halten an der *Shell Ultra City*-Tankstelle, unweit der N2 in Marine Way, 2 km außerhalb der Innenstadt. Möglichst Abholung arrangieren. Der *Baz Bus* bringt seine Passagiere direkt zur Unterkunft.
Von Plettenberg Bay nach
DURBAN (1x tgl.; 16 Std.);
GEORGE (6–7x tgl.; 1 1/2 Std.);
KAPSTADT (6–7x tgl.; 7 1/2 Std.);
KNYSNA (6–7x tgl.; 1 1/2 Std.);
MOSSEL BAY (6–7x tgl.; 2 1/4 Std.);
PORT ELIZABETH (6–7x tgl.; 2 1/2 Std.).

FLÜGE – **SA Airlink**, ✆ 533 9041, fliegt tgl. von Jo'burg (2 1/4 Std.), George und Kapstadt nach Plettenberg Bay. Zwischen Flughafen und Stadt verkehren keine öffentlichen Transportmittel, daher ist es ratsam, bei der gewählten Unterkunft anzurufen, um sich abholen zu lassen.

Robberg Marine and Nature Reserve

Eine der schönsten Wanderungen, die man an der Garden Route unternehmen kann, ist die 4-stündige, 9 km lange Rundwanderung um die felsige **Halbinsel Robberg** herum, die 8 km südöstlich der Innenstadt von Plett liegt. Der unberührte Küstenstreifen bietet ein herrliches Rückzugsgebiet vom städtischen Trubel. Ein Großteil des Wanderweges führt an schroffen Felsen vorbei, von denen aus man oft Robben und Delphine, im Winter auch Wale beobachten kann. Wer nicht genügend Zeit für den ganzen **Rundwanderweg** mitbringt, kann auch nur einen zwei- oder halbstündigen Spaziergang unternehmen. Eine Wanderkarte ist am Eingangstor zum Reservat erhältlich. Wichtig sind feste Wanderschuhe, denn das Gelände ist steinig und stellenweise sehr abschüssig, und der westliche Abschnitt des Wanderweges erfordert ein paar nicht zu unterschätzende Felsvorsprünge. Unbedingt auch einen Sonnenhut und eine große Flasche Wasser mitbringen. ☺ tgl. Feb.–Nov. 7–17, Dez–Jan 7–20 Uhr, R14.

WESTKAP

Mit öffentlichen Transportmitteln ist das Schutzgebiet nicht erreichbar. Wer in einer Backpacker-Herberge logiert, sollte sich nach dem **hauseigenen Transfer** erkundigen, eine normalerweise recht preiswerte Beförderungsmöglichkeit. **Autofahrer** nehmen die Strand St Richtung Beacon Isle, biegen nach rechts auf die Piesangs Valley Rd ab und 200 m weiter nach links auf die Robberg Rd. Dann 3,5 km weit immer den Wegweisern zum Flughafen folgen, bis zur linker Hand abgehenden Straße Richtung *Robberg Holiday Resort*. Das **Eingangstor** zum Reservat liegt 500 m hinter dem Resort.

Keurboomstrand

Rund 14 km östlich von Plettenberg Bay, jenseits des Keurbooms River, liegt in derselben Bucht der Badeort Keurboomstrand (kurz Keurbooms). Er hat ebenfalls herrliche Strände, die allerdings für Schwimmer gefährlich sind. Die sicherste Stelle zum Schwimmen ist bei **Arch Rock**, vor dem Caravanpark, aber auch der **Picnic Rock Beach** ist ganz gut. Keurbooms, ein nettes, stilles Plätzchen, hat nur wenige Einrichtungen, und wer hier übernachten möchte, sollte sich vorher in Plettenberg Bay mit Proviant eindecken.

Außer Faulenzen am Strand gibt es auch die Möglichkeit, mit einem **Paddelboot** den Keurbooms River zu erkunden. *Nature Conservation*, ✆ 533 2125, an der Ostseite der Keurbooms River Bridge an der N2, vermietet einfache 2-Personenkanus für R70 pro Tag. Der Wald reicht bis ans Flussufer, und sobald die Schlucht sich verengt, macht das Paddeln mehr Spaß, denn die Motorboote und Wasserskiläufer müssen zurückbleiben. Von der braunen Farbe des Flusses, die von harmlosen Mineralien im Wasser herrührt, sollte man sich nicht abschrecken lassen: Es ist ziemlich sauber und im Sommer wunderbar zum Baden geeignet. Kanuten, die vorgesorgt haben, können an einem der kleinen Strände am oberen Flussufer anlegen und **picknicken**. Nach den Keurboom-Bäumen mit ihren rosaroten Blüten ist der Fluss und das Resort benannt worden.

Abalone Beach House*, ca.1 km hinter *Dune Park*, dem Wegweiser „Ifafi/El Remo" folgen, ✆ 535 9602, ✉ beachhouse@global.co.za. Zwischen Meer und Wald gelegenes Backpacker-Hostel mit Schlafsaalbetten, DZ und 3-Bettzimmern in einem großen, urgemütlichen Haus. Strand vor der Tür. Verleih von Boogie-Brettern, Paddle-Skiern und Angelruten.
Arch Rock Chalets and Caravan Park*–**, direkt am Strand, ✆ 535 9409. Schattiger Campingplatz mit einigen alten Ferienhütten (ohne Bettwäsche und Handtücher) sowie voll ausgestatteten neuen *luxury units* (Mindestaufenthalt 2 Nächte). Im Sommer ziemlich voll.
Dune Park*–****, Keurbooms Strand Rd, von der N2 die Straße entlang des Ufers nach Keurbooms, ✆ 535 9606, 🖥 www.dunepark.co.za. 4 komfortable Blockhütten am Strand und 10 billigere ohne Meeresblick hinter den Dünen, in Spaziernähe zum Ufer.
Keurbooms Aventura*–***, 6 km östlich von Plett, an der N2 ausgeschildert, ✆ 535 9309, 🖥 www.aventura.co.za. Eine der familienfreundlichsten Ferienanlagen des Landes. Zur Auswahl stehen Campingstellen am schattigen Flussufer und Ferienwohnungen mit Platz für 2 Erwachsene und 2 Kinder. Kanu- und Motorbootsverleih, Swimming Pool.

Rafiki's, in unschlagbarer Lage direkt am Strand und einziges Lokal in Keuerbooms. Erschwingliche Speisen. Außerdem ein ausgezeichneter Wal- und Delphinbeobachtungsposten.

VORWAHL – 044

Monkeyland und Bloukrans River Bungeejumping

The Crags, 16 km östlich von Plettenberg Bay, besteht nur aus einer Reihe von Eigenheimen entlang der N2, einem *Bottle Store* und noch ein paar weiteren Geschäften am Waldrand. Bei The Crags (an der BP-Tankstelle) zweigt die Straße nach Kurland Village/Forest Hall ab, auf der man nach 2 km das

WESTKAP

ausgeschilderte *Monkeyland*, ☎ 534 8906, 📠 534 8907, 🖥 www.monkeyland.co.za, erreicht, ein Primatenfreigehege mit Affen von verschiedenen Kontinenten. Die Tiere können sich auf dem Gelände ungehindert bewegen und leben relativ artgemäß. Besucher haben die Möglichkeit, zu Fuß an „Safaris" in Begleitung gut informierter Guides teilzunehmen und dabei die verschiedenen Primaten zu sehen. Diese Safaris sind sehr unterhaltsam und lehrreich. Eines der Highlights ist die Überquerung der 118 m langen **Hängebrücke** über eine Schlucht, vorbei an den Baumkronen, in denen manche Affenarten den Großteil ihres Leben verbringen. Es ist geplant, mehrere vom Aussterben bedrohte Gorilla-Herden aus Zentralafrika hierher zu holen. Im Hauptgebäude befindet sich ein Restaurant mit Terrasse, wo Erfrischungsgetränke und Mahlzeiten erhältlich sind. Monkeyland ist kinderfreundlich und verfügt über einen Kinderbetreuungsservice und Wickelräume. ⊙ tgl. 8–18 Uhr, Eintritt zur Aussichtsterrasse frei, Safari R60.

Wer einen Adrenalinstoß braucht, kann sich ins **Tsitsikamma Forest Village** begeben, 20 km östlich von der Abzweigung nach The Crags und Monkeyland an der N2 gelegen, wo sich das Registrierungsbüro für den tiefsten kommerziellen **Bungeejump** der Welt befindet. Der Sprung geht von der 216 m hohen **Bloukrans River Bridge**, die 2 km hinter dem Village an einer mit Wegweiser versehenen Straße liegt, die auch zu einem Aussichtspunkt führt. Eine vorherige Reservierung des sieben Sekunden dauernden Sprunges für R500 (inkl. Video) ist nicht erforderlich. Nähere Infos bei *Bloukrans Bungy* (alias *Kiwi Extreme*) an der Brücke, ☎ 281 1458, (tgl. 9–17 Uhr) oder bei der Zentrale in Kapstadt: *Face Adrenalin*, 156 Long St, ☎ 021-424 8114. Forest Village ist nicht etwa ein Dorf, sondern eine Ansammlung von Touristenläden, einem unscheinbaren Restaurant und mehreren Büros rings um einen riesigen Kreisverkehr und Parkplatz.

Übernachtung

Alle Unterkünfte in der Nähe der Bloukrans River Bridge liegen inmitten üppig grünen Waldes und können über den *Tsitsikamma Forest Village Trust* gebucht werden, dessen Büro ein paar Türen von der Touristeninformation in Forest Village entfernt ist, ⊙ tgl. 8–16.30 Uhr.

Backpacker Lodge*, ein gut ausgestattetes, neues Holzhaus am Ende der Straße, ein paar 100 m von der Brücke, verfügt über 2 Schlafsäle mit 8 Betten, 4 DZ und einige Chalets für Selbstversorger mit 4 Schlafgelegenheiten.

Caravanpark*, auf halber Strecke an der Straße zur Brücke, ist ein ordentlicher Campingplatz.

Hog Hollow Country Lodge, R500–750, 18 km östlich von Plettenberg Bay in die Askop Rd, dann östlich von der N2 nach 1,3 km, ☎ 534 8879, 🖥 www.hog-hollow.com, ist eine sehr komfortable Herberge in einem privaten Naturschutzgebiet mit ausgezeichneter Küche. Jedes der 13 Chalets im Ethnostil mit Bad oder Dusche und eigener Holzterrasse mit Aussicht auf den Wald und die Tsitsikamma Mountains. Von hier aus kann man in 2 Std. durch den Wald zum Keurbooms Beach marschieren; mit dem Auto sind es 15 Min.

Sonstiges

INFORMATIONEN – Touristeninformation in Forest Village, Reiseprospekte zur Garden Route. ⊙ tgl. 9–17 Uhr.

VORWAHL – 044

Transport

Der *Baz Bus* fährt ins Forest Village und setzt Passagiere normalerweise an der Backpacker-Lodge oder der Brücke ab, doch falls dies aus Zeitmangel nicht möglich ist, springt der **Trust** ein.

Tsitsikamma National Park

Der Tsitsikamma National Park, ☎ 281 1607, ungefähr auf halbem Weg zwischen Plettenberg Bay und Port Elizabeth, ist das absolute Highlight der Garden Route. Er zeichnet sich durch die **Mündung des Storm's River**, eine hoch dramatische Landschaft mit den landschaftlichen Reizen des reich gesegneten Küstenstriches, aus und ist Ausgangspunkt des meist gerühmten Wanderweges von Südafrika, dem 5-tägigen **Otter Trail**.

Der Nationalpark beginnt gleich westlich hinter dem Keurboomstrand und reicht 68 km weit ins

Chalets im Tsitsikamma National Park

Ostkap hinein. Er erstreckt sich über einen schmalen Küstenstreifen mit einer atemberaubenden Felsküste, tiefen Schluchten und Urwaldbäumen, die sich an die grünen Klippen klammern. Der 1964 eingerichtete Tsitsikamma war das erste Marinereservat Südafrikas. Das 5,5 km lange Meeresschutzgebiet umfasst einen **Unterwasserpfad**, den ausgebildete Taucher benutzer dürfen.

Der Tsitsikamma besteht aus zwei Abschnitten: **De Vasselot** im Westen und **Storms River Mouth** im Osten. Die beiden Teile sind jeweils nur auf einer kurvenreichen Teerstraße, abgehend von der N2, zu erreichen (es besteht keine Verbindungsstraße innerhalb des Parks). Im De Vasselot liegt **Nature's Valley**, der einzige Ort im Park, wo es sehr einfache Übernachtungsmöglichkeiten gibt. ☉ tgl. 7–21.30 Uhr, Eintritt R18 p.P.

De Vasselot und Nature's Valley

De Vasselot, am Westende des Tsitsikamma, erstreckt sich über ein zerklüftetes, hügeliges Binnenland, durchzogen von schmalen Tälern und einer Reihe von Wanderwegen. Die meisten Südafrikaner kennen diesen Teil des Reservates besser unter der Bezeichnung „Nature's Valley", zugleich der Name des einzigen Dorfes innerhalb des Parks. Die hauptsächliche Aktivität hier ist wandern, und das Gelände durchschneiden markierte Wanderwege unterschiedlicher Länge, darunter der ungemein begehrte Otter Trail (s.S. 291, Kasten). Na-

ture's Valley ist eine freundliche, alte Siedlung an der Groot River Lagoon. Die Lagune wird von insgesamt 20 km Strand gesäumt. Da die N2 einen Bogen um diese Gegend macht und den Tourbussen die zeitraubende Anfahrt zu mühsam ist, eignet sich Nature's Valley für Besucher, die ein paar ruhige Tage verbringen möchten.

Viele der guten **Wanderwege** in Nature's Valley beginnen am 1 km nördlich des Dorfes gelegenen Campingplatz von De Vasselot, wo Wanderkarten und Informationsbroschüren zu Flora und Fauna erhältlich sind. Eines der schönsten Wanderziele ist **Salt River Mouth**, 3 km westlich von Dorf Nature's Valley. Dort gibt es Bade- und Picknickstellen – allerdings lässt sich der Fluss nur bei Ebbe durchwaten. Die Wanderung beginnt und endet beim Café in Nature's Valley.

Ebenfalls zu empfehlen ist der 6 km lange Rundwanderweg **Kalanderkloof Trail**, der am Campingplatz seinen Anfang nimmt, zu einem Ausguck hochführt und dann einen Bogen zurück durch eine schmale Schlucht an einem Wasserlauf, vorbei an riesigen Outeniqua Yellowwood-Bäumen, schlägt.

Übernachtung und Essen

Cottages* *–*, in Plettenberg Bay, in und um Nature's Valley, ✆/✉ 533 0743 (Kontakt: Clare Carr), 8–9 Unterkünfte für Selbstversorger für je

6–8 Personen. Verwalter: Ken Corbitt, ✆ 531 6725.

De Vasselot Restcamp*, 1 km nördlich des Dorfes. Reservierung über *South African National Parks* in Pretoria, ✆ 012-343 1991, ▭ www. parks-sa.co.za oder beim *Camp Supervisor* im Nature's Valley, ✆ 531 6700. Zeltstellen zwischen alten afrikanischen Bäumen und einfache Waldhütten für 2 Personen, ohne Küche und mit Gemeinschaftstoilette.

Froggy Pond*, Kontaktpersonen: Tish oder Beefy, ✆ 531 6835, ▭ www.cyberperk.co.za/ naturesvalley. 2-stöckiges Ferienhaus; im Erdgeschoss 1 Ferienwohnung mit Platz für 2 Erwachsene und 2 Kinder, im Obergeschoss 2 DZ mit Du/WC.

Nature's Valley Guest House & Hikers' Haven*, ✆ 531 6805, ✉ patbond@mweb.co.za. Nur 200 m vom Meer und der Lagune entferntes Hostel, bietet Backpacker- und B&B-Unterbringung. Schlafsaal mit 14 Betten, 3 DZ mit Gemeinschaftsbad, 2 sehr preisgünstige Zimmer mit Bad (1 davon familiengeeignet) und 1 Honeymoon-Suite mit eigenem Balkon und Spiegelbad. Frühstück kostet extra. Die Backpacker-Abteilung verfügt über Küche, Fernsehzimmer und Kartentelefon. Gäste können Fahrräder, Kanus, Ruderboote oder Surfbretter ausleihen und sich auf 2–6-stündige Wanderungen am Strand entlang oder durch den Wald begeben.

Paljas*, ✆ 531 6867, ✉ paljas@yebo.co.za. Gut ausgestattete, in einem Waldstück gelegene Ferienwohnung mit 2 Schlafzimmern; auf Wunsch mit Frühstück. Bezahlt wird p.P. Dasselbe gilt für 2 nahe gelegene Cottages desselben Besitzers.

Utopia Backpackers Retreat*, 280 Forest Drive, ✆/✆ 531 6683. Effizient gemanagtes Hostel für eine überwiegend junge Klientel; Schlafsäle und DZ.

Die einzige Verpflegungsmöglichkeit bietet das **Restaurant**, Forest, Ecke Michael St, das Seafood, Steaks, Burger und Sandwiches serviert und auch der einzige Ort ist, wo „Nachtleben" stattfindet.

Sonstiges

INFORMATIONEN – Das Dorfzentrum besteht eigentlich nur aus einem Gebäude, das nicht nur gleichzeitig als Restaurant, Pub und Miniladen dient, sondern auch als inoffizielles, aber ausgezeichnetes **Informationsbüro**, ✆ 531 6835, ▭ www.cyberperk.co.za/naturesvalley, das bei der Suche nach einer Unterkunft behilflich ist.

VORWAHL – 044

Transport

Das einzige öffentliche Verkehrsmittel, das Nature's Valley anfährt, ist der *Baz Bus*, der Fahrgäste am *De Vasselot Restcamp* oder bei den Backpacker-Lodges absetzt.

Storms River Mouth

Im Gegensatz zum sanften Nature's Valley zeigt sich die Garden Route bei Storms River Mouth, 55 km von Plettenberg Bay, von ihrer wilden Seite. Das Storms River Mouth Rest Camp, inmitten gepflegter Rasenflächen, wird auf der einen Seite von schroffen schwarzen Felsen, über die Gischt sprüht, und auf der anderen von bewaldeten Steilhängen eingerahmt – zweifellos die spektakulärste Ecke der gesamten südlichen Kapküste. Beim *Visitors Office* im Rest Camp sind **Wanderkarten** erhältlich, auf denen die hier beginnenden kurzen, markierten Küstenpfade eingezeichnet sind. Einige davon führen steil zu den bewaldeten Klippen hoch, wo 800 Jahre alte Yellowwood-Bäume stehen und sich sagenhafte Ausblicke auf den Ozean eröffnen. Am schönsten ist der 3 km lange Weg westlich vom Rest Camp, der auf dem ersten Abschnitt des Otter Trail zu einem herrlichen **Wasserbecken** führt, das von einem 50 m hohen Wasserfall gespeist wird und zum schwimmen einlädt. Weniger anstrengend ist der Spaziergang auf dem 1 km langen **Plankenweg** vom Restaurant zur Flussmündung. Der Weg führt an der **Strandloper-Höhle** vorbei, eine der Höhlen, in der vor 5000–2000 Jahren Jäger und Sammler lebten, die sich u.a. auch von Meerestieren ernährten.

Wer unbedingt den am Storms River beginnenden **Otter Trail** (s.S. 291, Kasten) wandern wollte, aber keine Erlaubnis bekam, sollte es hier noch einmal probieren. Es besteht für Einzelpersonen oder Paare durchaus die Möglichkeit, den Platz von Wanderern einzunehmen, die in letzter Minute

Garden Route-Wanderwege Die Garden Route bietet ausgezeichnete Wandermöglichkeiten, und wer die Wälder und die Küstenstriche in ihrer ganzen Schönheit erfahren möchte, sollte dies zu Fuß zu tun.

Die nachstehend aufgelisteten Wanderungen dauern 2–5 Tage. Sämliche Lebensmittel, ein Schlafsack für die Wanderhütten (Matratzen stehen zur Verfügung). Campingkocher und -geschirr sowie Regenschutz müssen mitgebracht werden. Sehr wichtig sind gut eingelaufene, robuste Wanderschuhe. Tages- und kürzere Wanderwege werden in der Broschüre von Judith Hopley *On Foot in the Garden Route* beschrieben, erhältlich u.a. bei der Touristeninformation in Knysna sowie bei mehreren anderen Informationsstellen entlang der Garden Route.

Outeniqua Hiking Trail

Wilderness
Ausgangspunkt: Beervlei (Old Forest Station), 8 Übernachtungshütten
Endpunkt: Harkerville Forestry Station
Länge: 108 km
Dauer: 7 Tage (kürzere Versionen möglich)
Permit: *Department of Forestry and Water Affairs*, Knysna, ℡ 382 5466
Kosten: R15 p.P. pro Tag
Kurzbeschreibung: Urwald, darunter gigantische Yellowwood-Bäumen, Kiefernplantagen und Überreste einer Goldmine bei Millwood.

Harkerville Coast Hiking Trail

Ausgangs- und Endpunkt: Harkerville Forestry Station, 12 km westlich von Plettenberg Bay, an der N2 ausgeschildert
Länge: 26,5 km
Dauer: 2 Tage
Permit: *Department of Forestry and Water Affairs*, Kynsna, ℡ 382 5466
Kosten: R30 p.P.
Kurzbeschreibung: Atemberaubende Küste, Urwald und Fynbos. Viel Klettern über Felsen und einige schmale Felsgrate über dem Meer. Nichts für Ungeübte oder Leute mit Höhenangst. Viele Affen und Fischadler,

möglicherweise Wal- oder Delphinbeobachtung. Steht auf der Hitliste gleich hinter dem Otter Trail.

Otter Trail

Tsitsikamma National Park
Ausgangspunkt: Storms River Mouth
Endpunkt: Nature's Valley
Länge: 42 km
Dauer: 5 Tage
Permit: *South African National Parks*, Pretoria, ℡ 012-343 1991, ℻ 343 0905, 🖳 www.parks-sa.co.za. Reservierungen werden bis zu 12 Monate im Voraus entgegengenommen, max. 12 Wanderer.
Kosten: R275 p.P.
Kurzbeschreibung: Südafrikas ältester Wanderpfad führt an der Küste entlang über Flüsse und Gezeitenpools sowie durch Urwald. Beobachtung von Walen, Delphinen und Robben möglich, außerdem Spuren von Kap-Ottern. Dank relativ kurzer Abschnitte zwischen den Hütten bleibt Zeit für gemächliches Wandern. Streckenweise ist der Pfad steil – gute Kondition erforderlich. Der Bloukrans River muss durchwatet oder durchschwommen werden: Bei Ebbe in Angriff nehmen und den Rucksack wasserdicht einpacken.

Tsitsikamma Trail

Tsitsikamma
Ausgangspunkt: Nature's Valley Caravan Park
Endpunkt: Storm's River Bridge
Entfernung: 64 km
Dauer: 5 Tage (kürzere Versionen möglich)
Permit: *Safcol*, Pretoria, ℡ 012-481 3615
Kosten: R47 p.P. pro Übernachtung
Kurzbeschreibung: Dieser Weg führt durch Binnenlandwälder, ausgedehnte Fynbosgebiete und über den Bergrücken der Tsitsikamma Mountains. 5 Hütten mit 30 Schlafplätzen. Nicht besonders anstrengend, pro Tag nie mehr als 17 km.
Nach heftigen Regenfällen lassen sich die Flüsse allerdings manchmal schlecht überqueren.

stornierten. Dafür lohnt es sich sogar, einen oder zwei Tage lang zu bleiben und mehrmals nachzufragen.

Einzige **Bademöglichkeit** an der Mündung bietet eine sichere kleine Sandbucht unterhalb des Restaurants, wo das Wasser aber selbst im Sommer eisig kalt sein kann, wenn Ostwind weht und kalte Wogen aus den Untiefen der nur 25 Seemeilen vor der Küste befindlichen Kontinentalscheide anschwemmt.

Übernachtung und Essen

Storms River Mouth liegt 18 km südlich der Storms River Bridge, wo die meisten Autofahrer anhalten, um in die tiefe Schlucht zu schauen und an der traumhaft gelegenen Tankstelle aufzutanken. Selbst wer aus Zeitgründen nicht in Storms River Mouth übernachten kann, sollte wenigstens zum Mittagessen, für einen kurzen Spaziergang oder einen Sprung ins Nass den Umweg dorthin machen (ohne fahrbaren Untersatz nicht erreichbar).

Im **Storms River Mouth Rest Camp**, ☎ 281 1607, gibt es eine Vielzahl unterschiedlicher Unterkünfte*–**, alle mit Meeresblick. Wunderschön gelegene Zeltplätze direkt am Wasser, unglaublich billige Ferienhütten ohne Kochgelegenheit mit 2 Betten, Bettwäsche, Handtüchern und Gemeinschaftswaschräumen; hübsche Blockhütten mit Schlafzimmer und Küchenzeile inkl. Frühstück; Mini-Apartments in Meeresnähe, ebenfalls Frühstück inkl. und Ferienwohnungen oder Cottages mit mindestens 4 Betten. Während der Saison sind sie durchweg sehr begehrt, aber von Mai–Ende Aug gibt es 10% Preisnachlass. **Reservierung** bei *South African National Parks*, Pretoria, ☎ 012-343 1991, 🖳 www.parks-sa.co. za.

Essen gibt es nur im Rest Camp-Restaurant, das Frühstück und Standardgerichte serviert.

Storms River Village

Storms River Village liegt rund 1 km südlich der N2. In dem stillen Dörfchen mit rund 40 Häusern finden sich mehrere Unterkünfte, zwei Gemischtwarenläden, ein Spirituosengeschäft, ein Fish and Chips-Shop sowie ein Adventure Centre, das Frei-

zeitaktivitäten im Umland organisiert. Storms River Village lässt sich vom Storms River Mouth und dem Nationalpark aus nur mit **eigenem Fahrzeug** erreichen.

Übernachtung und Essen

The Armagh*–***, Fynbos Ave, ☎ 281 1512, ✆ 281 1510, 🖳 www.thearmagh.com. Sehr freundliches Guesthouse in einem schönen Garten, der in den Fynbos übergeht, hat die besten Zimmer und das beste Essen im Dorf. Umfasst eine luxuriöse Honeymoon-Suite und 4 kaum preisgünstigere Standardzimmer, die alle auf den Garten hinaus gehen. Die komfortablen, mit Bad versehenen Lofts *Africa* und das kleinere *Candlewood* sind billiger, da sie keinen direkten Zugang zum Garten besitzen.

Ploughman's Rest*, 31 Formosa St, ☎/✆ 541 1726. Rustikales B&B, 5 Zimmer mit Bad und eigenem Garteneingang.

Stormsriver Rainbow Lodge*, an der Straße ins Dorf, bei der Straßengabelung nach rechts abbiegen, ☎ 281 1530, ✉ rainbow@lantic.net. Backpacker-Lodge plus B&B, auf älteres Publikum und Familien ausgerichtet. 2 Schlafsäle, 3 Backpacker-DZ, 2 Rondavels mit Bad und ein Blockhaus im Garten, außerdem eine Ferienwohnung mit 2 Schlafzimmern, Wohnzimmer und Bad im Haupthaus. Frühstück R25 extra.

Tsitsikamma Lodge****, 2 km östlich vom Dorf an der N2, 8 km östlich der Storms River Bridge, ☎ 280 3802, 🖳 www.tsitsikamma.com. 30 gemütliche A-frames mit eigener Terrasse, die meisten mit Jacuzzi, verbunden durch Holzstege, die durch eine gepflegte Grünanlage führen. Schnittpunkt mehrerer Wanderwege, darunter der berühmte Nudistenpfad am Flussufer entlang. Das hauseigene Restaurant bietet südafrikanische Küche.

Tube 'n Axe*, Darnell, Ecke Saffron St, ☎ 281 1757, ✉ angus@thepub.co.za. Backpacker-Unterkunft mit gutem Service. Verfügt über ein Paintball-Feld und organisiert 3-tägige Pauschaltouren für R360, zu denen ein Tagesausflug zum Storms River Mouth, eine Geländewagenfahrt in die Tsitsikamma Mountains mit anschließender 17 km langer Wanderung sowie der Besuch eines Milchbauernhofs gehören. Campingmöglichkeit, 3 Schlafsäle mit 4 Betten und 1 DZ. So beliebt, dass derzeit angebaut wird.

Das unfassende Abgebot von **Storms River Adventures**, ℡ 281 1836, 🖥 www.stormsriver.com, mit Hauptbüro neben dem Postamt und einer Filiale an der Rezeption der Storms River Mouth-Sektion des Tsitsikamma National Park, hat das Dorf sehr bekannt gemacht. Eine besondere Attraktion ist das **Blackwater Tubing** (R295) entlang des Storms River Canyon durch den Tsitsikamma National Park bis zum Meer. Es gilt zwar normalerweise als „soft adventure", doch bei einem tragischen Unfall im März 2000 ertranken mehrere Teilnehmer, als plötzlich eine Flutwelle durch den Fluss rollte. Im Preis des Halbtagesausflugs sind die Ausrüstung, Transport vom und zum Centre sowie Mittagessen inbegriffen.

Alternativ dazu kann man die ansonsten unzugängliche Schlucht auch im Rahmen der halbstündigen, vom Center geführten **River Cruises** (tgl. 10–16 Uhr alle 45 Min., R35) bewundern. Die Boote fahren an der Schiffsanlegestelle neben der Hängebrücke bei der Flussmündung ab. Lohnend ist auch die **Woodcutters Journey** (auf Anfrage, R105) über den alten Storms River Pass durch tiefsten Wald. Die Fahrt erfolgt in einem speziell gefertigten, von einem Traktor gezogenen Wagen und endet am Flussufer, wo ein Imbiss eingenommen wird.

Weitere mögliche Freizeitaktivitäten sind das **Abseilen** (R120 für 2 Durchgänge) über eine Länge von 35 m in die Storms River-Schlucht und 2 1/2-stündige **Mountainbike-Touren** (auf eigene Faust R75; mit Guide und Lunchpaket R170) im Tisitsikamma Forest. Außerdem **Tauchgänge** im Meeresreservat des Parks, wobei die Möglichkeit besteht, Korallen und rund 50 verschiedene Fischarten zu sehen. Die Sichtweite reicht von 5–12 m, doch darf nicht die buntschillernde Unterwasserwelt tropischer Gewässer erwartet werden. Ein 4-tägiger PADI-Kurs schlägt mit R1250 zu Buche. Ausrüstungsverleih plus begleiteter Tauchgang kostet pro Tag R230, jeder zusätzliche Tauchgang R80 (inkl. Nachfüllen der Sauerstoffflasche). Wer einfach nur **schnorcheln** möchte, kann die erforderliche Ausrüstung für R85 ausleihen, für weitere R25 gibt es fachmännische Begleitung.

VORWAHL – 042

Die Westküste

Die weltabgeschiedene, stürmische Westküste Südafrikas am kalten Atlantik verdient besondere Zuwendung. Viele Jahre lang war sie das Stiefkind des Westkap-Tourismus, vor allem aufgrund der dort ansässigen Industriegebiete. Diese Region mit sandiger Erde und Dünen, auf denen die einzigartige **Küstenfynbosvegetation** gedeiht und an deren schroffer Küste es so gut wie keine sicheren Schiffshäfen gibt, hat in erster Linie die Natur geformt. Im Sommer fegen stärkste Südostwinde über das Gelände hinweg, im Winter ist es von Nebelwolken eingehüllt, aber im Frühling schießen überall im *veld* die märchenhaften **wilden Frühlingsblumen** in all ihrer Farbenpracht empor.

Die südliche Westküstenregion hat viel mit dem weiter nördlich gelegenen Namaqualand gemeinsam – nicht zuletzt wegen der Blumen. Doch die hiesige rund 200 km lange Küstenregion ist mit Abstand die am dichtesten besiedelte, denn die **Swartland-Gegend** gleich landeinwärts ist außergewöhnlich fruchtbar. Nördlich von Swartland liegt der majestätische Gebirgszug der Cederberge, gut zu sehen von der N7, der Hauptverkehrslinie zwischen Kapstadt und Namibia. Nördlich von **Clanwilliam**, der hübschen Stadt am Nordende der Cederberge, führt die N7 weiter nach Vanrhynsdorp, das zwar genau genommen im Westkap liegt, aus praktischen Gründen jedoch hier im Abschnitt über die Blumenrouten von Namaqualand im Nordkap (s.S. 338) behandelt wird.

Auch außerhalb der Blumenmonate August und September hat die Westküste einiges zu bieten, vor allem im Sommer, wenn eine frische Meeresbrise weht. Die Gegend ist berühmt für knackfrisches **Seafood**, das hier viel billiger ist als in Kapstadt, und außerdem für seine zahlreiche Möglichkeiten der (sportlichen) Betätigung im Freien.

WESTKAP

Swartland

Frühmorgens liegt die Küstenebene landeinwärts von Melkbosstrand am Nordrand der Tafelbucht oft unter dichtem Nebel, doch schon bald erreicht die N7 nördlich von Kapstadt die ertragreiche Swartland-Landschaft. *Swartland* bedeutet „schwarzes Land", was wahrscheinlich darauf zurückzuführen ist, dass das Gelände früher dicht mit einem anthrazitfarbenen Busch namens *renosterbos* (Rhinozerusbusch) bewachsen war.

Swartland, im Westen durch das weniger fruchtbare *strandveld* und im Osten von dem hohen Gebirgszug begrenzt, der sich von den Boland Mountains bei Wellington zum Cederberg erstreckt, dient in erster Linie als Weizenanbaugebiet. Doch es gibt auch Milchbauernhöfe, Pferdefarmen, Tabakplantagen und Weingärten.

Auf ihrem Weg nach Norden passiert die N7 verschiedene Kleinstädte, darunter auch die größte Stadt der Region, **Malmesbury**. Wer aus der entgegengesetzten Richtung kommt, kann den Tafelberg aus einer ungewohnten Perspektive erblicken. Bisweilen überqueren auch Schildkröten die Straße.

Darling und Umgebung

Die Kleinstadt Darling liegt zwischen Swartland und der Westküste und ist von Kapstadt in einem Tagesauflug aus über die R27 leicht zu erreichen. Darling ist bekannt für seine Molkereiprodukte und Frühlingsblumen, besitzt ein paar sehenswerte alte Gebäude und machte sich in jüngster Zeit einen Namen als **Künstlerkolonie**. Pieter Dirk-Uys, einer der beliebtesten Komiker Südafrikas, lässt seine berühmteste fiktive Gestalt **Evita Bezuidenhout** (eine Dame mit einem bissigen Humor) als „Gastgeberin" einer Wochenend-Cabaretvorstellung in *Evita se Perron* auftreten, in dem winzigen **alten Bahnhof** mitten in der Stadt. Zeiten, Eintrittskarten- und Tischreservierung unter ✆ 492 2831, 🖳 www.evita.co.za.

Im hübschen **Darling Museum**, Pastorie, Ecke Hill St, sind die Arbeiten hiesiger Maler ausgestellt, ⊘ tgl. 9–13, 14–16 Uhr, geringe Eintrittsgebühr. Am ersten Wochenende im Monat findet ein „Art Walk" zu den Behausungen und Ateliers ansässiger Künstler statt, Auskunft im Museum.

Am Nordrand von **Mamre**, knapp 20 km südlich von Darling in der Nähe der von Farbigen bewohnten Pendlersiedlung Atlantis, befindet sich eine mährische **Missionsstation** aus dem 19. Jahrhundert. Sie ist noch bewohnt und umfasst eine Reihe strohgedeckter Katen, eine große Kirche sowie eine Wassermühle, die noch in Betrieb ist. Wer an einer speziellen Führung durch das Dorf – einem der schönsten Missionsposten im Westkap – interessiert ist, kann unter ✆ 576 1134, 🖅 576 1579, einen Termin vereinbaren.

Westküstenblumen Im August und September blühen überall in der Westküstenregion wilde Blumen – ein Schauspiel, das schon weit im Süden bei der Stadt Darling beginnt, nur 80 km nördlich von Kapstadt und abseits der Küstenhauptstraße R27. Ein Blumenteppich bedeckt oft auch den West Coast National Park und die Küstenlandschaften rings um Cape Columbine und Lambert's Bay. Blühende Landschaften finden sich auch im Binnenland im Umkreis von Clanwilliam. Sage und schreibe 4000 verschiedene Blumenarten bringt die Region hervor, die meisten davon aus der Familie der Margeriten und Mittags- oder Faserblumen. Aktuelle Informationen und praktische Ratschläge bieten die Touristeninformationsbüros in Darling, Saldanha und Clanwilliam (s.S. 304). Weitere Tipps zur Blumenschau, s.S. 338.

Übernachtung

Darling Guest House, 22 Pastorie St, ✆ 492 3062 oder 072-195 6912, 🖳 www.bedandbreakfast. co.za/darling. Ein altes Haus im kapholländischen Stil mit Garten, beherbergt 3 DZ mit Bad.

Essen

Bistro 7, Main Rd, serviert *pub lunches*.
Zum Schatzi, Long St, ✆ 492 3095, deutsches Restaurant, ⊘ tgl. außer Mo.

Sonstiges

INFORMATIONEN – Die **Touristeninformation** ist im Museum untergebracht, ✆ 492 3361, ⊘ tgl. 9–13, 14–16 Uhr.

Riebeek West

Nordöstlich von Malmesbury ragen die Hügel des **Kasteelberg** (Schlossberg) empor, an dessen Ende zwei kleine Siedlungen liegen, **Riebeek Kasteel** und Riebeek West. Rund 3 km nördlich von Riebeek West, an der Straße Richtung Moorreesburg, geht eine Zufahrt zur Zementfabrik P.P.C. Cement Works ab. Mitten auf dem Gelände, zwischen grauen Abfallhaufen, steht das weiß getünchte Bauernhaus, in dem der südafrikanische Staatsmann und Soldat **Jan Smuts** 1870 zur Welt kam. In dem alten Wohnhaus mit Holzböden und ein paar Gegenständen aus dem 19. Jahrhundert gibt es nicht viel zu sehen, doch zur Anlage gehören auch ein paar Rasenflächen, Blumenrabatten und Nebengebäude. In einem davon ist auf Wandtafeln der ereignisreiche Werdegang dieses Mannes (s. Kasten) nachzulesen.

Übernachtung und Essen

Carollanns*, Riebeek West, ☏ 022-461 2245, viktorianisches Haus mit Gästebetten.
Royal Hotel**, 33 Main St, ☏ 022-448 1378, im benachbarten Riebeek Kasteel. Zimmer und gutes Essen.

Groot Winterhoek

Innmitten der oft nebelverhangenen, festungsähnlichen Berge am Ostausläufer des Swartland liegt das 300 km^2 große **Groot Winterhoek Wilderness Area** – ein tolles Wander- und Campinggelände in aller Abgeschiedenheit, mit klaren Teichen, typischer Kap-Bergfauna wie Klippspringer und scheue Wildkatzen sowie Fynbosvegetation. Eignet sich auch gut für Mountainbiker oder Paraglider.

Da es sich um eine *wilderness area* handelt, darf man überall wandern und zelten. Es gibt allerdings eine Reihe ausgewiesener Wanderpfade, die zwischen ein paar Stunden und einigen Tagen lang sind. Erforderlich ist ein **Permit** (R14 plus R20 pro Tag). Auskünfte und **Buchung** beim *Cape Nature Conservation Office* in Porterville, ☏ 022-931 2900, ⏰ Mo–Fr 7.30–16 Uhr.

Jan Smuts Der Lebensweg von Jan Christiaan Smuts, eine der herausragendsten Persönlichkeiten Südafrikas, spiegelt vielleicht deutlicher als jeder andere den Zwiespalt wider, unter dem das Land in der ersten Hälfte des 20. Jahrhunderts litt. Als Sohn einer afrikaansen Bauernfamilie sprach Smuts Englisch mit deutlichem Swartland-Akzent und studierte an der Universität Stellenbosch und Cambridge. Während des Burenkrieges stand er einem burischen Partisanenkommando vor, das schließlich zerschlagen wurde. Später glaubte er an ein unter britischer Fahne vereinigtes Südafrika und wurde im Ersten Weltkrieg zum Kommandeur der königlichen Streitkräfte in Ostafrika ernannt. Smuts bekleidete das Amt des südafrikanischen Premierministers zweimal (von 1919–24 sowie von 1939–48, als Südafrika unter seiner Führung im Zweiten Weltkrieg auf Seiten der Briten stand). Doch es gelang ihm nicht, die volle Unterstützung seiner Landsleute zu sichern, und bei den Wahlen 1948 verlor er gegen den afrikaansen Hardliner D.F. Malan. Smuts verwendete die größten innenpolitischen Anstrengungen darauf, die unterschiedlichen politischen und sozialen Wertmaßstäbe der Englisch- und der gemäßigten, Afrikaans-sprachigen Weißen einander anzugleichen. Er besaß eine globale Weitsicht und war 1946 als 76-Jähriger maßgeblich am Entwurf der Menschenrechts-Charta der Vereinten Nationen beteiligt.
Seine besondere Zuneigung galt dem Tafelberg, und einer der beliebtesten Wanderwege am Berg trägt seinen Namen.

Langebaan Lagoon

So, wie sich die Westküste Südafrikas unmittelbar nördlich der Kapstädter Küstenvororte Bloubergstrand und Table View präsentiert, zeigt sie sich von hier an viele hundert Kilometer weit nach Norden in praktisch unveränderter Form: immer mal wieder ein gottverlassener Fischerort und ansonsten eine ausgebleichte Dünenvegetation, über die der Wind streicht – eine Landschaft von ganz eigentümlichem Reiz. Der einzige geschützte Hochseehafen entlang der gesamten südafrikanischen Atlantikküste ist **Saldanha Bay**, rund 100 km nördlich von Kapstadt. Diese Bucht ist mit der Langebaan Lagoon verbunden, dem Herzstück des kleinen, aber bezaubernden **West Coast National Park**.

Während der Ferienort **Langebaan**, gleich nördlich des Parks am Ostufer der Lagune, sich seine Sommerfrische-Atmosphäre erhalten hat, ist im Nordteil der Bucht die Industrie auf dem Vormarsch und hat den ehemaligen Fischerort **Saldanha** so gut wie vereinnahmt.

West Coast National Park

Der West Coast National Park, ✆ 022-772 2144, ist einer der besten Orte, um den schlichten, unverfälschten Charme der Westküste auf sich wirken zu lassen. Der Park schützt über 40% des noch verbliebenen südafrikanischen *strandveld* und 35% der Salzsümpfe des Landes. Innerhalb seiner Grenzen liegt sowohl ein Großteil der Langebaan Lagoon als auch das Gelände beiderseits und unterhalb der Lagune.

Den Reiz des Parks machen vor allem die herrlichen Ausblicke über die stille Lagune, die erfrischende, salzige Luft, die kreischenden Möwen und die sich im grellen Sonnenlicht auflösenden Nebelschwaden aus. „Wilde" Tiere gibt es hier nicht – nur im Postberg-Abschnitt des Parks, der ausschließlich zur Blumenblüte geöffnet ist, kommen einige größere Antilopenarten vor, dafür unzählige **Vögel**. Eine Reihe von Naturlehrpfaden führt durch die Dünen zur Küste und bietet Besuchern die Gelegenheit, sich über den Fynbos zu informieren.

An der Südspitze der Lagune steht ein großes altes Bauernhaus auf dem Anwesen **Geelbeck**, wo sich Informationsbüro, Tea Room und Unterkunft befinden. In der Nähe gibt es auch einige Vogelbeobachtungshütten, und alle größeren **Trails** (insgesamt 30 km Wanderwege) beginnen hier. Wer von Geelbeck die Halbinsel westlich der Lagune hochmarschiert, gelangt nach **Churchhaven**, einem Dörfchen mit ein paar schlichten Ferienhütten. Hier kann man im ruhigen, relativ warmen Wasser der Lagune schwimmen.

Etwas weiter befindet sich das **Postberg area**, das nur während der Frühjahrsblüte zugänglich ist. Ein Abstecher ist unbedingt empfehlenswert, und man kann in den Blumenfeldern **Zebras**, **Spießböcke** und **Gnus** sehen. Die Halbinselspitze mit Blick auf die Saldanha Bay ist ein Sperrgebiet der South African National Defence Force. Zum Reservat gehören auch einige Inseln rund um die Öffnung der Bucht, auf denen Tölpel, Pinguine und Pelzrobben leben, eine beherbergt auch schneeweiße Kaninchen. ☉ Okt–März tgl. 6– 20, R16; Apr–Sept 7–19 Uhr, Eintritt R8.

Der Park besitzt zwei **Eingänge**: einen an der R27, rund 10 km nördlich der Abzweigung nach Yzerfontein, und einen südlich der Ortschaft Langebaan. Der Park ist nicht groß – Motorisierte können sämtliche Straßen innerhalb von zwei Stunden abfahren. Wer beim einen Tor hinein- und beim anderen wieder hinausfährt, hat schon einen Gutteil gesehen, aber es lohnt sich, langsam zu fahren und ab und zu anzuhalten, um die Aussicht zu genießen. Auch sollte man dem **Tea Room** in Geelbeck einen Besuch abzustatten, ☉ Do–Mo 8–16 Uhr. Und innerhalb des Parks gibt es ein paar hübsche **Picknickstellen**.

Die beste **Besuchszeit** ist im Frühling, wenn die Sonne scheint und die Blumen blühen. Dann ist natürlich der Andrang am größten. Im Winter ist es im Park – wie fast überall an der Westküste – kühl und feucht, und im Sommer heiß und windig.

Übernachtung

Eine Übernachtungsmöglichkeit besteht in **Schlafsälen*** am Ufer der Lagune, Reservierung bei *West Coast National Park*, ✆ 022-772 2144. Außerdem stehen ein **Hausboot** mit Platz für 4 Erwachsene und 2 Kinder, zu buchen über *South African National Parks* in Pretoria, ✆ 012-343 1991, ✉ reservations@parks-sa.co.za, R600 pro Tag, zur Verfügung sowie ein **Ferienhaus** mit 8 Betten in Bossieskraal.

Langebaan

Langebaan war früher einmal die größte Walfangstation der südlichen Hemisphäre und eine Weile der entlegene Passagierflughafen Kapstadts – im Zweiten Weltkrieg landeten auf der Lagune die

Wasserflugzeuge aus Europa. Heute ist es in gewisser Hinsicht das Tor zum West Coast National Park. Allerdings dreht sich fast alles um Sonne, Strandvergnügen und Wassersport, und im Sommer sowie am Wochenende drängen sich hier die Massen. **Windsurfer** können hier auf ihre Kosten kommen. Das Wasser direkt vor dem Strand ist seicht, die Brise ganz ordentlich bis extrem. Recht gefährlich können die Strömungen des Atlantiks sein. Wenn der Sommer vorbei ist, fällt die Stadt in den Dornröschenschlaf zurück.

Übernachtung

Caravan Park*, der städtische Campingplatz, liegt zwei Querstraßen vom Strand an der Suffrens St. Ohne Genehmigung dürfen offiziell keine Zelte aufgestellt werden.
Club Mykonos***, gleich neben dem *Olifantskop* in der Bucht, ℡ 0800-22 6770. Eine typische Ferienanlage, hat Einheiten mit 1, 2 oder 3 Schlafzimmern.
The Farmhouse***, ℡ 772 2062, an einem Hang zwischen Neubauten am südlichen Stadtrand. Bestes Haus am Platz: ein luxuriöses Guesthouse mit einem guten Restaurant.
Olifantskop*, auf halber Strecke zwischen Langebaan und Saldanha, ℡ 772 2326. Guesthouse mit Zimmern und Ferienbungalows, Restaurant, Bar, Pool und **Reitpferden**.

Essen

Pearly's, am Hauptstrand im Zentrum, dank seiner günstigen Lage ein gut besuchtes Lokal, wo man essen, trinken und das Treiben beobachten kann.
Die Strandloper, am Strand hinter dem *Cape Windsurf Centre* an der Straße nach Saldanha, ℡ 772 2490 oder 083-227 7195, ist ein gutes Beispiel für die berühmten Freiluft-Seafood-Restaurants der Westküste. Reservierung erforderlich.
La Taverna, Bree, Ecke Oostewal St, gute Küche und Kuchen, die glatt eine Diätsünde wert sind. Mo geschlossen.

Sonstiges

AKTIVITÄTEN – Das *Cape Windsurf Centre*, am Strand am nördlichen Stadtrand, ℡ 772 1114, bietet in erster Linie Wind- und Kitesurf-Unterricht, verleiht daneben aber auch alle möglichen Wassersportausrüstungen sowie Mountainbikes und Paddelskier. ☺ Sommer tgl. 9–19, Winter tgl. 10–18 Uhr.

INFORMATIONEN – **Touristeninformation** (im gleichen Gebäude wie das *South African National Parks Board*), Main St, ℡ 772 1515. ☺ Mo–Fr 9–13, 14-17, Sa 9–12.30, So 9–12 Uhr.

VORWAHL – 022

Saldanha

Saldanha ist vor allem als Sitz einer Militär-Akademie und eines umstrittenen Eisenerz-Kopfbahnhofs bekannt, der hier in den 70er Jahren erbaut wurde. Das Erz wird vom 861 km entfernten Sishen im Nordkap über eine extra zu diesem Zweck angelegte Schienenstrecke angeliefert. Der davon erhoffte wirtschaftliche Erfolg stellte sich jedoch nie ein, und als letzten Rettungsanker verfiel man auf den Bau einer Stahlschmelze direkt neben dem Bahnhof. Hinzu kommt noch ein Zementwerk, in dem die Abfälle der Schmelze verarbeitet werden, und zu diesem Zweck muss eine 10 km lange Versorgungslinie zwischen der Stadt und der Küste nördlich von Saldanha ausgebaut werden. Kein Wunder, dass die südafrikanischen Umweltschützer in heller Aufregung sind, denn das fragile Ökosystem und die Vogelbrutstätten des West Coast National Park werden dadurch stark in Mitleidenschaft gezogen.

Die Stadt am Nordwestausläufer der Bucht betrachtet sich selbst als Urlauberort, doch nicht jeder Besucher lässt sich davon überzeugen.

Übernachtung

The Blue Bay Lodge**–***, Kamp St, ℡ 714 1177, ☏ 714 2400, 🖳 www.blouwaterbaai.com. Komfortabel, 16 Zimmer mit Bad und Meeresblick sowie Zimmer ohne Aussicht aufs Wasser. Die Lodge gehört zum *Blouwaterbaai Holiday*

Resort und ist sehr kinderfreundlich. Trampolin, Pool und Kinderspielplatz.

Jane's**–***, 8 Beach Rd, ✆ 714 3605, ✆ 714 1522, ✉ janegh@mweb.co.za, klein und stilvoll. Gut belüftete Zimmer mit Meeresblick (nicht alle Zimmer). Im hauseigenen Café mit Freiterrasse werden Frühstück und anspruchslose Mittagsgerichte serviert.

Oranjevlei*, knapp 4 km nördlich der Stadt, ✆ 714 2261, einer der ältesten Bauernhöfe der Gegend. 10 Zimmer mit Bad in Gartenhäusern sowie 1 preiswertes DZ auf B&B-Grundlage. Der Preis für alle anderen Zimmer versteht sich ohne Frühstück. Auf Wunsch Mittagessen (Hausmannskost, bestehend aus Fleisch, Seafood und *potjie*).

Essen

Tagtäglich liefern die Fischerboote hier fangfrische Meeresfrüchte ab, und neben zahlreichen *Fish-and-chips*-Läden und Filialen der landesweiten Imbissketten finden sich entlang der Küste auch ein paar gute Esslokale.

Blue Bay Lodge, Kamp St, bereitet schmackhafte Seafoodgerichte mit französischem Touch. ⊙ tgl. Frühstück, Mittag- und Abendessen.

Meresteijn, Main St, Seafood, Fleisch und Pizza. ⊙ tgl. Mittag- und Abendessen.

Slipway, am Haupthafen, u.a. köstliche Muscheln und Garnelenpaste. ⊙ tgl. Frühstück, Mittag- und Abendessen.

Sonstiges

INFORMATIONEN – *West Coast Publicity Association*, in einem alten Gebäude namens Oorlogsvlei an der Van Riebeeck St, ✆ 714 2088, ✉ bureau@kingsley.co.za. Die hilfsbereiten Mitarbeiter informieren nicht nur über die Blumenpracht, sondern arrangieren auch Unterkünfte. ⊙ Mo–Fr 8.30–16.30 Uhr.

VORWAHL – 022

Vredenburg und West Coast Fossil Park

Nördlich und landeinwärts von Saldanha liegt Vredenburg, ein Agrarzentrum. In den hiesigen Supermärkten können sich Selbstversorger mit Proviant eindecken und sollten bei der Gelegenheit auch gleich das Auto volltanken, denn viele der nahe gelegenen Ortschaften besitzen keine Tankstelle.

Etwa 10 km südöstlich von Vredenburg befindet sich der West Coast Fossil Park, ✆ 022-766 1606, der 1998 auf den Ruinen einer Phosphatmine errichtet wurde. Die Arbeiten sind noch nicht ganz abgeschlossen, aber ein Besuch lohnt sich trotzdem. Es gibt interessante Ausstellungsstücke zu sehen, darunter tausende Fossilien und Tierknochen aus der Neuzeit sowie Informationstafeln zu Tieren, die schon seit rund fünf Millionen Jahren ausgestorben sind und deren versteinerte Knochen hier gefunden wurden. Darunter befinden sich Fossilien von löwengroßen Säbelzahnkatzen, zwei Arten von ausgestorbenen Elefanten und Sivatherien (urzeitliche, wiederkäuende Kurzhalsgiraffen mit langen Hörnern). Der spektakulärste Fund ist wahrscheinlich der eines ausgestorbenen Riesenbären, der so genannte *Agriotherium africanum*, der ungefähr 750 kg wog (ein großer Löwe bringt es auf 150 kg). Er ist somit das gewaltigste Raubtier und der einzig bekannte Bär, der in den letzten 65 Millionen Jahren den afrikanischen Kontinent südlich der Sahara durchstreifte. ⊙ Mo–Fr 9–16, Sa und So 9–13 Uhr, Eintritt R5. Führungen durch das Museum und die Ausgrabungsstätte Mo–Fr 11.30, Sa und So 10 Uhr, R15.

Übernachtung

Auf dem Nachbargrundstück liegt das preiswerte **Windstone Backpackers***, ✆ 022-766 1645 oder 083-477 1756, ✆ 083-766 1038, 🖵 www.windstone.co.za, gleich hinter der großen Kreuzung der R45 von Vredenburg mit der R27 von Kapstadt. Es besteht aus einem Haus mit 5 Schlafsälen mit 4 bzw. 6 Betten sowie einem für Familien geeigneten Privatzimmer.

Aktivitäten

Windstone stellt eine angenehme Basis für Ausflüge in die Umgebung dar und hat auch einen **Reitstall**, geleitet von den Besitzern Andy und Brenda Winder. Brenda ist ausgebildete Reitlehrerin, gibt Reitstunden für Anfänger und organisiert Ausritte an der Küste entlang oder in die Cederberge. Außerdem **Mountainbike**-Verleih und für rund R25 Transport nach Langebaan.

Transport

Die Herberge liegt an der Strecke der **Elwierda Busses**, ℡ 021-418 4673, der tgl. zwischen Kapstadt und Saldanha verkehrt.

Paternoster

Das schönste Küstenstück befindet sich 20 km nordwestlich von Vredenburg in der Umgebung des Dorfes Paternoster. Der Name rührt von der Begebenheit her, dass portugiesische Matrosen Stoßgebete ausstießen, nachdem sie sich nach einem Schiffbruch in der benachbarten Bucht an Land geschleppt hatten. Das Dorf lebt in erster Linie vom Fischfang, und die meisten Fischer wohnen in den Katen des Farbigenviertels westlich vom Hotel.

Übernachtung

Ahoy Guest House*, rund 100 m östlich des Paternoster Hotels, ℡ 752 2725 oder 083-731 6703, sehr einladend. 4 Zimmer, eines davon mit Meeresblick.

Mosselbank B&B**, Trappiesklip, Ecke Mosselbank St, ℡/℡ 752 2632, 🖳 www.weskus.com, in einem Neubaugebiet rund 1 km östlich vom Hotel in Strandnähe. Ausgesprochen freundliches B&B, 3 Zimmer mit Bad und Meeresblick sowie eine Ferienwohnung mit 2 Schlafzimmern.

Paternoster Hotel*, an der Hauptstraße St Augustine's Rd, ℡ 752 2703, ℡ 752 2750, im Dorfzentrum, das aus wenig mehr als zwei Parallelstraßen besteht. Das Hotel ist ein bisschen heruntergekommen.

Essen

Essen ist in Paternoster eigentlich gleichbedeutend mit Seafood.

Vissermans Kombuis, gleich östlich vom Hotel, ein schlichtes Esslokal, serviert vielleicht den besten Fisch (vom *braai*) an der ganzen Westküste, in der Saison auch köstliche Schalentiere. ⏱ tgl. 12–15 Uhr; Mi, Fr und Sa auch abends.

Voorstrand, in hervorragender Strandlage am unteren Ende der Malgas Rd, hat ein ähnliches Angebot. ⏱ tgl. 10–22 Uhr.

Sonstiges

AKTIVITÄTEN – Ein Abenteuerhighlight von Paternoster ist eine See-Kajakfahrt mit Hannes Kleynhans von **West Coast Guided Trails**, ℡ 082-926 2267, 🖳 www.kayaktrails.co.za. Die Ausflüge dauern zwischen 2 Std. (R100 p.P.) bis zu mehreren Tagen (2 Übernachtungen R650 p.P., inkl. Verpflegung). Sie sind nicht nur in sportlicher Hinsicht interessant, sondern die Teilnehmer erfahren eine Menge über Vögel, Wale, Delphine und Robben. Kleynhans bietet auch Kajaktrips von einer vor Dassen Island vor Anker liegenden Jacht aus an sowie geführte Wanderungen. Sein Bruder André (gleiche Telefonnummer und Website), ein ausgebildeter Tauchlehrer, organisiert Tauchgänge durch bunte Korallenwälder.

VORWAHL – 022

Columbine Nature Reserve

Wer bis Paternoster vorgedrungen ist, sollte einen Abstecher ins Columbine Nature Reserve, 3 km weiter westlich, nicht versäumen. Dieses kleine Schutzgebiet für *sandveld*-Fynbos stellt einen erstaunlichen Kontrast zu den ansonsten entlang der Westküste typischen Ödflächen dar. Hohe, von Vegetation bedeckte Dünen ziehen sich zur Küste hinab, die aus rosaroten Felsklötzen und kleinen Höhlen geformt ist. Dazwischen liegen blau geränderte Strände – die Farbe stammt von zermahlenen, angeschwemmten Austernschalen.

Durch das Naturschutzgebiet führen ein paar ausgezeichnete **Küstenwanderwege**, darunter zwei für lange Tagestouren (Näheres bei der *West Coast Publicity Association*, s.S. 298).

An der Straße zwischen Paternoster und dem Reservat steht das 1936 auf dem Castle Rock erbaute **Cape Columbine Lighthouse** (keine Besichtigung). Der Leuchtturm, der alle 15 Sekunden einen weißen Lichtstrahl in den Himmel schießt, ist normalerweise der erste, der die Schiffe, die aus Europa kommend das Kap umschifft haben, begrüßt.

Am Strand befinden sich einige schlichte, aber sehr reizvolle **Campingplätze***, ☼ tgl. Sonnenaufgang bis Sonnenuntergang, Eintritt R8.

St Helena Bay

Am St Helena Bay setzte **Vasco da Gama** während seiner legendären Kapumrundung und Weiterfahrt nach Indien im Jahr 1497 seinen Fuß auf den Boden des heutigen Südafrika. Er war zwar weder der erste Europäer, der das Kap der Guten Hoffnung umsegelte, noch der erste, der an Land ging, aber er entdeckte als erster den Seeweg nach Ostasien, dem das Kap jahrhundertelang seine strategische Bedeutung verdankte. An das denkwürdige Ereignis erinnern drei mächtige Granithaufen an der Küste zwischen den Fischerdörfern St Helena Bay und Stompneus Bay, und überdies wurde in einem der größten Neubaugebiete in der Gegend, namens **Shelley Point**, mit erheblichem Kostenaufwand das **Da Gama Museum** errichtet. Die Ausstellung ist nicht umwerfend, umfasst jedoch ein paar gute Informationstafeln, eine Modellschiffsammlung und einige Gegenstände aus der frühen Schifffahrtszeit. ☼ tgl. 8.30–16.30 Uhr, Eintritt frei.

Hinter dem Denkmal liegt eine **Hummerfabrik**, wo man an der Rezeption diese Delikatesse frisch oder gefroren erwerben kann. Auf der Straße angebotene Hummer zu kaufen, ist gesetzeswidrig, doch während der Fangsaison wird auf Postämtern eine Sondergenehmigung ausgestellt, die den Erwerb von Hummern zum Eigenverzehr erlaubt. Früher betrachteten die Fischer übrigens die in den Netzen gestrandeten Hummer als Ausschussware, und im 19. Jahrhundert verkauften sie Wagenladungen voll an Bauern, die gemahlenen Hummer als Düngemittel benutzten.

Velddrif

An Nordende der R27 von Kapstadt und 15 km östlich von St Helena Bay, dort wo der Great Berg River ans Meer stößt, liegt der Fischerort Velddrif. An der hiesigen Hafensiedlung Port Owen endet alljährlich der Berg River **Kanumarathon**, der in der Nähe von Ceres, 49 km nördlich von Worcester seinen Anfang nimmt. In den letzten Jahren werden in der Ortschaft am Berg River zunehmend mehr Pendler-Eigenheime hochgezogen, doch der Hartnäckigkeit einiger Einheimischer ist es zu verdanken, dass zumindest ein Teil des historischen Charakters von Velddrif erhalten blieb.

In der Nähe der Velddrif-Brücke sind noch immer Fischer zu sehen, die von kleinen Booten aus Thunfische fangen. Aus den getrockneten, gesalzenen Fischen wird *bokkoms* hergestellt, das als Gaumenschmaus gilt, im Grunde jedoch ein billiges, proteinreiches Grundnahrungsmittel armer Fischer und Fabrikarbeiter an der Westküste ist.

Im Zentrum liegt die **West Coast Gallery**, eine der besten Kunstgalerien in der Gegend. Zu erreichen ist sie, indem man vom Kreisverkehr geradeaus auf die Church St und anschließend auf einer ungeteerten Straße weiterfährt. Der Eigentümer ist ein hiesiger Künstler, und die meisten Arbeiten stehen zum Verkauf, darunter einige aus Treibholz gefertigte Collagen. Besucher können hier auch einfach Kaffee trinken. Besondere Beachtung verdienen die aus Meersalz hergestellten Objekte. ☼ Mo–Sa 9–17 Uhr, Eintritt frei.

Übernachtung

Drift Water Guest House*, 18 River Rd, ✆ 783 1756, ✆ 783 1771, ▭ www.driftwater.co.za, am Ufer des Berg River, ist die empfehlenswerteste Unterkunft. 6 DZ mit Bad, Pool und Ruderbootverleih an der privaten Anlegestelle.
Langrietvlei*, auf halber Strecke zwischen Velddrif und Hopefield, ✆/✆ 783 0856, vermietet 2 einladende Ferienbungalows und Zimmer auf dem Gelände einer alten Farm, die auch Ausgangspunkt von Wanderwegen ist.

Essen

Boardwalk Bistro by die See, in Hafennähe, an der Hauptdurchgangsstraße Voortrekker Rd ausgeschildert, serviert leckeres Seafood und Steaks, ebenso das *Laaiplek Hotel*, ein Lokal im Industriegebiet.

Vishuis, rund 3 km westlich des Ortes an der ungeteerten Straße, die an der Velddrif-Brücke abzweigt. Eines von mehreren Esslokalen am Strand, serviert preiswertes englisches Frühstück und ausgezeichnetes Mittagessen.

Sonstiges

AKTIVITÄTEN – Empfehlenswert ist ein **Bootsausflug** in die Feuchtgebiete am Ufer des Berg River, durchgeführt von dem Vogelkenner **Dan Ahlers**, ✆ 783 0698 oder 082-951 0447. Zu den zahlreichen dort nistenden Vögeln zählen auch Pelikane und Flamingos. Eine 2-stündige Fahrt kostet R50 p.P. Dan bietet außerdem Rundfahrten durch die Bucht an, bei denen die Möglichkeit besteht, Meeressäugetiere zu Gesicht zu bekommen, darunter Rundkopfdelphine, die sich durch ihre gedrungeneren Körper und kurzen Mäuler von ihren häufiger vorkommenden, langschnäbligen Verwandten unterscheiden.

VORWAHL – 022

Lambert's Bay

Die einzige erwähnenswerte Ansiedlung zwischen Velddrif und Port Nolloth, schon fast an der Grenze zu Namibia, ist Lambert's Bay, 75 km nördlich von Velddrif und 70 km westlich von Clanwilliam. Der Ort ist ein bedeutender **Fischereihafen**, doch das geschäftige Treiben der Fischer wird von der **Tölpelkolonie** auf Bird Island, mitten in der Bucht, weit in den Schatten gestellt. Wer möchte, kann auf dem Deichweg zur Insel hinausspazieren und sich die dicht aneinander gedrängten Tölpel aus der Nähe ansehen, die unter den missbilligenden Blicken einiger Pinguine und Kormorane ein ohrenbetäubendes Spektakel vollführen.

Lambert's Bay selbst hat wenig zu bieten, doch seine Abgeschiedenheit bewahrte unberührte Küstenstriche und viel Natur. Zwischen Juli und Januar halten sich in der Bucht einige **Buckelwale** auf, angeblich sind es immer dieselben Walmütter. Die Gewässer bilden auch den südlichsten Einzugsbereich der **Rundkopfdelphine** – kleine Meeressäuger mit keilförmigen Mäulern und einer weißgestreiften Haut, ähnlich derer von Killerwalen. Bei einer Bootsfahrt vom Fischerhafen aus kann man diese Tiere genauer in Augenschein nehmen.

Übernachtung

Am Ortseingang und -ausgang befindet sich jeweils ein **Caravanpark***. Außerdem gibt es zahlreiche Ferienapartments, die allerdings nicht besonders reizvoll sind.

*Lamberts Bay Hotel****, an der Voortrekker St im Zentrum, ✆ 432 1126, ✉ marinelb@kingsley.co. za, saubere, einladende Hotelzimmer inkl. Frühstück.

Essen

Bosduifklip, ✆ 432 2735, recht gutes Freiluftrestaurant zwischen großen Felsformationen, 6 km landeinwärts an der R364 gelegen.

Isabel's Coffee Shop, umfangreiche Speisekarte mit einem umwerfenden „West Coast Breakfast".

Kreefhuis, am Hafeneingang an der Strand St, ✆ 432 2235, ein konventionelles Seafood-Restaurant, So geschlossen.

Muisboskerm, ✆ 432 1017, ebenfalls ein Lokal unter freiem Himmel, erfreut sich einer wunderbaren Lage direkt am Ozean, 5 km südlich der Stadt.

Sonstiges

INFORMATIONEN – Die **Touristeninformation** in Lambert's Bay befindet sich im Sandveld Museum, Kerk St, ✆ 432 1000, ◷ Mo–Fr 9–13, 14–17, Sa 9–12.30 Uhr.

VORWAHL – 027

WESTKAP

Die Cederberge

Die Gebirgskette der Cederberge zählt zu den atemberaubendsten Landschaften des Westkaps. Sie beginnt am Ostrand des Olifants River Valley, rund 200 km nördlich von Kapstadt, und die hohen Sandsteinberge und langgestreckten, trockenen Täler bieten Betätigungsfelder für Wanderer, Campingfreunde, Naturliebhaber, Bergsteiger und sogar für Astronomen. An zahlreichen Stellen hat Erosion den roten Sandstein zu grotesken Formen geschliffen, darunter der riesige **Wolfberg Arch** und ein 30 m hoher, freistehender Pfeiler namens **Maltese Cross**. Im gesamten Berggelände finden sich **Felsmalereien der San**, zahlreiche Vertreter der Kap-Gebirgsfauna, wie Paviane, kleine Antilopen, Karakal und Erdwolf, sowie Fynbosflora, z.B. die knorrige, widerstandsfähige Clanwilliam-Zeder und die seltene Schnee-Protea.

Die Cederberge sind von Kapstadt aus auf der N7 gut zu erreichen. Unweit der Schnellstraße, am Süd- bzw. Nordrand des Gebirgszuges, liegen die Städte **Citrusdal** und **Clanwilliam**, beides gute Ausgangspunkte für Abstecher in die Berge, insbesondere während der Blumenblüte im Frühling. Allerdings gibt es auch in den Bergen selbst ein paar schlichte Unterkünfte. Von Clanwilliam führt eine landschaftlich reizvolle Strecke nach Lambert's Bay an der Küste (s.S. 301) und über einen dramatischen Bergpass zur Missionsstation **Wuppertal**.

Citrusdal

An der N7 nördlich von Piketberg erstreckt sich eine weite Ebene zu den Ausläufern des Gebirgszuges der Olifantsrivierberge hin. Autofahrer überqueren die Berge auf dem 1857 in die Felsen gesprengten **Piekenierskloof Pass**. Nördlich des Passes kommt Citrusdal in Sicht, eine Ortschaft inmitten des Olifants River Valley, mit der dramatischen Kulisse der Cederberge im Rücken. Heutzutage ist es kaum noch vorstellbar, doch die ersten holländischen Siedler begegneten hier riesigen Elefantenherden, als sie nach Norden Richtung Namaqualand vorstießen. Aus dieser Zeit stammt auch der Name – *olifant* ist das niederländische Wort für „Elefant".

Citrusdal ist die weniger einladende der beiden Städte in der Nähe der Cederberge, doch angesichts der faszinierenden Gebirgslandschaft direkt vor der Tür lohnt es sich schon, hier eine Nacht zu verbringen.

Cederberg Lodge*, Voortrekker St, ✆ 921 2221, 26 sehr preiswerte Zimmer mit Bad sowie das familienfreundliche Restaurant *Tangelo's*, das afrikaanse Hausmannskost serviert.

Campsite*, auf der N7 kommend gleich links hinter der Brücke, ✆ 921 3145, gepflegter Campingplatz mit Pool.

Craig-Royston, an der N7, ca. 500 m südlich der Abfahrt nach Citrusdal ausgeschildert, ✆ 921 2963, ein gutes Esslokal auf einer Orangenplantage. Es ist in einer ehemaligen Handelsstation mit Postschalter und Gästezimmern aus den 1860ern untergebracht. Das viktorianische Gebäude dient nach wie vor als Gemischtwarenladen, gleichzeitig auch als Wein- und Spirituosenhandlung.

Uitspan Coffee Shop, 66 Voortrekker St, hat ein paar einfache Gerichte auf der Speisekarte.

Sonstiges

INFORMATIONEN – Das moderne **Informationszentrum**, 39 Voortrekker St, ✆ 921 3210, 🖥 www. citrusdaltourism.co.za, bietet Landkarten und Broschüren sowie Infos über Ferienwohnungen und Guesthouses in der Umgebung. 🕐 Okt.–Juli Mo–Fr 9–17, Sa 8–13; Aug–Sep. Mo–Sa 8–17, So 9–13 Uhr.

VORWAHL – 022

Transport

Von Citrusdal gibt es keine direkte Straßenverbindung in das Cederberg Wilderness Area – die einzige Zufahrt für Autos bietet eine weiter nördlich von der N7 Richtung Algeria abgehende Straße. Allerdings führen mehrere, auch für Mountainbiker geeignete Pfade zu den Gebirgsausläufern.

Citrusdal Hot Springs

Citrusdal ist von landwirtschaftlich genutztem Gelände umgeben, darunter natürlich auch zahlreiche Zitrusplantagen. Eine der Hauptattraktionen sind die südlich der Ortes befindliche *The Baths**, ✆ 022-921 3609 – ein herrlicher altmodischer **Kurort** inmitten eines Waldgebietes mit Campingplätzen, Ferienbungalows und ein paar großen, alten Häusern mit Ferienwohnungen. Hier gibt es ein großes, angenehm warmes Schwimmbecken (40 °C), einen Kaltwasserpool und mehrere Jacuzzis, die besonders einladend nach Tage langen Bergwanderungen sind.

Übernachtung und Essen

Elephant Leisure Resort***, dieselbe Anfahrt wie zu den warmen Quellen (s.o.), aber 6 km näher bei Citrusdal, ✆ 022-921 2884, 🖳 www.elephantleisure.co.za. Kleines und elegantes Resort mit 4 Ferienhäusern à 2 Schlafzimmern und 6 à 1 Schlafraum, in einem schönen Tal voller Fynbos, um einen künstlich angelegten Teich gruppiert. Jedes der Chalets mit Klimaanlage, TV und Jacuzzi. Im Empfangsgebäude befinden sich ein Esslokal sowie ein beheiztes Schwimmbad.

Transport

Die Anfahrt erfolgt von der N7 her, indem man die nach Citrusdal führende Straße nimmt und dann nach rechts auf eine gute, asphaltierte Nebenstraße abbiegt. Nach 16 km sind die warmen Quellen erreicht. Die Nebenstraße führt an einem Flugplatz vorbei – dem besten Platz zum **Fallschirmspringen** im Westkap.

Cederberg Wilderness Area

Die 710 km² große Cederberg Wilderness Area ist 28 km nördlich von Citrusdal auf einer ungeteerten Straße zu erreichen, die von der N7 nach Osten abgeht und zur Försterei bei **Algeria** führt. In jedem der drei getrennten Abschnitte des Geländes ist jeweils nur eine bestimmte Anzahl von Besuchern erlaubt. **Permits** für R14 müssen im Voraus beim *Cape Nature Conservation Office*, ✆ 027-482 2812, 🖳 www.capenature.org.za in Algeria bean-

tragt werden. Innerhalb des Geländes, für das die Erlaubnis gilt, kann man uneingeschränkt wandern und zelten. Es gibt aber viele markierte **Wanderwege**, z.B. zu den interessantesten Felsen und zu den beiden höchsten Gipfeln, dem **Sneeuberg** und **Tafelberg**.

In Dwarsrivier, rund 6 km von *Sanddrif*, befindet sich eine Amateur-**Sternwarte**, wo an Sommerwochenenden abends bisweilen eine Diaschau unter freiem Himmel gezeigt und starke Teleskope aufgebaut werden.

Das **Klima** in den Cederbergen reicht von einem Extrem zum anderen: Im Winter gibt es Eis und Schnee, im Sommer herrscht glühende Hitze.

Übernachtung und Essen

Ein **Campingplatz** befindet sich an einer hübschen Flussuferstelle bei Algeria, dort stehen auch 7 schlichte, aber voll ausgestattete **Ferienbungalows** (R320) mit 4 Schlafgelegenheiten, am besten sind die aus Stein erbauten. Billigere gibt es 4 km weiter am Fuß des Uitkyk Pass, hier müssen Bettzeug und Kochutensilien mitgebracht werden. Reservierung und nähere Auskünfte beim *Cape Nature Conservation Office* in Algeria. Abgesehen von den Unterkünften des *Cape Nature Conservation* bieten mehrere **Privatleute** auf Bauernhöfen im Reservat südlich von Algeria Gästebetten an. Die Farmen sind auf der einzigen Hauptstraße zu erreichen, die durch diesen Teil der Cederberge führt.

Kromrivier*, ✆ 482 2807, rund 50 km südlich von Algeria, 13 voll ausgestattete 4-Personen-Ferienhäuser mit/ohne Bad, gegen geringe Gebühr Bettwäscheverleih.

Mount Ceder*–***, ✆ 023-317 0113, 🖳 www.mountceder.co.za, weiter südlich an der Straße, gehört zur Grootrivier Farm. Luxuriöseste Unterbringung in B&B-Zimmern in der Lodge oder 6 Selbstversorger-Cottages. Mount Ceder ist zwar von Norden zugänglich, doch wer von Kapstadt her kommt, nimmt besser die Zufahrt über das 95 km weiter südlich gelegene Worcester (s.S. 226) durch Ceres und Prince Alfred Hamlet, denn sie beinhaltet ein kürzeres ungeteertes Straßenstück.

Sanddrif*, ✆/📠 482 2825, ✉ sandrif@mweb.co.za, ca. 26 km südlich von Algeria, komplett ausgestattete Chalets mit 1–3 Zimmern (keine Bettwäsche vorhanden). Auf dem Farmgelände gibt es romantische Teiche und gute Spazierwege.

VORWAHL – 027

Clanwilliam

Ebenfalls an der N7, jedoch am Nordsaum der Cederberge, liegt die hübsche Stadt Clanwilliam. Sie wird mühelos ihren verschiedenen Rollen gerecht: als Ausgangsbasis für das Cederberg Wilderness Area, Zentrum der Blumenblüte im Frühling, Ferienort für Gäste, die im Umkreis des benachbarten Dammes Urlaub machen, und Versorgungsstation der tiefer gelegenen Agrargebiete des Olifants River Valley im Norden. Clanwilliam wurde Ende des 18. Jahrhunderts gegründet und ist eine der älteren Siedlungen nördlich von Kapstadt. Sie beherbergt mehrere historische Gebäude, darunter ein **Museum**, das im alten Gefängnis an der Main St untergebracht ist. ☉ Mo–Sa 8–13 Uhr, Eintritt R5.

Die Stadt hat einige Sehenswürdigkeiten zu bieten, darunter das **Kunshuis**, eine gute, kommerzielle Kunstgalerie an der Main St, eine **Schuhfabrik** am Ou Kaapseweg, in der noch auf traditionelle Weise Lederschuhe angefertigt werden, und gleich daneben die bedeutendste **Rooibostee-Herstellungsfirma** des Landes. In der Fabrik gibt es ein Sichtfenster, durch das Besucher die Arbeitsvorgänge im Erdgeschoss beobachten können. ☉ Videos Mo–Fr 10, 11.30, 14 und 15.30 Uhr. Unmittelbar südlich der Stadt liegt **Ramskop**, ein Schutzgebiet für Frühlingsblumen an einem Hang hinter dem Eingang zum Urlauberresort.

Das *Clanwilliam Dam Resort* stellt den einzigen öffentlichen Zugang zum **Staudamm** – eines der begehrtesten Wasserskigelände des Landes – dar, auf dem es im Sommer und an Wochenenden oft von Motorbooten wimmelt. Es gibt allerdings keinen Wassersportzubehör-Verleih, es sei denn für Hausgäste des *Olifants Dam Motels*, wo Boote zur Verfügung stehen.

Übernachtung

Blommenberg Guest House*, Main Rd, ✆ 482 1851. Gästehaus mittlerer Preisklasse mit 13 Zimmern für Selbstversorger rings um einen Pool.

Clanwilliam Dam Resort*, ✆ 482 2133. Campingplatz am Rand des Stausees mit mehreren einfachen, aber komplett ausgestatteten Chalets.
St du Barrys**, an der Zufahrt zur Pakhuis Rd, ✆ 482 1537. Ein elegantes Landgasthaus mit 5 antik möblierten Zimmern.
Strassberger's Clanwilliam Hotel**, an der Hauptgeschäftsstraße, ✆ 482 1101. Berühmtes und effizient geführtes Etablissement mit Pool und dem hervorragenden Restaurant *Reinhold's*. Außerdem ein Tea Room und separate Bungalows.

Essen

Nancy's Tea Room, gegenüber *Strassberger's Clanwilliam Hotel*, ☉ tgl. 9–16 Uhr.
Olifantshuis Pizzeria, Main Rd, Ecke Augsburg Drive, ein schlichteres Lokal, So geschlossen.
Reinhold's, Feinschmeckerlokal im *Strassberger's Clanwilliam Hotel* sowie ein Tea Room, der tagsüber warme Gerichte und Snacks serviert.

Sonstiges

INFORMATIONEN – Touristeninformation, ✆ 482 2024, 🖥 www.capewestcoast.org, ☉ Mo–Fr 8.30–17, Sa 8.30–12.30, während der Blumenblüte Mitte Aug–Mitte Sept tgl. 8–18 Uhr.

VORWAHL – 027

Boskloof

Ca. 1 km östlich der Stadt an der Pakhuis Pass Rd, einer guten Schotterstraße, die nach Süden in die Boskloof hinab führt, befindet sich die Schlucht, die der Jan Dissels River gegraben hat. Das Tal liegt zwar weniger als 10 km von der Stadt entfernt, doch hat man das Gefühl, 100 Meilen von aller Welt entfernt zu sein. Das stille Gelände eignet sich zu geruhsamer Naturbetrachtung am Flussufer, einem Bad in einem der Teiche oder einem Fußmarsch entlang des Karrenpfades, der sich durch die Berge windet. Aktivurlauber können an einem 2-stündigen bis 2-tägigen Ausritt teilnehmen, die von der *Karukareb Farm*, ✆ 482 1675, angeboten werden, oder auf dem **Krakadouw Hiking Trail**, der bei den *Krakadouw*-Cottages im Tal beginnt, in den Cederbergen wandern. Permits gibt es beim *Cape Nature Conservation Office* in Algeria, ✆ 482 2812, 🖳 www.capenature,org.za, Eintritt R18 plus R18 pro Tag, oder aber bei den *Krakadouw*-Cottages, allerdings nur für zahlende Gäste. Es ist auch möglich, kürzere Tages- oder Halbtageswanderungen auf bestimmten Wegabschnitten zu unternehmen.

Am Rande der ruhigen Straße, die in einer Sackgasse im Tal endet, befinden sich gute Unterkünfte.

Karukareb***, am Straßenende, 13 km von Clanwilliam, ✆ 482 1675, luxuriöses Buschcamp und Gästelodge mit B&B-Zimmern am Flussufer sowie einem umgebauten Bauernhaus, das 5 rustikale Zimmer mit Bad beherbergt. Auch ein paar billigere Ferienwohnungen und Pool. Die Eigentümer, die Familie Bester, genießen einen besonders guten Ruf als Organisatoren umweltbewusster **Reitsafaris**. Besters bieten Reittouren für Anfänger oder erfahrene Reiter am Fluss entlang und in die Berge an, und das in einem der bezauberndsten und ursprünglichsten Täler des Westkaps. Demnächst sollen auch einige Steinbungalows für Selbstversorger fertig gestellt werden, jeder mit eigener Flussbadestelle.

Klein Boschkkloof Chalets*, 9 km von Clanwilliam, ✆ 482 2441, besteht aus einer Reihe sehr preiswerter, 250 Jahre alter kapholländischer Bauernhäuser, die in Ferienwohnungen verwandelt wurden. Die einladenden, strohgedeckten Chalets inmitten von Zitrushainen verfügen über Kochgeschirr, Bettzeug und Handtücher. Auf Wunsch Frühstück und Abendessen.

Krakadouw**, ca. 4 km talabwärts, ✆ 482 2507, verfügt über 3 komplett eingerichtete, verschwiegene Ferienhäuser. Hier beginnt der Krakadouw Hiking Trail, doch auf dem Gelände sind auch kürzere Wanderungen möglich.

VORWAHL – 027

Über den Pakhuis Pass nach Wuppertal und zu den Felsmalereien

Nordöstlich von Clanwilliam schlängelt sich die ungeteerte R364 durch die nördlichen Cederberge und über den Pakhuis Pass, eine Fahrt durch wildromantische Gebirgslandschaft mit spektakulären Ausblicken. An zwei Stellen entlang der R364 nördlich von Clanwilliam, rund 2 km vor der Abzweigung zur Missionsstation Wuppertal, besteht ein ausgezeichneter Zugang zu uralten **San-Felszeichnungen**. Weitere Felsengemälde finden sich 48 km nördlich von Clanwilliam in dem gottverlassenen Dorf **Oudrif**. Wer hinter der Abzweigung nach Wuppertal rund 100 km auf der R364 nach Soetwater und an der R27 zwischen Nieuwoudtville und Calvinia weiterfährt, durchquert eine herrliche, abgeschiedene Landschaft, die für ihren wunderbaren **Frühlingsblumenteppich** berühmt ist.

Traveller's Rest und Bushman's Kloof

Die Hauptattraktion, abgesehen von der reizvollen Gebirgslandschaft, ist der 4 km lange **Sevilla Bushman Painting Trail**, der direkt neben dem *Traveller's Rest* beginnt. Der Pfad führt an neun verschiedenen Felsmalereien vorbei – eine ausgezeichnete Möglichkeit, die Malereien zu studieren. Reisende mit wenig Zeit können die Besichtigung auf die interessantesten ersten sechs beschränken. Auskünfte zu **Permits** für den Wanderweg im Farmhaus oder Restaurant (R15), dort gibt es auch eine Broschüre mit einer genauen Wegbeschreibung.

Bushman's Kloof, R1000–2000, ca. 1 km hinter *Traveller's Rest*, Luxusherberge inmitten der Wilderness Area, ✆ 482 2627, Reservierung: ✆ 797 0990, ✉ 761 5551, 🖳 www.bushmans-kloof.co.za. Auf dem Gelände gibt es mehr als 125 Stellen mit San-Felsmalereien. Die von der Lodge angestellten Wildhüter kennen sich sowohl in Bezug auf die Fauna als auch die San-Kunst aus. Übernachtungspreis inkl. Vollpension, Safaris und Führungen zu den Felsenzeichnungen.

WESTKAP

Traveller's Rest*, 36 km nördlich von Clanwilliam, ✆/📠 482 1824, ✉ travrest@cybertrade. co.za. Preiswerte Unterkunft in verschiedenen Feriencottages auf einem Bauernhof, Essen im renommierten *Khoisan Restaurant*, das südafrikanische Hausmannskost auftischt.

VORWAHL – 021

Wuppertal

Rund 2 km hinter Bushman's Kloof, bevor die Straße zum Doring River Valley abfällt, zweigt eine Straße nach Wuppertal ab. Die tief im Tra-tra-Tal gelegene mährische Missionsstation mit ihren wenigen strohgedeckten Katen zählt zu den ältesten des Westkaps und ist eine der am besten erhaltenen in ganz Südafrika. Die Mission ist vor allem als Herstellungsort von *velskoene* (Lederschuhe) sowie der weichen Fußbekleidung namens *vellies*, die Teil der Afrikaander-Nationaltracht ist, bekannt. Besucher können bei der Fertigung zusehen und solche Schuhe kaufen.

Oudrif

Oudrif liegt im Hinterland der Cederberge, 48 km von Clanwilliam entfernt, und ist über teils geteerte, teils ungeteerte Straßen erreichbar. Es liegt in stimmungsvoller Landschaft in den Übergangszonen zwischen den Gebirgsausläufern und der trockenen Karoo, einer Gegend mit roten Sandsteinschluchten und dem breiten Tal des Doring River. In den nahe gelegenen Hügeln finden sich uralte Fossilien aus jener Zeit, als hier ein Binnensee war. Sehr viel später streiften die Angehörigen des Jäger- und Sammlervolkes der San durch das Gelände. Von ihrer Anwesenheit zeugen mehrere Felsmalereien in der Umgebung. Gäste der gleichnamigen Ferienanlage können herrliche Spaziergänge durch **Fynbos** zu den **Felsmalereien** unternehmen oder einfach nur die Seele baumeln lassen. Der vielseitige Mitbesitzer und Manager Bill Mitchell ist ein ausgezeichneter Koch und bereitet sämtliche Mahlzeiten zu. Einige Strände am Fluss laden zum Sonnenbaden und zu einem kühlen Bad ein. Als ehemaliger *river rafting guide* unternimmt Mitchell auf Wunsch auch Bootsfahrten mit den Gästen.

Der Ausgangspunkt für die besten **Wildwasserfahrten** im Westkap (Mitte Juli–Mitte Sept auf dem Doring River) befindet sich ein kurzes Stück zu Fuß vom *Oudrif* flussabwärts. Wochenendausflüge mit *River Rafters*, ✆ 027-712 5094, 🖥 www. riverrafters.co.za, inkl. einer Übernachtung unter einem Felsenüberhang kosten rund R700 p.P.

Übernachtung

Oudrif****, ✆ 027-482 2397, 🖥 www.oudrif.co. za, Ferienanlage mit Vollpension in 5 aus Stroh und Zement erbauten, stilvoll eingerichteten Häusern am Rande der Schlucht des Doring River. Die erdfarbenen Chalets passen wunderbar in die mit Felsblöcken übersäte Hanglandschaft, jedes verfügt über 1 Doppelbett und 1 Schlafliege. Die Stromversorgung erfolgt mittels Solarenergie und das Duschwasser ist warm.

WESTKAP

Nordkap

HIGHLIGHTS

Diamanten-Tour in Kimberley – auf den Spuren von Cecil Rhodes und den Diamantsucher-Pionieren 1 km unter der Erde eine Mine besichtigen und die Schürfstellen in den Schwemmebenen des Vaal River besuchen

Augrabies Falls – Afrikas zweitgrößter Wasserfall, wo der Oranje-Fluss mit lautem Echo in eine Schlucht donnert

Kgalagadi Transfrontier Park – Löwen, Spießböcke und Erdmännchen inmitten der versengten, rötlich gefärbten Sanddünen der Kalahari

Blumen in Namaqualand – Im August und September schmückt sich das *veld* mit einem fantastischen Blumenmeer

Mission von Kuruman – errichtet von den Missionarpionieren Robert und Mary Moffat, Ausgangspunkt des Forschungsreisenden David Livingstone ins Innere des Kontinents – und immer noch ein ehrwürdiger und ruhiger Ort

Mission von Pella – eine der kuriosesten Sehenswürdigkeiten des Landes: die hoch aufragende, gelbe Kathedrale mitten in dem winzigen, staubigen Missionsdorf

Richtersveld National Park – die einzige Bergwüste Südafrikas: eine heiße, ausgedörrte und abweisende Gegend, die nur im Geländewagen oder auf einer Kanu-Tour auf dem Oranje-Fluss erkundet werden kann

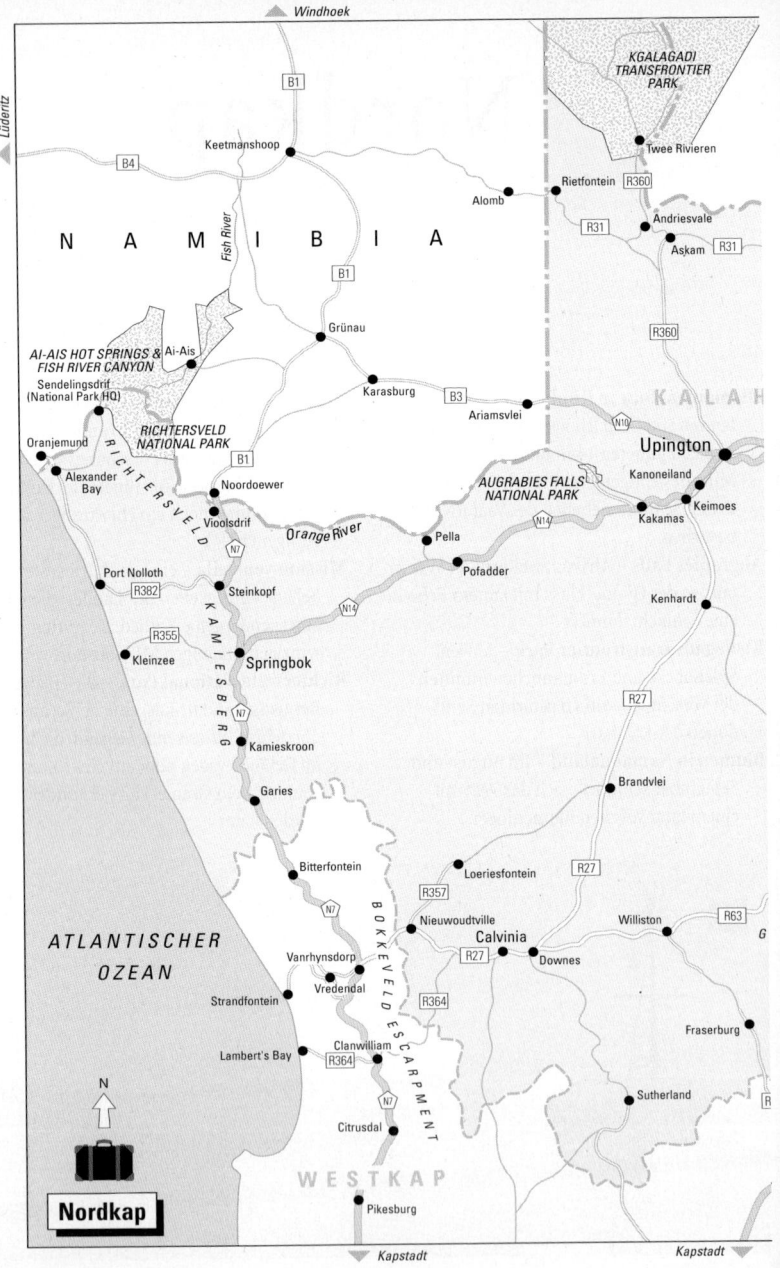

Windhoek

Lüderitz

B1

Keetmanshoop

B4

N A M I B I A

Fish River

Alomb

Rietfontein

KGALAGADI TRANSFRONTIER PARK

Twee Rivieren

R360

Andriesvale

R31

Askam

R31

R360

B1

Grünau

Karasburg

B3

Ariamsvlei

N10

Upington

K A L A H

AI-AIS HOT SPRINGS & FISH RIVER CANYON

Ai-Ais

Sendelingsdrif (National Park HQ)

RICHTERSVELD NATIONAL PARK

B1

Noordoewer

AUGRABIES FALLS NATIONAL PARK

Kanoneiland

Keimoes

Oranjemund

Alexander Bay

Vioolsdrif

N7

Orange River

Pella

Kakamas

N14

Pofadder

Port Nolloth

R382

Steinkopf

N14

Kenhardt

R355

Kleinzee

Springbok

N7

Kamieskroon

R27

Garies

Brandvlei

Bitterfontein

N7

Loeriesfontein

R27

R357

Nieuwoudtville

Williston

R63

Vanrhynsdorp

Calvinia

R27

Downes

ATLANTISCHER OZEAN

Strandfontein

Vredendal

R364

Fraserburg

Lambert's Bay

Clanwilliam

R364

N

Citrusdal

N7

Sutherland

WESTKAP

Nordkap

Pikesburg

Kapstadt

Kapstadt

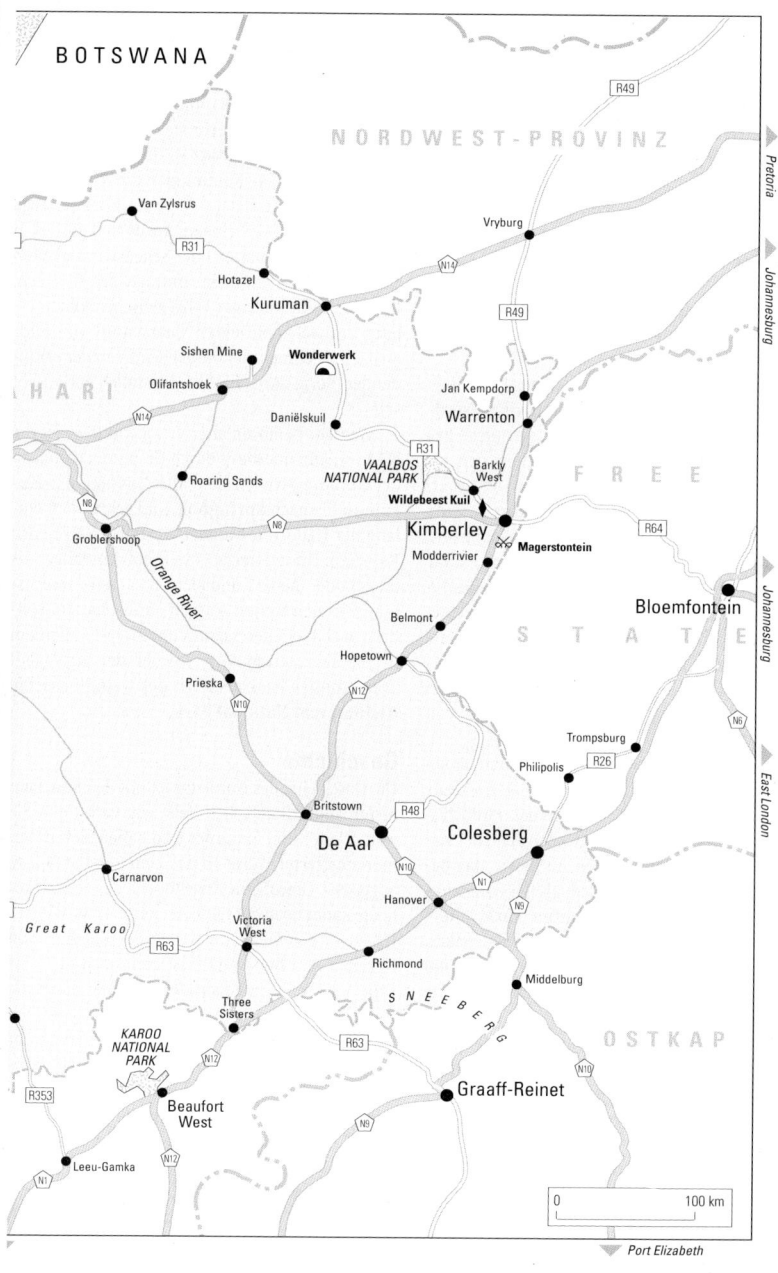

Das riesige Nordkap, die größte und ausgedehnteste Provinz von Südafrika, ist für Besucher kaum zu bewältigen. Es erstreckt sich über ein Drittel der Landmasse Südafrikas – von der einsamen **atlantischen Westküste** bis zur Provinzhauptstadt **Kimberley** an der östlichen Grenze zum Freistaat. Die Region ist geprägt von Hitze und Trockenheit, endlosen Weiten und riesigen Entfernungen. Diese Charakteristika haben eine beinahe surreale Anziehungskraft, doch die meisten kommen hierher, um die Wunder der Wüste zu sehen: unglaublich farbenfrohe Blumenteppiche, aus der bloßen Erde gegrabene Diamanten und in den Dünen umherstreifende Wildtiere.

Der **Oranje River**, der von Lesothos Highlands zum Atlantik fließt und dabei Südafrikas Nordgrenze zu Namibia markiert, ist die eigentliche Besonderheit. Der Fluss, zu dessen Seiten sich oft Hunderte Kilometer ausgedörrtes Land erstreckt, trennt die **Kalahari** von der **Großen Karoo**. Beide sind dünn besiedelte Halbwüsten-Ökosysteme und bilden das Binnenland des Nordkaps. Und es war auch am Oranje, als man in den 60er Jahren des 19. Jahrhunderts die ersten **Diamanten** entdeckte. Doch die Geschichte der Diamanten in all ihrer fesselnden Ausführlichkeit nahm in den Anschwemmungen des Vaal River und den nahe gelegenen trockenen Schürfstellen in der Umgebung von Kimberley ihren weiteren Lauf.

Große **Bewässerungsprojekte** haben einen wundersam grünen Landstrich entlang des Laufs des Oranje, vorwiegend im Umkreis des nördlichen Zentrums von **Upington**, der größten Stadt der Kalahari-Region, entstehen lassen. Als kleine aber bedeutende Stadt gilt sie vor allem als Tor zum wunderbaren **Kgalagadi Transfrontier Park**, einem der schönsten Tierbeobachtungsparks Südafrikas, sowie zu dem kleineren **Augrabies Falls National Park**, wo der Oranje spektakuläre in eine gewaltige Granitschlucht stürzt.

In **Namaqualand**, im Westen der Provinz, sorgt die Nähe des Atlantischen Ozeans für verschiedene Einflüsse auf das Land, das sich auch hier noch trocken und unwirtlich zeigt. Die kurzen Regenfälle während des Winters haben hier eine der wahrhaft prächtigsten Verwandlungen der Natur zur Folge, wenn im August und September weite Teile des Landes mit herrlichsten **Wildblumen** übersät sind.

Trotz dieses eindrucksvollen Naturschauspiels ist die meistbesuchte Gegend des Nordkaps seine südöstliche Ecke, denn hier verlaufen die beiden Hauptverkehrsadern, **N1** und **N12**, von Johannesburg nach Kapstadt, bevor sie unmittelbar nordöstlich von Beaufort West in der Großen Karoo aufeinander treffen. Kommt man die N12 entlang, so bietet sich die Gelegenheit, ein bis zwei Tage in Kimberley zu verbringen. Ansonsten gibt es in Bezug auf Landschaften oder Sehenswürdigkeiten auf beiden Strecken nichts Aufregendes zu sehen. Und wer hofft, von einer Fahrt zwischen Johannesburg und Kapstadt einen Querschnitt von Südafrika mitnehmen zu können, wird von der ermüdenden Reise durch die Hitze ziemlich enttäuscht sein.

Weniger befahren aber viel attraktiver ist die **N14** von Johannesburg durch Upington, vorbei an der stimmungsvollen alten Missionsstation in **Kuruman** bis nach **Springbok**, und schließlich entlang der Hauptroute an der Westküste (N7) nach Kapstadt. Diese Strecke ist nur 400 km länger als die N1 oder die N12 und bietet nicht nur Abwechslung von den weiten, kargen Landschaften, sondern auch viel Interessantes unterwegs. Außerdem liegen auf diesem Weg sowohl der Kgalagadi Transfrontier Park als auch der wenig besuchte **Richtersveld National Park**.

Geschichte

Die Geschichte des Nordkaps ist mit den **San**, dem ersten südafrikanischen Volk, eng verknüpft. Sie waren Jäger und Sammler und haben sich in bemerkenswerter Weise an das Leben in der Wüste angepasst. Obwohl die Angehörigen des San-Volkes heute kaum noch auf diese Art leben – nur winzige Inseln in den Wüstenregionen der Kalahari von Namibia und Botswana existieren noch –, ist ihr Erbe auf zahllosen **Felsmalereien** quer durch die Provinz deutlich sichtbar, wohingegen die uralten San-Legenden und -Ortsnamen heute nicht mehr ganz so verbreitet sind. Die Wanderungen der Afrikaner aus dem Norden und Osten sowie der Europäer aus dem Südwesten führten zur Vertreibung der San aus ihren Jagdgründen und schließlich zu ihrem Untergang. Beide Gruppen von Neuankömmlingen sahen in der Halbwüste der Karoo und der Kalahari zunächst nicht viel mehr als hoffnungslose und schwermütige Horizonte. Doch was das Land zu bieten hatte – nämlich Reichtum unter der staubigen Erde –, sollten die Europäer hemmungslos ausbeuten. In diesem Bestreben unternahmen die Holländer, nachdem sie die Besiedlung des Kaps gefestigt hatten, unter der Führung von **Governor Simon van der Stel** zunächst eine Expedition nach Namaqualand, um nach Kupfer zu suchen. Die anderen Europäer, die ihre Spuren früh in der Provinz hinterließen, waren zum einen die **Trekburen** – niederländische Bürger, die ihre Beschäftigung in der Dutch East India Company am Kap aufgaben und weit weg von den autoritären Zwängen der Company nach neuem Farmland suchten –, und zum anderen die **Missionare**, die ein Siedlungs- und Kommunikationssystem schufen, das von all den später Kommenden genutzt werden konnte.

Innerhalb nur weniger Jahre nach den ersten **Diamantfunden** in dieser Gegend nahm die Besiedlung des Umlands von Kimberley bis dahin ungekannte Ausmaße an. Und so war die Stadt in punkto Fortschritt in der südlichen Hemisphäre ganz schnell vorne mit dabei: Es gab hier bereits Leihbüchereien und Straßenbahnen sowie Südafrikas erste städtische „Siedlung" für Afrikaner und Farbige. Die britischen Behörden am Kap trachteten schnell nach der Annexion der neuen Diamantfelder – sie machten sich damit weder beim Oranje Freistaat noch beim vorwiegend farbigen Volk der **Griqua** (Kasten s.S. 553) beliebt, die beide dieses sehr ungenau definierte Land für sich beanspruchten.

Es war also nicht verwunderlich, dass bei Ausbruch des **Burenkrieges** im Jahre 1899 das reiche und strategisch günstig gelegene Kimberley zu den ersten Städten gehörte, die von den Burenarmeen belagert wurden. Noch heute sind in dem Gebiet viele Mahnmale an den Krieg zu sehen.

Auch jetzt, am Beginn des 21. Jahrhunderts, ist das raue Land kaum nachgiebiger geworden, und überhaupt hat sich die ganze Provinz wenig verändert. Noch immer ist Kimberley die größte Stadt, noch immer schlägt sich die Landwirtschaft mit dem Wassermangel herum, noch immer wird gierig der Reichtum aus dem Erdboden gerafft, – und wer durch das Landesinnere reist, gilt noch immer als ziemlich verwegen.

Kimberley und Umgebung

Die **N12** von Johannesburg durch Kimberley und weiter zur N1, der Verbindungsstraße nach Kapstadt, ist der Hauptgrund dafür, dass viele Besucher in diese Gegend kommen. Mag der Name auch an ein Wunderland voller Romantik und Reichtümer erinnern, so ist die Umgebung von Kimberley und seine Diamantfelder doch meist trocken und öde. Die Stadt wird nie wieder jene Bedeutung und jenen Glanz erreichen, die sie in den letzten beiden berauschenden Jahrzehnten des 19. Jahrhunderts ausgezeichnet hatten.

Für Durchreisende gibt es in der Gegend aber genug zu sehen, um hier einen Tag zu verbringen, besonders wenn man sich für die Geschichte Südafrikas interessiert. Die größte Attraktion ist Kimberley selbst, doch lohnen sich in jedem Fall Touren zu den nahe gelegenen **Schlachtfeldern** des **Burenkrieges** und den **Diamantfeldern** um den Vaal River.

Obwohl Provinzhauptstadt, ist Kimberley nicht wirklich das Tor zum Nordkap – es liegt viel näher an Bloemfontein und dem Freistaat. Und die gängigste Route von Johannesburg zur Kalahari und nach Namaqualand führt entlang der N14 durch Upington und dann auf der von Kapstadt kommenden N7 bis nach Springbok.

Kimberley

Obwohl Kimberley Provinzhauptstadt und Zentrum der Produktion eines der wertvollsten Materialien der Welt ist, kann sie weder als groß noch als glamourös bezeichnet werden. In den Tagen des Diamantrausches war es die am schnellsten wachsende Stadt der südlichen Hemisphäre. Und Cecil Rhodes hatte nicht nur die sagenhaft reiche Diamantindustrie im Griff, sondern auch das Herz und den Geist des Britischen Empire. Seither sind das Prestige und die Kultiviertheit von Kimberley nach und nach verloren gegangen. Selbst die alles beherrschende De Beers Group – wegen der Vielzahl der von ihr direkt und indirekt Beschäftigten manchmal der „Großvater" von Kimberley genannt – wird zum großen Teil von Johannesburg kontrolliert. So lebt die Stadt in dem kühlen Schatten des

Tages, an dem die Diamanten schließlich ausbleiben werden.

Sein Vermächtnis verleiht Kimberley jedoch ein historisches Flair, das nur wenigen südafrikanischen Städten anhaftet. Man kann hier gut ein paar Stunden verbringen, einige der vielen alten Bauten aufspüren und sollte keinesfalls vergessen, einen Blick in die Tiefen des **Big Hole** zu werfen. Jene beachtliche, von Hand gegrabene Schlucht nimmt fast genau so viel Raum ein wie das Central Business

Diamantfelder – eine kurze Geschichte

Die Diamantfelder waren einst ziemlich aussichtsloses Ackerland mit ein paar *koppies*, das von Pionier-Bauern und den Griquas, einem unabhängigen Mischlingsvolk, bewohnt war. Doch damit war es 1866 für alle Zeit vorbei, als ein 15-jähriger Junge einen glänzend weißen Kieselstein am Ufer des Oranje-Flusses in der Nähe von Hopetown, etwa 120 km südwestlich von Kimberley, fand. Zum gleichen Zeitpunkt als sich diese Entdeckung herumsprach, erwarb ein Bürger von Hopetown, Schalk van Niekerk, von einem Griqua-Schafhirten einen riesigen, 83,5-karätigen Diamanten. Solch beachtlichen Diamanten wird im Allgemeinen ein Name gegeben, und die beiden Steine wurden als „Eureka" und „Stern von Südafrika" bekannt. Letzterer wurde seinerzeit – zu Recht – von dem British Colonial Secretary als der Stein bezeichnet, „auf dem sich der zukünftige Erfolg von Südafrika gründen würde". Die beiden Funde riefen natürlich innerhalb von kürzester Zeit einen ungezähmten Optimismus hervor und Tausende Diamantsucher nahmen den zermürbenden Marsch durch die Karoo auf sich, um die Ablagerungen an den Ufern des Oranje und des Vaal zu durchsieben, so dass 1873 schon etwa 50 000 Menschen in der Gegend wohnten. Obwohl die Diamanten haufenweise in den Flüssen gefunden wurden, begannen die Schürfer auch auf dem trockenen Land zu suchen – angespornt von Geschichten, nach denen Diamanten sogar in den Ziegeln von Farmhäusern entdeckt wurden, die aus der hiesigen Erde hergestellt worden waren. Zwei der viel versprechendsten „trockenen Schürfstellen" befanden sich auf einer Farm im Besitz der Brüder **Johannes** und **Diederick de Beer**. 1871 verkauften sie die Farm, die sie ein paar Jahre zuvor für £50 erworben hatten, für sagenhafte £6300 an Diamantschürfer.

Die beiden Fundstätten wurden zur **Kimberley Mine** (Big Hole – das Große Loch), und zur **De Beers Mine** und befanden sich zu beiden Seiten des Zentrums von Kimberley. Das Big Hole wurde in den Anfangsjahren zum Mittelpunkt fieberhaftester Bergbauaktivitäten, und die im Umkreis entstehende Barackensiedlung namens New Rush war der Ursprung der heutigen Stadt.

Kimberley war damals ein aufregender, aber harter Ort zum Leben. Es gab kaum Behörden oder Strukturen, dafür jedoch Gewinne, die mutige Männer mit großen Ideen anzogen. Zwei von ihnen, die sehr verschieden und doch ähnlich ambitioniert waren, konnten sich in der neuen Ansiedlung einen Namen machen. **Barney Barnato**, ein energischer Londoner, errichtete seine Basis in der Kimberley Mine. Und **Cecil Rhodes** (s.S. 313), ein Pfarrerssohn, der seinen Bruder in Südafrika besuchte, um sich gesundheitlich zu erholen, übernahm nach und nach die Kontrolle über die De Beers Mine. Es entwickelte sich ein erbitterter Machtkampf zwischen den beiden Männern, der 1888 in der Gründung der De Beers Consolidated Mines Limited seinen Höhepunkt erreichte. Im Zuge dieser Kauf-Vereinbarung wurde die damals astronomische Summe von über £5 Millionen von Rhodes an Barnato transferiert.

Dieser Zusammenschluss legte den Grundstein für De Beers' Monopol in der Diamantindustrie Südafrikas, das seitdem unangetastet ist. Doch die Entstehung der Goldfelder am Witwatersrand überschatteten bald die Bedeutung von Kimberley. Und obwohl drei der fünf großen Minen der Gegend nach wie vor Diamanten produzieren, und die Claims am Vaal immer noch in Betrieb sind, hat die starke Hand von De Beers den Unternehmensgeist, der anfangs die Gegend prägte, im Laufe der Zeit erstickt.

District (CBD) der Stadt. Wer etwas mehr Zeit zur Verfügung hat, dem sei eine **Underground Tour** in eine im Betrieb befindliche Diamantmine oder ein Besuch bei den Schürfern empfohlen, die von den Diamantvorkommen in den Ablagerungen des Vaal River leben. Dabei bekommt man auf faszinierende Weise einen Eindruck von dem Reichtum und der Tatkraft, die diese Stadt so berühmt gemacht haben.

Orientierung

Viele Sehenswürdigkeiten von Kimberley konzentrieren sich um die **Du Toitspan Road**. Sie führt diagonal durch das Stadtzentrum und ist eine Hauptstrecke stadtauswärts in Richtung Südosten. Ein absolutes „Muss" ist das **Big Hole**, unmittelbar westlich des Zentrums. Der offenere Central Business District (CBD) liegt südlich der Lennox Road.

Die Tatsache, dass die bekannteste Sehenswürdigkeit, das Big Hole, unter der Erde liegt, macht die Orientierung nicht unbedingt leicht – obwohl ein Erdhaufen unmittelbar westlich des CBD seinen Standort schon erraten lässt. Ein nützlicher Orientierungspunkt ist das streng anmutende **Harry Oppenheimer House**, oft nur HOH genannt, einer der wenigen Wolkenkratzer der Stadt, unweit des Tourist Information Office.

Big Hole: Das Kimberley Mine Museum

Obwohl das Big Hole, unmittelbar westlich des Stadtzentrums, weder die einzige noch die größte Grube von Kimberley ist, bleibt es doch die Hauptattraktion der Stadt. Offiziell kann man es nur vom Innern des Kimberley Mine Museum aus sehen, das sich entlang ihrer Westseite erstreckt. Um dorthin zu gelangen, fährt man zur West Circular Road oder mit der Straßenbahn von der City Hall (ein Viertel nach jeder vollen Stunde, 9.15–16.15 Uhr, einfache Fahrt R4). Das Museum verfügt über zwei Aussichtsplattformen, von denen man in die Tiefe blicken kann, wo einst auf der Jagd nach Reichtum Berge versetzt wurden. Auf der anderen Seite des Kraters wird die nun winzige Silhouette der Stadt von der Größe und Stille des Lochs fast verschluckt. ☉ tgl. 8–18 Uhr, Eintritt R15.

Cecil John Rhodes Als Cecil Rhodes an den Diamantfeldern von Kimberley ankam, war er ein kränklicher 18-Jähriger, der aus Gesundheitsgründen zu seinem Bruder geschickt worden war. Bald darauf verdiente er Geld, indem er Claims aufkaufte. Doch er ging irgendwann zurück nach Großbritannien, um an der Oxford University zu studieren, wo sich sein Zustand wieder verschlechterte und die Ärzte ihm nur noch 6 Monate zu leben gaben. Er kehrte also nach Südafrika zurück, wo nicht nur seine Gesundheit, sondern auch sein geschäftlicher Ruf wieder erstarkte. 1881 machte er in Oxford sogar seinen Abschluss. Zu jener Zeit hatte er bereits die **De Beers Mining Company** gegründet und war als Abgeordneter in das Kapparlament gewählt worden.

Innerhalb nur eines Jahrzehnts beherrschte Rhodes 90% der weltweiten Diamantproduktion und konnte es kaum erwarten, seine Bergbauinteressen in Afrika weiter nach Norden auszudehnen, immer mit dem Britischen Empire im Schlepptau. Ob Schmeicheleien, Tyrannisierungen, äußerst riskante Schachzüge oder Verwirrungstaktiken – bei seinen Geschäften sowohl mit imperialen Regierungen als auch afrikanischen Häuptlingen war ihm jedes Mittel recht: Rhodes brachte die Regionen nördlich des Limpopo unter die Kontrolle seiner South African Company. Dieses Gebiet – heute Simbabwe und Sambia – erhielt 1895 den Namen Rhodesien. Im selben Jahr scheiterte eine von Rhodes unterstützte Invasion der Republik Transvaal, die so genannte Jamesons Revolte, auf demütigende Art. Rhodes musste daraufhin von seinem Amt als Premierminister der Kapkolonie zurücktreten, das er 1890 im Alter von 37 Jahren angetreten hatte, als Buren und Briten auf einen Krieg zusteuerten. Den ersten Teil des Krieges verbrachte er in dem belagerten Kimberley, wo er die Verteidigung zu organisieren versuchte und mit dem britischen Befehlshaber öffentlich im Streit lag. Ein Jahr nach Beendigung des Krieges starb Rhodes, im Alter von 49 Jahren und unverheiratet, in Muizenberg nahe bei Kapstadt und wurde in den Matopos Hills nahe Bulawayo in Simbabwe beigesetzt.

Den Rest des Museums bildet eine große Ansammlung **historischer Bauten**, von denen viele aus den Tagen von Rhodes und Barnato stammen. Sie wurden aus dem Stadtzentrum hierher verlegt, als Modernisierung und Abriss drohten. Die alten Läden, Kirchen, Bars, Banken und diversen anderen historischen Einrichtungen bilden zusammen mit Barney Barnatos Boxing Academy und einer Kegelbahn eine nahezu komplette Siedlung, und das meiste Inventar, die Ausstattung und die Artefakte sind echt. Man kann diese alten Straßen von Kimberley entlangschlendern, einen Blick in die Schaufenster werfen und in ein paar der Häuser gehen – die Atmosphäre hat allerdings etwas geisterhaftes. Ansprechender ist da schon der Ort, an dem man einen Eimer mit Flussablagerungen erstehen und ihn an alten Sortiertischen durchsieben kann in der Hoffnung, einen der falschen Diamanten zu finden, die in den Kies gemischt worden sind. Die Chancen auf einen „Glücksfund" stehen eins zu fünf – das sind auf jeden Fall bessere Aussichten als sie die Menschen damals hatten.

Rund um den Market Square

Mitten im Herzen des Zentrums liegt der Market Square, der von der weißen **City Hall** im korinthischen Stil dominiert wird. In der Anfangszeit des Diamantrausches war hier der Mittelpunkt für den An- und Verkaufs der Steine. Er war außerdem Schauplatz zweier für die Geschichte Südafrikas sehr wichtiger Ereignisse: zum einen der allgemeine ‚Aufbruch' des goldhaltigen Gesteins vom Witwatersrand, der Rhodes, Barnato und andere überzeugte, weitere Investitionen in den Goldbergbau zu tätigen, und zum anderen der Abmarsch der Pioneer Column im Jahre 1890, einer Einheit, die mit der Verwirklichung der Expansionsansprüche von Rhodes auf die Gebiete nördlich des Limpopo betraut war und das „weiße" Rhodesien schuf. Im Umkreis des Platzes besteht der Geist von Bewegung und Geschäft weiter – es gibt einen großen Taxistand und verschiedenste heruntergekommene aber farbenfrohe Verkaufsstände.

Einen Block westlich des Market Square an der Straßenbahnlinie liegt in der Stockdale Street 36 das Hauptbüro von **De Beers**, ein ehrwürdiges aber unauffälliges altes Gebäude, das von der Stadt ringsum fast verschluckt wird. An der Tür kann man zwar die Messingschilder lesen, das Haus bleibt jedoch der Allgemeinheit verschlossen.

Das „Big Hole" von Kimberley

Wo sich heute ein gähnendes, 500 m breites Loch auftut, war einst ein kleiner Hügel auf einer für das Nordkap typischen trockenen Farm, die den Brüdern Johannes Nicolaas und Diederick Arnoldus de Beer gehörte. Anfang der 70er Jahre des 19. Jahrhunderts, als die Kunde von Diamanten in dem Gebiet umging, begannen hier verschiedene Arbeitstrupps in der Hoffnung auf einen Glücksfund zu graben. Eine dieser Gruppen, genannt die Red Cap Party, hatte ihre Basis im Juli 1871 am **Colesberg Koppie**. Man erzählt, dass sie einen ihrer Köche zur Strafe für seine Trunkenheit auf den Hügel schickten und ihm unter Lachen und um ihm eins auszuwischen sagten, dass er nicht zurückkommen sollte, ehe er einen Diamanten gefunden hätte. Der namenlose Bedienstete kam prompt mit einem Friedensangebot zurück. Binnen zwei Jahren waren über 50 000 Menschen in der Gegend, um wie wild das Innere des Colesberg *koppie* nach außen zu kehren.

Im Jahre 1914, als **De Beers** die Mine stilllegte, waren etwa 22,6 Millionen Tonnen Erde bewegt worden – der Ertrag an Diamanten belief sich auf über 14,5 Millionen Karat. Das Loch war bis in eine unglaubliche Tiefe von 240 m gegraben worden – ausschließlich mit Picke und Schaufel – und gilt als die größte von Menschenhand ausgehobene Grube der Welt. In ihrer Glanzzeit wimmelte es in der Mine von Zehntausenden von Bergarbeitern, die in ihren 10 m^2 großen Claims (abgesteckten Bereichen) arbeiteten, und ein Netz von Seilen und Rohren wob sich kreuz und quer über ihre Oberfläche. Jeden Tag ließen Menschen ihr Leben, fanden ihr Glück oder vergeudeten es. Als Tagebau nicht mehr möglich war, wurde ein Schacht gegraben, um den Abbau darunter bis in die Tiefe von über 800 m fortzusetzen.

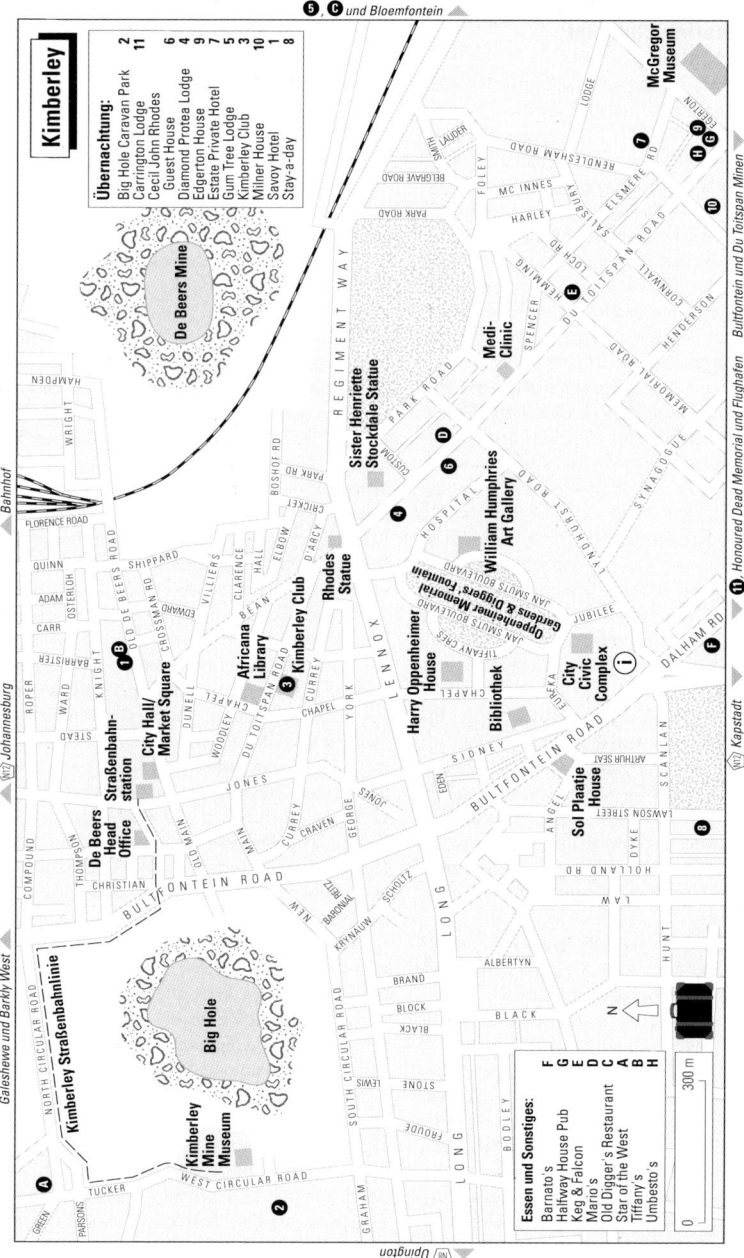

NORDKAP

Der Kimberley Club und seine Umgebung

Unweit des Market Square, in südwestlicher Richtung, liegt an der Du Toitspan Road der zweistöckige Kimberley Club, der 1881 von den Mächtigen und Einflussreichen der neuen Siedlung gegründet wurde. Eigentlich wurde er nach dem Vorbild der Herrenclubs in London gestaltet, doch seine schillernden, unternehmungslustigen Mitglieder gaben dem Ort eher einen dynamischen statt einen spießigen Charakter. Es wurde behauptet, dass es hier mehr Millionäre pro Quadratmeter gab als irgendwo sonst auf der Welt, und die Aufnahme in den Club war angeblich ein wichtiger Köder bei Rhodes' Werben um Barnato im Jahre 1888 – natürlich zusammen mit dem Scheck über £5 Millionen. Obwohl das jetzige Haus schon das dritte an der Stelle ist, ist es bereits 1896 fertig gestellt worden, also schon zu Zeiten von Rhodes, dessen Präsenz noch heute alles überragt – zahllose Porträts, Büsten und andere Memorabilien von ihm sind im gesamten Haus verstreut. Neben Ledersesseln im Rauchsalon und Marmor in der Eingangsbereich gibt es jede Menge erlesener Antiquitäten und auch ein paar merkwürdige Stücke wie z.B. eine Sitzwaage, die dem Club von Lord Randolph Churchill, Winston Churchills Vater, überlassen worden war. Man kann sich hier umsehen oder an der **Bar** etwas trinken, doch wird man weniger kühl empfangen, wenn man sich an der Rezeption vorstellt und den Regeln des Clubs den gebührenden Respekt zollt. Also: keine Jeans oder T-Shirts und keine Frauen in der Bar – wobei dieses Verbot von einem führenden Mitglied aufgehoben werden kann. Sogar eine Übernachtung im Club ist möglich (s.S. 318).

Auf der anderen Seite der Straße befindet sich die kleine aber spannende **Africana Library**, die auf historisches Material über Kimberley und das Nordkap spezialisiert ist. In der 1887 eröffneten Bibliothek befinden sich noch viele Originalstücke, und es lohnt sich, einmal reinzuschauen. Wenn man freundlich darum bittet, wird man von einem der Bibliothekare herumgeführt. Der exzellente Kimberley Ghost Trail sieht auch einen Besuch der Bibliothek vor, wo man sich im Gebäude umsehen und einiges über den ruhelosen Geist des allererersten Bibliothekars erfahren kann. ⊙ Mo–Fr 8–12.45 und 13.30–16.30 Uhr.

Der CBD

An der Kreuzung Du Toitspan und Lennox Road steht ein Standbild von **Cecil Rhodes**. Er sitzt auf einem Pferd und die Huldigungen rund um den Sockel sind voller Prahlerei, wie sie den meisten Denkmälern für Rhodes eigen ist. Auf der anderen Straßenseite, auf dem Gelände der St Cyprian's Cathedral, steht etwas bescheidener die wohl weltweit einzige Statue einer Nonne. Es handelt sich hierbei um **Schwester Henriette Stockdale** – eine Pionierin auf dem Gebiet der Krankenpflege in Südafrika.

Kommt man von Lennox in südlicher Richtung in die Gegend des CBD, so stößt man auf die **Oppenheimer Memorial Gardens**, in denen eine Büste des Bergbaumagnaten Sir Ernest Oppenheimer und die **Diggers Fountain** betrachtet werden können. Die Stadt Kimberley zollt damit sowohl denen, die die Drecksarbeit tun mussten als auch jenen, die das große Geld machten, gleichermaßen Respekt. Der Brunnenanlage stellt fünf Bergarbeiter dar, die ein riesiges Sieb in ihren Händen halten, und sie wirkt besonders eindrucksvoll, wenn sie nach der Dämmerung in Flutlicht getaucht ist. Das hohe Gebäude, das die Gärten überblickt, ist das **Harry Oppenheimer House** (HOH) mit den Büros der De Beers' DTC (Diamond Trading Company), in dessen oberen Stockwerken sämtliche in Südafrika gefundenen Diamanten des Unternehmens nach Karat, Farbe, Klarheit und Form beurteilt werden. Dies kann nur im besten natürlichen Licht geschehen, und so ist das Gebäude nach Süden mit Spezialfenstern ausgestattet, die eine grelle Lichteinstrahlung verhindern. Wie nicht anders zu erwarte, ist das Gebäude für die Öffentlichkeit leider nicht zugänglich.

Auf der anderen Seite der Gärten gegenüber vom HOH liegt ein unerwartetes Juwel: die **William Humphreys Art Gallery**, eine der besten Kunstgalerien Südafrikas. Obwohl die Alten Meister aus Europa dominierten, als sie 1952 eröffnet wurde, ist die Sammlung immer mit der Zeit gegangen. So zeigt sie heute einen gut ausgewogenen Querschnitt durch die traditionelle und zeitgenössische Kunst Südafrikas sowie einige hervorragende moderne Skulpturen. Die Galerie gehörte zu den ersten der Welt, in denen **San-Felsmalereien** als Kunstwerke und nicht als Museumsstücke ausgestellt wurden. Im hinteren Bereich der Galerie auf einer Terrasse neben einem kleinen Garten ist eine sehr angenehme **Teestube**, The Palette, die Frühstück, leichtes Mittagessen und Snacks im Angebot hat. ☉ Mo–Sa 10–13 und 14–17, So 14–17 Uhr, Mi Eintritt frei, sonst geringer Eintrittspreis.

Auf der anderen Seite des City Civic Complex an der Angel Street steht das **Sol Plaatje House**, ein kleines Zwei-Raum-Museum in dem ehemaligen Wohnhaus des Autors und Aktivisten. Plaatje wurde in der Nähe von Barkly West geboren, und er war der erste schwarze Südafrikaner, der einen Roman in englischer Sprache veröffentlichte. Darüber hinaus ist sein Tagebuch sehr bekannt geworden, das er während der Belagerung von Mafikeng im Burenkrieg führte und das die Erlebnisse so ganz anders schildert als das weit verbreitete Bild des britischen Helden Sir Robert Baden-Powell (s. S. 641). Plaatje kehrte 1910 nach Kimberley zurück, gab Zeitungen heraus und arbeitete mit an der Schaffung des South African Native National Congress, einem Vorläufer des African National Congress (ANC). ☉ Mo–Fr 8–16 Uhr, Eintritt R2.

Unmittelbar südlich des CBD, inmitten eines Kreisverkehrs, an dem Dalham und Memorial Road aufeinander treffen, steht das **Honoured Dead Memorial**, ein Denkmal für die Opfer der Belagerung von Kimberley während des Burenkrieges. Daneben steht das bei der Belagerung eingesetzte britische Geschütz namens **Long Cecil**, das in den Werkstätten von De Beers als Antwort auf die „Long Tom Kanone" der Buren gebaut wurde.

Belgravia

Etwa 1 km südöstlich des CBD, entlang der Du Toitspan Road, liegt Belgravia, der Vorort, in dem die meisten wohlhabenden Familien von Kimberley lebten. Auf einem Spaziergang durch die Straßen hier bekommt man ein Gefühl für die kultiviertere Seite des Diamantzeitalters. Im Mittelpunkt des Gebietes liegt die Kreuzung Du Toitspan und Egerton Rd, wo das historische Pub **Halfway House** steht. Sein Name gründet auf der Tatsache, dass es sich genau zwischen den Minen De Beers und Bultfontein befand, und seinen Ruhm erlangte es als Drive-in-Pub (damals wohl eher „Reit-in-Pub"), in dem die Berühmtheiten der Pionierzeit ein- und ausgingen. Das Schild draußen zeigt einen schlecht gezeichneten Cecil Rhodes auf seinem Pferd mit ei-

nem Glas Bier in der Hand – das natürlich nicht nur „halb voll" ist, wie es die Inschrift vermuten lassen könnte (Cecil war niemand, der halbe Sachen machte). Glücklicherweise ist das Pub nicht dem Touristenkitsch zum Opfer gefallen, sondern eine von den Einheimischen gern besuchte Kneipe geblieben.

Nebenan befindet sich das **Edgerton House**, ein Nationaldenkmal aus dem Jahre 1901, das in ein nobles Gästehaus umgebaut worden ist und über eine Teestube im Innenhof verfügt (s. S. 318). ☉ Mo–Sa 10–16 Uhr.

Auf der anderen Straßenseite liegt in einem wunderschönen viktorianischen Bau das **McGregor Museum**, das nach einem der ersten Bürgermeister von Kimberley benannt ist. Als Highlight des Museums gilt sein **Ancestors Display**, das auf archäologisches Beweismaterial zurückgreift, um eine fesselnde und – für Südafrika ungewöhnliche – gut ausgewogene Ausstellung zusammenzufügen, die die verschiedenen Wurzeln der heutigen Bewohner des Nordkaps aufzeigt. Dabei geht sie viele Millionen Jahre zurück, bis in die Zeit, aus der die Spuren der ersten Hominiden stammen. Es gibt auch einen sehr anschaulichen Bereich über die Belagerung von Kimberley, zu dem die beiden Zimmer mit der historischen Einrichtung gehören, in denen Cecil Rhodes während der Belagerung gewohnt hat. Das McGregor Museum erntet samt den dazugehörigen Museen wie jenen am Schlachtfeld Magersfontein (s. S. 324) und an der Wonderwerk Cave (s. S. 323) für seine engagierte Erhaltungs- und Forschungsarbeit im Nordkap große Anerkennung in ganz Südafrika. ☉ Mo–Sa 9–17, So 14–17 Uhr, geringer Eintrittspreis.

In Belgravia kann man auch zwei restaurierte Häuser besichtigen, die an der Lodge Road liegen: **The Bungalow**, das Haus des Bergbaumagnaten H.P. Rudd, und **Dunluce**, ein elegantes edwardianisches Haus. Um ins Innere der Häuser zu gelangen, kann man Absprachen mit dem Museum treffen. Doch auch ein **Spaziergang** durch Belgravia, vorbei an über 30 anderen historischen Wohnhäusern und Sehenswürdigkeiten lohnt sich. Empfehlungen dazu gibt es beim Tourist Information Office (s. S. 320).

Neben dem McGregor Museum auf der Egerton Road liegt die **Duggan-Cronin Gallery** mit einer umfangreichen Sammlung von netten, aber anspruchslosen Fotos. Alfred Duggan-Cronin, ein Nachtwächter bei De Beers, hat sie gemacht, und sie dokumentieren den Lebensstil der einheimischen Bevölkerung von Südafrika. ⊙ Mo–Sa 9–17, So 14–17 Uhr, geringer Eintrittspreis.

Übernachtung

Die Übernachtungsmöglichkeiten von Kimberley sind hauptsächlich auf Durchreisende und Geschäftsleute ausgerichtet. Es gibt jedoch ein paar schöne Gästehäuser in historischen Gebäuden. Und da die Stadt kein bedeutendes Zentrum ist, sind die Preise im Allgemeinen ganz erschwinglich. Die meisten Hotels sind vom Zentrum aus zu Fuß erreichbar, doch einige Gästehäuser und beide Campingplätze liegen über 2 km entfernt. Die Backpacker-Lodge ist zu Fuß mit Gepäck nicht zu schaffen. Sitzt man im Ort fest, so bietet das Tourist Information Office (s.S. 320) eine Liste mit Unterkünften und hilft bei der Vermittlung.

HOTELS UND GÄSTEHÄUSER – *Carrington Lodge***, am Rande von Belgravia, Carrington, Ecke Oliver Rd, 🖳 www.carringtonlodge.co.za, ✆ 831 6448. Freundliches und ganz passables Gästehaus mit 8 Zimmern, Pool und gepflegtem Garten.

Cecil John Rhodes Guest House**, 138 Du Toitspan Rd, ✆ 831 8318, 🖳 www.ceciljohnrhodes.co.za. Das zentralste der historischen Gästehäuser, mit luftigen Zimmern und eleganter Einrichtung sowie einem schattigen Gartenrestaurant an der Hauptstraße.

Diamond Protea Lodge**, 124 Du Toitspan Rd, ✆ 831 1281, 🖳 www.proteahotels.com. Ein wenig im Schatten des sechsstöckigen *Holiday Inn* nebenan. Gemütlicher, aber trotzdem vorwiegend auf Geschäftsreisende eingestellt.

Edgerton House***, 5 Egerton Rd, ✆ 831 1150, ✉ edgerton@kimberley.co.za. Elegantes Gästehaus und zugleich Nationaldenkmal im historischen Vorort Belgravia, 13 Zimmer, Pool und Teestube. Teures Abendessen.

Estate Private Hotel**, 7 Lodge Rd, ✆ 832 2668. In einem Nationaldenkmal, dem ehemaligen Wohnsitz der Familie Oppenheimer, die 1915

nach Jo'burg zogen. Die Historie wird hier gepflegt, doch sind alle modernen Annehmlichkeiten inkl. Pool vorhanden.

Kimberley Club**, 70–72 Du Toitspan Rd, ✆ 832 4224. Nach dem Vorbild der Londoner Clubs geführt, mit vielen Porträts von Cecil Rhodes. Die Schlafzimmer können mit der Vornehmheit im Rest des Hauses nicht mithalten (s.S. 316).

Milner House**, 31 Milner St, ✆ 831 6405, ✉ fires@kimnet.co.za. Eines der angenehmsten Gästehäuser von Kimberley, komfortabel und sachlich, gut geführt, in der attraktiven Umgebung von Belgravia.

Savoy Hotel*, 19 De Beers Rd, ✆ 832 6211, ✉ savoy@icon.co.za. Nicht im besten Stadtteil und sehr schlicht von außen, doch im Innern hat sich das *Savoy* mit seinen 45 Zimmern einen altmodischen Charme bewahrt.

CAMPINGPLÄTZE UND BILLIGUNTERKÜNFTE – *Big Hole Caravan Park*, West Circular Rd, ✆ 830 6322. Der beste Campingplatz innerhalb der Stadt, zwischen den alten Bergwerkshügeln gleich neben dem Big Hole. Luxuriös, sauber und relativ ruhig, mit Pool. Der Schatten der jungen Bäume ist allerdings dürftig. Büro ⊙ 6–20 Uhr.

Gum Tree Lodge*, Bloemfontein Rd, ✆ 832 8577. Die einzige Backpacker-Lodge von Kimberley, ungünstig 5 km vor der Stadt gelegen, aber angenehm schattig mit Pool. Schlafsäle und komfortablere Einheiten für Selbstversorger, billiges Restaurant, *Old Diggers* nebenan.

Stay-a-day*, 72 Lawson St, ✆ 832 7239. Sehr zentral, einfache Schlafsäle und spartanische aber saubere DZ, einige Wohneinheiten für Selbstversorger. Von einem Waisenhaus der Dutch Reformed Church (niederländisch-reformierte Kirche) als Einnahmequelle geführt.

Essen

Neben den Filialen der bekannten Steakhouse-Ketten bietet Kimberley eine ganz annehmbare Auswahl an **Restaurants** der mittleren Preisklasse. In Bezug auf das Nachtleben muss man sich mit ein paar historischen **Pubs** begnügen, die aufgrund ihrer Atmosphäre und Kundschaft recht unterhaltsam sein können.

Touren in Kimberley

De Beers' Diamantminen – Nimmt man – anstatt durch ein steriles Besucherzentrum geschleust zu werden – an einer **Untertage-Tour** in den von De Beers' betriebenen Diamantminen, **Bultfontein** und **Dutoitspan**, beide am Stadtrand gelegen, teil, so gelangt man direkt ins arbeitende Herz der Mine mit all ihrem Lärm von Turbinen und Motoren, dem Staub und Schlamm, der Hitze und stickigen Luft. Nach dem Einführungsvideo und der Sicherheitsbelehrung werden die Besucher mit Overalls, Schutzhelmen, Taschenlampen und Sauerstoff für den Notfall – also mit derselben Ausrüstung wie sie die Bergleute tragen – ausgestattet und dann mit dem Schachtlift in Gruppen von etwa 12 Personen bis in eine Tiefe von 825 m heruntergebracht. Unten angekommen, wird man in den Schächten herumgeführt, in denen Kimberlit durch Explosionen gelockert, herausgeholt und auf Wagen geladen wird, dann zerkleinert und schließlich nach oben gebracht wird, um dort gesäubert und gesiebt zu werden. Entdeckt man dort unten einen Diamanten, so bekommt man von De Beers 20% seines Wertes, das ist mehr (so behaupten sie), als er auf dem Schwarzmarkt erzielen würde. Doch sollte man nicht zu viel erwarten, das meiste, was man sehen wird, ist grauer Lehmboden.

Die Führungen dauern 3 1/2 Stunden, Beginn Mo–Di und Do–Fr 8, Mi 9.15 Uhr, ✆ 842 1321, R75, und müssen im Voraus gebucht werden. Ängstlichen oder klaustrophobischen Menschen sind sie allerdings nicht zu empfehlen, und Jugendlichen unter 16 Jahren ist der Zutritt zum Schacht nicht gestattet. Doch es gibt auch **Touren über Tage** in denselben Minen, Beginn Mo–Fr 9 und 11 Uhr, Dauer 90 Min.

Geistertouren – Am frühen Abend, wenn es dämmert und sich das Stadtzentrum langsam leert, beginnt man die vielen ruhelosen Geister aus den über 100 Jahren der Geschäftemacherei mit den Diamanten zu spüren. Ist man mutig genug, um den Geschichten zu lauschen oder hat man einfach Spaß am Bummel zu ein paar der interessantesten Bauten von Kimberley nach Ladenschluss, so sollte man sich einer Geistertour anschließen. Sie findet in Begleitung von Dr. Le Sueur statt, dem Geisterexperten der Stadt, der die Besucher zu den Schauplätzen merkwürdiger Begegnungen führt, darunter die Africana Library, das Regimentshauptquartier und der unheimliche Bungalow in Belgravia. Die Touren starten kurz vor Sonnenuntergang am Honoured Dead Memorial und dauern 3–4 Stunden. Genauere Informationen beim Tourist Information Office.

Township-Touren – Kimberley war die erste Siedlung in Südafrika, die in ihren Randgebieten „Siedlungen" für die Unterbringung der afrikanischen und farbigen Minenarbeiter errichtete. Eine Tour nach **Galeshewe** gewährt einen Einblick in eine typische moderne südafrikanische Township mit dem üblichen Mix von Hütten, einfachen Verwaltungsgebäuden und den etwas pompöseren Häusern jener, die etwas erreicht haben. Ganz im Gegensatz zu den Townships von Johannesburg und Kapstadt herrscht in Galeshewe keine bedrohliche Atmosphäre, so dass man hier das Leben in einer Township mit den dazugehörigen Spaza Shops, den afrikanischen Restaurants und *shebeens* gefahrlos kennen lernen kann. Die Tour führt auch zu einigen historischen Stätten – darunter das Grab von Sol Plaatje und das Haus, in dem Robert Sobukwe (s.S. 391), Gründer des Pan-African Congress (PAC), nach seiner Entlassung von Robben Island lebte.

Die Touren können aus erweitert werden und Platfontein, eine Fundstätte von Felsmalereien der San und Basis der Kunsthandwerkstätten der !Xûn & Khwe San, kann mit einbezogen werden. Genauere Angaben zu diesen Touren bei Dirk Potgieter von *Diamond Tours Unlimited,* ✆ 843 0017 oder 083-265 4795, 🖥 www.kimberley.co.za/diamondtours, oder im Tourist Office.

Touren im Umland von Kimberley

Zu den organisierten Touren im Umkreis von Kimberley gehören außerdem Besichtigungen des kontrollierten Gebietes am Ufer des Vaal River, wo **Diamanten gefördert** werden, des Schlachtfelds aus dem Burenkrieg bei **Magersfontein** (s.S. 324) und einer Reihe **archäologischer** Stätten und **San-Felsmalereien** in der Umgebung. Genauere Angaben beim Mc Gregor Museum unter ✆ 842 0099.

Barnato's, 6 Dalham Rd, nahe am Information Office, ℡ 833 4110. Freundliches Restaurant mit historischem Ambiente und ordentlichen Portionen Steak und Fisch, nicht ganz billig.

Halfway House Pub, Du Toitspan, Ecke Egerton Rd. Hier kehrte Cecil Rhodes ein. Bekannt als „the Half" und immer noch ein beliebtes, einfaches Lokal. Kneipenessen gibt es hier, doch wer mit allem Drum und Dran speisen will, ist bei *Umberto's* nebenan besser aufgehoben.

Keg & Falcon, Du Toitspan, Ecke Memorial Rd. Dieses traditionell englische Themen-Pub verspricht mehr als es hält. Es ist aber billig und bei den Einheimischen sehr beliebt.

Mario's, 159 Du Toitspan Rd, ℡ 831 1738. In einem kleinen Haus auf der anderen Straßenseite, ein Stück weiter vom *Holiday Inn*. Dieses nicht ganz billige italienische Restaurant gehört zu den beliebtesten Speiselokalen der Stadt, mit freundlichen Personal und umfangreicher Speisekarte. Man kann auch draußen essen, doch es liegt an der Hauptstraße. ☉ Mo–Fr 11.30–14 und 18–22.30, Sa 18–22.30 Uhr.

Old Diggers Restaurant, Bloemfontein Rd, neben der *Gum Tree Lodge*. Billige, gesunde Gerichte zu allen Tageszeiten, vornehmlich für die Gäste der Backpacker-Lodge. Auch Takeaway und Bar.

Star of the West, in der Nähe des Big Hole, West, Ecke North Circular Rd. Das älteste Pub von Kimberley ist ideal für einen gemütlichen Drink und schenkt noch immer samstags nach dem Diamantmarkt Bier an die Bergleute aus. Das billige und gute Kneipenessen hier ist besser als das in der Teestube des Mine Museum.

Tiffany's, im *Savoy Hotel*, 19 De Beers Rd, ℡ 832 6211. Im förmlichsten Restaurant von Kimberley speist man nicht gerade billig und die Atmosphäre kann etwas einschüchternd wirken – doch das Essen ist gut.

Umberto's, Du Toitspan, Ecke Egerton Rd, neben dem *Halfway House Pub*. Typisches italienisches Restaurant mit rot karierten Tischdecken, serviert ordentliche Pizza und Pasta. Das restliche Speiseangebot ist etwas teurer. Sonntags geschlossen.

APOTHEKEN – *Piet Muller Pharmacy*, 52 Market Square, ℡ 831 1787, ☉ tgl. bis 21 Uhr.

AUTOVERMIETUNGEN – Alle Autovermietungen der Stadt sind am Flughafen vertreten: darunter *Avis*, ℡ 851 1082, *Budget*, ℡ 851 1182, und *Imperial*, ℡ 851 1131.

INFORMATIONEN – Das hilfreiche *Tourist Information Office* von Kimberley, ℡ 832 7298, befindet sich im City Civic Complex an der Bulfontein Rd, ☉ Mo–Fr 8–17, Sa 8.30 Uhr bis mittags. Informationen zu **Touren** durch die Stadt, s.S. 319.

INTERNET – *Small World Net Café*, 42 Sidney St, in der Nähe des Tourist Office, gegenüber der Bibliothek, ℡ 831 3484, ✉ info@smallworld.co.za.

MEDIZINISCHE HILFE – Das beste Krankenhaus für Besucher ist die rund um die Uhr geöffnete *Medi-Clinic*, 177 Du Toitspan Rd, ℡ 838 1111 oder 831 1453.

NOTRUF – Krankenwagen ℡ 831 1954, Feuer ℡ 832 4211, Polizei ℡ 10111.

SCHWIMMEN – *Karen Muir Pool* (Openair) im Queen's Park, unweit des Regiment Way, ☉ Sept–Apr.

VORWAHL – 053

Die öffentlichen Verkehrsmittel in Kimberley lassen zu wünschen übrig, und über das Stadtzentrum hinaus kommt man zu Fuß und ohne Auto nicht weit. Man beachte, dass sämtliche **Autovermietungen** (s.o.) der Stadt am Flughafen zu finden sind.

STRASSENBAHNEN – Für Südafrika recht ungewöhnlich ist die restaurierte Straßenbahn von Kimberley, deren einzige Aufgabe jedoch darin besteht, Besucher zum Big Hole zu bringen. Die

NORDKAP

Straßenbahnen fahren regelmäßig vom Market Square im Zentrum ab.

TAXIS – Zu den Taxi-Gesellschaften gehören **Rikkies**, ☏ 082-461 8818, und **AA Taxis**, ☏ 861 4015.

SELBSTFAHRER – Mit dem Auto findet man genügend Parkplätze vor dem Tourist Information Office.

BUSSE – Alle großen **Intercity**-Busse enden am Tourist Information Office. Fahrkarten und Informationen zu Fahrplänen und Preisen bekommt man dort am Schalter, ☏ 832 6040.
Von Kimberley nach
JO'BURG (1x tgl.; 5 1/4 Std.);
KAPSTADT (1x tgl.; 11 3/4 Std.);
KNYSNA (Do und So; 11 Std.);
PRETORIA (1x tgl.; 6 1/4 Std.).

EISENBAHN – Kommt man mit dem Zug an, Auskunft ☏ 838 2631, kann man das Zentrum problemlos zu Fuß erreichen. Doch sei man gewarnt, denn der tägliche Zug aus Kapstadt fährt hier um 2 Uhr früh ein, während die Züge aus Jo'burg um 4.30 und 21 Uhr ankommen.
Von Kimberley nach
BLOEMFONTEIN (tgl., außer Sa; 2 3/4 Std.);
DURBAN (Do; 19 3/4 Std.);
JO'BURG (2x tgl.; 8 Std.);
KAPSTADT (1x tgl.; 17 Std.);
PRETORIA (2x tgl.; 10 Std.).

FLÜGE – Der Flughafen von Kimberley, ☏ 838 3337, der nur für Inlandsflüge vorgesehen ist, liegt 7 km südlich des Zentrums. Die Fluggesellschaft **South African Express Airways** hat ein Büro am Flughafen, ☏ 053-838 3337. Von Kimberley nach
JO'BURG (1x tgl.; 1 1/4 Std.);
KAPSTADT (2x tgl. Mo–Fr; 1x tgl. So; 2 1/4 Std.).

Das Umland von Kimberley

Zu den interessanten Orten im Umland von Kimberley gehören die Stadt **Barkly West**, wo in den 60er Jahren des 19. Jahrhunderts einige der ersten Diamant-Camps entstanden, der Vaalbos National Park sowie einige faszinierende San-Felsmalereien am **Wildebeest Kuil** und der Wonderwerk Cave. Sie alle liegen direkt an der **R31**, die stadtauswärts in Richtung Nordwesten bzw. Kuruman aus Kimberley herausführt, oder ganz in ihrer Nähe. Straßenschilder warnen vor einer Überschreitung der Höchstgeschwindigkeit von 60 km/h aufgrund der erhöhten Gefahr, dass Kudus aus dem Gebüsch an der Straße herausspringen können und manchmal versuchen, über den Lichtstrahl der Scheinwerfer zu springen – häufig mit fatalen Folgen für Mensch und Tier. Die weitestgehend öde Landschaft um **Magersfontein**, südlich von Kimberley an der N12, war Schauplatz einer der dramatischsten Schlachten des Burenkrieges.

Wildebeest Kuil

Verlässt man Kimberley in Richtung Barkly West, so erreicht man nach etwa 15 km den Wildebeest Kuil, der im Jahre 2002 eröffnet werden soll. Dieser kleine *koppie* aus uraltem Andesitgestein ist eine bedeutende Fundstätte von **Felsmalereien**, die insofern ungewöhnlich ist, als die Bilder in den Stein gemeißelt (und nicht gemalt) sind und statt an Höhlenwänden oder Überhängen auf verstreut liegenden Steinen und kleinen Felsbrocken gefunden wurden. Es gibt über 400 solcher Gravierungen, die Elefanten, Nashörner, tanzende Menschengestalten und vor allem Elenantilopen darstellen – die zentrale religiöse Metapher der San-Kunst. Verschiedene Stege erleichtern den Zugang, so dass die Gravierungen nicht beschädigt werden, und unter der Schirmherrschaft des McGregor Museums sind **Führer** aus der Gegend ausgebildet worden, um die Besucher herumzuführen. Im **Besucherzentrum** am Fuße des *koppie* gibt es zur Einstimmung eine Ausstellung und eine kurze Videodokumentation.

Der Wildebeest Kuil gehört gemäß dem Programm zur Rückgabe von Land in Südafrika jetzt wieder den **!Xûn & Khwe San Gemeinschaften**. Aus Angola und Namibia stammend, sind sie während des Krieges in diesen beiden Ländern in den 70er und 80er Jahren von der South African Defence Force als Fährtenleser rekrutiert worden. Als

Namibia 1990 seine Unabhängigkeit erlangte, entschieden sich 370 dieser Soldaten, mit ihren Familien nach Südafrika umzusiedeln. Doch hier wurden sie weitgehend ignoriert und vergessen, lebten von ihren mageren Militärpensionen, bis sie selbst verschiedene Möglichkeiten zur Erwirtschaftung von Einnahmen zu entwickeln begannen. Die erfolgreichsten davon waren **Kunstprojekte**.

In dem Laden neben dem Besucherzentrum und der Teestube kann man bunte, schön gestaltete Töpferwaren und Kunstwerke mit vorwiegend traditionellen San-Bildern und -Motiven erwerben.

Barkly West

35 km nordwestlich von Kimberley liegt die Kleinstadt Barkly West, die ursprünglich vor allem eine günstige Stelle zur Überquerung des Vaal River war und Klipdrif genannt wurde. Sie war das erste bedeutende Zentrum des Diamantrausches, aus dem die kurzlebige **Klipdrif Republic** hervorging, die von militanten Schürfern ausgerufen wurde, als die Behörden der Briten, Buren und Griquas um die Kontrolle des Gebietes stritten. Später wurde sie politisch zunächst durch Cecil Rhodes als Member of Parliament (MP) und bis einschließlich zum Ende seiner Amtszeit als Premierminister der Kapkolonie vertreten.

Sichtlich verarmt, befindet sich Barkly West heute in einem bedauernswerten Zustand, obwohl die Ablagerungen an den Ufern des Flusses in Stadtrandnähe noch immer bearbeitet werden. Und nach wie vor kommen die Schürfer jeden Samstagmorgen zum **Diamantmarkt**, um ihre Funde der gesamten Woche an autorisierte Abnehmer zu verkaufen. Ein paar alte Schürfer suchen noch heute von Hand. Die meisten von ihnen finden nur rund fünf gute Steine im Jahr, hoffen aber immer auf das „große Ding". Wenn man der Sache etwas weiter nachgehen will – und es ist nicht zu leugnen, dass das Geschäft noch immer von einer rauen Romantik umweht wird –, ist es nicht ratsam, sich auf eigene Faust umzusehen.

Am besten lässt sich die Gegend auf einer der faszinierenden Insider-**Touren** zu den Förderstätten mit Dirk Potgieter von Diamond Tours Unlimited (Kasten „Touren in Kimberley" s. S. 319) erkunden. Er führt seine Gäste auf Halbtages- (ca. R250) und Ganztagestouren (ca. R500, inkl. Mittagessen)

sowohl zu den alten Handschürfern als auch zu den großen Unternehmen.

Mehr über die Geschichte der Diamantsucher der Gegend erfährt man in dem **kleinen Museum** von Barkly West. Es befindet sich in dem alten Zollhaus an der Brücke über den Vaal River, die 1884 erbaut wurde. Dorthin gelangt man, indem man sich nach rechts in Richtung der städtischen Camping-/Ferienanlage wendet, gleich nachdem man die neue Brücke über den Vaal überquert hat und sich Barkly West aus Richtung Kimberley nähert. ◷ tgl. 9–17 Uhr, Eintritt R5.

> **Diamanten für die Ewigkeit** Diamanten entstehen nahe dem Erdmittelpunkt als Kohlenstoffteilchen im Erdmantel, die so hohen Drücken und Temperaturen ausgesetzt sind, dass sie sich zu Diamanten kristallisieren. Vor Millionen von Jahren brach der Schmelzfluss (Magma) durch vulkanische Aktivität in dem Mantel aus den Schwachstellen der Erdkruste heraus, und in den Schloten des abgekühlten Magmas – genannt **Kimberlit**, nach der Stadt Kimberley – werden die Diamanten gefunden. Doch Kimberlit ist keine Garantie auf Diamanten: In 100 Tonnen kommen nur etwa 20 Karat (4 g) Diamanten vor.
>
> Das Wort „Karat" stammt von der Bezeichnung für die bohnenförmigen Samen des Johannisbrotbaumes, die in getrockneter Form als Gewichte beim Wägen benutzt wurden. Heute beträgt das Standardgewicht 0,2 g. Beim Gold hat Karat eine andere Bedeutung, dort ist es eine Maßeinheit zur Reinheitsprüfung. Nach einer Schätzung von De Beers werden jährlich 50 Millionen Schmuckstücke mit Diamanten erworben.

Vaalbos National Park

Ein Stück weiter entlang des Vaal River, etwa 20 km hinter Barkly West an der R31, liegt der Vaalbos National Park – ein 18 000 ha großes Reservat, in dessen Schutz es verschiedene Vegetationstypen gibt. Es hat seine Tore 1994 für die Allgemeinheit geöffnet. Im Vergleich zu vielen anderen Nationalparks des Landes mag er etwas unscheinbar daherkommen und auch die Anlagen lassen zu wünschen übrig, aber e nennt ein paar sehr afrikanische Kameldornebenen sein Eigen, die besonders bei Sonnenauf- und -untergang unglaublich bezaubern. Die Wahrscheinlichkeit, auf Büffel, Giraffen, Zebras und massenweise Antilopen zu treffen, ist recht groß – wohingegen man die hier lebenden Nashörner, darunter ein paar seltene Wüsten-Spitzmaulnashörner, von der einzigen öffentlichen Straße durch den Park kaum zu Gesicht bekommt.

In der Nähe des Eingangs gibt es drei angenehme **Chalets*** für Selbstversorger, jeweils für 4–6 Personen, ✆ 012-343 1991, 🖳 www.parks-sa.co.za. Park, ⊙ Sommer 5.30–18.30, Winter 6–17.30 Uhr, Eintritt R10.

Wonderwerk Cave

Fährt man auf der R31 weiter in Richtung Kuruman, stößt man auf die faszinierende Wonderwerk (Wunder) Cave. Sie ist eine sehr bedeutende archäologische Fundstätte, an der man wichtige Beweise für die menschlichen Tätigkeiten in den verschiedenen Epochen gefunden hat. Die Funde gehen auf fast eine Million Jahre zurück und darunter befinden sich Fossilien, Tierzähne, Artefakte und San-Felsmalereien. Es gibt ein kleines Besucherzentrum, das vom McGregor Museum in Kimberley geführt wird, und einen **Campingplatz** sowie ein **Chalet*** für Selbstversorger, das von einem hier ansässigen Farmer, ✆ 053-384 0680, betrieben wird. Manchmal arbeiten Archäologen in der Höhle, doch wenn niemand da ist, muss man jemanden auf der Farm bitten, zu öffnen. Ein geringer Eintrittspreis wird erhoben.

Der Kampf um Kimberley Bei Ausbruch des **Burenkrieges** erkannten die Streitkräfte der Buren die Diamantstadt Kimberley schnell als wichtige strategische Basis, die sie sogleich belagerten und sämtliche Bewohner wie auch Cecil Rhodes gefangen nahmen. Als Antwort darauf schickten die Briten eine Armee unter dem Kommando von **Lord Methuen**, um die Stadt zu befreien. Doch die Truppen hatten wegen ihrer Größe und Unkenntnis des Geländes keine andere Wahl, als sich der Stadt entlang der Eisenbahnlinie von der Küste her zu nähern, so dass der ,Nachschub' an Truppen, Wasser, Lebensmitteln und Ausrüstung gesichert war.
Nicht lange nach der Überquerung des Oranje-Flusses stieß Methuen bei Belmont das erste Mal auf die Buren. Es folgten weitere Gefechte bei Graspan und am Modder River, von dem die Buren einen taktischen Rückzug nach Magersfontein antraten, eine 30 km südlich von Kimberley gelegene Hügelkette. Hier organisierten sie die Verteidigung nicht wie üblich von den Gipfeln der Berge aus, sondern die Burengeneräle unter dem Kommando von General Cronjé und der taktischen Leitung von **Koos de la Rey** beschlossen, eine Linie von **Schützengräben** am Fuße des *koppie* zu graben.
In den Morgenstunden des 11. Dezember 1899 näherten sich die Briten unter Führung des Highland Regiments, das soeben von den Feldzügen in Nordafrika und Indien zurückkam und als Elite der britischen Armee galt, Magersfontein, in der Annahme, dass der Feind seine Stellung entlang des Gebirgskamms bezogen hat. Kurz vor dem Morgengrauen, als sie zur Angriffsformation ausschwärmen wollten, eröffneten 4000 Buren in den nur wenige hundert Meter entfernten Schützengräben das Feuer. Zum einen waren es die Schützengräben, die zu jener Zeit nicht zu den angewandten Taktiken der modernen Kriegsführung gehörten, und zum anderen das Überraschungselement, das zu den zahlreichen Verlusten in den Reihen der Highlander führte. Und diejenigen, die nicht in den ersten Salven getötet oder verwundet worden waren, wurden für den Rest des Tages von den Scharfschützen kontrolliert, sie waren an den Boden gefesselt auf dem *veld*, das keinerlei Unterschlupf bot, und litten furchtbar unter der Hitze. Am darauf folgenden Tag zogen sich die Briten zum Modder River zurück, und die Hilfe für Kimberley musste um zwei Monate verschoben werden. Diese Niederlage war nur eine von dreien, die die Briten innerhalb der so genannten „Schwarzen Woche" hatten erleiden müssen. Die Nachricht davon ließ eine Welle der Erschütterung durch die britische Öffentlichkeit gehen, die geglaubt hatte, dass ihre Truppen die „primitiven Bauern" noch vor Weihnachten überrollt haben würden.

Magersfontein

Gut 30 km südlich von Kimberley, an der N12, erinnert das Schlachtfeld aus dem Burenkrieg bei
Magersfontein auf erschütternde Weise an die blutige Vergangenheit der Gegend. Hier war der
Schauplatz des Stellungskrieges der Buren gegen
die britischen Truppen, der verheerende Folgen
hatte. Wegweiser führen zu einem unlängst renovierten **Besucherzentrum** mit einer Teestube und
einem kleinen Museum, das die Schlacht anschaulich aber sensibel und ausgewogen dokumentiert.

Es bietet sich außerdem die Möglichkeit, zu den
verschiedenen Monumenten am westlichen Ende
der Hügelkette zu wandern. Auf dem Schlachtfeld
selbst, das sich heute als offenes *veld* mit weidenden Springböcken zeigt und in dem hin und wieder ein Auto von der unbefestigten Straße eine
Staubwolke aufsteigen lässt, sind die **Schützengräben** noch zu sehen. Hier gibt es auch andere
Denkmäler, wie z.B. die beiden Granitkreuze an
den Gräbern skandinavischer Soldaten, die auf der
Seite der Buren gekämpft hatten. ☉ tgl. 8–17 Uhr,
Eintritt R5.

Am unterhaltsamsten bekommt man die Geschichte auf einer eintägigen **Battlefield Tour** mit
Steve Lunderstedt, ✆ 053-831 4006 oder 083-732
3189, dargeboten, einem sehr amüsanten Militär-
historiker mit umfangreichem Wissen. Seine Touren zeichnen ein lebendiges Bild der Ereignisse
und führen zu den Schlachtfeldern, Befestigungs-
anlagen und Geschützstellungen. Auf der Wanderung vermittelt er den Besuchern ein Gefühl für
das Gelände und wer will, kann nach alten Patro-
nenhülsen und anderen Beweisstücken für den
Kampf Ausschau halten.

Übernachtung

Wenn man hier in der Gegend bleiben möchte,
so ist die *Langberg Guest Farm**, 21 km südlich
von Kimberley an der N12, ✆ 053-832 1001,
🖳 www.langberg.co.za, zu empfehlen.
Es ist ein sehr gastfreundliches B&B auf
einer historischen Farm am Westrand des
Schlachtfeldes von Magersfontein, das in
mehreren kapolländischen Pferdeställen
untergebracht ist. Abendessen wird auch
gereicht, das Essen ist vorzüglich und die
Zimmer sind von guter Qualität.

Die Kalahari

Das Nordkap kann sich über einen Mangel an
trockenen, endlosen Weiten wahrlich nicht beklagen, doch die größten Emotionen löst mit Abstand
die Kalahari aus. Schon allein ihr Name ruft Erinnerungen an sonnendurchflutete, ferne Landschaften und die unbekannten, riesigen Ausmaße
des Binnenlandes von Afrika wach, das unwirtlich
und zauberhaft zugleich scheint. Kalahari stammt
von dem Wort *kgalagadi* (durstiges Land) ab und
bezeichnet die Halbwüste, die sich vom Oranje-
Fluss nördlich bis zum Okavango Delta im Norden
Botswanas, in westlicher Richtung bis nach Namibia hinein und nach Osten bis zum Bushveld in den
Einzugsgebieten der Flüsse Vaal und Limpopo erstreckt.

Im Nordkap ist die Kalahari von erstaunlich hohen, spärlich bewachsenen, roten oder orangefarbenen Sanddünen mit ausgetrockneten Flussbetten und flimmernden Salzpfannen geprägt. In dieser Halbwüste wie in vielen anderen Wüsten auch
sind die Temperaturen hier an einem Sommertag
glühend heiß und in einer Winternacht eisig kalt.
Nördlich des Oranje, Südafrikas größtem Fluss, der
geradezu aufsässig durch die ausgedörrten Gebiete fließt, wird das Land sowohl von zähen, hart arbeitenden Farmern als auch von Gemeinschaften,
die größtenteils von den einheimischen Jägern und
Sammlern der San und den nomadischen Khoi-
Schafhirten abstammen, bewohnt. Vielen Landnut-
zern hier wird mehr und mehr klar, dass **Öko-Tou-
rismus** kein Luxus der Ersten Welt ist, sondern die
wohl einzig durchführbare Alternative in diesen gewaltigen Landgebieten, wo Viehzucht und Jagd gerade so das Überleben sichern.

Upington, die größte Stadt der Gegend, liegt
am Nordufer des Oranje, im Herzen eines bewässerten Korridors, in dem ein intensiver Anbau von
Weizen, Baumwolle und besonders Wein betrieben
wird. Am äußersten Rand des Farmgürtels, etwa eine Stunde weiter östlich, nimmt der Oranje an Geschwindigkeit zu und stürzt bei den **Augrabies
Falls** schäumend in eine riesige Granitschlucht –
ein kraftvolles Spektakel, das der Mittelpunkt eines
größer werdenden Nationalparks ist.

Der **Kagalagadi-Gemsbok Transfrontier
Park**, in dem der Kalahari-Gemsbok National Park
von Südafrika und der Gemsbok National Park von

Botswana integriert sind, ist das absolute Highlight in dieser Region. Er ist ein ausgedehntes Wüsten-Schutzgebiet, das mit seinem Reichtum an Wild und einer fantastischen Landschaft mit roten Dünen und einer robusten Vegetation lockt, und zu dem sich der lange Weg allemal lohnt. Kommt man auf der N14 direkt aus Johannesburg, fährt man entweder bei **Kuruman** ab (wo die berühmte **Missionsstation** aus dem 19. Jahrhundert steht, die von Robert und Mary Moffat eingerichtet wurde) und dann weiter auf der R31 (einer langen, öden Schotterstraße, die nur in einem robusten Fahrzeug zu bewältigen ist), oder man fährt weiter bis nach Upington, zum offiziellen Eingang des Parks, von wo aus die Straße bis auf die letzten 50 km geteert ist.

Upington und Umgebung

Als unvermeidbare Durchgangsstation auf Reisen in die Nationalparks Kgalagadi und Augrabies sowie von und nach Namaqualand und Namibia, gilt **Upington** als günstiger Zwischenstopp, um die Vorräte aufzufüllen, eine Tour durch die Parks zu organisieren und die nächste Unterkunft zu buchen oder einfach um mal durchzuatmen. Am Ufer des Oranje gelegen, ist es ein freundlicher Ort, obwohl die hohen Sommertemperaturen nicht gerade zum längeren Verweilen einladen. Allerdings ändert sich das Klima auch bei der Weiterfahrt zu dem nächsten interessanteren Reiseziel nicht sehr. Wissenswertes über **Touren** von Upington in einen der Nationalparks.

Sehenswertes

Von Upingtons Stadtzentrum ist der Oranje-Fluss kaum zu sehen. Ein flüchtiger Blick lässt sich vom Gelände des **Kalahari-Oranje Museum**s am südlichen Ende der Schröder St erhaschen. Das Museum ist in der 1875 erbauten Missionskirche untergebracht, die den Anfang dieser Siedlung darstellte. Es erzählt die übliche Geschichte von einsamen Missionaren, zähen Pionierfarmern und von den Beziehungen zwischen den Rassen, die alles andere als perfekt waren. Das Grundstück ist schön gepflegt und beherbergt eine merkwürdige Skulptur eines Esels. Ein paar Kilometer weiter, am anderen Ende der Schröder St, steht eine ähnlich bizarre **Statue eines Kamels**. Es erinnert an die

Zeit, in der Upington Grenzstation war, als die Polizei – oft auf Kamelen sitzend – durch die großen Weiten der fernen Kalahari-Gebiete patrouillierte und sich mit Griqua-Rebellen, aufsässigen San-Banden und feindseligen deutschen Truppen aus Namibia herumschlagen musste. ⏰ Mo–Fr 9–12.15 und 14–17 Uhr, Eintritt frei.

Dank der Bewässerungssysteme ist Upington von Weingärten umgeben und produziert 10% der Weintrauben des gesamten Landes – vorwiegend Tafeltrauben und Trockenobst, doch auch Wein. Weinverkostung ist im **Orange River Wine Cellars Co-op** im Industriegebiet westlich des Stadtzentrums, unweit der Dakota Road, möglich. Während der Erntezeit (ungefähr November–März) werden auch Fabrikbesichtigungen angeboten. ⏰ Mo–Fr 8–12.45 und 14–17 Uhr, Eintritt frei.

Mittlerweile verfügt die **South African Dried Fruit Co-op** über ein Geschäft, in dem verschiedene Produkte aus hiesigem Anbau verkauft werden, darunter Rosinen, die Export-Frucht Nummer eins. Daneben befinden sich das Tourist Information Office und das Museum. Sämtliche anderen Konsumgüter können in dem bemerkenswerten **Skaapland** („Schafland") erworben werden, einem riesigen, modernen Schlachthof, der die Vorliebe der Einheimischen zu rotem Fleisch beweist. Er liegt an der Brug, Ecke Le Roux Street und ist außer für überzeugte Vegetarier einen Besuch wert. Und sei es nur um dieses gewaltige, helle und makellose Warenhaus zu sehen, in dem es wirklich alles zu kaufen gibt – vom ganzen Lamm, das in einer speziellen Abteilung je nach Bedarf geteilt wird, bis zum Dörrfleisch, das dicht beieinander in einer Ecke des Geschäftes hängt.

Spitskop Nature Reserve

Etwa 13 km nördlich der Stadt an der R360 bietet das leicht erreichbare Spitskop Nature Reserve einen Blick in die Halbwüste, obwohl die begrenzte Zahl an recht nervös wirkenden Zebras und großen Antilopenarten wie z.B. Spießböcken nicht vergleichbar ist mit dem, was man weiter draußen zu sehen bekommt. Der Name Spitskop geht auf einen kleinen felsigen Hügel mit schönem Blick auf die Ebenen in der Umgebung zurück. An seinem Fuße liegt ein ruhiger **Campingplatz** mit einfachen **Chalets*** für 4 Personen – eine gute Wahl, wenn man ein wenig Ruhe und Frieden außerhalb der

Stadt sucht. Es gibt Wander- und Mountainbike-Wege durch das Reservat, und das Personal hilft bei der Orientierung. Auch Tierbeobachtungstouren im eigenen Auto sind möglich. ⏱ Morgengrauen bis Abenddämmerung, ✆ 332 1336, Eintritt R12.

Übernachtung

Zwar kann man sich über einen Mangel an Unterkünften in Upington nicht beklagen, doch sind viele Gästehäuser – mit Ausnahme der verschiedenen Häuser von *Le Must* – nach wie vor in erster Linie auf südafrikanische Urlauber eingerichtet, und die Wünsche der ausländischen Gäste werden nicht immer verstanden, geschweige denn berücksichtigt.

Africa Lodge*, etwas weiter weg vom Zentrum, 26 Bult St. Die kleine Schwester von *Le Must*, jedoch mit preiswerteren Zimmern und einer in vielerlei Hinsicht entspannteren Atmosphäre.

Die Eiland*, auf einer Insel im Fluss direkt gegenüber vom Stadtzentrum, ✆ 334 0286. Diese riesige, gut besuchte Ferienanlage verfügt über einen angenehmen Campingplatz und Chalets für Selbstversorger, von denen die besten gleich am Fluss liegen und 4 Personen Platz bieten.

Kalahari Junction*, 3 Oranje St, ✆ 332 7874. Eines von zwei Backpacker-Hostels der Stadt, dies ist besser besucht und kompakter. Campingplätze und DZ, außerdem einige dreistöckige Betten und Außenbetten für die heißen Sommernächte. Günstiger Zwischenstopp auf dem Weg zum Kalahari Adventure Centre in der Nähe von Augrabies (s.S. 327).

Le Must Guest Manor**–***, 12 Murray Ave, ✆ 332 3971, 🖥 www.lemust.co.za. Zum *Manor* gehören zwei kapholländische Häuser am Flussufer mit eleganten und komfortablen Zimmern in minimalistischem Design und mit großen Gärten. Geschmackvoller Luxus und Kultiviertheit, wie man sie im gesamten Nordkap nur selten findet.

Darüber hinaus unterhält *Le Must* auch die *Africa Lodge** mit preiswerteren Zimmern und in vielerlei Hinsicht entspannterer Atmosphäre, etwas weiter weg vom Zentrum, 26 Bult St.

Residence**–***, nur wenige 100 m entfernt von *Le Must Guest Manor*, mit einigen hinreißenden, mit Antiquitäten gefüllten Zimmern.

Riviera B&B*, 16 Budler St, ✆ 332 6554. Gemütliches B&B in einem großen Gästehaus mit saftig grünem Garten bis hinunter ans Flussufer.

Upington Protea**, 24 Schröder St, ✆ 332 4414. Das *Protea* Hotel der Stadt mit etwas mehr Charakter, netten aber nicht außergewöhnlichen Zimmern, darunter einige mit Blick auf den Fluss. Unten gibt es eine *Spur Steak Ranch*.

Yebo! Backpackers & Guest House*, 21 Morant St, vom *Kalahari Junction* gleich die Straße hinauf, ✆ 331 2496, ✉ teuns@intekom.co.za. Gepflegtes Haus mit geräumigem DZ und einem Schlafsaal mit Einzelbetten. Ziemlich ruhig und entspannend, mit *Braai*-Bereich und Pool.

Essen

Da Upington das einzige große Zentrum auf Hunderten von Kilometern ist, erscheint es im Vergleich zu den Städten am Weg dorthin wie ein kulinarisches Paradies. Und wenn man bisher ein richtiges **Steakhouse** noch nicht zu schätzen gewusst hat – hier ist es soweit. Und sie sind zahlreich im Stadtzentrum zu finden. Es ist nicht einfach, sich der Anziehungskraft des *Le Must Restaurants* in der 11 Schröder St, ✆ 332 3971, zu entziehen. Dieses kann sich durchaus mit den besseren Restaurants in Kapstadt und Jo'burg messen. Preisgünstig und mit Mittag- und Abendessen im Angebot, werden hier sehr fantasievolle und moderne südafrikanische Fleisch- und Fischgerichte sowie köstliche Salate und leichtere Speisen gereicht.

Kaffee oder einen Snack gibt es im Coffee-Shop *San Francisco* in der Einkaufspassage zwischen Market und Hill St, oder in einem der Ableger der verschiedenen Ketten im Einkaufszentrum Pick 'n Pay am Ende der River St. Ein gepflegtes Bier trinkt man in *Scotty's Bar* im *Upington Protea*, 24 Schröder St, und im *O'Hagan's*, ein paar Häuser weiter.

Sonstiges

AUTOVERMIETUNGEN – Fahrzeuge mit Allradantrieb können bei *Walker's Midas*, 53 Market St, ✆ 332 4441, gemietet werden. Dort gibt es gute Angebote mit unbegrenzter Meilenanzahl, auch Standardautos werden zu günstigen Prei-

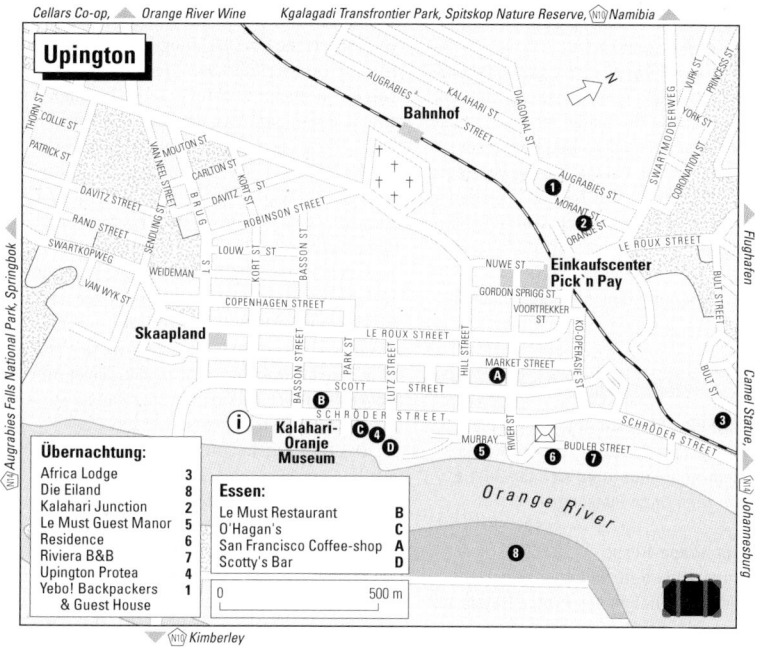

Upington

Bahnhof

Einkaufscenter Pick`n Pay

GORDON SPRIGG ST
VOORTREKKER ST

Skaapland

MARKET STREET

Kalahari-Oranje Museum

Orange River

Augrabies Falls National Park, Springbok

Flughafen

Camel Statue,

Johannesburg

NORDKAP

Übernachtung:

Africa Lodge	3
Die Eiland	8
Kalahari Junction	2
Le Must Guest Manor	5
Residence	6
Riviera B&B	7
Upington Protea	4
Yebo! Backpackers & Guest House	1

Essen:

Le Must Restaurant	B
O'Hagan's	C
San Francisco Coffee-shop	A
Scotty's Bar	D

0   500 m

Kimberley

sen vermietet. Allrad-Fahrzeuge sind ebenso bei **Kalahari 4x4 Hire,** ☎ 332 3099 oder 082-570 5218, im Angebot. **Avis,** ☎ 332 4746, hat eine Filiale am Flughafen, und es gibt weitere Autovermietungen in der Stadt, darunter **Tempest,** ☎ 331 2268 und **Imperial,** ☎ 332 2383.

INFORMATIONEN – Das Zentrum von Upington ist kompakt und man findet sich leicht zurecht – das meiste spielt sich auf den drei parallel zum Fluss verlaufenden Hauptstraßen ab. Das hilfreiche **Touris Information Office** befindet sich am Kalahari Oranje Museumskomplex an der Schröder St, ☎ 332 6064, 🖳 www.green-kalahari, ⏱ Mo–Fr 8–17.30, Sa 9 Uhr bis mittags.

TOUREN – Um die riesigen Entfernungen der Kalahari-Region nicht selbst zurücklegen zu müssen – und um vom Spezialwissen über die heimische Flora, Fauna, die Landschaften und das Klima zu profitieren – ist die Teilnahme an einer geführten Tour eine Überlegung wert. In den

meisten Touren ist ein Besuch der Augrabies Falls und des Kgalagadi Transfrontier Park vorgesehen, wobei einige Veranstalter die Touren auch nach den Wünschen der Teilnehmer gestalten. Genauere Angaben und Preise, die sich nach der Anzahl der Teilnehmer richten, können direkt bei den Veranstaltern telefonisch erfragt werden.

Diamond Tours Unlimited, ☎ 053-843 0017 oder 083-265 4795, 🖳 www.kimberley.co.za/diamondtours. Sachkundiger und begeisterter Nordkap-Spezialist bietet mehrere, flexibel zu gestaltende Touren der mittleren und höheren Preisklasse zum Transfrontier Park und in die fernere Kalahari-Region an.

Kalahari Adventure Centre, ☎ / 🖂 451 0177, 🖳 www.kalahari.co.za. Schwungvoller Backpacker-Spezialist in der Nähe der Augrabies Falls mit der 4-tägigen, preiswerten Kalahari Backroads Safari inkl. zwei Nächten im Kgalagadi Transfrontier Park und einer Tour in dem seltener besuchten Gebiet Riemvasmaak.

Im Angebot sind auch mehrtägige Kanu- und Rafting-Touren auf dem Oranje.

Kalahari Tours and Travel, ✆ 338 0375 oder 082-493 5041, 🖥 www.kalahari-tours.co.za. Sehr gut organisierte, flexible Touren der mittleren Preisklasse, inkl. Zweitagestouren zum Kgalagadi Transfrontier Park und Camping in der Wüste. Längere Ausflüge in andere Teile der Kalahari und Kanu-Touren auf dem Oranje werden ebenfalls angeboten.

VORWAHL – 054 (sofern nicht anders angegeben)

Transport

SELBSTFAHRER – Mit dem Auto kommt man sehr schnell ins Stadtzentrum. Das Parken ist kein Problem, allerdings lohnt sich die Suche nach einem schattigen Plätzchen.

BUSSE – Intercape-Busse, ✆ 332 6091, 🖥 www.intercape.co.za, halten an den jeweiligen Vertretungen neben den Protea Hotels, mitten im Herzen der Stadt. Von Upington nach CALVINIA (4x wöchentl.; 4 3/4 Std.); KAPSTADT (4x wöchentl.; 10 1/2 Std.); JO'BURG (4x wöchentl.; 9 Std.); PRETORIA (4x wöchentl.; 10 Std.).

MINIBUS-TAXIS – Die Taxis kommen meist am Bahnhof an, der etwa 10 Min. zu Fuß vom Stadtzentrum entfernt liegt.

FLÜGE – Täglich verkehrt eine Maschine der *SA Airlink* zwischen Upington und Kapstadt / Jo'burg. Der Flughafen von Upington, ✆ 337 7900, liegt 7 km nordöstlich der Stadt an der Diedericks Rd. Von Upington nach JO'BURG (1x tgl.; 1 3/4 Std.); KAPSTADT (1x tgl.; 1 3/4 Std.).

Augrabies Falls National Park

Upington ist ein perfekter Ausgangspunkt für die ca. 100 km lange Fahrt zum Augrabies Falls National Park, einem der spektakulärsten Naturschauspiele Südafrikas. Die Wasserfälle sind von Upington aus problemlos an einem Tag zu besuchen. Es sind aber auch im Park und in seiner Nähe zahlreiche, ordentliche Übernachtungsmöglichkeiten vorhanden. Der Weg führt von Upington die **N14** entlang in westlicher Richtung und folgt dann dem Oranje auf seinem Weg durch die üppigen Weinberge, Obstplantagen und Alfalfa-Felder.

Die beste Zeit für einen Besuch der Augrabies (🕐 tgl. Apr–Sept 6.30–22, Okt–März 6–22 Uhr, Eintritt etwa R30) ist von März bis Mai, wenn die Temperaturen etwas niedriger sind und der Fluss nach den Sommerregenfällen in seinen Einzugsgebieten oben in Lesotho den höchsten Wasserstand führt. Die meisten Kalahari-**Touren** von Upington aus (s.S. 325) beinhalten einen Besuch der Wasserfälle. Man beachte auch, dass man bei einer Anreise auf eigene Faust auf ein Auto angewiesen ist, da es keine öffentlichen Verkehrsmittel gibt.

Das **Eingangstor** zum Park liegt 30 km abseits der N14 an einer guten Teerstraße. Die **Rezeption** (🕐 tgl. 7–19 Uhr, ✆ 054-451 5000) ist ein Stück weiter im Inneren des Parks und zeigt eine kleine Ausstellung.

Etwa 39 km südwestlich von Upington führt die Straße durch **Keimoes**, wo sich, wenn es die Zeit erlaubt, eine Fahrt zum Gipfel des **Tierberg Reserve** lohnt, eines kleinen *koppie* am östlichen Stadtrand mit atemberaubenden Aussichten über die am Fluss gelegenen grünen Anbaugebiete und die unwirtliche Halbwüste daneben.

Die Wasserfälle

Rund 2000 km lang ist der Flusslauf des Oranje, der gut 100 km westlich von Upington seinen spektakulärsten Augenblick erlebt, wenn er aus der kargen Halbwüste hervordonnert und dabei gewaltige Nebel in den braunen Horizont hinaufsprühen. Der mächtige Wasserfall ist unter seinem Khoikhoi-Namen Aukoerebis („Ort des großen Lärms") bekannt.

Wenn der Fluss viel Wasser führt, lassen sich die riesigen, durch einen schmalen Kanal am oberen Ende der tiefen Granitschlucht herabstürzenden Wassermassen durchaus mit den sanftmütigeren Momenten der Victoria- und Niagara-Fälle vergleichen, auch wenn die Augrabies sowohl die Höhe als auch die Erhabenheit ihrer größeren Konkurrenten vermissen lassen. Allerdings bleiben sie von der zügellosen Kommerzialisierung verschont, und inmitten der unheimlichen Wüste können sie unter einem tief blauen Abendhimmel ein bewegendes und unvergessliches Erlebnis bereiten.

Um die Wasserfälle zu sehen, überquert man die sanften Granitkuppen neben dem großen Rest Camp bis zum Zaun am Rande der Schlucht. Die Seiten des Canyon weisen eine sanfte Parabelform auf, und es gab schon viele neugierige Besucher, die in dem Verlangen, die Wasserfälle zu sehen, zu weit gegangen und hilflos in die schäumenden Strudel hinuntergeglitten sind. Und obwohl so mancher diesen Schreck auf wundersame Weise überlebt hat – am bekanntesten ist die Geschichte von einem Skandinavier, der durch die Kraft des Wassers sämtlicher Kleidungsstücke entledigt worden war, bevor er herausgeholt wurde –, sind seit der Eröffnung des Nationalparks im Jahre 1966 über 20 Menschen ums Leben gekommen. Heute gibt es einen hohen Zaun, doch seit die Hängebrücke über der Schlucht fortgeschwemmt worden ist, gibt es keinen einzigen Punkt mehr, von dem aus ein ungestörter Blick auf das große Naturschauspiel möglich ist. Und der Versuchung, immer näher an den Rand der Schlucht heranzutreten und doch noch etwas mehr zu sehen, ist nur schwer zu widerstehen.

Die fortwährend tosende und immer eindrucksvolle Atmosphäre ist bei **Sonnenuntergang** am schönsten, wenn die Westseite der Schlucht in ein weiches Licht getaucht wird. Ein besserer Blick über die Schlucht eröffnet sich, wenn man den kurzen Weg vom Rest Camp nach **Arrow Point** oder die Verbindungsstraße nach **Ararat** oder **Echo Corner** zurücklegt.

Der übrige Teil des Parks

Eine Fläche von 184 km^2 zu beiden Seiten des Flusses misst der übrige Teil des Parks. Das Land ist öde und trocken mit nur spärlichem Pflanzenbewuchs, der für solche trockenen und wüstenartigen Gebiete typisch ist: Dazu gehören der *kokerboom* (Köcherbaum), Kameldorn und die Namaqua-Feige. Es gibt auch mehrere beachtliche Felsformationen, die besonders auffälligen, so genannten **Potholes**, die vom Fluss ausgewaschen wurden, als er noch einem anderen Lauf folgte, und der **Moon Rock**, eine riesige Kuppe aus glattem, bröckelndem Granit, die sich mitten aus in der Ebene erhebt. Folgt man den ungeteerten Straßen des Parks, so ist es relativ wahrscheinlich, dass man auf einige

der hier lebenden Tiere, vor allem **Elenantilopen, Klippspringer** und andere kleine Antilopenarten, treffen wird. Ist man zu Fuß in der Gegend um die Wasserfälle und das Camp unterwegs, bekommt man eher kleinere Tiere wie Klippschliefer, Mungos und Eidechsen zu Gesicht.

Übernachtung und Essen

Zu den Einrichtungen im großen Camp gehören Swimming Pools, **Chalets** und **Cottages** für Selbstversorger in verschiedenen Preiskategorien und ein großer **Camping- und Caravanbereich** (während der Schulferien empfiehlt sich eine Vorausbuchung, ℘ 012-343 1991, ⌨ www. parks-sa.co.za). Im Rezeptionsbereich gibt es einen Laden, eine Snack-Bar mit Selbstbedienung und ein **Restaurant** mit Blick zur Schlucht.
Übernachtung außerhalb des Parks: Die Stadt **Kakamas** liegt 40 km hinter Keimos und stellt ein paar Unterkünfte in der Nähe des Parks zur Verfügung. An der schattigen Hauptstraße namens Voortrekker befinden sich das große *Kalahari Gateway Hotel*, ℘ 054-431 0838 und, ein paar Blocks weiter, das freundliche Gästehaus *Lapa-side*, ℘ 083-332 5127. Das beste weit und breit ist jedoch das *Vergelegen*, ℘ 054-431 0976, ⌨ www.augrabiesfalls.co.za, an der Hauptstraße, etwa 3 km vor Kakamas. Es bietet ordentliche und geschmackvolle Zimmer, ein nettes Restaurant und einen kleinen Farm Shop mit einem Information Centre.
Die dem Park am nächsten gelegene Unterkunft ist das von Kakamas ca. 30 km und vom Haupteingang nur wenige Kilometer entfernte *The Falls Guesthouse***, ℘ 082-928 7938, ⌨ www.augrabiesthefalls.com, ein renoviertes Bauernhaus mit großen und kühlen Zimmern, ansprechender Einrichtung und einer Veranda mit Blick über die Weinreben. Eine angenehme *Backpacker-Unterkunft** mit Schlafsälen und DZ gibt es im Kalahari Adventure Centre, ℘ / ℘ 054-451 0177, ⌨ www.kalahari.co.za, im Dorf Augrabies, 10 km vor dem Eingangstor zum Park.
Ebenfalls ganz in der Nähe, am Nordufer des Oranje, eine Abzweigung in der Nähe von Kakamas entlang, liegt das *Khamkirri Private Game Reserve**, ℘ 054-451 0325, ⌨ www.khamkirri.

Augrabies Falls National Park　329

co.za. Das 7500 ha große Reservat vermittelt ein Gefühl für die ausgedörrte, nicht bewässerte, felsige Landschaft, die den Oranje über weite Strecken säumt. Hier gibt es einen Campingplatz und mehrere halbpermanente Zelte im Safari-Stil am Ufer des Flusses. Im Angebot sind Tierbeobachtungsfahrten, Reiten und sanfte Rafting-Touren.

Sonstiges

TOUREN – Neben der Betrachtung der Wasserfälle und einer Fahrt um den Moon Rock werden im Park noch andere abenteuerliche Aktivitäten angeboten, wobei keine davon den gleichen Adrenalinanstieg hervorruft wie die Fälle selbst. Der halbtägige **3-in-1 Gariep Trail** kombiniert eine kurze Kanutour in der Schlucht mit einer Fahrradtour und einer Wanderung zurück zum Rest Camp.

Der **Dassie Trail** ist eine Tageswanderung mit Start am großen Rest Camp.

Der **Klipspringer Trail** schließlich beinhaltet eine Übernachtung in einer einfachen Hütte. Einzelheiten erfährt man an der Rezeption des Parks. Aufregender ist der **„Augrabies Rush"**, eine Halbtagestour in kleinen Schlauchbooten, die 8 km auf dem immer schneller dahinströmenden Fluss unmittelbar oberhalb der Wasserfälle entlangführt und vom Kalahari Adventure Centre, ☏ 054-451 0177, 🖳 www.kalahari.co. za, etwa R225, organisiert wird. Das Adventure Centre bietet außerdem viertägige Kanutouren bis weit in die leere Landschaft flussabwärts hinter den Wasserfällen und Zweitagestouren entlang der aufregenden Stromschnellen der Oneepkans Gorge in der Nähe von Pella. Im Khamkirri Private Game Reserve (s.S. 329) kann der Besucher auch noch an weiteren Aktivitäten teilnehmen wie etwa sanften Kanutouren oder Reiten.

Kgalagadi Transfrontier Park

Das Übereinkommen zwischen Südafrika und Botswana, das Management der **Kalahari-Gemsbok National Parks** (Südafrika) und des benachbarten **Gemsbok National Park** (Botswana) langfristig zusammenzulegen, wurde mit dem ersten offiziellen grenzüberschreitenden Park in ganz Afrika, dem Kgalagadi Transfrontier Park, im Jahre 1999 umgesetzt. Sein Name stammt von der uralten Bezeichnung, die die San für das Gebiet einst hatten, ab. Der erweiterte Park wird als ökologische Einheit geführt. Die Eintrittsgelder werden geteilt, obwohl die Touristeneinrichtungen in den beiden voneinander getrennten Gebieten noch immer autonom betrieben werden. Nahezu alle Besucher des Parks halten sich jedoch ausschließlich im südafrikanischen Teil auf, wo sich sämtliche etablierten Touristeneinrichtungen befinden.

Eine weitere Entwicklung aus der jüngeren Vergangenheit ist die Vereinbarung mit den hier ansässigen **Mier** und **San**, die unter dem südafrikanischen Programm zur Rückgabe von Landrechten an Gemeinschaften, die unter dem Apartheidregime Land verloren hatten, getroffen worden ist. Die Mier und die San haben sich im Gegenzug damit einverstanden erklärt, dass sie ihr Land gemeinsam mit der Behörde South African National Parks verwalten und das Land ein Bestandteil des Wildschutzgebietes bleibt. Auch ist die Prüfung des wirtschaftlichen Nutzens des Tourismus durch die hiesigen Gemeinschaften darin enthalten. Dazu gehören die Bereitstellung von Arbeitsplätzen im Park, der Verkauf lokaler Handwerkswaren, der Einsatz von Einheimischen als Fährtenleser in einem Löwenbeobachtungsprojekt oder als Arbeiter in der Dünenrekonstruktion und der Ausrottung von nicht heimischen Pflanzen.

Der neue Park erstreckt sich über ein Gebiet von 38 000 km². Er ist damit zweimal so groß wie der Krüger-Nationalpark und obwohl der südafrikanische Anteil viel kleiner ist, misst er doch stolze 9500 km². An seiner Westseite verläuft die namibische Grenze, und im Süden wird er von dem ausgetrockneten Auob River und einem Landstreifen begrenzt. Die Landesgrenze zu Botswana verläuft entlang des ausgetrockneten Flussbettes des Nossob River, an dem auch eine der wenigen Straßen des Parks entlangführt. Zäune sucht man hier allerdings vergeblich, den man will dem Wild nicht die Möglichkeit nehmen, sich weiterhin frei auf den uralten **Wanderrouten** zu bewegen, die für das Überleben in der Wüste so unschätzbar wichtig sind.

Am besten besucht man den Park zwischen **März** und **Mai**, wenn vom Sommerregen noch etwas Grün geblieben ist und die Sonne nicht mehr so intensiv wie im Sommer ist. Der einzige Eingang zum Park ist bei **Twee Rivieren** und die Öffnungszeiten verschieben sich je nach Tageslicht von Monat zu Monat. Wenn man aber zwischen 7.30 und 18 Uhr ankommt, werden die Tore immer offen sein. Hier befinden sich auch das **Besucherzentrum**, ✆ 054-561 2000, dessen Ausstellungen und Dia-Shows sich lohnen. Anders als in anderen Nationalparks Südafrikas, in denen ein einmaliges Eintrittsgeld erhoben wird, zahlt man für jeden Tag im Park eine Gebühr (R25). Sämtliche Straßen des Parks sind unbefestigt, aber in einem guten Zustand. Und sofern man weit unter der Geschwindigkeitsbegrenzung von 50 km/h bleibt, hat man mit jedem normalen Auto die Chance, wilde Tiere zu sehen. **Treibstoff** ist an allen drei Rest Camps erhältlich.

Anreise

Die Reise zum Kgalagadi Transfrontier Park ist, egal für welchen Weg man sich entscheidet, eine langwierige, heiße und ermüdende Angelegenheit: überall die typischen **roten Dünen** der Kalahari, nur hin und wieder eine riesige, graue Salzpfanne mit Mosaikmuster. Die Vegetation ist weitgehend verschwunden, die Landschaft voller trostloser Bilder von kaputten Windrädern und verrostenden Autorahmen, die im Wüstensand zu versinken scheinen.

Die R360 ist von Upington bis Andriesvale vollständig geteert, das sind ungefähr 210 km. Danach wird sie von einem Sandweg abgelöst, der bis zum 50 km entfernten Parkeingang bei Twee Rivieren führt. Die längere Strecke über die R31 ist nur zwischen Kuruman und Hotazel geteert. Beim Fahren auf diesen unbefestigten Sandstraßen ist Vorsicht geboten, vor allem in Kurven, wo sich der Sand hoch auftürmen kann. Gefährlich sind außerdem die Staubwolken, die beim Überholen anderer Fahrzeuge entstehen. Der Reifendruck sollte vor der Abfahrt um ein halbes Bar reduziert werden. Wenn man nur den Park besuchen möchte, kann man die Kosten für ein teures Fahrzeug mit Allradantrieb sparen. Ein normaler, einigermaßen robuster Pkw reicht vollkommen aus. Man sollte nur die Bodenfreiheit so groß wie möglich halten – mit vier Personen kann es da schon schwierig werden.

Die beiden Alternativen zu der langen Anfahrt zum Kgalagadi sind entweder eine **Pauschalreise** oder ein **Flug** mit einer privaten Chartermaschine zum großen Camp bei Twee Rivieren, Infos bei *Walkers Fly-In Safaris*, ✆ 082-820 5394, wo man nach vorheriger Absprache mit Avis in Upington ein Auto mieten kann (s. S. 327).

Der Park

Nach der beschwerlichen Anreise nach Twee Rivieren geht das Fahren im Park gleich weiter: Die kürzeste Rundfahrt zur Tierbeobachtung ist über 100 km lang, nur wenig kürzer als die Entfernung zum Rest Camp von Mata Mata. Die Hauptstraßen folgen den **Flussläufen**, und dort ist das Wild samt seiner natürlichen Feinde am ehesten anzutreffen. Die beiden Flussbetten führen nur selten Wasser, doch sind zahlreiche **Löcher** gebohrt worden, um die Tiere mit dem kühlen Nass zu versorgen. Die größeren **Bäume** wie Kameldorn und *witgat* (Schafhirtenbaum) spenden etwas Schatten und Nahrung, und die der Wüste angepassten Pflanzen wie verschiedene Melonen- und Gurkenarten dienen den Tieren als Flüssigkeitsquellen. Da die beiden abgelegenen Rest Camps am Hauptwegen entlang der Flussbetten liegen, fährt man auf dem Weg dorthin ganz automatisch durch die besten Tierbeobachtungsgebiete.

Der Park wird von **roten Sanddünen** beherrscht, die – aus der Luft betrachtet – lang, wellenförmig, aneinander gereiht daliegen. Aus dem Auto ist die Perspektive natürlich anders, da man sich in der Vertiefung des Flussbettes befindet, aber dennoch bietet dieser Weg mit die schönsten **Tierbeobachtungserlebnisse** von ganz Südafrika. Aber auch die Umgebung mit ihren endlosen Landschaften, dem klaren Morgenlicht und dem unermesslich weiten Himmel ist atemberaubend. Es bieten sich hier ideale Bedingungen zum **Fotografieren**, wie sich schon an der Ausstellung im Besucherzentrum des Twee Rivieren Camp oder den zahllosen prächtigen Hochglanzbildbänden von der hiesigen Tierwelt erkennen lässt.

Der Schwerpunkt des Kgalagadi Transfrontier Park liegt auf selbst organisierten **Tierbeobachtungsfahrten**, wirkliche Alternativen gibt es kaum. Manchmal bieten Ranger in Twee Rivieren und Nossob Tageswanderungen und Nachtfahrten an. Einzelheiten erfährt man auf den Aushängen an den Büros der Rest Camps.

Tierbeobachtung

Die Highlights der Tierbeobachtung im Kgalagadi Transfrontier Park sind zweifellos die Raubtiere, angeführt vom **Kalahari-Löwen**. Aber der **Gemsbok** (Spießbock), die große, dahintrottende Antilope mit den typisch geraden, V-förmigen Hörnern, ist ebenso selten wie die Big Five. Büffel, Elefanten und Nashörner sucht man hier vergebens, wohingegen **Leoparden** – wie auch in anderen Gebieten – relativ häufig sind, halten sich aber meist versteckt. Kalahari-Löwen haben für gewöhnlich eine viel dunklere Mähne als ihre Verwandten aus dem Bushveld, und Studien haben belegt, dass ihre Verhaltens- und Ernährungsmuster ausgesprochen gut an die Lebensbedingungen in der Halbwüste angepasst sind. Des Weiteren trifft man hier auf verschiedene **Antilopenarten**, **Hyänen**, **Schakale**, **Löffelhunde** und **Geparden** sowie eine Vielzahl von **Vogelarten** wie Geier, Adler, spektakuläre Gaukler (die ihren Namen dem französischen Wort für Bodenakrobat verdanken), Trappen und Strauße. Auch die Chancen auf den Anblick eines Familienverbandes von **Erdmännchen** sind recht groß, den Verwandten der Mungos und Eichhörnchen. Charakteristisch sind ihre Posen auf den Hinterbeinen, wenn sie nervös nach überall lauernder Gefahr Ausschau halten.

Die beste Zeit für die Beobachtungstouren ist der frühe **Morgen**, wenn die Tiere sich noch am ehesten im Freien aufhalten. Die Fahrten dauern im Allgemeinen mindestens vier bis fünf Stunden, so dass man nur durch einen sehr zeitigen Start vermeiden kann, die Wüstensonne im Zenit ertragen zu müssen. Die letzten Stunden des Tageslichts am frühen Abend sind ebenfalls zur Tierbeobachtung sowie zum Fotografieren geeignet. Doch es ist viel erholsamer, noch einen kleinen Spaziergang vom Basislager aus zu unternehmen, als sich schon wieder auf den Weg zu einem neuen Camp zu machen und dort garantiert erst bei Einbruch der Dunkelheit anzukommen. Die Tagesmitte ist gerade im Sommer eine zwangsläufig inaktive Zeit für Mensch und Tier, also sollte man sein Programm nicht zu voll packen.

Übernachtung und Essens

AUSSERHALB DES PARKS – An der Zufahrtsstraße zum Kgalagadi kann man auf eine Reihe von Übernachtungsmöglichkeiten zurückgreifen, wenn im Park alles ausgebucht ist oder man in Reichweite des Haupttors unterkommen möchte. Es sei jedoch daran erinnert, dass die beste Zeit für die **Tierbeobachtung** im Park der frühe Morgen ist und somit eine Übernachtung auf dem Weg zum Park sich nicht wirklich empfiehlt, vor allem wenn der Zeitrahmen begrenzt ist.

Askham Post Office Guest House*, in dem nahe gelegenen Ort **Askham**, ✆ 054-511 0040. Ein B&B mit drei schlichten, gepflegten Zimmern im alten Postamt, von dessen ursprünglichem Zweck allerdings nicht mehr viel zu sehen ist.

Kalahari Trails*, 35 km vor Twee Rivieren und die dem Parkeingang am nächsten gelegene Unterbringungsmöglichkeit, ✆ 05490-291 6341, ✉ kalahari-trails@freemail.absa.co.za. Man kann zwischen dem großen Gästehaus und dem Camp wählen. Des Weiteren **geführte Wanderungen** über die Dünen, auf denen man etwas über die Pflanzen und Tiere der Wüste erfährt. Noch ein paar Kilometer näher am Park bietet *Rooidun* („Rote Düne") das hiesige Gemeindeprojekt an: **Sandsurfen** von einer der riesigen Dünen an, wobei man ähnlich wie beim Rodeln auf einem Plastikbrett sitzt.

Molopo Kalahari Lodge*, in Andriesvale, sehr viel näher am Park als das *Rooipan*, ✆ 054-511 0008, 🖥 www.molopo.co.za. Eine schöne und gut geführte Unterkunft mit über 20 komfortablen Rondavels um einen sehr verführerischen Pool und Campingplätzen. Das nette **Restaurant** steht auch externen Besuchern offen. **Andriesvale** hat sogar eine **Tankstelle** und einen kleinen Laden.

Rooipan**, fast genau zwischen Upington und dem Park, unweit der R360, ✆ 082-415 1579. Ein gastfreundliches Bauernhaus mit VP.

ÜBERNACHTUNG IM PARK – Die **Buchung** der Unterkunft, ✆ 012-343 1991 oder 021-422 2810, 🖥 www.parks-sa.co.za, sollte so lange wie möglich im Voraus getätigt werden, denn der Park wird immer beliebter und gerade während der Schulferien kann es sich als total aussichtslos erweisen, einen Platz zu bekommen. Aus Sicherheitsgründen bekommt man bei der Ankunft eine **Genehmigung** und muss sich bei Betreten und Verlassen der Rest Camps jedes Mal ein- oder austragen.

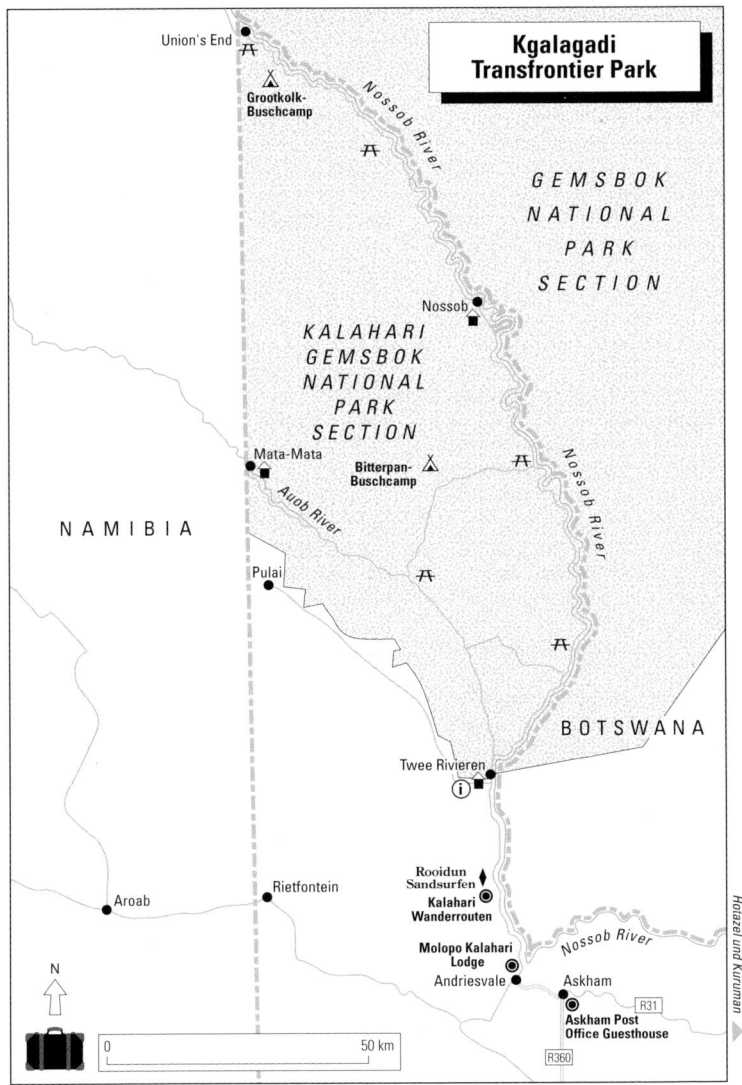

Kgalagadi
Transfrontier Park

Union's End

Grootkolk-
Buschcamp

Nossob River

GEMSBOK

NATIONAL

PARK

SECTION

Nossob

KALAHARI
GEMSBOK
NATIONAL
PARK
SECTION

Mata-Mata

Bitterpan-
Buschcamp

Auob River

Nossob River

NAMIBIA

Pulai

BOTSWANA

Twee Rivieren

ⓘ

Rooidun
Sandsurfen

Kalahari
Wanderrouten

Aroab

Rietfontein

Molopo Kalahari
Lodge

Andriesvale

Askham

Nossob River

N

Askham Post
Office Guesthouse

R31

0   50 km

R360

Holzael und Kuruman

Rooipan Guesthouse und Upington

Twee Rivieren, das erste und am besten ausgestattete der drei Rest Camps, liegt gleich am Eingang und bietet für jeden Geldbeutel passende
Unterkünfte sowie zweckmäßige aber angenehme Chalets für Selbstversorger mit strohgedeckten Dächern und schönen Terrassen. Auch ein
ziemlich großer Caravan- und Campingplatz
steht zur Verfügung. Hier gibt es den einzigen

Swimming Pool des Parks, ein mittelmäßiges Restaurant, ein Takeaway und ein einfaches Souvenir- und Lebensmittelgeschäft.

Die beiden anderen Camps sind in **Mata Mata**, die Straße 120 km weiter, die dem Lauf des Auob River folgt, und in **Nossob**, 160 km entlang der Straße neben dem Nossob River. Sie sind beide viel einfacher gehalten als Twee Rivieren, aber sie verströmen echtes Wüsten-Flair, so dass sich die Anstrengung der Anreise wirklich lohnt. Ist die Zeit begrenzt, ist das näher gelegene Mata Mata die sinnvollere Wahl, doch Nossob ist in Bezug auf Atmosphäre und Tierbeobachtung besser geeignet: Nicht nur dass man hier nachts die Löwen brüllen hört, in dieser Gegend hat man die größten Chancen, sie auch tatsächlich zu sehen. In Mata Mata gibt es Unterkünfte in verschiedenen Preiskategorien, voll ausgestattete Familien-Cottages, komfortable Bungalows für zwei Personen und Campingplätze. Nossob dagegen stellt einfache Cottages und Hütten* sowie Campingplätze zur Verfügung. Das **Besucherzentrum** von Nossob zeigt Fotos und Hintergrundinformationen über die Raubtiere des Parks. Beide Camps haben ein **Wasserloch**, das nachts beleuchtet wird.

Die einzige Unterbringungsmöglichkeit außerhalb der Rest Camps bietet sich in zwei einfachen, nicht eingezäunten **Buschcamps**, in denen die Kalahari noch viel unmittelbarer erlebt werden kann. Eins liegt in der Nähe des Parkzentrums und ist ausschließlich mit Allradantrieb zu erreichen, und das andere in Grootkolk in der Nähe von Union's End an der nördlichsten Spitze des südafrikanischen Teils. Sämtliche Verpflegung und Bettzeug sind selbst mitzubringen, weitere Informationen gibt es bei der zentralen Reservierungsstelle.

Camping ist ebenfalls möglich an einer nur mit Allradantrieb befahrbaren Strecke auf der **Botswana-Seite**. Das Department of Wildlife & National Parks von Botswana hat gleich hinter der Grenze bei Twee Rivieren ein Büro. Absprachen sollten jedoch im Voraus mit dem Parks and Reserves Reservations Office in Gaborone in Botswana getroffen werden, ✆ 09267-580774, ✉ dwnpbots@global.bw.

Kuruman und Umgebung

In der Nähe der Grenze zwischen dem Nordkap und der Nord-Provinz liegt die historische Siedlung Kuruman, ein wichtiges Erkennungszeichen an der großen N14 nach Gauteng. Der Ort entwickelte sich um **The Eye**, eine natürliche Quelle, aus der seit Urzeiten – ob in Dürreperioden oder bei Überschwemmungen – täglich 20 Millionen Liter kristallklaren Wassers hervorsprudeln. „The Eye" war Mittelpunkt des vorwiegend nomadisch lebenden Tswana-Clan **Batlhaping**, dessen Häuptling Mothibi Anfang des 19. Jahrhunderts erstmals Missionare dazu einlud, bei seinem Volk zu leben. Diese Entscheidung hatte nicht nur den Bau der berühmten **Missionsstation** durch Robert Moffat zur Folge, sondern auch die Gründung von Kuruman als „Tor ins Innere" des dunkelsten Afrika.

Neben dem historischen Charme der Mission und der natürlichen Schönheit der Kalahari hat die Gegend um Kuruman aufgrund ihrer Mineralvorkommen große Bedeutung – es gibt Eisen-, Mangan- und Asbest-**Minen** in der Region. Die dazugehörige Infrastruktur schließt eine eingleisige Eisenbahnlinie ein, die von **Sishen**, einem riesigen Eisenerztagebau unmittelbar östlich von Kuruman, bis in das an der Westküste gelegene Saldanha verläuft, rund 850 einsame Kilometer weit entfernt.

Das Zentrum der Stadt Kuruman macht einen ziemlich heruntergekommenen Eindruck und wird von Billigladenketten, charakterlosen Riesen-Supermärkten und mit Abfall übersäten Minibus-Taxiständen beherrscht. Das einzig Sehenswerte ist „The Eye" (Afrikaans *Die Oog)*, unweit des Information Office, obwohl es dort im Grunde nur ein moosbedeckter Fels, von dem Wasser tropft, und ein von einem hohen grünen Zaun umgebenen Teich mit Lilien (gegen ein geringes Eintrittsgeld) gibt.

Die Missionsstation der Moffats

Viel interessanter als Kuruman ist die Missionsstation der Moffats, eine Ansammlung alter Häuser aus Stein und rotem Lehm am Rande der Stadt, gut 4 km von der N14 entfernt, an der R31 nach Hotazel. Errichtet wurde sie von dem oft etwas barschen und energischen Schotten **Robert Moffat** und seiner Frau **Mary** (Kasten s.S. 335), die dort 50 Jahre lang lebten. Die Moffats verfassten und druckten die erste Tswana-Bibel. Ihre älteste Tochter Mary heiratete später den Missionar und Forschungsreisenden **David Livingstone**. ⊙ Mo–Sa 8–17, So 15–17 Uhr, Eintritt R5.

Die Mission ist ein angenehmer Ort, an dem man ein paar Stunden verweilen und umherspazieren kann. Zu dem alten Dorf gehört auch das zauberhaft von großen, Schatten spendenden Akazien und Kameldorn überwachsene Wohnhaus der Moffats mit Möbeln und Ausstellungsstücken im Innern, das Klassenzimmer mit der Tswana-Druckerpresse und die große Kirche. Sie ist aus unbehauenem Stein, die Kirchenbänke stehen auf einem uralten Boden aus getrocknetem Dung, riesige Dachsparren stützen das strohgedeckte Dach und durch die kleinen Fenster und die rissige Holztür fällt das Sonnenlicht herein. Vor dem Wohnhaus befindet sich die Rinne, durch die das Wasser von The Eye geleitet wurde, und dahinter im Garten steht der Stumpf des Mandelbaumes, der durch einen Blitz zerstört wurde und unter

dem einst David Livingstone Mary Moffat einen Heiratsantrag gemacht haben soll. Livingstone nutzte Kuruman als erstes Sprungbrett für seine Erkundungen im Inneren des Kontinents. Er wurde später zu einem der größten Forscher seiner Zeit.

Übernachtung und Essen

Die billigsten Zimmer der Stadt gibt es in der **Moffat Mission***, ✆ 053-712 1352, im Konferenzzentrum gleich hinter dem alten Wohnhaus. Man sei jedoch daran erinnert, dass dies ein ruhiger Zufluchtsort ist und kein lebhaftes Hostel. Einrichtungen für die Selbstverpflegung sind vorhanden, wobei Essen auch im Voraus bestellt werden kann.

Etwas teurer sind das farbig leuchtende **Janke Guest House***, 16 Chapman St, ✆ 053-712 0949 oder 083-310 0209, ein großes Haus, das auf dem Weg zur Mission von der Straße aus gut

Die Moffats und ihre Mission Robert und Mary Moffat, gerade frisch verheiratet, trafen im Jahre 1820 als Gesandte der London Missionary Society im Gebiet von Kuruman ein, zunächst in einem Ort (der von den ersten Entdeckern so liebenswert falsch als Lattakoo übersetzt wurde) etwa 14 km von Kuruman entfernt liegt. Als ehemaliger Gemüseanbauer erkannte Moffat jedoch bald die Vorteile, die ein Bewässerungssystem der Gegend um „The Eye" von Kuruman bringen würde, und er begann mit dem Bau seiner Mission in nächster Nähe auf einem Grundstück, das breit und flach genug war, um es zu bewirtschaften.

Was seine eigentliche Aufgabe anging, war Moffat zunächst nicht sehr erfolgreich – als seine Kirche mit ihren 800 Sitzplätzen fertig war, hatte er gerade mal neun Menschen bekehrt. Doch die Herausforderung zu predigen und eine Schule zu eröffnen, war so groß, dass er beschloss, die hiesige Sprache zu lernen. Er lebte dafür einige Zeit in einem abgeschiedenen Tswana-Dorf. Danach machte er sich an die schier unmögliche Aufgabe, die **Bibel** in die **Tswana-Sprache** zu übersetzen, und schließlich druckte er sie auf seiner importierten ei-

sernen Druckerpresse. Jene ist heute in dem alten Klassenzimmer der Mission ausgestellt. Im späten 19. Jahrhundert hatte die allgemeine Vorstellung vom „dunkelsten Afrika" im viktorianischen Großbritannien ihren Höhepunkt erreicht, und die berühmtesten Missionare wurden gefeiert wie heute die Filmstars. Die Moffats mögen 50 Jahre lang auf einem abgelegenen Außenposten in Afrika gelebt haben, doch als sie 1870 nach Großbritannien zurückkehrten, um dort ihren Lebensabend zu verbringen, behandelte man sie wie berühmte Persönlichkeiten – nicht zuletzt auch aufgrund der erfolgreichen Arbeit ihres Schwiegersohnes David Livingstone. Die Mission in Kuruman wurde unterdessen bis zur Verabschiedung des Group Areas Act im Jahre 1950, der das Ende der Schule und der Kirche als Orte der (gemischtrassigen) Verehrung Gottes bedeutete, weitergeführt. Die alte Mission war bald verwahrlost und vergessen. Erst in den 80er Jahren wurde sie als interkonfessionelle Stiftung wieder zum Leben erweckt. Hinter dem alten Dorf ist unter der Aufsicht eines Direktors und ehrenamtlichen Mitarbeitern ein Rückzugsort und ein Bildungszentrum errichtet worden.

sichtbar ist, und das **Riverfield Guest House***, 12 Seodin St, ✆ 053-712 0003, ein zweckmäßiger und willkommener Zwischenstopp in Zentrumsnähe.

Campen kann man im **Kuruman Caravan Park***, ✆ 053-712 1479, 500 m abseits der Main Rd auf der Kimberley Rd.

Die **Red Sands Country Lodge*–****, ✆ 053-712 0033, ✉ redsands@spg.co.za, eine Freizeitanlage in den Bergen, 15 km auf der N14 in Richtung Upington, ist sehr viel angenehmer, vorausgesetzt man macht zu lautstarken Zeiten wie den Wochenenden und Schulferien einen großen Bogen darum. Auch Chalets und ein Restaurant stehen zur Verfügung.

Von der begrenzten Auswahl an **Lokalen** in Kuruman ist das Restaurant **Over-de-Voor** auf der Main Rd, in einem weißen Haus mit grünem Dach gegenüber von *The Eye*, die beste Variante.

Die Oog Bistro am Eingang zum Eye ist eine winzige Snack-Bar, und das Restaurant der **Red Sands Country Lodge** serviert ganz passables Essen, wenn man bereit ist, aus der Stadt herauszufahren.

Informationen

Bei der Ankunft in Kuruman empfiehlt es sich, die irreführenden Hinweisschilder zum **Tourist Information Office** zu ignorieren. Das gesuchte Gebäude befindet sich auf der Main Rd (N14), zwischen der großen Kreuzung mit der Voortrekker Rd (R31) und The Eye. Das Office liegt im alten Drostdy (Gericht), in dem auch eine gemütliche Teestube eingerichtet wurde. Nach Dienstschluss hängt draußen eine Tafel mit **Übernachtungsmöglichkeiten**. ⊙ Mo–Fr 8–16.30, Sa 8–12.30 Uhr, ✆ 053-712 1001.

Transport

BUSSE – Von Kuruman nach JO'BURG (4x wöchentl.; 6 Std.); UPINGTON (4x wöchentl.; 3 Std.).

Weiter zum Tswalu Kalahari Reserve

Etwa 60 km nördlich von Kuruman an der R31 liegt **Hotazel**, ein kleiner Ort, der im Nordkap neben Pofadder als das verlassenste *dorp* gilt. Aufgrund der hier in die Höhe schnellenden Temperaturen hat die Stadt ihren Namen, sehenswert ist Hotazel allerdings nicht.

Der andere Grund diese Straße zu befahren, ist der Besuch des noblen *Tswalu Kalahari Reserve*, ✆ 053-781 9311, 🖥 www.tswalu.com. Diese perfekt gestylte und ultra-teure Game Lodge liegt 1500 m tief in den Korannaberg Mountains verborgen, unweit des Dörfchens Sonstraal. Tswalu ist das größte in Privatbesitz befindliche Tierschutzgebiet in ganz Südafrika. Es wurde von einem englischen Geschäftsmann, dem mittlerweile verstorbenen Steven Boler, geschaffen, der R50 Millionen investierte, um über 9000 Tiere in diese Wüstengegend zu holen – darunter ein paar vom Aussterben bedrohte **Wüsten-Spitzmaulnashörner**, Zobel, Pferdeantilopen und Geparden. Heute gehört es der Familie Oppenheimer. Nach wie vor verkörpert es den Traum eines reichen Mannes und ist dabei zugleich ein engagiertes Tierschutzprojekt sowie ein glamouröses Safarierlebnis. Neben den weiten Wüstenpanoramen kann man hier extremen Luxus und opulente Mahlzeiten genießen. Die Tierbeobachtung erlebt man zu Fuß oder zu Pferde.

Namaqualand

Eine weitere Region des Nordkaps, deren Name eine Mischung aus Trostlosigkeit und Zauber heraufbeschwört, ist das Namaqualand. Ein häufig zitiertes Sprichwort hier sagt, dass man in Namaqualand zweimal weint: das erste Mal, wenn man hier ankommt, und das zweite Mal, wenn man wieder gehen muss. Es ist das Land der **Nama** (Khoikhoi-Hirten). Ihr Volk teilte sich in die Little Nama, die südlich des **Oranje-Flusses** lebten, und die Great Nama, die nördlich des Flusses im heutigen Namibia lebten. Das Gebiet ist noch immer dünn besiedelt und erstreckt sich südlich des Oranje bis zu den leeren **Knersvlakte** Ebenen um Vanrhynsdorp, sowie von der **Atlantikküste** nach Osten bis zu den

Das farbenprächtige Wildblumenmeer, das jedes Jahr im August/ September das Land überzieht

Winterregengebieten hinter **Pofadder** in Bushmanland. Namaqualand – das ist vor allem das Synonym für das sagenhaft schöne, farbenprächtige **Wildblumenmeer**, das jedes Jahr im August/ September das Land überzieht und zu Südafrikas verlockendsten Naturwundern gehört. Selbst außerhalb dieser Zeit erblühen ganze Landstriche in orangefarbenen, purpurroten und weißen Margeriten und lassen die sonst so trockene und kahle Landschaft mit ihren Bergwüsten, mineralhaltigen Granithügeln und den der Dürre trotzenden, wasserspeichernden Sukkulenten in eigensinniger Schönheit erstrahlen.

Namaqualand erreicht man, wenn man auf der **N7** von Kapstadt in nördlicher Richtung fährt. Zwar kann sich der Blumenteppich in südlicher Richtung bis nach Darling (s.S. 294) ausdehnen, doch ist die Stadt **Vanrhynsdorp** der eigentliche Beginn des nördlichen Abschnitts der Blumenregion, deren Hauptstadt **Springbok** mitten in ihrem Herzen liegt.

Östlich von Vanrhynsdorp bieten die interessanten Orte **Nieuwoudtville** und **Calvinia**, die von Kapstadt und dem Süden nicht allzu weit entfernt sind, ein etwas anderes Blumenschau-Erlebnis. Hinter der Kreuzung von Springbok jedoch ist die Gegend weitestgehend von der Welt abgeschnitten: Die Straßen führen nur noch nach Norden zum Oranje-Fluss und nach Namibia, nach Westen zur Küste bei **Port Nolloth** und zu dem unwirtlichen aber spektakulären **Richtersveld National Park** und schließlich nach Osten, die N14 entlang, nach Upington, vorbei am Dörfchen **Pella** mit seiner eindrucksvollen Kathedrale.

Blumenrouten am Nordkap

Sich in Namaqualand an Blumen zu erfreuen, bedeutet immer auch, viel Zeit im **Auto** zu verbringen, denn in der Region sind weite Entfernungen zurückzulegen und die Vorhersagen sind nicht immer präzise – auf der „Jagd" nach den Blumen muss man also einige Zeit einkalkulieren (Kasten s.S. 338). Das Fortkommen stellt tatsächlich ein Problem dar, ohne Auto ist man relativ aufgeschmissen. Die **Bustouren** sind oft sehr unflexibel. **Rad fahren** ist zwar eine Möglichkeit, aber die Unterkünfte, von denen aus dies möglich ist, sind während der Blumensaison mehr als knapp, und die Reiseroute will deshalb sorgfältig geplant sein.

Die Blumenreviere werden meist von Kapstadt aus angefahren. Zwar kostet der Weg in den hohen Norden mehr Zeit und Mühe als eine 1- oder 2-Tagestour, doch wird man durch das bloße Erleben der reichen Landschaft mit ihren bemerkenswerten Phänomenen und die Vielfalt der Blumen belohnt.

Blumenschau in Namaqualand Die Samen der bunten Margeriten, Mittagsblumengewächse (*vygies*), Aloen, Gladiolen und Lilien – der wunderschönen Blumen des Namaqualand – ruhen während der gnadenlosen Dürreperioden des Sommers in der Erde und warten auf den Regen, der unter Umständen jahrelang ausbleiben kann. Da die verschiedenen Arten – es gibt hier etwa 4000 – auf die jeweiligen Bedingungen unterschiedlich reagieren, können die Blumen jedes Jahr an den verschiedensten Orten und zu den verschiedensten Zeiten auftauchen. Vorhersagen zu den jeweils schönsten Gegenden sind daher schwierig und ungewiss.

Ein Anhaltspunkt sind die **Winterregenfälle**, die in Halbwüsten-Ökosystemen ungewöhnlich sind, weshalb die Blumen nur im August und September sprießen. Sie folgen dem Regen, sind also Anfang der Saison an der Küste zu finden und bewegen sich dann stetig weiter ins Landesinnere. Der andere Faktor ist die **Temperatur** – Blüten öffnen sich selten vor 10 Uhr morgens und bei kühlem oder bewölktem Wetter sind die Farben etwas gedämpft. Bei Temperaturen unter 16 °C bleiben sie automatisch geschlossen, damit ihre Pollen nicht von dem möglichen Wind fortgeblasen werden können.

Die **Tourist Information Offices** der Gegend sind daher bei der Suche nach einer Unterkunft behilflich. Es sollte nur klar sein, ob man eine Farm oder eines der großen Zentren wie Calvinia oder Springbok bevorzugt, von wo aus sich eine größere Auswahl an Routen eröffnet. Darüber hinaus kann man sich mit der zentralen *Whale & Flower* Hotline in Kapstadt in Verbindung setzen (Ende Juli–Anfang Oktober, ☎ 083-910 1028), die über den aktuellen Stand der Blumenpracht und die Wettervorhersagen Auskunft gibt.

„Blumentaktik"

- Tag für Tag sollte die Route neu geplant werden, bevor man sich auf den Weg macht. Oft wissen die Gastgeber über die besten Stellen an dem jeweiligen Tag Bescheid. Auch eine Anfrage bei den Tourist Information Offices oder der Wahle & Flower Hotline lohnt sich. Doch sei man gewarnt, denn nach diesen Informationen richten sich viele, und so kann man in „goldrauschartige" Situationen geraten und sich in einer Schar von Touristen wiederfinden, die allesamt zu dem selben Ort unterwegs sind.
- Die Blüten öffnen sich gegen 10 Uhr und schließen sich wieder zwischen 15 und 16 Uhr. Es bleibt also genügend Zeit für ein ausgiebiges Frühstück und die Anfahrt zum gewünschten Ort. Da die Blumen sich immer der Sonne zuwenden, fährt man morgens am besten westwärts, nachmittags ostwärts und generell von Süden nach Norden.
- Raus aus dem Auto! Wirkliche Blumengenießer sind an den Schmutzflecken an ihren Knien zu erkennen.
- Was sich eigentlich von selbst versteht – bitte keine Blumen pflücken! Lieber Fotos machen oder ein Buch erwerben wie z.B. *Garden of the Gods* von F. Patterson.
- Warme Sachen ins Gepäck! Abends kann es kalt werden.
- Bei regnerischem oder trübem Wetter sollte man zur Küste fahren, in den Bergen wandern oder seine Kenntnisse über die Geschichte der Voortrekker in den Museen von Vanrhynsdorp, Calvinia oder Springbok auffrischen.

Von Vanrhynsdorp nach Springbok

Obwohl sie streng genommen gar nicht zum Namaqualand, sondern zur Provinz Westkap gehört, gilt die Stadt Vanrhynsdorp als eigentliches Tor zu den Blumenrouten des Nordkaps. Sie liegt an der Kreuzung von N7 (der Hauptstraße nach Norden) und R27, der Verbindung nach **Calvinia** und schließlich Upington am Nordrand der Großen Karoo.

Der Abschnitt der N7 zwischen Vanrhynsdorp und **Springbok** bekommt erst in den **Kamiesberg Mountains** zwischen Garies und Springbok seinen Reiz. Die 100 km lange Fahrt durch die Ebenen der

Knersvlakte, unmittelbar nördlich von Vanrhynsdorp, können besonders außerhalb der Blumensaison trostlos und grau erscheinen.

Vanrhynsdorp und Umgebung

Die Hauptstraße von Vanrhynsdorp nennt sich Van Riebeeck und wird von einem hohen Kirchturm an ihrem Ende dominiert. Hier befindet sich das **Museum** der Stadt, das alte Gebrauchsgegenstände und Objekte aus dem Militärbereich zeigt. ⊙ Mo–Fr 8–13 und 14–16.30 Uhr, in der Blumensaison auch Sa und So geöffnet, Eintritt frei).

Das seltsame **Latsky Radio Museum** liegt an der Church St, ✆ 219 1032, und stellt eine private Sammlung von etwa 200 Röhrenradios aus den 20er Jahren aus. ⊙ nach Vereinbarung.

Fährt man auf der Voortrekker St, einer südlich von Van Riebeeck verlaufenden Parallelstraße in Richtung Stadtrand, gelangt man zu einer **Gärtnerei**, ✆ 219 1062, die sich auf Sukkulenten spezialisiert hat, die in dieser Gegend im Überfluss wachsen. Etwa ein Drittel der verschiedenen Sukkulentenarten der Welt kommen in dieser Region vor, viele von ihnen sogar ausschließlich in diesem Gebiet. In der Gärtnerei kann man Pflanzen kaufen oder eine Genehmigung für den 3 km langen **Succulent Trail** erhalten, der sich 25 km nördlich der Stadt unweit der N7 befindet und einen lohnenswerten Abstecher darstellt. Neben der überwältigenden Vielfalt an Sukkulenten vermittelt diese Wanderung einen Eindruck von der außergewöhnlichen **Knersvlakte**, den kargen, mit kleinen weißen Ziegelsteinen übersäten Ebenen nördlich von Vanrhynsdorp. *Knersvlakte* bedeutet „Ebenen der knirschenden Zähne" und meint damit das Geräusch der Wagenräder, wenn sie sich durch das raue Gelände quälen.

Vom Highway in die Stadt kommend, trifft man zunächst auf zwei Tankstellen, an denen man rund um die Uhr Treibstoff und Lebensmittel bekommt. In dem Museum, in Richtung zur Kirche auf der rechten Seite, findet der Besucher ein einfaches und freundliches **Tourist Information Office** (s.u.) Direkt daneben steht **das alte Gefängnis** der Stadt, in dem eine kleine Teestube und, um die alten Zellen zu nutzen, mehrere kleine Handwerksstände untergebracht sind, in denen die Holz- und Handarbeiten der älteren Afrikaander aus dem Ort ausgestellt sind.

Möchte man nur ein paar Tage oder gar eine Nacht bleiben, so bieten sich folgende Unterkünfte **in der Stadt** an:

Namaqualand Country Lodge*, Voortrekker St, ✆ 219 1633, ✉ info@namaqualodge.co.za. Das eher düstere und einfache Hotel der Stadt.

Van Rhyn's*, Van Riebeeck St, ✆ 219 1429, ✉ virons@marques.co.za. Das beste Gästehaus mit passablen Zimmern in den Nebengebäuden.

Vanrhynsdorp Caravan Park*, Gifberg Rd, am Stadtrand, ✆ 219 1287. Außerhalb der Saison recht ruhig, mit einem preiswerten **Campingplatz** und einfachen **Chalets** für Selbstversorger.

Eine nette kleine **Mahlzeit** oder einen Snack bekommt man in dem freundlichen **Rock Art Café** neben der Shell-Tankstelle.

Interessanter werden die Unterkünfte in der **Umgebung** und **den nahe gelegen Bergen**, vor allem wenn man mehrere Nächte bleiben möchte:

Aties Farm Guesthouse**, von der Stadt fährt man 9 km auf der N7 in südlicher Richtung und dann, dem Hinweisschild folgend, weitere 5 km auf einer Schotterstraße entlang, ✆ 219 1534, ✉ aties@freemail.co.za. Sehr freundlich, mit Halbpension. Ein guter Ausgangspunkt für die Suche nach Blumen.

Gifberg Farm*, rund 29 km südlich der Stadt, auf dem Plateau des spektakulären Gifberg, ✆ / ☏ 219 1555, ⌨ www.gifberg.co.za. Angeboten werden Cottages für Selbstversorger und Zimmer in einem großen Bauernhaus. Von der Farm aus führen viele Pfade und Wege zu San-Felsmalereien und natürlich geformten Pools.

In dem Museum, in Richtung zur Kirche auf der rechten Seite, findet der Besucher ein einfaches und freundliches **Tourist Information Office**, ✆ / ☏ 219 1552, ⌨ www.vanrhynsdorp.org.za, ⊙ Mo–Fr 8–13 und 14–16.30 Uhr.

Die Shell-Tankstelle ist der Haltepunkt für die **Intercity-Busse** und **Minibus-Taxis** nach KAPSTADT, SPRINGBOK oder UPINGTON.

Garies und Kamieskroon

Nördlich von Vanrhynsdorp kreuzt die N7 die Knersvlakte, bevor sie Garies erreicht, die erste Stadt innerhalb des Nordkaps. Die meiste Zeit des Jahres ist Garies ein verschlafenes *dorp*, doch während der Blumensaison erwacht es zu neuem Leben, und die **Town Hall** dient dann als Blumeninformationszentrum und Gelegenheitsmarkt.

Von den beiden Hotels hier ist das *Garies**, ✆ 652 1042, das bessere, mit einem einfachen Restaurant. Weiter entlang der Main St, von der N7 kommend nach links, stößt man auf einen gepflegten **Caravanpark**, ✆ 652 1014, mit ausreichend Platz zum **Zelten** und einem schönen Blick ins Green Valley.

Etwa 50 km nördlich von Garies liegt das Dorf Kamieskroon inmitten der Kamiesberge, unter dem felsigen Gipfel (*kroon*), von dem es seinen Namen hat. Mit dem Dorf hat es nicht viel auf sich, außer dass es wirklich sehr schön gelegen ist, von frischer, kühler Bergluft umweht wird und während der Blumensaison das Gefühl vermittelt, dass man sich mitten im Garten der Götter befindet.

Kommt man vom Highway, so liegt das Dorf rechter Hand. Auf der linken Seite befindet sich das *Hotel Kamieskroon****, ✆ 672 1614, 🖷 672 1675, ✉ kamieshotel@kingsley.co.za. Es steht dort scheinbar etwas unglücklich am Wegesrand, ist aber in Wirklichkeit ein lebendiger und kreativer Ort. Das Hotel ist für seine während der Blumensaison stattfindenden Foto-Workshops bekannt geworden und gilt als Zentrum für immer mehr Aktivitäten in den umliegenden Kamiesbergen. Am Hotel gibt es auch einen **Camping**-Bereich, der sehr viel einladender ist als der Caravanpark im Dorf.

Noch tiefer in den Bergen liegen, östlich von Kamieskroon, der Ort **Nourivier** und die alte Missionsstation der Herrnhuter Brüdergemeinde namens **Lelifontein**. Das Land befindet sich als Gemeindeprojekt im Besitz der hier ansässigen Angehörigen des Nama-Volkes, die es auch bewirtschaften. Hier und da sieht man noch Familien in traditionellen *matjieshuis* (Schilfhütten) leben. Diese Siedlungen, von denen sich nach wie vor viele um eine Mission herum befinden, sind durch Schotterstraßen verbunden, die als Blumenrouten bestens geeignet sind. Empfohlen sei hier noch ein

Ort, durch den man auf dem Highway eigentlich nur durchfährt und der sich im **Skilpad-Bereich** des **Namaqua National Park**, 17 km westlich von Kamieskroon, befindet. Die Blütezeiten scheinen hier verlässlicher zu sein als anderswo, und mit etwas Glück kann man ein orangefarbenes Blumenmeer bestaunen. Durch das Schutzgebiet wird eine Rundfahrt angeboten, es gibt jedoch kaum Einrichtungen, nur ein so genannter Farm Stall mit leichten Speisen im Angebot und Toiletten. Einige Bereiche des Reservates wurden für Experimente bereitgestellt, in denen die Auswirkungen durch das Gebiet streifender und grasender Tiere auf die Blumenwelt untersucht werden sollen. ◷ nur zur Blumensaison geöffnet, 8–17 Uhr, Eintritt R10.

Kamieskroon Foto-Workshops Wenn man sich wegen der Blumen in Namaqualand aufhält, so wird man höchstwahrscheinlich das eine oder andere Foto machen wollen – doch ist es gar nicht so einfach, dieses Naturschauspiel in dieser endlosen Landschaft auf den Film zu bannen. Um seine Technik zu verbessern, kann man einen Platz in einem der beliebten Fotografie-Workshops im *Kamieskroon Hotel* buchen. Darüber hinaus erfährt man hier nicht nur viel über die faszinierende Landschaft und Flora von Namaqualand, sondern auch über den Sinn des Lebens. Die Kurse für die Hotelgäste dauern eine Woche und beinhalten Vorlesungen, Unterricht und die Arbeit am Objekt. Sie stehen unter der Leitung des dynamischen Colla Swart, dessen Familie das Hotel betreibt, sowie des international bekannten kanadischen Fotografen **Freeman Patterson**, dessen prächtiger Bildband über die Blumen von Namaqualand *The Garden of the Gods* als ausgezeichnetes Porträt der Region gilt. Obwohl das Hauptaugenmerk auf den Blumen liegt, gibt es die Workshops auch im Herbst (März–Mai), wenn die Arbeit vor Ort in den Dünen an der Atlantikküste in der Nähe von Hondeklip Bay stattfindet. Die Workshops sind häufig ausgebucht, also sollte man sich so früh wie möglich mit dem Hotel in Verbindung setzen, ✆ 672 1614, 🖳 www.agape.co.za, Vollpension und Unterricht ab etwa R3500.

Von Vanrhynsdorp nach Calvinia

Fährt man auf der R27 von Vanrhynsdorp in östlicher Richtung nach Calvinia, so bekommt man einen sehr guten Eindruck von der plötzlichen Erhebung des Landes von den Ebenen hoch zum Bokkeveld Steilabbruch, den die Straße am **Van Rhyn's Pass** mit ein paar haarsträubend engen Haarnadelkurven in der Nähe des Gipfels überquert. Es gibt einen fantastischen Aussichtspunkt mit Blick über die Ebenen, der bald nach Erreichen des Plateaus ausgeschildert ist. Besonders auffällig ist – was auch die ersten Siedler zu ihrer Erleichterung bemerkten, nachdem sie ihre Ochsenkarren die Berge heraufgeschleppt hatten –, dass die Vegetation oben auf dem Plateau plötzlich viel fruchtbarer ist.

Genau zwischen **Nieuwoudtville** und Calvinia trifft auf die R27 die **R364**, eine Schotterstraße nach **Clanwilliam** über die spannenden **Pässe Botterkloof** und **Pakhuis**. Diese Strecke gehört zu den schöneren Fahrtrouten in den abgelegenen Regionen des Westkaps, besonders wenn die Blumen am Wegesrand blühen.

Nieuwoudtville

Zehn Kilometer weiter vom höchstgelegenen Abschnitt des Van Rhyn's Passes verläuft die R27 entlang des nördlichen Teils des schönen Städtchens Nieuwoudtville mit seinen zauberhaften honigfarbenen, blechgedeckten Sandsteinhäusern. Trotz ihrer Winzigkeit ist die Stadt voller Charakter und Geschichte, von den düsteren **Ruinen** der ersten Siedlerhäuser am Stadtrand bis zu ihrer Bezeichnung als „Blumenzwiebelhauptstadt der Welt" – der Boden hier weist tatsächlich die weltweit höchste Konzentration an **Blumenzwiebeln** auf. Und entfaltet sich die größte Blütenpracht hier auch nur im August/September zu einem märchenhaften Farbenspektakel, so wird man auch zwischen März und Oktober immer irgendetwas Blühendes finden.

Auf der Durchreise entlang der Voortrekker Road (der einzigen Teerstraße), auf der linken Seite, steht eine prächtige **Kirche** auf einem großen, hübsch verwilderten Grundstück.

Auf der Suche nach einer stimmungsvollen Unterkunft in Nieuwoudtville selbst kann man sich nach den Gästehäusern **Van Zijl*** im Restaurant Smidswinkel, ☎ 218 1535 oder 082-829 6855, ✉ nieuvz@interkom.co.za, erkundigen. Dazu gehören verschiedene restaurierte Gebäude im Umkreis des Dorfes mit Yellowwood-Fußböden, Innen-Fensterläden und stilvollen alten Möbeln.

Gut 1 km außerhalb der Stadt liegt ein angenehmer **Campingplatz**, zu buchen beim Municipality Office, ☎ 218 1316.

Ansonsten kann man auch in einem typischen alten Karoo-Cottage mit Strohdach auf einer der **Farmen** in der **Umgebung** von Nieuwoudtville unterkommen, sei es in einem herzlichen Bauernhaus-B&B oder in Zimmern für Selbstversorger. Zu empfehlen sind hier **Kliprivier***, ☎ 218 1204, und **Papkuilsfontein*** mit ein paar bezaubernden Stein-Cottages, ☎ 218 1246.

Essen kann man im ausgezeichneten **Smidswinkel**, Mittagessen, Nachmittagstee und im Voraus gebuchtes Abendessen, oder im **Rooi Dakhuis***, einem Restaurant und Gästehaus am äußersten Ende des Dorfes auf der Voortrekker St, ☎ 218 1125.

INFORMATIONEN – Das **Information Centre**, ☎ 218 1336, das hier nur zur Blumensaison eingerichtet wird, gilt als zuverlässige Quelle für ortskundige Tipps. Während des gesamten Jahres bekommt man die besten Informationen über die Gegend im Restaurant Smidswinkel auf der Neethling St.

TOUREN – In der Blumensaison gibt es auch sehr empfehlenswerte **Touren**, die von **Neil MacGregor**, einem der Gurus der Namaqualand-Blumen, auf seiner Farm Glenlyon (Kasten s.S. 338) veranstaltet werden.

VORWAHL – 027

NORDKAP

Glenlyon Der alte Bedford-Bus „Flora" ist ebenso ein Original von Nieuwoudtville wie sein Fahrer **Neil MacGregor**. Mac Gregors Liebe zu der Botanik des Landes und sein Wissen über dieses Land, das er sein Leben lang bewirtschaftet hat, haben ihm nicht nur in Namaqualand, sondern in der ganzen Welt Bewunderung eingebracht. Im Gästebuch von Glenlyon, der Farm von Neil und Neva MacGregor außerhalb der Stadt, stehen Namen wie David Attenborough, der mit dem BBC Wildlife-Team herkam, um *The Private World of Plants* zu drehen, und Sir Ghilleam Prance, Direktor der Kew Gardens in London. Jedes Jahr zur Blumensaison im August und September bieten Neil und Flora Touren über die Farm an, einen 65 km² großen Besitz, auf dem sie Merinoschafe züchten und nun bereits seit 30 Jahren beweisen, dass Landwirtschaft und die hinreißende Pflanzenwelt hervorragend nebeneinander existieren können. Die Spezialität des Hauses Glenlyon sind orangefarbene Bulbinella-Arten. Neils Enthusiasmus und Kenntnis bringen seine Besucher im Handumdrehen dazu, auf allen vieren herumzukriechen und alle möglichen bezaubernden Blumen eingehend zu betrachten. Die Touren dauern 2 1/2 Stunden und beginnen während der Saison täglich um 14 Uhr, ✆ 218 1200, 🖳 http://glenlyon.4dw.com.

Die Umgebung von Nieuwoudtville

Etwa 2 km östlich von Nieuwoudtville an der R27 liegt das **Wildblumenreservat** der Stadt. Aufgrund seiner Lage am Rande des Steilabbruchs wird das Gebiet mit einer ungewöhnlich hohen Niederschlagsmenge versorgt, wodurch hier über 300 verschiedene Blumenarten gedeihen können. 7 km nördlich der Stadt in Richtung Loeriesfontein liegt das **Bokkeveld Nature Reserve** mit seinem 90-Meter-Wasserfall, der. Wenn der Doring River zwischen April und Oktober Wasser führt, stürzt er in eine imposante Schlucht hinab, wo von Zeit zu Zeit zwischen den riesigen Felsen erhabene Raubvögel durch die Lüfte gleiten. Ein paar Kilometer weiter

nördlich führt von der R357 eine Schotterstraße in Richtung Gannabos zu einer weiteren botanischen Kuriosität der Gegend: einem ausgedehnten **Aloenwald** mit ein paar von Südafrikas größten Exemplaren der Sukkulentenart *aloe diechotoma*, auch als *kokerboom* (Köcherbaum) bekannt.

Für Besucher dieser Gegend, die mehr Zeit haben, lohnt sich (besonders außerhalb der Blumensaison) eine Wanderung oder ein Besuch im **Oorlogskloof Nature Reserve**, das mit verschiedenen Wander- und Mountainbike-Routen sowie natürlichen Swimming Pools lockt. Das Schutzgebiet liegt hoch oben am Rande des Steilabbruchs, südlich von Nieuwoudtville. Der Eingang befindet sich unweit der N27 am oberen Ende des Van Rhyn's Passes, doch muss man sich vorher mit dem Direktor im Information and Booking Office auf der Goedehoop St, ✆ 218 1159, nach 16 Uhr ✆ 218 1010, in Verbindung setzen. Dort werden auch Landkarten zur Verfügung gestellt. ⏰ Mo–Fr 8–16 Uhr.

Calvinia

Trotz des strengen Namens, den ihr einer der ersten Pfarrer gegeben hat, liegt Calvinia wunderbar im Schatten der Hantamsberge. Die Stadt dient als „Service Centre" für ein großes Einzugsgebiet, und man möchte hier nicht unbedingt mehr Zeit als nötig verbringen, es sei denn, man ist wegen der Blumen in der Umgebung hier. Außerhalb der Blumensaison lässt das **Klima** die Gegend als wenig einladend erscheinen – die Temperaturen steigen im Sommer bis auf 40 °C und fallen im Winter bis unter den Gefrierpunkt, dann kann es in den Bergen sogar Schnee geben.

Das Zentrum von Calvinia wird durch die **niederländisch-reformierte Kirche** beherrscht, obwohl sie die Aufmerksamkeit inzwischen mit einem zylindrischen, als riesiger roter **Briefkasten** verkleideten Wasserspeicher teilen muss, der an der Hope St steht. Damit wollte man eine Touristenattraktion schaffen und, so haarsträubend das Konzept auch sein mag – es ist ein Hingucker. Hier eingeworfene Briefe und Postkarten bekommen einen besonderen Poststempel. Direkt gegenüber wartet eine ehrwürdigere Sehenswürdigkeit: das **Hantam Huis**, das älteste Gebäude von Calvinia. Es wurde hervorragend restauriert, wofür es mehrere Auszeichnungen gab. Innen ist es in erster Linie eine Teestube (s. Übernachtung und Essen) und ein Geschenkartikelladen. ◉ Mo–Sa 7.30–17 Uhr, zur Blumensaison auch So.

Das große **Calvinia Museum** ist in einer Synagoge im Art-Deco-Stil aus dem Jahre 1920 auf der Church St untergebracht. Das Gebäude steht für die ziemlich große jüdische Gemeinde, die einst in der Stadt gelebt hat, aber zunehmend zusammengeschrumpft ist. Einer ihrer berühmteren Söhne ist der Shakespeare-Schauspieler Antony Sher, der im nahe gelegenen Middlepost geboren wurde.

Das Museum zeigt umfangreiche Ausstellungen zum Siedlerleben wie alte hölzerne Mahlmühlen, Druckerpressen, riesige, in Schmieden genutzte Blasebalge und immerhin sechs Pianos. Auch kuriosere Stücke sind zu sehen, darunter ein schwarzes Hochzeitskleid und ein ganzes Sortiment an *dagga* (Marihuana-)Pfeifen. Erwartungsgemäß ist die Vitrine mit den Memorabilien der beiden von hier stammenden Spieler aus dem **Rugbyteam der Springboks** genauso groß wie die mit den San-Artefakten. ◉ Mo–Fr 8–13 und 14–17, Sa 8 Uhr– mittags, Eintritt R3.

Übernachtung und Essen

Die stimmungsvollsten Unterkünfte findet man hier in ein paar alten **Stadthäusern****, die von **Hantam Huis**, ✆ 341 1606, 🖳 www.calvinia.co. za, betrieben werden. Die Häuser sind mit Holzfußboden, Tüllgardinen und merkwürdigem antikem Mobiliar ausgestattet. Einige verfügen über Selbstversorger-Einrichtungen, und jeden Tag wird für die Gäste Abendessen angeboten. Gegenüber vom Hantam Huis steht ein weiteres Gebäude aus dem 19. Jh., 35 Water St, in dem das *Pionierslot Guesthouse**, ✆ 3411263, untergebracht ist. Seine angenehmsten Räume liegen im Nebengebäude.
Der **Camping- und Caravanpark**, ✆ 341 1011, liegt an der Hofmeyr, Ecke Station St, auf dem Weg durch die Stadt in Richtung Upington Rd. Im **Hantam Huis** werden tagsüber traditionelle **Speisen** gereicht, während das Restaurant **Die Blou Nartjie**, ✆ 341 1263, im *Pionierslot Guesthouse,* etwas vornehmer ist. Sa mittags

und So geschlossen. Im Café **Paladium** auf der Stigling St kann man **Eis** essen. Hier sei daran erinnert, dass Eis auf Afrikaans *roomys* heißt – nicht dass es zu Verwechslungen kommt, und man versehentlich nach einer Unterkunft fragt, wenn man das Wort über einem Laden sieht.

Sonstiges

INFORMATIONEN – Das **Tourist Information Office**, ✆ 341 1712, ist im Museum untergebracht. Die Mitarbeiter geben Auskunft über die **Blumenrouten** in der Gegend des Hantam Distrikts. ◉ Mo–Fr 8–13 und 14–17, Sa 8 Uhr bis mittags.

VORWAHL – 027 (sofern nicht anders angegeben)

Transport

BUSSE UND MINIBUS-TAXIS – Trotz seiner Abgeschiedenheit liegt Calvinia an einer großen Kreuzung von Überlandstraßen. Die zwischen Upington, Vanrhynsdorp und Kapstadt verkehrenden Intercape-**Busse** und **Minibus-Taxis** halten an der Trokkies Service Station an der westlichen Einfahrt in die Stadt. Tickets für die Intercape-Busse sind, man höre und staune, in der Fleischerei auf der Hope St, ✆ 341 1073, erhältlich. Von Calvinia nach
KAPSTADT (4x wöchentl.; 5 3/4 Std.);
UPINGTON (4x wöchentl.; 4 3/4 Std.).

Der Weg zur Großen Karoo

Gleich hinter Calvinia teilt sich die Straße. Dann führt die R27 nach Norden durch **Brandvlei** und **Kenhardt** bis nach Upington, und die R63 nach Osten durch **Williston** und **Carnarvon** nach Victoria West und zur großen N12, die Kapstadt über Kimberley mit Johannesburg verbindet.

Die **Karoo-Siedlungen** liegen vollständig isoliert und haben einige interessante Besonderheiten anzubieten: uralte Fossilienreste und Kragsteinhäuser – das sind weiß getünchte, bienenstockartige Konstruktionen, die auf diese spezielle Art errichtet wurden, weil das Bauholz für die Dächer fehlte.

Die Große Karoo Es mag seltsam klingen, doch die **Great Karoo**, dieses riesige, trockene, karge Binnenland Südafrikas, war vor rund 250 Millionen Jahren ein ebenso riesiger Binnensee. Winzige Meerestiere und dinosaurierähnliche Amphibien an den Ufern bevölkerten ihn, von denen einige als Fossilien erhalten geblieben sind. Der Gegensatz zu heute könnte nicht größer sein – gemächlich quietschende Windmühlen befördern mühsam das Wasser an die Oberfläche und durch das verbrannte, rotbraune Land streifen nur kleine Antilopen-Herden oder zähe Merinoschafe. Wenn die Farmer hier über das Gelände sprechen, so geht es nicht um Schafe pro Hektar, sondern um Hektar pro Schaf. Die Sommerhitze ist erbarmungslos, der Winter beißend kalt, der Regen meist nur flüchtig und der Boden fast unfruchtbar. Und doch ist die Karoo für viele Südafrikaner etwas ganz besonderes. Sie empfinden eine fast abwegige Freude an der frischen Luft, den Farben der einzeln stehenden *koppies* bei Sonnenuntergang, der endlosen Weite des bleichen Himmels, der Tiefe der Dunkelheit bei Nacht und den dicht gedrängten Galaxien von Sternen.

Springbok und Umgebung

Springbok ist das größte Handels- und Verwaltungszentrum von Namaqualand und dazu eine wichtige Durchgangsstation an der N7. Es liegt ungefähr 550 km nördlich von Kapstadt entfernt, gut 100 km südlich der Grenze zu Namibia und in der Nähe der Kreuzung mit der **N14**, die von hier aus das ganze Nordkap durchquert, vorbei an Upington, bis sie schließlich Johannesburg erreicht.

Die Stadt ist von Hügeln umgeben, und in ihrem Zentrum spielt sich das Leben um einen Hügel aus Granitfelsblöcken mit dem Namen Klipkoppie (Felsenhügel) ab. Hier hat sich einst ein britisches Fort befunden, das im Burenkrieg von einem Kommando unter General Jan Smuts vernichtet wurde. Nach einem kurzen Fußmarsch auf der Monument St gelangt man zum städtischen **Museum** in einer alten Synagoge. Ein Stück weiter hinten markiert ein Spalt in einem Hügel die **Blue**

Mine, die erste kommerziell betriebene Kupfermine Südafrikas, die im Jahre 1852 in Betrieb genommen wurde. Kürzlich hat man hier mit dem Abbau von Edelsteinen für den Markt in Fernost begonnen. Jene waren früher bei der Suche nach Kupfererz ignoriert worden. Museum ⏱ Mo, Mi und Fr 8.30– 15.30 Uhr, Eintritt R3.

Fährt man etwa 10 km auf der R355 am Flughafen von Springbok vorbei in Richtung Südwesten, gelangt man zum **Goegap Nature Reserve** (⏱ tgl. 8–18 Uhr, Eintritt R10), einem Areal, das als „Namaqualand in Miniaturausgabe" bezeichnet wird.

In dem Schutzgebiet befinden sich der **Hester Malan Wild Flower Garden** und Wege für Zweitageswanderungen, Mountainbiketouren und Routen für Geländewagen. Im Besucherzentrum, ☎ 712 1880, ⏱ 8–16 Uhr, erfährt man Einzelheiten.

Übernachtung und Essen

Cat Nap Accommodation*, neben der Shell-Tankstelle auf der Voortrekker St, ☎ 718 1905, ✉ richtersveld.challen@kingsley.co.za. Bietet primitive aber ausreichende Unterkunft in der Garage hinterm Haus – da parkt man seinen Wagen mit Allradantrieb bzw. sein Motorrad gleich neben dem Bett. Gästezimmer besserer Qualität gibt es im Haupthaus.

Goegap Nature Reserve*, wenn man nicht in Springbok übernachten möchte, bietet das Reservat Unterkünfte für Selbstversorger in großen Chalets an.

Mountain View Guest House**, 2 Overberg Ave, ☎ 712 1438, ✉ mountview@worldonline.co.za. Geschmackvolle B&B-Zimmer mit afrikanischem Flair in freundlicher Umgebung am **Stadtrand**, direkt an einem kurzen Wanderweg, der Blicke über Springbok und die umliegende Landschaft bereithält.

Naries Guest House***, 27 km westlich von Springbok, ☎ 712 2462. Gemütliche, komfortable Unterkunft auf einer abgelegenen Farm – perfekt in der Blumensaison. Weit im Voraus Zimmer reservieren.

Springbok Caravan Park*, 2 km vor der Stadt an der R355 nach Goegap, ☎ 718 1584. Einfachste Campingmöglichkeit in der Nähe von Springbok,

Anlagen begrenzt, aber Swimming Pool vorhanden, wenn auch am lauten Highway.

Springbok Lodge & Restaurant*, Voortrekker St, ✆ 712 1321, ✉ sblodge@interkom.co.za. Umfasst verschiedene Häuser in der Nähe, meist weiß oder gelb gestrichen, mit schlichten aber ordentlichen Zimmern inkl. Selbstversorger-Apartments, im Restaurant zu erfragen.

Gutes und billiges **Essen** bekommt man in der ***Springbok Lodge & Restaurant*** an der Voortrekker, Ecke Keerom Rd.

Auch ***Melkboskuil*** ist einen Besuch wert – ein leuchtend gestrichenes, umgebautes Stadthaus an der Voortrekker St, in dem es ein Restaurant/Café gibt, das Mahlzeiten, Getränke und Kaffee serviert.

Sonstiges

AUTOVERMIETUNGEN – ***Jowell's*** an der Voortrekker Rd, ✆ 712 2061, oder, wenn es ein Fahrzeug mit Allradantrieb sein soll, ***Richtersveld Challenge*** an der Jurie Kotze Rd, ✆ 7121905.

INFORMATIONEN – Das **Tourist Information Centre**, ✆ 712 2011, ist in der kleinen anglikanischen Kirche neben dem Postamt auf der Namakwa St untergebracht. ◷ Mo–Fr 7.30–16.15 Uhr, zur Blumensaison auch Sa, dann längere Öffnungszeiten. Weitere ortskundige Ratschläge gibt es in der ***Springbok Lodge & Restaurant*** an der Voortrekker, Ecke Keerom Rd – einem Treffpunkt für Reisende, Ort des Informationsaustausches und ein gemütlicher Plausch unter Einheimischen. Im ***Melkboskuil*** an der Voortrekker St gibt es neben einem Antiquitätenladen auch ein einfaches **Information Centre** ◷ Mo–Fr 8–17, Sa 8–13 Uhr.

INTERNET – Internet-Café im ***Melkboskuil***, Voortrekker St.

VORWAHL – 027

Transport

BUSSE – **Intercape**-Busse halten vor der *Springbok Lodge*. Von Springbok nach

KAPSTADT (4x wöchentl.; 6 1/2 Std.); PRETORIA (4x wöchentl.; 7 Std.).

MINIBUS-TAXIS – Die Taxen stehen am Klipkoppie. **VIP Taxis**, ✆ 851 8780, fahren nach PORT NOLLOTH, UPINGTON und KIMBERLEY.

FLÜGE – Flüge aus Kapstadt kommen am Flughafen von Springbok an, ✆ 712 2380, 5 km vor der Stadt an der R355 zum Goegap Nature Reserve. Von Springbok nach KAPSTADT (1x tgl. Mo–Fr; 1 1/4 Std.).

Richtung Norden zur Grenze nach Namibia

Acht Kilometer nördlich von Springbok an der N7 liegt die etwas schmuddelig wirkende Kleinstadt **Okiep**, die in den 80er Jahren des 19. Jahrhunderts die Stadt Springbok als Zentrum des Kupferbergbaus von Namaqualand ablöste. Die Bergarbeiter und Ingenieure aus den Zinnminen von Cornwall kamen, um am Aufbau der Minen mitzuarbeiten, und noch heute kann man sowohl den nicht zu übersehenden **Schornstein** als auch die **Balkenpumpe aus Cornwall** daneben besuchen. Besichtigungen können über das *Okiep Country Hotel*–***, ✆ 027-744 1000, 🖳 www.okiep.co.za, arrangiert werden, das sich unter den Palmen an der Hauptstraße befindet. Das Hotel selbst ist recht angenehm und bietet Zimmer im Haupthaus und im Nebengebäude.

Rund 40 km weiter nach Norden liegt **Stienkopf** an der Kreuzung der N7 und der R382 nach Port Nolloth und zum Richtersveld National Park. Als eigentlich recht unscheinbare Siedlung ist Stienkopf ein gutes Beispiel für die sich langsam durchsetzenden kommunalen Tourismusinitiativen. Das **Kookfontein Information Centre** (s.u.) gibt Auskunft über die hiesigen Sehenswürdigkeiten: Aussichtspunkte, eine Sukkulenten-Gärtnerei und Kinderlê – ein Massengrab, in dem die Nama-Kinder begraben sind, die vor 200 Jahren von den San massakriert worden waren. Um das Projekt rentabel zu machen, ist geplant, dass das Center einen ortskundigen Führer einstellt, der die Besucher zu den sehenswerten Orten begleitet. Selbstversorger-Unterkünfte* sowie traditionelle Nama-Speisen gibt es ebenfalls im Center. ◷ tgl. 8–17 Uhr.

Nördlich von Stienkopf verläuft die N7 etwa 50 Kilometer lang durch ein paar ziemlich trostlose Ebenen des Namaqualand, bevor sie abwärts durch eine Reihe von der Hitze schwarz und ocker gefärbter, felsiger Hügel zu einem imposanten Pass mit dem Namen **Vwfmylpoort** führt – ein Wort, mit dem man beim Scrabble gute Chancen hätte. Dann geht es weiter in das grüne Überschwemmungsgebiet des **Oranje-Flusses**, der die nördliche Grenze von Südafrika zu Namibia bildet. Die Ansammlung von Häusern auf der südafrikanischen Seite des Flusses nennt sich **Vioolsdrif** – doch mehr als eine Tankstelle, einen verstaubten Laden und ein hoch umzäuntes Regierungsgebäude gibt es hier nicht.

Biegt man hier auf eine Schotterstraße ab und folgt dem Südufer des Oranje, so gelangt man nach 10 km zu dem **Campingplatz** *Fiddlers Creek,* ✆ 027-761 8953, ✉ home@kingsley.co.za, direkt am Fluss gelegen. Er dient einem Veranstalter als Ausgangspunkt für Kanutouren auf dem Oranje. Weitere 10 km flussabwärts liegt ein Campingplatz mit etwas mehr Luxus und dem schönen Namen *Peace of Paradise,* ✆ 027-761 8968, 🖥 www. peaceofparadise.co.za. Hier kann man auf sattgrünem Rasen zelten, in dem sich windenden Fluss baden oder paddeln und in der Bar ein eiskaltes Bier genießen.

Reist man von Vioolsdrif weiter nach Namibia, so hat man die Ein-/Ausreise- sowie die Zollformalitäten auf beiden Seiten der Brücke zu erledigen. Die Grenze ist rund um die Uhr geöffnet. Auf namibischer Seite liegt die Stadt Noordoewer, in der sich mehrere Tankstellen und die *Orange River Lodge*,* ✆ 09264-632 97133, mit einfachen Zimmern, Campingmöglichkeiten, einer Bar und einem Restaurant, befinden.

Von Springbok nach Upington

Nachdem man die Berge um Springbok hinter sich gelassen hat, zeigt sich die **N14** auf dem Weg von Springbok nach Upington endlos lang, eben und leer, gesäumt von Telegrafenmasten bis zum flimmernden Horizont. Diese dienen oft als Ersatz für die nicht mehr vorhandenen Bäume, an denen die großen braunen **Nester der Siedelweber** – ein unverwechselbares Kennzeichen der trockenen Nordregionen – einst hingen. Auf dieser Straße sieht man auf Hunderten von Kilometern kaum ein Zeichen menschlicher Besiedlung, was einer der Gründe dafür ist, dass die winzige Stadt Pofadder in Südafrika den Ruf hat, sogar noch ein Stück hinter dem Ende der Welt zu liegen. Während Pofadder kaum etwas zu bieten hat, ist die relativ nahe gelegene Missionsstation Pella mit ihrer hoch aufragenden Kathedrale und dem Coffee-Shop mit Wänden aus Schilfrohr dann eine recht erfreuliche Entdeckung.

Pella

Ungefähr 150 km hinter Springbok führt eine Abzweigung nach Pella, einem interessanten Ort, der um eine Missionsstation herum entstanden ist. Nachdem man die N14 verlassen hat, nimmt man nach 3 km die rechte Abzweigung und folgt der Schotterstraße 10 km weiter in Richtung der Bergkette, die dem Lauf des Oranje folgt. Pella ist eine schlichte Ansammlung von Hütten, Sandwegen und ein paar Stein- oder Backsteinhäusern, in deren Mitte eine bemerkenswerte gelbe **Kathedrale** auf einem offenen, staubigen hellen Stück Land steht und von stattlichen Dattelpalmen umgeben ist. Sie wurde von einer Gruppe französischer Missionare in den 80er Jahren des 19. Jahrhunderts erbaut, die, da unter ihnen kein erfahrener Kirchenbauer war, die *Encyclopédie des Arts et Métiers* als Vorlage benutzten.

Die attraktiven Missionsgebäude in ihrem Umkreis werden noch immer von einer Gemeinschaft von Nonnen bewohnt, und die Kathedrale selbst wird nach wie vor genutzt. Die beiden kleinen **Museen** unter den Missionsbauten sind recht sehenswert. Sind sie geschlossen, so wendet man sich an das Missionsbüro.

An der Ecke, wo die Straße nach Pella hinein nach links in Richtung zur Mission abbiegt, liegt das *Kultuur Koffie Kroeg*, ein **Coffee-Shop**, der in einem etwas instabil wirkenden Schilfhaus von einer Frau und ihren Töchtern betrieben wird. Mit *kokerboom*-Stämmen als Stühlen und Kaffee vom offenen Feuer im Hinterhof ist dies der reinste Triumph lokalen Unternehmertums, und die wenigen Besucher, die es bis hierher schaffen, wissen das zu schätzen. Eine sehr spartanische aber recht authentische **Unterkunft** findet man hinter dem *Koffie Kroeg* im *Matjieshuis* in traditionell runden Strohhütten des Nama-Volkes, ✆ 054-971 0040. Das Abendessen besteht normalerweise aus einem in einem *potjie* gekochten Eintopf, der extra für die Gäste gezaubert wird. Die einzige, wirkliche Alternative ist ein nettes *Gästehaus*** im 24 km entfernten Klein Pella, ✆ 054-972 9712, am Ufer des Oranje.

Pofadder

Zurück auf der N14, wird die etwa 15 km weiter entfernt liegende, abgeschiedene Stadt Pofadder einen nicht lange aufhalten, es sei denn man braucht ein Foto als Beweis, hier gewesen zu sein. Der Name (Afrikaans für „Puffotter", eine in der Gegend vorkommende, hoch giftige Schlangenart), wird von den Südafrikanern oft verspottet, da er sich in Wirklichkeit auf einen Banditen aus dem 19. Jahrhundert namens Klaas Pofadder bezieht, der zwar die meiste Zeit auf einer Insel im Oranje in der Nähe von Upington verbrachte, aber hier ein Versteck hatte. Es gibt ein **Hotel** in der Stadt, das *Pofadder**, Voortrekker St, ✆ 054-933 0063, und ein Rasendreieck im Caravanpark, ein paar Blocks weiter, für diejenigen, die **zelten** möchten, ✆ 054-933 0056.

Die Westküste

Nördlich von St Helena Bay, der gekrümmten Landspitze, 100 km nördlich von Kapstadt, erstreckt sich die lange einsame Westküste von Südafrika – kalter, grauer Atlantischer Ozean und die vorherrschende robuste Sandveld-Vegetation auf dem unfruchtbaren Boden. Viel mehr gibt es zu der Region nicht zu sagen. Zwischen der Mündung des Olifants River bei Papendorp, etwa auf gleicher Höhe wie Vanrhynsdorp, und des Oranje, gut 400 km nördlich, gibt es eine Teerstraße, die von der N7 zur

Küste führt – zur einzig nennenswerten Siedlung **Port Nolloth**.

Der Zugang zum Großteil des Küstengebietes bleibt dem Besucher wegen der **Diamantförderung** verwehrt, die in großem Ausmaß die Zerstörungen der Sandveld- und Küstendünen zur Folge hatte. Die ersten Diamanten in Namaqualand fand man 1925, womit sich die Vermutung bestätigte, dass Diamanten im gesamten Flusslauf des Oranje vorkommen könnten, ins Meer gespült und dann von den Strömungen und den Prozessen der langsamen Landbewegungen vor der Küste verteilt werden könnten. Obwohl sich die Suche zunächst auf des Flusslauf des Oranje und die Küstendünen konzentriert hatte, ist man heute eher hinter den auf dem Meeresgrund vor der Küste liegenden Diamanten her, die von Schiffe aus mit riesigen „Unterwasser-Staubsaugern" und Taucher gesucht werden. Oftmals wird unter sehr gefährlichen Bedingungen gearbeitet.

Während der Blumensaison fällt der Regen zunächst in den Küstenregionen und oft sieht man dann Blumenteppiche, die etwa 20 km tief im Landesinneren beginnen. Somit laden ein paar Querstraßen von der N7 zur Küste zu lohnenswerten Tagestouren ein. Die Schotterstraße über den **Spektakel Pass** zwischen Springbok und Kleinzee gehört zu den beeindruckendsten Straßen von Namaqualand, und auch der **Anenous Pass** auf der geteerten R382 zwischen Steinkopf an der N7 und Port Nolloth ist unvergesslich. An dieser Straße begegnet man auch den herumziehenden Ziegenherden des Hirtenvolkes der **Nama**, die in diesem Gebiet leben. Des Weiteren kann man von hier die Berge und Täler des Richtersveld sehen, der unmittelbar südlich des Oranje liegenden Bergwüste.

Port Nolloth

Ein seltsamer und doch reizvoller Ort ist Port Nolloth. Hier herrscht diesiges, windiges und sonniges Wetter, so dass die Horizonte nie wirklich deutlich zu erkennen sind. Die schweren Morgennebel hüllen die Stadt in eine fast unheimliche Ruhe. Die Einwohner der Stadt sind eine bunte Mischung aus verschiedenen Rassen und Berufsständen, darunter Fischer, Diamantbootbesitzer, Profitaucher auf der Suche nach dem großen Fang, Mädchen auf der Suche nach Tauchern und eine recht beachtliche portugiesische Gemeinschaft. Port Nolloth ist geheimnisvoll und aufregend, und viele Geschichten ranken sich um den illegalen Diamanthandel – IDB („Illegal Diamond Buying").

Sehenswertes ist rar, doch lohnt sich ein Spaziergang zum **Hafen** immer. Das kleine **Museum** an der Hauptstraße, Ecke Beach Road, zeigt eine Ad-hoc-Sammlung von allem möglichen Krimskrams, Strandgut, Artefakten, Fotos und Zeitungsartikeln über Port Nolloth sowie Wissenswertes über die heimische Flora und Unterwasserwelt. ⏲ Mo–Fr 9–7 Uhr.

Die **Bedrock Lodge***, gleich neben dem Museum, ☎ 851 8865, ✉ bedrock@icon.co.za. Eine tolle Unterbringungsmöglichkeit in einem stilvollen alten Strandhaus mit Holzfußboden, alten Möbeln und sehr freundlichem Personal.

Auf der Suche nach **Essbarem** hat man tagsüber im **Bedrock Tea Garden**, in dem Garten der Bedrock Lodge, eine gute Chance. Ansonsten hat der *Port Nolloth Fish Shop*, ein Stück weiter vom Royal Pub, ein kleines angeschlossenes Restaurant.

Etwas förmlicher geht es in der gemütlichen **Anita's Tavern** zu, in der einfache Fisch-, Fleisch- und Pastagerichte in einem Flachbau gegenüber dem *Scotia Inn* gereicht werden. Auf der Hauptstraße gibt es außerdem eine **Espresso-Bar** namens **Mar-e-sol**.

INFORMATIONEN – Die besten örtlichen Informationsquellen sind das **Museum** und, gleich nebenan, die *Bedrock Lodge**, ☎ 851 8865, ✉ bedrock@icon.co.za.

VORWAHL – 027

Ein Minibus von *VIP Taxis*, ☎ 851 8780, verkehrt zwischen Port Nolloth und Springbok.

Nördlich von Port Nolloth

Der Diamantabbau ist deutlich sichtbar, wenn man von Port Nolloth nordwärts in Richtung der Diamantstadt **Alexander Bay** fährt, der westlichste Punkt von Südafrika, an der Mündung des Oranje-Flusses. Die Stadt wird von dem Bergwerksunternehmen Alexkor verwaltet und ist erst seit kurzem für Besucher zugänglich. Sie können an einer Diamantminentour (nur Do) teilnehmen oder in der Gegend umherwandern, z.B. zur Flussmündung,

Kanutouren auf dem Oranje Die Erhabenheit der Bergwüstenlandschaft des Richtersveld erschließt sich einem, wenn man beispielsweise mit einem Kanu den Oranje-Fluss entlang paddelt. Und dabei handelt es sich nicht, wie manchmal fälschlicherweise beschrieben, um Wildwasser-Rafting. Denn wenn der Fluss im nördlichen Namaqualand ankommt, fließt er breit und gemächlich dahin, so dass die paar Stromschnellen, auf die man trifft, einen höchstens aus dem Schlummer wecken, aber keinesfalls den Puls in die Höhe treiben. Spannender wird es bei den Stromschnellen 3. und 4. Grades auf einem anderen Abschnitt des Oranje, in der Onseepkans Gorge, mehr in der Nähe der Augrabies Falls (s.S. 328). Die Tour zum Richtersveld ist bei südafrikanischen Familien und Gruppen sehr beliebt, denn zu den Highlights gehören spektakuläre Felsformationen und die Vielfalt der Vogelwelt –im Vordergrund steht jedoch die Erholung.

Die Fahrten von Noordoewer oder aus der näheren Umgebung dauern zwei bis sechs Tage, wobei unterwegs am Flussufer Lagerplätze eingerichtet werden. Die Kosten beginnen bei etwa R250 pro Tag. Weitere Informationen bei *Felix Unite* („Unit" ausgesprochen), ☎ 021-683 6433, 🖳 www.felixunite.co.za, oder *River Rafters*, ☎ 021-712 5094, 🖳 www.riverrafters.co.za, beide in Kapstadt, oder bei Bushwhacked, ☎ 027-761 8953 oder 082-509 4552, auf dem Campingplatz *Fiddler's Creek* am Südufer des Flusses.

Der Richtersveld National Park wurde 1991 eingerichtet

wo man viele Vögel beobachten kann. Ortskundige Führer zeigen einem den Weg zu einem „**Flechten-wald**" mit 29 verschiedenen Arten oder begleiten einen auf einer **Wüstenwanderung** durch die karg anmutende Landschaft in der Umgebung der Stadt.

Die Straße führt weiter zum Richtersveld National Park.

Übernachtung

Besuchern, die eine Unterkunft als Ausgangs-punkt für die Reise in den Park suchen, sei das sehr angenehme ***Brandkaros****, ✆ 831 1856, 27 km von Alexander Bay entfernt, empfohlen – eine Farm mit Chalets und einem **Campingplatz**, der 400 m vom Fluss entfernt liegt.

Sonstiges

INFORMATIONEN – Einzelheiten sind im **Tourist Information Centre**, ✆ 831 1330, 🖳 www. diamondcoast.co.za, zu erfragen. ⏰ Mo–Fr 8.30–16.30 Uhr.

VORWAHL – 027

Richtersveld National Park

Das Gebiet des nordwestlichen Namaqualand nennt sich Richtersveld und wird im Norden vom Oranje begrenzt, im Osten von der N7, im Süden von der R382 nach Port Nolloth und im Westen vom Atlantischen Ozean. Der Richtersveld National Park wurde 1991 ins Leben gerufen und bedeckt 1600 km^2 der spektakulärsten Gebiete der Region, die in einer omega-förmigen Schleife des Oranje Platz finden. Das Land ist wild und zerklüftet. Namen wie Hellskloof, Skeleton Gorge, Devil's Tooth und Gorgon's Head zeugen von der Rauheit der unwirtlichen braunen Berglandschaft, die nur durch die Vielfalt an robusten Sukkulenten, die mächtigen Felsformationen, das wunderschön strahlende Abend- und Morgenlicht und den glitzernden Sternenhimmel bei Nacht aufgeheitert wird. Außer Eidechsen und Klippspringern gibt es im Park kaum Tiere. Nur am Oranje lässt sich eine erstaunliche Vogelvielfalt beobachten. In manchen Teilen des Parks liegt die jährliche Regenmenge nur bei 50 mm, womit dies die einzig wirkliche Wüste in Südafrika ist – und dazu noch eine Bergwüste. Im Sommer kann die Hitze tagsüber unerträglich werden, es wurden schon über 50 °C gemessen. Die Wintertemperaturen bei Nacht können unter den Gefrierpunkt fallen.

Die Gegend des Richtersveld außerhalb des Parks wird zu einem großen Teil von dem Volk der Nama bewohnt, die ein einfaches Leben führen und Schafe und Ziegen halten. Als Teil eines kommunalen Entwicklungsprogramms stellen einige der Siedlungen, darunter **Eksteenfontein** und **Rooiberg,** Reisenden primitive Unterkünfte bereit. Doch wie sonst auch in dieser Gegend kommt man hierher nur mit dem Geländewagen.

Das Angebot im Richtersveld ist extrem begrenzt. Normale Autos (Limousinen) sind im Park nicht erlaubt. Für eine Erkundungstour braucht man ein Fahrzeug mit **Allradantrieb** oder einen Pick-up mit genügend Bodenfreiheit, so dass die sandigen Flussbetten und holprigen Bergpässen zwischen den gekennzeichneten Campingplätzen bewältigt werden können.

Bei der Ankunft müssen sich die Besucher bei der Parkverwaltung melden, **Sendelingsdrift,** 94 km von Alexander Bay entfernt, ☏ 027-831 1506, tgl. 8–16 Uhr, Eintritt R30. Die beliebteste Zeit für eine Reise hierher sind die kühlen Wintermonate, die unerträgliche Sommerhitze sollte man unbedingt meiden. Nachts herrscht Fahrverbot und Kraftstoff gibt es ausschließlich bei der Parkverwaltung. Empfohlen werden gemeinsame Touren mit zwei Fahrzeugen.

Übernachtung

Übernachtungsmöglichkeiten gibt es in drei **Chalets*** in Sendelingsdrift oder auf den gekennzeichneten **Campingplätzen*** rund um den Park, die allerdings über keinerlei Hütten oder sonstige Einrichtungen verfügen. Wasser ist knapp und die Vorräte in der Parkverwaltung sind äußerst begrenzt.

Aktivitäten

Zwischen April und September kann man mit einem Führer im Park **wandern**. Es gibt vorgeschriebene Routen mit einer Dauer von ein bis drei Nächten. **Buchungen** und Informationen beim National Parks Board, ☏ 012-343 1991, 🖳 www.parks-sa.co.za.

Touren

Die wahrscheinlich beste Lösung zum Besuch des Richtersveld ist die Teilnahme an einer geführten **Geländewagen-Tour**.
Richtersveld Challenge, ☏ 027-712 1905, ✉ richtersveld.challen@kingsley.co.za, Springbok. Der erfahrenste Anbieter mit Expeditionen in den Park und die umliegende Gegend von unterschiedlicher Dauer. Auf Wunsch werden Wanderungen oder Paddeltouren auf dem Oranje ins Programm aufgenommen. Fahrzeuge mit Allradantrieb werden von demselben Anbieter vermietet, obwohl die Preise sich kaum von denen für die gesamte geführte Tour unterscheiden. Es ist nicht erlaubt, mit weniger als zwei Fahrzeugen durch den Park zu fahren, und eine gute Ausrüstung ist Voraussetzung.
Southern Cross Adventures, ☏ 027-712 2624, 🖳 www.scadventures.co.za, das Geländewagen-Touren nach Namibia, zum Richtersveld National Park und in die umliegenden Gebiete von Namaqualand organisiert, hat seine Basis ebenfalls in Springbok.

NORDKAP

Ostkap

HIGHLIGHTS

Township-Tour in Port Elizabeth –
Führungen durch die afrikanischen
Bezirke der größten Stadt der Provinz
Addo Elephant National Park – bestes
Tierschutzgebiet in der malariafreien
Südhälfte des Landes
Grahamstown Festival – Afrikas größtes
Kunstfestival belebt für zwei Wochen
im Jahr die georgianische und
viktorianische Universitätsstadt
Übernachten auf Farmen in der Karoo –
um Nieu Bethesda und Graaff-Reinet, wo
man den funkelnden Nachthimmel in der
Halbwüstenlandschaft erlebt

Kunstgalerie in Fort Hare – eine vortreffliche
Sammlung schwarzafrikanischer Kunst
in einer Universität, die vielen Führungs-
persönlichkeiten des Landes, darunter
Nelson Mandela, Bildungsstätte war
Wild Coast – herrlich einsam gelegene
Hotels mit Vollpension an einer bildschönen
subtropischen Küste
Amadiba Horse Trail – Exkursionen unter
Leitung der Pondo, die beste Art des Reisens
durch unberührte Gegenden

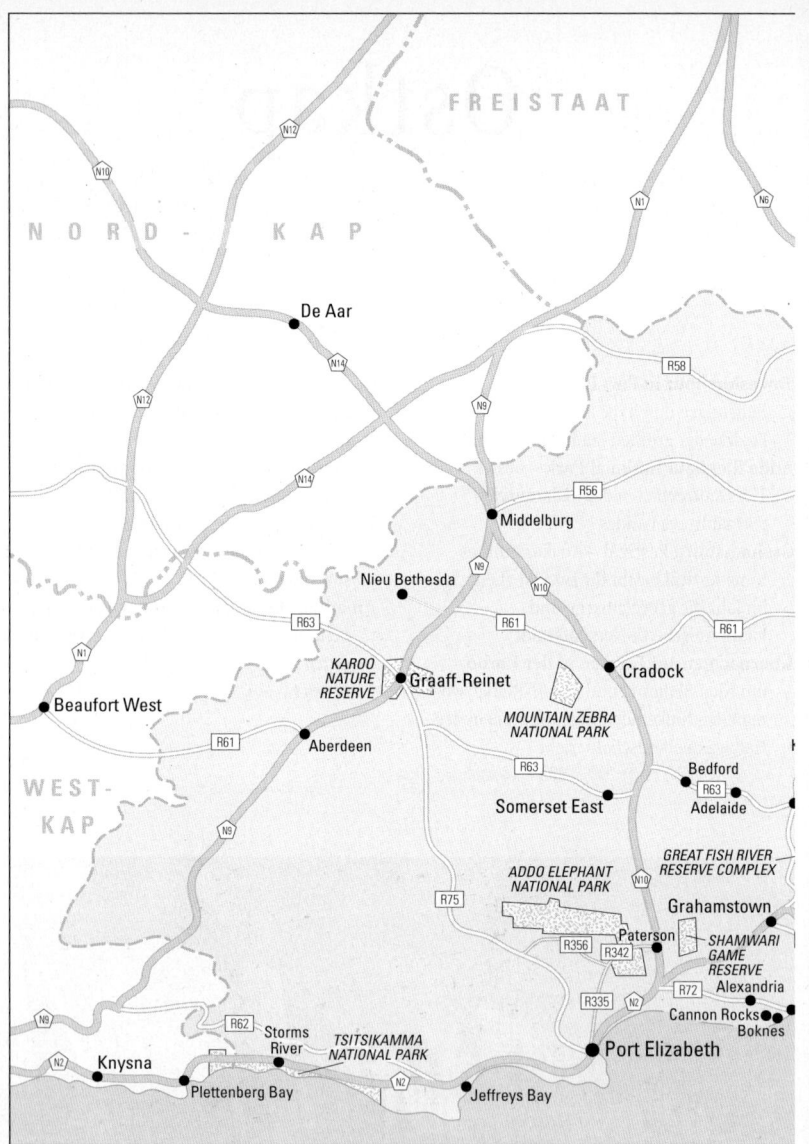

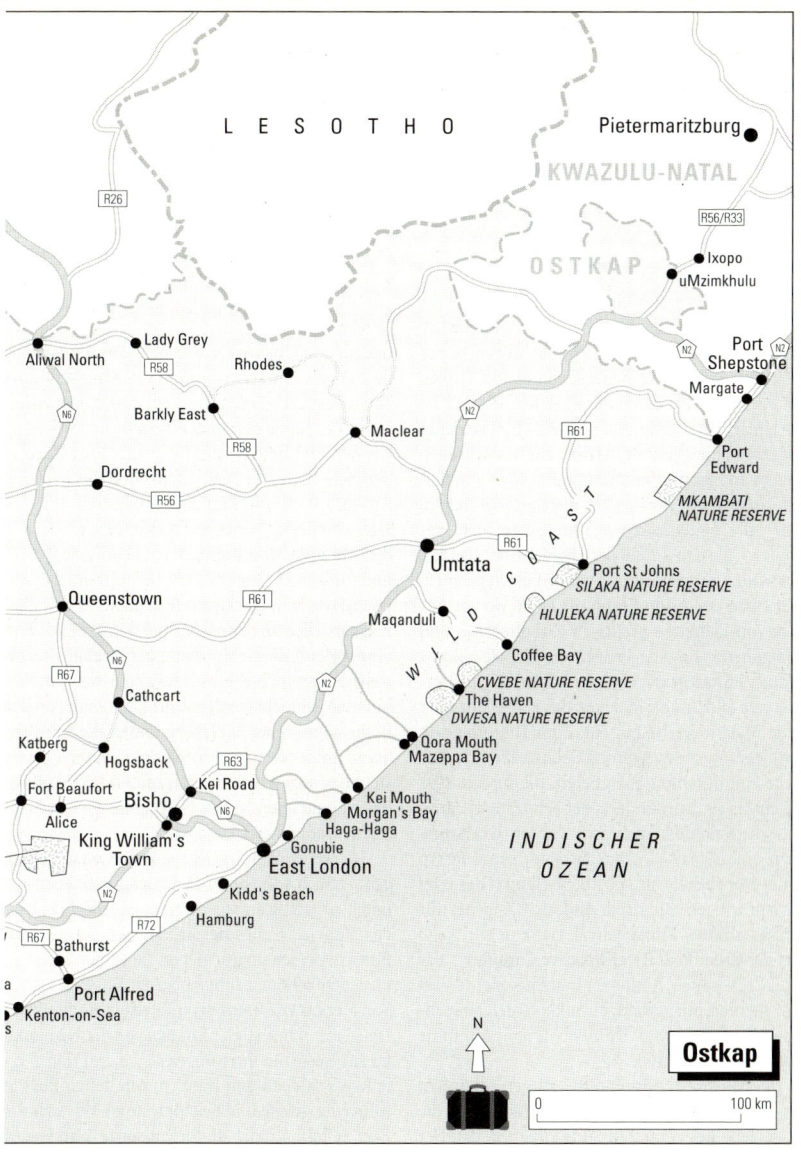

Zwischen dem Westkap und KwaZulu-Natal, den beiden beliebtesten Küstenprovinzen Südafrikas, liegt das Ostkap. Hier findet man noch traditionelle afrikanische Dörfer, und schon die 1000 km unerschlossene **Küstenlinie**, die sich in enormen Wogen bewachsener Dünenfelder landeinwärts bewegt, rechtfertigt einen Besuch. Für all jene, die lieber abseits der Touristenpfade unterwegs sind, gehört die Provinz zu den reizvollsten Gegenden Südafrikas.

Port Elizabeth ist das Handels- und Verkehrszentrum, das in erster Linie als Start oder Ziel für die Reisen entlang der Garden Route genutzt wird. **Jeffrey's Bay**, 75 km westlich, hat wegen seiner Wellen unter Surfern einen legendären Ruf. Östlich von Port Elizabeth bietet die Küstenstraße R72 einen einfachen Zugang zu einer Reihe bescheidener Ferienorte, die allesamt herrlich auf bewachsenen Hügeln an Flussmündungen liegen. Nach etwa einer Stunde Fahrt ins Landesinnere gelangt man in einige der bedeutendsten Tierschutzgebiete der Provinz – die einzigen in der Südhälfte des Landes. Hier wird Tierbeobachtung vom Feinsten geboten: zum einen der **Addo Elephant Park**, wo der Anblick von Elefanten praktisch garantiert ist, und zum anderen ein paar Privatreservate wie z.B. das exklusive **Shamwari**. Dies sind die einzigen Tierreservate Südafrikas, in denen das ganze Jahr über keine Malariagefahr besteht. Zum Hinterland in nördlicher Richtung gehören Gebiete, die sich englische Immigranten aneigneten, die in den 20er Jahren des 19. Jahrhunderts per Schiff für die neue britische Kolonie hergebracht wurden. **Grahamstown**, eine hübsche Universitätsstadt, sonnt sich in seiner Doppelrolle als spirituelle Heimat des englischsprachigen Südafrika und als Gastgeber für Afrikas größtes Kunstfestival. Ganz in der Nähe liegt der **Great Fish River Reserve Complex** – das Land der Giraffen, Antilopen und Flusspferde –, in dem steinige, mit gewaltigen Sukkulenten bewachsene Hügel und von Dornenbäumen gesäumte Flussläufe dominieren.

Der Nordwesten ist von der kargen Schönheit der **Karoo** geprägt, der dornigen Halbwüste, die große Teile des zentralen Südafrika bedeckt. Der wilde **Mountain Zebra National Park**, 200 km nördlich von Port Elizabeth, eignet sich zur Beobachtung von Pflanzenfressern in einer Landschaft aus Tafelbergen und ariden Ebenen, die sich über

Hunderte von Kilometern erstrecken. Ein kurzer Abstecher in Richtung Westen bringt den Besucher nach **Graaff-Reinet**, den Inbegriff der kapholländischen Karoo-Stadt des 18. Jahrhunderts.

Der östliche Teil der Provinz, der weitgehend das Gebiet der ehemaligen Transkei mit ihren ländlichen Xhosa-Siedlungen umfasst, ist von allen am wenigsten entwickelt. **East London**, das zweite nennenswerte Zentrum der Provinz, liegt genau zwischen dem einstigen „weißen" Südafrika und den ehemaligen afrikanischen „Homelands" und gilt als günstiger Ausgangspunkt für Reisen gen Norden in die Zentralregion, die vor allem politisch und kulturell Interessierte anlockt. **Steve Biko** wurde hier geboren, sein Grab kann in **King William's Town** besucht werden. Westlich davon liegt **Alice**, wobei der Name der Stadt einem nicht so viel sagt wie der ihrer berühmten Universität **Fort Hare**, in der viele führende Persönlichkeiten des heutigen Afrika, z.B. Nelson Mandela, studierten. Die einzigen etablierten Ferienorte dieser Gegend liegen in den **Amatola Mountains**, deren heimische Wälder und moosbedeckte Kühle eine erfreuliche Abwechslung zum trockenen Buschland in den Ebenen darstellen. In der nordöstlichsten Ecke der Provinz verläuft die Gebirgskette der **Drakensberge**, welche eigentlich eher mit KwaZulu-Natal in Verbindung gebracht werden. Dort kann man Forellen fischen, im Winter Ski fahren und uralte San-Felskunst entdecken. Im Mittelpunkt dieser Gegend steht das abgeschiedene, reizende Dörfchen **Rhodes**, das auf einer langen Fahrt entlang einer holprigen Straße zu erreichen ist.

Die weiter östlich gelegene **Wild Coast-Region** gehört nach wie vor zu den zurückgebliebensten und gleichzeitig aufregendsten Gegenden des Landes. Zudem ist dies der ärmste Teil der ärmsten Provinz. Dessen ungeachtet ist die Region mit einer unsagbar schönen subtropischen Küste gesegnet. Von hier bis zur Grenze von KwaZulu-Natal führen Dutzende unbefestigter Straßen von der N2 hinunter zur Küste mit ihren abgelegenen und trägen Erholungsorten an den Hängen, von denen **Port St Johns** der größte und bekannteste ist. Westlich von Port St Johns führt die organisierte Wanderung „Wild Coast Hotel Meander" an einem einsamen Streckenabschnitt entlang. Östlich der Stadt besteht die Möglichkeit, die Strände und ländlichen Dörfer zu Pferde zu erkunden – als Teil des kommunal betriebenen Amadiba Horse Trail, der in der Nähe der Grenze zu KwaZulu-Natal beginnt. Im rauen Binnenland mit seinen grasenden Ziegen leben die Angehörigen der Xhosa in ihren Hütten, sie hüten Vieh und bauen Getreide an. Die meisten Besucher fahren so schnell es geht durch **Umtata**, die ehemalige Hauptstadt der Transkei – folgt man allerdings den Spuren von Nelson Mandela, so gehören das **Nelson Mandela Museum** im Zentrum von Umtata und **Qunu**, sein Geburtsort westlich der Stadt, ganz klar zum Programm.

Geschichte

Im Ostkap war die Trennung von schwarzen und weißen Territorien strenger als irgendwo sonst im Land. Den Grundstein für die krassen Gegensätze zwischen Reich und Arm legten die **Briten** im 19. Jahrhundert, als sie die Grenze der Kapkolonie entlang des Great Fish River zogen, 1000 km östlich von Kapstadt. Sie hatten mehr als ein halbes Dutzend Schlachten zu schlagen (die so genannten Grenzkriege), um die **Xhosa** auf Dauer auf dem Ostufer des Flusses zu halten. In den 20er Jahren des 19. Jahrhunderts dann schifften die Briten Tausende von Siedlern ein, um den Bevölkerungsanteil der Weißen in die Höhe zu treiben und die Grenze zu verstärken. Westlich des Kei River trifft man auf eingezäunte weiße Farmen, hübsche historische Städte und Industriegebiete. Jenseits des Flusses hat die Geißel von Imperialismus und Apartheid wenig mehr als überweidetes Gemeindeland mit traditionellen Hütten und mageren Rindern zurückgelassen.

Selbst in einem Land, das ohnehin von politischer Brisanz erfüllt ist, sticht das Ostkap durch seine extrem von der Politik geprägte Identität hervor. Hier sind die schwarzen Gewerkschaften Südafrikas tief verwurzelt, und von hier stammen viele Anführer der Anti-Apartheid-Bewegung, darunter auch der frühere Präsident **Nelson Mandela**, sein Nachfolger **Thabo Mbeki** und der Anführer der Black Consciousness-Bewegung, **Steve Biko**. Die Transkei bzw. Wild Coast, die zwischen dem Kei River und KwaZulu-Natal eingezwängt liegt, war eine Art „Versuchsgelände" für die groß angelegte Apartheidpolitik, als sie 1963 Prototyp des *bantustan*-Systems der Rassentrennung wurde. Im Jahre 1976 wurde ihr von der südafrikanischen Regierung die symbolische „Unabhängigkeit" unter der Marionettenre-

gierung der Gebrüder Matanzima zugesprochen. Somit hoffte man, dass die mehreren Millionen Xhosa-sprachigen Südafrikaner, die in der Industrie nicht gebraucht wurden, in dieses Gebiet verbannt werden könnten. Bei ihrer Wiedereingliederung in Südafrika im Jahre 1994 wurde die Transkei zu einem Teil der neuen Provinz Ostkap, die noch heute unter der Last des Erbes der Apartheid-Ära um ihr wirtschaftliches Überleben kämpft.

Port Elizabeth und Umgebung

Als Stadt der Überführungen und ausgedehnten Townships ist Port Elizabeth das industrielle **Zentrum des Ostkaps**, in dem die afrikanischen Bewohner der Elendsquartiere in den staubigen Randgebieten der gepflegten Mittelklasse-Vororte ums Überleben kämpfen. Im Jahre 1820 kamen hier 4000 britische Siedler an, die die englischsprachige Bevölkerung von Südafrika schlagartig verdoppelten. Heute fallen ihre Nachkommen jedes Jahr zu Weihnachten von Gauteng über die grässlichen Nationalstraßen in die „Freundliche Stadt" ein, um an den Stränden mit ihren Burger-Bars und Delphinshows Urlaub zu machen.

Doch der Hauptgrund, aus dem die meisten Besucher sich hier einfinden, ist die günstige Lage der Stadt als Ausgangs- oder Endpunkt für eine Reise entlang der **Garden Route**. Port Elizabeth ist die größte Stadt der Provinz und ein erstklassiger Verkehrsknotenpunkt mit einem Flughafen, guten Straßenanbindungen an die übrigen Landesteile und Autovermietungen. Der industrielle Eindruck vom Hafen wird durch ein paar nette Stadtstrände gemildert, und sollte man einmal in die Situation geraten, hier etwas Zeit totschlagen zu müssen (und da gibt es wirklich schlimmeres), findet man Ablenkung bei reizvollen **Küstenspaziergängen**, ein paar Kilometer außerhalb der Stadt, oder in dem kleinen **historischen Zentrum**. Zudem werden ausgezeichnete Township-Touren angeboten, die nicht nur einen Einblick in die Apartheid und das neue Südafrika vermitteln, sondern auch eine willkommene Abwechslung von der gepflegten Garden Route darstellen. Wenn es die Zeit erlaubt, ist der **Addo Elephant Park** ein empfehlenswertes Ziel für einen Tagesausflug landeinwärts.

Östlich von Port Elizabeth gibt es ein paar Erholungsorte an der **Küstenstraße R72** Richtung East London, wo die tosenden Wellen auf enorm breite Sandstrände treffen. Die durch das Landesinnere führende Straße nach East London entfernt sich von der Küste und passiert **Grahamstown**, eine attraktive Universitätsstadt, in der man mindestens eine Nacht verbringen sollte (vor allem wenn man an der Geschichte der englischen Siedler und der Grenzkonflikte mit den Xhosa interessiert ist). Ganz in der Nähe liegen die schmucken Siedlerdörfer, anhand derer sich die Verbreitung der **Siedler von 1820** ins Binnenland verfolgen lässt.

Ein paar Hundert Kilometer nördlich von Port Elizabeth eröffnet sich ein Gebiet mit Tafelbergen und baumlosen Ebenen. Es heißt **Karoo**, was in der Sprache der Khoikhoi „hart und trocken" bedeutet. Diese ursprünglichen Bewohner der Region sind durch die niederländischen Grenzbewohner ausgerottet worden. Die älteste und bekannteste dieser Siedlungen ist die Postkartenstadt **Graaff-Reinet**, ein fester Bestandteil aller Bus-Touren. Nur wenige Kilometer weiter liegen das atemberaubende **Valley of Desolation** und das Dorf **Nieu Betheseda**, das sich durch sein ausgefallenes Owl House Museum einen Namen gemacht hat. Fast so bezaubernd wie Graaff-Reinet, wenn auch nicht von gleicher architektonischer Vielfalt, ist die östlich davon gelegene Stadt **Cradock**. Dafür lockt sie mit Attraktionen wie Mineralbädern und dem wilden **Mountain Zebra National Park**. Einige der besten Unterkünfte im *platteland* („Binnenland") findet der Besucher auf Schaffarmen oder in denkmalgeschützten Gästehäusern.

Die Stadt

Port Elizabeth, weithin nur PE genannt, ist nicht unbedingt etwas für Freunde kosmopolitischer Stadtkultur oder schöner Bauwerke. Die Schornsteine an der N2 sind der Beweis für die Tatsache, dass das größte Zentrum des Ostkaps sich auf Schwerindustrie und afrikanische Billigarbeitskräfte gründet, was wiederum sein tief verwurzeltes Gewerkschaftswesen und seinen traditionell starken, afrikanischen Nationalismus erklärt. So mag es denn verwundern, dass dieser Ort lange Zeit ein beliebtes Ferienziel für weiße Familien aus Gauteng war. Doch die Beachfront der Stadt, die

sich über mehrere Kilometer entlang der Humewood Road h inzieht, lockt mit einigen der landesweit schönsten, sichersten und gepflegtesten **Stadtstrände**, wo es an Wasserrutschbahnen, Delphin- und Schlangenshows zur Unterhaltung der Kinder gewiss nicht mangelt.

Als Stadt ist PE recht zweckmäßig. Man kann sich hier durchaus ein paar Tage aufhalten, denn es gibt fantastische Unterkünfte und gute Restaurants, auch die Verbrechensrate ist relativ gering. Obwohl die Stadt durch Industrialisierung und gedankenlose Modernisierung ziemlich verunstaltet worden ist, heben sich doch ein oder zwei Gebäude aus dem sonst eher unspektakulären **Stadtzentrum** ab. Auch im Bezirk **Central** haben ein paar schöne traditionelle viktorianische Reihenhäuser überlebt. Darüber hinaus werden Touren in die Umgebung von PE und seine Townships angeboten.

City Hall und das Zentrum

Das Stadtzentrum von Port Elizabeth ist durch ein Netz von Autobahnen verunstaltet worden, das eine Schneise durch den Süden der Stadt schlägt und somit die Stadt vom Hafen trennt. Die weiße Bevölkerung hat sich schon vor einiger Zeit in die Vororte zurückgezogen, nahm die großen Kaufhäuser mit und überließ das Zentrum den afrikanischen Händlern und Kunden aus den Townships, die die Geschäfte langsam wieder beleben.

Die Hauptstraße von PE, die auf ihrem Weg stadteinwärts parallel zur Autobahn verläuft, ist wieder in **Govan Mbeki Avenue** umbenannt worden – zu Ehren des Aktivistenveteranen (und Vaters von Thabo, dem Präsidenten Südafrikas), der mit Nelson Mandela im Gefängnis saß und 2001 verstarb. Sie ist eine der wenigen Ecken der Stadt, die mit ihren gut erhaltenen Geschäftshäusern ihr historisches Gefüge bewahrt hat. Afrikanische Händler bieten entlang der Gehwege die üblichen Häkelarbeiten und Lederwaren an und sorgen so für etwas mehr Lebendigkeit, die man in den langweiligen Einkaufszentren der Vororte vergeblich sucht. Leider ist es hier nach Einbruch der Dunkelheit nicht sehr sicher.

An der Govan Mbeki Avenue befindet sich das symbolische Herz der Stadt, die City Hall, die am Rande des Hafens neben Bahnhof und Busbahnhof mitten auf dem **Market Square** steht und weitträu-

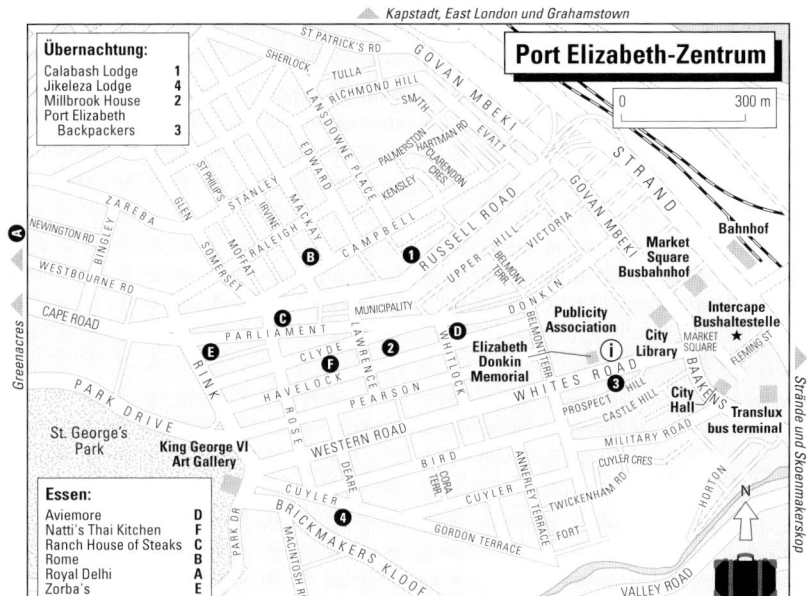

Port Elizabeth-Zentrum

0 — 300 m

Übernachtung:

Calabash Lodge	1
Jikeleza Lodge	4
Millbrook House	2
Port Elizabeth Backpackers	3

Essen:

Aviemore	D
Natti's Thai Kitchen	F
Ranch House of Steaks	C
Rome	B
Royal Delhi	A
Zorba's	E

OSTKAP

mig von viktorianischen Bauten umgeben ist. Doch scheint das Viertel in dem schmutzigen Schatten einer Überführung dem Trübsinn nicht entkommen zu können. Dennoch stellt die **City Library** an der Whites Road, Ecke Govan Mbeki Avenue, eine echte Attraktion dar – besonders das zweite Stockwerk mit seiner wunderschönen Kuppel und den Fenstern aus Buntglas sowie den zauberhaften kleinen, balkonartig konstruierten Bücherregalen.

Folgt man der hügeligen Donkin Street mit ihrer gut erhaltenen viktorianischen Häuserfront in Richtung Westen, so erreicht man schließlich eine Steinpyramide zur Erinnerung an **Elizabeth Donkin**, die der Stadt ihren Namen gab. Sie war die junge Ehefrau des 1820 amtierenden Kapgouverneurs Sir Rufane Donkin und war 1818 in Indien an Fieber gestorben.

Westlich von hier kreuzt man auf dem Weg durch Central die Lawrence Street mit ihren Geschäften voller Antiquitäten, in denen es sich wunderbar stöbern lässt. Entlang der Parliament Street (der verlängerten Donkin Street) ist der Abschnitt bis zur Rink Street von Second-Hand-Buchläden

gesäumt, außerdem gibt es einen Laden mit spaßigen Retro-Möbeln und ein paar erstklassige Restaurants. In südlicher Richtung gelangt man auf der Rink Street zum St George's Park und zur **King George VI Art Gallery**, Park Drive 1, die eine Sammlung zeitgenössischer lokaler Kunst und Gastausstellungen zeigt sowie einen Galerie-Shop unterhält, in dem neben Postkarten auch Kunst- und Handwerksartikel aus der Gegend angeboten werden. ⏲ Mo–Fr 8.30–17, Sa 9–16.30, So 14–16.30 Uhr, Eintritt frei.

Der **St George's Park** ist ein riesiges grünes Rund, das vom St George's Cricket Ground dominiert wird. Hier gibt es ein öffentliches Schwimmbad und das winzige, bezaubernde **Pearson Conservatory** – ein elegantes viktorianisches Gewächshaus in Form einer Knolle, dessen Bestandteile eigens aus Schottland eingeschifft und 1882 hier zusammengesetzt wurden. Jenseits des Park Drive, an der Kreuzung von Rink Street und Cape Road, steht das **Horse Memorial** zur Erinnerung an die tapferen Pferde, die in den Burenkriegen ihr Leben lassen mussten.

Port Elizabeth und Umgebung – Die Stadt   357

Wenn man in Central untergekommen ist, so bietet sich eine Erkundung der Stadt zu Fuß an – zum Beispiel auf dem **Heritage Walk** (Karte bei *Tourism Port Elizabeth*).

Die Beachfront und Umgebung

Die wunderschönen Strände sind die Hauptattraktion von PE. Dank der Bewachung kann man hier sicher baden, und die Sauberkeit lässt Strandgutsammeln zum Vergnügen werden. Der Strandabschnitt ist durch eine große Mauer vom Hafen getrennt und beginnt etwa 2 km südlich des Stadtzentrums am **King's Beach**, einem angelegten Strand mit einem Planschbecken für Kinder, der zum Sonnen und Baden bestens geeignet ist. Richtig voll wird es nur zu Weihnachten und Neujahr.

Östlich davon liegt **Humewood Beach**, von dem aus man über die Straße zu dem Komplex des **Port Elizabeth Museum & Snake Park** gelangt, wo eine gute Ausstellung über die Xhosa-Kultur zu besichtigen ist. ◷ tgl. 9–13 und 14–16.30 Uhr, Eintritt R10.

In den Shows des **Oceanarium** kann der Besucher dressierten Robben und Delphinen zuschauen, die in den Dezemberferien den Massen aufgekratzter Kinder ebenso viel Spaß bereiten wie sie Umweltschützern eine Gänsehaut über den Rücken jagen. ◷ tgl. 9–13 und 14–16.30 Uhr, Delphin-Shows 11 und 15 Uhr, Eintritt R17.

Nebenan liegt der Komplex **Brookes Pavilion** mit Restaurants, Kneipen und Clubs. Ganz in der Nähe gesellt sich **Dolphin's Leap** dazu mit etwa demselben Angebot. Dahinter, in südlicher Richtung, erstrecken sich **Hobie Beach** und **Summerstrand**, wo man wunderbar wandern und sonnenbaden kann. Der nagelneue **Boardwalk Casino Complex** von Summerstrand lockt mit Geschäften wie z.B. einem Feinkostladen, einem Kinokomplex und ein paar Lokalen, wo man draußen an einem künstlich angelegten See sitzen kann.

Der Marine Drive zieht sich die eindrucksvolle Küstenlinie entlang bis zum Vorort **Skoenmakerskop**, vorbei an Felsufern und Sandstränden. Dieser Vorort ist ein günstiger Ausgangspunkt für den 8 km langen **Sacramento Trail**, ein Küstenpfad zur **Sardinia Bay**, die mit ihren imposanten Dünen als wildester Küstenabschnitt der Gegend gilt. Mit dem Fahrzeug gelangt man dorthin, indem man an der Skoenmakerskop-Kreuzung nach rechts ab-

biegt und dann der Straße folgt, bis die Sardinia Bay nach links ausgeschildert ist.

Die Vororte

Die Vororte von PE haben den Stränden wenig entgegenzusetzen, es sei denn, man ist einkaufssüchtig. In dem Fall empfiehlt sich **Newton Park**, 5 km westlich des Zentrums, in dem **Greenacres** und **The Bridge** zu finden sind – riesige Einkaufszentren, in die die Kaufhäuser aus der City massenweise umgezogen sind. Ihr Status als Konsumtempel der Stadt ist inzwischen so fest etabliert, dass Busgesellschaften Touristen, die das Stadtzentrum umgehen möchten, Newton Park als alternatives Reiseziel anbieten.

Rund 2 km südwestlich des Zentrums liegt, unweit des Flughafens, der ruhige und begrünte Vorort **Walmer**. Linkerhand, in Richtung City, erstreckt sich das **Settlers' Park Nature Reserve** mit Eingängen an Park Drive und Third Avenue, das dem Baakens River Valley von der Valley Road (südlich der Main Street) bis zum Newton Park folgt und aus 54 km² Natur mit imposanten Klippen besteht. Rechterhand liegt die **Walmer Township**, ein verfallenes Durcheinander von Häusern und Hütten, das nur durch einen Streifen Brachland von den herrschaftlichen Villen der Millionäre von Walmer getrennt ist. Trotz der minimalen Verbesserungen in den Jahren nach Abschaffung der Apartheid herrschen noch immer entsetzliche Zustände. Viele der Hausangestellten, die in den Vororten arbeiten, sind hier zu Hause, und die auf den breiten Rasenstreifen der Straßen des reichen Walmer weidenden Rinder aus den Townships sind nichts Ungewöhnliches. Eine organisierte Tour (s. S. 363) in dieses Gebiet ist unbedingt zu empfehlen.

(s. S. 363)

Übernachtung

Auf der Suche nach einer Übernachtungsmöglichkeit kommt einem zunächst die **Beachfront** in den Sinn, wo die Hotels mit ihrer Mischung aus Art-déco- und Kolonialstil aus den 30er Jahren mit den zweckmäßigeren Apartmentblocks konkurrieren. Die B&Bs sind hier in den letzten Jahren wie Pilze aus dem Boden geschossen, so dass es eine riesige Auswahl gibt, wobei die Gegend auch die teuerste ist. Billigere und angenehme Alternativen bietet, wenn auch nicht am

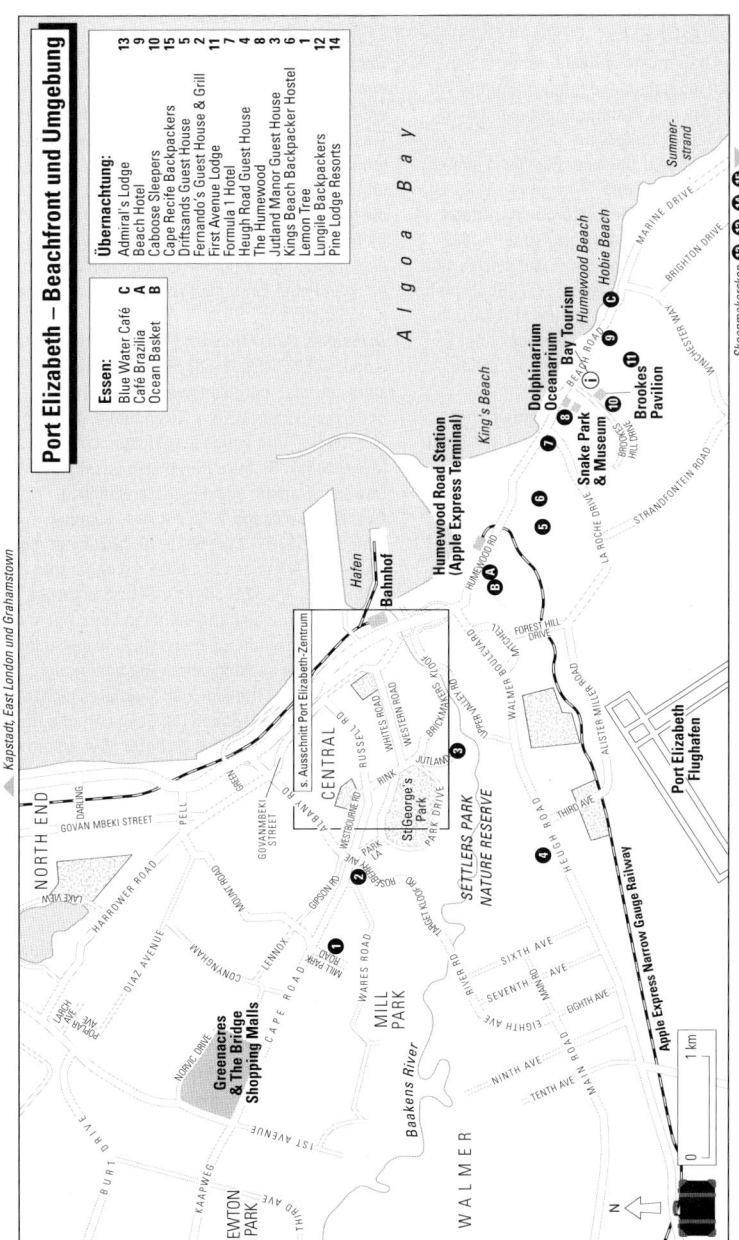

Port Elizabeth – Beachfront und Umgebung

Kapstadt, East London und Grahamstown

NORTH END

Greenacres & The Bridge Shopping Malls

MILL PARK

SETTLERS PARK NATURE RESERVE

St George's Park

CENTRAL

s. Ausschnitt Port Elizabeth-Zentrum

WALMER

NEWTON PARK

Baakens River

Port Elizabeth Flughafen

Apple Express Narrow Gauge Railway

0   1 km

N

Essen:
Blue Water Café	C
Café Brazilia	A
Ocean Basket	B

Übernachtung:
Admiral's Lodge	13
Beach Hotel	9
Caboose Sleepers	10
Cape Recife Backpackers	15
Driftsands Guest House	2
Fernando's Guest House & Grill	5
First Avenue Lodge	11
Formula 1 Hotel	7
Heugh Road Guest House	4
The Humewood	8
Jutland Manor Guest House	3
Kings Beach Backpacker Hostel	6
Lemon Tree	1
Lungile Backpackers	12
Pine Lodge Resorts	14

A l g o a   B a y

Hafen

Bahnhof

Humewood Road Station (Apple Express Terminal)

King's Beach

Dolphinarium Oceanarium

Snake Park & Museum

Bay Tourism

Brookes Pavilion

Humewood Beach

Hobie Beach

Summerstrand

Skoenmakerskop

MARINE DRIVE

BRIGHTON DRIVE

OSTKAP

Meer, der gut erhaltene viktorianische Bezirk **Central** mit B&B-Zimmern, ein paar Backpacker-Lodges und haufenweise Restaurants. In den nicht so günstig gelegenen (aber grüneren) Vororten **Mill Park** und **Walmer** findet man ebenfalls einige Top-Unterkünfte.

Und man kann sogar bei einer Familie in einer **Township** unterkommen.

Wenn man Lust auf eine Kostprobe hat, bietet die *Fundani Lodge**, ✆ 454 2064/6 oder ✆ 082-964 6563, 🖵 www.satours.co.za, die einzigartige und recht preiswerte Gelegenheit, Fußballspiele, traditionelle Zeremonien und gute afrikanische Küche zu genießen, während man bei einer Familie in den Townships New Brighton, Zwide oder Motherwell wohnt.

Während der Hochsaison im Dezember und Januar verlagert sich der Mittelpunkt des Stadtlebens an die Beachfront, während es hier im Februar und März bedeutend ruhiger ist, obwohl noch das perfekte Badewetter herrscht. Doch bedenke man, dass PE dann **starken Winden** ausgesetzt ist. Wenn diese durch die Stadt pfeifen, fliegt einem in der Nähe der Strände der Sand nur so um die Ohren. Dann ist die Übernachtung in Central die weitaus bessere Idee. Eine zentrale **Buchungsstelle** für das ganze Gebiet ist *Algoa Leasing*, ✆/✆ 363 0404 oder ✆ 083-394 2307.

BEACHFRONT – *Admiral's Lodge**, 47 Admiralty Way, Summerstrand, ✆ 583 1894 oder ✆ 083-455 2072, ✉ admiralslodge@mweb.co.za. Geräumige und elegante Zimmer in einem guten B&B, nah am Meer, doch am äußersten Ende von Summerstrand, ein Auto ist also nötig. Mit *braai*-Bereich, Gemeinschafts-Lounge und Pool, auch Transfers zum Flughafen werden angeboten.

*Beach Hotel***, Marine Drive, Humewood, ✆/✆ 583 2161, ✉ reservation@pehotels.co.za. Einst Inbegriff des eleganten Stils der 30er Jahre, hat sich dieses Hotel etwas von dem Zauber bewahrt – mit viel Plüsch und Lack und gelegentlich einem Pianospieler. Gegenüber vom beliebten Hobie Beach und im Zentrum des Strandlebens. Große Terrassenbar mit Blick aufs Meer, wo Snacks, Cocktails und kühles Bier angeboten werden, ausgesprochen nettes à la carte-Restaurant *The Bell*. Sonnendeck und

Pool. Wochenend-Specials erfragen! Frühstück extra.

*Caboose Sleepers**, Brookes Hill Drive, Humewood, ✆ 586 0088, ✆ 586 0087. Attraktiver, preiswerter Ort etwas abseits von PEs jugendlichem Treiben, in einer Lodge aus Holz, die bei Touristen und Südafrikanern sehr beliebt ist. Die meisten Zimmer sind winzig (bis zu 3 Pers.), ebenso die nur etwas größere und teurere Zweibett-Suite mit TV. Die Enge beim Schlafen wird durch eine geräumige, elegante Lounge, ein Sonnendeck und gute Einrichtungen für Selbstversorger ausgeglichen.

*Driftsands Guest House**, 2 Marshall Rd, Humewood, ✆ 586 0459, ✆ 585 6513, 🖵 www.driftsands.co.za. Empfehlenswertes, gemütliches und freundliches B&B in Strandnähe. Alle Zimmer mit Bad und einige mit privaten Lounges und Meeresblick. Sichere Parkplätze abseits der Straßen, Transfer zum Flughafen möglich.

*First Avenue Lodge***, 3 First Ave, Summerstrand, ✆ 583 5173, ✆ 583 5176. 14 Zimmer mit Bad in der Nähe des Strandes mit separaten Eingängen, als B&B oder für Selbstversorger, in einer beliebten und angenehmen Einrichtung mit Pool und Unterhaltungsbereich. Eine der ersten Adressen bei ausländischen Besuchern und Südafrikanern. Transfer zum Flughafen möglich.

*Formula 1 Hotel**, Beach Rd, Ecke Laroche Drive, ✆ 585 6380, ✆ 585 6383, ✉ betteri@zipisp.co.za. Budget-Zimmer mit Bad, sauber, aber eher unpersönlich. Wenn alle Stricke reißen, perfekt. Ganz in der Nähe der angesagtesten Läden.

*The Humewood***, 33 Beach Rd, Humewood, ✆ 585 8961, ✆ 585 1740, 🖵 www.sunsetcoast.co.za/humewood. Familienhotel, das sich erfolgreich gegen die Modernisierung gewehrt hat, wirklich guter Service, nette Zimmer, gute Bar und ein schönes Sonnendeck. Flughafentransfer.

*Kings Beach Backpacker Hostel**, 41 Windermere Rd, Humewood, ✆ 585 8113, ✆ 585 1693, 🖵 www.backpack.co.za. Makelloses, etabliertes Hostel, einen Block entfernt vom Strand, mit Außenbar und *braai*-Bereich. Obwohl hauptsächlich für Selbstversorger gedacht, bietet es morgens Tee, Kaffee, Brot und Marmelade an. Es gibt auch einen hilfreichen Reise-Schalter, der Touren in Townships, Wildparks etc. bucht. Camping, Schlafsäle und DZ.

OSTKAP

Lungile Backpackers*, 12 La Roche Drive, Summerstrand, ✆ 582 2042, ✇ 456 2108, ✉ lungile @netactive.co.za. Großes und beliebtes Hostel an der Strandpromenade, wo man entweder im Haus Partys feiern kann oder einen Schritt vor die Tür macht und sich sogleich im Herzen des Nachtlebens am Strand befindet. Auf einem Hügel, große Rasenfläche zum Relaxen, Seeblick, Billardtisch, Bar und Swimming Pool. Nur für Selbstversorger. Camping, Schlafsäle und DZ.

Pine Lodge Resorts & Cape Recife Backpackers*, abseits vom Marine Drive, Humewood, ✆ 583 4004, ✇ 583 3839, ✉ www.pinelodge. co.za. Direkt am Strand im Cape Recife Nature Reserve, in der Nähe des historischen Leuchtturms. Blockhütten für bis zu 6 Pers. und Backpacker-Schlafsäle mit schöner Küche. Eulen, Mungos und Antilopen sind hier anzutreffen. Swimming Pool, Spielzimmer, Trampolin, beliebte Bar und Restaurant.

ZENTRUM – Calabash Lodge*, 8 Dollery St, ✆ 585 6162 oder ✆ 083-303 7553, ✉ www. axxess.web.za/calabash. Kühle Schlichtheit und Baumwolllaken in einem eleganten, schön gelegenen Haus mit Budget-Zimmern mit/ohne Bad. Schlägt den Rest der Budget-Unterkünfte der Stadt um Längen, auch Transfer zum Flughafen.

Jikeleza Lodge*, 44 Cuyler St, ✆ 586 3721, ✇ 585 6686, ✉ winteam@hinet.co.za. Die beste Backpacker-Lodge von PE mit Schlafsälen, DZ und Familienzimmer. Freundlich und gute Informationsquelle.

Jutland Manor Guest House**, Jutland Crescent, ✆ 585 6064, ✉ www.jutlandmanor. mrinfo.co.za. Neues, gehobenes B&B in einer der eindrucksvolleren alten Villen von PE, oben auf einer Klippe mit umwerfender Aussicht. Im Preis enthalten ist Kontinental-Frühstück. Abendessen auf Anfrage, Room Service, Transfer zum Flughafen und Touren nach Addo und Shamwari. Wärmstens zu empfehlen.

Millbrook House**, 2 Havelock Square, Havelock St, ✆ 585 3080, ✇ 582 3774, ✉ www. atyourleisure.com/site/millbrookhouse. Reizendes B&B in einem viktorianischen Haus an Centrals schönster Straße, in der man die britische Kolonialarchitektur bewundern kann. Pool, *braai*-Bereich und Flughafen-Transfer.

Port Elizabeth Backpackers*, 7 Prospect Hill, ✆ 586 0697 oder ✆ 585 2032, ✉ welcome.to/ pebakpak. Bequem in der Nähe der Intercity-Bushaltestellen, Schlafsäle für 6 oder 8 Pers. und DZ. Das ruhige Hostel zieht eher etwas ältere Reisende an. Köstliches Frühstück und Abendessen gegen Aufpreis. Umfangreicher Reiseinformations- und Buchungs-Service.

VORORTE – Fernando's Guest House & Grill**, 102 Cape Rd, Mill Park, ✆ 373 2823, ✇ 374 5228, ✉ www.wheretostay.co.za/find/fernandos.htm. Beliebte Reihe viktorianischer Häuser mit dem Büro unter oben genannter Adresse, von Selbstversorgung bis Vollpension. Restaurant angeschlossen. Der Nachteil ist seine Lage an der Cape Rd, eine der Hauptverkehrsadern der Stadt.

Heugh Road Guest House***, 55 Heugh Rd, Walmer, ✆ 581 1007, ✇ 581 4468. Luxuriöse Unterkunft in Flughafennähe; recht teuer, Frühstück extra, doch das Gästehaus ist ruhig und sehr hübsch. Die Zimmer mit Bad und separatem Eingang sind um einen Hof angeordnet.

Lemon Tree**, 14 Mill Park Rd, Mill Park, ✆ 373 4103, ✉ lemon@intekom.co.za. Nettes B&B mit englischem oder Kontinental-Frühstück, das im Preis enthalten ist. Gewinnt ständig (und verdientermaßen) Auszeichnungen, liegt allerdings etwas abseits der Touristenwege.

Essen

Aviemore, 12 Whitlock St, Central, ✆ 585 1125. Sehr empfehlenswert (und teuer), bietet regionale Spezialitäten, z.B. Springbock-Salat und Meeresfrüchte-Mix. ◷ Mo–Sa 18.30–22.30 Uhr.

Blue Water Café, Hobie Beach, ✆ 583 4110. Toller Meeresblick, gute Pastagerichte und leichte Snacks. ◷ tgl. geöffnet.

Café Brazilia, Humerail Centre, Humewood. Portugiesisch inspirierte Speisekarte, Coffee Shop und Speiselokal mit netter Einrichtung, freundlich, schöner Blick. ◷ tgl. ab 10 Uhr.

Le Med, 66a Parliament St, Central, ✆ 585 8711. Mittlere bis höhere Preisklasse, lebhafte Atmosphäre, Fischgerichte und ungewöhnliche Spezialitäten wie *tagine*, eine Suppe aus dem Nahen Osten. Buchung erforderlich.

Natti's Thai Kitchen, 21 Clyde St, Central, ✆ 585 4301. Buchung erforderlich, exzellentes Restaurant mit authentisch scharfer Thai-Küche. Nette, entspannte Atmosphäre. ⏲ nur abends.

Ocean Basket, Humewood Shopping Centre. Angenehmes, gut besuchtes Fischlokal mit tollem Meeresblick, gehört zu einer Kette familienfreundlicher Lokale, keine Reservierungen. ⏲ So abends geschlossen.

Ranch House of Steaks, Russell, Ecke Rose St, Central, ✆ 585 9684. Familienfreundliches Lokal für Mittag- und Abendessen mit saftigem Beef, Meeresfrüchten und griechischer Küche. Im Jahr 2000 das beste Steakhouse der Provinz. Schwerpunkt auf Fleisch, aber auch gute Wahl für Vegetarier. ⏲ Sa und So mittags geschlossen.

Rome, 63 Campbell St, abseits der Russell Rd, Central, ✆ 586 2731. Leckere Pizza vom Holzfeuer, viele Tagesgerichte, gute Preise, lebhafte Atmosphäre. ⏲ Mo–So Mittag- und Abendessen.

Royal Delhi, 10 Burgess St, ✆ 373 8216. Lokal und Bar, Currys und leckere indische Vorspeisen. ⏲ Sa mittags und So geschlossen.

Zorba's, 68 Parliament St, Central, ✆ 585 2553. Abwechslungsreich, mittlere Preisklasse, im Angebot Tigerfisch, gefüllter Tintenfisch und Kebabs. Bar bleibt nach Restaurantschluss noch lange offen. ⏲ Mo–Sa mittags und abends geöffnet.

Unterhaltung und Kultur

Im täglich erscheinenden *Eastern Province Herald* sind die **Konzerte** in der Oper und die Veranstaltungen in den **Cabarets** aufgelistet; empfehlenswert ist das *Centrestage* am *Boardwalk,* ✆ 581 2245.

BARS UND CLUBS – Neben den Hotelbars (s.S. 358 f., Übernachtung) gibt es einige ganz passable Kneipen und Clubs. Das Musik-Angebot in der Stadt ist gut: talentierte Garage- und Hip-Hop-Bands, eine Fülle von DJs in Bars, Clubs und Tapas-Läden und ein guter Jazzclub. Die besten Chancen auf **Live-Musik** hat man in den unten aufgeführten Bars, von denen die meisten lange offen bleiben, wenn sie gut besucht sind.

Die meisten Kneipen und Clubs konzentrieren sich am Brookes Pavilion. Informationen zu Techno-Events findet man auf Flyern in den großen Veranstaltungsorten und Musikgeschäften.

Bourbon Street, Brookes Pavilion, Marine Drive, ✆ 586 1078. Rauer Club mit Musik aus den 80er Jahren, Schaumpartys etc. ⏲ Mi, Fr und Sa geöffnet.

Lizard Lounge, 1. Etage, Conning House, 72 Westbourne Rd, ✆ 083-722 9157. Bester Veranstaltungsort für Musik, bunte Mischung aus Hip-Hop, Rock, *kwaito* und Cool Samba, live und aus der Konserve; entspannte Multi-Kulti-Atmosphäre. ⏲ Mo geschlossen.

Razzmatazz, 4. Etage, Central House, Grace St, Central, ✆ 585 9012 oder 082-576 1811. Größter Jazzclub von PE, dementsprechend dunkel und verraucht. Einige der besten südafrikanischen Künstler und junge Talente aus der Gegend treten auf. ⏲ nur Sa.

Tapas Al Sol und **Easy Street**, Brookes Pavilion, Marine Drive, ✆ 586 2159. Nebeneinander mit gemeinsamer Terrasse und toller Aussicht. *Tapas* ist ein Restaurant mit Bar und südafrikanischer Live-Rockmusik, *Easy Street* hat viele Billardtische und eine Bar.

Tarantino's, 76 Parliament St, ✆ 585 0321. Beliebtes lizenziertes Late-Night-Chill-out-Café mit leckeren Snacks und köstlichen Kuchen, heißer Schokolade und Kaffee. ⏲ tgl. 8 Uhr bis spät in die Nacht.

Viper Room, 123 Parliament St, ✆ 585 1121. Groove Lounge und Club mit festen und Gast-DJs, Feuer-Shows, Cocktails und großem Speisenangebot. ⏲ Mi und Fr.

KINOS – Aktuelle und Kunstfilme im *Park Cinema,* 3 Rink St, Central, ✆ 582 3311. Die üblichen Hollywood-Streifen im *Nu Metro, Walmer Park Shopping Centre,* Walmer, ✆ 367 1102, im *Ster Kinekor,* ✆ 363 0577, im Einkaufskomplex *The Bridge* sowie im *Cinema Starz,* ✆ 583 2000, am *Boardwalk Casino Complex* – genaues Programm ist im *Eastern Province Herald* veröffentlicht.

Aktivitäten

Obwohl der Indische Ozean um PE weder tropisch klar noch warm ist, stellt er ein gutes

Tauchrevier dar. Auf der Suche nach einem Tauchkurs sollte man sich an *Pro Dive* (5 Sterne), Red Windmill, Beach Rd, Summerstrand, ✆ 583 5316, 🖷 583 5434, 🖳 www.prodive.co.za, wenden, dessen Preise (R700 ohne Ausrüstung für einen 3-bis-5-tägigen Kurs mit dem international anerkannten PADI-Zertifikat als Abschluss) fast unschlagbar sind. *Pro Dive* bietet außerdem Käfigtauchen in den Haibecken des Oceanariums an und verkauft in seinem Laden im *Walmer Park Mall* Tauchausrüstung.

Touren

Am besten schaut man sich Port Elizabeth auf einer der ausgezeichneten Bustouren an, die von Veranstaltern angeboten werden, deren Sicht auf die Kultur und Geschichte der Stadt nicht bei den englischen Siedlern von 1820 beginnt oder aufhört. Folgende seien wärmstens empfohlen, da sie nicht nur verschiedene Tages- und Abend-Touren durch die Stadt und die Townships anbieten, sondern auch längere Ausflüge in die Wildparks, Exkursionen zu den Felsmalereien und Öko-Touren.
Einen Einblick in das afrikanische Port Elizabeth bietet *Gqebera Tours*, ✆ 581 7085 oder ✆ 082-970 4037, mit Fahrten in die Township Walmer; auch Golftouren zu Golfplätzen zwischen Port Elizabeth und Kapstadt stehen hier zur Auswahl. *Calabash Tours*, ✆ 585 6162 oder ✆ 083-303 7553, 🖳 www.axxess.web.za/calabash, bietet eine gut recherchierte und präsentierte „Real City Tour" an.
Fundani Cultural Tours, ✆ 454 2064/66 oder ✆ 082-964 6563, 🖳 www.satours.co.za, hat eine Reise zu historischen Schlachtfeldern im Programm, und *Pembury Tours*, ✆ 581 2581, 🖳 www.pemburytours.com, organisiert Ausflüge in die Großwildreservate der näheren Umgebung.
Unmittelbar südöstlich des Hafens an der Humewood Rd liegt **Humewood Road Station**, wo der **Apple Express** startet – eine restaurierte Dampfeisenbahn, die für gewöhnlich So und während der Ferien gelegentlich auch Sa (Abfahrt 9.30 Uhr) Thornhill Village und andere Orte anfährt und auf der Van Staden's River Bridge hält, der höchstgelegenen Schmalspurbahnbrücke der

Welt. Nach einem gemütlichen Lunch in Thornhill zuckelt der Zug zurück nach Humewood, Ankunft 16 Uhr. Tickets (R60) sind bei *Spoornet*, ✆ 507 2333, oder *Tourism Port Elizabeth* buchbar.

Sonstiges

APOTHEKEN – *Mount Road Medicine Depot*, 13 Lower Mount Rd, ✆ 484 3838. ⏱ tgl. bis 22.30 Uhr.

AUTOVERMIETUNGEN – am Flughafen: *Avis*, ✆ 501 7200, gebührenfrei ✆ 0800-02 1111; *Budget*, ✆ 581 4242; *Hertz*, ✆ 581 6550, gebührenfrei ✆ 0800-60 0136; *Imperial*, ✆ 581 1268, gebührenfrei ✆ 0800-13 1000; *Tempest*, ✆ 581 1256.

DIPLOMATISCHE VERTRETUNGEN – *Honorarkonsulat Deutschland*, Maritime House, 11 Uitenhage Rd, ✆ 487 2840, 🖷 573 146.

INFORMATIONEN – Das hilfreiche *Tourism Port Elizabeth*, ✆ 585 8884, 🖷 585 2564, 🖳 www.ibhayi.com, hat eine Filiale im Donkin Lighthouse Building (selbst ein Nationaldenkmal mit toller Aussicht von oben) im Donkin Reserve in Belmont Terrace im Vorort Central. ⏱ Mo–Fr 8–16.30, Sa und So 9.30–15.30 Uhr. Es hat auch eine Außenstelle, *Bay Tourism*, ✆ 585 5427, am Brookes Hill Drive, Ecke Beach Rd. Beide Büros bieten einen Buchungsservice für Unterkünfte vor Ort für R40.

LANDKARTEN – Bleibt man länger in der Stadt, so ist das *Braby's Map Book* von Port Elizabeth ein unschätzbarer Begleiter. Da es bei den *CNA*-Zeitungsverkäufern oft vergriffen ist, muss man in die Vororte fahren und es in *Fogarty's Bookshop* oder bei *Exclusive Books* im *Walmer Park Shopping Centre* versuchen. Die *Automobile Association*, ✆ 585 6716, hat ebenfalls ein umfangreiches Angebot an Karten, erhältlich in der Albany Rd 14.

MEDIZINISCHE HILFE – *St George's* (Privatklinik), Park Drive, Settlers Park, ✆ 392 6111; *Provincial* (staatliche Klinik), Gibson Rd, Central, ✆ 392 3911.

NOTRUF – Feuerwehr, ✆ 585 1555;
Krankenwagen, ✆ 10177;
Polizei, ✆ 10111.

POST – Brookes Pavilion, Humewood. ⏰ Mo–Fr 9–15.30, Sa 8.30–11 Uhr.

REISEBÜROS – *Atkinsons*, 50a Pickering St, Newton Park, ✆ 365 2344, ✉ 365 2345; *Pentravel*, *Walmer Park Shopping Centre*, Walmer, ✆ 368 6151, ✉ 368 6162.

VORWAHL – 041

WÄSCHEREIEN – *Automat*, 6a Parliament St, Central; *Rub & Tub*, Rink House, 70d Clyde St, Central.

Nahverkehrsmittel

SELBSTFAHRER – Wer PE ausführlich kennen lernen und den Hin- und Rückweg zum Strand bequem überwinden möchte, sollte sich am besten ein Auto mieten, denn der öffentliche Nahverkehr lässt zu wünschen übrig.

STADTBUSSE – Die Busse der städtischen *Algoa Bus Company*, ✆ 451 4241, sind billig aber verkehren nur selten vom Busbahnhof am Market Square in die Vororte, zu den Stränden und zum Einkaufszentrum *Greenacres*. Der 15-sitzige *Sunshine Passenger Service*, ✆ 042-293 1911 oder ✆ 082-956 2687, bietet rund um die Uhr einen Shuttle-Bus-Service von Tür zu Tür an – von PE nach Jeffrey's Bay, Cape St Francis und Addo (zu beachten ist, dass der Preis für mindestens zwei Fahrgäste erhoben wird).

MINIBUS-TAXIS – Die Minibus-Taxis verkehren regelmäßig zwischen Stadt und Strand, sind aber weniger zu empfehlen.

TAXIS – Taxis mit Taxameter sind zuverlässig, aber teurer: *Eagle*, ✆ 582 4439; *Hurters Taxis*, ✆ 585 5500; *Mr Cab*, ✆ 374 5856. Es gibt keine Taxistände, man muss sie telefonisch bestellen, bei Fahrten zum Flughafen, Busbahnhof oder Bahnhof sollte man im Voraus buchen.

Transport

Praktisch gesehen gehört PE zu den Einreiseorten, die den einfachsten Zugang zu ganz Südafrika eröffnen. Der kleine Flughafen liegt nur 10 Min. von dem überschaubaren Stadtzentrum entfernt. PE stellt den **Verkehrsknotenpunkt** des Ostkaps dar und bietet alle Transportmöglichkeiten von Flugzeug und Bus über Bahn bis zu Autovermietungen an – also ein günstiger Ausgangspunkt, nicht nur für die Erkundung des Ostkaps, sondern auch für Reisen in die anderen Landesteile.

BUSSE – Kommt man mit dem Intercity-Bus an, sollte man entweder am Einkaufszentrum *Greenacres* im Vorort Newton Park aussteigen, 3 km vom Zentrum, oder bis zu den Endhaltestellen der jeweiligen Linien mitfahren (das ist viel bequemer, wenn man im Vorort Central übernachten will):
Intercity-Busse von Port Elizabeth nach
ALEXANDRIA (5x wöchentl., 1 Std.);
BLOEMFONTEIN (1–2x tgl., 10 Std.);
DURBAN (2x tgl., 13 1/2 Std.);
EAST LONDON (3x tgl., 4 Std.);
GEORGE (6–7x tgl., 4 1/2 Std.);
GRAAFF-REINET (5x wöchentl., 3 1/2 Std.);
GRAHAMSTOWN (2x tgl., 1 1/2 Std.);
JEFFREY'S BAY (2x tgl., 3/4 Std.);
JO'BURG (3–4x tgl., 16 Std.);
KAPSTADT (6–7x tgl., 11 Std.);
KENTON-ON-SEA (5x wöchentl., 1 1/2 Std.);
KNYSNA (6–7x tgl., 3 1/2 Std.);
MOSSEL BAY (6–7x tgl., 4 1/2 Std.);
PAARL (4x wöchentl., 10 Std.);
PLETTENBERG BAY (6–7x tgl., 3 Std.);
PORT ALFRED (5x wöchentl., 1 3/4 Std.);
PORT SHEPSTONE (2x tgl., 12 Std.);
PRETORIA (1–2x tgl., 17 Std.);
SEDGEFIELD (6–7x tgl., 3 1/2 Std.);
STELLENBOSCH (6x wöchentl., 10 Std.);
STORMS RIVER (6–7x tgl., 2 Std.);
UMTATA (2x tgl., 7 1/2 Std.);
WILDERNESS (4x tgl., 3 1/2 Std.).
Translux, am Bahnhof, ✆ 392 1333;
Greyhound, ganz in der Nähe, in der Fleming St, ✆ 363 4555; und *Intercape*, 107 Govan Mbeki Ave, ✆ 586 0055; *Leopard Express*, ✆ 484 1057.

BACKPACKER-BUSSE – Der *Baz Bus*, ✆ 021-439 2323, ✉ 021-439 2343, 🖥 www.bazbus.com, lässt seine Fahrgäste überall im Zentrum oder an Unterkünften aussteigen.

Baz Bus von Port Elizabeth nach
DURBAN (4x wöchentl., 15 1/2 Std.);
EAST LONDON (1–2x tgl., 2 1/2 Std.);
GEORGE (tgl., 7 3/4 Std.);
JEFFREY'S BAY (tgl., 1 3/4 Std.);
KAPSTADT (tgl.)
KNYSNA (tgl., 6 1/2 Std.);
MOSSEL BAY (tgl., 10 1/4 Std.);
NATURE'S VALLEY (tgl., 4 1/2 Std.);
OUDTSHOORN (tgl., 9 Std.);
PLETTENBERG BAY (tgl., 5 1/2 Std.);
PORT ALFRED (4x wöchentl., 2 1/4 Std.);
PORT SHEPSTONE (4x wöchentl., 14 Std.);
UMTATA (4x wöchentl., 8 1/2 Std.);
WILDERNESS (tgl., 7 1/4 Std.).

EISENBAHN – Züge kommen am zentral gelegenen **Bahnhof** an, ✆ 507 1400, von wo man einen Bus oder ein Taxi zur Unterkunft nehmen muss.
Von Port Elizabeth nach
BLOEMFONTEIN (tgl., 11 1/2 Std.);
CRADOCK (tgl., 4 1/2 Std.);
JO'BURG (tgl., 18 Std.);
PRETORIA (tgl., 19 1/2 Std.).

FLÜGE – **Port Elizabeth Airport**, ✆ 581 2984 und ✆ 507 7319, liegt bequem am Rande des Vororts Walmer, 4 km südlich des Stadtzentrums. Von dort fährt ein relativ preiswerter *Supercab Shuttle Minibus*, ✆ 457 5590, ins Zentrum mit Halt an allen großen Hotels und nach Bedarf. Taxis kosten doppelt so viel.
Von Port Elizabeth nach
BLOEMFONTEIN (1x tgl. So–Fr, 1 1/4 Std.);
DURBAN (4x tgl., 1 1/4 Std.);
EAST LONDON (1–4x tgl., 3/4 Std.);
GEORGE (1x wöchentl., 1 Std.);
JO'BURG (6x tgl., 1 1/2 Std.);
KAPSTADT (3–4x tgl., 1 1/4 Std.).
In Port Elizabeth vertretene Fluggesellschaft:
SAA, ✆ 507 1111.

Addo Elephant Park und die privaten Tierschutzgebiete

Port Elizabeth ist die dem Addo Elephant Park nächstgelegene Stadt. Der Park stellt das bedeutendste Tierreservat in der Südhälfte des Landes dar. Ganz in seiner Nähe liegen kleine private Schutzgebiete, darunter **Shamwari**, eine Luxus-Variante, die mit den Big Five (Elefant, Löwe, Leopard, Büffel und Nashorn) aufwarten kann. Billiger und weniger ambitioniert kommen **Amakhala** und **Schotia** in unmittelbarer Nachbarschaft daher. In Sachen Tierbeobachtung sind diese bislang keine ernst zu nehmende Alternative zu KwaZulu-Natal oder Krüger-Nationalpark, doch gibt es Pläne, die Addo zu einem der drei größten Tierschutzgebiete Südafrikas machen sollen. Der große Vorteil dieser Reservate ist ihre Lage im Ostkap, welches das ganze Jahr über **malariafrei** ist. Außerdem eignen sie sich hervorragend als Beginn oder Abschluss einer Reise entlang der Garden Route (s. S. 261).

Addo Elephant National Park

Der Addo Elephant National Park, 73 km nordöstlich von Port Elizabeth, ist die erste Wahl für einen Tagesausflug. Der Busch hier ist dicht, trocken und dornig und macht es zuweilen nicht leicht, ein paar der 200–300 Elefanten zu erspähen; sieht man aber doch welche, dann häufig in greifbarer Nähe. Am besten fragt man an der Rezeption des Parks, wo die Tiere zuletzt gesichtet wurden, oder steuert die Aussichtsplattformen an, von denen man in aller Ruhe den Busch nach den gemächlich dahinziehenden grauen Riesen absuchen kann. **Nachtfahrten** mit einem Ranger des Nationalparks (R60) sind an der Rezeption buchbar, wenn man im Park übernachtet. Zu den anderen Tieren, nach denen man Ausschau halten kann, gehören **Elenantilopen**, **Kudus**, **Büffel** und **Rote Kuhantilopen**. ⏱ Tgl. 7–19 Uhr, Eintritt R12.

Anstatt an den Wasserlöchern zu warten oder den Busch abzusuchen, kann man auch die 6 km lange Rundwanderung **Spekboom Trail** unternehmen. Die Wanderroute ist durch einen Zaun von den Elefanten abgetrennt und vermittelt ein echtes Gefühl für die Landschaft.

Ende der 90er Jahre begann Addo mit dem Erwerb zusätzlichen Landes, um zum drittgrößten Tierschutzgebiet Südafrikas anzuwachsen – dem **Greater Addo National Park**. Mit sechs von sieben

Biomen des Landes innerhalb seiner Grenzen wird er außerdem zu den abwechslungsreichsten gehören und auch die Küstendünenfelder von Alexandria mit einschließen, dazu zwei kleine Inseln und ein riesiges Meeresgebiet. Neben seinen berühmten Elefanten wird der Park auch andere Pflanzen fressende Riesen wie **Nashörner** und **Flusspferde** beherbergen, große Raubtiere wie **Löwen** und **Geparden**, die größte Kolonie Afrikanischer **Brillenpinguine** der Welt, 400 Vogelarten sowie eine eindrucksvolle Vielfalt einheimischer Pflanzen. Das ganze Jahr über können die Besucher dann außer den Big Five auch **Delphine** beobachten und während des südafrikanischen Winters sogar **Südliche Glattwale**.

Übernachtung und Essen

INNERHALB DES PARKS – Das große *Rest Camp* von Addo stellt komfortable Nationalpark-Unterkünfte bereit, darunter strohgedeckte, voll ausgestattete Cottages** für Selbstversorger, billigere Bungalows* mit Gemeinschaftsküchen und Waldhütten* für den kleinen Geldbeutel. Aufgrund der rasanten Ausdehnung des Parks stehen noch mehr Unterbringungsmöglichkeiten bereit, also bei der Buchung nachfragen!
Reservierungen sind unerlässlich: Zentraler 24-Stunden-Buchungsservice von SA National Parks, ✆ 012-343 1991, ✉ 041-343 0905, 🖥 www.parks-sa.co.za, oder innerhalb von 72 Stunden direkt beim Addo, ✆ 042-233 0556, ✉ 041-233 0196.
Im guten **Restaurant** des Parks gibt es drei Mahlzeiten am Tag. ⏰ 6–20 Uhr. Der **Laden** im Park verfügt über ein umfangreiches Speisen- und Getränke-Angebot.

AUSSERHALB DES PARKS – Außerhalb entstehen um Addo mehr und mehr private B&Bs und Gästehäuser, vor allem zwischen den Zitrusfruchtplantagen des Sunday's River Valley. Darunter: *The Elephant House***, 5 km nördlich des Dorfes Addo an der R335, ✆/✉ 042-233 2462 oder ✆ 083-799 5671, 🖥 www.elephanthouse. co.za. Eine der Top-Unterkünfte des Ostkaps: eine strohgedeckte Lodge auf einem Gestüt, nur Minuten vom Addo Elephant Park entfernt, Perserteppiche und antike Möbel. 5 Schlafzimmer,

2 in Gartenhäuschen, die auf einen begrünten Hof gehen. Dinner bei Kerzenlicht möglich. Die Gastgeber organisieren Touren in die Umgebung inkl. Tierschutzgebiete.
*Happy Lands***, 11 km vor Addo an der R335, ✆/✉ 042-234 0422, ✉ nitataylersmith@hotmail. com. Abgeschiedenes B&B-Cottage mit großem Garten am Flussufer, ideal zur Vogelbeobachtung. Gastgeberin Nita weiß viel über die Geschichte der Gegend und organisiert gern Touren zum Nationalpark. Auch Reiten und Schwimmen.
*Valleyview***, 300 m vor dem Dorf Addo, ✆/✉ 042-233 0349, 🖥 www.valley view.co.za. Ehemalige Farm, 2 komfortable Cottages für je 2 Pers. und zusätzliche Schlafmöglichkeiten. Swimming Pool, *braai*-Stelle und herrliche Lage am Fluss.
*Woodall****, etwa 1 km vom Parkeingang, ✆/✉ 042-233 1028, 🖥 www.woodall-addo.co.za. Gastfreundliches Luxus-B&B auf Zitrusfarm mit Swimming Pool, Gartenhaus und Zimmern im schönen Haupthaus. Hübsche Terrasse (vor allem bei Sonnenuntergang) mit Blick auf einen kleinen See mit Schwänen und anderen Vögeln. Drei-Gänge-Abendmenüs für R90.

Transport

Um von Port Elizabeth zum Addo Park zu gelangen, fährt man 15 km auf der N2 in Richtung Grahamstown, biegt am Hinweisschild nach Addo auf die R355 ab und fährt durch das gleichnamige Dorf. Die Straßen im Park sind nicht geteert, aber in gutem Zustand. **Landkarten** mit Picknickplätzen und *braai*-Stellen gibt es an der Rezeption.

Shamwari Game Reserve

Das Shamwari Game Reserve, ✆ 042-203 1111, ✉ 042-235 1224, 🖥 www.shamwari.com, liegt 65 km nördlich von Port Elizabeth an der N2 und kultiviert sein Image als Reiseziel für den Jetset. Luxus wird hier allemal geboten, fraglich ist nur, ob dieses relativ kleine Gebiet das Gefühl von der Wildnis vermitteln kann, wie es die großen Reservate in der Nordhälfte des Landes tun.

Übernachten kann man in der Kolonialvilla *Long Lee Manor* und einigen anderen Lodges im

Reservat. Die Preise beginnen bei saftigen R2600 p.P. im *Long Lee* und steigen bis auf R3100 in der *Lobengula Lodge*, dafür bekommt man aber auch jeglichen Service und Luxus geboten, den man für solche Preise erwarten kann. Wem das alles zu gepfeffert ist, der kann auf die **Shamwari Day Experience** ausweichen (ab R600 p.P.) Diese Tagestour beginnt mit einem Besuch des Born Free Animal Rescue and Education Centre. Nach dem Mittagessen geht es nach Khaya Lendaba, wo Xhosa-Traditionen vorgestellt werden. Anschließend begleiten Ranger die Besucher auf einer Tierbeobachtungsfahrt, auf der man vom hinteren Teil eines offenen Geländewagens nach den Big Five Ausschau halten kann.

Amakhala Game Reserve

Etwa 2 km nördlich des Abzweigs von der N2 nach Shamwari liegt das Amakhala Game Reserve, ✆ 042-235 1608 oder ✆ 082-966 5696, 🖥 www. amakhala.com/home.html, das aus einer Idee mehrerer Farmerfamilien entstanden ist, die die Zäune zwischen ihren Ländereien wegnahmen, zahlreiche Tiere ansiedelten und bestehende oder neu gebaute Farmgebäude als Unterkünfte für die Besucher einrichteten.

Giraffen, Zebras und verschiedene Antilopenarten sind hier zu entdecken ebenso wie Schabrackenschakale, Löffelhunde, Klippschliefer, Otter, Grüne Meerkatzen, Schreiseeadler, Perlhühner, Eisvögel und Bussarde. Da es keine Raubtiere gibt, ist man nicht auf das Fahrzeug beschränkt, und auf den **Wanderwegen** lässt es sich wunderbar durch die Flora mit ihren Aloen und anderen herrlichen Pflanzen ziehen und so eine Nähe zur Landschaft gewinnen.

Der Bushman's River schlängelt sich durch das Reservat, Bootsfahrten sind in Planung. Gegen einen Preisaufschlag bieten die meisten Gastgeber Tierbeobachtungsfahrten in offenen Geländewagen an. Elefanten bekommt man jedoch nur im Addo, Löwen nur in den anderen nahe gelegenen Schutzgebieten zu Gesicht.

Obwohl Amakhala ein gemeinschaftliches Schutzgebiet ist, betreibt jeder Beteiligte sein eigenes Gästehaus, ein B&B oder eine Lodge.

Es gibt verschiedene Unterkünfte, die allesamt sehr komfortabel sind, teils in historischen Farmgebäuden, teils im herkömmlichen Safari-Stil. Wegbeschreibungen und Buchungen bei der zentralen **Reservierungsstelle**, s.S. 366.

Carnarvon Dale***, Farmhaus von 1857 mit 2 Schlafzimmern am Nordrand von Amakhala. Gäste dürfen sich auf der Farm bewegen und Vogel- und Wildbeobachtungsspaziergänge am Bushman's River unternehmen. Abendessen auf Anfrage.

Eliweni Lodge***, strohgedeckte Lodge für 5 Pers. mit luftiger Terrasse hoch über einer bewaldeten *kloof* mit Panorama-Blick ins Tal, wo sich der Bushman's River durch den dichten Busch schlängelt.

Leeuwenbosch Country House***, elegantes und äußerst komfortables viktorianisches Farmhaus mit klassischer Rundumveranda. Geräumige Schlafzimmer und voll ausgestattete Küche. Abendessen auf Anfrage.

Reed Valley Cottage***, uriges Privat-Cottage an der Westgrenze des Reservates mit 2 großen Schlafzimmern im landestypischen Stil mit separaten Eingängen. Auf demselben Besitz wie die Reed Valley Crocodile Farm, die eine Führung anbietet. Halbpension optional.

Woodbury Lodge***, in einer spektakulären Schlucht oberhalb des Flusstals, 2 geschmackvoll eingerichtete Chalets aus Stein mit je 2 Schlafzimmern, strohgedeckt, mit Holzveranda, separate Speise-Lodge. Selbstversorger, B&B oder Vollpension.

Schotia Private Game Reserve

Das Schotia Private Game Reserve, ✆ 042-235 1436, ✆ 042-235 1368, ✉ schotia@intekom.co.za, ist das kleinste **Privatreservat**. Doch dafür bietet es spannende nächtliche Ausflüge zu seinen drei Löwen, den Zebras und zwölf verschiedenen Antilopenarten an. Da blickt man im grellen Scheinwerferlicht in viele blitzende Augenpaare. Essen gibt es vom offenen Feuer in einer strohgedeckten *lapa*. Übernachten kann man in einem Cottage* für 2 Personen, einer großen Lodge*** für 8 Personen oder einem Wildnis-Camp* im tiefen Busch. Schotia bietet einen Abholservice für Besucher von einem Sammelpunkt, 2 km auf der von der N2 abzweigenden N10 in Richtung Cradock.

OSTKAP

Von Port Elizabeth nach Westen

Zu den wenigen Gründen, zwischen Port Elizabeth und Storms River (186 km westlich) von der N2 abzufahren, gehören die Ferienorte **Jeffrey's Bay** und **St Francis Bay**. Ersterer ist bekannter, zumindest unter Surfern, denn hier hat man sich besonders auf das Geschäft mit der Welle spezialisiert. Obgleich auch St Francis Bay gut geeignete Surfreviere besitzt, ist es aufgrund seiner Schönheit und Atmosphäre vor allem bei Südafrikanern aus dem Binnenland beliebt.

Jeffrey's Bay

Etwa 75 km westlich von Port Elizabeth, abseits der N2, liegt J Bay, wie man es hier nennt – für manche eines der drei besten Surfreviere der Welt. Architektonisch ist die Stadt das Produkt mehrerer Bau-Booms in der jüngeren Vergangenheit und somit eher unschön. Dagegen können auch die Villen auf dem Hügel nichts ausrichten. In der Hochsaison stapeln sich die Urlauber am Strand, strömen in die Surfläden und Fastfood-Restaurants und geben dem Ort ein richtiges Ferienort-Flair.

Echten **Surfern** jedoch ist das alles egal, denn sie sind einfach nur auf der Suche nach der perfekten Welle. Wer surfen möchte, ist östlich des großen Badestrandes bei **Super Tubes** bestens aufgehoben, denn hier gibt es eine eindrucksvolle und regelmäßig wirbelnde Wasserröhre. Weitere Stellen sind Kitchen Windows, Magna Tubes, Point und Albatross.

Seinen legendären Ruf erlangte J Bay durch den Kultfilm *Endless Summer* aus den 60er Jahren, in dem der Surfer Bruce Brown die Welt auf der Suche nach ewigem Sonnenschein und der perfekten Welle bereist. Obwohl J Bay wahrhaftig nicht das beste Surfrevier von Südafrika ist – zwischen Durban und Kapstadt gibt es Hunderte guter Stellen –, findet man doch keinen anderen Ort, der so ausschließlich auf Sport ausgerichtet ist. Und wenn man die Grundregeln der Surf-Etikette beachtet, sich nicht in das Revier anderer drängt und sich in der Hierarchie an der richtigen Stelle einordnet, hat man sogar eine reelle Chance, sich mit den einheimischen Surfern anzufreunden.

Nicht nur **Delphine** ziehen hier regelmäßig ihre Runden, sondern zwischen Juni und Oktober gibt

es auch **Wale** zu bestaunen. Die großen **Badegebiete** sind Main Beach (in der Stadt) und Kabeljous-on-Sea (einige Kilometer nördlich), wunderschöne Muscheln findet man zwischen Main und Surfer's Point.

Übernachtung

Das *Tourist Information Office* gibt eine umfangreiche Liste mit Unterkünften heraus. Mit einem halben Dutzend Hostels zählt J Bay eindeutig zum Backpacker-Gebiet – doch auch wenn einem das Gemeinschaftsleben nicht so liegt, stehen viele gute und preiswerte B&Bs und ein paar Selbstversorger-Unterkünfte bereit. Campen gleich in Strandnähe ist in den städtischen Caravanparks *Kabbeljous*, ✆/☏ 29 33330, und *Jeffrey's Bay*, ✆ 200 2214, an der Da Gama Rd möglich, doch unterscheiden sich die Preise kaum von denen im Backpacker-Schlafsaal.

A1 Knyaston*, 23 Chestnut Ave, ✆ 296 1845, ☏ 293 2650. Separate Wohnung oder Schlafzimmer im Haupthaus mit herrlicher Aussicht, Mega-Frühstück und gemütlicher Atmosphäre. Gastgeber Paul und Sharon betreiben *A1 Eco-Tours* (s.S. 369), kennen die Gegend um J Bay genau und können interessante Orte empfehlen.

Island Vibe*, 10 Dageraad St, ✆/☏ 293 1625, ✉ ivibe@lantic.co.za. Backpacker-Lodge auf einer Düne mit Holzsteg zum Strand. Camping, Schlafsäle, DZ, sämtlich mit toller Aussicht, Lounge, Bar, Billardtisch und Selbstversorgereinrichtungen. Frühstück erhältlich.

Jeffrey's Bay Backpackers*, 12 Jeffrey St, ✆/☏ 293 1379, ✉ backpack@netactive.co.za. 2 Blocks vom Strand, zweckmäßige Einrichtung, Nutzung von Bar, Lounge und Swimming Pool erlaubt, Verleih von Brettern, kein Frühstück, gute Selbstversorgereinrichtungen. Schlafsäle und DZ.

Lazee Bay*, 25 Mimosa St, ✆/☏ 296 2090, 🖥 www.lantic.co.za/~lazeebay. Luftiges B&B mit Panoramablick. Große Gemeinschafts-Lounge, komfortable Küche, landestypische Einrichtung, Swimming Pool, Sonnenterrasse.

Mount Joy Guest House**, 31 Mimosa St, ✆/☏ 296 1932. B&B mit 5 Zimmern mit Bad. Ein fantastischer Blick lädt zum Frühstück auf der Terrasse ein. Zugang über einen schmalen, steilen Fußweg.

Sandkasteel*, 3 Diaz St, ✆ 293 1585 oder ✆ 082-657 4564. Ungewöhnlich konstruiertes Haus am Strand, für Selbstversorger oder als B&B, Schlafquartiere ganz oben, Küchen und *braai*-Stellen in allen Einheiten. Während der Hochsaison recht laut, sonst beschaulich und erschwinglich.

Essen

Hierin bietet J Bay die übliche Palette von Pizza, Burgern und Steakhäusern bis zu Takeaway-Läden. Das Spitzenrestaurant des Ortes heißt *The Walskipper* und liegt am Strand in Marina Martinique Harbour. Hier wird man in luftigem Ambiente mit luxuriösen und teuren Meeresfrüchte-Gerichten verwöhnt. Während man auf die Zubereitung des Hauptgerichtes auf dem offenen Feuer draußen wartet, gibt es selbst gebackenes Brot, Pâtés und Marmelade. Weitere Lokale: *Le Grotto* auf der Da Gama Rd, berühmt für sein preiswertes 1kg-Steak; *Breakers*, ein beliebtes Lokal an der Diaz Rd mit Fisch und Wild im Angebot und guter Weinauswahl; und schließlich *The Sunflower*, Da Gama Rd 20, mit Frühstück und interessanten Pastagerichten sowie Salaten zum Mittag.

Sonstiges

AKTIVITÄTEN UND TOUREN – Surfausrüstung kann in den zahlreichen Surfgeschäften an der Da Gama Road ausgeliehen werden. Derek von der *South Coast Surf School*, ✆ 082-576 4259, zeigt einem zudem die besten Gebiete zum Surfen und Sandboarden.
Beliebt sind auch **Brandungsangeln** und **Sporttauchen**, letzteres kann man bei *Baydive*, ✆ 293 2444 oder ✆ 082-659 2541, erfragen. Wer mehr sucht als Sonne und Brandung wendet sich an Paul und Sharon von *A1 Eco-Tours*, ✆ 296 1845, die Besuchern geschichtsträchtige Orte der **Khoisan** zeigen und sie in das wunderschöne Gamtoos River Valley führen, das für seine Vogelvielfalt bekannt ist.
Etwa 10 km vor der Stadt bietet *Papiesfontein Farm*, ✆ 082-574 9396, geführte und selbstständige **Reittouren** an einem hübschen, 6 km langen Strand an.

INFORMATIONEN – *Tourist Information Office*, Da Gama, Ecke Dromedaris Rd, ✆ 293 2588, 📠 293 2227, 🖥 www.jeffreysbaytourism.com. Im Dez, Jan, Juli und zu Ostern sind Hotel-Buchungen unerlässlich. 🕐 Mo–Fr 8.30–17, Sa 9 Uhr bis mittags.

VORWAHL – 042

Transport

BUSSE – Auch ohne Auto kommt man ganz einfach von PE nach Jeffrey's Bay.
Der *Baz Bus* hält in J Bay auf seiner täglichen Fahrt zwischen Kapstadt und Port Elizabeth. Mit dem *Sunshine Passenger Service*, ✆ 293 2221 und ✆ 082-956 2687, kommt man ebenfalls von PE hierher (R60 p.P., mind. 2 Reisende).

St Francis Bay

Der Kultfilm *Endless Summer* mag ja J Bay auf die Surfer-Karten der Welt gehievt haben, doch der nach dem Urvater der Surfer, Bruce Brown, benannte „Break" (Bruce's Beauties) liegt in St Francis Bay. Hier kann man nicht nur surfen, der zauberhafte Küstenabschnitt zwischen Kromme River und Cape St Francis lohnt auch so einen Besuch. 50% der Stadt liegen in einem sehr schönen, künstlich angelegten **Netz von Kanälen**, die zum Fluss führen. Weiter in Richtung Cape St Francis sind die Gebäude von einem mediterranen Einfluss geprägt, so auch der neue kleine Hafen Port St Francis, der sowohl Erholungsort als auch Hafen für die *chokka*- (Tintenfisch-) Boote ist. Umringt wird die Stadt von einer Reihe kleiner Naturschutzgebiete, in denen man hervorragend wandern kann, z.T. durch Fynbos-Gebiete. Während der Hochsaison fallen die Südafrikaner aus dem Binnenland, denen die Ferienhäuser gehören, in Scharen hier ein, doch außerhalb dieser Zeit herrschen Ruhe und Frieden.

Der eindrucksvolle **Leuchtturm**, heute Nationaldenkmal, ist einst als der einsamste von ganz Afrika beschrieben worden.

Übernachtung und Essen

Cape St Francis Resort*, ✆ 298 0054, 🖥 www.capestfrancis.co.za. Strohgedeckte Cottages als

OSTKAP

B&B oder für Selbstversorger, Kneipe und Restaurant vor Ort. Exkursionen im Angebot: im Geländewagen zu den archäologischen Stätten im Shark Point Nature Reserve; 10 km den Jurassic Kromme River flussaufwärts; eine Kanaltour; Bootsfahrt in der Bucht bei Sonnenuntergang.

Port St Francis Resort*–**, ✆ 294 1223, 🖳 www. portfrancis.co.za. Komplex im mediterranen Stil am Hafen mit Apartments für Selbstversorger. Teils mit Panorama-Blick auf die Bucht (vorn) und das Meer (hinten); hübsch eingerichtet, zauberhafte Innenhöfe, teils mit eigenem Planschbecken.

Seal Point Backpackers*, Da Gama Rd, ca. 20 m vom Strand, 🖳 www.capestfrancis.co.za, ✆ 298 00284. Preiswert, DZ mit angeschlossener Kücheneinheit, TV und Federbetten. Restaurant und Bar *(The Full Stop)*.

Waterways**, ✆ 294 0282. Freundlich, tolle Lage am Zusammenfluss von Kanälen und Fluss, in Strandnähe. 2 Schlafzimmer mit Bad, eigenem Außenbereich und spektakulärer Aussicht. Bootsfahrten können arrangiert werden.

Essen kann man in den Kneipen, Coffee Shops und Restaurants des Ortes und am Hafen (besonders ***The Chokka Block*** und ***Quayside Café***).

Sonstiges

INFORMATIONEN – Das ***Tourist Information Bureau***, ✆ 294 0076, 🖳 www.stfrancistourism. com, am Village Centre ist bei der Quartiersuche behilflich. ☉ Mo–Fr 8.30–16.30, Sa 9–12.30 Uhr.

VORWAHL – 042

Transport

St Francis Bay erreicht man mit dem **Auto** über die N2, wendet sich südlich nach Humansdorp und fährt weitere 15 km in Richtung Küste. Der ***Sunshine Bus*** (s.S. 364) fährt bei Bedarf hierher.

Von Port Elizabeth nach Port Alfred

Einer der am wenigsten entwickelten **Küstenabschnitte** von Südafrika erstreckt sich mit seinen breiten Stränden und seiner rauschenden Brandung östlich von Port Elizabeth auf sandigen 150 km bis nach Port Alfred. Die Wassertemperatur liegt hier immer ein paar Grad über der von Kapstadt (das Wasser ist allerdings nicht so warm wie in KwaZulu-Natal und auch nie tropisch klar). Die Strände sind mit ihren Muscheln, Vögeln und Felsbecken ein kleines Paradies. Das einzige Problem sind die **Sommerwinde**, die besonders nachmittags häufig die gesamte Küste des Ostkaps heimsuchen – also ist frühes Aufstehen angesagt. Am ruhigsten ist das Wetter von April bis September, wenn es zum Sonnenbaden noch zu kalt ist, die Picknick- und Wanderbedingungen jedoch perfekt sind. Der Zeitraum von April bis Juli mit dem klarsten Wasser ist die optimale Saison für Sporttaucher.

Außerhalb der Stoßzeiten können die Strände total verlassen sein, nur hier und da hört man das Brummen eines Geländewagens, der seine tiefen Spuren im Sand zurücklässt. An der Debatte über Fahrzeuge am Strand scheiden sich die Geister in Südafrika, an einigen Küstenabschnitten sind sie bereits verboten.

Der Urlaubsort **Kenton-on-Sea** gehört zu den herrlichsten Stellen dieser Küste: Seine beiden Flüsse sind mit Booten gesprenkelt, es gibt Felsbuchten und fantastische Strände zum Baden und Spazierengehen. Fast alle Häuser hier sind Feriendomizile weißer Südafrikaner, die den größten Teil des Jahres unbewohnt sind.

Alexandria State Forest und Diaz Cross

Ein 50 km langer Küstenabschnitt des Ostkaps steht im Schutze des Alexandria State Forest und kann auf der zweitägigen Rundwanderung **Alexandria Hiking Trail** durchstreift werden. Dieser gehört landesweit zu den schönsten **Küstenwanderwegen** und windet sich durch einheimische Waldgebiete und eine Wüstenlandschaft monströser Sanddünen bis hin zum Ozean. Die 35 km lange Wanderroute beginnt an der Alexandria Forestry Station, 8 km von der R72 entfernt. Der ausgeschilderte Abzweig geht kurz vor Alexandria rechts ab, 86 km vor Port Elizabeth. Die Hütte an der Station kann zu Beginn oder nach Abschluss der Wanderung als Unterkunft genutzt werden. Eine weitere befindet sich am Woody Cape, in beiden gibt es Trinkwasser und Matratzen, jedoch keine Kochgelegenheiten. Zum Ausgangspunkt muss man aufgrund fehlender öffentlicher Verkehrsmittel selbst fahren. Die Route ist recht anstrengend, vor allem entlang der windigen Dünenlandschaft – u.U. sind die Markierungen vom Sand zugeweht, so dass der Weg schwierig zu finden ist –, doch bei freundlichem Wetter sind die einsamen Strände einfach überwältigend. Wegen der begrenzten Plätze auf der Wanderung durch das **Woody Cape Nature Reserve**, PO Box 50, Alexandria 6185, ℡ 046-653 0601, ℻ 046-653 0302, ⏱ Mo–Fr 8–13 und 14–16 Uhr, Eintritt R25, sind Vorausbuchungen erforderlich, besonders an Wochenenden. Der Wald mit seinen Yellowwood-Bäumen voller Flechten kann auf einer 7 km langen Strecke an einem Tag durchwandert werden. An der Forestry Station geht es los, es gibt eine schöne Picknick- und *braai*-Stelle.

Alexandria ist ein Anbauzentrum für Ananas und Chicorée mit einer Geschäftsstraße und einer imposanten Niederländisch-Reformierten Kirche. Von Alexandria führt eine gute, 18 km lange, unbefestigte Straße durch den State Forest und durch Felder bis hin zur Küste bei **Boknes**. Dieser winzige Erholungsort ist Ausgangspunkt für die einstündige Strandwanderung in östlicher Richtung zum Monument Diaz Cross, das des portugiesischen Abenteurers und Forschungsreisenden Bartholomeu Diaz gedenkt, der 1487 auf der Suche nach einem günstigeren Seeweg zwischen Europa und dem Osten die südafrikanische Küste umrundete. Er war der erste Europäer, der mit den Khoikhoi Bekanntschaft machte, und leider auch der erste, der einen von ihnen tötete. Das Kreuz auf dem felsigen Vorgebirge steht an der Stelle, an der er von seiner Mannschaft gezwungen wurde, nach Kapstadt umzukehren, statt weiter ostwärts zu segeln.

Übernachtung und Essen

Alexandria liegt dem Woody Cape Nature Reserve am nächsten, und wenn man etwas mehr Komfort wünscht als die Alexandria-Hütte* bieten kann, ist die **Heritage Lodge*** an der Hauptstraße, ℡ 046-653 0024, ℻ 046-653 0735, ✉ gordons@imaginet.co.za, eine der wenigen Übernachtungsmöglichkeiten. Zwar sind die recht günstigen Zimmer nichts Besonderes, doch hat das angeschlossene Restaurant gutes Mittag- und Abendessen im Angebot. So abends geschlossen.

Noch mehr zu empfehlen ist das **Quins Sculpture Garden and B&B***, 5 Suid St, ℡ 046-653 0121 oder ℡ 082-770 8000, ✉ quin@intekom.co.za, mit Tierskulpturen im Garten und einem gemütlichen Apartment mit 2 Schlafzimmern, das hinter dem Wohnzimmer des Haupthauses liegt. Übernachtungsmöglichkeiten sind in diesem Küstenabschnitt ansonsten dünn gesät: Lediglich in Cannon Rocks, 2 km westlich von Boknes und 135 km östlich von Port Elizabeth, kommt man unter, und zwar im familienorientierten **Cannon Rocks Holiday Resort**, ℡ 046-654 0043, ℻ 046-654 0095. Man kann zelten*, ein Chalet* mit 2 Schlafzimmern oder eine Luxuswohnung** mieten. Die Anlage ist durch Bäume vor dem Wind geschützt, zum Strand läuft man 5 Min. Es gibt einen kleinen Laden, aber die Vorräte sollte man besser in Alexandria besorgen, das durch eine Teerstraße mit Cannon Rocks verbunden ist. **Sandon B&B***, 187 Alice Rd, ℡ 046-654 0217 oder ℡ 082-5944699, ✉ tindal@intekom.co.za, ist ein großes modernes Haus am Strand mit 2 Schlafzimmern mit Bad im Haus und einer abgetrennten Wohnung mit 2 DZ, wo man sich auch selbst versorgen kann.

Kenton-on-Sea

Etwa 26 km westlich von Alexandria liegt an zwei Flusstälern der **Urlaubsort** Kenton-on-Sea, der sich für einen kurzen Strandurlaub perfekt eignet. Mit seiner maßvollen Ansammlung von Ferienhäusern, wenigen Geschäften und Lokalen ist Kenton eine gute Wahl, wenn man etwas nicht allzu Anspruchsvolles und doch sehr Schönes sucht. Viel mehr als sich der Brandung, der Sandstrände und Dünen zu erfreuen, in seichten Gezeitenpools zu liegen oder in den Flüssen zu baden, gibt es hier nicht zu tun. Ausländische Touristen sieht man kaum und die Südafrikaner fallen nur während der Ferien ein, den Rest des Jahres hat man also außerhalb der Wochenenden garantiert seine Ruhe. In den Flüssen lässt es sich wunderbar schwimmen, doch sollte man sich wegen der oft starken Ripptiden nicht zu nah an die Mündung begeben. Auch abseits der Meeresstrände kann man schön baden.

Wenn man auf dem Bushman's River herumschippern möchte, liegen bei *Kenton Marina*, ☎/☏ 648 1223, kleine **Motorboote** zum Verleih (ab R60 pro Stunde). Von der R72 ab (gut ausgeschildert) geht es 300 m die R343 entlang in Richtung Grahamstown. Dort gibt es auch zweisitzige **Beaver-Kanus**, mit denen man die 15 km lange Strecke flussaufwärts paddeln kann, die als **Bushman's River Trail** bezeichnet wird. Dabei kommt man an Landschaften mit Zykaden und Wolfsmilch vorbei, die von einer schnatternden Vogelvielfalt bevölkert sind. Je nach Kondition, Gezeiten und Wetterbedingungen dauert die Tour zwischen zwei und fünf Stunden. Am Ende erwartet die Besucher eine Hütte* (bei *Marina* buchbar), in der 16 Personen unterkommen. Matratzen, Küchenutensilien, *braai*-Vorrichtungen und kalte Außenduschen sind vorhanden, nur Schlafsack und Verpflegung sind mitzubringen, da es hier nichts zu kaufen gibt. An Wochenenden kann es voll werden, sonst dürfte es keine Schwierigkeiten geben.

Übernachtung

Übernachten kann der Besucher in erschwinglichen Cottages für Selbstversorger und in B&Bs. Die schönsten davon liegen am Fluss.
Berribridge B&B*, 28 Oxford St, ☎ 648 1048. Schöne Lage, 5 Gehminuten vom Kariega River, 3 DZ mit 2 Bädern, vom Haupthaus abgetrennt.
Burke's Nest*, 38 Van der Stel Rd, ☎ 648 1894 und ☎ 082-577 2142. Gartenhaus und kleine Wohnung am Wohnhaus einer Familie, Strandnähe, unweit des Kariega River.
Bushman's River Caravan Park, 2 Loerie Rd, ☎ 648 1227. Ein paar Autominuten westlich von Kenton – den Schildern vom Abzweig nach Bushman's von der R72 folgen. Camping inmitten des Bushman's River Mouth, einer Anlage, die eigentlich noch zu Kenton gehört.
Lime Tree House*, 96 Westbourne Rd, ☎ 082-568 0432, ✉ jann@imaginet.co.za. 4 geschmackvoll eingerichtete Schlafzimmer – für Selbstversorger

oder mit Frühstück – mit Blick auf den Bushman's River, Innenhof, Brunnen und großer Garten.
Woodlands Country House and Tea Garden*, 2 km vom Zentrum an der R343 nach Grahamstown, ☎/☏ 648 2867 oder ☎ 082-808 5976, ✉ woodlands@compuscan.co.za. 12 Morgen Garten und Busch bis hin zum Bushman's River, kleine Cottages an den Wegen durch die Vegetation. Prächtige Vogelwelt, sehr erholsam zum Tee oder Essen im kleinen Restaurant.

Essen

Das am schönsten gelegene Lokal von Kenton ist das **Homewoods**, 1 Eastbourne Rd, ein Restaurant und Pub an der Mündung des Kariega River mit 2 Terrassen und herrlicher Aussicht. Doch weder der Service noch das Essen verdienen besondere Beachtung: Zum eher durchschnittlichen Angebot gehören Steaks, Fisch und Burger. Im Zentrum des Ortes liegt **The Local**, das einzige Pub und Grillrestaurant, in dem man immer Abendessen bekommt (außer So abends). Kaffee, Tee und Kuchen gibt es im **Allies Coffee Shop**. Außerhalb der Stadt, 2 km die R67 oder Grahamstown Rd entlang, ist der **Woodlands Tea Garden** die erste Wahl zum Tee mit leichtem Mittagessen wie Käse- oder Apfelkuchen, Quiche sowie Fish & Chips und netten Plätzen draußen. Dieselbe Straße, 1 km weiter, bietet das kinderfreundliche **Stanley's**, ☎ 648 1332, gute Braten und vegetarische Küche nach englischer Art in einem einfachen Farmhaus an, dazu Fisch, Steaks und Rippchen. Während des Essens auf der Terrasse genießt man den Blick auf den Kariega River. Vorausbuchungen unerlässlich, vor allem sonntags und in der Hochsaison.
⏰ Mo–So Mittag- und Abendessen, Sa nur Abendessen. Flussaufwärts liegt am Bushman's River **The Sandbar Restaurant**, ☎ 648 2192, ein bescheidenes Restaurant-Pub auf dem Wasser mit Hamburgern, Pommes und Calamares im Angebot. Durch den Blick auf die steilen, mit Wolfsmilch bewachsenen Klippen wird das fehlende Flair vollauf kompensiert. Dorthin gelangt man auf der R67, Abzweig Riversbend, westlich von Bushman's River Mouth.

EINKAUFEN – Kenton ist ein sehr kleiner Ort, und doch findet man **Mini-Supermärkte**, eine **Bank**, einen Geldautomaten, eine Post und eine **Tankstelle** – allesamt an der Hauptstraße Kenton Rd. Viele Einheimische ziehen es allerdings vor, in dem 15 Min. entfernten Port Alfred einzukaufen.

INFORMATIONEN – Das *Tourist Information Bureau,* an der Hauptstraße ausgeschildert, wird von der sehr kompetenten Erica McNulty, ✆ 648 2418 und ✆ 082-772 5069, geführt, die auch die **Kenton Township Tours** inkl. Essen in einer der Hütten organisiert. Außerdem koordiniert sie das Gemeindeprojekt *Masithandane,* das von Xhosa-Frauen in Grahamstown geführt wird.

VORWAHL – 046

Port Alfred

Port Alfred ist der einzige Ort zwischen Port Elizabeth und East London, der auch außerhalb der Urlaubssaison ein gewisses Stadtleben aufzuweisen hat. Ein paar Wochen im Jahr platzt das kleine Stadtzentrum vor Autos und Menschen aus allen Nähten, doch den Rest des Jahres wird es nur an den Wochenenden voll, wenn die Surfer und Studenten aus der Rhodes University in Grahamstown die Stadt bevölkern. Außer zu Strandspaziergängen und Badespaß lädt die Gegend auch zu **Kanutouren** ein: zum Kowie Canoe Trail, einem Ausflug auf dem Kowie River mit Übernachtung (s.S. 374), oder zu einer eintägigen Paddeltour auf dem Lynedoch River zum östlichen Teil von Port Alfred (s.S. 376).

Obwohl in den 40er Jahren des 19. Jahrhunderts zunächst als Hafen eingerichtet, war Port Alfred dafür nie so recht geeignet, denn der Fluss verschlammte immer wieder. So verblasste es schnell zu einem Urlaubsort. Große Schiffe wird man auf dem Kowie River nicht finden, aber dafür kämpfen sich täglich unter den Augen faszinierter Zuschauer am Ende des Piers zahlreiche **Fischerboote** durch seinen turbulenten Mündungsbereich. Port Alfred (Spitzname „Kowie" wegen des Flusses) bekam seinen Namen zu Ehren des zweiten Sohnes von Königin Victoria, der allerdings nie hier war. Bei seinem Besuch des Kaps im Jahre 1870 sagte der Prinz einen Ausflug hierher in letzter Minute ab, weil er es vorzog, an einer Elefantenjagd teilzunehmen.

Der **Kowie River** teilt Port Alfred in Ost- und Westufer; die Stadt und die beliebtesten Badestrände liegen im Westteil, der weniger entwickelte Küstenbereich im Ostteil. Der Fluss wird von zwei Brücken überspannt: einer Bogenbrücke aus Beton (das Wahrzeichen von Port Alfred) und einer älteren, die direkt in die Main Street führt.

Leider ist die natürliche Lagune in den 80er Jahren zerstört und durch einen Jachthafen ersetzt worden, auf dem Dutzende von Booten und künstliche Inseln mit Ferienhäuschen zu finden sind. Das *Halyards Hotel* und ein Pub stellen das künstliche Hafenviertel der Stadt dar. Viel authentischer ist das Ufer an der **Wharf Street** neben der alten Brücke wieder hergerichtet worden, ebenso wie die viktorianische Häuserreihe. In Nr. 20 produziert die einzige Mikro-Brauerei des Ostkaps, **Coelacanth Brewing Company**, das schmackhafte Old Four Legs Lager. Im Fischgeschäft ein paar Häuser weiter gibt es frischen Fisch und Meeresfrüchte.

Nach Port Alfred fährt man wegen der Strände und des Kowie River. Ansonsten hat die Stadt, abgesehen von den Geschäften an der einzigen Hauptstraße, wenig zu bieten. Von beiläufigem Interesse ist das **Kowie Museum** in Pascoe Crescent, an der Ostseite der alten Brücke, mit sepiafarbenen Fotos von Port Alfred aus einer Zeit, bevor der Jachthafen und die Villen die herrliche Lagune verschlangen. ☉ Di–Sa 9.30–12.30 Uhr, Eintritt frei.

Das Strandleben konzentriert sich am beliebten **West Beach**, wo der Fluss ins Meer mündet und die Wellen hereinbrechen. Vom Café und vom Steinpier aus kann man die Surfer beobachten und auch die Fischerboote, wie sie von der offenen See auf spektakuläre Weise in den Fluss einfahren. 15 Gehminuten westlich liegt **Kelly's Beach**, wo eine sanfte Bucht das Baden sicher macht. Über die Straße neben dem *Halyards Hotel* erreicht man **East Beach** (ausgeschildert), wo man vor dem Hintergrund sich auftürmender Dünen bis zum Horizont wandern kann. Kleine Kinder sind am **Children's Beach** in der Nähe des Zentrums am besten aufgehoben, einem sanften Flussabschnitt, der über die Beach Rd, einige Hundert Meter von der Bogenbrücke entfernt, erreichbar ist.

Nur in den Schulferien sind Unterkünfte Mangelware. Das *Tourist Information Bureau* (s.S. 377) gibt eine Liste heraus, in der B&Bs und Cottages für Selbstversorger zu finden sind. Die teuersten und gefragtesten Plätze liegen am **West Beach**, die erschwinglicheren befinden sich eher ein Stück weg vom Wasser, vorwiegend in den älteren und stimmungsvolleren Gegenden am Hang auf der Ostseite der Stadt. Die meisten B&Bs sind an der Main St durch die offiziellen braunen Schilder ausgewiesen. Möchte man billiger und abgeschiedener wohnen, so empfiehlt sich ein Cottage für Selbstversorger in **Salt Vlei**.

HOTELS, GÄSTEHÄUSER UND B&B – *Coral Guest Cottage**, Jack's Close, ✆/✆ 624 2849. Preiswertes B&B an einem Hügel der East Bank, 20 Gehminuten von East Beach. Komfortable Zimmer mit Bad in einem restaurierten Wellblech-Cottage der früheren Siedler, dessen Wände nicht gerade schalldicht sind. Von dem überschwänglichen Besitzer wird man garantiert verwöhnt.

The Halyards***, Royal Alfred Marina, Albany Rd, ✆ 624 2410, ✆ 624 2466. Elegantestes Hotel der Stadt, mit Swimming Pool und Holzterrasse. 10–15 Min. zu Fuß zum East Beach und zum Stadtzentrum.

The Residency**, 11 Vroom Rd, ✆ 624 5382 oder ✆ 083-260 0334, 🖳 www.theresidency.co.za. Geräumiger, hübsch restaurierter, viktorianischer Bau an der West Bank mit Meeresblick über die Dünen hinweg. Große komfortable Betten, Liebe zum Detail, Frühstück auf der Veranda – eine der elegantesten Unterkünfte der Stadt.

Royal St Andrews Hotel**, 19 St. Andrews Rd, ✆ 624 1379, ✆ 624 2080, 🖳 www.compushop.co.za/standrw. Die Fassade im Tudor-Stil und das altehrwürdige Äußere täuschen geschickt über das modern renovierte Innere hinweg. Hotelzimmer, größere Apartments für Selbstversorger (die besten der Stadt). Außenpool mit Holzterrasse und Sitzgelegenheiten unter Bäumen. Gegenüber vom Golfplatz, 10 Gehminuten von Kelly's Beach.

Victoria Protea***, Albany Rd, Ecke Halstead Lane, vom Marina direkt bergan, ✆ 624 1133,

✆ 624 1134. Komfortables Mittelklassehotel ohne Überraschungen. In ruhigeren Zeiten gibt es Rabatte für 2 Nächte.

Villa de Mer**, 22 West Beach Drive, ✆/✆ 624 2315 und ✆ 082-833 0634, ✉ villademer@ intekom.co.za. Protziges Gästehaus in bester Lage, gegenüber vom Strand. 5 Zimmer mit Bad, eine Familieneinheit, Swimming Pool im Hof und riesige Fenster.

CAMPING, BUDGET-HOSTELS UND SELBSTVERSORGER – *Albany Guest Farm*, ✆ 675 1170, 🖳 www.imaginet.co.za. 3 außergewöhnliche und abgelegene Cottages auf einer Farm östlich von Port Alfred, 20 Min. Fahrt nach East London. Fabelhafte Aussichten auf das Kap Nature Reserve, wo gepaddelt und gewandert werden kann. Busch-Cottage* mit Petroleumlampen, Holzterrasse und offenem Feuer oder luxuriöses Tudor House** mit Sauna und Unterwassermassagebecken.

Kowie River Chalets*, West Beach, ✆/✆ 624 4182. Luxuriöseste Selbstversorgereinheiten von Port Alfred, 2–6 Schlafplätze, Gemeinschafts-Holzchalets auf Pfählen mit tollem Ausblick. In der Nähe von Flussmündung und Meer.

Medolino Caravan Park*, Prince's Ave, Kowie West, 🖳 www.caravanparks.co.za/medolino, ✆ 624 1651, ✆ 624 2514. Effizient geführter Platz im schattigen Gelände hinter den Dünen, durch Bäume vor dem Wind geschützt. 10 Gehminuten von Kelly's Beach. Gute Ausstattung, tolle Holzchalets für Selbstversorger und Swimming Pool.

Port Alfred Backpackers*, 29 Sports Rd, ✆ 624 4011 oder ✆ 082-84 4028, ✉ backpack@ imaginet.co.za. Hostel in schöner Lage nah am East Beach an der Haltestelle des *Baz Bus*. 3 helle, saubere Schlafsäle und 1 DZ, für ein Hostel recht ruhig.

Riverside Caravan Park*, Mentone Rd, ✆ 624 2230. Kleiner Caravanpark mit Chalets mit 2 Schlafzimmern (kein Camping). Ruhige Lage am Fluss (3 km von Stadt und Strand entfernt), geht auf ein Sumpfgebiet. Mit gemieteten Booten lassen sich die Wasserwege erforschen. Bettzeug ausleihbar, Handtücher selbst mitbringen.

Rugged Rocks*, Salt Vlei, ✆ 624 3112 oder ✆ 082-781 4682, 🖳 www.ruggedrocks.co.za.

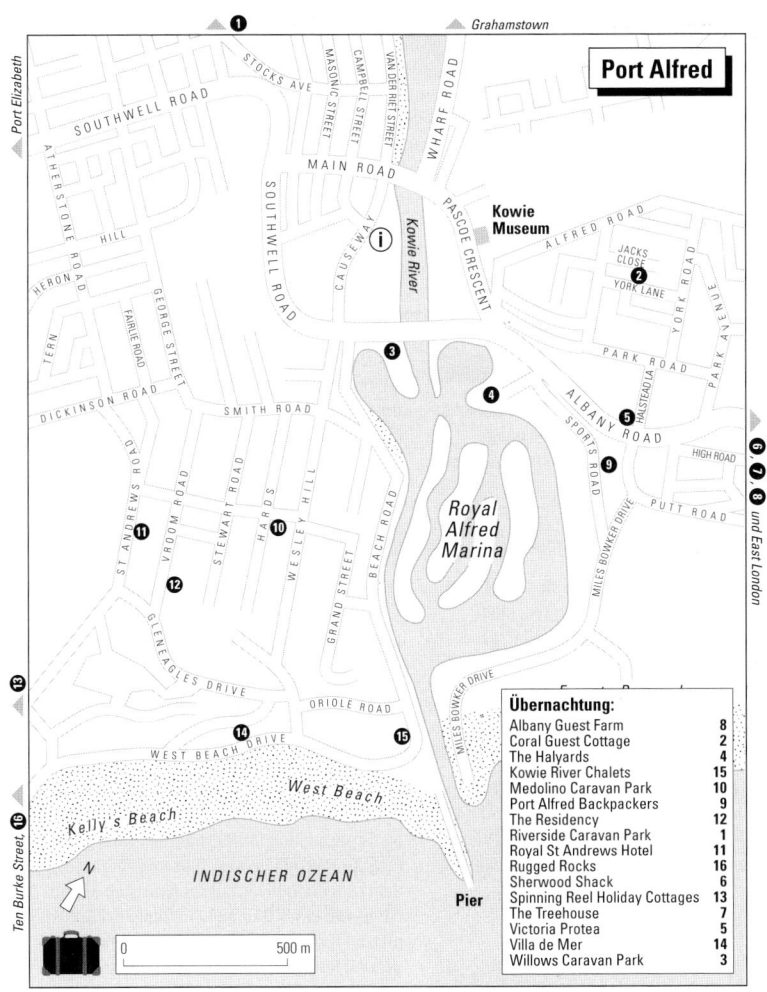

Port Alfred

Port Elizabeth

Grahamstown

SOUTHWELL ROAD
STOCKS AVE
MASONIC STREET
CAMPBELL STREET
VAN DER RIET STREET
WHARF ROAD
MAIN ROAD
SOUTHWELL ROAD
CAUSEWAY
Kowie River
PASCOE CRESCENT

ATHERSTONE ROAD
HILL
HERON ROAD
FAIRLIE ROAD
GEORGE STREET
DICKINSON ROAD
SMITH ROAD
ST ANDREWS ROAD
VROOM ROAD
STEWART ROAD
HARDS
WESLEY HILL
GRAND STREET
BEACH ROAD
GLENEAGLES DRIVE
ORIOLE ROAD
WEST BEACH DRIVE
MILES BOWKER DRIVE

Kowie
Museum

ALFRED ROAD
JACKS CLOSE
YORK LANE
YORK ROAD
PARK ROAD
PARK AVENUE
TALSTEAD LA
ALBANY ROAD
SPORTS ROAD
HIGH ROAD
PUTT ROAD
MILES BOWKER DRIVE

und East London

OSTKAP

Royal
Alfred
Marina

West Beach
Kelly's Beach

N

INDISCHER OZEAN

Ten Burke Street,

Pier

0 — 500 m

Übernachtung:

Albany Guest Farm	8
Coral Guest Cottage	2
The Halyards	4
Kowie River Chalets	15
Medolino Caravan Park	10
Port Alfred Backpackers	9
The Residency	12
Riverside Caravan Park	1
Royal St Andrews Hotel	11
Rugged Rocks	16
Sherwood Shack	6
Spinning Reel Holiday Cottages	13
The Treehouse	7
Victoria Protea	5
Villa de Mer	14
Willows Caravan Park	3

10 Morgen großer Besitz in Strandnähe, 4 km vom Stadtzentrum. 6 Cottages im Küstenbuschland oder mit Meeresblick, voll ausgestattet, mit Bettzeug. Außerhalb der Schulferien Rabatte bei einer Woche Aufenthalt.

Sherwood Shack*, Seafield Rd, 22 km östlich von Port Alfred, an der R72 ausgeschildert, an der Route des *Baz Bus*, ✆ 675 1090,

✆ 624 2272, ✉ backpack@border.co.za. Große Schlafsäle und 2 DZ für Selbstversorger auf einer Farm, ein Stück weg von der Küste. Ananas-„Safaris", Touren zum Sammeln von Schalentieren für ein Festessen, Ausflüge zum Strand Kleinemonde oder in das Sumpfgebiet des Fish River, Fahrten zu einer nahe gelegenen Wildfarm.

Spinning Reel Holiday Cottages and B&B*,
Freshwater Rd, Salt Vlei, 3 km westlich von West
Beach, ⌨ www.imaginet.co.za/spinreel, ✆ 624
4281, ✉ 624 4062. Entspannte Strand-Cottages,
wo man den ganzen Tag im Badezeug rumlaufen
kann, oder teurere B&B-Zimmer mit Bad und
Meeresblick.

Willows Caravan Park*, Riverside, abseits der
R72 an der Bogenbrücke, ✆ 624 5201. Camping
in zentralster (jedoch nicht schönster) Lage am
Children's Beach, 5 Gehminuten vom West
Beach.

Essen

Butlers, 25 Van der Riet St, ✆ 624 3464. Schickstes Restaurant der Stadt, schöne Flusslage,
gute Fischgerichte. ☉ Mittag- und Abendessen,
ab 11 Uhr Di–So mittags.

Buck & Hunter, Main St, Nähe *First National
Bank*, ✆ 624 5960. Beliebte Kneipe mit Speiseangebot. ☉ Mo–Sa.

Guido's on the Beach, Main Beach, ✆ 624 5264.
Pizza, Pasta, Alkohol in einem jungen, stim-
mungsvollen Lokal am Strand, oben Terrasse.
Service ist nicht ihre Stärke. ☉ tgl. geöffnet.

Papa Charlie's, Main St, nahe der R72. Besonders zu empfehlen ist das preiswerte und
frisch gebratene Fish & Chips-Gericht zum Mitnehmen mit einer kleinen Portion Salat.

Ying Thai Restaurant, 6 York Rd, ✆ 624 1647. Das
beste Essen der Stadt: ausgezeichnete, authentische Thai-Küche im Wohnzimmer eines Privat-
hauses auf der Ostseite der Stadt. Reservierung
erforderlich. ☉ Nur Fr und Sa abends, Dez und
Jan jeden Abend.

Aktivitäten

KANUFAHREN UND WANDERN – Der 2-tägige
Kowie Canoe Trail, eine 21 km lange Paddeltour
auf dem Kowie River, ist nicht nur ein heiß begehrter Freizeitspaß, sondern auch eine der wenigen Kanu- und Wandertouren Südafrikas, die
man auf eigene Faust unternehmen kann. Seine
Faszination liegt in der bunten Vogelwelt und der
herrlichen Landschaft. Übernachtet wird in einer
Hütte im **Horseshoe Bend Nature Reserve**, von
der aus sich Waldspaziergänge und Klettertou-

ren auf den Steilabbruch empfehlen, wo sich ein
atemberaubender Blick über das „Hufeisen" eröffnet. Das größte Problem dieser Touren sind
die Gezeiten – also unbedingt die Gezeitentabelle im Lokalblatt *Kowie Announcer* studieren und
mit der Flut paddeln: bei Flut flussaufwärts, und
wenn die Ebbe einsetzt, zurück nach Port Alfred.
Bei starkem Wind in Ufernähe halten und die
Ausrüstung wasserdicht verstauen! Buchungen
sind unerlässlich, ✆ 624 2230, an den Wochenenden oft keine Chance, aber wochentags
außerhalb der Schulferien bekommt man in der
Regel Plätze, R65 p.P. inkl. Übernachtung und
2-sitzigem Kanu.

Ist der Trail ausgebucht, lässt sich die Gegend
auch **zu Fuß** erkunden, indem man zum Reservat
fährt und die 2-stündige Rundwanderung durch
den dichten Busch zum Kowie River und an seinem Ufer entlang unternimmt. Urzeitliche Zykaden, einige über 1000 Jahre alt, gibt es im flussnahen Wald zu entdecken. Auch Schildkröten,
Affen, Buschböcke und Ducker sind keine Seltenheit. Der Hauptzugangsort liegt 3 km vor Bathurst an einer Schotterstraße mit dem Schild
„Waters Meeting", dem folgend man auf den
Gipfel des Steilabbruchs gelangt und einen post-
kartenverdächtigen Blick über das „Hufeisen"
geboten bekommt. Sind noch Kraftreserven da,
so empfiehlt sich der Abstieg durch den Wald
hinunter zum Fluss.

Eine weitere Alternative ist der **Kayak Camp
Canoe Trail**, ✆ 675 1060 oder ✆ 624 2881, der
als Tagesausflug für R30 oder mit Übernachtung für R50 möglich ist. Diese Kanutour folgt
dem Lynedoch River flussaufwärts ab Kleine-
mond, wo unter Bäumen ein Camp mit Schlafplätzen für 8 Pers. zur Verfügung steht. Zur Vogelwelt hier gehören der Afrikanische Schreiseeadler, der Eisvogel und der farbenprächtige
Federhelmturako. Nachdem man das *bushveld*,
das flussnahe Dickicht und den Wald hinter
sich gelassen hat, sollte man die 2-stündige
Wanderung durch unberührten Wald zu einem
Baumhaus *(The Treehouse)* in einem Yellowwood-Baum, das über einem Flussbecken
schwebt, nicht versäumen (Übernachtung
möglich). Per Fahrzeug ist diese Stelle nicht
erreichbar, ein Gefühl für wahre Abgeschiedenheit ist also garantiert.

REITEN – Port Alfred hat 3 Reitställe im Angebot. *Glenhope Riding*, abseits der Bathurst Rd, ☏ 625 0866, liegt auf einer Ananasfarm und hat erstklassige Pferde sowie einen tollen Blick aufs Meer. Der **Three Sisters Horse Trail** (Vorausbuchung erforderlich, ☏ 675 1269 oder ☏ 082-645 6345), 14 km östlich von Port Alfred, von der R72 ab in Richtung East London (ausgeschildert), hat Zugang zu einem der schönsten Küstenstreifen der Region und wird besonders für Kinder empfohlen. *Rufane's River Horseback*, 5 km östlich der Stadt, bietet zusätzlich Mountainbike-Touren auf der Farm an, ☏ 624 1469 und ☏ 082-697 1297.

Sonstiges

EINKAUFEN – Die **Main Street** im Stadtzentrum ist von Banken und kleinen Läden gesäumt, der Supermarkt *Spar* befindet sich an deren Ende.

INFORMATIONEN – Vom *Halyards* sind es etwa 10 Gehminuten zum *Tourist Information Bureau*, ☏ 624 1235, mit dem Tea Shop *Mama Temba* am Fluss an der Brücke zur Main St. ⏰ Mo–Sa 10.30–16.30 Uhr.

TAUCHEN – In Port Alfred ist die angesehene *Keryn's Dive School*, ☏ 624 4432 oder ☏ 082-692 6189, beheimatet, gleich neben dem *Halyards*. Mit Booten fahren sie nach Fountain Rocks oder zu Schiffswracks in der Nähe. Kristallklares Wasser und schillernd bunte Fische sucht man hier vergeblich, doch das leicht trübe Wasser birgt farbenfrohe Meeresbewohner sowie wunderschöne Korallen und Schwämme.

VORWAHL – 046

Transport

BUSSE – Der *Minilux-Busservice*, der Port Elizabeth mit East London über Grahamstown verbindet, hält Di und Do am *Halyards Hotel*, abseits der großen Küstenstraße östlich des Kowie River. Der *Baz Bus* hält täglich am Backpacker-Hostel in der Nähe des *Halyards* und am *Beaver's Restaurant* am Westufer, von wo man zu den Selbstversorgerunterkünften in Salt Vlei gelangen kann.

Grahamstown

Gut 50 km landeinwärts von Port Alfred, in puncto Atmosphäre allerdings Welten entfernt, liegt Grahamstown, eine Stadt voller Kultur und Geschichte – durch und durch englisch, protestantisch und kultiviert. Dominiert von der Kathedrale, der Universität und den Privatschulen ist sie ein rundum angenehmer Ort zum Schlendern, mit gut erhaltenen georgianischen und viktorianischen **Kolonialbauten** und gepflegten Vorortgärten. Alljährlich im Juli richtet die Stadt ein elftägiges **Kunstfestival** aus – das größte dieser Art in Südafrika und angeblich das zweitgrößte der Welt (nach Edinburgh). Dann verdoppelt sich die Bevölkerung auf 200 000 Menschen. Mittelpunkt des Grahamstown Festival ist das Settlers Monument, zum Programm gehören Aufführungen und Ausstellungen verschiedenster Kunstrichtungen.

Wie überall im Land sind auch hier die Spuren von Eroberung und Enteignung nicht zu übersehen. Vom Gipfel des Gunfire Hill, wo das festungsähnliche **Settlers Monument** die Siedler von 1820 und die Errungenschaften der englischsprachigen Einwanderer Südafrikas feiert, kann man Makanaskop sehen, den Hügel, auf dem die Xhosa ihre letzte Stellung gegen die britischen Eindringlinge bezogen hatten. Ihre Nachkommen leben in den Ghettos in bitterster Armut, in einer Stadt fast ohne Industrie. Die Kluft wird durch die Kowie Ditches markiert (die man überquert, wenn man auf der alten East London Road stadtauswärts fährt) – eine Wasserstraße, die sich in der Schlacht von Grahamstown im Jahre 1819 vom Blut der Xhosa rot färbte.

Doch trotz des allgegenwärtigen Elends eignet sich Grahamstown als Zwischenstopp und Ausgangspunkt für Exkursionen: **Historische Dörfer** liegen in greifbarer Nähe, **Wildparks** laden zum Tages- oder Wochenendausflug ein und kilometerlange **Küstenstreifen** sind nur 45 Autominuten entfernt. In dem von Hügeln umringten Tal liegt die Stadt sehr kompakt, und ein Auto ist nur nötig, um herauszukommen.

Geschichte

Die beschauliche Schönheit täuscht über den Ursprung von Grahamstown als **militärischer Außenposten** (1811) hinweg. **Colonel Graham** machte sich hier einen Namen (den er auch dem Ort gab), indem er die Xhosa aus dem Zuurveld – einem Gebiet zwischen Bushman's und Fish River – vertrieb. Letzterer (60 km östlich der Stadt) fungierte dann als Grenzlinie in dem Grenzland, dessen Hauptstadt Grahamstown war. Die gnadenlose Vertreibung der Xhosa löste im 19. Jahrhundert eine Reihe von **Grenzkriegen** aus.

Zur Verteidigung des Grenzgebietes entstand eine Reihe von **Forts**, die sich nach und nach zu Siedlungen wie Fort Beaufort, Fort Hare und Peddie entwickelten. Doch diese Festungen reichten zur Sicherung der Grenze nicht aus, so dass die Briten sich entschlossen, zusätzlich eine „menschliche" Pufferzone einzurichten. Mit Versprechungen von kostenlosem Land lockten sie die Besitzlosen aus dem Not leidenden Großbritannien in die Gebiete westlich des Fish River. In der Migrationsmythologie der englischsprachigen Weißen sind diese viel gerühmten **Siedler von 1820** zu einem übermenschlichen Ansehen gekommen – als jene Vorfahren, von denen viele der heutigen Bewohner abstammen. Die schlecht ausgerüsteten Siedler fanden sich jedoch anstatt im erhofften Paradies in einem absoluten Albtraum wieder. Denn die Grundstücke im rauen Ostkap eigneten sich weder für den Getreideanbau noch für die Rinderhaltung. Dazu kamen die immer wiederkehrenden Probleme wie Dürre, Überschwemmungen und Krankheiten und nicht zuletzt die allgegenwärtige Gefahr von Xhosa-Angriffen.

Da überrascht es kaum, dass viele Siedler zu Beginn der 20er Jahre des 19. Jahrhunderts ihr Land wieder verließen und nach Grahamstown gingen. So kamen Wohlstand und Wachstum in die Stadt, die 20 Jahre später einen Boom erlebte und zum Handelszentrum des Grenzlandes wurde. Xhosa-Händler kamen, um Elfenbein und Felle gegen Perlen, Knöpfe und Messingdraht einzutauschen, und die Siedler, die ihre Landwirtschaft im Umland nicht aufgegeben hatten, handelten mit **Wolle** von den spanischen Merinoschafen, die sich hier am Ostkap prächtig entwickelten.

Orientierung

Im **Zentrum** von Grahamstown trifft man überall auf die Zeugnisse der kolonialen Vergangenheit, ob in der Architektur oder in den nach Kapgouverneuren und Soldaten benannten Straßen wie Cra-

dock, Meyer, Somerset, Stockenstrom und Cuyler. Die **Universität** trägt selbstverständlich den Namen von Cecil John Rhodes (s. S. 85). Obwohl auf der **High Street** alle wichtigen Geschäfte vertreten sind, ziehen mehr und mehr in das unlängst eingerichtete Einkaufszentrum **Pepper Grove** um. Das liegt 5 Gehminuten nördlich der High Street, hat Eingänge zur African und Allen Street und beherbergt den größten Supermarkt der Stadt, eine Drogerie, Kinos, Arztpraxen, Cafés, Interneteinrichtungen und einen Naturkostladen.

Grahamstown kann gut zu Fuß erkundet werden, die zentrale Übernachtungs- und Touristeninformation ist leicht erreichbar.

High Street

Sämtliche Läden und Banken, die man braucht, liegen an der High Street, der größten Geschäftsstraße von Grahamstown. Die Terrassen der Gebäude aus dem 19. Jahrhundert bieten einen eleganten Anblick. Vom Bahnhof ihrem etwas heruntergekommenen östlichen Ende verläuft sie vorbei an der Kathedrale und der Kreuzung mit der Hill Street bis zum 150 Jahre alten Drostdy Arch, dem weiß getünchten Eingangstor zur Rhodes University. Händler bieten am Straßenrand Obst und Gemüse an, und vielleicht begegnet man jungen Xhosa-Männern mit neuen Hüten, Jacken und Lehmfarbe im Gesicht, was bedeutet, dass ihre Initiationszeit vorüber ist.

In der Mitte der Straße steht die **Cathedral of St Michael and St George**, die 1830 eröffnet wurde und, wie viele andere Kirchen der Gegend, während der Grenzkriege als Zufluchtsort für Frauen und Kinder diente. Wenn man eintritt, sieht man rechter Hand eine leicht ironische Gedenktafel für Colonel John Graham, den Befehlshaber des Grenzlandes.

Rhodes University und die Museen

Entlang der Somerset Street, die im rechten Winkel vom oberen (westlichen) Ende der High Street abgeht, befinden sich Rhodes University und eine Reihe Museen – alle mit einem Mehrfachticket zu besichtigen und gut geeignet für einen angenehmen Vormittag.

OSTKAP

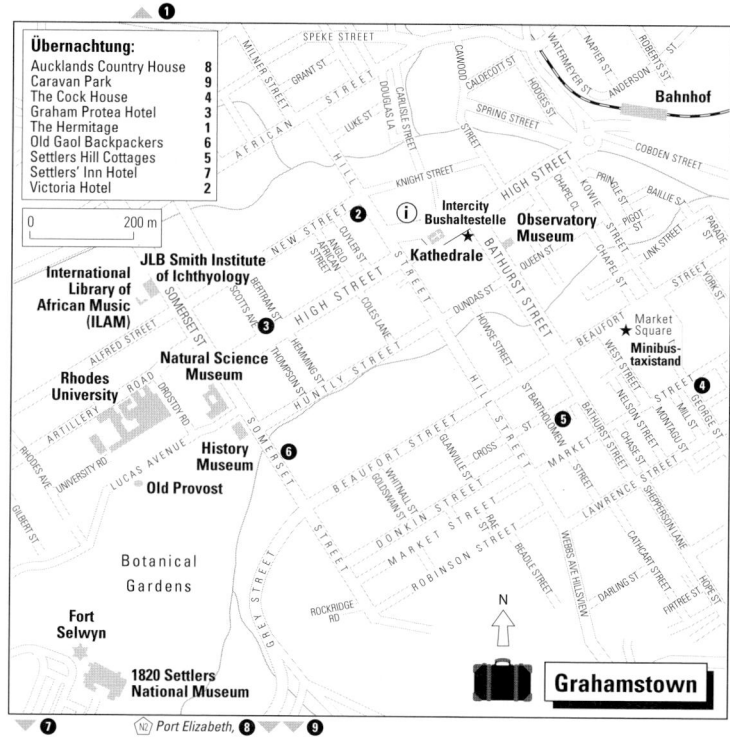

Übernachtung:

Aucklands Country House	8
Caravan Park	9
The Cock House	4
Graham Protea Hotel	3
The Hermitage	1
Old Gaol Backpackers	6
Settlers Hill Cottages	5
Settlers' Inn Hotel	7
Victoria Hotel	2

0 200 m

SPEKE STREET

GRANT ST.

MILNER STREET

STREET

AFRICAN

HILL

STREET

CAWOOD

CALDECOTT ST.

CARLISLE STREET

LUKE STREET

DOUGLAS LA.

SPRING STREET

HODGES ST.

WATERMEYER ST.

NAPIER ST.

ANDERSON ST.

ROBERTS ST.

Bahnhof

COBDEN STREET

KNIGHT STREET

HIGH STREET

CHAPEL ST.

KOWIE

PRINGLE ST.

PIGOT ST.

BAILLIE ST.

LINK STREET

PARADE

Intercity Bushaltestelle

★ Kathedrale

Observatory Museum

QUEEN ST.

BATHURST STREET

DUNDAS ST.

STREET YORK ST.

JLB Smith Institute of Ichthyology

International Library of African Music (ILAM)

NEW STREET

SCOTTS AVE.

BERTRAM ST.

OXLEY ST.

ANGLO AFRICAN STREET

HIGH STREET

COLES LANE

GREEN STREET

HOWSE STREET

BEAUFORT STREET

WEST STREET

Market Square

Minibustaxistand

Natural Science Museum

SOMERSET

HEMMINGS

THOMPSON ST.

HUNTLY STREET

NELSON STREET

CHASE ST.

MONTAGU ST.

MILL ST.

GEORGE ST.

Rhodes University

ALFRED STREET

STREET

DROSTDY RD.

ARTILLERY

ROAD

History Museum

Old Provost

LUCAS AVENUE

SOMERSET STREET

BEAUFORT STREET

WHITNALL ST.

GLAMMIS ST.

CROSS STREET

ST. BARTHOLOMEW

HILL STREET

STREET

MARKET

BATHURST STREET

LAWRENCE STREET

SHEPPERSON LANE

CATHCART STREET

RHODES AVE.

UNIVERSITY RD.

GILBERT ST.

DONKIN STREET

MARKET STREET

STREET

GREY STREET

WEBBS AVE.

HILLSVIEW

BEADLE STREET

DARLING ST.

HOPE ST.

FIRTREE RD.

Botanical Gardens

Fort Selwyn

ROCKRIDGE RD.

ROBINSON STREET

N

1820 Settlers National Museum

Grahamstown

OSTKAP

Port Elizabeth,

Reicht die Zeit nur für ein Museum, wähle man das **Natural Science Museum**, unmittelbar südlich der Universität, mit dem Eingang auf derselben Straßenseite. Hier ist eine Ausstellung der Flora und Fauna des Ostkaps von vor 250 Millionen Jahren zu sehen, mit Pflanzenfossilien und Knochen von Dinosauriern, die einst hier lebten. Auch lohnt ein Blick in die **Galerie** des Museumsdirektors, der 48 Jahre in dem Museum gearbeitet hat und hier seine persönliche Sammlung in alten Teakholz-Vitrinen zeigt. ⏰ Mo–Fr 9.30–13 und 14–17, Sa 9.30 –13 Uhr, Eintritt R5. Im **History Museum** nebenan kann man verstaubte Memorabilien der Siedler von 1820, Gemälde aus dem 19. Jahrhundert und alte Feuerwaffen bestaunen.

Hinter dem Drostdy Arch liegt zwischen Gebäuden an der Somerset, Ecke Prince Alfred Street, die **International Library of African Music** (ILAM)

verborgen, ✆ 603 8557, ✉ ilam@ru.ac.za, eine wahre Fundgrube für traditionelle Musik aus dem südlichen Afrika sowie aus Zaire, Ruanda, Uganda und Tansania. Auf Anfrage kann man Kassetten erwerben, zudem werden über 200 traditionelle Instrumente gezeigt und zum Kauf angeboten. Wenn man rechtzeitig anruft, wird man vom dem Experten für afrikanische Musik, Andrew Tracey, herumgeführt (ab R80), bekommt die Instrumente vorgestellt und kann sogar ein paar ausprobieren. ⏰ Mo–Fr 8.30–12.45 und 14.15–16.45 Uhr, Eintritt frei.

Erwerben kann man die handgemachten Stücke aus qualitativ hochwertigem Holz zu erschwinglichen Preisen in der dazugehörigen **Werkstatt** in der Froud Street, am anderen Ende der Stadt – das ist überhaupt *der* Ort in Südafrika, wo man ein authentisches Musikinstrument für zu Hause bekommt. Die Daumenpianos *(mbiras)* sind preiswert, sehr schön gearbeitet und einfach zu transportieren.

Auf derselben Straßenseite wie die ILAM liegt das **JLB Smith Institute of Ichthyology**, benannt nach dem Wissenschaftler der Rhodes University, der 1939 schlagartig Ruhm erlangte, nachdem er den Quastenflosser (Coelacanth) identifiziert hatte, den Urfisch, der das „fehlende Glied" in der Evolutionskette darstellte. Der Fisch war vor der Küste von East London gefangen worden und galt seit 50 Millionen Jahren als ausgestorben. Im Foyer sind zwei riesige Exemplare ausgestellt mit Flossen, die wie angehende Arme und Beine aussehen. Vom Aussterben kann allerdings keine Rede sein: Tiefseetaucher haben massenweise Coelacanths entdeckt, die sich vorzugsweise in den pechschwarzen Tiefen des Indischen Ozeans aufhalten, wo hoher Druck besteht. ⏰ Mo–Fr 8.30–13 und 14–17 Uhr, Eintritt frei.

Die High Street zurück, rechts in die Bathurst Street hinein, gelangt man zum **Observatory Museum**, einer skurrilen Ausstellung im restaurierten, einstigen Wohn- und Geschäftshaus eines Uhrmachers und Juweliers aus der Mitte des 19. Jahrhunderts. Ebenfalls sehenswert ist die viktorianische **Camera Obscura** auf dem Dach, die vergrößerte Bilder von der Straße unterhalb an eine Wand projiziert – am besten bei gutem Wetter hingehen, wenn die Bilder klar und deutlich zu sehen sind. ⏰ Mo–Fr 9.30–13 und 14–17; Sa 9.30–13 Uhr, Eintritt R8.

Old Provost und Monument

Zu den lohnenswerten Kurzwanderungen von Grahamstown gehört die vom Old Provost in der Lucas Avenue (am Botanischen Garten und der Universität) durch die Gärten bis hoch zum 1820 Settlers Monument auf dem Berg. Der weiße Provost aus Stein, im 19. Jahrhundert erbaut, ist heute ein Kunsthandwerksgeschäft. Daneben befinden sich einige Gräber der von Xhosa-Kriegern getöteten britischen Soldaten.

Das auf dem Gunfire Hill aufragende 1820 Settlers Monument, ein unansehnlicher, festungsähnlicher Bau, der wie ein Schiff aussehen soll, ist 1974 zum Gedenken an die britischen Siedler errichtet worden. Wer sich hier herauf bemüht, kann eine herrliche Aussicht genießen oder eine Vorstellung am Monument Theatre (s. S. 382) besuchen. Allein

sollte man, besonders abends, nicht herumspazieren, denn es gab schon einige Raubüberfälle.

Xhosa Grahamstown

Das Grahamstown der Xhosa beginnt um den **Market Square**, abseits der Beaufort Street. Hier sieht man dutzende Straßenhändler und einen geschäftigen Minibus-Taxistand. Ende der 20er Jahre des 19. Jahrhunderts war hier der Handelsplatz für Elfenbein, Felle, Wolle und Farmprodukte. Wenn man in der Gegend ist, empfiehlt sich ein Spaziergang westlich des Market Square, wo auf der Cross und der Bartholomew Street **restaurierte Hütten** der Siedler von 1820 stehen, einige mit Flachdach und zwei Stockwerken, andere mit schrägen Blechdächern.

Beaufort Street ist die Hauptdurchgangsstraße und führt den Hügel hinauf bis zu den Townships im Ostteil der Stadt. Oben bahnt sich die Straße ihren Weg durch einen Berg aus weißem Ton, von dem sich die Xhosa die Farbe für ihre Gesichtsbemalungen holen. Von diesem Einschnitt aus eröffnet sich, weit von den Hütten der Township-Bewohner entfernt, der Blick ins Tal auf einige grob gearbeitete traditionelle Hütten, die von den jungen Männern *(amakweta)* in der Zeit der Abgeschiedenheit genutzt werden, wenn sie sich dem Initiationsritual unterziehen. Im ganzen Ostkap trifft man nicht selten auf spärlich bekleidete, mit weißem Ton bemalte *amakweta* am Straßenrand, die soeben beschnitten und somit in die Männerwelt aufgenommen worden sind.

Hinter dem Einschnitt liegt die baumlose Township **Kings Flats**, wo das **Umthathi Selbsthilfeprojekt** die Bewohner dabei unterstützt, Gemüse anzubauen und Hühner zu züchten. Im Büro von Umthathi am Bahnhof von Grahamstown, ☎ 622 4450, können **Township-Touren** arrangiert werden, auf denen die Besucher auch zu einem traditionellen Xhosa-Essen in einer Hütte bei einer afrikanischen Familie eingeladen werden. Die Familie bekommt das Geld, und der Gast einen Einblick in das authentische schwarze Südafrika.

Übernachtung

Lediglich zur **Festival-Zeit** im Juli können die Unterkünfte knapp werden, für diese Zeit sollte man rechtzeitig im März buchen. Kommt man gerade von der Garden Route oder einer anderen Touristengegend Südafrikas, werden einem die Preise sehr gemäßigt vorkommen. Am besten wohnt man in den historischen Gebäuden und den Hotels. Während der Apartheid gab es keine B&Bs in den „afrikanischen Gebieten" Südafrikas, und noch heute sind sie selten. Das ändert sich jedoch langsam. Schon ein kurzer Aufenthalt in einer **Township** vermittelt eine andere Sicht auf das Land. Grahamstown bietet die ideale Gelegenheit für diese Erfahrung, ohne dass man ewig weit fahren muss – die Townships liegen nur knapp 10 Minuten Fahrt vom Zentrum entfernt. Mrs Habana, ✆ 637 0776, koordiniert die B&Bs und kann die Gäste bei einer Xhosa-Familie in Grahamstown East unterbringen. Übernachtet wird in Steinhäusern, teils mit Bad, und überall kann man sein Fahrzeug abseits der Straße parken. Ca. R80 p.P. und Nacht mit Frühstück.

Aucklands Country House****, 8 km außerhalb von Grahamstown an der N2 nach Port Elizabeth, ✆ 622 2401, ✇ 622 5682, 🖳 www.aucklands. co.za. Tolles Landhaus aus Stein und Stroh auf 3 km^2 einheimischem Busch. Spaziergänge und Beobachtung der Blessbock-Herden möglich, hier legt man Wert auf Stil und Gourmet-Essen.

Caravan Park**, rechts von der N2 stadteinwärts aus Richtung Port Elizabeth, ✆ 622 9112. Schöne Lage an bewaldeten Hängen, kurzer Fußweg in die Stadt. Camping, schlichte Rondavels mit Betten und bescheidene Chalets für Selbstversorger für 5 Pers. (eigenes Bettzeug!).

The Cock House****, 10 Market St, ✆ 636 1295, ✇ 636 1287, 🖳 www.imaginet.co.za/cockhouse. Exklusive Zimmer in einem viktorianischen Haus, wohl die beste Unterkunft der Stadt. Schon Nelson Mandela war ein zufriedener Gast.

Graham Protea Hotel****, 123 High St, ✆ 622 2324, ✇ 622 2424, ✉ grahotel@intekom.co.za. Zentralstes Hotel gegenüber der Uni, für das unpersönliche Ambiente etwas überteuert. Nebensaison-Rabatte erfragen.

The Hermitage**, 14 Henry St, ✆/✇ 636 1503. B&B mit dem besten Preis-Leistungs-Verhältnis, Schlaf- und Wohnzimmersuiten in einem luxuriösen und stilvollen Gebäude, die in Kapstadt doppelt so teuer wären. Die Besitzer sind äußerst

zuvorkommend, doch es gibt nur 2 Zimmer, also im Voraus buchen!

Old Gaol Backpackers**, Somerset St, ✆ 636 1001 oder ✆ 083-982 5966, ✉ gsapelt@yebo. co.za. Die einzige Backpacker-Lodge des Landes, die in einem historischen Gefängnis von 1824 untergebracht ist. Schlafsäle und DZ in den dunklen Zellen. Wahrhaft stimmungsvolle Erfahrung, die zu guter Führung motiviert – in der Hoffnung auf frühzeitige Entlassung.

Settlers' Hill Cottages**, 8 Bartholomew St, Ecke 1 Sheblon Lane, von der Cross St ab, ✆ 622 9720 oder ✆ 082-809 3395, ✇ 622 9720, 🖳 www.geocities.com/thetropics/cabana/5593. Preiswerte Siedler-Cottages (beide Nationaldenkmäler) im alten Stadtteil.

Settlers' Inn Hotel***, unmittelbar vor der Stadt an der N2, neben dem 1820 Settlers Monument, ✆ 622 7313, ✉ settlersinn@intekom.co.za. Motel-Flair in friedvoller Umgebung, schöner Garten und Pool, toll für Kinder.

Victoria Hotel**, 8 New St, ✆/✇ 622 7261, 🖳 www.imaginet.co.za/hotelvictoria. Nett, preiswert und zentral. Auch ein ausgezeichnetes Apartment für Selbstversorger mit 3 einfachen, sauberen Schlafzimmern. B&B.

Essen

Die Lokale von Grahamstown sind alles andere als aufregend, doch gibt es mindestens ein gutes Pub, einen netten Coffee Shop und ein paar Restaurants in schöner Lage. **Selbstversorgern** sei der Laden Home Industries im Einkaufszentrum Pepper Grove Mall empfohlen. Die Pasteten, das Saisonobst und -gemüse, das Rehfleisch und die Straußeneier für riesige Omelettes kommen allesamt von den Farmen der Umgebung.

The Blue Room, 127a High St. Geselliger Laden im oberen Stockwerk, in dem man sich manchmal zwischen all den Studenten und Dozenten wie in einem Seminar vorkommt. Ausgezeichnete leichte Speisen, Sandwiches, unerschöpflicher Kaffee und Blick über die High Street.

Cecil John's, 63 New St. Viele Studenten, bekannt als CJ's, mit Tanzfläche, Billardtisch und Bar. ☺ Ab 21 Uhr.

The Cock House, Market, Ecke George St, ✆ 636 1295. Das beste Restaurant der Stadt, provenzalische ländliche Küche, Spezialität: Lammkeule, selbst gebackenes Brot, Rum und Schokoladentrüffel. ⊙ Mo–Sa mittags und abends, So mittags geschlossen, So abends Menü für R85. Vorausbuchung empfohlen.

La Galleria, 13 New St, ✆ 622 2345. Italienisches Restaurant mit vernünftigen Preisen, leckeren Vorspeisen und Desserts. ⊙ Mo–Sa 19 Uhr bis Mitternacht.

137 High Street, nahe Drosty Arch, in einem georgianischen Gebäude mit Hof. Erste Wahl, was Kaffee und Käsekuchen angeht. ⊙ nur tagsüber ab 7.30 Uhr, Sa nachmittags und So geschlossen.

Pop Art Café, New St, gegenüber *La Galleria*. Grahamstowns elegantes Pub, wo Kunststudenten posieren und die Cocktails *de rigeur* sind. Juke Box mit guter Auswahl an alten und neuen Sounds.

The Rat & Parrot, 59a New St. Wie bei „Dr. Jekyll and Mr. Hyde" – tagsüber gesellige Studentenbar und Restaurant, nachts oft rowdyhaft. Gutes Essen, vor allem die *potjies*. ⊙ Tgl. ab mittags, So geschlossen.

Redwood Spur, 97 High St, nahe der Kathedrale. Essen nach amerikanischer Art, Burger und Beef, große Salate und abends endlos Kaffee, nette junge Kellner. ⊙ tgl. bis spät abends.

Settler's Inn, hinter dem Monument, abseits der Straße nach PE. Schönstes Lokal mit Außenbereich, in großem Garten mit Pool und Ententeich, klasse Blick über die Dächer der Stadt. Passable Steaks und Fisch, mittel bis teuer, für Kinder gut geeignet. Der Weg hierher führt durch den Botanischen Garten.

Unterhaltung und Kultur

Zwar richtet Grahamstown das wichtigste Kunstfestival des Landes aus und wird von der Rhodes University beherrscht, doch sind Nachtleben, Kultur und Unterhaltung fader als man annimmt. Außerhalb der zwei hektischen **Festivalwochen im Juli** läuft in dem **Kino** in der *Pepper Grove Mall* die einzige regelmäßige Abendunterhaltung. Doch schon allein wegen der Universität stehen hier mehr Events auf dem Plan als im durchschnittlichen Karoo-*dorp*. Vielleicht stößt man ja auf unerwartete Veranstaltungen,

also Augen offen halten. Die beiden Orte für Live-Veranstaltungen sind das **Monument Theatre** und das **Rhodes University Theatre**, wo das Schauspiel-Institut von Zeit zu Zeit eigene Produktionen aufführt. Wirklich lohnen tut sich ein Auftritt des international anerkannten Solo-Künstlers **Andrew Buckland**.

Das Musik-Institut der Universität veranstaltet ziemlich regelmäßig verschiedene klassische **Konzerte**. Auch schwarze Musiker treten manchmal in der Stadthalle oder in den Townships auf. Was los ist, erfährt der Besucher auf den Plakaten an der High Street und im Lokalblättchen *Grocott's Mail*, das Di und Fr nachmittags herauskommt. Als weitere Informationsquelle gilt das *GOG (Good Old Grahamstown)*, eine monatlich erscheinende Broschüre vom *Tourist Information Bureau*.

Sonstiges

INFORMATIONEN – Das *Tourist Information Bureau*, High St, neben der City Hall, ✆ 622 3241, ✆ 622 3266, hilft bei der Quartiersuche. ⊙ Mo–Do 8.30–17, Fr 8.30–16, Sa 8.30 Uhr bis mittags. Informationen und Buchungen zum Grahamstown Festival bei der *Grahamstown Foundation*, PO Box 304, Grahamstown 6140, ✆ 622 7115, ✆ 622 3082, 💻 www.sbfest.co.za.

INTERNET – *The Office Shop*, Pepper Grove Mall, African St. ⊙ Mo–Fr 9–19, Sa 9–13 Uhr.

VORWAHL – 046

Transport

BUSSE – Grahamstown liegt an der N2, 127 km landeinwärts von Port Elizabeth, etwa 12 Std. Busfahrt von Kapstadt, Jo'burg und Durban entfernt. Die Busse von *Translux*, *Intercape* und *Greyhound* halten am Conference Centre an der Bathurst, Ecke High St.

Die *Minilux-Minibusse*, die Grahamstown mit dem Flughafen von Port Elizabeth verbinden und Di und Do weiter nach Port Alfred und East London fahren, halten an der Tankstelle gegenüber vom *Shoprite Supermarkt* in der Beaufort St.

EISENBAHN – Der **Bahnhof**, an dem nur ein Zug am Tag hält, der Zubringer zur Linie Jo'burg–Port Elizabeth, liegt am unteren Ende der High St.

TAXIS – Recht zuverlässig ist **Beeline**, ℡ 082-651 6646, die einzige lizenzierte Gesellschaft der Stadt. Hauptsächlich Touren zum Flughafen von Port Elizabeth.

Die Umgebung von Grahamstown

Unweit von Grahamstown liegt die Küste: Port Alfred und Kenton-on-Sea sind in weniger als einer Stunde zu erreichen (s.S. 373 und 371), und an den Straßen dorthin gibt es je ein historisches Siedlerdorf – **Bathurst** und **Salem**. Etwas weiter weg gelangt man auf verschiedenen unbefestigten Straßen zu alten Siedlerkirchen und Gräbern und schließlich zum Great Fish River Wetland Reserve (s.S. 384), das von herrlichen Stränden und dem Fluss begrenzt wird.

Ganz in der Nähe liegen auch ein paar schöne **Tierschutzgebiete**, in denen der Besucher das für diese Gegend typische Buschland und die Tiere erleben kann, die vor gut 100 Jahren hier noch frei lebten.

Als Highlight gilt der **Great Fish River Reserve Complex**, der im Gegensatz zum Wetland Reserve (Feuchtgebiet) eine weitläufige Wildnis darstellt, durch die der Great Fish und sein Nebenfluss, der Kap, fließen. Seine Faszination liegt in dem hinterwäldlerischen Flair und der zauberhaften Landschaft, die einen ganz anderen Eindruck vermitteln als die wohl organisierte Addo Elephant Park (s.S. 365) oder das exklusive Shamwari Game Reserve (s.S. 366), die zumeist von Port Elizabeth angesteuert werden, obwohl sie eigentlich einen Tick näher an Grahamstown liegen.

Bathurst

Im 19. Jahrhundert war Bathurst, 45 km südlich von Grahamstown, ein bedeutendes Zentrum. Heute ist es nur noch eine hübsche Ansammlung von Häusern, Gärten und Kuriositätenläden. Bei der Einfahrt in die Stadt, an der Ecke zur Grahams-

town Road, befindet sich das *Pig and Whistle Hotel*, das 1821 als Schmiede erbaut wurde und der man einige Jahre später eine Pension hinzufügte. Hier gibt es Karten und Tipps für den Besuch historischer Stätten. Außerdem ist es der Ausgangspunkt für einen gemütlichen, zweistündigen Spaziergang zur wasserbetriebenen **Bradshaw's Wool Mill**, wo Südafrikas Wollindustrie ihren Anfang nahm.

Die Einrichtungen der **Summerhill Farm** sollten Kinder eine Weile beschäftigen – dort gibt es mitten auf dem Feld ein übergroßes gelbgrünes Plastik-Ananas-Museum mit Pool, Spielplatz und Minifarm.

Übernachtung

Alle Unterkünfte von Bathurst liegen an der Hauptstraße zwischen Grahamstown und Port Alfred (R67), die durch das Dorf führt.
Cosy Corner*, Hill St, ℡/℡ 046-625 0955. 2 preiswerte B&B-Cottages mit Pool und *braai*-Stelle, auch als voll ausgestattete Selbstversorger-Einheiten.
Hayhurst*, mitten in Bathurst an der Port Alfred Rd, ℡ 046-625 0856, ✉ hayhurst@intekom.co.za. Selbstversorger-Unterkunft in 2 umgebauten Eisenbahnwaggons, mit Küche und Bad, in einem Garten mit Pool.
Pig and Whistle*, ℡ 046-625 0673. Historischer viktorianischer Dorfgasthof, obere Zimmer besonders empfehlenswert, Stilmöbel.
Summerhill Estate**, an der Hauptstraße nach Port Alfred (R67), erkennbar an der riesigen Plastik-Ananas, ℡ 046-625 0833, ✉ summerhill @albanyhotels.co.za. Luxuriöseste und geräumigste Unterkunft der Stadt. Am besten sind die B&B-Einheiten mit Bad auf der Farm mit Blick auf die Ananasplantagen, mit Doppelbetten, Sitzecken und Schlafkojen für Kinder. Pool und freies Bewegen auf der Farm, überaus kinderfreundlich.
Terrace House B&B*, 96 Donkin Terrace, von der R67 ab, ℡ 046-625 0906. Zimmer mit Bad in einem viktorianischen Haus.

Essen

Was das Speiseangebot anbelangt, ist das stimmungsvolle *Pig and Whistle* ein bei den Einheimischen beliebtes Wochenendausflugsziel, wo man gern ein paar Bier trinkt. Gegenüber serviert das **Bathurst Arms** Kneipenessen, auch ein paar Tische im Garten.

Die **Summerhill Farm** hat eine Bar und ein Mittelklasse-Restaurant mit Fisch, Huhn und Fleisch nach englischer Art und vegetarischen Gerichten – so viel Fleisch, wie man will (Buchung unerlässlich). ☉ tgl. Mittag- und Abendessen, So Selbstbedienung.

Thomas Baines Nature Reserve

Dieses Grahamstown nächstgelegene Naturschutzgebiet liegt in einem hügeligen Gelände, 15 km südlich der Stadt an der Straße nach Kenton-on-Sea. Die Hauptattraktion hier ist **Settler's Dam**, an dem es sich prima picknicken, grillen und wandern lässt. In den anderen Teilen sind Spaziergänge nicht erlaubt, da in dem dornigen Dickicht Nashörner und Büffel leben. Spätnachmittags kann man oft Antilopen beobachten, die auf den offenen Flächen grasen. ☉ tgl. Morgen- bis Abenddämmerung, Eintritt frei.

Salem

In Salem, 20 km südwestlich von Grahamstown an derselben Straße, trifft man auf eine magere Ansammlung alter **Siedlerhütten** von 1822, die von Gebüsch umringt um einen Dorfanger angeordnet sind, auf dem sich sonntags manchmal die lokalen Cricket-Teams tummeln. Im Ort gibt es weder Essen noch Getränke zu kaufen. Den Mittelpunkt des Dorfes stellt eine kleine weiße Kirche dar, die zum Nationaldenkmal erklärt wurde und einen kurzen Besuch lohnt. Im Innern der Kirche erinnert eine Gedenktafel an den Quäker Richard Gush, dessen Nachkommen noch im Dorf leben.

Während des 6. Grenzkrieges hatten die Einwohner in der Steinkirche Schutz gesucht, als sie sich plötzlich Xhosa-Angreifern gegenübersahen. Da trat Gush, der die endlosen Konflikte satt hatte, unbewaffnet aus der Kirche heraus, um die Xhosa nach dem Grund für ihren Groll zu fragen. Auf die Antwort hin, dass sie der Hunger trieb, ging er wieder hinein und kam, zum Ärger seiner Mitbürger, vollgepackt mit Lebensmitteln wieder heraus. Daraufhin wurde die Stadt nie wieder behelligt.

Ein ganz anderes Bild vermittelt J. M. Coetzee in seinem mit dem Booker Prize ausgezeichneten Roman *Shame* – einem durch und durch erschreckenden Buch, dessen Handlung zum großen Teil in diesem Ort spielt (in der heutigen Zeit nach der Apartheid) und von Gefahr statt Aussöhnung bestimmt ist.

Kariega Game Park

Nur 14 km von der Küste entfernt liegt der exklusive Kariega Park, ✆ 046-636 7904, 🖳 www.kariega.co.za, ein privat geführtes Tierschutzgebiet mitten im Busch. Seine Lodges mit Balkon verfügen über 3–4 Schlafzimmer und werden entweder *all inclusive***** vermietet, dann sind sämtliche Mahlzeiten und Tierbeobachtungsfahrten im Preis enthalten, als B&B**** oder Selbstversorger-Einheiten***. Zu den Hauptbeschäftigungen hier zählen **Wanderungen** durch das Reservat, auf denen der Besucher nach verschiedenen Pflanzenfressern wie Giraffen Ausschau halten kann, **Tierbeobachtungstouren** per Fahrzeug und abendliche feuchtfröhliche **Bootsfahrten** auf dem Fluss. Außerdem kann man im Fluss oder Pool des Parks baden. Auch ein Tagesbesuch lohnt sich (R220), wenn man Zebras und grasende Antilopen aus nächster Nähe betrachten kann. Im Eintrittspreis enthalten sind Mittagessen, eine Tierbeobachtungsfahrt und eine Bootstour.

Great Fish River Reserve Complex

35 km nördlich von Grahamstown, an der Fort Beaufort Rd (R67), liegt der riesige Great Fish River Reserve Complex, ein Zusammenschluss von drei Reservaten auf 430 km^2. Wenn man nicht zu anspruchsvoll ist, findet man hier das lohnenswerteste Wildschutzgebiet des Ostkaps nach Addo (s.S. 365), trotz der fehlenden Löwen. Ganz anders als in den sorgsam gepflegten Wildparks von Mpumalanga und KwaZulu-Natal gibt es keinerlei Geschäfte oder Restaurants, und die Straßen lassen sehr zu wünschen übrig – trotzdem ist der Park wild und wunderschön. An den Ufern von Fish und Kat River bilden Gruppen von Dornenbäumen willkommenen Schatten vor der Sommerhitze, und in den ausgedörrten Gebieten abseits der Flüsse ist die fantastische Landschaft von Klippen und

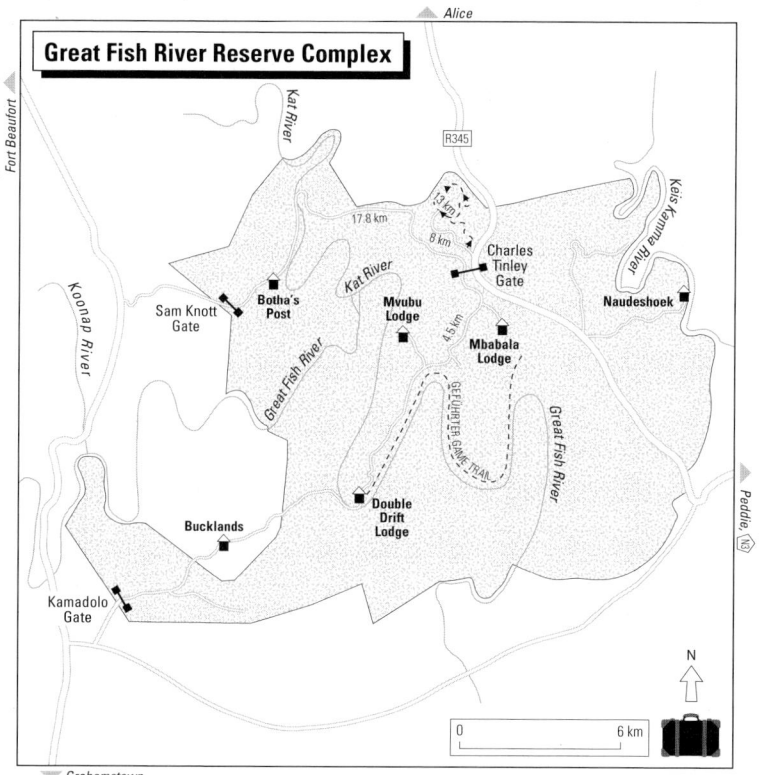

Great Fish River Reserve Complex

Fort Beaufort

Kat River

R345

13 km

17.8 km

8 km

Kat River

Charles
Tinley
Gate

Keis Kamma River

Koonap River

Sam Knott
Gate

Botha's
Post

Mvubu
Lodge

Naudeshoek

Great Fish River

4.5 km

Mbabala
Lodge

GELEHRTER GAME TRAIL

Great Fish River

Peddie, N2

OSTKAP

Bucklands

Double
Drift
Lodge

Kamadolo
Gate

N

0   6 km

Grahamstown

schmalen Tälern durchzogen und von dichtem Busch, Sukkulenten, Wolfsmilch und Aloen übersät. ☉ Büro tgl. 8–17 Uhr, Tor rund um die Uhr geöffnet, Eintritt R20 pro Fahrzeug plus R6 p.P.

Das abwechslungsreiche Gelände bietet einer **Vielzahl wilder Tiere** (die jedoch nicht in rauen Mengen vorkommen) einen Lebensraum, darunter Schabrackenschakale, Hyänen und selten zu entdeckende Leoparden. Zwischen den Bäumen und Büschen streifen verschiedene Arten von Wiederkäuern und Weidetieren wie Blessböcke und Nyalas sowie mehrere Breitmaulnashörner, ein paar Elefanten und dutzendweise Warzenschweine umher. Schnaubende **Flusspferde** vertreiben sich die Zeit in den Flüssen, an deren Ufern manchmal Wasserböcke zu entdecken sind. In den Bäumen klettern Grüne Meerkatzen umher.

Übernachtung und Essen

In allen 3 Abschnitten gibt es eine begrenzte Auswahl an Lodges und Blockhütten. In den Lodges kocht Personal für die Gäste. **Buchungen** (außer *Bucklands*) sind beim Eastern Cape Tourism Board in Bisho, ✆ 040-635 2115, 🖷 046-636 4019, zu tätigen.

ÖSTLICHER ABSCHNITT – Östlich des Fish River bietet die **Mbabala Lodge***, 2 km südlich des Charles Tinley Gate, 5 DZ und wird jeweils an nur eine Partei vermietet. 13 km südöstlich des Tors, am Ufer des Keiskamma River, hat **Naudeshoek*** eine Blockhütte für 6 Pers. Bei **Mvubu**, 9 km südwestlich des Tors, teilen sich 4 Chalets* mit Doppelbetten eine Küche, einen Essbereich und ein

Planschbecken. Weitere 6 rustikale Familien-Chalets* im Maisonette-Stil für je 2 Erwachsene und 2 Kinder liegen am Ufer des Great Fish River.

SÜDWESTLICHER ABSCHNITT – Grahamstown am nächsten gelegen, bietet die *Double Drift Lodge**, 16 km nordöstlich des Kamadolo Gate, am Nordufer des Great Fish, einfache Unterkünfte mit 5 DZ. Durch das Kamadolo Gate gelangt man auch zum Privatbesitz *Bucklands Farm*, ✆/☏ 046-622 8055, ✉ buck@imaginet.co.za. Über 17 km eigenes Flussufer, eigentlich außerhalb des Reservats. Dort steht ein großes, modernes, zu vermietendes Fertighaus* im Hof mit Einzelbetten und Schlafkojen für Selbstversorger.

NORDWESTLICHER ABSCHNITT – Vom Sam Knott Gate 3 km ins Reservat hinein, bei *Botha's Post*, stehen 4 Selbstversorger-Hütten für je 4 Pers. zur Verfügung, alle mit Dusche, Toilette und Kochnische.

OSTKAP

Aktivitäten

Die meisten Besucher kommen wegen der Flusspferde, die am Ostkap nicht allzu verbreitet sind. Um die Tiere zu sehen, melde man sich am Charles Tinley Gate und frage nach einem bewaffneten Ranger, der einen auf einem **geführten Game Trail** begleitet, der an der *Double Drift Lodge* beginnt und am Nordufer des Great Fish River entlang führt. Von ihrer schwerfälligen Erscheinung darf man sich nicht täuschen lassen – Flusspferde können 30 km/h schnell rennen, sich auf dem Hacken umdrehen und somit Menschen leicht ausmanövrieren. Fühlen sie sich bedroht, können sie extrem gefährlich werden. Für Gäste der *Bucklands Farm* kann Lynne Philips eine ähnliche Tour arrangieren. Dort werden auch exzellente Tages- und Nachtfahrten zur **Tierbeobachtung** angeboten.
Selbstfahrern sei der direkte Weg zur **Nyathi-Schleife** im Nordostabschnitt des Reservates empfohlen, wo oft das meiste Wild anzutreffen ist. Die besten Zeiten sind der frühe Morgen und der späte Nachmittag, denn mittags flüchten die Tiere in den Schatten der Büsche und Bäume, wo sie nicht zu sehen sind. Das ist der perfekte Zeitpunkt für einen Abstecher zu dem Picknickplatz bei *Double Drift* am Südufer des Great Fish, im Schatten einer gewaltigen Akazie.

Transport

Der Besuch des Komplexes ist nur im **eigenen Fahrzeug** möglich, am besten über die geteerte R67, die Grahamstown mit Fort Beaufort verbindet und Zugang zu den beiden Eingängen an der Westseite bietet: **Kamadolo Gate** im Süden und **Sam Knott Gate** im Norden. Die R345 führt durch den östlichen Abschnitt des Reservates und verbindet die N2 etwa 70 km östlich von Grahamstown (gleich hinter dem Städtchen Peddie) mit Alice (s.S. 406). Diese ganz passable Schotterstraße führt zum **Charles Tinley Gate** mit der Park-Hauptverwaltung, wobei das Tor oft unbeaufsichtigt ist. Der Great Fish River und sein Nebenfluss Kat schlängeln sich durch das Reservat und teilen es in drei Teile, so dass es nicht immer sicher ist, in einem gewöhnlichen Fahrzeug von einem Abschnitt in den nächsten zu kommen, schon gar nicht, wenn die Wasserstände so hoch steigen, dass die Furten überschwemmt sind. Möchte man also im Auto durch das Reservat fahren, so sollte man sich vor dem Start bei der Hauptverwaltung nach den Bedingungen erkundigen oder den direkten Weg zum Ziel nehmen. Die Pisten sind oft alles andere als gut, also ist vorsichtiges und langsames Fahren angesagt.

Landeinwärts bis zum Rande der Karoo

Zwischen Grahamstown und den meistbesuchten Karoo-Städten Cradock und Graaff-Reinet liegt das Land der **Schafzucht**, in dem hin und wieder ein *dorp* am Horizont erscheint. Hier kommt noch heute das Gefühl auf, in einen der ersten Außenposten des Ostkaps geraten zu sein. Die Straßen durch diese unendliche Leere sind verlassen und werden nur von den in regelmäßigen Abständen montierten Telefonmasten gesäumt. Graubraune Schafe, Angoraziegen und hier und da ein Springbock grasen auf den braunen Stoppelfeldern, und nicht selten tauchen Gruppen schwarzgrauer Strauße im *veld* auf – ehemals gezüchtet, um den edwardianischen Feder-Fetisch zu befriedigen, und heute als moderne Lieferanten für mageres und gesundes Fleisch gehalten.

Bedford und Somerset East

In den Vorgebirgen der Kaga Mountains, 87 km nördlich von Grahamstown, liegt Bedford, das einstige Reich des **Xhosa-Häuptlings Phato**. Später wurde es zu einem der „englischen" Städtchen, die Kapgouverneur Sir Harry Smith im 19. Jahrhundert zu schaffen versprochen hatte. Heute ist es eher ein Durchgangsort an der Straße nach Grahamstown, nennt aber doch ein paar ansehnliche **Siedlergebäude** sein Eigen.

In den umliegenden Bergen gibt es so manche Farm zu entdecken, besonders empfehlenswert ist *Cavers****, 16 km nördlich von Bedford, ✆/☏ 046-685 0619, ✉ ckross@intekom.co.za, eine im Betrieb befindliche Milchwirtschaft in einem schönen Tal. Dazu gehören ein renoviertes zweistöckiges Haupthaus aus Stein von 1850 mit 4 Schlafzimmern mit Bad und ein strohgedecktes Cottage mit 2 Schlafzimmern und eigenem Garten. Swimming Pool und Tennisplätze können genutzt werden, und auf einem Spaziergang über die Farm zeigen sich Antilopen und zahllose Vögel. Vorausbuchungen sind unerlässlich, die Wegbeschreibung gibt es bei den Besitzern.

Knapp 60 km westlich von Bedford liegt Somerset East, das nur während seines *biltong*-Festivals im Juni voll wird. Der **historische Stadtteil** ist einen Besuch wert. An der Beaufort Street befindet sich auf einer Achse mit der weißen Niederländisch-Reformierten Kirche das **Somerset East Museum**, ✆ 042-243 2079, einst der Wohnsitz eines viktorianischen Pfarrers. ☉ Mo–Fr 8–17 Uhr, Spenden erbeten.

Einen Block weiter trifft man auf die **Walter Battiss Art Gallery** in einem schmucken zweistöckigen Bau an der Beaufort, Ecke Poulet Street. Sie beherbergt eine Sammlung verschiedenster Zeichnungen und Gemälde von einem der bekanntesten zeitgenössischen Künstler Südafrikas (dessen beste Werke allerdings anderswo ausgestellt sind). Ein Besuch lohnt sich dennoch, denn der Humor, für den Battiss bekannt ist, kommt auch hier zum Vorschein. ☉ Mo–Fr 9–13 und 14–16 Uhr, Sa und So nach Absprache.

Cradock

240 km nördlich von Port Elizabeth liegt Cradock – mitten in der Karoo, Südafrikas semiarides Herzland mit seinem kniehohen Busch, der klaren trockenen Luft und der endlosen Weite. Als Zwischenstopp auf dem Weg von Port Elizabeth nach Johannesburg bietet es sich förmlich an, nicht zuletzt wegen der klasse Unterkünfte in den historischen Gebäuden und des **Mountain Zebra National Park**, der zu den schönsten Wildparks des Landes gehört.

Die silbrig schimmernden **Windmühlen** auf den Schaffarmen der Umgebung sind zum inoffiziellen Wahrzeichen von Cradock geworden. Auf der Hauptstraße am Stadtrand stehen Xhosa-Händler (oft Kinder), die kompliziert gearbeitete Modellwindmühlen aus Draht verkaufen.

Die Grenzkriege des 19. Jahrhunderts und die bis in die 90er Jahre andauernde Unterjochung der Xhosa haben zu deren allgegenwärtiger Armut geführt, die die Stadt überschattet. Doch vor dem Hintergrund der Geschichte von Eroberung entstand hier auch ein fruchtbarer Boden für den Widerstand: In der Stadt und im Umland wirkten einige **ANC-Mitglieder**, die es in den 30er Jahren fast ganz allein schafften, die Organisation am Leben zu halten. 1985 machte Cradock grausige Schlagzeilen, als die vier Anti-Apartheid-Aktivisten **Matthew Goniwe**, **Fort Calata**, **Sparrow Mkhonto** und **Sicelo Mhlauli** unter „mysteriösen" Umständen ums Leben kamen. Nachdem die Widerstandsbewegung an Popularität gewonnen hatte, verhängte der militante Präsident Botha den Ausnahmezustand, über 500 Menschen wurden bei Polizeiaktionen getötet. Im Zuge dieser Ereignisse wurden die vier Männer am 27. Juni des Jahres auf dem Rückweg von einer politischen Versammlung aus dem Hinterhalt ermordet, ihre Leichen verbrannt und über mehrere Kilometer verteilt. Erst im Mai 1992 konnte die Schuld der Sicherheitspolizei von Port Elizabeth bewiesen werden. Und es sollte weitere fünf Jahre dauern, bis die Verantwortlichen vor der Truth and Reconciliation Commission die Morde gestanden – und dann begnadigt wurden.

Politische Kontroverse spielt auch bei der Hauptattraktion von Cradock, dem **Schreiner House**, 9 Cross Street, eine Rolle, ☉ Mo–Fr 8–16.30 Uhr, Spenden erbeten. Gewidmet ist das

Haus dem Leben der Schriftstellerin und Autorin des wegweisenden Romans *The Story of an African Farm* (1883), **Olive Schreiner**. Nicht genug, dass im konservativen Ostkap des 19. Jahrhunderts eine Frau ein Buch schrieb (es erschien unter dem Pseudonym Ralph Iron) – sie setzte sich zudem für Ideen ein, die selbst 100 Jahre später noch als gefährlich radikal galten. Ihr Leben lang kämpfte sie für Gleichberechtigung, insbesondere für gleiches Wahlrecht für Alle, ungeachtet des Geschlechts und der Rasse. Nach ihrem Tode 1921 wurde sie auf dem Buffelskop in der Nähe von Cradock beigesetzt, ihr Grab ist eine Art Wallfahrtsort geworden. Wegbeschreibung, Informationen und eine kopierte Generalstabskarte gibt es im Schreiner House. Zum Ausgangspunkt der Wanderung kommt man nur mit dem Auto, man sollte etwa einen halben Tag einplanen (sehr steiler Aufstieg inbegriffen).

Zu den weiteren Sehenswürdigkeiten von Cradock gehören die **Niederländisch-Reformierte Kirche** am oberen Ende der Church Street, die 1868 nach dem Vorbild der Londoner Kirche *St Martin in the fields* erbaut wurde, sowie ein von einer heißen **Schwefelquelle** gespeister Swimming Pool am Cradock Spa an der Marlow Rd, 4 km vor der Stadt, mit Innen- und Außenbecken – nach einer langen Reise der perfekte Ort zum Entspannen. ☉ tgl. 7–18 Uhr, Eintritt R11. Das **Great Fish River Museum** hinter der Town Hall, in einem Pfarrhaus der Niederländisch-Reformierten Kirche von 1849, zeigt eine Ausstellung zur frühen Geschichte der Ostkap-Pioniere. ☉ Di–Fr 8–13, Sa 8 Uhr bis mittags.

Übernachtung

Cradock Spa*, 4 km nördlich der Stadt an der Straße zum ausgeschilderten Mountain Zebra National Park, ✆ 881 2709. Beste Budget-Unterkunft für Selbstversorger, voll ausgestattete Chalets für 2 und 4 Pers.
Sir John Cradock Guest House*, Stockenstroom St, ✆ 881 1443. Preiswert, hübsch möblierte Zimmer, kleiner Garten und Garagen, leider etwas laut wegen der Fernfahrer-Raststätte in der Nachbarschaft.
Tuishuise**, Market St, ✆ 881 1322, 🖳 www. tuishuise.co.za. Besonders zu empfehlen, wenn man etwas ländliches Karoo-Flair schnuppern möchte. Komfortable und elegante viktorianische Häuser mit 1–4 Schlafzimmern. Jede Partei bekommt ein Cottage zur Alleinbenutzung. Selbstversorger oder Essen im *Victoria Manor*, wo man auch die Schlüssel abholt und bezahlt. **Victoria Manor***, 36 Market St, ✆ 881 1650, 🖂 881 5388. Altes restauriertes und charaktervolles Hotel mit 19 netten Zimmern mit Bad, die billiger und kleiner sind als die des *Tuishuise*.

Essen

Der **Schreiner Tea Room** neben dem *Victoria Manor* auf der Market St ist das netteste Lokal zum Tee und für Sandwiches. ☉ Mo–Sa 10.30–17 Uhr. Das **Victoria Manor** selbst bietet Mittag- und Abendessen an, inkl. Karoo-typisches Lamm und Malva-Pudding; ist sonntags zum Tee geöffnet. Das **1814**, Main Rd, ✆ 881 5390, mit seinem ungewöhnlich schrägen roten Dach serviert leckeres Frühstück, Mittagessen und Tee nach Afrikaander Art. Gute Steaks isst man im **Fiddler's Grill**, auf dem Komplex der *Total*-Tankstelle an der Voortrekker St, ✆ 881 1497, bei ortsansässigen Familien sehr beliebt.

Sonstiges

INFORMATIONEN – Das sehr hilfreiche, aber völlig unterbesetzte **Tourist Information Bureau** in der Stockenstroom St, ✆ 881 2383, 🖳 www. cradock.co.za, gibt Karten, Unterkunftslisten und Informationen über Übernachtungsmöglichkeiten auf Farmen aus. ☉ Mo–Fr 8.30–12.30 und 14–16 Uhr.

VORWAHL – 048

Transport

Cradock ist klein und kann leicht zu Fuß erkundet werden, allerdings ist für die Reise zur Schwefelquelle oder zum Mountain Zebra National Park ein eigenes Fahrzeug Voraussetzung.

BUSSE – Busse von **Translux** und **Intercape** halten tgl. am *Struwig Café*, Voortrekker St, ✆ 881 2787, wo es Fahrkarten gibt und man Informatio-

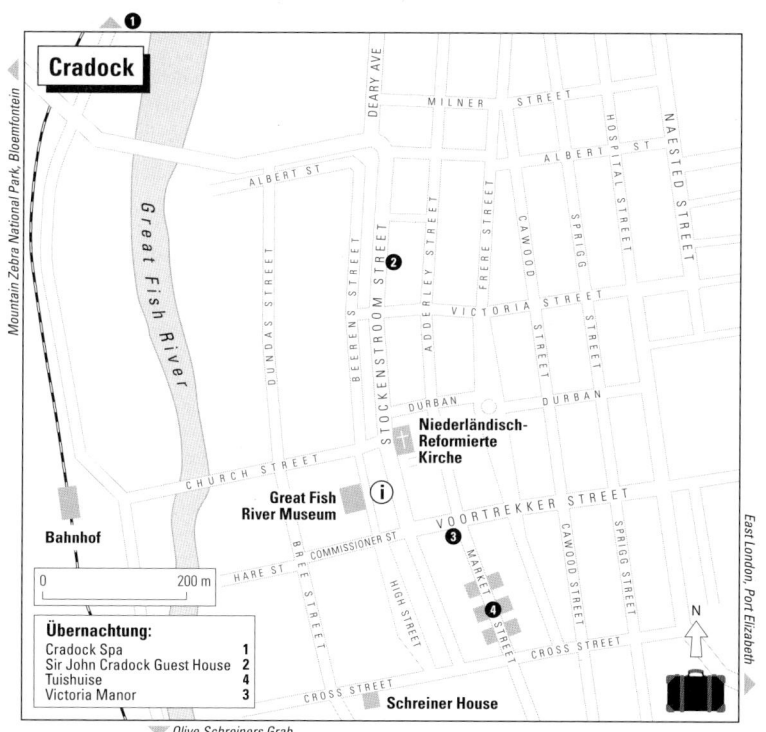

Cradock

Great Fish River

DEARY AVE
MILNER STREET
ALBERT ST
ALBERT ST
HOSPITAL STREET
NAESTED STREET
DUNDAS STREET
BEERENS STREET
STOCKENSTROOM STREET
ADDERLEY STREET
FRERE STREET
CAWOOD STREET
SPRIGG STREET
VICTORIA STREET
DURBAN
DURBAN

**Niederländisch-
Reformierte
Kirche**

CHURCH STREET

**Great Fish
River Museum** (i)

VOORTREKKER STREET

Bahnhof

CAWOOD STREET
SPRIGG STREET

0 ——— 200 m

HARE ST
BREE STREET
COMMISSIONER ST
HIGH STREET
MARKET STREET

❸
❹

CROSS STREET

Übernachtung:
Cradock Spa   1
Sir John Cradock Guest House   2
Tuishuise   4
Victoria Manor   3

CROSS STREET

Schreiner House

N

Olive Schreiners Grab

Mountain Zebra National Park, Bloemfontein

East London, Port Elizabeth

OSTKAP

nen zur Weiterreise nach Kapstadt, East London, Port Elizabeth und Jo'burg einholen kann.

EISENBAHN – Täglich um 19 Uhr halten Züge von Port Elizabeth nach Jo'burg am **Bahnhof** von Cradock am südlichen Ende der Church St, ✆ 041-507 2400 oder ✆ 041-507 2647; in entgegengesetzter Richtung um 4.30 Uhr morgens.

Mountain Zebra National Park

Als der Mountain Zebra National Park 1937 eingerichtet wurde, gab es auf dem 65 km² großen Gelände nur noch fünf **Kap-Bergzebras**. Und als ob das nicht schlimm genug wäre, waren vier davon auch noch männliche Tiere. Nun waren damals mit Umweltthemen noch keine Wahlen zu gewinnen, ein Minister tat die bedrohten Tiere gar als „einen

Haufen Esel in Fußballtrikots" ab. Doch wie durch ein Wunder gelang es Umweltschützern, aus den wenigen überlebenden Exemplaren von den umliegenden Farmen eine kleine Zuchtherde zusammenzustellen. Heute gibt es im Park mehrere Hundert, es werden sogar Tiere in andere Teile Südafrikas umgesiedelt.

Für die **Tierbeobachtung** sind zwei große Schleifen (teils Teer-, teils Kiespisten) angelegt worden, die in etwa die Form einer Acht bilden. Lohnenswerter ist die 14 km lange, nördliche Route, die das Rooiplaat-Gebiet umrundet und in dem sich die Tiere der Ebenen vorzugsweise aufhalten. Neben Zebras weiden hier auch **Spring-** und **Blessböcke** sowie **Weißschwanzgnus**. Die Einführung von **Büffeln** im Jahre 1998 und die Pläne zur Ansiedlung von **Geparden** und **Nashörnern** lassen den Park zwar spannender werden, haben aber auch dem ehemals möglichen Erlebnis des Umherwanderns im Gelände ein Ende gesetzt. Denn anders als die fügsamen asiatischen Wasserbüffel sind deren afrikanische Verwandte für ihr extrem aggressives Verhalten bekannt, das selbst erfahrene Jäger in Angst und Schrecken versetzt. In der Nähe des Camps gibt es zwei ausgewiesene **Wanderwege**, ansonsten darf man sich nicht mehr frei im Gelände bewegen. ⊙ tgl. Mai–Sept. 7–18, Okt.–Apr. 7–19 Uhr.

Übernachtung und Essen

Im Park übernachtet man in 20 komfortablen Cottages* mit je 2 Schlafzimmern, die allesamt über umwerfende Aussichten auf die Berge, eigene Küche und Bad verfügen. Im Preis enthalten ist das Frühstück im Restaurant des Camps. Ein **Campingplatz** ist ebenfalls vorhanden, doch das unbestrittene Highlight in puncto Quartier ist das *Doornhoek Guest House*** (mind. 4 Pers.) für Selbstversorger in einem schön restaurierten Farmhaus in wunderbarer Abgeschiedenheit mit Blick in die Karoo, über einen kleinen See hinweg auf eine Hügelkette. Extrem komfortabel, 3 antik möblierte Zimmer mit Bad für 6 Pers. **Buchungen** bei South African National Parks in Pretoria, ✆ 012-343 1991, 🖷 012-343 0905, ✉ reservations@parks-sa.co.za. 20% Rabatt auf Unterkunft und Campingplatz von Juni–Sept, in den Schulferien ist der Park stets ausgebucht. In dem kleinen **Laden** an der Rezeption werden Waren des täglichen Bedarfs, Souvenirs und Alkohol verkauft, bei mehreren Tagen Aufenthalt sollte man sich in Cradock mit Verpflegung eindecken. Passables **Restaurant**, Post, **Tankstelle** und netter Swimming Pool, sämtlich zwischen gewaltigen Felsblöcken in der Nähe der Rezeption.

Transport

Mountain Zebra National Park liegt 26 km westlich von Cradock. Mit dem **Auto** verlässt man Cradock in nördlicher Richtung auf der N10 und biegt nach ca. 6 km nach rechts auf die Straße nach Graaff-Reinet ab. Nach weiteren 5 km biegt man nach links (Hinweisschild) auf eine gute Schotterstraße ab und erreicht nach weiteren 16 km den Park.

Graaff-Reinet und Umgebung

Es ist kein Wunder, dass so viele Reisebusse in Graaff-Reinet Halt machen, denn dies ist nicht nur ein wunderschönes Städtchen, sondern auch einer der wenigen Orte des Ostkaps, in denen man Tag und Nacht frei umherschlendern möchte. Hier und da ein kleines Museum, historische Gebäude, ein Essen oder ein Drink, und schließlich zurück zur Unterkunft – alles Sehenswerte ist zu Fuß erreichbar. Die **1786 gegründete Stadt** zählt landesweit zu den ältesten, und ihr historisches Zentrum ist nahezu vollständig erhalten. Man braucht wenigstens einen Tag, um ihren Zauber zu spüren, und so kommen viele Reisende von Johannesburg auf dem Weg zur Garden Route hier vorbei. Im Dezember ist am meisten los, dann empfehlen sich langfristige Vorausbuchungen.

In Graaff-Reinet gibt es viele Afrikaans-sprechende Farbige, von denen die meisten am südlichen Stadtrand leben. Zum Teil stammen sie von Sklaven ab und zum Teil von einheimischen Khoi und San, die früher zur Arbeit auf den Farmen des Grenzlandes gezwungen wurden.

Die kargen Berge in der Umgebung der Stadt gehören zum **Karoo Nature Reserve**, dessen Hauptattraktion das **Valley of Desolation** ist mit felsigem Canyon, Echo der Vogelschreie und weitem Tal – auf keinen Fall verpassen!

Geschichte

Gegen Ende des 18. Jahrhunderts hatten die holländischen Bürger das Grenzland des Kaps bis hoch in die Sneeuberge ausgedehnt, die ursprünglich zum Land der Khoi-Hirten und der Jäger und Sammler der San gehörten. Wie Banditen stahlen die Siedler den Khoi das Vieh, überfielen San-Gruppen, töteten die Männer und entführten die Frauen und Kinder, die dann auf den Farmen und in den Häusern zur Arbeit gezwungen wurden. Die Lage eskalierte, als die Khoi und San 1786 zurückschlugen, so dass die Kapbehörden einen *landdrost* (eine Art Richter) schickten, um Graaff-Reinet zu gründen, das Gebiet zu verwalten und für Ruhe und Frieden im Grenzland zu sorgen.

Neun Jahre später wurde *landdrost* Honoratus Maynier, der gemäß seiner Order versucht hatte, für Recht und Ordnung zu sorgen und die weißen Siedler in ihrem Verhalten gegenüber ihren Khoi- und San-Bediensteten zu mäßigen, von einer Grup-

OSTKAP

Robert Sobukwe Einer der brillantesten und doch immer wieder in Vergessenheit geratenen Söhne von Graaff-Reinet ist Robert Managaliso Sobukwe, Gründer des **Pan Africanist Congress** (PAC). 1923 geboren, erhielt er ein Stipendium für das Internat von Healdtown in der Nähe von Fort Beaufort und ging später zur Fort Hare University (s.S. 396), wo er der African National Congress Youth League beitrat. Nach seinem Abschluss 1947 wurde er zunächst Lehrer und dann Dozent an der University of the Witwatersrand. Das charismatische Mitglied des Afrikanistenflügels des ANC stellte die eigenen Strategien der Zusammenarbeit mit den Weißen in Frage und gründete 1959 den PAC. Ein Jahr darauf initiierte er die landesweiten **Anti-Pass-Proteste**, die mit dem Blutbad von Sharpeville und seiner Inhaftierung auf Robben Island für neun Jahre ihr Ende nahmen. 1969 wurde er mit der Auflage entlassen, sich nicht aus Kimberley zu entfernen, wo er 1978 starb. 5000 Menschen kamen zu seiner Beisetzung nach Graaff-Reinet. Im Gegensatz zu anderen PAC-Mitgliedern, die verbal aus ihrer Abneigung gegen Weiße keinen Hehl machten, beharrte Sobukwe auf der Meinung, dass die Weißen es irgendwann schaffen könnten, „echte Afrikaner" zu werden.

Der Wohnsitz und das Grab des Aktivisten können auf einer **Township-Tour** mit Xolile Speelman, ✆ 892 2924, 🖂 892 4661, besichtigt werden, darüber hinaus wird auch Begleitung zu traditionellen Veranstaltungen angeboten, wo die Besucher neben der Musik auch Menschen aus der afrikanischen Gemeinschaft von Graaff-Reinet kennen lernen können.

pe aufgebrachter Bürger mit Waffengewalt aus der Stadt gejagt. Im Zuge ihrer Ausrufung von Südafrikas **erster Burenrepublik** beklagten sie sich darüber, dass Maynier eher „die Hottentotten und Kaffer gegen die Buren geschützt hat statt umgekehrt".

Im Jahre 1800 bekam Maynier erneut die Verantwortung für Graaff-Reinet übertragen, und so konnte die koloniale Kontrolle über den Distrikt langsam gefestigt werden. Weite Teile des Landes wurden Schafweidegebiet und der **Woll-Boom** der 50er Jahre des 19. Jahrhunderts brachte der Stadt Wohlstand und schuf ein System aus Landwirtschaft und Grundbesitz, das bis heute Gültigkeit hat.

Aus der Mitte von Graaff-Reinet erhebt sich die imposante **Niederländisch-Reformierte Kirche** von 1886 mit ihrem spitzen Turm und ihren Verzierungen. Die Hauptverkehrsstraße nennt sich **Church Street**, teilt sich an der Kirche und führt nordwestwärts zum Valley of Desolation und nordostwärts nach Nieu Bethesda, Middelburg und schließlich Johannesburg. Von beiden Seiten der Church Street gehen kleine Seitenstraßen ab, die von weiß getünchten kapholländischen, georgianischen und viktorianischen Häusern gesäumt sind – hier findet der Besucher die Museen und Restaurants ebenso wie die schönsten Gebäude.

Die Church Street selbst ist voller Antiquitätenläden und Geschäfte mit klingenden Namen wie *Merino Pharmacy* oder *Kudu Motors*. Einen Block südlich der Kirche befindet sich das **Old Library Museum**, das einzig wegen seiner erstklassigen Sammlung **fossiler Schädel** und Skelette von Reptilien interessant ist, die die Sumpfgebiete, Seen und Tümpel der prähistorischen Karoo vor etwa 230 Millionen Jahren bevölkerten. Diese Dinosaurier wurden im Schlamm eingeschlossen, so dass die Abdrücke ihrer Knochen heute im Schiefergestein der Karoo zu finden sind. Die Fossilien sind aus den umliegenden Bergen und Flussbetten zusammengetragen worden. ◷ Mo–Fr 8–12.30 und 14–17, Sa und So 9 Uhr bis mittags. Auf der Wellwood Farm ist eine noch bessere Sammlung zu bewundern, doch muss man den Besuch schriftlich anfragen (s.S. 394, *Trymore Cottage*).

Nebenan, in der restaurierten Missionskirche mit den holländischen Giebeln von 1821, ist das **Hester Rupert Art Museum** untergebracht, mit einer repräsentativen Auswahl von Werken (vorwiegend weißer) südafrikanischer Künstler aus den 60er Jahren. Die Holzschnitte von Cecil Skotnes, das expressionistische Werk von Johannes Meintjies und die Gemälde von Irma Stern sind sehenswert. ◷ Mo–Fr 8–17, Sa 8–13 Uhr, Eintritt 50c.

OSTKAP

Gegenüber dem Kunstmuseum steht das weiße **Drostdy Hotel**, der einstige Wohnsitz des *landdrost*. Die meisten Hotelgäste werden hinter dem Haupthaus im Stretch's Court untergebracht, einer Straße mit Kopfsteinpflaster, deren Häuschen aus dem 19. Jahrhundert mit farbenfroh gestrichenen Fensterläden versehen sind. Doch so reizend war es nicht immer: Hier lebten die Sklaven der Drostei, und nachdem die Sklaverei 1838 abgeschafft worden war, blieben ihre Nachkommen, bis sie 1950 unter dem Group Areas Act (das dieses Gebiet nur für Weiße vorsah) die Häuser verlassen mussten.

Von der Vordertreppe der Drostei eröffnet sich der Blick in die Pastorie Street mit ihren kapholländischen Häusern bis zum **Reinet House**, dem lohnendsten Museum der Stadt. Das ehemalige Pfarrhaus wurde 1812 nach dem traditionell kapholländischen H-Plan erbaut: sechs Giebel und eine Wendeltreppe zum Garten. Das Heimatmuseum birgt wertvolles Mobiliar und Haushaltsgegenstände. Seltsamerweise ist dies der einzige Ort, an dem es erlaubt ist, den selbst gebrannten Schnaps namens Withond ("weißer Hund") herzustellen, der extrem scharf in der Kehle brennt. Das klare alkoholische Getränk wird in kleinen Flaschen, auf deren Etikett ein Bullterrier abgebildet ist, an der Rezeption verkauft. ⏱ Mo–Fr 8–13 und 14–17, Sa 8–13 Uhr, Eintritt R5.

Karoo Nature Reserve und Valley of Desolation

Das Karoo Nature Reserve umgibt die Stadt vollständig, sein Eingang befindet sich 5 km nördlich des Zentrums, abseits der Murraysburg Road. Das unbestrittene Highlight ist das tief eingeschnittene Valley of Desolation ("Tal der Trostlosigkeit"). Mit dem Auto folgt man der schmalen Teerstraße vom Eingang aus, die an den mit Buschwerk bewachsenen Hängen aufsteigt und, vorbei an mehreren Aussichtspunkten, zu den Klippen führt, die das Tal überblicken. Die beste Zeit für einen Besuch ist der späte Nachmittag, wenn die Sonne die roten und ockerfarbenen Felssäulen im Tal in ein weiches Licht taucht. Der Blick vom Rand des Canyons in die Ebenen von Camdeboo ist schlicht überwältigend und bekommt noch mehr Zauber, wenn schwarze Adler kreischend über die Dolomitentürmen kreisen.

Es gibt eine 45-minütige **Rundwanderung** am Rande der Klippen entlang, die mit einem Eidechsensymbol gekennzeichnet ist. Längere Wanderungen und **Übernachtungen** in einer Hütte (mit *braai*-Stelle) sind beim Department of Nature Conservation, Bourke St, ☏ 049-892 3453, buchbar, wo auch detaillierte **Karten** erhältlich sind. ⏱ tgl. Morgen- bis Abenddämmerung, Eintritt frei.

Übernachtung

IN DER STADT – *Andries Stockenstroom Guest House*****, 100 Cradock St, ein paar Straßen hinter dem *Drostdy Hotel*. ☏/📠 892 4575, 🖥 www.stockenstroom.co.za. Schönes Haus unter Denkmalschutz mit 5 ac-Zimmern, mehrfach mit dem Automobile Association Award für das beste Gästehaus Südafrikas ausgezeichnet. Eine Übernachtung (mit Halbpension) lohnt sich schon wegen des Abendessens (nur für Gäste) – französische Karoo-Küche mit fantasievollen Wild- und Hammelfleischgerichten sowie leckeren Desserts.

Camdeboo Cottages*, 16 Parliament St, ☏ 892 3180 oder ☏ 891 0919, ✉ sunnykaroo@worldonline.co.za. Mitten im historischen Zentrum, 8 voll ausgestattete Cottages aus dem 19. Jh. für Selbstversorger um einen Hof, klein aber gemütlich (im Winter Wärmflaschen).

Cypress Cottage**, 80 Donkin St, ☏ 892 3965 oder ☏ 083-456 1795, 🖥 www.cypresscottage.co.za. Restauriertes Karoo-Cottage mit 3 DZ mit Bad, gemeinsamer Lounge und Speisezimmer, antike Möbel. Familienfreundlich und mit Garten.

Drostdy Hotel***, 30 Church St, ☏ 892 2161, 📠 892 4582, ✉ drostdy@intekom.co.za. Elegantes kapholländisches Wahrzeichen in bester Lage, mit Garten und Brunnen, Speisezimmer mit Kerzenlicht. Zimmer in terrassenartig angelegten Handwerker-Cottages hinter dem Hotel, komfortabel, aber klein, die größeren Zimmer sind teurer.

Karoopark Holiday Cottages*, 81 Caledon St, ☏ 892 2557, 📠 892 5730, ✉ info@karoopark.co.za. Komplex von Selbstversorger-Cottages in einem Garten mit Pool, auch kleine B&B-Einheiten, die für eine Übernachtung ausreichen.

Le Jardin Backpackers*, 103 Caledon/Donkin St, ☏ 892 3326 oder ☏ 082-644 4938. 3 preiswerte

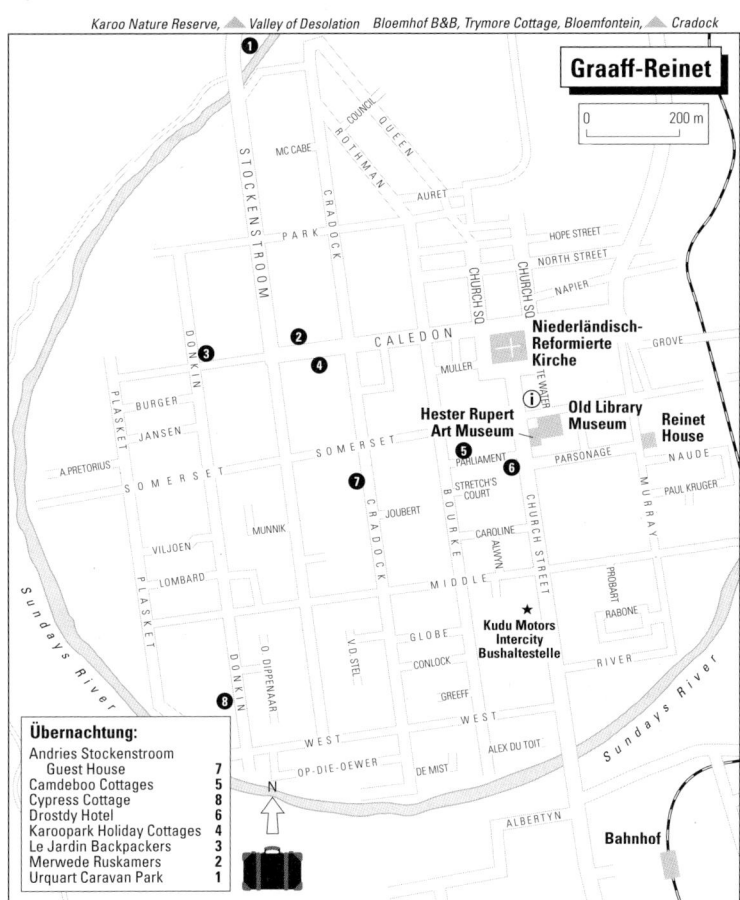

Graaff-Reinet

0   200 m

Niederländisch-
Reformierte
Kirche

Hester Rupert
Art Museum

Old Library
Museum

Reinet
House

★
Kudu Motors
Intercity
Bushaltestelle

OSTKAP

Übernachtung:

Andries Stockenstroom Guest House	7
Camdeboo Cottages	5
Cypress Cottage	8
Drostdy Hotel	6
Karoopark Holiday Cottages	4
Le Jardin Backpackers	3
Merwede Ruskamers	2
Urquart Caravan Park	1

N

Bahnhof

Wheatlands Country House, Port Elizabeth

ac-Zimmer in einem schönen Haus aus dem 18. Jh., großer Garten und Gemeinschaftsküche. Kostenlose Abholung von den Intercity-Bushaltestellen, sichere Parkmöglichkeiten.
Merwede Ruskamers*, 100 Caledon St, ✆ 892 3749. Die billigsten Zimmer der Stadt, DZ und Mini-Schlafsäle. Pieksauber, aber ein klein wenig schäbig, keine Kochgelegenheit. Schlafsäle und DZ als B&B.
Urquhart Caravan Park*, am Stadtrand, Verlängerung der Stockenstroom St, neben dem Karoo

Nature Reserve, ✆/✆ 892 2136. Großer gepflegter Park mit Campingplätzen und preiswerten Rondavels, Chalets und Bungalows, unweit des Sundays River. Die Bungalows sind geräumiger als die stickigen Rondavels und haben Bettzeug, aber keine Handtücher.

ÜBERNACHTUNG AUF FARMEN – Bloemhof B&B*, 27 km nördlich von Graaff-Reinet an der N9 und 5 km entlang einer Schotterstraße, ✆/✆ 840 0203, ✉ murraybloemhof@yebo.co.za.

Graaff-Reinet und Umgebung 393

Großes Bauernhaus von 1900 auf einer großen Schaf- und Wildfarm. Karoo-Lammgerichte zu mittleren Preisen, Kinder willkommen.

Trymore Cottage*, Wellwood Farm, abseits der N9, an der Straße nach Nieu Bethesda, 31 km nördlich von Graaff-Reinet, ☎/📠 840 0302 oder ☎ 082-379 0131, ✉ wellwood@yebo.co.za. Cottage mit 4 Schlafzimmern auf einer Farm, die für ihre Sammlung von Reptilienfossilien aus der Karoo berühmt ist (der Öffentlichkeit nicht zugänglich, aber Gäste können es versuchen und Nicht-Gäste können schriftlich anfragen: PO Box 204, Graaff-Reinet 6280). Merino-Schafe und Orangenhain. Auf Anfrage gibt es *braai*-Pakete oder Abendessen mit Karoo-Lamm oder Rehfleisch. Halbpension oder Selbstversorger.

Wheatlands Country House**, 42 km südlich der Stadt und 8 km eine Schotterstraße entlang, von der R75 nach Jansenville und Port Elizabeth ab, ☎/📠 891 0422 oder ☎ 082-414 6503. Ein echtes Juwel: 2 Zimmer mit Bad und eine Familieneinheit in einem geräumigen Haupthaus von 1912 mit Antiquitäten auf einer Wolle- und Mohairfarm. Großer Garten, Vorausbuchungen für Abendessen.

Essen

Für die vielen Besucher von Graaff-Reinet gibt es einige zentral gelegene Restaurants und Tea Shops, nur sonntags erscheint der Ort wie ausgestorben. Das kulinarische Highlight ist zweifellos das **Andries Stockenstroom Guest House** (s.S. 392, Übernachtung), das Gourmets aus dem ganzen Land anlockt, aber nur für Übernachtungsgäste kocht.

Coral Tree, 3 Church Square. Pitta-Snacks, Rehpastete und Sandwiches, zum Abendessen wird Karoo-Lamm, Schweinelende oder Springbock-Steak serviert. ⏰ Mo–Sa 10–14.30 und 18 Uhr bis spätabends.

Drostdy Hotel, 30 Church St. Schönste Gartenplätze zum Tee oder für einen Drink. Etwas förmliches Abendessen im großen Speisezimmer, teure englische Gerichte und die eine oder andere afrikanische Spezialität. Buffet-Lunch und Frühstück preiswerter. ⏰ tgl.

Iets Anders, 3 Parsonage St. Tagsüber Café/Bar mit afrikanischen Spezialitäten wie *bobotie* mit

Reis, Tomaten-*bredie* im *potjie*, herzhaftes Frühstück, Sandwiches, Hamburger, selbst gebrautes Ingwerbier und süße Kuchen wie *koeksisters* und *melktert*. So geschlossen.

Kliphuis, 46 Bourke St. Tagsüber Tee und Sandwiches oder leichtes Mittagessen an den Tischen auf dem Gehweg. So geschlossen.

Number 8 Pub & Grub, 8 Church Square. Familienrestaurant und Pub mit netter Atmosphäre, Steaks, Burger sowie Fish & Chips. Große Leinwand für Sport tagsüber und abends. So geschlossen.

Sonstiges

INFORMATIONEN – Im *Tourist Information Bureau*, 13 Church St, ☎ 892 4248, 🖥 www.graaffreinet.co.za, bekommt man Karten und eine Liste mit privaten B&Bs. ⏰ Mo–Fr 8–12.30 und 14–17, Sa und So 9 Uhr bis mittags.

VORWAHL – 049

Transport

BUSSE – **Translux**-Busse zwischen Jo'burg und Port Elizabeth und **Intercape**-Busse zwischen Jo'burg und den Städten der Garden Route halten täglich bei *Kudu Motors*, 84 Church St, nur einen Steinwurf südlich des historischen Zentrums. Tickets und Fahrpläne gibt es im *Tourist Information Bureau*.

Nieu Bethesda

Ein Zauber umweht die Karoo, und wenn man ihre trockene Zeitlosigkeit spüren möchte, ist Nieu Bethesda der richtige Ort. Auf dem Weg in die Berge, 23 km von der N9 entfernt und 50 km nördlich von Graaff-Reinet, liegt Nieu Bethesda – trockener und staubiger vielleicht als gewünscht, vor allem in der gnadenlos grellen Hitze des Hochsommers. Es gibt keine Straßenlaternen, und in Winternächten, wenn der Himmel mit zahllosen eisigen Sternen übersät ist, können die Temperaturen bis auf den Gefrierpunkt fallen.

Die meisten Besucher kommen hierher, um das **Owl House**, ☎ 841 1603, 🖥 www.owlhouse.co.za, an der River Street zu besuchen (bzw. das Schaudern zu kriegen). Es war einst der Wohnsitz von Helen Martins, einer einsiedlerisch lebenden Künstlerin, deren zerstörerische und faszinierende innere Welt in ihren Werken Ausdruck fand. Haus und Garten sind durchweg nach ihren Visionen eingerichtet, die Innenwände glitzern von Glassplittern. Hinter dem Haus stehen zwischen einer Steinmauer und einem hohen Hühnerkäfig hunderte Skulpturen aus Glas und Zement: Kamele, Lämmer, Sphingen und Menschengestalten. Von der Veranda mit dem Blechdach glotzen Eulen mit großen Augen herab. Martins stellte ihre Arbeiten nie aus, sie suchte nicht die Öffentlichkeit. Doch seit ihrem Tod im Jahre 1976 haben viele Menschen das Museum besucht und sich mit dem Leben der Künstlerin hier draußen in der Karoo beschäftigt. Den südafrikanischen Dramatiker Athol Fugard, der die Karoo liebt und ein Haus in Nieu Bethesda besitzt, hat ihr Leben und mühseliges Schaffen zu seinem erfolgreichen Stück *The Road to Mecca* inspiriert. ⊙ tgl. 8–18 Uhr, Eintritt R9.

Abgesehen vom Owl House strahlt das weiße Dorf sehr viel Charme aus. Der beschauliche Ort ist über eine gute Schotterstraße erreichbar, und man hört das Quellwasser plätschern, wie es in Furchen in die kleinen Parzellen mit den Windrädern fließt. Das Städtchen, das immer mehr Besucher anzieht und einst ein archetypisches konservatives Karoo*dorp* war, hat sich als Künstlerkolonie von etwa 50 Weißen neu erfunden.

Die **Ibis Gallery** an der Hauptstraße, ℰ 841 1623, ⌨ www.ibisartcentre. co.za, Eintritt frei, nutzt das kreative Potenzial und zeigt erstklassige Ausstellungen zeitgenössischer südafrikanischer Kunst. Käuflich erwerben kann der Besucher Kunstwerke aus Keramik, Accessoires aus Draht, Kerzen und Puppen. Mehr lokale Kunst bietet die Galerie der **Nieu Bethesda Community Art Group**, gegenüber der Polizeiwache.

Die „Skyline" des Ortes wird vom **Compassberg Mountain** dominiert, einem der höchsten Berge des Ostkaps, der zur Sneeuberg-Kette gehört. Genehmigungen zur Besteigung des Berges und Tipps zu weiteren Aktivitäten in der Gegend gibt es in der Ibis Gallery. Anfragen zu **Wanderungen**, die von privaten Farmen organisiert werden, kann man auch an Idil Sheard richten, ℰ 842 2418.

Zimmervermittlung in der *Ibis Gallery* auf der Hauptstraße, ⌨ www.ibisartcentre.co.za/aba, ℰ 841 1623.

Beaumont Cottage, eleganteste Unterkunft der Stadt, geschmackvoll renoviertes Karoo-Cottage auf Farmland mit tollem Blick auf den Compassberg.

Doornberg Farm*, ebenfalls Farmhaus, ℰ/≋ 841 1401, mit Pub und Abendessen, auch Selbstversorger, Trampolin, Pool, Wandern und Reiten.

Huis Nommer Een*, Murray St, Buchung bei Suzette Pienaar, ℰ 841 1700. 3 geräumige Zimmer mit südafrikanischem Flair, Küche im Farm-Stil, schmucke Veranda.

Owl House*, Martin St, ✉ owlhouse@global.co. za, ℰ 841 1642, einzige Backpacker-Lodge, altes Haus mit gepflegtem Garten und Schlafsaal mit 6 Betten, außerdem ein Gartenhaus für 2 Pers. mit Dusche und ein DZ im Haupthaus.

Pepper Tree Cottage*, einsam an einem Hang am Stadtrand gelegen, Decken aus Reet.

Stokkiesdraai Guest House*, Murray St, ℰ 841 1658, einziges B&B in einem Karoo-Cottage mit 2 Schlafzimmern.

Weltevreden Farm*, (Buchung bei *Ibis*), Farmhaus, 13 km nördlich des Ortes in den Sneeubergen, 2 Cottages für Selbstversorger, Wandern und Reiten.

So klein Nieu Bethesda auch ist, es hat dennoch mehrere Restaurants zur Auswahl. Im **The Waenhuis** an der Hauptstraße gibt es jeden Abend außer sonntags Kneipenessen und Getränke, für die Satellitenantenne sind die Sportbegeisterten des Dorfes dankbar. Ein paar Blocks vom Owl House in der New St bietet **The Barn**, ⊙ Mi, Fr und Sa abends sowie So mittags, Pizza und Pasta an. Das **Ibis Café** an der Galerie hat guten Kaffee, Tee, selbst gebrautes Ingwerbier und ländliche Speisen wie Eis mit Birnensauce im Angebot, ⊙ tgl. außer Sa nachmittags. Im **Village Inn**, unweit des Owl House, New St, kann man tagsüber essen. Kein besonderes Angebot, aber der Besitzer, Egbert, ist ein Kenner der Gegend.

EINKAUFEN – Auf der Hauptstraße gibt es einen **Dorfladen** und einen Fleischer, Selbstversorger sollten sich allerdings ihre Verpflegung woanders besorgen, besonders wenn sie Wert auf frisches Obst und Gemüse legen, was in der Karoo knapp ist. Benzin gibt es in Nieu Bethesda nicht, also in Graaff-Reinet tanken. Auf Luxus muss man hier dennoch nicht verzichten – man bekommt eine gute Aromatherapie-Massage, Buchung bei *Ibis Gallery* (s. S. 395).

VORWAHL – 049

East London und die Zentralregion

Zwischen Port Alfred und East London liegt ein Küstenabschnitt des Ostkaps, der bisher vor der Erschließung sicher war, weil er in dem verwahrlosten Xhosa-*bantustan* Ciskei lag. East London, die größte Stadt der Zentralregion der Provinz und zwischen zwei ehemaligen *bantustan* eingeklemmt, lockt mit fantastischen Stränden zum Surfen und Baden sowie mit guten Verkehrsverbindungen nach Johannesburg und zu den Küstenorten. Im Hinterland, in der Nähe der Stadt Alice, liegt die **Fort Hare University**, an der führende Persönlichkeiten des ganzen Subkontinents, darunter Nelson Mandela, ihre Ausbildung genossen haben und die die landesweit beste Sammlung zeitgenössischer, schwarz-südafrikanischer Kunst ihr Eigen nennt.

Aus dem Tal von Fort Hare gehen die sanften bewaldeten **Amatola Mountains** in die spektakuläre Landschaft der **Ostkap-Drakensberge** über, in denen man fantastisch wandern, reiten und sogar Ski fahren kann. Bevor die weißen Siedler (und auch die Xhosa) hier einwanderten, waren die Berge von den Jägern und Sammlern der San bewohnt, die die Felswände mit Tausenden ritueller Bilder bemalten, von denen einige noch heute erstaunlich lebendig wirken.

Von der Fish River-Mündung nach East London

38 km östlich von Port Alfred stößt man entlang der R72 auf den Great Fish River, die Grenzlinie, über die die Briten die Xhosa im 4. Grenzkrieg (1811–12) trieben. Der Fluss hat ein tiefes Tal gegraben, das in dichten dornigen Busch gehüllt ist. Zu Apartheidzeiten galt er als Grenze zu dem nur scheinbar unabhängigen *bantustan* Ciskei, der Multi-Millionen-Rand-Grenzposten am Ostufer blieb bis in die 90er Jahre hinein ungenutzt und wurde schließlich zu einer gemütlichen Teestube am Straßenrand umgebaut.

Das **Great Fish River Wetland Reserve** zwischen der R72 und der Flussmündung ist für seine herrliche Pflanzenwelt und seinen Vogelreichtum bekannt. Im Reservat bietet sich keine Übernachtungsmöglichkeit, doch unmittelbar jenseits des Great Fish River steht das luxuriöse *Fish River Sun Hotel****, ☎ 040-676 1102, Reservierung ☎ 011-780 7800, 🖳 www.sun-international.com. Die bizarre Logik der Apartheid erlaubte es den Weißen aus dem Ostkap, hier schnell mal über die Grenze in das *bantustan* zu huschen, in dem Hotel mit südafrikanischem Besitzer abzusteigen und sich dem im „weißen Südafrika" verbotenen Glücksspiel hinzugeben. Angeblich bietet das *Sun* (auch externen Besuchern) den besten **Golfplatz** des Landes mit umwerfenden Aussichten über den Fluss und den Strand. Einige Kilometer weiter östlich liegt das sehr komfortable, aber weniger schillernde *Mpekweni Sun Marine Resort***, ☎ 040-676 1026, Reservierung ☎ 011-780 7800, 🖳 www.sun-international.com. Die Zimmer liegen ganz nah an der wunderschönen Lagune und am Strand, für den das Hotel das exklusive Nutzungsrecht ergattern konnte.

Zu den wenigen Erholungsorten an der „Pineapple Coast", die noch echtes Afrika-Flair verströmen, gehört **Hamburg**, ein unauffälliges Dorf an einer gut ausgebauten Schotterstraße, 14 km abseits der R72. Der Weg führt vorbei an **Xhosa-Siedlungen** und traditionell verzierten Hütten aus Lehm und Stroh. Vorsicht vor herumlaufenden Tieren ist geboten, die nicht nur auf der Straße, sondern auch im Dorf anzutreffen sind und es somit wahrhaft ländlich erscheinen lassen. Hamburg ist als **Fischfanggebiet** bekannt, und im Keiskamma River mit seinem Schlammboden kann man hervorragend Garnelen fangen. Das Meer lädt zum **Surfen** ein. Doch damit sind die Möglichkeiten auch erschöpft, denn sonst kann man nur noch am Strand faulenzen, wandern und Vögel beobachten. Zwischen zwei Übernachtungsmöglichkeiten mit Blick über den breiten braunen Keiskamma River und die hohen, mit Olivenbäumen bewachsenen Hügel kann der Besucher wählen, zum Strand sind es allerdings 3 km Fußweg. Und dort gibt es nur einen Parkplatz, kaputte Toiletten und weit und breit nur Sand und Meer. Mr. Vorster vermietet eine Wohnung für Selbstversorger*, ✆/📧 040-678 1000, im unteren Bereich seines Holzhauses, in der 6 Personen unterkommen und die über eine Sonnenterrasse und eine *braai*-Stelle verfügt. *Sampie's Landing**, ✆ 040-678 1032, vermietet Zimmer, der Besitzer nimmt die Gäste zum Fischen mit. Es gibt einen kleinen Laden, aber keine Restaurants.

East London

Als zweitgrößte Stadt des Ostkaps ist East London der ideale Ausgangspunkt für Erkundungen der Transkei und der westlich von Port Elizabeth gelegenen Küste. Bei schlechtem Wetter kann die Stadt allerdings sehr trist wirken, denn das Leben spielt sich hier eindeutig an der Beachfront ab, die vor Unterkünften und Lokalen nur so strotzt. Surfer sind am Nahoon Beach am besten aufgehoben. Langsam entwickelt sich der Ort auch zum Ferienziel für schwarze Urlauber – ein Phänomen der Post-Apartheid-Ära. Die Stadt ist klein und einfach mit dem Auto zu durchqueren, es gibt erstklassige Restaurants und gute Unterkünfte. Kurzum, ein oder zwei Nächte lässt es sich hier gut aushalten.

Abseits des Urlauberviertels wird East London von der Industrie dominiert, in der viele Bewohner von **Mdantsane** beschäftigt sind, einer riesigen afrikanischen Township, die 20 km von der Stadt entfernt in Richtung King William's Town liegt. Neben dem geschäftigen Flusshafen gibt es mehrere große Fabriken, darunter Mercedes-Benz, dessen Arbeiter Nelson Mandela einen knallroten Mercedes der Spitzenklasse schenkten, als er aus dem Gefängnis kam.

Geschichte

Während der **Grenzkriege** des 19. Jahrhunderts war East London eine dauerhafte britische Siedlung, in deren Hafen der militärische Nachschub ankam. Aufgrund dieses strategischen Potenzials nannte der britische Gouverneur Sir Harry Smith den Ort 1848 optimistischerweise London, nach der Hauptstadt des Empire. Später hieß es Port of East London, und zwar nicht wegen des Londoner East End, sondern weil sich der Hafen am Ostufer des Buffalo River befand. Doch der Einfluss des britischen Namensvetters ist nach wie vor erkennbar: Die Hauptverkehrsader heißt Oxford Street, es gibt eine Fleet Street und einen Vorort namens Belgravia.

Vor den Briten und den Xhosa lebte hier das Volk der **Khoikhoi**, die das Gebiet „Land der Büffel" nannten. Einst wimmelte es am Buffalo River nur so von Wild, das jedoch nach der Ankunft der britischen Jäger nach und nach abgeschlachtet wurde.

Das Stadtzentrum

Das triste Stadtzentrum von East London wird von der **Oxford Street** dominiert, der einstigen Einkaufsmeile, die parallel zur Station Street und zum Bahnhof verläuft. Tagsüber ist sie eine der großen Durchfahrtsstraßen, abends sollte man hier nicht allein herumlaufen, denn dann ist sie wie ausgestorben. Die weißen Bewohner East Londons haben sich aus dem Zentrum zurückgezogen und erledigen ihre Einkäufe lieber im *Vincent Park Centre* an der Devreux Avenue, 5 km nördlich des Zentrums (die Oxford Street aus dem Zentrum heraus und gleich hinter dem Museum rechts), zwischen den vornehmen Vororten Vincent und Stirling.

Vom viktorianischen Herzen der Stadt sind nur wenige ansehnliche Gebäude übrig geblieben. Auf dem Weg vom Bahnhof hoch zur Cambridge Street gelangt man zu ihrem größten Wahrzeichen, der **City Hall**, die 1899 errichtet wurde. Ihr hoher, bunter Uhrenturm zwischen all den tristen und modern angehauchten Gebäuden dient als nützlicher Orientierungspunkt. Auf der anderen Straßenseite ist eine Statue des Anführers der Black-Consciousness-Bewegung, **Steve Biko** (s.S. 404), aufgestellt worden, die 1997 von Nelson Mandela enthüllt wurde und zu der viele Besucher kommen. Hat man mehr Interesse an dem Thema, so lohnt sich auch ein Besuch des **Daily Dispatch Building** mit seiner Kolonialstil-Veranda an der Caxton Street, Ecke Cambridge Road. Die 1879 gegründete Zeitung machte in den 70er Jahren landesweit Schlagzeilen, als ihr Herausgeber Donald Woods sich den Zorn der Apartheid-Regierung zuzog, weil er Verbindung zu Biko unterhielt und diesen sogar unter einem Pseudonym für das Blatt schreiben ließ. Nach endlosen Schikanen seitens der Polizei floh Woods auf dramatische Weise außer Landes – die Geschichte wird in dem Buch und dem Film (1987) *Cry Freedom* erzählt. Woods starb 2001 an Krebs.

Eine Straße weiter nördlich führt die Terminus Street zum viktorianischen **Gately House**, dem einstigen Wohnsitz des ersten Bürgermeisters, John Gately, in dem wertvolle historische Möbel aufbewahrt werden. ⊙ Di–Do 10–13 und 14–17, Fr 10–13, Sa und So 15–17 Uhr, Spenden erbeten. Dorthin gelangt man auch durch den **Queen's Park & Zoo**, in denen es Kindern gefallen wird, denn hier gibt es einen Bauernhof, Reptilien und Vögel, einen Spielplatz und eine Imbissbude. ⊙ tgl. 9–17 Uhr, Eintritt R8. An Wochenenden wird Pony-Reiten angeboten (10–16 Uhr) und eine kleine Eisenbahn fährt den ganzen Tag herum (an Wochentagen nur 11 und 14.30 Uhr).

Am östlichen Ende der Eisenbahnlinie liegt **Quigney**, ein Gebiet mit kleinen Häusern im Kolonialstil, einige hübsch restauriert mit Veranda und Wellblechdächern. Hier leben Menschen verschiedener Rassen zusammen. Quigney fällt langsam ab bis hinunter zur **Esplanade** und zum **Orient Beach**, wo man am sichersten baden kann (erreichbar über die Currie Street, von der Fleet Street ab).

Vom Zentrum 2 km bergan liegt **Latimer's Landing**, das geschäftige Hafenviertel am Buffalo River. Es hat sich nie zu dem entwickelt, was man sich erhofft hatte – doch ein Pub gibt es noch und beim Herumspazieren kann man die Boote betrachten. Um dorthin zu gelangen, nimmt man die Fleet Street westwärts in Richtung Flughafen und biegt kurz vor der Buffalo Bridge in die steil abfallende Pontoon Road ab. **Bootsfahrten** von hier aus führen durch den Hafen, auf's offene Meer und die Küste entlang. *Yacht Miscky*, ✆ 735 2232, arrangiert Touren nach Vereinbarung.

Ein paar Kilometer nördlich des Zentrums zeigt das **East London Museum** in der Upper Oxford Street eine fantastische Sammlung von Perlenarbeiten der South Nguni und zeitgenössische Drahtskulpturen, darunter das originale Drahtauto

von Phillip Ntliziywana aus Mdantsane. Der ganze Stolz des Museums ist sein ausgestopfter Coelacanth, der in den 50er Jahren vor der Küste gefangen wurde. ⊙ Mo–Fr 9.30–17, Sa 14–17, So 11–16 Uhr, Eintritt R5.

Die Beachfront

Die **Esplanade** ist 30 Gehminuten vom Zentrum entfernt und von einem Ende zum anderen gut zu Fuß abzulaufen (Busse verkehren nur sporadisch). Neben dem Orient Pier mit seinen Kränen in den Docks liegt **Orient Beach** – etwas industriell anmutend, aber toll zum Baden: seichte Wellen, sauber, Rettungsschwimmer, Umkleidekabinen, Kinderbecken. Bis 17 Uhr geringer Eintrittspreis, danach umsonst.

Vom Orient Beach verläuft die Esplanade in nordöstlicher Richtung an Sand und schwarzen Felsen entlang zum **Eastern Beach** mit seinen hohen, mit Busch bewachsenen Sanddünen: als Strand attraktiver, doch zum Baden nicht wirklich sicher, es ist von Überfällen berichtet worden – also Sachen nicht unbeaufsichtigt liegen lassen und nachts einen großen Bogen um das Gelände machen.

Nordostwärts hinter Bat's Cave – einem riesigen Fels, der aufs Meer hinaus ragt – liegt der beliebte **Nahoon Beach**, eine wunderschöne Umgebung, bestens zum Baden und Surfen geeignet, hervorragende Wellen, aber dürftige öffentliche Verkehrsmittel, vom Zentrum 5 km entfernt – bei guter Ausdauer auch zu Fuß zu schaffen. Östlich des Nahoon River und 10 km vom Zentrum liegt **Bonza Bay** mit kilometerlangen Strandwandermöglichkeiten und einer lauen Lagune an der Mündung des Quinera River. Noch etwas weiter entfernt befindet sich, 25 km nordöstlich des Zentrums am Gonubie River Mouth, **Gonubie Beach**: Er kann gerade noch zu East London gezählt werden, bietet gute Unterkünfte, einen schönen Strand und nette Wanderwege.

Übernachtung

Die besten Unterkünfte von East London liegen an der Beachfront oder der hügeligen und bewaldeten Westküste, in Richtung Gonubie. Zu Weihnachten wird es voll und teuer.

OSTKAP

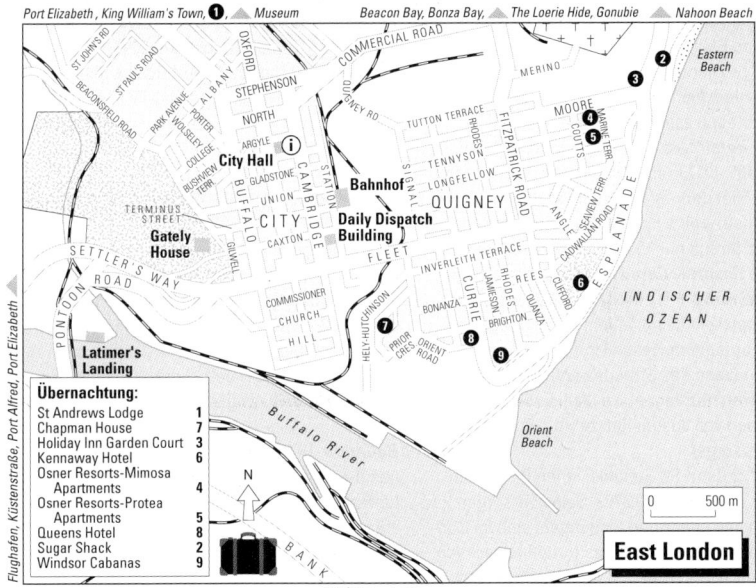

Übernachtung:

St Andrews Lodge	1
Chapman House	7
Holiday Inn Garden Court	3
Kennaway Hotel	6
Osner Resorts-Mimosa Apartments	4
Osner Resorts-Protea Apartments	5
Queens Hotel	8
Sugar Shack	2
Windsor Cabanas	9

East London

Küstenstraße

BEACHFRONT – Den Strand säumen Apartmenthäuser und funktionale Hotels. In den billigen Hotels logieren viele Langzeitbesucher, und oft sind es raue Saufhöhlen – lieber meiden.

Holiday Inn Garden Court*, nah am Eastern Beach, ✆ 722 7260, 📠 743 7360, 🖥 www.sixcontinentshotels.com., überrascht weder im Preis noch in der Einrichtung.

Kennaway Hotel**, ✆/📠 722 5531, 🖥 www.osner-resorts.co.za/snooze.html. Komfortable Zimmer, zum Meer teurer, lohnen sich aber unbedingt.

Osner Resorts*, ✆ 743 3433, 🖥 www.osner-resorts.co.za/snooze.html. Nett, überaus preiswerte Selbstversorger-Einheiten mit Telefon und TV in Apartment-Blocks in Strandnähe. Alle mit Familienzimmern und Kontinental-Frühstück.

Sugar Shack*, Eastern Beach, ✆/📠 722 8240, 🖥 www.backpackafrica.co.za/accommod/eastcape/sugarshk.html. Direkt am Strand, in spektakulärer Lage in einem ehemaligen Aussichtspunkt für Rettungsschwimmer. Helle Schlafsäle und Außenbereich zur Erholung. Munteres Backpacker-Publikum, Surfer und

Party-Fans. Kostenloser Abholservice aus der Stadt oder vom Bahnhof.

Windsor Cabanas**, George Walker Parade, ✆ 743 2225, 🖥 www.osner-resorts.co.za/snooze.html. Block im spanischen Stil, mit B&B-Einheiten nahe Orient Beach, schöner Blick, Terrassen. Auch für Selbstversorger.

ÖSTLICHE VORORTE UND FERIENANLAGEN – Wem das städtische Ambiente der großen Strandpromenade nicht gefällt, kann auf die vorwiegend weißen Vororte **Beacon Bay**, **Bonza Bay** oder **Gonubie** ausweichen, die nah am Fluss und am Meer liegen. Neben altmodischen Hotels gibt es hier gute **B&Bs** in Privathäusern. Um die Anfahrt muss man sich selbst kümmern, außer man arrangiert vorher eine Abholung oder nimmt ein Taxi. Die **Campingplätze** liegen ebenfalls hier, in Wassernähe. Auch im Vorort **Selborne** stehen Unterkünfte zur Verfügung, vom Strand leicht mit dem Auto zu erreichen, aber in der Nähe des Zentrums, unweit der *Vincent Park Mall*.

Blue Lagoon Hotel*, Blue Bend Place, Beacon Bay, ✆ 748 4821, 📠 748 2037, ✉ blhotel@

iafrica.com. Sehr angenehme Unterkunft inmitten von Palmen in Strandnähe. Ruhige und geräumige Zimmer mit Balkon und Blick auf den Fluss, zu dem man auf einem kurzen Weg gelangt, der auch zum Strand führt.

Dolphin Hotel**, 85 Harewood Drive, Nahoon, ✆ 735 1435, ✆ 735 4639. Einfaches Vorstadthotel aus den 50er Jahren: Das steife Ambiente lässt nicht ahnen, welch üppige Vegetation und wundervoller Strand nur 15 Gehminuten entfernt sind.

Gonubie Resort & Caravan Park*, 19 km östlich der Stadt, von der N2 ab, ✆ 740 2021. Der beste Campingplatz in East London, gut gepflegt, sauber und ordentlich, geschützte Campingstellen, die in der Nähe des Strandes und des Mündungsbereiches liegen, wo man sicher baden kann. Auch voll ausgestattete Holz-Chalets für Selbstversorger.

Habitat*, 2 Cane St, Gonubie, einen Block vom Gonubie Beach, ✆ 740 3703. Selbstversorger-Einheiten mit separaten Eingängen, eine im Garten, eine im Erdgeschoss des Haupthauses. Von einem Touristenführer und Biogärtner geführt. Keine Kinder.

The Loerie Hide B&B**, 2B Sheerness Rd, abseits der Beach Rd, Nahoon, ✆ 735 3206, ✆ 735 4957, 🖳 www.eastlondonsa.com/bnbs/loerie. 2 recht preiswerte Cottages in der Nähe des Nahoon Beach, mit Garten, der langsam dem heimischen Busch Platz macht.

Meander Inn**, 8 Claredon Rd, Selborne, ✆ 743 6181, ✆ 743 6188, ✉ meross@iafrica.com. 5 geschmackvoll eingerichtete, große Zimmer mit Holzbetten, weißem Bettzeug und Deckenventilator in einem dezent luxuriösen zweistöckigen Haus mit makellosen Garten, die Gastgeber sind ein junges Paar. Swimming Pool, Hof und Bar. Oft als Start oder Ziel des Wild Coast Meander genutzt.

Nahoon Caravan Park*, Beach Rd, Nahoon, ✆ 705 2129, ✆ 743 4120. Nähe Flussmündung, sicherer Campingbereich zwischen flussnahen Bäumen und viele Rasenflächen. Nicht weit zum Fluss und zum Meer, der dem Zentrum am nächsten gelegene Campingplatz.

Selborne B&B*, 9 Salisbury Rd, von der Frere Rd ab, Selborne, ✆ 726 9666. Nähe *Vincent Park Centre*. Sauber, freundlich, ohne Schnickschnack, Holzbetten.

St Andrews Lodge*, 14 St Andrews Rd, Selborne, ✆ 743 5131 oder ✆ 082-474 8698, ✆ 721 0960, ✉ sandrews@iafrica.com. 4 B&B-Einheiten mit Bad, separaten Eingängen und TV in einem Vorstadthaus, außerdem Gartenhaus mit Kochgelegenheit, Swimming Pool.

Essen und Unterhaltung

East London verfügt über erstaunlich gute **Restaurants** und recht ordentliche Fischlokale mit Sitzbereich im Freien. Beim **Trinken** ist die Auswahl groß – von schäbigen Kneipen in billigen Absteigen über lebhafte Surfer-Treffs bis hin zu schicken Bars mit Meeresblick. In einigen Pubs läuft **Live-Musik**, es gibt auch einen Happen zu essen.

Bellami's, 18 Marine Terrace, Beachfront, gegenüber *Osner Resorts,* ✆ 743 2145. Bereitet fantasievolle Speisen aus aller Welt. ◷ Mo–Sa abends.

Buccaneer's Pub, Eastern Beach, neben *Sugar Shack*. Gut besuchte Bar bis in die frühen Morgenstunden, manchmal Live-Musik (Mi, Fr und Sa). Tagsüber kann man die Surfer beobachten. Gutes Kneipenessen mit Fish & Chips und, wärmstens empfohlen, Hähnchenschnitzel.

Ernst Chalet Suisse, oben an der Kasse zum Orient Beach, ✆ 722 1840. Eines der Spitzenrestaurants, schweizer Koch bereitet Meeresfrüchte und köstliche Desserts zu. Elegant, vernünftige Preise. ◷ tgl. außer Sa mittags und So abends.

Le Petit, 54 Beach Road, *Shopping Centre,* Nahoon, ✆ 735 3685. Angesehenes Lokal mit gehaltvollen Gerichten mit Schwerpunkt auf Wild, Meeresfrüchten und Kalbsfleisch. Dunkle Holztäfelung und roter Plüsch. ◷ Mo–Sa, Sa nur abends.

Nao Faz Mal, Windsor Cabanas, hinter Orient Beach, ✆ 743 2225. Tische im Hof mit Palmen, gutes und preiswertes Buffet mit mosambikanisch-portugiesischen Speisen. Mindestens zehn kalte und warme Vorspeisen, viele Desserts. Entspannte Atmosphäre, aufmerksamer Service, kinderfreundlich. ◷ So abends geschlossen.

O'Hagan's, Mitte Esplanade, neben dem Aquarium. Pub-Restaurant in spektakulärer Lage auf vorspringender Terrasse über dem Meer. Auch bei schlechtem Wetter kann man die Surfer durch riesige Fenster beobachten, Speiseangebot eher langweilig. ⏰ tgl. geöffnet.

Quarterdeck, Orient Beach, ✆ 743 5312. Ungezwungener Teil des *Chalet Suisse,* dieselbe Küche. Schön für einen ruhigen Drink, Tagesgerichte zu vernünftigen Preisen. ⏰ So und Sa mittags geschlossen.

Tug & Ferry, Latimer's Landing, ✆ 743 1187. Tolle Lage neben einem betriebsamen Flusshafen, englisch gestaltetes Pub mit Terrasse und Blick auf das Treiben. Zum Kneipenessen gehört ein gutes Bier und Steak Pie oder auch frischer Fisch des Tages. Große Auswahl an Fassbier, an kalten Wintertagen wird Feuer gemacht. ⏰ Mittags und abends.

Touren

Amatola Tours, ✆ 743 0472, ✉ info@amatour.co.za, 🖥 www.touringsa.co.za, arrangiert Touren durch das Stadtzentrum, die Townships, nach King William's Town und (nach vorheriger Absprache) das 30 km östlich der Stadt gelegene Khaya La Bantu Cultural Village, ✆ 851 1011, mit einem Geschichtenerzähler, Xhosa-Tänzen und traditionellem Essen. Halbtagestouren ab R350 p.P., Ganztagestouren ab R650 p.P.

Sonstiges

APOTHEKEN – ***John Forbes,*** 205a Oxford St, ✆ 722 2062, ⏰ bis 22 Uhr; ***Berea Pharmacy,*** Pearce St, ✆ 721 3000, ⏰ Mo–Sa 8–22, So 9–13 und 14–21 Uhr.

AUTOREPARATUREN – ***Stirling Motors,*** 8 Old Transkei Rd, nimmt Reparaturen vor und ist rund um die Uhr geöffnet.

AUTOVERMIETUNGEN – ***Avis*** ✆ 736 2250, ***Imperial*** ✆ 736 2230.

EINKAUFEN – Der beste Laden für afrikanische Handwerkskunst ist der ***Umzi Wethu Curio Shop*** in der Moore St 110, vom *Holiday Inn* den Berg hinauf. Im ***African Culture*** in der Station St 46 gibt es Keramik, Skulpturen, Zeichnungen sowie

vor Ort angefertigte gebatikte Sachen. Der ***Africa Curio Shop*** in Lock St Gaol, Fleet St, liegt dem Strand am nächsten und hat Kuriositäten, Leder- und Holzarbeiten im Angebot.

GELD – Banken sind im *Vincent Park Centre* an der Devreux Ave, 5 km nördlich des Zentrums, zu finden.

INFORMATIONEN – Karten und umfangreiche Listen von B&Bs erhält der Besucher im ***Tourist Information Bureau,*** 35 Argyle St, ✆ 722 6015, 📠 743 5091, ✉ eltour@mweb.co.za, hinter der City Hall. ⏰ Mo–Fr 8.30–16.30, Sa 9 Uhr bis mittags.

INTERNET – ***Cyberlink,*** ✆ 083-375 9040, hat mehrere Filialen, Hauptstelle im ***Cyber Lounge,*** 58 Beach Rd, Nahoon, ⏰ Mo–Fr 15–21, Sa und So 9–21 Uhr, und im Zentrum im ***Almega College,*** 151 Oxford St.

MEDIZINISCHE HILFE – ***Frere Hospital*** (staatlich), Amalinda Drive, ✆ 709 1111; ***St Dominics*** (privat), 45 St Mark's Rd, ✆ 743 4303.

NOTRUF – Feuerwehr, ✆ 722 1212; Krankenwagen, ✆ 1017; Polizei, ✆ 10111.

POST - Im *Vincent Park Centre* an der Devreux Ave.

REISEBÜROS – ***Rennies Travel,*** 33 Chamberlain Rd, Berea, ✆ 726 0698; ***Let's Travel,*** Kennaway Building, Esplanade, ✆ 743 2983.

VORWAHL – 043

WÄSCHEREIEN – ***Washing Well,*** Currie St; ***Laundromat*** (Waschautomaten und Bügeln mit Münzeinwurf) im *Edcott Centre,* Oxford St.

Nahverkehrsmittel

Wie viele andere südafrikanische Städte ist auch das Zentrum von East London nach einem gitterförmigen Straßennetz aufgebaut, mit relativ leeren Straßen und vielen freien Parkplätzen ist es mehr auf **Autofahrer** als auf Fußgänger ausgerichtet. Zwischen den beiden Knotenpunkten der Stadt, dem Zentrum und der Beachfront, verkehren **Busse**, z.B. 3x tgl. von der Esplanade zum Nahoon Beach. Öffentliche Verkehrsmittel verbinden die afrikanischen Townships mit dem Zentrum mit schnellen **Minibus-Taxis**.

TAXIS – *Springbok,* ✆ 722 4400.

East London verfügt über gute Verbindungen per Flugzeug, Bahn und Bus zum Rest des Landes.

BUSSE – Alle drei Intercity-Busse, der *Translux* aus Durban, der *Intercape* aus Port Elizabeth und der *Greyhound* aus Jo'burg, fahren zum Strand und halten am **Busbahnhof** am Windmill Park, Moore St.

Intercity-Busse von East London nach
ALEXANDRIA (5x wöchentl., 3 1/4 Std.);
ALIWAL NORTH (tgl., 5 Std.);
BLOEMFONTEIN (tgl., 7 1/2 Std.);
DURBAN (2x tgl., 9 Std.);
GRAHAMSTOWN (2x tgl., 2 Std.);
JO'BURG (tgl., 13 Std.);
KAPSTADT (1–2x tgl., 14 Std.);
KENTON-ON-SEA (5x wöchentl., 3 Std.);
KING WILLIAM'S TOWN (2–3x tgl., 3/4 Std.);
KNYSNA (1–2x tgl., 7 1/2 Std.);
MOSSEL BAY (1–2x tgl., 9 Std.);
PAARL (5x wöchentl., 14 1/2 Std.);
PLETTENBERG BAY (1–2x tgl., 7 Std.);
PORT ALFRED (3x tgl., 2 1/2 Std.);
PORT ELIZABETH (3x tgl., 4 Std.);
PORT SHEPSTONE (2x tgl., 8 Std.);
PRETORIA (tgl., 14 Std.);
SEDGEFIELD (1–2x tgl., 8 Std.);
STORMS RIVER (1–2x tgl., 6 Std.);
SWELLENDAM (1–2x tgl., 11 Std.);
UMTATA (2x tgl., 3 1/2 Std.);
WILDERNESS (1–2x tgl.; 8 1/2 Std.).

EISENBAHN – Vom **Bahnhof** sind es 30 Gehminuten zum Backpacker-Hostel am Eastern Beach, etwas kürzer zum Orient Beach. Es gibt nicht viele Busse, aber vor dem Bahnhof stehen Taxis. Züge aus Jo'burg kommen in dem Bahnhof am östlichen Rand von East Londons kleinem Geschäfts- und Einkaufsbezirk an. Zuginformation ✆ 700 2118, Auskunft Jo'burg ✆ 740 2020.
Zugverbindungen von East London nach
BLOEMFONTEIN (tgl., 13 Std.);
JO'BURG (tgl., 20 Std.);
PRETORIA (tgl., 21 1/2 Std.);
QUEENSTOWN (tgl., 4 1/2 Std.).

FLÜGE – Der kleine **Flughafen** von East London, ✆ 706 0211, einige Kilometer westlich des Zentrums an der R72, verbindet die Stadt mit allen großen Städten Südafrikas. Das Airport Shuttle, ✆ 082-663 3087, nach Dienstschluss ✆ 082-925 2475, bedient sämtliche Flüge und hält am *Holiday Inn* in der Nähe der Strandpromenade.
Flugverbindungen von East London nach
DURBAN (2–3x tgl., 1 Std.);
JO'BURG (5–6x tgl., 1 1/4 Std.);
KAPSTADT (2–3x tgl., 2 Std.);
PORT ELIZABETH (2–4x tgl., 3/4 Std.).

Die Umgebung von East London

Das **Inkwenkwezi Game Reserve** liegt 23 km von East London entfernt. Das kleine private Wildreservat schmiegt sich in eine überaus reizvolle Landschaft mit *bushveld*, Grasland, Wald, zwei Flüssen und Blicken auf den Indischen Ozean. Frühmorgens und spätnachmittags/abends werden Tierbeobachtungstouren im Geländewagen angeboten, auf denen es mit etwas Glück Nashörner, Giraffen, Zebras, Gnus, Antilopen und seltene Vögel zu sehen gibt. Mitten im Herzen des Gebietes steht in sensationeller Lage eine strohgedeckte *lapa* mit großen Terrassen – ein idealer Picknickplatz. Zum Reservat gelangt man, wenn man East London auf der N2 in Richtung Umtata verlässt, die Abfahrt Brakfontein zur East Coast Resorts Road nimmt und dann ca. 20 km ostwärts fährt bis zum Eingangstor des Inkwenkwezi. Safaris müssen im Voraus gebucht werden, ✆/✉ 043-734 3234.

Khaya La Bantu liegt in der Nähe von Mooiplaas, 30 km östlich von East London, an der N2 ausgeschildert. Es handelt sich um ein echtes **Xhosa-Dorf**, in das jährlich nur 20–30 Touren unternommen werden. Somit gehört es nicht zu den für Touristen aufpolierten Orten. Am besten kommt man in einer Gruppe zu einem traditionellen Lunch hierher, mit Tänzen und Geschichtenerzählern. Etwas weniger förmlich gestaltet sich ein Essen im *Emzini Traditional Food Restaurant*, 14 Station Sreet, Berlin, 45 km nordwestlich von East London. Man folgt der N2 in Richtung King William's Town, nimmt Abfahrt 19 und biegt am Stoppschild nach rechts in Richtung Border Technikon ab, dann ist man im Städtchen **Berlin**. An der Kreuzung biegt man rechts in die Immigrant Road ab und nochmals nach rechts in die Station Street. Touren-Buchung erforderlich, ☏ 043-851 1011.

Amatola Mountains

Die meisten Besucher sehen zu, dass sie möglichst schnell durch das struppig trockene und verarmte Gebiet zwischen East London und den Amatola Mountains fahren, um endlich die kühlen Wälder und Ferienanlagen von **Hogsback** zu erreichen. Ein Abstecher lohnt sich jedoch, schon um die großartige Sammlung afrikanischer Kunst in der **Fort Hare** University, in der Nähe des Städtchens Alice, und das Grab des Apartheid-Märtyrers Steve Biko in **King William's Town** zu besuchen. Diese Stadt lockt mit interessanten Museen, die viel über die Geschichte der Siedler und die Xhosa-Kultur erzählen.

In der Region befindet sich auch das wenig erschlossene Wildreservat **Mpofu**, mit Wanderwegen und preiswerten Unterkünften für Selbstversorger. Stilvoller wohnt man in dem Siedler-Farmhaus auf einer Farm in Waylands, 40 km nördlich des landwirtschaftlichen Zentrums der Region, **Fort Beaufort**.

King William's Town

King William's Town, meist nur King genannt, liegt 56 km nordöstlich von East London. Anfangs war hier nur ein militärischer und missionarischer Außenposten des Grenzlandes, heute hat die Bevölkerung deutlich zugenommen, vor allem durch Zuzug aus der ehemaligen Ciskei. Für mindestens einen halben Tag gibt es hier genügend historisch Interessantes zu sehen. Ein Gespür für die Geschichte der Xhosa bekommt der Besucher im **Amatola Museum** an der Alexandra Road. Die

Xhosa Gallery zeigt ungewöhnliche Exponate, darunter eine Darstellung der Taktik der Briten, mit der sie die Xhosa überwältigten. ☉ Mo–Fr 9–13 und 13.45–16.30, Sa 10–15 Uhr, Eintritt R5.

Zwei Blocks nördlich des Museums, abseits der Albert Road, liegt der **Edward Street Cemetery** aus dem 19. Jahrhundert. Neben einem Denkmal für die Opfer der zahllosen Grenzkriege gegen die Xhosa gibt es ein leeres Stück Land am Rande des Friedhofs – ein Massengrab. Hier sind Hunderte Xhosa beerdigt worden, die infolge des **Rinderschlachtens** von 1857 an Hunger starben, weil sie auf Geheiß der falschen Prophetin Nongqawuse (s.S. 419, Kasten) ihre Tiere vernichtet hatten. Das **Missionary Museum** in der Berkeley Street bietet Wissenswertes über die ersten Bildungseinrichtungen am Ostkap. Südafrikas erste schwarze Akademiker sind hier ausgebildet worden, darunter bedeutende Persönlichkeiten der „neuen Nation" wie Nelson Mandela. ☉ Mo–Fr 9–13 und 13.45–16.30 Uhr, Eintritt R5.

Steve Bikos Grab auf dem Ginsberg Cemetery ist ein bewegender Ort. Der bescheidene Grabstein steht auf halbem Weg über den Friedhof in dem großen Bereich der Armengräber. Der Weg dorthin führt stadtauswärts auf der Cathcart Street in südlicher Richtung (nach Grahamstown), dann links in eine Straße mit Hinweisschild zum Friedhof, hinter der Brücke (unmittelbar vor dem Abzweig nach rechts in Richtung Alice).

King eignet sich auch als Ausgangspunkt für den **Amatola Hiking Trail** (oder einen Teil davon), der unmittelbar außerhalb der Stadt am Maiden Dam beginnt und sich als Bergwanderung über 5 Nächte bzw. 6 Tage fortsetzt (s.S. 407).

Übernachtung

Die Unterkünfte sind vorwiegend auf Geschäftsreisende ausgerichtet. An Wochenenden gibt's oft Rabatt.

Dreamers Guest House*, 29 Gordon St, ☏/📠 642 3012, ✉ dreamers@imaginet.co.za. Angenehmes B&B mit 5 Zimmern in zentral gelegenem viktorianischen Haus mit schönem Garten, Pool und Holzfeuer im Winter.

Hemingway's Guest House**, 16 Beaumont Rd, ☏/📠 643 3544. Angemessene Preise, 25 Zimmer in einem alten, umgebauten Haus.

Steve Biko und die Black-Consciousness-Bewegung

Steve Biko und die Black-Consciousness-Bewegung Die brutalen Verhöre von Steve Biko und sein Tod in Polizeigewahrsam lösten internationale Empörung aus und ließen den Druck auf das Apartheid-Regime wachsen. Sein Tod, gefolgt von dem Verbot der Black-Consciousness-Organisationen, war ein entscheidender Faktor bei der Verhängung eines obligatorischen Waffenembargos gegen Südafrika durch den Sicherheitsrat der Vereinten Nationen.

Steven Bantu Biko wurde 1946 in **King William's Town** geboren. Durch seine Redegewandtheit, sein Charisma und die klaren Visionen nahm seine politische Karriere einen raschen Aufstieg. Gegen Ende der 60er Jahre, als er noch Medizinstudent an der Natal University war, wurde er zum Präsidenten der ausschließlich schwarzen South African Students' Organization (SASO) gewählt und veröffentlichte Artikel, die den weißen Liberalismus scharf angriffen. In einer Zeit der Unterdrückung – seinerzeit saßen sowohl ANC- als auch PAC-Führer hohe Gefängnisstrafen ab – setzte sich Bikos Idee von Black Consciousness sofort durch. Er rief die Schwarzen dazu auf, ihr Schicksal in die eigenen Hände zu nehmen, sich zusammenzuschließen und sich von den „Ketten, die sie an ewige Knechtschaft fesseln", zu befreien. Er wurde Ehrenpräsident der Black Peoples' Convention, einer Dachorganisation, die vorwiegend junge Intellektuelle und Akademiker anzog. Ab 1973 versuchte der Staat Biko mit Verboten, Inhaftierungen und anderen Schikanen zu bekämpfen. 1974 verteidigte sich Biko auf brillante Art und Weise selbst vor Gericht, so dass sein Ansehen bei der internationalen Presse erheblich stieg.

In der Zeit, als es ihm verboten war, King William's Town zu verlassen, arbeitete und schrieb Biko weiter, oft gelang es ihm sogar, aus dem Arrest zu fliehen. Im Jahr 1976 entlud sich die Empörung der Schwarzen in dem **Aufstand von Soweto**. Schüler gingen auf die Straße und protestierten dagegen, dass ihnen Afrikaans als Bildungssprache aufgezwungen werden sollte. Die Polizei reagierte brutal: Hunderte Menschen wurden getötet oder inhaftiert, die Suche nach den Anführern führte zu Bikos 101-tägigem Arrest.

Im August des folgenden Jahres wurde er an einer Straßensperre in der Nähe von Grahamstown gestoppt (außerhalb seines erlaubten Aufenthaltsbereiches), nach Port Elizabeth gebracht, verhört und gefoltert. Am 12. September 1977 starb Biko an einer Hirnblutung, die ihm von der Polizei zugefügt worden war. Niemand wurde dafür zur Verantwortung gezogen. An seiner Beerdigung in King William's Town nahmen neben tausenden Trauernden auch Diplomaten aus 13 westlichen Ländern teil.

Grosvenor Lodge and Grosvenor Guest House*, Taylor St, ☎ 642 1440. Bestes Hotel der Stadt, alle Extras eines Geschäftshotels, darunter ac und Kabel-TV. Die Besitzer führen auch ein billigeres Gästehaus um die Ecke.

Keiskamma Ecotourism Network*, 9 Chamberlain St, ☎/✉ 642 2571. Billigste Unterkunft von King. 2 Zimmer in umgebauten Außengebäuden, für Wanderer, die den Amatola Trail (s.S. 407) in Angriff nehmen wollen oder für Backpacker. Swimming Pool für Gäste.

Essen

Archie's Pub & Pizzeria in der Taylor St ist beliebt, **Guido's** auf der Alexandra Rd hat gute Steaks und eine Salatbar.

Nando's mit seinen pikanten Grillhähnchen und **Steers** mit seinen Burgern sind Fastfood-Läden an der Alexandra Rd, als Restaurant oder Takeaway.

Sonstiges

INFORMATIONEN – Die **Alexandra Road** ist die Hauptstraße der Stadt, mit einer rund um die Uhr geöffneten **Tankstelle** und Hinweisschildern zum **Tourist Information Bureau**, ☎ 642 3391, in der öffentlichen Bibliothek gegenüber vom Kaffrarian Museum. Dort erhält man eine Liste mit Unterkünften. ☉ Mo–Fr 8.30–17.30, Sa 8.30–13 Uhr.

TOUREN – Rob Speirs vom *Keiskamma Ecotourism Network*, ☎ 642 2571, ✉ printl@his.co.za, bietet erschwingliche **Schlachtfeld-Touren** in der Gegend von King an (Forts und Schlachtfelder aus den Grenzkriegen sowie Grabstätten von Xhosa-Häuptlingen).

VORWAHL – 043

Transport

MINIBUS-TAXIS – Der Minibus-Taxistand befindet sich in der Cathcart St, Verbindungen gibt es nach East London und zu anderen Regionen des Ostkaps.

Fort Hare

Trotz jahrzehntelanger Vernachlässigung der so genannten „Stammesuniversität" unter dem Apartheidregime hat Fort Hare, 64 km westlich von King William's Town, einen festen Platz in der Geschichte Südafrikas eingenommen. Es wurde 1916 von Missionaren als gemischtrassiges College gegründet und war somit die erste Institution des Landes, an der Schwarze einen höheren Abschluss machen konnten. Viele prominente afrikanische Führungspersönlichkeiten wie Simbabwes Präsident Robert Mugabe und Tansanias früherer Präsident Julius Nyerere haben hier studiert.

Der berühmteste ehemalige Student war **Nelson Mandela** (s.S. 428). Die Wesley Residence jedoch, aus deren Fenstern der junge Mandela damals geklettert sein soll, um zum Gesellschaftstanz zu gehen, ist leider abgerissen worden. Sie stand auf der Rasenfläche unmittelbar rechts vor dem Haupttor. Der **Freedom Square** im Zentrum des Campus war Schauplatz vieler Proteste – hier haben verschiedene Mitglieder der heutigen Regierung ihre ersten politischen Erfahrungen gesammelt.

Es ist möglich, die **Beda Residence** zu besichtigen, wo Mugabe studierte; der Schlafsaal, in dem er übernachtete, ist mittlerweile allerdings in Einzelzimmer umgebaut worden. Diese Residence gehört noch zu den angenehmeren Wohngebäuden, die meisten sind aufgrund fehlender Mittel während der Apartheid-Jahre ziemlich heruntergekommen. So gut wie alle Studenten wohnen auf dem Campus, denn in der nahen Stadt Alice gibt es kaum Studentenbuden.

Die **De Beers Art Gallery** von Fort Hare birgt einen wahren Schatz an zeitgenössischer **schwarzer Kunst** aus dem südlichen Afrika – eine der bedeutendsten Sammlungen weltweit, leider wenig bekannt. Hier sind die Pioniere der schwarzen Malerei wie Gerard Sekoto und George Pemba vertreten, besonders sehenswert sind die Ölgemälde von Dan Rakgoate. Zudem gibt es fantastische Skulpturen: Uneas Sitholes *Is my Friend the Chameleon Hiding?*, Percy Konqobes *Ntsikana and his Cow* und Sydney Kumalos *Robot Man*. Ebenfalls ein Muss ist die Serie von 15 Holzschnitzereien von Lucky Sibiya mit dem Titel *Umabatha*, eine Zulu-Adaptation des *Macbeth*. Am besten nimmt man an einer **kostenlosen Führung** mit dem Direktor der Galerie, Reggie Letsatse, ☎ 040-602 6442, teil.

In der Galerie ist außerdem die **ethnografische Sammlung** von Fort Hare untergebracht, mit traditioneller Handwerkskunst und Artefakten. Viele der Stücke sind selten und äußerst wertvoll. ☉ Mo–Fr 8–16.30 Uhr, Eintritt frei.

Die **ANC-Archives** mit historischen Dokumenten und Fotos sind in der Unibibliothek untergebracht und der Öffentlichkeit zugänglich. Führungen bei Mrs. Soul erfragen, ☎ 040-602 2275, 🖳 www.ufh.ac.za, ☉ Mo–Fr 8–16.30 Uhr.

Sonstiges

TOUREN – Kostenlose Führungen durch die Uni und die Kunstgalerie sollten im Voraus mit deren Abteilung für Öffentlichkeitsarbeit, ☎ 040-602 2239, vereinbart werden. ☉ Mo–Fr 9–17 Uhr.

Transport

Nach Fort Hare kommt man am einfachsten mit dem **eigenen Fahrzeug** – von King William's Town gibt es auch **Minibus-Taxis** nach Alice (s.S. 406), bis an die Toren der Universität halten. Tagesausflüge hierher gibt es von Grahamstown und East London aus, auch die Exkursion zum Hogsback führt über Fort Hare. Da es in Alice praktisch keine Unterbringungsmöglichkeit gibt, bleibt man besser in Fort Beaufort oder Hogsback – wie es auch viele Universitätsdozenten tun.

Alice

Auch wenn dieser Ort der Universität am nächsten liegt – von einer Universitätsstadt kann keinesfalls die Rede sein. Die im Verfall begriffenen Kolonialbauten mit ihren Wellblechdächern und begrünten Balkonen sind zwar immer noch fotogen, sie stellen aber gleichzeitig die einzige Attraktion von Alice dar. Der Verfall der Stadt ist auch ein Zeichen für den nachgeordneten Status der Uni unter der Regierung der Afrikaander-Nationalisten. Der hoffnungslos winzige Buchladen spiegelt die Armut und die hohen Kosten für Bücher in Südafrika wider, die sich ein Großteil der Bevölkerung gar nicht leisten kann. Die beiden Hotels sind kaum mehr als heruntergekommene Spelunken, das *Amatola* ist bei Studenten und Dozenten als Kneipe recht beliebt.

Nur 1 km östlich des Stadtzentrums liegt **Lovedale College**, das älter ist als Fort Hare und als ebenso bedeutende Bildungsstätte für Schwarze gilt. Es wurde 1842 als presbyterianische Missionsstation erbaut und bildete bald darauf die ersten schwarzen Akademiker aus. Zudem entwickelte es sich zu einem bedeutenden Verlagszentrum. Die Sprache der Xhosa wurde hier erstmalig transkribiert, und der ehemalige Lovedale-Student J. Tengo Jabavu gründete Südafrikas erste Wochenzeitung in afrikanischer Sprache, *Zabantsundu*. Nach der Verabschiedung des Bantu Education Act unter der Apartheidregierung wurde Lovedale geschlossen. Heute ist das College eine Highschool, man kann hineinfahren und sich die viktorianischen Gebäude ansehen. Vor Ort gibt es keinerlei Ausstellungen oder Informationen – dafür ist das Missionary Museum in King William's Town (s.S. 403) da.

Hogsback

Das Dörfchen Hogsback in den Amatola Mountains, 32 km nördlich von Alice und 145 km von East London entfernt, bietet angenehme Abwechslung nach dem dornigen und überweideten Land. Es erinnert an eine Landschaft in England – eine Traumwelt im Nebel mit Pinienplantagen und „exotischen" Bäumen wie Eichen, Walnussbäumen und Azaleen sowie garantiertem Schneefall im Winter. Die eigentliche Attraktion des Ortes ist der **Afrikanische Bergnebelwald** mit seinen Vogelrufen und

Wasserfällen. Er wird von vereinzelten Gruppen von **Weißkehlmeerkatzen** bewohnt, die an den steilen Hängen oberhalb der Pinienplantagen leben. Auf dem kurvenreichen Weg in die Berge aus Richtung Alice eröffnen sich fantastische Blicke auf Yellowwood- und Stinkwoodbäume sowie Kapkastanien.

In Hogsback kann man schön ein paar Tage entspannen, es gibt verschiedenste Wanderwege und die Luft zwischen all den Blumen, Wiesen und Wäldern ist herrlich, zudem mangelt es nicht an Unterbringungsmöglichkeiten. Der Name „Hogsback" bezeichnet sowohl die Gegend als auch das Dorf und leitet sich von dem hohen felsigen Gebirgskamm dreier Berge ab, der dem Rücken eines Buschschweins ähnelt. Hogsback kann nass und kalt sein, auch im Sommer, also empfehlen sich das ganze Jahr über warme Pullover, festes Schuhwerk und Regenkleidung.

Der Ort selbst liegt an einer 3 km langen Schotterstraße, von der auf beiden Seiten Wege zu den Hotels und Cottages abgehen. Wenn man überhaupt von einem Zentrum sprechen kann, so ist das wohl der kleine Platz mit dem Gemischtwarenladen, der Post, der Tankstelle und den paar Handwerksläden drum herum. In Hogsback gibt es eine **heimische Handwerkskunst**, die einzigartig im Land ist. Der Besucher sei darauf vorbereitet, von Xhosa-Kindern umstellt zu werden, die die charakteristischen, nicht gebrannten Pferde und Schweinchen aus Lehm mit weißer Bemalung an den Mann bringen wollen.

Hogsback ist in erster Linie ein **Wandergebiet** mit kurzen, relativ einfachen Routen, die durch Schweinchen-Symbole an den Bäumen gekennzeichnet sind. Wer echte Urwaldluft schnuppern möchte, sollte sich für die einfache, einstündige Wanderung „Contour Path", oberhalb des Campingplatzes, entscheiden. Von dieser Route führt ein steiler Weg den **Tor Doone** hinauf, ein leicht zu besteigender Berg mit Blick über den Ort. Sehr lohnenswert ist auch die einstündige, steil abwärts führende Tour zu dem bezaubernden **Wasserfall Madonna and Child**. Weitere Wanderrouten verschiedenster Längen, inkl. Amatola Trail und Zingcuka Loop (s.S. 407, Kasten), sind in den preiswerten **Wanderführern** verzeichnet, die in den Dorfläden erhältlich sind.

Amatola Trail und Zingcuka Loop   Als einer von Südafrikas besten Bergwanderungen durch Waldgebiet gilt der Amatola Trail – eine anstrengende, aber sagenhaft schöne Tour mit fünf Übernachtungen. Er startet am Maiden Dam im Pirie Forest, etwa 21 km nördlich von King William's Town, und führt auf einer 105 km langen Strecke bis nach Hogsback. Für die Übernachtungen stehen unterwegs Hütten mit Matratzen und *braai*-Vorrichtungen bereit, zum Teil auch Duschen. Was diese Wanderung so besonders macht, sind die dichte, hoch gewachsene **Wald**, und die zahlreichen **Wasserfälle**, Flüsse und natürlichen Bade-Pools.

Es gibt viele verkürzte Versionen der Tour, die jedoch nur außerhalb der Schulferien unternommen werden können, oder kurzfristig, wenn noch Plätze frei sind. Die beste Teilwanderung nennt sich Zingcuka Loop, ist 36 km lang und startet in Hogsback. Sie führt über den Hogsback und folgt dann vorwiegend Flussläufen mit idyllischen Wasserfällen und natürlich geformten Becken. Mitten im Wald am Fuße einer Klippe übernachtet man in einer Hütte mit einer primitiven Dusche und Brennholz.

Auf diesen Wanderungen sind gut eingelaufene Schuhe sowie wasserdichte und warme Kleidung unerlässlich – besonders häufig regnet es zwischen Oktober und März.

Buchungen beim *Keiskamma Ecotourism Network*, 9 Chamberlain St, King William's Town 5600, ✆/✉ 043-642 2571, 🖥 www.skyboom.com/amatola. Der Preis der vollständigen Wanderung liegt bei R200.

Übernachtung

Unterkünfte sind reichlich vorhanden, an Wochenenden und in den Schulferien empfiehlt sich aber eine Vorausbuchung.

The Amatola*, an der Hauptstraße ausgeschildert, ✆/✉ 962 1059. Schlafsaal für Wanderer und Backpacker, einzelne Rondavels.

Away With The Fairies*, Hydrangea Lane, bei der Einfahrt nach Hogsback die erste Abzweigung rechts und dann den Schildern folgen, ✆ 962 1031. Eindeutig auf Backpacker eingestellt, großes umgebautes Haus auf einem weitläufigen Gelände mit unglaublichem Blick ins Tyumi Valley. Kleine Schlafsäle für 3–8 Pers., 1 DZ im Haus und eins im Gartenhaus. Mountainbike-Verleih, Reiten kann arrangiert werden, kostenlose geführte Wanderungen in die Wälder und Berge. Zu den Besonderheiten des Hostels zählt eine Aussichtsplattform in einem Baum.

The Edge*–**, ein paar Kilometer abseits der Hauptstraße, ✆/✉ 962 1159 oder ✆ 082-603 5246, 🖥 www.besc.co.za/hogsback.htm. Beste Selbstversorger-Unterkunft mit 5 separaten Cottages für 2–4 Pers. (Buchung notwendig). Platz für 20 Zelte. Großartiger Blick über Wald und Täler, Kräutergarten zum Verfeinern der Mahlzeiten – die Besitzer bauen 25 Arten Lavendel auf dem Gelände an.

King's Lodge*–***, an der Hauptstraße ausgeschildert, ✆ 962 1024, ✉ 962 1058. Bestes Hotel, mit 2 Selbstversorger-Einheiten. Essen und Bar ebenfalls sehr gut.

Walden House*, Wolfridge Rd, ✆ 962 1022 oder ✆ 082-649 1669, ✉ waldenhouse@intekom.co.za. Strohgedecktes Gästehaus mit 3 Zimmern mit Bad auf einem großen Besitz.

Essen

Essen kann man im der *King's Lodge* angeschlossenen **Purple Cameleon** oder im **Hogsback Inn**, dessen Drinks eindeutig besser sind als die Speisen. „Cream Tea" gibt es im **Walden House** mit Gartenterrasse.

Sonstiges

AKTIVITÄTEN – Für die **Mountainbike-Touren** (21 km lange Strecke mit verkürzten Familienrouten) bringt man das eigene Fahrrad mit oder mietet eins im Backpacker-Hostel.

Cathy Ash Riders, ✆ 962 1148, bietet erfahrenen Reitern erstklassige **Reittouren** an und hat auch ein paar ältere Pferde für Anfänger.

INFORMATIONEN – **Storm Haven Crafts** auf der Hauptstraße, ✆/✉ 962 1050, ✉ rshep@global.

co.za, verkauft Kunsthandwerk und fungiert auch als Touristeninformation, gibt Auskunft über Quartiere und Aktivitäten und hält Wanderkarten bereit.

VORWAHL – 045

Transport

Nach Hogsback fahren keine öffentlichen Verkehrsmittel. Also braucht man ein **Auto** oder nutzt das billige **Shuttle**, ✆ 043-722 8240, zwischen *Sugar Shack* in East London und Cintsa, 3x wöchentl. Das Hostel *Away With The Fairies* (s.S. 407) arrangiert die Fahrt – auch wenn man nicht dort wohnt.

Fort Beaufort

Als Farmerstadt im Herzen eines Zitrus- und Wolldistrikts ist Fort Beaufort, 80 km nordwestlich von King William's Town, kein wirklich attraktives Reiseziel. Hier kommt man höchstens vorbei, wenn man von Grahamstown oder East London nach Katberg oder ins Mpofu Game Reserve unterwegs ist. Allerdings ist Fort Beaufort im gesamten Ostkap für seine herrlich süßen **Orangen** bekannt – sollte es einen also im Winter hierher verschlagen, kann man die Früchte bei den Händlern an der großen Kreuzung vor der Stadt säckeweise zu sehr niedrigen Preisen erstehen.

Gegründet wurde der Ort seinerzeit als Glied in der Kette von Festungen entlang der östlichen Grenze, die als Pufferzone im Kampf gegen die Xhosa dienen sollte. Der große Moment für Fort Beaufort kam 1845, als der Xhosa Tsili eine Axt aus einem Geschäft stahl und damit den blutigen **Axtkrieg** (7. Grenzkrieg) auslöste. Den Diebstahl nutzten die Briten als Vorwand, um das Land der Xhosa in die Hände der Weißen zu spielen. Nachdem Gouverneur Harry Smith 1847 die Xhosa-Häuptlinge buchstäblich in die Knie gezwungen hatte (indem er sie mit vorgehaltenem Bajonett zwang, seine Schuhe zu küssen), gab er den Bezwungenen zu verstehen, dass ihr Land in Verwaltungsbezirke, Städte und Dörfer mit englischen Namen aufgeteilt werden würde. „Ihr sollt nicht länger als nackte und gottlose Barbaren leben", sagte er, „die ihr immer bleiben werdet, wenn ihr nicht arbeitet und fleißig seid."

Das Axtgeschäft gibt es heute noch, genau wie die Offiziersmesse von 1830, die jetzt das **Fort Beaufort Museum** beherbergt, das auch als Touristenbüro dient und einem Antiquitätenladen ähnelt. Das zweite sehenswerte historische Gebäude ist der **Martello Tower**, der noch intakt ist und genau so aussieht wie jene Türme, die vor 200 Jahren an den britischen Küsten aufgereiht wurden, um die Franzosen fern zu halten.

Übernachtung und Essen

Übernachten kann man in der Durban St im nicht gerade außergewöhnlichen **Savoy Hotel***, ✆ 046-645 1146, ✉ 046-645 2082, nicht weit westlich des Museums auf der anderen Straßenseite, oder in ein paar recht ordentlichen **B&Bs** in der Nähe. Die beste Unterkunft ist das **De Villa Guest House***, 13 Henrietta St, ✆ 046-645 1071, das vom Koch des *Savoy* geführt wird – 5 Zimmer in einem spätviktorianischen Bau mit Garten vor und hinter dem Haus.
Das beste Lokal der Stadt heißt **Helena's**, es befindet sich gegenüber vom *Savoy* in der Campbell St und bietet tagsüber leichte Mahlzeiten und Sandwiches an. Der **Country Club**, außerhalb der Stadt, an der R67 in nördlicher Richtung nach Queenstown, ist ein Farmertreff mit guten Steaks und Pizza sowie einer Bar. An den Außentischen können die Gäste herrliche Blicke über einen Golfplatz und die umliegenden Berge genießen. Abendessen gibt es im **Savoy**.

Informationen

Das **Tourist Office**, ✆ 046-645 1555, informiert über die Geschichte des Ortes. Es gibt zudem Listen mit Unterkünften aus.

Mpofu Game Reserve

Das Mpofu Game Reserve, 21 km nordwestlich von Fort Beaufort, ist ein 75 km^2 großes Gebiet mit atemberaubenden Aussichten auf die Katberg Mountains. Das Gelände umfasst einen Lebensraum, in dem eine ansehnliche **Tierwelt** ein Zuhause gefunden hat, darunter Breitmaulnashörner, Giraffen, Wasserböcke, Warzenschweine sowie verschiedenste Antilopenarten wie Springböcke, Kudus, Elenantilopen, Riedböcke und Litschi-Moorantilopen. Auch Paviane, Grüne Meerkatzen, Schabrackenschakale, Wüstenluchse und Strauße durchstreifen das Gebiet. Es gibt mehrere **Wanderrouten** (von 90 Minuten bis ein Tag).

Im Wildreservat gibt es *Mpofu* im Norden mit 6 Zimmern (4 Pers. ab R580) und *Ntloni* im Süden mit 4 Zimmern (4 Pers. ab R550). Buchungen sind beim Eastern Cape Tourism Board in Bisho, ☏ 040-635 2115, ✆ 040-636 4019, möglich. Außerhalb des Reservates liegt die *Waylands Farm*, ☏ 046-684 0151 oder ☏ 072-289 8468, ✆ 046-684 0881, ✉ waylands@procomp.co.za – eine große, im Betrieb befindliche Vieh-Farm an einem Nordhang des Katberg, 40 km nördlich von Fort Beaufort. Hier gibt es Budget-Unterkünfte* für Selbstversorger in einem Farmhaus aus den Jahren um 1850. In dem nahe gelegenen Jugendstil-Farmhaus – einem Baudenkmal – wohnt man in sehr exklusiven Gästesuiten (Vollpension****) mit Himmelbetten und historischem Mobiliar. Mit dem Auto fährt man vom Eingang aus 30 km durch das Wildreservat. An der T-Kreuzung biegt man rechts in Richtung Post Retief ab und fährt 10 km bis zum *Post Retief Country Club*. Von hier folgt man dem rechten Abzweig weitere 10 km, dann ist *Waylands* links ausgeschildert. Nach vorheriger Vereinbarung werden die Gäste aus Adelaide oder Fort Beaufort abgeholt.

Zum Reservat nimmt man den linken Abzweig nach Lower Blinkwater/Post Retief, 13 km vor Fort Beaufort, dann sind es noch 8 km bis zum Eingangstor.

Von East London nach Aliwal North

Mit Ausnahme der Amatola Mountains gibt es wenig Gründe für einen Stopp auf der N6 zwischen East London und Johannesburg, bis man die **heißen Quellen** von Aliwal North erreicht. Die Straße durchquert eine Region, in der einst **deutsche Siedler** lebten.

Zwischen 1857 und 1859 kamen über 4000 Deutsche ins Ostkap, die anfangs vom Kapgouverneur aus einem Regiment hierher beordert wurden, das auf Seiten der Briten auf der Krim gekämpft hatte, um nun als Puffer gegen die Xhosa zu dienen. Die einst sehr geschlossene deutschsprachige Gemeinde löste sich nach und nach auf, und die letzten Siedlerfarmen wurden in den 80er Jahren verlassen, als das Gebiet unter die Ciskei-Regierung kam.

Queenstown und Umgebung

Eine Stadt, an der man guten Gewissens vorbeifahren kann, ist Queenstown, 190 km nördlich von East London – ein Einkaufs- und Verwaltungszentrum der üblichen Sorte, das eine umfangreiche, in Armut lebende, schwarze ländliche Gemeinschaft und weiße Viehzüchter bedient. Wenn jedoch auf der Reise quer durchs Land eine Pause vonnöten ist, so empfehlen sich die unmittelbar außerhalb der Stadt in den Bergen liegenden **Naturschutzgebiete Lawrence de Lange** und **Longhill**. Von der Hauptstraße Cathcart Road fährt man stadtauswärts auf Kingsway und Hangklip Road, dann folgt man den Schildern. Queenstown ist von einer spektakulären Landschaft mit teils grasbewachsenen, teils felsigen Bergen umgeben.

Die besten Unterkünfte gibt es in den Mittelklasse-Vororten, oberhalb der Eisenbahnlinie, wo es klasse **B&Bs** gibt.

Carthews Corner*, 1 Park Ave, Blue Rise, ☏/✆ 838 1885 oder ☏ 082-492 7547, hat Gartenhäuschen, einen Pool, *braai*-Vorrichtungen und sichere Parkplätze.

Carnarvon Estates***, mit Halbpension, 50 km nördlich der Stadt an der N6, ☏/✆ 856 0011, ✉ carnarvon@worldonline.co.za, ist die älteste Wildfarm der Gegend. Auf botanischen Wanderungen sieht man mit etwas Glück einige der 17 Antilopen- und 250 Vogelarten. Übernachtet wird in einer luxuriösen Farmhaus-Lodge mit 7 Zimmern mit Bad oder einem Gartenhäuschen für 2 Pers. Sogar Buschmann-Malereien sind auf der Farm zu bestaunen.

Essen

Empfehlenswerte Lokale, vor allem für Steak-Freunde, sind das *Spur* in der Cathcart Rd und *The Parlour and Grill*, ✆ 838 1483, in der Ebden St im Zentrum, das auch Pasta und kleine Gerichte im Angebot hat, ⊙ tgl. außer So abends. Im *Acropolis Restaurant*, ✆ 839 6997, in einem Eisenbahnwagen im *Sandringham Sports Club*, gegenüber der *Pick'n'Pay Mall* in der Cathcart Rd, kann man nett zu Abend essen, es gibt griechische Küche und Steaks. ⊙ tgl. mittags und abends, Mo geschlossen.

Sonstiges

INFORMATIONEN – Das *Tourist Information Centre*, *Pick'n'Pay Mall,* Cathcart Rd, ✆ 839 2265, gibt Auskunft über die Stormberg-Region, hilft bei der Quartiersuche und hängt nach Dienstschluss eine B&B-Liste aus. ⊙ Mo–Fr 9–17 Uhr.

VORWAHL – 045

Aliwal North

Aliwal North liegt 158 km nördlich von Queenstown am Oranje-Fluss, grenzt an den Freistaat und ist stark von einem Afrikaander-Flair geprägt. Der Name der Stadt feiert die Zerschlagung der Sikhs in Aliwal (Indien) im Jahre 1846 durch den Gouverneur der Kapkolonie, Sir Harry Smith. (Aliwal South war einst der Name von Mossel Bay im Westkap.) Die Stadt spielte im 2. Burenkrieg eine Rolle, als die Buren unter General Olivier die Stadt besetzten und 1900 die Republik von **Oliviersfontein** ausriefen. Was von der kurzlebigen Republik übrig blieb, ist ein ernüchterndes Denkmal für die Buren, die in von den Briten errichteten Lagern ums Leben kamen. Neben dem historischen Interesse gelten als Hauptgrund für eine Reise hierher die heilenden **Mineralquellen**, die 3 km außerhalb des Zentrums sprudeln.

Die Stadt ist gewissermaßen zweigeteilt: in das Zentrum mit dem Durchgangsverkehr auf der N6 und die um die Heilquelle entstandene Gegend, die

zwar unansehnlich ist, aber die besten Unterkünfte, Geschäfte und Lokale aufweist. Zur Anlage des **Heilbads**, das an der N6 und der R58 ausgeschildert ist, gehört ein Außenpool mit olympischen Ausmaßen, Palmen und Rasenflächen – perfekt zum Schwimmen und Entspannen. Die Innenbecken sind wärmer, aber im Winter nicht heiß genug. Das Ticket berechtigt auch zur Nutzung der Sporthalle und der Tennisplätze. ⊙ 8–22 Uhr, Eintritt R11.

Am südlichen Stadtrand (an der N6 ausgeschildert) befindet sich das **Boer War Concentration Camp Memorial.** An der Stelle zweier Lagerfriedhöfe ähnelt das Denkmal von außen einem Gefängnis oder Krematorium. Innen sind die Wände voll von handgefertigten Grabsteinen für die 716 Menschen (darunter viele Afrikaander-Kinder), die infolge der katastrophalen Bedingungen in den Lagern der Briten umkamen.

Übernachtung

Die meisten Unterkünfte der Stadt konzentrieren sich um das Heilbad, die Preise sind vernünftig, schließlich soll die südafrikanische Bevölkerung bedient werden und nicht der ausländische Markt.

Aliwal Spa*, De Wet Drive, ✆ 633 2951, 🖅 634 1307. Riesiger Caravanpark, Camping und heruntergekommene Bungalows.

Islands, auf einer Insel im See, 8 km hinter dem Campingplatz. Brandneue Cottages für Selbstversorger mit je 2 Schlafzimmern. Bei der Buchung direkt nach diesen Holzhütten fragen, denn es sind die besten Unterkünfte in Aliwal North.

Buffelsbron Chalets*, 35 Dan Pienaar Ave, ✆/🖅 633 3129. Voll ausgestattete und blitzsaubere Chalets aus Stein für Selbstversorger (4–6 Pers.).

Spa Hotel*, 14 Dan Pienaar Ave, ✆ 634 2189, 🖅 634 2008, ✉ bjp@cybertrade.co.za, vom Heilbad über die Straße, preiswerteste Hotelzimmer der Stadt mit ordentlichem Komfort, elektrischen Heizdecken im Winter, M-Net-TV und Vorrichtungen zum Teekochen. Zimmer mit Bad.

Umtali Motel*, am Ende der Dan Pienaar Ave, ✆/🖅 633 2400. Elegantestes Hotel, etwas charakterlos und ziemlich weit vom Heilbad entfernt.

Gegenüber dem Eingang ins Heilbad neben dem *Spa Hotel* in der Dan Pienaar Ave bietet das elegante **Pink Lady Steakhouse** preisgünstig Hauptgerichte mit Fisch und Fleisch an. So geschlossen.

Das netteste Lokal im Zentrum heißt **Between Us** und liegt gegenüber von der *Pick'n'Pay Mall* in der Somerset St; es serviert guten Tee und leichtes Mittagessen.

Sonstiges

INFORMATIONEN – Das *Tourist Information Office*, 97 Somerset St, ✆ 051-633 3567, gibt Karten und Listen mit Unterkünften im Norden des Ostkaps und im östlichen Freistaat aus. ⏱ Mo–Fr 8–16.30 Uhr.

VORWAHL – 051

Transport

BUSSE – Die Busse von **Translux** und **Greyhound** zwischen Port Elizabeth/East London und Jo'burg halten täglich am *Balmoral Hotel,* Somerset St. Fahrscheine für *Translux*-Busse gibt es bei **Dampier Motors**, ✆ 633 2488, in derselben Straße; für *Greyhound* ist eine Buchung in deren Büro in East London, ✆ 043-743 9284, erforderlich.

Ostkap-Drakensberge

Die Ostkap-Drakensberge sind der südlichste Teil dieser höchsten und ausgedehntesten Gebirgskette Südafrikas, die sich nach Osten durch Lesotho und an der Westseite von KwaZulu-Natal bis nach Mpumalanga erstreckt. Obwohl sie oft in Reiseführern als Südafrikas „kleine Schweiz" bezeichnet werden, bestehen sie eigentlich aus typisch afrikanischen Felsformationen mit San-Felsmalereien, Sandstein-Höhlen und zerklüfteten Schaffarmen. **Rhodes** gehört zu den gut erhaltenen und schönsten viktorianischen Dörfern und gilt als Hauptreiseziel der Region. Hier kann man hervorragend reiten, wandern, Ski laufen und Forellen fischen.

Die Winter sind kalt, trocken und sonnig, im Sommer dagegen ist es idyllisch grün und die Flussbecken laden zum Baden ein. Auf einigen Farmen werden Cottages vermietet. Daneben gibt es mehrere **Wanderwege**, von denen viele an Felsmalereien vorbeiführen und die Möglichkeit bieten, in riesigen Höhlen zu übernachten. Da die Ostkap-Drakensberge nicht zum Nationalpark erklärt worden sind, organisieren Privatfarmen die Aktivitäten. **Vogelbeobachtern** bietet die Region vor allem die Chance, Greifvögel wie die besonders seltenen Lämmergeier und Fahlgeier zu sehen.

Von Aliwal North nach Rhodes

Lady Grey liegt 50 km östlich von Aliwal North und 5 km abseits der R58 und ist der einzige Ort, der sich für einen Zwischenstopp auf der Fahrt nach Rhodes lohnt. Ein Hotel gibt es hier: das *Mountain View Country Inn***, an der Botha Street ausgeschildert, ✆ 051-603 0421, 📠 051-603 0114. Das Personal gibt eine Liste mit **Wanderwegen** aus, auf denen der Besucher die umliegenden Berge erkunden kann, und die Besitzer arrangieren Ausflüge zum Fliegenfischen. In der Stadt befindet sich ein kleines **Museum** an der Niederländisch-Reformierten Kirche, an dessen viktorianischem Leichenwagen der Besucher nicht vorbeikommt und das mehr einem verstaubten Kuriositätenladen ähnelt. Es wird nur nach Absprache mit dem Hotel geöffnet.

Etwa 79 km südöstlich von Lady Grey liegt **Barkly East**, das Zentrum einer großen Farmergemeinde. Reisende nach Rhodes können hier zum letzten Mal Geld abheben und tanken. Das *Tourist Information Bureau*, das auch als manuelle Fernsprechvermittlung der städtischen Behörden fungiert, ist keine große Hilfe. In der Stadt gibt es absolut nichts zu tun, wenn es also noch nicht dämmert, sind die 90 Minuten nach Rhodes auch noch zu schaffen. Die 60 km lange Schotterstraße nach Rhodes ist kurvenreich und holprig mit steilem Gefälle und ohne Begrenzung – also keinesfalls bei Dunkelheit oder Nebel fahren! Das sehr komfortable *Elanli Guest House**, 33 Cole Street, ✆ 045-971 0185, in einem viktorianischen Haus an der Straße nach Elliot, stellt die beste Unterkunft dar. Der wenig besuchte **Campingplatz*** liegt 100 m rechts bei Einfahrt in die Stadt aus Richtung Lady Grey.

Rhodes und Umgebung

Ungefähr 60 km nordöstlich von Barkly East ist Rhodes fast zu schön, um wahr zu sein – ein abgeschiedenes und entzückendes Dorf in den Ostkap-Drakensbergen. Hier leben nur noch wenige Menschen: Wie auch andere Dörfer der Region wurde Rhodes zunehmend verlassen, weil es die Einwohner in die Städte zog, wo sie ihren Lebensunterhalt besser verdienen konnten. Zurück ließen sie eine viktorianische Blechdacharchitektur, die einen Eindruck früherer Zeiten erahnen lässt. Heute zieht der Ferienort Besucher an, die seine Abgeschiedenheit, seine Holzöfen und restaurierten Häuschen schätzen. Obwohl die Elektrizität das Dorf vor einigen Jahren erreicht hat, wird sie kaum genutzt, so dass Öllampen und Kerzen weiterhin die Regel sind.

Obwohl Rhodes nicht wirklich irgendwohin führt (auf einigen Karten ist es gar nicht eingetragen), ist es ein Ort, der zum längeren Aufenthalt einlädt. Da die Nächte schon im Sommer recht kühl, im Winter sogar klirrend kalt werden und keine Zentralheizungen vorhanden sind, gehört warme Kleidung unbedingt ins Reisegepäck. Das Dorf besteht im Grunde aus ein paar sich kreuzenden, von Pinien gesäumten Schotterstraßen. Erzählungen zufolge sind die Bäume in den 90er Jahren des 19.

Jahrhunderts gesetzt worden. Die Bewohner hofften damals, eine Finanzspritze von **Cecil Rhodes** ergattern zu können, indem sie dem Ort seinen Namen gaben. Doch alles was sie bekamen, war ein Sack voller Samen.

Die meisten Besucher zählt Rhodes im Winter, wenn die **Skifahrer** zu den Tiffendell-Hängen pendeln – auf einer einstündigen Fahrt im Geländewagen zu den höchsten Gipfeln der Ostkap-Drakensberge. Von Dezember bis Mai dauert die **Bade-** und **Wandersaison**, und auch die **Forellenfischer** finden dann die besten Bedingungen vor. Das *Rhodes Hotel* gibt Tipps zu den besten Angelplätzen.

Übernachtung

Gateshead Lodges*, ✆ 045-971 0233. Mehrere Farmhäuser und erstklassige Cottages auf einem riesigen Besitz in traumhaft abgeschiedenem und zerklüftetem Gelände im Umkreis von Rhodes. Einige speziell zum Fliegenfischen, Baden im Fluss, Wandern, Reiten oder zur Vogelbeobachtung, andere haben Höhlen und Felsmalereien auf dem Besitz. Alle sind in einer Broschüre aufgeführt, die bei PO Box 267, Barkly East 5580 angefordert werden kann.

Felsmalereien Von Rhodes aus lassen sich die jahrtausendealten Felsmalereien der **San** erkunden, von denen die meisten auf den Privatfarmen der Umgebung zu finden sind und mit Erlaubnis der jeweiligen Besitzer besichtigt werden können. Die in Kapstadt ansässige South African Heritage Resources Agency, ✆ 021-462 4502, ✉ 021-462 4509, verfügt über eine ausführliche Liste. Sue Tonkin in Maclear, ✆ 082-686 4468, bietet geführte **Felskunst-Touren** an.

16 km von Rhodes entfernt liegt die **Martin's Hoek Farm**, die nicht nur wegen der gut erhaltenen Malereien einen Besuch lohnt, sondern auch wegen des zauberhaften, einsamen Tals, das auf dem Weg dorthin zu durchfahren ist. Nach Absprache mit Russie oder Lookie Schmidt, ✆ 04542, nach 7003 verlangen, steht sie Besuchern offen. Der Abzweig mit dem Schild „Martin's Hoek" liegt 8 km vor Rhodes an der Straße nach Barkly East. Von

dort sind es noch 8 km zu der Stätte, wo es Parkplätze und ein paar Picknicktische gibt. Die Bilder befinden sich an der Felswand gegenüber vom Parkplatz. Die 10-minütige Klettertour dorthin ist einfacher als sie erscheint. Der ortsansässige Farmer Vasie Murray, ✆ 04542, nach 7012 verlangen, organisiert **Touren** zur Stätte von Martin's Hoek. Eine weitere Stätte liegt auf der **Denorben Farm**, 32 km von Barkly East entfernt, mit der längsten Serie von San-Malereien im ganzen Land. Von der Hauptstraße zu der Farm ist es nur 1 km, der lange, bemalte Streifen befindet sich gleich hinter dem Haus, am unteren Ende des Gartens. Ein geringer Eintrittspreis wird verlangt. Die unbemalte Höhle auf dem Farmgelände sollte man sich ebenfalls anschauen – bei den Farmern der Gegend ist üblich, Überhänge als gemütliche Pferche und Ställe für die Schafe zu nutzen.

Weitere Informationen zur Felskunst, s.S. 492.

Rhodes Hotel** inkl. Vollpension, Main Rd, ✆ 04542, nach Rhodes 21 verlangen. Dekoratives Äußeres und charmante viktorianische Einrichtung. Pferde zum Ausreiten, Tennisplätze, Touren zum Forellenfischen.

Rubicon Flats*, PO Box 5, Rhodes, ✆ 04542, nach 9002 verlangen. Beste Wahl und die wärmste Unterkunft der Stadt. Hübsches ehemaliges Schulhaus mit Zimmern für Selbstversorger, jeweils mit Steinkohleofen, auch einfache Schlafsäle. Die Besitzerin Mrs. Reeders vermietet auch Cottages für Selbstversorger im Dorf und bereitet Mahlzeiten zu, Abendessen im Voraus buchen.

Walkabout Country Retreat** inkl. Halbpension, an der Hauptstraße ausgeschildert, ✆ 04542, nach 9203 verlangen, oder ✆ 082-892 6998, ✉ dave@lesoff.co.za. Entspannte Atmosphäre, 6 Gästezimmer mit Bad, etwas billiger als im Hotel. Der nette Besitzer Dave Walker kennt sich gut in der Gegend aus und kann fast alle Aktivitäten organisieren, inkl. Fliegenfischen und Reiten.

Das beste Essen bekommt man im **Walkabout**, das Pizza aus dem Holzofen und, nach Vorausbuchung, vegetarische Speisen serviert. Am billigsten sind die Fertiggerichte von der Farmersfrau Marian Henning, ✆ 04542, nach 9013 verlangen, die nach Hause liefert. Für einen guten Drink sei die stimmungsvolle Hotelbar vorgeschlagen.

Im Herzen des Dorfes befinden sich ein **Laden** und eine **Werkstatt**, außerdem eine **Post** und ein Münztelefon. Banken und öffentliche Transportmittel sucht man vergeblich.

Wanderungen im nördlichen Ostkap Das nördliche Ostkap ist ein vortreffliches Wandergebiet. Nationalparks gibt es hier nicht, so dass sämtliche Wanderungen über Privatbesitz unternommen (und gebucht) werden müssen, die Preise sind jedoch bezahlbar.

Ben Macdhui Hiking Trail 3-Tages-Rundwanderung über 51 km (ca. 8 Std. pro Tag). Start und Ziel ist das Dorf Rhodes, der Weg führt durch eine Gebirgslandschaft mit Blumen, Wasserfällen, seltenen Bergvögeln und hat die Besteigung des höchsten Berges des Ostkaps, Ben Macdhui (3000 m), zum Ziel. Übernachtet wird in einem alten Farmhaus und einer Berghütte, jeweils mit Betten, Trinkwasser, Plumpsklos, Gasherd, Waschbecken und Kohleofen. Zu Beginn und am Ende der Wanderung ist eine Übernachtung in Rhodes ratsam. Buchungen bei Gideon van Zyl, PO Box 299, 5580 Barkly East, ✆ 045-971 0446.

Woodcliffe Farm Mehrere 1- bis 4-Tagestouren auf einer Farm, 22 km nördlich von Maclear an der Straße zum Naude's Nek.

Inbegriffen sind die Felskunststätten, Fußabdrücke von Dinosauriern am Pot River und die Chance auf eine Begegnung mit 185 Vogelarten. Unterkunft bietet ein Cottage für Selbstversorger, das auch als Basis für Tageswanderungen oder als Start zu einer längeren Tour genutzt werden kann. Auf ausgedehnteren Märschen stehen Felsüberhänge als Unterschlupf bereit. Wanderkarten sind verfügbar, außerdem sollte man Planungshilfe bei der Auswahl der Routen in Anspruch nehmen. Buchungen bei Phyll Sephton, PO Box 65, Maclear 5480, ✆/✉ 045-932 1550.

Kranskop Hiking Trail 1- bis 2-Tageswanderung auf einer Farm, 33 km nördlich von Dordrecht an der Straße nach Barkly East. Zu den Highlights gehören wunderschöne *kloofs*, die Übernachtung in einer Sandsteinhöhle und San-Felsbilder. Am Anfang und Ende der Tour wird in einem rustikalen Farm-Cottage für 12 Personen übernachtet. Betten, Warmwasser, Herd, Kühlschrank, Lampen, Kerzen und Kohleofen. Milch und Fleisch sind auf der Farm erhältlich. Buchungen bei Frans Slabbert, PO Box 85, Dordrecht 5435, ✆ 045-944 1014.

Naude's Nek und
die Route nach Süden

Die hinreißendste Strecke aus Rhodes hinaus führt entlang Naude's Nek, der **höchsten Passstraße Südafrikas**, die Rhodes mit **Maclear** im Süden verbindet. Viele Besucher machen auch nur einen Halbtagesausflug zum Gipfel des Passes und zurück. Auf dem Pass kann man einen Anruf von Südafrikas höchst gelegenem Telefon (mit Kurbel) tätigen, es steht in einer Wellblechtelefonzelle mitten in einem Schaf-Pferch.

Es sind zwar nur 30 km von Rhodes bis Naude's Nek, doch die Reise dauert schon ein paar Stunden, da die vielen schönen Aussichten einen immer wieder zum Halten einladen. Ein Geländewagen ist nicht zwingend nötig, doch die Straße ist schwierig und wird noch schlechter vom Gipfel des Passes nach Maclear, wo scharfe Steine und ein Buckel in der Mitte der Straße den Unterboden des Fahrzeugs beschädigen können. Nach Schneefall ist sie absolut unpassierbar. Wenn man diese Route in die Transkei und nach KwaZulu-Natal nehmen möchte, erkundige man sich im *Rhodes Hotel* nach dem aktuellen Straßenzustand (s.S. 413, Übernachtung) und nehme zwei Ersatzreifen mit.

Heißt das Reiseziel nicht Transkei, bietet sich die Route von Maclear, am Fuße des Steilabbruchs, in westlicher Richtung auf der geteerten R56 nach **Dordrecht** und zur N6 an. Die kleinen Orte an der Strecke sind unbedeutende Handelszentren ohne Unterbringungsmöglichkeiten. Doch ein Genuss ist die Fahrt durch die hohen Drakensberge allemal. **Schafzucht** ist die Haupteinnahmequelle der weißen Farmer der Region, obwohl hemmungsloser Viehdiebstahl schon viele zum Aufgeben gezwungen hat.

Die R56 führt auch zu einigen **Wanderwegen** mit Cottages im südlichen Teil der Kap-Drakensberge, darunter **Woodcliffe**, unweit von Maclear, und **Kranskop**, in der Nähe von Dordrecht, die beide mit Höhlen und Felsmalereien locken (s.S. 414, Kasten).

Die Wild Coast

Die Wild Coast macht ihrem Namen alle Ehre: Sie ist eine der unberührtesten Gegenden Südafrikas – ein riesiges Gebiet mit sanft geschwungenen Hügeln, üppig grünen Wäldern und endlosen Stränden am Indischen Ozean. Die unerschlossenen Sandstrände ziehen sich meilenweit dahin, werden hier und da von Flüssen unterbrochen, und die erschwinglichen Hotels sind für einen Familienurlaub am Meer bestens geeignet. Doch der wilde Charakter bezieht sich nicht nur auf die Landschaft – dies ist das ehemalige „Homeland" **Transkei**, eine arme Region, die in den Jahren der Apartheid vollkommen entrechtet war und in der die Afrikaner lebten, die zu jung oder zu alt waren, um in der südafrikanischen Industrie zu arbeiten. Im Gebiet der Wild Coast leben nur wenige Weiße. Fast alle Bewohner sind **Xhosa**, und auf dem Lande leben sie zumeist in traditionellen Rondavels, mit denen die Landschaft übersät ist. Viele weiße Landsleute haben noch immer ein negatives Bild von der Transkei. Die meisten kennen sie nicht, halten aber gerne weiter an dem überzogenen Schreckensbild fest: legendäre (und maßlos übertriebene) Geschichten von Verbrechen, feindselige Einwohner (totaler Unsinn) und entsetzliche Straßen (die modernisiert werden).

Die Transkei bietet den großen Vorteil, das „wahre Afrika" zu repräsentieren, das so viele Besucher von Kapstadt und der Garden Route verpassen. Ein oder zwei Hotels – und die meisten Backpacker-Lodges – bieten die Chance, das traditionelle Xhosa-Leben zu erfahren, mit Besuchen bei Heilern in den Dörfern oder Übernachtungen in Familien.

Trotz des allgegenwärtigen Elends ist es angenehm – zumindest für den Besucher –, dass sich die ländlichen Gebiete nach wie vor in Gemeinschaftsbesitz befinden und nicht in Privatfarmen aufgeteilt wurden. Im Gegenteil zu den eingezäunten Squatter Camps (Elendsvierteln), die in großen Teilen des ländlichen Südafrika gang und gäbe sind, ist das Land hier ohne Zäune bewohnt.

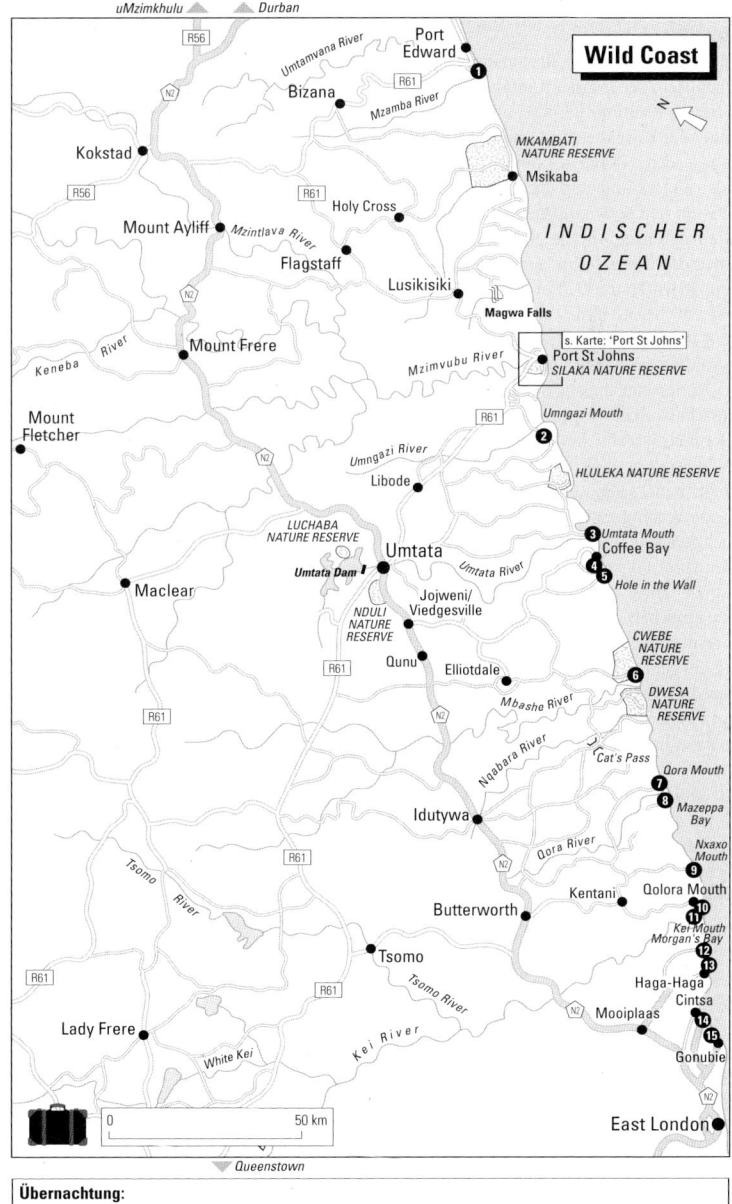

Übernachtung:

Anchorage	**3**	Haga-Haga Resort **13**	Kob Inn	**7**	Ocean View **4**	Umngazi River Bungalows **2**
Buccaneer's	**14**	The Haven	**6**	Mazeppa Bay	**8**	Seagulls **11**	Wavecrest **9**
Gonubie Mouth	**15**	Hole in the Wall **5**	Morgan's Bay **12**	Trennery's **10**	Wild Coast Sun Hotel **1**

Orientierung

Die **N2** führt mitten durch die Region und die ehemalige Hauptstadt der Transkei, Umtata. Nordwestlich der N2, in Richtung Lesotho und Drakensberge, findet der Reisende eine Gebirgslandschaft und unzählige kleine Dörfer; allerdings machen die mangelnden Unterkünfte und die schlechten Straßen das Reisen sehr schwierig. Viel besser erreichbar ist die **Küstenregion**, die nördlich von East London beginnt und sich bis zur Mündung des Mtamvuna River erstreckt. Ein schöner Strand folgt auf den nächsten, es gibt versteckte Riffs, subtropische Wälder, ländliche Xhosa-Siedlungen und die zauberhaften Städtchen **Coffee Bay** und **Port St Johns**. Der Staat hat entlang der Küste sogar ein paar Naturschutzgebiete eingerichtet, die allerdings meist unterfinanziert sind und ineffizient arbeiten.

Die Wild Coast lässt sich nicht leicht mit dem **Auto** durchfahren. Es gibt weder eine Küstenstraße noch direkte Verbindungen zwischen den Badeorten. Doch gerade in dieser Abgeschiedenheit liegt der Zauber dieser Region. Die einsamen Erholungsorte sind über lange und kurvenreiche **Schotterstraßen** zu erreichen, die von der N2 abgehen. Fast alle Straßen der Wild Coast-Region sind ungeteert. Zwar sind sie generell mit einem normalen Pkw passierbar, doch sollte man langsam fahren und unbedingt einen Werkzeugkasten und einen Ersatzreifen dabei haben. Ist ein Reiseziel ausgewählt, sollte man sich dort telefonisch nach der geeigneten Route erkundigen. Vorsicht vor Tieren ist auf allen Straßen der Wild Coast, auch auf der N2, geboten. Bei Regen und bei Nacht sollte die Fahrt unterbrochen werden. Zu den **öffentlichen Verkehrsmitteln** zählen Minibus-Verbindungen zwischen den Dörfern der Region – am einfachsten von Umtata nach Port St Johns und Coffee Bay. Der *Baz Bus* hält in Umtata, nach Absprache mit den Hostels in Port St Johns und Coffee Bay wird man von dort abgeholt (ebenso von Butterworth, wenn man nach Mazeppa möchte).

Nächtlicher **Autodiebstahl** oder die Entfernung von Reifen ist, selbst in den abgelegensten Gegenden, das größte Problem in der Transkei. Sämtliche **Hotels** sind daher eingezäunt und schließen nachts ihre Tore. Die Hotels hier sind sehr vom altmodischen Kolonialstil geprägt und servieren Tee und Mahlzeiten zu festen Zeiten. Viele bieten auch Kinderbetreuung an, die man ganztags oder stundenweise in Anspruch nehmen kann. Außer in Port St Johns sind in den Küstenorten weder **Banken** noch ATM zu finden, also sollte man aus East London oder Umtata ausreichend Geld mitbringen. **Selbstversorger** sind gut beraten, wenn sie sich in einem der größeren Orte an der N2 mit Lebensmitteln eindecken. Die meisten Hotels bieten Vollpension an – mit Ausnahme von Port St Johns findet der Besucher keine Restaurants. Entlang der Küste liegen einige **Backpacker-Lodges** und Campingplätze. Das Sicherheitsrisiko ist zwar nicht mehr so brisant wie einst, doch ist **wildes Camping** nicht ratsam. Möchte man bei den Xhosa auf dem Lande verweilen, so sollte man sich sicherheitshalber einem Führer anschließen.

Eine **Vorausbuchung** der Unterkunft wird dringend empfohlen: Wild Coast Reservations (s.S. 426) in Umtata hilft bei der Planung von Touren durch mehrere Orte. Noch besser ist das Wild Coast Holiday Reservations, ℡ 043-743 6181, ℡ 043-743 6188, ✉ meross@iafrica.com, in East London, das darüber hinaus in der Organisation von **Aktivitäten** unschlagbar ist. Auch die Hotels selbst haben verschiedenste Aktivitäten, von Kanufahrten bis zu Reitausflügen, im Angebot.

Ein Besuch der hiesigen **Naturreservate** erfordert ebenfalls eine Vorausbuchung. Doch sei man gewarnt: Die Neuorganisation der Wild Coast in den Jahren nach der Apartheid und die bankrotte Provinzverwaltung können solche Arrangements umwerfen. Mit etwas Einfallsreichtum gelingt es allerdings oft, diese bürokratischen Hürden zu überwinden – und das lohnt sich, da die Wildnis in dieser Gegend einmalig schön ist.

Es soll ja Menschen geben, die die Wild Coast, vor allem die Gegend um Port St Johns, wegen der einfachen Verfügbarkeit von qualitativ hochwertigem **Cannabis** (*insango* auf Xhosa) schätzen. Doch Vorsicht! Wie überall in Südafrika ist Cannabis auch hier verboten und die Polizei führt regelmäßig Razzien durch.

Cintsa

Cintsa besteht eigentlich aus zwei Orten, die durch einen Fluss getrennt sind: Cintsa East und Cintsa West. Cintsa East ist ein **exklusiver Ferienort** mit rund 200 Häusern. Jenseits des Flusses liegt, an der Route des *Baz Bus,* Cintsa West. Hier gibt es unverbaute Strände und im *Buccaneer's* eine Fülle von Aktivitäten wie Wandern, Surfen und Reiten. Auch Ausflüge zu einer afrikanischen Schule und einer Township werden veranstaltet, die *Adventure Company* gibt Surfunterricht oder begleitet die Gäste zum „Kloofing" (Schluchten durchqueren) oder auf Tagesausflügen in die Wild Coast. Tierbeobachtungsfahrten in das benachbarte Inkwenkwezi Nature Reserve (s.S. 402) kosten R75.

(s.S. 402)

Übernachtung und Essen

CINTSA EAST – Übernachten kann der Besucher im *Cintsa East B&B*, ☏ 043-738 5021, in relativ preiswerten Zimmern mit Meeresblick, 5 Gehminuten von dem herrlichen, 8 km langen Sandstrand entfernt. *The Gables****, ☏ 043-738 5353 oder ☏ 083-676 0213, ist eine luxuriöse Country-Lodge mit 5 Zimmern mit Bad, auch mit Abendes-

sen. Eins der wenigen Lokale heißt *Michaelas Restaurant*, ☏ 043-738 5139, es liegt oben auf einer Düne und ist mit der Seilbahn oder über einen Steg vom Parkplatz aus zu erreichen, ⊕ tgl. außer Di, 10.30 Uhr bis spätabends. Etwas bescheidener geht es im beliebten *Fred's Pub & Grub* am Cintsa Drive zu, ⊕ tgl. außer Mo, Mittag- und Abendessen. Takeaways gibt es im **Laden** nebenan.

CINTSA WEST – Das *Buccaneer's*, ☏ 043-734 3012, ✆ 043-734 3749, ⌨ www.cintsa.com, ist eines der beliebtesten Hostels Südafrikas. Seinen Ruf hat es seiner exzellenten Backpacker-Unterkunft in 8 Cottages verschiedener Größen zu verdanken, von denen sich fantastische Blicke auf das Meer und die Lagune eröffnen. Gäste können Frühstück und Abendessen im Café und im Pub einnehmen oder sich selbst versorgen.

Erkundung der Wild Coast Die Teilnahme an einer organisierten Tour wird an der Wild Coast zu einer überlegenswerten Alternative. Da eine Küstenstraße fehlt, ist dies eigentlich die einzige Möglichkeit, die unerschlossene Region zu erkunden.

Wild Coast Hotel Meander: Der Weg von Qora Mouth nach Morgan Bay ist eine einfache, 55 km lange Küstenwanderung. Übernachtet wird in Hotels am Weg, wo man mit Frühstück und Abendessen versorgt wird. Darüber hinaus gibt es jeden Tag ein Picknick-Paket. Buchung über Wild Coast Holiday Reservations, ☏ 043-743 6181, ✆ 043-743 6188, ⌨ meross@iafrica.com. Das Paket inkl. Transfer vom Flughafen in East London, 5 Übernachtungen, alle Mahlzeiten und Leistungen des Führers kostet etwa R2200 p.P. bei mindestens 4 Personen; bei mehr Teilnehmern günstiger.

Amadiba Horse Trail: Diese 50 km lange Vierbis Sechstagestour wird ausschließlich von einheimischen Pondo geführt. Hier bietet sich wohl die beste Gelegenheit, mit Xhosa sprechenden Menschen zusammen in unberührten Gegenden unterwegs zu sein. Gut geschulte Pferde und die einfache Route sorgen auch bei Anfängern für ungetrübten

Spaß – die Entfernungen zwischen den zauberhaften Zeltcamps an den Ufern der Flüsse Kwanyana und Mtentu sind nicht groß. Von dort aus erkundet man gemeinsam mit den Pondo-Führern die Küste, die Flüsse, das Hinterland und vielleicht ein paar Dörfer – auf dem Pferderücken, zu Fuß oder im Kanu. Der Weg führt vom Casino und Hotel *Wild Coast Sun* bis zum Mkambati Nature Reserve (eine Erweiterung der Tour bis Port St Johns ist in Planung). Von Durban zum *Sun* fahren regelmäßig Shuttle-Busse. Buchung über *Amadiba Adventures,* ☏ 031-205 5180, ✉ cropeddy@iafrica.com. Pauschaltouren kosten R1100 p.P. für 4 Tage und R1380 für 6 Tage. Maximal 10 Teilnehmer.

Küstensafaris im Geländewagen: Die luxuriösere Variante ist diese fantastische Reise mit 5 Übernachtungen von East London nach Coffee Bay entlang der unberührten Küste. Unterwegs besucht man kulturelle Stätten, durchquert Flüsse, spaziert an Stränden entlang, beobachtet Vögel, schnorchelt, angelt und übernachtet in angesehenen Hotels an der Küste. Buchung über *African Coastal Adventures,* ☏ 043-748 4550 oder ☏ 082-650 1427, ⌨ www.africoast.co.za. Alle Altersklassen, Kosten etwa R850 p.P. und Nacht.

Nach Cintsa East fährt man von East London 30 km auf der N2 und dann über eine 15 km lange Teerstraße (N2-Abfahrt East Coast Resorts Road, nach 8 km biegt man an dem Schild nach Cefane Mouth und *Michaelas Restaurant* nach links ab).

Haga-Haga

Unmittelbar nordöstlich von Cintsa liegt Haga-Haga, das von dem kastenförmigen, aber perfekt gelegenen *Haga-Haga Resort,* ✆/✆ 043-841 1670, ✉ hagahaga@intekom.co.za, dominiert wird. Zum Angebot gehören 15 Zimmer mit Halbpension** zu einem vernünftigen Preis und 14 Wohnungen für Selbstversorger* für 2–4 Personen. In die felsige Küstenlinie vor dem Hotel ist ein Gezeitenpool gehauen worden. Zum Sandstrand gelangt man auf dem 2 km langen Pfad in Richtung Pullens Bay. Rund 4 km weit ist der Weg zum Bead Beach, wo man nach **Perlen** aus Carneol-Edelsteinen und Keramikstücken suchen kann.

Haga-Haga liegt 72 km von East London entfernt, 27 km davon eine Schotterstraße entlang, die von der N2 abgeht.

Morgan's Bay

Morgan's Bay liegt eindrucksvoll in einem **Mündungsgebiet,** in dem zwei Flüsse aufeinander treffen. Das *Morgan's Bay Hotel****, ✆/✆ 043-841 1062, ✉ mb.hotel@mweb.co.za, mit Vollpension, ist ein freundliches und gut geführtes Hotel mit Blick auf einen herrlichen Strand. Es gehört zu den besten Hotels an der Wild Coast, lädt vor allem zum Familienurlaub ein und hat gutes Essen im Angebot. Die billigeren Zimmer haben Gemeinschaftsbäder und es gibt auch einen Campingplatz*. Eine Wanderung vom Hotel führt über grasbewachsene Anhöhen zu den Morbay Cliffs, einem Punkt, von dem aus man **Delphine** und, zur richtigen Jahreszeit, auch Wale beobachten kann. In der Bucht brechen sich gewaltige Wellen, doch im Mündungsgebiet ist es ruhig und sicher genug für Kleinkinder zum Herumplanschen.

Morgan's Bay befindet sich 90 km von East London entfernt, 50 km davon auf einer Schotterstraße, die von der N2 abgeht.

Qolora Mouth

Von Morgan's Bay ist es eine kurze und holprige Fahrt zum Dörfchen **Kei Mouth** (nicht ausgeschildert, also im *Morgan's Bay Hotel* erkundigen). Etwas marode wirkende Pontons setzen über den Kei River. Kei Mouth selbst ist ein richtiges Dorf mit einer Post, kleinen Geschäften und einigen Selbstversorger-Unterkünften, doch ein längerer Aufenthalt kommt hier nicht in Betracht.

Sechs Stunden Fußmarsch am Strand oder eine Stunde Fahrt (inkl. Fähre) sind es von Kei Mouth bis zum bezaubernden Qolora Mouth (etwa „kalocha" ausgesprochen). Als Ausflug (an den Hotel-Rezeptionen buchbar) sei den Besuchern **Trevor's Trail** ans Herz gelegt, der allmorgendlich von dem ortsansässigen Trevor Wigley unternommen wird. Die dreistündige Wander- und Bootstour zu „The Gates" – einem kurzen Korridor von Felswänden, die sich über dem Qolora River erheben – führt mitten durch den Busch. Was Trevor sonst noch anbietet: die Erkundung der Muschelwelt an der Küste und einiger **Schiffswracks**, der Besuch eines *igqirha* (traditioneller Heiler), eine historische Tour zum **Gxara River**, wo die verhängnisvolle Prophetin Nongqawuse die Xhosa dazu verleitete, ihr Vieh zu töten (s.S. 419, Kasten), und die Besichtigung des großen **Schlachtfelds** des letzten Grenzkrieges zwischen den Xhosa und den Briten im Jahre 1878.

Das Familienhotel **Trennery's*****, ✆ 047-498 0004, ✆ 047-498 0011, mit Vollpension befindet sich in einem altmodischen Bau von 1928. Sein Herz gehört immer noch den 50er und 60er Jahren. Die separaten, strohgedeckten Bungalows mit Bad wirken abgenutzt, doch die reibungslose Organisation und der Service lassen den Mangel an Modernität vergessen. *Nannys* stehen für die Betreuung der Kinder auf dem Spielplatz und im Kinderspeisesaal bereit. Die Mahlzeiten nach englischer Art sind gut zubereitet, wenn auch

OSTKAP

Das große Rinderschlachten Die 50er Jahre des 18. Jahrhunderts markierten einen Tiefpunkt für das Volk der Xhosa: Ein Großteil ihres Landes war von den Briten erobert worden, die Dürre ließ ihre Ernte vertrocknen und eine Rinderkrankheit hatte ihre wertvollen Viehbestände erheblich reduziert. 1856 behauptete die junge Frau **Nongqawuse**, dass die Geister der Ahnen ihr am Gxara River gesagt hätten, dass die Xhosa all ihr Vieh und Getreide zerstören sollten. Sodann würden nicht nur neues Vieh und Getreide kommen, sondern auch neue Menschen, die die Weißen ins Meer jagen würden.

Nicht alle Xhosa glaubten dieser **Prophezeiung**. Doch als das Oberhaupt der Gcaleka, Sarili, seinen Untertanen befahl, ihr zu folgen, begann das große Schlachten. Die „neuen Menschen" erschienen allerdings nicht wie erwartet, also gab man die Schuld denen, die sich widersetzt hatten und setzte einen neuen „Termin" an. Als sie im Februar 1857 abermals ausblieben, waren über 200 000 Rinder getötet worden, die Kadaver lagen überall verwesend herum, und für viele Xhosa gab es keine Überlebenschance mehr. Bis Juli desselben Jahres hatte die verheerende Hungerkatastrophe 30 000 der etwa 90 000 Xhosa das Leben gekostet.

Die Briten nutzten diese Hungersnot und zwangen die Xhosa zur Arbeit auf ihren Farmen. Der Kapgouverneur Sir George Grey schloss gar die Versorgungseinrichtungen der Missionsstationen, gab den Xhosa-Häuptlingen die Schuld und ließ viele von ihnen auf Robben Island inhaftieren.

unspektakulär. Die Veranda vor dem Hotel überblickt den Swimming Pool und die Sonnenliegen, und der fantastische Strand ist auf einem abschüssigen Weg durch üppige Vegetation zu erreichen. Kanus und Ruderboote können für Ausflüge in die Lagune gemietet werden. Das billigere und bescheidenere Hotel *Seagulls***, ☎ 047-498 0044, 🖥 www.seagulls. co.za, hat den Vorteil, direkt am Strand zu stehen und Halbpension anzubieten. Beide Unterkünfte bieten 7-Tage-Specials, die außerhalb der Schulferien günstiger sind.

Am einfachsten gelangt man nach Qolora Mouth über den Kei River auf einem kleinen Ponton (Autofähre), die im Sommer von 6–18 Uhr und im Winter von 7–17.30 Uhr fahren. Nach der Überfahrt führt der Weg weitere 17 km bis zum *Trennery's* (ausgeschildert). Die Straße ist entsetzlich, also sehr vorsichtig fahren!

Nxaxo Mouth

Nxaxo Mouth, unmittelbar nördlich von Qolora, ist ein ruhiger Ort mit **Mangrovensümpfen**, die von Tieren nur so wimmeln – ideal zum Wandern, Angeln und Entspannen, aber auch für **Aktivitäten** wie Paddeln, Wasserski und Tiefseefischen. Arrangiert werden sie von der einzigen Unterkunft des Ortes *Wavecrest****, ☎ 047-498 0022, 🖥 www. wildcoast.co.za, eine Ansammlung hübscher Bungalows und Familienzimmer – eins der besonders schön gelegenen Hotels der Wild Coast.

Nach Nxaxo Mouth gelangt man auf der 34 km langen, bei Butterworth von der N2 abgehenden Teerstraße nach Kentani. In Kentani nimmt man die ausgeschilderte Straße (links) nach Nxaxo, fährt 8 km, bevor man in die Straße zum *Wavecrest* (rechts) abbiegt und weitere 24 km fährt. Die Straße ist in einem erbärmlichen Zustand, also ist langsames Fahren angesagt.

Mazeppa Bay und Qora Mouth

Nordöstlich von Nxaxo liegen zwei Orte zum **Angeln** und **Erholen**: Mazeppa Bay und Qora Mouth. Mazeppa Bay, ein von Dünen und Küstenwald umgebener, entzückender Ort, ist über die ausgeschilderte Straße von Kentani (ab Butterworth 34 km Teer- und ca. 45 km Schotterstraße) erreichbar. Da es zwei Routen gibt, sollte man sich im Hotel nach den aktuellen Bedingungen erkundigen. Das nicht so anspruchsvolle *Mazeppa Bay****, ☎ 047-498 0033, 🖷 047-498 0034, 🖥 www.wildcoast.co. za, bietet Unterkunft mit Vollpension in komfortablen Cabanas oder Familienzimmern im Hotel, vom Strand 39 Stufen auf-

OSTKAP

wärts. Zusätzlichen Reiz bekommt es durch seine eigene Insel (über eine Brücke erreichbar), auf der sich ein noch nicht freigelegter vorgeschichtlicher Abfallberg der Khoisan befindet. In der Bucht ist das Baden sicher und auch Surfer finden gute Bedingungen vor. Das *Mazeppa Bay Backpackers**, ℡ 082-956 8037, hat ebenfalls nette Zimmer, darunter DZ mit Bad in einem großen Haus am Strand mit Meeresblick. Es werden Meeresfrüchte-Abende veranstaltet (mit kostenlosen Muscheln und Austern in der Bar) und Kulturausflüge zu einem traditionellen Heiler oder in ein Xhosa-Dorf, wo man übernachten kann. Auf telefonische Anfrage werden die Gäste von der Haltestelle des *Baz Bus* in Butterworth abgeholt.

Unmittelbar nordöstlich von Mazeppa liegt Qora Mouth, wo sich an einem felsigen Ufer, etwas abseits des Strandes und unweit des Mbashe River, das *Kob Inn****, ℡/℡ 047-499 0011, ✉ kobinn @iafrica.com, befindet. Das Hotel verfügt über gut gepflegte, strohgedeckte Bungalows, eine gute Bar mit Meeresblick und einen atemberaubenden Swimming Pool, der in die wellenumspülten Felsen gebaut wurde. Das Personal kann die Ausrüstung für Boots- und Angeltouren sowie zum Kanu fahren, Wasserski fahren und Boardsailing organisieren. Eine kleine Fähre setzt über die Mündung und bringt die Besucher zu herrlichen **Küstenwanderwegen** durch Grasland und Wälder. Nach Qora Mouth nimmt man die ausgeschilderte Schotterstraße von Idutywa (s. S. 421) in südlicher Richtung (64 km).

Butterworth

Die älteste Stadt der Transkei liegt in der Nähe des „Great Place" von Hintsa, dem Häuptling der Gcaleka, und ist 1827 von methodistischen Missionaren gegründet worden. Butterworth, bei den Xhosa „Gcuwa" benannt (nach dem Fluss), hat ihren englischen Namen von dem einstigen Schatzmeister der Wesleyan Mission Society, Reverend Butterworth. In den 70er Jahren war es das Zentrum der industriellen Entwicklung der Transkei, in ihren Fabriken waren Tausende Arbeiter aus der ländlichen Umgebung beschäftigt. Die meisten **Fabriken** sind geschlossen worden, doch die Menschen leben noch immer in den ausgedehnten Townships und Squatter Camps im Umkreis der

Stadt, wo die Arbeitslosenzahlen erschreckend hoch sind.

Butterworth wirkt mit seinen schäbigen Kaufhäusern und Supermärkten unattraktiv, doch die nahe gelegenen **Bawa Falls** am Qolora River, die fast 100 m in die Tiefe stürzen, sind spektakulär und einen Besuch wert, wenn die Zeit es erlaubt. Der schlechte, 20 km lange Schotterweg dorthin führt stadtauswärts in westlicher Richtung, an der *Shell*-Tankstelle vorbei. Die vielen Kurven und Biegungen erschweren die Suche nach dem Wasserfall, so dass man nach dem Weg fragen muss.

Die gut ausgeschilderte Straße zur Wild Coast über Kentani verläuft am östlichen Stadtrand von Butterworth, hinter der Brücke über den Gcuwa, und führt durch die riesige Zitulele Industrial Township, wo die Teerstraße endet und in eine Schotterstraße mit Schlaglöchern übergeht.

Die N2 durch Butterworth ist von Takeaways, Bierhallen und Tankstellen gesäumt. Die einzige annehmbare Unterkunft der Stadt heißt *Wayside Protea***, Sauer St, ℡ 047-491 4615, ℡ 047-491 0440, ✉ wayside@cybertrade.co.za, und ist erreichbar, indem man von der Hauptstraße rechts in die King St und dann bei der ersten Gelegenheit wieder rechts abbiegt. Die Zimmer sind komfortabel und an Wochenenden billiger. Das Hotel bietet sichere Parkplätze in der Tiefgarage und ein gutes Restaurant mit Buffet zum Mittag und Abendessen à la carte. Der einzige Nachteil ist seine Nähe zu einem geschäftigen Taxistand, der bis spätabends von Menschen nur so wimmelt.

SELBSTFAHRER – Mit dem Auto 110 km von East London entfernt an der N2.

BUSSE – Der Busbahnhof von Butterworth liegt am westlichen Stadtrand neben der Shell-Werkstatt. Von dort fahren zahlreiche Busse und auch Minibus-Taxis nach East London, Umtata und Kentani. Die Busse von *Greyhound* und *Translux* halten täglich unweit der Hauptstraße auf der Merriman St, kurz vor der Gcuwa-Brücke.

Idutywa

In die kleine Stadt Idutywa, 35 km nördlich von Butterworth an der N2, lohnt es sich nur zu fahren, wenn das Benzin ausgeht oder Hunger und Müdigkeit keine andere Wahl lassen. Auf der Hauptstraße durch die Stadt gibt es *Kentucky Fried Chicken*-Takeaways und das bescheidene Hotel *Idutywa**, ℡ 047-489 1040. Die Matratzen lassen zu wünschen übrig, aber das Hotel ist sauber und die Möbel aus den 50er Jahren verleihen ihm einen eigenen Charme. Das Restaurant, das einzige der Stadt, serviert die typische südafrikanische Auswahl an Steaks und Gegrilltem.

Ein paar Kilometer östlich der Stadt führt ein rechter Abzweig nach **Colleywobbles**. Den Namen erhielt dieser gewundene und faszinierende Abschnitt des Mbashe River, ca. 10 km entlang einer extrem schwierig zu befahrenen Schotterstraße, von britischen Soldaten. 50 km weiter östlich mündet der Fluss zwischen den Naturschutzgebieten Cwebe und Dwesa ins Meer.

Dwesa Nature Reserve

Nördlich von Qora Mouth, in 73 km Entfernung von der N2, musste das Dwesa Nature Reserve jahrelange Streitigkeiten wegen des Landbesitzes über sich ergehen lassen. Das Reservat ist noch immer einen Besuch wert, doch leider sind seine Anlagen und Wege dem Verfall preisgegeben. Das ist ein Jammer, denn Dwesa müsste eigentlich zu den schönsten Küstengebieten gehören: Hier findet man **seltene Tiere** wie Baumschliefer und Weißkehlmeerkatzen, Urwald, Grasland und Küste, dazu schön gelegene (wenn auch heruntergekommene) Holz-Chalets* für Selbstversorger und einen Campingplatz. Wer in Dwesa übernachten möchte, bucht besser im Voraus, allerdings ist das System weder durchdacht noch zuverlässig. Man kann auch einfach hinfahren, doch egal wie – genug Zeit für eine eventuelle Weiterfahrt sollte auf jeden Fall eingeplant werden. ☉ tgl. 6–18 Uhr.

Transport

Der Weg zum Reservat geht bei Idutywa von der N2 ab nach Süden in Richtung Küste, bevor die Straße rechts zum *Kob Inn* und links nach Dwesa führt.

Cwebe Nature Reserve

Nördlich des Mbashe River beeindruckt das Cwebe Nature Reserve mit seinem dichten subtropischen Wald voller Pflanzen und Tiere. Stinkwood-Bäume und Weißkehlmeerkatzen, die in den meisten Teilen der südafrikanischen Ostküste fast verschwunden sind, sind hier an dem schlecht erhaltenen Wegenetzwerk anzutreffen. Zum Glück ist die Route zu dem wunderschönen **Mbanyana Wasserfall** in gutem Zustand und bei Trockenheit unschwer zu Fuß zurückzulegen. Der übrige Teil des Reservates besteht aus hügeligem Grasland und einer langen, herrlichen Küste mit Dünen und dem Leuchtturm Mbashe. ☉ tgl. 6–18 Uhr.

Übernachtung

Wer sich das Gebiet ansehen möchte, steigt am besten im privaten Hotel ***The Haven**–****** ab, ℡ 047-576 006 oder ℡ 083-494 5575, ℡ 047-576 0008, ✉ thehaven@wildcoast.com. Seine Bungalows liegen am Rande eines kleinen Golfplatzes, auf dem regelmäßig Gnus und Zebras grasen, und der hinter einem Milkwood-Wäldchen am Meer liegt.

Transport

Zum Cwebe führt die bei Jojweni (früher Viedgesville) von der N2 abgehende Straße nach Coffee Bay, nach 27 km biegt man am *Gogoswayo Trading Store* rechts ab und folgt weitere 17 km lang der Teerstraße bis zum Dorf Elliotdale. Von hier sind es noch 47 km auf einer recht guten Schotterstraße bis zum *The Haven*. Die Route von der N2 bei Qunu in Richtung Elliotdale sollte man meiden, denn hier braucht man ein Fahrzeug mit großer Bodenfreiheit.

Hole in the Wall

Das Dorf Hole in the Wall („Loch in der Wand") liegt in der Nähe der riesigen, aus dem Meer ragenden **Klippe** unweit der Mündung des Mpako River, von der es seinen Namen hat. Durch die Klippe führt ein Tunnel, durch den bei rauer See die Wellen donnern (daher der Xhosa-Name *esiKhaleni* – „Ort des Lärms"). Hier lässt es sich gut angeln, sicher baden und schnorcheln und faszinierende

Wanderungen unternehmen, darunter eine **Küstenwanderung** nach Coffee Bay. Eine unlängst gebaute, 9 km lange Schotterstraße – eine landschaftlich attraktive Fahrt durch traditionelle Dörfer und an Klippen entlang mit Meeresblick – verbindet Coffee Bay mit Hole in the Wall. Die Tour lohnt sich allemal, wenn man in Coffee Bay untergekommen ist. Vom Dorf ist es ein angenehmer, 1 km langer Spaziergang zum Hole.

Das Hotel *Hole in the Wall****, ✆/✉ 043-575 2001, mit Halbpension, an einer kleinen Sandbucht gelegen, besteht aus mehreren weißen, strohgedeckten Rondavels auf grünem Rasen, mit Pool, Bar und Spielplatz, und dominiert die kleine Siedlung. Es hat zwar nicht den besten Ruf, was Essen, Unterkunft und Organisation angeht, bietet aber die Möglichkeit zur Selbstversorgung – was bei Hotels an der Wild Coast selten ist. Die Verpflegung kann man am besten in Umtata besorgen. Die gut ausgestatteten Selbstversorger-Einheiten* bieten 2–6 Pers. Platz, die einfacheren EZ sind billiger. Das ruhigere Hostel heißt *Hole in the Wall Backpackers**, ✆ 083-317 8786, ✉ 047-575 0010, Shuttle-Bus ✆ 083-996 7855, gehört zum Hotel und gestattet es den Gästen, die Hotelanlagen zu nutzen. Es hat 5 Schlafsäle und 3 winzige DZ, es gibt kostenlosen Surfunterricht und preiswerte Tageswanderungen zu schwer zugänglichen und spektakulären Orten an der Küste, z.B. Umdumbi. Auf telefonische Anfrage holen die Besitzer ihre Gäste von *Shell Ultra City* in Umtata ab, dort hält der *Baz Bus.* Ansonsten nimmt man ein Minibus-Taxi von Umtata nach Coffee Bay und läuft oder trampt den Rest des Weges.

Coffee Bay

Die dicht besiedelten, sanften Hügel von Coffee Bay, bei den Xhosa nach einem dichten Holz aus der Gegend *Tshontini* genannt, stellt die traditionelle Grenze zwischen den Clans der Bomvana und der Pondo dar. Coffee Bay lockt mit seiner gelassenen Atmosphäre immer mehr Besucher an – und hat trotzdem das idyllische Flair eines **Geheimtipps** bewahrt.

Die Landschaft um Coffee Bay schafft einen Kontrast zum Grasland und zu den bewaldeten Sanddünen und Lagunen weiter südlich: Hier fallen spektakulär hohe Klippen auf Sandstrände herab, die von schwarzem Kiesel durchsetzt sind. Den größten Reiz stellen die **Küstenwanderungen** dar, besonders die zum Hole in the Wall (s. S. 421). Zunächst nimmt man den Weg von Coffee Bay in südlicher Richtung und biegt dann an einem kleinen Hinweisschild gleich hinter dem Telkom Tower nach links ab, von wo es weitere 5 km die Küste entlang geht.

Auch die Hütten hier sind einzigartig. Viele sind strohgedeckt und mit einem Abschluss aus Reifen, Buntglas oder einer Aloen-Pflanze versehen. Sie sollen die Eulen, die als schlechtes Omen gelten, davon abhalten, auf den Dächern Rast zu machen. Eine vortreffliche, kommunal betriebene **Dorf-Führung** kann bei der Veteranin der ANC Women's League, Betty Madlalisa, ✆ 083-341 0041, im *Ocean View Hotel* gebucht werden. Da werden Wohnhäuser besucht und das **Masizame Women's Project** vorgestellt, das in einem farbenfrohen Gebäude gegenüber vom *Bayview Store*, 5 km vor Coffee Bay an der Straße nach Umtata, untergebracht ist, ⏰ tgl. 8–17 Uhr. Auch wenn man die Tour nicht mitmacht, sollte man auf keinen Fall das Projekt verpassen – es ist eine der sehr wenigen Verkaufsstellen in Südafrika, in denen traditionelles Xhosa-Handwerk angeboten wird, darunter perlenbesetzte Taschen und Gürtel, traditionelle Kleidung, Körbe, Matten und Decken. Auf Anfrage werden auch **Xhosa-Speisen** zubereitet – die vorwiegend aus Fleischeintöpfen, Mais und selbst angebautem Gemüse wie Spinat und Kürbis bestehen und mit einem traditionellen Bier heruntergespült werden.

Die eleganteste Unterkunft ist das Hotel *Ocean View**** inkl. Vollpension, direkt an der Sandbucht, ✆/✉ 047-575 2005 oder ✆ 047-575 2006, ✉ oceanview@coffeebay.co.za. Es ist überaus freundlich und gut geführt, hat helle Zimmer, Terrassengärten, einen Poolbereich sowie einen Spielplatz direkt am Strand. Restaurant und Bar stehen Tagesbesuchern offen, das Essen ist gut. Samstags abends gibt es Meeresfrüchte-Snacks, darunter frische Austern.

Xhosa-Hütten

Xhosa-Traditionen Die Wild Coast ist weitgehend von auf dem Lande lebenden Xhosa bevölkert, die ihren Traditionen und Bräuchen anders als in den Städten noch heute treu sind. So glauben viele, das Meer sei von Wesen bewohnt, die nicht alle Besucher willkommen heißen. Das erklärt, dass sie relativ selten am Wasser anzutreffen sind und für Küstenbewohner typische Tätigkeiten wie Fischen oder Tauchen kaum ausführen.

Der **Initiationsritus** ist bei Jungen noch immer an der Tagesordnung. Die jungen Männer verlassen ihr Zuhause, um eine Zeit lang in den „Beschneidungshütten" zu leben, sie schmücken sich mit weißer Farbe und Kostümen und erlernen die Bräuche ihres Clans. Bei der Beschneidungszeremonie erwartet man von ihnen keinen Laut des Schmerzes, während die Vorhaut (ohne Betäubung) mit einem Schnitt abgetrennt wird. Nach der Zeremonie waschen sie die Farbe ab, hüllen sich in neue Tücher, und all ihre Habe wird in eine Hütte gebracht und angezündet – dann müssen sie sich abwenden und dürfen nicht zurückschauen. Es folgt ein Festmahl und der Beginn einer einjährigen Übergangsphase, während der sie ockerfarbenen Ton im Gesicht tragen. Danach werden sie als Männer betrachtet. Jungen, die dieses Ritual gemeinsam überstanden haben, soll ihr ganzes Leben lang eine tiefe Beziehung verbinden.

Wie andere afrikanische Völker glauben viele Xhosa, dass ihre **Vorfahren** ihr Leben aktiv beeinflussen. Für die Entschlüsselung der Botschaften wird die Hilfe von Spezialisten

(amagqira) gebraucht. Xhosa glauben nur an den einen großen Gott uThixo bzw. uNhkulukhulu.

Die Xhosa sind traditionell patriarchalisch, der untergeordnete Status der Frauen wird durch *lobola* symbolisiert, die **Mitgift** aus Vieh und Geld, die ein zukünftiger Ehemann den Eltern der Braut zahlen muss. Ist diese keine Jungfrau mehr, zahlen die Männer weniger. Verheiratete Xhosa-Frauen haben ebenso wie die Männer das Recht, Tabak in **Pfeifen** zu rauchen, was sie auch oft tun, allerdings mit langem Pfeifenstiel, damit die Asche beim Stillen nicht auf die Babys fällt. Die Pfeifen werden zwar untereinander geteilt, aber jeder muss seinen eigenen Stiel haben, und zwar nicht nur aus hygienischen Gründen, sondern auch um Hexerei zu vermeiden: Denn Teile des Körpers (Haare, Haut, Speichel usw.) stellen das effektivste Gift gegen Menschen dar.

Bevor die Europäer kamen, trugen die Xhosa keine Kleidung. Was man heute als traditionellen **Xhosa-Stoff** ansieht, wird meist von Frauen getragen, oft in Form von Röcken mit schwarzen Querstreifen. Die Brüste unverheirateter Frauen waren traditionell unbedeckt, die der verheirateten wurden mit Perlen passender Farben geschmückt. Heute tragen die meisten Frauen T-Shirts und auf den Köpfen Tücher, die über der Stirn zu zwei komplizierten Knoten gebunden werden. Die **traditionellen Farben** der Thembu und Bomvana sind rot oder orange, die der Pondo und Mpondomise hellblau.

Die beste Backpacker-Lodge ist **Coffee Shack***, schön gelegen am Bomvu River, ℡ 047-575 2048 und ℡ 083-236 9251, ✉ coffeeshack@ wildcoast.com. Abendessen mit Meeresfrüchten und Tagesausflüge sowie Aktivitäten wie Surfen (mit Unterricht und kostenlosen Brettern), Wandern, Kanutouren und Abseilen gehören zum Programm. Der Shuttle-Bus verkehrt zwischen Umtata und Coffee Bay und (bei Bedarf) auch zur Haltestelle des *Baz Bus*. Es gibt 4 Schlafsäle, 1 DZ und einen Campingbereich. In der Bucht westlich von Coffee Bay thront in spektakulärer Lage, hoch über dem Wasser auf einer Klippe, das **Davy Jones' Locker***, ℡ 047-575 0008, mit 6 DZ für Selbstversorger mit Gemeinschaftsbädern im Hause des Besitzers. Die Lage ist unübertrefflich. In der Bucht unterhalb kann man aus nächster Nähe Delphine und zwischen August und November Wale beobachten. Die Bucht gehört den Gästen ganz allein. Der Besitzer kocht einfache Mahlzeiten, je nach Saison auch Meeresfrüchte.

Sonstiges

Es gibt weder Banken noch ATM in Coffee Bay. **Benzin** gibt es im Hotel und **Grundnahrungsmittel** im *Bayview Trading Store,* 5 km vor Coffee Bay, in Richtung Port St Johns.

Transport

Von der N2 ist Coffee Bay über eine geteerte Straße erreichbar.

Umtata River Mouth

Der Umtata River fließt 6 km nördlich von Coffee Bay in eine weitere ruhige **Lagune**. Hier befindet sich das Hotel *Anchorage*, ℡ 047-534 1671, ℡ 047-534 0061, ✉ anchorage@wildcoast.co.za, 70 km von der N2 entfernt. Es gibt Unterkünfte in altmodischen Bungalows mit Halbpension** oder für Selbstversorger* sowie Camping*. Aus dem Zimmer kommt man direkt auf den Rasen und dann zum Sandstrand. Im *Anchorage* findet der Besucher ein Alkoholgeschäft und einen kleinen Laden. Obwohl das *Anchorage* als Ferienanlage nicht die erste Wahl ist – es gibt bessere zum gleichen Preis

–, lohnt es sich dennoch wegen seiner Selbstversorger- und Campingmöglichkeiten und der tollen Lage. Von zwei Flüssen eingerahmt, liegt das Hotel 3 km Fußmarsch am Strand entlang von der Mündung des Umtata River und weitere 3 km von der des Mdumbi River entfernt. Beide bieten gute Angelbedingungen. Zur Erkundung der sanften Hügel und Küstenwälder arrangiert das Hotel ausgezeichnete Reittouren.

Transport

Der beste Weg zum *Anchorage* ist die Teerstraße nach Coffee Bay, die 14 km südlich von *Shell Ultra City* in Umtata von der N2 abgeht. 6 km vor Coffee Bay biegt man am Hinweisschild zum *Anchorage* nach links ab und fährt weitere 14 km auf einer extrem holprigen, unbefestigten Straße.

Hluleka Nature Reserve

Zu den bezauberndsten Naturschutzgebieten der Wild Coast zählt das Hluleka Nature Reserve, das aus Küstenwäldern, Grasland und Sandstränden mit teils außergewöhnlichen, vom Wind geformten Felsformationen besteht. Die **Korallenbäume** stehen im Juli und August in voller scharlachroter Blüte. Mögen die Wege in Hluleka in noch so schlechtem Zustand sein und oft ins Nichts führen, so ist das Reservat doch zu klein, als dass sich Wanderer ernsthaft verirren könnten. In dem Streifen Grasland sind Gnus, Zebras und Blessböcke unterwegs. ☾ tgl. 6–18 Uhr, Eintritt R5.

Übernachtung

Übernachten kann der Besucher in 2 Gruppen von Chalets** für bis zu 6 Pers., eine auf Stelzen mit Meeresblick, die andere im Wald oben auf dem Hügel*. Sie sind geräumig, aber spärlich ausgestattet mit eingeschränkter Stromversorgung. Auch für sämtliche Verpflegung ist selbst zu sorgen, doch kann man bei den Fischern der Gegend Fisch kaufen. Angelgenehmigungen müssen über das Nature Conservation Office in Umtata (s.S. 426) beantragt werden, wo auch die **Buchungen** für Hluleka vorgenommen werden.

Hluleka ist über die schwer befahrbare Küstenstraße von Coffee Bay aus erreichbar. Von Coffee Bay fährt man zunächst ein kurzes Stück in Richtung Umtata, nimmt dann den rechten Abzweig nach Mdumbi und fährt weitere 30 km, bis die Schilder nach Hluleka auftauchen. Die einfachere Alternative verläuft 30 km entlang der R61 von Umtata nach Port St Johns, dann den rechten Abzweig nach Hluleka und schließlich weitere 57 km bis zur Küste.

Umtata und Umgebung

Zu beiden Seiten des Umtata River und der N2 liegt, 235 km von East London entfernt, Umtata – die ehemalige Hauptstadt der Transkei und die größte Stadt der Wild Coast-Region. Leider ist sie mit ihren Straßen voller Müll, den unscheinbaren 70er-Jahre-Bauten und den vielen Menschen ziemlich unansehnlich. Doch hier kann der Reisende sich mit allem Nötigen versorgen und Geld ziehen. Ein Besuch des Zentrums lohnt sich bestenfalls wegen des Nelson Mandela Museum.

Der Umtata River diente ursprünglich als Grenze zwischen den Clans der Thembu im Süden und der Pondo im Norden. Weiße errichteten ihre Farmen in den 60er Jahren des 19. Jahrhunderts am Fluss, und als die Briten 1875 Thembuland eroberten, wurde Umtata als eines ihrer vier Verwaltungszentren eingerichtet. Von 1976–94 war Umtata die Hauptstadt des Homelands Transkei und glänzte mit dem Ruf der korruptesten Beamtenschaft von ganz Südafrika.

Zum Zentrum von Umtata gehört ein kleines Netz überfüllter Straßen mit Bürogebäuden und vereinzelten architektonischen Schmuckstücken. Dazu zählt die elegante **Town Hall** an der Leeds Street, mit ihrer schönen Uhr, die irgendwann kurz vor 6 Uhr stehen geblieben ist. Einen Block weiter südlich, gegenüber vom *Tourist Office*, befindet sich ein kleines **Museum** mit einer informativen Ausstellung zu traditionellen Xhosa-Kostümen, lokaler Geologie und zum ANC (vor den Wahlen 1994). ⊙ Mo–Fr 8–16.30 Uhr, Eintritt frei.

Noch weiter südlich an der Owen Street, Ecke Nelson Mandela Drive, ist das **Nelson Mandela Museum** im alten Parlament *(bungha)* unterge-

bracht, das 1927 erbaut wurde. Das Museum ist in drei Bereiche unterteilt, deren interessantester Teil der mit dem Titel „The Long Walk to Freedom" ist und das Leben des großen Mannes verfolgt. Die anderen beiden Räume beherbergen die zahllosen Geschenke für Mandela aus der ganzen Welt. Das Museum veranstaltet auch kostenlose Führungen nach **Qunu** und **Mveso** (s. S. 427), Mandelas Geburtsort. Anfragen sind an das Museum oder die Tour-Koordinatorin Miss Tetani, ✆ 082-933 6264, zu richten. ⊙ Mo–Fr 8–16.30, Sa 9–13 Uhr, Eintritt frei.

Einen Block östlich des Museums, an der Alexandra, Ecke York Street, steht der Sandsteinbau der anglikanischen **Kathedrale**, die leider dauerhaft geschlossen wurde. In dem kleinen **Stadion** hinter dem großen Taxistand auf der anderen Seite der Alexandra Street ist die Fußballmannschaft „Umtata Bucks" zu Hause.

Wegen der vielen Menschen, des Verkehrs und der Angst vor Verbrechen orientieren sich die meisten Autofahrer und Backpacker auf **Shell Ultra City**, 6 km vom Zentrum entfernt, an der N2 in Richtung East London. Hier kann man bequem halten, tanken, essen und sich im *Select Shop* mit Lebensmitteln eindecken. Die Bank-ATM akzeptieren Cirrus, Maestro, Mastercard und die großen südafrikanischen Karten. Auf dem Parkplatz steht ein kleiner Caravan des Eastern Cape Tourism Board, der die Gäste mit Karten und Informationen versorgt. Ist man als Selbstversorger an der Küste unterwegs, so befindet sich an der N2 in Richtung Stadt das **Spar Centre**, perfekt für den Großeinkauf, ⊙ tgl. 7–21 Uhr. ATM und das Burger-Restaurant *Wimpy* sind hier ebenfalls vorhanden.

Übernachtung

In diesem Bereich ist Umtata nicht gerade die erste Wahl, doch ein paar nette (wenn auch nicht billige) Unterkünfte findet der Besucher. In erster Linie auf Geschäftsleute ausgerichtet, liegen sie vorwiegend am ruhigeren Stadtrand; an Wochenenden sind sie preiswerter.

Barbara's Guest House (Halbpension***, B&B**), 55 Nelson Mandela Drive, Zentrumsnähe, ✆ 531 1751, ✆ 531 1754, ✉ barbp@ cybertrade. Hübsche Pension in schönem Garten, 30 Zimmer mit TV und meist mit Bad.

Swimming Pool und Bar mit Billardtisch und Kneipenessen.

Courtyard*, Sutherland St, Ecke *Savoy Terrace*, ✆/📠 531 0791 oder ✆ 082-556 3988. Teil des *Savoy Hotel*, mit eleganten, renovierten und erschwinglichen Zimmern im Zentrum. Die Zimmer hier sind besser als im *Savoy*.

Holiday Inn Garden Court***, an der N2 stadtauswärts, ✆ 537 0181. Großer 70er-Jahre-Bau, moderner Pool, Spielautomaten, schicke Cocktail-Bar und Restaurant. Zimmer schlicht, EZ mit Blick auf Parkplatz.

Travel Inn**, neben *Shell Ultra City* (s.S. 425), ✆ 537 0761. Unpersönlicher Ort hinter Toren und Zäunen ohne öffentliche Flächen und Mahlzeiten. Höchstens für einen kurzen Zwischenstopp, doch die Familienzimmer mit Bad sind komfortabel und sauber, an Wochenenden viel billiger.

The White House**, 5 Mhlobo St, South Ridge Park, ✉ whitehouse@intekom.co.za, ✆ 537 0580 oder ✆ 083-458 9810. 17 saubere Zimmer, 8 davon mit Bad in 2 nebeneinander liegenden Vorstadtvillen in einer ruhigen Gegend abseits der N2, gegenüber *Shell Ultra City*. Billigere Zimmer mit Gemeinschaftsbädern. Abendessen auf Vorausbuchung, Gemeinschafts-Lounge und Billardtisch.

Essen und Unterhaltung

Neben den Hotelrestaurants gibt es einige wenige empfehlenswerte Lokale in Umtata.

La Piazza, Delville Rd, am *Country Club*, ✆ 531 0795, reicht abwechslungsreiche italienische Küche in freundlicher, familienorientierter Umgebung. Das **Country Club Restaurant**, am selben Ort, ✆ 531 0795, steht Nicht-Mitgliedern offen und serviert Speisen und Getränke auf einer strohgedeckten Terrasse mit Blick auf den Golfplatz. Am Abend ein äußerst angenehmer Platz. So geschlossen. Von den Fastfood-Restaurants ist **Nando's**, 85 York Rd, gegenüber der Town Hall, mit seinen leckeren Grillhähnchen-Gerichten das beste. Leuten auf der Durchreise, die sich vor der Weiterfahrt nur kurz stärken wollen, sei das **Whistle Stop** am Tankstellenkomplex Shell Ultra City empfohlen. Hier gibt es schnelle Mahlzeiten und Erfrischungen. Umtata hat ein reges **Nachtleben**, es gibt Bars und *shebeens*,

doch ohne ortskundigen Begleiter sollte man die Finger davon lassen.

Sonstiges

APOTHEKEN – *Triangle Pharmacy*, Circus Triangle Centre, Port St Johns Rd, ✆ 531 0215.

AUTOVERMIETUNGEN – *Avis*, Umtata Airport, ✆ 536 0066.

AUTOREPARATUREN – *Fort Gale Motors*, Queenstown Rd, ✆ 532 3882.

GELD – *First National Bank*, Sutherland St, Ecke York Rd; *Standard Bank*, York Rd, Ecke Leeds St.
Auf lange Schlangen gefasst sein – besser die ATM im *Spar Centre* oder bei *Shell Ultra City* nutzen, beide an der N2 nach East London.

INFORMATIONEN – Das sachkundige Personal des *Tourist Information Bureau* im Zentrum, 64 Owen St, ✆ 531 5290, hält nützliche Karten bereit. ⏱ Mo–Fr 8–16.30 Uhr.
Im *Nature Conservation Office*, York Rd, Ecke Victoria St, ✆ 531 1191, kann man Unterkünfte in den Naturschutzgebieten Silaka (s.S. 429) und Hluleka (s.S. 424) buchen. Es gibt auch Karten für verschiedene Gebiete und eine nützliche Broschüre zum gesamten Küstenstreifen. ⏱ Mo–Fr 8–16.30 Uhr.
Wild Coast Reservations, 3 Beaufort St, ✆ 532 5344, kann Unterkünfte in den Ferienanlagen und Hotels der Region vermitteln. ⏱ tgl. 8–18 Uhr.

MEDIZINISCHE HILFE – *St Mary's Private Hospital*, 30 Durham St, ✆ 531 2911.

NOTRUF – *Krankenwagen*, ✆ 10177 oder ✆ 532 2222; *Polizei*, ✆ 531 2333.

REISEBÜRO – *Sure Travel Centre*, Metropolitan Place, Leeds St, ✆ 531 2011.

SCHWIMMEN – Verweilt man ein paar Tage in der Stadt und spielt das Wetter mit, so lädt das Freibad am westlichen Ende der Sutherland St, in der Nähe der Kreuzung mit der Stanford Ter-

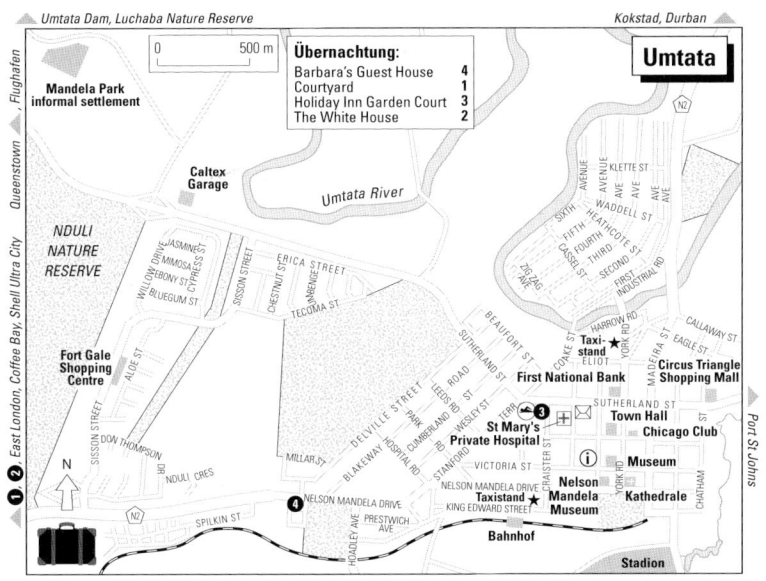

Übernachtung:

Barbara's Guest House	4
Courtyard	1
Holiday Inn Garden Court	3
The White House	2

Umtata

OSTKAP

race, zum Baden ein. ☉ tgl. 9–12.30 und 14–16.45 Uhr.

VORWAHL – 047

Transport

BUSSE – Der *Baz Bus* hält bei Shell Ultra City, 6 km außerhalb des Zentrums, an der N2 in Richtung East London, ebenso die Busse von *Greyhound* und *Translux*.
Intercity-Busse von Umtata nach DURBAN (3x tgl.; 5 3/4 Std.);
EAST LONDON (1–2x tgl.; 3 Std.);
JO'BURG (2x tgl.; 12 3/4 Std.);
KAPSTADT (1–3x tgl.; 17 1/2 Std.);
PORT ELIZABETH (tgl.; 5 3/4 Std.);
PRETORIA (tgl.; 13 3/4 Std.).

FLÜGE – Der kleine **Umtata Airport**, ✆ 536 0023, liegt 10 km westlich der Stadt an der Straße nach Queenstown und fliegt JO'BURG 2x tgl. (1 1/2 Std.) an. Zum Flughafen fahren keine öffentlichen Transportmittel, doch kann man Autos mieten.

Qunu und Mveso

30 km westlich von Umtata gelangt man zu den weit verstreuten Behausungen von Qunu, wo **Nelson Mandela** aufgewachsen ist (s.S. 428, Kasten). Die N2 donnert durch den Ort, doch die große und schlicht gehaltene Villa ist am Straßenrand leicht zu erkennen. Das Gebäude, das man zwar fotografieren, aber nicht betreten darf, liegt 28 km von *Shell Ultra City* in Umtata auf der linken Seite. Eine Unterführung verbindet das Haus mit dem Dorf, so dass Kinder, die zur Besichtigung kommen, die Straße sicher überqueren können. Auch die Überreste von Mandelas Grundschule sind hier noch zu sehen, ebenso der Felsen, von dem er mit seinen Freunden heruntergerutscht ist, und der Friedhof, auf dem seine Eltern, sein Sohn und seine Tochter liegen. Das meiste bekommt der Besucher von Qunu mit, wenn er sich einer kostenlosen **Führung** des Nelson Mandela Museum anschließt.

Mandela verbrachte seine ersten beiden Jahre in Mveso, eine Stunde südlich von Umtata. Das **Freilicht-Museum** hier beherbergt die Überreste der Rondavels, in denen er geboren wurde und aufwuchs, sowie eine Fotoausstellung.

Nelson Mandela Nelson Rolihlahla Mandela wurde am 18. Juli 1918 in der Nähe des Dorfes Qunu in dem noch winzigeren Dörfchen Mveso geboren. Sein Vater war ein Angehöriger des Königshauses der Xhosa und das Oberhaupt von Mveso, bis er sich mit dem weißen Friedensrichter wegen eines geringfügigen Streites um einen Ochsen überwarf. Nach seiner „Entlassung" zog die Familie in einen kleinen Kraal in Qunu, der, wie Mandela sich erinnerte, aus mehreren hundert armen Haushalten bestand.

Mandela wird oft **Madiba** genannt – das ist der Name seines den Thembu untergeordneten Familienclans. Der Name Nelson wurde ihm von einem Schullehrer gegeben, Rolihlahla bedeutet so viel wie „Unruhestifter". Mandela durfte zu Hause nie Fragen stellen, sondern sollte alles durch Beobachtung lernen. Später beobachtete er entsetzt, wenn er bei Weißen zu Gast war, wie deren Kinder ihre Eltern mit Fragen bombardierten und auch noch Antworten erwarteten.

Kurz nach dem Tod seines Vaters wurde Mandela aus Qunu zum Königspalast in Mqhakeweni gerufen, wo er Auseinandersetzungen vor Gericht beobachtete. Mit 16 wurde er initiiert – und danach für lange Zeit verhöhnt, weil ihm bei der Beschneidung ein Schrei über die Lippen kam. Er schrieb sich in Clarkebury ein, ein College der Thembu-Elite, dann im Wesleyan College von Healdtown in Fort Beaufort und schließlich im berühmten **Fort Hare** in Alice (s.S. 406). Nachdem er dort mit der Obrigkeit aneinander geraten war, ging er zurück nach Mqhakeweni. Im Jahre 1941 floh er vor einer arrangierten Hochzeit nach Johannesburg, wo seine politische Karriere begann.

Im Jahr 1990 (mit 72 Jahren und nach fast drei Jahrzehnten Gefängnishaft) kehrte er erstmals nach Qunu zurück. Der Ort erschien ihm ärmlicher als in seiner Erinnerung, jedoch war er froh darüber, dass der alte Geist die Gemeinde nicht verlassen hatte. Er veranlasste den Bau eines Palastes (oder „Landhauses", wie er es nannte). Dort macht Mandela nun Ferien und veranstaltet Familientreffen. Das Gebäude ist nach demselben Plan erbaut worden wie das Victor Verster-Gefängnis, wo er die letzten Jahre in Gefangenschaft verbracht hatte – das erste geräumige und komfortable Haus, das er je bewohnt hatte und in dem er sich auskannte.

Übernachtung

7 km westlich von Mandelas Haus bietet das **Jonopo Cultural Village** Unterkünfte in den Rondavels eines B&B* an und ist auch ein netter Zwischenstopp. Auf Vorausbuchung wird den Gästen eine Xhosa-Mahlzeit gekocht. Außerdem gibt es Ausstellungen zum Leben auf dem Lande und Kunsthandwerk zu erwerben, ☺ tgl. 8–17 Uhr, Eintritt R5.

Port St Johns und Umgebung

Die 60 km lange Fahrt von Umtata nach Port St Johns gehört zu den schönsten Strecken der Wild Coast. Sobald das winzige Dorf Libode hinter einem liegt, beginnt die spektakuläre Abfahrt vorbei an Felsenschluchten zur Küste, mit abenteuerlichen Blicken über die Wälder und das mit Rondavels gespickte Grasland. Die letzten Kilometer führen dann am Mzimvubu River entlang, bevor man den Stadtplatz und den Taxistand erreicht. Aus den kargen Hügeln von Umtata kommend, erscheint es unfassbar, wie bergig, üppig und schwül es hier ist.

Port St Johns ist vor allem bei **Backpackern** ein beliebtes Reiseziel, nicht nur wegen seiner sensationellen Lage an der Mündung des Mzimvubu River mit dem Mount Thesiger am Westufer und dem Mount Sullivan im Osten. Einige Besucher werden auch von dem in dieser Gegend angebauten Cannabis angezogen, und die berühmte **entspannte Atmosphäre** des Ortes veranlasst manchen, länger als geplant hier zu verweilen.

Port St Johns kann mit guten Angelplätzen und Badeständen locken, einer größeren Auswahl an Unterkünften als sonst an der Wild Coast und, nicht zuletzt, einer Teerstraße bis in die Stadt hinein.

Geschichte

Der Ursprung des Namens Port St Johns konnte nie geklärt werden, möglicherweise stammt er von dem portugiesischen Schiff *São João*, das im 16. Jahrhundert in der Nähe Schiffbruch erlitt. An die 400 Menschen überlebten das Unglück zwar, sie mussten dann aber 700 km bis nach Mosambik zurücklegen. Von den acht, die das schafften, überlebte einer unweit der Mündung des Umtata River zwei Jahre später erneut ein Schiffsunglück. Er soll allerdings an Verzweiflung zugrunde gegangen sein, weil er den Weg nach Mosambik nicht noch einmal in Angriff nehmen wollte.

Im Jahre 1878, als der Waffenschmuggel am Hafen unterbunden werden sollte, kaufte ein Vertreter des Kapgouverneurs einen 15 km langen Flussabschnitt und das Land am Westufer den Pondo für R2000 ab. Während er auf das Geld wartete, kam eine bewaffnete Einheit aus Natal an und annektierte das Ostufer des Flusses. Als Kompromiss machte man dann Port St Johns zur Kronkolonie in eigenem Recht, was allerdings aufgehoben wurde, als ganz Pondoland 1895 von den Briten erobert wurde.

Damals war die Gegend für ihren **Tabak** bekannt, der aus Durban und East London exportiert wurde. Während der Verhandlungen zum Act of Union forderte Transvaal die Einstellung des Handels, damit die weißen Tabakpflanzer ihr Geschäft konkurrenzlos ausdehnen konnten. Die Kapkolonie gehorchte und beendete 1906 den Tabakexport. Die Farmer antworteten darauf mit dem Anbau von **Cannabis** *(insango)* und deckten damit den steigenden Bedarf der Männer aus der Gegend, die in den Gauteng-Minen arbeiteten. Heute sind Anbau und Handel so stark wie eh und je, was wahrscheinlich die vielen weißen südafrikanischen Hippies in der Stadt erklärt.

Die Stadt

Obgleich es in der Stadt nicht viel zu sehen gibt, ist Port St Johns doch ein netter Ort zum gemütlichen Herumschlendern. Zunächst wirkt die Stadt etwas verwirrend – sie teilt sich in drei verschiedene Gegenden, die kilometerweit voneinander entfernt sind. Am **First Beach**, vom Postamt die Hauptstraße entlang, mündet der Fluss ins Meer. Es gibt gute Angelbedingungen, Baden ist aber etwas unsicher. Ganz in der Nähe liegt das Stadtzentrum, wo es Ge-

schäfte und Minibus-Taxis gibt. Am **Second Beach**, auf dem rechten Abzweig hinter dem Postamt ca. 5 km entlang der Teerstraße, lässt es sich fabelhaft schwimmen, dort ist auch eine Lagune. Nicht weit von hier findet der Besucher nette Unterkünfte und trifft auf viele Alternative, die sich diesen Ort als Wohnsitz auserkoren haben.

Weitere Übernachtungsmöglichkeiten, besonders für Angelfreunde, gibt es am Fluss in der Nähe der **Pondoland Bridge**, 4 km vor der Stadt. Die meisten tendieren dazu, sich hier festzusetzen, obwohl die felsige Küstenlinie bis in das Silaka Nature Reserve (s. S. 429) hinein und weiter bis zum **Umngazi River Mouth** wunderschöne Wanderwege bietet, ebenso wie die endlosen unberührten Strände östlich des Mzimvubu River. Der Mzimvubu ist im Sommer schlammig, wenn der Oberboden von den Drakensbergen in Lesotho in das Wasser gespült wird. Im Winter, wenn er wieder sauber ist, ist das Angeln in dem klaren Wasser das pure Vergnügen.

Beide Berge der **Gates of St John** lohnen den steilen Aufstieg zum Gipfel, von wo sich Blicke über die üppig grüne Umgebung eröffnen. Die Gates sind zwei wie Wachttürme anmutende Felsen zu beiden Seiten des Mzimvubu River an dessen Mündung in den Indischen Ozean. Mit dem Auto kommt man bis zu dem Flugzeuglandeplatz oben auf Mount Thesinger. Hier kann man nach Raubvögeln Ausschau halten, die sich die Aufwärtsströmungen zunutze machen.

Auf der Suche nach **Kunsthandwerk** sei dem Besucher das *Pondo People Crafts* am Ostufer des Mzimvubu River, jenseits der Pondoland Bridge, ans Herz gelegt – ganz klar der beste Laden an der Wild Coast. Hier werden Holzskulpturen, Körbe, geschnitzte Holztiere, Perlenschmuck und Kleidung verkauft – und das zu erschwinglichen Preisen. *Jakotz,* neben *The Lodge* am Second Beach, hat afrikanisch bedruckte Kleidungsstücke im Angebot.

Silaka Nature Reserve

Unmittelbar südlich der Stadt liegt das Silaka Nature Reserve, ein kleines Schutzgebiet mit einer spektakulären Küstenlinie. Dazu gehört die idyllische Third Beach, dichte und sagenhaft schöne tropische Waldgebiete mit riesigen Bäumen – durch die es sich wunderbar **wandern** lässt – und Tiere, wie z. B. Zebras und Gnus. Übernachten kann der

Besucher in geräumigen Chalets* für Selbstversorger auf dem Grasland, in denen 4 Personen unterkommen, zu buchen bei Nature Conservation in Umtata (s.S. 426). Zum Reservat gelangt man, indem man die Second Beach Road von Port St Johns und dann die tückisch steile Schotterstraße zur Reservatsverwaltung entlangfährt. Einige der Backpacker-Lodges bringen die Besucher ins Reservat, zurück wandert man dann die Küste entlang. ⊙ tgl. 6–18 Uhr, Eintritt R5.

Übernachtung

Port St Johns rühmt sich der größten **Auswahl** an Unterkünften an der Wild Coast. Zwar ist keines der Hostels von Port St Johns besonders spektakulär gelegen, doch gibt es Budget-Unterkünfte in schöner Lage. Ein Hostel mit Strand und ländlichem Ambiente ist *Mpande,* ein Stück außerhalb der Stadt.

Amapondo Beach Backpackers*, Second Beach, ℡ 564 1582 oder ℡ 082-630 7905, 🖳 www.portstjohns.org.za/amapondo. Lebhaftes Hostel auf einem Hügel mit Meeresblick, aber in einiger Entfernung zum Second Beach. Jeden Morgen kostenloses Shuttle zum 5 km entfernten Zentrum. Tägliche Verbindung mit dem *Baz Bus,* um Gäste abzuholen. Interneteinrichtungen, Abendessen auf Anfrage, 2 Schlafsäle, DZ, Permanent-Zelte. Arrangiert Wanderungen im Silaka Nature Reserve oder Übernachtungen in einem Dorf inkl. Besuch eines Heilers.

Cremorne Estate*–***, 5 km vom Zentrum am Umzimvubu River, an der Pondoland Bridge ausgeschildert, ℡/⊛ 564 1113, 🖳 www.cremorne. co.za. Einzige gehobene Unterkunft der Stadt, elegante Holz-Cottages auf Stelzen für Selbstversorger, die Rasenflächen fallen zum Umzimvubu River hin ab, Blick auf die Klippen des Mount Thesinger. Die Cottages haben je 2 Schlafzimmer mit Bad für 3–4 Pers. Billiger sind die kleinen sauberen B&B-DZ mit derselben Aussicht. Noch preiswerter sind die winzigen Hütten mit Doppelliegen, wo man auch campen kann. Restaurant, Bar und Pool-Bereich zum Entspannen.

Ikaya Le Intlabati*, letzte Abfahrt nach rechts an der Second Beach Rd, ℡/⊛ 564 1266, ✉ riverz @intekom.co.za. Abgelegenes, sehr gemütliches

Cottage mit 2 DZ mit Gemeinschaftsbad, 1 DZ mit Bad und 2 separaten Wohnungen im Garten eines freundlichen Künstlerpaares mit Kindern und Hunden. Billigste DZ der Stadt, abgesehen von den Hostels. Den bequem am unteren Ende des subtropischen Gartens gelegenen Strand erreicht der Gast über einen dschungelartigen Weg. Nur Selbstversorger.

The Jetty, am Ostufer des Umzimvubu, unweit von Pondoland Bridge und Lusikisiki Rd, 5 km vom Stadtzentrum, ℡ 564 1072. Ruhige Lodge zum guten Preis: Selbstversorger*, B&B**. 5 Zimmer mit Bad in einem alten Haus, 3 davon mit Kinderbetten. Riesiger Garten mit Rasen und ausladenden Bäumen, wo manchmal Schwärme der seltenen Kap-Papageien auf den Pecannuss-, Avocado- und Litschibäumen sitzen. Terrasse und Veranda mit Flussblick. Kochen in gut ausgestatteter Gemeinschaftsküche, keine Bar. Lockere Atmosphäre, Schwerpunkt auf Angeln, Bootsverleih für Angel- oder Bootstouren auf dem Fluss.

The Kraal, nahe *Mpandi Bookings,* ℡ 043-683 2384, ⊛ 043-683 2098, ✉ thekraal@hotmail.com. 4 traditionelle Hütten für je 4 Pers. auf Gemeindeland, weit abgeschieden. Effizient geführt, herrliche Lage am Strand, weder Strom noch Spültoiletten (Umwelttoiletten werden genutzt), Dusche und Waschgelegenheiten in Strohhütten. Mahlzeiten werden angeboten, oft gibt es Langusten, Austern und Muscheln. Strandwanderungen, Schnorcheln, Surfen, Delphine beobachten (zur entsprechenden Zeit auch Wale). Hostel-Bus fährt zum *Baz Bus* am Shell Ultra City in Umtata (telefonisch im Voraus buchen). Mit dem Auto bei *Tombo Stores* abbiegen (70 km von Umtata an der Straße nach Port St John) und weitere 30 Min. bis zum Dorf Mpande fahren.

Lily Lodge**, an der Second Beach Rd ausgeschildert, ℡/⊛ 564 1229 oder ℡ 082-926 0077, ✉ lilys@wildcoast.co.za. Komfortable Stein-Cottages in einem üppigen subtropischen Garten, Nähe Second Beach, nicht gerade billig. Restaurant ist für seine Meeresfrüchte berühmt.

The Lodge*, am Ende der Second Beach Rd, ℡ 564 1171 oder ℡ 082-977 6989. Beste Lage unter den B&Bs in Port St Johns. Zauberhaftes und abgelegenes, strohgedecktes Haus mit 3 geschmackvoll eingerichteten DZ, Holzfußboden,

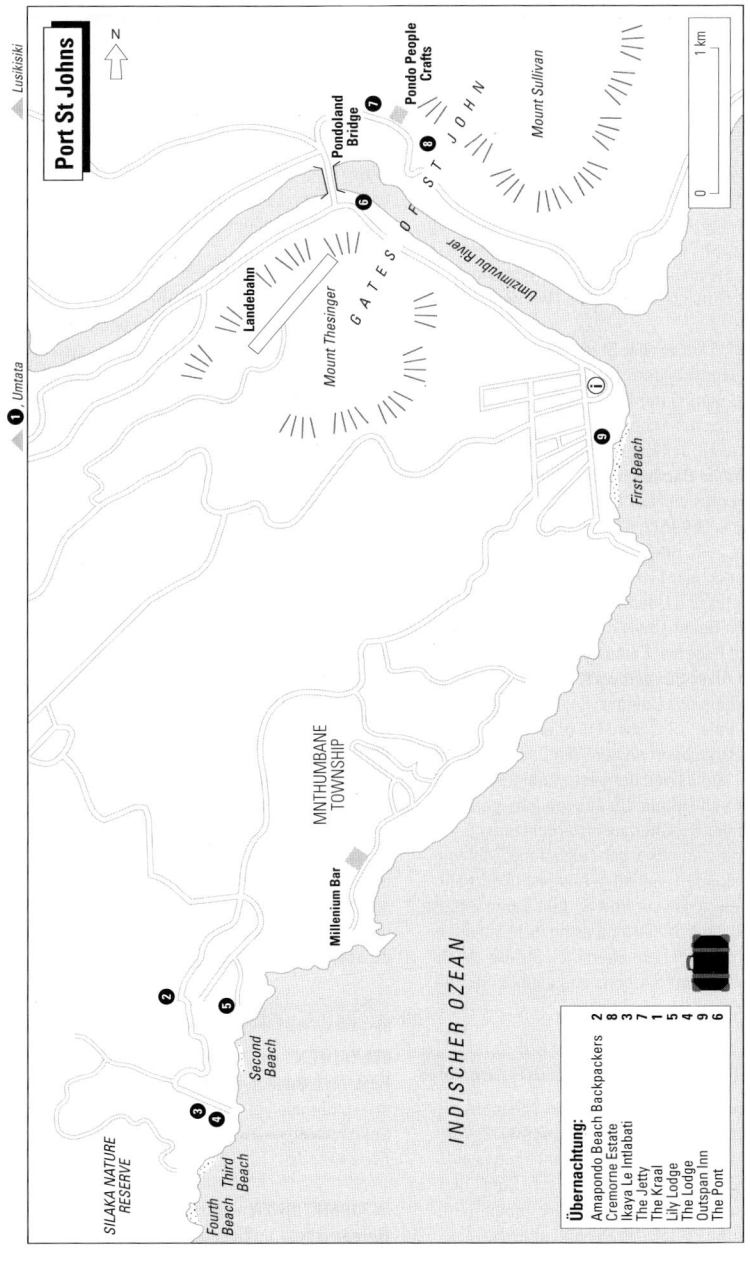

Port St Johns

N

Lusikisiki

Umtata ❶

SILAKA NATURE
RESERVE

Fourth
Beach Third
Beach

Second
Beach

❷
❺
❸
❹

Millenium Bar

MNTHUMBANE
TOWNSHIP

INDISCHER OZEAN

Landebahn

Mount Thesinger

G A T E S   O F   S T   J O H N

Pondoland
Bridge

❼ Pondo People
Crafts

❻

❽

S T   J O H N

Umzimvubu River

Mount Sullivan

0   1 km

ℹ

❾

First Beach

Übernachtung:
Amapondo Beach Backpackers   2
Cremorne Estate   8
Ikaya Le Intlabati   3
The Jetty   7
The Kraal   1
Lily Lodge   5
The Lodge   4
Outspan Inn   9
The Pont   6

OSTKAP

Port St Johns und Umgebung   431

schönem Blick zum Strand von der Veranda, Wein und Speisen sind die besten der Stadt. Für Restaurant Reservierung erforderlich.

Outspan Inn**, im Zentrum, hinter der Town Hall an der Straße zum First Beach, ✆/✆ 564 1057 oder ✆ 564 1345, 🖥 www.wildcoast.com/outspan. Zweistöckiges, ockerfarbenes B&B in einem bezaubernden großen Garten mit 12 Zimmern mit Bad, teils mit hohen Betten, von denen man auf First Beach blicken kann. Restaurant und Pub, Swimming Pool. Oft von Hilfsdienst- und Geschäftsleuten bewohnt, Wochenenden billiger.

The Pont*, 5 km vor der Stadt, an der Pondoland Bridge ausgeschildert, ✆ 465 11324, ✉ pont@wildcoast.com. Guter Campingplatz auf großen sonnigen Rasenflächen, die zum Umzimvubu River abfallen, schäbige Bambushütten.

Port St Johns Backpackers*, Berea Rd, erste Abfahrt rechts von der Hauptstraße hinter der Post, ✆ 564 1517, ✉ psjbackpackers@wildcoast.com. Umgebautes Haus in Zentrumsnähe, hier ist nicht viel los. Arrangiert Führungen in die Dörfer und Übernachtungen bei einem traditionellen Heiler sowie den Transport zum Silaka Nature Reserve. Camping, Schlafsäle und DZ.

Umngazi River Bungalows*** (Vollpension), an der Mündung des Umngazi River, westlich von Port St Johns, ✆/✆ 564 1115 oder ✆ 043-701 6881. Als Urlaubsort an der Wild Coast unschlagbar, wohl landesweit der beste Anbieter für Familien-Strand-Urlaub. Oft ausgebucht, gerade während der Schulferien, also rechtzeitig buchen. Strand und Pool sehr einladend, Mittags-Buffet besonders vielfältig. Ausgeschildert an der R61, ca. 10 km vor Port St Johns, von Umtata kommend; vom Schild sind es noch 11 km auf einer mit Schlaglöchern übersäten Straße. Auch Fliegen nach Port St Johns und abholen lassen ist möglich.

Essen

Cremorne, Umzimvubu River, den Schildern an der Pondoland Bridge folgen, ✆ 564 1113. Vornehmstes Lokal der Stadt – eigentlich das einzige herkömmliche Restaurant. Fisch, Steak und Pudding sehr gut, Pizza-Ofen, Pub, Innen- und Außentische. ⏰ tgl. mittags und abends.

Delicious Monster, Second Beach. Einige Tische im Garten des Besitzers, abseits des Second Beach. Frühstück, Mittagessen mit gartenfrischen Kräutern, selbst gemachte Leckereien zum Tee. Kleiner Handwerksladen in einem Caravan.

Hippo's, an der Hauptstraße, ganz nah am Abzweig Second Beach. Bei Einheimischen beliebt, preiswerte traditionelle Gerichte wie *samp* und Bohneneintopf.

The Island, am First Beach ausgeschildert, ✆ 564 1958 oder ✆ 082-8131611. Flippiger, witziger Ort, wo man japanisch sitzt und von getoasteten Sandwiches bis zu Thai-Gemüsepfannen alles bekommt. Guter Preis, gute Küche und gute Präsentation. Videos auf Großbildleinwand in einem Raum, Riesen-Lautsprecher im anderen. Takeaways und Lieferservice. ⏰ tgl. außer Di, mittags bis Mitternacht.

Lily's Restaurant, Lily Lodge, an der Second Beach Rd nach links ausgeschildert, ✆ 564 1229. Das preisgünstige Menü enthält oft Meeresfrüchte. Auf jeden Fall den tollen Blick von der Sonnenterrasse durch die Palmen aufs Meer genießen. Mo geschlossen.

The Lodge, Second Beach Rd, ✆ 564 1171. Winziges B&B-Restaurant am Second Beach mit guten Meeresfrüchten, europäischer Küche und guten Weinen. Buchung nötig.

Millennium Bar, Township Mthubane, zwischen Stadt und Second Beach. Herrlicher Meeresblick von der Außenterrasse, freundliche Atmosphäre, Hühner und Kinder laufen herum.

Outspan Inn, im Zentrum hinter der Town Hall an der Straße zum First Beach. Opulentes Frühstück, interessantes und preiswertes Mittag- und Abendessen, erstaunlich wenig besucht. So abends geschlossen.

Sonstiges

EINKAUFEN – Im Zentrum befinden sich eine **Post**, eine **Bank** mit ATM und ein *Boxer*- Supermarkt, der alle nötigen **Nahrungsmittel** für Selbstversorger verkauft, Gemüse gibt's im *Green Foods*.

INFORMATIONEN – Das *Tourist Information Bureau* ist der auffällige Bau an dem Kreisverkehr auf dem Weg stadteinwärts. Dort werden Karten und Informationen über die Unterbringung bei örtlichen Xhosa-Familien bereitgestellt. ☉ Mo–Fr 8.30–17, Sa 9 Uhr bis mittags. Jimmy Gila vom *Tourist Office*, ✆ 082-507 2256, bietet **Touren** in der Gegend an.

VORWAHL – 047

SELBSTFAHRER – Von Durban nimmt man am besten die Küstenstraße über Port Shepstone und Port Edward, anstatt landeinwärts zur N2 zu fahren. Die R61 ist der kürzeste, geteerte Weg, außer auf den letzten 18 km ab Lusikisiki.

BUSSE – Der *Baz Bus* hält am *Shell Ultra City* in Umtata. Auf Anfrage holen die Hostels ihre Gäste dort ab. Kommt man aus KwaZulu-Natal nach Port St Johns mit öffentlichen Transportmitteln, gilt als Alternativroute die über das *Wild Coast Sun* (s.S. 434), Bizana und Lusikisiki an der R61. Am besten kommt man mit dem *Grimboys-Bus* aus Durban hierher, der tgl. direkt nach Port St Johns fährt.

MINIBUS-TAXIS – Port St Johns ist auch per Minibus-Taxi von Umtata leicht erreichbar: Viele fahren vom Restaurant *Steer's* an der *Circus Triangle Mall* ab.

Nördliche Wild Coast und die Enklave in KwaZulu-Natal

Viele Besucher der nördlichen Wild Coast strömen zum **Wild Coast Sun**, einem Hotel und Casino an der Grenze zu KwaZulu-Natal, obwohl der Küstenabschnitt zwischen Port St Johns und dem Mzamba River am *Sun* unsagbar schön ist. Denn hier befinden sich drei der weltweit fünf Wasserfälle, die aus über 100 m Höhe direkt ins Meer stürzen. Daneben locken zahllose einsame Strände und lauschige Buchten. Zu Fuß oder per Auto (etwas schwierig) kann man die Gegend im **Mkambati Nature Reserve** erkunden, das sich über einen Großteil dieser Küste erstreckt.

Die Straße über **Lusikisiki** von Port St Johns zum *Wild Coast Sun* über Bizana stellt für Reisen-

de vom Ostkap nach KwaZulu-Natal eine interessante Alternative zur N2 dar. Landeinwärts führt die Straße durch die Ostkap-Enklave in KwaZulu-Natal zu den sanften Hügeln von **Ixopo**, das durch Alan Patons Roman *Cry the Beloved Country* (1948) bekannt wurde.

Mkambati Nature Reserve

Das größte Reservat der Wild Coast heißt Mkambati Nature Reserve (Buchung bei *Keval Travel*, Kokstad, ✆ 039-727 3124, ✉ wendyr.kevaltravel @galileosa.co.za). Es umfasst eine Fläche von 80 km^2. Es besteht fast ausschließlich aus Grasland und wird von den bewaldeten Schluchten der Flüsse Msikaba und einer hinreißenden **Küstenlinie** mit Felsbuchten und einsamen Stränden begrenzt. Im Park leben sehr **viele Tiere**: Mit etwas Glück bekommt der Besucher Elenantilopen, Gnus, Kuhantilopen und Blessböcke sowie Fahlgeier zu Gesicht. Das Glanzlicht ist der Mkambati River selbst, der sich seinen Weg durch das Reservat in einer Reihe faszinesnahen Wasserfälle bahnt, von denen die meeresnahen **Horseshoe Falls** den Höhepunkt bilden. **Reiten** und **Wandern** gehören zum Angebot. Der Amadiba Horse Trail (s.s. 417) endet am Reservat. Die Straße zum *Rest Camp* ist recht gut, doch braucht man für die anderen Wege im Gelände (außer dem zum Strand) ein **Fahrzeug** mit großer Bodenfreiheit. Die Route zum Strand lässt auch zu wünschen übrig, doch mit Vorsicht, bei gutem Wetter und Trockenheit kann man sie mit einem gewöhnlichen Auto bewältigen. Gut, dass der Fußweg zum Strand durch den tropischen Wald nicht so lang ist.

Das **Baden** gestaltet sich hier herrlich idyllisch: Eine warme, geschützte Lagune wird von steilen Dünen flankiert, von denen man ins Wasser rutschen kann. Dazu gibt es schattige Bäume an dem breiten, klaren Fluss. Es sind keinerlei Anlagen vorhanden – für das Picknick, inkl. Trinkwasser, ist also selbst zu sorgen. ☉ tgl. 6–18 Uhr.

Übernachten kann man – nur als **Selbstversorger** – in verschiedenen Unterkünften, die etwas heruntergekommen, aber preiswert sind. Es gibt keine Geschäfte. Als bestes Quartier bietet sich *The Lodge* an, einst das Steinhaus des Arztes, als das *Rest Camp* noch ein Sanatorium war. Es steht auf einem Hügel und hat eine Veranda mit Blick auf Meer und Swimming Pool. Die Pfade winden sich durch dichte Vegetation bis hinunter zur Lagune, zum Fluss und zum Meer. Mit mehreren Schlafzimmern ist es ideal für eine Familie bzw. Gruppe. Um die Rezeption stehen einige einfache Cottages* für Selbstversorger, von denen die besten die beiden Steinhäuser mit je zwei Schlafzimmern sind – denen sollte man bei der Buchung vor den eher schäbigen Versionen mit einem Schlafzimmer den Vorzug geben, obwohl diese wirklich zu Schnäppchenpreisen zu haben sind. Alle Unterkünfte haben Stromanschluss. Am Strand, abermals in traumhafter Lage, kann man in einem strohgedeckten Haus mit 3 Schlafzimmern unterkommen: **The Point** – weit und breit das einzige Gebäude am Strand. Es gibt keinen Strom, nur Solarenergie und Gaslampen.

Auf dem Weg nach Mkambati wendet der Besucher sich am Mkambati-Schild bei Flagstaff von der geteerten R61 ab in Richtung Küste. Von Flagstaff sind es 70 km Schotterstraße, deren Beschaffenheit sich laufend ändert. Meist gibt es im normalen Auto keine Probleme, wenn man langsam fährt. Nach starkem Regen ist jedoch ein Geländewagen nötig. Von Port St Johns sind etwa 2–3 Std. einzuplanen.

Nach Norden zum Hotel Wild Coast Sun

Die Straße von Port St Johns zum kleinen, unauffälligen Städtchen **Lusikisiki** ist nicht geteert und auf den ersten 16 km bei Nässe nur schwer passierbar. Den Rest des Weges zum *Wild Coast Sun* ist sie dann allerdings geteert. Hinter Lusikisiki scheinen die Hügel von Pondoland endlos, werden aber 50 km weiter vom Dörfchen **Flagstaff** unterbrochen. Ungefähr 30 km weiter führt eine Kreuzung zurück zur N2, und wiederum 20 km dahinter liegt, inmitten dicht besiedelter Berge, die lebhafte Stadt **Bizana**. In dieser Gegend, die 60 km von der Küste entfernt ist, sind **Oliver Tambo** und **Winnie Madikizela-Mandela** geboren. Dem *Bizana Hotel* links der Hauptstraße ist ein ruhiges Restaurant angeschlossen, in dem gute Steaks und Currys gereicht werden, als Unterkunft sollte man es lieber meiden.

Etwa 60 km weiter erstrahlt das protzige *Wild Coast Sun****, ✆ 039-305 9111, ✆ 039-305 1012, ▭ www.suninternational.co.za, in gut gewählter Lage an der Mündung des Mzamba River. Trotz des billigen Pazifikinsel-Dekors ist der Hotelkomplex größtenteils recht angenehm. Die meisten Gäste kommen zum Spielen im **Casino** hierher, doch gehören auch eine Games Arcade, Bowling, Ponyreiten und Minigolf zum Programm. Übernachtet wird in kleinen, gut ausgestatteten Zimmern sowie einigen Suiten mit Meeresblick. Zu essen gibt es leckere (wenn auch überteuerte) Fischsteaks im *Driftwood Terrace*, mit tollem Blick aufs Meer.

Gegenüber dem Komplex ist der **Mzamba Crafts Market** wie ein traditioneller Kraal im Kreis angelegt. Der Hauptladen verkauft Kunsthandwerk aus dem ganzen südlichen Afrika zu erschwinglichen Preisen – was aus der Gegend kommt, ist billiger, vor allem die Arbeiten aus Grasgeflecht. Fehlerware wird in den etwas abseits gelegenen Hütten zu heruntergesetzten Preisen angeboten. Taxis und Busse halten vor dem Markt, wenn sie nach Bizana und Port Edward in KwaZulu-Natal unterwegs sind.

Am Hotel beginnt außerdem der **Amadiba Horse Trail** (s.S. 417), die Küste entlang zum Mkambati Nature Reserve. Täglich fährt ein Shuttle von *Utours*, ✆ 031-561 5896, von der Beachfront in Durban zum *Wild Coast Sun*, so gelangt man ohne Auto von Durban hierher – in nur 2 Stunden.

In Richtung KwaZulu-Natal

Die schnellste und meistbefahrene Strecke vom Ostkap nach KwaZulu-Natal ist die **N2**, vorbei an den zerklüfteten Städten Mount Frere und Mount Ayliff, bevor Kokstad und die Provinzgrenze erreicht werden. Von der Straße aus sieht der Reisende Hügel mit dicht bewohnten Siedlungen. Bei genauerer Betrachtung scheinen die Hügel mit der Belastung nicht so leicht fertig zu werden, denn es gibt enorme *dongas* (ausgewaschene Furchen), die überall dort, wo große Massen Oberboden einfach weggespült worden sind, narbenähnliche Krater bilden. **Mount Frere** liegt ca. 100 km von Umtata entfernt und heißt auch *kwaBhaca,* was in der Xhosa-Sprache „Ort des Bhaca" bedeutet – weil viele Menschen, die vor dem Zulu-König Shaka nach Süden flohen, sich hier angesiedelt haben und *amaBhaca* genannt wurden („die Menschen, die sich verstecken"). Heute ist Mount Frere eine ziemlich raue Stadt, die man rasch hinter sich lassen sollte.

Die Ostkap-Enklave

Die Ostkap-Enklave in KwaZulu-Natal mit ihrer Hauptstadt **uMzimkhulu** sah sich viele Jahre lang nervös den haarsträubenden ethnischen Kategorisierungen vergangener Regime gegenüber – ein Erbe, das bis heute nicht vergessen ist. Die dort lebenden Menschen sind eine Mischung aus Zulu, Pondo, Bhaca und Griqua, ökonomisch bestehen die engsten Verbindungen zu Pietermaritzburg und Durban. Das Apartheidregime zählte sie zur Transkei, angeblich weil die meisten von ihnen Pondo waren und somit zur Xhosa-Nation gehörten. In Wahrheit jedoch brauchte man nur billige Arbeitskräfte. Nicht unumstritten war die Entscheidung, das Gebiet bei der Neuregelung der Grenzen nach den Wahlen von 1994 in das Ostkap mit einzubinden, zum Teil weil viele Menschen dort ANC-Anhänger sind und nicht zu einer Provinz gehören wollten, die von der nationalistischen Inkhata Freedom Party der Zulu regiert wird.

Die Enklave erreicht man, indem man an der Kreuzung Stafford's Post von der N2 auf die R56 abfährt in Richtung **Ixopo**.

Die Fahrt ist landschaftlich reizvoll und angenehm, das Umschauen lohnt sich allerdings nicht – es gibt weder Übernachtungsmöglichkeiten noch touristische Infrastruktur und die Armut ist allgegenwärtig. uMzimkhulu ist ein geschäftiges Verkehrszentrum mit großem Taxistand an der Shell-Werkstatt und vielen Fastfood-Läden für die hungrigen Passagiere, von denen die meisten auf der Durchreise von und nach **Pietermaritzburg** und **Durban** sind. Nachdem man die Überreste des kleinen Grenzpostens gleich östlich der Stadt passiert hat, ist man wieder in KwaZulu-Natal, unweit von Ixopo.

KwaZulu-Natal

HIGHLIGHTS

Nashörner – Die Wildschutzgebiete Hluhluwe-Umfolozi und Mkhuze sind die besten Orte der Welt, um diese gefährdete Art zu beobachten

Indische Kultur – Hindu-Tempel und scharfe Speisen der zweitgrößten ethnischen Gruppe KwaZulu-Natals verleihen einer ansonsten ausgesprochen afrikanischen Provinz die entsprechende Würze

Safari zu Fuß – Die Trails im Umfolozi Game Reserve zählen zu den schönsten Wildniswanderwegen Südafrikas

Drakensberge – Das Gebirge mit seinen hoch aufragenden Gipfeln und uralten Felsmalereien der San wurde von der UNESCO zum Weltnaturerbe ernannt

Schildkrötenwanderung – Lederschildkröten und Unechte Karettschildkröten legen schon seit 60 000 Jahren bis zu 3500 km zurück, um ihre Eier an der Küste von Maputaland abzulegen

St. Lucia Wetland Reserve – Das zweite Weltnaturerbe KwaZulu-Natals bietet neben einer unberührten Küste und zahlreichen Wasserläufen eine bunte Vogelwelt, Krokodile, Elefanten und Flusspferde

Rocktail Bay Lodge – Eine tropische Ferienanlage der luxuriöseren Art an einem der abgelegensten Strände Südafrikas

Zulu-Korbwaren – Die Vukani Collection in Eshowe zeigt einige der schönsten Flechtarbeiten Südafrikas

Battlefield-Touren – Das Drama der Kriege zwischen Engländern, Buren und Zulu wird durch Fremdenführer wieder lebendig

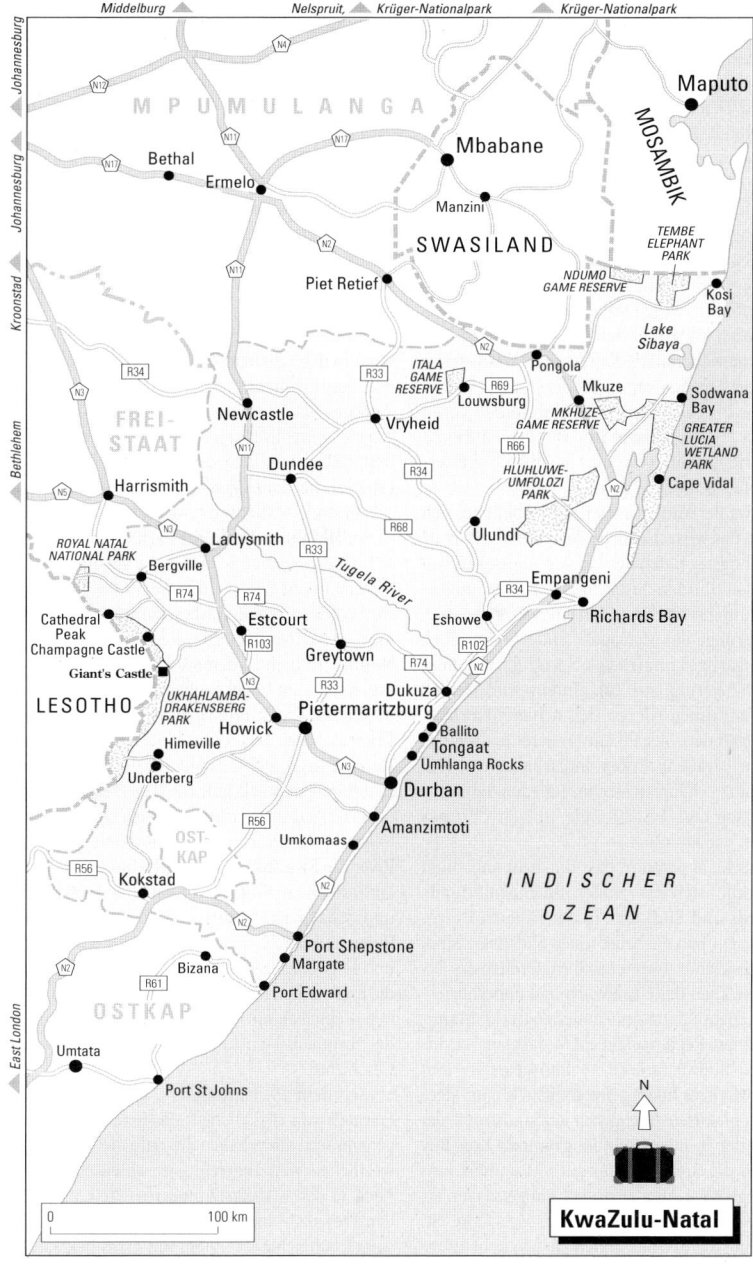

KwaZulu-Natal ist die afrikanischste Provinz Südafrikas und hat alles zu bieten, was man gemeinhin mit diesem exotischen Kontinent verbindet: Strände, wilde Tiere, Berge und eine aufgeschlossene, multikulturelle Bevölkerung. Die Südafrikaner selbst wissen sehr gut, welche Attraktionen KwaZulu-Natal zu bieten hat. Nur die ausländischen Besucher scheinen noch nicht so recht gemerkt zu haben, welch unglaubliches Potenzial in dieser überschaubaren und landschaftlich schönen Region steckt.

Die weißen Südafrikaner schätzen KwaZulu-Natal besonders wegen seiner subtropischen **Küste**, die selbst im Winter durch ein gemäßigtes Klima erfreut, während am Kap schon mal ein eisiger Regen niedergehen kann. Von der Ostkap-Grenze im Süden bis zum Tugela River im Norden liegen an einem 250 km langen Küstenstreifen mit Hotels und Ferienwohnungen die touristisch bestersschlossenen Strände Südafrikas.

In etwa der Mitte dieses Streifens befindet sich **Durban**, das wirtschaftliche Zentrum der Provinz und wichtigster Hafen des Landes. Abgesehen von Kapstadt ist Durban die einzige Großstadt Südafrikas, die um ihrer selbst willen einen Besuch lohnt. Die Ursprünge der Metropole sind britisch, doch das einzigartige kulturelle Flair wird ihr von einer Mischbevölkerung aus Zulu, Indern und Weißen verliehen. Palmen wiegen sich neben viktorianischen Gebäuden, illegale Einwanderer hausen unter Schnellstraßenbrücken, indische Tempel und Restaurants behaupten sich im Schatten der Bürohochhäuser und Stadtstrände trotzen der wuchernden Bebauung.

Es erscheint paradox, dass die nicht unbedingt zu den schönsten des Landes zählenden Strände der **Nord- und Südküste** in der näheren Umgebung von Durban die beliebtesten Südafrikas sind, während sich nur unweit von hier, nördlich des Tugela River, einer der einsamsten und unberührtesten Küstenabschnitte des Landes erstreckt: **Maputaland**. Diese Region bildet ein Mosaik aus Feuchtgebieten, Süßwasserseen, Wildnisgebieten und Zulu-Dörfern, es findet seine Nahtstelle zum Meer in einem praktisch durchgehenden Sandstrand, der sich von der St.-Lucia-Mündung bis nach **Kosi Bay** und über die Grenze hinaus nach Mosambik hinzieht. Abgesehen vom touristisch einigermaßen erschlossenen, südlichen Abschnitt des **Lake St. Lucia** zählt das fast ausschließlich von unbefestig-

ten Straßen durchzogene Maputaland zu den isoliertesten Regionen des Landes. Am Ende einer dieser Pisten wartet zur Belohnung **Rocktail Bay**, eine Traumlandschaft aus tropischer Vegetation, lauwarmem Wasser und feinem, endlosen Sandstrand. Etwas südlich von hier bilden die Korallenriffe der **Sodwana Bay** das beste Schnorchel- und Tauchrevier Südafrikas.

Die beeindruckende Unterwasserwelt KwaZulu-Natals findet ihr Pendant an Land in den **Wildschutzgebieten**, von denen einige allenfalls durch den Krüger-Nationalpark übertroffen werden. In so manchem Aspekt stellen sie ihren großen Bruder sogar in den Schatten: Zum Beobachten von Spitz- und Breitmaulnashörnern sind die Wildparks in KwaZulu-Natal die besten der Welt. Die Tierschutzgebiete konzentrieren sich im Norden der Provinz, unmittelbar westlich von Maputaland, sie bieten Unterkünfte, die zu den stilvollsten Südafrikas zu zählen sind. Das berühmteste und größte Reservat ist der **Hluhluwe-Umfolozi Park**. Hier ist eine beachtliche Vielfalt an wilden Tiere anzutreffen, darunter auch die Big Five, d.h. die Großwildarten Löwe, Leopard, Elefant, Nashorn und Büffel. Die weniger stark frequentierten Reservate **Mkuzi** und **Ndumo** gehören zu den besten Revieren des Landes, wenn man Vögel beobachten möchte. An der nördlichen Provinzgrenze wartet noch eine echte Überraschung: Das kaum bekannte **Itala Game Reserve** liegt inmitten einer herrlichen Berglandschaft und sammelt Jahr für Jahr Preise für seine erstklassigen Übernachtungsmöglichkeiten.

Im Landesinneren liegen nördlich des Tugela River die **KwaZulu-Natal Battlefields**, das Kernland des Zulu-Königreiches im 19. Jahrhundert und Schauplatz schauriger Schlachten zwischen Buren und Zulu, Engländern und Zulu sowie Buren und Engländern. Heute erwecken Fremdenführer die historischen Kampfschauplätze wieder zum Leben – eine beeindruckende Erfahrung mit einem der turbulentesten Kapitel der südafrikanischen Geschichte.

Seit dem 19. Jahrhundert, als KwaZulu-Natal erstmals von christlichen Missionaren ins Visier genommen wurde, haben die **Zulu** die Fantasie der westlichen Welt angeregt, sie zählen auch heute noch zu den wichtigsten touristischen Magneten der Provinz – ungeachtet der Tatsache, dass es wahrscheinlicher ist, einem mit Jeans bekleideten

Zulu in Johannesburg zu begegnen als einem in traditioneller Kluft in KwaZulu-Natal. Überall in der Provinz finden sich Erinnerungen an das Zulu-Königreich und seinen Gründer Shaka, darunter eine Rekonstruktion des aus Bienenkorbhütten bestehenden Zuludorfes **Ondini** und das eher touristisch ausgerichtete **Shakaland** in der Nähe von Eshowe.

Die Region südlich des Tugela River erhielt Mitte des 19. Jahrhunderts die Bezeichnung „Land des weißen Mannes" und konsolidierte sich als solches ein Jahrhundert später unter dem Apartheidsystem. Keiner Gegend in Südafrika haben die Engländer deutlicher ihren Stempel aufgedrückt als den **Midlands**. Alles in allem handelt es sich aber um eine wenig fesselnde Region, wenngleich es hier einige fabelhafte ländliche Hotels gibt. Die hügelige und grüne Landschaft mit ihren Zuckerrohrplantagen, Polo-Clubs und den etwas gekünstelten, auf den Fremdenverkehr ausgerichteten Kunsthandwerksrouten ist zwar hübsch, sieht aber angesichts der zahlreichen spektakulären Sehenswürdigkeiten der Provinz vergleichsweise blass aus.

Von den Midlands aus erheben sich Richtung Westen die höchsten Gipfel Südafrikas. Diese erreichen ihren Höhepunkt in den **Drakensbergen**, einem gewaltigen Gebirgsmassiv, das die Zulu als „Barriere aus aufgestellten Speeren" bezeichnen. Die Bergwelt wird durch eine Reihe von Reservaten geschützt, die von der Organisation KwaZulu-Natal Wildlife verwaltet werden. Die Rest Camps der Gegend eignen sich ideal als Ausgangspunkt für Wanderungen in die Berge oder eine anspruchsvolle Kletterpartie in die Hochgebirgswelt des High Berg. Mit relativ wenig Anstrengung lässt sich erleben, wie kristallklare Flüsse in marmorartige Felsbecken stürzen oder wie das Volk der San seine uralten Zeichnungen auf Steinen und Felswänden verewigte.

Das **Klima** KwaZulu-Natals ist erheblichen Schwankungen unterworfen. Im Winter kann es in den Drakensbergen gelegentlich zu Schneestürmen kommen, während an der nur 200 km entfernten Küste mildes und sonniges Wetter mit angenehmen Badetemperaturen herrscht. Die Region ist daher vor allem im Winter ein beliebtes Ferienziel, während die Hochsommer (Dezember bis Februar) in den tiefer gelegenen Gebieten einschließlich Durban, im Küstengürtel und in den Wildreserva-

ten eine unangenehm hohe Luftfeuchtigkeit mit sich bringen kann.

KwaZulu-Natal gilt als die **politisch unruhigste Region** des Landes. Die in der Mehrheit befindliche Zulu-Bevölkerung ist untereinander zerstritten und in einen latenten, aber deshalb nicht weniger zermürbenden und blutigen Bürgerkrieg verstrickt. Touristen bekommen davon in der Regel nichts mit, weil die Auseinandersetzungen in abgeschiedenen Regionen ausgetragen werden.

KwaZulu-Natal Wildlife In KwaZulu-Natal, vor allem in Maputaland, gibt es zahlreiche Wildparks, geschützte Feuchtgebiete und so genannte „Wilderness Areas". Alle in diesem Kapitel erwähnten staatlichen Unterkünfte in derartigen Gebieten stehen unter der Verwaltung von KwaZulu-Natal Wildlife alias KZN Wildlife oder KwaZulu-Natal Conservation Services. Falls nicht ausdrücklich anders angegeben, sollte die **Unterkunft in Bungalows/Chalets/Hütten** in solchen Schutzgebieten im Voraus reserviert werden, entweder schriftlich unter der Adresse *KwaZulu-Natal Wildlife*, PO Box 13069, Cascades, Pietermaritzburg 3202, ✆ 033-845 1000, 🖥 www.kznwildlife.com, oder persönlich bei **Tourist Junction**, Old Station Building, 160 Pine St, Durban, ✆ 031-304 4934. Reservierungen für **Campingplätze** und **Last-Minute-Buchungen** von Bungalows müssen in dem jeweiligen Rest Camp vorgenommen werden.

Durban

Bis in die 70er Jahre war Durban für die weiße Bevölkerung Südafrikas der perfekte Tummelplatz am Meer. Die tropischen Farben, die üppige Vegetation, die Surfer, Hedonisten und zahlreichen Urlauberfamilien aus Johannesburg trugen zu diesem Image bei. In den 80er Jahren änderte sich das Stadtbild, als im Zuge des Zusammenbruchs der „Bevölkerungsbewegungskontrollen" unter dem Apartheidsystem immer mehr Schwarzafrikaner aus den ländlichen Gebieten KwaZulu-Natals – und selbst aus entfernten afrikanischen Staaten – nach Durban strömten, um sich im Stadtzentrum niederzulassen. Slums und Hütten gehören mittlerweile zur Normalität dieses Ballungszentrums.

Südafrikas drittgrößte Stadt ist ein florierendes Industriezentrum und besitzt den größten **Hafen** des Kontinents. Die Umgebung der Docks eignet sich gut für einen Bummel, eine Mahlzeit oder einen Drink. Ein charakteristisches Merkmal Durbans ist seine **indische Bevölkerung**, die zweitgrößte ethnische Gruppe der Stadt. Die mit grell gefärbten Gottheiten verzierten Tempel, Basare und Moscheen bilden einen Kontrast zu den viktorianischen Gebäuden des von der Kolonialzeit geprägten Zentrums.

Das Interessanteste an Durban ist nicht die Lage der Stadt am Meer, sondern ihre ungeschminkte Urbanität. Es gleicht einem Kampf gegen Windmühlen, die indische, afrikanische und englische Kultur miteinander in Einklang zu bringen und die ungezügelt wuchernde Vegetation in Schach zu halten. Ein paar Tage kann man sich hier ohne weiteres beschäftigen, indem man Moscheen besichtigt, das indische Viertel in der Umgebung der Grey Street erkundet oder einen Abstecher zum Zulu-Markt in der Dalton Road unternimmt. Die meisten Touristen kommen allerdings nach Durban, weil sich die Stadt als Sprungbrett für die Weiterreise in andere Regionen KwaZulu-Natals anbietet: die Wildparks, die Drakensberge und die Battlefields. Durban verfügt innerhalb Südafrikas über eine sehr gute Verkehrsanbindung in Form von Inlandsflügen, Überlandbussen und Eisenbahnstrecken. Einige internationale Fluggesellschaften fliegen die Stadt ebenfalls an.

Geschichte

Vor weniger als 200 Jahren war Durban den Europäern noch als **Port Natal** bekannt und eine mangrovenüberwucherte Lagune, in der weiße Abenteurer profitable Geschäfte mit Elfenbein und Fellen witterten. 1824 überredete eine britische Abordnung unter Führung von **Francis Farewell** den Zulu-König **Shaka** zur Herausgabe eines Stück Landes. Die Engländer nannten ihre neue Siedlung Durban, nach dem Gouverneur der Kapkolonie, Sir Benjamin D'Urban. Dessen Unterstützung, so glaubten sie, würden sie sicher irgendwann gut gebrauchen können.

1839 sah sich Großbritanniens zerbrechlicher kolonialer Außenposten einer ernsten Bedrohung ausgesetzt, als die **Buren** mit ihren Ochsenkarren über die Drakensberge gezockelt kamen, um in bedrohlicher Nähe ihre neue Republik Natalia auszurufen. Gefahr kam auch von der anderen Seite: Im darauf folgenden Jahr machten einige inzwischen feindlich gesinnte Zulu die junge englische Siedlung dem Erdboden gleich und zwangen die britischen Kolonialisten, auf ihrem Segelschiff *Comet* das Weite zu suchen. Aus der plötzlichen Abwesenheit der Engländer wusste eine Gruppe von Buren Kapital zu schlagen, indem sie Durban annektierte. Später belagerten die Buren ein inzwischen eingetroffenes Kontingent der Engländer – eine Episode, die den Stoff zu einem der großen viktorianischen Melodramen lieferte, dessen Inhalt bis vor gar nicht so langer Zeit noch jedem englischsprachigen Schulkind in Südafrika bestens vertraut war: Der junge Bursche **Dick King** legte damals auf heldenhafte Weise die 1000 km von Durban nach Grahamstown zu Pferde in nur zehn Tagen zurück, um die dortige Garnison zu alarmieren, die prompt ein Kommando zur Befreiung Durbans auf den Weg schickte.

Während das 200 Jahre alte Kapstadt sich bereits in den 40er Jahren des 19. Jahrhunderts zu einem kosmopolitischen Zentrum entwickelt hatte, teilten sich die knapp 1000 Einwohner Durbans ihre bescheidene Existenz mit Löwen, Leoparden und Hyänen. Das änderte sich, als Großbritannien 1843 die **Kolonie Natal** offiziell annektierte. Innerhalb der nächsten zehn Jahre kam es zu einer Einwanderungswelle von Siedlern aus dem Mutterland, und in den folgenden Jahrzehnten hielten sämtliche Annehmlichkeiten des englischen Lebensstils Einzug in Natal, darunter Pferderennen, das Postwesen, zweistöckige Häuser und Tageszeitungen.

Die Ankunft des ersten Dampfschiffes in Durban, *Sir Robert Peel*, im Jahre 1852 war einerseits ein Vorbote der Verheißungen des Industriezeitalters, zeigte aber andererseits die Achillesferse der neuen Siedlung auf: Die Sandbank vor der Küste verhinderte das Anlegen größerer Schiffe im Hafen. Die Arbeiten zur Beseitigung dieses Hindernisses dauerten die ganzen 50er Jahre des 19. Jahrhunderts und noch weit darüber hinaus an. 1860 wurden die ersten Eisenbahnschienen in Durban verlegt. Über 300 zwangsverpflichtete **indische Ar-**

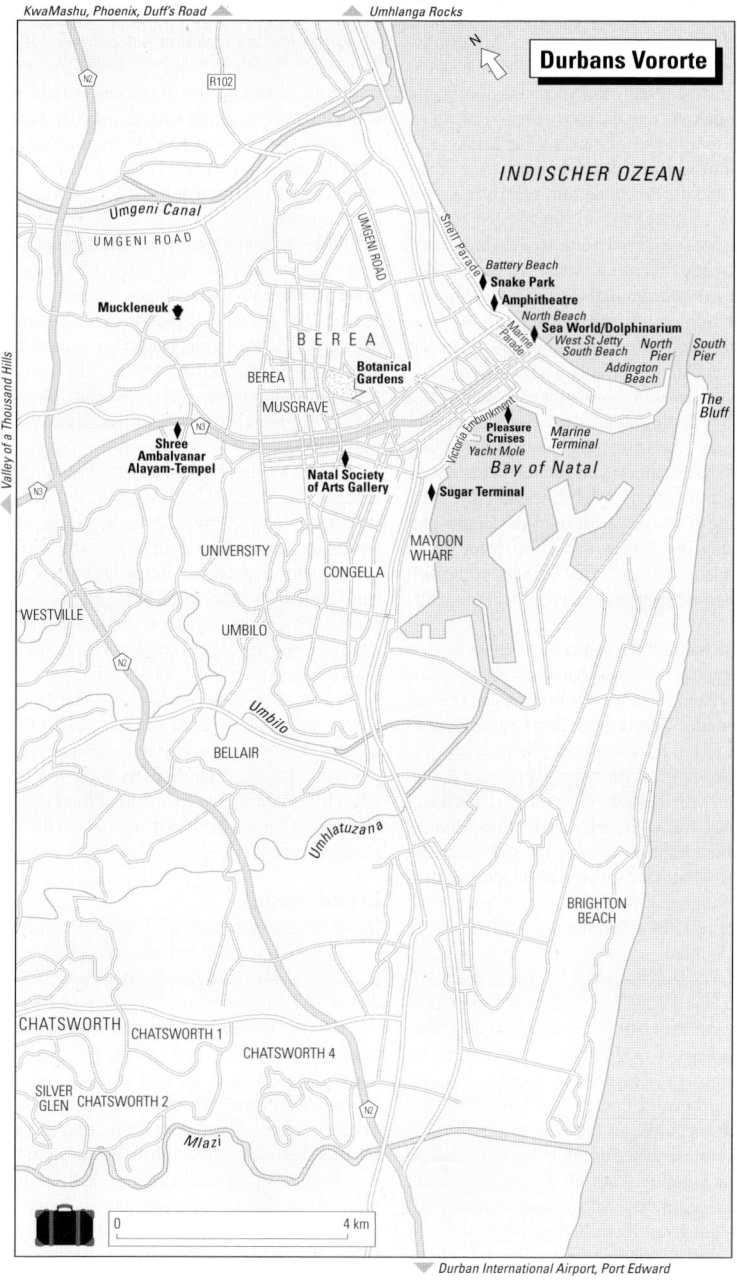

N2

R102

Umgeni Canal

UMGENI ROAD

UMGENI ROAD

Shell Parade

INDISCHER OZEAN

Muckleneuk

B E R E A

BEREA

MUSGRAVE

Botanical Gardens

Battery Beach
Snake Park
Amphitheatre
North Beach
Sea World/Dolphinarium
West St Jetty
South Beach
North Pier
South Pier
Addington Beach

The Bluff

Shree Ambalvanar Alayam-Tempel

Natal Society of Arts Gallery

Victoria Embankment

Marine Parade

Pleasure Cruises
Yacht Mole

Marine Terminal

Bay of Natal

Sugar Terminal

Valley of a Thousand Hills

UNIVERSITY

CONGELLA

MAYDON WHARF

WESTVILLE

UMBILO

Umbilo

BELLAIR

Umhlatuzana

BRIGHTON BEACH

CHATSWORTH

CHATSWORTH 1

CHATSWORTH 4

SILVER GLEN

CHATSWORTH 2

Mlazi

0   4 km

KWAZULU-NATAL

beitskräfte trafen ein, um auf den Zuckerrohrplantagen KwaZulu-Natals zu schuften. Sie legten damit den Grundstein für Südafrikas profitable **Zuckerindustrie** und die inzwischen beträchtlich angewachsene indische Gemeinde der Stadt.

Die **Unterwerfung der Zulu** durch die Engländer 1879 und die Erhebung von Steuern zu Lasten der besiegten Kriegernation ebneten den Weg für die zwangsweise Eingliederung der Zulu in Südafrikas wachsende Untergrundwirtschaft. In den 90er Jahren des 19. Jahrhunderts wanderten zahlreiche Zulu nach Norden, um in den Goldminen von Gauteng zu arbeiten; andere zog es nach Süden in den expandierenden Wirtschaftsraum Durban. 1895 wurde die Eisenbahnlinie zwischen Johannesburg und Durban fertig gestellt, diese beschleunigte in der Folge das Anwachsen der Wanderarbeiter und spült noch heute Jahr für Jahr Hunderttausende von Zulu-Gastarbeitern nach Johannesburg. Die neue Verbindung in das industrielle Herz des Landes und die Öffnung des Hafens von Durban für große Schiffe im Jahre 1904 sicherten der Stadt schließlich ihre Vormachtstellung als bedeutendster Hafen Südafrikas.

Angesichts der stetig wachsenden indischen und afrikanischen Bevölkerung erließ der unter englischer Kontrolle stehende Stadtrat von Durban 1922 ein **neues Gesetz**, nach dem Grundstücke in der Stadt fortan nur noch an Weiße verkauft werden durften. Er griff damit der später unter Federführung der Afrikaander eingeführten Apartheid um 26 Jahre vor. Als in den wirtschaftlich einträglichen Jahren während des Zweiten Weltkriegs immer mehr Schwarzafrikaner in die Stadt strömten, wurden Rufe nach ihrer Anerkennung als feste Bewohner laut, die allerdings von offizieller Seite ignoriert wurden.

Die strikte Durchsetzung der **Apartheidgesetze** in den 50er Jahren führte in Durban zu einem Jahrzehnt der **Proteste**. Der Widerstand, angeführt vom ANC, begann 1952 mit der so genannten „Defiance Campaign", einem landesweiten Aufruf zum zivilen Ungehorsam. Er erreichte 1959 seinen vorläufigen Höhepunkt, als die *shebeen queens* (afrikanische Frauen, die Lokale mit illegalem Alkoholausschank betreiben) auf die Straße gingen und aus Protest gegen die Schikanierung durch die Polizei die städtischen Bierhallen angriffen. Der ANC machte sich die Dynamik dieser örtlich begrenzten Kampagne zunutze und rief zu landesweiten Protestmärschen auf. Es folgten knapp drei Jahre ständigen Aufruhrs. Die Regierung wusste sich schließlich nur noch mit hartem Durchgreifen zu helfen: Soldaten beherrschten das Straßenbild, der Ausnahmezustand wurde ausgerufen, der ANC verboten. Als man in den Reihen des ANC keine friedliche Alternative mehr zu erkennen vermochte, bildete sich der bewaffnete Arm *Umkhonto we Sizwe* heraus. Geplant wurde eine landesweite **Serie von Bombenanschlägen**, die am 15. Dezember 1961 mit einer Explosion in Durban eröffnet wurde. Die Regierung reagierte mit einer umfassenden Razzia-Aktion, brachte die meisten ANC-Aktivisten hinter Gitter und ebnete so den Weg für ein Jahrzehnt der Apartheid ohne Widerstand.

1973 übernahm Durban erneut eine Vorreiterrolle, als die Arbeiter der Stadt, trotz des Verbots arbeitsrechtlicher Aktivitäten für Schwarze, wilde Streiks initiierten. Es war das Signal zur Wiedergeburt von Südafrikas **Gewerkschaften** und hauchte der Anti-Apartheid-Bewegung neues Leben ein. Die Ereignisse markierten den Beginn der letzten Etappe des Landes auf dem Weg zur Demokratie.

In den 80er Jahren entwickelte sich Durban zum betriebsamsten Hafen Afrikas, und heute gilt die Stadt als die am schnellsten wachsende Metropole der südlichen Hemisphäre: Tausende Menschen leben in primitiven Hütten auf jeder noch so kleinen Freifläche der Stadt oder obdachlos im Stadtzentrum.

Orientierung

Durbans **Stadtzentrum** wird im Süden von der Bay of Natal und im Osten von den Stränden des Indischen Ozeans begrenzt. Es entwickelte sich um den Ort der ersten weißen Siedler herum. Das historische Herz der Stadt, einige monumentale Zeugnisse viktorianischer und edwardianischer Baukunst, darunter auch die City Hall, konzentriert sich um den **Francis Farewell Square**, fünf Gehminuten nördlich der Bucht. Im zentralen Geschäftsbezirk, der von Hochhäusern gesäumt und von Einbahnstraßen durchzogen wird, herrscht reger Autoverkehr, und wenn der Blick auf den Ozean verdeckt ist, würde man gar nicht darauf kommen, sich in einer Hafenstadt zu befinden.

Westlich des Stadtzentrums liegt in der Umgebung von Grey Street und Victoria Street der faszinierendste Teil Durbans: das **indische Viertel.** Hier erlebt der Besucher ein pulsierendes Labyrinth aus Basaren und engen Gassen, die Juma-Musjid-Moschee, den Victoria Street Market und Zulu-Händler, die traditionelle Kräutermedizin *(umuthi)* anbieten. Wenngleich es inzwischen nicht mehr die Gesetze zur strengen Teilung zwischen dem von Weißen dominierten Geschäftszentrum und dem indischen Bezirk gibt, so haben doch beide Stadtteile noch immer ein deutlich eigenes Flair. Weiter westlich und noch tiefer Downtown brodelt inmitten von Taxiständen und Busbahnhöfen **Warwick Triangle**; die *shebeens* treiben einen schwungvollen Handel, während die Ärmsten der Armen die Nächte an ihren Marktständen unter Plastikplane und Pappe verbringen.

Durbans **Strände,** Golden Mile oder Beachfront genannt, bilden den östlichen Rand des Stadtzentrums und ziehen Jahr für Jahr Abertausende weißer Johannesburger hinunter nach „Durbs". Auch wenn sich zahlreiche Mittelschichtfamilien wegen der angeblich wachsenden Kriminalität an die sichere Strände an der Nord- und Südküste zurückgezogen haben, findet man entlang der Beachfront noch immer eine lebhafte Konzentration an Restaurants und Vergnügungsangeboten.

Südlich des Zentrums wird der Nordrand der Bucht von der Uferstraße **Victoria Embankment** gesäumt, ehemals eine der begehrtesten Wohngegenden Durbans. Sie befindet sich inzwischen auf dem absteigenden Ast, denn immer mehr Bewohner verlassen ihre Apartmentblocks und ziehen aus dem Viertel fort. Victoria Embankment bietet Zugang zum nördlichen Teil des **Hafens.** Neben einer Hand voll angesagter Kneipen und Restaurants ist die industriell geprägte Hafenlandschaft noch immer das eigentliche wirtschaftliche Zentrum der Stadt.

In der südöstlichen Ecke des Stadtzentrums umschließt die Halbinsel **The Point** die nördliche Hälfte des Hafens. Der etwas zwielichtige Rotlichtbezirk wandelt sich allerdings langsam. Nach Sanierungsarbeiten am unteren Ende der Halbinsel haben sich salonfähige Pubs und Clubs sowie einige ausgezeichnete Restaurants angesiedelt; darüber hinaus bietet The Point von allen Stadtvierteln Durbans den besten Blick aufs Meer.

Oberhalb des Stadtzentrums und des Hafens liegt in kühlerer Höhenlage der attraktive Wohnbezirk **Berea.** Trotz seiner Nähe zum Zentrum weist er üppige und von Vogelgezwitscher erfüllte Grünanlagen auf und lockt mit schicken Restaurants, Kinos und Einkaufszentren. Etwas weiter außerhalb liegen die **westlichen Vororte,** darunter Pinetown, Westville, Kloof, Gillitts und Hillcrest. Noch jenseits davon befinden sich die Townships Kwa-Mashu, Inanda und Clermont im Nordwesten sowie Umlazi im Südwesten. Sie sind Schlafstädte der schwarzen Pendler, die täglich riesige Entfernungen zurücklegen, um zu ihrem Arbeitsplatz zu gelangen. **Cato Manor,** die der Stadt nächstgelegene Township, ist ein leicht zugängliches Beispiel für die wachsenden urbanen Widersprüche Südafrikas.

Das Zentrum

Begrenzt von den beiden Hauptdurchgangsstraßen des Zentrums, West Street im Norden und Smith Street im Süden, bildet der **Francis Farewell Square** das Herz des kolonialen Durbans. Der palmengesäumte Platz im Schatten einiger schöner und alter Gebäude war der Ort, wo einst die englischen Abenteurer Francis Farewell und Henry Fynn das erste weiße Camp aufbauten, um Elfenbeinhandel mit den Zulu zu treiben. Heute teilen sich Obdachlose den Platz mit den Statuen der Stadtväter auf den Rasenflächen. Das Art-déco-Denkmal wurde anfangs von den sittsamen Bürgern Durbans als unangemessen lebendig empfunden und ging wohl auch einem Anti-Apartheid-Aktivisten auf die Nerven, der 1984 hier einen Sprengsatz zündete. Heute präsentiert sich das Monument wieder unversehrt. Nördlich der Farewell Square befinden sich an der Adresse 160 Pine Street die traurigen Überreste des 1894 erbauten Bahnhofs **Natal Great Railway Station,** der ein Jahrhundert später als Hort moderner Geschäfte und des Tourist Junction Information Centre seine zweite Existenz begann.

City Hall und Umgebung

Östlich des Mahnmals bildet die 1910 im neobarocken Stil erbaute City Hall das monumentale Herzstück des Stadtzentrums. Heute ist im Erdgeschoss des ehemaligen Rathauses das naturwissenschaftliche **Natural Science Museum** untergebracht. Neben ausgestopften Tieren (nützlich fürs Säugetierstudium vor einem Besuch der Wildreservate) liefert der Abschnitt „KwaNunu" Wissenswertes über große Insekten, z.B. Kakerlaken. Dies ist für die Bewohner Durbans eigentlich ein wenig zu nah an der Realität, denn die Bedrohung durch die lästige Kreatur mit dem Spitznamen „Durban-Garnele" ist ein Dauerthema. ☉ Mo–Sa 8.30–16, So 11–16 Uhr, Eintritt frei.

Ein weitaus besserer Grund, die Schwelle der City Hall zu überschreiten, ist ein Besuch der **Durban Art Gallery** im oberen Stockwerk. Die Sammlung beinhaltet Art-nouveau-Glaskunst von Lalique, Bronzeskulpturen von Rodin und viktorianische Malerei. Bemerkenswert ist die visionäre Vorreiterrolle der Galerie, die in den 70er Jahren als erstes Kunsthaus des Landes damit begann, **schwarz-südafrikanische Kunst** zu sammeln. Dieser Ansatz wurde seitdem konsequent weiter verfolgt, so dass heute das Kunsthandwerk der indigenen Bevölkerung auf eine Stufe mit der Malerei und Bildhauerkunst gestellt wird. So präsentiert die Galerie auch eine ausgezeichnete Sammlung von Körben aus *hlabisa*, eine von der einheimischen Bevölkerung KwaZulu-Natals perfektionierten Form der Flechtkunst. Diese Arbeiten dürfen nicht mit den billigen Souvenirs verwechselt werden, die überall an kleinen Ständen am Straßenrand angeboten werden. Das traditionelle Kunsthandwerk aus *hlabisa* wurde vor etwa zwei Jahrzehnten in der Provinz wiederbelebt und hat sich inzwischen weltweit zum Objekt der Begierde von Galerien und Sammlern entwickelt. Die Korbflechtkunst ist eine normalerweise den Frauen vorbehaltene Aktivität, doch einer der angesehensten Vertreter dieser Kunstform ist ein Mann: **Reuben Ndwandwe**. ☉ Mo–Sa 8.30–16, So 11–16 Uhr, Eintritt frei.

Nordwestlich der City Hall liegt das **African Art Centre** im ersten Stock der Tourist Junction, Old Station Building, 160 Pine Street. Das Zentrum, in dem zahlreiche Künstler aus ländlichen Regionen ihre Arbeiten verkaufen, ist das Herzstück des künstlerischen Schaffens der Stadt. Das Centre versteht sich hauptsächlich als Galerie und Kunsthandel, versucht aber auch, die Kunsthandwerker vom Lande dazu zu bringen, dass statt Souvenirs und Kuriositäten dem künstlerischen Ausdruck zuzuwenden. ☉ Mo–Fr 8.30–17, Sa 9–13 Uhr, Eintritt frei.

Östlich der City Hall befindet sich im ehemaligen Gerichtsgebäude Old Courthouse an der Ecke Smith Street das **Local History Museum**. Der Eingang zu Durbans erstem zweistöckigen Gebäude liegt in der Aliwal Street. Es wurde 1866 im kolonialen Natal-Veranda-Stil erbaut und weist den charakteristischen, breiten Dachvorsprung zum Schutz vor den heftigen subtropischen Wolkenbrüchen auf. Hier befindet sich eine Rekonstruktion von Durbans erstem europäischen Bauwerk, der Stangenholzhütte von Henry Francis Fynn aus Flechtwerk und grobem Verputz. ☉ Mo–Sa 8.30– 16, So 11–16 Uhr, Eintritt frei.

Nördlich des Local History Museum in der Aliwal Street befindet sich die **Workshop Mall**. Der Name klingt interessanter, als das Einkaufszentrum in Wirklichkeit ist. Der Komplex liegt nicht weit von Tourist Junction entfernt. Nördlich der Workshop Mall liegt die ausgedehnte Grünanlage **Central Park**. Weiter östlich in der nahe gelegenen Walnut Road findet jeden Sonntag im **Exhibition Centre** ein Flohmarkt statt, wo es unter anderem Schmuck und echte Didgeridoos zu erstehen gibt und vor allem (ein helfer Tipp für alle, die neue Schuhe brauchen) handgefertigte Lederschuhe und Wanderstiefel aus der Fabrik Ground Cover in den Midlands von KwaZulu-Natal. Der Flohmarkt ist allerdings derart beliebt, dass man riskiert, von *boerewors* beschmiert oder von den Massen erdrückt zu werden.

Kwa Muhle Museum

Nördlich des Exhibition Centre liegt an der 130 Ordnance Road das neueste Museum Durbans, das auch als „**Apartheid-Museum**" bekannte Kwa Muhle. Es zählt zu den wenigen Museen des Landes, die sich der südafrikanischen Sozialgeschichte des 20. Jahrhunderts widmen und sollte von jedem besucht werden, der auch nur das kleinste Interesse daran hat, das moderne Südafrika zu begreifen. Zu den ständigen Ausstellungen gehört eine über das „Durban System". Sie stellt dar, wie der Stadtrat die Verwaltung der schwarzafrikanischen Bevölkerung finanzieren konnte, ohne auch nur einen einzigen Penny des weißen Steuerzahlers dafür aufzuwänden. Dies wurde erreicht, indem man den Weißen ein Monopol auf das Brauen von Bier aus der Getreidesorte Sorghum einräumte und Ausschank und Verkauf auf die riesigen städtischen Bierhallen beschränkte, in denen nur Schwarze verkehrten. Die Ausstellung beschäftigt sich auch mit dem verhassten Pass-System, das einen der schlimmsten Aspekte der Apartheid darstellte und eine ständige Überwachung der Schwarzafrikaner ermöglichte. Ebenfalls sehr interessant sind die Fotos vom Alltag in den Arbeiterherbergen. Diese Unterkünfte waren nach Geschlechtern und Stammeszugehörigkeit getrennt. So schuf die weiße Regierung künstliche Trennungslinien und säte damit Zwietracht zwischen den verschiedenen Stämmen, noch immer einer der Gründe für die gegenwärtige Gewalt in Südafrika. ☉ tgl. 8–16 Uhr, Eintritt frei.

Grey Street und Umgebung

Weiter westlich, wo die Grey Street in Nord-Süd-Richtung die Stadt durchschneidet, nimmt das Tempo merklich zu. Das offizielle Stadtzentrum geht in ein dicht bevölkertes Labyrinth aus Läden und Wohnquartieren über. Hier beginnt das zentrale **indische Viertel** Durbans – im Übrigen der beste Ort der Stadt, um die pikanten indischen Speisen zu probieren (s. S. 456). Die Gebäude im Architekturstil der Union (nach 1910) sind hier gut erhalten und verleihen dem Viertel im Verbund mit Minaretten und Kirchtürmen eine abwechslungsreiche Silhouette. Auf den Straßen herrscht ein buntes Durcheinander, schwarzafrikanische Händler verkaufen am Straßenrand Kräuter, Obst und Schmuck vor den indischen Gemischtwarenläden und Gewürzhändlern.

An der Grey Street, Ecke Queen Street erhebt sich die 1927 erbaute **Juma-Musjid-Moschee** mit ihren Minaretten und vergoldeten Kuppeln, die größte Moschee der südlichen Erdhalbkugel. Sie ist Mittelpunkt des Viertels, wenngleich die Moslems unter der vorwiegend hinduistischen indischen Bevölkerung Durbans lediglich eine Minderheit bilden. Die Moschee ist öffentlich zugänglich, man sollte aber bitte nicht vergessen, vor der Tür die Schuhe auszuziehen. Die äußeren Säulengänge gehen in den **Madressa Arcade** über, eine basarähnliche Gasse, auf der man durch stapelweise bunte Plastikschüsseln und drapierte Stoffballen hindurch einen Blick in die rappelvollen Krämerläden

erhaschen kann. Zwischen hängenden Töpfen und Kesseln bieten indische Händler Kerosinlampen, maßgeschneiderte Kleidung und Perlenketten feil. Die Gasse mündet in die Cathedral Street, die von der 1902 im gotischen Stil erbauten **Emmanuel Cathedral** beherrscht wird.

Nördlich davon, jenseits der Queen Street, ist in einem hellen Gebäude mit violetten Minaretten der **Victoria Street Market** untergebracht. Dort verkaufen Händler ausgefallene Souvenirs und Gewürze mit Etiketten wie „Schwiegermutter-Killer". Auf dem hektischen Fischmarkt im Untergeschoss spielen sich teilweise sehr unterhaltsame Szenen ab, vor allem sonntags, wenn sich die Händler gegenseitig zu überbieten versuchen, um vor Geschäftsschluss noch die letzte Ware abzustoßen.

Weiter westlich Richtung Stadtrand haben sich an den Eisenbahngleisen in der **Russell Street** afrikanische Straßenhändler zusammengefunden, die sich keine offiziellen Stände leisten können und sich mit dem Verkauf von allem, was sich irgendwie zu Geld machen lässt, über Wasser zu halten versuchen. Extreme Armut zwingt sie dazu, die Nächte unter Plastikplane an ihren Marktständen zu verbringen, denn das Fahrgeld für ein Minibus-Taxi in eine der Townships würde die gesamten Tageseinnahmen wieder auffressen.

Westlich der Russell Street befindet sich zwischen den Eisenbahnschienen und der in die Stadt führenden Schnellstraße N3 der Friedhof **West Street Cemetery**. Hier liegen, nach Religionszugehörigkeit getrennt, zahlreiche Persönlichkeiten aus der Kolonialzeit begraben, darunter auch George Cato, Durbans erster Bürgermeister, und Thomas Baines, seines Zeichens Forscher und naturwissenschaftlicher Illustrator zu Zeiten Königin Victorias. Die Grabsteine im muslimischen Abschnitt tragen die Aufschriften „Hagee" (eine Person, die in Mekka war) oder „Hafez" (eine Person, die den gesamten Koran auswendig kannte).

Wem angesichts der Menschenmengen in diesem Viertel nicht ganz wohl ist – und hier besteht immer das Risiko eines Überfalls auf offener Straße –, kann die Gegend auch im Rahmen einer der preiswerten **geführten Spaziergänge** besichtigen, die täglich von der Tourist Junction (s. S. 464) angeboten werden.

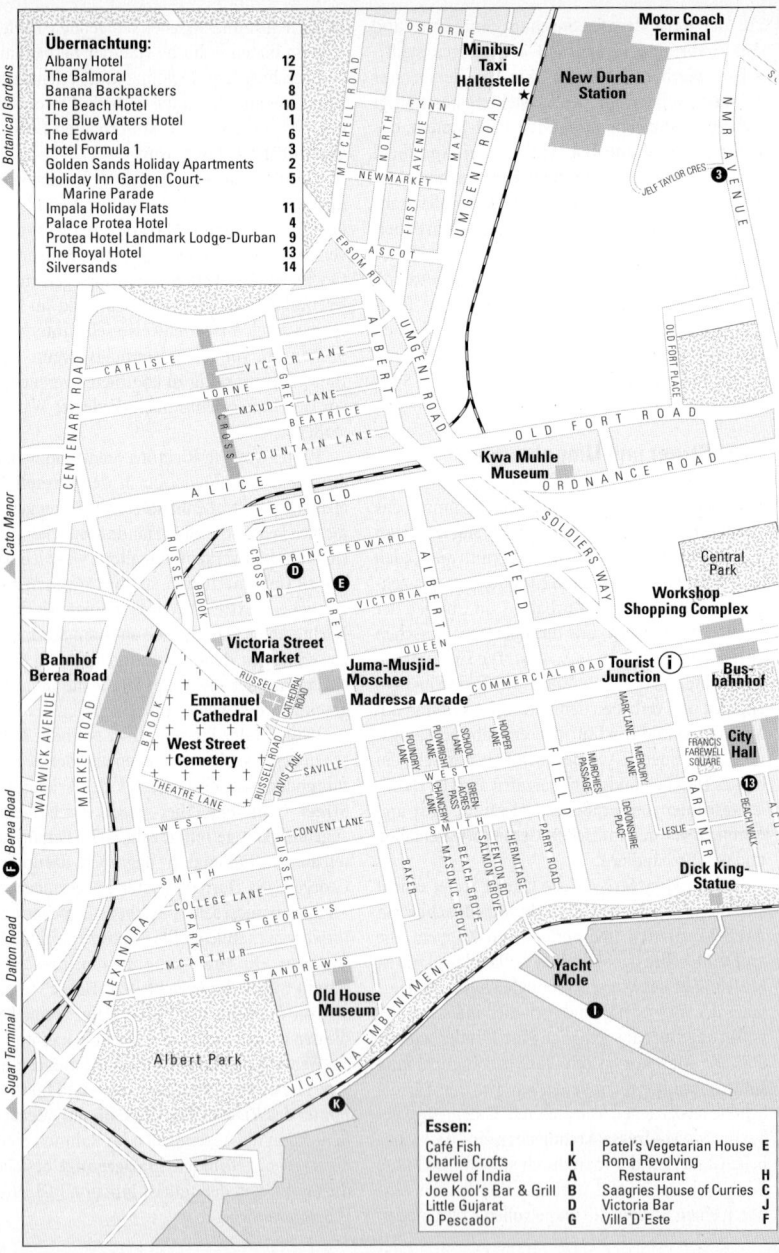

Übernachtung:

Albany Hotel	12
The Balmoral	7
Banana Backpackers	8
The Beach Hotel	10
The Blue Waters Hotel	1
The Edward	6
Hotel Formula 1	3
Golden Sands Holiday Apartments	2
Holiday Inn Garden Court-Marine Parade	5
Impala Holiday Flats	11
Palace Protea Hotel	4
Protea Hotel Landmark Lodge-Durban	9
The Royal Hotel	13
Silversands	14

Essen:

Café Fish	I	Patel's Vegetarian House	E
Charlie Crofts	K	Roma Revolving	
Jewel of India	A	Restaurant	H
Joe Kool's Bar & Grill	B	Saagries House of Curries	C
Little Gujarat	D	Victoria Bar	J
O Pescador	G	Villa D'Este	F

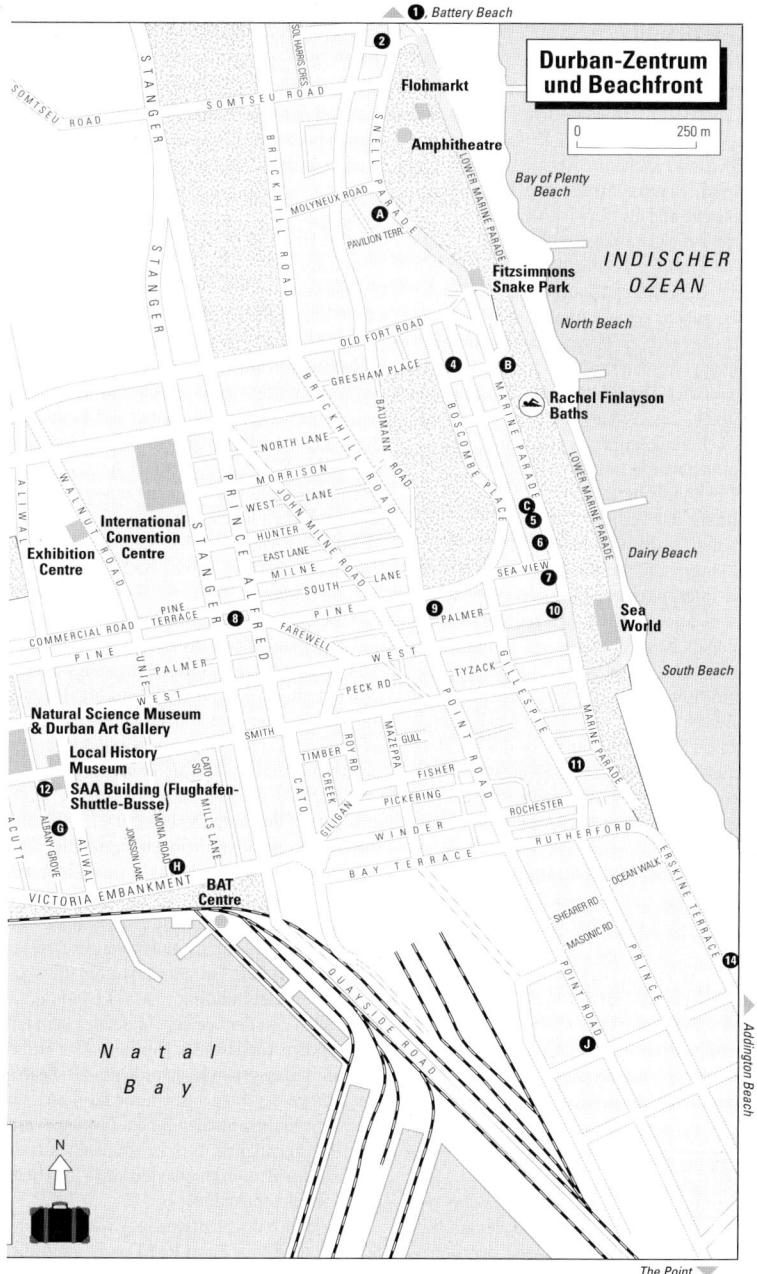

Durban-Zentrum und Beachfront

0 ——— 250 m

1 Battery Beach

2

Flohmarkt

Amphitheatre

Bay of Plenty Beach

A

PAVILION TERR.

INDISCHER OZEAN

Fitzsimmons Snake Park

North Beach

4 B

Rachel Finlayson Baths

Dairy Beach

C 5

6

SEA VIEW 7

Sea World

South Beach

9 PALMER

10

International Convention Centre

Exhibition Centre

8

11

Natural Science Museum & Durban Art Gallery

Local History Museum

12 SAA Building (Flughafen-Shuttle-Busse)

G

H

BAT Centre

VICTORIA EMBANKMENT

Natal Bay

14

J

N

The Point

Addington Beach

KWAZULU-NATAL

Warwick Triangle

Westlich der Grey Street schlägt das wirkliche urbane Herz Durbans. Schnellstraßen auf Betonpfeilern überziehen ein chaotisches Gewirr aus Straßen, Minibus-Halteplätzen, Verkaufsständen, Bruchbuden und *shebeens*. Wer dieses zwischen **Berea Road**, **Brooke Street** und **Cannongate Street** gelegene und als Warwick Triangle bezeichnete Viertel auf eigene Faust erkunden will, muss schon eine gehörige Portion Unerschrockenheit mitbringen. Die Polizei rät Touristen, immer in der Gruppe zu gehen, keine Kameras mitzunehmen und nichts bei sich zu tragen, was einem leicht weggeschnappt werden kann.

Das Warwick-Dreieck beginnt jenseits der Brooke Street – bis 1988 als Slaughterhouse Road bekannt, weil in dieser Straße Viehschlachtungen vorgenommen wurden – und beinhaltet auch die Halle des Bahnhofs Berea Station. Die Haupthalle des Bahnhofs, der Verbindungen in die meisten afrikanischen Townships bietet, ist erfüllt von Reggae-Klängen und der Musik beliebter südafrikanischer Interpreten wie Lucky Dube, Straßenhändler verkaufen Baseball-Mützen, Lackschuhe und Schildpatt. Beim Überqueren der Fußgängerbrücke öffnet sich der Blick auf eine Schnellstraßenüberführung, die plötzlich im Nichts endet und zahlreiche provisorische Hütten beherbergt. Auf einem der Strebepfeiler am Ende der Überführung prangt ein 8 m hohes Wandgemälde der afrikanischen Göttin Nomkhubulwana, wie sie in einer Geste des Grußes und Schutzes ihre Arme ausbreitet.

Durbans **größter Markt** für Obst, Gemüse und Blumen liegt zwischen Warwick Avenue und Market Road und geht weit über das eigentliche Gelände hinaus in ein dichtes Gedränge aus Händlern und Ständen über. Der Markt findet nur frühmorgens statt. Hier kann man den Korb mit den preiswertesten Erzeugnissen der Stadt füllen, von Auberginen über Jackfruit bis zu den beliebten Betelnussblättern, die beim Zerkauen rote Lippen und einen zweiminütigen Rausch verursachen.

Der Hafen

Victoria Embankment alias Esplanade nennt sich der von Palmen gesäumte Boulevard, der am südlichen Rand der Innenstadt entlang des Hafenbeckens verläuft. Sie verbindet die Point Road im Osten mit der Maydon Wharf Road im Westen, die ihrerseits zu den Container-Terminals und Trockendocks an der Bay Road führt. Die Uferstraße war während der frühen Stadtentwicklung im 19. Jahrhundert die begehrteste Wohngegend Durbans.

Einen Block nördlich vom Westende der Esplanade befindet sich in der 31 St Andrews Street das **Old House Museum**. Dies ist das ehemalige Wohnhaus von Sir John Robinson, der 1893 erster Premierminister Natals war. ☉ Mo–Sa 8.30–16, So 11–16 Uhr, Spende willkommen.

Rund 500 m östlich liegt der Eingang zur **Yacht Mole**, einem schmalen, in die Bucht hineinragenden Wellenbrecher und Liegeplatz für unglaublich viele Boote der Jacht-Clubs *Point* und *Royal Natal*. Hier befindet sich auch das vornehme Restaurant *Café Fish* (s.S. 457). Ein Bummel durch den Jachthafen bietet eine willkommene Abwechslung zur verkehrsreichen Innenstadt.

Ein Stück östlich von hier steht eine Statue von **Dick King** zu Ehren seines heroischen Ritts zur Rettung Durbans.

Etwas weiter in dieser Richtung liegt der Dreh- und Angelpunkt der Kunstszene, das **BAT (Bartle Arts Trust) Centre**. Das Kunstförderungs- und Gemeindezentrum im industriellen Chic direkt am Hafen beinhaltet eine Konzerthalle, mehrere Galerien, Workshops für darstellende Künste und Unterrichtsräume. Das *Molweni Restaurant* im Obergeschoss des Komplexes bietet eine schöne Aussicht auf die Hafenszenerie (☉ 9 Uhr bis spätabends). Im BAT Centre finden regelmäßig Trommel-Performances sowie Jazz- und *maskanda*-Konzerte statt (s.S. 459).

Zurück auf der Esplanade erreicht man weiter östlich an der Kreuzung mit der Stanger Street die Hafeneinfahrt Port Entrance no. 3. Sie führt zum **Ocean Terminal Building**, einem Gebäude aus der guten alten Zeit der Seefahrt und eines der architektonischen Glanzstücke Durbans. Das frühere Hafenempfangsgebäude dient heute als Zentrale von *Portnet*, der Aufsichtsbehörde für die Verwaltung der südafrikanischen Häfen. Zwar ist es nicht öffentlich zugänglich, doch bei Dunkelheit ist der Anblick des Bauwerks mit der Stadt im Hintergrund absolut spektakulär.

Die südlich des Stadtzentrums von der Winder Street abzweigende **Point Road** ist die südöstliche

Das Rathaus von Durban

Verlängerung der Uferstraße Victoria Embankment. Zu ihrer Blütezeit Anfang des 20. Jahrhunderts galt sie als Afrikas aufregendste Meile und Durbans heißester Rotlichtbezirk. Sie führt nach **The Point**, den nördlichen von zwei Armen, die das Hafenbecken Bay of Natal umschließen. Das zur Stadt hin liegende Ende der Point Road wird geprägt von billigen Stundenhotels, Fastfood-Läden, Trunkenbolden, Taschendieben, Drogenhändlern und spärlich bekleideten Frauen am Straßenrand. Etwas östlich von hier soll der gigantische Meeresthemenpark „uShaka Island" entstehen, ein 400 Millionen Rand teures Projekt, dessen Bau Ende 2001 vertraglich abgesegnet wurde. Der Komplex soll 2003 fertig gestellt werden und das bereits existierende Aquarium/Delphinarium sowie das ozeanographische Forschungszentrum an der Beachfront mit aufnehmen. Komplettiert wird das Projekt durch neue Restaurants, Geschäfte und Wasserlandschaften für Kinder, in deren Mittelpunkt ein gigantisches künstliches Schiffswrack stehen soll.

Am westlichen Hafenrand erstreckt sich Maydon Wharf, ein fotogener Komplex aus funktioneller Industriearchitektur. Aus ihm ragen in der 57 Maydon Wharf Road die drei Zuckersilos des **Sugar Terminal** heraus, in denen ehemals das „weiße Gold" gelagert wurde – damals eine der größten Einnahmequellen der Stadt. Die patentierte Konzeption der Silos fand in der Folge international Verwendung.

Westlich des Sugar Terminal liegt jenseits der Schnellstraße Southern Freeway das Viertel um die Dalton Road, der dem Stadtzentrum am nächsten gelegene schwarzafrikanische Wohnbezirk. Zahlreiche Kunsthandwerker arbeiten in dem etwas schmuddelig wirkenden **Dalton Road Market**, in dem es so betriebsam zugeht wie in einem Bienenstock. Produziert werden traditionelle Kleidungsstücke und Gegenstände der Zulu-Kultur, darunter *amabheshu* (Lederschürzen), Schilde, *izimboko* (Stäbe), Tanzstöcke und Perlenarbeiten.

Samstagsabends erwacht das *Dalton Road Men's Hostel* mit *isicatamiya*-Konzerten (s.S. 459) zum Leben. Die Konzerte beginnen gegen Mitternacht und dauern bis in die frühen Morgenstunden; dabei singen unterschiedliche Gruppen mehrstimmig ohne Instrumentalbegleitung – ein authentisches, nicht auf Touristen ausgerichtetes Erlebnis. Allerdings ist es für Ortsfremde nicht ratsam, sich bei Nacht in dieses undurchsichtige Stadtviertel zu begeben, es sei denn, man kennt Ortskundige. ⏰ ca. ab 22.30 Uhr.

Die Strände

Durbans **Beachfront**, eine energiegeladene Urlaubermeile unmittelbar östlich des Stadtzentrums, ist der dichtbebauteste Strandabschnitt Südafrikas und eigentlich keinen Abstecher wert, sofern man sich nicht an unglaublichem Kitsch und schrillen Vergnügungsparks erfreuen möchte. Der 6 km lange Strandbereich vom Umgeni River im Norden bis zur Halbinsel Point im Süden trägt auch die Bezeichnung **Golden Mile**, wird aber inzwischen immer häufiger als „Mugger's Mile" („Straßenräubermeile") bezeichnet.

Addington Beach ist der südlichste Badestrand der Beachfront und wegen seiner kleineren Wellen ein beliebtes Übungsrevier für Surfneulinge. Der breite Sandstrand mit den angrenzenden Rasenflächen lockt vorzugsweise Durbaner Familien zum Sonnenbaden an.

Unmittelbar nördlich von hier liegt **South Beach**, der wohl belebteste Strand Südafrikas, an dem es zu Spitzenzeiten sardinenmäßig zugeht. Mit billiger Unterhaltung werden Touristen angelockt: Neben einem Erfrischungs- und Einkaufszentrum präsentiert sich die Attraktion „Sea World Durban" mit tropischen Aquarien, Haifischbecken und dressierten Delphinen, Seehunden und Pinguinen. ☉ tgl. 9–17 Uhr, Delphinzirkus 10.15, 11.45 und 14.30, Haifütterung 12.30 Uhr, Eintritt R40.

Im weiteren Verlauf der Marine Parade warten Paddelteiche, Springbrunnen, Brücken, eine Seilbahn und Rummelplatzbuden auf Besucher. Die einzig lohnenswerte Einrichtung in diesem Bereich ist das Salzwasserbad **Rachel Finlayson Baths**, ✆ 031-337 2721, wo man in bewachten Bereichen schwimmen und sonnenbaden kann. ☉ Mo–Fr 6–20.30, Sa und So 6–17.30 Uhr, Eintritt R6.

Dairy Beach, der folgende Strandabschnitt, ist nach der Molkerei benannt, die hier früher einmal stand. Er gilt als einer der besten Surfstrände der Welt und beherbergt auch das „Oceans Entertainment Centre", in dessen Bars und Restaurants sich mit Vorliebe Surfer-Groupies die Zeit vertreiben.

An den Dairy Beach schließt sich **North Beach** mit der benachbarten **Bay of Plenty** an. Beide Strände sind jedes Jahr im Juli Austragungsort der internationalen Meisterschaften der Profi-Surfer. North Beach ist nicht zuletzt wegen seiner angesagten Bars und Restaurants der beliebteste Angel-, Bade- und Surfstrand Durbans.

Zwischen Snell Parade und der Fußgängerpromenade an der Bay of Plenty befindet sich das **Amphitheater**, wo sonntags ein Flohmarkt stattfindet. Zu den einheimischen Straßenhändlern gesellen

sich Verkäufer aus Zimbabwe, Malawi und sogar Kenia. Auf der Marine Parade ist auch der Sammelplatz der reich verzierten Rikschas, die von aufwändig mit Perlen und Zierbändern geschmückte Zulu gezogen werden.

Unmittelbar nördlich der Bay of Plenty liegt an der Snell Parade, Ecke Old Fort Road der **Fitzsimons Snake Park**. ☉ Tgl. 9–16.30 Uhr, Eintritt R12. Im weiteren Verlauf Richtung Norden nimmt der Trubel an der Beachfront kontinuierlich ab. Der weniger hektische Strandabschnitt **Battery Beach** eignet sich gut zum Schwimmen.

Sicherheit am Strand Durbans Strände sind als „Jagdgründe" bekannt. Häufig kommt es zu Taschendiebstahl und Straßenraub, wobei sich zahlreiche **Überfälle** mit etwas mehr Umsicht sicher hätten verhindern lassen. Trotz wiederholter Warnungen gehen Touristen immer wieder mit teuren Armbanduhren und wertvollem Schmuck an den Strand oder haben größere Summen Bargeld in der Tasche. An die Beachfront sollte man sich stets in der Gruppe begeben und bei Nacht grundsätzlich nicht ohne Begleitung unterwegs sein, so verführerisch ein lauer Abend mit leichter Brise am Meer auch erscheinen mag. Straßenkinder gehören in den meisten südafrikanischen Städten zur Normalität und werden ganz besonders von der bekanntermaßen ergiebigen Ausbeute an der Durbaner Beachfront angelockt. Vom zarten Alter der kleinen Kinder sollte man sich dabei nicht täuschen lassen – viele sind geschickte Taschendiebe und erfahrene Handtaschenräuber.

Berea

Westlich des Stadtzentrums liegt auf einem in Nord-Süd-Richtung verlaufenden Höhenzug der Stadtteil Berea, Durbans ältester und begehrtester Wohnbezirk, dessen Villen und Apartmentblocks aus luftiger Höhe schöne Blicke auf Hafen und Ozean genießen. Die Übernachtungsmöglichkeiten, Restaurants und Unterhaltungsangebote des Viertels bieten eine willkommene Abwechslung zu der hitzigen Atmosphäre des Stadtzentrums und der Beachfront.

Die kurvenreiche **Ridge Road** zieht sich vom Umgeni River bis zur University of Natal über 6 km in Nord-Süd-Richtung durch Berea. Südlich der N3, die Berea von Osten nach Westen Richtung City durchzieht, und östlich der Ridge Road befindet sich in der Bulwer Road neben dem Bulwer Park die **Natal Society of Arts Gallery** (NSA) mit 14-tägig wechselnden Ausstellungen einheimischer Künstler und einem entspannenden Café. Der geräumige Komplex aus den 90er Jahren besteht aus miteinander verbundenen Räumen; eine jalousieartige Trennwand aus Holz grenzt Ausstellungs- und Außenbereich voneinander ab. Im Verkaufsraum der Galerie werden neben Originalkunstwerken auch preisgünstigere, poppigere Kreationen angeboten. ☉ Di–Fr 11–17, Sa 10–16, So 11–15 Uhr, Eintritt frei.

Nach einem Spaziergang entlang der Bulwer Road Richtung Norden, noch immer in **Upper Berea**, erreicht man an der Kreuzung von Edith Benson Road und St Thomas Road die **Botanical Gardens**. Mit ihren schattigen Wegen, Picknickplätzen, dem reizenden Teehaus und einer herrlichen Orchideensammlung bietet die Grünanlage eine kühle Abwechslung von der Großstadtluft. Die 1849 angelegten Gärten sind berühmt für ihre Zykadeen (Palmfarne), darunter auch *Encephalartos woodii*, eine der seltensten Arten der Welt. Eine Informationstafel am Eingang weist auf Veranstaltungen hin, zu denen auch regelmäßige Konzerte des Natal Philharmonic Orchestra zählen. ☉ Mitte Apr–Mitte Sept tgl. 7.30–17.15, Mitte Sept–Mitte Apr 7.30–17.45 Uhr.

Mehrere Blocks nördlich entlang der Musgrave Road und dann Richtung Westen über die Marriott Road befindet sich an der Ecke Essenwood Road das Anwesen **Muckleneuk**. Die zur Jahrhundertwende im kapholländischen Stil errichtete ehemalige Residenz des Zuckerbarons Sir Marshal Campbell beherbergt heute die Campbell-Sammlungen und ist Durbans bestes Museum. Die ausgestellten afrikanischen Gegenstände zählen zu den schönsten ihrer Art in ganz Südafrika. Die Bibliothek **Killie Campbell Africana Library** ist bekannt für ihre umfangreiche Sammlung von Büchern, Manuskripten und Fotografien, während sich die **William-Campbell-Sammlungen** aus Kunstwerken und Beispielen kapholländischer Möbel zusammensetzen. Das ebenfalls auf dem Gelände befindliche **Mashu Museum of Ethnology,** ✆ 031–207 3432, ✉ harkness@kcc.und.co.za, besteht aus einer Sammlung von Zulu-Gegenständen, darunter Werkzeuge, Waffen, Perlenarbeiten und Töpferwaren. ☉ nur nach Vereinbarung, Führung R15.

Cato Manor

Nach kurzer Fahrt vom Stadtzentrum Richtung Westen gelangt man in den Vorort Cato Manor. Er bietet einen anschaulichen Querschnitt durch Durbans Geschichte im 20. Jahrhundert. Inmitten einer unbezähmbaren Vegetation mischen sich hier afrikanische Squatter Camps und Hindu-Tempel unter den zentralen Vorort der weißen Mittelschicht. Cato Manor nimmt eine große Fläche in einem Tal unterhalb Bereas ein und wurde nach **George Cato** benannt, der 1839 in Durban eintraf und erster Bürgermeister der Stadt wurde. In der ersten Hälfte des 20. Jahrhunderts beherbergte der Bezirk einen Großteil der indischen Gemeinde Durbans, die auf den Hügeln ihre Tempel errichtete. Später gesellten sich auch Afrikaner hinzu. 1949 kam es zu einem Zwischenfall, als ein indischer Händler einen Zulu angriff. Der Vorfall eskalierte und entwickelte sich zu den schlimmsten **Ausschreitungen**, die Durban je erlebte. Tausende Afrikaner plünderten indische Geschäfte und Wohnhäuser, und am Ende waren 142 Menschenleben zu beklagen.

Da Cato Manor inmitten der weißen Vorstädte lag, begann die Apartheid-Regierung in den 60er Jahren mit der Durchsetzung des Gesetzes über getrennte Wohngebiete („Group Areas Act"), indem sie die Afrikaner nach KwaMashu im Norden und die Inder nach Chatsworth im Süden umsiedelte. Zurückblieb heruntergekommenes Ödland mit einer Hand voll Hindu-Tempeln. Erst Ende der 80er Jahre wurde das Vakuum wieder gefüllt, zahlreiche Schwarzafrikaner strömten nach Durban und errichteten in der Umgebung der Bellair Road im Tal von Cato Manor ihre dicht an dicht stehenden Wellblechhütten.

Im Verlauf dieser interessanten, aber nicht ganz risikolosen Besichtigungstour (Autodiebe treiben hier regelmäßig ihr Unwesen) lohnt ein Zwischenstopp am **Shree Ambalvanar Alayam Second River Hindu Temple**, einem Nationaldenkmal der Bellair Road. Der Tempel, der sich im Übrigen auch gefahrlos innerhalb einer Stadtrundfahrt (s. S. 463)

Abseits der Touristenpfade: Eine Durban-Tour für Selbstfahrer Einige für Durban durch und durch typische Orte werden so gut wie nie in den gängigen Reisebroschüren erwähnt. Mit etwas Eigeninitiative lassen sich jedoch interessante Ziele abseits des Massentourismus erleben, z.B. die Kwa-Mashu Township, die abenteuerlichen religiösen Zeremonien der christlichen Zulu-Sekte Shembe, die friedlichen Mauern von Inanda, einer Schule für Zulu-Mädchen aus dem 19. Jahrhundert oder der Ort, wo Gandhi seine Idee vom passiven Widerstand ersann.

Vor der Abfahrt sei aber noch eine **Warnung** ausgesprochen: Wer auf eigene Faust durch die in diesem Abschnitt behandelten Gegenden fährt, setzt sich einem gewissen Risiko aus. Es ist daher auf jeden Fall besser, sich jemandem anzuschließen, der sich hier auskennt und mit den einheimischen Gepflogenheiten vertraut ist. Besonders in Acht nehmen sollte man sich vor dem „Nationalsport" Autodiebstahl. Vor der Abfahrt lohnt ein Besuch bei Tourist Junction (s.S. 464), um sich die besten **Landkarten** zu besorgen. Wer das Risiko einer Erkundung auf eigene Faust gänzlich vermeiden möchte, kann sich alternativ dazu auch einer der organisierten Touren anschließen. Die folgenden Tourveranstalter (s.S. 463) sind allesamt dem Inanda Community Tourism Bureau angeschlossen: Ekukhanyeni Travel & Tours, Tours of Remembrance und Strelitzia Tours.

Die Fahrt führt zunächst aus der Stadt heraus Richtung Norden über die Umgeni Road (M19) an der Mülldeponie Durban City Dump vorbei. Von der M19 West biegt man dann auf die Richtung Nordküste führende R102 ab und nimmt die Ausfahrt KwaMashu/Phoenix/Duff's Road.

Bei der Annäherung an die Ausfahrt Duff's Road lohnt ein Blick auf die nahen Hügel und Dookie Ramdaaris Aeroplane House. Der wohlhabende Inder Ramdaari war seines Zeichens Buskonstrukteur mit einem Faible für das Ausgefallene. Er war besessen vom Reisen – eine Leidenschaft, die sich in seinem Haus widerspiegelt. Er ließ es in der Form eines Schiffes erbauen, das Richtung Osten „segelnd" in der indischen Township Duff's Road steht. Sein derzeitiges Heim, das **Aeroplane House**, steht startbereit da: mit Flügeln, Fahrgestell, einem Fernsehzimmer mit Sitzreihen im Heck und einer erstklassigen Lounge im Cockpit.

Im weiteren Verlauf Richtung Inanda liegt zur Linken die afrikanische Township **Kwa-Mashu**, die durch das Gewerbegebiet Phoenix Industrial Park von dem Ort Phoenix getrennt wird. Die Township wurde Ende der 50er Jahre gegründet, um die zwangsumgesiedelten Bewohner von Cato Manor aufzunehmen. Wie ihr Pendant Umlazi südlich von Durban weist auch KwaMashu sämtliche Merkmale fantasieloser Planung auf, die für derartige Siedlungsbauvorhaben unter der Prämisse möglichst großer Einsparungen typisch sind. Die sanften Hügel und die gleichermaßen vegetationsreiche wie farbenfrohe Umgebung verführen manchen Betrachter dazu, die Armut dieses tropischen Landstrichs zu romantisch zu sehen. Ein Abzweig nach rechts ist mit „Bhambayi" („Bombay" in der Sprache der Zulu) ausgeschildert und führt zu **Gandhis Ashram** am östlichen Rand des riesigen Squatter Camps Inanda. Phoenix ist der Standort eines Selbsthilfeprogramms, das der junge Gandhi bereits kurz nach seiner Ankunft in Durban im Jahr 1903 initiierte. Von hier aus begann er, seine Philosophie des passiven Widerstands zu ersinnen, und es ist schon traurige Ironie, dass ausgerechnet diese Siedlung 1985 gewaltsam zerstört wurde, als Landbesetzer aus dem benachbarten Camp hier einfielen. Von Gandhis Haus **Sarvodaya** („Ort geistiger Erbauung") blieben nur die Grundmauern übrig; ansonsten ist noch die zerstörte Druckerpresse zu sehen, eine melancholische Erinnerung an den Geist und die Gemeinschaft, die hier einmal herrschten. Heute wimmelt es in der Gegend von Händlern, die am Straßenrand alles anbieten, was sich zu Geld machen lässt: von Wasser über Haarpflegemittel bis zu „Durban Poison", eine heiß begehrte Sorte *dagga* (Marihuana).

Die M25 führt weiter nach **Ekupakumeni** („Ort der Hochstimmung"), wo zwei Sterne im Stein die Stellen in der Landschaft markieren, an denen 1906 zwei Meteoriten des Halleyschen Kometen auf die Erde prallten.

Außerdem befindet sich hier die Siedlung **Shembe Settlement**. Sie wurde von der Holy Church of Nazareth als Zufluchtsort für Afrikaner gegründet, die durch das Landgesetz von 1913 enteignet worden waren.

Gemäß der Gründungsgeschichte der Kirche wurde ihr Prophet Isaya Shembe 1910 auf den Gipfel eines Berges vor den Toren von Durban „gerufen", wo er vor Gott schwor, den Zulu das Evangelium zu verkünden. Die Kirche rekrutierte ihre Mitglieder aus der ländlichen Bevölkerung, deren Lebensgrundlage durch die Kolonisation zerstört worden war. Sie waren einerseits willig, den christlichen Glauben anzunehmen, wollten aber auf der anderen Seite ihre traditionellen Bräuche nicht aufgeben. Shembe schuf eine religiöse Synthese, nach deren Regeln Alkoholkonsum, Rauchen und kultische Handlungen verboten waren. Im Gegenzug förderte er die Arbeitsmoral, die sich auf verschiedene Formen des Kunsthandwerks konzentrierte. Mit dieser Mischung machte Shembe aus seiner „Heiligen Kirche von Nazareth" eine Glaubensgemeinschaft, die mittlerweile mehrere Zehntausend Anhänger hat.

Weiter geht die Fahrt bis zur Polizeistation von Inanda ganz oben auf dem Berg und anschließend links ab in das Tal hinunter und über die den Umhlanga River überspannende Brücke.

An der nächsten Kreuzung biegt man erneut links ab auf die unbefestigte Straße, die am Sportplatz vorbeiführt. Danach biegt man wieder links ab, bis das Dorf **Ebuhleni** ins Blickfeld rückt, wo sich jedes Jahr im Juli die Anhänger der Holy Church of Nazareth zu einem Monat der Gottesverehrung versammeln. Wer den Abzweig auf die unbefestigte Straße links liegen lässt, gelangt zum Stausee Inanda Dam. In der tiefen Schlucht zur Linken befinden sich die **Inanda Falls**. Hier halten die Shembe ihre Taufzeremonien ab, bei denen auch Besucher willkommen sind.

An den Eingangstoren zur Siedlung Ebuhleni stehen in mehreren Reihen Tische mit Gegenständen, die zunächst wie Souvenir-Schnickschnack anmuten, von den konvertierten Shembe aber als sakrale Gegenstände verehrt werden. Dazu zählen Hologramme von Isaya Shembe und in Acrylglas eingefasste, religiöse Symbole als Schlüsselanhänger. Im Dorf wird auch traditionelle Kleidung verkauft, darunter zeremonielle Röcke für Männer und prachtvoller Kopfschmuck für Frauen. Die Siedlung ähnelt mit ihren gewundenen Gassen und den eng beieinander stehenden Gebäuden einem Dorf aus dem Mittelalter. Viele Häuser gehören Gläubigen, die nur während der Festival-Zeit nach Ebuhleni kommen – eine Art Ferienwohnung nach Art der Zulu. Während der Festtage wohnen Männer und Frauen in verschiedenen Teilen des Dorfes, unverheiratete Mädchen werden in einem separaten Gebäude untergebracht.

Von Ebuhleni geht es wieder zurück auf die M25 und weiter auf einer gut ausgeschilderten Strecke zum **Inanda Seminary**. Es ist sehr zu empfehlen, die historischen Stätten von Inanda in Begleitung eines Fremdenführers zu besichtigen. Die Bildungseinrichtung wurde 1869 von Daniel Lindley gegründet, einem amerikanischen Missionar und Pastor der Voortrekker. Sie ist die älteste höhere Schule für afrikanische Mädchen in Südafrika und spielte eine Vorreiterrolle bei der Befreiung der Zulu-Frauen. Da sich der Lehrkörper traditionell aus allen ethnischen Gruppen zusammensetzte, erfuhr die Schule nach 1957 keinerlei finanzielle Unterstützung mehr durch das Bildungsministerium der Apartheid-Regierung. Die Geschichte Inandas zwischen 1869 und 1969 erzählt die Schriftstellerin Agnes Wood in ihrem Buch *Shine Where You Are*. Zurück nach Durban geht es in östlicher Richtung über die M25.

besichtigen lässt, trägt keine Hausnummer. Wenn man aus Richtung Stadtzentrum kommt, liegt er kurz vor dem Edwin Swales Freeway auf der rechten Seite. Das Bauwerk aus dem Jahre 1947 ist eine Rekonstruktion des ersten afrikanischen Hindu-Tempels, der 1875 am Ufer des Umbilo River errichtet und in der Folge durch Hochwasser zerstört wurde. Die Fassade ist mit einem Pantheon aus farbenfrohen Hindu-Gottheiten verziert, die mit Schnitzarbeiten versehenen Eingangstüren sind noch original und wurden vor der Flut gerettet. Jedes Jahr um Ostern findet in dem Tempel ein **Firewalking Festival** statt, bei dem barfüßige Gläubige den Gang durch ein Bett aus glühenden Kohlen unbeschadet überstehen. Tausende von Tempelgängern erscheinen hier, um der Göttin Draudpadi ihre Ehrerbietung zu erweisen. Besucher sind willkommen. Vom Stadtzentrum aus erreicht man den Tempel über die M13, nimmt die Ausfahrt Brikkfield Road und biegt dann nach links in die M10 ein, deren Verlängerung die Bellair Road ist.

Übernachtung

Die Unterkünfte Durbans konzentrieren sich entlang der **Beachfront**, wo die Kettenhotels mit Meeresblick und Swimming Pools komfortable, aber auch teure Übernachtungsmöglichkeiten bieten. Weitaus erschwinglicher sind die in rauen Mengen vorhandenen **Apartments** für Selbstversorger (einige mit Meeresblick, andere ein oder zwei Blocks vom Strand entfernt und daher in etwas weniger zwielichtiger Umgebung) mit teilweise außergewöhnlich gutem Preis-Leistungs-Verhältnis, wenn man sie sich mit mehreren Personen teilt. Wer an der gut mit Bussen und Taxis versorgten Beachfront übernachtet, befindet sich nur wenige Gehminuten von den Geschäften und Kaufhäusern der Innenstadt entfernt und hat die Gewähr, dass immer etwas los ist. Während der Schulferien sind die Unterkünfte in der Regel knapp; wesentlich teurer ist es im Hauptreisemonat Dezember.

Eine Unterkunft im **Stadtzentrum** bietet sich wegen der günstigen Lage an, doch bei Dunkelheit wirken die ausgestorbenen Straßen stets etwas bedrohlich. Abends und nachts sollte man sich daher von einem Taxi direkt vor die Tür bringen lassen. Als Alternative zu Stadtzentrum und

Beachfront liegt nur 10 Min. Busfahrt westlich des Zentrums die luftige und grüne Wohngegend **Berea** mit ihren Restaurants und Cafés. An Berea grenzt das angesagte Szeneviertel **Morningside** mit seinen Restaurants, Kneipen und Tätowierstudios. Hier und in Berea befinden sich auch die besten Unterkünfte für Rucksacktouristen sowie einige preiswerte Guesthouses und B&Bs.

ZENTRUM – *Albany Hotel**, 225 Smith St, ✆ 304 4381, 💻 www.albanyhotel.co.za. Zentral gelegenes, preiswertes Hotel mit komfortablen, wenn auch etwas altmodischen Zimmern. Nur einen Steinwurf vom Hafen entfernt, direkt neben dem Playhouse Theatre; gegenüber befinden sich das Natural Science Museum und die Durban Art Gallery.

Banana Backpackers*, 61 Pine St, 1st Floor, Ambassador House, ✆ 368 4062, ✉ aroutes@iafrica.com. Kürzlich renovierte Schlafsäle und DZ in einem alten Gebäude mit ansprechendem Innenhof im Herzen der Stadt; in unmittelbar Nähe liegen Strand, Tourist Junction und Busbahnhof.

Hotel Formula 1*, NMR Ave, Ecke Jeff Taylor St, ✆ 301 1551, 💻 www.hotelformula1.com.za. Sauberes und preiswertes Hotel ohne Kinkerlitzchen direkt neben dem Bahnhof. Wenn man sich zu zweit oder zu dritt einquartiert, sind die Zimmer zum Pauschalpreis nur geringfügig teurer als ein Backpacker-Hostel.

The Royal Hotel, über R500, 267 Smith St, ✆ 333 6000, 💻 www.theroyal.co.za. Das beste Hotel Durbans und bereits eine Institution im Stadtzentrum. Hauptsächlich verkehren hier Geschäftsleute, doch wer sich den 5-Sterne-Glanz mit livriertem Service und das legendäre indische Hotelrestaurant *Ulundi* leisten kann, sollte darüber nachdenken, hier abzusteigen, zumal des Öfteren Rabatte eingeräumt werden.

BEACHFRONT – *The Balmoral*****, 125 Marine Parade, ✆ 368 5940, ✉ balmoral@icon.co.za, 💻 www.raya-hotels.com. Dunkles Holz und historische Fotografien von Durban sorgen für eine etwas strenge koloniale Atmosphäre. Auf der Veranda kann man an einem lauen Sommerabend an einem Drink nippen und das Treiben an den Stränden der Marine Parade an sich vorbeiziehen lassen. Große und elegante ac-Zimmer, TV mit Fernbedienung, nobel eingerichtet und größtenteils mit herrlichem Blick aufs Meer. Die teureren Zimmer und Suiten verfügen auch über Internet-Zugang.

The Beach Hotel***, 107 Marine Parade, ✆ 337 5511, ✇ 368 2322. Etwas gesichtslose, aber geräumige Zimmer mit großartigem Ausblick. Das größte Plus ist die Terrasse, auf der sich meist zahlreiche Gäste aufhalten, um etwas zu essen oder zu trinken, denn zu dem Komplex gehören mehrere Pubs und Restaurants.

The Blue Waters Hotel***, 175 Snell Parade, ✆ 332 4272, ✇ 337 5817. Entzückendes Durbaner Urgestein aus den 50er Jahren nahe Battery Beach, mit Mangroven auf dem Bürgersteig und Plüschmobiliar im Innern. Die Lounge bietet einen großartigen Ausblick auf den Ozean.

The Edward***–****, Marine Parade, Ecke Seaview Rd, ✆ 337 3681, ▭ www.proteahotels.com. Kristallkronleuchter, handfestes Kolonialstil-Ambiente, Balkone mit Meeresblick, Ladies' Bar und kühle Veranda machen diese Art-déco-Villa zur Grande Dame an der Beachfront. Frühstück wird extra berechnet.

Golden Sands Holiday Apartments*, 95 Snell Parade, ✆ 368 2995, ✇ 337 1825. Praktische Apartments für Selbstversorger und etwas teurere Zimmer mit ausgezeichnetem Meeresblick in günstiger Lage am North Beach und Amphitheater. Außer im Hauptferienmonat Dezember, wenn sich die Preise verdoppeln, zeichnen sich die Zimmer durch ein hervorragendes Preis-Leistungs-Verhältnis aus.

Holiday Inn Garden Court – Marine Parade**, 167 Marine Parade, ✆ 337 2231, ▭ www.southernsun.com. Eine Fata Morgana im Hochhausformat mit erfrischendem Durchzug und tropischer Vegetation. Zwar haben alle Zimmer Blick aufs Meer, doch die in den oberen Etagen sind die besten. Der Ausblick vom Swimming Pool im 30. Stock ist einfach überwältigend. Ein Hintereingang gegenüber vom Victoria Park führt auf schnellem Weg ins Stadtzentrum.

Impala Holiday Flats*, 40 Gillespie St, ✆ 332 3232. Geräumige Familien-Apartments und Ferienwohnungen für 2–6 Pers., einen Block vom South Beach in der Nähe des Wheel Shopping Centre.

Palace Protea Hotel**, 211 Marine Parade, ✆ 332 8351, ▭ www.optimabreak.com. Modernes Art-déco-Wahrzeichen an Durbans Golden Mile, gegenüber des Durban Fun Fair. Auch Apartments für Selbstversorger und günstige Lage zum Stadtzentrum.

Protea Hotel Landmark Lodge Durban**–***, West Rd, Ecke Point Rd, ✆ 337 3601, ▭ www.proteahotels.com. Hotel und B&B in einem Hochhaus mit Meeresblick nach Osten, auf halber Höhe zwischen Strand und Zentrum. 3-Sterne-Hotelzimmer und preisgünstigere Apartments für Selbstversorger (bis zu 4 Pers.).

Silversands*, 16 Erskine Terrace, South Beach, ✆ 332 7391, ✉ silversands@worldonline.co.za. Am entlegenen Ende von Addington Beach, unweit des Addington Hospital. Saubere, komfortable und geräumige Apartments für 2–8 Pers. Wer mit mehreren teilt, kommt billiger weg.

BEREA UND MORNINGSIDE – The Benjamin****, 141 Florida Rd, Morningside, ✆ 303 4233, ✇ 303 4288, ▭ www.benjamin.co.za. Todschickes, vorwiegend auf Geschäftsreisende ausgerichtetes Boutique-Hotel mit 45 luxuriösen Zimmern im Herzen eines pulsierenden Viertels.

Big J's Backpackers*, 47 Essenwood Rd, Berea, ✆ 202 3023, ✉ bjbackpack@hotmail.com. Irre Unterkunft in bester Gegend mit Zeltstellplätzen, Schlafsälen und DZ, für Baz-Bus-Reisende ist die vierte Nacht gratis. Swimming Pool, Bar, Sonnenterrasse, Kräutergarten, Skateboards und Bodyboards für Gäste. Big J's ist stolz darauf, als erste Unterkunft Durbans Rizla-Zigarettenpapier im Angebot zu haben.

Brown Sugar*, Kinnord House, 6 Kinnord Place, 607 Essenwood Rd, ✉ brownsugar2000@hotmail.com, ✆ 209 8528. Wunderschöne, über ein Jahrhundert alte Villa, ganz oben auf dem Berg gelegen. Herrliches Grundstück, Gratis-Frühstück und superbilliges Abendessen. Im Innern grenzt die Lodge allerdings ans Spartanische: Die Gäste im riesigen Schlafsaal liegen auf Matratzen ohne Bettgestell.

The Elephant House**, 745 Ridge Rd, Berea, ✆ 208 9580, ✉ elephanthouse@mweb.co.za. B&B in Durbans ältestem Haus (1850 als Jagdsitz erbaut) in einer ruhigeren Ecke des Viertels mit wild wuchernder Vegetation. Die sehr gastfreundlichen Besitzer verfügen über eine gute Sammlung afrikanischer Literatur und freuen sich, wenn sie ihren Gästen die Gegend zeigen dürfen.

Hippo Hide Lodge and Backpackers*, 2 Jesmond Rd, Berea, 🖳 www.hippohide.co.za, ☎ 207 4366. Fantasievolle und gemütliche Lodge in einem wunderschönen Garten mit heimischen Pflanzen, Fels-Pool und wunderbaren Gastgebern. Saubere und ruhige Unterkunft mit Guesthouse-Atmosphäre, günstige Lage an der Buslinie ins Zentrum (10 Min.). Einige DZ mit eigenem Bad, außerdem Holzbungalows verfügbar.

Hotel California**, 170 Florida Rd, Morningside, ☎ 303 1146. Vornehme Architektur und mehrere Restaurants über dem *Butcher Boys Restaurant* und *Bonkers-Club* im Herzen der Nachtmeile Florida Rd.

Laletsa Lodge**, 21/25 South Ridge Rd, Berea, ☎ 201 0785, 🖳 www.laletsa.co.za. Schön restaurierter und nobler Altbau mit gutem Ausblick und afrikanisch angehauchter Einrichtung. 10 Min. Busfahrt in die Stadt, das exklusive Einkaufszentrum Musgrave ist zu Fuß zu erreichen. Zu den Extras zählen Salzwasserpool, Grillplatz, Halaal-Buffet zum Frühstück und luxuriöse ac-Zimmer mit TV und Telefon.

Meg's B&B***, 12 Nutall Gardens, Morningside, ☎ 312 9045, ✉ maasdyk@mweb.co.za. Feudale Üppigkeit in einer ruhigen Ecke Durbans mit knalligen Farben, großzügigen Betten und original südafrikanischer Kunst.

Napier House**, 31 Napier Rd, ☎ 207 6779. Reizende, saubere Zimmer mit dem Flair eines Landguts und weit schweifendem Blick auf die Stadt, nur einen Katzensprung vom schönen Botanischen Garten entfernt; ausgezeichnete Currys.

Nomad's Backpackers*, 70 Essenwood Rd, Berea, ☎ 202 9709 oder 082-920 5882, 🖳 www.zing.co.za/nomads. Eines der besten Durbaner Hostels (zwei Häuser direkt nebeneinander), nur einen kurzen Fußweg vom exklusiven Einkaufszentrum Musgrave entfernt an einer frequentierten Buslinie (10 Min. Fahrt zum Strand und zur Golden Mile). Ein Swimming Pool mit schwarzem Grund, ein Billardtisch, der *Bambooza Pub* und die freundlichen Gastgeber, die ein scharfes Durban-Curry zubereiten, zählen zu den Plus-

punkten dieser absolut empfehlenswerten Unterkunft.

Tekweni Backpackers*, 169 9th Ave, Morningside, ☎ 303 1433, 🖳 www.tekweniecotours.co.za. Beliebte und gut besuchte Backpacker-Unterkunft in 3 nebeneinander liegenden Häusern. Gute Lage in unmittelbarer Nähe der Florida Rd, entspannte Atmosphäre und Drinks von der Bar auf einer schattigen und kühlen Terrasse. Küche, Billardzimmer, Swimming Pool und Aufenthaltsraum stehen den Gästen offen, die auch das ausgezeichnete Reise- und Informationszentrum auf dem Gelände in Anspruch nehmen können.

Traveller's International Lodge (central)*, 743 Currie Rd, Morningside, ☎/✆ 303 1064, 🖳 www.travelerslodge.sa.com. Freundliches, zweistöckiges Gebäude in einem grünen Vorstadtviertel in unmittelbarer Nähe der Florida Rd mit ihren Clubs, Bars und Restaurants. Nur 7 Min. Busfahrt in die Stadt und 1/2 Stunde Fußmarsch zum Strand. Kein Swimming Pool, aber bequemer Aufenthaltsraum. Die Gastgeber vermitteln Abholservice und Touren.

Essen

In Durban trifft man zwar alle möglichen nationalen wie internationalen Spezialitäten an, doch die **indische Küche** ist wirklich herausragend, was nicht unbedingt überrascht in einer Stadt, die eine der größten indischen Gemeinden außerhalb Asiens aufzuweisen hat. Nicht ganz so nahe liegend ist es dagegen, dass Durban auch einige sehr gute **portugiesische** Restaurants zu bieten hat (ein Import aus Mosambik), darunter scharf gewürzte Peri-Peri-Gerichte mit Hühnchen oder Garnelen. Natürlich sind auch **Fisch** und **Meeresfrüchte** ausgezeichnet, schließlich ist Durban eine Hafenstadt. Die meisten Restaurants schließen früh, nämlich bereits gegen 22.30 Uhr. Eine bemerkenswerte Ausnahme ist das *Legends* im Musgrave Shopping Centre, das bis nach Mitternacht geöffnet hat. Die besten Viertel zum Essengehen sind das Stadtzentrum, die Beachfront und Berea. Die Preise sind im Allgemeinen vernünftig, *seafood* ist allerdings immer etwas teurer. Die beste Auswahl an indischen Speisen gibt es rund um die Grey Street. Vor dem Aufbruch lohnt ein kurzer Anruf, denn die Öffnungszeiten ändern sich häufig.

Der große Beitrag Durbans zur nationalen Fastfood-Landschaft ist *Bunny Chow*, ein billiger Imbiss, bei dem ein halber Laib Brot ausgehöhlt und auf traditionelle Weise mit Curry-Bohnen gefüllt wird, mittlerweile aber auch mit anderen Füllungen wie Hammel- oder Rindfleisch, Gemüse oder Dosenfisch. Ähnlich sind die in *roti* (einen traditionellen indischen Pfannkuchen) eingewickelten Currys. An Ständen auf den afrikanischen Märkten und in der Umgebung von Taxihalteplätzen wird *shisanyama* angeboten, über dem offenen Feuer gebratene Fleischstücke.

Selbstversorger können sich bei den großen Supermarktketten in den Einkaufszentren mit Lebensmitteln eindecken. Tropische Früchte, darunter Mangos, Papayas, Bananen, Lychees, Ananas, Guaven und Granadillas sind während der Saison in Supermärkten und bei Obst- und Gemüsehändlern auf der Straße sowie auf dem indischen Markt an der Warwick Avenue erhältlich.

RESTAURANTS – Zentrum: *Little Gujarat*, 107 Prince Edward St, ✆ 306 2272. Billige und köstliche Speisen, auch zum Mitnehmen, z.B. vegetarische *bunny chows, rotis* und immer eine besondere Spezialität pro Tag. Hier bekommt man etwas für sein Geld. ☉ Mo–Fr 7–17, Sa 7–14 Uhr.

***Patel's Vegetarian House*,** Rama House, Grey St, ✆ 306 1774. Eines der wenigen Lokale, wo Inder ihre Leckereien kaufen, und eine der Originaladressen für *bunny chow*. ☉ Mo–Fr 6–16.45, Sa 6–14 Uhr.

***O Pescador*,** 52 Albany Grove, ✆ 304 4138. Seafood ist die Spezialität dieses preiswerten portugiesischen Restaurants. Zu den besonders empfehlenswerten Gerichten zählen neben den Vorspeisen Krebse (mit Nussknacker und Lätzchen serviert), Krabbencurrys und Miesmuscheln in Zwiebel- und Tomatensauce. ☉ Mo–Sa 12–15 und 18–22, So 18–21 Uhr.

***Villa D'Este*,** Davenport Rd, Ecke Bulwer Rd, ✆ 202 7920. Eines der ältesten und besten Fischrestaurants in Durban mit italienischem Charme – allerdings kein ganz billiges Vergnügen. ☉ Mittagessen Di–Fr und So, Abendessen Di–So.

Beachfront: *The Brasserie Smorgasbord*, *The Edward*, 149 Marine Parade, ✆ 337 3681. Leckeres Frühstück auf der Terrasse und sehr gutes Mittags-Büffet im Strandhotel mit einer vorzüglichen und preiswerten Komposition von Köstlichkeiten aus dem Meer, darunter Langusten, Austern und Tintenfische. ☉ tgl.

***Jewel of India*,** Holiday Inn Durban, 63 Snell Parade, ✆ 362 1300. Plüschlokal mit authentisch indischem Ambiente und gemütlicher Lounge, wo man es sich auf Kissen an niedrigen Tischen bequem machen kann; auch Vegetarier kommen hier auf ihre Kosten. ☉ Mittagessen Di–So, Abendessen tgl.

***Joe Kool's Bar & Grill*,** 137 Lower Marine Parade, ✆ 332 9697. Supersauberes In-Lokal direkt am Strand mit Billardtischen und erstklassiger Live-Musik. ☉ Mo–Do 10 Uhr bis spätabends, Fr–So 8.30 Uhr bis spätabends.

***Saagries House of Curries*,** Holiday Inn Garden Court, Marine Parade, ✆ 332 7922. Das noble und vornehme Wahrzeichen Durbans bietet ultrascharfe Currys an. ☉ Mittagessen Mo, Mi–Fr und So, Abendessen tgl. außer Di.

Victoria Embankment und Hafen:

***Café Fish*,** Yacht Mole, Victoria Embankment, ✆ 305 5062. Schönes und preiswertes Restaurant mit Blick auf den Hafen, spezialisiert auf Meeresfrüchte – der „Fang des Tages" ist empfehlenswert. ☉ Mittag- und Abendessen tgl.

***Charlie Crofts Wharfside Diner*,** 18 Boatsman Rd, Maydon Wharf, ✆ 307 2935. Der scharf gegrillte Tintenfisch und das Eisbein sind erstklassig in diesem direkt neben einem Schiffsbauplatz im Industriegebiet des Hafens gelegenen Restaurant. ☉ tgl. 12–22 Uhr.

***The Famous Fish Co*,** North Pier, am Ende der Point Rd, ✆ 368 1060. Fischrestaurant in perfekter Lage an der Hafeneinfahrt mit wunderbarer Aussicht auf an- und ablegende Schiffe. ☉ Mittag- und Abendessen tgl.

***Roma Revolving Restaurant*,** John Ross House, Victoria Embankment, ✆ 337 6707. Kein Besucher sollte den Blick aus dem sich hoch über Durban drehenden *Roma* verpassen. Die internationale Speisekarte bietet u.a. Miesmuscheln als Vorspeise und italienische Spezialitäten wie Gnocchi und Kalbfleischgerichte. ☉ Mittagessen und Abendessen Mo–Sa.

KWAZULU-NATAL

Berea, Morningside und Greyville: *Baan Thai,* 138 Florida Rd, Morningside, ✆ 303 4270. Ausgezeichnete Thai-Küche zu überraschend moderaten Preisen, z.B. *Ton-Yam-*Suppe, Miesmuscheln und das absolute Glanzlicht des Hauses: Honig-Ente.

Bean Bag Bohemia, 18 Windermere Rd, Greyville, ✆ 309 6019. Angesagtes Esslokal für junge Leute in einem zweistöckigen Haus mit gemütlicher Bistro-Bar unten und etwas vornehmerem Restaurant oben. Die nicht zu teuren Entengerichte sind ganz besonders empfehlenswert. ☺ Mittagessen und Abendessen tgl., Frühstück nur So.

Blue Zoo Café, 6 Nimmo Rd, Berea, ✆ 303 2265. Vielfältige und ausgefallene Speisekarte mit köstlichem Cajun-Hühnchen, Lammkeule in Portweinsauce, Steaks, Fisch und Salate mit Mango- oder Chili-Dressing. Herrliche Lage in den Mitchell Park Gardens, moderate Preise. ☺ Mittagessen Di–Sa, Abendessen Di–So, Mo geschlossen.

Café 1999, Silvervause Centre, Silverton Rd, Berea, ✆ 202 3406. Ausgezeichnetes internationales Restaurant, in dem man auch spät in der Nacht noch einen Kaffee trinken kann. ☺ Mo–Fr 12.30–14.30 und 18.30–22.30, Sa 18.30–23 Uhr.

El Turko, 413 Windermere Rd, Morningside, ✆ 312 7893. Gemütliches, preiswertes Restaurant mit Sitzgelegenheiten unter freiem Himmel und einer empfehlenswerten *meze-*Platte mit feurigen Oliven. Der Cocktail „Turkish Tiger" (Wodka, Kondensmilch, Sahne und Zimt) ist ebenfalls einen Versuch wert. ☺ Sa kein Mittagessen, So geschlossen.

Gulzar, 71 Stamford Hill Rd, Morningside, ✆ 309 6379. Das exklusivste indische Restaurant Durbans serviert ausgezeichnete Currys und Tandooris in maurischem Ambiente. ☺ Mittag- und Abendessen tgl.

Legends Café, Musgrave Centre, ✆ 201 0733. Alteingesessenes, komfortables Restaurant mit thailändischen und mexikanischen Einflüssen. Scharf gewürzte Calamari vom Grill, sagenhaftes Garnelen-Curry und die besten Brötchen der Stadt. ☺ bis spätabends.

Marco's, 45 Windermere Rd, Greyville, ✆ 303 3078. Noble Trattoria, frische Pasta und köstliche Pizza. ☺ Mittagessen Mo–Fr, Abendessen Mo–Sa.

Palki, 225 Musgrave Rd, ✆ 201 0019. Südafrikanische Niederlassung einer im Fernen Osten beheimateten Restaurantkette. Authentisches indisches Esslokal mit Gerichten aus Nord- und Südindien. Auch Vegetarier kommen nicht zu kurz, und all das zu sehr vernünftigen Preisen. ☺ Mittagessen Di–So, Abendessen tgl.

Vintage, 20 Windermere Rd, Greyville, ✆ 309 1328. Das Lokal ist gemütlicher als manch anderes indisches Restaurant in der Stadt und bietet sowohl nord- als auch südindische Kost sowie einige ausgefallene Gerichte. Große Vielfalt an preisgünstigen Vorspeisen und reiche Auswahl für Vegetarier. Die gefüllten Hähnchenschenkel sind zu empfehlen, das traditionelle indische Milchmixgetränk „Bombay Crush" ist ein Muss nach einem feurigen Curry. ☺ Mittag- und Abendessen tgl.

CAFÉS UND SNACKS – *Boa Vista,* 463 Innes Rd, Morningside, ✆ 312 3456. Delikatessengeschäft und Café gegenüber den Mitchell Park Gardens. Der Gast kann sich seinen eigenen Teller zusammenstellen und nach Gewicht bezahlen. ☺ Mo–Fr 8–18, Sa und So 8–15 Uhr.

Delicious Delicatessen and Coffee Shop, Windermere Centre, Windermere Rd, ✆ 312 8699. Wirklich köstliche Nudelsalate und Brötchen, dazu ausgezeichnete Kaffees. ☺ Mo–Fr 8–18, Sa 7–14 Uhr.

Franko's, 300 Smith St. Schlichtes Café im Zentrum, serviert neben leichten Snacks auch ein großartiges Pfeffersteak. ☺ Mo–Fr 7–15.30, Sa 8–12.30 Uhr.

Fressh, 141 Musgrave Rd, neben dem Musgrave Centre. Hervorragendes Café mit tollen Bagels, beliebt bei Bereas Oberschicht. ☺ Mo–Sa 7.30–17, So 8–15 Uhr.

Loafers Bakery & Coffee Shop, 514 Windermere Rd, ✆ 312 2100. Helles und luftiges Lokal, besonders sonntags zum Frühstück bei den „Durbanites" sehr beliebt. Trotz moderater Preise ein erstklassiges *english breakfast* mit allem Drum und Dran. ☺ Mo–Sa 6.30–18, So 6.30–17 Uhr.

TAKE AWAY– *Charlie Croft's Wharfside Diner,* 18 Boatsman Rd, Maydon Wharf, ✆ 307 2935. Köstliche *seafood-* und Fleischgerichte in einer der schönsten Gegenden Durbans.

Delicious Delicatessen, Windermere Centre, Windermere Rd. Leckere und vollwertige Speisen, darunter Bagels mit grünem Thai-Hühnchen und Nudelsalate mit Sesam- oder Honigsenf-Dressing.

Sunrise Chip 'n Ranch, 89 Sparks Rd, Overport. Die schnellsten und leckersten Currys und *bunny chows* der Stadt zu absoluten Niedrigstpreisen. ☉ tgl. 24 Std.

Victory Lounge, Grey St, Ecke Victoria St. Scharfe *bunny chows* im zentralen indischen Viertel.

Unterhaltung und Kultur

Durban bietet ein reichhaltiges Angebot an Live-Konzerten aus dem Bereich **Independent Music**, die sich meist an europäischen oder nordamerikanischen Trends orientieren. Interessanter, aber nicht so leicht zugänglich, sind die **Zulu-Musikrichtungen** wie *isicathamiya* und *maskanda*. Beim **Jazz** besteht das originellste Angebot der Stadt in einer würzigen Mischung aus amerikanischem Stil und den Interpretationen der Zulu aus den Townships. Der talentierte Musiker Sipho Gumede aus Durban spielt relativ regelmäßig afrikanischen Jazz im BAT Centre (s.S. 460), Jimmy Dludlu pflegt einen amerikanisch orientierten Stil. Guten Jazz spielt auch Darius Brubeck (der Sohn von Dave Brubeck). Die *Rivets Bar* im *Hilton Hotel* in der Walnut Road hat sich als Nummer eins unter den Jazz-Clubs etabliert. Jeden Donnerstagabend wird dort ab 20 Uhr bis spät in die Nacht Live-Jazz zum Nulltarif geboten.

Die **Klassik-Konzerte** des Natal Philharmonic Orchestra – eher wegen der Umgebung als wegen der Qualität der Darbietung zu empfehlen – finden im Botanischen Garten oder im Kricketstadion Kingsmead statt. Termine und Veranstaltungshinweise sind der lokalen Presse oder den Infotafeln im Botanischen Garten zu entnehmen.

BARS – Billy The Bums, 504 Windermere Rd, Greyville. Akrobatische Barkeeper jonglieren mit Flaschen und mixen dabei Cocktails, beliebte Singles-Kneipe, in der auch gute Speisen aufgetischt werden. ☉ Mo–Sa 12–24 Uhr.

Cool Runnings, 39 Milne St. Großartiger Rasta- und Reggae-Schuppen. ☉ tgl. 12–6 Uhr.

Jack Rabbits, 1 McCarthy Centre, North Ridge Rd, Morningside. Sportbar mit toller Außenterrasse zum Beobachten des vorbeirauschenden Verkehrs. Preiswerte Mahlzeiten und jeden Abend Happy Hour mit billigen Drinks. ☉ tgl. 10 Uhr bis spätabends.

Monkey Bar, 263 Florida Rd, Morningside. Netter und vergnüglicher Laden mit einer guten Mischung aus Pop, Rock, House und Afro-Jazz. ☉ So geschlossen.

Thirsty's, King's Battery Development. Lohnt einen Besuch auf einen Drink oder eine Portion Scampi schon allein wegen des Blicks auf den Hafen; draußen ein Biergarten mit einer Vielzahl importierter Biersorten. ☉ Mo–Fr 7 Uhr bis zum Aufbruch des letzten Gastes, Sa 7–1, So 7–23 Uhr.

Victoria Bar, Point Rd. Etwas zwielichtige, aber beliebte portugiesische Kneipe, ideal für einen Drink plus Sport vorm TV-Schirm. „Catembe" (Cola und Wein) ist eine Spezialität des Hauses, bei den Speisen ragen Garnelen-Curry und Peri-Peri-Hühnchen heraus. ☉ Bar: Mo–Sa 10.30–23 Uhr, Restaurant: Mo–Sa 12.30–15 und 18.30–22 Uhr.

Wonder Bar, Windermere Rd, Greyville (neben *Billy The Bums*). Die Kombination aus Kneipe und Club mit einem Interieur aus Hightech, Edelstahl und Lavalampen erfreut sich zunehmender Beliebtheit. ☉ Vordere Bar: tgl. ab 18 Uhr, Innenbereich: Di, Do, Fr und Sa 14.30–2.30 Uhr. Freitags wird von 22–0 Uhr Eintritt verlangt (Frauen R5, Männer R10).

CLUBS – 80s, im Absa Stadium, Walter Gilbert Rd. Extrem angesagt, besonders mittwochs, wenn viele Durbaner Studenten auf der Piste sind. Großer Dancefloor, mehrere Bars, Billardtische, Außenbereich und erstklassige Gast-DJs. ☉ Mi, Fr und Sa 20–4 Uhr, Eintritt Mi und Fr R10, Sa R15.

100 on Point, ziemlich neuer Club im boomenden Viertel um die Point Rd mit 3 Tanzflächen und Live-Musik. Freitags eher auf Publikum über 25 zugeschnitten, auch Jazz und klassischer Rhythm & Blues. ☉ Fr und Sa ab 21 Uhr, Eintritt R20.

Club 330, Point Rd. Durbans ultimativer Techno- und Rave-Club. Die typischen Beimischungen sind ultramoderne Klamotten, Piercings, Quellwasser und Tigerbalsam. ⏰ nur Sa ab 22 Uhr, Eintritt R20 vor und R40 nach 23 Uhr.

Night Fever, 123 Argyle Rd, Greyville. Besonders bei Partyvolk unter 30 beliebte Disco mit einer Bar für softe und einer für harte Drinks. Große Tanzfläche mit Musik von Top-DJs. ⏰ Di und Do–Sa 20–4 Uhr, Eintritt R10.

Skybar, Silver Ave, Höhe Stamford Hill Rd. Niveauvolle und edle Disco mit Spezialität House-Musik und fantastischer Außenterrasse. ⏰ Sa und So 20–4 Uhr, Eintritt R30.

JAZZ – BAT (Bartle Arts Trust) Centre, Small Craft Harbour, Eingang gegenüber der Hermitage Lane unweit der Uferpromenade Victoria Embankment. Wahrscheinlich der beste Veranstaltungsort für Jazzmusik in Durban. Nicht verpassen sollte man den Freitagabend, wenn einheimische Musiker hier abwechselnd Jazz- und *maskanda*-Sessions abhalten (17–19 Uhr, Eintritt frei). Es existiert auch eine Trommelgruppe aus Durbaner Spitzentrommlern, die fast immer dienstags im *Bat Café* auftreten (19.30–21.30 Uhr, Eintritt R10).

The Rainbow, 23 Stanfield Lane, Pinetown, ☎ 702 9161. Gelegentlich sonntags zur Mittagszeit Musik von Afro-Fusion bis Jazz. Termine und Infos sind der lokalen Presse zu entnehmen.

KINOS – Die besten und gut gelegenen Kinos sind die großen Kinokomplexe im Musgrave Centre in der Musgrave Rd und in der Workshop Mall im Stadtzentrum. Programm- oder Off-Kinos gibt es in Durban nicht, doch werden im Musgrave gelegentlich anspruchsvollere Produktionen gezeigt, die auf Filmfestivals gelaufen sind.

LESBEN- UND SCHWULENTREFFS – In Durban gibt es eine lebendige Homosexuellenszene mit einer Hand voll ausgezeichneter Nachtclubs, in denen auch Heteros willkommen sind.

Axis, Gillespie St, Beachfront. Durbans Nummer eins unter den schwulen Nachtclubs tanzt zu den Sounds von Disco-Klassikern. ⏰ Mi, Fr und Sa 21.30–5 Uhr.

Bean Bag Bohemia, 18 Windermere Rd, Morningside. Eigentlich ein Restaurant (s.S. 458), hat aber auch eine großartige Bar im Untergeschoss

und ist sehr schwulenfreundlich. Zur Kundschaft zählen bildschöne Exemplare beiderlei Geschlechts. Einer der besten Orte in Durban, um neue Leute kennen zu lernen. Letzter Drink jede Nacht um 2.30 Uhr. ⏰ Restaurant: Mo–Sa bis 1 Uhr, So bis Mitternacht.

Roman Lounge, 202 Florida Rd, Morningside. Noble Lesben- und Schwulenbar, 7 Tage die Woche geöffnet. Speisen werden nicht angeboten, doch wer in der Nähe beim Italiener *La Mafia* bestellt, bekommt das Essen geliefert. ⏰ Mo, Di und Do 16 Uhr bis spät in die Nacht, Mi und Fr–So 14 Uhr bis spät in die Nacht.

Shaftsbury's, Overport Drive, Berea. Anständige Kneipe unten und ein allgemein als „Black Hole" bekannter Sexraum oben. ⏰ tgl. ab 17 Uhr.

THEATER – Playhouse Drama Theatre, 231 Smith St, ☎ 260 2296. Eins von zwei großen Theatern in Durban. Gebäude im Pseudo-Tudor-Stil, in dem meistens Durchschnittsproduktionen aufgeführt werden, aber auch Vorstellungen der hier heimischen, progressiven Playhouse Dance Company zu sehen sind.

Elizabeth Sneddon Theatre, in der University of Natal, South Ridge Rd, ☎ 260 2296. Moderner Aufführungsort für Produktionen des studentischen Ensembles und von Gastgruppen. Montags Musikaufführungen, darunter traditionelle *maskanda* der Zulu und Klavierkonzerte.

Backstage, im Hotel *The Royal,* 267 Smith St, ☎ 304 0331. Mischung aus Club und Cabaret mit exzellenten Shows zum Abendessen, das aus einem erstklassigen 3-Gänge-Menü besteht.

BÜCHER UND MUSIK – Adams & Co, 341 West St, ☎ 304 8571. Im Stadtzentrum liegt Durbans älteste Buchhandlung. Eine Filiale mit Café befindet sich im Musgrave Centre, ☎ 201 5123.

Exclusive Books, Lower Level, Pavilion Shopping Centre, ☎ 265 0454. Durbans auffälligste Buchhandlung, in der Leseratten nicht weggeschickt werden, wenn sie bei einem Kaffee über spannenden Büchern hocken. ⏰ Sa bis 22 Uhr.

Ike's Books and Collectables, 4th Ave, Greyville, über *Mam Lucian's Coffee Shop*, ☎ 303 9214. Faszinierendes Buchantiquariat mit Titeln zur

Geschichte KwaZulu-Natals und zur Fauna und Flora der Region. Zu den Besonderheiten zählen afrikanische Themen, der Burenkrieg, Reise- und Forschungsbücher sowie Klassiker der linken Literatur.
Look and Listen, Lower Level, Pavilion Shopping Centre, ✆ 265 0826. Das bestsortierte Plattengeschäft Durbans bietet eine umfangreiche Auswahl an Musik aus ganz Afrika, darunter auch die nationalen Favoriten wie Ladysmith Black Mambazo und Hugh Masekela.

KUNSTHANDWERK UND SOUVENIRS – *African Art Centre*, 160 Pine St, Old Durban Station, First Floor, ✆ 304 7915. Galerie und Shop warten mit traditionellen und modernen Arbeiten der Zulu und Xhosa auf, die es sich anzuschauen lohnt, darunter Perlenarbeiten, Puppen, Drahtskulpturen, Holzplastiken und Wandteppiche.
The Bat Shop, im BAT Centre am Victoria Embankment im Hafen, ✆ 332 9951. In den hellen und farbenfrohen Räumlichkeiten werden Arbeiten zeitgenössischer afrikanischer Künstler angeboten, darunter meisterhafte Drahtarbeiten und Keramikwaren. ⏰ Sa bis 16 Uhr.
NSA Gallery Shop, NSA Gallery, Bulwer Rd, Berea. Ein Sammelsurium handgefertigter Waren, darunter Radierungen, Gemälde und Zinnbesteck. Zum Komplex gehört ein Café mit Außenterrasse.
Tourist Junction Shop, 160 Pine St, ✆ 304 7915. Afrikanisches Qualitäts-Kunsthandwerk der Zulu, z.B. Körbe, Stammesmasken und Flechtarbeiten.
The Workshop Mall, Commercial St, Ecke Aliwal St. Das größte Einkaufszentrum in Downtown Durban ist in einem Teil des alten Bahnhofs untergebracht und bietet günstige Geschenke, Andenken und Kuriositäten an.

LANDKARTEN – *MapStudio* gibt eine umfangreiche Reihe von Karten heraus, von relativ preiswerten Stadt-Faltpläne bis zu teurere Karten von der Umgebung Durbans. Alle anderen Filialen der Ladenkette *CNA* bieten ebenfalls Landkarten an.
Adams Bookshop, 341 West St, im Stadtzentrum, ✆ 304 8571, hat die beste Auswahl.
Exclusive Books, Lower Level, Pavilion Shopping Centre, im Vorort Westville, ✆ 265 0454.

MÄRKTE – *Essenwood Fleamarket*, Berea Park, Essenwood Rd. Exklusive Stände in einem wunderschönen Park im Viertel Berea. ⏰ Sa.
Farepark Market, West St, Ecke Farewell St. Dauerhafte Einrichtung aus Ständen in rustikalen Hütten. ⏰ tgl.
South Plaza Fleamarket, Durban Exhibition Centre, Walnut Rd. Zentral gelegen, der größte Flohmarkt der Stadt. ⏰ So 6.30–17 Uhr.
Thirsty's Waterfront Market, King's Battery, The Point. Interessanter Markt am Hafen mit handgemachter Bekleidung, pikanten Ananas-Snacks, Masala, grünen Mangos, Silberschmuck sowie afrikanischen Kunstwerken und Souvenirs. ⏰ So.

EXTREMSPORT – *Vertical Group*, Legends, Musgrave Centre, Musgrave Rd, ✆ 083-306 9268, 🖥 www.vertical.co.za. Das Angebot umfasst beängstigende Extreme wie vertikales Abseilen von Hochhäusern (R80 pro Gang), Mountain-Boarding, Surf-Safaris, Skydiving (R750 pro Solo- und R950 pro Tandemsprung) sowie Extrem-Safaris.

KANU UND KAJAK FAHREN – *Chalupsky Paddling & Adventure School*, Third Floor, Pulbo House, 25 Silver Ave, ✆ 303 7336, 🖥 www.chalupsky.com. Eines der absoluten Highlights für Outdoor-Enthusiasten in Südafrika ist eine Paddeltour mit Weltmeister Oscar Chalupsky, dem neunmaligen Gewinner der Weltmeisterschaften im Kajakfahren in Hawaii. Angeboten werden Kajak- und Kanutouren durch Wildwasser in spektakulärer Landschaft oder auf dem Meer, unter persönlicher Führung des Champions. Auch seine Kollegen sind Athleten erster Güte und allesamt international für Südafrika angetreten. In der näheren Umgebung von Durban und weiter außerhalb in ganz KwaZulu-Natal gibt es eine große Auswahl an Paddelstrecken, wobei eine durchschnittliche Tour mit 2 Std. auf dem Wasser US$50 kostet.

SCHWIMMEN – *King's Park Olympic Swimming Pool*, NMR Ave, zwischen Argyle Rd und Battery Beach Rd, Stamford Hill, ✆ 312 0404. Durbans

KWAZULU-NATAL

größtes Schwimmbad lädt zu ein paar Bahnen im beheizten Wasser ein.
Rachel Finlayson Baths, Lower Marine Parade, ℡ 337 2721. Das Meerwasserbecken bietet sich für diejenigen an, die in der Nähe der Beachfront untergebracht sind.
Sutton Park Baths, Stamford Hill Rd, ℡ 303 1823. Von Berea aus günstig gelegen.

SURFEN – In Durban ist Surfen nicht einfach ein Zeitvertreib, sondern eine Lebenseinstellung. Die Surfwettbewerbe unter Flutlicht erfreuen sich enormer Beliebtheit bei den Zuschauern, ebenso wie die alljährlich im Juli stattfindende Veranstaltung **Mr Price Pro**, ehemals als „Gunston 500" der längste Wettbewerb der Welt für Profi-Surfer. Juli ist der Monat, in dem sich in der Stadt alles ums Surfen dreht und bei einer großen Messe die neueste Ausrüstung vorgestellt wird. Der beliebteste Surfstrand in Durban ist **North Beach**.
Island Style Surf Shop, 121 Old Fort Rd, Marine Parade, ℡ 305 4505. Gute Adresse für Surfzubehör und Accessoires.
Safari Surf Shop, 42 Brickhill Rd, ℡ 337 2176. In diesem Laden für Surfzubehör fertigt Südafrikas führender Surfbrettschleifer, Spider Murphy, maßgeschneiderte Weltklassebretter an, die in jedem Fall billiger sind als alles, was man in Europa oder Nordamerika bekommt.

TAUCHEN – In den subtropischen Gewässern KwaZulu-Natals ist Tauchen natürlich eine nahe liegende Aktivität, der man in Durbans nur mit Einschränkungen frönen kann. Die besten Tauchreviere in Stadtnähe sind Vetches Pier an der Südspitze der Beachfront und Blood Reef an der Spitze der Landzuge The Bluff. Etwas außerhalb Durbans existieren mit Aliwal Shoal an der Südküste (s.S. 468) und Sodwana Bay an der Nordküste (s.S. 519) ausgezeichnete Bedingungen.
Meridian Dive Centre, 19 Glenore Centre, Glenashley, 🖵 www.scubadivesouthafrica.co.za, ℡ 573 2190. Organisiert Tauchkurse und -ausflüge.
Underwater World, 251 Point Rd, ℡ 332 5820. Ein vollständiger, 6 Tage dauernder und inter-

national anerkannter NAUI-Kurs kostet R1500, einschließlich Basisausrüstung. Zusätzliches Equipment kostet R600 Aufpreis. Ein 5-tägiger Privatkurs inkl. Ausrüstung ist für R2500 zu haben.

VOGELBEOBACHTUNG – Das Beobachten von Vögeln wird durch das Projekt „Durban Metropolitan Open Space System" (DMOSS) begünstigt, in dessen Verlauf alle Stadtparks durch schmale Grünstreifen miteinander verbunden wurden. Zu den lohnenswerten Revieren für Vogelliebhaber zählen die Gegend um Manor Gardens, der Botanische Garten, Berea, Burman Bush (im Norden der Stadt), Pigeon Valley (unterhalb der University of Natal), die Mündung des Umgeni River, Virginia Bush (an der Straße nach Umhlanga Rocks) und das Waldgebiet Havana Forest in Umhlanga, wo sich ab und zu die Singdrossel *Zoothera guttata guttata* und der Erzkuckuck sehen lassen.
Umgeni River Bird Park, 490 Riverside Rd, Durban North, ℡ 579 4600. Ein lohnenswerter Abstecher, denn 2x tgl. (Di–So) gibt es eine fantastische Freiflug-Vogelshow von außergewöhnlichen Arten zu sehen und ständig eine riesige Zahl einheimischer und exotischer Vögel, darunter Flamingos, Finken, Elstern und Aras. Außerdem lockt die Anlage mit einem beschaulichen Gartencafé. ◷ tgl. 9–17 Uhr, Eintritt R25.
Wildlife Environment Society of South Africa, 100 Brand Rd, Glenwood, ℡ 201 3126. Vermittelt organisierte Touren und Kurse zum Thema Vogelbeobachtung.

WANDERN – Wer Spaß am Wandern hat, kann in den relativ nah gelegenen Drakensbergen an einer organisierten Expedition zum Injasuti, Cathedral Peak und Southern Berg teilnehmen. Kontakte zu Veranstaltern vermittelt die Wildlife Environment Society of South Africa (s.o.), die auch selbst eine Vielzahl geführter Wanderungen in den Busch anbietet. Ausrüstung gibt es bei
Cape Union Mart, 306 Musgrave Centre, Musgrave Rd, ℡ 201 0231, oder bei
Bushwackers, 110 Pavilion Shopping Centre, Spine Rd, Westville, ℡ 265 0102.

KWAZULU-NATAL

HAFENRUNDFAHRTEN – *Ferry and Bay Services*, ℡ 301 1953, bietet Hafenrundfahrten an, während fahrplanmäßig verkehrende Fähren ansonsten in Durban keine große Rolle spielen. ⊙ tgl. 10–17.30 Uhr, immer zur halben Stunde, R15.

Sarie Marais Pleasure Cruises, ℡ 305 4022, bietet ebenfalls Hafenrundfahrten zu angemessenen Preisen an. ⊙ In der Saison tgl. 8.30–17 Uhr, immer zur halben Stunde, Ticket R15. Täglich um 15 Uhr legt ein Schiff vom Anleger in der Gardiner St zu einer Fahrt auf hohe See ab.

ORGANISIERTE TOUREN – Die multikulturelle Vielfalt Durbans lässt sich in ihrer ganzen Breite am einfachsten und sichersten im Rahmen einer organisierten Tour erkunden. Derartige Ausflüge führen auch in die schwarzafrikanischen und indischen Viertel oder an Orte, die man auf eigene Faust sicher nicht entdecken würde. Eine 3-stündige Standardtour kostet ca. R150 p.P.

Amatikulu Tours, 38 Rapson Rd, ℡ 039-973 2534, 🖳 www.amatikulu.com. Tourveranstalter allererster Güte in Umkomaas. Das Angebot umfasst Touren durch Durban und Umgebung, Tauchausflüge und Exkursionen in entlegenere Gegenden KwaZulu-Natals wie die Wildreservate und die Drakensberge.

Cycle Tours De Durban, ℡ 564 0730. Angeboten werden 4 lockere Zweiradtouren durch die Stadt, darunter eine Rundfahrt mit Hindu-Tempeln und Museen.

Ekukhanyeni Travel & Tours, ℡ 083-756 3695. Touren durch die Townships und in weniger leicht zugängliche Gegenden der Stadt.

Strelitzia Tours, Suite 21/22, Multichoice Centre, Westville Rd, Westville, ℡ 266 9480, 📠 266 9404. Täglich Minibus-Rundfahrten durchs Stadtzentrum und Berea sowie zu den Hauptsehenswürdigkeiten, außerdem größere Fahrten in die Wildparks, zu den Battlefields und über den Sani Pass in die Drakensberge.

Tekweni Eco Tours, 169 Ninth Ave, Greyville, ℡ 303 1199, 🖳 www.tekweniecotours.co.za. Fahrten und Spaziergänge ins Herz der Stadt und durch inoffizielle Siedlungen mit anschließender Zulu-Mahlzeit und einem Bier mit den Einheimischen in einem *shebeen*. Größere Touren führen in Naturschutzgebiete der Umgebung, ins Valley of a Thousand Hills oder als Camping-Safari in die Drakensberge mit River-Tubing und Ausritten. Touren Di, Do und Sa von 12–18 bzw. 19 Uhr, ca. R220 p.P.

Tours of Remembrance, ℡ 337 7879 oder ℡ 083-560 9999. Lokal orientierter Veranstalter, der Ziele ansteuert, die andere Anbieter nicht erreichen können oder wollen, z.B. Gandhi-Siedlung, Hindu-Tempel und schwarzafrikanische Viertel. Eine Tagestour kostet R360 p.P.

APOTHEKEN – *Daynite Pharmacy*, West St, Ecke Point Rd, ℡ 368 3666, Lieferung frei Haus. ⊙ tgl. 7.30–22.30 Uhr.

Medicine Chest, 155 Berea Rd, Berea, ℡ 305 6151, ebenfalls Lieferung frei Haus. ⊙ tgl. 8–24 Uhr.

Mediquick Pharmacy, 98 Overport Drive, vor dem Overport City Shopping Centre, Berea, ℡ 209 3456, liefert gegen eine geringe Gebühr. ⊙ 8–22 Uhr.

Sparkport, Smith St, Ecke Broad St, ℡ 304 9767, bietet ärztliche Bereitschaft rund um die Uhr, verschiedene Spezialbehandlungen und sämtliche Ingredienzen für die Reiseapotheke. ⊙ Mo–Sa 7.30–21.30, So 9–21 Uhr.

AUTOVERMIETUNGEN – Welche Autovermietung gerade geöffnet oder das beste Angebot hat, lässt sich anhand der bei Tourist Junction erhältlichen Broschüren oder über die *Yellow Pages* („Gelbe Seiten") herausfinden.
Avis, ℡ 0861-02 11 11 (gebührenfrei).
Berea, ℡ 202 3333, auch Minibus-Verleih.
Budget, ℡ 304 9023.
Europcar, ℡ 469 0667.
Imperial, ℡ 0800-13 10 00 (gebührenfrei).
Rent & Drive, ℡ 332 2803.
Tempest, ℡ 368 5231.
Windermere, ℡ 312 0339.

DIPLOMATISCHE VERTRETUNGEN –**Deutschland**: Honorarkonsulat, 4th Floor, 2 Devonshire Place, ℡ 305 5677, 📠 305 5679.

KWAZULU-NATAL

Österreich: Honorarkonsulat, 10A Princess Anne Place, Glenwood, ✆ 261 6233, 📠 261 6324.
Schweiz: Konsulat, 62 Bellamont, 91 Bellamont Rd, Umdloti, ✆/📠 568 2457.

FAHRRÄDER – Radfahren ist an der Beachfront relativ gefahrlos möglich, auf größeren und verkehrsreichen Straßen dagegen gefährlich.
Cycle Tours De Durban, ✆ 564 0730, verleiht Fahrräder und bietet geführte Radtouren durch die Stadt an.
Nick's Cycle Hire, Beachfront, ✆ 564 6804.

FOTOLÄDEN – *Camera Clinic,* Shop 4, Standard Bank Centre, 135 Musgrave Rd, ✆ 202 5396. Reparatur und Kundendienst für alle Arten von Foto- und Videokameras samt Ausrüstung.

GELD – Am internationalen Terminal des **Flughafens** gibt es eine Bank und einen Geldautomaten. ⊕ 7–20 Uhr.
American Express, Nedbank Centre, 10 Durban Place, ✆ 301 5541, ⊕ Mo–Fr 8.30–16.30, Sa 8.30–12 Uhr.
First National Bank, 32 West St, Marine Parade, ✆ 337 9464, ⊕ Mo–Fr 9–18, Sa 8.30–18, So 10–15 Uhr.

GEPÄCKAUFBEWAHRUNG – Im ersten Stock des Bahnhofs **Durban Station** gibt es eine preiswerte Gepäckaufbewahrungsstelle. ⊕ tgl. 6–18 Uhr.

INFORMATIONEN – *Tourist Junction,* Old Station Building, 160 Pine St, ✆ 304 4934, 🖥 www.durbanexperience.co.za. Der zentral gelegene Komplex ist die beste Anlaufstelle für Informationssuchende und beherbergt *Durban Africa* (die Touristeninformation für die Stadt selbst), *Tourism KwaZulu-Natal* (für die ganze Provinz, 3. Stock), die Reservierungsbüros von *KZN Wildlife* (s.S. 439) und *South African National Parks,* Vermittlungsagenturen für Unterkünfte und Reisebüros, bei denen Tickets für Überlandbusse erhältlich sind sowie Touren gebucht werden können. *Durban Africa* und *Tourism KwaZulu-Natal* halten Broschüren und Stadtpläne zum Nulltarif bereit. Das Personal vermittelt auch eine Reihe ausgezeichneter Ausflüge, z.B. geführ-

te Spaziergänge durch das Viertel um die Grey Street, durchs Stadtzentrum und Führungen mit geschichtlicher Thematik. ⊕ Mo–Fr 8–17, Sa 9–14 Uhr.

INTERNET – *Internet Café,* Shop 71, The Workshop, ✆ 304 0915. Kostenlose E-Mail-Adresse und zahlreiche Sonderangebote, z.B. zwei Gratis-Ausdrucke bei einer Stunde Computer-Benutzung und günstige Preise für die Benutzung von Scanner und Fotokopierer. ⊕ tgl. bis 19 Uhr.

MEDIZINISCHE HILFE – *Addington Hospital,* Erskine Terrace, South Beach, ✆ 332 2000. Das größte öffentliche Krankenhaus ist zentral gelegen und bietet eine billige Notaufnahme mit Bereitschaft rund um die Uhr. Über die Qualität der Behandlung können allerdings keine gesicherten Angaben gemacht werden.
Entabeni Private Hospital, 148 South Ridge Rd, Berea, ✆ 204 1300. Eine bessere Alternative mit Notaufnahme und Behandlungsmöglichkeiten für kleinere Beschwerden. Bei der Aufnahme muss eine Anzahlung geleistet werden, der Restbetrag wird vor dem Verlassen der Stadt fällig.
South Beach Medical Centre, Rutherford St, ✆ 332 3101. Günstige Option mit 24 Std. Bereitschaft, Apotheke, Ärzten, Optiker, Zahnarzt, Physiotherapeut sowie Aromatherapie, Reflexzonenmassage und Homöopathie.
Travel Doctor, 45 Ordnance Rd, International Convention Centre, ✆ 360 1122, 🖥 www.traveldoctor.co.za. Die Klinik bietet Informationen und Ratschläge zu Gesundheitsfragen, z.B. Malaria und notwendige Impfungen.

NOTRUF – **Krankenwagen**, ✆ 10177.
Bereitschaftsdienst der Polizei, ✆ 10111.
Krisentelefon bei sexuellen Übergriffen, ✆ 312 2323.

PARKPLÄTZE – Die zentralsten Parkplätze befinden sich an der Pine Arcade (am westlichen Ende der Pine St) und beim Einkaufszentrum Workshop Mall in der Commercial Rd, Ecke Aliwal St.

POST – **Hauptpost**, Gardiner St, Ecke West St, mit Aufbewahrungsstelle für postlagernde Sen-

dungen und Informationsschalter. ⏲ Mo–Fr
8–16.30, Sa 8–12 Uhr.

VORWAHL – 031

WÄSCHEREIEN – *Econ-O-Wash*, Ground Floor,
Berea Centre, Berea Rd.
Mont Blanc Laundromat, 54 Gillespie St, zu Fuß
vom Strand aus zu erreichen.
Musgrave Laundromat, 2nd Level, Musgrave
Centre.

ZEITUNGEN – *Mail & Guardian*, Johannesburger
Wochenzeitung, die in ihrer Beilage *What's On*
auch das Durbaner Nachtleben abhandelt.
Mercury, in Bezug auf detaillierte Informationen zu Veranstaltungen ist dies die bessere der
beiden englischsprachigen Durbaner Tageszeitungen.
Sunday Tribune, Informationen zu Veranstaltungen enthält das Magazin *SM*.

Nahverkehrsmittel

STADTBUSSE – Das nützlichste öffentliche
Transportmittel Durbans sind die billigen und
regelmäßig verkehrenden Busse der Gesellschaften *Mynah*, ✆ 309 4126, und *Aqualine*,
✆ 309 5942. Sie decken die zentralen Bezirke
sowie Beachfront und Berea ab. Wer in die Vorstädte möchte, nimmt die ebenso verlässlichen
Stadtbusse von *Durban Transport Municipal
Buses*, ✆ 309 4126, muss sich aber auf etwas al-
tersschwache Busse und seltenere Verbindungen einstellen. **Informationen** zu Abfahrtszeiten
und Strecken bietet der Busbahnhof in der Pine
Street neben dem Einkaufszentrum The Workshop. Nützliche Busverbindungen vom Stadtzentrum aus:
Nach North Beach und South Beach: *Mynah*-
Busse fahren in der St Andrews Street an der
Nordseite des Albert Park ab, der sich am westlichen Rand des Zentrums bis zum Victoria Embankment hinzieht, einem von Wohnsilos geprägten Innenstadtbezirk, den es bei Dunkelheit
möglichst zu meiden gilt – besonders wenn Gepäck oder eine Kamera mitgeführt werden. Der
Bus biegt links in die Russell Street ein und fährt

anschließend nach rechts in die West Street,
dann immer geradeaus in östlicher Richtung bis
zur Marine Parade. Dort geht es entweder nach
Norden weiter bis Battery Beach oder nach Süden bis Addington Beach, abzulesen von den
Schrifttafeln an der Stirnseite des jeweiligen
Busses („North Beach" bzw. „South Beach"). In
umgekehrter Richtung durchfahren die Busse
das Zentrum nicht auf der West Street, sondern
auf der Smith Street. ⏲ Nach South Beach tgl.
6–23 Uhr, alle 10 Min.; nach North Beach tgl.
6.10–22.15 Uhr, alle 10 Min.
Nach Berea – „**Musgrave–Mitchell Park
Circle**": *Mynah*-Busse fahren vom Busbahnhof
in der Pine Street über die Smith Street in westlicher Richtung nach Berea. Sie passieren dabei
die Restaurant-Meile Florida Road und die Musgrave Road mit dem Musgrave Centre, bevor sie
über die Berea Road ins Stadtzentrum zurük-
kkehren. ⏲ tgl. 6.30–19 Uhr, Mo–Fr alle 10 Min.,
Sa weniger häufig, So stdl.
Zur Natal Society of Arts Gallery: *Aqualine*-
Busse (Linie 86/87) fahren vom Busbahnhof in
der Pine Street über die Bulwer Road nach Glen-
more zur NSA Gallery. ⏲ Mo–Fr 6.50–8.35 alle
1/4 Std., 8.35–17 Uhr alle 1/2 Std., Sa weniger
häufig, So 3x tgl. 7–17.30 Uhr.
Weitere Informationen können unter ✆ 309 4126
erfragt werden.

MINIBUS-TAXIS – Minibus-Taxis können an
allen größeren und belebten Straßen herangewunken werden. Sie sind zwar nicht besonders gekennzeichnet, aber in der Regel an
der Furcht erregend lauten Musik zu erkennen,
die aus ihren Lautsprechern dröhnt (entsprechend hoch ist ihre Unfallquote). Möchte man
von einem der Vororte ins Zentrum oder an die
Beachfront, stellt man sich einfach an den
Straßenrand und signalisiert dem Fahrer deutlich mit dem Zeigefinger, dass man mitfahren
möchte. Die Minibusse folgen festgelegten Routen, auf denen man auf Haltewunsch beim Fahrer an jedem beliebigen Punkt der Strecke aussteigen kann. Im Stadtzentrum angekommen,
fahren sie über die West Street bis zur Beachfront, biegen dann nach Süden in die Marine
Parade ein und fahren bis Addington Beach.

KWAZULU-NATAL

TAXIS – Taxis sind bequemer und natürlich teurer als Busse. Im Zentrum Durbans sind mehrere seriöse Taxiunternehmen ansässig, die beinahe jedes gewünschte Ziel ansteuern.

Aussies, ✆ 337 4232.
Eagle, ✆ 368 1706.
Mozzies, ✆ 263 0467. Eines von mehreren Unternehmen, die auch Minibusse für bis zu 15 Pers. betreiben und günstigere Gruppentarife anbieten. *Mozzies* hat neuerdings sogar ein original Londoner Taxi für besondere Anlässe.
Swift, ✆ 332 5569.
Zippy, ✆ 202 7067.

Transport

Als bedeutendes Wirtschaftszentrum und Sprungbrett zur Nord- und Südküste wird Durban von nationalen und internationalen Fluggesellschaften angeflogen und dient als wichtige Station für Überlandbusse, Züge und die allgegenwärtigen Minibus-Taxis. Die Backpacker-Busse steuern interessante, ansonsten nicht auf den regulären Busrouten zu findende Zielorte an.

BUSSE – Zwei der größten landesweit operierenden Busgesellschaften, *Greyhound*, ✆ 309 7830, und *Translux*, ✆ 361 8333, nutzen den zum Bahnhofskomplex New Durban Station gehörenden **Motorcoach Terminal**.
Margate Mini Coach, ✆ 039-312 1406, bietet Fahrten an die **Südküste** an und hält ebenfalls hier sowie vor dem Abflugterminal für Inlandsflüge am Flughafen Durban Airport.
Mehrere kleinere Unternehmen bedienen ein begrenztes Streckennetz innerhalb der Provinz und nutzen andere Haltestellen.
Cheetah Coach, ✆ 033-342 2673, aus **Pietermaritzburg** lässt die Fahrgäste am Flughafen und vor dem Local History Museum in der Aliwal Street aussteigen. *Umhlanga Express*, ✆ 082-268 0651, aus **Umhlanga Rocks** hält an mehreren Stationen in Durban, von denen die zentralste gegenüber der Touristeninformation Tourist Junction liegt. Auf vorherige Vereinbarung fährt *Umhlanga Express* auch weiter nach Norden bis **Ballito** oder zu anderen gewünschten Zielen.

Von Durban nach
BALLITO (2x tgl., 1/2 Std.);
BLOEMFONTEIN (3x tgl., 10–12 Std.);
EAST LONDON (2x tgl., 9 Std.);
EMPANGENI (1x tgl., 2–3 Std.);
DUKUZA (6x wöchentl., 1 Std.);
GRAHAMSTOWN (2x tgl., 12 Std.);
HARRISMITH (4x tgl., 4 1/2 Std.);
JO'BURG (8x tgl., 11 1/2 Std.);
KAPSTADT (4x tgl., 20 Std.);
KNYSNA (2x tgl., 15 Std.);
LADYSMITH (2x tgl., 3 1/2 Std.);
MARGATE (2x tgl., 2 Std.);
MELMOTH (1x tgl., 4 Std.);
PIETERMARITZBURG (10x tgl., 2 1/4 Std.);
PLETTENBERG BAY (2x tgl., 14 1/2 Std.);
PORT ELIZABETH (2x tgl., 13 1/2 Std.);
PORT SHEPSTONE (2x tgl., 1 1/2 Std.);
PRETORIA (5x tgl., 9 Std.);
RICHARDS BAY (1x tgl., 2 1/2 Std.);
SEDGEFIELD (2x tgl., 15 Std.);
UMHLANGA ROCKS (1x tgl., 1/4 Std.);
UMTATA (2x tgl., 6 Std.);
VRYHEID (2x tgl., 6 Std.).

BACKPACKER-BUSSE – *Baz Bus*, ✆ 304 9099, 🖵 www.bazbus.com. Die Busse folgen einem Streckenplan, der touristisch interessante Ziele in Verbindung mit Unterkünften für Rucksackreisende ansteuert. Von Durban aus folgt der *Baz Bus* drei verschiedenen Routen:
Die Strecke nach **Port Elizabeth** führt an der Südküste KwaZulu-Natals entlang, durch die Transkei (mit Zugang zur Wild Coast), weiter nach East London und schließlich nach Port Elizabeth. Auf dieser Strecke liegen die Orte Warner Beach, Port Shepstone, Kokstad, Umtata, Cintsa, East London und Port Alfred. In Port Elizabeth besteht am folgenden Tag Anschluss nach **Kapstadt** über die Garden Route.
Die Route nach **Swasiland** verläuft hauptsächlich über die N2 an der Nordküste KwaZulu-Natals entlang und führt durch Ballito, Gingindlovu, Eshowe, Empangeni, Kwambonambi, St. Lucia, Hluhluwe (Zugang zur Sodwana Bay), Mkuzi sowie Manzini und Mlilwane (die beiden Letztgenannten in Swasiland). Am folgenden Tag fährt derselbe Bus über **Nelspruit** (Zugang zum Krüger-Nationalpark) weiter nach Jo'burg/Pretoria.

Von dort absolviert er an einem einzigen Tag das Teilstück zurück nach Durban durch den **Westen** der Provinz mit Zugang zu den Drakensbergen und den Etappen Harrismith, Mooi River, Howick und Pietermaritzburg.

Der direkte Bus von Durban nach **Jo'burg/Pretoria** führt am Rand der Drakensberge entlang über Pietermaritzburg, Mooi River (Zugang zum Sani-Pass/südliche Drakensberge, nach Winterton/zentrale Drakensberge und zum Amphitheatre/nördliche Drakensberge) und Ficksburg. Von Durban nach

AMPHITHEATRE (3x wöchentl., 5 Std.);
BALLITO (3x wöchentl., 3/4 Std.);
CINTSA (5x wöchentl., 6 1/2 Std.);
EAST LONDON (5x wöchentl., 9 3/4 Std.);
ESHOWE (4x wöchentl., 2 Std.);
GINGINDLOVU (4x wöchentl., 1 1/2 Std.);
HAMBURG (5x wöchentl., 10 3/4 Std.);
HARRISMITH (4x wöchentl., 7 Std.);
HLUHLUWE (4x wöchentl., 7 1/4 Std.);
HOWICK (4x wöchentl., 2 1/2 Std.);
JO'BURG (4x wöchentl., 9 Std.);
KENTON-ON-SEA (5x wöchentl., 11 1/2 Std.);
KOKSTAD (5x wöchentl., 3 3/4 Std.);
KWAMBONAMBI (4x wöchentl., 4 Std.);
MANZINI (4x wöchentl., 10 1/2 Std.);
MKUZI (4x wöchentl., 8 Std.);
MLILIWANE (4x wöchentl., 10 1/2 Std.);
MOOI RIVER (4x wöchentl., 3 Std.);
PIETERMARITZBURG (4x wöchentl., 2 Std.);
PORT ALFRED (5x wöchentl., 11 3/4 Std.);
PORT ELIZABETH (5x wöchentl., 13 1/2 Std.);
PORT SHEPSTONE (5x wöchentl., 1 1/2 Std.);
PRETORIA (4x wöchentl., 10 Std.);
Richards Bay (4x wöchentl., 3 Std.);
ST. LUCIA (4x wöchentl., 5 Std.);
UMTATA (5x wöchentl., 5 3/4 Std.);
WARNER BEACH (5x wöchentl., 1/2 Std.);
WINTERTON (3x wöchentl., 4 Std.).

MINIBUS-TAXIS – Langstrecken-Minibusse aus **Gauteng** halten gegenüber dem Eingang zum Bahnhof in der Umgeni Road, während die von der **Südküste** und aus der **Transkei** kommenden in der Berea Road im Warwick Triangle westlich des Stadtzentrums halten. Bei beiden Haltestellen handelt es sich um sehr belebte Gegenden, in der jede Menge Taschendiebe ihr Unwesen

treiben. Es ist also Vorsicht in Bezug auf das Gepäck geboten und zu berücksichtigen, dass die Unterkünfte im Stadtzentrum und an der Beachfront einen ordentlichen Fußmarsch entfernt liegen. Wer in Berea zu übernachten beabsichtigt, kann einen *Mynah*-Bus zur Smith Street und zum Hauptbusbahnhof nehmen und dort in einen anderen *Mynah*-Bus nach Berea umsteigen.

Die **Minibus-Shuttles** *Rollercoaster* und *Rasool's* bieten 2x tgl. einen Tür-zu-Tür-Service zwischen Jo'burg und Durban an und lassen die Fahrgäste an einem beliebigen Punkt in Durban aussteigen. Abgesehen von einer Pause auf halber Strecke in Harrismith gibt es keine weiteren Zwischenstopps.

Rollercoaster Taxi, ℡ 464 5858 und ℡ 072-101 7353, Abholung 6–7 und 16–17 Uhr, Fahrzeit 6–7 Std.

Rasool's, ℡ 208 0803, Abholung 5–6 und 17–18 Uhr.

EISENBAHN – *Trans-Natal,* Zugverbindung nach Jo'burg.

Trans-Oranje, schier endlose Strecke von Kapstadt über Freistaat.

Beide Züge halten am trostlosen Bahnhof **New Durban Station,** ℡ 361 7609, an der NMR Avenue unmittelbar nördlich des Haupteinkaufszentrums. Für die Fahrt ins Zentrum ist eins der offiziellen Taxis mit Taxameter zu empfehlen, die am Bahnhof auf Fahrgäste warten. Eine Fahrt zur Beachfront kostet rund R25.

Von Durban nach
JO'BURG (1x tgl., 15 Std.);
PIETERMARITZBURG (1x tgl., 2 1/4 Std.).

FLÜGE – Der Flughafen **Durban International Airport,** ℡ 451 6667, liegt 14 km südlich des Stadtzentrums am Southern Freeway und bietet u.a. Verbindungen von und nach Singapur und Mauritius sowie in sämtliche Nachbarländer und alle großen Städte innerhalb Südafrikas. Nationaler und internationaler Terminal befinden sich im selben Gebäude. Vor dem Inlands-Terminal fahren Busse ins **Zentrum** ab, ℡ 465 1660, stdl. 7–21 Uhr, Fahrzeit 20 Min., R25. Ziel ist das SAA Building in der Aliwal Street, Ecke Smith Street. Auf Wunsch werden Fahrgäste auch an einem der Hotels im Zentrum oder an der Beachfront abgesetzt. Damit ist der Bus sogar eine bessere Option als die teilweise klapprigen Taxis, die sich an den Ausgängen der Terminals aufreihen.

Von Durban nach
BLOEMFONTEIN (12x wöchentl., 1 1/4 Std.);
KAPSTADT (12x tgl., 2 1/4 Std.);
GEORGE (7x wöchentl., 3 Std.);
JO'BURG (32x tgl., 1 1/4 Std.);
PIETERMARITZBURG (10x wöchentl., 1/2 Std.);
PLETTENBERG BAY (3x wöchentl., 2 3/4 Std.);
PORT ELIZABETH (5x tgl., 1 1/4 Std.);
ULUNDI (10x wöchentl., 3/4 Std.).

In Durban vertretene Fluggesellschaften sind u.a.:

British Airways/Comair, ✆ 450 7000;

Intensive Air, ✆ 011-927 5111;

www.kulula.com, neu gegründete, internetbasierte Fluggesellschaft, die (wie die beiden zuvor genannten) ermäßigte Tarife anbietet;

SA Airlink, ✆ 250 1111;

South African Airways, ✆ 250 1111.

Die Umgebung von Durban

Auf der Suche nach ruhigeren Stränden bieten sich sowohl die **Nordküste** als auch die **Südküste** in der Umgebung von Durban für einen bequemen Tages- oder Wochenendausflug an. Die Küste bei Durban bietet eine gute Verbindung nach Johannesburg, lockt mit dem wärmsten Wasser des Landes und verströmt eine ausgesprochen tropische Atmosphäre. Sie wurde in erster Linie als Ferienziel für weiße südafrikanische Familien ausgebaut. In einem Land mit derart vielen spektakulären Landschaften und Wildnisgebieten nimmt sich die Küste bei Durban allerdings vergleichsweise farblos aus. Auf der anderen Seite bietet sie aber kilometerlange, nicht überlaufene Sandstrände und, besonders an der Nordküste, die Möglichkeit, Delphine zu erspähen.

Die Südküste lockt massenhaft Tauchbegeisterte nach **Aliwal Shoal**, das in der Nähe von Umkomaas liegt und zu den besten Tauchrevieren Südafrikas zählt. Bemerkenswert an diesem Küstenabschnitt sind auch zwei Naturschutzgebiete im Süden: Die etwas landeinwärts von Port Shepstone gelegene Schlucht Oribi Gorge kann mit der Dampfeisenbahn besucht werden und lädt zur Übernachtung ein; das etwas landeinwärts von Port Edward gelegene Umtamvuna lockt mit Tageswanderungen entlang des gleichnamigen Flusses.

Sofern man nicht Richtung Ostkap unterwegs ist oder von dort kommt, ist die Nordküste vorzuziehen, denn sie ist weniger erschlossen als die Südküste. **Umhlanga Rocks**, ein nobler Ferienort eine knappe halbe Stunde Autofahrt nördlich von Durban an der N2, bietet neben einem tollen Strand auch Bars und Restaurants mit Meeresblick und ist auch in puncto Übernachtung eine echte

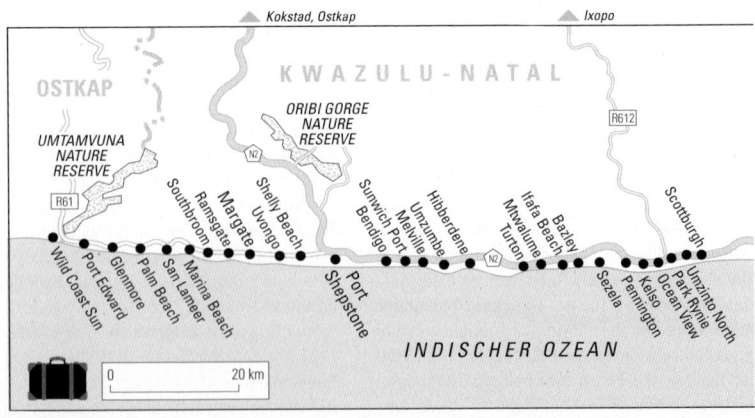

Alternative zu Durban. Weiter die Küste hinauf schließt sich noch eine Reihe weiterer Urlaubsorte an, die umso ruhiger werden, je weiter man nach Norden vorstößt. Sie haben allesamt Sandstrände aufzuweisen und große, natürliche Meerwasserpools zum Schwimmen. Das Binnenland in jener Region ist geprägt von Zuckerrohr, die vornehmen Gasthäuser zeugen noch vom kolonialen Lebensstil der ehemaligen Zuckerbarone. Die alte Landstraße nach Norden, die **R102**, führt durch dieses Gebiet und ist wesentlich interessanter als die Küstenstraße. Sie bietet Zugang zu den indischen Tempeln in **Tongaat**, zum Grab des ANC-Führers Albert Luthuli in **Groutville** und zum Shaka-Denkmal und -Museum in **Dukuza** mit seinen pulsierenden indischen und afrikanischen Märkten.

Rund 80 km nordwestlich von Durban liegt die Provinzhauptstadt **Pietermaritzburg**, die neben einer ausgezeichneten Kunstgalerie und viktorianischen Backsteingebäuden eine lebendige Mischung aus Zulu- und indischer Kultur zu bieten hat. Ein Besuch in Pietermaritzburg kann mit dem inzwischen schon klassischen Tagesausflug von Durban aus zum **Valley of a Thousand Hills** kombiniert werden, wenn man über die Old Main Road (R103) nach Pietermaritzburg fährt. Jenseits von Pietermaritzburg empfehlen sich die **Midlands** von Natal eher für ein ganzes Wochenende als für einen Tagesausflug. Das wahrhaft lohnenswerte Reiseziel dieser Gegend aber ist die märchenhafte Gebirgslandschaft der Drakensberge.

Die Südküste

Die Südküste umfasst den 160 km langen Küstenabschnitt von Durban bis Port Edward an der Grenze zum Ostkap. Es handelt sich um einen Streifen aneinander gereihter Urlaubsorte am Meer, in denen sich Tausende von Familien aus dem Landesinneren Ferienhäuser gebaut haben. Von Johannesburg aus sind diese Strände schneller zu erreichen als alle anderen. Die wildeste Natur Südafrikas ist zwar an der Südküste nicht anzutreffen, doch dafür gibt es hier einige reizende Strände und ein großes Angebot an Übernachtungsmöglichkeiten. In den Wintermonaten ist die Südküste ohnehin konkurrenzlos, denn dann ist es dort wärmer und sonniger als an irgendeinem anderen Küstenabschnitt zwischen Durban und Kapstadt.

Hinter den Sandstränden der Südküste treiben üppige wilde Bananenstauden zwischen den Ferienhäusern. Viele dieser Strände fallen direkt mit der mächtigen Brandung sehr steil ab, so dass man sich nur dort ins Wasser wagen sollte, wo Schilder darauf hinweisen, dass das Schwimmen sicher ist. Landeinwärts wird die hügelige und grüne Landschaft von Zuckerrohrfeldern, Bananenplantagen und Pekannussbäumen beherrscht. In den Gärten wachsen Bäume und Sträucher mit üppigen Blüten, und in einigen Gegenden sind sogar Affen zu Hause.

Das öffentliche Verkehrsnetz zwischen Durban, Johannesburg und der Südküste ist gut ausgebaut.

KWAZULU-NATAL

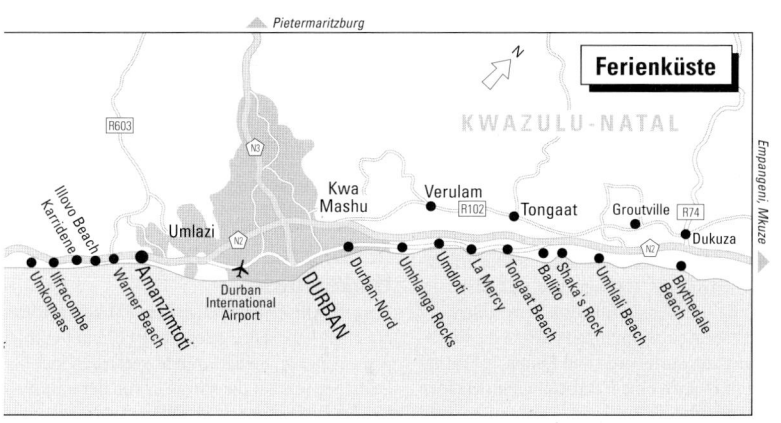

Die 133 km südlich von Durban gelegene Stadt **Margate** ist das Verkehrs- und Urlaubszentrum der Region mit weiteren Ferienorten in der Umgebung. **Port Shepstone**, 117 km südlich von Durban, ist ein freudloses Wirtschafts- und Verwaltungszentrum, während das nur 21 km landeinwärts von Port Shepstone gelegene Naturschutzgebiet **Oribi Gorge Nature Reserve** mit Buschwanderungen, atemberaubenden Ausblicke und qualitativ guten, dabei preisgünstigen Unterkünften lockt.

Amanzimtoti

Der rund 27 km südlich von Durban und nur wenige Minuten vom Flughafen entfernt liegende Ort Amanzimtoti (in der Zulu-Sprache „Süße Wasser") erhielt der Überlieferung zufolge seinen Namen, weil König Shaka hier einst im gleichnamigen Fluss seinen Durst stillte. „Toti", wie der Ferienort von den Einheimischen genannt wird, ist die größte Stadt an der oberen Südküste, verströmt aber eher die Atmosphäre einer Strandvorstadt von Durban als die einer eigenständigen Gemeinde. Außerhalb der Wochenenden und Schulferien, wenn die Hochhaushotels aus allen Nähten zu platzen drohen, lohnt sich ein Tagesausflug nach Amanzimtoti zum Schwimmen oder Sonnenbaden am Nyoni Rocks Beach.

Warner Beach

Wer an diesem Küstenabschnitt in der Nähe von Durban übernachten möchte, sollte sich etwa 3 km weiter in Warner Beach umschauen. Der Ort ist im Vergleich zu Amanzimtoti weniger zugebaut und bietet ein ausgezeichnetes Surfrevier, gute Bedingungen zum Schwimmen und einen großen Gezeitenpool, in dem Kinder gefahrlos baden können.

Eine Klasse besser als das Durchschnitts-Hostel ist das entspannende *Angle Rock Backpackers**, 5 Ellcock Rd, ✆ 031-916 7007, 🖳 www.anglerock. co.za. Es bietet vier Schlafsäle und drei Doppelzimmer, eins davon mit eigenem Bad und Marmorbadewanne. Zu den Besonderheiten zählen der Blick aufs Meer, ein Swimming Pool und die Gratisbenutzung von Surfboards und Kanus. In Warner Beach gibt es auch eine Hand voll guter Kneipen und Restaurants.

Reisen an der Südküste Wer mit dem eigenen **Fahrzeug** von Durban aus an die Südküste fährt, nimmt normalerweise die N2, die bis nach Port Shepstone führt und dort einen Bogen landeinwärts Richtung Kokstad macht. Die gebührenpflichtige „South Coast Toll Road" von Port Shepstone nach Southbroom ist noch schneller und weniger befahren. Auf dem Luftweg gibt es täglich **Direktflüge** mit *SA Airlink,* zentrale Reservierungsstelle ✆ 031-312 1017, von Jo'burg nach *Margate Airport,* ✆ 039-312 0560. Die Flugzeit beträgt 90 Minuten.

Wer die Südküste mit dem **Überlandbus** bereist, hat zwei Möglichkeiten: *Luxliner,* ✆ 039-315 7206 oder ✆ 039-315 7306, bedient täglich von Pretoria aus über Pietermaritzburg und Durban die Südküstenstädte Amanzimtoti, Scottburgh, Hibberdene, Port Shepstone, Shelly Beach und Margate. Es wird empfohlen, die Abfahrts- und Ankunftszeiten zuvor telefonisch zu erfragen, da die Fahrpläne je nach Jahreszeit unterschiedlich sind. Als Alternative fährt *Margate Mini Coach,* Gird Mowat Building, Marine Drive, Margate, ✆ 039-312 1406, täglich vom *Translux*-Terminal im Bahnhof Durban Station über Downtown Durban (Royal Hotel), Durban Airport (Inlands-Terminal), Amanzimtoti (nur Vorabreservierung), Hibberdene (nur Vorabreservierung), Hibberdene (Super Tube), Port Shepstone (LSC Motors) bis nach Margate (Dennisons Funworld). Der *Baz Bus,* ✆ 031-304 9099, verkehrt dreimal wöchentlich zwischen Port Elizabeth und Durban und steuert alle größeren Ferienorte der Südküste an. Auf Wunsch hält der Fahrer auch in dazwischen liegenden Orten an der Strecke.

Umkomaas

Etwa 16 km weiter südlich liegt Umkomaas. Der auf einer Landspitze gelegene Ort ist ein beliebter Altersruhesitz. Seine Strände verfärben sich regelmäßig, was auf die Abwässer von der unmittelbar flussaufwärts am Mkomazi River gelegenen

Saiccor-Zellulosefabrik zurückzuführen ist. Tauchfreunde finden in Umkomaas die ideale Ausgangsbasis für Tauchgänge zur **Aliwal Shoal**.

Das am Strand gelegene Tauchzentrum und Hotel *Umkomaas Lodge Dive Centre**, Roland Norris Drive, ☎ 039-973 2542, ✉ umkomaas@netactive.co.za, offeriert ein breit gefächertes **Programm für Taucher** und **Unterkünfte** für Selbstversorger, deren Palette vom Schlafsaal bis zum Luxuszimmer mit eigenem Bad reicht. Der viertägige Tauchkurs im offenen Meer wird mit einem international anerkannten PADI-Zertifikat abgeschlossen und kostet um die R1200 (mit eigener Maske und eigenen Flossen) bzw. R1400 (mit Leihausrüstung). Die ideale Zeit zum Tauchen liegt zwischen Juni und Oktober, weil dann die besten Sichtverhältnisse herrschen.

Amatikulu Tours, ☎ 039-973 2534, ☏ 039-973 2438, 🖥 www.amtikulutours.com, bietet einen viertägigen PADI-Tauchkurs im offenen Meer für R1500 inkl. Ausrüstung und Übernachtung in der eigenen Backpacker-Lodge. Erfahrene Taucher bekommen neben Walhaien, Sandtigerhaien, Riesenzackenbarschen, Mantas und Aalen auch ganze Schwärme tropischer Fische sowie Korallen und Seeanemonen zu sehen. Außerdem warten drei Schiffswracks auf Abenteuerlustige.

Von Scottburgh nach Port Shepstone

Weitere 9 km südlich folgt Scottburgh, die älteste Stadt an der Südküste – und wegen ihrer geschützten und von Rasenflächen gesäumten Strände auch eine der schönsten.

Wer rund 100 km südlich von Durban auf der N2 die Ausfahrt **Hibberdene** nimmt und die R102 Richtung Süden weiterfährt, erreicht nach wenigen Kilometern die Umzumbe Station Road mit der Unterkunft *Mantis and Moon Backpackers*. Fast jeden Morgen zeigen sich Delphine, ein Whirlpool unter freiem Himmel lädt zum Entspannungsbad und eine Dachterrasse zum Sonnenbaden ein. Zu den Freizeitangeboten zählen u.a. Walbeobachtung (während der Walsaison), Abseilen in der Oribi-Schlucht und Surfunterricht zum Nulltarif.

Rund 15 km südlich von *Mantis and Moon* erreicht die R102 **Umtentweni**, wo sich direkt am Strand eine weitere Backpacker-Lodge befindet: *The Spot*. In der Nähe gibt es einen Veranstalter für Bootsausflüge zum Beobachten von **Delphinen** und **Walen** (letztere von März bis September). Von der Lodge aus lassen sich auch Touren zum Abseilen oder Wildwasser-Rafting in der nahe gelegenen Oribi Gorge oder günstige Tauchausflüge unternehmen.

Von Umtentweni aus Richtung Süden jagt ein Ferienort an der Küste den nächsten, bis man schließlich Port Shepstone erreicht. Die meisten halten sich in dieser trostlosen Stadt nicht länger auf als absolut notwendig, auch wenn sie in unmittelbarer Nähe des Zentrums zwei ganz vernünftige Strände zu bieten hat und zum Tor zum nahe gelegenen Naturschutzgebiet Oribi Gorge Nature Reserve darstellt. Außerdem ist Port Shepstone Ausgangspunkt für eine Fahrt mit der Dampfeisenbahn *Banana Express* (s.S. 472, Kasten).

Übernachtung

Cutty Sark Hotel*, am Strand in Scottburgh gelegen, ☎ 039-976 1230, 🖥 www.cuttysark.co.za. Ansprechende Unterkunft, lockt außerhalb der Spitzenzeiten (Weihnachten und Ostern) mit Preisnachlässen.

Scottburgh Caravan Park*, ebenfalls am Strand in Scottburgh gelegen, ☎ 039-976 0291, ☏ 039-976 2148. Camping und Cottages für Selbstversorger (max. 6 Pers.), nur einen kurzen Fußweg von den Einkaufsmöglichkeiten entfernt. Das Gelände ist riesig und während der Schulferien oft überlaufen. Außerhalb der Ferien geht es wesentlich weniger hektisch zu.

Mantis and Moon Backpackers, Umzumbe Station Rd, Hibberdene, ☎ 039-684 6256, ✉ travelsa @saol.com. Die freundliche Herberge liegt nur 2 Gehminuten vom Strand entfernt. Die Gastgeber Murray und Brad sind für ihre köstlichen Fisch-*braais* bekannt.

The Spot*, 23 Ambleside Rd, Umtentweni, ☎ 039-695 1318, ✉ spotbachpackers@netactive.co.za. Bietet neben einem Schlafsaal für 15 Pers. auch DZ und Campingmöglichkeiten, dazu eine Bar mit Billardtisch und die Gratisbenutzung von Surf- und Bodyboards.

Oribi Gorge Nature Reserve

Die fesselndste Attraktion der Südküste ist das gut 20 km landeinwärts von Port Shepstone gelegene Naturschutzgebiet Oribi Gorge Nature Reserve. Das landschaftlich reizvolle Gebiet mit seinen Abgründen, steil aufragenden Klippen und dem dschungelartigen Busch wird von den Flüssen Umzimkulu und Umzimkulwana durchzogen. Vom Baden in den Flüssen ist jedoch dringend abzuraten, da sie Bilharziose-Parasiten enthalten. An ihren Ufern gibt es aber zahlreiche idyllische Picknickplätze und gekennzeichnete **Wanderwege**, vom halbstündigen Spaziergang bis zu ganztägigen Wanderungen, durch dichten Busch und zu Schwindel erregenden Aussichtspunkten. Ein schöner, einstündiger Spaziergang beginnt am Park- und Picknickplatz Umzimkulu und führt nach Überquerung des Flusses über mehrere Stufen in die hügelige Waldlandschaft. Durch die saftig-grüne Vegetation hindurch ist der Fluss zu hören, er rückt aber erst wieder ins Blickfeld, wenn der spektakuläre Wasserfall **Samango Falls** mit seinem perfekten, von Felsen gesäumten Sandstrand erreicht ist.

Natürlich sind in dem Naturschutzgebiet auch **wilde Tiere** beheimatet, darunter Schirrantilopen, Riedböcke, Blau- und Kronenducker – allerdings bemerkenswerterweise keine Oribis, denn die Bleichböckchen haben dem Ort inzwischen zugunsten der saftigeren Triebe auf den umliegenden Zuckerrohrplantagen den Rücken gekehrt. Besucher bekommen häufig Weißkehlmeerkatzen zu Gehör, in der Regel aber nicht zu Gesicht, weil sich die scheuen Affen unter dem hohen Baldachin des Waldes verbergen. Leoparden sind ebenfalls zugegen, ziehen es aber meist vor, beim Anblick von Menschen unverzüglich das Weite zu suchen. ✆ 039-679 1644, 🖳 www.kznwildlife.com, ◷ tgl. 8–16.30 Uhr, Eintritt R10.

KZN Wildlife Rest Camp*, ✆ 033-845 1002. Die netteste Übernachtungsmöglichkeit im Naturschutzgebiet befindet sich am oberen Ende der Schlucht Umzimkulwana Gorge, mit Blick in den gähnenden Abgrund der Oribi-Schlucht. Geschirr, Besteck und Bettzeug wird gestellt, es gibt auch einen Swimming Pool. Vorausbuchung empfohlen.

Oribi Gorge Hotel**, ✉ oribigorge@worldonline. co.za, ✆ 039-687 0253. Altmodisches Hotel im Kolonialstil, rund 16 km vom *Rest Camp* entfernt an der Oribi Flats Road. Die spektakulären Ausblicke fallen auch auf den berühmten überhängenden Felsen. Weitere Pluspunkte: geräumige Zimmer, gutes Preis-Leistungs-Verhältnis, günstige Mahlzeiten und Außenterrasse zum Kaffeetrinken. **Rucksacktouristen** werden in einem getrennten Cottage* untergebracht.

Vom *Oribi Gorge Hotel* aus lässt sich eine der höchsten **Abseilwände** der Welt (110 m) in Angriff nehmen, daneben locken **Wildwasser-Rafting, Tauchen, Hochseefischen, Rundflüge durch die Schlucht, Wanderwege** und Möglichkeiten zur **Vogelbeobachtung**. Die Kosten fürs Abseilen betragen ca. R140, für Rafting rund R260 p.P.

Banana Express Die Diesellokomotive der Schmalspur-Eisenbahn *Banana Express,* Princess Elizabeth Drive, Port Shepstone, ✆ 039-682 1507 oder ✆ 039-682 2455, tuckert außerhalb der Saison dienstags und samstags von Port Shepstone aus durch eine reizvolle Landschaft und hat entweder die Ortschaft Paddock oder das Dorf Izotsha zum Ziel. Im Dezember und Januar werden häufigere Verbindungen angeboten. Die Abfahrt der längeren Fahrt nach Paddock erfolgt um 10 Uhr, die Hin- und Rückfahrt dauert 6 Stunden, kostet R100 und führt zunächst kurvenreich an der Küste entlang und anschließend landeinwärts durch eine hügelige Landschaft aus Bananen- und Zuckerrohrplantagen. Eingeschlossen ist ein Abstecher zum Zakhele Homecraft Training Centre und ein 90-minütiger Mittagsaufenthalt zu einem Do-It-Yourself-Braai im Garten des Bahnhofsvorstehers von Paddock. Die kürzere Rundfahrt nach Izotsha beginnt um 11 Uhr, dauert rund 2 Stunden und kostet R40 in der 1. Klasse (wird empfohlen) bzw. R30 in der Touristen-Klasse (reichlich zugig, denn in den Waggons fehlen die Fensterscheiben).

Das Naturschutzgebiet liegt nur ein paar hundert Meter von der Hauptstraße N2 (Ostkap– Durban) entfernt und ist ab dort ausgeschildert. Eine zweite Möglichkeit der Anreise bietet die in Port Shepstone abfahrende Eisenbahn *Banana Express*, doch handelt es sich dabei eher um eine pittoreske Ausflugsfahrt als um ein effektives Transportmittel.

Hibiscus Coast

Wegen seiner üppig blühenden Gärten trägt der 44 km lange Küstenabschnitt zwischen Port Shepstone und Port Edward den Namen „Hibiskusküste". Der von begüterten Wohnsiedlungen, intensiver Strandbebauung und Caravan Parks geprägte Landstrich ist auch unter Namen „Golf Coast" bekannt, denn allein an diesem kurzen Küstenstreifen gibt es sieben erstklassige Golfplätze.

Die gesamte Hibiscus Coast, deren Zentrum die Stadt Margate bildet, ist durch dichte Bebauung gekennzeichnet, die aber immer mehr abnimmt, je weiter man nach Süden kommt.

Uvongo

Rund 12 km südlich von Port Shepstone durchschneidet der Vungu River eine enge Schlucht, stürzt dann krachend in einem **Wasserfall** hinab, um bei Uvongo an einem breiten Sandstrand ins Meer zu münden. Der Wasserfall ist fraglos die größte Sehenswürdigkeit der Stadt, ansonsten ist ein großer Teil der natürlichen Vegetation oben auf den Klippen einer reizlosen Bebauung zum Opfer gefallen.

Um zum Wasserfall zu gelangen, nimmt man den Weg am Fuße der Klippen bis zum Ende des Strandes, erklimmt die vom Fluss wegführenden Stufen in der Ecke und folgt dem Weg durch Unterholz bis zu einem Aussichtspunkt auf einem Felsvorsprung.

Glyndale Guest Lodge*, ✆ 039-315 0918. Unmittelbar östlich des Strandes, eine der komfortabelsten Unterkünfte in Uvongo mit attraktiven Preisen für Vollpension außerhalb der Schulfe-

rien. Hübsche Grünanlagen, Swimming Pool und ausgezeichneter Blick aufs Meer.

Shaka's Inhlaba Lodge***, Riviera Crescent, ✆ 039-315 5171, ✉ shakas@adventurenet.co.za. Sehr gepflegte Lodge mit Reetdach, B&B-Zimmern und ausgezeichnetem, preiswertem Mittag- und Abendessen, das nach Hausmacherart im Restaurant zubereitet wird. Essen ist auch für Gäste möglich, die hier nicht übernachten.

Uvongo Beach Lodge**, Pioneer Rd, ✆ 039-315 0013, ✆ 039-315 5194. Etwas altmodisch, aber nur 3 Min. Fußweg vom Strand entfernt. Die Preise beinhalten Vollpension.

Edelweiss*, serviert ausgezeichnete Speisen zu vernünftigen Preisen im Ort.

Pavilion*, gutes Essen in einem Restaurant direkt am Strand mit Blick auf den Ozean.

INFORMATIONEN – ***Shelly Beach Information Centre****, ✆ 039-315 0265. Hilft bei der Suche nach einem Cottage für ein Wochenende oder einen Kurzaufenthalt und vermittelt Übernachtungsmöglichkeiten in Uvongo selbst und bis hinunter nach Ramsgate.

MÄRKTE – An Uvongos reizvollem Strand wird täglich ein Markt abgehalten, auf dem Zulu-Frauen Obst, Kunsthandwerk und qualitativ hochwertige Korbwaren anbieten.

Margate

Der laute Ferienort Margate liegt 2 km südlich von Uvongo und ist unbestritten das touristische Zentrum der Südküste. Hier gibt es keine versteckten Buchten oder einsamen Strände mehr zu entdecken, dafür aber jede Menge Hochhaus-Apartments, Fastfood-Restaurants und Eisdielen. Der große Pluspunkt von Margate ist das umfangreiche Angebot an Unterkünften zu einem guten Preis-Leistungs-Verhältnis, ganz besonders außerhalb der Saison.

Fünf Autominuten südlich von Margate lohnt sich jenseits der Lagune in Ramsgate ein Besuch der **Gaze Gallery** mit Arbeiten einheimischer

Künstler. ⏲ 9–17.30 Uhr, Eintritt frei. Die besten Waffeln der Provinz gibt es direkt nebenan im *Waffle House* am Wasser.

The Courthouse**–***, 2079 Buck Drive, Ramsgate, ✆/✉ 039-314 4046. Vier wunderschöne und noble Apartments für Selbstversorger am Wasser, allesamt mit Himmelbetten, einige mit Whirlpool.

De Wet Caravan Park*, St Andrews Ave, ✆ 039-312 1022. Komplett ausgestattete Wohnwagen mit 4 Schlafplätzen, außerdem Ferienhäuschen und grasbewachsene Zeltplätze am Strand.

Margate Backpackers*, 14 Collis St, Manaba Beach, ✆ 039-312 2176, ✉ ulrike@adventure-net. co.za. Schlafsaalbetten, DZ und Camping in einem Hostel in unmittelbarer Strandnähe, nur 200 m von einem Meerwasserpool entfernt. Große Küche für Selbstversorger und Billardtisch, Ausflüge zum Haitauchen und Hochseefischen können arrangiert werden.

Margate Hotel**, Marine Drive, ✆ 039-312 1410, ✉ 039-317 3318. Sehr komfortable Unterkunft direkt am Strand und unweit des Stadtzentrums. Lockt in der Nebensaison mit Preisnachlässen.

Skipper's*, Lagoon Rd, ✆ 039-315 1223, 🖥 www. mrinfo.co.za. Altmodische, aber saubere und gepflegte Pension in der Nähe des Zentrums mit Blick auf den Vergnügungspark am Strand. Sehr beliebt bei südafrikanischen Familien.

Suntide Resort and Cabanas*–**, Duke Rd, ✆ 039-317 4010. Ausgezeichnetes Preis-Leistungs-Verhältnis, komfortable und moderne Apartments für Selbstversorger an einem ruhigen Abschnitt direkt am Strand. Einziger Nachteil: Die meisten DZ blicken auf den öden Parkplatz. Man sollte lieber etwas draufzahlen, selbst wenn man nur zu zweit ist, und ein größeres 4-Bett-Apartment mit Blick aufs Meer nehmen.

INFORMATIONEN – *Tourist Information*, Beachfront, ✆ 039-312 2322, ⏲ Mo–Fr 8.30–16, Sa 9–11 Uhr.

Margate ist der südlichste Punkt an der Südküste, der mit öffentlichen Verkehrsmitteln zu erreichen ist.

BUSSE – Es bestehen Busverbindungen nach Gauteng und Durban. Von Margate nach DURBAN (1–2x tgl., 2 Std.); JO'BURG (5x wöchentl., 8 1/2 Std.); PRETORIA (5x wöchentl., 10 Std.).

FLÜGE – Es bestehen direkte Flugverbindungen mit *SAA* von Margate nach JO'BURG (1x tgl., 1 1/2 Std.).

Southbroom und Palm Beach

Rund 7 km südlich von Margate liegt Southbroom, geringschätzig auch „Houghton-by-Sea" genannt – in Anspielung auf den Johannesburger Nobelvorort, dessen Bewohner sich jedes Jahr im Dezember angeblich massenweise hier einfinden. Im Grunde ist die Stadt eine außerhalb der Saison bisweilen wie ausgestorben wirkende Aneinanderreihung luxuriöser Ferienhäuser. Riesige, von üppiger Vegetation bedeckte Dünen senken sich zum Meer ab. Aber auch an diesem Strandabschnitt ist aus Sicherheitsgründen davon abzuraten, allein zu einem Strandspaziergang aufzubrechen. Der beste Ort zum Schwimmen ist **Marina Beach**, 3 km südlich von Southbroom Beach.

Weiter Richtung Port Edward liegt Palm Beach, ein felsiger, von Bananenpalmen gesäumter Strand mit einem Gezeitenpool zum Schwimmen. Palm Beach zählt zu den ruhigsten Orten an der gesamten Südküste.

An der R61 empfiehlt sich ein Zwischenstopp bei *S'khumba Crafts* (an der Abzweigung mit der Beschilderung „Country Lodge"). Hier kann man in entspannter Umgebung am Waldrand einen Kaffee trinken und sich in aller Ruhe die fein gearbeiteten Lederschuhe anschauen.

Wer hier eine Unterkunft sucht, findet in der **Country Lodge******, ✆ 039-316 8380, 🖥 www. countrylodge.co.za, das vornehmste Hotel weit und breit. Die an der R61 nach Port Edward ausgeschilderte Lodge ist ein friedlicher und romantisch abgeschiedener Ort, von Wald umgeben und abseits des Strandrummels. Die Preise verstehen sich inkl. Halbpension.

Essen

The Bistro, bekannt für sein Rindfleischgericht „Beef Wellington".

Cycad Restaurant, neben der *Country Lodge* (s.o.), die Speisekarte beinhaltet Köstlichkeiten wie Curry-Kudu mit Safran und süße Kartoffel-Gnocchi.

Pistols Saloon, neben dem Restaurant *Old Bavaria* an der Landstraße nach Port Edward. Merkwürdigster Bewohner ist das Hausschwein „Bandit" mit einem Faible für Kartoffelchips und Bier.

Riptide Restaurant, genießt wegen seiner ausgezeichneten und preiswerten *seafood*-Gerichte einen guten Ruf.

Trattoria, serviert – wen wundert's? – italienische Speisen.

Treehouse Restaurant, mit Champagner-Frühstück und leichten Mahlzeiten verwöhnt dieses fabelhafte Restaurant auf dem Gelände der *Country Lodge* (s.o.) seine Gäste.

Port Edward

Die Hauptattraktion des 9 km weiter südlich gelegenen Port Edward ist seine Nähe zum Naturschutzgebiet Umtamvuna Nature Reserve (s.S. 475). Abgesehen davon bietet der Urlaubsort eine recht entspannte Atmosphäre und ein paar schöne Sandstrände.

Wer mit öffentlichen Verkehrsmitteln von Port Edward Richtung Ostkap weiterreisen möchte, ist auf Minibus-Taxis angewiesen, die sich in großer Zahl am Halteplatz an der R61 unmittelbar außerhalb der Stadt aneinander reihen. Viele Touristen überqueren die ehemalige Grenze zur Transkei, um im Casino *Wild Coast Sun* (s.S. 434) dem Glücksspiel zu frönen.

Übernachtung

Port Edward Holiday Resort*, Owen Ellis Drive, ℡ 039-313 2333, ✉ peresort@venturenet.co.za.

Eine von mehreren guten Übernachtungsmöglichkeiten in Strandnähe. Etwas gewöhnungsbedürftig könnte für manche die Tatsache sein, dass sich hier in erster Linie das Personal der südafrikanischen Polizei von den Strapazen des Jobs erholt. Abgesehen davon ist das Resort ideal am Meer gelegen und zum Badestrand ist es nicht weit. Billige Caravans, Stellplätze für Zelte, etwas ältere Rondavels, modernere Chalets und Einrichtungen für behinderte Gäste sind vorhanden. Ideal für Familien.

Windwood Lodge*, Owen Ellis Drive, ℡ 039-313 2169, ✉ woodldg@iafrica.com. Ein Haus weiter neben dem *Sleepers' Restaurant* liegt dieses gepflegte, familienorientierte Guesthouse in 500 m Entfernung vom Strand.

Umtamvuna Nature Reserve

Einige der besten Naturwanderwege der gesamten Provinz KwaZulu-Natal befinden sich in dem ca. 8 km nördlich von Port Edward gelegenen Umtamvuna Nature Reserve. Das etwas abseits der R61 Richtung Izingolweni ausgeschilderte Naturschutzgebiet erstreckt sich über 19 km flussaufwärts des tropischen Umtamvuna River mit seinen bewaldeten Klippen und ist für seine Frühlingsblumen bekannt, aus denen die Nektar- und Zuckervögel ihren Blütenhonig saugen. Das Gebiet beherbergt 300 Vogelarten, darunter auch eine Kolonie der seltenen **Kapgeier**. Deren Nistplätze bekommt allerdings nur zu Gesicht, wer bereit ist, eine ganze Tageswanderung in Angriff zu nehmen. Im gesamten Schutzgebiet sind zahlreiche Wanderwege ausgewiesen. ⏰ Apr–Aug tgl. 7–17, Sept–März tgl. 6–18 Uhr, Eintritt R5.

Übernachtung

Old Pont Holiday Resort*, Banners Rest, ℡ 039-313 2211, 🖷 039-313 2033. Am Flussufer gelegen, Swimming Pool und gute Bedingungen zum Angeln, außerdem Jetski-Verleih und ein nützlicher Gemischtwarenladen. 4- und 6-Bett-Caravans, Stellplätze für Zelte, Rundhütten für 6 Pers. und Ferienhäuschen mit 3 Schlafzimmern.

Umtamvuna River Lodge*, ℡ 039-313 2313, 🖳 www.riverlodge.co.za. Zehn gute B&B-Zimmer in friedlicher, bewaldeter Umgebung am

Flussufer. Kanu- und Wasserskiverleih und einige Naturwanderwege in der Nähe.
Vuna Valley Backpackers*, ℡ 083-992 6999, ✉ vunavalley@hotmail.com. Ein paar hundert Meter weiter rechter Hand liegt dieses wärmstens zu empfehlende Hostel mit 4 einladenden Schlafsälen und 1 DZ. Auf Wunsch werden auch Mahlzeiten zubereitet, wenngleich der Schwerpunkt hier auf Selbstverpflegung liegt. Ausritte, Wanderungen, Kanufahrten, Surfen und Delphinbeobachtungstouren können vermittelt werden.

Nördlich von Durban – die Dolphin Coast

„Delphinküste" lautet der sympathische Name des 80 km langen Küstenabschnitts nördlich von Durban, der sich von Umhlanga Rocks bis zur Mündung des Tugela River ausdehnt. Dieser schmale Kontinentalschelf bietet in Verbindung mit den warmen und seichten Küstengewässern ideale Bedingungen für den Großen Tümmler, der sich hier das ganze Jahr über zur Nahrungsaufnahme einfindet und für die Namensgebung verantwortlich ist. Auch die Aussichten, einen Wal zu erspähen, sind an dieser Küste gut, doch wäre man schlecht beraten, nur aus diesem Grund einen Abstecher in die Gegend zu machen.

Die im Verglich zur Südküste reizvollere und weniger bebaute Nordküste lockt im Allgemeinen besser betuchte Urlauber an, was ganz besonders für die Hauptferienorte der Region gilt, **Ballito** und **Salt Rock**. Wer einen bequemen Strandurlaub in der Nähe von Durban verbringen möchte, findet dazu die beste Möglichkeit in **Umhlanga Rocks**, das in weniger als einer halben Stunde vom Stadtzentrum aus zu erreichen und an das öffentliche Verkehrsnetz angebunden ist. Die langen und steil abfallenden Sandstrände bei Umhlanga Rocks werden von Bananenpalmen gesäumt, das in einer ordentlichen Brandung heranrauschende Wasser ist warm, und Netze schützen die Badegäste vor Haien.

Unweit der Küste erhebt sich das Gelände zu einer hügeligen Landschaft mit Zuckerrohrplantagen, dem wichtigsten Industriezweig der Region (es waren die Zuckerbarone, die einst die ersten Ferien- und Erholungsanlagen an der Küste errichteten). Könige der Landstraßen dieser Gegend sind die langen Sattelschlepper, die den Asphalt regelmäßig mit trockenen Stielen und Zuckerrohrabfällen verunreinigen. Während sich die Dolphin Coast noch immer fest in weißer Hand befindet, besteht ein Großteil der Bevölkerung der etwas abseits der Küste gelegenen Städte **Verulam**, **Tongaat** und **Dukuza** aus Zulu und Indern; touristische Einrichtungen sind in den letztgenannten Orten kaum vorhanden.

Umhlanga Rocks

Das rund 20 km von Downtown Durban entfernte Umhlanga Rocks ist eine immer enger mit dem Vorort Durban-Nord zusammenwachsende Stadt mit immerhin bereits 50 000 Einwohnern. Sie eignet sich gut für einen Tagesausflug, bietet sich aber auch als Alternative zum Übernachten an.

Umhlanga Rocks ist in erster Linie ein Ferienort. Die Einkaufszone am Chartwell Drive wartet mit mehreren schicken und gut sortierten Einkaufszentren auf. Diese verblassen allerdings angesichts der übermächtigen Konkurrenz der gigantischen **Gateway Mall** an der Umhlanga Ridge, einem Monsterkomplex aus 400 Geschäften und 14 Kinos. Von Durban aus ist die Gateway Mall über die N2 zu erreichen (Ausfahrt Umhlanga/Mt Edgecombe, der Beschilderung folgen).

Ganz in der Nähe, ebenfalls nur ein paar Kilometer nördlich des Zentrums von Umhlanga, liegt – von der N2 aus ausgeschildert – an der Adresse 1a Herrwood Drive das Haifisch-Institut **Natal Sharks Board**, ℡ 031-566 0400. Neben einer Audioshow zum Thema Haie auf mehreren Bildschirmen wird hier auch regelmäßig ein frisch gefangener Hai seziert. ⏰ Di, Mi und Do 9 und 14, So 14 Uhr, Eintritt R12. Dabei wird mit sämtlichen Vorurteilen über Haie aufgeräumt und über die Arbeit des Instituts bei der Instandhaltung der Haifischnetze informiert. Die zum Schutz von Schwimmern überall vor der Küste angebrachten Netze sind sehr umstritten, weil auch gefährdete Meeresschildkröten und Delphine in ihnen verenden und das natürliche Gleichgewicht des Ökosystems in Küstennähe ins Wanken gerät. Das Institut beschäftigt sich derzeit mit den Möglichkeiten einer elektronischen Haifischbarriere. Wer frühmorgens an einem **Bootsausflug** mit einem der Schnellboote des Sharks Board teilnimmt, bekommt mit etwas Glück auch Delphine oder Wale zu sehen. Reservierungen für den zweistündigen Ausflug können telefonisch vorgenommen werden täglich 16–17 Uhr unter ☏ 082-403 9206. Die Bootsfahrt kostet R100 p.P., Abfahrt ist 6 Uhr, mindestens 11 Passagiere sind erforderlich, damit die Fahrt stattfinden kann. Wer kein eigenes Fahrzeug hat, kommt am besten mit den vor der Umhlanga Publicity Association abfahrenden Minibus-Taxis oder Shuttle-Bussen zum Sharks Board.

Übernachtung

Beverly Hills Sun, über R500, Lighthouse Rd, ☏ 031-561 2211, ⌨ www.southernsun.com. Die schickste Übernachtungsmöglichkeit in Umhlanga, doch mehr für sein Geld bekommt man zum halben Preis im stilvolleren *Oyster Box* (s.u.).

Honey Pot Cottage**, 11 Hilken Drive, nördlich der M4, ☏ 031-561 3795, ✉ sugarfl@iafrica. com. Fünf B&B-Einheiten für je 2 Pers. in einem Garten mit Swimming Pool.

Jessica's B&B***, 35 Portland Drive, ☏/☏ 031-561 3369. Zwei Apartments für je 4 Selbstversorger.

Oyster Box**–****, Lighthouse Rd, ☏ 031-561 2233, ✉ oysterbox@iafrica.com. Das älteste Hotel an der Dolphin Coast verströmt einen Hauch von traditioneller Eleganz. Das *Box* eignet sich außerdem hervorragend für eine Tasse Tee oder einen Drink auf der Außenterrasse mit Blick aufs Meer.

Sylvan Grove***, 49 Sylvan Grove, ☏ 031-561 5137, ✉ sylvangrove@mweb.co.za. Guesthouse mit 4 Zimmern und Blick auf den Ozean inmitten einer tropischen Grünanlage. Großartiges Frühstück und bequemer Transfer zum Flughafen von Durban.

Essen

Ambrosia, Chartwell Drive, empfehlenswertes griechisches Restaurant mit außergewöhnlich freundlicher Bedienung.

Cottonfields, 2 Lagoon Drive, bei Einheimischen beliebte Bistro-Bar mit *potjiekos* auf der Speise-

karte, einem Eintopfgericht, das in kleinen, dreibeinigen Töpfen aus Gusseisen serviert wird. ☉ tgl. mittags bis spätabends.

Ming Bow, Hillcon Centre, Chartwell Drive. Chinesisches Restaurant mit empfehlenswertem Garnelen-Omelette und leckeren Krabbengerichten. ☉ tgl. 17.30–22 Uhr.

Oyster Box Grill Room, im *Oyster Box Hotel*, Lighthouse Rd. Erstklassige Currys und großartiges *seafood* in einem der wenigen Restaurants, in denen am Samstagabend auch das Tanzbein geschwungen wird. ☉ tgl. 12–3 Uhr.

Razzmatazz, im *Cabana Beach Hotel*, Lagoon Drive. Wer auf sein Budget achten muss, findet hier eine optimale und preiswerte Alternative. Das Restaurant hat eine großartige Außenterrasse mit Blick auf den Ozean und einen hervorragenden Ruf wegen seiner breit gefächerten Speisekarte, vom Springbock-Filet bis zu Langustinen nach indonesischer Art, mit Betonung auf Fisch und Wild. ☉ tgl. Mittag- und Abendessen.

Sailor's, La Lucia Mall. Familienrestaurant mit einer großen Auswahl an Fischgerichten, Steaks und Speisen aus dem Mittelmeerraum. ☉ Di–So 10.30–22.30 Uhr.

Sonstiges

Sugar Coast Tourism Association, Chartwell Drive, ☏ 031-561 4257. Landkarten und Informationen zu Sehenswürdigkeiten in der Küstenregion. Vor dem Gebäude halten die Minibusse von *Umhlanga Express*, ☏ 082-268 0651, die je nach Bedarf Fahrten zum Musgrave Centre in Berea und ins Zentrum von Durban anbieten. ☉ Mo–Fr 8–16.30, Sa 9–12 Uhr.

Umdloti und La Mercy

Nördlich von Umhlanga wird die urbane Bebauung unvermittelt von einer hügeligen Landschaft aus Zuckerrohrplantagen und subtropischer Küstenvegetation abgelöst. Nur 6 km nördlich von Umhlanga liegt Umdloti mit einem sicheren Badestrand und einem natürlichen Meerwasserbecken, in der es sich auf der ruhigen Innenseite des seichten Riffs hervorragend schwimmen und schnorcheln lässt.

Übernachtung und Essen

In La Mercy befindet sich ein gutes Restaurant. Das alteingesessene *Sea Bell* ist ein leicht angeschmuddeltes Curry-House im Erdgeschoss eines nicht weniger angeschmuddelten Hotels. Das Lokal hat einen sehr guten Ruf wegen seiner pikanten Garnelen, für die es auch eine vegetarische Alternative gibt.

3 km nördlich des Restaurants liegt am Causarina Beach die *Beachbums Backpackers Lodge**, 65 Causarina Drive, ☎ 032-943 1401 oder ☎ 082-4458 951, ✉ bsbeach@iafrica.com. Die sprichwörtlich direkt am Wasser und äußerst praktisch auf der Route des *Baz Bus* gelegene Herberge ist die einzige Backpacker-Unterkunft in dieser Gegend. Die Jugendherberge ist bekannt für ihre leckere Pizza. Neben 3 DZ und 11 Schlafsaalbetten gibt es hier auch Platz zum Zelten. Mit ihren beiden auf den Ozean blickenden Sonnenterrassen eignet sich das Hostel hervorragend zum Ausspannen. Aktivere Zeitgenossen können sich kostenlos Surfbretter und Bodyboards ausleihen. Nur 5 Min. entfernt liegt der Westbrook Beach, der zum Schwimmen einlädt und ein beliebtes Surfrevier darstellt.

Tongaat

Nur wenige Kilometer abseits des Strandes liegt die Stadt Tongaat jenseits der Fernstraße N2, die das Feriengebiet an der Küste von den Fabrikanlagen der Zuckerindustrie im Landesinneren trennt. Ankömmlinge werden von einer riesigen Zuckerfabrik begrüßt, deren Schornsteintürme einen beißenden, weißen Rauch ausstoßen, während die Einheimischen am Straßenrand Zuckerrohrstiele plattkauen. Die Stadt, deren vernachlässigte Häuschen im imitierten kapolländischen Stil nicht den frischesten Eindruck hinterlassen, blickt auf eine traditionelle Verbundenheit mit der indischen Gemeinde Südafrikas zurück und ist stolz auf seine Tempel, die teilweise etwas zu üppig dekoriert sind. Der auffälligste ist der kleine, aber überaus feine **Shri Jugganath Puri Temple**, etwas abseits der Hauptstraße in der Catherine Street, Ecke Plane Street gelegen. In jedem Winkel des weiß getünchten, phallischen Gebäudes versteckt sich eine andere Gottheit. Der von Mangobäumen umgebene Tempel ist

dem Hindugott Vishnu gewidmet und als Nationaldenkmal geschützt. Er wurde zur Jahrhundertwende von dem Sanskrit-Schüler Pandit Shrikishan Maharaj gebaut, der 1895 nach Natal gekommen war. Die Anfahrt zum Tempel erfolgt über die R102 Richtung Durban, dann an der ersten Ampel hinter der Polizeistation rechts ab in die Ganie Street, anschließend nach links in die Plane Street und erneut links ab in die Catherine Street.

Ballito

Nicht besonders afrikanisch kommt Ballito daher, ein 43 km nördlich von Durban an der Küste gelegener Ferienort, der mit seiner Flut von Ferienwohnungen, Apartmentburgen und Einkaufszentren in Strandnähe Erinnerungen an die Mittelmeerküste weckt. Dennoch ist Ballito alles in allem ein recht angenehmes Plätzchen, auch der Strand eignet sich gut zum Baden und wird von professionellen Rettungsschwimmern überwacht. Daneben laden natürliche Felsbecken zum Baden ein – eins in Ballito selbst und das andere am nördlichen Ende von Ballito Beach, in der Nähe der Wohnsiedlung Santorini.

Übernachtung

Die Gegend ist u.a. bekannt für die luxuriösen Guesthouses auf den Zuckerfarmen, die etwas abseits der Küste liegen und allesamt an der N1 ausgeschildert sind.

Dolphin Holiday Resort*, Compensation Beach Rd, Ecke Hillary Drive, ☎ 032-946 2187, 🖥 www.dolphinholidayresort.co.za. Schattiger Campingplatz und mehrere Ferienbungalows für Selbstversorger. Kein Meeresblick, aber nur 5 Min. Fußweg vom Strand entfernt.

Shorten's Country House****, Compensation Beach Rd, ☎ 032-947 1140, 🖥 www.threecities.co.za. Elegante Unterkunft auf einem historischen Anwesen aus der Kolonialzeit mit 14 luxuriösen Zimmern inmitten wundervoller Grünanlagen.

Zimbali Lodge, über R500, 1 km südlich von Ballito, ☎ 032-538 1007, 🖥 www.sun-international.com. Die exquisiteste Unterkunft der Umgebung liegt in einem üppigen subtropischen Küstenwald im Herzen einer Landschaft aus weit verzweigten Feuchtgebieten. Häufig bekommt man hier Antilopen zu Gesicht sowie Schmetterlinge (darunter der Schwalbenschwanz). Mit etwas Glück lässt sich sogar der seltene Waldvogel Narina-Trogon blicken. Die luxuriösen Suiten beinhalten Service durch private Butler, während der geneigte Gast mit Tontaubenschießen, Strand- und Waldspaziergängen, Sauna, Massage und Fußpflege verwöhnt wird.

Mariner's, Ballito Shopping Centre, Compensation Beach Rd. Das beste Restaurant im Ort Ballito serviert nicht ganz billige, aber herausragende Fisch-Gerichte.

Zimbali Lodge Restaurant, in der Zimbali Lodge (s.o.). Wer sich die Unterkunft in der gleichnamigen Luxus-Lodge nicht leisten kann, dem sei zumindest empfohlen, zu einem Essen hier einzukehren, vielleicht auch nur auf ein Tässchen Tee oder einen Drink bei Sonnenuntergang. Die Bar, mit Weitsicht über den Indischen Ozean, ist auf Stelzen gebaut und überblickt das Fairway am 14. Loch des Golfplatzes.

INFORMATIONEN – Dolphin Coast Publicity Association, ✆/℡ 032-946 1997. Die ausgezeichnete Touristeninformation unmittelbar vor der BP-Tankstelle am Ortseingang hält eine aktuelle Liste mit B&Bs und Informationen über Sehenswertes in der Umgebung bereit. ⏰ Mo–Fr 8.30–16.30 Uhr.

Shaka's Rock

Rund 49 km nördlich von Durban leidet der eher zahme Küstenferienort Shaka's Rock etwas unter seinem Namen, ließ doch der Ruf des kriegerischen Zulu-Königs Shaka im 19. Jahrhundert den gesamten Süden Afrikas erzittern. Im Mittelpunkt des Ortes, der mehr oder weniger eine Fortsetzung von Ballito darstellt, steht beherrschend das Hotel *Salt Rock****, Basil Hulett Drive, ✆ 032-525 5025. Es wurde von den Huletts gebaut, eine der mächtigsten Zuckerbaron-Dynastien der Region, die das Hotel auch heute noch betreiben. Der Strand eignet

sich gut zum Schwimmen, und für Hotelgäste werden täglich Exkursionen zum Tauchen mit den Delphinen angeboten. Neben dem Hotel befindet sich auf einem grasbewachsenen Terrassengelände ein *Caravan Park**. In die Felsen unterhalb des Hotels wurden zwei Gezeitenpools gebaut, in denen man hervorragend schwimmen kann. Genau dies ist der Ort, an dem die Zulu-Frauen der Überlieferung zufolge zu Zeiten von König Shaka Salz aus den Gezeitentümpeln gewannen. Ein noch besserer Meerwasserpool befindet sich in Thompson's Bay. Das auf einer erhöhten Felsplattform errichtete Becken mit Umkleidekabinen ist sogar groß genug für professionelle Langstreckenschwimmer. Thompson's Bay liegt etwa 2 km vom *Salt Rock Hotel* entfernt in Richtung Ballito.

Dukuza (Stanger)

Einen weitaus besseren Eindruck von Shakas legendärem Status als Gründer des Zulu-Staates vermittelt die ein Stück abseits der Küste an der R102 gelegene Stadt Dukuza. Sie wird auch heute noch häufig als „Stanger" bezeichnet, obwohl sie diesen Namen seit den Wahlen von 1994 offiziell nicht mehr trägt.

Im Kosmos nationalistisch gesinnter Zulu kommt Dukuza eine besondere Bedeutung zu, denn das rund 70 km nördlich von Durban gelegene KwaDukuza war der Ort des letzten Kraals des Zulu-Königs. Hier wurde er 1828 heimtückisch von seinem Halbbruder Dingane ermordet, der sein Nachfolger auf dem Zulu-Thron wurde. Mit seinen außergewöhnlichen militärischen Fähigkeiten hatte Shaka den Staat der Zulu bis Mitte der 20er Jahre des 19. Jahrhunderts zur beherrschenden Macht im Südosten Afrikas gemacht. Von ihm ließen sich selbst die Briten trotz ihrer Militärmacht verunsichern. Der Kriegerkönig wurde angeblich aufrecht in einer Kammer begraben. Shaka zu Ehren wurde in der Couper Street ein kleiner Park mit einem Denkmal errichtet, das aus einem großen Stein mit einer Rille besteht, in der Shaka der Überlieferung nach seine Speere schärfte.

Heutzutage ist der Park das Pilgerziel einer halbreligiösen Wallfahrt, zu der sich moderne **Zulu-Krieger** aus dem ganzen Land einfinden. Meist gehören sie der glühend nationalistischen Zulu-Partei Inkatha Freedom Party (IFP) an, die in der

Provinz das Sagen hat. Jedes Jahr am 24. September (ehemals „Shaka's Day", heute „Heroes' Day") versammeln sie sich hier, um ihren Häuptling und Führer, **Chief Mangosuthu Buthelezi**, zu feiern. Buthelezi begann seine Laufbahn als Mitglied des ANC, trat aber später aus der Organisation aus. Bei Buthelezis Ansprache zeigen sich seine Zuhörer oft in farbenprächtigen Zulu-Gewändern und tragen traditionelle Waffen.

An der Rückseite des Parks befindet sich das **Dukuza Interpretative Centre** mit einer kleinen Ausstellung zu König Shaka und einer 15-minütigen, sehr guten audiovisuellen Präsentation. Außerdem kann man hier Kunsthandwerkern bei ihrer Arbeit auf die Finger schauen und in dem dazugehörigen Café traditionelle Speisen probieren. ☉ Mo–Fr 8–16, Sa und So 9–16 Uhr, Eintritt frei.

In der Nähe bieten Zulu und indische Händler auf dem lebhaften **Dukuza Market** frische Gewürze, Kräuter, Obst und Gemüse an. Der Markt befindet sich an der von der King George Road abzweigenden Market Road und ist auf die Versorgung der einheimischen Bevölkerung ausgerichtet, denn Touristen verirren sich ohnehin nur sehr selten hierher.

Groutville

Etwa 8 km südlich von Dukuza liegt an der R102 der kleine Ort Groutville, unmittelbar jenseits einer rostigen Brücke über den Mvoti River. Bemerkenswert ist das Dorf vor allem als letzte Ruhestätte von **Albert Luthuli**, einem der größten politischen Führer Südafrikas. Er war zunächst als Lehrer tätig, wurde dann Häuptling der Zulu in Groutville und 1952 Präsident des ANC. Für seine führende Rolle im gewaltlosen Kampf gegen die Apartheid erhielt Luthuli 1960 den Friedensnobelpreis, für den er in seinem Heimatland allerdings mit Hausarrest „belohnt" und in die Gegend von Dukuza verbannt wurde. Luthuli starb 1967 unter mysteriösen Umständen in KwaDukuza. Sein Grab befindet sich neben einer weiß getünchten, im 19. Jahrhundert errichteten Missionskirche aus Wellblech. Über sein Leben berichtet Luthuli in seiner bewegenden Autobiographie *Let My People Go* (deutsche Übersetzung *Mein Land, mein Leben*).

Blythedale

Der Dukuza am nächsten gelegene Sandstrand befindet sich etwa 8 km entfernt in Blythedale. Ein Verbot der Errichtung von Hochhäusern hat dazu beigetragen, dass der Strand hier nach wie vor einsam erscheint und durch eine Art Vorhang aus dichter Küstenvegetation von der Bebauung abgeschirmt wird. Man kann hier auch schwimmen, denn von Dezember bis April sind Haifischnetze gespannt und während der Saison passen Rettungsschwimmer auf. Wie an zahlreichen Orten der Küste KwaZulu-Natals sieht man auch hier häufig einheimische Fischer, die es auf Alsen, Pilotenfische, Barrakudas und Königsfische abgesehen haben.

Übernachtung

Baroque B&B*, 14 Dolphin Crescent, ☎ 032-551 5272. Attraktive Zimmer mit Dusche in 150 m Entfernung vom Strand.

Bush and Beach*–*, 71 Umvoti Drive, ☎ 032-551 1496, ✉ 032-551 1546. Angenehme Ferienbungalows in hübscher Umgebung.

La Mouette Caravan Park*, 1 Umvoti Drive, ☎ 032-551 2547. Camping und eine kleine Holzhütte für Selbstversorger in unmittelbar Nähe zum Strand.

Mini Villas*, ☎ 032-551 1277, ✉ 032-551 1628. Preiswerte Bungalows direkt gegenüber dem Wohnwagenpark.

Palm Dunes–****, Umvoti Drive, ☎ 032-552 1588, ✉ palmdunes@maggie.co.za. Selbstverpflegung oder B&B in einem Resorthotel und Konferenzzentrum der gehobeneren Klasse, wo exklusive Chalets mit 3 Schlafzimmern oder DZ zur Auswahl stehen. Sonstige Einrichtungen beinhalten Jetski- und Kanuverleih, ein Theater (während der Saison) sowie geführte Wander- und Mountainbike-Touren durch die Wälder der Umgebung.

Harold Johnson Nature Reserve

Der Tugela River begrenzt das von KZN Wildlife verwaltete Naturschutzgebiet Harold Johnson Nature Reserve, das 24 km nördlich von Dukuza an der N2 ausgeschildert ist (Ausfahrt Zinkwazi und in Darnall links abbiegen). Mit seinem ursprünglichen Busch, den Klippen und Schluchten lädt der Park zu einem Tagesausflug ein.

Am Parkplatz gibt es Picknickplätze und ein kulturgeschichtliches Museum, das sich mit der Perlenkunst und gesellschaftlichen Aspekten der Zulu beschäftigt. Der 2 km lange **Wanderweg** mit dem Thema „Remedies and Rituals" („Heilmittel und Rituale") beginnt am Picknickplatz und führt an Pflanzen vorbei, deren heilende Wirkung im Verlauf des Naturlehrpfades beschrieben wird. Alternativ dazu beschreibt die Broschüre über den Thukela Trail einen weiteren Wanderweg, der verschiedene historische Stätten im Naturschutzgebiet zum Thema hat, von denen die meisten mit dem Krieg zwischen Engländern und Zulu von 1879 in Verbindung stehen. Vom „Ultimatum Tree", einem wilden Feigenbaum, blieb nach einem tropischen Wirbelsturm im Jahre 1987 leider so gut wie nichts mehr übrig. Hier hatten die Briten dem Zulu-König Cetshwayo 1878 ein unerfüllbares Ultimatum gestellt, in dem u.a. von dem Zulu verlangt wurde, ihr stehendes Heer zu demobilisieren. Die Nichteinhaltung dieser Forderung war für die Engländer der Vorwand für einen Angriff und die Zerschlagung der Unabhängigkeit der Zulu. Die Überreste von Fort Pearson, von wo aus die Briten ihre Invasion nach Zululand starteten, liegen ebenfalls an diesem Wanderweg. ☉ tgl. von Sonnenaufgang bis Einbruch der Dunkelheit, Eintritt R10.

Übernachten kann man auf dem **Zeltplatz***, ✆ 032-486 1574. Man erhält normalerweise auch ohne Reservierung einen Stellplatz, doch gibt es hier weder Einkaufsmöglichkeiten noch sonstige Einrichtungen, so dass man sich zuvor in Dukuza mit Verpflegung versorgen sollte.

Valley of a Thousand Hills

Das wohlklingende „Tal der Tausend Hügel" liegt etwa 45 km nordwestlich von Durban und lädt zu einer malerischen Autofahrt entlang der dicht geschlossenen Hügelkette ein, wo die Zulu noch in ihren traditionellen Behausungen leben und kaum jemals ein Tourist vorbeikommt. Ein Ausflug in dieses Gebiet lohnt sich allerdings nur, wenn man

ansonsten nicht vorhat, das Landesinnere KwaZulu-Natals zu erkunden, denn dort eröffnen sich derartige Szenen zuhauf.

Ein Ausflug ins Tal und zurück lässt sich von Durban aus in einem halben Tag unternehmen, doch hat die Gegend ausreichend Sehenswürdigkeiten zu bieten, um einen kompletten Tagesausflug zu rechtfertigen. Das Tal lässt sich am besten mit dem eigenen Fahrzeug erkunden. Alternativ dazu bietet *Tekweni Eco Tours* (s. S. 463) täglich **Touren** von Durban aus an, in deren Rahmen die Hauptattraktionen angefahren werden. Wer sich am letzten Sonntag eines Monats in Durban aufhält, kann eine Fahrt in der **historischen Eisenbahn** mit *Umgeni Steam Railways*, ✆ 082-353 6003, Abfahrt um 8.45 und 12.30 Uhr, Erwachsene R45, unternehmen. Das Unternehmen besitzt eine der größten Sammlungen historischer Lokomotiven und Waggons auf der Südhalbkugel.

Selbstfahrer nehmen von Durban aus zunächst die N3 Richtung Westen ins Landesinnere und folgen der Beschilderung nach Pinetown. An der Ausfahrt Hillcrest/Old Main Road biegt man rechts in die Old Main Road (R103) ein und folgt der Beschilderung „Thousand Hills Experience Route". Nach 1 km kommt man am lebhaften **Heritage Market** vorbei, der im viktorianischen Stil gehalten ist und vor allem aus Kunsthandwerksläden, Restaurants und Schmuckgeschäften besteht. Weiter geht die Fahrt vorbei an dem kleinen Einkaufszentrum Fainting Goat. Das *Pot & Kettle,* eine Kombination aus Restaurant und Galerie, bietet einen beispiellosen Ausblick auf die Thousand Hills.

Etwas weiter, hinter der Straßenbiegung, beginnt der **Phezulu Safari Park** (☉ tgl. 8.30–16.30 Uhr, Eintritt R40). Die Giftschlangen können dem Besucher in ihren etwas beengten Glaskästen glücklicherweise nichts anhaben. Außerdem gibt es hier Krokodile und weitere eingepferchte Tiere zu sehen. Wer sich die großen Wildreservate anschaut, kann den Park beruhigt links liegen lassen – es sei denn, es besteht Interesse an dem rekonstruierten, präkolonialen Zulu-Dorf, wo vor dem spektakulären Hintergrund des Tals einige touristisch orientierte, aber deshalb nicht weniger temperamentvolle **Zulu-Tänze** geboten werden. ☉ tgl. 10, 11.30, 14 und 15.30 Uhr, Preis im Eintrittsgeld von R40 für den Park enthalten.

Übernachtung

Die attraktivste von mehreren guten Übernachtungsmöglichkeiten ist das **Rob Roy Hotel*****, Rob Roy Crescent, Höhe Botha's Hill, ✆ 031-777 1305, 🖥 www.robroyhotel.co.za. Das Hotel bietet einen herrlichen Ausblick auf das Tal und lädt als Zwischenstopp zum Mittagessen oder zum Nachmittagstee ein. Auf dem Gelände gibt es einige Souvenirläden und einen Bauernhof mit Tieren für Kinder.

Pietermaritzburg

Pietermaritzburg (oft einfach „Maritzburg" genannt) vermarktet sich gern als die besterhaltene **viktorianische Stadt** Südafrikas und ist stolz auf seine enge Verbindung zu Großbritannien. In Wirklichkeit ist von dem kolonialen Erbe heute nicht mehr viel zu sehen. Vielmehr präsentiert sich Pietermaritzburg als typische südafrikanische Stadt: Die Zulu bilden die größte ethnische Gruppe, gefolgt von Einwohnern indischer Abstammung. Der Bevölkerungsteil britischer Herkunft bildet lediglich eine – allerdings sehr einflussreiche – Minderheit. Aufgrund dieser multikulturellen Mischung und einer beträchtlichen Zahl von Studenten ist Pietermaritzburg eine recht lebendige Stadt, die auch relativ sicher ist und sich gut zu Fuß erkunden lässt.

Pietermaritzburg liegt nur 80 km westlich von Durban und ist über die Schnellstraße N3 zu erreichen, so dass ein Tagesausflug von der Küstenstadt aus ohne weiteres machbar ist und sogar noch das Valley of a Thousand Hills (s. S. 481) mit einschließen kann. Außerdem bildet Maritzburg eine günstige Zwischenstation auf dem Weg in die Drakensberge (s. S. 489) oder zu den Battlefields in der Umgebung von Ladysmith (s. S. 539).

Geschichte

Bereits der Name Pietermaritzburg spiegelt den burischen Ursprung der Stadt wider. Nachdem die Voortrekker in der Schlacht am Blood River 3000 Zulu niedergemetzelt hatten, gründeten sie 1839 die neue Republik Natalia, deren Hauptstadt sie nach den Burenführern Piet Retief und Gerrit Ma-

ritz benannten. Die Unabhängigkeit der Republik war jedoch nur von kurzer Dauer: Bereits vier Jahre später wurde sie von Großbritannien annektiert, das für den Rest des Jahrhunderts damit beschäftigt war, aus Pietermaritzburg eine britische Stadt zu machen, die ganze Vornehmheit und Aufgeblasenheit des British Empire inklusive. Nach dem Abzug der Afrikaander, die vor den Briten nach Norden geflüchtet waren, sorgten immer mehr englische Siedler für einen stetigen Bevölkerungsanstieg. Im letzten Jahrzehnt des 19. Jahrhunderts bildete Maritzburg mit einer Einwohnerzahl von 10 000 (mehr als Durban zur damaligen Zeit) das bedeutendste Zentrum der Kolonie Natal.

Zu Beginn des 20. Jahrhunderts kamen zahlreiche Inder in die Gegend, die meisten als Kontraktarbeiter, einige auch als Händler. Unter ihnen befand sich ein junger Rechtsanwalt namens Mohandas Gandhi, der später eine der größten Persönlichkeiten der Geschichte Indiens werden sollte. Rückblickend verfolgte Gandhi die Keimzelle seiner Philosophie des passiven Widerstands auf einen Zwischenfall im Jahre 1893 zurück, als er am Bahnhof von Pietermaritzburg wegen seiner Hautfarbe aus dem 1.-Klasse-Abteil eines Zuges geworfen wurde.

Pietermaritzburg ist die **Hauptstadt** der Provinz KwaZulu-Natal, doch dieser Status ist alles andere als gefestigt, denn Ulundi, die frühere Hauptstadt des Homelands KwaZulu, strebt derzeit ebenfalls nach Anerkennung als politischer Mittelpunkt der Provinz.

Orientierung

Die meisten Sehenswürdigkeiten in Pietermaritzburg sind bequem zu Fuß vom Stadtzentrum aus zu erreichen. Das Herz bildet die Kreuzung von **Commercial Road** und **Longmarket Street**, wobei Letztere vom Bahnhof im Südwesten kommend durch die Innenstadt führt. Die unvermeidlichen Trennlinien des ehemaligen Apartheidsystems wurden auch hier durch Straßen und Bahngleise definiert. Die schwarzafrikanische Mehrheit wurde in die Townships südlich des Bahnhofs verfrachtet und durfte sich nicht im Stadtzentrum aufhalten. Der indischen Bevölkerung war es dagegen erlaubt, mit ihren Geschäften bis an den Rand des Stadtzentrums vorzudringen; die Grenze bildete die nordöstlich der Commercial Road verlaufende Boshoff Street. In jener Gegend sowie in den nahe gelegenen asiatischen Vororten Woodlands, Mountain Rise und Willowton befinden sich nicht nur die meisten Fastfood-Läden, die preiswerte und scharfe Snacks wie *rotis* und *bunny chows* anbieten, sondern auch die meisten Moscheen und Hindu-Tempel der Stadt. Von den Hügeln nordwestlich des Zentrums schauen die vorwiegend weißen und wohlhabenden Vororte Wembley, Athlone und Montrose auf die Hektik im Tal herab. In Scottsville, südlich des Zentrums, lockt die **University of Natal-Pietermaritzburg** zahlreiche Studenten an, die sich zumeist in möblierten Zimmern in den Vorstädten einquartieren.

City Hall, Tatham Art Gallery und Umgebung

Das Rathaus (City Hall) in der Commercial Road, Ecke Church Street gelangte einst zu internationalen Ehren, als es von Ripleys Kuriositätensammlung *Believe it or Not* als „größter und arbeitsaufwändigster Backsteinbau südlich des Äquators" bezeichnet wurde. In der Tat ist das rote Ziegelgebäude ein großartiges Beispiel spätviktorianischer bürgerlicher Architektur und nimmt mit seinen Details und dem beeindruckenden Uhrturm selbstbewusst den besten Platz der Innenstadt ein.

Gegenüber liegt auf der anderen Seite der Commercial Road die Tatham Art Gallery, ein weiterer schöner Backsteinbau und das Highlight unter den offiziellen Sehenswürdigkeiten Pietermaritzburgs. Die Galerie beherbergt eine der besten Sammlungen internationaler und südafrikanischer Kunst. Das 1871 als oberster Gerichtshof der Kolonie Natal fertig gestellte Gebäude bildete den zentralen Bestandteil der Verteidigungsanlagen der Hauptstadt, als während des Zulu-Krieges von 1879 eine Invasion der schwarzen Krieger befürchtet werden musste. 1990 fanden die Zulu schließlich doch noch den Weg ins Innere: Das Gebäude wurde zur Aufnahme der Tatham-Sammlung bestimmt, Arbeiten schwarzer südafrikanischer Künstler werden neben Werken von Pablo Picasso, Graham Sutherland, Edgar Degas, David Hockney und Henri Matisse ausgestellt. ⊙ Di–So 10–18 Uhr, Spende willkommen.

Neben der Tatham-Galerie steht an der Kreuzung von Longmarket Street und Commercial Street das **Old Natal Parliament Building** als typisches Beispiel der Architektur des British Empire. Seine grandiose Wirkung ist nicht zuletzt auf die der römischen Bauweise entlehnten Säulen und Giebeldreiecke zurückzuführen. Mit dem Bau wurde 1889 anlässlich des Jubiläums von Königin Victoria begonnen. In den vornehmen Grünanlagen vor dem Bauwerk steht die Statue der wenig amüsiert dreinblickenden „Queen Empress" mit einer auffällig freudianischen Kombination aus Zepter und Reichsapfel in der Hand.

Wer von hier aus der Longmarket Street bis zur Chapel Street folgt, passiert eine Reihe historischer Gebäude, darunter das **Post Office**, ein solider und geschliffener Steinklotz, Baujahr 1903, ein Stückchen weiter das dreistöckige **Reid's Building**, das seinerzeit als beängstigend hoher Wolkenkratzer galt, und noch ein Stück weiter die **First National Bank**, ebenfalls aus dem Jahre 1903 und mit einer Fassade versehen, die aus einem edwardianischen Katalog ausgewählt und aus England hierher verschifft wurde.

An diesem Abschnitt zwischen Longmarket Street und Church Street liegt auch das engmaschige, als **The Lanes** bekannte Labyrinth aus schmalen Gassen, das zum größten Teil als Fußgängerzone ausgewiesen ist und Anwaltskanzleien, Fastfood-Restaurants, Geschäfte und unzählige Friseurläden beherbergt. Von 1888 bis 1931 stand diese Gegend mit vier eigenständigen Börsen im Zentrum der Finanzwelt Natals. Tagsüber macht es Spaß, durch die engen Gassen zu schlendern, doch als berüchtigtes Revier für Taschendiebe ist das Viertel nach Einbruch der Dunkelheit nach Möglichkeit zu meiden. Alle Passagen führen schließlich auf die Church Street, über die man zur Commercial Road zurückkehren und dabei noch ein paar weitere historische Gebäude in Augenschein nehmen kann.

An der Ecke Chapel Street steht die 1857 fertig gestellte **St Peter's Church**, die ehemalige Wirkungsstätte von Bischof John Colenso. Der Bischof wurde wegen seiner liberalen theologischen Ansichten und seines Engagements für die Belange der Zulu aus der englischen Kirche ausgeschlossen.

Im weiteren Verlauf der Church Street, zurück Richtung City Hall, ist die **Gandhi-Statue** nicht zu verfehlen. Sie wurde am 6. Juni 1993 enthüllt, genau 100 Jahre nachdem der junge Inder auf dem Bahnhof von Pietermaritzburg wegen seiner Hautfarbe das 1.-Klasse-Abteil verlassen musste.

Ganz in der Nähe der Gandhi-Statue erstrecken sich an der Ecke Commercial Road und Church Street die **Supreme Court Gardens** mit Denkmälern für verdiente Briten, die in den Kriegen gegen Zulu und Buren und in den beiden Weltkriegen ihr Leben für das Vaterland ließen.

Die Museen

An der Ecke Longmarket Street und Boshoff Street liegt das **Voortrekker Museum**, in dessen Mittelpunkt die original erhaltene Church of the Vow steht – 1838 von den Buren errichtet anlässlich ihres Sieges über die Zulu drei Jahre zuvor bei der Schlacht am Blood River. Die Kirche war, der Legende nach, Teil des Paktes, den die Buren mit Gott geschlossen hatten. Das Museum widmet sich den Wurzeln der Voortrekker von Pietermaritzburg und lohnt einen kurzen Abstecher, um sich ein Bild vom Leben der Planwagensiedler zu verschaffen. Die interessantesten Gegenstände sind die selbst hergestellten Kinderspielzeuge und die mit wunderschönen Stickereien verzierten *kappies* (Hüte), mit denen sich die Frauen vor der Sonne schützten. Zu den neueren Errungenschaften des Museums zählen die Replik eines hinduistischen Shiva-Tempels, eine Zulu-Hütte und ein Exponat zum kaiserlichen Prinzen, dem im Zulu-Krieg von 1879 gefallenen Sohn von Napoleon III. In den Grünanlagen des Innenhofes befindet sich das rekonstruierte Haus von **Andries Pretorius**, Anführer der Voortrekker bei Blood River und treibende Kraft bei der Gründung der Buren-Republik Natalia. Das strohgedeckte, ursprünglich 1846 gebaute Haus besticht durch seine Schlichtheit, die sich wohltuend von dem überladenen und verschnörkelten viktorianischen Stil unterscheidet. ☉ Mo–Fr 9–16, Sa 9–13 Uhr, Eintritt R3.

Etwas weniger begeisternd ist das **Natal Museum** in der 237 Loop Street, einen Block östlich des Old Natal Parliament. Es beherbergt eine Sammlung ausgestopfter Tiere, Dioramen, einen kleinen Bereich zum Thema Dinosaurier und die Rekonstruktion einer Maritzburger Straße aus dem späten 19. Jahrhundert. Hauptattraktion des Museums sind die afrikanischen Skulpturen, Kunsthandwerksgegenstände und Masken aus allen Teilen des Kontinents. Herausragend ist dabei der Goldene Stuhl, den britische Invasoren einst von den Ashanti in Ghana erbeuteten. Außerdem rühmt sich das Museum der drittgrößten Schmetterlingssammlung der Welt. ☉ Mo–Fr 9–16.30, Sa 10–16, So 11–15 Uhr, Eintritt R4.

Rund 1 km weiter die Loop Street hinauf ist die Ecke Pine Street erreicht, wo sich das **Macrorie House Museum** befindet. Das zweistöckige viktorianische Haus mit seinen diffizilen schmiedeeisernen Verzierungen enthält Einrichtungsgegenstände und Erinnerungsstücke der frühen englischen Siedler. Das Haus wurde 1862 erbaut und diente von 1869 bis 1891 Bischof Macrorie als Wohnstatt, dem Nachfolger von Bischof Colenso. ☉ Mo 11–16, Di–Fr 9–13 Uhr, Eintritt R5.

Weiter die Pine Street Richtung Nordwesten liegt am Ende der Church Street der klassische viktorianische **Bahnhof**. Beim Betreten der Bahnhofshalle erinnert eine kleine Tafel zur Linken unmittelbar vor dem Bahnsteig (zum wiederholten Male) daran, dass Gandhi hier aus dem Zug geworfen wurde.

Übernachtung

Pietermaritzburg hat die gesamte Palette an Übernachtungsmöglichkeiten zu bieten, von einer guten Backpacker-Lodge – günstig in der Nähe des Bahnhofs und des Zentrums gelegen – bis zu Unterkünften für Selbstversorger und billige B&Bs in der Umgebung der Universität im Süden der Stadt. Die komfortableren B&Bs befinden sich in den feudalen Vororten im Norden und sind am besten mit dem eigenen Fahrzeug zu erreichen. Im Stadtzentrum gibt es eine Hand voll Hotels mit einem guten Preis-Leistungs-Verhältnis. Auskünfte zu B&Bs erteilt das *Pietermaritzburg B&B Network*, ✆ 082-897 4453.

African Dreamz*, 30 Taunton Rd, Wembley, ✆/℡ 394 5141. Mini-Suite in einem Familienhaus auf einem großen Grundstück 2 km vom Zentrum entfernt, wahlweise für Selbstversorger oder mit Frühstück. Gäste dürfen Tennisplatz, Swimming Pool und den an einen Bach grenzenden Garten benutzen.

Ascot Inn*, 210 Woodhouse Rd, Scottsville, ✆ 386 2226, ⌨ www.ascot-inn.co.za. Komplex

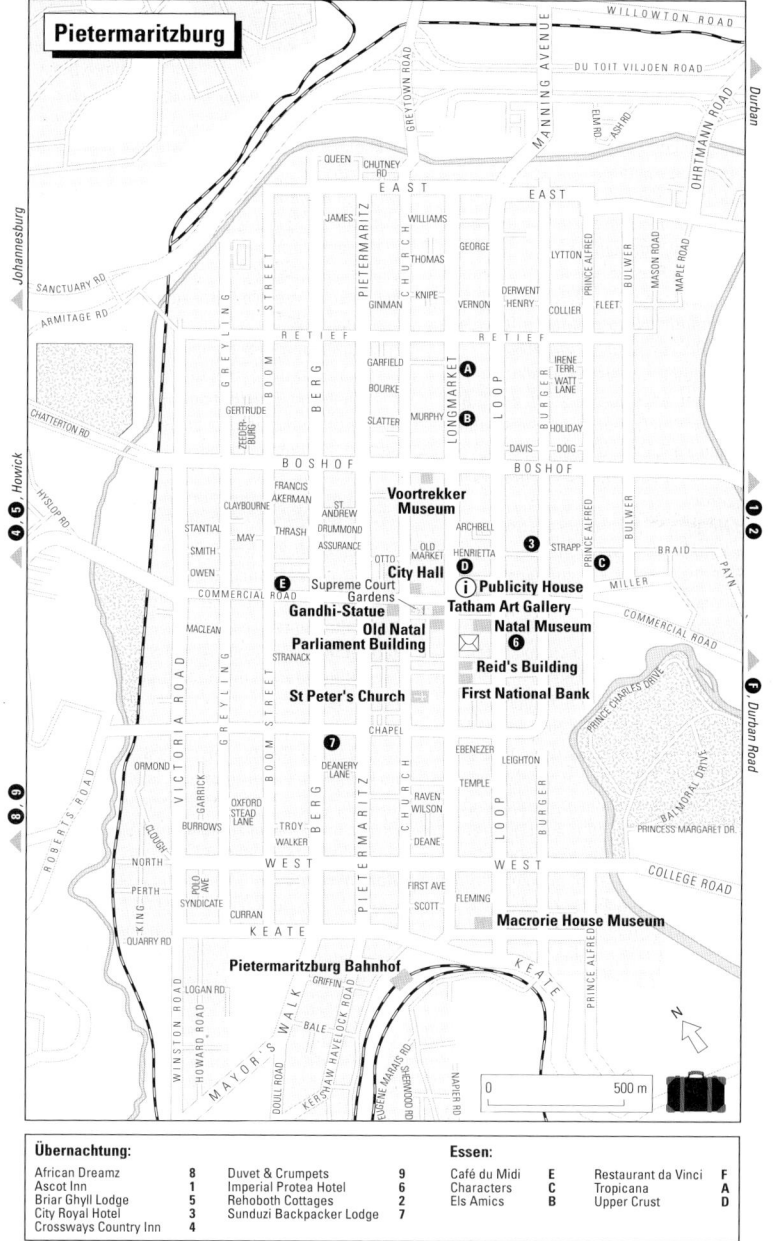

Pietermaritzburg

Übernachtung:

African Dreamz	8
Ascot Inn	1
Briar Ghyll Lodge	5
City Royal Hotel	3
Crossways Country Inn	4

Duvet & Crumpets	9
Imperial Protea Hotel	6
Rehoboth Cottages	2
Sunduzi Backpacker Lodge	7

Essen:

Café du Midi	E
Characters	C
Els Amics	B

Restaurant da Vinci	F
Tropicana	A
Upper Crust	D

aus komfortablen, auf Kolonialstil gemachten Bungalows mit Swimming Pool auf einem großen, rasenbedeckten Grundstück nahe der Rennbahn von Scottsville, unweit der N3 und ca. 4 km östlich des Stadtzentrums. Es besteht die Auswahl zwischen Selbstverpflegung oder Mahlzeiten im Speisesaal.

Brevisbrook*, 28 Waverleydale Rd, Boughton, ✆ 344 1402. Vier Zimmer mit eigenem Bad und separatem Eingang inmitten einer großen Grünanlage. Swimming Pool und *braai*-Platz, Frühstück wird auf Wunsch auf der Terrasse serviert.

Briar Ghyll Lodge*, George MacFarlane Lane, Höhe Howick Rd, Town Hill, ✆ 342 2664, 🖥 www.bglodge.co.za. Herrliches viktorianisches Anwesen 5 km nordwestlich des Stadtzentrums mit großen Rasenflächen, Tennisplatz und Swimming Pool. Wahlweise geräumige Suiten im Hauptgebäude oder 2 Bungalows für Selbstversorger.

City Royal Hotel**, 301 Burger St, Stadtzentrum, ✆ 394 7072, 🖥 www.cityroyalhotel.co.za. Das einzige 4-Sterne-Hotel Pietermaritzburgs ist ein komplett modernisiertes Gebäude aus den 30er Jahren und hauptsächlich auf Geschäftsreisende eingestellt. Es lohnt sich, nach den teilweise erheblichen Preisnachlässen am Wochenende und in den Schulferien zu fragen.

Crossways Country Inn*, Old Howick Rd, Hilton, ✆ 343 3267, ✆ 343 3273, 🖥 www.futurenet.co.za. Eine gute Wahl rund 9 km nördlich von Pietermaritzburg, wenn man nicht unbedingt in der Stadt übernachten möchte. Eingerichtet mit schönen alten Möbeln im Stil einer englischen Landkneipe, so dass man auch gut einfach zum Kaffee oder Mittagessen einkehren kann.

Duvet and Crumpets*, 1 Freelands Place, Wembley, ✆/✆ 394 4133, ✉ desrayb@lantic.net. Selbstverpflegung oder B&B in einem einfach, aber angenehm eingerichteten Mini-Apartment in einem Familienhaus aus den 30er Jahren, 2 km nördlich des Zentrums.

Imperial Protea Hotel, über R500, 224 Loop St, Stadtzentrum, ✆ 342 6551, ✉ imperial@iafrica.com. Das bei Geschäftsreisenden sehr beliebte feudale Backsteinhotel macht den Eindruck, als habe es seinen Zenit bereits etwas überschritten. Riesiges Empfangsfoyer, große Zimmer und wuchtige Treppen.

Rehoboth Cottages**, 276 Murray Rd, Hayfields, ✆ 396 2312, 🖥 www.safarinow.com. Helle und heitere, auf viktorianisch getrimmte Bungalows für Selbstversorger, inmitten großer Grünanlagen 6 km südlich des Zentrums. Englisches Frühstück wird auf Wunsch gegen Aufpreis serviert.

Sunduzi Backpacker Lodge*, 140 Berg St, Stadtzentrum, ✆ 394 0072, ✉ sunduzi@hotmail.com. In dieser zentral gelegenen Lodge in der Nähe aller nennenswerten Nachtlokale herrscht nicht selten so etwas wie Party-Atmosphäre. Es besteht die Auswahl zwischen Schlafsaalbetten im Hauptgebäude oder Camping im Garten. Preiswerte Mahlzeiten (auch für Vegetarier), Gratis-Abholung vom Bahnhof oder Busterminal, Vermittlung von Rundreisen in die Umgebung durch das freundliche Personal.

Essen

Café du Midi, 262 Boom St, ✆ 394 5444. Speisen nach Art der Mittelmeerländer in einem alten Gebäude, auch zu empfehlen für einen Nachmittagskaffee unter freiem Himmel.

Characters, 266 Prince Alfred St, ✆ 345 5084. Teures Restaurant mit Haute Cuisine. So geschlossen.

Els Amics, 380 Longmarket St, ✆ 345 6524. Maritzburgs ältestes Restaurant, in einem Haus im Kolonialstil untergebracht, ist sehr beliebt und verströmt eine angenehme Atmosphäre. Gute Preise und abwechslungsreiche Speisekarte. So und Mo geschlossen.

Kara Nichha's, 470 Church St, ✆ 342 8015. Ausgezeichnete, sehr billige indische Speisen zum Mitnehmen, besonders empfehlenswert sind die gefüllten *rotis* und die indischen Süßigkeiten.

Restaurant da Vinci, 117 Commercial Rd, ✆ 345 6632. Lautes amerikanisch-italienisches Lokal mit billigen Pasta-Gerichten.

Stagecoach, 44 Durban Rd, ✆ 394 7727. Geschätztes Lokal in der Nähe der Universität, serviert leckere kleine Speisen und bietet mittwochabends Live-Musik.

Tatham Art Gallery Coffee Shop, Commercial Rd. Die beste Adresse der Stadt für Kaffee und ein leichtes Mittagessen, im ehemaligen Gerichtsgebäude Supreme Court mitten im Zentrum gelegen, gegenüber der Touristeninformation. Mo geschlossen.

Tropicana, 418 Longmarket St, ✆ 345 0051. Wird bevorzugt von indischen Familien aufgesucht und bieten neben billigen Currys eine umfangreiche Speisekarte, darunter auch Burger und Grillsteak mit Pommes.

Turtle Bay, 7 Wembley Terrace, Wembley, ✆ 394 5390. Ordentliches, aber recht teures Fisch-Restaurant im Norden der Stadt, an der N3. So geschlossen.

Upper Crust, Longmarket St, gegenüber dem Taxistand, ✆ 342 7625. Empfehlenswert wegen der großen Auswahl an Broten und importierten Speisen, z.B. Olivenöl und Schweizer Schokolade, dazu selbstgemachtes Gebäck und Kuchen. ⏰ tgl. bis 21 Uhr.

Unterhaltung und Kultur

Das Nachtleben findet in einigen Kneipen und Diskotheken statt, die sich besonders an der Commercial Road konzentrieren. Die Szene im Stadtzentrum ist größtenteils von Menschen weißer Hautfarbe geprägt.

KINOS UND THEATER – An der Universität stellen die **Theater** *Hexagon* und *Churchill* gelegentlich Eigenproduktionen auf die Beine. Die Zeitung *Natal Witness* informiert über Einzelheiten. ***Nu Metro***, im Cascades Centre, McCarthy Drive. **Kino** im Norden der Stadt.

Ster-Kinekor, 50 Durban Rd, Scottsville. Zeigt ebenso wie das zuvor genannte ein auf den Massengeschmack zugeschnittenes Hollywood-Programm.

KNEIPEN UND DISKOTHEKEN – ***80s Fever***, 91 Commercial Rd. Riesige Disco mit vorwiegend studentischem Publikum. Besonders donnerstags tanzt hier der Bär, denn dann legen in der Regel auswärtige Top-DJs auf. ⏰ Do–Sa 20 Uhr bis frühmorgens.

Crowded House, 124 Balhambra Way, Höhe Commercial Rd. Angenehme Bars drinnen und draußen, die in erster Linie ein Publikum Ende zwanzig anlocken. ⏰ Mi, Fr und Sa, Eintritt R15.

The Elephant, 80 Commercial Rd. Beliebte Kneipe, in der sich Studenten und Nachteulen aller

Hautfarben mischen. Preiswerte kleine Speisen im Angebot.

McGinty's Irish Pub, 50 Durban Rd, Scottsville. Schicker Pub, in dem gelegentlich irische Live-Musik geboten wird.

Sonstiges

BÜCHER – ***Shuter & Shooter***, 230 Church St. Wer sich etwas länger in Pietermaritzburg aufhalten und auch die Vororte besichtigen möchte, sollte sich hier einen Faltplan der Stadt besorgen. Daneben gibt es Reiseführer sowie Literatur zur Naturgeschichte und allgemeinen Historie Natals.

INFORMATIONEN – ***Tourist Information***, Publicity House, Longmarket St, Ecke Commercial Rd, ✆ 345 1348. Das Büro hält eine ausgezeichnete Auswahl an Büchern und Unterkunftsbroschüren bereit. Im gleichen Gebäude sind Fahrkarten für die *Translux*- und *Greyhound*-Busse erhältlich. ⏰ Mo–Fr 8–17, Sa 8–15 Uhr.

MEDIZINISCHE HILFE – ***Med 24***, Payn St, ✆ 342 7023 oder ✆ 342 7024.

NOTRUF – **Krankenwagen**, ✆ 10177. **Bereitschaftsdienst der Polizei**, ✆ 10111. **Krisentelefon bei sexuellen Übergriffen** – ✆ 394 4444.

VORWAHL – 033

WÄSCHEREIEN – ***Wash Tub***, Shop 2, Park Lane Centre, Commercial Rd, ✆ 345 7458, ⏰ Mo–Fr 7–18, Sa 8–16, So 8–15 Uhr.

Nahverkehrsmittel

MINIBUS-TAXIS – Die hektische Haltestelle befindet sich vor der Touristeninformation und erstreckt sich vom Busbahnhof den ganzen Block entlang. Die Fahrtziele sind außen an den Wagen angebracht.

TAXIS – Normale Taxis mit Taxameter sollten vorbestellt werden und haben kaum den finanziellen Ruin zur Folge.

Junior Taxi Service, Echo Garage, Echo Rd, ✆ 394 5454.
Unique Taxis, 524 Khans Rd, ✆ 391 1238.

BUSSE – Die Überlandbusse von *Intercape* kommen am Busbahnhof in der Longmarket St, Ecke Commercial Rd an, auf der Nordseite der Touristeninformation. Von hier aus sind die meisten Hotels der Innenstadt zu Fuß zu erreichen. Ein Taxi ist sicherlich die beste Option, wenn man eins der B&Bs in den Vororten zum Ziel hat. Die *Greyhound*-Busse halten ganz in der Nähe bei *MacDonald's* in der Burger St. Die Haltestelle der *Translux*-Busse ist die Tankstelle *Premier Caltex*, Commercial St, Ecke Burger St.

Wer in einer Backpacker-Lodge übernachtet, kann sich meist auf Wunsch vom Personal abholen lassen. Der *Baz Bus* für Rucksacktouristen setzt seine Fahrgäste an den zentral gelegenen Unterkünften ab.

Busse von Pietermaritzburg nach
BLOEMFONTEIN (2–3x tgl., 8 1/2 Std.);
DURBAN (9x tgl., 2 1/4 Std.);
JO'BURG (6–7x tgl., 7 Std.);
KAPSTADT (4x tgl., 19 Std.);
KIMBERLEY (3x wöchentl., 10 Std.);
LADYSMITH (2x tgl., 2 Std.);
PRETORIA (6–7x tgl., 8 Std.).

EISENBAHN – Der **Bahnhof**, ✆ 897 2350, liegt am zwielichtigen Südwestende der Longmarket Street, einer der Hauptdurchgangsstraßen der Stadt. Daher sollte man bereits im Voraus eine Abholung arrangieren. Das gilt ganz besonders für eine Ankunft nach Einbruch der Dunkelheit.

FLÜGE – **Oribi Airport**, ✆ 386 9577, liegt ca. 6 km südlich des Stadtzentrums, das von hier aus nur per Taxi zu erreichen ist. Wesentlich einfacher ist es, den Flughafen von Durban (s.S. 467) anzusteuern, der zweimal täglich durch den *Cheetah-Shuttle-Bus*, ✆ 342 0266, mit Pietermaritzburg verbunden ist. Nach einer Fahrt von rund 75 Min. hält der Bus vor dem *Imperial Hotel* in der 224 Loop Street. Der *Cheetah* nimmt auch im Zentrum von Durban Fahrgäste auf, und zwar vor dem History Museum in der Aliwal Street und am Busterminal des Durbaner Bahnhofs.
Flugverbindungen von Pietermaritzburg nach
DURBAN (2x tgl., 1/2 Std.);
JO'BURG (7x tgl., 2 1/4 Std.);
ULUNDI (2x tgl., 1 1/2 Std.).

Midlands

Die meisten Reisenden erleben das grüne Weideland der Midlands als Bilderbuchlandschaft, die während der zweistündigen Fahrt von Durban bzw. Pietermaritzburg in die Drakensberge an ihrem Fenster vorbeirauscht. Es besteht im Grunde auch nicht viel Anlass, hier länger zu verweilen – es sei denn, man fühlt sich angezogen von den urigen Landgästehäusern und Teestuben im englischen Stil oder den Kunsthandwerksläden der Region.

Zwischen 1842 und 1897 marschierte Bataillon auf Bataillon britischer Soldaten durch die Midlands, um im Laufe mehrerer Kriege zunächst die Zulu und später die Buren zu unterwerfen. Dass die Region auf ihre britischen Wurzeln setzt, zeigt sich an den Forellenangelvereinen, Polo-Clubs (von denen über 80% des Landes in den Midlands beheimatet sind), piekfeinen Internaten und altmodischen Landhotels. Doch das Bild von der gemütlichen Idylle trügt: Die um die Farmen gezogenen Sicherheitszäune sind Zeugnisse der tief sitzenden Verbitterung zwischen Schwarzen und Weißen, die Ermordung weißer Landbesitzer keine Seltenheit.

Mit viel Kopfzerbrechen zauberten die Tourismus- und Werbeberater der Midlands schließlich das Konzept „**Midlands Meander**" aus dem Hut. Es handelt sich dabei um eine aus mehreren, sehr ansprechenden Nebenstraßen bestehenden Route, auf der eine Reihe verstreut liegender Kunsthandwerksstände, Hotels und kleinere Sehenswürdigkeiten zu besichtigen sind. Die Landschaft und die Zwischenstationen sind auf jeden Fall ansprechender als die Städte der Midlands. Eine Reihe vornehmer Landhotels bietet Unterkunft mit Stil, während B&Bs und Bungalows für Selbstversorger um die preisbewusstere Klientel konkurrieren. In den meisten Touristeninformationen der Region sind kostenlose Landkarten erhältlich, auf denen alle Attraktionen dieser touristischen Rundreiseroute verzeichnet sind.

Unterkünfte für Selbstversorger in den Midlands vermitteln KZN Wildlife (s.S. 439) oder *Selected*

Ministays, ☎ 033-330 3343, 🖥 www.ministays.co.
za, eine Agentur, die eine breite Palette von Übernachtungsmöglichkeiten im Angebot hat.

Howick

Die Midlands können mit einer interessanten historischen Fußnote aufwarten: Wer von Pietermaritzburg aus über die N3 durch die Midlands
fährt, befindet sich in etwa auf der Route von **Nelson Mandelas** letzter Reise als freier Mann, bevor
er 1962 verhaftet und für 27 Jahre ins Gefängnis
gesteckt wurde. 18 km nordwestlich von Pietermaritzburg liegt Howick, das als der Ort in die Geschichte einging, an dem die Verhaftung stattfand.
Die genaue Stelle befindet sich an der R103, 2 km
nördlich einer Nebenstraße, die zur Kreuzung nach
Tweedie führt. Selbst auf der Flucht vor der Polizei
hatte Mandela seine politischen Aktivitäten fortgesetzt, wobei er sich verschiedener Tarnungen bediente. Am Tag seiner Verhaftung war er als Chauffeur eines weißen Freundes verkleidet. Der Wagen
wurde auf der alten Landstraße nach Howick angehalten – die Polizei hatte vermutlich einen anonymen Hinweis erhalten. Ein 1996 von Mandela eigenhändig enthülltes Denkmal markiert die ansonsten unauffällige Stelle inmitten von Weideland
zwischen einer Eisenbahnstrecke und der Landstraße.

Nottingham Road

Ein guter Orientierungspunkt für die Midlands ist
Nottingham Road, ein kleines Dorf 25 km nördlich
von Howick an der R103, das zwei ausgezeichnete
Landhotels zu bieten hat. In der Dorfmitte befindet
sich das 1854 erbaute Gasthaus *Nottingham
Road***, 26 Nottingham Rd, ☎ 033-263 6151,
📠 033-263 6167, angeblich der älteste Pub der
Provinz. Heute ist es auch ein Hotel und hat sich
den Charakter eines alten Pferdekutschengasthofs
bewahrt.

Unmittelbar südlich des Ortes liegt *Rawdon's****, Old Main Rd, ☎ 033-263 6044, 🖥 www.
rawdons.co.za, ein reetgedecktes Landgut im englischen Stil mit Blick auf den eigenen Forellensee,
Kaminfeuer für kühle und nebelverhangene Tage
und luftigen Terrassen für den heißen Sommer.
Wem der Aufenthalt hier zu teuer ist, kann in dem
ruhigen und stilvollen Pub einkehren, der mit eigener Brauerei und Teezimmer auch Nicht-Gästen of

fen steht. Ein weiterer netter Pub zum Drinnenund Draußensitzen ist das *Rose & Pig* in dem winzigen Örtchen Rosetta, 6 km nördlich von Nottingham Road an der R103.

Wer es noch abgelegener bevorzugt, biegt
22 km westlich von Nottingham Road auf die ausgeschilderte Straße nach Loteni ab und nimmt
nach weiteren 17 km den Abzweig auf die D544.
Die kleine Landstraße führt zum rustikalen *Bramleigh Manor**–****, ☎ 033-263 6903, einem gro
ßen, strohgedeckten B&B-Guesthouse. Zu dem Anwesen gehören Gelb- und Schwarzholzwälder, in
denen man Forellen angeln, Vögel beobachten,
Ausritte unternehmen, Boot fahren und Windsurfen kann. Zwei herrlich abgelegene Bungalows können auf B&B- oder Selbstversorgerbasis gemietet
werden.

Drakensberge

Die Drakensberge bilden das größte Bergmassiv
Südafrikas und wurden im Jahre 2000 zum Weltnaturerbe der UNESCO ernannt. Das gewaltige Gebirge erstreckt sich entlang der Grenze zu Lesotho
und wird größtenteils in einem riesigen Nationalpark geschützt, der neuerdings offiziell die Bezeichnung **uKhahlamba-Drakensberg Park** trägt.
Die „Drachenberge" (in der Zulu-Sprache „Barriere
aus aufgestellten Speeren") bilden die höchste
Bergkette im südlichen Afrika und erreichen ihre
höchste Erhebung an der Grenze zu Lesotho. Der
Höhenzug ist im Grunde eine Randstufe, die den
Übergang von der Hochebene des Landesinneren
zu den flachen Küstenregionen Natals bildet. Hier
entspringen zahlreiche große und kleine Flüsse, die
in den Indischen Ozean münden. Es handelt sich
um die Fortsetzung der Schichtstufe, die auch das
Mpumalanga-Highveld von dem wildtierreichen
Lowveld des Krüger-Nationalparks trennt und sich
auf der anderen Seite bis in den Norden der Provinz Ostkap erstreckt. Doch wenn die Menschen
hier vom „Berg" sprechen, meinen sie immer den
Teil der Bergkette in KwaZulu-Natal.

Die Drakensberge bieten eine einzigartige Szenerie aus massiven Felstürmen und bizarren Steinsäulen, ausgedehntem Grasland, Wasserfällen, Flüssen, natürlichen Wasserbecken und mit Farnteppichen bedeckten Wäldern. Die wilde und unbewohnte Landschaft ist ein Paradies zum **Wandern** oder **Fliegenfischen**. Das Angeln in Loteni, Kamberg, Cobham oder Giant's Castle kostet R50 pro Tag und erfordert zwingend einen Erlaubnisschein von KZN Wildlife (s.S. 439), wobei der Fang p.P. auf täglich drei Forellen beschränkt ist. Sämtliche Ausrüstung muss selbst mitgebracht werden.

Das Drakensberg-Massiv stellt eine ergiebige Quelle für Archäologen dar. Über sechshundert Fundstellen mit **Felskunst der San** wurden bis heute verzeichnet, sie umfassen mehr als 22 000 einzelne Malereien. Als Tourist bekommt man natürlich nicht einmal annähernd so viele zu Gesicht, weil sie versteckt über das gesamte Bergmassiv verteilt liegen, doch drei leicht zugängliche Höhlen gibt es in **Giant's Castle**, **Injisuthi** und **Kamberg**. Eine der besten und aktuellsten Einführungen zur Felskunst der San ist die kleine Broschüre *Rock Paintings of the Natal Drakensberg* von David Lewis-Williams, im Verlag *University of Natal Press* veröffentlicht und in den meisten gut sortierten Buchläden der Region erhältlich.

In der Nähe der Berge gibt es keine Städte, die einzigen Ansiedlungen sind schwarzafrikanische Dörfer am Rande des Massivs. Dieses ehemalige Homeland-Gebiet ist nicht ausgeschildert und nur auf wenigen Landkarten verzeichnet. Eine Fahrt durch diese Gegend ist interessant, denn sie verschafft einen kleinen Einblick in das traditionelle **Leben der Zulu**.

In den Drakensbergen sind die **Sommer** warm und feucht, mit gelegentlichen Gewitterstürmen und nebelverhangenen Tagen. Die **Winter** sind im Allgemeinen trocken, sonnig und kühl, mit nächtlichen Temperaturen unter dem Gefrierpunkt und gelegentlichem Schneefall in großer Höhe. Die besten Jahreszeiten zum Wandern sind die Übergangszeiten Frühling und Herbst.

Orientierung

Das Drakensberg-Massiv wird von keinem zusammenhängenden Straßennetz erschlossen, so dass sich das Gebirge nicht von einem Ende zum anderen durchfahren lässt. Lediglich im Süden führt eine unbefestigte Straße, die nach Möglichkeit nur mit einem Geländewagen befahren werden sollte, in Haarnadelkurven über den **Sani-Pass** nach Lesotho. Ansonsten zweigen alle Zufahrts-

straßen in die Berge in westlicher Richtung von der N3 zwischen Pietermaritzburg und Ladysmith ab. Sie führen zu verschiedenen, von KZN Wildlife verwalteten Camps, die mit öffentlichen Verkehrsmitteln leider nicht zu erreichen sind.

Wer einen **Aufenthalt in den Drakensbergen** plant, sollte sich zunächst für den nördlichen, den zentralen oder den südlichen Abschnitt des Massivs entscheiden. Übernachtungsmöglichkeiten bieten neben den von KZN Wildlife verwalteten Rest Camps mit Bungalows und Zeltplätzen für Selbstversorger auch mehrere Hotels, die z.T. Vollpension im Angebot haben. Wer nicht mit dem eigenen Fahrzeug unterwegs ist, muss sich an ein Hotel oder eine Backpacker-Lodge halten. Fast alle Hotels in der Region bieten den Transfer von den *Greyhound*- oder *Translux*-Busbahnhöfen in Estcourt oder Ladysmith an. Der **Baz Bus** für Rucksackreisende hält auf seiner Strecke von Durban nach Johannesburg in Mooi River und Estcourt (für Weiterreisende Richtung zentrale Drakensberge) und in Winterton (für Weiterreisende Richtung nördliche Drakensberge). *Sani Pass Carriers*, ☏ 033-701 1017, verbindet Pietermaritzburg mindestens zweimal am Tag per **Shuttle-Bus** mit Underberg und bietet Rundfahrten durch das südliche Bergmassiv an. Die größte Konzentration von Hotels und Ferienanlagen bietet das zentrale Bergmassiv auf halber Strecke zwischen Johannesburg und Durban.

Wandern in den Drakensbergen

Ob gemächlicher Spaziergang oder drei- bis viertägige Wanderung durchs Gebirge – das Wandern in den Drakensbergen zählt nach wie vor zu den Top-Wildniserlebnissen Südafrikas. Der besondere Reiz einer Erkundung des Bergmassivs per Pedes liegt auch darin, dass man in dieser Landschaft von wahrhaft erhabener Schönheit nur ganz selten andere Menschen, geschweige denn Dörfer oder Autos zu Gesicht bekommt.

Je nach Höhenlage sind die Drakensberge in High Berg und Little Berg unterteilt. In den von Felssäulen und bizarren Steinformationen geprägten Hochlagen des **High Berg** bestehen die einzigen Übernachtungsmöglichkeiten aus Höhlen oder, in bestimmten Gegenden, auch Hütten. Hier ist man völlig auf sich allein gestellt und sollte die für diese Wildnis geltenden Spielregeln beachten:

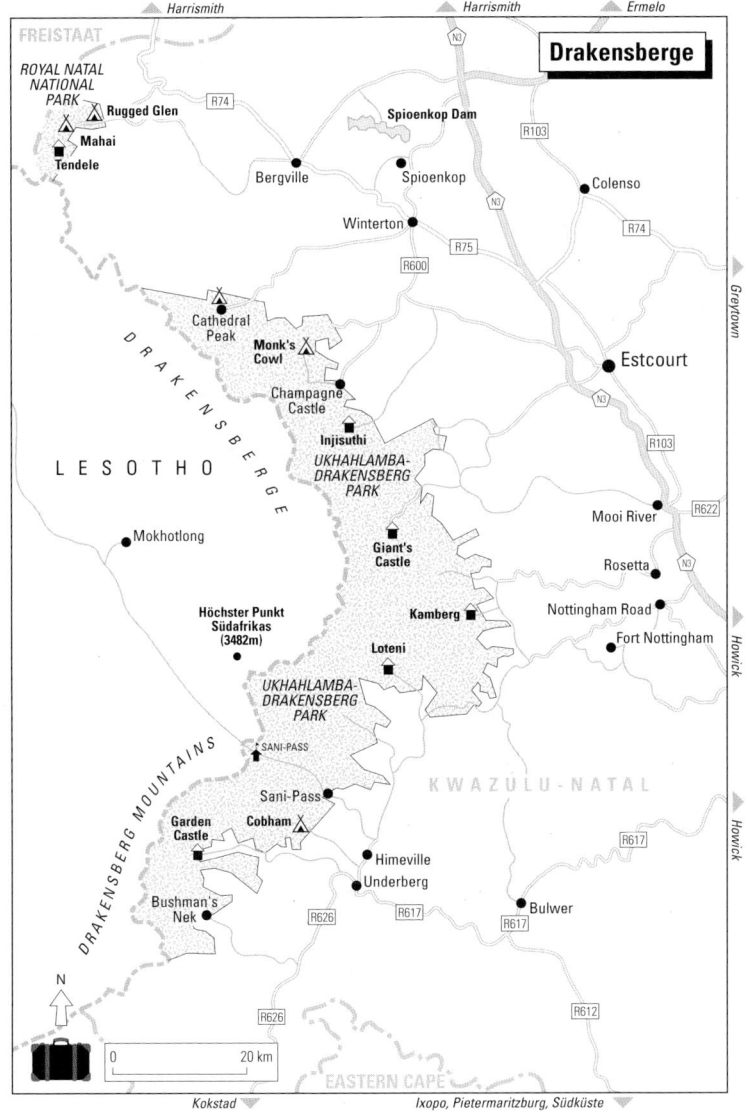

Man muss eine Kelle und Toilettenpapier mitnehmen und darf das natürliche Wasser nicht im geringsten verunreinigen, also sich nicht in den Bächen waschen, sondern nur das Wasser aus den Bächen holen, um sich abseits damit zu waschen. Sowohl die Bergsteigerhütten als auch die Höhlen zum Übernachten müssen im jeweiligen Büro von KZN Wildlife am Ausgangsort reserviert werden.

Die beabsichtigte Wanderstrecke wird in ein entsprechendes Register eingetragen. Wer die Pässe bis zu den Gipfeln erklimmen möchte, muss körperlich absolut fit sein, Wandererfahrung mitbringen und einen ortskundigen Begleiter oder Fremdenführer in Anspruch nehmen. Wer nicht den Ehrgeiz hat, sich mit den ganz hohen Bergen zu messen, beschränkt sich einfach auf den **Little Berg**, der mit seinen Gipfeln, Flüssen, Felszeichnungen, Tälern und Wäldern nicht weniger abgeschieden und ebenfalls wunderschön ist. Außerdem präsentiert sich dieser Teil der Drakensberge weniger gefährlich und ist auch bei durchschnittlicher Fitness noch recht einfach zu bewältigen.

Wer weder einen Rucksack schleppen noch in Höhlen oder Hütten übernachten möchte, kann sich auch in einem der **KZN Wildlife Camps** niederlassen und zu Tageswanderungen aufbrechen, bei denen eine schier endlose Auswahl besteht. Es gibt auch ein Camp, von dem aus eine zweitägige Wanderung mit Übernachtung in einer Höhle möglich ist. Zwei empfehlenswerte Ausgangsbasen für Wanderungen sind die Camps **Injisuthi** im Giant's Castle Game Reserve (s.S. 498) und **Tendele** im Royal Natal National Park (s.S. 501). Wer auf den Luxus einer Übernachtung im Hotel nicht verzichten möchte, findet in der Umgebung des **Cathedral Peak** das *Cathedral Peak Hotel* (s.S. 501).

In sämtlichen Büros von KZN Wildlife sind Bücher zum Thema Wandern in den Drakensbergen und *Slingsby*-Landkarten erhältlich, wobei einige eingezeichnete Wanderwege allerdings inzwischen gar nicht mehr existieren. Wer es unbedingt mit dem **High Berg** aufnehmen möchte, sich dies aber alleine nicht zutraut, findet in *Stef Steyn*, ✆ 033-330 4293, 🖳 www.kzntours.co.za, einen Spezialis-

---

Die Felsmalereien der San Die San, auch als Buschmänner bezeichnet, waren die ersten Bewohner des südlichen Afrika und sind die direkten Nachfahren der späten Steinzeitmenschen. Sie lebten Abertausende von Jahren in den Höhlen und Unterschlüpfen der Drakensberge, bevor das Volk der Nguni und später die weißen Siedler in diese Gegend kamen. Noch immer herrscht Uneinigkeit darüber, wie man dieses frühe Volk von Jägern und Sammlern nennen soll. Zahlreiche Wissenschaftler verwenden den Begriff „Buschmänner" in einem alles andere als abwertenden Sinne – auch wenn das Wort ursprünglich einen zutiefst beleidigenden Charakter besaß. Andere Historiker und Anthropologen haben sich für den Begriff „San" entschieden, doch der bezieht sich im Grunde auf eine Sprachgruppe (nicht etwa auf eine Kultur) und ist somit auch nicht ganz korrekt. Da es keinen verbindlich festgelegten Begriff gibt, werden in diesem Buch beide Bezeichnungen – frei jeglicher Wertung – verwendet.

Die San lebten über einen sehr langen Zeitraum als Jäger und Sammler auf dem Subkontinent – in Namibia entdeckte Malereien datieren stolze 25 000 Jahre zurück. In den letzten 2000 Jahren wurden den San durch die sich nach Süden ausbreitenden Bauern der Bantu-Sprachfamilie einige Veränderungen aufgezwungen, doch gibt es Anhaltspunkte dafür, dass beide Gruppen eine einigermaßen friedliche Koexistenz führten. Zu ernsthaften Spannungen kam es erst, als weiße Siedler begannen, Ländereien zum Jagen und zur landwirtschaftlichen Nutzung für sich in Anspruch zu nehmen. Als sich die San dann am Vieh der Farmer vergriffen, nahmen die Weißen dies zum Anlass, die San als ein Art Ungeziefer zu betrachten. Die Weißen fühlten sich berechtigt, die Buschleute in wahren Völkermordkampagnen – zunächst in der Kapregion, später auch in anderen Gebieten, z.B. in den Drakensbergen – so unerbittlich zu jagen, bis sie schließlich buchstäblich von der südafrikanischen Landkarte ausradiert waren.

Die **Künstler** der San waren gleichzeitig **Schamanen**, ihre Bilder waren vom Trance-Zustand inspiriert. Von daher sollte man die in den Malereien zu findenden Jagd-, Tanz- und Tierszenen nicht als realistische Darstellung des alltäglichen Lebens in den Drakensbergen interpretieren. Der **Medizin-** oder **Trance-Tanz** – eine Reise in die spirituelle Welt mit dem Ziel, Heilkräfte nutzbar zu machen – war das wichtigste religiöse Ritual der Buschmänner und findet sich in vielen ihrer Malereien wieder. Interessant sind die verschiedenen Körperten für **Wandertouren mit Fremdenführer** durch die Drakensberge und Veranstalter landschaftlich reizvoller Touren in der gesamten Provinz. Sind dort keine Kapazitäten vorhanden, besteht noch die Alternative *Drakensberg Spectacular Tours*, ✆ 036-631 0011.

Da das **Wetter** zu jeder Jahreszeit blitzschnell umschlagen kann, sollte immer ausreichend warme Kleidung und Verpflegung mitgeführt werden. Die Wanderstiefel müssen gut eingelaufen sein. Nicht zu vergessen ist eine Kopfbedeckung, denn die Sonne brennt hier auch im Winter.

Estcourt

Die nächsten größeren Städte liegen an oder ein kleines Stück abseits der Hauptverkehrsader N3. Dort kann man sich mit Verpflegung versorgen,

sein Fahrzeug auftanken oder eine Transportmöglichkeit in die Berge arrangieren. Die größte dieser Städte ist das 88 km nördlich von Pietermaritzburg gelegene Estcourt. Die dortige Fleischfabrik zur Herstellung von Schinkenspeck verleiht der Stadt bei ungünstigem Wind ein Aroma, als würde sie den ganzen Tag in die Pfanne gehauen. Ein Zwischenstopp lohnt trotzdem zur Besichtigung des kleinen Museums in **Fort Durnford**, in der Cemps Road etwas abseits der R103. Dort wurde eine alte Straße aus Estcourt mit Pfandhaus, Schmiede, Großhandelskontor und sogar einem Verkaufsschalter für Eisenbahnfahrkarten nach historischem Muster wieder aufgebaut. Außerdem beherbergt das Museum einige Exponate zur einheimischen Militärgeschichte und eine beeindruckende Sammlung wilder Vogeleier. ⊙ tgl. 8–12 und 13–16 Uhr, Spende willkommen.

haltungen der Schamanen während des Tanzes, z.B. die hinter dem Körper ausgestreckte Arme, die nach vorn gebeugte Haltung, die kniende Position oder das Zeigen mit den Fingern. Punkte entlang der Wirbelsäule beziehen sich oft auf eine langsam nach oben treibende Energie, Linien auf den Gesichtern oder aus der Nase stellen Nasenbluten dar, einen häufig auftretenden Nebeneffekt des Trance-Zustandes. Weitere im entrückten Zustand empfundene Gefühlswahrnehmungen – z.B. verändertes Zeitgefühl, Leichtigkeit oder das Gefühl zu fliegen – finden in Form von Federn oder Zierbändern visuellen Ausdruck.

Zum Eintritt in die spirituelle Welt bedienten sich die Schamanen häufig der geistigen Kraft bestimmter **Tiere**. In allen Höhlen ist die **Elenantilope** mit ihren Spiralhörnern abgebildet – jedoch nicht etwa, weil das Huftier in den Drakensbergen so weit verbreitet gewesen wäre, sondern weil es von den San als das mächtigste aller Tiere angesehen wurde. Bisweilen sind die Abbildungen der Elenantilopen schichtweise angelegt, um ihre spirituelle Potenz noch deutlicher hervorzuheben. In den öffentlich zugänglichen Höhlen sind Abbildungen menschenähnlicher Figuren zu sehen, die sich gerade in ihr Machttier verwandeln. Neben den Antilopen werden auch andere Tiere

mit dem Trance-Zustand in Verbindung gebracht, darunter Honigbienen, Katzen, Schlangen, manchmal auch Elefanten und Nashörner.

Es ist schwierig, die Malereien in den Drakensbergen exakt zu datieren, doch die ältesten sind wahrscheinlich mindestens **800 Jahre alt** (auch wenn die Buschmänner schon mehrere Tausend Jahre davor in dem Gebiet lebten). Die jüngsten Zeichnungen stammen Schätzungen zufolge aus der Zeit nach der Ankunft der Weißen gegen Ende des 19. Jahrhunderts. Die besonders in den südlichen Drakensbergen anzutreffenden Abbildungen von Pferden, Vieh und weißen Siedlern bezeugen das Ende der traditionellen Lebensweise der Drakensberg-Buschmänner. Möglicherweise benutzten die Schamanen das Zeichnen der Siedler als übernatürliche Methode zur Abwehr der allzu realen Gewehrkugeln der Weißen.

Die Malereien verwittern und verblassen nicht nur, viele wurden auch mutwillig zerstört. Sie verschwinden auch, weil nichts ahnende Besucher sie berühren oder mit Wasser benetzen, um sie deutlicher sichtbar zu machen. Zu solch unverantwortlichen Handlungen sollte man sich auf gar keinen Fall hinreißen lassen.

Winterton

43 km nördlich von Estcourt liegt Winterton an der westlich von der N3 abzweigenden R74. Die Kleinstadt bietet Esslokale, Tankstellen und Banken. Das von der Hauptdurchfahrtsstraße Colenso Road ausgeschilderte **Museum** neben den Büros der Stadtverwaltung rechtfertigt einen Zwischenstopp, denn es enthält ausgezeichnete Exponate zur Felskunst der San und zu den Schlachtfeldern der Burenkriege in der Umgebung, allen voran Spioenkop und Vaalkrans. ☺ Mo–Fr 9–15, Sa 9–12 Uhr, Spende willkommen.

Übernachtung

Wer in Winterton eine Unterkunft sucht, findet an der in den Ort führenden Hauptstraße Springfield Road das empfehlenswerte **Purple House B&B***, ☎ 036-488 1025. Der Komplex mit kleinen Bungalows beinhaltet auch ein Café und einen Laden für Kunstgewerbeartikel. Eine ebenfalls ansprechende Alternative ist das **Ukuthula Bush Camp***, Rolling M Ranch, ☎ 082-773 9914, eine bewirtschaftete Farm außerhalb des Ortes am Ufer des Tugela River. Die Unterkünfte umfassen eine riesige, in zwei Abschnitte unterteilte Hütte mit 14 Schlafplätzen für Selbstversorger, 2 Bungalows für Selbstversorger neben dem Farmgebäude (einer für 8–12 Pers., der andere für 2–4 Pers.) und B&B-Zimmer im Farmgebäude selbst. Das Personal organisiert auch Wanderungen entlang des Flusses, in die Berge und – als Station auf der Battlefields-Route – Fahrten zu den Gedenkstätten Spioenkop und Buller's Cross. Als weitere Freizeitaktivitäten locken Reiten, Wildwasserkanu, Tubing und Angeln. Die Anfahrt zum Camp erfolgt über die R23 bis Ladysmith, dann rechts ab über die ausgeschilderte Skietdrift Road und weitere 20 km bis zum Ziel. In Winterton ankommende Rucksackreisende werden auch abgeholt.

Bergville

23 km nördlich von Winterton liegt der kleine und alles andere als hübsche Ort Bergville, der nur deshalb bemerkenswert ist, weil er als letzter Versorgungspunkt auf der Fahrt in den Royal Natal National Park fungiert. Ansonsten heißt es „nix wie

weg", nachdem man sich in der nützlichen Touristeninformation *Drakensberg Tourism Association,* Tatham Road, ☎ 036-448 1557 ☎ 036-448 1088, noch ein paar nützliche Infos abgeholt hat.

Südliche Drakensberge

Der südliche Abschnitt des Drakensberg-Massivs liegt den Städten Durban und Pietermaritzburg am nächsten. Die Landschaft präsentiert sich hier zwar nicht ganz so eindrucksvoll und abwechslungsreich wie weiter nördlich, hat dafür aber mit dem **Sani-Pass** einen spektakulären Höhepunkt zu bieten. Die Straße windet sich über zahllose Haarnadelkurven an senkrecht abfallenden Steilhängen entlang ins Hochgebirge und führt zum höchsten mit dem Fahrzeug erreichbaren Punkt im Süden Afrikas. In den südlichen Drakensbergen mit ihren ausgedehnten Graslandschaften liegt auch der **Giant's Cup Hiking Trail** (s. S. 495), der einzige künstlich angelegte Wanderweg in den Drakensbergen und eine berauschende Einführung in diese einzigartige Bergwelt.

Der Sani-Pass ist zwar das bei weitem beliebteste Ausflugsziel im südlichen Bergmassiv, doch auch weiter nördlich – in Cobham, **Loteni** und **Kamberg** – bietet KZN Wildlife Zeltplätze und Bungalows mit reichlich Gelegenheit zum Forellenfischen an. Trotz seiner Abgeschiedenheit ist der Pass auch ohne eigenes Fahrzeug mit öffentlichen Verkehrsmitteln und über den Fahrservice bestimmter Hostels zu erreichen.

Underberg

Hauptzufahrt in diesen Teil der südlichen Drakensberge ist die nördlich von Pietermaritzburg (Ausfahrt Bulwer/Underberg) nach Westen abzweigende R617. In Underberg gibt es einen Supermarkt, Kunsthandwerksläden, Pubs und einige Einrichtungen für **Notfälle**, falls jemand in den Bergen in Schwierigkeiten geraten sollte.

In unmittelbarer Nähe des Supermarkts beherbergt das *Underberg Hotel* die Büros von *Major Adventure,* ☎ 033-701 1628, wo man zwei-, drei- oder fünftägige **Touren nach Lesotho** buchen kann. Außerdem gibt es im Ort eine Apotheke, die *Sani Pharmacy,* ☎ 033-701 1034, außerhalb der Geschäftszeiten ☎ 033-701 1955, und ein privates Krankenhaus, das *Riverview Hospital,* ☎ 033-701

1331, mit einem 24-Stunden-Bereitschaftsdienst. Die *Automobile Association* verfügt über eine 24-Stunden-Pannenhilfe unter ☎ 033-701 1430 oder ☎ 082-417 8897.

Himeville

Rund 4 km nördlich von Underberg liegt Himeville, der letzte Ort vor dem Aufstieg zum Sani-Pass. In der Ortsmitte befindet sich *Sani Saunter Publicity*, ☎ 033-702 1902, ⏱ Mo–Fr 8–16 Uhr, die offizielle **Touristeninformation** für die gesamten südlichen Drakensberge und die beste Adresse für Informationen über diese Region.

Im Ort gibt es einen Supermarkt und gegenüber der Touristeninformation das ordentliche **Landgasthaus** *Himeville Arms***, ☎ 033-702 1305, das sich als Station vor dem endgültigen Aufstieg in die Berge anbietet. Hier gibt es auch Unterkünfte für Backpacker* in 2- und 4-Bett-Zimmern, zu den angebotenen Freizeitaktivitäten zählen Jeep-Touren, Ausritte, Tennis und Golf.

An der Landstraße gibt es eine ganze Reihe B&Bs. Eines der schönsten ist das *Yellowwood*

Cottage*, ☎ /☏ 033-702 1065, inmitten einer herrlichen Grünanlage mit Aussicht auf die Berge. Die Unterkunft besteht aus drei DZ mit eigenem Bad und komplett eingerichteter Kochnische.

Sani-Pass

Der Sani-Pass ist die einzige Straßenverbindung von KwaZulu-Natal in das benachbarte Lesotho. Die Straße führt in den winzigen, abgeschiedenen Ort **Mokhotlong** in Lesotho (s.S. 745), der früher den Beinamen „einsamste Siedlung Afrikas" trug und sich auch in der Zwischenzeit nicht gerade zu einer Metropole entwickelt hat. Doch die eigentliche Attraktion ist der Pass selbst – die sich in Serpentinen hinaufwindende Hochgebirgsstraße lock eine zunehmende Zahl von Reisenden in die High Berg. Der Sani-Pass ist die einzige Straße in den Drakensbergen KwaZulu-Natals, die ins Hochgebirge führt – wobei man sich aber nach Möglichkeit eines geländegängigen Fahrzeugs mit Vierradantrieb bedienen sollte. Für die Überquerung der **Grenze nach Lesotho** (⏱ tgl. 8–16 Uhr) ist ein Reisepass erforderlich.

Giant's Cup Hiking Trail   Der 60 km lange, insgesamt **fünf Tage** beanspruchende Giant's Cup Hiking Trail ist der einzige künstlich angelegte Wanderweg in den Drakensbergen. Er beginnt an der Sani Pass Road und führt durch die niedrigeren Ausläufer der südlichen Drakensberge mit erodierten Sandsteinformationen, Felsüberhängen mit San-Malereien, grasbewachsenen Ebenen und schönen Tälern mit Flussbecken zum Schwimmen. Keine der einzelnen Tageswanderungen ist länger als 14 km, und vom Schwierigkeitsgrad her ist der Trail trotz einiger steiler Passagen nicht über die Maßen anspruchsvoll. Der Wanderweg ist auf 30 Personen pro Tag beschränkt und während der Ferienzeit häufig ausgebucht. Die **Reservierung** sollte bei KZN Wildlife (s.S. 439) vorgenommen werden, wo auch eine Landkarte und eine Wegbeschreibung erhältlich sind. Die Benutzung des Trails kostet R48 p.P. und Nacht und beinhaltet ein einmaliges Eintrittsgeld von R15.
Die **Berghütten** an den vier Übernachtungsplätzen verfügen über fließend Wasser, Toi-

letten, Tische, Bänke und Schlafkojen mit Matratzen. Unbedingt mitzubringen sind Campingkocher, Lebensmittel und ein Schlafsack. Die Wanderung lässt sich auch verkürzen, indem man den ersten Tag weglässt und erst bei *Pholela Hut* beginnt, einem ehemaligen, zur Unterkunft für Wanderer umfunktionierten Farmhaus; dort verbringt man die Nacht und beendet seine Wanderung auf Wunsch einen Tag früher an der *Swiman Hut* in der Nähe des Büros von KZN Wildlife in Garden Castle. Für Unermüdliche lässt sich die Wanderung auch verlängern, und zwar in Form einer zusätzlichen Übernachtung in der *Bushmen's Nek Hut*, in deren Umgebung sich zahlreiche Höhlen und Stätten mit Felsmalereien befinden.
Da der Giant's Cup Trail kein Rundwanderweg ist, muss der **Transport** am Ende der Wanderung zurück zum Parkplatz gewährleistet sein. Einen entsprechenden Service bietet *Sani Pass Carriers*, ☎ 033-701 1017: Fahrgäste werden in Himeville oder Underberg aufgenommen, bei Selbstfahrern wird das Fahrzeug überführt und geparkt.

Die meisten Unterkünfte befinden sich am Fuß der Berge. Die dem Pass am nächsten gelegene Übernachtungsmöglichkeit ist die *Mkomazana Lodge,* die am höchsten gelegene *Sani Top Chalets.*

Mkomazana Lodge*, 25 km nordwestlich von Underberg an der Sani Pass Rd, ✆ 033-702 0340, ✉ wendy@mkomazana.co.za. Selbstverpflegung in 4- und 6-Bett-Schlafsälen, dazu ein riesiger Schlafsaal mit 30 Betten. Alternativ dazu DZ mit gemeinsam genutzten Toiletten und Waschplätzen, außerdem zwei komplett ausgestattete Häuser für 8 Pers. Die Lodge liegt in der Nähe des Wanderwegs Giant's Cup Hiking Trail (s.S. 495, Kasten) und eignet sich gut als Parkplatz, bevor man zu einer längeren Wanderung aufbricht. Die Lodge, zu der auch ein eigener Fluss mit Wasserfall und ein privater Forellenstausee gehören, ist Ausgangspunkt für kürzere und weniger anspruchsvolle Wanderungen in die Berge.

Sani Lodge Backpackers Hostel*, 19 km nordwestlich von Underberg an der Sani Pass Rd, ✆ 033-702 0330, ⌨ www.sani-lodge.co.za. Schlafsäle und DZ in einer Lodge mit Terrassen und Rasenflächen. Den ganzen Tag wird Essen serviert, der legendäre Ruf des Schokoladenkuchens eilt dem Etablissement voraus. Gute Ausgangsbasis für Wanderungen zu Wasserfällen und Felsbildern – Lunchpakete für unterwegs sind erhältlich –, außerdem Gelegenheit zu Ausritten, Mountainbike-Touren und Ausflügen über den Sani-Pass nach Lesotho.

Sani Pass Hotel****, ein Stückchen hinter *Sani Lodge Backpackers* (s.o.), ✆ 033-702 1320, ✉ sanipasshotel@futurenet.co.za. Komfortables, konservatives Hotel, auf Wunsch mit Vollpension und vielen Extras, darunter Ausritte und Tennisplätze.

Sani Top Chalets*, ✆ 033-702 1158. DZ und Unterkunft für Rucksackreisende ganz oben auf dem Sani-Pass, unmittelbar hinter der Lesotho-Grenze. Besonders für passionierte Wanderer zu empfehlen. Entspannte Atmosphäre, spektakuläre Ausblicke und der höchste Pub Afrikas. Mahlzeiten und verschiedene Teesorten sind erhältlich.

Wer das „Dach Afrikas" erobern möchte, aber kein eigenes Fahrzeug zur Verfügung hat, kann sich einer organisierten Tour anschließen.

Strelitzia Tours, ⌨ www.strelitziatours.com, ✆ 031-266 9480. Bietet von Durban aus einen lohneswerten, wenn auch langen Tagesausflug über den Sani-Pass an. Die Tour beinhaltet den Besuch eines Dorfes in Lesotho, wo es selbst gebrautes Sorghum-Bier und Mittagessen in den *Sani Top Chalets* (s.o.) gibt.

Thaba Tours, ✆ 033-701 2888, veranstaltet u.a. täglich eine Spritztour mit dem Geländewagen nach Lesotho. Die Fahrt beinhaltet die Überquerung des höchstes Punktes der Straße Sani–Mokhotlong und ein Besuch bei den Schäfern der Region. Außerdem im Angebot: längere Ausritte und Wanderungen zu Stätten mit Felsmalereien.

INFORMATIONEN – *Southern Drakensberg Sani Saunter*, ✆ 033-701 1471, ⌨ www. sanisaunter.com.

BUSSE – Trotz seiner isolierten Lage ist der Sani-Pass recht einfach mit dem Bus zu erreichen. *Sani Pass Carriers*, ✆/✆ 033-701 1017, außerhalb der Geschäftszeiten ✆ 033-701 1030, ✉ sanipasscarriers@wandata.com. Das Unternehmen mit Sitz in Underberg bietet regelmäßige Verbindungen zwischen PIETER-MARITZBURG und UNDERBERG an (Mo, Mi und Fr 2x tgl., Di, Do und Sa 1x tgl., R90 einfache Fahrt, R160 hin und zurück). Die Abfahrtszeiten sind mit den Fahrplänen von *Cheetah Coach* und anderen Überlandbussen abgestimmt. Außerdem wird ein Shuttle-Service für Fahrgäste zu den Unterkünften in den südlichen Drakensbergen angeboten, wobei sich der Fahrpreis nach dem Zielort richtet und mindestens 2 Pers. mitfahren müssen.

Nördlich des Sani-Passes

Ein gutes Stück abseits liegen an unbefestigten Straßen die nur selten von ausländischen Reisenden besuchten, von KZN Wildlife verwalteten **Camps** in **Loteni** und **Kamberg**. Wer die etwas mühselige Anfahrt in Kauf nimmt, wird mit einsamer Wildnis, guten Bedingungen zum Forellenangeln und (in Kamberg) Felszeichnungen der San belohnt. Die Reservierung läuft über die zentrale Buchungsstelle von KZN Wildlife (s.S. 439). ⏱ Beide Apr–Sept tgl. 6–18, Okt–März 5–19 Uhr, Eintritt R15.

Loteni

In einem Tal in den unteren Ausläufern der Drakensberge liegt, von Wasserfällen und Grasland umgeben, das ruhige Loteni. Zu den Verlockungen des Camps zählen die guten Bedingungen zum Fischen im gleichnamigen Fluss, der durch das Schutzgebiet fließt und einen reichen Bestand an Bachforellen aufweist. Das **Settler Museum** lohnt eine Stippvisite: Es ist in den original erhaltenen Steinhäusern einer Familie aus dem 19. Jahrhundert untergebracht. Die Ausstellungsstücke, darunter Pferdewagen, landwirtschaftliche Werkzeuge und antike Möbel, veranschaulichen das Leben der frühen Siedler in der Region.

Das Camp selbst besteht aus 12 billigen, bequemen Chalets* für Selbstversorger, 8 für 2 Pers., die restlichen mit 3 Betten. Alle Einheiten haben eine gut ausgestattete Küche und ein Bad. Außerdem gibt es einen kleinen Campingplatz*. Verpflegung muss mitgebracht werden, zur Not gibt es aber 10 km vom *Rest Camp,* ✆ 033-702 0540, noch einen Laden.

Die beste Unterkunft in Loteni ist das *Simes Cottage*,* ein steinernes Farmhaus mit majestätischem Ausblick, eigenem Forellensee und häufigem Besuch von Schirr- und Elenantilopen. Das Cottage kann bis zu 10 Pers. aufnehmen (Mindestgebühr 6 Pers.).

Die Anfahrt nach Loteni erfolgt entweder über Nottingham Rd (76 km nordöstlich) oder Himeville (74 km südöstlich).

Kamberg

Abgesehen von den hervorragenden Bedingungen zum Fischen liegt der triftigste Grund für eine Reise in das 42 km westlich von Rosetta gelegene Kamberg in seinen drei zugänglichen Höhlen, in denen sich **Felsmalereien** der San verstecken. Die Höhle **Shelter Cave** (auch als Game Pass Cave bekannt) birgt Abbildungen stilisierter Figuren im Trance-Zustand und große, mehrfarbige Elenantilopen, die über die Wände tanzen. Die Zeichnungen können nur in Begleitung eines Fremdenführers besichtigt werden. Wer eine solche Begleitung nicht schon im Vorfeld arrangiert hat, kann sich auch für R35 einer Führung anschließen, die täglich um 9 Uhr am Rest Camp beginnt. Die insgesamt rund drei Stunden dauernde Wanderung folgt einem kurvenreichen und hügeligen Pfad. In der Nähe des Wasserfalls gibt es weitere Malereien zu besichtigen. In Kamberg befindet sich auch ein brandneues **Felskunstzentrum** (Eröffnung voraussichtlich 2002).

Die von Kamberg ausgehenden **Wanderungen** stellen keine übermäßigen Anforderungen an die Fitness und sind landschaftlich sehr reizvoll. Ein 4 km langer Wanderweg verfügt über ein Handgeländer für Rollstuhlfahrer und Sehbehinderte.

Das hiesige *Rest Camp*,* ✆ 033-263 7251, besteht aus Chalets und Bungalows mit Gemeinschaftsküche, dazu gibt es ein rustikales Cottage. Ein **Laden** mit dem wichtigsten Allerlei befindet sich kurz vor der Einfahrt zum Naturschutzgebiet. Der nächstgelegene größere Versorgungspunkt ist allerdings Rosetta, so dass Nahrungsmittel und Getränke mitgebracht werden müssen. Zelten ist in Kamberg leider nicht möglich.

Zentrale Drakensberge

Der mittlere Teil des Drakensberg-Massivs in KwaZulu-Natal setzt sich aus vier Regionen zusammen, die allesamt an der N3 und der R615 ausgeschildert sind. **Giant's Castle** ist Schauplatz bedeutender Felsbilder der San und beherbergt ein Wildreservat, in dem u.a. der Bartgeier (auch Lämmergeier genannt) zu Hause ist. Weitere San-Kunst gibt es weiter nördlich in **Injisuthi** zu entdecken, das insbesondere bei Wanderern als Ausgangspunkt für Exkursionen in die absolute Wildnis beliebt ist. Wesentlich leichter zugänglich und stärker von Touristen besucht ist **Champagne Valley**, das eine ganze Reihe von Hotels mit Vollpension und umfangreichen Möglichkeiten zur sportlichen Betätigung zu bieten hat. Nördlich davon ist das allein auf weiter Flur stehende Hotel in **Cathedral Peak** der beste Ausgangspunkt für anspruchsvolle Wanderungen.

Giant's Castle Game Reserve

Das Tierschutzgebiet Giant's Castle Game Reserve (◷ Apr–Sept 6–18 Uhr, Okt–März 5–19 Uhr, Eintritt R20) wurde ursprünglich zum **Schutz der Elenantilope** eingerichtet, die vor der Ankunft der Kolonialisten noch in großer Zahl in den Drakensbergen beheimatet war. Das Wildreservat bietet auch anderen Antilopen der kühleren Hochlandregionen ein Zuhause, darunter Bleichböckchen, Rehantilope, Berg-Riedbock und Schirrantilope. Trotz seiner rund 50 Säugetier- und ca. 160 Vogelarten handelt es sich nicht um einen traditionellen Wildpark, denn hier beobachtet man die Tiere nicht vom Fahrzeug aus, sondern bei Spaziergängen und Wanderungen durch das Gelände. Innerhalb des Schutzgebietes gibt es keine Straßen, abgesehen von den Zufahrtsstraßen, die an den beiden von KZN Wildlife verwalteten Hauptübernachtungsplätzen Giant's Castle und Injisuthi enden. Drei der vier höchsten Gipfel Südafrikas bilden die majestätische Kulisse im Westen des Reservats: der Mafadi (3410 m), der Popple Peak (3325 m) und der namensgebende Giant's Castle (3314 m).

Zu den größten Attraktionen von Giant's Head zählt das **Lammergeyer Hide**, wo sich Vogelarten wie Bartgeier, Kapgeier, Schwarzadler, Schakalbussard und Lannerfalke versammeln. Sie werden von den Tierkadavern angelockt, die im Winter von Wildhütern hierher gebracht werden. Der Bartgeier, ein riesiger, schwarz-goldener Vogel mit gigantischer Spannweite und rautenförmigem Schwanz, galt noch vor zwei Jahrzehnten im südlichen Afrika als ausgestorben. Heute ist der Vogel in gebirgigen Gegenden wie den Ausläufern des Himalaja zu finden und in Südafrika lediglich in den Drakensbergen und im Maluti-Gebirge Lesothos anzutreffen. Der Bartgeier ist ein Aasfresser und das evolutionäre Bindeglied zwischen Adlern und Geiern. Ein Besuch des Schlupfwinkels muss ein ganzes Jahr im Voraus reserviert werden. Die Buchungsadresse lautet: *Giant's Castle Game Reserve*, PO Box X7055, Estcourt 3310, ✆ 036-353 3718. ◷ Mai–Sept, Eintritt R100 p.P., Mindestgebühr R300.

In Giant's Castle liegt eine der drei großen, öffentlich zugänglichen Felskunststätten der Dra-

kensberge: Die mit über 500 Malereien geschmückten **Main Caves** sind nach einem halbstündigen Spaziergang durch das Bushman's River Valley erreicht. Das Eintrittsgeld für die eingezäunten Höhlen beträgt R15, Anschauungsmaterial für einen Rundgang in eigener Regie gibt es vor Ort.

Die komfortabelste Unterkunft ist die *Giant's Castle Lodge**** (Buchung über KZN Wildlife, s.S. 439, Kasten). Aus den Fenstern der separaten, frisch renovierten und mit offenem Kamin ausgestatteten Chalets hat man einen wunderbaren Ausblick auf die Gipfel der Drakensberge. Die Bungalows haben unterschiedliche Größen (2–8 Pers.) und sind für Selbstversorger ausgelegt, obgleich im neuen **Restaurant** *Izimbali* auch ein Büffet zur Verfügung steht. Im Laden im Empfangsbereich gibt es auch tiefgefrorenes Fleisch, Lebensmittelkonserven und Bier, doch ist es auf jeden Fall besser, sich vor der Anreise mit Verpflegung zu versorgen. An der Hauptzufahrt liegt die einzige Tankstelle des Schutzgebietes. Vom Camp führen Wanderwege in die Berge zu gut gelegenen und ausgestatteten **Berghütten*** *(Meander Hut, Giant's Hut und Bannerman's Hut)*. Einziger Nachteil: Es gibt keinen Platz zum Zelten auf dem Gelände der *Giant's Castle Lodge;* wer sich hier auf eine zweitägige Wanderung begeben will, muss demnach für eine Nacht einen der Bungalows mieten.

Sollte die Unterkunft von KZN Wildlife ausgebucht sein, gibt es als Alternative ein einziges Hotel im Einzugsbereich des Schutzgebietes, die *White Mountain Lodge**, ✆ 036-353 8644, ✺ 036-353 8437. Sie liegt an der Landstraße zum Camp von Giant's Castle, 34 km über eine geteerte Landstraße von Estcourt und 32 km vom Schutzgebiet entfernt. Das Hotel bietet Unterkunft mit Vollpension und Bungalows für Selbstversorger. Es liegt, von Farmland umgeben, in den niedrigeren Ausläufern der Drakensberge und in der Nähe einiger Zulu-Dörfer. Die Gegend ist hübsch anzusehen, aber weder besonders spektakulär noch besonders abgelegen.

Es gibt nur eine einzige Übernachtungsmöglichkeit für Rucksackreisende, aber die ist einfach wundervoll: *Mount Lebanon Park**, ✆ 033-263 2214, ✉ lebanonpark@freemail.absa.co. Sie liegt auf einer 200 ha großen Farm mit Forellenstausee. Die Betreiber der Lodge veranstalten dreistündige bis dreitägige Ausritte in die Umgebung und Wande-

rungen zu den Höhlen mit Malereien der Buschmänner. Auf der Farm gibt es viele Tiere zu sehen,
darunter Antilopen, Paviane und Bartgeier. Der Service beinhaltet auch die Abholung aus Mooi River;
wer selbst fährt, erreicht die Lodge von Mooi River
aus über die Giant's Castle Road (40 km). Danach
sind es noch weitere 29 km bis zum Schutzgebiet.
Die Übernachtungsmöglichkeiten beinhalten extrem preiswerte Familienbungalows für 10 Pers.
(Mindestgebühr R360) und DZ.

Injisuthi

Rund 50 km sowohl von Winterton als auch von
Estcourt entfernt liegt Injisuthi (frühere Schreibweise Injasuti), ☉ Apr–Sept 7–18, Okt–März 6–19
Uhr, Eintritt R15. Der wunderschöne Ort ist der
Traum eines jeden Wanderers, denn von hier aus
man kann direkt in die Berge aufbrechen (zehn
verschiedene Tageswanderungen zwischen einer
und sieben Stunden Dauer sind möglich), in den
Flüssen schwimmen und Felskunst bewundern.

Eine der besten Tageswanderungen führt von
Van Heyningen's Pass zum **View Point** – das
freundliche Personal am Eingang weist gerne
den Weg.

Wer sich auch nur am Rande für Felskunst
interessiert, sollte sich die Malereien in der **Battle
Cave** nicht entgehen lassen. Die Höhle heißt so,
weil eine Reihe von Abbildungen allem Anschein
nach Kampfszenen aus einem bewaffneten Konflikt
zwischen zwei San-Gruppen darstellen. Insgesamt
enthält die riesige Höhle über 750 Menschen- und
Tierfiguren, von denen viele allerdings bereits ver-
blasst sind. Die Felsen sind umzäunt und können
nur in Begleitung eines Fremdenführers von KZN
Wildlife besichtigt werden. Die drei- bis vierstün-
digen Wanderungen kosten R35 p.P. (mindestens
4 Pers.) und beginnen meistens um 8.30 Uhr, die
Reservierung erfolgt einen Tag im Voraus beim Büro in Injisuthi, ☎ 036-431 7848. Nach Ankunft in
der Höhle spielt der Fremdenführer eine Kassette
mit Kommentaren zu den Malereien ab. In der Nähe ist ein **Fossilwanderweg** geplant, auf dem einige wertvolle, im Jahre 2001 entdeckte Fossilien der
Öffentlichkeit zugänglich gemacht werden sollen.

Die meisten Besucher kommen hierher, um in
den Bergen zu wandern und in einer der dafür vor-
gesehenen **Höhlen*** zu campieren. Diese verfügen
über keinerlei Einrichtungen und müssen an der

Rezeption reserviert werden. Alternativ dazu kann
man auch ein eigenes Zelt mitbringen.

Die Anfahrt nach Injisuthi erfolgt über die R615
und anschließend, der Beschilderung folgend, über
eine 30 km lange, unbefestigte Straße, die durch
Zulu-Dörfer mit traditionellen Bienenkorbhütten
führt und nicht selten durch das Vieh der Nguni
blockiert wird.

Champagne Castle und
Champagne Valley

Der Champagne Castle ist der **zweithöchste Berg**
Südafrikas und liefert die berühmteste Ansicht der
Drakensberge. Zahlreiche Ferienanlagen im Tal
versuchen aus seiner majestätischen Kulisse Kapital zu schlagen. Der Name geht der Legende nach
auf einen Zwischenfall im Jahre 1861 zurück, als
ein gewisser Major Grantham den Gipfel offiziell
als Erster bestieg; begleitet wurde er dabei von seinem Offiziersburschen, der versehentlich die obli-
gatorische Flasche Schampus fallen ließ und den
Berg damit unfreiwillig taufte.

Heutzutage fließt der Champagner eher in den
Hotels des Champagne Valley am Fuße des Berges,
wo die schnöseligen Stadtbewohner keine Ambitionen haben, in Major Granthams Fußstapfen zu
treten und ihr Tröpfchen lieber in komfortabler
Umgebung genießen. Die touristisch stark erschlossene, aber auch extrem schöne Gegend liegt
außerhalb des von KZN Wildlife verwalteten
Schutzgebietes und ist nicht zu empfehlen, wenn
man direkt von der eigenen Türschwelle aus los-
wandern möchte. Dazu müsste man zunächst über
die Landstraße R600 durch das Tal nach **Monk's
Cowl** (R15 Eintritt) fahren, von wo aus zahlreiche
Wanderwege in die Berge führen.

Zu den Hauptattraktionen des Tals zählt das
5 km abseits der R600 zwischen *Nest Hotel* und
Drakensberg Sun gelegene **Ardmore Ceramic Art
Studio**, ☎ 036-468 1314, 🖳 www.ardmore.co.za.
Die Keramikwerkstatt wurde in den 80er Jahren
von der Kunsthochschulabsolventin Fée Halsted-
Berning ins Leben gerufen. Als Auszubildende
brachte sie Bonnie Ntshalintshali mit, ein junges
Zulu-Mädchen, das an Kinderlähmung erkrankt
war. Bereits 1990 hatten sie für ihre auffälligen
Töpferarbeiten zahlreiche Preise eingeheimst, und
heute arbeiten in der Werkstatt rund 40 Künstler.
Sie stellen wunderschöne Skulpturen und Geschirr

mit kunterbunten, oftmals fantastisch irrationalen Motiven her. Bonnie ist inzwischen an AIDS gestorben, doch ihr einzigartiger Stil lebt durch die anderen Künstler des Projekts weiter. Auf dem Gelände gibt es auch einen **Souvenirladen**, in dem nicht ganz so teure Arbeiten anderer einheimischer Künstler angeboten werden. ☉ tgl. 9–16.30 Uhr.

Übernachtung und Essen

Im Champagne Valley lässt sich ohne Probleme eine Unterkunft finden. Zahlreiche Hotels, B&Bs und Ferienanlagen für Familien sind an der R600 ausgeschildert. Chalets unter Verwaltung von KZN Wildlife sucht man hier allerdings vergebens, und es gibt nur einen einzigen **Campingplatz**, nämlich *Monk's Cowl*, ✆ 036-468 1103.

Ardmore Guest Farm*–**, auf halber Strecke zwischen Winterton und Monk's Cowl von der R600 ausgeschildert, ✆/✉ 036-468 1314. Ausgesprochen gastliches B&B auf einer Farm, Unterbringung wahlweise in Rondavels mit eigenem Bad oder im Hauptgebäude, dem das *Ardmore Ceramic Studio* angegliedert ist. Die Gäste essen von dem handgearbeiteten Geschirr, das auf der Farm hergestellt wird. *Ardmore* vermittelt auch Ausritte durch die Battlefields zum Wildschutzgebiet Spioenkop Game Reserve.

Champagne Castle****, an der R600, ✆ 036-468 1063, ✉ 036-468 1306. Eins der schönsten Hotels der Gegend und den Wanderwegen ab Monk's Cowl am nächsten gelegen. Kürzlich renovierte, komfortable Chalets mit eigenem Bad liegen in Grünanlagen mit Swimming Pool. Im Preis sind 3 Mahlzeiten tgl. enthalten.

Graceland Cottage, ab R500, von der R600 ausgeschildert, ✆/✉ 036-468 1091. 3-Bett-Cottage für Selbstversorger mit TV und Kamin (R500 pro Nacht), dazu ein größeres Cottage (R600 pro Nacht), das direkt am Fuß des Bergs liegt.

Inkosana Lodge*, an der R600 auf halber Strecke zwischen Winterton und Monk's Cowl, ✆/✉ 036-468 1202. Backpacker- und B&B-Unterkunft mit dem Flair eines Exerzitienhauses. Schlichte, thematisch nach ethnischen Gruppen dekorierte Zimmer inmitten einer Grünanlage mit endemischen Pflanzen. Einrichtungen für Selbstverpfleger vorhanden, auf Wunsch Gratis-Abholung

aus Winterton und Transfer zu den Ausgangspunkten für die Wanderwege in die Berge.

Im Tal selbst gibt es **Einrichtungen**, die in anderen Regionen der Drakensberge ansonsten nicht zu finden sind, z.B. Supermarkt, Wein- und Spirituosengeschäft, Obst- und Gemüseladen, Wäscherei und ein paar Restaurants, die an der Straße ausgeschildert sind.

Cathedral Peak

Nördlich von Monk's Cowl und den Ferienanlagen des Champagne Valley liegt das Mlambonja River Valley mit dem *Cathedral Peak Hotel*. **Wanderwege** beginnen direkt am Hotel, in dem es auch Landkarten und Bücher über die Region zu kaufen gibt. Zu den beliebtesten Tageswanderungen zählt ein Ausflug zur **Rainbow Gorge**. Der 11 km lange Rundwanderweg nimmt vier bis fünf Stunden in Anspruch und folgt dem Ndumeni River an Flussbecken, Stromschnellen, Wasserfällen, Flechten, Moosen und Farnen vorbei. Da es bei der Wanderung feucht werden kann, sind entsprechende Wanderschuhe zu empfehlen. Vom Hotel aus werden auch geführte Touren auf den Gipfel des Cathedral Peak veranstaltet, einer frei stehenden, aus dem 5 km langen Basalthöhenzug Cathedral Ridge herausragenden Bergspitze. Für den 10 km langen Rundwanderweg sollten ca. neun Stunden veranschlagt werden, denn dann steht genügend Zeit auf dem Gipfel zur Verfügung, um die Umgebung und den Ausblick zu genießen. Es handelt sich aber um eine sehr steile Kletterpartie, deren letzter Abschnitt jenseits der Orange Peel Gap nur von erfahrenen Bergwanderern in Angriff genommen werden sollte – die meisten dürften an jenem Punkt ohnehin schon von der Aussicht genügend begeistert sein. Der Gipfel ähnelt übrigens nicht einmal annähernd einer Kathedrale, sein Zulu-Name *(mponjwane)* bedeutet „Horn einer Färse".

In der Wachstation gibt es Erlaubnisscheine für die Fahrt über den **Mike's Pass** (R15 p.P., R35 pro Fahrzeug), eine 10 km lange, kurvenreiche Forstwirtschaftsstraße. Sie führt zu einem Parkplatz, der an klaren Tagen einen hervorragenden Panoramablick über die gesamte Region bietet; ein maßstabgetreues Modell der Region hilft bei der Identifizierung der einzelnen Berge. Bei gutem Wetter und trockener Fahrbahn kann die Straße mit einem normalen Fahrzeug befahren werden, bei

Nässe ist dagegen ein Geländewagen mit Vierradantrieb erforderlich.

Das einzige Hotel dieser Gegend, das *Cathedral Peak Hotel*****, 🖳 www.cathedralpeak.co.za, ✆ 036-488 1888, liegt innerhalb des von KZN Wildlife verwalteten Schutzgebietes und damit näher an den Drakensbergen als alle anderen Hotels. Der Ausblick lässt keine Wünsche offen, und die Zimmer mit Kiefernmöbeln und Stoffen mit Blumenmuster in den strohgedeckten, zweistöckigen Seitenflügeln sind bequem eingerichtet. Das *Cathedral Peak* ist gut ausgeschildert, nach Winterton und Bergville sind es je 44 km.

Die einzige weitere Übernachtungsmöglichkeit ist der kleine, unter Verwaltung von KZN Wildlife stehende **Campingplatz***, ✆ 036-488 1880. Er liegt gegenüber der Wachstation am Mike's Pass, ca. 4 km vor dem Hotel. Für 2003 ist die Eröffnung des großen, neuen Camps *Didima* vorgesehen. Geplant sind eine komfortable Unterkunft mit Bungalows und San-Felskunst als Hauptattraktion, ein multimediales Besucherzentrum, ein Restaurant und ein weiterer Campingplatz. Für aktuelle Informationen und Reservierungen steht KZN Wildlife (s. S. 439, Kasten) zur Verfügung.

Nördliche Drakensberge

Der spektakuläre nördliche Teil des Drakensberg-Massivs besteht zu einem Großteil aus dem Royal Natal National Park, in dessen näherer Umgebung mehrere Ferienanlagen und Zulu-Dörfer liegen. Der Tugela River und seine mit Felsbrocken übersäte Schlucht sorgen für die Kulisse in einer der atemberaubendsten Landschaften der Region. Das auffälligste geografische Merkmal ist das sogenannte „Amphitheatre", eine eindrucksvolle, 5 km lange Felswand, über die sich der Tugela in die Tiefe stürzt. Die nördlichen Drakensberge bieten einen Querschnitt durch alle Arten von Übernachtungsmöglichkeiten und empfehlen sich auch deshalb sehr für einen Besuch. Den besten Eindruck von dieser unberührten Gebirgslandschaft bekommt man in **Tendele**, dem Haupt-Camp von KZN Wildlife.

Royal Natal National Park

Der berühmteste Anblick im 46 km westlich von Bergville gelegenen Royal Natal National Park ist das **Amphitheatre**, eine halbmondförmige Felskante und Teil der den Nationalpark praktisch umschließenden Schichtstufe. Es gibt wohl keine andere Ansicht in den Drakensbergen, die so oft auf Postkarten und in Büchern abgebildet ist wie das Amphitheatre. Fast alle Besucher nehmen von Tendele aus den Trail zur **Tugela Gorge**. Auf diesem sechsstündigen Rundwanderweg kann man das Amphitheatre und die **Tugela Falls**, wo der Fluss über eine 500 m hohe Felskante in die Tiefe stürzt, aus nächster Nähe bewundern.

Der Nationalpark selbst liegt am nördlichen Ende des High Drakensberg zwischen Lesotho im Westen und der Provinz Freistaat im Norden. Die drei höchsten Gipfel sind Sentinel (3165 m), Eastern Buttress (3048 m) und Mont Aux Sources (3282 m). Beim Letztgenannten entspringen fünf Flüsse, die für die Namensgebung des Berges durch französische Missionare im Jahre 1878 verantwortlich sind. Der Nationalpark wurde 1916 eingerichtet, erhielt seinen königlichen Namenszusatz allerdings erst 1947, als ihm die britische Königsfamilie einen Besuch abstattete. ⊙ tgl. 24 Std., Eintritt R15.

Übernachtung und Essen

Die Unterkünfte im **Camp** von KZN Wildlife bestehen aus 2 Zeltplätzen und Chalets. **Reservierungen** für die Chalets sollten in den Büros von KZN Wildlife (s. S. 439) vorgenommen werden, Camping wird dagegen vor Ort arrangiert. Außerhalb des Nationalparks, von Bergville kommend kurz vor dem Eingangstor, zweigt eine gut ausgeschilderte, unbefestigte Straße nach Norden ab, an der sich mehrere Resorthotels befinden. Verpflegung sollt man sich in Bergville besorgen.

INNERHALB DES PARKS – *Mahai Campsite**, ✆ 036-438 6303, ✇ 036-438 6231. Riesiger Campingplatz am Flussufer für über 400 Gäste. Während der Schulferien und an den Wochenenden fallen die Südafrikaner hier massenweise ein. Direkt am Campingplatz beginnen einige der besten Wanderwege in die Berge.
Rugged Glen Campsite*, 4 km vor Mahai ausgeschildert, ✆ 036-438 6303, ✇ 036-438 6231. Der Platz ist kleiner und ruhiger als *Mahai,* doch Ausblick und Wanderwege sind nicht so toll.

Das *Mont-Aux-Sources Hotel* liegt nur einen kurzen Fußweg entfernt – praktisch, wenn man Appetit auf eine anständige Mahlzeit hat.

Tendele Hutted Camp**–***, ✆ 033-845 1000, 📠 033-845 1001. Das am Ende der Straße direkt in den Bergen gelegene Camp zählt zu den begehrtesten Unterkünften in ganz Südafrika. Von hier aus hat man herrliche Ausblicke auf das Amphitheatre, ausgezeichnete Wanderwege beginnen direkt vor der Tür. Die Unterbringung erfolgt in 29 komfortablen 2-, 4- oder 6-Bett-Bungalows mit eigenem Bad, die preisgünstigsten sind mit Kochplatten, Kühlschrank und Küchenutensilien ausgestattet. Wer sich für die luxuriöseren Bungalows oder das Hauptgebäude entscheidet, kann sich auch bekochen lassen, solange er die Lebensmittel selbst mitbringt. Auf dem Gelände gibt es einen Gemischtwarenladen, doch empfiehlt es sich trotzdem, die Verpflegung bereits mitzubringen.

AUSSERHALB DES PARKS – *The Cavern****, ✆ 036-438 6270, 🖥 www.cavernberg.com. Abseits der R74 auf dem Weg zum Nationalpark, ca. 20 km vor dem Eingangstor. Der Familienbetrieb ist das abgelegenste Hotel in dieser Region und verströmt ein altmodisches Flair. Der Komfort in den Zimmern ist ausreichend, und am Wochenende finden sich hier zahlreiche Südafrikaner ein, um sich an Swimming Pool, Ausritten, Samstagabendtänzchen und TV-Zimmer zu erfreuen. Der Preis versteht sich inkl. Vollpension und ist unter der Woche günstiger. Der Transfer vom Bus Durban–Jo'burg an der N3 kostet R220 hin und zurück und muss vorab reserviert werden.

Hlalanathi Berg Resort*, ✆ 036-438 6308, 📠 036-438 6852. Etwa 10 km außerhalb des Nationalparks bietet diese auf Familien ausgerichtete Ferienanlage Zeltplätze und strohgedeckte Chalets für Selbstversorger (2–6 Pers.). Swimming Pool, Trampolin und ein TV-Zimmer sorgen für Freizeitspaß. Ein Restaurant serviert billige Burger, Sandwiches und größere Speisen, auch zum Mitnehmen.

Mont-Aux-Sources Hotel****, ✆ 036-438 6230, 🖥 www.orion-hotels.com. Gepflegtes, aber unpersönliches Hotel, rund 4 km außerhalb des Nationalparks mit Blick auf das Amphitheatre hinter hutzeligen Dörfern und als Viehweide genutzten Hügeln.

Transport

Der Royal Natal National Park ist am besten mit dem **eigenen Fahrzeug** zu erreichen. Die Anfahrt beinhaltet keine unbefestigten Straßen und erfolgt von Durban aus über die N3 (Abfahrt Winterton/Bergresorts). Danach ist die Strecke deutlich ausgeschildert und führt zunächst in die Kleinstadt Bergville. Von dort aus sind es noch rund 46 km bis zum Parkeingang. Mehrere Ferienanlagen bieten **Transfers** von Bergville oder von der N3 aus an, wenn man im Voraus bucht und seinen Abholwunsch äußert, doch ist ein solcher Transfer meist recht teuer.

Zululand-Küste und Wildreservate

Die Landschaft nördlich der Dolphin Coast präsentiert sich als eine der wildesten Küstenabschnitte Südafrikas – eine nicht exakt definierte Region mit der Bezeichnung **Maputaland**. Maputaland liegt ganz im Nordosten KwaZulu-Natals und schiebt sich leicht keilförmig in die von Swasiland und Mosambik gebildete Ecke. Im Westen wird Maputaland von der N2, im Osten vom Indischen Ozean begrenzt.

Wer die Garden Route bereist und sich dabei gefragt hat, wo sich denn nur das typische Afrika versteckt, findet die Antwort genau hier, in diesen eng verwobenen Mosaik aus Wildnis und **traditionellen afrikanischen Stammesgebieten**. Die Zahlen sprechen für sich: In Maputaland gibt es mehr *nyangas* und *sangomas* („Zauberheiler" und „Geisterbeschwörer") pro Kopf als irgendwo sonst in Südafrika. Auf 550 Bewohner kommt hier ein Kräuterdoktor, verglichen mit einem einzigen (in westlicher Schulmedizin) ausgebildeten Arzt auf je 18 000 Einwohner.

Erst seit den 60er Jahren schlängeln sich **befahrbare Pisten** durch das Grasland und die dichten Wälder von Maputaland, bis heute gibt es noch keine asphaltierte Straße, die von der N2 an diesen 200 km langen, praktisch ununterbrochen von

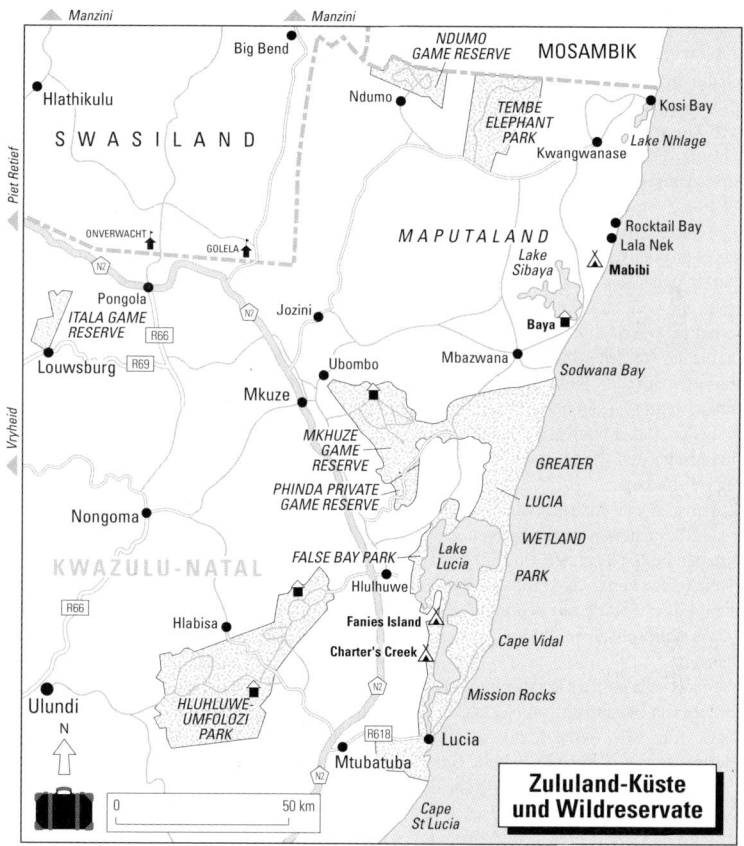

Zululand-Küste und Wildreservate

Strand besetzten Küstenstreifen führt. Dieser ist größtenteils nur mit dem Geländewagen erreichbar, was sich in den nächsten Jahren aber aller Voraussicht nach ändern wird.

Eine knapp dreistündige Autofahrt über die N2 von Durban Richtung Norden führt in die **Großwildregion** von Hluhluwe-Umfolozi, die es an Schönheit und Wildheit sogar mit dem Krüger-Nationalpark aufnehmen kann. Noch einmal etwa die gleiche Fahrzeit, diesmal an der Kreuzung von Mtubatuba rechts ab nach Osten, und man erreicht den südlichsten Punkt von Südafrikas schönster „tropischer" Küste. Sie ist bis hinauf nach Mosambik in verschiedene Küsten- und Meeresschutzge-

biete aufgeteilt und in ihrer Gesamtheit als **Greater St. Lucia Wetland Reserve** ausgewiesen, das 1999 zum Welterbe der UNESCO erklärt wurde.

Je weiter man nach Norden vorstößt, desto abgeschiedener und bezaubernder präsentiert sich die Küstenlandschaft. Unweit der Grenze zu Mosambik liegen zwei der besten und vornehmsten Strandhotels Südafrikas: In der **Rocktail Bay Lodge** und der **Kosi Forest Lodge** haben weniger als zwei Dutzend glückliche Gäste kilometerlange Dünen und Küstenwälder für sich allein.

Der einzige industrielle Schandfleck dieses Umweltparadieses ist bislang die große und moderne, 185 km nördlich von Durban am Südrand von Maputaland gelegene Hafenstadt **Richards Bay**. Da aber zumindest theoretisch die Möglichkeit besteht, einen durchgehenden Streifen von Ferienanlagen und Seebädern zwischen Durban und der Grenze nach Mosambik auszubauen, hegen viele die Befürchtung, dieses fragile Ökosystem könnte irgendwann zusammenbrechen. Umweltschutz und Armut stehen sich in dieser Region als teilweise unvereinbare Gegensätze gegenüber. In der Vergangenheit war es afrikanischen Bauern verboten, ihre Nutzpflanzen in den geschützten Feuchtgebieten anzupflanzen. Seit Generationen ansässige Fischer wurden verhaftet, weil sie ihre Netze in Gewässern auswarfen, die sie von jeher beanspruchten, und Bauern mussten mit der Beschlagnahme ihres Viehs rechnen, wenn sie es in bestimmten Gegenden grasen ließen. Daher überrascht es nicht, dass viele Einheimische den Ökotourismus mit ihrer Enteignung gleichsetzen.

Es gibt aber auch viele Einheimische, die positiv auf den neuen Besucherzustrom reagieren. Zululand zählt zu den besten Regionen, wo man **Kunsthandwerk** einkaufen kann; selbst auf abgelegenen Landstraßen gibt es Stände mit Schnitzarbeiten, die häufig wie Windspiele von den Dächern oder Bäumen hängen.

Eine ebenfalls sehr positive Entwicklung ist die wachsende Zahl von Ökotourismusprojekten, die in Partnerschaft mit den Gemeinden entstehen. Ein Beispiel dafür ist das **Phinda Private Game Reserve**, ein exklusiver Wildpark in der Nähe des Mkhuze Game Reserve, das der einheimischen Bevölkerung spürbare Vorteile brachte und einen der möglichen Wege aufzeigt, wie Wirtschaft, Kommunen und Umwelt gleichermaßen vom Tourismus profitieren können.

Es ist zu beachten, dass die gesamte nördliche Küstenregion KwaZulu-Natals **Malariagebiet** ist. Einzelheiten über notwendige Vorsichtsmaßnahmen sind dem Kapitel „Gesundheit" zu entnehmen, s. S. 27.

Richards Bay

Es besteht weder ein Grund für einen längeren Aufenthalt in Empangeni, 173 km nördlich von Durban, noch in Richards Bay, 12 km weiter östlich an der Küste gelegen. Die beiden Industriestädte sind die einzigen urbanen Zentren der Region und stehen in krassem Kontrast zu den abgelegenen und unberührten Küstenabschnitten weiter nördlich. Nach Möglichkeit sollte man die beiden Städte komplett links liegen lassen.

Sonstiges

AUTOVERMIETUNGEN – *Avis*, am Flughafen, ✆ 0861 021 111.
Imperial, am Flughafen, ✆ 0800 131 000. Beide Autovermieter haben auch Geländewagen im Programm.

INFORMATIONEN – *Richards Bay Tourist Information*, am Small Craft Harbour unweit des John Ross Parkway, ✆ 035-788 0039, 🖥 www.futurenet.co.za/richards. Das Personal hilft bei der Vermittlung von Unterkünften. ☉ Mo–Fr 8–16, Sa und So 10–14 Uhr.

Transport

BUSSE – Der Bus ist neben dem eigenen Fahrzeug die einzige Möglichkeit, Richards Bay von Durban aus zu erreichen. Die Überlandbusse aus Durban halten am Restaurant *Steers* neben dem *Richards Bay Hotel* und an der *Total*-Tankstelle, Anglers Rod St: *Greyhound*, ✆ 031-309 7830; *Translux*, ✆ in Jo'burg 011-774 3333. Busverbindungen von Richards Bay nach DURBAN (2–3x tgl., 2 1/2 Std.); JO'BURG (6x wöchentl., 9 1/2 Std.); PRETORIA (6x wöchentl., 10 Std.). Der auf Rucksackreisende spezialisierte *Baz Bus* umgeht Richards Bay und steuert stattdessen Ziele an der Maputaland-Küste und den Hluhluwe-Umfolozi Park an.

FLÜGE – *SA Express*, ✆ 035-786 0301, täglich kommen Flüge aus JO'BURG (1 1/4 Std.) am 6 km nördlich des Stadtzentrums gelegenen **Richards Bay Airport** an, ✆ 035-786 0301.

Kwambonambi

Rund 26 km nördlich von Richards Bay liegt an der Strecke des *Baz Bus* das Dorf Kwambonambi, von den Einheimischen kurz „Kwambo" genannt. Der vorwiegend schwarzafrikanische Ort verströmt eine Atmosphäre der Gastfreundschaft und ist dem weniger ansprechenden Ort Hluhluwe als Ausgangsbasis für Ausflüge in das Schutzgebiet St. Lucia und zum Wildreservat Hluhluwe-Umfolozi vorzuziehen. In Kwambo gibt es einen kleinen Supermarkt, einen Getränkemarkt, eine Post, eine Tankstelle und eine ausgezeichnete Backpacker-Lodge mit Namen *Cuckoo's Nest**, 28 Alibizia St, ✆ 035-580 1001, ✉ cuckoos@mweb.co.za. Zur Verfügung stehen A-frame-DZ, Tipis, Zeltplätze, Schlafsäle und ein großartiges Baumhaus. Von der Lodge aus können Tauchtouren nach Sodwana, Ausflüge mit Übernachtung in das Wildreservat Hluhluwe-Umfolozi, Bootsfahrten zum St. Lucia Estuary und Besuche in ein traditionelles Zulu-Dorf arrangiert werden.

Mtubatuba

25 km weiter nördlich liegt Mtubatuba (häufig zu „Mtuba" verkürzt), ein Zentrum der lokalen Zuckerrohrindustrie, die sich hier aus großen kommerziellen Farmen und kleinen afrikanischen Pflanzern zusammensetzt. Mtuba ist ein interessanter Ort mit Kräuterkundigen, traditionellen Heilern und einem Zulu-Markt. Da das Dorf an der Kreuzung von R618 und N2 liegt, hat der Besucher die Qual der Wahl, entweder nach Westen zum Wildreservat Hluhluwe-Umfolozi oder nach Osten zum St. Lucia Estuary zu fahren, was in beiden Fällen etwa 20 Minuten Autofahrt bedeutet. Im Ort gibt es Banken, Drogerien, Supermärkte und Tankstellen.

Übernachtung und Essen

The Circle**, 92 Umkuhla Crescent, ✆ 035-550 0660, ✆ 5501 209. Friedliche Unterkunft mit 2 EZ, 4 DZ und 2 Bungalows mit je 2 Schlafzimmern, einer davon für Selbstversorger. Von hier aus lassen sich Spaziergänge in den Busch unternehmen. Eine breite Palette an Ausflügen zum Beobachten wilder Tiere wird vom Gastgeber organisiert, der fließend Zulu spricht und über ausgezeichnete Ortskenntnisse verfügt.
Wendy's Country Lodge**, 3 Riverview Drive, ✆ 035-550 0407 oder ✆ 083-628 1601, 🖳 www. wendybnb.co.za. Sechs luxuriöse Zimmer in einem Haus auf einem 4000 m² großen Grundstück

mit tropischem Garten und Swimming Pool. Die Betreiber haben Tipps für Touren zu den Sehenswürdigkeiten der Umgebung parat.
Emdoneni Lodge and Game Farm**–***, rund 35 km nördlich von Mtubatuba, ✆ 035-562 2256 oder ✆ 083-654 1161, 🖳 www.emdonenilodge. com. Empfehlenswerte Unterkunft und familienfreundliches Haus mit Swimming Pool und ein paar in Gehegen untergebrachten Raubkatzen. Zum Komplex gehört auch ein **Restaurant** mit Bar, in dem hausgemachte Speisen aufgetischt werden. Die Unterkunft besteht aus vier 2-Bett-Zimmern mit eigenem Bad und wahlweise B&B oder Selbstverpflegung sowie 6 Bungalows. Die Anfahrt erfolgt über die N2 bis zur Ausfahrt Bushlands, dann links ab und sofort wieder rechts über die Autobahnbrücke; nach rund 1 km kommt die Lodge in Sicht.

Hluhluwe

Knapp 60 km nördlich von Mtuba liegt an der N2 der sich lang hinziehende Ort Hluhluwe. Ein paar Geschäfte versorgen die umliegenden Wildfarmen mit Waren. Ein lohnenswerter Zwischenstopp ist das fünf Autominuten von Hluhluwe entfernte *Ilala Weavers and Savanna Restaurant,* ein Komplex aus mehreren Gemeindeprojekten, wo in freundlicher Atmosphäre traditionelles **Kunsthandwerk** zu attraktiven Preisen verkauft wird. Das Restaurant serviert ein anständiges Frühstück, Mittag- und Abendessen sowie kaltes Bier.

Wer sich für einen Zulu-Themenpark interessiert, kann einen Abstecher zum 14 km südlich von Hluhluwe gelegenen **Dumazulu Traditional Village** ins Auge fassen, wo es u.a. Zulu-Stammestänze, eine Bierbrauerei sowie Speer- und Korbmacher zu bewundern gibt.

Übernachtung und Essen

Dumazulu Kraal and Lodge****, 1 km nördlich von *Isinkwe Backpackers* (s.u.), ✆ 035-652 2260, ✉ dumazulu@iafrica.com. Komfortable Bungalows mit eigenem Bad auf einer mit traditionellen schwarzafrikanischen Gegenständen eingerichteten Farm. Angeschlossen ist ein Restaurant und eine Bar, nebenan befinden sich ein traditionelles Zulu-Dorf und ein Schlangenpark. Die Preise sind inklusive Halbpension.

Hluhluwe Guesthouse**, in einer Wohngegend hinter der *Engen*-Tankstelle, ✆ 035-562 1462 oder ✆ 082-629 1462, ✉ hluguest@iafrica.com. B&B-Unterkunft in 6 komfortablen DZ mit Bad, außerdem Swimming Pool und kleine Bar. Auf Wunsch gibt es Mahlzeiten, und die Betreiber arrangieren Touren zum Wildreservat Hluhluwe-Umfolozi und nach Sodwana Bay.

Isinkwe Backpackers Wetlands Lodge*, 14 km südlich von Hluhluwe unweit des Dumazulu Traditional Village, ✆ 035-562 2258, 🖳 www. africasafari.co.za/isinkwe. Rustikales Hostel mit zahlreichen Vögeln und Affen auf 22 ha ursprünglichem Buschland. Schlafsäle, Holzhütten, Camping, etwas komfortablere DZ in der Lodge und ein Schlafsaal in einer traditionellen Bienenkorbhütte im Zulu-Stil. Außerdem Speisen zu sehr vernünftigen Preisen, alternativ dazu Selbstverpflegung im riesigen Boma. Die Lodge veranstaltet Touren im offenen Jeep nach Hluhluwe-Umfolozi, Mkhuze, Cape Vidal und in die St. Lucia Wetlands. Vermittlung von Transfers zu vernünftigen Preisen von und nach Sodwana Bay (nur Mi, Fr und So).

Sonstiges

INFORMATIONEN – *Tourist Office*, an der *Engen*-Tankstelle in der Main St, ✆ 035-562 0353, 🖳 www.hluhluwe.org. Das freundliche Personal liefert Informationen zu zahlreichen Lodges und Wildfarmen in der näheren Umgebung. ⊙ Mo–Fr 8.30–17, Sa 9–13 und So 10–12 Uhr.

Wildpark Hluhluwe-Umfolozi

Hluhluwe-Umfolozi ist das überragende Wildreservat KwaZulu-Natals, und nicht wenige halten es sogar für besser als den Krüger-Nationalpark. Mit gerade einmal einem Zwanzigstel der Größe kann es Hluhluwe-Umfolozi von seinen Ausmaßen her natürlich nicht mit dem großen Bruder aufnehmen, und auch die Zahl der hier heimischen Wildtiere ist wesentlich geringer. Auf der anderen Seite ist er mit seinen 960 km² aber relativ kompakt und präsentiert sich um einiges wilder. Das hat auch damit zu tun, dass mit Ausnahme des Hilltop, eines eleganten, hotelartigen Rest Camps im nördlichen Parkabschnitt, keines der übrigen Rest Camps eingezäunt ist, so dass sich die **wilden Tiere** hier frei bewegen können. Die üppige Vegetation aus subtropischem Dschungel und über den Flüssen baumelnden, tarzanverdächtigen Affenlianen trägt ein Übriges zu der Urwaldstimmung bei. Außerdem hat der Park die besten **Wanderwege** zum Beobachten wilder Tiere im ganzen Land zu bieten.

Bis vor kurzem war der heute durch einen Korridor verbundene Park noch in zwei getrennte Abschnitte unterteilt, worauf auch sein zungenbrecherischer Doppelname (Aussprache etwa „Schlaschluwi-Umfalousi") zurückzuführen ist. Ihren eigenen Charakter haben die beiden Abschnitte aber bewahrt, wobei die Trennung durch eine Straße erkennbar ist.

Der Name des südlichen Abschnitts **Umfolozi** entspringt dem Zulu-Wort *mfulawozi*, das sich auf die an den Flüssen wachsenden, faserigen Büsche bezieht. Die Topographie in diesem Teil des Parks wird durch breite, zwischen 60 und 650 m tiefe Täler geprägt, die von den Flüssen Black Umfolozi und White Umfolozi in die Landschaft geschnitten wurden. In den trockeneren Abschnitten wird die üppige Flussvegetation von einer vielfältigen Landschaft aus Busch, Savanne, Dickicht und flachem Grasland abgelöst.

Das bemerkenswerteste geografische Merkmal des nördlichen Parkabschnitts **Hluhluwe** ist der gleichnamige Fluss, dessen Name auf die aus dem Baldachin des ufernahen Waldes herabbaumelnden Lianen zurückgeht. Der schmale und gewundene, mit ausgedehnten Becken gespickte Hluhluwe River entspringt in den Bergen nördlich des Parks und passiert in seinem Verlauf die Sandbänke, Felsbetten und steilen Klippen des Wildreservats, bevor er weiter im Osten in das Feuchtgebiet St. Lucia mündet. Die höheren Lagen dieses Parkabschnitts sind von Grasland und dichtem Unterholz geprägt, während in den ausreichend mit Wasser versorgten Abschnitten auch Farne, Flechten, Moose und Orchideen wachsen. ⊙ Apr–Sept tgl. 6–18, Okt–März tgl. 5–19 Uhr, Eintritt R30 pro Fahrzeug, R15 p.P.

Geschichte

Das Gefühl von unberührter Wildnis, das den Besucher des Hluhluwe-Umfolozi überkommt, ist

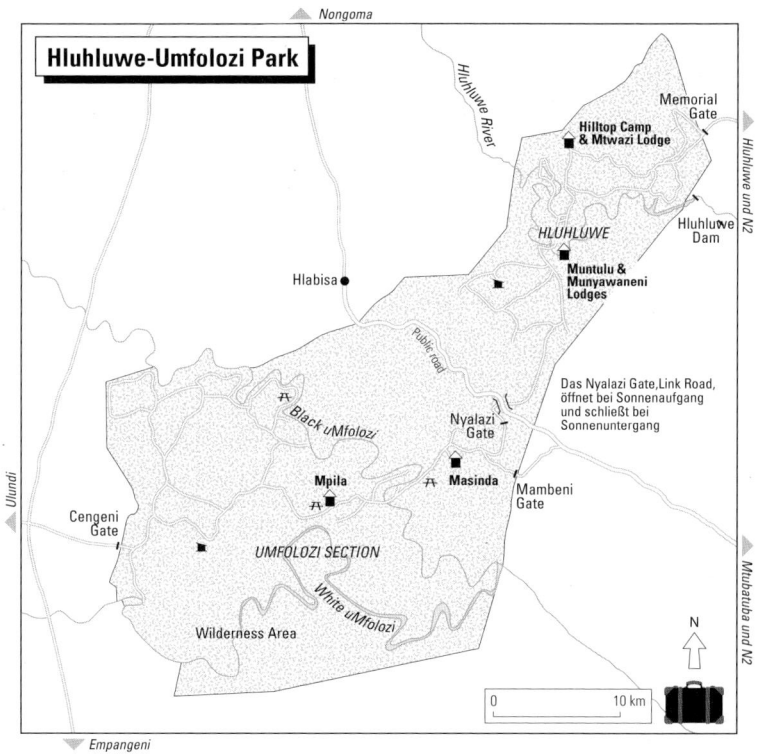

durch und durch Illusion und in Wahrheit das Ergebnis eines gut überlegten **Managements**, mit dem der Park seit den 50er Jahren verwaltet wird. Die Zukunft des ältesten offiziellen Nationalparks in Afrika (1895 gegründet) als Zufluchtsort für wilde Tiere hing in den letzten 200 Jahren allerdings gleich mehrfach am seidenen Faden. Im 19. Jahrhundert lag der Park mitten im Herzen des **Zulu-Königreichs**, Umfolozi war das private Jagdrevier des Zulu-Königs Shaka. Während Shakas Herrschaft von 1818–28 erlebte die Region die intensivste Jagdaktivität der Zulu-Geschichte, die sich indes bescheiden ausnimmt gegen das, was der weiße Mann im 20. Jahrhundert anrichtete. Da wurde der Status des Parks als Schutzgebiet gleich zweimal aufgehoben – auf Drängen der benachbarten weißen Siedler, deren Vieh sich mit der Krankheit **Nagana** infiziert hatte, die sich über die Tsetse-Fliege von wilden Tieren auf Haustiere überträgt. Zwischen 1929 und 1950 kam es unter dem Banner des Kampfes gegen die Krankheit zu einem Kreuzzug gegen die wilden Tiere, dem 100 000 Exemplare 16 verschiedener Arten zum Opfer fielen, wobei einzig die Nashörner verschont blieben.

Erst im Jahre 1952, als der Park der neu gegründeten Organisation **KZN Wildlife** übergeben wurde, setzte sich ein langwieriger Prozess der Regeneration des stark angeschlagenen Wildreservats in Gang. Dabei bewies die Organisation ein beachtliches Gespür und legte ihr Meisterstück vor, indem sie die Population der Breitmaulnashörner im Park von gerade einmal 20 Tieren zu Beginn des 20. Jahrhunderts auf heute fast 2000 Exemplare hochschraubte. 1994 wurde das **Breitmaulnashorn** als erste Art von der Liste gefährdeter Tiere der World Conservation Union gestrichen. Ihr

Überleben ist in erster Linie den Tierschützern des Hluhluwe-Umfolozi zu verdanken, die im Park den Grundstein für die Erhaltung dieser Art legte.

Tierbeobachtung und andere Aktivitäten

Trotz seiner kompakten Größe bietet der Wildpark Hluhluwe-Umfolozi 84 Säugetierarten und fast 350 verschiedenen Vogelarten einen Lebensraum. Die Big Five sind allesamt vertreten, und es ist keine Übertreibung zu behaupten, dass es auf der ganzen Welt keinen besseren Ort zum Beobachten von **Spitz- und Breitmaulnashörnern** gibt. **Löwen** galten im Umfolozi noch 1958 als ausgestorben, bis ein schwarzmähniges Männchen hier auftauchte, allem Anschein nach aus dem 400 km entfernten Mosambik kommend. Nachdem später einige Weibchen angesiedelt wurden, leben heute rund 70 Löwen im Schutzgebiet, die man allerdings nicht leicht zu Gesicht bekommt und deren Zukunft ungewiss ist.

Zu den weiteren hier heimischen **Raubtieren** zählen Gepard, Leopard, Tüpfelhyäne und Hyänenhund. Unter den **Pflanzenfressern** tummeln sich Streifengnu, Büffel, Giraffe, Flusspferd, Schwarzfersenantilope, Kudu, Nyala und Zebra im Park. Die **Vögel** sind mit über einem Dutzend Arten von **Adlern** und weiteren **Raubvögeln** vertreten, darunter Habicht, Hühnerhabicht und Wespenbussard. Andere hier beheimatete Großvögel sind Kaffernhornrabe, Geier, Eule und Reiher, dazu kommen mehrere Hundert weitere Arten. Etwa 60 Spezies von **Reptilien** sind vertreten, darunter Krokodile und mehrere verschiedene Giftschlangen, die man aber allesamt mit großer Wahrscheinlichkeit nicht zu Gesicht bekommt. Am Hluhluwe River lohnt es sich, nach dem harmlosen Waran Ausschau zu halten, der aussieht wie ein Drache im Westentaschenformat.

Überlegen ist der Hluhluwe-Umfolozi dem Krüger-Nationalpark, wenn es um die angebotenen Aktivitäten geht. Man kann den Park nicht nur als **Selbstfahrer** erkunden, sondern bei einigen Rest Camps auch zu **Spaziergängen auf eigene Faust** aufbrechen. Daneben werden **geführte Wanderungen** in Begleitung eines bewaffneten Parkaufsehers und geführte **Nachtpirschfahrten** angeboten. Der erste **Wildniswanderweg** Südafrikas wurde in Umfolozi aus der Taufe gehoben. Am Basis-Camp beginnen Wanderungen mit vier Übernachtungen, wobei die Ausrüstung von Packeseln getragen wird. Die zweite und dritte Nacht verbringen die Teilnehmer unter der Zeltplane, die vierte Nacht wieder im Basis-Camp. Derartige All-Inclusive-Wanderungen werden von März bis Ende Oktober angeboten, müssen bei KZN Wildlife (s.S. 439) gebucht werden und kosten rund R1800 p.P. Die Wanderung wird von einem bewaffneten Aufseher angeführt, sämtliche Ausrüstung – einschließlich Bettwäsche und Verpflegung, aber kein Alkohol – ist im Preis enthalten. Ebenfalls von März bis Oktober werden zum halben Preis kürzere Wochenendwanderungen mit zwei Übernachtungen im Busch angeboten.

Übernachtung und Essen

Sowohl im Abschnitt Umfolozi und als auch im Abschnitt Hluhluwe gibt es Übernachtungsmöglichkeiten. Umfolozi ist der weniger erschlossene von beiden, so dass sämtliche Verpflegung mitgebracht werden muss. Der Hauptkomplex des Camps *Hilltop* im Abschnitt Hluhluwe beinhaltet das Restaurant *Mpunyane* und die *Uzavolo Bar Lounge*. **Reservierungen** für Unterkünfte sollten über KZN Wildlife (s.S. 439, Kasten) vorgenommen werden, Camping kann dagegen vor Ort arrangiert werden.

UMFOLOZI (SÜDLICHER ABSCHNITT) – Da die Camps in Umfolozi nicht eingezäunt sind, ist bei Spaziergängen Vorsicht geboten, besonders bei Dunkelheit. Wer in einer Gruppe ab 4 Pers. unterwegs ist und ein aufregendes Abenteuer im Busch erleben möchte, findet in den **exklusiven Lodges** *Gqoyeni*, *Hlatikulu* und *Nselweni* ein ausgezeichnetes Preis-Leistungs-Verhältnis, inkl. Koch und Parkaufseher.

Masinda***, abgeschiedene Lodge in der Nähe des Mambeni Gate für 8 Pers. in 4 Schlafzimmern, 2 davon mit eigenem Bad. Die Dienste eines Kochs sind im Preis inbegriffen, die Mindestgebühr wird für 4 Pers. berechnet.

Mpila**–***, im Zentrum des südlichen Parkabschnitts mit ausgezeichnetem Blick auf die umliegende Wildnis aus 12 Einraumhütten mit je 4 Betten und gemeinschaftlich genutzten sanitären Einrichtungen. Außerdem 2 separate Bungalows mit 3 Schlafzimmern für 7 Pers. (Mindestgebühr 3 Pers.), 6 Chalets für Selbstversorger à 5 Pers. (Mindestgebühr 3 Pers.) und ein Safari-Camp mit 7 Zelten, davon 5 mit 2 Betten und 2 mit 4 Betten.

HLUHLUWE (NÖRDLICHER ABSCHNITT) – *Hilltop*
ist für viele das beste staatliche Safari-Camp Südafrikas. Dazu gibt es im nördlichen Abschnitt noch einige wundervolle, exklusive Lodges.
Hilltop**–****, ausgezeichnete Unterkunft in Hochlage am Rand eines Hangs mit Panoramablick über die Hügel und Täler des Parks. *Hilltop* ist von einem Elektrozaun umgeben, der die meisten Tiere fernhält. Dennoch sind gelegentlich Nyala-Antilopen, Zebras und andere Pflanzenfresser beim Grasen in der Umgebung der Chalets anzutreffen. Dabei ist zu beachten, dass von allen wilden Tieren eine potenzielle Gefahr ausgeht und ihnen daher stets mit Respekt begegnet werden sollte. Das Camp bietet verschiedenartige moderne und komfortable Unterkünfte, darunter 20 preiswerte 2-Bett-Rondavels mit gemeinschaftlich genutzten sanitären Einrichtungen und Küchen. Eine Alternative sind die 27 (teilweise mit Kochnischen versehenen) Chalets mit eigenem Bad, Minikühlschrank und Vorrichtungen zum Tee- und Kaffeekochen. Zu guter Letzt gibt es noch 20 Chalets mit eigenem Bad, aber ohne Küche.
Mtwazi Lodge**, komfortable und exklusive Lodge für max. 9 Selbstversorger in einer abgeschiedenen privaten Grünanlage unweit des *Hilltop*. Es wird eine Mindestgebühr für 4 Pers. berechnet.
Muntulu und Munyawaneni****, je 4 Schlafzimmer mit separaten Terrassen in 2 noblen und sehr persönlichen Busch-Lodges mit Blick auf den Hluhluwe River, die an Gruppen vermietet werden. Ein Koch sorgt vor Ort für das leibliche Wohl, ein Parkaufseher begleitet die Gäste auf Wanderungen (Mindestgebühr 5 Pers.).

INFORMATIONEN – Kartenmaterial und Informationen, darunter auch detaillierte Beschreibungen geführter Wanderungen, gibt es im Empfangsbereich der Camps *Hilltop* und *Mpila*.

Der Wildpark Hluhluwe-Umfolozi ist nicht an das öffentliche Verkehrsnetz angebunden. Außer mit dem **eigenen Fahrzeug** ist der Park nur im Rahmen einer **organisierten Tour** zu erreichen, wie sie beispielsweise von Durban aus angeboten werden. Die Zufahrt zum Park kann über drei verschiedene Tore erfolgen: Die 23 km nördlich von Kwambonambi über die N2 abzweigende, asphaltierte R618 erreicht nach 27 km das **Mambeni Gate**, die Einfahrt zum südlichen Parkabschnitt. Etwa 46 km hinter der R618 zweigt eine nicht klassifizierte, aber ausgeschilderte und ebenfalls asphaltierte Straße von der N2 ab und führt zum **Memorial Gate** an der nordöstlichen Spitze des Parks. Ein drittes Tor, **Cengeni Gate**, ist im Westen über eine 30 km lange, unbefestigte Straße aus Richtung Ulundi kommend zu erreichen. Die öffentliche Landstraße von Hlabisa nach Mtubatuba führt zwar mitten durch den Park, bietet aber keine Zufahrt.

Greater St. Lucia Wetland Park

Der Greater St. Lucia Wetland Park setzt sich aus fünf unterschiedlichen Ökosystemen zusammen und bildet ein 2750 km² großes Mosaik aus separaten Teilabschnitten, darunter u.a. St. Lucia Reserve, St. Lucia Park, False Bay Park, St. Lucia Marine Reserve, Sodwana Bay National Park, Cape Vidal State Forest und Mkhuze Game Reserve. Den Planungen zufolge wird es bald das drittgrößte Schutzgebiet Südafrikas sein – und schon heute ist es eines der faszinierendsten. Dass der Wetland Park seinen Ursprung in mehreren separaten Teilstücken hat, ist schon ganz einfach daran zu erkennen, dass die einzelnen Abschnitte nur durch ganz wenige Straßen miteinander verbunden und jeweils über eine separate Zufahrt von der N2 aus zu erreichen sind.

Das eindrucksvollste geografische Merkmal der Region ist der 360 km² große **Lake St. Lucia**. Das größte Binnengewässer Südafrikas bildete sich vor etwa 25 000 Jahren, als sich die Ozeane zurückbildeten. Der See wird von majestätischen, mit Wald und Gras bewachsenen **Dünen** flankiert, die an ihren höchsten Punkten erstaunliche 200 m aufragen und einen schmalen Schutzwall zwischen dem See und dem Indischen Ozean bilden. Der Park schützt aber nicht nur die Ökosysteme des Sees und der Dünen, sondern auch eine aus tropisch-warmen Gewässern, Korallenriffen und endlosen Sandstränden bestehende **Meereszone**, den sich nördlich an den See anschließenden **Papyrus- und Schilfrohrsumpf** Mkuze Swamps sowie die trockene **Savanne** und **Dornensteppe** am Westufer. Jedes dieser Ökosysteme würde schon für sich allein genommen ein Naturschutzgebiet rechtfertigen, doch ihr Zusammentreffen an Lake St. Lucia macht aus dieser Region eine Wildnislandschaft allererster Güte. Dieser Tatsache wurde 1999 auch offiziell Rechnung getragen, als das Gebiet zum Welterbe der UNESCO erklärt wurde.

St. Lucia

Im äußersten Süden des Parks liegt an der aufgestauten St.-Lucia-Mündung der gleichnamige Ort, der früher nicht viel mehr als ein rauer und entlegener Sammelplatz für Angler. Heute versucht sich die Stadt als gut organisiertes Ökoreiseziel neu zu definieren. St. Lucia liegt 32 km östlich von Mtubatuba am Ende der R618 und entwickelt sich im Hochsommer zu einem hektischen Plätzchen, wenn die fanatischen **Angler** während der Schulferien in Massen einfallen. Diese Tatsache manifestiert sich auch in der Präsenz zahlloser Angelzubehörgeschäfte, Fisch-Restaurants und Urlauberfahrzeuge, die mit Angelruten, reichlich Bier an Bord und vorwiegend männlichen Insassen über die Hauptstraße zuckeln. Ein positiver Nebeneffekt ist die Tatsache, dass es außerhalb der Saison, wenn die Anglerhorden wieder abgereist sind, in St. Lucia reichlich Auswahl an preiswerten Übernachtungsmöglichkeiten gibt.

Die Stadt hat ihren Namen von der gleichnamigen **Mündung**, die 1576 portugiesische Entdecker gesichtet und Santa Lucia getauft hatten. In der zweiten Hälfte des 18. Jahrhunderts unternahmen die vom Meer abgeschlossenen Buren mehrerer Versuche, die Mündung als ihren Hafen zu beanspruchen. Doch die Engländer kamen ihnen zuvor, indem sie 1884 die *HMS Goshawk* aussandten, um das Gebiet zu annektieren, das sich in der Folge als kleines Fischereizentrum etablierte. In den 20er Jahren wurde hier das erste Hotel gebaut, und in den 50er Jahren wurde der Ort durch den Bau einer Brücke mit dem Festland verbunden.

Die Hauptattraktion von St. Lucia ist die Mündung, die sich hinter der Bebauung der Hauptstraße versteckt und daher beim schnellen Durchfahren leicht übersehen werden kann. Die meisten Touristen kommen allerdings nach St. Lucia, um von hier aus Cape Vidal (s. S. 512) zu besuchen, die innerhalb der Grenzen des Greater St. Lucia Wetlands National Park gelegene Hauptattraktion der Region. Dort sind die Übernachtungsmöglichkeiten allerdings stark begrenzt, so dass viele Urlauber gezwungenermaßen nach St. Lucia ausweichen müssen.

In St. Lucia selbst gibt es nicht allzu viel zu sehen, doch dafür bildet die Stadt eine ausgezeichnete Ausgangsbasis für zahlreiche Freizeitaktivitäten (s. S. 512/513, Kasten). Ansonsten beschäftigen sich die meisten Besucher hier mit Essen, Trinken und Angeln.

Wer noch etwas Zeit totzuschlagen hat, kann dem **St. Lucia Crocodile Centre** einen Besuch abstatten, das rund 2 km nördlich der Stadt an der Straße nach Cape Vidal am Parkeingang liegt. Es handelt sich hier ausnahmsweise einmal nicht um eine Freakshow wilder Tiere, wie sie so oft in Südafrika anzutreffen ist, sondern um ein ernst zu nehmendes und informatives Nebenprodukt des von KZN Wildlife aufgelegten Programms zum Schutz der Krokodile. Bis Ende der 60er Jahre wurden die „wandelnden Handtaschen" noch wie Ungeziefer behandelt und durch eine rücksichtslose und wilde Jagd an den Rand des Aussterbens gebracht. Gerade noch rechtzeitig erkannte man, dass den Krokodilen im ökologischen Kreislauf eine wichtige Rolle zukommt, und KZN Wildlife initiierte ein erfolgreiches **Aufzuchtprogramm**. Die Reptilien werden später wieder in der Wildnis angesiedelt. Das Crocodile Centre zielt darauf ab, das Bild von diesen zu Unrecht als bösartig verunglimpften Kreaturen wieder etwas zurechtzurücken. Exponate tragen dazu ebenso bei wie die erstaunlich vielfältigen Arten, die hier an den Becken faulenzend zu beobachten sind (wenngleich das Nilkrokodil die einzige wild lebende Art Afrikas ist). Außerdem gibt es eine beeindruckende Vielzahl von Schlangen zu bewundern und einen sehr guten, auf naturgeschichtliche Themen spezialisierten Buchladen, in dem auch billige, aber informative Broschüren zur Ökologie der einheimischen Küsten- und Feuchtgebiete erhältlich sind. ☉ St. Lucia

Crocodile Centre tgl. 8–16.30 Uhr, Krokodilfütterung Sa 15 Uhr, Eintritt R20.

Wer sich dem Geist der Gegend anschließen und seine eigenen Fische fangen möchte, findet in der Mackenzie Street ein Angelgeschäft mit allem nötigen Zubehör. Glücklose Angler bekommen hier sogar frischen Fisch und sämtliche Gewürze und Zutaten, die man für ein Fisch-*braai* benötigt.

Übernachtung

Außerhalb der Saison ist es nicht schwierig, in St. Lucia eine preiswerte Unterkunft zu finden, doch im Dezember/Januar und um Ostern schnellen die Preise auf das Doppelte in die Höhe.

Bib's International Backpackers*, 310 Mackenzie St, ℰ 035-590 1056, 🖳 www.bibs.co.za. Ordentliche, reetgedeckte Backpacker-Lodge auf der Route des *Baz Bus* mit Stellplätzen für Zelte sowie Schlafsälen, DZ und EZ mit eigenem Bad für Selbstversorger. Zu den Annehmlichkeiten gehören Internet-Zugang, Mikrowelle, Wäscherei und Billardtische. Angeboten wird eine ganze Palette von Touren und Tagesausflügen, darunter Bootsfahrten, Exkursionen zu kulturellen Themen und Nachtwanderungen bzw. Nachtpirschfahrten.

Boma Hotel*, Mackenzie St, ℰ 035-590 1330. 20 luxuriöse Bungalows für je 6 Pers. und 4 Hütten für 4 Pers., einige davon mit Balkon und wundervollem Blick auf die Mündung. Swimming Pool, Sonnenterrassen und Grillplätze sind vorhanden.

iGwalagwala Guesthouse*, 91 Pelican St, ℰ 035-590 1069, ✉ igwala@mweb.co.za. 5 geräumige Zimmer mit eigenem Bad in einem Haus mit großem Garten und Swimming Pool in einem ruhigen Stadtviertel.

Jo a Lize*–**, Mackenzie St, ℰ 035-590 1085, ✉ joalizelodge@futurenet.co.za. Separate Apartments für Selbstversorger und winzige, aber saubere B&B-Einheiten mit eigenem Bad.

Kingfisher Lodge**, Mackenzie St, ℰ 035-590 1015, ✉ stluciakingfisherlodge@mweb.co.za. Das komfortabelste B&B der Stadt bietet einen der seltenen Blicke auf die Mündung. 7 nach afrikanischen Themen gestaltete Chalets, in denen auch schon mal ein ausgestopfter Büffel von der Wand auf das Gästebett starrt.

Pumula Lodge*–**, 25 Pelican St, ℰ/🖳 035-590 1328. Familienbetrieb mit sauberen B&B-DZ und einem Chalet für Selbstversorger am Seeufer.

St. Lucia Wetlands Guesthouse**, 20 Kingfisher St, ℰ 035-590 1098, 🖳 www.stluciawetlands. com. 5 große DZ mit eigenem Bad in einem familiengeführten Guesthouse mit ausgezeichnetem Service und Komfort.

KZN Wildlife (s. S. 439) betreibt 3 ausgezeichnete **Campingplätze**:

Eden Park, am Ufer der St.-Lucia-Mündung, gegenüber der Zweigstelle von KZN Wildlife.

Iphiva, MacKenzie St, nördlich der R618. Der ruhigste und rustikalste, zu buchen im Büro von KZN Wildlife in St. Lucia.

Sugarloaf, großer Platz mit der schönsten Lage in St. Lucia, ebenfalls an der Mündung, einige Hundert Meter nördlich des *Eden Park* an der gleichen Straße gelegen.

Essen

Boat House Gallery Fish Grill, beim Wasserskiclub am Ende der Pelican St. Interessante Speisen, erschwingliche Preise und ein schöner Blick auf die Mündung.

North Coast Restaurant, Mackenzie St, das beste Restaurant der Stadt serviert guten Fisch zu vernünftigen Preisen.

Zulu & I Restaurant and Tea Garden, am St. Lucia Crocodile Centre. Preiswertes Familienrestaurant, in dem man Sandwiches, Pasta, Pizza, Hühnchen- und Fleischgerichte essen und dabei Vögel, Krokodile und 25 Schlangenarten (nicht auf der Speisekarte) beobachten kann, ⏲ tgl. bis ca. 21 Uhr.

Sonstiges

Die **Hauptstraße** ist die MacKenzie Street, wo es Tankstellen, zwei gut sortierte Supermärkte, einen Geldautomaten, zwei Banken (⏲ Mo, Mi und Fr 9–15.30 Uhr) und mehrere (Schnell-)Restaurants gibt

INFORMATIONEN – *KZN Wildlife*, ℰ 035-590 1340, am südlichen Ende der Pelican St, die 2 Blocks weiter östlich parallel zur MacKenzie St verläuft. Die beste Adresse für Informationen

über den Wetlands-Nationalpark, ☉ tgl. 8–16.30 Uhr.
Tourism and Information Centre, ✆ 035-590 1075, 🖳 www.stlucia.co.za, ☉ Mo–Fr 8–17, Sa und So 8–13 Uhr.

Transport

Der auf Rucksackreisende ausgerichtete ***Baz Bus*** fährt mehrmals pro Woche St. Lucia an und lässt seine Passagiere überall aussteigen.

Cape Vidal

Ein weiterer bei Anglern sehr beliebter Ort ist Cape Vidal, das gegenüber St. Lucia den Vorteil hat, dass die Besucherzahl auf 100 Fahrzeuge pro Tag begrenzt ist. Auch wenn man kein passionierter Angler ist, hat die märchenhafte Wildnis von Cape Vidal genug zu bieten. Das Meer ist nur wenige Minuten von der Unterkunft (Verwaltung durch KZN Wildlife) entfernt, ein vorgelagertes Riff schützt die Küste vor der hohen See und bietet gute Bedingungen zum gefahrlosen **Schwimmen**. Wer Spaß am **Schnorcheln** hat, findet unter Wasser einen fantastischen Bestand an harten und weichen Korallen und jede Menge farbenprächtige Fische. Angler, die ihre Leinen von den Felsen aus in den unermesslichen Ozean werfen, blicken mit Befremden auf die Schnorchler herab, die sich in den winzigen Felstümpeln an einer bunten Wasserwelt aus Seegräsern, Schnecken, Krebsen, Seegurken, Anemonen, Seeigeln und kleinen Fischen erfreuen.

Große Säugetiere und Fische zeigen sich unmittelbar vor der Küste im offenen Wasser jenseits des Riffs. In Cape Vidal lassen sich **Buckelwale** von Land aus beobachten. Die großen Säuger brüten im

Aktivitäten in der Umgebung von St. Lucia

St. Lucia ist nicht gerade riesig, aber immerhin der größte Ort in der näheren Umgebung des Greater St. Lucia Wetland Park und Tummelplatz für Anbieter verschiedenster Freizeitaktivitäten. Die meisten Angebote können bei den Veranstaltern oder bei einem der Vermittlungsbüros gebucht werden, z.B. bei *Leisure Eco Tours,* Mackenzie St, ✆ 035-590 1467.

Angeltouren

Umweltfreundliche Angeltouren auf dem Fluss für Anfänger und Fortgeschrittene, einschließlich Angelzeug und in Begleitung eines Skippers, eines Fremdenführers und eines erfahrenen Fischers. Die gefangenen Fische werden im Rahmen eines ozeanographischen Fischkennzeichnungsprojekts mit dem Namensschild des jeweiligen Anglers versehen. Der rund fünfstündige Ausflug wird von *Fish on Line,* ✆ 035-590 1536 oder ✆ 082-765 2448, ✉ fishonline@worldonline.co.za, angeboten und kostet R250 für die erste Person und R100 für die zweite, Erfrischungsgetränke und eine leichte Mahlzeit inklusive.

Besuche in einem afrikanischen Dorf

Ausflüge in ein authentisches Zulu-Dorf (keins der künstlich angelegten „Kulturdörfer") mit Besuchen in der Gemeindekirche, im *shebeen* und beim *sangoma,* einem traditionellen Kräuterdoktor. Touren mit *Khula Village Tours,* ✆ 082-765 2021, beginnen um 9 und 13 Uhr in St. Lucia und kosten R100 p.P. inklusive einer Mahlzeit.

Kajaktouren

Die Erkundung der Ökosysteme des Sees mit dem Kajak ist ein unvergleichliches Erlebnis. *St. Lucia Kayak Safaris,* ✆ 083-448 6466, veranstaltet halb- und ganztägige Ausflüge für R175–200 inklusive sämtlicher Ausrüstung, Transfer zum Startpunkt, leichtem Mittagessen und Erfrischungsgetränken.

Kreuzfahrten auf dem See

Selbst wer sich nur kurz in St. Lucia aufhält, sollte sich nach Möglichkeit der 90-minütigen Bootsfahrt *KZN Wildlife's Santa Lucia* (R65) anschließen. Dabei bestehen gute Aussichten, von Deck aus eins der 800 Flusspferde zu Gesicht zu bekommen, die sich schnaubend durch den Lake St. Lucia wälzen. Außerdem gibt es hier Krokodile, Pelikane, Schreiseeadler, Eisvögel und Störche zu sehen. Die Rundfahrten beginnen tgl. um 8.30, 10.30 und 14.30 Uhr am Anleger neben der Brücke am westlichen Ende der Mündung. Fr und Sa um

Winter vor der Küste Mosambiks, also nicht sehr weit nördlich von hier. Im Oktober lassen sie sich im warmen Agulhas-Strom mit ihren Kälbern nach Süden treiben. Mit etwas Glück sind diese und anderen Wale von den Aussichtspunkten auf den Dünen aus zu sehen, doch ohne Fernglas präsentieren sie sich lediglich als kleine Tupfer am Horizont. Ein **Walbeobachtungsturm** südlich des Rest Camps, das nach einem Spaziergang durch den Dünenwald zu erreichen ist, bietet einen noch höher gelegenen Aussichtspunkt. Vor dieser Küste wurden bereits 18 m lange, Plankton fressende Walhaie, die größten und sanftmütigsten aller Haie, in Schulen von bis zu 70 Exemplaren gesichtet; Mantas und Delphine sind in diesen Gewässern ebenfalls häufig anzutreffen. ☉ Apr–Sept tgl. 6–18, Okt–März tgl. 5–19 Uhr, Eintritt R25 pro Fahrzeug, R20 p.P. Als einzige Unterkunft für mehrtägige Aufenthalte

dienen die Einrichtungen von KZN Wildlife. Eine Übernachtung in Cape Vidal ist sehr zu empfehlen, doch sollte die Unterkunft bereits vor der Anreise reserviert werden. Im *Service-Camp* gibt es 18 Chalets** mit je 5 Betten (Mindestgebühr 3 Pers.), zwölf 8-Bett-Holzhäuschen** im Alpenhüttenstil (Mindestgebühr 4 Pers.), allesamt mit eigenem Bad und kompletter Ausstattung – lediglich Speisen und Getränke müssen mitgebracht werden. Schließlich steht noch eine Busch-Lodge** mit 8 Betten zur Verfügung. Die Unterkünfte werden jeden Morgen vom Servicepersonal gereinigt.

Im Dünenwald unweit des Strandes gibt es einen **Zeltplatz** mit 50 Stellplätzen, sanitären Einrichtungen und vier Hütten für große Gruppen. Bei der Ankunft in Cape Vidal meldet man sich zunächst beim *Conservation Services Office,* ☉ tgl. 8–12.30 und 14–16.30 Uhr.

16 Uhr findet eine Sonnenuntergangs-Kreuzfahrt statt. Die in der Hochsaison unerlässliche Reservierung kann im Büro von *KZN Wildlife,* ✆ 035-590 9002 oder ✆ 035-590 1340, vorgenommen werden.

Ökotouren

Ausgezeichnetes Angebot von Touren in das Feuchtgebiet unter Führung eines qualifizierten Zoologen und Meeresbiologen, darunter die ganztägige „St. Lucia World Heritage Tour", die „Turtle Tour" (Nov–März) zur Beobachtung der jährlich stattfindenden Eiablage der Schildkröten oder der ungewöhnliche „Chameleon Night Drive" auf den Spuren der 16 Chamäleonarten der Region St. Lucia (sage und schreibe 14 davon sind endemisch). Die Touren werden von *Shaka Barker Tours,* ✆ 035-590 1162, ✉ shakabarker@futurenet. co.za, veranstaltet und kosten je nach Dauer zwischen R200 und R400, in der Regel inklusive einer Mahlzeit.

Reiten

Zululand Horse Trails, ✆ 035-562 0701 oder ✆ 083-591 2119, veranstaltet Ausritte am Westufer des Lake St. Lucia, die am Tor zum False Bay Park (s.S. 515) beginnen.

Walbeobachtung

An der Küste tummeln sich während der Saison (Juni bis Oktober) Buckelwale, die im Rahmen einer zweistündigen Ausflugsfahrt beobachtet werden können. Der Törn mit der *Aurora* beginnt um 9 und 14 Uhr und kostet R230 (mindestens sechs Teilnehmer), Buchungen bei *Leisure Eco Tours,* ✆ 035-590 1467.

Wandern

KZN Wildlife veranstaltet eine ganze Reihe kurzer und längerer Wanderungen in der Region St. Lucia/Cape Vidal. Der ganztägige, geführte Wetland Walk kostet R35, außerdem finden mehrtägige Wanderungen mit Übernachtung statt. Der fünftägige Emoyeni Trail mit vier Übernachtungen kostet R35 p.P. und Nacht, der dreitägige Mziki Trail mit zwei Übernachtungen schlägt mit R45 p.P. und Nacht zu Buche. Der Preis für den Wilderness Trail mit vier Übernachtungen inklusive Vollverpflegung und Trageservice beläuft sich auf R1300 p.P. Weitere Informationen erteilt das zentrale Buchungsbüro von KZN Wildlife in Pietermaritzburg, ✆ 033-845 1000, ⌨ www. kznwildlife.com, oder die regionale Niederlassung in St. Lucia, ✆ 035-590 9002 oder ✆ 035-590 1340.

Reservierungen für Bungalows und Chalets sollten bei KZN Wildlife (s.S. 439, Kasten) vorgenommen werden. Reservierungen für den Campingplatz sind vor allem während der Schulferien und an langen Wochenenden praktisch unerlässlich und können max. ein Jahr im Voraus unter folgender Anschrift vorgenommen werden: *Officer-in-Charge,* Cape Vidal, Private Bag X01, St. Lucia Estuary 3936, ℡ 035-590 9012 (die Telefonverbindung ist nicht die zuverlässigste). Kraftstoff und Feuerholz gibt es in Cape Vidal, für anderweitige **Verpflegung** ist St. Lucia der nächstgelegene Ort.

Die einzig mögliche Zufahrt erfolgt von St. Lucia aus nach Norden über eine 23 km lange, unebene und unbefestigte Piste (die Asphaltierungsarbeiten wurden 2001 aufgenommen). Die Fahrt führt über eine schmale Landbrücke mit dem See im Westen und dem Indischen Ozean im Osten durch Kiefernpflanzungen, offenes Grasland und Feuchtgebiete.

Das Westufer des Lake St. Lucia

Das Westufer des Sees markiert den Küstenverlauf, wie er sich vor einem Zeitraum von mehreren Äonen darstellte, als der Meeresspiegel noch 2 m höher lag als heute. Der fruchtbare Boden beherbergte einst eine äußerst vielfältige Tierwelt. Die fünf Großwildarten sind zwar schon vor langer Zeit den Gewehrkugeln zum Opfer gefallen, doch es gibt noch immer sehr viele Vögel und über 100 Arten umherflatternder **Schmetterlinge.** Zu den **Pflanzenfressern** zählen Nyala, Rotducker und das Moschusböckchen, die kleinste Antilope Afrikas. Da es hier – abgesehen von **Krokodilen** (Vorsicht in der Nähe des Seeufers!) – keine gefährlichen Raubtiere gibt, kann man im Bushveld und in den Wäldern etwas abseits des Sees auch ohne Fremdenführer gefahrlos spazieren gehen.

Die Hauptaktivitäten am Westufer, das nur mit dem eigenen Fahrzeug zu erreichen ist, sind **Angeln** und **Vogelbeobachtung.** In den meisten Camps gibt es gekennzeichnete **Wanderwege,** auf denen sich Vegetation und Vogelwelt auf angenehme Art und Weise genießen lassen. Es lohnt sich, nach Wild Ausschau zu halten; besonders der Wasser liebende Riedbock lässt sich gern in den Sümpfen blicken.

Die luxuriöseste Übernachtungsmöglichkeit im Greater St. Lucia Wetland Reserve – und die einzige privat betriebene Unterkunft in diesem Schutzgebiet – ist die vornehme *Makakatana Bay Lodge,* über R1000, 🖳 www.makakatana.co.za, ℡ 035-550 4189. Sie liegt in der Nähe des von KZN Wildlife verwalteten Camps Charter's Creek und hat 5 luxuriöse ac-Suiten mit Badewanne und Außendusche zu bieten. Die Unterkünfte liegen am Seeufer oder im dichten Wald und sind durch hölzerne Stege miteinander verbunden. Im Preis sind sämtliche Mahlzeiten und Aktivitäten enthalten, darunter Kanusafaris, Bootsausflüge, Strandsafaris und Wildpirschfahrten.

Charter's Creek

An der Südspitze des Lake St. Lucia liegt Charter's Creek, in erster Linie ein Anglertreffpunkt, wo man aber auf zwei längeren Wanderwegen auch ausgezeichnet **Vögel** beobachten kann. Die Hauptattraktion ist das auf einer Klippe mit Blick auf den See gelegene Camp. Von dort aus lassen sich Wasservögel, Flamingos und gelegentlich sogar Pelikane erspähen, zu den ständigen Bewohnern zählen Flusspferde und Krokodile. Der 7 km lange **Isikhova Trail** und der 5 km lange **Umkhumbe Trail** beginnen am Camp und sollten mit jeweils zwei bis drei Stunden veranschlagt werden. Die Wanderwege führen durch den für das Westufer typischen Küstenwald und bieten Gelegenheit zum Beobachten kleinerer **Wildtiere,** darunter der winzige Rotducker mit seinen kurzen, nach hinten gerichteten Hörnern. Außerdem gelegentlich anzutreffen sind Mungos, Schirrantilopen, Schakale, Galagos und, am häufigsten von allen, Grünmeerkatzen. ☉ Apr–Sept tgl. 6–20, Okt–März 5–20 Uhr, Eintritt R20.

Bei der Unterkunft besteht die Auswahl zwischen einem 7-Bett-Cottage* (Mindestgebühr 4 Pers.), Chalets* (10 mit 4 Betten, 14 mit 3 Betten und eins mit 2 Betten, allesamt komplett ausgestattet) und 14 Stellplätzen für Zelte. Für den Service ist das Camp-Personal zuständig, Lebensmittel und Getränke müssen aber mitgebracht werden, da es in der Nähe keine Restaurants, Geschäfte oder sonstige Einrichtungen gibt. Der See eignet sich nicht zum Baden, doch im Camp gibt es einen Swimming Pool zur Abkühlung. **Reservierungen** sollten über das Büro von KZN Wildlife (s.S. 439, Kasten) vorgenommen werden.

Die Anfahrt mit dem **eigenen Auto** erfolgt über die N2. 20 km nördlich von Mtubatuba ist Charter's

Creek bereits ausgeschildert, unterwegs wird der Nyalazi River überquert.

Fanies Island

Rund 20 km Luftlinie nördlich von Charter's Creek liegt Fanies Island, das gar keine Insel ist, sondern zum Westufer des Sees gehört. Der Blick fällt auf schilfbewachsene Inseln und sumpfige, von Flusspferden malträtierte Wege. Es eröffnen sich bezaubernde Ausblicke über die Schilfbetten auf das Grasland, die Wälder und die in Dunst gehüllten, bergähnlichen Dünen von Cape Vidal an der Küste. Aufgrund der großen Zahl von **Krokodilen** ist das Baden und Paddeln hier allerdings viel zu gefährlich.

Wie alle Camps am Westufer ist auch Fanies Island bei Anglern sehr beliebt, vor allem wegen seiner Abgeschiedenheit und der attraktiven Lage. Aber auch passionierte Nicht-Angler verbringen hier gern ein paar ruhige Tage und erfreuen sich an den Wanderwegen. Der 5 km lange **Umkhiwane Trail** nimmt ca. zwei Stunden in Anspruch und führt durch Wald, offenes Grasland und baumbestandenen Sumpf. Er eignet sich hervorragend für vogelkundliche Ausflüge und bietet sehr gute Aussichten für Begegnungen mit Flusspferden, Grünmeerkatzen, Schirrantilopen, Warzenschweinen, Riedböcken und Wasserböcken. Der kürzere **Umboma Trail** schlängelt sich zunächst durch den Busch und später wieder entlang des Seeufers zum Camp zurück. *Invubu Launch Tours* veranstaltet für R65 p.P. zweistündige **Bootsfahrten** über den See, Buchungen im Büro von KZN Wildlife. ◷ Apr–Sept tgl. 6–20, Okt–März 5–20 Uhr, Eintritt R20.

Bei der Unterkunft besteht die Auswahl zwischen einem 7-Bett Cottage* (Mindestgebühr 4 Pers.) und 12 komplett ausgestatteten 2-Bett-Rondavels* mit eigenem Kühlschrank, gemeinschaftlich genutzten sanitären Einrichtungen und einer Gemeinschaftsküche für Selbstversorger. Des Weiteren gibt es 20 schattige Stellplätze für **Zelte**, für die eine **Reservierung** unter folgender Anschrift vorgenommen werden kann: *Camp Manager*, Fanies Island, PO Box 1259, Mtubatuba 3935, ✆ 035-550 9035. Alle übrigen Unterkünfte sollten über das Büro von KZN Wildlife (s.S. 439, Kasten) gebucht werden. Im Camp gibt es zwar eine Tankstelle und eine begrenzte Auswahl an Grundnahrungsmitteln, doch sollte man sich vor der Fahrt in

Hluhluwe oder Mtubatuba mit allem Nötigen eindecken.

Wie bei Charter's Creek erfolgt die Anfahrt über die N2, von der 20 km nördlich von Mtubatuba eine nicht näher gekennzeichnete Asphaltstraße nach Osten abzweigt. Nach 11 km teilt sie sich in zwei unbefestigte Straßen, von denen die nördliche nach 14 km Fanies Island erreicht (die Strecke ist gut ausgeschildert).

False Bay Park

Etwa 20 km nördlich von Fanies Island liegt False Bay Park am Westufer eines kleinen, rautenförmigen Gewässers, das durch einen schmalen, steilwandigen Kanal mit dem anschaulichen Namen "Hell's Gates" ("Höllentor") mit dem Lake St. Lucia verbunden ist. False Bay ist ein ruhiger Ort, an den sich nicht viele Touristen oder Angler verirren, obwohl es hier gute Bedingungen zum Fangen von Süß- und Salzwasserfischen gibt, darunter auch Kap-Lachse. Der Park ist ein Paradies für Hobby-Ornithologen, der See kann im Rahmen von **Bootstouren** befahren werden.

Wer in den Busch vordringen möchte, ist auf dem 8 km langen **Dugandlovu Trail** und dem 10 km langen Rundwanderweg **Mpophomeni Trail** ohne weiteres zwei Tage beschäftigt. Beide Wege sind deutlich gekennzeichnet, führen durch abwechslungsreiches Gelände und bieten Gelegenheit zum Beobachten von Federvieh und einer erklecklichen Anzahl von Antilopen und anderen kleinen Säugetieren, darunter Schakale, Mungos, Servale, Ginsterkatzen, Warzenschweine und Grünmeerkatzen. Für weniger energiegeladene Wanderfreunde gibt es den kürzeren, 6 km langen **Ingwe Trail**, der am Ufer des Sees entlangführt. ◷ Apr–Sept tgl. 6–20, Okt–März 5–20 Uhr, Eintritt R20.

In Lister's Point, ca. auf halber Höhe des Westufers von False Bay, gibt es einen **Campingplatz** mit sanitären Einrichtungen, aber ohne jegliche Einkaufsmöglichkeit. Rund 8 km südlich von hier bietet das Camp *Dugandlovu* 4 einfache 4-Bett-Chalets* mit kalten Duschen, Toiletten, Gaskochern und Paraffinlampen. Für warmes Wasser gibt es im Camp riesige, dreibeinige Töpfe, die mit Wasser gefüllt, über dem offenen Feuer erhitzt und dann in die Dusche geschleppt werden können. Sämtliche Verpflegung und Ausrüstung muss mitgebracht werden, auch Bettlaken und Schlafsäcke. **Reservie-**

rungen für beide Camps können unter folgender Anschrift vorgenommen werden: *Officer-in-Charge*, False Bay Park, PO Box 222, Hluhluwe 3960, ✆ 035-562 0425.

Die Anfahrt erfolgt über die N2, von der man 49 km nördlich der Ausfahrt Mtubatuba Richtung Hluhluwe abbiegt. Weitere 4 km Richtung Osten passiert man den Ort Hluhluwe, bis das Ende der Straße erreicht ist. An der Kreuzung ist False Bay bereits ausgeschildert, von hier bis zum Parktor sind es noch 15 km.

Mkhuze Game Reserve

Das Wildschutzgebiet Mkhuze ist einer der Hauptabschnitte des Greater St. Lucia Wetland Reserve. Es ist mit der Küstenebene in Form eines schmalen Korridors verbunden, den der Mkuze River vor seiner Mündung in den Lake St. Lucia durchfließt.

Im Reservat gibt es keine Löwen, aber mit insgesamt 78 beheimateten Arten eine sehr große Vielfalt an Säugetieren. Herausragend ist das Wildreservat vor allem wegen seiner wunderschönen Landschaft und Vogelwelt – mit 430 verzeichneten Arten ist es ein der südafrikanischen Paradiese für **Hobby-Ornithologen**. Zu den Stars zählen die Bindenfischeule und Rudds Feinsänger, ein kleiner, insektenfressender Vogel mit äußerst begrenzter Verbreitung. Selbst wer gar nichts von den gefiederten Freunden versteht, wird sich mit Sicherheit an der Gabelracke erfreuen, einem der farbenprächtigsten Vögel Afrikas.

Das im Westen von den Lebombo Mountains begrenzte Mkhuze Game Reserve markiert den letzten Ausläufer der Küstenebene, die sich von Kenia aus über den gesamten Ostrand des afrikanischen Kontinents nach Süden zieht. Die Landschaft besteht aus flachen, jahreszeitlich überfluteten Überschwemmungsgebieten mit Wasserlilien, Schilfbetten und Sümpfen, die sich mit grasbewachsener Savanne abwechseln. Außerdem finden sich im Park Akazien (Dornenbäume) und im Süden jenseits des Mkuzi River einen vom Kreischen des Trompeterhornvogels widerhallenden Feigenwald.

Die einzigen Raubtiere des Parks sind **Geparden** und **Leoparden**, die sich allerdings nur selten blicken lassen. Da zeigt sich schon eher einmal der an einen Fuchs erinnernde **Schabrackenschakal**. Die Hauptanziehungskraft in Mkhuze üben die hier beheimateten **Spitz- und Breitmaulnashörner** aus. Die **Schwarzfersenantilope** zeigt sich ebenfalls häufig, ebenso die große **Elenantilope** mit ihren Spiralhörnern und der **Kudu**. **Paviane** und **Grünmeerkatzen** rascheln in den Bäumen oder tollen auf dem Boden miteinander herum. Nachts ist bisweilen der unheimliche Ruf des **Galago** mit seinem charakteristischen buschigen Schwanz aus dem Blätterdach zu vernehmen.

Das Tierschutzgebiet Mkhuze wird von einem insgesamt 84 km langen Straßennetz durchzogen, doch wer wilde Tiere zu Gesicht bekommen möchte, sollte sich lieber an einer bestimmten Stelle ruhig verhalten und warten, bis sich die Tiere zeigen. Aus diesem Grunde wurden an künstlichen Wasserlöchern und am Rande von Senken mehrere getarnte **Schutzstände** errichtet, die auf der an der Rezeption erhältlichen Karte verzeichnet sind. Alle Tiere müssen trinken, ganz besonders in den trockeneren Monaten, wenn die natürlichen Wasservorräte knapp werden. Wer sich also mit einem Fernglas und einem guten Fremdenführer in einem solchen Versteck niederlässt, wird interessante Stunden erleben.

Die beiden Verstecke an der Senke **Nsumo Pan** im südlichen Parkabschnitt überblicken nicht nur eine schöne, natürliche Wasserstelle, sondern eignen sich auch hervorragend zum Beobachten von Wasservögeln. Der Picknickplatz Nsumo bietet sich für eine Pause und einen kleinen Imbiss an, denn dort gibt es einer der wenigen Parkplätze im Wildreservat. Zwischen Juli und September halten sich bei günstigen Bedingungen bis zu 500 Vögel gleichzeitig am Wasser auf. Dann zeigen sich Pelikan- und Flamingoschwärme, Eisvögel, Schreiseeadler, Watvögel, Enten, Gänse und zahllose weitere Arten.

KZN Wildlife bietet eine ganze Reihe von Aktivitäten an, darunter auch die sehr zu empfehlenden **Nachtpirschfahrten** von Mantuma aus (R60). Tagsüber lässt sich Mkhuze im Rahmen eines zweistündigen **geführten Spaziergangs** (R45) in Begleitung eines Parkhüters erkunden. Viele der älteren Aufseher sprechen kaum Englisch; ihre Hauptaufgabe besteht darin, die Teilnehmer zu schützen. Inzwischen verfolgt KZN Wildlife allerdings die Politik, jüngere Aufseher einzusetzen, die Englisch sprechen und sich gut in der Umgebung auskennen. Es lohnt sich also, bei der Buchung an der Re-

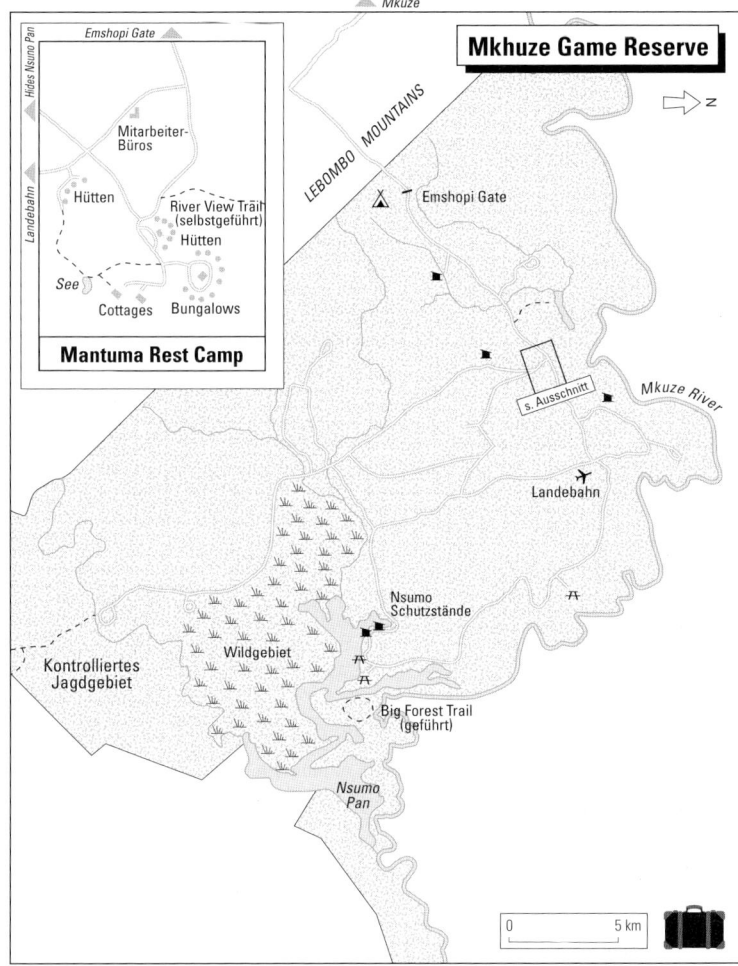

Emshopi Gate

Mkuze Game Reserve

N

LEBOMBO MOUNTAINS

Hides Nsumo Pan

Emshopi Gate

Landebahn

Mitarbeiter-
Büros

Hütten

River View Trail
(selbstgeführt)

Hütten

See

Cottages   Bungalows

Mantuma Rest Camp

s. Ausschnitt

Mkuze River

Landebahn

Nsumo
Schutzstände

Wildgebiet

Kontrolliertes
Jagdgebiet

Big Forest Trail
(geführt)

Nsumo
Pan

0   5 km

KWAZULU-NATAL

zeption des Rest Camps nachzufragen. Der 3 km lange **Mkuze Fig Forest Trail** zählt zu den Hauptattraktionen des Reservats und ist einer der Wege, die in Begleitung eines Parkaufsehers begangen werden können. Der **Sykomoren-Feigenwald**, einer der seltensten Wälder Südafrikas, erscheint durch seine riesenhafte Bäume in einem sanftgrünen Schimmer. Hier lohnt es sich, nach den leuchtend roten Flugfedern der Früchte pickenden Vögel wie Glanzhaubenturakos oder Grüntauben Ausschau zu halten und dem rhythmischen Klopfen der Goldschwanzspechte in den Bäumen zu lauschen. Ab und zu lassen sich Paviane und andere **Affen** blicken; sie stellen aber keine Bedrohung dar, außer dass sie den Touristen manchmal die Lebensmittel stibitzen. Mit Wachsamkeit sollte man dagegen den gelegentlich auftauchenden **Spitzmaulnashörnern** oder **Flusspferden** begegnen.

Das kleine, auf der an der Rezeption erhältlichen Karte eingezeichnete **Crafts Centre** bietet ausgezeichnetes und preiswertes Kunsthandwerk an, die von ortsansässigen Zulu angefertigt werden. ☉ Apr–Sept tgl. 6–18, Okt–März 5–19 Uhr, R35 pro Fahrzeug, R30 p.P.

Direkt am Emshopi Gate gibt es einen **Campingplatz.** Das größte öffentliche Rest Camp, **Mantuma**, liegt 9 km jenseits der Einfahrt im nördlichen Parkabschnitt und bietet Unterkunft in verschiedenen Kategorien. Am preisgünstigsten sind die 3-Bett-Bungalows* mit gemeinschaftlich genutzten sanitären Einrichtungen und einer Küche. Außerdem gibt es größere Chalets** mit 3, 5 und 7 Betten. Die reizvollsten Unterkünfte sind die traditionellen, begehbaren Safarizelte** für 2 oder 4 Pers. mit Bad und eigener Küche, die überdacht und an den Seiten offen sind. Da sämtliche Unterkünfte komplett ausgestattet sind, müssen nur Lebensmittel und Getränke mitgebracht werden. Eine **Reservierung** für den Campingplatz kann unter folgender Adresse vorgenommen werden: *Camp Superintendent,* Mkuze Game Reserve, PO Box X550, Mkuze 3965, ✆ 035-573 9004. Alle anderen Unterkünfte müssen über das Büro von KZN Wildlife (s.S.439, Kasten) gebucht werden.

Am Zufahrtstor gibt es eine kleine **Tankstelle** und einen **Laden**, wo man einige Grundversorgungsgüter und Bücher erstehen kann. Dennoch ist es unbedingt zu empfehlen, sich vor der Anreise im Ort Mkuze mit allem Nötigen zu versorgen.

In **Mkuze** gibt es einige Geschäfte, eine Tankstelle mit Reparaturwerkstatt und das *Ghost Mountain Inn****,* 🖥 www.ghostmountaininn.co.za, ✆ 035-573 1025. Es ist von der N2 ausgeschildert und empfiehlt sich auch für Nicht-Gäste für einen Drink, eine Mahlzeit oder einen Bauchklatscher im Swimming Pool. *Tribe Africa,* ✆ 035-573 1474, veranstaltet vom Hotel aus vierstündige **Tag- und Nachtpirschfahrten** zum Mkuze Game Reserve (R120 p.P., Mindestgebühr 3 Pers.).

Mit öffentlichen Verkehrsmitteln ist das Mkuze-Wildreservat nicht zu erreichen. Wer kein eigenes Fahrzeug zur Verfügung hat, muss sich einer der organisierten **Touren** anschließen, die im Ort **Mkuze** beginnen.

Als Selbstfahrer kommt man am einfachsten über die Lebombo Mountains zum Schutzgebiet, indem man die Abfahrt Mkuze von der N2 nimmt

und der Beschilderung folgt, bis nach 28 km über eine gute, unbefestigte Straße das Tor **Emshopi Gate** erreicht ist. Eine Alternativstrecke zweigt bereits 35 km nördlich von Hluhluwe von der N2 ab, beinhaltet allerdings größere Abschnitte unbefestigter Piste, ohne wesentlich kürzer zu sein. Zur Orientierung innerhalb des Parks hält das Besucherbüro, ✆ 035-573 9004, eine übersichtliche Karte bereit, auf der sämtliche Wege und Entfernungen verzeichnet und allgemeine Informationen zum Park aufgeführt sind.

Phinda Private Game Reserve

Das private Wildreservat Phinda ist eine 150 km^2 große Ranch am südlichen Ende des Mkhuze Game Reserve. Es zählt zwar nicht zu den ganz großen südafrikanischen Wildschutzgebieten, sicherlich aber zu den stilvollsten. Während der Pirschfahrten im Reservat bieten sich gute Aussichten zum Erspähen von **Löwen**, **Geparden** und beiden Arten von **Nashörnern**, doch alles in allem wird man das Gefühl nicht los, alles sei ein wenig zu gut durchorganisiert. Momentan ist das Gelände noch zu klein, um einen sich selbst regulierenden Wildtierbestand aufrechtzuerhalten, doch das könnte sich schon bald grundlegend ändern: Es gibt Hoffnung, das Reservat in die umliegenden Parks zu integrieren, wie es schon in der Umgebung des Krüger-Nationalparks vorgemacht wurde.

Von besonderem Interesse ist Phinda gleichwohl als **umwelttouristisches Experiment**. Es basiert auf der Philosophie, dass den einheimischen Gemeinden spürbarer Nutzen gebracht werden muss, wenn die wilden Tiere Afrikas effektiv geschützt werden sollen. in Phinda wurde beispielsweise erodiertes Ackerland wieder der Wildnis übergeben (*phinda* heißt auf Zulu „Rückgabe“), und heute gibt es mehr Arbeitsplätze für die Einheimischen im Fremdenverkehr als zuvor in der Landwirtschaft.

Woran es Phinda im Bereich Artenreichtum und Anzahl wilder Tiere mangelt, wird doppelt und dreifach durch den Enthusiasmus wieder wettgemacht, mit dem der zahlungskräftigen Kundschaft eine Mischung aus Gastfreundschaft und ausgesuchtem Luxus kredenzt wird.

Als Unterkunft stehen vier Lodges zur Auswahl: Die *Mountain Lodge* wartet mit einem schönen Ausblick auf die Lebombo-Berge und die

Küstenebene von St. Lucia auf. Die *Rock Lodge* bietet mit 6 in den Fels gemeißelten Glas-Chalets eine etwas intimere Atmosphäre. Die *Forest Lodge* präsentiert – diskret zwischen Busch und Bäumen versteckt – erstklassige Stelzenhäuser aus Holz im afrojapanischen Stil. Die *Phinda Vlei Lodge* mit ihren auf Hochglanz polierten Holz- und Glas-Chalets liegt in einem Wald mit Sandboden am Rande mehrerer Senken. Das **Essen** trägt das Etikett „panafrikanische Küche" und ist vorzüglich. Sämtliche Pirschfahrten und Spaziergänge finden in Begleitung umfassend informierter Experten statt, die zu den besten Fremdenführern Südafrikas zählen.

Reservierungen sollten unter folgender Anschrift vorgenommen werden: *Conservation Corporation Africa* in Jo'burg, Private Bag X27, Benmore 2010, ✆ 011-809 4300, 🖳 www.ccafrica.com. Alternativ dazu kann auch bei einem der spezialisierten Reisebüros gebucht werden. Im Gegensatz zu den öffentlichen Parks steht die Wildnis Phindas nur registrierten Gästen zur Verfügung. Eine detaillierte Beschreibung der Anfahrt wird bei der Reservierung ausgehändigt. Die Preise (über R2000) verstehen sich inkl. sämtlicher Mahlzeiten und Safaris.

Das nördliche Maputaland: Sodwana Bay

Der nördliche Teil von Maputaland umfasst grob gesehen die Region oberhalb des Mkhuze Game Reserve und ist die abgelegenste Gegend Südafrikas. Sie wird fast ausschließlich von unbefestigten Pisten erschlossen, die sich in umständlichen Windungen ihren Weg an die Küste bahnen. Ein Großteil der Region lässt sich nur mit allradgetriebenen Fahrzeugen befahren. Am besten ist es, mit zwei Autos zu reisen, denn Reparaturwerkstätten gibt es hier nicht, und auch sonst sind Einrichtungen aller Art rar gesät. Unbedingt mitzuführen sind ein aufgepumpter Ersatzreifen, Wagenheber, Radmutternschlüssel und Wasservorräte. Vorsicht ist geboten bei Schulkindern oder streunenden Tieren, die ohne Vorwarnung auf der Straße auftauchen können. Man sollte sich nie dazu hinreißen lassen, auf unbefestigten Straßen zu rasen, um Zeit zu sparen. Auf allen Pisten in Maputaland gilt: Achtung Schlaglöcher!

Rund 11 km nördlich von **Mkuze** schlängelt sich die längste Teerstraße Maputalands zunächst nach Norden und anschließend 133 km Richtung Osten, bevor sie 24 km vor der Küste in der lebhaften, aber etwas heruntergekommenen Siedlung **Kwangwanase** (auf einigen Landkarten „Manguzi") ihr abruptes Ende findet.

In ihrem Verlauf Richtung Küste führt die Straße an einem Abzweig vorbei, der nach kurzer Fahrt zum **Ndumo Game Reserve** und 8 km weiter zum Eingangstor des **Tembe Elephant Park** führt, die sich beide nach Norden bis an die mosambikanische Grenze erstrecken. Der Letztgenannte ist ein sehr wenig erschlossenes Schutzgebiet, in das es nur ganz Hartgesottene verschlägt, denn pro Tag werden nur fünf private Geländefahrzeuge hineingelassen. Zudem lassen sich Elefanten andernorts viel einfacher beobachten, z.B. im Krüger-Nationalpark (s.S. 672). Von Kwangwanase aus, 26 km hinter Tembe gelegen, führt eine Straße Richtung Norden nach Kosi Bay und weiter nach Mosambik.

Südlich von Tembe zweigt eine Straße von der asphaltierten Hauptverkehrsader ab. Sie führt nach **Mbazwana**, einen kleinen Ort, der nicht ganz unbedeutend ist, weil er zwischen **Sodwana Bay** im Süden und **Lake Sibaya** im Norden liegt. Mbazwana erreicht man, indem man bei **Jozini** von der Asphaltstraße nach Süden abbiegt. Jozini selbst ist eine kleine, baufällige Siedlung, die aber im Vergleich zu allem, was einen jenseits davon noch erwartet, wie eine pulsierende Metropole anmutet.

19 km südlich von Mbazwana zeigt sich auf einem unerwarteten Teilstück Asphaltstraße eine kleine Einbuchtung an der Küste von Zululand: Sodwana Bay ist der einzige Einschnitt in einer ansonsten praktisch makellosen Küste, die sich über 170 km von St. Lucia bis Kosi Bay erstreckt. Die günstige Kombination aus einer Bucht, in der man ohne Schwierigkeiten Boote zu Wasser lassen kann, und den südlichsten Korallenriffen der Welt hat dafür gesorgt, dass sich Sodwana zum begehrtesten **Tauchrevier** Südafrikas und zum beliebtesten Ferienort von KZN Wildlife entwickelt hat.

Da sich der Kontinentalschelf hier mit bereits nach 1 km nahezu vertikal abfallenden Stufen extrem nah an der Küste zeigt, bietet das Revier sehr große Wassertiefen. Aufgrund dieser Bedingungen ist das Gebiet auch beliebt bei Anglern, die sich hier in großer Zahl zum **Hochsee-Sportfischen** versammeln. Die Fische werden aber in den meisten Fällen nur gekennzeichnet und danach wieder freigelassen. Der Reichtum an beliebten Speisefischen macht Sodwana Bay auch zu einem der besten Reviere des Landes zum **Salzwasser-Fliegenfischen**.

Wenn man sich die Touristen wegdenkt, ist Sodwana Bay ein Paradies mit lauwarmem Wasser (21–27 °C), herrlichen Sandstränden, billigen und einfachen Unterkünften in Hülle und Fülle und reichlich Gelegenheit zum Tauchen oder Schnorcheln. An den Wochenenden und in den Schulferien ändert sich dieses Bild schlagartig, wenn plötzlich die modebewussten Jo'burger in den neuesten Geländewagen mit Bootsanhängern scharenweise hier einfallen, um ihre Designer-Tauchanzüge zur Schau zu tragen. Dicht gedrängt wühlen dann Angler aus Gauteng, Freistaat und Mpumalanga mit ihrem schweren Schuhwerk den Sand auf, frönen dem Alkohol teilweise bis zum Abwinken und verwandeln den Strand in einen einzigen Stellplatz für Allradfahrzeuge.

Eine sanftmütigere Besucherschar gibt sich jedes Jahr von Mitte November bis Februar die Ehre. Dann kommen **Lederschildkröten** und **Unechte Karettschildkröten** zur Eiablage an Sodwanas Strände, wie es bereits seit 60 000 Jahren ihre Gewohnheit ist (s.S. 525, Kasten). ⏲ tgl. 24 Std., Eintritt R20.

Übernachtung und Essen

Die meisten Unterkünfte in Sodwana liegen an den Stränden der Bucht innerhalb des von KZN Wildlife verwalteten Schutzgebietes. Die luxuriöseste, *Sodwana Bay Lodge,* liegt dagegen außerhalb.

INNERHALB DES PARKS – Wer bei *Coral Divers* oder *Sandton Scuba* übernachtet, muss eine tägliche Camping-Gebühr von R35 im Büro von KZN Wildlife entrichten. Dafür bekommt man eine Art Vignette als Zugangsberechtigung für den Campingplatz. Bei *Mseni* ist die Gebühr bereits im Preis enthalten. Die Camping-Gebühr versteht sich zusätzlich zum Eintrittsgeld von R20, das ohnehin von allen Parkbesuchern zu entrichten ist.
Coral Divers*–***, ✆ 035-571 0290, 🖳 www. coraldiver.co.za. Sodwanas führender Tauchausrüster bietet eine preiswerte, entspannende

und freundliche Unterkunft mit verschiedenen 2-Bett-Safarizelten, 2-Bett-Bungalows mit gemeinschaftlich genutzten sanitären Einrichtungen oder 2-Bett-Bungalows mit eigenem Bad in Halbpension oder für Selbstversorger. Der große Essbereich neben der Bar überblickt Pool und Sonnenterrasse. Den ganzen Tag über gibt es kleine Speisen zum Mitnehmen, außerdem wird Satelliten-TV geboten. Tauchkurse mit PADI-Zertifikat reichen von eintägigen Schnupperkursen und Unterricht im offenen Meer bis zur Ausbildung zum Tauchlehrer. *Coral Divers* stellt sämtliche Ausrüstung zum Üben und für spätere Tauchgänge zur Verfügung und verleiht überdies Tauch-Equipment. Für den Transport zum Strand und zurück wird in Abstimmung mit Tauch- und Essenszeiten gesorgt.
KZN Wildlife campsites, ✆ 035-571 0051, ✉ 035-571 0115. Zur Verfügung stehen unglaubliche 413 Stellplätze mit einer Mindestgebühr von R140 pro Platz an Feiertagen, in den Schulferien sowie freitag- und samstagnachts. Diesen angeblich größten Campingplatz der südlichen Hemisphäre hat Sodwana der zu Spitzenzeiten stattfindenden Bevölkerungsexplosion zu verdanken.
KZN Wildlife chalets*, ✆ 033-845 1000. Zehn 5-Bett- (Mindestgebühr 3 Pers.) und zehn 8-Bett-Bungalows (Mindestgebühr 4 Pers.) mit kompletter Ausstattung.
Mseni Lodge****, ✆ 035-571 0284, 🖳 www. mseni-lodge.com. Komfortable Lodge, deren 20 Holzbungalows mit eigenem Bad im dichten Küstenwald verstreut liegen. Bettzeug ist verfügbar, selbst kochen kann man hier allerdings nicht. Im Preis für Halbpension ist auch die täglich an KZN Wildlife zu entrichtende Gebühr enthalten. Frühstück und Abendessen werden laut Speisekarte im Restaurant serviert, daneben gibt es eine Bar, Satelliten-TV, Swimming Pool und E-Mail-Zugang. Zur Lodge gehört ein professionell geführtes Tauchunternehmen mit qualifizierten Tauchlehrern und Skippern. Das Programm enthält ein breites Angebot an Kursen, von denen sich einige ausschließlich an Taucher richten, die bereits eine anerkannte Qualifikation vorweisen können. Auch Landausflüge werden angeboten, z.B. Tagestouren mit dem Geländewagen zu den in der Wilderness Area des Parks

gelegenen Seen Sibaya und Bangazi, in den südlichen Abschnitt des Wildreservats Mkhuze oder an abgeschiedene Strände zum Schnorcheln, Fischen oder einfach nur zum Spaß. *Sandton Scuba**, 📞 082-560 7303 oder 📞 082-253 3714, Buchungen in Jo'burg unter 📞 011-463 2201. Preiswerte Unterkunft für Selbstversorger in 2-Bett-Zelten mit Matratzen. Geschirr, Besteck, Töpfe, Pfannen und Gaskocher sind vorhanden, Bettzeug muss selbst mitgebracht werden. Erfahrenes und qualifiziertes Personal leitet PADI-Tauchkurse im offenen Meer und bildet zum Tauchlehrer aus. Die an KZN Wildlife zu entrichtende Gebühr von R35 ist im Preis nicht enthalten.

AUSSERHALB DES PARKS – *Sodwana Bay Lodge*****, 8 km von der Bucht entfernt im Ort, 📞 035-571 0095, zentrale Reservierung unter 📞 086-1000 333, www.sodwanadivelodge.co.za. Noble Lodge im Hotelstil, 2-Bett-B&B-Chalets mit eigenem Bad und 6- oder 8-Bett-Bungalows für Selbstversorger. Das *Leatherback Restaurant and Bar* serviert ordentliche Speisen zu vernünftigen Preisen, u.a. die beste Pizza weit und breit. An den meisten Abenden gibt es frisch geschnittenen Braten vom Büffet. Die Tanzbar im Untergeschoss zieht mit Billardtischen, Musik, Swimming Pool und Sonnenterrasse auch Einheimische an. Zum Komplex gehört eine offiziell registrierte und professionelle Tauchschule mit Ausrüstungsverleih, wo man Kurse im offenen Meer und eine Ausbildung zum Tauchlehrer absolvieren kann. Von der Lodge aus werden Ausritte in die Umgebung und zum Lake Mngobolezeni angeboten.

Visagie's Camp**, 500 m hinter der *Sodwana Bay Lodge* Richtung Bucht, 📞 035-571 0104 oder 📞 082-440 4141, ✉ visa1234@iafrica.com. Schlichte Unterkunft in Bungalows für 2–8 Pers.; Restaurant und Bar auf dem Gelände. Preise inkl. Halbpension.

Aktivitäten

SCHNORCHELN – Wer keine Lust hat, mit voller Ausrüstung zu tauchen, findet in Jesser Point, einer kleinen Landspitze am südlichen Ende der Bucht, ausgezeichnete Bedingungen zum Schnorcheln vor. Dort liegt unmittelbar vor der Küste das Riff **Quarter Mile Reef**, in dem sich eine große Vielfalt an Fischen tummelt, darunter auch Muränen und Rochen. Bei Ebbe bieten sich hier die besten Bedingungen zum Schnorcheln, ein Schild am Strand weist auf die Uhrzeit der Gezeitenwechsel hin. Schnorchel und Taucherbrillen gibt es zu angemessenen Preisen im Tauchgeschäft der *Sodwana Bay Lodge*. In besucherschwachen Zeiten kann man dort möglicherweise auch Ausrüstung und Tauchanzüge ausleihen.

TAUCHEN – Neben passionierten Anglern kommen hauptsächlich Tauchbegeisterte wegen der einzigartigen **Korallenriffe** nach Sodwana Bay. Normalerweise sind derartige Riffe mit farbenprächtigen tropischen Fischen nur weiter nördlich zu finden, doch hier sorgt der warme Agulhas-Strom für günstige Bedingungen. Weiche und harte Korallen schmücken die Felsen mit ihren bizarren und empfindlichen Formen in einer enormen Vielfalt von Strukturen, Schattierungen und Farben. Das ungetrübte Wasser bietet perfekte Bedingungen zum Beobachten der **Fische**. Insgesamt tummeln sich 1200 verschiedene Arten in den Gewässern vor der Küste des nördlichen KwaZulu-Natal – ein Artenreichtum, der ansonsten nur noch vom australischen Great Barrier Reef übertroffen wird.

Am dichtesten an der Küste, und folgerichtig am meisten frequentiert, liegt **Two Mile Reef**, ein 2 km langes und 900 m breites Riff mit einer Tiefe zwischen 9 und 34 m, das ausgezeichnete Bedingungen zum Tauchen offeriert. Weitere Riffe sind **Five Mile Reef**, weiter nördlich gelegen und bekannt wegen seiner winzigen Geweihkorallen, und das dahinter liegende **Seven Mile Reef** mit zahlreichen Seeanemonen. Auch Schildkröten und Rochen gönnen sich mit Vorliebe im Schutze dieses Riffs eine Pause.

WANDERN – Der Ausgangspunkt für den 5 km langen Rundwanderweg **Mngobolezeni Trail** befindet sich unmittelbar gegenüber der Parkrezeption. Der Trail windet sich durch unterschiedliche Lebensräume, darunter auch Wälder, bis zu einem See an der Küste, von dem der Wanderweg seinen Namen hat. Die Laufrichtung ist durch Pfeile und Schilder gekennzeichnet, man sollte aber dennoch aufpassen, dass man nicht aus Versehen einen der zahlreichen, kreuz und quer verlaufenden Wildtierpfade erwischt und so vom Weg abkommt. Auf der rund 3 Stunden dauernden Wanderung gibt es kein Trinkwasser, so dass man sich eine Erfrischung in den Rucksack packen sollte.

Im See leben neben **Krokodilen** auch **Flusspferde**, die das Wasser normalerweise bei Einbruch der Dunkelheit zum Grasen verlassen. Wer einem Hippo an Land begegnet, sollte ihm mit äußerstem Respekt gegenübertreten, denn das Flusspferd ist von allen afrikanischen Säugetieren für die meisten Todesfälle verantwortlich. Es ist unbedingt zu vermeiden, zwischen ein Flusspferd und dessen Rückzugslinie zu geraten, in der Regel der direkte Weg zum schützenden Wasser. Wer aus Versehen einem Dickhäuter in die Quere kommt, sollte sich einen Baum suchen, um sich dahinter zu verstecken oder – noch besser – hinaufzuklettern.

Außer Flusspferden zeigen sich auf der Wanderung mit etwas Glück auch harmlosere Bewohner des Dünenwaldes und seiner Umgebung, z.B. Schirrantilopen, Rot- und Kronenducker, Riedböcke und Tonga-Hörnchen. An der Parkrezeption ist die informative Broschüre *Mngobolezeni Trail* erhältlich, die über interessante Punkte entlang der Strecke aufklärt.

Touren

Im Dezember und Januar kommen Unechte Karettschildkröten und Lederschildkröten (s.S. 525, Kasten) in die Bucht, um am Strand Nester zu graben und ihre Eier abzulegen. Wer sich dafür interessiert, kann sich einer der geführten **Schildkrötentouren** von Sodwana aus anschließen. Da jedes Jahr nur eine begrenzte Anzahl von Lizenzen für derartige Touren vergeben wird und Jahr für Jahr neue Veranstalter auftreten, müssen die genauen Bedingungen vor Ort erfragt werden.

Sonstiges

Der Naturpark schließt die eigentliche Bucht mit ein; die vereinzelten **Geschäfte** und eine noble

Lodge, die zusammen den Ort Sodwana bilden, befinden sich 8 km weiter westlich an der Mbazwana Road. Das Büro von KZN Wildlife, das Zufahrtstor zum Park, die Zeltplätze, die Bungalows und 3 Tauch-Lodges sind den Hügel hinauf hinter der „Stadt" zu finden. Dort gibt es auch einen kleinen Laden mit **Lebensmitteln** (Alkohol ausgenommen) und einigen Camping-Basisartikeln. Der Laden schließt gegen 17 Uhr, die **Tankstelle** ist von 6–18 Uhr geöffnet. In Sodwana gibt es keine Geldautomaten, doch möglicherweise bekommt man im Laden **Bargeld**, wenn man eine der gängigen Kreditkarten vorzeigen kann. Die öffentlichen **Fernsprecher** neben dem Geschäft nehmen sowohl Münzen als auch Karten an.

Transport

Sodwana Bay ist nicht an das öffentliche Verkehrsnetz angebunden, doch einige einheimische Tauchveranstalter holen Gäste vom *Baz Bus* ab, der 4x wöchentl. von **Durban** aus in Hluhluwe ankommt. Anstatt sich darauf zu verlassen, sollte man bei der Reservierung allerdings besser noch mal nachfragen. Alternativ dazu vermittelt das **Taxi**-Unternehmen *Themba Nkosi*, ℡ 035-571 0177 oder ℡ 083-742 4520, Transfers von Hluhluwe oder von *Isinkwe Backpackers* (14 km südlich von Hluhluwe, s.S. 505). Einige der in Jo'burg stationierten Tauchveranstalter haben auch den Transport von **Jo'burg** nach Sodwana Bay im Angebot (bei der Buchung nachfragen). **Per Anhalter** kommt man in der Regel auch ans Ziel, doch ist Sodwana nicht gerade kompakt, so dass es sehr anstrengend werden kann, wenn man dort kein Fahrzeug zur Verfügung hat.

Lake Sibaya und Baya Camp

An einem windstillen Tag präsentiert sich der 10 km Luftlinie nördlich von Sodwana gelegene Lake Sibaya azurblau und spiegelglatt. Das Wasser ist so klar, dass die Wildhüter von KZN Wildlife bei ihrer Flusspferdzählung einfach über den See hinwegfliegen und die dunklen, aus der Luft klar und deutlich zu erkennenden Tupfer zählen. Der größte natürliche Süßwassersee Südafrikas bedeckt eine

Fläche von 77 km^2 und wird von weißen Sandstränden gesäumt, die weiter abseits vom Ufer in eine dichte Waldlandschaft übergehen. An den Rändern in Ufernähe tauchen an der Wasseroberfläche die Köpfe scheuer Krokodile auf, die sich scheinbar nicht entscheiden können zwischen wärmender Sonne und schützendem Wasser. Die Umgebung des Lake Sibaya ist keine unbewohnte Wildnis; am Rand des Sees liegen traditionelle schwarzafrikanische Ländereien und Dörfer.

Ein besonderer Risikofaktor am Lake Sibaya ist die Langeweile. Wem der Sinn nicht nach Beschaulichkeit steht, der sollte lieber wegbleiben, denn die möglichen Aktivitäten beschränken sich hier auf das Beobachten von Flusspferden, Krokodilen und Vogelwelt. Ein ausgesprochen lässig zu bewältigender, 3 km langer **Rundwanderweg** beginnt an der Aussichtsplattform hinter dem Camp. In der Nähe gibt es zwei versteckte Unterstände, die zur **Vogelbeobachtung** einladen, angesichts fast 300 anwesender Arten ein sehr lohnendes Vergnügen. Es muss nicht extra betont werden, dass Baden im See angesichts der lungernden Krokodile und Flusspferde keine gute Idee ist. ◔ Baya Camp Apr– Sept tgl. 6–20, Okt–März 5–20 Uhr, Eintritt R20 p.P., R15 pro Fahrzeug, Unterkunft extra.

Reservierungen können bis zu 6 Monate im Voraus über die Zentrale von KZN Wildlife (s.S. 439, Kasten) vorgenommen werden.

Übernachtung

Die einzige Unterkunft am See ist das *Baya Camp*. Drei 4-Bett- und vier 2-Bett-Bungalows* sind durch Holzstege miteinander verbunden und verfügen jeweils über ein Handwaschbecken mit fließend kaltem Wasser. Aufenthaltsraum, Essbereich, Küche und sanitäre Einrichtungen (mit warmem Wasser, falls die Sonneneinstrahlung zur Speisung der Solarkollektoren ausgereicht hat) werden allesamt gemeinschaftlich genutzt. Reservierungen können bis zu 6 Monate im Voraus über die Zentrale von KZN Wildlife (s.S. 439, Kasten) vorgenommen werden. Es empfiehlt sich nicht, hier einfach ohne Reservierung aufzutauchen, denn das nächste Hotel befindet sich 111 km entfernt in Mkuze. Außer den bereits beschriebenen gibt es am See **keinerlei weitere Einrichtungen**. Lebensmittel und Benzin gibt es erst wieder in Mbazwana, doch sollte man sich schon vorher in einem der größeren Orte (z.B. Mkuze oder Jozini) mit allem Nötigen eindecken.

Transport

Baya Camp liegt 16 km nordöstlich von Mbazwana am Westufer des Sees und ist über eine unbefestigte Piste mit einigen sandigen Passagen zu erreichen. Für die Anfahrt ist ein Geländewagen nicht unbedingt erforderlich, doch wer die teilweise mit Wühlsand durchsetzten Waldgebiete in der Umgebung des Sees erkunden möchte, kommt um ein allradgetriebenes Fahrzeug nicht herum.

Mabibi

Das jenseits des Lake Sibaya gelegene Camp Mabibi zählt zu den abgelegensten und idyllischsten Campingplätzen in ganz Südafrika. Zusätzlichen Reiz verleiht ihm die Tatsache, dass er so schwer zugänglich ist. Der Sanddünenwald schützt das Camp vor dem Wind, und ein Holzsteg führt in einem rund zehnminütigen Spaziergang die Dünen hinunter zum Strand, einen der unberührtesten Küstenabschnitte KwaZulu-Natals. Außerhalb der Schulferien stehen die Aussichten gut, einen tropischen Bilderbuchstrand ganz für sich allein zu haben. Hier ist nichts zu spüren von den hektischen Außenbordmotoren und Geländewagen, die das Bild in Sodwana und anderen Orten weiter südlich beherrschen, denn die sind innerhalb des Schutzgebietes Maputaland Coastal Forest Reserve verboten, zu dem Mabibi gehört.

Das Meer bietet hervorragende Bedingungen zum **Brandungsangeln**. Auch **schnorcheln** lässt es sich ebenso gut wie in Sodwana, denn unmittelbar vor der Küste wimmelt es in den Korallenbänken von tropischen Meeresbewohnern.

Im Wald leben mehrere **Säugetierarten**, von denen die meisten allerdings nachtaktiv (Galagos, Großfleck- Ginsterkatzen und Stachelschweine) und die übrigen eher scheu sind (Moschusböckchen und Weißkehlmeerkatzen). Die Grünmeerkatzen sind im Gegensatz dazu recht unverfroren und zeigen sich meist in der Gruppe, wenn man etwas länger an einem Ort verweilt. ◔ Apr– Sept tgl. 6–20, Okt– März 5–20 Uhr, Eintritt R20 p.P., R15 pro Fahrzeug.

Übernachtung

Der in üppigem subtropischem Busch rund 20 km Luftlinie nördlich von Sodwana an der Küste Richtung Mosambik gelegene **Campingplatz** besteht aus 10 Stellplätzen für Zelte, die sich auf einem Plateau hoch oben auf den majestätischen, zum Meer hin steil abfallenden Dünen befinden. Die Reservierung erfolgt im Büro von KZN Wildlife in Manzengwenya, ☎ 035-592 0142, ✆ 035-574 8017. Die nächstgelegenen Möglichkeiten zum Einkaufen und Tanken befinden sich 60 km weiter südlich in Mbazwana.

Transport

Die Anfahrt zum Camp erfolgt am besten über die geteerte Landstraße, die ca. 11 km nördlich von Mkuze von der N2 nach Kwangwanase (Manguzi) abzweigt. An der Kreuzung bei Manzengwenya biegt man rechts ab und folgt der Beschilderung nach Mabibi. Da dieses letzte, 45 km lange Teilstück über eine Schotterpiste mit sehr sandigen Passagen führt, ist ein Geländewagen unbedingt erforderlich, oder zumindest ein Fahrzeug mit ausreichend hoher Bodenfreiheit, z.B. ein so genannter „Bakkie" (Pick-up). Alternativ dazu ist Mabibi über die Küstenstraße zu erreichen, die Mbazwana mit der von Jozini nach Kwangwanase/Manguzi führenden Asphaltstraße verbindet. An der Manzengwenya Rd biegt man rechts ab und folgt der Beschilderung.

Rocktail Bay

Das Nonplusultra aller **Strandurlaubsziele** Südafrikas ist das rund 40 km nördlich von Mabibi an der Küste gelegene Rocktail Bay. Dieser Küstenabschnitt ist noch unzugänglicher als die zuvor genannten und denjenigen Gästen vorbehalten, die bereit sind, den entsprechenden Preis zu zahlen für das unbestreitbare Privileg eines Aufenthalts in der edlen *Rocktail Bay Lodge*.

Nur ganz wenige Küstenabschnitte Südafrikas präsentieren sich so unberührt wie die Strände von Rocktail Bay. Hier gibt es kein Großwild, das Otto Normalverbraucher anlocken würde, dafür aber ausgezeichnete Bedingungen zum **Tauchen** vor der Küste und ein Tauchzentrum mit einem qualifizierten PADI-Ausbilder, Boot und Skipper. Bei Ebbe lädt die Bucht zum **Schnorcheln** ein, die entsprechende Ausrüstung steht für Gäste zur Verfügung. Die **Vogelwelt** zeigt sich ebenfalls von einer prächtigen Seite, mit zahlreichen seltenen und kostbaren Arten wie Grüner Tropfenastrild, Erzkuckuck, Grauastrild, Glanzhaubenturako, Helmturako, Natal-Rotkehlchen und Smaragdkuckuck. Einer der seltensten und am schwierigsten zu entdeckenden Vögel ist der Palmgeier.

Es zählt zu den Reizen von Rocktail Bay, dem unangefochtenen Müßiggang zu frönen. Wer sich dafür zu munter fühlt, begibt sich einfach auf einen **Spaziergang** durch den Küstenwald, schließt sich einem **Ausflug** zum Black Rock oder zum Lake Sibaya an oder geht an den Strand, um die Schildkröten bei der Eiablage im Sommer zu beobachten. Beim **Brandungsangeln** bestehen Aussichten auf reiche Beute in Gestalt von Alsen, Meeräschen, Königsfischen, Knochenfischen, Stumpfnasen, Barrakudas und Brassen.

Übernachtung

Rocktail Bay Lodge, Vollpension über R500, Buchung über *Wilderness Safaris,* PO Box 78573, Sandton 2146 unter ☎ 011-883 0747 oder ☎ 011-257 5015, 🖳 www.wilderness-safaris.com. Die Unterkunft besteht aus 10 ried- und strohgedeckten Chalets mit Bad, die auf Stelzen und mit eigener Holzterrasse unter dem Blätterdach des Waldes stehen. Rocktail Bay ist der ideale Ort zum Ausspannen: Es gibt kein Telefon, nur begrenzt Solarstrom (ca. 3 Std. am Tag), und die letzten Kilometer sind so unwegsam, dass man sein Fahrzeug am Büro des *Coastal Forest Reserve* stehen lassen und mit dem **Geländewagen** zur Lodge geschaukelt werden muss.

Ndumo Game Reserve

Das Wildreservat Ndumo zählt zu den schönsten Tierschutzgebieten KwaZulu-Natals. Nördlich des Reservats erstreckt sich das flache Überschwemmungsgebiet an der mosambikanischen Grenze, südlich erhebt sich der Höhenzug der Lebombo Mountains. Im Norden reicht der Park bis an den **Usutu River** heran, der in Swasiland entspringt und die Grenze zwischen Südafrika und Mosambik markiert. Die Abfahrt von der Asphaltstraße zum Schutzgebiet liegt 56 km nördlich von Jozini, die letzten 15 km geht es über eine holprige Schotterpiste.

Das Wildreservat zeichnet sich nicht durch eine besonders große Zahl von Tieren aus, doch wem es nicht nur darum geht, möglichst viele **Säugetiere** von seiner Liste abzuhaken, der kann sich an der Schönheit, der Abgeschiedenheit und der vielfältigen Vogelwelt erfreuen. Das soll aber nicht heißen, dass es hier keine wilden Tiere gibt – im Gegenteil, es sind sogar 62 Arten vertreten, darunter Büffel, Schakal, Gnu, Giraffe, Flusspferd, Hyäne, Zebra und beide Nashornarten – sie sind aber schwieriger zu erspähen als andernorts. Was dagegen die Vogelwelt angeht, spielt Ndumo in der ersten Liga der besten Plätze zum **Beobachten von Vögeln** in ganz Südafrika. Unglaubliche 420 Arten wurden gezählt, darunter Kap-Breitrachen, Perlastrild, Bindenfischeule, Vierfarbenwürger, Kuckucksweih, Graubrust-Schlangenadler und Palmgeier.

Wie in anderen öffentlichen Tierschutzgebieten sind auch in Ndumo einige Abschnitte für Selbstfahrer vorgesehen. Zu den Höhepunkten zählt eine Fahrt nach **Redcliffs**, wo es einen Picknickplat mit einem hoch gelegenen Aussichtspunkt gibt, der einen Panoramablick über den Usutu River nach Swasiland und Mosambik eröffnet. KZN Wildlife veranstaltet vormittags und abends Geländewagenfahrten zur **Inyamiti-Pfanne**, einem Wasserloch, in dem sich Flusspferde und Krokodile räkeln und das zahlreiche Wasservögel zum Trinken anlockt. Außerdem werden **geführte Wanderungen** durch den Wildpark angeboten. ⏱ tgl. vom Morgengrauen bis zum Einbruch der Dunkelheit, Eintritt R10 p.P., R30 pro Fahrzeug.

Schildkröten in Maputaland Die gesamte Küste von Maputaland ist ein hervorragendes Revier zum Beobachten von Unechten Karettschildkröten und Lederschildkröten, die jedes Jahr zwischen Oktober und Februar zum Brüten an die Küste kommen, doch **Rocktail Bay** ist wahrscheinlich der beste Ort von allen. An den Stränden von Maputaland kommen Schildkröten von so entfernt gelegenen Orten wie Malindi in Kenia (3500 km nördlich) und Cape Agulhas (2000 km westlich an der südafrikanischen Küste) zusammen, um ihre Eier abzulegen. Die Schildkröten haben sich in den letzten 100 Millionen Jahren kaum verändert, und es wird vermutet, dass die Lederschildkröte bereits seit 60 000 Jahren zur Eiablage an die Strände von Maputaland kommt. Sind die Eier des Schildkrötenweibchens reif, macht sie sich auf den Weg an den Strand, um sie abzulegen. Es wird angenommen, dass die Schildkröten von einem im Sand enthaltenen Hormon angelockt werden und dessen Geruch folgen. Wissenschaftler glauben, dass die Duftnote in das Unterbewusstsein der Schildkröten gelangt, wenn diese noch gar nicht geschlüpft sind. Die kurzsichtige Schildkröte, deren Augen an das Sehen unter Wasser angepasst sind, kriecht im Dunkeln an den Strand und arbeitet sich so lange vor, bis sie auf ein Hindernis trifft, z.B. eine Sandverwerfung oder einen Baumstamm. Dort gräbt sie mit ihren Vorderflossen eine Mulde, bis sie ein Nest ausgehoben hat, in das sie mit ihrem ganzen Körper hineinpasst. Dann gräbt sie ein flaschenförmiges, ca. 50 cm tiefes Loch und legt ihre Eier darin ab – ein Vorgang, der ungefähr zehn Minuten dauert.

Nach verrichteter Arbeit füllt das Schildkrötenweibchen das Loch mit den Eiern unter Zuhilfenahme ihrer Vorderflossen zur Tarnung mit Sand auf und kehrt ins Wasser zurück. Etwa zwei Monate später schlüpfen die Jungen, und sobald die Temperatur unter 28 °C fällt, macht sich die gesamte Brut gleichzeitig und so schnell sie kann auf den Weg ins rettende Wasser. Nur eins von 500 Jungen überlebt dieses Rennen. Diejenigen, die es bis ins Wasser schaffen, schwimmen gleich ins offene Meer hinaus, wo sie vom Agulhas-Strom entweder in den Atlantik oder die Küste des Indischen Ozeans hinaufgetrieben werden. Da die Schildkröten möglichst wenig gestört werden sollen, ist es nur einigen wenigen Veranstaltern per Lizenz erlaubt, Besuchergruppen bei Nacht zum Beobachten der Schildkröten an die Strände zu begleiten.

KWAZULU-NATAL

Das kleine **Rest Camp** liegt auf einem Hügel und bietet neben einigen Stellplätzen für Zelte auch 7 alte, aber gut erhaltene 2-Bett-Bungalows*, jeweils mit Kühlschrank und Kaltwasser-Handwaschbecken sowie gemeinschaftlich genutzten sanitären Einrichtungen. Ein **Laden** in der Nähe des Eingangstors führt einige nützliche Basisartikel, doch sollte man sich auf jeden Fall vor der Anreise in Mkuze mit allem Nötigen versorgen. Für **Reservierungen** ist die Zentrale von KZN Wildlife zuständig (s.S. 439, Kasten). Wer auf den letzten Drücker kommt, kann es auch im lokalen KZN-Büro unter ✆ 035-591 0032 versuchen.

Eine luxuriöse Unterkunft ist die private **Ndumo Wilderness Lodge**, über R500, Buchung durch *Wilderness Safaris*, PO Box 78573, Sandton 2146 unter ✆ 011-883 0747 oder ✆ 011-257 5015, 🖳 www.wilderness-safaris.com. Sie besteht aus mehreren, auf Holzplattformen aufgestellten Safarizelten mit eigenem Bad und Blick auf eine schöne Wasserstelle in einem öffentlich nicht zugänglichen Abschnitt des Schutzgebietes. Die Zelte sind durch oberhalb des Hochwasserspiegels der Senke verlaufende Holzstege miteinander verbunden. Der Aufenthaltsbereich besteht aus einer an den Seiten offenen Terrasse, die aufs Wasser hinausragt, einen fantastischen Ausblick auf das von Krokodilen bevölkerte Wasser bietet und einen perfekten Aussichtspunkt zum Beobachten von Wasservögeln mit dem Fernglas darstellt. Von der Lodge aus finden auch **Pirschfahrten** und informative, **geführte Spaziergänge** statt, u.a. zur Inyamiti-Pfanne. Im Preis sind sämtliche Mahlzeiten und Aktivitäten enthalten.

Kosi Bay

Das inmitten von Wasserwegen und Waldlandschaft gelegene Kosi Bay ist der nördlichste Ort an der Küste KwaZulu-Natals. Der Name ist etwas irreführend, denn es handelt sich nicht um eine Bucht, sondern um ein Gebiet aus **vier Seen**. Die Gewässer sind durch schmale Schilfkanäle miteinander verbunden, die schließlich bei Kosi Mouth ins Meer münden. Wer zur eigentlichen Mündung vordringen will, braucht einen Geländewagen und eine gehörige Portion Unerschrockenheit.

Eines der faszinierendsten Bilder von Kosi Bay sind die labyrinthartigen Schilfzäune in der Mündung und in anderen Bereichen der Seenplatte. Diese **Fischkraals** sind die von den einheimischen Tonga nach einer jahrhundertealten Tradition errichteten Fischfallen. Da die Anzahl dieser Fallen strengen Kontrollen unterliegt, hat sich aus dieser Praxis eine nachhaltige Fangmethode entwickelt, die von Generation zu Generation weitergegeben wird und so ausgelegt ist, dass nur 4% der die Barriere passierenden Fische tatsächlich gefangen werden.

Wer sich länger in Kosi Bay aufhält, wird sich auf frustrierende Weise vom Meer abgekapselt fühlen. Wem ein flüchtiger Blick auf die Küste nicht reicht, der sollte sich der viertägigen Wanderung über den **Amanzimnyama Trail** anschließen, eine der wenigen allgemein zugänglichen Möglichkeiten, den nördlichsten Abschnitt des Indischen Ozeans in Südafrika zu Gesicht zu bekommen. Der Rundwanderweg beginnt im Basislager am Westufer des Lake Nhlage und führt durch wunderschönen Küstenwald, am Strand entlang und durch eine Vegetation aus Palmfarnen und riesigen Raffia-Palmen. Im Sommer bestehen Aussichten, Schildkröten am Strand zu entdecken. Betten, Töpfe, Kocher, sanitäre Einrichtungen und begrenzte Wasservorräte sind an den Nachtlagern entlang der Route vorhanden, Strom oder Kühlung bzw. Eis gibt es dagegen nicht. Mitgebracht werden müssen Besteck und Geschirr, Lebensmittel, Bettzeug, Taschenlampe und Schnorchelausrüstung. Insektenschutz sollte ebenfalls in keinem Rucksack fehlen. Außerdem ist der äußerste Norden eine der wenigen Regionen des Landes, in der es ratsam ist, Wasserreinigungstabletten zu verwenden. **Reservierungen** für die Wanderung (Kosten R250 p.P.) werden in der Zentrale von KZN Wildlife vorgenommen (s.S. 439).

Eine äußerst empfehlenswerte Alternative zur Erkundung der Gegend ist eine von Einheimischen geleitete **Führung** zu den Seen und Fischfallen. Die Ausflüge beginnen am Rest Camp des Parkbüros, ✆ 035-592 0236, dessen Personal weitere **Informationen** zur Umgebung bereithält. ⊕ Apr–Sept tgl. 6–20, Okt–März 5–20 Uhr, Eintritt R20 p.P., R15 pro Fahrzeug.

Kosi Bay Lodge, 500 m vom Seeufer, ein wenig abseits der eigentlichen „Bucht", zentrale Reservierung unter ✆ 031-266 4172 oder ✆ 082-7714857. Private Unterkunft außerhalb des von KZN Wildlife verwalteten Schutzgebietes in spartanischen A-frame-Bungalows mit gemeinschaftlich genutzten sanitären Einrichtungen oder in riedgedeckten 2-Bett-Chalets mit eigenem Bad. Es gibt eine Bar mit Aussichtsterrasse und ein **Restaurant** mit dem üblichen Angebot an Speisen. Von der Lodge aus werden Bootsfahrten über den See zum Ostufer mit 5 km langer Wanderung zu herrlich unberührten Stränden veranstaltet. Preise: A-frame-Bungalow*, B&B***, Halbpension mit Bootsausflug****.

Kosi Forest Lodge, um R1000, innerhalb des Schutzgebietes, ✆ 035-474 1504, 💻 www.zulu.net.co.za. Für viele die märchenhafteste Unterkunft in KwaZulu-Natal. Acht ried- und strohgedeckte Suiten inmitten einer Landschaft aus Palmen, Wald, Seen, Flussmündung, blendend weißen Stränden und lauwarmem Meer. Die Lodge liegt so isoliert, dass es weder Strom noch eine asphaltierte Zufahrt gibt. Die Gäste werden an der Polizeistation in Kwangwanase abgeholt und mit dem Geländewagen über versandete Pisten zur Lodge transportiert. Zu den angebotenen Aktivitäten zählen geführte Kanutouren, Schnorcheln im Riff und Waldspaziergänge mit guten Aussichten zum Beobachten von Flusspferden, Krokodilen und Meeresschildkröten. Der Preis beinhaltet sämtliche Mahlzeiten und Aktivitäten. Mai–Aug etwas billiger als in den übrigen Monaten.

KZN Wildlife Rest Camp**, innerhalb des Schutzgebietes am Westufer des größten der vier Seen, Lake Nhlange. Chalets mit 2 Betten, 5 Betten (Mindestgebühr 3 Pers.) und 6 Betten (Mindestgebühr 4 Pers.). In der Nähe gibt es einen kleinen Campingplatz, und eine private Lodge befindet sich in Planung. Reservierung über die Zentrale von KZN Wildlife.

Itala Game Reserve

Westlich von Maputaland liegt unweit der Grenze nach Swasiland das kleine Schutzgebiet Itala Game Reserve. Das Wildreservat ist relativ unbekannt, obwohl es zu den landschaftlich schönsten Orten zum Beobachten wilder Tiere in ganz Südafrika zu zählen ist. Möglicherweise lassen viele Besucher Itala links liegen, weil es relativ wenig Tradition hat (es wurde erst 1972 zum Schutzgebiet erklärt). Das könnte sich allerdings schon bald ändern – nicht zuletzt weil Italas Hauptcamp, **Ntshondwe**, zu den besten Rest Camps aller Wildreservate Südafrikas gehört. Itala ist größtenteils gebirgig, und die Landschaft präsentiert sich äußerst facettenreich; aus einem schützenden Becken ragen Klippen und Felswände empor.

Wer unbedingt die „Großen Fünf" sehen will, ist in Itala fehl am Platze. Der König der Tiere lässt sich hier nicht blicken, und die anderen vier statten dem Reservat nur gelegentliche Stippvisiten ab. Itala bietet sich vielmehr für diejenigen an, die ganz in Ruhe wilde Tiere in einer der friedlichsten, am wenigsten überlaufenen und landschaftlich schönsten Gegenden Südafrikas beobachten möchten.

Wie die übrigen Tierschutzgebiete KwaZulu-Natals eignet sich auch Itala ausgezeichnet zum Beobachten von **Breitmaulnashörnern** und zahlreichen **Savannentieren**, darunter Zebras und Giraffen. Mit sehr viel Glück zeigen sich auch Schabrackenhyänen, Geparden oder **Leoparden**. Es sei jedoch jedem empfohlen, seine Säugetier-Checkliste in den Papierkorb zu werfen und stattdessen während einer gemächlichen Rundfahrt die Bergwelt und Wasserwege des Parks zu genießen. Da es hier keine Löwen gibt, verhält sich das Wild gleichmütig und ruhig, und an einem ruhigen Wochentag geht vom Verhalten der Tiere eine ganz besondere Faszination aus. Wer sich ruhig verhält und die Augen offen hält, sieht vielleicht, wie ein männliches Nashorn sein Revier verteidigt oder zwei junge Giraffen beim Halsringen ihre Kräfte messen. Eine der lohneswertesten **Rundfahrten** führt über den Ngubhu Loop mit einem Schlenker zum gleichnamigen Picknickplatz. Informationen und Landkarten sind an der Rezeption des Camps Ntshondwe erhältlich.

Einige **Wanderwege ohne Führung** erschließen die bewaldete Berglandschaft oberhalb von Ntshondwe und bietet die Möglichkeit, nach einer langen vormittäglichen Autofahrt endlich einmal wieder die Beine auszustrecken. **Tag- und Nacht-**

pirschfahrten im offenen Fahrzeug können an der Ntshondwe-Rezeption gebucht werden und kosten R70 p.P. ☺ Apr–Sept tgl. 6–18, Okt–März 5–19 Uhr, R30 p.P., R30 pro Fahrzeug.

Übernachtung und Essen

Alle Unterkünfte in Itala werden von KZN Wildlife betrieben und sollten in deren Zentrale reserviert werden (s.S. 439, Kasten). Buchung für Zeltplätze: *Officer-in-Charge,* PO Box 98, Louwsburg 3150, ✆ 034-907 5105.

Mbizo Campsite, wenn es um ein extrem spartanisches Buscherlebnis geht, ist dieser wunderbare Mini-Campingplatz (max. 20 Pers.) kaum zu schlagen. Er liegt im Schatten von Dornenbäumen und Ilala-Palmen am Ufer des Mbizo River und bietet ein eher asketisches Vergnügen mit kalten Duschen hinter Schilfvorhängen und Kochen über dem Lagerfeuer. Das einzige Zugeständnis an die Zivilisation ist das Wasserklosett.

Mhlangeni, Mbizo und Thalu bush camps**, eine wunderbare Wahl für Reisende, die es etwas wilder mögen. Die 3 Busch-Camps in herrlich abgeschiedener Lage können 4–10 Pers. aufnehmen (keine Mindestgebühr). Für die Ordnung im Camp ist ein Aufseher zuständig, und ein Parkhüter begleitet Gäste auf Wanderungen in die Umgebung.

Ntshondwe Rest Camp***, eines der besten Rest Camps des Landes mit 25 extrem komfortablen 2-Bett-Chalets für Selbstversorger mit komplett ausgestatteter Küche, Aufenthaltsbereich und Terrasse, dazu 28 Chalets ohne Selbstverpflegung und einige größere Einheiten. Es gibt hier weder Rasenflächen noch Grünanlagen, die Chalets sind von natürlichem Busch umgeben, während sich geteerte Spazierwege durch die Granitfelsen und Baumbestände zum Empfangsbereich schlängeln. Dort gibt es einen kleinen Laden und eine Bar mit Sonnenterrasse, von der sich ein schöner Blick auf eine Wasserstelle und über die umliegenden Täler eröffnet. Wer nicht jeden Rand zweimal umdrehen muss, kann im **Restaurant** von Ntshondwe einkehren, dessen überraschend breit gefächerte Speisekarte u.a. mit Schnecken und Steaks aufwartet. Selbstverpflegung sollten in Itala nur Vegetarier in Betracht ziehen, denn fleischlose Kost ist nicht immer erhältlich. Wer trotz allem eigene Verpflegung bevorzugt, wird im **Laden** des Camps keine große Auswahl an frischen Lebensmitteln finden, dafür aber reichlich gefrorenes Fleisch und Bier. In Louwsburg gibt es einen winzigen Gemischtwarenladen mit etwas besserer Auswahl, doch sollten Selbstversorger sich ihre Vorräte lieber bereits in Vryheid, Pongola, Mkuze oder einer der anderen größeren Ortschaften an der Strecke zulegen.

Transport

Das Itala-Wildreservat ist nicht einmal annähernd mit öffentlichen Verkehrsmitteln zu erreichen, so dass es keine Alternative zum **eigenen Fahrzeug** gibt. Das Rest Camp **Ntshondwe** liegt 7 km jenseits des Parkeingangs perfekt getarnt am Fuße massiver Klippen, die zu einer Hochebene aufsteigen.

Zululand

Etwa 30 km westlich des Wildreservats Hluhluwe-Umfolozi liegt die reizlose, moderne Stadt **Ulundi**, die den geographischen Mittelpunkt des traditionellen Siedlungsgebietes der Zulu bildet. Auf dem Höhepunkt seiner Macht unter König Shaka in den 20er und 30er Jahren des 19. Jahrhunderts erstreckte sich der Zulu-Staat in seinem Kern vom **Black Mfolozi River** im Norden bis nach Süden zum **Tugela River**, der rund 100 km nördlich von Durban in den Indischen Ozean mündet.

Trotz der unbestrittenen landschaftlichen Reize betrachten die meisten Touristen das größtenteils aus trockenem Dornbuschveld und hügeliger Landschaft bestehende Zululand als Besichtigungstour durch Museen und an historische Kriegsschauplätze, die so genannten Battlefields. Das eigentliche Kernland der Zulu mit **Museen** zur lokalen Geschichte und Kultur konzentriert sich westlich des Wildreservats Hluhluwe-Umfolozi, das einst König Shakas persönliches Jagdrevier war. Ein Besuch in diesem Wildpark oder im Itala Game Reserve (ca. 150 km nördlich von Ulundi) lässt sich gut mit einem Abstecher nach Zululand kombinieren.

Die ehemaligen Kampfschauplätze konzentrieren sich in einem relativ kleinen Gebiet westlich von Zululand. Die Battlefields sind Zeugnisse der kriegerischen Auseinandersetzungen des 19. Jahrhunderts, in deren Verlauf zunächst Zulus gegen Buren, dann Zulus gegen Briten und schließlich Buren gegen Briten zu Felde zogen. Es ist nicht zu empfehlen, diese Stätten auf eigene Faust zu besuchen, denn dann beschränkt sich das Erlebnis auf die Besichtigung freier Felder mit ein paar Gedenksteinen. Da ist es schon weitaus besser, sich einer Führung anzuschließen, die die spektakuläre Geschichte der Region für ihre Besucher wieder lebendig werden lässt.

Der Klischeevorstellungen entsprechende Schwarzafrikaner in Stammeskleidung ist in Südafrika heutzutage nur noch in den Zulu-Themenparks à la Shakaland anzutreffen. Die traditionelle Kleidung und der Lebensstil der Zulu sind größtenteils ein Phänomen des 19. Jahrhunderts. Dem bereiteten die Engländer vor etwa 100 Jahren ein jähes Ende, indem sie eine Kopfsteuer einführten, die bar bezahlt werden musste. Damit zerschlugen sie die Autarkie der Zulu, forcierten deren Verstädterung und zwangen sie in ihr Modell einer modernen Industriegesellschaft, in der sie nur als billige Arbeitskräfte willkommen waren.

Heute kann man in Zululand wunderschön gearbeitetes Kunsthandwerk besichtigen, am besten in kleinen Museen wie der Vukani Collection in Eshowe. Einen weiteren Abstecher lohnt der rekonstruierte königliche Kraal von Cetshwayo, dem letzten König des unabhängigen Zulu-Reiches. Er befindet sich in dem Ort Ondini in der Nähe von Ulundi.

Geschichte

Die Wahrheit hinter der Geschichte der Zulu ist nur schwer von dem Mythos abzulösen, der sowohl von ihnen selbst als auch von den weißen Siedlern genährt wurde. Die Darstellungen des Zulu-Königreichs in den 20er Jahren des 19. Jahrhunderts stützen sich im Wesentlichen auf die Tagebücher der beiden britischen Abenteurer **Henry Fynn** und **Nathaniel Isaacs**. Sie porträtierten König Shaka als launische und blutrünstigen Tyrann, der seine Untertanen willkürlich und zu seinem eigenen Vergnügen hinrichten ließ. Zwar taten die beiden alles, ihren verwerflichen Umgang mit der Wahrheit vor

der Nachwelt zu verheimlichen, doch in den 40er Jahren wurde ein Brief von Isaacs an Fynn entdeckt; darin ermutigte er seinen Freund, der zwecks Veröffentlichung seiner Memoiren nach London unterwegs war, die Zulu etwa folgendermaßen zu beschreiben: „... so blutrünstig wie du nur kannst. Und schildere sinnlose Verbrechen, die Menschen das Leben kosten. Das wertet die Arbeit auf und weckt das Interesse der Leser."

In der gegenwärtigen Debatte scheiden sich die Geister der Historiker an der Frage, welchen Einfluss das **Zulu-Reich** im 19. Jahrhundert tatsächlich hatte. Einige stellen neuerdings die gängige These in Frage, dass Shaka ein „afrikanischer Napoleon" gewesen sein soll, ein militärisches Genie, das die Politik im Südafrika des 19. Jahrhunderts gehörig aufmischte. Unstrittig ist dagegen, dass Shaka in den 20er Jahren des 19. Jahrhunderts einen Staat zusammenschweißte, der zu den einflussreichsten politischen Kräften des Subkontinents zählte, und dass die internen Auseinandersetzungen über seine Herrschaft 1828 eskalierten, als Shaka von seinem Halbbruder **Dingane** ermordet wurde.

In den 30er Jahren des 19. Jahrhunderts verschärften sich die inneren Spannungen im Zulu-Staat unter dem Druck der Weißen, sie erreichten ihren vorläufigen Höhepunkt, als ein relativ kleines Buren-Kommando Dinganes Streitmacht am **Blood River** eine empfindliche Niederlage beibrachte. Diese führte zu einer Teilung des Zulu-Staates, wobei sich eine Hälfte **König Mpande** anschloss. Der völlige Zusammenbruch drohte, als Mpandes Söhne Mbuyazi und Cetshwayo ihre jeweiligen Gefolgstruppen in eine offene Schlacht um die Thronnachfolge führten. **Cetshwayo** ging aus dem Gefecht als Sieger hervor und machte sich mit Erfolg an den Wiederaufbau des Staates – zu spät, denn Großbritannien hatte bereits beschlossen, dass die eigenen Interessen am besten gewahrt werden könnten, indem man ein vereintes Südafrika unter britischer Kontrolle schuf, dem ein mächtiger Zulu-Staat auf keinen Fall im Wege stehen durfte. Am Ufer des Tugela River stellte Sir Bartle Frere, der britische Gouverneur der Kap-Provinz, König Cetshwayo ein unannehmbares **Ultimatum**: sofortiger Verzicht auf einen eigenen Zulu-Staat oder militärischer Einmarsch der Engländer.

Im Januar 1879 überquerten die britischen Truppen den Tugela – und mussten bei **Isandlwana** eine der demütigendsten Niederlagen einstecken, die einer britischen Streitmacht jemals von „eingeborenen" Truppen beigebracht worden war. Das Schicksal wendete sich allerdings gegen die Zulu, als kurz darauf gut 100 englische Soldaten bei Rorke's Drift eine übereifrige Streitmacht von 3000–4000 Zulu zurückschlugen. Ende Juli war es dann endgültig vorbei mit der Unabhängigkeit, als die Briten die zögerlichen Zulu (deren Widerstand im Grunde schon gebrochen war und die eigentlich nur noch Frieden wollten) bei Ulundi in eine Schlacht verwickelten. Die Engländer legten Cetshwayos Hauptstadt Ondini in Schutt und Asche – das Feuer wütete vier Tage lang –, nahmen den Zulu-König gefangen und sperrten ihn in der Burg von Kapstadt ein.

Gingindlovu

Am 2. April 1879 griffen die Zulu bei Gingindlovu (von den hier ansässigen Weißen zu „Ging" verkürzt) eine britische Entsatzkolonne an, die zwecks Aufhebung der Belagerung auf die Stadt Eshowe zumarschierte. In einer der entscheidenden Schlachten des Krieges zwischen Engländern und Zulu brachten die kolonialen Invasoren ihren Widersachern eine vernichtende Niederlage bei und zerstörten damit deren Moral, während die Briten ihrerseits „nur" 13 Gefallene zu beklagen hatten. Am darauf folgenden Tag setzte die britische Kolonne ihren Vormarsch fort und befreite schließlich das belagerte Eshowe.

Allzu viel zu sehen gibt es in dem 50 km nördlich von Dukuza an der R102 gelegenen Ort Gingindlovu nicht. Er bietet sich jedoch als Ausgangsbasis für die Erkundung des zentralen Zululand und der Battlefields an und besitzt darüber hinaus den Vorteil, dass er nur 15 km von der Küste entfernt liegt.

Der *Baz Bus* für Backpacker hält in Gingindlovu und setzt seine Fahrgäste an einer der beiden ausgezeichneten Unterkünfte ab: Die preiswertere ist das exzentrische und unterhaltsame Hostel *Inyezane Backpackers**, ☏ 035-337 1326,

🖳 www.inyezane.lodge.tc. Die Herberge liegt auf einer Zuckerfarm unmittelbar außerhalb der Stadt, Details zur Anfahrt können telefonisch erfragt werden. Die Übernachtungsmöglichkeiten bestehen aus mehreren abwechslungsreich dekorierten Rundhütten, aber auch Schlafsäle, DZ und Stellplätze für Zelte stehen zur Verfügung. Bekannt ist das Hostel für seine Schlammbäder, auf Wunsch wird den Gästen beigebracht, wie man Souvenirs aus Elefantendung herstellt oder auf traditionellen Musikinstrumenten spielt. Ebenfalls auf einer Zuckerfarm gelegen, aber ansonsten mit seiner altmodischen Eleganz ein völlig anderes Extrem, ist das auf einem vornehmen Gut 4 km nördlich von Gingindlovu an der R102 angesiedelte und an *Vom Winde verweht* erinnernde *Mine Own Country House****, ☏ 035-337 1262, ✉ remark@netactive.co.za. Der Strand liegt nur 15 Autominuten entfernt, und auf dem Gelände locken Zimmer mit eigenem Bad, ein Golfplatz, gepflegte Grünanlagen, ein Swimming Pool und Tennisplätze.

Eshowe

Die meisten Touristen lassen Eshowe links liegen und fahren gleich weiter zu den auf den ersten Blick spektakuläreren Sehenswürdigkeiten der ehemaligen Zulu-Hauptstadt Ondini oder der Battlefields. Dabei hat die Stadt mehr verdient als einen flüchtigen Blick, denn sie bildet einen sanften Übergang in das **traditionelle Siedlungsgebiet der Zulu**. Abgesehen von seiner Lage inmitten des **Dlinza Forest** ist das 22 km landeinwärts von Gingindlovu gelegene Eshowe stolz auf eine der schönsten historischen und zeitgenössischen Sammlungen von Zulu-Kunsthandwerk. Stadtrundfahrten sorgen für ein tieferes Verständnis dieser modernen ländlichen Kleinstadt in KwaZulu-Natal. Der Zulu-Name „Eshowe" ist im Übrigen eine lautmalerische Umsetzung des Geräusches, das der durch die Bäume rauschende Wind hervorruft.

Graham Chennels, ehemaliger Bürgermeister und Inhaber des *George Hotel* in der Main Street (s. S. 533), leitet mit Begeisterung **Führungen** durch das Viertel von Weißen, Mischlingen und Schwarzafrikanern und in die ländliche Umgebung. Die Touren vermitteln auf verständliche Art, wie die Rassentrennung unter der Apartheid funktionierte.

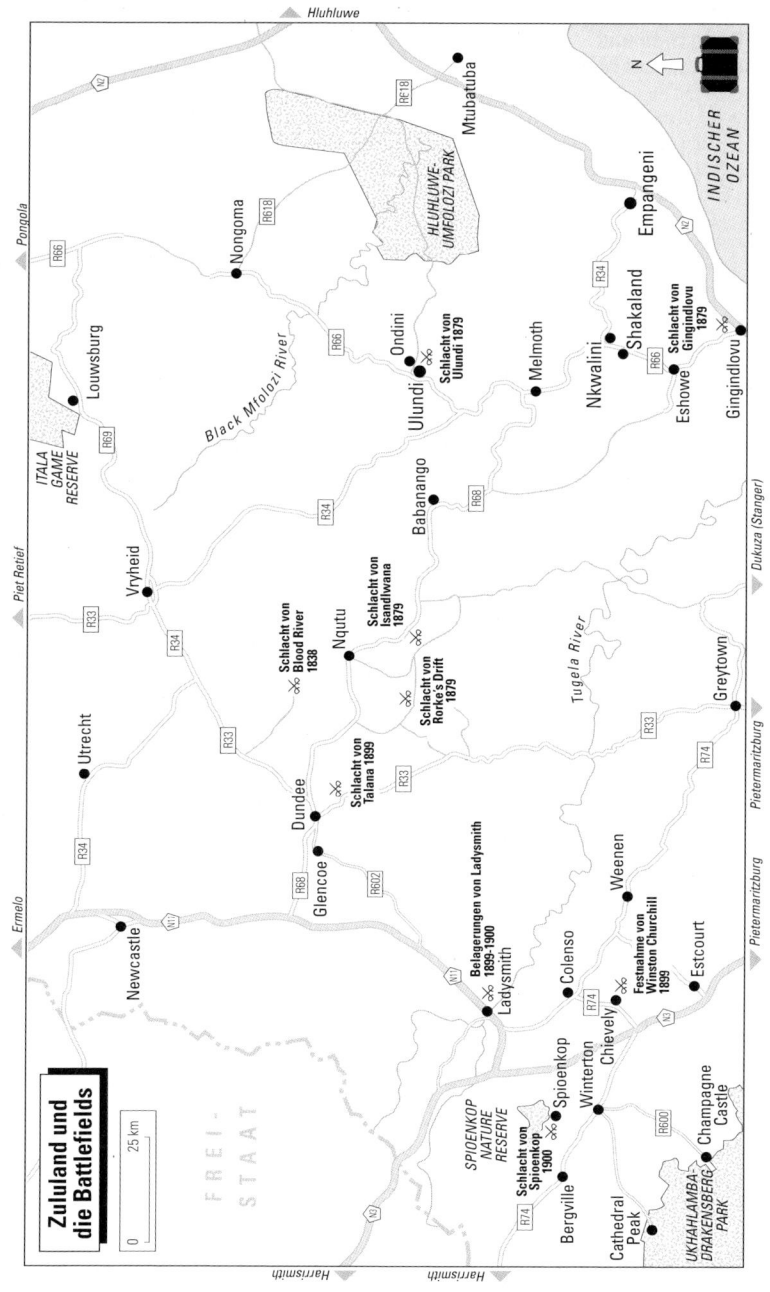

Zululand und die Battlefields

Map labels

Hluhluwe

Mtubatuba

Empangeni

INDISCHER OZEAN

R618

Nongoma

HLUHLUWE-UMFOLOZI PARK

Pongola

R66

Louwsburg

Ondini

Schlacht von Ulundi 1879

Melmoth

Shakaland

R34

Schlacht von Gingindlovu 1879

Nkwalini

Eshowe

Gingindlovu

Black Mfolozi River

Ulundi

ITALA GAME RESERVE

R69

Vryheid

Babanango

R68

Dukuza (Stanger)

Piet Retief

R33

R34

Nqutu

Schlacht von Isandlwana 1879

Schlacht von Blood River 1838

Schlacht von Rorke's Drift 1879

Tugela River

Greytown

R33

R74

Utrecht

Dundee

Schlacht von Talana 1899

R33

Pietermaritzburg

Ermelo

R88

Glencoe

R602

Belagerungen von Ladysmith 1899-1900

Weenen

Festnahme von Winston Churchill 1899

Estcourt

Newcastle

N11

Ladysmith

Colenso

R74

Chievely

Pietermaritzburg

Spioenkop

Winterton

KWAZULU-NATAL

FREI-STAAT

SPIOENKOP NATURE RESERVE

Schlacht von Spioenkop 1900

Bergville

R600

Champagne Castle

Cathedral Peak

UKHAHLAMBA-DRAKENSBERG PARK

Harrismith

Zululand und die Battlefields

0 25 km

N

Vukani Collection und Zululand Historical Museum

Ein triftiger Grund für einen Besuch in Eshowe ist das glänzende Vukani Collection Museum. Es beherbergt mit über 3000 Objekten die umfangreichste und zu den besten der Welt zählende Sammlung traditioneller **Zulu-Kunst und Kunsthandwerksgegenstände,** ✆ 035-474 5274. Das Museum befindet sich auf dem Gelände der ehemaligen Festung Fort Nongqayi, Nongqayi Road, ☉ So–Do 9–16, Fr 9–15 Uhr, Sa geschlossen, Eintritt R10. Das Fort liegt 5–10 Minuten Fußweg vom Stadtzentrum entfernt, ist ausgeschildert und beherbergt außerdem das Zululand Historical Museum. Am besten lässt sich das Vukani-Museum im Rahmen einer 45-minütigen, im Eintrittspreis enthaltenen Führung erleben. Gezeigt wird eine riesige Sammlung von **Körben.** Die Korbflechtkunst zählt zu den herausragenden Zweigen der Zulu-Kultur und hat bereits in zahlreiche bedeutende internationale Kunstsammlungen Einzug gehalten. Zu den weiteren Exponaten des Museums zählen Schnitzereien, Kleidungsstücke, Perlenarbeiten, Wandteppiche und Töpferwaren, darunter auch Arbeiten von **Nesta Nala,** einer der führenden zeitgenössischen Repräsentantinnen dieser Kunst. Wer die Arbeiten des Museums gesehen hat, bekommt eine gute Vorstellung von der Qualität der Korbwaren und Kunsthandwerksgegenstände und kann sie in Relation setzen zu den Waren, die auf der weiteren Reise durch das Zululand angeboten werden. Es gibt Pläne, einige Künstler und Kunsthandwerker dauerhaft in das Vukani-Museum zu holen, damit sie auf dem Gelände leben und arbeiten. Der **Vukani Shop** in der Main Street unweit des *George Hotel* hat zeitgenössisches Zulu-Kunsthandwerk im Angebot.

Ebenfalls auf dem Gelände von Fort Nongqayi befindet sich das Zululand Historical Museum (☉ tgl. 7.30–16 Uhr, Eintritt R10), dessen Sammlung sich teils exzentrisch, teils informativ, aber niemals langweilig präsentiert. Unter den Exponaten befinden sich auch die ehemaligen Möbel von **John Dunn,** dem einzigen weißen Mann, der es jemals zum Zulu-Häuptling brachte. Er brachte es im Übrigen auch zu 49 Ehefrauen und wurde so zum Vorfahren der zahlreichen Mischlinge (Coloureds) Eshowes, von denen noch viele seinen Nachnamen tragen. Das Museum beherbergt neben typischen Haushaltsgegenständen und Exponaten zur Zulu-Geschichte auch die Replik eines silbernen Bierkrugs, den Queen Victoria 1882 in London Cetshwayo schenkte, dem letzten König des freien Zulu-Reiches. Ein Ausstellungsbereich ist der **Bambatha-Rebellion** gewidmet, bei der auch Fort Nongqayi im Mittelpunkt stand. Damals schlugen die Kolonialstreitkräfte Natals den letzten bewaffneten Widerstand der Afrikaner nieder, bevor sich in den 60er Jahren des 20. Jahrhunderts der bewaffnete Arm des ANC formierte. Auf dem Gelände befinden sich auch das *Adams Outpost Restaurant* und das in der Kapelle des Forts untergebrachte **Zululand Missionary Museum.**

Dlinza Forest und Aerial Boardwalk

Das Waldgebiet Dlinza Forest ist nicht nur ein Muss für Vogelfreunde, sondern lädt auch zu einem gemütlichen Picknick ein oder zu einem Spaziergang über Südafrikas einzige Fußgängerpromenade in luftiger Höhe, den Dlinza Forest Aerial Boardwalk. Der Zugang befindet sich an der Kangella Street am südwestlichen Stadtrand von Eshowe und ist vom Museumskomplex im Fort Nongqayi aus zu erreichen. Der in 10 m Höhe errichtete Fußgängerweg zieht sich über 125 m unter dem Blätterdach des Waldes entlang und gibt dem Besucher die Möglichkeit, den Wald aus einer Höhe zu betrachten, die normalerweise den gefiederten Lebewesen vorbehalten ist. Der auch für Rollstuhlfahrer zugängliche „Boardwalk" führt zu einem 20 m hohen **Aussichtsturm,** der ein atemberaubendes Panorama über die Baumkronen hinweg auf den Indischen Ozean bietet.

Am Fuße der Promenade befindet sich ein **Besucherzentrum,** das Informationen über den Lebensraum Dlinza Forest vermittelt. Neben den hier beheimateten Vogelarten, darunter Habicht, Kronenadler und Erzkuckuck, wurden auch 70 verschiedene Schmetterlingsarten nachgewiesen. ☉ Sept–Apr tgl. 6–18, Mai–Aug 8–17 Uhr, Eintritt R20.

Übernachtung und Essen

Amble Inn*, 116 Main St, ✆ 035-474 1300, ✉ ambleinn@corpdial. co.za, . Elf Zimmer und eigenes Restaurant mit Mahlzeiten nach englischer Art.

George Hotel*, Main St, ☎ 035-474 4919. Komfortable Zimmer mit eigenem Bad und TV, gutes Preis-Leistungs-Verhältnis.

Zululand Backpackers*, 38 Main St, ☎ 035-474 4919, 🖳 www.eshowe.com. Die billigste Unterkunft der Stadt gehört zum *George Hotel* und bietet Camping, Schlafsäle und DZ in einem sehr schönen und gepflegten Hostel. Draußen steht ein großer Feigenbaum, unter dem man seine Mahlzeiten einnehmen oder einfach nur ausspannen kann. Das Personal organisiert interkulturelle Begegnungen, bei denen die Besucher aufs Land fahren und der Zulu-Bevölkerung bei traditionellen Hochzeitsfeiern, Geisterbeschwörungen und Wahrsageritualen begegnen. Zu den weiteren Freizeitaktivitäten zählen Abseilen, Mountainbike-Touren, Kanufahrten, Wanderungen sowie Wasserfall- und Felsrutschen. Außerdem gibt es auf dem Gelände einen großen Swimming Pool.

Transport

BUSSE – Der *Translux*-Überlandbus hält 3x wöchentl. auf seiner Fahrt von Pretoria/Jo'Burg nach Richards Bay vor der City Hall. Der *Baz Bus* für Backpacker hält auf seiner Strecke Durban–Jo'burg ebenfalls in Eshowe.

Shakaland

Nördlich von Eshowe lässt die kurvenreiche R66 den Dlinza Forest und die sanfte Landschaft aus Zitrushainen und grünen Zuckerrohrfeldern hinter sich, um jenseits davon Ausblicke auf die ausgedehnten Täler zu eröffnen, die in der Schöpfungsmythologie der Zulu eine bedeutende Rolle spielen. Ehe man sich's versieht, befindet man sich in einer dornigen Landschaft aus Akazien, felsigen Hügelkuppen und Aloe-Pflanzen. Es ist das Land der **Themenparks** mit auf Fremdenverkehr ausgerichteten Zulu-Dörfern und Übernachtungsmöglichkeiten. Die am leichtesten zugängliche dieser Einrichtungen ist *Shakaland,* Norman Hurst Farm, Nkwalini, ☎ 035-460 0912, 📠 035-460 0842, 🖳 www.shakaland.com. Das nachgebaute, 14 km nördlich von Eshowe an der R68 gelegene Zulu-Dorf schafft noch gerade so eben den Spagat zwischen den Bedürfnissen des Tourismus und der Zurschaustellung ethnischer Kultur, ist aber nicht ganz so „authentisch" wie es die eigenen Werbeprospekte glauben machen wollen.

1988 übernahm die Hotelkette *Protea* das Management von Shakaland, das vier Jahre zuvor als Kulisse für die romantisch-kitschige Fernsehserie *Shaka Zulu* errichtet worden war. Allerdings verschweigen die Broschüren geflissentlich die Tatsache, dass das Runddorf die Rekonstruktion eines Zulu-Kraals aus dem 19. Jahrhundert ist und daher alles andere als repräsentativ für das Leben der Zulu in der Gegenwart. Shakaland bietet dem Besucher die Möglichkeit, traditionelle **Zulu-Speisen** zu probieren. **Führungen** für Tagesausflügler (☉ tgl. 11 und 12.30 Uhr, R137) beginnen mit einer Audioshow über die Herkunft der Zulu, gefolgt von einem geführten Spaziergang durch die Hütten, Erläuterungen zu den traditionellen sozialen Strukturen, einem feierlichen Bierumtrunk und einem Mittagsbüffet mit traditionellen Speisen (auch für Vegetarier). Die Führung endet mit einer energiegeladenen **Tanzvorführung**. Die **Unterbringung** erfolgt in komfortablen, traditionellen Bienenkorbhütten (über R500) mit weniger traditionellen Annehmlichkeiten wie Stromanschluss und eigenem Bad.

Simunye

Einen völlig anderen Ansatz als Shakaland vertritt das 6 km vor Melmoth an der D256 (einer Nebenstraße der R34) gelegene **Zulu-Dorf** Simunye. Es vermittelt ein wesentlich authentischeres Erlebnis der Zulu-Kultur, denn die Gäste werden sowohl mit dem modernen Lebensstil der Zulu als auch mit traditionellen Sitten und Gebräuchen vertraut gemacht. Die Besucher werden per Pferd, Ochsenkarren oder Geländewagen zum Camp transportiert und bekommen im Laufe ihres Aufenthalts Stammestänze geboten, besichtigen einen funktionierenden Kraal und treffen mit den hier heimischen Zulu zusammen.

Übernachtung

Unterkunft mit Vollpension (über R500) bietet das aus strohgedeckten Steinbungalows bestehende **Haupt-Camp**, ☎ 035-450 3111, 📠 035-450 2534, mit Blick auf den Mfule River.

Alternativ dazu gibt es zur Übernachtung eine Bienenkorbhütte und mehrere Rondavels in einem Kraal, für Komfortverwöhnte sind 5 Zimmer mit Stromanschluss vorhanden.

Ulundi

Rund 83 km nördlich von Eshowe liegt an der R66 Ulundi, die ehemalige Hauptstadt des Homelands KwaZulu. Sie liegt im Herzen des **Makhosini Valley** („Taĺ der Könige"), dem von nationalistisch gesinnten Zulu eine quasi religiöse Bedeutung beigemessen wird, weil es als Geburtsort der Zulu-Nation gilt. Viele der bedeutendsten Persönlichkeiten des Zulu-Volkes lebten in diesem Tal und liegen dort begraben. Da KwaZulu inzwischen wieder mit Natal zusammengelegt wurde, konkurriert das moderne, nicht besonders attraktive Ulundi mit Pietermaritzburg um die politische Vorherrschaft in der Provinz. Dass beide momentan gleichberechtigt als Hauptstädte existieren, bereitet kaum jemandem wirklich Freude – außer den Fluggesellschaften, mit denen die Provinzabgeordneten zwischen beiden Städten hin- und herpendeln. Ulundi selbst liefert außer seiner historischen Bedeutung keinen Grund für einen längeren Aufenthalt.

Die Gedenkstätte **Battle of Ulundi Memorial** liegt unmittelbar außerhalb der Stadt an der unbefestigten Landstraße, die zum Cengeni Gate des Wildreservats Hluhluwe-Umfolozi führt. Sie markiert den Ort, an dem die Zulu ihre endgültige Niederlage erlitten. In einem kleinen Steingebäude mit Silberkuppel stehen Tafeln, auf denen alle Regimenter beider Seiten aufgeführt sind, die beim letzten Aufbäumen der Zulu am 4. Juli 1879 zugegen waren. Die Gedenkstätte liegt in einem rechteckigen Park, der das löchrige Karree markiert, das die britische Infanterie damals einnahm, unterstützt von den für die Zulu verheerenden 7- und 9-Pfünder-Kanonen der eigenen Artillerie.

Ondini

Die mit Abstand interessanteste Sehenswürdigkeit dieser Region liegt einige Kilometer weiter an derselben Landstraße: Das **Ondini Historical Reserve** beherbergt neben einer Rekonstruktion der ehemaligen Residenz von **König Cetshwayo** auch zwei Museen, von denen eins dem königlichen An-

wesen und das andere der Kultur der Zulu gewidmet ist. ◷ Mo–Fr 8–16, Sa und So 9–16 Uhr, Eintritt R8.

Nach der entscheidenden Schlacht von Ulundi machten die Engländer die königliche Residenz in Ondini dem Erdboden gleich und verhafteten Cetshwayo. Ein von den Handlungen der Engländer immer noch bestürzter Cetshwayo schrieb 1881 aus seinem Exil in der Burg von Kapstadt an den britischen Gouverneur: „Da ich Ihnen nichts getan habe, müssen Sie mit dem Einmarsch in mein Land wohl ein anderes Ziel im Auge haben." Der als *isigodlo* bezeichnete **königliche Kraal** wurde mit traditionellen Zulu-Bienenkorbhütten teilweise rekonstruiert und kann besichtigt werden. Das dem Objekt gewidmete Museum enthält ein Modell der ursprünglichen Anlage. Unter den Exponaten des **Cultural Museum** befindet sich eine bedeutende Perlensammlung.

Auf dem ausgedehnten Gelände gibt es einen Picknickplatz, einen Campingplatz und Unterkünfte in einem traditionellen **Umuzi**, einer umzäunten Anordnung von Bienenkorbhütten* mit Betten, Gemeinschaftsküchen und außerhalb gelegenen sanitären Einrichtungen. Reservierung unter: *Amafa-Heritage KZN,* PO Box 523, Ulundi 3838, ✆ 035-870 2050, ✉ amafahq@ mweb.co.za.

Die Battlefields

Die meisten ehemaligen Kriegsschauplätze KwaZulu-Natals liegen im Nordwesten der Provinz. Dort drangen 1838 zunächst die Buren aus den Bergen im Nordosten auf das Territorium der Zulu vor und brachten diesen in der Schlacht am **Blood River**, 13 km südöstlich der Kleinstadt Utrecht, eine schwere Niederlage bei. Rund vier Jahrzehnte später suchten die Engländer die kriegerische Auseinandersetzung und zogen nach Norden, um sich mehrere Schlachten mit den Zulu zu liefern, von denen die denkwürdigsten südöstlich von Dundee bei **Isandlwana** und **Rorke's Drift** ausgefochten wurden.

Ende des 19. Jahrhunderts provozierte Großbritannien erneut einen Krieg, diesmal allerdings gegen die **Buren** und deren unabhängige Republiken ZAR (Zuid-Afrikaansche Republiek) sowie Oranje-Freistaat im Norden und Westen. In diesem zweiten Burenkrieg ging es um die Vorherrschaft über die Goldfelder am Witwatersrand. Im Oktober 1899 landeten die britischen Truppen in Durban, dem wichtigsten Hafen der damaligen britischen Kolonie Natal, um voller Tatendrang gen Norden zu marschieren. In Großbritannien glaubte man, der Feldzug würde schnell, billig und bis Weihnachten beendet sein. Doch es kam ganz anders: In der ersten Kriegsphase konnte die zahlenmäßig enorm starke, aber auch sehr schwerfällige britische Kriegsmaschinerie gegen die mobilen Buren nichts ausrichten. Die Buren vermochten den britischen Vormarsch im Norden KwaZulu-Natals mit ihrer Guerilla-Taktik zunächst in Schach zu halten.

Bei **Ladysmith** mussten die Engländer eine monatelange Belagerung über sich ergehen lassen, während im benachbarten **Spioenkop** ein britischer Sieg zum Greifen nah war, durch eine stümperhafte militärische Führung aber im letzten Moment noch verspielt wurde. Das Empire schlug erfolgreich zurück, benötigte aber alles in allem drei Jahre, um die ZAR und den Oranje-Freistaat, die zu den kleinsten Staaten der Welt zählten, in die Knie zu zwingen. Um das zu erreichen, musste eine halbe Million Soldaten ins Feld geschickt werden – die teuerste militärische Operation seit den Napoleonischen Kriegen knapp ein Jahrhundert zuvor.

Isandlwana und Rorke's Drift

Am 22. Januar 1879 mussten die Engländer die demütigendste Niederlage ihrer Kolonialgeschichte einstecken, als praktisch ihre gesamte, aus 1200 Soldaten bestehende Streitmacht in Isandlwana von mit Speeren bewaffneten Zulu-Kriegern vernichtend geschlagen wurde. Noch am gleichen Abend konnte die Ehre aber einigermaßen wiederhergestellt werden, als eine britische Gruppe aus Veteranen und kranken Soldaten das direkt gegenüber der Stätte der vorhergehenden Schmach am anderen Ufer des Buffalo River gelegene Feldlazarett bei Rorke's Drift erfolgreich gegen vier vorrückende Zulu-Regimenter mit einer Gesamtstärke von 3000–4000 Mann verteidigten.

Wer nur einen der beiden Kampfschauplätze besichtigen möchte, sollte sich für Isandlwana entscheiden. Es empfiehlt sich aber, auch Rorke's Drift anzuschauen, damit das Erlebnis eine runde Sache wird. Isandlwana liegt etwas mehr als 130 km nordwestlich von **Eshowe**, die nächste größere Stadt ist das 70 km nordwestlich der Schlachtfelder gelegene **Dundee**. Sowohl Isandlwana als auch Rorke's Drift sind landschaftlich sehr schön gelegen und können auch auf eigene Faust besichtigt werden, doch ist die Begleitung durch einen Fremdenführer wärmstens zu empfehlen (s.S. 536, Kasten).

Das von einem unheimlich wirkenden Hügel beherrschte Isandlwana Battlefield liegt an der R68 zwischen Nqutu und Babanango. Es präsentiert sich heute beinahe unverändert, wenn man von ein paar kleinen Farmen und den Gräbern der Gefallenen absieht. In einem kleinen **Besucherzentrum** können Artefakte und Erinnerungsstücke besichtigt werden. ☉ tgl. 8–17 Uhr, Eintritt R8.

Die monumentale Unfähigkeit der britischen Befehlshaber und das Ausmaß des Sieges der Zulu über die Engländer versetzte London seinerzeit in einen Schockzustand. Großbritannien hatte den Zulu ein Ultimatum gestellt und schließlich drei Kolonnen zum Einmarsch nach Zululand entsandt. König Cetshwayo antwortete, indem er jeder der Kolonnen eine eigene Streitmacht entgegenstellte. Am 21. Januar 1879 schlugen Zulu-Krieger ihr Lager 6 km vom Isandlwana Hill entfernt auf, wo bereits eine britische Kolonne ihr Camp bezogen hatte. In Unwissenheit über die ihm bereits im Nacken sitzenden Zulu sandte der britische Kommandant ein großes Sonderkommando zur Unterstützung einer anderen Abteilung aus und ließ die Männer in Isandlwana damit schutzlos und unbefestigt zurück.

In der Zwischenzeit musste ein Spähtrupp der Engländer von der Kuppe eines Hügels aus feststellen, dass im Tal etwa 25 000 Zulu-Krieger mucksmäuschenstill auf ihren Einsatzbefehl warteten. Aufgrund eines mit der Mondphase zusammenhängenden Aberglaubens warteten die Zulu geduldig auf einen günstigeren Moment für den Angriff. Als sie entdeckt wurden, erhoben sie sich sofort, stürmten in der klassischen Zulu-Formation „Hörner des Stiers" auf das britische Lager zu und überrannten die ungeschützten Engländer von den Flanken her. Nur wenige der 1200 britischen Soldaten überlebten den Angriff.

Auf in die Schlacht! Wer die Battlefields als echtes Erlebnis in Erinnerung behalten möchte, sollte sie in Begleitung eines qualifizierten Fremdenführers besichtigen. Die in der Folge empfohlenen „Guides" sind auf unterschiedliche Kampfschauplätze jeweils in der Nähe ihres Standortes spezialisiert. Die meisten Fremdenführer halten es mit ihren Preisen recht locker, doch mit rund R400 für einen Tagesausflug sollte man rechnen. In der Regel wird erwartet, dass ein eigenes Fahrzeug mitgebracht wird.

Elisabeth Durham, 39 Tatham St, Dundee, ☎ 034-212 1014. Informative französisch- und englischsprachige Touren nach Rorke's Drift, Isandlwana und entlang der Route des bei Nqutu gefallenen Prinzen Louis Napoleon, dem letzten Vertreter der Dynastie Bonaparte. Die Touren kosten zwischen R500 und R800.

Evan Jones, PMB Heritage Tours, PO Box 1380, Cascades 3203, ☎/✆ 033-344 3260, ✉ heritage.battlefield@futurenet.co.za. Ausgedehnte Touren zu den Battlefields unter Führung eines Experten mit einem riesigen Wissensschatz, der die Schlachten und ihre Schauplätze wieder lebendig werden lässt. Eine zweitägige Tour für 4 Personen kostet R1320 p.P. inklusive Mahlzeiten, Transport, Eintrittsgeldern, Transfer von und nach Pietermaritzburg sowie Übernachtung im fabelhaften *Lennox Guest Cottage* (s.S. 538).

Pam McFadden, Box 1852, Dundee, ☎ 082-541 4832. Die wissenschaftliche Mitarbeiterin des ausgezeichneten Talana-Museums in Dundee bietet Touren zu allen Schlachtfeldern an. Die Kosten belaufen sich auf R400 pro Tag.

David Rattray, PO Box 3016, Rorke's Drift, ☎/✆ 034-642 1843. Der unübertreffliche Geschichtenerzähler lässt Emotionen in seine Berichte über Rorke's Drift und Isandlwana einfließen wie kein zweiter. 1997 hatte der englische Thronfolger Prince Charles das Glück, von Rattray begleitet zu werden, der in

der Umgebung von Isandlwana aufwuchs und ein ungeheueres Wissen über die Region mitbringt. Eine Kombi-Tour nach Isandlwana und Rorke's Drift kostet R395 p.P. und erweist sich für viele als die beste Live-Präsentation, die sie während ihres Aufenthaltes in Südafrika erleben.

John Turner, PO Box 10, Babanango, ☎ 035-835 0062, ✆ 035-835 0160. Naturwissenschaftler und Tierverhaltensforscher Dr. Turner kombiniert Touren zum Wildreservat Hluhluwe-Umfolozi mit ökologischen Themen, Vogelbeobachtung, Baumkunde und Besichtigungen von historischen Stätten und den Schauplätzen des Krieges zwischen Engländern und Zulu. Eine ganztägige Tour kostet ca. R275 p.P. zuzüglich Transport, aber inklusive Mittagessen und Eintrittsgeldern. Mietfahrzeuge stehen ebenfalls zur Verfügung und kosten R720 pro Tag.

Foy Vermaak, PO Box 1358, Dundee 3000, ☎/✆ 034-642 1925. Mr. Vermaak ist in der Nähe der Battlefields Isandlwana und Rorke's Drift zu Hause, auf die er sich spezialisiert hat; außerdem im Angebot: Helpmekaar und Fugitive's Drift. Der Preis beträgt R400 pro Gruppe, unabhängig von der Größe. Der Gast zahlt die Eintrittsgelder, das abgepackte Mittagessen (beim Fremdenführer für R35 erhältlich) und nimmt Mr. Vermaak im eigenen Fahrzeug mit.

Selbstgeführte Touren: Wer sich keinen Fremdenführer leisten kann, sollte sich als zweitbeste Möglichkeit an der Rezeption des Talana-Museums (s.S. 538) eine **Audiokassette** kaufen und diese bei der Rundfahrt im Wagen anhören. David Rattrays ausgezeichnete Kassetten- und CD-Reihe *The Day of the Dead Moon* zu den Themen Rorke's Drift und Isandlwana ist über *Exclusive Books* oder direkt von Rattray zu beziehen. Eines der maßgeblichen Bücher über den Krieg zwischen Engländern und Buren ist das fesselnde *Boer War* von Thomas Pakenham.

Seinerzeit wurden die Zulu von der britischen Presse dämonisiert, weil sie den Toten die Eingeweide herausnahmen. In Wirklichkeit hatte dieses Vorgehen bei den Zulu eine religiöse Bedeutung, denn sie glaubten, den Geist der Toten dadurch zu befreien. Daneben hatte der Brauch aber auch eine weniger spirituelle Komponente: Ein Zulu-Krieger musste „seinen Speer waschen" (d.h. einen Feind töten), bevor es ihm erlaubt war zu heiraten.

Von allen Battlefields lässt sich am besten Rorke's Drift auf eigene Faust besichtigen, nicht zuletzt weil ein ausgezeichnetes **Museum** und Besucherzentrum über die historischen Hintergründe informiert. Eine neue Straße verbindet Rorke's Drift mit dem 15 km östlich gelegenen Isandlwana. ⊙ Mo–Fr 8–16, Sa und So 9–16 Uhr, Eintritt R8.

Obwohl Cetshwayo seinen Kriegern einen Angriff auf Rorke's Drift ausdrücklich untersagt hatte, fühlten sich mehrere Tausend heißspornige junge Männer, Teil einer Reservetruppe, durch den Sieg bei Isandlwana dermaßen angeheizt, dass sie es nicht mehr abwarten konnten, endlich auch in die Schlacht zu ziehen und „ihre Speere zu waschen". Sie griffen das Lazarett an, doch innerhalb der folgenden zwölf Stunden am 22./23. Januar 1879 wehrten knapp über 100 britische Soldaten wiederholte Attacken von 4000 Zulu-Kriegern ab. So stellten sie die angeschlagene britische Ehre teilweise wieder her und verdienten sich insgesamt elf Viktoriakreuze, die größte Zahl britischer Tapferkeitsauszeichnungen, die jemals für eine einzige Schlacht verliehen wurde.

Wer schon einmal in der Gegend ist, sollte sich auch das Kunsthandwerkszentrum **Rorke's Drift ELC Craft Centre** anschauen, das für seine handbedruckten Stoffe und Wandteppiche bekannt ist, ⊙ Mo–Fr 8–16.30, Sa 10–15 Uhr.

Übernachtung

BABANANGO – Wer in dieser Gegend übernachten möchte, sollte den kleinen, 92 km nordwestlich von Eshowe gelegenen Ort Babanango in Betracht ziehen, in dem es auch ein paar Geschäfte gibt.

Babanango Hotel**, 16 Justice St, ✆ 035-835 0029, ✆ 035-835 0322. Kleines Landhotel mit viel Atmosphäre, Abendessen und Frühstück sind im Preis enthalten. Rucksackreisende werden zu ei-

nem günstigeren Preis* untergebracht, in dem das Frühstück enthalten ist. Es bleibt dagegen ein Geheimnis, wie sich so viele Gäste zum Trinken in den ebenso winzigen wie legendären *Stan's Pub* zwängen können. Zum Hotel gehört ein Geländewagen für Fahrten mit den Gästen zu den Battlefields, in die Wildreservate oder in ein Busch-Camp, dem Ausgangspunkt für einige primitive Wanderwege durch ein Gelände mit Dornbüschen.

Babanango Valley Lodge****, ✆ 035-835 0062, 🖥 www.babanangovalley.com. Eine ruhigere Alternative zur Übernachtung, 4 km westlich von Babanango (an der R68 ausgeschildert) auf einer Natural Heritage Site tief unten in einem sehr schönen Tal. Die aus Grasland, Felsen und einem Fluss bestehende Landschaft kann im Rahmen von geführten Wanderungen erkundet werden. Die Unterkunft inkl. Halbpension besteht aus Zimmern mit eigenem Bad inmitten einer Grünanlage mit Swimming Pool.

Rockpools Bush Camp***, 9 luxuriöse, an einem Bach gelegene Zelte, alle mit eigener Veranda und Felspool. Inhaber Dr. John Turner, der auch die *Babanango Valley Lodge* betreibt, ist offiziell registrierter Fremdenführer.

HELPMEKAAR – Helpmekaar ist eine winzige Siedlung in der landschaftlich schönen Umgebung der Battlefields. Der Ort liegt an der R33 südlich von Rorke's Drift, rund 30 km südlich von Dundee.

Penny Farthing***, ✆/✆ 034-642 1925. Historische, mit vielen antiken Gegenständen und Jagdtrophäen aus mehreren Generationen ausgestattete Pionierfarm in einer von offenem Grasland und Hügeln beherrschten Gegend, die kreuz und quer von Wanderwegen durchzogen ist. Gastgeber Foy Vermaak betätigt sich auch als Fremdenführer auf den Battlefields, unterhält sich gern am offenen Feuer über das Thema und besitzt eine persönliche Sammlung mit Erinnerungsstücken.

RORKE'S DRIFT – *Fugitives' Drift Lodge*, über R500 inkl. Vollpension, ✆/✆ 034-642 1843, ✉ fugdrift@trustnet.co.za. Die ultimative Unterkunft für Besucher der Battlefields liegt 9 km nördlich von Rorke's Drift und wird von David

Rattray (s.S. 536, Kasten) betrieben. Die Lodge befindet sich auf einer riesigen Wildfarm mit Blick auf die Furt im Buffalo River, wo die wenigen britischen Überlebenden auf der Flucht von Isandlwana den Fluss durchwateten. Die Unterbringung erfolgt in von Rasenflächen und Grünanlagen umgebenen Einzelbungalows, gegessen wird in einem zentralen Speisesaal.

Dundee

32 km westlich des Abzweigs nach Rorke's Drift liegt an der R68 die Kohlebergbaustadt Dundee. Man kann sie beruhigt links liegen lassen, denn die einzige Sehenswürdigkeit liegt 2 km außerhalb der Stadt an der R33 Richtung Vryheid: Das **Talana Museum** (☉ Mo–Fr 8–16, Sa und So 10–16 Uhr, Eintritt R10) ist ein aus zehn historischen Gebäuden bestehendes Freilichtmuseum. Thematisiert wird die Schlacht von Talana Hill aus dem Jahre 1899, das erste Gefecht des zweiten Kriegs zwischen Engländern und Buren.

Die weiß getünchten Häuser liegen unter schattigen Blaugummibäumen auf dem Gelände verstreut. Das interessanteste Gebäude ist das **Talana House** mit Erläuterungen zu den bewaffneten Konflikten im Norden KwaZulu-Natals. Unter den Exponaten befinden sich auch Waffen und Uniformen, doch am aufschlussreichsten sind die Fotografien, die den Kriegen ein Gesicht verleihen. Sie zeigen faszinierende Details, z.B. Buren, die in Kriegsgefangenenlagern in weit entlegenen Gebieten des Empire wie St. Helena oder im Fernen Osten interniert wurden. Auch häufig vernachlässigte Aspekte der Burenkriege finden Erwähnung, etwa die Rolle der Schwarzafrikaner und Inder. Ein Foto zeigt indische Krankenträger, darunter den jugendlich wirkenden Mohandas Gandhi, wie er mit seinen Landsleuten verwundete britische Soldaten von den Schlachtfeldern Spioenkop und Colenso fortschafft. Mit dem Kustos des Museums können unter ✆ 034-212 2654 Führungen durch das Museum und über die Kampfschauplätze der Umgebung vereinbart werden. Auf dem Museumsgelände ist auch der *Miners Rest Tea Shop* zu finden, wo man besser ein Getränk und/oder einen Snack zu sich nehmen kann als in irgendeinem anderen Lokal der Stadt.

Battlefields Country Lodge Backpackers *,* ✆ 034-218 1641, ⌨ www.battlefieldslodge.co.za. Günstige Anlaufstelle für Rucksacktouristen, mit Bungalows und Camping mit Blick auf den Talana Hill unweit der Battlefields. Tagsüber werden vom Hostel organisierte Touren mit Fremdenführern angeboten, abends lockt das *Lapa Ukhamba* im Zulu-Stil mit traditionellem Zulu-Bier und gutem Essen.

Chez Nous *,* 39 Tatham St, ✆ 034-212 1014. B&B und Bungalows für Selbstversorger unter Leitung der bezaubernden französischen Gastgeberin und Battlefields-Fremdenführerin Elisabeth Durham (s.S. 536, Kasten).

Lennox Guest Cottage *,* ✆/℡ 034-218 2201 oder ✆ 082-574 3032, ✉ lennoxc@xsinet.co.za. Ausgezeichnete Unterkunft mit Halbpension in unmittelbarer Nähe des Museums am Fuße des Talana Hill. Geleitet wird das natürliche und komfortable B&B von dem ehemaligen südafrikanischen Rugby-Nationalspieler Dirk Froneman und seiner Frau Salome. Das Essen ist hervorragend.

Blood River

48 km nordöstlich von Dundee auf der Strecke nach Vryheid zweigt eine Straße von der R33 zum Blood River Battlefield ab, ☉ tgl. 8–17 Uhr, Eintritt R10.

Die dortige Gedenkstätte löst bei den Besuchern immer wieder Erstaunen aus und übertrifft definitiv alle anderen „Heiligtümer" der Afrikaander in Südafrika. Eine nachgebaute, aus 64 Bronze-Planwagen in Originalgröße bestehende **Wagenburg** steht heute an der Stelle, wo die Buren am 16. Dezember 1838 eine Zulu-Armee besiegten. Während der Apartheid war dieses Datum bei den Afrikaandern als **Tag des Gelübdes** ein Feiertag zu Ehren eines Paktes, den sie angeblich mit Gott persönlich geschlossen hatten: Falls er ihnen den Sieg schenken würde, würden sie ihm diesen Tag widmen. Auch heute noch besuchen viele Afrikaander am 16. Dezember die Gedenkstätte, doch unter der neuen Regierung heißt der offizielle Feiertag jetzt **Tag der Versöhnung**.

Vryheid

Wieder zurück auf der R33 sind es noch 56 km Richtung Osten bis nach Vryheid („Freiheit"), der ehemaligen Hauptstadt der Nieuwe Republiek („Neue Republik"). Noch heute ist die Stadt eine Hochburg für viele Weiße, die sich weigern, die Flagge des modernen Südafrika hochzuhalten. Es gibt eigentlich keinen Grund, länger in Vryheid zu verweilen, es sei denn zur Übernachtung in der *Villa Prince Imperial***, 201 Deputation St, ✆ 034-983 2610, 💻 www.etictours.net. Das Hotel ist von der Hauptstraße aus deutlich ausgeschildert und vermittelt einen Hauch französischer Lebensart im Herzen einer ansonsten stockkonservativen Region. Es gibt 13 Zimmer mit eigenem Bad oder (preislich günstiger) Dusche, dazu Swimming Pool, Billardzimmer und Bar. Besitzer Alain Delvilani ist ein bewanderter (und bei SATOUR offiziell registrierter) Battlefield-Fremdenführer. Auf dem Gelände befindet sich eine **Zulu-Kunstgalerie** mit der einzigen Ausstellung authentischer Zulu-Perlenarbeiten im Norden KwaZulu-Natals. Komplettiert werden diese sehr schönen und antiken Stücke von Arbeiten junger Zulu-Künstler.

Die vergessenen Soldaten Afrikaner finden nur selten Erwähnung, wenn es um den Krieg zwischen Engländern und Buren geht. Dabei spielte sich der Konflikt in einer Region ab, deren Bevölkerung zu 80% aus Schwarzen bestand. Zwar stritten beide Seiten ab, dass Afrikaner in ihren Truppen dienten, doch die Briten hatten rund 100 000 Schwarze als Arbeiter und unter Waffen rekrutiert, während auf Seiten der Buren mindestens 10 000 Schwarze kämpften, die häufig unter Gewaltandrohung in den Militärdienst gezwungen worden waren. Nach Beendigung des Krieges verweigerten die Engländer den Afrikanern, die unter ihnen gedient hatten, die Anerkennung. Das ging sogar so weit, dass Sir George Leuchars, Minister für Angelegenheiten der Urbevölkerung in Natal, den Schwarzen die Verleihung ihrer Verdienstmedaillen verweigerte, weil dies „Irritationen" unter den Buren hätte hervorrufen können, denen sich die Briten inzwischen wieder anzunähern versuchten.

Ladysmith und Umgebung

61 km südlich von Dundee an der N11 liegt Ladysmith, das seinen bescheidenen Bekanntheitsgrad zwei Tatsachen verdankt: zum ersten einer der schlimmsten Belagerungen der britischen Militärgeschichte vor etwas über einem Jahrhundert, zum zweiten der einheimischen Vokalgruppe **Ladysmith Black Mambazo**, die den amerikanischen Songwriter Paul Simon Mitte der 80er Jahre zu einem neuen Karriereschub verhalf. Mambazo ist heute eine der bekanntesten schwarzen Musikgruppen Südafrikas – allerdings kaum noch in der Heimat anzutreffen. Ein neues Kulturzentrum und Museum würdigt ihren Heldenstatus, zusätzlich untermauert mit dem durch die Stadt führenden **Mambazo Trail**.

Ursprünglich erlangte die Stadt Ladysmith Bekanntheit durch den Krieg zwischen Engländern und Buren. Davon zeugen neben dem Ladysmith Siege Museum einige Denkmäler und die Battlefields in der Umgebung. Rund 40 km südlich von Ladysmith, in der Nähe von **Chieveley**, befindet sich der Ort, an dem ein gepanzerter Zug mit dem jungen **Winston Churchill** als Fahrgast von den Buren aufgehalten und Churchill festgenommen wurde.

„Der Name [Ladysmith] ist in allen Winkeln der Erde bekannt. Als Schauplatz großer Taten steht er im Zentrum der Aufmerksamkeit der Weltöffentlichkeit", schrieb Winston Churchill als junger und übereifriger Korrespondent, der für die *London Morning Post* über den Burenkrieg berichtete. Die Belagerung begann am 2. November 1899 und dauerte geschlagene 118 Tage, in denen 12 000 britische Soldaten die Demütigung ertragen mussten, von einigen aufständischen Farmern festgesetzt worden zu sein. Es war eine von insgesamt drei Belagerungen (die anderen fanden bei Kimberley und Mafikeng statt) in der Anfangsphase des Krieges. Sie erwies sich als Schock für das britische Establishment, das keinerlei Zweifel gehegt hatte, dass man mit den Buren bis Weihnachten kurzen Prozess gemacht haben würde.

In Ladysmith verkehren keine öffentlichen Verkehrsmittel, doch das kompakte Zentrum lässt sich auch ohne weiteres zu Fuß erkunden. An der Hauptdurchgangsstraße **Murchison Street** befinden sich neben Banken, Post und Geschäften auch die wichtigsten Sehenswürdigkeiten der Stadt.

Neben dem Rathaus (Town Hall) steht in der Queen Street, Ecke Murchison Street das **Ladysmith Siege Museum**, das sich als Ausgangspunkt für eine Besichtigung der Kampfschauplätze aus dem Burenkrieg anbietet. Das spannende kleine Museum erzählt die Geschichte des Krieges anhand von Texten und Fotografien. Das Museum ist eine Fundgrube für gute Bücher über den Krieg, sowohl aus der Sichtweise der Engländer als auch der der Buren. ☉ Mo–Fr 9–16, Sa 9–13 Uhr, Eintritt R2.

In der benachbarten **Town Hall** riefen die Briten nach überstandener Belagerung dankend aus: „Mit Gottes Hilfe hielten wir die Flagge hoch." Das Rathaus lohnt einen kurzen Abstecher wegen seiner Fotosammlung über die Stadtgeschichte.

Unmittelbar hinter den beiden Gebäuden befindet sich in der 25 Keate Street das in einem bezaubernden viktorianischen Kolonialgebäude untergebrachte **Cultural Centre and Museum**. Es wurde 1997 anlässlich der Ernennung der Mitglieder von Ladysmith Black Mambazo zu Ehrenbürgern der Stadt eröffnet. Lebensgroße Modelle der Musiker stehen auf einer „Bühne" in der von den bewegenden Klängen ihrer Choralmusik erfüllten Ladysmith Black Mambazo Hall, dem ersten Raum zur Linken des Foyers. Die weiteren Ausstellungsräume enthalten Exponate zu den verschiedenen Kulturen der Stadt, Erinnerungen an einheimische Berühmtheiten wie Boxweltmeister Sugarboy Malinga und Arbeiten ortsansässiger Künstler. Für Kinder bedeutet der abenteuerliche „Jungle/Discovery Room" eine Reise in eine tropische, von Käfern und anderem Getier wimmelnde Welt. Hier dürfen die Exponate auch angefasst werden. ☉ Mo–Fr 9–16 Uhr, Eintritt R2.

Wieder auf der Murchison Street steht 600 m südwestlich der Town Hall die anglikanische Kirche **All Saints**. Das viktorianisch-gotische Gebäude wurde 1882 im zeitgenössischen englischen Architekturstil aus gemeißeltem Schieferstein errichtet, die Anbauten entstanden 1902 zum Gedenken an die Opfer der Belagerung. Im Innern der Kirche sind zahlreiche militärische Erinnerungsstücke und hübsche Buntglasfenster zu besichtigen.

Auf dem Weg zurück zur Town Hall steht schräg gegenüber das **Royal Hotel**, wo die Privilegierten unter den Belagerten ihre Zeit verbrachten, darunter auch Leander Starr Jameson und Frank Rhodes (der Bruder des berühmteren Cecil), die hier regelmäßig zu Mittag aßen. 1895 waren beide am Jameson Raid beteiligt, einem Versuch zum Umsturz der Burenregierung. Das soll auch der Grund dafür gewesen sein, dass die Buren das Hotel regelmäßig um die Mittagszeit unter Beschuss nahmen.

Wer vom *Royal Hotel* die Queen Street hinunter zur Forbes Street geht, gelangt zum wenig ansprechenden Vishnu-Tempel, vor dem eine **Gandhi-Statue** steht. Die Skulptur zeigt ihn bereits in seiner späteren Rolle mit dem Ehrentitel „Mahatma", obwohl seine Verbindung mit Ladysmith auf den Burenkrieg zurückgeht. Damals trat er als Krankenträger in die britische Armee ein und bildete seine in Ladysmith ansässigen Landsleute zu Sanitätern aus. Gandhi glaubte zu jener Zeit, dass die Briten Indien in die Unabhängigkeit entlassen würden, wenn sich die Inder als loyale Untertanen erweisen würden.

In der **Forbes Street** und **Lyell Street** unweit des Tempels zeigt Ladysmith sein afrikanisches Gesicht: Menschenmengen drängen sich in der Umgebung der Taxihalteplätze und entlang der offiziellen Marktstände, die zwischen indischen Einkaufszentren aufgestellt wurden, junge Menschen stehen vor den Musikkneipen in den Seitenstraßen und Mütter gehen mit ihren Babys auf dem Rücke einkaufen.

Aushängeschild der moslemischen Bevölkerung von Ladysmith ist die **Sufi-Moschee**. Sie liegt auf der anderen Seite des Klip River in der Mosque Road des indischen Vorstadtviertels Rose Park. Sie gilt (vor allem für die städtische Werbeabteilung) als schönste Moschee der südlichen Hemisphäre.

Übernachtung

The Aloes Game Farm and B&B*, 33 km von Ladysmith entfernt, 6 km südlich von Colenso an der R103 ausgeschildert, ☎ 036-422 2834, ✆ 036-422 2592. Farm in der Nähe eines kleinen Wildservats und der Drakensberge, Unterbringung in einem strohgedeckten Cottage mit 5 Schlafplätzen. Möglichkeiten zum Angeln und Mountainbiking sind vorhanden, Frühstück wird extra berechnet.

Battlefields B&B*, 25 Cove Crescent, ☎/✆ 036-631 2585. Liebenswertes B&B in einem ruhigen und friedlichen Viertel.

Bullers Rest Lodge***, 61 Cove Crescent, ℡ 036-637 6154, ✉ bullers@worldonline.co.za. Schicke, strohgedeckte Unterkunft auf einer Anhöhe mit Blick auf die Stadt.

Hunters' Lodge*, 6 Hunter St, ℡ 036-637 2359 oder ℡ 083-627 8480, ℡ 036-631 3144. Reizendes altes Wohnhaus in einem ruhigen Viertel mit je 3 EZ und DZ, alle mit eigenem Bad.

Mac's Nest*, Heronmere Farm, ℡ 036-635 4093 oder ℡ 082-802 1645. Behagliches B&B mit erstklassiger Küche und einer kleinen Messinggießerei auf einem Landsitz, 5 km außerhalb der Stadt in der von der R103 nach Harrismith abzweigenden Windsor Dam Rd. Tierfreunde finden in der Umgebung eine vielfältige Vogelwelt und kleine Antilopen vor.

Mambasa Hutted Camp*, 35 km westlich von Ladysmith, ℡ 036-488 1003, ℡ 036-488 1116. Die preisgünstigste Unterkunft in der Umgebung der Ladysmith Battlefields liegt unweit der R600 in der Nähe des Spioenkop Nature Reserve. Die Unterkünfte am Ufer des Tugela River bestehen aus traditionellen Zulu-Bienenkorbhütten, die lediglich mit Betten und Matratzen ausgestattet sind. Es gibt Paraffinlampen, offenes Feuer zum Zubereiten von Mahlzeiten, eine Tiefkühltruhe, fließend warmes und kaltes Wasser und WCs in den gemeinschaftlich genutzten sanitären Einrichtungen. Kanus und Gummireifen stehen für Gäste zur Verfügung, die sich auf dem Fluss austoben möchten.

Royal Hotel***, 140 Murchison St, ℡/℡ 036-637 2176, 🖳 www.royalhotel.com. Das Originalhotel im Herzen der Stadt, in dem sich während der Belagerung die Privilegierten aufhielten und regelmäßig von den Buren unter Beschuss genommen wurden. Heute besteht die Klientel des 3-Sterne-Hotels hauptsächlich aus Geschäftsreisenden. Da es auch während der Woche meist ausgebucht ist, ist zu jeder Jahreszeit eine Reservierung erforderlich.

Spioenkop Game & Safari Lodge***–über R500, beim Spioenkop Nature Reserve, 35 km westlich von Ladysmith, ℡ 036-488 1404, 🖳 www. spion-kop.co.za. Wahlweise Selbstverpflegung oder B&B in 2 Bungalows plus geführte Touren zum Spioenkop Battlefield, Kreuzfahrten bei Sonnenuntergang, Fischen, Kanufahren, Vogel- und Wildtierbeobachtung.

Tugela Game Ranch Bush Camp*, 33 km südlich von Ladysmith, ℡ 036-422 2592, ℡ 036-422 2532. Komplett ausgestattete Rundhütten mit Blick auf einen von Barschen bevölkerten Stausee. Zu den angebotenen Aktivitäten zählen Pirschfahrten, Wildtierbeobachtung, Naturwanderwege, Fischen und Vogelbeobachtung.

Essen

Guinea Fowl Steakhouse, Alfred St, ungezwungenes und wegen seiner Spareribs bekanntes Esslokal.

Royal Hotel, 140 Murchison St. Die Belagerung ist vorbei und Pferdefleisch wurde von der Speisekarte gestrichen, doch mit seinen 3 Restaurants ist das *Royal* noch immer die beste Adresse zum Essen in der Stadt.

Wimpy, 7 Murchison St. Das einzige Fastfood-Restaurant, das bis 20 Uhr geöffnet hat.

Touren

Liz Spiret, ℡ 036-637 7702 oder ℡ 072-248 8929. Die empfehlenswerte Fremdenführerin verlangt für ihre Touren zu den Battlefields R450 für Gruppen bis zu 4 Pers. (eigenes Fahrzeug wird vorausgesetzt) oder R55 pro Std. für kleinere Ausflüge.

Sonstiges

INFORMATIONEN – Touristeninformation, Siege Museum, Murchison St, ℡ 036-637 2992. Gute Auswahl an Literatur über die Battlefields. ⏲ Mo–Fr 9–16, Sa 9–13 Uhr.

Transport

BUSSE – Greyhound, ℡ 036-637 4181. Die Überlandbusse halten auf der Strecke von Jo'burg nach Durban bei *Ted's Service Station*.

Translux, ℡ 036-637 1111. Die Busse halten auf ihrer Route von Bloemfontein nach Durban am Bahnhof.

EISENBAHN – Der Bahnhof liegt 500 m östlich der Town Hall, ℡ 036-637 7273. Es gibt täglich Verbindungen nach Jo'burg und Durban, doch wegen der ungünstigen Ankunfts- und Abfahrtszeiten ist der Zug nur eine Option, wenn gar nichts anderes mehr geht.

Spioenkop

Das Spioenkop Battlefield liegt 35 km westlich von Ladysmith im **Spioenkop Nature Reserve**. Auf dem Schauplatz der blutigsten aller Schlachten des Burenkriegs ließen mehr englische Soldaten ihr Leben als in allen anderen. Danach musste sich die britische Militärführung eingestehen, dass ein Krieg nicht mehr allein mit präzise geplanten und ausgeführten Schlachten gewonnen werden konnte, und bediente sich in der Folge der in der modernen Kriegsführung angewandten Guerilla-Taktik. ⊕ Apr–Sept tgl. 6–18, Okt–März 6–19 Uhr, Eintritt R9.

Zunächst hatten rund 1700 britische Soldaten ohne einen einzigen Schuss den Hügel Spioenkop im Schutz des Nebels eingenommen, konnten allerdings aufgrund des harten Bodens keine ausreichend tiefen Schützengräben ausheben. Als sich der Nebel auflöste, bemerkten sie, dass sie den Scheitelpunkt des Hügels falsch eingeschätzt hatten, doch entscheidend für das folgende Desaster waren die Fehler der militärischen Führung und eine stümperhafte Aufklärung. Hätten die Engländer das Gelände anständig ausgekundschaftet, hätten sie vielleicht bemerkt, dass ihnen nur eine zusammengewürfelte Abteilung von weniger als 500 Buren mit lediglich sieben Artilleriegeschützen gegenüberstand, und sie hätten ihre Reserve von 1600 Mann zur Verstärkung hinzuziehen können. Obwohl sich die Buren auf tiefer gelegenem Terrain befanden, vermochten sie die bei brütender Hitze mit acht Soldaten pro Meter Schützengraben eingepferchten Engländer einen ganzen Hochsommertag lang in Schach zu halten. Etwa 600 britische Soldaten fielen und wurden an Ort und Stelle begraben.

Inzwischen hatten sich die Buren, angesichts der 1600 Mann starken feindlichen Verstärkungstruppe am Fuße des Hügels, nach und nach zurückgezogen, so dass am Ende des Tages ohne Wissen der Briten nur noch 350 Buren anwesend waren. Am Abend zogen sich die Engländer zurück und überließen den Hügel dem Feind.

Freistaat

HIGHLIGHTS

Golden Gate National Park – eine beeindruckende, von den herrlichen Maluti Mountains und deren roten Sandsteinfelsen dominierte Landschaft

Highlands Route – eine Fahrt vorbei an gewaltigen Felsformationen, Kirschbaumplantagen und Farmerstädtchen

Basotho Cultural Village – hübsche, für den östlichen Freistaat und Lesotho typische Adobe-Häuser der Basotho

Osterfestival im Rustler's Valley – legendäre Veranstaltung, die mit ihrer Musik und entspannten Atmosphäre Scharen junger Südafrikaner anlockt

107 verschiedene Biersorten – zu kosten im Street Café Restaurant im hübschen Städtchen Clarens

Die Highlands Route ist eine der schönsten Straßen des Landes und erstreckt sich entlang der bergigen Ostflanke des Freistaats – dem Land traditionell konservativen Burentums im Herzen Südafrikas. Bei einer Fahrt von Johannesburg nach Port Elizabeth oder Kapstadt lohnt der Umweg über die eher eintönige N6 durch die **Eastern Highlands**, die zu den höchsten Gipfeln des Subkontinents in den Drakensbergen von Lesotho ansteigen. Der östlich gelegene Freistaat ist auch das **Tor nach Lesotho**, das nahe den kleinen südafrikanischen Städten Grenzübergänge unterhält. Ein Besuch der Hauptstadt **Bloemfontein** bietet sich nur dann an, wenn man anstelle der Highlands Route die N6 für die Fahrt ans Kap wählt, wird aber durch exzellente Unterkünfte, Restaurants und Museen versüßt. Größte Attraktion der Eastern Highlands ist der **Golden Gate National Park**, der nicht wegen seiner Tierwelt den Status eines Nationalparks erhalten hat, sondern wegen der faszinierenden Maluti Mountains mit ihren roten Sandsteinfelsen. Von Johannesburg lässt sich der Weg im Auto bequem in drei oder vier Stunden zurücklegen, anschließend kann man noch eine Rundfahrt durch die Highlands unternehmen und Lesotho einen Besuch abzustatten.

Südöstlich des Golden Gate Parks erreicht man entlang einer Strecke, die durch das interessante **Basotho Cultural Village** und **Phuthadijhaba** führt, den Parkplatz am **Sentinel**. Von dort sind Wanderungen auf die höchsten Plateaus der **Drakensberge** möglich, was weit weniger Mühe bereitet, als den Marsch aus tieferen Lagen im Royal Natal National Park zu beginnen. Westlich des Parks liegt **Clarens**, der mit Abstand bezauberndste der zahlreichen Orte entlang der Grenze zu Lesotho. Neben einem gewissen Künstlerambiente, guten Unterkünften und netten Straßencafés bietet er ausgezeichnete Möglichkeiten für Erkundungen zu Pferde, u.a. zu Höhlenmalereien der San. Auf die Jüngeren, Partygänger und ewigen Hippies übt **Rustler's Valley**, westlich von Clarens, die größte Anziehungskraft in der Region aus. Ausritte und Wanderungen in die umliegenden Hügel, Partys oder einfach nur entspannen auf einer herrlichen Farm gehören dort zu den liebsten Aktivitäten.

Die übrige Provinz wird von flachem Grasland bestimmt, das sich kilometerlang in strahlenden Sonnenblumen- sowie malven- und pinkfarbenen Kosmeen-Feldern erstreckt. Dazwischen leuchten Mais- und Weizenfelder unter einem schier endlosen blauen Himmel.

Geschichte

Was klangvoll „Freistaat" heißt, war einst eine Bastion der Erzkonservativen. Die einzigen wirklich „freien" Menschen im Freistaat waren über einen Zeitraum von fast 150 Jahren die **weißen Siedler**, denen Großbritannien 1854 für ein zwischen Oranje und Vaal gelegenes Territorium die Unabhängigkeit zusicherte. Dort gründeten sie die Burenrepublik **Oranje-Freistaat**, so benannt nach dem Fluss Oranje, welcher seinen Namen wiederum 1777 von Colonel Robert Gordon, dem Kommandanten der britischen Garnison am Kap, nach dem niederländischen Königshaus von Oranien erhalten hatte.

Das an die Verfassung der USA angelehnte Regierungssystem war höchst demokratisch – sofern man weiß und männlichen Geschlechts war. Frauen durften nicht wählen, Afrikaner besaßen überhaupt keine Rechte und waren vom Landbesitz gänzlich ausgeschlossen.

Mit zwei expansionistischen Militäraktionen wurde 1858 und 1865 das unabhängige Volk der **Basotho** aus den fruchtbaren Gegenden am Caledon River vertrieben, das dort seit dem 16. Jahrhundert ansässig war. Viele Basotho zogen sich unter der Führung des überragenden Häuptlings **Moshoeshoe** in Festungen in den Drakensbergen zurück, doch tausende Zurückgebliebene ergaben sich dem Schicksal fremdbestimmter Siedler, Pächter und Arbeiter mit einem nur geringen Einkommen auf den 15 000 über das Gebiet verstreuten Farmen der Weißen.

Hundert Jahre später behauptete sich der Oranje-Freistaat als ein Bollwerk der Apartheid und war die einzige Provinz des Landes, in der es Menschen asiatischer Abstammung verboten war, sich länger als 24 Stunden innerhalb der Provinzgrenzen aufzuhalten. Kaum besser erging es den Afrikanern: Im Zuge der „großen" Apartheid wurde 1970 die winzige und karge, zwischen Lesotho, KwaZulu-Natal und dem Freistaat gelegene Enklave **QwaQwa** als „Homeland" für die Süd-Sotho geschaffen. Infolge der Zwangsräumungen aus Gegenden, die nur noch Weißen vorbehalten sein sollten, schwoll die Bevölkerung QwaQwas in den

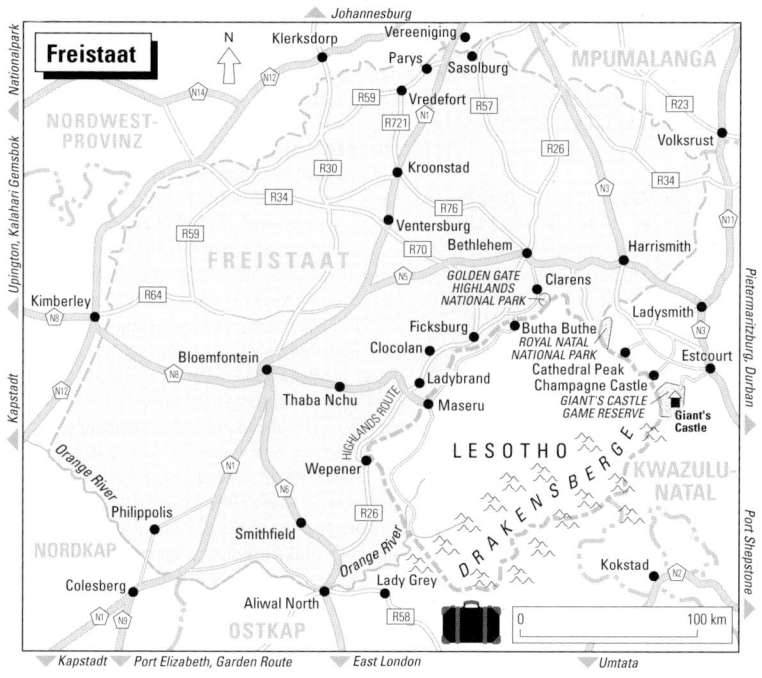

zwei Jahrzehnten nach 1970 von 24 000 auf fast 500 000 Einwohner an und ließ eines der schlimmsten Elendsgebiete im Land entstehen. Ein Großteil der Männer war gezwungen, sich als Wanderarbeiter in den Goldminen Gautengs zu verdingen. Bei Thaba Nchu, 63 km östlich von Bloemfontein, lag ein weiteres kleines, zu Bophutatswana gehörendes Gebiet, das *bantustan* der Tswana. Nominell wurde Bophutatswana zwar 1977 in die Unabhängigkeit von Südafrika entlassen, tatsächlich bestand es jedoch weiter nur aus einer Reihe von unzusammenhängenden, über das ganze Land verteilten Landsplitter mit der „Hauptstadt" Mmabatho in einer Enklave der Nordwest-Provinz.

Inzwischen sind die *bantustans* ein integraler Bestandteil Südafrikas, und nach dem haushohen Sieg des ANC bei den hiesigen Wahlen von 1994 wurde das holländisch-calvinistische Assoziationen wachrufende „Oranje" aus dem Provinznamen gestrichen.

Bloemfontein und Umgebung

Die einzige größere Stadt der Provinz, Bloemfontein, steht bei den wenigsten auf der Liste der unbedingt sehenswerten Orte. Bedingt durch die zentrale Lage im Land legen jedoch viele Besucher auf ihrem Weg durch Südafrika hier einen Zwischenstopp ein. Langeweile muss dennoch nicht aufkommen, denn die Stadt bietet mit der überraschend guten und von schönen Gartenanlagen umgebenen **Oliewenhuis Art Gallery** sowie in der von hübschen Sandsteingebäuden gesäumten **President Brand Street** genügend Möglichkeiten, ein oder zwei interessante Tage zu verbringen.

In seiner Funktion als Zwischenstation für Durchreisende verfügt Bloemfontein über gute wie preiswerte Unterkünfte, darunter das *Hobbit House,* das schon mehrfach zum besten Gästehaus Südafrikas gewählt wurde. Die Gastfreundlichkeit, die Universität mit ihrer hoch angesehenen medizinischen Fakultät sowie verschiedene Internate locken Menschen aus allen Teilen der Provinz in die Stadt. Sie ist zudem Sitz des Provinzparlaments und des höchsten südafrikanischen Berufungsgerichts – ein Zugeständnis, das den Beitritt zur Union versüßen sollte, als Südafrika 1910 eine Föderation bildete.

Routentipps für die Fahrt von Gauteng nach Bloemfontein Der schnellste Weg von Jo'burg nach Bloemfontein führt entlang der **N1** – und es gibt viele Gründe, warum die Fahrt möglichst schnell zurückgelegt werden sollte. Die Strecke ist reizlos, insbesondere auf dem Gebiet Gautengs und im nördlichen Freistaat, wo hässliche Industrieansiedlungen das Landschaftsbild bestimmen. In regelmäßigen Abständen sind an der N1 Mautstellen positioniert, die kostenfreien Ausweichstraßen lohnen jedoch keinen Umweg. Die größte Stadt an der N1 vor Bloemfontein ist **Kroonstad**, 207 km südlich von Jo'burg. Für einen kurzen Halt zur Erfrischung und Stärkung bietet sich der große Kroon Park an, ein beliebtes Ausflugziel in Flussnähe mit einem Swimming Pool.
Die alternative Route von der nördlichen Provinzgrenze nach Kroonstad führt via **Parys**, d.h. zunächst entlang der R59 und dann bei Vredefort, 13 km südlich von Parys, entlang der R721. Vom grünen, angenehmen Erscheinungsbild Parys' sollte man sich allerdings nicht täuschen lassen: Jenseits davon fließt der Verkehr zäh, während die N1 auf derselben Höhe die ungehinderte Fahrt auf gerader, freier Strecke erlaubt.
Je weiter man nach Süden vordringt, desto flacher wird die Landschaft im Freistaat. Ein besonders langer und öder Abschnitt ohne Tankstellen erstreckt sich zwischen **Ventersburg** und Bloemfontein.

Bloemfonteins Stadtgeschichte reicht bis 1846 zurück, als **Major Henry Warden** mit dem Auftrag hierher entsandt wurde, ein Fort sowie eine Residenz zu errichten, um die aufsässigen Buren, Griqua und Basotho, die in ständigem Konflikt miteinander lagen, unter britische Kontrolle zu befrieden. Erfolg war ihm jedoch nicht beschieden, so dass Warden frustriert nach acht Jahren aufgab und das Gebiet den Buren überließ, die sich alsdann daran machten, hier die Hauptstadt ihrer neuen Republik entstehen zu lassen.

Orientierung

Für eine Stadt, die landesweit den Ruf genießt, die südafrikanische Hauptstadt der Nassauer zu sein, nimmt sich Bloemfontein recht angenehm aus. Zu dem etwas unwirklichen Charakter tragen insbesondere die vielen öffentlichen Gebäude vom Ende des 19. und Anfang des 20. Jahrhunderts bei, die eine bunte Mischung aus mediterranen, britischen, klassizistischen sowie der Renaissance entlehnten Bauelementen abgeben. Der Mangel an öffentlichen Transportmitteln stellt für die Erkundung kaum ein Hindernis dar, da sich das Zentrum leicht in zehn Minuten zu Fuß durchqueren lässt.

Ähnlich wie in anderen südafrikanischen Städten kehrt die weiße Einwohnerschaft dem Zentrum zunehmend den Rücken. Zum angesagten Viertel für einen Einkaufsbummel und eine Kneipentour ist **Westdene**, wenig nördlich des Zentrums, avanciert. Die große, viergeschossige Mimosa Mall in der Kellner Street lässt kaum Wünsche offen und bietet von Cafés und Ablegern von Restaurantketten bis hin zu Banken und Buchläden so ziemlich alles, was das Konsumentenherz erfreut. Zahllose Restaurants und Nachtlokale sind entlang Westdenes Second Avenue angesiedelt, die auch abends einen gefahrlosen Spaziergang gestattet, ebenso wie die **Waterfront** am Loch Logan, drei Häuserblocks westlich der City Hall. Die beiden Gegenden liegen in bequemer Entfernung zu den meisten Unterkünften. Einen Rundgang lohnt aber auch das Zentrum mit seinen ansehnlichen Bauten.

City Hall und Umgebung

Als Ausgangspunkt für einen hübschen Spaziergang durchs Zentrum entlang der **President Brand Street** empfiehlt sich die City Hall, an deren nördlichem Ende, Ecke Charles Street. Das Gebäude entstand 1934 im „new traditional style" nach Plänen von Gordon Leitz, einem früheren Mitarbeiter Sir Herbert Bakers. Auf der anderen Seite der President Brand Street würdigt man auf dem **Hertzog Square** die zweifelhaften Verdienste des Burengenerals, amtshohen Richters und burischen Nationalisten **J.B.M.** **Hertzog**, der 1914 die

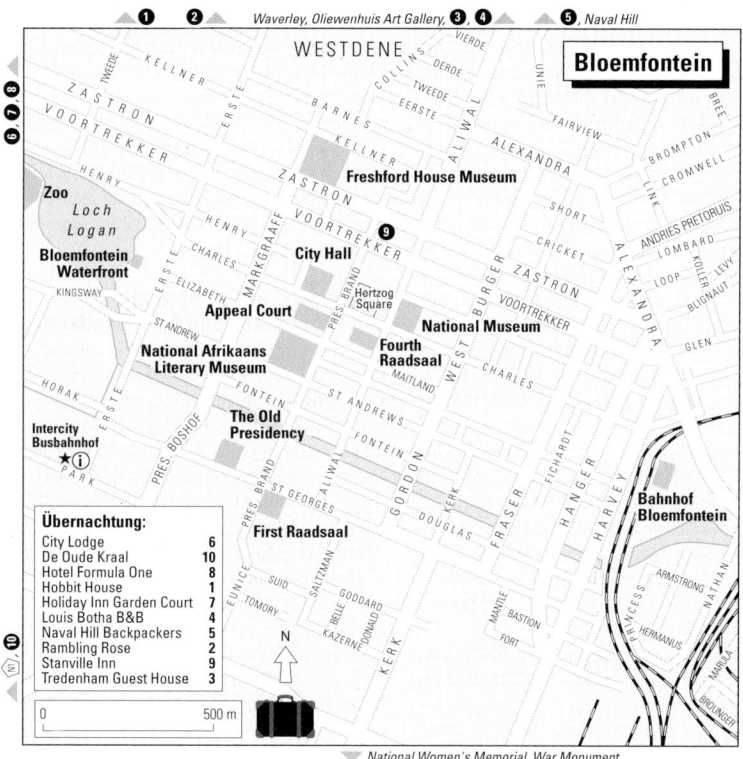

WESTDENE

Bloemfontein

VIERDE

OERDE

TWEEDE

EERSTE

KELLNER

ZASTRON

VOORTREKKER

HENRY

Zoo
*Loch
Logan*

**Bloemfontein
Waterfront**

KINGSWAY

HENRY

CHARLES

ELIZABETH

ERSTE

MARKGRAAF

VOORTREKKER

Appeal Court

**National Afrikaans
Literary Museum**

FONTEIN

HORAK

ERSTE

PRES. BOSHOF

**Intercity
Busbahnhof**
★ⓘ

PARK

PRES. BRAND

ST GEORGES

Übernachtung:

City Lodge	**6**
De Oude Kraal	**10**
Hotel Formula One	**8**
Hobbit House	**1**
Holiday Inn Garden Court	**7**
Louis Botha B&B	**4**
Naval Hill Backpackers	**5**
Rambling Rose	**2**
Stanville Inn	**9**
Tredenham Guest House	**3**

First Raadsaal

EUNICE

TOMORY

SUID

SALTZMAN

BELLE

KAZERNE

DONALD

GODDARD

KERK

N ⬆

0 ——— 500 m

BARNES

KELLNER

ZASTRON

Freshford House Museum

ALIWAL

ALEXANDRA

COLLINS

UNIE

FAIRVIEW

SHORT

CRICKET

❾
City Hall

PRES. BRAND

**Hertzog
Square**

**Fourth
Raadsaal**

WEST BURGER

ZASTRON

VOORTREKKER

National Museum

CHARLES

MAITLAND

ST ANDREWS

FONTEIN

**The Old
Presidency**

ALIWAL

GORDON

DOUGLAS

BRAND

FRASER

FICHARDT

HANGER

HARVEY

**Bahnhof
Bloemfontein**

MANTLE

BASTION

FORT

PRINCESS

HERMANUS

NATHAN

ARMSTRONG

MABELA

BROUNGER

BREE

BROMPTON

CROMWELL

LINK

ANDRIES PRETORIUS

LOMBARD

LOOP

KOLLER

LEVY

BLIGNAUT

GLEN

ALEXANDRA

National Party gründete und 1924 Premierminister der Südafrikanischen Union wurde. Hertzog zeichnete daneben auch für die Verschärfung der Rassengesetze verantwortlich, durch die 1936 u.a. den Afrikanern am Kap das Wahlrecht entzogen wurde. Wiederum gegenüber dem Platz befindet sich das **National Museum**, 36 Aliwal Street, mit einer sehenswerten Sammlung an Dinosaurierfossilien, einem aktiven, für die bessere Betrachtung des emsigen Treibens im Innern aufgeschnittenen Bienenstock und einer beachtenswerten Rekonstruktion einer Straße Bloemfonteins aus der Zeit der Jahrhundertwende. Letztere umfasst u.a. einen Gemischtwarenladen, eine Apotheke sowie eine Arztpraxis. Das Museum beherbergt außerdem eine Teestube. ⊙ Mo–Sa 8–17, So 12–17.30 Uhr, R5. Entlang der President Brand Street erreicht man

südlich der City Hall das höchste Gericht des Landes, den 1929 in klassizistischem Stil erbauten **Supreme Court of Appeal of South Africa**.

Ihm gegenüber prunkt der **Fourth Raadsaal**: Es ist das letzte Parlamentsgebäude der unabhängigen Republik des Oranje-Freistaats, in dem gegenwärtig das Provinzparlament tagt. Bis heute gilt das imposante, für die damalige Bauweise im Freistaat typische Sand- und Ziegelsteingebäude aus dem Jahr 1890 in seiner meisterhaften Verschmelzung aus griechischen und römischen Stilen sowie Elementen aus der Renaissance als architektonisches Juwel der Provinz.

National Afrikaans Literary Museum

Eine Straße weiter südlich des Appeal Court befindet sich im Old Government Building das National

FREISTAAT

Afrikaans Literary Museum, President Brand Street, Ecke Maitland Street. Im Innern hat man verschiedene Büros in Studierzimmer berühmter, in Afrikaans schreibender Dichter verwandelt. Beachtung verdient vor allem die Gestaltung zu **Eugène Marais**, ein außergewöhnlicher Universalgelehrter der Jahrhundertwende. Als Anwalt, Dichter und Journalist schrieb er u.a. Artikel für den *Observer* und die *Times* in London sowie für die Nachrichtenagentur Reuter. Zu seinen Schriften gehören außerdem bahnbrechende Studien über Termiten und Paviane. Des Weiteren sind hier die „Sestigers" (die Generation der 60er Jahre) vertreten, unter ihnen der Romanschriftsteller **André Brink**, ein lautstarker Kritiker der Apartheid, und der Dichter **Breyten Breytenbach**, der 1961 ins Exil nach Paris ging. Breytenbach kehrte 1975 inkognito nach Südafrika zurück, um Unterstützung von dem überwiegend weißen Flügel des ANC für seine illegale Organisation OKHELA zu gewinnen. Er wurde jedoch von den südafrikanischen Behörden festgenommen und verbrachte sieben Jahre im Gefängnis. Nach seiner Freilassung veröffentlichte er diese Erlebnisse in seinem Buch *Wahre Bekenntnisse eines Albino-Terroristen*.

Einige Räume am Ende des Museums befassen sich mit Afrikaans als Sprache der Unterdrücker. Einer der führenden farbigen, in Afrikaans schreibenden Dichter ist **Adam Small**. Dieser beschreibt in einem Essay eindrücklich den Zwiespalt, einerseits Mitglied einer unterdrückten Bevölkerungsgruppe zu sein und andererseits gleichzeitig Afrikaans als Muttersprache zu haben – jene Sprache, die während der Aufstände in den 70er Jahren als Sprache der weißen Peiniger galt. „Ich wuchs mit Afrikaans auf. Afrikaans ist ein Teil meiner Kultur", so Small, „und wenn man mir sagte, dass Afrikaans die Sprache der Unterdrücker sei, schmerzte es, weil es auch die Sprache meiner Eltern war, meine Muttersprache, die schön und voller Menschlichkeit war." ⏰ Mo–Fr 8–12 und 13–15.45, Sa 9–12 Uhr, Eintritt frei.

Waterfront und Zoo

Infolge der überaus populären Victoria and Alfred Waterfront in Kapstadt scheint mittlerweile jede Stadt im Land darauf erpicht, egal ob am Wasser gelegen oder nicht, sich mit Ähnlichem schmücken zu wollen. Bloemfontein bildet hier keine Ausnahme und besitzt seit 1998 am Loch Logan im King's Park, wenige Straßen westlich des National Afrikaans National Literary Museum, ebenfalls eine Waterfront. Sie ist eine hübsche Bereicherung für die Stadt und bietet Kinos, Kneipen und Restaurants. Im King's Park ist außerdem der Bloemfontein Zoo angesiedelt, der zwar einige afrikanische Tiere vorstellt, für das Naturreservat jedoch keine ernsthafte Konkurrenz darstellt. ⏰ Im Sommer tgl. 8–18, sonst bis 17 Uhr, R15.

Supreme Court of Appeal, Old Presidency und First Raadsaal

Gegenüber der Feuerwache steht in der südlichen President Brand Street, Ecke Selborne Street, der 1906 fertig gestellte Supreme Court of Appeal. Einst befand sich an dieser Stelle das Anwesen der Fischers, eine prominente Burenfamilie im Oranje-Freistaat. Ihr Erbe, der Anwalt Bram Fischer, brach jedoch mit seinen burischen Wurzeln, um Nelson Mandela 1963 während des Rivonia-Prozesses (s. S. 428) zu verteidigen. Nachdem Mandela für schuldig befunden und zu lebenslanger Haft verurteilt worden war, fand man heraus, dass Fischer die ganze Zeit über der eigentliche Kopf der verbotenen Kommunistischen Partei gewesen war. Man verurteilte auch ihn zunächst zu einer lebenslänglichen Haftstrafe, ließ ihn aber später wieder frei, um ihn zu Hause an Krebs sterben zu lassen.

Gegenüber dem Gericht wurde 1861 auf dem Grund des ehemaligen Wohnhauses von Bürgermeister Henry Warden, dem Gründer von Bloemfontein, die Old Presidency in schottischem „baronial style" als offizieller Sitz für das Oberhaupt der Republik erbaut. Das Gebäude überrascht durch seine Schlichtheit, die sich gleichermaßen aus den knappen Geldern des Freistaats im 19. Jahrhundert und dem strengen, die burischen Republiken charakterisierenden Calvinismus erklärt. Zwar kann das Innere besichtigt werden, ein Eindruck präsidialer Lebensweise bietet sich trotzdem nicht, da von dem früheren Mobiliar so gut wie nichts mehr vorhanden ist. ⏰ Di–Fr 10–12 und 13–16, Sa und So 14–17 Uhr, Eintritt frei.

Biegt man hinter der Old Presidency in die St George's Street nach Osten ab, gelangt man zum First Raadsaal, dem ältesten noch erhaltenen Gebäude Bloemfonteins. Bürgermeister Warden ließ es 1849 ursprünglich als Schule errichten, später wurde das Gebäude als Holländisch-Reformierte Kirche und Ort für öffentliche Versammlungen genutzt. Nach der Unabhängigkeit 1854 zog zunächst der „Volksrat" des Freistaats ein, danach wieder eine Schule und eine Kirche. ⏲ Mo–Fr 10.15–15, Sa und So 14–17 Uhr, Eintritt frei

J.R.R. Tolkien Die wohl größte Überraschung ist, dass John Ronald Reuel Tolkien, Autor von *Der Herr der Ringe* und *Der kleine Hobbit*, in Bloemfontein geboren wurde.

Tolkiens Vater Arthur verließ seine Heimatstadt Birmingham, um in den Kolonien zu arbeiten und schließlich Direktor der Bank of Africa in Bloemfontein zu werden. 1892 kam J.R.R. in einem Haus an der Ecke West Burger und Maitland Street, wenig östlich der President Brand Street, zur Welt. Als Arthur Tolkien 1895 starb, kehrte seine Frau mit den beiden Söhnen nach England zurück. Das Haus der Familie wurde später abgerissen, um den Ausstellungsräumen einer landesweiten Ladenkette für Billigmöbel Platz zu machen.
Wilden Mutmaßungen zufolge soll Tolkien die Inspiration für die Welt des Bilbo Beutlin in der südafrikanischen Landschaft gefunden haben, der Unterschied zwischen den flachen Ebenen des Freistaats, dem nüchternen Calvinismus der ländlichen Gemeinden und den fantastischen Gebirgen, Wäldern und übernatürlichen Wesen im Land der Hobbits könnte jedoch kaum größer sein. Einige führen auch die Drakensberge Natals und die Amatola Mountains um Hogsback als Quelle der Inspiration an, aber obgleich beide Gegenden einer weltentrückten Magie zweifellos nicht entbehren, sollte man nicht vergessen, dass Tolkien im Alter von drei Jahren Südafrika verließ und sich bis dahin nie aus Bloemfontein heraus bewegt hatte.

National Women's Monument und War Museum

Ungefähr 2 km südlich des Zentrums ragt an der Monument Road, jenseits der Bahngleise in einem hässlichen Industriegebiet, ein Sandsteinobelisk in den Himmel und markiert den Standort des National Women's Monument und War Museum. Es ist ein Denkmal für die 26 370 burischen Frauen und Kinder, die in britischen Konzentrationslagern während des 2. Burenkriegs ums Leben kamen. Die Narben, die diese Lager in der Psyche der Buren hinterlassen haben, sind tief und wahrscheinlich die das Verhältnis der englischen- und afrikaanssprachigen Weißen Südafrikas belastendste Episode. Am Fuß des Denkmals liegt **Emily Hobhouse** begraben, eine Britin, die sich tatkräftig für die internierten Buren einsetzte.

Das angegliederte **Museum** ist primär wegen der zusammengetragenen Apartheids-Propaganda von Interesse. Das dargestellte Leid ist zwar nicht übertrieben, jedoch wirken die Schaubilder der würdevollen Buren, die den gesichtslosen britischen Peinigern ausgeliefert sind, etwas einseitig und plump. Zwei nach dem Zusammenbruch des Apartheidsregimes hinzugekommene, etwas oberflächliche Tafeln befassen sich mit den im „alten" Südafrika selten erwähnten Konzentrationslagern, in denen mehr als 14 000 schwarze Südafrikaner den Tod fanden.

In einem Raum nahe dem Museumseingang gibt es prachtvoll bemalte Keramikfliesen mit Szenen aus dem Burenkrieg zu sehen. Die Fliesen sind ein Zeugnis/Hinweis dessen, wie sehr der Krieg die allgemeine Vorstellung in Europa zugunsten der Buren verschwor. Sie wurden 1969 hierher gebracht, nachdem sie unter einer Tapete im Rotterdamer Tranvalia Theater in den Niederlanden entdeckt worden waren. ⏲ Mo–Fr 9–16.30, Sa 9–17, So 14–17 Uhr, R5.

Oliewenhuis Art Gallery und Freshford House Museum

Das interessanteste Museum Bloemfonteins ist die ca. fünf Minuten Autofahrt nördlich des Zentrums gelegene Oliewenhuis Art Gallery in der Harry Smith Street. Ihre Sammlung ist in der ehemaligen Residenz südafrikanischer Präsidenten untergebracht, einem bezaubernden Herrenhaus in kapholländischem Stil inmitten eines großen, hübschen Gartens, umgeben von Buschland. Das Museum beherbergt eine erstaunlich gute Auswahl südafrikanischer Bildhauer- und Malereikunst. Sehenswert sind vor allem die Landschaftsdarstellungen, darunter ein Van Goghs Stil ähnelndes

Bild von **Bertha Everard,** auf dem eine der Stadt-
kirchen zu sehen ist, sowie ein Gemälde von **Thomas Baines,** das Bloemfontein als winzige Siedlung im Jahr 1850 zeigt. Und wer sich aus Kunst
nichts macht, kann in idyllischer Umgebung eine
Tasse Tee im Gartencafé trinken. ☉ Mo–Fr 8–17,
Sa 10–17, So 13–17 Uhr, Eintritt frei.

Ebenfalls nördlich des Zentrums befindet sich
das Freshford House Museum, 31 Kellner Street,
das zu einem entspannten, unterhaltsamen Besuch
einlädt. Dies gilt vor allem für jene, die sich für
Möbel interessieren, denn nach der Renovierung
erstrahlen die Räumlichkeiten nun wieder in
prachtvollem viktorianischen und edwardianischen Glanz. Zu den größten Attraktionen zählt
ein in gewagtem Limonengrün gehaltener Raum
mit drei unterschiedlichen William Morris-Tape-
ten. ☉ Mo–Fr 10–13, Sa und So 14–17 Uhr, R2.

Bloemfonteins *Hobbit House* wird regelmäßig
zum besten Gästehaus Südafrikas gewählt. Die
Stadt bietet zudem sehr preisgünstige Unterkünfte, die sich alle in der Umgebung der Krankenhäuser, westlich des Zentrums in der Gegend
von Universitas sowie im Süden in Oranjesig finden. Schöner wohnt man jedoch in den zentra-
leren Vierteln **Westdene** and **Waverley**, die beide
nördlich des Zentrums liegen und bequem zu
Fuß zu erreichen sind.

City Lodge*****, Zastron St, Ecke Parfitt Ave,
Westdene, ✆ 444 2974, ✆ 447 5669, ✉ cl/bloem
@citylodge.co.za. Komplett renoviertes, preiswertes Hotel in günstiger Lage zur lebendigen
Second Street. An Wochenenden billiger, ausgezeichnetes Frühstück.

De Oude Kraal*****, 35 km südlich von Bloemfontein an der N1, Ausfahrt Riversford, ✆ 564 0636,
✆ 564 0635, 💻 www.deoudekraal.co.za. Wieder
hergerichtetes altes Farmhaus, dessen exquisite
burische Mahlzeiten weithin gerühmt werden.
Zimmer mit Bad und Kamin.

Hobbit House*****, 19 President Steyn Ave,
Westdene, ✆ / ✆ 447 0663, ✉ hobbit@intekom.
co.za. Schönste Unterkunft der Stadt, luxuriös,
mit Antiquitäten eingerichtet. Zur Verfügung stehen allerdings nur 5 Zimmer, so dass frühzeitige
Buchung notwendig ist. Für Gäste gibt es außer-

dem abends nach Anmeldung ausgezeichnete
3-Gänge-Menüs.

Holiday Inn Garden Court Bloemfontein*****, Zastron St, Ecke Melville St, Westdene, ✆ 444 1253,
✆ 444 0671. Bestes der vornehmen Hotels, große Zimmer, schöner Pool, an Wochenenden billiger.

Hotel Formula One***, Zastron Street, ✆ 444 3523.
Schlicht und einfach, aber sauber und zuverlässig.

Louis Botha B&B***, 18 Louis Botha St, Waverley,
✆ / ✆ 436 4533, ✉ mwctrade@mweb.co.za.
Erschwingliche Zimmer in einem vorstädtischen
Wohnhaus, das in einer hübschen Straße liegt
und einen großen Garten besitzt, 15 Min. zu Fuß
ins Zentrum.

Naval Hill Backpackers***, Delville Rd, ✆ 447
4413 oder 082 579 6509, ✆ 444 6065. Vier saubere
Schlafsäle und 2 separate Zimmer (Bettzeug er-
hältlich) in einer ansehnlich umfunktionierten
Wasserpumpstation aus dem späten 19. Jh. Mit
Internet-Zugang, Bar, Restaurant, außerdem
Transportarrangements nach Lesotho, kosten-
lose Abholung vom Bahnhof und umfassende
Informationen zum lokalen Nachtleben.

Rambling Rose***, 77 President Reitz St, Westdene, ✆ 447 1634, ✆ 430 5713, ✉ pretorius1@
worldonline.co.za. Freundliches und komfortables B&B mit Garten und Pool.

Stanville Inn***, 85 Zastron St, ✆ 447 7471, ✆ 447
7514. Kleine, gut gepflegte Zimmer in einem
5-geschossigen Apartmenthaus an einer belebten Straße. Sehr preiswert, günstiges Frühstück.

Tredenham Guest House*****, etwas nördlich der
Stadt, ab der Eufees Rd, ✆ / ✆ 433 1285. In
englischem Kolonialstil 1925 errichtetes Farmhaus, heute in burischem Besitz und im Stil der
damaligen Zeit eingerichtet. Entspannende ländliche Atmosphäre, gute Mahlzeiten.

Obgleich Bloemfontein nicht den Ruf einer kulinarischen Kapitale besitzt und regionale Spezialitäten fehlen, kann man in der Stadt gut und
preiswert speisen – vor allem in der Umgebung
der **Second Avenue.** Im Zentrum sowie in den
Einkaufszentren sind die üblichen Steakrestaurants zahlreich vertreten, gute Adressen für ein

üppiges **Frühstück** sind die *City Lodge* und das *Holiday Inn Garden Court* (siehe Übernachtung).
Acropolis, C.R. Swart Building, Elizabeth St, ✆ 447 0464. Bloemfonteins schickstes Speiselokal im 24. Stock in Form eines Drehrestaurants mit einer fantastischen Aussicht – natürlich abends am besten. Eingerichtet im Stil des Londoner *River Café* mit schmackhaften griechisch inspirierten Gerichte. Sa mittags und So abends geschlossen.
Barba's Café, Second Ave, nahe der Universität, ✆ 430 2542. Gute griechische Küche, Cocktails und der beste Kaffee der Stadt. Das überaus modernistische Ambiente sorgt für regen Zulauf einer jungen und modebewussten Kundschaft. Jeden Samstag Partys. ⊙ Di–So ab 10 Uhr bis spät in die Nacht.
Beef Baron, 22 Second Ave, ✆ 447 4290. Erstes Lokal am Platze für ein exzessives Rindfleisch-Gelage. Wer ein 1,5 kg Steak vertilgt, wird vielleicht in die Fotogalerie vorangegangener Helden aufgenommen. Es gibt auch leckere Fischgerichte, außerdem erstklassige Weine. Sa und Mo mittags sowie So abends geschlossen.
Café Oliewenhuis, Harry Smith St, von der R700 ausgeschildert. Tische im Garten hinter der Galerie mit Blick auf ein Naturreservat. Das Essen ist nicht umwerfend, aber die reizvolle Umgebung lädt zu einer entspannenden Tasse Tee oder zu einem Mittagessen ein.
Café Rossini, Mimosa Mall, Kellner St, ✆ 444 6222. Leckere Sandwiches, Salate und Backkartoffeln in lockerer Atmosphäre, angenehm für eine erholsame Pause zwischen den Einkäufen. ⊙ tgl. 8.30–2130 Uhr.
Jazz Time, Waterfront, ✆ 430 5727. Live-Jazz wird zwar keiner geboten, dafür aber eine lebendige Stimmung und Hintergrundmusik. Die Holzterrasse ist ideal, um die Flaneure zu beobachten. Gute Cocktail-Karte, Burger und nahöstliche Speisen. ⊙ tgl. 8–24 Uhr.
Mystic Boer, 84 Kellner St. Wer nur eine Nacht in Bloemfontein bleibt, sollte sie in diesem ironisch verkitschten burischen Lokal verbringen, das in alternativer und angesagter Atmosphäre häufig Live-Veranstaltungen bietet und dazu Drinks sowie verschiedene Pizzas und vegetarische Gerichte zu erschwinglichen Preisen reicht.
Oude Kraal, 35 km südliche der Stadt an der N1, ✆ 564 0636. Sechsgängige, üppige burische Menüs in reizvoller Umgebung auf dem Gelände einer historischen Farm. Reservierung unumgänglich.
Roma Coffee Bar, 24 West Burger St. Guter Kaffee und legendärer Schokoladenkuchen, dessen Rezept bis heute ein streng gehütetes Geheimnis ist. ⊙ nur tagsüber.
Upstairs at Grill, Kellner St, Ecke Second Ave Tweedelaan, Westdene, ✆ 430 07050. Das vielleicht beste Restaurant der Stadt mit durchaus bezahlbaren Gerichten der mediterranen, orientalischen und Cajun-Küche wie z.B. in Pfeffer, Knoblauch, Rosmarin und Zitrone gewendetes und flambiertes Rumpsteak oder in Tequila und Limone marinierte Garnelen. Dazu eine exquisite Auswahl einheimischer Weine. ⊙ Mo–Fr und So 11–23, Sa ab 17.30 Uhr bis spät abends.

Unterhaltung und Kultur

Das Fehlen einer englischsprachigen Zeitung macht es Besuchern nicht gerade leicht, sich über das lokale Veranstaltungsangebot zu informieren. Empfehlenswerte Tipps über **Bars** und **Clubs** sind im *Naval Hill Backpackers* (siehe unter Übernachtung) zu bekommen.
Barba's Café (siehe unter Essen) ist eine von verschiedenen lohnenswerten Bars an der Second Ave und bietet sich für einen Drink in ausgelassener Stimmung an.
Moods and Flavours, in Heidedal, dem Viertel der Farbigen, ✆ 432 2864, ausgezeichnete Jazz-Bühne, auf der Musiker aus dem ganzen Land auftreten, Konzerte allerdings nur 4x im Monat. Das Publikum wirft sich zu diesem Anlass regelmäßig in Schale.
Mystic Boer, 84 Kellner St, ist ein Unikum, wie man es so nirgendwo sonst im Land findet. Veranstaltet regelmäßig Konzerte mit einheimischen Bands, im hinteren Bereich kann getanzt werden. Bloemfontein besitzt eine Hand voll **Theater**, dazu gehört das **Observatory**, das in einem echten Observatorium auf dem Naval Hill nördlich des Zentrums untergebracht ist und im städtischen Naturpark, der einige Giraffen und Antilopen beherbergt, liegt. Renommiertestes Theater der Stadt ist das **Sand du Plessis**, Markgraaff St, Ecke Andrews St.

FREISTAAT

Die diversen **Kinos** der Stadt sind meist in vorstädtischen Einkaufszentren untergebracht: die **Mimosa Mall** in Westdene bietet sieben Säle, die **Waterfront** fünf. Das Programm beschränkt sich in allen auf Mainstream-Streifen.

Sonstiges

APOTHEKEN – *Medirex Pharmacy*, Southern Life Building, Maitland St, ✆ 447 5822, ◷ tgl. 8–22.30 Uhr.

AUTOVERMIETUNGEN – Am Flughafen sind vertreten: *Avis*, ✆ 433 2331, *Budget*, ✆ 433 1178, *Hertz*, ✆ 433 4018, und *Imperial*, ✆ 433 3511.

INFORMATIONEN – Das **Tourist Information Bureau** befindet sich am Busbahnhof am östlichen Ende der Park Ave, ✆ 405 8490, ✆ 447 3859, 🖥 www.bloemfontein.co.za, und hält u.a. Stadtpläne bereit. ◷ Mo–Fr 8–16.15, Sa 8–12 Uhr.

MEDIZINISCHE HILFE – Krankenhäuser: *Universitas*, größtes Krankenhaus der Provinz mit einer kostenlosen 24-Std.-Notaufnahme. Allerdings muss man mitunter sehr lange warten, zudem schwankt die Qualität der Versorgung. Weit besser, aber nur gegen Bezahlung oder für diejenigen, die eine Reiseversicherung abgeschlossen haben, sind die privaten Krankenhäuser *Hydromed*, Kellner St, ✆ 404 6666, und *Rosepark*, Fichmed Centre, Gustav Crescent, ✆ 422 6761.

NOTFÄLLE – Feuerwehr, ✆ 10178; Krankenwagen, ✆ 10177; Krisentelefon bei Vergewaltigung, ✆ 447 6678; Polizei, ✆ 10111.

POST – Hauptpost, East Burger St, Ecke Maitland St, ◷ Mo, Di, Do und Fr 8–16.30, Mi 8.30–16.30, Sa 8–12 Uhr.

VORWAHL – 051

Nahverkehrsmittel

TAXIS – *Silverleaf*, ✆ 430 2005, ist verlässlich. Vor dem Bahnhof und dem Busbahnhof stehen in der Regel Taxis bereit.

Transport

BUSSE – Gemeinsamer Busbahnhof von *Translux*, ✆ 408 3242, *Intercape*, ✆ 447 1435, und *Greyhound*, ✆ 447 1558, am Touristenzentrum am östlichen Ende der Park Ave, gegenüber dem Schwimmbad. Der *Baz Bus* verkehrt nicht von oder nach Bloemfontein.
Verbindungen bestehen von Bloemfontein nach
DURBAN (2–3x tgl.; 9 Std.);
EAST LONDON (tgl.; 7 1/4 Std.);
GRAAFF-REINET (5x wöchentl.; 7 Std.);
GRAHAMSTOWN (tgl.; 7 1/2 Std.);
JO'BURG (4–5x tgl.; 6 Std.);
KAPSTADT (4x tgl.; 11 Std.);
KNYSNA (5x wöchentl.; 11 Std.);
MOSSEL BAY (5x wöchentl.; 9 1/2 Std.);
OUDTSHOORN (5x wöchentl.; 8 Std.);
PIETERMARITZBURG (2–3x tgl.; 8 Std.);
PORT ELIZABETH (1–2x tgl.; 9 Std.);
PRETORIA (4–5x tgl.; 7 Std.).

MINIBUS -TAXIS – Zentraler Zielort der Minibus-Taxis ist der Standplatz in der Hanger St, eine Straße westlich des Bahnhofs. Die Umgebung des Bahnhofs und des Stands der Minibus-Taxis gilt manchen Einwohnern als die riskanteste Gegend im Zentrum, tatsächlich hat es jedoch bislang nur wenige Vorfälle gegeben. Zu Wachsamkeit sei dennoch geraten, nachts ist die Gegend zu meiden.

EISENBAHN – Die **Bloemfontein Station** befindet sich in der Harvey Rd, am östlichen Ende der Maitland St, ✆ 408 4843, nach Büroschluss ✆ 408 2262. **Zugauskunft:** *Spoornet*, ✆ 408 4843, nach Büroschluss, ✆ 408 2262.
Verbindungen bestehen von Bloemfontein nach
DURBAN (Mo; 16 Std.);
EAST LONDON (tgl.; 14 1/4 Std.);
JO'BURG (tgl. außer Sa; 13 Std.);
KAPSTADT (Fr; 20 3/4 Std.);
PORT ELIZABETH (tgl.; 12 1/4 Std.);
PRETORIA (tgl. außer Sa; 15 3/4 Std.).

FLÜGE – Nur wenige Reisende nutzen den 10 km außerhalb an der N8 gelegenen **Flughafen**, ✆ 433 2901, obwohl regelmäßige Verbindungen zwischen Bloemfontein und den größeren Städ-

FREISTAAT

ten bestehen. Vom Flughafen verkehren keine Shuttlebusse in die Stadt, so dass man auf ein relativ teures Taxi oder einen Mietwagen angewiesen ist.

South African Airways, St Andrew's Street, ✆ 447 3811.
Verbindungen bestehen von Bloemfontein nach DURBAN (2–3x tgl.; 1 1/4 Std.);
JO'BURG (Mo–Fr 9x, Sa und So 3x tgl.; 1 1/4 Std.);
KAPSTADT (3–4x tgl.; 1 1/4 Std.);
PORT ELIZABETH (1–2x tgl.; 1 1/4 Std.).

Südlich von Bloemfontein

Von Bloemfontein führen zwei große Straßen nach Süden: die **N6** via Aliwal North (s.S. 411) in die östliche Kap-Provinz und die **N1** via Colesberg (s.S. 240) in die westliche Kap-Provinz. Abgesehen von einigen eigentümlichen Orten entlang der Strecke haben jedoch beide Routen nicht viel zu bieten. **Smithfield**, ein kleines *dorp* 145 km südlich von Bloemfontein, bietet sich als praktischer Zwischenstopp auf der N6 an, auch über Nacht (siehe Übernachtung und Essen).

Zwischen Trompsberg und Colesberg kann von der N1 ein kleiner Umweg entlang einer geteerten Straße ins 168 km südlich von Bloemfontein gelegene **Philippolis** unternommen werden, wo **Sir Laurens van der Post** (s.S. 554, Kasten) aufwuchs. Auch lohnen die Eindrücke, die man hier vom mächtigen Oranje erhält – es ist leichter auf einer ruhigen Landstraße anzuhalten und die Aussicht auf den Fluss zu genießen, als zu versuchen, von der Schnellstraße aus einen Blick darauf zu erhaschen. Der in den 30er Jahren des 19. Jahrhunderts gegründete Ort ist unscheinbar, war aber eine der ersten Siedlungen nördlich des Oranje. Benannt wurde er nach **Dr. John Philip**, einem britischen Geistlichen, der hier eine Missionsstation errichtete. Seiner Zeit weit voraus setzte sich Philip aktiv für die umfassende Integration ehemaliger Sklaven, Afrikaner und Farbiger in das wirtschaftliche und soziale System der Weißen ein.

Viele der Touristen, die heute durch Philippolis kommen, sind verdrossene Städter auf der Suche nach ländlicher Idylle. Abgesehen von der Verbindung zu van der Post besitzt der Ort 75 Gebäude, die in den Status nationaler Kulturgüter erhoben worden sind. Sie umfassen einfache, flache Karoo-

Häuser, kapholländische Giebelbauten und viktorianische Gebäude mit charakteristischem, schmiedeeisernem Dekor. Zu den schönsten Gebäuden zählt das kleine, flache, weiße Haus von **Adam Kok III**, dem Anführer der Griqua (s. Kasten), kurz vor dem Postamt an der Voortrekker Street, die als Hauptstraße durch die kleine Ortschaft führt.

Die Griqua Im frühen 19. Jahrhundert tauchten am östlichen Rand der Kapkolonie in der Umgebung des Oranje nomadisierende Viehhirten und Räuber auf, denen eine hohe Reitkunst und der unbedingte Wille zur Unabhängigkeit nachgesagt wurde. Sie nannten sich nicht ohne gewissen Stolz „Bastaards" und waren Abkommen von Europäern, Khoikhoi, Asiaten und Afrikanern. Missionare überredeten sie, an Orten wie Griquatown, Campbell und Philippolis sesshaft zu werden, stießen sich jedoch an ihrem Namen, den sie in Griqua änderten. Obgleich Griqualand West theoretisch unabhängig war, sahen sich die Griqua angesichts Auseinandersetzungen mit den Buren und Landstreitigkeiten nach der Entdeckung von Diamanten auf ihrem Territorium genötigt, die Briten um Schutz zu bitten – Vertrauen, das nur allzu schnell durch den Expansionsdrang der Kapkolonie unterlaufen werden sollte.
1861 überquerten 3000 Griqua unter ihrem Anführer Adam Kok III. von Philippolis aus die Drakensberge ins südliche Natal, um in einem kleinen Gebiet **Griqualand East** zu gründen. Der Ansiedlung war jedoch kein Glück beschieden und allmählich versprengten sich die Griqua und passten sich der größeren Gemeinschaft der Farbigen an. In den Provinzen Nord-, West- und Ostkap gibt es jedoch noch heute vereinzelt kleine Enklaven, in denen ihre Nachfahren leben.

FREISTAAT

Das alte Wohnhaus der **Familie van der Post** in der Colin Fraser Street befindet sich zwar in Privatbesitz, kann jedoch auf Anfrage bei den Eigentümern besichtigt werden. Laurens, das dreizehnte von fünfzehn Kindern, wurde 1906 auf einer Farm außerhalb des Orts geboren, zog aber bereits in sehr jungen Jahren nach Philippolis. Seine Asche ist am Ortsrand im Sir Laurens van der Post Memorial Garden beigesetzt, der aus Richtung Bloemfontein kommend kaum zu verfehlen ist. Der Garten ist um den alten Weg angelegt, der den Ortsteil der Weißen mit der Township der Schwarzen verband. Plänen zufolge soll ein Van der Post-Museum sowie ein Ort der Zurückgezogenheit für Schriftsteller in dem kleinen benachbarten Gebäude entstehen.

> **Laurens van der Post** Als Forscher, Schriftsteller, Soldat und Philosoph gelangte Laurens van der Post zu Weltruhm. Er war fasziniert von den Geschichten und Legenden der „Buschmänner", des Volkes der San, das durch das Vordringen afrikanischer und europäischer Siedler aus seinen traditionellen Wohnstätten vertrieben und in die Wüsten im Norden abgedrängt wurde. „Was mich an ihnen so fesselte, war, dass sie wie kein anderes menschliches Wesen sonst in dieses, mein Land zu gehören schienen", schrieb er und bezog sich dabei auf die autarke und gleichzeitig höchst spirituelle und ästhetisch ausgerichtete Lebensweise der San. Er mchte sich auf die Suche nach den letzten Spuren der San, und schrieb diese berühmte Reise in seinem Buch *Die verlorene Welt der Kalahari* (später wurde es auch verfilmt) nieder. Dieses und die Fortsetzung *(Das Herz des kleinen Jägers)*, zählen zu den ersten literarischen Werken, die im westlichen Verständnis überhaupt erst die Vorstellung zuließen, dass von einem solch primitiven „Stamm" vielleicht auch etwas zu lernen sei. Im Zweiten Weltkrieg geriet Van der Post in japanische Kriegsgefangenschaft. Sein aus diesen Erfahrungen entstandenes Buch *Die Saat und der Säer* wurde unter dem Titel *Merry Christmas, Mr Lawrence* verfilmt. Van der Post lebte in London und Südafrika bevor er 1996 im Alter von 90 Jahren starb.

Am Ende der Voortrekker Street steht die große **Niederländisch-Reformierte Kirche** an jener Stelle, an der sich einst die Griqua-Mission befand. Um einen Eindruck einheimischer burischer Kultur zu erhalten, lohnt ein Besuch am Sonntag.

Übernachtung und Essen

Artists Colony Guest House, Smithfield, ☎/☏ 051 683 1138, ✉ colony@global.co.za, hübsches, kleines Gästehaus.

Oppie Stoep*, Philippolis, ☏ 051-773 0390, zur Verfügung stehen 6 B&B-Zimmer im viktorianischen, von einer vorderen und rückwärtigen Veranda gesäumt.

Philipolis Lodge* in der Kok Street, ☏ 051-773 0422, günstig, beherbergt auch ein Restaurant. So geschlossen.

Philippolis Old Gaol*, Philippolis, Justisie Street, ☏ 082-550 4421, zwei Straßen abseits der Hauptstraße gelegen, eine preiswerte, saubere Unterkunft für Selbstversorger.

Smithfield House**, am Ortsrand von Smithfield, Brand St ☏ 051-683 0071, ✉ smithfieldho@ icon.co.za, luxuriös in viktorianischem Stil mit eigenem Pool, Tennisplatz und einem knapp 3 ha großen Garten.

Aufkommender Hunger lässt sich im englischen Restaurant ***Colony Room***, ☏ 051-683 0021, an der N6 in Smithfield, abseits Juana Square, stillen. ⏰ Tgl. von morgens bis in die Nacht. Außer der *Philipolis Lodge* bietet noch das im Ortskern von Philippolis gelegene und gern als Treffpunkt genutzte ***Kokkewiet Café*** Speisen an. Sonntags sind die Plastiktische und -stühle von den Kirchgängern in Beschlag genommen, um bei einer Tasse Tee zu plaudern.

Sonstiges

INFORMATIONEN – Das **Informationsbüro** für Touristen, ☏ 051-773 0209, liegt an der Hauptstraße, ist bei der Unterkunftssuche behilflich und arrangiert Stadtrundgänge. ⏰ Mo–Fr 8–16 Uhr.

Die Highlands Route

Die Highlands Route erstreckt sich als eine der landschaftlich reizvollsten Straßen des Landes über eine Länge von 280 km von **Phuthadijhaba** (Witsieshoek) im Norden über Ladybrand bis nach Wepener im Süden. An der Strecke liegen gewaltige, rot und ockerfarben gestreifte Felsformationen, Kirschbaumplantagen und Farmerstädtchen. In einem zwischen Lesotho und dem nördlichen Kwa-Zulu-Natal eingekeilten Zipfel liegt Phuthadijhaba – das Tor zum **Sentinel** und die bequemste Route zum **Drakensberg Escarpment**. Die größte Attraktion der Region ist der **Golden Gate Highlands National Park**, der sich etwas westlich davon über weites, offenes Bergland ausdehnt. Von Johannesburg ist der Park leicht in 3–4 Stunden Fahrt zu erreichen, so dass sich ein Besuch mit Übernachtung als erste oder letzte Station der Reise anbietet, wenn Johannesburg Ankunfts- oder Abflugsort ist und man nicht in der Stadt übernachten möchte. Das nahe **Basotho Cultural Village** vermittelt interessante Einblicke in die Traditionen der Basotho. Die nächstgelegene Ortschaft zum Golden Gate Park ist **Clarens**, ein Zentrum für Kunst und Kunsthandwerk und das hübscheste Dorf an der Highlands Route.

Basotho Cultural Village

Etwa 20 km östlich vom Golden Gate National Park liegt im QwaQwa National Park das Basotho Cultural Village, ✆ / ✆ 058 721 0300, ✉ basotho@ dorea.co.za. Es gewährt perfekt arrangierte Ein-

---

Wanderungen zum Drakensberg Escarpment
Südafrikas spektakulärste Ausblicke bieten sich vom Drakensberg Escarpment – vom ausgedehnten Gipfelareal der höchsten Berge und vom **Amphitheatre**, einer weit geschwungenen Felswand, die den Royal Natal National Park dominiert. Beide Ziele erfordern beste körperliche Konstitution, will man sie von KwaZulu-Natal aus ansteuern. Vergleichsweise bequem lassen sie sich hingegen vom Parkplatz am Sentinel im Freistaat erreichen, d.h. nach Erklimmen einer Kettenleiter und dem anschließenden Aufstieg auf den **Mont aux Sources**, den mit 3278 m höchsten Gipfel des Escarpment. Die Leiter befindet sich vom Parkplatz am Sentinel (8 km vom Witsieshoek Mountain Resort gelegen) nur 2 1/2 Stunden Fußmarsch entfernt, vom *Mahai*-Campingplatz im Royal Natal National Park hingegen muss man eine anstrengende 10-stündige Wanderung zurücklegen. Es empfiehlt sich früh am Tag aufzubrechen, um sich ausgiebig der Erkundung des Escarpment widmen zu können. Nach 3 km Wegstrecke gelangt man zum unteren Ende der 30 m hohen Kettenleiter. Oben angekommen, kann der Gipfel des Mont aux Sources erklommen werden. Die Obergrenze dieser Route ist auf 100 Wanderer pro Tag festgesetzt. Es sei davor gewarnt, sich von der scheinbar leichten Bezwingung beeindrucken zu lassen, denn das letzte Wort haben immer noch die Berge. Stets sollte man ausreichend Proviant, Wasser, Kleidung und ein Zelt dabei haben, um für den Fall eines heftigen Gewittersturms gerüstet zu sein.

Man kann aus einer ganzen Reihe anspruchsvoller Bergwanderrouten wählen – darunter eine zweiwöchige Tour entlang des Escarpment-Plateaus zum Sani-Pass in den südlichen Drakensbergen. Die imposantesten Gegenden der Drakensberge lassen sich im Rahmen einer 5-tägigen, 62 km langen Route kennen lernen, die vom Parkplatz am Sentinel zum Cathedral Peak im ca. 40 km südwestlich gelegenen Natal Drakensberg Park führt. **Übernachten** kann man dabei in Höhlen. Für derartige Wanderungen ist eine Karte unverzichtbar, sehr zu empfehlen ist außerdem der in den meisten Buchhandlungen erhältliche Wanderführer *Drakensberg Walks* von David Bristow. Am 24 Stunden bewachten Parkplatz am Sentinel steht eine Berghütte für die Übernachtung zur Verfügung. Wasser oder Strom gibt es allerdings nicht, eine komfortablere Alternative ist das *Witsieshoek Mountain Inn* (siehe unter Übernachtung). **Buchungen** für die Hütte und einen der 100 Plätze für die Wanderung zur Kettenleiter sind im Basotho Cultural Village (s.S. 555) möglich.

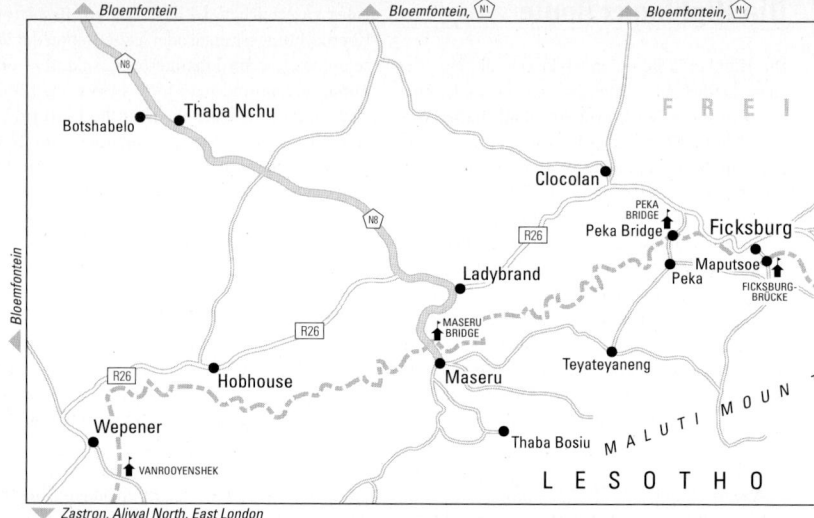

blicke in die traditionelle Lebensweise der **Basotho**, die seit Jahrhunderten in dieser Region leben und eng mit den Menschen jenseits der Grenze in Lesotho verbunden sind. Zentrales Schaustück des Dorfs ist ein Ensemble prachtvoller **Basotho-Hütten**, deren Formen von organischen, runden Konstruktionen bis hin zu eckigen, von Metalldächern gedeckten Hüttenbauten reichen. Vor den Hütten kann man Basotho in traditioneller Kleidung sehen. Besucher erhalten Gelegenheit das Oberhaupt der Basotho kennen zu lernen, traditionelles Bier zu trinken, Musikdarbietungen zu verfolgen und einen traditionellen Heiler beim Werfen von Knochen zu beobachten. Obgleich das Ganze etwas aufgesetzt wirkt, ist die halbstündige Führung kurzweilig. Beachtung verdient der *litema* genannte, von Frauen auf die Außenwände der Häuser gemalte Fassadenschmuck, den man in ländlichen Gegenden Lesothos und des Freistaats noch entdecken kann. Die verwendeten Motive sind vielfältig und reichen von einfachen sich wiederholenden Mustern bis hin zu farbenprächtigen modernen Formen. Im Rahmen einer zweistündigen Tour entlang dem reizvollen **Matlakeng Herbal Trail** erläutert ein fachkundiger traditioneller Heiler die Heilpflanzen des *velds*. Die Exkursion führt auch an gut erhaltenen **Felsmalereien** vorbei.

In einem Laden gibt es einheimisches **Kunsthandwerk** von guter Qualität zu kaufen, Ausschau halten sollte man nach Raffiamatten und -körben sowie den kegelförmigen Strohhüten, die es nur in dieser Gegend und in Lesotho gibt. Der Anfahrtsweg ins Cultural Village ist von der Hauptstraße ausgeschildert. ⏰ Mo–Fr 9–16, Sa und So 9–17 Uhr, Eintritt inkl. Führung R15.

Übernachtung und Essen

In einigen **strohgedeckten Steinhütten*** steht eine begrenzte Anzahl an sehr preiswerten Unterkünften zur Verfügung. Ein E-Herd mit zwei Kochplatten, ein Wasserkocher, elementare Küchenutensilien, Bettzeug sowie Handtücher werden gestellt, die Toilette und Waschgelegenheit befinden sich draußen. Von den Hütten hat man eine phantastische Aussicht auf den QwaQwa National Park und die Umgebung bietet zahllose Spazierrouten. Umsorgt wird man hier allerdings nicht, und nachts, wenn die Mitarbeiter wieder in ihr modernes Leben nach Phuthadijhaba zurückgekehrt sind, ist das Dorf fast menschenleer. Ein **Restaurant** im Freien serviert Tee und traditionelle Speisen.

FREISTAAT

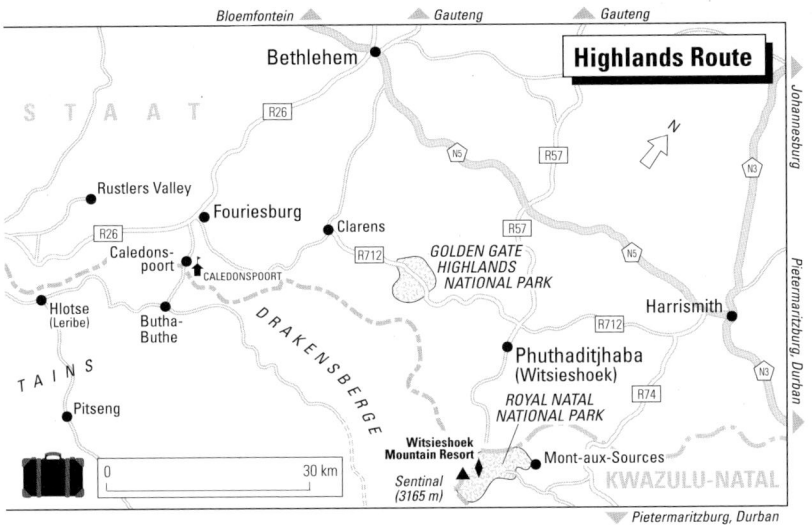

Phuthadijhaba und Umgebung

Einziger Grund durch das 2 km abseits der R712 und östlich des Golden Gate National Park gelegene Phuthadijhaba (auch Witsieshoek genannt) zu fahren, ist wahrscheinlich die Anfahrt zum Witsieshoek Mountain Resort und zum Parkplatz unterhalb des Sentinel, wo Wanderer den leichtesten Zugang zur Randstufe der Drakensberge finden. Phuthadijhaba selbst wirkt vergleichsweise trostlos und funktional. Das Erscheinungsbild wird von Leichtindustrie und kleine, schachtelartige Backsteinhäuser bestimmt. Im Unterschied zur Leere der Landschaft um den Golden Gate Park, brausen hier Minibus-Taxis auf den Straßen, Menschen und Tiere laufen vorbei an Hütten, deren Blechdächer durch Steine gegen den Wind beschwert sind. Phuthadijhaba war einst die künstlich geschaffene Hauptstadt des ehemaligen *bantustans* **QwaQwa** und bis heute legen die hiesigen Straßenschilder Zeugnis von dieser bitteren Zeit ab.

Der ausgeschilderte Weg zum **Witsieshoek Mountain Inn** gabelt sich ca. 15 km von Phuthadijhaba entfernt – die eine Route führt von dort weiter zum Inn, die andere zum Parkplatz am **Sentinel**. Bis auf die letzten Kilometer ist die Strecke geteert. Zwar grenzen der Royal Natal National Park und Witsieshoek aneinander, allerdings profitieren davon nur die Wanderer, die auf steilen Pfaden vom einen Gebiet ins andere gelangen können. Mit dem Auto muss man ca. 100 km nach KwaZulu-Natal hinein und um die hohen Gipfel herum fahren.

Übernachtung und Essen

Das ***Witsieshoek Mountain Inn****, ☎ 058-713 6361 oder 713 6362, 🖷 058-713 5274, zählt zu den großen verpassten Chancen in der südafrikanischen Architektur. Die Lage ist spektakulär wie bei keinem anderen Berghotel des Landes, jedoch ist die Planung die wohl schlechteste gewesen. Die Unterkünfte liegen etwas unterhalb eines Plateaurands, so dass den Gästen einer der besten Ausblicke in den gesamten Drakensbergen verwehrt wird. Natürlich ist der Weg in die Berge und zu einer besseren Aussicht nicht weit. Die Funktionalität der Zimmer wird durch den freundlichen Service wettgemacht. Von den teureren Zimmern können herrliche Ausblicke auf den Sentinel genossen werden.

Auf dem Hotelgelände gibt es für Wanderer (mit eigenem Schlafsack) auch ein **Hostel***, das in seinem Schlafsaal 12 Gästen Platz bietet und außerdem über Strom und Heißwasser verfügt.

Golden Gate Highlands National Park

Ungefähr 300 km nordöstlich von Bloemfontein erreicht man über die R712 den Golden Gate Highlands National Park, den einzigen Nationalpark im Freistaat. Er erhielt diesen Status weniger wegen der beheimateten Tiere – darunter **Elenantilopen, Zebras, Bergriedböcke** und **Weißschwanzgnus** – als vielmehr für seine außerordentlichen landschaftlichen Reize. Hauptattraktion sind die offenen Weiten, erodierten Sandsteinfelsen und der nahtlos blaue Himmel. Die Felsen, Grasplateaus und eingeschnittenen Täler gehören noch zu den Drakensbergen, die hier durch spektakuläre gelbe und roten Felsen und Klippen gekennzeichnet sind. ⏲ tgl., Eintritt frei.

Ausgehend von einer Orientierungstafel nahe der Fußgängerbrücke am Campingplatz *Glen Reenen* beginnen verschiedene einstündige **Pfade** in die Sandsteinschluchten. Die Auswahl an Wanderungen mittlerer Länge beschränkt sich auf eine halbtägige Tour zum **Wodehouse Kop**, die mit einer herrlichen Aussicht belohnt, aber gegenüber den kürzeren Wanderungen eine anspruchsvoller ist. Am kräftezehrendsten ist die zweitägige Rundwanderung auf dem Rhebok Trail, der den höchsten wie auch den niedrigsten Punkt passiert. Angesichts der hohen Anforderungen, die diese Strecke an Wanderer stellt, ist nach der Übernachtung im *Glen Reenen Rest Camp*, wo die Route beginnt, ein frühzeitiger Aufbruch ratsam. Entlang der Strecke finden Wanderer eine einfache Hütte zum übernachten. Buchungen für die Route sowie die Hütte müssen über South African National Parks in Pretoria, ✉ reservations@parks-sa.co.za, ✆ 012-343 1991, erfolgen. Es werden auch **Ausritte zu Pferde** angeboten. Diese können über die beiden Rest Camps gebucht werden. Im Sommer lädt das Auffangbecken eines natürlichen Wasserfalls nahe dem Campingplatz *Glen Reenen* zu einem Bad ein.

Übernachtung und Essen

Unterkunft bieten zwei nicht weit voneinander entfernte **Rest Camps**, die direkt an der R712 liegen und leicht zu erreichen sind. Zwar macht sie das nicht gerade zu abgeschiedenen Refugien in der Wildnis, jedoch sind beide in prachtvoller Umgebung inmitten aufragender Sandsteinfelsen angesiedelt. **Buchungen** für beide über *South African National Parks* in Pretoria, ✆ 012-343 1991, ✉ reservations@parks-sa.co.za.

Brandwag**, ca. 1 km entfernt, ist komfortabler und bietet gut ausgestattete Chalets für Selbstversorger sowie Zimmer mit Bad, Telefon und TV. Besitzt das einzige und zudem nicht umwerfende **Restaurant** vor Ort, ansonsten bleibt nur der Weg nach Clarens.

Glen Reenen*, die preiswertere Option, umfasst einen Campingplatz, der zur Hauptsaison wie ein von burischen Familien und ihren Wohnwagen zugeparkter Caravanpark wirkt. Dicht gedrängte Rondavels mit Bad und Küchenzeile.

Sind die Unterkünfte belegt oder möchte man abgeschiedener und billiger unterkommen, sind die schlichten aber behaglichen **Hütten** im *Basotho Cultural Village* (s. S. 555) eine Überlegung wert.

Transport

Der Golden Gate Highlands National Park liegt nahezu gleich weit von Bloemfontein und Jo'burg (320 km nördlich auf guten, geteerten Straßen) entfernt. **Benzin** gibt es im *Glen Reenen Rest Camp*, ebenso einen Laden, in dem man Proviant, Tiefkühlware für ein *braai*, Feuerholz und Alkohol kaufen kann.

Clarens

Ungefähr 20 km westlich des Golden Gate Highlands National Park liegt das von Bäumen umsäumte Dorf Clarens, der wohl schönste Ort entlang der Highlands Route. Hervorstechendstes Merkmal der 1912 gegründeten Siedlung sind die herausgeputzten Steinbauten, welche sich vor den **Rooibergen** („Rote Berge") und den südöstlich aufragenden **Malutis** abheben. Am schönsten präsentiert sich das Dorf im Frühling, wenn die Obstbäume in Blüte stehen, oder im Herbst, wenn sich das Blattwerk der Pappeln rotgolden färbt. Aber auch während der übrigen Zeit empfiehlt sich Clarens mit einer entspannten, zum Verweilen einladenden Atmosphäre.

Der Ortsname ist jenem schweizer Ort entlehnt, in dem **Paul Kruger**, Präsident der Südafrikanischen Republik, nach der Niederlage der Buren im 2. Burenkrieg seine letzten Tage verbrachte und 1904 starb. Heute ist Clarens ein Zentrum für **Kunst und Kunsthandwerk** und besitzt eine Reihe von Ateliers und Läden. Wer an Wochenenden um die Mittagszeit in den Ort kommt, dem wird mitunter in einem der Straßencafés am zentralen **President Square** einheimische Live-Musik geboten.

Die verschiedenen **Galerien** an der Main Street und um den President Square empfehlen sich für den Kauf von Geschenken oder Souvenirs. Besondere Beachtung verdienen dabei die Wandbehänge, Körbe und traditionellen Kopfbedeckungen der einheimischen Basotho. Ein sehenswertes Kuriosum ist der *Di Mezza & De Jager Trading Store*, einer der wenigen Gemischtwarenläden aus alten Tagen in nicht-musealer Umgebung und voll gepackt mit Lebensmitteln, Lampen, Ersatzteilen für Fahrräder, Süßigkeiten und Decken. Letztere finden traditionell bei den Basotho als Umhang Verwendung und sind erstklassige Souvenirs. Anfahrt zum Laden über die Hauptstraße nach Nordwesten Richtung Bethlehem, dann die Abzweigung zur Maluti Lodge nehmen.

Übernachtung

Sowohl im Dorf als auch in auf den Farmen der Umgebung stehen reichlich Unterkünfte zur Auswahl.
Clarens Inn*, Van Reenen St, ✆ 058-256 1542 oder 082-3773621. Preiswerteste Unterkunft wahlweise funktionaler Schlafsaal und Gemeinschaftsküche oder Selbstversorger-Einheit mit 2 Zimmern für max. 6 Personen.

Farmunterkünfte und Reitausflüge in der Umgebung von Clarens Exkursionen zu Pferde erfreuen sich in den östlichen Highlands größter Beliebtheit. Zwei Farmen in der Nähe von Clarens – wärmstens für Familien zu empfehlen – bieten ausgezeichnete Reitausflüge zum Drakensberg Escarpment an, von wo die höchsten Gipfel Südafrikas bewundert werden können und der Blick bis Lesotho nach reicht. **Bokpoort***, ✆ 058-256 1181, ✆ 256 1048, ✉ bokpoort@clarenstourism.co.za, liegt in exquisiter Lage für Wanderungen und ist vor allem interessant wegen der gebotenen Reitmöglichkeiten. Die B&B-Unterkünfte in den Nebengebäuden sind recht schlicht, zur Verfügung stehen außerdem separate „Berghütten" mit Bad und Kochgelegenheit für Selbstversorger sowie Schlafsaalbetten in einer alten Sandsteinscheune und Zeltmöglichkeiten mit gemeinschaftlich genutztem Koch- und Essplatz. Aus der Farmküche gibt es auf Bestellung preiswerte Speisen, in einem kleinen Laden wird das Nötigste angeboten. Am beliebtesten sind die **Reittouren nach Western-Manier** in tiefen, bequemen Cowboysätteln auf trittsicheren Pferden aus. Kurze Ausritte von der Farm (2 Std. für R95) führen zu Felsmalereien der San sowie Badestellen am Fluss und bieten Gelegenheit zur Beobachtung von Elenantilopen, Zebras und Springböcken auf der benachbarten Wildfarm. Zweitägige Exkursionen in die Berge an der Grenze zu Lesotho kosten R600, dreitägige R900. Teilnehmer transportieren ihr zusammengerolltes Bettzeug und ihre Wasserflasche auf dem eigenen Pferd, die Satteldecke dient bei der Übernachtung in einer entlegenen Berghütte als Schlafunterlage, die Lebensmittel wiederum trägt ein Lastpferd. Pro Tag wird sechs Stunden geritten.
Reitausflüge veranstaltet auch das **Schaaplaats Cottage & Ashgar Connemara Stud***, ✆ 058-256 1176, ✆ 256 1258. Diese aus der Jahrhundertwende stammende Farm liegt direkt in den Bergen, 6 km südlich von Clarens, abseits der R711 nach Fouriesburg, und bietet in englisch geprägter Atmosphäre zwei Sandsteinhütten und eine preiswertere Schäferhütte oberhalb des Haupthauses zur Übernachtung. In der Umgebung sind herrliche Bergwanderungen möglich, außerdem kann man Felsmalereien der San und Gräber aus dem Burenkrieg erkunden. Die Exkursionen zu Pferde dauern ca. 2 Std. (R75). Reitunterricht wird vom Farmbesitzer selbst gegeben, da er ausgebildeter Reitlehrer ist. Auf der Farm leben einige Wildtiere (Zebras und Antilopen), was jedem Ausritt zusätzlichen Reiz verleiht.

Cottage Pie**, 89 Malherbe St, ☎ 058-256 1214 oder 082-853 5947, 🖥 www.suedafrika.net/cottagepie. Eines der besten B&Bs im Ort mit einem Gartenhaus und 2 Zimmern im Haupthaus. Beim Frühstück auf der Terrasse kann man den Blick über den Fluss und die imposanten Felsen in der Umgebung schweifen lassen.

Maluti Mountain Lodge***, am Ortsrand, von der R712 ausgeschildert, ☎ 058-256 1422. Kostspieligstes Quartier, hübsche Rondavels im Garten, Preise inkl. Abendessen.

Village Square Guest House, im Zentrum, ☎ / 📟 058-256 1064 oder ☎ 083-635 8667, 🖂 villagehouse@isat.co.za. Bietet 2 Familiensuiten sowie 2 Zimmer mit Bad, inkl. Frühstück im Street Café Restaurant, das dem Besitzer gehört.

The Highland Brasserie, am zentralen Platz im Ort, ☎ 058-256 1534, nimmt ähnliche Preise. Im Winter prasselt drinnen ein Feuer, bei schönem Wetter gibt es Sitzplätze im Freien. Ideal für Frühstück, Käsekuchen und Kaffee. ⏰ Di–So tagsüber, Mi und Fr auch abends.

Street Café Restaurant, Main St, ist das beliebteste Lokal im Ort. Serviert werden preiswerte Pizzas, Snacks, Steaks sowie Salate und es stehen rund 107 verschiedene einheimische und importierte Biere zur Auswahl.

Fouriesburg und Umgebung

Der kuriose kleine Ort Fouriesburg, 36 km südöstlich von Clarens an der R711 gelegen, erhielt seinen Namen in Anbetracht der vielen Menschen mit dem Namen Fourie, die in der Umgebung das Land bestellten. Die ungeteilte Aufmerksamkeit wurde dem Ort für kurze Zeit im Jahr 1900 zuteil, nachdem Bloemfontein während des Burenkriegs den Briten in die Hände fiel und Fouriesburg zur Hauptstadt des Oranje-Freistaats proklamiert wurde. Seither scheint sich nicht viel geändert zu haben und selbst die Proklamation hat man 100 Jahre später noch nicht widerrufen, so dass Fouriesburg theoretisch bis heute die Hauptstadt der Provinz ist. Besuchern bietet sich der Ort im Schatten der **Malutiberge** und der **Witteberge** („Weiße Berge")

als zweckdienlicher Zwischenstopp für eine Übernachtung an.

Fouriesburg*, 17 Reitz St, ☎ 058-223 0207, 📟 223 0257, 🖂 fburginn@worldonline.co.za. Das Hotel ist die schönste Unterkunft im Ort – ein kleine, herrlich antiquierte Herberge mit einem vom Zahn der Zeit grün verfärbten, tief herabreichenden Eisendach und komfortablen Zimmern, die hinter der straßenseitigen Veranda liegen. Auf Wunsch lassen die Besitzer den Weinkeller zur Auswahl eines edlen Tropfens für das Abendessen durchstöbern.

Meiringskloof Nature Reserve*, ☎ / 📟 058-223 0067, 2 km außerhalb vom Ortszentrum, ausgeschildert. Erstreckt sich in einer von reichlich Bäumen bestandenen Schlucht aus Sandsteinfelsen. Verfügt über einige der wenigen lohnenden Zeltmöglichkeiten entlang der Highlands Route, auch Steinchalets für Selbstversorger, Pool und kleiner Lebensmittelladen. Während der Ferien ist es hier recht überlaufen und wenig erholsam. Verschiedene kürzere **Wanderpfade** führen in die Umgebung.

Rustler's Valley

Im Gegensatz zum Konservatismus in Fouriesburg zeichnet sich Rustler's Valley, 27 km südlich davon und von der R26 bestens ausgeschildert, ☎/📟 051-933 3939, 📟 933 3286, 🖥 www.rustlers.co.za, als Epizentrum des südafrikanischen New Age aus. Hier, in einem sehr reizvollen Tal am Fuße der Malutiberge, trifft sich eine bunte Mischung aus Rave-Kultur, Gaia-Philosophie und ewig junger Hippie-Bewegung. Besucher dieser alternativen Enklave müssen bereit sein, sich auf die fast schon gedämpfte Atmosphäre einzulassen, in der alles langsam und etwas unorganisiert vonstatten geht, wovon auch der Service keine Ausnahme bildet. Für ein paar Tage der Entspannung, des Eintauchens in eine andere Lebensweise und des Kennenlernens anderer Menschen ist Rustler's Valley ideal. Ungefähr einmal im Monat finden Veranstaltungen statt (ein entsprechender Kalender ist im Internet verfügbar), außerdem kann man reiten, wandern, im Stausee schwimmen oder Barschen und Forellen

FREISTAAT

angeln. Der große Ansturm kommt zum **Easter Festival,** zu dem wahre Horden junger Südafrikaner einfallen, um Musik zu hören, zu tanzen und beim Chill-out zu entspannen. In legendärem Ruf stehen daneben die Silvesterpartys.

Übernachtung und Essen

Die **Unterkünfte*** reichen von Zeltmöglichkeiten, Schlafsaalbetten und Zimmern mit Bad bis zu strohgedeckten Rondavels mit Bad, die zwischen Pfirsichbäumen stehen und mit Kobolden und Feenfiguren geschmückt sind. Den Gästen der Schlafsäle steht eine Küche zur Verfügung, für alle anderen gibt es eine Bar und ein **Restaurant,** das gute vegetarische, preiswerte Speisen serviert. Ohne eigenes Transportmittel muss man sich bis Ficksburg (siehe unten) durchschlagen, von dort kann man sich **abholen** lassen. Wer die Unterkunft telefonisch vorab bucht, sollte sich gleich nach dem günstigsten Weg nach Ficksburg erkundigen. **Selbstfahrer** sollten überdies den wechselnden Zustand der unbefestigten Anfahrtsstraße erfragen.

Ficksburg

Der Rustler's Valley nächstgelegene Ort, Ficksburg, liegt 48 km südlich von Fouriesburg und ist Südafrikas Zentrum für den Anbau von Kirschen und Spargel. Hübsch anzusehen sind die Sandsteinbauten des kleinen Städtchens, dessen angenehme Atmosphäre zu einem Zwischenstopp auf halber Strecke entlang der Highlands Route einlädt. Ein alljährlich in der dritten Novemberwoche stattfindendes **Kirschenfest** bildet den Höhepunkt im Ficksburger Kalender und umfasst einen Marathon, einen Umzug, die Wahl einer „Kirschkönigin" sowie ein beliebtes Bierfest.

Übernachtung und Essen

Bella Rosa**, 21 Bloem St, ℡ / 🖷 051-933 2623, höchst begehrt und günstig sind die beiden viktorianischen Sandsteingebäude, die 10 hübsch eingerichtete Zimmer umfassen (alle mit Bad, Telefon und TV). Auf Wunsch ist nach vorheriger Anmeldung Abendessen erhältlich. Es besitzt eine Schanklizenz und bietet eine überdurch-

schnittlich gute englische Küche. 🕐 Mo–Fr bis 22 Uhr.
Bottling Co, Piet Retief St, Ecke Erwee St, ℡ 051-933 2404. Restaurant, das über eine Schanklizenz verfügt und eine Speisenauswahl bietet, die von Steaks über Nudeln und Hühnchen bis zu Fisch und guter Hummersuppe reicht. So geschlossen.
Green Acorn**, 7 Fontein St, ℡ 051-933 2746, mit sauberen Zimmern und Bädern im Haus sowie im Garten.
Thom Park*, ℡ 051-933 4141, Caravanpark mitten im Ortszentrum, Bloem St, Ecke McCabe St. Wer mit dem Zelt unterwegs ist, kann hier am preiswertesten übernachten.

Clocolan und Umgebung

Das Erscheinungsbild der kleinen Farmergemeinde Clocolan, 33 km südlich von Ficksburg, wird von gewaltigen Getreidesilos beherrscht. Abgesehen von den **Lethotheng Weavers,** einer Weberei an der Hauptstraße, hat der Ort kaum Sehenswertes zu bieten. In der Weberei fertigen den Süd-Sotho zugehörige Frauen aus dem Fell von Angorakaninchen und Wolle farbenprächtige Wandteppiche mit traditionellen geometrischen Mustern und Motiven aus dem Alltag. Lohnendstes Ziel der Umgebung sind die **Tandjiesberg Rock Paintings** auf dem Gelände der Tripolatania Farm, ℡ 051-924 2475, ca. 9 km außerhalb von Clocolan. Die dortigen Felsmalereien der San gehören zu den besten, die man im Freistaat findet. Sie zeigen eine Fülle von Tieren, Menschen und übernatürlichen Motiven. Erläuterungen zu diesen Malereien können in einer ausgezeichnete Monografie nachgelesen werden, die im Bloemfontein Museum erhältlich ist, mitunter aber auch direkt vom Farmer, der Besuchern die notwendigen Schlüssel aushändigt und an den eine geringe Gebühr für die Besichtigung zu entrichten ist.

Übernachtung

Evening Star Cottage*, 13 km westlich von Clocolan auf der R703, ℡ 051-943 7147 oder 083-305 0658, liegt in romantischer Abgeschiedenheit in felsiger Umgebung und empfiehlt sich für Selbstversorger für einen längeren Aufenthalt. Strohgedeckt und vom Balkon mit einem schönen Blick über das Farmland und die Berge. Gekocht wird draußen über einem Feuer, morgens bekommen die Gäste einen Frühstückskorb geschickt. In einer früheren Klosteranlage mit überwachsenem Garten wird Tee gereicht, ⊙ Mo–Sa 9–17, So 10–13 Uhr. Ein lohnender Wanderpfad in die Umgebung.

Makoadi B&B*, auf der Makoadi Farm, 1 km südwestlich vom Ort auf der R26 und gut ausgeschildert, ℡ / ⌕ 051-943 0273, unter. Für alle, die sich nur auf der Durchfahrt durch **Clocolan** befindeen und nach einem Quartier für die Nacht suchen. Zur Verfügung stehen 3 geräumige, von einer Veranda umrahmte Zimmer (auch für Selbstversorger), die mit Gegenständen aus alten Farmertagen sowie nostalgischen Bädern eingerichtet sind und noch die ursprünglichen Lehmfußböden besitzen.

Ladybrand

An der Hauptstrecke nach Lesotho liegt etwas mehr als 40 km südlich von Clocolan die kleine Stadt Ladybrand. Benannt wurde sie nach der Mutter von Johannes Brand, der nach 1864 viermal das Amt des Präsidenten des Oranje-Freistaats bekleidete. Als einer der wenigen Orte im Freistaat befindet sich Ladybrand auf Expansionskurs und setzt in hiesigen Banken enorme Summen ausländischer Währungen um, was jedoch nicht auf den Tourismus zurückgeht, sondern mit dem nahen Highlands Water Scheme, einem Staudammprojekt in Lesotho, zusammenhängt.

In die Umgebung lassen sich herrliche **Reitausflüge** unternehmen. Wunderbare geführte Exkursionen zu Pferde in abgelegene Berggegenden veranstaltet *Greenock Riding**, in einem hübschen Tal etwas nördlich von Ladybrand, ℡ 051-924 2961, ⌨ www.greenockriding.com. An Unterkünften stehen hier Blockhütten für Selbstversorger zur Verfügung, wer nicht selber kochen möchte, kann gegen einen geringen Aufpreis auch an den Mahlzeiten mit den freundlichen Besitzern (und deren Haustieren) teilnehmen.

Viele der an diesem Staudammprojekt beteiligten ausländischen Ingenieure und Techniker wohnen in Ladybrand, so dass die Unterkünfte äußerst begehrt und nicht gerade billig sind.

Cranberry Cottage***, 37 Beeton St, ℡ 051-924 2290, ⌕ 924 1168, ✉ crancott@lesoff.co.za, bestes B&B in der Umgebung. Komfortable, im ländlichen Stil eingerichtete Zimmer, außerdem gibt es hier ausgezeichnetes Abendessen, das auch Vegetarier bestens bedient. Daneben werden auch **billigere Zimmer**** für Selbstversorger im umfunktionierten alten Bahnhof von Ladybrand an, der zwar keinen Personenverkehr mehr abwickelt, durch den aber mitunter Güterzüge durchrattern, angeboten.

Leliehoek Resort*, ℡ 051-924 0260, 2 km südlich des Rathauses und einzig preiswerte Option. Ein recht heruntergekommener Park mit Zeltmöglichkeiten und dubiosen Chalets für Selbstversorger..

Cranberry Cottage, 37 Beeton St, steht auch Nicht-Gästen offen und serviert tgl. ausgezeichnetes Frühstück sowie Abendessen mit vier Gängen.

Imperio Romano, Church St, hier gibt z.B. Pizza, Pasta und guten Irish Coffee.

Zabi's Coffee Shop, ebenfalls Church St, in einem ehemaligen Museum. Noch heute schmücken einstige Exponate die Räumlichkeiten und verleihen Zabi's einen skurrilen Charme. Empfehlenswert für eine kleine Mahlzeit zwischendurch, eine Tasse Tee oder Kaffee. Zu essen gibt es u.a. Sandwiches, für die Brot aus eigener Herstellung verwendet wird, sehr gute Backwaren mit Spinat und köstliche Kuchen. ⊙ Mo–Sa 7–18 Uhr.

INFORMATIONEN – Die Besitzer des *Cranberry Cottage* betreiben das inoffizielle Informationszentrum für Touristen und erteilen Auskünfte über Ponytrekking sowie Felsenmalerein in der Umgebung.

FREISTAAT

Gauteng

HIGHLIGHTS

Jo'burgs Zentrum – das pan-afrikanische Viertel der reichsten Stadt des Kontinents und weniger gefährlich, als es einmal war

Die Künstlerszene in Jo'burgs Melville – Hier reihen sich angesagte Cafés und elegante Restaurants aneinander

Eine Township-Tour – durch Soweto, die berühmteste und meistbesuchte Township, und Alexandra, wo unter weniger Trubel kontrastreichere Eindrücke warten

Sportveranstaltungen in Jo'burg – vom Fußball mit den *Chiefs* gegen die *Pirates* im FNB-Stadion bis zum Rugby mit den *Springboks* gegen die *All Blacks* im Ellis Park

Jazz im Kippies – einst eine öffentliche Toilette und heute Jo'burgs bestes Jazzlokal, in dem die namhaftesten Musiker Südafrikas spielen

Höhlen der Cradle of Humankind – am Rande Jo'burgs gelegen und zum Weltkulturerbe erhoben, beherbergen sie erstaunliche Fossilien menschlicher Vorfahren

Church Square in Pretoria – im *Café Riche* einen Espresso genießen oder im Schatten des Standbilds von Paul Kruger die großartige Architektur der Hauptstadt bewundern

Das Voortrekker Monument – eine Ikone des Afrikaandertums, das ein faszinierendes Bild jenes Volkes zeichnet, das Südafrika ein Jahrhundert lang dominierte

Der Name Gauteng stammt aus der Sprache der Sotho und bedeutet „Stätte des Goldes" – und das nicht ohne Grund. Südafrikas kleinste Provinz umfasst weniger als 5% der Landesfläche, steuert jedoch ungefähr 40% zum Bruttoinlandsprodukt bei. Mindestens acht Millionen Menschen leben in der nahezu vollständig urbanisierten Region. Zwar gehören auch ein Teil der Magaliesberge im Osten sowie der goldreiche Witwatersrand im Süden und Westen zu dem Gebiet, die dominierende Rolle kommt jedoch dem riesigen Ballungsraum zu, der Johannesburg, Pretoria und die darum angesiedelten, düsteren Industriestandorte mit ihren Satellitenstädten und Townships umfasst.

Trotz fehlender spektakulärer Sehenswürdigkeiten wie beispielsweise in der Kap-Provinz oder in Mpumalanga besitzt Gauteng einen ausgeprägten, ganz eigenen Charakter. In den ausgedehnten Vororten und den sich an den Stadtsäumen über dunkelrote Erde ausbreitenden Grasebenen ragen jäh Felsen, so genannte *koppies*, mit faszinierenden und oftmals einträglichen geologischen Eigenschaften aus der Erde. Für eine Unterbrechung des in der Regel milden Klimas sorgen gelegentliche, aber heftige Sommergewitter, die binnen Sekunden reißende Ströme in den Ebenen Transvaals entfesseln können. Das Gebiet ist aber auch dürreanfällig, und die Versorgung mit ausreichend Wasser stellt ein konstantes und wachsendes Problem dar. Das Licht hingegen, vor allem das der Morgen- und Abenddämmerung, bietet Fotografen traumhafte Bedingungen und lässt selbst die unwirtlichste Industrielandschaft zu einem idyllischen Motiv werden.

Die dominierende Rolle in Gauteng spielt **Johannesburg**, dessen Ursprünge auf den Goldbergbau zurückgehen. Obgleich in kaum mehr als einem Jahrhundert zu einer der größten und wohlhabendsten Städte Afrikas herangewachsen, hält Johannesburg in gewisser Weise bis heute an seinen Wurzeln fest und präsentiert sich als hektische, stellenweise gefährliche Stadt, in der die Extreme von Reichtum und Armut in ihren stärksten Ausprägungen gleichermaßen zuhause sind. Sowohl bei Besuchern als auch unter Südafrikanern hat sie mit dem Ruf zu kämpfen, ein Ort zu sein, der besser zu meiden ist. Hat man jedoch erst einmal Geschmack an Johannesburg gefunden – wofür nur wenige Tage vonnöten sind –, wird man der Energie und Lebendigkeit, auf die keine andere Stadt Südafrikas in dieser Weise verweisen kann, nicht mehr widerstehen können. Als ausgeprägt kosmopolitische und auch afrikanischste Stadt des Landes besitzt Johannesburg daneben die berühmtesten und betriebsamsten Townships Südafrikas, die dynamischste und abwechslungsreichste Kulturszene, einige der besten Restaurants und das progressivste Nachtleben.

Ungefähr 50 Kilometer nördlich davon liegt **Pretoria**, die würdevolle Verwaltungshauptstadt des Landes. Einst eine Hochburg der Afrikaander, ist sie heute eine sich rasch wandelnde Stadt mit zahllosen Staatsbediensteten und Studenten aus Südafrika und der ganzen Welt. Pretoria unterscheidet sich in Erscheinung und Atmosphäre erheblich von Johannesburg, ist aber ein interessantes wie attraktives Ziel, das eine Reihe sehenswerter Museen und historischer Gebäude birgt. Ungeachtet dessen betrachten viele Besucher Pretoria einfach nur als weit sichere und weniger einschüchternde Alternative zum größeren Nachbarn.

Vom Zentrum Johannesburgs erreicht man in weniger als einer Stunde Fahrt jenen Teil der **Magaliesberge**, der bis nach Gauteng reicht und den von Umweltverschmutzung und Hektik geplagten Großstädtern als gern genutzte Oase der Erholung dient. Obgleich eine Beschreibung als „abgelegen" und „unberührt" alles andere als zutreffend wäre, bieten die Hügel ausgiebig Gelegenheit für Spaziergänge und Wanderungen. Wie so vieles in Gauteng, liegt auch hier das eigentlich Bemerkenswerte unter der Erde: nämlich eine Reihe von Höhlen, unterirdische Gänge und archäologische Fundstätten, die zusammen die als Weltkulturerbe geschützte **Cradle of Humankind** bilden.

Den berühmtesten Teil umfassen die **Sterkfontein Caves**, wo einige der bedeutendsten Fossilien vormenschlicher Primaten unseres Planeten entdeckt wurden.

Johannesburg

Seit den Tagen der ersten Landversteigerungen im Dezember 1886 haftet dem temporeichen wie temperamentvollen Johannesburg der Ruf von Gewissenlosigkeit, Gier und Gewalt an. Obgleich größte

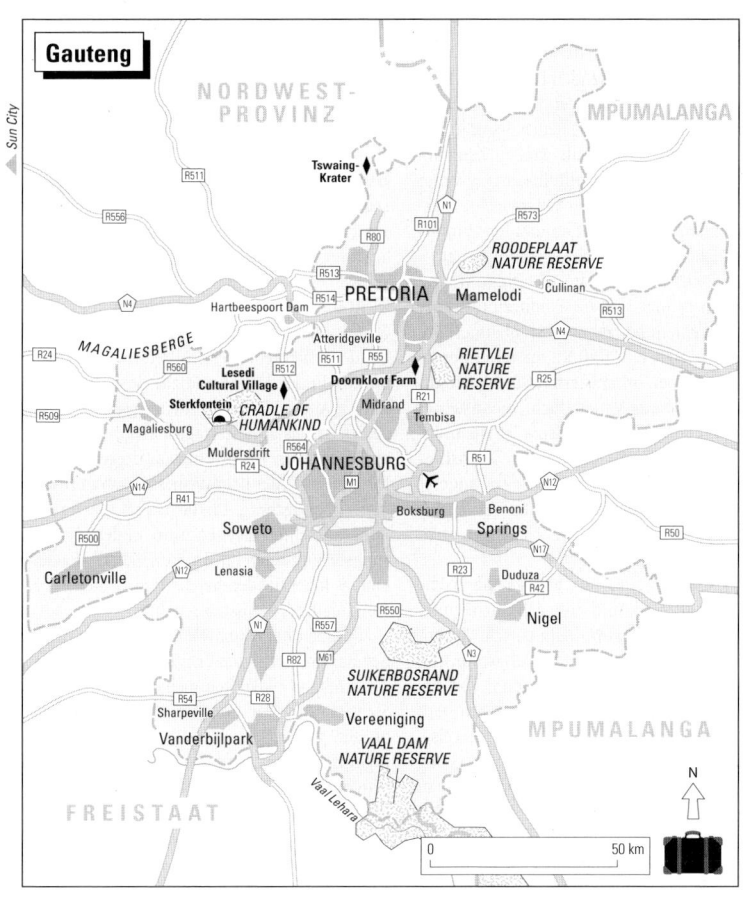

NORDWEST-PROVINZ

MPUMALANGA

Sun City

R511
R556
R80
R101
N1
R573
Tswaing-Krater
ROODEPLAAT NATURE RESERVE
R513
N4
Hartbeesport Dam
R514 PRETORIA
Mamelodi
Cullinan
R513
Atteridgeville
N4
MAGALIESBERGE
R24
R560
R512
R511
R55
RIETVLEI NATURE RESERVE
R25
Lesedi Cultural Village
Doornkloof Farm
R21
Midrand
Sterkfontein
R509
CRADLE OF HUMANKIND
R564
Magaliesburg
Muldersdrift
Tembisa
R24
JOHANNESBURG
R51
N14
R41
M1
Benoni
R500
Boksburg
Springs
R50
Soweto
N17
Carletonville
N12
Lenasia
R23
Duduza
R42
Nigel
N1
R557
R550
N3
R82
M61
SUIKERBOSRAND NATURE RESERVE
R54
R28
Sharpeville
Vereeniging
MPUMALANGA
Vanderbijlpark
VAAL DAM NATURE RESERVE
FREISTAAT
Vaal Lehara
N
0   50 km

und reichste Stadt des Landes, ist Johannesburg nie Sitz der Regierung oder landespolitischer Macht gewesen. Und so konnte man sich hier aufs Geldmachen und auf den Fortschritt konzentrieren. Über die Jahre war es unter diesen Voraussetzungen möglich, die durch Politik und Rasse vorgegebenen Grenzen zu durchbrechen. Wo sonst hätte ein Schwarzer wie Nelson Mandela in einer weißen Anwaltskanzlei lernen können? Wo sonst gab es vergleichbare kulturelle Zentren wie Sophiatown und Alexandra? Und wo sonst hat weißer Liberalismus in den dunklen Tagen der Apartheid intellektuelles Gehör gefunden? Die Antwort lautet jedes Mal: nur in Johannesburg.

Trotz allem bleiben die Trennlinien des alten Südafrikas hier genauso sichtbar wie sonst wo auch. Während in üppig begrünten Vororten hinter hohen Mauern und Stacheldraht die geradezu absurd opulenten Villen der Weißen prunken, dehnen sich nur ein oder zwei Meilen entfernt davon weite Barackensiedlungen aus, in denen Millionen Schwarze in größter Armut leben. In gleichem Maße, in dem die neue politische Führung dafür Sorge trägt, ehemals weiße Gegenden und schwarze

Townships unter eine einheitliche Verwaltung zu bringen, hat die Stadt mit der kritischen Wohnungssituation, dem wachsenden Druck im öffentlichen Leistungssektor und der Kriminalität zu kämpfen. Nirgendwo treten die neuen Spannungen offener zu Tage als im ehemals weißen Zentrum der Stadt, wo der Zustrom mittelloser Schwarzer und eine explodierende Verbrechensrate eine Massenabwanderung von Geschäften und Restaurants in die nördlichen Bezirke nach sich gezogen hat.

Während sich im Zentrum die Dinge wieder normalisieren, dehnen sich die Randbezirke immer weiter aus. In einem Jahrzehnt wird Johannesburg und das ursprünglich nur 50 Kilometer entfernte Pretoria durch einen urbanisierten Gürtel verbunden sein. Die schwarze Mittelschicht, die in keiner anderen Stadt Südafrikas so präsent ist wie in Johannesburg, zieht inzwischen von den Townships in die Vororte, während zehntausende Zuwanderer aus ganz Afrika in die innerstädtischen Bezirke wie Hillbrow und in Townships wie Alexandra strömen.

Johannesburg besitzt nur wenige klassische Touristenattraktionen, und einige Besucher verzichten aus falscher Angst vor dem einschüchternden Ruf der Stadt auf eine Entdeckungstour und wagen sich nur in die sterilen, sicheren und geschützten Einkaufszentren im Norden der Stadt oder schmieden eiligst Pläne für die Weiterreise. Hat man sich jedoch für eine Art der Fortbewegung entschieden, sei es nun im eigenen Wagen oder in Begleitung eines Tour Guides, können die Geschichte, Vielschichtigkeit und mitreißende Dynamik der Stadt schnell zu einem unwiderstehlichen Erlebnis werden. Johannesburg besitzt faszinierende **Museen**, allen voran das Museum Africa in Newton, sowie ausgezeichnete Kunstgalerien. In einer Reihe von Vierteln wird eine lebendige **Café-Kultur** gepflegt, die am Abend von einer nicht minder betriebsamen Restaurantszene abgelöst wird. Es gibt Geschäfte mit zeitgenössischer afrikanischer Kunst und exquisitem Design, beeindruckende Gebäude und natürlich die **Townships**, die sich am leichtesten im Rahmen einer Tour, zum Teil aber auch auf eigene Faust erkunden lassen. Darüber hinaus ist Johannesburg eine Hochburg des **Sports**. Ellis Park war 1995 der für Südafrika siegreiche Schauplatz im Rugby-Weltcup, im benachbarten Leichtathletikstadion fand 1999 der IAAF-

Weltcup statt, und das gewaltige, dem beliebtesten Nationalsport des Landes gewidmete FNB-Fußballstadion am Rand von Soweto ist sowohl bei Lokalderbys wie auch bei internationalen Spielen bis auf den letzten Platz ausverkauft.

Geschichte

Die Ursprünge Johannesburgs reichen bis ins Jahr 1886 zurück. Damals entdeckte der australische Schürfer **George Harrison** die Hauptgoldader am Witwatersrand. Schon bald strömten aus allen Richtungen Goldsucher in diese ruhige Gegend Transvaals und errichteten eine Zeltstadt um den Fundort. Die Behörden in Pretoria konnten nicht umhin, in der Nähe Land zur Besiedlung auszuweisen. Man wählte hierfür ein wertloses Dreiecksgebiet, das als Randjeslaagte bekannt war und von einheimischen Bauern ungenutzt geblieben war. **Johan Rissik**, der Landvermesser, gab ihm den Namen Johannesburg. Unklar ist, ob dies in Anlehnung an seinen eigenen Namen, den des Regierungsbeauftragten für den Bergbau, Christiaan Johannes Joubert, oder den des Präsidenten der ZAR, Paul Johannes Kruger, geschah.

Bergbaumagnaten wie Cecil Rhodes und Barney Barnato verfügten über das nötige Kapital, um die größten Goldvorkommen der Welt abzubauen. Sie versuchten mit ihrer **Chamber of Mines** – eine 1889 gegründete, sich selbst regulierende Dachorganisation der Minenbesitzer – allgemeine Regeln hinsichtlich der Einstellungspolitik, der Löhne und der Arbeitsbedingungen aufzustellen, um so Ordnung in das vorherrschende Chaos zu bringen. 1893 führte sie zum Teil auf Druck von weißen Arbeitern und unter Billigung der ZAR-Regierung eine **Rassenschranke** ein, nach der schwarze Arbeiter nur noch manuelle Arbeiten ausführen durften.

1895 zählte Johannesburg bereits mehr als 100 000 Einwohner. Viele davon waren nicht im entferntesten Buren und interessierten sich nicht für die Unabhängigkeit der ZAR. Kruger und das burische Bürgertum betrachteten die *uitlanders* (Ausländer) jedoch als potenzielle Bedrohung ihrer politischen Vorherrschaft und verweigerten ihnen trotz der Einnahmen, die sie der Staatskasse bescherten, das Wahlrecht. Darüber hinaus wurden Gesetze erlassen, die die Zuwanderung von Schwarzen nach Johannesburg reglementierten und die Inder zwan-

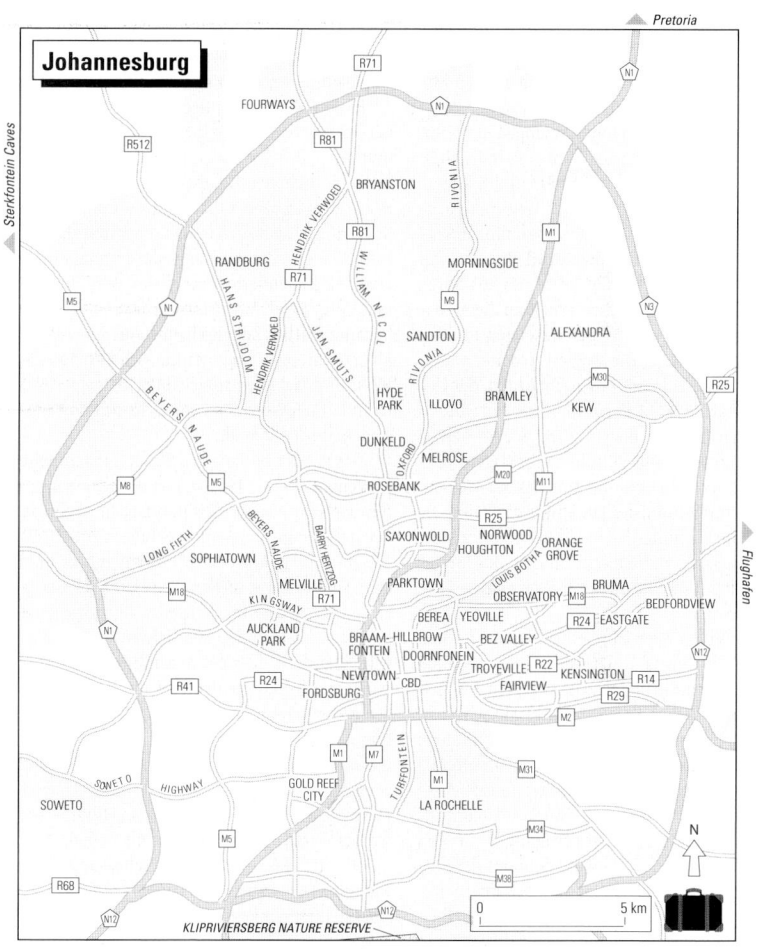

Johannesburg

Sterkfontein Caves

FOURWAYS

R512

R81

BRYANSTON

RANDBURG

R71

MORNINGSIDE

SANDTON

ALEXANDRA

HYDE PARK

ILLOVO

BRAMLEY

KEW

DUNKELD

MELROSE

ROSEBANK

SAXONWOLD

NORWOOD

HOUGHTON

ORANGE GROVE

SOPHIATOWN

MELVILLE

PARKTOWN

OBSERVATORY

BRUMA

BEDFORDVIEW

AUCKLAND PARK

BEREA

YEOVILLE

EASTGATE

BRAAM-FONTEIN

HILLBROW

BEZ VALLEY

DOORNFONEIN

TROYEVILLE

NEWTOWN

CBD

FAIRVIEW

KENSINGTON

FORDSBURG

SOWETO

HIGHWAY

GOLD REEF CITY

LA ROCHELLE

SOWETO

Flughafen

N

KLIPRIVIERSBERG NATURE RESERVE

0   5 km

GAUTENG

gen, aus der Stadt in weiter westlich gelegene Gebiete zu ziehen. Schon bald entstanden am Rand von Johannesburg ausgedehnte, von zahllosen Schwarzen und Indern bevölkerte Barackensiedlungen.

Während des 2. Burenkriegs fiel Johannesburg 1900 an die Briten, die das goldreiche Gebiet schon seit geraumer Zeit zu annektieren versucht hatten. Um die Stadt zu modernisieren, holte der Hochkommissar Sir Alfred Milner erfolgreiche, junge Männer von den Universitäten aus Oxford und Cambridge. Diese bezogen in Parktown Häuser, die der gefeierte englische Architekt **Sir Herbert Baker** (s. S. 581, Kasten) für sie errichtete. Zur gleichen Zeit entstanden weitere Townships, darunter **Sophiatown** (1903) auf einem bis dahin als Klärgrube genutzten Gelände, und **Alexandra** (1905). In den nördlichen Randbezirken der Stadt brach 1904 die Beulenpest aus, wodurch sich die Behörden legitimiert fühlten, mehrere indische und afrikanische Siedlungen niederzubrennen, u.a. auch **Newtown**, nur wenig westlich des Zentrums.

Unterdessen organisierten sich die weißen Minenarbeiter in Gewerkschaften, und in der Folge kam es häufig zu Auseinandersetzungen um Lohn und Arbeitszeit. Aber auch ihre unterbezahlten schwarzen Kollegen machten mobil und prangerten die Vorschrift an, nach der nur Weiße als Facharbeiter in Betracht kamen. Die Spannungen entluden sich schließlich in der **Rand-Revolte** von 1922, nachdem die Chamber of Mines aus Sorge um die Rentabilität schwarzen Arbeitern die bis dahin ausschließlich von Weißen besetzten Facharbeiterposten öffnete. Die weißen Arbeiter waren außer sich. Es kam zu Straßenschlachten, die vier Tage lange andauerten. Regierungstruppen wurden zu Hilfe gerufen, um die Ordnung wieder herzustellen. Am Ende waren 200 Tote zu beklagen. Alarmiert von der Vehemenz des Unmuts der Weißen, verfügte Premierminister Jan Smuts die Beibehaltung der diskriminierenden Arbeitsplatzvergabe, weitere Gesetze zur Einschränkung der Bewegungsfreiheit der Schwarzen sollten in den 20er Jahren folgen.

Während der 30er Jahre entstand südwestlich der Stadt die Township **Orlando**, in der 80 000 Schwarze lebten. Sie bildete den Kern, um den sich **Soweto** entwickelte. 1945 waren 400 000 Schwarze in und um Johannesburg ansässig – eine Zunahme von 100% in nur zehn Jahren. Im August 1946 traten 70 000 Mitglieder der schwarzen Bergarbeitergewerkschaft, der African Mineworkers Union, aus Protest gegen die Arbeitsbedingungen in den Streik. Die Regierung begegnete dem mit der Entsendung von Polizeikräften. Zwölf Bergarbeiter wurden getötet, mehr als 1000 verletzt. Im selben Jahr riefen illegale Siedler auf öffentlichem Grund unter dem Schlachtruf „Asinamali!" („Wir haben keine Geld!") zum Mietboykott auf. Gehör wurde ihnen keines geschenkt, und wer die Miete nicht zahlte, wurde zwangsgeräumt.

1955 begann die **Zwangsumsiedlung** schwarzer Bewohner aus den innerstädtischen Gebieten Johannesburgs, insbesondere aus Sophiatown. Tausende wurden fernab des Zentrums in die neue Township Meadowlands in der Nachbarschaft Orlandos verfrachtet, und Sophiatown erhielt in einer zynischen Geste den neuen Namen „Triomf" (Triumph). In dieser Zeit etablierte sich der **ANC**

(s.S. 87) als bedeutendste Protestorganisation der Schwarzen und verkündete im gleichen Jahr in Kliptown, Soweto, die **Freiheits-Charta**.

In den 50er Jahren begann sich die als *kwela* bezeichnete Stadtkultur der Schwarzen von Johannesburg in den Townships zu entfalten, und in den illegal betriebenen Kneipen, den *shebeens*, wurde der neue Marabi-Jazz gespielt. Es war auch die Ära des *Drum Magazine*, das als Sprachrohr des intellektuellen schwarzen Johannesburgs fungierte und eine Reihe talentierte Journalisten wie Can Temba und Casey „Kid" Motsisi in der Stadt und der Welt bekannt machte. Zeitgleich entstand außerdem die Musikrichtung *Mbaqanga*, die sich durch kräftige Bässe und Melodien auszeichnet, in denen der bittersüße Charakter des Lebens in den Townships seinen Ausdruck fand.

Das mit der Bildung des **Black Consciousness Movement** (BCM) 1972 wieder erwachte schwarze Bewusstsein belebte den politischen Aktivismus neu, insbesondere unter den Schülern Sowetos. Am 16. Juni 1976 brachen Schülerunruhen in der Township aus und verbreiteten sich über das ganze Land (s.S. 404). Der Krieg der Jugend gegen den Staat eskalierte in den 80er Jahren und führte regelmäßig dazu, dass der **Ausnahmezustand** verhängt wurde und die Armee während dieser Phasen die vollkommene Handlungsfreiheit zur Eindämmung der Revolte besaß. Ende der 80er Jahre lockerte die Regierung die „kleine" Apartheid und verschloss ihre Augen bewusst vor wachsenden „Grauzonen" wie beispielsweise in Hillbrow – ein weißes Viertel, in das nun Schwarze zogen.

Die drei Jahre nach der Freilassung **Nelson Mandelas** 1990 waren von heftigen politischen Gewalttätigkeiten gekennzeichnet, die bis zum Tag vor den Wahlen andauern sollte. Wie überall im Land verliefen die Wahlen vom 27. April 1994 jedoch ohne Zwischenfälle. Der ANC errang einen komfortablen Vorsprung in Gauteng und konnte diesen Machtanspruch wie erwartet und trotz einiger mürrischer Stimmen, die für ihren Wahlkreis Korruption, Arbeitslosigkeit und Kriminalität beklagten, auch 1999 behaupten.

In gleichem Maße, in dem neue Gesichter auf der politischen Bühne auftauchen, arbeiten sich Schwarze kontinuierlich in einflussreiche Positionen in Handel, Finanz und Industrie vor – Bereiche, in denen die wahre Macht der Provinz ruht.

Sicherheit und Verbrechen in Johannesburg

Angesichts der tiefen Kluft zwischen extremer Armut und enormem Reichtum, die mit einer kämpferischen Haltung vorankommen zu wollen gepaart ist, überrascht es kaum, dass Jo'burg in manchen Gegenden gefährlich sein kann. Der Stadt haftet ein Ruf an, um den sie nicht zu beneiden ist, obwohl Furcht oftmals das größere Problem als die tatsächliche Kriminalität darstellt. Wie in allen Großstädten wird man bei Beachtung sinnvoller Vorsichtsmaßnahmen vermutlich nicht in Schwierigkeiten geraten, wenngleich die Verbreitung illegaler Schusswaffen ein erhöhtes Maß an Wachsamkeit unverzichtbar macht.

Bei einer Stadterkundung zu Fuß besteht das größte Risiko, in die Hände von (mitunter gewalttätigen) **Straßenräubern** zu geraten. Bestimmte Gegenden sind ungleich gefährlicher als andere. Besondere Vorsicht ist bei Rundgängen im Zentrum – den Central Business District oder kurz CBD –, in Braamfontein und Newtown geboten. Außerhalb der Büroarbeitszeiten sollte man dort keinen Bummel unternehmen. Joubert Park, Hillbrow und Berea gelten zur Zeit als nicht betretbar, Yeoville und Observatory sind zwar etwas sicherer, sollten aber dennoch nur von wirklich Unerschrockenen oder in Begleitung besucht werden. In Melville, Parktown oder Rosebank sind Überfälle höchst unwahrscheinlich.

Folgende Dinge sollte man in riskanten Gegenden befolgen: Man sollte möglichst nicht als Tourist auffallen, idealerweise in kleinen Gruppen unterwegs sein, Stadtpläne vor Aufbruch (nicht mitten auf der Straße) studieren, Wegbeschreibungen möglichst nicht von Passanten erfragen und Märsche mit viel Gepäck gänzlich vermeiden. Im Strom der entgegenkommenden Passanten ist auf Gruppen junger Männer zu achten. Wer Wertsachen bei sich trägt, sollte einen Teil davon griffbereit halten, um mögliche Angreifer schnell zufrieden zu stellen, und sie von weiteren Leibesvisitationen abzuhalten. Gegenwehr ist in keinem Fall anzuraten. Davonzurennen kann funktionieren, aber bisweilen haben die Angreifer Schusswaffen bei sich. In **öffentlichen Transportmitteln** sind Überfälle unwahrscheinlich. Wachsam sollte man aber dennoch sein, vor allem an betriebsamen Knotenpunkten wie Park Station sowie an Taxi- und Bushaltestellen. Das Warten auf einen Bus in den nördlichen Bezirken ist in der Regel mit keinerlei Gefahren verbunden.

Von der **Polizei** ist nicht allzu viel zu erwarten, und selten ist sie auf der Straße zugegen. Im Zentrum sowie in Rosebank tun die an gelber Mütze und Latz zu erkennenden **City Ambassadors** ihren Dienst. Sie werden im Rahmen einer Partnerschaft zwischen der Stadtverwaltung und den Ladenbesitzern eingesetzt, um durch ihre Präsenz Verbrecher abzuschrecken. Man kann sie um Begleitung oder um Hilfe bitten, wenn man sich verfolgt glaubt.

Autofahrer sind dem eher seltenen Risiko des **Carjacking**, des gewaltsamen Autodiebstahls während der Fahrt, ausgesetzt. Es ist vorgekommen, dass Diebe durch offene Fenster gegriffen oder Seitenfenster eingeschlagen haben, um an Wertgegenstände auf Beifahrer- oder Rücksitzen zu kommen. Alle Türen und Fenster sind daher am besten geschlossen zu halten, auch wenn man im Wagen wartet, während der Mitfahrer kurz etwas erledigt. Die größte Gefahr besteht beim Verlassen des Wagens und bei der Rückkehr, so dass auch hier erhöhte Wachsamkeit geboten ist. Sichere und bewachte Parkplätze sind vorzuziehen. Im Zusammenhang mit Überfällen ist häufig die Rede davon, man solle nachts nicht an Ampeln halten. Doch sollte man diesem Rat nicht folgen, erhöht man damit doch vor allem das Unfallrisiko. Zudem belegen Statistiken, dass mehr Menschen Opfer von Autounfällen als von Verbrechen werden. Muss bei Fahrten durch eine zwielichtige Gegend an einer Ampel gehalten werden, ist auf großzügigen Abstand zwischen dem eigenen und dem vorderen Wagen zu achten sowie auf sich um das Auto herum befindliche Gestalten.

Trotz alldem sollte man die Relation möglicher Risiken in Jo'burg im Blick behalten, und keinesfalls sollte man sich von unangebrachter Paranoia den Aufenthalt in Jo'burg ruinieren lassen. Die Mehrzahl der Johannesburger hegt keinerlei böse Absichten. Am vernünftigsten ist es, sich deren Habitus anzupassen und Furcht und Tapferkeit abzuwägen, ohne eines von beiden dominieren zu lassen.

Belege für diesen Wandel sind praktisch tagtäglich auf den Seiten der Handelsblätter des Landes nachzulesen. Im Zuge öffentlich-privater Partnerschaften nehmen inzwischen ehrgeizige Pläne für die Provinz Gestalt an, allen voran der umstrittene Hochgeschwindigkeitszug *Gautrain Rapid Rail Link,* der 2006 in Betrieb genommen werden und den Flughafen Johannesburgs mit dem Stadtzentrum, Sandton und Pretoria verbinden soll.

Orientierung

Johannesburg erstreckt sich über ein ausgedehntes, verplantes Gebiet, das nur wenige Sehenswürdigkeiten, aber ungeheuer viele verschiedene Bezirke umfasst. Das Zentrum, der **Central Business District (CBD)**, ist das Manhattan Afrikas. Es versammelt dicht gedrängt stehende, hohe Bürotürme, zwischen denen ein geschäftiges Treiben auf der Straße herrscht. Der nahe **Newtown Cultural Precinct** ist die Adresse für Jazzbars, Theater und das sehr informative Museum Africa. Zuwanderer aus allen Teilen des Kontinents bevölkern die innerstädtischen Bezirke **Berea** und **Hillbrow**, die jedoch im Ruf stehen, für Besucher nicht betretbar zu sein. Dasselbe gilt für **Yeoville**, dem einst angesagtesten und integratorisch fortschrittlichsten Viertel der Stadt.

Die Stadt wird von den scheinbar endlosen **nördlichen Bezirke** dominiert, in denen die weiße Mittelschicht Johannesburgs lebt. Trotz ihres Mangels an Sehenswürdigkeiten erwarten den Besucher einige hübsche Überraschungen insbesondere in **Parktown**, der ursprünglich reichsten Gegend Johannesburgs, im grünen **Melville**, das mit schicken Straßencafés und einem ausgelassenen Nachtleben lockt, sowie in **Rosebank**, einer beschaulichen Gegend mit einigen schönen Galerien und Märkten für Kunsthandwerk. Den Archetypus unter den nördlichen Bezirken verkörpert das wohlhabende **Sandton** mit seinen zahllosen neuen Bürogebäuden und prachtvollen Einkaufszentren. Kurioserweise trennt Sandton nur die Autobahn von einer der ärmsten Gegenden Johannesburgs – die als riskant geltende, lebendige Township **Alexandra**. Südwestlich des Zentrums liegt die berühmteste Township der Stadt, **Soweto**, die mit ihren geschichtsträchtigen Erinnerungen an den Kampf gegen die Apartheid und den alles andere als wohlhabenden, aber betriebsamen Vierteln der meistbesuchte Teil in Johannesburg ist.

Zentrum

Johannesburgs Zentrum, der **Central Business District** (CBD), mit seinen schachbrettartig angelegten Straßen und dicht gedrängten Wolkenkratzern erstreckt sich nur wenig südlich des Kamms von Witwatersrand und ist der augenfälligste und auch gefürchtetste Teil der Stadt. Seit dem ersten Goldgräbercamp, das in der Umgebung der heutigen Commissioner Street errichtet wurde, schlug hier fast ein Jahrhundert lang das wirtschaftliche Herz Johannesburgs. In den 80er und 90er Jahren hielt dann die Kriminalität Einzug und Geschäfte, Kunden, Restaurants und Touristen kehrten dem Zentrum den Rücken. Als die Johannesburger Börse 1999 aus Gründen der Sicherheit ins luxuriöse Sandton zog, galt das Zentrum als praktisch tot. Die entschlossenen Anstrengungen der letzten Jahre, die Straßen sauberer und sicherer zu machen sowie einige der leer stehenden Gebäude mit neuem Leben zu füllen (s. S. 571), sind sehr erfolgreich gewesen. Im Zuge der allmählichen Sanierung der einzelnen Viertel und der Präsenz der *City Ambassadors* sind viele Teile des CBD inzwischen nicht nur wieder sicher, sondern locken auch Geschäftsleute und Touristen an. Die multi-ethnische Vielfalt in allen Bereichen repräsentiert wie wohl sonst nirgends im Land die gemischte Bevölkerungsstruktur aus Weißen, Schwarzen und Farbigen. Hier kann man den Alltag und das quirlige, laute Treiben einer echten afrikanischen Stadt erleben sowie Gebäude und Einrichtungen mit einer faszinierenden Geschichte bewundern.

Wer mit dem **Auto** ins Zentrum fährt, parkt am besten im Carlton Centre oder unter dem Gandhi Square. Die **Stadtbusse** aus den nördlichen Bezirken erreichen am Gandhi Square ihre Endhaltestelle, der **City Slicker**-Tourbus hält u. a. am Carlton Centre und in Newtown. Gut lässt sich das Zentrum im Rahmen einer **Führung** kennen lernen: *Dumela Africa,* ✆ 083-659 9928, 🖳 www.dumelaafrica-res.co.za, veranstaltet fachkundige und interessante Rundgänge durch das CBD und andere Teile Johannesburgs.

Als Ausgangspunkt für eine Erkundung bietet sich das ungefähr auf der Hälfte der Commissioner Street gelegene **Carlton Centre** an. Im Erdgeschoss gibt es ein Tourist Office, jede Menge Geschäfte und reichlich Gelegenheit, den kleinen Hunger mit einem Snack zu stillen. Hauptattraktion des 50-

Wiederbelebungsversuche für das Zentrum Mehr als ein Jahrzehnt stand das Zentrum Johannesburgs als Synonym für Verbrechen und mangelnde Sicherheit, das absolut zu meiden galt. Ohne ein gesundes Herz kann jedoch keine Stadt auf Dauer überleben, und mittlerweile werden große Anstrengungen unternommen, um dem CBD neues Leben einzuhauchen. Mit der Aufgabe, die Straßen wieder sicher zu machen, ist die Central Johannesburg Partnership (CJP) betraut. Ihre *City Ambassadors* halten die Augen nach Verbrechen auf, reinigen die Straßen von Müll und geben freundlich Auskunft, wenn es etwa um den Weg zu einer Sehenswürdigkeit geht. Darüber hinaus wird hier kräftig investiert: Straßen werden in Fußgängerzonen umgewandelt, Kunstwerke verschönern den öffentlichen Raum, die zentrale Bushaltestelle Vandergijl ist als Gandhi Square neu entstanden und der Mary Fitzgerald Square in Newtown hat ein umfassendes Verschönerungsprogramm erfahren.

Es ist sicherer geworden, sich im Zentrum zu Fuß zu bewegen, und die ersten Touristen besehen sich bereits die Gebäude und tauchen in das betriebsame Leben im Herzen der Stadt ein. Unterdessen ist zu hören, dass kleine Hotels im Zentrum ihre Pforten öffnen wollen. Projekte wie der Bau eines neuen Verfassungsgerichts in Braamfontein und die gewaltige Nelson Mandela Bridge von Braamfontein nach Newtown sind für die nächsten Jahre bereits geplant. Vielleicht wird es nicht mehr lange dauern und das Zentrum Johannesburgs mausert sich von einer unbetretbaren Zone zu einem Muss für Einheimische wie Besucher. Informationen über die jüngsten Entwicklungen einschließlich eines geplanten Tourist Orientation Centre erteilt die CJP, ✆ 688 7800, 🖳 www.cjp.co.za.

Läuft man vom Carlton Centre ungefähr drei Straßen nach Westen entlang der Commissioner Street oder der Fußgängern vorbehaltenen Fox Street und biegt dann nach Süden ab, erreicht man den Gandhi Square mit dem Busbahnhof. Der Platz, der einmal Vanderbijl Square hieß und an dem sich zahlreiche Kriminelle aufhielten sowie düstere Bushaltestellen lagen, ist ein gutes Beispiel für die Umgestaltungsambitionen der Stadt. Früher stand hier der Magistrate's Court, an dem Gandhi während der Dauer seines Aufenthalts in Johannesburg arbeitete, und es lag nahe, den Platz ihm zu Ehren umzubenennen. Hinzu kamen bauliche Veränderungen, die den städtischen Busbahnhof zwar an seinem Standort beließen, das Ensemble jedoch sauber und sicher gestalteten. Heute dient er als guter Orientierungspunkt.

Ein paar Häuserblocks nordwestlich davon befindet sich in der Loveday Street der grandiose **Rand Club**, ✆ 834 8311, der Besuchern nur nach vorheriger Anmeldung Einlass gewährt. Seit fast einem Jahrhundert treffen sich hier die Minenmagnate zum Essen und Entspannen. Das heutige, 1904 fertig gestellte Gebäude ist bereits das dritte an dieser Stelle, und sein Erscheinungsbild soll den zunehmenden Reichtum seiner Besitzer auch widerspiegeln.

Vier Straßen weiter südlich ist die ausgezeichnete **Standard Bank Art Gallery**, Simmonds Street, Ecke Frederick Street, in einem großen, imposanten Rundbau mit ausladenden Treppenkonstruktionen angesiedelt. Sie ist eine der besten Galerien für zeitgenössische Kunst in Südafrika mit wechselnden Ausstellungen, ⏱ Mo–Fr 8–16.30, Sa 9–13 Uhr, Eintritt frei.

Von der Haupthalle der gegenüber gelegenen Zentrale der Standard Bank, 5 Simmonds Street, können Besucher mit dem Aufzug hinunter zum **Ferreira's Stope** fahren, einem alten Bergwerksstollen, der beim Bau des Gebäudes 1986 entdeckt wurde. Es mutet schon recht ungewöhnlich an, in einem modernen Bürogebäude plötzlich auf blanke Felswände zu stoßen, auf denen noch Spuren der Spitzhacken zu erkennen sind. Die sparsame Ausstellung rückt die Geschichte Johannesburgs jedoch in einen faszinierenden Kontext. Beachtenswert sind auch die alten Fotos der Mine und des einstigen Johannesburgs. ⏱ Mo–Fr 8.30–17 Uhr, Eintritt frei.

stöckigen Gebäudes ist jedoch die Aussichtsetage **Top of Africa**, die eine atemberaubende Aussicht über das Zentrum Johannesburgs bietet und einen Eindruck des Nebeneinanders von Minen und urbaner Bebauung vermittelt. ⏱ tgl. 9–19 Uhr, R50.

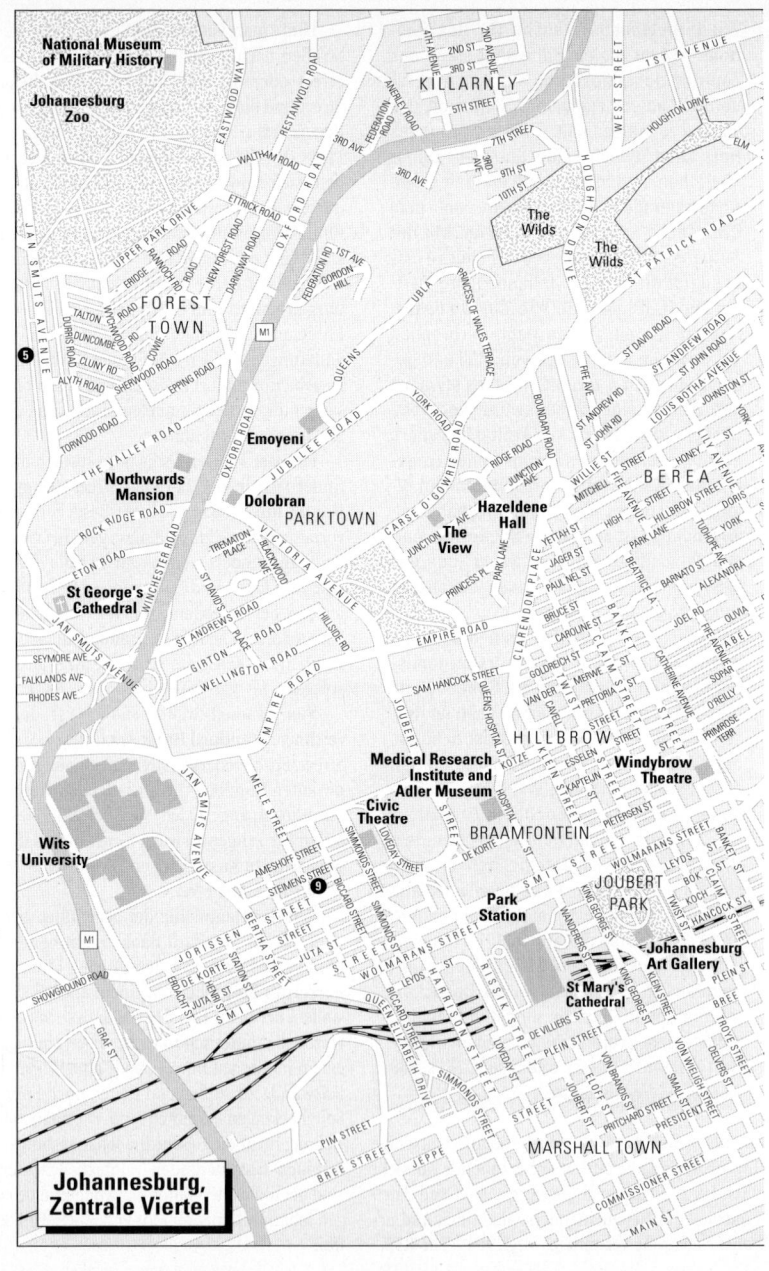

National Museum
of Military History

Johannesburg
Zoo

KILLARNEY

2ND AVENUE
3RD ST
4TH AVENUE
2ND AVE
3RD STREET
ANGLEY ROAD
5TH STREET
7TH STREET
9TH ST
10TH ST
3RD AVE.
9RD AVE.

1ST AVENUE
WEST STREET
HOUGHTON DRIVE
ELM

EASTWOOD WAY
RESTANWOLD ROAD
3RD AVE
OXFORD ROAD
FEDERATION ROAD

WALTHAM ROAD

ETTRICK ROAD

FEDERATION RD 1ST AVE
GORDON
HILL

The
Wilds

The
Wilds

ST PATRICK ROAD

UPPER PARK DRIVE
BRIDGE
BANNOCH ROAD
WINWOOD ROAD
NEW FOREST ROAD
DARGNAY ROAD

FOREST
TOWN

M1

QUEENS

URBA

PRINCESS OF WALES TERRACE

ST DAVID ROAD
ST ANDREW ROAD
ST JOHN ROAD

TALTON
DUNCOMBE RD
RHODES ROAD
CLUNY RO
COWIE
SHERWOOD ROAD
EPPING ROAD

JAN SMUTS AVENUE

❺

ALYTH ROAD

TORWOOD ROAD
THE VALLEY ROAD

Emoyeni

Northwards
Mansion

ROCK RIDGE ROAD

Dolobran

PARKTOWN

Hazeldene
Hall

The
View

BEREA

OXFORD ROAD
JUBILEE ROAD
YORK ROAD
RIDGE ROAD
JUNCTION AVE
CARSE O'GOWRIE ROAD

FIFE AVE.
ST ANDREW RD
ST JOHN RD
WILLIE ST
MITCHELL STREET
HIGH STREET

HONEY
LILY AVENUE
HILLBROW STREET
DORIS

ETON ROAD

St George's
Cathedral

WINCHESTER ROAD
ST DAVID'S ROAD
TREMATON
PLACE
BLACKWOOD
AVE
VICTORIA AVENUE

JUNCTION AVE
PARK LANE

YETIAH ST
JAGER ST
PAUL NEL ST

BEATRICE LA
PARK LANE
BANKET
BARNATO ST

YORK
ALEXANDRA

SEYMORE AVE.
FALKLANDS AVE
RHODES AVE.

JAN SMUTS AVENUE

ST ANDREWS ROAD
GIRTON ROAD
PLACE ROAD
WELLINGTON ROAD
HILLSIDE RD

PRINCESS PL

BRUCE ST
CAROLINE ST
GOLDREICH ST
VAN DER MERWE
PRETORIA ST

CLAIM STREET
JOEL RD
OLIVIA
CATHERINE AVENUE
ISABEL
SOPAR
O'REILLY

EMPIRE ROAD

SAM HANCOCK STREET

CLARENDON PLACE
QUEENS HOSPITAL ST
KOTZE STREET
ESSELEN
KAPTEIJN

HILLBROW

VAN DER
STREET
STREET
PRIMROSE
TERR

EMPIRE ROAD

JOUBERT STREET

Medical Research
Institute and
Adler Museum

Civic
Theatre

BRAAMFONTEIN

Windybrow
Theatre

MELLE STREET

AMESHOFF STREET
STEIMENS STREET

DE KORTE STREET

SMIT STREET

S KAPTEIJN
PIETERSEN ST
WOLMARANS STREET
LEYDS

JOUBERT
PARK

BANKET STREET
TWIST ST
KOCH ST
CLAIM ST
HANCOCK ST

Wits
University

JAN SMUTS AVENUE

M1

SHOWGROUND ROAD

JORISSEN STREET
BERTHA STREET
DE KORTE
SUTTON ST
JUTA ST
SIMMONDS STREET
BICCARD STREET
STREET
JUTA ST
WOLMARANS STREET

SMIT

STREET

KING GEORGE ST
WANDERERS STREET

BOK ST

❾

Park
Station

Johannesburg
Art Gallery

LEYDS

St Mary's
Cathedral

PLEIN ST
BREE

SMIT

QUEEN ELIZABETH DRIVE
BICCARD STREET
HARRISON STREET
RISSIK STREET
LOVEDAY STREET

DE VILLIERS ST
PLEIN STREET

KLEIN ST
KING GEORGE ST
VON BRANDIS STREET
ELOFF ST
JOUBERT ST

TROYE STREET
DELVERS ST
SMALL ST
VON WIELLIGH STREET
PRESIDENT

GRAS ST

PIM STREET

BREE STREET

JEPPE

SIMMONDS STREET

STREET

PRITCHARD STREET
PRESIDENT

MARSHALL TOWN

COMMISSIONER STREET

MAIN ST.

**Johannesburg,
Zentrale Viertel**

GAUTENG

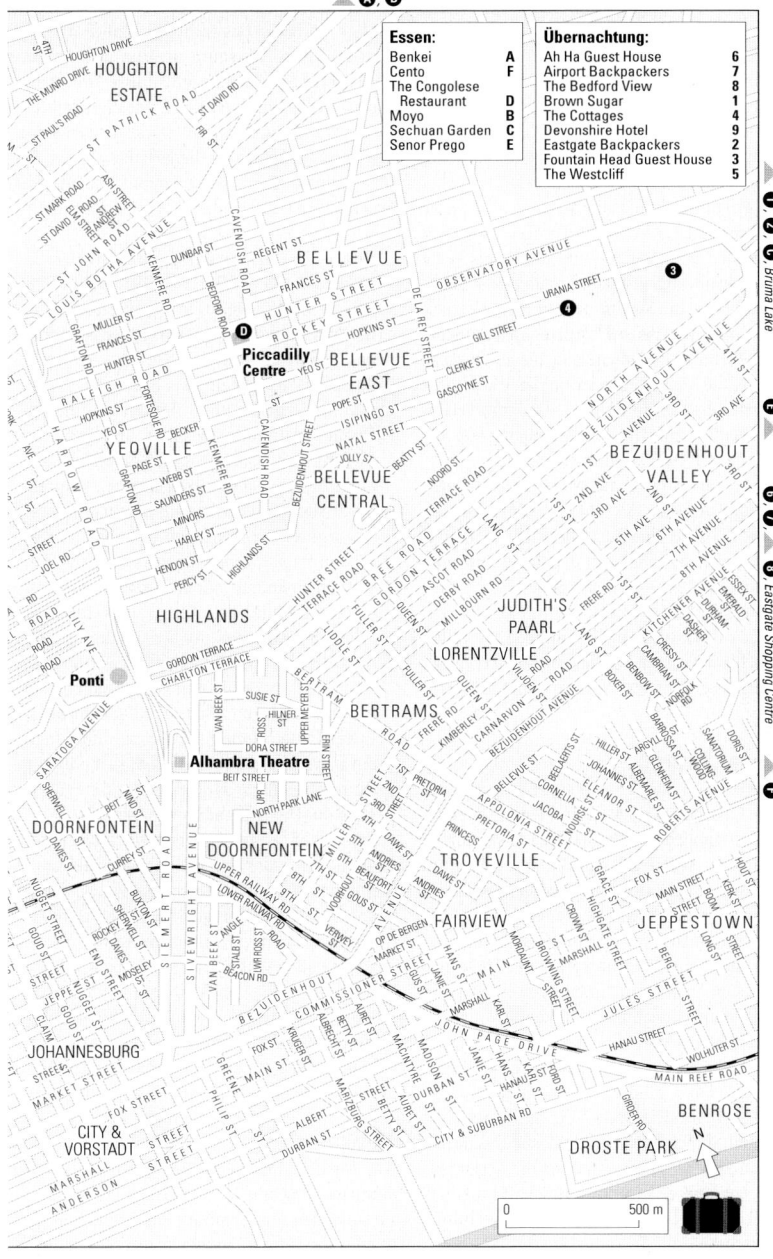

Essen:

Benkei	A
Cento	F
The Congolese Restaurant	D
Moyo	B
Sechuan Garden	C
Senor Prego	E

Übernachtung:

Ah Ha Guest House	6
Airport Backpackers	7
The Bedford View	8
Brown Sugar	1
The Cottages	4
Devonshire Hotel	9
Eastgate Backpackers	2
Fountain Head Guest House	3
The Westcliff	5

1, 2, C, *Bruma Lake*

6, 7, 8, *Eastgate Shopping Centre*

GAUTENG

0   500 m

Zwischen den Wolkenkratzern, gebieterischen Minenresidenzen und Bürogebäuden gibt es zahlreiche interessante Bauten, eigenwillige Fassaden und architektonische Besonderheiten zu entdecken. Dazu zählen das vor kurzem modernisierte **Gauteng Legislature** (Parlament) in der früheren City Hall, an der Ecke Harrison Street, und das ehemalige **Postamt** eine Straße weiter östlich, Ecke Rissik Street. Es war bei seiner Fertigstellung 1897 das höchste Gebäude der Stadt und ist bis heute beeindruckend, obgleich längst andere Bauten aus späteren Jahren die Skyline beherrschen. Den primär neo-barocken Baustil ergänzen insbesondere im Giebelbereich skurril wirkende niederländische Elemente, die vierte Etage sowie der Uhrenturm sind später ergänzt worden, so dass ihre Fertigstellung zeitlich mit der Thronbesteigung von König Edward VII. 1902 zusammenfiel.

In der nahen Pritchard Street stehen **Cuthberts**, ein Kaufhaus, das 1904 als Schuhgeschäft eröffnete, und **Markham's** aus dem Jahr 1886. Zwei Straßen weiter befindet sich der **Rand Supreme Court**, der einst ein verhasstes Symbol der Unterdrückung war. Seit 1994 sind an ihm jedoch wegweisende Verfassungsentscheidungen getroffen wurden. Plänen zufolge soll der oberste Gerichtshof in ein eigens errichtetes Gebäude in Braamfontein ziehen.

Diagonal Street

Westlich der Simmonds Street erstreckt sich in der Nachbarschaft der Pritchard und Jeppe Street die recht unansehnliche **Bank City**, eine Ansammlung von Banken, Arkaden und Plätzen. Wiederum westlich davon verläuft die Diagonal Street durch eine der interessantesten Gegenden im CBD. Im Schatten verschiedener Ungetüme aus Glas und Beton, u.a. die ehemalige Johannesburger Börse, findet man hier Straßen mit alten zweigeschossigen Häusern, deren Errichtung zum Teil bis ins Jahr 1890 zurückreichen. In den Straßen darunter bieten Straßenhändler und Geschäfte ihre vielfältigen Waren feil, dazu gehören *umuthi* (traditionelle Arzneien) ebenso wie Decken der Sotho, Paraffinstövchen und Mobiltelefone. Obgleich es zunächst nicht den Anschein haben mag, ist die Gegend relativ sicher und das bunte Straßenbild aus Geschäftsleuten und fliegenden Händlern vermittelt afrikanisches Flair.

Für Mutige ist das recht unheimlich wirkende **KwaZulu Muti Museum of Man and Science**, 14 Diagonal Street, eine gute Adresse. Hier werden alle möglichen traditionellen Arzneien verkauft, die nicht selten aus den von der Decke hängenden, getrockneten Tierhäuten hergestellt werden. Wer nicht aufpasst, kann in ein herabbaumelndes Paar Straußenfüße laufen oder an Affenschädel stoßen.

Gandhi in Johannesburg Obgleich durch starke Bande mit Durban liiert, wohin Mohandas Gandhi 1893 zuerst kam, stand seine berühmt gewordene Philosophie zunächst und vor allem während der zehn Jahre in Jo'burg (1903–13) auf dem Prüfstand.

Als niedergelassener Anwalt verteidigte Gandhi vor dem inzwischen abgerissenen Gericht, den Transvaal Law Courts, am heutigen Gandhi Square im Zentrum Jo'burgs, meist südafrikanische Inder, denen Verstöße gegen die restriktiven und diskriminierenden Registrierungsgesetze vorgeworfen wurden. Er konnte hier die **Satyagraha** (Kraft der Seele) oder den passiven Widerstand erstmals umsetzen, um der unmoralischen Unterdrückung durch den Staat zu trotzen. Gandhi selbst wurde zweimal zusammen mit anderen passiven Widerständlern im Fort in Braamfontein inhaftiert. Einmal holte man ihn aus seiner Zelle und brachte ihn in das Büro von General Jan Smuts, um die Freilassung der Häftlinge auszuhandeln.

Seine Ideen fanden in den gewaltlosen Idealen der Gründer des **African National Congress** 1912 ihren Niederschlag. Vierzig Jahre später und nur wenige Jahre nach Gandhis erfolgreichem, gewaltlosem Kampf gegen die britische Vorherrschaft in Indien, folgten auch die 1952 vom ANC eingeleiteten Widerstandsaktionen gegen die Passgesetze zum Großteil den Prinzipien Gandhis. Im Museum Africa (s.S. 576) widmen sich verschiedene Exponate Gandhis Zeit in Jo'burg.

Newtown

Am westlichen Rand des CBD erstreckt sich zwischen der Diagonal Street und der als Hochtrasse verlaufenden Autobahn M1 das Gebiet von Newtown, eine Sanierungsgebiet, in dem einige der

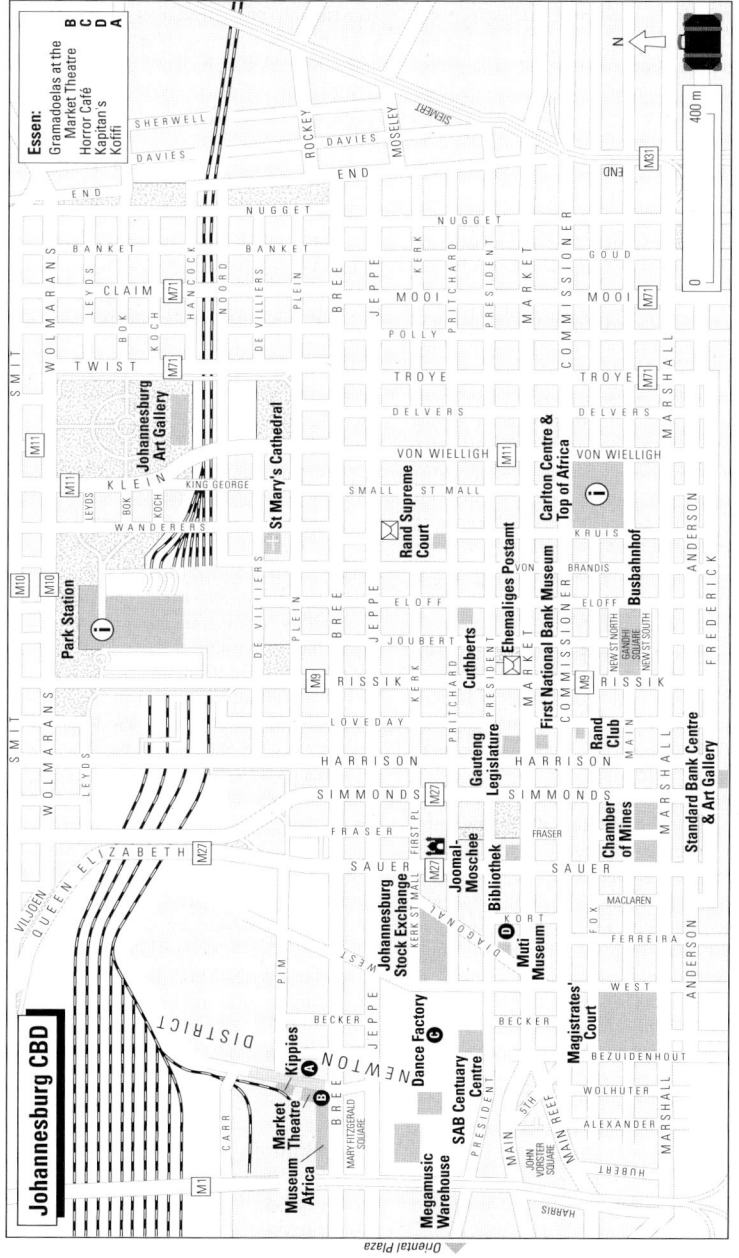

Johannesburg CBD

Essen:
Gramadoelas at the
Market Theatre — B
Horror Café — C
Kapitan's — D
Kofifi — A

N

400 m

GAUTENG

interessantesten kulturellen Einrichtungen der Stadt in Nachbarschaft zu verfallenen Fabriken und Ödland zu finden sind. Eine Hauptattraktion ist der **Cultural Precinct**, ein lebendiger Musik- und Theaterkomplex, in den viel Geld investiert wird, um ihn für Besucher am Tag wie auch in der Nacht zu einem ungefährlichen kulturellen Treffpunkt zu machen.

Herzstück des Ganzen ist das ausgezeichnete **Museum Africa**, 121 Bree Street, das im ehemaligen Gebäude des Obst- und Gemüsemarkts der Stadt untergebracht ist und den Blick auf den Mary Fitzgerald Square freigibt. Die Größe des Museums lässt das Gezeigte beinahe verloren in den Räumlichkeiten wirken, und die vier Dauerausstellungen sowie die zahlreichen wechselnden Exponate sind einen Besuch wert. Den größten Zulauf hat der Ausstellungsbereich **Johannesburg Transformations**, der die Geschichte der Stadt von ihren Anfängen als Goldgräber-Eldorado bis zur Wahl von 1994 nachzeichnet. Die lebensnahe Präsentation umfasst u.a. Nachbildungen von Hütten und *shebeens,* im Hintergrund werden ausgewählte Stücke von Musikgrößen wie dem *kwela*-Meister Spokes Mashiane gespielt. In einem Nebenraum lohnt ein Rundgang durch die Ausstellung **Tried for Treason**, die den Hochverratsprozessen der 50er Jahre gewidmet ist, bei denen 156 Menschen, darunter auch Nelson Mandela und viele bekannte ANC-Aktivisten aller Rassen der Konspiration gegen den Staat angeklagt waren.

Das obere Stockwerk beherbergt das weniger fesselnde **Bensusan Museum of Photography**, das den ehrgeizigen Anspruch erhebt, das „Newseum" der Gegenwart und Zukunft zu sein. Alles in allem aber bietet es kaum mehr als eine Sammlung von Kameras, Hologrammen und CD-ROMs. Im unteren Geschoss zeigt das **Museum of South African Rock Art** ein paar wenige Felsmalereien im Original, da sich die meisten auch weiterhin an ihren ursprünglichen, über ganz Südafrika verstreuten Orten befinden. Immerhin werden jedoch einige gute Kopien gezeigt, die einen Eindruck dieser Kunst vermitteln. Aufschlussreiche Texte geben Hintergrundinformationen über die Künstler und ihr Werk. ☉ Di–So 9–17 Uhr, Eintritt R5.

Am östlichen Ende des Gebäudes befindet sich der Eingang zum berühmten **Market Theatre** (s.S. 596), das sich in den letzten 25 Jahren als oftmals wegweisende Theaterinstitution ausgezeichnet hat. In der Nähe gibt es einige sehenswerte Geschäfte sowie Möglichkeiten, Hunger und Durst zu stillen, außerdem das *Kippies*, Südafrikas bekannteste Jazzkneipe (s.S. 597). Das Kulturangebot setzt sich südlich der Jeppe Street weiter fort von der Konzertbühne *Megamusic*, ein Veranstaltungs- und Probenort für Tanzproduktionen, über die **Dance Factory** bis zu dem für das alljährliche Arts Alive Festival (s.S. 595, Kasten) genutzte **Electric Workshop**. Samstags findet vor dem Theater und auf dem Mary Fitzgerald Square einer der besseren Flohmärkte Johannesburgs (s.S. 598, Einkaufen) statt.

Im **South African Breweries (SAB) Centenary Centre**, President Street, Ecke Bezuidenhout Street, kann im Rahmen einer 90-minütigen Führung Einblick in 6000 Jahre Braugeschichte gewonnen und etwas über das allerorts ausgeschenkte, etwas gehaltlose und sprudelige Produkt Castle Lager erfahren werden. Zu sehen sind die rekonstruierten Kneipen aus der Goldgräberzeit und das *shebeen* aus den 60er Jahren, außerdem das Gewächshaus mit seinen Gerste- und Hopfenpflanzungen sowie der *Tap Room,* eine Bar, von deren Balkon das Treiben auf der Straße beobachtet werden kann. ☉ Di–Sa 10–18 Uhr, Eintritt R10.

Weiter südwestlich gelangt man jenseits der President und Main Street zum **John Vorster Square**. Es ist der Standort der berühmt-berüchtigten Hauptwache der Johannesburger Polizei, wo Anti-Apartheids-Aktivisten festgehalten und gefoltert wurden und einige durch einen „Sprung" aus dem 10. Stock den Tod fanden. Weiter westlich, dort wo die Jeppe Street in die Minnaar Street übergeht, kann man die noch verbliebenen Reste des alten indischen Viertels erkunden. Am Ende der geschäftigen Straße liegt die **Oriental Plaza**, ein Einkaufskomplex in indischem Besitz, wo es von Koffern bis hin zu Stoffen und Gewürzen alles Mögliche zu kaufen gibt. Viel mehr ist von der einst blühenden indischen Gemeinde in Newtown nicht mehr übrig, da sie 1904 zum Großteil zwangsumgesiedelt wurde, um Platz für Weiße zu schaffen.

Braamfontein

Ein Besuch Braamfonteins, das sich ausgehend vom Hauptbahnhof nach Norden bis zur Empire Road erstreckt, wird sich in den meisten Fällen auf die Nutzung der Park Station mit ihren Transportverbindungen beschränken. Die einzig anderen interessanten Sehenswürdigkeiten sind das **Civic Theatre** in der Rissik Street, das zu den besten Bühnen für Theater, Musical und Tanz in der Stadt gehört (s.S. 596), und die **University of the Witwatersrand**, auch kurz „Wits" genannt, in der nordwestlichen Ecke Braamfonteins, zwischen Jorissen Street und Jan Smuts Avenue. Als Ausbildungsstätte einer ganzen Reihe von späteren politischen Führern sowie als Zentrum intellektueller und politischer Auseinandersetzungen hat die Universität eine wichtige Rolle in der Geschichte des Landes gespielt. Der ausgedehnte, hübsche Campus umfasst einige beeindruckende Gebäude im klassischen Stil und reizvolle, terrassenförmige Gartenanlagen. Das Senate House, das am bequemsten von der Jorissen Street zu erreichen ist, beherbergt in seinem Erdgeschoss die **Gertrude Posel Gallery** mit einer umfangreichen Sammlung traditioneller und zeitgenössischer afrikanischer Kunst. ⊙ Mo–Fr 10–16 Uhr, Eintritt frei.

Joubert Park

Das östlich der Park Station gelegene Viertel Joubert Park ist nach General Piet Joubert benannt, der bei den Wahlen der Südafrikanischen Republik 1883 Paul Kruger unterlag. Es ist eine Gegend, die allgemein als gefährlich gilt. Anempfohlen sei hier nur die **Johannesburg Art Gallery** im Park selbst, der im Übrigen die einzige größere Grünfläche im Zentrum ist. Wer den Weg hierher zu Fuß zurücklegen möchte, bittet am besten eine City Ambassador um Begleitung, ansonsten ist es ratsam, sich mit einem Taxi bis zum Haupteingang an der Klein Street bringen zu lassen oder mit dem Auto auf den bewachten Parkplatz des Museums zu fahren. Das elegante, überwiegend aus dem 19. Jh. stammende Gebäude beherbergt eine der progressivsten Galerien des Landes und zeigt u.a. die enormen, bis zur Decke aufragenden Holzskulpturen des fantasiegewaltigen Venda-Künstlers Jackson Hlungwani. In anderen Museumsbereichen wird eine sehr wilde Mischung afrikanischer Kunst und Artefakte präsentiert, deren Spannbreite von zeremoniellen Gegenständen bis zu rein dekorativen Objekten reicht. Außerdem gibt es eine Reihe europäischer Gemälde zu sehen, darunter einige von unbekannteren holländischen Meistern; auch die Sonderausstellungen lohnen in der Regel. Informationen zum laufenden Programm sind im *Mail & Guardian* nachzulesen. ⊙ Di–So 10–17 Uhr, Eintritt frei.

Zentrale Viertel

Um den Central Business District gruppieren sich verschiedene Bezirke, die sich aufgrund der hohen Fluktuation und des raschen Wandels der Bevölkerungsstruktur im kontinuierlichen Umbruchs befinden. Einige dieser Gegenden, insbesondere **Hillbrow**, **Berea** und **Yeoville**, waren einst die „Grauzonen" Johannesburgs, in denen die Apartheid in den 80er Jahren zuerst zu bröckeln begann. Die Polizei ließ die Schwarzen gewähren, die damals zahlreich aus den Townships in diese vormals ausschließlich von Weißen bewohnten Gebiete zogen. Inzwischen sind fast alle Weißen fort, und Zuwanderer aus allen Teilen des Kontinents, vor allem aus Nigeria und der Republik Kongo, haben ihren Platz eingenommen. Alle drei Bezirke besitzen das eine oder andere architektonische Kleinod, jedoch machen das hektische Treiben auf den Straßen und ein schlechter Ruf meist eine entspannte Erkundungstour zunichte.

Hillbrow und Berea

Nördlich von Joubert Park verläuft die Smit Street als Grenze zum berüchtigten und dicht bevölkerten Hillbrow, das von mehrgeschossigen, bis auf den letzten Quadratmeter bewohnten Apartmenthäusern dominiert wird. Neuankömmlinge in Johannesburg hat es traditionell immer zuerst nach Hillbrow gezogen. Direkt nach dem 2. Weltkrieg waren Engländer, Italiener und Osteuropäer die Haupteinwanderer, heute sind es Afrikaner aus allen Ecken die Kontinents, die in Scharen hierher ziehen. Sie verleihen der Gegend nicht zuletzt durch die Musik aus Lagos und Kinshasa, die aus den Bars und Clubs dröhnt, eine einzigartige panafrikanische Atmosphäre. Im Gegensatz zu den Hauptstraßen, die mit ihren Märkten, Clubs und Bars vor Aktivität geradezu sprühen, ist die Szenerie in den zahllosen Seitenstraßen ausgesprochen trostlos und bietet häufig das Bild von Drogendealern, die vor billigen Spelunken herumlungern. Für Touristen gilt das Viertel in weiten Teilen als nicht betretbar, so dass der Besuch eines der bekannteren Clubs oder Bars nur in einer Gruppe oder in Begleitung eines ortskundigen Einheimischen anzuraten ist.

Wer im Viertel unterwegs ist, sollte Ausschau nach dem berühmtesten Apartmenthaus in Hillbrow halten: Das **Ponti** oder auch „Le petit Kinshasa", ist ein runder, von weitem sichtbarer Gebäudeturm, in dem viele der kongolesischen Einwanderer wohnen. Einen Blick lohnt außerdem das bezaubernde, im Tudor-Stil gehaltene **Windybrow Theatre**, das etwas versteckt an der Nugget Street, Ecke Pietersen Street liegt.

Berea ist in erster Linie ein Wohnviertel, das von hohen Apartmentklötzen gekennzeichnet ist, in denen die Menschen auf engem Raum leben. Die hiesigen Straßen werden zunehmend von Drogendealern und Prostituierten beherrscht, und wer es sich leisten kann, zieht aus der Gegend fort.

Yeoville und Observatory

Östlich von Berea erstreckt sich jenseits der Harrow Road Yeoville. Das Viertel vor allem mit seiner Hauptverkehrsader, der **Rockey Street**, war lange Zeit ein Schmelztiegel von Künstlern und Intellektuellen, weiße wie schwarze, und galt als Johannesburgs lebendigste und kreativste Gegend. Tausende Schwarze, die zwar reich genug waren, um Hillbrow zu meiden, aber zu arm, um in den nördlichen Bezirke zu wohnen, zogen aus den Townships nach Yeoville. In den letzten Jahren schwappten jedoch auch Drogen und Kriminalität aus Hillbrow herüber und vertrieben bis auf ganz Hartgesottene die Mehrzahl der Weißen und Alternativer.

Am östlichen Ende der Rockey Street liegt **Observatory**. Es ist ein von begrünten Wohnstraßen durchzogenes Gebiet, in dem nach wie vor wohlhabende Weiße leben, meist jedoch hinter hohen Mauern und in Straßen, die durch Sicherheitsschranken abgeriegelt sind.

Östliche Bezirke

Zu den ältesten Bezirken der Stadt gehören **Kensington** und **Bezuidenhout Valley**, besser bekannt als Bez Valley, unmittelbar östlich des CBD. Lange waren in ihnen die jüdischen und portugiesischen Gemeinden Johannesburgs beheimatet, aber auch hier hat sich in den letzten Jahren ein dramatischer Wandel vollzogen. Die weiße Einwohnerschaft hat viele der alten Häuser verlassen, um Zuzüglern aus den Townships und Einwanderern das Gebiet zu überlassen. Gänzlich anders geprägt ist **Cyrildene**, östlich von Observatory, das sich zu Johannesburgs neuer Chinatown entwickelt hat. Entlang der Derrick Avenue, nahe der Kreuzung mit der Marcia St, bietet sich eine faszinierende Ansammlung von chinesischen Supermärkten, Geschäften und authentischen Restaurants.

Die meisten Besucher der Gegend zieht es jedoch zum **Bruma Lake**, einem künstlichen Wasserareal, das eher enttäuscht. Einzige Ausnahme bildet hier der beliebte **Flohmarkt** (🕐 Di–So 9–17 Uhr), der einer der besten Orte in Johannesburg ist, um preiswert Kuriositäten zu erstehen – so lange man sich nicht an den pseudo-traditionellen Tanztruppen stört, die einen während des Stöberns unterhalten. In der Nähe liegt eine der zentralen und bequem zu erreichenden Grünflächen der Stadt: **Gillooly's Farm** ist ein um einen Staudamm angesiedelter, sicherer Park, der zum Spazierengehen, Joggen und Picknicken einlädt.

Nördliche Bezirke

Sicherheit, Wohlstand sowie eine Fülle von Geschäften und Restaurants zeichnen den CBD und die nördlichen Bezirke aus. Darunter fällt praktisch das gesamte Gebiet, das in seiner schier endlosen Ausdehnung mehr als 30 Kilometer von Parktown über die N1-Ringautobahn hinweg bis in die Gegend von Mid Rand reicht, das sich seinerseits immer weiter in die Richtung der südlichen Peripherie von Pretoria erstreckt. Abgesehen von Alexandra ist es eine begüterte Gegend, in der edle Einkaufszentren und sorgfältig gepflegte Parks nicht selten die einzigen Treffpunkte darstellen und die Mehrzahl der Anwesen festungsartig durch hohe Mauern, Eisentore und Stacheldraht von der Außenwelt abgeschnitten liegen. Abgesehen von dem oftmals schier unglaublichen Reichtum gibt es durchaus auch interessante Ecken, beispielsweise die Zentren von Melville, Rosebank und Parkhurst. Da die meisten Bezirke unweit großer Durchgangsstraßen liegen, lassen sie sich am besten mit dem Auto erkunden.

Parktown

Trotz der Nähe zu Hillbrow, das nur einen Steinwurf südöstlich der Empire Road liegt, hat diese äl-

GAUTENG

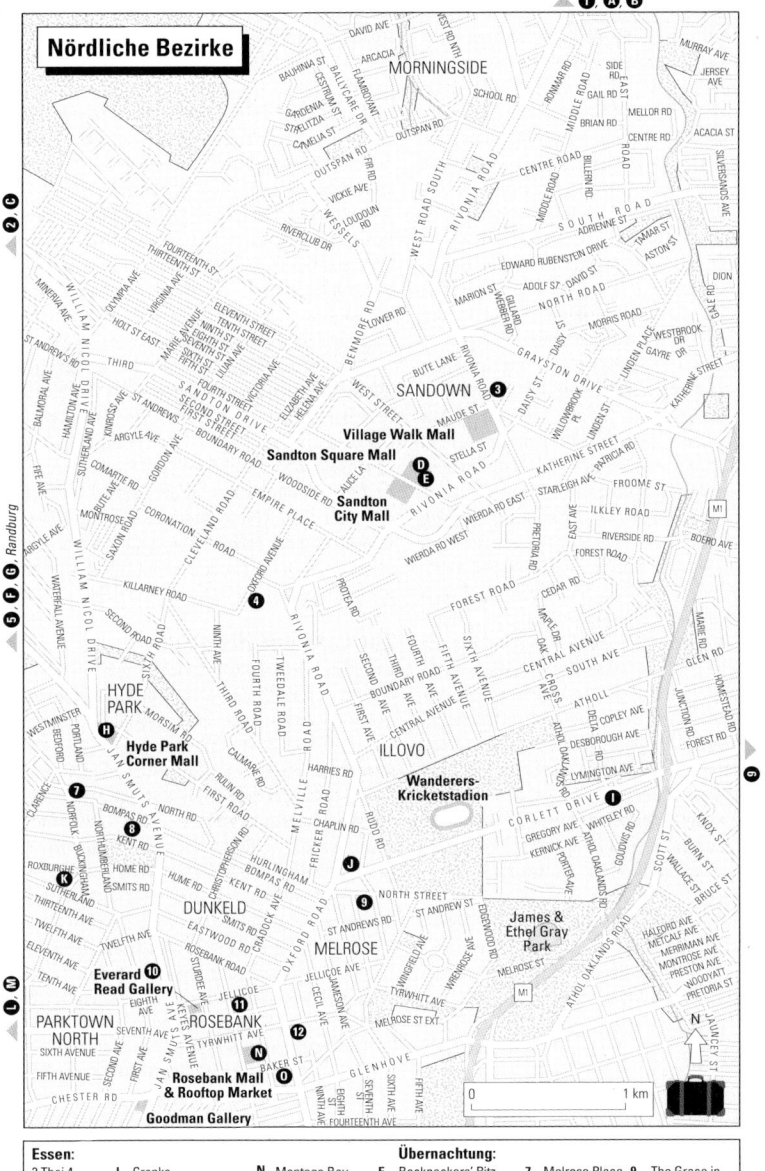

Nördliche Bezirke

MORNINGSIDE

SANDOWN ❸

Village Walk Mall
Sandton Square Mall ❶ ❷
Sandton
City Mall

HYDE
PARK
Hyde Park
Corner Mall ❼

ILLOVO

Wanderers-
Kricketstadion

DUNKELD

MELROSE

James &
Ethel Gray
Park

Everard ❿
Read Gallery

PARKTOWN
NORTH ❶❶ ROSEBANK ❶❷

Rosebank Mall
& Rooftop Market

Goodman Gallery

GAUTENG

Essen:						Übernachtung:				
2 Thai 4	**I**	Cranks	**N**	Montego Bay	**E**	Backpackers' Ritz	**7**	Melrose Place	**9**	The Grace in
Anno Domini	**L**	Fruits & Roots	**A**	Osteria Tre Nonni	**K**	Coopers' Croft	**5**	Oxford Lodge	**4**	Rosebank **11**
Broughton's	**D**	Ile de France	**C**	Plaka	**J**	Don Apartments	**3 &12**	Rockey's of		Zoo Lodge **10**
The Carnivore	**F**	Jimmy's Killer Prawns	**G**	The Red Chamber	**H**	Gemini Backpackers	**6**	Fourways	**2**	
The Codfather	**B**	Mamas	**O**	Ruby Grapefruit	**M**	Liliesleaf	**1**	Ten Bompas	**8**	

teste Nobelwohngegend Johannesburgs ihren exklusiven Anspruch bis heute aufrechterhalten können. Als erste ließen sich Sir Lionel Philips, der Präsident der Bergwerkskammer, und seine Frau Florence hier nieder. Auf der Suche nach einem Domizil, das ihnen die Aussicht auf die Magaliesberge anstatt auf die Minen ermöglichen sollte, ließen sie 1892 auf dem Grund der damaligen Braamfontein Farm ein Haus errichten. Das übrige Gelände wurde mit Eukalyptusbäumen bepflanzt und bildete den so genannten Sachsenwald Forest, von dem ein Teil später an den Johannesburg Zoo überging. Das noch verbliebene Land wurde 1925 gerodet, um weitere Wohnhäuser entstehen zu lassen.

Der vorrangige Reiz Parktowns liegt in seiner unverwechselbaren **Architektur**, die zum großen Teil auf Sir Herbert Baker (s. S. 581) zurückgeht. Mit der Ankunft Bakers im Jahr 1902 hielt vor allem in diesem Bezirk ein Stil Einzug, von dem die opulenten Anwesen in den Straßen Parktowns bis heute zeugen. Im Rahmen der von *Parktown & Westcliff Heritage Trust,* ✆ 482 3349, Büro ⏰ Mo–Fr 9–13 Uhr, an den meisten Samstagnachmittagen angebotenen Rundgängen oder Bustouren kann man einen Eindruck davon gewinnen. Auf den „Johannesburg Gold" oder „Edwardian Elegance" betitelten Ausflügen präsentieren kenntnisreiche und nicht selten in Kostüme der damaligen Zeit gekleidete Mitarbeiter einige der prunkvollen Villen und die umgebenden Anlagen. Die Touren kosten R40–80 und können direkt über *Computicket,* ✆ 340 8000, 🖥 www.computicket.com, gebucht werden. Vom Trust ist außerdem eine preiswerte Broschüre für Erkundungen auf eigene Faust erhältlich, allerdings ohne eine Tour bleibt der Zutritt zu den Häusern versperrt.

Als guter Ausgangspunkt für eine eigene Entdeckungstour empfiehlt sich die **Ridge Road**, nördlich des Randjeslaagte Beacon, der den nördlichsten Punkt des alten Johannesburg markiert. Um dorthin zu gelangen, biegt man von der Louis Botha Road in die kleine und leicht zu übersehende Boundary Road nach Norden, danach in die zweite Straße nach links. Das schönste Haus in dieser Straße, **The View**, 18 Ridge Road, wurde 1897 erbaut und mit geschnitzten Holzveranden sowie einer eleganten Backsteinfassade versehen. Gleich daneben steht **Hazeldene Hall** aus dem Jahr 1902, dessen gusseiserne Veranden aus Glasgow impor-

tiert wurden. Biegt man nach Norden in die **York Road** ab, führt der Weg am **Sunnyside Hotel** vorbei, einem massiven Komplex, den Lord Alfred Milner ab 1900 als Gouverneursresidenz nutzte. Dahinter folgt die Straße einer Linkskurve und wird zur Jubilee Road, an deren Nordseite weitere Bauten die Aufmerksamkeit verdienen. Besonders beeindruckend ist hier das 1905 erbaute, dem Queen Anne Style nachempfundene **Emoyeni**, 15 Jubilee Road. Aus demselben Jahr stammt **Dolobran**, Jubilee Road, Ecke Victoria Avenue, ein skurriles und imposantes Gebäude mit einer traumhaften Veranda, wundervollen Ziegelschornsteinen, einem roten Ziegeldach und extravaganten bunten Glasfenstern.

Jenseits der verkehrsreichen M1 erreicht man die **Rock Ridge Road** mit dem 1904 von Sir Herbert Baker erbauten **Northwards Mansion**, den Sitz des Parktown Trust. Zu Bakers eigenem Anwesen im Haus Nr. 5 gibt es von der Straße leider keine Zugangsmöglichkeit. In der parallel verlaufenden Elton Road können jedoch Bakers **St George's Church** und das Pfarrhaus bewundert werden. Beide vereinen südenglische und italienische Elemente und wurden in hiesigem Stein errichtet.

Zoo Lake und Houghton

Ungefähr zwei Kilometer nördlich von Parktown ist abseits der Jan Smuts Avenue der **Johannesburg Zoo** angesiedelt. Er beherbergt zahllose Tierarten, darunter auch Eisbären. Trotz jüngerer Anstrengungen zur Steigerung seiner Attraktivität umgibt ihn noch immer eine etwas traurige Atmosphäre. Vor einigen Jahren geriet der Zoo in die Schlagzeilen, als sich ein flüchtender Krimineller dem Zugriff der Polizei durch einen Sprung über die Zoomauer zu entziehen suchte. Unglücklicherweise landete er genau im Gehege von Max dem Gorilla. Die Begegnung endete für den Gorilla mit einer tödlichen Schussverletzung, der Übeltäter wurde indes mit tiefen Bisswunden ins Krankenhaus eingeliefert. ⏰ tgl. 8.30–17.30 Uhr, Eintritt R15.

Von größerem Interesse dürfte das benachbarte **National Museum of Military History** sein. Es widmet zwischen Panzern, Waffen und Uniformen auch dem bewaffneten Flügel des ANC, **Umkhonto we Sizwe (MK)**, Raum, lässt jedoch die anderen Befreiungsarmeen durch Abwesenheit glänzen. Das Hauptaugenmerk der Ausstellung richtet sich auf den Führer dieses Flügels, Joe Modise, der in der

Sir Herbert Baker Südafrikas berühmtester Baumeister, Sir Herbert Baker wurde 1862 in Kent, England, geboren. Mit 17 Jahren kam er zu seinem Onkel in die Lehre und besuchte die Royal Academy sowie die Architectural Association, wo er jene Kontakte knüpfte, die er in späteren Jahren geschickt zu seinem Vorteil nutzen sollte. Als er England 1892 Richtung Kap verließ, war Baker bereits ein Anhänger des neuen, so genannten **Free Style**, der sich durch einen oftmals bizarren, im Wesentlichen jedoch historisierenden Eklektizismus auszeichnete. Die in Bakers Bauten immer wiederkehrenden Einflüsse waren vor allem jene der italienischen Renaissance und mittelalterlichen Architektur Kents.

Am Kap lernte Baker **Cecil Rhodes** kennen, und die intensiv gepflegte Bekanntschaft mit ihm etablierte Baker als architektonisches Schwergewicht im Land. 1899 brach der zweite Burenkrieg aus, und Rhodes, der den Sieg der Briten als sicher erachtete, entsandte Baker zum Studium der klassischen Architektur nach Italien und Griechenland, um sodann ein Südafrika mit britisch-imperialen Bauwerken entstehen zu lassen. Dieser kehrte tief beeindruckt von dem Gesehenen nach Südafrika zurück und wurde von **Lord Alfred Milner**, dem Verwalter des besiegten Transvaals, mit der Umsetzung der Träume Rhodes' beauftragt. Baker nahm die Herausforderung begeistert an und machte sich zunächst an die Wohnhäuser des so genannten „Kindergartens", jener jungen, in der Mehrzahl in Oxford und Cambridge ausgebildeten Männer, die Milner ins Land geholt hatte, um gute typisch britische Ideen in das besiegte Transvaal zu bringen. Als Ergebnis entstanden die **Anwesen von Parktown**, prachtvolle Gebäude, die die Straßen von Jo'burgs wohlhabendstem Viertel säumten. Getreu seiner in England gewonnenen architektonischen Auffassung leitete Baker einheimische Handwerker an und benutzte für die Errichtung der Gebäude Material aus der Region. Er war außerdem der erste, der hiesiges *koppie*-Gestein verwendete und dadurch selbst unspektakulären Entwürfen eine ausdrucksstarke Erscheinung verlieh.

Zu Bakers bedeutendsten öffentlichen Bauten gehören die **St George's Cathedral** in Kapstadt, das **South African Institute for Medical Research** in Jo'burg sowie die nüchternen, aber zur Macht entschlossenen **Union Buildings** in Pretoria, die mehr als jedes andere Bauwerk den imperialen britischen Traum verkörperten und besessen von klassischer Tradition an einem Standort gebaut wurden, der aufgrund seiner Ähnlichkeit zu dem der Akropolis in Athen, bewusst gewählt worden war.

1913 verließ Baker Südafrika, um im indischen Neu-Delhi die Secretariat Buildings zu bauen. Nach deren Fertigstellung kehrte er nach England zurück und arbeitete in London an der Errichtung des South Africa House am Trafalgar Square. 1923 wurde er zum Ritter geschlagen. Baker starb 1946 und liegt in der Westminster Abbey begraben.

ANC-Regierung Verteidigungsminister war. ☉ tgl. 9–16.30, Eintritt R5. Gegenüber dem Zoo liegt westlich der Jan Smuts Avenue der künstlich angelegte, aber hübsche Zoo Lake. Der dazugehörige Park ist ein beliebter und sicherer Ort für Spaziergänge oder ein Picknick und dient gelegentlich als Schauplatz verschiedener Veranstaltungen im Freien, darunter ein ganztägiges Musikspektakel im Rahmen des alljährlich im September stattfinden Arts Alive Festivals (s.S.595).

Östlich des Zoos gelangt man nach Houghton, einer der reichsten und grünsten Gegenden Johannesburgs. Nelson Mandela bewohnt hier eine große weiße Villa, die nach seiner dritten Frau, Graça Machel, auch unter dem Namen Casa Graça bekannt ist. Bemerkenswert ist, dass Houghton der einzige Wahlkreis des Landes war, der zwischen 1961 und 1974 mit Helen Suzman eine Apartheids-Gegnerin ins Parlament entsandte.

Melville

Das westlich von Parktown zwischen den beiden großen Verkehrsadern Barry Hertzog Avenue und Beyers Naude Drive (ehemals DF Malan Drive) gelegene Melville ist der entspannteste, reizvollste und am wenigsten einschüchternde der nördlichen Bezirke. Die fast schon dörfliche Atmosphäre hat Melville zu einem begehrten Ort der Ruhe für die gestressten und wohlhabenden Johannesburger werden lassen, die hier bevorzugt Immobilien erstehen. Geschäfte und Cafés sind hier nicht wie andernorts häufig in seelenlosen Einkaufszentren versteckt, sondern säumen die Straßen und sorgen für eine erfrischende Lebendigkeit. Am interessantesten ist die Umgebung der Kreuzung 7th Street und 4th Avenue, wo man einladende Cafés, schicke Restaurants, Secondhand-Buchläden und skurrile Antiquitätenhändler findet. Auch abends herrscht hier noch Betrieb, und entlang der Hauptstraßen kann gefahrlos gebummelt werden.

Im Norden des Bezirks erstreckt sich in hügeliger Landschaft das reizvolle **Melville Koppies Nature Reserve**, ☎ 788 7571, 🖳 www.veld.org.za, das hunderte einheimische Pflanzen- und Tierarten sowie Reste früher Siedlungen aus der Stein- und Eisenzeit beherbergt. Das Gelände ist zweigeteilt: Der eine Teil umfasst den **Louw Geldenhuys View Site** mit herrlicher Aussicht auf Johannesburg und kann über die Zambesi Road oder jeder andere nördlich der 7th Avenue verlaufende Straße erreicht werden. Im Westen dehnt sich der zentrale Bereich mit einer Reihe guter Wanderpfade aus, allerdings ist dieser Teil nur an den ersten drei Sonntagen eines jeden Monats zugänglich. Im Norden wiederum liegt der Jan van Riebeeck Park, ein lang gestrecktes, über mehrere Kilometer nach Norden und Westen reichendes Parkareal, in dessen nordöstlicher Ecke der **Johannesburg Botanic Garden** beheimatet ist. Abgesehen vom Emmarentia Dam, einem beliebten Gewässer für Paddel- und Ruderausflüge, lockt der Botanische Garten vor allem mit seinen weiten offenen Flächen und sicheren Wegen Jogger und Spaziergänger an. Die Pflanzen spielen jedoch eher eine untergeordnete Rolle in der Besuchergunst – die in der Nordostecke angelegten, hübschen Kräuter- und Rosengärten sollen jedoch nicht unerwähnt bleiben.

Der winzige Shakespeare Garden wird häufig als Veranstaltungsort für Theaterstücke und kleine Konzerte genutzt, Informationen hierzu bitte der lokalen Presse entnehmen.

Sophiatown

Westlich von Melville liegt das architektonisch zwar wenig ansprechende, aber für die Geschichte der Apartheid umso bedeutendere Gebiet von Sophiatown. Hier arbeitete in den 50er Jahren **Erzbischof Trevor Huddleston**, jener englische Geistliche, der die Anti-Apartheids-Bewegung begründete. Über viele Jahre war Sophiatown eine der wenigen Gegenden innerhalb der Stadt, in der Schwarze Besitz haben durften. Es entwickelte sich dadurch zu einem Schmelztiegel kultureller Strömungen und liberaler Ansichten über Politik und Rasse. In den 60er Jahren erklärte die Regierung das Gebiet zu einem Siedlungsgebiet für Weiße und rückte mit Bulldozern an. Die Einwohner wurden ungeachtet ihres Rechtsanspruches auf das Land nach Soweto zwangsumgesiedelt. Und Sophiatown erhielt nicht ohne Ironie, wenn nicht gar Fatalismus, den Namen „Triomf", der bis heute auf vielen Karten und Schildern zu finden ist. Obgleich inzwischen wieder zu Sophiatown umbenannt, ist von dem ursprünglichen Viertel nur noch ein Haus und die anglikanische Kirche **Christ the King** übrig, von der aus Trevor Huddleston sein Amt ausübte. Nach seinem Tod im Jahr 1998 wurde seine Asche aus London nach Sophiatown überführt und hier verstreut.

Rosebank und Parkhurst

Beherrschendes Merkmal des kleinen Rosebank, nordwestlich von Houghton und ein paar Kilometer nördlich des Zoos, sind die hier versammelten **Einkaufszentren**. Darüber hinaus gibt es den **African Craft Market**, ein zweigeschossiges, ockerfarbenes Gebäude im Adobe-Stil, das eine Reihe von Ständen mit afrikanischem Kunsthandwerk von durchaus akzeptabler Qualität beherbergt. Die Preise sind zwar nicht die billigsten in der Stadt, aber immer noch günstiger als die, die in den nahen, edleren Galerien verlangt werden, zudem kann man handeln. Der meiste Betrieb herrscht sonntags, wenn auf dem großen **Flohmarkt** auf einem Parkdeck der benachbarten Rosebank Mall alle möglichen Waren – von Trommeln bis hin zu Käse – feilgeboten werden.

In einer Reihe von Galerien in Rosebank und Umgebung kann z.T. sehr hochwertige traditionelle sowie moderne afrikanische Kunst angeschaut und auch gekauft werden. Wechselnde Exponate von oftmals führenden südafrikanischen Malern und

Bildhauern zeigt beispielsweise die *Everard Read Gallery*, 6 Jellicoe Avenue, ⊕ Mo–Fr 9–18, Sa bis 17 Uhr, Eintritt frei. Die *Goodman Art Gallery*, 163 Jan Smuts Avenue, ⌨ www.goodman-gallery.com, ⊕ Di–Fr 9.30–17.30, Sa bis 16 Uhr, ist kleiner und mehr auf die Avantgarde spezialisiert, während die *Kim Sacks Art Gallery*, 153 Jan Smuts Avenue, vor allem traditionelle Kunst und kunsthandwerkliche Objekte aus ganz Afrika präsentiert und die meisten davon auch zum Kauf anbietet.

Etwas westlich von Rosebank erreicht man **Parkhurst**, das zusammen mit Melville eine der wenigen Gegenden im Norde, vor allem in der Umgebung der 4th Avenue, mit einem nennenswerten Straßenleben ist. Gefahrlos kann ein Bummel unternommen, ein Blick in die Einrichtungsgeschäfte geworfen und in einige schicke Cafés und Restaurants hineingeschnuppert werden.

Sandton und Randburg

Ungefähr 20 Kilometer nördlich des Central Business District verkörpert Sandton den Inbegriff der nördlichen Bezirke. Es ist eine unerhört reiche Gegend mit luxuriösen Einkaufszentren und endlosen Reihen prachtvoller Wohnhäuser, die durch aufwendige Sicherheitssysteme geschützt hinter hohen Mauern liegen. In jüngerer Vergangenheit haben sich die aus dem Zentrum flüchtenden Banken und großen Firmen bevorzugt hier niedergelassen, aber so gebieterisch ihre Bürobauten auch im Moment wirken mögen, werden sie zweifelsohne gegenüber denen verblassen, die gerade im Entstehen sind. Nennenswert sind auch die über eine nachempfundene italienische Piazza mit dazugehörigen Restaurants und Cafés verbundenen Einkaufszentren **Sandton City** und **Sandton Square**. Ein Bummel wird manch einen angesichts des fast schon geschmacklos zur Schau gestellten Reichtums zwar befremden, eine bessere Gelegenheit, den Bezirk und seine Bewohner kennen zu lernen, gibt es aber wohl kaum.

Nördlich von Sandton schließen auf einer Länge von mehr als 15 Kilometern weitere Viertel an, die durch große Anwesen mit dazwischen angesiedelten Country Clubs und Einkaufszentren gekennzeichnet sind. Seit neuestem beobachtet man hier kleine Gruppen neuer, vornehmer und sicherheitstechnisch modernster Häuser hinter imposanten Begrenzungsmauern. Ob eine derart ausgeprägte

Paranoia in Hinblick auf die Kriminalität angezeigt ist, wird zwar kein Thema sein, über das die hiesige Einwohnerschaft offen mit sich diskutieren lassen wird, ohne Frage bestimmt sie jedoch die Atmosphäre der nördlichen Bezirke.

Zu den wenigen sehenswerten Besonderheiten zählt die **Waterfront** an der Republic Road in Randburg. Es handelt sich dabei um den Versuch, mit einem künstlich angelegten See, an dessen Ufer man Restaurants, Vergnügungseinrichtungen sowie Geschäfte, Kinos und einen Flohmarkt angesiedelt hat, den Erfolg der Kapstädter Waterfront in Johannesburg zu wiederholen. Neueste Bereicherung ist das mäßig imposante Spektakel **Liquid Fireworks**, das allabendlich um 19.30 und 20.30 Uhr in Form von farbig angestrahlten Wasserfontänen geboten wird. Weiter nördlich kann jenseits der Autobahn N1 am William Nicol Drive Johannesburgs jüngste Befriedigung exzessiver Kauflüste, das Einkaufszentrum **Monte Casino**, in Augenschein genommen werden. Was von außen wie ein überdimensionierter italienischer Palazzo wirkt, entpuppt sich in seinem Innern als Nachbildung eines toskanischen Dorfes samt kopfsteingepflasterter Straßen, gusseiserner Lampen und Häusern mit roten Ziegeldächern, unter denen Ladenketten wie *Diesel* und *Next* einquartiert sind. Hinzu kommen Restaurants, Kinos, ein Theater, ein Kasino und jede Menge Spielautomaten – alles in allem also einer jener Orte, wo man einen Eindruck des fortgesetzten Erfindungsreichtums gewinnen kann, den der Südafrikaner im Zusammenhang mit der Flucht vor der Realität durch Konsum an den Tag legen.

Alexandra

Der Kontrast zwischen Alexandra, unmittelbar östlich der M1, und den umliegenden Vierteln könnte größer kaum sein. Die extrem dicht bevölkerte und außerordentlich arme Township war bei ihrer Gründung eine der wenigen Gegenden, in der Schwarze über Grundbesitz verfügen durften. Jener Umstand von Eigentum und Unabhängigkeit hat dazu geführt, dass „Alex", wie das Gebiet auch genannt wird, dem Schicksal von Zwangsräumungen der Regierung entging. Anders als das in Karten dargestellte, einfache Raster, besteht die Township tatsächlich aus einem verwirrenden Labyrinth von Straßen, in denen die Menschen auf engstem

Raum zusammenleben und es selbst an den grundlegendsten infrastrukturellen Einrichtungen wie Kanalisation oder Trinkwasserversorgung mangelt. 500 000 Menschen sind es heute, die sich weniger als 8 km^2 teilen.

Als „aufregend und riskant" beschrieb Nelson Mandela die Township, in der er in den 40er Jahren lebte, nachdem er vom Ostkap geflohen war, um hier eine Stelle als Anwaltsanwärter in einer Kanzlei zu finden. Zu jener Zeit war Alexandra gleichbedeutend für Gangsterbanden und wachsende politische Aggressivität. Die hiesigen **Bus-Boykotte** zur Vereitelung einer Fahrpreisanhebung waren die ersten politisch wirksamen Massenaktionen von Schwarzen. Schon immer ist Alex eine Hochburg des ANC gewesen und hat dafür bis zum Zusammenbruch der Apartheid einen hohen Preis bezahlt. In den 80er Jahren lieferten sich Zulus und ANC-Anhänger andauernde, erbitterte Gefechte, was einem Teil der Township den Beinamen „Beirut" einhandelte.

Während die belebten Straßen am Westufer des verdreckten Jukskei River relativ unverändert sind, entstanden auf der Ostseite **neue Häuser**, die teils von der Regierung finanziert, teils von Schwarzen errichtet wurden. Jene gehören der Mittelschicht an und wollen ihre Lebensqualität verbessern, gleichzeitig aber weiter in der Township wohnen bleiben. Hier befindet sich auch das Athletendorf „Tsutsumane" (Shangaan für „Läufer"), das anlässlich der 1999 in Johannesburg ausgetragenen All African Games gebaut und inzwischen in ein Wohngebiet umgewandelt wurde. Nicht weit davon hat man ein **Kricketfeld** angelegt. Und ist gerade ein Spiel im Gange, bietet sich ein nahezu unwirkliches Bild: Hier wird die typischste Kolonialsportart vor der Kulisse von engen Township-Behausungen, hinter denen wiederum die Wolkenkratzer des verschwenderisch reichen Sandton am Horizont aufragen, ausgetragen.

In Begleitung eines Führers sind **Touren** durch Alexandra möglich. Sie sind weit weniger formell und touristisch als jene durch Soweto und bieten eine erstklassige Gelegenheit, die Energie und Spontaneität in der Township kennen zu lernen: Abbey Sechoaro von *Bosele Township Experience,* ✆ 882 1142 oder 083-553 5688, bietet hervorragende Touren an. Er arbeitet auch für die *Alexandra Tourism Association,* ✆ 882 3899, die Kontakt

zu weiteren Führern vermitteln kann. Ist ein Besuch nicht möglich, sollte man zumindest in den hiesigen Radiosender Alex FM hineingehört haben (s.S. 597, Kasten), der einen Eindruck dieses lebendigen, wenngleich von Armut gezeichneten Stadtteils vermittelt.

Südlich des Zentrums

Die Gegend unmittelbar südlich des Zentrums war traditionell das Wohngebiet weißer Arbeiter. Seit 1990 der Group Areas Act, das Gesetz über getrennte Wohngebiete, aufgehoben wurde, lassen sich jedoch auch vermehrt Schwarze hier nieder. Viele von ihnen sind – ungewöhnlich für das heutige Südafrika – wohlhabender als die ursprünglichen Bewohner. Die einzige Attraktion dieser Gegend neben der **Gold Reef City** ist das Naturschutzgebiet **Klipriviersberg**, etwas nördlich der N12, in Winchester Hills. Die wenigsten Johannesburger kennen diese unerschlossene, unberührte Parklandschaft, die herrliche Ausblicke auf die Stadt gen Norden eröffnet. Anfahrt über die N1 Richtung Süden, neun dieser nach links in die Columbine Avenue (M68), dann in die Ormonde Street nach rechts abbiegen und der Straße noch knapp zwei Kilometer folgen.

Gold Reef City

Disneyland grüßt Alt-Johannesburg in Gestalt der 15 Kilometer südlich der Stadt gelegenen Gold Reef City, einem großen, grellen Vergnügungskomplex und Themenpark, der um den alten Schacht Nr. 14 der Crown Mines entstanden ist. Zwischen Kitsch und allseitiger Beschallung durch Ragtime-Musik lässt sich aber auch Interessantes entdecken, vor allem die ehemalige **Goldmine** selbst, in die man 200 m tief hinunterfahren und einen Eindruck der Arbeit unter Tage bekommen kann. Beachtung verdienen auch die ausgezeichnet dargebotenen Stammestänze, die fünfmal täglich aufgeführt werden.

Ein Bummel durch die Straßen führt an zahlreichen Nachbauten historischer Gebäude, Läden und Museen vorbei. Mit Ausnahme von Olthaver House und Nourse House sind diese jedoch meist enttäuschend. Für Kurzweil sorgen ansonsten eine halsbrecherische Achterbahn und eine Wildwasserbahn sowie weitere Vergnügungsmöglichkeiten (alle im Eintrittspreis enthalten). Sollte man hier übernachten wollen, steht das viktorianisch einge-richtete *Gold Reef City Hotel*****, ✆ 248 5200, zur Verfügung, verschiedene Restaurants servieren an-ständiges, aber teures Essen. Im Mittelpunkt steht das riesige Casino mit hunderten von Spielautoma-ten und verschiedenen Spieltischen.

Anfahrt nach Gold Reef City über die M1 Rich-tung Süden, ab Ausfahrt Xavier Street. Alternativ kann an einer der Touren dorthin teilgenommen werden, für die praktisch in jeder Hotellobby ge-worben wird. ⊙ Di–So 9–17 Uhr, Eintritt R50.

Soweto

Südafrikas berühmteste Township Soweto, kurz für South West Townships, ist ein Ort extremer Gegen-sätze. So gibt es hier beispielsweise die einzige Stra-ße der Welt, in der gleich zwei Nobelpreisträger leb-ten, aber auch die weltweit höchste Verbrechensrate in Hinblick auf Mord und Vergewaltigung. Soweto ist zwar die reichste Township in Südafrika, weist aber auch erdrückende Armut auf. Sie ist die poli-tischste aller Townships, aber auch die mit der ni-hilistischsten Jugend.

Das ausgedehnte, schätzungsweise von drei bis vier Millionen Menschen bewohnte Gebiet von So-weto reicht so weit das Auge blicken kann. Wie je-de Stadt solcher Größe gibt es auch hier eine Reihe unterschiedlicher Viertel, darunter ausgeprägte Ge-genden der Mittelklasse und Oberschicht. Was aus der Ferne wie eine endlose, in Rauchwolken gehüll-te Aneinanderreihung von Häusern und Baracken wirkt, stellt sich von nahem als eine Gegend dar, die zum Teil dörflichen Charakter besitzt, insbesondere wenn man sich zu Fuß bewegt und im Gegensatz zu anderen Gebieten Johannesburgs von den Be-wohnern Sowetos gegrüßt oder zu einem Plausch eingeladen wird – und zwar unabhängig von der eigenen Hautfarbe.

Die meisten **Touristenattraktionen** Sowetos sind mehr wegen ihrer historischen Bedeutung be-rühmt, als durch ihr äußerliches Erscheinungsbild. Die Einzigartigkeit dieser Geschichte vor allem im Vergleich zum übrigen Südafrika ist deshalb be-sonders fesselnd. Besucher erhalten nicht nur einen Eindruck eines Ortes, der in den 80er Jahren durch seine Auseinandersetzungen, Todesfälle und Beer-digungen in die Schlagzeilen geriet, sondern auch einen Einblick in eine Lebensweise, die dem west-lichen Betrachter in der Regel sehr fremd ist.

Ein Besuch Sowetos im Rahmen einer der vie-len angebotenen **Touren** (s. S. 586, Kasten) ist die Touristenattraktion Johannesburgs schlechthin. Galten solche Ausflüge früher noch als gewagt und ausgefallen, bewegt man sich inzwischen entlang ausgetretener Touristenpfade, und wer sich auch abseits der von Mini- und Reisebussen haufen-weise angesteuerten konventionellen Attraktionen umsehen möchte, sollte einen Anbieter wählen, der beides, sowohl die bedeutenden als auch die weni-ger bekannten Sehenswürdigkeiten in einer Tour vereint. Auch ist es im Gegensatz zu früher, als eine Erkundung Sowetos auf eigene Faust als ein an Dummheit grenzendes Maß falschen Mutes be-trachtet wurde, heute möglich, **Autofahrten** hier zu unternehmen. Allerdings sind in Anbetracht des Mangels an augenfälligen Orientierungspunkten zwischen dem sich gleichförmig ausdehnenden Häusermeer gute Navigationsfähigkeiten gefragt, und das Abweichen von den Hauptrouten nicht rat-sam. Erkundungen weniger besuchter Gegenden auf eigene Faust oder Ausflüge in das Gebiet nach Einbruch der Dunkelheit sind aus Gründen der Si-cherheit nicht zu empfehlen. Die unübersehbaren Vorteile liegen jedoch in der freien Zeiteinteilung und der Möglichkeit, die zunehmende Zahl der Bars und Lokale für Touristen auszukundschaften.

Im **Minibus-Taxi** nach Soweto zu fahren, ist eher verwirrend als gefährlich, da sich nicht immer eindeutig klären lässt, in welchen Teil der Township die Reise geht. Daher ist diese Art des Transports auch nicht unbedingt empfehlenswert. Die besten Informationen für Erkundungen auf eigene Faust bekommt man vom *Soweto Tourism Centre*, 24 Madlala Street, Orlando East, ✆ 938 4929, das sich in Nachbarschaft einer der buchstäblich heraus-ragenden Orientierungspunkte Sowetos befindet, den unübersehbaren Kühltürmen eines früheren E-Werks. ⊙ Mo–Fr 8.30–16.30 Uhr.

Orlando West und Dube

Die im Norden Sowetos gelegenen Viertel Orlando West und Dube zählen zu den wohlhabenderen Gegenden und besitzen neben einer Reihe von Sehenswürdigkeiten die dichteste Konzentration an Lokalen, sei es zum Essen oder zum Trinken. Auf der anderen Seite des Klipspruit Valley von Or-lando West befindet sich Orlando East, der älteste, 1932 errichtete Teil Sowetos. Über den Soweto

Highway (M70) lässt sich die Gegend gut erreichen. Auf dem hiesigen **Hector Petersen Square**, der nach dem ersten Studenten benannt ist, der während der Unruhen von 1976 (s.S. 587, Kasten) ermordet wurde, steht ein Peterson und anderen zu Tode gekommenen Studenten geweihtes Denkmal. Für 2002 ist hier die Eröffnung eines neuen Museums geplant, das den Aufstand von Soweto dokumentieren und u.a. Bilder berühmter schwarzer Fotografen wie Peter Magubane und Sam Nzima zeigen wird.

Nicht weit davon entfernt, ein paar hundert Meter südwestlich, liegt die **Vilakazi Street**, wo einst Nelson Mandela und Desmond Tutu lebten. Mandela bewohnte das Haus mit seiner Frau Winnie in den späten 50er und frühen 60er Jahren, bis er nach Robben Island ins Gefängnis gehen musste und Winnie in den Freistaat verbannt wurde. Sie kehrte bekanntlich wieder zurück und bezog ein imposantes, von hohen Mauern umgebenes und durch Kameras geschütztes Backsteingebäude in derselben Straße. Bei seiner Freilassung bestand Nelson Mandela darauf, sein ehemaliges Wohnhaus wieder zu nutzen, aber die beschränkten Räumlichkeiten und fehlenden Sicherheitseinrichtungen erwiesen sich als unzureichend, so dass er aus Soweto wegzog. Auf Initiative von Winnie Mandela wurde das frühere Domizil für Besucher geöffnet. Heute kann in **Mandela House** eine faszinierende Mischung aus nüchternen Erinnerungs- und haufenweise Winnie gewidmeten Stücken besichtigt werden, ◷ tgl. 10–16.30 Uhr, Eintritt R15.

Störend wirken ein willkürlich vor das Haus gesetztes Café und Restaurant, dessen einziger Zweck es zu sein scheint, den herbeiströmenden Touristenmassen noch ein wenig mehr Geld aus der Tasche zu ziehen.

Ungefähr 1,5 Kilometer entfernt steht nahe der Kreuzung der Klipsruit Valley Road (M10) mit der Potchefstroom Road (M68) die **Regina Mundi**

Touren nach Soweto Die am häufigsten gewählte und sicherste Variante für einen Besuch Sowetos ist eine organisierte Tour. Der mit Abstand älteste, größte und beste Anbieter ist *Jimmy's Face to Face Tours,* ✆ 331 6109, 🖥 www.face2face.co.za. Jimmy war einer der ersten Veranstalter von Touren in die Township, und sein Unternehmen ist im Laufe der Jahre kontinuierlich gewachsen. Seine schärfste Konkurrentin ist die ungestüme Mandy Mankazana mit ihren *Imbizo Tours,* ✆ 838 2667 oder 083-700 9098, 🖥 www.imbizo. co.za. Mandy ist ein Quell an Informationen und Kontakten, und ihre 3-stündigen Touren am Tag sowie die 4-stündigen am Abend sind ausgezeichnet. Eine individuelle Gestaltung ist möglich, auch abendliche, je nach Durchhaltevermögen bis zu fünf Stunden dauernde *shebeen*-Touren werden angeboten. Man muss Mandy nur wissen lassen, welche Gesellschaft man bevorzugt – seien es nun Politiker oder Sportfans –, und sie wird das passende Lokal aussuchen.
Neben den etablierten Veranstaltern gibt es auch kleinere, flexiblere Unternehmen, die ideenreiche und **alternative Touren** organisieren, darunter Jazz-Ausflüge, Rundgänge durch Orlando West und Diepkloof, Stippvisiten bei Künstlern Sowetos, Kirchenbesichtigungen und Aufenthalte bei Einheimischen. Interessierte können sich beispielsweise an *Max Maximum,* ✆ 933 4177 oder 082-770 0247, oder *African Prime Tours,* ✆ 794 4708, wenden. Mitunter verfügen auch die Unterkünfte über Kontakte zu zuverlässigen Touranbietern.
Wer eine wie auch immer geartete Tour nach Soweto unternimmt, sollte darauf vorbereitet sein, als Tourist in jedem Fall aufzufallen. Die meisten Touranbieter preisen ihren Teilnehmern eifrig die Gelegenheit an, „die Menschen kennen zu lernen", besuchen aber meist dieselben Gegenden und *shebeens*. Und nicht selten findet man sich am Ende einer Unterhaltung in der Situation wieder, eine Spende zu geben, inoffizielle Guides mit einem Trinkgeld zu entlohnen oder Kunsthandwerk zu kaufen.
Obgleich dies auf direktem Weg Geld in die Townships bringt, fühlen sich Besucher dadurch oftmals unter Druck gesetzt und schutzlos. Tipps, wie mit einer solchen Situation sinnvoll umzugehen ist, holt man am besten beim Tourguide ein.

Church, Sowetos größte katholische Kirche und während der bitteren Jahre zentraler Ort für Zusammenkünfte. Auch hier verdient wiederum die historische Bedeutung mehr Beachtung als eine bauliche Besonderheit, wenngleich sich die Kirche als eines der wenigen größeren Bauwerke in der Township heraushebt. Im Innern gibt es eine lohnende **Kunstgalerie**, die Werke verschiedener

Der Aufstand von Soweto 1976 Der Schüleraufstand, der im Juni 1976 in Soweto losbrach, markiert in der Geschichte Südafrikas einen Wendepunkt. Auslöser der Revolte war eine Regierungsverordnung, nach der Afrikaans in den Schulen der Schwarzen neben Englisch zur gleichberechtigten Unterrichtssprache erhoben werden sollte. Während die Durchsetzung in einigen ländlichen Gebieten problemlos vonstatten ging, war in den Townships, wo weder die Schüler noch die Lehrer die Sprache beherrschten, nicht daran zu denken.

Am 16. Juni setzten Schülerdelegierte von jeder Schule Sowetos den lange geplanten Protestmarsch durch die Township in Gang, um anschließend im Fußballstadion von Orlando zu einer Massenkundgebung zusammenzukommen. Erstaunlicherweise blieben den allgegenwärtigen *impimpis* (Spitzel) Einzelheiten des Vorhabens verborgen. Aber schon bald nachdem der Marsch begonnen hatte, griff die Polizei unter Einsatz von Tränengas, danach auch von Schusswaffen ein. Unter den Demonstranten brach Panik aus, Steine flogen in Richtung der Polizisten, die Polizei schoss erneut. Während des Tumults entstand das berühmte Foto von Hector Peterson, der aus dem Mund blutend von einem Freund getragen wird, während ein junges Mädchen ihren entsetzten Blick auf diese Szene gerichtet hat.

Die Polizei zog sich nach Orlando East zurück, während die Schüler die Verletzten und Toten bargen, Barrikaden errichteten und so viele von der Stadt verwaltete Einrichtungen zerstörten, wie sie nur konnten, darunter auch Bierhallen. Die Angriffe verschärften den Widerstreit zwischen den Jugendlichen und vielen älteren Bewohnern, die die Schulboykotts angesichts der ohnehin schlechten Beschäftigungsaussichten der Schüler für verantwortungslos hielten. Die Schüler reagierten wütend und beschuldigten die Alten, sich tatenlos und zum Teil durch übermäßigen Alkoholkonsum der Unterdrückung zu fügen. In einer Gesellschaft, die den Respekt der Jugend vor dem Alter traditionell als unantastbaren Bestandteil verstand, stellte dies einen historischen und bis heute in den Townships Südafrikas nachhallenden Bruch dar.

In den Tagen nach dem 16. Juni wurden alle Schulen Sowetos für unbestimmte Zeit geschlossen, tausende Polizisten in die Township entsandt und die brutalen Polizeieinsätze mit unverminderter Härte fortgesetzt. Auf die folgende weltweite Verurteilung hin beharrte die Regierung darauf, dass es kein wirkliches Problem gebe, und schrieb die Gewalt kommunistischer Agitation zu. Als Beweis führte sie die zum Gruß geballte Faust der Studenten an, was jedoch eigentlich nur ein Zeichen ihrer Solidarität mit dem von Steve Biko gegründeten Black Consciousness Movement war (s. S. 404, Kasten). Inzwischen brachen auch in anderen Townships Unruhen aus, insbesondere in Kapstadt. Die Schulen Sowetos blieben bis 1978 geschlossen, und bis dahin hatten viele Schüler jedwede Hoffnung auf eine anständige Ausbildung verloren. Einige hatten das Land verlassen, um sich den militanten Flügeln des ANC und PAC anzuschließen, während andere blieben und „Straßenkomitees" bildeten, um die Gemeinden zu politisieren und zu kontrollieren. Wieder andere drifteten in die Arbeitslosigkeit ab.

Heute, da der bewaffnete Kampf vorüber ist, sehen sich die einstigen Schüler von 1976 vielerlei Problemen gegenüber. Wie es ihre Eltern warnend vorhergesagt hatten, ist die mangelhafte Ausbildung heute ein Hindernis auf dem Arbeitsmarkt, selbst wenn der 16. Juni inzwischen als Feiertag begangen und die Rolle der Jugendlichen an diesem Tag bejubelt wird. Die Straßenkomitees gibt es zwar nicht mehr, die Waffen jedoch nach wie vor.

Künstler aus Soweto ausstellt und verkauft. Regina Mundi und den zahllosen anderen Kirchen der Township kommt eine wesentliche Rolle zu, will man Soweto verstehen. Die Gottesdienste sind hier wie in allen Townships von einem fröhlichen Charakter geprägt und werden von viel Musik sowie, je nach Glaubensrichtung, verbunden mit religiöser Ekstase begleitet. Besucher sollten darauf eingestellt sein, dass sie um einen kurzen Abriss ihres bisherigen spirituellen Lebens gebeten werden. Die Gottesdienste dauern mehrere Stunden, jedoch wird es auch nicht als Frevel angesehen, wenn man vor dem Ende geht.

Zweifellos werden sich in Zukunft weitere Touristenattraktionen entwickeln wie z.B. der **Freedom Square** – derzeit noch eine Brachfläche und Taxistand – in **Dube**, wo 1955 vor Tausenden die Freiheitscharta des ANC verlesen wurde. Einstweilen reicht es vielen aber auch, die verschiedenen **shebeens**, Restaurants und Cafés zu erkunden, die ihr Bestes tun, um Besucher wie Einheimische anzulocken. Die lohnendsten haben wir in den Praktischen Tipps unter „Essen" zusammengestellt, s.S. 591.

Übernachtung

Eine Unterkunft ist in Johannesburg relativ leicht zu finden, da die Stadt auf Geschäftsreisende und Touristen eingestellt ist. Die Wahl des Nachtquartiers hängt dabei weniger von der Verfügbarkeit als vielmehr vom Geldbeutel, von der Länge des Aufenthalts und dem gewünschten Grad der Sicherheit ab. Allgemein gilt: je weiter entfernt vom Zentrum, umso sicherer die Unterkunft aber auch umso seelenloser die Gegend. Abgesehen von Melville, wo man eine Reihe von Cafés und Restaurants gefahrlos zu Fuß erreichen kann, ist die Bewegungsfreiheit ohne eigenes Auto recht eingeschränkt – unabhängig davon, wo sich die Unterkunft befindet. Direkt im Zentrum übernachten zu wollen, hat wenig Sinn, da die meisten Hotels dem Exodus in die nördliche Bezirke gefolgt sind. Einige sicherere Möglichkeiten in Zentrumsnähe bieten sich im Gebiet von **Observatory** an. Der Osten der Stadt – d.h. die um riesige Einkaufszentren gelegenen Enklaven **Eastgate** und **Bruma Lake** sowie die schlichte, unweit der Autobahn angesiedelte

Vorort **Bedfordview** – empfiehlt sich nur dann, wenn ein bequemer Anfahrtsweg zum Flughafen zwingend erforderlich ist.

In den reichen, von Weißen dominierten **Bezirken im Norden**, in die vom Zentrum verschiedene Ausfallstraßen führen und die auch mit öffentlichen Verkehrsmitteln leicht zu erreichen sind, stehen reichlich Unterkünfte zur Auswahl. **Melville** und das benachbarte Viertel Auckland Park überraschen viele Besucher Jo'burgs mit einer unerwartet charaktervollen, dichten Gegend mit schicken Cafés, Restaurants und Bars, die von vielen Unterkünften gut zu Fuß zu erreichen sind. Im Herzen der nördlichen Bezirke liegt **Rosebank**, das eine Reihe beliebter Einkaufszentren mit einer achtbaren Auswahl an Restaurants und Geschäften beherbergt. **Sandton**, weiter nördlich, ist so etwas wie das Monte Carlo von Jo'burg und verfügt neben einer großen Anzahl an kostspieligen Ablegern von Hotelketten, die in erster Linie Geschäftsreisende anlocken sollen, auch über einige bezaubernde private B&B-Unterkünfte mit großen Gärten. Preiswerteres findet man im etwas isoliert von den interessanteren Gegenden gelegenen **Randburg**, westlich von Sandton.

Auch in den **Townships** ist es möglich unterzukommen, allerdings gibt es dort keine als solche ausgewiesenen Unterkünfte. Lohnenswert ist ein Aufenthalt bei Einheimischen, der am sinnvollsten von einem erfahrenen Touranbieter (s.S. 586, Kasten) arrangiert werden kann.

BACKPACKER LODGES UND HOSTELS – Johannesburg besitzt weniger Unterkünfte für Rucksacktouristen als Kapstadt oder Durban, zudem sind sie einem schnelleren Wandel unterworfen. Inzwischen hat sich die Mehrzahl der Hostels aus dem Zentrum verabschiedet und in den sichereren, aber auch entfernteren nördlichen Bezirken angesiedelt. Obgleich sie bemüht sind, die Werbetrommel für die Stadt zu rühren, insbesondere für deren Nachtleben, ist Jo'burg für viele nach wie vor nur eine kurzer Zwischenstopp. Die meisten Unterkünfte bieten kostenlose Abholung vom Flughafen an, einige liegen sogar nur 20 Minuten Fahrzeit vom Flughafen entfernt.

Zentrale Viertel: *Brown Sugar**, 75 Observatory Ave, Observatory, ✆ 648 7397 oder 0800-004951,

GAUTENG

✉ brownsugar2000@hotmail.com. Berühmt-berüchtigte Unterkunft in der einstigen Villa eines Drogenbosses und einziges nahe der Rockey St in Yeoville noch verbliebenes Hostel. Nichts für zart besaitete Gemüter, empfiehlt sich mehr als kompakte Einführung in das schillernde Nachtleben der Stadt denn als komfortable Bleibe.

Nördliche Bezirke: *Backpackers' Ritz**, 1A North Rd (ab Jan Smuts Ave), Dunkeld West, ✆ 327 7125, ✉ ritz@iafrica.com. Bekannte, belebte und große Unterkunft auf halbem Weg zwischen Rosebank und Sandton, erfreut sich bei Rucksacktouristen ungebrochener Beliebtheit. Swimming Pool, Garten, gute Bar. Auch Campen ist möglich.

Pension iDube*, 11 Walton Ave, Auckland Park, ✆ 482 4055 oder 082-682 3799, ✉ idube@mail. com. Bezeichnet sich selbst als B&B der „Economyklasse" und bietet hübsch eingerichtete DZ sowie eine freundliche, entspannte Atmosphäre. Swimming Pool, Frühstück inkl., allerdings muss dieses selbst zubereitet werden. Die Cafés und Lokale Melvilles liegen ganz in der Nähe.

Rockey's of Fourways*, 22 Campbell Rd, Craigavon, Fourways, ✆ 465 4219 oder 082-342 5109, 🖳 bacpacrs.www.icon.co.za. Wird von alten Hasen in der Backpacker-Szene Jo'burgs geleitet. Überaus entspannt, mit Swimming Pool und großem, schattigem Garten, sehr empfehlenswert, allerdings 20 km von der Stadt entfernt in einem neu gebauten Viertel. Einkaufsmöglichkeiten sind zu Fuß erreichbar, auch befinden sich reichlich Touranbieter in der Nähe.

Zoo Lodge*, 233A Jan Smuts Ave, Parktown North, ✆ 788 5182, 🖳 www.zoolodge.co.za. Eine der am zentralsten gelegenen Backpacker Lodges, nicht weit von Rosebank und mit guten Transportverbindungen entlang der verkehrsreichen Jan Smuts Ave. Gut geführt und nicht zu groß. Die kenntnisreichen Mitarbeiter können Tipps für Jo'burg und andere Ziele im südlichen Afrika geben.

Östliche Bezirke: *Airport Backpackers**, 3 Mohawk St, Rhodesfield, Kempton Park, ✆ 394 0485 oder 083-758 4344, 🖳 www.home.mweb. co.za/ai/airbackp/. Kleines aber ansehnliches Backpacker Hostel in günstiger Lage zum Flughafen und *Caesar's*, einem neuen Casino und Einkaufszentrum Jo'burgs. Auch hier gibt es nützliche Tipps für die Reise.

Eastgate Backpackers*, 41 Hans Pirow St, Bruma, ✆ 616 2741, ✉ eatebp@netactive.co.za. Beliebte und lebendige Backpacker Lodge in einer Wohnstraße nahe den Einkaufszentren von Eastgate und Bruma mit Schlafsaalbetten und DZ. Dazu ein Swimming Pool, eine kleine Bar mit Billard und bequeme Verkehrsanbindung an den Flughafen. Individuelle Touren nach Soweto und in andere interessante Gegenden Jo'burgs werden angeboten.

Gemini Backpackers Lodge*, 1 Van Gelder St, Crystal Gardens, ✆ 882 6845 oder 082-574 4270, 🖳 www.geminibackpackers.com. Großzügiges Anwesen nahe Kew mit Schlafsälen, DZ und allen möglichen Extras, u.a. ein dem Billard ähnlicher Snooker-Tisch, Tennisplatz und ein minimaler Fitnessbereich in verschiedenen Nebengebäuden. Geschäfte und Bars sind nur mit dem Bus oder dem eigenem Fahrzeug zu erreichen, Mahlzeiten werden vor Ort angeboten.

HOTELS, GUESTHOUSES UND B&Bs – Trotz der primären Ausrichtung auf Geschäftsreisende gibt es eine ganze Reihe sehr gemütlicher, stilvoller Guesthouses und B&Bs, insbesondere in den zentralen und nördlichen Bezirken. In der oberen Preisklasse stehen einige luxuriös ausgestattete Hotels zur Auswahl, zahlreich vertreten sind daneben die internationalen **Hotelketten** wie *Holiday Inn*, Reservierung ✆ 0800-117 7711, 🖳 www.southernsun.com, *Protea Hotels*, ✆ 0800-111 9000, 🖳 www.proteahotels. com, *City Lodges*, ✆ 011-884 9500, 🖳 www. citylodge.co.za, und *Formula 1*, ✆ 887 5555 oder 440 1001. Sie alle verfügen über brauchbare, wenngleich denkbar charakterlose Zimmer, befinden sich oftmals in guter Lage und locken mitunter mit günstigen Angeboten. Für kürzere Aufenthalte gibt es für Selbstversorger auch **Apartments:** *Don Apartments****, ✆ 0800-115446, 🖳 www.don.co.za, besitzt verschiedene Apartmenthäuser im Stadtgebiet, darunter in Rosebank und Sandton. Sie sind sicher, geschmackvoll eingerichtet und gut ausgestattet.

Zentrale Viertel: *The Cottages**, 30 Gill St, Observatory, ✆ 487 2829, ✉ mckenna@iafrica.com. 13 komfortable und hübsche, strohgedeckte Hütten am Observatory Ridge. Sicher, entspannt und freundlich. Unterkunft wahlweise für Selbstversorger oder mit Frühstück, Abendessen auf Wunsch. Großer Pool, Pfade führen über das üppig begrünte, ein Hektar große Anwesen und bieten von der Hügelkuppe herrliche Ausblicke.

Devonshire Hotel***, Melle St, Ecke Jorissen St, ℡ 339 5611, 🖷 403 2495. Schickes Geschäftshotel in Braamfontein mit der schönsten Aussicht der Gegend, annehmbare Wahl, wenn man in Zentrumsnähe nächtigen möchte. Mehrere Bars und Restaurants.

Fountain Head Guest House***, 52 Urania St, Observatory, ℡ 487 3564, 🖷 648 8009. Beeindruckende Villa italienischen Stils in sicherer Gegend. Geräumige, ansehnliche Zimmer mit großen Balkonen und Blick auf einen gepflegten Garten mit Springbrunnen.

Nördliche Bezirke: The Agterplaas**–***, 66 Sixth Ave, Melville, ℡ 726 8452 oder 082-902 5799, 🖂 agterplass@icon.co.za. Hübsches und geschmackvolles Guesthouse mit sieben Zimmern und Blick über die umliegenden Hügel von den Balkonen aus. Nur einen kurzen Fußmarsch von Melvilles Café- und Restaurantszene entfernt.

Ant Hill**, 124 Second Ave, Melville, ℡ 726 4197. Alternatives Guesthouse eines einheimischen Restaurators und Künstlers, das zen-artigen Minimalismus mit einem Hauch Schmuddelatmosphäre verbindet und zwei DZ, ein EZ und einen Karpfenteich bietet.

Coopers' Croft*, 26 Cross St, Randburg, ℡ 787 2679, 🖷 886 7611, 🖂 cooperscroft@global.co.za. Heimeliges, schlichtes B&B mit freundlicher Atmosphäre. Zimmer im Haupthaus an einer Wohnstraße, unweit der Randburg Waterfront. Es gibt einen Pool und Tennisplätze.

The Grace in Rosebank, über R500, 54 Bath Ave, Rosebank, ℡ 280 7200, 🖳 www.grace.co.za. Eines der luxuriösesten und individuellsten Hotels der Stadt, das überwiegend von Geschäftsreisenden genutzt wird.

Liliesleaf, über R500, Rivonia, ℡ 803 3787, 🖳 www.liliesleaf.com. Vielleicht nicht das luxuriöseste B&B in Jo'burg, aber sicherlich das geschichtsträchtigste: In den frühen 60er Jahren suchte Nelson Mandela in dem Farmhaus Unterschlupf, hier wurden viele seiner im Rivonia-Prozess verurteilten Mitstreiter verhaftet.

Melrose Place***, 12A North St, Melrose, ℡ 442 5231, ℡ 083-457 4021, 🖂 suetruter@global.co.za. Freundliches und gut geführtes Guesthouse für Familien nahe Rosebank und dem Wanderers Kricketstadion, zur Auswahl stehen Hütten für Selbstversorger und DZ mit afrikanischem Ambiente.

The Melville House***, 59 4th Ave, Melville, ℡ 726 3503, 🖷 726 5990, 🖳 www.melvillehouse. co.za. Bestes der Guesthouses in Melville, nur einen Katzensprung von den Cafés und Restaurants entfernt. Lebendige und gesellige Atmosphäre, szenebewandert. Das Haupthaus besitzt einen schönen kleinen Garten und geschmackvoll eingerichtete Zimmer.

Melville Turret Guesthouse***, 118 Second Ave, Melville, ℡ 482 7197, 🖂 turret@totem.co.za. Hübsches und einladendes Guesthouse im angesagten Melville. Luftige Terrasse, allerdings etwas klein geratene Zimmer.

Oxford Lodge***, 28a Oxford Ave, Sandhurst, ℡ 884 5240, 🖂 oxlodge@mweb.co.za. Großes strohgedecktes Haus nahe Sandton City, drei exklusiv eingerichtete Hütten jeweils mit separatem Eingang und einer Lounge, üppiger Garten mit Pool.

A Room with a View****, 1 Tolip St, Melville, ℡ 482 5435, ℡ 082-567 9328, 🖂 roomview@pixie.co.za. Elegante, zweigeschossige italienische Villa mit sieben DZ, verschwenderisch eingerichtet, lichtdurchflutet, Balkone, schöne Aussicht. Guter Service.

Sans Souci Hotel**, 10 Guild Rd, Parktown West, ℡ 726 6393, 🖷 480 5983. Wunderschönes altes Gebäude in Hanglage. Die Zimmer sind in einem Anbau aus den 60er Jahren untergebracht, aber nicht hässlich. Günstiges Restaurant mit Mittagsbuffet. Swimming Pool und ruhiger Garten.

Ten Bompas, über R500, 10 Bompas Rd, Dunkeld West, ℡ 327 0650, 🖳 www.tenbompas.co.za. Eines der schickeren kleinen Hotels der Stadt, zehn individuell eingerichtete Zimmer. Ruhig, intim und teuer.

Under the Stairs**, 114 Putney Rd, Auckland Ridge, ℡ 837 6683 oder 082-222 3074, 🖂 meercat @54.co.za. Drei einfache, unaufdringlich eingerichtete, hübsche Zimmer mit Holzböden in einem 1906 errichteten Haus am SABC Tower, nahe Melville. Swimming Pool und kleiner Garten.

The Westcliff, über R500, 67 Smuts Ave, Westcliff, ℡ 646 2400, 🖥 www.westcliff.orient-express.com. Die Grande Dame der luxuriöseren Hotels Jo'burgs in östlicher Hanglage in Parktown. Pinkfarben gestrichen, so groß wie ein kleines Dorf, gute Cocktails. Von der Bar lassen sich die Elefanten im nahen Zoo beobachten.

Östliche Bezirke: Ah Ha Guest House*, 17a Talisman Ave, Bedfordview, ℡ 616 3702 oder 083-266 0047, 🖥 www.ahhalux.co.za. Hübsches, wenngleich unglamouröses Guesthouse in Familienbetrieb. Auf halbem Weg zwischen Flughafen und Zentrum, unweit verschiedener Einkaufszentren. Komfortable DZ, auch Unterkünfte für Selbstversorger, Swimming Pool.

The Bedford View*, 26 Douglas Rd, Bedfordview, ℡ 455 1055, ℡ 082-576 4999, ✉ bview@ global.co.za. Recht typisches, aber nicht unschönes Vorstadt-Guesthouse mit fünf Zimmern, zwei davon für Selbstversorger. Hübscher Garten und Pool. Einkaufszentren in der Nähe.

Essen

Das lebendige und abwechslungsreiche kulturelle Leben der Stadt sorgt für eine Vielzahl unterschiedlichster Verpflegungsmöglichkeiten. Die Bandbreite reicht von superschicken Café-Restaurants über denkbar schlichte, chinesische Lokale ohne englischsprachige Speisekarten und mit Plastiktischen bis hin zu Steakhäusern und eleganten thailändischen Restaurants. Aufgrund des lange Jahre fehlenden kulturellen Austauschs konnte sich zwar keine für die Stadt typische Küche entwickeln, der kosmopolitische Charakter Jo'burgs hat jedoch dafür Sorge getragen, dass überall authentische französische, italienische und portugiesische Restaurants zu finden sind. Zur Auswahl steht außerdem eine zunehmende Anzahl afrikanischer Speiselokale, die nicht nur südafrikanische Township-Küche, sondern auch kongolesische, marokkanische und kapmalaiische Gerichte anbieten. Obgleich die Preise generell etwas höher liegen als im übrigen Land, außerhalb Kapstadts und des Weinlands, ist eine durchschnittliche Mahlzeit durchaus auch hier günstig zu bekommen.

Alle Einkaufszentren Jo'burgs sind mit reichlich Restaurants ausgestattet, einige davon genießen sogar einen exquisiten Ruf. Die Mehrzahl beschränkt sich jedoch auf unspektakuläre Ableger gängiger Restaurantketten. Erfreulicherweise gibt es in einigen Außenbezirken eine ganze Reihe kleiner, interessanter Lokale. Die lohnendsten Gegenden hierfür sind die 7th St in **Melville**, die Kreuzung Greenway und Gleneagles in **Greenside**, die Grant Ave in **Norwood** (östlich von Houghton) und in begrenzterem Maß auch die 4th Ave in **Parkhurst**.

Fehlt die Lust auf einen Restaurantbesuch, finden sich in den meisten Einkaufszentren genügend Möglichkeiten, **Essen zum Mitnehmen** zu bekommen. Wer auch dies als zu anstrengend erachtet und überdies nicht die Muße aufbringen kann, selbst zu kochen, kann auf den neuen **Lieferservice** von *Mr Delivery* zurückgreifen und sich ein Mahl aus einem von verschiedenen günstigen, durchschnittlichen Restaurants bringen lassen: Kontakt im Internet über 🖥 www.mrdelivery.com oder telefonisch in den nördlichen Bezirken ℡ 482 4748 (Melville), 442 4411 (Rosebank) und 784 6000 (Sandton).

ZENTRUM UND ZENTRALE VIERTEL – Die Auswahl an wirklich lohnenden Mittagslokalen im Zentrum Johannesburgs ist auf zwei Restaurants beschränkt. Abends empfiehlt sich das wenig touristische **Newtown** mit einer Reihe von Lokalen, die bei Einheimischen beliebt sind und oftmals gute afrikanische Speisen servieren.

The Congolese Restaurant, Piccadilly Centre, Rockey St, Yeoville. Dem kosmopolitischen afrikanischen Flair Yeovilles frönendes Lokal, das schlichte wie preiswerte *saka saka*-Suppe aus zerriebenen Maniokblättern sowie pikante zentralafrikanische Speisen anbietet, darunter eigens importiertes Wildschwein und Krokodilfleisch.

Gramadoelas at the Market Theatre, Wolhuter St, Newtown, ℡ 838 6960. Eine der bekanntesten Adressen für ausgezeichnete Gerichte vom Kap und aus anderen afrikanischen Regionen, u.a. *sosaties,* Mopane-Raupen und *melktart*. Nicht billig, das Gästebuch schmückt sich mit vielen prominenten Besucher. So und Mo mittags geschlossen.

Horror Café, 15 Becker St, Newtown. Ungewöhnliche Bar mit Café auf zwei Ebenen zwischen dem Cultural Precinct und dem SAB Centre gelegen, serviert anständiges Kneipenessen.

Kapitan's, 11a Kort St, ✆ 834 8048. Klassiker der hiesigen Restaurantszene, im oberen Geschoss eines baufällig wirkenden Gebäudes nahe der Diagonal St,. Im Innern düster und kitschig, verwöhnt jedoch mit schmackhaften südafrikanischen Currys. Es war das Lieblingslokal von Nelson Mandela, als er in den 50er Jahren in der Nähe als Anwalt arbeitete. ◑ nur mittags Mo–Sa.

Kofifi, Newtown Cultural Precinct, Newtown. Lebendige Bar mit Restaurant direkt gegenüber dem Market Theatre. Preiswerte Burger und einfache afrikanische Gerichte, gelegentlich Live-Musik.

GREENSIDE, MELVILLE, PARKHURST UND ROSEBANK – Diese sind die **nördlichen Bezirke** mit den sichersten Straßen und auch vielen der interessanteren Restaurants der Stadt. Zudem ist hier das Gros der Café-Kultur Jo'burgs angesiedelt.

Anno Domini, 4th Ave, Ecke 13th St, Parkhurst, ✆ 447 7634. Hübsches und ruhiges italienisches Restaurant, das Pizza und Pasta der gehobeneren Klasse serviert. Herrlich sitzt man an warmen Sommerabenden auf dem Balkon im Obergeschoss.

Circle, 141 Greenway, Greenside, ✆ 646 3744. Das in braunen Papiertüten gereichte Brot ist nicht als Aufforderung zum Gehen misszuverstehen, ganz im Gegenteil. Manchen Geschmäckern kommt das Lokal zu prätentiös und minimalistisch daher. Das verschiedene Länderküchen vereinende Speisenangebot ist jedoch interessant und lockt haufenweise szenebewusste Johannesburger an. So und Mo geschlossen.

Cranks, The Mall, Cradock Ave, Rosebank, ✆ 880 3442. Versucht das Ambiente einer Bangkoker Go-go-Bar nach Jo'burg zu verfrachten und reicht dazu vietnamesische und indonesische Gerichte. Fr und Sa gibt es abends Live-Musik. Keine Reservierungen.

El Johara, 4 Main Rd, Melville, ✆ 726 8352. Bescheidenes, kleines ägyptisch-arabisches Restaurant mit Teppichen an den Wänden und der Decke. Intim und authentisch.

Karma, Gleneagles Rd, Greenside, ✆ 646 8555. Kleines, aber schickes und modernes indisches Restaurant, das auf Tandoori spezialisiert ist, jedoch auch aus verschiedenen Küchen kreierte Gerichte serviert.

Mamas, Sanlam Building, Baker St, Ecke Craddock Ave, Rosebank, ✆ 442 5917. Zählt zu den wenigen Restaurants in Jo'burg, die noch immer edles afrikanisches Ambiente pflegen. Das Ganze präsentiert sich etwas zu touristisch und abgeschmackt, das Buffet ist jedoch ausgezeichnet. Mo geschlossen.

Pomegranate, 79 3rd Ave, Melville, ✆ 482 2366. In einem hübschen, für Melville typischen Gebäude. Serviert werden qualitativ hochwertige, innovative Gerichte der internationalen Küche mit einem Hang zum Thailändischen. Sa mittags und So geschlossen.

Ruby Grapefruit, 24 4th Ave, Parkhurst. Witzige kleine Sushibar, die auch andere herzhafte Snacks und Getränke anbietet. ◑ nur tagsüber geöffnet.

Sam's Café, 11 7th St, Melville, ✆ 726 8142. Schicker als der Name vermuten lassen möchte, feine Küche. Zur Auswahl stehen überwiegend mediterrane, durchweg schmackhafte Gerichte zu meist moderaten Preisen. Sa mittags und So geschlossen.

Service Station, 9th St, Ecke Rustenburg Rd, Melville. Schmuckes Café und Deli in einer einstigen Autowerkstatt, die heute zu einem der In-Lokale Jo'burgs geworden ist. Exquisite Speisen, Frühstück, Sandwiches und leckere Kuchen. ◑ nur tagsüber geöffnet.

Soi, 7th St, Ecke 3rd Ave, Melville, ✆ 726 5775. Nobles wie beliebtes thailändisch-vietnamesisches Restaurant mit unaufdringlichem, aber edlem Ambiente aus Bambus und dunklem Holz. Authentisches und vorzügliches Essen zu angemessenen Preisen.

ANDERE GEGENDEN IM NORDEN – Die Speiselokale im Norden Jo'burgs zählen zu den besten der Stadt. Neben einigen der ambitioniertesten und erlesensten Restaurants des Landes findet man hier auch eine Reihe alteingesessener Traditionsbetriebe. Zudem ist Auswahl groß und

reicht von Cafés mit ausschließlich vegetarischen Speisen bis hin zu Restaurants mit feinstem frischen Seafood.

Broughton's, Sandton Square, Sandton, ✆ 884 1608. Rangiert unter den Topadressen der aufregenden, neuen und exquisiten Restaurants Jo'burgs mit perfekt angerichteter, französisch angehauchter, moderner Küche, hervorragenden Weinen und einer entsprechend deftigen Rechnung. So geschlossen.

The Carnivore, Misty Hills Country Hotel, 69 Drift Boulevard, Muldersdrift, ✆ 957 2099, ein gutes Stück nordwestlich der Stadt, am Rand der Magaliesberge. Lockt weiße Südafrikaner zu Fleischorgien aus Krokodil, Giraffe, Strauß, Büffel und konventionelleren tierischen Gerichten an. Absolut ungeeignet für Vegetarier.

The Codfather, 1 First Ave, Ecke Rivonia Rd, Morningside, ✆ 803 2077. Die Gäste können hier den Fisch auswählen und nach Wunsch zubereiten lassen. Schlicht, aber schmackhaft und sehr beliebt. Angegliedert ist eine Sushibar. ⏰ tgl. 12–22 Uhr.

Fruits and Roots, Hobart Corner Shopping Centre, Grosvenor Rd, Bryanston. Eine der besten Adressen der Stadt für Bioprodukte. Ausgezeichnete Sandwichbar mit Café. ⏰ Mo–Mi tagsüber, Do–Sa bis 20.30 Uhr.

Ile de France, Cramerview Centre, 277 Main Rd, Bryanston, ✆ 706 2837. Weit im Norden, abseits der schicken Einkaufszentren serviert dieses beliebte, seit langem bestehende Restaurant ausgezeichnete – wenngleich teure – bodenständige französische Traditionsküche in hübscher, geräumiger Umgebung. Sa mittags geschlossen.

Jimmy's Killer Prawns, Piazza Centre, Jan Smuts Ave, Ecke Republic Rd, Randburg, ✆ 886 8844. Etwas lautes Restaurant mit umfangreicher Speisekarte, u.a. üppig portioniertes Seafood. Dazu ein ausgedehnter Ausblick über die Lichter der Stadt, besser als die von der nahen Waterfront. Sa mittags und So abends geschlossen.

Montego Bay, Sandton Square, Sandton, ✆ 883 6407. Überall, nur nicht in Jo'burg werden sich Besucher des Sandton Square wähnen, warum also nicht die gebotene karibische Atmosphäre und teures, aber exzellentes Seafood (darunter frische Austern) bei bestem Service genießen?

Osteria Tre Nonni, 9 Grafton Ave, Craighall Park, ✆ 327 0096, unweit Hyde Park. Zählt zu den besten italienischen Restaurants der Stadt. Gereicht werden norditalienische Speisen in angenehmer Atmosphäre. Zur Abrundung des Abends empfiehlt sich ein Grappa aus eigener Herstellung. Reservierung ratsam. ⏰ Di–Sa.

Plaka, 3 Corlett Drive, Melrose North, ✆ 788 8777. Alteingesessenes, schlichtes Restaurant für Liebhaber der griechischen Küche.

The Red Chamber, Upper Mall, Hyde Park Corner, Hyde Park, ✆ 325 6048. Wer von Chinatown etwas entmutigt ist, findet hier eine gute Alternative für chinesisches Essen in vergleichsweise gehobener Atmosphäre zu durchschnittlichen Preisen.

2 Thai 4, Cross St, Ecke Corlett Dr, Birnam, ✆ 440 3000. Gute thailändische Standardgerichte in freundlichem, entspanntem Ambiente. Angemessene Preise, Essen auch zum Mitnehmen.

ÖSTLICH DES ZENTRUMS – Das Angebot im östlichen Stadtgebiet konzentriert sich primär auf Norwood, in dessen **Grant Avenue** sich praktisch ein Café und Restaurant an das nächste reiht. Als Alternativen stehen **Kensington** mit einer mehr einheimisch geprägten Atmosphäre und **Cyrildene** mit der neuen Chinatown der Stadt zur Wahl.

Benkei, 48 Grant Ave, Norwood, ✆ 483 3296. Schickes und modernes japanisches Restaurant, von denen es viele, meist in Einkaufszentren versteckt gelegene in Jo'burg gibt. Geschmückt mit zahllosen Bildern grimmig dreinblickender Sumoringer werden hier authentische, traditionelle Speisen serviert.

Cento, 100 Langerman Dr, Kensington, ✆ 622 7272. Phantasievolle vegetarische Speisen und Fischgerichte in überraschend prunkvoller Atmosphäre. So abends geschlossen.

Moyo, 80 Grant Ave, Norwood, ✆ 403 1246. Marokkanisch inspiriertes Lokal mit herrlicher, zeltähnlicher Einrichtung und einer großen Auswahl an entsprechend exotischen wie verlockenden Gerichten zu bezahlbaren Preisen.

Sechuan Garden, Derrick Ave, Cyrildene. Eines von diversen authentischen chinesischen Restaurants in Jo'burgs neuer Chinatown. Keine englische Speisekarte, dafür aber ausgezeichnetes Essen.

Senor Prego, 5th St, Ecke Broadway, Kensington, ✆ 614 8850. Ist nicht sonderlich schick, serviert aber authentische wie delikate Speisen. Portugiesische Restaurants erfreuen sich dank der mosambikischen Gemeinde besonderer Aufmerksamkeit.

SOWETO – Teilnehmer einer Tour durch Soweto können ein Arrangement für ein Essen in einem hiesigen Restaurant, einer Bar oder einem *shebeen* treffen. Sofern man sich nicht im Pulk einer größeren Touristengruppe bewegt, bietet dies auch eine gute Gelegenheit, einige Einheimische kennen zu lernen. Bei Erkundungen Sowetos auf eigene Faust oder in Begleitung eines Führers empfehlen sich die folgenden, durchweg freundlichen Lokale für ein Mahl. Zur Auswahl steht meist Fleisch mit Maisbrei, daneben hiesige Leibgerichte wie Kutteln oder Rinderhachse.

Palazzo Di Stella, Mncube Dr, Dube. In „Stellas Palast" herrscht die Chefin höchstpersönlich über ihr Reich, das sich mit ausgezeichneten Pizzas, ausgelassenem Trinkgebaren und Jazzsessions an Sonntagnachmittagen empfiehlt.

Shakara, Jabulani Shopping Centre, Jabulani Ext. 1, Soweto. Große, sichere Bar an der *shebeen*-Route, in der Regel jedoch von Touristen unbeachtet. Angenehme einheimische Atmosphäre, Speisen erhältlich.

Shana's Place, 9136 Pimville, ✆ 072-127 1619, auf dem Enoch Sontoga Hill mit Blick auf Orlando. Recht schicke, neue Bar mit Café und beliebter Treffpunkt der Yuppies aus Soweto. Neben Capuccino, Cocktails und Mahlzeiten werden auch B&B-Unterkünfte angeboten, allerdings hält das lärmige Treiben die ganze Nacht an.

Vardo's Place, 2525 Ngalela St, Mapetla, ✆ 083-260 3970. Eines der abwechslungsreichsten *shebeens* in Soweto. Bar und Club unter einem der wenigen strohgedeckten Dächer der Township. Für Kurzweil sorgen u.a. Billard, Sportübertragungen und neu installierte Wasserspielereien. Gästezimmer sind im Bau.

Wandie's Place, 618 Makhalamele St, Dube, ✆ 982 2796. Früher der Inbegriff des touristenfreundlichen *shebeens* in Soweto, inzwischen

auf dem besten Weg, sich zum schicksten Speiselokal der Gegend zu mausern. Einheimische kommen zum Essen und Trinken aber auch nach wie vor. Gereicht werden überwiegend afrikanische Speisen aus der Region.

Unterhaltung und Kultur

Johannesburg ist seit jeher mit dem besten **Unterhaltungsangebot** und **Nachtleben** Südafrikas gesegnet. Namhafte Künstler aus der ganzen Welt gastieren hier und spielen vor dem bunt gemischten, einheimischen Publikum, das zu den anspruchsvollsten weit und breit zählt. Als ideale Informationsquellen über aktuelle Veranstaltungen empfehlen sich die Radiosender (s.S. 597, Kasten), daneben aushängende Plakate und die verschiedenen Veranstaltungskalender. Eine gute Zusammenstellung findet man im Magazin *SA Citylife*, das allerdings nur einmal im Monat erscheint. Ganz brauchbar sind außerdem die wöchentlich im *Mail & Guardian* erscheinenden Programmtipps und Artikel über anstehende Veranstaltungen. Das Kino- und Theaterprogramm ist im täglichen *Star* abgedruckt. Für die meisten Veranstaltungen können Eintrittskarten über *Computicket*, ✆ 445 8000 oder 083-915 8000, ⌨ www.computicket.com, oder *Ticketweb*, ✆ 083-140 0500, ⌨ www.ticketweb.co.za, gebucht werden.

CLUBS UND BARS – In keiner anderen Stadt Südafrikas ist die Aufhebung der Rassentrennung deutlicher als in Johannesburg geworden, was dem Nachtleben enormen Schwung verliehen hat. Kommen dann noch Lebensstil und Lebenslust der Johannesburger hinzu, sind die besten Voraussetzungen geschaffen, um eine unvergessliche Nacht zu erleben. In vielen Gegenden der Stadt, insbesondere in den **nördlichen Bezirken**, haben herkömmliche Kneipen und Bars kombinierten Café-Bar-Restaurants Platz gemacht, die lange geöffnet haben und häufig in Einkaufszentren angesiedelt sind. Von einem Besuch der *cigar bars* bezeichnenden Raucherclubs ist abzuraten. Sie sind in der Regel teuer und affektiert. Völlig „normal" sind hingegen die von Einheimischen gerne frequentierten, irisch geprägten Pubs und Sportbars.

Beherzte Nachtschwärmer finden im **CBD** und in den **zentralen Vierteln** spannende Möglichkeiten auszugehen, die aufregende Clubszene in Hillbrow und Yeoville sollte jedoch nicht ohne einen Einheimischen erkundet werden. *Shebeens* in Soweto, die tagsüber aufgesucht werden können, sind unter „Essen" aufgeführt, abends ist der Besuch der Township nur in Begleitung eines Ortskundigen ratsam.

CBD und zentrale Viertel: *Base,* Twist St, Ecke Kotze St, Hillbrow. Club mit mächtiger Tonanlage und herrlichem Chill-out-Balkon mit Blick auf die belebte Straße. Am Wochenenden trifft sich hier schickes, kosmopolitisches Publikum zu Soul und *kwaito,* gelegentlich auch live gespielt. Die Lage im Herzen von Hillbrow empfiehlt, für den sicheren Hin- und Rückweg Sorge zu tragen.

Carfax, 39 Pim St, Newtown, ✆ 834 9187. Angesagt und überzeugt alternativ. Geboten werden Perfomance-Kunst, Jazzbands und gefeierte einheimische DJs.

Horror Café, 15 Becker St, Newtown, ✆ 838 6735. Gleich bleibend gute DJs und interessante Musik, samstags World Music.

Therapy, 39A Juta St, Braamfontein. Schwuler Nachtclub, vor allem Rave, House und Techno. ◷ nur Do und Sa.

Radium Beer Hall, 282 Louis Botha Ave, Orange Grove, ✆ 728 3866. Alteingesessene Kneipe, die ein kulturbeflissenes, gemischtes Publikum anlockt, auch Essen serviert und als Club bei guter Musik, darunter *mbaqanga* und *kwaito,* zum Leben erwacht. ◷ So geschlossen.

Nördliche Viertel: *Buzz 9,* 7th St, Ecke 3rd Ave, Melville. Ausgesprochen schicke Bar, deren Gäste sich jedoch nach einem oder zwei der Cocktails sichtlich zu entspannen beginnen. Betrieb bis weit in die Nacht.

Calabash, Benmore Gardens, Benmore Rd, Sandton. R&B und Funk für eingefleischte Fans. An Wochenenden schickes und junges schwarzes Publikum, Mitte der Woche lohnende westafrikanische Abende.

Cool Runnings, 4th Ave, Melville. Beliebte jamaikanische Bar mit Drum-Sessions und Comedy-Einlagen und reichlich Red Stripe Bier und Rum.

Catz Pyjamas, 12 Main Rd, Melville. Rund um die Uhr geöffnete Bar und Verpflegungsmöglichkeit. Tagsüber nicht besonders, interessant wird es,

wenn am frühen Morgen die Szenegänger aus den Clubs kommen.

Katzy's at the Grillhouse, The Firs Shopping Centre, Oxford Rd, Rosebank. Recht mittelmäßige und sehr weiße Zigarren- und Pianolounge, in der Live-Bands unsägliche Coverversionen zum Besten geben.

Festivals in Johannesburg Es gibt in Jo'burg kaum eine Kunstsparte, der kein regelmäßiges Festival gewidmet wäre. Dazu gehören unter anderen:

Arts Alive Festival, ✆ 832 2777. Bedeutendstes Festival der Stadt für die darstellenden Künste. Drei Wochen lang finden jedes Jahr im September an verschiedenen Orten, v.a. im Newtown Cultural Precinct, aber auch in einigen Townships, Veranstaltungen statt. Den Schwerpunkt bildet Live-Musik, aber auch Tanz, Cabaret und Theater werden gezeigt. „Jazz on the Lake", am Zoo Lake, ist einer der Höhepunkte und präsentiert renommierte südafrikanische Künstler vor großem Publikum.

FNB Vita Dance Umbrella, Wits Theatre, Braamfontein, ✆ 442 8435, 🖳 www.artslink. co.za. Afrikas größtes Tanz- und Choreografiefestivals erstreckt sich über einen Zeitraum von drei Wochen im Februar und März und hat internationale Kompagnien wie das Nederlands Dans Theatre 3 zu Gast, fungiert aber auch als wichtige nationale Plattform für die Arbeiten südafrikanischer Talente wie Robyn Orlin und Boyzie Cekwana.

Heritage Weekend, wird vom Parktown & Westcliff Heritage Trust organisiert, ✆ 482 3349, Büro ◷ Mo–Fr 9–13 Uhr, und umfasst ein Wochenende in der zweiten Septemberwoche mit Touren und Sonderveranstaltungen, in deren Zentrum die herrlichen Anwesen der Randlords in Parktown stehen.

Joy of Jazz Festival, Newtown Cultural Precinct, ✆ 726 2610, 🖳 www.tmusicman.co. za. Findet an einem Wochenende Ende August/Anfang September statt und lockt die Creme der südafrikanischen Jazzszene wie Pops Mohamed und Hugh Masekela sowie internationale Gaststars an.

Ratz, 7th St, Melville. Etwas schäbige, aber ungebrochen beliebte Bar, deren Treiben bis auf die Straße reicht und meist bis tief in die Nacht andauert.

Sublime, 130 11th St, Parkmore, ✆ 884 1649, 🖥 www.sublime.org.za. Schicker Danceclub, in dem namhafte DJs Tech-House und Hip-Hop auflegen.

KINOS – Der Markt wird von den Multiplexkinos *Nu-Metro* und *Ster-Kinekor* beherrscht, die man im ganzen Stadtgebiet findet, insbesondere in den Einkaufszentren. Die am Freitag erscheinende Ausgabe des *Mail & Guardian* enthält einen guten Veranstaltungskalender. Unabhängige Produktionen und ausländische Filme werden in den folgenden Kinos gezeigt:

Hyde Park IMAX Theatre, Hyde Park Mall, ✆ 325 6182. Bringt beeindruckende, aber kurze Filme zu überwiegend naturgeschichtlichen Themen auf eine riesige Leinwand.

Northcliff, Weltevreden St, Ecke Arbor St, Blackheath, ✆ 782 6816. Kurz vor der N1 vom DF Malan Drive abbiegen. Gutes Programm mit künstlerisch anspruchsvollen Werken.

Rosebank Cinema Nouveau, Mall of Rosebank, Rosebank, ✆ 880 2866. Präsentiert sich als Grande Dame der Avantgarde und stellt seinem urteilssicheren Publikum angesagte Produktionen vor.

Sandton, Sandton City, Rivonia Rd, Ecke Sandton St, Sandton, ✆ 784 3113. Hübsches Kino mit gutem Programm. In der Nachbarschaft befinden sich mehr als 20 weitere Säle, in denen Mainstream-Streifen gezeigt werden.

Village Walk Nu-Metro, Village Walk Mall, Rivonia Rd, Sandton, ✆ 883 9558. Zwischen Actionfilme gequetschte Leinwand für anspruchsvolles Programm in einem vergleichsweise charakterlosen Einkaufszentrum im Norden.

KLASSIK, THEATER UND TANZ – Das Civic Theatre in Braamfontein und das Market Theatre in Newtown sind die primären Aufführungsorte für **Theater- und Opernproduktionen**. Es gibt jedoch noch andere gute Bühnen in der Stadt, zudem besitzt Johannesburg eine reiche Szene innovativer Theaterkompagnien, darunter Johannesburg Youth Theatre. Das **National Symphony Or-**chestra Südafrikas, ✆ 714 4501, ist regelmäßig im Linder Auditorium in Parktown zu hören. Der **Tanz** in Jo'burg erlebt derzeit eine neue Blüte. Die wichtigsten Einrichtungen sind hier die Moving into Dance Academy, die eine ganze Schar neuer südafrikanischer Choreografen heranbildet, und die Dance Factory im Newtown Cultural Precinct, die den Mittelpunkt für mehrere Tanztruppen bildet.

The Dance Factory, Newtown Cultural Precinct, Newtown, ✆ 716 3891. Interessanter, aber nicht kontinuierlich bespielter Veranstaltungsort im Zentrum Jo'burgs. Das aktuelle Programm bitte der Lokalpresse entnehmen.

Civic Theatre, Loveday St, Braamfontein, ✆ 403 3408. Beeindruckender Komplex mit vier Bühnen und einer guten Mischung aus gängigen und gewagteren Produktionen.

Market Theatre, Newtown Cultural Precinct, Newtown, ✆ 832 1641. Der Veranstaltungsort schlechthin für exquisites Theater in Jo'burg und Gastkonzerte namhafter Musiker. Gefeiert wegen seines sozialkritischen Engagements und den gelegentlich gezeigten epischen Werken.

Pieter Toerien Theatre, Montecasino, Fourways, ✆ 511 0239. Comedy, Musicals und Gastspiele, mitunter auch ernste und getragene Stücke.

Theatre on the Square, Sandton Square, Sandton, ✆ 883 8606. Eines der wenigen Theater in den nördlichen Bezirken. Geboten wird leicht verdauliche Theaterkost, dazu eine Hand voll Musik- und Kulturveranstaltungen aus dem Mainstream-Bereich.

LIVE-MUSIK, JAZZ, BLUES UND ROCK – Obgleich Jo'burg die südafrikanische Musikszene dominiert, fällt es angesichts des Mangels an Konzertbühnen in der Stadt mitunter nicht leicht, wirklich gute Musikveranstaltungen zu finden – selbst an Wochenenden. Freitag und Samstag bieten die größte Auswahl, aber auch an anderen Tagen muss auf Live-Musik nicht verzichtet werden. Für **Jazz** empfehlen sich der Newtown Cultural Precinct sowie einige Veranstaltungsorte in den nördlichen Bezirken. Rockbands treten ebenfalls gerne im Norden auf, wo ihnen ein erwartungsvolles junges Publikum gewiss ist, während **Kwaito**-Bands ihre begeisterte Zuhörerschaft in Hillbrow und Yeoville finden. In So-

weto gibt es aufgrund fehlender Veranstaltungsorte kaum Konzerte, dafür aber zahllose hervorragende Clubs und nächtliche Straßenpartys. In
einigen Clubs und Bars treten zwar gelegentlich
Musiker auf, in der Regel kommt die Musik jedoch vom DJ (siehe unten, Clubs und Bars).

Große Konzerte finden meist in der Standard
Bank Arena in Ellis Park oder im FNB-Stadion an
der Strecke nach Soweto statt, mittelgroße Veranstaltungen überwiegend im Newtown Cultural
Precinct, dort vor allem im Megamusic Warehouse.

CBD und Zentrale Viertel: *Kippies*, Market Thea-
tre/Newtown Cultural Precinct, Bree St, Ecke
Wolhuter St, ℡ 833 3316, 🖥 www.kippies.co.za.
Im wahrscheinlich berühmtesten Jazzlokal, einer
ehemaligen Bedürfnisanstalt, des Landes treten
seit Jahren die besten Jazzmusiker Südafrikas
auf. Die Räumlichkeiten sind beengt, so dass das
Konzerterlebnis unter der Woche angenehmer
ist, allerdings verpasst man dann die einzigartige
Atmosphäre am Wochenende.

Megamusic Warehouse, Market Theatre/New-
town Cultural Precinct, Bree St, Ecke Wolhuter
St, ℡ 834 2761. Mittelgroße Konzertbühne im
Herzen des Cultural Precinct. Gute Akustik, Sitz-
und Stehplätze. Bei vollem Haus ist die Belüftung
jedoch überfordert.

Tandoor, 26 Rockey St, Yeoville, ℡ 614 6737.
Yeovilles wichtigster und noch immer lebendiger,
wenngleich etwas heruntergekommener Veranstaltungsort für Live-Musik, speziell Ragga und
Reggae. Wer sich abends in Yeoville nicht sicher
genug fühlt, sollte von einem Besuch Abstand
nehmen.

Nördliche Bezirke: *Bassline*, 7 7th St, Melville,
℡ 482 6915, 🖥 www.baselinejazzclub.co.za. Eine
intime und unprätentiöse Atmosphäre sowie regelmäßige Konzerte der besten Jazz- und Blues-
musiker aus dem südlichen Afrika zeichnen diesen Veranstaltungsort aus. Es gibt akzeptables
Essen, wer also einen guten Platz ergattern
möchte, sollte frühzeitig erscheinen, oder sich
unter das ausgelassene, bunt gemischte Publikum im hinteren Bereich mischen.

The Blues Room, Village Walk Mall, Sandton,
℡ 784 5527, 🖥 www.bluesroom.co.za. Bietet mit
den besten Blues der Stadt und ist recht schick,
aber auch erfrischend gemischt und lebendig.

Lokale Radiosender   Da sich ein großer Teil
der Bevölkerung kein eigenes Fernsehgerät
leisten kann und viele Johannesburger nicht
wenig Zeit in ihren Autos verbringen, stehen
Radiosender in Gauteng hoch im Kurs. Tatsächlich sind sie eines der unverzichtbaren
Medien, um Nachrichten, Klatsch und die allgemeine Atmosphäre Jo'burgs zu absorbie-
ren, und bei mehreren Tagen Aufenthalt in
der Stadt, lohnt es, ein paar Sender näher
kennen zu lernen. Nicht alle strahlen in Englisch aus, aber davon sollte man sich nicht
abschrecken lassen. Zu den derzeitigen Favoriten zählen:

Alex FM, 89.1FM. Der in der Township Alexandra beheimatete Sender ist in den meisten nördlichen und einigen östlichen Bezirken zu empfangen und befasst sich vor allem
mit Township-Themen. Er spielt daneben
aber auch eine gute Auswahl an Soul, R&B,
Reggae, *kwaito* und Gospel, was ihn zu einem der musikalisch besten Sender macht.

Highveld Stereo, 94.7FM. Klassische Main-
stream-Klänge, Soft-Rock und Celine Dion für
die weißen Bezirke im Norden.

Khaya, 96.9FM. Im gesamten Stadtgebiet zu
empfangen. Wendet sich mit sanfterem *mbaqanga* und Jazz an eine Zuhörerschaft, die zu
alt für YFM ist, und dient als gute Informationsquelle für Veranstaltungen in der Stadt.

Metro, 96.4FM. Ausgewogene Mischung aus
energisch vorgetragenen aktuellen Nachrichten und passabler, vorrangig auf schwarze Zuhörer zugeschnittene Musik, die mitunter in schmalzigen Soul abgleitet.

Radio 702, 702MW. Angesehener Sender, der
für seine lebendigen Diskussionsprogramme,
ausgezeichneten Moderatoren und Nach-
richtenbeiträge bekannt ist.

Voice of Soweto, 87.6FM. Moderne, von den
besten DJs Sowetos präsentierte Musik. Der
Sender ist nur in Soweto und angrenzenden
Vierteln zu empfangen.

YFM, 99.2FM. Richtet sich an alle unter 21
und bietet mit durchweg aus *kwaito* bestrit-
tenem Musikprogramm, flotten wie knappen
Nachrichten und gewagt schlüpfrigen Zuhö-
rerrunden eine temperamentvolle Einführung
in die Jugendkultur der Schwarzen Jo'burgs.

Cornuti, Cradle of Humankind, ✆ 659 1622, 🖳 www.thecradle.co.za. Weit außerhalb in den welligen Hügeln der Magaliesberge gelegenes, ausgezeichnetes Restaurant, das häufig Jazzabende der sanften Art veranstaltet.

Morgan's Cat, Randburg Waterfront, Randburg, ✆ 886 4408. Rock- und Popbands spielen hier in recht synthetischer Umgebung vor Vorstadt-Teenagern. Kein Eintritt.

Roxy's Rhythm Bar, 20 Main Rd, Melville, ✆ 726 6019. Große, altgediente Einrichtung, in der einheimische Indie-Bands auftreten. Seit kurzem ein beliebter Treffpunkt raubeiniger Studenten, so dass es ratsam ist, sich vorab zu überlegen, ob man die Band wirklich sehen möchte. Im Sommer lässt es sich in der Bar auf dem Dach herrlich aushalten.

Einkaufen

Das riesige Warenangebot macht Jo'burg zu einem Magneten für Kaufwillige vom gesamten Subkontinent, die in rasantem Tempo auf den Wege der Autobahnen hierher eilen, um sich mit den Objekten der Begierde einzudecken und am selben Tag wieder davonzufahren. Besuchern empfiehlt sich Jo'burg als bester Ort in Südafrika für den Kauf von z.T. hochwertigem **Kunsthandwerk**, das auf ausgezeichneten Märkten und in zahlreichen Galerien zu finden ist.

Als Königin der Konsumtempelkultur besitzt die Stadt außerdem mehr als 20 große **Einkaufszentren,** ◷ tgl. 8–18 Uhr, die in der Mehrzahl deprimierend anonym sind, jedoch auch eine Hand voll imposanter, prunkvoller Einrichtungen umfassen, die für sich schon einen Besuch wert sind.

BÜCHER – **Exclusive Books,** ist Südafrikas größte und beste Buchhandelskette mit stets aktuellem Sortiment und Filialen in vielen Einkaufszentren. Die besten davon: *Hyde Park Corner,* Jan Smuts Ave ✆ 325 4298; *Sandton Square,* ✆ 748 5416; *Killarney Mall,* Houghton ✆ 646 0931, und The *Mall of Rosebank,* ✆ 447 3028.

Books Galore, Shop 2B, Main Rd, Melville, ✆ 726 6502, Filiale 66 Tyrone Ave, Parkview ✆ 4864198. Freundlich, gute Auswahl an Secondhand-Büchern.

Out of Print, 78 4th Ave, Melville, ✆ 482 6516. Hervorragende kleine Antiquariats- und Secondhand-Buchhandlung, im hinteren Ladenbereich kleines Internet-Café. ◷ tgl. bis 21 Uhr.

EINKAUFSZENTREN – **Hyde Park Mall,** Jan Smuts Ave, Hyde Park. Edler Komplex mit todschicken Cafés und Haute-Couture-Läden. Die ausgezeichnete Buchhandlungskette *Exclusive Books* ist mit einer Filiale vertreten.

Randburg Waterfront, Republic Rd, Randburg. Um einen künstlichen See arrangiertes, gern besuchtes, wenngleich etwas weniger anspruchsvolles Einkaufszentrum mit Restaurants, einem Flohmarkt und einem Kino zwischen Kleiderläden und Filialen von Ladenketten.

Mall of Rosebank, Baker St, Ecke Cradock St, Rosebank. Eines der schönsten Einkaufsparadiese der Stadt, das exklusive Boutiquen, Kunsthandwerksläden und – gegen die Regel – Cafés und Restaurants im Freien bietet.

Sandton City Shopping Centre, Sandton Dr, Ecke Rivonia Rd, Sandton. Riesiger, mit der Sandton Square Mall verbundener Komplex, dessen schiere Größe und unglaubliche Fülle von Geschäften, Kinos und afrikanischen Kunstgalerien allein einen Besuch erfordert. Auch einige gute Buchläden sind hier angesiedelt.

KUNSTHANDWERK UND MÄRKTE – **Art Africa,** 62 Tyrone Ave, Parkview, ✆ 486 2052. Gute Auswahl an ausgefallenen und konventionelleren kunsthandwerklichen Arbeiten, viele davon unter phantasievoller Verwendung recycelter Materialien.

Bright House, Bamboo Centre, 9th St, Ecke Rustenburg Rd, ✆ 726 5657. Erlesene moderne Einrichtungsgegenstände, u.a. eine eindrucksvolle Auswahl südafrikanischer Produkte, die mehrheitlich aus der Region stammen, aber kaum „ethnische" Einflüsse erkennen lassen.

Bruma Lake Flea Market, Bruma Lake. Großer Dauermarkt mit überwiegend afrikanischem Kunsthandwerk und Souvenirangebot – auf den Massengeschmack ausgerichtet und ziemlich billig.

M2 Highway, CBD. Inoffizieller Markt unterhalb der großen Verkehrsstraße, ein paar Häuserblocks südlich der Anderson St. Die meisten

Stände sind auf *umuthi*-Medizin spezialisiert, es wird jedoch auch reichlich einheimisches Kunsthandwerk angeboten.

Market Africa, Newtown. Jo'burgs lebendigster Flohmarkt, in Nachbarschaft des Market Theatre, lädt zum Stöbern zwischen farbenprächtigen Decken aus Mali, Masken und Statuen aus dem Kongo und anderen Waren ein. ⊙ Sa 9–16 Uhr.

Michael Mount Organic Market, Culross Rd, ab Main Rd, Bryanston, ✆ 706 3671. Nicht uninteressante Ansammlung von Ständen, an denen es Bio-Lebensmittel, ungewöhnliches Kunsthandwerk und handgearbeitete Kleidung gibt. ⊙ Do und Sa morgens.

Rosebank Rooftop Market, Mall of Rosebank, 50 Bath Ave, Rosebank. Reizvoller Markt mit einer beeindruckenden Auswahl an Kunsthandwerk und Kleidung aus Heimarbeit. So 9–17 Uhr.

Rural Craft, Shop 42E, Mutual Gardens, Rosebank, ✆ 788 5821. Gemeinnützige Verkaufsstelle für verschiedene südafrikanische Kunsthandwerk-Kooperativen – eine wohltuende Alternative zu den aggressiven Straßenhändlern. ⊙ Mo–Fr 10–16, Sa 9–13 Uhr.

Visual Arts Gallery, 67 4th Ave, Melville, ✆ 482 2370. Hübsche Galerie mit zeitgenössischer Kunst in einem einladenden, modernen Gebäude im Herzen Melvilles.

MUSIK – Johannesburg dient sich als gute Einkaufsmöglichkeit für **afrikanische Musik** an. Das Angebot ist groß, und wer Lust zum Stöbern hat, findet vor allem im CBD dutzende kleine Läden, in denen es Kassetten mit südafrikanischen und amerikanischen Klängen zu kaufen gibt.

Häufig vertreten ist die Ladenkette ***Musica***, die auf CD-Importe mit Soul und Rock spezialisiert ist, daneben aber auch kleinere Sortimente einheimischer Musik hat.

Sport in Johannesburg Sport wird in ganz Südafrika groß geschrieben, in Jo'burg jedoch ist er eine Obsession. Hier gibt es die größten Stadien und die größten Teams, und der Besuch einer Sportveranstaltung kann ein einzigartiges Erlebnis sein. Austragungsort der wichtigsten **Kricket**-Spiele, darunter die fünftägigen internationalen Matches, ist das *Wanderers Stadium*, ab Corlett Drive, Illovo, ✆ 788 1008. Mitunter finden Spiele unter internationaler Beteiligung auch in Soweto und Alexandra statt. Die hoch aufragende Sportarena Ellis Park im Zentrum Jo'burgs, ✆ 402 8644, ist ein südafrikanischer **Rugby**-Schrein, insbesondere nach dem Triumph, den die *Springboks* während des World Cups 1995 hier feiern durften. Neben seiner Funktion als Austragungsort von Länderspielen dient es außerdem dem Regionalteam der *Gauteng Lions* als Heimstadion. Für die Anfahrt empfiehlt sich die Nutzung des Park-and-Ride-Angebots, das bei großen Wettkämpfen eingerichtet wird und Zubringerbusse von und zu den Parkplätzen außerhalb des Zentrums einsetzt.

Ungeachtet dessen, was weiße Johannesburger behaupten mögen, rangiert **Fußball** an erster Stelle. Und wie jede fußballvernarrte Stadt, die etwas auf sich hält, leistet sich auch Jo'burg erbitterte Lokalfehden, die angereichert durch Skandale, Intrigen und gegenseitigen Hassbekundungen ganze Heerscharen von Sportreportern beschäftigen. In Jo'burg (und insbesondere Soweto) ist man entweder Fan der *Kaiser Chiefs* oder der *Orlando Pirates*. Treffen beide aufeinander, zieht es 50 000 Zuschauer entweder ins FNB Stadium am Rand von Soweto, an der Straße zum Messegelände NASREC, oder nach Ellis Park, wo es während eines solchen Lokalderbys 2001 zu einem tragischen Unfall kam, bei dem mehr als 50 Fans ihr Leben verloren. Der Besuch eines Heimspiels, egal von welcher der beiden Mannschaften, ist durchaus eine Überlegung wert: Die Eintrittspreise sind niedrig, die Stimmung ist ausgelassen und friedlich, und es gibt sichere Parkplätze. Das FNB Stadium ist bequem zu erreichen, von Osten über die Autobahn M2 oder vom Zentrum Jo'burgs über den Soweto Highway. Größere Sportveranstaltungen finden auch im Orlando Stadium in Orlando, Soweto, statt, allerdings ist es heruntergekommener und weniger sicher als das FNB Stadium. Eintrittskarten für große Spiele sind über *Ticket Web*, ✆ 083-140 0500, erhältlich.

Bizarre Generation, Rockey St, Ecke Raymond St, Yeoville. Lohnendste Auswahl an Rave in der Stadt.

Cadence Tropical, Carlton Centre, CBD, ✆ 331 3100. Südafrikas beste Adresse für zentral- und westafrikanische Musik, zudem ideal um herauszufinden, in welchen Clubs diese Musik gerade gespielt wird.

Kohinoor, 54 Market St, CBD. Ausgezeichnete Vinyl-Auswahl, daneben ein stattliches Angebot an Kassetten und CDs. Der Schwerpunkt liegt auf Jazz, es gibt aber von Gospel bis hin zu *maskanda* und *mbaqanga* auch jede Menge Südafrikanisches.

CD Wherehouse, Mutual Square, Rosebank und Sandton City. Beste Auswahl an CDs in Jo'burg mit den aktuellen nationalen und internationalen Klängen, dazu gute Preise und hilfsbereite Mitarbeiter.

Sonstiges

AUTOVERMIETUNGEN – Preiswerte Arrangements sind mitunter auf Nachfrage über die Unterkunft erhältlich. Lohnend kann aber auch ein Blick ins Internet unter 🖥 www.hirecar.co.za sein. Als große Verleihfirmen mit Standardkonditionen sind u.a. vertreten: **Avis**, ✆ 0861-021111, **Budget**, ✆ 392 3929; **Europcar/Imperial**, ✆ 0800-011344 (gebührenfrei), und **Tempest**, ✆ 0800-031666 (gebührenfrei). Preiswertere lokale Anbieter sind z.B. **Apex**, ✆ 402 5150; **Comet**, ✆ 453 0188, und **Swans**, ✆ 975 0799.

GELD – **American Express**, The Zone, 177 Oxford Rd, Rosebank, ✆ 880 8382, und im Sandton City Shopping Centre, Sandton Dr, ✆ 883 1316. **Wechselstuben** findet man im Jo'burg International Airport, ⊕ 24 Std., sowie in Banken in den großen Einkaufszentren.

INTERNET – **Milky Way Internet Café**, 206 Times Square Building, Raleigh St, Ecke Fortesque St, Yeoville, ✆ 487 1340, 🖥 www.milkyway.co.za, ⊕ Mo–Do 9–20, Fr 8.30–24, Sa 9–19 Uhr. **The Net**, Shop #1, 37 4th Ave, Parkhurst, ✆ 442 8753, ✉ thenet@icon.co.za. **Out of Print**, 78 4th Ave, Melville, ✆ 482 6516, Buchladen mit drei Terminals im hinteren Bereich.

INFORMATIONEN – Ebenso wie in vielen anderen Teilen Südafrikas empfehlen sich die Anlaufstellen für Touristen in Johannesburg nicht unbedingt durch Zuverlässigkeit. Die Organisationen, die Informationsdienste anbieten, scheinen nicht nur in atemberaubendem Tempo aufzutauchen und wieder zu verschwinden, auch objektive und umfassende Informationen sind nicht leicht zu bekommen.

Gauteng Tourism, Upper Level, Rosebank Mall, Rosebank, ✆ 340 9000, 🖥 www.gauteng.net, hält praktisch allein die Stellung, ⊕ tgl. 8.30–17 Uhr. Eine nützlichste Einrichtung ist ein dem African Craft Market in Rosebank angegliederter **Kiosk**, ⊕ Di–So 8.30–16.30 Uhr.

Am Flughafen gibt es in der Ankunftshalle der internationalen Flüge ein **Tourist Information Office**, ✆ 970 1669, wo Broschüren über Johannesburg und andere Regionen Südafrikas erhältlich sind. Die Mitarbeiter sind bemüht, aber die Einrichtung macht einen leicht unorganisierten Eindruck, so dass die gebotenen Informationen etwas lückenhaft sein können. ⊕ tgl. 7–21 Uhr.

Kostenloses Kartenmaterial unterschiedlicher Qualität ist in den *Tourist Information Offices* erhältlich. In der Regel decken die Karten jedoch nur das Gebiet des CBD und Teile der nördlichen Bezirke ab. Um sich auch in anderen Gegenden zurechtzufinden, ist insbesondere für Autofahrer detaillierteres Kartenwerk ratsam. Am zweckdienlichsten ist der umfangreiche *Witwatersrand St Guide*, der von CNA-Zeitungshändlern und in den Filialen von Exclusive Books zu erhalten ist.

MEDIZINISCHE HILFE – **Staatliche Krankenhäuser** mit 24 Std. Notdienst: **Johannesburg Hospital**, Parktown, ✆ 488 4911; **Helen Joseph**, Auckland Park, ✆ 489 1011; **Hillbrow**, Hospital Rd, Hillbrow, ✆ 720 1121; **Baragwanath**, Zone 6, Diepkloof, Soweto, ✆ 933 8000.

Private Krankenhäuser: **Millpark Hospital**, Guild St, Parktown, ✆ 480 5600; **Morningside Medi-Clinic**, in Morningside, unweit Sandton, ab Rivonia Rd, ✆ 282 5000.

NOTRUF – ✆ 10111

GAUTENG

POST – Die Hauptpost in der Jeppe St ist als Adresse für postlagernde Sendungen nicht zu empfehlen, da sie sich in einer unsicheren Gegend befindet. Besser versucht man ein Arrangement mit der Unterkunft zu vereinbaren oder nutzt American Express.

SPORT – Schwimmen: Die öffentlichen Bäder der Stadt glänzen nicht immer durch beste Instandhaltung. Eine Ausnahme bildet das ausgezeichnete Freibad des Ellis Park mit einem 50-Meter-Becken. ☉ Sept–März Mo–Fr 6.30–21, Sa und So bis 18 Uhr.
Fitness: *Virgin Active*, ✆ 0860-200911, 🖥 www. virginactive.co.za, ist mit mehreren Studios in der Stadt vertreten. Einige Hotels bieten ihren Gästen Gutscheine für die einmalige Nutzung der Fitnesseinrichtungen von *Virgin Active* an, ansonsten kostet ein Besuch R50.

VORWAHL – 011

Nahverkehrsmittel

Jo'burgs **öffentliches Transportwesen** lässt einiges zu wünschen übrig: Es ist langsam, nicht sehr zuverlässig, und nach Verebben der Pendlerströme praktisch nicht existent. Vorrangiges Transportmittel ist der eigene Wagen, und ohne diesen kann Jo'burg noch größer und beängstigender wirken. Völlige Verzweiflung muss ohne Auto jedoch nicht ausbrechen: Mit Geduld und etwas Stehvermögen kommt man in der Stadt auch mit **Bussen** inkl. *City Slicker*-Tourbus voran, zudem lassen sich einige Gegenden bequem zu Fuß erkunden. Meiden sollte man hingegen das städtische **Bahnnetz**, das einen denkbar schlechten Ruf genießt und kaum praktischen Nutzen bietet.

STADTBUSSE – Unter der Woche sind die Stadtbusse Johannesburgs, viele davon Doppeldecker, das sicherste und billigste öffentliche Transportmittel. Die meisten Linien beginnen und enden am zentralen Busbahnhof, ✆ 430 4300, am neu gestalteten Gandhi Square, der über die Eloff St zu erreichen ist. Hier gibt es auch Fahr- sowie Streckenpläne. Die Busse verkehren nur zwischen den Vororten und dem Zentrum, nicht aber zwischen verschiedenen Vororten, es sei denn, diese liegen an derselben Strecke in die Stadt. Die meisten Linien verkehren nicht länger als 18.30 Uhr, einige wenige bis 21.30 Uhr. Am Wochenende ist der Betrieb auf sehr wenige Linien eingeschränkt, und es ist mit Wartezeiten von mindestens einer Stunde zu rechnen.
Der für Stadtrundfahrten eingesetzte *City Slicker*-Bus, ✆ 957 0034, wird zwar kaum genutzt und von Einheimischen mit Missachtung gestraft, ist aber für all jene, die über kein eigenes Fahrzeug verfügen oder nur ungern mit den regulären Bussen fahren möchten, ein wahrer Segen. Der Doppeldeckerbus mit offenem Oberdeck verkehrt 5x tgl. von **Sandton** via Randburg Waterfront, Rosebank, Melville, Central Business District, Gold Reef City und Soweto. Betrieb 9–21 Uhr, Zu- und Aussteigen jederzeit möglich, R70.

MINIBUS-TAXIS – Preiswerter als Busse sind Minibus-Taxis, die ein weitaus größeres Gebiet abdecken und an Standplätzen zu finden sind oder an der Straße angehalten werden können. In letzterem Fall ist auf das richtige Handzeichen zu achten: ein erhobener Zeigefinger signalisiert, dass man in die Stadt hinein gefahren werden möchte. Nach unten gerichtet, zeigt der Finger an, dass man in die äußeren Bezirke möchte. Und deutet man mit dem Finger auf sich selbst, bedeutet dies, dass die Park Station das Ziel sein soll. Minibus-Taxis haben aber auch Nachteile: übervolle Fahrzeuge, eine haarsträubende Fahrweise, häufige Unfälle und Kleinkriminalität an den großen Standplätzen hält die Mehrzahl der weißen Johannesburger inzwischen davon ab, diese Art des Transports zu wählen. Wer sich dennoch dafür entscheidet, sucht am besten einen kleineren Standplatz auf oder winkt ein Minibus-Taxi am Straßenrand heran – niemals jedoch mit sperrigem Gepäck im Schlepptau. Die meisten Backpacker Lodges kennen zweckdienliche Routen in der Nähe und können hilfreiche Tipps geben.

TAXIS – Für kurze Fahrten innerhalb der Stadt empfehlen sich die privaten Taxis, die generell telefonisch bestellt werden müssen, manchmal jedoch auch vor großen Hotels auf Kundschaft warten. Der Fahrpreis ist niedrig, beträgt aber beispielsweise für die einfache Strecke aus den nördlichen Bezirken ins Zentrum mindestens R120. **Maxi Taxis,** Yeoville, ✆ 648 1212, Standplatz in der Cavendish St, ist für Fahrten in nahezu alle Stadtteile das zuverlässigste Unternehmen. Einen Großteil des Stadtgebiets decken außerdem ab: **Rose Radio,** ✆ 403 9625 oder 403 0000; **Good Hope,** ✆ 725 6431, und **Metro,** ✆ 484 7975.

Transport

SELBSTFAHRER – Für die Erkundung Johannesburgs gibt es kein besseres Transportmittel als ein eigenes Fahrzeug. Obwohl die Ausschilderung mitunter dürftig, der Fahrstil der einheimischen Autofahrer zudringlich und der Mangel an deutlichen Orientierungspunkten verwirrend sein können, gestaltet sich das Vorankommen problemlos, wenn man sich vorab mit einigen wichtigen Straßen und einem Stadtplan vertraut macht.

Die **M1** verbindet das Zentrum mit den nördlichen Bezirken und durchquert dabei Newtown entlang einer Hochtrasse, führt dann weiter durch Braamfontein und Parktown nach Houghton und Sandton und wird in ihrem weiteren Verlauf schließlich zur N1 Richtung Pretoria. Westlich von der M1 und ebenfalls nützlich für eine Fahrt in den Norden ist die **Oxford Road**, die in Parktown beginnt und in Sandton zur Rivonia Rd wird. Wiederum westlich verläuft die **Jan Smuts Road**, die sich via Rosebank und Dunkfeld ihren Weg nach Sandton bahnt. Das schachbrettartige Straßennetz im Zentrum macht eine Navigation trotz vieler Einbahnstraßen und Fußgängerzonen relativ leicht.

Bei einem längeren Aufenthalt ist der **Kauf eines Autos** durchaus überlegenswert. Die Wochenzeitung *Junk Mail* umfasst einen großen Anzeigenteil mit Verkäufen von Privat. Für ein anständiges Auto zahlt man ab R20 000. Zwecks Wiederverkauf kann das Auto erneut in der *Junk Mail* inseriert werden, hierfür ist aber eine Telefonnummer vonnöten, unter der man erreichbar ist.

BUSSE – Die Park Station im Zentrum der Stadt ist der Busbahnhof von **Greyhound,** ✆ 830 1301, **Intercape,** ✆ 012-654 4114, und **Translux,** ✆ 774 3333.

Dieser einst berüchtigte Ort ist in den vergangenen Jahren erheblich sicherer gemacht worden. Die Haupthalle ist heute groß und offen und beherbergt Informationsschalter aller Busunternehmen sowie zahlreiche Fastfood-Stände. Als bestes und sicherstes Transportmittel von der Park Station zum endgültigen Zielort empfiehlt es sich, ein Taxi zu nehmen oder die Abholung durch die Unterkunft zu arrangieren. Obgleich Busse und Minibus-Taxis von hier in praktisch alle Himmelsrichtungen fahren, ist es nicht leicht, das System zu durchschauen, und das Warten vor dem Bahnhof ist insbesondere mit Gepäck nicht immer ungefährlich. Verbindungen bestehen von Jo'burg nach

BLOEMFONTEIN (3–4x tgl., 5–6 Std.);
DURBAN (6x tgl., 8–11 Std.);
EAST LONDON (1x tgl., 11 1/2 Std.);
KAPSTADT (3–5x tgl., 16–18 Std.);
KIMBERLEY (3–4x tgl., 6–8 Std.);
KING WILLIAM'S TOWN (2x tgl., 12 1/4 Std.);
KLERKSDORP (3–5x tgl., 2–4 Std.);
KNYSNA (2–3x tgl., 14–16 Std.);
KURUMAN (1x Di, Do, Fr und So, 8 1/4 Std.);
LADYSMITH (1x tgl., 6 1/2 Std.);
LOUIS TRICHARDT (1x Di, Do, Fr und So, 4 1/4 Std.);
MOSSEL BAY (1–2x tgl., 14 1/2 Std.);
NELSPRUIT (1x tgl., 5 Std.);
NEWCASTLE (1x tgl., 4 3/4 Std.);
OUDTSHOORN (1–2x tgl., 13 Std.);
PIETERMARITZBURG (7x tgl., 6–8 Std.);
PIETERSBURG (1–2x tgl. außer Sa, 3 3/4 Std.);
PLETTENBERG BAY (1x Di und Fr, 15 1/2 Std.);
PORT ELIZABETH (2–4x tgl., 13–15 Std.);
POTCHEFSTROOM (1–3x tgl., 1 1/2 Std.);
PRETORIA (mehr als 70x tgl., 1 Std.);
QUEENSTOWN (2x tgl., 10 Std.);
RUSTENBURG (1x tgl., 2 Std.);
UMTATA (1x Mo, Mi, Fr und So, 12 3/4 Std.).

EISENBAHN – Die **Intercity-Züge,** ✆ 086-000 8888, halten in der zentral gelegenen Park Station (siehe unter Busse). Verbindungen bestehen von Jo'burg nach

BLOEMFONTEIN (2x tgl., 13 1/4 Std.);
DURBAN (1x tgl., 13 1/2 Std.);
EAST LONDON (1x tgl., 19 3/4 Std.);
KAPSTADT (1x tgl., 26 1/4 Std.);
KIMBERLEY (1x tgl., 8 1/4 Std.);
MESSINA (1x tgl., 15 Std.);
NELSPRUIT (1x tgl., 9 3/4 Std.);
PORT ELIZABETH (1x tgl., 20 Std.);
PRETORIA (32x tgl., 1 1/2 Std.).

FLÜGE – Jo'burgs 20 km östlich der Stadt gelegener **International Airport**, Flugauskunft
✆ 9759963, ist ein wichtiges Tor nach Südafrika
und wird aus allen Teilen der Welt angeflogen.
Darüber hinaus ist Jo'burg auch ein bedeuten-
des nationales Drehkreuz und bietet Verbindun-
gen in praktisch alle Regionen des Landes. Flug-
verbindungen bestehen nach
BLOEMFONTEIN (Mo–Fr 6x tgl., Sa und So 3x
tgl., 1 1/4 Std.);
DURBAN (17–22x tgl., 1 Std.);
EAST LONDON (3x tgl., 1 1/2 Std.);
HOEDSPRUIT (1x tgl., 1 Std.);
KAPSTADT (20–26x tgl., 2 Std.);
KIMBERLEY (1x tgl., 1 1/4 Std.);
MANZINI (Mo–Fr 4x tgl., Sa und So 3x tgl.,
1 Std.);
NELSPRUIT (3–6x tgl., 1 3/4 Std.);
PIETERSBURG (Mo–Fr 4x tgl., Sa und So 1x tgl.,
50 Min.);
PORT ELIZABETH (6–9x tgl., 1 3/4 Std.);
UPINGTON (1x tgl., 1 3/4 Std.).
Transport vom und zum Flughafen: Zwischen
dem Flughafen sowie der Stadt und verschiede-
nen Bezirken bestehen eine Reihe von Trans-
portmöglichkeiten. Zwischen 6.15 und 22 Uhr
verkehrt **Impala** alle 45 Min. mit Bussen zur Park
Station im Zentrum, Fahrzeit 30 Min., ca. R50.
Für eine Fahrt in die nördlichen Bezirke ist der
Magic Bus praktischer, der zwischen 5.30 und
21.30 Uhr alle 30 Min. verkehrt, Fahrzeit 30 Min.,
ca. R75. Fahrscheine für beide Busunternehmen
sind von den jeweiligen Schaltern im Parade
Building, gleich außerhalb der Ankunftshalle für
Inlandsflüge, erhältlich.

Die teureren Hotels stellen ihren Gästen oftmals
Zubringerbusse zur Verfügung, die meisten Hostels und einige kleinere Guesthouses und B&Bs
bieten die **Abholung vom Flughafen** an. Abhängig von der Länge des Aufenthalt kann dieser
Service kostenlos sein, in der Regel kostet er jedoch nicht mehr als eine Fahrt mit den regulären
Bussen. Der Kampf um Kundschaft seitens der
Hostels hat in jüngerer Vergangenheit mitunter
aggressive Formen angenommen – wer vorab
die Unterkunft bucht, kann dies vermeiden.
Taxis sind ein bequemes und sicheres Transportmittel vom Flughafen. Allerdings ist darauf zu
achten, dass man ein mit Taxameter ausgestattetes Flughafentaxi oder den Service eines bekannten Touranbieters/Transportdienstes nutzt
und dass der Fahrer vor Abfahrt genau weiß,
wohin er fahren soll. Um Kundschaft wird ge-
buhlt, und in der Regel lässt sich ein vernünftiger
Preis ohne nervige Diskussion aushandeln. Wer
sich angesichts des Angebots verunsichert fühlt,
kann sich am Schalter in der Mitte der Ankunftshalle für internationale Flüge vorab ein paar
Tipps geben lassen. Für die meisten Ziele ist mit
mindestens R150 p.P. zu rechnen. Bei **Airport
Link**, ✆ 792 2017, kann ein Taxi im Voraus be-
stellt werden. Der Fahrpreis beträgt ca. R165 für
den ersten, R45 für jeden weiteren Fahrgast.
In Jo'burg vertretene **Fluggesellschaften** sind
u.a.:
Air France, Oxford Manor, 196 Oxford Rd, Illovo,
✆ 770 1600;
American Airlines, Hyde Park Corner, Jan Smuts
Ave, ✆ 325 5777;
British Airways/Comair, 195 Jan Smuts Ave,
Rosebank, ✆ 441 8400;
KLM Royal Dutch Airlines, Sable Place, 1a Stan
Rd, Morningside, ✆ 881 9600;
Lufthansa, 22 Girton Rd, Parktown, ✆ 484 4722;
Qantas, 195 Jan Smuts Ave, ✆ 441 8550;
SA Airlink, South African Airways und
SA Express Airways Park, Jones Rd, Johannes-
burg International Airport, ✆ 978 1111;
Virgin Atlantic, Hyde Park Shopping Centre, Jan
Smuts Ave, ✆ 340 3400.

Die Umgebung von Johannesburg

Wenn Johannesburger einmal abseits der Stadt ausspannen wollen, zieht es sie häufig nach Nordwesten in die **Magaliesberge**, die sich von Pretoria im Osten bis nach Rustenburg im Westen erstrecken. Imposant aufragende Gipfel darf man hier jedoch nicht erwarten. Ein Großteil des Gebiets besteht aus privatem Farmland, das sich über hügeliges Gelände ausdehnt. Hier und da kann man aber auch beeindruckende *kloofs* und wohltuend unverbaute Aussichten genießen.

So reizlos die Hügel zunächst scheinen mögen, bergen sie verschiedene Höhlen an ihrer südöstlichen, Johannesburg zugewandten Seite. Sie sind ca. dreieinhalb Millionen Jahre alt und zählen zu den weltweit bedeutendsten Zeugnissen in der menschlichen Entwicklungsgeschichte. Die Höhlen, darunter auch die bekannten Sterkfontein Caves, sind inzwischen Teil des als **Cradle of Humankind** ausgewiesenen Weltkulturerbes und waren eine der ersten von der UNESCO ausgewählten Stätten dieser Art in Südafrika.

Die Magaliesberge sind durch ein Netz von kleineren Kunsthandwerkateliers, Tierparks, Möglichkeiten für Unternehmungen sowie Touristenunterkünften erschlossen. Die meisten davon, sowohl innerhalb als auch außerhalb der Cradle of Humankind, liegen entweder am **Crocodile Ramble** oder am **Magalies Meander**, zwei in der Region beliebte Touristenrouten. Das 40 Kilometer südlich von Johannesburg gelegene **Suikerbosrand Nature Reserve**, ist das größte und lohnendste Naturareal in Gauteng und bietet interessante archäologische Schätze sowie schöne Wanderwege.

Mrs Ples und Konsorten Im Dolomitgestein der Höhlen, die sich in dem inzwischen als Cradle of Humankind bezeichneten Gebiet erstrecken, lagern die fossilen Überreste von **Hominiden**, die vor ca. 3,3 Millionen Jahren in Südafrika lebten. Die in den Höhlen ebenfalls entdeckten versteinerten Pollen, Pflanzenteile und Tierknochen deuten darauf hin, dass die Gegend einst von einem tropischen Regenwald überzogen war, in dem Affen von enormer Größe, jagende Hyänen mit langen Gliedmaßen und Raubkatzen mit säbelförmigen Zähnen beheimatet waren.

Wann genau die ersten Hominiden auftauchten, ist zwar noch immer unklar, Wissenschaftler gehen heute jedoch davon aus, dass sich die menschliche Linie im Entwicklungsstammbaum vor ca. 5–6 Millionen Jahren vom Affen abspaltete. Die älteste identifizierte hominide Gruppe ist die der Australopithecine, eine zweibeinige menschenähnliche Art mit kleinem Gehirn. Der erste Australopithecus Südafrikas wurde 1924 entdeckt, als Professor Raymond Dart in der heutigen Nordwest-Provinz (s.S. 625) auf das **Taung-Kind** stieß. 1936 fand man die ersten australopithecinen Fossilien in den Sterkfontein Caves, und 1947 konnte Dr. Robert Broom einen nahezu vollständig erhaltenen Schädel ausgraben, den er zunächst *Plesianthropus transvaalensis* („Fast-Mensch" aus Transvaal) nannte und der sich später aber als 2,6 Millionen Jahre alter *Australopithecus africanus* entpuppte. Dieser als weiblich identifizierte Fund erhielt den Spitznamen **„Mrs Ples"** und galt weltweit über viele Jahre als das so genannte „fehlende Glied" in der Evolutionsgeschichte des Menschen.

Seither sind in den Sterkfontein Caves und anderen benachbarten Höhlen eine Reihe von Fossilien und Zeugnissen weiterer Arten und Spezies entdeckt worden, darunter der *Australopithecus robustus*, der vor 1–2 Millionen Jahren lebte, und der *Homo ergaster*, der vermutlich der unmittelbare Vorfahre des *Homo sapiens* und bereits Steinwerkzeuge gebrauchte und Feuer machte.

Wer mehr über dieses faszinierende Thema erfahren und einige der Höhlen und Ausgrabungsstätten besuchen möchte, die der Öffentlichkeit normalerweise versperrt sind, sei an eine der ausgezeichneten, von Colin Menter, einem Paläontologen der University of Witwatersrand, durchgeführten **Touren** von *Palaeo-Tours*, ✆ 011-837 6660 oder 082-804 2899, ⌨ www.palaeotours.com, verwiesen.

GAUTENG

Am Stadtrand von Johannesburg

Cradle of Humankind

Das inzwischen als Weltkulturerbe ausgewiesene, rund 47 000 ha große Gelände der Cradle of Humankind umfasst eine Reihe von Dolomithöhlen, in denen während der letzten 50 Jahre ca. 40 Prozent aller hominiden Fossilienfunde weltweit gemacht wurden. Angesichts der leichten Zugänglichkeit und der Fülle der entdeckten Zeugnisse menschlicher Entwicklung hat die Cradle of Humankind die tansanische Olduvai-Schlucht als wichtigste paläontologische Stätte Afrikas und damit der Welt abgelöst.

Touristische Einrichtungen sind bis dato noch dünn gesät: Viele der Höhlen sind empfindliches Terrain und werden eifrig von darin arbeitenden Wissenschaftlern abgeschirmt. Eine Besichtigung der berühmten **Sterkfontein Caves** ist immerhin möglich, und wer besonders großes Interesse hat, kann an ausgezeichneten paläontologischen Führungen teilnehmen. An anderer Stelle des Areals finden sich weitere Sehenswürdigkeiten wie das **Rhino and Lion Game Reserve** und die **Kromdraai Wonder Cave**.

Mit öffentlichen Verkehrsmitteln ist die Cradle of Humankind nur schwer zu erreichen. Anfahrt mit dem Auto über die R47, Hendrik Potgieter Road, oder M5, D.F. Malan/Beyers Naude Drive, aus Johannesburg Richtung Westen, dann der N14 bis zur Kreuzung mit der R563 folgen. Nach einigen Kilometern Richtung Nordwesten auf der R563 erreicht man eine Abzweigung, die zu den Sterkfontein Caves führt. Die anderen Sehenswürdigkeiten der Gegend liegen ein Stück weiter an derselben Straße.

Sterkfontein Caves

Bekannteste Attraktion der Cradle of Humankind sind die Sterkfontein Caves, ✆ 956 6342, von denen angenommen wird, dass sie vor ca. 3,5 Millionen Jahren von prä-hominiden Primaten bewohnt waren. Ins Blickfeld der Europäer gerieten die Höhlen erstmals 1896, als der Italiener Gulgimo Martinaglia, der auf der Suche nach abbaubarem Kalk war, auf sie stieß. Martinaglia war jedoch nur an den Fledermausexkrementen interessiert, die er kurzerhand abtrug und somit die dolomitische Höhlenformation zerstörte. Zwischen 1936 und 1951 unternahm der Archäologe Dr. Robert Broom Ausgrabungen in den Höhlen. 1947 fand er den Schädel einer mehr als zweieinhalb Mio. Jahre alten Hominidin, die „Mrs Ples" getauft wurde. 1995 entdeckte der Archäologe Ronald Clarke dann „Little Foot", die Knochen eines drei Mio. Jahre alten, aufrecht gehenden Hominiden mit einer abgespreizten großen Zehe, die in ihrer Funktionsweise unserem Daumen entspricht. Der letzte Fund aus dem Jahr 1998 brachte das mit 3,3 Millionen Jahren bis heute älteste gefundene, vollständig erhaltene Skelett eines *Australopithecus* zu Tage.

Informative, wenngleich recht kurze Führungen finden einmal pro Stunde (Beginn jeweils zur halben Stunde) statt, in denen die wichtigsten Besonderheiten erklärt werden. ☉ Di–So 9–17 Uhr, Eintritt R12.

Kromdraai Wonder Cave und Rhino & Lion Nature Reserve

Die einzige weitere für Besucher geöffnete Höhle ist die Kromdraai Wonder Cave am Rand des Rhino & Lion Nature Reserve, nordöstlich von Sterkfontein. Auch sie diente gegen Ende des 19. Jahrhunderts als Kalksteinbruch, aber im Unterschied zu Sterkfontein wurden keinerlei paläontologische Entdeckungen gemacht. Das Hauptaugenmerk gilt hier den außergewöhnlichen Stalaktiten, Stalagmiten und durch Ablagerungen entstandenen Tümpeln, die sich in einer riesigen unterirdischen Kammer bewundern lassen. Nach einer Fahrt mit dem Aufzug in die Tiefe präsentiert sich die Höhle mit einer wirkungsvollen Ausleuchtung und markierten Pfaden als ein theatralisch in Szene gesetztes und unverhohlen dem Kommerz frönendes Spektakel. Aufregender gestaltet sich der Abstieg, wenn man auf den Aufzug verzichtet und sich stattdessen abseilt. Entsprechende Arrangements können über *Wild Cave Adventures,* ✆ 956 6197 oder 082-632 1718, getroffen werden. Für die Anfahrt empfiehlt sich die günstigere Route durch das Rhino & Lion Nature Reserve (s. S. 606), jedoch ist hierbei der reguläre Eintrittspreis für den Park zu entrichten. Länger ist der Anfahrtsweg über die holprige Schotterstrecke, die vor dem Park links abzweigt. Kromdraai Wonder Cave ☉ tgl. 8.–17 Uhr, Eintritt R25.

Das 14 km² große Rhino & Lion Nature Reserve ist zwar eher ein Safaripark als ein Wildschutzgebiet, wie man es sonst in anderen Teilen Südafrikas findet, jedoch in der Region die beste Möglichkeit, große Säugetiere zu sehen. Den Hauptteil des Parks nimmt ein Gelände ein, in dem sich Breitmaulnashörner, Gnus, Kuhantilopen und Giraffen tummeln, während das Lion and Predator Camp verschiedene ausgedehnte Gehege umfasst, die Löwen, Geparden und Hyänenhunde beherbergen. Daneben gibt es noch einen Aussichtsposten für die Beobachtung von Kapgeiern sowie eine Reihe von Tümpeln mit Flusspferden und eine Zuchtstation. Als Unterkunft stehen nach vorab erfolgter Buchung u.a. Chalets** für Selbstversorger zur Verfügung. Organisierte Touren zu den Tieren, Reitwege sowie Mountainbike-Routen vervollständigen das Angebot. Weitere Informationen erteilt das Conserv Booking and Information Office, das auch einen Besuch der nahen **Old Kromdraai Gold Mine** arrangieren kann. Sie ist die zweitälteste Mine des Witwatersrand und bietet Gelegenheit, dem einstigen Stollen 150 m tief in den Berg zu folgen. Rhino & Lion Nature Reserve ☉ tgl. 8.–17 Uhr, Eintritt R30.

Unterkünfte gibt es sowohl auf dem Gelände der Cradle of Humankind als auch in der Nähe: *Cradle Forest Camp***, im privaten Cradle Game Reserve, ✆ 957 0242 oder 083-250 2527, 🖥 www.thecradle.co.za. Selbstversorger-Chalets für 2 Personen. Das hiesige moderne, minimalistisch eingerichtete Restaurant *Cornuti* ist für sein ausgezeichnetes Essen und die herrliche Aussicht bekannt.

*Toadbury Hall****,* ✆ 659 0335, 🖥 www.toadburyhall.co.za. Anspruchsvolle Countrylodge im Kolonialstil.

Aloe Ridge Hotel–***,* ✆ 957 2070, ist vergleichsweise altmodisch, lockt aber mit der Besonderheit eines Teleskops und eines hier wohnenden Astronomen. Unterkunft inkl. Frühstück und Abendessen oder in einem eigens errichteten Zulu-Dorf aus Grashütten. Wer will, kann auch einfach nur zum Essen hierher kommen. Weitere Übernachtungsmöglichkeiten im Camp des Rhino & Lion Nature Reserve (s.o.) und in den vielen beworbenen Hotels und Guesthouses an den Strecken des Magalies Meander und Crocodile Ramble (s.S. 607).

INFORMATIONEN – An der R563 soll unweit der Abzweigung zu den Sterkfontein Caves Ende 2002 ein eigenes Besucherzentrum für die Cradle of Humankind eröffnet werden. Nützliche Informationen über Touren, Aktivitäten und Unterkünfte sind alternativ im 3 km von den Höhlen entfernten *Conserv Booking and Information Office,* ✆ 957 0034, erhältlich. ☉ Tgl. 8–19 Uhr.

VORWAHL – 011

GAUTENG

Magalies Meander und Crocodile Ramble

In Südafrika immer beliebter, für verschiedene Örtlichkeiten eine eigene Touristenroute zu entwickeln und dafür zu werben. Und in Anbetracht des riesigen Besucherpotenzials aus dem Ballungsgebiet vor ihrer Haustür haben die Bewohner der Magaliesberge und Umgebung dies mit Begeisterung in Angriff genommen. Das in **Muldersdrift**, ein unweit der nordwestlichen Vororte Johannesburgs gelegenes Dorf, angesiedelte Information Centre hält eine dicke Broschüre mit allen möglichen Sehenswürdigkeiten und Orten bereit, die sich entlang des Crocodile Ramble, ✆ 662 2810, 🖥 www.crocodileramble.co.za, besuchen lassen. Mehr als einen Bruchteil der aufgeführten Vorschläge wird niemand schaffen. Zudem zielen die meisten davon mehr auf einheimische Wochenendausflügler denn auf Touristen ab, die auch noch andere Landesteile bereisen wollen. Zu den lohnenden Zwischenstopps an der Route zählen verschieden Künstlerwerkstätten, darunter ist auch die Ngwenya Glass Factory aus Swasiland vertreten.

Nordwestlich des Gebiets, das der Crocodile Ramble abdeckt, lockt eine weitere, unter dem Namen Magalies Meander zusammengefasste Gruppe von Attraktionen, deren Zentrum der Ort Magaliesburg bildet. Das nach Mohali Mohale, einem Häuptling des Po-Clans der Ndebele, benannte Dorf glänzt zwar nicht durch besondere Schönheit, bietet den stressgeplagten Großstädtern aber Unterkunft und andere Einrichtungen in erfrischender Bergluft. Eine Karte und Broschüre für die Gegend ist bei *Magaliesburg Information and Reservations* in der Magaliesburg Mall im Ort, Rustenburg Rd, ✆ 014-577 1733, ⏰ tgl. 9–16 Uhr, erhältlich.

Magaliesburg liegt an der R24, westlich von Krugersdorp. Tagesausflügler können für die Anfahrt an bestimmten Tagen auch den Zug wählen: Der Magalies Express ✆ 011-888 1155, verkehrt an den meisten Wochenenden und benötigt für die Hin- und Rückfahrt dreieinhalb Stunden. Der Fahrpreis ist mit ca. R100 nicht überzogen. Eine ungewöhnlichere Art der Fortbewegung ist im Rahmen einer **Ballonfahrt** möglich, die von *Bill Harrop's „Original" Balloon Safaris*, ✆ 011-705 3201 oder 082-379 5296, ✉ travelsa@iafrica.com,

angeboten wird. Der Startplatz liegt zwischen Magaliesburg und dem Hartbeespoort Dam.

Übernachtung und Essen

Vor allem an Wochenenden ist hier eine vorherige Buchung der Unterkunft dringend anzuraten. ***Mount Grace***, ab****, Rustenburg Rd, ✆ 014-577 1350, 🖥 www.grace.co.za. Mit Abstand am schönsten, aber auch am teuersten. Herrlich auf einem Hügel gelegenes Hotel mit makellosen, eleganten Zimmern und exzellenten Restaurants. Im Sommer finden an jedem letzten Samstag Klassikkonzerte im Freien statt.
Out of Africa*, ✆ 014-577 1126 oder 082-900 8205, 🖥 www.goblins.co.za. Geschmackvoll mit Antiquitäten und Kunst eingerichtete Luxus-Cottages am Fluss, Frühstück inkl.
Wind in the Willows*, auf einem Pferdegestüt 15 km westlich des Dorfs, von der R509 ausgeschildert, ✆ 014-557 3401 oder 083-657 3401, ✉ mwwitw@mweb.co.za. Gut geführtes Guesthouse in ländlicher Atmosphäre. In der Umgebung gibt es schöne Pfade für Wanderungen oder Ausritte.

Suikerbosrand Nature Reserve

Obgleich sich das Suikerbosrand Nature Reserve kaum mit großen Wildparks wie dem Krüger-Nationalpark messen kann, ist dieses südlich von Johannesburg gelegene Naturreservat nicht ohne Reiz und kann zudem bequem von der Stadt aus erreicht werden. Beherrschendes landschaftliches Merkmal ist der herrliche Suikerbosrand-Bergkamm. Es gibt aber auch sanfte Graslandebenen, auf denen Antilopen, Zebras und Gnus, gelegentlich auch ein Gepard oder Leopard, umherstreifen.

Im **Besucherzentrum** an der Zufahrt zum Gelände sind Karten und Informationsbroschüren erhältlich. Einen Besuch lohnt auch das benachbarte **Diepkloof Farm Museum**, das nach sorgsamer Renovierung einen authentischen Eindruck davon vermittelt, wie die verschiedenen Gebäude bei ihrer Errichtung 1850 ausgesehen haben. Einst wurde die Farm von einem gewissen Gabriel Marais betrieben, einem Veteranen des Großen Trecks. Während des Burenkrieges wurde sie jedoch von britischen Soldaten niedergebrannt, und sie war bis zu

GAUTENG

ihrer Wiederherstellung in den 70er Jahren dem Verfall preisgegeben. Die Mehrzahl der Exponate richtet sich an Afrikaander-Kinder, die für die immer weiter schwindende ländliche Kultur interessiert werden sollen. Andere knapper gehaltene Ausstellungsbereiche befassen sich mit den ausgedehnten und in der Nähe freigelegten Siedlungen der Sotho und Tswana aus dem 16. bis 19. Jahrhundert.

Ein Netzwerk an Pfaden ermöglicht die Erkundung des Gebiets zu Fuß oder im Auto. Einige Wanderrouten erfordern die Übernachtung in Camps, zu buchen im Besucherzentrum, ✆ 011-904 3933. Alternativ dazu kann man in der sehr schlichten, 18 km vom Besucherzentrum entfernten Meditations-Hütte übernachten, in der man zwar auf Strom verzichten muss, mit Sicherheit aber ruhig und ungestört schläft.

Anfahrt zum Park und zur Farm von Johannesburg über die N3 Richtung Süden, dann auf die R550 nach rechts abbiegen und der Straße einige Kilometer folgen, bis die Zufahrtsstraße zum Park links abzweigt. ⊙ Mo–Fr 7.15–16, Sa und So 7–17 Uhr, R20 p.P. und R10 pro Fahrzeug.

Pretoria

Die beiden großen Städte Gautengs liegen zwar nur 50 km voneinander entfernt, könnten jedoch unterschiedlicher nicht sein. Pretoria, in den Townships besser unter dem Namen „ePitoli" bekannt, ist mit seinen würdevollen Regierungsgebäuden, breiten, von violett blühenden Jacarandas bestandenen Alleen und soliden burisch-bäuerlichen Wurzeln einen Großteil seiner Geschichte hindurch das Symbol unerschütterlicher Tradition gewesen. Aber obgleich die Verwaltungshauptstadt Südafrikas mit ihrem berüchtigten Obersten Gericht und enormen Gefängnis lange Zeit als Bastion des **Afrikaandertums** galt, ist auch hier der rasche Wandel unübersehbar. Seit der Wiederaufnahme des Landes in die internationale Staatengemeinschaft, ist Pretoria zunehmend kosmopolitischer geworden, und in den östlich des Zentrums gelegenen Stadtteilen Arcadia und Hatfield beherbergt sie eine beachtliche Gemeinde von Diplomaten. Darüber hinaus sind die meisten Bewohner keine Afrikaander sondern So-

tho und Ndebele, und im Zuge des Regierungswechsels arbeiten inzwischen zahlreiche gut ausgebildete und gut bezahlte Schwarze im Dienst des Staates und leben in der Hauptstadt. Aber auch unter den Afrikaandern der Stadt muss differenziert werden: Neben den stereotypen, in khakifarbenen Shorts bekleideten Rednecks gibt es tausende Studenten, einen aktiven Kunstbetrieb sowie eine lebendige Schwulen- und Lesbenszene.

Pretoria liegt nahe genug am Flughafen Johannesburgs, um als praktische Erkundungsbasis in Gauteng zu dienen. Allerdings sollte man nicht so naiv sein und glauben, Pretoria wäre frei von jeglicher Kriminalität. Die primären Vorzüge der Stadt sind, dass sie gegenüber Johannesburg einen sichereren Eindruck macht und weniger ausgedehnt ist, dass sie mehr klassische, zum Teil recht interessante Sehenswürdigkeiten bieten kann und dass das **Nachtleben** in Hatfield und Brooklyn zu ausgelassenen wie kurzweiligen Exkursionen einlädt.

Geschichte

Im Gegensatz zu Johannesburg entwickelte sich Pretoria in gemächlichem Tempo aus einer burischen Farmergemeinde in der fruchtbaren Umgebung des Apies River. **Marthinus Wessel Pretorius** gründete 1855 die nach seinem Vater Andries Pretorius benannte Stadt, in dem Glauben, dass hier das einigende Herz entstünde, um das die neue Südafrikanische Republik (ZAR) wachsen und gedeihen würde. In der Umsetzung ihres festen Glaubens, dass das Land, das sie einnahmen, von Gott gegeben war, errichteten die Afrikaander als erstes Gebäude Pretorias eine Kirche. In der Planung der Stadt legte man anschließend ein gitterförmiges Straßennetz an, das es den von auswärts kommenden Farmen erlaubte, ihre Ochsengespanne bequem um die Ecken zu manövrieren.

Nach den unermüdlichen Anstrengungen von Stephanus Schoeman zur Beilegung kleinstaatlerischer Querelen innerhalb Transvaals wurde Pretoria 1860 zur Hauptstadt der neuen ZAR erklärt. Darauf aufbauend setzten die Siedler ihre Feldzüge gegen die einheimischen afrikanischen Völker fort und machten tausende von ihnen, vor allem auf den Farmen, zu ihren Bediensteten. Aber auch unter den Siedlern selbst gab es weiterhin Streitigkeiten, die immer wieder zu gewalttätigen Auseinandersetzungen zwischen den Wortführern der verschiedenen Gruppen führten. Diese kauften den Großteil des besten Landes auf, was zum einen die Vertreibung und Verbitterung vieler weißer Trekker, zum anderen das massenweise Abschlachten von Wildtieren der Region, insbesondere von Elefanten, nach sich zog.

1877 annektierten die Briten Pretoria und investierten in die Stadt viel Geld. Obgleich Pretoria wuchs und gedieh, mobilisierte der Farmer **Paul Kruger**, der sich nicht erneut den Briten unterwerfen wollte, Kommandos mit burischen Farmern, um sie zu vertreiben. Es kam zum ersten Burenkrieg (1877–81). Nach der Niederlage bei Majuba an der Grenze zu Natal stellte die Kolonialregierung die Kämpfe ein und gewährte 1884 die **Unabhängigkeit**. Paul Kruger wurde Präsident der ZAR und behielt dieses Amt bis 1903. Unterlaufen wurde seine Mission einer burischen ZAR jedoch dadurch, dass am Witwatersrand **Gold** entdeckt wurde und eine nicht aufzuhaltende Flut von Ausländern nun in das Gebiet kam. Krugers Rechnung der Besteuerung von Neuankömmlingen bei gleichzeitiger Aufrechterhaltung des burischen Machtmonopols ging eine Zeit lang auf. Die Mehrzahl der eleganten Gebäude am Church Square entstanden aus Geldern, die die Minen abwarfen, und der Raadsaal (das Parlament) blieb fest in burischer Hand. Gleichzeitig wuchs, vor allem aufgrund importierter Waffen aus Deutschland, das Militärarsenal der ZAR.

Mit dem zweiten Burenkrieg (1899–1902) hatte die Unabhängigkeit der ZAR zu Ende. Aber trotz der Brutalität des Konflikts, ging Pretoria unbeschadet daraus hervor. Als 1910 die **Südafrikanische Union** gebildet wurde, wählte man Pretoria als Sitz der Landesregierung. 1913 errichtete Sir Herbert Bake die gewaltigen Union Buildings als herrschaftliches Quartier der Staatsdiener, und einige Ministerien, darunter das Präsidialamt, sind bis heute hier beheimatet.

Mit der Gründung der staatlichen Eisen- und Stahlwerke, der **Iron and Steel Industrial Corporation** (Iscor), legte die Regierung 1928 das Fundament für die hiesige Industrie. Es entstand rasch eine Reihe assoziierter Wirtschaftszweige. Gemeinsam sicherten Staatsbetrieb und Industrie den ruhigen, abgeschiedenen Wohlstand der Weißen in Pretoria. Der immer weiter schwindende Grundbesitz unter Schwarzen ließ unterdessen die **Townships** der Stadt wachsen. Die ältesten sind Marab-astad und Atteridgeville, die größte und ärmste ist Mamelodi.

Nach der Installierung des Apartheidsystems durch die National Party 1948 war Pretoria unter der schwarzen Bevölkerung des Landes verhasst. Der hiesige oberste Gerichtshof und das zentrale Gefängnis waren berüchtigte Einrichtungen und galten als Quelle der Gesetze und Verordnungen, die ihnen das Leben zum Albtraum werden ließen.

Mandelas Amtseinführung in den Union Buildings setzte 1994 ein symbolisches Zeichen der Versöhnung mit Pretoria. Während der 90er Jahre waren die Phasen der südafrikanischen Revolution in Pretoria ebenso deutlich sichtbar wie in den übrigen Landesteilen auch: die sukzessive Ablösung ewig Gestriger im Militär und Staatsdienst, neue Gesichter in fast allen Regierungseinrichtungen, die Rückkehr ausländischer Vertretungen, Hilfsverbände und unabhängiger Organisationen, der Zustrom von Studenten und der Wandel der Bevölkerungsstruktur in den zentralen Stadtvierteln. Obgleich auch die Neuankömmlinge zu einem großen Teil jene würdevolle Förmlichkeit verinnerlicht haben, die Pretoria selbst in den Jahren der Apartheid auszeichnete, sorgen sie mit ihrer mitgebrachten Kreativität und Lebendigkeit gleichermaßen für neuen Schwung in der Hauptstadt.

Orientierung

Pretorias Zentrum wird von einem kompakten Netz breiter, belebter Straßen gebildet, das sich bequem und vergleichsweise sicher zu Fuß erkunden lässt. Herzstück ist der von imposanten Bauten umgebene **Church Square**, nicht weit davon befinden sich in der Umgebung der **Museum Mall** weitere historische Gebäude und Museen. Im Norden erstrecken sich die weitläufigen **National Zoological Gardens**, im östlich gelegenen Bezirk Arcadia stehen die berühmten **Union Buildings**. Abseits des Zentrums gelangt man nahe der Pretoria University nach **Hatfield**, wo Studenten und Yuppies in die neuesten Bars und Restaurants drängen und die Diplomaten Pretorias in den prächtigsten Wohnhäusern der Stadt residieren. Der südliche Stadtrand ist Standort des bemerkenswerten **Voortrekker Monument**, das für die Buren eine Art Heiligtum darstellt. Die weite Township **Mamelodi** dehnt sich 15 km östlich der Stadt aus, Pretorias zweite große Township, **Atteridgeville**, liegt in gleicher Entfernung von der Stadt im Westen und kann über die N4 oder R104 Richtung Hartbeespoort Dam und Sun City erreicht werden.

Church Square und das Zentrum

Das Herz Pretorias ist zweifellos der Church Square. Er wird von ebenso eindrucksvollen wie wichtigen Gebäuden eingerahmt und ist ein Ort, an dem ein Stück der komplexen Geschichte Südafrikas nachgespürt werden kann. Hier spannten die burischen Farmer ihre Ochsen von den Wagen ab und verwandelten den Platz in eine zeitweilige Lagerstatt, wenn sie alle drei Monate zum Nagmaal (Abendmahl) der Niederländisch Reformierten Kirche in die Stadt kamen. Heute ist der Church Square weiterhin ein Treffpunkt für Bewohner Pretorias aller Rassen, die die Grasflächen für eine entspannende Pause nutzen, sich hier mit Protestschildern ausgerüstet zu einer Demonstration zusammenfinden oder einfach nur das Treiben bei einer Tasse Kaffee vom gepflegten *Café Riche* aus beobachten.

Der Church Square war Schauplatz für nahezu jede bedeutende Zusammenkunft, Protestkundgebung oder Machtübernahme der Weißen. Hier wurde 1877 die Vierfarben-Flagge der ZAR, die *Vierkleur*, eingeholt, um zunächst vom Union Jack ersetzt zu werden, und 1881 nach dem Abzug der Briten an dieser Stelle erneut gehisst. Zwischen 1900 und 1910 wehte noch einmal die britische Flagge. Auf diesem Platz fand viermal die Ausrufung Paul Krugers zum Regierungsoberhaupt statt, und nach seinem Tod versammelten sich 30 000 Trauernde dicht gedrängt zu einer Gedenkfeier. Die schwarze Bevölkerung Pretorias verbindet mit der Historie des Platzes ganz andere Erfahrungen und betrachtet die an zentraler Stelle errichtete Statue von Paul Kruger – eine Arbeit des burischen Bildhauers Anton Van Wouw – vielmehr als das verdammenswerte Relikt einer unglücklichen Vergangenheit. Van Wouw schuf ein einschüchternd und grimmig dreinschauendes Abbild Krugers, der sich über vier raubeinigen Voortrekkern erhebt. Einen Hauch von Subversivität steuern inzwischen die Tauben bei, die sich auf Krugers Zylinder tummeln.

Der europäisch wirkende Platz wird an allen vier Seiten von Gebäuden umschlossen, die zu den beeindruckendsten in ganz Südafrika zählen. Aufmerksamkeit verdient der alte, im Stil der Renaissance 1891 erbaute **Raadsaal** (das Parlament) an der südwestlichen Ecke, der dem Betrachter bis heute jenen von den Parlamentariern der ZAR erwünschten Respekt abverlangt. In der kleinen Seitenstraße steht gegenüber das Capitol Theatre, das inzwischen nur noch selten für Veranstaltungen genutzt wird und den Tshwane-Kunstmarkt beherbergt. Im benachbarten **Netherlands Bank Building** ist heute das Tourist Information Centre untergebracht. Kaum glauben mag man es, dass ein Aufmarsch von 10 000 Menschen 1975 und fünf Jahre hartnäckige Auseinandersetzungen nötig waren, um den beschlossenen Abriss dieses und zweier benachbarter Gebäude zu verhindern. Einen eleganten und kultivierten Akzent im Büroalltag der Gegend setzt das im Jugendstil errichtete **Café Riche** (s.S. 619) an der Ecke zur Church Street. Interessierte können hier nützliche Informationen bekommen sowie ein kleines Büchlein erstehen oder einen Kassettengerät ausleihen, um sich die Geschichte und Architektur des Platzes erläutern zu lassen.

Auf der gegenüberliegenden Seite der Church Street prunkt das imposante **Hauptpostamt**. Daneben befindet sich das **Briefmarkenmuseum**, das mehr als eine halbe Million Briefmarken ausstellt, darunter das seltene Cape Triangle von 1853, ⊙ Mo–Fr 7.30–16 Uhr, Eintritt frei. Der Bau des grandiosen **Justizpalastes** an der nordwestlichen Seite des Platzes wurde 1897 begonnen. Während des 2. Burenkriegs diente er den britischen Truppen als Krankenhaus, bevor er nach seiner Fertigstellung 1902 lange Jahre den Obersten Gerichtshof Transvaals beherbergen sollte. Hier fand 1963/64 der Rivonia-Prozess statt, in dem Nelson Mandela und andere Führer des ANC zu lebenslanger Haft verurteilt wurden. Im Zuge jüngerer Renovierungsarbeiten wurde die prachtvolle Fassade mit den Balkonen ausgebessert. Das neue Gericht ist allerdings inzwischen in einem hässlichen Klotz in der Straße hinter dem Justizpalast untergebracht. Daneben steht das Gebäude der **Reserve Bank**, das wiederum die charakteristische Handschrift Sir Herbert Bakers (s.S. 581, Kasten) trägt. Zu den weiteren bemerkenswerten Gebäuden an der östlichen und nördlichen Seite des Platzes zählen die 1904 im Tudorstil errichteten **Tudor Chambers** und die klassizistische **Standard Bank** am Standort des alten Grand Hotels.

Sammy Marks Square und Umgebung

Östlich des Church Square führt die Church Street zum Sammy Marks Square. Biegt man kurz davor nach links in die Queen Street und dann noch einmal, auf der Hälfte des Häuserblocks, in einen Durchgang, eröffnet sich der unerwartete Blick auf eine leuchtend weiße, gen Mekka weisende und schräg zu ihrer Umgebung platzierte **Moschee**. Pretorias Moslems, denen ein gutes Verhältnis zu Kruger nachgesagt wird, erwarben 1896 das Grundstück, auf dem Handwerker vom Kap 1927 den heutigen Bau errichteten. Inzwischen steht die Moschee eingeengt zwischen unansehnlichen Bürotürmen, was sie jedoch umso wirkungsvoller der Umgebung trotzen lässt.

Der wenig attraktive Sammy Marks Square ist nach dem Gründer der South African Breweries (SAB) benannt, einem Mäzen der Stadt. Inmitten der hier angesiedelten modernen Einkaufszentren mit Ablegern von Ladenketten lohnt lediglich ein Besuch der ausgezeichneten **Bibliothek**, ✆ 313 8956, die der Erwachsenenbildung gewidmet ist und in der jede nur verfügbare Stelle in der allgegenwärtigen Farbe der Stadt, Violett, gehalten ist. ◷ Mo–Fr 8–17.50, Sa 8–12.50 Uhr.

Auf der anderen Seite der Church Street liegt der **Strijdom Square**, so genannt, weil hier die von einem modernistischen Ensemble umrahmte, gewaltige wie grässliche Büste jenes Mannes stand, der von 1954–58 Premierminister und, überzeugt von der „Überlegenheit der Weißen", ein eiserner Verfechter der Apartheid war. Genau 40 Jahre nach Fertigstellung der Plastik am 31. Mai 1966 führte ein baulicher Fehler (oder eine göttliche Fügung, je nach Blickweise) zu ihrem dramatischen Sturz. Während viele die Überreste als symbolischen Schuttberg belassen möchten, finden andere, dass es höchste Zeit sei, die Plastik durch ein Denkmal für die sieben Opfer zu ersetzen, die der rechte Amokschütze und Namensvetter, Barend Strijdom, an dieser Stelle 1993 bei einer Schießerei auf Minibus-Taxis tötete.

Paul Kruger House und Umgebung

Westlich des Church Square erreicht die Church Street jenseits der Bosman und Schubart Street das 1884 erbaute Paul Kruger House. Architekt war Charles Clark, den Kruger als einen seiner „zahmen Engländer" bezeichnete, der den Zement mit Milch anstatt mit Wasser anmischte. Das Museum im Innern ist eher unspektakulär, wenngleich die Habe Krugers die eine oder andere interessante Besonderheit zu Tag fördert, darunter eine umfangreiche Sammlung an Spucknäpfen. Augenfälligstes Merkmal des Hauses ist die *stoep* (Veranda), auf der der alte Präsident zu sitzen pflegte und jeden Weißen, der des Weges kam, zu einem Plausch einlud. Hinter dem Haus kann Krugers privater Eisenbahnwaggon aus dem Jahr 1898 in Augenschein genommen werden, mit dem er während des 2. Burenkriegs reiste. ☉ Mo–Fr 8.30–16.30, Sa und So sowie feiertags 9–16.30 Uhr, Eintritt R10.

Gegenüber steht die Reformierte Kirche, auch bekannt als **Kruger's Church**, die für ihre grimmige Ausstrahlung charakteristisch ist. Beeindruckender ist die **Groot Kerk**, Vermeulen Street, Ecke Bosman Street, deren reich verzierter Turm zu den schönsten Kirchtürmen des Landes zählt.

Burgers Park und Museum Mall

Südlich des Church Square schließt sich eine Gegend mit Museen und Freiflächen an, die in wohlwollenden Vergleichen bereits mit dem Smithsonian Institute im amerikanischen Washington D.C. gleichgesetzt worden ist. Begrenzt von der Jacob Maré Street im Süden, der Andries Street im Westen und der Van der Walt Street im Osten lädt der erholsame Burgers Park zu einem Besuch ein. Namensgeber war der wenig erfolgreiche ZAR-Präsident Thomas Burger, der von 1873–77 regierte. Der Park beherbergt einen sehenswerten botanischen Garten, außerdem ein eigenwillig gestaltetes Verwalterhaus und einen zentralen Pavillon, der früher Blaskapellen und ausschließlich Weißen vorbehaltenen Teepartys diente, inzwischen aber allen Rassen einen idyllischen Ort der Entspannung bietet. ☉ tgl. 8–18 Uhr, Eintritt frei.

Jenseits der südlichen Parkbegrenzung steht auf der anderen Straßenseite das in überschwänglich viktorianischem Dekor errichtete **Melrose House**, 275 Jacob Maré Street, das einen herrlichen Wintergarten sowie einen ausgezeichneten Laden für afrikanisches Kunsthandwerk besitzt und interessante Ausstellungen zeigt. Erbaut wurde es 1884 für den hiesigen Geschäftsmann George Heys, der ein einträgliches Postkutschenunternehmen betrieb. Während des 2. Burenkriegs bewohnte Lord Kitchener das Haus, in dem auch der Friedensvertrag

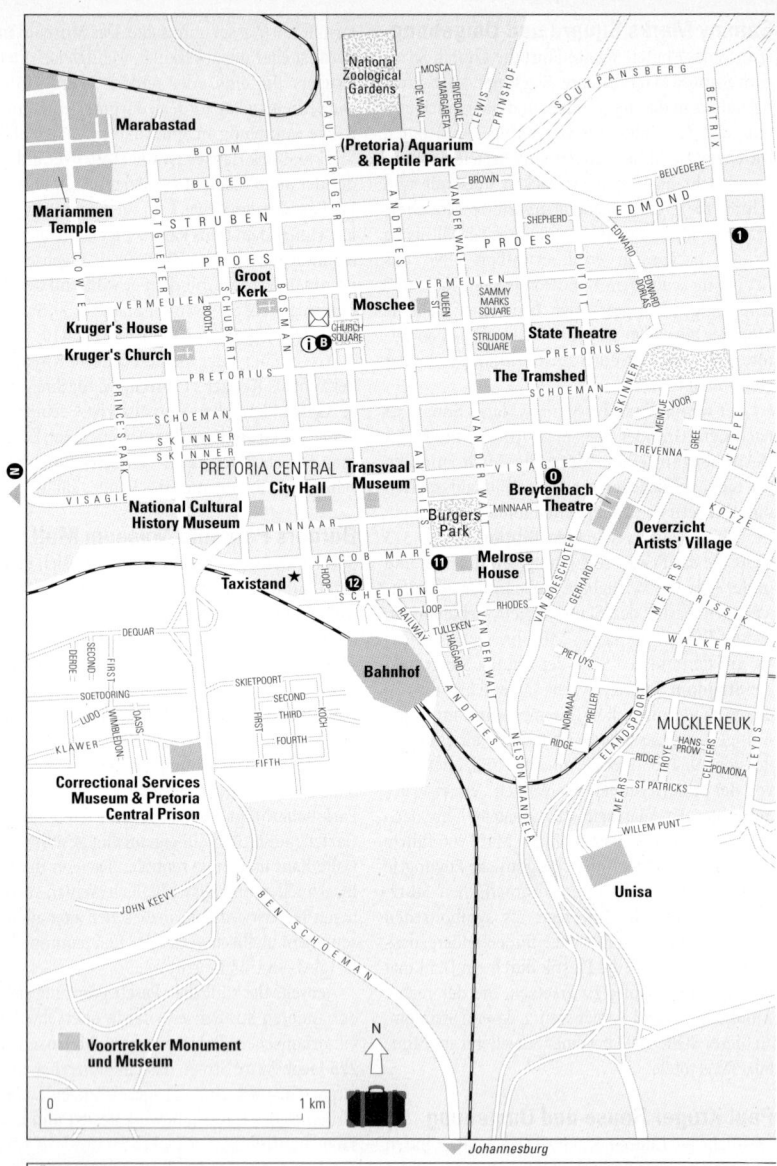

Marabastad

National Zoological Gardens

(Pretoria) Aquarium & Reptile Park

Mariammen Temple

Groot Kerk

Moschee

Kruger's House

State Theatre

Kruger's Church

The Tramshed

PRETORIA CENTRAL

City Hall

Transvaal Museum

National Cultural History Museum

Breytenbach Theatre

Burgers Park

Oeverzicht Artists' Village

Taxistand ★

Melrose House

Bahnhof

Correctional Services Museum & Pretoria Central Prison

MUCKLENEUK

Unisa

Voortrekker Monument und Museum

N

0   1 km

GAUTENG

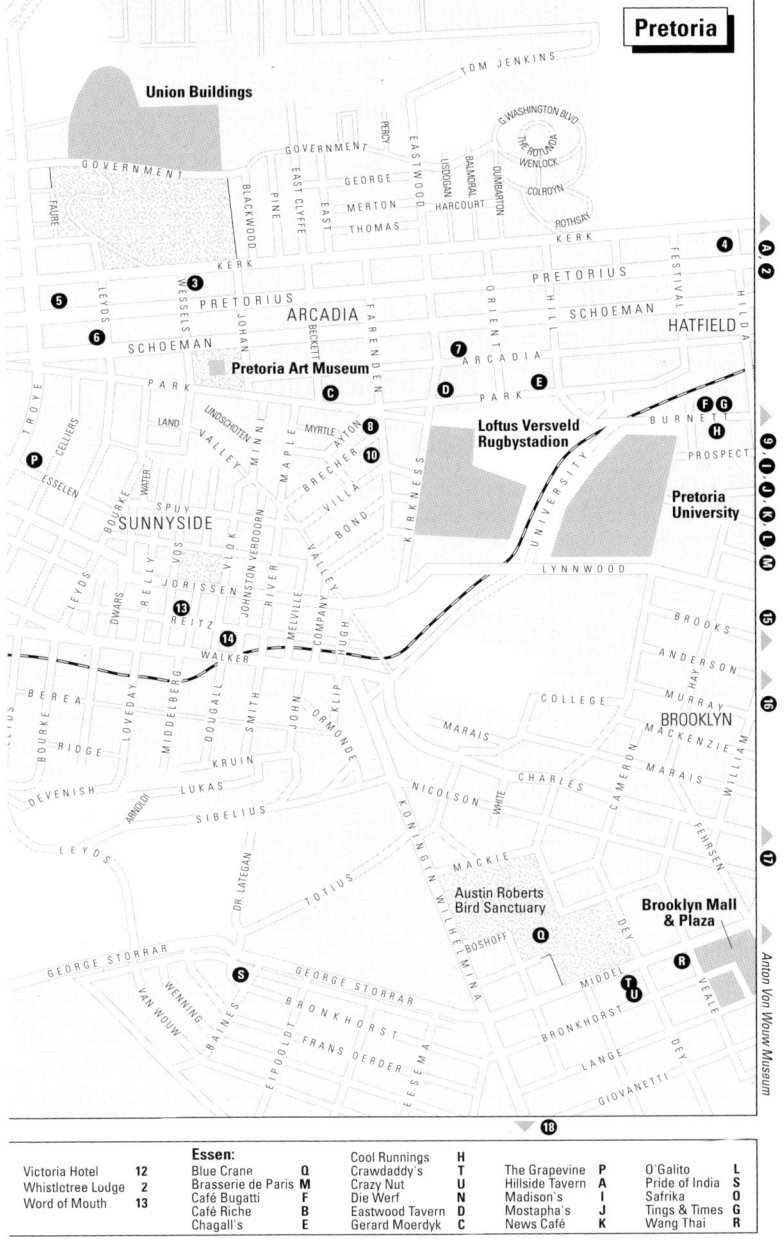

Pretoria

Union Buildings

Pretoria Art Museum

Loftus Versveld
Rugbystadion

Pretoria
University

ARCADIA

HATFIELD

SUNNYSIDE

BROOKLYN

Austin Roberts
Bird Sanctuary

Brooklyn Mall
& Plaza

GAUTENG

		Essen:		Cool Runnings	**H**			O'Galito	**L**
Victoria Hotel	**12**	Blue Crane	**Q**	Crawdaddy's	**T**	The Grapevine	**P**	Pride of India	**S**
Whistletree Lodge	**2**	Brasserie de Paris	**M**	Crazy Nut	**A**	Hillside Tavern	**A**	Safrika	**O**
Word of Mouth	**13**	Café Bugatti	**F**	Die Werf	**N**	Madison's	**I**	Tings & Times	**G**
		Café Riche	**B**	Eastwood Tavern	**D**	Mostapha's	**J**	Wang Thai	**R**
		Chagall's	**E**	Gerard Moerdyk	**C**	News Café	**K**		

von Vereeniging unterzeichnet wurde und der Krieg damit ein Ende fand. Im prachtvollen Teegarten im Freien werden Kuchen, kleine Mahlzeiten und an manchen Tagen zur Mittagszeit herzhafte südafrikanische Gerichte wie *bobotie* serviert. ⊙ Di–So 10–17 Uhr, Eintritt R3.

Nach einem Marsch vom Burgers Park entlang der Minnaar Street nach Westen und anschließend rechts in die Paul Kruger Street, gelangt man hinter dem riesigen Skelett eines Walfischs zum großartigen **Transvaal Museum**. Es ist das älteste Museum Pretorias und das Kernstück der Northern Flagship Institution, unter dessen Namen die großen Museen der Stadt zusammengefasst sind. Das Naturkundemuseum zeigt jede Menge ausgestopfter Tiere, Dinosauriermodelle und faszinierende Fossilien, von denen einige mehr als eine Million Jahre alt sind. Bei wem das Interesse bereits durch die Entdeckungen der nahen Cradle of Humankind (s. S. 605) geweckt worden ist, wird einen Besuch sicherlich lohnend finden. Neben einer Bronzebüste von Robert Broom, der in die drei Millionen Jahre alten Augenhöhlen von Mrs Ples blickt, gibt es verschiedene fossile Funde, Modelle und Rekonstruktionen frühen hominiden Lebens zu sehen. Mit Ausnahme der präparierten Primaten kann die Sammlung ausgestopfter Tiere kaum begeistern, da viele von ihnen in nicht allzu weit entfernten Naturreservaten in freier Wildbahn erlebt werden können. Wissenswertes über den Artenreichtum der südafrikanischen Avifauna präsentiert die Austin Roberts Bird Hall. Das Geoscience Museum widmet sich einer weiteren Besonderheit Gautengs: Gesteine und Mineralien. ⊙ Mo–Sa 9–17, So 11–17 Uhr, Eintritt R8.

Gegenüber dem Museum erhebt sich am Ende einer langen Springbrunnenanlage und hinter gepflegten Blumenbeeten die **City Hall**, die ein architektonischer Mix aus griechischen und römischen Baustilen ist und vor der zwei ansehnliche Statuen von Andries und Marthinus Pretorius stehen. Den nächsten größeren Häuserblock in westlicher Richtung nimmt das **National Cultural History Museum** ein, das früher unter dem Namen **African Window** bekannt war und über die Visagie Street zugänglich ist. Wie viele andere öffentliche Sammlungen tastet sich auch diese allmählich in das neue Südafrika vor. Wechselnden Ausstellungen wird in den großzügigen Räumlichkeiten reichlich

Platz gewährt, was dem Museum allerdings einen leicht unausgegorenen Charakter verleiht. Und auch die Abteilungen der Dauerausstellung wirken, wenngleich interessant, etwas zusammenhanglos. Zu ihnen gehören „Access to Power" mit einer Präsentation der Felsenkunst der San und „People's Choice", für deren Auswahl aus über drei Millionen Objekten der riesigen Museumssammlung u.a. Frauengruppen und Schulkinder aus den Townships eingeladen wurden. In einem anderen Raum werden Werke von J.H. Pierneef (1886–1957) gezeigt, der zu den berühmtesten Malern Südafrikas zählt und für seine Bushveld-Landschaften bekannt ist. ⊙ Tgl. 8–16 Uhr, Eintritt R5.

Nördlich des Church Square

Das emsige Treiben entlang der nördlich des Church Square verlaufenden Proes Street und Struben Street wird von Discount-Läden, einer schwarzen Einkäuferschar und in Richtung der Townships brausenden Minibus-Taxis bestimmt. Im Unterschied zu anderen zentralen Vierteln Pretorias ist bei einer Erkundung dieser Gegend erhöhte Vorsicht geboten, da Banden in diesen Straßen mitunter ihr Unwesen treiben, und eine Reihe von Touristen in der Vergangenheit hier überfallen wurde.

Ein Stück weiter erstrecken sich jenseits der Bloed und Boom Street die **National Zoological Gardens**. Der große und hervorragend gute Zoo beherbergt seltene Antilopenarten, ein Breitmaulnashorn sowie zahlreiche südamerikanische und afrikanische Spezies. Eine Seilbahn (R8) führt in luftiger Höhe über das Gelände zu beiden Seiten des Apies River, am Boden durchzieht ein insgesamt sechs Kilometer langes Wegenetz den Zoo. Fußfaule können sich gar Golfcarts für R60 pro Std. mieten. Um einige der ungewöhnlichsten Zoobewohner in Aktion zu erleben, empfiehlt sich die Teilnahme an einer der **nächtlichen Führungen**, die Mi, Fr und Sa um 18 Uhr beginnen und R40 kosten, Informationen unter ✆ 328 3265. Das benachbarte **Pretoria Aquarium and Reptile Park** beeindruckt weniger, zeigt aber viele z.T. bizarre und höchst giftige Tiere. Beim Besuch des Zoos ist der Eintritt inklusive.

Westlich davon liegen die schmuddeligen Straßen von **Marabastad**, das erste Gebiet der Stadt für „Nicht-Weiße". Sehenswert ist hier der reich geschmückte hinduistische **Mariammen Temple** direkt neben dem Markt. Obgleich die Gegend faszinierend ist, kann sie durchaus einschüchternd wirken, so dass man sich in Begleitung bei einem Rundgang eines Guide vielleicht wohler fühlen wird.

Arcadia und die Union Buildings

Entlang der Vermeulen Street oder der Church Street ist es vom Zentrum nicht weit ins östlich gelegene Arcadia, wo die Union Buildings, der Sitz der südafrikanischen Regierung, majestätisch auf einem Hügel thronen. Die 1910 von Herbert Baker entworfenen Bauten mit ihren langen Kolonnaden und dem weit geschwungenen Amphitheater sollten wahrscheinlich die Einheit von Britischem und Burischem symbolisieren, scheinen jedoch letztlich mehr das imperiale Selbstbewusstsein der Briten zu verherrlichen. Nelson Mandela besaß hier ein Büro und wurde im Rahmen einer feierlichen Zeremonie 1994 an diesem Ort in sein Amt eingeführt. Es war dies wohl das erste Mal, dass die imperialistischen Sinnbilder – nicht zuletzt durch das Lobpreisungen des afrikanischen Chors, der Mandela als letzten in einer langen Reihe von Helden, von Shaka bis Hintsa und darüber hinaus vom Amphitheater aus besang –, eine völlig neue Bedeutung erfuhren. Die Gebäude sowie die umliegenden Gärten stehen Besuchern offen, bei größerem Interesse an Bakers Bauten und speziell den Union Buildings bietet sich die Teilnahme an einer der *The Baker's Dozen* betitelten Touren von Leone Baker für ca. R50 an, ✆ 344 3197.

Im südlich der Union Buildings angesiedelten **Pretoria Art Museum**, Schoeman St, Ecke Wessels St, ist eine ausgezeichnete Auswahl südafrikanischer Kunst und niederländischer Meister untergebracht. Daneben sind auch schwarze Künstler vertreten, darunter Ephraim Ngatane. ◷ Di, Do–Sa 10–17, Mi 10–20, So 12–17 Uhr, Eintritt R3. Unmittelbar hinter dem Haupteingang befindet sich eine kleine Galerie mit sehenswerten zeitgenössischen Werken und einem kleinen Café. Gleiche Öffnungszeiten, Eintritt frei.

Sunnyside und Hatfield

Geschäftiges Treiben auf der Straße, charakteristische alte Gebäude und eine Vielzahl von Cafés kennzeichnen das südöstlich des Zentrums gelegene, gemischtrassige Sunnyside, ein Viertel, das wie kein anderes typisch afrikanisches Flair besitzt. Das **Oeverzicht Artists' Village** an der Koetze Street, Ecke Gerard Moerdyk Street, war früher ein lebendiger kleiner Komplex aus alten Häuschen, in denen interessante Kunsthandwerksläden und Restaurants untergebracht sind. Doch inzwischen sind nur noch wenige der Einrichtungen, die dem Ort seine Vitalität verliehen, übrig. Im **Breytenbach Theatre**, 137 Gerard Moerdyk Street, wo angeblich die Geister derer spuken, die hier starben, als das Gebäude noch ein Krankenhaus für Deutsche war, werden vorrangig studentische Theaterproduktionen aufgeführt. Von zahllosen Bars gesäumt und noch mehr fliegenden Händlern bevölkert verläuft die nahe **Esselen Street** als belebteste Straße durch Sunnyside.

Östlich von Sunnyside finden im riesigen **Loftus Versveld Stadion** die großen Rugby- und Fußballspiele statt. Auf der anderen Seite der Bahngleise ist die **Pretoria University** beheimatet, die über ausgezeichnete Galerie- und Museumsflächen verfügt und u.a. im Ou Lettre (Alte Kunst) Building eine Ausstellung über die bemerkenswerten archäologischen Funde in Mapungubwe (s.S. 695, Kasten), eine Bergfeste am Limpopo und einstige Hauptstadt eines großen Königreichs im südlichen Afrika, zeigt. Unter den Exponaten befinden sich ein aus dünner Goldfolie gefertigtes Nashorn, Figurinen, Schmuck und bemaltes Kochgeschirr – allesamt Gegenstände, die mindestens 700 Jahre alt sind. ◷ Di–Fr 10–16 Uhr, Eintritt frei. Im selben Gebäude ist eine Kunstgalerie untergebracht, die wechselnde Ausstellungen aus den umfangreichen Universitätssammlungen, wie die fantastischen, holländischen Meister oder chinesische Keramiken aus der Han-Dynastie (206 v.Chr.–221 n.Chr.), präsentiert. Ein Besuch ist nur nach vorheriger Anmeldung unter ✆ 420 3100 möglich.

Hatfield hat sich in den letzten Jahren zur lebendigsten Gegend Pretorias entwickelt und versammelt die angesagtesten Szenetreffs und Lokale für nächtliche Ausschweifungen in der Umgebung von Park, Burnett und Hilda St. Hier befinden sich jede Menge studentische Cafés, Bars und Restaurants. Wer das elegante Wohnhaus und Museum des bejubelten burischen Bildhauers **Anton van Wouw**, 299 Clark Street, besuchen möchte, muss sich von der Universität nach Südosten in das wohlhabende Viertel **Brooklyn** begeben. Von van Wouw stammt die Mehrzahl der mürrischen Abbilder burischer Persönlichkeiten des öffentlichen Lebens, die von den 90er Jahren des 19. bis in die 30er Jahre des 20. Jahrhunderts über das ganze Land verstreut aufgestellt wurden, darunter die Statue Krugers auf dem Church Square in Pretoria. Sein berühmtestes Werk ist das Voortrekker Monument südlich der Stadt (s.u.). Das nach Entwürfen des gefeierten Architekten Norman Eaton 1938 errichtete Haus beherbergt eine Sammlung kleinerer Arbeiten van Wouws. Meist waren seine Figuren in ländlichen Kontext gesetzt, es gibt jedoch auch zwei bemerkenswerte Darstellung aus anderen Bereichen zu sehen: Die eine zeigt einen Bergbauarbeiter, die andere einen vor Gericht angeklagten Mann. Aufmerksamkeit verdient außerdem die munter wirkende Gitarrenspielerin, die sanft lächelnd die Saiten zupft. ☉ Mo–Fr 10–16 Uhr, Eintritt frei.

Der Süden und das Voortrekker Monument

Auf dem Weg nach Süden Richtung Johannesburg passiert die Preller Road die gleichermaßen monströse wie hässliche **UNISA**, Südafrikas größte Universität. Mehr als 30 000 Studenten sind hier eingeschrieben, die Mehrzahl allerdings im Rahmen von Korrespondenzkursen. Immerhin beherbergt sie in der 5. Etage eine sehr gute **Kunstgalerie**, die zu den innovativsten ihrer Art in Pretoria zählt und in ihrer Dauerausstellung junge südafrikanische Talente aller Rassen vorstellt. ☉ Di–Fr 10–16 Uhr, Voranmeldung ratsam, ✆ 429 6255.

Einen Abstecher lohnt das am Stadtrand, westlich der UNISA auf dem Gelände des Pretoria Central Prison angesiedelte **Correctional Services Museum** (Gefängnismuseum). Anfahrt über die zwei Straßen westlich des Church Square verlaufende Schubart Street, später R101 nach Süden, bis man das berüchtigte Gefängnis, in dem viele berühmte politische Gefangene inhaftiert (und hingerichtet) wurden, auf der rechten Seite sieht. Im Museum werden künstlerische Arbeiten von Häftlingen gezeigt, darunter die lebensgroße Statue eines Häftlings, der vor einem ausdruckslos blickenden Gefängniswärter mit einem zum Züchtigung ausgestreckten Arm auf dem Boden kriecht. Zu sehen gibt es außerdem eine Sammlung von Messern

und Feilen, die versteckt in Bibeln, Schuhen, Kuchen usw. an ihre Empfänger gehen sollten. Am bedrückendsten – und als merkwürdige Art der Werbung für den Gefängnisdienst zu verstehen – sind die über die Jahre gemachten Gruppenfotos der wechselnden, bedrohlich wirkenden Wärterschaft. ☉ Mo–Fr 9–15 Uhr, Eintritt frei.

Von der R101 führen in ihrem weiteren Verlauf Wegweiser zum berühmten Voortrekker Monument and Museum. Lange Jahre galt das Denkmal als ominöses Symbol der Burenherrschaft, inzwischen wird es aber verstärkt als eine der vielen Wegmarken südafrikanischer Kultur verstanden. Besucher können sich hier ein umfassendes Bild der burischen Seele machen. Der gewaltige, nüchterne Granitblock entstand 1940 eingedenk des Sieges der Buren über die Zulu-Armee am Blood River am 16. Dezember 1838 und hätte in seinem Symbolismus kaum erdrückender ausfallen können. Umgeben wird der Koloss von einem Relief, das Ochsenkarren zeigt, davor steht die große Statue einer Frau, die mit erhobener Faust imaginären Unterdrückern droht. Auf einer Reihe von Reliefs werden im Innern Szenen des Großen Trecks dargestellt, draußen findet man versteckt zwischen Bäumen zwei verkleinerte Nachbildungen der Hütten der Zulu-Könige Dingane und Cetshwayo. Das Denkmal befindet sich in einem kleinen **Naturreservat**, in dem verschiedene Wander- und Radwege zu Aussichtspunkten führen, die die Sicht auf Pretoria und die umliegende Landschaft freigeben. Nach vorheriger Anmeldung kann das Gelände auch mit dem Pony erkundet werden. Informationen hierzu unter ✆ 326 3929, ☉ tgl. 8–17 Uhr, Eintritt R18.

Wegen der regen Regierungsgeschäfte gibt es in Pretoria jede Menge seelenlose, moderne Hotelkomplexe, von denen die meisten Ableger multinationaler Hotelketten sind. Weitaus angenehmer wohnt man in einem der weniger zahlreichen Hotels und Guesthouses, die echten Charakter besitzen. Einige davon sind unten zusammengestellt. Anders als in Johannesburg kann hier gefahrlos in Zentrumsnähe Quartier bezogen werden, allerdings gibt es dort kein nennenswertes Nachtleben – zu diesem Zweck ist man besser in **Hatfield** oder **Brooklyn** aufgehoben, wo eine Reihe ausgezeichneter Guesthouses Unterkunft anbieten.

Rucksacktouristen können zwischen verschiedenen guten **Hostels** wählen, die Mehrzahl davon befindet sich in Sunnyside, Arcadia und Hatfield. Die wenigsten bieten die Abholung vom Flughafen kostenlos an, eine preiswertere Alternative wird man jedoch kaum finden. Wie in Jo'-burg empfiehlt es sich, die erste Übernachtung vor Ankunft zu buchen, um den Transport vom Flughafen möglichst einfach zu gestalten und einen ersten Anlaufpunkt zu haben.

BACKPACKER LODGES – *Kia Ora Backpackers**, 257 Jacob Maré St, ✆ 322 4803, 🖥 www.kia-ora. co.za. Das am zentralsten gelegene Hostel der Stadt, nahe der Museum Mall und in unmittelbarer Nachbarschaft zum Melrose House. Nicht ganz so lebendig wie die anderen, aber nett und komfortabel. Anständige DZ und durchschnittliche Schlafsaalunterkünfte. Speisen gibt es in der finsteren, für jedermann geöffneten Bar, in der ständig der Fernseher läuft.

Mazuri Backpackers*, 503 Reitz St, Sunnyside, ✆ / ✆ 343 7782, 🖥 www.mazuri.freeserve.com. Vergleichsweise schlichtes, aber freundliches und entspanntes Hostel im Herzen des einst anziehenden, inzwischen jedoch etwas heruntergekommenen Viertels Sunnyside. Die Schlafsäle und DZ sind auf zwei Gebäude und verschiedene Anbauten verteilt.

North South Backpackers*, 355 Glyn St, Hatfield, ✆ 362 0989 oder 082-533 2837, 🖥 www. northsouthbackpackers.com. Hübsch und gut geführt, hat sich zu einem der besten Backpacker-Hostels der Stadt gemausert und ist günstig gelegen, um das ausgelassene Nachtleben Hatfields zu erkunden. Schlafsäle und DZ in großem, ruhigen Vorstadtgebäude mit herrlichem Garten und Swimming Pool.

Pretoria Backpackers*, 425 Farenden St, Clydesdale, ✆ 343 9754 oder 083-302 1976, 🖥 www. ptabackpackers.co.za. Anspruchsvolles Ambiente, reichlich DZ und kleinere Schlafsäle verteilt über zwei schöne alte Gebäude mit Holzfußböden, ursprünglicher Einrichtung und gemütlicher Veranda. Massagen und Schönheitskuren werden angeboten. Der kenntnisreiche Besitzer,

François, ist ein begeisterter Liebhaber seiner Stadt und betreibt ein nützliches Reisezentrum für Stadttouren und weiter gehende Fahrten.

Word of Mouth*, 430 Reitz St, Sunnyside, ✆ 343 7499, 🖥 www.wordofmouth.co.za. Lebendiges und herzliches, wenngleich etwas abgetakeltes Hostel nicht weit vom Zentrum. Im Garten einige Holzhäuschen, die als DZ dienen.

HOTELS, GUESTHOUSES UND B&Bs – *Arcadia Hotel****, 515 Proes St, ✆ 326 9311, 🖥 www. arcadiahotel.co.za. Zentral gelegenes, vorrangig um Geschäftsreisende buhlendes Hotel, das vor allem wegen einem fehlenden Pool ein wenig überteuert scheint, aber komfortable Zimmer sowie ein gutes Restaurant bietet.

Arcadian Guest House**, 870 Arcadia St, ✆ 342 4588 oder 082-787 5274, 🖥 www. arcadianguesthouse.co.za. Altes, mit Antiquitäten eingerichtetes Gebäude in Kombination mit modernster Ausstattung wie Swimming Pool und Kabel-TV. Nicht weit von den nächtlichen Ausgehmöglichkeiten in Hatfield und vom Diplomatenviertel gelegen.

Battiss-Zeederberg Guesthouse**, 3 Fook Island, 92 20th St, Menlo Park, ✆ 460 7318 oder 083-271 0819. Sehr komfortables B&B im früheren Wohnhaus des exzentrischen Künstlers Walter Battiss. In leuchtenden Farben gestrichene Fußböden, ausgefallene Einrichtung, unverkennbar griechisch beeinflusst.

Brooks Cottage**, 283 Brooks St, Brooklyn, ✆ 362 3150 oder 082-448 3902, ✉ brookscottage @iafrica.com. Schmuckes kapholländisches Gebäude im schicken Brooklyn. 3 Zimmer, eines davon für Selbstversorger.

Hotel 224*, Leyds St, Ecke Schoeman St, ✆ 440 5281, 🖥 www.hotel224.com. Nahe den Union Buildings, wirkt etwas angejahrt, besitzt aber dennoch Charakter und ist sehr preiswert. Restaurant, Bar, sichere Parkplätze.

La Maison***, 235 Hilda St, Hatfield, ✆ 430 4341, 🖥 www.lamaison.co.za. Sehr schönes Guesthouse mit herrlichem Garten, 6 viktorianisch eingerichteten Zimmern und ausgezeichnetem Restaurant.

Osborne House***, 82 Anderson St, Brooklyn, ✆ 362 2334 oder 083-302 1049, ✉ osbornehouse @worldonline.co.za. Elegantes Guesthouse in restauriertem edwardianischen Gebäude. Zauberhaft möbliert, große Fenster und Holzfußböden. Schöner, vor neugierigen Blicken abgeschirmter Pool.

Ronde Geluk*, 570 Pretorius St, Arcadia, ℡ 341 9221 oder 082-965 7995. Zwischen unansehnlichen Apartmentblöcken versteckte, einnehmende strohgedeckte Ferienhütten mit geschmackvoller Einrichtung.

Sheraton Pretoria, über R500, 643 Church St, Arcadia, ℡ 429 9999, 🖳 www.fourpoints.com. Edles 5-Sterne-Hotel mit allen Annehmlichkeiten, größter Vorzug ist jedoch die unschlagbare Aussicht auf die Union Buildings. Wer sich kein Zimmer hier leisten möchte, kann den Ausblick auch von der *Union Gardens Lounge* neben der *Tiffens Bar & Lounge* genießen.

Ted's Place*, 961 Wagon Wheel Ave, Wapadrand, ℡ 807 2803, 🖳 www.teds-place.za.net. Eine der hübschesten Unterkünfte am Stadtrand. Großes und elegantes B&B, auf einem Hügel gelegen mit einer freundlichen, herrlichen Aussicht auf die Stadt und die Magaliesberge.

That's It Guest Home*, 5 Brecher St, Clydesdale, ℡ 344 3404 oder 082-781 7230, 🖳 www.gauteng.com/thatsit. Nettes, auf allzu viel überflüssiges Beiwerk verzichtendes B&B. 4 Zimmer, einladender Garten und Pool.

Victoria Hotel***, Scheiding St, Ecke Paul Kruger St, ℡ 323 6052, ✆ 323 0843. Historisches Gebäude gegenüber dem Bahnhof. Früher eine Kneipe der Eisenbahnarbeiter, heute eine anspruchsvolle Unterkunft, die oftmals von begüterten Touristen genutzt wird, die in einem der Luxuszüge gen Kapstadt reisen.

Whistletree Lodge****, 1267 Whistletree Drive, Queenswood, ℡ 333 9915 oder 082-446 8858, 🖳 www.whistletree.freeservers.com. Nobles Guesthouse, mit hübschen Antiquitäten, schicken Möbeln und Kunst. Zu den Annehmlichkeiten zählen u.a. ein Pool, eine Sauna und Privatbalkone.

Essen

Pretoria besitzt jede Menge gute **Restaurants**, vor allem in den Gegenden von Hatfield und Brooklyn, wo sie nicht selten in der Umgebung gut besuchter Einkaufszentren angesiedelt sind.

Wer etwas mehr Aufwand nicht scheut, kann einige sehr interessante Lokale ausprobieren, in denen südafrikanisches Essen serviert wird. Nicht minder reichhaltig ist die Auswahl an **Cafés**, wobei Hatfield wiederum die schickeren vorweisen kann. Es ist aber auch direkt im Zentrum möglich ist, einen vernünftigen Espresso zu bekommen.

RESTAURANTS – *Blue Crane*, 156 Melk St, New Muckleneuk. Vergleichsweise traditionelles und anspruchsvolles Restaurant in bestechender Lage mit Blick auf den Stausee und das Austin Roberts Bird Sanctuary. Tgl. Frühstück, Nachmittagstee und Hauptgerichte zu mittleren Preisen.

Brasserie de Paris, 525 Duncan St, Hatfield, ℡ 362 2247. Nachbildung des klassischen Pariser Cafés, hübsche Terrasse, geräumiges und edles Interieur, guter Service und ausgezeichnete Speisen, die allerdings ihren Preis haben. Sa mittags u nd So geschlossen.

Chagall's, 924 Park St, Hatfield, ℡ 3417511. Schickes und teueres Restaurant im Herzen des Diplomatenviertels, hervorragende französische Gerichte, dazu passende Weine. Sa mittags und So geschlossen.

Crawdaddy's, Brooklyn Plaza, Middle St, Ecke Day St, Brooklyn. Beliebt und ausgelassen, Cajun-Ambiente, serviert werden saftige Steaks und verschiedene, gute Fischgerichte.

Crazy Nut, Day St, Ecke Bronkhorst St, Brooklyn. Überraschend groß, inkl. Café und vegetarischem Restaurant sowie einem gut sortierten Ökoladen.

Die Werf, Plot 66, Olympus Rd, Pretoria East, ℡ 991 1809. Serviert eine herzhafte wie erschwingliche Auswahl an klassischer *Boerkos* (Farmer-Kost), darunter *kerrie skaapafval* (in Curry zubereitete Kutteln und Hachsen) sowie *melktart* (Milchtorte). So abends und Mo geschlossen.

Gerard Moerdyk, 752 Park St, Arcadia, ℡ 344 4856. Ausgezeichnete, wenngleich nicht billige südafrikanische Küche, u.a. Strauß und Springbock, ansprechende Umgebung. Sa mittags und So geschlossen.

Hillside Tavern, Rynial Building, 320 The Hillside, Lynnwood, ℡ 3481402. Von Einheimischen wegen der Steaks hoch gelobt. Es gibt aber auch fantasievoll zubereitete Fischgerichte, mittlere Preise.

Madison's, Gilles Botbyl Centre, Duncan St, Hatfield, ✆ 342 2012. Angesagter Treffpunkt der einheimischen Schickeria, minimalistisches Design, kreative, internationale Küche. Sa mittags und So geschlossen.

Mostapha's, 478 Duncan St, Hatfield, ✆ 342 3855. Der Ruhm Mostaphas, einst Koch im marokkanischen Königshaus, hat sich inzwischen in ganz Gauteng herumgesprochen. Serviert werden gute wie ausgefallene Gerichte zu mittleren Preisen.

O'Galito, Hatfield Rendezvous, 367 Hilda St, Hatfield, ✆ 342 6610. Reichhaltige und würzige mosambikanische und portugiesische Speisen in edlem Ambiente.

Pride of India, Groenkloof Plaza, George Storrar Dr, Groenkloof, ✆ 346 3684. Bestens zubereitete nordindische Currys in reich ausgestatteten Räumlichkeiten, elegant und selbstbewusst. ⊙ Sa mittags und So abends geschlossen.

Safrika, Kutlwanong Democracy Centre, 357 Visage St. Bestes afrikanisches Restaurant der Stadt. Klein, freundlich und schlicht eingerichtet, dafür aber schmackhafte und authentische Speisen zu guten Preisen. So geschlossen.

Wang Thai, 281 Middel St, Brooklyn, ✆ 346 6230. Elegantes und authentisches Thai-Restaurant im Herzen von Brooklyn, freundliche und unaufdringliche Bedienung.

BARS UND CAFÉS – Café Bugatti, Hatfield Galleries, Burnett St, Hatfield. Beliebtes Frühstückslokal der schicken Szene Hatfields.

Café Riche, 2 Church Square West, Zentrum. Eines der schönsten Cafés des Landes, europäische Atmosphäre. Skurriles Veranstaltungsprogramm, darunter spätabendliche philosophische Diskussionsrunden und sonntäglicher Brunch auf dem Church Square. ⊙ tgl. 6–24 Uhr.

Cool Runnings, 1071 Burnett St. Überaus beliebte Reggae-Bar, in der ständig irgendeine Party im Gange zu sein scheint und die auch herzhafte Speisen anbietet.

Eastwood Tavern, 391 Eastwood Rd, Arcadia. Gut besuchter, oftmals etwas derber Pub nahe dem Loftus Versveld Rugbystadion mit riesigen, preiswerten Steak-Gerichten.

The Grapevine, 204 Sunnyside Galleries, Esselen St, Sunnyside. Alteingesessenes Café mit Patisserie nach französischem Vorbild, angenehme und gesellige Klientel. Wer es eilig hat, kann die ausgezeichneten Backwaren auch einfach mitnehmen.

News Café, Hatfield Square, Burnett St, Hatfield. Beliebte Bar mit Café im Herzen von Hatfield. Frühstück sowie Brunch ab 9.30 Uhr an Wochenenden, ansonsten jeden Tag passable Speisen bis spät abends.

Tings and Times, Hatfield Galleries, Burnett St, Hatfield. Eine der angesagten Bars in Pretoria, bei Studenten beliebt, aber auch von anderen Kreisen wegen der lockeren Atmosphäre und des erstklassigen Reggae frequentiert.

Unterhaltung und Kultur

Zwar kann Pretoria nicht dieselbe Dynamik und Vielfalt in der Kunst- und Musikszene wie Johannesburg vorweisen, mit dem State Theatre und dem regen Nachtleben Hatfields werden jedoch auch hier reichlich Unterhaltungsmöglichkeiten geboten. Sunnyside, früher der Brennpunkt des nächtlichen Treibens, ist an manchen Ecken etwas heruntergekommen, und ein Großteil der Szene ist in die von schicken Yuppies und wohlhabenderen Studenten bevorzugten Viertel **Hatfield** und **Brooklyn** abgewandert. Ein gänzlich anderes Bild bieten die Townships Mamelodi und Atteridgeville, wo zahlreiche kleine Clubs südafrikanische Musik und Soul spielen.

Für das ausführliche Theater- und Kinoprogramm empfiehlt sich der **Veranstaltungskalender** der *Pretoria News*. Der bildenden Kunst, dem Theater sowie großen Musikveranstaltungen widmet sich außerdem der überregionale *Mail & Guardian. Computicket*, ✆ 083-915 8000, 🖳 www.computicket.com, und *Ticket Web*, ✆ 083-140 0500, 🖳 www.ticketweb.co.za, sind die großen Kartenvorverkaufsstellen für die meisten Kultur- und Sportveranstaltungen. Filialen der beiden sind in Einkaufszentren und Kaufhäusern zu finden.

KINOS – Pretoria gehört zu den Städten, in denen neue Filme zuerst gezeigt werden, darunter jede Menge gängiger Hollywood-Streifen.

GAUTENG

Cinema Nouveau, Brooklyn, ✆ 346 3435, zeigt anspruchsvollere Werke.

Nu-Metro, Menlyn Park, ✆ 368 1301, größtes und bestes Premierenkino, verfügt außerdem über ein IMAX-Kino, ✆ 368 1186.

Ster-Kinekor, Kinokette mit Ablegern in der Beatrix St, Arcadia, ✆ 341 7568, und in der New Brooklyn Mall, ✆ 346 7683.

The Tramshed, Schoeman St, Ecke Van der Walt St, ✆ 320 4300, beherbergt auch ein Kino mit einem sehenswerten Programm abseits des Mainstream.

LIVE-MUSIK UND CLUBS – *Club @,* 297 Lynnwood Rd, Lynnwood. Beliebter und entsprechend gut besuchter Club mit „Studentenabenden" und unterschiedlichen DJs die ganze Woche über.

Crossroads Blues Bar, The Tramshed (Obergeschoss), Schoeman St, Ecke Van der Walt St, ✆ 322 3263. Im selben Komplex wie das Kino, zentral gelegen. Angesagte Konzertbühne für Rock- und Bluesbands.

DNA, 600 Van der Walt St. Freitags großer Zulauf zu Funk und Progressive House, samstags wird unter dem Namen *Orange* Garage und Hard House gespielt.

Tequila Sunrise Café, 1141 Burnett St, Hatfield. Beliebter Veranstaltungsort für Live-Musik mit einem höchst variablen Angebot, das von Akustik-Arrangements bis hin zu Punk-Partys reicht. ◷ tgl.

Up the Creek, Prospect St, Ecke Hilda St, ✆ 362 3712. Gediegene Konzertbühne für Jazz, Folk und Akustik-Abende, häufig namhafte Musiker aus der Region.

Upstairs at Morgan's, Burnett St, Hatfield, ✆ 362 6610. Mo–Sa Live-Musik, mitunter Topbands aus Südafrika. Außerdem häufig Partys, überwiegend studentisches Publikum.

THEATER – *Basement Theatre,* Church Square, unter dem Café Riche, ✆ 328 3173, eleganter und kompakter Veranstaltungsort mit einer beachtlichen Bilanz an wagemutigen Produktionen.

Breytenbach, 137 Gerard Moerdyk St, Sunnyside, ✆ 341 3517, neben dem Oeverzicht Artists' Village. Lebendige studentische Produktionen.

State Theatre, Church St, ✆ 322 1665, ist Pretorias vorrangige Bühne für Theater, Oper und Klassik. Unter der Leitung von Hugh Masekela ist das Programm um interessante Jazzveranstaltungen und Theaterproduktionen von Schwarzen erweitert worden.

Einkaufen

BÜCHER – *Exclusive Books,* Centurion Centre, Centurion, ✆ 663 3204, beste Buchhandlung der Stadt. *Protea Book House,* 1067 Burnett St, Hatfield, ✆ 362 5683, nimmt für sich in Anspruch, die größte Buchhandlung Südafrikas zu sein und bietet ein riesiges Sortiment an neuen und gebrauchten Büchern.

CAMPING- UND WANDERAUSRÜSTUNG – *Trappers Trading,* Atterbury Value Mart, Atterbury Rd ✆ 991 5585. *Cape Union Mart,* Brooklyn Mall, Bronkhorst St, Brooklyn ✆ 460 5511.

MÄRKTE – *Hatfield Flea Market,* Hatfield Plaza. Pretorias lohnendster Flohmarkt lockt jeden Sonntag mit einem Angebot an Kunsthandwerk und Nippes sowie einer lebendigen Atmosphäre. *Irene Village Market,* im Smuts House. Jeden zweiten und letzen Sonntag im Monat, gute Auswahl an Kunst und Kunsthandwerk.

Sonstiges

APOTHEKEN – *Crest,* Duncan Walk, Hatfield, ✆ 362 0304; *Station,* 509 Paul Kruger St, ✆ 323 1239; ansonsten in jedem Einkaufszentrum.

AUTOVERMIETUNGEN – *Avis,* ✆ 325 1490; *Budget,* ✆ 341 4650; *Imperial,* ✆ 348 4838; *Swans,* ✆ 082-658 0078; *Tempest,* 186 Struben St, ✆ 324 5007.

GELD – *American Express,* 306 Brooklyn Mall, Bronkhorst St, Brooklyn, ✆ 346 3580, nach Büroschluss ✆ 082-901 5910.
Reisebüro ◷ Mo–Fr 8.30–17 Uhr,
Geldwechsel ◷ Mo–Fr 9–16.30 Uhr.
Die Mehrzahl der **Banken** befindet sich um den Church Square und entlang der Church St.

GAUTENG

INFORMATIONEN – *Tourist Information Centre,* an der südwestlichen Ecke des Church Square, ✆ 308 8909, ⌨ www.pta-online.co.za. Wichtigste Anlaufstelle für Informationen über die Stadt bzw. Tshwane, wie der Großraum Pretoria auch genannt wird. ☻ Mo–Fr 8–16 Uhr. Das Information Centre beherbergt auch *Travel the Planet,* ✆ 337 4337, ein Unternehmen, das bei der Unterkunftssuche sowie bei Fragen zu Transportmitteln behilflich ist und Touren anbietet.

INTERNET – *Net Café,* Hatfield Square, Prospect St, Hatfield, ⌨ www.netcafe.co.za, ☻ Mo–Sa 10–15, So 10–14 Uhr.
Odyssey, Hatfield Galleries, Burnett St, Hatfield, ☻ tgl. 9–23.30 Uhr;
May Vision, Shop 11, Pavilion Center, 92 Jeppe St, Sunnyside, ☻ tgl. 8–2 Uhr.

KONSULATE – **Deutschland**: 180 Blackwood St, Arcadia, ✆ 427 8900;
Lesotho: 1 T. Edison St, Menlo Park, ✆ 460 7648;
Malawi: 770 Government Ave, Arcadia, ✆ 342 0146;
Mosambik: 199 Beckett St, Arcadia, ✆ 343 7840;
Namibia: 702 Church St, Arcadia, ✆ 344 5992;
Sambia: 570 Ziervogel St, Arcadia, ✆ 326 1854;
Swasiland: 715 Government Ave, Arcadia, ✆ 344 1910;
Zimbabwe: 798 Merton St, Arcadia, ✆ 342 5125.

MEDIZINISCHE HILFE – Mit 24-Std.-Notdienst: *Pretoria Academical Hospital,* Doctor Savage Rd, ✆ 354 1000; *Pretoria West,* Trans Oranje Rd, ✆ 386 5111; *Starcare Muelmed,* 577 Pretorius St, Arcadia, ✆ 4402362, Privatklinik.

NOTRUF – AIDS-Krisentelefon, ✆ 0800-012322; Feuerwehr, ✆ 310 6300; Krankenwagen, ✆ 10177; Polizei, ✆ 10111; Vergewaltigung, ✆ 786 6608.

TOUREN – *Packers Safaris,* im Pretoria Backpackers, ✆ 343 9754, veranstaltet die besten und preiswertesten Stadtrundfahrten, außerdem Ausflüge nach Sun City und in ein Ndebele-Dorf. *Travel the Planet,* im Tourist Information Centre, ✆ 337 4415, ⌨ www.traveltheplanet.co.za, organisiert Touren durch die Stadt und die Region.

Moshito wa Tshwane, ✆ 337 4430, ist ein Touristenforum für die Townships Pretorias und kann entsprechende Touren arrangieren.

VORWAHL – 012

Nahverkehrsmittel

Das Zentrum von Pretoria lässt sich bequem zu Fuß erkunden, für weiter gehende Exkursionen empfiehlt es sich jedoch öffentliche Verkehrsmittel zu nutzen.

STADTBUSSE – Der zentrale Busbahnhof befindet sich am Church Square, dort gibt es auch ein Informationsbüro, ✆ 308 0839. Fahrpläne sind hier sowie in den Bussen selbst und in Apotheken erhältlich. Fahrkarten kosten nie mehr als ein paar Rand und werden in den Bussen verkauft.

MINIBUS-TAXIS – Die besten Chancen ein Minibus-Taxi zu bekommen, hat man an der Ecke Jacob Maré St und Bosman St, nur wenig nördlich des Bahnhofs. Sie können jedoch auch überall an der Straße herangewunken werden.

TAXIS – Wie in Johannesburg ist es auch in Pretoria nicht möglich, reguläre Taxis am Straßenrand anzuhalten. Für gewöhnlich stehen aber einige am oder in der Umgebung des Church Square. Ansonsten können Taxis telefonisch bestellt werden. *Rixi Mini Cabs,* ✆ 325 8072, empfiehlt sich als bestes Taxiunternehmen; *City Taxis,* ✆ 321 5741, ist eine Alternative.

Transport

BUSSE – Busbahnhof und Büro von *Intercape,* ✆ 654 4114, *Greyhound,* ✆ 323 1154, und *Translux,* ✆ 334 8000, neben dem Bahnhof. *North Link Transport,* ✆ 082-846 6539, verkehrt von der Bosman St, zwischen Church St und Pretorius St, nach Pietersburg und in den Norden.
Verbindungen bestehen von Pretoria nach ALIWAL NORTH (2x tgl., 9 Std.); BEAUFORT WEST (3–5x tgl., 12–13 Std.); BLOEMFONTEIN (3–4x tgl., 6–7 Std.);

GAUTENG

DURBAN (6x tgl., 9 Std.);
EAST LONDON (1x tgl., 12 1/2 Std.);
ERMELO (1x tgl., 4 1/4 Std.);
GEORGE (1–2x tgl., 16 Std.);
GRAAFF-REINET (Mo–Sa 2x tgl., 11 3/4 Std.);
HARRISMITH (1x tgl., 4 3/4 Std.);
JO'BURG (mind. 7x tgl., 1 Std.);
KAPSTADT (3–5x tgl., 17 Std.);
KIMBERLEY (3–4x tgl., 7 Std.);
KING WILLIAM'S TOWN (2x tgl., 13 1/2 Std.);
KLERKSDORP (3–5x tgl., 3–4 1/2 Std.);
KNYSNA (2–3x tgl., 16 Std.);
KURUMAN (1x Di, Fr und So, 9 1/4 Std.);
LADYSMITH (1x tgl., 7 1/2 Std.);
LOUIS TRICHARDT (1x Di, Do, Fr und So, 5 1/4 Std.);
MOSSEL BAY (1–2x tgl., 15 1/2 Std.);
NELSPRUIT (1x tgl., 4 Std.);
NEWCASTLE (1x tgl., 4 3/4 Std.);
OUDTSHOORN (1–2x tgl., 14 Std.);
PIETERMARITZBURG (7x tgl., 7 1/4 Std.);
PIETERSBURG (1–2x tgl. außer Sa, 3 Std.);
PLETTENBERG BAY (1x Di und Fr, 16 1/2 Std.);
PORT ELIZABETH (2–4x tgl., 16 Std.);
POTCHEFSTROOM (1–3x tgl., 2 1/2 Std.);
QUEENSTOWN (2x tgl., 10–11 Std.);
UMTATA (1x Mo, Mi, Fr und So, 13 3/4 Std.).

EISENBAHN – Die **Pretoria Station**, ☎ 334 8470, liegt südlich des Zentrums und ist nach den Plänen von Sir Herbert Baker gebaut. Auskunft über Fernverbindungen, ☎ 086-000 8888. Von den alle halbe Stunde nach Jo'burg verkehrenden Zügen ist abzuraten, da sie das Verbrechen anzulocken scheinen.

Der luxuriöse *Blue Train*, ☎ 315 2436, verkehrt Di, Do und Sa via Jo'burg nach Kapstadt, die noch feudaleren Züge von *Rovos Rail*, ☎ 323 6052, 🖳 www.rovos.co.za, fahren ebenfalls via Jo'burg nach Kapstadt, außerdem bis zu den Viktoriafällen.

Weitere Verbindungen bestehen von Pretoria nach

BLOEMFONTEIN (1x tgl., 14 3/4 Std.);
JO'BURG (32x tgl., 1 1/2 Std.);
KAPSTADT (1x tgl., 28 Std.);
KIMBERLEY (1x tgl., 10 1/2 Std.);
MESSINA (1x tgl., 14 Std.);
NELSPRUIT (1x tgl.; 8 1/4 Std.).

FLÜGE – Der nächst gelegene Flughafen zu Pretoria ist der 50 km südöstlich entfernte **Johannesburg International Airport** (s.S. 603). Zur Zeit der Recherche hatte der Shuttledienst nach Pretoria seinen Betrieb eingestellt, ein Ersatz wird aber wahrscheinlich nicht lange auf sich warten lassen. Wer mit dem Taxi fahren und einen Preis aushandeln will, wird mit mindestens R200 rechnen müssen, ansonsten kann man noch versuchen, den Transport über die Unterkunft zu arrangieren.

Die Umgebung von Pretoria

Faszinierendste Sehenswürdigkeit gleich vor den Toren der Stadt ist die **Doornkloof Farm**, einst das Wohnhaus der Premierministers Jan Smuts. Etwas entfernter liegt in östlicher Richtung die Bergbaustadt **Cullinan**, deren Ursprünge 100 Jahre bis in die Zeit der ersten Diamantensucher zurückreicht. Nördlich von Pretoria wird am **Tswaing-Meteoritenkrater** und im nahen **Mapoch Ndebele Village** versucht, die wirtschaftlich benachteiligte Gegend durch lohnende Touristenziele aufzuwerten. Im Westen wiederum sind der **Hartbeespoort Dam** und das nicht weit davon gelegene **Lesedi Cultural Village** Opfer ihrer eigenen Popularität geworden und werden inzwischen häufig zugunsten authentischerer und weniger überlaufener Ziele jenseits der Provinzgrenzen mit Missachtung gestraft.

Doornkloof Farm und Rietvlei Nature Reserve

Die Doornkloof Farm in Irene, nur wenig südlich von Pretoria, diente **Jan Smuts** lange Jahre als Wohnsitz, und zwar auch zu Zeiten, da er das Amt des südafrikanischen Premierminister bekleidete. Heute ist in dem vergleichsweise schlichten Gebäude aus Holz und Eisen ein Museum untergebracht, das sich ein wenig zu sehr den Anschein einer heiligen Verehrungsstätte gibt, dem Besucher aber dennoch einen der geheimnisvollsten Politiker Südafrikas näher bringen kann. Die enorme Bibliothek vermittelt einen Eindruck seiner intellektuellen Spannweite, zahlreiche andere Gegenstände zeugen von seinem Internationalismus. Wieder andere Exponate konzentrieren sich auf Smuts' Rolle als erfolgreichster Befehlshaber burischer Truppen

GAUTENG

während der Kriege gegen die Briten. Das umgebende Farmgelände gehört ebenfalls zum Museum. Entlang des reizvollen 2,5 km langen **Oubaas Trail** gelangt man vom Haus auf eine nahe gelegene Hügelkuppe – eine Route, die der Naturliebhaber Smuts jeden Tag absolvierte. In Nachbarschaft des Hauses gibt es außerdem einen **Teesalon**, und über das Gelände finden sich verstreut verschiedene militärische Gerätschaften wie eine Kanone und Panzerfahrzeuge, was angesichts der auf dem Spazierweg an anderen Stellen platzierten Verlautbarungen zu Frieden und Eintracht etwas befremdlich erscheint. Anfahrt zum Museum von Pretoria nach Süden Richtung Irene auf der M18 oder R21 und nach ca. 20 Kilometer der Ausschilderung zum Smuts House folgen. ☉ Mo–Fr 9.30–16.30, Sa und So 9.30–17 Uhr, Eintritt R5.

Vergleichsweise unspektakulär ist das auf der anderen Seite der R21 angesiedelte **Rietvlei Nature Reserve**, das aber immerhin Steppenzebras, Nashörner, Antilopen und zahlreiche Vögel beheimatet. ☉ Mo–Fr 7–18, Sa und So 6–18 Uhr, Eintritt R15.

Cullinan

Touristenbusse machen gerne im 50 Kilometer östlich von Pretoria gelegenen Cullinan Halt. In der hiesigen, bis heute betriebenen Premier Mine von De Beers wurde 1906 der mit 3106 Karat schwerste Diamant der Welt, der Stern von Afrika, gefunden. Die Mine spielt zwar die beherrschende Rolle für das Städtchen, in den ältesten, oftmals aus der Zeit der Jahrhundertwende stammenden Gebäude sind jedoch Einrichtungen für das Geschäft mit den zahlreichen Touristen untergebracht. Abgesehen von einer **Besichtigung der Mine** (☉ Mo–Fr 10 und 14.30, Sa und So 10 Uhr, Eintritt R30) und einem Spaziergang lässt sich kaum etwas unternehmen.

Übernachtung und Essen

Für das leibliche Wohl sorgen einige nette Lokale, darunter das *Station Restaurant* im alten Bahnhof und der Teegarten *Lemon Tree* in der Oak Ave. In hübscher Lage an dieser Straße, die zur Mine führt, befindet sich auch das zweitälteste Gebäude der Stadt, das *Oak House****, ✆ 012-734 0083, das Unterkunft bietet.

Tswaing Crater und Mapoch Ndebele Village

Ungefähr 40 Kilometer nördlich von Pretoria befindet sich abseits der M35 der Tswaing-Krater, einer der jüngsten und besterhaltenen Meteoritenkrater der Erde mit einer 500 Meter breiten, vor ca. 220 000 Jahren entstandenen Senke. Tswaing bedeutet in der Sprache der Tswana „Ort des Salzes", und die reichen Salz- und Sodablagerungen am Rand des flachen Kratersees haben schon vor Urzeiten Menschen angelockt. Bis zu 150 000 Jahre alte Artefakte wurden hier entdeckt. Ein schlichtes Besucherzentrum markiert den Ausgangspunkt eines sieben Kilometer langen Pfads, der zum Krater und wieder zurück führt. Ein kürzerer Spazierweg kann alleine oder in Begleitung eines Guide zu einem Aussichtspunkt am Kraterrand zurückgelegt werden. ☉ tgl. 7.30–16 Uhr, Eintritt R7, mit Führung R12.

Zehn Kilometer westlich von Tswaing können im Mapoch Ndebele Village farbenprächtige geometrische Muster an Häusern und Umfriedungen bewundert werden, für die die Ndebele berühmt sind. Oftmals nehmen sie dabei auch moderne Aspekte wie Telefone oder die südafrikanische Flagge in die Bemalungen mit auf. Ebenso wie die fantasievollen Perlenarbeiten gehört diese Malkunst zu den unverwechselbaren Kunstformen Südafrikas und wird stets von Frauen ausgeführt. Im Unterschied zu anderen Dörfern der Ndebele ist Mapoch noch relativ frei von Kommerz, und es werden kaum Anstrengungen unternommen, um die weniger traditionellen Ecken des Dorfs zu kaschieren. Zusätzlich zum Eintrittsentgelt von R10 wird von Besuchern ein Obolus (R10–20) für einen Guide erwartet. ☉ tgl. 10–16 Uhr.

Hartbeespoort Dam und Lesedi Cultural Village

Der künstlich angelegte Hartbeespoort Dam in den Magaliesbergen westlich von Pretoria könnte ein reizvolles Refugium abseits der wuchernden Städte Gautengs sein. Unglücklicherweise haben jedoch bereits viele, viele Einwohner Gautengs ebenso gedacht, so dass der Stausee und dessen Umgebung heute komplett von Camping- und Picknickplätzen, Tierparks, Seilbahnen, Mini-Ferienanlagen sowie zahllosen Kunst- und Kunsthandwerksläden in Beschlag genommen ist. An

Wochenenden scheinen die Verkehrsstaus, die an Werktagen das Straßenbild Sandtons und Randburgs bestimmen, einfach aufs Land verfrachtet worden zu sein, und über das Wasser heulen dann die Jet-Skis derer, die sonst in Blechkarossen die M1 entlangrasen.

Etwas interessanter, wenngleich kaum erholsamer, präsentiert sich das Lesedi Cultural Village abseits der R512, südlich von Hartbeespoort. Vier Dörfer sind hier zu einer überaus begehrten Touristenattraktion zusammengefasst, die die Kultur der Zulu, Pedi, Xhosa, Ndebele und Basotho vorstellt. Zweimal am Tag werden Besucher begleitet von einer lebendigen Zurschaustellung von Kostümen, Gesängen und Tänzen um recht authentische Kraals geführt, um anschließend in einem überschwänglich ausstaffierten Restaurant an einem traditionellen afrikanischen Festmahl teilzunehmen. Wer will, kann in einer Grashütte bei einer Lesedi-Familie für ca. R500 inkl. Führung, zu Abend essen, übernachten und frühstücken. Informationen hierzu unter ✆ 012-205 1395, 💻 www.lesedi.com. Ansonsten Führungen tgl. 11.30 und 16.30 Uhr, R145 oder R235 inkl. einer Mahlzeit.

Nordwest-Provinz

HIGHLIGHTS

Magaliesberge – Im Osten der Provinz trennen Hügel, *kloofs* und klare Flüsse den übrigen weiten Nordwesten vom hektischen Johannesburg

Sun City – Fantasieland aus Hotels, Spielautomaten, Shows und Golfplätzen sowie Lost City, die zur Erkundung eines Dschungels und zu Spaß in einem Aquapark einlädt

Pilanesberg National Park – die Big Five in einer herrlichen Landschaft, die von Johannesburg und Pretoria bequem zu erreichen ist

Groot Marico – typisches kleines Farmerstädtchen, das berühmt ist für seine Bedeutung in der Literatur sowie den hochprozentigen Obstschnaps Mampoer

Madikwe Game Reserve – wenig besuchter, aber sehr lohnender Wildpark im äußersten Norden der Provinz

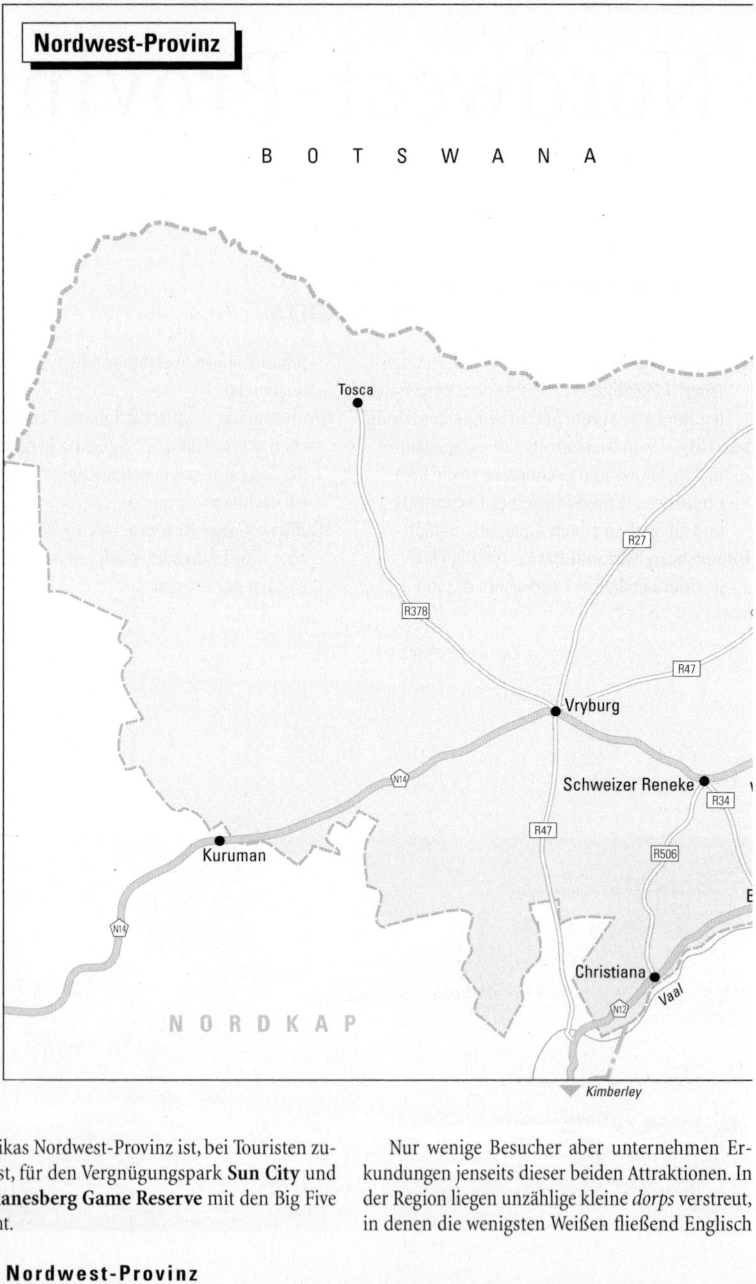

B O T S W A N A

Tosca

R27

R378

R47

Vryburg

Schweizer Reneke

R34

R47

R506

Kuruman

M14

M14

Christiana

Vaal

M12

NORDKAP

Kimberley

Südafrikas Nordwest-Provinz ist, bei Touristen zumindest, für den Vergnügungspark **Sun City** und das **Pilanesberg Game Reserve** mit den Big Five bekannt.

Nur wenige Besucher aber unternehmen Erkundungen jenseits dieser beiden Attraktionen. In der Region liegen unzählige kleine *dorps* verstreut, in denen die wenigsten Weißen fließend Englisch

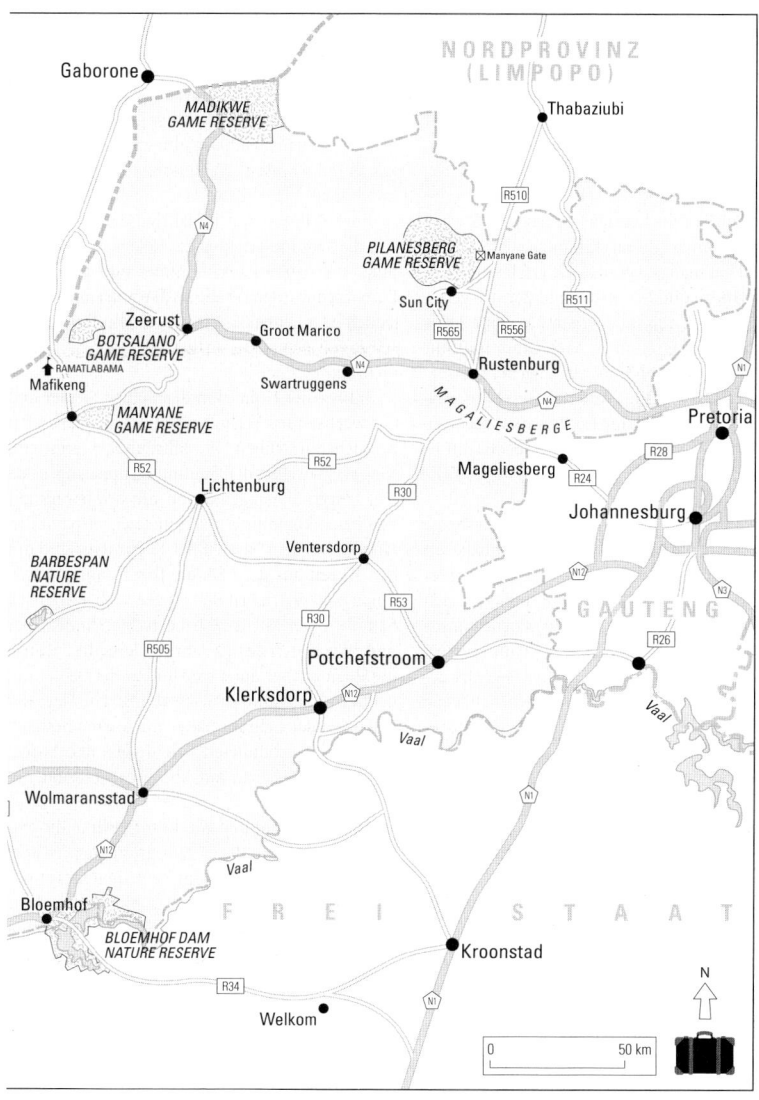

und die meisten Schwarzen nur Tswana sprechen. Außerhalb der größeren Städte sorgen die traditionelle Gastfreundschaft und die beschauliche Idylle der schier endlosen Grasebenen und Maisfelder für

eine Verschnaufpause nach der Hektik Johannesburgs.

Die Nordwest-Provinz erstreckt sich westlich von Gauteng bis zur Grenze nach Botswana und bis an die Kalahari. Im Osten der Provinz ragen entlang der Grenze zu Gauteng die **Magaliesberge** auf, die hundertmal älter als das Himalajagebirge sind und zahlreiche Ausflugsziele für naturhungrige Johannesburger bietet. Wer mit dem Auto von Johannesburg nach Kapstadt fährt und ein wenig Zeit hat, sollte für die Fahrt die N12 durch die Nordwest-Provinz und die Stadt Kimberley in der Provinz Nordkap in Betracht ziehen. Die Strecke folgt über hunderte von Kilometern dem Vaal River, und hat man erst einmal die farblosen Städte **Potchefstroom** und **Klerksdorp** hinter sich gelassen, lassen sich reizvolle Abstecher zum Fluss unternehmen, insbesondere nach **Bloemhof** mit seinem idyllischen, von zahllosen Vögeln bevölkerten Naturreservat. Die Provinz kann auch eine stattliche Anzahl von **Game Lodges** vorweisen, die ihren Gästen – je nach Budget – Tierbeobachtungen von einer luxuriösen Veranda aus oder Zeltmöglichkeiten im *bushveld* bieten.

Die N4 führt von Pretoria in die Magaliesberge und durch die wichtigste Stadt im nordöstlichen Teil, **Rustenburg**. Hier lädt ein windgepeitschtes **Naturreservat** zu Wanderungen in höhere Lagen ein, die den Blick über die flirrende Ebene darunter freigeben. Weiter westlich liegt **Groot Marico**, ein freundliches *dorp* mit kräftigem, vor Ort gebrautem Bier und geselligen Bewohnern, mit denen sich selbiges genießen lässt. Richtung Gaborone, der Hauptstadt Botswanas, ist das **Madikwe Game Reserve** angesiedelt. Es ist eines der noch wenig entdeckten, erstklassigen Wildreservate Südafrikas und umfasst ein riesiges Gebiet, das die Big Five beherbergt und einige hervorragende Game Lodges bietet.

Unerbittlich brennende Sonne, von der nur kurze Regengüsse Erleichterung verschaffen, machen die Sommer der Nordwest-Provinz zu einer harten Belastungsprobe; für einen Besuch ist es daher besser, das **Frühjahr** oder den **Herbst** zu wählen. Wem der Sinn nach mehr Natur steht, der findet im stillen, zeitlosen *veld* der Nordwest-Provinz besonders lohnende Campingmöglichkeiten.

Geschichte

Die **San** waren als Jäger und Sammler die ersten Bewohner der Nordwest-Provinz. Vor ungefähr 1000 Jahren wurden sie von Völkern der Eisenzeit,

die ihre ersten Siedlungen in flussnahen Niederungen errichteten und von Norden kamen, verdrängt. Gegen Ende des 16. Jahrhunderts hatten sich diese Ansiedlungen in steinumwallte, auf Hügeln gelegene Ortschaften entwickelt. Die größte davon, Karechuenya (nahe Madikwe), besaß nach Schätzungen eines schottischen Reisenden im Jahr 1820 mindestens 20 000 Bewohner – mehr als Kapstadt zu jener Zeit. Bis zum 19. Jahrhundert etablierten sich die Stammesgruppen der Rolong, Taung, Tlhaping und Tlokwa als dominierende Kraft. Von Europäern wurden sie alle als **Tswana** eingeordnet, jedoch ist nicht geklärt, inwieweit die Tswana sich selbst von den weiter östlich lebenden Sotho abgrenzen.

Infolge der Expansion der weißen Siedler und der wachsenden Verfügbarkeit von Schusswaffen brachen im frühen 19. Jahrhundert erbitterte Kämpfe zwischen den Stammesgruppen aus. Den Sieg trugen diejenigen davon, die sich jeweils mit den Neuankömmlingen verbündeten, also mit den **Griqua** aus dem Norden der Kapprovinz und mit den **Buren** aus dem Süden. Die Tlhaping waren schon bald vertrieben und gingen schließlich nach Sambia. Unter Mzilikazi beherrschten in den 20er und 30er Jahren des 19. Jahrhunderts die Ndebele die Region, aber auch sie wurden ins Gebiet des heutigen Zimbabwe zurückgedrängt. Die Siege der verbleibenden Stämme hatten nur kurzen Bestand, denn ihre „Verbündeten", die Griqua und Buren, zwangen sie zur Aufgabe ihres Lands oder in den Frondienst.

Potchefstroom und Klerksdorp waren die ersten Städte, die die Buren hier gründeten. Weitere folgten, und jede bildete das Zentrum eines streitsüchtigen Ministaates. 1860 schloss man diese staatlichen Kleinstgebilde zur **Südafrikanischen Republik** (ZAR) mit Pretoria als deren Hauptstadt zusammen. Vom 1. Burenkrieg 1877 bis zur Niederlage der Briten 1881 blieb die Provinz größtenteils unberührt. 1885 besiegten die Briten die Buren der Republik Goshen nahe Mmabatho und richteten das Protektorat Nord- und Süd-Betschuanaland ein. Der Nordteil wurde später Botswana, der Süden 1895 von Cecil Rhodes der Kapkolonie angeschlossen. Durch die Intervention der Briten blieb den Tswana zwar Land erhalten, jedoch hatten die Stämme bis zu diesem Zeitpunkt bereits fast all ihre Gebiete verloren. Als am Witwatersrand und in der Umgebung von Klerksdorp **Gold** entdeckt wurde, machten sich Tswana-Männer scharenweise auf den Weg, um in den Minen zu arbeiten.

Weit größere Auswirkungen hatte der **2. Burenkrieg** (1899–1902). Neben der berühmten **Belagerung von Mafikeng**, bei der Truppen der Briten und Tswana 217 Tage ausharrten, gab es entlang des Vaal River lange, zähe Scharmützel. Das Land der Buren wie auch der Tswana wurde niedergebrannt, und viele landeten in Lagern.

Mit Gründung der Südafrikanischen Union 1910 wurde die Provinz zum Westteil Transvaals und befand sich fest in burischer Hand. Die kleinen *dorps* standen schon bald synonym für den Rassismus auf dem Land, der sich in den 80er Jahren in Gestalt der faschistischen AWB unter deren Anführer **Eugene Terreblanche** manifestierte. Die Abwanderung zahlloser Tswana-Männer gepaart mit der geringen industriellen Entwicklung verhinderte die Herausbildung einer schwarzen Arbeiterklasse in dieser Provinz.

Aus den alten „Reservaten der Einheimischen", jenem kargen Land, in das man die Tswana gezwungen hatte, wurde 1977 das *bantustan* **Bophuthatswana**, oder kurz „Bop", gebildet. Bop war alles andere als das lang ersehnte *homeland* für Schwarze und entpuppte sich als wirrer Zusammenschluss von Enklaven. Es stand unter der Herrschaft des korrupten **Lucas Mangope**, der sich an den Gewinnen aus den Casinos in Sun City und an der Entdeckung von Platin bereicherte. Bophuthatswanas kurzlebige Existenz endete mit der Wahl 1994, das Gebiet trägt jedoch bis heute durch die unorganisierte Provinzverwaltung und die ineffiziente Infrastruktur ein schweres Erbe. Sehr deutlich werden diese Nachwehen in der früheren Hauptstadt Bophuthatswanas, **Mmabatho**. Sie ist heute mit Mafikeng, der Hauptstadt der Nordwest-Provinz, zusammengewachsen und scheint mit seinen gewaltigen Regierungsbauten und zahllosen Verwaltungsbüros in keinerlei vernünftigem Verhältnis mehr und bar jeden Kontakts zur übrigen Provinz zu stehen.

Die Magaliesberge

Große Teile der Provinz sind öde und weitläufig, so dass die Magaliesberge eine der buchstäblich herausragenden Attraktionen darstellen. Ihren Namen erhielt die Bergkette nach dem Tswana-Häuptling Mogale aus dem Stamm der **Kwena**, die hier vom 17. Jahrhundert bis zu ihrer Vertreibung durch den Ndebele-Häuptling Mzilikazi im Jahr 1825 lebten. Die Kwena sind heute aus dem Gebiet der Magaliesberge gänzlich verschwunden.

Der große Vorzug der Magaliesberge liegt in ihrer leichten Erreichbarkeit von Johannesburg und Pretoria aus, was dazu geführt hat, dass ein nicht unerheblicher Teil der Landschaft umzäunt und von Feriensiedlungen in Beschlag genommen worden ist. Einige Oasen unberührter Natur gibt es immerhin noch, allen voran das **Pilanesberg Game Reserve**, daneben auch das weniger bekannte **Rustenburg Nature Reserve** sowie den **Mountain Sanctuary Park**. Jedes dieser Gebiete ist weitgehend in seinem ursprünglichen Zustand belassen und beherbergt eine stattliche Anzahl von Tieren. Die in den Bergen verstreut liegenden Ortschaften sind relativ eintönig, die wichtigste Stadt der Region, **Rustenburg**, bietet sich als nützlicher erster Orientierungspunkt für die Erkundung der Provinz an. Wer Lust auf ein nasses Vergnügen in einem Wasserpark und Spaß an Touristenrummel hat, für den lohnt sich ein Besuch von **Sun City**.

Rustenburg und Umgebung

Ungefähr 120 km nordwestlich von Johannesburg liegt die Bergbaustadt Rustenburg, eine günstige Zwischenstation mit reichlich Serviceeinrichtungen an einer verkehrsreichen Straße. Der Reiz geht vorrangig von dem nahen Rustenburg Nature Reserve und den vielen hübschen Unterkünften in den umliegenden Hügeln aus.

Rustenburg selbst hat kaum Sehenswertes zu bieten, eine Ausnahme bilden vielleicht die **Niederländisch-Reformierte Kirche** in der Burger Street und ein mittelmäßiges **Museum**, in dem eine alte Flagge der ZAR ausgestellt ist. ◷ Mo–Fr 8.30–16.30, Sa 9–13, So 15–17 Uhr, Eintritt frei. Eine vor dem Rathaus platzierte Statue des französischen Bildhauers Archard erinnert an Paul Kruger und zeigt den Präsidenten, wie er in seinen letzten Tagen im schweizer Exil mürrisch in einem Lehnsessel sitzt.

Etwa 4 km südwestlich der Stadt umfasst das **Rustenburg Nature Reserve**, ℘ 533 2050, ein spektakuläres Teilgebiet der Magaliesberge und bietet großartige Ausblicke sowie herrliche Wandermöglichkeiten in einem von jahrtausendealten, erodierten und von Felsformationen durchsetzten Gebiet. Aber auch trockenes *veld* findet sich hier ebenso wie Wasserläufe, die sich ihren Weg durch die Täler bahnen und die Entfaltung einer üppigen Pflanzenwelt begünstigt haben. Über das Gelände verstreut wachsen einheimische Aloen, darunter die zarte Frithia, eine Sukkulente, die zwischen November und März blüht. Rustenburg beherbergt verschiedene **Antilopenarten** – Klippspringer, Bergriedbock, Oryxantilope und Schwarzfersenantilope –, außerdem **Zebras** und, in den vielen Felsspalten, auch Raubvögel. Ausschau halten sollte man nach dem seltenen **Kaffernadler** und **Kapgeier**, den Papageien und Paradiesschnäppern. Das Gebiet lässt sich als Tageswanderung oder in verlängerter Form auch als Wanderung mit Übernachtung erkunden. Für **Tageswanderungen** wählt man den Weg aus der Stadt nach Süden über die Wolmarans Street und biegt von dieser nach links in die Boekenhout Street ab, die zum Hauptor führt. Von dort schlängelt sich die Straße bis zum Gipfel. Hier gibt es ein Besucherzentrum, das nützliches Kartenmaterial sowie Informationen über Wanderungen und Routen wie auch über Zeltmöglichkeiten und *braai*-Einrichtungen bereithält. Auf dem dreistündigen Naturlehrpfad „Peglerae" (eine Aloenart) lernt man die interessantesten Ecken des Gebiets kennen; bei der Parkverwaltung ist hierfür eine Begleitbroschüre erhältlich. Wer an Wochenenden eine **Wanderung mit Übernachtung** unternehmen möchte, muss hierfür vorab buchen, unter der Woche sind die Hütten für die Nacht auch kurzfristig verfügbar. Der Weg für diese Unternehmung führt über das Nordtor des Parks, zu erreichen von Rustenburg Richtung Süden über die Smit Street, von der man in die Wildevy Street nach rechts abbiegt und der Straße bis zum Zufahrtstor folgt. Die Hütten sind mit Feuerholz und Kochutensilien ausgestattet, Lebensmittel müssen selbst mitgebracht werden. Die Wanderungen sind auf zwei Tage und zwei Nächte angelegt, wobei am ersten Tag eine leichte, 9 km lange Strecke zurückzulegen ist, am zweiten Tag dann der etwas anstrengendere Rest von 12 km. ☉ März–Aug. 6.30–18, Sept.–Feb. 5.30–19 Uhr, Eintritt R10 pro Fahrzeug zzgl. R10 p.P.

Kleiner als das Rustenburg Nature Reserve, aber dennoch lohnenswert ist der ca. 15 km östlich von Rustenburg gelegene **Mountain Sanctuary Park**, ℘ 534 0114. Der Park hat sich in seine ursprüngliche Wildnis zurückverwandeln dürfen. Er ist von billharzia-freien und daher zum Schwimmen geeigneten Flüssen durchzogen und besitzt spektakuläre *kloofs* und tief eingeschnittene Schluchten. Klippspringer, Rehantilopen und Ducker bewegen sich in freier Wildbahn, in den Lüften segelt eine vielfältige Vogelwelt. An Unterkünften* stehen Chalets, Safarizelte, Caravans und Zeltplätze zur Verfügung, für Bettzeug ist bei allen in eigener Regie zu sorgen. In Nachbarschaft der Caravans gibt es einen Pool, bei dem man sich am Rand eines Abgrunds wähnt, während der Blick über das darunter liegende Tal schweifen kann. Den einfachsten Anfahrtsweg zum Park bietet die N4, der man bis zur Abzweigung nach Marikana folgt und dort nach rechts (anstatt nach links Richtung Marikana) abbiegt. Von dieser Straße ist wiederum an der zweiten Abzweigung nach links auf einen Schotterweg abzubiegen und diesem 3 km zu folgen. Vor Aufbruch empfiehlt es sich, den Besuch telefonisch anzukündigen, da nur eine bestimmte Anzahl von Tagesbesuchern im Park zugelassen sind. ☉ März–Aug 8–17.30, Sept–Feb 8–18.30 Uhr, Eintritt R10 pro Fahrzeug und R22 für jeden Erwachsenen.

Übernachtung

Rustenburg besitzt eine Hand voll Hotels, lohnender sind jedoch die unten aufgeführten Unterkünfte außerhalb der Stadt sowie die einfachen Chalets in Rustenburg Nature Reserve oder im Mountain Sanctuary Park. Von den im *Tourist Office* beworbenen B&Bs ist abzuraten – sie liegen meist in den reizlosen Vororten. Ein Backpacker-Hostel gibt es in Rustenburg nicht, in entspannter Atmosphäre bietet jedoch das auf einer Farm gelegene ***Revel In****, ca. 40 km westlich der Stadt, Richtung Swartruggens, ℘ 072-263 0964, 🖥 www.revelin. co.za, Schlafsaalbetten sowie Steinbungalows

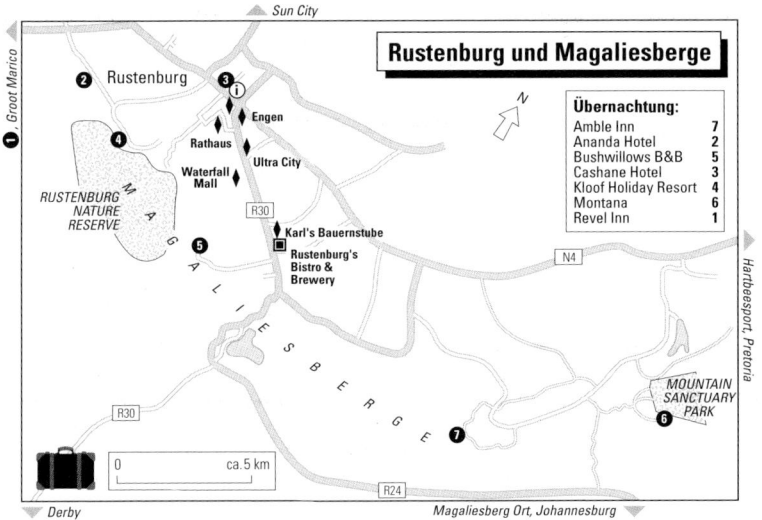

Übernachtung:

Amble Inn	7
Ananda Hotel	2
Bushwillows B&B	5
Cashane Hotel	3
Kloof Holiday Resort	4
Montana	6
Revel Inn	1

Sun City

Groot Marico

Rustenburg

Engen

Rathaus

Waterfall Mall

Ultra City

RUSTENBURG NATURE RESERVE

R30

Karl's Bauernstube

Rustenburg's Bistro & Brewery

N4

Hartbeespoort, Pretoria

MOUNTAIN SANCTUARY PARK

R30

0   ca. 5 km

R24

Derby

Magaliesberg Ort, Johannesburg

---

an. Regelmäßig finden hier auch Reggae-Festivals statt.

Amble Inn*, südöstlich der Stadt, ✆ 534 0608, Chalets für Selbstversorger in bergiger Umgebung, die trotz des riesigen Hunds der Besitzer sehr hübsch ist. Anfahrt über die N4 Richtung Pretoria, am Wegweiser nach Rex rechts abbiegen, danach an der Abzweigung nach Kromriver nach links und der Straße noch ca. 10 km folgen.

Ananda Hotel**, ✆ 597 3875, gemütliche Unterkunft in herrlicher Umgebung mit vielfältigen Sportmöglichkeiten, Pool und Restaurant. Anfahrt über die Malan Rd nach Westen, an der T-Kreuzung außerhalb der Stadt nach links abbiegen und danach der Ausschilderung folgen.

Bushwillows B&B*, Waterkloof Farm, südlich der Stadt, abseits der R24, ✆/✉ 537 2333. Schönes, gut geführtes B&B mit Pool auf einer Farm in Nachbarschaft zum Naturreservat. Vom Zentrum 10 km entfernt.

Cashane Hotel**, Steen St, Ecke Van Staden St, ✆ 592 8541. Eines der beiden Hotels der Stadt. Komfortable Zimmer mit TV und ein nicht überteuertes Restaurant im Haus.

Kloof Holiday Resort*, ✆ 594 1037, 🖳 www. rustenburgkloof.co.za. Wenig ansprechende, aber herrlich unterhalb des Hügels gelegene Feriensiedlung mit einem großem Angebot an Aktivitäten, darunter Tennis und Wandern. Während der Schulferien überlaufen.

Montana**, ✆ 534 0113, angesiedelt in einem langen, schmalen und für Wanderungen geeigneten Streifen der Magaliesberge, besteht aus 8 separaten Cottages für je 2–4 Pers., die beste Aussicht hat man von den Cottages Nr. 6 und 7. Anfahrt über die N4 Richtung Pretoria, am Wegweiser nach Rex rechts abbiegen, dann an der Kreuzung nach Kromriver nach links und der Straße ca. 20 km folgen.

Essen

Das Speiseangebot im Zentrum Rustenburgs ist auf Snacks und Gegrilltes beschränkt. Eine größere Auswahl findet man am Stadtrand in der **Waterfall Mall** an der R30 (ausgeschildert als Straße nach Johannesburg), wo es neben obligaten Pizza- und Pasta-Restaurants noch eine Reihe von Steakhäusern gibt.

Karl's Bauernstube, etwas weiter entfernt, ebenfalls an der R30, serviert schmackhafte österreichische und deutsche Küche zu erschwinglichen Preisen, dazu verschiedene Biere. Mo sowie Sa mittags und So abends geschlossen.

Rustenburg's Bistro & Brewery, daneben, ist eigentlich mehr ein Trinklokal, bietet aber auch günstige Gerichte an.

INFORMATIONEN – *Tourist Information Office*, Kloof St, Ecke Van Staden St, ✆ 597 0904, in kaum zu verfehlender Lage an der Hauptstraße. ⏰ tgl. 7–17 Uhr.

VORWAHL – 014

Mit Ausnahme der **Minibus-Taxis**, und diese meist auch nur von und nach Pretoria, stehen an öffentlichen Verkehrsmitteln lediglich die regelmäßig verkehrenden **Busse** von *Protours*, ✆ 664 5880, von PRETORIA (2 Std.) nach MAFIKENG (2 1/2 Std.) via Rustenburg zur Verfügung.

Sun City

Eine unwirklich wirkende Enklave von Hotelhochhäusern und klimpernden Spielautomaten im endlosen *bushveld* – so präsentiert sich Sun City. Es umfasst vier dicht gedrängte **Hotelkomplexe** mit Golfplätzen, einem Aquapark und mehreren Unterhaltungseinrichtungen. Ungeachtet der ungebrochenen Anziehungskraft auf südafrikanische Familienurlauber und wohl etwas verwirrte ausländische Besucher erlebt Sun City schwere Zeiten, seitdem Glücksspiele in Südafrika legalisiert worden sind. Als der Unternehmer Kerzner vor ungefähr 20 Jahren mit dem Bau des Komplexes begann, war das Gebiet noch Teil des *bantustans* Bophuthatswana und einer der wenigen Orte im Land, wo man um Geld spielen konnte. Tausende kamen von „jenseits der Grenze", um sich Kerzners Mischung aus Glücksspielen, barbusigen Damen und unglaublichen Hotels hinzugeben. Während der Apartheid diente Sun City auch als Bühne für hochkarätig besetzte Rock-Konzerte mit Künstlern wie Elton John, der es sich trotz des damaligen Kulturboykotts nicht nehmen ließ, hier aufzutreten. Inzwischen kommen zwar längst nicht mehr so viele Menschen nach Sun City, der bizarre und außergewöhnliche Reiz besteht jedoch nach wie vor. Wenn

man ohnehin in der Gegend ist, lohnt ein Abstecher allemal, insbesondere wenn man sich auf dem Weg ins Pilanesberg Game Reserve befindet. Der Eintritt für Sun City beträgt R40, wovon R30 in „Sunbucks", der innerhalb der Anlage als Zahlungsmittel verwendeten Währung, zurückerstattet werden. Fast überall kann jedoch auch in Rand bezahlt werden.

Herzstück des Ganzen ist die **Lost City**, die vom Rest Sun Citys durch die schwankende „Bridge of Time" getrennt ist (Eintritt R40 extra). Gleich dahinter ist das „Valley of the Waves" angesiedelt, ein gigantisches Wellenbad mit Strand, Palmen und einer Anlage, die 2 m hohe, zum Surfen geeignete Brecher fabriziert. Vier Wasserrutschen mit solch klingenden Namen wie „Scorpion" und „Mamba" winden sich ihrem nassen Ziel entgegen, auf einer weiteren, „Temple of Courage" genannten stürzt man fast senkrecht in die Tiefe. Für entspanntes Schwimmen stehen verschiedene Becken zur Verfügung. In den Tiefen des oberhalb des Tals künstlich angelegten Regenwalds gilt es Wasserfälle, plätschernde Bäche, verschlungene Pfade sowie die „Überreste" der „verlorenen Stadt" zu entdecken.

Über allem thront der monumentale *Palace of the Lost City* (siehe unter Übernachtung), der trotz der mythologischen Fehlbelegung, nach der er Zeugnis einer untergegangenen Zivilisation sein soll, in Konzept und Umsetzung atemberaubend ist – ein majestätisches, im afrikanischen Stil errichtetes Bauwerk mit aufwändigen Holzschnitzereien, leuchtenden Mosaiken und palastartiger Einrichtung im Innern. Wer nicht in diesem Hotel logiert, kann sich dort zumindest einen Drink genehmigen oder im Rahmen der täglich angebotenen **Sun City Tour** (um 14 Uhr am Welcome Centre, R20) einen gründlicheren Einblick verschaffen.

Das Herzstück der übrigen Anlage von Sun City bildet das **Entertainment Centre** mit seinen lärmenden Geldautomaten und Spielgeräten. Das **Kino** bietet die beste Filmauswahl im Nordwesten, in der **Konzerthalle** finden regelmäßig Schönheitswettbewerbe sowie Musik- und Sportveranstaltungen statt. Für das leibliche Wohl sorgt eine große Auswahl an Restaurants, Snackbars und Cafés, die über die ganze Anlage verteilt sind.

Wassersportmöglichkeiten von Windsurfen bis hin zu Fahrten in Schnellbooten bietet **Waterworld**, ein großer, künstlicher See nahe dem *Ca-*

Hotelanlage in Sun City

banas; für weitere Aktivitäten stehen Tennisplätze, ein Fitnesscenter und drei Golfplätze, darunter der international renommierte *Gary Player Country Club,* zur Verfügung.

Übernachtung

Alle Unterkünfte sollten über **Sun International Central Reservations**, ✆ 011-780 7800, gebucht werden.

The Cabanas****, ✆ 557 4227. Praktisch für Familien; preiswerteste Unterkunft in Sun City, bestehend aus einer Gruppe von Ferienchalets für Selbstversorger, nicht zu teuren Restaurants, einem Abenteuerspielplatz und Pool im Innern.

Cascades Hotel, über R500, neben dem Entertainment Centre, ✆ 557 3442. Schickes Hochhaus mit „tropischem Designer-Dekor", Mini-Regenwald und Voliere; nach dem *Palace* die komfortabelste Unterkunft vor Ort. Von den Aufzügen an der Außenfassade bieten sich herrliche Ausblicke auf Sun City und die umliegenden Hügel. Der hübsche Pool und die Bar stehen nur Hotelgästen offen.

Palace of the Lost City, über R1000, ✆ 557 3133. Gleich einer Kulisse aus einem *Indiana-Jones*-Film erhebt sich das allgemein als „the Palace" bekannte Hotel als überaus opulenter wie fantasiereicher afrikanischer Dschungelpalast mit Türmen, Kuppeln und Skulpturen. Der Aufenthalt hier ist ruinös, aber unvergesslich.

Sun City Hotel, über R500, ✆ 557 4210. Dieses älteste Hotel machte das ursprüngliche Sun City aus und beherbergt das große Casino und einen Nachtclub. Sofern man vom Kitsch und dem Geklimper der Spielautomaten unberührt bleibt eine überlegenswerte Unterkunft mit gut ausgestatteten Zimmern und 3 Restaurants.

Sonstiges

INFORMATIONEN – **Welcome Centre**, ✆ 557 1544. Guter Ausgangspunkt für die Tour durch Sun City (das groß wirkt, aber sich leicht zu Fuß erkunden lässt). Jede Menge Kartenmaterial und Informationen über besondere Angebote.

Am **Safari Desk**, ✆ 552 1561, können **Touren** in das Pilanesberg Game Reserve gebucht werden. ⏱ tgl. 8–20 Uhr.

VORWAHL – 014

Transport

SELBSTFAHRER – Für die Anfahrt von Johannesburg wählt man am besten die R24 Richtung Rustenburg, bis diese auf die N4 stößt, dann auf der N4 weiter bis zur nächsten Abzweigung und dort

NORDWEST-PROVINZ

nach rechts auf die durch Boshoek nach Sun City führende R565 abbiegen. Von Pretoria nimmt man die R4 bis hinter die Abzweigung nach Brits und biegt nach rechts auf die R556 ab; von dort sind es noch ca. 70 km bis Sun City. Vom riesigen Parkplatz an der Hauptzufahrt verkehrt ein kostenloser Zubringerzug zum *Welcome Centre*.

BUSSE – *Sun City Buses*, zu buchen über *Computicket*, ☎ 011-915 8000, verkehrt 2–3 x tgl. nach JO'BURG (2 1/2 Std.) sowie 1x tgl. nach PRETORIA (2 1/2 Std.).
Eine beliebte Alternative, insbesondere für alle Nicht-Millionäre, sind die von Pretoria und Johannesburg von zahlreichen Veranstaltern angebotenen **Tagestouren** nach Sun City. Die Preise richten sich dabei nach dem gebotenen Tourprogramm bzw. nach der Zielgruppe.

FLÜGE – Der kleine **Flughafen** von Sun City liegt ca. 7 km entfernt.
SA Airlink, ☎ 011-978 1111, bedient 1–3x tgl. JO'BURG (1/2 Std.)

Pilanesberg Game Reserve

In unmittelbarer Nachbarschaft zu Sun City liegt das Pilanesberg Game Reserve, das einen immensen Tierreichtum beherbergt und die größte Touristenattraktion der Nordwest-Provinz darstellt. Von den Besucherströmen sollte man sich jedoch keinesfalls abschrecken lassen, denn der riesige, bestens organisierte Park bietet reichlich Gelegenheit zur Beobachtung von Tieren und gute Chancen, alle Vertreter der **Big Five** sowie **Flusspferde**, **Giraffen**, **Geparde** und zahllose **Vögel** zu Gesicht zu bekommen. Ist die Zeit für den Aufenthalt in Südafrika knapp bemessen und Johannesburg die Ausgangsbasis, ist der Park die erste Adresse, um Wildtiere zu sehen.

Am heutigen Lake Mankwe erschütterte vor ca. 1300 Millionen Jahren ein Vulkanausbruch das Gebiet. Vor dem Ausbruch ließ der Druck des Magmas die Erdoberfläche in ungewöhnlichen konzentrischen Kreisen aufbrechen. Nach dem Ausbruch sackte die Erdkruste in die darunter entstandenen Hohlräume ab und drückte das noch verbleibende Magma in die Spalten. Das Magma erstarrte und bildet heute die vielen herrlichen Hügel, die den

größten, aber zugunsten der Tiere oftmals übersehenen, landschaftlichen Reiz des Parks ausmachen. Bis zum Beginn der „Operation Genesis" in den 70er Jahren, in deren Rahmen massenweise Tiere aus allen Landesteilen herbeigeschafft wurden, um das 55 000 ha große Wildreservat zu bevölkern, lebten noch **Tswana** in diesen Hügeln.

Um dem Park gerecht zu werden, ist für die Erkundung mindestens ein Tag zu veranschlagen. Bei Fahrten mit dem Auto sollte man vorzugsweise nicht schneller als 20 km/h fahren. An der Hauptzufahrt am Manyane Gate gibt es eine ausgezeichnete **Gebietskarte** sowie umfassendes Informationsmaterial, das die verschiedenen Lebensräume erläutert und eine gute Planungshilfe ist. Vergessen werden darf dabei jedoch nicht, dass auch andere Besucher diese Karte nutzen, so dass die für Tierbeobachtungen empfohlenen Gegenden überlaufen sein können. Der Park beherbergt u.a. die meisten Antilopenarten, hunderte Vogelarten und auch Schlangen. Nachts werden einige fantastische Kreaturen aktiv, darunter Zibetkatze, Stachelschwein und Wüstenluchs, allerdings nehmen sie vor den für die Nachtfahrten eingesetzten Fahrzeugen mit ihren großen Scheinwerfern meist Reißaus, so dass schon eine gehörige Portion Glück vonnöten ist, um einen Blick auf die Tiere zu erhaschen. ⏰ tgl. Apr–Aug 6–18.30, Sept–März 5–19 Uhr, Eintritt R15 pro Fahrzeug und R20 p.P.

Übernachtung

Der Park lockt viele Tagesbesucher an – ein Großteil davon aus Sun City. Wie in jedem anderen Wildreservat hat man jedoch mehr von den Besuch, wenn man etwas länger bleibt und die Morgendämmerung als beste Beobachtungszeit wahrnehmen kann.

Das Unterkunftsangebot reicht von anspruchsvollen Lodges bis zu größeren Ferienanlagen in den Randgebieten. Die kleinen schlichten Zeltcamps im Herzen des Parks gibt es inzwischen leider nicht mehr. **Buchungen** für *Bakgatla, Bosele* und *Manyane* müssen über *Golden Leopard Resorts*, Auskunft ☎ 555 6135, Buchung ☎ 0800-601 092, 🖥 www.goldenleopard.co.za, erfolgen; für *Bakubung, Kwa Maritane* und *Tshukudu* über *Legacy Hotels*, ☎ 011 806 6888, 🖥 www.legacyhotels.co.za.

Bakgatla Resort*********, nahe dem Bakgatla Gate. Große Anlage inmitten bizarrer Hügel mit Chalets für Selbstversorger sowie einem Bereich für Caravans und Zelte nahe einem großen Pool.

Bakubung Lodge, über R500, am südlichen Parkrand, wenig westlich von Sun City. Große moderne Lodge mit einem Flusspferd-Teich nahe dem Restaurant als Hauptattraktion. Zur Auswahl stehen angenehme, aber etwas eintönige Zimmer und Chalets. Geführte Wanderungen und Fahrten zu Tierbeobachtungen werden angeboten.

Bosele Group Centre*, am Manyane Gate. Preiswerte Schlafsaalunterkünfte, Gemeinschaftsküche, im benachbarten *Manyane Resort* können Pool, Laden und Restaurant genutzt werden.

Kwa Maritane Lodge, über R500, im Südwesten des Parks, nahe dem Pilanesberg Airport. Ausgedehnte, edle Lodge, die etwas beziehungslos zur fantastischen Umgebung wirkt. Vollpension, gute Einrichtung, Beobachtungsfahrten.

Manyane Resort***, am Manyane Gate. Niedrige Preise und Komfort entschädigen für die fehlende Busch-Atmosphäre des Hauptcamps. Strohgedeckte Chalets mit Küche sowie Campingmöglichkeiten stehen zur Auswahl. Bar und Restaurant sowie Pool, Fitnessraum und Minigolfplatz sind vor Ort.

Tshukudu Lodge, über R2000, im südlichen Teil des Parks, ca. 8 km vom Bakubung Gate. Beste und exklusivste Lodge des Parks in herrlicher Lage. Von der Veranda kann man Tiere sehen. Unterkunft in malerischen, strohgedeckten Hütten der Luxusklasse (max. 14 Pers.), mit Badewannen und Kaminen. Preis inkl. sämtlicher Mahlzeiten und Beobachtungsfahrten.

Sonstiges

EINKAUFEN – In zentraler Lage innerhalb des Parks ist für 2002 in einem alten kapholländischen Gebäude aus den Tagen, als im Gebiet noch Landwirtschaft betrieben wurde, die Eröffnung des **Pilanesberg Centre** als Café und Laden geplant.

INFORMATIONEN – Das Besucherzentrum am Manyane Gate hält gutes Kartenmaterial und Broschüren bereit; ⏰ tgl. 7–18.30 Uhr.

TOUREN – *Pilanesberg Safaris*, vertreten in Manyane, ✆ 556 6135, und Sun City (s. S. 632, Informationen), veranstaltet Beobachtungstouren zu den Big Five ab R110 für 2 1/2 Std., außerdem Wanderungen durch den Busch ab R140 mit der Gelegenheit, eventuell dicht an große und potenziell gefährliche Tiere heranzukommen (immer in Begleitung eines bewaffneten Wildhüters). Ferner kann man an **Nachtfahrten** ab R110 teilnehmen oder für die stolze Summe von R1650 p.P. inkl. Verpflegung eine 4-stündige **Ballon-Safari** in luftiger Höhe über den Park unternehmen.

VORWAHL – 014

Transport

Der Park besitzt vier Zufahrtstore: Die am häufigsten genutzten sind das **Manyane Gate** im Osten und das **Bakubung Gate**, nur wenig westlich von Sun City und über die R565 zu erreichen. Der Park kann bequem im **eigenen Wagen** erkundet werden, die offizielle Gebietskarte ist hierfür besonders nützlich. Die Hauptstraßen sind geteert, die beschotterten Nebenstrecken mit einem normalen Wagen ebenfalls problemlos befahrbar.

Die Zentralregion

In Anbetracht ihres ausgesprochen kargen und trockenen Charakters wirkt die Zentralregion der Nordwest-Provinz besonders abgeschieden. **Mmabatho**, einst die Hauptstadt von Bophuthatswana und heute mit der Hauptstadt der Provinz, **Mafikeng**, verschmolzen, zwingt Menschen aus der gesamten Provinz zu bürokratischen Pilgerreisen in die Zwillingsstadt, die trotzdem höchst wenig kosmopolitisch wirkt. Das Monatsmagazin der Stadt, *What's On*, vermeldet in trauriger Regelmäßigkeit kein nennenswertes Programm, was auch für die Orte **Zeerust**, **Groot Marico** und **Lichtenburg** gilt. Der Reiz der Region liegt andernorts, nämlich in den vor Hitze flirrenden Ebenen, den üppig bewachsenen Flusstälern bei Marico und den selten besuchten Wildreservaten, darunter das ausgezeichnete **Madikwe Game Reserve** nahe der Grenze zu Botswana. Darüber hinaus gibt es die Überreste der reichen, aber deprimierenden Geschichte der Provinz zu entdecken, in deren Zentrum die rücksichtslose Vertreibung der Tswana, die berühmte Belagerung von Mafikeng während des 2. Burenkriegs und der „Diamantenrausch" von 1926 stehen. Und schließlich sind da noch die Bewohner selbst: einheimische Tswana und Afrikaander, die zwar kaum Englisch sprechen, aber höchst gastfreundlich sind – zumindest ausländischen Besuchern gegenüber.

Groot Marico

Wenig südlich der N4 und 90 km westlich von Rustenburg liegt das beschauliche winzige *dorp* Groot Marico am Ufer des Marico River. Ruhm erlangte es durch die Kurzgeschichten von Herman Charles Bosman. Der beliebte Schriftsteller schöpfte für seine Erzählungen aus seinen Erlebnissen als hiesiger Lehrer. Alljährlich im Oktober richtet Groot Marico das „Herman Charles Bosman Literary Weekend" aus und lockt Literatur-Fans in den Ort. Zu den wenigen Sehenswürdigkeiten Groot Maricos zählt die **Art Factory** an der Hauptstraße, wo man Kunst der Tswana erstehen und Informationen über lokale Veranstaltungen bekommen kann. ⊙ Mo–Sa 9–17 Uhr.

Bei Interesse an der Kulturgeschichte der Gegend lohnt auch ein Besuch von **Tshwenyane** und **Karechuenya**, zweier Siedlungen der Tswana aus dem 16. und 17. Jahrhundert, die 36 km nordwestlich auf dem Gelände der Orion Farm liegen, ✆ 018-642 3350. Von hier stammende archäologische Funde sind im Mafikeng Museum (s. S. 640) ausgestellt. Anfahrt über die ausgeschilderte Abzweigung von der N4 (Zeerust–Gaborone), 16 km von Zeerust entfernt. Weitere Informationen über Transportmöglichkeiten sind im *Information Centre* erhältlich.

Mampoer *Mampoer* ist in Afrikaans die Bezeichnung für jenen unglaublich starken Schnaps, der sich seit Jahren bei den Einwohnern Maricos größter Beliebtheit erfreut. Für die Herstellung von *Mampoer* kann jegliche Obstsorte verwendet werden, traditionell ist aber der Pfirsich die bevorzugte Frucht. Bis 1878 wurde ein Großteil der Pfirsichbäume im Nordwesten einzig und allein zu diesem Zweck angebaut. Dies änderte sich 1894 mit der Besteuerung des Schnapsbrennens durch die ZAR und der Einführung eines neuen Zulassungssystems für die Herstellung. Tausende *Mampoer*-Brennereien wurden zerstört, einige blieben jedoch unentdeckt. Laut einer in der Region erzählten Geschichte soll ein Farmer gar nicht erst den Versuch unternommen haben, seine 15 *Mampoer*-Fässer zu verstecken, und stattdessen seine gesamte Bewässerungsanlage einer gründlichen Reinigung unterzogen haben. Als dann die Kontrollbeamten die Fässer entdeckten, brachen sie sie auf und kippten deren Inhalt in den Abfluss. Inzwischen hatte der gewitzte Farmer seine Familie auf dem Feld am Ende des Rohres mit jedem nur verfügbaren Behältnis Aufstellung nehmen lassen, um das kostbare Gut zu retten.

Zur Herstellung von *Mampoer* werden die Früchte in einen Kupferkolben gegeben und so lange vergoren, bis sich der Fruchtsaft gesetzt hat. Anschließend wird der Kolben erhitzt. Der Dampf, der sich beim Erwärmen des Safts bildet, gelangt über ein Kupferrohr in eine Trommel, in die kaltes Wasser unter Rühren zugeleitet wird, und kondensiert dort wieder. Die so gewonnene Flüssigkeit wird erneut destilliert, diesmal unter schwacher Hitze. Früher ermittelte man den Alkoholgehalt mit Hilfe eines Fettstücks, das man in eine abgefüllte Probe warf: Wenn es zur Hälfte in der Flüssigkeit schwamm, galt der *Mampoer* als perfekt.

Zu Ehren kommt das Getränk u. a. in Herman Charles Bosmans Kurzgeschichte *Willem Prinsloo's Peach Brandy*, die in den 20er Jahren spielt. Wer *Mampoer* einmal selbst probieren möchte, erhält die entsprechende Gelegenheit auf *Pieter Roets's Vergenoeg Farm* (meist tagsüber geöffnet), einige Kilometer südlich von Marico auf der ungeteerten Hauptstraße. Besucher können dort 80-prozentigen, in eine mit Stacheldraht umwickelte Flasche abgefüllten *Doringdrood* erstehen. Auf *Tienie Zwart's Driefontein Farm*, 2,5 km hinter der Abzweigung nach Groot Marico an der N4, werden Einblicke in die Herstellung gewährt.

Obgleich die Region vor allem im Sommer unter der Hitze ächzt, laden die Hügel um Marico zu schönen Wanderungen ein. Wenn es gar zu unerträglich wird, kann man sich zum Fluss für eine wohltuende Abkühlung begeben. Das Wasser von **Marico Oog**, einer 20 km südlich gelegenen Quelle, ist besonders klar und erfrischend. In dem an Seerosen und herrlichen dolomitischen Felsen reichen Ort lässt sich zudem ein idyllische Picknick genießen.

Angela's Guest House*, nahe der N4, ✆ 014-503 0082. Hübscher Garten, auf Wunsch werden Massagen und Schönheitsbehandlungen vermittelt.

Bosveld Hotel, beherbergt auch Groot Maricos einzige öffentliche Bar. Einheimische Weiße sollen hier beflügelt von Bier, Schnaps und guter Laune gelegentlich traditionellen „Twostepp" tanzen.

Lavender Guest House*, Paul Kruger St, ✆ 082-822 8397. Vier Zimmer und die hier typische Gastfreundschaft.

Über das *Information Centre* können **Farmunterkünfte** gebucht werden. Zu den schönsten Campingplätzen der Gegend zählt der an der Mafikeng Rd, nahe dem Ortskern (Auskünfte erteilt das *Information Centre*). Der ***Kleinfontein Camp Site****, ✆ 083-700 9751, umfasst neben Zeltplätzen auch Rondavels und ein Guesthouse. Auf elektrischen Strom muss auf beiden Plätzen verzichtet werden.

Information Centre, an der Hauptstraße, ✆ 014-503 0010 oder ✆ 083-272 2958, 🖥 www.marico. co.za. Etwas eigentümlich, aber freundlich; sofern geschlossen, können sich Besucher an die *Art Factory* wenden.

Die meisten **Minibus-Taxis**, die auf der N4 zwischen Pretoria und Gaborone verkehren, halten auf Wunsch auch an der Abzweigung nach Groot Marico; von dort läuft man 20 Min. nach Süden. Am einfachsten ist der Ort jedoch mit dem **eigenen Fahrzeug** zu erreichen.

Zeerust und Umgebung

Das große, nicht sonderlich einnehmende Zeerust liegt 40 km westlich von Groot Marico an der N4 und dient in erster Linie als Versorgungszentrum. Ein Zwischenstopp lohnt eigentlich nur auf Fahrten nach Gaborone oder in eines der Wildreservate in der Umgebung. Einmal täglich verkehrt von hier ein Bus in 3 1/4 Std. nach Pretoria. Jedes Jahr findet ein **Mampoer Festival** statt (die Termine können im *Information Centre* in Groot Marico erfragt werden), ansonsten und abgesehen von den Geschäften gibt es kaum Erwähnenswertes. Nicht weit außerhalb erhebt sich der **Abjasterkop**, ein spitzer Hügel, der zu einer Klettertour oder einer längeren Wanderung einlädt. Parkplätze gibt es am *Abjasterkop Hotel**, 2 km östlich auf der N4, ✆ 018-642 2008, wo man sich auch nach dem Weg erkundigen kann. Das Hotel selbst bietet Zimmer, Rondavels und Campingmöglichkeiten inmitten herrlicher Hügel, die ideal für Wanderungen sind, und beherbergt neben einer Bar außerdem das beste Speiselokal der Gegend. Ebenfalls nicht weit von Zeerust befindet sich in reizvoller Lage oberhalb der Stadt das *Klein Marico Resort**, ✆ 018-646 0146. Als Wildreservat bleibt es abgesehen von den Ausblicken recht unspektakulär und bietet an Tieren lediglich verschiedene Antilopenarten. Die Unterbringung in hässlichen Steinhäusern tut der friedlichen Ruhe unter der Woche jedoch keinen Abbruch. Anfahrt zum Resort über die N4 Richtung Groot Marico und an der *Total*-Tankstelle abbiegen; danach der Straße noch 4 km folgen.

Madikwe Game Reserve

Nahe der Grenze zu Botswana erstreckt sich im nördlichsten Zipfel der Provinz das Madikwe Game Reserve, das zu den am wenigsten besuchten der großen Naturreservate zählt. Mit einer Ausdehnung von 600 km^2 ist das 1991 aus einstigem Farmland entstandene und heute dem Northwest Parks Board unterstehende Areal größer als der Pilanesberg National Park, und in ganz Südafrika breiten sich nur noch der Krüger-Nationalpark und der Kgalagadi Transfrontier Park über eine größere

Fläche aus. Dank der **Operation Phoenix**, einem umfangreichen Programm zur Wiederansiedlung von Tieren, leben heute in dem Gebiet, das primär Ebenen aus Grasland und Wald umfasst, sowohl die Big Five als auch hunderte andere Arten, darunter Tüpfelhyäne, Giraffe, Gepard und Hyänenhund.

Für ein durch öffentliche Gelder finanziertes Wildnisgebiet dieser Größenordnung sind die Besucherzahlen ausgesprochen gering. Der Zutritt bleibt denjenigen vorbehalten, die vorab eine der Lodges im Park gebucht haben, das heißt Tagesbesuche sind nicht möglich. Sämtliche Fahrten zu Tierbeobachtungen finden in Fahrzeugen der Lodges statt. Durch die Begrenzung der Besucherzahlen jedoch sind die Eindrücke in der Wildnis nur umso schöner, zudem zeichnen sich die Beobachtungsfahrten durch beste Qualität aus.

Für die Zukunft ist die Einrichtung weiterer Lodges geplant. Die Parkverwaltung ist darüber hinaus bemüht, umliegende Gemeinden am Nutzen des Tourismus teilhaben zu lassen; so wurden beispielsweise verschiedene Ausbildungsprogramme initiiert und einheimische Dienstleistungsanbieter für den Betrieb der Lodges angeworben.

Wie der Pilanesberg National Park besitzt auch Madikwe den Vorteil, frei von Malaria zu sein.

Wer den Park besuchen möchte, muss eine der unten angegebenen Lodges buchen. Anders als in anderen großen Wildparks gibt es in Madikwe keine Rest Camps für Selbstversorger oder Zeltmöglichkeiten. Bei allen Lodges sind Vollpension und Beobachtungsfahrten im Preis inbegriffen.

Jaci's Safari Lodge, ✆ 083-700 2071, 🖳 www.madikwe.com. Stil und Komfort dieser eigenwillig afrikanisch eingerichteten, unaufdringlich luxuriösen Lodge sind in dieser Form wohl einzigartig in Südafrika. Zur Verfügung stehen 8 Zimmer mit Blick auf den Marico River, in der Nähe gibt es einen natürlichen Pool in felsiger Umgebung. Kinder sind willkommen.

Madikwe Bush House, über R500, ✆ 011-708 1709, 🖳 www.madikwehouse.co.za. Im äußersten Westen des Parks gelegen, wirkt mehr wie ein schickes Guesthouse denn wie eine Game

Lodge, Beobachtungsfahrten gehören aber auch hier zum Programm.

Madikwe River Lodge, über R1000, ✆ 011-268 0151 oder ✆ 014-778 0891, 🖳 www.threecities.co.za/madikwe. Intime und hübsche Luxus-Chalets am Marico River mit Holzterrassen über dem Wasser.

Mosetlha Bush Camp, über R500, ✆ 011-802 6222, 🖳 www.thebushcamp.com. Preiswerteste Lodge im Park, die gleichzeitig die spannendste Umgebung und die lohnendsten Tierbeobachtungen bietet. In zentraler Parklage übernachten die Gäste in schlichten, teilweise offenen Blockhütten ohne Strom, Duschen außerhalb, einen Begrenzungszaun gibt es nicht. Den geringen Luxus machen die Atmosphäre und die fachkundige Organisation allemal wett. Neben Beobachtungsfahrten wird besonderes Gewicht auf Exkursionen zu Fuß gelegt.

Tau Lodge, über R1000, ✆ 011-315 5272 oder ✆ 018-365 9027, 🖳 www.taugamelodge.co.za. Größere Lodge am nördlichen Parkrand, 30 strohgedeckte Holz-Cottages mit herrlicher Aussicht über einen See.

Madikwe ist von Zeerust über die N4 nach Norden, Richtung Gaborone, die Hauptstadt Botswanas, zu erreichen; die Anfahrt ist auch von Osten auf Schotterstraßen über die Dwarsberge möglich. Vom Flughafen Wonderboom bei Pretoria verkehren zudem kleine Maschinen nach Madikwe.

Mafikeng und Mmabatho

Die Zwillingsstädte Mafikeng und Mmabatho gewähren einen einzigartigen Einblick in das Konstrukt der Apartheid und seine krassen Widersprüche. Mafikengs Ruhm gründet sich in erster Linie auf Colonel Baden-Powell und die Belagerung durch die Buren im Jahr 1900 (s.S. 641, Kasten). Die Stadt stellt das Zentrum einer ausgedehnten Farmregion dar und verkörpert in vielerlei Hinsicht einen typischen Ort aus der Kolonialzeit. So finden sich hier ebenso eine Hand voll ehrwürdiger Gebäude wie auch die charakterlosen Vororte, in denen die weiße Bevölkerung ein verschanztes Da-

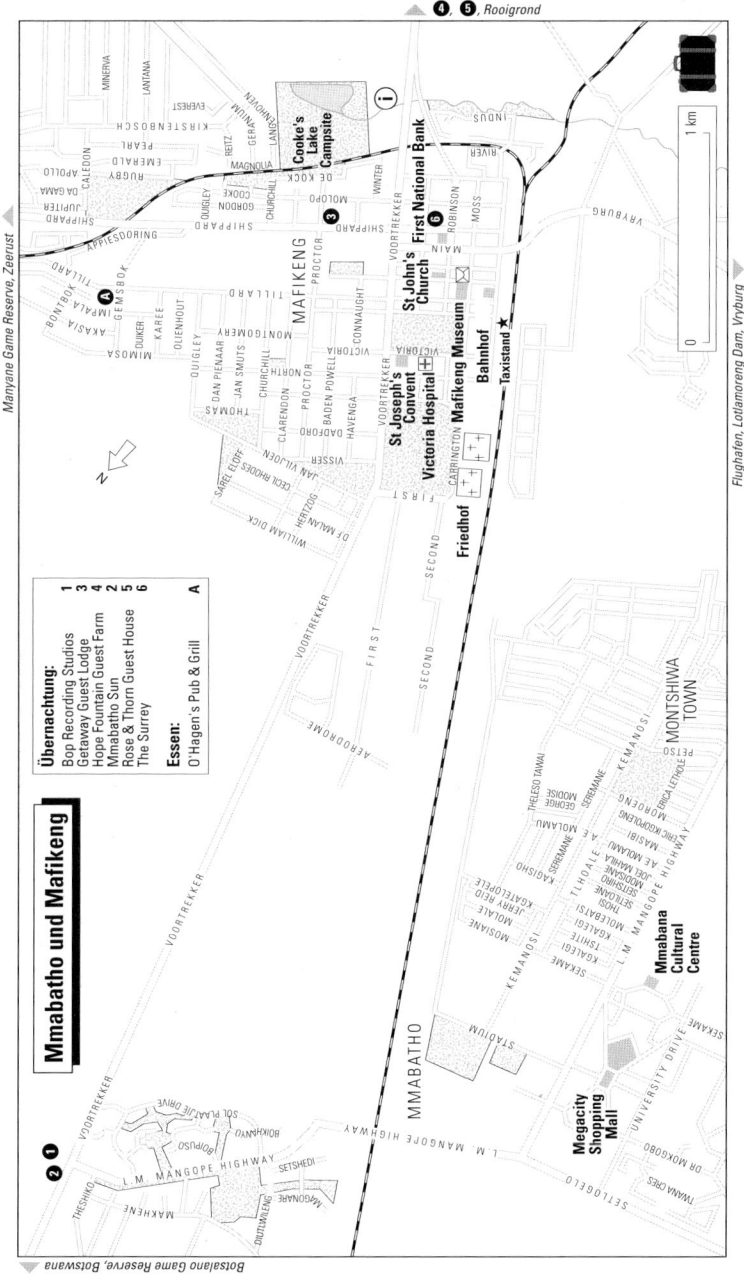

Mmabatho und Mafikeng

Übernachtung:

Bop Recording Studios	1
Getaway Guest Lodge	3
Hope Fountain Guest Farm	4
Mmabatho Sun	2
Rose & Thorn Guest House	5
The Surrey	6

Essen:

O'Hagen's Pub & Grill	A

NORDWEST-PROVINZ

sein führt, sowie ein Stadtzentrum, das zunehmend von Schwarzen aus der Umgebung zum Einkaufen und als Drehscheibe für den Transport genutzt wird. Weniger als 5 km, in seiner Erscheinung, Bedeutung und Atmosphäre aber Welten entfernt, liegt Mmabatho, die Hauptstadt des früheren Homelands **Bophuthatswana** und ein Musterbeispiel für die hochfahrenden Ambitionen des einstigen Homeland-Diktators Lucas Mangope. Die von Mangope aus den Gewinnen des Vergnügungsparadieses Sun City errichteten Monumentalbauten – angefangen von riesigen Regierungsgebäuden bis hin zum gewaltigen Sportstadion und den breiten Boulevards – sind zweifellos eine Erkundung wert, wenngleich man sich für die Unterkunfts- und Restaurantsuche besser auf Mafikeng beschränkt. Obgleich die beiden Städte gemeinsam die **Hauptstadt** der Nordwest-Provinz bilden, und ungeachtet der Tatsache, dass Mmabatho wohl noch lange als Symbol für das einstige Homeland-Unrecht betrachtet werden wird, ist es heute allgemein üblich, von Mafikeng zu sprechen und damit das gesamte Ballungsgebiet zu meinen.

Eine Hand voll historischer Gebäude laden in Mafikeng zu einem hübschen Spaziergang ein. Ausgehend von der vier Straßen nördlich der Main Street verlaufenden Victoria Street verdienen zunächst das **Victoria Hospital** Beachtung, in dem während der Belagerung von 1900 die Verwundeten gepflegt wurden, sowie das elegante **St Joseph's Convent**. Drei Straßen südlich steht an der Martin Street die prachtvolle **St John's Anglican Church**, die nach Plänen von Sir Herbert Baker 1902 errichtet wurde. Größte Sehenswürdigkeit vor Ort ist das nahe, ebenfalls in der Martin Street gelegene **Mafikeng Museum**, das Wissenswertes über die San zeigt, darunter von ihnen verwendete Jagdwerkzeuge und Hilfsmittel sowie Fotos von Handzeichen, mit der sie sich während der traditionell still verlaufenden Jagd verständigen. Zu den Exponaten über die Tswana zählen die Rekonstruktion einer traditionellen Hütte samt typischer Veranda in Originalgröße sowie Beispiele ihrer Töpfer- und Perlenarbeiten. Die umfangreiche Sammlung von Kräutern und Arzneien umfasst u.a. das Wohlriechende Veilchen, dessen Gehalt an Vitamin C fünfmal höher als der einer Orange ist, sowie die Alraunpflanze, die mit der Kartoffel verwandt ist und eine starke halluzinogene Wirkung besitzt. Ein ei-

gener Raum ist der **Belagerung von Mafikeng** gewidmet. Er birgt zahlreiche klassische Zeugnisse britischer imperealer Größe, darunter eine zerfetzte Flagge, ein Rationsheft, Tagebücher und eine aufschlussreiche Fotosammlung. Dazwischen gibt es umfangreiche Zitate aus Peter Warwicks *Black People and the SA War 1899–1902* zu lesen, das eine etwas andere Darstellung der Ereignisse präsentiert. Eingehend behandelt wird auch Sol Plaatje, ein Schriftsteller und Aktivist der Tswana, der viele Jahre in Mafikeng lebte und während der Belagerung ein Tagebuch schrieb. Interessant ist außerdem jener Teil, der sich mit dem Ausbau der Eisenbahn befasst und gleichzeitig die Verbindung zwischen deren Ausbreitung und den Ideen Rhodes' zur Kolonisierung Afrikas verdeutlicht. ⊙ Mo–Fr 8–16, Sa 10–13 Uhr, Eintritt frei.

Einzige andere lohnende Sehenswürdigkeit Mafikengs ist der **Friedhof** an der Carrington Street im Nordwesten der Stadt. Unter den Gräbern auf dem staubigen, verwilderten Gelände befinden sich mit weißen Eisenkreuzen markierte Ruhestätten britischer Soldaten. Einige von ihnen kamen bei der Belagerung ums Leben, andere im Verlauf der vielen Schlachten, die die Briten gegen die Buren und Tswana fochten. Noch bis in die 80er Jahre war es ein ausschließlich Weißen vorbehaltener Friedhof, und bis heute wird dort nur an die Europäer erinnert, die während der Belagerung starben.

Mmabatho wurde 1977 aus dem Nichts als Hauptstadt des neuen „unabhängigen Homelands" Bophuthatswana aus dem Boden gestampft. Die Entdeckung von Platin einerseits und die Einnahmen aus Sol Kerzners Glücksspielparadies Sun City andererseits beschieden der Stadt ein rasches Wachstum. Unter dem Präsidenten Bophuthatswanas, Lucas Mangope, sollte in der Hauptstadt eindrucksvoll unter Beweis gestellt werden, wie wohlhabend ein unabhängiger afrikanischer Staat werden könne, wenngleich es sich bei Bop in Realität nur um ein aufgeblähtes, fiktives Staatengebilde handelte, das durch Korruption und Egozentrik gekennzeichnet war. Man baute riesige Gebäude für den sich entwickelnden Apparat der Staatsbediensteten sowie Casino-Hotels für die neue schwarze Elite und für die Südafrikaner, denen derlei Vergnügungen jenseits der Grenze versagt blieben. Geld wurde in bizarre Unternehmungen gesteckt, u.a. in ein Sportstadion mit 80 000

Plätzen sowie in ein hochmodernes **Tonstudio**, das von den Rock- und Popgrößen der Welt zwar sehr gelobt, aber kaum in Anspruch genommen wird.

Die Belagerung von Mafikeng Innerhalb von drei Tagen nach Beginn des 2. Burenkriegs (1899–1902) geriet Mafikeng durch die Generäle Snyman und Cronje unter Belagerung. **Colonel Robert Baden-Powell** (der Begründer der Pfadfinderbewegung) hatte die Aufgabe, die Stadt zu verteidigen – und das tat er 217 Tage lang, vom 16. Oktober 1899 bis zum 17. Mai 1900, bis Hilfe aus Rhodesien und aus dem Süden kam. Der Verlauf der Belagerung machte Baden-Powell zu einem Helden der Briten. Strategisch besaß Mafikeng keine bedeutende Rolle im Krieg; Baden-Powells eigentliche Leistung bestand darin, die 6000 vor der Stadt lagernden Buren davon abzuhalten, an anderer Stelle zu kämpfen. Verteidigung, Arbeitskraft und militärische Erkundung übernahm vorwiegend das Volk der Barolong, aber weder berichtete Baden-Powell davon in seinen Depeschen nach London noch vermerkte er dies in seinen Memoiren.

Die Barolong erhielten weit geringer bemessene Rationen als die Briten und in Folge starben mehr als 1000 von ihnen den Hungertod; auch von den £29 000, die in Großbritannien für die Instandsetzung Mafikengs gesammelt worden waren, profitierten sie in keinster Weise.

Um dem Ganzen noch die Krone aufzusetzen, bedachte man keinen einzigen Barolong mit einer Auszeichnung, während die britischen Soldaten reichlich mit Medaillen behängt wurden, und erhielten sie nie auch nur ein Stück von dem Land, das ihnen Baden-Powell versprochen hatte.

Ein bedeutendes Zeugnis über die Rolle der schwarzen Bevölkerung ist das Tagebuch, das **Sol Plaatje** niederschrieb. Er war einer der ersten schwarzen Schriftsteller, der einen größeren Eindruck in der englischen Literatur hinterließ. In späteren Jahren gehörte er zu den Gründungsmitgliedern des ANC.

Übernachtung

Bop Recording Studios***, Voortrekker Rd, Mmabatho, ℡ 386 2609. Interessanteste Unterkunft in Mafikeng, bestehend aus einer Hand voll hübscher und komfortabler, strohgedeckter Chalets nahe des kaum genutzten Hightech-Tonstudios. Sofern keine Rockstars mit ihrer Entourage zu Besuch sind, stehen die Chalets auch Touristen offen. Anfahrt über die Straße, die kurz vor der Abzweigung zum *Mmabatho Sun* abgeht.

Cooke's Lake Camping Ground*, Cooke's Lake, etwas südlich von Mafikeng, abseits der R503. Einziger Campingplatz vor Ort. Schlicht ausgestattet und aufgrund der Nähe zur Straße mitunter recht laut.

Getaway Guest Lodge**, 39 Tillard St, ℡ 381 1150. Günstig im Zentrum von Mafikeng gelegen, Zimmer vor kurzem renoviert, hübscher Pool, Restaurant.

Hope Fountain Guest Farm*, Rooigrond, ℡ 645 0781. Reizvolle Alternative, wenn man ein Auto zur Verfügung hat. Gemütliche Chalets in halb ländlicher Umgebung. Anfahrt über die R503, am „Sehuba Protea"-Schild abbiegen und dann den Wegweisern folgen.

Mmabatho Sun****, Voortrekker Rd, Mmabatho, ℡ 389 1111. An der Hauptstraße, die Mmabatho und Mafikeng verbindet. Überraschend unspektakulär für ein Hotel mit Casino-Betrieb, als Entschädigung aber mit 3 Restaurants, 2 Bars, 2 Pools, Sauna und Wellness-Bereich ausgestattet.

Rose & Thorn Guest House*, ℡ 381 6675. Kleineres Guesthouse mit persönlicher Atmosphäre, hübsch gelegen am Rand von Mafikeng mit Blick auf das kleine Wildreservat.

The Surrey*, 32 Shippard St, ℡ 381 0420. Beste der preiswerten Unterkünfte Mafikengs, zentral gelegen, aber auch ziemlich heruntergekommen.

Essen

Am verlässlichsten sind das schicke Restaurant im *Mmabatho Sun* und der legere *O'Hagan's Pub and Grill*, Gemsbok St, Ecke Tillard St, 1 km nordöstlich des Zentrums, nahe der Straße nach Zeerust.

INFORMATIONEN – *Information Centre,* ☏ 381 3155, im strohgedeckten Komplex neben der Zufahrt zu *Cook's Lake Campsite,* ab Voortrekker St, auf der anderen Seite der Bahngleise vom Zentrum aus. ⏱ Mo–Fr 8–18, Sa 8.30–12 Uhr.

VORWAHL – 018

MINIBUS-TAXIS – Die Minibus-Taxis, die auf der kurzen Strecke von Mmabathos *Megacity Shopping Mall* nach Mafikeng verkehren, halten am Bahnhof und an der Warren St, Ecke Shippard St.

SELBSTFAHRER – Mit dem Auto von Zeerust und Vryburg über die R27, von Lichtenburg über die R52. Mafikeng liegt nur 25 km von der Grenzstation Ramatlabama nach Botswana entfernt.

BUSSE – *Protour,* ☏ 012-664 5880. 1x tgl. von Pretoria mit Halt am Bahnhof (kein Passagierverkehr) in Mafikeng sowie an der *Megacity Shopping Mall* in Mmabatho.
Weitere Verbindungen von Mafikeng nach JO'BURG (1x tgl., 4 Std.); RUSTENBURG (1x tgl., 2 1/2 Std).

Die Umgebung von Mafikeng

Östlich von Mafikeng erreicht man nach 10 km auf der R49 nach Zeerust das vom Northwest Parks Board verwaltete **Manyane Game Reserve**. Das Reservat beherbergt überwiegend Pflanzenfresser, darunter **Nashorn** und **Büffel**, es ist landschaftlich recht flach und etwas eintönig. Es gibt auch ein separates Löwengehege (R5). Hübsche Chalets für Selbstversorger**, ☏ 018-381 6020, bieten Unterkunft. ⏱ Tgl. 7–18 Uhr, Eintritt R10, pro Auto R5.

Nicht weit davon liegt **Wondergat**, eine tiefe, mit Wasser gefüllte Höhle, bis zu deren Grund man erst vor kurzem vorgestoßen ist. Eine warme Strömung 20 m unter der Oberfläche lässt das Wasser sprudeln – Schwimmen ist gestattet. An günstigen Tagen, vor allem im Sommer, empfiehlt sich die Umgebung als malerischer Ort für ein Picknick. Für die Anfahrt an der ersten Abzweigung hinter Manyane nach rechts abbiegen, der Straße 4 km folgen und dann nach links auf eine unbefestigte Straße abzweigen, dieser 8 km folgen und schließlich nach rechts abbiegen.

Nördlich von Mafikeng erstreckt sich das **Botsalano Game Reserve**, ☏ 018-386 2433, dessen Name „Freundschaft" in der Sprache der Tswana bedeutet. **Breitmaulnashorn, Giraffe** und andere in der Savanne beheimatete Tiere durchstreifen das von Grasland und Wald bestimmte Gelände. Die hiesige Avifauna nimmt sich mit ca. **140 Vogelarten** recht beeindruckend aus. Wer nicht als Tagesbesucher in den Park kommt, kann auf dem Campingplatz* oder in einem Safarizelt* übernachten. Nicht selten hat man dann den ganzen Park für sich alleine. Anfahrt über die R503 in Richtung Grenzstation Ramatlabama, nach 20 km kurz vor der Grenze nach Dinakana abbiegen und der Straße 7 km bis zu einer Kreuzung folgen. Von dort dem Wegweiser nach Dinakana folgen und noch einmal 7 km auf einer unbefestigten Straße bis zum Zufahrtstor zum Park zurücklegen. Sollte dieses geschlossen sein, muss man weitere 12 km bis zum Tor der Parkverwaltung fahren. ⏱ tgl. 8–17 Uhr, Eintritt R10, pro Auto R20.

Nicht ganz so weit ist es zum **Lotlamoreng Dam Resort**, westlich von Mafikeng, das zwei kühle Pools, *braai*-Stände, einen Süßigkeitenladen sowie eine am Wochenende von Einheimischen gern besuchte, unter der Woche jedoch ruhige Bar beherbergt. Auf dem Gelände befinden sich die Überreste des Credo Mutwa Cultural Village, das früher aus *kraals* im traditionellen Stil der verschiedenen ethnischen Gruppen Südafrikas und bizarren religiösen Statuen bestand. Mitglieder des ANC-Jugendflügels fügten dem Dorf 1994 wahrscheinlich auf Grund von fortwährenden Stammesdifferenzen schwere Schäden zu, aber obgleich Pläne für den Wiederaufbau des Dorfs „in Vorbereitung" sind, streunen bislang nur Ziegen durch die Ruinen. Anfahrt nach Lotlamoreng über die R27 Richtung Vryburg und nach 5 km an den Wegweisern nach rechts abbiegen. ⏱ tgl. 8–20 Uhr, Eintritt R7.

Lichtenburg und Umgebung

Das erzkonservative *dorp* Lichtenburg liegt ca. 65 km südöstlich von Mmabatho an der R503, nicht weit von der N14 entfernt, die die nördliche Kapprovinz mit Gauteng verbindet. Lichtenburg, der „Ort des Lichts", wurde 1873 in der Hoffnung gegründet, tatsächlich etwas Glanz in diese verlassene Gegend zu bringen. Das Unterfangen ließ sich sehr langsam an, bis 1926 ein Tswana-Arbeiter auf der Elandsputte-Farm von Jan Voorendyk einen **Diamanten** entdeckte. Die Nachricht verbreitete sich rasch, und 1927 schürfte man bereits auf einer Fläche von 36 km Länge und 1,5 km Breite. In unglaublich rasantem Tempo war bis dahin auch eine Barackenstadt mit 150 000 Bewohnern und mehr als 200 Ankaufbüros für Diamanten gewachsen. Die hier gefundenen Mengen bedrohten den Diamantenmarkt, aber De Beers kaufte so gut wie jeden Stein, um sich das Monopol zu sichern und den Wert der Diamanten nicht sinken zu lassen.

Die Siedlung war berühmt für ihren **Staub**, der den Lichtenburgern beim Sprechen angeblich aus den Mündern geweht kam. 1935 war das Diamantenfieber wieder vorbei, einige Schürfer betrieben den Abbau jedoch noch bis 1993. Heute ist hier nur noch eine Gesellschaft im Geschäft; wer die Arbeit vor Ort beobachten möchte, folgt der R505 von Lichtenburg nach Norden, Richtung Zeerust, und biegt kurz vor der Abzweigung nach Bakerville nach links ab.

Interessant ist die Ausstellung, die das **Ampie Bosman Cultural History Museum** am De La Rey Square über General Koos De La Rey zeigt, der 1900 vergeblich versuchte, Lichtenburg den Briten zu entreißen. De La Rey war einer der fähigsten Militärstrategen der Buren, gleichzeitig aber auch einer ihrer starrköpfigsten Streiter und erst 1902 – und da auch nur höchst widerwillig – bereit, die Kämpfe einzustellen. ⏲ Di–Fr 10–12.30 und 13.30–17, Sa 10–13 Uhr, Eintritt frei.

Dem Museum angeschlossen ist das nahe **Diggings Museum**, Melville Street South, das seinen Besuchern Hintergrundwissen über die Zeit des Diamantenrauschs von 1925–35 vermittelt und anhand von verschiedenen Gegenständen sowie lebendigen Geschichten jene turbulenten Jahre beleuchtet. ⏲ Mo–Fr 10–13 und 14–16 Uhr, Eintritt frei.

Das **Lichtenburg Nature Reserve**, ✆ 018-632 2818, wird als Zuchtstation betrieben und besitzt daher eine ungewöhnliche Auswahl an Tieren, darunter auch Geier. Diese werden in der Regel nachmittags gefüttert. Wer das Spektakel auf keinen Fall verpassen möchte, sollte sich über die genauen Zeiten am Tor erkundigen. Weniger blutrünstig gebärden sich die zahllosen Vögel, die man vom Aussichtspunkt am See beobachten kann. Anfahrt über die R505 nach Norden Richtung Ottoshoop und Zeerust, nach 2 km am leicht zu übersehenden Schild abbiegen und unter der Eisenbahnbrücke hindurchfahren; der Park liegt von dort noch 2 km entfernt. ⏲ Mo–Fr 8–16, Sa und So 8–18 Uhr.

Diamantensuche

Ist der erste Diamant gefunden, hört die Suche nie auf.

Sprichwort der Schürfer

Ein Claim, eine Spitzhacke, eine Schaufel, eine Schubkarre und verdammt viel Glück: Mehr ist laut Schürferlegende nicht nötig, um bei der Suche nach Diamanten fündig zu werden. In der Praxis wird sich zusätzliche Ausrüstung jedoch als recht nützlich erweisen. Zunächst sei hier das *dummy* genannte Sieb erwähnt, mit dessen Hilfe sich größere Steine entfernen lassen. Danach käme die *washing machine* zum Einsatz, deren rotierende Arme und Zähne den im Sieb verbliebenen Kies mit schlammigem Wasser mischen. Dabei sinken die Diamanten und der schwerere Kies nach unten, während der leichtere Kies als Abfall an die Oberfläche steigt. Ein weiteres Sieb trennt den Abfall vom Wasser, das zur erneuten Verwendung aufbewahrt wird. Anschließend wird der restliche Kies in eine Waschschleuse, dann in eine Waschrinne gekippt, wo er von den letzten Wasserresten befreit und nach drei Größen sortiert wird. Danach gilt es, mit einem Messer über die Steine zu schaben und zu hoffen, dass diesmal ein Diamant dabei sein wird. 1926, zu Zeiten des Diamantenrauschs in Lichtenburg, kostete die beschriebene Ausrüstung ca. £600, was erforderte, zumindest einen Diamanten zu finden, um die Kosten hierfür aufbringen zu können.

Elgro*, Republiek St, ✆ 018-632 3051, einziges Hotel, recht düster.

Melville*, 20 Melville St, ✆ 018-632 3514, weit komfortableres B&B mit einer kleinen angegliederten Kunstgalerie.

O'Hagan's, Melville St, ein Pub.

Spur, Steakhaus neben dem *Elgro*.

La Taverna, 145 Melville St, etwas besser, bietet Steaks und Desserts zu angemessenen Preisen.

Entlang der N14

Lichtenburg liegt nicht weit von der N14 entfernt, die Johannesburg und Upington in der nördlichen Kapprovinz als wichtigste Straße verbindet. Die Strecke ist eine überlegenswerte Alternative zur direkteren Route von Johannesburg nach Kapstadt via Kimberley oder Bloemfontein, da sie durch eine größere Vielfalt an südafrikanischen Landschaften führt und insbesondere jenseits der Grenze zur nördlichen Kapprovinz zu einer Reihe reizvoller Abstecher einlädt. Der durch die Nordwest-Provinz verlaufende Abschnitt kann hingegen nur wenig Bemerkenswertes vorweisen. Am interessantesten ist noch das **Barberspan Nature Reserve** nahe Delareyville, ✆ 053-948 1854, ein ausgedehntes, natürliches Feuchtgebiet, das in ausgesprochenem Kontrast zu den Maisfeldern steht und Zehntausende Vögel beherbergt, darunter Flamingos, Reiher, Störche und Ibisse. Mit 365 gezählten Arten zählt die hiesige Vielfalt zu den größten in ganz Südafrika. Ein Campingplatz sowie die Holzhütten des benachbarten *Barberspan Hotel**, ✆ 053-948 1930, bieten direkt am Rand der Feuchtzone Unterkunft, das Hotel ist zudem mit einer Bar, einem Restaurant und einem Pool ausgestattet. ☉ tgl. 6–19 Uhr, Eintritt R10.

Westlich von Delareyville erstreckt sich Bophirima, der westliche Teil der Provinz und ein Gebiet, das sich durch riesige Viehzuchtbetriebe und Jagdkonzessionen auszeichnet. Größte Stadt der Region ist **Vryburg** mit einer ungewöhnlichen Anhäufung von Steakrestaurants und nüchternen Hotels. Südlich von Vryburg erreicht man nach ca. 70 km auf der Straße nach Warrington die kleine Siedlung **Taung**, berühmt durch das 1924 von Dr. Raymond Dart entdeckte Taung-Kind – den fossilierten Schädel eines frühen hominiden Vorfahren des heutigen Menschen *(Australopithecus africanus)*. Obgleich der Fund von entscheidender Bedeutung für die Beweisführung war, dass der Mensch vom Affen abstammt, erinnert an der Ausgrabungsstätte nur eine bescheidene Gedenktafel an Dart und seine Entdeckung.

Den Vaal River entlang

Der mächtige Vaal River (oder Lekwa) markierte früher die historische Grenze zwischen dem Oranje-Freistaat und der Südafrikanischen Republik (ZAR). Heute bildet der parallel zur N12 von Johannesburg nach Kimberley verlaufende Fluss die Grenze zwischen der Nordwest-Provinz und dem Freistaat. Die Route führt durch einige Städte, darunter die historische Universitätsstadt Potchefstroom und das ausgedehnte, nicht sonderlich aufregende Klerksdorp, das aber ebenso wie „Potch" eine Hand voll zweckdienlicher Einrichtungen besitzt. Obgleich als Nationalstraße ausgewiesen, sind einige Abschnitte der N12 nicht besonders gut in Schuss, zudem kann die verkehrsreiche, unbeleuchtete Strecke nach Einbruch der Dunkelheit unangenehm zu befahren sein. Beherrschendes landschaftliches Merkmal sind weite Maisfelder. Für etwas Abwechslung sorgen Abstecher zum nahen Fluss. Unbedingt sehenswert ist keine der Städte entlang der Route, in der einen oder anderen kann man aber gut eine Nacht verbringen.

Potchefstroom

Etwas weniger als 100 km südwestlich von Johannesburg liegt Potchefstroom, eine der größten und ältesten Städte der Provinz. Ihr Erscheinungsbild ist klassisch-burisch geprägt und zeichnet sich durch breite, für das Wenden eines Ochsenkarrens ausreichend Platz bietende Straßen, einen großen zentralen Platz und reichlich Kirchen aus. Der Name des 1837 vom Anführer der Voortrekker, **Andries Potgieter**, am Ufer des Mooi River gegründeten Stadt bedeutet „Strom des Häuptlings Potgieter". Die frühere Hauptstadt der ZAR ist heute vor allem für ihre **Universität** bekannt, die Schauplatz von Turbulenzen zwischen schwarzen und burischen Studenten war, nachdem Schwarze in den 90er Jahren hier zugelassen wurden. Die Straßen um die Universität erhalten durch die große studentische Gemeinde ein junges, lebendiges Flair.

Die Nationalstraße führt mitten durch die Stadt und beraubt das Zentrum weitgehend jenes Charmes, den man in einem solch alten Ort erwarten würde. Im rechten Winkel zur Nationalstraße verläuft die Kerk Street, die sich heute als unelegante Einkaufsstraße präsentiert, parallel dazu erstreckt sich die Greyling Street, die immerhin Standort des Postamts ist. Potchefstroom nahm im Postwesen der ZAR eine wichtige Rolle ein: Hier waren schwarze Boten beschäftigt, die die Post bis in Gegenden wie das heutige, hunderte Kilometer entfernte Mpumalanga zustellten. Das **Potchefstroom Museum**, Gouws Street, beherbergt einen der wenigen noch existierenden Ochsenkarren aus der Schlacht am Blood River von 1838, in deren Verlauf die Voortrekker den Sieg über die Zulus davontrugen. ◷ Mo–Fr 9–17 Uhr, Eintritt frei.

Abseits des Zentrums und der Nationalstraße gibt sich „Potch" weitaus ansprechender, vor allem in der Umgebung der Universität. Die eindrucksvolle Eichenallee Tom Street führt bis zum „Die Bult" genannten Universitätsviertel, wo reizvolle alte Gebäude neben funktionalen Neubauten existieren und der Universitätsbetrieb für lebendiges Treiben sorgt. Der Weg zu Fuß vom Zentrum ist weit und erfordert ein Auto oder Fahrrad als Transportmittel. Zu den nahen Sehenswürdigkeiten zählt u.a. **Pretorius House**, Van der Hoff Road (Verlängerung der Kerk Street), das frühere Wohnhaus von Marthinus Pretorius, dem ersten Präsidenten der ZAR. Das schöne Gebäude mit seinen weiß getünchten Mauern, grünen Türen und dem strohgedeckten Dach ist ein typisches Beispiel für burische Wohnkultur im 19. Jahrhundert. Im Innern gibt es Fotos, Tapeten mit Blümchenmuster, spärliches Mobiliar und eine Familienbibel zu sehen. ◷ Mo–Fr 10–13 und 14–16 Uhr, geringe Eintrittsgebühr.

Auf der gegenüberliegenden Straßenseite steht das **Totius Museum**, das in jenen Zustand zurückversetzt wurde, als der gleichnamige Dichter hier vor 100 Jahren lebte. Totius spielte eine Schlüsselrolle in der Niederländisch-Reformierten Kirche sowie in der Bewegung zur Durchsetzung von Afrikaans. Neben der Einrichtung der theologischen Lehranstalt der Kirche in Potchefstroom war er einer der ersten Schriftsteller, die Werke in Afrikaans veröffentlichten, außerdem übersetzte er zwischen 1923 und 1933 die Bibel ins Afrikaans. Der beeindruckendste Teil des Museums ist das mit zahllosen Büchern bestückte Arbeitszimmer. Beachtung verdienen aber auch die Gemälde des Künstlers Jacob Pierneef, die Totius gewidmet sind. ◷ Mo–Fr 10–13 und 14–16 Uhr, Eintritt frei.

Die Siedlung **Vredefort**, 30 km südöstlich von Potchefstroom, kurz hinter der Grenze im Freistaat und unweit von Parys, liegt der weltweit größte und älteste **Einschlagkrater** eines Meteoriten, der vor ca. 2000 Millionen Jahren die 90 km breite, als „Vredefort Dome" bekannte Vertiefung hinterlassen hat. Der als Weltkulturerbe ausgewiesene Ort lockt inzwischen zahlreiche Freizeitsportler und Abenteuertouristen an. Über das genaue Angebot informiert das *Tourist Office* in Potch.

Übernachtung

Lake Recreation Resort*, Tom St, nördlich des Zentrums, ✆ 299 5474, einzige billige Unterkunft mit Bungalows für Selbstversorger und Campingmöglichkeiten am See.
Willow Garden Court**, Potgieter St, Ecke Mooi River St, am Riverwalk Centre, ✆ 297 6285, ist eine Alternative.
Besser übernachtet man in einem der **B&B**. Beispielsweise im:
Ou Drift**, am Ufer des Mooi River, ✆ 297 4939. Komfortabel und entspannend.

Essen und Trinken

Die beste Gegend zum Ausgehen ist das Universitätsviertel.
Akker Coffee House, Tom St, im Herzen von Die Bult. Ausgezeichnet, auch abends geöffnet, beste Adresse, um in lockerer Umgebung Zeit totzuschlagen.
Bourbon St Brewery, ebenfalls in Die Bult. Bietet Kneipenessen in lebendiger Atmosphäre, an Wochenenden Live-Musik.
Im **Riverwalk Centre**, dem vorrangigen Einkaufszentrum in Potch, in der östlichen Stadthälfte, ab Potgieter St, sind die konventionelleren Pizza-, Pasta- und Steakrestaurants versammelt.

FAHRRÄDER – Wie in vielen Universitätsstädten ist auch in Potch das Fahrrad das klassische Fortbewegungsmittel.
Dingo Cycles, im *Cachet Park Shopping Centre*, Tom St, ✆ 293 2456, ist ein Verleiher.

INFORMATIONEN – Das hilfreiche *Tourist Office*, Kerk St, Ecke Potgieter St, ✆ 299 5130, ist in einem neuen Gebäude neben dem Rathaus untergebracht und bietet im Innern während der Öffnungszeiten Kartenmaterial und Broschüren, ansonsten informieren außen angebrachte Aushänge; ⏰ Mo–Fr 7.45–13 und 13.45–16.30 Uhr.

VORWAHL – 018

BUSSE – Die Anbindung an den Transport mit öffentlichen Verkehrsmitteln ist gut. *Translux, Greyhound* und *Intercape* halten auf ihrer täglichen Route zwischen Kapstadt und Johannesburg via Kimberley in der Potgieter Street, nahe dem *Tourist Office*.
Verbindungen bestehen nach
JO'BURG (3–4x tgl., 2 Std.);
KAPSTADT (1–3x tgl. außer Do, 16 Std.);
KIMBERLEY (2–3x tgl., 4 1/4 Std.);
KLERKSDORP (3–4x tgl., 3/4 Std.).

EISENBAHN – Der **Bahnhof**, ✆ 299 3205, liegt westlich des Stadtzentrums.
Verbindungen bestehen nach
JO'BURG (2x tgl., 2 1/4 Std.);
KAPSTADT (1x tgl., 23 Std.);
KIMBERLEY (2x tgl., 6 Std.);
KLERKSDORP (2x tgl., 3/4 Std.).

Klerksdorp und Umgebung

Das ausdruckslose Klerksdorp, 25 km westlich von Potchefstroom auf der N12, ist ein betriebsames Landwirtschafts- und Bergbauzentrum nahe einer der größten Goldminen der Welt. Einzig nennenswerte Sehenswürdigkeit ist das **Klerksdorp Museum** in der Margaretha Prinsloo Street, Ecke Lombard Street. Wie von einem ehemaligen Ge-

fängnis nicht anders zu erwarten, ist das Museum ein recht schauriger Ort. Die ausgestellten Züchtigungsgeräte und die Einzelzellen lassen die einstigen Bedingungen erahnen, der Hofbereich ist in ein burisches Standardmuseum umfunktioniert worden und zeigt u.a. den obligaten Ochsenkarren. ⏰ Mo–Fr 10–13 und 14–16.30, Sa 9.30–12, So 14–17 Uhr, Eintritt R2.

Das ungefähr 11 km nordwestlich von Klerksdorp gelegene **Faan Meintjes Nature Reserve**, ✆ 018-462 5700, beherbergt nur wenige Raubtiere, dafür streifen aber umso mehr **Breitmaulnashörner, Giraffen** und **Antilopen** durch das hiesige *bushveld*. Als Unterkünfte* stehen Caravanstellplätze und Chalets zur Verfügung. Anfahrt über die südlich der N12 verlaufende Van Riebeeck Street (R30), die auch Church Street heißt, von dieser nach ein paar Kilometern am Wegweiser nach rechts in die Brady Lane abbiegen. ⏰ tgl. 10–18 Uhr, Fahrzeug R30, jeder Erwachsene R2.

Auf dem Gelände der nahen Bosworth Farm gibt es **Felsgravuren der San** zu sehen, die nach Anmeldung beim Besitzer des *North Hills Country House* (s.u.) besichtigt werden können.

Fountain Villa Guest Lodge*, 21 Hendrik Potgieter Rd, ✆ 018-464 1394 oder 082-466 4001, als nationales Denkmal ausgewiesenes Gebäude in der Altstadt mit vornehmen Türmchen und Gitterwerk aus Holz, ist fraglos die beste Unterkunft der Stadt. Die umgebauten Stallungen beherbergen ein ausgezeichnetes Restaurant und einige zusätzliche Zimmer.
North Hills Country House*–**, etwas weiter, an der Straße zum Faan Meintjes Reserve, ✆ 018-468 6416, 🖳 www.northhills.co.za, auf dem Gelände eines kleinen privaten Naturreservats mit benachbarter Pferdezucht (Ausritte möglich). Bietet komfortable DZ und gemütliche Suiten mit Kamin. Frühstück und Abendessen kosten extra, an Wochenenden serviert ein deutscher Koch gute vegetarische Gerichte.

BUSSE – *Translux, Greyhound* und *Intercape* halten auf ihrem täglichen Weg von Kapstadt

nach Jo'burg via Kimberley an der Church St.
Verbindungen bestehen nach
JO'BURG (3–4x tgl., 2 Std.);
KAPSTADT (1–2x tgl., 15 Std.);
KIMBERLEY (2–3x tgl., 4 Std.);
POTCHEFSTROOM (3–4x tgl., 3/4 St.).

EISENBAHN – Der **Bahnhof**, ✆ 018-406 2022, liegt abseits der Margaretha Prinsloo St, nur wenige Straßen östlich des Zentrums.
Verbindungen bestehen nach
JO'BURG (2x tgl., 3 1/2 Std.);
KAPSTADT (1x tgl., 22 Std.);
KIMBERLEY (2x tgl., 5 Std.);
POTCHEFSTROOM (2x tgl., 3/4 Std.).

Burische Museen Im Gebiet der früheren Provinzen Transvaal und Oranje-Freistaat gibt es unzählige Museen, die den **Mythos Burentum** pflegen und weitertragen. Zu ihrer typischen Ausstaffierung zählen Erinnerungsstücke aus den Zeiten des Großen Trecks (Ochsenkarren erfahren dabei besonders hohe Wertschätzung), Darstellungen des häuslichen Farmalltags wie das Herstellen von Butter und Kerzen, Kinderspielzeug (oftmals aus Knochen gefertigte kleine Karren), Fotos von burischen Generälen aus den Burenkriegen samt Erläuterungen über den „Krieg der Befreiung", ramponierte burische Flaggen, Gewehre und Munitionsgürtel, detaillierte Informationen über burische Opfer in Lagern und schließlich eine Hinweistafel, die den Weg zum nächsten Voortrekker-Denkmal weist.
Angesichts des neuen politischen Systems überrascht es nicht, dass viele dieser Museen hart um ihre Finanzierung kämpfen müssen und es infolge schwer haben, den Museumsbetrieb überhaupt aufrecht zu erhalten. Einige haben versucht, ihre Ausstellungen zu erweitern und auch Elemente einheimischer schwarzer Kultur zu präsentieren, die Resultate wirken jedoch oftmals unbeholfen oder sind schlichtweg jämmerlich.

Die N12 nach Kimberley

Jenseits von Klerksdorp verläuft die N12 durch ein Gebiet ausgedehnter Maisfelder. Der Weg nach Kimberley, der nächsten größeren, in der nördlichen Kapprovinz gelegenen Stadt, führt durch eine Reihe verschlafener *dorps*, von denen keines von sonderlichem Reiz ist. Zu einer Fahrtunterbrechung laden vor allem die kleineren Naturreservate am Ufer des Vaal River und die ausgezeichnete *Lindbergh Safari Lodge* ein.

Wolmaransstad und Umgebung

Zwei, drei Straßen und eine Hand voll Läden: Viel mehr hat Wolmaransstad, 90 km südwestlich von Klerksdorp auf der N12, nicht zu bieten. An der Strecke nach Leeudoringstad gibt es abseits der R504 einen kargen Campingplatz. Die schönste Unterkunft der Gegend ist die *Lindbergh Safari Lodge*****, ✆ 011-884 8923, ✉ lindbergh@glkbal. co.za, die einen faszinierenden Eindruck des *velds* vermittelt, bevor die Maisfelder angelegt und die vielen Vögel und Tiere verdrängt wurden. Die hübsche, strohgedeckte Lodge liegt in einem kleinen Naturreservat mit Blick auf eine begehrte Wasserstelle, und man kann das rege Kommen und Gehen gemütlich vom Sessel aus beobachten. Die Zimmer sind luxuriös ausgestattet, im Preis sind Frühstück und Abendessen enthalten. Selbstversorgern steht ein einfaches Buschcamp zur Verfügung. Da es hier keine Raubtiere gibt, kann man das Gelände gefahrlos zu Fuß erkunden und einen Blick aus der Nähe auf die Giraffen, Antilopen und andere hier lebende Tiere werfen.

Anfahrt von der N12 über eine ca. 20 km südlich von Wolmaransstad abzweigende unbefestigte Straße, danach zuerst den Wegweisern nach Rietpan, dann nach Leeufontein folgen. Die Lodge liegt ungefähr 15 km von der Hauptstraße entfernt. In Anbetracht des mäßigen Straßenzustands und der schlechten Ausschilderung sollte man die Fahrt jedoch besser am Tag unternehmen.

Eine weit bescheidenere Alternative ist die *Buisfontein Safari Lodge***, ✆ 018-598 6704, die ein Stück weiter an derselben Straße liegt und 18 strohgedeckte Chalets sowie ein gutes Restaurant umfasst.

Für einen Abstecher in die Landschaft am Vaal River empfiehlt sich das *Wolwespruit Nature Reserve**, ✆ 018-581 9705, das über einen passablen

Campingplatz und einige Steinhütten verfügt. Der Anfahrtsweg führt durch Leeudoringstad und jenseits davon auf der R504, vor Bothaville, ein paar Kilometer nach Osten.

Bloemhof und Christiana

Im weiteren Verlauf erreicht die N12 den winzigen, von Landwirtschaft geprägten Ort Bloemhof, in dem auch die Busse auf ihrer langen Fahrt zwischen Johannesburg und Kapstadt Halt machen. Der Ort entwickelte sich um die Farm eines gewissen James Barkly herum, der Name geht auf den von Barklys Tochter angelegten Blumengarten zurück. Nicht weit vom Ort liegt der große Bloemhof Dam, wo es ein Naturreservat (☉ tgl. 8–17.30 Uhr), einen bescheidenen Camping- und Caravanplatz sowie Chalets in Wassernähe auf dem Gelände von *Die Hoek**, ✆ 053-433 0256, gibt.

Ansonsten bietet noch das wenig ansprechende *Bloemhof Hotel*, ✆ 053-433 1211, an der Hauptstraße Zimmer mit TV und Bad. Angeschlossen ist ein fensterloses Restaurant, das die übliche fleischlastige Kost serviert.

Noch kleiner als Bloemhof ist Christiana, gut 50 km weiter südlich. Die wenigen Geschäfte sind hier alle entlang der Hauptstraße angesiedelt. Das Unterkunftsangebot beschränkt sich auf das annehmbare *Christiana Hotel** an der Hauptstraße, ✆ 053-441 2326, das neben einem Restaurant mit Grillgerichten auch zwei Bars beherbergt: eine hübsch eingerichtete und ehedem Weißen vorbe-

haltene, daneben eine fensterlose, verschlagähnliche, in der die Schwarzen trinken durften. Am Ufer des Vaal River findet man einen akzeptablen Campingplatz mit Duschen, *braai*-Plätzen und unglaublich lärmigen Vögeln.

Transport

BUSSE – *Greyhound, Intercape* und *Translux* halten in Bloemhof.
Verbindungen bestehen von **Bloemhof** nach
JO'BURG (2–3x tgl., 3–4 Std.);
KAPSTADT (1x tgl. Mo, Mi und Fr–So, 13 3/4 Std.);
KIMBERLEY (2–3x tgl., 2 Std.);
KLERKSDORP (2–3x tgl., 2 Std.);
POTCHEFSTROOM (2–3x tgl., 2 Std.).
Von **Christiana** nach
KLERKSDORP (1–2x tgl., 2 Std.);
JO'BURG (1–2x tgl., 5 Std.);
POTCHEFSTROOM (1–2x tgl. 3 Std.).
KIMBERLEY (1–2x tgl., 1 1/2 Std.);
KAPSTADT (1x tgl. Di und So, 12 1/4 Std.);

EISENBAHN – Verbindungen bestehen von **Bloemhof** nach
KAPSTADT (1x tgl., 19 Std.);
JO'BURG (2x tgl., 6 Std.);
KLERKSDORP (2x tgl., 2 1/2 Std.);
POTCHEFSTROOM (2x tgl., 3 1/2 Std.);
KIMBERLEY (2x tgl., 2 3/4 Std.).

Mpumalanga und der Krüger-Nationalpark

HIGHLIGHTS

Rafting am Blyde River Canyon – am Grunde des spektakulären 30 km langen Canyons durch Stromschnellen paddeln

Shangana Cultural Village – in der Nähe von Hazyview traditionelle afrikanische Speisen wie Krokodilfleisch und Mopane-Würmer oder Rinderschmorbraten vom offenen Feuer probieren

Krüger-Park von Nord nach Süd – in vier oder mehr Tagen die 414 km lange Route durch Südafrikas bedeutendstes Wildreservat fahren

Wanderabenteuer – die Wildnis zu Fuß erkunden auf einer geführten Safari durch den Krüger-Park

Nachtfahrten – Was sich nach Sonnenuntergang in der Wildnis tut, erfährt der Besucher auf einer Nachtfahrt im Krüger-Park

Leoparden in der Wildnis beobachten – in den Luxus-Camps des Sabi Sand Game Reserve, direkt neben dem Krüger-Park

Mpumalanga oder das „Land der aufgehenden Sonne", wie seine siSwati und Zulu sprechenden Bewohner es nennen, liegt östlich von Gauteng und grenzt im Westen an Mosambik und Swasiland. Viele Besucher setzen die Provinz mit dem Krüger-Nationalpark gleich – *dem* Anziehungspunkt an der Ostgrenze Südafrikas und einer der besten afrikanischen Wildparks überhaupt. Der Krüger-Park nimmt fast die gesamte Grenze von Mpumalanga und der Nord-Provinz zu Mosambik ein und bedeckt über 20 000 km^2 – das entspricht etwa der Fläche von Wales. Er gehört zu den Wildparks, in denen sich der Besucher mit dem eigenen Fahrzeug frei bewegen und in einem der zahlreichen, gut geführten Rest Camps übernachten kann. An seiner Westgrenze liegen einige **Privatreservate**, die eine Zuflucht vor dem Gedränge des Krüger-Parks bieten – allerdings zu gepfefferten Preisen. Dafür gibt es exklusive Safari-Touren mit gut ausgebildeten Rangern in offenen Fahrzeugen.

Doch Mpumalanga hat mehr zu bieten als Großwild: Nur wenige Stunden Fahrt westlich des Krüger-Parks zeigen sich spektakuläre Landschaften in der als **Escarpment** bekannten Gebirgsgegend, die man gut mit einem Besuch des Parks verbinden kann. Die einzig sehenswerte Stadt des Escarpment ist **Pilgrim's Rest**, eine ehemalige Goldgräberstadt. Die anderen Orte bieten auf dem Weg zum und vom Krüger-Park gute Übernachtungsmöglichkeiten. Außerdem eröffnen sich beim Herumfahren immer wieder sensationelle Aussichten, besonders dort, wo die Berge zum Lowveld hin abfallen. Die berühmtesten Aussichtspunkte – **God's Window**, **Bourke's Luck Potholes** und **Three Rondavels** –, die z.B. von Sabie aus auf einer Tagesfahrt mit 156 km Länge erreichbar sind, befinden sich am Rande des Escarpment. Der Blick in den **Blyde River Canyon** jedoch stellt alles andere in den Schatten, und es gibt dort ein fantastisches Wander- und Rafting-Angebot.

Zwischen den Bergen und dem Krüger-Park liegen die ehemaligen afrikanischen **bantustans**, die während der Apartheid entstanden waren: Lebowa für die Sotho- und Gazankulu für die Shangaan- und Tsonga-sprechende Bevölkerung. Die Armut dieser künstlichen Kleinstaaten verschärfte sich in den 80er Jahren, als hunderttausende Mosambikaner nach Gazankulu flohen, um dem Bürgerkrieg in ihrem Heimatland zu entfliehen. Noch heute, da der Krieg längst vorbei ist, drängen viele Mosambikaner illegal über die Grenze nach Südafrika und trotzen Löwen, Nationalpark-Mitarbeitern und Anti-Wilderer-Einheiten des Krüger-Parks, um sich bis in die „goldene Stadt" Johannesburg durchzuschlagen.

Für die ausländischen Besucher verläuft die Route meist in entgegengesetzter Richtung. Sie nimmt ihren Anfang in Johannesburg und führt durch den Industrie-Korridor, der von der N4 auf dem Weg nach **Nelspruit** gekreuzt wird. Von der modernen Provinzhauptstadt strebt die N4 weiter bis zur mosambikanischen Grenze. Auf dieser Straße gelangt man zum südlichsten Teil des Krüger-Parks. Nelspruit liegt 62 km vom Malelane Gate und 51 km vom Numbi Gate entfernt, außerdem auch an der südlichen Route über Barberton nach Swasiland.

Der Weg vom Escarpment abwärts über einen der vier Bergpässe führt zum Lowveld, einem Anbaugebiet für Tropenfrüchte, das von Bushveld beherrscht wird. Die Blicke auf das hoch aufragende Massiv des Escarpment sind von hier aus eindrucksvoll. In der Gegend des kleinen Zentrums **Hoedspruit** bieten eine Reihe von **Wildfarmen** preisgünstige Busch-Erlebnisse an. Ein bis zwei Nächte kann man es hier gut aushalten, doch fehlen sowohl die Vielfalt an Tieren und das Großwild, als auch die luxuriös ausgestatteten Lodges der privaten Wildreservate wie Manyeleti und Timbavati.

Das Escarpment

Vom Johannesburg sind es vier Stunden Fahrt bis zu einem der bevorzugten Rückzugsorte der Städter in den Bergen. Das wogende Grasland und die Drakensberge von Mpumalanga sind im Allgemeinen als Escarpment bekannt. Während die meisten Touristen sich nur wegen der Nähe zum Krüger-Nationalpark in dieser Region aufhalten, bietet sie dennoch einige der spektakulärsten Landschaften von Südafrika. Anders als die Drakensberge von KwaZulu-Natal ist dieser Teil der Gebirgskette mit dem eigenen Auto befahrbar, wobei man in den Touristenorten zu Mittag essen und sich gegen Abend in die komfortablen Unterkünfte zurückziehen kann.

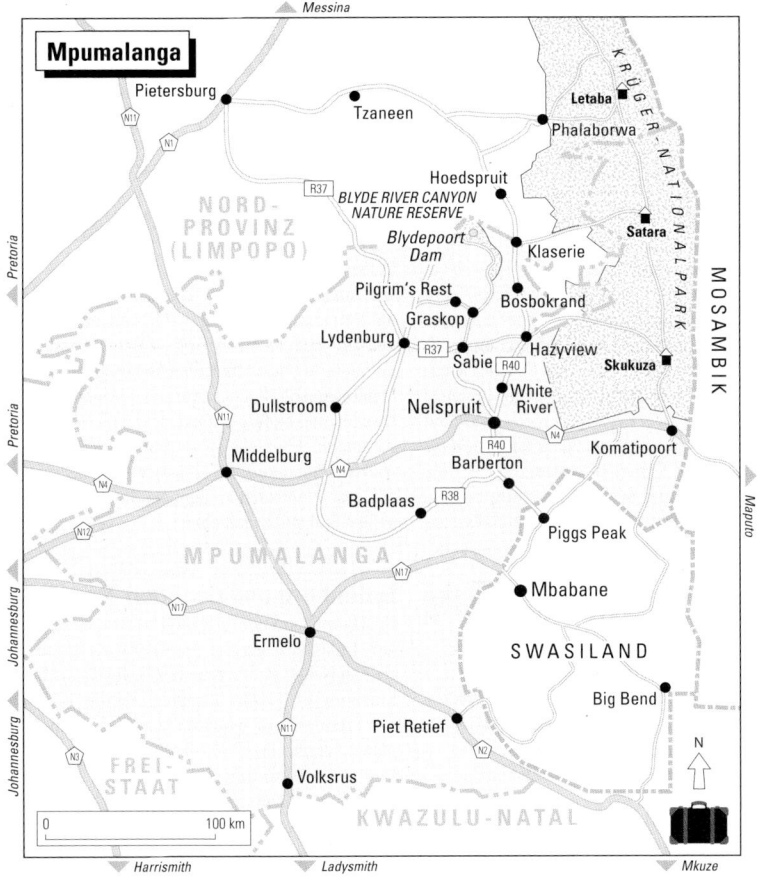

Die funktionale Stadt **Lydenburg** lädt nicht unbedingt zum Verweilen ein, dagegen hat sich **Dullstroom** als gehobener Urlaubsort für Fliegenfischer etabliert. Ansonsten gibt es keinen Grund, auf dieser Strecke herumzutrödeln, wo doch die kleinen Forstwirtschaftsstädte **Sabie** und **Graskop** nicht nur genügend Unterkünfte für jeden Geldbeutel bereitstellen, sondern auch als bequeme Basisstationen für Erkundungsfahrten in die Umgebung dienen können. Einzig **Pilgrim's Rest**, eine rekonstruierte Bergbausiedlung aus den Tagen des Goldrausches, lohnt einen Besuch. Der Hauptanziehungspunkt des Escarpment ist der **Blyde River Canyon**, dessen Schwindel erregende Blicke in eine der größten Schluchten der Welt in unzähligen Touristenbroschüren Südafrikas zu finden sind. Neben den Aussichtspunkten am Rande des Escarpment ist der Canyon auch aus einer anderen Perspektive zu sehen – etwa vom Blyde River Canyon Nature Reserve an seinem Fuße. Die 5-Tage-Wanderung Blyderivierspoort Hiking Trail, die zu Südafrikas schönsten Wanderungen gehört, beginnt am **God's Window** am Rand des Canyon, führt an schönen Aussichtspunkten vorbei und gewährt Zugang zur Flora und (wenn man sich ruhig verhält) Fauna des Reservates. Zu Letzterer zählen

Zebras, Flusspferde, Kudus und die ganze Palette der südafrikanischen Primaten – Paviane, Grüne Meerkatzen, Weißkehlmeerkatzen und Steppengalagos.

Dullstroom

Etwa 210 km östlich von Johannesburg zweigt die R540 am unscheinbaren **Belfast** von der N4 ab und führt in die Berge mit ihrem typischen Highveld, das im Sommer von hohem grünem Gras bedeckt ist, das sich im Winter gelbbraun färbt.

Man muss schon leidenschaftlicher **Fliegenfischer** sein, um der winzigen Siedlung Dullstroom, 35 km nördlich von Belfast an einer Kreuzung der R540, etwas Aufregendes abgewinnen zu können. Doch als Zwischenstopp für eine Nacht auf dem Weg zum Krüger-Nationalpark kann sie ganz nützlich sein. Mit Sicherheit versorgt der Ort die Wochenendausflügler aus Johannesburg bestens auf der Suche nach etwas Ruhe und gutem Essen – die meisten Unterkünfte haben auch Restaurants.

Übernachtung

Critchley Hackle Lodge, über R500, Teding van Berkhout St, ☎ 013-254 0145, ✉ chl/wks@ mweb.co.za. Gehobenes Hotel im Landhausstil mit Cottages aus Stein und Backstein, jeweils mit Kamin. Empfehlenswertes Restaurant, Tee und Scones gibt es auf dem Hof. Halbpension.

Dullstroom Inn**, Teding van Berkhout St, ☎ 013-254 0071, 🖷 013-254 0278. Angenehm kühles, viktorianisches Landgasthaus, gehört zu den billigsten Unterkünften im Dorf, Pub mit Fassbier, an Wochenenden sehr voll.

Old Transvaal Inn**, 117 Hugenote St, ☎ 013-254 0222, ✉ ggg@worldonline.co.za. Ruhiges und freundliches B&B mit gutem Essen, in netter Lage und kultiviert altmodischem Stil. Empfehlenswert.

The Poacher**, 66 Hugenote St, ☎ 013-254 0108, ✉ info@poacher.co.za. Kleine, freundliche Lodge mit 4 Zimmern, See, zum Fluss hin gelegen, vorwiegend jedoch Restaurant und Pub mit Guinness vom Fass.

Walkersons Country Manor, über R500, 20 km nördlich von Dullstroom an der R540, ☎ 013-254 0246, 🖳 www.alkersons.co.za. Luxuriöseste der gehobenen Country-Lodges für begeisterte Fliegenfischer. 16 Zimmer in strohgedeckten Steinhäusern in einem Naturschutzgebiet. Exklusives Fischen für Gäste in 10 Seen und am 2 km langen Flussufer. Restaurant offen für alle, Spezialitäten: gerösteter Rote-Bete-Salat, Straußensteak und marinierte Artischocken. Halbpension.

Essen

Dullstrooms bekanntestes Restaurant heißt **Die Tonteldoos Bistro**, ☎ 013-254 0115, liegt an der Hauptstraße und ist tagsüber ein beliebtes und gut besuchtes Lokal mit großem Frühstück, Kinderkarte und selbst gebackenem Brot. Im **Feinkostgeschäft** davor werden geräucherte Forellen und andere Delikatessen wie Nougat angeboten. Ebenfalls an der Hauptstraße liegt **Harrie's Pancakes**, das wegen seiner süßen und pikanten Pfannkuchen, Suppen, Sandwiches und seines Frühstücks beliebt ist.

Lydenburg und der Long Tom Pass

Ungefähr 58 km nördlich von Dullstroom liegt das fade Lydenburg, der Ort eines der wichtigsten archäologischen Funde Südafrikas. Im **Lydenburg Museum** im Gustav Klingbiel Nature Reserve, 3 km vor der Stadt an der R37 nach Sabie, sind Repliken ausgestellt. ☉ Mo–Fr 9–12 und 14–16.15, Sa und So 10–16 Uhr, geringer Eintrittspreis. Die **Lydenburg Heads**, sieben wunderschöne Keramikmasken (wahrscheinlich für zeremonielle Zwecke hergestellt) gehen zurück auf das 5. Jahrhundert und gehören zu den ersten figurativen Skulpturen des südlichen Afrika. Neben Repliken dieser Köpfe (die Originale sind im South African Museum in Kapstadt zu sehen) gibt es eine ausgezeichnete Ausstellung über die Besiedlung der Gegend in den vergangenen Jahrmillionen.

Von Lydenburg in östlicher Richtung windet sich die R37 den Long Tom Pass hinauf, dessen Name von den Waffen aus der Zeit der Belagerung abgeleitet ist, die während des 2. Burenkrieges (1899–1902) von den Buren gegen die Briten eingesetzt wurden. „Long Toms" wurden die Waffen wegen ihrer verlängerten Hälse genannt. Die Artilleriegeschütze konnten ein 43 kg schweres Geschoss 10 km weit feuern. Noch heute sieht man die Ein-

— left margin vertical text:

schusslöcher an den Serpentinenstraßen, die sich den Pass hinauf schlängeln und als „Staircase" bekannt sind.

Sabie und Umgebung

An der R37, unterhalb des Long Tom Pass, ist Sabie („Sa-bi" gesprochen) das Zentrum der **Land- und Forstwirtschaft** von Mpumalanga. 450 km^2 werden aktiv bebaut, und die Stadt besitzt die etwas zweifelhafte Ehre, sich im Herzen von Südafrikas größten künstlichen Wäldern zu befinden – die ausgedehnten Pinienplantagen wirken im Vergleich zu der üppigen, dschungelartigen Vielfalt der wenigen verbliebenen heimischen Wälder eher monoton. Bevor die Förster kamen, hatte sich Sabie bereits nach dem Glücksfund von 1895 an den Klein Sabie Falls einen Namen als Goldzentrum gemacht. In der Mitte des 20. Jahrhunderts war es mit dem Bergbau vorbei, und heute sind die Goldsucher längst den aus dem hektischen Johannesburg entflohenen Städtern gewichen, die ihren Lebensunterhalt hier mit Restaurants, B&Bs oder Kunsthandwerksläden verdienen. Sabies geruhsames Tempo, das künstlerisch angehauchte Ambiente und das milde Klima machen es zu einer angenehmen Ausgangsbasis, um das Escarpment zu erkunden, vorausgesetzt man verfügt über ein eigenes Fahrzeug.

Sabie wird durch die **Main Street** (die Verlängerung der R37) unterteilt, die sich in das Stadtzentrum hineinschlängelt und dort im rechten Winkel auf die Main Road trifft. An dieser Kreuzung steht **St Peter's**, eine Landkirche im englischen Stil, die 1912 von Sir Herbert Baker entworfen wurde. Die Kirche steht verborgen in einem üppigen Garten, der von einem riesigen Jakarandabaum beherrscht wird. An der nahe gelegenen Kreuzung von Tenth und Seventh Street liegt das **Safcol Forest Industry Museum**, eine kleine, aber sehenswerte Ausstellung zur Geschichte der Forstwirtschaft und der Holzindustrie in Südafrika. Ein kleiner Bereich beschäftigt sich auch mit der Entwicklung der Papierherstellung. ◷ Mo–Fr 8.30–16, Sa und So 10–15 Uhr, Eintritt R5.

Zahlreiche **Wasserfälle** stürzen gleich außerhalb von Sabie die Felsen hinab. Nur 7 km vor der Stadt, die Old Lydenburg Road entlang (die als Sackgasse endet), sind die drei eindrucksvollsten

zu bewundern: **Bridal Veil**, **Horseshoe** und, am Ende der Straße, die **Lone Creek Falls**. Der schönste und am besten zugängliche ist Lone Creek, der über einen gepflasterten Rundweg erreichbar ist, der einen Fluss überquert und zum Parkplatz zurückführt.

13 km nördlich von Sabie an der Straße nach Graskop stürzen die noch spektakuläreren, 70 m hohen **Mac Mac Falls** in die Tiefe – die nach den zahlreichen Menschen schottischer Abstammung benannt wurden, die auf der Suche nach Gold ums Leben kamen und deren Namen auf Dutzenden von Grabsteinen in der Umgebung zu lesen sind. Leider wird der Blick durch den Maschendrahtzaun um die Aussichtsplattform gestört. Da es sich hier um die meistbesuchten Wasserfälle handelt, haben Kunsthandwerker aus der Gegend einen **Markt** auf dem Parkplatz errichtet. In dem verlockenden Wasserfall-Pool am Fuße der Fälle ist das Baden nicht möglich, doch ein paar Kilometer weiter, an den Mac Mac Pools, gibt es ein Flussbecken mit Picknick- und *braai*-Bereich (Eintritt R5). Außerdem startet der 3 km lange **Secretary Bird Walking Trail** hier. Die **Berlin** und **Lisbon Falls** übertreffen die Mac Mac Falls noch. Sie sind ausgeschildert und leicht zugänglich von der R532 (Nähe God's Window). Man kommt an die Fälle so dicht heran, dass man den Sprühregen auf der Haut spüren kann.

Übernachtung

Sabie verfügt über ein gutes Angebot an Unterkünften zu vernünftigen Preisen, wobei diese während der südafrikanischen Schulferien drastisch in die Höhe schnellen können. Die B&Bs, die in allen Informationsbüros zu Niedrigstpreisen angepriesen werden, sollte man meiden, denn die meisten davon bieten keinerlei Privatsphäre.

Artist's Café***, Hendriksdal, 15 km südlich von Sabie an der R37, ☎ 764 2309, in den hübsch umgebauten kolonialen Bahnhofsgebäuden am Hendriksdal-Seitengleis, auf dessen Gleisen noch heute Güterzüge vorbeirollen. Das Haus des Bahnhofsvorstehers ist heute ein Top-Restaurant, die Galerie stellt hiesige Künstler aus. Nur 4 Zimmer, also lange im Voraus buchen. Kinder willkommen.

Jock of the Bushveld*–**, abseits der Main Rd im Zentrum, ℡ 764 2178, 🖥 www.jock.co.za. Gut gepflegter, beliebter Caravanpark mit Schlafsälen für Backpacker und Selbstversorger. Chalet-Zimmer mit Bad. Restaurant.

The Kranz*–**, 2 km auf der R537 nach White River, ℡ 764 1330, 🖥 www.thekranz.co.za. Freundliches B&B in Deluxe-Cottage mit Blick auf Klippen, etwas billiger sind die Blockhütte oder das Gartenhäuschen. Noch preiswerter sind die Zimmer im Haupthaus mit Gemeinschaftsbad. Zum Abendessen muss man 2 km in die Stadt zurücklegen.

Merry Pebbles Holiday Resort*, 2 km westlich vom Zentrum an der Old Lydenburg Rd, ℡ 764 2266, 🖥 www.merrypebbles.co.za. Erste Wahl der Selbstversorger-Unterkünfte von Sabie, von der AA zum besten Caravanpark des Landes gewählt worden. Selbstversorgereinheiten, Camping und Chalets mit Bad. Beheizter Pool und Spielplatz.

Misty Mountain Lodge**, 24 km südwestlich von Sabie am Long Tom Pass, ℡ 764 3377, ✉ mystymtn@iafrica.com. Angenehme, renovierte B&B-Einheiten (auch Selbstversorger), teils mit großartigem Blick über Pinienplantagen in die Täler. Forellenfischen möglich, Angelruten und Fliegen im Verleih zum geringen Preis. Günstiger Ausgangspunkt für Wanderungen in die Wälder.

Sabie River Backpackers Lodge*, 185 Main Rd, ℡ 764 2118 oder 082-349 2820, ✉ ghoeks@iafrica.com. Schlafsäle, DZ, ein Baumhaus und Camping in dem gut geführten Hostel, auch Aktivitäten wie Ausflüge zum River Tubing.

Villa Ticino**, Louis Trichardt, Ecke Second St, ℡ 764 2598, 🖥 www.villaticino.co.za. Äußerst gastfreundliches B&B mit Schweizer Besitzer. Terrasse mit Blick auf die Berge, Gäste-Lounge mit Billardtisch. Im Winter Rabatte.

Essen

Sabie hat einige gute Restaurants sowie Lokale für leichte Mahlzeiten, andere kann man getrost vergessen.

Artists Café, Hendriksdal, 15 km südlich von Sabie an der R37, ℡ 764 2309. Restaurant in umgebauten Bahnhofsgebäuden, mit Kunstgalerie und toller Atmosphäre zum Mittag- oder Abendessen. Schmackhafte italienische Gerichte. Reservierung erforderlich.

The Country Kitchen, Main St. Mit Außenbereich, beliebte Speisen wie Krokodilstreifen mit Kürbis und Kartoffel-rosti, Reh mit Pfefferkornsauce und waterblommetjies, Straußen- und Rindfleisch. ◷ Di–So mittags und Di–Sa abends.

Midnight Express, Spar Centre. Innen- und Außenbereich, Blick auf die Berge, Kaffee und Sandwiches.

Petena Pancakes, Main St. Mit Außenbereich, Pfannkuchen mit pikantem Hackfleisch oder Fisch bzw. süßer Füllung, preiswert, aber nichts Besonderes.

The Wild Fig Tree, Main, Ecke Louis Trichardt St. Spezialisiert auf südafrikanische Küche, Familienrestaurant in gepflegtem, üppigem Garten.

Woodsman Restaurant, Main, Ecke Mac Mac Rd. Lizenziertes Restaurant mit Biergarten, zypriotisch-griechische Küche mit vegetarischen meze, lokale Spezialitäten wie Strauß, Forelle und Lamm. Auch guter Kaffee und Snacks.

Aktivitäten

Die Wälder, gewaltigen Schluchten und Berge laden zu Abenteuer-Aktivitäten rund um das Escarpment ein.

Zu den Veranstaltern gehört **Sabie Extreme Adventures**, Main St, ℡ 082-507 9108, bei Sabie Backpackers.

BUNGEE-SCHAUKEL – **Big Swing**, ℡ 072-223 8155, betreibt eine Bungee-Schaukel mit einem 69 m hohen Fall in die Graskop Gorge und eine 150 m lange Schaukel, angeblich die längste weltweit.

MOUNTAINBIKING – Mountainbikes können bei **Denzil Lawrie**, ℡ 082-878 5527, ✉ denzilbikedoc@xsinet.co.za, ausgeliehen werden, der auch geführte Touren anbietet.

REITEN – Auf dem Weg zum Lone Creek bietet **Sabie Horse Trails**, ℡ 764 1011, App. 205, nach Dienstschluss, ℡ 764 3324, Reitausflüge von 1 Std.–2 Tage an, je nach Erfahrung.

Fern Tree Holiday Resort, Murray, ✆ 764 2215 oder 082-349 1109, und **Smokey Mountains Horse Trails**, ✆ 764 1596 oder 082-899 2164, bieten ebenfalls Reiten an.

RIVER RAFTING – Der Blyde River Canyon zählt zu den größten Canyons der Welt und lässt sich nur per River Rafting auf dem Blyde oder auf Schusters Rappen erkunden. **Spectra Ventures**, ✆ 744 1582 oder 083-409 3505, ✉ bushwise@icon.co.za, und **Blyde River Rafting**, ✆ 015-795 5250 oder 082-572 2223, ✉ catfish@mweb.co.za, fahren auf ihrer Tour mit Übernachtung (ca. R800) den Fluss entlang. Mit einbezogen wird der Wildwasserbereich – meist Stromschnellen zweiten und dritten Grades, am ersten Tag auch einige vierten Grades. Übernachtet wird in einem Waldcamp an einem der Three Rondavels; der zweite Tag endet mit einer Paddeltour auf dem Blydepoort Dam. Eine eintägige Rafting-Tour (ca. R500) schließt den Wildwasser-Bereich mit ein. Der 2-Stunden-Trip (ca. R150) auf dem unteren Blyde River führt durch dichten flussnahen Wald mit vielen Vögeln und sicheren (aber durchaus lebhaften) Stromschnellen.

Sonstiges

INFORMATIONEN – Die offizielle Informationsstelle ist das **Panorama Information Bureau**, im Einkaufszentrum *Market Square*, Main Rd im Zentrum, ✆ 764 1125, 🖥 www.sabie.com. Auch Buchung von Unterkünften. ⏲ Mo–Fr 9–17, Sa 9–14, So 9–13 Uhr.

INTERNET – Im Einkaufszentrum *Market Square* liegt das **Playweb Cybercafé**, ✆ 764 3483. ⏲ Mo–Sa 9–18, So 14–17 Uhr.

VORWAHL – 013

Transport

Die öffentlichen Transportmittel nach Sabie beschränken sich auf **Minibus-Taxis** auf den Routen zu den Nachbarorten. Ansonsten kommt man nur mit dem eigenen Fahrzeug her.

Pilgrim's Rest

35 km nördlich von Sabie in einem Tal verborgen liegt Pilgrim's Rest, ein fast zu perfekt restaurierter **Bergbauort** und eine unwiderstehliche Anlaufstelle für die vielen Reisebusse, die sich täglich über die Pässe des Escarpment quälen. Die Ansammlung von Wellblechbauten mit roten Dächern, die historische Bank, die Tankstelle mit den Treibstoffpumpen von vor 1920 und das wunderbare *Royal Hotel* mit seinen viktorianischen Antiquitäten lassen den Ort zweifellos sehr fotogen erscheinen. Und doch wird man das Gefühl nicht los, dass hinter dem verklärt dargestellten Goldrausch-Image wenig Substanz ist, vor allem wenn das Dorf nach Abreise der Tagesbesucher gegen 17 Uhr in tiefen Schlaf sinkt.

Pilgrim's Rest stammt aus den Tagen von Südafrikas erstem **Goldrausch**, der der Freilegung der großen Flöze von Gauteng vorausging. Im Jahre 1873 fand Alex „Schubkarren" Patterson Gold in dem Fluss, doch der Versuch, seine Entdeckung geheim zu halten, schlug fehl und bis zum Jahresende war er einer von 1500 Goldgräbern, die wie wild auf den 4000 Claims arbeiteten. An das makellose Dörfchen von heute war noch nicht zu denken, als die Goldminen von Pilgrim's Rest ein Ort zermürbender Arbeit und unhygienischer Lebensbedingungen war. Viele Goldsucher kamen unterernährt an und litten an Ruhr oder Malaria, nachdem sie die mörderischen Trecks durch das Lowveld überstanden hatten. Die Überlebenden fristeten ein trostloses Dasein in Zelten oder, wenn ihnen das Glück hold war, in robusteren Hütten aus Lehm und Flechtwerk. 1896 wurden die Minen von **Transvaal Gold Mining Estates** (TGME) aufgekauft, 1972 schloss TGME seine Beta Mine. Pilgrim's Rest ging an die Provinzverwaltung über. In den 80er Jahren wurde die gesamte Siedlung zum historischen Denkmal erklärt. Doch hinter dem Hügel südwestlich der Stadt geht, den Augen der Touristen verborgen, der Bergbau weiter, mit Zweckbauten, Zyanid-verseuchten Schlammbecken und großen roten Narben im Berg. Auch der einheimische Wald ist dafür geopfert worden.

Souvenirs kaufen, in Cafés und Tea Shops herumsitzen und die wenigen Museen abklappern – so sehen die Aktivitäten in Pilgrim's Rest aus. Die Tickets dafür sind im Voraus beim *Tourist Information Centre* (s. S. 657) zu besorgen. Die drei bescheidenen „Heimatmuseen" sind praktisch eine Sache von Minuten, da es nicht viel mehr als rekonstruierte Zimmer aus der Zeit des Goldrausches zu sehen gibt. Interessanter sind jene außerhalb des Zentrums: Einen wahrhaft authentischen Eindruck aus den Tagen der Goldsucher bekommt der Besucher in dem Freilichtmuseum **Diggings Site Museum** (nur mit Führung) am östlichen Stadtrand an der Graskop Road, wo Goldwäsche demonstriert wird und die Besucher zu den düsteren Goldsucherhütten, den Resten der Mine und Maschinen geführt werden. ⊙ Führungen tgl. 10 und 11 Uhr, 12, 14 und 15 Uhr, Eintritt R5. Wenn man das Gegenstück dazu sehen möchte, sollte man das rekonstruierte Wohnhaus des ehemaligen geschäftsführenden Direktors der Mine, **Alanglade**, gleich westlich von Downtown, besichtigen. Es beherbergt eine sehenswerte Sammlung britischer Mode und Dekorationskunst vom Anfang des 20. Jahrhunderts und lässt einen Lebensstil erkennen, der weder mit Afrika noch mit Bergbau zu tun hatte. ⊙ Nur mit Führung, Mo–Sa 11 und 14 Uhr, Eintritt R20.

Pilgrim's Rest erstreckt sich entlang seiner einzigen Hauptstraße und ist in Uptown und Downtown unterteilt. **Uptown** (bzw. Lower Town) liegt im Osten und konzentriert sich um das *Royal Hotel* und das *Tourist Information Centre*. In Uptown sind die meisten Läden und Restaurants und folglich auch die meisten Touristen. **Downtown**, 1 km westlich, strahlt eine bodenständigere Atmosphäre aus und ist die bessere Wahl für Erkundungen oder bei der Suche nach Essbarem – aber die meisten Besucher huschen eh nur durch Pilgrim's, ohne überhaupt zu ahnen, dass diese Gegend existiert.

Übernachtung

Wenngleich Pilgrim's Rest die schönste Stadt des Escarpment ist, gibt es nur wenige Unterkünfte.

Beretta's**, Downtown, ✆ 768 1066 oder 083-444 2639, ✆ 768 1222, ✉ m.stuart@freemail.absa.co.za. Gutes B&B zum angemessenen Preis, 8 saubere und zweckmäßige Zimmer mit Bad in ehemaligem Eisenwarenladen. Viel schöner sind die beiden viktorianischen Wellblechhütten, die nur an je eine Gruppe oder ein Paar vermietet werden, zum selben Preis wie die Zimmer. Frühstück

ist im Preis enthalten und wird im Restaurant *The Vine* serviert.

District Six Miners' Cottages*, Downtown, ✆ 768 1211, Buchungen nur während der Geschäftszeiten Mo–Fr. Selbstversorger-Unterkunft in authentischen Minenarbeiter-Hütten mit Veranda und je 2 Schlafzimmern aus den 20er Jahren, mit Blick auf Stadt und Berge. Zählt zu den besten Unterkünften am Escarpment und ist preiswert. Im Voraus buchen, denn vor Ort gibt es kein Büro.

Pilgrim's Rest Caravan Park*, Downtown, ✆ 768 1427. Grasbewachsener Campingplatz an einem Fluss, 6 Zelte mit je 2 Betten, Stühlen, Tisch und Lampe.

The Royal Hotel****, Main St, Uptown, ✆ 768 1100, 🖳 www.royal-hotel.co.za. Stimmungsvolles Hotel aus den Tagen des Goldrausches, mit luxuriösen viktorianischen Antiquitäten. Gäste werden vorwiegend in restaurierten Häusern auf der Hauptstraße untergebracht.

Essen

In Pilgrim's Rest gibt es viele Restaurants und Tea Shops für die tägliche Besucherschar. Von den Lokalen in Uptown ist einzig das

Digger's Den, ein lebhaftes kantinenähnliches Lokal, das dem *Royal Hotel* angeschlossen ist, den ganzen Tag über und abends geöffnet. Mittags ist die Auswahl größer:

Chaitow's, das kleine Café gegenüber vom Hotel, reicht teure, aber schmackhafte Pasta- und Pizzagerichte sowie geräucherte Forellenfilets und Pasteten.

Etwas aufregender ist **Edwin Wood's Wine Cellar**, unterhalb des dazugehörigen Weinladens in der Main St, der beste Kapweine mit Käseplatten serviert. Weitere Lokale im Downtown-Abschnitt der Straße, die tagsüber geöffnet sind und Außenbereiche haben, sind:

Scott's Café, serviert Pfannkuchen, Sandwiches, Salate und andere leichte Mahlzeiten, mit gemütlicher Bar, ⊙ tgl. 9–18 Uhr;

Jubilee Potters & Coffee Shop, bereitet Huhn, Pasteten, Forellen und Burger zu, ⊙ tgl. 9–19 Uhr;

The Vine, mit südafrikanischen Spezialitäten wie *bobotie* oder Ochsenschwanz und *samp*, ⊙ bis 19 Uhr.

INFORMATIONEN – Das *Tourist Information Centre* in Uptown, ☏ 768 1060, ✆ 768 1469, ✉ jonstep@mweb.co.za, informiert über die Unterkünfte. ⏲ tgl. 9–12.45 und 13.15–16.30 Uhr.

VORWAHL – 013

Graskop

Etwa 15 km südöstlich von Pilgrim's Rest verdankt Graskop seinen Platz auf den Touristenkarten *Harrie's Pancake Shop*, der unübertroffene Pfannkuchen verkauft und Reisebusse von allen Aussichtspunkten des Escarpment anlockt. Der Ort selbst ist nichts Besonderes, schwere Holztransporter donnern hindurch und im Zentrum gibt es außer den Touristenläden nichts zu sehen. Seine Lage in nächster Nähe zum Blyde River Canyon im Norden jedoch macht das nahezu wett, und die wachsende Anzahl von Künstlern samt der kleinen Schwulengemeinde trägt dazu bei, das alte Holzfäller-Image von Graskop abzuschütteln. Zu den neuen Industriezweigen des Dorfes gehören die **Wildseidenfabrik** mit Ausstellungsraum sowie ein paar Häuser neben der Touristeninformation, die Kleidung, Dekorationsstoffe, Steppdecken und sogar Teddybären aus der Seide der Mopane-Seidenwürmer (heimisch in Botswana) herstellen und verkaufen.

Übernachtung

Bedenkt man seine Größe, so hat Graskop eine erstaunliche Anzahl an Selbstversorger-Unterkünften im Angebot, dazu einige B&Bs und das reizende *Graskop Hotel.*

Graskop Backpackers*, Eeufees, Ecke Blood River St, ☏ 767 1761, ✉ graskop@global.co.za. 2-stöckiges Vorstadthaus mit Schlafsälen. Auf dem Besitz nebenan sind DZ, teils mit Bad. Camping auf dem großen schattigen Rasen ist erlaubt, Bettzeug gegen geringe Gebühr. Gäste können sich von Hazyview abholen lassen, ein offizielles Shuttle von Nelspruit oder Hazyview gibt es nicht.

Graskop Hotel**, High St, Ecke Louis Trichardt Ave, ☏ 767 1244, 🖥 www.graskophotel.co.za. Von außen trägt der Schein einer stinknormalen

Unterkunft für Geschäftsreisende, denn das Innere ist sehr elegant mit Retro-Möbeln, afrikanischen Körben, Stoffen und Skulpturen ausgestattet. 34 luftige Zimmer, einige davon im Gartenflügel. Persönliche und lockere Atmosphäre – gehört zu den schönsten Unterkünften im Escarpment. Ausgezeichnetes Frühstück. Die Restaurants der Stadt sind zu Fuß erreichbar.

Graskop Log Cabin Village*, Oorwinning St, ☏ 767 1974, 🖥 www.logvillage.co.za. Mitten im Stadtzentrum, mit Swimming Pool und Holzfeuer für kalte Winternächte, leider keine Aussicht.

Kloofsig Chalets**, unmittelbar vor der Stadt an der Straße nach Hazyview, ☏ 767 1489, ✉ sdog @iafrica.com. Die Anlage vermietet moderne und luxuriöse Stadthaus-Einheiten und entschädigt damit für die Tatsache, dass es an der Straße und nicht direkt am Rande des Canyon steht. In der Nebensaison Rabatte.

Panorama Rest Camp*, unmittelbar vor der Stadt an der Straße nach Hazyview, ☏ / ✆ 767 1091, 🖥 www.satic.co.za. Billige Unterkunft in einem Garten mit Blick über das Escarpment, Campingplätze und verschiedene Einheiten für 2–8 Personen. Abgesehen vom Blick lässt das *Panorama* langsam sein Alter erkennen. Renovierung schon im Gange.

Essen

Das legendäre *Harrie's* auf der Louis Trichardt St reicht süße oder pikante Pfannkuchen, hat eine schöne Außenterrasse und einen Innenraum mit prasselndem Holzfeuer im Winter. *The Lonely Tree* an der Louis Trichardt, Ecke Kerk St, bietet Pfannkuchen, Schokoladenkuchen, Filterkaffee und freundlichen Service. Gehaltvollere Speisen gibt es in **Leonardos Trattoria,** Louis Trichardt St, ☏ 767 1076, mit angeschlossenem Kunsthandwerksgeschäft. Es ist eines der wenigen Lokale, die abends geöffnet sind (So geschlossen), zaubert gute Pizza- und Pasta-Gerichte zum Mittag- und Abendessen.

Sonstiges

INFORMATIONEN – *Panorama Information & Central Reservations,* Louis Trichardt St, ☏ 767 1377, ✆ 767 1975, 🖥 www.graskop.com, ist die offizielle Touristeninformation und gibt Infos zu den Unterkünften. ⏰ Mo–Fr 9–17, Sa 9–14, So 9–13 Uhr.

VORWAHL – 013

Blyde River Canyon und Blydepoort Dam

Es gibt wenige Orte in Südafrika, die so einfach zugänglich sind und gleichzeitig eine so atemberaubende Landschaft bieten wie der Blyde River Canyon. Das **Blyde River Canyon Nature Reserve** (auch als Blyderivierspoort Nature Reserve bekannt) erstreckt sich über 60 km von Graskop im Süden bis zu einem riesigen Amphitheater im Norden, das z.T. vom Blydepoort Dam überflutet ist. Die Blicke auf den Canyon sind von oben wie unten gleichermaßen wunderbar, doch am schönsten kann man die Aussichten auf einer halbtägigen Fahrt am Rande des Canyon entlang genießen.

Aussichtspunkte am Canyon

Etwa 3 km nördlich von Graskop teilt sich die Straße, und die nach Osten führende R534 macht eine 15 km lange Schleife an einer Reihe von großartigen Aussichtspunkten vorbei. Sie windet sich durch Pinienplantagen bis zum Abzweig zum **Pinnacle**, einer gigantischen mit Bäumen bestandenen Quarzit-Säule, die sich aus einer mit Farnen bewachsenen Schlucht erhebt. Nach weiteren 4 km erreicht die Straße, an einem steilen Gefälle mit Blick aufs Lowveld, *God's Window*, einen der touristischsten Aussichtspunkte mit Toiletten und Souvenirverkaufsständen. Die Straße geht dann auf die R532 zurück, die von hier aus nach 28 km Fahrt in nördlicher Richtung **Bourke's Luck Potholes** am Zusammenfluss von Treur und Blyde erreicht. Die sonderbaren Felsformationen sind durch vom Wasser bewegtes Geröll entstanden. Der beste Blick bietet sich 14 km dahinter, an den **Three Rondavels**. Der Name beschreibt allerdings nur eine Besonderheit dieses Panoramablicks: die drei Felsen, die in ihrer Form an mächtige Rondavels erinnern und an deren Fuße sich, viele hundert Meter tiefer, der gewundene Blyde River seinen Weg bahnt. Kein Foto kann diese ungeheure Landschaft einfangen, die dazu noch von Felsblöcken durchsetzt ist, die sich wie Pfeiler aus dem Tal erheben.

Die einzige Unterbringungsmöglichkeit im Naturreservat ist das *Aventura Blydepoort***, ☎ 013-769 8005, ✉ aventura@iafrica.com, 5 km nördlich des Abzweigs zu dem Aussichtspunkt bei Three Rondavels. Zu der Anlage gehören komfortable und voll ausgestattete Cottages, ein Swimming Pool, ein Supermarkt, ein Getränkeladen und eine Tankstelle. Die Atmosphäre wirkt zuweilen etwas institutionalisiert, doch Kinder werden sich hier wohl fühlen.

Von Three Rondavels zum Blydepoort Dam

Die 90 km lange Fahrt vom Aussichtspunkt bei Three Rondavels zum Fuße des Canyon bietet spektakuläre Blicke auf die Felsen des Escarpment, die aus dem Lowveld emporragen, und kann leicht in die Reiseroute zum Krüger-Park integriert werden. Der Weg windet sich gen Westen bis zur R36 und dann nach Norden, wo die Talfahrt beginnt – über den **Abel Erasmus Pass** und durch den J. G. Strijdom-Tunnel, hinter dem sich die weiten Ebenen des Lowveld ausbreiten. Die Straße beschreibt einen großen Bogen, um den Canyon zu umfahren.

An der R527, in der Nähe ihrer Kreuzung mit der R36, lädt die *Monsoon Gallery*, ☎ 015-795 5114, 🖳 www.monsoongallery.com, 29 km westlich von Hoedspruit, zu einer Pause ein. Hier kann man herumstöbern, essen oder übernachten. Der Ausstellungsraum mit afrikanischem **Kunsthandwerk** präsentiert eine Auswahl authentischer Gegenstände wie z.B. Eisenwaren und Holzschnitzereien aus Zimbabwe, erstklassige Deko-Stoffe aus der Karosswerkers-Fabrik in der Nähe von Tzaneen, Venda-Töpfe und -Schmuck sowie CDs mit afrikanischer Musik und Bücher. Neben der Galerie bietet ein **Seidengeschäft** wunderschöne Kleidungsstücke aus afrikanischer und indischer Seide an, dazu Steppdecken, Tücher und Schals. Zum Komplex gehört auch ein gutes Lokal, das *Mad Dogz Café*, wo täglich Frühstück, Mittagessen und Tee serviert werden. Auch übernachten kann man ganz in der Nähe in den *Blue Cottages**–****, ☎ 015-795 5425, in komfortablen Suiten in einem Farmhaus mit afrikanischer Innenraumgestaltung, das in einem verführerisch kühlen und farbenfrohen Garten steht. Etwas bescheidener, aber durchaus auch reizvoll sind die Gartenhäuschen. Gefrühstückt wird im *Mad*

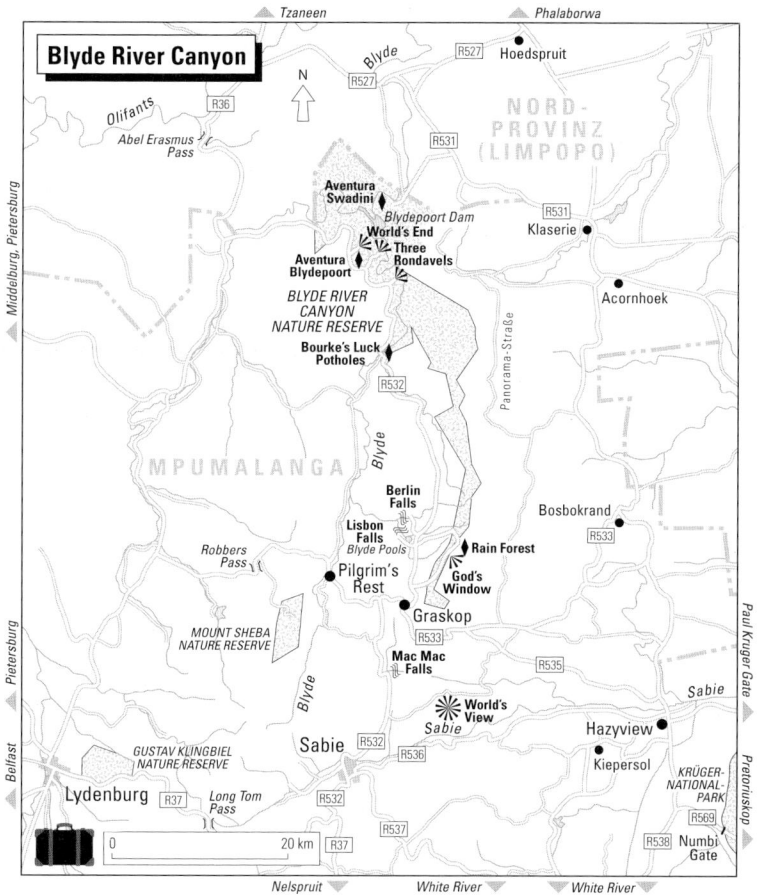

Map labels:
Tzaneen — Phalaborwa

Blyde River Canyon

N

Blyde

R527 — Hoedspruit

Olifants — R36

NORD-
PROVINZ
(LIMPOPO)

Abel Erasmus
Pass

R527

R531

Aventura
Swadini
Blydepoort Dam
World's End
Three
Rondavels

R531

Klaserie

Aventura
Blydepoort

BLYDE RIVER
CANYON
NATURE RESERVE

Acornhoek

Bourke's Luck
Potholes

R532

Panorama-Straße

Blyde

MPUMALANGA

Berlin
Falls

Bosbokrand

Lisbon
Falls
Blyde Pools

R533

Rain Forest

Robbers
Pass

Pilgrim's
Rest

God's
Window

MOUNT SHEBA
NATURE RESERVE

Graskop

R533

Mac Mac
Falls

R535

Sabie

Paul Kruger Gate

Blyde

World's
View
Sabie

Hazyview

Pretoriuskop

Kiepersol

GUSTAV KLINGBIEL
NATURE RESERVE

Sabie

R532
R536

KRÜGER-
NATIONAL-
PARK

Lydenburg — R37 — Long Tom
Pass

R532

R569

R537

R538 — Numbi
Gate

0   20 km   R37

Nelspruit — White River — White River

Middelburg, Pietersburg

Pietersburg

Belfast

Dogz, auf Wunsch gibt es ein mittelpreisiges Abendessen bei Kerzenlicht im Garten.

Etwa 15 km weiter östlich biegt die ungeteerte Driehoek Road ab nach Süden zum Blydepoort Dam. Doch kann man auch 12 km auf der R531 weiterfahren und den geteerten Abzweig in Richtung Südwesten nehmen, der direkt zum See führt. An dieser Straße zeigt das **Blyde River Canyon Visitor Centre** Ausstellungen zur lokalen Ökologie und ein Modell des Canyon, das bei der Orientierung hilft. ☉ tgl. 7–17 Uhr. Die eigentliche Attraktion sind die Blicke über das überflutete Tal und eine Übernachtung am Fuße der Berge.

Die Straße zum *Visitor Centre* führt auch zum *Aventura Swadini**,* ☎ / ✆ 015-795 5141, mit 78 Chalets für bis zu 6 Personen und einem Campingplatz in landschaftlich reizvoller Umgebung. Die Anlage ist für Kinder bestens geeignet und für Gruppen preiswert, verbreitet jedoch dasselbe institutionelle Gefühl wie ihr Gegenstück *Aventura Blydepoort* auf dem Berg. Sie dient als Ausgangspunkt für verschiedene Kurzwanderungen und Bootsfahrten auf dem Blydepoort Dam. Gemütlicher und unbedingt empfehlenswert ist das nahe gelegene *Trackers**–***, ✆ 015-795 5033, ✉ trackers@lantic.net, eine ruhige Anlage, die 25 km vor Hoedspruit an die Klippen des Canyon grenzt. Hier gibt es mehrere Unterkünfte auf einem Farmgelände mit heimischer Bushveld-Vegetation (dazu Zebras und Antilopen): Campingplätze, ein Haus für Backpacker mit einem Schlafsaal und 6 DZ sowie Chalets für Selbstversorger, auch mit Halbpension. Ein geschulter, auf der Farm lebender Botaniker unternimmt Touren durch die heimische Vegetation. Zum *Trackers* gelangt man, indem man südlich in die Driehoek Road einbiegt (wie zum *Aventura*), gute 6 km weiterfährt und dann dem Zeichen „D Rushworth" auf der rechten Seite folgt. Das *Trackers* kann auch den Weg zum *Candle Cottage** weisen, einem Waldbungalow am Rande des Canyon mit Blick bis zum Krüger-Nationalpark. Das voll ausgestattete Cottage mit 3 Zimmern für bis zu 8 Personen bietet sich als Ausgangspunkt für Wanderungen durch den Wald an.

Blyderivierspoort Hiking Trail Der Weg vom Escarpment direkt in den Canyon ist nur zu Fuß zu bewältigen, und der 5-tägige Blyderivierspoort Hiking Trail ist eine wunderbare Möglichkeit, das zu tun. Obwohl die 65 km lange Strecke ein gewisses Maß an Fitness voraussetzt, sind die Steigungen nicht allzu anspruchsvoll. Die Wanderung sollte also auch für robuste Neulinge kein Problem sein. Start ist am God's Window, 5 km nördlich von Graskop. Dann führt der Weg nach Norden bis zum Blydepoort Dam im Tal, 38 km vor Hoedspruit. Unterwegs trifft man auf eine ungeheuer vielfältige Pflanzen- und Tierwelt, und mit etwas Glück begegnet man Flusspferden, Krokodilen, Zebras, Pavianen und anderen Affen.

Übernachten kann der Besucher in 4 voll ausgestatteten Hütten für bis zu 30 Personen (max. Teilnehmerzahl der Wanderung) mit Spültoiletten, kalten Duschen und Feuerholz. Wer eine Bleibe in der Nähe von Start oder Ziel der Wanderung sucht, s.S. 657, Graskop und Blyde River Canyon. Da Start und Ziel 150 km auseinander liegen, braucht man entweder zwei Fahrzeuge oder muss einen Transport zurück zum Ausgangspunkt organisieren. Auch für die gesamte Verpflegung ist selbst zu sorgen. Der Weg beginnt zwar auf malariafreiem Gelände, führt später aber in das Lowveld, wo **Malaria** besonders im Sommer eine potenzielle Gefahr darstellt.

Reservierungen können beim Mpumalanga Parks Board, ✆ 013-759 5432, ✉ mpbinfo@cis.co.za, getätigt werden.

Das Lowveld

Das südafrikanische Lowveld liegt zwischen den Drakensbergen von Mpumalanga und Mosambik. Es gehört zu einer riesigen subtropischen **Savanne**, die sich in nördlicher Richtung durch Zimbabwe und Sambia bis nach Zentralafrika zieht. Assoziierte man die Gegend um 1900 noch mit Glücksrittern, Jägern, Goldsuchern und Abenteurern, so ist sie heute vor allem für ihre Nähe zum Krüger-Nationalpark und die angrenzenden Wildschutzgebiete bekannt. Und wenn es am Rande des Parks auch einige nette Orte gibt, zieht es die meisten Besucher doch ins „Großwildland".

Die größte Stadt des Lowveld (und die Hauptstadt von Mpumalanga) heißt **Nelspruit**. Sie liegt an der N4, 5 Stunden Fahrt östlich von Johannesburg, und stellt den Verkehrsknotenpunkt der Region dar. 32 km südlich von Nelspruit liegt **Barberton**, eine reizvolle Siedlung in den Bergen mit starken Verbindungen zum Bergbau. Nach weiteren 41 km gelangt man nach **Swasiland**. Östlich von Nelspruit führt die N2 nahe an der südlichen Grenze des Krüger-Parks entlang und gewährt bequemen Zugang zu dessen Toren Malelane und Crocodile Bridge. Letzteres liegt gerade mal 12 km nördlich von **Komatipoort**, einer feuchtheißen Stadt an der Grenze zu **Mosambik**.

Von der Provinzhauptstadt in nördlicher Richtung führt die R40 durch **White River**, **Hazyview**, **Klaserie**, **Hoedspruit** und **Phalaborwa**, eine Reihe kleiner Orte, die als günstige Basisstationen für die Erkundung des Krüger-Parks geeignet sind. Alle Städte bieten verschiedene Unterkünfte und haben ein Eingangstor zum Krüger-Park in der Nähe. Hoedspruit und Phalaborwa liegen eigentlich innerhalb der Nord-Provinz, werden jedoch aus praktischen Gründen in diesem Kapitel behandelt.

Man beachte, dass im Lowveld **Malariagefahr** besteht. Notwendige Vorsichtsmaßnahmen, s.S. 30.

Nelspruit

Mpumalangas **Provinzhauptstadt** heißt Nelspruit, liegt 358 km östlich von Johannesburg an der N4 und ist eine traditionell konservative Afrikaander-Stadt, in der die Rassentrennung heute immer weiter zurückgedrängt wird. Nelspruit verfügt als Geschäftshauptstadt der Provinz über die besten Verkehrsanbindungen und gilt zudem als „Tor" zum südlichen Gebiet des Krüger-Parks.

Nelspruit expandierte in den 90er Jahren des 19. Jahrhunderts als Basis für Transportfahrer, Farmer und Goldsucher, doch gibt es nur noch wenige Zeugnisse dieses Ursprungs: Die meisten alten Gebäude sind abgerissen und durch Einkaufszentren und Autobahnen ersetzt worden. Die Stadt strahlt einen lebhaften und wohlhabenden Charakter aus, sie ist nicht nur für das Lowveld eine wichtige Handelsmetropole, sondern auch für die Geschäftsleute aus Swasiland und Mosambik.

Im Stadtzentrum, das mehr oder weniger aus sechs Straßen besteht, die wiederum von sechs Straßen gekreuzt werden, ist die Orientierung ein Kinderspiel. Die N4 von Johannesburg nach Komatipoort verläuft mitten durch die Stadt und ändert auf diesem Stück ihren Namen kurzzeitig in **Louis Trichardt**, die Hauptstraße von Nelspruit. Doch wie in den meisten südafrikanischen Städten sind die Geschäfte des Mittelstandes auch hier in die Einkaufszentren der Vororte abgewandert.

Fraglos das schickste ist der etwa 5 km nördlich des Zentrums gelegene Komplex **Riverside Mall**, der direkt aus den reichen Vororten des nördlichen Johannesburg hergezaubert scheint – die gleichen Geschäfte, ein großer Supermarkt, Coffee Shops und ein überdurchschnittlich guter Buchladen. Hier kann man sich nicht nur mit Vorräten eindecken, wenn man im Krüger-Park als Selbstversorger übernachten will, sondern auch sämtliche Reisevorbereitungen treffen. Neben dem Komplex befinden sich ein Kasino und das umstrittene neue Gebäude der Provinz-Verwaltung, dessen Bau 600 Millionen Rand gekostet hat.

Unweit von Riverside Mall liegt die Hauptattraktion von Nelspruit: die **Lowveld National Botanical Gardens**. Der Park am Ufer des Crocodile River rangiert gleich hinter den Kirstenbosch Gardens von Kapstadt. Natürliche Wasserfälle und Wanderwege durch den Regenwald bieten eine Abkühlung von der glühenden Mittagshitze. Hat man den Krüger-Park schon gesehen, so wird man hier die gleichen Bäume vorfinden. Die Pflanzen sind nach Lebensräumen angeordnet und das Spezialgebiet sind **Zykaden** aus der ganzen Welt. Es gibt auch ein Wäldchen mit Baobabs aus Südafrika und anderen afrikanischen Ländern. Am Eingang wird eine hilfreiche Broschüre verkauft, in der eine Karte auf die Highlights des Gartens hinweist. ☉ tgl. Mai–Sept 8–17.15 und Okt–Apr 8–18 Uhr, Eintritt R10.

Die Übernachtungsmöglichkeiten von Nelspruit sind in erster Linie auf Geschäftsreisende ausgerichtet, deshalb sind die Zimmer eher teuer. Wenn das Geld etwas knapp ist, bieten die Unterkünfte außerhalb des Zentrums ein besseres Preis-Leistungs-Verhältnis.

Hotel Bundu**, 11 km vor Nelspruit, abseits der R40 in Richtung White River, ✆ 758 1221, ✉ debundu@mweb.co.za. Beliebte und günstige Familienunterkunft in altmodischem Landhotel mit Tierhäuten und Jagdtrophäen an den Wänden. Campingplatz und Swimming Pool. Auch Reiten und Wanderungen zu Höhlen mit Felsmalereien im Angebot.

Bushveld Chalets*, Kaapschehoop Rd, 6 km vor Nelspruit, in Flughafennähe, ✆ 741 5058. Kleine Chalets für 2–4 Personen. Selbstversorger.

Hotel Formula 1*, Kreuzung N4, Kaapschehoop Rd, ✆ 741 4490, 🖳 www.hotelformula1.co.za. Einzige Budget-Unterkunft im Zentrum. Kleine Zimmer ohne Schnickschnack, mit Bad, gut für eine Übernachtung. Kontinental-Frühstück gegen geringen Aufpreis.

The Loeries Call***, 2 Du Preez St, ✆ 752 4844, ✉ info@loeriescall.co.za. Modernes Haus mit Pool und Zimmern mit Bad und privaten Veranden mit Blick aufs Crocodile River Valley.

Marloth 35*, 35 Marloth St, ✆ 752 4529. Billigstes B&B von Nelspruit, schlichte Einrichtung in Terracotta-gefliesten Zimmern, Frühstück draußen unter Sonnenschirmen. Swimming Pool und *braai*-Vorrichtungen.

Nelspruit Backpackers*, 9 Andries Pretorius St, ℡ 755 4429. Ehemaliges Gästehaus in Zentrumsnähe, lockere Party-Atmosphäre, mehrere Schlafsäle und ein DZ. Auch Budget-Trips zum Krüger-Park und zum Blyde River Canyon.

Old Vic Inn*, 12 Impala St, 3 km vor der Stadt, ℡ 744 0993 oder 082-340 1508. 6 saubere, komfortable DZ und ein Schlafsaal in einem ruhigen Backpacker-Hostel, mit Pool, Garten und Wanderungen im angrenzenden Naturreservat. Günstig für Paare und Familien. Auf Wunsch arrangieren die Besitzer die Abholung von ihrem Pub im Stadtzentrum.

Promenade Hotel*, Louis Trichardt St, ℡ 753 3000, ✆ 752 5533. Größtes Hotel von Nelspruit, vorwiegend für Geschäftsreisende, direkt im Zentrum.

The Rest Country Lodge***, Uitkyk Rd, 10 km vor Nelspruit, ℡ 744 9991 oder 744 9992, 🖳 www. therest.co.za. Alle Luxus-Suiten dieser modernen, zweckmäßigen Lodge haben Balkon mit Blick übers Lowveld. Swimming Pool, Sonnenterrasse und Veranda.

Rockery Hill Backpackers*, Mataffin Rd, ca. 12,5 km südwestlich der Stadt an der Straße nach Kaapschehoop, gleich hinterm Flughafen, ℡ / ✆ 741 5011, ✉ colorex@freemail.absa. co.za. Camping, Schlafsäle mit Öllampen oder Cottage mit Gemeinschaftsküche und Kochen am Lagerfeuer. Besitzer können günstige Transfers und Touren zum Krüger-Park arrangieren.

Shandon Lodge**, 1 Saturn St, ℡ 744 9934, ✆ 744 1045, 🖳 www.shandon.co.za. Zimmer mit separaten Eingängen um einen Pool. Gut eingerichtetes, großes Vorstadthaus, freundliche Gastgeber, gutes Essen und gute Informationen.

Essen

Die meisten Restaurants von Nelspruit sind in den Einkaufszentren versteckt, wo die üblichen Steakhäuser und Fast-Food-Ketten vertreten sind. Das **Spur** im *Riverside*-Komplex bietet gute Salate an. Im selben Einkaufszentrum machen **Seattle Coffee** und **Brazilian** guten Kaffee und Sandwiches. Gut gewürztes Grillhähnchen nach portugiesischer Art gibt es im **Nando's** in der

Brown St, von der Louis Trichardt St ab. Das **Café Mozart** im *Promenade Centre,* Louis Trichardt St, serviert Quiche, Kaffee und Tee. Teurere und fantasievollere Speisen bekommt der Gast im **Costa Do Sol** in Nel City, Kruger, Ecke Louis Trichardt St, mit guter portugiesischer und italienischer Küche. Etwas zu trinken gibt es in den Restaurants und im **Promenade Hotel** im Zentrum.

Sonstiges

AUTOVERMIETUNGEN – Am Flughafen gibt es **Avis**, ℡ 741 1087, und **Budget**, ℡ 741 3871.

DIPLOMATISCHE VERTRETUNG – **Botschaft von Mosambik,** Brown St, ℡ 752 7396, Visum-Anträge.

INFORMATIONEN – **Lowveld Info**, die Touristeninformation der Stadt, im Erdgeschoss des Civic Centre in der Nel St 1, ℡ 755 1988/1989, 🖳 www. nelspruitinfo.co.za, hält **Karten** und Informationen bereit. Das Personal bucht Unterkünfte, auch in den Rest Camps des Krüger-Parks. ⏰ Mo–Fr 8–16.30 Uhr. *Lowveld Info* betreibt auch einen Stand in der *Riverside Mall,* unmittelbar nördlich des Zentrums an der R40 nach White River und Hazyview.

INTERNET – **Alpha cybercafé,** 🖳 www.aic.co.za, ⏰ Mo–Do 9–21, Fr und Sa 9–23, So 10–21 Uhr.

MEDIZINISCHE HILFE – **Nelmed Clinic,** ℡ 755 2672, nicht für Notfälle, ⏰ rund um die Uhr. Bei Notfällen: **Nelspruit Private Hospital,** ℡ 744 7150.

NOTRUFE – **Feuerwehr,** ℡ 753 3331; **Krankenwagen,** ℡ 10177; **Polizei,** ℡ 10111.

POST – **Hauptpostamt**, Voortrekker St, ⏰ 8.30–16 Uhr.

VORWAHL – 013

WASCHSALON – **The Laundrette,** *Youth Centre* an der N4, neben *Joshua Doore,* Paul Kruger, Ecke Louis Trichardt St. ⏰ tgl.

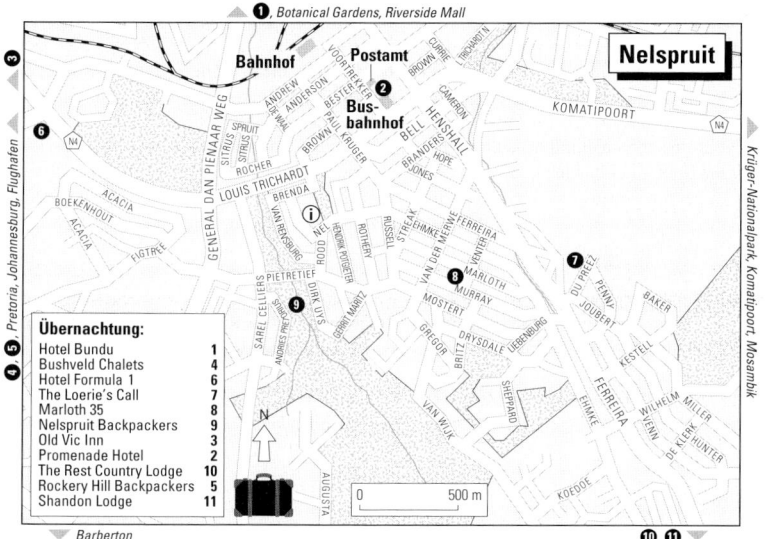

, Botanical Gardens, Riverside Mall

Bahnhof Postamt
Bus-
bahnhof

KOMATIPOORT

Übernachtung:

Hotel Bundu	1
Bushveld Chalets	4
Hotel Formula 1	6
The Loerie's Call	7
Marloth 35	8
Nelspruit Backpackers	9
Old Vic Inn	3
Promenade Hotel	2
The Rest Country Lodge	10
Rockery Hill Backpackers	5
Shandon Lodge	11

Pretoria, Johannesburg, Flughafen

Krüger-Nationalpark, Komatipoort, Mosambik

Barberton

0   500 m

Transport

BUSSE – Von den Intercity-Bussen halten *Greyhound*, ✆ 753 2100, mit Vertretung im *Promenade Hotel*, sowie *Intercape* und *Translux* aus Jo'burg im Parkbereich des Hotels in der Louis Trichardt St. Der *Baz Backpacker-Bus* aus Mbabane (Swasiland) und Jo'burg hält an den Town Lodges. Der häufigere *Citybug Shuttle Bus*, ✆ 741 4114, ✉ citybug@soft.co.za, der tgl. von Jo'burg und Pretoria und wöchentl. von Durban verkehrt, hält an der *BP*-Tankstelle im *Sonpark Centre,* Piet Retief St, gleich südlich des Stadtzentrums. Dort können Taxis zur Unterkunft vermittelt werden.

Busverbindungen bestehen nach
JO'BURG (3x tgl., 5 Std.);
MAPUTO (2x tgl., 4 Std.);
PRETORIA (3x tgl., 4 Std.).
Backpacker-Busse fahren nach
JO'BURG (4x wöchentl., 4 Std.);
MANZINI (4x wöchentl., 2 1/2 Std.);
MBABANE (4x wöchentl., 3 1/2 Std.);
PRETORIA (4x wöchentl., 5 Std.).

MINIBUS-TAXIS – Wer in andere Orte der Provinz reisen möchte, fährt von Nelspruit am besten mit Minibus-Taxis weiter. Minibus-Taxis stehen meist in der Bester St North, unmittelbar östlich des Bahnhofs von Nelspruit.

EISENBAHN – Die tgl. verkehrenden *Spoornet*-Züge von Jo'burg halten am **Bahnhof** von Nelspruit, ✆ 080-000 8888, abseits der Andrew St am Nordrand des Stadtzentrums. Zugverbindungen bestehen nach JO'BURG (1x tgl., 10 Std.); PRETORIA (1x tgl., 8 Std.).

FLÜGE – Aus Durban und Jo'burg mit *SA Airlink*, ✆ 741 3557, sowie von Matshapa Airport in Swasiland mit *Swazi Express Airlines*. Der **Nelspruit International Airport**, ✆ 741 3192, 12 km südwestlich der Stadt, ist eher eine Landebahn mit übertriebenem Namen. In die Stadt kommt man nur mit dem Mietwagen (s.S. 662, Autovermietungen). Flugverbindungen bestehen nach DURBAN (1x tgl., 1 1/2 Std.); JO'BURG (3–6x tgl., 2 Std.); MAPUTO (tgl., 1 1/2 Std.).

Südlich von Nelspruit

Ist man mit dem eigenen Fahrzeug zwischen dem Krüger-Nationalpark und Swasiland unterwegs, so sollte man statt Nelspruit die entspanntere Durchgangsstation **Barberton** wählen. Die kürzeste und schönste Route nach **Swasiland** von Barberton führt über die Grenze bei Bulembu, ☉ 8–16 Uhr, allerdings ist der Straßenzustand bedenklich. Im Sommer ist die Strecke nur mit Allradantrieb zu bewältigen, in der Trockenzeit auch mit dem normalen Auto. Angeblich soll eine gepflasterte Straße in nächster Zukunft gebaut werden. Bis dahin steht noch die praktische Einreise nach Swasiland über die Grenzübergänge Ngwenya/Oshoek, ☉ 7–22 Uhr, oder Jeppe's Reef/Matsamo, ☉ 7–20 Uhr, zur Auswahl. In Jeppe's Reef wird eine zusätzliche Gebühr erhoben, da die Route durch die Mautstelle Kaapmuiden verläuft.

Barberton

Barberton liegt sehr reizvoll in einer Talmulde, 36 km südlich von Nelspruit, inmitten tropischer Vegetation. Seine historischen Sehenswürdigkeiten verleihen dem Städtchen einen kolonialen Provinzcharme. Zur Stadt entwickelte es sich, nachdem Auguste Robert („French Bob") 1883 auf einer nahe gelegenen Farm **Gold** entdeckt hatte. Trotz seiner Absicht, die Neuigkeit für sich zu behalten, blieb der Kanal, den French Bob zu seinen Claims anzulegen begann, anderen Schürfern nicht verborgen. Im Jahr darauf fand **Graham Barber** eine weitere ergiebige Goldader und gab der Stadt seinen Namen. Bald setzte ein Zustrom von Händlern, Hoteliers, Barkeepern, Prostituierten und sogar Pfarrern ein, die sich zu den Goldsuchern in der wachsenden Grenzstadt gesellten, die aus Zelten, Blech, Stroh und Schlamm gebaut war. Die Hälfte der Bauten dienten als Saufhöhlen. Während des **Booms** der 80er Jahre des 19. Jahrhunderts konnten die einzelnen Goldsucher die Minen nicht mehr halten, so dass diese unter die Kontrolle großer Unternehmen gerieten, die sie noch heute besitzen. Landesweit werden hier die besten Goldminen-Touren angeboten, außerdem kann man die Arbeiter bei der Goldwäsche beobachten.

Sieben **Minen** in der Umgebung von Barberton sind noch in Betrieb, und jede von ihnen verfügt über ein eigenes Clubhaus und Bars – man trifft also in den öffentlichen Kneipen nicht auf so viele Schürfer wie in den alten, wilden Tagen. Die Minen selbst veranstalten auch keine Touren: Da sie alle in Betrieb sind, bleibt keine Zeit, um Besucher herumzuführen. Einen Kleinunternehmer gibt es jedoch in Barberton (s. S. 665, Kasten), der die Besucher an der Goldwäsche teilhaben lässt, wobei Wasser und Sand in einer großen Schüssel geschwenkt werden, bis das verheißungsvolle Goldstückchen in dem dunklen Sand erscheint. Man kann auch an einer eintägigen Minen- und Geologietour teilnehmen.

Einen Einblick in die Bergbaugeschichte der Stadt vermittelt auch das **Barberton Museum** in der Pilgrim Street 36, drei Blocks östlich des *Tourist Information Bureau*. In dem modernen Zweckbau stellt das Museum die Zeit des Goldrauschs dar. Nach telefonischer Anmeldung demonstriert das Personal den Besuchergruppen die Goldwäsche. ☉ Mo–Fr 8–16, Sa und So 9–13 und 14–16 Uhr.

Das Museum verteilt Karten, auf denen die **viktorianischen Häuser** mit ihren prächtigen Gärten verzeichnet sind, die sich unter seiner Aufsicht befinden. Ein Ticket für alle drei Häuser kostet R10. Das für eine wohlhabende Mittelstandsfamilie erbaute **Belhaven House** in der Lee Road 18, ☉ 10–15.15 Uhr, liegt 5 Gehminuten nördlich des Museums. Die Lee Road ein Stück weiter hinauf steht **Fernlea House**, ☉ Mo–Fr 8–12.30 und 13.30–16 Uhr, eine Holz-Eisen-Konstruktion. Im Osten ist das **Stopforth House** in der Bowness Street 18, ☉ 10–15.15 Uhr, das interessanteste der drei Häuser. Ein Wachmann führt die Besucher durch die Zimmer. Das ursprüngliche Haus aus Holz und Eisen ist samt dem Nebengebäude von James Stopforth, einem hiesigen Bäcker und Gemischtwarenhändler, erbaut worden.

Übernachtung

Da Barberton etwas abseits der Haupttouristenwege liegt, sind Unterkünfte rar, doch bessern sich die Erfolgsaussichten, sobald man sich ein Stück aus der Stadt entfernt.

Fountain Baths Guest House*, 48 Pilgrim St, ☏ 712 2707, ✉ 712 3361. Angenehme Zimmer und Mini-Apartments für Selbstversorger (2–4 Personen). Der Garten grenzt an die Berge. Swimming Pool.

Jock of the Bushveld Huts*, Nelspruit Rd, 4 km vor der Stadt, ☏ 712 4002 oder 083-376 1199, ✉ 712 5915. Günstige strohgedeckte Chalets, Hütten und ein Gästehaus (2–6 Personen) für Selbstversorger, auf einer Litschi- und Mangofarm. Reiten, Baden und Rundflüge im Ultraleichtflugzeug.

Old Coach Road Guest House and Restaurant**, 13 km nördlich von Barberton an der R38 nach Kaapmuiden, ☏ 719 9755, ✉ oldcoach@global. co.za. Komfortable DZ und 2-Bett-Zimmer mit Bad, 2 Familieneinheiten. Freundliche Unterkunft auf einem ruhigen Besitz von 13 Morgen Land, mit Pool. Empfohlenes lizenziertes Restaurant mit Terrasse und fantastischem Blick auf die Berge. Bequemer Zwischenstopp.

The Phoenix*, 20 Pilgrim St, ☏ 712 4211, ✉ 712 5741. Barbertons einziges Hotel mit Standardzimmern mit Bad. TV schallt durch die Wände.

Essen

Das beste Lokal von Barberton ist das preiswerte und freundliche **Co-Co Pan**, Crown St, das einfache Hamburger, Steaks und Omelettes reicht. Einheimische tummeln sich bevorzugt in dem lebhaften **Pub** unter dem Restaurant. Neben dem *Tourist Information Bureau*, Crown St, befindet sich der gepflegte **Victorian Tea Garden** mit einem weißen Gartenhaus, das direkt aus einem Londoner Park zu stammen scheint und draußen guten Tee und leichte Snacks serviert. Das *Old Coach Road Guest House and Restaurant*, 13 km vor der Stadt, wird sowohl wegen der guten Küche als auch wegen der schönen Umgebung empfohlen.

Sonstiges

INFORMATIONEN – Das *Tourist Information Bureau*, Crown St, ☏ 712 2121, kann bei der Suche nach einer Unterkunft in der Gegend behilflich sein, über Wandermöglichkeiten Auskunft geben und verschiedenste Broschüren und **Karten** zur ganzen Provinz zur Verfügung stellen. ☉ Mo–Fr 8–13 und 14–16.30, Sa 8.30–12 Uhr.

TOUREN UND AKTIVITÄTEN – Für die Buchung von Minentouren oder Aktivitäten wie Reiten,

Fliegen im Ultraleichtflugzeug oder Safaris im Heißluftballon sei das effiziente **Origins**, 20 Sheba St, ☏ 712 5055, 🖥 www.origins.co.za, empfohlen. ☉ Mo–Fr 8–17, Sa 8–12 Uhr.

VORWAHL – 013

Transport

Öffentliche Verkehrsmittel sucht man in Barberton vergebens. Die nächsten Verkehrsanbindungen bekommt man in Nelspruit, von wo aus sich Minibus-Taxis nach Barberton anbieten. Einen organisierten Transport von Barberton nach Swasiland gibt es nicht.

Goldwäsche und Minenbesichtigungen in Barberton Anders als in Pilgrim's Rest, wo sich der Besucher mit dem bloßen Zuschauen bei der Goldwäsche zufrieden geben muss, kann er in Barberton selbst in Aktion treten. *Danny Brink*, ☏ 083-4821803, organisiert preisgünstige Touren. Bei *Origins*, 20 Sheba St, ☏ 712 5055, 🖥 www.origins.co.za, wird eine faszinierende 4-Tage-Tour auf einem ehemaligen Ochsenkarrenweg angeboten, die sich auf die Geologie des Gebietes konzentriert. Die Reise endet in **Eureka City**, einer Bergbausiedlung aus den 80er Jahren des 19. Jahrhunderts, die 40 Jahre später schon wieder verlassen war. Eureka ist nicht wieder aufgebaut worden wie Pilgrim's Rest – es gibt hier nur noch Fundamente, und der Weg dorthin führt durch eine echte Mine. Schließlich geht es noch zu den Ausgrabungen von Golden Quarry, einer einst sehr ergiebigen Mine. Um ein wirkliches Gespür für die alten Minen zu bekommen, bietet sich die 2 km lange Rundwanderung **Fortuna Mine Hiking Trail** an, unmittelbar südlich der Stadt, die durch einen still gelegten Tunnel führt, der für den Transport des goldhaltigen Erzes zur Fortuna Mine gebaut worden war. Der Tunnel ist 600 m lang. Die Wanderung (Taschenlampe nicht vergessen) beginnt am Parkplatz abseits der Crown Street im Süden der Stadt, führt durch eine reizvolle Landschaft und dann in den Tunnel, an dessen Ende sich schöne Blicke auf Barberton und das De Kaap Valley eröffnen.

Östlich von Nelspruit

Von Nelspruit in östlicher Richtung folgt die N4 etwa dem Verlauf des **Crocodile River**, der die südliche Grenze des Krüger-Nationalparks beschreibt und dann seinen Weg durch **Mosambik** zum Indischen Ozean fortsetzt. Die Straße verläuft über 58 km bis zum Dörfchen Malelane mit Blick auf den Wald am Crocodile River, durch üppiges, subtropisches Farmland und vorbei an den grauen, surrealen Formationen der Granit-*koppies*. Ca. 4 km hinter Malelane geht die Straße ab zum **Malelane Gate** des Krüger-Parks, dem günstigsten Eingangstor für Gäste des Rest Camps Berg-en-Dal (s.S. 677). Ein Schild, 12 km östlich von Malelane, weist zur *Buhala Game Lodge,* über R500, ℡ 013-790 4372, ✆ 013-790 4306, 🖳 www.buhala.co.za, einem tollen Gästehaus auf einer Mango-, Zuckerrohr- und Papayafarm, oberhalb des Crocodile River mit Blick bis zum Krüger-Park über das langsam dahinfließende Wasser. Touren zum Krüger-Park können von hier aus für etwa R450 p.P. arrangiert werden, geführte Naturwanderungen gibt es auf der Farm, außerdem Reiten und Quad-Biking.

Komatipoort

Komatipoort am südlichen Rande des Krüger-Parks, 87 km östlich von Nelspruit, verdankt seinen extremen **Grenzstadtcharakter** der Tatsache, dass es genau zwischen einem der reichsten und einem der ärmsten Länder Afrikas liegt. Das exotische Flair dieser kleinen, zusammenhanglosen Stadt rührt von ihren staubigen Straßen her, an denen kleine Händler winzige Mengen Tomaten und Zwiebeln oder dem leuchtenden Grün der umgebenden Zuckerrohrplantagen und der farbenfrohen Kleidung der mosambikanischen Frauen. Trotz des zwielichtigen Rufes und der allgegenwärtigen Geschäftemacherei ist Komatipoort ein sicherer und freundlicher Ort, in dem man eine Idee davon bekommt, was einen in Mosambik, am gegenüberliegenden Ufer des Crocodile River, erwartet.

Der **Grenzübergang** von Komatipoort heißt **Ressano Garcia** und ist das Nadelöhr, durch das täglich Hunderte armer Mosambikaner zu drängen versuchen in der Hoffnung, zu den „mit Gold gepflasterten Straßen" von Johannesburg zu gelangen. Die, die abgewiesen werden, riskieren oft ihr Leben, wenn sie sich über das „Großwildland"

Krüger-Park hereinzuschleichen versuchen, während die Glücklicheren Arbeit in den Minen finden. Der dreimal wöchentlich verkehrende Zug nach Maputo bringt die Arbeiter wieder zurück nach Hause und fährt dann mit einer Fracht neuer Arbeiter wieder in die andere Richtung. Auf dem Landweg ist dies das einzige große südafrikanische Tor nach Mosambik. Bis in die 70er Jahre hinein war das Land ein bevorzugter Ferientummelplatz für weiße Südafrikaner und Rhodesier, doch dann kam die Mehrheitsregierung, die das Land durch einen verheerenden, vom Apartheidregime unterstützten Krieg in die Knie zwang und den Tourismus für fast 20 Jahre lahm legte. Der Krieg ist glücklicherweise lange vorbei und so erfreuen sich die Reisenden wieder an den tropischen Gewässern und Meeresfrüchten, die es im Überfluss gibt.

Zu den Unterkünften gehört das *Komati Holiday Resort**, ℡ 013-790 8040, etwa 2 km östlich der Stadt, mit Holzhütten mit Bad für Selbstversorger (je ein DZ und 2 EZ) und Campingmöglichkeiten zwischen Dornen- und Fieberbäumen. Um dorthin zu gelangen, fährt man ca. 200 m aus der Stadt auf der N4 in Richtung Nelspruit, biegt an der *Shell*-Tankstelle nach rechts ab und folgt den Schildern zur Anlage. Die einzig noble Unterbringungsmöglichkeit ist das an ein Motel erinnernde *Border Country Inn***, ℡ 013-790 7328, ✆ 013-790 7100, 3 km vor der Stadt und unweit der Grenze – bequem, wenn man frühmorgens nach Mosambik reisen möchte.

Die große Überraschung von Komatipoort ist das Top-Restaurant *Tambarina* in der Rissik St. Die mosambikanische Küche lässt den Geschmack und das Flair der ehemaligen portugiesischen Kolonie wieder aufleben, und das Lokal ist mit tropischem Dekor versehen und verfügt über einen Hof im Schatten von Mango-Bäumen.

BUSSE – Die Intercity-Busse von **Greyhound**, **Translux** und **Intercape** fahren auf ihrem Weg zwischen Jo'burg und Maputo (über Nelspruit) allesamt durch die Stadt und halten am Grenzübergang außerhalb der Stadt.

MINIBUS-TAXIS – Minibus-Taxis aus Nelspruit sind überall zu finden. Reisende nach Mosambik sollten sich an *Mozambique Tours*, ✆ 013-790 8000/8222 (Carl Parsons), wenden, den Spezialisten in Sachen Visa und Reisen.

Nördlich von Nelspruit

Die R40 verläuft von Nelspruit in nördlicher Richtung entlang der **Westgrenze des Krüger-Nationalparks,** durch wohlhabendes Farmland mit Tropenfrüchteanbau und arme ehemalige schwarze *homeland*-Gebiete. Auf dem Weg nach Hazyview gibt es bis zu dicht besiedelten ehemaligen *bantustan*-Gebieten um **Bosbokrand** am Straßenrand viele noble Gästehäuser. Die Unterkünfte an der Strecke tauchen erst dann wieder auf, wenn Klaserie an der Grenze von Mpumalanga zur Nord-Provinz erreicht ist. Viele Lodges liegen auf Wildfarmen – es sind die einfachen Gegenstücke zu den teureren Lodges innerhalb der Privatreservate.

Nördlich der Grenze von Mpumalanga führt der Weg an kleineren Städten vorbei zum Zentralgebiet des Krüger-Nationalparks und zu den Privatreservaten Manyeleti und Timbavati. Kommt man über die R36/R527 aus dem Escarpment von den Aussichtspunkten am Blyde River Canyon (s. S. 658), so stößt man nach etwa 75 km auf eine Gabelung. Dort führt die nördlichere Strecke in die Städte **Hoedspruit** und **Klaserie,** die beide im Herzen des Wildfarmlandes des Bushveld liegen und wo Tierbeobachtung zum kleinen Preis möglich ist. Als Ersatz für das „Großwildland" Krüger-Park und die benachbarten Privatreservate kann dies jedoch nicht bezeichnet werden. Viel weiter nördlich, und meist auf der N1 von Pietersburg aus angefahren, liegt die Bergbaustadt **Phalaborwa,** um die man auf dem Weg zum Phalaborwa Gate und dem Zentralgebiet des Krüger-Parks nicht umhinkommt.

Hazyview

Hazyview liegt 43 km nördlich von Nelspruit und setzt sich im Wesentlichen aus ein paar großen, gut bestückten Einkaufszentren zusammen, zwischen denen sich haufenweise Minibus-Taxis tummeln. Kleine Marktstände versorgen die afrikanische Gemeinschaft der Gegend mit Obst und anderen Waren. Interessant ist das Dorf wegen seiner Lage in nur 19 km Entfernung zum **Numbi Gate** des Krüger-Nationalparks. Ein kleines Stück weiter befindet sich das **Paul Kruger Gate.** Damit wird Hazyview zum perfekten Ausgangspunkt für Reisen in die wildreiche Südregion des Reservates. Hier finden vor allem Besucher, die nicht im Park übernachten, sondern nach einem anstrengenden Tag der Tierbeobachtung ein komfortables Hotel bevorzugen, die ideale Basis. Von Hazyview gelangt man über die R40 zu den privaten Wildschutzgebieten **Sabi Sand, Manyeleti** und **Timbavati,** die an die Westseite des Krüger-Parks (s. S. 682, Privatreservate) grenzen.

Im **Shangana Cultural Village,** ✆ 737 7000, 🖳 www.shangana.co.za, etwa 5 km westlich von Hazyview, unmittelbar abseits der R535 nach Graskop, bekommt der Besucher ein Gefühl für die kulturellen Traditionen der hiesigen Shangaan-Gemeinschaft. Hier kann er ein ausgezeichnetes afrikanisches Mahl genießen, das von Häuptlingsfrauen in gewaltigen Töpfen über einem offenen Feuer gekocht wird. Krokodil in pikanter Erdnusssauce, Rind oder mit Honig glasierte Süßkartoffeln stehen auf der Speisekarte. Der Eintritt zur Rezeption und zum Laden ist frei, das Dorf selbst kann nur auf einer Führung besichtigt werden (immer zur vollen Stunde, R55). Die Tour folgt einem gewundenen Weg durch Felder und Busch zu dem *kraal,* in dem eine Familie lebt. Die Begegnung mit einem *sangoma* (Heiler, Wahrsager) und eine Lektion in Sachen traditionelle Heilmittel ist ebenfalls inbegriffen. ◷ 9–16 Uhr.

Übernachtung

Hazyview kann sich über mangelnde Unterkünfte nicht beklagen. Die meisten liegen auf Farmgelände an den Straßen zu den Nachbarorten Sabie (R536), Graskop (R535) und White River (R538) sowie in Richtung Paul Kruger Gate und Krüger-Nationalpark (R40). Die billigsten B&B-Zimmer der Stadt kann man im *Hysterical Hornbill Restaurant,* ✆ 737 8124 oder 737 7404, erfragen.

Hippo Hollow Country Estate***–****, unmittelbar südlich der Stadt, an der R40, ✆ 737 7752, 🖳 www.hippohollow.co.za. Luxuriöse B&B-Unterkunft in strohgedeckten Cottages, schön am Ufer des Sabie River gelegen, mit Restaurant und Barbereich. Selbstversorger-Einheiten sind billiger, doch Kochgelegenheiten dürftig. Jeden Morgen Touren zum Krüger-Park (Tagestour etwa R550).

Idle and Wild**–***, 6 km vor Hazyview an der R536, 𝄞 737 8173 oder 083-455 8171, 💻 www. idleandwild.co.za. Mangofarm in einem üppigen Tal am Ufer des Sabie River. 2 strohgedeckte Rondavels, eine Familieneinheit und eine Flitterwochen-Suite (mit eigenem Spa-Bad) im üppigen Garten. Im Haupthaus 2 Schlafzimmer mit Bad. Alle mit Kitchenette, außerdem Sauna und Swimming Pool.

Kruger Park Backpackers*, Main Rd, 𝄞 737 7224, ✉ krugback@mweb.co.za. Schön gelegenes Hostel unter schattigen Bushveld-Bäumen, mit Zeltmöglichkeiten, Schlafsälen, Rondavels und, am schönsten, Bienenkorb-Hütten im Zulu-Stil. Swimming Pool, geführte Touren zum Krüger-Park, nach Johannesburg oder Pretoria.

Numbi***, Main Rd, 𝄞 737 7301, 🖥 737 7525, ✉ hotelnumb@worldonline.co.za. Altmodisch, aber komfortabel. Camping, Bungalows und Hotelzimmer.

Rissington Inn***, 2 km südlich der Stadt, unweit der R40, 𝄞 737 7700, 💻 www.rissington.co.za. Nobelste Country-Lodge von Hazyview, entspannt und locker (Kinder willkommen). 7 exklusive Zimmer im Garten eines großen strohgedeckten Farmhauses mit Swimming Pool und schmackhaften Speisen. Aus Hazyview nimmt man die R40 in südlicher Richtung und biegt am Kiaat Park nach rechts ab, hinter *Haze Nissan* auf der linken Straßenseite.

Sabi River Sun****, 2 km vor Hazyview an der R536, am Ufer des Sabie, 𝄞 737 7311, 💻 www. southernsun.com. Luxuriöse Familienanlage am Sabie River, um einen herrlichen Golfplatz herum angelegt. Wege zum Joggen oder Rad fahren, Swimming Pool und Kinderspielplatz. Unten kann man nach Flusspferden Ausschau halten. Familienrestaurant und Pub.

Thika Thika Guest Farm and Backpackers*, 3 km vor Hazyview an der R536, am Ufer des Sabie River, 𝄞 737 8108 oder 082-403 9676, ✉ thika@ worldonline.co.za. 3 voll ausgestattete Holz-Chalets für bis zu 6 Personen auf einer süßlich duftenden Zitrusfarm mit üppiger subtropischer Vegetation. Komfortabler Backpacker-Schlafsaal

im großen Bungalow mit frischer weißer Bettwäsche.

Tembi**, an der R40, unmittelbar nördlich des Sabie River, 𝄞 737 7729, 🖥 737 7036, ✉ tembi@ intekom.co.za. Preisgünstige B&B-Zimmer mit Bad in einem ruhigen Farmhaus mit Garten. Im Restaurant werden Wildpastete, Forelle, Meeresfrüchte und Steaks zubereitet. Abendessen in der Bar tgl. außer So.

Thulamela****, 1 km die White River Rd hinab, unweit der R40, 𝄞 / 🖥 737 7171, ✉ info@ thulamela.co.za. Ungewöhnliches Gästehaus, von einem Ernährungsberater geführt, der gesundes Frühstück reicht und die Gäste in Holz-Cottages mit Bad unterbringt, jeweils mit eigener Terrasse, Whirlpool und Blick übers Bushveld. Wochentags Rabatte, Kinder ab 16 Jahre willkommen.

Essen

Eine ganze Reihe guter Lokale in der Gegend von Hazyview ist, wie die Unterkünfte auch, vorwiegend an den Hauptstraßen in die Nachbarorte zu finden. Im Zentrum ist das **Hysterical Hornbill Pub and Restaurant**, 𝄞 737 7404, gegenüber der *Engen*-Tankstelle an der R538, ein lockerer, familienfreundlicher Ort mit preiswerten Gerichten im Angebot, darunter Steak oder Fish & Chips bis spätabends. Dazu gehört ein gut besuchtes Pub. Das zwanglose **Rissington Inn** serviert preisgünstige Speisen wie Mandelhuhn und gute vegetarische Kost.

VORWAHL – 013

Transport

Nach Hazyview fahren keine öffentlichen Verkehrsmittel, doch als Gast einer der hiesigen Backpacker-Lodges kann man sich aus Nelspruit abholen lassen.

Nach Klaserie

Hinter Hazyview führt die R40 durch Farmland und sanfte Hügel. Auf dem Weg nach **Bosbokrand**, 28 km nördlich, ändert sich das Bild plötzlich: Es tauchen Elendssiedlungen, belebte Straßen, überweidetes Land und dicht bewohnte Ortschaften auf, und hier und da wächst ein Papaya- oder Bananenbaum. Der Ort wird auch englisch Bushbuck Ridge genannt (eine direkte Übersetzung aus dem Afrikaans), der Name der Stadt stammt von dem Streifen Bergland, der sich östlich des Escarpment erstreckt – die Schirrantilopen, die einst hier umhergestreift sein mögen, haben seit langem den Rindern und Ziegen das Feld überlassen.

Obwohl die Karten hier wenig oder gar keine Besiedelung angeben, führt die belebte und z.T. gefährliche Straße durch das ehemalige *bantustan* **Lebowa**, wo die Menschen so beengt zusammenleben, dass die Bevölkerungsdichte sechsmal höher ist als der Provinzdurchschnitt. Der Ort Klaserie liegt 42 km nördlich von Bosbokrand inmitten von Wildfarmen, an der Grenze zwischen Mpumalanga und der Nord-Provinz. 45 km östlich davon befindet sich das **Orpen Gate**, der Zugang zum Zentralgebiet des Krüger-Nationalparks.

Hoedspruit

Die R40 von Klaserie weiter geradeaus liegt, verborgen im Lowveld und mit den dunstigen blauen Bergen des Escarpment am fernen Horizont, das kleine Zentrum Hoedspruit. Um die Stadt konzentrieren sich mehrere **private Wildreservate** und Lodges. Sehenswürdigkeiten gibt es nicht, nur auf dem Weg zum Krüger-Park oder zur gebuchten Übernachtung in einer der Game-Lodges kommt man hier vorbei.

Die Stadt bietet sich als Ausgangspunkt für Aktivitäten wie **Reiten** und **Rafting** auf dem Blyde River (s.S. 653, Sabie) an, darüber hinaus sind **Vogelbeobachtung** an den Hängen des Escarpment und Besuche der **Animal Rehabilitation Centres** (s.S. 669, Das Umland von Hoedspruit) zu empfehlen.

Hoedspruit selbst ist eine Ansammlung von Waffenläden, Alkoholgeschäften, Fleischern, Tankstellen und einem gut sortierten *Spar*-Supermarkt. In dem kleinen Komplex sind auch ein Coffee Shop und eine Drogerie zu finden.

Verschiedene Unterkünfte im Umland von Hoedspruit laden zum Verweilen ein. Westwärts, in Richtung Blyde River Canyon, befinden sich die wunderschöne *Monsoon Gallery* (s.S. 658) und preisgünstige Wildfarmen. Ostwärts, am Rande des Krüger-Parks, liegen einige der luxuriösesten Safari-Camps von ganz Südafrika.

Hoedspruit ist ein bedeutender Anreiseort für Besucher, die mit dem **Flugzeug** zum Krüger-Park kommen, denn es ist der einzige Ort im Lowveld mit täglichen Direktflügen aus Kapstadt (3 Std.). Wie Nelspruit und Skukuza wird er auch jeden Tag von Johannesburg (1 Std.) aus angeflogen. Die Flugzeuge landen am **Eastgate Airport**, ✆ 015-793 3681, etwa 14 km südlich von Hoedspruit. Von den **Autovermietungen** unterhält *Avis*, ✆ 015-793 2014, ein Büro am Flughafen. Hat man woanders ein besseres Angebot gefunden, so bringen z.B. die Firmen aus Nelspruit die Autos nach Hoedspruit. Transfers von hier zu den Game-Lodges können bei *Eastgate Lodge Transfers,* ✆ 015-793 3678, erfragt werden, wobei die meisten Lodges ihre Gäste selbst abholen.

Das Umland von Hoedspruit

Das **Moholoholo Wildlife Rehabilitation Centre**, ✆ / 🖂 015-795 5236, liegt an der R531 zwischen der R40 und der R527, etwa 3 km vor der geteerten Abfahrt zum Blydepoort Dam. Der ehemalige Ranger Brian Jones hat seinen persönlichen Kampf zur Rettung und Auswilderung verletzter und verlassener Tiere aufgenommen. Besonders am Herzen liegen ihm die Raubvögel, aber auch Löwen und Leoparden. Das Zentrum gehört zu einem größeren Reservat, es werden Nachtfahrten und frühmorgendliche Wanderungen angeboten. Hier hat der Besucher die Chance, den Tieren ganz nah zu kommen und Brian dabei zu beobachten, wie er Adler fliegen lässt. Außerdem kann man gemütlich an den Tierkäfigen und -ställen entlangschlendern. In der Unterkunft**** im Stil einer Game-Lodge sind drei Mahlzeiten, eine Nachtfahrt und eine Morgenwanderung im Preis enthalten. Ein Restaurant ist nicht vorhanden. ☉ Führungen Mo–Sa 9.30 und 15 Uhr, R40, Buchung erforderlich.

Ganz ähnlich gestaltet sich das **Hoedspruit Research and Breeding Centre for Endangered Species**, gemeinhin nur **Cheetah Project** genannt, ✆ 015-793 1633, das 20 km südlich von Hoedspruit an der R40 liegt. Zu jeder vollen Stunde fahren hier offene Fahrzeuge los, um den Besuchern die Ställe und Käfige mit Geparden, Hyänenhunden, Paradieskranichen und gefährdeten Tierarten wie Kaffern-Hornraben zu zeigen. Die Tiere werden zu Forschungszwecken gezüchtet, aber auch um sie zu schützen und ihren Bestand zu erweitern. Während man an einige Tiere sehr nah herankommt, kann man andere natürlich nicht anfassen, so dass man sich ein bisschen wie im Zoo fühlt. Ein kleines Restaurant serviert Tee, Kuchen, Sandwiches und Hotdogs. ☉ Mo–So 8–15 Uhr, Eintritt R40.

Das **Nyani Shangaan Cultural Village***, ✆ 015-793 3816 oder 083-512 4865, 4 km entlang der Guernsey Rd, die 22 km südlich von Hoedspruit von der R40 abzweigt, ist eine gute Wahl zum Mittagessen oder zur Übernachtung mit Abendessen und traditionellen Tänzen. Anders als bei den kommerzielleren Kulturdörfern handelt es sich hier um den Versuch von Axon Khosa, einem hiesigen Shangaan, ein Dorf so wieder auferstehen zu lassen, wie er es aus den Geschichten seiner Großeltern aus deren Kindertagen kennt. Gemeinsam mit seiner großen Familie empfängt er Besucher, führt sie im Dorf herum und bietet ihnen eine Mahlzeit an, die meist aus Huhn, *gem squash* (einem hiesigen schmackhaften Kürbis in Kricketballgröße), Spinat und Erdnüssen in *mielie pap* (Maisbrei) besteht. Auch Übernachtungen (Vorausbuchung nötig) sind möglich, in einer der Hütten mit traditionellem Dungboden und Strohdach, die im Gegensatz zu den Safari-Lodges etwas ungepflegt erscheinen, aber authentische Shangaan-Behausungen sind. Die Wände bestehen aus Erde von Termitenhügeln und sind von Hand mit weißen, orangefarbenen und schwarzen Motiven verziert. Geschlafen wird auf aufklappbaren Matratzen, es gibt kalte Duschen und Spültoiletten für Gäste. Nyani kann auch auf einer Tour zum Krüger-Park besichtigt werden, die von *Trans Frontiers Safaris* (s. S. 686, Krüger-Park Pauschaltouren) veranstaltet werden.

Phalaborwa

Der nördlichste Zugang zum Zentralgebiet des Krüger-Parks bietet sich in Phalaborwa, 74 km nördlich von Hoedspruit. Der Name bedeutet „Besser als der Süden", ein frecher Spitzname aus den Tagen, als sich die Stadt aufgrund von **Mineralvorkommen** stark entwickelte. In den 60er Jahren bekamen die Grenzen des Parks in der Nähe von Phalaborwa plötzlich einen Knick, weil große Kupfervorkommen entdeckt worden waren.

Phalaborwa gilt als Durchgangsstation zum Krüger-Park. Ablenkung gibt es kaum, dafür aber eine Bleibe für die Nacht. Echte Golfer allerdings

sollten es sich nicht nehmen lassen, im ausgeschilderten **Hans Merensky Country Club**, ✆ 781 5931, ein Spielchen in der Gesellschaft von Großwild zu machen, wo nicht selten Giraffen und Elefanten über die Fairways trotten. Appetit auf den Park kann man sich auf einem Kurzflug im Ultraleichtflugzeug machen, ✆ 082-956 1502, R400 pro Std., oder auf einer vorher zu buchenden Bootstour auf dem Olifants River bei Sonnenuntergang mit *Jumbo River Safaris,* ✆ 781 6168, R50, die um 15 Uhr beginnt und häufig von Wild begleitet wird.

In der Stadt sieht man manchmal staubbedeckte Fahrzeuge mit langen Antennen, an deren oberem Ende Fähnchen angebracht sind. Damit sollen sie auch von den großen Trucks wahrgenommen werden, die bei den Minen arbeiten. In Phalaborwa gibt es besonders viele Mosambikaner, die aus dem nur 60 km entfernten Mosambik auf der anderen Seite des Krüger-Nationalparks über die Grenze gekommen sind und Phalaborwa als Navigationshilfe nutzen: Tagsüber sehen sie den Rauch der Schornsteine, nachts die Lichter.

Die dem Ort am nächsten gelegenen Camps sind **Letaba**, 50 km parkeinwärts, und **Shimuwini**, 52 km parkeinwärts. *Olifants Valley Experience,* ✆ 781 7041, bietet Transfers vom Flughafen zu den Wildfarmen und Lodges sowie Tagesausflüge in den Park an.

Übernachtung

In Phalaborwa ist das Angebot an Unterkünften groß, doch die Preise haben sich gewaschen, außer man entscheidet sich für eine Backpacker-Lodge oder Selbstversorgung.

Elephant Walk*, 30 Anna Scheepers St, ✆ 781 2758/5860 oder 082-495 0575, ✉ elephant.walk@ niz.co.za. Kleines, freundliches Hostel mit Campingmöglichkeiten und Budget-Touren in den Krüger-Park. Dazu gehören auch eine separate B&B-Gartenwohnung und 2 Cottages für Selbstversorger am Phalaborwa Gate des Krüger-Parks, die billiger sind als die Unterkünfte im Park. Kinder willkommen.

Impala Protea Inn**, Essenhout, Ecke Wildevy St, ✆ 781 3681. Recht stimmungsvoll, mit Pool und gemütlichem Pub.

Matomani Lodge*, Essenhout St, gegenüber vom *Protea*, ☎ 781 5681. Preisgünstige Apartments für Selbstversorger in einem renovierten Block aus den 60er Jahren, auf Wunsch mit Frühstück gegen Aufpreis.

Sefapane Lodge****, Copper St, ☎ 781 7041, 🖥 www.sefapane.co.za. Entspannte und noble Unterkunft in gepflegten Bienenkorb-Hütten,
mit Restaurant, schönem Pool und Pool-Bar.

Steyns Cottage***, 67 Bosvlier St, ☎ 781 0836. Recht nobles Gästehaus im viktorianischen Stil, mit Swimming Pool, Gartenrestaurant und Restaurant.

Essen

Essen bekommt der Besucher von Phalaborwa zumeist in den Unterkünften. Das Restaurant der *Sefapane Lodge*, 5 Min. Fahrt stadtauswärts in Richtung Kruger Gate, ist sehr nett und seine Bar neben dem Swimming Pool gastlich. Steaks und frische Salate gibt es im *Yurok Spur* in dem großen Einkaufszentrum, Nelson Mandela Ave.

Wildfarmen in der Gegend von Hoedspruit

Keine der folgenden Wildfarmen kann Besuchern die Beobachtung der Big Five bieten, doch lohnen sie sich als relativ preiswerte und komfortable Unterkünfte auf dem Weg zum oder vom Krüger-Park. Da die Camps klein sind und mitten im Busch liegen, vermitteln sie ein Gefühl von echter Wildnis, das sich bei den Unterkünften im Krüger-Park kaum einstellt. Sie alle bieten Wanderungen an, da unterwegs keine Löwen oder Elefanten lauern.

Eyrie Birding Lodge****, 36 km vor Hoedspruit an der R531, ☎ 015-795 5775. 4 DZ in 2-stöckigem Haus, fantastische Höhenlage an den Hängen des Escarpment. Geführt von Dr. Peter Milstein, einem der sachkundigsten Vogelexperten Südafrikas, der diesen Ort als einen der landesweit besten zur Vogelbeobachtung auserwählt hat. Alkohol ist selbst mitzubringen, keine Kinder unter zwölf Jahren. Vollpension.

Gwala Gwala, über R500, 35 km südlich von Hoedspruit, ☎ 015-793 3491, 🖥 www.gwala.co.za. Genau der richtige Ort für Ruhe, Wanderungen und Vogelbeobachtung. Unterkunft in Luxus-Safarizelten. Die Besitzer lassen ihren Gästen viel Freiraum und Privatsphäre, nie mehr als 10 Gäste. Big Five-Tierbeobachtungsfahrten in ein benachbartes Reservat und Fahrten zum Krüger-Park können arrangiert werden.

Kwa-Mbili Game Lodge, über R500, 30 km östlich von Hoedspruit, ☎ 015-793 2773, ✉ safaris@kwambili.com. Gemütliche, unprätentiöse Lodge mit afrikanischem Flair, Busch-Küche und vielen Tieren in der Umgebung. Max. 10 Gäste sind in Chalets oder Luxuszelten untergebracht. Zu den Aktivitäten gehören Tierbeobachtung zu Fuß oder im Landrover. Auch Kinderbetreuung möglich. Vollpension.

Off-Beat Safari Camp**–über R500, 13 km nördlich von Hoedspruit, ☎ / ☎ 015-793 2422 oder ☎ 082-494 1735, 🖥 www.offbeatsafaris.co.za. Tolles kleines rustikales Camp auf einer Wildfarm, das erschwinglich ist, nette Besitzer hat sowie den großen Vorteil, dass man über das Gelände reiten kann, um Giraffen, Kudus, Zebras und Gnus zu sehen. Durchdringendes Löwengebrüll in der Dunkelheit ist garantiert – aus dem Löwengehege des angrenzenden Besitzes. Mountainbikes im Verleih, Kinder willkommen.

Otter's Den****, an der R531, unweit der Kreuzung mit der R521, ☎ 015-795 5250 oder 082-572 2223, ✉ catfish@mweb.co.za. Kleines und erholsames Camp für 8 Personen auf einer mit Busch bewachsenen Insel im Blyde River, wo es sich hervorragend angeln und Vögel beobachten lässt. Chalets mit Bad auf Stelzen und Blick über den Fluss. Fels-Swimming Pool mit Flusswasser. Ein Führer begleitet die Gäste auf Wanderungen und hilft bei der Bestimmung von Bäumen und Vögeln. Besitzer veranstalten Rafting-Touren durch den Blyde River Canyon. Vollpension.

APOTHEKE – **Link Pharmacy** im Einkaufszentrum, Nelson Mandela Ave. ☺ bis 20 Uhr.

AUTOVERMIETUNGEN – Sämtliche Autovermietungen von Phalaborwa sind am Flughafen vertreten: **Avis**, ✆ 781 3169; **Budget**, ✆ 781 5404; **Imperial**, ✆ 781 0376.

VORWAHL – 015

Transport

FLÜGE – Regelmäßige Flüge aus JO'BURG (1–3x tgl., 1 Std.) mit **SA Airlink**, ✆ 781 5823, landen am Flughafen von Phalaborwa, ✆ 781 5823, 5 Min. Fahrt vom Phalaborwa Gate des Krüger-Parks entfernt, unweit President Steyn St.

Krüger-Nationalpark

Der Krüger-Nationalpark ist wohl *das* Symbol für den Tourismus in Südafrika. Er vermittelt am besten, was die meisten Afrika-Besucher sehen möchten: Elefantenherden und Löwen sowie Tausende anderer Wildtiere, die durch die Savanne streifen. Als Landstrich an der Grenze zu Mosambik erstreckt sich der Krüger-Park durch die Nord-Provinz und Mpumalanga über die beachtliche Strecke von 414 km, vom Pafuri Gate im Norden zum Malelane Gate im Süden. Die Gates sind durch eine Teerstraße verbunden, von der viele gut gepflegte Schotterwege abgehen, die den Besuchern die Tierbeobachtungsfahrten ermöglichen.

Der Krüger-Park ist auf **Selbstfahrer** und **Selbstversorger** ausgerichtet, wobei viele Besucher der Versuchung erliegen, zu viel und zu schnell zu fahren und somit weniger sehen. Mietwagen weisen oft eine zu geringe Bodenfreiheit auf und sind für die Tierbeobachtung nicht so gut geeignet wie jene, die von den Lodges und Tourveranstaltern genutzt werden. Und doch ist die Flexibilität der Selbstfahrer ein großes Plus. Es ist auch nach wie vor die einzige Möglichkeit, die Tiere des Krüger-Parks gemeinsam mit kleinen Kindern zu bestaunen, da viele Lodges Kinder erst ab 12 Jahren akzeptieren. Die große Popularität des Parks hat aber auch zur Folge, dass man immer anderen Autofahrern begegnen wird, dass frühzeitige **Vorausbuchungen** besonders wichtig sind, besonders während der Schulferien in Südafrika, und man immer damit rechnen muss, in dem Camp seiner Wahl keinen Platz mehr zu bekommen.

Die Vorstellungen, die Europäer aus Kinofilmen wie *Jenseits von Afrika* mitbringen, werden am ehesten in den **privaten Wildreservaten** an der Westseite des Krüger-Parks befriedigt, wo Luxus-Unterkünfte und -Speisen geboten werden. Qualifizierte Ranger bringen den Gästen die Tiere und den Busch in kleinen Gruppen nahe.

Ideal wäre es, von jedem etwas zu tun, vielleicht ein paar Nächte in einer privaten Lodge zu verbringen und dann noch zwei Rest Camps im Park zu buchen. Die Entspannung sollte auf jeden Fall im Vordergrund stehen und nicht die fanatische Suche nach den Big Five. Man kann froh sein, überhaupt einen Löwen zu Gesicht zu bekommen, er wird aber höchstwahrscheinlich in diesem Moment kein Tier jagen oder erlegen, wie man das aus Dokumentarfilmen kennt. Auch auf die riesigen, durch die staubige Savanne ziehenden Gnu-Herden wird man wohl verzichten müssen. Ein bisschen Glück gehört bei der Tierbeobachtung immer dazu – und genau das macht süchtig. Ein paar Tipps zur **Tierbeobachtung** sollte man beachten, s. S. 675.

Wanderungen durch die Wildnis erfreuen sich immer größerer Beliebtheit, und nicht nur der Krüger-Park, sondern auch sämtliche Privatreservate und einige professionelle Veranstalter bieten morgendliche Spaziergänge zur Tierbeobachtung mit Begleitung an. Darüber hinaus gibt es Wildnis-Wanderungen mit Übernachtungen in verschiedenen Teilen des Parks, die von bewaffneten Rangern begleitet werden – eine tolle Möglichkeit, der Wildnis ganz nah zu kommen, doch buchen muss man sie Monate im Voraus.

Der Krüger-Nationalpark ist **Malariagebiet**. Genaueres zu den notwendigen Vorsichtsmaßnahmen, s. S. 30.

Geschichte

Es ist höchst fraglich, ob der Krüger-Nationalpark als „unberührte Wildnis" gelten kann, wie es so oft heißt, denn seit Tausenden von Jahren haben hier Menschen gelebt. Die **Jäger und Sammler der San**

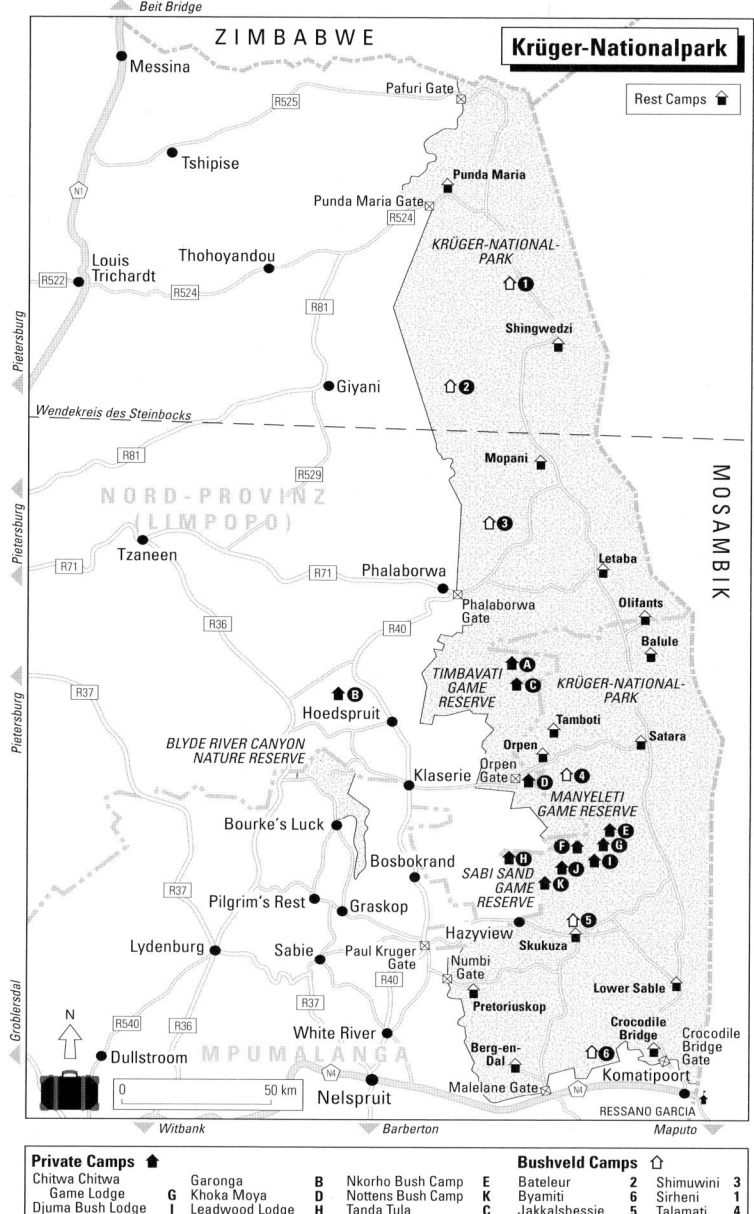

Beit Bridge

Z I M B A B W E

Krüger-Nationalpark

Messina

Pafuri Gate

Rest Camps

R525

Tshipise

Punda Maria

Punda Maria Gate

R524

N1

KRÜGER-NATIONAL-
PARK

Louis
Trichardt

Thohoyandou

R522

R524

Shingwedzi

Giyani

R81

Wendekreis des Steinbocks

Mopani

R81

NORD-PROVINZ
(LIMPOPO)

R529

Letaba

Tzaneen

R71

Olifants

R71

Phalaborwa

Balule

R36

Phalaborwa
Gate

R40

A

TIMBAVATI
GAME
RESERVE

C

KRÜGER-NATIONAL-
PARK

B

Tamboti

Satara

Hoedspruit

BLYDE RIVER CANYON
NATURE RESERVE

Orpen

R37

Orpen
Gate

D

Klaserie

MANYELETI
GAME RESERVE

Bourke's Luck

F

E
G

Bosbokrand

H

J
I

R37

SABI SAND
GAME
RESERVE

K

Pilgrim's Rest

Graskop

Hazyview

5

Lydenburg

Sabie

Paul Kruger
Gate

Skukuza

Numbi
Gate

Lower Sable

R40

Pretoriuskop

Crocodile
Bridge

Crocodile
Bridge
Gate

R540

R36

White River

Berg-en-
Dal

6

Komatipoort

N

Dullstroom

MPUMALANGA

N4

Malelane Gate

0   50 km

Nelspruit

RESSANO GARCIA

Witbank

Barberton

Maputo

MOSAMBIK

Pietersburg

Pietersburg

Pietersburg

Groblersdal

M P U M A L A N G A   U N D   D E R   K R Ü G E R - N A T I O N A L P A R K

Private Camps 🛖				Bushveld Camps 🏠	
Chitwa Chitwa	Garonga **B**	Nkorho Bush Camp **E**		Bateleur **2**	Shimuwini **3**
Game Lodge **G**	Khoka Moya **D**	Nottens Bush Camp **K**		Byamiti **6**	Sirheni **1**
Djuma Bush Lodge **I**	Leadwood Lodge **H**	Tanda Tula **C**		Jakkalsbessie **5**	Talamati **4**
Elephant Plains **F**	Londolozi **J**	Umlani **A**			

haben ihre Spuren in Form von Zeichnungen und Gravierungen an 150 bisher entdeckten Stellen hinterlassen, und überall im Park findet man Zeugnisse alter Farmkulturen. Zwischen 1000 und 1300 n.Chr. bauten zentral organisierte Staaten Steinpaläste und trieben **Handel**, durch den chinesisches Porzellan, Juwelen und Stoffe in die Gegend kamen.

Den größten Einfluss auf die Region hatte die Ankunft der weißen Glücksritter in der zweiten Hälfte des 19. Jahrhunderts. Im 20. Jahrhundert prägten Jäger, Kriminelle und **Wilderer** (z.B. der berüchtigte Elfenbeinjäger Cecil Barnard) nachhaltig die Geschichte des Gebiets. Diese Zeit, in der die Wildpopulationen enorm dezimiert wurden, wird durchaus unterschiedlich bewertet. Von Barnards Heldentaten erzählt T.V. Bulpin voller Bewunderung in dem Roman *Ivory Trail*, und jede zweite Episode der noch heute populären Geschichte *Jock of the Bushveld*, die in der Gegend spielt, handelt von der Jagd. Zu Beginn des 20. Jahrhunderts wurden schließlich die afrikanischen Farmer von ihrem Land vertrieben, damit der Park geschaffen werden konnte.

Paul Kruger, der ehemalige Präsident der South African Republic, wurde für seinen Weitblick gelobt, das Land eigens für den Tierschutz zur Verfügung zu stellen. Kruger gilt als herausragende Persönlichkeit in der Afrikaander-Geschichte, und **James Stevenson-Hamilton**, der erste Direktor des Nationalparks, wusste Krugers Namen geschickt einzusetzen, um die Afrikaander-Gegner des Parks milde zu stimmen. In Wirklichkeit wusste Stevenson-Hamilton genau, dass Kruger alles andere als ein Naturschützer und vielmehr ein eingefleischter Jäger war. Stevenson-Hamilton schrieb einmal in einem privaten Brief: „Kruger hat sich sein ganzes Leben nicht für Tiere interessiert, außer in Form von *biltong*".

Reisezeit

Der Krüger-Park ist das ganze Jahr über ein Erlebnis, wobei jede Jahreszeit ihre Vor- und Nachteile hat. Hitzeempfindliche Menschen sollten den **Hochsommer** (Dezember bis Februar) meiden, wenn die Temperaturen schlimmstenfalls 45 °C erreichen – meist herrschen etwa 35–40 °C. Viele Camps sind mit Klimaanlage oder Ventilator ausgestattet, ein klimatisierter Mietwagen empfiehlt sich ohnehin. Den ganzen Sommer über (November bis März) kann die Hitze durch Gewitterschauer unterbrochen werden. Um diese Zeit wird alles grüner, ab Anfang November streunen viele niedliche Jungtiere herum.

Wenig Regen fällt in den kühleren **Wintermonaten** (April bis August), wenn die Vegetation verdorrt und das Wild leichter zu entdecken ist. Die Tagestemperaturen steigen dann bis auf 25 °C und die Tage sind ausnahmslos heiter und sonnig. Die Nächte und frühen Morgenstunden dagegen können sehr kalt werden, vor allem im Juni und Juli. Rondavels in den öffentlichen Rest Camps verfügen über Heizungen in den Schlafzimmern. Ein unbestrittener Vorteil des Winters ist, dass es kaum Moskitos und andere Insekten gibt.

Säugetiere, Vögel, Reptilien und Insekten

Zu den fast 150 Säugetierarten des Parks zählen u.a. Geparden, Leoparden, Löwen, Tüpfelhyänen, Hyänenhunde, Breit- und Spitzmaulnashörner, Streifengnus, Büffel, Steppenzebras, Schirrantilopen, Elenantilopen, Elefanten, Giraffen, Flusspferde, Impalas, Kudus, Bergriedböcke, Nyalas, Oribis, Riedböcke, Pferde-, Rappen- und Halbmondantilopen, Warzenschweine und Wasserböcke. Die 507 Vogelarten umfassen Raubvögel, Hornraben, Strauße und zahllose farbenprächtige Arten.

Es gibt auch eine Vielzahl Reptilien, Amphibien und Insekten zu entdecken. Obwohl die Camps eingezäunt sind, um vor dem Großwild sicher zu sein, regt sich oben in den Bäumen oder sogar im eigenen Rondavel immer etwas. Die Geckos an den Wänden sollte man tunlichst am Leben lassen, denn es sind insektenvertilgende Tiere, die einem Gutes tun. Menschen, die sich vor Insekten oder Fröschen ekeln, sollten den Krüger-Park in der Regenzeit meiden (November bis März).

Orientierung

Der öffentliche Bereich des Krüger-Parks lässt sich grob in **drei Regionen** einteilen, die sich in Charakter und Terrain unterscheiden. Ist die Zeit begrenzt, so sollte man sich für nur eine oder zwei Regionen entscheiden, hat man aber mindestens fünf Tage eingeplant, empfiehlt sich eine langsame Fahrt durch den Park, auf der man die Wechsel in der Landschaft genießen kann. Die Süd-, Zentral- und Nordregionen werden auch „Zirkus", „Zoo" und „Wildnis" genannt – Spitznamen, die mehr als nur ein Körnchen Wahrheit beinhalten.

In der **Südregion** konzentriert sich das meiste Wild, weshalb sie auch die meisten Besucher anlockt. Dieser Teil des Parks ist am einfachsten zugänglich, wenn man aus dem 478 km entfernten Johannesburg über die N4 anreist. Die Park-Hauptverwaltung (Skukuza) ist hier, dazu der Flughafen, diverse Autovermietungen, eine Tankstelle, Autowerkstätten, Autowaschanlagen, eine Bank, eine Post und Ärzte sowie Rondavels für bis zu 1000 Gäste. Die **Zentralregion** bietet ebenfalls gute Möglichkeiten zur Tierbeobachtung und dazu zwei der reizvollsten Camps des Parks, Olifants und Letaba. Je weiter es nach Norden geht, desto weniger Tiere und Besucher sind anzutreffen, doch erst die **Nordregion** vermittelt ein Gefühl echter Wildnis, das seinen Höhepunkt im wunderbar altmodischen Camp Punda Maria erreicht, das aus den 30er Jahren stammt.

Tipps für die Tierbeobachtung

Ferngläser sind unverzichtbar für das Absuchen des Horizonts. Nicht bewusst nach Tieren Ausschau halten – sie sind meist gut getarnt. Eher Bewegungen oder Dinge beachten, die irgendwie seltsam erscheinen.

Andere haltende Autos beachten, denn sie sind oft ein Anzeichen für Tiere in der Nähe.

Tierbeobachtungsfahrt sorgfältig planen und eine gute Karte vom Krüger-Park besorgen (praktisch an allen Rest Camps erhältlich). Auf der Karte eine Route auswählen, die Flüsse oder Mulden einschließt, an denen es sich anzuhalten lohnt, um die Landschaft und die Vogelwelt zu genießen. Das Wild lässt vielleicht auf sich warten, es kommt vor allem am späten Nachmittag zum Trinken.

Langsames Fahren zahlt sich aus, ebenso häufige Stopps. Beim Halten Motor ausmachen, Fenster öffnen und die Sinne schärfen. Im Busch sein heißt nicht nur Tiere sehen: Auch die Gerüche und Geräusche der Wildnis haben ihren Reiz, sie runden das Bild ab und geben wertvolle Hinweise. Knackende Zweige oder die Warnschreie von Tieren können bedeuten, dass etwas im Anmarsch ist.

Nicht zu viel Ehrgeiz entwickeln bei der Abfahrt vom Rest Camp. Ruhiges Abwarten im Auto bringt genauso viel Erfolg wie hektisches Herumfahren den ganzen Tag.

Lebensmittel und Getränke mitnehmen. Man verlässt die endlich erspähten Löwen ungern, bloß weil man Hunger hat oder sein Mittagessen nicht verpassen will. Viel Wasser hilft gegen Dehydrierung oder Hitzschlag. Den mitgebrachten Proviant kann man in der Wildnis an den gekennzeichneten Picknickplätzen genießen, wo es immer heißes Wasser, Tische und Stühle gibt. Es gibt auch gasbetriebene *braai-*Stellen.

Sich auf das Verhalten der Tiere einzulassen, hilft das Interesse auch an solchen Tagen aufrechtzuerhalten, an denen die Großkatzen sich partout nicht zeigen wollen. Auch weit verbreitete Arten wie Impalas können faszinieren, wenn man versteht, was sie tun und warum. Der überall erhältliche *Safari Companion* von Richard Estes ist ein verständlicher und spannender Leitfaden zum Verhalten afrikanischer Säugetiere.

Das Interesse auf Geologie, Bäume und Vögel auszudehnen, verhindert Langeweile. Das vortreffliche *Make the Most of Kruger,* das an den meisten Rest Camps angeboten wird, ist sein Geld wert, denn es vermittelt die Grundlagen der Ökologie des Parks und füllt jene leeren Momente aus.

Die besten Tageszeiten zur Tierbeobachtung sind die kühleren Phasen am frühen Morgen und am späten Nachmittag. Es empfiehlt sich, früh bei der Öffnung der Tore des Camps loszufahren und dann noch einmal, wenn die Temperaturen nachmittags wieder fallen. Während der Mittagshitze kann man sich etwas Ruhe gönnen, genau wie die Tiere, die dann schattige Plätze aufsuchen.

Selbstfahrer dürfen nur zugelassene Straßen benutzen. Nicht-markierte Straßen meiden und nie abseits der Straßen fahren. Niemals das Auto verlassen (das ist rechtswidrig und lebensgefährlich), außer an gekennzeichneten Stellen.

Außerhalb der öffentlichen Gebiete setzt sich das „Großwildland" in mehreren exklusiven **privaten Wildschutzgebieten** fort, die sich über riesige Ländereien westlich erstrecken. Die drei großen Privatreservate sind Sabi Sand im Süden sowie Timbavati und Manyeleti, die an die Zentralregion des Nationalparks grenzen. Obwohl dies Privatbesitz ist, können die Tiere nahtlos in die öffentlichen Gebiete wandern und umgekehrt. Der einzige Unterschied besteht darin, dass die Besucher der Privatreservate nicht auf eigene Faust herumfahren können und die Gebiete ausschließlich von den Privatgästen genutzt werden. Besucher, die mit dem Auto kommen, lassen es an der Lodge stehen und sehen es erst bei der Abreise wieder. Seit dem Jahre 2001 werden Konzessionen an private Investoren verteilt, um sieben neue Lodges innerhalb des Parks zu errichten, die den Safari-Camps der privaten Wildreservate handfeste Konkurrenz bieten werden.

Wanderungen und Tierbeobachtungsfahrten

Übernachtungsgäste des Krüger-Parks wie Tagesbesucher können an den täglichen Wildbeobachtungsfahrten am Morgen (5.30–8.30 Uhr) oder Abend (17–20 Uhr) teilnehmen, die vom Nationalpark veranstaltet werden. Der Blick von den hohen Fahrzeugen aus ist unschlagbar. Die Fahrten bieten auch eine der preiswertesten Möglichkeiten, den Park zu betreten (R115).

Die Touren starten von allen Camps des Parks (an der jeweiligen Rezeption buchen) und für die Gäste von außerhalb des Parks an den vier Südtoren, bei denen die Buchung ebenfalls möglich ist: Paul Kruger, ☎ 013-735 5107, Numbi, ☎ 013-735 5133, Malelane, ☎ 013-735 6152, und Crocodile Bridge, ☎ 013-735 6012.

3-stündige Wanderungen (R140) starten allmorgendlich um 5.45 Uhr von allen Camps im Park außer Olifants, Shingwedzi und Punda Maria, zu buchen sind sie bei der Rezeption des jeweiligen Camps.

Übernachtung

Die folgenden Abschnitte beziehen sich auf die öffentlichen Bereiche des Parks. Infos zu Unterkünften in den Privatreservaten, s.S. 682.

Buchung von Unterkünften

Die Rest Camps und Bushveld Camps des Krüger-Parks werden von South African National Parks verwaltet. Wer einen Aufenthalt im Park während der Schulferien oder an Wochenenden plant, sollte lange im Voraus buchen. Schriftliche Buchungen sind bis zu 13 Monate vorher möglich. Auch wenn das Anreisedatum näher rückt, findet sich meist eine Bleibe, vor allem in der Nebensaison und wenn man nicht auf der Unterkunft seiner Wahl besteht. Buchungen: South African National Parks, Pretoria, ☎ 012-343 1991, 🖷 343 0905, ✉ reservations@parks-sa.co.za.

Eintrittspreise an den Eingangstoren

Erwachsene	R30
Kinder (2–15 Jahre)	R15
Fahrzeug / Minibus	R24 / R97

Öffnungszeiten

Tore

Alle Rest Camps sind eingezäunt und mit Toren versehen, die zu den unten genannten Zeiten geöffnet werden. Die Gäste sind angehalten, zu den vorgeschriebenen Zeiten zurück zu sein bzw. den Park verlassen zu haben. Wenn nicht anders angegeben, gelten die Zeiten sowohl für die Eingangstore zum Park als auch für die Camps.

Jan	4.30–18.30 (Camp), 5.30–18.30 Uhr (Tor)
Feb	5.30–18.30 Uhr
März	5.30–18 Uhr
April	6–18 Uhr
Mai–Juli	6–17.30 Uhr
Sept	6–18 Uhr
Okt	5.30–18 Uhr
Nov und Dez	4.30–18.30 (Camp), 5.30–18.30 Uhr (Tor)

Rezeptionen	8–17.30 Uhr
Läden	8 Uhr–eine halbe Stunde nach Schließung der Tore
Restaurants	Frühstück 7–9 Uhr
	Mittagessen 12–14 Uhr
	Abendessen 18–21 Uhr

In den meisten der 14 großen Rest Camps des Krüger-Parks gehen die Geräusche der afrikanischen Nacht in den Klimaanlagen und dem abendlichen Gesellkeit mit *braai* und Bier unter. Doch haben die Camps auch eine gute Seite: Fast alle verfügen über Strom, öffentliche Telefone, Tankstellen, Geschäfte, Restaurants, Waschsalons und Snack-Bars. Einige haben sogar einen Pool und fast überall werden Nachtfahrten auf großen Trucks mit Scheinwerfern zur Beobachtung der nachtaktiven Tiere angeboten. Man kann in den Camps spazieren gehen, die Bäume sind für Naturinteressierte beschriftet, und es gibt zahlreiche Vögel und kleinere Lebewesen zu entdecken. Camps wie Lower Sabie, Skukuza, Olifants und Letaba liegen nahe an Flüssen und die Besucher können aus einiger Entfernung die Tiere beim Trinken beobachten.

Die Camps im Krüger-Park bieten die verschiedensten Unterkünfte an. In den meisten gibt es **strohgedeckte Rondavels**, jeweils mit Außenbereich zum Essen, die einander zugewandt liegen. Die besten Rondavels befinden sich am Rande der Camps oder haben Blick auf einen Fluss. 9 Camps verfügen über einen **Zeltplatz** (mit Gemeinschaftsküche und Waschräumen), wo man am billigsten unterkommen kann (R40–75 für 2 Personen). Standplätze für **Caravans** und **Wohnmobile** (bis zu R70 für 2 Personen) sind überall dort, wo es Camping gibt, und sind häufig mit Stromanschluss ausgestattet. In manchen Camps gibt es **Safarizelte** und **Hütten** (meist 2–4 Personen, ab R125 für 2 Personen) mit Kühlschrank und Klimaanlage, manchmal auch mit Geschirr und Besteck, durchweg mit gemeinschaftlichen Küchen und Sanitäranlagen. Hütten mit Gemeinschaftstoiletten und -waschräumen liegen bei R100–150 für 2 Personen. **Bungalows** mit Bad sowie **Cottages** gibt es in verschiedenen Ausführungen: von solchen mit Du/WC und Kühlschrank bis zu voll ausgestatteten mit Küche (ab R300–400 für 2 Personen, wobei es nicht auf die Unterkunft selbst ankommt, sondern darauf, wie modern das Camp ist). Es sind auch größere Einheiten für Gruppen oder Familien vorhanden (ab 4 Personen).

Rustikaler (und teurer) wird es in einem der wenigen kleineren **Bushveld Camps**, die auf Annehmlichkeiten wie Geschäfte und Restaurants verzichten und nur das Nötigste bieten. Sie sind nur für Übernachtungsgäste offen.

REST CAMPS IM SÜDLICHEN KRÜGER-PARK –

Der „Zirkus" genannte Abschnitt ist der meistbesuchte Teil des Krüger-Parks, mit dem Zentrum **Skukuza**, dem größten Camp des Krüger-Parks, sowie **Lower Sabie**, einem der beliebtesten. Neben seinen besten Plätzen zur Beobachtung der reichlich vertretenen Tierwelt ist der südliche Krüger-Park von Johannesburg über die N4 auch leicht erreichbar. Zu Stoßzeiten platzt das Gebiet aus allen Nähten, denn überall versuchen sich Fahrzeuge an gesichtete Tiere heranzudrängen.

Berg-en-Dal, in der südwestlichen Ecke des Parks liegt Berg-en-Dal, eines der neueren Camps, das in den 80er Jahren gebaut wurde und mit seinen modernen Chalets mit der Tradition der strohgedeckten Rondavels des Krüger-Parks brach. Schön in einer flachen, graswachsenen Mulde zwischen *koppies* gelegen (der Name bedeutet auf Afrikaans „Berg und Tal"), überblickt das Camp, 12 km nordwestlich des **Malelane Gate**, den Matjulu Stream und den See, die beide über einen Wanderweg am Grenzzaun entlang zu erreichen sind. Die modernen, voll ausgestatteten Chalets mit Terrasse sind so weit voneinander entfernt, dass die Privatsphäre gewahrt ist und sie schön in die Bushveld-Vegetation integriert sind. Zur Anlage gehören ein reizvoll gelegener Swimming Pool, ein Lebensmittelladen, ein lizenziertes Restaurant, eine Snack-Bar, eine Tankstelle und ein Waschsalon.

Crocodile Bridge, östlich von Berg-en-Dal liegt Crocodile Bridge, das von allen Rest Camps des Krüger-Parks am wenigsten beeindruckt. Seine Lage am äußersten Südrand des Parks mit Blick auf Farmland macht den Aufenthalt nicht unbedingt besser. Das Camp befindet sich am **Crocodile Bridge Gate** am Nordufer des Crocodile River und ist über Komatipoort an der mosambikanischen Grenze, 12 km südlich, erreichbar. Hier übernachtet nur, wer spät ankommt und es nicht mehr tiefer in den Park schafft. Die Anlage umfasst lediglich einen Waschsalon, eine Tankstelle und einen Laden mit dem Nötigsten. In den Hütten mit Bad und Kochgelegenheit kommen jeweils 2–3 Personen unter. Gäste, die dann weiter gen Norden nach Lower Sabie wollen, sollten die Fahrt langsam angehen, denn die Gegend mit ihren Knobthorn- und Marula-Bäumen lockt Pflanzenfresser wie Giraffen, Kudus, Steinböckchen, Gnus, Zebras, Büffel und Wasserböcke sowie Strauße, Warzenschweine und die wunderbaren Rappenantilopen an. Auch nach Raubtieren wie Löwen, Geparden, Hyänen und Schakalen lohnt es sich Ausschau zu halten.

Lower Sabie, etwa 35 km nördlich von Crocodile Bridge liegt hübsch in wildreichem Gelände am Fluss das Rest Camp Lower Sabie – zur Tierbeobachtung eines der drei besten im Krüger-Park. Die offene Savanne der Umgebung und das Ufer des Sabie River locken das Wild zum Trinken und Weiden an. Schon auf dem Weg vom Eingangstor zum Camp gibt es mehrere Wasserstellen und Seen, an denen Krokodile und Flusspferde leben und die zum Halten und Beobachten der Tiere einladen. In dem Dornendickicht gleich westlich des Camps hat man gute Chancen, Elefanten zwischen den Bäumen oder Breitmaulnashörner auf dem Grasland auszumachen, die auch Büffelherden und damit Löwen anlockt. Übernachtet wird in Hütten mit Gemeinschaftswaschräumen oder teureren Einheiten mit Bad und Küche, z.T. mit Flussblick. Ein Restaurant, eine Cafeteria, ein Laden, eine Tankstelle und ein Waschsalon sind ebenfalls vorhanden.

Pretoriuskop, westlich von Lower Sabie, allerdings nicht direkt damit verbunden, liegt Pretoriuskop, das über das **Numbi Gate**, 9 km westlich, zu erreichen ist. Seine Lage im Sourveld mit dem zutage liegenden Granitgestein, hohen Gras und Sekelbusch, das von Bergriedböcken, Rappenantilopen und Breitmaulnashörnern bevorzugt wird, zieht auch Löwen, Hyänenhunde und Streifenschakale an. In Anbetracht des dichten Busches kann der Besucher allerdings froh sein, wenn er größere Arten wie Kudus und Giraffen entdeckt, deren Köpfe aus dem Dickicht herausragen. Die Unterkünfte sind Cottages und Rondavels mit Bad und billigere Einheiten mit Gemeinschaftswaschräumen und Kochgelegenheiten. Im Camp stehen ein Restaurant, eine Snack-Bar, ein Laden, ein Waschsalon, ein Swimming Pool und eine Tankstelle zur Verfügung. Darüber hinaus werden Nachtfahrten angeboten.

Skukuza, das größte Rest Camp des Krüger-Parks heißt Skukuza, ✆ 013-735 4000, Reservierung ✆ 013-735 4184, und liegt mitten im besten Gebiet für Tierbeobachtung. Das bringt sowohl Vor- als auch Nachteile: Zwar gibt es hier eine Vielzahl von Tieren, doch sind auch die Menschenhorden nicht weit. Skukuza kann über 1000 Gäste beherbergen, so dass seine ausgedehnte Ansammlung an Rondavels an eine Stadt erinnert. Das Camp liegt am Rande des Sabie River, der von einem breiten, gepflasterten Wanderweg mit Parkbänken überblickt werden kann. Von hier aus kann man Krokodile über das Wasser gleiten sehen, die in dem braunen Wasser wie Treibholz anmuten. Die meisten Besucher fahren am Sabie River entlang nach Lower Sabie. Wer diese belebte Route meiden will, sollte für seine Tierbeobachtungsfahrt eine andere Richtung wählen.

Skukuza ist das Zentrum des Krüger-Parks, verfügt über einen eigenen Flughafen mit Anbindung an Johannesburg (3x tgl., 1 Std.) und eine Autovermietung. Die Werkstatt des Rest Camps repariert Autos, und auch Post, Bank, Tankstelle, zwei Restaurants, eine Cafeteria und eine wirklich gute Bibliothek, ◷ Mo–Fr 8.30–16 und 19–21, Sa 8.30–12.45, 13.45–16 und 19–21, So 8.30–12.45 und 13.45–16 Uhr, mit Büchern über Naturgeschichte und Ausstellungsstücken, sind vertreten. Ein weiteres Highlight von Skukuza ist das Freilichtkino, das jeden Abend Tierfilme unterm Sternenhimmel zeigt.

Das nächstgelegene Eingangstor ist das **Paul Kruger Gate**, 12 km westlich. Die Übernachtung ist in verschiedenen strohgedeckten Einheiten mit Bad oder, etwas billiger, in eingerichteten Zelten im ostafrikanischen Stil mit Gemeinschaftsküchen und -waschgelegenheiten im Caravanpark möglich. Tages- und Nachtfahrten in offenen Fahrzeugen können im Hauptkomplex arrangiert werden.

REST CAMPS IM ZENTRALEN KRÜGER-PARK – Extrem aufregend kann sich die Tierbeobachtung im Parkabschnitt „Zoo" gestalten, da die Gegend zwischen Skukuza und Satara weltweit zu den heißesten Tipps zur Löwenbeobachtung zählt. **Olifants** liegt besonders spektakulär mit fantastischen Blicken in eine Schlucht mit einem

Fluss. **Satara** ist das zweitgrößte und eines der beliebtesten Camps – seine Lage ist ideal für Abstecher in die Tierwelt.

Orpen, wie Crocodile Bridge liegt auch Orpen direkt an einem Eingangstor (**Orpen Gate**, 45 km östlich von Klaserie) und wird vornehmlich bei später Ankunft empfohlen oder wenn keine Zeit mehr bleibt, um weiter in den Park hineinzufahren, bevor die Tore anderer Camps schließen. Obwohl Orpen am Rand des Krüger-Parks liegt, befindet sich an seiner Grenze das namhafte Timbavati Private Game Reserve, womit der Besucher hier schon mitten in der Wildnis ist und erstklassige Möglichkeiten zur Tierbeobachtung vorfindet. Das Camp ist klein, beschaulich und von wunderschönen Bäumen überschattet. Die Fahrt von hier an einem Fluss entlang nach Satara, dem nächsten großen Camp, ist ein Genuss. Die Anlagen sind recht einfach und umfassen eine Tankstelle und eine Rezeption, die auch als Laden für die elementaren Dinge fungiert. In den Unterkünften gibt es keine Bäder, gekocht wird in Gemeinschaftsküchen. Wer zelten möchte, checkt sich in dem angeschlossenen **Campingplatz Maroela** ein, der den Timbavati River überblickt, über Elektrizität verfügt und sich etwa 4 km von Orpen entfernt befindet. Bevor man zum Campingplatz darf, meldet man sich an der Rezeption von Orpen an.

Tamboti, vom **Orpen Gate** fährt man nicht weit in den Park hinein, bis man am einzigen Zeltcamp des Krüger-Parks ankommt (2 km hinter Orpen nach links abbiegen und noch 1 km fahren). Seine Lage am Ufer des häufig ausgetrockneten Timbavati River zwischen Maulbeerfeigen-, Jackalberry- und anderen Bäumen ist unschlagbar. Häufig zeigen sich gleich hinter dem elektrischen Zaun Elefanten, die in dem Flussbett nach Wasser graben – ein Grund für die Popularität des Camps (nur rechtzeitige Vorausbuchung sichert einen Platz). Alle begehbaren Zelte verfügen über eigene Terrassen mit Blick auf den Fluss, die besten sind Nr. 21 und 22, die sich im Schatten großer Bäume befinden. In den Zelten gibt es Kühlschränke und elektrisches Licht, sämtliche Koch-, Wasch- und Sanitäranlagen sind in 2 zentralen Blocks untergebracht. Kochgeschirr und Lebensmittel sind selbst mitzubringen.

Satara, 46 km vom **Orpen Gate** entfernt, in Richtung Osten, rangiert Satara nach Skukuza (92 km südlich) an zweiter Stelle, was die Größe und die Tierbeobachtungsmöglichkeiten betrifft. Inmitten ebenen Graslands gelegen, bietet das Camp nicht gerade atemberaubende Aussichten, ist jedoch Skukuza insofern überlegen, als es nicht das Gefühl vermittelt, in Vorstadthäuschen zu übernachten. Hier kommen die Besucher in Cottages unter, die im Schatten großer Bäume auf Rasenflächen stehen. Zur Anlage gehören ein Restaurant, eine Cafeteria, ein Laden, eine Tankstelle, ein Waschsalon und eine Autowerkstatt. Etwa auf halber Strecke zwischen Satara und Skukuza liegt der Picknickbereich Tshokwane, in dessen Umgebung angeblich das weltweit höchste Löwenaufkommen zu finden ist (entsprechend frequentiert). Das Gebiet um das Camp Satara eignet sich gut zum Beobachten von Weidetieren wie Büffeln, Gnus, Zebras, Kudus, Impalas und Elefanten.

Balule, am Südufer des Olifants River befindet sich Balule, 41 km nördlich von Satara und 87 km vom **Phalaborwa Gate** entfernt. Die einzige Elektrizität in diesem sehr spartanischen Anhängsel von Olifants (11 km nördlich) strömt durch den Zaun zum Schutz vor den Löwen. Das kompakte Balule besteht aus zwei Bereichen, einem mit 6 einfachen Rondavels und einem mit 15 Camping- und Caravan-Plätzen. Jeder Bereich hat seine eigenen gemeinschaftlichen Wasch- und Kochgelegenheiten. In Balule wird Luxus bewusst gering gehalten – wie auch die Preise: Es gehört zu den wenigen Rest Camps, in denen man, außer beim Camping, weniger als R100 für 2 Personen zahlt. Es gibt eiserne Waschtische mit Emailleschüsseln, keine Fenster und gewiss keine Klimaanlage. Gäste bringen ihr eigenes Geschirr, Besteck und die Utensilien mit und müssen sich mindestens eine halbe Stunde vor Toresschluss in Olifants melden.

Olifants, seine großartige Lage auf einem Felsen mit Blick auf den Olifants River hat Olifants den Ruf eingebracht, das schönste Rest Camp des Krüger-Parks zu sein. Stundenlang kann man auf den Bänken der überdachten Aussichtsterrasse sitzen und ins Tal starren. Gaukler und Schmarotzermilane ziehen am Himmel ihre Kreise, während das Rauschen des Wassers im Tal einen fast hypnotisierenden Rhythmus erzeugt. Das Camp verströmt ein zauberhaft altmodisches Flair. Die Gäste übernachten in strohgedeckten Rondavels mit Bad, die Nr. 1–24 bieten erstklassige Blicke ins Tal. Um eines davon zu ergattern, lohnt sich eine Buchung weit im Voraus. Der Fluss beschreibt die Grenze zwischen wildem und felsigem *veld* mit Fieberbäumen am südlichen Flussufer und dem Mopane-Wald im Norden, der u.a. Elen-, Pferde-, Rappen- und Halbmondantilopen anlockt. Auch die Chancen, Elefanten, Giraffen, Löwen, Hyänen und Geparden zu sichten, sind hier groß. Besucher sollten nach dem kleinen Klippspringer Ausschau halten, einer Antilopenart, die sich behände in felsigem Gelände bewegt und von Felsblock zu Felsblock springt. Zu den Höhepunkten des Gebietes zählen einige Schotterstraßen, die sich am Olifants River entlangschlängeln. Zur Einrichtung gehören ein Restaurant, eine Snack-Bar, ein Laden und ein Waschsalon.

Letaba, im Mopane-Buschland, 34 km nördlich von Olifants, befindet sich Letaba in herrlicher Lage an einer weiten Biegung des Letaba River, wovon leider nur sehr wenige Rondavels etwas haben. Das Restaurant dagegen bietet klasse Aussichten auf das Überschwemmungsgebiet, und man kann locker einen ganzen Tag damit verbringen, den Büffelherden, Elefanten und vielen anderen Tieren aus den Ebenen zuzuschauen. Das ältere Camp ist ziemlich groß, was aber durch die riesigen Akazien, Mopane-Bäume und Ilala-Palmen gar nicht so erscheint. In Letaba gibt es auch ein interessantes **Museum** mit einer Ausstellung über Elefanten, u.a sind übermäßig große Stoßzähne von Bullen zu bestaunen. Untergebracht sind die Gäste in Rondavels mit Bad bzw. gemeinschaftlichen Sanitär- und Küchenbereichen oder in großen eingerichteten Zelten. Das Camp verfügt über die üblichen Anlagen wie Restaurant, Einkaufs- und Waschgelegenheiten sowie Autowerkstatt.

REST CAMPS IM NÖRDLICHEN KRÜGER-PARK

Das Wild präsentiert sich im nördlichen Abschnitt mit dem viel sagenden Spitznamen „Wildnis" nicht gerade dicht gedrängt. Doch sobald der Wendekreis des Steinbocks hinterm Camp Mopani überschritten ist, tritt man in eine glühend heiße Savannenregion ein. Der Norden gehört zu den wenig besuchten Regionen des Krüger-Parks und vermittelt einen Eindruck echter afrikanischer Wildnis, vor allem im Camp Punda Maria, das wie ein Busch-Außenposten aus vergangenen Zeiten erscheint.

Mopani, etwa 42 km nördlich von Letaba gehört Mopani in der Nähe des Pioneer Dam zu den neueren Camps des Krüger-Parks. In dem ausgedehnten Gebiet inmitten des eintönigen Mopane-Busches bietet der Swimming Pool Abkühlung nach einer langen Anreise. Der See, eines der wenigen Gewässer in der Umgebung, lockt viele Tiere wie Elefanten, Büffel und Antilopen zum Trinken an. Die modernen Unterkünfte mit Bad, die aus grob gehauenem Stein und Stroh gebaut sind, liegen weit verstreut, so dass die Strecken eher im Auto als zu Fuß zurückgelegt werden. Das Restaurant rangiert eindeutig über dem Durchschnitt des Krüger-Parks, und die Bar bietet herrliche Aussichten auf den See. Laden, Waschsalon und Tankstelle sind auch vorhanden, organisierte Nachtfahrten werden ebenfalls angeboten.

Shingwedzi, das recht große Camp mit den quadratischen Chalets aus Ziegelsteinen und ein paar älteren weißen, strohgedeckten Bungalows im Kolonialstil liegt 63 km nördlich von Mopani auf einem ausgedehnten Gelände, das u.a. von Mopane-Bäumen überschattet wird. Der Speiseraum verfügt über eine Terrasse, zu deren ständigen Besuchern Stare und freche Hornraben gehören, die darauf aus sind, etwas von dem Essen zu stibitzen. Von der Terrasse blickt man weit über den meist ausgetrockneten Shingwedzi River. Von den Dachvorsprüngen der Rezeption und der Cafeteria hängen die Nester der **Webervögel** mit ihren länglichen, schlauchförmigen Eingängen herab. Die Anlage umfasst ein Restaurant, eine Cafeteria, einen Laden, eine Tankstelle und einen Swimming Pool, auch Nachtfahrten gehören zum Angebot.

Punda Maria, das nördlichste Camp des Krüger-Parks heißt Punda Maria, liegt 71 km hinter Shingwedzi und ist das ursprünglichste und am wenigsten besuchte des Parks. Hier oben gibt es weniger Tiere, doch für manch einen ist das der wahre Krüger-Park: ein entspannter tropischer Außenposten in der Nähe der Grenze zu Zimbabwe, weit weg von den Automassen. Das bedeutet nicht, dass man hier keine Tiere zu Gesicht bekommt (die Big Five lassen sich immer mal wieder blicken); sie werden einem nur nicht auf dem Silbertablett serviert, sondern es kostet mehr Anstrengung, sie in dem Wald und dem dichten Mopane-Buschland zu entdecken. Der besondere Reiz von Punda liegt in seiner Landschaft und der unglaublich vielfältigen Vegetation, zu der sage und schreibe **neun Biome** gehören, die hier aufeinander treffen, wodurch es auch zu einem Paradies für **Vogelfreunde** wird. Einige Gäste werden noch immer in den Originalhütten aus den 30er Jahren untergebracht, die zu Nationaldenkmälern erklärt werden sollen, um sie im Zuge der Modernisierung vor dem Abriss zu bewahren. Sämtliche Einheiten verfügen über Bad und Kühlschrank, einige sogar über Küchen oder gemeinschaftliche Kochgelegenheiten. Ein sehr einfaches Restaurant, ein kleiner Laden und eine Tankstelle gehören ebenfalls zum Camp.

Der **Picknickplatz Pafuri**, 46 km nördlich von Punda, sollte auf keinen Fall verpasst werden, denn hier zeigt sich der eigentliche Reichtum des nördlichen Krüger-Parks. Der Platz am Ufer des Luvuvhu River ist riesig und wird von gewaltigen Dornen-, Leadwood- und Jackalberry-Bäumen überschattet – der ultimative Ort zum Picknicken. Eine Informationstafel stellt die Menschheitsgeschichte in der Gegend dar. Es gibt *braai*-Vorrichtungen und ständig heißes Wasser für Tee. Ein Aufseher verkauft eiskalte Dosengetränke.

BUSHVELD CAMPS – Die Bushveld Camps sind viel kleiner, abgeschiedener und schlichter als die großen Rest Camps. Läden und Restaurants sucht man vergebens, doch die größeren Camps sind nie weit – für den Fall, dass man ohne Coke nicht mehr auskommt. Der Zauber der Bushveld Camps entsteht durch ihre Lage in der Wildnis, weit weg vom Alltagsleben und den Touristenscharen. Meist werden Tierbeobachtungsfahrten bei Tage und bei Nacht angeboten. Die Preise beginnen bei R180 p.P. (mind. 2 Personen). Die Exklusivität der Camps erfordert eine rechtzeitige Buchung.

Bateleur liegt abseits der Touristenwege etwa 40 km südwestlich des Rest Camps Shingwedzi

im äußersten Norden des Parks am Ufer des meist trockenen Mashokwe Stream. Das Camp verfügt über eine Aussichtsplattform, die gute Blicke auf die Wasserstelle bietet, zu der die Tiere zum Trinken kommen. Die nahe gelegenen Seen Silver Fish und Rooibosrand locken ebenfalls Wild und eine Vielzahl Vögel an. 7 Familien-Cottages können bis zu 34 Personen aufnehmen, alle sind mit Kitchenette und Kühlschrank ausgestattet und werden mit Solarenergie versorgt.

Biyamiti liegt am Ufer des Mbiyamiti River, etwa 41 km nordöstlich des Malelane Gate und 26 km westlich des Crocodile Bridge Gate. Seine Nähe zu einem Gate ist ein großer Vorteil dieses weit südlich gelegenen Camps. Ein zusätzliches Plus ist das Gelände, in dem sich u.a. Löwen, Elefanten und Nashörner aufhalten. In den 15 Familien-Cottages mit voll ausgestatteten Küchen können max. 70 Gäste untergebracht werden.

Jakkalsbessie liegt etwas weniger abgeschieden am Ufer des Sabie River, ca. 7 km nördlich von Skukuza, unweit der Landebahn und wird in regelmäßigen Abständen vom Lärm der startenden und landenden Flugzeuge gestört. Mag es darüber hinaus auch noch zu nah an der „Großstadt" Skukuza liegen, so ist das Camp doch wunderschön und bietet schnellen Zugang zu einem der wildreichsten Gebiete des Krüger-Parks. Die 8 strohgedeckten Cottages mit voll ausgestatteten Küchen nehmen max. 32 Personen auf.

Shimuwini liegt am oberen Abschnitt des Shimuwini Dam, der vom Letaba River gespeist wird, in etwa 50 km Entfernung vom Phalaborwa Gate an der Mooiplaas Road. Inmitten der Mopane- und Buschweiden-Vegetation und der Maulbeerfeigen-Bäume am Flussufer ist das Camp weniger für sein hohes Wildaufkommen berühmt, als ein echter Dauerbrenner für Vogelfreunde. In Flussnähe lebende Vogelarten wie Schreiseeadler können hier wunderbar beobachtet werden. Bis zu 71 Personen finden in den 15 Familien-Cottages mit Küchen und Veranden Platz.

Sirheni liegt am Ufer des Sirheni Dam, ungefähr 54 km südlich von Punda Maria. Hier kommen nicht nur Vogelbeobachter auf ihre Kosten, das Gelände bietet auch anderen Tieren einen Lebensraum. Den großen Reiz macht die abgelegene Bushveld-Atmosphäre in der wenig besuchten Gegend aus. Die 15 Cottages mit jeweils 1–2 Schlafzimmern und Küche bieten 80 Gästen eine Unterkunft.

Talamati, am Ufer des meist ausgetrockneten Nwaswitsontso Stream, etwa 31 km vom Orpen Gate, lockt Giraffen, Kudus, Gnus, Zebras und Raubtiere wie Löwen, Hyänen und Schakale an, aber auch Nashörner und Rappenantilopen. Das Camp kann in seinen 10 Sechsbett- und 5 Vierbett-Cottages 80 Gäste unterbringen.

PRIVATRESERVATE – Die privaten Camps bieten Vollpension und von einem Ranger oder einem Fährtenleser begleitete Tierbeobachtungsfahrten in offenen Fahrzeugen in der Morgen- und Abenddämmerung an. Die Nachmittagsausflüge werden nach dem „Sundowner" im Busch oft zu Nachtfahrten ausgeweitet. Auch Buschwanderungen gehören zum Angebot, meist nach dem Frühstück. Oft überblicken die Camps Wasserstellen oder Ebenen, so dass die Gäste nach Tieren Ausschau halten können, während sie sich im Camp aufhalten, am Pool faulenzen oder Tierbücher durchblättern. Der Preis richtet sich nach dem gewünschten Luxusniveau. Das Sabi Sand Game Reserve soll nicht nur das bestgeführte Wildschutzgebiet sein, sondern auch weltweit das beste zur Beobachtung von Leoparden und Löwen.

In den privaten Camps taucht man nicht einfach so auf. Man **bucht im Voraus** – entweder direkt bei den hier aufgeführten Kontaktadressen oder bei Reiseagenturen (s.S.686, Pauschaltouren). Es gibt regelmäßige **Flüge** von Johannesburg nach Phalaborwa (s.S. 670), Hoedspruit (s.S. 669), Nelspruit (s.S. 661) und Skukuza (s.S. 678), von Kapstadt nach Hoedspruit und von Durban nach Nelspruit. Die meisten Camps holen ihre Gäste vom Flughafen ab. Mit dem eigenen **Auto** dauert die Fahrt von Johannesburg 5–6 Std. Bei der Buchung bekommt der Reisende genaue Informationen für die Anreise zum Camp. Alle Zufahrten sind für normale Autos zu bewältigen, Allradantrieb ist also nicht unbedingt erforderlich.

Die genannten **Preise** gelten p.P. und Nacht (bei mind. 2 Personen), z.T. inkl. aller Mahlzeiten und Aktivitäten zur Tierbeobachtung. Einige Camps verlangen noch unter R1000 p.P., meist liegen die Preise jedoch zwischen R1300 und R2000. Alles in allem spiegelt das große Preisgefälle die jeweiligen Extras, das Luxusniveau, die Größe und das Speisenangebot wider – und häufig auch einfach den Ruf. Sämtliche Unterkünfte verfügen über Badezimmer, richtige Betten und einen Swimming Pool, wenn nicht anders angegeben. In den Wintermonaten (Mai bis August) fallen die Preise auf R500–600 ab. Das ist eine sehr angenehme Besuchszeit, zum einen wegen der Preise, zum anderen weil die Moskitos ausbleiben, die Tagestemperaturen bei 25 °C liegen und meist den ganzen Tag über die Sonne scheint – lediglich auf den Tierbeobachtungsfahrten kann es etwas kühler werden.

Chitwa Chitwa Game Lodge, über R1000–2000, im Sabi Sand Game Reserve Norden, ☎ 011-883 1354, 🖳 www.chitwa.co.za. Wunderschöne Lage am Rande der größten Mulde von Sabi Sand – Chitwa Chitwa behauptet seinen Wettbewerbsvorteil, indem es neben Luxus auch die Möglichkeit zur Beobachtung von Großkatzen bietet und seine Preise trotzdem niedriger hält als die profilierten Camps wie Londolozi in der Nachbarschaft. 2 Camps befinden sich auf dem Besitz: Main Lodge und Safari Lodge, beide mit Aussichtsplattformen und Blick auf Wasserstellen. Main Lodge bringt 18 Gäste unter und ist weit luxuriöser, mit großen Aufenthaltsbereichen und barocken Suiten. Safari Lodge kann in seiner zauberhaften Gruppe strohgedeckter Rondavels 10 Personen beherbergen und beschäftigt einen enthusiastischen Begleiter für die Erkundungsfahrten. Was das Essen angeht, nehmen sich die beiden Camps nichts, und beide akzeptieren Kinder. Die Fahrer beider Lodges sind in ständigem Kontakt, um sich gegenseitig die besten Stellen mitzuteilen. Preisunterschiede haben ausschließlich mit der jeweiligen Schönheit zu tun.

Djuma Bush Lodge, über R2000, im Sabi Sand Game Reserve, Norden, ☎ 013-735 5118, 🖳 www.djuma.co.za. Sehr entspannte Lodge in einem **Waldgebiet** mit 8 strohgedeckten A-frame-Chalets, die schlicht, aber geschmackvoll in afrikanischem Stil eingerichtet sind, mit traditionellen Körben, Hartholzinventar und weißem Leinen. Alle Chalets verfügen über eine kleine Veranda mit Liegestühlen. Auf angelegten Wegen kommen die Besucher von den Chalets

zu dem 2-stöckigen, gemeinschaftlichen Speise-
bereich, zur Lounge und zur Bar. Die Aussichtsterrasse überblickt ein Waldgebiet, das Elefanten und andere Tiere anlockt, Frühstück und
Abendessen wird in einer *boma* unter freiem
Himmel gereicht. Der Schwerpunkt liegt auf gutem **Essen**. *Djuma* beschäftigt einen Koch, der
neue südafrikanisch inspirierte Geschmacksrichtungen kreiert. Kinder sind willkommen, und
die Lodge nimmt Kinder ab 3 Jahren mit auf die
Tierbeobachtungsfahrten – man kann das Kind
aber auch bei einem Babysitter zurücklassen.
Wie bei allen privaten Camps von Sabi Sand ist
die Tierbeobachtung hier erstklassig.
Elephant Plains, über R500, im Sabi Sand Game
Reserve, Norden, ☎ 013-735 5358, 🖳 www.
elephantplains.co.za. Bescheidenes und preiswertes Camp mit Unterkunft für 12 Personen in
strohgedeckten Rondavels mit Bad in einem Garten mit Aloen und leuchtenden Bougainvilleen.
Der Swimming Pool und die Terrasse überblicken eine Ebene mit **Leadwood** und hier und
da einem **Elefanten**. Gegessen wird draußen.
Das Camp folgt der in Sabi Sands üblichen Rou-
tine der Buschwanderungen nach dem Frühstück sowie Tierbeobachtungsfahrten am frühen
Morgen und späten Nachmittag.
Garonga, über R1000, im Makalali Conservancy,
liegt 1 Std. Fahrt westlich von **Hoedspruit**,
☎ 011-537 4620, 🖳 www.garonga.com. Das weitläufige und bezaubernde Camp bietet „Safaris für
die Seele" mit flatternden weißen Vorhängen,
Einrichtung in Naturfarben und Polsterbetten –
alles ist ausgesprochen verführerisch und **romantisch**. In dem Camp finden nur 14 Personen
Platz (keine Kinder). Man setzt auf Entspannung
und Einklang mit der Natur und sich selbst und
natürlich auf Tierbeobachtung – im Gegensatz zu
dem in Sabi Sands üblichen zielorientierten Ab-
haken. Auf den Tierbeobachtungsfahrten bekommt der Gast zwar Elefanten und Löwen zu
Gesicht, aber es gibt auch besinnliche Naturwanderungen, gesunde und schmackhafte Mahlzeiten und Massagen in einem herrlichen Be-
handlungsraum mit Blick auf eine Wasserstelle.
Khoka Moya, über R500, im Manyeleti Game
Reserve, Nähe Orpen Gate, ☎ 015-793 1729,
🖳 www.threecities.co.za/khoka.htm. Die unkom-
plizierte, geschmackvolle Game Lodge für 16 Be-

sucher (Kinder willkommen) bietet Luxus, ist
aber noch erschwinglich. Übernachtet wird in
komfortablen Hütten, die durch Stege miteinander verbunden sind und in der **Savanne** liegen.
Die nicht-modernisierten Einheiten sind billiger.
Auch das *Trails Camp***** wird von den Besitzern betrieben – ein sehr einfaches Stroh-Camp
mit Eimerdusche, das sich 2 m über dem Boden
und tief im Busch neben einer Wasserstelle befindet. Das Camp wird an Gruppen von 4–8 Personen für mind. 2 Nächte vermietet, ein Koch
und eine Serviererin stehen zu Diensten. Es gibt
keine Tierbeobachtungsfahrten, stattdessen
werden **Wanderungen** mit einem Fährtenleser
angeboten. Absolutes Schnäppchen, Mahlzeiten
inbegriffen.
Leadwood Lodge, über R500, im Sabi Sand
Game Reserve, Süden, ☎ 011-783 2800, 🖳 www.
exeterlodges.com. Von *Exeter Safaris* betrieben.
Die *Leadwood Lodge* bietet Unterkünfte für
Selbstversorger in 5 strohgedeckten, 2-Bett-
Cottages am Ufer des **Sand River** unter Jackal-
berry-, Leadwood- und Tamboti-Bäumen. Die
komfortabel eingerichteten, klimatisierten Einheiten sind mit Kochutensilien ausgestattet, Lebensmittel und Getränke sind selbst mitzubringen. Im Preis inbegriffen sind zwei Tierbeobachtungsfahrten pro Tag und eine Wanderung.
Kinder ab 6 Jahren sind willkommen.
Londolozi, über R2000, im Sabi Sand Game Reserve, ☎ 011-809 4300, 🖳 www.londolozi.com.
Londolozi – das steht für **Leoparden**. Hier bietet
sich die echte Chance, diese bekanntlich so
scheuen Jäger zu sichten. Die *Londolozi*-Camps
tragen den fantasievollen Stempel der Conservation Corporation Africa, die unbefangenen Genuss mit einem grünen Gewissen vereinbart. Unter Südafrikas **exklusivsten Safari-Lodges** lässt
Londolozi die anderen weit zurück. Das größte
der drei Camps auf dem Besitz von *Londolozi* ist
das *Bateleur Camp* für 20 Gäste (keine Kinder)
mit komfortablen Chalets. Das Beste ist hier der
wunderbare Speiseraum unter freiem Himmel,
der von Wald umgeben ist und das Becken des
Sand River überblickt. Wenn man allerdings
schon bei solchen Summen angelangt ist, kann
man auch gleich noch etwas drauflegen und die
Zeit in einem gemütlicheren kleineren Bush
Camp verbringen.

Nkorho Bush Camp, über R500, im Sabi Sand Game Reserve, Norden, ☎ 013-735 5367, 📠 013-735 5585, ✉ nkorho@mweb.co.za. Das kleine, familienbetriebene *Nkorho* ist wohl das entspannteste und **kinderfreundlichste** Camp von Sabi Sand. Es gehört nicht nur zu den preiswertesten privaten Lodges des Krüger-Parks, sondern bietet auch die Möglichkeit, dieselben Tiere zu sehen, die das *veld* um die angrenzenden Nobel-Lodges durchstreifen, von denen einige den sechsfachen Preis verlangen. Der niedrige Anspruch und die gemütliche Atmosphäre von *Nkorho* geben dem Besucher das Gefühl, bei einem Freund auf der Farm zu Gast zu sein. In dünn bewaldetem **Grasland** gelegen, sind die Unterkünfte 5 einfache, aber komfortable quadratische Chalets mit Dusche, in denen max. 14 Gäste bewirtet werden können und die um einen Gemeinschaftsbereich mit Open-Air-Lounge, Bar, Billardtisch und einer afrikanischen *boma* aus knorrigen Baumstämmen angeordnet sind, wo das Abendessen um ein großes offenes Feuer herum serviert wird. Im Preis enthalten sind zwei Tierbeobachtungsfahrten und eine Buschwanderung. Darüber hinaus bietet sich hier wie bei allen Lodges von Sabi Sand die Möglichkeit, Leoparden und Löwen zu sehen – erst recht seit *Nkorho* während der Ausflüge in Funkkontakt zu seinen Nachbarn steht.

Nottens Bush Camp, über R1000, im Sabi Sand Reserve, ☎ 013-735 5105, 🖥 www.nottens.com. Dieser **Familienbetrieb** ist gute zehn Jahre alt und sträubt sich noch immer gegen die Versuchung, das Geschäft auszudehnen. Es gehört zu den beliebtesten und reizvollsten kleinen Camps. Zu Abend gegessen wird an einem großen Tisch, die anderen Mahlzeiten gibt es auf der riesigen Aussichtsplattform mit Blick über die Ebene vor dem Camp. Höchstens 12 Gäste kommen hier unter (Kinder über 8 Jahren willkommen) und zwar in angenehmen Doppelbett-Chalets mit Öllampen und Blechdächern. Auf Elektrizität wird hier bewusst verzichtet – das ist Teil der Philosophie, den Gästen den Busch näher zu bringen.

Tanda Tula, über R2000, im Timbavati Game Reserve, ☎ 021-794 6500, 🖥 www.tandatula.co.za. Als eines der ältesten und freundlichsten Bush Camps von Mpumalanga bietet es **Luxus-Unterkünfte** in 12 begehbaren Zelten im ostafrikani-schen Stil, mit Bad und separaten Aussichtsterrassen sowie Blick auf den ufernahen Wald des meist trockenen **Nhlaralumi River**. Der strohgedeckte Speiseraum und die Bar überblicken ebenfalls das trockene Flussbett, zu dem es die Gäste manchmal zieht, um ein exklusives Mahl unterm Sternenhimmel zu genießen. An der kleinen Wasserstelle und dem Versteck auf dem Gelände können die Besucher ganz bequem die Tiere beobachten, ohne sich vom Camp zu entfernen. Zudem gibt es einen Swimming Pool zur Abkühlung von der drückenden Sommerhitze.

Umlani, über R500 im Timbavati Game Reserve, ☎ 012-803 4000, 🖥 www.umlani.com. Dieses Bush Camp gehört zu den **preiswerteren** Camps ohne viele Extras, mit 8 Hütten mit Schilfrohrwänden und Blick über den trockenen Nhlaralumi River sowie jeweils einer oben offenen Buschdusche, die von einem Holzboiler beheizt wird (es gibt keine Elektrizität). Die lässige Atmosphäre wird durch die Hängematten an den Bäumen und das Planschbecken noch verstärkt. Das Camp ist nicht eingezäunt, denn der Schwerpunkt liegt auf dem echten Buscherlebnis. Die Fenster sind mit fadenscheinigen Jalousien versehen – also nichts für den ängstlichen Typ. Dennoch wird man kaum ein anderes Camp finden, das das Gefühl von **echter Wildnis** besser vermittelt. Kinder werden zum halben Preis willkommen geheißen.

Aktivitäten

WANDERUNGEN – Wildnis-Wanderungen im Krüger-Park bringen den Besucher nicht unbedingt näher an die Tiere heran als im Auto. Die Wanderungen konzentrieren sich vielmehr auf die Vegetation und die kleineren Tiere, wobei man natürlich auch auf Großwild treffen kann. In Begleitung eines erfahrenen Rangers führen die 2-Tage-Wanderungen durch unglaublich schöne Gegenden und eine vielfältige Pflanzen- und Tierwelt. Gruppen (max. 8 Personen) verbringen 3 Nächte in 4 rustikalen 2-Bett-Hütten mit Du/WC und Wänden aus Schilfrohr. Einfache Mahlzeiten werden gereicht. Die Kosten liegen bei R1100 p.P., alles inklusive.

Während der Weihnachtsferien finden keine geführten Wanderungen statt, zu den anderen Zei-

Auf Safari im Krüger-Nationalpark

ten gibt es immer viele Vorbestellungen. Die schriftliche **Buchung** ist 13 Monate im Voraus möglich und wird dringend empfohlen, wenn es unbedingt eine bestimmte Wanderung sein soll. Gebucht wird bei South African National Parks (s.S. 676).

Bushman Trail – im Südwestbereich des Parks, unweit des Rest Camps Berg-en-Dal. Das Wander-Camp liegt in einem abgeschiedenen Granitfelsen-Tal. An vielen Überhängen sind Wandmalereien der San zu finden, was der Wanderung zusätzlichen Reiz verleiht.

Metsimetsi Trail – zwischen Skukuza und Satara. Das Camp liegt am Fuße eines Berges und überblickt eine kleine Wasserstelle. Spitzmaulnashörner und große Raubtiere streifen durch die sanft geschwungene Savanne und die felsigen Schluchten.

Napi Trail – startet in einem Camp zwischen Skukuza und Pretoriuskop. Hügeliges Gelände und Granitfelsen bieten Breitmaulnashörnern den idealen Lebensraum, auch Spitzmaulnashörner, Elefanten, Löwen und Büffel werden oft gesichtet, dazu gibt es eine fantastische Vogelwelt.

Nyalaland Trail – im äußersten Norden des Parks am Madzaringwe Stream, nördlich von Punda Maria. Die Gegend ist bekannt für ihre Fieberbaum- und Baobab-Wälder, ihre reiche Vogelwelt und die spektakulären Blicke.

Olifants Trail – Camp am Südufer des Olifants River, mit herrlichem Blick auf den Fluss. Flussnaher Busch und Schluchten sind für das Gelände charakteristisch, häufig werden Löwen, Büffel und Elefanten gesichtet.

Sweni Trail – Camp mit Blick auf den Sweni Stream in der Wildnis unweit von Nwanetsi, mit Blick auf die Marulabaum- und Knobthorn-Savanne. Eine stolze Anzahl von Löwen ist hier zu Hause, oft sind sie auch zu sehen.

Wolhuter Trail – nahe der Camps Berg-en-Dal und Pretoriuskop in der Südregion des Parks, wo Nashörner sehr verbreitet sind und viele andere Tiere leben.

Touren

Das Angebot an Touren in den Krüger-Park wird immer größer. Neben den unten aufgeführten Veranstaltern lohnt es sich auch, die Angebote der umliegenden **Backpacker-Lodges** in die Auswahl einzubeziehen. Sie veranstalten unter Umständen Safaris für den kleinen Geldbeutel oder können solche vermitteln.

In Hazyview wende man sich an *Kruger Park Backpackers* (s.S. 668), in Nelspruit an *Old Vic Inn* und *Nelspruit Backpackers* (s.S. 662). In Phalaborwa bietet *Elephant Walk* preisgünstige Tagesausflüge an (s.S. 670).

Bhejane Safaris, ☎ 013-737 7242, 🖥 www. bhejane.co.za. Von einem ehemaligen Führer aus dem Natal Parks Board betrieben. Im Angebot sind Wandersafaris mit 1–3 Übernachtungen in der Gegend von Hoedspruit, mit Unterkunft in einem rustikalen Camp (ca. R800 p.P. und Nacht) und teurere Nachtwanderungen und -fahrten im Wildreservat Sabi Sands, dem besten Ort Afrikas, um Großkatzen zu sehen (ca. R2000 p.P. und Nacht, bei 4 oder mehr Teilnehmern bis zu 50% weniger).

Bundu Bus Tours and Safaris, ☎ 011-675 0767 oder 082-567 7041, 🖥 www.bundusafaris.co.za. Mehrere Touren, mit Start und Ziel an der Unterkunft in Johannesburg, Pretoria oder Nelspruit. Am beliebtesten ist die 4-Tage-Tour (Mo, Mi und Fr) mit Übernachtungen in 3 verschiedenen Teilen des Krüger-Parks. Start ist im Süden in Bergen-Dal (R1750) oder, wenn man die Luxustour mit Übernachtung in der *Nkorho Lodge* bevorzugt, in Sabi Sands (R3000). Nervenkitzel bietet die Wildnis-Tour mit 3 Übernachtungen im Krüger-Park (R2600), auf der man in einem uneingezäunten Gebiet zeltet und Spaziergänge mit einem bewaffneten Ranger unternimmt. Auf einer 7-Tage-Tour (R2500) wird der Krüger-Park, Swasiland und KwaZulu-Natal besucht, die 10-Tage-Tour (R3250) umfasst den Krüger-Park und Zimbabwe.

Livingstone Trails, ☎ 011-867 2586, 🖥 www. livingstonetrails.co.za. 4-tägige Campingausflüge von Johannesburg aus, mit dem Maroela-Zeltplatz auf Orpen Camp im Park als Basis (Mo, Mi und Sa, R1500), mit Wild-Wanderung (außer Mi). 6 Tage kosten R2000. Die teurere 3-Tage-Variante (R2000) schließt die Übernachtung in Hütten oder eingerichteten Zelten neben dem Krüger-Park ein.

Trans Frontiers Safaris, ☎ 015-793 3816 oder 083-700 7987, 🖥 www.tsafaris.co.za. Gute, Backpacker-freundliche Touren mit Schwerpunkt auf Tierbeobachtungswanderungen. 5-Tage-Safaris (4 Nächte) von Hostels in Johannesburg aus, mit Übernachtung in der sehr angenehmen *Backpack Safari Lodge* und Großwildwanderungen im Manyeleti-Reservat neben dem Krüger-Park. Eine Fahrt nach Satara im Park ist inbegriffen. Unweit der *Safari Lodge* lockt das authentische Shangaan-Dorf Nyani mit traditionellem Abendessen und anschließendem Singen und Trommeln. Auch Rafting auf dem Blyde River oder Reiten auf einer nahen Wildfarm ist möglich. 4 Tage kosten R1800, 5 Tage R2200.

Transport

Es gibt vier Möglichkeiten, zum Krüger-Park zu gelangen: Erstens per **Auto**, zweitens im Rahmen einer der vielen **Pauschaltouren** (s. Touren). Man kann drittens mit dem **Flugzeug** auf einem der nahen Flughäfen landen und per Mietauto weiterfahren oder, viertens, eine Unterkunft in einem **Privatreservat** buchen und sich aus einer der Städte des Lowveld abholen lassen, die von Bussen und Flugzeugen angesteuert werden. Flüge und Autovermietungen sind allerdings teuer und Sonderangebote gibt es nicht.

SELBSTFAHRER – Es gibt acht **Eingangstore** entlang der West- und Südgrenze des Krüger-Parks, die je nach Ausgangspunkt und Ziel der Reise gewählt werden können. Von Johannesburg führt der schnellste Weg zum Krüger-Park über die N4, die auf ihrem Weg nach Mosambik die Südgrenze des Parks streift und von der man schnell zu den **Südtoren** Malelane, 411 km entfernt, und Crocodile Bridge, weitere 57 km entfernt, gelangt. Auch bei einer Anreise aus KwaZulu-Natal oder Swasiland über Barberton sind diese die nächstgelegenen Tore.

Besucher des Blyde River Canyon kommen über die R538/R40 zwischen White River und Klaserie zu den **Westtoren** (Numbi, Paul Kruger, Orpen und Phalaborwa), die in die Süd- und Zentralregion des Parks führen.

Die beiden **Nordtore** auf der Westseite sind am einfachsten über die N1 von Johannesburg nach Messina an der Nordgrenze Südafrikas zu erreichen, von der die R524 in östlicher Richtung von Louis Trichardt zum Punda Maria Gate führt, und die R525, 58 km weiter nördlich, zum Pafuri Gate.

Auf dem Weg von einem Ende des Parks zum anderen sei man daran erinnert, dass es zwar viel mehr Spaß macht, im Park zu fahren, die **Geschwindigkeitsbegrenzung** (50 km/h auf Teer- und 40 km/h auf Schotterstraßen) jedoch dafür sorgt, dass es nur langsam vorangeht – von den häufigen Stopps zur Tierbeobachtung gar nicht zu reden. In einigen Teilen des Parks gibt es auch Radarfallen.

Als **Autovermietungen** bieten sich die Firmen in Johannesburg und Pretoria an. Doch auch näher am Krüger-Park kann man Autos mieten, und zwar am Nelspruit International Airport, 56 km vom Numbi Gate entfernt:

Avis, ✆ 0861-021 111, 🖥 www.avis.co.za;
Budget, ✆ 0861-016 622,
🖥 www.budget.co.za;
Imperial, ✆ 0861-131 000,
🖥 www.imperialcarrental.co.za.
Am Phalaborwa Airport sind ebenfalls Vertretungen von
Avis, ✆ 0861-021 111, 🖥 ww.avis.co.za;
Budget, ✆ 0861-016 622, www.budget.co.za;

Imperial, ✆ 0861-131 000,
🖥 www.imperialcarrental.co.za.
Europcar, ✆ 015-793 3678,
🖥 www.europcar.co.za, gibt es in Hoedspruit.
Am Skukuza Airport innerhalb des Krüger-Parks ist nur *Avis* vertreten.

FLÜGE – **SA**, ✆ 011-356 1111, fliegt 3x tgl. von Johannesburg nach SKUKUZA. **SA Airlink**, ✆ 0800-114 799, fliegt an Wochentagen 3x tgl. (an Wochenenden weniger) von Johannesburg nach PHALABORWA, das gleich am Phalaborwa Gate liegt, und an Wochentagen 6x tgl. (an Wochenenden weniger) nach NELSPRUIT, das 45 Min. Fahrt von den Toren Numbi und Malelane entfernt ist.
SA Airlink fliegt auch tgl. von Durban nach Nelspruit und von Kapstadt nach HOEDSPRUIT.

Nord-Provinz
(Limpopo)

HIGHLIGHTS

Archäologische Entdeckungen – Die Nord-Provinz lockt mit einigen der interessantesten Ausgrabungsstätten Südafrikas, darunter Mapungubwe (Berg der Schakale), Heimat eines uralten afrikanischen Königreiches

Erkundungen in Letaba – eine sagenumwobene Region mit Wäldern, subtropischen Teeplantagen, nebelverschleierten Seen und noblen Landgästehäusern

Reiten in den Waterbergen – die schönsten Pferdesafaris und Reittouren durch die Wildnis der Waterberge

Lapalala Wilderness Area – ein Wildschutzgebiet im Herzen der Waterberg-Biosphäre mit dem einzigen Nashornmuseum der Welt

Kunsthandwerk aus Venda – abgeschiedene, einfache Dörfer im mystischen Venda-Land und kunstvoll gearbeitete Handwerks- und Töpferwaren sowie Holzschnitzereien

Die Nord-Provinz gilt als Niemandsland Südafrikas: Hitze und Dornengestrüpp bestimmen diese Region zwischen dem dynamischen Herzland Gauteng und dem Grenzfluss Limpopo im Norden, der Südafrika von Zimbabwe und weiter westlich von Botswana trennt. Im Osten der Provinz liegt das wildreiche Lowveld, das von dem 70 km breiten Streifen des Krüger-Nationalparks an der Grenze zu Mosambik dominiert wird. Dieser Teil der Nord-Provinz wird im vorherigen Kapitel ausführlich beschrieben (s.S. 672).

Mitten durch das Land führt die viel befahrene **N1**, die als **Great North Road** bekannte Hauptverkehrsader. Sie verbindet Südafrika mit dem Rest des Kontinents, und ihre Bedeutung stellt die übrige Provinz in den Schatten. Oft ist sie das Einzige, was die Reisenden zu sehen bekommen – sei es auf ihrem Weg nach Norden in Richtung Zimbabwe oder gen Süden Richtung Johannesburg.

Die Hauptattraktionen der Nord-Provinz sind die drei unverwechselbaren **Gebirgssteilhänge**, in der Wildnischarakter der Region am stärksten ist. Der beachtlichste von ihnen ist die erste Erhebung des **Drakensberge**, die sich weit und oft spektakulär von Norden nach Süden durch Südafrika ziehen und die allmähliche Absenkung vom Highveld zum Lowveld beschreiben. In den Bergen selbst gibt es ungeheuer viel zu entdecken, besonders in den schönen bewaldeten Hängen des Gebietes von **Letaba** unmittelbar östlich der Provinzhauptstadt **Pietersburg**. Diese Gegend mit ihren Seen und Wasserfällen bietet zudem ausgezeichnete Wandermöglichkeiten und komfortable Landgästehäuser.

Auf der recht unspektakulären Westseite der N1 liegt das verschlafenere Massiv der **Waterberge**, einst das Reich von Rinderzüchtern und Jägern. In den vergangenen 20 Jahren ist man hier dazu übergegangen, sich der Erhaltung der Tier- und Pflanzenwelt zu widmen. So wurde das Gebiet zum UNESCO-Biosphärenreservat ernannt und bietet heute eine malariafreie Beobachtung der Big Five. Im Norden liegen, parallel zum Limpopo und von der N1 durchzogen, die subtropischen **Soutpansberge** und das faszinierende und nach wie vor sehr auf Unabhängigkeit bedachte Gebiet **Venda**, ein ehemaliges Homeland im Osten. Nördlich der Soutpansberge erstrecken sich weite Ebenen mit surreal anmutenden Baobab-Bäumen, deutlich sichtbar von der N1 auf ihrem Weg zum einzigen (sehr stark frequentierten) Grenzübergang zwischen Südafrika und Zimbabwe in Beitbridge.

Malaria In verschiedenen Teilen der Nord-Provinz besteht Malaria-Gefahr, man sollte also Prophylaxe-Medikamente einnehmen und Vorsicht walten lassen, was die Moskitos angeht, wenn man sich im Lowveld einschließlich des Krüger-Nationalparks oder nördlich der Soutpansberge aufhalten möchte. Die Gebiete um die Waterberge und Letaba sind gegenwärtig nicht betroffen. Das kann sich jedoch ändern, man sollte sich vor der Reise dorthin genauestens über die aktuelle Lage informieren. Zuverlässige Auskunft vor Ort bekommt man bei den British Airways Travel Clinics in Kapstadt, ☎ 021-419 3172; Knysna, ☎ 044-382 6366, oder Johannesburg, ☎ 011-807 3132.

Geschichte

Die ersten Schwarzafrikaner, die nach Südafrika kamen, gelangten noch vor dem 3. Jahrhundert v.Chr. über den Limpopo in das Gebiet der heutigen Nord-Provinz. Durch die folgenden Wanderungen und Handelsaktivitäten blieb die Bevölkerung in Bewegung, und sowohl die historischen als auch die kulturellen Bindungen zum Norden sind entsprechend enger als in anderen Teilen Südafrikas. Traditionelles Kunsthandwerk wie **Töpferei** und **Holzschnitzerei** sind noch heute ein wichtiger Bestandteil des Lebens. Mythische Figuren wie die **Regenkönigin** haben weiterhin große Macht, und selbst **Hexerei** ist nach wie vor vielerorts anzutreffen.

Die Ankunft der Ochsenkarren der **Voortrekker** Anfang des 19. Jahrhunderts brachte tief greifende Veränderungen mit sich, was die Orientierung der Region betraf. Sie kamen etwa auf dem Weg der heutigen N1 und gründeten an ihrem Verlauf Städte wie Warmbaths, Nylstroom und Pietersburg. Unter Führung von Männern wie Louis Trichardt, Hermanus und Piet Potgieter, Andries Pretorius und Paul Krüger waren die Voortrekker, die sich so weit in den Norden vorwagten, entschlossene Menschen, deren erbitterte Auseinandersetzungen mit den hiesigen Völkern berüchtigt waren. So ließ ein burisches Rachekommando bei

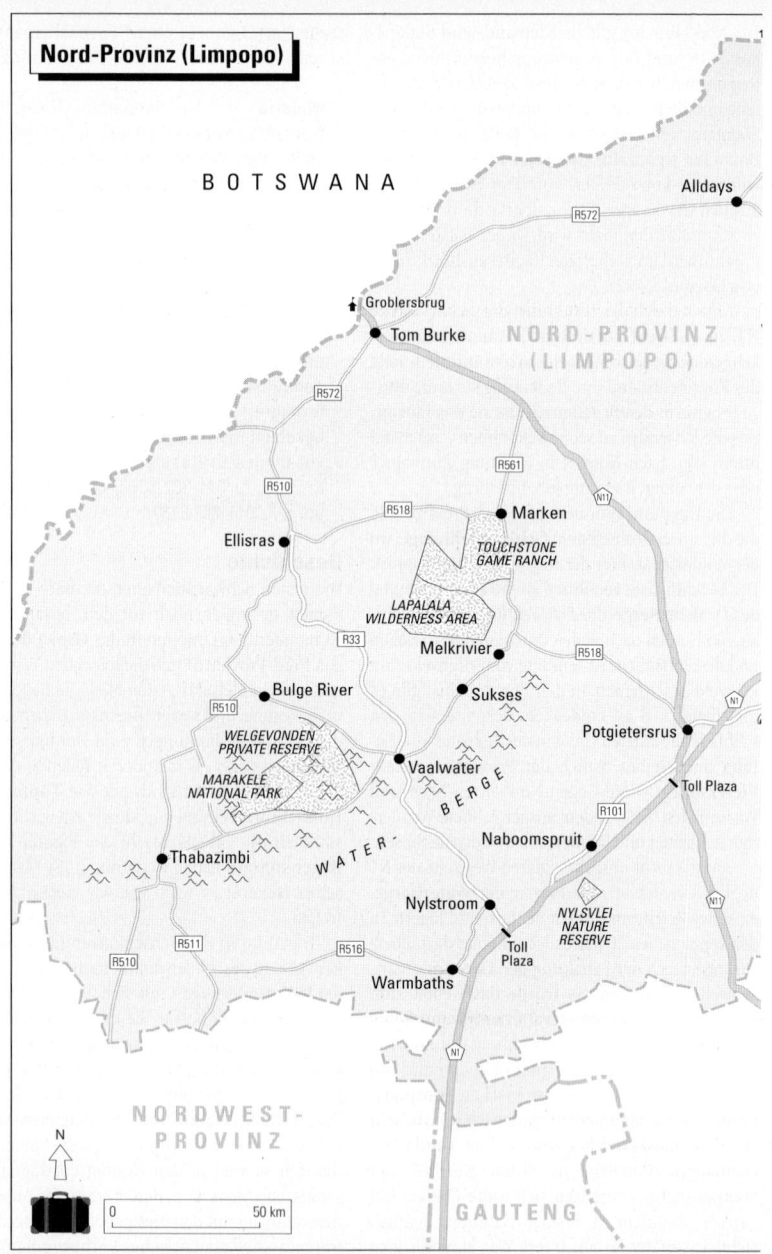

Nord-Provinz (Limpopo)

BOTSWANA

Alldays

R572

Groblersbrug
Tom Burke

NORD-PROVINZ
(LIMPOPO)

R572

R561

R510

R518

Marken

Ellisras

TOUCHSTONE
GAME RANCH

LAPALALA
WILDERNESS AREA

R33

Melkrivier

R518

N11

Bulge River

R510

WELGEVONDEN
PRIVATE RESERVE

MARAKELE
NATIONAL PARK

Sukses

Vaalwater

Potgietersrus

Toll Plaza

R101

N1

WATER-

BERGE

Thabazimbi

Naboomspruit

NYLSVLEI
NATURE
RESERVE

Nylstroom

N11

R511

R510

R516

Toll
Plaza

Warmbaths

N1

NORDWEST-
PROVINZ

N

0   50 km

GAUTENG

Pontdrif

Mapungubwe

VHEMBE/DONGOLA
NATURE RESERVE

R572

Beitbridge

Z I M B A B W E

R521

MESSINA
BAOBAB TREE
RESERVE

Messina

R508

R525

Mutale

⊠ Pafuri
Gate

Thulamela

Tshipise

R525

NWANEDI
NATIONAL PARK

N1

Hendrik
Verwoerd
Tunnels

Dzata
Ruins

Lake
Fundudzi

Punda Maria
Gate

Waterpoort

R523

Nzhelele

VENDA

MOSAMBIK

R523

S O U T P A N S

B E R G E

R524

Thohoyandou

Vivo

Buysdorp

R522

Schoemansdal
Louis Trichardt

Levubu

KRÜGER-

BEN LAVIN
NATURE RESERVE

Elim

NATIONAL

R521

R578

R81

PARK

Dendron

Bandelierkop

Giyani

Toll Plaza

R36

Soekmekaar

Mooketsi

R36

Modjadji

Polokwane
(Pietersburg)

R81

LETABA

Duiwelskloof

Tzaneen

HANS MERENSKY
NATURE RESERVE

Turfloop

R71

R71

Magoebaskloof

Letsitele

Gravelotte

R71

Phalaborwa
Gate

Boyne
Haenertsburg

Phalaborwa

R101

Leydsdorp

R526

R40

Masorini

Makapan's
Cave

WOLKBERG
WILDERNESS
AREA

Mica

Lebowakgomo

R37

LEKGALAMEETSE
NATURE
RESERVE

R36

Hoedspruit

R40

Klaserie

Orpen ⊠
Gate

R531

M P U M A L A N G A

N11

Makapan's Cave in der Nähe von Potgietersrus mehrere Tausend Ndebele den Hungertod sterben, während weiter nördlich Truppen der Venda die Voortrekker zwangen, ihre Siedlung **Schoemansdal** in den Soutpansbergen zu verlassen.

Während der **Apartheid** im 20. Jahrhundert wurden mehrere große Teile der Provinz als Homeland-Gebiete ausgegliedert: Venda erlangte die nationale Unabhängigkeit und Lebowa und Gazankulu erhielten die Selbstverwaltung. Heute sind sie wieder zu einer Provinz zusammengefasst, doch die Gegensätze zwischen den alten Homelands und den weißen Farmgebieten sind hier überall deutlich erkennbar. So erhielten bei den unlängst stattgefundenen Wahlen sowohl der ANC als auch die rechtsgerichtete Afrikaner Freedom Front die meisten Stimmen.

Great North Road

Das Herz der Nord-Provinz, zumindest in Bezug auf Siedlungsdichte und Landnutzung, erstreckt sich entlang der N1 von Warmbaths bis nach Pietersburg. Das weithin flache Bushveld und die vorherrschende Landwirtschaft lässt allerdings kaum Raum für Sehenswertes oder Unterhaltung, bis man den Highway verlässt und auf die Berge zusteuert, sei es in westlicher Richtung zu den Waterbergen (s. S. 704) oder in östlicher Richtung entlang der R71 von Pietersburg in das sagenumwobene Gebiet um **Letaba**.

Zwischen Pretoria und Beitbridge verbindet die Great North Road (N1) eine Reihe von Städten, die von den Voortrekker-Siedlern gegründet worden sind und oft kaum mehr als Service-Center für die bewirtschafteten Ländereien der Umgebung darstellen. Es gibt wenig Sehenswürdiges hier, Reisende können sich lediglich mit dem Notwendigsten eindecken, bekommen ein Bett für die Nacht und etwas zu essen. Obwohl der schwarze Bevölkerungsanteil deutlich überwiegt, sind die Städte doch stark vom Afrikaander-Einschlag geprägt. Und das damit oft einhergehende Unbehagen wird durch die Landschaft nicht gerade zerstreut.

Die südlichsten dieser Städte, **Warmbaths** und **Nylstroom**, haben den kühnen Versuch unternommen, ihrem banalen Dasein zu entkommen, indem

sie Wochenendausflügler und Urlauber aus Gauteng mit einem Überangebot an eintönigen, familienorientierten Feriendomizilen anlocken. Weiter nördlich bietet **Potgietersrus** ein erbärmliches Beispiel für eine Stadt, die versucht, mit dem neuen Südafrika zu klarzukommen. Und die etwas größere Provinzhauptstadt **Pietersburg** bietet zwar eine Reihe von Dienstleistungen an, bleibt aber doch im Schatten des Highway. Von hier aus führt ein 100 km langer Streckenabschnitt in nördlicher Richtung nach Louis Trichardt und in die Soutpansberge (s. S. 711).

Der Highway trägt einen großen Namen, hat sich aber dennoch erst kürzlich umfassenden Verbesserungen unterziehen müssen. Für südafrikanische Verhältnisse ist er jetzt, trotz des hohen Verkehrsaufkommens, schnell und angenehm befahrbar. **Gebührenpflichtig** ist er auf den Strecken von kurz vor Nylstroom bis nach Pietersburg und von Pietersburg bis nach Louis Trichardt. Zwar gibt es auch andere Straßen, doch sind die Gebühren für eine einmalige Fahrt nicht so hoch, dass man sie unbedingt einsparen müsste.

Warmbaths (Bela-Bela)

Die Great North Road führt etwa 40 km nördlich von Pretoria in die Nord-Provinz hinein, durch eine flache und eintönige Landschaft bis hoch nach Warmbaths, wenige Kilometer westlich des Highways. Doch auch diese Stadt ist kaum mehr als eine Raststätte an der N1 oder das Tor nach Thabazimbi und zu den südlichen Waterbergen (s. S. 707). Der Ort selbst hat Besuchern kaum etwas zu bieten, für viele ist er noch zu nah an Pretoria und zu weit vom eigentlichen Reiseziel entfernt, um von hier aus Unternehmungen zu starten.

Seine einzige Attraktion, von der auch der Name herrührt, ist die **heiße Mineralquelle**. Diese befindet sich heute komplett innerhalb der ausgedehnten Wassersport- und Freizeitanlage *Adventura Warmbaths* mit Wasserrutschen und einem Wasserski-See, die während der Hauptsaison täglich bis zu 10 000 Besucher anzieht. Neben dem Eingang zu der Anlage an der Voortrekker Road sprudeln stündlich 20 000 l Wasser mit einer Temperatur von 50 °C aus der Quelle heraus. In der Umgebung der Stadt gibt es vor allem in Richtung Nylstroom, 30 km nördlich, viele kleinere Ferienorte, die außerhalb der Saison trostlos und verlassen wirken, an Wochenenden und während der Schulferien jedoch fast unerträglich voll und laut sein können.

Allmählich verwandeln sich viele Farmen der Gegend in Wildreservate und bieten Luxus-Lodges, Tierbeobachtungstouren und 4WD-Routen an. Doch im Allgemeinen bekommt man im wildreichen Lowveld oder in landschaftlich reizvolleren Gebieten wie den Waterbergen, den Soutpansbergen oder den Parks der Nordwest-Provinz (s.S. 625) einen besseren Einblick in die Tierwelt.

Übernachtung und Essen

Die Übernachtung in der Stadt ist im Allgemeinen recht teuer, und die Saisonpreise (inkl. Wochenenden) sind oft doppelt so hoch wie in der Nebensaison. Am billigsten sind die Ferienwohnungen, hauptsächlich entlang der Moffat St, parallel zur Voortrekker Rd, zu finden oder im Tourist Information Office zu erfragen.
Protea Elephant Springs Hotel***, 31 Sutter Rd, ✆ / ✆ 736 2101, 🖳 www.proteahotels.com, sehr zentral gelegen. Die Unterkunft hat ziemlich viel Charakter dafür, dass sie zu einer großen Hotelkette gehört.
Chateau Annique***, am Stadtrand, ein Stück weg von der Swanepoel St, ✆ / ✆ 736 2847, extravagant großes B&B.
Adventura Warmbaths*** an der Voortrekker Rd, ✆ 736 2200, Reservierungen unter ✆ 012-346 22 77, Anlage mit mehreren Chalets und Hotelbetten. Als Stadt an einer großen Hauptverkehrsader bietet Warmbaths eine breite Auswahl an durchschnittlichen Lokalen:
Keg and Elephant im *Elephant Springs Hotel*, beste Wahl, serviert gutes und billiges Kneipenessen, aber auch größere Gerichte.
O'Hagan's Irish Pub and Grill, an der Waterfront.
Greenfields, ein Stück daneben, Restaurant mit Frühstück ab 7 Uhr und anderen Mahlzeiten tagsüber. Fastfood-Imbisse gibt es viele im Bereich des Stadtzentrums.

Sonstiges

INFORMATIONEN – Das **Staßennetz** von Warmbaths ist ziemlich verwirrend, obwohl der Ort gar nicht groß ist. Kommt man vom Highway, befindet sich gleich in der ersten Gebäudegruppe das **Tourist Information Office**, ☉ Mo–Fr 8–17, Sa 9–14, So 9 Uhr–mittags, ✆ 736 3694, eines der strohgedeckten Häuser mit A-Rahmen, die zum Waterfront-Gebiet gehören. Hier gibt es Hilfe bei der Suche nach einer Unterkunft, doch sollte man seine Wünsche ganz genau klarmachen, vor allem wenn Wasserrutschen, Wohnwagen und Unmengen von *Braai*-Stellen nicht unbedingt zur Vorstellung von einer gemütlichen Übernachtungsmöglichkeit zählen.

VORWAHL – 014 (sofern nicht anders angegeben)

Transport

EISENBAHN – Täglich fährt je ein Zug zwischen JO'BURG und Messina (Gesamtfahrzeit: 15 Std. über Nacht). Er hält in PRETORIA (1 1/2 Std.), WARMBATHS (3 1/2 Std.), NYLSTROOM (4 Std.), POTGIETERSRUS (6 Std.), PIETERSBURG (8 Std.), LOUIS TRICHARDT (12 Std.) und MESSINA. Unbedingt beachten, dass die oben genannten Zwischenstationen auf dieser (sehr langsamen) Strecke oftmals mitten in der Nacht erreicht werden.

Nylstroom (Modimolle)

Das Unterhaltsamste an Nylstroom, 27 km nördlich von Warmbaths an der R101, ist die Geschichte um seinen Namen. Der Legende nach hatten die ersten Voortrekker hier einen Fluss mit schilfbewachsenen Ufern entdeckt, lasen in ihren Bibeln nach (dem einzigen Nachschlagewerk, das sie bei sich hatten) und meinten, dass sie schon so lange nordwärts gezogen sind, dass sie nun sicherlich an der Quelle des Nils angekommen seien. Und diese Theorie wurde durch einen großen pyramidenförmigen Berg – den neben der N1 deutlich sichtbaren Kranskop – noch bestätigt.

Der „Little Nyl", so wurde der Fluss genannt, fließt durch das Zentrum des modernen Stadtteils, und zwar parallel zu der breiten Hauptstraße namens **Potgieter**. Hier künden Einrichtungen wie Ammo Africa und Trappers Trading Co sowie eine Menge orangefarbener und staubiger *bakkies* von

NORD-PROVINZ (LIMPOPO)

den Ursprüngen der Stadt als Heimat der weißen Farmer. Interessanterweise gehört die Tafeltraube von den reichlich bewässerten Weinanbaugebieten der Umgebung zu den einträglicheren Feldfrüchten der Gegend.

Sehenswertes gibt es kaum. Ein **Torbogen** an der Grundschule (Laerskool) an der Van Riebeeck Street erinnert an die Frauen und Kinder, die dort während des Burenkrieges in einem Konzentrationslager ums Leben kamen. Außerdem kann der **Wohnsitz von J.G.** Strydom, 145 Kerk St, der während der düsteren Zeit der Apartheid in den 50er Jahren Premierminister von Südafrika war, besichtigt werden. ⊙ Mo–Fr 9–16, Sa 10–16 Uhr, Eintritt R3. Überrascht sind viele Besucher von der **Moschee** in der Nähe der Brücke, die von der Anwesenheit einer unerwartet großen indischen Gemeinschaft zeugt.

Es gibt folgende Übernachtungsmöglichkeiten in der Stadt:

Eurosun, ✆ 717 1328, Campingplatz neben dem Stadion am Nordufer des Flusses;

Pink Gables***, 3 De Beer St, am Krankenhaus auf der Warmbaths Rd, ✆ 717 5076, angenehmes Gästehaus,

Shangri-la***, 🖳 www.proteahotels.com, ✆ 717 5381, teurere, aber sehr komfortable Country Lodge, die an einer Seitenstraße der Eersbewoond Rd, 3 km hinter der Abzweigung von der R33 (die zwischen Nylstroom und der N1 verläuft) liegt. Im Grünen gelegen, beherbergt sie eine bunte Mischung antiker Möbel und afrikanischer Memorabilien.

Eher durchschnittliche **Lokale** entlang der Potgieter St und Voortrekker St sind das **Pepe's**, neben Ammo Africa, Potgieter, und das lebhaftere **Mampoer Boer Pub and Grill** an der großen Kreuzung am Potgieter. Nobler ist das Restaurant der **Shangri-la Country Lodge**, hier sind Buchungen notwendig, ✆ 717 5381.

INFORMATIONEN – Informationen zum Ort kann man den Broschüren aus der **Bibliothek** auf der Field St entnehmen.

EISENBAHN – Täglich fährt je ein Zug zwischen JO'BURG und Messina (Gesamtfahrzeit: 15 Std. über Nacht). Er hält in PRETORIA (1 1/2 Std.), WARMBATHS (3 1/2 Std.), NYLSTROOM (4 Std.), POTGIETERSRUS (6 Std.), PIETERSBURG (8 Std.), LOUIS TRICHARDT (12 Std.) und MESSINA. Unbedingt beachten, dass die oben genannten Zwischenstationen auf dieser (sehr langsamen) Strecke oftmals mitten in der Nacht erreicht werden.

Naboomspruit und Nylsvlei Nature Reserve

Östlich der N1, zwischen Nylstroom und dem nächsten, von Ferienanlagen umgebenen Autobahnort Naboomspruit, liegt am Fuße der Swaershoek Mountains das Nylsvlei – ein 160 km^2 großes Naturschutzgebiet, zu dem eines der wichtigsten Sumpfgebiete Südafrikas gehört. Wenn der Nyl River über seine Ufer tritt, kann sich das *vlei* bis auf 7 km Breite ausdehnen und lockt dann über 150 Vogelarten an, darunter einige der seltensten heimischen Wasservögel. Es gibt zahlreiche Picknickplätze und Wanderwege, die ideal zur Vogel- und Wildbeobachtung sind.

Innerhalb des Naturschutzgebietes besteht die Möglichkeit, auf einem einfachen **Campingplatz**, ✆ 014-717 252, zu übernachten.

Gleich neben dem Schutzgebiet lädt das schöne **Boekenhout****, ✆ 014-743 0957, 🖳 www. boekenhout.southernafrica.com, zum Verweilen ein (mit Halbpension). Zu ihm gehören mehrere auf einer Farm verteilte Cottages, und es werden auch Tierbeobachtungstouren zum Nylsvlei in einem wunderbar alten Truck angeboten.

Potgietersrus (Mokopane)

Ebenfalls ganz in der Nähe der N1, 50 km weiter nördlich von Naboomspruit, liegt Potgietersrus, das seinen Namen von dem Voortrekker-Helden

Piet Potgieter bekam, der während der berühmten Belagerung der Makapan's Cave in den Bergen nördlich der Stadt ums Leben kam. Die N1 führte einst mitten durch das Stadtzentrum, doch der neue Highway macht einen sanften Bogen darum. Man kann ihm getrost folgen, ohne etwas zu verpassen. Es sei denn, man ist in das Gebiet der nördlichen Waterberge unterwegs oder findet eine Art besonderes Vergnügen daran, einen der brisantesten rassistischen Unruheherde des Landes zu besichtigen.

Mitte der 90er Jahre erlangte die Stadt weltweit traurige Berühmtheit, als weiße Bewohner versuchten, schwarzen Kindern den Zugang zu der während der Apartheid ausschließlich weißen Kindern vorbehaltenen Schule zu verwehren. Dieser verbissene Rassismus, der hier so offen zutage trat, brachte der Stadt den wenig beneidenswerten Titel der südafrikanischen Rassistenhauptstadt ein. Und zweifelsohne halten sich die alten Denkweisen in der Stadt und deren landwirtschaftlich genutztem Hinterland auch weiterhin hartnäckig – sie sind nach wie vor präsent, sei es auf Schildern wie „Nur für Clubmitglieder", die über den nur von Weißen besuchten Lokalen prangen, oder in intolerantem Verhalten, was die Nutzung städtischer Einrichtungen und Dienstleistungen betrifft. Auf der anderen Seite gibt es viele Schwarze in den Hauptstraßen, die mit ihren Verkaufsständen dem Ort trotz des ständig dahinfließenden Verkehrs eine geschäftige, lebhafte Atmosphäre verleihen.

Der einzig lohnenswerte Ort für einen Zwischenstopp ist das **Arend Dieperink Museum**, das sich in einem alten Schulhaus etwas abseits der Voortrekker Rd, die große R101, hinter dem Tourist Information Office befindet, ⏰ Mo–Fr 8–16.30 Uhr, Eintritt R5. Draußen zeigt es eine umfangreiche Sammlung von Pflügen, Traktoren, Wagen und landwirtschaftlichen Geräten. Interessanter wird es im Innern, wo gut beschriftete Exponate von den bedeutenden archäologischen Entdeckungen bei Makapan's Cave, 19 km nördlich von Potgietersrus, künden, darunter 3 Millionen Jahre alte Fossilien des *Australopithecus africanus*, einem Vorgänger des *Homo sapiens*. Momentan kommt man in die Höhle selbst nur nach Absprache mit dem Museum, ✆ 912244.

Mapungubwe und andere Ausgrabungsstätten

Als einer der ersten Schmelztiegel des südlichen Afrikas verfügt die Nord-Provinz über bedeutende Ausgrabungsstätten, die bei der Erforschung der verschiedenen Völker, die diese Gegend über Tausende von Jahren bevölkert haben, eine wichtige Rolle spielen. Zu den interessantesten gehören jene, an denen Eisen geschmolzen wurde, als die Entwicklung von der so genannten Steinzeitkultur zur Eisenzeit vor etwa 1500 Jahren und die damit einhergehenden Verbesserungen der Werkzeuge für Ackerbau und Krieg ein lebenswichtiger Bestandteil der Wanderungen schwarzer Stämme nach Südafrika bildeten. Obwohl das Eisen selbst die Erosion meist nicht überstanden hat, lassen sich doch anhand von Schlacke und anderen Abfällen recht genaue Erkenntnisse gewinnen. Einige der aufschlussreichsten Ausgrabungen gab es in **Thulamela** innerhalb des Krüger-Nationalparks, nahe des Eingangs Punda Maria, im kulturhistorischen Dorf **Bakone Malapa** außerhalb von Pietersburg, in **Makapan's Cave** in der Nähe von Potgietersrus und in **Masorini**, ebenfalls im Krüger-Park, nahe Phalaborwa.

Die bedeutendste Forschungsstätte der Nord-Provinz liegt am **Mapungubwe** (Berg der Schakale), am Zusammenfluss von Limpopo und Shashi, wo Südafrika, Zimbabwe und Botswana aufeinander treffen. Sie wurde erst 1933 entdeckt, als ein Farmer aus der Gegend den rundlichen Granithügel bestieg und Überreste von Steinmauern, Eisenwerkzeugen, Gräbern, Töpferwaren und Schmuck fand, darunter ein winziges Nashorn und eine Schale aus Gold. Heute glaubt man, dass eine Zivilisation mit dem Zentrum Mapungubwe in den Jahren 1000 bis 1300 v.Chr. hier ihre Blütezeit erlebte und später in das viel berühmtere Great Zimbabwe weiterzog. Das Gebiet steht mittlerweile im Schutz des Limpopo National Park, obgleich es der Öffentlichkeit bislang vorbehalten wird. Eine Ausstellung an der Universität von Pretoria (s.S. 615) zeigt jedoch schon jetzt die Schätze von Mapungubwe.

Übernachtung und Essen

Die meisten Übernachtungsmöglichkeiten in Potgietersrus sind einfache Zimmer für Durchreisende, daher fallen die Preise an Wochenenden geringer aus. Der städtische **Caravan Park** an der N1 im Norden der Stadt hinter einer alten Dampflokomotive ist eher unattraktiv. Am billigsten übernachtet man in dem Wohnblock der **Lonely Oak Lodge***, Van Riebeeck St, Ecke Hodge St, ✆ 914560.

Am nördlichen Stadtrand gibt es neben der Hauptstraße ein paar Hotels: das **Oasis***, ✆ 914124, und das alternde aber ganz ordentliche **Protea Park****, ✆ 913101, 🖳 www.proteahotels.com, mit Pool und einem ganz passablen Restaurant. Nach 32 km Fahrt in Richtung Norden auf der N1 liegt ausgeschildert das **Protea Ranch Hotel*****, ✆ 015-290 5000, 🖳 www.theranch.co.za. Ein gut geführtes, angenehmes aber raues, modernes Hotel im Ferienanlagen-Stil. Am Südufer des Nyl River, 10 km südlich von Potgietersrus an der N1, wartet das schlichte aber gemütliche B&B **Jaagbaan***, ✆ 917833, auf seine Gäste.

Sonstiges

INFORMATIONEN – Das **Tourist Information Office**, ✆ 918458, ist auf der Voortrekker Rd, wenn man sich der Innenstadt von Süden her nähert, zwischen Kruger und Van Riebeeck St.

VORWAHL – 0154 (sofern nichts anders angegeben)

Transport

EISENBAHN – Täglich fährt je ein Zug zwischen JO'BURG und Messina (Gesamtfahrzeit: 15 Std. über Nacht). Er hält in PRETORIA (1 1/2 Std.), WARMBATHS (3 1/2 Std.), NYLSTROOM (4 Std.), POTGIETERSRUS (6 Std.), PIETERSBURG (8 Std.), LOUIS TRICHARDT (12 Std.) und MESSINA. Unbedingt beachten, dass die oben genannten Zwischenstationen auf dieser (sehr langsamen) Strecke oftmals mitten in der Nacht erreicht werden.

Makapan's Cave (Makapansgat) Das nordöstlich von Potgietersrus gelegene Netz von Kalksteinhöhlen, Makapan's Cave, mag der Fundort einiger der wohl bedeutendsten paläontologischen Funde von ganz Südafrika sein. Doch viele Menschen hier erinnert es mehr an ein Ereignis der südafrikanischen Geschichte, auf das verschiedene Teile der Bevölkerung mit jeweils anderen Augen zurückblicken. 1854 sann hier ein Burenkommando auf Rache, nachdem eine Gruppe von Voortrekkern aus dem Hinterhalt überfallen worden war. So trieb es den Clan des Ndebele-Häuptlings Makapan in die Berge nördlich von Potgietersrus. Unter der Führung Piet Potgieters, des Neffen des Voortrekker-Anführers Hermanus Potgieter, der nicht lange zuvor von Angehörigen des Makapan lebendig gehäutet worden war, belagerten die Buren den Häuptling und etwa 3000 seiner Leute in dem Höhlenlabyrinth, das sich durch die Berge zieht. Mangels Nahrung und Wasser verzweifelten die eingeschlossenen Ndebele zusehends. Schließlich kamen 700 Männer in Richtung eines nahe gelegenen Flusses heraus und wurden von den geduldig wartenden Buren niedergemetzelt. Als die Belagerung nach 4 Wochen endlich beendet wurde, fand man in den Höhlen noch Hunderte verwesender Leichen. Die Buren ihrerseits hatten nur zwei Todesopfer zu beklagen, eines davon Potgieter selbst, dessen Leichnam von dem jungen Paul Krüger „heldenhaft" geborgen wurde. Einen recht einseitigen Bericht über die Belagerung findet man im Museum in Potgietersrus.

Pietersburg (Polokwane)

Fast genau im Mittelpunkt der Provinz liegt die Hauptstadt Pietersburg, welche zudem die größte Stadt an der Great North Road zwischen Pretoria und der Grenze ist. Sie ist vor allem das administrative und industrielle Zentrum, und einen großen Teil ihrer Dynamik nimmt sie aus dem riesigen Verkehrsaufkommen, das auf der N1 durch die Stadt rollt. Doch auch ein paar seltsame Sehenswürdigkeiten nennt sie ihr Eigen, darunter ein erst-

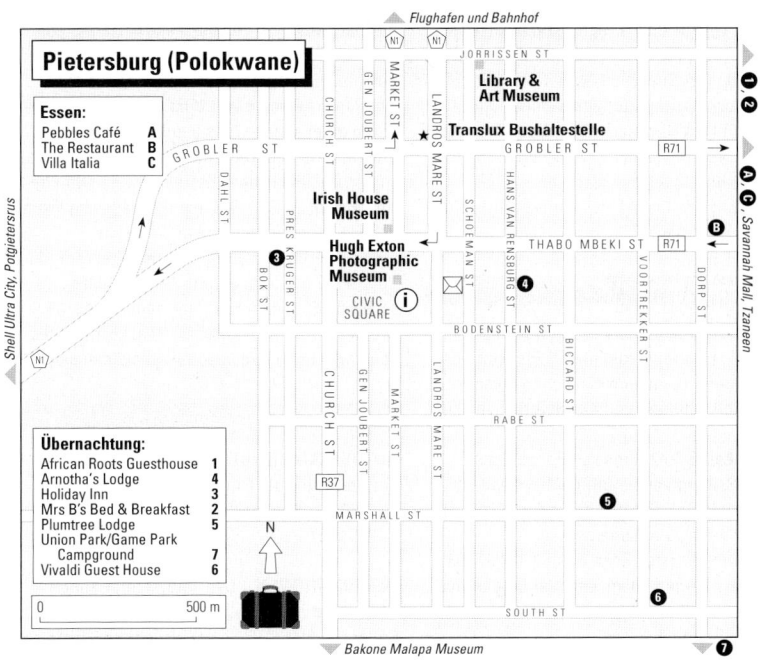

Pietersburg (Polokwane)

Essen:

Pebbles Café	A
The Restaurant	B
Villa Italia	C

Übernachtung:

African Roots Guesthouse	1
Arnotha's Lodge	4
Holiday Inn	3
Mrs B's Bed & Breakfast	2
Plumtree Lodge	5
Union Park/Game Park Campground	7
Vivaldi Guest House	6

0   500 m

Flughafen und Bahnhof

JORRISSEN ST

Library & Art Museum

★ **Translux Bushaltestelle**

GROBLER ST

R71 →

Irish House Museum

Hugh Exton Photographic Museum

CIVIC SQUARE ⓘ

THABO MBEKI ST   R71

BODENSTEIN ST

RABE ST

R37

MARSHALL ST

N

SOUTH ST

Bakone Malapa Museum

Shell Ultra City, Potgietersrus

Savannah Mall, Tzaneen

GROBLER ST

CHURCH ST · GEN JOUBERT ST · MARKET ST · LANDROS MARE ST · DAHL ST · PRES KRUGER ST · BOK ST · SCHOEMAN ST · HANS VAN RENSBURG ST · VOORTREKKER ST · BICCARD ST · DORP ST

---

klassiges Museum. Und für Reisende nach Letaba, ins Lowveld oder das Zentralgebiet des Krüger-Nationalparks hat Pietersburg die ideale Anbindung an die R71 über Tzaneen und Phalaborwa.

Pietersburg verfügt über einen lebhaften, kompakten, gitterförmig angelegten Geschäftsbezirk (mit haufenweise Einbahnstraßen), ein wenig Industrie und dicht rundherum angeordneten Randbezirken. Es ist nicht gerade der aufregendste Ort, und doch geht viel vom Schwung und von der Tatkraft der Nord-Provinz von ihrer Hauptstadt aus. In der Mitte des **Civic Square**, einer von Landros Mare und Vorster Street begrenzten Parkanlage, steht eine bunt zusammengewürfelte, unterhaltsame Mischung von Skulpturen, Statuen und Monumenten – von einer Giraffenfamilie bis hin zu einem Kampfflugzeug. Die Kirche im Herzen des Parks beherbergt das kleine aber fesselnde **Hugh Exton Photographic Museum** mit Bildern von einem ortsansässigen Fotografen aus den frühen Tagen von Pietersburg, darunter ausgezeichnete Porträts. ☉ Mo–Fr 8.30–15.30, So 3–17 Uhr, Eintritt frei.

Gegenüber dem Park, jenseits der Vorster Street, sieht man die alte Ladenfront des ganz ordentlichen **Irish House Museum,** wo Ausstellungsstücke die Geschichte der Stadt und der Naturkunde gezeigt werden. ☉ Mo–Fr 8–16, Sa 9–mittags, So 15–17 Uhr, Eintritt frei.

Wen die Skulpturen des Civic Centre auf den Geschmack gebracht haben, der kann sich das kleine **Art Museum** oberhalb der Bibliothek, Schoeman Street, Ecke Jorissen Street, ansehen. Die dazugehörigen modernen Industrieskulpturen sind in einem Park, der stadtauswärts auf der N1 Richtung Norden auf der linken Seite zu finden ist, ausgestellt.

Das einzig wirklich Sehenswerte in Pietersburg ist das **Bakone Malapa Museum,** 9 km südöstlich der Stadt an der R37. Dieses Freilichtmuseum veranschaulicht die traditionelle Lebensweise des hier ansässigen Volkes der Bakone, einer Gruppe innerhalb der Nord-Sotho. Im traditionellen Stil ist ein Hüttendorf erbaut worden, in dem 14 Bewohner ständig leben und tagsüber handwerklichen Tätigkeiten wie Töpfer- oder Lederarbeiten nachgehen. Einer von ihnen macht außerdem Führungen, auf denen er die verschiedenen Aktivitäten, die Architektur, Geschichte und die Legenden des Dorfes erklärt. Das Projekt ist einfach aber glaubwürdig, und es vermittelt mehr von der alten Lebensart als viele andere größer angelegte Versuche. ⏱ tgl. 8.30–12.30 und 13.30–15.30 Uhr, Mo nachmittags geschlossen, Eintritt R3.

Übernachtung

African Roots Guesthouse**, 58a Devenish St, ✆ 297 0113. Entspannt und geschmackvoll, von Künstlern geführt, mit einheimischen und ausländischen Artefakten und Kunstwerken in allen Zimmern.

Arnotha's Lodge*, 42 Hans van Rensburg St, ✆ 291 3393. Rund um die Uhr geöffnet und billig, aber nicht wirklich erfreulich. Zimmer für Selbstversorger in zentraler Lage.

Holiday Inn**, Vorster, Ecke Bok St, ✆ 291 2030, 🖳 www.southernsun.com, ein paar Blocks vom Civic Square entfernt. Typische aber nette Zimmer und Außenpool.

Mrs B's Bed and Breakfast*, 17 Welsford St, Bendor, ✆ 2961021. Unauffälliges aber billiges und gastfreundliches Vorstadt-B&B mit zwei DZ.

Plumtree Lodge**, 138 Marshall St, ✆ 295 6153, ✉ plumtree@pixie.co.za, in Zentrumsnähe. Die wohl schickste und komfortabelste Lodge der Stadt mit Pool, großem Garten und billigen Wochenendtarifen.

Union Park Campingplatz, unweit der Dorp St. Camping- und Caravanpark mit einfachen aber ausreichenden sanitären Anlagen und einigen preiswerten Rondavels. Gleich neben dem Pietersburg Game Reserve am südlichen Stadtrand, doch hat man nicht den Eindruck, mitten in der Natur zu sein.

Vivaldi Guest House*, 2 Voortrekker St, ✆ 295 6162. Freundlich und gut geführt, 6 Zimmer, in gepflegtem Stadtteil. Bekannt für sein deftiges Frühstück und die Papageien im Garten.

Essen

In Pietersburg sind die üblichen Restaurant- und Imbissketten vertreten. Die meisten davon findet man im Savannah Einkaufszentrum, am Stadtrand entlang der Straße nach Tzaneen – neben den bekannten Namen sind im preiswerteren Bereich die Filialen von **Villa Italia** zu empfehlen, die zu einer kleinen hiesigen italienischen Restaurantkette gehören. Außerdem gibt es ein paar Lokale ortsansässiger Betreiber wie etwa **The Restaurant**, ✆ 291 1918, mit erstklassigen Fisch- und Fleischgerichten sowie Currys, in einem älteren Bau an der Thabo Mbeki (ehemals Vorster), Ecke Dorp St, und **Pebbles Café**, ✆ 295 6999, in dem Haus von Tom Naude, 39 Grobler St, wo es Frühstück, Snacks, Mittagessen und wochentags auch Abendessen gibt.

Sonstiges

AUTOVERMIETUNGEN – Alle Autovermietungen der Stadt sind am Flughafen vertreten: **Avis**, ✆ 2880171; **Budget**, ✆ 288 0169, und **Imperial**, ✆ 288 0097.

INFORMATIONEN – Das **Tourist Information Office** liegt im südöstlichen Bereich des Civic Square ✆ 290 2010, 🖳 www.pietersburg.org.za. Am besten gelangt man dorthin von der Landros Mare St. ⏱ Mo–Fr 8.30–16 Uhr.

REISEBÜROS – Außerhalb des Zentrums gibt es einen ganz hilfreichen Tourist Agent für Budget-Reisende: **SA Tours and Bookings**, 2 Voortrekker St, ✆ 295 6162, ✉ satours@mweb.co.za.

VORWAHL – 015

Transport

BUSSE – Sämtliche Intercity-Busse fahren durch das Stadtzentrum: Translux hält am *Big Bite* an der Grobler St und Greyhound am Shell Ultra City. Die Busse von Greyhound, Intercape und Translux verkehren auf der N1 zwischen **Jo'burg** und **Beitbridge**, sie halten in WARMKATUS, PIETERSBURG, LOUIS TRICHARDT und MESSINA. Die meisten von ihnen fahren entweder weiter nach BULAWAYO und zu den Victoriafällen oder nach HARARE in Zimbabwe. Von Pietersburg nach JO'BURG (tgl.; 4 Std.); TZANEEN (tgl.; 1 3/4 Std.).

EISENBAHN – Täglich fährt je ein Zug zwischen JO'BURG und Messina (Gesamtfahrzeit: 15 Std. über Nacht). Er hält in PRETORIA (1 1/2 Std.), WARMBATHS (3 1/2 Std.), NYLSTROOM (4 Std.), POTGIETERSRUS (6 Std.), PIETERSBURG (8 Std.), LOUIS TRICHARDT (12 Std.) und MESSINA. Unbedingt beachten, dass die oben genannten Zwischenstationen auf dieser (sehr langsamen) Strecke oftmals mitten in der Nacht erreicht werden.

FLÜGE – Der ehemalige Luftwaffenstützpunkt, 5 km nördlich der Stadt an der N1, dient heute als **Gateway Airport**. Der Flughafen wird sowohl von Inlandsflügen *(SA Airlink,* ✆ 288 0166 oder ✆ 011-978 1111) als auch von gelegentlichen Auslandsflügen aus den Nachbarländern bedient. Auch **Taxis** sind verfügbar, ✆ 297 4493. Nach JO'BURG (Mo–Fr 4x tgl., Sa und So 1–3x tgl.; 50 Min.).

Letaba

Letaba ist eine waldreiche, üppig grüne Gebirgsgegend östlich von Pietersburg, die einen extremen Gegensatz zum heißen Lowveld unmittelbar im Osten und dem weiten, flachen Bushveld im Westen darstellt. Hier befindet sich der erste spektakuläre Anstieg des Steilhangs der Drakensberge, am Beginn ihrer Ausdehnung in Richtung Süden durch Mpumalanga. Die Gegend ist in vielerlei Hinsicht eine sehr reizvolle, wenn auch weniger bekannte Alternative zum überfüllten Hochland der Provinz Mpumalanga. In der Umgebung des Bergdorfes **Haenertsburg** wurde mit der Aufforstung begonnen, die sich dann in zwei landschaftlich schönen, parallel gelegenen Tälern zum größten Zentrum der Gegend, **Tzaneen**, fortsetzt. In den Tälern gibt es inmitten dichter Pinienwälder Seen, schäumende Flüsse und in Nebel gehüllte Gipfel. Je weiter man sich Tzaneen nähert, desto mehr subtropische Feldfrüchte wie Tee, Macadamia-Nüsse und Avocados gedeihen hier. Es gibt ein paar sehr komfortable und wunderschön gelegene Gästehäuser und so genannte Farmstalls, die frische Produkte vom Land anbieten, sowie Teestuben. Man kann wandern und Forellen fischen – kurzum ist Letaba eine wohltuende Alternative zu den anspruchsvolleren Gegenden Südafrikas.

Haenertsburg und Umgebung

Das heitere Haenertsburg liegt 60 km von Pietersburg entfernt auf einem Berg mit Blick auf die R71, die sich bis in die dicht bewaldeten Magoebaskloof-Täler hinabschlängelt. Als altes Goldgräberdorf bietet es hinreißende Blicke über das als „Land des Silbernebels" bekannte Gebiet. An seiner **Hauptstraße** gibt es ein kleines Pub, die freundliche Teestube *The Elms* (Mo geschlossen) mit Souvenirladen, wo man auch Forellen kaufen und sich nach dem Forellenfischen erkundigen kann. Außerdem befindet sich hier ein nützliches **Tourist Information Office**, die Magoebaskloof Tourist Association (s.u.).

Ist ein Aufenthalt im Mai geplant – wenn das Tal in wunderschöne Herbstfarben gehüllt ist – sollte man sich bei der Tourist Association über das jährliche **Music and Cultural Festival** erkundigen, auf dem Landesorchester und Chöre einmal in ungewöhnlicher Umgebung auftreten.

Georges Valley Road und Magoebaskloof Valleys

Unmittelbar östlich von Haenertsburg führt eine Abfahrt von der großen R71 nach rechts und damit zu einer alternativen Route nach Tzaneen entlang der Georges Valley Rd. In punkto Entfernung und fantastischer Landschaft nehmen sich die beiden Strecken nicht viel, und wenn man einmal in der Gegend ist, sollte man wirklich beide ausprobieren.

An der Georges Valley Road steht ein **Denkmal für John Buchan** (Autor von *„The Thirty-nine Steps")*, den die Gegend gleich in ihren Bann zog, als er sie kurz nach dem Burenkrieg besuchte und „einen verzauberten und heiligen Ort" nannte. Am **Ebeneezer Dam** kann man ein stimmungsvolles Picknick oder erfrischendes Bad genießen.

Bleibt man auf der R71, gelangt man zu den Magoebaskloof Valleys, die ihren Namen von dem skrupellosen Häuptling Makgoba haben, der 1895 von einheimischen Kriegern unter dem Buren-Anführer Abel Erasmus geköpft wurde. Etwa 4 km hinter Haenertsburg führt eine Abzweigung zu den **Cheerio Gardens**, in denen alljährlich Ende September das Cherry Blossom Festival veranstaltet wird. Doch selbst wenn man das Fest verpasst, kann man sich lebhaft vorstellen, wie diese üppige subtropische Landschaft in verschwenderischen Farben erblüht. Die Magoebaskloof Tourist Association, ✆ 276 5047, 🖥 www.magoebaskloof.com, gibt Auskunft über verschiedene private Schau-Gärten der Gegend. Ebenfalls an dieser Abzweigung bekommt man erneut einen wunderbaren Einblick in das traditionelle Leben hier. In dem winzigen **Wegraakbos Dairy**, ✆ 276 1811, wird noch in einem riesigen Kupferkessel über einem offenen Feuer Käse hergestellt. Ein Besuch sei wärmstens empfohlen: Für ein paar Rand kann man an einer Besichtigung teilnehmen, die um 9 Uhr beginnt. Der Milchbetrieb steht den Besuchern allerdings den ganzen Tag über offen, sie dürfen den Käse kosten und können Spaziergänge über die Farm und in die angrenzenden Wälder unternehmen.

Oster-Treff Auf den 60 Kilometern zwischen Pietersburg und Haenertsburg gibt es zwei riesige, unvereinbare Institutionen, die **University of North** in **Turfloop** und die **Zion City Moria** in **Boyne**, die an dem gewaltigen Davidsstern auf dem Hügel oberhalb zu erkennen ist. Jedes Jahr zu Ostern versammeln sich hier sagenhafte 3 Mio. Menschen zum Treffen der Zion Christian Church, der unabhängigen Africanized Christian Church. Die Symbole ihrer Anhänger, ein silberner Stern oder ein Abzeichen an der Brust und manchmal eine graue Schirmmütze, werden quer durch die nördlichen Regionen Südafrikas getragen. Die Bewegung ist von einer gewissen Rätselhaftigkeit und einigem Misstrauen umweht, doch ist eigentlich nichts zu sehen außer während des Oster-Treffs – wovon man sich allerdings fern halten sollte, denn 3 Mio. Menschen können ein gehörige Verkehrsverstopfungen verursachen.

Wo die R71 den Magoebaskloof-Pass überquert, windet sie sich eindrucksvoll durch Kurven und dichte Wälder und bietet abwechselnd auf beiden Seiten weite Blicke über das Land. Eine Seitenstraße führt zum **Woodbush State Forest** mit einem Netz von Straßen, von denen längst nicht alle befahrbar sind, verschiedenen mehrtägigen Wan-

derrouten und den berühmten **Debegeni Falls**, zu denen wunderschöne Wasserfälle und Naturpools gehören. Am Fluss gibt es mehrere *Braai*-Stellen. Man kann auch ein Bad nehmen, wenn man vorsichtig ist, denn die glatten und glitschigen Steine können sehr gefährlich werden. Ein Schild sagt, dass ein paar Leute, die diese selbst gewählte Wasserrutsche ausprobiert haben, davon leider nicht mehr erzählen können.

Zwischen den Abfahrten nach Debengeni und Tzaneen erweitert sich das Tal und bietet ausgedehnten Zitrusfrucht-, Avocado- und Bananenplantagen Platz. Daneben überziehen saftig grüne Teeplantagen die sanft ansteigende Hügellandschaft. Auf dem Teegut **Sapekoe Middlekop**, unweit der Kreuzung von R71 und R36, schlängelt sich eine Straße hoch zum *Gartenrestaurant Pekoe View*, ⊕ tgl. 10–17 Uhr, von wo aus sich mit die besten Aussichten des ganzen Tals bieten. Tee und Scones (weiches Teegebäck) bekommt man immer und natürlich auch andere Snacks und Getränke. In dem angeschlossenen Laden werden Tee und Kaffee aus eigener Herstellung angeboten. Lohnenswert sind auch die Fabrikführungen, Di–Sa 11 Uhr, die einen Einblick in die Teeernte, die verschiedenen Qualitätsstufen und den Produktionsprozess in der Fabrik gewähren.

Übernachtung

Die Gegend um Haenertsburg, Magoebaskloof und auch Tzaneen bietet attraktive Übernachtungsmöglichkeiten in Hülle und Fülle. Ergänzend zu der unten stehenden Liste vermittelt die Magoebaskloof Tourist Association in Haenertsburg auch noch weitere Unterkünfte.

*BaliWillWill Farm**,* Haenertsburg, ✆ 276 2212, von Haenertsburg hinter der Polizeiwache etwa 1500 m in den Bergen gelegen. B&B-Zimmer im Bauernhaus oder schlichte Ferienwohnungen für Selbstversorger.

The Chalets,* von der R71 ab, unmittelbar westlich von Haenertsburg und zu Fuß erreichbar, ✆ 276 4764. Mehrere hoch aufragende Chalets für Selbstversorger im Schweizer Landhausstil in landschaftlich reizvollem Waldgebiet.

Den Eden Log Cabin,* Den Eden Farm, von der R71 ab, nach Meinie de Villiers fragen unter ✆ 276 4742 oder ✆ 083-269 3552. Gepflegte, ab-

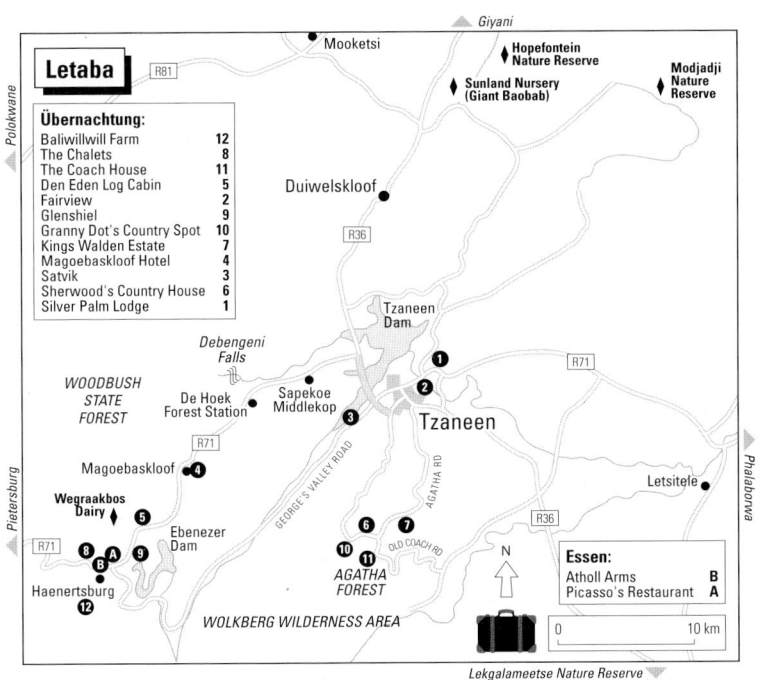

Letaba [R81]

Übernachtung:

Baliwillwill Farm	12
The Chalets	8
The Coach House	11
Den Eden Log Cabin	5
Fairview	2
Glenshiel	9
Granny Dot's Country Spot	10
Kings Walden Estate	7
Magoebaskloof Hotel	4
Satvik	3
Sherwood's Country House	6
Silver Palm Lodge	1

Essen:

Atholl Arms	B
Picasso's Restaurant	A

Giyani
Mooketsi
Hopefontein Nature Reserve
Sunland Nursery (Giant Baobab)
Modjadji Nature Reserve
Polokwane
Duiwelskloof
R36
Tzaneen Dam
R71
Debengeni Falls
WOODBUSH STATE FOREST
De Hoek Forest Station
Sapekoe Middlekop
Tzaneen
R71
Magoebaskloof
AGATHA RD
Letsitele
Phalaborwa
Wegraakbos Dairy
Ebenezer Dam
GEORGE'S VALLEY ROAD
R36
R71
OLD COACH RD
Haenertsburg
AGATHA FOREST
N
Pietersburg
WOLKBERG WILDERNESS AREA
0   10 km

Lekgalameetse Nature Reserve

gelegene Blockhütte für Selbstversorger, einsam unter hohen Pinien verborgen.

Glenshiel*********, an der R71, 2 km östlich von Haenertsburg, ✆ 276 4335, 🖳 www.glenshiel. co.za. Unterkunft der Spitzenklasse, eines der vornehmeren Landgästehäuser Südafrikas mit prasselndem Kaminfeuer, tiefen Sofas, Antiquitäten und erlesenen Speisen.

Magoebaskloof Hotel********, an der R71, 10 km östlich von Haenertsburg, ✆ 276 4776, 🖳 www. magoebaskloof.co.za. Ist stolz auf den wohl spektakulärsten Blick der ganzen Gegend von der vorderen Veranda aus. Der Rest, inkl. des Pubs mit dem alten roten Briefkasten draußen, ist allerdings recht einfallslos gehalten.

Satvik******, 4 km vor Tzaneen an der George's Valley Rd, ✆ 307 3920 oder 082-971 1171, ✉ satvik@ pixie.co.za. Ungewöhnliche und reizvolle Backpacker-Lodge mit ein paar alten, weiß getünchten Landarbeiterhütten oberhalb eines Sees. Zu der schlichten und rustikalen Anlage gehören auch DZ und kleine Schlafsäle, doch Außenduschen sowie Bar und Kochbereich am Seeufer machen es zu einem stimmungsvollen und für Letaba typischen Ort, an dem es sich wunderbar tagelang ausruhen lässt.

Essen

Gutes Essen, inklusive Pfannkuchen und großem Frühstück, bekommt man tagsüber im *Picasso's Restaurant,* einer großen Blockhütte neben der R71, und abends im *Atholl Arms,* ✆ 276 4712, auf der Hauptstraße neben *The Elms,* Haenertsburg.

Sonstiges

INFORMATIONEN – Die *Magoebaskloof Tourist Association,* 🖳 www.magoebaskloof.com, ✆ 276 5047, Haenertsburg, an der Hauptstraße, ☉ Mo–Fr 8–17, Sa und So 9 Uhr–mittags. Hier gibt es Hilfe bei der Organisation von Unterkünften und Touren sowie der Suche nach guten Picknickplätzen und kurzen Wanderungen durch das Gelände. Auch eine schwierige ist dabei – die Besteigung der **Iron Crown**, des Berges oberhalb des Dorfes.

VORWAHL – 015 (sofern nichts anders angegeben)

Tzaneen

Die Stauseen und hoch aufschießenden Eukalyptuswälder im Umland von Tzaneen sind anmutig und reizvoll. Die Stadt an sich wirkt jedoch eher schmuddelig, sie ist zwar voller Geschäfte und gilt als günstiger Verkehrsknotenpunkt, sollte aber nicht unbedingt als Aufenthaltsort gewählt werden. Sehenswert ist allein das **Tzaneen Museum,** in einem winzigen Haus mit vier Zimmern auf dem Gelände der Bibliothek an der oberen Agatha Street. Hier sollte man sich Zeit nehmen: Der engagierte Museumsdirektor und seine Assistenten haben die Gegenstände nicht beschriftet, sondern führen die Besucher lieber persönlich herum und erklären die kleine aber bedeutende Sammlung, zu der heilige Trommeln und andere mit der Regenkönigin in Verbindung stehende Stücke gehören. Eine flüchtige Besichtigung ist also nahezu unmöglich, doch für Leute mit etwas mehr Interesse an der Geschichte und den Traditionen der Region lohnt sich der Zeitaufwand allemal. ⊙ Mo–Fr 8.30–16.30, Sa 8.30–12.30 Uhr, Spenden erbeten.

Übernachtung und Essen

Die Übernachtungsmöglichkeiten in der Stadt sind ohne jeden Reiz, erst recht im Vergleich zu denen in der ländlichen Umgebung. Lieber in die Magoebaskloof Valleys oder auf der Straße stadtauswärts in die Wolkberg Mountains nach Agatha fahren, wo erstklassige Landgästehäuser mit umwerfenden Aussichten über die Berge und Täler des Steilhangs locken. Wenn man dazu keine Lust oder Zeit (oder Geld) hat, kann man auf den recht angenehmen Caravan Park an der Old Gravelotte Rd namens **Fairview***, ✆ 307 2679, ausweichen, der billige Chalets im Angebot hat. Ansonsten steht noch die **Silver Palm Lodge***, ✆ 307 3092 oder ✆ 083-

6350556, abseits der Voortrekker St neben dem Malaria Research Institute, zur Verfügung, deren nette, moderne Wohneinheiten um einen Pool angeordnet sind.

Das **Speiseangebot** von Tzaneen beschränkt sich auf ein paar bekannte Takeaways und Ableger von Restaurantketten. Der beste Imbiss der Stadt ist das **Villa Italia,** Danie Joubert, Ecke Lannie St. Angenehm sitzt man auch im Café **Gazebo Gardens,** 30 Agatha St, in einem alten viktorianischen Garten in der Nähe des Museums.

Sonstiges

INFORMATIONEN – Das private **Tzaneen Tourism Information Centre**, 25 Danie Joubert St, ✆ 015-3071294, vermittelt Unterkünfte und informiert über Reisen nach Modjadji, in die Magoebaskloof Valleys und den Krüger-Nationalpark. ⊙ Mo–Fr 8–17, Sa 8–11 Uhr.

TOUREN – Auch ein paar ortsansässige Veranstalter bieten **Touren** zu diesen Orten an: Infos bei *Letaba Active Tours,* ✆ 082-4943970, oder Yvonne Clarke, ✆ 307 2000. Zudem gibt es in der Gegend ein paar gute **Mountainbike-Routen** – Infos im Fahrradladen namens *G Sport.*

VORWAHL – 015 (sofern nicht anders angegeben)

Transport

Ein **Minibus** von Northlink Tours, ✆ 307 2242, verbindet Tzaneen mit Jo'burg über Pietersburg. Von Tzaneen nach JO'BURG (6x wöchentl.; 6 1/4 Std.); PIETERSBURG (tgl.; 1 3/4 Std.). Diese und andere Routen werden ebenso von **Minibus-Taxis** befahren (in der Regel von jeder mittelgroßen Stadt aus). Um rauszufinden, wohin sie fahren und wann sie abfahren, fragt man am besten am Taxistand nach.

Agatha

Agatha, die Frau eines Mitarbeiters der Bergbehörde aus der Anfangszeit, lieh ihren Namen dem Hochplateau oberhalb von Tzaneen. Es ist heute dicht bewaldet und ein kühler und ansprechender Ort, vor allem wenn ein Aufstieg mit anschließender Übernachtung in einem der Top-Gästehäuser an den Abhängen des Bergkamms geplant ist.

Übernachtung

Granny Dot's Country Spot**, ✆ 015-3075149 oder 083-7600983, die billigere und bodenständigere Variante in der Gegend von Agatha ist das B&B im Grünen am Rooikat Walking Trail (Kasten s.S. 704), mit schöner Aussicht und auch Unterkünften für Selbstversorger*.

Kings Walden Estate***, 12 km vor Tzaneen an der Agatha Road, 🖳 www.kingswalden.co.za, ✆ 015-3073262. Die Avocadofarm in Familienbesitz mit üppig grünen Gärten und vier einfachen Zimmern ist die beste Wahl.

Sherwood's Country House***, ✆ 015-3075512, ✉ sherc_h@mweb.co.za, in entgegengesetzter Richtung vom oberen Ende der Agatha Rd befindet sich der gemütlichere, aber etwas weniger feine Konkurrent.

The Coach House****, ✆ 015-3073641, 🖳 www.coachhouse.co.za, vom Gipfel führt ein Weg nach links auf der Old Coach Rd zum dieser noblen, gut geführten Anlage, die als bestes Kleinhotel von ganz Südafrika anerkannt ist. 45 Suiten, ein Heilbad, tolles Essen, dazu die Aussicht von der Frühstücksterrasse und der Poolbereich – einfach umwerfend.

Modjadji Nature Reserve

Die Gegend um das eher düster wirkende Dorf Modjadji, 32 km nördlich von Tzaneen unweit der R36, ist die Heimat der berühmten **Rain Queen**. Sie ist die Erbmonarchin des Volkes der Lobedu, die der Legende nach die Macht hat, den Regen herbeizuholen, was in diesen häufig ausgedörrten Nordregionen ein äußerst nützliches Talent darstellt. Entsprechend ist ihr Heimatdorf hoch oben in den Nebelschleiern eines Berges zu finden, wo die besondere Art einer uralten Zykade (Baumfarn) gedeiht. Das Modjadji Nature Reserve schützt diese Pflanzen auf dem Berggipfel, bietet zudem herrliche Aussichten (leider häufig vom Nebel getrübt) und mehrere angenehme Kurzwanderungen, die allerdings etwas ungenau ausgeschildert sind. Zu den wenigen Einrichtungen gehören ein Souvenirgeschäft und ein Informationszentrum, das über die einzigartigen Pflanzen und natürlich die berühmte Königin Auskunft gibt. Als diese Ausgabe in den Druck ging, hatte der Tod der Regenkönigin Modjadji V. im Winter 2001 einige Probleme in der Erbfolge zurückgelassen, so dass die Zukunft der Monarchie und ihre erbliche Macht nun geheimnisumwobener ist als je zuvor. ☉ tgl. 8.30–16 Uhr, Eintritt R10.

Etwa 20 km hinter der Abfahrt nach Modjadji liegt das **Sunland Nursery**. Hier steht ein gewaltiger Baobab mit einem Pub in seinem Innern. Der Besitzer schenkt gezapftes Bier aus, während er ein paar der merkwürdigen Geschichten über diesen seltsamen Ort zum Besten gibt. Er behauptet, dies sei der größte Baobab der Welt, obwohl noch eine paar andere Exemplare im Gebiet der Nord-Provinz um diese Ehre wetteifern. Trotzdem macht es Spaß, vor allem wenn man Zeit für ein paar gesellige Drinks hat. Allerdings wird Eintritt verlangt (R10).

Übernachtung

Wenige Kilometer weiter liegt an derselben Straße das 500 ha große ***Hopefontein Nature Reserve****, ✆ 015-305 3607, wo man in einem der beiden Baumhäuser oder einem rustikalen Bauernhaus übernachten kann, telefonische Anmeldung empfehlenswert.

Letsitele und Umgebung

Letsitele ist eine kleine Stadt 30 km östlich von Tzaneen, die hauptsächlich als Ausgangspunkt zu einigen interessanten Orten in der Region des an den Gebirgssteilhang grenzenden Lowveld dient. In südlicher Richtung liegen die großen Natur- und Wildschutzgebiete **Lekgalameetse** und **Wolkberg** (s.S. 704), die man erkunden kann, wenn man ein paar Tage Zeit hat und sich zu einsamen grünen Landschaften hingezogen fühlt. In der Nähe des Ortes Letsitele liegt eines der interessantesten Handwerksprojekte der Provinz namens **Karosswerkers**, wo kunstvoll gearbeitete und eindrucksvoll bestickte, landestypische Platzdeckchen, Kissenbezüge und Wandbehänge gefertigt werden. Eine Besichtigung der Werkstätten, in denen über 150 Einheimische beschäftigt sind, lässt sich arrangieren, ☎ 015-3451765. Die Arbeiten können in der ausgezeichneten *Monsoon Gallery* an der R527 westlich von Hoedspruit (s.S. 658) käuflich erworben werden.

Wandern in Letaba Zu den Hauptattraktionen der Region Letaba gehört aufgrund der sensationellen Landschaft, der dichten Wälder und der relativ kühlen Luft des Gebirgssteilhangs das Wandern. Die beiden beliebtesten **mehrtägigen Wanderungen** sind die Zweitagestour nach Debegeni und die Dreitagestour nach Dokolewa, die gut ausgeschildert sind und gepflegte Forsthäuser oder Blockhütten* für die Übernachtung bieten – Einzelheiten sind beim staatlichen Forstwirtschaftsbetrieb SAFCOL, ☎ 012-4813615, 🖥 www.safcolecotourism. co.za, zu erfragen. Die zwei großen Schutzgebiete im südlichen Letaba eignen sich ebenfalls bestens zum Wandern: In der Wolkberg Wilderness Area, ☎ 015-2761303, gibt es lediglich einen Campingplatz an der Serala Forest Station, zu dem man von der Haenertsburg-Seite gelangt – die Gegend soll wild und ungezähmt bleiben. Im **Lekgalameetse Nature Reserve** ☎ 015-23021514, das über die R36 südlich von Tzaneen erreichbar ist, sieht man den Übergang vom Lowveld zum Steilhang. Übernachten kann man in einfachen Blockhütten*.

Den nicht ganz so motivierten Wanderern seien die schönen **Tageswanderungen** in verschiedenen Teilen von Letaba empfohlen: in der Umgebung von Haenertsburg, durch einige der letzten verbliebenen einheimischen Waldgebiete; entlang des gekennzeichneten 4 km langen Lesodi Trail, der seinen Anfang am Sandford Heights Nursery an der R71 hinter dem Magoebaskloof Hotel nimmt; entlang des Rooikat Walking Trail, einer Rundwanderung durch Wälder auf dem Bergkamm von Agatha, ebenfalls gekennzeichnet und beginnend in der Nähe des *Coach House*, und im Modjadji Nature Reserve. Anfragen zu hiesigen Führern sind an die Magoebaskloof Tourist Association, ☎ 015-2765047, zu richten.

Waterberge

Selbst heute, da der Rauch der großen Goldgräberstadt fast bis hierher zu sehen ist – selbst heute, da die Zivilisation mit Siebenmeilenstiefeln über die Berge strömt, können die Waterberge ihren Charme bewahren.

Eugène Marais

Aus den Ebenen im Westen, nördlich der Great North Road, erheben sich die Waterberge – eines von Südafrikas am wenigsten bekannten und doch faszinierendsten Bergmassiven. Einst ein Seen- und Sumpfgebiet – daher auch der Name –, scheint das Hochplateau oft so trocken und spärlich mit Wasser versorgt wie das umliegende nördliche Bushveld. Und doch ist es von einer derart vielfältigen Vegetation und Topographie, dass es der Rinderhaltung, der Jagd und in zunehmendem Maße einigen führenden Naturschutzprojekten des Landes Raum bietet.

Zum großen Teil auf Initiative von Clive Walker vom Reservat **Lapalala Wilderness**, wurde im Jahre 2001 der Vorrang des Naturschutzes in der Region anerkannt, als etwa 14 500 km² Land aus privatem und staatlichem Besitz in den Waterbergen zum **UNESCO Savannah Biosphärenreservat** ernannt wurden. Was die Wildbeobachtung betrifft, gelten die Waterberge inzwischen als Alternative zu den Lowveld-Gebieten um den Krüger-Nationalpark, was zudem den Vorteil bietet, dass Malaria hier nicht verbreitet ist. Doch bei all ihren beeindruckenden Gegebenheiten als riesige, natürliche Wildnis und ihrer geringeren Vermarktung ist das Wildaufkommen nicht so hoch wie um den Krüger-Park.

Die besten Chancen, Großwild zu Gesicht zu bekommen, bieten sich im **Marakele National Park** oder in einem der teureren Privatreservate, in denen sich die Big Five tummeln. In der Gegend nördlich der Stadt **Vaalwater** gibt es aber auch kleinere und erschwinglichere (und trotzdem engagierte) Privatreservate. Zu den Highlights hier zählen häufig Nashörner, Giraffen, große Antilopenarten und Leoparden. **Abenteuerlustigen** bietet die Gegend ein paar interessante Möglichkeiten, inklusive Wanderungen durch den Busch und Reittouren durch die Wildnis, die zu den schönsten Südafrikas zählen.

Eugène Marais (1872–1936) Einer der begabtesten und doch geplagtesten Südafrikaner seiner Zeit war der Journalist Eugène Marais, der seine Heimat in den 90er Jahren des 19. Jahrhunderts verließ, um in London gleichzeitig Jura und Medizin zu studieren. Anfang des 20. Jahrhunderts ließen seine Gedichte und Kurzgeschichten ihn zu einem der ersten Schriftsteller werden, die sich in der Literatur durch die „neue" Sprache Afrikaans einen Namen machen konnten.

Er litt jedoch an Depressionen und schlechter Gesundheit, so dass er sich eines Tages von seiner Anwaltstätigkeit in die Abgeschiedenheit der Waterberge zurückzog.

Im Zuge seines intensiven Engagements für die natürliche Umwelt veröffentlichte er zwei bahnbrechende Studien über die Verhaltensweisen von Tieren: zum einen *The Soul of the Ape,* das Ergebnis eines etwa dreieinhalbjährigen Lebens in unmittelbarer Nähe zu einer Gruppe von Pavianen, und zum anderen *The Soul of the White Ant,* eine Studie über Termiten, der zufolge ein Termitenbau ein einzelner, funktionierender Organismus ist, der dem menschlichen Körper ähnelt.

Sein anhaltend schlechter Gesundheitszustand und seine zunehmende Morphiumabhängigkeit trieben ihn 1936 in den Selbstmord.

Vaalwater

Die einzige Siedlung in den Waterbergen ist die kleine Stadt Vaalwater, die ein paar günstige Unterkünfte im Angebot hat. Die Umgebung jedoch lock mit packenden Buscherlebnissen für jeden Geschmack – von Luxus-Lodges bis hin zu billigen Gästehäusern für Selbstversorger und Campingplätzen mitten in der Wildnis. Die Landschaft in diesem Teil der Waterberge ist nicht so spektakulär, sondern eher sanfter – und das lernt man bei einem mehrtägigen Aufenthalt schätzen.

Die kleine Farmerstadt Vaalwater bietet ihren Besuchern wenig mehr als einen Orientierungspunkt auf der R33 zwischen Nylstroom, unweit der N1, und Ellisras. Außerdem liegt sie an der Kreuzung, von der die geteerte Straße nach Melkrivier

und Marken abgeht, an der die großen Schutzgebiete der nordöstlichen Waterberge liegen.

Doch Vaalwater ist nicht nur ein günstiger Zwischenstopp, sondern auch ein guter Ausgangspunkt für Aktivitäten wie Wandern oder Wildbeobachtung, die hier organisiert werden können.

Übernachtung und Essen

Ist man auf eine Unterkunft in der Stadt angewiesen, so gibt es eine große Backpacker-Lodge und ein gemütliches und geschmackvolles B&B bei den *Zeederberg Cottages**, ☎ 014-7553538 oder 082-3327088, an der Total Tankstelle und der ausgezeichneten Handwerkskunst-Galerie *Black Mamba* im Norden der Stadt, an der Kreuzung von R510 nach Bulge River und R33 nach Ellisras. Ansonsten bietet die *Waterberg Game Lodge**, ☎ 014-7553686, stadteinwärts von Nylstroom auf der rechten Seite, neben Zimmern ein kleines Restaurant und eine gut besuchte Stammkneipe. Es heißt *International Hunter's Hotel*, woran man schon erkennt, was zu erwarten ist. Essen kann man ganz gut in der *Waterberg Game Lodge* oder dem *Waterhole Steakhouse,* ☎ 014-7553775, am Village Square Komplex, zwischen den Geschäften an der Abfahrt nach Melkrivier.

Transport

Billige und effiziente Langstreckentaxis zwischen Orten wie etwa dem Johannesburg International Airport und den Waterbergen sind bei *Waterberg Transfers*, ☎ 082-3206515, ✉ ab. farm@mweb.co.za, zu erfragen.

Wildreservate in den Waterbergen

Wie in vielen anderen Gebieten Südafrikas, kann man auch in den Waterbergen mit den Reservaten und dem Standard der jeweiligen Unterkünfte ganz verschiedene Erfahrungen machen. Der einzige Nationalpark des Gebietes, Marakele, ist im Wesentlichen jenen vorbehalten, die in Fahrzeugen mit Allradantrieb unterwegs sind. Und in die Privatservate gelangt man fast immer nur, wenn man auch die Übernachtung auf dem Gelände bucht. Doch auch in den Waterbergen wäscht eine Hand die andere, und so haben die Besitzer der Gästehäuser in der Nähe der Schutzgebiete mit den Betreibern häufig Zugangsrechte ausgehandelt. Da viele Lodges in den Waterbergen klein und relativ abgelegen sind, ist eine Vorausbuchung der Unterkunft zu empfehlen, zumindest für die ersten Nächte. Die teureren Lodges bieten meist Vollpension an und unternehmen frühmorgens und spätabends Beobachtungstouren und -wanderungen, man sollte also seine Ankunft so legen, dass man diese Angebote voll nutzen kann.

Während die Wildbeobachtung vom Fahrzeug aus oder zu Fuß die Hauptstütze der meisten Gästehäuser und Privatreservate der Waterberge ist, eignet sich das Gebiet auch bestens für Besucher mit etwas mehr Tatendrang. Die Waterberge zählen zu Südafrikas schönsten Gegenden für **Safaris zu Pferde**, und hier stehen zwei gut ausgestattete und hochprofessionelle Anbieter zur Verfügung. Der teurere von ihnen mit Sitz im Lapalala Wilderness Area (s. S. 708) ist *Equus Horse Safaris* ✆ 011-788 3923, 🖥 www.equus.co.za, und bietet erstklassige Reitertouren samt einem Luxus-Zeltcamp mit 8 Betten mitten im Busch an. *Horizon Horse Trails*, ✆ 014-755 4003, 🖥 www.ridinginafrica.com, auf der Triple B Ranch (s. S. 707) gelegen, wird Pferdeliebhabern gefallen: Neben Ausritten, Nachtritten und Touren in Wildgebiete stehen auch andere Aktivitäten wie Rindertreiben, Polocross und Querfeldeinritte zur Wahl. Übernachten kann man in DZ im Bauernhaus, wo die Pferde untergebracht sind, oder in den Rondavels daneben.

Wanderer, Mountainbiker etc. wenden sich am besten an *Lindani***–***, ✆ 083-631 5579, eine 28 km² große Farm mit mehreren attraktiven, strohgedeckten Häusern inklusive Skebenga Lodge mit Blick auf einen Stausee.

Übernachtung

LUXUS-GAME-LODGES – In den Waterbergen gibt es drei große Wildreservate, in denen die Big Five vorkommen: der **Marakele National Park** (s.S. 707) und die privaten Schutzgebiete **Welgevonden** und **Touchstone**.
Die letzteren beiden gehören zur gehobenen Klasse: Welgevonden, ein Reservat von 380 km² Größe, westlich von Vaalwater und in unmittelbarer Nachbarschaft von Marakele, ist in Hunderte einzelner (nicht eingezäunter) Gebiete unterteilt, es gibt jedoch strenge Bestimmungen hinsichtlich der Anzahl der genehmigten Gästehäuser und Fahrzeuge im Reservat.

Jagd: ein kurzer Überblick Für die einen die grausame Lust am Töten, ist sie für andere wiederum zutiefst mit dem Naturschutz verbunden. Das Reizthema Jagd wird nicht nur in den Waterbergen heftig diskutiert, sondern auch in vielen ländlichen Gebieten Südafrikas, wo sie als wesentlicher Bestandteil des Lebens im Busch gilt. Es ist außerdem eine Multimillionen-Rand-Industrie und, wenn sie auch nicht alle in den Reiseführern stehen, so gibt es in diesem Land doch weitaus mehr Jagdreservate als ökologisch geführte Tierschutzgebiete.

Die Jagdreservate sind mit großen Wildbeständen bestückt, die ausschließlich der Jagd vorbehalten sind, wohingegen Schutzgebiete darauf ausgerichtet sind, dass die Besucher Geld zahlen, um die Tiere in ihrer natürlichen Umgebung lediglich zu beobachten. Doch wo immer das Land eingezäunt ist (also eigentlich überall), müssen unweigerlich Kompromisse gemacht werden, was die natürliche Umwelt angeht. Denn der menschliche Eingriff ist schon notwendig, um ein realistisches Gleichgewicht und eine natürliche Vielfalt in dem Gebiet zu erhalten.

Diese Eingriffe – die etwas beschönigend „Management" genannt werden – finden selbst in den sehr auf Tierschutz bedachten Reservaten statt. Doch was eigentlich noch mehr zur Debatte steht, ist das Ausmaß der Vermarktung dieser Prozesse. Denn auch Wildschutzgebiete, die manchmal den Bestand bestimmter Tiere reduzieren müssen, gestatten zahlenden Kunden die Jagd auf diese entsprechende Anzahl von Tieren und erschließen sich so eine wertvolle Einnahmequelle für das Reservat und seine Schutzideale.

Das führt zwangsläufig zu Grauzonen: Wie viele Tiere dürfen erlegt werden, wenn Geld auf dem Spiel steht?

Nur wenige Lodges sind der Allgemeinheit zugänglich – eine davon ist die exklusive **Makweti Safari Lodge**, über R1000, ☏ 011-837 6776, 💻 www.makweti.com, mit ihren fünf in die natürlichen Felsformationen der Berge eingebauten, strohgedeckten Holzsuiten. Sie ist spektakulär und luxuriös zugleich, und trotz ihrer Abgeschiedenheit sind von hier alle Wildgebiete des Reservates leicht zugänglich.

Touchstone Game Ranch, über R500, ☏ 011-784 8022, ✉ touchstone@icon.co.za, nördlich von Vaalwater liegt die mit einer größeren, weniger stilvollen, aber extrem komfortablen Lodge mit 40 Betten auf einem 9000 ha großen Reservat.

Ant's Nest, über R1000, ☏ 083-287 2885 oder ☏ 014-755 4296, 💻 www.waterberg.net, ruhiges, umgebautes Bauernhaus im tiefsten Busch nördlich von Vaalwater, mit Nashörnern, Giraffen, Gemsantilopen und Blessböcken auf der Wildfarm sowie Fahrten, Wanderungen und vor allem Reittouren im Angebot. Da die Besitzer immer nur ein Paar bzw. eine Gruppe aufnehmen, hat man hier das Gefühl, der ganzen Welt entkommen zu sein.

MITTLERE PREISKLASSE UND SELBSTVERSORGER – Die Waterberge verdanken ihre Glaubwürdigkeit und ihr Profil zum großen Teil den Schutzidealen des Lapalala Wilderness Area (Kasten s.S. 708).

Die gehobenere Unterkunft hier ist das gemütliche und entspannte **Rhino Camp****, ein Buschcamp mit Zelten für Selbstversorger am Ufer des Lapalala River. Billiger sind die schlichten, aber abgelegenen Buschcamps* für Selbstversorger in verschiedenen Wildnisgebieten, von denen einige wunderschön gelegen sind.

Lookout Camp bietet Safari-Zelte an einem Bergabhang mit Blick auf das Lephalala River Valley. Zwar liegen nicht alle Chalets und Cottages für Selbstversorger in den Waterbergen in Wildreservaten, doch viele davon haben hinsichtlich der Tierbeobachtungstouren mit größeren, nahe gelegenen Farmen oder Schutzgebieten Absprachen getroffen. Daher sind sie oft erschwinglicher und flexibler.

Cattlelands Cottage**, ☏ 014-755 4179, gehört zu den besten; geschmackvolles, komfortables Cottage für zwei Personen mit einem Pool mitten im abgelegenen Busch

Le Thabo Pioneer Settlement, ☏ 014-7554178 oder 082-635 8967, Selbstversorger**, Halbpension****, eine Ansammlung kleiner Blockhütten am Ufer des Melk River nahe Lapalala.

Auf der *Triple B Ranch* an den ausgezeichneten Horizon Horse Trails (s.S. 706) bekommt man eine angenehme Selbstversorger-Unterkunft im **Windsong Cottage***, einem der alten Bauernhäuser, ☏ 014-755 4296. Die Ranch zählt zu den ältesten der Region und ist berühmt für ihre ungewöhnlich ausschauenden doch sehr robusten Bonsmara-Rinder, über die man auf einer faszinierenden **Farm-Besichtigung** mit dem Farmer mehr erfahren kann. Unweit der *Triple B Ranch* lohnt sich ein Abstecher zu der winzigen **Steinkirche** bei Twenty-Four Rivers (am Rande der Ranch), die von Sir Herbert Baker (s.S. 581) entworfen worden ist. Den Auftrag hatte er von zwei unverheirateten Tanten erhalten, die hofften, dass er ihn kostenfrei ausführen würde, da es sich ja schließlich um eine Andachtsstätte handelte. Diese Auffassung wurde jedoch von Baker nicht geteilt, was wohl nicht anders zu erwarten war.

Obwohl Selbstversorger-Unterkünfte hier zum Standard gehören, wird auf rechtzeitige Anfrage bei Bedarf auch **Verpflegung** angeboten. Hervorragend essen kann man im **Walker's Wayside**, ☏ 014-755 4428, einem Pub und Restaurant gleich neben dem Rhino Museum nahe Lapalala. Hier gibt es leckeres Mittag- und Abendessen zum guten Preis. Mo geschlossen.

Marakele National Park

Südwestlich von Vaalwater, in den Bergen nordöstlich der Bergbau- und Jägerstadt Thabazimbi, liegt der Marakele National Park einer der jüngsten Nationalparks des Landes, der schon jetzt beeindruckende 600 km² misst. In seinem Innern liegen die Kransberge, eine bemerkenswerte Mischung aus seltsam geformten Gipfeln, Plateaus und Klippen. Die abwechslungsreiche Landschaft und die Höhenunterschiede lassen hier eine Vielzahl interessanter Pflanzen gedeihen, darunter Farne, Orchideen, und sogar Proteas und Zykaden. Zur Tierwelt gehören Leierantilopen, Pferde- und

Lapalala – alles für die Nashörner Die Lapalala Wilderness Area, ☎ 011-453 7645, 🖥 www.parksgroup.co.za, wurde 1981 gegründet und ist ein 400 km² großes Schutzgebiet unter Leitung von Clive Walker, einem hoch geschätzten südafrikanischen Naturschützer und Künstler. Es bietet gefährdeten und seltenen Tieren Zuflucht und hat sich zu einem der führenden Schutzprojekte Südafrikas entwickelt. Als erstes privates Wildreservat des Landes erhielt es vom Natal Parks Board extrem gefährdete Spitzmaulnashörner: fünf Exemplare für 2,2 Millionen Rand. Es hat sich nie davor gescheut, sich voll und ganz dem Naturschutz zu widmen: So macht die 1985 errichtete Lapalala Wilderness School beispielsweise jährlich etwa 3000 Kinder aus ganz Afrika auf einwöchigen Kursen mitten in der Wildnis mit den Prinzipien und Methoden des Naturschutzes vertraut. Lapalala liegt mitten im Herzen des erst unlängst ernannten **Waterberg-Biosphärenreservates**, das auf einer Vereinigung hiesiger Grundbesitzer gründet, die sich der Verknüpfung von Tierschutz und den Idealen der Wildnis mit den Vorteilen des Tourismus verpflichten. Die Anerkennung als UNESCO-Biosphäre bedeutet, dass die Waterberge ein Schutzgebiet von internationaler Bedeutung sind, was nicht nur den Naturschutz, sondern auch die nachhaltige Nutzung der natürlichen Ressourcen betrifft. Einen ausgezeichneten Einblick in einige Errungenschaften von Lapalala bekommt man in dem weltweit einzigen, ausschließlich den Nashörnern gewidmeten **Rhino Museum** in der alten Melkrivier School, etwa 6 km entlang der Straße nach Lapalala und von der Teerstraße von Vaalwater nach Marken ab. Es besteht auch die Möglichkeit, die Nashorn-**Waisen** von Lapalala zu besuchen, unter ihnen das junge Spitzmaulnashorn namens Bwana, das im Garten von Clive und Conita Walker aufwächst. ⏱ Di–So 9–17 Uhr, Eintritt R5. Neben dem Rhino Museum befindet sich das ebenso sehenswerte **Waterberg Museum**, das die Ursprünge des Menschen in den Waterbergen erforscht und die verschiedenen Völker und Traditionen betrachtet, die hier über die Jahrhunderte geherrscht haben.

Rappenantilopen, Rote Kuhantilopen und 800 Brutpaare des gefährdeten Fahlgeiers. Auch größere Wildtiere wie Elefanten, Nashörner und Löwen sind hier angesiedelt worden, vorwiegend aus dem Krüger-Nationalpark. ⏱ Mai–Aug tgl. 8–17; Sept–Apr 8–18 Uhr, Tagesbesucher R10.

Obwohl der Park über riesige Bestände verfügt, müssen sich **Tagesbesucher** gegenwärtig auf ein bestimmtes Gebiet beschränken – dazu gehören leider auch die Kransberge mit ihren atemberaubenden Ausblicken.

Übernachtung

Momentan ist die einzige Unterbringungsmöglichkeit ein **Zeltcamp** am Ufer des Matlabas River, wohin man nur in einem Fahrzeug mit Allradantrieb gelangt. Buchungen sind beim National Parks Board, ☎ 012-343 1991, 🖥 www.parks-sa.co.za, möglich.

Der hohe Norden

Der nördlichste Teil der Nord-Provinz ist eine heiße, grüne, unerschlossene, ländliche Gegend, die mit Zimbabwe mindestens so viel gemeinsam hat wie mit Südafrika. Zu den wesentlichen geografischen Merkmalen des Gebietes gehören der **Limpopo River**, der die Grenze zwischen Südafrika und Zimbabwe (und zuweilen westlich Botswana) bildet, und die zauberhafte Gebirgskette des **Soutpansberge**, die sich unmittelbar nördlich von **Louis Trichardt**, der Hauptstadt der Region, von Osten nach Westen erstreckt. Beide Erkennungsmerkmale liegen an der N1, die auch hier die bedeutendste Straße der Region darstellt und in **Beitbridge** nach Zimbabwe hereinführt.

Als erster Eindruck von Südafrika für die aus Zimbabwe kommenden Besucher kann der hohe Norden keineswegs mit den Reizen des Landes weiter südlich mithalten. Doch bietet diese Region gerade wegen des Mangels an Kultiviertheit sowie der isolierten Geschichte der Menschen und der Kultur spannende Kontraste zu anderen Landesteilen. Die vielleicht charakteristischste Gegend ist **Venda**, einst „unabhängiges" Homeland unter dem Apartheidregime. Obwohl ökonomisch verarmt, ist es reich an Traditionen, Kunst und Legenden. Im Osten der Region liegt die nördliche Spitze des **Krüger-Nationalparks,** ein zwar wenig besuchter, aber doch interessanter Teil des Parks. Darüber hinaus gibt es hier zwei Eingänge zum Park, **Punda Maria** und **Pafuri.**

Das Gebiet der Soutpansberge: Louis Trichardt

Die Soutpansberge gehören zu den flachsten dem Menschen bekannten Naturgegebenheiten und sie sind nach einer Reihe von Salzpfannen benannt. Der Name entstand, nachdem Voortrekker-Pioniere unter der Führung von Louis Trichardt ihre erste Siedlung bei den Salzpfannen an der Nordseite der Gebirgskette errichteten. Und obwohl die Siedlung bald nach Schoemansdal auf der Südseite umzog, behielt das Gebirge seinen Namen.

In der besonders aus südlicher Richtung eindrucksvollen Bergkette der Soutpansberge fällt ausreichend Regen, um ein subtropisches Klima entstehen zu lassen, und so gedeihen auf den auffallend üppig grünen Farmen an den Südhängen exotische Früchte wie Avocados, Mangos, Bananen und Macadamia-Nüsse. In anderen Teilen bieten die felsigen *kloofs* und grünen Hänge ein paar abgelegene und unberührte Erholungsorte im Schatten der bis zu 250 verschiedenen Baumarten. Hier leben Affen, kleine Antilopenarten, Warzenschweine auf Nahrungssuche und prächtige Raubvögel.

Die N1 führt mitten durch die Berge und die Hauptstadt des Nordens, Louis Trichardt, auf der Südseite im Schatten der Berge. Dann verläuft sie über einen nicht sehr hoch gelegenen Pass und fällt durch zwei Tunnel auf der Nordseite ab. Wenn sie den Steilhang hinter sich gelassen hat, geht es weiter nach Norden durch vorwiegend leere Baobab-Ebenen bis nach **Messina** und zum **Limpopo.**

Da die N1 durch die Stadt Louis Trichardt führt, kann man, ehe man sich's versieht, schon durchgefahren sein – sie ist nicht viel mehr als ein praktischer Zwischenstopp, wo sich die Straßen nach Venda und zum Eingang des Krüger-Nationalparks bei Punda Maria kreuzen. Weiter nördlich in Messina ist das Angebot nicht so gut, deshalb ist dies die letzte Stadt mit einer recht passablen Auswahl an Geschäften und Dienstleistungen auf dem Weg zur Grenze. Als Zentrum für die Farmen in den umliegenden Bergen und dem Buschland bleibt es seiner traditionellen Rolle als weiße Bastion im feindseligen Norden treu, und die weiße Bevölkerung spricht mit überwältigender Mehrheit Afrikaans.

Elephant Talk: Afrikas ‚beschissenste' Souvenirs Einen Teil der modernen ‚Africana' in Louis Trichardt, den man auf keinen Fall verpassen sollte, ist die ungewöhnliche Werkstatt Elephant Talk von Lynne und Bruce Murray, in der sie Papier und andere Erzeugnisse in Eigenproduktion fertigen – und zwar aus Elefantendung. Sie vermischen ihn (selbst gesammelt im Tuli Block in Botswana) mit recyceltem Papierbrei und machen daraus Schreibpapier, Karten und Briefpapier. Einige Exemplare aus dem Sortiment der auf ihrer Farm „Blair" in den Soutpansbergen hergestellten und garantiert geruchlosen und biologisch abbaubaren Papiersouvenirs bekommt man in ihrem Geschäft *The Stamp & Sign Shop,* 24 Rissik St, Louis Trichardt, oder im Tourist Information Centre.

Übernachtung

Die besten Unterkünfte der Gegend liegen außerhalb der Stadt, hauptsächlich in den Vorgebirgen der Soutpansberge (s.S. 711), doch auch hier gibt es ein paar billige Alternativen. Der städtische **Caravan Park** liegt an der Grobler St in der Nähe des Stadtzentrums – mit ein wenig trostlosem Schatten und Gras zum Zelten. *Ben Lavin Nature Reserve*,* außerhalb der Stadt, laut Wegweiser 8 km südlich der Stadt an der N1, ✆ 516 4534, ▭ www.satis.co.za/benlavin, lockt mit einigen größeren Antilopenarten und Giraffen und einem gepflegten Lagerplatz im tiefsten Busch. Dort gibt es Wege für Wanderer und Mountainbiker (Fahrräder im Verleih), Cottages für Selbstversorger, Luxuszelte und Platz für das eigene Zelt. *Bergwater Hotel**,* 5 Rissik St, ✆ 516 0262, recht ordentliche und moderne Zimmer in der oberen Etage mit Blick auf einen kleinen See. *Carousel Lodge*,* Klein St, unweit der Rissik St, ✆ 516 4482. Die etwas weniger glamouröse Alternative, die jedoch annehmbare und billige Zimmer und Wohneinheiten für Selbstversorger sowie einen Schlafsaal im Angebot hat.

Plaas Guesthouse**, 21 km östlich der Stadt an der R524, ✆ 516 4717, ✉ plaasgst@cis.co.za. Ein sehr gastfreundliches B&B auf einer Avocado-farm an den saftig grünen Hängen der Soutpans-berge, mit tollem Frühstück.

Essen

Auf der Suche nach Essen findet man um das gitterförmig angelegte Stadtzentrum einige bekannte Takeaways. Eine richtige Mahlzeit bekommt man im Steakhouse ***Shenandoah Spur*** auf der Krogh St und der Magistrate Av. Auch das Restaurant im ***Bergwater Hotel*** bietet teurere Speisen an. Attraktiver sind ein paar Alternativen außerhalb der Stadt, wie z.B. das Gartenrestaurant im ***Inn on Louis Trichardt***, das ***Ingwe Ranch Hotel*** (genauere Angaben zu beiden, s.S. 711) oder das Pub ***Elephant & Castle***, 14 km südlich von Louis Trichardt an der N1.

Sonstiges

INFORMATION – Es gibt ein gut organisiertes und hilfreiches **Tourist Information Office**, ✆ 516 0040, 🖥 www.tourismsoutpansberg.co.za, neben der Caltex Werkstatt, gleich nach der Abfahrt vom Highway, nach Norden an der dritten Kreuzung (der mit den Stoppschildern) auf der N1 durch die Stadt. Zu beachten ist jedoch, dass es irgendwann im Jahre 2002 umziehen soll – in ein Touristenzentrum an der linken Seite der mittleren Kreuzung (der mit den Ampeln) auf dem Weg durch Louis Trichardt in nördlicher Richtung. ⊙ Mo–Fr 8–17, Sa 8–13 Uhr.

VORWAHL – 015

Transport

BUSSE – Die Busse von Greyhound, Intercape und Translux halten am Information Office. Sie verkehren auf der N1 zwischen Jo'burg und Beitbridge und halten in WARMKATUS, PIETERSBURG, LOUIS TRICHARDT und MESSINA. Die meisten von ihnen fahren entweder weiter

nach BULAWAYO und zu den Victoriafällen oder nach HARARE in Zimbabwe.

MINIBUS-TAXIS – Die Taxen fahren nach VENDA und BEITBRIDGE und stehen unweit der Trichardt, Ecke Kruger St.

EISENBAHN – Der **Bahnhof** liegt am südlichen Ende der Kruger St. Täglich fährt je ein Zug zwischen **Jo'burg** und **Messina** (Gesamtfahrzeit: 15 Std. über Nacht). Er hält in PRETORIA (1 1/2 Std.), WARMBATHS (3 1/2 Std.), NYLSTROOM (4 Std.), POTGIETERSRUS (6 Std.), PIETERSBURG (8 Std.), LOUIS TRICHARDT (12 Std.) und MESSINA. Unbedingt beachten, dass die oben genannten Zwischenstationen auf dieser (sehr langsamen) Strecke oftmals mitten in der Nacht erreicht werden.

Schoemansdal

Die ersten Voortrekker, die in den Soutpansbergen angelangten, errichteten Schoemansdal, das an der Abfahrt von der R522 in Richtung Vivo liegt. Etwa 30 Jahre später verließen sie den Ort wieder, nachdem sie die Angriffe der Venda-Krieger nicht hatten stoppen können, und kehrten nie mehr zurück. Als im Jahre 1898 die Zuid-Africaanische Republiek die Kontrolle über das Gebiet wiedererlangte, entstand eine neue Siedlung in Louis Trichardt, etwa 12 km östlich, womit Schoemansdal die einzige Voortrekker-Siedlung des ganzen Landes ist, aus der keine moderne Stadt hervorging. Das lag nahe, das historische Dorf in ein **Freiluftmuseum der Pioniergeschichte** umzubauen, viele alte Behausungen und Gebäude wiederzuerschaffen und die verschiedenen Seiten des Siedlerlebens und das häusliche Handwerk auszustellen. Von der hölzernen Aussichtsplattform kann man nicht nur die Grasstreifen sehen, wo früher die Straßen der Siedlung entlangführten, sondern auch die hier vorgenommenen archäologischen Ausgrabungen. Auf jeden Fall bekommt man zumindest einen Einblick in das Pionierleben der Voortrekker, das in den in staubigen Stadthäusern gezeigten Artefakten-Sammlungen nicht so sichtbar wird. Doch trotz seiner Bedeutung und seines Potenzials kann man den langsamen Verfall des Museums Schoemansdal beobachten – es lockt kaum mehr ein breites

Publikum an, sondern ist vielmehr zu einem Reiseziel für Geschichtsinteressierte geworden. ⏲ Mo–Sa 9–16 Uhr, Eintritt frei.

Elim und Umgebung

Südöstlich von Louis Trichardt, an der R578, liegen einige Gebiete, die einst zu dem selbstverwalteten Homeland Gazankulu (einem Gebiet des Volkes der Tsonga) gehört haben. Sie zeichnen sich durch eine gewisse Schmuddeligkeit und eine lebhafte Geschäftigkeit auf den Straßen aus, die für solcherart ländliche Gebiete typisch sind – vor allem in Elim, einer Ansammlung von Verkaufsständen, Minibussen und Reklameschildern an dem Standort eines alten Schweizer Missionskrankenhauses.

Fährt man auf der R578 von der Kreuzung in Elim weiter Richtung **Giyani**, stößt man auf eine Reihe ländlicher Kunsthandwerksbetriebe. Diese stellen nicht unbedingt Venda-Kunst (s. S. 717) her, doch sind die hiesigen Traditionen und Fertigkeiten im Kunsthandwerk jenen nicht unähnlich, und die meisten Werkstätten und Kleinbetriebe haben einfache, ländliche Wurzeln, so dass eine Reise dorthin recht abenteuerlich ist, sich aber auf jeden Fall lohnt.

Unweit von hier an der Straße nach Levubu befindet sich die bescheidene aber entspannte **Shiluvari Lakeside Lodge***, ☏ 015-556 3406, ✉ eshiluvar@lantic.net, Halbpension, mit Rasenflächen bis hinunter an den Rand des Albasini Stausees und Blick über das Wasser bis zu den Soutpansbergen.

Die Soutpansberge

Sattgrün bewachsen, rund, bis über 1700 m hoch und von spektakulär zutage liegendem, rosa-orangefarbenem Gestein durchzogen – so scheinen die Soutpansberge eine letzte Barriere des farbenfrohen Kontrastes formen zu wollen, bevor sie den weiten, heißen Ebenen zu beiden Seiten des Limpopo das Feld überlassen. Folgt man der N1 gen Norden, steigt der Weg unmittelbar hinter Louis Trichardt zu einer engen, kurvenreichen Straße an, die für die großen Trucks von der Great North Road nicht gerade einfach zu nehmen ist.

Auf diesem Streckenabschnitt kommt man an mehreren Hotels und Gästehäusern vorbei, die sich die üppige Landschaft der Umgebung zunutze gemacht haben, um eine Atmosphäre zu schaffen, die an Luftkurorte erinnert. Die besten davon können als Alternativen zu einem Aufenthalt in Louis Trichardt empfohlen werden:
Harnham House*, nach 6 km Fahrt entlang der „Bluegumspoort" Rd, in den Falten der Soutpansberge versteckt, ☏ 015-517 7260. Eines der schönsten Gästehäuser mit Zimmer in dem attraktiven Haupthaus und in einem netten und abgelegenen Cottage mit Blick auf einen Stausee. Schlafmöglichkeiten für **Backpacker** und **Campingplätze** sind ebenfalls vorhanden.
Ingwe Ranch Hotel*, hinter dem niedrig gelegenen Pass, bereits an den weniger imposanten Nordhänge, ☏ 015-517 7087. Gut geführt, mit verschiedenen Rondavels und Zimmern, einem Café und einem der besseren Restaurants der Gegend.
The Inn on Louis Trichardt**, 12 km nördlich der Stadt, ☏ 015-517 7088, 🖥 www.innsofzim.co. zw. Besser noch als das *Mountain View Hotel*. Verschiedene Zimmer mit altem Kolonialflair, gepflegter Garten mit Pool, einem sehenswerten Handwerksgeschäft und einem Gartenrestaurant.
Mountain View Hotel*, ☏ 015-517 7031, 9 km nördlich der Stadt.

Erholungsorte in den Bergen

Jenseits der abgenutzten N1 kann man tiefer in die entlegeneren und raueren Teile des Gebirges gelangen, wenn man ein paar Tage Zeit hat. Die meisten der nachfolgend aufgezählten Orte sind Mitglieder der Schutzbehörde der Soutpansberge (🖥 www. soutpansberg.co.za), die das natürliche Erbe der Region ins Bewusstsein ruft und das touristische Potenzial der Gebirgskette entwickelt. Unmittelbar südlich von Waterpoort liegt die Schlucht des Sand River, durch die die Eisenbahnlinie in die Berge führt. Aus südlicher Richtung nähert man sich hier dem eskapistischen *Medike Mountain Reserve**, 29 km westlich von Louis Trichardt auf der R522, ☏ 015-516 0481, mit Unterkünften in strohgedeckten Steinhäuschen und Wanderwegen, auf denen man die Felsbilder, Vögel, Wildtiere und Wasserfälle der Umgebung bestaunen kann. Weiter westlich, entlang der R522 und einer Abfahrt 46 km hinter Louis Trichardt, befindet sich das *Lajuma Mountain Retreat**, ℡ 015-593 0352 oder 072-133 6208, am Gipfel des Letjume, dem höchsten Punkt der Soutpansberge. Zwei attraktive, strohgedeckte Chalets thronen auf dem Berg, und einfachere viktorianische Cottages liegen im üppigen tropischen Busch verborgen. Auch hier gibt es fantastische Möglichkeiten, die Hänge zu erkunden, die Spezialität sind Archäologie-Wanderungen. An der Nordseite der Berge kann man die Salzpfannen besichtigen, denen die Bergkette ihren Namen zu verdanken hat. Im *Bergpan Eco Resort*, ℡ 015-593 0127, östlich von Waterpoort an der R523, wo Touren zu den Salzpfannen und die Beobachtung der Salzherstellung zum Angebot gehören, stehen auch Wanderwege und ein **Gästehaus*** für Selbstversorger zur Verfügung.

Das Tourist Information Office in Louis Trichardt und dessen Website (s.S. 710) halten Infos zu anderen Erholungsorten bereit.

Nach Norden Richtung Grenze

Hat man einmal die Soutpansberge hinter sich gelassen, verläuft die N1 etwa 60 km lang durch heiße, eher nichts sagende Ebenen mit dichtem Buschwerk und Baobabs, bevor sie die Stadt **Messina** erreicht, die letzte Siedlung vor dem Grenzübergang nach Zimbabwe in Beitbridge am Limpopo River. Viel mehr gibt es in der Gegend nicht zu sehen, höchstens die berühmte Fundstätte aus der Eisenzeit in Mapungubwe (Berg der Schakale), etwa 80 km westlich von Messina, in der Nähe des Zusammenflusses von Shashe und Limpopo. Sie soll Teil eines ehrgeizigen Transfrontier Parks werden, zusammen mit angrenzenden Naturschutzgebieten in Zimbabwe und Botswana. Bis jetzt gibt es allerdings noch keinen öffentlichen Eingang oder sonstige Einrichtungen.

Messina (Musina)

Rund 18 km südlich der Grenze liegt Messina, die in erster Linie eine Bergbaustadt ist. Sie zieht einen ansehnlichen Teil des Durchgangsverkehrs von der N1 an. Denn die Grenze in Beitbridge ist nicht rund um die Uhr geöffnet, und es besteht immer Bedarf an Übernachtungs- und Essensmöglichkeiten, der in Messina gedeckt wird – allerdings ohne jeden Schnörkel.

Das einzig Bemerkenswerte an Messina ist das **Baobab Tree Reserve**, das die Stadt umgibt. Der Legende nach hat Gott die Baobabs verkehrt herum eingepflanzt, mit den Wurzeln nach oben. Die Bäume stehen nicht eng beieinander, eher vereinzelt im Bushveld, und an jedem ist ein Schild angebracht, auf dem sein Schutzstatus ausgewiesen ist. Viele sind über tausend Jahre alt, und die größten sind innen ausgehöhlt und als Häuser, Bars, Läden und selbst Toiletten genutzt worden. Eine ganze Menge schöner Exemplare sind an der N1 zu sehen, wobei viele von ihnen voller Graffiti sind. Der Eingang zum Reservat, das über keinerlei Einrichtungen verfügt, liegt ein paar Kilometer südlich der Stadt.

Übernachtung

Der ganz passabel geführte, städtische **Caravan- und Campingpark** liegt stadteinwärts auf der linken Seite, wenn man von Süden kommt. Sonst kann man zwischen folgenden Optionen wählen:

Günter's Country House*, 25 Irwin St (die R508 nach Tshipise), ℡ 015-534 1019, ein kultiviertes und angenehmes B&B mit Pool.

Ilala Lodge**, im Baobab-Reservat, 8 km nordwestlich der Stadt, ℡ 015-534 3220, mit abgelegenen Chalets aus Stein und einem Pool.

Limpopo River Lodge*, an der N1 im Stadtzentrum, ℡ 015-534 0204, ein schlichtes, billigeres Hotel mit einem gewissen dielenknarrenden Flair.

Essen

Essen bekommt man in verschiedenen Takeaways, darunter **Nando's**, an der Straßenbiegung unweit des Eingangs zum Bergwerk. Für eine richtige Mahlzeit sollte man die Filiale der **Buffalo Ridge Spur**-Restaurantkette aufsuchen, an der N1 von der Sam St ab. Ansonsten ist da noch das Steakhouse in der **Mudzwiri Lodge** am Bergwerk im nördlichen Teil der Stadt.

BUSSE – Die Busse von Greyhound, Intercape und Translux verkehren auf der N1 zwischen Jo'burg und Beitbridge, sie halten in WARM-KATUS, PIETERSBURG, LOUIS TRICHARDT und MESSINA. Die meisten von ihnen fahren entweder weiter nach BULAWAYO und zu den Victoriafällen oder nach HARARE in Zimbabwe.

EISENBAHN – Täglich fährt je ein Zug zwischen Jo'burg und Messina (Gesamtfahrzeit: 15 Std. über Nacht). Er hält in PRETORIA (1 1/2 Std.), WARMBATHS (3 1/2 Std.), NYLSTROOM (4 Std.), POTGIETERSRUS (6 Std.), PIETERSBURG (8 Std.), LOUIS TRICHARDT (12 Std.) und MESSINA. Unbedingt beachten, dass die oben genannten Zwischenstationen auf dieser (sehr langsamen) Strecke oftmals mitten in der Nacht erreicht werden.

Beitbridge

Auf der südafrikanischen Seite des Limpopo besteht Beitbridge aus nicht viel mehr als einer schäbigen Tankstelle, einer ständigen, langen LKW-Schlange, lautstarken Schwarzhändler-Minibussen und schließlich der Zoll- und Immigrationsgebäude (inkl. Duty-free-Shop). Zwei Brücken führen über den Limpopo – den Fluss, den Rudyard Kipling in seinen *Just So Stories* unvergessen als „groß, grau-grün und ölig" beschrieben hat –, eine für Fahrzeuge und eine für Fußgänger. Der Grenzübergang ist von 5.30–22.30 Uhr geöffnet, doch kann man sich glücklich schätzen, wenn man ihn ohne Verzögerung, Ärger oder Behinderungen hinter sich lässt. Die einzig durchführbare Alternative auf dem Weg von Südafrika nach Zimbabwe ist der Grenzübergang **Grobersbrug/Martin's Drift**, ⊙ tgl. 8–16 Uhr, 150 km nordwestlich von Potgietersrus an der N11, wobei man hier den Umweg über Botswana in Kauf nehmen muss.

Die Busse von Greyhound, Intercape und Translux verkehren auf der N1 zwischen JO'BURG und Beitbridge, sie halten in WARMKATUS, PIETERS-

BURG, LOUIS TRICHARDT und MESSINA. Die meisten von ihnen fahren entweder weiter nach BULAWAYO und zu den Victoriafällen oder nach HARARE in Zimbabwe. Von Beitbridge nach JO'BURG (tgl.; 8–10 Std.).

Venda

Westlich und nördlich von Louis Trichardt liegt das faszinierende Land des Volkes der **VhaVenda** – eine kulturell und sprachlich einzigartige afrikanische Gruppierung, die für ihre mystischen Legenden, politische Unabhängigkeit und ihr Kunsthandwerk bekannt ist. Unter dem Apartheidregime war Venda in den 50er Jahren als Homeland ausgegrenzt worden, bevor es in den späten Siebzigern zu einem von drei national unabhängigen Homelands Südafrikas wurde. Von allen Homelands war Venda am wenigsten kompromissbereit, wahrte seine geografische und kulturelle Integrität und war während der finsteren Jahre der Apartheid weitgehend sich selbst überlassen. Vendas Grenzen sind wieder verschwommen wie einst innerhalb der Nord-Provinz, doch hat die Region ihre starke, unabhängige Identität bewahrt.

Wie die meisten anderen Homelands der südafrikanischen Apartheid-Zeit brachte auch Venda einen aufgeblähten und ineffizienten Verwaltungsapparat in das neue Südafrika mit. Trotz der Umstrukturierung der Provinzen und des strafferen Etats blieben viele Schwierigkeiten bestehen. Venda Tourism, der selbst in seiner besten Zeit nie so recht aus den Startlöchern gekommen war, zerfiel 1998 schließlich, und übrig blieben nur vage Versprechungen über neue Provinzstrukturen und sehr wenig Hilfe für den Besucher dieser Region. Nach einer touristisch orientierten Infrastruktur in Venda sucht man vergeblich, und überhaupt kennt man sich hier mit Besuchern und ihren Wünschen kaum aus. Allerdings ist **unabhängiges Reisen** durch Venda weit weniger gefährlich als in vielen anderen Regionen Südafrikas, und unterwegs kann es wunderbar unwirtlich und rau, aber immer lohnend zugehen – doch sollte man darauf vorbereitet sein, dass man weitgehend auf sich selbst gestellt sein wird.

NORD-PROVINZ (LIMPOPO)

Geschichte und Kultur

Die Menschen, die sich heute **VhaVenda** nennen, stammen von verschiedenen uralten Stämmen ab, die im 11. und 12. Jahrhundert aus dem Gebiet der Großen Seen im östlichen Zentralafrika kamen. Ihre Identität entstand, als eine Gruppe unter Häuptling Dimbanyika in Dzata (in Venda „Frieden") in die nördlichen Soutpansberge kam, wo später ein von einer Mauer umgebenes Fort errichtet wurde. Von hier aus festigten sie ihre Macht in der Region und wehrten die Angriffe mehrerer afrikanischer Stämme und der Voortrekker, die sie 1867 aus ihrer Siedlung Schoemansdal unmittelbar südlich der Soutpansberge vertrieben, ab. Obwohl die VhaVenda 1898 eine Niederlage durch die Buren erlitten hatten, verhinderte der Ausbruch des Burenkrieges die Konsolidierung dieses Sieges. Die Briten hatten kaum Interesse an solch einer abgelegenen Region und waren einverstanden damit, dass deren Verwaltung in die Hände der ansässigen Häuptlinge kam. Dieses System der Selbstverwaltung dauerte in verschiedenen Formen über die ganzen Jahre der Apartheid bis 1994 an.

Die Kultur der VhaVenda ist auf faszinierende Weise von Mystik und lebendigen Legenden durchdrungen. Das Thema Wasser – in Gegenden von Hitze und Trockenzeiten immer eine große Sorge – ist allgegenwärtig, obwohl es in Venda ungewohnt reichlich vorhanden ist. Seen, Flüsse, Wasserfälle und üppig grüne Wälder bilden heilige Orte und Legenden voller *zwidutwane* (Wassergeister) und Schlangen, die auf dem Grund dunkler Teiche und Seen leben. Noch heute gibt es Alte, die es ablehnen, Fische zu verzehren – einerseits, weil die Tiere im Wasser leben und andererseits, weil sie glauben, dass, wenn sie die Fische den Krokodilen wegnehmen, diese ihren Hunger auf andere Art zu stillen versuchen werden und dabei vielleicht auf Menschen zurückgreifen.

Viele **Zeremonien** und **Rituale** der VhaVenda sind nach wie vor von großer Bedeutung. Dazu gehört das berühmte Ritual *domba*, der Python-Tanz, der von den jungen Mädchen als Initiationsritual aufgeführt wird. Nackt und nur mit Schmuck und einem Stück Stoff um die Taille bedeckt, bilden die Mädchen eine lange Kette, wiegen und winden sich stundenlang ununterbrochen wie eine Schlange um ein Feuer zu den Klängen einer Trommel – ebenfalls ein heiliges Objekt in Venda. Obwohl dieses Ritual weithin bekannt ist, bekommt man es nur selten zu sehen – Tänze können allerdings (nach vorheriger Vereinbarung und gegen Bezahlung) immer arrangiert werden. Echte Zeremonien finden zumeist im Frühling statt: Am Heritage Day gegen Ende August oder Anfang September gibt es eine Reihe von Festen.

Thohoyandou

Folgt man dem südlichen Rand der Soutpansberge auf der R524 von Louis Trichardt in östlicher Richtung, kommt man nach 70 km Fahrt zur Hauptstadt von Venda, Thohoyandou. Es ist eine scheußliche und schmutzige Ansammlung wild herumstehender, kaputter Betonbauten, der durch ein Casino Glanz verliehen werden soll. Der Ort, an dem man nur verweilt, wenn man es wirklich nicht verhindern kann, liegt im letzten Vorgebirge am östlichen Rand der Soutpansberge. Auf dem Weg zum Krüger-Park bietet sich die R524 an, die das Stadtzentrum auch komplett umgeht.

Übernachtung und Essen

Das Highlight der Hauptstadt, jedenfalls wenn man der Touristenbehörde Glauben schenkt, ist das Hotel und Casino **Venda Sun***, ☏ 962 4600 oder 581 2101, eine Kopie der einst von der Apartheidregierung in den Homelands stillschweigend geduldeten Spielhöllen, die heute von den Südafrikanern, denen solch verbotene Unterhaltung in ihrem eigenen Land sonst nicht zugänglich war, überaus gut frequentiert wird. Es liegt mitten in der Innenstadt und ist von Bäumen umgeben, jedoch nicht weit von der Straße und dem schäbigen Einkaufszentrum entfernt. Um dorthin zu gelangen, biegt man, aus Louis Trichardt kommend, von der R534 an der Delta/Toyota Tankstelle links und daraufhin an der dritten Ampel rechts ab. Das Hotel lockt mit einem Pool und anständigen wenn auch teuren Zimmern und Einrichtungen. Darüber hinaus bietet es eine eindrucksvolle Geschichte in Bezug auf die Unterstützung des Venda Kunsthandwerks, stellt nützliche Landkarten bereit und organisiert Touren. **Bougainvillea Lodge***, ☏ 962 4064, vom *Venda Sun* nur den Berg hinauf. Die einzig annehmbare

Alternative zum Venda Sun, schlicht, eine Art Motel für Reisende.

Land of Legend Backpackers*, ☎ 083-430 0098 oder 516 1077, tief in den Wäldern der östlichen Soutpansberge gelegen, von der R524 ab, fast genau zwischen Louis Trichardt und Thohoyandou (eine kostenlose Abholung von Louis Trichardt kann arrangiert werden). Eine gute Wahl für Budget-Traveller, die das Flair der Region spüren wollen, recht einfach, aber freundlich. Übernachten kann man in einem Schlafsaal und einem Gästehaus für 4 Pers., und obwohl es eine Selbstversorgerunterkunft ist, können Mahlzeiten bereitgestellt werden, außerdem werden Touren zu den Handwerksbetrieben und historischen Stätten von Venda organisiert.

Das Angebot an **Lokalen** in Thohoyandou ist sehr begrenzt. Im Einkaufszentrum neben dem *Venda Sun* gibt es einige **Takeaways** inkl. *Nando's* und *KFC* sowie ein teureres Restaurant im *Venda Sun* selbst.

Sonstiges

INFORMATIONEN – Die besten Informationen bekommt man momentan im **Tourist Information Office** in Louis Trichardt (s.S. 710) oder in einer der renommierten Unterkünfte wie dem *Venda Sun*.

TOUREN – Verschiedene **Tourenveranstalter** bieten Reisen in dem Gebiet an. Zu empfehlen sind der überschwängliche Chris Olivier von **Face Afrika Tours**, ☎ / 🖷 516 2076 oder 082-969 3270, ✉ facaf@mweb.co.za, und **Dries Bester**, ☎ 583 0299 oder 082-964 2745, ein Spezialist, was die einheimische Flora anbelangt.

VORWAHL – 015 (sofern nicht anders angegeben)

Transport

Die **Minibus-Taxis** fahren nach LOUIS TRICHARDT von dem großen, chaotischen Taxistand vor dem Einkaufszentrum ab.

Lake Fundudzi, Sacred Forest und der Mabudashango Trail

Auf der Nordseite der Soutpansberge führt die R523, von der N1 nach Thohoyandou, durch ein Tal – und hier ist der reizvollste Punkt der Geschichte und der Legenden der VhaVenda. An dieser Stelle findet man die grünen Wälder, Wasserfälle und Berge, denen die Region Venda ihre mystische Atmosphäre verdankt.

Tierzauber Neben ihrer spirituellen Beziehung zu den im Wasser lebenden Kreaturen fühlen sich die VhaVenda auch vielen Tieren aus den Wäldern und Bergen verbunden. Dies geschieht bei ihnen weit weniger aggressiv als bei anderen afrikanischen Völkern, da es mehr um die Personifizierung der Tiere geht. So erinnern Löwen die VhaVenda an die Geschichte ihres großen Anführers Makado, der den Burenkommandos aus dem Norden zusetzte. Er wurde gefangen genommen und in Pretoria in eine Löwengrube geworfen. Doch, ähnlich Daniel im Alten Testament, fraßen die Löwen ihn nicht. Um die heiße Quelle von Mphephu rankt sich die Legende, dass ein Leopard den Hang kontrolliert, und man immer gut daran tut, ihn über alle in der Gegend Anwesenden auf dem Laufenden zu halten. Und zum östlichen Rand der Gebirgskette der Soutpansberge hin befindet sich ein Berg in der Form eines Löwenkopfes, den man Lwamondo nennt. Ein schöner Blick darauf bietet sich über den Vondo Dam, an der Passstraße Thate Vondo. Er wird von Pavianen bewohnt, die unter dem Schutz der VhaVenda stehen, weil sie diese einst vor einem bevorstehenden Angriff ihrer Feinde gewarnt haben.

Von Thohoyando folgt man einem ansteigenden Weg nach Norden und später Westen, der schließlich die Vororte hinter sich lässt und in die höher liegende grüne Landschaft eintritt, die sich so verführerisch vor einem auftut. Vorbei am **Vondo Dam**, der zu Beginn der 90er Jahre errichtet wurde und von Pinienwäldern umgeben ist, geht es weiter über den **Thate Vondo Pass**, auf dessen Gipfel eine kleine Hütte steht, am Eingang zu einem Netz von Waldwegen. Diese führen in das Gebiet hinein, zu dem bedeutendsten See Vendas namens Lake Fundudzi und zum Sacred Forest (Heiliger Wald), einem dichten heimischen Waldgebiet, in dem die Grabstätten der Häuptlinge der Venda liegen. Aus der Ferne kann man beides sehen, doch wenn man näher herankommen möchte, so ist das eine Sache tiefer kultureller Sensibilität: Zunächst ist eine Genehmigung vonnöten, die nicht einfach zu bekommen ist, es sei denn, man findet Einheimische, die einen zu den richtigen Leuten führen. Außerdem gibt es ohne weiteres keine Karte mit dem Straßennetz in den Wäldern, und zudem sind einige Wege ohne Allradantrieb überhaupt nicht passierbar. Wenn man die Gegend sehen möchte, schließt man sich am besten einer Tour an oder besorgt sich rechtzeitig genaueste Informationen und Rat.

Eine Unternehmung sei hier noch wärmstens empfohlen: der Wanderweg Mabudashango, eine Viertageswanderung, auf der 55 km zurückgelegt werden, und die genauso nah an die größten Highlights der Gegend herankommt wie die Straßen, auch zum Lake Fundudzi und zum Sacred Forest. Entlang der Route durch eine üppige Vegetation eröffnen sich atemberaubende Aussichten. Die Navigation ist nicht immer einfach, aber alle Camps am Weg bieten Unterkünfte mit Wasser und Toiletten; genauere Informationen beim Tourist Information Office in Louis Trichardt (s.S. 710).

Mphephu und Dzata

Auf ihrem Weg nach Westen überquert die R523 den Kamm des Thate Vondo-Passes, bevor sie dem **Nzhelele River** in ein Tal folgt, das durch viele recht zusammmenhängende Siedlungen gekennzeichnet ist. Etwa auf halbem Wege liegt das *Aventura Mphephu***, ✆ 011-207 3600, 💻 www.aventura.co.za, ein Erholungsort mit etwa 20 Chalets um eine heiße Quelle an den Flanken der Soutpansberge. Nicht weit westlich von Mphephu, an der Nordseite der Straße, liegen die **Ruinen** von Dzata, die Überreste eines königlichen Krals der VhaVenda aus dem Jah-

re 1400. Historisch durchaus interessant, doch die mangelnde touristische Infrastruktur lässt die Ruinen nicht gerade zu einem besucherfreundlichen Reiseziel werden. Wenn das Tor verschlossen ist, wird man wohl auf die Hupe drücken müssen, um den Posten zu wecken, und selbst dann kann der Ort sehr verlassen wirken.

Routen zum nördlichen Krüger-Nationalpark

Die R525 verläuft durch die Ebenen von Messina bis zum **Pafuri Gate**, dem nördlichsten Eingang des Krüger-Parks und hinter dem ein Grenzübergang nach Mosambik liegt. Wobei es dahinter nicht viel zu sehen gibt, es sei denn, man ist für Abenteuer gut ausgerüstet.

Übernachtung

Braucht man auf dem Weg zum Krüger-Park eine **Unterbringung**, so gibt es die
Aventura-Ferienanlage** in Tshipise, Reservierungszentrale ✆ 011-207 3600, 💻 www.aventura.co.za.
Popallin Ranch, ✆ 015-534 0644, ✉ ecotours@mweb.co.za, gute Alternative zur *Aventura-Ferienanlage,* eine 80 km² große Farm mit Büffeln, Giraffen und Baobabs direkt am Limpopo River. Dort lässt es sich wunderbar campen.
De Wet's Camp*,** gegen einen Aufpreis werden auch Wildbeobachtungstouren angeboten.
Pafuri Rivercamp***, ✆ 082-785 0305, 💻 www. pafuri.co.za, am Fluss Mutale, unmittelbar vor dem Pafuri Gate; noch rustikaler und abgeschiedener als das *De Wet's Camp.* Zur Anlage gehören eine Reihe von Zelten in den Baumwipfeln und ein offenes Buschcamp für Selbstversorger, von wo aus man Expeditionen in die reichlich vorhandene Flora und Fauna unternehmen oder wo man am Fluss oder am Pool einfach entspannen kann. Es gibt keine Elektrizität, doch die Vorausbestellung von Essen ist möglich.

Kunsthandwerk in Venda und Gazankulu
Die Regionen Venda und Gazankulu haben sich in punkto Kunsthandwerk einen guten Namen gemacht. Zu den bekanntesten Gegenständen gehören die unverwechselbaren kantigen Tontöpfe in Graphitsilber und Ocker. Auch Holzschnitzereien, sei es in abstrakter oder praktischer Form, gewinnen mehr und mehr an Bedeutung. Doch während die besten Exemplare einfallsreich und kühn gestaltet sein können, sind viele andere unvollendet und überteuert. Zum Angebot gehören außerdem Wandteppiche, Stoffe, Korbwaren und Bilder.

Die Suche nach diesen Dörfern kann allerdings ziemlich abenteuerlich verlaufen, denn sie sind weit verstreut, die Straßen schlecht und die Wegbeschreibungen oft ungenau und verwirrend. Im ehemaligen Homeland **Gazankulu** führt die Hauptroute entlang der R578 von Elim nach Giyani. Kommt man aus Richtung Südosten von der Kreuzung bei Elim, sollte man nach dem Weg zur Werkstatt **Rivoni** (gegenüber der Abbiegung nach Waterval) Ausschau halten, wo Blinde und andere Behinderte Sisalmatten, Möbel, Kerzen und Särge herstellen – ein Sortiment, mit dem nachweislich ein Bombengeschäft zu machen ist. Es gibt dort nicht viel zu sehen, doch ist der Ort von Betriebsamkeit erfüllt und ein kleiner Laden lädt zum Einkaufen ein. Zurück auf der R578, biegt man an der nächsten Bergkuppe links ab, bevor man an einer Gabelung die rechte Abzweigung nimmt, um zu **Tsonga Textiles** zu gelangen, wo Siebdruck-Stoffe produziert und zu Tischdecken, Tagesdecken und Kleidung verarbeitet werden.

Nun führt die R578 abwärts, bis sie am Fuße des Berges auf die Abfahrt zum Dorf Mbhokota trifft. Folgt man dieser, bis man an der T-Kreuzung links abbiegt und nochmals links entlang einer engen Straße fährt (unmittelbar hinter einem kleinen Bauernhof mit einem etwas überladenen Garten), gelangt man zu einer heruntergekommenen Ansammlung von Häusern, wo etwa 20 Leute die **Twananani** Textilien fertigen – attraktive, flippige, handgemalte und gebatikte Kleidungsstücke mit traditionellen afrikanischen Mustern.

An der nächsten Kreuzung, von der R578 ab in Richtung Riverplaats, dann an der Gabelung die Straße nach rechts, kommt man zu dem Haus und der kleinen Werkstatt des Holzschnitzers **Jackson Thugwane**, einem Angehörigen des Volkes der Shangaan. Man kann ihn fast eine mystische Persönlichkeit nennen. Seine Stücke werden in den großen Galerien des Landes und in Europa ausgestellt: Wenn er nicht da ist, gibt es nicht viel Sehenswertes. Ist er aber da, so sei man auf ein paar fesselnde Stunden voller Philosophie, Theologie, Kunst und Gedanken über den Zustand der heutigen Welt vorbereitet. In der Nähe gibt es einige junge Schnitzer, die Jackson und seinem Erfolg nachzueifern versuchen. Nimmt man die linke Abzweigung an der Gabelung hinter dem Wegweiser nach Riverplaats, kommt man schließlich in das Dorf **Mashamba**, dessen Bewohner Tontöpfe auf traditionelle Art herstellen. Dieser Weg führt jedoch tief in die ländlichen Gegenden von Gazankulu hinein und die Straßenverhältnisse sind kaum zuverlässig – also sollte man sich über die aktuelle Lage genauestens erkundigen.

In **Venda** liegen die Dörfer noch weiter verstreut und sind noch schwerer zu finden. Südlich von Thohoyandou befinden sich einige interessante Orte, darunter die Werkstatt von **Noria Mabasa**, dessen Ton- und Holzskulpturen in ganz Südafrika bekannt sind. Auch **Mutale**, nördlich von Thohoyandou, ist einen Besuch wert. Dort werden traditionelle und sehr dekorative Trommeln angefertigt. Eine handgezeichnete **Kunsthandwerks-Landkarte** von Venda bekommt man im *Venda Sun* oder im Tourist Information Office von Louis Trichardt. Ansonsten wendet man sich an **Annette und Martin Kennealy**, ℡ 015-932 096 oder 083-326 2922, zwei Künstler, die sich, was die Kunst (nicht so sehr das Handwerk) in der Gegend betrifft, bestens auskennen und Tipps zu den sehenswerten Dingen sowie die dazugehörigen Wegbeschreibungen liefern können.

Lesotho

HIGHLIGHTS

Pony-Trekking – ideal, um Lesotho kennen
zu lernen und von Dorf zu Dorf durch
atemberaubende Berglandschaften
zu streifen

Thaba Bosiu – Bergfestung, von der aus
Lesothos größter König, Moshoeshoe I.,
sein Königreich vor Angreifern schützte

Maletsunyane Falls – Die abgelegenen
Wasserfälle stürzen 200 m in eine tiefe
Schlucht im Herzen des Hochlands

Roof of Africa – eine Fahrt von Butha-Buthe zum
Sani Pass auf einer schmalen, kurvenreichen
Straße durch spektakuläre Berglandschaft und
Täler

Malealea Lodge – die freundlichste und beste
Traveller-Lodge Lesothos mit ausgezeichneten
Wandermöglichkeiten und Pony-Trekking-
Touren

Sehlabathebe National Park – einsame Bergidylle
und hervorragende Wandermöglichkeiten

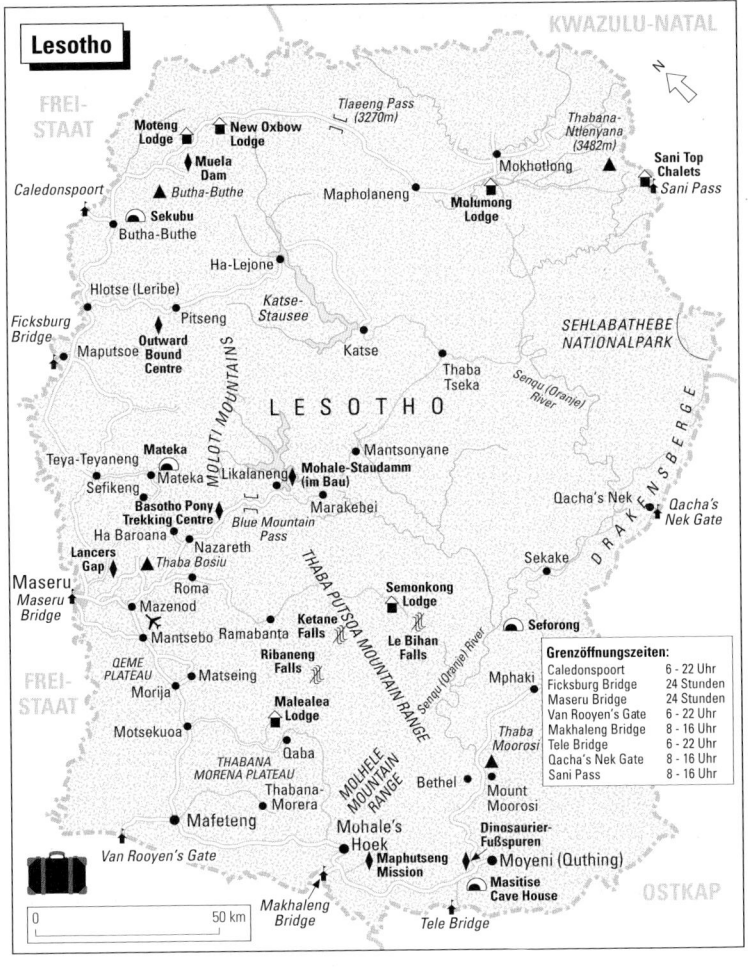

Lesotho

KWAZULU-NATAL

FREI-STAAT

Caledonspoort

Moteng Lodge
New Oxbow Lodge
Tlaeeng Pass (3270m)
Thabana-Ntlenyana (3482m)
Muela Dam
Butha-Buthe
Mapholaneng
Mokhotlong
Sani Top Chalets
Sani Pass
Sekubu
Butha-Buthe
Molumong Lodge

Ha-Lejone

Hlotse (Leribe)
Katse-Stausee

Ficksburg Bridge
Pitseng
Maputsoe
Outward Bound Centre
Katse
Thaba Tseka

SEHLABATHEBE NATIONALPARK

Sengu (Oranje) River

L E S O T H O

MOLOTI MOUNTAINS

Mateka
Mantsonyane

Teya-Teyaneng
Mateka
Likalaneng
Mohale-Staudamm (im Bau)

Sefikeng
Basotho Pony Trekking Centre
Blue Mountain Pass
Marakebei

Qacha's Nek
Qacha's Nek Gate

D R A K E N S B E R G E

Ha Baroana
Nazareth

Lancers Gap
Thaba Bosiu
Sekake

Maseru
Maseru Bridge
Roma
Mazenod
Semonkong Lodge
Seforong

Mantsebo
Ramabanta
Ketane Falls
Le Bihan Falls

QEME PLATEAU
Ribaneng Falls

FREI-STAAT

Morija
Matseing

Malealea Lodge
Mphaki

THABA PUTSOA MOUNTAIN RANGE

Sengu (Oranje) River

Motsekuoa
Qaba
THABANA MORENA PLATEAU
Thabana-Morera

MOHLELE MOUNTAIN RANGE

Thaba Moorosi
Bethel
Mount Moorosi

Mafeteng

Mohale's Hoek

Dinosaurier-Fußspuren

Van Rooyen's Gate
Maphutseng Mission
Moyeni (Quthing)

Masitise Cave House

Makhaleng Bridge
Tele Bridge

OSTKAP

0 ——— 50 km

Grenzöffnungszeiten:	
Caledonspoort	6 - 22 Uhr
Ficksburg Bridge	24 Stunden
Maseru Bridge	24 Stunden
Van Rooyen's Gate	6 - 22 Uhr
Makhaleng Bridge	8 - 16 Uhr
Tele Bridge	6 - 22 Uhr
Qacha's Nek Gate	8 - 16 Uhr
Sani Pass	8 - 16 Uhr

Gleich einer Insel liegt das **Bergkönigreich** Lesotho (ausgesprochen Le-suh-tou) als Binnenstaat mitten in Südafrika. Mitunter wird das Land fälschlicherweise für einen in der Zeit der Apartheid geborenen Scheinstaat gehalten, tatsächlich aber blickt Lesotho stolz auf seine **Unabhängigkeit** vom übermächtigen Nachbarn und stellt sich auch in seinem Charakter gänzlich andersartig dar. Ein wohltuender Unterschied etwa sind die nahezu völlig fehlenden Zäune in Lesotho, wodurch Wanderungen ungehindert möglich sind. Augenfällig ist auch, dass es in Lesotho mit Ausnahme der wuchernden Eukalyptus- und Pfirsichbäume, die französische Missionare vor einem Jahrhundert mitbrachten, kaum Bäume gibt. Das Land, das einst die Kornkammer der Region war, steckt in einer tiefen ökologischen Krise und auf weiten Flächen wird der durch Jahrzehnte übermäßigen Ackerbaus gelockerte Mutterboden unwiederbringlich fortgeschwemmt.

Das **Tiefland** Lesothos erstreckt sich in Form einer nach Osten geöffneten Sichel. In diesem Gebiet liegen die größeren Städte, darunter die geschäftige Hauptstadt **Maseru** mit ihrer sehr afrikanischen Mischung aus neuen Glasfassaden und staubigen Straßen, daneben existieren eine Reihe kleinerer, meist eintöniger Siedlungen, die ehedem der britischen Verwaltung als Steuereintreibestellen dienten. Besuchern hat das Tiefland reichlich Interessantes zu bieten: Webkunst in **Teya-Teyaneng**, beeindruckende Höhlen in **Mateka** und die Bergfestung **Thaba Bosiu** von König Moshoeshoe I., dem Gründer Lesothos. Faszinierend ist auch die Betriebsamkeit des Alltags. Die wahre Pracht Lesothos offenbart sich im zerklüfteten, traumhaften **Hochland**, einem ausgedehnten, bergigen Gebiet, das sich durch tief eingeschnittene Täler, abgelegene Dörfer und atemberaubende Ausblicke auszeichnet. Auf einer Fahrt über steile, sich windende Straßen in die Berge lässt sich die meisterhafte Ingenieurleistung der Staudämme **Katse** und **Mohale** bewundern. Im Hochland kann man bei **Oxbow** Ski fahren, in den Flüssen angeln, vor allem aber herrliche Wanderungen unternehmen, dabei entlegene Dörfer, die friedvolle Einsamkeit der Berge und gastfreundliche Menschen kennen lernen.

Obgleich das Netz an geteerten Straßen gut ist, nutzen viele Sotho, insbesondere im Hochland, bis heute das Pony als Transportmittel. Überall im Land bieten **Pony-Trekking-Lodges** auch Besuchern diese Art der Fortbewegung an; ein eintägiger Trekking-Ausflug, besser aber noch eine längere Exkursion mit Übernachtung in einem Basotho-Dorf empfiehlt sich, wenn man das authentische Lesotho erleben möchte. Die Mehrzahl der ca. 400 Stätten mit **Felskunst der San** und die noch zahlreicheren **Fußspuren von Dinosauriern** können nur auf Reittouren in Augenschein genommen werden – eine Reihe dieser Stätten liegt aber auch in der Nähe von Straßen und ist bequem mit dem Auto zu erreichen.

Der **Winter** in Lesotho dauert von Mai bis Juli. Während dieser Zeit schneit es häufig im Hochland, mitunter auch im Tiefland, was sowohl für eine herrliche Landschafskulisse als auch für ausgezeichnete Bedingungen für Skifahrer sorgt. Obgleich die Tage klar und warm sind, wird es nachts bitterkalt, und auftretendes Eis kann Fahrten im Hochland zu einem gefährlichen Abenteuer ma-

chen. Schneeschmelze, aufkeimende Pflanzen und bestellte Felder machen den **Frühling** (August bis Oktober) zu einer reizvollen Jahreszeit. Von November bis Januar währt der **Sommer**, der dem Land den meisten, nicht selten sintflutartigen Regen beschert und die unbefestigten Straßen in Schlammrutschen verwandelt. Sofern es nicht regnet, herrscht meist Sonnenschein, der die üppig grüne Landschaft leuchten lässt. Zu den lohnendsten Zeiten für einen Besuch zählt der **Herbst** (Februar bis April). Er zeichnet sich im Allgemeinen durch weniger Niederschläge und gemäßigte Temperaturen aus. In jeder Jahreszeit können die Nächte in Lesotho sehr kalt werden, insbesondere im Hochland, wo zudem jederzeit mit raschen Wetterumschwüngen gerechnet werden muss.

Orientierung

Von Südafrika (Freistaat, KwaZulu-Natal und Ostkap) gibt es 14 **Grenzübergänge** nach Lesotho. Sämtliche Übergänge von **Freistaat** sowie die **Tele Bridge** im Ostkap, ⏱ tgl. 6–22 Uhr, führen ins Tiefland Lesothos und weitaus leichter zu erreichen als jene, die über die Drakensberge nach Lesotho führen. Zu Letzteren gehört u.a. der bekannte **Sani Pass**, ⏱ tgl. 8–16 Uhr, für den ein allradgetriebenes Fahrzeug erforderlich ist. Allerdings besteht alternativ die Möglichkeit des Transports durch Backpacker-Lodges (s.S. 723). Die Übergänge an der **Ficksburg Bridge** und **Maseru Bridge**, ⏱ 24 Std., sind die meistgenutzten des Landes.

Die Hauptstadt Maseru liegt 200 km östlich von **Bloemfontein** und kann von dort mit dem Auto bequem auf der N8 erreicht werden. Von **Durban** kommend, fährt man bis Bethlehem, biegt dann Richtung Ficksburg ab und reist dann entweder über Maputsoe ein oder setzt die Fahrt bis Ladybrand fort und nutzt den Grenzübergang bei Maseru. Etwas kniffliger ist die Anfahrt aus dem **Ostkap** nach Maseru; wer sich möglichst lange auf geteerten Straßen bewegen möchte, sollte südafrikanisches Gebiet nicht vor Wepener verlassen und den Grenzübergang Van Rooyen's Gate, ⏱ tgl. 6–22 Uhr, nach Mafeteng benutzen oder auf der Straße Richtung Ladybrand weiter bis nach Hobhouse fahren und dann nach rechts Richtung Maseru abbiegen.

Lesotho besitzt ein gutes **Netz an geteerten Straßen**, wer jedoch abgelegenere Orte aufsuchen möchte, wird um eine Fahrt auf unbefestigter Strecke nicht umhinkommen. Überall, vor allem im Hochland, sorgen kurvenreiche Straßen, rasende Minibus-Taxis und häufige Begegnungen mit Mensch und Tier am Straßenrand für nicht gerade ungetrübtes Fahrvergnügen. Von den Hauptstraßen ist die **Nordroute** auf ihrem Weg von Maseru nach Mokhotlong durchgängig geteert; die Strecke von Sani nach Mokhotlong ist ungeteert, lässt sich aber auch von normalen Pkw bewältigen. Der Furcht einflößende Sani Pass kann von einem routinierten Fahrer bei guten Straßenverhältnissen ebenfalls im normalen Pkw gemeistert werden. Es empfiehlt sich aber ein allradgetriebenes Fahrzeug. Von der Nordroute zweigt bei Hlotse die geteerte und gut instand gehaltene Straße zum Katse-Stausee ab, allerdings sind in ihrem Verlauf z.T. mörderisch steile Abschnitte zu überwinden. Entlang der **Zentralroute** reicht die geteerte Strecke bis jenseits des neuen Mohale-Staudamms bei Likalaneng, danach geht sie bis Thaba Tseka als Schotterstrecke weiter. Für die durch hoch gelegenes Terrain führende Weiterfahrt von nach Katse ist ein allradgetriebenes Fahrzeug unabdingbar, wenngleich Minibus-Taxis keine Probleme mit den Straßenverhältnissen zu haben scheinen. Die **südliche Route** von Maseru ist bis Mphaki geteert, mit dem normalen Pkw jedoch nur bis Qacha's Nek befahrbar. Die Strecke zum Sehlabathebe National Park ist ohne allradgetriebenes Fahrzeug praktisch unpassierbar, obwohl auch hier wieder Minibus-Taxis und Busse irgendwie damit zurechtkommen.

Wer mit einem in Südafrika gemieteten Fahrzeug einreist, sollte darauf achten, dass der **Versicherungsschutz** auch für Fahrten in Lesotho gilt. Einige Verleihfirmen sind angesichts des Zustands vieler Straßen nur widerwillig dazu bereit. **Benzin** kostet in Lesotho ungefähr dasselbe wie in Südafrika. Die zulässige Höchstgeschwindigkeit beträgt 80 km/h, in Ortschaften 50 km/h.

Das **öffentliche Verkehrswesen** deckt weite Gebiete Lesothos ab. **Busse** sind langsamer, aber sicherer als **Minibus-Taxis** und beide sind ausgesprochen günstig. Fahrpläne als solche existieren nicht. Minibus-Taxis ergänzen im ganzen Land die Busverbindungen und sorgen dafür, dass man entlang der Hauptrouten immer ein Transportmittel bekommt. Anders sieht es auf Nebenstrecken abseits der geteerten Straßen aus, wo mit langen War-

tezeiten gerechnet werden muss. In Anbetracht des unberechenbaren Transportwesens ist es meist besser, nur bis zum nächsten Ort zu fahren und dort die Weiterfahrt zu organisieren, als gleich eine Fahrkarte bis zum endgültigen Ziel zu lösen. Der Bus wird ohnehin im nächsten Ort halten und auf weitere Fahrgäste warten, und vielleicht ergibt sich ja in der Zwischenzeit eine Möglichkeit zur Weiterfahrt im Minibus-Taxi. Als Faustregel empfiehlt sich eine Überprüfung am Tag vor der geplanten Fahrt, zudem sollte man sich möglichst frühzeitig auf den Weg zur Bushaltestelle begeben, da die Fernbusse in der Regel bereits gegen 6 Uhr abfahren. Wer kürzere Strecken entlang der großen geteerten und ungeteerten Straßen zurücklegen möchte, muss meist nicht lange warten, bis ein Minibus-Taxi mit entsprechendem Ziel vorbeikommt.

Trampen ist in Lesotho bei weitem sicherer als in Südafrika und bietet sich als Alternative an. Einige Autofahrer erwarten allerdings, für ihre Hilfe bezahlt zu werden, so dass es ratsam ist, vorab einen Preis auszuhandeln, bevor man zu weit mitgefahren ist.

Für **Inlandsflüge** können Flugzeuge über die *Mission Aviation Fellowship* in Maseru, ✆ 31 3640, gechartert werden. Die Maschinen starten vom alten Flughafen Maseru und kosten bei einer Beförderungskapazität von 4–5 Personen ca. M 1600 pro Stunde. Heben die Flugzeuge ohnehin zu Trainings-, Transport- oder Versorgungsflügen ab, sind bisweilen auch Einzelplätze für weniger Geld erhältlich. Lesothos einziger **internationaler Flughafen**, Moshoeshoe I, liegt 18 km südlich von Maseru. Der regelmäßige Flugverkehr beschränkt sich jedoch auf eine Verbindung nach Johannesburg mit *SA Airlink*, ✆ 011-978 1111.

Wandern und Zelten in Lesotho

Das gastfreundliche Lesotho ist ein Paradies für Wanderer. Exkursionen in die Hügel und Berge sind keine Grenzen (oder Zäune) gesetzt und wird sich – im Gegensatz zu Südafrika – kein erboster Bauer in den Weg stellen, den den Eindringling von seinem Land zu vertreiben sucht. Zwischen den Dörfern im Hochland erstreckt sich ein **ausgedehntes Netz** an Wegen und Pfaden, und die Begegnung mit Einheimischen entlang der Strecken ist meist von großer Herzlichkeit und freudiger

Reisen in Lesotho

Banken gibt es in allen Städten Lesothos, Maseru ist jedoch die einzige Stadt, in der sich Geld bequem umtauschen lässt. Die Öffnungszeiten sind Mo–Fr 8.30–15.30, Mi nur bis 13, Sa 8.30–11 Uhr (den geschäftigen Samstag besser meiden). Obgleich einige Geldautomaten zur Verfügung stehen, ist eine Auszahlung mit einer ausländischen Karte nicht immer möglich. Die größeren Hotels in Maseru und im Tiefland tauschen zwar Geld, allerdings zu unglaublich schlechten Kursen. Ihre Dienste sollten nur im Notfall in Anspruch genommen werden.

Bücher und Landkarten Die von den Touristenbüros erhältlichen Hochglanzbroschüren enthalten nützliche Telefonnummern, bieten aber ansonsten kaum Fakten. Besser, wenngleich inzwischen etwas veraltet, ist Marco Turcos *Visitor's Guide to Lesotho* (Southern, 1994) oder der kleine *Backpackers' Guide to Lesotho* von Russel Suchet, der auch die *Sani Lodge* leitet – erhältlich in einigen südafrikanischen Backpacker-Lodges oder direkt über die *Sani Lodge* (s.S. 496). Einige der Lodges verfügen über eine sehr gute topografische Karte von Lesotho im Maßstab 1 : 250 000. Erhältlich ist diese auch über das Department of Land, Surveys & Physical Planning (s.S. 723), das im übrigen die einzige Bezugsquelle für detailliertes Kartenmaterial ist.

Ein- und Ausreiseformalitäten (s.S. 15, Kapitel Reisevorbereitung) Die Visumsbestimmungen für das Königreich Lesotho zeichnen sich in der Vergangenheit durch Wechselhaftigkeit aus, scheinen inzwischen aber von etwas dauerhafterer Natur zu sein. Deutsche, Österreicher und Schweizer benötigen kein Visum.

Vor allem an kleineren Grenzübergängen sind die Beamten nicht immer im Bilde über die geltenden Bestimmungen und verlangen mitunter ein Visum, selbst wenn dies nicht erforderlich ist. Unternehmen lässt sich dagegen kaum etwas, da die Visa aber sofort ausgestellt werden und relativ preiswert sind (M20 für die einmalige, M40 für die mehrmalige Einreise), sollte man diese Unannehmlichkeit vielleicht einfach in Kauf nehmen. Bei Einreise aus einem Gelbfiebergebiet muss eine international gültige Bescheinigung über eine Gelbfieberimpfung vorgelegt werden. Das normale Visum gilt 14 Tage, wer eine Verlängerung benötigt, wende sich an das Department of Immigration and Passport Services, Kingsway, Maseru, ✆ 31 7339.

Kreditkarten wie Visa, Mastercard oder American Express sind nur von begrenztem Nutzen. Auf ausländische Gäste ausgerichtete Hotels und Lodges sowie einige Restaurants in Maseru und die Kunsthandwerksläden in Teya-Teyaneng akzeptieren Kreditkarten, ansonsten muss alles bar bezahlt werden.

Landeswährung ist der Maloti (M), der sich aus 100 Lisenti zusammensetzt und dem Wert des südafrikanischen Rand entspricht (R1 = M1). Der Rand wird in Lesotho als Zahlungsmittel angenommen, was den Geldumtausch erspart. Allerdings kann der Maloti außerhalb von Lesotho nicht umgetauscht werden, so dass man vor Abreise alle Maloti ausgeben oder umtauschen muss.

Preise sind niedriger als in Südafrika. Lebensmittel und öffentliche Verkehrsmittel kosten etwas weniger, importierte Waren wie beispielsweise Filme sind teurer und verlässlich nur in Maseru zu bekommen. Pony-Trekking

Hilfestellung bestimmt. Wer zelten möchte, sollte vorab eine **Erlaubnis** einholen, vorzugsweise vom Dorfvorsitzenden. Wenn es niemanden gibt, den man fragen könnte, kann das Zelt aber im Allgemeinen auch einfach so aufgestellt werden. Eine bequemere Alternative, sofern vorhanden, ist die Übernachtung in einem Rondavel, wofür in jedem Fall um Erlaubnis zu bitten und ein symbolischer Betrag von M 10–20 p.P. zu entrichten ist.

Der **Proviant** sollte mindestens für einen Tag länger als die geplante Dauer der Wanderung bemessen sein. In den oberen Lagen der Drakensberge gibt es nur sehr wenige Dörfer, und man kann tagelang unterwegs sein, ohne einer Menschenseele zu begegnen. So reizvoll dies klingen mag, birgt es auch Risiken, und es ist daher ratsam, jemanden über die geplante Route zu informieren und möglichst nicht alleine zu wandern. Das **Wet-**

kostet bei den meisten Lodges ca. M120 pro Tag. Es wird eine Verkaufssteuer in Höhe von 10% erhoben, die oftmals nicht in den auf Speisekarten, in Supermärkten und in Läden angegebenen Preisen enthalten ist.

Sicherheit Insgesamt ist Lesotho ein sicheres Land für Besucher. Interne Streitigkeiten wie jene Ereignisse 1998 sind nicht die Regel und eher untypisch für die Basotho. In Maseru ist eine Zunahme bei Straßenraubdelikten und Gelegenheitsdiebstählen zu verzeichnen, so dass dort bei Spaziergängen in Seitenstraßen und nach Einbruch der Dunkelheit erhöhte Vorsicht geboten ist. Im Hochland hingegen müssen sich Wanderer und Camper im Allgemeinen nur mit knurrenden Hunden und dem insistierenden Betteln der Kinder nach Süßigkeiten auseinander setzen. Zu offensichtlich sollte man Reichtum dort aber ebenso wenig zur Schau stellen oder Wertsachen wie Fotokameras unbeaufsichtigt herumliegen lassen.

Telefon Mit Ausnahme von Gesprächen aus Südafrika ist bei Telefonaten nach Lesotho die Landesvorwahl ℘ 266, gefolgt von der Anschlussnummer zu wählen (es gibt keine Ortsvorwahlen); von Südafrika aus wählt man ℘ 09266. Für Gespräche von Lesotho ins Ausland ist ℘ 00, gefolgt von der Länder- und Ortsvorwahl sowie der eigentlichen Anschlussnummer zu wählen. Die Vorwahl für Südafrika lautet 0027. R-Gespräche sind über die Vermittlung, ℘ 100, anzumelden. Sofern im Text Telefonnummern mit Vorwahlen angegeben sind, handelt es sich um Nummern in Südafrika, die bei Anrufen aus Lesotho die Landesvorwahl 0027 erfordern.

Touren Das *Tourist Information Office* in Maseru, ℘ 31 9485, arrangiert individuelle Touren durch das Land. *Thaba Tours,* 🖳 www. thabatours.de, ist ein deutscher Touranbieter, der sich in Lesotho bestens auskennt. Einige interessante, oftmals auf Ponys oder in Geländewagen durchgeführte Touren bietet daneben die *Malealea Lodge,* ℘ 051-447 3200, 🖳 www.malealea.co.ls. Speziell Touren in Geländewagen veranstaltet außerdem die *Hotel Maluti Lodge,* ℘ 78 5224.

Übernachtung Die Unterkünfte in Lesotho sind günstig; in den meisten Landesteilen ist ein Doppelzimmer für weniger als M100 p.P. zu bekommen, in einem der Mittelklassehotels in Maseru ist mit ca. M150 p.P. zu rechnen. Zu beachten gilt, dass außerhalb Maserus meist nur bar bezahlt werden kann. Den Großteil der Unterkunftsmöglichkeiten stellen Lodges, die sich grob in zwei Kategorien unterteilen lassen: in schmucklose, konventionelle Hotels, die ihr Geschäft in erster Linie als Ausrichter von Konferenzen und Bleibe für Staatsbedienstete machen, und in gemütliche, gut geführte Unterkünfte, deren Zielgruppe Touristen sind. Der z.B. auch die *Malealea Lodge, Fraser's Semonkong Lodge, Molumong Lodge* nahe Mohkotlong und die *New Oxbow Lodge* zählen, bieten eine Fülle von Unterkunftsvarianten, die von Schlafsälen bis zu bestens ausgestatteten Rondavels reichen. In ländlichen Gegenden kann überall wild gezeltet werden (s.S. 721), einige Lodges gestatten zudem das Zelten auf ihrem Gelände.

Wasser Leitungswasser kann gefahrlos getrunken werden. Die Gewässer Lesothos sind zwar billharzia-frei, es ist jedoch nicht ratsam, das Wasser ohne vorherige Aufbereitung zu trinken.

ter in Lesotho ist für seine Launen bekannt, so dass unabhängig von der Jahreszeit neben einem Sonnenhut und Sonnenschutz auch auf warme und wasserundurchlässige Kleidung nicht verzichtet werden sollte.

Zur **Grundausrüstung** gehören außerdem eine Taschenlampe, ein Wasserbehälter, Tabletten zur Aufbereitung von Wasser, ein Kocher inkl. Brennöl (Feuerholz wird man vergebens suchen), ein wirklich wasserdichtes Zelt, eine Schlafmatte sowie einen warmen Schlafsack. Unverzichtbar sind darüber hinaus gutes Kartenmaterial und ein Kompass. Auf der von den Touristenbüros in Maseru (s.S. 731) erhältlichen Karte im Maßstab 1 : 250 000 sind die meisten Routen und topografischen Besonderheiten verzeichnet. Bei weitem besser sind jedoch die **Karten** bestimmter Regionen Lesothos im Maßstab 1 : 50 000 des Department of Land,

Surveys and Physical Planning in Maseru, Lerotholi Road, nahe Constitution Road, ℡ 32 2376.

Geschichte

Lesothos Existenz ist einzig der Entschlossenheit eines Mannes zu verdanken: **Moshoeshoe I.** (1786–1870). Großen sozialen Umwälzungen und dem unstillbaren Hunger anderer nach Land zum Trotz gelang es ihm, seinem Volk Land zu sichern. Bevor die Vorfahren Moshoeshoes ca. 900 n.Chr. in das Gebiet kamen, lebten die **San** unbehelligt in den Hügeln und Bergen Lesothos. Heute sind die San verschwunden, ausgelöscht von den Briten unter Colonel Bowker, der die letzte von vielen Missionen gegen die Bevölkerung in der Hochlandregion von Sehonkong 1873 anführte. Die San haben jedoch ihre Spuren hinterlassen: in den Felsmalereien, der Sprache und Physiognomie der Sotho.

Die **Sotho** besiedelten zuerst die fruchtbaren Ebenen, die heute das Tiefland Lesothos und den Freistaat bilden, bevor sie auch in die Bergregionen vordrangen. Über Jahrhunderte bewirtschafteten sie diese Ebenen in relativem Frieden. Zu Moshoeshoes Zeit hatten jedoch beutegierige Clans aus anderen Gebieten bereits tausende Sotho von ihrem Land vertrieben. Moshoeshoe stellte sein eigenes räuberisches Talent 1809 unter Beweis, als er einem anderen Häuptling so viel Vieh stahl, dass man befand, er habe dem Häuptling dadurch „den Bart abrasiert". Der Name Moshoeshoe – ausgesprochen Moschwehschweh –, mit dem er für diese Tat bedacht wurde, soll das Geräusch des Rasierens wiedergeben. 1820 wurde er Häuptling und schlug sein Hauptquartier auf einem Berg nahe Butha-Buthe auf, wo er vielen Flüchtlingen Schutz bot. Nach einem besonders schweren Angriff auf Butha-Buthe entschied Moshoeshoe 1824 jedoch, dass der Ort nicht mehr sicher sei und zog mit seinen Anhängern nach Süden, um nach einem besser zu verteidigenden Berg Ausschau zu halten. Er fand ihn in Gestalt des Thaba Bosiu, der in der Folgezeit zwar angegriffen, aber nie eingenommen wurde. In der Zwischenzeit erweiterte Moshoeshoe sein Königreich, indem er sich andere Clan-Oberhäupter als Gefolgsmänner zu sichern wusste und gleichzeitig unter den einfachen Sotho den bis heute fast einem Mythos gleichkommenden Ruf eines weisen und großzügigen Mannes errang.

Moshoeshoe hatte von Reisenden gehört, dass **Missionare** Frieden brachten und hieß daher 1833 die Ankunft dreier Gesandter der Pariser Evangelischen Missionsgesellschaft willkommen. Er richtete ihnen eine Missionsstation in Morija ein und zeigte aktives Interesse an ihrer Arbeit, konvertierte offiziell jedoch nie. Die Missionare begründeten die heutige Evangelische Kirche Lesothos, deren Gemeinde die zweitgrößte hinter der der Katholiken in Lesotho ist. Missionare der letzteren gründeten in den 60er Jahren des 19. Jahrhunderts die Stadt Roma (s.S. 735).

Ab 1840 wurde das Königreich zum Objekt der Begierde landhungriger Weißer. 1858 entsandte die **Regierung des Oranje-Freistaats** (OFS) Invasionstruppen, deren Soldaten Morija zerstörten, bevor sie einen erfolglosen Angriff auf Thaba Bosiu unternahmen. Ungeachtet des Fehlschlags konnten sie ausgedehntes Farmland in Besitz nehmen, dessen Aneignung 1860 durch einen Vertrag mit den Briten gebilligt wurde. 1865 führte die OFS-Regierung einen von Sotho begangenen Viehdiebstahl als Vorwand an, um einen neuen Krieg anzuzetteln. Im folgenden Seqiti-Krieg zerstörten die Truppen des Freistaats die Ernte der Sotho und zwangen Moshoeshoe 1866 zur Unterzeichnung eines demütigenden Vertrags, durch den der Großteil des verbleibenden fruchtbaren Lands den Gegnern abgetreten wurde. Der Krieg flammte 1867 erneut auf und wurde erst durch das Eingreifen der Briten beendet, die die Reste des Königreichs 1868 als **Basotholand** unter ihr Protektorat stellten. Mit dem Vertrag von Aliwal North erhielt Moshoeshoe 1869 das Land östlich des Caledon wieder zurück, die übrigen Gebiete verblieben jedoch beim Freistaat, zu dem sie bis heute gehören.

1870 starb Moshoeshoe. Ein Jahr später übertrugen die Briten die Verwaltung Basotholands der Kap-Kolonie, die ihren neuen Untertanen Steuern auferlegte und eine Reihe von Hütten als Sammelstellen für die Steuereintreibungen einrichtete. Aus diesen Sammelstellen erwuchsen mit der Zeit kleine Orte. Im Versuch, den Oranje-Freistaat und Transvaal 1879 zu einer Föderation zu bewegen, beschloss die Kap-Regierung, sämtliche Schusswaffen der Sotho zu konfiszieren. In Folge kam es zum so genannten **Gun War**, dessen Kämpfe und Scharmützel sich über zwei Jahre hinzogen. Es war ein gleichermaßen kostspieliges wie vergebliches Unterfangen, das schließlich die Kap-Regierung in die Knie zwang und London derart erzürnte, dass die Briten 1884 wieder die direkte Kontrolle übernahmen.

Ebenso wie Betschuanaland und Swasiland lehnte auch Basotholand 1910 die Eingliederung in die Südafrikanische Union ab. Stattdessen unterstützte **König Letsie II.** 1912 die Gründung des South African Native National Congress (später ANC). Während der folgenden Jahre verloren Monarchie und Häuptlinge an Einfluss, was zum Teil durch britische Reformen bedingt war, die die einstigen Machtträger in das System kolonialer Staatsdiener zwangen, zum Teil aber auch als Folge der sozialen Veränderungen in der Region – beispielsweise Migration, Urbanisierung und bessere Ausbildungsmöglichkeiten – zu sehen ist, denen sich Häuptlinge und folgende Könige nicht anpassen konnten. Als **Moshoeshoe II.** 1960 gekrönt wurde, befand sich die Unabhängigkeitsbewegung unter Führung von Ntsa Mokheles pan-afrikanistischer Basotho Congress Party (BCP) auf ihrem Höhepunkt. Ihr Widersacher war die konservativere Basotho National Party (BNP). Die Wahlen von 1960 konnte die BCP überlegen für sich entscheiden, 1965 jedoch fiel das Votum mit knapper Mehrheit zugunsten der BNP aus, unter deren Regierung das nun in Lesotho umbenannte Land am 4. Oktober 1966 die **Unabhängigkeit** erlangte. Nach der verlorenen Wahl von 1970 annullierte der Premierminister **Leabua Jonathan** kurzerhand das Wahlergebnis, verhängte den Ausnahmezustand über das Land und blieb bis zu seinem Sturz 1986 durch **Generalmajor Metsing Lekhanya** an der Macht. Lekhanya verwies den ANC aus Lesotho und unterzeichnete im selben Jahr einen Vertrag mit Südafrika über das Lesotho Highlands Water Project (s. S. 748).

Lekhanya zwang Moshoeshoe 1990 ins Exil und setzte seinen Sohn **Letsie III.** auf den Thron, ein Jahr später wurde jedoch Lekhanya selbst von **Generalmajor Phisona** des Amtes enthoben. Phisona machte in Folge den Weg für eine 1993 demokratisch gewählte Regierung unter Mokheles BCP frei. Damit waren die Querelen nicht beendet: Im August 1994 löste Letsie die Regierung wegen angeblicher Inkompetenz auf, allerdings dauerte es

nicht lange, bis regionaler Druck die Wiederherstellung der Regierung und Verfassung erzwang. 1995 dankte Letsie zugunsten seines Vaters ab. Im folgenden Jahr verunglückte Moshoeshoe II. bei einem Autounfall und starb, so dass Letsie ein weiteres Mal – und wohl früher als ihm lieb war – den Thron bestieg.

Die **Wahlen von 1998** konnte Mokhele, diesmal an der Spitze des neu gegründeten Lesotho Congress for Democracy (LCD), haushoch für sich entscheiden. Für die Oppositionsparteien war dies ein Ergebnis von Wahlbetrug und Manipulation. Im Juli und August 1998 kam es vor dem Königspalast in Maseru zu Massendemonstrationen für Neuwahlen. Die Proteste gipfelten in einer **Rebellion** der Verteidigungsstreitkräfte Lesothos, und im September überquerten südafrikanische Soldaten als **Friedenstruppe** der Entwicklungsgemeinschaft des südlichen Afrika (SADC) die Grenze nach Lesotho. Es folgten heftige Gefechte in der Umgebung von Militärstützpunkten und am strategisch wichtigen Katse-Staudamm. Durch das verzögerte Eintreffen weiterer Friedenstruppen aus Botswana blieb Maseru ohne Truppenschutz. Zu den Demonstranten vor dem königlichen Palast stießen tausende Bewohner aus den umliegenden Gegenden, um ihrer Wut über die in ihren Augen brutale Intervention Südafrikas Ausdruck zu verleihen. Eine Vielzahl von Geschäften und Büros in Maseru und in anderen Städten wie Mafeteng wurde geplündert und in Brand gesteckt. Obgleich die Ereignisse von 1998 von vielen als einmalige Verirrung beurteilt wird, sind sie noch immer Thema in der Lokalpolitik, und es deutet alles darauf hin, dass die politischen Zwistigkeiten noch längst nicht vorbei sind.

Feiertage
1. Januar (Neujahr)
11. März (Moshoeshoe Day)
4. April (Heroes Day)
Karfreitag
Ostermontag
Himmelfahrt
1. Mai (Tag der Arbeit)
17. Juli (Geburtstag des Königs)
4. Oktober (Tag der Unabhängigkeit)
25./26. Dezember (Weihnachten)

Maseru und die Zentralregion

Maseru ist der von Südafrika aus am günstigsten zu erreichende Einreisepunkt und der mit Abstand entwickeltste Ort des Landes. Es empfiehlt sich zudem als guter Ausgangspunkt für erste Erkundungen Lesothos. Abgesehen von ein paar eleganten Sandsteingebäuden aus der Kolonialzeit gibt es kaum Sehenswertes in der Stadt. Sämtliche Gebäude, die während der Aufstände von 1998 in Flammen aufgingen, sind bis auf eines oder zwei durch ehrgeizige Bauten aus Beton ersetzt worden. Die vorherrschende Atmosphäre ist freundlich, so dass sich Reisende hier wahrscheinlich wohler als in den meisten südafrikanischen Städten fühlen werden. Obgleich die Mehrzahl der Besucher nur einen kurzen Zwischenstopp auf dem Weg in die reizvolleren ländlichen Gegenden einlegt, lassen sich von Maseru aus schöne Exkursionen in die Hügel und Hochebenen der Umgebung unternehmen, darunter zu einem der berühmtesten Berge Lesothos, den **Thaba Bosiu**.

Das weniger als 40 km von Maseru entfernte **Roma** ist das akademische Zentrum des Landes. Es besitzt eine historische katholische Missionsstation und ist von zauberhaften Sandsteinhügeln umgeben. Die Fahrt von Roma ins Hochland über mehrere Bergpässe nach Semonkong zählt zu den schönsten Routen im Land. **Semonkong** ist berühmt für seine gewaltigen Wasserfälle, westlich der *Semonkong Lodge* stürzen die per Pony-Trek zu erreichenden **Ketane Falls** in die Tiefe.

Pony-Trekking Die ersten Ponys wurden im 19. Jahrhundert vom Kap nach Lesotho gebracht. Einige der ersten Tiere gingen 1829 als Geschenke von Häuptling Moorosi in den Besitz von König Moshoeshoe I. über. Im selben Jahr lernte Moshoeshoe reiten und erwarb rasch weitere Ponys, die er an Familienmitglieder und Anhänger weitergab. Als Moshoeshoe 1870 starb, waren Ponys im Königreich weit verbreitet und die Sotho hatten sich zu geschickten Reitern entwickelt.

Die Ponys in Lesotho sind bekannt für ihre Zähigkeit sowie ihre Fähigkeit, über Stunden hinweg zu traben und rutschige, felsige Pässe mühelos zu meistern. Die Sotho striegeln ihre Ponys nur selten, sodass diese zumeist recht zerzaust wirken. Das beeinträchtigt ihre Leistung in den Bergen jedoch nicht, wo sie für viele das einzige Fortbewegungsmittel sind.

Eine Reihe von **Lodges** bietet Pony-Trekking an, wofür keinerlei Reiterfahrung erforderlich ist, aber nur wenige davon sind gut organisiert und machen sich die Mühe, Arrangements für Guides, Routen und Unterkünfte vorab auszuarbeiten. Zu den besten Anbietern gehören das *Basotho Pony Trekking Centre* (s.S. 738), ☎ 31 7284, die *Malealea Lodge* (s.S. 723, 750), ☎ 051-447 3200, und die *Semonkong Lodge* (s.S. 737), ☎ 051-933 3106. Eventuell lohnen auch das *Trading Post Guest House* (s.S. 735) in Roma, ☎ 34 0202, die *Molumong Lodge* (s.S. 745) nahe Mokhotlong, ☎ 033-355 1141, und das *Mount Maluti Hotel* (s.S. 752) in Mohale's Hoek, ☎ 78 5224.

Von den drei professionellsten Anbietern ist das *Basotho Pony Trekking Centre* mit ca. M100 pro Tag am preiswertesten, allerdings gab es in der jüngeren Vergangenheit Berichte über nachlassende Qualität. Die beiden anderen, *Malealea* und *Semonkong*, achten sehr sorgfältig auf den Zustand der Ponys und die Qualität der Guides und verlangen ca. M120 pro Tag. Wem die Wahl des Anbieters allzu schwer fällt, kann sich vielleicht als kleine Hilfe zunächst an der bevorzugten Gegend für Pony-Trekking orientieren. Semonkong, Mokhotlong und die Gegend um das *Basotho Pony Trekking Centre* liegen oberhalb der Sandsteinschicht auf Basalt und damit recht hoch; die meisten anderen sind in tieferen Lagen angesiedelt, wo das Wetter in der Regel weniger wechselhaft, das Terrain aber härter für die Ponys ist.

Egal, auf welchen Ort die Wahl fällt, man sollte einen Sonnenhut mit breiter Krempe, Sonnenschutzcreme und wasserundurchlässige Kleidung mitbringen, bei einer Übernachtung außerdem Schlafsack und -matte sowie Proviant und einen Kocher. Als kleiner Luxus, den man aber sehr schnell schätzen lernen wird, empfiehlt sich auch für bewährte Reiter eine lindernde Salbe für die nach einem Trekking-Tag mit Sicherheit geschundenen Glieder.

Die Fahrt von Maseru zum *Basotho Pony Trekking Centre* und zur Baustelle des Mohale-Staudamms ist mit jedem Fahrzeug zu bewältigen. Wer weiter über die **Central Mountain Range** vordringen möchte, benötigt ein robustes Vehikel, dem die schlechten und felsigen Straßen nichts anhaben können. **Thaba Tseka** mag als Ziel nicht sonderlich spektakulär sein, der Weg dorthin lohnt aber allemal. Von Thaba Tseka lässt sich die Fahrt auf einer relativ guten unbefestigten Straße nach Katse und zum dortigen riesigen neuen Staudamm (s.S. 747) fortsetzen.

Maseru

Die **Hauptstadt** und einzige große Stadt des Landes, Maseru, erstreckt sich östlich des Caledon, der die Grenze zu Südafrika markiert. Einheimischer, von Hand behauener Sandstein ist das typische Material, das für die älteren und auch einige der modernen Gebäude verwendet wurde. Das harmonische Bild wird allerdings von einer Reihe planlos errichteter Betonklötze beeinträchtigt, die zudem auch noch die Skyline dominieren. Das geschäftige Treiben am Tage spielt sich weitgehend am oder um den **Kingsway** ab, der die Stadt durchquert und umso ärmlicher, aber auch lebendiger wird, je weiter man nach Osten, Richtung Kathedrale, kommt. Vor allem dort, in den weniger wohlhabenden Gegenden, wird man noch die ausgebrannten Hüllen der Einkaufszentren sehen können, die während der Unruhen 1998 in Flammen aufgingen. Einige wurde rasch abgerissen und durch moderne Shoppingcenter ersetzt, andere blieben als Ruinen stehen. Die betriebsamen Straßenhändler haben ohne Zweifel vom Ableben ihrer großen Konkurrenz profitiert. Die Spannungen, die letztlich zu den Ausschreitungen geführt haben, gehören heute der Vergangenheit an, und so lange die Vorsichtsmaßnahmen beherzigt werden, die man in jeder anderen Stadt auf dem Kontinent treffen würde, kann man sich in Maseru unbesorgt bewegen.

Geschichte

Maseru, dessen Name dem einheimischen Sandstein entlehnt ist, aus dem die Gebäude der Stadt ursprünglich bestanden, wurde 1869 von den Briten als **Verwaltungssitz** gewählt. Großbritannien hatte ein Jahr zuvor das damals noch Basotholand genannte Gebiet annektiert und bedurfte eines Stützpunkts, der nahe der königlichen Festung Thaba Bosiu lag und relativ leicht von der Kap-Kolonie aus zu erreichen war.

Nur wenige Anstrengungen unternahm Großbritannien für die Entwicklung Maserus wie auch des übrigen Landes. Zweifellos ging man davon aus, dass Maseru nach der Einverleibung des Landes durch Südafrika ein Schicksal als unbedeutende südafrikanische Stadt beschert sei. In den vergangenen Jahren aber hat die Stadt im Zuge der **Landflucht** ein rasantes Wachstum erlebt. Die Hoffnung auf ein besseres Leben in der Hauptstadt hat sich bislang jedoch nur für wenige erfüllt und der Stadt eine hohe Arbeitslosenquote beschert.

Maseru war in den Jahren nach der Unabhängigkeit Hauptschauplatz **politischer Turbulenzen**, darunter zwei erfolgreiche sowie mehrere misslungene Staatsstreiche. In jüngerer Vergangenheit fanden die heftigen Unruhen nach den umstrittenen Wahlen von 1998 statt. Die Spuren der damaligen Verwüstungen werden jedoch zusehends beseitigt, so dass sich Maseru allem Anschein nach auf dem Weg zu einer fortschrittlichen afrikanischen Stadt befindet, in der auch Boutiquen und Mobiltelefone zum Alltag gehören.

Die Stadt

In Ermangelung neuerer architektonischer Glanzleistungen bleibt das **Basotho Hat Building** am Kingsway, Ecke Orpen Road und gegenüber dem *Victoria Hotel,* das berühmteste und interessanteste Gebäude der Stadt. Es wurde der traditionellen Kopfbedeckung des Landes nachempfunden, dem Basotho-Hut (s.S. 734). Während der Unruhen von 1998 ging das Strohdach des ursprünglichen Gebäudes lichterloh in Flammen auf, schnell wurde jedoch Ersatz geschaffen, diesmal mit Platz für ein Restaurant und Terrassencafé im oberen Teil und ein Kunsthandwerksladen im Erdgeschoss. Etwas weiter östlich auf dem Kingsway gibt es weiteres Kunsthandwerk zu kaufen; in erster Linie sind es aus Gras gewebte Sotho-Hütte, die vor dem *Tourist Office* angeboten werden. Eine anspruchsvollere Auswahl findet man am Ende der Orpen Road im *Mohair Cottage,* einer Boutique im Foyer des *Maseru Sun.*

Folgt man dem Kingsway vom Basotho Hat Building weiter ins Zentrum, lohnt ein Blick auf das hübsche Sandsteingebäude der Alliance Française an der Ecke Pioneer Road. Dahinter steht auf der rechten Seite vor dem *Lancers Inn* auf einem etwas verwahrlosten Parkgelände die ehemalige anglikanische Kirche, links davon das beeindruckende **Post Office**, das keinen Zweifel an Maserus Absicht lässt, eine durch und durch moderne afrikanische Hauptstadt zu werden. In der Nähe befinden sich verschiedene einstöckige Sandsteingebäude, von denen viele vom Ende des 19. Jahrhunderts stammen, aber nur die wenigsten mit der ihnen gebührenden Ehrfurcht gepflegt werden. Wiederum ein Stück weiter erreicht man linker Hand das alte, 1891 aus Sandstein errichtete und inzwischen renovierte **Resident Commissioner's House**, in dem heute eine Regierungsbehörde untergebracht ist und das zu den schönsten Gebäuden Maserus zählt. Auf der anderen Straßenseite steht eine der wenigen aus Fertigbauteilen errichteten Nationalbibliotheken der Welt, etwas weiter und ebenfalls auf der rechten Straßenseite das große Queen Elizabeth II Hospital. Dahinter wird es auf dem Kingsway lebendiger: In Billigläden wimmelt es von Käufern, draußen bieten Straßenhändler von Sotho-Fastfood bis zu Besteck aus verzinktem Eisen alles Mögliche an. In einem neuen **Einkaufszentrum** auf der linken Straßenseite verkauft die *Lesotho Blanket Company* die preiswertesten Sotho-Decken (s. S. 742) in Lesotho, und in der benachbarten *J's Music Bar* findet man die größte Auswahl an Kassetten mit Sotho- und südafrikanischer Musik in der Stadt.

Der Kingsway endet am Kreisverkehr bei der beeindruckend großen, aber baulich wenig interessanten **römisch-katholischen Kathedrale** und teilt sich dort in die Main Road North und Main Road South.

Übernachtung

Maseru ist der einzige Ort im Land mit einer größeren Auswahl an Unterkünften, von Zeltmöglichkeiten über Schlafsäle bis hin zu Luxussuiten in eleganten Hotels. Ohne eigenes Transportmittel sind die zentral gelegenen Übernachtungsmöglichkeiten am oder nahe dem Kingsway am praktischsten.

Anglican Centre*, Assisi Rd, Ecke Lancers Rd, ✆ 32 2046. Nahe dem Kingsway, aber nicht gerade leicht zu finden. Große Einrichtung, vorwiegend von Kirchengruppen und ehrenamtlichen Kirchenmitarbeitern genutzt, verfügt über spartanische, aber durchaus ausreichende DZ, Gemeinschaftsduschen und -toiletten. Ab Mitte Dezember meist für einen Monat geschlossen. Bei Interesse nach Mrs. Mokoena fragen.

Lakeside Hotel*, ab Main Road North, ✆ 31 3646. Großes, unansehnliches Backsteingebäude am Rand eines Industriegebiets mit gar nicht so üblen Zimmern inkl. Bad, komfortablen Matratzen und TV mit M-Net. Das Restaurant serviert solide, preiswerte Küche, Hauptattraktion des Hotels sind jedoch dessen gelegentliche Chorveranstaltungen. Von der Main Road North an der Kreuzung Richtung Mafeteng abbiegen, dann noch 100 m bis zum Hotel auf der linken Straßenseite.

Lancers Inn*, Kingsway, ✆ 31 2114, ✉ 31 0223. Sehr zentrales, hübsches Sandsteingebäude, das während der Unruhen von 1998 zwar nicht in Brand gesteckt, aber völlig geplündert wurde. Die Ergebnisse der Renovierungsarbeiten sind ebenso beeindruckend wie geschmackvoll, und angesichts der komfortablen Rondavels und Chalets mit Bädern sowie der Grünanlagen und des Pools ist dies wahrscheinlich die schönste und angenehmste Unterkunft, die man in Maseru finden wird. Ein Biergarten und ein gutes Restaurant sorgen zusätzlich für Wohlbehagen.

Lesotho Sun, über M500, abseits der Nightingale Rd, hinter dem QEII Hospital, ✆ 31 3111, ✉ 31 0104. Elegantestes Hotel der Stadt, von Würdenträgern und wohlhabenden Geschäftsleuten bevorzugt. Komfortable, wenn auch etwas klein geratene Zimmer mit TV, jede Menge Sportmöglichkeiten, Pool, Kasino, Kino und eines der besten Restaurants am Platze.

Maseru Sun, ab****, Orpen Rd, ✆ 31 2434, ✉ 31 0158. Zweites der beiden etwas in die Jahre gekommenen *Sun*-Hotels in Maseru. Anständige, aber wiederum beengte Zimmer, gutes Restaurant und Geldspielautomaten. Die gepflegten Hotelgärten sind am Abend ein beliebter Treffpunkt von Einheimischen.

Phomolong Youth Hostel*, Lancers Gap Rd, ✆ 33 2900. Ein ganzes Stück außerhalb der

LESOTHO

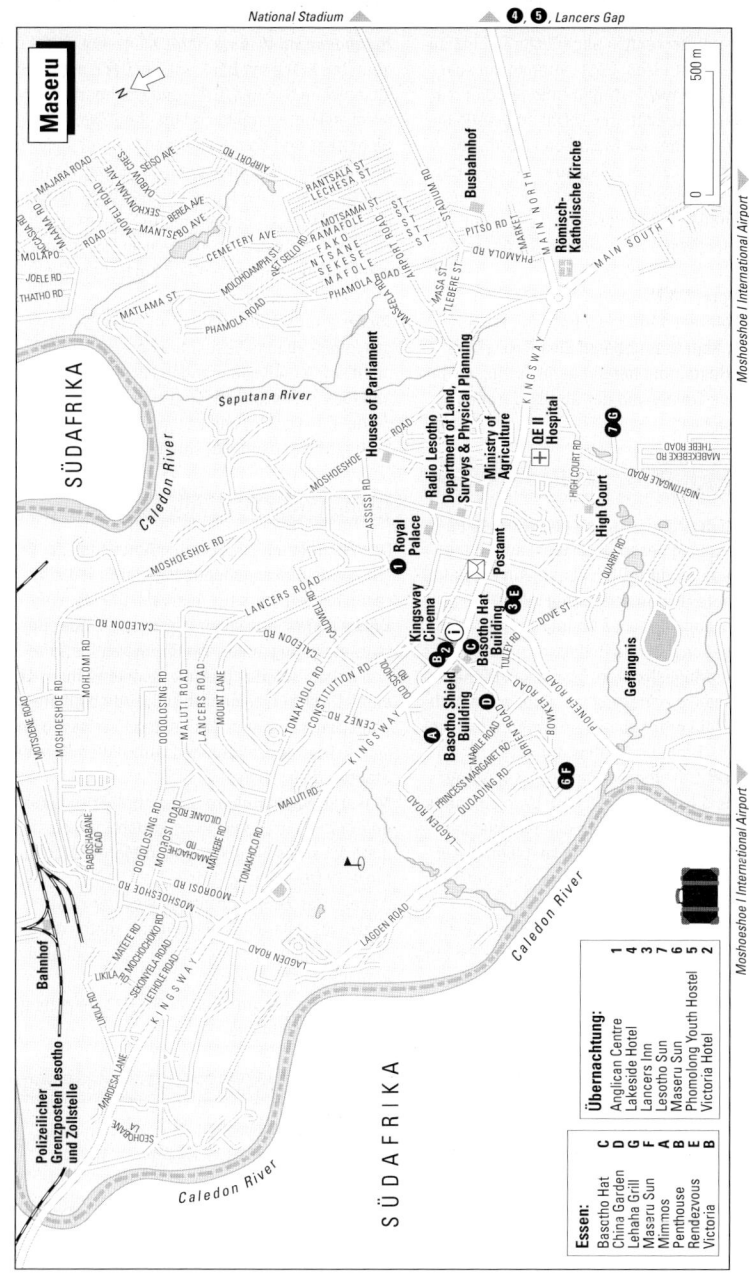

Maseru

National Stadium — ❹ ❺ , Lancers Gap

SÜDAFRIKA

Caledon River

Seputana River

MOSHOESHOE RD

Houses of Parliament

Radio Lesotho
Department of Land,
Surveys & Physical Planning
Ministry of
Agriculture

Busbahnhof

Römisch-
Katholische Kirche

MAIN SOUTH 1

MAIN NORTH

KINGSWAY

❶ **Royal**
Palace

Kingsway
Cinema

B ❷
ⓘ

Basotho Hat
Building

Postamt

❸ E

☩ **QE II**
Hospital

❼G

High Court

Gefängnis

A ❹ **Basotho Shield**
Building

D

❻F

KINGSWAY

Caledon River

Moshoeshoe I International Airport ▶

Moshoeshoe I International Airport ▶

Bahnhof

Polizeilicher Grenzposten Lesotho
und Zollstelle

SÜDAFRIKA

Caledon River

N ⬅

500 m
0

LESOTHO

Essen:
Basotho Hat	C
China Garden	G
Lehaha Grill	D
Maseru Sun	F
Mimmos	A
Penthouse	B
Rendezvous	E
Victoria	B

Übernachtung:
Anglican Centre	1
Lakeside Hotel	4
Lancers Inn	3
Lesotho Sun	7
Maseru Sun	6
Phomolong Youth Hostel	5
Victoria Hotel	2

Stadt, bietet Unterkunft in abgenutzten Schlafsälen mit alten Matratzen. Gäste können die spartanische Küche nutzen, Mahlzeiten werden nur für Gruppen zubereitet. Um 22 Uhr schließen die Türen. Anfahrt über die Main Road North, von dieser Richtung Lancers Gap abbiegen und der Straße 2,5 km folgen, bis man das niedrige, umzäunte Gebäude auf der rechten Seite sieht. Nur zu empfehlen, wenn es keine andere Alternative mehr gibt.

Victoria Hotel***, Kingsway, ✆ 31 2922, 🖂 31 0318. Nüchternes Betonhochhaus mit nichts sagenden, aber brauchbaren Zimmern, einem beliebten Restaurant mit Bar samt Terrasse, von der man das Treiben auf der Straße darunter beobachten kann.

Essen

Wie es von der Hauptstadt zu erwarten ist, besitzt Maseru eine bessere Auswahl an Restaurants als jeder andere Ort im Land. Am Kingsway sind bekannte Restaurant-Ketten wie *KFC* und *Steers* vertreten, daneben findet man hier sowie in der Umgebung des Busbahnhofs eine Vielzahl preiswerter Möglichkeiten, Essen zum Mitnehmen und Snacks zu bekommen. Sehr zu empfehlen ist die **Bäckerei** neben dem *Lancers Inn,* die ofenfrisches Brot und Muffins anbietet.

Basotho Hat, Basotho Hat Building, Kingsway. Im Obergeschoss des berühmten Wahrzeichens untergebracht, ist zurzeit das glamouröseste Restaurant der Stadt und recht kostspielig. Auf der Speisekarte stehen u.a. Steaks, auf der Terrasse werden kleinere Gerichte serviert.

China Garden, Orpen Rd, ✆ 31 3915. Erschwingliche chinesische Gerichte in verblasster Pracht, allerdings kann es ewig dauern, bis das Essen auf dem Tisch steht. So geschlossen.

Lehaha Grill, im *Lesotho Sun*, abseits der Nightingale Rd. Betriebsames Restaurant mit schmackhafter, aber etwas überteuerter europäischer Küche.

Maseru Sun, Orpen Rd. Speisen vom Buffet oder à la carte, wobei das Buffet die mit Sicherheit bekömmlichere Wahl darstellt.

Mimmos, Maseru Club, UN Rd. Gute Pizza und sättigende Pasta, die vor allem die hier lebenden Ausländer schätzen.

Penthouse, im *Victoria Hotel*, Kingsway. In der obersten Etage mit Blick auf die Stadt, serviert italienische Speisen, Grill- und Fischgerichte in prunkvollem, wenngleich betagtem Samtdekor. Sa mittags und So geschlossen.

Rendezvous, im *Lancers Inn*, Kingsway. Nach den Unruhen in beeindruckender Weise renoviert. Afrikanisch ausgerichtete Speisekarte, moderate Preise. Die Sitzplätze im Freien sind während der Mittagszeit und am frühen Abend zu Recht besonders begehrt.

Victoria, im *Victoria Hotel*, Kingsway. Geräumiges, meist abends besuchtes Restaurant mit nicht sonderlich spannenden Fleischgerichten und Pizzas. Am lohnendsten sind die Tage, an denen Currys (Mo) und traditionelle Gerichte der Sotho (Mi nachmittags) serviert werden.

Unterhaltung und Kultur

Das **Nachtleben** bietet wenig Abwechslung. Wer nur etwas trinken möchte, hat hierfür jedoch reichlich Hotelbars zur Auswahl. Die hiesigen **Bars** sind fast ausnahmslos an Hotels oder Restaurants angegliedert, wobei jene im *Victoria* und *Lancers* zu den ausgelassensten zählen. Um einen Drink in typischerer Sotho-Atmosphäre zu genießen, muss man das Zentrum verlassen und sich in eine der zahlreichen inoffiziellen Bars am Stadtrand begeben.

Maserus **Nachtclubszene** beschränkt sich auf den *Club G* unter dem *Victoria Hotel*, wo die Jugend Maserus bis in die frühen Morgenstunden tanzt. ⏱ Do–Sa ab 21 Uhr.

Abseits des Zentrums gibt es ein oder zwei **Jazzclubs**, allerdings können und sollten diese nur in Begleitung eines ortskundigen Einheimischen besucht werden.

Das **Kino** im *Lesotho Sun*, ✆ 31 3111, zeigt hauptsächlich Actionfilme.

Sonstiges

AUTOVERMIETUNGEN – **Avis**, am Flughafen, ✆ 31 4325 oder 35 0328; **Budget**, ✆ 31 6344.

BÜCHER – **The Book Centre**, Kingsway, kurz hinter der *Lesotho Bank,* ist der beste der wenigen Buchläden Maserus.

DIPLOMATISCHE VERTRETUNG – *Honorarkonsulat Bundesrepublik Deutschland*, 70c Maluti Rd, P.O. Box 75, Maseru 100, ✆ 32 4198, 📠 31 0058.

EINKAUFEN – Wer Proviant für die weitere Reise benötigt, sollte in Maseru einkaufen; an Souvenirs gibt die Stadt jedoch wenig her und kann kaum mit der Auswahl mithalten, die sich z.B. in Teya-Teyaneng (s.S. 740) bietet.

GELD – Hauptfilialen der *Lesotho Bank, Nedbank* und *Standard Bank* befinden sich am Kingsway.

INFORMATIONEN – *Lesotho Tourist Information Office*, Kingsway, nahe dem *Victoria Hotel*, ✆ 31 9485, ist zwar alles andere als ideal ausgestattet, aber die Mitarbeiter sind hilfsbereit und verfügen über Stadtpläne und Broschüren und können aktuelle Auskünfte über Hotelpreise geben. Lesothos Tourismusstrukturen befinden sich in einem recht dauerhaften Zustand des Umbruchs und immer wieder ist die Rede davon, das *Tourist Office* umzusiedeln. ◷ Mo–Fr 8–17, Sa 8.30–13 Uhr.
Wer einen Besuch des **Sehlabathebe National Park** (s.S. 754) plant, muss die nötigen Buchungen hierfür in Maseru vornehmen – entweder über das *Tourist Office* oder *Sehlabathebe Reservations* beim Ministry of Agriculture, 82 Constitution Rd, PO Box 24, Maseru 100, ✆ 31 6407, ✉ agric@ilesotho.com.

INTERNET – *LEO (Lesotho Office Equipment)*, Orpen Rd, ✆ 32 2772, ◷ Mo–Fr 8–17 Uhr; *CBS*, in der Hauptpost, ◷ Mo–Fr 8–17, Sa 8–13 Uhr.

KULTURINSTITUTE – *American Cultural Centre*, Options Building, Pioneer Rd; *British Council*, Kingsway, Ecke Lerotholi Rd, ✆ 31 2609; *National Library*, Kingsway.

MEDIZINISCHE HILFE – *Queen Elizabeth II Hospital*, Kingsway, ✆ 31 2501; *Maseru Private Hospital*, Thetsane Rd, ✆ 31 3260.

NOTRUF – **Feuerwehr**, ✆ 122; **Krankenwagen**, ✆ 121; **Polizei**, ✆ 123.

POST – Die prachtvolle neue **Hauptpost** steht an exponierter Stelle am Kingsway, ◷ Mo–Fr 8–16.30, Sa 8–12 Uhr. Lesothische **Briefmarken** sind berühmt und hoch begehrt. Interessierte sollten das philatelistische Büro im ersten Stock aufsuchen.

RADIO – *BBC World Service*, auf 90,2 UKW. Ein naher Sender versorgt Maseru abends mit gutem Empfang.

REISEVERANSTALTER – *Afric-Go-Tours*, ✆ 32 5367; *Execu Travel*, ✆ 32 5113; *UCS*, Victoria Hotel, ✆ 532 3706.

SCHWIMMEN – Der Pool im *Maseru Sun* steht für gewöhnlich auch Nicht-Gästen offen. Auskunft bitte an der Rezeption einholen. Der Preis für die Nutzung beträgt ca. M10.

Maseru lässt sich bequem zu Fuß erkunden. Einige Unterkünfte liegen für einen Fußmarsch jedoch zu weit entfernt und nach Einbruch der Dunkelheit können die Straßen nicht ganz ungefährlich sein. Auf dem Kingsway verkehren zahlreiche **Minibus-Taxis**, die in die vorstädtischen Gegenden fahren; der Preis hierfür beträgt weniger als M2. Als Alternative stehen einige **Taxiunternehmen** zur Auswahl. Das **Autofahren** in der Stadt ist problemlos, allerdings ist der Verkehr oftmals stockend. Der Kingsway ist wochentags zwischen 7 und 9 Uhr eine Einbahnstraße Richtung Grenze.

TAXIS – *Max Taxis*, ✆ 32 5935; *Moonlight Taxis*, ✆ 31 2695; *Planet Taxis*, ✆ 31 7777; *Silver Star*, ✆ 31 1603.

Das öffentliche Verkehrswesen zeichnet sich durch Chaos aus, bedient jedoch von Maseru aus alle Landesteile zu ausnahmslos billigen Fahrpreisen. Abfahrtspunkt der öffentlichen Verkehrsmittel von Maseru in die übrigen Landesteile ist die Haltestelle abseits der Main Road North – nicht zu verfehlen, wenn man kurz hinter

LESOTHO

dem Kreisverkehr nach links in die Pitso Road einbiegt. Angesichts des Gewimmels an Fahrzeugen fragt man am besten nach der Abfahrtstelle des Busses oder Minibus-Taxis zum gewünschten Zielort. Busse und Minibus-Taxis, die Orte südlich von Maseru ansteuern, sammeln sich häufig in der Main Road South, nicht weit vom Kreisverkehr.

SELBSTFAHRER – Die Orientierung ab Maseru ist recht einfach, da sowohl die **Main Road North** (A1) als auch die **Main Road South** (A2) am östlichen Ende des Kingsway am Kreisverkehr an der Kathedrale beginnen. Auf den ersten Kilometern sind Tankstellen entlang beider Strecken nur spärlich gesät.

BUSSE – Keines der großen südafrikanischen Busunternehmen fährt nach Maseru. Es bestehen Busverbindungen innerhalb Lesothos von Maseru u.a. nach
HLOTSE (8x tgl., 2 Std.);
MAFETENG (5x tgl., 1 1/1 Std.);
MAPUTSOE (8x tgl., 2 Std.);
QACHA'S NEK (1x tgl., 10 Std.);
ROMA (4x tgl., 1 Std.);
SEMONKONG (4x tgl., 5 Std.);
TEYA-TEYANENG (8x tgl., 3/4 Std.).

MINIBUS-TAXIS – Es verkehren tgl. Minibus-Taxis von Jo'burg, Bloemfontein und Durban sowie einer Reihe kleinerer Orte nahe Maseru bis zur Grenze, die man dann alleine passieren muss. Jenseits davon findet man problemlos ein Transportmittel für die Fahrt in die Stadt.

EISENBAHN – Von und nach Maseru verkehren keine Züge, der nächstgelegene Bahnhof befindet sich in Bloemfontein im Freistaat.

FLÜGE – Der internationale Flughafen *Moshoeshoe I,* ✆ 35 0418/9, liegt 18 km südöstlich von Maseru, abseits der Main Road South (A2). Bis zum frühen Abend verkehren häufig Minibus-Taxis und Busse für weniger als M10 in die Stadt. Private Taxis stehen zur Verfügung, kosten aber erheblich mehr (ca. M40). Flugverbindungen bestehen u.a. nach:
JO'BURG (Mo–Sa 3x tgl., So 2x tgl., 1 1/4 Std.).

In Maseru vertretene **Fluggesellschaften** sind: *Mission Aviation Fellowship,* ✆ 31 3640; *SA Airlink,* in Jo'burg, ✆ 011-978 1111.

Die Umgebung von Maseru

Maseru wird bei einem Aufenthalt in Lesotho wahrscheinlich die wenigste Zeit zugestanden, es lassen sich aber von der Stadt aus einige interessante Exkursionen zu nahe gelegenen Zielen unternehmen. Vom Zentrum Maserus kann man zu Fuß den Bergkamm mit den drei Gipfeln **the Word, the Flesh** und **the Devil** erklimmen, etwas weiter entfernt, aber dafür mit schönen Ausblicken auf die Stadt und das umliegende Land, liegen **Lancers Gap** und das **Qeme Plateau**. Für ein Land, das von hoch aufragenden Bergen dominiert wird, mutet es schon merkwürdig an an, dass zwei der niedrigeren Hügel, nämlich **Thaba Bosiu** und **Qiloane**, zu den bedeutendsten historischen Stätten des Landes zählen.

The Word, the Flesh und the Devil

Hinter dem *Lesotho Sun* beginnt der leichte Aufstieg zu den drei Gipfeln, die Heckenschützen während des Gun War als bevorzugten Posten bezogen. Der Weg verläuft zwischen den Zäunen hindurch, die das Hotel und das Friebel House trennen, und führt dann, vorbei an großen Felsblöcken, auf den Hügel hinauf. Nach nicht einmal 20 Minuten ist der nördlichste der drei, the Word, erreicht, von wo sich herrliche Ausblicke auf Maseru und die weiter entfernten Berge eröffnen. Von hier kann man den Kamm entlang zu den beiden anderen Gipfeln, the Flesh und dahinter the Devil laufen, allerdings bietet keiner der beiden eine ähnlich lohnende Aussicht.

Lancers Gap

Nur wenig östlich von Maseru ragt die ungewöhnliche Anhöhe Lancers Gap auf, durch deren große Spalte in der Mitte die Straße verläuft. Der Name geht auf ein Lancer-Regiment zurück, das hier während des Gun War angeblich in einen Hinterhalt gelockt und besiegt wurde. Tatsächlich fand dieses Ereignis jedoch an einem ganz anderen Ort statt, was angesichts der reizvollen Aussicht auf Maseru und die Berge im Osten aber nicht weiter stören soll. Der Anfahrtsweg führt von Maseru über die Main Road North bis zur Abzweigung Richtung Lancers Gap, wo man nach rechts abbiegt und nach ein paar Kilometern und einer sehr steilen Serpentine den Hügel erreicht.

Qeme Plateau

Das große T-förmige Qeme Plateau, das sich über mehr als 25 km2 ausdehnt und Ausblicke hinüber in den Freistaat und in den Osten Lesothos gestattet, liegt nur wenige Kilometer südlich von Maseru, nicht weit von der südafrikanischen Grenze. Als Anfahrtstrecke wird in der Regel der Weg über die Main Road South bis Mantsebo gewählt, anschließend an der Kreuzung nach rechts und hinter *Fraser's Store* nach links abgebogen. Dort lässt man das Fahrzeug am besten stehen und hält auf die diagonale Linie zu, die von rechts nach links auf das Plateau führt. Nach kurzem Marsch wird man auf den Pfad stoßen, auf dem man hinaufgelangt. Hin und zurück ist mit 3–4 Std. zu rechnen.

Als Alternative kann man die United Nations Road (die neue, vom Kingsway über die Pioneer Road zu erreichende Ringstraße) nehmen und dieser bis zum Plateau folgen, dann nach rechts in eine unbefestigte Straße Richtung Mokhalinyane abbiegen und durch herrliche Landschaft am westlichen Rand des Plateaus fahren, bis man eine Spalte auf dem Plateaurücken sieht. Anschließend kann man das Auto unbesorgt am Fuß des Plateaus im Dorf Ha Mapholo parken und das Dorf in Richtung der Spalte durchqueren. Der erste Teil des Aufstiegs verläuft zunächst entlang einer deutlich erkennbaren Route, für zwei Drittel der Strecke muss man jedoch ein gutes Ratevermögen besitzen oder die Hilfe eines der vielen Viehhirten, die oftmals ihre Kühe und Ziegen hier heraufführen, in Anspruch nehmen. Hin und zurück benötigt man ca. 2 Std.

Oben angekommen, lädt die Landschaft aus Fels und Gras zu einem Spaziergang oder Picknick ein. Vor Einbruch der Dunkelheit sollte der Abstieg allerdings geschafft sein. Von Ha Mapholo kann für die Rückfahrt entweder dieselbe Strecke gewählt werden oder aber man fährt ein paar Kilometer weiter, bis die Beschaffenheit der Straße wieder besser wird und man schließlich etwas nördlich von Morija auf die Main Road South gelangt.

Thaba Bosiu

Ungefähr 20 km östlich von Maseru befindet sich mit Thaba Bosiu, einem steilen Tafelberg, die bedeutendste historische Stätte des Landes. Zu Zeiten Moshoeshoe I. war dies die **Hauptstadt des Königreichs**. Obgleich von der UNESCO in die Liste des **Weltkulturerbes** aufgenommen, ist bis heute nichts zur Ausgestaltung Thaba Bosius getan worden, so dass es oben auf der Bergkuppe auch nicht sonderlich viel zu sehen gibt. Hier haben die Könige des Landes ihre letzte Ruhestätte. Für die Lesother nimmt Thaba Bosiu eine wichtige Stellung ein und ist deswegen einen Besuch in jedem Fall wert.

Auf der Suche nach einem Ort, der zum einen fern der kriegerischen Clans lag, die zu jener Zeit die Ebenen im Norden und Westen heimsuchten, und zum anderen nur schwer einzunehmen war, zog Moshoeshoe I. mit seinen Anhängern 1824 nach Thaba Bosiu. Das saftige Weideland und die Quellen auf der Bergkuppe schienen ideale Bedingungen zu bieten, aber es sollte nicht lange dauern, bis feindselige Clans und auch burische Siedler ihren Weg hierher fanden. Keinem gelang die Eroberung des Berges, wodurch dieser ebenso wie Moshoeshoe einen geradezu mystischen Nimbus erlangte.

Der Name des Berges bedeutet „Berg der Nacht", was vielleicht – so will es die Legende – daher rührt, dass Moshoeshoe des nachts hier eintraf. Nach einer einleuchtenderen und von den meisten Sotho bevorzugten Erklärung ist der Name dem Umstand entlehnt, dass der Berg, der am Tag nicht sonderlich hoch oder imposant aussieht, mit der hereinbrechenden Nacht zu enormer und unbezwingbarer Größe zu wachsen scheint, bevor er in der morgendlichen Dämmerung wieder auf einen Hügel „zusammenschrumpft".

Am Fuß des Bergs gibt es ein **Besucherzentrum**, ◷ tgl. 8.30–16 Uhr, wo man gegen eine geringe Gebühr Informationsbroschüren erhält und an einem Rundgang mit einem offiziellen Guide teilnehmen kann. Die Führung geht hinauf auf den **Khubelu Pass**, einer Felsspalte, in der der Burengeneral Louw Wepener beim Versuch der Erstürmung des Bergs 1865 ums Leben kam (s.S. 734, Kasten), dann vorbei an jenem Felsen, von dem aus die Sotho-Krieger Ausschau nach Feinden hielten, und weiter zu den Überresten von Moshoeshoes

Sturm auf Thaba Bosiu Direkt nach der Eroberung großer Teile des Flachlands östlich des Caledon, griffen die **Ngwane** 1828 als Erste Thaba Bosiu an, wurden aber vernichtend geschlagen und ließen Moshoeshoe fortan für alle Zeiten unbehelligt. 1831 versuchte sich das gemischtrassige Volk der **Kora** an Thaba Bosiu, wurde jedoch jedesmal von Moshoeshoes Kriegern abgewehrt. **Mzilikhazi**, der König der Ndebele und spätere Eroberer weiter Teile des heutigen Zimbabwe, griff den Berg im selben Jahr an. Seine Männer wurden durch die zahllosen großen Felsbrocken in die Flucht geschlagen, die die Sotho von oben auf sie herabschleuderten. Moshoeshoe soll den Ndebele nach ihrer Niederlage eine große Anzahl stattlicher Ochsen gesandt haben, was ein bis dahin beispielloses Gebaren für einen siegreichen Häuptling war – als wollte er dadurch sagen, er habe verstanden, dass Hunger der Grund für den Angriff war. Mzilikhazi kam zumindest nicht wieder.

Es folgten 20 Jahre relativer Ruhe, eine Zeit, in der Moshoeshoe Besucher in prachtvollen, dunkelblauen Armeeuniformen empfing und Tee in kostbarem chinesischen Porzellan reichte. Er gestattete dem französischen Missionar **Eugène Casalis** 1837, am Fuß des Berges eine Missionsstation zu errichten, und stellte ihn als Sekretär und Übersetzer ein. Eine britische Strafexpedition unter dem Kap-Gouverneur Sir **George Cathart** schaffte es 1852 nicht einmal bis zum Berg, sondern wurde kurz davor von den bestens bewaffneten Soldaten Moshoeshoes angegriffen und zu einem überstürzten Rückzug gezwungen. Für den Oranje-Freistaat (OFS) kämpfende **burische Truppen** unternahmen 1858 eine kurze Attacke auf Thaba Bosiu, kehrten dann entschlossener und mit schwerer Artillerie ausgerüstet 1865 zurück und begannen zunächst den Berg unter Dauerbeschuss zu nehmen, um ein paar Tage später zum Sturm auf die Festung zu blasen. Acht Männer schafften es bis auf den Berg, wo sie ihre Mühen mit schweren Verletzungen bezahlten und hastig umkehrten. Eine Woche später trafen weitere burische Truppen und der Präsident des Oranje-Freistaats ein, es begann eine weitere Offensive. General Wepener führte seine Männer bis auf den Khubelu Pass. Dort wurde er tödlich verwundet. Unter dem folgenden Gegenangriff der Sotho zog sich die burische Armee zurück und belagerte Thaba Bosiu einen Monat lang. Während der Belagerung fiel der Großteil des Viehs auf dem Berg dem Hunger zum Opfer, und die Sotho besaßen nur noch so wenig Munition, dass sie die von den Buren abgefeuerten Geschosshülsen einschmolzen, um daraus neue Munition zu gewinnen.

Obgleich sie als Sieger dieser Schlacht hervorgingen, verloren die Sotho den Krieg. 1866 unterzeichnete Moshoeshoe einen demütigenden **Vertrag**, durch den der Großteil des Farmlands Lesothos in den Besitz des Oranje-Freistaats überging. Vier Jahre später starb der alte König, er wurde oben auf der Bergkuppe Thaba Bosius beigesetzt. Seither haben alle verstorbenen Sotho-Könige dort ihre letzte Ruhestätte.

europäisch gebautem Haus, das ihm abtrünnige Armeesoldaten errichteten. Von dort ist es ein kurzer Fußmarsch zu den spärlichen Ruinen von Moshoeshoes königlichem Palast und zum Friedhof der Könige.

Die Gräber von Moshoeshoe I. und der meisten seiner Nachfolger sind durch einfache Steinhaufen gekennzeichnet, nur das jüngste, das von Moshoeshoe II., der bei einem Autounfall 1996 ums Leben kam, ist aufwändiger gestaltet und mit Plastikblumen geschmückt.

Nach Osten hin bietet sich ein herrliches Panorama mit dem **Qiloane**, einem kegelförmig aufragenden Berg, der wohl als Vorlage für die nationale Kopfbedeckung, den unverwechselbaren Basotho-Hut, diente. Auf der anderen Seite des Bergs befindet sich ein **Höhlendorf**, in dem der königliche Hausstand während der Angriffe Zuflucht suchte und das schon lange davor von den San bewohnt und mit Felsmalereien verziert wurde. Interessierte können sich von einem Guide, der für gewöhnlich am Khubelu Pass anzutreffen ist, zu den Höhlen bringen lassen und dabei auch einen traditionellen Heiler *(sangoma)* besuchen, der in einer der Höhlen lebt. Vom Pass sind es ca. 4 km Fahrt, gefolgt von einem kurzen Marsch, bis zu den Höhlen.

Übernachtung und Essen

Mmelesi Lodge*, in unmittelbarer Nachbarschaft des Bergs, ℡ 35 7215 oder 35 7216, 🖷 31 2369, wahrscheinlich die beste von Basotho geführte Lodge im Land. Wird häufig für Regierungskonferenzen und von Staatsdienern genutzt. Unterbringung in komfortablen Rondavels mit Bad, zur Lodge gehören außerdem eine feudale Bar und ein hübsches **Restaurant**, das nicht zu teure Fleisch- und Fischgerichte serviert.

Transport

Autofahrer nehmen die Main Road South und biegen von dieser an der ausgeschilderten Abzweigung nach Thaba Bosiu nach rechts ab, anschließend folgen sie der Straße hinunter in ein Flussbett, wo ein ungeteerter Straßenabschnitt zu passieren ist, und fahren bis zu einer T-Kreuzung. An dieser biegen sie links ab und erreichen Thaba Bosiu nach ca. 3 km.
Tagsüber verkehren zahlreiche **Minibus-Taxis** zwischen Thaba Bosiu und dem großen Halteplatz der Busse in Maseru.

Roma

Von Maseru sind es ungefähr 30 km über eine gut zu befahrene Straße bis nach Roma, einer reizvoll in bizarrer Hügellandschaft gelegenen katholischen Missionsstadt. Hier ist auch der Sitz der **University of Lesotho**, die ursprünglich Pius XII College hieß und als dieses von der römisch-katholischen Kirche geleitet wurde. Zwischen 1964 und 1971 fungierte die Lehranstalt als gemeinsame Universität für alle drei der ehemals britischen Protektoratsgebiete im südlichen Afrika und heute unabhängigen Nationen Lesotho, Botswana und Swasiland. Auf dem Universitätsgelände kann man Telefonkarten kaufen und die aufgestellten öffentlichen Telefone benutzen, die im übrigen Lesotho nur selten zu finden sind. Ansonsten gibt es auf dem Campus kaum etwas von Interesse. Gut 1 km

von der Universität entfernt, gelangt man zur **Roma Mission**, die zum Großteil 1862 errichtet wurde. Obgleich Türme und Fassadenschmuck sie erhabener als ihr evangelisches Gegenstück in Morija (s. S. 749) machen, wirkt die Missionsstation etwas heruntergekommen und bietet kaum Grund zu längerem Verweilen. Sehenswert ist höchstens der Anbau mit dem Grab von **Father Gerard**, einem der Gründer der Mission. Dieser soll durch Gebete die Sehkraft eines erblindeten Mädchens wieder hergestellt haben, wofür er verehrt wird und vor kurzem selig gesprochen wurde (er starb 1940).

Übernachtung und Essen

Steht man schon vor der Tür, wird man in der Mission, wenngleich widerwillig, eine Bleibe bekommen. Beste Unterkunft ist jedoch ohne Zweifel das **Trading Post Guest House***, ℡ 34 0202 oder 082-773 2180, 🖂 tradingpost@leo.co.ls, am westlichen Ortsrand von Roma. Das 1903 von der Familie Thorn als Handelsstützpunkt errichtete und von dieser bis heute bewohnte Gebäude bietet Selbstversorgern Rondavels, Zimmer im Haus sowie Campingmöglichkeiten. Ein Pool sorgt für zusätzlichen Komfort, **Pony-Trekking** in die umliegenden Sandsteinhügel (M15 pro Std.) kann auf Wunsch arrangiert werden. Von Maseru kommend, ist an der Ortseinfahrt am rechten Straßenrand auf ein Schild mit der Aufschrift „Manonyane High School" und „Trading Post" zu achten; diesem folgend sind es noch 100 m auf einer Schotterstraße.

Speak Easy Liquor Restaurant, gegenüber der Universität, ist das einzige Speiselokal in Roma und überwiegend von Studenten besucht. Das Essen ist preiswert und gut, dazu gibt es eine stattliche Auswahl an alkoholischen Getränken, wie man sie sonst nicht einmal in Maseru bekommt.

Transport

SELBSTFAHRER – Die letzte Möglichkeit, vor Semonkong zu tanken, befindet sich direkt neben dem *Speak Easy Liquor Restaurant*.

BUSSE – Zwischen Maseru und Roma verkehren tgl. Busse sowie zahlreiche **Minibus-Taxis**, was

die Route zu einer der verkehrsreichsten des Landes macht. Der Fahrpreis beträgt je nach gewähltem Transportmittel M5–10. Busverbindungen von Roma bestehen nach
MASERU (4x tgl., 1 Std.);
SEMONKONG (4x tgl., 4 Std.).

Semonkong und Umgebung

Die Straße von Roma nach Semonkong gehört zu den spektakulärsten des Landes und wird auf ihrem Weg ins Hochland – vorbei an den Sandstein- und Basaltgipfeln der Thaba Putsoa-Gebirgskette – von herrlichen Ausblicken begleitet. Bei Moitsupeli, wo der Asphalt in eine Schotterstrecke übergeht, verdienen die vorausliegenden, sinnfällig **Thabana liMele** („Brust-Berge") benannten Zwillingsgipfel Aufmerksamkeit. Der nördliche der beiden Gipfel kann ohne spezielle Ausrüstung erklommen werden, sofern man die Felsspalte an seiner Nordseite findet. Wer die Klettertour unter-

nehmen möchte, parkt am besten im nächstgelegenen Dorf **Ha Dinzulu**, lässt dort jemanden wissen, wohin man sich begibt, überquert den Makhalaneng River und macht sich an die Besteigung des Bergs. Bis auf den Gipfel und wieder zurück benötigt man ca. 7 Std.

Von Ha Dinzulu steigt die Straße weiter an, bis sie bei 2000 m den Nkesi's Pass erreicht, um dann wieder zum Dorf Ramabanta abzufallen. Dort kann man den Makhalaneng River überqueren und weiter bis zum 3000 m hohen Thaba Putsoa fahren, bevor die Route dahinter sanft bergab führt und den auseinander gezogenen Ort Semonkong erreicht. Bis in die 80er Jahre des 19. Jahrhunderts war Semonkong nur von **San** bewohnt, erst nach dem Ende des Gun War begann sich die Ortschaft als Zuflucht für vertriebene Sotho aus dem Tiefland zu entwickeln. Neben einigen einfachen Geschäften kann Semonkong seinen Besuchern eine Reihe von Bars bieten, die eine bemerkenswerte Vielfalt an Bieren und Apfelweinen ausschenken, und sogar

LESOTHO

Dongas und Bodenerosion in Lesotho Angesichts der kargen, baumlosen Landschaft Lesothos mag man kaum glauben, dass das Land einst die **Kornkammer** der Region war. Noch im 19. Jahrhundert exportierte das Königreich Lebensmittel in den benachbarten Oranje-Freistaat, nach Kimberley und zum Witwatersrand, um tausende Arbeiter im Diamanten- und Goldbergbau zu ernähren. Die Probleme begannen mit der Vereinnahmung der fruchtbarsten Gebiete durch den Oranje-Freistaat in den 60er Jahren des 19. Jahrhunderts, wodurch die Sotho gezwungen waren, auf hügeliges, bis dahin ausschließlich als Winterweiden genutztes Terrain auszuweichen. Diese Entwicklung hält bis zum heutigen Tag an und hat in Gegenden wie Semonkong und Mokhotlong den Ackerbau auf Höhen von über 2000 m vordringen lassen. Berge sind jedoch kein Ersatz für fruchtbare Ebenen, so dass Lesotho seit den 20er Jahren des 20. Jahrhunderts ein Netto-Importland für Ernährungsgüter ist.
Der anhaltende und unverminderte Ackerbau in den Bergen Lesothos hat verheerende **ökologische Folgen** mit sich gebracht. Die Frucht-

barkeit des Bodens ist dramatisch gesunken, weit schlimmer wiegt jedoch, dass große Mengen an Muttererde mit dem sommerlichen Regen einfach weggeschwemmt werden und häufig als Schlamm in den Flüssen des Ostkaps enden. Vielerorts ist schon so viel Mutterboden abgetragen worden, dass sich breite Rinnen, so genannte *dongas,* gebildet haben. Obgleich diese oftmals fruchtbar erscheinen, liegen sie meist so dicht am Oberflächengestein, dass an ertragreichen Ackerbau nicht zu denken ist.
Seit einiger Zeit werden Anstrengungen unternommen, um diesen Prozess aufzuhalten. Am deutlichsten lassen sich diese an Hand der an Hügeln terrassenförmig angelegten und von Grasflächen durchbrochenen **Felder** erkennen. Eines der erfolgreichsten Beispiele dafür, wie einfach *dongas* aufgefüllt oder zurückgewonnen werden können, stellt die Familie Musi im Dorf bei der *Malealea Lodge* (s.S. 723, 750) unter Beweis – bei Interesse einfach nach dem Weg fragen. Auf einem Hang mit abgetragenem Ackerland und kahler Fläche ist die dortige üppig grüne Oase mit den zahlreichen Vögeln leicht auszumachen.

eine Post und eine Bank gibt es, auf deren uneingeschränkten Betrieb man sich jedoch nicht verlassen darf. Die Straßen im Ort sind schlecht, aber nicht unpassierbar. Eine Stippvisite lohnt der *Fraser's Store*, schon alleine um die Klientel zu beobachten, die meist in Decken und Gummistiefeln gekleidet hier einkehrt und deren Ponys am Eingang an einen Pfosten angebunden stehen. Im Winter sollte man sich die hiesigen **Pferderennen** nicht entgehen lassen, die jedes letzte Wochenende im Monat stattfinden.

Von Semonkong benötigt man einen Tagesmarsch oder einen Tag per Pony-Trek (s. S. 737, Übernachtung), um nach Überquerung einiger Berge die malerischen, 120 m hohen **Ketane Falls** zu erreichen. Eine andere Art, dorthin zu gelangen, gibt es nicht, und die Pony-Trek-Route gilt als eine der schönsten im Land. Die Wasserfälle können auch im Rahmen einer beliebten 4-tägigen Pony-Trekking-Tour von der *Malealea Lodge* (s. S. 723, 750) aus besucht werden.

Leichter zu erreichen sind die **Semonkong Falls**, zu denen ein hübscher und 5 km langer, wenngleich stellenweise rutschiger Weg vom Ort vorbei an Maisfeldern und Weiden am Ufer des Maletsunyane River führt. Eine Anfahrt im Auto ist möglich, allerdings besteht die Gefahr eines Einbruchs, während man zu Fuß zum Auffangbecken der Fälle hinuntersteigt. Bekannt sind die Semonkong Falls („Rauchendes Wasser") auch unter dem Namen **Le Bihan Falls**, nach dem französischen Missionar, der sie als erster Europäer zu Gesicht bekam. Fast 200 m stürzen sie einen steilen, spektakulären Felsen hinunter in ein Becken, in dem man auch schwimmen kann. An allen Seiten geben natürliche Aussichtspunkte den Blick auf die Wassermassen frei, am beeindruckendsten vom Plateau direkt gegenüber. Wohltuend ist hier das Gefühl, vollständig von Natur umgeben zu sein, ohne dass irgendwelche von Menschenhand geschaffene Einrichtungen das Bild stören – nicht einmal einen Parkplatz gibt es. Ein Pfad führt hinunter zum Fuß der Fälle, was hin und zurück 3–4 Std. dauert, aber mit Sicherheit lohnt, vor allem wenn man Lust auf ein Bad im Auffangbecken hat oder dort zelten möchte. Das Wasser am Fuß der Fälle gefriert normalerweise bis Juni zu Eis, der eigentliche Wasserfall hingegen tost den ganzen Winter hindurch und sorgt dafür, dass die umgebenden Felsen während

dieser Zeit von einem eisigen Schleier überzogen werden und sich eine beeindruckende Eishöhle über das Auffangbecken spannt. Während der übrigen Zeit lassen sich in der gewaltigen Schlucht, die die Wasserfälle umrahmt, auch Vögel wie Glattnackenibis und Bartgeier erspähen.

Fraser's Semonkong Lodge*, ☎ 051-933 3106, 🖳 www.placeofsmoke.co.ls, liegt in einem Einschnitt des Flusstals am Ortsrand und zählt zu den besten Lodges des Landes. Gut geführt, entspannte Atmosphäre, gemütliche DZ, Schlafsaal und Zeltstellplätze, ausgezeichneter Barbereich mit Billardtisch und Musik. Wer sich nicht selbst versorgen möchte, kann auf Wunsch schmackhaftes Essen bekommen. Verschiedene Ausflüge werden angeboten, darunter **Pony-Trekking** für ca. M11 pro Tag, geführte Wanderungen mit Packpferd für ca. M80 pro Tag sowie Exkursionen mit Übernachtung in Dörfern. Abweichend von sonstigen Gepflogenheiten außerhalb Maserus kann hier mit Kreditkarte gezahlt werden.

Semonkong liegt ca. 4 Std. **Autofahrt** von Maseru entfernt. **Busse** verkehren tgl. von und nach MASERU (4x tgl., 5 Std.) und ROMA (4x tgl., 4 Std.). Man kann auch mit öffentlichen Verkehrsmitteln bis Roma fahren und von dort ein **Minibus-Taxi** nehmen, allerdings verkehren diese nur bis zum Nachmittag. Alternativ dazu kann man über die *Mission Aviation Fellowship*, ☎ 31 3640, einen **Flug** von Maseru hierher organisieren.

Die Straße nach Thaba Tseka

Hinter der Abzweigung nach Roma führt die A3 quer durch die Zentralregion über das Zentralgebirge in die kleine, 175 km von Maseru entfernte Bezirkshauptstadt Thaba Tseka und verlässt das kultivierte Tiefland, um in dünner besiedelte Bergregionen vorzustoßen.

Erste Siedlung entlang der Strecke ist das kleine Dorf **Nazareth**. Dort gibt es mit dem *Tollgate Caravan and Camping Park*, ☎ 37 0206, den einzigen offiziellen Campingplatz in Lesotho, sonst aber kaum etwas, und die umgebende Landschaft kann sich mit der noch kommenden auch nicht messen. Ein paar Kilometer nördlich von Nazareth befinden sich bei **Ha Baroana** die einst prachtvollsten **Felsmalereien** des Landes. Beeindrucken sind die deutlich erkennbaren Darstellungen von Tieren, Tänzern und Jägern zwar immer noch, sie haben aber unter Vandalismus und jugendlichen Fremdenführern, die Wasser über die Malereien gießen, um sie für Touristen besser sichtbar zu machen, arg gelitten. Zu erreichen sind sie, wenn man eine 3 km lange, schwierig zu passierende Schotterstrecke bis Ha Matela zurücklegt und von dort die verbleibenden 4 km zu Fuß läuft oder mit dem Auto weiter bis zur nächsten, links abbiegenden Abzweigung fährt, von wo der Weg direkt zu den Malereien führt.

Hinter Nazareth steigt die Route in die Berge steil an und überquert den 2268 m hohen **Bushman's Pass**. Am Wegesrand versuchen Jungen mitunter Quarzitklumpen, leider aber auch die Nationalblume Lesothos, die geschützte und seltene Aloenart *Aloe polyphylla*, zu verkaufen. Um den Ausverkauf dieser einzigartigen, spiralförmig wachsenden Pflanze nicht zu unterstützen, ist der Verlockung unbedingt zu widerstehen – wer noch keine gesehen hat, unternimmt besser eine Wanderung in die Berge und hält nach einem wild wachsenden Exemplar Ausschau. Nicht weit jenseits des Passes erreicht man die angejahrte, aber reizvoll an einem Flusslauf in einer schmalen Bergfalte gelegene *Molimo Nthuse Lodge**, ☎ 37 0211, 🖷 31 0318, die komfortable Unterkunft bietet und sich insbesondere für Forellenangeln oder Wanderungen in die umliegenden Hügel empfiehlt. Das preiswerte Speiseangebot der Lodge ist eher mittelmäßig.

Die Lodge eignet sich außerdem als praktischer Zwischenstopp auf dem Weg zum **Basotho Pony Trekking Centre**, ☎ 31 7284, das ein kurzes Stück weiter liegt (von Maseru 2 Std. mit dem Bus, im Auto weniger). Das Centre gehört zu den ersten Trekking-Einrichtungen Lesothos und bietet nach wie vor die preiswertesten Pony-Trekking-Touren im Land an. Ein 2-tägiger Ausflug mit einer Übernachtung kostet nur M125 p.P. plus M10 für die Unterkunft. Ein Minus ist hier allerdings die im Vergleich mit anderen Anbietern wenig effiziente Organisation, die eine vorherige Buchung der Tour unabdingbar macht – wer einfach vorbeikommt,

wird mitunter vor verschlossener Tür stehen. Für die notwendige Ausrüstung ist wie bei allen Veranstaltern selbst Sorge zu tragen. Eine kürzere Route, die sich auch für eine Wanderung eignet (einfache Strecke 2 Std.), führt zu den imposanten Qiloane Falls am Makhaleng River, nördlich der *Lodge* und des Trekking Centre; in Letzterem sind Informationen und eine Wegbeschreibung erhältlich.

Vom Centre verläuft die Straße weiter über den abenteuerlichen, mehr als 2600 m hohen **Blue Mountain Pass**, der den Blick über ein weites Bergpanorama freigibt. Noch faszinierender ist die Aussicht, wenn man auf die Hügel klettert, die sich zu beiden Seiten erheben. Vom Pass geht es bergab ins Dorf **Likalaneng**, das inzwischen von den Büros, Geschäften und Häusern beherrscht wird, die im Zuge des Lesotho Highlands Water Project (s.S. 748) am **Mohale Dam** entstanden sind. Nach Fertigstellung im Jahr 2004 wird das Wasser vom Staudamm durch einen 40 km langen Tunnel zum Katse Dam fließen. Abgesehen von schwerem Baugerät und neuen Häuserzeilen gibt es einstweilen aber kaum Interessantes zu sehen. Einen guten Eindruck vom Fortschritt der Bauarbeiten an der Staumauer bekommt man, wenn man hinter dem Dorf links abbiegt und zum Gebäude der Bauleitung läuft, das an exponierter Stelle auf einem langen Hügelausläufer liegt.

Sandstein und Basalt   Lesotho ist das einzige Land der Welt, das durchweg über 1000 m hoch liegt und daher nicht ohne Grund den Beinamen „Bergkönigreich" trägt. Das Tiefland Lesothos, das in jeder anderen Region Hochland wäre, besteht aus Sandstein. Ab einer Höhe von ca. 1400 m wird dieser von Basalt abgelöst. Das harte, graue Gestein, das durch Vulkanausbrüche vor mehreren Millionen Jahren an die Oberfläche geschleudert wurde und anders als der hiesige Sandstein, der vom Wind über Jahrtausende zerfurcht und geformt worden ist, trotzt der Erosion.

Die Straße, nunmehr eine Schotterpiste, steigt ein weiteres Mal auf ihrem Weg in das am Ufer des Senqunyane River gelegene Dorf **Marakabei**. Die hiesige Lodge war in den vergangenen Jahren geschlossen, soll jedoch 2002 wieder eröffnet worden sein. In Marakabei kann man tanken, ebenso in **Mantsonyane**, ca. 20 km weiter östlich, wo es zudem eine Hand voll Restaurants mit Sohto-Gerichten zum Mitnehmen und einige Läden mit einem dürftigen Warenangebot gibt. Bis hierher lässt sich die Fahrt im Auto ohne größere Bedenken bewältigen. Wer weiter möchte, kann die Busse nach Thaba Tseka nutzen.

Thaba Tseka

Die Straße nach Thaba Tseka erreicht auf dem **Mokhoabong Pass** (2880 m) im Herzen des Zentralgebirges ihren höchsten Punkt, bevor sie in die Stadt führt, die 2200 m ü.M. liegt. Einmal angekommen, wird sich mancher vielleicht fragen, wozu der ganze Aufwand gut gewesen sein soll: Die in den 80er Jahren des 20. Jahrhunderts am Reißbrett entstandene **Verwaltungsstadt** bietet ihren Besuchern, abgesehen von den Busverbindungen in andere Gegenden, nur sehr wenig.

Eine Straßenverbindung von Thaba Tseka ins südlich gelegene **Semonkong** und in den **Sehlabathebe National Park** existiert nicht, jedoch gibt es Wanderpfade zu beiden Zielen. Eine Panoramastraße führt von Thaba Tseka nach Mokhotlong und zum **Sani Pass**. Für die Fahrt eignet sich nur ein allradgetriebenes Fahrzeug. Ungleich besser ist die Straße nach **Katse**, und obgleich Busse auf dieser Strecke verkehren ist auch hier ein normaler Pkw kaum das geeignete Gefährt. Von Katse führt eine geteerte, bisweilen befahrbare Route nach **Hlotse** im Norden (s.S. 741). Als einzige andere Alternative bleibt nur, den Weg Richtung Maseru wieder zurückzufahren.

Übernachtung und Essen

Wer eine Unterkunft benötigt, kann es im *Mountain Star Hotel* versuchen, das vorwiegend von Staatsbediensteten und einheimischen Vertragsarbeitern genutzt wird. Eine preiswertere, wenngleich spartanische Bleibe für Selbstversorger ist das *Agricultural Training Centre**, ✆ 90 0304, ein langes Fertighaus, das unter der Woche häufig voll ist. Einziges Speiselokal ist das sehr schlichte **Restaurant** im *Mountain Star Hotel*; im Ortszentrum bieten jedoch ein, zwei Läden auch Sotho-Gerichte zum Mitnehmen an.

Der Norden

Die nördlich von Maseru im Halbkreis verlaufende Route zum Sani Pass durchquert Lesothos schönste Gegenden: von den vom Wind geformten Sandsteinhügeln auf dem Weg nach **Teya-Teyaneng**, einer in den Hügeln gelegenen und für ihre Webkunst berühmte Ortschaft, bis zu den einzigartigen Bergpässen entlang der „Roof of Africa"-Strecke, die von **Butha-Buthe** in den Ort **Mokhotlong** und weiter bis nach Sani führt. Zu den ungewöhnlichen wie interessanten Sehenswürdigkeiten am Wegesrand zählen u.a. die **Höhlenbehausungen** von Mateka, **Felsmalereien** bei Lipofung und **Skipisten** nahe Oxbow. Unterkünfte sind reichlich gesät (wenngleich nicht immer leicht zu finden), insbesondere im Hochland, wo sich verschiedene Lodges in schöner Lage als Ausgangspunkte für Wanderungen in die Berge empfehlen. Eine Attraktion neueren Datums ist der 1997 fertig gestellte **Katse-Stausee**, in dem sich dank einer 185 m hohen Staumauer das Wasser der gen Süden fließenden Ströme Lesothos sammelt. Eine geteerte Straße verbindet Butha-Buthe mit Mokhotlong, das tief zwischen Lesothos (und auch Südafrikas) höchsten Bergen eingebettet liegt. Von dort windet sich eine abenteuerliche Schotterstrecke entlang der westlichen Ausläufer der mächtigen Drakensberge hinauf zum **Sani Pass** und erreicht dort südafrikanisches Gebiet.

Von Maseru nach Hlotse

Obgleich das Tiefland zwischen Maseru und Hlotse eine Reihe von Sehenswürdigkeiten bieten kann, eilen die meisten Besucher auf direktem Weg in die spektakuläreren Hochlandgegenden. Die Höhlen bei **Mateka** aber beispielsweise sind die faszinierendsten, die Lesotho besitzt, und in **Teya-Teyaneng** (landläufig zu T.Y. abgekürzt) findet man sehr schöne und qualitativ hochwertige Webarbeiten. Weniger reizvoll ist die geschäftige Stadt **Hlotse**, in deren Nähe es jedoch eine der größten Anhäufungen von Dinosaurier-Spuren des Landes zu sehen gibt.

Zwei gute Straßen führen von Maseru nach Teya-Teyaneng. Häufiger wird die reizvolle **Main Road North** gewählt, die sich ihren Weg durch das von Sandsteinhügeln durchsetzte Tiefland bahnt.

Wenige Kilometer außerhalb von Maseru erreicht man das sechseckige, von einem roten Dach bekrönte *Palace Hotel**, ✆ 86 4905, dessen Zimmer mit prachtvollen Betten und zweckdienlichen Bädern ausgestattet sind, es jedoch in Anbetracht der Gemeinschaftsbalkone an der gewünschten Sicherheit fehlen lassen. Das Hotelrestaurant serviert Fleisch und Fisch zu moderaten Preisen, der benachbarte *Galaxy Nightclub* ist freitags und samstags bis weit in die Nacht geöffnet und lockt zu Sonderveranstaltungen besonders viele Gäste an. Vom Hotel ist es nur 1 Std. Fahrzeit mit dem Auto nach T.Y., mit dem Bus dauert es etwas länger.

Eine gute Alternative zur Main Road North ist die **Sefikeng Road**. Um auf sie zu gelangen, biegt man von der Main Road North stadtauswärts nach rechts Richtung Lancers Gap und Sefikeng ab. Nicht lange danach ist das Berea-Plateau erreicht, unter dem sich linker Hand das Tiefland erstreckt. An der Zufahrt ins Dorf biegt man beim *Paradise General Dealer* nach links ab, passiert ein kurzes Stück Schotterstrecke, bevor es auf geteerter Straße wieder weiter nach Mateka geht.

Mateka

Mit öffentlichen Verkehrsmitteln oder per Anhalter nach Mateka zu gelangen, ist zwar möglich, erfordert aber einige Geduld. Wer mit dem eigenen Wagen kommt, stellt das Auto am besten in Mateka ab und engagiert eines der sich dort tummelnden Kinder als Fremdenführer für den halbstündigen Fußweg den Hügel hinunter zu den **Höhlen**. Diese sieben bewohnten Behausungen wurden unter einem gewaltigen Felsüberhang aus Lehm geformt und erinnern mehr an Iglus oder westafrikanische Lehmbauten als an Wohnstätten, wie man sie sonst im südlichen Afrika findet. Die entspannten Bewohner haben nichts dagegen, wenn Touristen Fotos machen, sie sind es gewöhnt, dass viele über dieses „architektonische" Wunder ins Staunen geraten.

Die von Mateka ausgeschilderte *Teng Lodge* ist nach dem Tod ihres Leiters und dessen Sohnes offiziell nicht mehr geöffnet. Wer dennoch den 8 km langen, nicht ganz unbeschwerlichen Weg auf sich nehmen möchte, muss einen scheinbar unpassierbaren Fluss durchqueren (zuerst hineinwaten und die Tiefe prüfen, dann zügig vorangehen) und eine teilweise sehr holprige Schotterstrecke zurückle-

gen. Am Ende des Weges wird er von der Ehefrau des ehemaligen Leiters gegen eine Spende einquartiert und bekommt am Morgen sogar heißes Wasser gebracht. Als Unterkunft dient ein bezauberndes Rondavel mit Blick auf die Berea Mountains. Kerzen, Lebensmittel und Kochutensilien sind selbst mitzubringen. Auf Wunsch kann ein Guide organisiert werden, der Interessierte zu unzerstörten Felsmalereien der San bringt, die ca. 1 Std. zu Fuß entfernt liegen. Der Weg dorthin führt über sanft gewellte Hügellandschaft, durch Maisfelder und idyllische, entlegene Dörfer.

Von Mateka fährt man mit dem Auto noch eine halbe Stunde auf einer guten, geteerten Straße bis nach T.Y. Ohne eigenen Wagen kann die Strecke im Minibus-Taxi oder per Anhalter zurückgelegt werden, allerdings ist hierbei meist mit Wartezeiten zu rechnen.

Teya-Teyaneng und Umgebung

Der Name Teya-Teyaneng bedeutet „Ort des Treibsands" und meint damit den nahen Fluss, der von Zeit zu Zeit seinen Lauf ändert. Der Ort, der sich über einen Hügel ausdehnt, besitzt ein geschäftiges Zentrum und Außenbezirke, die sich über mehrere Kilometer nach Norden und Osten erstrecken. T.Y. ist die **Hauptstadt des Kunsthandwerks** Lesothos und auf die Fertigung verschiedenster Webwaren spezialisiert, die von edlen Pullovern bis hin zu aufwändig gestalteten Wandbehängen reichen.

Im Ort gibt es drei Verkaufsstellen für die Webwaren. *Setsotho Weaving*, ◷ tgl. 8–17 Uhr, befindet sich westlich der Hauptstraße gegenüber dem *Blue Mountain Inn*. Dort kann man einen Blick auf die Herstellung von Wandteppichen werfen und im angegliederten, recht nüchternen Laden verschiedene Webwaren zu erschwinglichen Preisen erstehen. Kurz vor T.Y. sollte an der Straße von Maseru auf das Schild geachtet werden, das den Weg zu *Hatooa Mose Moasali*, ◷ tgl. 8–17 Uhr, weist, was übersetzt soviel wie „Frauen müssen ihren Mann stehen und hart arbeiten" bedeutet. Dieses Frauenkollektiv verkauft besonders schöne Webarbeiten, allerdings sind davon nur wenige vorrätig; die Wandbehänge müssen aus dem Katalog bestellt werden, da deren Herstellung eine oder zwei Wochen in Anspruch nimmt. Ein Stück weiter und ebenfalls ausgeschildert erreicht man rechter Hand der Hauptstraße das Sandsteingebäude der Anglican St Agnes Mission, die *Helang Basali Handicrafts* beherbergt, ⏲ tgl. 8–17 Uhr. Im Ausstellungsraum wird eine Auswahl an zum Teil sehr aufwändigen Arbeiten gezeigt. In der benachbarten Werkstatt kann man die Frauen bei ihrer Arbeit an den Wandbehängen sehen, die an großen, bis unter die Decke reichenden Webstühlen entstehen.

Übernachtung und Essen

Blue Mountain Inn**, ☎ 50 0362, von der Hauptstraße links in die Straße abbiegen, in der auch das Postamt liegt. Das große Hotel ist die einzige Unterkunft im Ort und gemessen am landesüblichen Standard durchaus akzeptabel. Geboten werden etwas altmodische, aber gemütliche Cottages, auch Camping im Garten ist möglich. Das einzige als solches zu bezeichnende **Restaurant** ist ebenfalls hier untergebracht und serviert schmackhafte, preiswerte Gerichte, dazu eine gute Auswahl an Weinen, und auch der lebendige, samstags zu empfehlende **Nachtclub** fristet hier sein singuläres Dasein.
Beliebt sind außerdem die beiden hiesigen **Bars**, und im großen Garten lässt es sich wunderbar bei einem Drink entspannen.
Entlang der Hauptstraße gibt es verschiedene **Fastfood-Lokale** und Take aways.

Transport

Haltestellen der **Busse** und Standplätze der **Taxis** sowie einige **Tankstellen** befinden sich entlang der Hauptstraße. Es verkehren reichlich öffentliche Verkehrsmittel von T.Y. nach Maseru und weiter Richtung Norden nach Hlotse und Butha-Buthe; in der Regel muss nicht lange auf eine Transportmöglichkeit gewartet werden.
Busverbindungen bestehen u.a. nach
MAPUTSOE (8x tgl., 3/4 Std.);
MASERU (8x tgl., 3/4 Std.).

Maputsoe

Die unwirtliche, dem südafrikanischen Ficksburg gegenüberliegende **Grenzstadt** Maputsoe ist kein Ort, an dem man sich lange aufhalten möchte, wenn es sich vermeiden lässt. Glücklicherweise ist die Grenze 24 Stunden geöffnet und es bestehen

zahlreiche Transportverbindungen nach Maseru und Hlotse im Norden.

In den Hauptstraßen der Stadt wimmelt es von Wanderarbeitern, die zwischen Lesotho und Südafrika pendeln, darunter auch eine beunruhigend hohe Anzahl zwielichtiger Gestalten, die Fremde meilenweit ausmachen können. Viele versammeln sich bevorzugt in der einzigen Unterkunft, dem *Sekekete Hotel**, ☎ 43 0621, nahe der Grenze, und frönen dort ausgiebigem Trinken und dem Spiel an Geldautomaten. Die schlichten Zimmer befinden sich fern des Menschengewirrs im hinteren Teil. Entlang der Hauptstraße gibt es eine Reihe von Lokalen, die Essen zum Mitnehmen anbieten, das beste darunter ist wohl *Captain Dorego's*. Bei der Fahrt aus der Stadt ist auf die Höchstgeschwindigkeit von 50 km/h zu achten, deren Einhaltung von reichlich präsenten Polizeikräften kontrolliert wird.

Busverbindungen bestehen u.a. nach Butha-Buthe (4x tgl., 3/4 Std.), Hlotse (5x tgl., 1/2 Std.) und Maseru (8x tgl., 2 Std.).

Hlotse (Leribe)

Der hübsche, von etwas morbidem Charme umgebene Ort Hlotse liegt im Tiefland und ist nach dem hiesigen Fluss benannt. Nach seiner Gründung im Jahr 1876 durch den anglikanischen Missionar Reverend John Widdicombe war Hlotse 1880 während des **Gun War** Schauplatz wiederholter Belagerungen. Seither fristet es ein ruhiges Dasein und hat, abgesehen von einigen Geschäften und den verfallenen Überresten eines kleinen Wachturms des britischen Militärs, kaum Erwähnenswertes zu bieten.

Immerhin gibt es außerhalb des Ortes ein, zwei Sehenswürdigkeiten, darunter **Fußspuren von Dinosauriern**, nur wenige Kilometer südlich, linker Hand der Main Road North nach T.Y., bei der um die Jahrhundertwende erbauten **Tsikoane Mission**. Um die mehr als 40 recht deutlich erkennbaren Abdrücke in Augenschein nehmen zu können, muss man den Felsüberhang oberhalb der Kirche erklimmen, wofür sich die Begleitung eines Guide empfiehlt (in der Mission nachfragen). Leichter zu erreichen ist das *Leribe Craft Centre*, ⏲ tgl. 8–17 Uhr, das auf der rechten Straßenseite Richtung Norden liegt, wenn man aus Hlotse kommt und auf die Hauptstraße stößt. Neben Mohairschals, Decken und Tisch-Sets wird dort verschiedenes Kunsthandwerk angeboten, das von einer Gruppe einheimischer Frauen hergestellt wird.

Von der Straße nach Butha-Buthe kann man nördlich von Hlotse auf der rechten Seite das **Le-ribe-Plateau** aufragen sehen, von dem der Zweit-name des Orts entliehen ist. Am Fuß des Plateaus befindet sich die 1859 von François Coillard ge-gründete **Leribe Mission**. Missionare der Franzo-sen und Sotho machten sich in den 70er Jahren des 19. Jahrhunderts von hier auf den Weg in das heutige Sambia, um dort die Barotseland Mission zu errichten. Das Missionsgebäude ist nur einen kurzen Fußmarsch von der Straße entfernt, zu se-hen gibt es allerdings kaum etwas.

Übernachtung und Essen

Leribe Hotel*, ✆ 50 0362, primäre Unterkunft im Ort, bietet Rondavels und Zimmer mit Balkonen mit Blick auf einen hübschen Garten, wobei von

Die Kleidung der Lesother In einer Region Afrikas, in der traditionelle Kleidung fast gänz-lich verschwunden ist, sticht Lesotho als Aus-nahme hervor. Zwar ist der kegelförmige **mo-korotlo**, der traditionelle Hut der Sotho, heute nicht mehr so weit verbreitet, gelegentlich kann man die unverwechselbare Kopfbedeck-ung aber noch sehen, und auch in Südafrika tragen ihn die Sotho-Wanderarbeiter nicht selten als Symbol ihrer ethnischen Zugehörig-keit. Skurrilerweise sind in Lesotho Gruben-helme von Bergbauarbeitern sehr beliebt. Sie werden oftmals von den jüngeren Brüdern der in den südafrikanischen Minen arbeitenden Basotho getragen. Die Form des aus Stroh ge-flochtenen *mokorotlo,* der inzwischen zum ty-pischen Sotho-Souvenir geworden ist und in jedem Kunsthandwerksladen meist für M25 oder weniger verkauft wird, ist dem Berg Qi-loane nahe Thaba Bosiu nachempfunden.

Häufiger als der *mokorotlo* sind im ganzen Land Sotho-typische **Decken** zu sehen. Als europäische Händler 1860 König Moshoeshoe I. eine Decke als Geschenk überreichten, gab es davon nur wenige in seinem Königreich. Seine Untertanen verwendeten bevorzugt Tierhäute als Kleidung. Innerhalb von nur zwölf Jahren wuchs die Nachfrage laut dama-ligen Händlerberichten sprunghaft an. Ur-sprünglich kamen die aus edlem Garn gewe-ten Decken aus dem englischen Birmingham, heute werden sie im südafrikanischen Port Elizabeth hergestellt. Die überall im Land ver-tretenen *Fraser's Stores*, die sich anfangs durch den Verkauf der Decken überhaupt erst etablierten, führen die Decken bis heute, wenngleich die *Lesotho Blanket Company* in Maseru die preiswerteste Adresse für de-ren Kauf ist. Bei guter Qualität (d.h. aus reiner Wolle gefertigt) kosten sie ca. M250 – nicht zu vergessen ist eine überdimensionierte Si-cherheitsnadel, um sie am Körper zusammen-zuhalten. Die Decken sind sehr zweckmäßig: Sie sorgen für eine gleichbleibende Körper-temperatur, außer wenn es draußen sehr heiß ist (die Sotho tragen sie jedoch bei je-dem Wetter), sie saugen nicht allzu viel Was-ser auf und sind nur schwer entflammbar, was recht praktisch ist, wenn man an einem offenen Feuer sitzt. Darüber hinaus werden sie mit Fruchtbarkeit assoziiert, weshalb auf einigen die Darstellung eines Maiskolbens, ein Symbol der Sotho für Fruchtbarkeit und Wohlstand, zu sehen ist. Von jungen Bräu-ten wird erwartet, dass sie bis zur Geburt ih-res ersten Kindes eine Decke um ihre Hüften tragen, Jungen kleiden sich vor und nach ihrer Beschneidung in unterschiedliche De-cken.

Die meisten Decken besitzen ein Streifen-muster, das horizontal getragen wird. Ein Kurio-sum bei einigen Decken ist die britisch-imperiale **Mustersymbolik**: Sehr beliebt sind z.B. Muster, die eine Krone als zentrales Schmuckelement zeigen, andere weisen Kriegsflugzeuge und britische Militärzeichen auf. Obgleich die Decken stets ausländische Importware und die Fundamente gewesen sind, auf denen europäische Händler ihr Ver-mögen aufgebaut haben, bleiben sie im We-sentlichen doch ein Charakteristikum der Sotho und als solches ein Symbol nationalen Stolzes.

LESOTHO

den Zimmernummern im 30er-Bereich abzuraten ist (sie liegen nahe einem großen und lauten Wassertank). Das hiesige, recht steril wirkende **Restaurant** serviert Fleisch- und Fischgerichte zu moderaten Preisen, daneben das eine oder andere vegetarische Nudelgericht und – ungewöhnlich für Lesotho – Filterkaffee.

Agricultural College*, an der alten Straße von Hlotse nach Butha-Buthe, kurz bevor diese auf die neue Strecke stößt. Einzige andere Unterkunftsmöglichkeit im Ort, schlichte Schlafsäle, in denen man auf freundliches Nachfragen untergebracht wird (das College ist eigentlich nicht als Gästequartier ausgelegt).

Pelican Bar and Steakhouse, etwas abseits der Hauptstraße, serviert preiswerte Fleischgerichte.

Überall im Ort findet man **Sotho-Restaurants**, die *pap* und Schmorgerichte oder Hühnchen für wenig Geld anbieten.

Transport

BUSSE – Es bestehen zahlreiche Verbindungen von und nach Hlotse, die zentrale Haltestelle befindet sich unweit des Postamts.
Busverbindungen bestehen u.a. nach
BUTHA-BUTHE (4x tgl., 1/2 Std.);
MAPUTSOE (5x tgl., 1/2 Std.);
MASERU (8x tgl., 2 Std.).

Von Butha-Buthe zum Sani Pass

Die Straße von Butha-Buthe zum Sani Pass ist die bevorzugte Route in das **Hochland** Lesothos und führt über einige der höchsten Bergpässe des Landes. Butha-Buthe selbst bietet kaum Möglichkeiten für Unternehmungen und bietet sich lediglich als Ort für den Einkauf von Proviant vor der Weiterfahrt an. Der nur wenig außerhalb gelegene Berg Butha-Buthe war der Herrschaftssitz von König Moshoeshoe I., bevor dieser weiter nach Süden zog. Der steile Aufstieg wird mit einem prachtvollen Panorama belohnt.

Butha-Buthe und Umgebung

Nicht weit vom **Grenzübergang Caledonspoort**, ☉ tgl. 6–22 Uhr, liegt der letzte Ort vor dem Erreichen des Hochlands: Butha-Buthe. Entlang der Hauptstraße reihen sich zahlreiche Imbisslokale und Geschäfte aneinander, auf den Gehwegen tummeln sich Hochlandbewohner, die ihren monatlichen Einkaufsausflug unternehmen. Der Ort wurde 1884 gegründet, weil sich der hiesige Häuptling weigerte, für die Entrichtung von Steuern nach Hlotse zu gehen, so dass eine neue, näher an seiner Residenz gelegene Sammelstelle eingerichtet werden musste. Von Beginn an lockte Butha-Buthe Händler an und ist heute eine der wenigen lesothischen Städte mit einer größeren indischen Gemeinde.

Der etwas nördlich aufragende **Berg Butha-Buthe** (wörtl. „Rast") war Standort der ersten Festung von König Moshoeshoe, bevor er 1824 weiter nach Thaba Bosiu zog (s.S. 733). Der Aufstieg ist nicht sonderlich schwierig, aber steil, was einer der Gründe war, weshalb Moshoeshoe ein neues Quartier suchte. Vom Gipfel aus bietet sich eine herrliche Aussicht auf die Umgebung. Rund 7 km nördlich von Butha-Buthe zweigt von der Main Road eine Schotterstrecke zu den nochmals 9 km entfernten **Sekubu-Höhlen** ab, die einen Abstecher lohnen, wenn man nicht unter Zeitdruck steht. In Begleitung von Guides gibt es dort Felsmalereien und schwache Fußabdrücke von Dinosauriern zu sehen.

Übernachtung und Essen

Cindi Lodge & Supermarket*, 14 km nördlich, nahe Main Rd, ✆ 46 0616, wirkt etwas rau, aber die schlichten Zimmer sind durchaus akzeptabel. Bar mit Billard, 2 **Restaurants**, von denen das eine Sotho-Gerichte, das andere Steaks und Koteletts serviert. Die Lodge bietet die letzte Möglichkeit vor Oxbow zu **tanken**.

Crocodile Inn*, ✆ 46 0223, von Hlotse und aus dem Süden kommend links an der Hauptstraße ausgeschildert, ist die einzige Unterkunft im Ort. Das Hotel, das schon bessere Tage gesehen hat, bietet große Zimmer mit dünnen Wänden, aber akzeptable Betten. An Wochenenden bevölkern kapitale Trinker die verschiedenen Bars bis früh in den Morgen. Das hiesige **Restaurant** serviert preiswerte, wenig anspruchsvolle Speisen, die zudem recht lange brauchen, bis sie auf den Tisch kommen.

Ramakantane's Youth Hostel*, 3,5 km außerhalb im Dorf Ha Sechele, ist angenehmer, aber um-

LESOTHO

ständlich zu erreichen. Das *HI*-assoziierte Hostel für Selbstversorger verfügt nur über recht spartanischen Komfort; anstelle von Strom sorgt Gas für die Beleuchtung und das Herdfeuer. Freundliche Leitung, mit Gelegenheit, einheimische Sotho kennen zu lernen und in den nahen Hügeln zu wandern. Anfahrt nur im Geländewagen möglich, am besten kommt man zu Fuß: Am *Guys'n'-Gals*-Laden abbiegen und ca. 30 Min. den Hügel hinauflaufen.

Transport

Sammelplatz der zahlreichen öffentlichen Verkehrsmittel ist der Markt im Zentrum von Butha-Buthe. Neben Zielen wie Maseru und Katse gibt es Verbindungen nach Bloemfontein und Jo'burg. **Busverbindungen** bestehen u.a. nach HLOTSE (4x tgl., 1/2 Std.); MAPUTSOE (4x tgl., 3/4 Std.); MOKHOTLONG (2x tgl., 7 Std.).

Die Straße nach Mokhotlong

Gut 20 km hinter Butha-Buthe zweigt unmittelbar hinter dem kleinen Dorf **Khukhune** eine gute, geteerte Straße links ab und führt nach **Muela**. Hier wird mit Hilfe des vom Katse-Stausee durch einen Tunnel abgeleiteten Wassers ein unterirdisches Kraftwerk betrieben, das inzwischen den gesamten Strom für Lesotho produziert und sogar einen kleinen Überschuss an Südafrika verkauft (s.S. 748, Kasten Lesotho Highlands Water Project). In der Vergangenheit musste Lesotho seinen Strombedarf über Südafrika beziehen, nun aber kommen dem Königreich neben den Geldern aus dem Verkauf des Stroms durch diesen Teil des Projekts zusätzliche Einnahmen in Höhe von ca. 30 Millionen Rand jährlich zugute. Am **Muela Dam** wird das Wasser in einen zweiten Tunnel geleitet, es fließt bis in den Ash River, nahe Clarens, welcher wiederum den Vaal Dam und damit das primäre Wasserreservoir Gautengs speist. Viel zu sehen gibt es hier nicht – das Kraftwerk liegt tief im Berg verborgen, und der Stausee ist klein; lohnend ist jedoch der Ausblick auf die umliegenden Berge. Am Verwaltungsgebäude neben der *Muela Lodge* wird für Führungen zum Wasserkraftwerk und zum Stausee geworben, aber nicht immer ist ein Führer präsent. Die *Muela Lodge* selbst ist ein hübsches neues Gebäude mit Blick auf den Stausee und bietet sich für eine Erfrischung oder eine Mahlzeit an. Die geplanten Rondavels dürften in Zukunft für eine angenehme Unterkunft sorgen.

Die Straße, die von hier ins Hochland führt, rangiert unter den spektakulärsten in Lesotho und passiert besonders beeindruckende Sandsteinformationen. Ungefähr 10 km hinter Muela erreicht man den gut ausgeschilderten **Liphofung Heritage Site**, in dessen Zentrum ein gewaltiger Felsüberhang mit Felszeichnungen der San steht. Von größerer Bedeutung für die Basotho ist allerdings dessen jüngere Funktion als Unterschlupf des jungen Moshoeshoe I., weshalb die Regierung auch eine Menge Geld in den Ausbau gesteckt und eigens angelegte Wege, ein Museum für Felskunst sowie Rondavels als Unterkünfte eingerichtet hat. Um jedwede Schäden von der Kunst fernzuhalten, können Besucher die Felsen nur im Rahmen einer Führung besichtigen, in deren Verlauf man auch unterhaltsame Geschichten über Moshoeshoes kleine Armee erzählt bekommt. ◷ Mo–Fr 8.30–16.30, Sa und So 9–16.30 Uhr, Eintritt M15.

Nach weiteren 20 km gelangt man hinter dem **Moteng Pass** (2820 m) und jenseits von Bergen und Schluchten – allesamt herrliches Wanderterrain, obgleich es keine gekennzeichneten Routen gibt – zu einer Berglodge, die bei südafrikanischen Besuchern beliebt ist: die *New Oxbow Lodge***, ✆ 051-933 2247. In alpenländisch anmutenden Gebäuden sind hier komfortable, beheizte Zimmer untergebracht, daneben ist auch Camping möglich. Die Lodge verfügt über eine gut bestückte Bar sowie über ein Restaurant, das Essen zu vernünftigen Preisen serviert. Praktisch vor der Haustür fließt der forellenreiche und daher für Angler lohnende Malimbamatso River vorbei, und in die Umgebung lassen sich schöne Wanderungen unternehmen. Im Winter sollte man sich vor einer geplanten Reise zur Lodge über den Straßenzustand informieren, da ab April mit vereisten Strecken zu rechnen ist. Mitunter sinken die Temperaturen hier auf unter -20° C, so dass man entsprechend gerüstet sein sollte. Bei Weiterfahrt gilt zu beachten, dass die Lodge die letzte Gelegenheit zum **Tanken** vor Mokhotlong bietet.

Einige Kilometer weiter erreicht die Straße unterhalb des Mahlasela Pass (3220 m) ein weites Gebiet mit **Skipisten**. Gelegentlich tauchen Gerüchte über Pläne auf, nach denen ein großes Ski-paradies mit richtigen Liften und Chalets entstehen soll. Einstweilen sind die Pisten jedoch noch kurz und die Lifte primitiv – die meisten Besucher, die den weiten Weg im Winter auf sich nehmen, sind Südafrikaner, die einfach nur Schnee sehen wollen. Die *Oxbow Lodge* verleiht Skier für ca. M100 pro Tag.

Die Straße nach Mokhotlong, oftmals auch „Roof of Africa"-Route genannt, überquert eine Folge von immer höheren Pässen, deren höchster der **Tlaeeng Pass** (3270 m) ist, sie führt durch karge und dünn besiedelte, grandiose Berglandschaft. Vor kurzem ist die Strecke von der *Oxbow Lodge* nach Mokhotlong geteert worden, was die Fahrt erheblich erleichtert, allerdings lassen die extremen Temperaturen schon jetzt die Straße stellenweise aufbrechen. Mit entsprechender Ausrüstung im Gepäck bietet sich diese Gegend als einzigartiges Revier für Wanderungen an und die allen Widrigkeiten trotzenden Bewohner gehören zu den gastfreundlichsten des Landes. Ungefähr 40 km vom Tlaeeng Pass entfernt fällt die Straße allmählich nach Mokhotlong ab. Die meisten öffentlichen Transportmittel halten dazwischen noch im kleinen Dorf **Mapholaneng**, wo es zwei gut bestückte Bars gibt. Von dort sind es nur 30 km Luftlinie nach Mokhotlong, aber die Kurven und Windungen der Straße verlängern die Strecke auf ca. 50 km.

Mokhotlong

Der Name des am Mokhotlong River gelegenen Orts bedeutet „Ort des Glattnackenibis" (zu sehen sind diese heute allerdings nur noch selten), er begann seine Existenz 1905 als Polizeiposten. Aus dem Posten entwickelte sich allmählich eine **Handelsstation** für die Bewohner des umliegenden Hochlands, jedoch blieb der Ort vom übrigen Lesotho jahrelang abgeschnitten. Erst 1947 wurde eine Funkverbindung mit Maseru eingerichtet. 1948 kam ein kleiner Flugplatz hinzu und im 50er Jahren folgte eine rudimentäre Straßenanbindung. Die meisten Waren erreichten Mokhotlong noch lange Zeit auf Ponys, die sich aus Natal über den Sani Pass schleppten. Bis heute herrscht eine Atmosphäre der Abgeschiedenheit, Einheimische kommen in prachtvolle Decken gekleidet auf ihren

Ponys in den Ort, um hier einzukaufen oder etwas zu trinken. Viel passiert nicht in Mokhotlong, das von eilig errichteten, eintönigen Gebäuden aus Schlackenstein dominiert wird, die gegenüber den schöneren Trockenstein-Behausungen der Umgebung fad wirken. Dienstags hält mit dem **Viehmarkt** etwas Leben im Ort Einzug. Abwechslung findet man daneben am westlichen Ortsrand im *Mamolibeli Music Shop* an der Hauptstraße, nahe dem *Senqu Hotel*, wo man gute Musikkassetten bekommt oder einfach nur den Klängen aus den Lautsprechern lauschen kann. Ansonsten bleibt das Angebot an Kaufbarem auf Fast-Food beschränkt, das es in verschiedenen Lokalen nahe der Bushaltestelle im Zentrum gibt.

Übernachtung und Essen

Farmers' Training Centre*, ℘ 92 0235. Freundliche Unterkunft am östlichen Ortsrand, noch hinter dem Krankenhaus; zu Fuß recht weit, aber es gibt Minibus-Taxis. Geboten werden Zeltmöglichkeiten und Schlafsäle, Bettzeug allerdings nur begrenzt, Warmwasser nur, wenn gerade ein Kurs stattfindet, keine Küche.

Mokhotlong Hotel*, am Ende des geteerten Teils der Hauptstraße, gleich hinter dem Krankenhaus und leider direkt neben einem Schlachthaus, ℘ 92 0212. Anständige, aber sehr karge Zimmer mit Bad und Blick auf die Berge, dazu eine Bar, die gerne zum Fernsehen aufgesucht wird, aber kaum Sitzplätze bietet. Das angeschlossene **Restaurant** serviert preiswerte, schlichte Fleischgerichte.

Molumong Lodge*, 15 km südwestlich, an der Schotterstraße nach Thaba Tseka, ℘ 033-355 1141 oder 083-254 3323. Recht rustikale, aber charaktervolle Lodge an den Hängen des Dorfs Ha Rafolatsane mit fantastischer Aussicht auf die Berge. Im Haupthaus gibt es sehr gemütliche DZ für Selbstversorger sowie eine herrliche Lounge, in einer der benachbarten Scheunen ist auch ein Schlafsaal eingerichtet. Mahlzeiten manchmal nach vorheriger Absprache erhältlich, im Dorf gibt es aber so gut wie keine Lebensmittel zu kaufen, so dass man alles selbst mitbringen muss. Die Lodge bietet preiswertes **Pony-Trekking** an und ist ein guter Ausgangspunkt für **Wanderungen**. Anfahrt von Mokhotlong im Bus oder Minibus-Taxi, Selbstfahrer fahren zunächst kurz vor Mokhotlong Richtung Sani Pass ab und biegen dann in die erste Straße rechts ein.

Senqu Hotel*, ℡ 92 0330. Schickstes Hotel im Ort und erstes, an dem man auf dem Weg von Butha-Buthe vorbeikommt. Komfortable Zimmer, enge Korridore, Lounge mit TV, das **Restaurant** serviert akzeptables Essen.

Transport

Eine regelmäßige Verbindung mit öffentlichen Verkehrsmitteln nach Sani besteht nicht. **Busse** verkehren nach BUTHA-BUTHE (2x tgl., 7 Std.), Abfahrt ca. 6.30 und 8.30 Uhr. Zahlreiche Busse und **Minibus-Taxis** steuern nähere Ziele in der Umgebung an, darunter die ca. 15 km entfernte *Molumong Lodge* (s.S. 745), wobei als Richtung oftmals „Ha Janteau" angegeben ist.

Sani und Umgebung

Von der Straße nach Mokhotlong zweigt 5 km vor Erreichen der Ortschaft die holprige, kurvenreiche Schotterroute nach Sani ab, um auf einer Länge von fast 60 km dem Lauf des Sehonkong River zu folgen, bevor sie den **Kotisephola Pass** (3240 m) überquert, dann wieder abfällt und auf 2895 m Höhe **Sani Top** erreicht. Von dort können zahlreiche Wanderungen unternommen werden, z.B. die 12 km lange Strecke zum **Thabana Ntlenyana** (3482 m), dem höchsten Berg der Region, die man an einem Tag bewältigen kann, wenn man am frühen Morgen aufbricht. Anstrengender ist die 40 km lange **Top-of-the-Berg**-Route zum Sehlabathebe National Park, für die man ca. vier Tage benötigt.

Von Sani ist die Fahrt über die Serpentinen den Sani Pass hinunter in einem herkömmlichen Auto zwar möglich, weit besser ist man jedoch in einem allradgetriebenen Fahrzeug aufgehoben. Für die steile Strecke in entgegengesetzter Richtung von Südafrika ist ein solches unbedingt anzuraten. In den **Wintermonaten** blockiert nicht selten Schnee die Strecke und Regen verwandelt sie häufig in eine Rutschbahn. Vor Abfahrt sollte man das Chalet oder die Lodge (s.S. 496) anrufen und sich über den Zustand der Straße erkundigen.

Sporadisch verkehrende **Minibus-Taxis** sind die einzige Möglichkeit, mit öffentlichen Transportmitteln von Mokhotlong nach Sani zu gelangen. Als Alternative bleibt nur zu trampen, wofür man sich so früh wie möglich an der Abzweigung von der Mokhotlong Road postieren sollte, oder sich in Mokhotlong am Vortag eine Mitfahrgelegenheit zu organisieren. Von der südafrikanischen Seite unterhält *Sani Pass Carriers*, ℡ 033-701 1017 oder 083-555 5059, ✉ sanipasscarriers@wandata.com, eine regelmäßige Verbindung zwischen der *Sani Lodge* (s.S. 496) und Pietermaritzburg, Durban sowie Kokstad. In Kokstad besteht Anschluss an den *Baz Bus*, ℡ 021-439 2323, der zwischen Johannesburg, Durban und Kapstadt verkehrt.

Die **Grenze** ist tgl. zwischen 8 und 16 Uhr geöffnet, und auf beiden Seiten der Grenze gibt es Unterkünfte.

Übernachtung und Essen

Auf lesothischer Seite befinden sich die beliebten **Sani Top Chalets*–*****, ℡ 082-574 5476 oder 033-702 1158, 🖥 www.sanitopchalet.co.za, die in herrlicher Lage bei atemberaubender Aussicht auf die Berge Campingmöglichkeiten, Schlafsäle und DZ inkl. Frühstück und Abendessen bieten. Größter Wert wird auf den Umstand gelegt, hier die höchstgelegene Kneipe Afrikas zu finden. Diese empfiehlt sich mittags mit herzhaften Gerichten, abends kann man vor dem Feuer einen Drink genießen oder auf der Terrasse sitzen und die Sonne über den Berggipfeln untergehen sehen. Im Winter können bei genügend Schnee Skier und Stiefel ausgeliehen werden, zu anderen Jahreszeiten werden **Pony-Trekking-Touren** mit Übernachtung und Guide angeboten. Mitunter kann der regelmäßige Transportdienst genutzt werden, der zwischen den *Chalets* und Himeville verkehrt, ansonsten ist es auch möglich, zu trampen oder eines der allradgetriebenen Taxis zu nehmen, die auf der Strecke pendeln. Weiter unten an der Pass-Straße erreicht man auf dem Gebiet von KwaZulu-Natal die ausgezeichnete *Sani Lodge* (s.S. 496). Ihr Besitzer, Russel Suchet, kennt sich in Lesotho bestens aus und hilft gerne bei der Organisation von Transportmöglichkeiten und Touren zum Sani Pass und darüber hinaus.

LESOTHO

Katse und das Lesotho Highlands Water Project

Das Lesotho Highlands Water Project ist die seit Jahrzehnten ambitionierteste Ingenieurleistung im südlichen Afrika. Kernstück ist der von einer riesigen Staumauer bewehrte Katse-Stausee, der sich in starkem Kontrast von seiner einfachen, ländlichen Umgebung abhebt. Die von Hlotse eigens hierher gebaute Straße ist allein schon die Anfahrt wert. In Katse selbst empfiehlt sich, an einer Führung zum Staudamm teilzunehmen, dessen schier unglaubliche Wassermassen mitten im Hochland ein denkwürdiger Anblick sind.

Die Straße nach Katse

Bereits der Ausbau der einst holprigen, unbefestigten Schotterstrecke nach Katse zu einer der bestgeteerten Strecken im Land hat diese Gegend für immer verändert. Das Gebiet zählte einst zu den unzugänglichsten des Königreichs. Ausgehend von Hlotse durchquert die Straße zunächst als zügig zu befahrende, reizlose Strecke das Tiefland und erreicht den trübseligen Ort **Pitseng**. Kurz vor dem steilen Anstieg gelangt man an eine Polizeiabsperrung. Wer in einem Privatfahrzeug unterwegs ist, wird von einem Beamten zum Halten aufgefordert und, je nach Tageslaune, nach dem Ziel und Zweck der Fahrt befragt, manchmal auch nach dem Inhalt des Kofferraums. Jenseits davon steigt die Straße über 30 km auf eine Höhe von mehr als 3000 m zum **Mafika-Lisiu Pass** an, was den meisten Fahrzeugen hart zusetzt, und man darf froh sein, wenn das Auto es im 2. Gang schafft. Die Straße windet und schlängelt sich um die Berge, verläuft manchmal zwischen ihnen hindurch und führt mitunter an Furcht erregenden steilen Abhängen entlang. Zwischendurch bietet sich reichlich Gelegenheit, anzuhalten und die Aussicht zu genießen, allerdings hat es in jüngerer Vergangenheit Berichte über (z.T. bewaffnete) Überfälle auf Touristen gegeben, die ebendies getan haben. Bei Zwischenstopps ist daher Wachsamkeit gefragt und das Fahrzeug immer im Auge zu behalten.

Hinter dem Mafika-Lisiu Pass fällt die Straße ins kleine Dorf **Ha-Lejone** am nördlichen Ende des immensen Katse-Stausees ab. Obgleich die Ausschilderung Unterkünfte erwarten lässt, handelt es sich bei der *Marmeso Lodge* lediglich um eine gute Bar mit Billardtisch und Gästen, die manchmal im Schwarzhandel Diamanten feilbieten, welche man jedoch tunlichst nicht kaufen sollte. Von Ha-Lejone folgt die Strecke dem Ufer des Stausees und überquert kurz hinter dem auffälligen **Intake Tower**, der den Beginn des Tunnels markiert, durch den das Wasser nach Gauteng transportiert wird, die beeindruckende neue **Malibamatso Bridge**. Dahinter folgt nochmals ein Anstieg zum 2600 m hohen **Laitsoka Pass**, bevor die Straße hinunter ins kleine Dorf Seshote kommt und dann erneut steil bergauf über den **Nkaobee Pass** (2510 m) führt, um sich schließlich unterhalb der Staumauer ihren Weg zu bahnen und den inzwischen im Wachsen begriffenen Ort Katse zu erreichen.

Katse und der Staudamm

Der Ort Katse ist eine triste Anhäufung schachtelartiger Wohnhäuser, die sich in eintöniger Vorstadtmanier aneinander reihen – ganz anders der gewaltige Staudamm, der selbst dann beeindruckt, wenn man sich normalerweise nicht für derlei Ingenieurkunst interessiert. Ausführlich befasst sich das kurz vor dem Ort und dem Staudamm angesiedelte, blaue **Visitor Centre** mit dem Bauwerk. Es zeigt neben einem Video über die Entwicklung des Staudamms ein leicht verwirrendes Modell, das anhand von blinkenden Lichtern den Weg des Wassers durch das Hochland nachzeichnet, wenn (oder falls) das gesamte Projekt mit seinen fünf separaten Staudämmen fertig gestellt sein wird. Auf Wunsch sind **Führungen** zur Staumauer möglich, mit etwas Glück kann dabei auch ein Blick in das erstaunliche Tunnelnetz geworfen werden. Die Staumauer selbst ist 185 m hoch, bis zu 60 m dick und zum Zwecke zusätzlicher Stabilität so stark einwärts gewölbt, dass man von oben nicht die restliche Mauer sieht und das etwas mulmige Gefühl hat, im freien Raum zu stehen. ☉ Mo–Fr 8–12 und 13–16, Sa und So 8–12 Uhr.

Ein steter Strom von Besuchern und öffentlichen Transportmitteln verkehrt zwischen Katse und Thaba Tseka, allerdings kaum noch nach 14 Uhr.

Einzige Unterkunft in Katse ist die *Katse Lodge**, ✆ 91 0202, mit funktionalen, sauberen Zimmern mit Aussicht auf den Stausee und die beeindruckende Vogelvielfalt. Das überraschend gute Restaurant serviert eine Auswahl an preiswerten Ge-

Das Lesotho Highlands Water Project
Lesothos Überfluss an Wasser bei gleichzeitigem Mangel an Geld gepaart mit dem finanziellen Reichtum und der Wasserknappheit Gautengs sind die nüchternen Tatsachen, die zum Bau des überaus beeindruckenden und ehrgeizigen Lesotho Highlands Water Project geführt haben. Im Wesentlichen sollen hierbei zunächst die großen Flüsse Lesothos aufgestaut werden, von denen die meisten in den **Senqu River** (in Südafrika als Oranje bekannt) fließen. Das Wasser wird dann durch Tunnel und über ein Wasserkraftwerk in Muela nahe Butha-Buthe in südafrikanische Flüsse geleitet. Über diese gelangen sie schließlich in den Vaal Dam, der Gauteng versorgt. Hierfür zahlt Südafrika derzeit monatlich ca. 12 Millionen Rand Gebühren an Lesotho.

Der Vertrag, der am Anfang des Projekts stand, wurde 1986 zu einer Zeit unterzeichnet, als **Südafrika** noch eine Regierung besaß, die ihren Landesbewohnern nur zu gerne mit drakonischen Notstandsregelungen das Leben schwer machte, und **Lesotho** von einer Militärdiktatur regiert wurde. Es überrascht deswegen nicht, dass der Vertrag eine Anhörung der betroffenen Menschen so gut wie gar nicht vorsah. Auch die Auswirkungen des Vorhabens auf die Umwelt wurden kaum beachtet, was angesichts der seit kurzem gemeldeten seismischen Aktivitäten, die der Stausee auslösen soll, umso bedenklicher stimmt. Für Dorfbewohner, deren Häuser, Felder oder Weiden überflutet worden

sind oder die nicht mehr von der einen Seite des Tals zur anderen gelangen können, sind verschiedene **Entschädigungsregelungen** vereinbart worden, jedoch erheben sich bereits Stimmen, die sich über nicht eingelöste Versprechen beklagen. Inzwischen und ungeachtet dessen wird das Projekt weiter vorangetrieben, und es war wohl auch kein Zufall, dass die südafrikanische Friedenstruppe bei ihrem Einmarsch in Lesotho 1998 vor allem die Sicherung des Staudamms im Auge hatte. Die Gegend war Schauplatz schwerer Kämpfe, nirgendwo sonst gab es mehr Opfer unter den lesothischen Rebellen als hier.

Der erste **Vertrag** verpflichtet die beiden Parteien nur zur Fertigstellung der ersten von vier geplanten Phasen des Projekts; danach sind neue Verhandlungen zu führen. Die inzwischen fast abgeschlossene **Phase 1a** umfasst den Bau des Katse-Stausees mit Staumauer, die Tunnelverbindungen zu den südafrikanischen Flüssen sowie die gesamte Straßeninfrastruktur. **Phase 1b** mit dem Bau des Mohale-Stausees am Senqunyane River soll 2003 fertig gestellt werden, wenngleich dort Unruhe über die Pläne zur Umsiedlung der vom Staudamm betroffenen Dorfbewohner herrscht. Eine endgültige Entscheidung über weitere Phasen des Projekts steht noch aus. Nach der ursprünglichen Planung soll der Senqu an drei verschiedenen Stellen aufgestaut und sein Wasser in den Katse-Staudamm geleitet werden. Der Abschluss des gesamten Projekts ist für die 20er Jahre dieses Jahrhunderts anvisiert.

richten. Leider ist die Lodge klein und noch immer primär als Quartier für LHDA-Arbeiter gedacht, weshalb eine Reservierung nur höchstens 2 Tage im Voraus angenommen wird und es oftmals vorkommt, dass sämtliche Betten belegt sind.

Einzige Alternative ist das *Agricultural Training Centre**, ✆ 90 0304, in Thaba Tseka (s. S. 739). Erst nach einer langen Fahrt auf einer Schotterstraße zu erreichen.

Der Süden

Der Süden Lesothos besitzt zwar nicht die beeindruckenden Dimensionen des Nordens, wartet aber auf seine Weise mit sehr reizvollen Landschaften auf, die sich zudem relativ leicht erkunden lassen. Ein Netz von guten Teerstraßen verbindet eine Reihe kleinerer Städte, die zum Teil aus britischen, im 19. Jahrhundert gegründeten Missionsstationen hervorgingen. Das für seine gastfreundliche Lodge und die ausgezeichneten Pony-Trekking-Touren bekannte **Malealea** ist der wahrscheinlich am schönsten gelegene Ort, **Morija** der historisch bedeutsamste in Lesotho. Weiter südlich lassen sich bei **Mohale's Hoek** und noch leichter bei **Moyeni** Fußabdrücke von Dinosauriern entdecken, bevor man weiter gen Osten nach **Qacha's Nek** und in die abgelegene Idylle des einzigen Nationalpark Lesothos, den **Sehlabathebe National Park**, fährt.

Morija

Von Maseru erreicht die Main Road South, die am Flughafen und am Qeme Plateau (s.S. 733) vorbeiführt, schon bald das historische Morija, das neben einer kleinen Ansammlung von Gebäuden aus der Mitte des 19. Jahrhunderts das einzige Museum des Landes besitzt. Der hübsche kleine Ort am Fuß des Makhoarane Plateau liegt nur 44 km von Maseru und 1 km abseits der Hauptstraße entfernt. Er wurde 1833 als erste Missionsstation in Lesotho gegründet.

Morija besitzt neben dem einzigen Museum des Landes auch das älteste Gebäude, die älteste Kirche und die älteste Druckpresse Lesothos. Mit dem Einverständnis von Moshoeshoe I. gaben die drei Missionare der Pariser Evangelischen Missionsgesellschaft, Eugène Casalis, Thomas Arbousset und Constand Gossellin, dem Ort jenen Namen, den Abraham dem Berg verlieh, auf dem er durch Gott vor der Tötung seines Sohnes bewahrt wurde (der Name bedeutet „Der Herr sieht").

Die große, aus rotem Ziegelstein errichtete **Missionskirche** mit ihrem beeindruckenden Dach aus Teakholzbalken ist fast immer geöffnet. Mit dem Bau dieser dritten Kirche an diesem Standort wurde 1847 mit Hilfe von Pedi begonnen, die auf der Suche nach Arbeit auf dem Weg in die Kapkolonie waren. Der hohe Kirchturm kam erst 1905 dazu. Nur nach Anmeldung kann die nahe historische **Druckerei** besichtigt werden, die seit den 60er Jahren des 19. Jahrhunderts Sotho-Literatur und die älteste, seit 1863 fast ohne Unterbrechung erscheinende Zeitung des Landes, *Leselinyana la Lesotho* („Kleines Licht von Lesotho"), herstellt.

Ein Großteil Morijas wurde 1858 von burischen Truppen in Schutt und Asche gelegt. Als eines der wenigen Häuser blieb damals das 1843 erbaute **Maeder House** stehen, das jetzt das älteste Gebäude Lesothos ist. Heute beherbergt das einfache Steinhaus neben der Missionskirche einen kleinen

Kunsthandwerksladen, der Sotho-Hüte, Puppen, Schnitzereien, Wandbehänge und Batikarbeiten preiswert verkauft. Nicht weit davon zeigt das **Morija Museum & Archives** eine interessante Sammlung, die eine geologische Ausstellung mit Fossilien, ethnografisches Material sowie historische Gegenstände von Moshoeshoe und seinen Zeitgenossen umfasst und darüber hinaus einen aufschlussreichen Abriss der lesothischen Geschichte präsentiert sowie aktuelle politische Themen beleuchtet. Geologie und Fossilien kommen etwas trocken daher, wenngleich die Ausstellung über die Dinosaurier durchaus Beachtung verdient. Ungleich spannender sind die ethnografischen und historischen Exponate, darunter eine Reihe von den Briten gebrochener Verträge, Moshoeshoes Teeservice und ein *khau*, ein schöner, V-förmiger Halsschmuck, der tapferen Sotho-Soldaten verliehen wurde. Das Archiv harrt noch seiner vollständigen Erfassung und Katalogisierung, jedoch ist unter dem wachsamen Blick eines Mitarbeiters der Gang durch diese Schatzkammer gestattet. Die Museumsbroschüre *A Guide to Morija* bietet einen mehr als umfassenden Einblick in die Stadtgeschichte und weist zudem auf nahe gelegene Sehenswürdigkeiten hin. ☺ Mo–Sa 8–17, So 14–17 Uhr, Eintritt M5. Die Teestube des Museums reicht kalte Getränke und einfache einheimische Gerichte, die man im kühlen kleinen Rondavel oder draußen auf der hübschen Rasenfläche genießen kann. ☺ Mo–Sa 9–16.30, So 14–16.30 Uhr.

Mit Hilfe des Museums findet jedes Jahr Anfang Oktober das **Morija Arts & Cultural Festival**, 🖥 www.morijafest.com, statt. Es ist das größte und bedeutendste Festival seiner Art im Land und präsentiert traditionelle Musik- sowie Tanzdarbietungen und Kunsthandwerk gepaart mit Theateraufführungen, Filmvorführungen, Sport- und Kinderveranstaltungen.

Die schönste der verschiedenen **Wanderrouten**, die von Morija aus markiert sind, ist der Pfad zu einem Fußabdruck eines Dinosauriers, den man auf der einen Seite eines Felsens auf halbem Weg zum **Makhoarane Plateau** sehen kann. Um dorthin zu gelangen, läuft man zunächst zum *Ha Matela Guesthouse* (s.S. 750), dann den Hügel hinter dem Museum hinauf und anschließend in Richtung des Plateaus über ein *donga* (s.S. 736) und folgt den roten Pfeilen. Der Aufstieg ist zwar anstrengend, führt aber über weite Teile entlang einer von Bäumen beschatteten Strecke und belohnt mit einem beeindruckenden, wenngleich etwas schwachen Fußabdruck. Hin und zurück benötigt man ca. 1 Std.

Übernachtung und Essen

Dem Museum angeschlossen ist das hübsche **Ha Matela Guesthouse****, ☏ 36 0308, das in spektakulärer Lage oberhalb des Orts auf dem Weg zum Makhoarane Plateau angesiedelt ist und in seinem großen strohgedeckten Gebäude Selbstversorgern Unterkunft in komfortablen Zimmern bietet. Von der breiten Veranda kann man den Blick weit über die Umgebung schweifen lassen. Im Dorf gibt es noch ein einfacheres, kleineres Haus, das gemietet werden kann. Nach vorheriger Absprache übernimmt die **Teestube** des Museums die Verpflegung, Pony-Trekking-Touren zu konkurrenzfähigen Preisen können arrangiert werden.

Transport

Morija ist von Maseru leicht mit dem eigenen Fahrzeug oder mit öffentlichen Transportmitteln zu erreichen. In beide Richtungen verkehren tagsüber **Busse** und **Minibus-Taxis**, darüber hinaus bietet Morija gute Verbindungen weiter in den Süden nach Mafeteng und Mohale's Hoek.

Malealea

Rund 10 km südlich von Morija sinkt die Straße in eine Mulde ab und erreicht bei Motsekuoa die betriebsame Haltestelle der Minibus-Taxis, von wo die Straße nach Malealea abzweigt. Das Dorf gehört dank der gefragten *Malealea Lodge*-***, ☏ 051-447 3200, 🖥 www.malealea.co.ls, zu den bekanntesten Orten Lesothos. Obgleich inzwischen eine weitgehend geteerte Straße die einstige Abgeschiedenheit leichter zugänglich macht, ist die Lage in den Ausläufern der **Thaba Putsoa-Berge** nach wie vor traumhaft. Die Lodge war ursprünglich ein Handelsposten, den der britische Abenteurer Mervyn Bosworth-Smith 1905 einrichtete. Er war es auch, der sich am grandiosen Bergpass, der auf das letzte Teilstück der Strecke zur Lodge führt, mit der

Inschrift verewigte „Wayfarer, pause and look upon a gateway of Paradise" (zu Deutsch: „Reisender, halte inne und sieh auf ein Tor zum Paradies"). Die derzeitigen Besitzer der Lodge, Di und Mick Jones, haben in den vergangenen Jahren viel für den Tourismus Lesothos getan, nicht zuletzt durch ihre enthusiastische, aber gleichzeitig entspannte Art, mit der sie die Lodge leiten. Heute ist der einstige Handelsposten zu einer stattlichen Ansammlung von Hütten, Häusern und Rondavels gewachsen und bietet Schlafsäle, Doppelzimmer und Zeltmöglichkeiten. Stets herrscht Betrieb: Neben dem Speisesaal befindet sich eine hervorragende kleine Bar, und an den meisten Abenden scharen sich die Gäste draußen um ein offenes Feuer, an dem gelegentlich einheimische Schulkinder auf selbst gebauten Instrumenten Musik machen.

Viele Besucher kommen nach Malealea um zu wandern, und die Lodge hat zu diesem Zwecke eine Karte mit verschiedenen Routen erstellt. Die vorrangige Aktivität ist jedoch das **Pony-Trekking**. Zwar besitzt die Lodge keine eigenen Ponys, jedoch fungiert sie als Agentur für einheimische Anbieter, die auch das meiste Geld bekommen. Ein Tagesausflug kostet M120–175, etwas mehr wenn eine Übernachtung in einem Dorf noch hinzukommt. Gemeinsam mit den Anbietern hat die Lodge verschiedene geführte Touren entwickelt, die von kurzen einstündigen und halbtägigen Ausflügen bis hin zu Exkursionen reichen, die je nach Durchhaltevermögen und Dicke der Brieftasche von beliebiger Dauer sein können. Sehr zu empfehlen ist die 2-tägige Tour durch steile Täler und über ebensolche Hügel zu den **Ribaneng Falls**. Die Lodge sorgt dafür, dass im Dorf ein leeres, sauberes Rondavel mit Gasversorgung für die Übernachtung zur Verfügung steht, was den Teilnehmern einen vielleicht nicht übermäßig luxuriösen, so doch sehr schönen Eindruck vom Leben in den Bergen vermittelt. Proviant und alles Nötige für die Nacht müssen selbst mitgebracht werden. Wer genügend Zeit für einen 4-tägigen Ausflug hat, kann die Tour über einige besonders beeindruckende Berg und durch idyllische, freundliche Dörfer zu den imposanten **Ketane Falls** weiter östlich (s. S. 737) und wieder zurück unternehmen. Eine gute und billigere Alternative zum Pony-Trekking, das für Gelegenheitsreiter recht hart sein kann, sind **Wanderungen**, bei denen man ein Pony einfach als Packtier benutzt. Ein

Pony kann die Rucksäcke von bis zu vier Personen transportieren, vorausgesetzt dass diese nicht übermäßig schwer sind.

Transport

Für die Anfahrt von Maseru nach Malealea mit öffentlichen Transportmitteln nimmt man einen **Bus** oder ein **Minibus-Taxi** bis Motsekuoa oder bis Morija und dann von dort weiter nach Motsekuoa. Tagsüber bestehen reichlich Transportmöglichkeiten von Motsekuoa nach Matelilie, einzig das letzte, ca. 8 km lange Stück, nachdem man sich an der Abzweigung nach Malealea hat absetzen lassen, kann sich ziehen. Die meisten Fahrzeuge, die in dieser Richtung unterwegs sind, werden jedoch den Umweg über die Lodge machen. Reger Verkehr herrscht auch zwischen der Lodge und Bloemfontein via Wepener.

Mafeteng und Umgebung

Das geschäftige, 20 km vom **Grenzübergang Van Rooyen's Gate**, ☉ tgl. 6–22 Uhr, entfernte Mafeteng ist der erst Ort auf lesothischer Seite auf dem Weg von Wepener im Freistaat. Der Name bedeutet „Ort der Leute Lefatas" und geht auf Emile Rolland, den Sohn eines französischen Missionars, zurück. Er war der erste Magistrat des Distrikts und erhielt von den Einheimischen, die ihn bis auf den Umstand, dass er den Initiationsunterricht umgangen hatte, als echten Sotho betrachteten, den Spitznamen Lefata („der Vorbeigehende").

Leider haben die Unruhen von 1998 den Ort arg in Mitleidenschaft gezogen und das Zentrum verwüstet. Einziges Gebäude von Interesse ist aber ohnehin nur das **Council Office** an der Hauptstraße mit seiner von Tierköpfen verzierten Fassade und der im Vorgarten postierten Statue eines schnauzbärtigen Soldaten der Cape Mounted Rifles. Zwei nahegelegene Ziele laden zu Exkursionen ein, erfordern jedoch ein eigenes Transportmittel. In der **Luma Pan**, 3 km außerhalb, lassen sich zahlreiche Vögel beobachten; Anfahrt über die Straße Richtung Wepener und an der ersten größeren Schotterstrecke nach rechts abbiegen. Auf einer Straße, die hinter dem Dorf Likholele so schlecht wird, dass um herkömmliche Fahrzeuge

gefürchtet werden muss, erreicht man ca. 20 km östlich von Mafeteng das imposante **Thabana Morena Plateau**, das sich über dem gleichnamigen Dorf erhebt. Der steile Aufstieg wird mit einer Aussicht über die Ebenen im Freistaat im Westen und die Thaba Putsoa-Berge im Osten belohnt.

Übernachtung und Essen

Golden Hotel*, rechts an der Main Road South von Maseru, kurz vor Mafeteng, ✆ 70 0566. Anonym wirkendes Gebäude mit akzeptablen Zimmern und einem kleinen Speisesaal, in dem Fleischgerichte serviert werden.
Hotel Mafeteng**, von der Main Road South nach Mohale's Hoek ausgeschildert, ✆ 70 0236, ist besser. Sieht aus wie ein Flughafenkontrollturm, bietet aber hübsche Zimmer und Cottages in einem geschützten Garten mit Pool. Im Restaurant gibt es eine begrenzte Auswahl an Fleischgerichten zu moderaten Preisen.
Nahe der Haltestelle der Busse an der Hauptstraße findet man verschiedene **Speisemöglichkeiten**, besser sind jedoch die Hotelrestaurants.

Unterhaltung

Mafetengs Nachtleben konzentriert sich auf die ziemlich heruntergekommene, verspiegelte *Las Vegas*-Diskothek im *Hotel Mafeteng;* Fr und Sa werden dort Soul und südafrikanische *kwaito*-Klänge bis 4 Uhr morgens gespielt. Im *Golden Hotel* gibt es an manchen Samstagabenden *famo*-Musik, eine einheimische Musikrichtung mit Akkordeons und Gesang.

Transport

Wie von einer Grenzstadt zu erwarten, besitzt Mafeteng einen sehr betriebsamen **Busbahnhof**, wo man problemlos Transportmöglichkeiten in den Norden nach Morija, Maseru und Malealea sowie in den Süden nach Mohale's Hoek, Moyeni und weiter entfernte Ziele finden kann. Busverbindungen bestehen u.a. nach MASERU (5x tgl., 1 1/2 Std.); MOHALE'S HOEK (5x tgl., 3/4 Std.).

Neuer Standard für stille Örtchen Eine neue Erscheinung in der lesothischen Landschaft sind die vielen modernisierten Toilettenhäuschen mit ihren weißen Schloten. Sie sind leicht zu bauen und hygienisch, im benachbarten Südafrika aber höchst selten. Die wesentliche Verbesserung gegenüber den alten Plumpsklos besteht darin, dass sie Fliegen, die mit menschlichen Fäkalien in Kontakt gekommen sind, von Menschen und Lebensmitteln fernhalten und dadurch Ruhrerkrankungen vermeiden helfen.

Meist gelangen Fliegen in das Häuschen, sobald jemand die Tür öffnet, um alsdann durch den Sitz und das Loch hinunter in die Grube zu fliegen. Bei der alten Bauart konnten sie auf demselben Wege wieder entkommen, bei den neuen Plumpsklos jedoch werden sie durch das Licht angelockt, das oben durch den mit Gaze verschlossenen Schlot fällt. So lange die Nutzer dieser Einrichtungen nicht vergessen, den Klodeckel sowie die Tür zu schließen und damit das Licht auszusperren, funktioniert die Sache praktisch idiotensicher und summen die Fliegen harmlos in der Grube und im Schlot umher.

Mohale's Hoek

Nicht weit vom kaum genutzten **Grenzübergang Makhaleng Bridge**, ◷ tgl. 8–18 Uhr, liegt Mohale's Hoek. Die kleine Stadt wirkt nicht ausgesprochen sauber, besitzt aber eines der besten Hotels der Gegend und kann auf einige Sehenswürdigkeiten in der Umgebung verweisen, darunter gut erhaltene Dinosaurierspuren. Mohale hieß Moshoeshoes jüngerer Bruder, der vom König mit der Überwachung der Gegend beauftragt war, um Häuptling Moorosi die Kontrolle über das Gebiet zu entwinden. Nicht wenige aus Moorosis Baphuthi-Clan leben allerdings noch heute hier und sprechen eine dem Xhosa näher als dem Sotho stehende Sprache.

Wer dringende Bankgeschäfte erledigen muss, findet mit der *Standard Bank* und der *Nedbank* zwei Institute, die effizienter als die meisten Banken außerhalb von Maseru arbeiten, der Umtausch von Geld oder Reiseschecks erfordert jedoch auch hier einiges an Geduld. Sie liegen an der Hauptstraße, die rechtwinklig zur großen Durchgangsstraße durch den Ort verläuft. Viel zu sehen oder zu tun gibt es hier ansonsten nicht, lohnend ist aber die Fahrt oder Wanderung zum ca. 10 km östlich gelegenen **Mokhele Mountain**. Der Weg dorthin führt zunächst ein kurzes Stück entlang der Hauptstraße zum kleinen Dorf Mesitsaneng, dahinter 7 km nach Osten auf einer Schotterpiste zur **Maphutseng Mission**. Kurz vor dieser historischen französischen Missionsstation, die unter ihrem Dach einst Einheimische vor angreifenden Buren versteckte, biegt man nach rechts auf einen schmaleren Weg ab, von dem aus rechter Hand ein Plateau zu sehen ist, das nur einen kurzen Fußmarsch entfernt liegt. Dort befinden sich **Dinosaurierspuren** sowie eine Inschrift, die deren „Entdeckung" im Jahr 1959 vermerkt.

Übernachtung und Essen

Mount Maluti Hotel**, ✆ 78 5224, ist die empfohlene Unterkunft im Ort. Das Hotel gehört einer weißen Familie, die seit vielen Jahren in der Gegend lebt, gute Tipps für **Unternehmungen** geben sowie preiswerte Pony-Trekking-Touren und Guides arrangieren kann. Die Besitzer haben außerdem eine abenteuerliche Route durch das südliche Hochland für allradgetriebene Fahrzeuge ausgearbeitet, die nächstgelegenen Vermietstationen für solche Gefährte befinden sich allerdings in Maseru (s. S. 727). Die Zimmer sind komfortabel und mit TV ausgestattet, es gibt einen Tennisplatz, einen Pool, einen kleinen Garten sowie einen kleinen, aber hübschen **Zeltplatz** (Auskunft hierüber an der Rezeption). Den Glanzpunkt setzt das **Restaurant**, das gute Speisen, auch für Vegetarier, zu akzeptablen Preisen serviert.

Wie üblich finden sich auch hier entlang der Hauptstraße zahlreiche Möglichkeiten, etwas zu essen zu bekommen.

Transport

Das System der geschäftigen **Bushhaltestelle** im Zentrum von Mohale's Hoek ist nur schwer zu durchschauen, besser fragt man sich durch, wo

der Bus zum gewünschten Ziel steht. **Minibus-Taxis** sammeln sich entlang der Hauptstraße. Tagsüber sollte man keine Probleme haben, einen Bus oder ein Minibus-Taxi nach Norden oder Süden zu finden.
Busverbindungen bestehen u.a. nach
MAFETENG (5x tgl., 3/4 Std.);
MOYENI (5x tgl., 3/4 Std.).

Moyeni und Umgebung

Moyeni („Ort des Windes"), das auch Quthing genannt wird, ist in einen oberen und einen unteren Teil getrennt. Der von den Briten nach dem Gun War 1884 gegründete Ort wirkt schmutzig, liegt aber reizvoll an einer Stromschlucht und bietet, je höher man in den oberen Ortsteil kommt, schöne Ausblicke auf die umgebenden Hügel. Im oberen Ortsteil sind die Polizeiwache, das größte Hotel, ein großes Krankenhaus sowie ein, zwei recht nutzlose Banken angesiedelt, während man im unteren Teil die Mehrzahl der Geschäfte sowie Tankstellen und die Haltestellen der öffentlichen Transportmittel findet.

Westlich des unteren Ortsteils befinden sich die am leichtesten zugänglichen **Dinosaurierspuren** in Lesotho. Man fährt die Main Road von der Abzweigung nach Moyeni noch ein kurzes Stück bis zum orangefarbenen, strohgedeckten *Visitor Centre*, ☉ tgl. 8–16 Uhr, auf der linken Straßenseite und lässt sich dort den Weg zu den verschiedenen, deutlich erkennbaren Fußspuren weisen.

Ebenfalls einen Besuch wert ist das in eine Höhle gebaute **Masitise Cave House**, das einige Kilometer westlich von Moyeni und rechts der Hauptstraße liegt. Errichtet wurde es von der französisch-protestantischen Missionarsfamilie, die hier in den 70er Jahren des 19. Jahrhunderts lebte. Für die Anfahrt ist den Schildern zur „Masitise Primary and High School" zu folgen; im Schulgebäude findet sich dann jemand, der einem das Haus zeigt.

Ein Stück weiter gelangt man zu leider beschädigten und verblassten **Felsmalereien**. Wer bis

hierher gekommen ist, sollte auch einen Blick in die hübsche **Missionskirche** werfen, die von einem glockenlosen Glockenturm überragt wird.

Übernachtung und Essen

Mountainside Hotel*, auf halbem Weg vom unteren in den oberen Ortsteil, ☎ 75 0257. Es ist klein, aber freundlich und das bessere der beiden Hotels in Moyeni. Überwiegend anständige Zimmer (bevor man ein Zimmer nimmt, sollte man die Matratze prüfen), die eine Hälfte davon zur Straße, die andere ruhiger gelegen. Angenehme, gemütliche private Bar, freundliche öffentliche Bar, gutes **Restaurant**, das in der Regel auch etwas für Vegetarier bereithält.

Orange River Hotel*, ☎ 75 0252. Plumpes, mit Jute und Kiefer im Stil der 70er Jahre eingerichtetes Gebäude, das seither nicht sonderlich umsorgt scheint. Annehmbare, aber recht stickige Zimmer, einige Decken sind höchst reparaturbedürftig, akzeptables **Restaurant** mit Blick auf den oberen Ortsteil und die umgebende Landschaft. Anfahrt über die Hauptstraße durch den Ort bis fast auf die Hügelkuppe.

Villa Maria Roman Catholic Mission*, etwas westlich von Moyeni, rechter Hand der Hauptstraße, ☎ 75 0364. Schöne Lage auf dem Gelände der erhabenen, doppeltürmigen Kirche. Saubere, preiswerte Zimmer mit Gemeinschaftsbad.

Transport

Tagsüber verkehren reichlich **Busse** und **Minibus-Taxis** nach Norden Richtung Maseru, erheblich weniger in östliche Richtung nach Qacha's Nek. Nur ein oder zweimal wird der nahe **Grenzübergang** an der **Tele Bridge**, ☉ tgl. 8–18 Uhr, angesteuert, von wo die Weiterfahrt nach Sterkspruit im Ostkap möglich ist.
Busverbindungen bestehen u.a. nach
MOHALE'S HOEK (5x tgl., 3/4 Std.);
QACHA'S NEK (1x tgl., 7 Std.).

Mount Moorosi, Qacha's Nek und der Sehlabathebe National Park

Eine im Vergleich zur Nordroute weit weniger befahrene Strecke in das **Hochland** ist die Bergroute von Mount Moorosi nach Sehlabathebe, die durch zerklüftete Landschaft führt und den zusätzlichen Reiz des mächtigen **Senqu** (Oranje) River bietet. Der Fluss begleitet einen Großteil der Strecke und bahnt sich seinen Weg in majestätischen Windungen. Sollten die Bauherren des Katse-Staudamms ihre Pläne verwirklichen können, wird der Senqu in ein paar Jahren deutlich weniger Wasser führen. Einstweilen transportiert der schokoladenbraune Fluss jedoch noch gewaltige Wassermassen. Zu den größten Attraktionen entlang der Route gehören Thaba Moorosi, jener Berg, an dem sich der verfemte Häuptling Moorosi 1879 ein letztes Mal gegen die Briten stellte, die San-Höhlen bei Seforong und die abgeschiedene Idylle des Sehlabathebe National Park.

Mount Moorosi und Umgebung

Von Moyeni sind es etwas mehr als 40 km auf einer passablen, von Ausblicken auf die Berge sowie dem mächtigen Senqu (Oranje) River begleiteten Teerstraße bis nach Mount Moorosi. Der kleine, an einem Berghang gelegene Ort dient den Bewohnern verschiedener umliegender Dörfer als Haltestelle von Minibus-Taxis und Einkaufsgelegenheit. Größte Einrichtung ist der *Mitchell's Trading Store,* der sowohl das größte Geschäft im Ort als auch Werkstatt und Tankstelle ist. Wer sein Auto vor einer Fahrt mit der Fähre über den Senqu hinüber nach Bethel (s. S. 754) sicher verwahrt wissen will, sollte hier nach einem Abstellplatz fragen.

Mount Moorosi ist nach dem Häuptling benannt, der in den 50er Jahren des 19. Jahrhunderts in die Region kam und in den Felsen der Umgebung lebte. Er war ein Verbündeter der San und lebte in einer Vielehe mit mehreren San-Frauen. In den 70er Jahren des 19. Jahrhunderts machte er sich die Briten zum Feind, nachdem diese seinen Sohn als Geisel gefangen genommen hatten und er ihn prompt wieder befreite. Britische Truppen holten 1879 zum Vergeltungsschlag aus und griffen sein Bollwerk an, Moorosi hielt den Attacken acht Monate stand, bevor die Soldaten mit Hilfe von Sturmleitern die steilen Felswände schließlich überwanden. Sie enthaupteten Moorosi und stellten seinen abgetrennten Kopf öffentlich zur Schau. Der Schauplatz der entscheidenden Schlacht, der **Thaba Moorosi**, ist nach ungefähr 1 km auf der Hauptstraße zu erreichen. Wer ihn hinaufsteigt, kann noch einige Steinbrocken mit den Inschriften jener Soldaten entdecken, die zur Gefangennahme des Häuptlings ausgesandt worden waren. Der Aufstieg auf den Berg ist heikel, so dass man jemandem in Mount Moorosi über die Exkursion unterrichten sollte.

Bethel

Gegenüber von Mount Moorosi liegt auf der anderen Seite des Flusses das Dorf Bethel, wo es eine große, ziemlich vernachlässigte Missionskirche und das **Bethel Business and Community Development Centre**, ▯ www.lesoff.co.za/bbcdc/, gibt. Obgleich der Name etwas schwerfällig wirkt, handelt es sich hierbei um eine innovative Bildungseinrichtung, die Einheimische in der Solartechnik, der Permakultur und dem Pflanzenanbau unterweist. Das Centre verzeichnet Erfolge, es weist gesunde Getreide- und Gemüsefelder vor, Baumpflanzungen, intelligent durchdachte Gebäude und die Nutzung von Solarenergie, die – angefangen bei Heißwasser bis hin zu einer über Satellit laufenden Telefonverbindung für E-Mail – in allen möglichen Bereichen zum Einsatz kommt. Zur Einrichtung gehören auch ein Gästeapartment für Selbstversorger sowie Schlafsäle, Mahlzeiten sind nach vorheriger Absprache erhältlich. Kurzzeitige Besucher sind willkommen, wer länger bleiben möchte, sollte dies so früh wie möglich per Brief oder E-Mail anmelden: PO Box 53, Mount Moorosi 750, ✉ bbcdc@maf.org. Der Anlegeplatz der Ruderfähre über den Senqu hinüber nach Bethel liegt 2 km außerhalb von Mount Moorosi unterhalb des Thaba Moorosi (zu erreichen zu Fuß oder mit einem Minibus-Taxi). In Zukunft wird vielleicht eine Brücke über den Fluss gebaut werden. Am anderen Flussufer sind noch 4 km bis zur Missionsstation zurückzulegen. Wer in einem allradgetriebenen Fahrzeug unterwegs ist, kann für die Flussüberquerung alternativ die 2-stündige Route nehmen, die auf der westlichen Seite der Brücke über den Senqu zwischen Moyeni und Mohale's Hoek von der geteerten Straße abzweigt.

Mphaki und Umgebung

Kurz nach der Umfahrung des Thaba Moorosi verlässt die Hauptstraße den Senqu und steigt ins Hochland an. Sie führt dabei durch die beeindruckende **Quthing Gorge** und erreicht nach ca. 10 km mit dem **Lebelonyane Pass** (2456 m) ihren höchsten Punkt. Dahinter geht es weiter durch Hochlandtäler, bevor man schließlich das Dorf Mphaki erreicht. Das dortige *Farmers' Training Centre** empfiehlt sich mit gut ausgestatten Rondavels für Selbstversorger sowie einem angenehmen Gästehaus. Wer sich nicht selbst verpflegen möchte, bekommt im gegenüberliegenden *Motsekuoa Liquor Restaurant* preiswerte wie schmackhafte Sotho-Gerichte und findet dort auch eine gute Bar.

Von Mphaki führt die Straße noch 10 km als geteerte Strecke weiter, dann wird sie von zumutbarem Schotter abgelöst. Ein paar Kilometer weiter können bei **Seforong**, kurz vor Sekake, einige nicht weit von der Straße gelegene **San-Höhlen** besichtigt werden. Allerdings gibt es dort keine Felsmalereien zu sehen. In Sekake kann man zelten oder aber am *Hotline Restaurant* von der Hauptstraße auf den felsigen Weg abbiegen und in der ca. 1 km entfernten, malerischen Christian Council of Churches Mission übernachten.

Qacha's Nek

Hinter Sekake stößt die Straße wieder auf das südliche Ufer des Senqu und wird erheblich schlechter, ist jedoch bei vorsichtiger Fahrweise mit einem normalen Fahrzeug zu meistern. Die leicht hügelige Strecke ist eine der reizvollsten in Lesotho, nur vor Qacha's Nek trüben erodierte Flächen und *dongas* (s.S. 736) das Bild.

Der nach Häuptling Moorosis Sohn Ncatya benannte **Grenzort** lag zur Zeit seiner Gründung durch die Briten im Jahr 1888 in einer berüchtigten Gegend. Die Briten wollten hier jenen Konflikten vorbeugen, die sie mit Häuptling Moorosi erlebt hatten. Viele der als „Banditen" bezeichneten Menschen waren aber in Wirklichkeit verzweifelte, ihrer Wohnstätten und Existenz beraubte San.

Die Briten jagten sie während der 60er Jahre des 19. Jahrhunderts, bis schließlich keiner mehr übrig blieb. Moorosis Volk der Baphuthi begann, in den 50er Jahren des 19. Jahrhunderts die Gegend zu besiedeln und das Wild zu erlegen, um das Land anschließend in Viehweiden und Ackerflächen zu verwandeln. Das Gebiet verzeichnet ungewöhnlich starke Regenfälle, und die klimatischen Bedingungen fördern das Wachstum von Nadelbäumen, darunter enorme Drehkiefern, was Qacha's Nek vom übrigen, nahezu baumlosen Lesotho stark unterscheidet.

Im Qacha's Nek selbst gibt es außer der eleganten **St Joseph's Church** am östlichen Ortsrand kaum Sehenswertes, dafür empfiehlt sich die umliegende Berglandschaft als hervorragendes **Wanderrevier**.

Central Hotel*, hinter der Tankstelle nach links abbiegen, ℡ 95 0224, liegt, obgleich der Name anderes vermuten lässt, mehr als 1 km entfernt, neben dem *PEP*-Warenhaus. Das hübsche Sandsteingebäude verfügt nur über 6 Zimmer und ist häufig ausgebucht. Die Live-Musik am Wochenende lohnt aber den Besuch, selbst wenn man hier nicht unterkommt.

Narna's Guest House*, gegenüber dem *Farmers' Training Centre*, ℡ 95 0374, ist sehr gut, allerdings sprechen die Besitzer kein Englisch und die Wasserversorgung bereitet oftmals Probleme (wie überall im Ort trotz des vielen Regens). Freundliche Atmosphäre, gute Küche, in der man selbst Mahlzeiten zubereiten kann oder einfach die Zutaten liefert und den Besitzer gegen ein geringes Entgelt kochen lässt.

Nthatuoa Hotel*–**, von Süden kommend das erste Gebäude auf der linken Straßenseite, ℡ 95 0260, ist die beste Unterkunft am Platze und bietet 4 verschiedene Zimmerkategorien, angefangen bei einem passablen, wenngleich etwas beengten DZ bis zu einer großen, schicken Suite; alle Zimmer inkl. üppigem Frühstück aus einem **Restaurant**, das das leckerste Essen im Ort serviert (nur nicht für Vegetarier).
Im Zentrum gibt es eine Hand voll preiswerter **Speiselokale**, gehaltvollere Mahlzeiten bekommt man jedoch in den Hotels.

LESOTHO

Qacha's Nek ist eine wichtige **Grenzstadt**, Übergang ☉ tgl. 8–18 Uhr, und von der *Shell*-Tankstelle im Zentrum verkehren in der Regel zahlreiche öffentliche Transportmittel nach Westen Richtung Moyeni. Herannahende **Minibus-Taxis** kann man dank der am Kühler befestigten Kuhglocken schon hören, wenn sie noch einige hundert Meter entfernt sind. Kurz hinter der Grenze gibt es weitere Transportmittel mit Ziel Matatiele im Ostkap, von wo es leicht ist, einen Bus oder ein Minibus-Taxi für die Weiterfahrt nach Kokstad oder weiter entfernte Orte zu finden.

Von Qacha's Nek bestehen **Busverbindungen** u.a. nach
MASERU (1x tgl., 10 Std.);
MOYENI (1x tgl., 7 Std.).

Sehlabathebe National Park

Der einzige Nationalpark des Landes liegt zwar abgeschieden und nahezu unzugänglich an der Grenze zu Südafrika in den östlichen Ausläufern der Drakensberge, ist aber auch dementsprechend friedlich und schön. Im Park gibt es einige Wildtiere, bekannt ist er vor allem jedoch für seine **Vogelwelt**, die ausgezeichneten Bedingungen für **Forellenangler**, seine **Wasserfälle** und die endlose Weite, die ideale Voraussetzungen für **Wanderungen** bietet. Wer einmal hier ist (einfach vorbeikommen und man wird hineingelassen), wird vielleicht länger als geplant bleiben wollen und sollte dies bei einer Buchung eventuell berücksichtigen. Andererseits kann sich das Wetter so übel präsentieren und selbst an schönen Tagen Dunst und Regen praktisch aus dem Nichts aufziehen lassen, dass man vielleicht sofort wieder abreisen möchte.

Der Sehlabathebe National Park wird vom Ministry of Agriculture verwaltet und ist Gegenstand ständiger Kontroversen, die sich vor allem um die Nutzung als Weidefläche drehen. Derzeit ist ein recht unbefriedigender Kompromiss in Kraft, und man wird höchstwahrscheinlich und sehr zum Verdruss der Naturschützer Hirtenjungen mit Vieh durch den Park ziehen sehen.

Weder das Ministry of Agriculture noch das Tourist Information Office oder das Büro der Parkverwaltung verfügen über **Kartenmaterial**. Wer ausgedehnte Wanderungen plant, wende sich zwecks detaillierter Gebietskarten an das Department of Land, Surveys and Physical Planning in Maseru (s.S. 731). Eintritt frei.

Um sich ein Bett in der gut ausgestatteten und preiswerten *Lodge** zu sichern, empfiehlt sich die vorherige Buchung über *Sehlabathebe Reservations*, Ministry of Agriculture, 82 Constitution Rd, PO Box 24, Maseru 100, ✆ 31 6407, ✉ agric@ilesotho.com. Am einfachsten geht dies persönlich, wenn man in Maseru ist. Unter der Woche ist die Lodge selten voll, aber selbst in diesem Fall kann man immer noch **zelten**.

Für die Anfahrt in den Park von lesothischer Seite ist ein **allradgetriebenes Fahrzeug** unverzichtbar. Steht ein solches nicht zur Verfügung, kann man mit dem tgl. **Bus** von Qacha's Nek in das außerhalb des Parks gelegene Dorf fahren, was 4–5 Std. dauert. Mitunter kann man von der ca. 11 km von Qacha's Nek entfernten Abzweigung **trampen**, dies erfordert jedoch anschließend den sehr steilen, 17 km langen Aufstieg von der Parkzufahrt zum Verwaltungsbüro. Die einzige andere Alternative, von Lesotho aus in den Park zu gelangen, besteht in der 40 km langen „Top of the Berg"-Wanderroute von Sani Top (s.S. 746). Einzige Möglichkeit von Südafrika aus ist der Tagesmarsch auf dem spektakulären Pfad von Bushman's Nek, was einige Stunden Fahrt von Underberg und Himeville in KwaZulu-Natal entfernt liegt.

LESOTHO

Swasiland

HIGHLIGHTS

Königliche Feste – Die alljährlich stattfindenden Zeremonien anlässlich *Ncwala*
und *Umhlanga* sind eindrucksvolle und
farbenprächtige Zeugnisse der Swasi-
Kultur

Mlilwane Wildlife Sanctuary – zu Fuß,
per Rad oder Pferd zwischen Giraffen
und Antilopen durch das stille Wildschutzgebiet streifen und Flußpferde beobachten

Myxo's Place – hautnah am ländlichen Leben
der Swasi teilnehmen und aktiv am Dorfgeschehen mitwirken

Wandern in Malolotja – Ein ausgedehntes Netz
an Wanderpfaden und Campingstellen lockt
Besucher in das grüne, weltabgeschiedene
Naturschutzgebiet im Westen des Landes

Kajak fahren auf dem Great Usutu – eine
Paddeltour auf dem größten Fluss Swasilands ist eine spannende und „feuchtfröhliche" Angelegenheit

Mkhaya Game Reserve – im aufregendsten
Tierreservat von Swasiland in Begleitung
ortskundiger Wildhüter Nashörner und
Elefanten aus nächster Nähe beobachten

Das winzige, landumschlossene **Königreich** Swasiland wird im Süden, Westen und Norden von Südafrika und im Osten, entlang der Lubombo Mountains, von Mosambik begrenzt. Es unterliegt zwar dem Einfluss Südafrikas, war jedoch von 1906 bis zur völligen Unabhängigkeit 1968 ein britisches Protektorat. Heute präsentiert sich Swasiland als angenehme, freundliche Mischung aus kolonialem Erbe und afrikanischem Selbstbewusstsein, und mancher Reisende fühlt sich hier entspannter und sicherer als im größeren Nachbarland.

Während der Apartheid galt Swasiland bei weißen Südafrikanern als lockende Lasterhöhle, wo man alles, was im calvinistisch regierten Südafrika verboten war (Glücksspiel, gemischtrassige sexuelle Beziehungen und Pornofilme), bekommen konnte. Aber die Zeiten und die Einstellungen haben sich geändert. Heute lohnen Swasilands wunderbare **Landschaft** sowie die zahlreichen **Tierreservate** einen Besuch. Wer über ein Fahrzeug und ein bisschen Zeit verfügt, kann eines der weniger bekannten Reservate aufsuchen, in weltabgeschiedenen Siedlungen übernachten und, bei guter Planung, auch etwas von der lebendigen **traditionellen Kultur** Swasilands miterleben.

In den letzten Jahren zieht Swasiland zunehmend auch **Rucksackreisende** an, denn es gibt gute Verbindungen mit öffentlichen Verkehrsmitteln zu verschiedenen Teilen Südafrikas sowie nach Mosambik, gute Backpacker-Herbergen und zahlreiche sportliche Betätigungsmöglichkeiten, von Reiten bis zu Wildwasserfahrten.

Swasiland beherbergt sechs **Nationalparks** in unterschiedlichen landschaftlichen Regionen, die alle über preiswerte Unterkünfte verfügen. Sie sind zwar nicht ganz so straff durchorganisiert wie die südafrikanischen, aber gerade das trägt in den Augen mancher Besucher zu ihrem Reiz bei. Die besten sind die von **Swazi Big Game Parks** (s.S. 781) gemanagten: der Hlane Royal National Park im Lowveld, das Mlilwane Wildlife Sanctuary nahe Mbabane und das Mkhaya Game Reserve zwischen Manzini und Big Bend. Die Swasiland National Trust Commission mit Hauptsitz in Lobamba (s.S. 769) verwaltet das Malolotja Nature Reserve im nordwestlichen *highveld*, das Mlawula Nature Reserve im östlichen *lowveld* und das winzige Mantenga Nature Reserve im eZulwini Valley.

Ungeachtet des wachsenden politischen Widerstandes ist Swasiland nach wie vor eine absolute Monarchie, und **König Mswati III.**, ein Absolvent des britischen Elitecolleges Sherbourne, erscheint regelmäßig bei zeremoniellen Anlässen, bekleidet mit Leopardenfellen, wie es die Königswürde verlangt. Dann nimmt er an rituellen Tänzen teil oder begutachtet die heiratsfähigen Mädchen. Möglicherweise beschließt er auch, ein paar von ihnen in den umfangreichen Kreis seiner 70 Ehefrauen aufzunehmen, die sorgfältig aus allen Clans ausgewählt wurden, um die Nation zusammenzuhalten. Wer kann, sollte Swasiland zum **Ncwala** (Ende Dezember, Anfang Januar) oder **Umhlanga** (August bzw. September) besuchen; diese beiden Feste sind für die Swasi so wichtig wie für die Chinesen das chinesische Neujahrsfest.

Die kleine Landeshauptstadt **Mbabane** stellt eine gute Ausgangsbasis für Abstecher in das hübsche, zentral gelegene **eZulwini Valley** dar, wo sich der Königspalast und das **Mlilwane Wildlife Sanctuary** befinden. Mit einem eigenen fahrbaren Untersatz bzw. mit etwas mehr Anstrengung und öffentlichen Transportmitteln lassen sich auch das *highveld* im Nordwesten und das spektakuläre, hoch gelegene **Malolotja Nature Reserve** erreichen.

Reisende, die vom nördlichen KwaZulu-Natal in Südafrika in den Krüger-Nationalpark fahren möchten (oder umgekehrt), können auf einer guten, durchweg asphaltierten Straße direkt durch Swasiland fahren. Die **Grenzpunkte** sind Matsamo im Norden und Lavumisa sowie Mahamba im Süden, die Strecke führt am Mkhaya Game Reserve und an Big Bend vorbei. Diese Route zum Krügerpark ist wesentlich reizvoller als die Fahrt durch die Ostregion von Mpumalanga.

Im **Sommer** ist es in Swasiland heiß, vor allem im östlichen *lowveld*. Im **Winter** scheint tagsüber meistens die Sonne, aber nachts kann es im westlichen *highveld* in der Umgebung des Malolotja Nature Reserve und Piggs Peak empfindlich kalt werden. Die sommerlichen Regenfälle bestehen meistens aus kurzen, aber heftigen Güssen, und die ungeteerten Nebenstraßen verwandeln sich dann im Handumdrehen in Morast. Das östliche *lowveld* in Swasiland, zu dem auch der Hlane Royal National Park und das Mkhaya Game Reserve gehören, ist im Sommer (von November bis Mai) **Malariagebiet**. Näheres zur unbedingt notwendigen Prophylaxe s.S. 30.

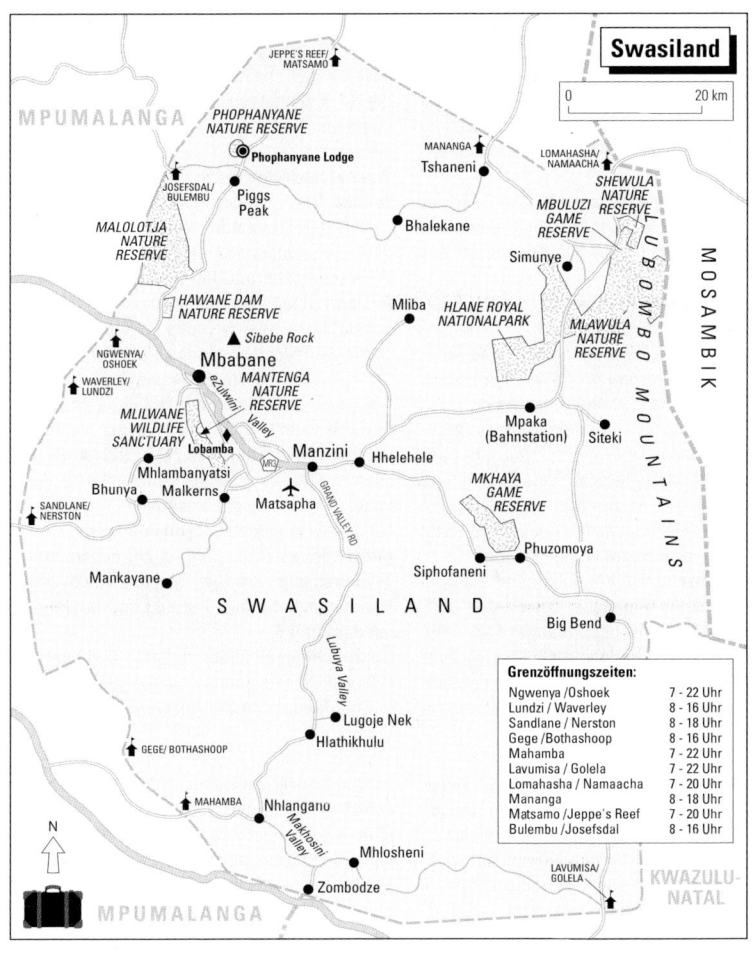

Grenzöffnungszeiten:

Ngwenya /Oshoek	7 - 22 Uhr
Lundzi / Waverley	8 - 16 Uhr
Sandlane / Nerston	8 - 18 Uhr
Gege /Bothashoop	8 - 16 Uhr
Mahamba	7 - 22 Uhr
Lavumisa / Golela	7 - 22 Uhr
Lomahasha / Namaacha	7 - 20 Uhr
Mananga	8 - 18 Uhr
Matsamo /Jeppe's Reef	7 - 20 Uhr
Bulembu /Josefsdal	8 - 16 Uhr

Orientierung

Die wichtigsten der insgesamt zwölf **Grenzposten** zwischen Südafrika und Swasiland sind **Ngwenya/ Oshoek**, Johannesburg am nächsten gelegen und die schnellste Zufahrt nach Mbabane, ⏱ 7–22 Uhr; **Jeppe's Reef/Matsamo** im Nordwesten, der günstigste Übergang vom Krüger-Nationalpark aus, ⏱ 7–20 Uhr; **Mananga** im Nordosten, ⏱ 8–18 Uhr; **Lavumisa/Golela** im Südosten, in der Nähe der Küste von KwaZulu-Natal, ⏱ 7–22 Uhr; und

Mahamba im Südwesten, abseits der N2 von Piet Retief im Binnenland von KwaZulu-Natal, ⏱ 7–22 Uhr. Der nördliche Übergang via **Bulembu/Josefsdal** nach Piggs Peak ist wahrscheinlich der spektakulärste, doch die Straße ist miserabel und mit einem normalen Pkw nur mühsam zu bewältigen, ⏱ 8–16 Uhr. Die Grenzformalitäten sind im Normalfall schnell erledigt: Man zeigt den Pass vor und zahlt die **Straßenbenutzungsgebühr** in Höhe von E5 (R5).

Reisen in Swasiland

Banken gibt es in allen touristischen Zentren. Die Öffnungszeiten sind für gewöhnlich Mo–Fr 8.30–14 Uhr, bei manchen zusätzlich Sa 8.30–11 Uhr. Reiseschecks wechseln fast alle Banken und Hotels, allerdings zu einem ungünstigen Kurs.

Camping auf aufgewiesenen Plätzen ist in der Nähe so gut wie jeder Touristenattraktion und in allen Nationalparks, mit Ausnahme des Mkhaya, möglich.

Ein- und Ausreiseformalitäten – s.S. 15, Kapitel Reisevorbereitungen

Kreditkarten wie Visa, Mastercard und American Express werden in zahlreichen Hotels, Restaurants und Geschäften akzeptiert. In den Nationalparks kann man größere Rechnungen, z.B. für Übernachtungen, mit Kreditkarte bezahlen, doch für Verpflegung und Guide-Honorare ist Bargeld notwendig. An den meisten Geldautomaten in Swasiland gibt es Bargeld mit internationalen Karten.

Landeswährung ist der Lilangeni – Plural Emalangeni, Abkürzung E, der an den südafrikanischen Rand gebunden ist (1R = 1E). Der Rand gilt in Swasiland als legales Zahlungsmittel, daher ist kein Umtausch notwendig; der Emalangeni allerdings gilt nur in Swasiland. Kleingeld ist in Swasiland knapp, daher sollte, wer Geld tauscht, sich möglichst viele kleine Scheine geben lassen.

Preise sind ähnlich wie in Südafrika; Lebensmittel und Benzin gibt es in Swasiland etwas billiger.

Reiseveranstalter – s.S. 766.

Telefon Die Landesvorwahl von Swasiland ist ☎ 268, gefolgt von der Nummer des jeweiligen Teilnehmers (es gibt keine regionalen Vorwahlnummern). Um von Swasiland ins Ausland zu telefonieren, wählt man ☎ 00, anschließend die Landes- und Regionalvorwahl sowie die Teilnehmernummer. Die Vorwahl für Südafrika ist ☎ 07, für R-Gespräche ☎ 94. Die Auslandsvorwahlen sind dieselben wie von Südafrika aus (s.S. 70). Die Nummer der Telefonauskunft *(enquiries)* lautet ☎ 919490. Swasiland besitzt ein eigenes Mobilfunknetz, das im eZulwini Valley gut funktioniert, in anderen Landesteilen jedoch Lücken aufweist. Internationales Roaming ist mit bestimmten Telefonen und Verträgen möglich. Alle Swasi-Handynummern sind 7-stellig und beginnen mit der Ziffer 6.

Übernachtungen in der mittleren und oberen Preisklasse sind normalerweise günstiger als in Südafrika, doch die Auswahl ist nicht be-

---

Autofahren bietet die beste Möglichkeit, Swasiland kennen zu lernen; die Entfernungen sind gering, alle touristischen Hauptsehenswürdigkeiten liegen in der Nähe guter Teerstraßen, und die wichtigeren Schotterstraßen sind in passablem Zustand. Außerhalb der Regenzeit lassen sich auch die Erdstraßen mit einem normalen Pkw befahren. Die Sicherheit im Straßenverkehr lässt allerdings sehr zu wünschen übrig – von den vier letzten Verkehrsministern kamen zwei bei Autounfällen ums Leben. Die Promillegrenze am Steuer ist doppelt so hoch wie in Südafrika. Wer eine lange Nachtfahrt plant, sollte sich das gut überlegen. Die erlaubte Höchstgeschwindigkeit außerhalb von Ortschaften beträgt 80 km/h, doch daran hält sich niemand, und Geschwindigkeitskontrollen finden höchst selten statt.

Transtate-Busse aus Johannesburg überqueren die Grenze nach Swasiland am Grenzposten Ngwenya/Oshoek und halten auf der Strecke nach Mbabane in Ermelo, außerdem bei Mahamba, mit Aufenthalt in Nhlangano und Hlathikulu. Der **Baz Bus** fährt von Johannesburg Richtung Osten nach Durban via Mbabane und anschließend Manzini am Mo, Mi und Sa, Abfahrt nach Durban am nächsten Morgen; Richtung Westen, von Durban her, Ankunft Di, Fr und So, Abfahrt nach Johannesburg am nächsten Morgen.

Swasiland besitzt den **internationalen Flughafen** Matsapha (oft „Manzini" genannt), der zwischen Mbabane und Manzini liegt. *Airlink Swasiland* (eine Tochter von *SAA*) fliegt 3x tgl. von und nach Johannesburg. *Swazi Express Airways* unterhält So–Fr eine Flugverbindung nach Durban.

Geschichte

Die dokumentierte Geschichte Swasilands reicht bis auf den Clan der **Dlamini** und deren König **Ngwane** zurück, der gegen 1750 vom heutigen Mosam-

sonders groß, insbesondere was Guesthouses und B&Bs anbelangt. Die Backpacker- und Budgetunterkünfte unterscheiden sich preislich nicht von denen Südafrikas.

Informationen im Internet

⌨ www.swazi.com

Die offizielle Website Swasilands ist anschaulich, bunt und steckt voller nützlicher Infos, darunter auch zu Hotels und Alternativtouren durch Swasiland. Besucher können auch die Tageszeitung *Swazi Observer* online lesen oder sich auf der Seite „Artists on the Internet" einen Überblick über die Künstlerszene des Landes verschaffen.

⌨ www.biggame.co.sz

Bietet praktische Informationen zu den meistbesuchten Parks, d.h. dem Hlane, Mlilwane und Mkhaya, sowie Links zur Seite „Swazi Trails" und Einzelheiten zu Touren.

⌨ www.swazitrails.co.sz

Die Seite des größten inländischen Reiseveranstalters mit detaillierter Beschreibung verschiedener Swasiland-Touren, z.B. mit dem Schwerpunkt auf Kultur, Tiere in freier Wildbahn oder Abenteueraktivitäten.

Sprache

Grußformeln auf Siswati

Guten Tag	*Sawubona*
(zu einer Person)	
Guten Tag	*Sanibona*
(zu mehreren)	
Wie geht's?	*Kunjani?*
Es geht mir gut	*Ngikhoua*
Auf Wiedersehen	*Sala kahle*
(die Person, die geht)	
Auf Wiedersehen	*Hamba kahle*
(die Person, die bleibt)	

Basics

Ja	*Yebo*
(gelegentlich auch Grußformel)	
Nein	*Cha*
Danke	*Ngiyabonga*
Es ist hübsch/lecker	*Kumnazdi*
Heute	*Lamuhla*
Morgen	*Kusasa*
Gestern	*Itolo*
Unterwegs	
Wo ist …?	*Iphi I …?*
Wo können wir	*Singahlala*
übernachten?	*kuphi?*
Wohin gehen Sie?	*U ya phi?*
Wie viel?	*Malini?*

bik aus über die Lubombo-Berge kam, auf der Flucht vor dem Volk der Ndwandwe in Zululand. Der Clan ließ sich in Mhlosheni und später in Zombodze im Südwesten nieder, wo Ngwane, ständig bedroht von den Ndwandwe, seinen Regierungssitz einrichtete. Sein Enkel **Sobhuza I.** musste vor den Ndwandwe nach Norden flüchten, wurde dort aber 1819 von dem Zulu-König Shaka geschlagen. Daraufhin errichtete Sobhuza in respektvoller Entfernung zu Shaka eine neue Hauptstadt im eZulwini Valley und schloss Frieden mit den Ndwandwe, indem er die Tochter ihres Königs zur Frau nahm.

Sobhuza brachte immer mehr Clans unter seine Herrschaft und seine Macht wuchs. Aufgrund der gemeinsamen Furcht vor den Zulu schloss er ein Bündnis mit den neu angekommenen burischen Siedlern, eine Politik, die auch sein Sohn **Mswati II.** (nach dem das Volk der Swasi benannt ist) verfolgte. Mswati dehnte das Königreich nach

Norden bis zum Sabi River aus und sandte Überfallkommandos bis zum Limpopo und nach Osten zum Indischen Ozean aus.

Als in den 1880er Jahren im benachbarten Transvaal sowie bei Piggs Peak und Forbes Reef in Swasiland Gold entdeckt wurde, strömten immer mehr Europäer herbei. Mswatis Sohn **Mbandzeni** verpachtete große Stücke seines Territoriums an die Neuankömmlinge, was die Briten ermutigte, seine Ansprüche auf die meisten verbliebenen Gebiete zu ignorieren. Als Swasiland 1894 ein Protektorat Südafrikas wurde, war kaum noch Grundbesitz vorhanden. Nach dem Sieg der Briten im 2. Burenkrieg sicherte sich Großbritannien die Kontrolle über das Territorium und gab es erst 1968 den ursprünglichen Besitzern zurück.

Im Anschluss an den Zweiten Weltkrieg investierten die Briten Geld in ihr Protektorat, indem sie im Nordosten riesige **Zuckerrohrplantagen** und

SWASILAND

in Ngwenya Highveld ein **Eisenerzbergwerk** anlegten (Zucker ist heute das wichtigste Exporterzeugnis des Landes). In der Zwischenzeit begann **Sobhuza II.**, der 1921 König der Swasi geworden war, sein Königreich Stück für Stück wieder zurückzukaufen, und als 1968 die Unabhängigkeit kam, war er rechtmäßiger Besitzer von ungefähr der Hälfte des ursprünglichen Landes. Die Swasi-Dynastie bewältigte den Übergang in die Unabhängigkeit geschickt, und bei den ersten Wahlen gewann ihre Imbokodvo-Partei sämtliche Parlamentssitze. Als 1973 eine radikal pan-afrikanische Partei drei Sitze errang, sah sich Sobhuza gezwungen, ein **Verbot politischer Parteien** auszusprechen und den Ausnahmezustand zu erklären, der theoretisch immer noch in Kraft ist. Heutzutage wird Swasiland parlamentarisch regiert, doch das letzte Wort bei wichtigen Entscheidungen hat der König, der immer noch den Premierminister ernennt (traditionellerweise ein Dlamini).

Nach Sobhuzas Tod 1982 kam es zu einem Machtgerangel: Die Königsmutter **Dzeliwe** übernahm die Regentschaft, wurde aber von Prinz Bhekimpi abgesetzt, der bis 1985 herrschte und die Opposition ausschaltete, wo es ging. Derzeit regierender König ist **Mswati III.**, Sohn einer der 70 Ehefrauen von Sobhuza, der 1986 von einer staatlichen englischen Schule abberufen wurde, um sein Amt anzutreten. 1987 fanden Parlamentswahlen statt. Eine neue Opposition begann sich zu formieren, insbesondere die **People's United Democratic Movement** (PUDEMO), die breite Unterstützung innerhalb der Arbeiterklasse genießt, doch die meisten Swasi sind stolz auf ihr Königshaus, und daher scheitert jede Forderung nach Veränderungen daran, dass dies als Illoyalität dem König gegenüber ausgelegt werden könnte, oder an der Angst, Südafrika könnte die Gelegenheit ergreifen und sich Swasiland einverleiben.

Die Bewahrung der Tradition und das Hochhalten einer patriotischen Gesinnung bilden die strategischen Stützpfeiler der Swasi-Monarchie und garantieren ihre Macht. Die Beziehungen zu der neuen Regierung Südafrikas sind kritisch: Der **ANC** hat nicht vergessen, dass seine Aktivisten in den 80er Jahren aus Swasiland ausgewiesen wurden, und möchte eine politische Wende sehen. Obwohl von Mswati III. manchmal behauptet wird, er sei für Reformen, ist bislang keine einzige zustande ge-

kommen. Mit sporadischen Polizeirepressionen wird politischer Widerstand im Keim erstickt; Oppositionsführer dürfen sich in den Medien nicht zu Wort melden, und die „Wahlen" von 1993 und 1998 waren eine Farce. Momentan ist Swasiland das einzige Land im südlichen Afrika, in dem keine Mehrparteiendemokratie praktiziert wird. Es scheint nur noch eine Frage der Zeit, bis das Land von den Nachbarstaaten zum Umdenken gezwungen wird.

Wer wird König? Swasi-Monarchen sind immer Männer aus der **Dlamini-Familie**. Sie heiraten im Laufe ihrer Regentschaft mehrere Frauen aus verschiedenen Clans, um die Einheit der Nation zu festigen. Theoretisch ehelicht der König nach und nach die Töchter zunehmend wichtigerer Familien, was bedeutet, dass der Sohn der letzten Ehefrau die besten Chancen als Thronanwärter hat. In der Praxis jedoch mischen auch andere Frauen mit älteren Söhnen bei den Machtstreitigkeiten mit, die jedes Mal einsetzen, wenn ein König stirbt. Nach dem Ableben des Königs wählt der königliche Rat, *liqoqo* genannt, die neue **Königsmutter** aus, die regiert, bis ihr Sohn alt genug ist, das Amt zu übernehmen. Normalerweise muss sie mit harten Bandagen kämpfen, um ihre Position gegen machthungrige männliche Verwandte zu verteidigen. Der größte Vorteil dieses ungewöhnlichen Prozesses besteht darin, dass dann, wenn der neue König alt genug ist um zu regieren, er und seine Mutter normalerweise genügend wichtige Personen auf ihre Seite gebracht haben, um eine effektive Abwicklung der Regierungsgeschäfte zu garantieren.

Feiertage
1. Januar (Neujahr)
Karfreitag / Ostermontag
19. April (Geburtstag von König Mswati III.)
25. April (Tag der Nationalflagge)
24. Mai (Himmelfahrt)
22. Juli (Geburtstag von König Sobhuza II.)
August/September (Umhlanga)
6. September (Tag der Unabhängigkeit)
Dezember/Januar (Ncwala)
25./26. Dezember (Weihnachten)

Mbabane und Umgebung

Zwischen den Granitfelsen und Tälern der Dlangeni-Hügel liegt Mbabane („M-buh-ban" gesprochen), die **Verwaltungshauptstadt** Swasilands, eine beschauliche, unprätentiöse Kleinstadt mit 90 000 Einwohnern. Die meistbefahrene Strecke ins Innere von Swasiland, über den **Grenzposten Oshoek/Ngwenya**, ☉ 7–22 Uhr, führt knapp 20 km westlich an Mbabane vorbei. Die Stadt liegt ungefähr an dem Punkt, wo das gebirgige südafrikanische *highveld* kurz ins *middleveld* abfällt, bevor es weiter östlich ins trockene *lowveld* übergeht. Vor allem Besucher ohne fahrbaren Untersatz können hier Quartier beziehen und Abstecher ins Land unternehmen: Zum Mlilwane Wildlife Sanctuary (s.S. 770) weiter südlich ist es nicht weit, und das königliche Dorf Lobamba (s.S. 769) lässt sich unschwer im Rahmen eines Tagesausflugs erreichen – ein absolutes Muss, wenn der Besuch mit den Feierlichkeiten anlässlich *Umhlanga* oder *Ncwala* zusammenfällt (s.S. 769). Das Unterhaltungsangebot in Mbabane ist sehr begrenzt, doch viele Reisende ziehen diese Stadt dem hektischen Manzini vor.

Alternativstrecke nach Mbabane

Die meisten Autofahrer – und die Transtate-Busse aus Südafrika – kommen über den Grenzübergang Ngwenya/Oshoek nach Mbabane, doch eine überlegenswerte Alternativstrecke ist die über den **Grenzübergang Sandlane/Nerston**, ☉ 8–18 Uhr, rund 35 km weiter südlich, ca. 70 km von der Stadt entfernt. Die Fahrt dauert zwar länger, führt jedoch stellenweise durch atemberaubende Landschaft und an ein paar hervorragenden Unterkünften vorbei.

Hinter Nerston, wo es interessante San-Malereien zu sehen gibt (Passanten an der Kirche nach dem Weg fragen), geht es steil zum herrlichen **Usutu Forest** hinab, der mehr als 10% von Swasiland bedeckt. Dann steigt die Straße wieder an und führt langsam zum Industrieort **Bhunya** hinab. Man fährt rund 15 km weiter auf der Straße Richtung Mhlambanyatsi. Beim Überqueren der einspurigen Brücke muss man Vorsicht geboten. Direkt vor Mhlambanyatsi befindet sich ein gutes **Hotel**: *The Forester's Arms****, ✆ 467 4377, ▭ www.swaziland.freeservers.com/foresters,

mit Halbpension. Es liegt auf einer malerischen Waldlichtung, und die gemütlichen Zimmer mit wunderbarer Aussicht sowie die herzhaften Mahlzeiten sind Grund genug, eine Nacht hier zu verbringen. Sonntags treffen sich Menschen aus dem ganzen Land am köstlichen Hotelbuffet – Tischreservierung wärmstens empfohlen.

Mhlambanyatsi besteht aus wenig mehr als einem kleinen Einkaufszentrum und ein paar Tankstellen. Hinter der Ortschaft durchquert die Straße ein üppig grünes Flusstal mit traditionellen afrikanischen Häusern. Dies ist ein ausgezeichnetes **Wandergelände**, und ein besonders schöner, nicht markierter Pfad erstreckt sich bis an die Grenze des Mlilwane Wildlife Sanctuary (s.S. 770). Unterwegs gibt es allerdings keinerlei Versorgungsmöglichkeiten; Wanderer müssen alles Notwendige mitnehmen und in Dörfern nach einer Schlafgelegenheit fragen. Schließlich lässt die Straße die Hügel hinter sich und erreicht das Plateau, auf dem Mbabane liegt. Hier verlaufen die Hauptstrecken ins Zentrum des Landes.

Mbabane

Mbabanes hügelige **Innenstadt** besteht aus einer bunten Mischung aus Bürohäusern, Märkten, Plätzen und Buden und lässt sich unschwer zu Fuß erkunden. Was einer Hauptstraße am nächsten kommt, ist die **Allister Miller Street**. Sie führt nach Süden in den zentralen Geschäftsbezirk (CBD), an manchen Stellen gesäumt von Verwaltungsgebäuden im Kolonialstil, die nur zu behördlichen Zwecken betreten werden dürfen. Am Ende der Allister Miller Street, am Ufer des Mbabane River, liegt der **Swazi Market** mit Reihen von Ständen, an denen farbenfrohes Kunstgewerbe verkauft wird. Die Preise sind relativ hoch, lassen sich aber ein bisschen herunterhandeln. An den Obst- und Gemüseständen weiter innen ist Feilschen allerdings nicht angebracht.

Den Kern der Innenstadt bilden die Einkaufszentren am Hang unterhalb der Allister Miller Street. Die meisten wichtigen Geschäfte, Banken und Dienstleistungsbetriebe befinden sich entweder in der **Swazi Plaza** oder den eleganteren **The Mall** und **New Mall**. Am Rande der Swazi Plaza liegen die betriebsamen Bus- und Taxihaltestellen.

SWASILAND

Sibebe Rock Rund 10 km nördlich von Mbabane, an der Straße nach Pine Valley in den Mbabane-Bergen, steht das berühmteste geologische **Wahrzeichen Swasilands**, eine mächtige Granitkuppel mit Namen Sibebe Rock. Die wuchtigen Granitfelsen, die das Tal des Mbuluzi um 300 m überragen, sind sehr steil und stellenweise gefährlich, doch die San-Felszeichnungen zwischen den verstreuten Blöcken oben auf dem Gipfel lassen darauf schließen, dass der Felsen vor Tausenden von Jahren Menschen als Heimstatt diente. Zwar bietet die zerklüftete Granitoberfläche mehr Halt als andere Gesteinsarten, aber das Abrutschen kann fatale Folgen haben, und der Aufstieg sollte auschließlich in Begleitung eines erfahrenen Führers erfolgen. *Swazi Trails* (s.S. 766) organisiert die „steilste Wanderung der Welt" auf einem Pfad, der unbegehbar erscheint. Außerdem führt *Swazi Trails* einen „Caving trip" in diesem Gelände durch, bei dem die Teilnehmer sich durch viele enge Felsöffnungen winden und sich in erster Linie am Schein einer Taschenlampe und den ermutigenden Worten des Guide orientieren müssen – ein abenteuerliches Erlebnis für Menschen, die keine Angst vor geschlossenen Räumen, blauen Flecken und ein paar Kratzern haben. Sowohl die „Sibebe Challenge" als auch der „Caving trip" sind Halbtagesausflüge und kosten jeweils rund E200 inkl. Transport von und zu verschiedenen Treffpunkten im eZulwini Valley und in Mbabane.

Übernachtung

Das Übernachtungsangebot in Mbabane ist nicht allzu groß, und einige der billigeren Unterkünfte liegen in einem schäbigen Stadtteil. Allerdings gibt es zwei Backpacker-Hostels nahe der Innenstadt, einige recht ordentliche Hotels in und nahe der Allister Miller Street sowie mehrere Guesthouses am Stadtrand. Außerdem sind die meisten Übernachtungsmöglichkeiten im eZulwini Valley (s.S. 767) nah genug bei der Stadt, um als Ausweichquartiere zu dienen. Im Notfall helfen auch die Angestellten des Tourismusbüros bei der Zimmersuche.

Cathmar Cottages*, 3 km nördlich von Mbabane an der Pine Valley Rd, ✆ 4043387 oder 6021364, ✉ cathmar@mailfly.com. Ferienhäuser mit Kabelfernsehen und einfachere Blockhütten für Selbstversorger; Pool. In hübscher Lage nördlich der Stadt unweit des Sibebe Rock.

Chillage Backpackers*, 18 Mission St, ✆ 404 8342, ✉ chillage@hotmail.com. Freundliche, mitgenommene Backpacker-Lodge, 10 Gehminuten nördlich der Innenstadt.

City Inn**, Allister Miller St, ✆ 4042406, ☏ 404 5393. Das älteste Hotel im Zentrum beherbergt einfache, geräumige Zimmer mit Bad und TV sowie einen kleinen Coffeeshop.

Hill St Lodge*, Hill St, ✆ 4046342. Schlichte Zimmer mit Gemeinschaftsbad in einem ruhigen Vorort westlich der Allister Miller St.

Kapola Guest House**, 6 km südöstlich von Mbabane abseits der MR3, ✆ 4040906 / 6048962, ✉ tfc@iafrica.sz. B&B in einem großen Privathaus am Fuß des Berges zwischen Mbabane und dem Rand des eZulwini Valley. 6 gut ausgestattete ruhige Zimmer mit Bad, Balkon und Garten.

Mbabane Backpackers*, Gilfillan St, ✆ 4043097. Backpacker-Lodge mit Schlafsälen, DZ und Aufenthaltsräumen in zentraler Lage. Organisiert Ausflüge in Swasi-Dörfer.

Mountain Inn***, 4 km südöstlich von Mbabane abseits der MR3, ✆ 4042781, ⌨ www.mountaininn.sz. Einladendes, etwas betagtes Hotel mit 60 Zimmern, schönem Pool, dem Restaurant *Friar Tucks* und herrlicher Aussicht auf das eZulwini Valley.

Thokoza Church Centre*, Mhlanhla St, ✆ 404 6681, ✉ anglicanchurch@iafrica.sz. Missionszentrum ein gutes Stück westlich der Innenstadt, bietet spartanische, aber billige 2- oder 3-Bettzimmer; Frühstück gegen Aufpreis. Sofern nicht anders abgesprochen, ist um 22 Uhr Zapfenstreich. Nachts ist die Umgebung nicht geheuer.

Essen

In Mbabane sind *Spur, Steers, Debonairs* (Pizza) und *KFC* vertreten, aber auch einige sehr gute Restaurants.

SWASILAND

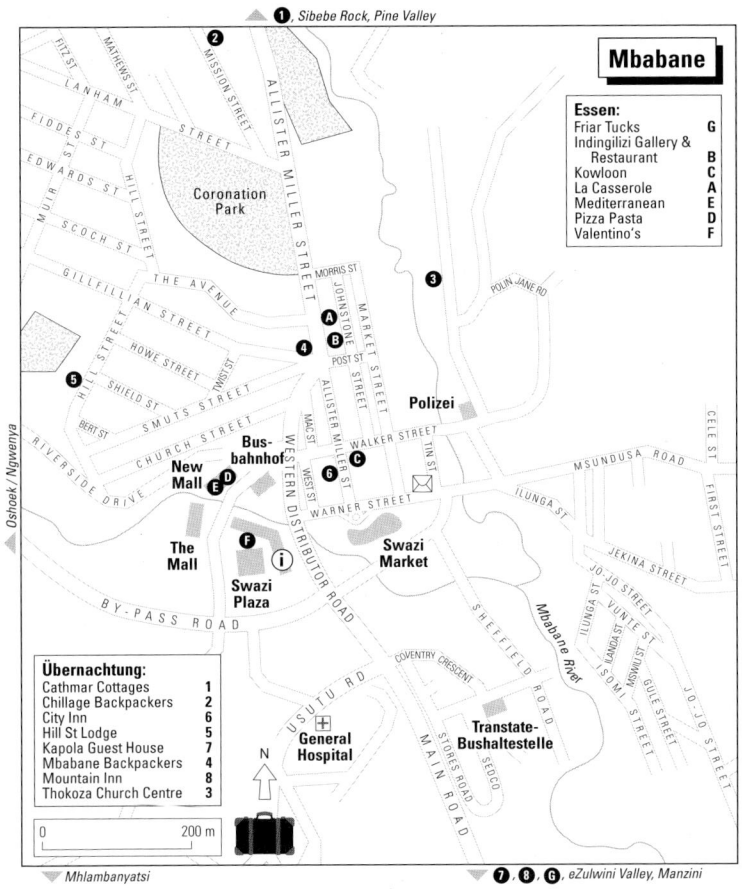

, *Sibebe Rock, Pine Valley*

Mbabane

Coronation Park

MORRIS ST

Polizei

Bus-bahnhof

New Mall

The Mall

Swazi Plaza

Swazi Market

General Hospital

Transtate-Bushaltestelle

Mbabane River

0   200 m

N

Mhlambanyatsi

, , , *eZulwini Valley, Manzini*

SWASILAND

Friar Tucks, im *Mountain Inn,* 4 km südöstlich der Innenstadt, ☎ 4042781. Ordentliches Mittagsbuffet und Abendessen à la carte im gemütlichen, ziemlich dunklen Lokal; auch Tische im Freien.

Kowloon Fast Food, New Mall, ☎ 4048637. Leckere chinesische Speisen zum Mitnehmen, ⏲ tgl. bis 20 Uhr. Filiale auch in der Allister Miller St.

Indingilizi Gallery & Restaurant, 112 Johnstone St, ☎ 4046213. Sehr nettes Speiselokal im Garten hinter der Galerie, serviert tagsüber leichte, er-

nährungsbewusste Gerichte zu angemessenen Preisen. ⏲ Mo–Fr 8–17, Sa 8–13 Uhr.

La Casserole, Omni Centre, Allister Miller St, ☎ 4046426. Schickes, preiswertes Restaurant; deutsche Küche, auch vegetarische Gerichte.

Mediterranean, Allister Miller St, ☎ 4043212. Ungeachtet des Namens ein ausgezeichnetes indisches Lokal; moderate Preise.

Pizza Pasta, New Mall, ☎ 4048628. Bietet leckere italienische Standardgerichte und guten Kaffee.

Valentino's Pub & Restaurant, Swazi Plaza, ☎ 4041729. Serviert abgesehen von Mainstream

Food wie Burger, Hühnchen und Rippchen auch interessante Currys. ⏲ tgl.

Die meistbesuchten Bars sind *Valentino's* und die *Plaza Bar*, beide in der Swazi Plaza. Der beste Nachtclub ist *West End Girls* über der Bar *Yemfo*, zu erreichen über die Western Distributor Rd oder West St, wo am Wochenende meistens eine gute lokale Band spielt. Viele Einheimische fahren zu Veranstaltungsorten im eZulwini Valley oder in Manzini, und es ist keine schlechte Idee, ihrem Beispiel zu folgen. Aktuelle Veranstaltungshinweise sind der Tageszeitung *Times of Swaziland* zu entnehmen.

APOTHEKEN – *Mbabane Pharmacy*, Allister Miller St; *Philani Pharmacy*, in der Swazi Plaza; *Green Cross*, in The Mall.

AUTOVERMIETUNGEN – *Avis*, ✆ 5186226, und *Imperial*, ✆ 5184393, haben Schalter am Matsapha Airport, ein anderer *Imperial*-Vertragspartner befindet sich bei der *Engen*-Tankstelle an der By-Pass Rd, Ecke Main Rd, ✆ 4041384. *Affordable Car Hire*, ✆ 4049136 / 6020394, in der Swazi Plaza ist der billigste Anbieter.

BÜCHER – Die beste Auswahl hat *Websters*, 120 Johnstone St und in der New Mall. In der Swazi Plaza gibt es ein *SNA*-Geschäft (das Äquivalent der südafrikanischen *CNA*).

GELD – Die meisten Banken befinden sich an der Allister Miller St bzw. in der Swazi Plaza, darunter *First National, Nedbank* und *Standard*. ⏲ Mo–Fr 8.30–14.30, Sa 8.30–11 Uhr.

INFORMATIONEN – Im *Tourist Office*, Swazi Plaza, ✆ 4042531, gibt es zahlreiche Landkarten und Broschüren sowie den kostenlosen, sehr nützlichen Veranstaltungskalender *What's On?* ⏲ Mo–Fr 8–17, Sa 8.30–12.30 Uhr.

INTERNET – Das *Internet Café*, ✉ box31@icafe.co.sz, 🖳 www.iafrica.sz.icafe, im Omni Centre,

gegenüber dem Kino in der Allister Miller St ist nicht wirklich ein Café, sondern bloß ein Raum mit PCs. Ein echtes Internet-Café befindet sich neben der Post im Obergeschoss der Swazi Plaza, ⏲ Mo–Fr 8–18, Sa 8–17, So 14–17 Uhr.

KRIMINALITÄT – Nachts wirkt die Innenstadt von Mbabane wie ausgestorben, und ein Passant, der allein durch die Straßen marschiert, läuft Gefahr, seiner Wertsachen beraubt zu werden. Wer sich ins Nachtleben stürzen möchte, sollte ein Taxi nehmen.

MEDIZINISCHE HILFE – *Mbabane Clinic Service* (privat), St Michael St, ✆ 4042423; *Government Hospital* (staatlich), Usutu Rd, ✆ 4042111.

NOTRUF – Feuerwehr, ✆ 4043333; Polizei, ✆ 999-4042221.

POST – Das Hauptpostamt liegt in der Warner St, ein kleineres befindet sich in der Swazi Plaza. ⏲ Mo–Fr 8–16, Sa 8–11 Uhr.

REISEVERANSTALTER – Größter und bester Veranstalter des Landes ist *Swazi Trails*, ✆ 4162180, 🖳 www.swazitrails.co.za, im *Mantenga Craft Centre* (s.S. 768). Organisiert Ausflüge ins Königsdorf Lobamba, in Tierparks, Naturschutzgebiete, Kunstgewerbezentren, afrikanische Dörfer und sogar zu einem *sangoma* (Heilkundigen). Außerdem Reit-, Wander-, Mountainbike- und Kajaktouren (s.S. 781). Daneben gibt es noch ein paar kleinere Anbieter, wie *Nabo Bashoa*, 37 Commercial Centre, Johnston St, ✆ 605 6346, ✉ phephelo@yahoo.com, der Minibusfahrten in verschiedene Ecken von Swasiland durchführt. Näheres zu weiteren Reiseunternehmen ist bei der Touristeninformation zu erfahren.

TAXIS – *Mbabane Taxis*, ✆ 4043084; *SD Tel Taxis*, ✆ 4040965.

WÄSCHEREIEN – *Swasiland Steam Laundry & Dry*, an der Allister Miller St und in der Swazi Plaza.

BUSSE – Die **Transtate**-Busse aus Südafrika, ✆ in Jo'burg 011-773 6002, halten außerhalb der Stadt, an der Kreuzung der Straßen nach Usutu und Manzini. Es ist unbedingt ratsam, von hier aus ein Taxi für die Fahrt in die Stadt anzufordern. Der Busbahnhof liegt abseits der Western Distributor Rd, neben dem Einkaufszentrum Swazi Plaza; hier fahren Busse in fast alle Ecken Swasilands ab.

MINIBUS-TAXIS – Verkehren zwischen Mbabane und MANZINI, ihre Haltestelle befindet sich an der Westseite des Busbahnhofes, wo auch **private Taxis** auf Passagiere warten.

FLÜGE – Der **Matsapha Airport**, ✆ 518615, unmittelbar westlich von Manzini und 35 km südöstlich von Mbabane, ist der einzige internationale Flughafen Swasilands. Da zwischen Mbabane und dem Flughafen keine öffentlichen Transportmittel verkehren, müssen Neuankömmlinge, sofern sie keine Abholung per Hotelbus organisiert haben, entweder ein **Taxi** oder einen **Mietwagen** (s.S. 766) nehmen. Es ist ratsam, einen kleinen Vorrat Rand oder Emalangeni mitzubringen, denn am Flughafen gibt es keine Möglichkeit Geld zu wechseln.
In Mbabane vertretene **Fluggesellschaften** sind: *Airlink Swasiland*, ✆ 5186155, ✆ in Jo'burg 011-978 1111, 🖳 www.saairlink.co.za; *Swazi Express Airlines*, ✆ 5186840, ✆ in Durban 031-408 1115, 🖳 www.swaziexpress.com.

eZulwini Valley

Hinter Mbabane windet sich die neue, vierspurige **MR3** in Haarnadelkurven den steilen **Malagwane Hill** hinab. Wegen der im Schneckentempo vorankriechenden Lastwagen und der rücksichtslos rasenden Minibus-Taxis ist erhöhte Vorsicht geboten. Anschließend führt die Straße Richtung Südosten am eZulwini Valley entlang, doch wer nicht schnurstracks nach Manzini oder darüber hinaus fahren muss, sollte besser kurz hinter dem Bergsaum auf die ältere und weniger verkehrsreiche **MR103** ab-

biegen, die die meisten Hauptsehenswürdigkeiten des reizvollen eZulwini Valley (dem „Himmelsort") miteinander verbindet.

In den 60er Jahren schossen hier Spielkasinos, Striplokale, Hotels und Caravanparks aus dem Boden, überwiegend für südafrikanische Touristen. Als Mitte der 90er Jahre das Glücksspiel in Südafrika legalisiert wurde, gingen die Besucherzahlen stark zurück, und die Tourismusindustrie musste sich nach neuen Einnahmequellen umsehen. So wurden die kulturellen und landschaftlichen Reichtümer des Tales „entdeckt", insbesondere Orte wie die Königsresidenzen **Lobamba** und **Ludzidzini**, das **Mantenga Nature Reserve** und **Mlilwane Wildlife Sanctuary**. Vor allem Letzteres zählt zu den begehrtesten Touristenanlaufstellen und bietet Unterkünfte in allen Preisklassen sowie Betätigungsmöglichkeiten im Freien, wie z.B. wandern auf markierten Pfaden oder Safaris per Mountainbike.

Malagwane Hill und eZulwini Valley Road

Nicht weit außerhalb von Mbabane fällt die Hauptverbindungsstraße zwischen Mbabane und Manzini am Malagwane Hill steil ab. Wer die erste große Abfahrt unten in der Talsohle nimmt, gelangt auf die alte Straße durch das eZulwini Valley, die MR103, die parallel zu den Bergen an der Südseite des Tales verläuft. Nach rund 1 km auf MR103 geht rechter Hand eine Nebenstraße zum *Timbali Park* ab, ✆ 4161156, ✉ timbali@africa-online.co.sz, einem gepflegten **Camping**- und **Wohnwagenplatz** mit schattigen Ferienhütten*, Pool, Bar und Coffeeshop, in dem Frühstück angeboten wird.

Gleich neben dem *Timbali* befindet sich eines der renommiertesten **Restaurants** von Swasiland, das *Calabash*, ✆ 4161187, spezialisiert auf deutsche, österreichische und schweizerische Küche sowie köstliches Seafood. Ein Stück weiter an der Straße liegt *Martin's Bar & Disco*, wo es vor allem am Wochenende hoch hergeht.

Bald danach gelangt man auf der MR103 zum *Swazi Health and Beauty Studio*, das u.a. den begehrten **Cuddle Puddle** beherbergt, ein genüsslich warmes Badebecken, das aus einer nahe gelegenen Quelle gespeist wird und von tropischer Vegetation umgeben ist, 🕐 tgl. 6–18 Uhr; Eintritt E10.

Direkt dahinter liegen drei **Hotels** der *Sun*-Kette, bekannt für Komfort und Anonymität. Das *Royal Swazi Sun,* R500–750, ✆ 4161001, 🖥 www.suninternational.com; ist das eleganteste der drei, mit einem wunderbaren Swimming Pool, Golfplatz, mehreren Restaurants, Bars und Kasino. Die anderen beiden sind das *Lugogo Sun,* R500–750, ✆ 4161550, mit einem preiswerten Buffet, das vor allem zum Frühstück empfehlenswert ist, und das *Ezulwini Sun,* R500–750, ✆ 4161201, das jeden Dienstagabend einen Biergarten öffnet. In der gleichen Richtung, direkt hinter der Tankstelle und den *Sun*-Hotels, liegt das **Restaurant** *1st Horse,* ✆ 416 1137, das sehr leckere chinesische Gerichte serviert und über eine große Bar verfügt. Gegenüber der Tankstelle erstreckt sich eine Reihe von **Kunstgewerbeständen**, an denen landestypisches Kunsthandwerk verkauft wird. Die Preise müssen allerdings auf ein gesundes Maß herabgehandelt werden.

Ebenfalls an diesem Abschnitt der Straße durch das eZulwini Valley steht das *Happy Valley Motel*,* ✆ 4161061, ✉ happyvalley@iafrica.sz, ungefähr 1 km hinter dem *1st Horse Restaurant.* Es handelt sich um einen Überrest aus Swasilands Tagen als lockender Sündenpfuhl für moralisch unterdrückt weiße Südafrikaner. Das **Motel** besitzt ein Kasino, Spielautomaten, die *If Not?* Go-Go-Bar und die Disco *Why Not?,* ein gut besuchtes Nachtlokal mit Auftritten von einheimischen und Gastbands. Die Zimmer sind durchschnittlich, aber sauber und mit ac und Kabelfernseher ausgestattet. Außerdem beherbergt das Motel die beliebte *Bella Vista Pizzeria,* ◷ Mo–Fr 6.30–24, Sa und So 6.30–2 Uhr.

Mantenga Valley

Das Mantenga-Tal zieht sich am Ufer des Lusushwana (Little Usutu) River entlang bis in die Hügel im Westen. Ins Auge fallen die Zwillingsgipfel des **Lugogo Mountain**, auch „Sheba's Breasts" genannt. Abgesehen von einigen guten **Kunsthandwerkszentren** befindet sich hier auch das **Mantenga Nature Reserve**, Heimstatt des *Swazi Cultural Village* und *Swazi River Café.* Da derzeit am Rande der Straße durch das eZulwini Valley heftig gebaut wird, ist es durchaus möglich, dass die Straßenführung Änderungen erfährt, doch wer den Wegweisern zum *Mantenga Craft Centre* oder Mantenga Nature Reserve folgt, müsste auf der richtigen Straße landen.

Mantenga Craft Centre

Das *Mantenga Craft Centre,* weniger als 1 km hinter der Abzweigung von der eZulwini Valley-Straße, ist ein Kunsthandwerksdorf. Hier werden exklusivere und einzigartigere Stücke angeboten als in den meisten anderen Teilen des Landes. Außerdem befinden sich hier eine **Touristeninformation**, ◷ Mo–Fr 8–17, Sa 8.30–12.30 Uhr, und das zentrale Buchungsbüro von *Swazi Trails* (s. S. 766), dem führenden Reiseveranstalter des Landes.

Gleich hinter dem *Mantenga Craft Centre* liegt in traumhafter Landschaft die *Mantenga Lodge***,* ✆ 4161049, ✉ mantenga@iafrica.sz, eine sehr empfehlenswerte **Unterkunft** mittlerer Preisklasse im eZulwini Valley. Die Ranch verfügt über 26 Zimmer mit Bad, einige davon in einladenden Ferienhäusern mit Schlafgelegenheit für zwei bis vier Personen, Pool, Bar und **Restaurant**. Ebenfalls an der Straße hinter dem *Mantenga Craft Centre* befindet sich ein lang gestrecktes, terracottafarbenes Gebäude: Im *Jewellery Studio,* ◷ Di–Sa 9–17, So 10–17 Uhr, wird von Hand Schmuck aus Gold, Silber, Halbedelsteinen und sogar aus Elefanten- und Giraffenhaaren angefertigt, und in der angrenzenden *Guava Gallery* (gleiche Öffnungszeiten) gibt es lokales Kunsthandwerk zu kaufen, darunter Gemälde, Skulpturen und Webarbeiten.

Mantenga Nature Reserve

Nicht weit hinter der *Guava Gallery* ist der Eingang zum Mantenga Nature Reserve, wo sich auch das **Ligugu lemaSwati** („der Stolz des Swasi-Volkes") befindet, das naturgetreueste Kulturdenkmal Swasilands. Das Freiluftmuseum ist die Nachbildung eines Swasi-Dorfes aus dem 19. Jahrhundert, mit 16 Rundhütten, die alle nach traditionellem Vorbild erbaut wurden: Ein mit Lederstreifen befestigtes Holzgerüst, verstrichen mit Kuhdung und Termitenhügelerde und mit einem Strohdach versehen. Kühe und Ziegen laufen frei herum, und oft werden traditionelle Tätigkeiten vorgeführt.

Engagierte, fachkundige Guides führen Besucher kostenlos herum, und wer möchte, kann billig in einer Rundhütte **übernachten**, allerdings ohne Bettzeug und Strom; gekocht wird auf dem Lagerfeuer, Näheres unter ✆ 4161013 oder 4161151.

Angenehmer ist die etwas teurere Unterbringung ein Stückchen weiter flussaufwärts in einem der 15 Zelte, mit festem Bretterboden, Toilette und warmer Dusche. Jedes Zelt besitzt eine Veranda – die beste Aussicht auf die 95 m hohen **Mantenga Falls** bieten die Zelte Nr. 5 und 6. Die Zelte stehen rings um das strohgedeckte *Swazi River Café*, ✆ 416 1151 oder 6022183, ☉ tgl. zum Frühstück, Mittag- und Abendessen. Das Restaurant serviert „Swazi fusion cuisine", was z.B. Straußenfleisch à la Stroganoff mit Gemüse aus der Region bedeuten kann. Das Café steht jedermann offen und genießt in der näheren und weiteren Umgebung einen guten Ruf. Die Hauptattraktionen sind zwar das Café und das

Museumsdorf, doch davon abgesehen gibt es ein paar hübsche **Wanderwege** sowie eine herrliche Stelle zum **Picknicken** und **Baden** mit Blick auf den Wasserfall, nur fünf Gehminuten vom Café entfernt. ☉ Mantenga Nature Reserve tgl. 6.30–18 Uhr, Eintritt E10 plus E5 pro Fahrzeug.

Die königlichen Dörfer Lobamba und Ludzidzini

Rund 20 km südlich von Mbabane, im Zentrum des eZulwini Valley, liegt Lobamba. Es wurde 1830 für König Sobhuza I. erbaut und diente Sobhuza II. als höfischer Kraal. Hier befinden sich die Parla-

Ncwala und Umhlanga Die heiligste Zeremonie Swasilands, *Ncwala*, feiert die Monarchie, die Einheit der Nation und die ersten Feldfrüchte des neuen Jahres. Den genauen Zeitpunkt legen die Astrologen des Königs fest. Bei Neumond im November macht sich eine Gruppe ausgewählter Männer auf die Reise nach Osten zur Ahnenheimat der Ngwane am Ufer des Indischen Ozeans, um Schaum von den Wellen zu sammeln. Während sie dort sind, beginnen die *Ncwala*-Feierlichkeiten mit Liedern und Ritualen, die bis zum Nachmittag des Vollmondtags im Dezember/Anfang Januar andauern, an dem die sechs eigentlichen Festtage von *Ncwala* eingeläutet werden. Junge Swasi-Männer kommen in Lobamba zusammen und werden ausgeschickt, um Zweige des *lusekwane*-Baumes zu sammeln, aus denen sie eine Laube für den König bauen. Krieger versammeln sich und singen Lieder, die nur zu dieser Zeit gesungen werden, während der König mit ihnen zusammen tanzt und die ersten Erntefrüchte verspeist. Am sechsten Tag werden Gegenstände, die das vergangene Jahr repräsentieren, auf einem riesigen Scheiterhaufen verbrannt, und die Ahnen werden angerufen und gebeten, Regen zu schicken, um das Feuer zu löschen. Die Feierlichkeiten enden in hingebungsvollem Gesang und Tanz. Besucher sind während der meisten Zeit des *Ncwala* zugelassen, doch zu bestimmten Zeiten darf nicht fotografiert werden oder nur

mit einer Genehmigung, kostenlos erhältlich beim Government Information Service, PO Box 338, Mbabane. Wer seine Kamera unversehrt behalten möchte, sollte sich unbedingt die Fotoerlaubnis besorgen.

Der *Umhlanga* ist ein Fruchtbarkeitstanz, dessen Bezeichnung von den langen Schilfgräsern stammt, die junge Frauen, meistens Ende August oder Anfang September sammeln, um den Kraal der Königsmutter zu reparieren.

Am interessantesten sind der sechste und siebte Tag, wenn die jungen Frauen, angetan mit bedeutungsträchtigen Gewändern, in Lobamba vor dem König und seiner Mutter tanzen und singen. Bei dieser Gelegenheit kann der König eine neue Gemahlin wählen. Der letzte König, Sobhuza II., nutzte jede Möglichkeit und brachte es im Laufe seines Lebens auf 70 Ehefrauen. Sein Nachfolger Mswati III., jetzt Mitte Dreißig, erwies sich als etwas zurückhaltender und hat bislang nur acht Gattinnen. Im Jahr 2001 gab er Anlass zu Kontroversen, da er forderte, dass die tanzenden Mädchen noch fünf Jahre nach der *Umhlanga*-Zeremonie, die das Ende der Kindheit bedeutet, *umcwasho* tragen sollten, ein traditionelles „Beweisstück" für Jungfräulichkeit. Angesichts der alarmierenden Verbreitung von HIV und AIDS in Swasiland betrachtete man diese Äußerung des Königs als ziemlich unrealistischen Versuch, der Krankheit Herr zu werden.

mentsgebäude – wahrscheinlich die einzigen auf der Welt, in deren Umgebung Kühe weiden.

Das daneben liegende **National Museum** zeigt eine faszinierende Ausstellung, darunter in historischer Reihenfolge angeordnete Töpferwaren und alte Fotografien von Angehörigen des Swasi-Volkes, Aufnahmen von Manzini und Mbabane, von schwitzenden britischen Kolonialbeamten bei Swasi-Hofzeremonien und vieles mehr. Vor kurzem wurde auch eine naturgeschichtliche Ausstellung eröffnet. ⏲ Mo–Fr 8–13 und 14–15.45, Sa und So 10–13 und 14–15.45 Uhr, Eintritt E10.

Im Museum ist die **National Trust Commission** untergebracht, PO Box 100, ✆ 4161151, 🖥 www.sntc.org.sz, gleiche Öffnungszeiten, die Reservierungen für die Naturschutzgebiete Mantenga, Malolotja und Mlawula entgegennimmt (s.S. 768, 775 und 778).

Vor dem Museum steht die lebensgroße Nachbildung einer herkömmlichen Swasi-Wohnhütte. Diese nicht gerade winzigen Hütten sind übrigens tragbar. Auf der anderen Straßenseite liegt der **King Sobhuza II Memorial Park**, ein friedlicher offener Platz zum Gedenken an den beliebten, verstorbenen König. Im nahe gelegenen **Somhlolo Stadium** finden größere, landesweite Veranstaltungen und Football-Wettkämpfe statt, die meist von hohem Unterhaltungswert sind. Für ein paar Emalangeni können Besucher am Sonntagnachmittag inmitten einer gut gelaunten Menge einem Spiel beiwohnen. Genaueres ist der hiesigen *Times of Swaziland* zu entnehmen oder bei fast jedem männlichen Swasi zu erfahren.

Das Dorf Ludzidzini am anderen Ende der MR103 ist der Thronsitz des derzeitigen Königs Mswati III. und dessen Mutter. Im Gegensatz zu Lobamba darf Ludzidzini weder besucht noch fotografiert werden, außer mit einer Sondererlaubnis während der Feierlichkeiten zu *Ncwala* (um Neujahr herum) und *Umhlanga* (Ende August, Anfang September).

Mlilwane Wildlife Sanctuary

Für viele Reisende ist das Highlight des eZulwini Valley das Mlilwane Wildlife Sanctuary. Der Name Mlilwane rührt von dem „kleinen Feuer" her, das manchmal zu sehen ist, wenn ein Blitz in die Granitfelsen einschlägt. Mlilwane bietet nicht nur ausgezeichnete Möglichkeiten für Aktivitäten und Tierbeobachtung, sondern stellt auch eine gute Alternative zur Unterbringung in Mbabane oder entlang des eZulwini-Streifens dar. Es ist allerdings ratsam, die Unterkunft möglichst früh zu buchen.

Das Reservat nimmt eine Sonderstellung in der Tierschutzgeschichte Swasilands ein, denn hier verwirklichte Ted Reilly (s.S. 771) zum ersten Mal seinen Traum von einem Schutzgebiet für die **bedrohte Tierwelt** des Landes. Das Mlilwane beherbergt in erster Linie Pflanzenfresser, darunter Giraffen, Zebras, Antilopen und das Wahrzeichen des Reservates: Warzenschweine. Es gibt aber auch noch ein paar Krokodile und Flusspferde, vor denen man auf der Hut sein muss.

Mehr als 100 km Straßenführung ermöglichen es, Tiere in freier Wildbahn vom Auto aus zu betrachten. Das Park Office im großen Rest Camp organisiert aber auch Führungen zu Fuß oder im Jeep, der beste der in Eigenregie begehbaren **Wanderwege** ist der Macobane Hill Trail, eine gemächliche, 3-stündige Wanderung durch die Berge. Abenteuerlustigere können auf den Nyonyane steigen, den „Execution Rock", der sich unübersehbar im Norden des Reservates erhebt. Wanderkarten sind im Büro erhältlich. Außerdem gibt es begleitete **Mountainbike-Touren** (E60 pro Std.) und **Reitausflüge** (ab E75 pro Std.), beides bequeme Möglichkeiten, den Park zu erkunden. Sattelfesteren Reitern stehen verschiedene längere Reitwege mit Übernachtung in Höhlen und rustikalen Camps in abgelegeneren Ecken zur Auswahl. Eine echte Herausforderung sind die Lusoti „Real Africa" Horse Trails, organisiert von *Swasiland Big Game Parks* zusammen mit *Hawane Horse Trails*, ein 7-tägiger Geländeritt durch Mlilwane und das Mkhaya Game Reserve. Näheres dazu bei *Big Game Parks Central Reservations* (s.S. 771). Wer keine Lust auf sportliche Betätigung hat, kann im Rest Camp vom Restaurant *Hippo Haunt* aus auf die **Flusspferde** im Hippo-Pool hinabschauen. Fütterungszeit ist tgl. um 15 Uhr. ⏲ tgl. Sonnenaufgang bis Sonnenuntergang, E20.

Übernachtung und Essen

Im Reservat gibt es zahlreiche Unterbringungsmöglichkeiten, mit Ausnahme der *Sondzela*-Herberge zu **buchen** über *Swasiland*

Big Game Parks Central Reservations, ☎ 5283944, 🖥 www. biggame.co.sz.
Das **Rest Camp**, ca. 1,5 km hinter dem Tor, umfasst einen Campingplatz, Schlafsäle*, traditionelle Rundhütten* und 2-Personenhütten*, Gemeinschaftswaschräume und einen Pool. Im Nordteil des Parks liegt die freundliche Backpacker-Lodge **Sondzela***, Reservierung unter ☎ 5283117, mit Schlafsälen, DZ, Garten und großem Pool.
Reilly's Rock Hilltop Lodge*, R500–750, B&B plus Abendessen, ein geschmackvoll möbliertes Kolonialhaus auf einem bewaldeten Hügel, behergt nur 6 Gästezimmer. Es ist eleganter als ein Guesthouse, aber rustikaler als eine Großwild-Lodge; Gäste können die herrliche Aussicht vom Balkon auf die Mdzimba Mountains genießen, im Garten rund um das Haus herumspazieren und an den im Reservat angebotenen Aktivitäten teil-

nehmen. Die einzige Verpflegungsmöglichkeit bietet das preiswerte Restaurant **Hippo Haunt** im Rest Camp, wo es auch eine Bar gibt.

Transport

Autofahrer erreichen Mlilwane über die Abfahrt von der eZulwini Valley-Straße, die rund 1 km hinter der Abzweigung nach Ludzidzini an der MR103 ausgeschildert ist. Die 3,5 km lange Erdstraße führt zum Eingangstor, wo sich ein kleines Ausstellungs- und Kunstgewerbezentrum befindet. Besucher ohne eigenes Transportmittel erreichen das Rest Camp von der *Sondzela*-Herberge aus **zu Fuß**; hin und wieder verkehrt auch ein **Shuttlebus** zwischen der *Sondzela-Lodge* und *Malandela's Homestead* (s.S. 772), wo Passagiere des **Baz Bus** aufgelesen werden.

Ted Reilly, der Naturschützer von Swasiland
Swasiland verdankt die Entstehung und Bewahrung von drei seiner größten Tierreservate – Mlilwane, Mkhaya und Hlane – einem Mann: Ted Reilly, geboren 1938 in Mlilwane als Sohn eines britischen Soldaten, der im Burenkrieg kämpfte und in Afrika blieb. Schon in jungen Jahren stellte Reilly fest, dass die frei lebenden Tiere Swasilands und ihr Lebensraum durch Wilderei und Agrarwirtschaft ernsthaft bedroht waren. 1959 versuchte Reilly, die Kolonialregierung dafür zu gewinnen, Land für Naturschutzparks abzuzweigen, wurde jedoch von Farmern überstimmt. Er ließ sich davon nicht beirren, sondern verwandelte seinen Grundbesitz Mlilwane in einen Park und begann, freundschaftliche Beziehungen mit König Sobhuza II. aufzubauen, der auf seinem königlichen Anwesen Hlane ebenfalls gegen Wilderer zu kämpfen hatte. Nach der Unabhängigkeit des Landes gewann Sobhuza an Einfluss, und Reillys guten Kontakten zum Hof war es zuzuschreiben, dass seine Naturschutzbemühungen ernster genommen wurden.
Trotz ungesicherter Finanzlage öffnete 1963 das Mlilwane Wildlife Sanctuary seine Tore, und seither wird der Tierbestand unaufhaltsam aufgestockt und das Gelände vergrößert

(es ist mittlerweile zehnmal größer als bei der Einweihung). Sobhuza hatte Reilly um Hilfe beim Kampf gegen die Wilderei in Hlane gebeten, und Reillys Konfrontationskurs führte zu Feuergefechten mit den Wilderern, was ihm nicht nur Lob einbrachte. 1992 spitzte sich die Lage dramatisch zu, als Reilly mit Hilfe der südafrikanischen Police Endangered Species Protection Unit eine Gruppe von Wilderern dingfest machte, die in Mkhaya operierte. Bei dem anschließenden Schusswechsel wurde ein Wilderer getötet, ein anderer schwer verletzt; die Kritik an Reillys Vorgehensweise wurde nachdrücklicher.
Auch Reillys enge Beziehungen zum Königshaus sind nicht unumstritten: Kritische Stimmen behaupten, dadurch sei die Entstehung einer Dachorganisation und ein Mitspracherecht der Anwohner verhindert worden – zwei Grundbedingungen für längerfristigen Naturschutzerfolg. Manche werfen Reilly vor, er setze die Interessen der Tourismusindustrie über die der schutzbedürftigen Tiere. Angesichts solcher Vorwürfe verweist Reilly schlicht auf die drei von seiner Gesellschaft verwalteten Safariparks. Sie sind ein schlagendes Argument, denn ohne Reilly gäbe es diese Parks nicht, und sowohl Swasiland als auch seine Besucher wären um Vieles ärmer.

SWASILAND

Durch das Malkerns Valley

Von der Straße Richtung Manzini zweigt bei Mahlanya, rund 5 km hinter der Abfahrt nach Mlilwane (neben einer Tankstelle sowie mehreren Geschäften), eine Straße nach Südwesten ab, die durch das reizvolle, mit Ananasplantagen übersäte Malkerns Valley führt. Nach rund 1 km auf dieser Straße liegt rechter Hand *Malandela's Homestead*, ℡ 5283423, ein Gebiet mit Kunstgewerbeläden, Pub, Restaurant, Kino und Internetcafé.

Das strohgedeckte *Malandela's Restaurant*, ℡ 5283115, bietet ausgezeichnete europäische Küche, darunter Wild und Fisch. Von den Tischen im Freien hat man eine herrliche Aussicht, und im angrenzenden Pub wird englisches Bier gezapft. Das *Sigubhu Internet Café*, ℡ 5283423, ist eine begehrte Anlaufstelle für Rucksackreisende, die im *Sondzela* im Mlilwane (s. S. 771) nächtigen, und dient gleichzeitig als **Touristeninformation**, ◷ Mo–Sa 8–17.30 Uhr. Neben dem *Sigubhu* befindet sich das außergewöhnliche, fantasievoll gestaltete *House on Fire*, ℡ 5282001, eine Kunstgalerie und Amphitheater-ähnliche Veranstaltungsbühne. *Gone Rural*, unmittelbar daneben, ℡ 5283439, ist eines der erfolgreichsten, innovativsten Kunsthandwerks-**Selbsthilfeprojekte** in Swasiland: Die farbenfrohen, interessant gemusterten Decken und Körbe werden von Dorffrauen aus allen Teilen des Landes hergestellt.

Ein Stückchen weiter säumen noch mehrere **Kunsthandwerksstände** die Straße zwischen Malkerns und Manzini. *Swazi Candles* hat ein unglaubliches Angebot an bunten Wachskerzen, ◷ tgl. 9–13 Uhr; *Baobab Batik*, 2 km weiter, verkauft fanzenfrohe Batikstoffe. Gleich daneben liegt *Nyanza Cottage****, ℡ 5283090, ✉ nyanza@africaonline.co.sz, eine freundliche Unterkunft auf einer Farm mit Hunden, Katzen, Gänsen, Truthähnen und Kühen. Von den Cottages gibt es Verbindungswege zu den Nyanza Horse Trails, auf denen man halbstündige bis ganztägige Gelände- und Gebirgsritte unternehmen kann.

Manzini

Manzini ist die größte Stadt und das **Handelszentrum** von Swasiland. Hier haben sich fast alle wichtigen Herstellungs- und Geschäftsbetriebe des Landes niedergelassen, und die wenigen sehenswerten Bauten stehen im Schatten von Bürotürmen und Einkaufszentren. Angesichts der steigenden Kriminalitätsrate und der viel chaotischeren Atmosphäre als in Mbabane wäre Manzini keinen Besuch wert, gäbe es nicht den hervorragenden **Markt** an der Kreuzung der Mhlakuvane und Mancishane Street, ◷ tgl. außer Sonntag. Ein großer Teil ist Obst, Gemüse, Haushaltswaren und traditioneller Medizin vorbehalten, aber im Obergeschoss und sogar auf den Treppenstufen werden **Kunsthandwerk** und **Tuchwaren** angeboten. Die Kunstgewerbeabteilung ist umfangreicher und sehr viel besser als die jedes anderen Marktes in Swasiland, und so schöne Kleiderstoffe – aus Zimbabwe, dem Kongo und Mosambik – finden sich anderswo im Land kaum.

Unmittelbar nördlich des Marktes, an der Ngwane Street, befindet sich **The Bhunu**, eines der neuen Einkaufszentren Manzinis. **The Hub**, südlich vom Markt an der Mhlakuvane Street, ist eleganter und beherbergt einen guten Supermarkt sowie mehrere Restaurants und Take aways. Manzinis einzige weitere Sehenswürdigkeit ist die alte **katholische Mission**, ein vornehmes Steingebäude (keine Besichtigung) gegenüber der neuen Kathedrale an der Sandlane Street (parallel zur Mhlakuvane Street).

Übernachtung

Mozambique Hotel*, Meintjies, Ecke Mahleka St, ℡ 5052489, 🖷 5052586, in Busbahnhofsnähe, hat winzige Zimmer mit papierdünnen Wänden, aber eine nette Bar sowie ein ausgezeichnetes Restaurant. In Manzini selbst gibt es keine Backpacker-Herberge, aber östlich der Stadt befindet sich das einfache, nette *Woza Nawe* (s. S. 774, Kasten). *Swaziland Backpackers**, 7 km westlich der Stadt an der Straße nach Malkerns und eZulwini, ℡ 5187255, ✉ info@swazilandbackpackers.com, ist ein Übernachtungsstopp des *Baz Bus* und daher beliebte Anlaufstelle von Durchreisenden, die ein paar Tage in Swasiland verbringen oder einen Abstecher nach Mosambik unternehmen möchten. Das Hostel mit kleinen Schlafsälen, ordentlichen DZ und einem hübschen Freigelände liegt nicht besonders günstig für Besucher, die in Manzini einkaufen oder zur Bank gehen wollen, doch draußen an der Haupt-

SWASILAND

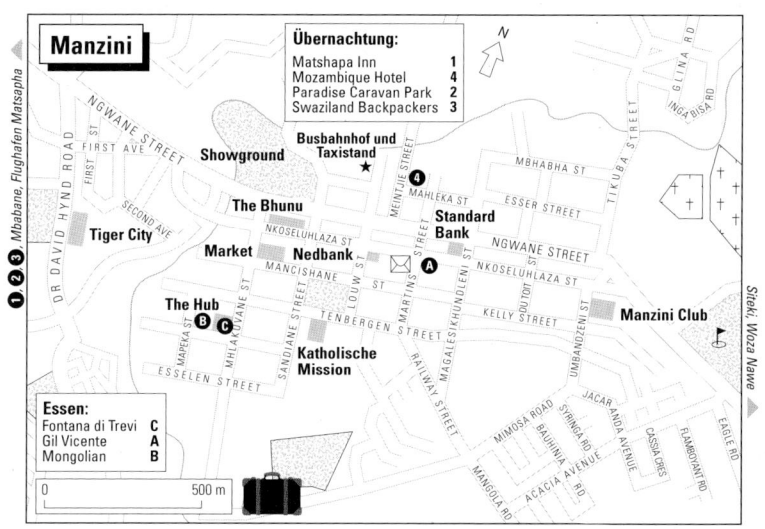

Manzini

Übernachtung:
Matshapa Inn	1
Mozambique Hotel	4
Paradise Caravan Park	2
Swaziland Backpackers	3

Showground Busbahnhof und Taxistand ★ ❹

Mbabane, Flughafen Matsapha

NGWANE STREET
FIRST AVE
FIRST ST
SECOND AVE
DR DAVID HYND ROAD
❶❷❸

The Bhunu

Tiger City

Market Nedbank Standard Bank ❹

The Hub ❸ ❻

Katholische Mission

MBHABHA ST
ESSER STREET
MAHLEKA ST
NGWANE STREET
NKOSELUHLAZA ST
KELLY STREET
TIKUBA STREET
INGASIBA

Manzini Club

Siteki, Woza Nawe

Essen:
Fontana di Trevi	C
Gil Vicente	A
Mongolian	B

0 ———— 500 m

---

straße verkehren ständig Minibus-Taxis. Ansonsten werden Ausflüge in die Tier-reservate und Aktivitäten wie Kajak fahren or-ganisiert, inkl. Transport vom bzw. zum Hostel. **Matshapa Inn****, auf der gegenüberliegenden Straßenseite, ☎ 5187481, ist eine Motel-ähnliche Unterkunft. Daneben liegt der spartanische **Paradise Caravan Park**, ☎ 5184935.

Essen und Unterhaltung

Gute Speiselokale in der Stadt sind, abgesehen vom Restaurant im Hotel *Mozambique,* das **Gil Vicente** im Ilanga Centre, Martin St, ☎ 505 3874, das leckere portugiesische Gerichte ser-viert; montags geschlossen. Das **Mongolian**, Villiers St, bietet die beste chinesische Küche der Stadt. Schließlich gibt es noch die **Fontana di Trevi Pizzeria**, The Hub, Mhlakuvane St. *Oasis,* Tenbergen St, ist ein lebhafter Nachtclub, wo am Wochenende oft südafrikanische Bands auftreten.

Das einzige **Kino** von Swasiland ist in der Tiger City, an der Dr David Hynd Rd, ☎ 5056323.

DIPLOMATISCHE VERTRETUNGEN – **Honorar-konsulat Österreich**, Hhelehle, Manzini (Matsa-pa), ☎ 55276 und 54368, 📠 54622.

Transport

BUSSE – Busse aus allen Teilen des Landes so-wie aus Südafrika fahren den belebten Busbahn-hof am Ende der Louw St, unmittelbar nördlich der Ngwane St, an.
Busverbindungen von Manzini bestehen nach BIG BEND (13x tgl., 1 1/2 Std.);
HLATSI (2x tgl., 1 1/2 Std.);
JO'BURG (3x wöchentl., 8 Std.);
LAVUMISA (2x tgl., 5 Std.);
MBABANE (27x tgl., 3/4 Std.);
NHLANGANO (12x tgl., 3 1/4 Std.);
SITEKI (15x tgl., 1 1/2 Std.).

BAZ BUS – Der *Baz Bus* fährt von Manzini nach DURBAN (3x wöchentl., 10 Std.);
JO'BURG (3x wöchentl., 8 Std.).
FLÜGE – Der **Matsapha Airport**, ☎ 5186155, liegt 8 km westlich der Innenstadt; das Stadtzentrum ist nur per **Taxi** erreichbar.

SWASILAND

Flugverbindungen bestehen von Manzini nach DURBAN (tgl. außer Sa, 1 Std.); JO'BURG (3x tgl., 1 Std.); MAPUTO (1x tgl. Di–Do, 3/4 Std.).

Myxo's Place *Woza Nawe,* eine **Back-packer-Lodge** rund 6 km südöstlich von Manzini an der Straße nach Big Bend, genießt in Backpacker-Kreisen einen besonders guten Ruf als erfrischende Abwechslung zu den meisten von Weißen gemanagten Lodges in Südafrika und Swasiland.

Woza Nawe steht unter Leitung eines jungen Swasi, Mxolisi Mdluli (kurz Myxo genannt) und dient auch als Basis eines viel versprechenden touristischen Gemeindeprojektes, das im Dorf **KaPhunga**, rund 30 km in den Bergen südöstlich von Manzini, durchgeführt wird. Myxo hat dort ein Mini-Dorf mit Hütten und Rundhütten extra für Backpacker aufgebaut, die dort ein paar Tage lang am Dorfgeschehen teilnehmen können.

Die authentischen Hütten stehen abseits vom eigentlichen Dorf, so dass Gästen und Dorfbewohnern eine gewisse Privatsphäre bleibt, doch die Besucher werden dazu ermuntert, nach traditionellem Vorbild zu essen und auf authentischen Swasi-Schlaflagern zu nächtigen. Tagsüber können sie bei jeder Dorfaktivität mitmachen, z.B. beim Hausbau, bei der Feldarbeit, dem Bier brauen oder in der Dorfschule den Unterricht mitgestalten.

Ein 2-tägiger Ausflug mit einer Übernachtung in KaPhunga, inkl. Transport und Spende an das Dorf, kostet rund E300 p.P. (jede weitere Übernachtung E50). Das *Woza Nawe** bietet Schlafsäle, DZ und Zeltplatz. Nähere Auskünfte bei Myxo, ✆ 5058363 oder 6044102, ✉ wozanawe@realnet.co.sz

Piggs Peak und der Nordwesten

Das *highveld* von Piggs Peak und der Nordwesten ist fraglos die schönste Region Swasilands. Hier gibt es sanfte Hügel mit herrlichen **Wandermöglichkeiten**, zahllose rauschende Bäche, Wasserfälle und ein paar ausgezeichnete Unterkünfte. Die meisten Besucher des Nordwestens kommen vom Krügerpark (s.S. 672) aus hierher, doch Piggs Peak liegt nur 64 km nördlich von Mbabane und lässt sich auch von dort aus unschwer erreichen.

Vom **Grenzübergang Jeppe's Reef/Matsamo,** ◷ 7–20 Uhr, erstreckt sich auf der Swasi-Seite eine gute Straße bis Piggs Peak. Rund 25 km südlich der Grenze steht das *Protea Piggs Peak Hotel & Casino****,* ✆ 4371104, ▭ www.proteapiggspeak.sz, inmitten von Bergkiefern. Von außen macht das Hotel nicht viel her, doch die Zimmer bieten wunderbare Ausblicke, und zudem gibt es einen hübschen Pool mit „schwimmender" Bar und ein ausgezeichnetes Buffet-Restaurant. Allerdings stehen auch hier, wie in den meisten großen Hotels in Swasiland, das Kasino und die Spielautomaten im Mittelpunkt des Geschehens.

In eine völlig andere Atmosphäre taucht man 3 km weiter ein, wo ein Wegweiser rechter Hand das 5 km entfernte private **Phophanyane Nature Reserve** ankündigt, ✆ 4371319 oder 4045006. Es ist ein kleines Reservat, doch beim Spaziergang auf den sorgfältig angelegten Pfaden gibt es viel zu sehen, darunter auch den Phophanyane-Wasserfall an der Ostseite des Schutzgebietes. Die subtropische Vegetation zieht hunderte farbenprächtiger Vogelarten an. Daneben beherbergt das Reservat Mungos, Galagos, Otter und viele Schlangen – lauter scheue Tiere, die Besucher kaum zu Gesicht bekommen. Die hier befindliche Safari-Ranch zählt zu den schönsten Unterkünften des Landes. Zur Auswahl stehen Safarizelte*** für zwei Personen am Ufer des Phophanyane River, mit Gemeinschaftsküche und -waschraum sowie Cottages**** für vier bis sechs Personen, mit Küche und Garten. Auch wer hier nicht übernachten kann oder will, sollte wenigstens einen kurzen Spaziergang durch das Gelände unternehmen und dem gemütlichen Restaurant einen Besuch abstatten. Der Pool ist zwar kalt, jedoch sehr schön in die Landschaft eingepasst.

Ein paar Kilometer südlich von Phophanyane, 1 km nördlich von Piggs Peak, liegt die Abzweigung nach Kuthuleni. Hier beginnt eine 50 km lange malerische Fahrt auf einer guten Erdstraße nach **Bhalekane**. In Bhalekane gibt es nicht viel (außer einem Gefängnis), doch von hier aus kann man weiter nach Tshaneni und in den **Nordosten** (s.S. 777) oder in südlicher Richtung durch ziemlich abgeschiedenes Territorium nach Mafutseni und anschließend Manzini fahren.

Die landschaftlich reizvollste – und hügeligste – Zufahrt nach Swasiland und Piggs Peak führt über den **Grenzübergang Bulembo**, ☉ 8–16 Uhr, über die Bulembu Road von Barberton in Mpumalanga. Die Straße ist hinter Barberton noch ein Stück weit asphaltiert, wird aber bald schlechter, während sie durch ungemein gebirgige Landschaft führt. Der Abschnitt in Grenznähe ist erbärmlich. Wer nach oben schaut, sieht die Barberton-Havelock-Schwebebahn, mit der Asbest aus der nahe gelegenen Mine von Havelock nach Südafrika transportiert wird. Jenseits der Grenze, in Swasiland, durchquert die Straße bald Bulembu. Bis Piggs Peak sind es dann noch 20 km.

Piggs Peak

Piggs Peak, eine **Kleinstadt** an der Hauptstraße, wurde nach dem französischen Goldsucher William Pigg benannt, der 1884 in der Nähe **Gold** entdeckte, das bis 1954, als die Mine erschöpft war, gefördert wurde. Abgesehen von der hübschen Landschaft ist nicht viel zu sehen, doch Besucher, die ins Malolotja Nature Reserve unterwegs sind, können hier Proviant einkaufen.

Der Busbahnhof und der Markt liegen in der Nähe der *Total*-Tankstelle am Nordrand der Stadt, wo sich auch ein kleines Einkaufszentrum mit einem Supermarkt befindet. Im Ortskern gibt es zwei Banken, die aber nicht daran gewöhnt sind, Geld zu wechseln. Potentielle ausländische Kunden sollten sich daher entweder mit Geduld wappnen oder bis Mbabane aushalten. **Unterkunft** bietet das *Highland Inn***, ✆ 4371144, ein hübsches Kolonialgebäude an der Hauptstraße am südlichen Stadtrand, mit einfachen, aber völlig ausreichenden Zimmern. Das hauseigene Restaurant *Woodcutter's Den* serviert Steaks und andere Fleischgerichte zu akzeptablen Preisen. *The Ranch* im Einkaufszentrum ist ein Imbisslokal, und die Bar *Pholani* gleich daneben macht ein gutes Geschäft, vor allem am Wochenende.

Busse von Piggs Peak fahren 10x tgl. (1 Std.) nach Mbabane.

Der Weg ins Malolotja Nature Reserve

Auf der Fahrt nach Süden lässt man bald die Kiefernplantagen hinter sich und erreicht sanft gewelltes, grasbestandenes *highveld*, das mit Bauernhütten übersät ist. Besonders schön ist der Abschnitt durch das Tal des Nkomati River. Am Straßenrand stehen Souvenirbuden, wo oft mit Blättern bekleidete Kinder versuchen, die Aufmerksamkeit der Vorbeifahrenden zu erregen. Von der Straße aus sind auch die Bauarbeiten an dem großen **Maguga-Staudamm** am Komati River zu sehen, der nach seiner Fertigstellung das Gesicht der Landschaft radikal verändern wird. In der Nähe vermitteln zwei von jungen Swasi-Männern eingerichtete **Unterkünfte** eine Kostprobe ländlichen Lebens in *Mthunzi's Paradise Village***, ✆ 6080469, 🖥 www.swaziplace.com/mthunzi/. Gäste werden in einer kleinen Dorfgemeinschaft untergebracht und können am Alltag teilnehmen, z.B. beim Fische fangen im Fluss. Im Preis inbegriffen sind eine Tour, Unterbringung und Verpflegung. Die *Sobantu Guest Farm**, ✆ 6053954, dagegen ist ein großes, modernes Bauernhaus in abgeschiedener Lage unweit von Mnyokane, wo man sich so richtig entspannen kann. In der Umgebung befinden sich zahlreiche Wanderwege, ein Wasserfall und Badestellen, und abends wird oft Swasi-Essen zubereitet. Wer diese Unterkünfte aufsuchen möchte, sollte vorher anrufen und sich den Weg genau beschreiben lassen.

Ca. 30 km von Piggs Peak, gleich hinter Nkhaba, liegt der Eingang zum Malolotja Nature Reserve. Von hier aus führt die Hauptstraße nach Süden und trifft bei Motshane (s.S. 777), 20 km weiter, auf die Verbindungsstraße Ngwenya–Mbabane.

Malolotja Nature Reserve

Der am wenigsten touristisch vermarktete Naturschutzpark Swasilands, das Malolotja Nature Reserve, ✆ 4424241, bietet zwar nicht besonders viel Großwild, dafür aber atemberaubende Landschaft und einige der hervorragendsten Wandermöglichkeiten im südlichen Afrika. Seine Attraktion besteht in viel unberührter Natur und traumhafter Stille. Die grasbewachsenen Berge hier zählen zu den ältesten auf dem Globus (3,6 Milliarden Jahre alt) und sind von unzähligen Flüssen und Wasserfällen durchzogen, darunter den 95 m hohen **Malolotja Falls**.

Im Malolotja wurden über 300 verschiedene **Vogelarten** gezählt, und in der Umgebung des Wasserfalls nistet eine Schar der seltenen **Ibisse**. Großwild ist weniger leicht zu erspähen, doch Gnus, Blessböcke und Schwarzfersenantilopen sieht man oft. Auf dem Gelände gibt es Leoparden, und irgendwo müssen sich auch noch zwei hochbetagte Elefanten verstecken. Bei der Ankunft erhalten Wanderer eine Broschüre, in der sie um Meldung gebeten werden, falls sie der Elefanten oder der vor ein paar Jahren eingeführten, vom Aussterben bedrohten Elenantilopen ansichtig werden.

Malolotja ist auch Sitz der **Ngwenya Mine**, mit 43 000 Jahren die älteste Mine der Welt. Steinzeitmenschen gruben hier nach Spekulariten (Marienglas) und Hämatiten, die zu kosmetischen Zwecken und bei religiösen Ritualen Verwendung fanden. Wer die Mine besuchen möchte, muss spätestens am Vorabend bei einem Eingang im Süden des Reservates in der Nähe der Glasfabrik Ngwenya einen **Guide** anheuern. Dieses Tor bietet aber nur Zugang zur Mine. Die nahe gelegene **Forbes Reef Gold Mine** kann auf eigene Faust besichtigt werden, doch auf den schlüpfrigen Wegen ist Vorsicht geboten. Die Wegbeschreibung ist der Geländekarte zu entnehmen, die jedem Besucher bei der Ankunft im Park ausgehändigt wird.

Malolotja verfügt über ein begrenztes Straßennetz, das an einigen schönen Aussichtspunkten und Picknickstellen vorbei führt, doch wer die ganze landschaftliche Schönheit hautnah erleben möchte, muss sich Schusters Rappen bedienen. Das Reservat besitzt jede Menge **Wanderwege**, von gemächlichen Halbtagsspaziergängen bis zu 7-tägigen Marathonmärschen mit Übernachtungsgelegenheiten. Informationsbroschüren und Landkarten sind im Verwaltungsbüro am Eingang erhältlich, und hier werden auch die Genehmigungen zum Besuch des Hawane Dam Nature Reserve sowie der nützliche, kostenlose *Hiking and Backpacking Guide* ausgegeben. Wer sich im Sommer

auf eine längere Wanderung begeben möchte, muss auf glühende Hitze gefasst sein; im Winter dagegen fallen die Temperaturen nachts bis unter den Gefrierpunkt. ⏰ tgl. Mai–Sept 6.30–18, Okt–Apr 6–18.30 Uhr, E10 plus E5 pro Fahrzeug.

Übernachtung und Essen

Die Übernachtung sollte im Voraus bei der *National Trust Commission* (s. S. 770) gebucht werden. Das **Rest Camp** bietet 15 Safarizelte mit Warmwasserdusche in einem gemeinschaftlichen Waschraum und Grillstellen, allerdings wenig Windschutz. Außerdem gibt es A-frame-Hütten* mit Schlafgelegenheit für bis zu 6 Pers. und 5 Blockhütten*, ebenfalls mit Platz für jeweils 6 Gäste. In einem kleinen **Geschäft** am Eingang werden ein paar Lebensmittel verkauft, aber es ist erheblich klüger, sich in Piggs Peak oder Mbabane mit allem Notwendigen einzudecken. Über das Reservat verteilt liegen 20 Campingplätze ohne irgendwelche Einrichtungen. Da es verboten ist, im Park ein offenes Feuer zu entzünden, muss auch ein Gascampingkocher mitgebracht werden.

Hawane Dam Nature Reserve

Rund 2 km südlich von Malolotja, an der Straße nach Mbabane, befindet sich das Hawane Dam Nature Reserve, ✆ 4424241, ein kleines Reservat am Nordende des Hawane-Dammes zum Schutz eines Teils der Feuchtgebiete am Black Umbuluzi River. Die Hauptattraktion stellt die artenreiche **Vogelwelt** dar, und in dem Reservat gibt es einen ausgezeichneten Vogelbeobachtungspfad. ⏰ Mo–Fr (Eintritt frei), Sa und So (Eintritt E10).

Ein Stückchen weiter weist ein Schild den Weg zu *Hawane African Adventure Trails*, ✆ 4043375 / 6021911, 🖳 www.hawane.co.sz. Hier werden Ponies und Pferde für Ausritte in die herrliche Landschaft vermietet.

Die **Ausflüge** dauern von ein paar Stunden bis zu einer Woche. Es gibt hier auch ein Basislager mit rund einem halben Dutzend gut ausgestatteter **Rondavels** ** für jeweils zwei Personen. Im Preis sind Frühstück und Abendessen enthalten, und die Unterkünfte stehen auch Besuchern zur Verfügung, die nicht reiten wollen.

Ngwenya

Die Straße von Piggs Peak trifft bei der kleinen Niederlassung **Motshane** auf die Hauptstraße MR3 zwischen dem Grenzübergang Ngwenya/Oshoek und Mbabane. An dieser Straße, 1 km westlich von Motshane, steht die Glasfabrik *Ngwenya*, in der einer der bekanntesten Exportartikel Swasilands hergestellt wird, das **Ngwenya-Glas**. Die Produkte, deren Spanne von eleganten Weingläsern bis zu Nippesfiguren reicht, werden von kunstfertigen Fachleuten aus Recycling-Glas geblasen. Besucher können ihnen von einer Galerie aus bei der Arbeit zusehen, ⏲ tgl. 9–16 Uhr. Im angrenzenden Geschenkeladen und Café wimmelt es meistens von Busladungen voller Touristen, die ihren Hunger nach Reiseandenken auch noch ein paar hundert Meter weiter, in den *Endlotane Studios*, stillen können, wo in mühevoller Arbeit große, farbenfrohe Decken aus Mohairwolle gesponnen werden, ⏲ Mo–Fr 8–16.30, Sa und So 9–17 Uhr. In der Nähe befindet sich ein Eingangstor zum Malolotja Nature Reserve, das Zugang zur **Ngwenya Mine** (s.S. 776) bietet.

Der Nordosten

Den Nordosten Swasilands beherrschen endlose Zuckerrohrfelder, eine wichtige Devisenquelle des Landes und ein Produkt, das sich viele Einheimische gar nicht leisten können. Drei große Gebiete des Buschlands – **Hlane**, **Mlawula** und **Mbuluzi** – wurden als Tier- und Naturschutzgebiete abgezweigt und bilden die touristische Hauptattraktion der Region. Zusammen mit dem **Shewula Nature Reserve** machen sie einen Teil der Lubombo Conservancy aus, ein Zusammenschluss geschützter Landstriche in den Lubombo Mountains, die an der Ostgrenze Swasilands verlaufen und fantastische Ausblicke sowohl auf Swasiland als auch die Westausläufer von Mosambik bieten.

Die direkteste Zufahrt zu den Reservaten von Mbabane aus erfolgt auf der beschilderten, asphaltierten Siteki Road. Die Nordroute ist etwas mehr als doppelt so lang und teilweise ungeteert, führt jedoch durch eine erheblich schönere Landschaft. Wer sie nehmen möchte, fährt von Mbabane Richtung Norden nach Piggs Peak und biegt rund 1 km dahinter nach rechts Richtung Bhalekane ab.

Tshaneni

Die Schotterstraße von Piggs Peak in die **Zuckerstadt** Tshaneni windet sich durch eine herrliche Landschaftskulisse. Das einzige Hotel, das *Impala Arms**, ✆ 3131244, hat einfache, aber saubere Zimmer, und in der Hotelbar, die sich vor allem am Wochenende eines guten Zuspruchs erfreut, gibt es einen Billardtisch. Wer sich mit Proviant eindecke möchte, kann dies im *Score*-Supermarkt tun. Ganz in der Nähe kann man an der *Caltex*-Tankstelle den Benzintank auffüllen.

5 km weiter nördlich liegt der **Grenzübergang Mananga**, ⏲ 8–18 Uhr, von wo aus die Straße nach Komatipoort (s.S. 666) weiterführt.

Die nächste Ortschaft in südlicher Richtung ist **Mhlume**. 20 km weiter kommt man bei Maphiveni an eine Straßenkreuzung: Nach links (also gen Norden) geht es zum 20 km entfernten **Grenzübergang Lomahasha/Namaacha** und Mosambik, ⏲ 7–20 Uhr, nach rechts, fast unmittelbar gefolgt von einer Abzweigung nach links, zum Mbuluzi Game Reserve und Mlawula Nature Reserve.

Mbuluzi Game Reserve

Das private, wenig bekannte Mbuluzi, 🖥 www.mbuluzi.co.sz, liegt rund 1 km abseits der Straße Manzini–Lomahasha beiderseits der Straße nach Mlawula. Es ist ein für das *lowveld* charakteristisches Buschland voller Dornenbäume, und im Sommer wird es hier sehr heiß. Der Tierbestand wird derzeit aufgestockt, u.a. mit Flusspferden und Giraffen, die Besucher vom Fahrzeug aus beobachten können – sofern es ein Geländewagen ist. Am Parkeingang kann man für E150 pro Tag ein solches Fahrzeuge mieten und gegen einen verhandelbaren Preis einen Guide anheuern. Da im Südteil des Mbuluzi keine Raubtiere leben, lässt sich dieser Abschnitt auf einer Reihe von **Pfaden** zu Fuß erkunden.

Mbuluzi bietet Selbstverpflegern **Unterkunft** für R500–750 in drei großen, sehr einladenden Lodges mit Platz für drei bis acht Personen und einer Veranda mit Blick auf den Mlawula-Fluss. Die üppige Vegetation zieht zahlreiche Vögel und andere Tiere an, die man ebenfalls von den Veranden aus beobachten kann. ⏲ tgl. 8–17 Uhr, Eintritt E10 p.P., E20 pro Fahrzeug.

SWASILAND

Mlawula Nature Reserve

Das weitläufigste, zusammenhängendste Schutzgebiet in den Lubombo Mountains ist das 165 km^2 große Mlawula Nature Reserve südlich des Mbuluzi River. Es bietet eine Reihe von **Wanderwegen**: Zwei- bis achtstündige Pfade führen sowohl in die Berge und auf das Hochplateau des Lubombo-Gebirgszuges, wo einzigartige Eisenbäume und Zykadeen (Farnpalmen) wachsen, als auch am Flussufer entlang zu Höhlen, einem Wasserfall und einem Nashornpool (Nashörner gibt es allerdings keine mehr). Da das Gelände dicht mit Busch überwuchert ist, lassen sich Tiere nicht leicht ausfindig machen. Es stehen auch Guides zur Verfügung, die Wanderer auf Wunsch begleiten.

Der Mlawula und der breitere Mbuluzi River fließen durch malerische Täler im Reservat. An ihren Ufern wurden über eine Million Jahre alte Steinzeitwerkzeuge gefunden. In Wassernähe halten sich **Antilopen, Zebras** und **Gnus** auf, aber auch **Krokodile**, daher sollte auf einen Sprung ins kühle Nass tunlichst verzichtet werden.

Von Manzini fahren am frühen Morgen **Busse** zum Mlawula Nature Reserve. Autofahrer fahren am Mbuluzi Reserve vorbei, bis sie nach ein paar Kilometern rechts einen Wegweiser zum Mlawula Reserve sehen. ⊙ tgl. Sonnenaufgang bis Sonnenuntergang, Eintritt E10 p.P., E5 pro Fahrzeug.

Eine Unterkunft sollte bei der *National Trust Commission* im National Museum von Lobamba (s. S. 769) gebucht werden. Im Siphiso River Valley gibt es eine schattige **Campingstelle**, doch sehr viel einladender ist das für Selbstverpfleger eingerichtete *Sara Bush Camp**, das über 3 große Safarizelte mit je 2 Betten verfügt. Die Zelte stehen direkt am Rand eines Felsens, zu jedem gehört außer einer *braai*-Stelle auch eine im Busch versteckte, aus einer Duschvorrichtung gespeiste eiserne Badewanne mit herrlicher Aussicht über das Reservat. Mit Gemeinschaftsküche und Aufenthaltsgelegenheit. Am Parktor gibt es verschiedene Broschüren, aber keine Lebensmittel, daher muss **Proviant** mitgebracht werden.

Shewula Nature Reserve

Das *Shewula Mountain Camp** auf einem Plateau nördlich von Mlawula, ☎ 4162180, ✉ tours@swazitrails.co.za, Reservierung erforderlich, ist ein neues Tourismusprojekt der ansässigen Dorfgemeinde. Die Anfahrt kostet zwar einige Zeit, doch das Camp ist sagenhaft schön gelegen, auf einem **Hochplateau** mit Ausblick über Nordost-Swasiland. An klaren Tagen sind im Osten sogar die Wolkenkratzer von Maputo zu sehen. Die Unterbringung erfolgt in vier **Rondavels** (für bis zu acht Personen) mit Stock- oder Doppelbetten, rings um das gemeinschaftliche Wasch- und Essgelände. Es gibt keinen Strom, und gekocht wird auf einem Gaskocher. Wer nicht selbst kochen möchte, kann im Voraus Verpflegung bestellen. Mögliche Aktivitäten sind eine Wanderung durch das Shewula Nature Reserve und der Besuch des nahe gelegenen Dorfes.

Hlane Royal National Park

Rund 67 km nordöstlich von Manzini liegt der Hlane Royal National Park, der größte Nationalpark von Swasiland. Die Hauptattraktion des ehemaligen privaten Jagdgeländes der Königsfamilie ist Großwild, darunter **Elefanten, Nashörner, Löwen, Leoparden** und **Geparden**. Der Hlane ist einer der besten Parks im südlichen Afrika, um in Begleitung eines Guide (E15 pro Std.) Elefanten und Nashörner **zu Fuß** aufzustöbern – ein unvergessliches Erlebnis. Diese beiden Tierarten halten sich im Nordteil des Parks auf, den man auch mit einem eigenen Fahrzeug, mit oder ohne Guide, besuchen kann; der Anblick eines Nashorns ist praktisch garantiert. Weitere dort anzutreffende Tiere sind Giraffen, Zebras und Ellipsenwasserböcke.

Im Süden des Parks leben Löwen, Geparden und Leoparden sowie einige Elefanten und Nashörner. Eine Wanderung kommt hier nicht in Frage, doch Besucher können in Begleitung eines Guides mit dem eigenen Fahrzeug oder in einem Park-Minibus (E100) durch das Gelände fahren. Da es eingezäunt ist, bekommt man früher oder später unweigerlich einen Löwen zu Gesicht, die Tiere sind an Fahrzeuge gewöhnt und nehmen sie gelangweilt hin. Der Löwe ist übrigens das Symbol des Königs, und die Swasis sind so stolz darauf, dass in ihrem Land Löwen leben.

Der **Eingang** zum Hlane liegt rund 4 km südlich von Simunye, abseits der Straße Manzini–Lomahasha. Die zwischen Manzini und Simunye verkehrenden Busse halten am Parktor. ☉ tgl. Sonnenaufgang bis Sonnenuntergang, Eintritt E10.

Übernachtung und Essen

Im Hlane gibt es zwei Übernachtungsmöglichkeiten, beide müssen bei *Big Game Parks Central Reservations,* ✆ 5283944, 🖥 www.biggame.co.sz, reserviert werden. Das ***Ndlovu Camp****, in Eingangsnähe, bietet große, strohgedeckte Cottages mit bis zu 3 Betten und Zeltstellen, allerdings keinen Strom (Paraffinlampen stehen zur Verfügung). Wenn es nicht gerade von einer großen Gruppe bevölkert wird, ist das Camp mit seinen Bäumen und schattigen Sitzgelegenheiten recht gemütlich. Es besitzt auch ein **Restaurant** und Aufenthaltsgelände mit Balkon, von dem aus man am nahe gelegenen Wasserloch Nashörner, Elefanten und Giraffen beobachten kann.

Das ***Bhubesi Camp**** mit seinen 3 gut ausgestatteten Steinhütten für Selbstversorger liegt 18 km auf einem Karrenpfad vom Ndlovu entfernt. Obwohl die Cottages hier über Elektrizität verfügen, macht dieses Camp einen sehr viel weltabgeschiedeneren Eindruck.

Siteki

Siteki, gut 30 km südlich des Mlawula Nature Reserve in spektakulärer Hanglage, war früher das Tor zu einem viel benutzten Grenzübergang nach Mosambik und ist immer noch ein ziemlich lebhafter Ort, obwohl die Grenze seit einigen Jahren geschlossen ist. Siteki besitzt einen **Busbahnhof**, wo Linienbusse u.a. nach Manzini (15x tgl., 1 1/2 Std.) und Big Bend (2x tgl., 1 1/2 Std.) abfahren.

Der Ort wartet mit einem bunten **Markt** und verschiedenen gut besuchten Restaurants auf. Neben dem Hotel *Siteki*, abseits der aus der Stadt herausführenden Hauptstraße, befindet sich die Zentrale von *Litiko Letinyanga,* ✆ 3434512, eine Organisation traditioneller **Heilkundiger** unter Leitung von Dr. Nhlavana Maseko. Die Organisation hat es sich zur Aufgabe gemacht, traditionellen Heilmethoden bei westlichen medizinischen Institutionen

mehr Ansehen zu verschaffen. Unter Umständen ist es möglich, einen Termin bei einem Heilkundigen zu bekommen, allerdings ausschließlich nach vorheriger telefonischer Anfrage (nach Betty fragen).

Es gibt nur eine einzige **Unterkunft** – das Hotel *Siteki***, ✆ 3434126, ein bisschen spartanisch eingerichtet, aber ganz nett. Das Hotelrestaurant im Erdgeschoss serviert Steaks und andere Fleischgerichte, und in der Hausbar geht es am Wochenende hoch her.

Dort, wo die Straße zur Stadt hoch führt, liegt ein **Checkpoint**, der die Maul- und Klauenseuche eindämmen soll. Nach versteckten Fleischprodukten werden nur Autos durchsucht, die die Stadt verlassen.

Der Süden

Wer vom nördlichen KwaZulu-Natal in den Krüger-Nationalpark oder nach Mpumulanga unterwegs ist, sollte den Weg über Swasiland via einen der südlichen Grenzübergänge wählen. Die Landschaft, insbesondere die Fahrt von **Mahamba** nach Manzini durch das **Grand Valley**, könnte nicht eindrucksvoller sein, und die Straße führt an fast allen historischen **Königsstätten** vorbei. Im Süden liegt auch das **Mkhaya Game Reserve**, das bestausgebaute Reservat Swasilands und Schutzgebiet für die vom Aussterben bedrohten Spitzmaulnashörner.

Von Mahamba nach Manzini

Der **Grenzübergang Mahamba**, ☉ 7–22 Uhr, liegt Piet Retief in Südafrika am nächsten. Mahamba bedeutet „die Weggelaufenen", was sich auf Thronanwärter bezieht, die im 19. Jahrhundert zweimal hierher flüchten mussten, um feindlichen Vergeltungsaktionen zu entgehen. Die nächstgelegene größere Stadt ist **Nhlangano**, nur 16 km von der Grenze entfernt. In Nhlangano (der Name bedeutet „Ort des Treffens" und wurde zum Gedenken an das 1947 hier stattgefundene Treffen des britischen Königs George V. mit dem Swasi-Monarchen Sobhuza II. gewählt) kann man Geld wechseln und einen Bus nach Mbabane (4x tgl., 4 Std.) oder Manzini (12x tgl., 3 1/4 Std.) nehmen.

SWASILAND

Die Stadt bietet auch zwei ordentliche **Übernachtungsmöglichkeiten:** Das lebhafte *Phoenix** an der Hauptstraße, ✆ 2078488, hat Zimmer mit Bad, das schicke *Nhlangano Sun*****, ✆ 2078211, 🖥 www.suninternational.com, ist einem Wintersporthotel nachempfunden und liegt abseits einer ausgeschilderten Abfahrt unmittelbar nördlich der Stadt über dem Makhosini Valley. Die Zimmer sind elegant eingerichtet, und das hauseigene **Restaurant** mit moderaten Preisen lohnt auf jeden Fall einen Besuch; hier gibt es auch ein Kasino.

Im **Makhosini Valley,** 8 km östlich von Nhlangano an der Straße nach Mhlosheni, liegt der wichtigste **Friedhof der Königsfamilie,** der von Angehörigen des Mduli-Clans bewacht und instand gehalten wird. Um die ewige Ruhe der Herrscher nicht zu stören, wird das Gras nie gemäht. Folglich zeichnet sich das Friedhofsgelände als bewaldete Insel inmitten landschaftlich genutzter Flächen ab. Den Mduli obliegt es auch, Medizin und Schnupftabak für den König zuzubereiten sowie dafür zu sorgen, dass kein Teil seines Körpers (einschließlich Exkremente, Samen und abgeschnittene Finger- bzw. Fußnägel) für magische Zwecke missbraucht wird.

Ein Stückchen weiter biegt die Straße Richtung Süden nach **Zombodze** ab, der ersten Residenz von König Ngwane I. im heutigen Swasiland. Da sie sehr schlecht ausgeschildert ist, sollten Autofahrer den Wegweisern zur nahe gelegenen Ngwane High School folgen.

Weitere 28 km nördlich von Nhlangano, an einer guten Straße, taucht die an einen Hang geschmiegte Niederlassung **Hlathikhulu** auf, die nach der mörderischen Hitze des Tieflandes erfrischende Kühle bringt. Sobhuza I., der Enkel von Ngwane, fand an einem unweit von hier gelegenen Ort namens kaPhungalegazi („Ort, der nach Blut riecht") Zuflucht vor den Angriffen des mächtigen Ndwandwe-Königs Zwide, doch von seinem Kraal ist nichts erhalten geblieben. Die Hauptstraße führt in einiger Entfernung vorbei.

Im benachbarten **Lubuya Valley** trugen die Ngwane 1839 einen blutigen, aber unentschiedenen Kampf mit den Zulu unter König Dingane aus. Das stille Tal ist nur spärlich bewohnt, es ist ein nettes Plätzchen für ein Picknick und einen Spaziergang. Wer von Hlathikhulu in das Tal gelangen möchte, nimmt gleich die erste Abzweigung an der

Straße Richtung Norden und Manzini nach rechts bis Lugoje Nek, und biegt an der dortigen Straßengabelung nach links ab. Nach der Schlacht war die Armee Dinganes so dezimiert, dass er ein Jahr später seinem Bruder Mpande unterlag.

Von Hlathikhulu sind es noch 74 km bis Manzini. Die Fahrt geht zum größten Teil durch das **Grand Valley,** das von dem stellenweise mächtigen Mkhondvo River gegraben wurde. Das Tal ist heiß, überweidet und überwiegend Ödland, bietet jedoch Wandermöglichkeiten und wunderbare Ausblicke selbst vom Auto aus.

Von Lavumisa nach Manzini

Wer von KwaZulu-Natal Richtung Norden fährt, überquert die Grenze nach Swasiland am **Grenzübergang Lavumisa/Golela,** ⊙ 7–22 Uhr. Der Swasi-Grenzposten trägt den Namen einer der Frauen von Sobhuza I., deren Sohn Malambule versuchte, Sobhuzas Nachfolger Mswati II. zu stürzen. Golela, auf der südafrikanischen Seite, bedeutet „viele Tiere", und tatsächlich war diese Gegend früher ein begehrtes Jagdgelände. Die Tiere sind inzwischen praktisch ausgerottet bzw. abgewandert, und es besteht wenig Grund, sich hier aufzuhalten, es sein denn für eine Begegnung mit einem der Löwen des kleinen, neuen Tierreservates **Nisela Safaris,** ✆ 3030247, ✉ nisela@iafrica.com. Die anderen Bewohner, darunter Giraffen, Zebras und Warzenschweine, werden aus leicht verständlichen Gründen von den Löwen getrennt gehalten. Gelegenheit zum Übernachten bieten strohgedeckte Bungalows** mit vier Betten und ein Guesthouse**** im Kolonialstil; Pool und Restaurant vorhanden. Im Coffeeshop und Souvenirladen am Eingang zum Reservat können Autofahrer eine Pause einlegen. ⊙ Nisela Safaris tgl. 8.30–16.30 Uhr.

Die Straße nach Norden überquert den Ingwavuma River unmittelbar südlich von Nsoko, rund 30 km hinter der Grenze, und verläuft dann parallel zu den **Lubombo Mountains.** Wenige Kilometer vor Big Bend passiert sie *The Riverside,* einen Komplex an der Hauptstraße, der ein schlichtes *Motel*,* ✆ 3636012, ein gutes portugiesisches Restaurant und einen schäbigen Nachtclub beherbergt. *Emoya Handicrafts* im Erdgeschoss hat eine kleine Auswahl preiswerter Kunsthandwerksgegenstände. Eine Tür weiter befindet sich die *Bushlands Butchery,* deren Preise so günstig sind, dass viele Südafrikaner zum Fleischkaufen herkommen. 1 km weiter liegt das ausgezeichnete Restaurant *Lubombo Lobster*, ✆ 3636613, das ein traumhaftes Seafood-Curry serviert.

Big Bend an sich, im Schatten einer riesigen Zuckermühle, lohnt einen Besuch nur seines Hotels wegen, dem auf einem Hügel am jenseitigen Stadtrand hinter dem Golfplatz gelegenen *New Bend Inn**, ✆ 3636111. Das ein bisschen mitgenommene Kolonialgebäude mit Bars und herrlicher Aussicht auf das Tal hat 16 einfache Zimmer mit ac und ist am Wochenende Schauplatz feuchtfröhlicher Swasi-Feste. Im Hotelrestaurant gibt es akzeptable Currys und Grillgerichte zu moderaten Preisen.

Im Zentrum von Big Bend fahren Busse nach Manzini (13x tgl., 1 1/2 Std.), Mbabane und Siteki (2x tgl., 1 1/2 Std.) ab.

Raftingtouren Eine der angenehmsten Aktivitäten, die Besucher im südlichen Swasiland unternehmen können, ist eine Paddeltour auf dem wunderschönen **Great Usutu River** im Osten des Landes unweit vom Mkhaya Game Reserve. Er ist besonders gut zum Kajak fahren geeignet und einer der wenigen Flüsse im südlichen Afrika, die sich mit einem Zweier-Kanu, einem so genannten *croc raft*, bewältigen lassen. Im Sommer ist die Strecke 15 km lang (im Winter ein bisschen kürzer); sie führt über Stromschnellen der Schwierigkeitsgrade zwei bis vier. Nach einer kurzen Einführung kann jeder, der nicht wasserscheu ist, eine solche Tour wagen.

Die Flusslandschaft ist atemberaubend, doch sobald die Stromschnellen erreicht sind, hat man dafür kaum noch ein Auge, denn dann muss man wie verrückt paddeln, um nicht ins Wasser zu fallen. Die meisten Kanus kentern dennoch, aber es sind immer aufmerksame Helfer zur Stelle, die dafür sorgen, dass das Abenteuer gut ausgeht. Die Trips beinhalten Abholung von verschiedenen Orten im eZulwini Valley und kosten rund E350 p.P., inkl. Mittagspicknick und Sundowner. Nähere Auskünfte und Buchung bei *Swazi Trails*, ✆ 4162180, 🖳 www.swazitrails.co.sz

Mkhaya Game Reserve

Rund 30 km nördlich von Big Bend befindet sich das Mkhaya Game Reserve. Es liegt inmitten typischer *lowveld*-Steppe mit Akazien und Dornenbäumen an einer Straße, die von dem Dorf **Phuzumoya** („den Wind trinkend") abzweigt. Das Schutzgebiet für die seltenen **Spitzmaulnashörner** beherbergt auch **Breitmaulnashörner**, **Elefanten** und verschiedene Antilopenarten, z.B. Nyalas und Elenantilopen. Mkhaya ist nicht nur eine Touristenattraktion, sondern dient auch als Aufzuchtstation vom Aussterben bedrohter Arten wie **Pferdeantilopen** und **Topis**. Sowohl Tagesbesucher als auch Übernachtungsgäste müssen sich anmelden und dürfen nicht im eigenen Fahrzeug durch das Mkhaya fahren, sondern werden nach Absprache am Eingang abgeholt. Die Tagesbesucher erwartet eine Safarifahrt, bei der gute Chancen bestehen, Großwild zu Gesicht zu bekommen, und außerdem ein großzügiges Mittagessen, das im Preis enthalten ist. Wer im Reservat übernachtet, bekommt zudem eine Morgen- und Abendrundfahrt geboten. Im Unterschied zu den Gepflogenheiten in den Reservaten Südafrikas lassen die erfahrenen Wildhüter des Mkhaya Passagiere auf Wunsch unterwegs auch einmal aussteigen und sich in der Nähe von Breitmaulnashörnern und Elefanten aufhalten. Übernachtungsgäste können auch an frühmorgendlichen Buschwanderungen teilnehmen.

Die **Buchung** eines Besuchs im Mkhaya erfolgt über *Swazi Big Game Parks Central Reservations*, ✆ 5283944, 🖳 www.biggame.co.sz. Ein Tagesbesuch kostet rund E250, inkl. Mittagessen.

Übernachtung

Das mitten im Busch am ausgetrockneten Bett des Ngwenyane gelegene *Stone Camp* verfügt über 2 unterschiedliche Übernachtungsmöglichkeiten für R500–750, jeweils inkl. Vollpension und Game Drives. Es gibt offene, strohgedeckte Cottages, die dem Gast das Gefühl vermitteln, mitten in der Wildnis zu nächtigen, und luxuriöse Safarizelte mit Du/WC. Alle in abgeschiedener, aber sicherer Lage, von Paraffinlampen erleuchtet; gekocht wird auf einem großen Lagerfeuer in der Mitte des Camp-Geländes im Schatten eines mächtigen Affenbrotbaumes.

Anhang

Kleiner Sprachführer

In Südafrika gibt es elf offizielle Amtssprachen. In der Praxis allerdings ist Englisch die *lingua franca,* die in der Politik, der Wirtschaft und den Medien vorherrscht. Südafrikabesucher, die sich in den größeren Städten und den Nationalparks aufhalten, können sich mühelos auf Englisch verständigen. Daneben aber ist Afrikaans weit verbreitet, und selbst wenn man kaum in die Verlegenheit kommen wird, Afrikaans sprechen zu müssen, begegnet man dieser Sprache mit Sicherheit auf offiziellen Formularen und zahlreichen Schildern, vor allem im Straßenverkehr. Daher haben wir eine Liste der gängigsten Hinweise und ihre deutsche Übersetzung erstellt (s.S. 784).

Was die neun weiteren offiziellen sowie die vielen inoffiziellen indigenen Sprachen anbelangt, wird kein Urlaubsreisender auch nur den Versuch unternehmen, sie alle zu erlernen, und selbst das Erlernen einer dieser Sprachen stellt schon eine echte Herausforderung dar. Aber es ist immer nützlich, ein paar kurze Sätze auf Lager zu haben, vor allem Grußformeln – eine Geste, die in jedem Fall erfreut zur Kenntnis genommen wird, auch wenn man keine tiefschürfende Konversation in der fremden Sprache führen kann. Einfache Grußformeln in Englisch und den sechs anderen gebräuchlichsten Sprachen s.S. 785, Kasten.

Die neun offiziellen afrikanischen Sprachen lassen sich in vier Gruppen aufteilen: Nguni, bestehend aus Zulu, Xhosa, siSwati und Ndebele; Sotho, bestehend aus Northern Sotho, Southern Sotho (oder Sesotho) und Tswana; Venda; Tsonga. Die meisten Südafrikaner gehören einer der ersten beiden Sprachgruppen an. Ebenso wie alle anderen indigenen südafrikanischen Sprachen unterscheidet sich ihre Grammatik wesentlich von der mitteleuropäischer Sprachen, denn die Sätze werden vom Substantiv dominiert, dem sich die anderen Wörter wie Verben und Adjektive in Person, Geschlecht und Zahl anpassen müssen. Dies geschieht dadurch, dass die Wortstämme je nach Aussage mit Vor- oder Nachsilben versehen werden.

Englisch

Südafrikanisches Englisch ist eine Sprache mit vielen Varianten. Die Muttersprache von 40% der Weißen ist Englisch, und viele von ihnen glauben, ein reines britisches „Hochenglisch" zu sprechen. Allerdings unterscheidet sich das südafrikanische Englisch vom britischen nicht nur in der Aussprache, sondern vor allem durch seinen riesigen, reichhaltigen Wortschatz, der ganz eigene Wortschöpfungen umfasst, manche davon aus dem Afrikaans und den indigenen Sprachen entlehnt.

Afrikaans

Im Gegensatz zu dem, was meist angenommen wird, ist Afrikaans nicht nur die Muttersprache der weißhäutigen Buren, sondern auch die der meisten südafrikanischen „Coloreds". Sie ist keineswegs im Aussterben begriffen, sondern eine sehr lebendige Sprache, in der sich die Mehrzahl der Südafrikaner müheloser als in jeder anderen verständigen kann, denn sie lässt jederzeit Neuschöpfungen zu. Am weitesten verbreitet ist sie in den Provinzen West- und Nordkap, und so gut wie alle Medien im Freistaat bedienen sich vorrangig des Afrikaans.

Afrikaans ist eine vom Holländischen, der Sprache der ersten europäischen Siedler, abgeleitete Sprache (kein Dialekt!), die am Südzipfel Afrikas durch Begriffe aus dem Französischen, Deutschen und Englischen, d.h. den Sprachen der ersten europäischen Seeleute, die am Kap vor Anker gingen, bereichert wurde und zudem mit Wörtern und Wortschöpfungen aus der Sprache der Urbevölkerung sowie den verschiedenen Sprachen der eingeschleppten Sklaven durchsetzt ist. Manche Historiker behaupten (und sie könnten Recht haben), dass die ersten in arabischer Schrift geschriebenen Texte auf Afrikaans Anfang des 19. Jahrhunderts von Kap-Muslimen verfasst wurden.

Ungeachtet ihres vielvölkischen Erbes beanspruchten die Afrikaander vom späten 19. Jahrhundert an diese Sprache als tragendes Element beim Aufbau ihrer Rassentheorie. Der Versuch der Apartheidregierung, Afrikaans zur Lehrsprache in schwarzen Schulen zu machen, führte 1976 zum Aufstand von Soweto (s.S. 587) – ein Ausdruck dafür, dass Afrikaans in den Augen vieler schwarzer Südafrikaner ein Instrument des verhassten weißen Regimes war.

Hinweisschilder auf Afrikaans		Ompad	Umleitung
Mans	Herren	Pad	Straße
Vrouens	Damen	Padwerke voor	Vorsicht
Sentrum	Zentrum		Straßenarbeiten!
Bed en Ontbyt	Bed and Breakfast	Pastorie	Kirchengemeinde
	(Übernachtung mit	Perron	Bahnsteig; Bahnhof
	Frühstück)	Plaas	Farm
Derde	der/die/das Dritte	Poskantoor	Postamt
Dankie	danke	Regs	rechts
Doeane	Zoll	Ry	Fahren
Drankwinkel	Spirituosenladen	Singel	Ringwall; Stadtring
Eerste	der/die/das Erste	Slaghuis	Fleischerei
Fruit	Obst	Stadig	langsam
Geen ingang	Einfahrt verboten	Stad	Stadt
Gevaar	Vorsicht!	Stad sentrum	Stadtzentum
Grens	Grenze	Stasie	Bahnhof
Hoof	Haupt-	Straat	Straße
Hoog	Hoch	Strand	Strand
Ingang	Eingang; Zufahrt	Swembad	Swimming Pool
Inligting	Information	Toegang	Eingang
Kantoor	Büro	Tweede	der/die/das Zweite
Kerk	Kirche	Verbode	Verboten
Kort	Kurz	Verkeer	Straßenverkehr
Links	(nach) links	Versigtig	Achtung!
Lughawe	Flughafen	Vierde	der/die/das Vierte
Mark	Markt	Vyfde	der/die/das Fünfte

Nguni

Ebenso wie das Southern Sotho enthalten die Sprachen der Nguni-Gruppe ein paar den San-Sprachen entnommene Klicklaute, die europäische Zungen erst nach einiger Übung hervorbringen.

Zulu (oder isiZulu) ist die meistgesprochene afrikanische Sprache Südafrikas und wird von rund 12 Millionen Menschen verstanden. Sie ist die Muttersprache der Bewohner des südöstlichen Landesteiles, darunter ganz KwaZulu-Natal, der östliche Freistaat, Süd-Mpumalanga und Gauteng. Manche Sprachforscher sind der Ansicht, dass Zulu Englisch als südafrikanische *lingua franca* ablösen könnte. Zulu darf nicht mit **Fanakalo** verwechselt werden, ein Pidgin-Zulu, das zwar manchmal noch in den Minen gesprochen, von den meisten Zulu-Sprachigen jedoch abgelehnt wird – was vielen weißen Südafrikanern völlig unbekannt ist.

Das in Swasiland gesprochene **siSwati** unterscheidet sich kaum vom Zulu, hat jedoch aus historischen Gründen eine eigene Identität entwickelt.

Dasselbe gilt für **Ndebele**, dessen Sprachschatz sich ungefähr zu 95% mit dem des Zulu deckt. Es spaltete sich (ungefähr um die gleiche Zeit wie siSwati) vom Zulu ab, als eine Gruppe Zulu-Sprachiger vor den Expansionsfeldzügen Shakas nach Norden flüchtete. Ndebele wird heute in manchen Ecken Gautengs und der Nordwest-Provinzen sowie überall im Süden von Zimbabwe gesprochen.

Xhosa ist die Muttersprache Nelson Mandelas sowie die von 7 Millionen anderer Südafrikaner, vor allem im Ostkap. Xhosa wird aber auch im Westkap, insbesondere in Kapstadt, gesprochen.

Sotho

Northern-Sotho, Southern-Sotho (oder Sesotho) und Tswana gehören derselben Sotho-Sprachgruppe an. Ebenso wie die Nguni-Sprachen verdanken sie ihre Unterteilung eher geschichtlichen, politischen und geografischen als rein linguistischen Ursachen. Die Sprecher einiger Dialekte des Northern Sotho verstehen manche Dialekte des Tswa-

ANHANG

Grußformeln

DEUTSCH	ENGLISCH	AFRIKAANS	NORTHERN SOTHO
Ja	Yes	Ja	e
Nein	No	Nee	Aowa
Bitte	Please	Asseblief	Hle.../...hle
Danke	Thank you	Dankie	Ke a leboga
Entschuldigung	Excuse me	Verskoon my	Tshwarelo
Guten Morgen	Good morning		Goiemore
Guten Nachmittag	Good afternoon	Goeiemiddag	Thobela/dumela
Guten Abend		Good evening	Goeinaand
Bis später	See you later	Sien jou later	Re tla bonana
Auf Wiedersehen	Goodbye	Totsiens	Sala gabotse/ sepele gabotse
Bis bald	Until we meet again	Totsiens	Go fihla re kopana gape
Erfreut, deine/Ihre Bekanntschaft gemacht zu haben	Nice to meet you	Aangename kennis	Ke leboga go le tseba
Wie geht es Ihnen/dir?	How are you	Hoe gaan dit?	Le kae?
Es geht mir/uns gut, danke	I'm fine, thanks	Goed dankie	Re gona

SESOTHO	TSWANA	XHOSA	ZULU
E!	Ee	Ewe	Yebo
Tjhe	Nnyaa	Hayi	Cha
(Ka kopo) hle	Tsweetswee	Nceda	Uxolo
Ke a leboha	Ke a leboga	Enkosi	Ngiyabonga
Ntshwaerele	Intshwarele	Uxolo	Uxolo
Thobela/dumela Sawubona	Dumela (ng)	Dumela	Molo/bhota
Dumela (ng)	Dumela	Molo/bhoto	Sawubona
Thobela/dumela Sawubona	Fonaneng	Dumela	Molo/bhota
Re tla bonana	Ke tla go bona	Sobe sibonane	Sizobanana
Sala(ng) hantle	Sala sentle	Nisale kakuhle	Sala kahle
ho fihlela re bonana	Go fitlhelela re bonana gape	De sibonane kwakhona	Size sibonane
Ke thabela ho o tseba	O tsogile jang?	Kunjani?	Ninjani?
O/le sa phela?	O tsogile jang?	Kunjani?	Ninjani?
Ke phela hantle	Ke tsogile sentle	Ndiphilile, enkosi	Ngisaphila

na besser als manche andere Northern Sotho-Dialekte.

Die zahlreichen, unterschiedlichen Dialekte des **Northern Sotho** werden von rund 2,5 Millionen Menschen innerhalb eines weiten Bogens in der Nordwestregion Südafrikas gesprochen, der die Gebiete rings um den Krüger-Nationalpark umfasst, hoch zur Grenze mit Botswana reicht und von dort aus nach Süden bis Pretoria geht. **Southern Sotho**, eine der ersten afrikanischen Sprachen, die schriftlich aufgezeichnet wurden, spricht man im Freistaat, in einigen Teilen von Gauteng, ebenso in Lesotho und dort angrenzenden Gegenden des Ostkaps.

Tswana, ebenfalls durch zahlreiche Dialekte charakterisiert, ist die in geografischer Hinsicht verbreitetste südafrikanische Sprache. Die Dialekte der vorherrschenden Sprache Botswanas werden in Südafrika im Nordkap, im Freistaat und in den Nordwest-Provinzen gesprochen.

Bücherliste

Angesichts seiner doch eher begrenzten Leserschaft hat Südafrika eine erstaunliche Bandbreite an literarischen Erzeugnissen aufzuweisen, insbesondere zu brisanten Landesthemen wie Geschichte und Politik. Fast alle nachstehend gelisteten Titel sind im Handel erhältlich, die deutschen Übersetzungen allerdings manchmal nur noch in Bibliotheken oder im Antiquariat. Bücher, die ausschließlich in Südafrika publiziert wurden, findet man in Übersee kaum, doch das macht das Stöbern in einer südafrikanischen Buchhandlung umso spannender.

Bildbände

Margaret Courtney-Clarke *Ndebele, die Kunst der Frauen Südafrikas* (Frederking & Thaler, München). Sagenhafte Fotos von Perlenarbeiten und Wandmalereien.

Clemens Emmler, Marianne Fries *Südafrika* (Ellert & Richter, Hamburg). Ästhetisch sehr ansprechend – und preiswert!

Alfons Hug, Sabine Vogel *Colours. Kunst aus Südafrika* (Nicolaische, Berlin).

Georg Kenntner, Walter A. Kremnitz *Kalahari. Expedition zu den letzten San im südlichen Afrika* (Ambro Lacus Verlag, Frieding-Andechs). Wissenschaftliches Werk mit einem Anhang farbiger Fotos.

Erhard Pansegrau *Nationalparks in Südafrika* (Steiger, Innsbruck). Schöne Landschafts- und Tieraufnahmen.

Erhard Schwambach, Erhard Pansegrau *Südafrika* (Bruckmann, München).

Geschichte, Politik und Anthropologie

Philip Bonner *Kings, Commoners and Concessionaries* (CUP, UK). Die bislang umfassendste Geschichte vom Swasiland des 19. Jahrhunderts, geschrieben von einem renommierten Historiker, der eine Menge Material auswertete, allerdings nicht auf mündliche Überlieferungen zurückgriff; in dieser Hinsicht wurde in jüngerer Zeit nützliche Forschungsarbeit von dem an der Universität des Landes eingerichteten Swazi Oral History Project geleistet. Engl.

Emile Boonzaier, Candy Malherbe, Andy Smith, Penny Berens *The Cape Herders, A History of the Khoikhoi of Southern Africa* (David Phillip, SA; Ohio University Press, US). Erzählt in verständlichen Worten die Geschichte der Khoikhoi und untersucht die vielen Vorurteile und Mythen, die sich um dieses Volk ranken, ihre Lebensweise, ihre Begegnungen mit Europäern und welche Spuren von den Khoikhoi geblieben sind. Engl.

Christel u. Hendrik Bussiek *Mandelas Erben* (Dietz Taschenbuch, Bonn). Hintergrundinformationen über die politische Situation des Landes.

Stephen Gill *A Short History of Lesotho* (Morija, Lesotho). Beste, in einem Band erhältliche Geschichtsübersicht, verfasst vom Hauptarchivar des Morija Museums. Gill liebt Lesotho und hat wenig Sympathie für die zahlreichen Invasoren, geht jedoch ein wenig zu großzügig mit den Missionaren um, die in Lesotho tätig waren. Engl.

Antjie Krog *Country of My Skull* (Jonathan Cape, Times Books). Erschütternder Bericht über die Anhörungen der Wahrheits- und Versöhnungskommission. Krog enthüllt die Systematik des Terrorregimes und zollt gleichzeitig dem Kommissionsvorsitzenden Desmond Tutu Lob und Anerkennung. Engl.

David Livingstone *Zum Sambesi und quer durchs südliche Afrika, 1849–1856* (Erdmann Verlag, Tübingen). Der legendäre Afrikaforscher beschreibt eine seiner abenteuerlichen Entdeckungsreisen. Mit Abbildungen.

Thomas Pakenham *The Boer War* (Abacus, UK). Die aus der Sicht eines Liberalen verfasste Geschichte der Burenkriege liest sich spannend wie ein Roman. Engl.

Jeff Peires *The Dead Will Arise* (Ravan, SA) und *The House of Phalo* (Ravan, SA). Der führende Historiker der Xhosa erzählt in wunderbarer Sprache die Geschichte des Ostkaps vor Ankunft der Europäer und berichtet von den Auswirkungen des Kolonialismus auf die Lebensweise und Gesellschaft seines Volkes. Engl.

Laurens van der Post *Die verlorene Welt der Kalahari* und *Das Herz des kleinen Jägers* (Diogenes Verlag, Zürich). Der Autor hat es sich zur Lebensaufgabe gemacht, die noch überlebenden, der traditionellen Lebensweise verhafteten Angehörigen des Jäger- und Sammlervolkes der San ausfindig zu machen und ihre Mythologie schriftlich festzuhalten.

Marjorie Shostak *Nisa* (Earthscan, UK). Ein faszinierendes Buch über das Leben einer San-Frau in der unwirtlichen Kalahari-Wüste. Engl.

Desmond Tutu *No Future Without Forgiveness* (Rider Books, UK). Der Vorsitzende der Wahrheits- und Versöhnungskommission beschreibt die Arbeit der Kommission aus seiner Sicht. Engl.

Autobiografien und Biografien

Breyten Breytenbach *Mischlingsherz. Eine Rückkehr nach Afrika* (Suhrkamp, Frankfurt). Der bekannte südafrikanische Autor, Sohn einer Burenfamilie, emigrierte 1961 nach Paris, wurde nach seiner Rückkehr 1975 verhaftet und sieben Jahre lang inhaftiert. In diesem Buch berichtet er von der Heimkehr in die Dörfer und zu den Mythen der Vorfahren. Ebenfalls von Breyten Breytenbach erschien: *Rückkehr ins Paradies. Ein afrikanisches Journal* (Hanser, München).

Nelson Mandela *Der lange Weg zur Freiheit* (Fischer, Frankfurt). Es gibt Bücher, die so viel über ein Land aussagen, dass sie zur Pflichtlektüre eines jeden Besuchers werden sollten. Das nahe liegendste Beispiel dafür ist sicherlich Nelson Mandelas Autobiografie.

Greg Marnovich, Joao Silva *The Bang Bang Club* (Arrow). Die erschütternde, wahre Geschichte von vier Zeitungsfotografen, die das Ende der 80er und Anfang der 90er Jahre die brutalsten Zusammenstöße in den Townships dokumentarisch festhielten. Engl.

Emma Mashinini *Strikes Have Followed me All my Life* (Women's Press, UK). Die überzeugte Gewerkschafterin erzählt in bewegenden Worten von ihrem unermüdlichen Kampf gegen Ungerechtigkeiten auf dem Arbeitsmarkt, aber auch gegen den tief verwurzelten Sexismus ihrer Mitstreiter, von den 50er bis in die 80er Jahre des 20. Jahrhunderts. Engl.

Albie Sachs *The Soft Vengeance of a Freedom Fighter* (David Phillip, SA). In diesem Buch schildert der ANC-Veteran, wie er im Exil in Mosambik mit knapper Not einen Bombenanschlag der süd-afrikanischen Sicherheitspolizei überlebte, seine Genesung und die psychischen Schwierigkeiten, die er überwinden musste, um den Kampf fortzusetzen. Engl.

Anthony Sampson *Mandela, The Authorised Biography* (Harper Collins, Knopf). Die autorisierte Biografie erschien rechtzeitig zu Mandelas Amtsaufgabe 1999 und kann sich sowohl im Informationsgehalt als auch im Umfang mit der Autobiografie messen. Engl.

Gillian Slovo *Roter Staub* (Kunstmann Verlag, München). Autobiografisch gefärber Roman der Schriftstellerin und Tochter der beiden weißen Bürgerrechtler Joe Slovo und Ruth First, in dessen Mittelpunkt das Aufeinandertreffen von Tätern und Opfern vor der Wahrheits- und Versöhnungskommission steht. Ruth First wurde 1982 im Exil durch eine Briefbombe getötet, die ihr von Angehörigen der Apartheidregierung geschickt wurde. Joe Slovo lebte gerade noch lange genug, um einen Sitz in der neuen, demokratischen Regierung einzunehmen.

Reiseberichte

Gavin Bell *Somewhere Over the Rainbow* (Abacus, UK). Der Autor war während der Apartheid britischer Auslandskorrespondent in Südafrika und kehrte Mitte der 90er Jahre zurück; dies sind seine scharfsinnigen Kommentare zum Wohl und Wehe des neuen Südafrika. Engl.

Elke u. Dieter Loßkarn *Kapstadt und die Kap-Provinz* (DuMont Reise-Taschenbücher, Köln). Ausführliche Beschreibung des Kaps unter Berücksichtigung vielfältiger Aspekte, z.B. Jazzszene, Weine und deutsche Missionsstationen.

Dervla Murphy *South from the Limpopo: Travels through South Africa* (John Murray, UK). Die Reiseschriftstellerin ist durch das neue Südafrika geradelt. Engl.

Marco Turco *Visitor's Guide to Lesotho* (Southern, SA). Behandelt so gut wie jede größere und kleinere Siedlung entlang der Hauptrouten durch Lesotho. Engl.

Marco Turco *Visitor's Guide to Swaziland* (Southern, SA). Turco hat jedes Fleckchen des Landes bereist, doch er neigt dazu, unterschiedslos alles zu loben, wie mancher Besucher enttäuscht feststellen muss. Engl.

Belletristik

Mark Behr *Krokodile weinen nicht* (Ullstein, Berlin). Hier wird das Apartheidregime aus dem Blickwinkel eines Jungen betrachtet, dessen Vater beim Militär ist. Spannend geschrieben und trotz des Themas und Titels kein Kinderbuch.

Herman Charles Bosman *Unto Dust* (Human & Rousseau, SA). Hervorragende Kurzgeschichtensammlung des südafrikanischen Meisters dieser Literaturgattung. Die Erzählungen spielen alle im winzigen Afrikaander-Bauernbezirk Groot Marico während der 1930er Jahre, und der Erzähler Oom Schalk Lourens enthüllt mit bissiger Ironie die mehr oder weniger liebenswerten Eigentümlichkeiten der Gemeindemitglieder. Engl.

André Brink *Stimmen im Wind* (Volk & Welt, Berlin). Die lebendige Schilderung vom Leben am Kap im 18. Jahrhundert zeigt am Beispiel einer Bauernfamilie, wie die Einführung der Sklaverei das Leben dramatisch veränderte.

J.M. Coetzee *Eiserne Zeit* (Fischer, Frankfurt). Wurde von Lesern des *Mail & Guardian* zum besten südafrikanischen Roman der vergangenen zehn Jahre gewählt. In den politischen Wirren der 80er Jahre bilden eine unheilbar krebskranke weiße Literaturprofessorin und ein schwarzer Obdachloser eine ungewollte Schicksalsgemeinschaft.

Achmat Dangor *The Z Town Trilogy* (Ravan, SA). Dangor, einer der besten Schriftsteller Kapstadts, lässt seine Trilogie in einer täuschend ähnlichen Stadt und in einer Zeit des Ausnahmezustands während der Apartheid spielen. Engl.

Nadine Gordimer *Julys Leute* (Volk & Welt, Berlin). Eine liberale weiße Familie wird während der Revolution von ihrem Gärtner July gerettet und in seinem Heimatdorf in Sicherheit gebracht, doch die veränderte Situation geht nicht ohne Konflikte ab. Nadine Gordimer, die Literatur-Nobelpreisträgerin von 1991, hat zahlreiche, sozialkritische Romane geschrieben, von denen die meisten auch in deutscher Sprache erhältlich sind: Im Fischer Verlag z.B. *Die spätbürgerliche Welt, Anlass zu lieben, Clowns im Glück, Burgers Tochter, Der Ehrengast, Der Besitzer, Die endgültige Safari, Entzauberung, Etwas da draußen, Freitags Fußspur, Gutes Klima, nette Nachbarn, Nicht zur Veröffentlichung, Niemand, der mit mir geht, Die Umarmung eines Soldaten.*

Alex La Guma *Im Spätsommernebel* (Weltkreis, Dortmund). Aus der Sicht von Betroffenen werden Schicksal und Aufbegehren von Apartheidopfern zu Beginn der 60er Jahre geschildert.

Don Mattera *Sophiatown* (Peter Hammer Verlag, Wuppertal). Der farbige Schriftsteller schildert in diesem autobiografischen Roman das Leben in dem multikulturellen Viertel Sophiatown in Johannesburg bis zu dessen Zerstörung durch Bulldozer der südafrikanischen Regierung 1962.

Dalene Matthee *Fielas Kind* (Lübbe Verlag, Bergisch Gladbach). Die Geschichte eines weißen Findelkindes im Südafrika des 19. Jahrhunderts. Aufschlussreiche Beschreibung des Lebens der burischen und der schwarzen Bevölkerung.

Zakes Mda *Ways of Dying* (OUP, UK). Die brillant erzählte Geschichte eines berufsmäßigen „Klageweibes" ist gespickt mit geistreichen Hintergrundinformationen zur Kultur des schwarzen Südafrika. Engl.

James A. Michener *Verheißene Erde* (Droemer, München). 500 Jahre Geschichte des südlichen Afrika; meisterhaft und spannend erzählt.

Thomas Mofolo *Chaka Zulu* (Manesse, Zürich). Thomas Mofolo war der erste herausragende Romanschreiber Lesothos. 1909 veröffentlichte er auf Sotho das Epos von dem Zulu-König Shaka, den er als einen von unkontollierbaren Leidenschaften geprägten Menschen porträtiert.

Es'kia Mphalele *Pretoria, Zweite Avenue* (Aufbau-Verlag, Berlin). Ein autobiografischer Klassiker; spielt in den 1940ern in der verarmten Township Alexandra, wo Mphalele in Großfamilie aufwuchs.

Marlene van Niekerk *Triomf* (Johnathan Ball, SA; Little, Brown & Co, UK). Mehrfach preisgekröntes Werk, ursprünglich auf Afrikaans erschienen und ins Englische übersetzt, schildert den tragi-komischen Alltag einer fiktiven, inzestuösen Burenfamilie aus dem Lumpenproletariat, die ein Haus auf den Trümmern des ehemals schwarzen Johannesburger Stadtviertels Sophiatown, umbenannt in „Triumph", bewohnt. Engl.

Alan Paton *Aber das Wort sage ich nicht* (Bertelsmann, Gütersloh). Der klassische Roman eines großen südafrikanischen Liberalen beschreibt die Reise eines schwarzen Pfarrers aus dem ländlichen Natal nach Johannesburg, um seinen Sohn aus den Klauen dieser Stadt zu erretten, die als ein wahres Sodom und Gomorrah geschildert wird.

Sol Plaatje *Mhudi* (Heinemann, UK). *Mhudi* ist der erste auf Englisch verfasste Roman eines schwarzen südafrikanischen Schriftstellers. Er spielt in den 1830er Jahren und dreht sich um eine junge Barolong-Frau, die zu einer Zeit, als gerade der Große Treck einsetzte, ihren künftigen Ehemann vor den marodierenden Ndebele rettet. Plaatje war einer der Gründer des ANC. Engl.

Jo-Ann Richards *Eine afrikanische Freundschaft* (Droemer, München). Zwei Frauen entdecken Kapstadt in seiner Schönheit und harten Realität. Von der gleichen Autorin erschien: *Ich war ein Kind in Afrika* (1999). Die autobiografische Geschichte führt zurück ins Jo'burg um 1989 in die Zeit der großen Veränderungen.

Olive Schreiner *Die Geschichte einer afrikanischen Farm* (Diogenes, Zürich). Der erste südafrikanische Roman wurde 1883 unter einem männlichen Pseudonym veröffentlicht und erzählt mit für damalige Zeit erstaunlicher Offenheit die Geschichte zweier Frauen auf einer abgeschiedenen Ranch in der Karoo. Das zukunftsweisende, feministische Werk gilt als Teil des kulturellen Erbes des weißen Südafrika.

Sipho Sepamla *A Ride on the Whirlwind* (Heinemann, UK). Der Roman spielt im aufständischen Soweto des Jahres 1976 und beleuchtet die Psyche der aufgebrachten Township-Jugend. Engl.

Martin Trump, Jean Marquard (Hg.) *A Century of South African Short Stories* (Ad Donker, SA). Eine Kurzgeschichten-Blütenlese mit Beiträgen u.a. von *Drum*-Autoren wie Can Themba, Charles Bosman und Nadine Gordimer. Engl.

Kunst

Marion Arnold *Women and Art in South Africa* (David Phillip, SA). Ein Pionierwerk, das die südafrikanische Kunstgeschichte aus einem neuen Blickwinkel beleuchtet. Engl.

Clive Chipkin *Johannesburg Style* (David Phillip, SA). Eine faszinierende Studie der Architektur und Gesellschaft dieser südafrikanischen Metropole. Engl.

J.D. Lewis-Williams *Discovering Southern African Rock Art* (David Phillip, SA) und *Images of Power: Understanding Bushman Rock Art* (David Phillip, SA). Fachmännisch geschriebenes Traktat mit Zeichnungen und Fotos. Der Autor kommt zu dem Ergebnis, dass die meisten Felsmalereien von Schamanen im Trancezustand gemalt wurden und eine Welt widerspiegeln, in der die San keinen Unterschied zwischen materieller und spiritueller Realität kannten. Engl.

Sue Williamson *Resistance Art in South Africa* (David Phillip, SA) und *Art in South Africa: The Future Present* (David Phillip, SA). Diese beiden Bände verfolgen die südafrikanische Kunstgeschichte von den frühen 1980ern bis in die Gegenwart; die sorgfältig gewählten Kommentare sind knapp genug gehalten, um die Kunstwerke für sich selbst sprechen zu lassen. Engl.

Zapiro *End of Part One* (David Phillip, SA). Dritter Cartoon-Sammelband des renommiertesten südafrikanischen Comiczeichners, vorangegangen sind *The Hole Truth* und *The Madiba Years*. Engl.

Wanderführer

David Bristow *Best Hikes in Southern Africa* (Struik, SA). Gut geschriebener, zuverlässiger Wanderführer, der von den unzähligen Wanderwegen nur die lohnendsten behandelt. Engl.

David Bristow *Drakensberg Walks: 120 Graded Hikes and Trails in the Berg* (Struik, SA). Unverzichtbares Taschenbuch für Wanderungen in den Drakensbergen mit detaillierten Routenbeschreibungen und Hintergrundinformationen zur Entstehungsgeschichte des Gebirgszuges. Engl.

Shirley Brossey *A Walking Guide for Table Mountain* (Selbstverlag, SA). Nützlich und preiswert, beschreibt Pfade rund um den Tafelberg; von Hand gezeichnete Karten und sachlicher Text. Engl.

Judith Hopley *On Foot in the Garden Route* (Selbstverlag, SA). Hervorragende kleine Broschüre für Naturliebhaber, die den Wald und die Küste der Garden Route zu Fuß erkunden möchten. Engl.

Jaynee Levy *The Complete Guide to Walks & Trails in Southern Africa* (Struik, SA). Diese Wander-Bibel listet mehr als 500 Pfade sämtlicher Schwierigkeitsgrade, einschließlich praktischer Infos zu Ausrüstung und Buchungsadressen. Lohnt sich für ausgesprochene Wanderfreunde, die längere Zeit im Land verbringen, wiegt aber schwer im Gepäck. Engl.

Mike Lundy *Best Walks in the Cape Peninsula* (Struik, SA). Praktische, solide recherchierte Angaben zu einigen der zahlreichen Wandermöglichkeiten auf der Halbinsel; passt bequem in den Rucksack. Engl.

Fauna und Flora

Raphael Ben-Shahar *In freier Wildbahn. Begegnungen im Süden Afrikas* (Könemann, Köln). Der Zoologe betrachtet die Tierwelt am Kap.

Hugh Chittenden *Top Birding Spots of Southern Africa* (Southern, SA). Unverzichtbarer Begleiter für echte Vogelfreunde. Informationen zu guten Beobachtungsstellen und wie man dort hinkommt, außerdem Überblick über die häufigsten Arten sowie Hinweise auf besonders interessante Vertreter der Gattung. Engl.

Richard D. Estes *Safari Companion* (Russell Friedman Books, SA). Ausgezeichnetes Sachbuch zum Verständnis der afrikanischen Fauna mit aufschlussreichen Informationen zum Verhalten und der Sozialstruktur der wichtigsten Tierarten. Engl.

L. McMahon, M. Fraser *A Fynbos Year* (David Phillip, SA). Hervorragend illustriertes, verständlich geschriebenes Werk über das einzigartige südafrikanische Florenreich. Engl.

Eve Palmer *A Field Guide to the Trees of Southern Africa* (Collins, UK). Behandelt Südafrika, Botswana und Namibia und ist handlich genug, um es auf Wanderungen mitzunehmen. Engl.

Chris u. Tilde Stuart *Field Guide to the Mammals of Southern Africa* (New Holland, UK). Eines der besten Werke zu diesem Thema mit hervorragenden Hintergrundinformationen und naturgetreuen Illustrationen. Engl.

August Sycholt *Südafrika. Tiere, Pflanzen, Landschaft* (Landbuch-Verlag, Hannover). Handliches Kleinformat, viele Fotos.

Weine

Johannes Schmidt, Oliver Thieme *Weine Südafrikas* (Müller Rüschlikon, Cham).

Jugendbücher

Louis Krüger *Sing noch einmal, mein Bruder,* (Ravensburger, Ravensburg); ab 10.

Jenny Robson *Da musst du durch, Lurch* (Elefanten-Press, Berlin); ab 12.

Norman Silver *Ein Auge für Farben* (Beltz, Weinheim). Ein weißer Südafrikaner erzählt humorvoll über seine Jugend; ab 14.

Michael Williams *Crocodile Burning* (Hammer Verlag, Wuppertal). Der 15-jährige Seraki bekommt eine Rolle in einem Musical, das von Apartheid und Gewalt handelt; ab 14.

Glossar

Afrikaner – schwarzer Südafrikaner

Afrikaander – Bure; europäischstämmiger, weißer Südafrikaner

Apartheid – ab 1940 gebräuchlicher offizieller Terminus der National Party für „Rassentrennung"

Arvie – Nachmittag

Assegai – Kurzspeer

Bakkie – Jeep oder Kleinbus

Bantustan – während der Apartheid gebräuchlicher Terminus für Territorien, wie z.b. die Transkei, in die Afrikaner, nach Sprachgruppen geordnet, abgeschoben wurden

Biltong – sonnengetrocknete Fleischstreifen

Boerekos – ländliche Kost; zeichnet sich v.a. durch viel Fleisch, Zucker und in Butter gedünstetes Gemüse aus

Boerewors – gut gewürzte Bratwurst, unverzichtbarer Bestandteil eines *braai*

Bokkoms – getrockneter Fisch

Boland – Südteil des Westkaps

Braai – Grill

Bredie – Eintopf aus Fleisch und Gemüse

Bundu – Urwald oder ungezähmtes Gelände

Bush – siehe *bundu*

Bushveld – überwiegend aus Dornenbusch bestehendes Gelände

Cape Dutch – typisch südafrikanischer Architekturstil des 19. Jahrhunderts

Ciskei – Ostkap-Region westlich des Kei River; wurde 1973 zum „selbstverwalteten Territorium" für Angehörige der Xhosa-Sprachgruppe ernannt, ist inzwischen wieder Teil Südafrikas

Coloured – Farbiger, Mischling

Dagga – Marihuana

Dassie – Klippschliefer

Dominee – Pfarrer

Donga – ausgetrockneter Wassergraben

Dorp – Dorf

Drift – Furt; Flussübergang (Afrikaans)

Egoli – Zulu-Bezeichnung für Johannesburg

Fanakalo – nicht mehr gebräuchliches Kauderwelsch aus Englisch, Zulu und Afrikaans, diente zur Verständigung zwischen weißen Vorarbeitern und afrikanischen Arbeitern in Bergwerken und auf Farmen

Frikkadel – Boulette aus Fleisch und Zwiebeln

Fundi – Experte

ANHANG

Fynbos – Bezeichnung für die einzigartige Fauna des südlichen Westkaps (s.S. 152)

Group Areas Act – 1950 verabschiedetes, jetzt abgeschafftes Gesetz, das die Einrichtung getrennter Lebensräume für jede „Rassengruppe" vorsah

Hanepoort – süße Weintraube

Highveld – höher gelegene Gebiete von Gauteng und Mpumalanga

Homeland – siehe *bantustan*

Hottentotten – seines diskriminierenden Beiklangs wegen inzwischen abgeschaffter Begriff für die indigenen Khoisan-Hirten, denen die ersten europäischen Siedler am Kap begegneten

Impi – Zulu-Streitmacht

Indaba – Zulu-Bezeichnung für eine Diskussionsrunde; inzwischen im südafrikanischen Englisch üblicher Begriff für jede Art von Versammlung

Inkatha – radikal-nationalistische politische Zulu-Partei, wurde 1928 als Kulturorganisation gegründet

Kaffer – sehr beleidigendes Schimpfwort für Afrikaner

Karoo – unwirtliches Hochplateau, das einen Großteil des südafrikan. Binnenlandes einnimmt

Khoi-Khoi – (Selbstgewählte) Bezeichnung für das älteste südafrikanische Hirtenvolk

Kloof – Schlucht

Knobkerrie – Holzknüppel

Koeksister – sehr süßes Zopfbrot

Koppie – Hügel

Kraal – mehrere, von einer Mauer umschlossene Hütten

Kramat – Schrein für einen muslischen Heiligen

Krans – Felsklippe

Lapa – Innenhof zwischen mehreren Ndebele-Häusern; auch Bezeichnung für ein Grillgelände in Safaricamps

Lebowa – ehemaliges *homeland (bantustan)* von Angehörigen der nördlichen Sotho-Sprachgruppe

Lekker – gut, hübsch, schmackhaft

Location – nicht mehr gebräuchliche Bezeichnung für ein abgegrenztes Gelände am Rande einer Stadt oder Farm „nur für Schwarze"

Lowveld – niedrig gelegene, subtropische Region, umfasst das Gebiet von Mpumalanga und die Nord-Provinz (neuerdings: Limpopo)

Mealie – siehe *mielie*

Melktert – Vanillepudding mit Karamelsoße

Mielie – Mais

MK – Umkhonto we Sizwe („Speer der Nation"), militanter Flügel des ANC, inzwischen in die Landesarmee eingegliedert

Naartjie – Tangarine/Mandarine

Nek – Gebirgspass

Nguni – Bantu-sprachige Volksgruppe im südöstlichen Südafrika, umfasst Zulu, Xhosa und Swasi

Nkosi Sikelel 'i Afrika – „Gott schütze Afrika", Erkennungsmelodie des ANC, jetzt die Nationalhymne Südafrikas

Nyanga – traditioneller Heilkundiger

Pawpaw – Papaya

Pastorie – Pfarrhaus

Platteland – ländliche Gebiete

Poort – schmaler Gebirgspass an einem Flussufer

Protea – Nationalblume Südafrikas

Qwaqwa – ehemaliges *homeland* für Angehörige der South Sotho-Sprachgruppe

Raadsaal – Parlamentsgebäude

Rest Camp – Unterkunft in den Nationalparks

Robot – Verkehrsampel

Rondavel – Rundhütte nach traditioneller afrikanischer Bauweise

Rooibos tea – Kräutertee

SABC – South African Broadcasting Authority

Sjambok – Bullenpeitsche

Shebeen – Wohnzimmer-Kneipe ohne Ausschanklizenz

Shell Ultra City – helle, saubere Tankstellen an Überlandstraßen, mit Restaurant, Minisupermarkt, verfügt manchmal auch über ein Hotel

Skelm – Dieb

Snoek – großer Fisch, Bestandteil vieler traditioneller Kap-Gerichte

Spaza shops – kleine, provisorische Lebensmittelstände oder -geschäfte

Sosatie – würziger Hackfleischspieß

Stoep – Veranda

Township – unfruchtbare Landstriche, in die während der Apartheid schwarze Südafrikaner verbannt wurden

Transkei – ehemaliges *homeland* für Angehörige der Xhosa-Sprachgruppe

Tsotsie – Verbrecher

Vetkoek – Pfannkuchen

Vlej – Sumpf

VOC – Vereenigde Oostindische Compagnie

Index

ANHANG

ANHANG

ANHANG

Bildnachweis

Umschlag vorn und innen: South African Tourism (💻 www.southafricantourism.de)

Farbseiten: alle South African Tourism; außer S. 1 und Seite 3 unten rechts: Matthias Grimm

Safari-Guide: (*von oben nach unten*)
Seite 1: SAT (South African Tourism); *Seite 3:* Dirk Heinrich, Joachim Moog/OKAPIA, Peter Pack (2); *Seite 5:* Peter Pack, Renate Loose, Peter Pack, SAT; *Seite 7:* SAT, Dirk Heinrich, Renate Loose; *Seite 9:* Renate Loose, SAT, Peter Pack (2); *Seite 11:* Peter Pack (3), Daryl & Sharna Balfour/OKAPIA, Peter Pack; *Seite 13:* Peter Pack, Dirk Heinrich, Peter Pack, SAT, Peter Pack; *Seite 15:* Dirk Heinrich (2), Peter Pack, Renate Loose, Peter Pack; *Seite 17:* Renate Loose, Peter Pack, Renate Loose, Peter Pack, Jean-Louis Klein & Marie-Luce Hubert/OKAPIA; *Seite 19:* Peter Pack, Dirk Heinrich, SAT, Peter Pack (2): *Seite 21:* SAT, Peter Pack (2); *Seite 23:* Dirk Heinrich (2), SAT, Dirk Heinrich (2); *Seite 25:* SAT (2), Peter Pack, SAT, Dirk Heinrich; *Seite 27:* SAT (2), Peter Pack (2); *Seite 29:* SAT, Renate Loose, Dirk Heinrich, SAT, Dirk Heinrich; *Seite 30/31:* SAT.

S/w-Fotos auf den Seiten:
Matthias Grimm: Seiten 3, 13 (oben rechts und unten), 44 (oben und unten links), 77 (oben links), 202, 782 (unten)
South African Tourism,
💻 www.southafricantourism.de:
Seiten 13 (oben links), 44 (unten rechts), 77 (oben rechts und unten), 112, 131, 277, 289, 307, 337, 349, 351, 423, 436, 449, 543, 563, 605, 625, 633, 649, 688, 782 (oben rechts und links)
Silvia Mayer: Seiten 685, 718
Renate Loose: Seite 757

ANHANG

ANHANG

Kartenverzeichnis

Safari Guide

südliches und östliches Afrika

Senegalgalago – (lesser bush baby)
Galago senegalensis
Es gibt neun Arten von Galagos, im Deutschen oft „Buschbabys" genannt. Am häufigsten ist das Senegalgalago oder Steppengalago. Die nur 30–40 cm großen Tiere haben bis zu 25 cm lange Schwänze und ein graubraunes, wolliges Fell. Die verhältnismäßig großen, runden Ohren sind er-

staunlich beweglich. Einzigartig sind die großen Kulleraugen und die kleine, spitze Schnauze. Galagos bevorzugen waldige Biotope, am Boden sieht man sie eher selten. Die geselligen, nachtaktiven Tiere ernähren sich von Baumharz, Früchten und Insekten. Tagsüber schlafen sie in einem Nest aus Blättern oder in Baumlöchern.

Riesengalago – (greater bush baby)
Galago crassicaudatus
Die Riesengalagos sehen den Senegalgalagos ähnlich, sind jedoch mit einer Körpergröße von 70–80 cm und einer Schwanzlänge von 35–45 cm wesentlich größer. Sie sind häufig am Boden anzutreffen und fressen größere Tiere wie Reptilien und Vögel.

Bärenpavian – (chacma baboon)
Papio ursinus
Die viertgrößten Primaten Afrikas, die Paviane, sind weit verbreitet und häufig zu sehen. Im südlichen Afrika lebt der Bärenpavian, in Ostafrika der Webbipavian (yellow baboon) *Papio cyanocephalus* und in Zentralafrika der Grüne Pavian (olive baboon) *Papio anubis*.
Alle Pavianarten weisen ein ähnliches Aussehen und Verhalten auf. Erwachsene Männchen wiegen bis zu 45 kg und haben eine Schulterhöhe von bis

zu 75 cm. Von anderen Affen unterscheiden sie sich durch die hundeähnliche Nase und die kleinen, nackten Ohren. Das Gebiss besteht aus messerscharfen, bis zu 5 cm langen Reißzähnen. Typisches Merkmal sind der abgeknickte Schwanz und das nackte Hinterteil, das sich bei weiblichen Tieren in der Brunft rot färbt.
Paviane sind klassische Allesfresser: Pflanzen aller Art, Skorpione, Schlangen, Vögel, Hasen und sogar kleine Antilopen. Die Lebenserwartung liegt bei 30 Jahren.

Grüne Meerkatze – (vervet monkey)
Cercopithecus aethiops
Diese kleinen Äffchen sind v.a. in Baumsavannen anzutreffen. Das gelbgraue Fell variiert je nach Region ein wenig im Farbton. Charakteristisch ist die dunkle Gesichtsmaske, die von einem Ring weißer Haare umrandet ist. Männchen haben einen grellblauen Hodensack. Meerkatzen sind tagaktiv und

ziehen sich bei Nacht in Bäume oder Felsen zurück. Pflanzen stellen den Großteil der Nahrung, ergänzt durch Insekten und Eier. Die Meerkatzen-Gemeinschaft besteht aus etwa 30 Tieren. Untereinander verständigen sie sich mit 36 verschiedenen Lauten, von denen sechs Alarmrufe sind. Sie fallen durch ihr dreistes Verhalten auf und können zur regelrechten Plage werden.

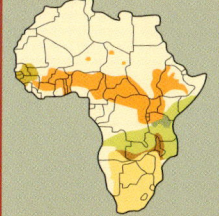

- ■ P.c. papio (Guinea)
- ■ Papio cynocephalus anubis
- ■ Überschneidungsgebiet
- ■ P.c. cynocephalus
- ■ Überschneidungsgebiet
- ■ P.c. ursinus

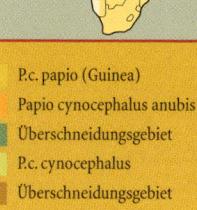

Bergzebra – (mountain zebra)
Equus zebra hartmannae und *Equus zebra zebra*
Am eindeutigsten sind die Bergzebras an der vom
Hals herabhängenden Hautfalte (Wamme) von
den Steppenzebras zu unterscheiden. Das deutliche Streifenmuster bis zu den Hufen hinab weist
bei Bergzebras keine Schattenstreifen auf.
Sie leben in kleinen Herden, bestehend aus einem
Hengst mit vier bis fünf Stuten und ihren Fohlen.
Im Gegensatz zu den Steppenzebras meiden sie

andere Tiere. Das Hartmannzebra ist etwas größer
als das Kap-Bergzebra.
1937 wurde bei Cradock, Südafrika, ein Park zur
Rettung der letzten in Afrika verbliebenen sechs
Kap-Bergzebra-Hengste und sieben Stuten geschaffen.
Inzwischen gibt es zwar wieder ca. 750 Tiere, dennoch ist das Überleben dieser Art nicht gesichert.
1972 gab es noch ca. 17 000 Hartmannzebras, derzeit nur noch ca. 7000 Exemplare.

Grevys-Zebra – (Grevy's Zebra)
Equus grevyi
Grevys sind die größten Zebras mit einem Gewicht
von bis zu 430 kg bei einer Schulterhöhe von
1,50 m. Sie haben schwarze, schmale Streifen, und
über der Wirbelsäule verläuft vom Nacken bis zum
Schwanz ein schwarzer und daneben je ein weißer
Streifen.

In Kenya leben noch ungefähr 4000 Tiere und in
Äthiopien noch 1500. Seit 1960 wurde der Bestand
um 90% reduziert.
Unter den heutigen Bedingungen werden diese Zebras in spätestens 50 Jahren ausgestorben sein.

Steppenzebra – (Burchell's zebra)
Equus burchelli
Es gab sieben Unterarten der Steppenzebras, auch
Burchell-Zebra genannt. Eine davon ist bereits
ausgestorben, von den anderen seien hier nur die
bekannteren erwähnt:
Das Grants-Zebra lebt in Ostafrika und in West-
Zambia am Zambezi; das Crawshays-Zebra in
Nord-Mosambik, Malawi und Ost-Zambia; das
Chapman's-Zebra in Süd-Mosambik und das Damara-Zebra in Namibia und Südafrika. Die Musterungen sind sehr verschieden. So hat das Grants-
Zebra wie das Bergzebra keine Schattenstreifen
zwischen den schwarzen Streifen, während diese
beim Damara-Zebra sehr deutlich ausgeprägt
sind. Auch wenn die Zahl der Steppenzebras auf
über 700 000 geschätzt wird, sind sie extrem be-

droht, denn noch immer gelten die Grasfresser als
Konkurrenten der Rinder. Sie leben in kleinen Familienverbänden, die sich zu lockeren Herden mit
einigen tausend Tieren zusammenschließen. Zebras sind relativ standorttreu, ihre Migration
sind von den Futterbedingungen abhängig. Ausnahmen bilden die großen saisonalen Wanderungen wie z.B. im Serengeti-Ngorongoro-Masai Mara-Gebiet.
Der bellende, heißere „kwa-ha-ha"-Ruf ist eines
der unverwechselbaren Geräusche der afrikanischen Savanne. Zebras sind eine beliebte Beute
vieler Raubtiere, besonders von Löwen. Sie bevorzugen langes Gras und brauchen täglich Wasser,
weshalb sie sich nur max. 15 km von Wasserstellen entfernen.

Equus zebra hartmannae
Equus zebra zebra

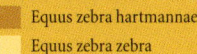

Spitzmaulnashorn „Schwarzes" Nashorn
(hooked-lipped rhionoceros, black rhino)
Diceros bicornis
Um 1900 lebten noch ungefähr eine Million dieser einmaligen afrikanischen Tiere, 1984 gab es immerhin noch 9000, und heute sind es gerade mal 2000. Diese führen eine wohlbehütete Existenz in Parks, überwacht von Satellitenortungssystemen und privaten bewaffneten Wachmannschaften. Ausschließlich im Nordwesten Namibias zieht noch eine winzige Gruppe durch die freie Natur. Die Nashörner werden von gierigen Menschen nur wegen ihres Horns abgemetzelt. Doch da inzwischen ein lebendes Nashorn fast so viel wert ist wie das Objekt der menschlichen Begierde, werden nun Gelder für Schutzmaßnahmen bewilligt.
Die beiden hintereinander stehenden Hörner bestehen aus dichtgepressten Haaren und sind mit der Haut verwachsen, nicht mit dem Knochen, wie sonst bei Hornträgern üblich. Das Horn ist bei Spitzmaulnashörnern bis zu 1,20 m lang. Die Tiere, die bis zu 1100 kg schwer werden können, bevorzugen Buschland und Wälder. In der Trockenzeit können sie bis zu fünf Tage ohne Wasser überleben. Die spitze Oberlippe wird geschickt genutzt, um Blätter und Zweige abzureißen, Gras ergänzt den Speiseplan. Sie leben solitär, Gruppen sind nur selten nachts an Wasserlöchern, wie z.B. bei Okaukuejo in Etosha, zu sehen. Bullen und Kühe kommen nur kurz zur Paarung zusammen, und das Kalb bleibt etwa vier Jahre lang bei der Mutter. Es läuft neben der Mutter her, im Gegensatz zum Weißen Nashorn, dessen Junges vor der Mutter läuft.

Breitmaulnashorn „Weißes" Nashorn
(square-lipped rhinoceros, white rhino)
Ceratotherium simum
Diese auch Breitlippennashörner genannten Tiere werden bei einer Schulterhöhe von 1,60 m bis zu 2300 kg schwer – sind also wesentlich größer als die Schwarzen. Die Rekord-Hornlänge beträgt stolze 1,58 m. Eine mögliche Erklärung für den Namen „Weißes" Nashorn ist eine falsche Übersetzung aus dem Afrikaans: „wyde" („breit") ins Englische „white". Konsequenterweise wurde das andere Nashorn dann Schwarz genannt, obwohl beide zweifelsfrei grau sind. Die Breitmaulnashörner, einstmals auf allen Grassavannen anzutreffen, findet man heute nur noch in Parks. 1897 wurden der Hluhluwe und der Umfolozi Park in Südafrika zur Erhaltung der letzten verbliebenen 50–100 Nashörner geschaffen. Heute gibt es wieder ca. 5000 Breitmaulnashörner, die meisten im Krüger Park.
Der große Kopf mit dem breiten Maul, nur wenige Zentimeter über dem Boden getragen, bietet ideale Voraussetzungen zum Grasen. Breitmaulnashörner bevorzugen offene Flächen, benötigen aber immer schattenspendenden Busch und Wasser zum Trinken und Suhlen in der Nähe. Bullen kämpfen um die Kühe und markieren ihr Gebiet mit Dung. Beide Nashörner haben ein schlechtes Sehvermögen, dafür einen guten Geruchssinn und ein gutes Gehör. Weil sie Gefahr nur lokalisieren, aber nicht sehen können, greifen sie sofort an. Das Schwarze Nashorn gilt als noch aggressiver als das Weiße.

Warzenschwein – (wart hog)
Phacochoerus aethiopicus
Die afrikanischen Wildschweine haben eine lederige Haut, die am Rücken und Nacken mit Borsten versehen ist. Der Kopf ist kantig und mit einem Paar gebogener Zähne geschmückt. Keiler haben zwei Warzenpaare im Gesicht, Bachen hingegen nur eines. Der dünne Schwanz mit dem Haarbüschel am Ende stellt sich auf der Flucht nach oben auf.
Warzenschweine ernähren sich von Früchten und Wurzeln, die sie mit ihrer flachen, spatenähnlichen Schnauze ausgraben.
Sie übernachten in Erdhöhlen, die ausgewachsene Tiere mit dem Hinterteil zuerst betreten, während die Jungen mit dem Kopf voran hineinkriechen.

Flusspferd – (hippo)
Hippopotamus amphibius

Hippos haben einen dicken, kurzbeinigen Körper und können bis zu 2600 kg wiegen. Sie leben sowohl an Land als auch im Wasser. Am Tag liegen sie lieber im Wasser oder ruhen sich am schlammigen Flussufer aus. Nachts ziehen sie auf Nahrungssuche bis zu 30 km weit über das Land, denn sie benötigen pro Tag 60 kg Gras und Wasserpflanzen. Hippos bewegen sich unter Wasser fort, indem sie sich vom Boden abstoßen und dann mit beträchtlicher Geschwindigkeit vorwärts gleiten. Ausgewachsene Tiere bleiben bis zu sechs Minuten unter Wasser, um Wasserpflanzen zu fressen. Das Kalb wird an Land geboren und kann bereits wenige Minuten nach der Geburt schwimmen. Hippos leben in Herden von ca. 15 Tieren mit einem Leitbullen, der das Territorium mit Urin und Exkrementen markiert, die er mit dem Schwanz verteilt. Dringen Fremde ein, werden die Tiere äußerst aggressiv – es fallen mehr Menschen dem Hippo als irgendeinem anderen afrikanischen Tier zum Opfer.

Giraffe – (giraffe)
Giraffa camelopardalis

Giraffen werden bis zu 7 m groß und 1400 kg schwer. Es gibt acht Unterarten, die drei bekanntesten sind die Kenianische und die Netzgiraffe in Ostafrika sowie die so genannte Südliche Giraffe. Giraffen bevorzugen offene Savannen mit Akazien und brauchen täglich Wasser. Einer Giraffe beim Trinken zuzuschauen, ist ein besonderes Erlebnis: Erst spreizt sie behäbig die Vorderbeine, senkt dann den Kopf zum Wasser hinab und muss gegebenenfalls die Beine noch einknicken. Wie alle Wirbeltiere hat auch die Giraffe nur sieben Halswirbel. Ein ausgeklügeltes System mit Klappen in der Halsvene sorgt dafür, dass das riesige Herz das Blut bis in den Kopf hinaufpumpen kann. Beim Bücken ruht die Blutsäule auf einem schwammartigen, dem Gehirn vorgelagerten Organ, *Rete mirabile*. Die wiederkäuenden Giraffen äsen fast ausschließlich Blätter (ca. 66 kg am Tag), die sie mit der 45 cm langen Zunge und den Lippen von den Ästen ziehen. Das 100 kg schwere Kalb wird im Stehen geboren – welch unsanfter Empfang. Für einige Löwen sind Giraffen beim Trinken eine leichte Beute.

Elenantilope – (Eland)
Taurotragus (Tragelaphus) oryx

Die größte aller Antilopen kann bei einer Schulterhöhe von 1,70 m bis zu 940 kg wiegen. Beide Geschlechter tragen ein gerades, etwa 60 cm langes Gehörn. Ältere Bullen haben eine vom Hals herabhängende Hautfalte (Wamme). Elands leben überwiegend in offenen Baumsavannen in Herden bis zu 60 Tieren, doch manchmal schließen sie sich zu großen Herden mit bis zu tausend Tieren zusammen. Beim Laufen geben sie ein markantes Klickgeräusch von sich, dessen Ursprung noch nicht genau erforscht wurde. Elands sind sehr gute Springer und können aus dem Stand mühelos über 2 m hohe Zäune springen.

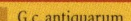

G.c. antiquarum
G.c.camelopardalis
G.c. retikulata
Giraffa rothschildi
G.c. tippelskirchi
G. cendelopandalis giraffa
G.c. thornicrofti
G.c. peralta

Afrikanischer Büffel oder Kaffernbüffel
(African buffalo) – *Syncerus caffer*
Die rinderähnlichen Tiere erreichen eine Schulterhöhe von 1,40 m. Bullen wiegen bis zu 800 kg, Kühe nur 550 kg. Beide tragen ein wuchtiges, zweifach geschwungenes Gehörn. Büffel bilden riesige Herden und bevorzugen Grassavannen. Sie sind Wiederkäuer und können frisches und verdorrtes Gras verdauen. Obwohl Büffel im Allgemeinen friedfertig sind,

Großer Kudu – (greater kudu)
Tragelaphus strepsiceros
Diese große, elegante Antilope (Schulterhöhe bis 1,50 m, Gewicht bis 250 kg) hat einen charakteristischen Höcker mit einer Mähne auf dem vorderen Rückgrat. Auf dem Rumpf sind 6–10 deutliche Streifen zu erkennen. Nur die Bullen tragen ein langes, spiralenförmiges Gehörn mit einer Durchschnittslänge von 1,20 m, der Rekord liegt bei

Kleiner Kudu – (lesser kudu)
Tragelaphus imberbis
Der Kleine Kudu hat eine Schulterhöhe von nur 1 m, etwa 15 Streifen auf dem Rumpf und auf dem Höcker keine Mähne.

werden sie sehr gefährlich, wenn sie Gefahr wittern oder verletzt sind. Werden sie in verwundetem Zustand verfolgt, machen sie einen Bogen und warten auf der eigenen Spur auf den Verfolger, um diesen mit gesenktem Haupt und hoher Geschwindigkeit anzugreifen. Büffel haben schon viele Jäger, auch Löwen, getötet. Meist sind sie jedoch das Opfer. Löwen reißen gern Büffelkälber, nur im Rudel wagen sie es, einen einzelnen, ausgewachsenen Büffel anzugreifen.

1,816 m. Kühe bilden kleine Herden mit 3–8 Tieren, meist in Begleitung einiger Jungtiere und eines Bullen. Sie können sich auch anderen Bullen nicht Junggesellenherden anschließen, ziehen sie allein umher. Kudus sind sehr wachsam, geben bei Gefahr einen Furcht einflößenden Warnruf von sich und flüchten mit hohen Sprüngen. Sie äsen an Büschen und Bäumen, fressen jedoch auch gern Mais und Luzerne.

keine Abbildung

Sitatunga – (sitatunga)
Tragelaphus spekei
Diese besonderen Antilopen (Schulterhöhe bis 1,25 m, Gewicht bis 115 kg), auch Sumpfantilopen oder Wasserkudus genannt, sind nur in dicht bewachsenen, wasserreichen Gebieten anzutreffen. Einmalig sind die bis zu 18 cm langen Hufe, die

sich weit spreizen, so dass sie auf Schlamm und schwimmenden Pflanzenflößen laufen können. Nur die männlichen Tiere haben ein spiralförmiges Gehörn.

Buschbock – (bushbuck)
Tragelaphus scriptus
Die 29 Unterarten weisen recht deutliche Unterschiede in Statur und Farbe auf. Buschböcke (Schulterhöhe bis 45 cm, Gewicht bis 45 kg) sind immer in geschützten Flusslandschaften anzutreffen. Nur die männlichen Tiere haben ein leicht spiralenförmiges Gehörn mit einer Durchschnittslänge von 26 cm.

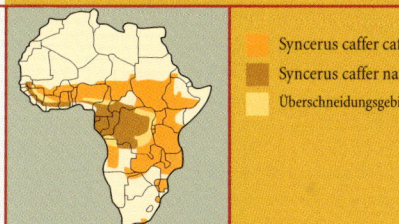

- Syncerus caffer caffer
- Syncerus caffer nanus
- Überschneidungsgebiet

Großer Kudu, männlich

Großer Kudu, weiblich

Oryx-Antilope – (gemsbok)
Oryx gazella
Oryx-Antilopen sind große, stämmige Tiere (Schulterhöhe bis 1,20 m, Gewicht bis 450 kg). Beide Geschlechter tragen lange, gerade, spitz zulaufende Hörner (Rekordlänge 1,219 m), wobei männliche Tiere und deren Gehörn wesentlich stattlicher sind als die weiblichen. Die Unterart im südlichen Afrika *O. g. gazella* ist grau und mit deutlichen schwarzen und weißen Markierungen, besonders im Gesicht, versehen. Diese Markierungen sind bei den beiden ostafrikanischen Unterarten *O. g. beisa* und *callotis* beige gehalten und nicht so ausgeprägt. Oryx-Antilopen leben meist in Herden, die je nach Nahrungsangebot bis zu 100 Tieren umfassen können. Sie können gut ohne Wasser auskommen und bevorzugen weite Grassavannen. Die *O. g. gazella* lebt auch in Dünen (z.b. Sossusvlei und Kalahari).

Roan oder Pferdeantilope – (roan antilope)
Hippotragus equinus
Die Roans (Schulterhöhe bis 1,50 m, Gewicht bis 300 kg) sind die zweitgrößte Antilopenart. Beide Geschlechter haben ein kräftiges, leicht nach hinten gebogenes Gehörn, das bei den weiblichen etwas kürzer ist. Sie leben in kleinen Herden, bestehend aus 5–12 Tieren.

Rappenantilope – (sable antelope)
Hippotragus niger
Beide Geschlechter dieser schönen Antilope mit einer Schulterhöhe bis 1,35 m und einem Gewicht bis 270 kg tragen ein langes, nach hinten geschwungenes Gehörn, das beim männlichen Tier wesentlich größer ist (Rekordlänge 1,276 m). Es gibt ganz deutliche farbliche Unterschiede bei den Geschlechtern: Die männlichen Tiere sind pechschwarz mit schneeweißer Unterseite, während die weiblichen rötlichbraun sind. Beide haben eine markante schwarzweiße Gesichtsmaske.

Wasserbock – (waterbuck)
Kobus ellipsiprymnus
Nur die männlichen Tiere des (Ellipsen-)Wasserbocks (Schulterhöhe bis 1,30 m, Gewicht bis 270 kg), tragen ein langes, nach vorne geschwungenes Gehörn. Es gibt zwei Unterarten, Defassa-Wasserbock und „normaler" (engl.: common waterbuck), auch Hirschantilope genannt. Das Fell ist bei beiden dicht und zottig. Auffällig beim Wasserbock ist ein weißer, kreisförmiger Ring am Hinterteil, während der Defassa dort einen weißen Flecken hat. Der Wasserbock kann seinem Namen zum Trotz erstaunlich lange ohne Wasser auskommen, bevorzugt jedoch wasserreiches Gebiet.

Puku-Antilope – (puku)
Kobus vardoni
Bei den Pukus (Schulterhöhe bis 80 cm, Gewicht bis 74 kg) tragen die männlichen Tiere ein kräftiges, leierförmiges Gehörn (Rekordlänge 53,98 cm). Sie sind goldbraun, gänzlich ohne Markierung und fast ausschließlich in der Nähe von großen Flüssen und Sümpfen in Herden bis zu 50 Tieren anzutreffen.

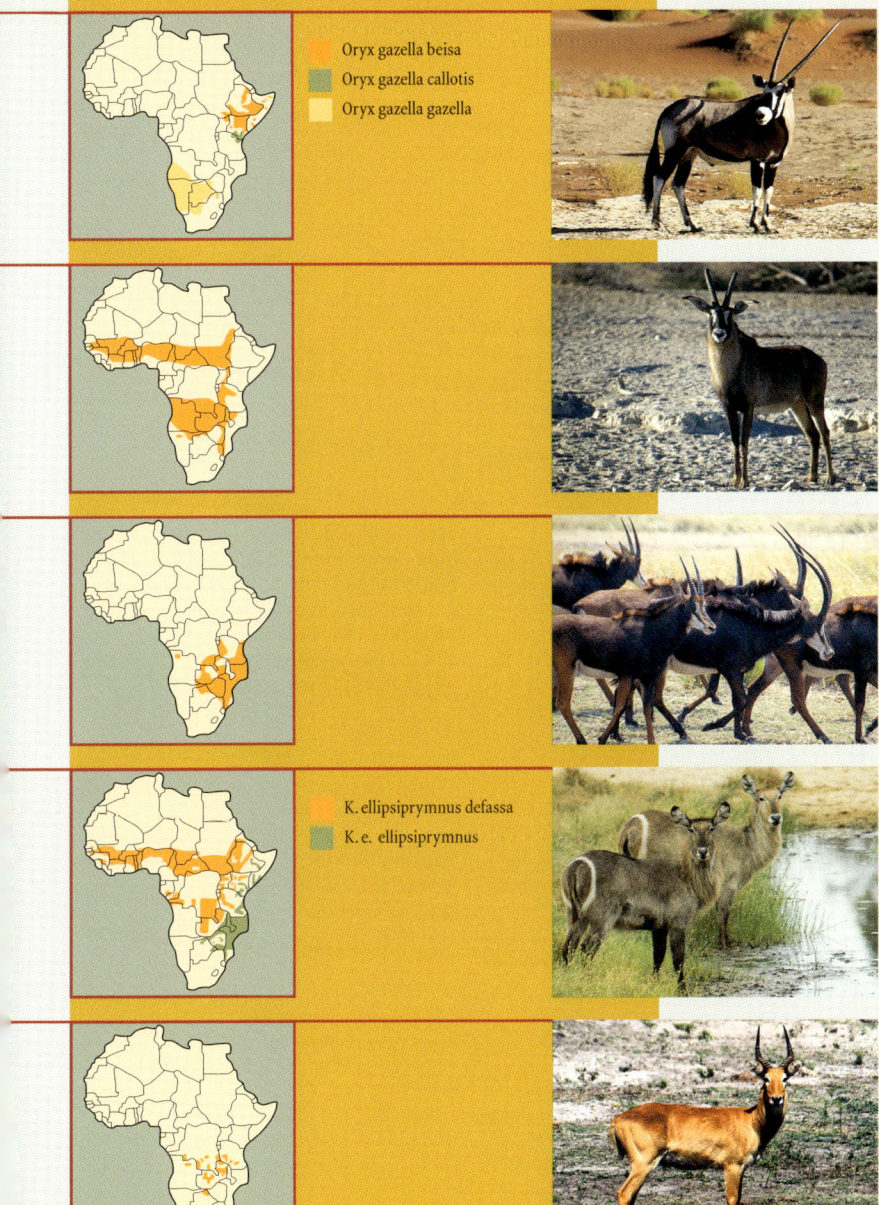

Oryx gazella beisa
Oryx gazella callotis
Oryx gazella gazella

K. ellipsiprymnus defassa
K. e. ellipsiprymnus

Lechwe – (lechwe)
Kobus leche
Diese Antilope (Schulterhöhe bis 1 m, wobei das Hinterteil deutlich höher als die Schulter ist, Gewicht bis 100 kg), auch Litschi-Wasserbock oder Litschi-Moorantilope genannt, ist vom Aussterben bedroht.

Die Böcke tragen gebogene, leierförmige Hörner. Es gibt drei Unterarten – die jungen, weiblichen Tiere ähneln sich, aber die Böcke unterscheiden sich v.a. in der Farbe. Lechwes leben in Zambia, einige sieht man im Caprivi (Namibia) sowie im Norden Botswanas. Sie lieben Wasser, stehen meist darin und entfernen sich höchstens 2 km von den Flüssen.

Großer Riedbock – (reedbuck)
Redunca arundinum
Der Riedbock (Schulterhöhe bis 95 cm, Gewicht bis 70 kg) ist braun mit grauer Unterseite. Die männlichen Tiere haben ein langes, leicht nach vorn gebogenes Gehörn. Sie halten sich in hohem Gras immer in der Nähe vom Wasser auf. Es gibt zwei weitere Arten, den Bohar Riedbock, *Redunca redunca*, und den Bergriedbock, *Redunca fulvorufula*.

Kuhantilope – (red hartebeest)
Alcelaphus buselaphus
Von dieser Antilope (Schulterhöhe bis 1,25 m, wobei die Schulter deutlich höher ist als die Hüfte, Gewicht bis 150 kg) gibt es sechs Unterarten sowie eine weitere Art, das Lichtenstein's Hartebeest *Sigmoceros lichtensteini*. Kuhantilopen können ausdauernd und schnell rennen.

Beide Geschlechter tragen ein stark gebogenes Horn. Sie bevorzugen Buschsavannen und treten meist in kleinen Herden bis zu 20 Tieren auf. Der afrikaanse (und englische) Name Hartebeest weist auf die herzförmige Zeichnung am Hinterteil und / oder auf die Herzform des Horns hin (harte = Herz, beest = Rind).

Leierantilope – (topi, tsessebe)
Damaliscus lunatus
Diese Antilopen (Schulterhöhe bis 1,20 m, wobei die Schulter deutlich höher ist als das Hinterteil, Gewicht bis 140 kg) werden auch Halbmondantilopen genannt.

Es gibt vier Unterarten, von denen das Tsessebe und das Topi die bekannteren sind. Beide Geschlechter haben leierförmige Hörner, die beim Tsessebe weiter gespreizt sind als bei den anderen. Sie sind häufig in offenen Baumsavannen und im Grasland zu sehen.

Bunt- und Blessbock – (bontebok, blesbok)
Damaliscus dorcas dorcas und *D. d. phillipsi*
Die beiden Antilopenarten (Schulterhöhe bis 90 cm, Gewicht bis 70 kg, Buntbock geringfügig leichter) unterscheiden sich nur in der Fellfarbe und im bevorzugten Habitat. Männliche und weibliche Tiere tragen ein leierförmiges Gehörn.

Beide Arten waren um 1900 fast ausgestorben, Buntböcke überlebten in einem Park an der Kap-Spitze und Blessböcke im zentralen Osten Südafrikas.
Heute gibt es große Bestände auf privaten Wildfarmen in Südafrika und Namibia.

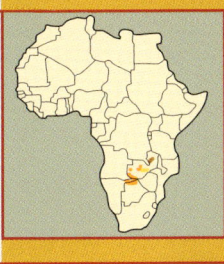

Alcelaphus buselaphus major
Alcelaphus buselaphuslelwel
Alcelaphus buselaphus tora
A. buselaphus swaynei
Alcelaphus buselaphus cokei
A. buselaphus caama

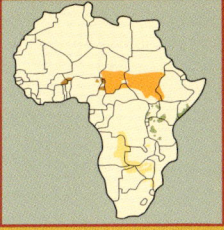

D. innatus korrigum
Damaliscus innatus tiang
Damaliscus innatus jimela
Damaliscus innatus innatus

Damaliscus dorcus phillipsi
Damaliscus dorcas dorcas

Gnu – (blue wildebeest)
Connochaetes taurinus
Bei den Gnus (Schulterhöhe bis 1,50 m, Schulter kräftiger und höher als Hüfte, Gewicht bis 250 kg) tragen beide Geschlechter ein Gehörn, das dem der Büffel ähnelt, jedoch viel leichter ist. Die Rekordlänge von Spitze zu Spitze beträgt 83,8 cm. Es gibt 5 Unterarten, die in 3 separaten Gebieten leben und sich nur farblich unterscheiden.

Beim im südl. Afrika lebenden Streifengnu *C. t. taurinus* sind die Barthaare schwarz, während diese beim in Ostafrika lebenden Weißbartgnu *C. t. mearnsi / albojubatus* schmutzig-weiß sind. Das Cookson-Gnu *C. t. cooksoni* im Luangwa Valley in Zambia ist bräunlich. Das Gnu ist mit ca. 2 Mill. Tieren die häufigste Antilope in Afrika, trotzdem ist es stark bedroht. Die Unterart *C. t. johnstoni* in Malawi ist schon ausgestorben.

Weißschwanzgnu – (black wildebeest)
Connochaetes gnou
Mit 180 kg und einer Schulterhöhe von 1,20 m sind sie kleiner als die Streifengnus. Weißschwanzgnus haben verglichen mit den Streifengnus ein noch unproportionaleres, fast groteskes Aussehen. Der pferdeähnliche, weiße Schwanz hebt sich deutlich vom schwarzen Körper ab. Einstmals mit vielen hunderttausend Tieren im gesamten südlichen

Afrika weit verbreitet, gab es 1930 nur noch einige hundert Tiere. Heute hat sich der Bestand in privaten Parks etwas erholt. Charakteristisch und namensgebend für beide Gnus ist das einmalige, unverwechselbare Geräusch „ge-nu", das sie von sich geben. Wer sie beobachtet, erkennt, warum sie in Afrika „Wildebeest" (wildes Rind) genannt werden.

Thomson-Gazelle – (Thomson's gazelle)
Gazella thomsoni
Diese bekannte Gazelle (Schulterhöhe bis 65 cm, Gewicht bis 28 kg) wird meist als Tommy (pl. Tommies) bezeichnet. Sie hat ein eng beieinander stehendes, stark geringeltes Gehörn, das bei den weiblichen Tieren kürzer und schlanker ist sowie

schwarze Streifen an den Flanken. Es gibt zwei Unterarten, *G. t. thomsoni* in Kenya und Tanzania sowie *G. t. albonotata* in Somalia.
Mit über einer Million Tiere im Serengeti-Ngorogoro-Mara-Gebiet und ca. 300 000 in Somalia ist sie mit Abstand die häufigste Gazelle.

Springbock – (springbok)
Antidorcas marsupialis
Der Springbock (Schulterhöhe bis 75 cm, Gewicht bis 41 kg) ist die einzige Gazelle im südl. Afrika. Springböcke „prunken" – ein einmaliges Verhalten, bei dem sie mit steifen Beinen und gebogenem Rücken hohe Luftsprünge machen. Dabei wird der sonst nur als weiße Linie sichtbare Rückenkamm, der aus zusammengelegten, steifen Haaren besteht, zu einer großen Rosette geöffnet. Beide Geschlechter tragen ein leierförmiges Gehörn. Es gibt heute etwa 100 000 Tiere. Die ersten Abenteurer Afrikas berichteten von gigantischen Herden von je ca. 1 Mill. Tieren. Springböcke werden heute sogar auf Farmen für die Trophäenjagd und wegen des Wildbret gezüchtet. Sie können sich exzellent an Wüstenbedingungen anpassen und graben mit den Vorderhufen nach Wurzeln und Knollen.

Grants-Gazelle – (Grant's gazelle)
Gazella granti
Die Böcke dieser vergleichsweise großen Gazelle (Schulterhöhe bis 95 cm, Gewicht bis 80 kg) haben ein robustes, geringeltes Horn, wobei das Horn der weiblichen Tiere wesentlich zarter ist. Anhand der Hornform sind diverse Unterarten zu unterscheiden. Die Grants meiden Savannen mit hohem Gras.

Impala – (impala)
Aepyceros melampus
Die sechs Unterarten der mittelgroßen Antilope (Schulterhöhe bis 90 cm, Gewicht bis 50 kg) sind nur schwer zu unterscheiden. Lediglich die in Namibia vorkommende Schwarznasenantilope *A. m. petersi* ist eindeutig am schwarzen Fleck auf dem Nasenrücken zu identifizieren. Die Impala-Böcke haben ein elegantes, leierförmiges Gehörn, das in

Ostafrika wesentlich länger ist als bei der in Südafrika vorkommenden Schwarzfersenantilope, *A. m. melampus*. Böcke geben in der Brunft schnaubende, grunzende, manchmal brüllende Laute von sich. Nur in dieser Zeit beanspruchen sie ein festes Territorium, um das bis aufs Blut gekämpft wird. Außerhalb der Brunft ziehen sie friedlich gemeinsam umher. Es leben etwa 500 000 Tiere in Südafrika und die gleiche Anzahl in Ostafrika.

Steinböckchen – (steenbok)
Raphicerus campestris
Die kleine, elegante Antilope (Schulterhöhe bis 50 cm, Gewicht bis 11 kg) hat auffällig große Augen. Nur die Böcke haben ca. 9 cm lange, spitze Hörner, die Rekordlänge beträgt 19,05 cm. Noch sind sie in den zwei geografisch getrennten Gebie-

ten häufig anzutreffen, doch auch ihr Lebensraum wird immer stärker eingeschränkt. Sie leben meist paarweise bevorzugt in der offenen Grasssavanne und sind unabhängig vom Wasser. Für Antilopen ungewöhnlich ist, dass sie Dung und Urin mit den Vorderläufen verscharren.

Klippspringer – (klippspringer)
Oreotragus oreotragus
Bei dieser Antilope (Schulterhöhe bis 60 cm, Gewicht bis 15 kg) sind die weiblichen Tiere etwas schwerer als die männlichen. Bei den meisten Unterarten haben nur die Böcke ein weit auseinander stehendes, kurzes Gehörn. Ihr grobes, fast dor-

niges Haarkleid dient zur Temperaturregelung sowie als Polster, falls die Tiere stürzen. Sie laufen als einzige Antilope auf den Hufspitzen durch steinige Gebiete mit steilen Felshängen, die sie mit grazier Leichtigkeit überwinden. Das Warngeräusch ist ein lauter, nasaler Pfeifton. Klippspringer nutzen Dungplätze gemeinschaftlich.

Dikdik – (dik-dik)
Madoqua spp.
Es gibt vier Arten der sehr kleinen Antilope (Schulterhöhe bis 38 cm, Gewicht nur bis 5 kg), die häufigsten sind das Kirk- oder Damara-Dikdik *Madoqua kirki* und das Guenther's-Dikdik *Madoqua guentheri*. Sie sind einfach an der geschwollen wirkenden, rüsselartigen Nase zu erkennen. Böcke tragen ein kurzes Gehörn, aber beide Geschlechter

schmücken sich mit einem Haarbüschel auf der Stirn. Sie sind immer paarweise zu sehen, oft in Begleitung eines Jungen, das so lange bei den Eltern bleibt, bis ein neues geboren wird. Dikdiks haben einen vielfältigen Speiseplan: Sie grasen und sammeln Früchte, Schoten und Blüten, die von Elefanten und Kudus fallen gelassen werden. Oft nimmt man sie gar nicht wahr, wenn sie sich unter den Büschen aufhalten.

Kronenducker – (common duiker)
Sylicapra grimmia
Diese Antilope (Schulterhöhe bis 50 cm, Gewicht bis 21 kg) bekam ihren Namen aufgrund der Gewohnheit, bei Störungen mit weiten, schnellen Sprüngen zu flüchten und sich dann in ein Versteck zu ducken. Sie ist in ganz Afrika südlich der Sahara anzutreffen.

Es wurden bisher 18 Unterarten beschrieben, die sich v.a. in Farbnuancen unterscheiden. Nur die Böcke tragen ein durchschnittlich 11 cm langes, spitz zulaufendes Gehörn, die Rekordlänge beträgt 18,1 cm.
Beide Geschlechter haben ein Haarbüschel auf der Stirn. Sie bevorzugen Savannen und dichten Busch und meiden unbewachsene Flächen.

Safari Guide – südliches und östliches Afrika

Afrikanischer Elefant – (African elephant)
Loxodonta africana
Diese riesigen Tiere mit ihrem unverwechselbaren Aussehen sind mit die bekanntesten Vertreter der Tierwelt Afrikas. Die Bullen wiegen bis zu 6,3 t bei einer Schulterhöhe bis zu 4 m. Die Kühe sind kleiner, wiegen maximal 3,5 t bei nur 3,50 m Schulterhöhe.

Elefanten haben einen sehr empfindlichen Rüssel und zwei Stoßzähne, die aus dem Oberkiefer wachsen. Das Wachstum der Stoßzähne hält ein Leben lang an, ausgleichend dazu wird die Länge der Zähne durch die Abnutzung stetig verringert. Die größten Stoßzähne eines Elefanten aus Kenya waren 1,023 m lang, und das Elfenbein wog 97 kg. Die lappenartigen Ohren mit dem feinen Adernetz, die bei afrikanischen Elefanten die Form Afrikas haben, dienen u.a. zur Temperaturregelung. Elefanten sind bis auf ein kleines Büschel an der Schwanzspitze nahezu haarlos.

Vor 1500 Jahren waren sie in ganz Afrika bis zum Mittelmeer verbreitet, heute leben sie nur noch in kleinen Gebieten im mittleren und südlichen Afrika, fast ausschließlich in Parks und Schutzgebieten. 1930 wurde der bereits reduzierte Gesamtbestand der Elefanten auf 5–10 Mill. Tiere geschätzt, 1992 waren es nur noch 600 000. Ein guter Teil dieses Verlustes geht auf das Konto der Elfenbeinjäger, weit schlimmer ist jedoch die Eingrenzung ihres Habitats durch dramatisch zunehmende Besiedlung und damit einhergehender Überweidung und Abholzung. In den wenigen Schutzgebieten gibt es auf der anderen Seite z.T. einen bedrohlichen Überbestand mit verheerenden Folgen für die Flora. Elefanten sind sehr anpassungsfähig und leben sowohl in der Wüste – sogar in Dünenlandschaften – als auch in dichten Wäldern, in Sumpfgebieten und trockenen Savannen. Sie benötigen je nach Futter- und Wasservorkommen ein Gebiete zwischen 5 und 50 km^2, Bullen in der Wüste gar bis zu 3000 km^2.

Die geselligen Elefanten leben in Familien, bestehend aus einer älteren Kuh und ihren Nachkommen. Oft schließen sich mehrere Familien zu großen Herden zusammen. Erwachsene Bullen bewegen sich unabhängig zwischen den Familien. Junge Kühe bleiben solange in der Familie, bis genügend Tiere für eine neue Gruppe herangewachsen sind.

Bullen bleiben bis zur Geschlechtsreife in der Familie und bilden dann Junggesellenherden. Da nur die stärksten Bullen decken dürfen, paaren sich Elefantenbullen selten vor dem 20. Lebensjahr, während Kühe mit ca. 11 Jahren ihr erstes Kalb bekommen. Das Kalb wird nach 22 Monaten mit einem Gewicht von etwa 120 kg geboren. Elefanten werden im Durchschnitt 60 Jahre, vereinzelt sogar 100 Jahre alt.

Ein Elefant trinkt 100–220 l Wasser am Tag und frisst 150–300 kg an Gras, Blättern, Rinden, Ästen, Wurzeln und Früchten.

Elefanten haben komplizierte Verständigungsmethoden: Neben visuellen Signalen und Körperkontakt gibt eine ganze Palette von für Menschen z.T. nicht hörbaren Geräuschen. Am eindruckvollsten ist das markdurchdringende, ohrenbetäubende Trompeten.

Einziger Feind der Elefanten ist der Mensch, nur selten werden Jungtiere von Löwen oder Hyänen gerissen. Elefanten sind grundsätzlich friedliche Tiere, greifen jedoch aggressiv an, wenn sie bedroht werden oder verwundet sind.

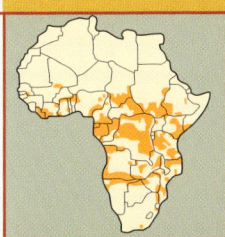

Kapfuchs – (Cape fox)
Vulpes chama
Den einzigen Fuchs südlich der Sahara (Schulterhöhe bis 36 cm, Gewicht 2,5–4 kg) gibt es nur an der Südwestspitze Afrikas. Er bevorzugt offene

Grassavanne, Halbwüste und das Fynbos-Gebiet Südafrikas. Die nachtaktiven Tiere jagen Insekten, Reptilien, Vögel und auch schon mal ein Huhn oder ein kleines Lamm, weswegen sie von Farmern bekämpft werden.

Löffelhund – (bat-eared fox)
Otocyon megalotis
Namensgebend sind die riesigen, bis 14 cm langen Ohren, die auf dem kleinen Tier (Schulterhöhe bis 40 cm, Gewicht bis 5 kg) fast deplatziert wirken. Die nachtaktiven Löffelhunde konnten ihr Verbrei-

tungsgebiet ausdehnen und wahrscheinlich sogar zahlenmäßig zunehmen – eine Besonderheit in der heutigen Welt. Sie leben überall, wo es Grasschneidetermiten (Hodotermes) gibt, denn diese stellen ihre Hauptnahrung dar.

Schabrackenschakal – (black-backed jackal)
Canis mesomelas
Kaum ein anderes Tier wurde vor allem im südlichen Afrika so ausdauernd gejagt wie der Schakal (Schulterhöhe bis 50 cm, Gewicht bis 12 kg), trotzdem kommt er immer noch sehr häufig vor. Schakale sind lernfähig und finden immer wieder neue

Methoden zu überleben – ob dieser Eigenschaft, so vermuten Wissenschaftler, werden sie vielleicht einmal die letzten wilden Tiere sein. Sie fressen alles, Pflanzen, Aas und reißen kleine Antilopen und andere Tiere, auch Lämmer und Kälber. Sie sind nachtaktiv und haben einen unvergleichlichen Ruf.

Afrikanischer Wildhund – (African hunting dog)
Lycaon pictus
Die unregelmäßig gefleckten Tiere (Schulterhöhe 65–80 cm, Gewicht 17–36 kg) werden auch Hyänenhunde genannt und sind extrem bedroht.

Einstmals sehr häufig, sind nur 2000–3000 Tiere übrig geblieben. Sie jagen im Rudel und verfolgen ihre Beute über mehrere Kilometer. 70% aller Jagdversuche sind erfolgreich – mehr als bei jedem anderen Raubtier.

Honigdachs – (honey badger, ratel)
Mellivora capensis
Wegen ihres kleinen Körperbaus (Schulterhöhe bis 30 cm, Gewicht 8–14 kg) werden die Honigdachse sehr häufig unterschätzt. Sie sind die furchtlosesten Tiere in Afrika und greifen ohne zu zögern sogar Elefanten und Menschen an, wenn sie bedroht wer-

den. Die dicken, struppigen Borsten erlauben es ihnen, direkt in einen Bienenstock zu kriechen und den Honig auszuheben, den sie mit einem einmaligen Gespür finden. Nur die Nase ist sehr empfindlich und bekommt dabei schon mal ein paar Stiche ab.

Afrika-Zibetkatze – (African civet)
Civettictis civetta
Zibets gehören zu den Mangusten und sind nur entfernt mit den Katzen verwandt. Sie sind stark gebaut (Schulterhöhe bis 40 cm, Gewicht 9–15 kg) und weit verbreitet.

Auffällig sind ihre langen, borstigen Haare. Sie leben immer in der Nähe von Wasser und sind meist allein in der Nacht oder in der Dämmerung unterwegs.
Sie nutzen immer die gleichen Stellen als Toilette, die so genannten „civetries".

Erdmännchen – (suricate)
Suricata suricatta
Diese Mangustenart (Schulterhöhe bis 15 cm, Gewicht bis 1 kg) lebt in trockenen Gebieten mit wenig Pflanzenwuchs. Ihr besonderes Merkmal ist, dass sie auf ihren Hinterbeinen stehen und „Männ-

chen" machen. Erdmännchen sind sehr gesellig und leben in Familien von 5–50 Tieren. Sie fressen Insekten und andere wirbellose Tiere.
Faszinierend ist die Geschwindigkeit, mit der sie Skorpione fangen und vertilgen.

Zebramanguste – (banded mongoose)
Mungos mungo
Die agilen Tiere (Schulterhöhe bis 20 cm, Gewicht bis 1,8 kg) gibt es allen Savannen in Gruppen von 5–30 Tieren, manchmal mehr.

Sie „unterhalten" sich ständig mit zwitschernden, zirpenden Geräuschen. In Afrika gibt es 23 Mangustenarten, auch Mungos genannt, und noch mehr Unterarten. 22 Arten leben südlich der Sahara. Einige sind vermutlich schon ausgestorben.

Tüpfelhyäne – (spotted hyaena)
Crocuta crocuta
Hyänen haben deutlich stärkere und höhere Schultern als Hüften (Schulterhöhe bis 85 cm, Gewicht bis 80 kg). Ihren unverwechselbaren Ruf, ein langgezogenes „whoops", vergisst man nie, wenn man es

einmal gehört hat. Unheimlich klingt ihr Kichern. Familien leben in Rudeln zusammen, die von einem weiblichen Tier geführt werden.
Sie sind nachts und in der Dämmerung aktiv, fressen vor allem Aas, sind jedoch auch sehr gute, aggressive Jäger.

Braune Hyäne (brown hyaena)
Hyaena brunnea
Diese Hyänenart (Schulterhöhe bis 80 cm, Gewicht bis 45 kg) wird auch Schabrackenhyäne genannt. Auch bei ihr sind die Schultern höher als die Hüfte. Einstmals im ganzen südlichen Afrika verbreitet, gibt es sie heute nur noch in Wildschutzgebieten. Sie sind überwiegend nachtaktiv und meist als Einzelgänger unterwegs.

Suricata suricatta
Herpestes naso
Dologale dybowskii
Loberiictis kulmi

Mungos mungo
Mungos gambianus
Überschneidungsgebiet

Safari Guide – südliches und östliches Afrika

SAFARIGUIDE   25

Gepard – (cheetah)
Acinonyx jubatus
Die tagaktiven Geparden haben einen schlanken Körper (Schulterhöhe bis 50 cm, Gewicht bis 11 kg) mit langen Beinen, einen kleinen Kopf und ein schwarz gepunktetes beiges Fell. Geparden fressen kein Aas, sondern jagen kleine bis mittlere Säugetiere, meist Antilopen.

Leopard – (leopard)
Panthera pardus
Das beige Fell der kraftvoll gebauten Katzen (Schulterhöhe bis 80 cm, Gewicht bis 90 kg, Männchen deutlich größer als Weibchen) ist mit schwarzbraunen Rosetten markiert. Leoparden sind zumeist nachts allein unterwegs und treffen sich nur zur Paarung. Obwohl sie exzellente Kletterer und Schwimmer sind, bewegen sie sich v.a. am Boden, schleichen sich nah an die Beute heran und greifen mit einem geschmeidigen Sprung an. Sie reißen kleine Antilopen, aber auch Mäuse, Vögel und Ähnliches. Die

Sie schleichen sich an ihre Beute heran und greifen diese auf den letzten Metern mit sehr hoher Geschwindigkeit (70 km/h, Rekordgeschwindigkeit 112 km/h) an, sprinten aber nur kurze Distanzen und geben schnell auf. Ihr bevorzugter Lebensraum sind offene Savannen mit weiter Sicht. Von dieser stark bedrohten Raubkatze gibt nur noch etwa 10 000 Tiere.

Beute wird versteckt und das Aas später weitergefressen.
Leoparden sind in ganz Afrika südlich der Sahara verbreitet, von der trockensten Wüste bis in den dichten Dschungel. Es wird angenommen, dass sie noch in guten Beständen vorkommen, denn kaum ein anderes Tier ist so schlau und anpassungsfähig. So zeigen sie sich nur in Parks und privaten Schutzgebieten, wo sie wissen, dass vom Menschen keine Gefahr ausgeht. Außerhalb werden sie fast nie gesichtet. Sie verständigen sich mit einem heiseren Krächzen, knurren bei Gefahr und schnurren beim oder nach dem Fressen.

Löwe – (lion)
Panthera leo
Löwen sind die größten afrikanischen Katzen (Schulterhöhe bis 1,20 m, Gewicht bis 250 kg). Nur die männlichen Tiere, die deutlich größer sind als die Weibchen, tragen eine üppige Mähne. Löwen sind stark bedroht und außerhalb der Schutzgebiete kaum noch anzutreffen. Ihr Bestand wird auf weniger als 50 000 Tiere geschätzt.
Löwen sind die geselligste Katzenart und je nach Verfügbarkeit der Beute immer in Rudeln von 3–30 Tieren unterwegs. Sie weisen ausgeprägte Sozialstrukturen auf und verteidigen ihr Gebiet gegen Eindringlinge.

Männliche Jungtiere verlassen relativ früh das Rudel und tun sich mit anderen Jungesellen zusammen, bis sie erwachsen sind und sich gegen die dominierenden Männchen eines neuen Rudels behaupten können.
Obwohl meist die Löwinnen nachts oder in der Dämmerung jagen, nehmen sich die Löwen das Recht heraus, als erste zu fressen. Gern werden Büffel, Antilopen und Zebras gerissen. Manche Gruppen haben sich auf Hippos, Giraffen oder Stachelschweine spezialisiert.
Das imposante Löwengebrüll, das einem in freier Natur das Blut in den Adern gefrieren lässt, ist über etliche Kilometer zu hören.

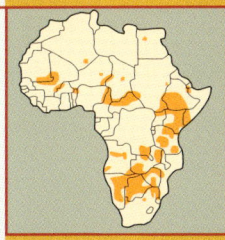

High concentration area
Total distribution area

Serval – (serval)
Leptailurus serval
Diese Wildkatze hat die Körpergröße einer Hauskatze, ist aber mit wesentlich längeren Beinen und einem längeren Hals ausgestattet (Schulterhöhe bis 60 cm, Gewicht bis 13 kg). Ihre bevorzugten Areale bieten ausreichend Wasser und hohes Gras oder Ried. Servals sind geschickte Jäger und reißen überwiegend am Boden kleine Nagetiere, Reptilien und Vögel, können jedoch, wenn erforderlich, flink auf Bäume klettern.
Sie sind nachts und in der Dämmerung allein oder in Familienverbänden unterwegs.

Klippschliefer – (hyrax, dassies)
Procavia capensis
Die kleinen, stämmigen, schwanzlosen Tiere (Schulterhöhe bis 15–30 cm, Gewicht 2–5 kg) sind von Kapstadt bis Kairo an felsigen, buschbestandenen Hängen anzutreffen. Sie fressen Gras, Blätter und Früchte und leben in Kolonien, deren Größe vom Futteraufkommen abhängt.
Droht Gefahr, stoßen sie einen schrillen Warnschrei aus. Es gibt eine weitere Art, *Heterohyrax brucei*, sowie drei Arten von Baumschliefern, *Dendrohyrax spp.*

Steppen-Schuppentier – (Cape pangolin)
Manis temmincki
Die ganz besonderen, urzeitlich anmutenden, nachtaktiven Tiere (Länge bis 1,10 m, Gewicht bis 18 kg) sind sehr selten zu sehen. Ihr Oberkörper ist mit großen braunen Schuppen bedeckt, Hinterbeine und Schwanz sind stark entwickelt. Beim Laufen werden die kurzen Vorderbeine oft nicht genutzt, und bei Gefahr rollen sich die Schuppentiere zu einer festen Kugel zusammen.
Mit den Vorderbeinen graben sie Löcher auf der Suche nach Termiten und Ameisen, die ihre Hauptnahrung bilden. Es gibt drei weitere Arten, *Manis spp.*

Erdhörnchen – (ground squirrel)
Xerus inauris
Die Erdhörnchen (Länge 40–70 cm, davon 18–30 cm Schwanz, Gewicht bis 1 kg) haben einen buschigen, schwarzweißen Schwanz, der geschickt als Sonnenschirm über den Körper und Kopf gehalten werden kann. Sie sind tagaktiv und leben in großen Kolonien am Boden bzw. unter der Erde, wo sie sich einen Bau aus Tunneln und Höhlen graben. Verschiedene Arten sind in ganz Afrika verbreitet.

Stachelschwein – (porcupine)
Hystrix africaeaustralis
Der Körper dieser Tiere (Schulterhöhe bis 25 cm, Gewicht bis 24 kg) ist mit langen, robusten, schwarzweißen Stacheln bedeckt. Auf Kopf und Nacken haben sie einen Kamm weicher Stacheln, die normalerweise eng am Körper liegen. Sobald Gefahr droht, werden diese aufgerichtet, so dass das Tier doppelt so groß aussieht.
Stachelschweine kommen häufig vor, sind jedoch selten zu sehen, da sie nachtaktiv sind.

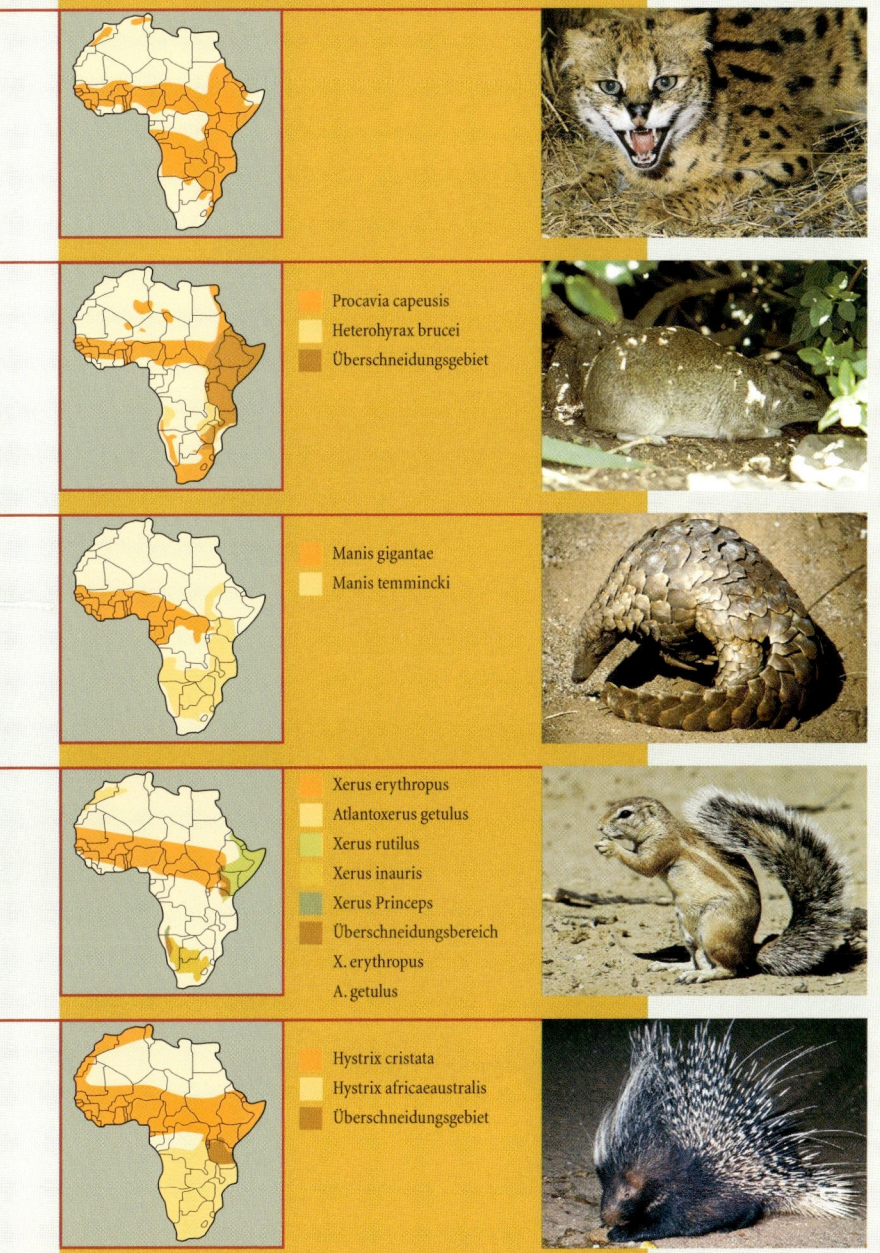

Procavia capeusis
Heterohyrax brucei
Überschneidungsgebiet

Manis gigantae
Manis temmincki

Xerus erythropus
Atlantoxerus getulus
Xerus rutilus
Xerus inauris
Xerus Princeps
Überschneidungsbereich
X. erythropus
A. getulus

Hystrix cristata
Hystrix africaeaustralis
Überschneidungsgebiet